الإيضَاحُ فِي شَرْحِ الْمُفَصَّلِ

للزمخشري

تَأْليفُ

أَبِي عَمْرٍو عُثْمَانَ بْنِ أَبِي بَكْرٍ الدُّونيِّ

الشَّهيرِ بـ(ابْنِ الحَاجِبِ)

المتوفى ٦٤٦ هـ

تحقيق

محمد عثمان

دار الكتب العلمية®
Dar Al-Kotob Al-ilmiyah
DKi
أسسها محمد علي بيضون سنة 1971 بيروت - لبنان
Est. by Mohammad Ali Baydoun 1971 Beirut - Lebanon
Établie par Mohamad Ali Baydoun 1971 Beyrouth - Liban

http://www.al-ilmiyah.com info@al-ilmiyah.com sales @al-ilmiyah.com baydoun@al-ilmiyah.com

Title : AL-ᵓĪḌĀḤ FĪ ŠARḤ AL-MUFAṢṢAL

Classification: Syntax
Author : Jamāluddīn Ibn al-Ḥājib
Editor : Muḥammad ʿUṯmān
Publisher : Dar Al-Kotob Al-Ilmiyah
Pages : 768
Size : 17*24
Year : 2011
Printed in : Lebanon
Edition : 1st

الكتاب : الإيضاح في شرح المفصل للزمخشري
التصنيف : نحو
المؤلف : ابن الحاجب المالكي
المحقق : محمد عثمان
الناشر : دار الكتب العلمية – بيروت
عدد الصفحات : 768
قياس الصفحات: 24*17
سنة الطباعة : 2011
بلد الطباعة : لبنان
الطبعة : الأولى

DKi
Dar Al-Kotob Al-ilmiyah
Est. by Mohamad Ali Baydoun
1971 Beirut - Lebanon

Aramoun, al-Quebbah,
Dar Al-Kotob Al-ilmiyah Bldg.
Tel : +961 5 804 810/11/12
Fax: +961 5 804813
P.o.Box: 11-9424 Beirut-Lebanon,
Riyad al-Soloh Beirut 1107 2290

عرمون، القبة، مبنى دار الكتب العلمية
هاتف: ٨٠٤٨١٠/١١/١٢ ٥ ٩٦١+
فاكس: ٨٠٤٨١٣ ٥ ٩٦١+
ص.ب: ٩٤٢٤-١١ بيروت-لبنان
رياض الصلح-بيروت ١١٠٧٢٢٩٠

ISBN 978-2-7451-6581-7

بسم الله الرحمن الرحيم

مُقَدِّمَة

الحمد لله الذي جعل العقل مفتاح العلوم، ومدرك معاني المنطوق والمفهوم، ومنشأ بيان المحقق والموهوم، ومظهر بديع المنصور والمنظوم.

أحمده حمد من بجزيل نعمه اعترف، وأشكره شكر من ورد مناهل فضله واغترف. وأشهد أنه الرب الرحمن، الذي خلق الإنسان وعلمه البيان، وأشهد أن سيدنا ومولانا محمداً عبده ورسوله، وحبيبه وخليله، الذي تلخص الدين بإرشاده أحسن تلخيص، وتخلص متبع هديه من الجحيم أعظم تخليص، فكانت بعثته مفتاح باب الخيرات، والطريق الموصل إلى منهج المبرات، صلى الله وسلم عليه وعلى آله الكرام، وصحبه الأئمة الأعلام، ما أغرب مبتدئ ببديع النظام، وأعجب منته بحسن الختام.

وبعد؛ فإن علم النحو من أهم علوم الآلات؛ إذ به يتوصل إلى تقويم اللسان، وإيضاح البيان؛ ولذلك كان اهتمام كثير من علماء هذه الأمة المباركة بالتصنيف في علم النحو، ما بين مختصر ومطول ومتوسط، وكان من هؤلاء العلماء الإمام العلامة الزمخشري؛ إذ ألف كتابًا مختصرًا حاويًا في نفس الوقت، وذلك الكتاب هو "**المفصل في علم النحو**"، وقد توارد العلماء والشراح على شرح هذا الكتاب لأهميته ونفاسته، وجمعه لمهمات المسائل في علم النحو.

وكان من هؤلاء الإمام العلم الشهير ابن الحاجب فألف الكتاب الذي بين أيدينا، وسماه: "**الإيضاح**"؛ ليأتي بكتاب من أجمع وأدق ما ألف في شرح "المفصل"، فقد كان محققًا في علم النحو، وأبان عن هذا كتابه أيما إبانة، فتجده في هذا الكتاب شارحًا لما غمض، ومتعقبًا لما يجده من أوهام، ومصححًا لأي أخطاء يراها، ومكثرًا من الاستشهاد بكلام وأشعار العرب، فجاء إيضاحًا بحق لمفصل الزمخشري.

وسوف نستعرض إن شاء الله تعالى على عجالة في هذه المقدمة ما ألف حول كتاب المفصل من شروح ومختصرات وتعقبات.

كتاب "المفصل"
وما ألف حوله

١- كتاب "المفصل في النحو" بدأ الإمام الزمخشري بتأليفه: يوم الأحد في أول شهر رمضان سنة ثلاثة عشر وخمسمائة، وأتمه في: غرة المحرم سنة أربعة عشرة وخمسمائة.

وقد جعله إلى أربعة أقسام:

الأول: في الأسماء

الثاني: في الأفعال

الثالث: في الحروف

الرابع: في المشترك من أحوالها

وهو كتاب عظيم القدر، قال فيه بعضهم:

إذا ما أردت النحو هاك محصلا   عليك من الكتب الحسان مفصلا

وقال الآخر:

مفصل جار الله في الحسن غاية   وألفاظه فيه كدر مفصل

ولولا التقى قلت المفصل معجز   كآي طوال من طوال المفصل

٢- ثم اختصره، وسماه: " الأنموذج ".

وقد اعتنى عليه أئمة هذا الفن فشرحه:

١- الشيخ أبو عمرو عثمان بن عمرو المعروف بـ(ابن الحاجب النحوي) وسماه: "الإيضاح"، وتوفي: سنة ست وأربعين وستمائة.

٢- وعلى "شرح الإيضاح" حاشية لفخر الدين الجاربردي أحمد بن حسن المتوفى: سنة ست وأربعين وسبعمائة.

٣- وشرحه الشيخ أبو البقاء عبد الله بن الحسين العكبري النحوي وسماه: "الإيضاح" أيضا. وهو شرح كبير، وتوفي: سنة عشر وستمائة، وفي "أسانيد خواجه محمد" أنه سماه: "المحصل".

٤- وشرحه الشيخ أبو عبد الله محمد بن عبد الله المعروف: بابن مالك النحوي، المتوفى: سنة ٦٧٢، اثنتين وسبعين وستمائة.

٥- والإمام فخر الدين محمد بن عمر الرازي المتوفى: سنة ست وستمائة.

٦- وعليه تعليقة لأبي علي الشلوبين عمر بن محمد الإشبيلي الأندلسي المتوفى: سنة خمس وأربعين وستمائة.

٧- وشرحه بدر الدين حسن بن قاسم المرادي الخاوراني، المتوفى: سنة تسع وأربعين وسبعمائة.

٨- وأبو العباس أحمد بن محمد المقدسي القاضي، المتوفى: سنة ٦٣٨هـ.

٩- ومحمد بن محمد المعروف بـ(ابن عمرون الحلبي)، المتوفى: سنة تسع وأربعين وستمائة.

١٠- وأبو العباس أحمد بن أبي بكر الخاوراني، المتوفى: سنة عشرين وستمائة.

١١- ومحب الدين أبو عبد الله محمد بن محمود المعروف بـ(ابن النجار) البغدادي، المتوفى: سنة ثلاث وأربعين وستمائة.

١٢- وأبو محمد مجد الدين القاسم بن الحسين المعروف بـ(صدر الأفاضل) الخوارزمي شرحا بسيطا في ثلاث مجلدات، سماه: "التخمير"، ووسيطا ومختصرا سماه: "مجمرة"، وتوفي: سنة سبع عشرة وستمائة.

١٣- وعلم الدين قاسم بن أحمد اللورقي الأندلسي، المتوفى سنة إحدى وستين وستمائة. وسماه: "الموصل".

١٤- وللوزير جمال الدين علي بن يوسف القفطي، المتوفى: سنة ست وأربعين وستمائة.

١٥- وشرحه علم الدين أبو الحسن علي بن محمد السخاوي أيضا في شرحين جامعين، أحدهما: أربع مجلدات، سماه: "المفضل"، والآخر سماه: "سفر السعادة وسفير الإفادة"، وتوفي: سنة ثلاث وأربعين وستمائة.

١٦- ومنتجب الدين أبو يوسف يعقوب الهمداني، المتوفى: سنة ثلاث وأربعين وستمائة. وشرحه مفيد جدا.

١٧- وموفق الدين أبو البقاء يعيش بن علي، المعروف بـ(ابن يعيش النحوي)، أوله: (أحمد الله الذي بدأ بالإحسان... الخ)، وتوفي: سنة ثلاث وأربعين وستمائة.

١٨- ومحمد بن سعد الدباجي المروزي، المتوفى: سنة تسع وستمائة، وسماه: "المحصل". وله شرح على "الأنموذج".

١٩- وشرحه تاج الدين أحمد بن محمود بن عمر الجندي أيضا، سماه: "الإقليد"، أوله: (إياه أحمد على نعم تهللت وجوهها الصباح... الخ، وبعد؛ فإن "كتاب المفصل" كتاب أنيق الرصف سامري الوصف، وقد جمعت في هذه المجلة الموسومة بـ"الإقليد" من معاني الخفايا ما حل به عقد من السحر خبايا وأنا ببخارى).

٢٠- وشرحه حسام الدين حسين بن علي السغناقي، المتوفى: سنة عشر وسبعمائة. سماه: "الموصل"، جمع فيه بين: "الإقليد" و"المقتبس"، أوله: (الله أحمد على أن أكرمني من نعمة الإسلام...).

٢١- وعليه تعليقة للشرف محمد بن عبد الله بن أبي الفضل المريسي، مات: سنة ٦٥٥هـ أخذ على الزمخشري سبعين موضعا، وأقام على أخطائه: "البرهان".

٢٢- وعلى "إيضاح ابن الحاجب" حاشية لجلال الدين رسولا بن أحمد بن يوسف التباني، وتوفي: سنة اثنتين وتسعين وسبعمائة.

٢٣- وشرح أبياته أبو البركات مبارك بن أحمد المعروف بـ(ابن المستوفي الأرملي)، سماه: "إثبات المحصل في نسبة أبيات المفصل"، وتوفي: سنة ثمان وثلاثين وستمائة.

٢٤- ورضي الدين حسن بن محمد الصفائي، شرح أبياته أيضا، وتوفي أيضا: سنة خمس وستمائة.

٢٥- وشرح عبد الظاهر بن نشوان الروحي الجذامي الضرير، بعضا منه، وتوفي: سنة تسع وأربعين وستمائة.

٢٦- ومن شروح أبياته: شرح أوله: (أحمد الله وهو بالحمد جدير... الخ).

٢٧- ونظمه أبو نصر فتح بن موسى الخضراوي القصري، المتوفى: سنة ثلاث وستين وستمائة.

٢٨- وللشيخ أبي شامة عبد الرحمن بن إسماعيل الدمشقي، نظم أيضا، وتوفي: سنة خمس وستين وستمائة.

٢٩- واختصره شمس الدين محمد بن يوسف القونوي، المتوفى: سنة ثمان وثمانين وسبعمائة.

٣٠- والشيخ عبد الكريم بن عطاء اللـه الإسكندراني، المتوفى: سنة اثنتي عشرة وستمائة.

٣١- وصنف أبو الحجاج يوسف بن معزوز القيسي الأندلسي من أهل الجزيرة، في رد "المفصل" كتابا سماه: "كتاب التنبيه على أغلاط الزمخشري في المفصل وما خالف فيه سيبويه". وتوفي: سنة خمس وعشرين وستمائة.

٣٢- وشرحه منتجب الدين الهمداني شرحا مفيدا أجاد فيه وأفاد.

٣٣- وشرحه الإمام الفاضل مظهر الدين: محمد وسماه: "المكمل"، أوله: (الحمد لله الذي قصر عما يليق بكبريائه... الخ)، وهو شارح: "المصابيح" أيضا، وهو: شرح ممزوج متنه بـ(الأحمر)، فرغ من تصنيفه في جمادى الآخرة سنة تسع وخمسين وستمائة.

٣٤- ومن شروح أبياته: شرح أوله: (الحمد لله الذي فضل الإنسان بفضيلة البيان... الخ). وفي ظهره: أن عدد أبيات المفصل: أربع وعشرين وأربعمائة بيت.

٣٥- ومن شروحه: "غاية المحصل في شرح المفصل"، أوله: (الحمد لله المرتفع بالفاعلية قبل تعلق الأفعال... الخ)، ذكر فيه: أن كتابه المترجم بـ"المفصل على المفضل في دراية المفصل" بحر متلاطم الأمواج بما أودعه من النصوص والحجاج؛ لكنه يستدعي همما عالية، وقد احتوى منه هذا الكتاب على المقاصد لا يغادر من المتن شيئا إلا أحصاه.

٣٦- ومن شروح "المفصل" شرح بقال، أقول أوله: (إياه أحمد على أن خولني بطوله الجسيم... الخ)، وهو للشيخ أبي عاصم علي بن عمر بن الخليل بن علي الفقيهي المدعو بـ(الفخر الأسفندري)، المتوفى يوم الأربعاء التاسع عشر من رجب سنة ثمان وتسعين وستمائة. وسماه: "كتاب المقتبس من توضيح ما التبس"، مقتبسة مواده من كتب جرت مجرى الشروح "للمفصل": "كالتخمير" و"الإيضاح" و"العقارب" و"المحصل"، واستصفى أيضا ما أثبته في نسخته من الحواشي الصحاح.

وعَلَّمَ "التخمير" لصدر الأفاضل بعلامة: (تخ).

و"الإيضاح": بعلامة: (شج).

و"العقارب" للإمام المحقق نجم الدين عثمان بن الموفق الأذكاني، بعلامة: (عق).

و"المحصل" لمنتجب الدين محمد بن سعد المروزي الديباجي، بعلامة: (شم).

ترجمة جار الـلـه الزمخشري

صاحب الأصل

اسمه ونسبه: (٤٦٧ - ٥٣٨ هـ = ١٠٧٥ - ١١٤٤ م)

هو الزمخشري العلامة، كبير المعتزلة، أبو القاسم محمود بن عمر بن محمد بن أحمد، الزمخشري، الخوارزمي، النحوي، صاحب " الكشاف " و" المفصل ".

مفسر، محدث، متكلم، نحوي، لغوي، بياني، أديب، ناظم، ناثر، مشارك في عدة علوم.

من أئمة العلم بالدين والتفسير واللغة والآداب.

طلبه للعلم وكلام العلماء عليه:

ولد في زمخشر (من قرى خوارزم)، رحل، وسمع ببغداد من نصر بن البطر وغيره. وحج، وجاور زمنا فلقب بـ(جار الـلـه). وتنقل في البلدان، ثم عاد إلى الجرجانية (من قرى خوارزم) فتوفي فيها.

ذكر التاج الكندي: أنه رآه على باب الإمام أبي منصور ابن الجواليقي.

وقال الكمال الأنباري: لما قدم الزمخشري للحج، أتاه شيخنا أبو السعادات بن الشجري مهنئا بقدومه، وقال:

كانت مسألة الركبان تخبرني ... عن أحمد بن علي أطيب الخبر

حتى التقينا فلا و الـلـه ما سمعت ... أذني بأحسن مما قد رأى بصري

وأثنى عليه، ولم ينطق الزمخشري حتى فرغ أبو السعادات، فتصاغر له، وعظمه، وقال: إن زيد الخيل دخل على رسول الـلـه صلى الـلـه عليه وسلم، فرفع صوته بالشهادتين، فقال له صلى الـلـه عليه وسلم: "يا زيد؛ كل رجل وصف لي وجدته دون الصفة إلا أنت، فإنك فوق ما وصفت". وكذلك الشريف ودعا له، وأثنى عليه.

قال الذهبي: روى عنه بالإجازة أبو طاهر السلفي، وزينب بنت الشعري.

وروى عنه أناشيد إسماعيل بن عبد الـلـه الخوارزمي، وأبو سعد أحمد بن محمود الشاشي، وغيرهما.

وكان مولده بزمخشر - قرية من عمل خوارزم - في رجب سنة سبع وستين وأربع مائة.

وكان رأسا في البلاغة والعربية والمعاني والبيان، وله نظم جيد.

وقال الذهبي أيضًا: قيل: سقطت رجله، فكان يمشي على جاون خشب، سقطت من الثلج.

قال السمعاني: برع في الآداب، وصنف التصانيف، ورد العراق وخراسان، ما دخل بلدا إلا واجتمعوا عليه، وتلمذوا له، وكان علامة نسابة، جاور مدة حتى هبت على كلامه رياح البادية.

مذهبه:

كان معتزلي المذهب، مجاهرا، شديد الإنكار على المتصوفة، أكثر من التشنيع عليهم في الكشاف وغيره، سامحه الله.

مصنفاته:

"أساس البلاغة" في اللغة. "أساس التقديس". "أسرار المواضع". "أطواق الذهب". "أعجب العجب شرح لامية العرب". "أمالي". "أنموذج في مختصر المفصل" له. "جواهر اللغة". "خصائص العشرة الكرام البررة". "ديوان التمثل". "ديوان الرسائل". "ديوان شعر". "الرائض في الفرائض". "ربيع الأبرار ونصوص الأخبار" في الأدب والنوادر. "الرسالة المبكية". "الرسالة الناصحة". "رؤوس المسائل" في الفقه. "زيادات النصوص". "سوائر الأمثال". "شافي العي من كلام الإمام الشافعي". "شرح أبيات الكشاف". "شرح كتاب سيبويه". "شرح مختصر القدوري" في فروع الحنفية. "شقائق النعمان في مناقب النعمان" الإمام أبي حنيفة. "صحيح العربية". "ضالة الناشد". "طلبة العفاة في شرح التصرفات". "الفائق ونسيم الرائق" في غريب الحديث. "فصوص الأخبار". "فصوص النصوص". "القسطاس في العروض". كتاب "الأمكنة والجبال والمياه". "الكشاف عن حقائق التنزيل". "كلمات العلماء". "متشابه أسامي الرواة". "المحاجاة ومتمم مهام أرباب الحاجات في الأحاجي والأغلوطات". "المستقصى في الأمثال". "معجم الحدود". "المفرد والمركب" في العربية. "المفرد والمؤلف" في النحو. "المفصل" في النحو. "المقامات". "مقدمة الأدب" في اللغة. "مناسك الحج". "المنتخب من ضالة المنشد". "المنهاج في الأصول". "نزهة المتأنس" موجود في آيا

صوفية. "نصائح الصغار". "نصائح الكبار". "نصائح الملوك". "نوابغ الكلم".

وفاته:

توفي بجرجانية خوارزم سنة ثمان وثلاثين وخمسمائة، وقد مات ليلة عرفة.

مصادر ترجمته:

١. الأنساب ٦ / ٢٩٧.

٢. نزهة الألباب: ٣٩١ - ٣٩٣.

٣. المنتظم ١٠ / ١١٢.

٤. معجم البلدان ٣ / ١٤٧.

٥. معجم الأدباء ١٩ / ١٢٦ - ١٣٥.

٦. اللباب ٢ / ٧٤.

٧. الكامل ١١ / ٩٧.

٨. إنباه الرواة ٣ / ٢٦٥ - ٢٧٢.

٩. وفيات الأعيان ٥ / ١٦٨ - ١٧٤.

١٠. المختصر في أخبار البشر ٣ / ١٦.

١١. إشارة التعيين: الورقة ٥٣.

١٢. البدر السافر ورقة ١٩٣.

١٣. تاريخ الإسلام: وفيات ٥٣٨.

١٤. ميزان الاعتدال ٤ / ٧٨.

١٥. العبر ٤ / ١٠٦.

١٦. دول الاسلام ٢ / ٥٦.

١٧. تذكرة الحفاظ ٤ / ١٢٨٣.

١٨. تلخيص ابن مكتوم: ٢٤٣.

١٩. المستفاد من ذيل تاريخ بغداد: ٢٢٨.

٢٠. المختصر ٢ / ٧٠.

٢١. مرآة الجنان ٣ / ٢٦٩ - ٢٧١.

٢٢. البداية والنهاية ١٢ / ٢١٩.

٢٣. الجواهر المضية ٢ / ١٦٠.

ترجمة ابن الحاجب

صاحب الكتاب

اسمه ونسبه:

هو الشيخ الإمام العلامة المقرئ الأصولي الفقيه النحوي جمال الأئمة والملة والدين أبو عمرو عثمان بن عمر بن أبي بكر بن يونس الكردي، الدويني الأصل، الإسنائي المولد، المالكي، صاحب التصانيف.

نشأته وحياته العلمية:

ولد سنة سبعين وخمس مائة، أو سنة إحدى - هو يشك - بإسنا من بلاد الصعيد، وكان أبوه حاجبا للأمير عز الدين موسك الصلاحي.

اشتغل أبو عمرو بالقاهرة، وحفظ القرآن، وأخذ بعض القراءات عن الشاطبي، وسمع منه " التيسير "، وقرأ بطرق " المبهج " على الشهاب الغزنوي، وتلا بالسبع على أبي الجود، وسمع من أبي القاسم البوصيري، وإسماعيل بن ياسين، وبهاء الدين القاسم ابن عساكر، وفاطمة بنت سعد الخير، وطائفة، وتفقه على أبي المنصور الإبياري وغيره.

أقوال العلماء فيه:

قال الذهبي: وكان من أذكياء العالم، رأسا في العربية وعلم النظر، درس بجامع دمشق، وبالنورية المالكية، وتخرج به الأصحاب، وسارت بمصنفاته الركبان، وخالف النحاة في مسائل دقيقة، وأورد عليهم إشكالات مفحمة.

قال أبو الفتح ابن الحاجب في ترجمة أبي عمرو بن الحاجب: هو فقيه، مفت، مناظر، مبرز في عدة علوم، متبحر، مع دين وورع وتواضع واحتمال وإطراح للتكلف.

قلت: ثم نزح عن دمشق هو والشيخ عز الدين ابن عبد السلام عندما أعطى صاحبها بلد الشقيف للفرنج، فدخل مصر وتصدر بالفاضلية.

قال ابن خلكان: كان من أحسن خلق الله ذهنا، جاءني مرارا لأداء شهادات، وسألته عن مواضع من العربية، فأجاب أبلغ إجابة بسكون كثير وتثبت تام، ثم انتقل إلى

الإسكندرية، فلم تطل مدته هناك، وبها توفي في السادس والعشرين من شوال سنة ست وأربعين وست مائة.

قلت: تلا عليه بالسبع شيخنا الموفق ابن أبي العلاء.

وحدث عنه المنذري، والدمياطي، وأبو محمد الجزائري، وأبو إسحاق الفاضلي، وأبو علي ابن الخلال، وأبو الحسن ابن البقال، وجماعة.

وأخذ عنه العربية جماعة، منهم شيخنا رضي الدين القسرطيني، وقد رزقت كتبه القبول التام لجزالتها وحسنها.

وممن روى عنه ياقوت الحموي فقال: حدثني عثمان بن عمر النحوي المالكي، حدثنا علي بن المفضل، حدثنا السلفي، أن النسبة إلى دوين دبيلي.

وفاته:

انتقل إلى الإسكندرية، فلم تطل مدته هناك، وبها توفي في السادس والعشرين من شوال سنة ست وأربعين وست مائة.

مصادر ترجمته:

١. ذيل الروضتين لأبي شامة: ١٨٢.

٢. وفيات الأعيان لابن خلكان ج ٣ / ٢٤٨ - ٢٥٠ الترجمة ٤١٣.

٣. صلة التكملة لشرف الدين الحسيني: الورقة ٥٥.

٤. تاريخ الإسلام للذهبي (أيا صوفيا ٣٠١٣) ج ٢٠ الورقة ٦٩ - ٧٠.

٥. طبقات القراء للذهبي ٢ / ٥١٦ ٥١٧ الترجمة ٢٣.

٦. العبر للذهبي: ٥ / ١٨٩.

٧. الطالع السعيد للادفوي: ١٨٨.

٨. عيون التواريخ لابن شاكر ٢٠ / ٢٤ - ٢٥.

٩. البداية والنهاية لابن كثير: ١٣ / ١٧٦.

١٠. الديباج المذهب لابن فرحون ٢ / ٨٦ - ٨٩ الترجمة ٦.

١١. طبقات ابن قنفذ: ٣١٩ - ٣٢٠ الترجمة ٦٤٧.

١٢. البلغة في تاريخ أئمة اللغة للفيروزآبادي: ١٤٠ الترجمة ٢٢٠.

١٣. غاية النهاية لابن الجزري ١ / ٥٠٨ - ٥٠٩ الترجمة ٢١٠٤.

١٤. بغية الوعاة للسيوطي: ٢ / ١٣٤ - ١٣٥ الترجمة ١٦٣٢.

١٥. حسن المحاضرة للسيوطي: ١ / ٤٥٦ الترجمة ٦٢.

١٦. شذرات الذهب ٥ / ٢٣٤.

١٧. شجرة النور الزكية: ١ / ١٦٧ - ١٦٨ الترجمة ٥٢٥.

١٨. الفتح المبين في طبقات الأصوليين: ٢ / ٦٥ - ٦٦.

١٩. سير أعلام النبلاء ٢٣/٢٦٤.

وصف النسخ الخطية

اعتمدنا في تحقيقنا لهذا الكتاب على نسختين خطيتين:

١- نسخة المكتبة الظاهرية، وهي نسخة جيدة كتبت بخط دقيق، وعدد الأسطر في الصفحة حوالي (٢٧) سطرا. ورمزنا إليها بـ(ظ).

٢- النسخة الحلبية، وهي نسخة جيدة تمتاز بكبر الخط ووضوحه، وعدد الأسطر في الصفحة حوالي (٢١) سطرا. ورمزنا إليها بـ(ح).

عملنا في الكتاب

سار عملنا في الكتاب وفق المنهج التالي:

١- تخريج الآيات القرآنية وفق مواضعها من المصحف الشريف.

٢- تخريج الأحاديث النبوية الشريفة وفق مواضعها من كتب السنة النبوية المطهرة.

٣- الشكل الكامل لنص الكتاب، إذ إنه من كتب النحو، والأولى أن يكون مضبوطًا بالضبط التام.

٤- التعليق على المواضع التي تحتاج زيادة إيضاح، أو بسط مسألة، أو بيان مشكل.

٥- مطابقة نص الكتاب على النسخة المخطوطة.

٦- ترقيم النص حسب قواعد الترقيم الحديثة.

٧- صنع مقدمة حول الكتاب وأصله، وما ألف حوله.

٨- عمل فهارس تفصيلية لأبواب الكتاب.

وأخيرًا فهذا هو جهد المقل، والمرجو ممن يطلع على كتابنا فيجد فيه عيبًا أن يبادرنا بالنصيحة، والتصويب، فكل معرض للخطأ، ولا كمال إلا لله سبحانه وتعالى.

وآخر دعوانا أن الحمد لله رب العالمين، وصلى الله على سيدنا محمد وآله وسلم.

المحقق

نماذج من صور المخطوط

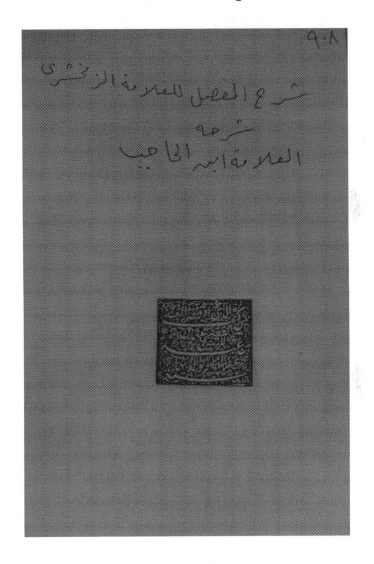

اللوحة الأولى من نسخة (ظ)

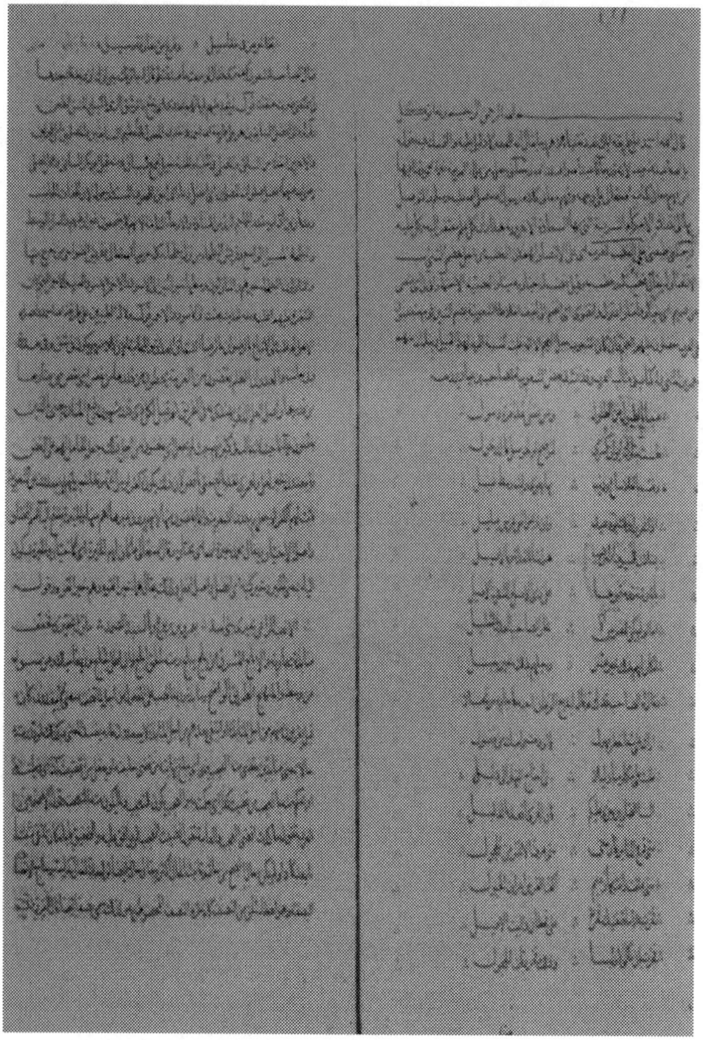

اللوحة الثانية من نسخة (ظ)

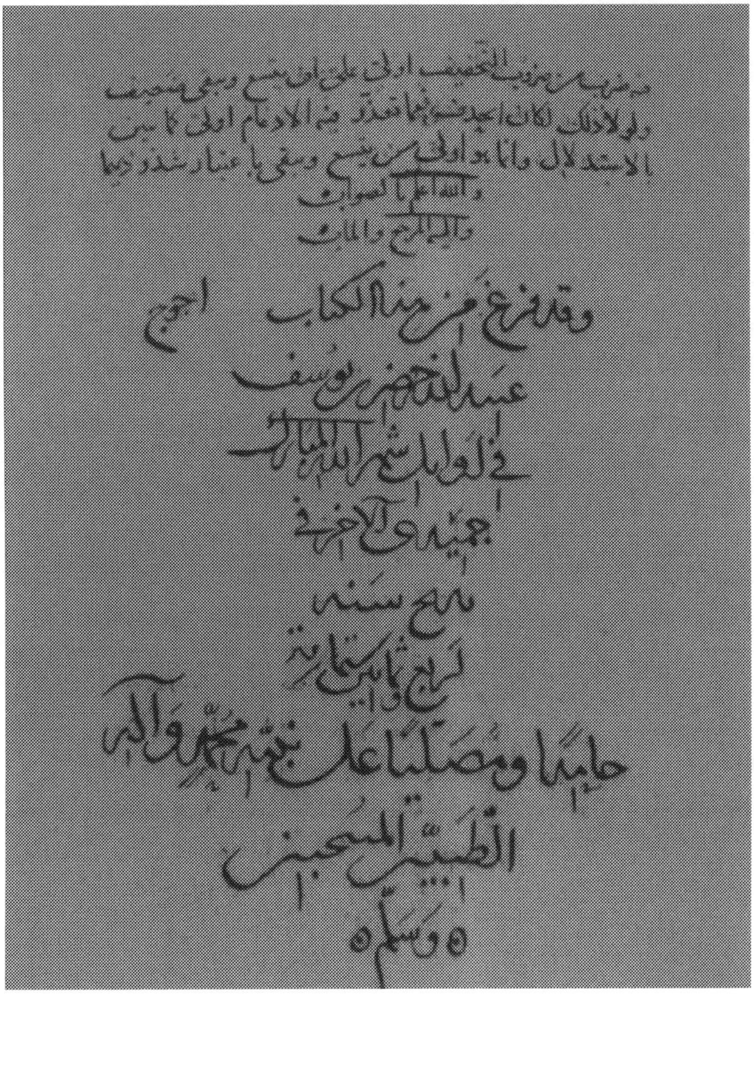

اللوحة الأخيرة من نسخة (ح)

بسم الله الرحمن الرحيم

وَبِهِ أَتَوَكَّلُ

مقدمة المصنف

قَالَ: (اللَّهَ أَحْمَدُ) عَلَى طَرِيقَةِ "إِيَّاكَ نَعْبُدُ" [الفاتحة:٥] تَقْدِيمًا لِلأَهَمِّ[١]، وَمَا يُقَالُ: إِنَّهُ لِلْحَصْرِ لا دَلِيلَ عَلَيْهِ، وَالتَّمَسُّكُ فِيهِ بِقَوْلِهِ: "بَلِ اللَّهَ فَاعْبُدْ" [الزمر:٦٦] ضَعِيفٌ[٢]؛ لأَنَّهُ قَدْ جَاءَ "فَاعْبُدِ اللَّهَ" [الزمر: ٢]، "اعْبُدُوا اللَّهَ" [المائدة:٧٢].

و(جَعَلَنِي)، جَعْلُهُ مِنْ عُلَمَاءِ الْعَرَبِيَّةِ نِعْمَةٌ مُحْمُودَةٌ لَمَا فِيهَا مِنْ فَهْمِ مَعَانِي كِتَابِ اللَّهِ تَعَالَى عَلَى وَجْهِهِ، وَفَهْمِ مَعَانِي كَلامِ رَسُولِ اللَّهِ صَلَّى اللَّهُ عَلَيْهِ وَسَلَّمَ، وَالتَّوَصُّلِ بِهَا إِلَى إِدْرَاكِ الأَحْكَامِ الشَّرْعِيَّةِ الَّتِي بِهَا السَّعَادَةُ الأُخْرَوِيَّةُ، هَذَا وَإِنَّ كُلَّ عَلَمٍ مُفْتَقِرٌ إِلَيْهَا، وَكُلٌّ عَلَيْهَا.

و(جَبَلَنِي): طَبَعَنِي، (عَلَى الْغَضَبِ لِلْعَرَبِ)؛ أَيْ: عَلَى الانْتِصَارِ لَهُمْ؛ لأَنَّ الْغَضَبَ مِنْ أَجْلِ هَضْمِ الشَّيْءِ سَبَبٌ لِلانْتِصَارِ لَهُ، يُقَالُ: غَضِبْتُ لَهُ وَغَضِبْتُ بِهِ، وَقِيلَ: لَهُ حَيًّا، وَبِهِ مَيْتًا، و(الْعَصَبِيَّةُ): الاحْتِمَاءُ، (وَأَبَى لِي)؛ أَيْ: مَنَعَنِي (عَنْ صَمِيمِ)؛ أَيْ: خِيَارِ، (وَأَمْتَازَ)؛ أَيْ: أَعْتَزِلَ، (وَأَنْضَوِي): أَنْضَمُّ، (لَفِيفِ): أَخْلاطِ، (الشُّعُوبِيَّةِ) بِضَمِّ الشِّينِ: قَوْمٌ

(١) جوز القاضي البيضاوي في قوله تعالى (إياك نعبد وإياك نستعين) أن تكون جملة (وإياك نستعين) حالا من الضمير المستتر وجوبا في (نعبد) ومن الشروط أيضا: ألا تكون جملة المضارع المذكور مقترنة بقد، فإن اقترنت بها وجب أن تقترن بالواو، نحو قوله تعالى (لِمَ تؤذونني وقد تعلمون أني رسول الله إليكم). شرح ابن عقيل ٦٥٨/١.

(٢) الفاء في نحو (بل اللهَ فاعبُدْ) جواب لأمّا مقدرة عند بعضهم وفيه إجحاف، وزائدة عند الفارسي وفيه بعد، وعاطفة عند غيره، والأصل تنبّه فاعبد الله، ثم حذف تنبه وقدم المنصوب على الفاء إصلاحاً للفظ كيلا تقع الفاء صدْراً كما قال الجميعُ في الفاء. مغني اللبيب ٦٢/١.

مُتَعَصِّبُونَ عَلَى الْعَرَبِ، مُفَضِّلُونَ عَلَيْهِمُ الْعَجَمَ، وَإِنْ كَانَ الشُّعُوبُ جِيلَ الْعَجَمِ؛ إلا أَنَّهُ غَلَبَتِ النِّسْبَةُ إِلَيْهِ لِهَذَا الْقَبِيلِ، وَيُقَالُ: إِنَّ مِنْهُمْ مَعْمَرَ بْنَ الْمُثَنَّى، وَلَهُ كِتَابٌ فِي مثَالِبِ الْعَرَبِ، وَقَدْ أَنْشَدَ بَعْضُ الشُّعُوبِيَّةِ الصَّاحِبَ بْنَ عَبَّادٍ يَمْدَحُهُ:

غَنِينَا بِالطُّبُولِ عَنِ الطُّلُولِ وَعَنْ عَنْسٍ عُذَافِرَةٍ ذَمُولِ

فَلَسْتُ بِتَارِكٍ إِيوَانَ كِسْرَى لِتُوضِحَ أَوْ لِحَوْمَلَ فَالدَّخُولِ

وَضَبٌّ بِالْفَلا سَاعٍ وَذِيبٍ بِهَا يَعْوِي وَلَيْثٍ وَسْطَ غِيلِ

إِذَا ذَبَحُوا فَذَلِكَ يَوْمُ عِيدٍ وَإِنْ نَحَرُوا فَفِي عُرْسٍ جَلِيلِ

يَسُلُّونَ السُّيُوفَ لِرَأْسِ ضَبٍّ هِرَاشًا بِالْغَدَاةِ وَبِالأَصِيلِ

بِأَيَّةِ رُتْبَةٍ قَدَّمْتُمُوهَا عَلَى ذِي الأَصْلِ وَالشَّرَفِ الأَصِيلِ

أَمَا لَوْ لَمْ يَكُنْ لِلْفُرْسِ إلا نِجَارُ الصَّاحِبِ الْعَدْلِ الْجَلِيلِ

لَكَانَ لَهُمْ بِذَلِكَ خَيْرُ عِزٍّ وَجِيلُهُمُ بِذَلِكَ خَيْرُ جِيلِ

فَقَالَ لَهُ الصَّاحِبُ: قَدْكَ. ثُمَّ قَالَ لَبَدِيعِ الزَّمَانِ: أَجِبْهُ. فَأَجَابَهُ مُرْتَجِلا:

أَرَاكَ عَلَى شَفًا خَطَرٍ مَهُولٍ بِمَا أَوْدَعْتَ رَأْسَكَ مِن فُضُولِ

طَلَبْتَ عَلَى مَكَارِمِنَا دَلِيلا مَتَى احْتَاجَ النَّهَارُ إِلَى دَلِيلِ

أَلَسْنَا الضَّارِبِينَ جِزًى عَلَيْكُمْ فَإِنَّ الْخِزْيَ أَقْعَدُ بِالذَّلِيلِ

مَتَى قَرَعَ الْمَنَابِرَ فَارِسِيٌّ مَتَى عَرَفَ الأَغَرَّ مِنَ الْحُجُولِ

مَتَى عَلِقَتْ وَأَنْتَ بِهَا زَعِيمٌ أَكُفُّ الْفُرْسِ أَعْرَافَ الْخُيُولِ

فَخَرْتَ بِمِلْءِ مَا ضِغْتَيْكَ فَخْرًا عَلَى قَحْطَانَ وَالْبَيْتِ الأَصِيلِ

فَخَرْتَ بِأَنَّ مَأْكُولا وَلِبْسًا وَذَلِكَ فَخْرُ رَبَّاتِ الْحُجُولِ

تُفَاخِرُهُنَّ فِي خَدٍّ أَسِيلِ وَفَرْعٍ مِن مَفَارِقِهِ رَسِيلِ

وَأَمْجَدُ مِن أَبِيكَ إِذَا تَزَيَّا عُرَاةٌ كَاللُّيُوثِ وَكَالنُّصُولِ

فَقَالَ الصَّاحِبُ لِلشُّعُوبِيِّ: كَيْفَ تَرَى؟
فَقَالَ: لَوْ سَمِعْتُ مَا صَدَّقْتُ. فَقَالَ لَهُ: جَائِزَتُكَ إِنْ وَجَدْتُكَ بَعْدَهَا فِي مَمْلَكَتِي ضَرَبْتُ عُنُقَكَ.

قَوْلُهُ: (لَمْ يُجِدِ عَلَيْهِمْ) لَمْ يَأْتِهِمْ بِجَدْوَى؛ أَيْ: بِنَفْعٍ، و(الرَّشْقُ): الرَّمْيُ بِالنَّبْلِ، و(الْمَشْقُ): الطَّعْنُ، وَقَوْلُهُ: (وَإِلَى أَفْضَلِ) هُوَ عَلَى طَرِيقَةِ (اللَّهَ أَحْمَدُ)[1] فِي تَقْدِيمِهِ الْمَفْعُولَ لِتَعْظِيمِهِ، (السَّابِقِينَ وَالْمُصَلِّينَ)؛ أَيْ: الأَوَّلِينَ وَالآخِرِينَ، أَخَذَهُ مِنَ السَّابِقِ وَالْمُصَلِّي فِي الْحَلْبَةِ، وَالْحَلْبَةُ: الْخَيْلُ تُجْمَعُ لِلسِّبَاقِ، وَمِنْهُ قِيلَ: أَبُو بَكْرٍ السَّابِقُ، وَعُمَرُ الْمُصَلِّي رَضِيَ اللَّهُ عَنْهُمَا، (أَفْضَلُ صَلَوَاتِ الْمُصَلِّينَ)؛ أَيْ: أَفْضَلُ دُعَاءِ الدَّاعِينَ، (الْمَحْفُوفُ) الْمُسْتَدَارُ حَوْلَهُ؛ لأَنَّ الْحِفَافَ الْجَانِبُ، و(عَدْنَانُ) بْنُ أُدٍّ أَبُو مَعَدٍّ، و(الْجَمَاجِمُ): الرُّؤُوسُ السَّادَةُ، و(الأَرْحَاءُ): الثَّابِتَةُ؛ لأَنَّهُمْ لا يَنْتَجِعُونَ غَيْرَ أَرْضِهِمْ، و(السُّرَّةُ): الْوَسَطُ، و(الْبَطْحَاءُ): الْمَسِيلُ الْوَاسِعُ، وَقُرَيْشُ الْبَطْحَاءُ مَنْ نَزَلَ بِبَطْحَاءِ مَكَّةَ حَرَسَهَا اللَّهُ تَعَالَى، وَقُرَيْشُ الضَّوَاحِي مَنْ خَرَجَ عَنْهَا، وَالنَّازِلُونَ الْبَطْحَاءَ خَيْرُهُمْ، وَالنَّازِلُونَ وَسْطَهَا خَيْرُ الْخَيْرِ (إِلَى الأَسْوَدِ وَالأَحْمَرِ)، الأَسْوَدُ: الْعَرَبُ، وَالأَحْمَرُ: الْعَجَمُ؛ لأَنَّ الشُّقْرَةَ عَلَيْهِمْ أَغْلَبُ، وَمِنْهُ الْحَدِيثُ: "بُعِثْتُ إِلَى الأَسْوَدِ وَالأَحْمَرِ"[2]، (وَلآلِهِ الطَّيِّبِينَ) عَلَى طَرِيقَةِ (اللَّهَ أَحْمَدُ)، وَأَصْلُهُ الأَهْلُ وَغُلِّبَ عَلَى الأَتْبَاعِ، (بِالرِّضْوَانِ) بِالرِّضَا، (الشِّقَاقُ): الْعَدَاوَةُ وَالْمُجَانَبَةُ؛ لأَنَّ كُلًّا مِنَ الْمُتَعَانِدَيْنِ يَكُونُ فِي شِقٍّ، وَفِي عُدْوَةٍ، وَفِي جَانِبٍ، (وَالْعُدْوَانُ): الظُّلْمُ، (يَغُضُّونَ مِنَ الْعَرَبِيَّةِ) يَحُطُّونَ مِن قَدْرِهَا، مِنْ (غَضَّ)؛ أَيْ: نَقَصَ، (مِن مَنَارِهَا): مِن قَدْرِهَا، وَأَصْلُهُ الْعَلَمُ الَّذِي يُهْتَدَى بِهِ فِي الطَّرِيقِ، ثُمَّ قِيلَ لِكُلِّ ذِي قَدْرٍ مَشْهُورٍ: رَفِيعُ الْمَنَارِ، وَيَعْنِي بِالَّذِينَ يَغُضُّونَ عُلَمَاءَ نَاحِيَتِهِ؛ لأَنَّهُ غَالِبٌ فِي كَثِيرٍ مِنْهُمْ، (حَيْثُ لَمْ يَجْعَلْ)؛ أَيْ: يَغُضُّونَ مِن أَجْلِ ذَلِكَ، جَعَلَهُ الْحَامِلَ لَهُمْ عَلَى الْغَضِّ، و(لا يَبْعُدُونَ) خَبَرُ (لَعَلَّ)، وَلَعَمْرِي لَقَدْ بَالَغَ حَتَّى نَاقَضَ؛ لأَنَّ ذَلِكَ يَكُونُ كُفْرًا وَمُرَاغَمَةً، وَقَدْ أَخْبَرَ بِأَنَّهُمْ لا يَبْعُدُونَ عَنِ الشُّعُوبِيَّةِ، فَأَثْبَتَ لَهُمُ الْكُفْرَ، ثُمَّ جَعَلَهُمْ بِهِ دُونَ الشُّعُوبِيَّةِ، وَإِنَّمَا يَغُضُّونَ مِنْهَا؛ لأَنَّهُمْ يَرَوْنَ غَيْرَهَا أَهَمَّ مِنْهَا، و(الْخِيَرَةُ) بِفَتْحِ الْيَاءِ اسْمُ الْمُخْتَارِ، وَأَصْلُهُ الاخْتِيَارُ، وَيُقَالُ: مُحَمَّدٌ خِيَرَةُ اللَّهِ؛ أَيْ: مُخْتَارُهُ، وَقَالَ اللَّهُ تَعَالَى: "**مَا كَانَ لَهُمُ الْخِيَرَةُ**" [القصص:٦٨]؛ أَيْ: الاخْتِيَارُ، وَالْخِيْرَةُ بِسُكُونِ الْيَاءِ بِمَعْنَى

---

(١) (الحمد لله) أبلغ من (أحمد الله) و(الله أحمد) أما من الأول فلأنه يحتمل الاستقبال فيكون وعدا لا تنجيزا وكونه حقيقة في الحال عند الفقهاء لا يدفع الاحتمال على أن إرادة الحال تفيد انقطاعه من الجانبين لعدم ما يدل على الاستمرار. الكليات للكفوي ٥٧١/١.

(٢) أخرجه أحمد في مسنده (٢٧٣٧)، وأخرجه الدارمي (٢٤٦٧)، وأخرجه ابن حبان في صحيحه (٦٤٦٢)، وأخرجه البيهقي في دلائل النبوة (ج٥:ص٤٧٣)، وقال مُجَاهِدٌ: يَعْنِي الْجِنَّ وَالإِنْسَ.

الْخَيْرِ، و(خَيْرُ كُتُبِهِ)؛ أَيْ: أَفْضَلُ، وَأَصْلُهُ أَفْعَلُ، وَلِذَلِكَ يُقَالُ: هُمَا خَيْرُ الْقَوْمِ، وَهُمْ خَيْرُ الْقَوْمِ، وَقَوْلُهُ:

أَلا نَعَبَ النَّاعِي بِخَيْرَيْ بَنِي أَسَدْ ... بِعَمْرِو بْنِ مَسْعُودٍ وَبِالسَّيِّدِ الصَّمَدْ

مُؤَوَّلٌ بِخَيِّرَيْ: فَخُفِّفَ، (مُنَابَذَةٌ): مُحَارَبَةٌ، و(الأَبْلَجُ): الْمُشْرِقُ، مِن بَلَجَ يَبْلُجُ، وَمِنْهُ: (الْحَقُّ أَبْلَجُ وَالْبَاطِلُ لَجْلَجٌ)، و(زَيْغًا): مَيْلا، و(عَنْ سَوَاءِ): عَنْ وَسَطِ، و(الْمَنْهَجُ): الطَّرِيقُ الْوَاضِحُ، و(مُنَابَذَةً)، و(زَيْغًا) نَصْبٌ عَلَى الْمَفْعُولِ مِن أَجْلِهِ لِمَا تَضَمَّنَهُ مَعْنًى، (لا يَبْعُدُونَ) كَأَنَّهُ قِيلَ: يَقْرُبُونَ مِنْهُمْ مِن أَجْلِ الْمُنَابَذَةِ، أَوْ انْتَفَى بُعْدُهُمْ مِن أَجْلِ الْمُنَابَذَةِ، لا بِـ (يَبْعُدُونَ)، فَإِنَّهُ يُفْسِدُ الْمَعْنَى، وَكَذَلِكَ لَوْ قَدَّرْتَهُ حَالا بِمَعْنَى مُنَابِذِينَ، (يُقْضَى مِنْهُ الْعَجَبُ): يُنْهَى؛ أَيْ: يَبْلُغُ نِهَايَتَهُ، مِن (قَضَى حَاجَتَهُ)، أَوْ يُفْعَلُ مِن (قَضَيْتُ كَذَا)؛ أَيْ: فَعَلْتُهُ، أَوْ يُحْكَمُ مِنْهُ بِالْعَجَبِ مِن (قَضَيْتُ كَذَا)؛ أَيْ: حَكَمْتُ بِهِ، وَالْعَجَبُ يَكُونُ لِلتَّعَجُّبِ، وَلِمَا يَكُونُ مِنْهُ التَّعَجُّبُ، وَقَوْلُ الأَصْمَعِيِّ: (الْعَرَبُ تَقُولُ: مَا كِدْتُ أَقْضِي الْعَجَبَ، وَالْعَامَّةُ تَقُولُ: قَضَيْتُ الْعَجَبَ) لَمْ يُوَافَقْ عَلَيْهِ، وَالتَّحْقِيقُ يَأْبَاهُ، كَانَ الْمَنْفِيُّ مُثْبَتًا مَا بَعْدَ كَادَ أَوْ لَمْ يَكُنْ[1]، و(حَالَ) أَفْصَحُ مِن حَالَةٍ، وَتَأْنِيثُ الْحَالِ أَكْثَرُ، وَيُقَالُ: حَالَةٌ أَيْضًا لِوَاحِدَةِ الْحَالِ؛ كَحَاجَةٍ وَحَاجٍ، و(الإِنْصَافُ): النَّصَفَةُ، وَهُوَ إِعْطَاءُ الْحَقِّ مِن النِّصْفِ، كَأَنَّهُ لَزِمَ النِّصْفَ الْمَخْصُوصَ بِهِ، وَلِذَلِكَ سُمِّيَ نِصْفًا أَيْضًا، قَالَ الْفَرَزْدَقُ:

وَلَكِنَّ نِصْفًا لَوْ سَبَبْتُ وَسَبَّنِي ... بَنُو عَبْدِ شَمْسٍ مِن مَنَافٍ وَهَاشِمِ

و (الْفَرْطُ): تَجَاوُزُ الْحَدِّ، و(الْجَوْرُ): الْمَيْلُ عَنِ الْقَصْدِ، و(الاعْتِسَافُ): سُلُوكُ غَيْرِ الطَّرِيقِ، (لا يُدْفَعُ): لا يُنْكَرُ، (لا يَتَقَنَّعُ): لا يَتَسَتَّرُ، (مَشْحُونَةٌ): مَمْلُوءَةٌ، و(الاسْتِظْهَارُ): الاسْتِعَانَةُ، و(التَّشَبُّثُ): التَّعَلُّقُ، (بِأَهْدَابِ): بِأَطْرَافِ، جَمْعُ هُدْبٍ وَهُدْبَةٍ، وَهِيَ الْخَمْلَةُ، (مُنَاقَلَتُهُمْ): مُفَاعَلَةٌ مِنَ النَّقْلِ؛ أَيْ: يُنْقَلُ إِلَيْهِمْ وَيَنْقُلُونَهُ، و(مُحَاوَرَتُهُمْ): مُرَاجَعَتُهُمْ،

---

(١) إن قصدوا أن نفي الكود أي القرب في: ما كدت أقوم: إثبات لذلك المضمون، فهو من أفحش الغلط، وكيف يكون نفي الشيء إثباته، وكذا إن أرادوا أن نفي القرب من مضمون الخبر إثبات لذلك المضمون، بل هو أفحش لأن نفي القرب من الفعل أبلغ في انتفاء ذلك الفعل من نفي الفعل نفسه، فإن: ما قربت من الضرب، آكد في نفي الضرب من: ما ضربت، بلى، قد يجيء مع قولك: ما كاد زيد يخرج، قرينة تدل على ثبوت الخروج بعد انتفائه وبعد انتفاء القرب منه، فتكون تلك القرينة دالة على ثبوت مضمون خبر كاد في وقت، بعد وقت انتفائه وانتفاء القرب منه، لا لفظ كاد. شرح الرضي على الكافية ٢٢٣/٤.

وَالْمُنَاظَرَةُ: إِمَّا مِن قَوْلِهِمْ: دُورٌ مُتَنَاظِرَةٌ؛ أَيْ: مُتَقَابِلَةٌ؛ لأَنَّهُمَا مُتَقَابِلانِ، وَإِمَّا مِنَ النَّظَرِ وَهُوَ الْبَحْثُ؛ لأَنَّ كُلًّا مِنْهُمَا يَنْظُرُ فِيمَا يَنْظُرُ فِيهِ الآخَرُ، وَإِمَّا مِنَ النَّظَرِ وَهُوَ الرُّوِيَّةُ، وَإِمَّا مِنَ النَّظِيرِ وَهُوَ الْمِثْلُ، (الصُّكُوكُ وَالسِّجِلاتُ): الْكُتُبُ، (مُلْتَبِسُونَ): مُتَّصِلُونَ، وَأَصْلُهُ الاخْتِلاطُ، (أَيَّةً سَلَكُوا)؛ أَيْ: أَيَّةَ وُجْهَةٍ سَلَكُوا، (أَيْنَمَا وَجَّهُوا): أَيَّ مَوْضِعٍ تَوَجَّهُوا، (كَلٌّ): عِيَالٌ وَثِقْلٌ، (حَيْثُ سَيَّرُوا)؛ أَيْ: سَارُوا، (فِي تَضَاعِيفِ ذَلِكَ)؛ أَيْ: فِي أَثْنَاءِ مَا ذَكَرْتُ مِن مَوَاضِعِ اسْتِعْمَالِهِمُ الْعَرَبِيَّةَ، (يَجْحَدُونَ فَضْلَهَا): وَصْفٌ لَهُمْ إِمَّا بِالْبَلَهِ وَالْغَفْلَةِ، وَإِمَّا بِإِنْكَارِ الْحَقِّ مَعَ الْعِلْمِ بِهِ، و(الْخَصْلُ): مَا يُرَاهَنُ عَلَيْهِ فِي الرَّمْيِ، ثُمَّ غُلِّبَ فِي الْفَضْلِ وَالْغَلَبَةِ لِكَوْنِهِ عَنْهُ، و(يَذْهَبُونَ عَنْ تَوْقِيرِهَا)؛ أَيْ: يُفَارِقُونَ تَعْظِيمَهَا أَوْ يَغْفُلُونَ، و(يُمَزِّقُونَ أَدِيمَهَا)؛ أَيْ: يَخْرِقُونَ جِلْدَهَا لِذَمِّهِمْ لَهَا، (وَيَمْضَغُونَ لَحْمَهَا)، إِمَّا كِنَايَةً عَنِ الذَّمِّ مِثْلَ مَنْ يَأْكُلُ لَحْمَ أَخِيهِ، فَيَكُونَ مِثْلَ (يُمَزِّقُونَ أَدِيمَهَا)، وَإِمَّا كِنَايَةً عَنِ الانْتِفَاعِ، وَالْمَثَلُ السَّائِرُ فِي ذَمِّ الْمُحْسِنِ (الشَّعِيرُ يُؤْكَلُ وَيُذَمُّ)، وَكَذَلِكَ (يَجْرِي بُلَيْقٌ وَيُذَمُّ)، و(قُطِّعَتِ الأَسْبَابُ بَيْنِي وَبَيْنَهُ) اسْتِعَارَةٌ فِي إِزَالَةِ الْوُصْلَةِ، (فَيَطْمِسُوا): فَيَمْحُوا، (نَفَضْتُ غُبَارَ كَذَا عَنِّي) اسْتِعَارَةٌ فِي إِذْهَابِهِ أَلْبَتَّةَ، (وَفِي الْفَرْقِ بَيْنَ إِنْ وَأَنْ)؛ يَعْنِي فِي مِثْلِ: (أَنْتِ طَالِقٌ إِنْ دَخَلْتِ الدَّارَ، وَأَنْ دَخَلْتِ الدَّارَ)، وَيُقَالُ: إِنَّ الْكِسَائِيَّ سَأَلَ أَبَا يُوسُفَ فِي حَضْرَةِ الرَّشِيدِ، وَلَفَظَ بِأَنْ مَفْتُوحَةً، فَقَالَ: (تَطْلُقُ إِنْ دَخَلَتْ)، فَقَالَ الْكِسَائِيُّ: أَخْطَأْتَ، وَبَيَّنَ أَنَّهَا لِلتَّعْلِيلِ، وَمُحَمَّدُ بْنُ الْحَسَنِ الشَّيْبَانِيُّ صَاحِبُ أَبِي حَنِيفَةَ رَضِيَ اللَّهُ عَنْهُمَا، لَهُ كِتَابٌ فِي الأَيْمَانِ، فِيهِ مَسَائِلُ كَثِيرَةٌ بَنَاهَا عَلَى الْعَرَبِيَّةِ، وَمِنْ غَرِيبِهَا أَنَّهُ قَالَ: لَوْ قَالَ: (إِنْ دَخَلَ دَارِي هَذِهِ أَحَدٌ فَأَنْتِ طَالِقٌ)[1]، فَدَخَلَهَا هُوَ لَمْ يَحْنَثْ، وَلَوْ قَالَ: (هَذِهِ

---

(١) لو قال: (أنت طالق إن دخلت الدار) أو (إذا دخلت الدار) لم تطلق حتى تدخل فقد استوت (إن) و(إذا) في هذا الموضع ولو قال: (إذا لم أطلقك) أو(متى لم أطلقك فأنت طالق) وقع على الفور بمضي زمان يمكن أن يطلق فيه ولم يطلق ولو قال: (إن لم أطلقك فأنت طالق) كان على التراخي فيمتد إلى حين موت أحدهما، واعلم أن كلمة (إذا) عند نحويي الكوفة مشترك بين الوقت والشرط وإذا استعملت للشرط لم يبق فيها معنى الوقت أصلا ويصير بمعنى: (إن) وهو قول أبي حنيفة رحمه الله وعند البصريين أنها موضوعة للوقت وتستعمل في الشرط مجازا من غير سقوط معنى الوقت عنها مثل: (متى) فإنها للوقت لا يسقط ذلك عنها بحال وهذا قول صاحبيه رحمهم الله وإذا بالنظر إلى كونها شرطا تدخل على المشكوك وبالنظر إلى كونها ظرفا تدخل على المتقين كسائر الظروف وإذا غير جازم في الجازم وإن جازم في غير الجازم. الكليات للكفوي ٨٧/١.

الدَّارَ)، فَدَخَلَهَا حَنِثَ، فَجَعَلَ الإِضَافَةَ إِلَيْهِ قَرِينَةً تُخَصِّصُ أَحَدًا وَتُخْرِجُهُ مِنْهُ، وَمِنْهَا أَنَّهُ لَوْ قَالَ: (أَنْتِ طَالِقٌ إِنْ دَخَلْتِ الدَّارَ)، ثُمَّ قَالَ: لا بَلْ هَذِهِ، فَدَخَلَتِ الأُولَى طَلَقَتَا مَعًا، وَلَوْ دَخَلَتِ الثَّانِيَةُ فَقَطْ لَمْ تَطْلُقْ وَاحِدَةٌ مِنْهُمَا، وَهُوَ صَحِيحٌ إِنْ لَمْ يَكُنْ عُرْفٌ وَلا نِيَّةٌ (لَمْ يَتَرَاطَنُوا): لَمْ يَتَكَلَّمُوا بِالْعَجَمِيَّةِ، و(حَلَق): جَمْعُ حَلْقَةٍ، وَهُوَ نَادِرٌ، وَعَنْ أَبِي عَمْرٍو حَلَقَةٌ وَحِلَقٌ بِالتَّحْرِيكِ فِيهِمَا، وَعَنِ الأَصْمَعِيِّ: حَلْقَةٌ وَحِلَقٌ؛ كَبَدْرَةٍ وَبِدَرٍ، و(الأُبَّهَةُ): الْعَظَمَةُ[(١)]، و(الْهُزْأَةُ): مَا يُهْزَأُ بِهِ، وَالْهُزَأَةُ: الَّذِي يَهْزَأُ، كَضُحْكَةٍ وَضُحَكَةٍ، (هَذَا) أَيْ: خُذْ هَذَا الَّذِي ذَكَرْتُ، ثُمَّ ابْتَدَأَ فِي أَمْرٍ آخَرَ فَقَالَ: (وَإِنَّ الإِعْرَابَ)، فَيَجُوزُ (أَنَّ) بِالْفَتْحِ، أَوْ هَذَا بَابٌ، ثُمَّ ابْتَدَأَ فِي بَابٍ آخَرَ فِيهِ، (أَجْدَى): أَنْفَعُ، (مِن تَفَارِيقِ الْعَصَا) مَثَلٌ يُضْرَبُ فِي كَثْرَةِ الْمَنَافِعِ لِكَثْرَةِ مَنَافِعِهَا، لأَنَّهَا يُنْتَفَعُ بِهَا عَصًا، فَتَنْكَسِرُ فَيُتَّخَذُ مِنْهَا سَاجُورٌ، فَيَنْكَسِرُ فَيُتَّخَذُ مِنْهُ وَتِدٌ، فَيَنْكَسِرُ فَيُتَّخَذُ شِظَاظًا، فَيَنْكَسِرُ فَيُتَّخَذُ مِنْهُ عِرَانٌ، وَهُوَ عُودٌ يُجْعَلُ فِي أَنْفِ الْبُخْتِيِّ، فَيَنْكَسِرُ فَيُتَّخَذُ مِنْهُ تَوْدِيَةٌ، وَهُوَ عُودُ التَّصْرِيَةِ، وَأَصْلُهُ: أَنَّ امْرَأَةً كَانَ لَهَا ابْنٌ يُجْرَحُ كَثِيرًا فَتَأْخُذُ أَرْشَهُ حَتَّى اسْتَغْنَتْ فَقَالَتْ:

أَحْلِفُ بِالْمَرْوَةِ حَقًّا وَالصَّفَا   إِنَّكَ أَجْدَى مِن تَفَارِيقِ الْعَصَا

و (الْعَدِيدُ): الْعَدَدُ، (فَاجْتَرَأَ): فَأَقْدَمَ، و(تَعَاطِي الشَّيْءِ): الأَخْذُ فِيهِ، و(الْعَمْيَاءُ): الْعَمَايَةُ، وَهُوَ الْبَاطِلُ، و(الْعَشْوَاءُ): النَّاقَةُ الَّتِي لا تُبْصِرُ قُدَّامَهَا، فَتَخْبِطُ كُلَّ شَيْءٍ، فَقِيلَ لِكُلِّ مَنْ رَكِبَ أَمْرًا مِن غَيْرِ بَصِيرَةٍ: (يَخْبِطُ خَبْطَ عَشْوَاءٍ)، (التَّقَوُّلُ وَالافْتِرَاءُ): الْكَذِبُ، و(الْهُرَاءُ): الْقَوْلُ الْخَطَأُ، و(بَرَاءٌ) بِمَعْنَى: بَرِيءٌ وَهُوَ مَصْدَرٌ وُصِفَ بِهِ، (وَهُوَ) أَيْ: الإِعْرَابُ، (الْمِرْقَاةُ) بِفَتْحِ الْمِيمِ وَكَسْرِهَا: الدَّرَجَةُ، فَالْفَتْحُ عَلَى الْمَوْضِعِ، وَالْكَسْرُ عَلَى الآلَةِ، (إِلَى عَلْمِ الْبَيَانِ)، وَهُوَ الْعِلْمُ بِالْمَعَانِي الْحَاصِلَةِ عَنِ الإِعْرَابِ، (الْمُطَّلِعُ)، و(الْكَافِلُ)، و(الْمُوَكَّلُ): صِفَاتٌ لِعِلْمِ الْبَيَانِ؛ لأَنَّ تِلْكَ الْمَعَانِي الْحَاصِلَةُ عَنِ الإِعْرَابِ هِيَ الْمُطَّلِعَةُ عَلَى نُكَتِ نَظْمِ الْقُرْآنِ، (الْكَافِلُ): الضَّامِنُ، (الْمُوَكَّلُ): الْمَجْعُولُ وَكِيلا بِهِ،

---

(١) أَبَهَ له يَأْبَهُ أَبْهاً وأَبِهَ له وبه أَبَهاً فَطِنَ وقال بعضهم أَبِهَ للشيء أَبَهاً نسيه ثم تفطَّنَ له وأَبَّهَ الرجل فطَّنه وأَبَّهه نبَّهه كلاهما عن كراع والمعنيان متقاربان الجوهري ما أَبَهْتُ للأَمر آبَهُ أَبْهاً ويقال أَيضاً ما أَبِهْتُ له بالكسر آبَهُ أَبَهاً مثل نَبِهْتُ نَبَهاً قال ابن بري وآبَهْتُه أَعلمته وأَنشد لأُمية إِذْ آبَهَتْهم ولم يَدْرُوا بفاحشة وأَرْغَمْتَهم ولم يَدْرُوا بما هَجَعُوا وفي حديث عائشة رضي الله عنها في التعوُّذ من عذاب القبر أَشيءٌ أَوْهَمْتُه لم آبَهْ له أَو شيءٌ ذَكَّرْتُه إِياه أَي لا أَدري أَهو شيء ذكَرَه النبي وكنت غَفَلْتُ عنه فلم آبَهْ له أَو شيءٌ ذَكَّرْتُه إِياه وكان يذكره بعدُ والأُبَّهَة العظمة والكبر ورجل ذو أُبَّهَةٍ أَي ذو كبر وعظمة. لسان العرب ١٣/٤٦٦.

و(الْمَعَادِنُ): مَوَاضِعُ الذَّهَبِ وَالْفِضَّةِ، فَاسْتَعَارَهُ لِذَلِكَ، و(نُكَتُ نَظْمِ الْقُرْآنِ): الْمَعَانِي الدَّقِيقَةُ الْمَفْهُومَةُ مِنْهُ، (فَالصَّادُّ عَنْهُ) فَالصَّارِفُ عَنِ الإِعْرَابِ، و(الْمُرِيدُ)؛ أَيْ: وَكَالْمُرِيدِ، و(الْمَوَارِدُ): جَمْعُ مَوْرِدٍ، وَهُوَ مَوْضِعُ وُرُودِ الْمَاءِ؛ أَيْ: بِمَوَارِدِ الْخَيْرِ، (أَنْ تُعَافَ) تُتْرَكَ، (نَدَبَنِي): دَعَانِي، (مِنَ الأَرَبِ): مِنَ الْحَاجَةِ، (الشَّفَقَةُ): الْحُنُوُّ وَالرِّقَّةُ، و(الْحَدَبُ): الْعَطْفُ، و(الأَشْيَاعُ): الأَتْبَاعُ، (وَالْحَفَدَةُ): الْخَدَمُ، جَمْعُ حَافِدٍ، و(الإِنْشَاءُ): الاخْتِرَاعُ، (مُحِيطٌ): جَامِعٌ، كَأَنَّهُ قَدْ أَحْدَقَ بِهِ، و(التَّرْتِيبُ): وَضْعُ كُلِّ شَيْءٍ فِي رُتْبَتِهِ؛ أَيْ: فِي مَنْزِلَتِهِ، و(الأَمَدُ): الْغَايَةُ[1]، و(أَقْرَبُ السَّعْيِ): أَدْنَاهُ، و(سِجَالُهُمْ): دِلاؤُهُمْ[2]، وَهَذَا تَصْرِيحٌ مِنْهُ بِافْتِقَارِ النَّاسِ قَبْلَ كِتَابِهِ إِلَى تَعَلُّمِ الْعَرَبِيَّةِ بِكِتَابٍ صَالِحٍ لِلتَّعْلِيمِ، (فَأَنْشَأْتُ)؛ أَيْ: فَكَانَ مَا تَقَدَّمَ سَبَبًا لِلإِنْشَاءِ، و(النِّصَابُ): الأَصْلُ، و(الْمَرْكَزُ): الْمَوْضِعُ، و(الإِيجَازُ): الاخْتِصَارُ غَيْرُ الْمُخِلِّ بِقِصَرِهِ، لأَنَّهُ لا يَكَادُ يَنْفَكُّ عَنْهُ، (وَالتَّلْخِيصُ): التَّبْيِينُ، (غَيْرُ الْمُمِلِّ) بِطُولِهِ، لأَنَّهُ لا يَكَادُ يَنْفَكُّ عَنْهُ (لِمُقْتَبِسِيهِ)؛ أَيْ: لِمُسْتَفِيدِيهِ، يُقَالُ: اقْتَبَسْتُ عِلْمًا، وَقَبَسْتُهُ نَارًا فَاقْتَبَسَهُ، وَقِيلَ: اللُّغَتَانِ مَعًا فِيهِمَا، (مَلِيءٌ بِكَذَا) أَيْ: قَادِرٌ عَلَيْهِ، وَالْهَاءُ فِي (فِيهِ) لِلْكِتَابِ فِي (فَأَنْشَأْتُ هَذَا الْكِتَابَ)، أَوْ لِلطَّالِبِ لِتَقَدُّمِ مَا يَدُلُّ عَلَيْهِ.

(١) الأَمَدُ الغاية كالمَدَى يقال ما أَمدُك؟ أَي منتهى عمرك وفي التنزيل العزيز ولا تكونوا كالذين أُوتوا الكتاب من قبل فطال عليهم الأَمدُ فَقَسَتْ قلوبهم قال شمر الأَمَدُ منتهى الأَجل قال وللإِنسان أَمَدان أَحدهما ابتداء خلقه الذي يظهر عند مولده والأَمد الثاني الموت ومن الأَول حديث الحجاج حين سأَل الحسن فقال له ما أَمَدُكَ؟ قال سنتان من خلافة عمر أَراد أَنه ولد لسنتين بقيتا من خلافة عمر رضي الله عنه والأَمَدُ الغضب أَمِدَ عليه وأَبِدَ إِذا غضب عليه. لسان العرب ٣٤.

(٢) السَّجْلُ الدَّلْو الضَّخْمَة المملوءةُ ماءً مُذَكَّر وقيل هو مِلْؤُها وقيل إِذا كان فيه ماء قَلَّ أَو كَثُر والجمع سِجالٌ وسُجُول ولا يقال لها فارغةً سَجْلٌ ولكن دَلْو وفي التهذيب ولا يقال له وهو فارغ سَجْلٌ ولا ذَنُوب قال الشاعر السَّجْلُ والنُّطْفَة والذَّنُوب حَتَّى تَرَى مَرْكُوَّها يَثُوب. لسان العرب ٣٢٥/١١.

القِسْمُ الأوَّلُ

الأسْمَاءُ

قَالَ صَاحِبُ الْكِتَابِ: فَصْلٌ فِي مَعْنَى الْكَلِمَةِ وَالْكَلامِ

الْكَلِمَةُ: هِيَ اللَّفْظَةُ الدَّالَّةُ عَلَى مَعْنًى مُفْرَدٍ بِالْوَضْعِ[1].

قَالَ الشَّيْخُ الإِمَامُ أَبُو عَمْرٍو عُثْمَانُ بْنُ الْحَاجِبِ رَحِمَهُ اللَّهُ إِمْلاءً: قَدَّمَ هَذَا الْفَصْلَ قَبْلَ الشُّرُوعِ فِي الأَقْسَامِ؛ لِكَوْنِهِ خَلِيقًا بِالْمُشْتَرَكِ بِاعْتِبَارِهَا، وَتَقْدِمَتُهُ أَوْلَى لِتَنَجُّزِ الْحَاجَةِ إِلَيْهِ قَبْلَهَا؛ لأَنَّ الْكَلامَ فِي الأَنْوَاعِ وَتَرْكِيبِهَا مُتَوَقِّفٌ عَلَى مَعْرِفَةِ الْجِنْسِ، وَاللَّفْظُ: مَا لَفَظَ بِهِ الإِنْسَانُ قَلَّتْ حُرُوفُهُ أَوْ كَثُرَتْ، وَقَوْلُهُ: (اللَّفْظَةُ) إِنْ أَرَادَ بِهِ أَقَلَّ مَا يَنْطَلِقُ عَلَيْهِ اللَّفْظُ كَضَرْبَةٍ فَفَاسِدٌ؛ لأَنَّ أَقَلَّهُ حَرْفٌ وَاحِدٌ، وَإِنْ أَرَادَ عَدَدًا مَخْصُوصًا يَنْتَهِي إِلَيْهِ فَلَيْسَ مُشْعِرًا بِهِ، وَإِنْ أَرَادَ مَعْنَى اللَّفْظِ كَانَ اللَّفْظُ أَوْلَى لِلاخْتِصَارِ وَرَفْعِ الاحْتِمَالِ.

وَقَوْلُهُ: (الدَّالَّةُ عَلَى مَعْنًى) حَذَرًا مِمَّا لا يَدُلُّ عَلَى مَعْنًى كَدَيْزٍ، فَإِنَّهَا لَفْظَةٌ وَلا تَدُلُّ عَلَى مَعْنًى، وَقَوْلُهُ: (مُفْرَدٌ) حَذَرًا مِمَّا يَدُلُّ عَلَى مَعْنًى مُرَكَّبٍ مَلْفُوظٍ بِجُزْأَيْهِ أَوْ بِجُزْئِهِ؛ نَحْوَ: (قَامَ زَيْدٌ)، و(قُمْ)، و(اقْعُدْ)، فَنَحْوُ هَذَا لَيْسَ بِكَلِمَةٍ، وَقَوْلُهُ: (بِالْوَضْعِ)[2] حَذَرًا مِمَّا يَدُلُّ عَلَى مَعْنًى مُفْرَدٍ بِالْعَقْلِ، وَذَلِكَ أَنَّا لَوْ سَمِعْنَا لَفْظَ (دَيْزٍ) مِنْ وَرَاءِ جِدَارٍ لَعَلِمْنَا

---

(١) قال الجرجاني في التعريفات: الكلمة هو اللفظ الموضوع لمعنى مفرد، وهي عند أهل الحق ما يكنى به عن كل واحدة من الماهيات والأعيان بالكلمة المعنوية والغيبية والخارجية بالكلمة الوجودية والمجردات بالمفارقات. [٢٣٨/١].

(٢) بعضهم يقولون المراد بكلمة الوضع، القصد أن يكون المتكلم قاصداً إفادة السامع، وبعضهم يقول لا ليس المقصود به القصد وإنما المقصود به أن يكون مما تعارف العرب على وضعه، يعني ما تأتي بكلمة ليست مشهورة عند العرب بأنها تفيد فائدة ديز تجتهد مثلا هذه لم يتواضع العرب على معرفة مثل هذا الكلام فهو كلام حتى لو أنه لو قلت أنه إن هاتين كلمتان متقابلتان ويمكن أن يقول واحد الأولى منهم مبتدأ والثاني خبراً، تكون مبتدأ والثانية خبراً لكنها ليست من الكلام الذي وضعه العرب، إذا لا بد أن يقول ولعل هذا هو الأقوى في تفسير قوله الكلام هو اللفظ المركب المفيد بالوضع. شرح الآجرومية ٢٧/١.

بِالْعَقْلِ أَنَّهَا لَفْظَةٌ قَامَتْ بِذَاتٍ، فَهِيَ لَفْظَةٌ دَالَةٌ عَلَى مَعْنًى مُفْرَدٍ بِالْعَقْلِ لا بِالْوَضْعِ.

قَوْلُهُ: (وَهِيَ جِنْسٌ تَحْتَهُ ثَلاثَةُ أَنْوَاعٍ: الاسْمُ، وَالْفِعْلُ، وَالْحَرْفُ).

فَالْجِنْسُ [١] هُوَ الَّذِي يَدْخُلُ تَحْتَهُ أَنْوَاعٌ مُخْتَلِفَةٌ لِحَقِيقَةٍ مُخْتَلِفَةٍ كُلِّيَّةٍ، فَالْكَلِمَةُ تُطْلَقُ عَلَى الاسْمِ وَالْفِعْلِ وَالْحَرْفِ، فَهِيَ بِهَذَا الاعْتِبَارِ جِنْسٌ لِشُمُولِهَا لِكُلِّ وَاحِدٍ مِنْهَا، وَكُلُّ وَاحِدٍ مِنْهَا نَوْعٌ؛ إِذْ حَقِيقَةُ الْجِنْسِ فِيهِ مَوْجُودَةٌ وَهِيَ الْكَلِمَةُ، وَالدَّلِيلُ عَلَى الْحَصْرِ أَنَّ الْكَلِمَةَ إِمَّا أَنْ تَدُلَّ عَلَى مَعْنًى فِي نَفْسِهَا أَوْ لا، الثَّانِي الْحَرْفُ، وَالأَوَّلُ: إِمَّا أَنْ يَدُلَّ عَلَى الاقْتِرَانِ بِأَحَدِ الأَزْمِنَةِ الثَّلاثَةِ أَوْ لا، الأَوَّلُ الْفِعْلُ، وَالثَّانِي الاسْمُ، وَقَدْ عُلِمَ بِذَلِكَ حَدُّ كُلِّ وَاحِدٍ مِنْهَا.

وَمَعْنَى قَوْلِهِ: (فِي نَفْسِهِ) أَنَّهُ يَسْتَقِلُّ بِالْمَفْهُومِيَّةِ، وَالْحَرْفُ لا يَسْتَقِلُّ بِالْمَفْهُومِيَّةِ، وَمَعْنَى ذَلِكَ أَنَّ نَحْوَ (مِنْ) و(إِلَى) مَشْرُوطٌ فِي وَضْعِهَا دَالَّةً عَلَى مَعْنَاهَا الإِفْرَادِيِّ ذِكْرُ مُتَعَلَّقِهَا، وَنَحْوُ (الابْتِدَاءِ)، و(الانْتِهَاءِ)، و(ابْتَدَأَ) و(انْتَهَى) غَيْرُ مَشْرُوطٍ فِيهِ ذَلِكَ [٢].

وَقَدْ أُورِدَ عَلَى ذَلِكَ نَحْوُ: ذَوُو، وَأُولُو، وَأُوْلاتِ، وَالْمَوْصُولاتِ، وَقَابَ، وَقِيسَ، وَأَيٌّ، وَبَعْضٌ، وَكُلٌّ، وَفَوْقَ، وَتَحْتَ، وَأَمَامَ، وَقُدَّامَ، وَخَلْفَ، وَوَرَاءَ، فَإِنَّهَا لا تُسْتَعْمَلُ إلا كَذَلِكَ، فَيَجِبُ أَنْ تَكُونَ حُرُوفًا، وَالْجَوَابُ أَنَّهَا وَإِنْ لَمْ تُسْتَعْمَلْ اتِّفَاقًا إلا كَذَلِكَ فَذَلِكَ لِعَارِضٍ، لا أَنَّهَا مَشْرُوطٌ فِي وَضْعِهَا دَالَّةً عَلَى ذَلِكَ، لأَنَّ وَضْعَ (ذُو) بِمَعْنَى صَاحِبٍ، وَالْتُزِمَ ذِكْرُ الْمُضَافِ إِلَيْهِ لِكَوْنِهَا وُضِعَتْ لِيُتَوَصَّلَ بِهَا إِلَى الْوَصْفِ بِأَسْمَاءِ الْجِنْسِ، وَوَضْعُ (فَوْقَ) بِمَعْنَى مَكَانٍ لَهُ عُلُوٌّ عَلَى غَيْرِهِ، فَالْتُزِمَ ذِكْرُ الْمُضَافِ إِلَيْهِ لِيَتَّضِحَ

(١) قال الجرجاني في التعريفات: الجنس: اسم دال على كثيرين مختلفين بأنواع. وكلي مقول على كثيرين مختلفين بالحقيقة في جواب ما هو من حيث هو كذلك، فالكلي جنس.. [٦٥/١].

(٢) قال ابن الحاجب: " الاسم ما دل على معنى في نفسه غير مقترن بأحد الأزمنة الثلاثة ".

قال الرضي: لم يقتصر على ما تقدم، مع قوله " وقد علم بذلك حد كل واحد منها "، لأنه أراد أن يصرح بحد كل واحد من الاقسام في أول صنفه، والذي تقدم لم يكن حدا مصرحا به، ولا المقصود منه الحد، بل كان المراد منه الدليل على الحصر، قوله " مادل " أي كلمة دلت، وإلا ورد عليه الخط والعقد والنصبة والإشارة، وإنما أورد لفظة " ما " مع احتمالها للكلمة وغيرها اعتمادا على ما ذكره قبل من كون الاسم أحد أقسام الكلمة في قوله " وهي اسم وفعل وحرف "، فكل اسم كلمة، لان الكلمة كلي، والاسم جزئي لها، وقوله " في نفسه " الجار والمجرور، مجرور المحل صفة لقوله " معني " والضمير البارز في " نفسه " لما، التي المراد منها الكلمة. شرح الرضي على الكافية ٣٥/١.

الْمُسْتَعْلَى عَلَيْهِ؛ كَأَفْعَلَ بِالنِّسْبَةِ إِلَى الْمُفَضَّلِ عَلَيْهِ، وَكَذَا الْبَوَاقِي، وَنَحْوُ (عَنْ) و(عَلَى)، وَالْكَافِ فِي الاسْمِيَّةِ يَجِبُ رَدُّهُ إِلَى ذَلِكَ بَعْدَ ثُبُوتِ الاسْمِيَّةِ بِخِصَائِصِهَا، وَإِنْ لَمْ يَقْوَ هَذَا التَّقْدِيرُ فِيهِ إِجْرَاءً لِلْبَابَيْنِ عَلَى مَا عُلِمَ مِنْ لُغَتِهِمْ فِيهِمَا.

قَوْلُهُ: (وَالْكَلامُ هُوَ الْمُرَكَّبُ مِنْ كَلِمَتَيْنِ أُسْنِدَتْ إِحْدَاهُمَا إِلَى الأُخْرَى)[١]، يُرِيدُ بِالإِسْنَادِ إِسْنَادًا لَهُ إِفَادَةٌ لا إِخْبَارٌ فَقَطْ، بِدَلِيلِ قَوْلِهِمْ: (هَلْ زَيْدٌ قَائِمٌ)، فَإِنَّ الإِسْنَادَ مَوْجُودٌ وَلَيْسَ بِخَبَرٍ.

قَوْلُهُ: (وَلا يَتَأَتَّى ذَلِكَ إلا فِي اسْمَيْنِ أَوْ فِي فِعْلٍ وَاسْمٍ).

وَالدَّلِيلُ عَلَى الْحَصْرِ فِيمَا ذَكَرَ أَنَّا عَلِمْنَا مِنْ كَلامِهِمْ مَا يُخْبَرُ بِهِ وَيُخْبَرُ عَنْهُ فَسَمَّيْنَاهُ اسْمًا، وَمَا يُخْبَرُ بِهِ وَلا يُخْبَرُ عَنْهُ فَسَمَّيْنَاهُ فِعْلا، وَلا يُخْبَرُ بِهِ وَلا يُخْبَرُ عَنْهُ فَسَمَّيْنَاهُ حَرْفًا، فَإِذَا عَرَفْنَا ذَلِكَ مِنْ كَلامِهِمْ تَعَيَّنَ ذَلِكَ، وَذَلِكَ لأَنَّ الْقِسْمَةَ سِتَّةٌ: قِسْمَانِ مُفِيدَانِ، وَأَرْبَعَةٌ غَيْرُ مُفِيدَةٍ، اسْمٌ وَاسْمٌ، وَفِعْلٌ وَفِعْلٌ، وَحَرْفٌ وَحَرْفٌ، وَاسْمٌ وَفِعْلٌ، وَاسْمٌ وَحَرْفٌ، وَفِعْلٌ وَحَرْفٌ، فَالاسْمُ مَعَ الاسْمِ أَحَدُ الْقِسْمَيْنِ، وَالْفِعْلُ مَعَ الْفِعْلِ لا يُفِيدُ لِعَدَمِ الْمُخْبَرِ عَنْهُ، وَالْحَرْفُ مَعَ الْحَرْفِ لا يُفِيدُ لِعَدَمِهِمَا جَمِيعًا، وَالاسْمُ مَعَ الْفِعْلِ هُوَ الْقِسْمُ الآخَرُ، وَالاسْمُ مَعَ الْحَرْفِ لا يَسْتَقِيمُ لِعَدَمِ الْمُخْبَرِ عَنْهُ أَوْ الْمُخْبَرِ بِهِ، وَالْفِعْلُ مَعَ الْحَرْفِ لا يُفِيدُ لِعَدَمِ الْمُخْبَرِ عَنْهُ.

فَإِذَا أُورِدَ (يَا زَيْدُ)، وَهُوَ حَرْفٌ مَعَ اسْمٍ وَقَدْ أَفَادَ، فَالْجَوَابُ: أَنَّ (يَا) قَامَتْ مَقَامَ الْجُمْلَةِ عَلَى قَوْلِ أَكْثَرِ النَّحْوِيِّينَ، وَعَلَى قَوْلِ بَعْضِهِمْ أَنَّ (يَا) اسْمُ فِعْلٍ، فَعَلَى كِلا الْقَوْلَيْنِ لا يَرِدُ عَلَى مَا ذَكَرْنَاهُ.

وَقَدْ أُورِدَ عَلَى قَوْلِ النَّحْوِيِّينَ: (إِنَّ الْحَرْفَ لا يُخْبَرُ عَنْهُ) أَنَّهُ تَهَافُتٌ فِي الْكَلامِ، لأَنَّ قَوْلَكُمْ: (لا يُخْبَرُ عَنْهُ) خَبَرٌ عَنْهُ[٢]، وَكَذَلِكَ قَوْلُكُمْ: الْحَرْفُ أَحَدُ أَنْوَاعِ الْكَلِمَةِ، وَذَلِكَ

---

(١) قال المناوي في التوقيف: الكلام في اصطلاح النحاة المعنى المركب الذي فيه الإسناد التام. وعُبر عنه بأنه ما تضمن من الكلم إسنادا مفيدا مقصودا لذاته. [٥٩٧/١].

وقال ابن المطرز في المغرب: (الكلام): هو المفيد فائدةً مستقلّةً وأدناه مسندٌ ومسند إليه. وللمتكلّمين والفقهاء في تحديده كلماتٌ لا تخلو عن نظر فيها. [٤٠٢/٢]

(٢) ما لا يجوز أن يخبر عنه كما يخبر عن الاسم ألا ترى أنك لا تقول: إلى منطلق كما تقول: (الرجل منطلق) ولا عن ذاهب كما تقول: (زيد ذاهب) ولا يجوز أن يكون خبراً لا تقول:

(عمرو إلى) و(لا بكر عن) فقد بان أن الحرف من الكلم الثلاثة هو الذي لا يجوز أن تخبر عنه ولا يكون خبراً. الأصول في النحو ٤٠/١.

كَثِيرٌ، وَكَثُرَ الْخَبْطُ فِيهِ.

وَالْجَوَابُ: أَنَّ الْمُرَادَ أَنَّ نَفْسَ صِيَغِ الْحُرُوفِ مُسْتَعْمَلَةٌ فِي مَعْنَاهَا لَا يَكُونُ مُخْبَرًا عَنْهَا، فَلَا يُوجَدُ لَفْظَةُ (مِنْ) وَلَا غَيْرُهَا مِنْ نَوْعِ الْحُرُوفِ مُسْتَعْمَلَةً فِي مَعْنَاهَا وَهِيَ مُخْبَرٌ عَنْهَا، فَانْدَفَعَ الْإِشْكَالُ، وَهَذَا هُوَ الْجَوَابُ فِي أَنَّ الْفِعْلَ أَيْضًا لَا يُخْبَرُ عَنْهُ.

قَوْلُهُ: (وَتُسَمَّى الْجُمْلَةَ)، يَجُوزُ أَنْ يَكُونَ بِالتَّاءِ وَالْيَاءِ، وَضَابِطُ هَذَا أَنَّ كُلَّ لَفْظَتَيْنِ وُضِعَتَا لِذَاتٍ وَاحِدَةٍ إِحْدَاهُمَا مُؤَنَّثَةٌ وَالْأُخْرَى مُذَكَّرَةٌ وَتَوَسَّطَهُمَا ضَمِيرٌ جَازَ تَأْنِيثُ الضَّمِيرِ وَتَذْكِيرُهُ، وَالتَّأْنِيثُ هَاهُنَا أَحْسَنُ؛ لِأَنَّ الْجُمْلَةَ مُؤَنَّثَةٌ وَهِيَ خَبَرٌ عَنْهَا، ثُمَّ أَخَذَ يَتَكَلَّمُ عَلَى الْأَقْسَامِ الْأَرْبَعَةِ.

فَأَوَّلُهَا قِسْمُ الْأَسْمَاءِ، وَسُمِّيَ هَذَا النَّوْعُ اسْمًا مِنَ السُّمُوِّ، وَهُوَ الْعُلُوُّ؛ لِأَنَّهُ رُفِعَ أَوْ عَلَا كَالْعَلَمِ عَلَيْهِ، أَوْ لِأَنَّهُ رَفَعَ مُسَمَّاهُ عِنْدَ ذِكْرِهِ إِلَى الْأَذْهَانِ، وَعِنْدَ الْكُوفِيِّينَ مِنَ السِّمَةِ وَهِيَ الْعَلَامَةُ، وَتَصْغِيرُهُ عَلَى سُمَيٍّ، وَجَمْعُهُ عَلَى أَسْمَاءَ حُجَّةٌ وَاضِحَةٌ لِلْبَصْرِيِّينَ.

ثُمَّ قَالَ فِي حَدِّ الاسْمِ: (مَا دَلَّ عَلَى مَعْنًى فِي نَفْسِهِ دَلَالَةً مُجَرَّدَةً عَنِ الاقْتِرَانِ) [١].

فَالْحَدُّ لَا بُدَّ أَنْ يَكُونَ مُرَكَّبًا مِنْ جِنْسٍ وَفَصْلٍ؛ فَالْجِنْسُ يَحْصُرُ الْمَحْدُودَ وَغَيْرَهُ، وَالْفَصْلُ يَفْصِلُهُ عَنْ غَيْرِهِ، فَقَوْلُهُ: (مَا دَلَّ عَلَى مَعْنًى) حَصَرَ الاسْمَ وَالْفِعْلَ وَالْحَرْفَ، وَقَوْلُهُ: (فِي نَفْسِهِ)، فَصَلَ الاسْمَ وَالْفِعْلَ عَنِ الْحَرْفِ، وَقَوْلُهُ: (دَلَالَةً مُجَرَّدَةً عَنِ الاقْتِرَانِ) فَصَلَ الاسْمَ عَنِ الْفِعْلِ.

قَالَ الشَّيْخُ: هَذَا الْحَدُّ يَرِدُ عَلَيْهِ أُمُورٌ:

أَحَدُهَا: أَنَّ الْغَبُوقَ [٢] وَالصَّبُوحَ لَا يَدْخُلَانِ فِي هَذَا الْحَدِّ؛ لِدَلَالَتِهِمَا عَلَى الزَّمَانِ، وَهُمَا مِنْ قَبِيلِ الْأَسْمَاءِ بِالاتِّفَاقِ.

---

(١) قال المناوي في التوقيف: الاسم ما دل على معنى في نفسه غير مقترن بأحد الأزمنة الثلاثة، ثم إن دل على معنى يقوم بذاته فاسم عين، وإلا فاسم معنى سواء كان معناه وجوديا كالعلم، أو عدميا كالجهل [٦٣/١].
قال أبو الحسن علي بن عيسى رحمه الله: الاسم: كلمة تدل على معنى دلالة الإشارة واشتقاقه من السمو وذلك أنه كالعلم ينصب ليدل على صاحبه. [الفروق اللغوية: ٥١/١]
(٢) قال الخطابي في الغريب ٥٣٢/١: شرب الغداة: (الصبوح). وفي نصف النهار: (القيل). وبالعشي: (الغبوق). وبين المغرب والعتمة: (الفحمة). وفي السحر: (الجاشرية). وكل شراب شرب في أي زمان كان فهو: (الصفح). يقال: أتاني فصفحته: أي: سقيته، وأتاني فأصفحته، إذا حرمته ورددته.

وَالْجَوَابُ: أَنَّهُ لا يَدُلُّ عَلَى زَمَانٍ مِنَ الأزْمِنَةِ الثَّلاثَةِ، وَإِنَّمَا يَدُلُّ عَلَى الزَّمَانِ الَّذِي هُوَ أَوَّلُ النَّهَارِ وَآخِرُهُ، وَقَدْ قَيَّدْنَا الأزْمِنَةَ بِالْمَاضِي وَالْحَاضِرِ وَالْمُسْتَقْبَلِ، فَيَجِبُ دُخُولُهُ فِي الْحَدِّ.

فَإِنْ قِيلَ: فَالأفْعَالُ الْمُضَارِعَةُ لا دِلالَةَ لَهَا عَلَى أَحَدِ الزَّمَانَيْنِ بِعَيْنِهِ، فَهِيَ تَحْتَمِلُ الْحَالَ وَالاسْتِقْبَالَ؛ كَالْغَبُوقِ وَالصَّبُوحِ فِي احْتِمَالِهِ بِالنِّسْبَةِ إِلَى الأزْمِنَةِ الثَّلاثَةِ، فَلْتَكُنْ كَالْغَبُوقِ وَالصَّبُوحِ، فَتَدْخُلُ فِي حَدِّ الأسْمَاءِ، وَهِيَ أَفْعَالٌ بِالاتِّفَاقِ.

فَالْجَوَابُ: أَنَّ الْفِعْلَ الْمُضَارِعَ يَدُلُّ عَلَى أَحَدِ الزَّمَانَيْنِ بِعَيْنِهِ[1]، وَلا يَنْطِقُ الْعَرَبِيُّ وَلا مَنْ يَتَكَلَّمُ بِكَلامِهِ إلا وَهُوَ قَاصِدٌ بِهِ دِلالَتَهُ عَلَى أَحَدِ الزَّمَانَيْنِ، وَإِنَّمَا اتَّفَقَ أَنَّ دِلالَتَهُ مُشْتَرَكَةٌ بَيْنَهُمَا فَيَقَعُ اللَّبْسُ عِنْدَ عَدَمِ الْقَرَائِنِ عَلَى السَّامِعِ، فَيَتَوَهَّمُ أَنَّهُ لا دِلالَةَ لَهُ، وَلَيْسَ كَالْغَبُوقِ وَالصَّبُوحِ، فَإِنَّهُ لا دِلالَةَ لَهُمَا عَلَى أَحَدِ الأزْمِنَةِ الثَّلاثَةِ أَلْبَتَّةَ، لا بِتَعَيُّنٍ وَلا بِاشْتِرَاكٍ، وَإِنَّمَا احْتِمَالُهُمَا لِلأزْمِنَةِ احْتِمَالٌ وُجُودِيٌّ، وَغَرَضُنَا الدِّلالَةُ اللُّغَوِيَّةُ لا الاحْتِمَالاتُ الْوُجُودِيَّةُ.

قَالَ الشَّيْخُ رَحِمَهُ اللهُ تَعَالَى: وَأَشْكَلَ مَا يَرِدُ عَلَى هَذَا الْحَدِّ الأفْعَالُ الَّتِي لا تَتَصَرَّفُ، مِثْلُ: نِعْمَ، وَبِئْسَ، وَلَيْسَ، وَحَبَّذَا، وَعَسَى، فَإِنَّهَا تَدُلُّ عَلَى مَعْنًى فِي نَفْسِهَا مِنْ غَيْرِ زَمَانٍ، فَيَجِبُ دُخُولُهَا فِي حَدِّ الاسْمِ، وَهِيَ أَفْعَالٌ عِنْدَ الْبَصْرِيِّينَ.

وَالْجَوَابُ: أَنَّ هَذِهِ الأشْيَاءَ دَالَّةٌ عَلَى الأزْمِنَةِ فِي أَصْلِ الْوَضْعِ دِلالَةً تَقْدِيرًا فِي بَعْضِهَا وَتَحْقِيقًا فِي بَعْضِهَا، وَالألْفَاظُ إِذَا خَرَجَتْ عَنْ دِلالَتِهَا الأصْلِيَّةِ لِغَرَضٍ آخَرَ مِنَ الدِّلالَةِ لا يُخْرِجُهَا ذَلِكَ عَنْ حَدِّهَا وَإِعْرَابِهَا، أَلا تَرَى أَنَّكَ إِذَا قُلْتَ: (بِعْتُ)، وَأَنْتَ تُرِيدُ الإنْشَاءَ فَإِنَّهُ لا دِلالَةَ لَهَا عَلَى زَمَانٍ أَصْلا، وَمَعَ ذَلِكَ فَإِنَّكَ تَحْكُمُ بِأَنَّهُ فِعْلٌ مَاضٍ، وَكَذَلِكَ إِذَا قُلْتَ: (مَا أَحْسَنَ زَيْدًا) فَإِنَّكَ تَقُولُ: (مَا) مُبْتَدَأٌ، و(أَحْسَنَ) فِعْلٌ مَاضٍ، وَفِيهِ فَاعِلٌ، و(زَيْدًا) مَفْعُولٌ بِوُقُوعِ الْفِعْلِ عَلَيْهِ، وَلا يَصِحُّ ذَلِكَ إلا بِتَقْدِيرِ أَصْلٍ كَانَ فِيهِ

---

(١) المضارع يصلح للحال والاستقبال إذا لم توجد قرينة تقيده بأحدهما، وتَقْصره عليه. وحين يصلح للحال والاستقبال يكون اعتباره للحال أرجح؛ لأن الزمن الماضي له صيغة خاصة تدل عليه، وللمستقبل صيغة خاصة أيضًا، (هى: الأمر)، وليس للحال صيغة تخصّه، فجعلت دلالته على الحال أرجح، عند تجرده من القرائن؛ جبرًا لما فاته من الاختصاص بصيغة مقصورة عليه (كما يقولون). هذا إلى أن اللفظ إن كان صالحًا للزمن الأقرب والزمن الأبعد؛ فالأقرب أَوْلى، والحال أقرب من المستقبل؛ فهو أحقّ بالاتجاه إليه. النحو الوافي ٤٣/١

كَذَلِكَ، وَإِلَّا فَهُوَ بَعْدَ إِيرَادِهِ لِلتَّعَجُّبِ لَا يُفْهَمُ مِنْهُ هَذَا الْمَعْنَى أَصْلًا، إِذْ لَيْسَ لَكَ غَرَضٌ فِي أَنْ تُخْبِرَ بِأَنَّ شَيْئًا حَسَنَ زَيْدًا، بَلْ قَصْدُكَ إِلَى التَّعَجُّبِ لَا غَيْرُ، وَإِنَّمَا ذَلِكَ شَيْءٌ يُقَدَّرُ أَصْلًا لَهُ، ثُمَّ نُقِلَ عَنْهُ إِلَى هَذَا الْمَعْنَى، فَبَقِيَ إِعْرَابُهُ بَعْدَ النَّقْلِ إِلَى هَذَا الْمَعْنَى كَمَا كَانَ فِي الْأَصْلِ، وَكَذَلِكَ قَوْلُ مَنْ يَقُولُ: إِنَّ أَصْلَهُ اسْتِفْهَامٌ، أَوِ اسْمٌ مَوْصُولٌ، وَمِنْ ثَمَّ كَانَ الْمُخْتَارُ أَنَّهُ لَا يَلْزَمُ مِنْ كُلِّ مَجَازٍ أَنْ يَكُونَ لَهُ حَقِيقَةٌ، وَلَمَّا قَامَتِ الدَّلَالَةُ عَلَى فِعْلِيَّتِهَا بِالْخَصَائِصِ كَانَ هَذَا التَّقْدِيرُ أَحَقَّ لِثُبُوتِ مِثْلِهِ، وَكَذَلِكَ إِذَا قُلْنَا: ضَارِبٌ فَإِنَّهُ يَدُلُّ عَلَى مَعْنًى فِي نَفْسِهِ مِنْ غَيْرِ زَمَانٍ، وَقَدْ يُسْتَعْمَلُ دَالًّا عَلَى الزَّمَانِ؛ كَقَوْلِهِمْ: (مَرَرْتُ بِرَجُلٍ ضَارِبٍ زَيْدًا)، وَمَعَ ذَلِكَ فَلَمْ يُخْرِجْهُ عَنِ الِاسْمِيَّةِ؛ لِأَنَّ أَصْلَ وَضْعِهِ لَا دَلَالَةَ فِيهِ عَلَى الزَّمَانِ، فَكَذَلِكَ هَذِهِ الْأَفْعَالُ أَصْلُ وَضْعِهَا الدَّلَالَةُ عَلَى الزَّمَانِ، ثُمَّ اسْتُعْمِلَتْ لِمَعَانِيهَا مُجَرَّدَةً عَنْ مَعَانِي الزَّمَانِ، فَلَا يُخْرِجُهَا ذَلِكَ عَنْ حَقِيقَةِ الْفِعْلِيَّةِ كَمَا لَمْ يُخْرِجْ ضَارِبًا دَلَالَتُهُ عَلَى الزَّمَانِ عَنْ حَقِيقَةِ الِاسْمِ.

وَقَدْ أُورِدَ عَلَى حَدِّ الِاسْمِ قَوْلُهُمْ: الْمُسْتَقْبَلُ وَالْمَاضِي وَنَحْوُهُمَا[1]، فَإِنَّهَا تَدُلُّ عَلَى الْحَدَثِ وَالزَّمَانِ، فَأُجِيبَ بِأَمْرَيْنِ:

أَحَدُهُمَا: أَنَّ الْمُسْتَقْبَلَ وَالْمَاضِي يُرَادُ بِهِمَا نَفْسُ الزَّمَانِ، فَإِذَا قِيلَ: الْفِعْلُ مُسْتَقْبَلٌ فَالْمَعْنَى مُسْتَقْبَلٌ زَمَانُهُ، ثُمَّ حُذِفَ لِلْكَثْرَةِ.

وَالثَّانِي: سَلَّمْنَا أَنَّهُ لِلْفِعْلِ لَكِنْ لَا دَلَالَةَ عَلَى الزَّمَانِ بِالْوَضْعِ، وَإِنَّمَا لَزِمَ الزَّمَانُ الْمُسْتَقْبَلُ مِنْ حَيْثُ الْمَعْقُولُ؛ كَقَوْلِكَ: الِاسْتِقْبَالُ وَالْمُضِيُّ، وَالِانْتِظَارُ وَنَحْوُهُ، لِأَنَّ الْمُسْتَقْبَلَ إِنَّمَا يَدُلُّ عَلَى مَا يَدُلُّ قَوْلُكَ: مُتَعَلَّقُ الِاسْتِقْبَالِ، فَلَوْ كَانَ لَهُ دَلَالَةٌ عَلَى الزَّمَانِ لَكَانَ الِاسْتِقْبَالَ نَفْسَهُ.

وَالْكَلَامُ عَلَى قَوْلِهِمْ: (فِي نَفْسِهِ)، الضَّمِيرُ فِي (مَا دَلَّ عَلَى مَعْنًى فِي نَفْسِهِ) يَرْجِعُ إِلَى (مَعْنًى)؛ أَيْ: مَا دَلَّ عَلَى مَعْنًى بِاعْتِبَارِهِ فِي نَفْسِهِ وَبِالنَّظَرِ إِلَيْهِ فِي نَفْسِهِ، لَا بِاعْتِبَارِ أَمْرٍ خَارِجٍ عَنْهُ؛ كَقَوْلِكَ: (الدَّارُ فِي نَفْسِهَا حُكْمُهَا كَذَا)؛ أَيْ: لَا بِاعْتِبَارِ أَمْرٍ خَارِجٍ عَنْهَا، وَلِذَلِكَ قِيلَ فِي الْحَرْفِ: مَا دَلَّ عَلَى مَعْنًى فِي غَيْرِهِ؛ أَيْ: حَاصِلٌ فِي غَيْرِهِ؛ أَيْ: بِاعْتِبَارِ

---

(١) مَا يَصْلُحُ لِلِاسْتِمْرَارِ هُوَ الِاسْمُ الْجَامِدُ، نَحْوُ: هَذَا أَسَدٌ، أَوِ الصِّفَةُ، نَحْوُ: زَيْدٌ قَائِمٌ، أَوْ غَنِيٌّ، أَوْ مَضْرُوبٌ، أَوِ الْفِعْلُ الْمُضَارِعُ نَحْوُ: زَيْدٌ يَقْدِمُ فِي الْحُرُوبِ، وَيَسْخُو بِمَوْجُودِهِ، أَيْ هَذِهِ عَادَتُهُ، لِأَنَّهُ وَإِنْ كَانَ فِي الْأَصْلِ فِعْلًا دَالًّا عَلَى أَحَدِ الْأَزْمِنَةِ، إِلَّا أَنَّهُ، لِمُضَارَعَتِهِ اسْمَ الْفَاعِلِ لَفْظًا وَمَعْنًى، يُسْتَعْمَلُ غَيْرَ مُفِيدٍ لِلزَّمَانِ اسْتِعْمَالُهُ. شَرْحُ الرَّضِيِّ عَلَى الْكَافِيَةِ ١٤٤/٢.

مُتَعَلَّقِهِ لا بِاعْتِبَارِهِ فِي نَفْسِهِ.

وَمَنْ قَالَ: الضَّمِيرُ فِي (نَفْسِهِ) يَرْجِعُ إِلَى (مَا دَلَّ)؛ أَيْ: اللَّفْظُ الدَّالُّ عَلَى مَعْنًى بِنَفْسِهِ مِن غَيْرِ ضَمِيمَةٍ يَحْتَاجُ إِلَيْهَا فِي دَلالَتِهِ الإِفْرَادِيَّةِ، لِخِلافِ الْحَرْفِ؛ فَإِنَّهُ يَحْتَاجُ إِلَى ضَمِيمَةٍ فِي دَلالَتِهِ عَلَى كَمَالِ مَعْنَاهُ الإِفْرَادِيِّ، يَرِدُ عَلَيْهِ أَنَّ (فِي) لا تُسْتَعْمَلُ بِهَذَا الْمَعْنَى، وَأَنَّ الْمُقَابِلَ - وَهُوَ الْحَرْفُ - لا يَجْرِي فِيهِ النَّقِيضُ، فَإِنَّهُ إِذَا قِيلَ: الْحَرْفُ مَا دَلَّ عَلَى مَعْنًى فِي غَيْرِهِ بَعْدَ أَنْ يُجْعَلَ (فِي غَيْرِهِ) تَتِمَّةً لِقَوْلِكَ: (مَا دَلَّ) فَيَكُونُ الْمَعْنَى: مَا دَلَّ بِغَيْرِهِ؛ أَيْ: بِلَفْظٍ آخَرَ مَعَهُ عَلَى مَعْنًى، وَإِذَا جُعِلَ فِي غَيْرِهِ صِفَةً لِمَعْنًى كَانَ مَا دَلَّ عَلَى مَعْنًى حَاصِلٍ فِي غَيْرِهِ؛ أَيْ: بِاعْتِبَارِ مُتَعَلَّقِهِ، فَيَتَطَابَقُ الْحَدَّانِ فِي مَقْصُودِ التَّقَابُلِ.

وَقَالَ صَاحِبُ الْكِتَابِ: (وَلَهُ خَصَائِصُ).

قَالَ الشَّيْخُ: الْفَرْقُ بَيْنَ الْحَدِّ وَالْخَاصَّةِ أَنَّ الْحَدَّ لا بُدَّ أَنْ يَكُونَ فِي جَمِيعِ آحَادِ الْمَحْدُودِ، أَمَّا الْخَاصَّةُ فَهِيَ الَّتِي تَكُونُ فِي بَعْضِ آحَادِهِ خَاصَّةً.

وَقَوْلُهُ: (مِنْهَا جَوَازُ الإِسْنَادِ إِلَيْهِ)؛ يُرِيدُ بِالإِسْنَادِ إِلَيْهِ[1] هَاهُنَا الإِخْبَارَ عَنْهُ بِأَنْ يَقَعَ مُبْتَدَأً أَوْ مَا هُوَ فِي مَعْنَاهُ، لأَنَّ أَصْلَ وَضْعِهِ لأَنْ يُخْبَرَ بِهِ وَعَنْهُ، وَاخْتَصَّ بِلامِ التَّعْرِيفِ لِيَخْتَصَّ، فَيُفِيدَ الإِخْبَارُ عَنْهُ، وَقَوْلُ الشَّاعِرِ:

مَا أَنْتَ بِالْحَكَمِ لتُرْضَى حُكُومَتُهُ ... وَلا الأَصِيلِ وَلا ذِي الرَّأْيِ وَالْجَدَلِ

وَنَحْوُهُ مَرْدُودٌ لا يُعْتَدُّ بِهِ، كَأَنَّهُ لَمَّا رَأَى الأَلِفَ وَاللامَ هَاهُنَا بِمَعْنَى (الَّذِي) وَصَلَهَا بِمَا يُوصَلُ بِهِ الَّذِي[2].

---

(١) قولهم: (الإسناد إليه) بمعنى أن تنسب إليه ما تحصل به الفائدة. وهذه العلامة من أنفع العلامات للاسم وبها اسْتُدِلَّ على اسمية الضمائر كالتاء في نحو: قمتُ، لأن الضمائر لا تقبل أيَّ علامة من علامات الاسم الأخرى. شرح قطر الندى ٤/١.

(٢) هذا البيت للفرزدق، من أبيات له يهجو بها رجلا من بني عذرة، وكان هذا الرجل العذري قد دخل على عبد الملك بن مروان يمدحه، وكان جرير والفرزدق والاخطل عنده، والرجل لا يعرفهم، فعرفه بهم عبد الملك، (فعاعتم)؟ العذري أن قال: فحيا الاله أبا حزرة وأرغم أنفك يا أخطل وجد الفرزدق أتعس به ودق خياشيمه الجندل و" أبو حزرة ": كنية جرير، و" أرغم أنفك ": يدعو عليه بالذل والمهانة حتى يلصق أنفه بالرغام وهو التراب و" الجد " الحظ والبخت، وفي قوله " وجد الفرزدق أتعس به " دليل على أنه يجوز أن يقع خبر المبتدأ جملة إنشائية، وهو مذهب الجمهور، وخالف فيه ابن الانباري، وسنذكر في ذلك بحثا في باب المبتدأ والخبر فأجابه الفرزدق ببيتين ثانيهما بيت الشاهد، والذي قبله قوله: يا أرغم الله أنفا أنت حامله

قَالَ الشَّيْخُ رَحِمَهُ اللهُ تَعَالَى: لأنَّ الألِفَ وَاللامَ مُنَزَّلَةٌ مَنْزِلَةَ الصِّفَةِ، وَالدَّلِيلُ عَلَى أنَّهَا بِمَنْزِلَةِ الصِّفَةِ أنَّكَ إذَا قُلْتَ: رَجُلٌ، ثُمَّ قُلْتَ: الرَّجُلُ، فَلَوْلا مَعْهُودٌ بَيْنَكَ وَبَيْنَ الْمُخَاطَبِ لَمْ يَكُنْ ذَلِكَ كَلامًا، وَالصِّفَاتُ لا تَكُونُ إلا لِلأسْمَاءِ، وَالدَّلِيلُ عَلَيْهِ أنَّ الْعَرَبَ وَضَعَتِ الأسْمَاءَ وَضْعًا عَامًّا، وَهُوَ كَوْنُهَا يُخْبَرُ عَنْهَا وَبِهَا، وَوَضَعَتْ مَا سِوَاهَا - وَهُوَ الأفْعَالُ - وَضْعًا خَاصًّا، فَلَمْ يُحْتَجْ إلَى ذَلِكَ فِيهِ.

وَإِنَّمَا اخْتَصَّ بِالْجَرِّ؛ لأنَّ الْمُضَافَ إلَيْهِ مُخْبَرٌ عَنْهُ مِنْ حَيْثُ الْمَعْنَى وَالأفْعَالُ وُضِعَتْ لِيُخْبَرَ بِهَا لا يَخْبَرُ عَنْهَا، فَلَوْ أضَفْتَ إلَيْهَا لأخْرَجْتَهَا عَنْ وَضْعِهَا الأصْلِيِّ.

وَالتَّنْوِينُ أيْضًا مِنَ الْخَوَاصِّ كَمَا ذَكَرَ، وَالإضَافَةُ كَذَلِكَ، إلا أنَّهُ لَمْ يُرِدْ بِهَا الإضَافَةَ مُطْلَقًا، فَإِنَّ أسْمَاءَ الزَّمَانِ تُضَافُ إلَى الْفِعْلِ، وَإِنَّمَا أرَادَ الْمُضَافَ أوْ أرَادَ الْجَمِيعَ؛ لأنَّهُ أمَّا يُضَافُ إلَى الْفِعْلِ لِتَأْوِيلِهِ بِالْمَصْدَرِ.

قَالَ صَاحِبُ الْكِتَابِ: وَمِنْ أصْنَافِ الاسْمِ:

اسْمُ الْجِنْسِ؛ وَهُوَ مَا عَلِقَ عَلَى شَيْءٍ وَعَلَى كُلِّ مَا أشْبَهَهُ

قَالَ الشَّيْخُ رَحِمَهُ اللهُ تَعَالَى: هَذَا الْحَدُّ مَدْخُولٌ فِيهِ، فَإِنَّ الْمَعَارِفَ كُلَّهَا غَيْرَ الْعَلَمِ تَدْخُلُ فِي هَذَا الْحَدِّ؛ إذْ يَصِحُّ لِلشَّيْءِ وَلِكُلِّ مَا أشْبَهَهُ، وَالصَّحِيحُ أنْ يُقَالَ: هُوَ مَا عَلِقَ عَلَى شَيْءٍ لا بِعَيْنِهِ.

قَوْلُهُ: (وَيَنْقَسِمُ إلَى اسْمِ عَيْنٍ وَاسْمِ مَعْنًى).

يَعْنِي بِاسْمِ الْعَيْنِ مَا يَقُومُ بِنَفْسِهِ كَرَجُلٍ، وَيَعْنِي بِاسْمِ الْمَعْنَى خِلافَهُ كَعِلْمٍ، فَإِنَّهُ لا يَقُومُ بِنَفْسِهِ، وَهِيَ عِنْدَ النَّحْوِيِّينَ مُسَمَّاةٌ بِالْمَعَانِي وَلا يُسَمُّونَهَا صِفَاتٍ[1].

يا ذا الخنى ومقال الزور والخطل اللغة: " الخنى " - بزنة الفتى - هو الفحش، و" الخطل " - بفتح الخاء المعجمة والطاء المهملة - هو المنطق الفاسد المضطرب، والتفحش فيه " الحكم " - بالتحريك - الذي يحكمه الخصمان كي يقضي بينهما، ويفصل في خصومتهما " الأصيل " ذو الحسب، و" الجدل " شدة الخصومة. شرح ابن عقيل ١/١٥٧.

(١) اسم الجنس على نوعين: أحدهما يقال له اسم جنس جمعي، والثاني يقال له اسم جنس إفرادي، فأما اسم الجنس الجمعي فهو " ما يدل على أكثر من اثنين، ويفرق بينه وبين واحده بالتاء "، والتاء غالبا تكون في المفرد كبقرة وبقر وشجرة وشجر، ومنه كلم وكلمة، وربما كانت زيادة التاء في الدال على الجمع مثل كمء للواحد وكمأة للكثير، وهو نادر.

وقد يكون الفرق بين الواحد والكثير بالياء، كزنج وزنجي، وروم ورومي، فأما اسم الجنس

قَوْلُهُ: (وَكِلاهُمَا يَنْقَسِمُ إلَى اسْمٍ غَيْرِ صِفَةٍ وَاسْمٍ هُوَ صِفَةٌ).

يَعْنِي بـ (كِلاهُمَا): اسْمَ الْعَيْنِ وَاسْمَ الْمَعْنَى، فَالاسْمُ غَيْرُ الصِّفَةِ مِنَ الأعْيَانِ؛ نَحْوَ: رَجُلٍ وَفَرَسٍ، وَمِنَ الْمَعَانِي: عَلَمٌ وَجَهْلٌ، وَالصِّفَةُ مِنَ الأعْيَانِ؛ نَحْو: رَاكِبٍ وَجَالِسٍ، وَمِنَ الْمَعَانِي: مَفْهُومٌ وَمُضْمَرٌ، وَيَعْنِي بِالصِّفَةِ مَا وُضِعَ لِذَاتٍ بِاعْتِبَارِ مَعْنًى هُوَ الْمَقْصُودُ، وَالاسْمُ غَيْرُ الصِّفَةِ بِخِلافِهِ، فَحَصَلَ مِنْ ذَلِكَ أَرْبَعَةُ أَقْسَامٍ مَثَّلَ لِكُلِّ قِسْمٍ بِمِثَالَيْنِ.

قَوْلُهُ: (وَمِنْ أَصْنَافِ الاسْمِ: الْعَلَمُ)، ثُمَّ قَالَ: (وَهُوَ مَا عَلِقَ عَلَى شَيْءٍ بِعَيْنِهِ غَيْرَ مُتَنَاوِلٍ مَا أَشْبَهَهُ)، فَلَوِ اقْتَصَرَ عَلَى قَوْلِهِ: (مَا عَلِقَ عَلَى شَيْءٍ بِعَيْنِهِ) لَدَخَلَتْ عَلَيْهِ الْمَعَارِفُ كُلُّهَا، فَمَيَّزَهُ بِقَوْلِهِ: (غَيْرَ مُتَنَاوِلٍ مَا أَشْبَهَهُ)، وَهَذَا مِمَّا يُؤَكِّدُ وُرُودَ الدَّخَلِ عَلَيْهِ فِي حَدِّ اسْمِ الْجِنْسِ.

ثُمَّ قَالَ: (الْعَلَمُ يَنْقَسِمُ إلَى ثَلاثَةِ أَقْسَامٍ؛ إلَى الاسْمِ، وَالْكُنْيَةِ، وَاللَّقَبِ).

وَالدَّلِيلُ عَلَى حَصْرِهَا: أَنَّهُ لا يَخْلُو هَذَا الْعَلَمُ إمَّا أَنْ يَكُونَ مُضَافًا إلَيْهِ أَبٌ أَوْ أُمٌّ أَوْ لا، فَإِنْ كَانَ فَهُوَ الْكُنْيَةُ، وَإِنْ لَمْ يَكُنْ فَلا يَخْلُو إمَّا أَنْ يَكُونَ فِيهِ دَلالَةٌ عَلَى مَدْحٍ أَوْ ذَمٍّ أَوْ لا، فَإِنْ كَانَ فَهُوَ اللَّقَبُ، وَإِنْ لَمْ يَكُنْ فَهُوَ الاسْمُ.

قَوْلُهُ: (وَيَنْقَسِمُ إلَى مُفْرَدٍ، وَمُرَكَّبٍ، وَمَنْقُولٍ، وَمُرْتَجَلٍ).

ظَاهِرُ كَلامِهِ أَنَّ الْعَلَمَ يَنْقَسِمُ إلَى أَرْبَعَةِ أَقْسَامٍ، وَلَيْسَ كَذَلِكَ، بَلْ أَرَادَ أَنَّ الْعَلَمَ يَنْقَسِمُ إلَى مُفْرَدٍ وَمُرَكَّبٍ، ثُمَّ شَرَعَ يُبَيِّنُ أَنَّ هَذَا الْعَلَمَ يَنْقَسِمُ إلَى أَمْرٍ آخَرَ، وَهُوَ كَوْنُهُ مَنْقُولاً[1] وَمُرْتَجَلاً[2]، فَالْمُفْرَدُ مَا كَانَ مِنْ كَلِمَةٍ وَاحِدَةٍ؛ نَحْو: زَيْدٍ وَعَمْرٍو، وَالْمُرَكَّبُ مَا كَانَ أَكْثَرَ مِنْ ذَلِكَ، وَهُوَ لا يَخْلُو إمَّا أَنْ يَكُونَ بَيْنَهُمَا ارْتِبَاطٌ قَبْلَ التَّسْمِيَةِ أَوْ لا، فَإِنْ كَانَ بَيْنَهُمَا ارْتِبَاطٌ قَبْلَ ذَلِكَ فَلا يَخْلُو إمَّا أَنْ يَكُونَ ارْتِبَاطًا جُمَلِيًّا أَوْ لا، فَإِنْ كَانَ جُمَلِيًّا فَهُوَ نَحْو: (بَرَقَ نَحْرُهُ)، و(تَأَبَّطَ شَرًّا)، و(ذَرَّى حَبًّا)، و(شَابَ قَرْنَاهَا) وَمَا شَاكَلَهُ، وَإِنْ كَانَ غَيْرَ

=

الإفرادي فهو " ما يصدق على الكثير والقليل واللفظ واحد " كماء وذهب وخل وزيت. شرح ابن عقيل ١٥/١.

(١) المنقول: ما سبق له استعمال في غير العلمية، والنقل إما من صفة كحارث، أو من مصدر كفضل، أو من اسم جنس كأسد، وهذه تكون معربة، أو من جملة: كقام زيد، وزيد قائم. شرح ابن عقيل ١٢٥/١.

(٢) المرتجل هو: ما لم يسبق له استعمال قبل العلمية في غيرها، كسعاد، وأدد. شرح ابن عقيل ١٢٥/١.

جُمَلِيٍّ فَهُوَ تَرْكِيبُ الإضَافَةِ، كَغُلامِ زَيْدٍ، وَإِنْ لَمْ يَكُنْ بَيْنَهُمَا ارْتِبَاطٌ قَبْلَ ذَلِكَ فَهُوَ نَحْو: بَعْلَبَكَّ، وَمَعْدِ يكَرِبْ، وَهُوَ الْمُرَكَّبُ الْمَذْكُورُ فِي بَابِ مَنْعِ الصَّرْفِ، وَقَوْلُ الشَّاعِرِ:

نُبِّئْتُ أَخْوَالِي بَنِي يَزِيدَ ظُلْمًا عَلَيْنَا لَهُمْ فَدِيدُ

لا يَخْلُو (يَزِيدُ) إِمَّا أَنْ يَكُونَ مَنْقُولا مِنْ قَوْلِكَ: (يَزِيدُ الْمَالُ) أَوْ (الْمَالُ يَزِيدُ)، فَإِنْ نَقَلْتَهُ مِنْ قَوْلِكَ: (يَزِيدُ الْمَالُ) كَانَ مُفْرَدًا، وَوَجَبَ أَنْ يُعْرَبَ إِعْرَابَ الْمُفْرَدَاتِ، وَلَمْ يُفْعَلْ بِهِ هَاهُنَا ذَلِكَ، فَدَلَّ عَلَى أَنَّهُ مَنْقُولٌ مِنْ قَوْلِكَ: (الْمَالُ يَزِيدُ)، فَيَكُونُ جُمْلَةً، وَالْجُمْلَةُ إِذَا سُمِّيَ بِهَا وَجَبَ حِكَايَتُهَا، وَالدَّلِيلُ عَلَى وُجُوبِ حِكَايَتِهَا أَنَّ كُلَّ اسْمٍ مُرَكَّبٍ عَلَمٍ حُكْمُهُ بَعْدَ التَّسْمِيَةِ فِي الإِعْرَابِ وَالْبِنَاءِ حُكْمُهُ قَبْلَ التَّسْمِيَةِ مَا لَمْ يَمْنَعْ مَانِعٌ، وَهَذَا قَبْلَ التَّسْمِيَةِ جُمْلَةٌ لَيْسَ لَهَا إِعْرَابٌ بِاعْتِبَارِ الْجُمْلِيَّةِ فَوَجَبَ بَقَاؤُهَا، وَإِنَّمَا كَانَتِ الْجُمَلُ لا إِعْرَابَ لَهَا بِاعْتِبَارِ الْجُمْلِيَّةِ لأَنَّ الْمُقْتَضِي لِلإِعْرَابِ مَفْقُودٌ ثَمَّ، وَذَلِكَ أَنَّ الْمُقْتَضِي لِلإِعْرَابِ اعْتِوَارُ الْمَعَانِي الْمُخْتَلِفَةِ عَلَى الْمُفْرَدَاتِ، وَالْجُمَلُ لَيْسَتْ كَذَلِكَ.

وَوَجْهٌ ثَانٍ: وَهُوَ أَنَّ الْمُسَمِّيَ بِالْجُمْلَةِ الْمَنْقُولَةِ غَرَضُهُ بَقَاءُ صُورَةِ الْجُمْلَةِ فِيهَا، وَلَوْ أُعْرِبَتْ لَخَرَجَتْ عَنْ صُورَةِ الْجُمْلِيَّةِ.

وَوَجْهٌ ثَالِثٌ: أَنَّهُ يَتَعَذَّرُ إِعْرَابُهَا؛ لأَنَّهَا لَوْ أُعْرِبَتْ لَمْ يَخْلُ إِمَّا أَنْ يُعْرَبَ الأَوَّلُ أَوْ الثَّانِي أَوْ هُمَا جَمِيعًا، وَبَاطِلٌ إِعْرَابُ الأَوَّلِ؛ لأَنَّهُ فِي الْمَعْنَى بِمَثَابَةِ الزَّايِ مِنْ زَيْدٍ، وَالإِعْرَابُ لا يَكُونُ وَسَطًا، وَبَاطِلٌ إِعْرَابُ الثَّانِي؛ لأَنَّهُ يُؤَدِّي إِلَى أَنْ يَكُونَ الأَوَّلُ مَبْنِيًّا وَالثَّانِي مُعْرَبًا، وَبَاطِلٌ إِعْرَابُهُمَا جَمِيعًا؛ لأَنَّ إِعْرَابًا وَاحِدًا مِنْ وَجْهٍ وَاحِدٍ لا يَسْتَقِيمُ أَنْ يَكُونَ لِشَيْئَيْنِ.

وَقَوْلُهُ: (بَنِي يَزِيدَ) لا يَحْسُنُ أَنْ يَكُونَ بَدَلا؛ لأَنَّ الْبَدَلَ هُوَ الْمَقْصُودُ بِالذِّكْرِ، وَلَوْ جَعَلْتَهُ بَدَلا لاحْتَاجَ إِلَى مَوْصُوفٍ مُقَدَّرٍ وَهُوَ الأَخْوَالُ أَوْ مَا يَقُومُ مَقَامَهُمْ، وَلا حَاجَةَ إِلَى هَذَا التَّقْدِيرِ مَعَ الاسْتِغْنَاءِ عَنْهُ، فَتَعَيَّنَ أَنْ يَكُونَ صِفَةً، وَقَدْ يَجُوزُ الْبَدَلُ عَلَى قُبْحِهِ.

قَوْلُهُ: (عَلَيْنَا لَهُمْ فَدِيدُ) جُمْلَةٌ فِي مَوْضِعِ الْمَفْعُولِ الثَّالِثِ لِـ (نُبِّئْتُ)، و(ظُلْمًا): مَفْعُولٌ مِنْ أَجْلِهِ، وَالْعَامِلُ فِيهِ (لَهُمْ) أَوْ مَعْنَى قَوْلِهِ: (عَلَيْنَا لَهُمْ فَدِيدُ)؛ أَيْ: يَفِدُّونَ لأَجْلِ الظُّلْمِ؛ أَيْ: يَصِيحُونَ، وَقَدْ يَكُونُ مَنْصُوبًا عَلَى الْحَالِ عَلَى ضَعْفٍ فِيهَا لأَنَّ الْعَامِلَ مَعْنَى فِعْلٍ، وَقَدْ أُجِيزَ أَنْ يَكُونَ (ظُلْمًا) مَفْعُولا ثَالِثًا بِمَعْنَى ظَالِمِينَ، وَيَكُونُ مَا بَعْدَهُ كَالتَّفْسِيرِ لَهُ.

وَكَأَنَّ نَحْوَ (بَرَقَ نَحْرُهُ) لَهُ بَرِيقٌ، فَقِيلَ: بَرَقَ نَحْرُهُ، فَغَلَبَ عَلَيْهِ، و(تَأَبَّطَ شَرًّا)[1] جَعَلَ سَيْفَهُ تَحْتَ إِبْطِهِ يَوْمًا وَخَرَجَ، فَسُئِلَتْ عَنْهُ أُمُّهُ فَقَالَتْ: لا أَدْرِي إلا أَنَّهُ تَأَبَّطَ شَرًّا وَخَرَجَ، فَسُمِّيَ تَأَبَّطَ شَرًّا، و(ذَرَّى حَبًّا) كَانَ يُذَرِّي الْحَبَّ فَغَلَبَ عَلَيْهِ، قَالَ:

إِنَّ لَهَا مُرَكَّنًا إِرْزَبًّا ... كَأَنَّهُ جَبْهَةُ ذَرَّى حَبًّا

و (شَابَ قَرْنَاهَا) سُمِّيَتْ بِذَلِكَ بِقَوْلِ الشَّاعِرِ فِي أَبْنَائِهَا:

كَذَبْتُمْ وَبَيْتِ اللَّهِ لا تَنْكِحُونَهَا ... بَنِي شَابَ قَرْنَاهَا تَصُرُّ وَتَحْلُبُ

أَيْ: بَنِي الَّتِي شَابَ جَانِبَا رَأْسِهَا فِي الصَّرِّ وَالْحَلْبِ كَعَادَةِ الرَّاعِيَاتِ فَغَلَبَ عَلَيْهَا ذَلِكَ.

وَقَوْلُ بَعْضِهِمْ: إِنَّمَا هُوَ (نُبِّئْتُ أَخْوَالِي بَنِي تَزِيدُ) بِالتَّاءِ تَنَطُّعٌ مِنْهُ، وَتَبَجُّحٌ بِأَنَّهُ قَدْ عَلِمَ أَنَّ فِي الْعَرَبِ (تَزِيدُ) بِالتَّاءِ، وَإِلَيْهِ تُنْسَبُ الْبُرُودُ التَّزِيدِيَّةُ، وَهُوَ مَرْدُودٌ مِنْ وَجْهَيْنِ:

أَحَدُهُمَا: أَنَّ الرِّوَايَةَ هَاهُنَا بِالْيَاءِ.

وَالثَّانِي: أَنَّ (تَزِيدَ) بِالتَّاءِ فِي كَلامِهِمْ مُفْرَدٌ لا جُمْلَةٌ، قَالَ:

يَعْثُرْنَ فِي حَدِّ الظُّبَاتِ كَأَنَّمَا ... كُسِيَتْ بُرُودَ بَنِي تَزِيدَ الأَذْرُعُ

فَاسْتِعْمَالُهُ كَالْجُمْلَةِ خَطَأٌ.

وَمِثْلُ (يَزِيدَ) فِي الْجُمْلَةِ مَا أَنْشَدَ ثَعْلَبُ:

وَبَنُو يَدِبُّ إِذَا مَشَى ... وَبِنُو يَهِرُّ عَلَى الْعِشَاءِ

(وَعَمْرَوَيْهِ وَسِيبَوَيْهِ) فِيهِ وَجْهَانِ:

أَكْثَرُهُمَا: الْبِنَاءُ عَلَى الْكَسْرِ، كَأَنَّهُمْ أَجْرَوْهُ مُجْرَى الصَّوْتِ لَمَّا أَشْبَهَهُ، وَلَمَّا كَانَ أَعْجَمِيًّا لا مَعْنَى لَهُ عِنْدَهُمْ، أَوْ لِيُفَرِّقُوا بَيْنَ التَّرْكِيبِ مَعَ الأَعْجَمِيِّ وَبَيْنَهُ مَعَ الْعَرَبِيِّ، وَإِلَيْهِ أَشَارَ سِيبَوَيْهِ[2].

(١) من الحكاية أن تسمى رجلا، أو امرأة بشيء قد عمل بعضه في بعض؛ نحو تسميتهم: تأبط شراً، وذرى حباً، وبرق نحره. المقتضب ٢١٦/١.

(٢) الاسم الذي تلحقه صوتاً أعجمياً نحو: عمروية وحمدوية، وما أشبهه، والاختلاف في هيهات، وذية، وذيت، وكية، وكيت اعلم أن الاسم الأعجمي الذي يلحق الصدر مجراه مجرى الأصوات، فحقه أن يكون مكسوراً بغير تنوين ما كان معرفةً. فإن جعلته نكرة نونته على لفظه؛ كما تفعل ذلك بالأصوات، نحو قولك: إيه يا فتى في المعرفة، وإيهٍ، إذا أردت النكرة، وقال الغراب: غاق، وغاقٍ في النكرة. وتأويل ترك التنوين فيه: أنه قال الشيء الذي كنت تعرفه به؛

وَالثَّانِي: أَنْ يُعْرَبَ آخِرُهُ إِعْرَابَ بَعْلَبَكَّ.

قَالَ: (وَالْمَنْقُولُ عَلَى سِتَّةِ أَنْوَاعٍ).

قَالَ الشَّيْخُ أَيَّدَهُ اللَّهُ تَعَالَى: الْمَنْقُولُ مَا كَانَ مَوْضُوعًا لِشَيْءٍ قَبْلَ ذَلِكَ ثُمَّ سُمِّيَ بِهِ، وَالدَّلِيلُ عَلَى حَصْرِهِ فِي سِتَّةِ أَنْوَاعٍ أَنَّهُ لا يَخْلُو إِمَّا أَنْ يَكُونَ مَنْقُولا عَنْ مُفْرَدٍ أَوْ لا، وَالثَّانِي هُوَ الْقِسْمُ السَّادِسُ، وَهُوَ الْمُرَكَّبُ عَلَى اخْتِلافِ أَنْوَاعِهِ؛ كَقَوْلِكَ: (تَأَبَّطَ شَرًّا)، و(ذَرَّى حَبًّا)، و(شَابَ قَرْنَاهَا)، و(عَبْدُ اللَّهِ) وَشِبْهِهِ، وَإِنْ كَانَ مَنْقُولا عَنْ مُفْرَدٍ فَلا يَخْلُو إِمَّا أَنْ يَكُونَ اسْمًا أَوْ فِعْلا أَوْ حَرْفًا، وَقَدْ تَقَدَّمَ حَصْرُهَا فَلا حَاجَةَ إِلَى ذِكْرِهِ؛ فَإِنْ كَانَ اسْمًا فَلا يَخْلُو إِمَّا أَنْ يَكُونَ صَوْتًا أَوْ لا، فَالصَّوْتُ هُوَ الْقِسْمُ الْخَامِسُ كَبَبَّهْ، وَإِنْ كَانَ غَيْرَ صَوْتٍ فَلا يَخْلُو مِنْ أَنْ يَكُونَ صِفَةً أَوْ لا؛ فَإِنْ كَانَ صِفَةً فَهُوَ الْقِسْمُ الثَّالِثُ؛ وَإِنْ كَانَ غَيْرَ صِفَةٍ فَلا يَخْلُو مِنْ أَنْ يَكُونَ اسْمَ عَيْنٍ أَوْ اسْمَ مَعْنًى، فَإِنْ كَانَ اسْمَ عَيْنٍ فَهُوَ الْقِسْمُ الأَوَّلُ، وَإِنْ لَمْ يَكُنْ فَهُوَ الْقِسْمُ الثَّانِي، وَالْفِعْلُ هُوَ الْقِسْمُ الرَّابِعُ، وَالْحَرْفُ لَمْ يَجِدْهُ فَلَمْ يَذْكُرْهُ.

و(نَائِلَةُ): اسْمُ صَنَمٍ، فَاعِلَةٌ مِنْ نَالَ يَنَالُ أَوْ يَنُولُ، و(إِيَاسٌ): مَصْدَرٌ فِي الأَصْلِ مِنْ آسَهُ أَوْسًا وَإِيَاسًا؛ أَيْ: أَعْطَاهُ، وَلا يَحْسُنُ أَنْ يَكُونَ مِنْ أَيِسَ مَقْلُوبَ يَئِسَ؛ لأَنَّ مَصْدَرَ الْمَقْلُوبِ إِنَّمَا يَأْتِي عَلَى الأَصْلِ، وَلَوْلا أَنَّ أَصْلَ أَيِسَ يَئِسَ لَلَزِمَ أَنْ يُقَالَ: آسٍ، وَفِي الْعَرَبِ (شَمَّرَ)، قَالَ:

فَهَلْ أَنَا مَاشٍ بَيْنَ شَوْطٍ وَحَيَّةٍ   وَهَلْ أَنَا لاقٍ حَيَّ قَيْسِ بْنِ شَمَّرا

وَهُوَ غَيْرُ مَنْصَرِفٍ بِاتِّفَاقِ النَّحْوِيِّينَ.

وَيُقَالُ: (كَعْسَبَ الرَّجُلُ) إِذَا مَشَى مُتَقَارِبًا خُطَاهُ، وَهُوَ مُنْصَرِفٌ عِنْدَ سِيبَوَيْهِ وَأَكْثَرِ النَّحْوِيِّينَ، خِلافًا لِعِيسَى بْنِ عُمَرَ النَّحْوِيِّ، وَسَنَذْكُرُ مَذْهَبَهُ فِيمَا بَعْدُ إِنْ شَاءَ اللَّهُ.

(وَإِمَّا عَنْ أَمْرٍ كَإِصْمِتْ).

قَالَ الشَّيْخُ عَلَيْهِ الرَّحْمَةُ: وَهُوَ اسْمٌ لِبَرِّيَّةٍ مَعْرُوفَةٍ، مِنْ (صَمَتَ يَصْمُتُ)، وَاسْتِشْهَادُهُ بِالْبَيْتِ يَسْتَقِيمُ عَلَى وَجْهَيْنِ:

=

والنكرة إنما هو قال صوتاً هذا مثاله. فأما الصدر فلا يكون إلا مفتوحاً؛ كقولك: حضرموت يا فتى، وخمسة عشر، وما يفتح قبل هاء التأنيث؛ نحو: حمدة، وما أشبهها. وذلك الاسم ما كان نحو: عمروية، وحمدوية. المقتضب ١/١٧٢.

أَحَدُهُمَا: أَنَّ فَعَلَ يَجِيءُ عَلَى يَفْعِلُ وَيَفْعُلُ.

وَالْوَجْهُ الثَّانِي: أَنْ يَثْبُتَ (صَمَتَ يَصْمِتُ)، وَلا يَسْتَقِيمُ عَلَى غَيْرِ ذَلِكَ، وَقَوْلُ بَعْضِهِمْ: يَجُوزُ أَنْ يَكُونَ أَصْلُهُ (اصْمُتْ) ثُمَّ غُيِّرَ إِثْبَاتٌ لِبَابٍ بِغَيْرِ ثَبْتٍ، وَأَصْلُهُ أَنَّ رَجُلا قَالَ لِصَاحِبِهِ فِيهَا: (إِصْمِتْ) تَخْوِيفًا، فَسُمِّيَتْ بِهِ، وَقَدْ قِيلَ: إِنَّ (وَحْشَ إِصْمِتْ) عَلَمٌ عَلَى كُلِّ مَكَانٍ قَفْرٍ كَأُسَامَةَ، وَإِنْ كَانَ (وَحْشُ إِصْمِتْ) فِي أَصْلِهِ بِمَعْنَى خَلاءٍ، وَلا يَخْرُجُ بِذَلِكَ عَنْ أَنْ يَكُونَ (إِصْمِتْ) عَلَمًا مَنْقُولا كَذَرَّى أَوْ مُرْتَجَلا كَحِمَارِ قَبَّانَ وَنَحْوِهِ مِنَ الْمُضَافَاتِ[١].

وَيَجُوزُ أَنْ يَكُونَ (وَحْشُ إِصْمِتٍ) لِكُلِّ مَكَانٍ قَفْرٍ بِمَعْنَى: مِثْلُ (وَحْشِ إِصْمِتٍ)، وَكَذَلِكَ قَوْلُهُمْ: (بَلَدٌ إِصْمِتْ) و(بَلْدَةٌ إِصْمِتْ).

قَوْلُهُ: (أَشْلَى)؛ أَيْ: الْكِلابُ كَلْبَةً، أَوْ كِلابًا سَلُوقِيَّةً، (بَاتَتْ): هِيَ؛ أَيْ: الْكَلْبَةُ، و(بَاتَ) هُوَ أَيْضًا؛ (بِهَا) أَيْ: بِوَحْشٍ إِصْمِتٍ، وَأَضْمَرَهُ؛ لأَنَّهُ مُتَقَدِّمٌ فِي الْمَعْنَى لأَشْلَى، أَوْ لِبَاتَتْ الأَوَّلِ، و(فِي أَصْلابِهَا أَوَدُ) أَيْ: فِي ظُهُورِهَا اعْوِجَاجٌ، وَهُوَ دَلِيلُ الْقُوَّةِ.

وَقَوْلُهُ: (وَأَطْرِقَا) فِي قَوْلِ الْهُذَلِيِّ:

عَلَى أَطْرِقَا بَالِيَاتِ الْخِيَا ... مِ إِلا الثُّمَامُ وَإِلا الْعِصِيُّ

قَالَ الشَّيْخُ رَحِمَهُ اللَّهُ: وَقَبْلَهُ:

عَرَفْتُ الدِّيَارَ كَرَقْمِ الدَّوَا ... ةِ يَذْبِرُهَا الْكَاتِبُ الْحِمْيَرِيُّ

عَلَى أَطْرِقَا بَالِيَاتِ الْخِيَا ... مِ إِلا الثُّمَامُ وَإِلا الْعِصِيُّ

فَأَطْرِقَا: اسْمٌ لِبُقْعَةٍ مَعْرُوفَةٍ أَيْضًا، أَصْلُهُ أَنَّ رَجُلا قَالَ لِصَاحِبَيْهِ فِيهَا: أَطْرِقَا تَخْوِيفًا، فَسُمِّيَ بِهِ، و(بَالِيَاتٌ) حَالٌ مِنَ (الدِّيَارِ)، و(إِلا الثُّمَامُ): اسْتِثْنَاءٌ مُنْقَطِعٌ، و(إِلا الْعِصِيُّ): مَعْطُوفٌ عَلَيْهِ، وَبَعْضُ النَّاسِ يُنْشِدُهُ (بَالِيَاتُ الْخِيَامِ) يَجْعَلُهُ مُبْتَدأً، وَبَعْضُهُمْ يُنْشِدُهُ (إِلا الثُّمَامُ وَإِلا الْعِصِيُّ) بِالرَّفْعِ، وَلَيْسَ بِصَوَابٍ، وَإِنَّمَا يَجُوزُ بِنَاءً عَلَى وَجْهَيْنِ:

أَحَدُهُمَا: أَنْ يَجُوزَ الإِتْبَاعُ عَلَى الْمَعْنَى دُونَ اللَّفْظِ؛ كَقَوْلِكَ: (أَعْجَبَنِي ضَرْبُ زَيْدٍ الْعَاقِلُ) بِالرَّفْعِ.

---

(١) الوحش: المكان الخالي، وكسر ميم اصمت، والمسموع في الأمر الضم، لأن الأعلام كثيرا ما يغير لفظها عند النقل تبعا لنقل معانيها، كما قيل في شمس بن مالك: شمس بضم الشين. شرح الرضي على الكافية ٢٦٣/٣.

وَالثَّانِي: إِمَّا عَلَى قَوْلِهِمْ: (مَا جَاءَنِي أَحَدٌ إِلا حِمَارٌ) عَلَى اللُّغَةِ التَّمِيمِيَّةِ، فَقَوْلُهُ: (بِالِيَاتُ الْخِيَامِ): الْخِيَامُ: مَرْفُوعَةٌ مِنْ حَيْثُ الْمَعْنَى، فَكَأَنَّهُ قَالَ: بِالِيَاتُ خِيَامِهَا، فَيَكُونُ قَوْلُهُ: (إِلا الثُّمَامُ) عَلَى اللُّغَةِ التَّمِيمِيَّةِ، وَإِمَّا عَلَى أَنَّ (إِلا) بِمَثَابَةِ (غَيْرِ)، وَكُلٌّ ضَعِيفٌ.

وَأَمَّا (أَعْجَبَنِي ضَرْبُ زَيْدٍ الْعَاقِلُ) فَلأَنَّ زَيْدًا مُعْرَبٌ، وَالتَّوَابِعُ إِنَّمَا تَجْرِي عَلَى مَتْبُوعَاتِهَا عَلَى حَسَبِ إِعْرَابِهَا.

وَأَمَّا (مَا جَاءَنِي أَحَدٌ إِلا حِمَارٌ) فَلأَنَّ ذَلِكَ إِنَّمَا ثَبَتَ فِي النَّفْيِ مَعَ أَنَّ فِيهِ ضَعْفًا؛ لأَنَّ الْحِمارَ لَيْسَ مِنْ جِنْسِ الأَحَدِينَ، فَلا يَكُونُ بَدَلا لا بَعْضًا وَلا كُلا ولا اشْتِمَالا؛ لأَنَّ بَدَلَ الاشْتِمَالِ يَكُونُ بَيْنَهُ وَبَيْنَ الْمُبْدَلِ مِنْهُ مُلابَسَةٌ، وَهَذَا لَيْسَ كَذَلِكَ، فَصَارَ بِمَثَابَةِ بَدَلِ الْغَلَطِ، فَلا يَخْفَى سُقُوطُهُ[(١)].

وَأَمَّا كَوْنُ (إِلا) بِمَثَابَةِ (غَيْرِ) فَشَرْطُهُ فِي الْفَصِيحِ أَنْ تَكُونَ تَابِعَةً لِجَمْعٍ مُنَكَّرٍ غَيْرِ مُنْحَصِرٍ، وَذَلِكَ مَفْقُودٌ هَاهُنَا.

وَيَرِدُ عَلَى اسْتِشْهَادِهِ بِأَطْرِقَا أَنَّ كُلَّ تَقْسِيمٍ صَحِيحٍ ذُكِرَتْ فِيهِ أَنْوَاعٌ بِاعْتِبَارِ صِفَاتٍ مُصَحِّحَةٍ لِلتَّقْسِيمِ يَجِبُ أَنْ تَكُونَ صِفَةُ كُلِّ قِسْمٍ مُنْتَفِيَةً عَنْ بَقِيَّةِ الأَقْسَامِ، وَإِلا لَمْ يَصِحَّ التَّقْسِيمُ بِاعْتِبَارِهَا، مِثَالُ ذَلِكَ إِذَا قُلْتَ: الْجِسْمُ يَنْقَسِمُ إِلَى حَيَوَانٍ وَغَيْرِ حَيَوَانٍ، فَيَجِبُ أَنْ تَكُونَ الْحَيَوَانِيَّةُ مُنْتَفِيَةً عَنِ الْقِسْمِ الآخَرِ، وَهَاهُنَا التَّقْسِيمُ، قَدْ ذُكِرَ فِيهِ الْمُرَكَّبُ، فَيَجِبُ أَنْ يَكُونَ التَّرْكِيبُ مُنْتَفِيًا عَنْ بَقِيَّةِ الأَقْسَامِ، فَتَمْثِيلُهُ بِقَوْلِهِ: (أَطْرِقَا) فِي غَيْرِ الْقِسْمِ الْمُرَكَّبِ لَيْسَ بِمُسْتَقِيمٍ.

و(بَبَّةُ): حِكَايَةُ صَوْتِ الصَّغِيرِ، يُقَالُ: إِنَّ أُمَّهُ قَالَتْ وَهِيَ تُرَقِّصُهُ طِفْلا:

لأُنْكِحَنَّ بَبَّهْ ... جَارِيَةً خِدَبَّهْ

مُكْرَمَةً مُحَبَّهْ ... تُجِبُّ أَهْلَ الْكَعْبَهْ

فَغَلَبَ عَلَيْهِ.

و(الْمُرْتَجَلُ عَلَى ضَرْبَيْنِ) إِلَى آخِرِهِ.

---

(١) أما الأول فقد يجوز فيه الرفع، وهو قول بني تميم. وتفسير رفعه على وجهين: أحدهما: أنك إذا قلت: ما جاءني رجل إلا حمار فكأنك قلت: ما جاءني إلا حمار، وذكرت رجلا وما أشبهه توكيداً. فكأنه في التقدير: ما جاءني شيء رجل ولا غيره، إلا حمار.
والوجه الآخر: أن تجعل الحمار يقوم مقام من جاءني من الرجال على التمثيل، كما تقول: عتابك السيف، وتحيتك الضرب. المقتضب ٢٨٢/١.

قَالَ الشَّيْخُ: الْقِيَاسِيُّ، مَا كَانَ عَلَى قِيَاسِ كَلَامِ الْعَرَبِ، وَالشَّاذُّ مَا لَيْسَ كَذَلِكَ، فَغَطَفَانُ نَظِيرُهُ نَزْوَانَ، وَعِمْرَانُ نَظِيرُهُ سَرْحَانَ، وَحَمْدَانُ نَظِيرُهُ سَكْرَانَ، وَنَظِيرُ فَقْعَسَ جَعْفَرُ، وَإِنْ صَحَّ مَا قِيلَ فِي فَقْعَسَ فَقْعَسَةٌ؛ أَيْ: ذَلَّ كَانَ مَنْقُولًا، وَنَظِيرُ حَنْتَفَ عَنْسَلَ أَوْ جَعْفَرَ.

وَالشَّاذُّ نَحْوُ: مَحْبَبٍ، وَمَوْهَبٍ، وَمَوْظَبٍ، وَمَكْوَزَةَ، وَحَيْوَةَ، أَمَّا مَحْبَبٌ فَقِيَاسُهُ الْإِدْغَامُ، لِأَنَّ كُلَّ مَفْعَلٍ عَيْنُهُ وَلَامُهُ مِنْ جِنْسٍ وَاحِدٍ يَجِبُ إِدْغَامُهُ، فَكَانَ يَجِبُ أَنْ يُقَالَ: مَحَبٌّ، وَأَمَّا مَوْظَبٌ وَمَوْهَبٌ فَكَانَ يَنْبَغِي أَنْ يُقَالَ بِالْكَسْرِ؛ لِأَنَّهُ لَيْسَ فِي كَلَامِ الْعَرَبِ مَفْعَلٌ فَاؤُهُ وَاوٌ، وَمَكْوَزَةُ كَانَ يَقْتَضِي أَنْ يُقَالَ بِالْأَلِفِ، لِأَنَّ كُلَّ مَفْعَلَةٍ عَيْنُهَا وَاوٌ أَوْ يَاءٌ يَجِبُ قَلْبُهَا أَلِفًا، وَحَيْوَةُ يَجِبُ أَنْ يَكُونَ حَيَّةَ؛ لِأَنَّهُ إِذَا اجْتَمَعَتِ الْوَاوُ وَالْيَاءُ وَسَبَقَتْ إِحْدَاهُمَا بِالسُّكُونِ قُلِبَتِ الْوَاوُ يَاءً وَأُدْغِمَتْ فِيهَا، وَمَوْظَبٌ: اسْمُ مَكَانٍ.

قَالَ:

فَصْلٌ: وَإِذَا اجْتَمَعَ لِلرَّجُلِ اسْمٌ غَيْرُ مُضَافٍ وَلَقَبٌ... إِلَى آخِرِهِ

قَالَ الشَّيْخُ أَيَّدَهُ اللَّهُ تَعَالَى: لَمَّا ذَكَرَ الْعَلَمَ بِمَا هُوَ عَلَمٌ شَرَعَ يَتَكَلَّمُ فِي أَحْكَامِ الْعَلَمِ، وَكَانَ يَنْبَغِي أَنْ يُذْكَرَ مَا بَعْدَ هَذَا الْفَصْلِ عُقَيْبَ ذِكْرِهِ الْعَلَمِ؛ لِأَنَّهُ نَوْعٌ مِنْهُ، وَإِنَّمَا فَصَلَ بَيْنَهُمَا بِهَذَا الْفَصْلِ؛ لِأَنَّ هَذَا الْحُكْمَ لَا يَكُونُ لِلْعَلَمِ الْمَذْكُورِ بَعْدَهُ، فَلَمَّا كَانَ بَيْنَهُ وَبَيْنَ الْأَوَّلِ مُلَاءَمَةٌ ذَكَرَهُ عُقَيْبَهُ.

قَالَ الشَّيْخُ أَيَّدَهُ اللَّهُ تَعَالَى: ذَكَرَ اللَّقَبَ مُطْلَقًا، وَالْمُرَادُ بِهِ اللَّقَبُ الَّذِي هُوَ غَيْرُ صِفَةٍ؛ لِأَنَّ الْأَلْقَابَ الصِّفَاتِ لَا يُضَافُ إِلَيْهَا مَوْصُوفَاتُهَا، وَسَنَذْكُرُ ذَلِكَ فِي الْمَجْرُورَاتِ عِنْدَ تَعْلِيلِ امْتِنَاعِ إِضَافَةِ الصِّفَةِ إِلَى مَوْصُوفِهَا وَالْمَوْصُوفِ إِلَى صِفَتِهِ، وَتَرَكَ تَقْيِيدَهُ اعْتِمَادًا مِنْهُ عَلَى التَّمْثِيلِ، فَإِنَّهُ لَمْ يُمَثِّلْ إِلَّا بِغَيْرِ الصِّفَاتِ.

وَقَوْلُهُ: (أُضِيفَ) ظَاهِرٌ فِي وُجُوبِ الْإِضَافَةِ، كَمَا إِذَا قِيلَ: الْفَاعِلُ يَكُونُ مَرْفُوعًا، وَهُوَ ظَاهِرُ كَلَامِ الْبَصْرِيِّينَ، وَقَدْ أَجَازَ الزَّجَّاجُ الْإِتْبَاعَ، وَرَوَى الْفَرَّاءُ (قَيْسُ قُفَّةَ) وَ(يَحْيَى عَيْنَانِ) بِالْإِتْبَاعِ، وَهُوَ رَجُلٌ كَانَ ضَخْمَ الْعَيْنَيْنِ، فَلُقِّبَ بِذَلِكَ، وَقَدْ جَاءَ (ابْنُ قَيْسِ الرُّقَيَّاتِ) مُنَوَّنًا، فَيَكُونُ عَطْفَ بَيَانٍ أَوْ بَدَلًا، فَيَكُونُ تَرَكَ تَقْيِيدَهُ إِمَّا اعْتِمَادًا مِنْهُ عَلَى ظُهُورِ الْوَجْهِ الْآخَرِ، فَذَكَرَ الْوَجْهَ الْمُشْكِلَ خَاصَّةً، وَتَرَكَ ذَلِكَ الْوَجْهَ الظَّاهِرَ عِنْدَهُ، وَإِمَّا

لِأَنَّهُ مَذْهَبُهُ، وَوَجْهُ إِشْكَالِهِ أَنَّهُمَا اسْمَانِ لِذَاتٍ وَاحِدَةٍ، يَتَعَذَّرُ إِضَافَةُ أَحَدِهِمَا إِلَى الآخَرِ، وَدَلِيلُهُ اتِّفَاقُهِمْ عَلَى مَنْعِ (أَسَدُ السَّبُعِ) أَوْ (سَبُعُ الأَسَدِ) وَشِبْهِهِ، وَسَبَبُ الامْتِنَاعِ أَنَّ الإِضَافَةَ جِيءَ بِهَا لِغَرَضِ تَخْصِيصِ الأَوَّلِ أَوْ تَعْرِيفِهِ، فَإِذَا كَانَا لِشَيْءٍ وَاحِدٍ تَعَذَّرَ أَنْ يَتَخَصَّصَ أَحَدُهُمَا بِالآخَرِ أَوْ يَتَّضِحَ بِهِ، وَوَجْهُ صِحَّةِ الإِضَافَةِ فِي هَذَا الكَلَامِ أَمْرَانِ:

أَحَدُهُمَا: أَنَّ اللَّفْظَ قَدْ يُطْلَقُ وَيُرَادُ بِهِ نَفْسُ اللَّفْظِ، وَيُطْلَقُ وَيُرَادُ بِهِ الْمَدْلُولُ، دَلِيلُهُ قَوْلُكَ: (ذَاتُ زَيْدٍ)، فَالذَّاتُ لِلْمَدْلُولِ وَزَيْدٌ لِلَّفْظِ، فَكَذَلِكَ يَجُوزُ أَنْ يُقَالَ: أَنَّ زَيْدًا قُصِدَ بِهِ هَاهُنَا قَصْدُ الذَّاتِ، و(بَطَّةٌ) قُصِدَ بِهِ قَصْدُ اللَّفْظِ، فَكَأَنَّهُ قَالَ: مُسَمَّى هَذَا اللَّفْظِ الَّذِي هُوَ قُفَّةٌ وَبَطَّةٌ، وَبِهَذَا الاعْتِبَارِ تَغَايَرَ الْمَدْلُولَانِ، فَتَصِحُّ الإِضَافَةُ، فَيَصِيرُ بِمَثَابَةِ غُلَامٍ فِي قَوْلِكَ: (غُلَامُ زَيْدٍ).

وَالْوَجْهُ الآخَرُ: أَنَّهُ لَمَّا تُوُهِّمَ التَّنْكِيرُ فِي (زَيْدٍ) عِنْدَ قَصْدِ إِضَافَتِهِ للاخْتِصَاصِ صَارَ بِمَثَابَةِ قَوْلِكَ: كُلُّ أَوْ غُلَامٌ، فَأُضِيفَ لِلتَّبْيِينِ أَوْ لِلتَّعْرِيفِ، كَمَا أُضِيفَ كُلُّ وَغُلَامٌ، وَهَذَا يُشْبِهُ بَابَ (زَيْدُ الْمَعَارِكِ) مِنْ حَيْثُ إِنَّهُ إِضَافَةٌ لِلْعَلَمِ، إِلَّا أَنَّ هَذَا لَازِمٌ أَوْ أَوْلَى، وَذَلِكَ أَضْعَفُ بِاتِّفَاقٍ، وَلَزِمَ عِنْدَ الإِضَافَةِ إِضَافَةُ الاسْمِ إِلَى اللَّقَبِ، وَلَا يَجُوزُ الْعَكْسُ، لِأَنَّ اللَّقَبَ إِنَّمَا يَكُونُ لَقَبًا عِنْدَ اشْتِهَارِهِ، وَإِضَافَةُ غَيْرِ الأَشْهَرِ إِلَى الأَشْهَرِ هُوَ الْوَجْهُ.

قَوْلُهُ: (فَإِنْ كَانَ مُضَافًا أَوْ كُنْيَةً أُجْرِيَ اللَّقَبُ عَلَى الاسْمِ فَقِيلَ: هَذَا عَبْدُ اللَّهِ بَطَّةٌ، وَهَذَا أَبُو زَيْدٍ قُفَّةٌ).

قَالَ الشَّيْخُ أَيَّدَهُ اللَّهُ تَعَالَى: يَتَعَيَّنُ الْوَجْهُ الْقِيَاسِيُّ إِمَّا عَطْفُ الْبَيَانِ وَإِمَّا الْبَدَلُ، وَتَتَعَذَّرُ الإِضَافَةُ، وَوَجْهُ تَعَذُّرِهَا أَنَّكَ لَوْ أَضَفْتَ لَمْ يَخْلُ إِمَّا أَنْ تُضِيفَهُمَا أَوْ أَحَدَهُمَا، وَكِلَاهُمَا بَاطِلٌ، وَبَيَانُ تَعَذُّرِ إِضَافَتِهِمَا مِنْ وَجْهَيْنِ: مِنْ حَيْثُ اللَّفْظُ، وَمِنْ حَيْثُ الْمَعْنَى.

أَمَّا مِنْ حَيْثُ اللَّفْظُ فَلِأَنَّ الْمُضَافَ حَقُّهُ أَنْ يَعْتَوِرَهُ الإِعْرَابُ لِاخْتِلَافِ الْعَوَامِلِ، فَإِذَا أَضَفْتَهُمَا جَمِيعًا فِي مَوْضِعِ الرَّفْعِ فَيَجِبُ أَنْ تَرْفَعَهُمَا جَمِيعًا لِاسْتِحْقَاقِهِمَا ذَلِكَ بِاعْتِبَارِ الْفَاعِلِيَّةِ، فَيَكُونُ الثَّانِي مَرْفُوعًا وَمَخْفُوضًا، وَهُوَ مُمْتَنِعٌ.

وَأَمَّا مِنْ حَيْثُ الْمَعْنَى فَهُوَ أَنَّ الاسْمَ إِنَّمَا يُضَافُ إِلَى الاسْمِ الْمَعْرِفَةِ لِتَعْرِيفِهِ، فَتَعَذَّرَ إِضَافَتُهُمَا جَمِيعًا إِلَى أَمْرٍ آخَرَ، لِكَوْنِ الثَّانِي لَا فَائِدَةَ فِيهِ، إِذْ إِضَافَةُ الأَوَّلِ إِلَى الثَّالِثِ يُسْتَغْنَى بِهَا عَنِ الثَّانِي.

وَوَجْهٌ ثَالِثٌ: وَهُوَ أَنَّ الشَّيْئَيْنِ إِنَّمَا يُضَافَانِ بِوَاسِطَةِ الاشْتِرَاكِ بِحَرْفِ الْعَطْفِ، وَلَوْ جِئْتَ بِحَرْفِ الْعَطْفِ هَاهُنَا لَامْتَنَعَتِ الْعَلَمِيَّةُ.

وَوَجْهٌ رَابِعٌ: وَهُوَ أَنَّ الْمُضَافَ إِنَّمَا يُضَافُ بِاعْتِبَارِ خُصُوصِيَّةٍ بَيْنَهُ وَبَيْنَ الْمُضَافِ إِلَيْهِ لَيْسَتْ لِغَيْرِهِ، فَلَوْ أَضَفْتَهُمَا إِلَى الثَّالِثِ لَلَزِمَ أَنْ يَكُونَ بَيْنَ الأَوَّلِ وَالثَّالِثِ اخْتِصَاصٌ لَيْسَ لِغَيْرِهِ فِي ذَلِكَ الْمَعْنَى، وَذَلِكَ مُؤَدٍّ إِلَى التَّنَاقُضِ، وَبَيَانُهُ هُوَ أَنَّكَ إِذَا أَضَفْتَهُ إِلَى الثَّالِثِ لَزِمَ هَذَا أَيْضًا، فَكَأَنَّكَ قُلْتَ: لَهُ بِالثَّانِي خُصُوصِيَّةٌ فِي هَذَا الْمَعْنَى دُونَ غَيْرِهِ، وَلَهُ بِالثَّالِثِ خُصُوصِيَّةٌ فِي الْمَعْنَى دُونَ غَيْرِهِ، فَكَأَنَّكَ قُلْتَ: لَهُ بِهِ خُصُوصِيَّةٌ مَا لَهُ بِهِ خُصُوصِيَّةٌ، وَأَيْضًا فَإِنَّهُ لا يَجُوزُ إِضَافَةُ الأَوَّلِ؛ لأَنَّهُ بَعْضُ الاسْمِ، وَبَعْضُ الاسْمِ لا يُضَافُ، وَكَذَلِكَ الثَّانِي.

قَوْلُهُ:

فَصْلٌ: وَقَدْ سَمَّوْا... إِلَى آخِرِهِ

(أَعْوَجُ): فَحْلُ الْخَيْلِ، كَانَ لِكِنْدَةَ أَشْهَرَ خَيْلِهِمْ، وَأَكْثَرَهَا نَسْلا، وَإِلَيْهِ تَنْسَبُ بَنَاتُ أَعْوَجَ الأَعْوَجِيَّاتِ، و(لاحِقٌ): فِي الْخَيْلِ كَثُرَ، لِمُعَاوِيَةَ وَعَلِيٍّ وَزَيْدِ الْخَيْلِ، و(شَدْقَمُ): فَحْلٌ مِنَ الإِبِلِ، كَانَ لِلنُّعْمَانِ بْنِ الْمُنْذِرِ، و(عُلَيَّانُ): فَحْلٌ مِنَ الإِبِلِ لِكُلَيْبِ بْنِ وَائِلٍ، و(خُطَّةُ): عَنْزُ سُوءٍ، وَفِي الْمَثَلِ: (قَبَّحَ اللَّهُ مِعْزَى خَيْرُهَا خُطَّةُ)[1] و(هَيْلَةُ): كَذَلِكَ، و(ضُمْرَانُ): كَلْبٌ لِلنَّابِغَةِ، و(كَسَابُ): كَلْبٌ لِلَبِيدَ.

قَوْلُهُ:

فَصْلٌ: وَمَا لا يُتَّخَذُ وَلا يُؤْلَفُ، فَيُحْتَاجُ إِلَى التَّمْيِيزِ بَيْنَ أَفْرَادِهِ... إِلَى آخِرِهِ

قَالَ الشَّيْخُ رَحِمَهُ اللَّهُ: هَذَا الْفَصْلُ يَرِدُ إِشْكَالا عَلَى حَدِّ الْعَلَمِ؛ لأَنَّ حَدَّ الْعَلَمِ هُوَ الْمَوْضُوعُ لِشَيْءٍ بِعَيْنِهِ غَيْرِ مُتَنَاوِلٍ مَا أَشْبَهَهُ، وَهَذَا يُوضَعُ لِشَيْءٍ وَلِمَا أَشْبَهَهُ، فَقَدْ فُقِدَتْ مِنْهُ حَقِيقَةُ الْعَلَمِيَّةِ، وَأُجِيبَ عَنْ ذَلِكَ بِأَجْوِبَةٍ مِنْهَا:

أَنَّهُ مَوْضُوعٌ لِلْجِنْسِ بِأَسْرِهِ، وَإِذَا كَانَ مَوْضُوعًا لِلْجِنْسِ بِأَسْرِهِ، فَهُوَ غَيْرُ مُتَنَاوِلٍ مَا

---

(١) قَال أبو عبيد: خُطَّه اسم عنز كانت عنز سوء. وقَال: يضرب لمن أراد له أدنى فضيلة إلا أنها خسيسة.
ويروى " قبح الله " قَال أبو حاتم: أي كسر الله يُقَال: قبحه قبح الجَوْز. [مجمع الأمثال:١٨٠/٢]
وقال العسكري: يضرب مثلا للقوم خيرهم رجلٌ لا خير فيه. وخطة: عنزٌ معروفة، غير مصروفة. وقبح بالتخفيف: كسر، والمقبوح المكسور، وقبح بالتشديد: شوه. [جمهرة الأمثال:١٦٣/١].

أَشْبَهَهُ، وَلَوْ كَانَ الْأَمْرُ كَذَلِكَ لَكَانَ الْجَوَابُ مُسْتَقِيمًا، وَإِنَّمَا هُوَ مَوْضُوعٌ يُوضَعُ لِلْجِنْسِ بِكَمَالِهِ، وَيُوضَعُ لِكُلِّ وَاحِدٍ مِنْ آحَادِهِ، فَهُوَ وَجْهُ الْإِشْكَالِ.

وَالْجَوَابُ الْمَرْضِيُّ فِيهِ أَنْ يُقَالَ: إِنَّ الْعَرَبَ وَضَعَتْ هَذِهِ الْأَلْفَاظَ وَعَامَلَتْهَا مُعَامَلَةَ الْعَلَمِيَّةِ فِي مَنْعِ الصَّرْفِ فِيمَا اجْتَمَعَ فِيهِ مَعَ الْعَلَمِيَّةِ عِلَّةٌ أُخْرَى، وَمَنْعِ الْأَلِفِ وَاللَّامِ وَالْإِضَافَةِ، فَلَا بُدَّ مِنَ التَّخَيُّلِ فِي تَقْدِيرِهَا أَعْلَامًا، قَالَ سِيبَوَيْهِ رَحِمَهُ اللَّهُ كَلَامًا مَعْنَاهُ أَنَّ هَذِهِ الْأَلْفَاظَ مَوْضُوعَةٌ لِلْحَقَائِقِ الْمَعْقُولَةِ الْمُتَّحِدَةِ الْمُتَخَيَّلَةِ فِي الذِّهْنِ، وَمَثَّلَهُ بِالْمَعْهُودِ فِي الذِّهْنِ بَيْنَكَ وَبَيْنَ مُخَاطَبِكَ، وَإِذَا صَحَّ أَنْ تَضَعَ اسْمًا بِالْأَلِفِ وَاللَّامِ لِلْمَعْهُودِ الذِّهْنِيِّ فَلَا يَبْعُدُ أَنْ تَضَعَ الْعَلَمَ لَهُ، وَقَالَ: إِذَا قُلْتَ: هَذَا أُسَامَةُ فَكَأَنَّكَ قُلْتَ: هَذَا الَّذِي مِنْ صِفَتِهِ كَيْتَ وَكَيْتَ، يَعْنِي فِي الذِّهْنِ، وَهُوَ الَّذِي أَرَادَهُ الزَّمَخْشَرِيُّ بِقَوْلِهِ: (فَإِذَا قُلْتَ: أَبُو بَرَاقِشَ فَكَأَنَّكَ قُلْتَ: الَّذِي مِنْ شَأْنِهِ كَيْتَ وَكَيْتَ)، وَإِذَا تَحَقَّقَ أَنَّهُ لِمَعْهُودٍ فِي الذِّهْنِ فَإِذَا أَطْلَقُوهُ عَلَى الْوَاحِدِ فِي الْوُجُودِ فَإِنَّمَا أَرَادُوا أَنَّهُ لِلْحَقِيقَةِ الْمَعْقُولَةِ فِي الذِّهْنِ، وَصَحَّ إِطْلَاقُهُ عَلَى الْوَاحِدِ لِوُجُودِ الْحَقِيقَةِ فِيهِ، وَجَاءَ التَّعَدُّدُ بِاعْتِبَارِ الْوُجُودِ لَا بِاعْتِبَارِ مَوْضُوعِهِ، وَلَا مُشَاحَّةَ فِي أَنَّ الْحَقِيقَةَ الذِّهْنِيَّةَ مُغَايِرَةٌ لِلْوُجُودِ، فَإِذَا أُطْلِقَ عَلَى الْوُجُودِ أُطْلِقَ عَلَى غَيْرِ مَا وُضِعَ لَهُ، لِأَنَّا عَلِمْنَا أَنَّهُمْ عَامَلُوا الْأَمْرَيْنِ فِي التَّسْمِيَةِ مُعَامَلَةَ الْمُتَوَاطِئِ، بِدَلِيلِ قَوْلِكَ: (أَكَلْتُ الْخُبْزَ وَشَرِبْتُ الْمَاءَ) وَأَشْبَاهِهِ، وَلَا مَعْهُودَ، وَإِرَادَةُ الْجِنْسِ بَاطِلَةٌ، بِدَلِيلِ صِحَّةِ قَوْلِكَ: (الْإِنْسَانُ حَيَوَانٌ نَاطِقٌ)، فَالْحَدُّ لِلذِّهْنِيِّ، وَشَرْطُهُ عَلَى الْوُجُودِيِّ إِمَّا لِمُوَافَقَةِ كُلٍّ مِنْهُمَا لِلْآخَرِ فِي الْمَعْقُولِيَّةِ، وَإِمَّا لِتَوَهُّمِ أَنَّهُمَا لِأَمْرٍ وَاحِدٍ، وَالْفَرْقُ بَيْنَ قَوْلِكَ: أَسَدٌ وَأُسَامَةُ أَنَّ أَسَدًا مَوْضُوعٌ لِوَاحِدٍ مِنْ آحَادِ الْجِنْسِ فِي أَصْلِ وَضْعِهِ، وَأُسَامَةُ مَوْضُوعٌ لِلْحَقِيقَةِ الْمُتَّحِدَةِ فِي الذِّهْنِ، فَإِذَا أَطْلَقْتَ أَسَدًا عَلَى وَاحِدٍ أَطْلَقْتَهُ عَلَى أَصْلِ وَضْعِهِ، وَإِذَا أَطْلَقْتَ أُسَامَةَ عَلَى الْوَاحِدِ، فَإِنَّمَا أَرَدْتَ الْحَقِيقَةَ، وَلَزِمَ مِنْ إِطْلَاقِهِ عَلَى الْحَقِيقَةِ بِاعْتِبَارِ الْوُجُودِ التَّعَدُّدُ، فَجَاءَ التَّعَدُّدُ ضِمْنًا لَا مَقْصُودًا بِاعْتِبَارِ الْوَضْعِ.

قَوْلُهُ: (وَمِنْ هَذِهِ الْأَجْنَاسِ مَا لَهُ اسْمُ جِنْسٍ وَاسْمُ عَلَمٍ كَالْأَسَدِ).

يَعْنِي بِالْأَجْنَاسِ الْأَشْيَاءَ الَّتِي لَا تُتَّخَذُ وَلَا تُؤَلَّفُ، مِنْهَا مَا لَهُ اسْمُ جِنْسٍ وَاسْمُ عَلَمٍ، فَأَسَدٌ اسْمُ جِنْسٍ مَوْضُوعٌ لِوَاحِدٍ لَا بِعَيْنِهِ بِأَصْلِ وَضْعِهِ، وَأُسَامَةُ عَلَمٌ لِلْحَقِيقَةِ عَلَى مَا تَقَدَّمَ.

قَالَ: (وَمَا لَا يُعْرَفُ لَهُ اسْمٌ غَيْرُ الْعَلَمِ؛ نَحْوُ: ابْنُ مُقْرِضٍ وَحِمَارُ قَبَّانٍ).

قَالَ الشَّيْخُ رَحِمَهُ اللَّهُ: اسْتَغْنَوْا بِاسْمِ الْعَلَمِ عَنْ اسْمِ الْجِنْسِ لَمَّا عَلِمُوا أَنَّهُ يُوضَعُ لِلْوَاحِدِ بِاعْتِبَارِ الْحَقِيقَةِ، فَيَصِيرُ مُؤَدِّيًا فِي الْمَعْنَى مَا يُؤَدِّيهِ اسْمُ الْجِنْسِ بِاعْتِبَارِ الْوُجُودِ، فَاسْتَغْنَوْا بِهِ عَنِ اسْمِ الْجِنْسِ، وَكَمَا وَضَعُوا لِلأَعْلامِ مِنَ الآدَمِيِّينَ اسْمًا وَكُنْيَةً وَضَعُوا لِهَذَا أَيْضًا اسْمًا وَكُنْيَةً، وَالْمُضَافُ إِلَيْهِ فِي هَذِهِ الأَعْلامِ كُلِّهَا مُقَدَّرٌ فِي كَلامِهِمْ عَلَمًا، فَيُعَامَلُ مُعَامَلَتَهُ فِي مَنْعِ الصَّرْفِ، إِنْ كَانَتْ فِيهِ عِلَّةٌ أُخْرَى، وَمَنْعِ الأَلِفِ وَاللامِ إلا أَنْ يَكُونَ سُمِّيَ بِهِ وَفِيهِ اللامُ، كَأَنَّهُمْ لَمَّا أَجْرَوْهُ بَعْدَ الْعَلَمِيَّةِ مُجْرَى الْمُضَافِ وَالْمُضَافِ إِلَيْهِ فِي الإِعْرَابِ وَهُوَ مَعْرِفَةٌ قَدَّرُوا الثَّانِي عَلَمًا، لِيَكُونَ عَلَى قِيَاسِ الْمَعَارِفِ فِي الأَصْلِ الَّذِي أُجْرِيَ مُجْرَاهُ، إِذْ لا تُضَافُ مَعْرِفَةٌ إِلَى نَكِرَةٍ، فَلِذَلِكَ مُنِعَ صَرْفُ (قِتْرَةَ) فِي (ابْنِ قِتْرَةَ) وَنَحْوُهُ، وَامْتَنَعَتِ اللامُ فِي (طَبَقٍ) فِي (بِنْتِ طَبَقٍ) وَنَحْوُهُ، وَإِنْ لَمْ يَقَعْ عَلَى انْفِرَادِهِ مُسْتَعْمَلا عَلَمًا، وَلِذَلِكَ قَالَ شَاعِرُهُمْ:

وَإِنَّ تَمِيمًا وَافْتِخَارًا بِسَعْدِهَا ... بِمَا لا يُرَى مِنْهَا بِغَوْرٍ وَلا نَجْدِ

كَأُمِّ حُبَيْنٍ لَمْ يَرَ النَّاسُ غَيْرَهَا ... وَغَابَ حُبَيْنٌ حِينَ غَابَتْ بَنُو سَعْدِ

وَقَوْلُهُمْ: (بِنَاتُ الأَوْبَرِ) فِي (بَنَاتِ أَوْبَرٍ) وَهُوَ عَلَمٌ لِضَرْبٍ مِنَ الْكَمْأَةِ، و(أُمُّ الْحُبَيْنِ) قَالَ:

وَلَقَدْ جَنَيْتُكَ أَكْمُؤًا وَعَسَاقِلا ... وَلَقَدْ نَهَيْتُكَ عَنْ بَنَاتِ الأَوْبَرِ

وَقَالَ:

تَرَى التَّيْمِيَّ يَزْحَفُ كَالْقَرَنْبَى ... إِلَى تَيْمِيَّةٍ كَعَصَا الْمَلِيلِ

يَقُولُ الْمُجْتَلُونَ عَرُوسَ تَيْمٍ ... شَوَى أُمِّ الْحُبَيْنِ وَرَأْسُ فِيلِ

إِمَّا عَلَى أَنَّهُ أَصْلٌ كَأُمِّ الْحَارِثِ، كَأَنَّهُمْ وَضَعُوهُمَا مَعًا، وَإِمَّا عَلَى تَأْوِيلِ التَّنْكِيرِ كَالزَّيْدِ، وَإِمَّا عَلَى الضَّرُورَةِ، وَقَالَ الْكُوفِيُّونَ: هِيَ زَائِدَةٌ.

و(أَبُو بَرَاقِشَ): طَائِرٌ يَتَلَوَّنُ، قَالَ الشَّاعِرُ:

كَأَبِي بَرَاقِشَ كُلَّ يَوْ ... مٍ لَوْنُهُ يَتَحَوَّلُ

وَمِنْهُ: (بَرْقَشْتُ الشَّيْءَ)؛ أَيْ: لَوَّنْتُهُ.

و(ابْنُ دَأْيَةَ): الْغُرَابُ، قَالَ الشَّاعِرُ:

وَلَمَّا رَأَيْتُ النَّسْرَ عَزَّ ابْنَ دَأْيَةَ ... وَعَشَّشَ فِي وَكْرَيْهِ جَاشَتْ لَهُ نَفْسِي

لَمَّا كَانَ يَقَعُ عَلَى دَأْيَةِ الْبَعِيرِ كَثِيرًا سُمِّيَ بِذَلِكَ.

و(ابْنُ قِتْرَةَ): حَيَّةٌ قَصِيرَةٌ خَبِيثَةٌ، وَقِيلَ: ذَكَرُ الأفَاعِي، و(بِنْتُ طَبَقٍ): حَيَّةٌ إذَا نَامَتْ كَانَتْ كَالطَّبَقِ، وَبِهَا كَنَوْا عَنِ الدَّاهِيَةِ، قَالُوا: (أَخَذَتْهُ بَنَاتُ طَبَقٍ)، و(ابْنُ مُفْرِضٍ): قَتَّالُ الْحَمَامِ، و(حِمَارُ قَبَّانَ): دُوَيْبَةٌ، قَالَ الشَّاعِرُ:

يَا عَجَبًا لَقَدْ رَأَيْتُ عَجَبا ... حِمَارَ قَبَّانٍ يَسُوقُ أَرْنَبا

و (أَبُو صُبَيْرَةَ): طَائِرٌ يُشْبِهُ لَوْنُهُ لَوْنَ الصَّبِرِ، و(أُمُّ رَبَاحٍ): طَائِرٌ فِي ظَهْرِهِ حُمْرَةٌ يَأْكُلُ الْعِنَبَ.

قَالَ: فَصْلٌ: وَقَدْ أَجْرَوْا الْمَعَانِي فِي ذَلِكَ مُجْرَى الأعْيَانِ

قَالَ الشَّيْخُ رَحِمَهُ اللهُ تَعَالَى: وَضَعُوا لِلأَعْيَانِ أَعْلامًا، وَوَضَعُوا لِلْمَعَانِي أَعْلامًا، وَهِيَ فِي الْمَعْنَى بِمَنْزِلَتِهَا فِي بَابِ أُسَامَةَ؛ لأَنَّهُ يَصْلُحُ لِكُلِّ فَرْدٍ مِنْهَا بِاعْتِبَارِ مَا تَقَدَّمَ.

قَوْلُهُ: (فَسَمَّوْا التَّسْبِيحَ بِسُبْحَانَ).

قِيلَ: هَذَا لَيسَ بِمُسْتَقِيمٍ، وَبَيَانُهُ أَنَّ (سُبْحَانَ) لَيسَ اسْمًا لِلتَّسْبِيحِ؛ لأَنَّ التَّسْبِيحَ مَصْدَرُ (سَبَّحَ)، وَمَعْنَى (سَبَّحَ): قَالَ: سُبْحَانَ اللهِ، فَمَدْلُولُهُ لَفْظٌ، وَمَدْلُولُ (سُبْحَانَ) تَنْزِيهٌ لا لَفْظٌ، فَتَبَيَّنَ أَنَّهُ لَيْسَ اسْمًا لِلتَّسْبِيحِ، وَأُجِيبَ بِأَنَّهُ لَوْ لَمْ يَرِدِ التَّسْبِيحُ بِمَعْنَى التَّنْزِيهِ لَكَانَ كَذَلِكَ، وَأَمَّا إذَا وَرَدَ فَلا إِشْكَالَ، وَالَّذِي يَدُلُّ عَلَى أَنَّهُ عَلَمٌ قَوْلُ الشَّاعِرِ:

قَدْ قُلْتُ لَمَّا جَاءَنِي فَخْرُهُ ... سُبْحَانَ من عَلْقَمَةَ الْفَاخِرِ

وَلَوْلا أَنَّهُ عَلَمٌ لَوَجَبَ صَرْفُهُ؛ لأَنَّ الألِفَ وَالنُّونَ فِي غَيْرِ الصِّفَاتِ إِنَّمَا تَمْنَعُ مَعَ الْعَلَمِيَّةِ، وَلا يُسْتَعْمَلُ (سُبْحَانَ) عَلَمًا إلا شَاذًّا، وَأَكْثَرُ اسْتِعْمَالِه مُضَافًا، وَإِذَا كَانَ مُضَافًا فَلَيْسَ بِعَلَمٍ، لأَنَّ الأعْلامَ لا تُضَافُ وَهِيَ أَعْلامٌ لأَنَّهَا مَعْرِفَةٌ، وَالْمَعْرِفَةُ لا تُضَافُ، وَقِيلَ: إِنَّ (سُبْحَانَ) فِي الْبَيْتِ بِحَذْفِ الْمُضَافِ إِلَيْهِ، وَهُوَ مُرَادٌ لِلْعِلْمِ بِهِ، وَقَوْلُهُ:

سُبْحَانَهُ ثُمَّ سُبْحَانًا نَعُوذُ بِهِ ... وَقَبْلَنَا سَبَّحَ الْجُودِيُّ وَالْجُمُدُ

مَصْرُوفٌ عِنْدَ سِيبَوَيْهِ لِلضَّرُورَةِ.

قَوْلُهُ: (وَالْمَنِيَّةَ بِشَعُوبٍ) يَدُلُّ عَلَى كَوْنِهِ عَلَمًا امْتِنَاعُ صَرْفِهِ، وَلا يُؤَثِّرُ التَّأْنِيثُ الْمَعْنَوِيُّ فِي مَنْعِ الصَّرْفِ إلا مَعَ الْعَلَمِيَّةِ وَامْتِنَاعِ اللامِ وَالإِضَافَةِ.

قَوْلُهُ: (وَأُمُّ قَشْعَمٍ) يَدُلُّ عَلَى كَوْنِهِ عَلَمًا امْتِنَاعُ دُخُولِ اللامِ عَلَيْهِ، لا تَقُولُ: أُمُّ الْقَشْعَمِ، وَلَوْ لَمْ يَكُنْ عَلَمًا لَعُرِّفَ بِالألِفِ وَاللامِ، كَمَا قِيلَ: ابْنُ لَبُونٍ، وَابْنُ اللَّبُونِ.

قَوْلُهُ: (وَالْغَدْرَ بِكَيْسَانِ)، الْقَوْلُ فِيهِ كَالْقَوْلِ فِي (سُبْحَانَ)، وَقَوْلُهُ: (وَالْمَبَرَّةَ بِبَرَّةَ)،

قَالَ:

نَحْنُ اقْتَسَمْنَا خِطَّتَيْنَا بَيْنَنَا فَحَمَلْتُ بَرَّةَ وَاحْتَمَلْتَ فَجَارِ

وَالدَّلِيلُ عَلَى كَوْنِهَا عَلَمًا مَنْعُ صَرْفِهَا، وَلَيْسَ فِيهَا إلا التَّأْنِيثُ، وَالتَّأْنِيثُ لا يُعْتَبَرُ فِي مَنْعِ الصَّرْفِ إلا مَعَ الْعَلَمِيَّةِ، وَهُوَ كَشَعُوبَ.

قَوْلُهُ: (وَالْفَجْرَةَ بِفَجَارِ) يَدُلُّ عَلَى أَنَّ (فَجَارِ) عَلَمٌ أَنَّ مَدْلُولَهُ مَدْلُولُ الْفَجْرَةِ، وَالْفَجْرَةُ مَعْرِفَةٌ، فَوَجَبَ أَنْ يَكُونَ (فَجَارُ) مَعْرِفَةً، وَإِذَا كَانَ مَعْرِفَةً فَتَعْرِيفُهُ لا يَخْلُو إِمَّا أَنْ يَكُونَ بِآلَةٍ أَوْ بِالْقَصْدِ، وَالآلَةُ مَعْدُومَةٌ، فَوَجَبَ أَنْ يَكُونَ بِالْقَصْدِ، وَهُوَ الَّذِي نَعْنِي بِهِ الْعَلَمِيَّةَ.

وَوَجْهٌ آخَرُ: وَهُوَ أَنَّ (فَعَالِ) الْمَبْنِيَّ الَّذِي لَيْسَ بِصِفَةٍ لَمْ يَأْتِ إلا عَلَمًا كَحَذَامِ وَقَطَامِ، وَهَذَا كَذَلِكَ، فَوَجَبَ أَنْ يَكُونَ عَلَمًا إِذَا أَمْكَنَ، وَأَمَّا عَلَى لُغَةِ بَنِي تَمِيمٍ فَوَاضِحٌ، وَقَوْلُنَا: (الَّذِي لَيْسَ بِصِفَةٍ) احْتِرَازٌ مِنَ الصِّفَةِ؛ كَقَوْلِكَ: فَسَاقِ، فَإِنَّهَا لَيْسَتْ بِعَلَمٍ.

قَوْلُهُ: (وَالْكُلِّيَّةَ بِزَوْبَرَ) يَدُلُّ عَلَى كَوْنِهَا عَلَمًا مَنْعُ صَرْفِهَا، وَلَيْسَ فِيهَا إِلا التَّأْنِيثُ الْمَعْنَوِيُّ، فَوَجَبَ أَنْ تَكُونَ الْعَلَمِيَّةُ مَعَهُ، وَلا يَجُوزُ أَنْ يَكُونَ (بِزَوْبَرَ) مَتْرُوكًا صَرْفُهُ لِلضَّرُورَةِ، لأَنَّهُ لَوْ كَانَ كَذَلِكَ لَكَانَ مَمْنُوعًا مِنْ غَيْرِ عِلَّةٍ، وَهُوَ لا يَجُوزُ بِالاتِّفَاقِ.

وَإِنَّمَا مَوْضِعُ الْخِلافِ فِيمَا إِذَا كَانَتْ فِيهِ عِلَّةٌ وَاحِدَةٌ، وَبَيَانُ أَنَّهُ يَلْزَمُ أَنْ يَكُونَ مَمْنُوعًا مِنَ الصَّرْفِ بِغَيْرِ عِلَّةٍ أَنَّ التَّأْنِيثَ الْمَعْنَوِيَّ مَشْرُوطٌ فِي كَوْنِهِ عِلَّةً بِالْعَلَمِيَّةِ، فَإِذَا قَدَّرْنَا انْتِفَاءَ الْعَلَمِيَّةِ زَالَ كَوْنُ التَّأْنِيثِ عِلَّةً لِزَوَالِ شَرْطِهِ، وَصَدْرُهُ - وَهُوَ لابْنِ أَحْمَرَ الْبَاهِلِيِّ -:

إِذَا قَالَ غَاوٍ مِنْ تَنُوخَ قَصِيدَةً بِهَا جَرَبٌ عُدَّتْ عَلَيَّ بِزَوْبَرَا

وَبَعْدَ قَوْلِهِ: (إِذَا مَا دَعَوْا كَيْسَانَ).

إِذَا كُنْتَ فِي سَعْدٍ وَأُمُّكَ مِنْهُمُ غَرِيبًا فَلا يَغْرُرْكَ خَالُكَ مِنْ سَعْدِ

فَإِنَّ ابْنَ أُخْتِ الْقَوْمِ مُصْغًى إِنَاؤُهُ إِذَا لَمْ يُزَاحِمْ خَالَهُ بِأَبٍ جَلْدِ

قَوْلُهُ: (وَقَالُوا فِي الأَوْقَاتِ إِلَى آخِرِهِ).

قَالَ الشَّيْخُ رَحِمَهُ اللَّهُ: وَضَعُوا لِلأَوْقَاتِ أَعْلامًا كَمَا وَضَعُوا لِلْمَعَانِي الْمَوْجُودَةِ، وَإِنْ لَمْ تَكُنِ الأَوْقَاتُ شَيْئًا مَوْجُودًا إِجْرَاءً لَهَا مُجْرَى الأُمُورِ الْمَوْجُودَةِ، ثُمَّ مَثَّلَ بِغُدْوَةَ، وَالدَّلِيلُ عَلَى أَنَّهُ عَلَمٌ قَوْلُهُمْ: (سِيرَ عَلَى فَرَسِكَ غُدْوَةَ) فَغُدْوَةُ غَيْرُ مُنْصَرِفٍ، وَلَوْ لَمْ يَكُنْ

عَلَمًا لَوَجَبَ صَرْفُهُ، إِذْ لَيْسَ فِيهِ إِلا التَّأْنِيثُ اللَّفْظِيُّ بِالتَّاءِ، وَالتَّأْنِيثُ اللَّفْظِيُّ لا يَمْنَعُ إِلا مَعَ الْعَلَمِيَّةِ، وَقَدْ يُسْتَعْمَلُ نَكِرَةً فَيُعَرَّفُ بِاللامِ كَغَيْرِهِ.

وَأَمَّا (بُكْرَةٌ) فَقَدْ اسْتُعْمِلَ مَعْرِفَةً وَنَكِرَةً، كَمَا اسْتُعْمِلَ (غُدْوَةٌ)، إِلا أَنَّهُ لَمْ يَتَصَرَّفْ كَتَصَرُّفِ (غُدْوَةَ)، فَلا تَقُولُ: (سِيرَ عَلَى فَرَسِكَ بُكْرَةً)، وَلا (بُكْرَةٌ)؛ لأَنَّهُ غَيْرُ مُتَصَرِّفٍ، وَمَعْنَى قَوْلِنَا: (مُتَصَرِّفَةٌ) أَنَّهَا تُسْتَعْمَلُ ظَرْفًا وَغَيْرَ ظَرْفٍ، وَغَيْرُ الْمُتَصَرِّفَةِ لا يُسْتَعْمَلُ إِلا ظَرْفًا.

وَأَمَّا (سَحَرٌ) فَيُسْتَعْمَلُ مَعْرِفَةً وَنَكِرَةً، فَإِذَا اسْتُعْمِلَ نَكِرَةً كَانَ مُنْصَرِفًا، وَإِذَا اسْتُعْمِلَ مَعْرِفَةً كَانَ غَيْرَ مُنْصَرِفٍ، وَالَّذِي يَدُلُّ عَلَى أَنَّهُ عَلَمٌ قَوْلُهُمْ: (خَرَجْتُ يَوْمَ الْجُمُعَةِ سَحَرَ) غَيْرَ مُنْصَرِفٍ، وَلَيْسَ فِيهِ مَا يَمْنَعُهُ مِنَ الصَّرْفِ إِلا أَنْ تُقَدَّرَ الْعَلَمِيَّةُ مَعَ الْعَدْلِ، وَلَوْ قِيلَ: إِنَّهُ مَبْنِيٌّ لِتَضَمُّنِهِ مَعْنَى الأَلِفِ وَاللامِ لَمْ يَبْعُدْ عَنِ الصَّوَابِ، كَمَا أَنَّ (أَمْسَ) عَلَى لُغَةِ أَهْلِ الْحِجَازِ مَبْنِيٌّ لِتَضَمُّنِهِ مَعْنَى الأَلِفِ وَاللامِ، وَلا يَكُونُ عَلَمًا عَلَى هَذَا؛ لأَنَّ الْعَلَمَ إِنَّمَا يَكُونُ عَلَمًا بِالْقَصْدِ، لا بِتَقْدِيرِ تَعْرِيفٍ.

وَأَمَّا (فَيْنَةٌ) فَتُسْتَعْمَلُ مَعْرِفَةً وَنَكِرَةً، فَإِذَا اسْتُعْمِلَتْ مَعْرِفَةً امْتَنَعَتْ مِنَ الصَّرْفِ لِلتَّأْنِيثِ وَالتَّعْرِيفِ، وَامْتَنَعَ تَعْرِيفُهَا بِاللامِ، وَإِذَا اسْتُعْمِلَتْ نَكِرَةً صَرَفْتَهَا، وَجَازَ تَعْرِيفُهَا بِاللامِ.

وَوَضْعُ الأَعْلامِ لِلأَوْقَاتِ كَوَضْعِهَا فِي بَابِ أُسَامَةَ، لا كَوَضْعِهَا فِي بَابِ زَيْدٍ وَعَمْرٍو؛ لأَنَّهَا يَصِحُّ اسْتِعْمَالُهَا لِكُلِّ فَرْدٍ مِنَ الأَوْقَاتِ الْمَخْصُوصَةِ، كَمَا يَصِحُّ اسْتِعْمَالُ أُسَامَةَ لِكُلِّ فَرْدٍ مِنَ الآسَادِ، وَلَوْ كَانَتْ مِنْ بَابِ زَيْدٍ لاخْتَصَّتْ بِوَاحِدٍ وَاحْتَاجَتْ فِي الثَّانِي إِلَى وَضْعٍ ثَانٍ.

وَيَقَعُ فِي بَعْضِ النُّسَخِ: (وَقَالُوا فِي الأَعْدَادِ: سِتَّةٌ ضِعْفُ ثَلاثَةٍ، وَثَمَانِيَةٌ ضِعْفُ أَرْبَعَةٍ)، وَالظَّاهِرُ أَنَّهُ: كَانَ أَثْبَتَهُ ثُمَّ أَسْقَطَهُ لِضَعْفِهِ، وَوَجْهُ إِثْبَاتِهِ أَنَّ (سِتَّةَ) مُبْتَدَأٌ، فَلَوْلا أَنَّهَا عَلَمٌ لَكُنْتَ مُبْتَدِئًا بِالنَّكِرَةِ مِنْ غَيْرِ شَرْطٍ، وَأَيْضًا فَإِنَّهَا يُرَادُ بِهَا كُلُّ سِتَّةٍ، فَلَوْلا أَنَّهَا عَلَمٌ لَكُنْتَ مُسْتَعْمِلا مُفْرَدًا نَكِرَةً فِي بَابِ الإِثْبَاتِ لِلْعُمُومِ، وَإِذَا كَانَ عَلَمًا وَجَبَ مَنْعُ صَرْفِهِ، وَوَجْهُ ضَعْفِهِ أَنَّهُ يُؤَدِّي إِلَى أَنْ تَكُونَ أَسْمَاءُ الأَجْنَاسِ كُلُّهَا أَعْلامًا، إِذْ مَا مِنْ نَكِرَةٍ إِلا وَيَصِحُّ اسْتِعْمَالُهَا كَذَلِكَ، فِي مِثْلِ (رَجُلٌ خَيْرٌ مِنِ امْرَأَةٍ) وَنَحْوِهِ، وَهُوَ بَاطِلٌ، وَيَلْزَمُ أَنْ يُمْنَعَ الصَّرْفُ فِي (امْرَأَةٍ) فِي قَوْلِنَا: (رَجُلٌ خَيْرٌ مِنِ امْرَأَةٍ) وَفِي (تَمْرَةٍ) و(جَرَادَةٍ) فِي قَوْلِهِمْ: (تَمْرَةٌ خَيْرٌ مِنْ جَرَادَةٍ)، وَالْمَسْمُوعُ خِلافُهُ، وَإِنَّمَا صَحَّ الابْتِدَاءُ لِكَوْنِهِ بِمَعْنَى (كُلُّ

تَمْرَةٍ)، وَذَلِكَ جَارٍ فِي كُلِّ نَكِرَةٍ قَامَتْ قَرِينَةٌ عَلَى أَنَّ الْحُكْمَ غَيْرُ مُخْتَصٍّ فِي جِنْسِهَا، حَتَّى جَازَ ذَلِكَ فِي غَيْرِ الْمُبْتَدَأِ، مِثْلُ قَوْلِهِ تَعَالَى: "عَلِمَتْ نَفْسٌ مَا أَحْضَرَتْ" [التكوير:١٤]، وَنَحْوِهِ.

قَوْلُهُ: فَصْلٌ: وَمِنَ الْأَعْلَامِ الْأَمْثِلَةُ الَّتِي يُوزَنُ بِهَا فِي قَوْلِكَ:

فَعْلَانُ الَّذِي مُؤَنَّثُهُ فَعْلَى وَأَفْعَلُ صِفَةٌ لَا يَنْصَرِفُ

قَالَ الشَّيْخُ رَحِمَهُ اللهُ: هَذِهِ الْأَمْثِلَةُ إِنَّمَا وَقَعَتْ فِي اصْطِلَاحِ النَّحْوِيِّينَ، كَأَنَّهُمْ وَضَعُوهَا لِمَوْزُونَاتِهَا أَعْلَامًا عَلَى طَرِيقِ الْإِيجَازِ وَالِاخْتِصَارِ وَهِيَ فِي الْأَعْلَامِ لِمَوْزُونَاتِهَا بِمَنْزِلَةِ بَابِ (أُسَامَةَ) عَلَى قَوْلِهِ، ثُمَّ لَا يَخْلُو إِمَّا أَنْ يُسْتَعْمَلَ وَزْنًا لِلْأَفْعَالِ عَلَى حِدَتِهَا أَوْ لِغَيْرِ ذَلِكَ، فَإِنِ اسْتُعْمِلَتْ لِلْأَفْعَالِ كَانَ حُكْمُهَا حُكْمَ مَوْزُونَاتِهَا، فَتَقُولُ: (اسْتَفْعَلَ حُكْمُهُ كَذَا وَكَذَا)، وَإِنْ وُضِعَتْ لِغَيْرِ الْأَفْعَالِ فَلَا تَخْلُو إِمَّا أَنْ تُوضَعَ لِجِنْسِ مَا يُوزَنُ بِهَا أَوْ لَا، فَإِنْ وُضِعَتْ لِجِنْسِ مَا يُوزَنُ بِهَا سَوَاءٌ كَانَتْ لِلْأَسْمَاءِ أَوْ لِلْأَسْمَاءِ وَالْأَفْعَالِ كَانَ حُكْمُهَا حُكْمَ نَفْسِهَا، فَإِنْ كَانَ فِيهَا مَا يَمْنَعُ الصَّرْفَ مُنِعَتْ وَإِلَّا صُرِفَتْ، وَإِنْ لَمْ تُسْتَعْمَلْ لِجِنْسِ مَا يُوزَنُ بِهَا فَلَا تَخْلُو إِمَّا أَنْ تُوضَعَ فِي الْكَلَامِ كِنَايَةً عَنْ مَوْزُونَاتِهَا أَوْ لَا، فَإِنْ وُضِعَتْ كِنَايَةً عَنْ مَوْزُونَاتِهَا مِثْلُ أَنْ تَقُولَ: (أَفْعَلُ) بَعْدَ تَقَدُّمِ مَوْزُونِهِ كَانَ لَهَا حُكْمُ مَوْزُونَاتِهَا لَا حُكْمُ نَفْسِهَا عَلَى الْأَكْثَرِ، وَإِنْ لَمْ تَكُنْ كَذَلِكَ وَكَانَتْ مَوْزُونَاتِهَا مَذْكُورَةً مَعَهَا؛ كَقَوْلِكَ: وَزْنُ قَائِمَةٍ فَاعِلَةٌ. فَلِلنَّحْوِيِّينَ فِيهَا مَذْهَبَانِ: مِنْهُمْ مَنْ يُجْرِيهَا مَجْرَى الْأَوَّلِ، فَيَجْعَلُ لَهُ حُكْمَ نَفْسِهِ، وَمِنْهُمْ مَنْ يَجْعَلُ حُكْمَهَا حُكْمَ الثَّانِي، فَتَقُولُ عَلَى الْمَذْهَبِ الْأَوَّلِ: وَزْنُ قَائِمَةٍ فَاعِلَةٌ؛ لِأَنَّ فِيهَا عِلَّتَيْنِ: الْعَلَمِيَّةَ وَالتَّأْنِيثَ، وَهُوَ مَذْهَبُ صَاحِبِ الْكِتَابِ، وَتَقُولُ عَلَى الْمَذْهَبِ الثَّانِي: وَزْنُ قَائِمَةٍ فَاعِلَةٌ مَصْرُوفًا؛ لِأَنَّ مَوْزُونَهُ مَصْرُوفٌ.

قَالَ صَاحِبُ الْكِتَابِ فِي تَمْثِيلِهِ: (فَعْلَانُ الَّذِي مُؤَنَّثُهُ فَعْلَى وَأَفْعَلُ صِفَةٌ لَا يَنْصَرِفُ).

فَوَصَفَ فَعْلَانَ بِالصِّفَةِ الَّتِي تَمْنَعُ مَوْزُونَهَا الصَّرْفَ لِيُخْبِرَ عَنْهُ بِقَوْلِهِ: (لَا يَنْصَرِفُ)؛ لِأَنَّ غَرَضَهُ أَنْ يُبَيِّنَ كَيْفِيَّةَ اسْتِعْمَالِهِ هَذِهِ الْأَوْزَانَ فِي كَلَامِ النَّحْوِيِّينَ، وَكَذَلِكَ تَقْيِيدُهُ (أَفْعَلَ) بِكَوْنِهِ صِفَةً، وَأَخْبَرَ عَنْهُمَا جَمِيعًا بِخَبَرٍ وَاحِدٍ وَاسْتَغْنَى بِهِ عَنِ الْآخَرِ فَيُقَدَّرُ مِثْلُهُ لِلْأَوَّلِ، فَلَوْ قَالَ: (فَعْلَانُ) الَّذِي تَدْخُلُهُ الْهَاءُ يَنْصَرِفُ لَكَانَ فِي التَّمْثِيلِ مُسْتَقِيمًا، إِلَّا أَنَّ

وُقُوعَ الأوَّلِ في كَلامِهِمْ أكْثَرَ، فلِذلِكَ خَصَّصَهُ، أمَّا وَجْهُ الأوَّلِ فهُوَ أنَّهُ لَمَّا كَانَ عَلَمًا باعْتِبارِ الْجِنْسِ وَجَبَ إجْراؤُهُ عَلَى كُلِّ وَاحِدٍ مِنْ مُفْرَدَاتِهِ كَمَا يَجْرِي أُسَامَةُ، فإذَا أطْلَقْتَهُ عَلَى وَاحِدٍ مِنْ مُفْرَدَاتِهِ كَانَ عَلَمًا، كَمَا إذَا أطْلَقْتَ أُسَامَةَ عَلَى وَاحِدٍ مِنَ الآسَادِ كَانَ اسْمًا عَلَمًا لَهُ.

وَوَجْهُ الْمَذْهَبِ الثَّانِي هُوَ: أنَّ بَابَ أُسَامَةَ فِي جَرْيِهِ عَلَمًا عَلَى كُلِّ وَاحِدٍ مِنَ الْمُشْكِلاتِ الَّتِي تَتَحَيَّرُ فِيهَا الأفْهَامُ؛ لِكَوْنِهَا فِي الْمَعْنَى نَكِرَةً، وَحُكْمُهَا حُكْمُ الأعْلامِ حَتَّى احْتِيلَ فِي اسْتِقَامَتِهَا بِأنْ قُدِّرَتْ أعْلامًا لِلْحَقَائِقِ الْمَعْقُولَةِ، وَصَحَّ إجْراؤُهَا عَلَى الآحَادِ لِوُجُودِ الْحَقِيقَةِ فِيهَا، وَلَوْلا أنَّ الْعَرَبَ مَنَعَتْ صَرْفَ أُسَامَةَ عِنْدَ جَرْيِهِ عَلَى الْوَاحِدِ لَمْ يُشَكَّ فِي أنَّهُ نَكِرَةٌ، وَإذَا كَانَ بَابُ أُسَامَةَ خَارِجًا عَنِ الْقِيَاسِ فِي بَابِ الأعْلامِ فَإذَا وَضَعَ النَّحْوِيُّونَ ألْفَاظًا أعْلامًا فَإعْطَاؤُهَا حُكْمَ الأعْلامِ الْقِيَاسِيَّةِ أوْلَى مِنْ إعْطَائِهَا حُكْمَ (أُسَامَةَ) الْخَارِجَ عَنِ الْقِيَاسِ، فَعَلَى هَذَا لا يَكُونُ (إفْعَلُ) فِي قَوْلِكَ: وَزْنُ إصْبَع إفْعَلُ عَلَمًا.

وَيُرَدُّ عَلَى هَؤُلاءِ أنَّهُ إذَا لَمْ يَكُنْ عَلَمًا وَجَبَ أنْ يَكُونَ نَكِرَةً، فَيَجِبُ أنْ يُقَالَ: وَزْنُ طَلْحَةَ فَعْلَةً مُنْصَرِفًا، إذْ لَيْسَ فِيهِ مَا يَمْنَعُ الصَّرْفَ أصْلا؛ لأنَّ الْعَلَمِيَّةَ مَفْقُودَةٌ، وَتَاءُ التَّأنِيثِ شَرْطُهَا فِي التَّأثِيرِ الْعَلَمِيَّةُ، فلا عِلَّةَ أصْلا هَاهُنَا.

وَالْجَوَابُ عَنْهُ أنْ يُقَالَ: هَذَا وَإنْ لَمْ يَكُنْ عَلَمًا فَلَيْسَ اللَّفْظُ مَقْصُودًا فِي نَفْسِهِ، وَإنَّمَا الْغَرَضُ بِهِ مَعْرِفَةُ مَوْزُونِهِ، فَأُجْرِيَ مُجْرَى مَوْزُونِهِ، وَمِمَّا أوْرَدَهُ سِيبَوَيْهِ: كُلُّ أفْعَلِ إذَا كَانَ صِفَةً لا يَنْصَرِفُ، وَقَالَ: قُلْتُ لَهُ - يَعْنِي: الخليل -: كَيْفَ تُصَرِّفُهُ، وَقَدْ قُلْتَ: لا أصْرِفُهُ؟ فَقَالَ: (أفْعَل) هَاهُنَا لَيْسَ بِوَصْفٍ، وَإنَّمَا زَعَمْتُ أنَّ مَا كَانَ عَلَى هَذَا الْمِثَالِ وَكَانَ وَصْفًا لا يَنْصَرِفُ، فَظَنَّ بَعْضُ النَّحْوِيِّينَ أنَّهُ لَمَّا قَالَ الْخَلِيلُ: (إنَّهُ هَاهُنَا لَيْسَ بِصِفَةٍ فَيَنْصَرِفُ)، أنَّ كُلَّ وَزْنٍ لَيْسَ بِصِفَةٍ يَنْصَرِفُ، وَلَمْ يُرِدْ هَذَا، وَإنَّمَا أرَادَ نَفْيَ تَخَيُّلٍ فِي هَذَا الْمَحَلِّ الْمَخْصُوصِ؛ لأنَّهُ لَمَّا قَالَ: (كُلُّ أفْعَلِ) لَمْ تُتَخَيَّلِ الْعَلَمِيَّةُ لِدُخُولِ (كُلّ)، وَوَزْنُ الْفِعْلِ مُتَحَقِّقٌ، فَلا يَبْقَى تَخَيُّلٌ فِي مَنْعِ صَرْفِهِ إلا بِتَقْدِيرِ الصِّفَةِ، فَأجَابَ بِنَفْيِ هَذَا التَّخَيُّلِ لِتَحَقُّقِ صَرْفِهِ، فَلا يَلْزَمُ عَلَى هَذَا أنْ لا يُمْنَعَ مِنَ الصَّرْفِ مِنَ الأوْزَانِ إلا مَا كَانَ صِفَةً، وَلِهَذَا التَّخَيُّلِ قَالَ الْمَازِنِيُّ فِي قَوْلِ سِيبَوَيْهِ بَعْدَ ذَلِكَ (أفْعَلَ) وَأتَى بِهِ غَيْرَ مُنْصَرِفٍ: أخْطَأَ سِيبَوَيْهِ، وَيَجِبُ عَلَيْهِ أنْ يَصْرِفَهُ؛ لأنَّهُ غَيْرُ صِفَةٍ، وَإلا نُقِضَ عَلَيْهِ فِي جَمِيعِ مَا قَالَهُ، قَالَ أبُو عَلِيٍّ الْفَارِسِيُّ: لَمْ يَصْنَعِ الْمَازِنِيُّ شَيْئًا، وَأرَادَ بِهِ أبُو عَلِيٍّ أنَّ الْمَازِنِيَّ تَخَيَّلَ ذَلِكَ

التَّخَيُّلَ الْمُتَقَدِّمَ ذِكْرُهُ.

فَصْلٌ: وَقَدْ يَغْلِبُ بَعْضُ الْأَسْمَاءِ الشَّائِعَةِ عَلَى أَحَدٍ مِنَ الْمُسَمَّيْنَ بِهِ

قَالَ الشَّيْخُ: غَرَضُهُ فِي هَذَا الْفَصْلِ أَنْ يَذْكُرَ كَيْفِيَّةَ وَضْعِ الْأَعْلَامِ، وَأَنَّهَا تَنْقَسِمُ قِسْمَيْنِ: قِسْمٌ يَضَعُهُ وَاضِعٌ، وَقِسْمٌ يَتَّفِقُ غَلَبَتُهُ، وَالْحُكْمُ فِيهِمَا وَاحِدٌ، وَأَكْثَرُهُ الْأَوَّلُ؛ لِذَلِكَ قَالَ: (وَقَدْ يَغْلِبُ)، فَأَتَى بِحَرْفِ التَّقْلِيلِ، وَإِنَّمَا ذَكَرَ هَذَا الْفَصْلَ؛ لِئَلَّا يَتَوَهَّمَ مُتَوَهِّمٌ أَنَّهُ لَا يَكُونُ عَلَمٌ إِلَّا بِوَضْعِ وَاضِعٍ مَخْصُوصٍ.

وَقَوْلُهُ: (الْأَسْمَاءُ الشَّائِعَةُ) يُرِيدُ بِهَا الْأَسْمَاءَ الَّتِي تَصْلُحُ أَنْ تُوضَعَ عَلَى آحَادٍ مُتَعَدِّدَةٍ بِاعْتِبَارِ مَعْنَاهَا، وَلَا يَعْنِي بِهِ أَنَّهَا تَكُونُ نَكِرَةً؛ لِأَنَّ الْأَسْمَاءَ الْمُضَافَةَ إِلَى الْمَعَارِفِ مَشْرُوطٌ فِي اسْتِعْمَالِهَا أَنْ تَكُونَ لِمَعْهُودٍ بَيْنَ الْمُتَكَلِّمِ وَالْمُخَاطَبِ بِاعْتِبَارِ تِلْكَ النِّسْبَةِ، كَمَا يُشْتَرَطُ فِي الْمُعَرَّفِ بِاللَّامِ أَنْ يَكُونَ كَذَلِكَ، فَابْنُ عُمَرَ قَبْلَ غَلَبَتِهِ كَانَ صَالِحًا لِلْإِطْلَاقِ عَلَى كُلِّ وَاحِدٍ مِنْ أَوْلَادِ عُمَرَ بِشَرْطِ أَنْ يَكُونَ مَعْهُودًا بَيْنَ الْمُتَكَلِّمِ وَالْمُخَاطَبِ فِيمَنْ يُطْلِقُهُ عَلَيْهِ مَعْنًى بِالنِّسْبَةِ إِلَيْهِ يَتَخَصَّصُ بِقَصْدِهِ، كَمَا فِي قَوْلِكَ: الرَّجُلُ وَالْغُلَامُ، إِمَّا بِاعْتِبَارِ الْوُجُودِ أَوْ بِاعْتِبَارِ الذِّهْنِ، كَمَا تَقَدَّمَ فِي نَحْوِ: (أَكَلْتُ الْخُبْزَ وَشَرِبْتُ الْمَاءَ)، فَإِذَا غَلَبَ عَلَى أَحَدِهِمْ صَارَ عَلَمًا عَلَيْهِ، غَيْرَ مَنْظُورٍ فِيهِ إِلَى تَفْضِيلٍ بِاعْتِبَارِ جُزْأَيْهِ، وَلَا إِلَى نِسْبَةِ أَحَدِهِمَا إِلَى الْآخَرِ، بَلْ يَصِيرُ كُلُّ وَاحِدٍ مِنْ جُزْأَيْهِ كَآحَادِ حُرُوفِ جَعْفَرَ.

وَقَوْلُ النَّحْوِيِّينَ فِي مِثْلِ (غُلَامِ زَيْدٍ): إِنَّهُ بِمَعْنَى: (غُلَامٌ لِزَيْدٍ) غَيْرُ مُسْتَقِيمٍ عَلَى ظَاهِرِهِ، فَإِنَّ (غُلَامَ زَيْدٍ) مَعْرِفَةٌ بِاتِّفَاقٍ، وَ(غُلَامٌ لِزَيْدٍ) نَكِرَةٌ بِاتِّفَاقٍ وَلَا يَسْتَقِيمُ أَنْ يَكُونَ اللَّفْظَانِ بِمَعْنًى وَاحِدٍ، وَأَحَدُهُمَا مَعْرِفَةٌ وَالْآخَرُ نَكِرَةٌ، وَإِنَّمَا قَصَدُوا أَنْ يُبَيِّنُوا أَنَّ عَامِلَ الْخَفْضِ فِي الْمُضَافِ إِلَيْهِ رَاجِعٌ إِلَى ذَلِكَ، أَوْ أَنَّهُ مُشْتَمِلٌ عَلَى ذَلِكَ الْمَعْنَى وَزِيَادَةٍ، وَالْفَرْقُ بَيْنَهُمَا فِي الْمَعْنَى أَنَّكَ إِذَا قُلْتَ: (غُلَامٌ لِزَيْدٍ)، فَمَعْنَاهُ: وَاحِدٌ مِنَ الْغِلْمَانِ الْمَنْسُوبِينَ إِلَى زَيْدٍ، فَاللَّفْظُ صَالِحٌ لِوَاحِدٍ لَا بِعَيْنِهِ مِنْ جَمِيعِ الْغِلْمَانِ الْمَنْسُوبِينَ إِلَى زَيْدٍ، وَإِذَا قُلْتَ: (غُلَامُ زَيْدٍ)، فَإِنَّمَا تَعْنِي بِهِ وَاحِدًا مَخْصُوصًا مِنَ الْغِلْمَانِ بِاعْتِبَارِ عَهْدٍ بَيْنَكَ وَبَيْنَ مُخَاطَبِكَ تُخَصِّصُهُ بِهِ، كَمَا فِي قَوْلِكَ: الرَّجُلُ وَالْغُلَامُ عَلَى مَا تَقَدَّمَ، وَكَمَا صَحَّ إِطْلَاقُ الرَّجُلِ وَالْغُلَامِ عَلَى الْوَاحِدِ بِاعْتِبَارِ الْعَهْدِ الذِّهْنِيِّ صَحَّ إِطْلَاقُ الْمُضَافِ إِلَى

الْمَعْرِفَة كَذَلِكَ.

قَوْلُهُ: (وَبَعْضُ الْأَعْلَامِ يَدْخُلُهُ لَامُ التَّعْرِيفِ، وَهُوَ عَلَى نَوْعَيْنِ: لَازِمٍ، وَغَيْرِ لَازِمٍ).

قَالَ الشَّيْخُ: الْأَعْلَامُ بِاعْتِبَارِ الْأَلِفِ وَاللَّامِ عَلَى قِسْمَيْنِ: ضَرْبٌ لَا تَدْخُلُهُ، وَضَرْبٌ تَدْخُلُهُ، فَالَّذِي تَدْخُلُهُ عَلَى ضَرْبَيْنِ: ضَرْبٌ تَدْخُلُهُ لُزُومًا، وَضَرْبٌ تَدْخُلُهُ جَوَازًا، فَأَمَّا الَّذِي لَا تَدْخُلُهُ فَهُوَ كُلُّ اسْمٍ غَيْرِ صِفَةٍ وَلَا مَصْدَرٍ، وَلَيْسَ فِيهِ أَلِفٌ وَلَامٌ فِي أَصْلِ وَضْعِهِ؛ كَرَجُلٍ سَمَّيْتَهُ بِأَسَدٍ أَوْ جَعْفَرٍ أَوْ مَا أَشْبَهَهُ، وَأَمَّا الَّذِي تَدْخُلُهُ وُجُوبًا فَهُوَ كُلُّ اسْمٍ غَلَبَ بِاللَّامِ مُطْلَقًا، أَوْ سُمِّيَ بِاللَّامِ وَلَيْسَ بِصِفَةٍ وَلَا مَصْدَرٍ، وَأَمَّا الْقِسْمُ الَّذِي تَدْخُلُهُ جَوَازًا فَهُوَ كُلُّ مَا وُضِعَ صِفَةً فِي الْأَصْلِ أَوْ مَصْدَرًا كَأَمْثِلَتِهِ، وَمِنْهُمْ مَنْ قَالَ: الْأَعْلَامُ عَلَى ضَرْبَيْنِ: ضَرْبٌ لَا تَدْخُلُهُ وُجُوبًا، وَضَرْبٌ تَدْخُلُهُ وُجُوبًا.

فَأَمَّا الَّذِي لَا تَدْخُلُهُ وُجُوبًا فَهُوَ كُلُّ اسْمٍ سُمِّيَ بِغَيْرِ أَلِفٍ وَلَامٍ، وَالَّذِي تَدْخُلُهُ وُجُوبًا كُلُّ اسْمٍ سُمِّيَ وَفِيهِ أَلِفٌ وَلَامٌ، وَلَيْسَ عِنْدَ هَؤُلَاءِ جَوَازٌ أَصْلًا، وَلَيْسَ بِمُسْتَقِيمٍ لِعِلْمِنَا أَنَّهُمْ يَقُولُونَ: الْحَسَنُ وَحَسَنٌ لِمُسَمًّى وَاحِدٍ، وَلَوْ كَانَ هَذَا عَلَى مَا ذَكَرُوهُ لَمْ يَجُزْ أَنْ يُقَالَ فِيهِ إِلَّا إِمَّا الْحَسَنُ وَإِمَّا حَسَنٌ، وَقَدْ عَلِمْنَا أَنَّهُمْ يَقُولُونَ فِيهِ بِالْوَجْهَيْنِ، فَدَلَّ عَلَى أَنَّ دُخُولَهَا جَائِزٌ، وَأَمَّا مَنْ يَقُولُ: إِنَّ نَحْوَ (حَسَنٍ) يَجُوزُ فِيهِ اللَّامُ فَإِنْ سُمِّيَ بِالْحَسَنِ كَانَتْ لَازِمَةً فِيهِ فَلَيْسَ بِبَعِيدٍ.

وَالْفَرْقُ بَيْنَ مَنْ غَلَبَ عَلَيْهِ الصَّعْقُ وَمَنْ سُمِّيَ بِالصَّعْقِ فِي لُزُومِ اللَّامِ فِي الْأَوَّلِ وَجَوَازِهَا فِي الثَّانِي أَنَّهَا فِي الصَّعْقِ الْغَالِبِ فِي أَصْلِهَا مُرَادَةٌ مَقْصُودَةٌ لِلْعَهْدِ، فَلَزِمَتْ كَلُزُومِ أَصْلِهَا، وَالْمُسَمَّى بِالصَّعْقِ كَانَ مُسْتَغْنِيًا عَنِ اللَّامِ، فَلَمْ تَجِئْ فِيهِ مَقْصُودَةً لِأَمْرٍ لَازِمٍ، وَإِنَّمَا جَاءَتْ لِلَمْحِ مَعْنَى الصِّفَةِ، وَلَيْسَ ذَلِكَ بِلَازِمٍ فِي أَعْلَامٍ غَيْرِ صِفَاتٍ، فَجَازَ حَذْفُهَا، وَالْفَرْقُ بَيْنَ الِاسْمِ وَالصِّفَةِ إِذَا سُمِّيَ بِهِمَا وَفِيهِمَا الْأَلِفُ وَاللَّامُ فِي لُزُومِ الْأَوَّلِ وَجَوَازِ الثَّانِي، أَنَّ اللَّامَ فِي الِاسْمِ لَيْسَتْ عَلَى مَا ذُكِرَ فِي الصِّفَةِ، فَلَوْ لَمْ تَكُنْ مَقْصُودَةً قَصْدَ الْجِيمِ مِنْ جَعْفَرٍ لَمْ يُؤْتَ بِهَا.

وَقَوْلُهُ: (وَكَذَلِكَ الدَّبَرَانُ، وَالْعَيُّوقُ، وَالسِّمَاكُ، وَالثُّرَيَّا، لِأَنَّهَا غَلَبَتْ عَلَى الْكَوَاكِبِ الْمَخْصُوصَةِ مِنْ بَيْنِ مَا يُوصَفُ بِالدُّبُورِ، وَالْعَوْقِ، وَالسُّمُوكِ، وَالثَّرْوَةِ، يُوهِمُ أَنَّهَا صِفَاتٌ غَالِبَةٌ كَالصَّعْقِ، وَلَيْسَ الْأَمْرُ كَذَلِكَ، وَإِنَّمَا هِيَ أَسْمَاءٌ مَوْضُوعَةٌ بِاللَّامِ فِي الْأَصْلِ أَعْلَامًا لِمُسَمَّيَاتِهَا، وَلَا تَجْرِي صِفَاتٍ فَلَزِمَتِ اللَّامُ لِذَلِكَ، وَلَمَّا فَهِمَ أَنَّ ذَلِكَ مُلْبِسٌ، قَالَ بَعْدَهُ: (وَمَا لَمْ يُعْرَفْ بِاشْتِقَاقٍ مِنْ هَذَا النَّوْعِ فَمُلْحَقٌ بِمَا عُرِفَ).

قَوْلُهُ: (وَقَدْ يُتَأَوَّلُ الْعَلَمُ بِوَاحِدٍ مِنَ الْأُمَّةِ الْمُسَمَّاةِ بِهِ) إِلَى آخِرِهِ.

قَالَ الشَّيْخُ: تَأَوُّلُ الْعَلَمِ بِهَذَا التَّأْوِيلِ قَلِيلٌ، وَلِذَلِكَ أَتَى بِـ (قَدْ) الَّتِي تَدُلُّ عَلَى التَّقْلِيلِ مَعَ الْفِعْلِ الْمُضَارِعِ، وَقَدْ صَرَّحَ بِهِ فِي آخِرِ الْفَصْلِ بِقَوْلِهِ: (وَهُوَ قَلِيلٌ)، وَالدَّلِيلُ عَلَى ضَعْفِهِ أَنَّ الْعَلَمَ إِنَّمَا وُضِعَ لِشَيْءٍ بِعَيْنِهِ غَيْرَ مُتَنَاوِلٍ مَا أَشْبَهَهُ، فَإِذَا نَكَّرْتَهُ فَقَدِ اسْتَعْمَلْتَهُ عَلَى خِلَافِ مَا وُضِعَ لَهُ، وَوَجْهُهُ مَا ذَكَرَهُ مِنْ أَنَّهُ لَمَّا وَضَعَهُ الْوَاضِعُ لِمُسَمًّى ثُمَّ وَضَعَهُ آخَرَ لِمُسَمًّى آخَرَ صَارَتْ نِسْبَتُهُ إِلَى الْجَمِيعِ بَعْدَ ذَلِكَ نِسْبَةً وَاحِدَةً، فَأَشْبَهَ رَجُلًا فِي أَنَّ نِسْبَتَهُ إِلَى مُسَمَّيَاتِهِ نِسْبَةٌ وَاحِدَةٌ، فَأُجْرِيَ مُجْرَاهُ.

وَمُضَرُ وَرَبِيعَةُ وَأَنْمَارُ أَبْنَاءُ نِزَارِ بْنِ مَعَدِّ بْنِ عَدْنَانَ، أُضِيفَ كُلُّ وَاحِدٍ إِلَى مَا وَرِثَهُ مِنْ أَبِيهِ، وَرِثَ مُضَرُ الْحَمْرَاءَ، وَهِيَ الذَّهَبُ، وَرَبِيعَةُ الْخَيْلَ، وَأَنْمَارُ الْغَنَمَ، قَدْ حَكَمَ بَيْنَهُمْ أَفْعَى نَجْرَانَ، يُقَالُ لَهُ: حَكِيمُ الزَّمَانِ.

قَوْلُهُ: (وَكُلُّ مُثَنًّى أَوْ مَجْمُوعٍ مِنَ الْأَعْلَامِ فَتَعْرِيفُهُ بِاللَّامِ إِلَّا نَحْوَ أَبَانَيْنِ) إِلَى آخِرِهِ.

قَالَ الشَّيْخُ: أَدْخَلَ الْفَاءَ فِي خَبَرِ الْمُبْتَدَأِ تَنْبِيهًا عَلَى أَنَّ تَثْنِيَةَ الْعَلَمِ وَجَمْعَهُ سَبَبٌ لِإِدْخَالِ لَامِ التَّعْرِيفِ عَلَيْهِ، فَلَا يَكُونُ مُثَنًّى أَوْ مَجْمُوعٌ مِنَ الْأَعْلَامِ إِلَّا وَفِيهِ الَّلامُ، وَمَا ذَكَرَهُ عَبْدُ الْقَاهِرِ الْجُرْجَانِيُّ: مِنْ أَنَّ الْأَعْلَامَ إِذَا قُصِدَ تَثْنِيَتُهَا وَجَمْعُهَا وَجَبَ تَنْكِيرُهَا، ثُمَّ إِنْ قُصِدَ تَعْرِيفُهَا عُرِّفَتْ بِاللَّامِ غَيْرُ مُسْتَقِيمٍ، فَإِنَّهُمُ اسْتَعْمَلُوهَا مُثَنَّاةً وَمَجْمُوعَةً نَكِرَاتٍ أَصْلًا، وَالَّذِي حَمَلَهُ عَلَى ذَلِكَ عِلْمُهُ بِأَنَّ الْعَلَمَ إِنَّمَا يَكُونُ مَعْرِفَةً عَلَى تَقْدِيرِ أَفْرَادِهِ الْمَوْضُوعَةِ؛ لِأَنَّهُ لَمْ يُوضَعْ عَلَمًا إِلَّا مُفْرَدًا، فَإِذَا قُصِدَ إِلَى تَثْنِيَتِهِ وَجَمْعِهِ فَقَدْ زَالَ مَعْنَى الْعَلَمِيَّةِ مِنْهُ، فَحَكَمَ عَلَى أَنَّهُمُ اسْتَعْمَلُوهُ نَكِرَةً، ثُمَّ عَرَّفُوهُ إِذَا قُصِدَ تَعْرِيفُهُ، وَلَا شَكَّ أَنَّ تَثْنِيَةَ الْأَعْلَامِ وَجَمْعَهَا عَلَى خِلَافِ الْقِيَاسِ مِنْ وَجْهَيْنِ:

أَحَدُهُمَا: مَا ذَكَرْنَا مِنْ أَنَّ الْعَلَمَ إِنَّمَا وُضِعَ عَلَى شَيْءٍ بِعَيْنِهِ غَيْرَ مُتَنَاوِلٍ مَا أَشْبَهَهُ، فَإِذَا ثَنَّيْتَهُ فَقَدْ نَكَّرْتَهُ، فَقَدِ اسْتَعْمَلْتَهُ عَلَى خِلَافِ مَا وُضِعَ لَهُ.

وَالثَّانِي: أَنَّ التَّثْنِيَةَ فِي الْأَسْمَاءِ إِلْحَاقُ الِاسْمِ الزِّيَادَةَ الْمَعْلُومَةَ، لِيَدُلَّ عَلَى أَنَّ مَعَهُ مِثْلَهُ مِنْ جِنْسِهِ، وَلَا شَكَّ أَنَّ الْأَعْلَامَ وَإِنْ تَعَدَّدَتْ مَدْلُولَاتُهَا لَيْسَتْ مَوْضُوعَةً لَهَا وَضْعًا وَاحِدًا حَتَّى تَكُونَ تَثْنِيَتُهَا تَدُلُّ عَلَى شَيْئَيْنِ مِنْ جِنْسٍ وَاحِدٍ، بَلِ الْأَوَّلُ لَيْسَ مِنْ جِنْسِ الثَّانِي، وَلَكِنَّ الْعَرَبَ لَمَّا وَضَعَتِ الِاسْمَ الْمُثَنَّى وَالْمَجْمُوعَ لِلْإِيجَازِ وَالِاخْتِصَارِ كَرَاهَةَ تَكْرَارِ اللَّفْظِ الْوَاحِدِ مِرَارًا مُتَعَدِّدَةً، وَرَأَوْا أَنَّ الْعَلَمَ أَحَقُّ بِذَلِكَ لِكَثْرَتِهِ اغْتَفَرُوا أَمْرَ خُرُوجِهِ بِالْوَجْهَيْنِ الْمُتَقَدِّمَيْنِ لَمَّا قَصَدُوا فِيهِ الِاخْتِصَارَ الْمَقْصُودَ فِي التَّثْنِيَةِ وَالْجَمْعِ، ثُمَّ

الْتَزَمُوا إِدْخَالَ اللَّامَ فِيهِ تَعْوِيضًا لَهُ عمَّا ذَهَبَ مِنَ الْعَلَمِيَّةِ مِنْ مُفْرَدَيْهِ، وَهَذِهِ اللَّامُ هِيَ لامُ التَّعْرِيفِ الَّتِي لِلْعَهْدِ، وَذلِكَ أَنَّ الْعَلَمَ فِي الْحَقِيقَةِ مَوْضُوعٌ لِمَعْهُودٍ، إلا أَنَّهُ لَمَّا كَانَ مَوْضُوعًا لَهُ بِأَصْلِ وَضْعِهِ لَمْ يَحْتَجْ إِلَى زِيَادَةٍ تَجْعَلُهُ لَهُ، وَلَمَّا كَانَ نَحْوَ (رَجُلٍ) و(غُلام) مَوْضُوعًا لِوَاحِدٍ مِنْ أَجْنَاسِهِ احْتَاجَ عِنْدَ جَعْلِهِ لِمَعْهُودٍ أَنْ يُزَادَ فِيهِ مَا يَجْعَلُهُ لَهُ، وَلَمَّا فُقِدَتْ خُصُوصِيَّةُ الإِفْرَادِ عِنْدَ تَثْنِيَةِ الْعَلَمِ وَبِهِ كَانَتْ دِلالَتُهُ عَلَى ذَلِكَ الْمَعْهُودِ أَدْخَلُوا لامَ الْعَهْدِ بِاعْتِبَارِ مُفْرَدَي الْعَلَمِيَّةِ جَمِيعًا، وَلَمْ يَسْتَعْمِلُوا الْعَلَمَ بَعْدَ تَثْنِيَتِهِ إلا كَذَلِكَ، لِئَلا يُؤَدِّي إِلَى إِخْرَاجِهِ عَنْ وَضْعِهِ مِنْ كُلِّ وَجْهٍ، فَهَذَا مَعْنًى مُنَاسِبٌ يَقْتَضِي لُزُومَ اللَّامِ لَهُ، وَعَلَيْهِ جَاءَتْ لُغَتُهُمْ، فَالْحُكْمُ عَلَى لُغَتِهِمْ بِاسْتِعْمَالِ الْعَلَمِ مُثَنًّى أَوْ مَجْمُوعًا نَكِرَةً حُكْمٌ عَلَى لُغَتِهِمْ مِنْ غَيْرِ ثَبْتٍ، وَذَلِكَ غَيْرُ جَائِزٍ، نَعَمْ يَجُوزُ الإِتْيَانُ بِهِ مُنَكَّرًا عَلَى اللُّغَةِ الضَّعِيفَةِ فِي الزَّيْدِ وَزَيْدِكُمْ، فَإِذَا ثُنِّيَ زَيْدٌ بَعْدَ تَنْكِيرِهِ، قِيلَ: زَيْدَانُ، وَلَيْسَ الْكَلامُ عَلَى هَذِهِ اللُّغَةِ هَاهُنَا.

وَقَوْلُهُ: (إلا نَحْوَ: أَبَانَيْنَ) اسْتِثْنَاءٌ مُنْقَطِعٌ، أَلا تَرَى أَنَّ (أَبَانَيْنَ) لَيْسَ تَثْنِيَةً لِشَيْئَيْنِ كُلُّ وَاحِدٍ مِنْهُمَا أَبَانٌ، كَمَا كَانَ قَوْلُكَ: الزَّيْدَانُ، وَإِنَّمَا هُوَ اسْمٌ لِجَبَلَيْنِ: أَحَدُهُمَا أَبَانُ وَالآخَرُ مُتَالِعٌ، وَضَعُوا لَهُمَا جَمِيعًا أَبَانَيْنَ، فَهُوَ اسْمٌ لَفْظُهُ التَّثْنِيَةَ، وُضِعَ عَلَمًا لِهَذَيْنِ الْجَبَلَيْنِ، كَمَا لَوْ سَمَّيْتَ رُجُلَيْنِ بِزَيْدَانِ مِنْ أَوَّلِ الأَمْرِ، وَلا يَسْتَقِيمُ أَنْ يُقَالَ: يَكُونُ تَثْنِيَةً عَلَى تَقْدِيرِ أَنْ يَكُونَ اسْمُ الآخَرِ أَبَانًا، فَإِنَّهُمْ فَعَلُوا نَحْوَ ذَلِكَ فِي قَوْلِهِمْ: الْعُمَرَانِ وَالْقَمَرَانِ، وَهَذَا مُثَنًّى وَإِنْ كَانَ مُفْرَدَاهُ لَيْسَا فِي التَّحْقِيقِ عَلَى مَا تَقَدَّمَ، وَلَكِنَّهُ جُعِلَ كُلُّ وَاحِدٍ مِنْهُمَا كَأَنَّهُ مُسَمًّى بِعُمَرَ، لأَنَّا نَقُولُ: لَوْ كَانَ كَذَلِكَ لَوَجَبَ أَنْ يُقَالَ: (الأَبَانَانِ) عَلَى مَا هُوَ قِيَاسُ لُغَتِهِمْ فِي مِثْلِهِ، وَإِذَا احْتَمَلَ الشَّيْءُ تَقْدِيرَيْنِ: أَحَدُهُمَا لا يُؤَدِّي إِلَى مَحْذُورٍ، وَالآخَرُ يُؤَدِّي إِلَى مَحْذُورٍ، فَارْتِكَابُ مَا لا يُؤَدِّي إِلَى مَحْذُورٍ هُوَ الْوَاجِبُ، وَلَمَّا كَانَ هَذَا التَّقْدِيرُ يُؤَدِّي إِلَى تَقْدِيرِ (الأَبَانَانِ) وَلَيْسَ بِجَائِزٍ كَانَ مُؤَدِّيًا إِلَى مَا لا يَجُوزُ، فَلا يَجُوزُ، فَوَجَبَ أَنْ يُجْعَلَ اسْتِثْنَاءً مُنْقَطِعًا.

ثُمَّ لَوْ قُدِّرَ صِحَةُ ذَلِكَ فِي (أَبَانَيْنَ) فَهُوَ مُمْتَنِعُ التَقْدِيرِ فِي نَحْوِ (أَذْرِعَاتٍ) لأَنَّهُ لَيْسَ مَعَنَا: أَذْرِعَةٌ، وَأَذْرِعَةٌ، وَأَذْرِعَةٌ، فَجَمَعْنَاهَا أَذْرِعَاتٍ، بَلْ وَلا شَيْءٌ اسْمُهُ أَذْرِعَةٌ، وَإِنَّمَا وُضِعَ (أَذْرِعَاتٍ) وَضْعًا أَوَّلا لِمَوْضُوعٍ مَخْصُوصٍ، وَكَذَلِكَ (عَرَفَاتٍ).

فَإِنْ قِيلَ: فَعَرَفَاتٌ يُقَالُ فِيهِ: عَرَفَةٌ، الْمَانِعُ مِنْ أَنْ تَكُونَ (عَرَفَاتٌ) جَمِيعًا لَهُ فَالْجَوَابُ: أَنَّ عَرَفَةَ وَعَرَفَاتٍ جَمِيعًا عَلَمَانِ لِهَذَا الْمَكَانِ الْمَخْصُوصِ، وَلَوْ كَانَ جَمْعًا لَهُ

لَوَجَبَ أَنْ يَكُونَ لَهُ آحَادٌ كُلُّ وَاحِدٍ مِنْهَا اسْمُهُ عَرَفَة، وَلَيْسَ ثَمَّةَ أَمْكِنَةٌ مُتَعَدِّدَةٌ اسْمُ كُلِّ وَاحِدٍ مِنْهَا عَرَفَة، ثُمَّ جُمِعَتْ عَرَفَاتٌ، بَلْ عَرَفَةَ وَعَرَفَاتٍ مَدْلُولُهُمَا وَاحِدٌ، فَعُلِمَ بِذَلِكَ أَنَّهُ لَيْسَ جَمْعًا لَهُ، وَإِنَّمَا اسْتَثْنَاهُ وَإِنْ كَانَ مُنْقَطِعًا تَنْبِيهًا عَلَى أَنَّ هَذِهِ الأَلْفَاظَ وَإِنْ كَانَ فِيهَا أَلْفَاظُ الْمُثَنَّى وَالْمَجْمُوعِ لا يَجُوزُ دُخُولُ اللَّامِ عَلَيْهَا، وَإِنْ كَانَ وَاجِبًا فِيمَا تَقَدَّمَ؛ لأَنَّهَا فِي الْحَقِيقَةِ غَيْرُ مُثَنَّاةٍ وَلا مَجْمُوعَةٍ.

وَلَوْ قِيلَ: أَرَادَ بِقَوْلِهِ: (وَكُلُّ مُثَنًّى) مَا لَفْظُهُ مُثَنًّى سَوَاءٌ كَانَ الْمُثَنَّى مِنَ الأَعْلَامِ مُحَلًّى بِاللَّامِ أَوْ لا، فَيَنْدَرِجُ فِيهِ نَحْوَ (أَبَانَيْنِ)، ثُمَّ اسْتَثْنَاهُ مِنْ دُخُولِ اللَّامِ لَكَانَ وَجْهًا.

وَالْمُخْتَارُ فِي نَحْوِ الْقَمَرَيْنِ وَالْعُمَرَيْنِ وَنَحْوِهِ مِمَّا جَاءَ بِاللَّامِ أَنَّهُ عَلَى بَابِ الزَّيْدَيْنِ لا عَلَى بَابِ (أَبَانَيْنِ)، وَإِنْ أَشْبَهَهُ مِنْ جِهَةِ اخْتِلَافِ اسْمَيْ مُسَمَّاهُ، وَيُقَدَّرُ أَنَّ الاسْمَ الآخَرَ مُسَمًّى بِالاسْمِ الْمُلْحَقِ عَلامَةَ الْمُثَنَّى؛ لأَنَّ وَضْعَ الأَعْلَامِ مُثَنَّاةً لِمُخْتَلِفِي الاسْمِ وَلِمُتَّفِقَيْهِ نَادِرٌ، وَلَوْ كَانَ فِي (أَبَانَيْنِ) اللَّامُ لأُلْحِقَ بِالْقَمَرَيْنِ.

وَلَوْ قِيلَ: إِنَّ نَحْوَ الْعُمَرَيْنِ عَلَمٌ عَلَيْهِمَا كَأَبَانَيْنِ لَكِنَّهُ وُضِعَ فِي أَصْلِهِ بِاللَّامِ لَمْ يَكُنْ بَعِيدًا؛ لأَنَّ التَّثْنِيَةَ بِاعْتِبَارِ اسْمَيْنِ مُخْتَلِفَيْنِ لَمْ تَثْبُتْ.

(وَعَمَايَتَانِ): جَبَلانِ، (وَأَذْرِعَاتٌ): بَلَدٌ بِالشَّامِ، ثُمَّ مَثَّلَ بِبَعْضِ مَا وَقَعَ فِي كَلامِ الْعَرَبِ مِنْ مُثَنَّى الأَعْلَامِ وَجَمْعِهَا، وَأَنَّهُ لَمْ يُسْتَعْمَلْ إِلا بِاللَّامِ، وَهُوَ قَوْلُهُ:

(الْخَالِدَانِ، وَالْكَعْبَانِ، وَالْعَامِرَانِ، وَالْقَيْسَانِ، وَالْمُحَمَّدُونَ، وَالطَّلَحَاتُ).

وَقَعَ فِي " الْمُفَصَّلِ " (قَيْسُ بْنُ هَزَمَةَ) بِفَتْحِ الْهَاءِ وَالزَّايِ، وَإِنَّمَا هُوَ قَيْسُ بْنُ هَذَمَةَ بِذَالٍ مُعْجَمَةٍ مَفْتُوحَةٍ.

وَالْمُحَمَّدُونَ: مُحَمَّدُ بْنُ جَعْفَرٍ، وَمُحَمَّدُ بْنُ أَبِي بَكْرٍ، وَمُحَمَّدُ بْنُ حَاطِبٍ، وَمُحَمَّدُ بْنُ أَبِي حُذَيْفَةَ، كَانَ عُمَرُ رَضِيَ اللهُ عَنْهُ يُكْرِمُهُمْ لِتَسْمِيَتِهِمْ بِمُحَمَّدٍ، فَأُتِيَ بِحُلَلٍ وَأَرَادَ إِعْطَاءَهَا لَهُمْ، فَدَعَاهُمْ، فَلَمَّا حَضَرُوا قِيلَ لَهُ: هَؤُلاءِ الْمُحَمَّدُونَ بِالْبَابِ، فَأَمَرَ لَهُمْ بِهَا، فَاخْتَارَ زَيْدُ بْنُ ثَابِتٍ لِمُحَمَّدِ بْنِ حَاطِبٍ خَيْرَهَا؛ لِكَوْنِهِ رَبِيبَهُ، فَتَمَثَّلَ عُمَرُ رَضِيَ اللهُ عَنْهُ بِقَوْلِهِ:

أَسَرَّكَ لَمَّا صَرَّعَ الْقَوْمَ نَشْوَةٌ ... خُرُوجِي مِنْهَا سَالِمًا غَيْرَ غَارِمِ

صَحِيحًا كَأَنِّي لَمْ أَكُنْ كُنْتُ مِنْهُمْ ... وَلَيْسَ الْخِدَاعُ مُرْتَضًى فِي التَّنَادُمِ

ثُمَّ أَمَرَهُ بِرَدِّهَا وَخَلْطِهَا وَتَغْيِيبِهَا، ثُمَّ كَانَ يُدْخِلُ يَدَهُ فَيُخْرِجُ وَاحِدَةً وَاحِدَةً بِاسْمِ وَاحِدٍ وَاحِدٍ.

و(طَلْحَةُ الطَّلَحَاتِ): طَلْحَةُ بْنُ عُبَيْدِ اللهِ الْخُزَاعِيُّ؛ لأنَّهُ فَاقَ فِي الْجُودِ خَمْسَةَ أَجْوَادٍ اسْمُ كُلِّ وَاحِدٍ مِنْهُمْ طَلْحَةُ، وَهُمْ طَلْحَةُ الْخَيْرِ، وَهُوَ ابْنُ الْحَسَنِ بْنِ عَلِيٍّ، وَطَلْحَةُ الْفَيَّاضِ، وَهُوَ ابْنُ عُبَيْدِ اللهِ بْنِ عُثْمَانَ التَّيْمِيُّ، وَطَلْحَةُ الْجُودِ، وَطَلْحَةُ الدَّرَاهِمُ، وَطَلْحَةُ النَّدَى، وَهُوَ ابْنُ عَمْرِو بْنِ عَوْفٍ الزُّهْرِيِّ ابْنُ أَخِي عَبْدِ الرَّحْمَنِ بْنِ عَوْفٍ الزُّهْرِيُّ، وَقِيلَ: كَانَ فِي أَجْدَادِهِ جَمَاعَةٌ اسْمُ كُلِّ وَاحِدٍ مِنْهُمْ طَلْحَةُ.

و(ابْنُ قَيْسِ الرُّقَيَّاتِ) عَبْدُ اللهِ، قَالَ الأَصْمَعِيُّ: نَكَحَ قَيْسٌ نِسَاءً اسْمُ كُلِّ وَاحِدَةٍ رُقَيَّةُ، وَقِيلَ: كَانَت لَهُ جَدَّاتٌ كَذَلِكَ، وَقِيلَ: كَانَ يُشَبِّبُ بِثَلاثٍ كَذَلِكَ، وَالاسْتِشْهَادُ عَلَى الْوَجْهِ الضَّعِيفِ فِي إِضَافَةِ الأَعْلامِ عَلَى ذَلِكَ، فَأَمَّا إِذَا جُعِلَ (الرُّقَيَّاتُ) لَقَبًا لِقَيْسٍ كَانَتِ الإِضَافَةُ مِنْ بَابِ (قَيْسُ قُفَّهٍ)، إِمَّا عَلَى الْوُجُوبِ، أَوْ عَلَى الأَفْصَحِ كَمَا تَقَدَّمَ، وَرِوَايَةُ تَنْوِينِ قَيْسٍ تُقَوِّي الْوَجْهَ الثَّانِي، وَقَوْلُهُ:

قُلْ لابْنِ قَيْسٍ أَخِي الرُّقَيَّاتِ ... مَا أَحْسَنَ الْعُرْفَ فِي الْمُصِيبَاتِ

يُقَوِّي الْوَجْهَ الأَوَّلَ.

وَإِنَّمَا لَمْ يَسْتَثْنِ نَحْوَ (عَبْدِ اللهِ) و(أَبِي بَكْرٍ) إِذَا ثُنِّيَ لِكَوْنِهِ لا يَدْخُلُهُ الأَلِفُ وَاللامَ لَمَّا عُلِمَ أَنَّ الْمُثَنَّى وَالْمَجْمُوعَ هُوَ الاسْمُ الأَوَّلُ، وَأَنَّهُ مُضَافٌ إِلَى عَلَمٍ كَمَا تَقَدَّمَ، وَأَنَّ أَحْكَامَ الإِضَافَةِ بَاقِيَةٌ عَلَيْهِ فَكَانَ كَالْمَعْلُومِ.

ثُمَّ قَالَ: (وَكَذَلِكَ الأَسَامَتَانِ وَالأَسَامَاتُ).

يَعْنِي: أَنَّ الأَعْلامَ الْمَوْضُوعَةَ بِإِزَاءِ الْمَعَانِي الذِّهْنِيَّةِ تَجْرِي مُجْرَى الأَعْلامِ الْمَوْضُوعَةِ بِإِزَاءِ الأَشْخَاصِ فِي وُجُوبِ إِدْخَالِ اللامِ عِنْدَ تَثْنِيَتِهَا وَجَمْعِهَا؛ لأَنَّهُمْ لَمَّا أَجْرَوْهَا أَعْلامًا بِالتَّقْدِيرِ الَّذِي نَبَّهَ عَلَيْهِ سِيبَوَيْهِ، وَأَوْجَبَهُ مَا عُلِمَ مِنْ إِعْطَائِهِمْ إِيَّاهَا حُكْمَ الأَعْلامِ أَجْرَوْهَا أَيْضًا فِي التَّثْنِيَةِ وَالْجَمْعِ مُجْرَاهَا؛ لأَنَّهَا عِنْدَهُمْ أَعْلامٌ مِثْلُهَا، وَكَمَا أَنَّهَا فِي الإِفْرَادِ حُكْمُهَا حُكْمَ الأَعْلامِ وَمَعْنَاهَا مَعْنَاهَا بِالتَّأْوِيلِ الْمَذْكُورِ وَجَبَ أَنْ تَكُونَ فِي التَّثْنِيَةِ كَذَلِكَ.

قَوْلُهُ: (وَفُلانُ وَفُلانَةُ وَأَبُو فُلانَةَ) إِلَى آخِرِهِ.

قَالَ الشَّيْخُ: يَعْنِي: أَنَّهَا وُضِعَتْ أَعْلامًا كَأَعْلامِ الأَنَاسِيِّ، وَالدَّلِيلُ عَلَى أَنَّهَا أَعْلامٌ مَنْعُ فُلانَةَ مِنَ الصَّرْفِ، فَلَوْلا تَقْدِيرُ الْعَلَمِيَّةِ لَمْ يَجُزْ مَنْعُ صَرْفِهِ، فَوَجَبَ تَقْدِيرُهَا لِذَلِكَ، فَإِذَا وَجَبَ تَقْدِيرُهَا فِي فُلانَةَ وَجَبَ تَقْدِيرُهَا فِي فُلانٍ؛ لأَنَّ نِسْبَةَ فُلانَةَ إِلَى الْمُؤَنَّثِ نِسْبَةُ فُلانٍ إِلَى الْمُذَكَّرِ، وَالتَّذْكِيرُ وَالتَّأْنِيثُ لا أَثَرَ لَهُمَا فِي مَنْعِ الْعَلَمِيَّةِ وَلا إِثْبَاتِهَا، وَإِذَا لَمْ

يَكُنْ بِهِمَا أَثَرٌ فِي ذَلِكَ، وَقَدْ وَجَبَ لِفُلانَةَ الْعَلَمِيَّةُ وَجَبَ لِفُلانٍ أَيْضًا الْعَلَمِيَّةُ.

وَأَيْضًا فَإِنَّهُمْ امْتَنَعُوا مِنْ دُخُولِ الألِفِ وَاللَّامِ عَلَيْهِمَا، وَلَوْلا الْعَلَمِيَّةَ لَجَازَ دُخُولُ اللَّامِ عَلَيْهِمَا، وَإِذَا ثَبَتَ أَنَّهَا أَعْلام فَلَيْسَتْ كَوَضْعِ زَيْدٍ وَعَمْرو، وَإِنَّمَا هِيَ كَوَضْعِ أُسَامَةَ وَبَابِهِ، وَالدَّلِيلُ عَلَيْهِ صِحَّةُ إِطْلاقِهَا كِنَايَةً عَنْ كُلِّ عَلَم، وَكَذَلِكَ بَابُ أُسَامَةَ، بِخِلافِ بَابِ زَيْدٍ وَعَمْرٍو، وَمَدْلُولُ فُلانٍ وَفُلانَةَ أَعْلامُ الأَنَاسِيِّ، وَأَعْلامُ الأنَاسِيِّ لَهَا حَقِيقَةٌ كَحَقِيقَةِ الأَسَدِ مِنْ حَيْثُ الْعَلَمِيَّةِ، فَكَمَا صَحَّ أَنْ يُوضَعَ لِتِلْكَ الْحَقِيقَةِ عَلَمٌ صَحَّ أَنْ يُوضَعَ لِهَذِهِ الْحَقِيقَةِ عَلَمٌ، وَلَمْ يَثْبُتْ اسْتِعْمَالُهُمَا إِلا حِكَايَةً؛ لأَنَّهُمَا اسْمُ اللَّفْظِ الَّذِي هُوَ عَلَمٌ، لا اسْمُ مَدْلُولِ الْعَلَمِ، فَلِذَلِكَ لا يُقَالُ: (جَاءَنِي فُلانٌ)، وَلَكِنْ يُقَالُ: (قَالَ زَيْدٌ: جَاءَنِي فُلانٌ)، قَالَ اللهُ تَعَالَى ﴿يَقُولُ يَا لَيْتَنِي اتَّخَذْتُ مَعَ الرَّسُولِ سَبِيلا (٢٧) يَا وَيْلَتَى لَيْتَنِي لَمْ أَتَّخِذْ فُلانًا خَلِيلا﴾ [الفرقان:٢٧-٢٨]، فَهُوَ إِذَنْ اسْمُ الاسْمِ.

قَالَ: (وَإِذَا كَنَوْا عَنْ أَعْلامِ الْبَهَائِمِ أَدْخَلُوا اللَّامَ فَقَالُوا: الْفُلانُ وَالْفُلانَةُ).

كَأَنَّهُمْ أَرَادُوا أَنْ يُفَرِّقُوا بَيْنَ كِنَايَاتِ أَعْلامِ الأَنَاسِيِّ وَكِنَايَاتِ أَعْلامِ الْبَهَائِمِ بِهَذِهِ الزِّيَادَةِ، وَكَانَتْ هَذِهِ أَوْلَى لِوَجْهَيْنِ:

أَحَدُهُمَا: أَنَّ تِلْكَ أَكْثَرُ، وَهَذِهِ أَقَلُّ، فَنَاسَبَ أَنْ تَكُونَ الزِّيَادَةُ فِي الأَقَلِّ.

الآخَرُ: أَنَّ تِلْكَ هِيَ الأَصْلُ الْمُحْتَاجُ إِلَيْهِ فِي التَّحْقِيقِ، وَهَذِهِ مَحْمُولَةٌ عَلَيْهَا، وَإِذَا كَانَ كَذَلِكَ، وَالأَعْلامُ تُنَافِي الألِفَ وَاللَّامَ، فَإِذَا اضْطَرَرْنَا إِلَى دُخُولِهَا عَلَى أَحَدِ الْقِسْمَيْنِ فَإِدْخَالُهَا عَلَى الْفَرْعِ أَوْلَى مِنْ إِدْخَالِهَا عَلَى الأَصْلِ.

وَزَادُوا الألِفَ وَاللَّامَ دُونَ غَيْرِهِمَا؛ لأَنَّ الْمَزِيدَ عَلَيْهِ مَعْرِفَةٌ، فَلَمَّا اضْطَرُّوا إِلَى زِيَادَةِ أَمْرٍ لِلْفَرْقِ زَادُوا عَلَيْهِ مَا لا يُنَافِي مَعْنَاهُ فِي التَّعْرِيفِ، أَلا تَرَى أَنَّ فُلانًا وَفُلانَةَ فِي الْمَعْنَى كَالنَّكِرَةِ، فَلَمَّا كَانَ كَالنَّكِرَةِ وَقُصِدَ إِلَى زِيَادَةِ أَمْرٍ فِيهِ لِلْفَرْقِ بَيْنَهُ وَبَيْنَ أَعْلامِ الأَنَاسِيِّ كَانَ الأَوْلَى بِهِ دُخُولُ اللَّامِ الَّتِي كَانَ مُقْتَضَاهُ فِي الْمَعْنَى دُخُولَهَا، لَوْلا مَنْعُ الصَّرْفِ الَّذِي ذَكَرْنَا أَنَّ تَقْدِيرَ الْعَلَمِيَّةِ لأَجْلِهِ.

وَقَوْلُهُمْ: (يَا فُلُ) لَيْسَتْ تَرْخِيمًا لِفُلانٍ عِنْدَ سِيبَوَيْهِ، وَإِنِ اخْتَصَّ اسْتِعْمَالُهُ بِالنِّدَاءِ إِلا عَلَى شُذُوذٍ لِلضَّرُورَةِ؛ كَقَوْلِهِ:

فِي لُجَّةٍ أَمْسِكْ فُلانًا عَنْ فُلِ ....

وَإِنَّمَا هُوَ اسْمٌ مُخَفَّفٌ عَنْ فُلانٍ بِالْحَذْفِ كَدَمٍ؛ لأَنَّهُ لَوْ كَانَ مُرَخَّمًا عَنْ فُلانٍ لَكَانَ يَا فُلا، وَلَمْ يَقُلْ: يَا فُلَهْ، عَنْ فُلَةٍ؛ لأَنَّ التَّاءَ تُرَخَّمُ فِي الْمُنَادَى، يُقَالُ: عَائِشُ، وَكَانَ (يَا

فُل) بِالْفَتْحِ عَلَى الْمُخْتَارِ، وَالْكُوفِيُّونَ عَلَى أَنَّهُ تَرْخِيمٌ لِفُلانٍ، عَلَى غَيْرِ قِيَاسٍ، وَلِذَلِكَ قَالَ سِيبَوَيْهِ: (وَلا تَقُولُ: يَا فُلا خُذْ عَنِّي) عَلَى الْقِيَاسِ.

وَأَمَّا (هَنٌ) و(هَنَةٌ) فَلَيْسَ بِعَلَمٍ، وَإِنَّمَا هُوَ اسْمٌ يُوضَعُ بِإِزَاءِ الْمُسْتَقْبَحَاتِ، وَقَوْلُهُ: (كِنَايَةً) فِي (هَنٍ) و(هَنَةٍ) لَيْسَ كَقَوْلِهِ: كِنَايَةً عَنْ أَسْمَاءِ الأَعْلامِ) فِي فُلانٍ؛ لأَنَّ ذَلِكَ عَلَمٌ مَوْضُوعٌ دَالا عَلَى اسْمِ عَلَمٍ، وَهَذَا اسْمٌ مَوْضُوعٌ بِإِزَاءِ مَدْلُولِ اسْمٍ آخَرَ، لا أَنَّ مَدْلُولَهُ اسْمٌ، وَلِذَلِكَ تَقُولُ: (كَانَتْ بَيْنَهُمْ هَنَاتٌ)، وَلَيْسَ تَعْنِي بِالْهَنَاتِ أَلْفَاظًا، وَإِنَّمَا تَعْنِي أَشْيَاءَ قَبِيحَةً، وَلِذَلِكَ يُكْنَى بِهَنٍ عَنْ نَفْسِ الْفَرْجِ، لا عَنْ لَفْظِ الْفَرْجِ.

وَإِنَّمَا صَحَّ أَنْ يَقُولَ الْمُصَنِّفُ: (كِنَايَةً)؛ لأَنَّهُ عَدَلَ عَنْ ذَلِكَ اللَّفْظِ إِلَى هَذَا لِمَا فِي ذَلِكَ مِنَ الاسْتِهْجَانِ وَالاسْتِقْبَاحِ، فَهَذَا الَّذِي سَوَّغَ إِطْلاقَ الْكِنَايَةِ عَلَيْهِ، وَإِنَّمَا أَفْرَدَهُ؛ لِيُعْلَمَ أَنَّهُ لَيْسَ مِنْ قَبِيلِ الأَعْلامِ، وَلَوْ كَانَ عَلَمًا لَوَجَبَ مَنْعُ صَرْفِ هَنَةٍ، وَلَوَجَبَ أَنْ لا يُضَافَ، وَأَنْ لا تَدْخُلَهُ الأَلِفُ وَاللَّامُ، وَلا خِلافَ فِي صِحَّةِ إِضَافَتِهِ وَإِدْخَالِ اللَّامِ عَلَيْهِ كَالنَّكِرَاتِ، وَقَدْ يُكْنَى بِهِ عَمَّا لا يُرَادُ التَّصْرِيحُ بِهِ لِغَرَضٍ؛ كَقَوْلِهِ يُخَاطِبُ حَسَنَ بْنَ زَيْدٍ:

اللهُ أَعْطَاكَ فَضْلا مِنْ عَطِيَّتِهِ ... عَلَى هَنٍ وَهَنٍ فِيمَا مَضَى وَهَنِ

يَعْنِي: عَبْدَ اللهِ، وَحَسَنًا، وَإِبْرَاهِيمَ بَنِي حَسَنِ بْنِ حَسَنٍ، كَانُوا وَعَدُوهُ شَيْئًا فَوَفَّى بِهِ حَسَنٌ، وَمِنْ ثَمَّ قَالَ بَعْضُهُمْ يُكْنَى بِهِ عَنِ الأَعْلامِ أَيْضًا، وَنَحْوُهُ قَوْلُهُمْ فِي النِّدَاءِ لِلْمُذَكَّرِ: (يَا هَنَاهُ)، وَلِلْمُؤَنَّثِ: (يَا هَنْتَاهُ)، وَالْهَاءُ فِي (يَا هَنَاهُ) بَدَلٌ مِنَ الْوَاوِ عِنْدَ الْبَصْرِيِّينَ، وَكَأَنَّ أَصْلَهُ فَعَالٌ، وَهَاءُ السَّكْتِ عِنْدَ الْكُوفِيِّينَ، قَالَ امْرُؤُ الْقَيْسِ:

لَقَدْ رَابَنِي قَوْلُهَا يَا هَنَا ... هُ وَيْحَكَ أَلْحَقْتَ شَرًّا بِشَرٍ

قَوْلُهُ: (وَمِنْ أَصْنَافِ الاسْمِ الْمُعْرَبِ) إِلَى آخِرِهِ.

قَالَ الشَّيْخُ رَحِمَهُ اللهُ: قَدَّمَ قَبْلَ الشُّرُوعِ اعْتِذَارًا عَنْ ذِكْرِهِ فِي قِسْمِ الأَسْمَاءِ، مِنْ حَيْثُ كَانَ حَقُّهُ أَنْ يُذْكَرَ فِي الْمُشْتَرَكِ؛ لأَنَّ الْمُشْتَرَكَ مَوْضُوعٌ لِكُلِّ حُكْمٍ اشْتَرَكَ فِيهِ ثَلاثَةُ أَقْسَامٍ أَوْ اثْنَانِ مِنْهَا، وَالإِعْرَابُ قَدْ اشْتَرَكَ فِيهِ اثْنَانِ مِنْهَا، فَكَانَ حَقُّهُ أَنْ يُذْكَرَ فِي الْمُشْتَرَكِ، وَاعْتَذَرَ عَنْهُ بِاعْتِذَارَيْنِ:

أَحَدُهُمَا: قَوْلُهُ: (أَنَّ حَقَّ الإِعْرَابِ لِلاسْمِ فِي أَصْلِهِ، وَالْفِعْلُ إِنَّمَا تَطَفَّلَ عَلَيْهِ فِيهِ بِسَبَبِ الْمُضَارَعَةِ).

وَهَذَا اعْتِذَارٌ غَيْرُ قَوِيٍّ؛ لأَنَّ فِيهِ تَسْلِيمَ الاشْتِرَاكِ، وَلَمْ يُفَرِّقْ بَيْنَهُمَا إِلا بِاعْتِبَارِ كَوْنِ ذَلِكَ أَصْلا وَهَذَا فَرْعًا، وَقَدْ وَقَعَ فِي الْمُشْتَرَكِ مِثْلُ ذَلِكَ، فَإِنَّ الإِعْلالَ أَصْلٌ فِي الأَفْعَالِ

وَفَرْعٌ فِي الأَسْمَاءِ، وَمَعَ ذَلِكَ فَقَدْ ذُكِرَ فِي قِسْمِ الْمُشْتَرَكِ، وَمُقْتَضَى هَذَا أَنْ يُذْكَرَ الْمُعْتَلَ مِنَ الأَفْعَالِ فِي الأَفْعَالِ؛ لأَنَّهَا أَصْلٌ فِيهِ، وَالْمُعْتَلُّ مِنَ الأَسْمَاءِ؛ لأَنَّهُ فَرْعٌ، كَمَا ذُكِرَ ذَلِكَ فِي الإِعْرَابِ.

الوَجْهُ الثَّانِي: قَوْلُهُ: (أَنَّهُ لا بُدَّ مِنْ تَقَدُّمِ مَعْرِفَةِ الإِعْرَابِ لِلْخَائِضِ فِي سَائِرِ الأَبْوَابِ).

يَعْنِي: أَنَّ الْحَاجَةَ لَمَّا كَانَت لِمَنْ يَشْتَغِلُ بِهَذَا الْعِلْمِ دَاعِيَةً إِلَى تَقَدُّمِ مَعْرِفَةِ الإِعْرَابِ اقْتَضَى ذَلِكَ تَقْدِيمَهُ، وَإِنْ كَانَ مِنْ قَبِيلِ الْمُشْتَرَكِ، وَهَذَا أَيْضًا غَيْرُ سَدِيدٍ، فَإِنَّهُ لَوْ كَانَ كَذَلِكَ لَوَجَبَ أَنْ يُقَدَّمَ أَيْضًا إِعْرَابَ الأَفْعَالِ؛ لأَنَّ الْحَاجَةَ إِلَيْهِ كَالْحَاجَةِ إِلَى إِعْرَابِ الأَسْمَاءِ، وَعَنَى بِقَوْلِهِ: (فِي سَائِرِ الأَبْوَابِ): فِي بَقِيَّةِ الأَبْوَابِ؛ لأَنَّ بَابَ الْمُعْرَبِ خَرَجَ، أَوْ لأَنَّ بَابَ الْمُشْتَرَكِ خَرَجَ، وَاسْتَعْمَلَ (سَائِر) بِمَعْنَى جَمِيعٍ، وَإِنْ كَانَ قَلِيلا؛ لأَنَّهُ لا حُكْمَ فِي كَلامِهِمْ إِلا بِتَرْكِيبِ جُمْلَةٍ، وَلا تَرْكِيبَ إِلا بِإِعْرَابٍ.

وَكَانَ الأَوْلَى أَنْ يُعَلِّلَهُ بِغَيْرِ ذَلِكَ، وَذَلِكَ أَنَّ الإِعْرَابَ فِي الأَسْمَاءِ لَيْسَ هُوَ الإِعْرَابَ فِي الأَفْعَالِ فِي الْمَعْنَى، وَإِنْ اشْتَرَكَا فِي تَسْمِيَةِ الإِعْرَابِ وَفِي أَلْفَاظِهِ، وَذَلِكَ لأَنَّ الإِعْرَابَ فِي الأَسْمَاءِ مَوْضُوعٌ بِإِزَاءِ مَعَانٍ خَاصَّةٍ يَدُلُّ عَلَيْهَا، فَالرَّفْعُ عَلَمُ الْفَاعِلِيَّةِ، وَالنَّصْبُ عَلَمُ الْمَفْعُولِيَّةِ، وَالْجَرُّ عَلَمُ الإِضَافَةِ، وَلَيْسَ الإِعْرَابُ فِي الأَفْعَالِ مَوْضُوعًا بِإِزَاءِ مَعَانٍ، فَلَمْ يَكُنْ بَيْنَهُمَا اشْتِرَاكٌ مِنْ حَيْثُ الْمَعْنَى، فَلِذَلِكَ ذَكَرَ كُلَّ إِعْرَابٍ فِي مَوْضِعِهِ.

اعْتِذَارٌ ثَانٍ: وَهُوَ أَنَّ الإِعْرَابَ الْمَقْصُودَ مِنْهُ مَعْرِفَةَ عَوَامِلِهِ، وَإِذَا كَانَ الْمَقْصُودُ مِنْهُ هُوَ الْعَوَامِلُ وَلا مُشَارَكَةَ بَيْنَ الأَسْمَاءِ وَالأَفْعَالِ فِي الْعَوَامِلِ وَجَبَ ذِكْرُ عَوَامِلِ كُلِّ قِسْمٍ فِي مَوْضِعِهِ، وَإِذَا وَجَبَ ذِكْرُ عَوَامِلِ كُلِّ قِسْمٍ فِي مَوْضِعِهِ وَجَبَ ذِكْرُ إِعْرَابِهِ؛ لأَنَّهُ أَثَرُهُ، وَلا يُفَرَّقُ بَيْنَ ذِكْرِ الأَثَرِ وَذِكْرِ الْمُؤَثِّرِ، فَاقْتَضَى ذَلِكَ أَنْ يُذْكَرَ كُلَّ إِعْرَابٍ فِي مَوْضِعِهِ.

الآخَرُ وَهُوَ: أَنَّ مِنْ جُمْلَةِ إِعْرَابِ الأَسْمَاءِ الْجَرُّ، وَلا مُشَارَكَةَ بَيْنَ الأَسْمَاءِ وَالأَفْعَالِ فِيهِ، وَإِذَا وَجَبَ ذِكْرُ الْجَرِّ فِي الأَسْمَاءِ؛ لأَنَّهُ لا مشاركة فِيهِ وَجَبَ ذِكْرُ أَخَوَيْهِ مَعَهُ؛ لأَنَّهُ لا يَحْسُنُ التَّفْرِقَةُ بَيْنَ أَنْوَاعِ الإِعْرَابِ، وَالْجَرُّ نَوْعٌ مِنْ أَنْوَاعِهِ، وَإِذَا وَجَبَ ذِكْرُهُ وَجَبَ ذِكْرُ أَخَوَيْهِ مَعَهُ.

ثُمَّ شَرَعَ فِي ذِكْرِ حَدِّ الْمُعْرَبِ فَقَالَ:

(مَا اخْتَلَفَ آخِرُهُ بِاخْتِلافِ الْعَوَامِلِ لَفْظًا بِحَرَكَةٍ أَوْ بِحَرْفٍ أَوْ مَحلا).

وَقَدِ اعْتُرِضَ عَلَى هَذَا الْحَدِّ بِأَنَّهُ حَدُّ الشَّيْءِ بِمَا هُوَ مُتَوَقِّفٌ عَلَى حَقِيقَتِهِ، وَذَلِكَ أَنَّهُ إِنَّمَا يَخْتَلِفُ آخِرُهُ لِاخْتِلَافِ الْعَوَامِلِ بَعْدَ فَهْمِ كَوْنِهِ مُعْرَبًا، فَإِذَا تَوَقَّفَ اخْتِلَافُ آخِرِهِ عَلَى مَعْرِفَةِ كَوْنِهِ مُعْرَبًا وَتَوَقَّفَ كَوْنُهُ مُعْرَبًا عَلَى مَعْرِفَةِ اخْتِلَافِ آخِرِهِ؛ لِكَوْنِهِ عُرِّفَ حَقِيقَتُهُ بِهِ تَوَقَّفَ كُلُّ وَاحِدٍ مِنْهُمَا عَلَى الْآخَرِ، وَتَحْقِيقُهُ أَنَّكَ إِذَا عَلِمْتَ الْمُفْرَدَاتِ وَكَيْفِيَّةَ التَّرْكِيبِ ثُمَّ رُكِّبَتْ، فَمَا لَمْ تَعْلَمْ أَنَّ الِاسْمَ مِنْ قَبِيلِ الْمُعْرَبِ تَعَذَّرَ عَلَيْكَ أَنْ تَحْكُمَ بِاخْتِلَافِ آخِرِهِ، فَتَحَقَّقَ أَنَّ اخْتِلَافَ الْآخِرِ لِاخْتِلَافِ الْعَوَامِلِ مُتَوَقِّفٌ عَلَى فَهْمِ كَوْنِهِ مُعْرَبًا، فَتَعْرِيفُهُ بِهِ دَوْرٌ.

لَا يُقَالُ: فَلَعَلَّهُمَا يَحْصُلَانِ مَعًا فَلَا دَوْرَ، لِأَنَّا نَقُولُ: قَدْ بَيَّنَا تَوَقُّفَ التَّقَدُّمِ، وَأَيْضًا فَإِنَّ ذَلِكَ لَا يَسْتَقِيمُ فِي الْحُدُودِ لِاسْتِلْزَامِهِ نَفْيَ التَّعْرِيفِ؛ لِأَنَّ التَّعْرِيفَ يَسْتَدْعِي سَبْقَ الْمُعَرِّفِ عَلَى الْمُعَرَّفِ.

فَإِنْ قِيلَ: نَحْنُ نَعْقِلُ اخْتِلَافَ الْآخِرِ لِاخْتِلَافِ أَمْرٍ مَعَ الذُّهُولِ عَنْ حَقِيقَةِ الْمُعْرَبِ، قُلْتُ: الْمَقْصُودُ اخْتِلَافٌ يَصِحُّ لُغَةً؛ أَيْ: حَقِيقَةً، وَذَلِكَ مُتَوَقِّفٌ.

وَإِنَّمَا أَوْقَعَهُ فِي ذَلِكَ أَمْرَانِ:

أَحَدُهُمَا: أَنَّ الْمُعْرَبَ يَسْتَلْزِمُ الْإِعْرَابَ، وَالْإِعْرَابُ مَا يَخْتَلِفُ الْآخِرُ بِهِ مِنْ حَرَكَةٍ أَوْ حَرْفٍ، فَتَوَهَّمَ أَنَّ حَقِيقَةَ الْمُعْرَبِ مَا حَصَلَ فِيهِ ذَلِكَ، فَفُسِّرَ بِهِ، وَلَوْ كَانَ الْأَمْرُ كَذَلِكَ لَوَجَبَ أَنْ يَكُونَ مُعْرِبًا لِلْكَلِمَةِ بِكَسْرِ الرَّاءِ، لَا مُعْرَبًا بِفَتْحِهَا.

الثَّانِي: أَنَّ الْمُعْرَبَ اسْمُ مَفْعُولٍ مِنْ (أُعْرِبَتِ الْكَلِمَةُ) إِذَا جَعَلْتَ ذَلِكَ فِيهَا، فَتَوَهَّمَ أَنَّهُ يَصِحُّ تَفْسِيرُهُ بِذَلِكَ كَغَيْرِهِ، وَهُوَ غَلَطٌ، فَإِنَّ مَفْعُولَ (أُعْرِبَتْ) يُغَايِرُ الْمُعْرَبَ لَقَبًا، بِدَلِيلِ صِحَّةِ (مَا أَعْرَبْتُ الْكَلِمَةَ) وَهِيَ مُعْرَبَةٌ، فِيمَنْ قَالَ: (ضَرَبَ خَالِدٌ جَعْفَرَ) بِإِسْكَانِهِمَا، وَبِالْعَكْسِ فِي (هَؤُلَاءِ)، وَلَوْ كَانَ كَذَلِكَ لَكَانَ ذَلِكَ تَنَاقُضًا؛ لِأَنَّكَ مَا جَعَلْتَ الْإِعْرَابَ فِيهِ، نَعَمْ سُمِّيَ الْمُعْرَبُ الْمَقْصُودُ مُعْرَبًا؛ لِاسْتِلْزَامِهِ ذَلِكَ فِي وَضْعِ اللُّغَةِ، وَيَجِبُ أَنْ نُفَرِّقَ بَيْنَ حَقِيقَةِ الشَّيْءِ وَبَيْنَ تَعْلِيلِ تَسْمِيَتِهِ، فَقَدْ يُسَمَّى الشَّيْءُ بِاعْتِبَارِ لَازِمٍ مُتَوَقِّفٍ عَلَى الْحَقِيقَةِ، وَبِغَيْرِ ذَلِكَ مِمَّا لَا يَصِحُّ تَفْسِيرُهُ بِهِ، وَلَا يُؤْخَذُ مِنْ تَعْلِيلِ التَّسْمِيَاتِ حَقَائِقُ الْمُسَمَّيَاتِ وَلَا لَوَازِمُهَا، نَعَمْ لَوْ فُسِّرَ الْمُعْرَبُ الَّذِي هُوَ مَفْعُولُ (أُعْرِبَتْ) حَقِيقَةً بِذَلِكَ لَكَانَ مُسْتَقِيمًا كَغَيْرِهِ؛ لِأَنَّهُ مُسَمَّاهُ.

وَالْأُوْلَى فِي حَدِّهِ أَنْ يُقَالَ: (ذُو تَرْكِيبٍ نِسْبِيٍّ غَيْرِ مُشْبِهٍ مَبْنِيَّ الْأَصْلِ)، فَفِي التَّرْكِيبِ تَنْبِيهٌ عَلَى السَّبَبِ، وَفِي الْبَاقِي تَنْبِيهٌ عَلَى الْمَانِعِ، فَالَّذِي وُجِدَ فِيهِ مُوجِبُ الْإِعْرَابِ بِأَيِّ

التَّفْسِيرَيْنِ شِئْتَ، وَهُوَ التَّرْكِيبُ، وَانْتَفَى عَنْهُ الْمَانِعُ، هُوَ الْمُلَقَّبُ بِالْمُعْرَبِ فِي الاصْطِلَاحِ.

وَالإِعْرَابُ يُطْلَقُ مَصْدَرًا لـ (أَعْرَبْتُ)، وَهُوَ وَاضِحٌ، وَيُطْلَقُ عَلَى مَا يَخْتَلِفُ آخِرُ الْمُعْرَبِ بِهِ مِنْ حَرَكَةٍ أَوْ حَرْفٍ، وَهُوَ الْمَقْصُودُ فِي الاصْطِلَاحِ، وَقَدْ فَسَّرَهُ كَثِيرٌ بِاخْتِلَافِ الآخِرِ لِلْعَامِلِ، فَإِنْ أَرَادُوا مَا أَرَدْنَاهُ فَلَا مُشَاحَّةَ فِي التَّعْبِيرِ، وَإِنْ أَرَادُوا خِلَافَهُ فَغَيْرُ مُسْتَقِيمٍ؛ لِثُبُوتِ مَا ذَكَرْنَاهُ، وَفَسَادُ ذَلِكَ مِنْ وَجْهَيْنِ:

الأَوَّلُ: أَنَّ الاتِّفَاقَ عَلَى أَنَّ أَنْوَاعَهُ رَفْعٌ وَنَصْبٌ وَجَرٌّ، وَأَنَّ الضَّمَّةَ فِي (قَامَ زَيْدٌ) رَفْعٌ، وَالْفَتْحَةَ فِي (ضَرَبْتُ زَيْدًا) نَصْبٌ، وَالْكَسْرَةَ فِي (مَرَرْتُ بِزَيْدٍ) جَرٌّ، وَنَوْعُ الشَّيْءِ يَسْتَلْزِمُ حَقِيقَتَهُ، فَوَجَبَ مَا ذَكَرْنَاهُ.

الثَّانِي: أَنَّ الاخْتِلَافَ: أَمْرٌ مَعْقُولٌ لَا يَحْصُلُ إِلَّا بَعْدَ التَّعَدُّدِ، فَيَجِبُ أَنْ لَا تَكُونَ الْحَرَكَةُ الأُولَى فِي التَّرْكِيبِ الأَوَّلِ فِي كَلِمَتِهَا إِعْرَابًا، إِذْ لَا اخْتِلَافَ فِي حَالٍ وَاحِدَةٍ، وَهُوَ بَاطِلٌ، وَلَوْ قُدِّرَ صِحَّتُهُ فَتَعَسُّفٌ مُسْتَغْنًى عَنْهُ.

قَالُوا: الاتِّفَاقُ عَلَى أَنَّهَا حَرَكَاتُ الإِعْرَابِ، وَحُرُوفُ الإِعْرَابِ، وَعَلَامَاتُ الإِعْرَابِ يَدُلُّ عَلَى أَنَّهَا غَيْرُهُ.

قُلْنَا: هَذَا مِنْ إِضَافَةِ الأَعَمِّ إِلَى الأَخَصِّ كَشَجَرِ أَرَاكٍ؛ لِأَنَّ الْحَرَكَاتِ وَالْحُرُوفَ وَالْعَلَامَاتِ تَكُونُ إِعْرَابًا وَغَيْرَهُ، فَأُضِيفَتْ إِلَى الإِعْرَابِ تَخْصِيصًا وَبَيَانًا بِأَنَّهُ الْمُرَادُ، لَا مِنْ إِضَافَةِ الشَّيْءِ إِلَى نَفْسِهِ، وَذَلِكَ جَائِزٌ بِاتِّفَاقٍ.

وَقَدِ اعْتُرِضَ أَيْضًا عَلَى حَدِّ الْمُعْرَبِ بِأُمُورٍ قَرِيبَةٍ مُزَيَّفَةٍ:

أَحَدُهَا: هُوَ أَنَّهُ حَدَّهُ بِحَدٍّ يَدْخُلُ فِيهِ الْفِعْلُ؛ لِأَنَّهُ قَالَ: (مَا اخْتَلَفَ آخِرُهُ بِاخْتِلَافِ الْعَوَامِلِ)، وَالْفِعْلُ أَيْضًا يَخْتَلِفُ آخِرُهُ بِاخْتِلَافِ الْعَوَامِلِ.

الثَّانِي: أَنَّهُ قَدْ يَخْتَلِفُ آخِرُهُ بِاخْتِلَافِ الْعَامِلِ؛ كَقَوْلِكَ: مَنُو، وَمَنَا، وَمَنِي، وَلَيْسَ بِمُعْرَبٍ بِاتِّفَاقٍ.

الثَّالِثُ: أَنَّ نَحْوَ (هَذَيْنِ) و(هَذَانِ) يَخْتَلِفُ بِاخْتِلَافِ الْعَامِلِ، كَاخْتِلَافِ رُجْلَيْنِ، وَلَيْسَ عِنْدَ الْمُحَقِّقِينَ مُعْرَبًا.

وَأُجِيبَ عَنِ الأَوَّلِ بِأَنَّهُ لَمْ يَقْصِدْ إِلَّا الاسْمَ، فَكَأَنَّهُ قَالَ: هُوَ الاسْمُ الَّذِي اخْتَلَفَ آخِرُهُ، وَعَنِ الثَّانِي بِأَنَّهُ لَمْ يُرِدْ إِلَّا اخْتِلَافَهُ بِاخْتِلَافِ الْعَوَامِلِ فِي لَفْظِ الْمُتَكَلِّمِ بِهِ، لَا فِي

لَفظ غَيْرِه، وَاخْتِلافُ مَنا وَمَنُو وَمَني لَيسَ بِعَوامِلَ في لَفْظِ الْمُتَكَلِّم بِهَا، وَإِنَّمَا هِيَ لِقَصْدِكَ أَنْ تَحْكِي إِعْرَابَ مَا اسْتَفْهَمْتَ عَنْهُ، وَعَنِ الثَّالِثِ بِأَنَّ اخْتِلافَهُ لَيْسَ لِلْعَامِلِ، بِدَلِيلِ قِيَامِ مُوجِبِ الْبِنَاءِ، فَوَجَبَ أَنْ تُحْمَلَ عَلَى أَنَّهَا صِيَغٌ مُخْتَلِفَةٌ لِلْمَرْفُوعِ وَالْمَنْصُوبِ وَالْمَجْرُورِ فِي أَصْلِ وَضْعِهَا كَالضَّمَائِرِ، فَكَمَا لا يُحْسِنُ فِي الضَّمَائِرِ أَنْ يُقَالَ: اخْتَلَفَتْ لاخْتِلافِ الْعَامِلِ فَكَذَلِكَ هَذِهِ بَعْدَ ثُبُوتِ مُوجِبِ الْبِنَاءِ.

وَقَوْلُهُ: (لَفْظًا أَوْ مَحَلا) تَقْسِيمٌ بَعْدَ تَمَامِ الْحَدِّ، فَلا يَضُرُّ، وَإِنْ كَانَ بِأَوْ؛ لأَنَّهُ بَعْدَ أَنْ تَمَّ الْحَدُّ.

وَقَوْلُهُ: (بِحَرَكَةٍ أَوْ حَرْفٍ) تَقْسِيمٌ لِلَّفْظِيِّ، وَقَوْلُهُ: (أَوْ مَحَلا) مَعْطُوفٌ عَلَى (لَفْظًا) تَقْسِيمٌ لِلاخْتِلافِ، فَصَارَتْ ثَلاثَةَ أَقْسَامٍ: لَفْظِيٌّ بِحَرَكَةٍ، وَلَفْظِيٌّ بِحَرْفٍ، وَمَحَلِّيٌّ.

ثُمَّ شَرَعَ فِي ذِكْرِ كُلِّ وَاحِدٍ مِنْهَا، فَقَالَ:

(فَاخْتِلافُهُ لَفظًا بِحَرَكَةٍ فِي كُلِّ مَا كَانَ حَرْفُ إِعْرَابِهِ صَحِيحًا أَوْ جَارِيًا مُجْرَاهُ)، وَيَعْنِي بِالصَّحِيحِ مَا لَيسَ آخِرُهُ أَلِفًا وَلا يَاءً وَلا وَاوًا، وَالْجَارِي مُجْرَاهُ قِسْمَانِ: قِسْمٌ يَجْرِي مُجْرَاهُ فِي جَمِيعِ وُجُوهِ الإِعْرَابِ، وَهُوَ كُلُّ مَا كَانَ آخِرُهُ وَاوًا أَوْ يَاءً قَبْلَهَا سَاكِنٌ؛ كَدَلْوٍ وَظَبْيٍ، وَقِسْمٌ يَجْرِي مُجْرَاهُ فِي بَعْضِ وُجُوهِ الإِعْرَابِ دُونَ بَعْضٍ، وَهُوَ مَا آخِرُهُ يَاءٌ قَبْلَهَا كَسْرَةٌ؛ كَقَوْلِكَ: قَاضٍ وَغَازٍ، فَهَذَا فِي النَّصْبِ يَجْرِي مُجْرَى الصَّحِيحِ فِي كَوْنِهِ مُعْرَبًا بِحَرَكَةٍ لَفْظًا، تَقُولُ: رَأَيْتُ غَازِيًا وَقَاضِيًا، وَفِي الرَّفْعِ وَالْجَرِّ مُعْرَبٌ تَقْدِيرًا عَلَى مَا سَيَأْتِي، وَلَمْ يَتَعَرَّضِ الْمُصَنِّفُ لِتَمْثِيلِ الْجَارِي مُجْرَى الصَّحِيحِ؛ لأَنَّهُ سَيَذْكُرُهُ مُفَصَّلا مُبَيَّنًا فِي صِنْفِ الإِعْلالِ.

ثُمَّ قَالَ: (وَاخْتِلافُهُ لَفظًا بِحَرْفٍ)، وَهُوَ الْقِسْمُ الثَّانِي، فَقَالَ: (فِي ثَلاثَةِ مَوَاضِعَ فِي الأَسْمَاءِ السِّتَّةِ مُضَافَةً)، وَذَكَرَهَا إِلَى آخِرِهَا، وَهَذِهِ رَفْعُهَا بِالْوَاوِ، وَنَصْبُهَا بِالأَلِفِ، وَجَرُّهَا بِالْيَاءِ، وَلَمْ يَذْكُرْ ذَلِكَ اتِّكَالا عَلَى أَنَّهُ مَعْرُوفٌ لِمَنْ شَرَعَ فِي قِرَاءَةِ مِثْلِ كِتَابِهِ.

قَالَ الشَّيْخُ: اخْتَلَفَ النَّاسُ فِي هَذِهِ الْحُرُوفِ، فَمِنْهُمْ مَنْ يَقُولُ: هِيَ حُرُوفُ إِعْرَابٍ، وَمِنْهُمْ مَنْ يَقُولُ: لَيسَتْ حُرُوفَ إِعْرَابٍ، وَلا يَتَحَقَّقُ ذَلِكَ إِلا بِالتَّفْصِيلِ، فَحَرْفُ الإِعْرَابِ يُطْلَقُ عَلَى الْحَرْفِ الَّذِي يَعْتَوِرُهُ الإِعْرَابُ لَفْظًا أَوْ تَقْدِيرًا، كَالدَّالِ مِنْ زَيْدٍ، وَأَلِفِ عَصًا، وَيُطْلَقُ عَلَى الْحَرْفِ الَّذِي يَتَغَيَّرُ لِلإِعْرَابِ.

وَظَاهِرُ مَذْهَبِ سِيبَوَيْهِ أَنَّ لَهَا إِعْرَابَيْنِ: تَقْدِيرِيٌّ بِالْحَرَكَاتِ، وَلَفْظِيٌّ بِالْحُرُوفِ، كَأَنَّهُ قَدَّرَ الْحَرَكَةَ عَلَيْهَا، وَأَنَّهُمْ ضَمُّوا مَا قَبْلَهَا لِلإِتْبَاعِ، فَصَارَ (أَبُوهُ) بِفَتْحِ الْبَاءِ وَضَمِّ الْوَاوِ، ثُمَّ

سُكُونًا لِاسْتِثْقَالِ ضَمَّةِ الْوَاوِ، وَقَالَ فِي الْوَاوِ: عَلَامَةُ الرَّفْعِ، فَعَلَى هَـذَا تَكُونُ حَـرْفَ إِعْرَابٍ بِالِاعْتِبَارَيْنِ مَعًا، وَهُوَ ضَعِيفٌ؛ لِأَنَّهُ خَارِجٌ عَنْ قِيَـاسِ كَلَامِهِـمْ؛ لِتَقْدِيرِ لَمْ يُعْهَدْ مِثْلُهُ مَعَ إِعْرَابَيْنِ فِي كَلِمَةٍ.

وَقَالَ أَبُو الْحَسَنِ الرَّبَعِيُّ: أَصْلُهُ: أَبَوُكَ، نُقِلَتِ الْحَرَكَةُ إِلَى مَا قَبْلَهَا اسْتِثْقَالًا، وَنُقِلَتْ فِي الْجَرِّ وَقُلِبَتْ يَاءً، وَنُقِلَتْ فِي النَّصْبِ وَقُلِبَتْ أَلِفًا، وَهُـوَ أَضْعَفُ مِمَّا تَقَـدَّمَ؛ لِأَنَّ فِيهِ زِيَادَةً أَنَّ الْإِعْرَابَ بِالْحَرَكَاتِ عَلَى غَيْرِ الْآخِرِ، وَتَكُونُ حُرُوفَ إِعْرَابٍ بِالِاعْتِبَارَيْنِ، نَظَرًا إِلَى الْأَصْلِ عَلَى قَوْلِ سِيبَوَيْهِ وَالْحَالِ، وَبِالِاعْتِبَارِ الثَّانِي دُونَ الْأَوَّلِ نَظَرًا إِلَى الْحَالِ.

وَقَالَ أَبُو عُثْمَانَ الْمَازِنِيُّ أُسْتَاذُ الْمُبَرِّدِ: الْإِعْرَابُ بِالْحَرَكَاتِ وَالْحُرُوفِ لِإِشْبَاعِهَا، وَهُـوَ ضَعِيفٌ، إِذْ لَمْ يُعْهَدْ مِثْلُ ذَلِكَ فَصِيحًا، فَلَيْسَتْ حُرُوفَ إِعْرَابٍ بِالِاعْتِبَارَيْنِ مَعًا.

وَقَالَ الْكِسَائِيُّ وَالْفَرَّاءُ: الضَّمَّةُ إِعْرَابٌ بِالْحَرَكَةِ، وَالْوَاوُ إِعْرَابٌ بِالْحَرْفِ، وَهُوَ ضَعِيفٌ لَمْ يُعْهَدْ مِثْلُهُ، وَتَكُونُ حُرُوفَ إِعْرَابٍ بِالِاعْتِبَارِ الثَّانِي فَقَطْ.

وَالصَّحِيحُ أَنَّهَا مُعْرَبَةٌ بِالْحُرُوفِ الْأَصْلِيَّةِ، أَوِ الْحُرُوفُ بَدَلٌ عَنْهَا كَإِعْرَابِ التَّثْنِيَةِ وَالْجَمْعِ بِحَرْفَيِ التَّثْنِيَةِ وَالْجَمْعِ، وَإِنَّمَا أُعْرِبَتْ بِالْحُرُوفِ لِشَبَهِهَا بِالتَّثْنِيَةِ، وَالْجَمْعُ عَلَى حَدِّهَا مِنْ حَيْثُ كَانَ التَّعَدُّدُ لَازِمًا لَهَا، وَآخِرُهَا حُرُوفُ عِلَّةٍ يُمْكِنُ أَنْ تَتَغَيَّرَ لِتَغَيُّرِ الْعَامِلِ، كَالتَّثْنِيَةِ وَجَمْعِ السَّلَامَةِ، ولا نَعْرِفُ خِلَافًا لِمُحَقِّقٍ فِي التَّثْنِيَةِ وَالْجَمْعِ.

وَمَا يُحْكَى عَنِ الْفَرَّاءِ أَنَّهَا حُرُوفُ إِعْرَابٍ فِي نِيَّةِ الْحَرَكَةِ، إِنْ أَرَادَ أَنَّ الْحَرَكَةَ مُقَـدَّرَةٌ عَلَيْهَا تَقْدِيرُهَا فِي (عَصَا) وَجَبَ أَنْ يَكُونَ أَصْلُهَا وَاوًا أَوْ يَاءً، وَأَلِفُ الْحَـرْفِ الزَّائِدِ لا أَصْلَ لَهَا بِاتِّفَاقٍ، وَأَيْضًا فَإِنَّهُ يُوجِبُ أَنْ تَنْقَلِبَ الْيَاءُ فِي النَّصْبِ وَالْجَرِّ أَلِفًا، وَأَيْضًا فَإِنَّهُ لَمْ يَثْبُتْ تَقْدِيرٌ فِي مُعْرَبٍ، وَالِاخْتِلَافُ فِيهِ حَاصِلٌ لَفْظًا، فَصَحَّ تَشْبِيهُهُ بِالتَّثْنِيَةِ، وَبَطَلَ قَوْلُ الْمُخَالِفِ.

وَمَا يُحْكَى عَنِ الزَّجَّاجِ أَنَّهُ لَوْ كَانَتِ الْأَلِفُ دَلِيلَ الْإِعْرَابِ، وَهِيَ عَلَامَةُ التَّثْنِيَةِ لَوَجَبَ أَنْ يَكُونَ (أَنْتُمَا) و(هُمَا) مُعْرَبًا لِوُجُودِ عَلَامَةِ التَّثْنِيَةِ قَوْلٌ لَمْ يَصْدُرْ عَنْ فِطَانَةٍ.

وَقَوْلُ سِيبَوَيْهِ: إِنَّهَا حُرُوفُ إِعْرَابٍ مَحْمُولٌ عَلَى الِاعْتِبَارِ الثَّانِي، وَذَلِكَ وَاضِحٌ مِنْ كَلَامِهِ، لا عَلَى الْأَوَّلِ كَمَا حُكِيَ عَنِ الْفَرَّاءِ صَرِيحًا، وَقَدْ تَقَدَّمَ بُطْلَانُهُ.

وَأَمَّا مَنْ يَجْعَلُ التَّثْنِيَةَ بِالْأَلِفِ أَبَدًا فَهِيَ حُرُوفُ إِعْرَابٍ عَلَى هَـذِهِ اللُّغَةِ؛ لِتَقْدِيرِ الْإِعْرَابِ عَلَيْهَا، قَالَ الشَّاعِرُ:

تَزَوَّدَ مِنَّا بَيْنَ أُذْنَاهُ ضَرْبَةً   دَعَتْهُ إِلَى هَابِي التُّرَابِ عَقِيمِ

أَيْ: دعَتْهُ الضَّرْبَةُ إِلَى قَبْرٍ تُرَابُهُ كَالْهَبَاءِ عَقِيمٌ غَيْرُ مُنْبِتٍ، وَأَبُـو الْعَبَّـاسِ الْمُـبَرِّدُ يُنْكِـرُ هَذِهِ اللُّغَةَ.

فَإِنْ قِيلَ: إِذَا جَعَلْتُمْ حَرْفَ الْعِلَّةِ زَائِـدًا لِلإِعْـرَابِ أَدَّى إِلَى أَنْ يَكُـونَ فِي كَـلامِ الْعَـرَبِ اسْمٌ مُتَمَكِّنٌ عَلَى حَرْفٍ وَاحِدٍ، فَالْجَوَابُ عَنْهُ مِنْ أَوْجُهٍ:

أَحَدُهَا: أَنَّ ذَلِكَ إِنَّمَا يَكُونُ إِذَا لَمْ يَكُنْ فِيـهِ بَـدَلٌ مِنْـهُ، أَلا تَـرَى أَنَّـكَ إِذَا قُلْـتَ: فُـمْ كَانَتِ الْمِيمُ بَدَلا مِنَ الْوَاوِ، وَالْوَاوُ فِي (فُوكَ) أَيْضًا بَـدَلٌ، وَإِنْ وَافَقَـتِ الْحَـرْفَ الأَصْلِيَّ فِي اللَّفْظِ، بِدَلِيلِ مَا تَقَدَّمَ، وَلا بُعْدَ فِي أَنْ يَكُونَ الشَّيْءُ جِيءَ بِهِ لِمَعْنًى مَعَ أَنَّهُ بَدَلٌ، أَلا تَـرَى أَنَّ التَّاءَ فِي أُخْتٍ لِلتَّأْنِيثِ مَعَ كَوْنِهَا بَدَلا عَنِ الْمَحْذُوفِ، فَلا بُعْـدَ فِي أَنْ تَكُـونَ الْـوَاوُ فِي (فُوكَ) لِلإِعْرَابِ، مَعَ كَوْنِهَا بَـدَلا، كَمَا أَنَّ الأَلِـفَ فِي (الزَّيْـدَانِ) حَـرْفُ إِعْـرَابٍ مَـعَ كَوْنِهَـا لِلتَّثْنِيَةِ، فَظَهَرَ الْفَرْقُ بَيْنَهُ وَبَيْنَ مَا أُلْزِمَ مِنْ أَنْ يَكُونَ الاسْمُ الْمُتَمَكِّنُ عَلَى حَرْفٍ وَاحِدٍ.

وَالْوَجْهُ الثَّانِي: أَنَّ ذَلِكَ إِنَّمَا ذُكِرَ فِي الْمُعْرَبِ بِالْحَرَكَاتِ، وَهَذَا لَيْسَ مُعْرَبًا بِالْحَرَكَاتِ.

وَالآخَرُ: أَنَّهُ مُعَارِضٌ؛ لأَنَّ الْقَوْلَ بِهِ يُؤَدِّي إِلَى أَنْ يَكُونَ فِي كَـلامِ الْعَـرَبِ مَـا آخِـرُهُ وَاوٌ قَبْلَهَا ضَمَّةٌ فِي اللَّفْظِ، وَهُوَ مَرْفُوضٌ فِي الأَسْمَاءِ بِاتِّفَاقٍ.

وَقَوْلُهُ: (مُضَافَةٌ) احْتِرَازٌ مِنْهَا مُفْرَدَةً، فَإِنَّ حُكْمَهَـا عَـلَى غَـيْرِ ذَلِـكَ، وَبَعْضُـهُمْ يَقُـولُ: مُكَبَّرَةٌ احْتِرَازًا مِنَ التَّصْغِيرِ، وَقَوْلُ الْعَجَّاجِ:

خَـالَطَ مِـنْ سَـلْمَى خَيَاشِـيمَ وَفَـا ....

مَرْدُودٌ عَلَيْهِ، وَمَنْ قَالَ: إِنَّ قَوْلَهُ:

هِيَ مَا كنتي وَتَزْ عُمُ أَنِّي لَهَا حَمُ

فَحَمُ مِثْلُهُ غَلَطٌ، فَإِنَّ الْوَاوَ هُنَا وَاضِحَةٌ فِي الإِطْلاقِ، فَلا يُحْمَلُ عَلَى مَا لَمْ يَثْبُتْ.

و(هَنُوكَ) عِنْدَ الْبَصْرِيِّينَ مِنْهَا، فَلِذَلِكَ ذَكَرَهُ، وَكَثِيرٌ عَلَى أَنَّهَـا كَيَـدٍ، و(حَمُـوكِ) بِكَسْرِ الْكَافِ؛ لأَنَّ الأَحْمَاءَ أَقَارِبُ زَوْجِ الْمَرْأَةِ، فَالْمُخَاطَبُ بِذَلِكَ النِّسَـاءُ؛ وَلِهَـذِهِ الأَسْـمَاءِ فَصْلٌ يَأْتِي إِنْ شَاءَ اللَّـهُ تَعَالَى.

قَالَ: (وَفِي كِلا مُضَافًا إِلَى مُضْمَرٍ).

اخْتَلَفَ النَّاسُ فِي أَصْلِ (كِلا) هَلْ أَصْلُهُ الْوَاوُ أَوْ أَصْلُهُ الْيَاءُ، فَمِنْهُمْ مَنْ قَالَ: أَصْلُهُ

الْوَاوُ، وَالدَّلِيلُ عَلَيْهِ قَوْلُهُمْ: (كِلْتَا)، وَالْوَاوُ تُبْدَلُ مِنْهَا التَّاءُ كَثِيرًا، كَتُخْمَةٍ وَتُرَاثٍ وَتُجَاهٍ فِي وُخْمَةٍ وَوُرَاثٍ وَوُجَاهٍ، وَقَوْلُ بَعْضِهِمْ: إِنَّهَا تَاءُ التَّأْنِيثِ كَتَاءِ قَائِمَةٍ مَرْدُودٌ بِأَنَّ تِلْكَ لا تَكُونُ وَسَطًا، وَقَوْلُ بَعْضِهِمْ: إِنَّهَا لِلإِلْحَاقِ مَرْدُودٌ بِمَا يَلْزَمُ مِنْ كِلْتَوِيٍّ فِي النِّسْبَةِ، وَمِنْهُمْ مَنْ قَالَ: أَصْلُهَا الْيَاءُ، وَالدَّلِيلُ عَلَيْهِ إِمَالَتُهُمْ إِيَّاهَا، إِذْ لا يُمِيلُونَ اسْمًا ثُلاثِيًّا عَلَى غَيْرِ الشُّذُوذِ إِلا مَا كَانَ مِنْ ذَوَاتِ الْيَاءِ.

ثُمَّ لَهَا جِهَتَانِ:

إِحْدَاهُمَا: الإِضَافَةُ فِي الظَّاهِرِ، فَإِذَا أُضِيفَتْ إِلَيْهِ فَإِعْرَابُهَا بِالْحَرَكَاتِ تَقْدِيرًا، وَالدَّلِيلُ عَلَيْهِ: أَنَّهَا اسْمٌ مُفْرَدٌ وَآخِرُهُ أَلِفٌ، فَوَجَبَ أَنْ يُعْرَبَ بِالْحَرَكَاتِ تَقْدِيرًا كَعَصَا وَرَحَى، وَالدَّلِيلُ عَلَى أَنَّهُ مُفْرَدٌ أَنَّ حَقِيقَةَ التَّثْنِيَةِ وَالْجَمْعِ فِيهِ مَفْقُودَةٌ، وَأَيْضًا فَإِنَّ الْفَصِيحَ (كِلا الرَّجُلَيْنِ جَاءَنِي)، وَلَوْ كَانَ مُثَنًّى لَفْظًا لَوَجَبَ (جَآنِي)، كَقَوْلِكَ: (الرَّجُلانِ جَآنِي)، قَالَ اللهُ تَعَالَى: ﴿كِلْتَا الْجَنَّتَيْنِ آتَتْ أُكُلَهَا﴾ [الكهف:٣٣]، وَأَيْضًا فَإِنَّهُ كَانَ يَجِبُ أَنْ يُقَالَ: (رَأَيْتُ كِلَي الرَّجُلَيْنِ) بِالْيَاءِ.

وَقَالَ الْكُوفِيُّونَ: هُوَ مُثَنًّى لَفْظًا، فَإِنْ أُرِيدَ مَدْلُولُهُ فَصَحِيحٌ، وَإِنْ أُرِيدَ أَنَّهُ زِيدَ فِي آخِرِهِ لَفْظٌ لِيَدُلَّ عَلَى الْمُثَنَّى لَفْظًا فَفَاسِدٌ، فَإِنَّهُ لا يُعْرَفُ كِلٌّ وَلا كِلْتٌ فِي كَلامِهِمْ لِشَيْءٍ مُفْرَدٍ، وَلَوْ سُلِّمَ لَكَانَ يَلْزَمُ أَنْ يَكُونَ لِلاثْنَيْنِ مِنَ الْمُسَمَّى بِكِلٍ وَكِلْتٍ، وَأَمَّا قَوْلُ الشَّاعِرِ:

فِي كِلْتَ رِجْلَيْهَا سُلامَى وَاحِدَهْ ... كِلْتَاهُمَا مَقْرُونَةٌ بِزَائِدَهْ

فَمَرْدُودٌ، وَلَوْ سُلِّمَ فَالْمُرَادُ (كِلْتَا)، وَالْمَعْنَى عَلَيْهِ، وَالْمَطْلُوبُ (كِلْتٌ) لِلْوَاحِدَةِ، وَلَوْ سُلِّمَ لَكَانَ يَلْزَمُ أَنْ يَكُونَ مُعْرَبًا بِالْحُرُوفِ مُطْلَقًا.

وَالأُخْرَى: إِذَا أُضِيفَتْ إِلَى الْمُضْمَرِ، وَهُوَ الَّذِي ذَكَرَهُ، وَفِيهِ لُغَتَانِ: أَقْيَسُهُمَا وَهِيَ أَقَلُّهُمَا إِجْرَاؤُهُ مُجْرَى عَصَا وَرَحَى، كَالْحُكْمِ إِذَا أُضِيفَ إِلَى الْمُظْهَرِ.

وَالأُخْرَى: وَهِيَ أَكْثَرُهُمَا أَنْ يُجْرَى مُجْرَى الْمُثَنَّى، فَيُعْرَبَ بِالْحُرُوفِ، وَوَجْهُهُ أَنَّهُ لَمَّا أُضِيفَ إِلَى مُثَنًّى مُضْمَرٍ مُتَّصِلٍ صَارَ كَأَنَّهُ مَعَهُ كَلِمَةٌ وَاحِدَةٌ، فَقَوِيَ أَمْرُ التَّثْنِيَةِ فِيهَا لَفْظًا وَمَعْنًى، فَأُجْرِيَتْ مُجْرَى الْمُثَنَّى فِي الإِعْرَابِ.

وَقَالَ أَكْثَرُ الْبَصْرِيِّينَ: هُوَ مُعْرَبٌ تَقْدِيرًا مُطْلَقًا، وَقُلِبَتْ أَلِفُهُ فِي النَّصْبِ وَالْجَرِّ يَاءً تَشْبِيهًا لَهَا بِأَلِفِ (لَدَى) و(عَلَى) فِي لَفْظِهَا وَلُزُومِهَا الإِضَافَةَ، وَلَمْ تُقْلَبْ فِي الرَّفْعِ؛ لأَنَّ (لَدَى) و(عَلَى) لا تَقَعَانِ فِي الرَّفْعِ، فَتَثْبُتُ عَلَى حَالِهَا، وَهُوَ جَيِّدٌ، إِلا أَنَّ مَا ذَكَرْنَاهُ أَوْلَى؛

لِقُوَّةِ الْمُنَاسَبَةِ الْمَذْكُورَةِ عَلَى مَا ذَكَرُوهُ، وَلأنَّ قَلْبَ الألِفِ في (لَدَى) و(عَلَى) عَلَى خِلافِ الْقِيَاسِ، وَأَيْضًا فَإِنَّهَا أَلِفٌ فِي مَبْنِيٍّ، فَلا يَلْزَمُ مِثْلُهُ فِي الْمُعْرَبِ، وَلأَنَّهُ اسْمٌ مُعْرَبٌ اخْتَلَفَ آخِرُهُ عِنْدَ اخْتِلافِ الْعَامِلِ، فَوَجَبَ أَنْ يَكُونَ إِعْرَابًا كَغَيْرِهِ.

وَكَانَ يَنْبَغِي أَنْ يَذْكُرَ لَفْظَ (اثْنَيْنِ) فِي أَنَّ حُكْمَهُ هَذَا الْحُكْمُ أَيْضًا، وَلا يَسْتَقِيمُ تَرْكُهُ، فَإِنَّهُ لا يَدْخُلُ فِي بَابِ الْمُثَنَّى؛ لأَنَّهُ لَيْسَ بِمُثَنَّى، إِذْ حَقِيقَةُ الْمُثَنَّى مَفْقُودَةٌ فِيهِ، وَهُوَ مَعَ ذَلِكَ مُعْرَبٌ إِعْرَابَ الْمُثَنَّى، وَكَذَلِكَ الْبَوَاقِي.

ثُمَّ ذَكَرَ الْقِسْمَ الثَّالِثَ فَقَالَ: (وَفِي التَّثْنِيَةِ وَالْجَمْعِ عَلَى حَدِّهَا).

وَيَعْنِي بِقَوْلِهِ: (عَلَى حَدِّهَا) الْجَمْعَ الصَّحِيحَ، وَإِنَّمَا كَانَ عَلَى حَدِّهَا؛ لأَنَّهُ يَسْلَمُ فِيهِ بِنَاءُ الْوَاحِدِ، كَمَا يَسْلَمُ فِي الْمُثَنَّى، وَذَلِكَ أَنَّ الْمُثَنَّى لا يَكُونُ إِلا كَذَلِكَ، وَالْجَمْعُ انْقَسَمَ إِلَى قِسْمَيْنِ: قِسْمٍ كَذَلِكَ، وَقِسْمٍ لَيْسَ كَذَلِكَ، فَعَرَّفَ مَا هُوَ كَذَلِكَ بِأَنَّهُ عَلَى حَدِّ التَّثْنِيَةِ، وَجَعَلَهُمَا قِسْمًا وَاحِدًا، وَإِنْ كَانَا فِي الْحَقِيقَةِ قِسْمَيْنِ لاشْتِرَاكِهِمَا فِيمَا ذَكَرَهُ مِنْ أَنَّهُمَا يُزَادُ عَلَى الْوَاحِدِ فِيهِمَا تِلْكَ الزِّيَادَةُ، وَإِلا فَهُمَا مُخْتَلِفَانِ فِي الْحَقِيقَةِ مَعْنًى وَإِعْرَابًا.

وَكَانَ يَنْبَغِي أَنْ يَذْكُرَ لَفْظَ (أُولُو)؛ لأَنَّهُ يُرْفَعُ بِالْوَاوِ، وَيُنْصَبُ وَيُخْفَضُ بِالْيَاءِ، وَلا يَدْخُلُ فِي قِسْمٍ مِنْ أَقْسَامِهِ؛ لأَنَّهُ لَيْسَ بِجَمْعٍ ولا مُثَنًّى، وَكَذَلِكَ كَانَ يَنْبَغِي أَنْ يُنَبِّهَ عَلَى (عِشْرِينَ) وَبَابِهِ؛ لأَنَّهَا لَيْسَتْ جَمْعًا لِمَا اتَّصَلَتْ بِهِ الزِّيَادَةُ، أَمَّا فِي (عِشْرِينَ) فَوَاضِحٌ، وَأَمَّا فِي غَيْرِهِ فَلَيْسَتْ الثَّلاثُونَ ثَلاثًا مَجْمُوعَةً، لِمَا يَلْزَمُ مِنْ صِحَّةِ إِطْلاقِهَا عَلَى تِسْعَةٍ، وَكَذَلِكَ الْبَوَاقِي كَأَرْبَعِينَ وَخَمْسِينَ.

قَالَ: (وَاخْتِلافُهُ مَحلا فِي نَحْوِ الْعَصَا وَسُعْدَى).

فَالاخْتِلافُ الْمَحَلِّيُّ يَكُونُ تَارَةً لِلتَّعَذُّرِ، وَتَارَةً لِلاسْتِثْقَالِ، فَالتَّعَذُّرُ فِي مَكَانَيْنِ:

أَحَدُهُمَا: مَا آخِرُهُ أَلِفٌ فَيَكُونُ مُعْرَبًا تَقْدِيرًا فِي جَمِيعِ وُجُوهِهِ؛ لِتَعَذُّرِ الْحَرَكَةِ عَلَى الألِفِ.

وَالْقِسْمُ الآخَرُ: مَا آخِرُهُ يَاءُ الْمُتَكَلِّمِ، وَهُوَ مُعْرَبٌ بِالْحَرَكَاتِ تَقْدِيرًا؛ كَقَوْلِكَ: غُلامِي، وَدَلْوِي، وَظَبْيِي، فَهَذَا قَدِ اسْتَحَقَّ مَا قَبْلَ الْيَاءِ فِيهِ الْكَسْرَ قَبْلَ مَجِيءِ الإِعْرَابِ، فَلَمَّا جَاءَ الإِعْرَابُ وَجَدَ مَحَلَّهُ يُنَافِي وُجُودَهُ فَوَجَبَ تَقْدِيرُهُ كَالألِفِ، إِذْ لا يُمْكِنُ أَنْ يَكُونَ الْحَرْفُ الْوَاحِدُ مَضْمُومًا مَكْسُورًا، وَلا مَفْتُوحًا مَكْسُورًا، وَلا مَكْسُورًا بِكَسْرَتَيْنِ، وَلَمَّا تَعَذَّرَ ذَلِكَ وَجَبَ تَقْدِيرُهُ.

وَمَنْ زَعَمَ أَنَّهُ مَبْنِيٌّ غَلِطَ، فَإِنَّ الإِضَافَةَ إِلَى الْمُضْمَرِ لا تُوجِبُ بِنَاءً ولا تُجَوِّزُهُ عَلَى

قِيَاسِ لُغَتِهِمْ، وَمَنْ زَعَمَ أَنَّهُ فِي حَالِ الْخَفْضِ مُعْرَبٌ لَفْظًا وَفِي غَيْرِهِ تَقْدِيرًا فَعُمْدَتُهُ وُجُودُ الْكَسْرَةِ، وَيُبْطِلُهُ أَنَّ تَحَقُّقَ الْمُفْرَدِ ثَابِتٌ قَبْلَ التَّرْكِيبِ، وَقَدْ ثَبَتَ لِلْمُفْرَدِ كَسْرَةٌ لِمُوجِبٍ، فَلَا أَثَرَ لِمُوجِبٍ طَارِئٍ.

وَالْمُعْرَبُ مَحَلًّا لِلِاسْتِثْقَالِ مَا فِي آخِرِهِ يَاءٌ قَبْلَهَا كَسْرَةٌ، وَذَلِكَ فِي حَالَتَي الرَّفْعِ وَالْجَرِّ؛ كَقَوْلِكَ: (جَاءَنِي قَاضٍ)، وَ(مَرَرْتُ بِقَاضٍ)، وَكَانَ يُمْكِنُ أَنْ يُقَالَ: (جَاءَنِي قَاضِيٌ)، وَ(مَرَرْتُ بِقَاضِيٍ) إِلَّا أَنَّهُ مُسْتَثْقَلٌ، فَرُفِضَ لِاسْتِثْقَالِهِ، وَحُذِفَتِ الضَّمَّةُ وَالْكَسْرَةُ عَنِ الْيَاءِ، فَالْتَقَى سَاكِنَانِ، هِيَ وَالتَّنْوِينُ بَعْدَهَا، فَحُذِفَتِ الْيَاءُ لِالْتِقَاءِ السَّاكِنَيْنِ، فَصَارَ (قَاضٍ) فِي الرَّفْعِ وَالْجَرِّ جَمِيعًا، وَلَا أَعْرِفُ أَحَدًا ذَكَرَ الْإِعْرَابَ الْمَحَلِّيَّ بِالْحَرْفِ، وَهُوَ ثَابِتٌ مِنْ غَيْرِ شَكٍّ فِي مِثْلِ (ضَارِبِيّ) وَنَحْوِهِ فِي حَالِ الرَّفْعِ، وَبَيَانُهُ أَنَّ أَصْلَهُ: (ضَارِبُونِي) بِاتِّفَاقٍ، فَحُذِفَتِ النُّونُ لِلْإِضَافَةِ، ثُمَّ قُلِبَتِ الْوَاوُ يَاءً عَلَى مَا يَقْتَضِيهِ أَصْلُ الْإِعْلَالِ فِي مِثْلِهَا، ثُمَّ أُدْغِمَتْ، فَتَعَذَّرَ التَّلَفُّظُ بِحَرْفِ الْإِعْرَابِ لِلِاسْتِثْقَالِ، وَهَذَا مَعْنَى الْمُعْرَبِ بِالْحَرَكَاتِ تَقْدِيرًا، وَأَيْضًا فَلَوْ لَمْ يَكُنْ مُعْرَبًا تَقْدِيرًا لَوَجَبَ أَنْ يَكُونَ مُعْرَبًا لَفْظًا أَوْ مَبْنِيًّا، وَذَلِكَ مُنْتَفٍ بِاتِّفَاقٍ.

قَوْلُهُ: (وَالِاسْمُ الْمُعْرَبُ عَلَى نَوْعَيْنِ: نَوْعٌ يَسْتَوْفِي حَرَكَاتِ الْإِعْرَابِ وَالتَّنْوِينَ وَيُسَمَّى الْمُنْصَرِفَ) إِلَى آخِرِهِ.

قَالَ الشَّيْخُ: ظَاهِرُ كَلَامِهِ وَكَلَامُ النَّحْوِيِّينَ أَنَّ هَذِهِ الْقِسْمَةَ فِي كَوْنِهِ مُنْصَرِفًا وَغَيْرَ مُنْصَرِفٍ حَاصِرَةٌ لِجَمِيعِ الْمُعْرَبِ، وَتَفْسِيرُهُمْ كُلَّ وَاحِدٍ مِنَ الْقِسْمَيْنِ يَنْفِي الْحَصْرَ، وَذَلِكَ أَنَّهُمْ فَسَّرُوا الْمُنْصَرِفَ بِأَنَّهُ الَّذِي تَدْخُلُهُ الْحَرَكَاتُ الثَّلَاثُ وَالتَّنْوِينُ لِعَدَمِ شَبَهِ الْفِعْلِ، وَفَسَّرُوا غَيْرَ الْمُنْصَرِفِ بِأَنَّهُ الَّذِي يُخْتَزَلُ عَنْهُ الْجَرُّ وَالتَّنْوِينُ لِشَبَهِ الْفِعْلِ، وَيُحَرَّكُ بِالْفَتْحِ فِي مَوْضِعِ الْجَرِّ، فَعَلَى هَذَا تَبْقَى أَسْمَاءٌ كَثِيرَةٌ لَا تَدْخُلُ تَحْتَ وَاحِدٍ مِنْهُمَا، مِنْهَا جَمْعُ الْمُذَكَّرِ السَّالِمُ، فَإِنَّهُ لَا تَدْخُلُهُ الْحَرَكَاتُ الثَّلَاثُ وَالتَّنْوِينُ، فَلَا يَكُونُ مُنْصَرِفًا، وَلَا يُخْتَزَلُ عَنْهُ الْجَرُّ وَالتَّنْوِينُ؛ وَلَا يُحَرَّكُ بِالْفَتْحِ فِي مَوْضِعِ الْجَرِّ؛ فَلَا يَكُونُ غَيْرَ مُنْصَرِفٍ؛ فَلَمْ يَدْخُلْ تَحْتَ وَاحِدٍ مِنْهُمَا، وَكَذَلِكَ جَمِيعُ مَا أُعْرِبَ بِالْحُرُوفِ، فَإِنَّهُ لَا يَدْخُلُ فِيمَا ذُكِرَ، فَدَلَّ عَلَى أَنَّهُمْ لَمْ يُرِيدُوا الْحَصْرَ، وَإِنَّمَا أَرَادُوا أَنَّ الْأَسْمَاءَ الْمُعْرَبَةَ مِنْهَا مَا هُوَ مُنْصَرِفٌ وَمِنْهَا مَا هُوَ غَيْرُ مُنْصَرِفٍ، وَلَمْ يَتَعَرَّضُوا لِمَا عَدَاهُمَا لَمَّا كَانَ الْمَقْصُودُ إِنَّمَا هُوَ الْمُنْصَرِفُ وَغَيْرُ الْمُنْصَرِفِ؛ أَمَّا لَوْ قِيلَ: الْمُنْصَرِفُ مَا لَيْسَ فِيهِ عِلَّتَانِ مِنَ التِّسْعِ، وَغَيْرُ الْمُنْصَرِفِ مَا فِيهِ عِلَّتَانِ مِنْهَا، وَتَأْثِيرُهُمَا فِيمَا لَوْلَاهُمَا، لَكَانَ فِيهِ الْحَرَكَاتُ الثَّلَاثُ وَتَنْوِينٌ

التَّمَكُّنَ كَانَ حَصْرًا، فَيَكُونُ عَلَى هَذَا (رَجُلَانِ) اسْمَ امْرَأَةٍ غَيْرَ مُنْصَرِفٍ، و(رَجُلَانِ) تَثْنِيَةُ رَجُلٍ مُنْصَرِفًا.

وَوَقَعَ فِي بَعْضِ نُسَخِ الْمُفَصَّلِ بَعْدَ قَوْلِهِ: (كَأَحْمَدَ وَمَرْوَانَ) (إلا إذَا أُضِيفَ أَوْ دَخَلَهُ لَامُ التَّعْرِيفِ)، وَهُوَ مُسْتَقِيمٌ غَيْرُ مُسْتَغْنًى عَنْهُ، وَهُوَ اسْتِثْنَاءٌ مِنْ قَوْلِهِ: (يُخْتَزَلُ عَنْهُ الْجَرُّ وَالتَّنْوِينُ)؛ أَيْ: فِي جَمِيعِ الْأَحْوَالِ إلا فِي هَذِهِ الْحَالِ، فَإِنَّهُ لَا يُخْتَزَلُ عَنْهُ الْجَرُّ بِاتِّفَاقٍ.

ثُمَّ اخْتُلِفَ فِي كَوْنِهِ مُنْصَرِفًا أَوْ غَيْرَ مُنْصَرِفٍ بِنَاءً عَلَى أَنَّ تَأْثِيرَهُمَا ذَهَابُ الْجَرِّ وَالتَّنْوِينِ، أَوْ ذَهَابُ التَّنْوِينِ، وَكَانَ ذَهَابُ الْجَرِّ تَبَعًا لِذَهَابِ التَّنْوِينِ فِيهِمَا، فَلَمَّا زَالَ التَّنْوِينُ بِغَيْرِ الْجَرِّ فُقِدَ مُوجِبُ زَوَالِ الْجَرِّ، فَذَهَبَ الزَّجَّاجُ وَمُتَابِعُوهُ إلَى أَنَّهُ مُنْصَرِفٌ؛ لِأَنَّ ذَلِكَ مِنْ خَوَاصِّ الْأَسْمَاءِ، فَبَعَّدَهُ مِنْ شِبْهِ الْفِعْلِ، فَكَانَ مَانِعًا، فَرُدَّ إلَى أَصْلِهِ الَّذِي هُوَ الِانْصِرَافُ، وَقَدْ أُلْزِمَ إذَا وَقَعَ فَاعِلًا أَوْ مَفْعُولًا أَوْ دَخَلَ عَلَيْهِ حَرْفُ خَفْضٍ، وَأُجِيبَ عَنْهُ بِأَنَّ هَذِهِ فِي مَعْنَى الْعَوَامِلِ، فَلَا بُدَّ مِنْ انْضِمَامِهَا إلَى مَا ذَكَرَهُ لِيَنْصَرِفَ، فَإِذَا انْفَرَدَتْ لَمْ تُؤَثِّرْ، وَأَيْضًا فَإِنَّ اللَّامَ وَالْإِضَافَةَ يَقُومَانِ مَقَامَ التَّنْوِينِ، فَكَأَنَّهُ مُنَوَّنٌ بِخِلَافِ غَيْرِهِمَا، وَأَيْضًا فَإِنَّ الْأَلِفَ وَاللَّامَ يَتَغَيَّرُ بِهِ نَفْسُ الْمَدْلُولِ، وَالْعَوَامِلُ لَا تُغَيِّرُهُ عَنْ مَدْلُولِهِ.

وَذَهَبَ جَمَاعَةٌ إلَى أَنَّهُ غَيْرُ مُنْصَرِفٍ لِمَا تَقَدَّمَ، وَقَالَ أَبُو عَلِيٍّ الْفَارِسِيُّ: لَا أَقُولُ مُنْصَرِفٌ لِوُجُودِ الْعِلَّتَيْنِ فِيهِ، وَلَا غَيْرُ مُنْصَرِفٍ؛ لِأَنَّ التَّنْوِينَ لَمْ يَذْهَبْ بِهِمَا. وَقَوْلُ أَبِي عَلِيٍّ قَوْلُ مَنْ لَمْ يَدْرِ مَا هُوَ الْمُنْصَرِفُ وَغَيْرُ الْمُنْصَرِفِ.

قَوْلُهُ: (وَالِاسْمُ يَمْتَنِعُ مِنَ الصَّرْفِ مَتَى اجْتَمَعَ فِيهِ اثْنَانِ مِنْ أَسْبَابٍ تِسْعَةٍ، أَوْ تَكَرَّرَ وَاحِدٌ) إلَى آخِرِهِ.

قَالَ الشَّيْخُ: كُلُّ وَاحِدٍ مِنْ هَذِهِ الْأَشْيَاءِ يُسَمَّى سَبَبًا فِي اصْطِلَاحِ النَّحْوِيِّينَ، وَإِنْ لَمْ يَكُنْ مُسْتَقِلًّا فِي إفَادَةِ إثْبَاتِ الْحُكْمِ، وَالَّذِي يَدُلُّ عَلَيْهِ قَوْلُهُمْ: إذَا اجْتَمَعَ فِيهِ سَبَبَانِ، وَلَوْ لَمْ يَكُنْ كُلُّ وَاحِدٍ يُسَمَّى سَبَبًا لَمْ يَقُلْ: (فِيهِ سَبَبَانِ)، ثُمَّ أَخَذَ يَذْكُرُهَا وَاحِدًا وَاحِدًا، فَقَالَ: (وَهِيَ الْعَلَمِيَّةُ)، وَقَدْ تَقَدَّمَ مَعْنَاهَا، وَهِيَ سَبَبٌ لَا شَرْطٌ لَهُ، بَلْ أَيُّ عِلَّةٍ اتَّفَقَ وُجُودُهَا مَعَهَا أَثَّرَتْ.

(وَالتَّأْنِيثُ اللَّازِمُ لَفْظًا أَوْ مَعْنًى).

يَعْنِي بِاللَّازِمِ الَّذِي لَا يُفَارِقُ الْكَلِمَةَ بِوَجْهٍ مَا، وَذَلِكَ إنَّمَا يَكُونُ إذَا كَانَ أَلِفًا مَقْصُورَةً أَوْ مَمْدُودَةً، أَوْ كَانَ مَعَ الْعَلَمِيَّةِ، فَإِنْ لَمْ يَكُنْ كَذَلِكَ لَمْ يَكُنْ سَبَبًا، بِدَلِيلِ قَوْلِهِمْ: (مَرَرْتُ بِامْرَأَةٍ قَائِمَةٍ)، فَلَوْ كَانَ التَّأْنِيثُ بِمُجَرَّدِهِ سَبَبًا لَامْتَنَعَ (قَائِمَةٌ) هُنَا مِنَ

الصَّرْفِ؛ لأَنَّ فِيهِ التَّأْنِيثَ وَالصِّفَةَ، وَلَكِنَّهُ لَمَّا كَانَ غَيْرُ لَازِمٍ لَمْ يُعْتَدَّ بِهِ، وَمَعْنَى انْتِفَاءِ لُزُومِهِ أَنَّكَ تَقُولُ: قَائِمٌ لِلذَّاتِ الَّتِي قَامَ بِهَا الْقِيَامُ، كَمَا تَقُولُ: قَائِمَةٌ لِلذَّاتِ الَّتِي قَامَ بِهَا الْقِيَامُ أَيْضًا، فَصَارَتِ التَّاءُ تُثْبَتُ وَتُحْذَفُ وَالْمَعْنَى بِحَالِهِ، فَلَوْ سَمَّيْتَ رَجُلًا أَوِ امْرَأَةً بِقَائِمَةٍ لَكَانَ التَّأْنِيثُ مُعْتَدًّا بِهِ؛ لأَنَّهُ صَارَ لَازِمًا لِلْعَلَمِيَّةِ، فَصَارَ اللُّزُومُ إِنَّمَا يَحْصُلُ فِي مِثْلِ ذَلِكَ بِالْعَلَمِيَّةِ، وَإِنَّمَا امْتَنَعَ الاسْمُ مِنَ الصَّرْفِ عِنْدَ اجْتِمَاعِ سَبَبَيْنِ مِنْ هَذِهِ الأَسْبَابِ؛ لأَنَّ هَذِهِ الأَسْبَابَ كُلَّهَا فُرُوعٌ، فَإِذَا اجْتَمَعَ فِي الاسْمِ سَبَبَانِ صَارَ بِهِمَا فَرْعًا مِنْ جِهَتَيْنِ، فَيُشْبِهُ الأَفْعَالَ؛ لأَنَّهَا فَرْعٌ مِنْ وَجْهَيْنِ:

أَحَدُهُمَا: أَنَّ الاسْمَ يُخْبَرُ بِهِ وَيُخْبَرُ عَنْهُ، وَالْفِعْلُ يُخْبَرُ بِهِ وَلَا يُخْبَرُ عَنْهُ، وَمَا أُخْبِرَ بِهِ وَعَنْهُ كَانَ أَصْلًا؛ لأَنَّهُ يَسْتَقِلُّ كَلَامًا، فَلَوْ لَمْ تَكُنِ الأَفْعَالُ لاسْتَقَلَّتِ الأَسْمَاءُ بِالدَّلَالَةِ، فَهُوَ مُسْتَغْنٍ، وَالْفِعْلُ غَيْرُ مُسْتَغْنٍ، أَوْ لأَنَّهَا لَمَّا وُضِعَتْ لِلإِخْبَارِ بِهَا خَاصَّةً عَلَى وَجْهِ الإِيجَازِ وَالاخْتِصَارِ فِيمَا يَسْتَقِلُّ بِهِ الأَسْمَاءُ كَانَتِ الأَفْعَالُ دَاخِلَةً عَلَى الأَسْمَاءِ بَعْدَ اسْتِقْلَالِهَا، فَكَانَتْ فَرْعًا لِذَلِكَ.

وَأَمَّا فَرْعِيَّةُ هَذِهِ الأَسْبَابِ، فَالتَّعْرِيفُ فَرْعُ التَّنْكِيرِ مَعْنًى وَلَفْظًا، أَمَّا مَعْنًى؛ فَلأَنَّ مَنْ تَعْرِفُهُ مَسْبُوقٌ بِجَهْلِهِ، وَاللَّفْظُ وَاضِحٌ، وَالتَّأْنِيثُ فَرْعُ التَّذْكِيرِ مَعْنًى وَلَفْظًا؛ أَمَّا الْمَعْنَى فَلِتَغْلِيبِ الْمُذَكَّرِ، وَأَنَّ (شَيْئًا) يُطْلَقُ عَلَى الأَشْيَاءِ كُلِّهَا، وَاللَّفْظُ وَاضِحٌ؛ كَقَوْلِكَ: قَائِمٌ، ثُمَّ تَقُولُ: قَائِمَةٌ، وَوَزْنُ الْفِعْلِ فَرْعٌ عَلَى وَزْنِ الاسْمِ، وَالْوَصْفُ وَمَا بَعْدَهُ وَاضِحٌ.

وَالْوَجْهُ الثَّانِي: أَنَّ الأَفْعَالَ مُشْتَقَّةٌ مِنَ الأَسْمَاءِ الْمَصَادِرِ، وَالْمُشْتَقُّ فَرْعٌ عَلَى الْمُشْتَقِّ مِنْهُ، فَلَمَّا كَانَ الْفِعْلُ فَرْعًا مِنْ جِهَتَيْنِ أَشْبَهَتْهُ الأَسْمَاءُ الَّتِي هِيَ فَرْعٌ مِنْ جِهَتَيْنِ فَقُطِعَتْ عَمَّا قُطِعَتْ عَنْهُ الأَفْعَالُ وَهُوَ الْجَرُّ وَالتَّنْوِينُ، أَوْ قُطِعَ عَنِ التَّنْوِينِ وَتَبِعَهُ الْجَرُّ؛ لأَنَّهُ مُلَازِمُهُ، فَإِذَا انْتَفَى مِنْ غَيْرِ عِوَضٍ انْتَفَى مَعَهُ أَيْضًا.

فَإِنْ قِيلَ: كَوْنُ الاسْمِ عَامِلًا فَرْعٌ عَلَى الْفِعْلِ، فَيَنْبَغِي عَلَى هَذَا إِذَا انْضَمَّ إِلَى الاسْمِ الْعَامِلِ سَبَبٌ آخَرُ أَنْ يَمْتَنِعَ مِنَ الصَّرْفِ، فَالْجَوَابُ عَنْهُ مِنْ وَجْهَيْنِ:

أَحَدُهُمَا: أَنَّا لَا نُسَلِّمُ الْفَرْعِيَّةَ، بَلْ هُمَا سَوَاءٌ فِي اقْتِضَاءِ الْعَمَلِ، وَالْعَمَلُ إِنَّمَا هُوَ بِاقْتِضَاءِ الْكَلِمَةِ فِي الْمَعْنَى، فَكَمَا أَنَّ الْفِعْلَ يَعْمَلُ لأَنَّهُ يَقْتَضِي مُتَعَلَّقًا، فَالاسْمُ يَقْتَضِي مُتَعَلَّقًا كَذَلِكَ، أَلَا تَرَى أَنَّ ضَارِبًا فِي اقْتِضَاءِ ضَارِبٍ وَمَضْرُوبٍ كَضَرَبَ فِي اقْتِضَاءِ ذَلِكَ.

الثَّانِي: سَلَّمْنَا أَنَّ كَوْنَهُ عَامِلًا فَرْعٌ، إِلَّا أَنَّهُ لَمْ يُعْتَبَرْ إِلَّا مَعَانٍ يَصِيرُ الاسْمُ بِهَا فَرْعًا

عَنْ غَيْرِهِ، لا مَعَانٍ يَشْتَرِكُ فِيهَا الأَصْلُ وَالْفَرْعُ، أَلا تَرَى أَنَّ الْعُجْمَةَ إِنَّمَا اعْتُبِرَتْ؛ لأَنَّ الاسْمَ إِذَا قَامَتْ بِهِ الْعُجْمَةُ صَارَ أَعْجَمِيًّا، فَيَكُونُ فَرْعًا عَلَى الْعَرَبِيَّةِ، فَالَّذِي اعْتُبِرَ إِنَّمَا هِيَ مَعَانٍ فُرُوعٌ تَقُومُ بِالاسْمِ فَيَصِيرُ فَرْعًا، عَلَى أَنَّ ذَلِكَ الْمَعْنَى غَيْرُ مَوْجُودٍ فِي الْفِعْلِ، وَمَا ذَكَرْتُمُوهُ إِنَّمَا هُوَ مَعْنًى اشْتَرَكَ فِيهِ الاسْمُ وَالْفِعْلُ جَمِيعًا، فَلا يَتَحَقَّقُ فِيهِ كَوْنُ الاسْمِ فَرْعًا عَمَّا لَيْسَ ذَلِكَ فِيهِ، بَلْ فَرْعٌ عَمَّا ثَبَتَ ذَلِكَ فِيهِ، فَافْتَرَقَ الْبَابَانِ.

وَالْمَعْنَوِيُّ كَذَلِكَ؛ كَقَتِيلٍ لِلْمُؤَنَّثِ، فَإِنَّهُ لا يَكُونُ مُعْتَبَرًا فِيهِ التَّأْنِيثُ إِلا مَعَ الْعَلَمِيَّةِ، فَثَبَتَ أَنَّ التَّأْنِيثَ اللَّفْظِيَّ بِالتَّاءِ وَالْمَعْنَوِيَّ مَشْرُوطٌ سَبَبِيَّتُهُ بِالْعَلَمِيَّةِ، فَلَوْ سَمَّيْتَ مُذَكَّرًا بِاسْمٍ مَوْضُوعٍ فِي الأَصْلِ لِمُؤَنَّثٍ مُجَرَّدٍ عَنِ التَّاءِ عَلَمًا أَوْ غَيْرَ عَلَمٍ زَائِدًا عَلَى ثَلاثَةِ أَحْرُفٍ؛ نَحْوَ: زَيْنَبَ وَعَنَاقَ لَمْ تَصْرِفْهُ، بِخِلافِ رَجُلٍ سَمَّيْتَهُ بِرَبَابٍ؛ لأَنَّهُ لَيْسَ لِلْمُؤَنَّثِ فِي الأَصْلِ؛ لأَنَّهُ اسْمٌ لِلسَّحَابِ، وَكَذَلِكَ حَائِضٌ وَطَالِقٌ وَنَحْوُهُ؛ لأَنَّهُ مُذَكَّرٌ فِي الأَصْلِ وُصِفَ بِهِ مُؤَنَّثٌ، فَإِنْ كَثُرَ اسْتِعْمَالُهُ لِمُذَكَّرٍ كَذِرَاعٍ سَاغَ الْوَجْهَانِ، وَفِي نَحْوِ: شَمْأَلٍ وَجَنُوبٍ وَجْهَانِ، بِنَاءً عَلَى أَنَّهَا صِفَاتٌ أَوْ أَسْمَاءٌ مُؤَنَّثَةٌ.

قَوْلُهُ: (وَوَزْنُ الْفِعْلِ الَّذِي يَغْلِبُ عَلَيْهِ فِي نَحْوِ: أَفْعَلَ؛ فَإِنَّهُ فِيهِ أَكْثَرُ مِنْهُ فِي الاسْمِ).

أَقُولُ: هَذَا قَوْلُ الْمُتَأَخِّرِينَ، وَأَمَّا الْمُتَقَدِّمُونَ فَيَقُولُونَ: الْمُعْتَبَرُ إِمَّا زِنَةُ الْفِعْلِ الَّتِي أَوَّلُهَا زِيَادَةٌ مِنْ زِيَادَاتِ الأَفْعَالِ، كَأَحْمَرَ أَوْ الْمُخْتَصَّةُ، وَهَذَا أَوْلَى، لأَنَّا إِذَا أَخَذْنَا الْغَلَبَةَ فَلا يَثْبُتُ لَنَا أَنَّ أَفْعَلَ فِي الأَفْعَالِ أَكْثَرُ مِنْهُ فِي الأَسْمَاءِ، بَلْ رُبَّمَا يَثْبُتُ عَكْسُ ذَلِكَ، فَإِنَّ أَفْعَلَ اسْمًا يُبْنَى مِنْ كُلِّ فِعْلٍ ثُلاثِيٍّ لِلتَّفْضِيلِ فِيمَا لَيْسَ بِلَوْنٍ وَلا عَيْبٍ، وَيُبْنَى مِنَ الأَلْوَانِ وَالْعُيُوبِ لِغَيْرِ التَّفْضِيلِ، وَقَدْ يَكُونُ مِنْ غَيْرِ (فَعَلَ) كَأَرْنَبٍ وَشِبْهِهِ، و(أَفْعَلُ) فِي الْفِعْلِ إِنَّمَا يَكُونُ عَنْ بَعْضِ أَوْزَانِ فَعَلَ وَلَيْسَ بِالأَكْثَرِ، وَيَكُونُ مِنْ غَيْرِ فَعَلَ نَادِرًا؛ كَقَوْلِكَ: أَشْكَلَ وَأَغَدَّ، فَثَبَتَ أَنَّ (أَفْعَلَ) فِي الاسْمِ أَكْثَرُ مِنْهُ فِي الْفِعْلِ، وَقَدْ اعْتَبَرْنَا اتِّفَاقًا، وَأَيْضًا فَإِنَّ (فَاعَلَ) فِي الأَسْمَاءِ قَلِيلٌ نَادِرٌ كَخَاتَمٍ وَطَابَعٍ، وَفِي الأَفْعَالِ كَثِيرٌ كَضَارَبَ وَقَاتَلَ، وَلَمْ يُعْتَبَرْ بِاتِّفَاقٍ، فَإِنَّكَ لَوْ سَمَّيْتَ رُجلا بِخَاتَمٍ صَرَفْتَهُ بِاتِّفَاقٍ.

وَقَالَ: (أَوْ يَخُصُّهُ فِي نَحْوِ: ضُرِبَ إِنْ سُمِّيَ بِهِ).

لأَنَّهُ لا يَدْخُلُ فِي الأَسْمَاءِ إِلا بِجَعْلِهِ عَلَمًا مَنْقُولا، وَإِلا فَلَيْسَ يُوجَدُ إِلا مَخْصُوصًا بِالْفِعْلِ، وَأَمَّا مَا جَاءَ نَحْوَ: دُئِلَ اسْمَ دُوَيْبَةٍ تُشْبِهُ ابْنَ عِرْسٍ، وَقَدْ جَاءَ فِي شِعْرِ كَعْبِ بْنِ مَالِكٍ يَصِفُ جَيْشَ أَبِي سُفْيَانَ حِينَ غَزَا الْمَدِينَةَ بَعْدَ بَدْرٍ بِمِائَتَيْ رَاكِبٍ:

جَاؤُوا بِجَيْشٍ لَوْ قِيسُ مُعْرَسُهُ ... مَا كَانَ إِلا كَمُعْرَسِ الدُّؤَلِ

عَارٍ مِنَ النَّصرِ وَالدُّعَاءِ وَمِنْ   أَبْطَالِ أَهْلِ النِّكَاءِ وَالأَسَلِ

فَتَسْمِيَةٌ لِلْجِنْسِ بِمَا نُقِلَ عَنِ الْفِعْلِ، وَهُوَ دَأَلَ إِذَا مَشَى بِنَشَاطٍ، أَوْ فَغَيْرُ مُعْتَدٍّ بِهِ لِشُذُوذِهِ، وَأَمَّا اسْمُ الْقَبِيلَةِ فَلا يَرِدُ كَضُرِبَ لَوْ سُمِّيَ بِهِ.

وَأَمَّا (بَذَّرَ) اسْمَ مَاءٍ بِعَيْنِهِ، و(عَثَّرَ) اسْمَ مَوْضِعٍ، و(خَضَّمَ) أَيْضًا اسْمَ مَاءٍ، فَأَعْلامٌ مَنْقُولَةٌ عَنِ الْفِعْلِ.

وَأَمَّا (بَقَّمَ) اسْمَ نَبْتٍ يُصْبَغُ بِهِ، و(شَلَّمَ): اسْمَ بَيْتِ الْمَقْدِسِ، فَاسْمُ جِنْسٍ أَعْجَمِيٍّ، وَلَوْ سَمَّيْتَ بِهِ لَمْ يَنْصَرِفْ لِلْعَلَمِيَّةِ، وَوَزْنُ الْفِعْلِ، لا لِلْعُجْمَةِ.

وَقَدْ ذَهَبَ عِيسَى بْنُ عُمَرَ إِلَى أَنَّ كَوْنَهُ فِعْلا فِي الأَصْلِ مُعْتَبَرٌ فِي الأَسْبَابِ، كَضَرَبَ وَعَلَمَ إِذَا سُمِّيَ بِهِ، وَاحْتَجَّ بِقَوْلِ سُحَيْمٍ:

أَنَا ابْنُ جَلا وَطَلاعُ الثَّنَايَا   مَتَى أَضَعِ العِمَامَةَ تَعْرِفُونِي

وَهُوَ عِنْدَ سِيبَوَيْهِ مَحْمُولٌ عَلَى تَقْدِيرِ الْجُمْلَةِ، إِمَّا مَحْكِيَّةً صِفَةً لِمُقَدَّرٍ؛ أَيْ: ابْنَ رَجُلٍ جَلا هُوَ، أَوْ مُسَمًّى بِهَا.

وَالْمُعْتَبَرُ فِي وَزْنِ الْفِعْلِ الصِّيغَةُ، حَتَّى لَوْ غُيِّرَتْ عَلَى جِهَةٍ تَخْرُجُ بِهِ عَنِ الْغَلَبَةِ وَالاخْتِصَاصِ لَمْ تُعْتَبَرْ، كَمَا لَوْ سُمِّيَ بِضُرْبَ بَعْدَ تَخْفِيفِهِ بِإِسْكَانِ الرَّاءِ، وَكَمَا لَوْ سُمِّيَ بِقِيلَ وَبِيعَ وَرُدَّ وَنَحْوِهِ؛ لأَنَّ الْمُعْتَبَرَ الصِّيغَةُ الَّتِي الاسْمُ عَلَيْهَا، وَقَدْ رَجَعَ بِالإِعْلالِ إِلَى زِنَةِ الأَسْمَاءِ بِخِلافِ نَحْوِ: يَهَبُ، وَأَشَدَّ، وَأُحَيْسِنُ، أَمَّا يَهَبُ بَعْدَ أَنْ كَانَ يَوْهَبُ؛ فَلأَنَّهُ لَمْ يَرْجِعْ بِالإِعْلالِ إِلَى زِنَةِ اسْمٍ، وَأَمَّا أَشَدُّ وأُحَيْسِنُ؛ فلأَنَّ الْمُعْتَبَرَ زِنَةُ أَفْعَلَ أَوَّلُهُ زِيَادَةٌ كَزِيَادَتِهِ، وَذَاكَ بَاقٍ؛ لأَنَّ الإِدْغَامَ وَالتَّصْغِيرَ فِي نَحْوِ ذَلِكَ سَائِغٌ وَهُوَ فِعْلٌ، وَنَحْوُ: آسَرَ، وَيَاسَرَ، وَيَسَعَ، وَيَهُودَ وَنَحْوِهِ إِنْ جَعَلْتَ أَوَّلَهُ زَائِدَةً لَمْ تَصْرِفْهُ، وَإِلا صَرَفْتَهُ.

وَلَوْ سُمِّيَ بِإِسْحَارَّ لِبَقْلَةٍ، وَإِرْدَبَّ لَمْ تُصْرَفْ؛ لأَنَّهُمَا مِثْلُ (احْمَارَّ)، و(احْمَرَّ)، وَلَوْ سُمِّيَ بِأُعْطِيَ بِضَمِّ الْهَمْزَةِ مَاضِيًا أَوْ مُضَارِعًا نُوِّنَ فِي حَالِ الرَّفْعِ وَالْجَرِّ عَلَى قَوْلِ سِيبَوَيْهِ، وَإِذَا سُمِّيَ بِإِضْرِبْ وَنَحْوِهِ قُطِعَتِ الأَلِفُ؛ لِيَكُونَ مُمَاثِلا للأَسْمَاءِ كَإِثْمِدٍ، بِخِلافِ ابْنٍ وَامْرِئٍ عَلَمًا.

قَوْلُهُ: (وَالْوَصْفِيَّةُ فِي نَحْوِ أَحْمَرَ).

المُرَادُ بِالْوَصْفِيَّةِ كَوْنُ الاسْمِ مَوْضُوعًا لِذَاتٍ بِاعْتِبَارِ مَعْنًى هُوَ الْمَقْصُودُ، وَقَدْ يَغْلِبُ بَعْضُ الصِّفَاتِ فِي اسْتِعْمَالِهِ اسْمًا مُطَّرَحَةً وَصْفِيَّتُهُ، فَتَكُونُ الْوَصْفِيَّةُ الأَصْلِيَّةُ مُعْتَبَرَةً؛ كَقَوْلِهِمْ: أَدْهَمُ لِلْقَيْدِ، وَأَرْقَمُ لِلْحَيَّةِ، قَالَ سِيبَوَيْهِ: لَمْ تَخْتَلِفِ الْعَرَبُ فِي مَنْعِ صَرْفِهِمَا،

وَأَسْوَدُ لِلْحَيَّةِ مِثْلُهُمَا فِي التَّحْقِيقِ.

وَأَمَّا أَجْدَلُ لِلصَّقْرِ، وَأَخْيَلُ لِطَائِرٍ فِيهِ خِيلَانٌ، وَأَفْعَى لِلْحَيَّةِ، فَقَدْ نَقَلَ سِيبَوَيْهِ أَنَّ بَعْضَ الْعَرَبِ تَرَكَ صَرْفَهُ، وَهُوَ وَهْمٌ؛ لأَنَّهَا لَيْسَتْ بِصِفَاتٍ فِي الأَصْلِ، فَتُوُهِّمَتْ الْوَصْفِيَّةُ لِكَوْنِ أَجْدَلَ مِنَ الْجَدْلِ وَهُوَ الْقُوَّةُ، وَأَخْيَلُ لِلْخِيْلَانِ، وَتُوُهِّمَ أَنَّ أَفْعَى بِمَعْنَى خَبِيثٍ، وَأَخْيَلُ ذُو خِيْلَانٍ.

وَجَرَى الْخِلَافُ فِي أَوَّلٍ بِنَاءً عَلَى أَنَّهُ أَفْعَلَ وَأَصْلُهُ أَوْوَلُ؛ كَقَوْلِ سِيبَوَيْهِ، أَوْ فَوْعَلْ وَأَصْلُهُ وَوْأَلُ؛ كَقَوْلِ بَعْضِهِمْ: وَالْفَرْقُ بَيْنَ أَرْمَلٍ وَأَسْوَدَ اسْمًا لِلْحَيَّةِ - خِلَافًا لِسَعِيدٍ الأَخْفَشِ، فَإِنَّهُ مَا قَالَ بِالْفَرْقِ، بَلْ صَرَفَهُمَا جَمِيعًا، وَيَعْتَبِرُ الْوَصْفَ الْحَاكِي أَنَّ أَرْمَلَ إِمَّا اسْمٌ فِي الأَصْلِ وُصِفَ بِهِ كَأَرْبَعٍ بِخِلَافِ أَسْوَدَ، أَوْ أَنَّهُ وَصْفٌ فِي الأَصْلِ قَابِلٌ لِلتَّاءِ، فَكَانَ كَيَعْمَلَ، فَإِنْ أُورِدَ أَسْوَدُ لِلْحَيَّةِ الأُنْثَى أُجِيبَ بِأَنَّهَا طَارِئَةٌ بَعْدَ اسْتِعْمَالِهِ اسْمًا.

قَوْلُهُ: (وَالْعَدْلُ عَنْ صِيغَةٍ إِلَى أُخْرَى فِي نَحْوِ عُمَرَ وثُلَاثَ).

وَالْعَدْلُ عَلَى ضَرْبَيْنِ:

ضَرْبٌ تُعْلَمُ عَدْلِيَّتُهُ بِالنَّظَرِ إِلَيْهِ فِي نَفْسِهِ، وَضَرْبٌ لا تُعْلَمُ إِلا بِحُكْمِ مَنْعِهِمْ صَرْفَهُ.

فَمِنَ الأَوَّلِ قَوْلُهُمْ: أُحَادُ وَثُنَاءُ وَثُلَاثُ وَرُبَاعُ، وَمَوْحَدُ وَمَثْنَى وَمَثْلَثُ وَمَرْبَعُ، فَهَذَا تُعْلَمُ عَدْلِيَّتُهُ؛ لأَنَّ الأَصْلَ فِي أَسْمَاءِ الأَعْدَادِ الأَلْفَاظُ الْمَشْهُورَةُ، وَهِيَ: وَاحِدٌ اثْنَانِ ثَلَاثَةٌ، فَكَانَ قِيَاسُ ذَلِكَ أَنْ يُقَالَ: ثَلَاثَةٌ ثَلَاثَةٌ، فَلَمَّا غَيَّرُوا الصِّيغَةَ كَانَ عَدْلًا مُحَقَّقًا، وَقَدْ أَجَازَهُ قَوْمٌ إِلَى عُشَارٍ ومَعْشَرٍ، فَقَالُوا: يَصِحُّ قِيَاسًا، عَلَى أَنَّهُ قَدْ جَاءَ فِي شِعْرِ الْكُمَيْتِ:

وَلَمْ يَسْتَرِيثُوكَ حَتَّى رُمِيـ ـتَ فَوْقَ الرِّجَالِ خِصَالا عُشَارَا

وَفِي شِعْرِ خِدَاشٍ:

تَظَلُّ الطَّيْرُ عَاكِفَةٌ عَلَيْهِ مُرَنَّقَةً وَأَنْجِيَةً عِشَارَا

وَزَعَمَ قَوْمٌ أَنَّهُ يُقَالُ: وُحْدَانُ إِلَى عُشْرَانِ، وَزَعَمَ قَوْمٌ أَنَّ الْمَانِعَ فِي ذَلِكَ تَكْرِيرُ الْعَدْلِ؛ لأَنَّهُ مَعْدُولٌ فِي اللَّفْظِ عَنِ اثْنَيْنِ، وَفِي الْمَعْنَى عَنِ اثْنَيْنِ اثْنَيْنِ، وَقَوْلُ بَعْضِهِمْ: إِنَّهُ مَعْرِفَةٌ لامْتِنَاعِ اللَّامِ، وَقَوْلُ آخَرِينَ: إِنَّهُ جَمْعٌ؛ لِزِيَادَةِ مَعْنَاهُ عَلَى الْوَاحِدِ رَدِيءٌ.

وَمِنْهَا فُعَلُ فِي التَّأْكِيدِ، كَجُمَعَ وكُتَعَ وبُضَعَ، إِمَّا عَنْ جُمْعٍ وَكُتْعٍ وَبُضْعٍ، فَإِنَّهُ قِيَاسُهَا عَلَى قَوْلٍ، إِذْ مُفْرَدُهَا جَمْعَاءَ كَحَمْرَاءَ وَحُمْرٍ، وَإِمَّا عَنْ جَمْعَاوَاتٍ، إِذْ مُذَكَّرُهُ أَجْمَعُونَ، وَاعْتِرَاضُ أَبِي عَلِيٍّ أَنَّهُ لا يَسْتَقِيمُ أَنْ يَكُونَ عَنْ جُمْعٍ؛ لأَنَّ فَعْلَاءَ الْمَجْمُوعِ مُذَكَّرُهُ بِالْوَاوِ وَالنُّونِ لَيْسَ قِيَاسُهُ فُعْلا وَاضِحٌ.

وَمِنْهَا (أُخَرُ)، وَهُوَ جَمْعٌ لِأُخْرَى، وَأُخْرَى تَأْنِيثُ آخَرَ، وَآخَرُ مِنْ بَابِ أَفْعَلِ التَّفْضِيلِ، وَقِيَاسُ جَمِيعِ بَابِهِ إِذَا قُطِعَ عَنِ الْإِضَافَةِ أَنْ لَا يُسْتَعْمَلَ إِلَّا بِاللَّامِ، فَاسْتِعْمَالُهُ بِغَيْرِ لَامٍ عُدُولٌ عَمَّا فِيهِ اللَّامُ، وَاعْتِرَاضُ أَبِي عَلِيٍّ بِأَنَّهُ لَوْ كَانَ كَذَلِكَ؛ لَوَجَبَ أَنْ يَكُونَ مَعْرِفَةً كَسَحَرَ وَغَيْرِهِ ظَاهِرٌ، وَأُجِيبَ بِأَنَّهُ لَا بُعْدَ فِي اسْتِعْمَالِهِ نَكِرَةً بَعْدَ حَذْفِ اللَّامِ الْمَانِعَةِ.

وَالْأَوْلَى أَنْ يَكُونَ مَعْدُولًا عَنْ آخَرَ مِنْ كَذَا؛ لِأَنَّهُ قِيَاسُ مَا قُطِعَ عَنِ اللَّامِ وَالْإِضَافَةِ، وَيَنْدَفِعُ الِاعْتِرَاضُ.

وَجَمِيعُ الْبَابِ مَعْدُولٌ عَنِ الْأَوَّلِ، وَلَكِنَّهُ لَمْ يُؤَثِّرْ إِلَّا فِي أُخَرَ؛ لِكَوْنِ غَيْرِهِ لَا يَقْبَلُ التَّأْثِيرَ، أَوْ يَقْبَلُ، وَلَكِنْ فِيهِ عِلَّتَانِ غَيْرُهَ، وَجَمِيعُهُ مَعْدُولٌ عَنِ الثَّانِي إِلَّا آخَرَ لِلْمُفْرَدِ، فَإِنَّهُ بَاقٍ عَلَى صِيغَتِهِ، وَمُجَرَّدُ حَذْفِ (مِنْ) لَا يُوجِبُ عَدْلًا، و(آخَرُ) وَبَابُهُ لِمَا فِيهِ مِنَ الِاشْتِقَاقِ اقْتَضَى وَضْعُهُ أَنْ يَكُونَ بَعْدَ ذِكْرِ مُتَقَدِّمٍ، وَالْتَزَمُوا أَنْ يَكُونَ مِنْ جِنْسِهِ، لَا يُقَالُ: زَيْدٌ أَفْضَلُ مِنْ حِمَارٍ، وَلَمَّا كَانَ الْمُتَقَدِّمُ هُوَ الْمُرَادُ مِنْهُ لَوْ أَتَوْا بِهَا كَانُوا فِي غِنًى عَنْهَا، فَالْتَزَمُوا حَذْفَهَا لِذَلِكَ، وَلَمَّا الْتَزَمُوا حَذْفَهَا عَامَلُوهُ مُعَامَلَةَ مَا لَيْسَ فِيهِ (مِنْ) مِنَ الصِّفَاتِ.

وَالثَّانِي مِنَ الْمَعْدُولِ وَهُوَ الَّذِي لَا يُعْرَفُ إِلَّا بِمَنْعِهِمْ صَرْفَهُ، نَحْوَ قَوْلِهِمْ: عُمَرُ وَزُحَلُ وَشِبْهِهِ، فَنَحْوَ ذَلِكَ لَا مَجَالَ لِلْقِيَاسِ فِيهِ، وَإِنَّمَا يُمْنَعُ مِنَ الصَّرْفِ مَا مُنِعَ مِنْهُ، وَيُصْرَفُ مَا صُرِفَ، فَإِذَا مُنِعَ حُكِمَ عَلَيْهِ فِيهِ بِالْعَدْلِ، لِيَكُونَ عَلَى قِيَاسِ لُغَتِهِمْ فِي مَنْعِ الصَّرْفِ لِسَبَبَيْنِ، وَلَيْسَ فِيهِ مَا يُمْكِنُ تَقْدِيرُهُ مَعَ الْعَلَمِيَّةِ مِنَ الْأَسْبَابِ سِوَى الْعَدْلِ، وَذَلِكَ ظَاهِرٌ، فَلَوْ لَمْ يُقَدَّرْ لَوَجَبَ أَنْ يَكُونَ السَّبَبُ الْوَاحِدُ مَانِعًا مِنَ الصَّرْفِ، وَهُوَ خَرْمُ قَاعِدَةٍ مَعْلُومَةِ الِاطِّرَادِ، أَوْ صَرْفُهُ، وَهُوَ خِلَافُ لُغَةِ الْعَرَبِ، وَإِذَا صُرِفَ وَجَبَ أَنْ يُقَدَّرَ أَصْلًا غَيْرَ مَعْدُولٍ، إِذْ تَقْدِيرُ الْمَعْدُولِ مُفْسِدٌ مَعَ الِاسْتِغْنَاءِ عَنْهُ، وَالْأَكْثَرُ فِي لُغَتِهِمْ مَنْعُ صَرْفِ فُعَلَ عَلَمًا، وَجَاءَ الصَّرْفُ قَلِيلًا، كَقَوْلِهِمْ: هَذَا أُدَدُ مَصْرُوفًا، وَكَذَلِكَ لَبُدٌ اسْمُ النَّسْرِ ـ الْمَعْرُوفِ، وَأَمَّا قُزَحُ ـ اسْمُ رَجُلٍ وَمَوْضِعٍ بِالْمُزْدَلِفَةِ، وَقَوْسُ قُزَحَ ـ فَغَيْرُ مَصْرُوفٍ، فَلَوْ سُمِّيَ بِفُعَلَ مِمَّا لَيْسَ مُسَمًّى بِهِ فِي لُغَةِ الْعَرَبِ، أَوْ لَمْ يَثْبُتْ كَيْفِيَّةُ اسْتِعْمَالِهِ، فَقِيلَ: الْأَوْلَى مَنْعُ صَرْفِهِ إِجْرَاءً لَهُ عَلَى الْأَكْثَرِ، وَقِيلَ: الْأَوْلَى صَرْفُهُ؛ لِأَنَّهُ الْقِيَاسُ، وَتَقْدِيرُ الْعَدْلِ عَلَى خِلَافِ الْقِيَاسِ، وَفِي كَلَامِ سِيبَوَيْهِ مَا يَدُلُّ عَلَى أَنَّهُ إِنْ كَانَ مُشْتَقًّا مِنْ فِعْلٍ مُنِعَ صَرْفُهُ وَإِلَّا صُرِفَ.

وَمِنْهَا (سَحَرُ)، وَهُوَ مَعْدُولٌ عَنِ السَّحَرِ الَّذِي هُوَ قِيَاسُ تَعْرِيفِ مِثْلِهِ مِنَ النَّكِرَاتِ قَبْلَ الْعَلَمِيَّةِ، وجُعِلَ عَلَمًا كَأَمْسِ عِنْدَ بَنِي تَمِيمٍ فِي الأَمْرَيْنِ، وَأَمَّا أَهْلُ الْحِجَازِ فَبَنَوْا أَمْسِ لِتَضَمُّنِهِ مَعْنَى لامِ التَّعْرِيفِ، وَوَجَبَ تَقْدِيرُ ذَلِكَ لِلأَحْكَامِ الدَّالَّةِ عَلَيْهِ فِي اللُّغَتَيْنِ، وَلَوْ قِيلَ فِي سَحَرَ: إِنَّهُ مَبْنِيٌّ كَأَمْسِ لَمْ يَكُنْ بَعِيدًا، وَإِنِ اخْتَلَفَتِ الْحَرَكَتَانِ.

وَأَمَّا نَحْوُ سُحَيْرٍ مُصَغَّرًا وَضُحًى وَعِشَاءً وَعَتَمَةً وَمَسَاءً، وَأَنْتَ تُرِيدُ ضُحَى يَوْمِكَ وَعَشِيَّتَهُ وَعَتَمَةَ لَيْلَتِكَ وَمَسَاءَهَا وَسَحَرًا بِعَيْنِهِ فَلَوْ قُصِدَ فِيهِ إِلَى تَضَمُّنِهِ مَعْنَى الْحَرْفِ لَبُنِيَ، وَلَوْ قُصِدَ فِيهِ إِلَى الْعَلَمِيَّةِ مَعَ الْعَدْلِ لَمُنِعَ مِنَ الصَّرْفِ، وَلَكِنَّهُمْ جَعَلُوهُ مَعْدُولا عَمَّا فِيهِ اللَّامُ لا عَلَمًا، فَلِذَلِكَ انْصَرَفَ، وَإِنَّمَا لَمْ تُقَدَّرِ الْعَلَمِيَّةُ دُونَ الْعَدْلِ لِمَا يَلْزَمُ مِنْ مَنْعِ صَرْفِ عَشِيَّةَ وَعَتَمَةَ لِلتَّأْنِيثِ وَالْعَلَمِيَّةِ، وَهِيَ مَصْرُوفَةٌ بِاتِّفَاقٍ، وَمِنْ ثَمَّ لَمْ يَقُلْ: إِنَّ الْمَانِعَ فِي (جُمَعَ) وَبَابِهِ الْعَدْلُ وَالتَّعْرِيفُ، لِمَا يَلْزَمُ مِنْ مَنْعِ صَرْفِ عَشِيَّةَ عَلَى كُلِّ تَقْدِيرٍ، وَلِذَلِكَ اشْتَرَطَ الْمُحَقِّقُونَ أَنْ يَكُونَ التَّعْرِيفُ بِالْعَلَمِيَّةِ، وَالْمَانِعُ عِنْدَنَا الْعَدْلُ وَالصِّفَةُ الأَصْلِيَّةُ الْمُقَدَّرَةُ فِيهِ، كَأَنَّ أَصْلَهُ بِمَعْنَى مُجْتَمِعٍ، وَقَوْلُ الْخَلِيلِ فِي (جُمَعَ): هُوَ مَعْرِفَةٌ بِمَنْزِلَةِ كُلِّهِمْ؛ يَعْنِي أَنَّ الإِضَافَةَ مُقَدَّرَةٌ فِي الْمَعْنَى، بَيَانٌ لِصِحَّةِ جَرْيِهِ عَلَى الْمَعْرِفَةِ تَوْكِيدًا لا بَيَانٌ لِلْمَانِعِ مِنْ الصَّرْفِ.

وَإِذَا سُمِّيَ بِنَحْوِ جُمَعَ وَأُخَرَ فَعَنْ سِيبَوَيْهِ مَنْعُ صَرْفِهِ، وَعَنِ الأَخْفَشِ وَالْكُوفِيِّينَ الصَّرْفُ بِنَاءً عَلَى اعْتِبَارِ عَدْلِهِ الأَصْلِيِّ أَوَّلا، وَلَوْ سُمِّيَ بِسَحَرَ فَعَنْ سِيبَوَيْهِ صَرْفُهُ عَكْسُ مَا تَقَدَّمَ.

ثُمَّ قَالَ: (وَأَنْ يَكُونَ جَمْعًا لَيْسَ عَلَى زِنَتِهِ وَاحِدٌ كَمَسَاجِدَ وَمَصَابِيحَ).

قَالَ الشَّيْخُ: فَالأَوْلَى أَنْ يُقَالَ: وَالْجَمْعُ الَّذِي هُوَ صِيغَةُ مُنْتَهَى الْجُمُوعِ مِنْ غَيْرِ تَاءِ تَأْنِيثٍ، لِيَخْرُجَ مَا عَلَى زِنَتِهِ وَاحِدٌ بِتَاءِ التَّأْنِيثِ كَفَرَازِنَةٍ؛ لأَنَّهُ بِالتَّاءِ يَكُونُ عَلَى زِنَةِ كَرَاهِيَةٍ، فَيُشْبِهُ الْمُفْرَدَ، فَيَضْعُفُ قُوَّةُ صِيغَةِ مُنْتَهَى الْجُمُوعِ، وَقَوْلُهُ: (وَأَنْ يَكُونَ جَمْعًا لَيْسَ عَلَى زِنَتِهِ وَاحِدٌ) مِنْ قَوْلِ سِيبَوَيْهِ: (وَإِنَّمَا لَمْ يَنْصَرِفْ؛ لأَنَّهُ لَيْسَ شَيْءٌ يَكُونُ وَاحِدًا عَلَى هَذَا الْبِنَاءِ)، وَمُرَادُ سِيبَوَيْهِ: وَإِنَّمَا لَمْ يَنْصَرِفِ الْجَمْعُ الَّذِي هُوَ صِيغَةُ مُنْتَهَى الْجُمُوعِ لِذَلِكَ، لِيَخْرُجَ نَحْوُ (فَرَازِنَةٍ)، وَفُهِمَ ذَلِكَ مِنْهُ فِي مَوْضِعٍ آخَرَ، وَإِلا فَيَرِدُ عَلَى مَنْ جَعَلَ ذَلِكَ بِمُجَرَّدِهِ هُوَ الْعِلَّةَ النَّقْضُ بِنَحْوِ: أَفْعُل وَأَفْعُلَة، فَإِنَّهُ لَيْسَ عَلَى زِنَتِهِمَا وَاحِدٌ، وَالْجَوَابُ عَنْ أَفْعُل بِقَوْلِهِمْ: أَصْبُع ضَعِيفٌ؛ لاتِّفَاقِهِمْ عَلَى أَنَّهُ لا يَكُونُ عَلَى زِنَتِهِ وَاحِدٌ، فَلَمْ يُعْتَدَّ بِهِ لِشُذُوذِهِ، كَمَا تَقَدَّمَ فِي دُئِلٍ، وَالْجَوَابُ بِالأَثْمُدِ اسْمَ مَكَانٍ فِي قَوْلِهِ:

تطَاوَلَ لَيْلُكَ بِالأَثْمُدِ ... وَنَامَ الْخَلِيُّ وَلَمْ تَرْقُدِ

وَبِأَذْرُحَ اسْمُ مَكَانٍ فِي قَوْلِهِ:

فَإِنَّ أَبَا مُوسَى عَشِيَّةَ أَذْرُحٍ ... يَطِيفُ بِلُقْمَانَ الْحَكِيمِ يُوَارِبُه

أَضْعَفُ، فَإِنَّهُ كَالْمَسَاجِدِ لَوْ سُمِّيَ بِهِ، وَالْجَوَابُ بِأَنْمُلَةٍ وَأَبْلُمَةٍ؛ لأنَّ ذَلِكَ لُغَةٌ فِيهِمَا أَضْعَفُ؛ لأنَّ الْهَاءَ إِذَا لَمْ تُعْتَبَرْ فِي ذَلِكَ وَجَبَ أَنْ لا تُعْتَبَرَ فِي (فَرَازِنَة).

وَأَمَّا الْجَوَابُ بِأَنَّكَ اسْمَ رَصَاصٍ وَأَرُزَّ وَأَشُدَّ فَأَضْعَفُ؛ لأنَّ آنُكًا أَعْجَمِيٌّ، وَأَيْضًا فَلَيْسَ جَعْلُهُ أَفْعُلا بِأَوْلَى مِنْ فَاعُلٍ، وَأَرُزَّ أَعْجَمِيٌّ، وَأَيْضًا فارزُ يُعَارِضُهُ، وَأَشُدُّ جَمْعُ شِدَّةٍ، بِدَلِيلِ قَوْلِهِ:

بَلَغْتُهَا وَاجْتَمَعَتْ أَشُدِّي ... .

وَنَظَائِرِهِ.

وَلِكَوْنِ هَذِهِ العِلَّةِ لَمْ تَبْلُغْ مَبْلَغَ غَيْرِهَا فِي الْقُوَّةِ جَاءَ صَرْفُهَا كَثِيرًا فِي الشِّعْرِ وَفِي الْكَلامِ لِلْفَوَاصِلِ، مِثْلُ (قَوَارِيرًا) الأَوَّلِ، وَلِلتَّنَاسُبِ مِثْلُ (سَلاسِلا وَأَغْلالا وَسَعِيرًا)، مِثْلُ (قَوَارِيرًا) الثَّانِي، حَتَّى تَوَهَّمَ بَعْضُهُمْ أَنَّ مَنْعَ الصَّرْفِ بِهَا غَيْرُ مُتَحَتِّمٍ.

قَالَ ابْنُ بَابْشَاذٍ: (وَقَدْ جَمَعَتِ الْعَرَبُ هَذَا الْجَمْعَ ثَانِيًا تَنَاهِيًا وَمُبَالَغَةً، فَقَالُوا: (صَوَاحِبَاتِ يُوسُفَ)، و:

قَدْ جَرَتِ الطَّيْرُ أَيَامِنِينَا ... .

جَمْعُ أَيَامِنَ فَكَأَنَّهُ نُزِّلَ مَنْزِلَةَ الآحَادِ تَقْدِيرًا قَبْلَ أَنْ يُجْمَعَ لَفْظًا، وَفِي ذَلِكَ بَعْضُ الْعُذْرِ لِمَنْ صَرَفَ (سَلاسِلا) و(قَوَارِيرًا)، وَهِيَ طَرِيقَةُ أَبِي عَلِيٍّ الْفَارِسِيِّ.

وَصِفَةُ هَذَا الْجَمْعِ الْمَانِعِ أَنْ يَكُونَ ثَالِثُهُ أَلِفًا، وَبَعْدَ الألِفِ حَرْفَانِ فَصَاعِدًا، أَوْ حَرْفٌ مُشَدَّدٌ، لَيْسَ بَعْدَ ذَلِكَ تَاءُ التَّأْنِيثِ.

وَقَوْلُهُ: (إِلا مَا اعْتَلَّ آخِرُهُ نَحْوَ جَوَارٍ)، وَشِبْهِهِ لا خِلافَ فِي لَفْظِهِ فِي حَالِ الرَّفْعِ وَالنَّصْبِ، وَأَمَّا حَالُ الْخَفْضِ فَأَكْثَرُ الْعَرَبِ يَقُولُونَ: مَرَرْتُ بِجَوَارٍ، وَمِنْهُمْ مَنْ يَقُولُ: مَرَرْتُ بِجَوَارِي، وَاخْتَارَ ذَلِكَ أَبُو زَيْدٍ وَالْكِسَائِيُّ، وَقَدْ جَاءَ عَلَى هَذِهِ اللُّغَةِ قَوْلُ الْفَرَزْدَقِ:

فَلَوْ كَانَ عَبْدُ اللهِ مَوْلًى هَجَوْتُهُ ... وَلَكِنَّ عَبْدَ اللهِ مَوْلَى مَوَالِيَا

فَأَمَّا حَالُ النَّصْبِ فَوَاضِحٌ؛ لأنَّ قَوْلَكَ: (رَأَيْتُ جَوَارِيَ) مِثْلُ قَوْلِكَ: (رَأَيْتُ

مَسَاجِدَ)، فَلا إشْكَالَ وَلا خِلاف، وَحَالُ الْخَفْضِ فِي اللُّغَةِ الضَّعِيفَةِ وَاضِحٌ أَيْضًا؛ لأنَّهُمْ قَدَّرُوهُ فِي أَوَّلِ أَمْرِهِ غَيْرَ مُنْصَرِف، فَوَقَعَتْ حَرَكَتُهُ فَتْحَةً، فَاحْتَمَلَهَا كَمَا يَحْتَمِلُهَا فِي النَّصْبِ، كَسَائِرِ غَيْرِ الْمُنْصَرِفَاتِ، وَحَالُ الرَّفْعِ وَحَالُ الْجَرِّ فِي اللُّغَةِ الْفَصِيحَةِ مُخْتَلِفٌ فِي تَقْدِيرِهِمَا، فَمِنْهُمْ مَنْ يَقُولُ: أَصْلُهُ جَوَارِي، وَمَرَرْتُ بِجَوَارِي؛ لأنَّ أَصْلَ الأَسْمَاءِ الصَّرْفُ، ثُمَّ الإعْلالُ قَبْلَ النَّظَرِ فِي مَنْعِ الصَّرْفِ، فَلَمَّا أُعِلَّ صَارَ كَقَاضٍ، ثُمَّ نُظِرَ فَلَمْ تُوجَدْ بِنْيَتُهُ عَلَى الزِّنَةِ الَّتِي فُسِّرَتْ أَوَّلا، فَبَقِيَ مُنْصَرِفًا لانْتِفَاءِ مَانِعِ الصَّرْفِ؛ لأنَّ لَفْظَهُ كَلَفْظِ سَلامٍ وَكَلام، فَانْصَرَفَ مِثْلُهُ، وَنُقِلَ عَنْ سِيبَوَيْهِ أَنَّ أَصْلَهُ جَوَارِي بِغَيْرِ تَنْوِين، حُذِفَتِ الْيَاءُ لِعِلَّتَيْنِ: الضَّمُّ مَعَ الاسْتِثْقَالِ لِحَرْفِ الْعِلَّةِ، ثُمَّ عُوِّضَ عَنِ الْيَاءِ التَّنْوِينَ، وَهُوَ ضَعِيفٌ يَسْتَلْزِمُ الْوَجْهَ الضَّعِيفَ فِي الْجَرِّ؛ لأنَّهُ يَلْزَمُ أَنْ يُقَدَّرَ بِجَوَارِي كَالْمَنْصُوبِ، فَلا وَجْهَ لِتَغْيِيرِهِ كَالْمَنْصُوبِ، ونُقِلَ عَنْ أَبِي الْعَبَّاسِ أَنَّ أَصْلَهُ جَوَارِي، فَأُعِلَّ بِإِسْكَانِ الْيَاءِ ثُمَّ عُوِّضَ التَّنْوِينُ عَنِ الإعْلالِ، فَالْتَقَى سَاكِنَانِ فَحُذِفَتِ الْيَاءُ، وَالتَّنْوِينُ تَنْوِينُ الْعِوَضِ، وَهُوَ أَضْعَفُ، وَمِنْهُمْ مَنْ يَقُولُ: أَصْلُهُ: جَوَارِي وَمَرَرْتُ بِجَوَارِي، فَأُعِلَّ كَمَا تَقَدَّمَ فِي الأَوَّلِ، ثُمَّ مُنِعَ الصَّرْفَ بَعْدَ الإعْلالِ؛ لأنَّهُ عَلَى وَزْنِ مَا لا يَنْصَرِفُ تَقْدِيرًا، فَحُذِفَ مِنْهُ تَنْوِينُ الصَّرْفِ، ثُمَّ عُوِّضَ عَنِ الإعْلالِ تَنْوِينٌ آخَرُ، فَامْتَنَعَ تَحْرِيكُ الْيَاءِ فِي الْجَرِّ، لِحَذْفِهَا لالْتِقَاءِ السَّاكِنَيْنِ.

وَفِي الرَّفْعِ وَاضِحٌ، فَهُوَ عِنْدَ الْجَمِيعِ غَيْرُ مُنْصَرِفٍ، وَالتَّنْوِينُ تَنْوِينُ الْعِوَضِ، وَعَلَى الْوَجْهِ الأَوَّلِ مُنْصَرِفٌ، وَالتَّنْوِينُ تَنْوِينُ الصَّرْفِ، وَلَيْسَ بِصَحِيحٍ؛ لأنَّهُ يَلْزَمُ تَقَدُّمُ الشَّيْءِ عَلَى نَفْسِهِ.

وَقَوْلُهُمْ: (إنَّهُ لَيْسَ عَلَى زِنَةِ الْجَمْعِ) غَيْرُ مُسْتَقِيمٍ؛ لأنَّ الْمُقَدَّرَ فِيهِ كَالْمَوْجُودِ، وَالَّذِي يَدُلُّ عَلَيْهِ وُجُوبُ كَسْرِ الرَّاءِ وَنَحْوِهَا فِي حَالِ الرَّفْعِ، وَلَوْ كَانَ نَحْوَ سَلام وَكَلامٍ لَقِيلَ: جَوَارٌ كَمَا يُقَالُ: كَلامٌ وَسَلامٌ، فَلَمَّا لَمْ يَقُلْ دَلَّ عَلَى إرَادَتِهَا وَتَقْدِيرِهَا بِاعْتِبَارِ الأَحْكَامِ اللَّفْظِيَّةِ، وَمَا نَحْنُ فِيهِ حُكْمٌ لَفْظِيٌّ، وَلَوْ كَانَ مَا ذَكَرُوهُ صَحِيحًا لَوَجَبَ أَنْ يُقَالَ فِي أَعْلَى: أَعْلا بِالتَّنْوِينِ؛ لأنَّ أَصْلَهُ أَعْلَيٌ، فَأُعِلَّتِ الْيَاءُ بِقَلْبِهَا أَلِفًا، وَحُذِفَتْ لالْتِقَاءِ السَّاكِنَيْنِ، فَكَانَ يَنْبَغِي عَلَى قَوْلِهِمْ أَنْ يَخْرُجَ عَنْ زِنَةِ الْفِعْلِ بِذَهَابِ الأَلِفِ، فَيَصِيرُ مِثْلَ زَيْدٍ، وَلَمَّا اعْتُبِرَتِ الْيَاءُ مَعَ حَذْفِهَا لَفْظًا حَتَّى مُنِعَ الاسْمُ مِنَ الصَّرْفِ وَجَبَ اعْتِبَارُهَا فِي جَوَارٍ، وَالَّذِي يَدُلُّ عَلَى أَنَّ التَّنْوِينَ عِوَضٌ عَنْ إعْلالِ الْيَاءِ لا تَنْوِينُ الصَّرْفِ إطْبَاقُهُمْ فِي تَصْغِيرِ أَعْلَى عَلَى (هُوَ أُعَيْلٌ مِنْكَ) وَشِبْهِهِ، وَقَدْ ثَبَتَ أَنَّ التَّصْغِيرَ فِي أَفْعَلَ غَيْرُ مُضِرٍّ فِي

مَنْع الصَّرْف؛ بِدَلِيل إِجْمَاعِهِمْ عَلَى (هَذَا أَفْيَضِلُ مِنْكَ) غَيْرَ مُنْصَرِفٍ، وَقَدْ ثَبَتَ أَنَّ حَرْفَ الْعِلَّةِ فِي أَفْعَلَ فِي حُكْمِ الْمَوْجُودِ، بِدَلِيل: (هُوَ أَعْلَى مِنْكَ)، فَلَوْلَا أَنَّ التَّنْوِينَ تَنْوِينُ الْعِوَضِ لَوَجَبَ أَنْ يُقَالَ: (هُوَ أَعْيَلَى مِنْكَ) (وَمَرَرْتُ بِأَعْيَلَى مِنْكَ)، لِوُجُودِ عِلَّةِ مَنْعِ الصَّرْفِ، وَهُوَ الصِّفَةُ وَوَزْنُ الْفِعْلِ، وَلَا أَثَرَ لِلتَّصْغِيرِ وَلَا لِإِعْلَالِ الْيَاءِ؛ لِأَنَّا قَدْ بَيَّنَّا إِلْغَاءَهُمَا.

وَقَوْلُهُ: (حَضَاجِر وَسَرَاوِيل) يَرِدُ اعْتِرَاضًا عَلَى هَذَا الْجَمْعِ مِنْ وَجْهَيْنِ:

أَحَدُهُمَا قَوْلُهُ: (لَا نَظِيرَ لَهُ فِي الْآحَادِ).

وَالْآخَرُ: قَوْلُهُمْ: إِنَّ عِلَّةَ مَنْعِهِ مِنَ الصَّرْفِ الْجَمْعِيَّةُ، فَأَجَابَ عَنْهُمَا بِجَوَابٍ وَاحِدٍ، وَهُوَ أَنَّهُمَا (فِي التَّقْدِيرِ جَمْعٌ)، وَالْجَمْعُ الْمُقَدَّرُ كَالْجَمْعِ الْمُحَقَّقِ، وَيَدُلُّ عَلَيْهِ أَنَّكَ لَوْ سَمَّيْتَ رَجُلًا بِمَسَاجِدَ لَمَنَعْتَهُ مِنَ الصَّرْفِ لِلْجَمْعِ الْمُقَدَّرِ فِي الْأَصْلِ، وَهُوَ جَوَابٌ ظَاهِرُ الصِّحَّةِ فِي حَضَاجِرَ؛ لِأَنَّهُ جَمْعٌ مُحَقَّقٌ سُمِّيَتْ بِهِ الضَّبُعُ، وَهُوَ جَمْعُ حِضَجْرٍ، فَهُوَ كَمَسَاجِدَ لَوْ سُمِّيَ بِهِ.

وَأَمَّا سَرَاوِيل فَلَا يَجِبُ أَنْ يَكُونَ مِثْلَهُ لِأَنَّهُ نَكِرَةٌ، وَالنَّقْلُ فِي مِثْلِ ذَلِكَ إِنَّمَا جَاءَ فِي الْأَعْلَامِ لَا فِي الْأَجْنَاسِ، فَلِذَلِكَ اخْتَلَفَتْ أَجْوِبَةُ الْعُلَمَاءِ فِيهِ:

فَمِنْهُمْ مَنْ يَقُولُ: هُوَ أَعْجَمِيٌّ مُنْصَرِفٌ، فَلَا يَرِدُ عَلَيْهِ السُّؤَالَانِ؛ لِأَنَّهُ يَقُولُ: أَرَدْتُ بِقَوْلِي: لَا وَاحِدَ عَلَى زِنَتِهِ فِي أَوْزَانِ الْعَرَبِ، وَهَذَا أَعْجَمِيٌّ، فَلَا يَدْخُلُ تَحْتَ الْعُمُومِ، وَلَا يَرِدُ عَلَيْهِ مَنْعُ الصَّرْفِ؛ لِأَنَّهُ يَصْرِفُهُ.

وَمِنْهُمْ مَنْ يَقُولُ: إِنَّهُ أَعْجَمِيٌّ غَيْرُ مَصْرُوفٍ، فَيَنْفَصِلُ عَنِ السُّؤَالِ الْأَوَّلِ بِمَا انْفَصَلَ بِهِ مَنْ قَبْلَهُ، وَيَنْفَصِلُ عَنِ السُّؤَالِ الثَّانِي بِأَنَّ هَذِهِ اللَّفْظَةَ لَمَّا أَشْبَهَتْ مِنْ كَلَامِ الْعَرَبِ الْمُمْتَنِعِ مِنَ الصَّرْفِ أُجْرِيَتْ مُجْرَاهُ، فَقِيلَ لَهُمْ: الْمَانِعُ مِنَ الصَّرْفِ الْجَمْعُ أَوْ مَا أَشْبَهَهُ فَالْتَزِمُوهُ.

وَمِنْهُمْ مَنْ يَقُولُ: عَرَبِيٌّ مُنْصَرِفٌ، فَيَنْفَصِلُ عَنِ السُّؤَالِ الْأَوَّلِ بِكَوْنِهِ شَاذًّا لَا اعْتِدَادَ بِهِ، كَمَا تَقَدَّمَ فِي دُئِلٍ، وَلَا يَرِدُ مَنْعُ الصَّرْفِ.

وَالْجَوَابُ عَنْ شَرَاحِيل اسْمَ رَجُلٍ، وَبَرَاقِشَ: اسْمَ طَائِرٍ يَتَلَوَّنُ وَكَلْبَةٍ أَيْضًا، وَمَعَافِرَ: لِلْأَرْضِ الَّتِي أَكَلَتِ الْجَرَادُ نَبَاتَهَا، كَحَضَاجِرَ، وَعَنْ بَلَاكِثَ، أَنَّهُ مُرْتَجَلٌ بِصِيغَةِ الْجَمْعِ، فَكَانَ كَالْجَمْعِ، وَفِي حِمَارٍ حَزَابٍ تَذْكِيرَ حَزَابِيَةٍ وَجْهَانِ، بِنَاءً عَلَى أَنَّهُ كَيمَانٍ أَوْ جَمْعٌ، فَيُقَالُ: رَكِبْتُ حِمَارًا حَزَابِيًّا عَلَى الْأَوَّلِ، وَحَزَابِي عَلَى الثَّانِي.

وَإِنَّمَا سُمِّيَ بِنَحْوِ مَسَاجِدَ فَسَعِيدٌ الأخْفَشُ يَقُولُ بِصَرْفِهِ، وَلَيْسَ بِمُسْتَقِيمٍ، أَمَّا إِذَا صُغِّرَ الْعَلَمُ مِنْهُ، فَالْقِيَاسُ صَرْفُهُ، إلا أَنْ يَكُونَ مُؤَنَّثًا، كَسَرَاوِيلَ لِلْعَلَمِيَّةِ وَالتَّأْنِيثِ، وَقَدْ يَكُونُ الاسْمُ مُنْصَرِفًا مُكَبَّرًا أَوْ مُصَغَّرًا، وَغَيْرَ مُنْصَرِفٍ فِيهِمَا، وَمُنْصَرِفًا مُكَبَّرًا خَاصَّةً، وَعَكْسُهُ كَيَزِيدَ وَأَحْمَدَ وَتَخَاصَمَ، هَذِهِ الثَّلاثَةُ لا تَنْصَرِفُ مُصَغَّرَةً ولا مُكَبَّرَةً، وَعُمَرُ يَنْصَرِفُ مُصَغَّرًا لا مُكَبَّرًا.

وَأَمَّا رَبَاعٍ وَثَمَانٍ وَيَمَانٍ وَشَآمٍ فَيَاؤُهُ لِلنَّسَبِ، وَزِيدَ أَلِفًا عِوَضًا مِنْ إِحْدَى يَاءَيِ النَّسَبِ، وَقَدْ جَاءَ ثَمَانِي فِي النَّصْبِ شَاذًّا، قَالَ:

يَحْدُو ثَمَانِيَ مُولَعًا بِلَقَاحِهَا ... حَتَّى هَمَمْنَ بِزَيْغَةِ الإِرْتَاجِ

وَذَلِكَ عَلَى التَّوَهُّمِ بِأَنَّ ثَمَانِيَ جَمْعٌ.

وَمِنْهُمْ مَنْ يَقُولُ: هُوَ عَرَبِيٌّ غَيْرُ مُنْصَرِفٍ، فلا جَوَابَ إلا مَا ذَكَرَهُ الزَّمَخْشَرِيُّ حَيْثُ قَالَ: (هُوَ فِي التَّقْدِيرِ جَمْعُ سِرْوَاله)، وَهُوَ ضَعِيفٌ كَمَا تَقَدَّمَ، وَإِنَّمَا يَقْوَى بَعْدَ ثُبُوتِ كَوْنِهِ عَرَبِيًّا؛ وَكَوْنِهِ غَيْرَ مُنْصَرِفٍ، لِمَا يُؤَدِّي مِنْ مَنْعِ صَرْفٍ بِغَيْرِ عِلَّةٍ، وَهُوَ مَعْلُومُ الامْتِنَاعِ، فَكَانَ ارْتِكَابُ ذَلِكَ لازِمًا.

وَنُقِلَ عَنْ سِيبَوَيْهِ أَنَّ سَرَاوِيلَ اسْمٌ أَعْجَمِيٌّ أُعْرِبَ كَمَا أُعْرِبَ الآجُرُّ، إلا أَنَّهُ أَشْبَهَ مِنْ كَلامِهِمْ مَا لا يَنْصَرِفُ، ثُمَّ قَالَ: (فَإِنْ حَقَّرْتَهَا اسْمَ رَجُلٍ لَمْ تَصْرِفْهَا كَمَا لا تَصْرِفُ عَنَاقَ اسْمَ رَجُلٍ)، فَقِيلَ: ظَاهِرُهُ أَنَّهُ عِنْدَهُ غَيْرُ مُنْصَرِفٍ، وَهُوَ الصَّحِيحُ، وَقِيلَ: بِالْعَكْسِ مِنْ قَوْلِهِ: (كَمَا أُعْرِبَ الآجُرُّ)، وَهُوَ مُنْصَرِفٌ، وَهُوَ فَاسِدٌ؛ لأَنَّهُ قَالَ: (إلا)، وَقِيلَ: مِنْ قَوْلِهِ: (فَإِنْ حَقَّرْتَهَا)، وَهُوَ ضَعِيفٌ؛ لأَنَّ الْغَرَضَ الآنَ بَيَانُ أَنَّ الْجَمْعَ خَلَفَهُ غَيْرُهُ، وَهُوَ مُشَابِهُهُ.

قَالَ: (وَالتَّرْكِيبُ فِي نَحْوِ قَوْلِكَ: مَعْدِ يكَرِب وَبَعْلَبَك).

أَقُولُ: التَّرْكِيبُ الَّذِي يُعْتَبَرُ فِي مَنْعِ الصَّرْفِ مَا لَيْسَ بِإِضَافِيٍّ ولا إِسْنَادِيٍّ كَقَوْلِكَ: بَعْلَبَكَ وَمَعْدِ يكَرِبَ، ولا يَكُونُ إلا مَعَ الْعَلَمِيَّةِ؛ لأَنَّ الْمُرَكَّبَاتِ مِنْ هَذَا الْبَابِ لا تُجَامَعُ إلا مَعَ الْعَلَمِيَّةِ، وَإِنَّمَا جَاءَ فِي نَحْوِ: خَمْسَةَ عَشَرَ مُرَكَّبًا مِنْ اسْمَيْنِ، وَيَاسِينَ مُرَكَّبًا مِنْ حَرْفَيْنِ إِذَا سُمِّيَ بِهِمَا الْبِنَاءُ أَيْضًا بِنَاءً عَلَى حِكَايَةِ أَصْلِهِمَا، وَسَيَأْتِي الْكَلامُ عَلَى لُغَاتِ بَعْلَبَك فِي بَابِ الْبِنَاءِ.

قَوْلُهُ: (والألِفُ وَالنُّونُ الْمُضَارِعَتَانِ لأَلِفَي التَّأْنِيثِ).

وَمُضَارَعَتُهُمَا لَهُمَا كَوْنُهُمَا زَائِدَتَيْنِ فِي آخِرِ الاسْمِ، يَمْنَعُ دُخُولَ تَاءِ التَّأْنِيثِ عَلَيْهِمَا،

ثمَّ الاسْمُ الَّذي هُمَا فِيهِ إمَّا أَنْ يَكُونَ صِفَةً، وَإمَّا أَنْ يَكُونَ غَيْرَ صِفَةٍ، فَإنْ كَانَ صِفَةً نظَرْتَ فَإنْ كَانَ مِمَّا جَاءَ لَهُ فَعْلَى فِي مُؤَنَّثِهِ امْتَنَعَ مِنْ تَاءِ التَّأْنِيثِ، فَامْتَنَعَ مِنَ الصَّرْفِ؛ كَسَكْرَانَ وَغَضْبَانَ، ولا تُجَامِعُ مَعَ فَعْلانِ إلا الصِّفَةُ أَوِ الْعَلَمُ مِنَ الأسْبَابِ، وَإنْ كَانَ مِمَّا جَاءَ فِيهِ فَعْلانَةٌ صَرَفْتَهُ؛ لأنَّهُ لَمْ يَمْتَنِعْ مِنْ دُخُولِ تَاءِ التَّأْنِيثِ كَنَدْمَانٍ، وَإنْ كَانَ مِمَّا لَمْ يَثْبُتْ فِيهِ وَاحِدَةٌ مِنْهُمَا، فَقَدْ اخْتُلِفَ فِيهِ، فَمِنْهُمْ مَنْ لَمْ يَصْرِفْهُ، وَهُمُ الأكْثَرُونَ، نَظَرًا إلَى امْتِنَاعِ دُخُولِ التَّاءِ، وَمِنْهُمْ مَنْ صَرَفَ نَظَرًا إلَى أَنَّهُ مِنْ قِيَاسِ فَعْلانَةَ، لامْتِنَاعِ فَعْلَى فِي مُؤَنَّثِهِ، وَمِثَالُهُ قَوْلُكَ: اللهُ رَحْمَنٌ رَحِيمٌ.

وَإنْ كَانَ غَيْرَ صِفَةٍ لَمْ يَخْلُ مِنْ أَنْ يَكُونَ عَلَمًا أَوْ غَيْرَهُ، فَغَيْرُ الْعَلَمِ لا يَكُونُ إلا مُنْصَرِفًا؛ لأنَّهُ لا يَتَّفِقُ اجْتِمَاعُ عِلَّةٍ أُخْرَى مَعَهُ، وَإنْ كَانَ عَلَمًا امْتَنَعَ مِنَ الصَّرْفِ لِوُجُودِ عِلَّتَيْنِ، فَعَلَى ذَلِكَ لَوْ سَمَّيْتَ رَجُلًا بِنَدْمَانَ لامْتَنَعَ مِنَ الصَّرْفِ، إذْ بَعْدَ عَلَمِيَّتِهِ يَمْتَنِعُ دُخُولُ التَّاءِ عَلَيْهِ، فَامْتَنَعَ مِنَ الصَّرْفِ لِحُصُولِ عِلَّتَيْنِ، وَإذَا امْتَنَعَ نَدْمَانُ مِنَ الصَّرْفِ بَعْدَ التَّسْمِيَةِ فَنَحْوُ سَكْرَانَ وَعِمْرَانَ أَجْدَرُ، وَإذَا احْتَمَلَتِ النُّونُ بَعْدَ الألِفِ الزِّيَادَةَ وَالأصَالَةَ وسُمِّيَ بِهِ عَلَمًا جَازَ مُعَامَلَتُهَا بِالأمْرَيْنِ كَحَسَّانَ عَلَمًا، فَإنَّهُ يَحْتَمِلُ أَنْ يَكُونَ مِنَ الحِسِّ، وَمِنَ الْحُسْنِ، فَرُمَّانُ إذَا سُمِّيَ بِهِ أُخِذَ مِنْ رَمَّ أَوْ مِنْ رَمَنَ، أَيْ: أَقَامَ، وَشَيْطَانُ مِنْ شَاطَ، أَيْ: هَلَكَ، أَوْ شَطَنَ، أَيْ: بَعُدَ.

قَالَ: (وَالْعُجْمَةُ فِي الأعْلامِ خَاصَّةً).

قَالَ الشَّيْخُ: شَرْطُ الْعُجْمَةِ فِي اعْتِبَارِهَا سَبَبًا مِنْ أَسْبَابِ مَنْعِ الصَّرْفِ الْعَلَمِيَّةُ الأصْلِيَّةُ فِي كَلامِ الْعَجَمِ، حَتَّى لَوْ كَانَ الاسْمُ أَعْجَمِيًّا، وَلَكِنَّهُ اسْمُ جِنْسٍ ثُمَّ طَرَأَتْ عَلَيْهِ الْعَلَمِيَّةُ لَمْ تُعْتَبَرِ الْعُجْمَةُ كَمَا لَوْ سُمِّيَ بِدِيبَاجٍ وَإبْرَيْسِمٍ وَلِجَامٍ، فَإنَّهُ يَنْصَرِفُ وَإنْ كَانَ أَعْجَمِيًّا، وَإنَّمَا اشْتُرِطَتِ الْعَلَمِيَّةُ فِيهَا؛ لأنَّهُ إذَا كَانَ اسْمُ جِنْسٍ امْتَزَجَ بِكَلامِهِمْ فِي أَحْكَامٍ مُتَعَدِّدَةٍ، فَضَعُفَ أَمْرُ الْعُجْمَةِ، وَإذَا كَانَ مَعَ الْعَلَمِيَّةِ لَمْ تَعْتَوِرْهُ تِلْكَ الأحْكَامُ، فَاعْتُبِرَتِ الْعُجْمَةُ حِينَئِذٍ لِقُوَّتِهَا.

وَأَكْثَرُ النَّحْوِيِّينَ يَشْتَرِطُ فِي اعْتِبَارِ الْعُجْمَةِ الزِّيَادَةَ عَلَى الثَّلاثَةِ، وَهَؤُلاءِ لا يُجِيزُونَ فِي نُوحٍ وَلُوطٍ إلا الصَّرْفَ، وَالأكْثَرُ عَلَى أَنَّهُ لا اعْتِدَادَ بِتَحَرُّكِ الْوَسَطِ وَبَعْضُهُمْ يَعْتَبِرُهُ، وَهُوَ الصَّحِيحُ، وَيَدُلُّ عَلَيْهِ اعْتِبَارُهُمْ سَقَرَ عَلَمًا لِجَهَنَّمَ اتِّفَاقًا، وقول سِيبَوَيْهِ: كُلّ مذكر سُمِّيَ بثلاثة أحرف من غَيْر حرف مَصْرُوف، أَعْجَمِيًّا كَانَ أَوْ عَرَبِيًّا، إلا أَنْ يَكُونَ فُعَلَ أَوْ نَحْوَ: يَجِدُ أَوْ نَحْوَ: ضُرِبَ، مَنْقُوضٌ بِسَحَرَ، وَلَيْسَ مِمَّا اسْتَثْنَاهُ.

وَقَوْلُهُمْ: (التَّأْنِيثُ أَقْوَى) مُلْغَى بِأَنَّ الْعَدْلَ الْمُقَدَّرَ أَضْعَفُ الْعِلَلِ؛ لأنَّهُ أَمْرٌ تَقْدِيرِيٌّ مُتَوَقِّفٌ عَلَى مَنْعِ الصَّرْفِ، وَلِذَلِكَ جَاءَ مُمَاثِلُهُ مَصْرُوفًا، وَإِذَا اعْتُبِرَ فِي نَحْوِ: سَحَرَ، وَبَابِ عُمَرَ، فَاعْتِبَارُهُ فِي الْعُجْمَةِ أَوْلَى، وَالاسْمُ الأَعْجَمِيُّ إِذَا وَافَقَ لَفْظُهُ عَرَبِيًّا وَقُصِدَ إِلَيْهِ بِالتَّسْمِيَةِ فَلا اعْتِدَادَ بِالْعُجْمَةِ، كَمَا لَوْ سُمِّيَ بِإِسْحَاقَ، وَقُصِدَ الْمَصْدَرُ، أَوْ بِيَعْقُوبَ، وَقُصِدَ ذَكَرُ الْحَجلِ، وَنَحْوَ ذَلِكَ.

فَإِنْ قِيلَ: فَيَجِبُ أَنْ يَكُونَ اعْتِبَارُ الْعُجْمَةِ فِي نُوحٍ وَنَحْوِهِ مِمَّا سُكِّنَ وَسَطُهُ أَوْلَى، كَمَذْهَبِ الْمُصَنِّفِ؛ لأنَّهُ اعْتُبِرَ فِي نَحْوِ هِنْدَ.

قُلْتُ: قَدْ بَيَّنْتُ إِلْغَاءَ قُوَّةِ التَّأْنِيثِ مَعَ التَّحَرُّكِ فِي مِثْلِ سَقَرَ، ولا يَلْزَمُ مِنْ إِلْغَاءِ قُوَّتِهَا مَعَ التَّحَرُّكِ إِلْغَاؤُهَا مَعَ السُّكُونِ لِضَعْفِ السُّكُونِ، لِكَوْنِ الْكَلِمَةِ بِهِ فِي أَعْلَى دَرَجَاتِ الْخِفَّةِ، وَلِذَلِكَ لَمْ يَجِئْ بَابُ نُوحٍ إِلا مُنْصَرِفًا وَثَبَتَ فِي هِنْدَ الْوَجْهَانِ.

وَمَذْهَبُ صَاحِبِ الْكِتَابِ: أَنَّ الْعُجْمَةَ تَمْنَعُ جَوَازًا مَعَ سُكُونِ الأَوْسَطِ، كَالتَّأْنِيثِ الْمَعْنَوِيِّ عَلَى مَا سَيَأْتِي فِي آخِرِ الْبَابِ.

قَوْلُهُ: (إِلا إِذَا اضْطُرَّ الشَّاعِرُ فَصَرَفَ)، مُسْتَثْنَى مِنْ قَوْلِهِ: (وَالاسْمُ يَمْتَنِعُ مِنَ الصَّرْفِ).

وَكُلُّ مَا لا يَنْصَرِفُ يَجُوزُ صَرْفُهُ فِي الضَّرُورَةِ رَدًّا لَهُ إِلَى أَصْلِهِ، وَقَدْ مَنَعَ الكُوفِيُّونَ صَرْفَ بَابِ (أَفْعَلَ مِنْكَ) لِلضَّرُورَةِ، وَاسْتَدَلُّوا بِأَنَّهُ لَمْ يُسْمَعْ مَعَ كَثْرَتِهِ، وَعَلَّلَ بِأَنَّ (مِنْكَ) قَوِيَتْ بِهَا الْعِلَّةُ لِمُعَاقَبَتِهَا اللَّامَ وَالإِضَافَةَ اللَّذَيْنِ يُعَاقِبَانِ التَّنْوِينَ، ولا يَنْدَفِعُ بِـ (خَيْرٌ مِنْكَ)، فَإِنَّهُ لا مُوجِبَ لِحَذْفِ التَّنْوِينِ.

وَأَمَّا مَا لَيْسَ فِيهِ سَبَبٌ فَلا يَجُوزُ مَنْعُ صَرْفِهِ لِلضَّرُورَةِ بِحَالٍ، وَأَمَّا مَا فِيهِ سَبَبٌ وَاحِدٌ فَمُخْتَلَفٌ فِي مَنْعِ صَرْفِهِ لِلضَّرُورَةِ، فَالْبَصْرِيُّونَ يَمْنَعُونَ جَوَازَ الْمَنْعِ، وَالْكُوفِيُّونَ يُجِيزُونَ مَنْعَ الصَّرْفِ فِي الضَّرُورَةِ.

وَقَوْلُهُ: (وَمَا تَعَلَّقَ بِهِ الكُوفِيُّونَ فِي إِجَازَةِ مَنْعِهِ فِي الشِّعْرِ لَيْسَ بِثَبْتٍ).

أَيْ: لَيْسَ بِحُجَّةٍ، وَالَّذِي تَعَلَّقَ بِهِ الكُوفِيُّونَ هُوَ قَوْلُ الشَّاعِرِ، وَهُوَ الْعَبَّاسُ بْنُ مِرْدَاسٍ:

فَمَا كَانَ حِصْنٌ ولا حَابِسٌ ... يَفُوقَانِ مِرْدَاسَ فِي مَجْمَعِ

فَإِنْ أَرَادَ بِهِ أَنَّهُ لَيْسَ بِحُجَّةٍ؛ لأنَّ الرِّوَايَةَ: (يَفُوقَانِ شَيْخِي فِي مَجْمَعِ) كَمَا يَقُولُهُ

بَعْضُ الْبَصْرِيِّينَ فِي رَدِّهِ كَأَبِي الْعَبَّاسِ الْمُبَرِّدِ، فَلَيْسَ بِمُسْتَقِيمٍ، وَإِنْ صَحَّتْ هَذِهِ الرِّوَايَةُ؛ لأَنَّ الرِّوَايَةَ الأُخْرَى صَحِيحَةٌ مَنْقُولَةٌ فِي الْكُتُبِ الصِّحَاحِ كَـ " صَحِيحِ مُسْلِمٍ " وَغَيْرِهِ، وَيَكْفِي فِي التَّمَسُّكِ بِهِ رِوَايَةٌ صَحِيحَةٌ، وَإِنْ رُوِيَ غَيْرُهَا مِنْ جِهَةٍ أُخْرَى فَلا يَضُرُّ، إِذْ لَيْسَ بَيْنَهُمَا تَعَارُضٌ.

وَإِنْ أَرَادَ بِقَوْلِهِ: لَيْسَ بِحُجَّةٍ؛ لأَنَّهُ عَلَى خِلافِ الْقِيَاسِ وَاسْتِعْمَالِ الْفُصَحَاءِ فَمُسْتَقِيمٌ عِنْدَ الأَكْثَرِينَ، وَقَدْ اسْتُعْمِلَ ذَلِكَ فِي غَيْرِ مَوْضِعٍ، وَفِيهِ نَظَرٌ.

وَقَوْلُ مَنْ قَالَ: إِنَّ ثُبُوتَ رِوَايَةِ (شَيْخِي) يُنَافِي رِوَايَةَ (مِرْدَاسَ)، فَدَلَّ عَلَى بُطْلانِهِ مُسْتَدِلا بِأَنَّهُ لَوْ كَانَ جَائِزًا لَمْ يَعْدِلْ عَنْهُ إِلَى (شَيْخِي) لِكَوْنِهِ أَقْعَدَ فِي الْمَعْنَى ضَعِيفٌ، فَإِنَّ الشَّاعِرَ الْفَصِيحَ يَعْدِلُ عَنْ مِثْلِهِ كَرَاهَةَ ارْتِكَابِ الضَّرُورَةِ، وَقَدِ اسْتَدَلَّ الْكُوفِيُّونَ أَيْضًا بِقَوْلِ ذِي الإِصْبَعِ:

وَمِمَّنْ وَلَدُوا عَامِـ ـرُ ذُو الطُّولِ وَذُو الْعَرْضِ

وَلَيْسَ بِثَبَتٍ لِصِحَّةِ حَمْلِهِ عَلَى الْقَبِيلَةِ، اسْتَدَلُّوا أَيْضًا بِقَوْلِ ابْنِ الرُّقَيَّاتِ[1]:

وَمُصْعَبُ حِينَ جَدَّ الأَمْـ ـرُ أَكْثَرُهَا وَأَطْيَبُهَا

وَلَيْسَ بِثَبَتٍ لِقَوْلِ الأَصْمَعِيِّ فِيهِ: (أَفْسَدَتِ الْحَضَرِيَّةُ لُغَتَهُ)؛ لأَنَّ ابْنَ الرُّقَيَّاتِ خَرَجَ مِنَ الْعَرَبِ، وَمَكَثَ كَثِيرًا فِي الْبِلادِ، فَصَارَ كَلامُهُ بِمَنْزِلَةِ كَلامِ الْحَضَرِيَّةِ، فَلَمْ يُسْمَعْ.

قَوْلُهُ: (وَمَا أَحَدُ سَبَبَيْهِ أَوْ أَسْبَابِهِ الْعَلَمِيَّةُ) إِلَى آخِرِهِ.

أَقُولُ: إِنَّمَا انْصَرَفَ مَا يُنَكَّرُ مِمَّا لا يَنْصَرِفُ إِذَا كَانَ فِيهِ الْعَلَمِيَّةُ قَبْلَ التَّنْكِيرِ؛ لأَنَّهُ لا يَتَّفِقُ مَا فِيهِ عِلَلٌ إِحْدَاهَا الْعَلَمِيَّةُ، وَهِيَ مُؤَثِّرَةٌ، إِلا وَهِيَ شَرْطٌ فِي جَمِيعِهَا، أَوْ فِيمَا سِوَى وَاحِدَةٍ مِنْهَا، وَذَلِكَ أَنَّ الْعِلَلَ تِسْعٌ إِحْدَاهَا الْعَلَمِيَّةُ، بَقِيَتْ ثَمَانِيَةٌ، الْوَصْفُ لا يَكُونُ مَعَ الْعَلَمِيَّةِ لِتَضَادِّهِمَا، وَالتَّأْنِيثُ شَرْطُ الْعَلَمِيَّةِ إِنْ كَانَ بِالتَّاءِ أَوْ مَعْنَوِيًّا، وَإِنْ كَانَ بِالأَلِفِ فَلا أَثَرَ لِلْعَلَمِيَّةِ، فَسَقَطَ التَّأْنِيثُ أَيْضًا، وَالْعُجْمَةُ شَرْطُهَا الْعَلَمِيَّةُ، وَالتَّرْكِيبُ كَذَلِكَ، وَالْجَمْعُ

---

(١) عُبَيد الله بن الرُّقَيَّات: ٨٥ هـ / ٧٠٤ م. عبيد الله بن قيس بن شريح بن مالك، من بني عامر بن لؤي، ابن قيس الرقيات. شاعر قريش في العصر الأموي. كان مقيماً في المدينة.
خرج مع مصعب بن الزبير على عبد الملك بن مروان، ثم انصرف إلى الكوفة بعد مقتل ابني الزبير (مصعب وعبد الله) فأقام سنة وقصد الشام فلجأ إلى عبد الله بن جعفر بن أبي طالب فسأل عبد الملك في أمره، فأمّنه، فأقام إلى أن توفي.
أكثر شعره الغزل والنسيب، وله مدح وفخر. ولقب بابن قيس الرقيات لأنه كان يتغزل بثلاث نسوة، اسم كل واحدة منهن رقية.

لا يُؤَثِّرُ مَعَهُ الْعَلَمِيَّةُ، فَسَقَطَ أَيْضًا، وَالأَلِفُ وَالنُّونُ إِذَا كَانَ مِمَّا لَيْسَ مُؤَنَّثُهُ فَعْلَى فَشَرْطُهُ الْعَلَمِيَّةُ، وَإِلَّا فَلَا يُجَامِعُ الْعَلَمِيَّةَ؛ فَسَقَطَ أَيْضًا، بَقِيَ الْعَدْلُ وَوَزْنُ الْفِعْلِ، وَهُمَا لَا يَجْتَمِعَانِ، وَبَيَانُهُ أَنَّ لِلْعَدْلِ زِنَاتٍ مَخْصُوصَةً، لَيْسَ مِنْهَا شَيْءٌ عَلَى زِنَةِ الْفِعْلِ، فَلَا يَجْتَمِعُ مَعَ وَزْنِ الْفِعْلِ، فَإِذَا ثَبَتَ أَنَّهُ لَا يَكُونُ مَعَ الْعَلَمِيَّةِ مُؤَثِّرَةً إِلَّا مَا الْعَلَمِيَّةُ شَرْطٌ فِيهِ أَوْ وَاحِدٌ مِنَ الْعَدْلِ أَوْ وَزْنِ الْفِعْلِ، وَلَا يَطْرَأُ بِالتَّنْكِيرِ اعْتِبَارُ مَا لَمْ يَكُنْ مُعْتَبَرًا إِلَّا فِي بَابِ أَحْمَرَ عَلَى خِلَافٍ، وَجَبَ أَنْ يَكُونَ مَا عَدَاهُ إِذَا نُكِّرَ انْصَرَفَ لِبَقَائِهِ بِلَا سَبَبٍ إِنْ لَمْ يَكُنْ فِيهِ عَدْلٌ أَوْ وَزْنُ فِعْلٍ، أَوْ عَلَى سَبَبٍ إِنْ كَانَ فِيهِ عَدْلٌ أَوْ وَزْنُ فِعْلٍ، وَلَا يَرِدُ رَجُلٌ سُمِّيَ بِمَسَاجِدَ أَوْ صَحْرَاءَ أَوْ مَا أَشْبَهَهُمَا؛ لِأَنَّ الْعَلَمِيَّةَ فِي مِثْلِ ذَلِكَ لَا أَثَرَ لَهَا، وَالْحُكْمُ ثَابِتٌ بِالْجَمْعِ عَلَى انْفِرَادِهِ وَالأَلِفِ عَلَى انْفِرَادِهَا، فَسَقَطَ إِيرَادُهُ.

قَالَ: (إِلَّا نَحْوَ أَحْمَرَ).

فَإِنَّهُ مُسْتَثْنًى مِنْ هَذِهِ الْقَوَاعِدِ عِنْدَ سِيبَوَيْهِ لِوُجُوبِ اعْتِبَارِ الصِّفَةِ بَعْدَ التَّنْكِيرِ، وَجَارٍ عَلَيْهَا عِنْدَ الأَخْفَشِ، فَإِذَا سُمِّيَ بِأَحْمَرَ وَشِبْهِهِ مِمَّا فِيهِ الصِّفَةُ قَبْلَ الْعَلَمِيَّةِ ثُمَّ نُكِّرَ فَسِيبَوَيْهِ يَمْنَعُهُ مِنَ الصَّرْفِ، وَالأَخْفَشُ يَصْرِفُهُ.

وَوَجْهُ قَوْلِ الأَخْفَشِ أَنَّ الْعَلَمِيَّةَ تُنَافِي الْوَصْفِيَّةَ، فَإِذَا سُمِّيَ بِهِ فَقَدْ خَرَجَ عَنِ الْوَصْفِيَّةِ، وَبَقِيَ مَمْنُوعًا مِنَ الصَّرْفِ لِلْعَلَمِيَّةِ وَوَزْنِ الْفِعْلِ، فَإِذَا نُكِّرَ زَالَتِ الْعَلَمِيَّةُ، وَبَقِيَ عَلَى سَبَبٍ وَاحِدٍ فَانْصَرَفَ عَلَى قِيَاسِ مَا ذُكِرَ آنِفًا، وَلِذَلِكَ اتَّفَقَ عَلَى مَنْعِ صَرْفِ (أَفْضَلَ) إِذَا سُمِّيَ بِهِ، وَصَرْفِهِ إِذَا نُكِّرَ، وَهُوَ مِثْلُ (أَحْمَرَ).

وَوَجْهُ قَوْلِ سِيبَوَيْهِ أَنَّ الصَّرْفَ وَمَنْعَهُ مِنَ الأَحْكَامِ اللَّفْظِيَّةِ، فَتُعْتَبَرُ فِي أَمْرِهَا الْوَصْفِيَّةُ الأَصْلِيَّةُ، كَمَا اعْتُبِرَتْ فِي جَمْعِهِ وَإِدْخَالِ اللَّامِ عَلَيْهِ، لِذَلِكَ قَالُوا فِي جَمْعِ أَحْمَرَ: حُمْرٌ، وَإِنْ كَانَ عَلَمًا، وَقَالُوا: الأَحْمَرَ، فَلَوْلَا اعْتِبَارُ الْوَصْفِيَّةِ لَمْ يَجُزْ ذَلِكَ فِيهِ، وَلِذَلِكَ لَمْ يَجُزْ أَنْ يُقَالَ فِي جَمْعِ أَحْمَدَ: حُمْدٌ، وَلَا الأَحْمَدَ، بَلْ قَالُوا: أَحَامِدُ؛ لِأَنَّهُ لَيْسَ بِصِفَةٍ، فَقَدْ ثَبَتَ أَنَّهُمْ يَعْتَبِرُونَ الْوَصْفِيَّةَ الأَصْلِيَّةَ، فَيَجِبُ اعْتِبَارُهَا أَيْضًا هَاهُنَا؛ لِأَنَّهَا أَحْكَامٌ لَفْظِيَّةٌ مِثْلُهَا، وَالَّذِي يُحَقِّقُ ذَلِكَ مَنْعُهُمْ صَرْفَ أَدْهَمَ وَأَرْقَمَ وَأَسْوَدَ بَعْدَ خُرُوجِهِ عَنِ الْوَصْفِيَّةِ الأَصْلِيَّةِ إِلَى الاسْمِيَّةِ الْعَارِضَةِ، فَلَوْلَا اعْتِبَارُ الْوَصْفِيَّةِ الأَصْلِيَّةِ لَمْ يَسْتَقِمْ ذَلِكَ، وَكَانَ يَجِبُ صَرْفُهُ، فَإِجْمَاعُهُمْ عَلَى مَنْعِ صَرْفِهِ دَلِيلٌ وَاضِحٌ فِي بَابِ (أَحْمَرَ) إِذَا نُكِّرَ عَلَى مَذْهَبِ سِيبَوَيْهِ.

وَقَوْلُهُمْ: (تَوَافَقْنَا فِي (أَفْضَلِ الْعِلْمِ) وَهُوَ مِثْلُ (أَحْمَرَ) مُغَالَطَةٌ، فَإِنَّهُ لَيْسَ مِثْلَهُ؛ لِأَنَّ

(أَفْضَل) لا يَكُونُ صِفَةً حَتَّى يَتَّصِلَ بِهِ (مِنْ)، فَحِينَئِذٍ يَكُونُ صِفَةً، وَعِنْدَ ذَلِكَ نَحْنُ وَهُمْ مُتَّفِقُونَ عَلَى أَنَّهُ إِذَا نُكِّرَ لَمْ يَنْصَرِفْ، فَمَا جَعَلُوهُ حُجَّةً لَهُمْ إِنَّمَا هُوَ حُجَّةٌ عَلَيْهِمْ.

قَالُوا: لَوْ كَانَتِ الْوَصْفِيَّةُ الأَصْلِيَّةُ يَصِحُّ اعْتِبَارُهَا فِي مَنْعِ الصَّرْفِ لَصَحَّ اعْتِبَارُهَا مَعَ الْعَلَمِيَّةِ، كَمَا يَصِحُّ اعْتِبَارُهَا فِي الْجَمْعِ والأَلِفِ وَاللَّامِ مَعَ الْعَلَمِيَّةِ، وَلَمَّا لَمْ يَصِحَّ لَمْ يَصِحَّ، وَبَيَانُ أَنَّهُ لَمْ يَصِحَّ أَنَّكَ لَوْ سَمَّيْتَ رَجُلا بِضَارِبٍ وَمَا أَشْبَهَهُ مِنَ الصِّفَاتِ لانْصَرَفَ بِالإِجْمَاعِ، وَلَوْ اعْتُبِرَتِ الْوَصْفِيَّةُ الأَصْلِيَّةُ لَوَجَبَ أَنْ يَكُونَ غَيْرَ مُنْصَرِفٍ، فَلَمَّا لَمْ يَصِحَّ اعْتِبَارُهَا مَعَ الْعَلَمِيَّةِ لَمْ يَصِحَّ اعْتِبَارُهَا بَعْدَ التَّنْكِيرِ؛ لأَنَّهُ إِذَا نُكِّرَ نَفْسُ الْعَلَمِ بَعْدَ انْتِفَاءِ الْوَصْفِيَّةِ فلا وَجْهَ لاعْتِبَارِهَا بَعْدَ ذَلِكَ، وَهُوَ مُشْكِلٌ، وَالْجَوَابُ عَنْهُ أَنَّهُ لَمْ تُعْتَبَرِ الْوَصْفِيَّةُ مَعَ الْعَلَمِيَّةِ فِي حُكْمٍ وَاحِدٍ لِتَنَافِي ثُبُوتِهِمَا فِي التَّحْقِيقِ، فَكَرِهُوا تَقْدِيرَ شَيْئَيْنِ مُتَنَافِيَيْنِ يُثْبِتَانِ حُكْمًا وَاحِدًا بِخِلافِ الْجَمْعِ، وَدُخُولُ الأَلِفِ وَاللَّامِ، فَإِنَّهُ حُكْمٌ بِاعْتِبَارِ الْوَصْفِيَّةِ لا مُشَارَكَةَ لِلْعَلَمِيَّةِ مَعَهَا فِيهِ، فَإِذَا نُكِّرَ نَحْوَ (أَحْمَرَ).

فَقَدْ زَالَتِ الْعَلَمِيَّةُ الَّتِي كَانَ يَتَعَذَّرُ اعْتِبَارُ الْوَصْفِيَّةِ مَعَهَا فِي الْحُكْمِ الْوَاحِدِ، وَهُوَ مَنْعُ الصَّرْفِ، وَلَمْ يَتَعَذَّرِ اعْتِبَارُ الْوَصْفِيَّةِ بَعْدَ التَّنْكِيرِ؛ لأَنَّهُ حِينَئِذٍ صَارَ مِثْلَ (أَحْمَرَ) فِي الْجَمْعِ، وَدُخُولِ الأَلِفِ وَاللَّامِ بِخِلافِ مَا قَبْلَ التَّنْكِيرِ، فَقَدْ ظَهَرَ الْفَرْقُ بَيْنَ الْوَصْفِيَّةِ مَعَ الْعَلَمِيَّةِ وَبَيْنَهَا بَعْدَ التَّنْكِيرِ.

قَالَ: (وَمَا فِيهِ سَبَبَانِ مِنَ الثُّلاثِيِّ السَّاكِنِ الْحَشْوِ كَنُوحٍ وَلُوطٍ مُنْصَرِفٌ فِي اللُّغَةِ الْفَصِيحَةِ الَّتِي عَلَيْهَا التَّنْزِيلُ).

أَقُولُ: أَكْثَرُ النَّاسِ عَلَى صَرْفِ نُوحٍ وَلُوطٍ وَهُودٍ وُجُوبًا، كَمَا تَقَدَّمَ مِنَ اشْتِرَاطِ الزِّيَادَةِ أَوْ تَحَرُّكِ الأَوْسَطِ عَلَى الأَصَحِّ، وَإِنْ كَانَ الأَكْثَرُ عَلَى اشْتِرَاطِ الزِّيَادَةِ تَعْيِينًا، وَخَالَفَهُمُ الزَّمَخْشَرِيُّ فِيهِمَا مَعًا لِشُبْهَةٍ، وَهِيَ: أَنَّهُمْ مُتَّفِقُونَ عَلَى جَوَازِ صَرْفِ نَحْوَ: دَعْدٍ وَهِنْدٍ وَمَنْعِهِ الصَّرْفَ، وَجَوَازُ صَرْفِهِ لِمُقَاوَمَةِ السُّكُونِ أَحَدَ السَّبَبَيْنِ، وَمُتَّفِقُونَ عَلَى وُجُوبِ مَنْعِ الصَّرْفِ فِي مَاه وَجُورَ، فَلَوْ كَانَتِ الْعُجْمَةُ لا أَثَرَ لَهَا فِي السَّاكِنِ الأَوْسَطِ؛ لَكَانَ حُكْمُ مَاهَ وَجُورَ حُكْمَ هِنْدَ وَدَعْدَ فِي مَنْعِ الصَّرْفِ وَجَوَازِهِ، وَلَمَّا تَخَالَفَا دَلَّ عَلَى اعْتِبَارِ الْعُجْمَةِ فِي السَّاكِنِ الأَوْسَطِ، فَثَبَتَ أَنَّ نَحْوَ هِنْدٍ كَنُوحٍ وَلُوطٍ وَهُوَ قَوِيٌّ جِدًّا بِالنَّظَرِ إِلَى الْمَعْنَى، إِلا أَنَّهُ لَمْ يُسْمَعْ مَنْعُ صَرْفِ نَحْوَ: نُوحٍ وَلُوطٍ مَعَ كَثْرَةِ اسْتِعْمَالِهِ، وَالْمُخْتَارُ مَنْعُ صَرْفِ بَابِ هِنْدٍ، فَوَجَبَ أَخْذُ قَيْدٍ فِي الْعُجْمَةِ، وَهُوَ أَنْ يُشْتَرَطَ فِي اعْتِبَارِهَا الزِّيَادَةُ أَوْ الْحَرَكَةُ عَلَى الْقَوْلِ الآخَرِ، وَحِينَئِذٍ يَقَعُ الْفَصْلُ بَيْنَ نُوحٍ وَبَيْنَ هِنْدٍ.

وَالْجَوَابُ عَنْ مَاهَ وَجُورَ أَنَّ السُّكُونَ إِنَّمَا يُقَاوِمُ التَّأْنِيثَ بِشَرْطِ أَنْ لَا يَتَقَوَّى بِالْعُجْمَةِ، وَلَا يَلْزَمُ مِنْ كَوْنِ الْعُجْمَةِ مُقَوِّيَةً فِي امْتِنَاعِ مُقَاوَمَةِ السُّكُونِ أَنْ تَكُونَ سَبَبًا فِيمَا سَكَنَ وَسَطُهُ، فَتَنْدَفِعُ بِذَلِكَ الشُّبْهَةُ.

قَالَ: (وَالتَّكَرُّرُ فِي نَحْوِ بُشْرَى، وَصَحْرَاءَ، وَمَسَاجِدَ، وَمَصَابِيحَ).

اللَّامُ فِي التَّكَرُّرِ لِتَعْرِيفِ الْعَهْدِ لِمَا تَقَدَّمَ فِي أَوَّلِ الْفَصْلِ مِنْ قَوْلِهِ: (أَوْ تَكَرَّرَ وَاحِدٌ مِنْهَا)؛ لِأَنَّ الْمَعْنَى أَوْ حَصَلَ تَكَرُّرٌ، وَيَكُونُ ذَلِكَ فِي مَوْضِعَيْنِ:

أَحَدُهُمَا: أَلِفُ التَّأْنِيثِ الْمَقْصُورَةِ أَوِ الْمَمْدُودَةِ نَزَّلُوا مَنْزِلَتَهَا فِي الْكَلِمَةِ مَنْزِلَةَ تَأْنِيثٍ مُكَرَّرٍ.

وَالثَّانِي: الْجَمْعُ الْمُقَدَّمُ صِفَتُهُ، وَهُوَ صِيغَةُ مُنْتَهَى الْجُمُوعِ، أَلَا تَرَى أَنَّكَ تَقُولُ: كَلْبٌ وَأَكْلُبٌ، ثُمَّ تَجْمَعُ أَكْلُبًا عَلَى أَكَالِبَ؛ لِأَنَّهُ قَدْ جُمِعَ مَرَّتَيْنِ، فَتَكَرَّرَ الْجَمْعُ، فَلِذَلِكَ قَامَ مَقَامَ عِلَّتَيْنِ، وَحُمِلَ (مَسَاجِدُ) وَنَحْوُهُ عَلَيْهِ لِمُشَاكَلَتِهِ فِي زِنَتِهِ وَامْتِنَاعِ جَمْعِهِ، وَإِنْ لَمْ يَكُنْ جَمْعَ جَمْعَيْنِ مُحَقَّقَيْنِ تَنْزِيلًا لَهُ مَنْزِلَتَهُ لِلْمُشَاكَلَةِ الْمَذْكُورَةِ، فَلِذَلِكَ قَامَ مَقَامَ عِلَّتَيْنِ، وَاللهُ أَعْلَمُ.

الْقَوْلُ فِي وُجُوهِ إِعْرَابِ الاسْمِ

قَوْلُهُ: (وَالْفَاعِلُ وَاحِدٌ لَيْسَ إِلَّا).

قَالَ الشَّيْخُ: يُرِيدُ أَنَّ نِسْبَةَ الْفِعْلِ إِلَى الْفَاعِلِ عَلَى جِهَةِ الْإِسْنَادِ، وَالْإِسْنَادُ لَا يَخْتَلِفُ، فَلِذَلِكَ لَمْ يَتَعَدَّدِ الْفَاعِلُ، وَنِسْبَةُ الْفِعْلِ إِلَى الْمَفْعُولِ لَيْسَتْ عَلَى جِهَةِ الْإِسْنَادِ، وَإِنَّمَا عَلَى جِهَةِ التَّعَلُّقِ، وَالتَّعَلُّقُ يَخْتَلِفُ، فَتَارَةً يَتَعَلَّقُ بِهِ عَلَى أَنَّهُ الَّذِي فُعِلَ، وَهُوَ الْمَفْعُولُ الْمُطْلَقُ، وَتَارَةً يَتَعَلَّقُ بِهِ عَلَى أَنَّهُ الَّذِي يُفْعَلُ بِهِ، وَهُوَ الْمَفْعُولُ بِهِ، وَتَارَةً يَتَعَلَّقُ بِهِ عَلَى أَنَّهُ الَّذِي فُعِلَ فِيهِ، وَهُوَ الْمَفْعُولُ فِيهِ، وَتَارَةً يَتَعَلَّقُ بِهِ عَلَى أَنَّهُ الَّذِي فُعِلَ مِنْ أَجْلِهِ، وَهُوَ الْمَفْعُولُ مِنْ أَجْلِهِ، وَتَارَةً يَتَعَلَّقُ بِهِ عَلَى أَنَّهُ الَّذِي فُعِلَ مَعَهُ، وَهُوَ الْمَفْعُولُ مَعَهُ، فَلِذَلِكَ لَمْ يَجِئِ الْفِعْلُ إِلَّا بِفَاعِلٍ وَاحِدٍ، وَقَدْ يَجِيءُ بِمَفَاعِيلَ مُتَعَدِّدَةٍ.

وَ(أَمَّا التَّوَابِعُ)، إِلَى آخِرِهِ.

قَالَ الشَّيْخُ: اخْتَلَفَ النَّاسُ فِي عَوَامِلِ التَّوَابِعِ، فَمِنْهُمْ مَنْ يَقُولُ: يَنْسَحِبُ حُكْمُ الْعَامِلِ عَلَى الْقَبِيلَيْنِ جَمِيعًا؛ أَعْنِي التَّابِعَ وَالْمَتْبُوعَ، وَمِنْهُمْ مَنْ يَقُولُ: يُقَدَّرُ عَامِلٌ مِثْلُهُ فِي الْمَتْبُوعَاتِ كُلِّهَا، وَمِنْهُمْ مَنْ يَقُولُ: هُوَ فِي الْبَدَلِ وَالْمَعْطُوفِ بِالْحَرْفِ مُقَدَّرٌ، وَفِي

غَيْرِهِمَا مُنْسَحِبٌ، وَالْفَرْقُ أَنَّ الْبَدَلَ فِي حُكْمِ تَكْرِيرِ الْعَامِلِ بِدَلِيلِ مَجِيءِ ذَلِكَ صَرِيحًا فِي قَوْلِهِ تَعَالَى: ﴿لِلَّذِينَ اسْتُضْعِفُوا لِمَنْ آمَنَ مِنْهُمْ﴾ [الأعراف:٧٥]، وَالْعَطْفُ بِالْحَرْفِ فِيهِ مَا يَقُومُ مَقَامَ الْعَامِلِ، فَكَأَنَّهُ مَوْجُودٌ، وَلِذَلِكَ فَرَّقَ بَيْنَ هَذَيْنِ الْقِسْمَيْنِ وَبَيْنَ مَا عَدَاهُمَا، وَقِيلَ: الْعَامِلُ فِيهَا كَوْنُهَا صِفَةٌ، وَقِيلَ: الْعَامِلُ عَامِلُ الصِّفَةِ وَالْمَوْصُوفِ مَعًا، وَكَذَلِكَ بَقِيَّةُ التَّوَابِعِ.

وَالصَّحِيحُ الْأَوَّلُ؛ لِأَنَّهُ بِهِ يَتَقَوَّمُ الْمَعْنَى الْمُقْتَضِي ـ لِلْإِعْرَابِ، وَلِأَنَّ الْمَعْنَى عَلَيْهِ، بِدَلِيلِ (اشْتَرَيْتُ الْجَارِيَةَ نِصْفَهَا) و(جَاءَنِي غُلَامُ زَيْدٍ وَعَمْرٍو)، أَلَا تَرَى أَنَّهُ لَوْ قُدِّرَ الْأَوَّلُ فَسَدَ الْمَعْنَى؟ وَفَسَادُ غَيْرِ الْبَدَلِ وَالْعَطْفِ أَوْلَى، وَبِهِ يَتَبَيَّنُ فَسَادُ الْقَوْلِ الثَّالِثِ.

وَمَنْ صَحَّحَ الثَّانِيَ بِدَلِيلِ (أَعْجَبَنِي قِيَامُ زَيْدٍ وَعَمْرٍو)، و(قِيَامُ زَيْدٍ) لَا يُنْسَبُ إِلَى عَمْرٍو مَرْدُودٌ بِأَنَّ الْقِيَامَ لَمْ يُنْسَبْ إِلَى عَمْرٍو بَعْدَ نِسْبَتِهِ إِلَى زَيْدٍ، وَإِنَّمَا نَسَبَ الْمُتَكَلِّمُ فِي أَوَّلِ الْأَمْرِ إِلَيْهِمَا مَعًا، مِثْلُ (قَامَ الزَّيْدُونَ)، وَإِذَا وَجَبَ صِحَّةُ ذَلِكَ مِنْ غَيْرِ تَقْدِيرٍ وَجَبَ صِحَّةُ الْآخَرِ.

وَمَنْ صَحَّحَ الثَّالِثَ بِنَحْوِ: ﴿لِبُيُوتِهِمْ سُقُفًا﴾ [الزخرف:٣٣] يُجَابُ بِأَنَّ حُرُوفَ الْجَرِّ فِي نَحْوِ ذَلِكَ لِلتَّأْكِيدِ.

وَضَعُفَ الرَّابِعُ بِلُزُومِ إِعْرَابٍ وَاحِدٍ، وَبِأَنَّهُ لَيْسَ مِمَّا بِهِ يَتَقَوَّمُ الْمَعْنَى الْمُقْتَضِي ـ لِلْإِعْرَابِ، وَالْخَامِسُ قَرِيبٌ.

وَتَرَكَ ذِكْرَ الْمَفْعُولِ الَّذِي لَمْ يُسَمَّ فَاعِلُهُ؛ لِأَنَّهُ عِنْدَهُ فَاعِلٌ، وَتَرَكَ ذِكْرَ الْمَرْفُوعِ فِي بَابِ (كَانَ)؛ لِأَنَّهُ عِنْدَهُ فَاعِلٌ؛ لِأَنَّهُ مَنْسُوبٌ إِلَيْهِ الْفِعْلُ، وَمَنْ قَالَ: إِنَّهُ لَيْسَ بِفَاعِلٍ؛ لِأَنَّ أَفْعَالَهَا لَا دَلَالَةَ لَهَا عَلَى الْحَدَثِ يَلْزَمُهُ مِنْهُ أَنْ لَا تَكُونَ أَفْعَالًا.

وَسُمِّيَ الرَّفْعُ رَفْعًا لِاسْتِعْلَاءِ الشَّفَتَيْنِ عِنْدَهُ، كَمَا أَنَّ الْخَفْضَ سُمِّيَ خَفْضًا لِنُزُولِ الشَّفَتَيْنِ عَمَّا كَانَتْ عِنْدَهُ، وَالْجَرُّ إِمَّا لِأَنَّهُ بِمَعْنَى الْخَفْضِ مِنْ جَرِّ الْجَبَلِ وَهُوَ أَسْفَلُهُ؛ وَإِمَّا لِأَنَّهُ يَدُلُّ عَلَى جَرِّ مَعْنَى الْفِعْلِ إِلَى الِاسْمِ؛ أَيْ: إِيصَالِهِ، فَسُمِّيَ بِاسْمِ مَدْلُولِهِ، وَأَمَّا النَّصْبُ فَلِأَنَّهُ مِنَ الْأَلِفِ الَّتِي الِانْتِصَابُ مِنْ صِفَتِهَا.

ذِكْرُ الْمَرْفُوعَاتِ

الْفَاعِلُ

قَالَ: (وَالْفَاعِلُ: هُوَ مَا كَانَ الْمُسْنَدُ إِلَيْهِ مِنْ فِعْلٍ أَوْ شِبْهِهِ، مُقَدَّمًا عَلَيْهِ).

قَالَ الشَّيْخُ: قَوْلُهُ: (هُوَ مَا كَانَ الْمُسْنَدُ إِلَيْهِ مِنْ فِعْلٍ أَوْ شِبْهِهِ)، لَمْ يَقْتَصِرْ عَلَى قَوْلِهِ: (هُوَ الْمُسْنَدُ إِلَيْهِ مِنْ فِعْلٍ أَوْ شِبْهِهِ)، لِئَلَّا يَرِدَ عَلَيْهِ مِثْلُ قَوْلِكَ: (زَيْدٌ قَامَ)؛ لِأَنَّهُ مُسْنَدٌ إِلَيْهِ وَلَيْسَ بِفَاعِلٍ، فَقَالَ: (مُقَدَّمًا عَلَيْهِ)، لِيَخْرُجَ ذَلِكَ عَنْهُ، وَهُوَ فِي الْحَقِيقَةِ غَيْرُ لَازِمٍ؛ لِأَنَّ (زَيْدًا) فِي قَوْلِكَ: (زَيْدٌ قَامَ) لَيْسَ بِمُسْنَدٍ إِلَيْهِ الْفِعْلُ أَوْ شِبْهُ الْفِعْلِ، وَإِنَّمَا أُسْنِدَ إِلَيْهِ الْفِعْلُ مَعَ مَا أُسْنِدَ إِلَيْهِ الْفِعْلُ، فَالْفِعْلُ أَوْ شِبْهُهُ مُسْنَدٌ إِلَى مَا هُوَ مُؤَخَّرٌ، وَهُوَ الضَّمِيرُ، وَهُمَا جَمِيعًا مُسْنَدَانِ إِلَى زَيْدٍ، وَإِنَّمَا اتَّفَقَ أَنَّ الضَّمِيرَ الَّذِي فِي (قَامَ) أَوْ فِي (قَائِمٌ) فِي قَوْلِكَ: (زَيْدٌ قَائِمٌ)، هُوَ فِي الْمَعْنَى زَيْدٌ، فَتَوَهَّمَ أَنَّهُ وَارِدٌ، وَلَيْسَتْ هَذِهِ دَلَالَةً لُغَوِيَّةً، وَإِنَّمَا هِيَ دَلَالَةٌ عَقْلِيَّةٌ، وَلِذَلِكَ لَمْ يَخْتَلِفْ فِي أَنَّهُ مُسْنَدٌ إِلَى الضَّمِيرِ لَا إِلَى زَيْدٍ، وَيُجَابُ عَنْ ذَلِكَ بِاعْتِبَارِ لَفْظِ هَذَا الْحَدِّ بِأَنَّ قَوْلَهُ: (مِنْ فِعْلٍ أَوْ شِبْهِهِ) لَمْ يَأْتِ بِهِ قَاصِدًا إِلَى أَنَّهُ مِنْ جُمْلَةِ الْحَدِّ لِمَا فِيهِ مِنَ التَّرَدُّدِ الَّذِي هُوَ مُنَافٍ لِلْحُدُودِ، وَإِنَّمَا أَتَى بِهِ كَالْفَضْلَةِ مُبَيِّنًا أَقْسَامَ الْمُسْنَدِ، فَلَمَّا لَمْ يَكُنْ ذَلِكَ مَقْصُودًا فِي الْحَدِّ دَخَلَ عَلَيْهِ لَوِ اقْتَصَرَ عَلَيْهِ (زَيْدٌ قَامَ) و(زَيْدٌ قَائِمٌ أَبُوهُ) وَشِبْهِهِ؛ لِأَنَّهُ مُسْنَدٌ إِلَيْهِ، فَلَوِ اقْتَصَرَ عَلَى قَوْلِهِ: (هُوَ الْمُسْنَدُ إِلَيْهِ) لَدَخَلَ ذَلِكَ فِي الْحَدِّ، فَاحْتَاجَ أَنْ يَقُولَ: (مُقَدَّمًا عَلَيْهِ أَبَدًا).

أَمَّا مَنْ قَالَ: الْفَاعِلُ هُوَ الْمُسْنَدُ إِلَيْهِ الْفِعْلُ أَوْ شِبْهُهُ، فَقَدْ جَعَلَ ذِكْرَ الْفِعْلِ أَوْ شِبْهِهِ مِنْ جُمْلَةِ حَدِّهِ، وَعِنْدَ ذَلِكَ لَا يَحْتَاجُ إِلَى ذِكْرِ وُجُوبِ التَّقْدِيمِ لَمَّا بَيَّنَ أَنَّهُ لَا يَكُونُ إِلَّا كَذَلِكَ، ثُمَّ مَثَّلَ بِإِسْنَادِ الْفِعْلِ وَشِبْهِهِ لَمَّا قَصَدَ إِلَى ذِكْرِهِمَا أَوَّلًا، وَسَيَأْتِي ذِكْرُ مَا يَتَنَزَّلُ مَنْزِلَةَ الْفِعْلِ فِي ذَلِكَ فِي آخِرِ قِسْمِ الْأَسْمَاءِ.

قَالَ الشَّيْخُ: وَمَفْعُولُ مَا لَمْ يُسَمَّ فَاعِلُهُ عِنْدَهُ فَاعِلٌ، وَالَّذِي يَدُلُّ عَلَيْهِ أَنَّهُ دَاخِلٌ فِي الْحَدِّ، وَأَنَّهُ لَمْ يَذْكُرْهُ فِي الْمَرْفُوعَاتِ، فَدَلَّ عَلَى أَنَّهُ دَاخِلٌ فِي حَدِّ الْفَاعِلِ، إِذْ لَا يَصِحُّ دُخُولُهُ مَعَ غَيْرِهِ بِوَجْهٍ، وَأَنَّهُ قَدْ صَرَّحَ بِذَلِكَ فِي بَعْضِ فُصُولِ كِتَابِهِ، وَهُوَ قَوْلُهُ: (وَتُضَافُ الصِّفَةُ إِلَى فَاعِلِهَا؛ كَقَوْلِكَ: مَعْمُورُ الدَّارِ، وَمُؤَدَّبُ الْخُدَّامِ)، وَمَنْ لَمْ يَجْعَلْهُ فَاعِلًا احْتَاجَ فِي حَدِّ الْفَاعِلِ إِلَى حَدٍّ لَا يَدْخُلُ هُوَ فِيهِ، فَيَقُولُ: هُوَ مَا أُسْنِدَ الْفِعْلُ إِلَيْهِ، وَقُدِّمَ عَلَيْهِ عَلَى طَرِيقَةِ فَعَلَ، أَوْ عَلَى طَرِيقِ الْقِيَامِ بِهِ.

قَالَ: (وَحَقُّهُ الرَّفْعُ).

وَأَرَادَ أَنَّ ذَلِكَ الْأَمْرَ يُنَاسِبُهُ لَا عَلَى أَنْ يُخْبِرَ بِأَنَّهُ مَرْفُوعٌ؛ لِأَنَّ ذَلِكَ قَدْ عُلِمَ مِنْ أَصْلِ كَلَامِهِ فِي الْمَرْفُوعَاتِ، وَالْوَجْهُ الَّذِي اسْتَحَقَّ بِهِ الرَّفْعَ أَنَّهُ لَمَّا احْتِيجَ إِلَى الْإِعْرَابِ لِلْمَعَانِي الْجَارِيَةِ عَلَى الْأَسْمَاءِ، وَكَانَ الْفَاعِلُ مُتَّحِدًا غَيْرَ مُتَعَدِّدٍ، وَغَيْرُهُ يَتَعَدَّدُ، كَانَ

الْمُنْفَرِدُ أَوْلَى بِالْحَرَكَةِ الْمُسْتَثْقَلَةِ لِيَقِلَّ الثِّقَلُ، وَالْمُتَعَدِّدُ أَوْلَى بِالْحَرَكَةِ الْخَفِيفَةِ لِذَلِكَ، وَقِيلَ: لأَنَّهُ الأَوَّلُ فَأُعْطِيَ الأَثْقَلَ قَبْلَ الْكَلالِ بِمَا بَعْدَهُ.

قَالَ: (وَرَافِعُهُ مَا أُسْنِدَ إِلَيْهِ).

يَعْنِي الْفِعْلَ وَشِبْهَهُ، وَيَعْنِي بِرَافِعِهِ مَا يُسَمَّى عَامِلا فِي اصْطِلاحِ النَّحْوِيِّينَ، وَمَعْنَى الْعَامِلِ هُوَ الأَمْرُ الَّذِي يَتَحَقَّقُ بِهِ الْمَعْنَى الْمُقْتَضِي لِلإِعْرَابِ، وَمَعْلُومٌ أَنَّ مُقْتَضِي الإِعْرَابِ فِي الْفَاعِلِ هُوَ الْفَاعِلِيَّةُ عَلَى مَا تَقَدَّمَ، وَلا تَتَحَقَّقُ الْفَاعِلِيَّةُ ولا تَتَقَوَّمُ إِلا بِمُسْنَدٍ مِنَ الْفِعْلِ أَوْ شِبْهِهِ، فَعُلِمَ أَنَّ مَا أُسْنِدَ إِلَيْهِ هُوَ الْفَاعِلُ، ولا فَرْقَ فِي الْفَاعِلِ بَيْنَ أَنْ يَكُونَ مُثْبَتًا أَوْ مَنْفِيًّا، فَزَيْدٌ فِي (قَامَ زَيْدٌ) فِيمَا نَحْنُ فِيهِ مِثْلُهُ فِي (مَا قَامَ زَيْدٌ) لأَنَّهُ إِنَّمَا كَانَ فَاعِلا بِاعْتِبَارِ ذِكْرِ الْفِعْلِ مَعَهُ دَالا عَلَى مَا هُوَ لَهُ، وَهُوَ كَذَلِكَ أُثْبِتَ أَوْ نُفِيَ.

قَالَ: (وَالأَصْلُ فِيهِ أَنْ يَلِيَ الْفِعْلَ).

لأَنَّهُ أَحَدُ جُزْأَيِ الْجُمْلَةِ الْمُفْتَقِرَةِ إِلَى ذِكْرِهِمَا، وَقَدْ وَجَبَ تَقْدِيمُ الْفِعْلِ، فَيَنْبَغِي أَنْ يَلِيَهُ الْجُزْءُ الآخَرُ الْمُفْتَقَرُ إِلَيْهِ لا غَيْرُهُ مِنَ الْفَضَلاتِ، إِذْ الْمُفْتَقَرُ إِلَيْهِ أَوْلَى بِالذِّكْرِ مِنَ الْمُسْتَغْنَى عَنْهُ.

قَالَ: (فَإِذَا قُدِّمَ عَلَيْهِ غَيْرُهُ كَانَ فِي النِّيَّةِ مُؤَخَّرًا).

وَهُوَ أَثَرُ مَا تَقَدَّمَ، ثُمَّ اسْتَدَلَّ عَلَى ذَلِكَ بِمَسْأَلَتَيْنِ: إِحْدَاهُمَا جَائِزَةٌ وَالأُخْرَى مُمْتَنِعَةٌ، وَلا وَجْهَ لِلتَّفْرِقَةِ بَيْنَهُمَا إِلا بِاعْتِبَارِ مَا تَقَدَّمَ ذِكْرُهُ، وَوَجْهُ الدَّلالَةِ هُوَ أَنَّهُ قَدْ عُلِمَ أَنَّ الضَّمِيرَ لا بُدَّ لَهُ مِنْ عَوْدَةٍ إِلَى مَذْكُورٍ مُتَقَدِّمٍ إِمَّا لَفْظًا وَمَعْنًى، وَإِمَّا لَفْظًا لا مَعْنًى، وَإِمَّا مَعْنًى لا لَفْظًا، فَإِنْ كَانَ غَيْرُ عَائِدٍ عَلَى شَيْءٍ مِنْ ذَلِكَ كَانَ مُمْتَنِعًا، وَقَدْ جَازَ (ضَرَبَ غُلامَهُ زَيْدٌ)، وَامْتَنَعَ (ضَرَبَ غُلامُهُ زَيْدًا)، فَلَوْ كَانَ كُلُّ وَاحِدٍ مِنْهُمَا عَلَى سَوَاءٍ لَجَازَتِ الْمَسْأَلَتَانِ أَوْ امْتَنَعَتَا، وَلَمَّا جَازَتْ إِحْدَاهُمَا وَامْتَنَعَتِ الأُخْرَى، ولا مُصَحِّحَ سِوَى مَا ذَكَرْنَاهُ - وَهُوَ مُنَاسِبٌ - وَجَبَ التَّعْلِيلُ بِهِ.

وَأَمَّا قَوْلُ الشَّاعِرِ:

جَزَى رَبُّهُ عَنِّي عَدِيَّ بْنَ حَاتِمٍ ... جَزَاءَ الْكِلابِ الْعَاوِيَاتِ وَقَدْ فَعَلْ

فَمَرْدُودٌ عِنْدَ الْمُحَقِّقِينَ، أَوْ أَرَادَ (رَبَّ الْجَزَاءِ) الْمَدْلُولَ عَلَيْهِ بِقَوْلِهِ: (جَزَى) وَمِنْهُ قَوْلُ سُلَيْطِ بْنِ سَعْدٍ:

جَزَى بَنُوهُ أَبَا الْغِيلانِ عَنْ كِبَرٍ ... وَحُسْنِ فِعْلٍ كَمَا يُجْزَى سِنِمَّارُ

وَمَنْ يُجِزْ (ضَرَبَ غُلامُهُ زَيْدًا) يَحْتَجُّ بِهِ، وَهُوَ ضَعِيفٌ.

فَصْلٌ: وَمُضْمَرُهُ فِي الإسْنَادِ... إِلَى آخِرِهِ

قَالَ الشَّيْخُ: يُرِيدُ بِهِ أَنَّهُ يَصِحُّ وُقُوعُ الْمُضْمَرِ فَاعِلا، كَمَا يَصِحُّ وُقُوعُ الظَّاهِرِ فَاعِلا، وَهَذَا وَإِنْ كَانَ غَيْرُ مُلْبِسٍ إلا أَنَّهُ ذَكَرَهُ لاشْتِمَالِهِ عَلَى مَسْأَلَةٍ تُلْبِسُ عَلَى الْمُبْتَدِئِينَ، وَهِيَ مِثْلُ (زَيْدٌ قَامَ)، وَلِذَلِكَ أَشْبَعَ الْكَلامَ فِيهَا، وَاسْتَدَلَّ عَلَيْهَا، ولأَنَّ غَرَضَهُ أَنْ يَسُوقَ بَابَ الْفِعْلَيْنِ الْمُوَجَّهَيْنِ إِلَى شَيْءٍ وَاحِدٍ، فَاحْتَالَ إِلَى الإِتْيَانِ بِهِ بِذِكْرِ الْفَاعِلِ الْمُضْمَرِ لِيَجُرَّهُ الذِّكْرُ بِاعْتِبَارِ أَحَدِ مَسَائِلِهِ، ثُمَّ لِيَسُوقَ الْمَسَائِلَ كُلَّهَا، وَكَذَلِكَ فَعَلَ.

قَالَ: (وَتَقُولُ: (زَيْدٌ ضَرَبَ) فَتَنْوِي فِي (ضَرَبَ) فَاعِلا، وَهُوَ ضَمِيرٌ يَرْجِعُ إِلَى زَيْدٍ) إِلَى آخِرِهِ.

وَغَرَضُهُ أَنْ يُثْبِتَ أَنَّ زَيْدًا فِي (زَيْدٌ ضَرَبَ) لَيْسَ فَاعِلا لِلْفِعْلِ الْمُتَأَخِّرِ، ولا أَنَّ الْفَاعِلَ مَحْذُوفٌ، فَإِنَّ الأمْرَيْنِ قَدْ يُتَوَهَّمَانِ، فَاسْتَدَلَّ عَلَى ذَلِكَ بِوُجُوبِ (أَنَا ضَرَبْتُ)، و(أَنْتَ ضَرَبْتَ)، فَلَوْ كَانَ (زَيْدٌ) فَاعِلا لَوَجَبَ أَنْ يَكُونَ (أَنَا) فَاعِلا، وَلَوْ كَانَ (أَنَا) فَاعِلا لَوَجَبَ جَوَازُ (أَنَا ضَرَبَ)، وَلَمَّا لَمْ يَجُزْ دَلَّ عَلَى أَنَّهُ لَيْسَ بِفَاعِلٍ، وَكَذَلِكَ لَوْ كَانَ الْفَاعِلُ مَحْذُوفًا فِي (زَيْدٌ ضَرَبَ) لَجَازَ حَذْفُهُ فِي (وَأَنَا ضَرَبَ) وَلَمَّا لَمْ يَجُزْ لَمْ يَجُزْ لِلْعِلْمِ بِاسْتِوَائِهِمَا فِي مُصَحِّحِ الْجَوَازِ وَالامْتِنَاعِ، ولا يَجُوزُ إِضْمَارُهُ مُسْتَتِرًا فِي (أَنَا ضَرَبَ)؛ لِفُقْدَانِ شَرْطِ الاسْتِتَارِ فِي الْمَاضِي، وَشَرْطُهُ أَنْ يَكُونَ لِمُفْرَدٍ غَائِبٍ، وَهَذَا لَيْسَ بِغَائِبٍ، وَلَمَّا فُقِدَ شَرْطُ الاسْتِتَارِ وَلا بُدَّ مِنَ الْفَاعِلِ وَجَبَ ذِكْرُهُ عَلَى حَسَبِ مَا يَقْتَضِيهِ الْوَضْعُ لَهُ، وَالَّذِي وُضِعَ لَهُ لَفْظٌ بَارِزٌ فَوَجَبَ أَنْ يُؤْتَى بِهِ، وَسَيَأْتِي الْكَلامُ فِي الْمُضْمَرَاتِ بِتَفَاصِيلِهِ.

فَصْلٌ: وَمِنْ إِضْمَارِ الْفَاعِلِ قَوْلُكَ: ضَرَبَنِي وَضَرَبْتُ زَيْدًا... إِلَى آخره

قَالَ الشَّيْخُ: الإضْمَارُ فِي هَذِهِ الْمَسْأَلَةِ مِنْ هَذَا الْفَصْلِ لَيْسَ عَلَى بَابِ الإِضْمَارِ الْمُتَقَدِّمِ بَلْ هُوَ إِضْمَارٌ قَبْلَ الذِّكْرِ، وَلِذَلِكَ نَبَّهَ عَلَيْهِ، وَلَكِنَّهُ لَمَّا كَانَ إِضْمَارًا صَحَّ الإِتْيَانُ بِهِ، إِذْ كَانَ كَلامُهُ فِي مِثْلِهِ بِاعْتِبَارِ الإِضْمَارِ، وَلَمَّا سَاقَ هَذِهِ الْمَسْأَلَةَ وَتَكَلَّمَ عَلَيْهَا بِاعْتِبَارِ تَوْجِيهِ فِعْلِهَا مَعَ فِعْلٍ آخَرَ إِلَى ظَاهِرٍ بَعْدَهُمَا ذَكَرَ مَا كَانَ مِثْلَهَا مِنْ بَابِ التَّوْجِيهِ، فَجَرَّ ذِكْرُ الإِضْمَارِ إِحْدَى الْمَسَائِلِ، وَجَرَّ ذِكْرُ الْمَسْأَلَةِ بِاعْتِبَارِ أَمْرٍ اشْتَمَلَتْ عَلَيْهِ مِنْ بَابٍ آخَرَ

ذِكْرَ جميعِ تِلْكَ الْمَسَائِلِ، وَهَذَا الْبَابُ ضَابِطُهُ أَنْ يُذْكَرَ فِعْلانَ أَوْ شِبْهُهُمَا مُوَجَّهَيْنِ فِي الْمَعْنَى إِلَى شَيْءٍ وَاحِدٍ ذُكِرَ بَعْدَهُمَا ظَاهِرًا، فَقَدْ يَكُونُ تَوْجِيهُهُمَا عَلَى جِهَةِ الْفَاعِلِيَّةِ، وَقَدْ يَكُونُ عَلَى جِهَةِ الْمَفْعُولِيَّةِ، وَقَدْ يَكُونُ الأَوَّلُ عَلَى الأَوَّلِ، وَالثَّانِي عَلَى الثَّانِي، وَقَدْ يَكُونُ عَلَى الْعَكْسِ، مِثَالُ ذَلِكَ: (قَامَ وَقَعَدَ زَيْدٌ)، (وَضَرَبْتُ وَأَكْرَمْتُ زَيْدًا)، (وَقَامَ وَأَكْرَمْتُ زَيْدًا)، (وَضَرَبْتُ وَقَامَ زَيْدًا)، فَإِنْ أُعْمِلَ الثَّانِي فِي الظَّاهِرِ بَعْدَهُ فَلا يَخْلُو الأَوَّلُ مِنْ أَنْ يَكُونَ مُوَجَّهًا عَلَى جِهَةِ الْفَاعِلِيَّةِ أَوْ عَلَى جِهَةِ الْمَفْعُولِيَّةِ، فَإِنْ كَانَ مُوَجَّهًا عَلَى جِهَةِ الْفَاعِلِيَّةِ، وَهِيَ عَيْنُ الْمَسْأَلَةِ الَّتِي هِيَ أَصْلُ الْفَصْلِ وَجَبَ الإِضْمَارُ فِيهِ عَلَى مُطَابَقَةِ ذَلِكَ الظَّاهِرِ عِنْدَ الْمُحَقِّقِينَ، فَتَقُولُ: (ضَرَبَانِي وَضَرَبْتُ الزَّيْدَيْنِ)، وَشِبْهُهُ، وَامْتَنَعَتْ عَلَى مَذْهَبِ الْفَرَّاءِ، وَجَازَتْ مِنْ غَيْرِ إِضْمَارٍ عَلَى مَذْهَبِ الْكِسَائِيِّ، وَالدَّلِيلُ عَلَى جَوَازِهَا وُرُودُ مِثْلِهَا فِي كَلامِ الْعَرَبِ؛ كَقَوْلِهِ:

وكُمْتًا مُدَمَّاةً كَأَنَّ مُتُونَهَا ... جَرَى فَوْقَهَا وَاسْتَشْعَرَتْ لَوْنَ مُذْهَبِ

وَنَظَائِرِهَا: وَإِذَا ثَبَتَ جَوَازُهَا وَجَبَ الإِضْمَارُ، لِئَلا يُؤَدِّي إِلَى فِعْلٍ مِنْ غَيْرِ ذِكْرِ الْفَاعِلِ، وَلَيْسَ ذَلِكَ مِنْ لُغَتِهِمْ، فَثَبَتَ مَا ذَكَرَهُ الْمُحَقِّقُونَ.

وَأَمَّا مَذْهَبُ الْفَرَّاءُ فَإِنَّهُ لَمَّا رَأَى الْمَسْأَلَةَ لا تَخْلُو مِنْ أَحَدِ أَمْرَيْنِ، كُلُّ وَاحِدٍ مِنْهُمَا عَلَى خِلافِ الأُصُولِ حَكَمَ بِمَنْعِهَا؛ لأَنَّهُ إِنْ أَضْمَرَ قَبْلَ الذِّكْرِ، وَإِنْ حَذَفَ حَذَفَ الْفَاعِلَ، فَأَوْجَبَ إِعْمَالَ الأَوَّلِ مِنْهَا، وَقَالَ فِي نَحْوِ: (قَامَ وَقَعَدَ زَيْدٌ): الْعَامِلُ فِي (زَيْدٌ) الْفِعْلانِ مَعًا، وَلا ضَمِيرَ فِي وَاحِدٍ مِنْهُمَا، وَيُجِيبُ فِي مِثْلِ (جَرَى فَوْقَهَا) بِأَنَّهُ عَلَى خِلافِ الْقِيَاسِ وَاسْتِعْمَالِ الْفُصَحَاءِ.

وَأَمَّا الْكِسَائِيُّ فَإِنَّهُ لَمَّا ثَبَتَ عِنْدَهُ الْجَوَازُ رَأَى أَنَّهُ يَلْزَمُ مِنَ الإِضْمَارِ الإِضْمَارُ قَبْلَ الذِّكْرِ، فَرَأَى أَنَّ الْحَذْفَ أَقْرَبُ وَهُوَ بَعِيدٌ، فَإِنَّ الإِضْمَارَ قَبْلَ الذِّكْرِ قَدْ ثَبَتَ فِي مَوَاضِعَ، وَحَذْفُ الْفَاعِلِ لَمْ يَثْبُتْ بِحَالٍ، فَإِذَا لَمْ يَكُنْ بُدٌّ مِنْ أَحَدِهِمَا فَالإِضْمَارُ أَقْرَبُ.

وَإِنْ كَانَ الأَوَّلُ يَحْتَاجُ إِلَى مَفْعُولٍ وَجَبَ حَذْفُهُ؛ كَقَوْلِكَ: (ضَرَبْتُ وَضَرَبَنِي الزَّيْدُونَ)، وَلا تَقُولُ: (ضَرَبْتُهُمْ وَضَرَبَنِي الزَّيْدُونَ)؛ لأَنَّ الْمُوجِبَ لِلإِضْمَارِ مَفْقُودٌ، وَهُوَ كَوْنُهُ فَاعِلا، وَأَمَّا الْمَفْعُولُ فَفَضْلَةٌ فِي الْكَلامِ، يَجُوزُ حَذْفُهُ، فَلِذَلِكَ وَجَبَ الْحَذْفُ لِئَلا يُؤَدِّي إِلَى الإِضْمَارِ قَبْلَ الذِّكْرِ مِنْ غَيْرِ ضَرُورَةٍ، وَقَدْ اسْتَدَلَّ عَلَى ذَلِكَ بِالْمَفْعُولِ الثَّانِي مِنْ بَابِ (عَلِمْتُ) فِي مِثْلِ: (ظَنَّنِي قَائِمًا وَظَنَنْتُ زَيْدًا قَائِمًا)، فَإِنَّهُ يَجِبُ ذِكْرُهُ ظَاهِرًا؛ لأَنَّهُ إِنْ أُضْمِرَ أُضْمِرَ مَفْعُولٌ قَبْلَ الذِّكْرِ، وَإِنْ حُذِفَ حُذِفَ مَفْعُولٌ لا يُسْتَغْنَى عَنْ ذِكْرِهِ، وَفِيهِ

نَظَرٌ، فَإِنَّ ذَلِكَ كَخَبَرِ الْمُبْتَدَإِ، فَإِذَا جَازَ حَذْفُ خَبَرِ الْمُبْتَدَإِ لِلْقَرِينَةِ جَازَ حَذْفُ ذَلِكَ بِاتِّفَاقٍ.

وَإِنْ أُعْمِلَ الأَوَّلُ فَلا يَخْلُو الثَّانِي مِنْ أَنْ يَكُونَ لِلْفَاعِلِ أَوْ لِلْمَفْعُولِ، فَإِنْ كَانَ لِلْفَاعِلِ وَجَبَ الإِضْمَارُ بِاتِّفَاقٍ، وَلَيْسَ إِضْمَارًا قَبْلَ الذِّكْرِ، فَيُتَوَهَّمُ امْتِنَاعُهُ؛ كَقَوْلِكَ: (ضَرَبْتُ وَضَرَبُونِي الزَّيْدَيْنِ)؛ لأَنَّ (الزَّيْدَيْنِ) مَعْمُولُ الْفِعْلِ الْمُتَقَدِّمِ، فَهُوَ فِي الْمَعْنَى مُتَقَدِّمٌ عَلَى الْفِعْلِ الثَّانِي، فَكَانَ الضَّمِيرُ عَائِدًا عَلَى مَذْكُورٍ فِي الْمَعْنَى، وَإِنْ كَانَ لِلْمَفْعُولِ فَالأَحْسَنُ أَنْ يُضْمَرَ، وَيَجُوزُ حَذْفُهُ، وَإِنَّمَا حَسُنَ الإِضْمَارُ؛ لأَنَّ الْحَذْفَ يُؤَدِّي إِلَى لَبْسٍ، وَالإِضْمَارُ يَنْفِيهِ، وَبَيَانُ ذَلِكَ أَنَّ مِثْلَ قَوْلِهِ:

وَلَوْ أَنَّ مَا أَسْعَى لأَدْنَى مَعِيشَةٍ ... كَفَانِي وَلَمْ أَطْلُبْ قَلِيلٌ مِنَ الْمَالِ

يُوهِمُ أَنْ يَكُونَ لِطَلَبِ الْقَلِيلِ، وَيَجُوزُ أَنْ يَكُونَ لِغَيْرِهِ، وَلَوْ قَالَ: (وَلَمْ أَطْلُبْهُ) لانْتَفَى ذَلِكَ اللَّبْسُ، فَلَمَّا كَانَ كَذَلِكَ، وَلَيْسَ فِيهِ إِضْمَارٌ قَبْلَ الذِّكْرِ كَانَ أَحْسَنَ مِنَ الْحَذْفِ، وَهَذَا جَارٍ فِي غَيْرِ هَذَا الْبَابِ، لَوْ قُلْتَ: (قَامَ زَيْدٌ وَضَرَبْتُ) وَالضَّرْبُ مَفْعُولُهُ زَيْدٌ لَكَانَ الأَحْسَنُ أَنْ تَقُولَ: وَضَرَبْتُهُ؛ لأَنَّهُ يُحْتَمَلُ أَنْ يُرِيدَ: قَامَ زَيْدٌ وَضَرَبْتُ عَمْرًا، فَكَذَلِكَ هَاهُنَا، وَجَازَ الْحَذْفُ مِنْ حَيْثُ كَانَ الْمَفْعُولُ فَضْلَةً فِي الْكَلامِ يُسْتَغْنَى عَنْهُ، فَلا حَاجَةَ تُلْجِئُ إِلَى ذِكْرِهِ، وَقَدْ اسْتَدَلَّ عَلَى ذَلِكَ بِالْمَفْعُولِ الثَّانِي إِذَا كَانَ غَيْرَ مُطَابِقٍ لِلْمَذْكُورِ آخِرًا، نَحْوَ: (ظَنَنْتُ وَظَنَّانِي قَائِمًا الزَّيْدَيْنِ قَائِمَيْنِ)، فَإِنَّهُ لا يُضْمَرُ وَلا يُحْذَفُ، أَمَّا الأَوَّلُ فَلِتَعَذُّرِ الإِضْمَارِ، لأَنَّكَ إِنْ قُلْتَ: (وَظَنَّانِيهِ) جَعَلْتَ ضَمِيرَ الْمُفْرَدِ لِلْمُثَنَّى، وَإِنْ قُلْتَ: (وَظَنَّانِيهِمَا) جَعَلْتَ الْمَفْعُولَ الثَّانِي مُثَنًّى، وَالأَوَّلَ مُفْرَدًا، وَأَمَّا الثَّانِي فَلأَنَّهُ مَفْعُولٌ لا يُسْتَغْنَى عَنْهُ فَلا يُحْذَفُ، وَفِيهِ نَظَرٌ، أَمَّا الأَوَّلُ فَلأَنَّ الإِضْمَارَ قَدْ أَتَى عَلَى الْمَعْنَى الْمَقْصُودِ، وَإِنِ اخْتَلَفَا فِيمَا ذُكِرَ، كَمَا فِي قَوْلِهِ: ﴿وَإِنْ كَانَتْ وَاحِدَةً﴾ [النساء:١١]، لَمَّا كَانَ الْمَعْنَى الْمَقْصُودُ الْوَارِثَ فَلا بُعْدَ فِيهِ هَاهُنَا، لَمَّا كَانَ الْمَعْنَى نِسْبَةَ الْقِيَامِ إِلَى زَيْدٍ، وَأَمَّا الْحَذْفُ فَكَمَا تَقَدَّمَ لِقِيَامِ الْقَرِينَةِ كَخَبَرِ الْمُبْتَدَإِ؛ كَقَوْلِكَ: (زَيْدٌ وَالْعَمْرَانِ قَائِمَانِ).

وَلا خِلافَ أَنَّ إِعْمَالَ كُلِّ وَاحِدٍ مِنَ الْفِعْلَيْنِ جَائِزٌ عَلَى مَا ذَكَرْنَاهُ، وَإِنْ كَانَ الْبَصْرِيُّونَ يَخْتَارُونَ إِعْمَالَ الثَّانِي، وَالْكُوفِيُّونَ يَخْتَارُونَ إِعْمَالَ الأَوَّلِ.

وَالدَّلِيلُ عَلَى مَا ذَهَبَ إِلَيْهِ الْبَصْرِيُّونَ مَجِيءُ ذَلِكَ فِي الْقُرْآنِ فِي مِثْلِ قَوْلِهِ: "**آتُونِي أُفْرِغْ عَلَيْهِ قِطْرًا**" [الكهف:٩٦]، و"**هَاؤُمُ اقْرَءُوا كِتَابِيَهْ**" [الحاقة: ١٩]، وَلَوْ كَانَ الْعَمَلُ لِلأَوَّلِ لَقَالَ: اقْرَؤُوهُ كِتَابِيَهْ، وَوَجْهُ الاسْتِدْلالِ هُوَ أَنَّهُ لَوْ أُعْمِلَ الأَوَّلُ لَكَانَ الأَحْسَنُ

(اقْرَؤُوهُ)، وَلَمْ يَأْتِ (اقْرَؤُوهُ)، فَدَلَّ عَلَى أَنَّهُ لَمْ يُعْمِلِ الأَوَّلَ، وَلَا يَسْتَقِيمُ أَنْ يُقَالَ: جَاءَ الآيَتَانِ عَلَى أَحَدِ الْجَائِزَيْنِ، فَإِنَّا لَمْ نَخْتَلِفْ فِي الْجَوَازِ، وَإِنَّمَا اخْتَلَفْنَا فِي الأَحْسَنِ، وَإِذَا ثَبَتَ أَنَّ إِعْمَالَ الأَوَّلِ لَيْسَ بِأَحْسَنَ وَجَبَ أَنْ يَكُونَ إِعْمَالُ الثَّانِي أَحْسَنَ، إِذْ لَا قَائِلَ بِثَالِثٍ، وَلَوْ كَانَ فَالْكَلَامُ مَعَهُمْ لَا مَعَ غَيْرِهِمْ، وَلَا يَسْتَقِيمُ أَنْ يُقَالَ: جَاءَ مَحْذُوفًا مِنْهُ الْمُضْمَرُ لِمَا بَيَّنَا أَنَّهُ مُوهِمٌ، وَإِنْ كَانَ عَلَى غَيْرِ الأَحْسَنِ، وَالإِعْمَالُ لِلأَوَّلِ فَإِنَّهُ يُؤَدِّي إِلَى أَنْ يَكُونَ الإِجْمَاعُ عَلَى قِرَاءَةٍ لَيْسَتْ بِالأَحْسَنِ، وَمِثْلُ ذَلِكَ لَمْ يَأْتِ فِي الْقِرَاءَةِ الْمُجْمَعِ عَلَيْهَا أَصْلًا، فَثَبَتَ أَنَّ مَا صَارَ إِلَيْهِ الْبَصْرِيُّونَ أَوْلَى، وَمِنْ حَيْثُ الْمَعْنَى هُوَ أَنَّ أَصْلَ الْمَعْمُولِ أَنْ يَلِيَ عَامِلَهُ، وَهَذَا الظَّاهِرُ يَلِي الثَّانِيَ، فَكَانَ أَوْلَى أَنْ يَكُونَ عَامِلًا لَهُ مِمَّا فَصَلَ بَيْنَهُ وَبَيْنَهُ فَاصِلٌ، وَأَنْشَدَ سِيبَوَيْهِ مُسْتَدِلًّا عَلَى أَنَّ الأَوَّلَ يُحْذَفُ أَوْ يُضْمَرُ اسْتِغْنَاءً عَنْهُ بِقَوْلِهِ:

نَحْنُ بِمَا عِنْدَنَا وَأَنْتَ بِمَا   عِنْدَكَ رَاضٍ وَالرَّأْيُ مُخْتَلِفُ

وَهُوَ وَاضِحٌ؛ أَيْ: بِمَا عِنْدَنَا رَاضُونَ، وَبِقَوْلِهِ:

فَمَنْ يَكُ أَمْسَى بِالْمَدِينَةِ رَحْلُهُ   فَإِنِّي وَقَيَّارٌ بِهَا لَغَرِيبُ

أَيْ: فَإِنِّي بِهَا لَغَرِيبُ، وَبِقَوْلِهِ:

رَمَانِي بِأَمْرٍ كُنْتُ مِنْهُ وَوَالِدِي   بَرِيئًا وَمِنْ أَجْلِ الطَّوِيِّ رَمَانِي

وَيَقُولُ الْفَرَزْدَقُ:

إِنِّي ضَمِنْتُ لِمَنْ أَتَانِي مَا جَنَى   وَأَبِي وَكَانَ وَكُنْتُ غَيْرَ غَدُورِ

وَاعْتُرِضَ بِأَنَّهُ لَا يَنْهَضُ؛ لِأَنَّ فَعِيلًا وَفَعُولًا صَالِحٌ لِلْمُتَعَدِّدِ، فَلَا حَاجَةَ إِلَى تَقْدِيرِ الْحَذْفِ، وَيُقَوِّي مَذْهَبَ الْكُوفِيِّينَ أَنَّهُ يَلْزَمُ مِنْ خِلَافِهِ الإِضْمَارُ قَبْلَ الذِّكْرِ، وَهُوَ ضَعِيفٌ، فَكَانَ ضَعِيفًا.

ثُمَّ قَالَ: (وَتَقُولُ عَلَى الْمَذْهَبَيْنِ: قَامَا وَقَعَدَ أَخَوَاكَ، وَقَامَ وَقَعَدَا أَخَوَاكَ).

فَذَكَرَ الْمَسْأَلَةَ الأُولَى عَلَى اخْتِيَارِ الْبَصْرِيِّينَ، وَالثَّانِيَةَ عَلَى اخْتِيَارِ الْكُوفِيِّينَ وَلَيْسَ يَعْنِي أَنَّ الْمَسْأَلَتَيْنِ جَمِيعًا عَلَى الْمَذْهَبَيْنِ، وَإِنَّمَا جَمَعَهُمَا فِي الذِّكْرِ وَقَصَدَ إِلَى التَّفْصِيلِ.

قَالَ: (وَلَيْسَ قَوْلُ امْرِئِ الْقَيْسِ:

....   كَفَانِي وَلَمْ أَطْلُبْ قَلِيلٌ مِنَ الْمَالِ

مِنْهُ). وَهَذَا الْبَيْتُ أَنْشَدَهُ سِيبَوَيْهِ، وَقَالَ: وَلَوْ نَصَبَ فَسَدَ الْمَعْنَى، وَأَوْرَدَهُ صَاحِبُ

"الإيضاح" مُسْتَدِلا بِهِ عَلَى مَذْهَبِ الكُوفِيِّينَ، وَمَا ذَكَرَهُ سِيبَوَيْه أَظْهَرُ، وَبَيَانُ ذَلِكَ أَنَّ (لَوْ) تَدُلُّ عَلَى امْتِنَاعِ الشَّيْءِ لامْتِنَاعِ غَيْرِهِ مِنْ حَيْثُ التَّقْدِيرِ، وَإِذَا وَجَبَ أَنْ يَكُونَ ذَلِكَ مُقَدَّرًا وَجَبَ أَنْ يَكُونَ غَيْرَ حَاصِلٍ، فَيَجِب عَلَى هَذَا أَنَّ مَا يُذْكَرُ بَعْدَهَا مَنْفِيٌّ إِنْ كَانَ مُثْبَتًا، وَمُثْبَتٌ إِنْ كَانَ نَفْيًا، فَإِذَا قُلْتَ: (لَوْ أَكْرَمْتَنِي أَكْرَمْتُكَ) فَالإكْرَامَانِ مَنْفِيَّانِ، وَإِذَا قُلْتَ: (لَوْ لَمْ تُكْرِمْنِي لَمْ أُكْرِمْكَ)، فَالإِكْرَامَانِ حَاصِلانِ، وَإِذَا ثَبَتَ ذَلِكَ كَانَ قَوْلُهُ: (فَلَوْ أَنَّ مَا أَسْعَى لأدْنَى مَعِيشَةٍ) مُوجِبًا أَنْ يَكُونَ سَعْيُهُ لأدْنَى مَعِيشَةٍ غَيْرَ حَاصِلٍ؛ لأَنَّهُ مُثْبَتٌ فِي سِيَاقِ (لَوْ)، فَلَوْ كَانَ (لَمْ أَطْلُبْ) مُوَجَّهًا إِلَى (قَلِيلٌ) وَهُوَ دَاخِلٌ فِي سِيَاقِ جَوَابِ (لَوْ) لَوَجَبَ أَنْ يَكُونَ طَالِبًا لِلْقَلِيلِ، فَيَكُونَ قَائِلا فِي صَدْرِ الْبَيْتِ: إِنَّهُ لا يَطْلُبُ الْقَلِيلَ، وَفِي عَجُزِهِ إِنَّهُ طَالِبٌ لِلْقَلِيلِ، وَهُوَ مُتَنَاقِضٌ، وَأَيْضًا فَإِنَّهُ قَالَ بَعْدَهُ[1]:

وَلَكِنَّمَا أَسْعَى لِمَجْدٍ مُؤَثَّلٍ   وَقَدْ يُدْرِكُ الْمَجْدَ الْمُؤَثَّلَ أَمْثَالِي

وَفُهِمَ مِنْ سِيَاقِ كَلامِهِ أَنَّهُ لا يَطْلُبُ إلا الْمُلْكَ، وَلا يَسْتَقِيمُ أَنْ يَكُونَ (لَمْ أَطْلُبْ) مُوَجَّهًا إِلَى قَلِيلٍ؛ لأَنَّهُ يَلْزَمُ أَنْ يَكُونَ طَالِبًا لِلْقَلِيلِ، فَيَكُونُ قَائِلا فِي الْبَيْتِ الَّذِي بَعْدَهُ: مَا أَطْلُبُ إلا الْمُلْكَ، وَفِي هَذَا الْبَيْتِ: إِنَّهُ يَطْلُبُ الْقَلِيلَ، وَهُوَ مُتَنَاقِضٌ، وَإِذَا ثَبَتَ أَنَّهُ لَيْسَ

(١) البيت من شعر امرئ القَيس: ١٣٠ - ٨٠ ق. هـ/ ٤٩٦ - ٥٤٤ م. امرؤ القيس بن حجر بن الحارث الكندي.
شاعر جاهلي، أشهر شعراء العرب على الإطلاق، يماني الأصل، مولده بنجد، كان أبوه ملك أسد وغطفان وأمه أخت المهلهل الشاعر.
قال الشعر وهو غلام، وجعل يشبب ويلهو ويعاشر صعاليك العرب، فبلغ ذلك أباه، فنهاه عن سيرته فلم ينته، فأبعده إلى حضرموت، موطن أبيه وعشيرته، وهو في نحو العشرين من عمره.
أقام زهاء خمس سنين، ثم جعل ينتقل مع أصحابه في أحياء العرب، يشرب ويطرب ويغزو ويلهو، إلى أن ثار بنو أسد على أبيه فقتلوه، فبلغه ذلك وهو جالس للشراب فقال:

رحــــم الله أبي! ضيعني   صغــــيراً وحملني دمه كبيرا
لا صحــــو اليوم ولا سكر   غداً، اليــــوم خمر وغداً أمر

ونهض من غده فلم يزل حتى ثأر لأبيه من بني أسد، وقال في ذلك شعراً كثيرا.
كانت حكومة فارس ساخطة على بني آكل المرار (آباء امرؤ القيس) فأوعزت إلى المنذر ملك العراق بطلب امرئ القيس، فطلبه فابتعد وتفرق عنه أنصاره، فطاف قبائل العرب حتى انتهى إلى السموأل، فأجاره ومكث عنده مدة.
ثم قصد الحارث بن أبي شمر الغساني والي بادية الشام لكي يستعين بالروم على الفرس فسيره الحارث إلى قيصر الروم يوستينيانس في القسطنطينية فوعده وماطله ثم ولاه إمارة فلسطين، فرحل إليها، ولما كان بأنقرة ظهرت في جسمه قروح، فأقام فيها إلى أن مات.

مُوَجَّهًا لِقَلِيلٍ ثَبَتَ أَنَّهُ لَيسَ مِنْ هَذَا الْبَابِ، إِذْ شَرْطُهُ أَنْ يَكُونَ الْفِعْلانِ مُوَجَّهَيْنِ إِلَى شَيْءٍ وَاحِدٍ، فَهَذَا الَّذِي قَصَدَهُ سِيبَوَيْه، وَجَرَى الزَّمَخْشَرِيُّ عَلَى مَا أَرَادَهُ سِيبَوَيْه.

وَأَمَّا صَاحِبُ " الإيضَاح "، فَالظَّاهِرُ أَنَّهُ قَصَدَ جِهَةً أُخْرَى، وَهُوَ أَنَّهُ لَمْ يَعْطِفْ (لَمْ أَطْلُبْ) عَلَى قَوْلِهِ: (كَفَانِي) لِيَلْزَمَ مَا تَقَدَّمَ، وَلَكِنَّهُ جَعَلَهَا وَاوَ الْحَالِ، وَإِذَا كَانَتْ وَاوَ الْحَالِ لَمْ يَلْزَمْ أَنْ يَكُونَ الطَّلَبُ مُثْبَتًا، بَلْ يَجِبُ أَنْ يَكُونَ مَنْفِيًّا عَلَى ظَاهِرِهِ، فَكَأَنَّهُ قَالَ: لَوْ كُنْتُ سَاعِيًا لِمَعِيشَةٍ دَنِيَّةٍ لَكَفَانِي الْقَلِيلُ غَيْرَ طَالِبٍ لَهُ، فَيَكُونُ الْفِعْلانِ مُوَجَّهَيْنِ إِلَى قَلِيلٍ بِهَذَا الاعْتِبَارِ، وَبِهَذَا التَّقْدِيرِ يَصِحُّ أَنْ يَكُونَ مِنْ هَذَا الْبَابِ، وَيَكُونُ قَدْ أَعْمَلَ الأَوَّلَ.

وَالظَّاهِرُ مَعَ سِيبَوَيْهِ إِذْ اسْتِعْمَالُ وَاوِ الْعَطْفِ أَكْثَرُ، وَأَيْضًا فَإِنَّهُ قَدْ فُهِمَ مِنْ سِيَاقِ كَلامِ الشَّاعِرِ أَنَّهُ لَمْ يَقْصِدْ إِلا إِلَى نَفْيِ طَلَبِ الْمُلْكِ فِي سِيَاقِ (لَوْ)؛ لِقَوْلِهِ: (وَلَكِنَّمَا أَسْعَى لِمَجْدٍ مُؤَثَّلٍ)، فَكَأَنَّهُ تَفْسِيرٌ لِلْمَفْعُولِ الَّذِي حَذَفَهُ فِي قَوْلِهِ: (وَلَمْ أَطْلُبْ)، وَلَوْ كَانَ مِنْ هَذَا الْبَابِ لاقْتَضَى أَنْ يَكُونَ إِعْمَالَ الأَوَّلِ أَوْلَى؛ لأَنَّ الْفَصِيحَ قَدْ عَدَلَ عَنْ إِعْمَالِ الثَّانِي مَعَ إِمْكَانِهِ إِلَى إِعْمَالِ الأَوَّلِ عَلَى وَجْهٍ يَسْتَلْزِمُ ضَعْفًا، فَلَوْلا أَنَّهُ أَوْلَى مَا اغْتُفِرَ مِنْ أَجْلِهِ الضَّعْفُ الَّذِي لَزِمَهُ، وَهُوَ حَذْفُ الضَّمِيرِ مِنْ (وَلَمْ أَطْلُبْ).

وَإِذَا أَضْمَرْتَ فِي نَحْوِ: (كَسَوْتُ وَكَسَانِي إِيَّاهَا أَوْ كَسَانِيهَا زَيْدًا جُبَّةً)، فَإِن كَانَتِ الْجُبَّةُ وَاحِدَةً فَلا إِشْكَالَ، وَإِنْ كَانَتْ مُتَعَدِّدَةً وَجَبَ أَنْ يَكُونَ التَّقْدِيرُ مِثْلَهَا، فَحُذِفَ الْمُضَافُ لِلْعِلْمِ بِهِ؛ لأَنَّ التَّقْدِيرَ (وَكَسَانِي جُبَّةً) وَالضَّمِيرُ لَهَا، لِمَا يَلْزَمُ مِنْ كَوْنِ الضَّمِيرِ نَكِرَةً، وَهُوَ بَعِيدٌ، وَأَيْضًا فَإِنَّهُ يُؤَدِّي إِلَى أَنْ يَكُونَ الضَّمِيرُ لِغَيْرِ مَنْ يَعُودُ عَلَيْهِ، وَإِضْمَارُ (مُنْطَلِقٍ) فِي قَوْلِكَ: (ظَنَنْتُ وَظَنَّنِي إِيَّاهُ أَوْ ظَنَنْتُهُ زَيْدًا مُنْطَلِقًا) أَشْكَلُ؛ لأَنَّ الظَّاهِرَ لِغَيْرِهِ، وَفِيهِ ضَمِيرُ غَيْرِهِ، وَإِضْمَارُهُ يُوجِبُ تَعْيِينَهُ، وَالْجَوَابُ أَنَّهُ لَمَّا لَمْ يَكُنْ مَقْصُودًا بِهِ الذَّاتُ وَأُضْمِرَ مُجَرَّدًا عَنِ الضَّمِيرِ صَحَّ جَعْلُهُ لِغَيْرِهِ مُضْمَرًا.

وَالْمُتَعَدِّي إِلَى ثَلاثَةٍ لَمْ يَجِئْ فِي هَذَا الْبَابِ مَسْمُوعًا، فَمَنَعَهُ الْجَرْمِيُّ، وَأَجَازَهُ آخَرُونَ، وَقَالُوا: فِي (لَعَلَّ وَعَسَى زَيْدٌ أَنْ يَخْرُجَ) إِنَّهُ عَلَى إِعْمَالِ الثَّانِي لِصِحَّةِ (لَعَلَّ زَيْدًا أَنْ يَخْرُجَ)، وَذَلِكَ يَسْتَلْزِمُ حَذْفَ مَعْمُولَي (لَعَلَّ) لِلْقَرِينَةِ، وَقَالُوا: لَوْ أُعْمِلَ الأَوَّلُ لَقِيلَ: (لَعَلَّ وَعَسَى زَيْدًا خَارِجٌ)، وَلَيْسَ بِوَاضِحٍ؛ إِذْ لا يُقَالُ: (عَسَى زَيْدٌ خَارِجًا) وَهُوَ أَيْضًا يَسْتَلْزِمُ حَذْفَ مَنْصُوبِ (عَسَى).

قَالَ: (وَمِنْ إِضْمَارِهِ قَوْلُهُمْ: إِذَا كَانَ غَدًا فَائْتِنِي).

وَهَذَا إِضْمَارٌ جَائِزٌ لِقِيَامِ قَرِينَةٍ دَلَّتْ عَلَيْهِ، وَلَيْسَ إِضْمَارًا قَبْلَ الذِّكْرِ؛ لأنَّ الْقَرَائِنَ قَائِمَةٌ مَقَامَ تَقَدُّمِ الذِّكْرِ، فَإِنْ تَقَدَّمَ أَمْرٌ أَوْ حَالٌ جَازَ أَنْ يَكُونَ فِي (كَانَ) ضَمِيرٌ، كَمَا لَوْ قَالَ: يَكُونُ كَذَا غَدًا، و(كَانَ) فِعْلٌ مَخْصُوصٌ بِذَلِكَ الْوَقْتِ، وَإِلا فَالْمَعْنَى: إِذَا كَانَ مَا نَحْنُ عَلَيْهِ مِنَ السَّلامَةِ، وَهُوَ الَّذِي فَسَّرَهُ بِقَوْلِهِ: (إِذَا كَانَ مَا نَحْنُ عَلَيْهِ غَدًا)، ولو رفع (غَدًا) لَكَانَ جَائِزًا، وَتَعَيَّنَ أَنْ يَكُونَ فَاعِلا، وَإِنَّمَا جَاءَ وُجُوبُ الإِضْمَارِ ضَرُورَةَ نَصْبِ غَدٍ، وَيَجُوزُ أَنْ يَكُونَ (غَدًا) مُتَعَلِّقًا بِكَانَ، فَتَكُونُ (كَانَ) التَّامَّةُ، وَيَجُوزُ أَنْ يَكُونَ مُتَعَلِّقًا بِمَحْذُوفٍ عَلَى أَنْ تَكُونَ (كَانَ) النَّاقِصَةُ.

فَصْلٌ: وَقَدْ يَجِيءُ الْفَاعِلُ وَرَافِعُهُ مُضْمَرٌ

إِنَّمَا ذَكَرَ الْفِعْلَ لِتَعَلُّقِ الْفَاعِلِ بِهِ، إِذْ لَمْ تُعْقَلْ حَقِيقَةُ الْفَاعِلِ إِلا بِذِكْرِهِ، فَلَمَّا فَرَغَ مِنْ ذِكْرِ الْمَقْصُودِ ذَكَرَ حُكْمَ مَا يَتَوَقَّفُ عَلَيْهِ، وَهُوَ الْفِعْلُ، وَلَمْ يَذْكُرْ وُقُوعَهُ ظَاهِرًا لِلْعِلْمِ بِهِ، وَإِنْ كَانَ ذَلِكَ مَفْهُومًا مِنْ قَوْلِهِ: (وَقَدْ يَجِيءُ).

وَحَذْفُ الْفِعْلِ عَلَى ضَرْبَيْنِ: وَاجِبٌ وَجَائِزٌ؛ فَالْوَاجِبُ أَنْ تَقُومَ قَرِينَةٌ تَدُلُّ عَلَى خُصُوصِيَّةِ الْفِعْلِ، وَيَكُونُ مَعَهُ مَا يَمْتَنِعُ مُجَامَعَتُهُ لِلْفِعْلِ، وَالْجَائِزُ فِيمَا عَدَا ذَلِكَ، وَهُوَ يَعْنِي بِالإِضْمَارِ فِي الأَفْعَالِ الْحَذْفَ؛ أَيْ: يَأْتِي الْفَاعِلُ وَرَافِعُهُ مَحْذُوفٌ بِخِلافِ الإِضْمَارِ فِي الأَسْمَاءِ، ثُمَّ ذَكَرَ مِنَ الْجَائِزِ قَوْلَهُ تَعَالَى: "**يُسَبِّحُ لَهُ فِيهَا بِالْغُدُوِّ وَالْآصَالِ (٣٦) رِجَالٌ**" [النور:٣٦-٣٧]، و:

لِيُبْكَ يَزِيدُ...... ....

وَشِبْهُهُ، وَذَلِكَ أَنَّهُ لَمَّا قِيلَ: (يُسَبَّحُ) عُلِمَ أَنَّ ثَمَّ مُسَبِّحًا؛ فَكَأَنَّهُ دَالٌّ عَلَيْهِ؛ فَلَمَّا قِيلَ بَعْدَ ذَلِكَ: (رِجَالٌ) عُلِمَ أَنَّ الْمُرَادَ: يُسَبِّحُهُ رِجَالٌ، وَكَذَلِكَ (لِيُبْكَ يَزِيدُ)، وَتَقْدِيرُ (ضَارِعٍ) فَاعِلا أَحْسَنُ مِنْ تَقْدِيرِهِ خَبَرَ مُبْتَدَأٍ؛ لأَنَّ الْقَرِينَةَ فِعْلِيَّةٌ، فَكَانَتْ بِتَقْدِيرِ الْفِعْلِ أَوْلَى، وَالْبَيْتُ:

لِيُبْكَ يَزِيدُ ضَارِعٌ لِخُصُومَةٍ ... وَمُخْتَبِطٌ مِمَّا تُطِيحُ الطَّوَائِحُ

وَالضَّارِعُ: الذَّلِيلُ، وَالْمُخْتَبِطُ: السَّائِلُ؛ لأَنَّهُ كَانَ يُجِيرُهُمَا، وَقَوْلُهُ: (مِمَّا) مُتَعَلِّقٌ بِمُخْتَبِطٍ؛ أَيْ: ابْتِدَاؤُهُ مِنْ ذَلِكَ، أَوْ مُخْتَبِطٌ مِنْ أَجْلِ ذَلِكَ، وَالطَّوَائِحُ: جَمْعُ مُطِيحَةٍ عَلَى غَيْرِ قِيَاسٍ، كَلَوَاقِحَ جَمْعُ مُلْقِحٍ، وَقَبْلُهُ:

سَقَى جَدَثًا أَمْسَى بِدَوْمَةَ ثَاوِيًا ... مِنَ الدَّلْوِ وَالْجَوْزَاءِ غَادٍ وَرَائِحُ

وَرُوِيَ (لِيَبْكِ يَزِيدَ) بِفَتْحِ الْيَاءِ وَكَسْرِ الْكَافِ، وَنَصْبِ يَزِيدَ، وَهُوَ وَاضِحٌ، وَيَخْرُجُ بِذَلِكَ عَنْ الاسْتِشْهَادِ بِهِ، وَكَذَلِكَ إِذَا قُلْتَ فِي جَوَابِ (مَنْ ضَرَبَ؟): زَيْدٌ فَإِنَّهُ يُفْهَمُ أَنَّ الْمَعْنَى (ضَرَبَ زَيْدٌ)، وَكَذَلِكَ مَا أَشْبَهَهُ.

وَذَكَرَ مِنَ الْوَاجِبِ (هَلْ زَيْدٌ خَرَجَ؟)، وَإِنْ كَانَ مُوهِمًا أَنَّ الْمَسْأَلَةَ لا شُذُوذَ فِيهَا سَائِغَةٌ، مِثْلُهَا فِي (أَزَيْدٌ خَرَجَ؟)، وَلَيْسَ الأَمْرُ كَذَلِكَ، بَلْ (هَلْ زَيْدٌ خَرَجَ) شَاذٌّ، وَهُوَ عَلَى شُذُوذِهِ مُقَدَّرٌ عَلَى مَا ذَكَرَهُ، وَإِنَّمَا لَمْ يَحْسُنْ عِنْدَهُمْ (هَلْ زَيْدٌ خَرَجَ؟) وَشِبْهُهُ إِمَّا لأَنَّ (هَلْ) بِمَعْنَى (قَدْ) عَلَى مَا يَقُولُ سِيبَوَيْهِ، فَكَانَتْ بِالْفِعْلِ أَوْلَى، فَإِذَا وَقَعَ بَعْدَهَا الاسْمُ كَانَ كَوُقُوعِهِ بَعْدَ (قَدْ)، وَلا يَسُوغُ (قَدْ زَيْدٌ) فَلا يَسُوغُ (هَلْ زَيْدٌ)، وَإِمَّا لأَنَّ (هَلْ) مَوْضُوعٌ لِلاسْتِفْهَامِ، وَالاسْتِفْهَامُ مُقْتَضٍ لِلْفِعْلِ فِي الْمَعْنَى، فَكَانَ ذِكْرُ الْفِعْلِ بَعْدَهُ لَفْظًا هُوَ الْقِيَاسَ، وَلا يَرِدُ عَلَيْهِ (أَزَيْدٌ خَرَجَ)، فَإِنَّ الْهَمْزَةَ تَصَرَّفُوا فِيهَا مَا لَمْ يَتَصَرَّفُوا فِي (هَلْ)، وَلِذَلِكَ جَازَ (أَزَيْدًا ضَرَبْتَ)، وَلَمْ يَجُزْ (هَلْ زَيْدًا ضَرَبْتَ)، وَلِذَلِكَ يَحْسُنُ (إِنْ زَيْدٌ أَكْرَمَنِي أَكْرَمْتُهُ)، وَلَمْ يَحْسُنْ (مَتَى زَيْدٌ أَكْرَمَنِي أَكْرَمْتُهُ) وَلا فِي غَيْرِهَا مِنْ أَدَوَاتِ الْجَزَاءِ إِلا فِي ضَرُورَةِ الشِّعْرِ؛ كَقَوْلِهِ:

صَعْدَةٌ نَابِتَةٌ فِي حَائِرٍ ... أَيْنَمَا الرِّيحُ تُمَيِّلْهَا تَمِلْ

وَقَالَ:

فَمَتَى وَاغِلٌ يَزُرْهُمْ يُحَيُّو ... هُ وَتُعْطَفْ عَلَيْهِ كَأْسُ السَّاقِي

وَالْمَرْفُوعُ بَعْدَ (إِذَا) الشَّرْطِيَّةِ جَائِزٌ فِيهِ عِنْدَ سِيبَوَيْهِ الأَمْرَانِ، فَإِذَا ثَبَتَ ذَلِكَ وَجَاءَتْ هَذِهِ الْمَسْأَلَةَ عَلَى وَجْهِ شُذُوذٍ فَحَمْلُهَا عَلَى وَجْهٍ مُسْتَقِيمٍ أَوْلَى مِنْ حَمْلِهَا عَلَى وَجْهٍ آخَرَ مِنَ الشُّذُوذِ، فَتَقْدِيرُهَا بِالْفِعْلِ أَوْلَى مِنْ تَقْدِيرِهَا بِالابْتِدَاءِ، فَإِنَّهُ إِذَا قُدِّرَ الْفِعْلُ وُفِّرَ عَلَيْهَا مَا تَقْتَضِيهِ، وَإِذَا قُدِّرَ الابْتِدَاءُ لَمْ يُوَفَّرْ عَلَيْهَا مَا تَقْتَضِيهِ لا لَفْظًا وَلا تَقْدِيرًا، فَكَانَ ذَلِكَ أَوْلَى، وَنُقِلَ عَنِ الْجَرْمِيِّ أَنَّهُ مُبْتَدَأٌ، وَنُقِلَ عَنْ سِيبَوَيْهِ جَوَازُ الأَمْرَيْنِ، وَمَذْهَبُ سِيبَوَيْهِ فِي (أَزَيْدٌ خَرَجَ) جَوَازُ الأَمْرَيْنِ، وَهُوَ الصَّحِيحُ، وَعَنْهُ فِي (إِذَا) الشَّرْطِيَّةِ جَوَازُ الأَمْرَيْنِ أَيْضًا، وَكَذَلِكَ (لَوْ أَنَّكَ جِئْتَنِي)، و"لَوْ أَنتُمْ تَمْلِكُونَ" [الإسراء:١٠٠]، وَالْمُخْتَارُ أَنَّهُ فَاعِلٌ فِي الْجَمِيعِ، وَمِنْ ذَلِكَ قَوْلُهُ تَعَالَى: "وَإِنْ أَحَدٌ مِنَ الْمُشْرِكِينَ اسْتَجَارَكَ" [التوبة:٦]، فَإِنَّهُ قَدْ دَلَّتِ الْقَرِينَةُ عَلَى خُصُوصِيَّةِ الْفِعْلِ، وَوَقَعَ مَعَهُ مَا لا يَصِحُّ ذِكْرُ الْفِعْلِ مَعَهُ، وَهُوَ الْفِعْلُ الْمُفَسِّرُ؛ لأَنَّهُ لَوْ ذُكِرَ لأَدَّى إِلَى الْجَمْعِ بَيْنَ الْمُفَسِّرِ وَالْمُفَسَّرِ، فَيَصِيرُ الثَّانِي مُفَسِّرًا غَيْرَ مُفَسِّرٍ، وَالأَوَّلُ مُفَسَّرًا غَيْرَ مُفَسَّرٍ، وَقَدْ صَحَّحَ بَعْضُهُمْ

كَوْنَهُ مُبْتَدأً، وَكَذَلِكَ قَوْلُهُ تَعَالَى: "**وَلَوْ أَنَّهُمْ صَبَرُوا**" [الحجرات:٥]، وَهُوَ كُلُّ مَوْضِعٍ وَقَعَتْ (أَنَّ) الْمَفْتُوحَةُ فِيهِ بَعْدَ (لَوْ)، وَإِنَّمَا وَجَبَ حَذْفُهُ لِقِيَامِ الْقَرِينَةِ الدَّالَّةِ عَلَيْهِ، وَهُوَ مَا فِي (أَنَّ) مِنْ مَعْنَى الثُّبُوتِ، وَمَعَهُ مَا هُوَ فِي الْمَعْنَى مُفَسِّرٌ، فَكَانَ مِثْلَ (اسْتَجَارَكَ) فِي قَوْلِهِ تَعَالَى: "**وَإِنْ أَحَدٌ**" [التوبة:٦]، وَلِذَلِكَ لَوْ قِيلَ: (وَلَوْ صَبْرُهُمْ) لَمْ يَجُزْ، وَلَوْ قِيلَ: (وَلَوْ أَنَّهُمْ صَبَرُوا)؛ لَكَانَ جَائِزًا، فَهَذَا مِمَّا يَدُلُّكَ عَلَى أَنَّ قَصْدَهُمْ فِيهِ إِلَى الْفَاعِلِ، وَقَدْ رَاعَتِ الْعَرَبُ فِي خَبَرِ (أَنَّ) هَاهُنَا أَنْ يَكُونَ فِعلا إِنْ أَمْكَنَ مُحَافَظَةً عَلَى صُورَةِ الْفِعْلِ مِنْ حَيْثُ اللَّفْظِ، فَيَقُولُونَ: (لَوْ أَنَّ زَيْدًا قَامَ قُمْتُ)، وَلا يَقُولُونَ: (لَوْ أَنَّ زَيْدًا قَائِمٌ قُمْتُ)، فَإِذَا لَمْ يُمْكِنِ اغْتَفَرُوهُ؛ لأَنَّهُ رَاجِعٌ إِلَى أَمْرٍ لَفْظِيٍّ، وَاعْتِبَارُ الْمَعْنَى أَجْدَرُ، فَيَقُولُونَ: (لَوْ أَنَّ زَيْدًا أَخُوكَ لأَكْرَمْتُكَ)، وَمِنْهُ قَوْلُهُ تَعَالَى: "**وَلَوْ أَنَّمَا فِي الأَرْضِ مِنْ شَجَرَةٍ أَقْلَامٌ**" [لقمان:٢٧]، وَسَيَأْتِي حُكْمُهَا فِي ذَلِكَ فِي فَصْلِ الْحُرُوفِ، وَمِنْهُ قَوْلُهُمْ: (لَوْ ذَاتُ سِوَارٍ لَطَمَتْنِي)، وَيُحْتَمَلُ أَنْ تَكُونَ (لَوْ) لِلتَّمَنِّي، وَأَنْ تَكُونَ شَرْطِيَّةً، ولا يُخْرِجُهُ ذَلِكَ عَنِ التَّمْثِيلِ، فَإِذَا قُدِّرَتْ شَرْطِيَّةً قُدِّرَ جُوابُهَا مَحْذُوفًا، وَإِذَا قُدِّرَتْ لِلتَّمَنِّي لَمْ يُحْتَجْ إِلَى تَقْدِيرٍ، وَهُوَ مَثَلٌ لِلْكَرِيمِ يَجْنِي عَلَيْهِ لَئِيمٌ، كَانَ أَصْلُهُ أَنَّ رَجُلا شَرِيفًا لَطَمَتْهُ أَمَةٌ، فَقَالَ ذَلِكَ عَلَى مَعْنَى: لَكُنْتُ مُحْتَمِلَهُ، فَتَكُونُ شَرْطِيَّةً، أَوْ عَلَى التَّمَنِّي فَتَكُونُ لِلتَّمَنِّي.

قَالَ: (وَمِنْهُ الْمَثَلُ: إِلا حَظِيَّةٌ فَلا أَلِيَّةٌ) [١]. يُرْوَى هَذَا الْمَثَلُ مَنْصُوبًا وَمَرْفُوعًا، فَإِذَا نُصِبَ فَلَيْسَ مِنْ هَذَا الْبَابِ، وَإِنَّمَا يَكُونُ مِنْ بَابِ خَبَرِ (كَانَ) الْمَحْذُوفِ عَامِلُهُ عَلَى مَا سَيَأْتِي، وَإِذَا رُفِعَ كَانَ مِنْ هَذَا الْبَابِ، وَيَجِبُ حَذْفُهُ؛ لأَنَّ الْقَرِينَةَ فِي أَصْلِ الْمَثَلِ دَلَّتْ عَلَى الْمُرَادِ، وَقَدْ اشْتَمَلَتْ عَلَى أَمْرٍ لا يَجُوزُ مُجَامَعَةُ الْفِعْلِ مَعَهُ، وَهُوَ كَوْنُهُ مَثَلا، وَتَقْدِيرُهُ: (إِنْ لا يَكُنْ لَكِ حَظِيَّةٌ) وَيَجُوزُ أَنْ تُقَدَّرَ (كَانَ) تَامَّةً وَنَاقِصَةً، إِذْ لا يُخِلُّ ذَلِكَ بِالْمَعْنَى، وَيُقَالُ: إِنَّ أَصْلَ ذَلِكَ أَنَّ رَجُلا كَانَ لا تَحْظَى عِنْدَهُ امْرَأَةٌ، فَلَمَّا تَزَوَّجَ هَذِهِ لَمْ تَأْلُ جَهْدًا فِي أَنْ تَحْظَى عِنْدَهُ، فَطَلَّقَهَا وَلَمْ تَحْظَ، فَقَالَتْ: (إِلا حَظِيَّةٌ فَلا أَلِيَّةٌ)؛ أَيْ: إِنْ

---

(١) الحظوة: المكانة كما مر يقال: حظيت المرأة عند زوجها بالكسر تحظى حظوة وحظة فهي حظية وهن حظايا ضد صلفت. والألو: التقصير يقال: إلا في هذا الأمر يألو ألوا وألوا وأليا، وائتلى إذا قصر فيه وأبطئ فهو آل ومئتل. يضرب هذا المثل في مداراة الناس والتودد إليهم. والمعنى أنك إن أخطاتك الحظوة فيما تريد، فلا تأل جهدا ولا تزل مجتهدا متوددا للناس حتى تستدرك ما فاتك مما تطلب. وأصله في المرأة إنها إن لم تحظ عند زوجها فلا ينبغي لها أن تقصر في طلب الحظوة حتى تنالها. [زهر الأكم:٤١/١].

لَمْ تَثْبُتْ لَكِ حَظِيَّةٌ فَمَا أَلَوْتِ جَهْدًا فِي قَصْدِ الْحُظْوَةِ، أَوْ إِنْ لَمْ تَكُنْ لَكِ حَظِيَّةٌ، وَإِذَا نَصَبْتَ فَالتَّقْدِيرُ إِنْ لَمْ أَكُنْ حَظِيَّةً، فَتَكُونُ نَاقِصَةً لا غَيْرَ، وَصَارَتْ مَثَلًا فِي الْمُدَارَاةِ وَالتَّحَبُّبِ لإِدْرَاكِ الْغَرَضِ، فَلا يُفِيدُ، وَقَوْلُهُ: (فَلا أَلِيَّةَ) إِنْ نُصِبَ فَظَاهِرٌ، وَيَكُونُ نَصْبُهُ كَنَصْبِ (حَظِيَّةَ) بِكَانَ مُقَدَّرَةً، وَإِذَا رُفِعَ جَازَ أَنْ يَكُونَ خَبَرَ مُبْتَدَإٍ مَحْذُوفٍ تَقْدِيرُهُ: فَأَنَا غَيْرُ أَلِيَّةٍ، إِلا أَنَّهُ وَضَعَ (لا) مَوْضِعَ (غَيْرَ) مِنْ غَيْرِ تَكْرَارٍ، وَذَلِكَ قَلِيلٌ، وَسَاغَ لِكَوْنِهِ مَثَلًا، وَإِنَّمَا جَاءَ ذَلِكَ فِيهَا مَعَ التَّكْرَارِ، وَيَجُوزُ أَنْ تَكُونَ (لا) بِمَعْنَى: لَيْسَ وَخَبَرُهَا مَحْذُوفٌ؛ أَيْ: أَلِيَّةٌ حَاصِلَةٌ لِي، وَهُوَ أَيْضًا قَلِيلٌ.

الْمُبْتَدَأُ وَالْخَبَرُ

هُمَا الاسْمَانِ الْمُجَرَّدَانِ لِلإِسْنَادِ[١].

قَالَ الشَّيْخُ: حَدَّ الْمُبْتَدَأَ وَالْخَبَرَ بِحَدٍّ وَاحِدٍ بَعْدَ ذِكْرِهِمَا بِخُصُوصِيَّةِ اسْمَيْهِمَا، وَمِثْلُ ذَلِكَ غَيْرُ مُسْتَقِيمٍ، إِذْ لا يَسْتَقِيمُ أَنْ يُحَدَّ مُخْتَلِفَانِ بِحَقِيقَةٍ وَاحِدَةٍ، فَكَمَا يَمْتَنِعُ أَنْ يُقَالَ: الإِنْسَانُ وَالْفَرَسُ جِسْمٌ مُتَحَرِّكٌ، وَيُقْصَدَ بِهِ تَحْدِيدُهُمَا، فَكَذَلِكَ هَذَا، فَإِنْ زَعَمَ أَنَّهُ حَدَّ بِاعْتِبَارِ مَا اشْتَمَلا عَلَيْهِ مِنَ الأَمْرِ الْعَامِّ، وَهُوَ كَوْنُ كُلِّ وَاحِدٍ مِنْهُمَا مُجَرَّدًا عَنِ الْعَامِلِ لَمْ يَسْتَقِمْ إِلا عَلَى تَقْدِيرِ أَنْ يُذْكَرَا بِاسْمَيْهِمَا مِنْ تِلْكَ الْجِهَةِ الْعَامَّةِ، مِثَالُ ذَلِكَ أَنْ تَقُولَ: الْحَيَوَانُ جِسْمٌ مُتَحَرِّكٌ، فَيَدْخُلُ فِيهِ الإِنْسَانُ وَالْفَرَسُ، فَإِنَّ إِطْلاقَ الأَخَصِّ بِاعْتِبَارِ مُجَرَّدِ الأَعَمِّ خَطَأٌ، كَإِطْلاقِ الإِنْسَانِ عَلَى الْفَرَسِ بِاعْتِبَارِ كَوْنِهِ حَيَوَانًا؛ لأَنَّهَا دَلالَةُ تَضَمُّنٍ وَهِيَ غَيْرُ مُسْتَعْمَلَةٍ، وَيُمْكِنُ أَنْ يُقَالَ هَاهُنَا: الْمَرْفُوعَانِ بِالابْتِدَاءِ هُمَا الاسْمَانِ الْمُجَرَّدَانِ لِلإِسْنَادِ، وَإِنَّمَا ارْتَكَبَ ذَلِكَ لِعِلْمِهِ بِمَا يَرِدُ عَلَيْهِ لَوْ أَفْرَدَ، وَذَلِكَ لأَنَّهُ لَوْ أَفْرَدَ الْمُبْتَدَأَ، وَقَدْ عُلِمَ أَنَّ النَّحْوِيِّينَ إِنَّمَا يُمَيِّزُونَهُ بِكَوْنِهِ مُسْنَدًا إِلَيْهِ، لَوَرَدَ عَلَيْهِ (أَقَائِمٌ الزَّيْدَانِ)، فَإِنَّهُ اسْمٌ لَيْسَ مُسْنَدًا إِلَيْهِ، وَهُوَ مَعَ ذَلِكَ مُبْتَدَأٌ عِنْدَهُمْ، فَيَخْرُجُ عَنِ الْحَدِّ مَا هُوَ مِنْهُ، فَلا يَنْعَكِسُ، وَكَذَلِكَ إِذَا حَدَّ الْخَبَرَ بِكَوْنِهِ مُسْنَدًا بِهِ وَرَدَ عَلَيْهِ (أَقَائِمٌ الزَّيْدَانِ)؛ لأَنَّهُ مُسْنَدٌ بِهِ وَلَيْسَ بِخَبَرٍ، فَلا يَطَّرِدُ، فَلَمَّا لَمْ يُمْكِنْهُ إِفْرَادُهُمَا لِذَلِكَ، وَلَمْ يَرَ الْخُرُوجَ عَنِ اصْطِلاحِهِمْ

---

(١) المبتدأ والخبرُ اسمانِ تتألفُ منهما جملةٌ مفيدةٌ، نحو "الحق منصورٌ" و"الاستقلالُ ضامنٌ سعادةَ الأمةِ". ويَتميّزُ المبتدأ عن الخبر بأنَّ المبتدأ مُخبَرٌ عنه، والخبرَ مُخبَرٌ به.
والمبتدأ هو المسنَدُ اليه، الذي لم يسبقْهُ عاملٌ. والخبرُ ما أُسنِدَ الى المبتدأ، وهو الذي تتمُّ به مع المبتدأ فائدة. والجملةُ المؤلفةُ من المبتدأ والخبر تُدعى جملةً اسميَّة.

جَمَعَهُمَا بِحَدٍّ وَاحِدٍ لِئَلا يَرِدَ ذَلِكَ عَلَيْهِ فِيهِ، وَكَانَ يُمْكِنُهُ أَنْ يَحُدَّهُ بِكَوْنِهِ مُسْنَدًا إِلَيْهِ وَيُرْدِفُهُ الْقِسْمَ الآخَرَ وَهُوَ الصِّفَةُ الَّتِي بَعْدَ حَرْفِ النَّفْيِ وَحَرْفِ الاسْتِفْهَامِ رَافِعَةً لِظَاهِرٍ، إلا أَنَّهُ كَرِهَ التَّنْوِيعَ فِي الْحَدِّ.

وَالتَّحْقِيقُ أَنَّ الْمَعْنَى الَّذِي كَانَ بِهِ الْمُبْتَدَأُ مَعْنًى وَاحِدٌ، وَهُوَ كَوْنُهُ اسْمًا مُجَرَّدًا عَنِ الْعَامِلِ لَهُ صَدْرُ الْكَلامِ فِي الأَصْلِ، فَهَذَا هُوَ الْمَعْنَى الَّذِي سُمِّيَ بِاعْتِبَارِهِ مُبْتَدَأً، وَإِنَّمَا عَدَلَ النَّحْوِيُّونَ عَنْ تَعْرِيفِهِ بِهِ كَيْلا يُؤَدِّي إِلَى الدَّوْرِ فِي حَقِّ الْمُبْتَدَإِ؛ لأَنَّهُ لا يُعْرَفُ أَنَّ الْمُبْتَدَأَ لَهُ صَدْرُ الْكَلامِ أَصَالَةً حَتَّى يُعْرَفَ كَوْنُهُ مُبْتَدَأً، فَإِذَا لَمْ يُعْرَفْ كَوْنُهُ مُبْتَدَأً إلا بِذَلِكَ كَانَ دَوْرًا، فَعَدَلُوا عَنْهُ لِقِلَّةِ فَائِدَتِهِ إِلَى كَوْنِهِ مُسْنَدًا إِلَيْهِ، وَإِنْ لَزِمَ مِنْهُ تَرْكُ قِسْمٍ مِنْهُ لِمَا فِيهِ مِنَ الْفَائِدَةِ لِلْمُتَعَلِّمِ؛ لأَنَّ ذَلِكَ الْقِسْمَ فِي حُكْمِ الْعَدَمِ لِقِلَّتِهِ وَنُدُورِهِ، وَخَبَرُ الْمُبْتَدَأِ، وَإِنْ كَانَ يَكُونُ فِعْلا وَجَارًّا وَمَجْرُورًا أَوْ جُمْلَةً اسْمِيَّةً، رَاجِعٌ إِلَى كَوْنِهِ اسْمًا فِي التَّقْدِيرِ، وَلِذَلِكَ اغْتُفِرَ قَوْلُهُمْ فِيهِ: إِنَّهُ اسْمٌ؛ لأَنَّهُ فِي الْمَعْنَى مُفْرَدٌ يُحْكَمُ بِهِ عَلَى الْمُسْنَدِ إِلَيْهِ، وَالْمُفْرَدُ إِمَّا أَنْ يَكُونَ فِعْلا، وَإِمَّا أَنْ يَكُونَ اسْمًا، وَإِمَّا أَنْ يَكُونَ حَرْفًا، لا جَائِزٌ أَنْ يَكُونَ حَرْفًا لِمَا تَقَدَّمَ مِنْ أَنَّهُ لا يَكُونُ أَحَدَ جُزْأَيِ الْجُمْلَةِ، ولا أَنْ يَكُونَ فِعْلا لِمَا تَقَدَّمَ مِنْ أَنَّ الْفِعْلَ إِنَّمَا يُسْنَدُ إِلَى مَا بَعْدَهُ، فَوَجَبَ أَنْ يَكُونَ اسْمًا، وَإِنَّمَا جَازَ وُقُوعُ غَيْرِهِ فِي الصُّورَةِ؛ لأَنَّهُ بِتَأْوِيلِهِ؛ لأَنَّ الْفِعْلَ الَّذِي وَقَعَ خَبَرًا بِتَأْوِيلِ الاسْمِ.

قَالَ: (وَالْمُرَادُ بِالتَّجْرِيدِ إِخْلاؤُهُمَا مِنَ الْعَوَامِلِ الَّتِي هِيَ: كَانَ، وَإِنَّ، وَحَسِبْتُ وَأَخَوَاتُهَا).

قَالَ الشَّيْخُ: قَدْ ذَكَرَ أَجْنَاسَ الْعَوَامِلِ اللَّفْظِيَّةِ الدَّاخِلَةِ عَلَى الْمُبْتَدَإِ وَالْخَبَرِ، ثُمَّ بَيَّنَ أَنَّ دُخُولَهُمَا عَلَيْهِمَا مِمَّا يُخْرِجُهُمَا عَنْ ذَلِكَ؛ لِكَوْنِهِمَا يَرْجِعَانِ مَعْمُولَيْنِ لَهُمَا.

وَقَالَ: (تَلَعَّبْتُ بِهِمَا)، وَإِنْ كَانَ أَكْثَرُهَا، إِنَّمَا يَتَلَعَّبُ بِأَحَدِهِمَا؛ إِمَّا عَلَى إِرَادَةِ أَنَّ الرَّفْعَ الْحَاصِلَ بَعْدَ دُخُولِهَا عَيْنُ الرَّفْعِ الَّذِي كَانَ فِيهِمَا، وَإِمَّا عَلَى إِرَادَةِ التَّفْصِيلِ بَعْدَ الإِجْمَالِ؛ أَيْ: بَعْضُهَا يَتَلَعَّبُ بِالأَوَّلِ، وَبَعْضُهَا بِالثَّانِي، وَبَعْضُهَا بِهِمَا، وَذَلِكَ جَائِزٌ، تَقُولُ: (الزَّيْدَانِ ضَرَبَا الْعَمْرَيْنِ)، فَلا يَلْزَمُ أَنْ يَكُونَ كُلُّ وَاحِدٍ مِنْهُمَا ضَرَبَ الاثْنَيْنِ جَمِيعًا، بَلْ يَجُوزُ ذَلِكَ، وَيَجُوزُ أَنْ يَكُونَ كُلُّ وَاحِدٍ مِنْهُمَا ضَرَبَ وَاحِدًا، وَعَلَيْهِ قَوْلُهُ تَعَالَى: **"وَقَالُوا لَن يَدْخُلَ الْجَنَّةَ إِلا مَن كَانَ هُودًا أَوْ نَصَارَى"** [البقرة:١١١]، **"وَقَالَتِ الْيَهُودُ وَالنَّصَارَى نَحْنُ أَبْنَاءُ اللَّهِ وَأَحِبَّاؤُهُ"** [المائدة:١٨].

وَقَالَ: (وَإِنَّمَا اشْتَرَطَ فِي التَّجْرِيدِ أَنْ يَكُونَ مِنْ أَجْلِ الإِسْنَادِ).

لأنَّهُ الْمَعْنَى الَّذِي بِهِ يَحْصُلُ التَّرْكِيبُ الْمُقْتَضِي لِلإعْرَابِ، إِذْ لَوْلا ذَلِكَ لَكَانَا - عَلَى مَا ذَكَرَ - حُكْمُهُمَا حُكْمُ الأَصْوَاتِ الَّتِي لا إِعْرَابَ فِيهَا، وَشَبَّهَهُمَا بِالأَصْوَاتِ فِي كَوْنِهَا غَيْرَ مُعْرَبَةٍ لانْتِفَاءِ مُقْتَضِي الإعْرَابِ، ثُمَّ ذَكَرَ فِي الأَصْوَاتِ فِي الْبِنَاءِ مَا يَقْتَضِي أَنَّ بِنَاءَهَا كَانَ لِمَانِعٍ كَغَيْرِهَا مِنَ الْمَبْنِيَّاتِ، فَجَاءَ مِنْ ذَلِكَ تَنَاقُضٌ ظَاهِرٌ، وَهُوَ أَنْ يَكُونَ نَفْيُ الإعْرَابِ لانْتِفَاءِ السَّبَبِ وَلِوُجُودِ الْمَانِعِ، وَانْتِفَاءُ السَّبَبِ يُنَافِي وُجُودَ الْمَانِعِ، وَيَجُوزُ أَنْ يَكُونَ أَرَادَ بِالأَصْوَاتِ الَّتِي يُنْطَقُ بِهَا مِنْ غَيْرِ تَرْكِيبٍ مِثْلُ: أَلِفٌ بَاءٌ وَأَشْبَاهِهِمَا مِنَ الْمُفْرَدَاتِ الَّتِي لا يُقْصَدُ بِهَا تَرْكِيبٌ، فَيَنْدَفِعُ الاعْتِرَاضُ.

ثُمَّ ذَكَرَ الْعَامِلَ، فَقَالَ: (وَكَوْنُهُمَا مُجَرَّدَيْنِ لِلإِسْنَادِ هُوَ رَافِعُهُمَا).

وَقَدْ تَقَدَّمَ أَنَّ الْعَامِلَ هُوَ الْمَعْنَى الَّذِي يَتَحَقَّقُ بِهِ مُقْتَضِي الإعْرَابِ، وَلِلنَّحْوِيِّينَ فِي تَعْيِينِهِ هَاهُنَا مَذَاهِبُ: فَذَهَبَ الْبَصْرِيُّونَ الْمُتَأَخِّرُونَ إِلَى مَا ذَكَرَهُ، وَهُوَ كَوْنُهُمَا مُجَرَّدَيْنِ لِلإِسْنَادِ، وَذَهَبَ الْمُتَقَدِّمُونَ مِنْهُمْ إِلَى أَنَّ كَوْنَ الْمُبْتَدَإِ مُجَرَّدًا عَنِ الْعَوَامِلِ اللَّفْظِيَّةِ لِلإِسْنَادِ رَافِعٌ لَهُ، وَهُوَ وَالْمُبْتَدَأُ جَمِيعًا رَافِعَانِ لِلْخَبَرِ.

وَذَهَبَ الْكُوفِيُّونَ إِلَى أَنَّ الْمُبْتَدَأَ عَامِلٌ فِي الْخَبَرِ، وَالْخَبَرُ عَامِلٌ فِي الْمُبْتَدَإِ.

فَوَجْهُ الأَوَّلِ أَنَّهُ مَعْنًى اقْتَضَى الأَمْرَيْنِ جَمِيعًا اقْتِضَاءً وَاحِدًا فِي تَحْقِيقِ مَا بِهِ ثَبَتَ الإعْرَابُ، فَوَجَبَ أَنْ يَكُونَ هُوَ الْعَامِلُ فِيهِمَا، كَمَا فِي (ظَنَنْتُ)، وَلا بُدَّ مِنْ أَخْذِ التَّجْرِيدِ بِاتِّفَاقٍ؛ لأَنَّهُ لَوْلا التَّجْرِيدُ لانْتَفَى ذَلِكَ الْمَعْنَى الَّذِي يَكُونُ هَذَا الإعْرَابُ مِنْهُ فَوَجَبَ اعْتِبَارُهُ.

وَوَجْهُ الثَّانِي أَنَّهُ عَدَمِيٌّ، فَوَجَبَ أَنْ لا يُصَارَ إِلَيْهِ عَلَى انْفِرَادِهِ إِلا لِضَرُورَةٍ، وَلا ضَرُورَةَ تُلْجِئُ بِاعْتِبَارِ الْخَبَرِ، فَوَجَبَ أَنْ يَكُونَ الْمُبْتَدَأُ مَعَهُ جُزْءًا فِي الْعَمَلِ، وَهَذَا لَيْسَ بِشَيْءٍ فِي التَّحْقِيقِ، فَإِنَّهُ وَإِنْ كَانَ عَدَمِيًّا فَفِيهِ اعْتِبَارُ الْوُجُودِ، وَهُوَ الإِسْنَادُ، فَلَمْ يَكُنْ عَدَمًا صِرْفًا، بَلْ مَعَهُ وُجُودٌ، فَصَارَتِ الزِّيَادَةُ الَّتِي اعْتَبَرُوهَا؛ لأَجْلِ الْوُجُودِ لا مَعْنَى لَهَا، ثُمَّ وَلَوْ قُدِّرَ عَدَمًا فَلَيْسَ هُوَ هَاهُنَا مُوجِبًا وَلا سَبَبًا فِي التَّحْقِيقِ، وَإِنَّمَا هُوَ كَالْعَلامَةِ لِلشَّيْءِ، وَقَدْ تَكُونُ الْعَلامَةُ عَدَمًا، ثُمَّ تَخْصِيصُ الْخَبَرِ بِزِيَادَةٍ مَعَ اسْتِوَاءِ الإِسْنَادِ إِلَيْهِمَا مَحْضٌ، فَلَوْ صَحَّ أَخْذُ الْمُبْتَدَإِ عَامِلا فِي الْخَبَرِ لَصَحَّ أَنْ يَكُونَ الْخَبَرُ عَامِلا فِي الْمُبْتَدَإِ.

وَوَجْهُ قَوْلِ الْكُوفِيِّينَ أَنَّ كُلَّ وَاحِدٍ مِنْهُمَا لا يَكُونُ مُسْنَدًا وَمُسْنَدًا إِلَيْهِ إِلا بِاعْتِبَارِ أَخِيهِ، فَوَجَبَ أَنْ يَكُونَ أَحَدُهُمَا عَامِلا فِي الآخَرِ، إِذْ لا يَتَحَقَّقُ ذَلِكَ الْمَعْنَى إِلا بِهِ، وَهَذَا لَيْسَ بِمُسْتَقِيمٍ، فَإِنِ الْمَعْنَى الَّذِي اقْتَضَى أَنْ يَكُونَ أَحَدُهُمَا مُبْتَدَأً هُوَ الْمَعْنَى الَّذِي

اقْتَضَى أَنْ يَكُونَ الآخَرُ خَبَرًا، فَصَارَ الْمُصَحِّحُ لِمُقْتَضِي الإعْرَابِ فِيهِمَا وَاحِدًا، فَيَجِبُ أَنْ يَكُونَ الْعَامِلَ فِيهِمَا أَصْلُهُ (ظَنَنْتُ زَيْدًا قَائِمًا)، فَإِنَّا مُتَّفِقُونَ عَلَى أَنَّ الْعَامِلَ فِي الْمَفْعُولَيْنِ (ظَنَنْتُ)، لَمَّا كَانَ هُوَ الْمُقْتَضِي لَهُمَا جَمِيعًا الاقْتِضَاءَ الَّذِي بِهِ يَقُومُ الْمَعْنَى الْمُقْتَضِي لِلإعْرَابِ، وَهَذَا كَذَلِكَ، وَأَيْضًا فَإِنَّ هَذِهِ الْعَوَامِلَ كَالْعَلامَاتِ، فَإِذَا جُعِلَ كُلُّ وَاحِدٍ مِنْهُمَا عَلامَةً عَلَى رَفْعِ الآخَرِ أَدَّى إِلَى أَنْ تَكُونَ الْعَلامَةُ مُتَأَخِّرَةً عَنِ الْمُعَلَّمِ عَلَيْهِ، وَهُوَ خِلافُ الْقِيَاسِ الْعَقْلِيِّ.

فَإِنْ قِيلَ: فَقَدْ عَمِلَ (أَيًّا) فِي (تَدْعُوا) و(تَدْعُوا) فِي (أَيًّا) فِي قَوْلِهِ تَعَالَى: "**أَيًّا مَا تَدْعُوا**" [الإسراء:١١٠] أُجِيبَ بِأَنَّ أَسْمَاءَ الشُّرُوطِ إِنَّمَا عَمِلَتْ مِنْ جِهَةِ تَضَمُّنِهَا مَعْنَى (إِنْ)، وَكَانَتْ مَعْمُولَةً مِنْ جِهَةِ مَعْنَى الاسْمِيَّةِ، فَاخْتَلَفَتِ الْجِهَتَانِ، وَأَيْضًا فَإِنَّا قَاطِعُونَ بِوُجُودِ مَا ذَكَرُوهُ فِي مِثْلِ (كَانَ زَيْدٌ قَائِمًا)، و(كَأَنَّ زَيْدًا قَائِمٌ)، فَيَجِبُ أَنْ يَكُونَا مَرْفُوعَيْنِ عَلَى مَا كَانَا عَلَيْهِ، لِوُجُودِ الرَّافِعِ لِكُلٍّ مِنْهُمَا، ولا يَسْتَقِيمُ أَخْذُ التَّجْرِيدِ لَهُمْ فِي ذَلِكَ؛ لأَنَّ مِنْ مَذْهَبِهِمْ أَنَّ (قَائِمٌ) مَرْفُوعٌ عَلَى مَا كَانَ مَرْفُوعًا بِهِ قَبْلَ دُخُولِ (كَأَنَّ)، وَلا عَمَلَ لِكَأَنَّ فِيهِ، فَلَوْ أَخَذُوا التَّجْرِيدَ قَيْدًا مَعَ مَا ذَكَرُوهُ لانْتَفَى عَنْهُمْ هَذَا الاعْتِرَاضُ، وَالَّذِي حَمَلَهُمْ عَلَى أَنْ لا يَأْخُذُوهُ كَوْنُهُمْ تَوَهَّمُوا أَنَّهُ عَدَمٌ مَحْضٌ فَتَرَكُوهُ لِذَلِكَ، فَلَزِمَهُمْ مَا ذَكَرْنَاهُ.

ثُمَّ شَرَعَ يُشَبِّهُهُمَا بِالْفَاعِلِ عَلَى مَا تَقَدَّمَ مِنْ أَنَّ الْمَرْفُوعَاتِ كُلَّهَا مُشَبَّهَةٌ بِالْفَاعِلِ، فَشَبَّهَ الْمُبْتَدَأَ مِنْ حَيْثُ كَوْنِهِ مُسْنَدًا إِلَيْهِ، وَشَبَّهَ الْخَبَرَ مِنْ حَيْثُ كَوْنِهِ جُزْءًا ثَانِيًا مِنَ الْجُمْلَةِ، وَقَدْ شَبَّهَهُمَا بِافْتِقَارِ كُلِّ وَاحِدٍ مِنْهُمَا إِلَى جُزْءٍ يَنْضَمُّ إِلَيْهِ كَافْتِقَارِ الْفَاعِلِ إِلَى جُزْءٍ يَنْضَمُّ إِلَيْهِ، وَكُلُّ ذَلِكَ قَرِيبٌ.

قَوْلُهُ: (وَالْمُبْتَدَأُ عَلَى نَوْعَيْنِ: مَعْرِفَةٍ وَهُوَ الْقِيَاسُ).

قَالَ الشَّيْخُ: الأَصْلُ فِي الْمُبْتَدَإِ أَنْ يَكُونَ مَعْرِفَةً؛ لأَنَّهُ مَحْكُومٌ عَلَيْهِ، وَالْحُكْمُ عَلَى الشَّيْءِ لا يَكُونُ إِلا بَعْدَ مَعْرِفَتِهِ، وَقَوْلُهُ: (وَنَكِرَةً)؛ يَعْنِي: نَكِرَةً مُقَرَّبَةً مِنَ الْمَعْرِفَةِ، وَتَقْرِيبُهَا مِنَ الْمَعْرِفَةِ بِوُجُوهٍ:

مِنْهَا: أَنْ تَكُونَ مَوْصُوفَةً؛ لأَنَّهَا إِذَا اتَّصَفَتْ تَخَصَّصَتْ، فَقَرُبَتْ مِنَ الْمَعْرِفَةِ، وَمَثَّلَ بِقَوْلِهِ تَعَالَى: "**وَلَعَبْدٌ مُؤْمِنٌ**" [البقرة:٢٢١]، وَالْمُرَادُ: كُلُّ عَبْدٍ مُؤْمِنٍ، وَمِثْلُ ذَلِكَ لَيْسَتِ الصِّفَةُ فِيهِ بِمُصَحِّحَةٍ لِلابْتِدَاءِ عَلَى الانْحِصَارِ، بَلْ مِثْلُهَا فِي قَوْلِكَ: (فِي الدَّارِ رَجُلٌ عَالِمٌ)، وَالَّذِي يُصَحِّحُ ذَلِكَ صِحَّةُ قَوْلِكَ: (رَجُلٌ خَيْرٌ مِنِ امْرَأَةٍ)، وَقَوْلُهُمْ: (تَمْرَةٌ خَيْرٌ مِنْ

جَرَادَةٍ)، وَذَلِكَ جَارٍ فِي كُلِّ نَكِرَةٍ لَمْ يُقْصَدْ بِهَا وَاحِدٌ مُخْتَصٌّ، وَكَانَ فِي مَعْنَى الْعُمُومِ، وَذَلِكَ مُصَحِّحٌ مُسْتَقِلٌّ.

وَإِمَّا غَيْرَ مَوْصُوفَةٍ، كَالنَّكِرَةِ الدَّاخِلَةِ عَلَيْهَا هَمْزَةُ الاِسْتِفْهَامِ وَأَمِ الْمُتَّصِلَةِ، فَإِنَّهَا إِذَا دَخَلَتْ عَلَيْهَا دَلَّتْ عَلَى أَنَّ الْمُتَكَلِّمَ عَالِمٌ بِإِثْبَاتِ الْحُكْمِ لِأَحَدِهِمَا، إِلَّا أَنَّهُ لَا يَعْلَمُهُ بِعَيْنِهِ، فَهُوَ يَسْأَلُ عَنِ التَّعْيِينِ، إِذَا كَانَ الْحُكْمُ مَعْلُومًا صَارَ الْخَبَرُ فِي الْمَعْنَى كَوَصْفٍ، فَكَانَتْ فِي الْمَعْنَى كَنَكِرَةٍ مَوْصُوفَةٍ.

وَإِمَّا نَكِرَةٍ فِي سِيَاقِ النَّفْيِ؛ كَقَوْلِهِمْ: (مَا أَحَدٌ خَيْرٌ مِنْكَ)، فَإِنَّ النَّكِرَةَ فِي سِيَاقِ النَّفْيِ تَعُمُّ، وَإِذَا عَمَّتْ كَانَتْ لِلْجَمِيعِ، فَكَانَتْ فِي الْمَعْنَى كَالْمَعْرِفَةِ.

وَإِمَّا أَنْ تَكُونَ فِي كَلَامٍ مُقَدَّرٍ بِالْفَاعِلِ؛ كَقَوْلِهِمْ: (شَرٌّ أَهَرَّ ذَا نَابٍ)، فَإِنَّ مَعْنَاهُ مَا أَهَرَّ ذَا نَابٍ إِلَّا شَرٌّ، وَإِذَا كَانَ فِي مَعْنَى الْفَاعِلِ صَحَّ الاِبْتِدَاءُ بِهِ؛ لِأَنَّ الْفَاعِلَ مَحْكُومٌ عَلَيْهِ قَبْلَ ذِكْرِهِ، فَكَأَنَّهُ مَوْصُوفٌ، فَالْوَجْهُ الَّذِي صَحَّ الْإِخْبَارُ بِهِ عَنِ الْفَاعِلِ هُوَ الْمُصَحِّحُ لِلاِبْتِدَاءِ بِالنَّكِرَةِ الَّتِي فِي مَعْنَى الْفَاعِلِ، وَمِنْهُ: (شَرٌّ يُجِيئُكَ إِلَى مُخَّةِ عُرْقُوبٍ) يُضْرَبُ فِي شِدَّةِ الضَّرُورَةِ الْمُحْوِجَةِ إِلَى مَا لَا يَلِيقُ، وَمِنْهُ: (مَأْرُبَةٌ لَا حَفَاوَةٌ)؛ أَيْ: حَاجَةٌ جَاءَتْ بِكَ لَا عِنَايَةٌ بِنَا، وَذَلِكَ جَارٍ فِي كُلِّ نَكِرَةٍ أُخْبِرَ عَنْهَا بِجُمْلَةٍ فِعْلِيَّةٍ عَلَى مَا ذُكِرَ فِي الْمَعْنَى.

وَقَدْ قِيلَ: إِنَّ الْمُصَحِّحَ كَوْنُهُ مَوْصُوفًا فِي الْمَعْنَى؛ أَيْ: شَرٌّ عَظِيمٌ، وَمَأْرُبَةٌ عَظِيمَةٌ، وَقِيلَ: لِمَا فِيهِ مِنْ مَعْنَى التَّعَجُّبِ، وَقَالَ سِيبَوَيْهِ: وَقَدِ ابْتَدَؤُوا بِالنَّكِرَةِ عَلَى غَيْرِ هَذَا، وَذَلِكَ قَوْلُهُمْ: (أَمْتٌ فِي حَجَرٍ لَا فِيكَ)؛ أَيْ: عَلَى غَيْرِ بَابٍ: (شَرٌّ أَهَرَّ ذَا نَابٍ)، و(سَلَامٌ عَلَيْكُمْ)؛ لِأَنَّهُ لَيْسَ عَلَى مَعْنَى شَرٍّ، وَلَا بِمَعْنَى الدُّعَاءِ، وَإِنَّمَا الْمَعْنَى مَدْحُهُ بِأَنَّهُ لَا اعْوِجَاجَ فِيهِ، قَالَ: (وَهُوَ شَاذٌّ).

وَإِمَّا نَكِرَةٌ قَدْ تَقَدَّمَ عَلَيْهَا خَبَرُهَا، وَهُوَ ظَرْفٌ أَوْ جَارٌّ وَمَجْرُورٌ، وَقَدْ كَثُرَ كَلَامُ النَّاسِ فِي مِثْلِهِ، فَعَامَّةُ الْبَصْرِيِّينَ لَا يُجِيزُونَ (رَجُلٌ فِي الدَّارِ) وَاتَّفَقُوا عَلَى تَجْوِيزِ (فِي الدَّارِ رَجُلٌ)، فَأَمَّا الْكُوفِيُّونَ، فَقَالُوا: فَاعِلٌ مِثْلُ (فِي الدَّارِ زَيْدٌ) عِنْدَهُمْ أَيْضًا بِالْفِعْلِ الْمُقَدَّرِ، وَرَدَّهُ الْبَصْرِيُّونَ بِجَوَازِ: (إِنَّ فِي الدَّارِ زَيْدًا)، وَجَوَازِ (فِي دَارِهِ زَيْدٌ)؛ لِأَنَّ الضَّمِيرَ يُوجِبُ أَنْ يَكُونَ التَّقْدِيرُ (زَيْدٌ فِي دَارِهِ)، وَذَلِكَ يَمْنَعُ كَوْنَهُ فَاعِلًا، وَقَالَ الْبَصْرِيُّونَ: هُوَ مُبْتَدَأٌ، ثُمَّ اخْتَلَفُوا فِي تَعْلِيلِهِ، فَقَالَ قَوْمٌ: إِنَّمَا جَازَ (فِي الدَّارِ رَجُلٌ)؛ لِأَنَّهُ تَعَيَّنَ لِلْخَبَرِيَّةِ، وَلَمْ يَجُزْ (رَجُلٌ فِي الدَّارِ) لاِحْتِمَالِ أَنْ يَكُونَ صِفَةً، فَيَنْتَظِرُ السَّامِعُ الْخَبَرَ، فَلَا يَلْزَمُ مِنْ جَوَازِ (فِي الدَّارِ رَجُلٌ) مَعَ نَفْيِ الاِحْتِمَالِ جَوَازُ (رَجُلٌ فِي الدَّارِ) مَعَ بَقَاءِ الاِحْتِمَالِ، وَهَذَا غَيْرُ

مُسْتَقِيم؛ لأنَّ مِثْلَ هَذَا الاحْتِمَالِ لا يُمْنَعُ، بِدَلِيلِ قَوْلِهِمْ: (زَيْدٌ الْقَائِمُ)، فَإِنَّهُ خَبَرٌ لَهُ بِاتِّفَاقٍ، مَعَ أَنَّهُ يَجُوزُ أَنْ يَكُونَ صِفَةً، وَيَجُوزُ أَنْ يَكُونَ خَبَرًا فَيَنْتَظِرُ السَّامِعُ الْجَوَابَ، فَلَمْ يَكُنْ هَذَا الاحْتِمَالُ مَانِعًا.

الثَّانِي: أَنَّ الْغَرَضَ أَنْ يُبَيِّنَ قُرْبُ النَّكِرَةِ مِنَ الْمَعْرِفَةِ فِي الْمَوْضِعِ الَّذِي وَقَعَتْ فِيهِ النَّكِرَةُ مُبْتَدَأَةً، وَهَذَا الْفَرْقُ لَمْ يُحَصِّلْ لِلنَّكِرَةِ تَقْرِيبًا مِنَ الْمَعْرِفَةِ.

وَقَالَ قَوْمٌ: إِنَّمَا جَازَ (فِي الدَّارِ رَجُلٌ) لأَنَّ الْخَبَرَ فِي مَعْنَى الصِّفَةِ، لأَنَّا حَكَمْنَا بِالْخَبَرِ عَلَى الْمُبْتَدَإِ قَبْلَ ذِكْرِ الْمُبْتَدَإِ، فَلَمْ يَأْتِ إِلا بَعْدَ أَنْ صَارَ كَأَنَّهُ مَوْصُوفٌ، أَلا تَرَى أَنَّ الْفَاعِلَ لَمَّا كَانَ الْحُكْمُ عَلَيْهِ مُقَدَّمًا جَاءَ مَعْرِفَةً وَنَكِرَةً، وَيَرِدُ عَلَيْهِ جَوَازُ (قَائِمٌ رَجُلٌ)، عَلَى أَنَّهُ خَبَرٌ مُقَدَّمٌ، وَيُجَابُ إِمَّا بِكَثْرَةِ تَصَرُّفِهِمْ فِي الظُّرُوفِ، وَإِمَّا بِقُوَّةِ مَعْنَى الْفَاعِلِ فِيهِ، حَتَّى قَالَ كَثِيرٌ بِأَنَّ الْفِعْلَ مُقَدَّرٌ مُرَادٌ، وَإِمَّا بِكَوْنِ الظَّرْفِ يَتَعَيَّنُ بِتَقْدِيمِهِ لِلْخَبَرِيَّةِ.

قَوْلُهُ: (وَالْخَبَرُ عَلَى نَوْعَيْنِ: مُفْرَدٌ وَجُمْلَةٌ، فَالْمُفْرَدُ عَلَى ضَرْبَيْنِ: خَالٍ عَنِ الضَّمِيرِ وَمُتَضَمِّنٌ لَهُ).

قَالَ الشَّيْخُ: الْخَبَرُ الَّذِي يَتَضَمَّنُ الضَّمِيرَ هُوَ كُلُّ اسْمٍ مِنْ أَسْمَاءِ الْفَاعِلِينَ وَالْمَفْعُولِينَ وَالصِّفَاتِ كُلِّهَا، وَإِنَّمَا احْتَاجَتْ إِلَى ضَمِيرٍ؛ لأَنَّهَا تَعْمَلُ عَمَلَ أَفْعَالِهَا، فَإِنْ كَانَتْ فِي الْحَقِيقَةِ لِلْمُبْتَدَإِ أُسْنِدَتْ إِلَى ضَمِيرِهِ فِي الْمَعْنَى، وَإِنْ كَانَتْ لِغَيْرِهِ، فَلا بُدَّ مِنْ تَعَلُّقِ ذَلِكَ الْغَيْرِ بِضَمِيرِهِ، وَإِلا كُنْتَ مُخْبِرًا بِالأَجْنَبِيِّ عَنِ الأَوَّلِ، وَأَمَّا غَيْرُهَا فَلا عَمَلَ لَهَا، فَلَمْ يَحْتَجْ إِلَى ضَمِيرٍ.

وَزَعَمَ الْكُوفِيُّونَ أَنَّ كُلَّ خَبَرٍ لِمُبْتَدَإٍ فِيهِ ضَمِيرٌ، وَيَتَأَوَّلُونَ غَيْرَ الْمُشْتَقِّ بِالْمُشْتَقِّ، وَهُوَ تَعَسُّفٌ غَيْرُ مُحْتَاجٍ إِلَيْهِ.

قَوْلُهُ: (وَالْجُمْلَةُ عَلَى أَرْبَعَةِ أَضْرُبٍ):

وَإِنَّمَا هِيَ عَلَى ضَرْبَيْنِ كَمَا تَقَدَّمَ فِي أَوَّلِ الْكِتَابِ، وَلَكِنَّهُ قَسَّمَ الْفِعْلِيَّةَ، فَالْمُجَرَّدَةُ عَنِ الشَّرْطِ وَالْجَزَاءِ سَمَّاهَا فِعْلِيَّةً، وَالْمُتَضَمِّنَةُ لِلشَّرْطِ سَمَّاهَا شَرْطِيَّةً، وَالْمُتَضَمِّنَةُ لِلظَّرْفِ سَمَّاهَا ظَرْفِيَّةً، وَالأَكْثَرُ عَلَى أَنَّ الْمُتَعَلِّقَ الْمَحْذُوفَ فِي الظَّرْفِ فِعْلٌ كَمَا اخْتَارَهُ، وَتَقْدِيرُهُ: (اسْتَقَرَّ فِيهَا)؛ لأَنَّ أَصْلَ التَّعَلُّقِ لِلأَفْعَالِ، فَإِذَا وَجَبَ التَّقْدِيرُ فَالأَصْلُ أَقْرَبُ، وَاسْتَدَلَّ بِأَنَّهُ يَقَعُ صِلَةً، فَوَجَبَ تَقْدِيرُ الْفِعْلِ لِتَكُونَ جُمْلَةً، وَأُجِيبَ بِأَنَّهُ تَعَيَّنَ الْفِعْلَ؛ لأَنَّ الصِّلَةَ لا تَكُونُ إِلا جُمْلَةً بِخِلافِ غَيْرِهَا.

وَزَعَمَ قَوْمٌ أَنَّ الْمُتَعَلِّقَ اسْمٌ تَقْدِيرُهُ (مُسْتَقِرٌّ)؛ لأَنَّهُ خَبَرُ مُبْتَدَإٍ، وَالأَصْلُ فِيهِ أَنْ يَكُونَ

مُفْرَدًا، فَكَانَ أَوْلَى، وَالَّذي يُضَعِّفُهُ الاتِّفَاقُ عَلَى صِحَّةِ دُخُولِ الْفَاءِ فِي مِثْلِ (كُلُّ رَجُلٍ فِي الدَّارِ فَلَهُ دِرْهَمٌ)، وَالْوُقُوفُ فِيهَا فِي مِثْلِ (كُلُّ رَجُلٍ عَالِمٍ فَلَهُ دِرْهَمٌ).

ثُمَّ الأَكْثَرُ عَلَى أَنَّ الظَّرْفَ تَضَمَّنَ الضَّمِيرَ وَمَعْنَى الاسْتِقْرَارِ لَـمَّا صَارَ نَسْيًا مَنْسِيًّا لا يُذْكَرُ، وَاسْتَدَلَّ أَبُو عَلِيٍّ عَلَى ذَلِكَ بِامْتِنَاعِ (قَائِمًا زَيْدٌ فِي الدَّارِ)، وَشَبَّهَهُ بِقَوْلِهِمْ: (كَلَّمْتُهُ فَاهُ إِلَى فِيَّ)، و(بَيَّنْتُهُ بَابًا بَابًا) فِي أَنَّ الأَصْلَ جَاعِلا وَمُفَصِّلا وَلَكِنَّهُ مَرْفُوضٌ تَضَمَّنَهُ (فَاه) و(بَابًا بَابًا) حَتَّى صَارَ الضَّمِيرُ فِيهَا نَسْيًا مَنْسِيًّا، وَاسْتَدَلَّ أَيْضًا بِقَوْلِ كُثَيِّرٍ:

فَإِنْ يَكُ جُثْمَانِي بِأَرْضٍ سِوَاكُمُ ... فَإِنَّ فُؤَادِي عِنْدَكِ الدَّهْرَ أَجْمَعُ

إِذَا قُلْتُ هَذَا حِينَ أَسْلُو ذَكَرْتُهَا ... وَظَلَّتْ لَهَا نَفْسِي تَتُوقُ وَتَنْزِعُ

وَتَقْدِيرُهُ أَنَّهُ لَوْ كَانَ الْفِعْلُ مُقَدَّرًا؛ لَكَانَ الضَّمِيرُ مَحْذُوفًا مَعَهُ، فَيَكُونُ (أَجْمَعُ) مُؤَكِّدًا لِغَيْرِ مَذْكُورٍ، وَاسْتَدَلَّ بِأَنَّهُ كَانَ يَجِبُ أَنْ يُرْفَعَ (زَيْدٌ) فِي قَوْلِكَ: (فِي الدَّارِ زَيْدٌ) بِالْفَاعِلِيَّةِ لا بِالابْتِدَاءِ.

وَاتَّفَقُوا عَلَى أَنَّهُ لا يُخْبَرُ بِظَرْفِ الزَّمَانِ عَنِ الْجُثَثِ لِوُضُوحِهِ، فَلا فَائِدَةَ لِوُقُوعِهِ بِلا فَائِدَةَ، بِخِلافِ ظَرْفِ الْمَكَانِ، وَبِخِلافِ الْمَعَانِي، وَقَوْلُهُمْ: (اللَّيْلَةَ الْهِلالُ) مُتَأَوَّلٌ؛ أَيْ: حُدُوثُ الْهِلالِ، وَكَذَلِكَ قَوْلُهُ:

أَكُلَّ عَامٍ نَعَمٌ تَحْوُونَهُ

وَأَمَّا مِثْلُ قَوْلِهِمْ: (الْيَوْمَ يَوْمُكَ) فَوَجْهُهُ أَنَّ الْمَعْنَى: الْيَوْمَ حُصُولُ الْحِينِ الْمَنْسُوبِ إِلَيْكَ؛ لأَنَّهُ قَدْ يُطْلَقُ الْيَوْمُ بِمَعْنَى الْحِينِ، مِثْلُ: (أَتَيْتُكَ يَوْمَ فُلانٌ أَمِيرٌ)، وَنَحْوُهُ مَا أَجَازَهُ الْكُوفِيُّونَ مِنَ (الْيَوْمَ عِشْرُونَ يَوْمًا)؛ أَيْ: حُصُولَ عِشْرِينَ يَوْمًا، وَأَمَّا مَا أَجَازَهُ بَعْضُ الْبَصْرِيِّينَ مِنْ قَوْلِهِمْ: (الْيَوْمَ الْجُمُعَةُ)، و(الْيَوْمُ السَّبْتُ) بِتَأْوِيلِ عَمَلِ الاجْتِمَاعِ وَالسُّكُونِ مِنْ مَعْنَى الْجُمُعَةِ وَالسَّبْتِ فَضَعِيفٌ يَأْبَاهُ الْمَعْنَى، وَإِجَازَةُ بَقِيَّةِ الأَيَّامِ أَضْعَفُ.

ثُمَّ قَالَ: (وَلا بُدَّ فِي الْجُمْلَةِ الْوَاقِعَةِ خَبَرًا عَنِ الْمُبْتَدَأِ مِنْ ضَمِيرٍ يَعُودُ إِلَيْهِ).

وَإِنَّمَا كَانَ ذَلِكَ؛ لِيَحْصُلَ رَبْطٌ بَيْنَ الْخَبَرِ وَالْمُخْبَرِ عَنْهُ، وَإِلا كَانَ أَجْنَبِيًّا، وَقَدْ يَكُونُ الضَّمِيرُ مَعْلُومًا لِكَثْرَةِ ذَلِكَ النَّوْعِ مِنَ الْكَلامِ، فَيُسْتَغْنَى عَنِ التَّصْرِيحِ بِهِ كَمَا مَثَّلَ.

قَوْلُهُ: (وَيَجُوزُ تَقْدِيمُ الْخَبَرِ عَلَى الْمُبْتَدَأِ، كَقَوْلِكَ: تَمِيمِيٌّ أَنَا، وَمَشْنُوءٌ مَنْ يَشْنَؤُكَ وَشِبْهِهِ).

قَالَ الشَّيْخُ: إِنَّمَا حَسُنَ تَقْدِيمُ الْخَبَرِ عَلَى الْمُبْتَدَأِ؛ لأَنَّ الْمُتَكَلِّمَ إِذَا قَالَ: (زَيْدٌ) تَعَلَّقَ

بِنَفْسِ السَّامِعِ احْتِمَالاتٍ شَتَّى مِنْ أَنَّهُ قَائِمٌ أَوْ قَاعِدٌ إِلَى مَا لا يُحْصَى كَثْرَةً، فَإِذَا قَدَّمَ الْخَبَرَ ارْتَفَعَ هَذَا الإِشْكَالُ.

وَقَوْلُ الكُوفِيِّينَ: لا يَجُوزُ تَقْدِيمُ الْخَبَرِ فِي غَيْرِ مَا أَوْجَبَهُ اسْتِفْهَامٌ وَنَحْوُهُ مَرْدُودٌ بِقَوْلِهِمْ: (تَمِيمِيٌّ أَنَا) و(مَشْنُوءٌ مَنْ يَشْنَؤُكَ)، و"سَوَاءً مَحْيَاهُمْ وَمَمَاتُهُمْ" [الجاثية:٢١]، وَمَثَّلَ بِقَوْلِهِ تَعَالَى: "سَوَاءٌ عَلَيْهِمْ أَأَنْذَرْتَهُمْ أَمْ لَمْ تُنْذِرْهُمْ لا يُؤْمِنُونَ" [البقرة:٦] فِي تَقْدِيمِ الْخَبَرِ، وَقَالَ: الْمَعْنَى: سَوَاءٌ عَلَيْهِمُ الإِنْذَارُ وَعَدَمُهُ)، وَإِنَّمَا يَنْهَضُ مِثَالا لِمَا ذَكَرَهُ إِذَا جُعِلَ (سَوَاءٌ) خَبَرَ مُبْتَدَأٍ مُقَدَّمًا، وَأَمَّا إِذَا جُعِلَ (سَوَاءٌ) خَبَرَ (إِنَّ)، و"أَأَنْذَرْتَهُمْ أَمْ لَمْ تُنْذِرْهُمْ" فَاعِلا لَهَا خَرَجَ مِنْ هَذَا الْبَابِ، وَهُوَ قَوْلُ كَثِيرٍ مِنَ النَّاسِ، وَلَكِنَّ الَّذِي ذَكَرَهُ هُوَ قَوْلُ الأَكْثَرِ، وَهُوَ الصَّحِيحُ؛ لأَنَّ (سَوَاءً) لَيْسَ بِصِفَةٍ فِي أَصْلِ وَضْعِهِ، فَإِجْرَاؤُهُ عَلَى بَابِ الاسْمِيَّةِ أَوْلَى مِنْ إِجْرَائِهِ عَلَى بَابِ الْوَصْفِيَّةِ، وَلَوْ كَانَ صِفَةً فِي الأَصْلِ لَكَانَ تَقْدِيرُهُ فَاعِلا أَحْسَنَ، أَلا تَرَى أَنَّ قَوْلَكَ: (مَرَرْتُ بِرَجُلٍ قَائِمٌ أَبُوهُ) أَحْسَنُ مِنْ قَوْلِكَ: (مَرَرْتُ بِرَجُلٍ قَائِمٍ أَبُوهُ)، وَقَوْلَكَ: مَرَرْتُ بِرَجُلٍ سَوَاءٌ هُوَ وَأَبُوهُ) أَحْسَنُ مِنْ قَوْلِكَ: (مَرَرْتُ بِرَجُلٍ سَوَاءٌ هُوَ وَأَبُوهُ)، وَكَذَلِكَ هَاهُنَا، إِذَا جَعَلَهُ غَيْرَ فَاعِلٍ، فَيَكُونُ (سَوَاءٌ) خَبَرًا مُقَدَّمًا، كَانَ أَوْلَى مِنْ جَعْلِهِ فَاعِلا، فَيَكُونُ (سَوَاءٌ) خَبَرُ إِنَّ، وَأَمَّا قَوْلُهُ تَعَالَى: "أَأَنْذَرْتَهُمْ أَمْ لَمْ تُنْذِرْهُمْ" فَهُوَ فِعْلٌ مُقَدَّرٌ بِالْمَصْدَرِ، وَأَصْلُهُ كَمَا مَثَّلَ، وَإِنَّمَا عُدِلَ بِهِ عَنْ أَصْلِهِ تَقْوِيَةً لِمَعْنَاهُ فِي غَرَضِ التَّسْوِيَةِ، فَإِنَّ هَمْزَةَ الاسْتِفْهَامِ و(أَمْ) نَصٌّ فِي اسْتِوَاءِ مَا وَقَعَ بَعْدَهُمَا، فَلَمَّا قَصَدَ إِلَى تَقْرِيرِ مَعْنَى الاسْتِوَاءِ اسْتَعْمَلَ ذَلِكَ اللَّفْظَ مُجَرَّدًا عَنْ مَعْنَى الاسْتِفْهَامِ مَنْقُولا لِلاسْتِوَاءِ خَاصَّةً، وَهُمْ يَنْقُلُونَ الْكَلامَ وَإِنْ كَانَ فِي الأَصْلِ لِمَعْنًى إِلَى مَعْنًى آخَرَ لأَجْلِ بَعْضِ ذَلِكَ الْمَعْنَى، أَلا تَرَى أَنَّهُمْ يَقُولُونَ: (أَمَّا أَنَا فَأَفْعَلُ كَذَا أَيُّهَا الرَّجُلُ)، وَلا يَعْنُونَ النِّدَاءَ، وَإِنَّمَا يَقْصِدُونَ الاخْتِصَاصَ؛ لِمَا فِي النِّدَاءِ مِنْ مَعْنَى الاخْتِصَاصِ.

وَتَمْثِيلُهُ بِذَلِكَ مَعَ (تَمِيمِيٌّ أَنَا) يُشْعِرُ بِأَنَّهُ عِنْدَهُ مِنْ قَبِيلِ الْجَائِزِ، وَلأَنَّهُ قَطَعَهُ عَنْ قَوْلِهِ: (وَقَدْ الْتُزِمَ)، حَيْثُ ذَكَرَهُ قَبْلَهُ، وَالظَّاهِرُ أَنَّهُ مِمَّا الْتُزِمَ فِيهِ التَّقْدِيمُ؛ لأَنَّهُ لَمْ يُسْمَعْ خِلافُهُ مَعَ كَثْرَتِهِ، وَلِشِدَّةِ مَا فُهِمَ مِنْهُ مِنَ الْمُبَالَغَةِ فِي مَعْنَى الاسْتِوَاءِ حَتَّى فَعَلُوا مَا ذَكَرْنَاهُ مِنَ التَّغْيِيرِ، فَيُنَاسِبُ تَقْدِيمُهُ تَنْبِيهًا عَلَى الْمُبَالَغَةِ وَعَلَى التَّغْيِيرِ.

وَقَوْلُ أَبِي عَلِيٍّ: (سَوَاءٌ مُبْتَدَأٌ)؛ لأَنَّ الْجُمْلَةَ لا تَكُونُ مُبْتَدَأً مَرْدُودٌ بِأَنَّ الْمَعْنَى: سَوَاءٌ عَلَيْهِمُ الإِنْذَارُ وَعَدَمُهُ، وَبِأَنَّهُ كَانَ يَلْزَمُ عَوْدُ الضَّمِيرِ إِلَيْهِ، ولا ضَمِيرَ يَعُودُ عَلَيْهِ فِي هَذَا الْبَابِ كُلِّهِ، وَقَدْ تَقَدَّمَ الْكَلامُ عَلَى تَقْدِيمِ الْخَبَرِ عَلَى الْمُبْتَدَإِ إِذَا كَانَ ظَرْفًا أَوْ جَارًّا

وَمَجْرُورًا.

وَأَمَّا قَوْلُهُ: (سَلامٌ عَلَيْكَ، وَوَيْلٌ لَهُ)، فَأَوْرَدَهُ اعْتِرَاضًا عَلَى قَوْلِهِ: (وَقَدْ الْتُزِمَ تَقْدِيمُهُ فِيمَا وَقَعَ فِيهِ الْمُبْتَدَأُ نَكِرَةً وَالْخَبَرُ ظَرْفًا).

فَهَذَا نَكِرَةٌ وَخَبَرُهُ ظَرْفٌ، وَلَمْ يَلْزَمْ تَقْدِيمُهُ، فَقَالَ: هَذَا الْمُصَحِّحُ لِلابْتِدَاءِ بِهِ غَيْرُ التَّقْدِيمِ، كَمَا أَنَّ الْمُصَحِّحَ لِقَوْلِكَ: (رَجُلٌ عَالِمٌ فِي الدَّارِ) غَيْرُ التَّقْدِيمِ، ثُمَّ بَيَّنَ المُصَحِّحَ فِيهِ لِكَوْنِهِ لَمْ يَتَقَدَّمْ ذِكْرُهُ، وَإِنْ كَانَ بَابُهُ مَا تَقَدَّمَ، وَبَيَّنَ أَنَّ الْمُصَحِّحَ كَوْنُهُ فِي الْمَعْنَى بِمَنْزِلَةِ الْمَصْدَرِ الْمَنْصُوبِ، وَإِذَا كَانَ فِي الْمَعْنَى بِمَنْزِلَةِ الْمَصْدَرِ الْمَنْصُوبِ كَانَ مَعْلُومًا نِسْبَتُهُ إِلَى فَاعِلِ فِعْلِهِ، فَتَخَصَّصَ لأَنَّ مَعْنَى (سَلامًا) سَلَّمْتُ سَلامًا عَلَيْكَ، فَالسَّلامُ الْمَذْكُورُ سَلامُ فَاعِلِ الْفِعْلِ الْمُقَدَّرِ، وَهُوَ فِي الرَّفْعِ عَلَى ذَلِكَ الْمَعْنَى، فَهُوَ مُخَصَّصٌ فِي الْمَعْنَى؛ إِذْ تَقْدِيرُهُ: سَلامِي أَوْ سَلامٌ مِنِّي، فَقَدْ صَارَ مُقَرَّبًا مِنَ الْمَعْرِفَةِ لِذَلِكَ.

ثُمَّ قَالَ: (وَفِي قَوْلِهِمْ: أَيْنَ زَيْدٌ، وَكَيْفَ عَمْرٌو، وَمَتَى الْقِتَالُ) عَطَفَهُ عَلَى قَوْلِهِ: (فِيمَا وَقَعَ) فِي قَوْلِهِ: (وَقَدْ الْتُزِمَ تَقْدِيمُهُ فِيمَا وَقَعَ فِيهِ الْمُبْتَدَأُ نَكِرَةً وَالْخَبَرُ ظَرْفًا)، وَهَذَا مِمَّا الْتُزِمَ فِيهِ تَقْدِيمُ الْخَبَرِ عَلَى الْمُبْتَدَأِ، فَلا يَكُونُ إِلا مُقَدَّمًا، وَلا يَكُونُ إِلا خَبَرًا، وَإِنَّمَا كَانَتْ مُقَدَّمَةً؛ لأَنَّهُ قِسْمٌ مِنْ أَقْسَامِ الْكَلامِ، وَكُلُّ بَابٍ مِنْ أَبْوَابِ الْكَلامِ فَالْقِيَاسُ أَنْ يَتَقَدَّمَ أَوَّلُهُ مَا يَدُلُّ عَلَيْهِ؛ كَحَرْفِ الشَّرْطِ، وَالاسْتِفْهَامِ، وَالتَّمَنِّي، وَالنَّفْيِ، وَالتَّرَجِّي، وَالتَّشْبِيهِ، وَالنِّدَاءِ، وَإِنَّمَا كَانَ كَذَلِكَ؛ لأَنَّهُمْ قَصَدُوا تَبْيِينَ الْقِسْمِ الْمَقْصُودِ بِالتَّعْبِيرِ عَنْهُ لِيَعْلَمَهُ السَّامِعُ مِنْ أَوَّلِ الأَمْرِ؛ لِيَتَفَرَّغَ فَهْمُهُ لِمَا عَدَاهُ؛ لأَنَّهُ لَوْ كَانَ مُؤَخَّرًا لَجَوَّزَ السَّامِعُ عِنْدَ سَمَاعِهِ أَوَّلَ كَلامِهِ أَنْ يَكُونَ ذَلِكَ مِنْ كُلِّ وَاحِدٍ مِنْ أَقْسَامِ الْكَلامِ، فَيَبْقَى فِي حَيْرَةٍ وَاشْتِغَالِ خَاطِرٍ، وَإِنَّمَا كَانَتْ خَبَرًا؛ لأَنَّكَ إِمَّا تَجْعَلَ (أَيْنَ) مُبْتَدَأً و(زَيْدٌ) الْخَبَرَ أَوْ لا، بَاطِلٌ أَنْ تَكُونَ هِيَ وَأَمْثَالُهَا مُبْتَدَأً؛ لأَنَّ الْمُبْتَدَأَ وَالْخَبَرَ شَيْءٌ وَاحِدٌ، وَالْمُبْتَدَأُ يَكُونُ مَرْفُوعًا، وَمُحَالٌ أَنْ تَكُونَ الأَيْنِيَّةُ هِيَ زَيْدًا، وَزَيْدٌ هُوَ الأَيْنِيَّةَ، وَإِذَا ثَبَتَ ذَلِكَ فَلا يَجُوزُ أَنْ تَكُونَ إِلا خَبَرًا، وَإِذَا كَانَتْ خَبَرًا كَانَ ظَرْفًا مُتَعَلِّقًا بِمَحْذُوفٍ، وَذَلِكَ الْمَحْذُوفُ هُوَ فِي الْمَعْنَى ذَلِكَ الْمُبْتَدَأُ الْمَذْكُورُ.

قَالَ: (وَيَجُوزُ حَذْفُ أَحَدِهِمَا).

قَالَ الشَّيْخُ: الحَذْفُ عَلَى قِسْمَيْنِ: وَاجِبٌ وَجَائِزٌ.

فَالْجَائِزُ أَنْ تَقُومَ قَرِينَةٌ لَفْظِيَّةٌ أَوْ حَالِيَّةٌ عَلَى الْحَذْفِ، فَمَنْ حَذَفَ الْمُبْتَدَأَ إِذَا قَامَتْ عَلَيْهِ الْقَرِينَةُ قَوْلُ الْمُسْتَهِلِّ: (الهِلالُ وَاللهِ)، وَذَلِكَ عِنْدَ تَرَائِي النَّاسِ الْهِلالَ، وَشِبْهُهُ.

وَالْحَذْفُ الَّذِي يَكُونُ وَاجِبًا أَنْ يَقَعَ مَعَ مَا تَقَدَّمَ لَفْظٌ مَوْقِعَ الْخَبَرِ يَسُدُّ مَسَدَّهُ، فَحِينَئِذٍ يَكُونُ الْحَذْفُ وَاجِبًا، وَسَيَأْتِي أَمْثِلَةٌ تَدُلُّ عَلَى ذَلِكَ.

ثُمَّ قَالَ: (وَمِنْ حَذْفِ الْخَبَرِ قَوْلُهُمْ: خَرَجْتُ فَإِذَا السَّبُعُ).

(إِذَا) هَاهُنَا لِلْمُفَاجَأَةِ، وَهِيَ تَدُلُّ عَلَى الْوُجُودِ، فَلا يَخْلُو إِمَّا أَنْ تُرِيدَ وُجُودًا مُطْلَقًا أَوْ لا تُرِيدَ ذَلِكَ، فَإِنْ أَرَدْتَ ذَلِكَ الْوُجُودَ الْمُطْلَقَ جَازَ حَذْفُ الْخَبَرِ، وَإِنْ لَمْ تُرِدِ الْوُجُودَ وَلَكِنْ أَرَدْتَ قِيَامًا أَوْ قُعُودًا أَوْ مَا أَشْبَهَ ذَلِكَ فَلا بُدَّ مِنْ ذِكْرِهِ، إِذْ لَيْسَ فِيهِ مَا يَدُلُّ عَلَيْهِ، كَمَا إِذَا قُلْتَ: (زَيْدٌ فِي الدَّارِ)، فَإِمَّا أَنْ تُرِيدَ الْوُجُودَ، أَوْ أَمْرًا آخَرَ كَمَا تَقَدَّمَ، فَإِنْ أَرَدْتَ الْوُجُودَ فَلا تَأْتِي بِهِ، وَإِنْ أَرَدْتَ غَيْرَهُ لَمْ يَكُنْ بُدٌّ مِنْهُ، إِذْ لَيْسَ فِيهِ مَا يَدُلُّ عَلَيْهِ.

(وَقَوْلُهُ تَعَالَى: ﴿فَصَبْرٌ جَمِيلٌ﴾ [يوسف:١٨] يَحْتَمِلُ الأَمْرَيْنِ).

يَعْنِي مِنْ حَذْفِ الْمُبْتَدَأِ أَوْ حَذْفِ الْخَبَرِ.

قَالَ الشَّيْخُ: إِلا أَنَّ حَذْفَ الْمُبْتَدَأِ أَوْلَى مِنْ أَوْجُهٍ:

أَحَدُهَا: أَنَّ حَذْفَ الْمُبْتَدَأِ أَكْثَرُ، وَحَمْلُ الشَّيْءِ عَلَى الأَكْثَرِ أَوْلَى مِنْ حَمْلِهِ عَلَى الأَقَلِّ.

ثَانِيهَا: أَنَّ الْكَلامَ سِيقَ لِلتَّمَدُّحِ بِحُصُولِ الصَّبْرِ لَهُ، فَجَعْلُ الْمُبْتَدَأِ مَحْذُوفًا يُحَصِّلُ هَذَا الْمَعْنَى، وَجَعْلُ الْخَبَرِ مَحْذُوفًا لا يُحَصِّلُهُ؛ لأَنَّهُ غَيْرُ مُخْبِرٍ بِأَنَّ الصَّبْرَ الْجَمِيلَ أَجْمَلُ مِمَّنْ قَامَ بِهِ، وَلِذَلِكَ يَقُولُ الْمُتَكَلِّمُ: الصَّبْرُ الْجَمِيلُ أَجْمَلُ، وَلَمْ يُرْزَقْ مِنْهُ شَيْءٌ.

ثَالِثُهَا: أَنَّ الْمَصَادِرَ الْمَنْصُوبَةَ إِذَا ارْتَفَعَتْ يَنْبَغِي أَنْ تَكُونَ عَلَى مَعْنَاهَا وَهِيَ مَنْصُوبَةٌ، وَهِيَ فِي النَّصْبِ، إِذَا قُلْتَ: صَبَرْتُ صَبْرًا جَمِيلا، فَأَنْتَ فِي حَالِ النَّصْبِ مُخْبِرٌ بِالصَّبْرِ، وَإِذَا جَعَلْتَ الْمُبْتَدَأَ مَحْذُوفًا فِي حَالِ الرَّفْعِ كُنْتَ مُخْبِرًا بِالصَّبْرِ، فَهُوَ مُوَافِقٌ لِلْمَنْصُوبِ فَهُوَ أَوْلَى.

وَرَابِعُهَا: هُوَ أَنَّ الْمُبْتَدَأَ إِذَا كَانَ مَحْذُوفًا كَانَتْ قَرِينَةٌ حَالِيَّةٌ، وَهِيَ قِيَامُ الصَّبْرِيَّةِ دَلِيلا عَلَى الْمُبْتَدَأِ الْمَحْذُوفِ، فَيَحْسُنُ حَذْفُهُ، وَإِذَا كَانَ الْخَبَرُ هُوَ الْمَحْذُوفُ وَلَيْسَ ثَمَّةَ قَرِينَةٌ لَفْظِيَّةٌ وَلا حَالِيَّةٌ تَدُلُّ عَلَى خُصُوصِ الْخَبَرِ الْمَحْذُوفِ كَانَ مَا ذَكَرْتُهُ مِنْ حَذْفِ الْمُبْتَدَأِ أَوْلَى.

ثُمَّ قَالَ: (وَقَدْ الْتَزَمَ حَذْفُ الْخَبَرِ فِي قَوْلِهِمْ: (لَوْلا زَيْدٌ لَكَانَ كَذَا) لِسَدِّ الْجَوَابِ مَسَدَّهُ).

وَقَدْ تَقَدَّمَ ضَابِطُ ذَلِكَ، وَقَدْ قِيلَ فِي الْمَرْفُوعِ بَعْدَ لَوْلا: إِنَّهُ فَاعِلُ فِعْلٍ مُقَدَّرٍ؛ أَيْ: لَوْلا حَصَلَ أَوْ وُجِدَ، وَلَيْسَ بِبَعِيدٍ، وَالاسْتِدْلالُ لَهُمْ بِأَنَّهُ لَوْ كَانَ مُبْتَدَأً لَكَانَتْ أَنْ مَكْسُورَةً لا يَنْهَضُ؛ لأَنَّهُمْ إِنَّمَا أَوْقَعُوهَا مَوْقِعَ الاسْمِ الْمُجَرَّدِ لَمَّا كَانَ الْخَبَرُ مُلْتَزَمًا حَذْفُهُ، وَالاسْتِدْلالُ عَلَيْهِمْ بِأَنَّهُ لَوْ كَانَ فَاعِلا لَمْ تَدْخُلْ (أَنْ) لا يَنْهَضُ؛ لأَنَّهَا عِنْدَهُمْ حِينَئِذٍ وَاقِعَةٌ مَوْقِعَ الْفَاعِلِ، لا أَنَّهَا دَخَلَتْ عَلَى الْفَاعِلِ.

قَالَ: (وَمِمَّا الْتُزِمَ فِيهِ حَذْفُ الْخَبَرِ لِسَدِّ غَيْرِهِ مَسَدَّهُ قَوْلُهُمْ: أَقَائِمٌ الزَّيْدَانِ).

قَالَ الشَّيْخُ: لَيْسَ هَذَا مِنْ بَابِ الْمُبْتَدَأِ الْمَحْدُودِ عَلَى الْحَقِيقَةِ، كَمَا تَقَدَّمَ الْكَلامُ عَلَيْهِ فِي أَوَّلِ الْمُبْتَدَأِ، وَإِنَّمَا سَمَّاهُ مُبْتَدَأً لِمَا تَقَدَّمَ مِنْ أَنَّ الْمُبْتَدَأَ فِي التَّحْقِيقِ الاسْمُ الْمُجَرَّدُ الَّذِي لَهُ صَدْرُ الْكَلامِ، وَلا يَحْتَاجُ فِي التَّحْقِيقِ إِلَى خَبَرٍ؛ لأَنَّهُ فِي الْمَعْنَى: (أَيَقُومُ الزَّيْدَانِ) فَقَائِمٌ مُخْبَرٌ بِهِ كَالإِخْبَارِ بِالْفِعْلِ، وَالزَّيْدَانِ فَاعِلٌ مِثْلَهُ فِي (أَيَقُومُ الزَّيْدَانِ)، وَإِنَّمَا ذُكِرَ الْحَذْفُ فِي الْخَبَرِ فِيهِ عَلَى سَبِيلِ الْمُسَامَحَةِ تَقْرِيبًا عَلَى الْمُبْتَدِئِينَ، وَالتَّحْقِيقُ فِيهِ مَا ذَكَرْنَاهُ، وَنَحْوَ (أَقَائِمٌ زَيْدٌ) يَجُوزُ أَنْ يَرْتَفِعَ عَلَى الْمُبْتَدَأِ، فَيَكُونَ زَيْدٌ فَاعِلا، وَلا ضَمِيرَ فِيهِ، وَيَجُوزُ أَنْ يَكُونَ خَبَرَ مُبْتَدَأٍ مُقَدَّمًا، فَفِيهِ ضَمِيرٌ لِزَيْدٍ.

وَأَمَّا نَحْوَ: (أَكْرَمُ مِنْكَ زَيْدٌ) فَلا يَكُونُ مُبْتَدَأً وَزَيْدٌ فَاعِلا؛ لأَنَّهُ يَرْفَعُ الظَّاهِرَ، وَلَكِنْ خَبَرًا مُقَدَّمًا عَلَى زَيْدٍ، أَوْ مُبْتَدَأً خَبَرُهُ زَيْدٌ، وَعَلَى الْوَجْهَيْنِ يُحْتَمَلُ أَنْ يَكُونَ (أَكْرَمُ مِنْكَ الزَّيْدَانِ) أَيْضًا؛ لِصِحَّةِ الإِخْبَارِ بِأَكْرَمَ مِنْكَ عَنِ التَّثْنِيَةِ وَالْجَمْعِ وَغَيْرِهِمَا.

وَأَمَّا مَنْ جَوَّزَ (مَرَرْتُ بِرَجُلٍ خَيْرٍ مِنْكَ أَبُوهُ) بِالْخَفْضِ فِي خَيْرٍ فَيَجُوزُ أَنْ يَكُونَ (أَكْرَمُ مِنْكَ زَيْدٌ) مِنْ بَابِ (أَقَائِمٌ الزَّيْدَانِ).

وَاخْتُلِفَ فِي مِثْلِ (إِنَّ قَائِمًا الزَّيْدَانِ)، فَأَجَازَهُ أَبُو الْحَسَنِ، أَمَّا مَنْ مَنَعَ (قَائِمٌ الزَّيْدَانِ) فَلا وَجْهَ لِجَوَازِهِ؛ لأَنَّهُ فَرْعُهُ، وَأَمَّا مَنْ أَجَازَ فَيَحْتَمِلُ الْجَوَازَ لِكَوْنِهِ مُبْتَدَأً، وَيَحْتَمِلُ الْمَنْعَ؛ لأَنَّهُ فِي الْمَعْنَى الْخَبَرُ عَنِ الزَّيْدَيْنِ.

وَمِنْ حَذْفِ الْخَبَرِ لُزُومًا قَوْلُهُمْ: (لَعَمْرُكَ لأَفْعَلَنَّ) وَنَحْوُهُ، وَتَقْدِيرُهُ: قَسَمِي أَوْ يَمِينِي، لِسَدِّ الْجَوَابِ مَسَدَّهُ، كَمَا ذُكِرَ فِي (لَوْلا).

وَقَوْلُهُ: (ضَرْبِي زَيْدًا قَائِمًا)، وَأَخَوَاتُهَا.

قَالَ الشَّيْخُ: ضَابِطُ هَذَا الْبَابِ أَنْ يَتَقَدَّمَ مَصْدَرٌ أَوْ مَا هُوَ فِي مَعْنَى الْمَصْدَرِ مَنْسُوبًا إِلَى فَاعِلِهِ أَوْ مَفْعُولِهِ، وَبَعْدَهُ حَالٌ مِنْهُمَا أَوْ مِنْ أَحَدِهِمَا عَلَى مَعْنًى يُسْتَغْنَى فِيهِ بِالْحَالِ عَنِ الْخَبَرِ، وَلِلنَّحْوِيِّينَ فِيهِ ثَلاثَةُ مَذَاهِبٍ:

أَحَدُهَا: وَهُوَ مَذْهَبُ أَكْثَرِ الْمُحَقِّقِينَ مِنْ أَهْلِ الْبَصْرَةِ أَنَّ التَّقْدِيرَ: ضَرْبِي زَيْدًا حَاصِلٌ إِذَا كَانَ قَائِمًا حُذِفَ مُتَعَلِّقُ الظَّرْفِ عَلَى الْقِيَاسِ الْمَعْرُوفِ، وَهُوَ أَنَّ الظَّرْفَ إِذَا وَقَعَ صِلَةَ لِمَوْصُولٍ أَوْ صِفَةً لِمَوْصُوفٍ أَوْ حَالًا لِذِي حَالٍ أَوْ خَبَرًا لِمُخْبَرٍ عَنْهُ تَعَلَّقَ بِمَحْذُوفٍ إِذَا كَانَ مُتَعَلِّقُهُ عَامًّا، وَهُوَ مُطْلَقُ الْوُجُودِ، ثُمَّ لَمَّا كَانَ لِلْحَالِ شَبَهٌ بِالظَّرْفِ حُذِفَ لِدَلَالَتِهِ عَلَيْهِ، فَبَقِيَ (ضَرْبِي زَيْدًا قَائِمًا).

الْمَذْهَبُ الثَّانِي: وَهُوَ مَذْهَبُ الْكُوفِيِّينَ أَنَّ التَّقْدِيرَ (ضَرْبِي زَيْدًا قَائِمًا حَاصِلٌ)، فَعَلَى هَذَا تَكُونُ الْحَالُ عِنْدَهُمْ مِنْ تَتِمَّةِ الْمُبْتَدَأِ، وَعَلَى الْقَوْلِ الْأَوَّلِ تَكُونُ الْحَالُ مِنْ تَتِمَّةِ الْخَبَرِ الْمُقَدَّرِ.

وَالْمَذْهَبُ الثَّالِثُ: وَهُوَ مَذْهَبُ بَعْضِ الْمُتَأَخِّرِينَ، وَاخْتَارَهُ الْأَعْلَمُ، أَنَّ التَّقْدِيرَ عِنْدَهُ: (ضَرَبْتُ زَيْدًا قَائِمًا)، فَضَرْبِي هَاهُنَا - وَإِنْ كَانَ مَصْدَرًا - قَائِمٌ مَقَامَ الْفِعْلِ، فَاسْتَقَلَّتِ الْجُمْلَةُ بِهِ وَبِفَاعِلِهِ، كَمَا اسْتَقَلَّتْ فِي (أَقَائِمٌ الزَّيْدَانِ).

وَالْمَذْهَبُ الصَّحِيحُ هُوَ الْأَوَّلُ، وَبَيَانُهُ: أَنَّ الْمَعْنَى فِي قَوْلِكَ: (ضَرْبِي زَيْدًا قَائِمًا)، مَا ضَرَبْتُ زَيْدًا إِلَّا قَائِمًا، وَكَذَلِكَ إِذَا قُلْتَ: أَكْثَرُ شُرْبِي السَّوِيقَ مَلْتُوتًا، فَإِنَّ مَعْنَاهُ: مَا أَكْثَرُ شُرْبِي لِلسَّوِيقِ إِلَّا مَلْتُوتًا، وَهَذَا الْمَعْنَى لَا يَسْتَقِيمُ كَذَلِكَ إِلَّا عَلَى تَقْدِيرِ الْبَصْرِيِّينَ، وَبَيَانُهُ: أَنَّ الْمَصْدَرَ الْمُبْتَدَأَ أُضِيفَ، وَإِذَا أُضِيفَ عَمَّ بِالنِّسْبَةِ إِلَى مَا أُضِيفَ إِلَيْهِ، كَأَسْمَاءِ الْأَجْنَاسِ الَّتِي لَا وَاحِدَ لَهَا، وَجُمُوعُ الْأَجْنَاسِ الَّتِي لَهَا وَاحِدٌ إِذَا أُضِيفَتْ أَيْضًا عَمَّتْ، أَلَا تَرَى أَنَّكَ إِذَا قُلْتَ: (مَاءُ الْبَحْرِ حُكْمُهُ كَذَا)، عَمَّ جَمِيعَ مِيَاهِ الْبِحَارِ، وَكَذَلِكَ إِذَا قُلْتَ: (عِلْمُ زَيْدٍ حُكْمُهُ كَذَا)، عَمَّ جَمِيعَ عِلْمِ زَيْدٍ، فَقَدْ وَقَعَ الْمَصْدَرُ أَوَّلًا عَامًّا غَيْرَ مُقَيَّدٍ بِالْحَالِ، إِذِ الْحَالُ مِنْ تَمَامِ الْخَبَرِ، ثُمَّ أُخْبِرَ عَنْهُ بِحُصُولِهِ فِي حَالِ الْقِيَامِ، فَوَجَبَ أَنْ يَكُونَ هَذَا الْخَبَرُ لِلْعُمُومِ؛ لِمَا تَقَرَّرَ مِنْ عُمُومِهِ؛ لِأَنَّ الْخَبَرَ عَمَّ جَمِيعَ الْمُخْبَرِ، فَلَوْ قَدَّرْتَ بَعْضَ ضَرْبِ زَيْدٍ لَيْسَ فِي حَالِ الْقِيَامِ لَمْ تَكُنْ مُخْبِرًا عَنْ جَمِيعِهِ، وَإِذَا تَقَرَّرَ ذَلِكَ كَانَ مَعْنَاهُ: مَا ضَرْبِي زَيْدًا إِلَّا فِي حَالِ الْقِيَامِ.

وَعَلَى مَذْهَبِ الْكُوفِيِّينَ تَكُونُ الْحَالُ مِنْ تَتِمَّةِ الْمُبْتَدَأِ، فَيَكُونُ الْمُخْبَرُ عَنْهُ مُقَيَّدًا بِالْقِيَامِ فَيَتَخَصَّصُ، وَيَكُونُ الْمَعْنَى الْإِخْبَارَ عَنِ الضَّرْبِ فِي حَالِ الْقِيَامِ أَنَّهُ حَاصِلٌ، فَلَوْ قَدَّرْتَ ضَرْبًا فِي غَيْرِ حَالِ الْقِيَامِ لَمْ تَكُنْ مُنَاقِضًا، إِذْ لَمْ تُخْبِرْ إِلَّا عَنْ ضَرْبٍ فِي حَالِ الْقِيَامِ بِالْحُصُولِ، وَإِخْبَارُكَ عَنْ شَيْءٍ عَامٍّ أَوْ خَاصٍّ بِالْحُصُولِ لَا يَمْنَعُ إِخْبَارَكَ عَنْ غَيْرِهِ بِإِثْبَاتِ الْحُصُولِ أَوْ نَفْيِهِ، وَأَيْضًا فَإِنَّهُ إِذَا قَالَ الْقَائِلُ: (أَكْثَرُ شُرْبِي السَّوِيقَ مَلْتُوتًا)، وَجَعَلْنَا

(مَلْتُوتًا) مِنْ تَتِمَّةِ الشُّرْبِ صَارَ الْمَعْنَى: الإخْبَارَ عَنْ أَكْثَرِ شُرْبِ السَّوِيقِ الْمَلْتُوتِ أَنَّهُ حَاصِلٌ، فَيَجُوزُ عَلَى هَذَا أَنْ يَكُونَ أَكْثَرُ شُرْبِ السَّوِيقِ غَيْرَ مَلْتُوتٍ، إذْ لَمْ يُخْبِرْ إلا عَنْ أَكْثَرِ شُرْبِ سَوِيقٍ مَلْتُوتٍ بِالْحُصُولِ، وَأَكْثَرُ شُرْبِ سَوِيقٍ مَلْتُوتٍ إِذَا كَانَ حَاصِلا لا يَمْنَعُ حُصُولَ شُرْبِ سَوِيقٍ غَيْرِ مَلْتُوتٍ أَضْعَافَهُ، وَيُوَضِّحُهُ أَنَّا لَوْ قَدَّرْنَا أَنَّهُ شَرِبَ سَوِيقًا مَلْتُوتًا عَشْرَ مَرَّاتٍ، وَسَوِيقًا غَيْرَ مَلْتُوتٍ أَلْفَ مَرَّةٍ، فَأَرَادَ أَنْ يُخْبِرَ عَنْ تِسْعٍ مِنَ الأوَّلِ بِالْحُصُولِ لَقَالَ: أَكْثَرُ شُرْبِي السَّوِيقَ مَلْتُوتًا حَاصِلٌ، فَتَبَيَّنَ بِذَلِكَ مَا ذَكَرْنَاهُ.

وَعَلَى الْمَذْهَبِ الأوَّلِ الإخْبَارُ عَنْ أَكْثَرِ الشُّرْبِ غَيْرَ مُقَيَّدٍ بِاللَّتِّ مُخْبِرًا عَنْهُ بِحُصُولِه مَلْتُوتًا، فَلَوْ قَدَّرْتَ أَكْثَرِيَّةً أُخْرَى غَيْرَ مَلْتُوتٍ لَكَانَ مُنَاقِضًا، وَعَلَيْهِ الْمَعْنَى، وَأَيْضًا فَإِنَّهُ يَخْرُجُ مِنْ هَذَا الْبَابِ؛ لأنَّ الاتِّفَاقَ عَلَى أَنَّ الْحَالَ الْمُتَعَلِّقَةَ بِالْمَصْدَرِ الْمُبْتَدَأِ بِهِ لا يَمْنَعُ مِنْ ذِكْرِ الْخَبَرِ، إذْ لا خِلافَ فِي جَوَازِ (ضَرْبِي زَيْدًا قَائِمًا خَيْرٌ مِنْ ضَرْبِ عَمْرٍو)، وَنَحْوِهِ، فَلا يَكُونُ مِمَّا الْتُزِمَ فِيهِ حَذْفُ الْخَبَرِ، وَكَذَلِكَ (ضَرْبِي زَيْدًا قَائِمًا يَوْمَ الْجُمُعَةِ).

فَإِنْ قُلْتَ: فَهَذَا يَصِحُّ عَلَى كُلِّ تَقْدِيرٍ. قُلْتُ: إِنَّمَا يَصِحُّ عِنْدَنَا إِذَا كَانَ (يَوْمُ الْجُمُعَةِ) مُتَعَلِّقًا بِقَائِمٍ، لا أَنْ يَكُونَ خَبَرًا لِلْمُبْتَدَأِ.

وَفَسَادُ الْمَذْهَبِ الثَّالِثِ مِنْ وَجْهَيْنِ: مِنْ حَيْثُ اللَّفْظِ وَمِنْ حَيْثُ الْمَعْنَى.

أَمَّا اللَّفْظُ: فَإِنَّهُ لَوْ كَانَ الْمُبْتَدَأُ قَائِمًا مَقَامَ الْفِعْلِ لاسْتَقَلَّ الْفِعْلُ بِفَاعِلِه، كَمَا اسْتَقَلَّ اسْمُ الْفَاعِلِ بِفَاعِلِه فِي قَوْلِكَ: (أَقَائِمٌ الزَّيْدَانِ)، إذْ لَوْ قُلْتَ: (ضَرْبِي) أَوْ (ضَرْبِي زَيْدًا) لَمْ يَكُنْ كَلامًا.

وَأَمَّا مِنْ حَيْثُ الْمَعْنَى فَإِنَّ الإخْبَارَ يَقَعُ بِضَرْبٍ عَنْ زَيْدٍ فِي حَالِ الْقِيَامِ، وَلا يَمْنَعُ هَذَا الْمَعْنَى مِنْ أَنْ يَكُونَ ثَمَّةَ ضَرْبٌ فِي غَيْرِ حَالِ الْقِيَامِ، أَلا تَرَى أَنَّكَ إِذَا قُلْتَ: (ضُرِبَ زَيْدٌ قَائِمًا) لَمْ يَمْنَعْ مِنْ أَنْ يَكُونَ ضُرِبَ قَاعِدًا، وَهُوَ عَيْنُ مَا ذَكَرْنَاهُ فِي بُطْلانِ مَذْهَبِ أَهْلِ الْكُوفَةِ.

وَقَدْ ذَكَرَ بَعْضُ النَّحْوِيِّينَ لِبَعْضِ هَذِهِ الْمَسَائِلِ وَجْهًا رَابِعًا، وَهُوَ: (أَخْطَبُ مَا يَكُونُ الأمِيرُ قَائِمًا)، وَشِبْهُهَا، فَزَعَمَ أَنَّ (مَا) يَجُوزُ أَنْ تَكُونَ ظَرْفِيَّةً، فَيَكُونَ (أَخْطَبُ) زَمَانًا ضَرُورَةَ أَنَّ أَفْعَلَ لا يُضَافُ إلا إِلَى مَا هُوَ بَعْضٌ لَهُ، فَيَكُونَ الْخَبَرُ إِذًا نَفْسَ (إِذَا) الْمُقَدَّرَةِ مِنْ غَيْرِ مُتَعَلِّقٍ؛ لأنَّهَا هِيَ الْمُخْبَرُ بِهَا، كَمَا لَوْ قُلْتَ: (أَخْطَبُ مَا يَكُونُ الأمِيرُ يَوْمُ الْجُمُعَةِ) بِالرَّفْعِ فِي (يَوْمِ الْجُمُعَةِ).

وَلَوْ قِيلَ هَذَا الْمَذْهَبُ فِي جَمِيعِ الْمَسَائِلِ لاسْتَقَامَ عَلَى تَقْدِيرِ حَذْفِ مُضَافٍ تَقْدِيرُهُ: زَمَانُ ضَرْبِي زَيْدًا قَائِمًا، فَلا يُحْتَاجُ إِلَى حَاصِلٍ عَلَى هَذَا، وَإِنَّمَا خَصُّوهُ بِمَا فِيهِ؛ لِكَثْرَةِ وُقُوعِ مَا الْمَصْدَرِيَّةِ ظَرْفًا، وَلَمْ يُجْرُوهُ فِي غَيْرِ مَا فِيهِ (مَا) لِقِلَّةِ وُقُوعِ الْمَصَادِرِ ظُرُوفًا.

فَإِنْ قِيلَ: لَعَلَّ (قَائِمًا) خَبَرُ كَانَ، فَالْجَوَابُ عَنْهُ مِنْ وَجْهَيْنِ:

أَحَدُهُمَا: أَنَّهُ لَوْ كَانَ خَبَرًا لَجَازَ تَعْرِيفُهُ، وَهُوَ لا يَجُوزُ تَعْرِيفُهُ.

وَثَانِيهِمَا: أَنَّهُ لَوْ كَانَ خَبَرًا لَكَانَ لَمْ يَكُنْ فِيهِ دَلالَةٌ عَلَى الظَّرْفِ، وَالْحَالُ لَهُ دَلالَةٌ عَلَيْهِ، وَقَدْ أُجِيزَ فِي قَوْلِهِ:

الحَرْبُ أَوَّلُ مَا تَكُونُ فُتَيَّةً تَسْعَى بِزِينَتِهَا لِكُلِّ جَهُولِ

أَرْبَعَةُ أَوْجُهٍ: رَفْعُ أَوَّلَ وَفُتَيَّةً، وَنَصْبِهِمَا، وَرَفْعُ الأَوَّلِ وَنَصْبِ الثَّانِي، وَعَكْسُهُ، وَأَشْكَلُهَا نَصْبُهُمَا، وَالْوَجْهُ أَنْ يُجْعَلَ (تَسْعَى) الْخَبَرَ، وَأَوَّلَ ظَرْفًا، وَفُتَيَّةً حَالا مِنَ الضَّمِيرِ فِي (تَكُونُ).

قَوْلُهُ: (كُلُّ رَجُلٍ وَضَيْعَتُهُ)؛ أَيْ: وَحِرْفَتُهُ، فِيهِ مَذْهَبَانِ:

أَحَدُهُمَا: أَنَّ الْخَبَرَ مَحْذُوفٌ، وَتَكُونُ الْوَاوُ هَاهُنَا بِمَعْنَى مَعَ، فَتَدُلُّ عَلَى الْمُقَارَنَةِ فَيَكُونُ مَعْنَاهُ (مَقْرُونَانِ).

وَثَانِيهِمَا: أَنَّهُ لَيْسَ ثَمَّةَ خَبَرٌ مَحْذُوفٌ أَصْلا، بَلْ هَذِهِ الْوَاوُ بِمَعْنَى مَعَ، فَكَمَا أَنَّكَ إِذَا قَدَّرْتَ (مَعَ) لَمْ تَحْتَجْ إِلَى الْخَبَرِ، فَكَذَلِكَ هَاهُنَا، فَإِنْ قِيلَ: لِمَ لَمْ يَنْتَصِبْ، فَالْجَوَابُ: أَنَّهَا إِنَّمَا تُنْصَبُ إِذَا كَانَ قَبْلَهَا فِعْلٌ أَوْ مَعْنَى فِعْلٍ، ولا فِعْلَ ولا مَعْنَاهُ فَلا نَصْبَ.

وَكَانَ يَنْبَغِي أَنْ يُمَثِّلَ فِي حَذْفِ الْخَبَرِ لُزُومًا بِمِثْلِ: (لَعَمْرُكَ لأفْعَلَنَّ) أَيْضًا، وَقَالُوا فِي (أَنْتَ أَعْلَمُ وَرَبَّكَ): إِنَّهُ مِنْهُ، وَإِنَّ التَّقْدِيرَ: وَرَبُّكَ مُجَازِيكَ، كَأَنَّهُ جَرَى مُجْرَى الْمَثَلِ، فَيُسْتَغْنَى بِأَعْلَمَ الأَوَّلِ، وَلَمَّا كَانَ الْمَعْنَى فِي الْمُقَدَّرِ الْمُجَازَاةَ فُسِّرَ بِهِ.

قَوْلُهُ: (وَقَدْ يَقَعُ الْمُبْتَدَأُ وَالْخَبَرُ مَعْرِفَتَيْنِ مَعًا؛ كَقَوْلِكَ: زَيْدٌ الْمُنْطَلِقُ، وَاللهُ إِلَهُنَا، وَمُحَمَّدٌ نَبِيُّنَا).

قَالَ الشَّيْخُ: يَرِدُ عَلَى هَذَا أَنَّ الأَخْبَارَ هِيَ مَحَطُّ الْفَوَائِدِ، وَذَلِكَ لا يَحْصُلُ إِلا بِمَا يَجْهَلُهُ الْمُخَاطَبُ، أَمَّا إِذَا كَانَ يَعْرِفُهُ، فَالإِخْبَارُ بِهِ لا فَائِدَةَ فِيهِ، إِذْ هُوَ حَاصِلٌ عِنْدَهُ.

وَالْجَوَابُ عَنْهُ: أَنَّ الإِخْبَارَ هَاهُنَا لَمْ يَقَعْ بِالْحُكْمِ الَّذِي هُوَ الْقِيَامُ وَنَحْوُهُ، وَإِنَّمَا وَقَعَ

بِالذَّاتِ وَفَائِدَتُهُ إِخْبَارُهُ عَمَّا كَانَ يَجُوزُ أَنَّهُ مُتَعَدِّدٌ بِأَنَّهُ وَاحِدٌ فِي الْوُجُودِ، وَهَذَا إِنَّمَا يَكُونُ إِذَا كَانَ الْمُخَاطَبُ قَدْ عَرَفَ مُسَمَّيَيْنِ فِي ذِهْنِهِ أَوْ أَحَدَهُمَا فِي ذِهْنِهِ وَالآخَرَ فِي الْوُجُودِ، فَيَجُوزُ أَنْ يَكُونَا عِنْدَ السَّامِعِ مُتَعَدِّدَيْنِ، فَإِذَا أَخْبَرَهُ الْمُخْبِرُ بِأَحَدِهِمَا عَنِ الآخَرِ كَانَ فَائِدَتُهُ أَنَّهُمَا فِي الْوُجُودِ ذَاتٌ وَاحِدَةٌ، وَهَذَا فِيمَا كَانَ مُتَغَايِرَ اللَّفْظِ؛ نَحْوَ قَوْلِكَ: (زَيْدٌ الْمُنْطَلِقُ)، وَإِنْ كَانَ لَفْظُهُ لَفْظًا وَاحِدًا فَلا يَسْتَقِيمُ فِيهِ هَذَا التَّقْدِيرُ، وَإِنَّمَا يَسْتَقِيمُ فِيهِ حَذْفُ مُضَافٍ بِاعْتِبَارِ حَالَيْنِ؛ كَقَوْلِكَ: (شِعْرِي شِعْرِي)، و(أَنَا أَنَا)، وَتَقْدِيرُهُ: شِعْرِي الآنَ مِثْلُ شِعْرِي فِيمَا تَقَدَّمَ؛ أَيْ: الْمَعْرُوفُ الْمَشْهُورُ بِالصِّفَاتِ التَّامَّةِ، وَبَعْدَهُ:

لله دَرِّي مَا أَجَنَّ صَـدْرِي
تَنَامُ عَيْنِي وَفُـؤَادِي يَسْرِي
مَعَ الْعَفَـارِيتَ بِأَرْضٍ قَفْرِ

وَكَذَلِكَ قَوْلُهُمْ: (النَّاسُ النَّاسُ)؛ أَيْ: النَّاسُ كَالَّذِينَ تَعْرِفُ.

قَوْلُهُ: (وَقَدْ يَجِيءُ لِلْمُبْتَدَأ خَبَرَانِ فَصَاعِدًا؛ كَقَوْلِكَ: هَذَا حُلْوٌ حَامِضٌ).

قَالَ الشَّيْخُ: إِنْ قِيلَ: كَيْفَ يَصِحُّ الإِخْبَارُ بِأَمْرَيْنِ مُتَضَادَّيْنِ فِي حَالَةٍ وَاحِدَةٍ، فَالْجَوَابُ: أَنَّهُ لَمْ يُرِدْ أَنَّهُ حَامِضٌ مِنْ كُلِّ وَجْهٍ، أَوْ حُلْوٌ مِنْ كُلِّ وَجْهٍ، وَإِنَّمَا أَرَادَ أَنَّ فِيهِ طَرَفًا مِنْ هَذَا وَطَرَفًا مِنْ ذَاكَ، وَهَذَا لَيْسَ بِمُتَنَافٍ، وَلِذَلِكَ وَقَعَ فِي بَعْضِ النُّسَخِ (وَيَجْمَعُهُمَا قَوْلُكَ: مُزٌّ).

فَالأَخْبَارُ الْمُتَعَدِّدَةُ عَلَى قِسْمَيْنِ: قِسْمٌ لا يَسْتَقِلُّ الْمَعْنَى فِيهِ إِلا بِالْمَجْمُوعِ، وَقِسْمٌ يَسْتَقِلُّ بِكُلِّ وَاحِدٍ مِنْهَا، فَنَبَّهَ عَلَى الْقِسْمَيْنِ، وَمَا يُورَدُ عَلَى نَحْوِ: (حُلْوٌ حَامِضٌ) مِنْ أَنَّهُ إِنْ كَانَ فِي كُلِّ وَاحِدٍ مِنْهُمَا ضَمِيرٌ فَفَاسِدٌ؛ لأَنَّهُ يُؤَدِّي إِلَى أَنْ يَكُونَ كُلُّ خَبَرًا عَلَى حِيَالِهِ، وَإِنْ كَانَ فِي أَحَدِهِمَا فَتَحَكُّمٌ، وَإِنْ لَمْ يَكُنْ فَأَفْسَدُ.

وَالْجَوَابُ: نَقُولُ بِالْقِسْمِ الأَوَّلِ، وَلا يَلْزَمُ أَنْ يَكُونَ كُلٌّ خَبَرًا عَلَى حِيَالِهِ؛ لأَنَّ الْمَقْصُودَ جَمْعُ الطَّعْمَيْنِ، فَالضَّمِيرَانِ عَلَى أَصْلِهِمَا، وَالْمَعْنَى: أَنَّ فِيهِ حَلاوَةً وَفِيهِ حُمُوضَةً، وَكَانَ الْقِيَاسُ جَمْعُهُمَا بِالْعَطْفِ، إِلا أَنَّ خَبَرَ الْمُبْتَدَأ مِنْ نَحْوِ: عَالِمٍ وَعَاقِلٍ سَائِغٌ فِيهِ الأَمْرَانِ مَعَ الاسْتِقْلالِ، فَكَانَ هَذَا أَجْدَرَ، وَتَضَمَّنَا بِاعْتِبَارِ مَعْنَى مُزٍّ ضَمِيرًا آخَرَ يَعُودُ عَلَى الابْتِدَاءِ.

وَاسْتَشْهَدَ بِقَوْلِهِ تَعَالَى: "وَهُوَ الْغَفُورُ الْوَدُودُ (١٤) ذُو الْعَرْشِ الْمَجِيدُ (١٥) فَعَّالٌ لِمَا يُرِيدُ" [البروج:١٤-١٦]، عَلَى أَنَّ الْمُبْتَدَأَ لَهُ خَبَرَانِ فَصَاعِدًا؛ لأَنَّ (هُوَ) مُضْمَرٌ، فَلا

يَكُونُ مَوْصُوفًا، فَتَعَيَّنَ أَنْ يَكُونَ مَا بَعْدَهُ خَبَرًا عَنْـهُ، فَقَـدْ مَثَّـلَ بِمَا هُـوَ مُتَعَيِّنٌ لِـمَا ذَكَرَهُ.

قَوْلُهُ: (وَإِذَا تَضَمَّنَ الْمُبْتَدَأُ مَعْنَى الشَّرْطِ جَازَ دُخُولُ الْفَاءِ عَلَى خَبَرِهِ).

قَالَ الشَّيْخُ: إِنَّمَا تَضَمَّنَ الْمُبْتَدَأُ مَعْنَى الشَّرْطِ فِي هَذِهِ الصُّوَرِ الَّتِي ذَكَرَهَا مِـنْ حَيْـثُ كَانَتْ دَالَّةً عَلَى مَعْنَى الْعُمُومِ؛ لأَنَّ (الَّذِي) فِي قَوْلِكَ: (الَّذِي يَأْتِينِي فَلَهُ دِرْهَمٌ) لِلْعُمُومِ لا لِلْعَهْدِ، وَكَذَلِكَ النَّكِرَةُ فِي (كُلُّ رَجُلٍ يَأْتِينِي فَلَهُ دِرْهَمٌ).

وَقَوْلُهُ: (إِذَا كَانَتِ الصِّلَةُ أَوْ الصِّفَةُ فِعْلا أَوْ ظَرْفًا).

لأَنَّ الْفِعْلَ يُشْعِرُ بِالسَّبَبِيَّةِ، وَكَذَلِكَ الظَّرْفُ؛ لأَنَّهُ يَتَعَلَّقُ بِالْفِعْلِ عَلَى الْقَوْلِ الصَّحِيحِ، ثُمَّ مَثَّلَ بِقَوْلِهِ: "**الَّذِينَ يُنْفِقُونَ أَمْوَالَهُمْ بِاللَّيْلِ وَالنَّهَارِ سِرًّا وَعَلانِيَةً فَلَهُمْ أَجْرُهُمْ**" [البقرة:٢٧٤]، وَبِقَوْلِهِ: "**وَمَا بِكُمْ مِنْ نِعْمَةٍ فَمِنَ اللَّهِ**" [النحل:٥٣].

قَالَ الشَّيْخُ: فِيهَا إِشْكَالٌ مِنْ حَيْثُ إِنَّ الشَّرْطَ وَمَا شُبِّهَ بِهِ يَكُونُ الأَوَّلُ فِيهِ سَبَبًا لِلثَّانِي، تَقُولُ: (أَسْلِمْ تَدْخُلِ الْجَنَّةَ)، فَالإِسْلامُ سَبَبٌ لِدُخُولِ الْجَنَّةِ، وَهُنَا الأَمْرُ عَلَى الْعَكْسِ، وَهُوَ أَنَّ الأَوَّلَ اسْتِقْرَارُ النِّعْمَةِ بِالْمُخَاطَبِينَ، وَالثَّانِي كَوْنُهَا مِنَ الـلـهِ، فَلا يَسْتَقِيمُ أَنْ يَكُونَ الأَوَّلُ سَبَبًا لِلثَّانِي مِنْ جِهَةِ كَوْنِهِ فَرْعًا عَنْهُ، وَتَأْوِيلُهُ أَنَّ الآيَةَ جِيءَ بِهَا لإِخْبَارِ قَوْمٍ اسْتَقَرَّتْ بِهِمْ نِعْمَةٌ جَهِلُوا مُعْطِيَهَا أَوْ شَكُّوا فِيهِ، فَاسْتِقْرَارُهَا عَنْهُ، مَجْهُولَةً أَوْ مَشْكُوكَةً سَبَبٌ لِلإِخْبَارِ بِكَوْنِهَا مِنَ الـلـهِ، فَتَحَقَّقَ إِذًا أَنَّ الشَّرْطَ وَالْمَشْرُوطَ عَلَى بَابِهِ، وَأَنَّ ذَلِكَ صَحَّ مِنْ حَيْثُ إِنَّ جَوَابَ الشَّرْطِ لا يَكُونُ إِلا جُمْلَةً، وَيَكُونُ مَعْنَى الشَّرْطِ فِيهِ إِمَّا مَضْمُونَهَا وَإِمَّا الْخِطَابَ بِهَا، فَمِثَالُ الْمَضْمُونِ قَوْلُهُ تَعَالَى: "**الَّذِينَ يُنْفِقُونَ أَمْوَالَهُمْ بِاللَّيْلِ وَالنَّهَارِ**" [البقرة:٢٧٤] الآيَةُ، وَمِثَالُ الْخِطَابِ بِهَا قَوْلُكَ: (إِنْ أَكْرَمْتَنِي الْيَوْمَ فَقَدْ أَكْرَمْتُكَ أَمْسِ)، وَالْمَعْنَى بِالْمَضْمُونِ مَعْنَى نِسْبَةِ الْجُمْلَةِ؛ كَقَوْلِهِ تَعَالَى: "**فَلَهُمْ أَجْرُهُمْ**" [البقرة:٢٧٤]؛ أَيْ: ثَبَتَ لَهُمْ أَجْرُهُمْ، فَثُبُوتُ الأَجْرِ لَهُمْ هُوَ مَضْمُونُ الْجُمْلَةِ، وَهُوَ مُسَبَّبٌ عَنِ الإِنْفَاقِ، وَالْمَعْنِيُّ بِالْخِطَابِ بِهَا أَنْ يَكُونَ نَفْسُ الإِعْلامِ بِهَا هُوَ الْمَشْرُوطُ لا مَضْمُونَهَا، أَلا تَرَى أَنَّكَ لَوْ جَعَلْتَ مَضْمُونَ قَوْلِهِ: (فَمِنَ الـلـهِ) هُوَ الْمَشْرُوطُ لَكَانَ الْمَعْنَى أَنَّ اسْتِقْرَارَهَا سَبَبٌ لِحُصُولِهَا مِنَ الـلـهِ، فَيَصِيرُ الشَّرْطُ مُسَبَّبًا لِلْمَشْرُوطِ، وَمِنْ ثَمَّ وَهَمَ مَنْ قَالَ: إِنَّ الشَّرْطَ قَدْ يَكُونُ مُسَبَّبًا، وَإِذَا جَعَلْنَا الْخِطَابَ بِنَفْسِ الْجُمْلَةِ هُوَ الْمَشْرُوطُ ارْتَفَعَ الإِشْكَالُ.

قَوْلُهُ: (فَإِنْ دَخَلَتْ لَيْتَ أَوْ لَعَلَّ لَمْ تَدْخُلِ الْفَاءُ بِـالإِجْمَاعِ، وَفِي دُخُـولِ (إِنَّ) خِـلافٌ بَيْنَ الأَخْفَشِ وَصَاحِبِ الْكِتَابِ).

قَالَ الشَّيْخُ: حُجَّةُ صَاحِبِ الْكِتَابِ؛ أَعْنِي: سِيبَوَيْه، أَنْ يُقَالَ: إِنَّهُ حَرْفٌ يَمْتَنِعُ دُخُولُهُ عَلَى الشَّرْطِ، فَلَا يَدْخُلُ عَلَى مَا أَشْبَهَ الشَّرْطَ قِيَاسًا عَلَى (لَيْتَ)، و(لَعَلَّ) وَتَقْرِيرُهُ: أَنَّ الشَّرْطَ لَا يَعْمَلُ فِيهِ مَا قَبْلَهُ؛ لِأَنَّهُ قِسْمٌ مِنْ أَقْسَامِ مَا لَهُ صَدْرُ الْكَلَامِ، وَقَدْ تَقَدَّمَ، وَأَنَّ (إِنَّ) لَا يَلِيهَا مَعْمُولُهَا، فَلَوْ دَخَلَتْ عَلَى الشَّرْطِ فَلَا يَخْلُو إِمَّا أَنْ تَعْمَلَ أَوْ لَا، وَكِلَاهُمَا بَاطِلٌ، وَوَجْهُ بُطْلَانِهِ ظَاهِرٌ، وَأَيْضًا فَإِنَّ كُلًّا مِنْهُمَا لَهُ صَدْرُ الْكَلَامِ فَيَتَنَافَيَانِ.

وَقَالَ الْأَخْفَشُ: دُخُولُهَا فِي خَبَرِ (إِنَّ) جَائِزٌ وَالدَّلِيلُ عَلَيْهِ وُرُودُ ذَلِكَ فِي الْقُرْآنِ وَكَلَامِ الْعَرَبِ، فَالْوَارِدُ فِي الْقُرْآنِ قَوْلُهُ تَعَالَى: "إِنَّ الَّذِينَ فَتَنُوا الْمُؤْمِنِينَ وَالْمُؤْمِنَاتِ" إِلَى قَوْلِهِ: "فَلَهُمْ عَذَابُ جَهَنَّمَ" [البروج:١٠].

وَمَا احْتَجَّ بِهِ سِيبَوَيْه إِنَّمَا يَصِحُّ أَنْ لَوِ اعْتَبَرَهُ الْوَاضِعُ، وَلَمَّا لَمْ يَعْتَبِرْهُ دَلَّ عَلَى أَنَّهُ مُلْغًى.

وَلَيْسَ لِمَذْهَبِ الْأَخْفَشِ رَدٌّ، وَعِلَّةُ الْأَصْلِ عَلَى مَذْهَبِ الْأَخْفَشِ غَيْرُ مَا ذَكَرَهُ سِيبَوَيْه، وَهُوَ أَنَّ (لَيْتَ) و(لَعَلَّ) إِنْشَاآنِ، وَمَا يَقَعُ خَبَرًا لَهُمَا غَيْرُ مُحْتَمِلٍ لِلصِّدْقِ وَالْكَذِبِ، وَجَزَاءُ الشَّرْطِ مُحْتَمِلٌ لَهُمَا، فَلَا يَجُوزُ الْجَمْعُ بَيْنَ قَضِيَّتَيْنِ مُتَنَاقِضَتَيْنِ مِنْ وَجْهٍ وَاحِدٍ؛ لِأَنَّهُ يُؤَدِّي إِلَى أَنْ يَكُونَ مَا وَقَعَ بَعْدَ الْفَاءِ مُحْتَمِلًا غَيْرَ مُحْتَمِلٍ لَهُمَا.

وَعِلَّةُ سِيبَوَيْه فِي الْأَصْلِ الْمَقِيسِ عَلَيْهِ أَنَّهُمَا حَرْفَانِ يَقْتَضِي كُلُّ وَاحِدٍ مِنْهُمَا أَنْ يَكُونَ لَهُ صَدْرُ الْكَلَامِ، فَلَا يَجْتَمِعَانِ؛ لِأَنَّهُ يُؤَدِّي إِلَى التَّنَاقُضِ، وَالْجَوَابُ عَنْهُ أَنَّ ذَلِكَ فِي الْمُشَبَّهِ بِالشَّرْطِ، فَلَا يَلْزَمُ مَعَ أَنَّهُ قَدْ ثَبَتَ إِلْغَاؤُهُ وَاعْتُذِرَ لِسِيبَوَيْه عَنْ قَوْلِهِ تَعَالَى: "قُلْ إِنَّ الْمَوْتَ الَّذِي تَفِرُّونَ مِنْهُ فَإِنَّهُ مُلَاقِيكُمْ" [الجمعة:٨] اعْتِذَارَاتٌ ثَلَاثَةٌ:

أَحَدُهَا: قَالُوا: إِنَّ الْفَاءَ زَائِدَةٌ، وَهَذَا لَيْسَ بِشَيْءٍ؛ لِأَنَّ سِيبَوَيْه لَا يَقُولُ بِزِيَادَةِ الْفَاءِ، فَكَيْفَ يَحْتَجُّونَ لَهُ بِشَيْءٍ لَا يَقُولُ بِهِ؟

الثَّانِي: أَنَّ (إِنَّ) لَمْ تَدْخُلْ عَلَى (الَّذِي)، وَنَحْنُ كَلَامُنَا فِي (إِنَّ) الَّتِي تَدْخُلُ عَلَى الَّذِي، وَلَيْسَ أَيْضًا بِشَيْءٍ؛ لِأَنَّ الصِّفَةَ وَالْمَوْصُوفَ كَالشَّيْءِ الْوَاحِدِ، فَلَا فَرْقَ بَيْنَ أَنْ تَدْخُلَ عَلَى الْمَوْصُوفِ أَوْ تَدْخُلَ عَلَى الصِّفَةِ.

الثَّالِثُ: أَنَّهُمْ قَالُوا: إِنَّ الْفَاءَ لَيْسَتْ بِزَائِدَةٍ، وَإِنَّمَا هِيَ عَاطِفَةٌ جُمْلَةً عَلَى جُمْلَةٍ، وَيَكُونُ خَبَرُ (إِنَّ) قَدْ تَمَّ بِقَوْلِهِ: (الَّذِي تَفِرُّونَ مِنْهُ)، وَهَذَا أَقْوَاهَا، وَهَذَا كُلُّهُ بَحْثُ الْمُتَأَخِّرِينَ، وَالظَّاهِرُ أَنَّهُ مَبْنِيٌّ عَلَى نَقْلِ الزَّمَخْشَرِيِّ، وَقَدْ أَوْضَحَهُ مُعَلَّلًا فِي غَيْرِ الْمُفَصَّلِ، وَهُوَ بَعِيدٌ مِنْ جِهَةِ النَّقْلِ وَالْفِقْهِ، أَمَّا النَّقْلُ فَقَدِ اسْتَشْهَدَ سِيبَوَيْه فِي كِتَابِهِ بَعْدَ

قَوْلِهِ: (الَّذِينَ يُنْفِقُونَ) بِقَوْلِهِ تَعَالَى: "قُلْ إِنَّ الْمَوْتَ" [الجمعة:٨]، وَأَمَّا الْفِقْهُ فَيَبْعُدُ مِنْهُ وُقُوعُهُ فِي مُخَالَفَةِ الْوَاضِحَاتِ.

وَقَدْ يُورَدُ عَلَى مِثْلِ: "قُلْ إِنَّ الْمَوْتَ" أَنَّ الْفِرَارَ لَيْسَ سَبَبًا لِلْمَوْتِ، فَكَيْفَ أُجِيبَ بِهِ، وأُجِيبَ مِنْ وَجْهَيْنِ:

أَحَدُهُمَا: أَنَّ الْمَعْنَى أَنَّ الْفِرَارَ الْمَظْنُونَ سَبَبًا لِلنَّجَاةِ سَبَبُ الإِخْبَارِ بِمُلاقَاةِ الْمَوْتِ مَعَهُ، كَمَا ذُكِرَ فِي غَيْرِهِ.

وَالثَّانِي: أَنَّ مَا يَلْزَمُ عَلَى كُلِّ حَالٍ يَحْسُنُ أَنْ يُبْنَى جَزَاءً عَلَى أَبْعَدِ الأَحْوَالِ، فَيَجِيءُ الْبَاقِي مِنْ طَرِيقِ الأَوْلَى، مِثْلُ: "نِعْمَ الْعَبْدُ صُهَيْبٌ لَوْ لَمْ يَخَفِ اللهَ لَمْ يَعْصِهِ"، وَقَوْلُهُ:

وَمَنْ هَابَ أَسْبَابَ الْمَنِيَّةِ يَلْقَهَا   وَإِنْ رَامَ أَسْبَابَ السَّمَاءِ بِسُلَّمِ

وَإِذَا جَازَ ذَلِكَ فِي صَرِيحِ الشَّرْطِ، فَالْمُشَبَّهُ بِهِ أَوْلَى.

وَفِي دُخُولِ نَحْوِ: (الْمُكْرِمُ لِي فَإِنِّي أُكْرِمُهُ) فِي هَذَا الْبَابِ نَظَرٌ، وَكَذَلِكَ: (كُلُّ رَجُلٍ مُكْرِمٍ فَإِنِّي أُكْرِمُهُ)، وَنَحْوُهُ مِمَّا وُصِلَ بِاسْمِ الْفَاعِلِ أَوِ الْمَفْعُولِ أَوْ نَحْوِهِمَا[1].

قَالَ صَاحِبُ الْكِتَابِ:

خَبَرُ إِنَّ وَأَخَوَاتِهَا

ثُمَّ قَالَ: (هُوَ الْمَرْفُوعُ فِي قَوْلِكَ: إِنَّ زَيْدًا أَخُوكَ، وَلَعَلَّ بِشْرًا صَاحِبُكَ).

قَالَ الشَّيْخُ: إِنَّمَا لَمْ يَحُدَّ خَبَرَ إِنَّ؛ لأَنَّهُ إِمَّا أَنْ يُحَدَّ بِاعْتِبَارِ الْمَعْنَى أَوْ بِاعْتِبَارِ اللَّفْظِ،

---

(١) البيت من شعر زُهَير بن أبي سُلمَى: ١٣ ق. هـ / ٦٠٩ م
زهير بن أبي سلمى ربيعة بن رباح المزني، من مُضَر. حكيم الشعراء في الجاهلية وفي أئمة الأدب من يفضّله على شعراء العرب كافة.
قال ابن الأعرابي: كان لزهير من الشعر ما لم يكن لغيره: كان أبوه شاعراً، وخاله شاعراً، وأخته سلمى شاعرة، وابناه كعب وبجير شاعرين، وأخته الخنساء شاعرة.
ولد في بلاد مُزَينة بنواحي المدينة وكان يقيم في الحاجر (من ديار نجد)، واستمر بنوه فيه بعد الإسلام.
قيل: كان ينظم القصيدة في شهر وينقحها ويهذبها في سنة فكانت قصائده تسمّى (الحوليات)، أشهر شعره معلقته التي مطلعها:
أمن أم أوفى دمنة لم تكلم
ويقال: إن أبياته في آخرها تشبه كلام الأنبياء.

فَأَمَّا بِاعْتِبَارِ الْمَعْنَى فَقَدْ تَقَدَّمَ مَا يُرْشِدُ إِلَيْهِ، وَهُوَ خَبَرُ الْمُبْتَدَأ، وَأَمَّا مِنْ حَيْثُ اللَّفْظِ فَقَدْ قَالَ: (هُوَ الْمَرْفُوعُ).

وَالعَامِلُ عَنِ البَصْرِيِّينَ هُوَ (إِنَّ) وَدَلِيلُهُ أَنَّهُ شَيْءٌ وَاحِدٌ يَقْتَضِي شَيْئَيْنِ اقْتِضَاءً وَاحِدًا، فَكَانَ عَامِلا كَعَلِمْتُ، وَالْكُوفِيُّونَ يَقُولُونَ: هُوَ مُرْتَفِعٌ بِمَا كَانَ مُرْتَفِعًا بِهِ قَبْلَ دُخُولِ (إِنَّ)، وَحُجَّتُهُمْ أَنَّ زَيْدًا فِي قَوْلِكَ: (زَيْدٌ أَخُوكَ) كَانَ عَامِلا فِي (أَخُوكَ) لاقْتِضَائِهِ إِيَّاهُ، وَذَلِكَ الاقْتِضَاءُ بَاقٍ، وَهَذَا فَاسِدٌ؛ لأَنَّ الاقْتِضَاءَ فِي (أَخُوكَ) بَاقٍ أَيْضًا فِي (زَيْدٍ)، فَلَوْ كَانَ الاقْتِضَاءُ قَبْلَ دُخُولِ (إِنَّ) بَاقِيًا عَلَى حَالِهِ لَوَجَبَ أَنْ لا يَنْتَصِبَ زَيْدٌ بِإِنَّ، وَقَدْ انْتَصَبَ، فَدَلَّ عَلَى أَنَّهُ لَيْسَ بِبَاقٍ، قَالُوا: (إِنَّ) ضَعِيفَةٌ عَنْ مَعَانِي الأَفْعَالِ، فَلا تَعْمَلُ فِي الْجُزْأَيْنِ عَمَلَ الأَفْعَالِ، وَبَيَانُ ضَعْفِهَا قَوْلُهُ:

لا تَتْرُكَنِّي فِيهِمْ شَطِيرَا　　　　إِنِّي إِذَنْ أَهْلِكَ أَوْ أَطِيرَا

يَنْتَصِبُ (أَهْلِكَ) بِإِذَنْ، وَقَوْلُهُمْ: (إِنَّ بِكَ زَيْدٌ مَأْخُوذٌ)، وَمِثْلُ:

كَأَنَّهُنَّ فَتَيَاتٌ لُعْسُ　　　　كَأَنَّ فِي دِيَارِهِنَّ الشَّمْسُ

وَمِثْلُ:

إِنَّ للهِ دَرَّ قَوْمٍ يُرِيدُو　　　　نَكَ بِالنَّقْصِ وَالشَّقَاءُ شَقَاءُ

وَقَدْ أُوِّلَ (إِنِّي إِذَنْ أَهْلَكَ) عَلَى مَعْنَى: إِنِّي أَقُولُ، وَالْقَوْلُ يُحْذَفُ كَثِيرًا، أَوْ عَلَى حَذْفِ أُذُلِّ، وَالْبَاقِي عَلَى ضَمِيرِ الشَّأْنِ.

وَإِنَّمَا قُدِّمَ مَنْصُوبُ (إِنَّ) عَلَى مَرْفُوعِهَا لأَوْجُهٍ ثَلاثَةٍ:

أَحَدُهَا: لِلْفَرْقِ بَيْنَهَا وَبَيْنَ مَا شُبِّهَتْ بِهِ، وَشَبَهُهَا بِالأَفْعَالِ ظَاهِرٌ، فَلَمْ يُحْتَجْ إِلَى ذِكْرِهِ.

ثَانِيهَا: أَنَّ الْفِعْلَ الَّذِي شُبِّهَتْ بِهِ لَهُ عَمَلانِ؛ عَمَلٌ أَصْلِيٌّ، وَعَمَلٌ فَرْعِيٌّ، فَالأَصْلِيُّ أَنْ يَتَقَدَّمَ مَرْفُوعُهُ عَلَى مَنْصُوبِهِ، وَالْفَرْعِيُّ أَنْ يَتَقَدَّمَ مَنْصُوبُهُ عَلَى مَرْفُوعِهِ، وَهَذِهِ فَرْعٌ فَعَمِلَتْ عَمَلَ الْفَرْعِ.

ثَالِثُهَا: أَنَّهُ إِنَّمَا قُدِّمَ لِئَلا يُؤَدِّي إِلَى مَحْذُورٍ، وَهُوَ الإِضْمَارُ فِي الْحُرُوفِ، لأَنَّكَ لَوْ قُلْتَ: (إِنَّ قَائِمٌ زَيْدًا)، فَقِيلَ: اجْعَلْ مَكَانَ (زَيْدٍ) ضَمِيرًا؛ أَيْ: قَبْلَ قَائِمٍ وَبَعْدَ إِنَّ، لَكُنْتَ إِمَّا أَنْ تَأْتِيَ بِهِ مُتَّصِلا أَوْ مُنْفَصِلا، وَكِلاهُمَا فَاسِدٌ، فَالَّذِي يُؤَدِّي إِلَيْهِ فَاسِدٌ، وَبَيَانُهُ أَنَّكَ لَوْ أَتَيْتَ بِهِ مُتَّصِلا لَمْ تَخْلُ إِمَّا أَنْ تَكُونَ صُورَتُهُ ضَمِيرَ النَّصْبِ أَوْ الرَّفْعِ، فَإِنْ كَانَ ضَمِيرُ

الرَّفع فَهُوَ فاسدٌ؛ لأنَّهُ يُؤَدِّي إِلَى الاستِتَارِ في الحُروفِ، وَإِنْ أَتَيتَ بِهِ مَنصُوبًا لَمْ يَسْتَقِمْ لِوَضْعِكَ المَنْصُوبَ مَوضِعَ المَرْفُوعِ، وَإِنْ كَانَ مُنْفَصِلا لَمْ يَخْلُ إِمَّا أَنْ يَكُونَ مَنصُوبًا أَوْ مَرفُوعًا؛ فَالمَرْفُوعُ لا يَسْتَقِيمُ؛ لأَنَّ المُضْمَرَ إِذَا وَلِيَ عَامِلَهُ وَجَبَ أَنْ يَكُونَ مُتَّصِلا، وَالمَنْصُوبُ فَاسِدٌ مِنَ الوَجْهَيْنِ جَمِيعًا؛ يَعْنِي: الاسْتِتَارَ فِي الحُرُوفِ، وَوَضْعَ المَنْصُوبِ مَوْضِعَ المَرْفُوعِ.

قَالَ: (وَجَمِيعُ مَا ذُكِرَ فِي خَبَرِ المُبْتَدَأِ مِنْ أَصْنَافِهِ وَأَحْوَالِهِ وَشَرَائِطِهِ قَائِمٌ فِيهِ، مَا خَلا جَوَازَ تَقْدِيمِهِ، إلا إِذَا وَقَعَ ظَرْفًا).

قَالَ الشَّيْخُ: يَعْنِي بِأَصْنَافِهِ كَوْنَهُ مَعْرِفَةً وَنَكِرَةً، وَمُفْرَدًا وَجُمْلَةً، وَبِأَحْوَالِهِ كَوْنَهُ مُقَدَّمًا وَمُؤَخَّرًا وَمَحْذُوفًا، وَبِشَرَائِطِهِ أَنَّهُ إِذَا كَانَ جُمْلَةً فَلا بُدَّ لَهُ مِنْ ضَمِيرٍ، وَإِذَا حُذِفَ فَلا بُدَّ لَهُ مِنْ قَرِينَةٍ، إِمَّا حَالِيَّةٍ أَوْ مَقَالِيَّةٍ، وَإِذَا كَانَ ظَرْفًا وَالمُبْتَدَأُ نَكِرَةٌ فَلا بُدَّ مِنْ تَقْدِيمِ الخَبَرِ.

فَإِنْ قِيلَ: يَلْزَمُ مِنْ قَوْلِهِ: (وَجَمِيعُ مَا ذُكِرَ مِنْ خَبَرِ المُبْتَدَأِ مِنْ أَصْنَافِهِ وَأَحْوَالِهِ وَشَرَائِطِهِ قَائِمٌ فِيهِ) أَنْ يُجِيزَ (إِنَّ زَيْدًا اضْرِبْهُ)؛ لأَنَّهُ يَجُوزُ (زَيْدًا اضْرِبْهُ)، فَالجَوابُ مِنْ وَجْهَيْنِ:

أَحَدُهُمَا: أَنَّهُ لَمْ يَذْكُرْ ذَلِكَ أَصْلا، وَإِذَا لَمْ يَذْكُرْهُ فَإِنَّمَا حَكَمَ بِاشْتِرَاكِهِمَا فِيمَا ذَكَرَ لا فِيمَا لَمْ يَذْكُرْهُ، فَقَوْلُهُ: (وَجَمِيعُ مَا ذُكِرَ) إِنَّمَا أَرَادَ: وَجَمِيعُ مَا ذَكَرْتُهُ، لا أَنَّهُ أَرَادَ: وَجَمِيعُ مَا يَصِحُّ أَنْ يَكُونَ خَبَرًا لِلْمُبْتَدَأِ يَصِحُّ أَنْ يَكُونَ خَبَرًا لإِنَّ.

وَالثَّانِي: وَهُوَ الأَقْوَى لِشُمُولِهِ الجَوَابَ عَنْ هَذِهِ الصُّورَةِ وَغَيْرِهَا أَنَّهُ لَمْ يُرِدْ بِقَوْلِهِ: (وَجَمِيعُ مَا ذُكِرَ) إِلَى آخِرِهِ إلا أَنَّ خَبَرَ (إِنَّ) مُشَارِكٌ لِخَبَرِ المُبْتَدَأِ فِي الأَحْكَامِ بَعْدَ أَنْ ثَبَتَ كَوْنُهُ خَبَرًا لإِنَّ بِشَرَائِطِهِ وَانْتِفَاءِ مَوَانِعِهِ، لا أَنَّ كُلَّ مَوْضِعٍ يَصِحُّ أَنْ يَكُونَ خَبَرًا لِلْمُبْتَدَأِ يَصِحُّ أَنْ يَكُونَ خَبَرًا لإِنَّ، فَلِذَلِكَ لا يَلْزَمُهُ (إِنَّ أَيْنَ زَيْدٌ) ولا (إِنَّ مَنْ أَبُوكَ)، وَإِنْ جَازَ (مَنْ أَبُوكَ؟) و(أَيْنَ زَيْدٌ؟) مُبْتَدَأً وَخَبَرًا بِالاتِّفَاقِ.

فَإِنْ قِيلَ: فَهَذَا يُؤَدِّي إِلَى الدَّوْرِ؛ لأَنَّهُ قَصَدَ إِلَى تَعْرِيفِ خَبَرِ (إِنَّ)، وَإِذَا لَمْ يُعْرَفْ خَبَرُهَا إلا بَعْدَ دُخُولِهَا، وَدُخُولُهَا لا يُعْرَفُ إلا بَعْدَ تَحَقُّقِ صِحَّةِ كَوْنِ الخَبَرِ خَبَرًا لَهَا كَانَ دَوْرًا، سَلَّمْنَا أَنَّهُ لَيْسَ بِدَوْرٍ، إلا أَنَّهُ يُبْطِلُ فَائِدَةَ التَّعْرِيفِ؛ لأَنَّهُ إِذَا قَصَدَ إِلَى تَعْرِيفِ خَبَرِ (إِنَّ) بِكَوْنِهِ خَبَرَ المُبْتَدَأِ، وَكَانَ خَبَرُ المُبْتَدَأِ مُنْقَسِمًا بِاعْتِبَارِ خَبَرِ إِنَّ فِي صِحَّةِ بَعْضِهِ وَامْتِنَاعِ بَعْضِهِ كَانَ تَعْرِيفًا لِلأَخَصِّ بِالأَعَمِّ.

فالْجَوابُ: أنَّهُ لا يَتوقَّفُ كَوْنُهُ صالِحًا لأنْ يكُونَ خبَرَ (إنَّ) عَلى دُخُولِ (إنَّ) بَلْ يُعْرَفُ ذَلِكَ قَبْلُ دُخُولِ (إنَّ) بأنْ يُقالَ: كُلُّ مُبْتَدأٍ وخَبرٍ لا مُنافاةَ بيْنَهُما وبيْنَ (إنَّ)، فَصالِحٌ أنْ يَكُونَ خَبَرُ الْمُبْتَدأِ خَبرًا لإنَّ، فيَنْتَفي الدَّوْرُ.

وأمَّا الثَّاني: فإنَّهُ إنَّما يَلْزَمُ لَوْ كانَ قَصَدَ إلَى التَّعْرِيفِ بِهِ، وَلا أحَدَ يُعرِّفُ خَبَرَ (إنَّ) بكَوْنِه خَبرًا لِلْمُبْتَدأِ، وإنَّما عَرَّفَهُ بِكَلامٍ مَعْناهُ: أنَّ الْخَبَرَ الَّذي يَصِحُّ دُخُولُ (إنَّ) عَلَيْهِ وَعَلى مُبْتَدَئِهِ بِقَوْلِهِ: (هُوَ الْمَرْفُوعُ فِي قَوْلِكَ: إنَّ زَيْدًا أخُوكَ، ولَعَلَّ بِشْرًا صاحِبُكَ)، فَما لَمْ يَثْبُتْ أنَّهُ خَبَرٌ لإنَّ لا يَلْزَمُ إعْطاؤُهُ أحْكامَ الْخَبَرِ مِنْ حُكْمِهِ؛ لأنَّهُ إنَّما حُكِمَ بِأحْكامِ خَبَرِ الْمُبْتَدأِ بَعْدَ صِحَّةِ كَوْنِهِ خَبرًا لإنَّ، وأمَّا مَوْضِعٌ يَمْتَنِعُ فِيهِ أنْ يَكُونَ خَبرًا لإنَّ مِنْ أصْلِهِ فَلا يُحْكَمُ عَلَيْهِ بِشَيْءٍ.

قَوْلُهُ: (وَقَدْ حُذِفَ فِي نَحْوِ قَوْلِهِمْ: إنَّ مَالا وَإنَّ وَلَدًا) إلَى آخِرِهِ.

وَهَذا ظاهِرُ مَا بَيَّنَّاهُ، وَأمَّا قَوْلُ الأعْشَى:

إنَّ مَحَلا وَإنَّ مُرْتَحَلا ‏ ‏ ‏ وَإنَّ فِي السَّفْرِ إذْ مَضَوْا مَهَلا

فَواضِحٌ أيْضًا؛ أيْ: إنَّ لَنا مَحَلا، وَهُوَ مَوْضِعُ اسْتِشْهادِهِ؛ أيْ: إنَّ لَنا مَحَلا فِي الدُّنْيا، وَمُرْتَحَلا عَنْهَا إلَى الآخِرَةِ، وَإنَّ فِي السَّفْرِ الرَّاحِلِينَ عَنْهَا مَهَلا؛ أيْ: إمْهالا؛ أيْ: طُولا، وَرُوِيَ (مَثَلا)؛ أيْ: لَنا فِيهِمْ مَثَلا، وَقَدْ رُوِيَ فِي كِتابِ سِيبَوَيْهِ: (وَإنَّ فِي السَّفْرِ مَا مَضَوْا مَهَلا)، فَتَكُونُ (مَا) مَصْدَرِيَّةً، فَيَكُونُ تَقْدِيرُهُ: مُضِيِّهِمْ، فَيَكُونُ التَّقْدِيرُ بَدَلَ الاشْتِمالِ، وَبَعْدَ (إنَّ مَحَلا):

اسْتَأْثَرَ اللهُ بِالْبَقاءِ وَبِالْـ ‏ ‏ ‏ ـعَدْلِ وَوَلَّى الْمَلامَةَ الرَّجُلا

وَتَقُولُ: (إنَّ غَيْرَهَا إبِلا وَشاءً)، لِمَنْ رَأى لَكَ أمْتِعَةً أوْ خَيْلا أوْ غَيْرَ ذَلِكَ، فَقالَ: هَلْ لَكَ غَيْرُها؟ فَتَقُولُ: (إنَّ غَيْرَهَا إبِلا وَشاءً) أيْ: إنَّ لَنا غَيْرَهَا، وَيُحْتَمَلُ أنْ يَكُونَ (إبِلا) مَنْصُوبًا عَلَى التَّمْيِيزِ مِنْ غَيْرِهَا أوْ بَدَلا مِنْ (غَيْرِهَا)، أوْ مَوْصُوفًا لِغَيْرِهَا، وَقَدْ تَقَدَّمَ عَلَيْهِ، فَلا بُدَّ أيْضًا مِنْ تَقْدِيرِ تَقْدِيمِ الْخَبَرِ، لِئَلا يُؤَدِّي إلَى أنْ يَلِيَ (إنَّ) مَا لَيْسَ بِاسْمِهَا وَلا خَبَرِهَا، وَقَالَ:

يا لَيْتَ أيَّامَ الصَّبَا رَواجِعَا

وَلِلنَّاسِ فِيهِ ثَلاثَةُ مَذاهِبَ:

أحَدُهَا: وَهُوَ مَذْهَبُ البَصْرِيِّينَ أنَّ (رَواجِعَا) مَنْصُوبٌ عَلَى الْحالِ، وَخَبَرُ (لَيْتَ)

مَحْذُوفٌ تَقْدِيرُهُ: لَيْتَ أَيَّامَ الصِّبَا لَنَا رَوَاجِعَا، فَيَكُونُ حَالا مِنَ الضَّمِيرِ فِي (لَنَا)؛ أَيْ: يَا لَيْتَ أَيَّامَ الصِّبَا مُسْتَقِرَّةٌ لَنَا فِي حَالِ كَوْنِهَا رَوَاجِعَا.

وَمَذْهَبُ الْفَرَّاءِ: أَنَّ لَيْتَ تَنْصِبُ الاسْمَيْنِ جَمِيعًا عَلَى لُغَةِ بَعْضِ الْعَرَبِ؛ لأَنَّ (لَيْتَ) بِمَعْنَى: تَمَنَّيْتُ، وَهُمْ يَقُولُونَ: (تَمَنَّيْتُ زَيْدًا قَائِمًا)، كَذَلِكَ هَذِهِ.

وَمَذْهَبُ الْكِسَائِيِّ: أَنَّ (رَوَاجِعَ) مَنْصُوبٌ بِإِضْمَارِ (تَكُونَ)، فَيَكُونُ مِنْ بَابِ مَا أُضْمِرَتْ فِيهِ (كَانَ).

قَالَ: وَمَذْهَبُ الْبَصْرِيِّينَ أَوْلَى، إِذْ قَدْ ثَبَتَ حَذْفُ الْخَبَرِ مَعَ إِرَادَتِهِ، وَهُوَ عَيْنُ مَا حَمَلُوهُ عَلَيْهِ، وَأَمَّا مَذْهَبُ الْفَرَّاءِ فَلَمْ يَثْبُتْ أَنَّ (لَيْتَ) عَامِلَةٌ نَصْبًا فِي الْجُزْأَيْنِ، فَيُحْمَلُ عَلَيْهِ الْبَيْتُ، وَلا يَثْبُتُ مِثْلُ ذَلِكَ إِلا بِثَبْتٍ، وَأَمَّا مَذْهَبُ الْكِسَائِيِّ، وَإِنْ كَانَ خَيْرًا مِنْ مَذْهَبِ الْفَرَّاءِ لِثُبُوتِ إِضْمَارِ (كَانَ) فِي مَوَاضِعَ، إِلا أَنَّ مَذْهَب الْبَصْرِيِّينَ أَوْلَى؛ لِكَثْرَةِ حَذْفِ الْخَبَرِ، وَقِلَّةِ إِضْمَارِ (كَانَ).

وَقَدْ وَقَعَ فِي بَعْضِ النُّسَخِ: وَقَدِ الْتُزِمَ حَذْفُهُ فِي قَوْلِهِمْ: (لَيْتَ شِعْرِي)، وَالظَّاهِرُ أَنَّهُ أَرَادَ إِثْبَاتَ ذَلِكَ فِي كِتَابِهِ، ثُمَّ رَجَعَ عَنْهُ، وَهَذَا الْكَلامُ بِمُجَرَّدِهِ غَيْرُ مُسْتَقِيمٍ، إِذْ لَمْ يُسْمَعْ عَنِ الْعَرَبِ، وَلا يَسْتَقِيمُ أَنْ يَقُولَ أَحَدٌ: (لَيْتَ شِعْرِي) مُقْتَصِرًا مِنْ غَيْرِ انْضِمَامِ شَيْءٍ آخَرَ إِلَيْهِ، وَإِنَّمَا الْمَعْرُوفُ: (لَيْتَ شِعْرِي أَيُّ الرَّجُلَيْنِ عِنْدَكَ)، أَوْ: أَزَيْدٌ عِنْدَكَ أَمْ عَمْرٌو، وَنَحْوُ ذَلِكَ، وَقَوْلُهُ[1]:

لَيْتَ شِعْرِي مُسَافِرَ بْنَ أَبِي عَمْـ ـرٍو وَلَيْتَ يَقُولُهَا الْمَحْزُونُ

مَحْمُولٌ عَلَى الْحَذْفِ لِلْقَرِينَةِ، وَالْمَعْنَى: أَتَجْتَمِعُ أَمْ لا؟ أَوْ أَتَعُودُ كَمَا كُنْتَ وَنَحْوِهِ، وَنَصْبُ (مُسَافِرَ) عَلَى النِّدَاءِ، وَمَعْنَى (لَيْتَ شِعْرِي مَنْ أَبُوكَ) وَنَحْوِهِ: لَيْتَ عِلْمِي مُتَعَلِّقٌ بِمَا يُجَابُ بِهِ هَذَا الْقَوْلُ، أَلا تَرَى إِلَى مِثْلِ ذَلِكَ فِي كَلامِهِمْ؛ كَقَوْلِهِمْ: (عَلِمْتُ مَنْ أَبُوكَ)، وَلا خِلافَ أَنَّ مَنْ هَاهُنَا اسْتِفْهَامٌ، وَيُرَادُ هَاهُنَا: عَلِمْتُ مَا يُجَابُ بِهِ هَذَا

---

(١) البيت من شعر أبي طالب: ٨٥ - ٣ ق. هـ / ٥٤٠ - ٦١٩ م. عبد مناف بن عبد المطلب بن هاشم من قريش، أبو طالب. والد الإمام علي كرم الله وجهه، وعم النبي صلى الله عليه وسلم وكافله ومربيه ومناصره. كان من أبطال بني هاشم ورؤسائهم، ومن الخطباء العقلاء الأباة.
وله تجارة كسائر قريش. نشأ النبي صلى الله عليه وسلم في بيته، وسافر معه إلى الشام في صباه. ولما أظهر الدعوة إلى الإسلام همّ أقرباؤه (بنو قريش) بقتله فحماه أبو طالب وصدهم عنه.
وفي الحديث: "ما نالت قريش مني شيئاً أكرهه حتى مات أبو طالب". مولده ووفاته بمكة..

الاسْتِفْهَامِ، فَرَأْيٌ، أَوْ لأنَّهُ مِنْ قَبِيلِ مَا حُذِفَ خَبَرُهُ، وَقَامَ كَلامٌ آخَرُ مَقَامَهُ، مِثْل (لَوْلا زَيْدٌ لَكَانَ كَذَا)، فَأَثْبَتَهُ فِيمَا حُذِفَ فِيهِ الْخَبَرُ، ثُمَّ رَأَى أَنَّهُ يَصِحُّ أَنْ يُطْلَقَ عَلَيْهِ الْخَبَرِيَّةُ كَمَا يُطْلَقُ عَلَى الْجَارِ وَالْمَجْرُورِ أَنَّهُ خَبَرٌ لِدَلالَتِهِ عَلَى الْمُتَعَلَّقِ الَّذِي لا بُدَّ مِنْهُ، وَكَأَنَّهُ مَذْكُورٌ ثَمَّةَ فَأَسْقَطَهُ، أَوْ يَكُونُ الأمْرُ بِالْعَكْسِ.

قال في: خَبَرُ (لا) الَّتِي لِنَفْيِ الْجِنْسِ[١]

(هُوَ فِي قَوْلِ أَهْلِ الْحِجَازِ: لا رَجُلَ أَفْضَلُ مِنْكَ، وَلا أَحَدَ خَيْرٌ مِنْكَ).

قَالَ الشَّيْخُ: لا يَدُلُّ هَذَا عَلَى إِثْبَاتِهِ عِنْدَ الْحِجَازِيِّينَ، إِذْ يُحْتَمَلُ أَنْ يَكُونَ صِفَةً عَلَى مَحَلِّ (لا)، وَكَوْنُهُ يُجْعَلُ عَلَى مَذْهَبِ الْحِجَازِيِّينَ خَبَرًا، وَعَلَى مَذْهَبِ التَّمِيمِيِّينَ صِفَةً تَحَكُّمٌ، وَإِنَّمَا يَثْبُتُ مَذْهَبُ الْحِجَازِيِّينَ إِذَا كَانَ الْمَنْفِيُّ مُضَافًا أَوْ مُطَوَّلا، فَإِنَّهُ يَكُونُ مَنْصُوبًا، ولا مَحَلَّ لَهُ، إِذْ لَيْسَ بِمَبْنِيٍّ، وَيَقَعُ بَعْدَهُ مَرْفُوعٌ، فَذَلِكَ الدَّلِيلُ الْوَاضِحُ عَلَى أَنَّ لَهَا خَبَرًا مَرْفُوعًا، وَلَوْ كَانَ صِفَةً لَكَانَ مَنْصُوبًا عَلَى جَمِيعِ الْمَذَاهِبِ؛ لأَنَّهُ لَوْ كَانَ مَبْنِيًّا لَتَوَالَتْ ثَلاثَةُ مَبْنِيَّاتٍ، وَلَيْسَ فِي كَلامِهِمْ، وَالَّذِي يُوَضِّحُ ذَلِكَ جَوَابُهُ بِاحْتِمَالِ الصِّفَةِ فِي قَوْلِهِ:

.... وَلا كَرِيمَ مِنَ الْوِلْدَانِ مَصْبُوحُ

وَهُوَ مِثْل مَا اسْتُشْهِدَ بِهِ لأَهْلِ الْحِجَازِ، وَبَعْضُهُمْ يَقُولُونَ: لِحَاتِمٍ، وَالْجَرْمِيُّ يَقُولُ: لأَبِي ذُؤَيْبٍ، وَقَبْلَهُ:

هَلا سَأَلْتِ هَدَاكِ اللهُ مَا حَسَبِي ... عِنْدَ الشِّتَاءِ إِذَا مَا هَبَّتِ الرِّيحُ

وَرَدَّ جَازِرُهُمْ حَرْفًا مُصَرَّمَةً ... وَلَيْسَ فِي الرَّأْسِ وَالأَصْلابِ تَمْلِيحُ

إِذَا اللِّقَاحُ غَدَتْ مُلْقًى أَصِرَّتُهَا ... وَلا كَرِيمٌ مِنَ الْوِلْدَانِ مَصْبُوحُ

وَفِي كَلامِ سِيبَوَيْهِ مَا يَدُلُّ عَلَى أَنَّ رَفْعَ خَبَرِ (لا) بِالابْتِدَاءِ الَّذِي كَانَ رَافِعًا قَبْلَ

---

(١) "لا" النافية للجنس هي التي تدلُّ على نفي الخبر عن الجنس الواقع بعدها على سبيلِ الاستغراق، أي يرادُ بها نفيُهُ عن جميع أفراد الجنيس نصّاً؛ لا على سبيل الاحتمال. ونفيُ الخبرِ عن الجنس يَستلزمُ نفيَهُ عن جميع أفرادِهِ.
وتُسمّى "لا" هذهِ "لا التَّبرِئَةِ" أيضاً، لأنها تُفيدُ تبرئةَ المتكلّم للجنس وتنزيهَهُ إياهُ عن الاتصاف بالخبر.
وإِذْ كانت للنفي على سبيلِ الاستغراقِ، كان الكلامُ معها على تقدير "منْ".

دُخُولِ (لا) لأنَّ (لا) وَمَا عَملَتْ فِيهِ فِي مَوْضِعِ رَفْعٍ، وَهُوَ ضَعِيفٌ لازِمٌ فِي (إنَّ).

و(ذُو الْفَقَارِ) سَيْفٌ كَانَ لِمُنَبِّهِ بْنِ الْحَجَّاجِ، فَأَخَذَهُ النَّبِيُّ صَلَّى اللهُ عَلَيْهِ وَسَلَّمَ يَوْمَ بَدْرٍ، وَذُو الْفَقَارِ وَعَلِيٌّ فِي قَوْلِه: (لا سَيْفَ إلا ذُو الْفَقَارِ وَلا فَتَى إلا عَلِيٌّ)، لا يَصِحُّ أَنْ يَكُونَ خَبَرًا؛ لأنَّهُ مُسْتَثْنَى مِنْ مَذْكُورٍ، وَالْمُسْتَثْنَى كَذَلِكَ لا يَصِحُّ أَنْ يَكُونَ خَبَرًا عَنِ الْمُسْتَثْنَى مِنْهُ؛ لأنَّهُ لَمْ يُذْكَرْ إلا لِيُبَيِّنَ بِهِ مَا قُصِدَ بِالْمُسْتَثْنَى مِنْهُ.

ذِكْرُ الْمَنْصُوبَاتِ

قَالَ صَاحِبُ الْكِتَابِ: (الْمَفْعُولُ الْمُطْلَقُ هُوَ الْمَصْدَرُ)، وَلَمْ يَتَعَرَّضْ لِحَدِّهِ فِي ظَاهِرِ كَلامِهِ اسْتِغْنَاءً عَنْهُ بِمَا دَلَّ عَلَيْهِ مِنِ اسْمِهِ فِي قَوْلِهِ: (الْمَفْعُولُ الْمُطْلَقُ)؛ لأنَّ مَعْنَى الْمَفْعُولِ الْمُطْلَقِ الَّذِي فُعِلَ عَلَى الْحَقِيقَةِ مِنْ غَيْرِ تَقْيِيدٍ، فَلَمَّا كَانَ الاسْمُ يَدُلُّ عَلَى الْحَقِيقَةِ اسْتُغْنِيَ عَنْهُ؛ لأنَّهُ لَوْ ذَكَرَهُ لَمْ يَزِدْ عَلَيْهِ زِيَادَةً، فَكَأَنَّهُ قَالَ: هُوَ الاسْمُ الَّذِي فُعِلَ، وَحَدُّهُ: مَا فَعَلَهُ فَاعِلُ الْفِعْلِ الْمَذْكُورِ، فَالْمَذْكُورُ احْتِرَازٌ عَنْ: (كَرِهَ زَيْدٌ الضَّرْبَ)، فَإِنَّهُ مَفْعُولٌ لِفَاعِلٍ، وَلَكِنَّهُ لَيْسَ هُوَ الْمَذْكُورُ.

ثُمَّ قَالَ: (هُوَ الْمَصْدَرُ)، فَذَكَرَ اسْمًا مِنَ الأسْمَاءِ الَّتِي هِيَ أَشْهَرُ أَسْمَائِهِ عِنْدَ النَّحْوِيِّينَ، وَلا سِيَّمَا الْمُتَأَخِّرُونَ، فَإِنَّهُمْ لا يَكَادُونَ يَقُولُونَ إلا الْمَصْدَرَ، وَلا نَكَادُ نَسْمَعُهُمْ يَقُولُونَ: الْمَفْعُولُ الْمُطْلَقُ، وَيَجُوزُ أَنْ يَكُونَ خَصَّهُ بِهَذَا الاسْمِ تَنْبِيهًا عَلَى الرَّدِّ عَلَى مَذْهَبِ الْكُوفِيِّينَ فِي أَنَّهُ مُشْتَقٌّ مِنَ الْفِعْلِ، وَلِذَلِكَ تَعَرَّضَ بَعْدَ قَوْلِهِ: (هُوَ الْمَصْدَرُ)، فَقَالَ: (سُمِّيَ بِذَلِكَ؛ لأنَّ الْفِعْلَ يَصْدُرُ عَنْهُ)، وَإِذَا كَانَ هُوَ وَغَيْرُهُ سَوَاءً فِي تَفْسِيرِهِ، وَتَرَجَّحَ هَذَا الاسْمُ بِمَعْنًى مَقْصُودٍ، وَإِنْ لَمْ يَكُنْ مُتَعَلِّقًا بِمَا هُوَ فِيهِ، كَانَ أَوْلَى مِنْ غَيْرِهِ؛ لِزِيَادَتِهِ بِفَائِدَةٍ مَخْصُوصَةٍ مَقْصُودَةٍ.

ثُمَّ ذَكَرَ بَعْدَهُ الأسْمَاءَ الَّتِي لَيْسَ فِيهَا مَا فِيمَا تَقَدَّمَ، وَهُوَ الْحَدَثُ وَالْحَدَثَانُ، ثُمَّ ذَكَرَ بَعْدَهُمَا الاسْمَ الَّذِي هُوَ أَقَلُّهُمْ ذِكْرًا، وَهُوَ قَوْلُهُ: (الْفِعْلُ).

وَمُقْتَضَى مَذْهَبِ الْكُوفِيِّينَ أَنْ يُسَمَّى الْمَصْدَرُ صَادِرًا وَالْفِعْلُ مَصْدَرًا؛ لأنَّ الْمَصْدَرَ مَحَلُّ الصُّدُورِ، وَهُوَ عِنْدَهُمْ الْفِعْلُ، وَالصَّادِرُ مَنْ حَصَلَ لَهُ الصُّدُورُ، وَهُوَ الْمَصْدَرُ عِنْدَهُمْ.

وَأَجَابَ ابْنُ الأنْبَارِيِّ بِأَنَّهُ مَصْدَرٌ بِمَعْنَى مَفْعُولٍ؛ لأنَّهُ أُصْدِرَ عَنِ الْفِعْلِ، مِثْلُ: مُرَكَّبٌ فَارِهٌ، بِمَعْنَى مَرْكُوبٍ، وَمَشْرَبٌ بِمَعْنَى مَشْرُوبٍ، وَأُجِيبَ بِأَنَّهُ لَمْ يَجِئْ مَفْعَلٌ بِمَعْنَى

مُفْعَلِ، وَلَوْ سُلِّمَ فَنَادِرٌ بَعِيدٌ.

وَقَالَ بَعْضُهُمْ: المَصْدَرُ مَا بِهِ حَصَلَ الصُّدُورُ، وَكَمَا حَصَلَ الصُّدُورُ لِلْمَحَلِّ الْمَصْدُورِ عَنْهُ حَصَلَ لِلصَّادِرِ، وأُجِيبَ بِأَنَّهُ تَخْلِيطُ اسْمِ الْمَكَانِ بِالْفَاعِلِ.

وَقِيلَ: سُمِّيَ مَصْدَرًا؛ لأنَّهُ ذُو صُدُورٍ، وأُجِيبَ بِأَنَّهُ يَلْزَمُ أَنْ يُسَمَّى الْفَاعِلُ مَفْعَلا؛ لأنَّهُ ذُو فِعْلٍ، وَهَذَا بَحْثٌ لَفْظِيٌّ.

وَقَدِ اسْتَدَلَّ البَصْرِيُّونَ بِأَنَّ مَعْنَى الاشْتِقَاقِ: مُوَافَقَةُ لَفْظَيْنِ فِي حُرُوفِهِمَا الأُصُولِ، وَمَعْنَى الأَصْلِ، فَإِذَا جُعِلَ الْفِعْلُ أَصْلا لَمْ يَسْتَقِمْ؛ لأنَّهُمَا لَمْ يَتَّفِقَا فِي مَعْنَى الأَصْلِ، وَإِنْ جُعِلَ الْمَصْدَرُ أَصْلا اسْتَقَامَ، وَإِذَا لَمْ يُشْتَرَطْ فِي اللَّفْظَيْنِ مَعْنَى الأَصْلِ لَمْ يَسْتَقِمْ مَعْنَى الاشْتِقَاقِ؛ لأنَّهُ إِمَّا أَنْ يُعْتَبَرَ مَعْنًى، أَيْ: مَعْنَى كَانَ، أَوْ لا يُعْتَبَرَ مَعْنًى أَصْلا، وَكِلاهُمَا ظَاهِرُ الْفَسَادِ.

وَاسْتَدَلَّ الزَّجَّاجُ بِأَنَّهُ لَوْ كَانَ كَمَا زَعَمُوا لَمْ يَكُنْ مَصْدَرٌ إِلا وَلَهُ فِعْلٌ؛ لِكَوْنِ الْمَصْدَرِ فَرْعَهُ، وَلَيْسَ بِوَاضِحٍ؛ لأنَّهُ مُشْتَرَكُ الإِلْزَامِ، إِذْ يُقَالُ: لَوْ كَانَ الأَمْرُ بِالْعَكْسِ لَكَانَ كُلُّ فِعْلٍ لَهُ مَصْدَرٌ، لِكَوْنِ الْفِعْلِ فَرْعَهُ، وَنَحْوُ: نِعْمَ وَبِئْسَ وَلَيْسَ أَفْعَالٌ لا مَصْدَرَ لَهَا.

وَاسْتَدَلَّ ابْنُ السَّرَّاجِ بِأَنَّهُ لَوْ كَانَتِ الْمَصَادِرُ مُشْتَقَّةً مِنَ الأَفْعَالِ لَمْ تَخْتَلِفْ كَمَا لَمْ تَخْتَلِفْ أَبْنِيَةُ الْفَاعِلِينَ وَالْمَفْعُولِينَ وَنَحْوِهِمَا، وَهُوَ ضَعِيفٌ وَمُشْتَرَكُ الإِلْزَامِ.

وَاسْتَدَلَّ الكُوفِيُّونَ بِأَنَّ الْمَصْدَرَ أُعِلَّ لإِعْلالِ الْفِعْلِ، فَكَانَ فَرْعًا لِلْفِعْلِ، وأُجِيبَ بِأَنَّهُ لا يَلْزَمُ مِنْ فَرْعِيَّتِهِ فِي الإِعْلالِ فَرْعِيَّةٌ أَصْلِيَّةٌ، فَإِنَّ (يُكْرِمُ) فَرْعُ إِعْلالِ (أُكْرِمَ)، و(أَعِدُ) فَرْعُ إِعْلالِ (يَعِدُ) وَلَيْسَ فَرْعًا فِي غَيْرِهِ.

قَالُوا: أُكِّدَ بِهِ وَالتَّأْكِيدُ فَرْعٌ، وأُجِيبَ عَنْهُ بِمَا تَقَدَّمَ، قَالُوا: عَمَلَ فِي الْمَصْدَرِ، وَالْمَعْمُولُ فَرْعٌ، وأُجِيبَ عَنْهُ بِأَنَّ الْحَرْفَ عَامِلٌ، وَلَيْسَ مَعْمُولُهُ فَرْعًا لَهُ.

ثُمَّ قَالَ: (وَيَنْقَسِمُ إِلَى مُبْهَمٍ وَمُؤَقَّتٍ).

وَيَعْنِي بِالْمُبْهَمِ مَا لا يَدُلُّ عَلَى أَكْثَرَ مِمَّا يَدُلُّ عَلَيْهِ الْفِعْلُ، ولا يُفِيدُ سِوَى التَّأْكِيدِ، وَيَعْنِي بِالْمُؤَقَّتِ: مَا اسْتُفِيدَ مِنْهُ زِيَادَةٌ لَمْ تُسْتَفَدْ مِنَ الْفِعْلِ، وَهِيَ عَلَى ضَرْبَيْنِ: ضَرْبٍ يُسْتَفَادُ مِنْهُ النَّوْعُ؛ كَقَوْلِكَ: ضَرَبْتُ ضَرْبًا شَدِيدًا، وَضَرْبٍ يُسْتَفَادُ مِنْهُ الْعَدَدُ؛ كَقَوْلِكَ: ضَرَبْتُ ضَرْبَتَيْنِ وَضَرَبَاتٍ.

قَوْلُهُ: (وَقَدْ يُقْرَنُ بِالفِعْلِ غَيْرُ مَصْدَرِهِ مِمَّا هُوَ بِمَعْنَاهُ) إِلَى آخِرِهِ.

قَالَ الشَّيْخُ: نَبَّهَ عَلَى أَنَّهُ لا يُشْتَرَطُ فِي الْمَفْعُولِ الْمُطْلَقِ أَنْ يَكُونَ مُطَابِقًا لِلْفِعْلِ

الَّذِي يَنْتَصِبُ بِهِ فِي اللَّفْظِ، بَلْ يَجُوزُ ذَلِكَ وَيَجُوزُ خِلافُهُ، وَلِذَلِكَ كَانَ الْحَدُّ شَامِلا لِلْمَعْنَيَيْنِ جَمِيعًا، ولكِنِ الْمُشْتَرَطُ فِيهِمَا جَمِيعًا الْمَعْنَى.

ثُمَّ قَالَ: (وَذَلِكَ عَلَى نَوْعَيْنِ: مَصْدَرٍ وَغَيْرِ مَصْدَرٍ).

فَأَثْبَتَ اسْمَ الْمَصْدَرِ[1] لأَنْوَاعِ الْمَصْدَرِ، وَنَفَاهُ عَنِ اسْمِ جِنْسِهِ، وَلا يَسْتَقِيمُ أَنْ يَذْكُرَ نَوْعَ شَيْءٍ وَيَنْفِي اسْمَ جِنْسِهِ عَنْهُ، وَالْجَوَابُ عَنْهُ أَنَّ الْمَصْدَرَ الثَّانِي لَمْ يُرَدْ بِهِ مَا أُرِيدَ بِالْمَصْدَرِ فِي أَوَّلِ الْبَابِ مِنْ قَوْلِهِ: (هُوَ الْمَصْدَرُ)، وَالْمَصْدَرُ يُطْلَقُ بِاعْتِبَارَيْنِ:

أَحَدُهُمَا: كُلُّ اسْمٍ ذُكِرَ بَيَانًا لِمَا فَعَلَهُ فَاعِلُ فِعْلٍ.

وَيُطْلَقُ وَيُرَادُ بِهِ كُلُّ اسْمٍ لِحَدَثٍ لَهُ فِعْلٌ اشْتُقَّ مِنْهُ؛ كَقَوْلِكَ: (ضَرَبْتُ ضَرْبًا)، و(قَتَلْتُ قَتْلا)، فَالأَوَّلُ: هُوَ الَّذِي يُقْصَدُ فِي الْمَنْصُوبَاتِ، وَالثَّانِي: هُوَ الَّذِي يُقْصَدُ بِالذِّكْرِ فِي بَابِ إِعْمَالِ الْمَصَادِرِ، فَإِذَا ثَبَتَ ذَلِكَ فَقَوْلُهُ: (وَهُوَ عَلَى ضَرْبَيْنِ)، مَصْدَرٌ يَعْنِي بِهِ الْمَصْدَرَ الَّذِي لَهُ فِعْلٌ اشْتُقَّ مِنْهُ، فَجَازَ أَنْ يَنْتَفِي الْمَصْدَرُ عَنْ بَعْضِ أَقْسَامِ الأَوَّلِ؛ لأَنَّهُ لَمْ يُطْلَقْ بِاعْتِبَارِ الْمَصْدَرِ الأَوَّلِ، فَثَبَتَ أَنَّ الَّذِي نَفَاهُ غَيْرُ الَّذِي أَثْبَتَهُ، وَالتَّنَاقُضُ إِنَّمَا يَلْزَمُ إِذَا كَانَ عَيْنُ مَا أُثْبِتَ هُوَ عَيْنَ مَا نُفِيَ، وَأَمَّا اتِّفَاقُ اللَّفْظِ فِي الْمُثْبَتِ وَالْمَنْفِيِّ فَغَيْرُ ضَارٍّ، وَلا يَلْزَمُ مِنْهُ تَنَاقُضٌ بِاتِّفَاقٍ.

ثُمَّ قَسَّمَ الْمَصْدَرَ بِالاعْتِبَارِ الثَّانِي إِلَى قِسْمَيْنِ: قِسْمٍ يَكُونُ الْفِعْلُ الْمَذْكُورُ مَعَهُ مُوَافِقًا لَهُ فِي أَصْلِ الاشْتِقَاقِ، وَقِسْمٍ لَيْسَ كَذَلِكَ.

فَالأَوَّلُ: نَحْوُ قَوْلِهِ تَعَالَى: "وَاللَّهُ أَنۢبَتَكُم مِّنَ ٱلْأَرْضِ نَبَاتًا" [نوح آية: ١٧]، و"وَتَبَتَّلْ إِلَيْهِ تَبْتِيلًا" [المزمل آية: ٨]؛ لأَنَّ "تَبْتِيلًا" وَإِنْ كَانَ لَهُ فِعْلٌ يَجْرِي عَلَيْهِ فَلَيْسَ بِمَصْدَرٍ لـ (تَبَتَّلَ) وَلَكِنَّهُ يُلاقِيهِ فِي أَصْلِ الاشْتِقَاقِ؛ إِذِ الْجَمِيعُ مِنْ بَابٍ وَاحِدٍ، وَهُوَ الْبَاءُ وَالتَّاءُ وَاللَّامُ، وَكَذَلِكَ "أَنۢبَتَكُم مِّنَ ٱلْأَرْضِ نَبَاتًا"، وَفِي مِثْلِهِ قَوْلانِ:

أَحَدُهُمَا: أَنَّ (تَبْتِيلا) بِمَعْنَى (تَبَتُّلا)، وَهُوَ ظَاهِرُ قَوْلِهِ: (مِمَّا هُوَ بِمَعْنَاهُ)، وَكَذَلِكَ: "أَنۢبَتَكُم مِّنَ ٱلْأَرْضِ نَبَاتًا".

وَالثَّانِي: أَنَّهُ لَمَّا كَانَ (تَبَتَّلَ) مُطَاوِعَ (بَتَّلَ) كَانَ مُتَضَمِّنًا لَهُ، وَكَذَلِكَ (أَنْبَتَ)، وَإِنْ كَانَ

---

(١) اسم المصدر ليس مدلوله الحدث بل لفظ المصدر كما صرح به الشيخ خالد ونقله الدماميني عن ابن يعيش وغيره وأقره أفاده سم. وقيل مدلوله الحدث كالمصدر لكن دلالته عليه بطريق النيابة عن المصدر. حاشية الصبان ١٨٧.

عَلَى الْعَكْسِ مِنْ (تَبَتَّل).

وَيلْزَمُ عَلَى الأوَّلِ الْوُقُوفُ عَلَى الْمَسْمُوعِ، فَلا يُقَالُ: كَسَرْتُهُ انْكِسَارًا، ولا انْكَسَرَ كَسْرًا، إذْ لَمْ يَثْبُتْ كَوْنُهُ بِمَعْنَاهُ، وَعَلَى الثَّانِي لا يَلْزَمُ.

وَالثَّانِي: نَحْوُ (قَعَدْتُ جُلُوسًا)، و(حَبَسْتُهُ مَنْعًا)؛ لأنَّ (جُلُوسًا) وَإِنْ كَانَ لَهُ فِعْلٌ مُشْتَقٌّ مِنْهُ فَلَيْسَ بِمَصْدَرٍ لـ (قَعَدْتُ) وَلا يُلاقِيهِ فِي الاشْتِقَاقِ، وَلَكِنَّهُ بِمَعْنَاهُ؛ لأنَّ ذَلِكَ مَشْرُوطٌ فِي جَمِيعِ الْبَابِ[١].

ثُمَّ قَالَ: (وَغَيْرُ الْمَصْدَرِ)، وَقَدْ تَبَيَّنَ أَنَّهُ أَرَادَ بِغَيْرِ الْمَصْدَرِ الْمَفْعُولَ الْمُطْلَقَ الَّذِي لَيْسَ لَهُ فِعْلٌ يَجْرِي عَلَيْهِ مَذْكُورٌ ولا غَيْرُ مَذْكُورٍ؛ كَقَوْلِكَ: (ضَرَبْتُهُ أَنْوَاعًا مِنَ الضَّرْبِ)؛ لأنَّ الأنْوَاعَ لَيْسَتْ مَصْدَرًا بِاعْتِبَارِ أَنَّ لَهَا فِعْلا تَجْرِي عَلَيْهِ؛ إِذِ النَّوْعُ إِنَّمَا هُوَ مَوْضُوعٌ لِقِسْمٍ مِنْ أَقْسَامِ الشَّيْءِ عَلَى أَيِّ صِفَةٍ كَانَ، وَلَكِنَّهُ اسْتُعْمِلَ فِي هَذَا الْمَحَلِّ الْمَخْصُوصِ مُرَادًا بِهِ ضَرْبٌ مَخْصُوصٌ، بَيَانًا لِمَا فَعَلَهُ الْفَاعِلُ، فَوَجَبَ أَنْ يَكُونَ مَفْعُولا مُطْلَقًا لاشْتِمَالِهِ عَلَى الْحَقِيقَةِ الَّتِي كَانَ بِهَا كَذَلِكَ، وَكَذَلِكَ (أَيَّ ضَرْبٍ) و(أَيَّمَا ضَرْبٍ).

ثُمَّ قَالَ: وَمِنْهُ (رَجَعَ الْقَهْقَرَى)، فَنَبَّهَ عَلَى أَنَّهُ نَوْعٌ مِنْ غَيْرِ الْمَصْدَرِ بِالتَّفْسِيرِ الْمَذْكُورِ مِنْ حَيْثُ كَانَ اسْمًا مِنْ أَسْمَاءِ الْفِعْلِ لا يَنْطَلِقُ عَلَى غَيْرِهِ بِخِلافِ قَوْلِكَ: أَنْوَاعٌ؛ إِذِ الأنْوَاعُ تَكُونُ لِلْفِعْلِ وَغَيْرِهِ، وَبَيْنَ النَّحْوِيِّينَ اخْتِلافٌ فِي أَنَّ نَصْبَ (الْقَهْقَرَى) وَشِبْهِهِ عَلَى كَوْنِهِ مَفْعُولا مُطْلَقًا هَلْ لِكَوْنِهِ اسْمًا مِنْ أَسْمَاءِ الْفِعْلِ قُصِدَ بِهِ هَاهُنَا بَيَانُ مَا فَعَلَهُ فَاعِلُهُ، أَوْ صِفَةً لِرُجُوعٍ مَخْصُوصٍ حُذِفَ مَوْصُوفُهَا وَأُقِيمَتْ مَقَامَهُ، فَانْتَصَبَتْ نَصْبَهُ وَعُومِلَتْ مُعَامَلَتَهُ، وَالاخْتِيَارُ الأوَّلُ، وَلِذَلِكَ نَبَّهَ عَلَيْهِ فَقَالَ: (لأنَّهَا أَنْوَاعٌ مِنَ الرُّجُوعِ، وَالاشْتِمَالِ، وَالْقُعُودِ) وَالَّذِي يَدُلُّ عَلَيْهِ اسْتِعْمَالُهَا كَذَلِكَ مُجَرَّدَةً عَنْ مَوْصُوفِهَا مُطْلَقًا، وَلَوْ كَانَتْ صِفَةً لَجَرَتْ عَلَى مَوْصُوفِهَا، إِمَّا لازِمًا وَإِمَّا جَائِزًا، وَلَمَّا لَمْ تَجْرِ عَلَى مَوْصُوفٍ كَانَتْ كَالأَسْمَاءِ الَّتِي لَيْسَتْ بِصِفَاتٍ.

ثُمَّ قَالَ: (وَمِنْهُ ضَرَبْتُهُ سَوْطًا) تَنْبِيهًا عَلَى أَنَّ هَذَا يُخَالِفُ مَا تَقَدَّمَ مِنْ حَيْثُ إِنَّ

---

(١) في قوة الاستثناء من قوله وحذف عامل المؤكد امتنع. قوله (بدلا من فعله) أي عوضاً من اللفظ بفعله ولو المقدر في المصدر الذي لم يستعمل له فعل كويح وويل. وقال الدماميني والعامل المحذوف في هذا المصدر إما فعل مرادف لفعله المهمل على حد قعدت جلوساً عند الجمهور وإما فعله المهمل وإن لم يصح النطق به إذ لا يلزم من كونه عاملا محذوفاً صحة النطق به.حاشية الصبان ٨٠٠/١.

وَضْعَهُ لِلآلَةِ الْمَخْصُوصَةِ الْجِسْمِيَّةِ، إلا أَنَّـهُ اسْـتُعْمِلَ فِي هَـذَا الْمَحَـلِّ الْمَخْصُـوصِ لِضَرْبِهِ بِهِ بَيَانًا لِمَا فَعَلَهُ فَاعِلُ الْفِعْلِ، فَوَجَبَ أَنْ يَكُونَ مَفْعُولا مُطْلَقًا لِذَلِكَ.

قَالَ: (وَالْمَصَادِرُ الْمَنْصُوبَةُ بِأَفْعَالٍ مُضْمَرَةٍ مِنْهَا مَا يُسْتَعْمَلُ إِظْهَارُ فِعْلِـهِ وَإِضْـمَارُهُ، وَمِنْهَا مَا لا يُسْتَعْمَلُ إِظْهَارُ فِعْلِهِ).

تَرَكَ ذِكْرَ الْمَنْصُوبِ بِفِعْلٍ مُظْهَرٍ لِتَقَدُّمِ ذِكْرِهِ بِالتَّمْثِيلِ فِي جَمِيعِ مَا تَقَدَّمَ، فَلَـمْ يَبْـقَ إلا الْمَنْصُوبُ بِفِعْلٍ مُضْمَرٍ، وَذَكَرَ ثَلاثَةَ أَقْسَامٍ، قَالَ: (مَا يُسْتَعْمَلُ إِظْهَارُ فِعْلِهِ) إِلَى آخِـرِهِ، وَلَيْسَ بِجَيِّدٍ، فَإِنَّ الْقِسْمَيْنِ الأَوَّلَيْنِ شَامِلانِ لِجَمِيعِ الْمَقْسُومِ، وَالْحَصْرُ مَعْلُـومٌ مِـنَ النَّفْـيِ وَالإِثْبَاتِ، وَلَيْسَ بَيْنَهُمَا دَرَجَةٌ ثَالِثَةٌ، فَيُجْعَلَ لَهَـا قِسْـمٌ؛ لأَنَّ هَـذَا الْقِسْـمَ الثَّالِـثَ إِمَّـا أَنْ يُسْتَعْمَلَ إِظْهَارُ فِعْلِهِ فَيَكُونَ مِنَ الأَوَّلِ، وَإِمَّا أَنْ لا يُسْتَعْمَلَ فَيَكُونَ مِنَ الثَّانِي، وَلَعَلَّهُ أَرَادَ بِالثَّانِي مَا لا يُسْتَعْمَلُ إِظْهَارُ فِعْلِهِ، وَلَهُ فِعْلٌ مُشْتَقٌّ مِنْهُ، فَيَكُـونُ الثَّالِـثُ مَـا لا يُسْـتَعْمَلُ إِظْهَارُ فِعْلِهِ، ولا فِعْلَ لَهُ مُشْتَقٌّ مِنْهُ، وَتَمْثِيلُهُ فِي التَّقْسِيمِ يَدُلُّ عَلَيْهِ؛ لأَنَّـهُ مَثَّـلَ فِي النَّـوْعِ الثَّانِي بِأَمْثِلَةٍ كُلُّهَا لَهَا أَفْعَالٌ مُشْتَقَّةٌ مِنْهَا، وَلَمْ يُمَثِّـلْ فِي النَّـوْعِ الثَّالِـثِ إلا بِمَـا لا فِعْـلَ لَـهُ مُشْتَقٌّ مِنْهُ؛ كَقَوْلِكَ: دَفْرًا وَبَهْرًا، وَشِبْهِهِ، فَدَلَّ ذَلِكَ عَلَى أَنَّهُ مَقْصُودُهُ.

فَإِنْ قِيلَ: هَذَا يَفْسُدُ مِنْ وَجْهٍ آخَرَ، وَهُوَ أَنَّهُ يَلْزَمُ مِنْ كُلِّ مَا لا فِعْلَ لَهُ مُشْتَقٌّ مِنْـهُ وَهُوَ مَنْصُوبٌ عَلَى الْمَصْدَرِ أَنْ لا يَجُوزَ إِظْهَـارُ فِعْلِـهِ، وَمَعْلُـومٌ أَنَّ (ضَرَبْتُـهُ سَـوْطًا) مِـنْ ذَلِكَ، وَإِظْهَارُهُ جَائِزٌ بِاتِّفَاقٍ[1].

فَالْجَوَابُ: أَنَّ هَذَا غَيْرُ لازِمٍ؛ لأَنَّ النَّوْعَيْنِ قَسِيمَا مَا لا يُسْتَعْمَلُ إِظْهَارُ فِعْلِهِ، وَلا يَلْـزَمُ أَنْ يَكُونَ مِنْهُمَا مَا يَظْهَرُ فِعْلُهُ، وَمَا ذَكَرَ يَكُـونُ مِـنَ الْقِسْـمِ الأَوَّلِ، وَهُـوَ الَّـذِي يُسْـتَعْمَلُ إِظْهَـارُ فِعْلِـهِ وَإِضْـمَارُهُ، فَثَبَـتَ أَنَّـهُ غَـيْرُ لازِمٍ، وَلا يَسْـتَقِيمُ أَنْ يَكُـونَ أَرَادَ بِقَوْلِـهِ: (وَمَـا يُسْتَعْمَلُ إِظْهَارُ فِعْلِهِ) مِمَّا لَهُ فِعْلٌ يَنْصِبُهُ، وَ(مَا لا يُسْتَعْمَلُ إِظْهَارُ فِعْلِهِ) مِمَّا لا فِعْـلَ لَـهُ يَنْصِبُهُ، فَإِنَّهُ فَاسِدٌ مِنْ جِهَةِ أَنَّهُ لا مَصْدَرَ إلا وَلَهُ فِعْلٌ يَنْصِبُهُ فِي التَّقْدِيرِ.

فَالنَّوْعُ الأَوَّلُ كَقَوْلِكَ لِلْقَادِمِ مِنْ سَفَرِهِ: (خَيْرَ مَقْدَمٍ)، وَهُوَ مَا قَامَتْ فِيهِ قَرِينَةٌ تَدُلُّ

---

(١) لو ذهبت تتأول ضربته سوطاً على أن تقدير إعرابه: ضربة بسوط كما أن معناه كذلك للزمك أن تقدر أنك حذفت الباء، كما تحذف حرف الجر في نحو قوله: أمرتك الخير، وأستغفر الله ذنباً، فتحتاج إلى اعتذار من حذف حرف الجر، وقد غنيت عن ذلك كله بقولك: إنه على حذف المضاف، أي ضربة سوط ومعناه ضربة بسوط، فهذا - لعمري - معناه، فأما طريق إعرابه وتقديره فحذف المضاف. الخصائص ٨٣/١.

عَلَى الْفِعْلِ الْمَحْذُوفِ مِنْ غَيْرِ زِيَادَةٍ، وَلِمَنْ يُقَرْمِطُ فِي عِدَاتِهِ؛ أَيْ: يَتَرَدَّدُ فِيهَا ولا يَفِي: (مَوَاعِيدَ عُرْقُوبٍ)، وَعُرْقُوبٌ مِنَ الْعَمَالِقَةِ سَأَلَهُ أَخُوهُ شَيْئًا فَاسْتَمْهَلَهُ إِلَى إِطْلاعِ نَخْلِهِ، فَلَمَّا أَطْلَعَتْ سَأَلَهُ، فَقَالَ: حَتَّى تُبْلِحَ، ثُمَّ حَتَّى تُزْهِي، ثُمَّ حَتَّى تُرْطِبَ، ثُمَّ حَتَّى تَصِيرَ تَمْرًا، فَلَمَّا صَارَ تَمْرًا جَدَّهُ لَيْلا وَلَمْ يُعْطِهِ شَيْئًا، فَضُرِبَ مَثَلا فِي إِخْلافِ الْوَعْدِ، قَالَ الشَّمَّاخُ:

وَوَاعَدْتَنِي مَا لا أُحَاوِلُ نَفْعَهُ ... مَوَاعِيدَ عُرْقُوبٍ أَخَاهُ بِيَثْرِبِ

وَقَالَ الأَشْجَعِيُّ:

وَعَدْتَ وَكَانَ الْخُلْفُ مِنْكَ سَجِيَّةً ... مَوَاعِيدَ عَرْقُوبٍ أَخَاهُ بِيَتْرَبِ

وَقَالَ:

كَانَتْ مَوَاعِيدُ عُرْقُوبٍ لَهَا مَثَلا ... وَمَا مَوَاعِيدُهَا إِلا الأَبَاطِيلُ

و (يَتْرَبُ) بِتَاءٍ ذَاتُ نُقْطَتَيْنِ وَفَتْحِ الرَّاءِ مَوْضِعٌ قَرِيبٌ بِالْيَمَامَةِ، وَأَنْكَرَ أَبُو عُبَيْدَةَ عَلَى مَنْ قَالَ: بِيَثْرِبَ بِالثَّاءِ الْمُثَلَّثَةِ؛ لأَنَّ الْعَمَالِقَةَ لَمْ تَكُنْ بِالْمَدِينَةِ.

و(غَضَبَ الْخَيْلِ عَلَى اللُّجُمِ)، يُقَالُ لِمَنْ غَضِبَ عَلَى مَنْ لَمْ يُبَالَ بِهِ؛ لأَنَّ الْخَيْلَ لا يُبَالَى بِغَضَبِهَا عَلَى اللُّجُمِ.

وَقَوْلُهُمْ: (أَوَفَرَقًا خَيْرًا مِنْ حُبٍّ) مَثَلٌ لِمَنْ يَحْصُلُ مِنْهُ الْمَقْصُودُ بِالْخَوْفِ دُونَ غَيْرِهِ.

وَيُقَالُ: (رُهْبَاكَ خَيْرٌ مِنْ رُحْمَاكَ)، و(رُبَّ فَرَقٍ خَيْرٌ مِنْ حُبٍّ)، وَيُقَالُ: إِنَّ الْحَجَّاجَ لَمَّا حَبَسَ الْغَضْبَانَ بْنَ الْقَبَعْثَرَى، ثُمَّ جَاءَ كِتَابُ عَبْدِ الْمَلِكِ بِأَنْ يُطْلِقَ كُلَّ مَسْجُونٍ ثُمَّ أَحْضَرَهُ، قَالَ: إِنَّكَ لَسَمِينٌ، فَقَالَ: ضَيْفُ الأَمِيرِ يَسْمَنُ، فَقَالَ: أَنْتَ الْقَائِلُ لأَهْلِ الْعِرَاقِ: تَعَشَّوُا الْجِدْيَ قَبْلَ أَنْ يَتَغَدَّاكُمْ؟ قَالَ: مَا نَفَعَتْ تِلْكَ الْكَلِمَةُ قَائِلَهَا، وَلا ضَرَّتْ مَنْ قِيلَتْ فِيهِ. فَقَالَ: أَتُحِبُّنِي يَا غَضْبَانُ؟ فَقَالَ: أَوَفَرَقًا خَيْرًا مِنْ حُبٍّ، فَذَهَبَتْ مَثَلا.

وَإِذَا ثَبَتَ أَنَّ الْمَثَلَ جَرَى كَذَلِكَ ضَعُفَ إِظْهَارُ الْفِعْلِ فِي مِثْلِهِ، وَالْفَرْقُ بَيْنَهُ وَبَيْنَ (مَوَاعِيدَ عُرْقُوبٍ) أَنَّ لَفْظَ (مَوَاعِيدَ عُرْقُوبٍ) لَمْ يَجْرِ مَثَلا[1]، وَإِنَّمَا يُذْكَرُ مَعَ فِعْلِهِ، وَمَعَ

---

(١) وإذا جاز تأنيث المصدر وهو على مصدريته غير موصوف به، لم يكن تأنيثه وجمعه، وقد ورج وصفاً على المحل الذي من عادته أن يفرق فيه بين مذكره ومؤنثه، وواحده وجماعته، قبيحاً ولا مستكرها؛ أعني ضيفة وخصمة، وأضيافاً وخصوماً؛ وإن كان التذكير والإفراد أقوى في اللغة،

عَدَمِهِ عَلَى سَبِيلِ التَّمْثِيلِ، وَالْفَرْقُ بَيْنَهُ وَبَيْنَ (غَضَبَ الْخَيْلِ) أَنَّهُ يُقَالُ: غَضِبَ غَضَبَ الْخَيْلِ، ثُمَّ اخْتُصِرَ فَقِيلَ: غَضَبَ الْخَيْلِ، فَجَازَ الْوَجْهَانِ، وَلَوْ ثَبَتَ أَنَّ الْمَثَلَ فِي أَصْلِهِ (غَضَبَ الْخَيْلِ) لَكَانَ الْقِيَاسُ وُجُوبَ حَذْفِ الْفِعْلِ أَيْضًا.

وَالنَّوْعُ الثَّانِي: وَهُوَ الَّذِي يَجِبُ إِضْمَارُ فِعْلِهِ، وَلَكِنَّهُ لَهُ فِعْلٌ؛ نَحْوُ: سَقْيًا وَرَعْيًا إِلَى آخِرِهِ، وَأَكْثَرَ مِنْ تَمْثِيلِ هَذَا الْقِسْمِ؛ لأَنَّهُ سَمَاعِيٌّ، وَلَيْسَ لَهُ ضَابِطٌ كُلِّيٌّ يَضْبِطُ مَا انْتَشَرَ، وَطَرِيقَةُ ذَلِكَ لَيْسَ فِي الْحَقِيقَةِ مِنَ النَّحْوِ، وَإِنَّمَا هُوَ مِنَ اللُّغَةِ، وَإِذَا تَعَلَّقَ بِالنَّحْوِ أَمْرٌ مِنَ اللُّغَةِ عَلَى ذَلِكَ أَكْثَرَ النَّحْوِيُّونَ مِنْ تَمْثِيلِهِ، لِيَكُونَ قَدْ حَصَلَ لَهُمْ مِنْهُ طَرَفٌ جَيِّدٌ مِنَ الْمَعْرِفَةِ، بِخِلافِ مَا يُعْرَفُ بِالضَّوَابِطِ وَالْقَوَانِينِ، فَإِنَّ الضَّابِطَ يُغْنِي عَنْ كَثْرَةِ التَّمْثِيلِ، وَكَلامُ سِيبَوَيْهِ يُشْعِرُ بِأَنَّ عِلَّةَ الْحَذْفِ فِي هَذِهِ الْمَوَاضِعِ كَثْرَتُهُ فِي كَلامِهِمْ، حَتَّى قَامَتِ الْكَثْرَةُ مَقَامَ ذِكْرِهِ، إلا أَنَّهُ لا يَصِحُّ أَنْ يَكُونَ ضَابِطًا نَحْوِيًّا؛ لأَنَّهُ يُحْتَاجُ إِلَى النَّظَرِ فِي كُلِّ لَفْظَةٍ هَلْ كَثُرَتْ أَوْ لَمْ تَكْثُرْ، وَذَلِكَ مِنْ حَظِّ اللُّغَوِيِّ، وَاسْتَدَلَّ سِيبَوَيْهِ عَلَى وُجُوبِ الْحَذْفِ فِي مِثْلِهِ بِمَا مَعْنَاهُ أَنَّهُ سُمِعَ كَثِيرًا مِنَ الْعَرَبِ مَعَ كَثْرَةِ تَصَرُّفِهِمْ فِي كَلامِهِمْ لاحْتِيَاجِهِمْ إِلَى الأَوْزَانِ وَالْقَوَافِي، وَغَيْرِ ذَلِكَ، وَلَمْ يَظْهَرِ الْفِعْلُ فِي كَلامِ وَاحِدٍ مِنْهُمْ، فَلَوْ كَانَ مِنَ الْجَائِزِ لَقَضَتِ الْعَادَةُ بِجَرَيَانِهِ فِي كَلامِ وَاحِدٍ مِنْهُمْ، وَلَوْ جَرَى لَنُقِلَ عَادَةً لِكَثْرَةِ الْمُسْتَقْرِينَ لِذَلِكَ، وَلَمْ يُنْقَلْ فَلَمْ يُسْمَعْ، فَلَمْ يَجُزْ إِظْهَارُهُ.

وَقَوْلُهُ: (جَدْعًا)؛ الْجَدْعُ: قَطْعُ الأَنْفِ وَقَطْعُ الْيَدِ أَيْضًا، وَقَطْعُ الأُذُنِ أَيْضًا، وَقَطْعُ الشَّفَةِ أَيْضًا، و(عَقْرًا) مِنْ قَوْلِهِمْ: عَقَرَ اللهُ جَسَدَهُ، و(حَلْقًا) مِنْ قَوْلِهِمْ: حَلَقَهُ؛ أَيْ: أَصَابَ حَلْقَهُ، و(بُؤْسًا) مِنْ بَئِسَ إِذَا افْتَقَرَ، و(سُحْقًا): مِنْ أَسْحَقَهُ اللهُ فَسَحِقَ سُحْقًا؛ أَيْ: أَبْعَدَهُ، و(حَمْدًا وَشُكْرًا): مِنْ حَمِدْتُ اللهَ وَشَكَرْتُهُ، و(عَجَبًا): مِنْ عَجِبْتُ، و(كَرَامَةً وَمَسَرَّةً): مِنْ أَكْرَمْتُهُ وَسَرَرْتُهُ، وَيَقُولُ الْمُجِيبُ لِلطَّالِبِ: نِعْمَ عَيْنٍ وَنِعْمَةَ عَيْنٍ، وَنِعْمَةُ الْعَيْنِ: قُرَّتُهَا، مِنْ نَعِمَتْ عَيْنُكَ، وَكَذَلِكَ نِعَامَ عَيْنٍ، وَنَعَامَةَ عَيْنٍ، وَنُعْمَى عَيْنٍ، وَيَقُولُ الرَّادُّ: لا أَفْعَلُ ذَلِكَ

وأعلى في الصنعة؛ قال الله تعالى: " وهل أتاك نبأ الخصم إذ تسوروا المحراب ".

وإنما كان التذكير والإفراد أقوى من قبل أنك لما وصفت بالمصدر أردت المبالغة بذلك، فكان من تمام المعنى وكماله أن تؤكد ذلك بترك التأنيث والجمع؛ كما يجب للمصدر في أول أحواله؛ ألا ترى أنك إذا أنثت وجمعت سلكت به مذهب الصفة الحقيقة التي لا معنى للمبالغة فيها، نحو قائمة، ومنطلقة، وضاربات، ومكرمات. فكان ذلك يكون نقضا للغرض، أو كالنقض له. فلذلك قل حتى وقع الاعتذار لما جاء منه مؤنثاً أو مجموعاً. الخصائص ١٧١/١.

وَلا كَيْدًا وَلا هَمًّا، مِنْ (لا أَكَادُ) و(لا أَهُمُّ)؛ أَيْ: لا أُقَارِبُهُ، وَيُقَالُ: وَلا كَوْدًا وَلا مَكَادَةً، وَيقُولُ الرَّادُّ عَلَى النَّاهِي: لأفْعَلَنَّ ذَلِكَ وَرَغْمًا وَهَوَانًا، مِنْ رَغِمَ أَنْفُهُ رَغْمًا ورُغْمًا.

ثُمَّ قَالَ: (وَمِنْهُ) مُشِيرًا إِلَى النَّوْعِ الأَصْلِيِّ، وَفَصَلَهُ مِنْ نَوْعِهِ؛ لأَنَّهُ يُعْرَفُ بِضَابِطٍ يَجْرِي عَلَيْهِ مَا لا يُسْمَعُ مِنْ مُفْرَدَاتِهِ، وَهُوَ قَوْلُهُ: (مَا أَنْتَ إِلا سَيْرًا سَيْرًا)، وَاسْتَغْنَى بِالتَّمْثِيلِ، وَأَتَى فِيهِ بِمَا يُوهِمُ أَنَّهُ مِنَ الضَّابِطِ، وَلَيْسَ بِمُشْتَرَطٍ، وَهُوَ تَكْرَارُ (سَيْرًا سَيْرًا)، فَإِنَّهُ قَدْ يَسْبِقُ إِلَى الذِّهْنِ أَنَّ التَّكْرَارَ قَامَ مَقَامَ ذِكْرِ الْفِعْلِ، كَمَا هُوَ ثَابِتٌ بِاتِّفَاقٍ فِي مِثْلِ: (زَيْدٌ سَيْرًا سَيْرًا)، وَقَوْلِكَ: (الطَّرِيقَ الطَّرِيقَ)، وَقَدْ نَقَلَ الثِّقَاتُ أَنَّ الْعَرَبَ تَقُولُ: (مَا أَنْتَ إِلا سَيْرًا) مِنْ غَيْرِ تَكْرَارٍ، كَمَا تَقُولُهُ مُكَرَّرًا فِي أَنَّهُمْ لا يُظْهِرُونَ الْفِعْلَ أَبَدًا[١].

فَإِنْ قُلْتَ: يَنْدَفِعُ هَذَا الْوَهْمُ بِقَوْلِهِ: (مَا أَنْتَ إِلا سَيْرَ الْبَرِيدِ)، وَلَيْسَ فِيهِ تَكْرَارٌ.

قُلْتُ: قَدْ يَتَوَهَّمُ الْمُتَوَهِّمُ أَنَّهُ يُشْتَرَطُ إِمَّا التَّكْرَارَ وَإِمَّا الإِضَافَةَ؛ لأَنَّهُ لَفْظٌ زَائِدٌ فِيهِ، فَكَأَنَّهُ قَامَ مَقَامَ الْمَحْذُوفِ، وَالضَّابِطُ لِهَذَا الْقِسْمِ أَنْ يَتَقَدَّمَ نَفْيٌ، أَوْ مَا هُوَ فِي مَعْنَى النَّفْيِ، دَاخِلٌ عَلَى اسْمٍ وَبَعْدَهُ إِثْبَاتٌ لا يَصِحُّ أَنْ يَكُونَ مَا بَعْدَ الإِثْبَاتِ خَبَرًا عَنِ الأَوَّلِ، فَعِنْدَ ذَلِكَ إِذَا نَصَبْتَهُ عَلَى الْمَصْدَرِ وَجَبَ الْحَذْفُ، وَلَوْ فُقِدَ شَرْطٌ مِمَّا ذَكَرْنَاهُ لَمْ يَلْزَمْ هَذَا الْحُكْمُ، فَلَوْ لَمْ يُوجَدِ النَّفْيُ، فَقُلْتَ: أَنْتَ سَيْرًا، أَوْ (أَنْتَ سَيْرَ الْبَرِيدِ) لَمْ يَجِبْ حَذْفُ الْفِعْلِ، بَلْ تَقُولُ: (أَنْتَ تَسِيرُ سَيْرًا) بِاتِّفَاقٍ، وَلَوْ لَمْ يَكُنْ بَعْدَهُ اسْمٌ لَمْ يَكُنْ مَنْصُوبًا بِفِعْلٍ أَصْلا؛ كَقَوْلِكَ: (مَا تَسِيرُ إِلا سَيْرًا)، وَلَوْ لَمْ يَكُنْ مِمَّا لا يَصِحُّ أَنْ يَكُونَ خَبَرًا عَنِ الأَوَّلِ لَمْ يَصِحَّ نَصْبُهُ بِاتِّفَاقٍ؛ كَقَوْلِكَ: (مَا سَيْرُكَ إِلا سَيْرٌ)، وَقِيلَ: أَوْ بِمَعْنَى نَفْيٍ، لِيَنْدَرِجَ نَحْوُ: (إِنَّمَا أَنْتَ سَيْرًا)، وَنَحْوُهُ: (زَيْدٌ أَبَدًا سَيْرًا)، و(زَيْدٌ سَيْرًا سَيْرًا)، وَوَجَبَ الْحَذْفُ لِلْقَرِينَةِ، وَاللَّفْظُ الْحَالُّ مَحَلَّهُ، فَفِي (مَا أَنْتَ إِلا سَيْرًا) اللَّفْظُ النَّائِبُ (إلا)، وَفِي (زَيْدٌ سَيْرًا سَيْرًا) الْمُكَرَّرُ، وَفِي (إِنَّمَا أَنْتَ سَيْرًا) الْمُقَدَّرُ فِي قَوْلِكَ: (مَا أَنْتَ إِلا سَيْرًا)؛ لأَنَّهُ بِمَعْنَاهُ.

---

(١) وإن شئت وضعت اسم الفاعل في موضع المصدر فقلت: أقائماً وقد قعد الناس. فإنما جاز ذلك؛ لأنه حال. والتقدير: أتثبت قائماً، فهذا يدلك على ذلك المعنى. وتقول في بابٍ منه آخر: ما أنت إلا سيرا، وما أنت إلا ضربا، وكذلك: زيدٌ سيرا، وزيدٌ أبداً قياما، وإنما جاز الإضمار لأن المخاطب يعلم أن هذا لا يكون إلا بالفعل، وأن المصدر إنما يدل على فعله، فكأنك قلت: زيد يسير سيراً، وما أنت إلا تقوم قياما، وإن شئت قلت: زيد سيرٌ يا فتى. فهذا يجوز على وجهين: أحدهما: أن يكون: زيدٌ صاحب سيرٍ، فاقمت المضاف إليه مقام المضاف؛ لما يدل عليه. المقتضب ١/١٨٤.

ثُمَّ قَالَ: (وَمِنْهُ قَوْلُهُ تَعَالَى: "**فَإِمَّا مَنًّا بَعْدُ وَإِمَّا فِدَاءً**" [محمد:٤].

وَفَصَلَهُ لِيُبَيِّنَ أَنَّهُ نَوْعٌ ثَالِثٌ مِنَ النَّوْعِ الأَصْلِيِّ، وَهُوَ أَيْضًا بَابٌ لَهُ ضَابِطٌ يُحْمَلُ عَلَيْهِ أَشْبَاهُهُ، وَضَابِطُهُ أَنْ تَتَقَدَّمَ جُمْلَةٌ مُتَضَمِّنَةٌ فَوَائِدَ، فَإِذَا ذُكِرَتْ فَوَائِدُهَا بِأَلْفَاظِ الْمَصَادِرِ وَجَبَ حَذْفُ أَفْعَالِهَا، فَحَذَفُوا الْفِعْلَ لِقِيَامِ الْقَرِينَةِ الأُولَى، وَهِيَ الْجُمْلَةُ الَّتِي هَذِهِ فَوَائِدُهَا، وَالْتَزَمُوهُ؛ لأَنَّ اللَّفْظَ الأَوَّلَ قَدْ وَقَعَ مَوْقِعَ الْفِعْلِ، فَاسْتُغْنِيَ عَنْهُ لَفْظًا وَمَعْنًى؛ كَقَوْلِهِ تَعَالَى: "**فَشُدُّوا الْوَثَاقَ**" [محمد:٤]، فَإِن (شُدُّوا الْوَثَاقَ) مُتَضَمِّنٌ لِفَوَائِدَ وُجُودِيَّةٍ مِنْ مَنٍّ أَوْ اسْتِرْقَاقٍ أَوْ فِدَاءٍ أَوْ قَتْلٍ، فَلَمَّا ذُكِرَتْ تِيكَ الْمَعَانِي بِأَلْفَاظِ الْمَصَادِرِ لَمْ تُذْكَرْ أَفْعَالُهَا، وَقِيلَ: (فَإِمَّا مَنًّا بَعْدُ وَإِمَّا فِدَاءً)، وَلَوْ قِيلَ فِي مِثْلِهِ: فَإِمَّا تَمُنُّونَ مَنًّا، وَإِمَّا تُفَادُونَ فِدَاءً لَمْ يَجُزْ.

وَمِنْهُ: (مَرَرْتُ بِهِ فَإِذَا لَهُ صَوْتٌ صَوْتَ حِمَارٍ) وَهُوَ أَيْضًا قِسْمٌ قِيَاسِيٌّ، وَضَابِطُهُ أَنْ يَتَقَدَّمَ قَبْلَ الْمَصْدَرِ الْمَذْكُورِ لِلتَّشْبِيهِ جُمْلَةٌ مُشْتَمِلَةٌ عَلَى اسْمٍ بِمَعْنَاهُ، وَعَلَى مَنْ هُوَ مَنْسُوبٌ إِلَيْهِ فِي الْمَعْنَى؛ كَقَوْلِكَ: (لِزَيْدٍ صَوْتٌ صَوْتَ حِمَارٍ)، فَقَوْلُكَ: (لِزَيْدٍ صَوْتٌ) جُمْلَةٌ عَلَى الصِّفَةِ الْمَذْكُورَةِ، اسْتُغْنِيَ عَنِ الْفِعْلِ بِمَا فِي قَوْلِكَ: (صَوْتٌ) مِنَ الدَّلالَةِ عَلَيْهِ، وَوَقَعَ مَوْضِعَهُ لَفْظٌ فَأَغْنَى عَنْهُ لَفْظًا وَمَعْنًى[1].

وَلَوْ قُلْتَ: (فِي الدَّارِ صَوْتٌ صَوْتَ حِمَارٍ) كَانَ ضَعِيفًا؛ لأَنَّ الْفِعْلَ الَّذِي تُقَدِّرُهُ لا بُدَّ أَنْ يُنْسَبَ إِلَى فَاعِلِهِ، وَهُوَ غَيْرُ مَعْلُومٍ، فَلِذَلِكَ ضَعُفَ.

وَلَوْ قُلْتَ: (لِزَيْدٍ ثَوْبٌ صَوْتَ حِمَارٍ)، لَمْ يَجُزْ لِفُقْدَانِ مَا يَدُلُّ عَلَى الْفِعْلِ، وَبَقِيَّةُ الأَمْثِلَةِ مِثْلُهُ، وَقَالَ سِيبَوَيْهِ: (لأَنَّكَ مَرَرْتَ بِهِ فِي حَالِ تَصْوِيتٍ وَمُعَالَجَةٍ)؛ يَعْنِي: أَنَّهُ دَالٌّ عَلَى الْحُدُوثِ كَالْفِعْلِ، فَكَانَ قَوْلُكَ: (لَهُ صَوْتٌ) بِمَنْزِلَةِ (فَإِذَا هُوَ يُصَوِّتُ)، فَظَاهِرُ كَلامِهِ أَنَّهُ مَنْصُوبٌ بِمَعْنَى قَوْلِكَ: (لَهُ صَوْتٌ)؛ لأَنَّهُ بِمَعْنَى: (يُصَوِّتُ)، وَالصَّحِيحُ أَنَّهُ مَنْصُوبٌ بِفِعْلٍ مُقَدَّرٍ دَلَّ ذَلِكَ عَلَيْهِ؛ أَيْ: يُصَوِّتُ صَوْتًا مِثْلَ صَوْتِ الْحِمَارِ، وَيَجُوزُ رَفْعُهُ عَلَى

---

(١) " صوت حمار " مصدر تشبيهي، وهو منصوب بفعل محذوف وجوبا، والتقدير: يصوت صوت حمار، وقبله جملة وهي " لزيد صوت " وهي مشتملة على الفاعل في المعنى، وهو " زيد " وكذلك " بكاء الثكلي " منصوب بفعل محذوف وجوبا، والتقدير: يبكي بكاء الثكلي.
فلو لم يكن قبل هذا المصدر جملة وجب الرفع، نحو " صوته صوت حمار، وبكاؤه بكاء الثكلى "، وكذا لو كان قبله جملة [و] ليست مشتملة على الفاعل في المعنى، نحو " هذا بكاء بكاء الثكلى، وهذا صوت صوت حمار ". شرح ابن عقيل ٥٧٢/١.

الصِّفَةِ أَوْ الْبَدَلِ؛ أَيْ: مِثْلَ صَوْتِ حِمَارٍ.

وَأَمَّا نَحْوُ: (لَهُ عِلْمٌ عِلْمَ الْفُقَهَاءِ) فَالْوَجْهُ الرَّفْعُ، لِمَا فُقِدَ مِنْ فَهْمِ الْمُعَالَجَةِ الدَّالَّةِ عَلَى الْفِعْلِ لِدَلالَتِهَا عَلَى الْحُدُوثِ، بِخِلافِ الْعِلْمِ فَإِنَّهُ يُمْدَحُ بِهِ، كَالْخِصَالِ الثَّابِتَةِ، كَالْيَدِ وَالرَّأْسِ، أَلا تَرَى أَنَّ مَعْنَى قَوْلِكَ: (لَهُ عِلْمٌ عِلْمَ الْفُقَهَاءِ) و(هَدْيٌ هَدْيَ الصُّلَحَاءِ) إِنَّمَا تُرِيدُ ثُبُوتَهُ وَاسْتِقْرَارَهُ، وَلَمْ تُرِدْ (فَإِذَا هُوَ يَفْعَلُ) كَمَا أُرِيدَ فِي (فَإِذَا لَهُ صَوْتٌ صَوْتَ حِمَارٍ).

فَأَمَّا نَحْوُ: (لَهُ صَوْتٌ صَوْتٌ حَسَنٌ)، فَقَالَ سِيبَوَيْهِ: الرَّفْعُ، وَجَعَلَ الثَّانِي تَوْكِيدًا، و(حَسَنٌ) صِفَةً، وَكَذَلِكَ (لَهُ صَوْتٌ مِثْلُ صَوْتِ الْحِمَارِ)، و(لَهُ صَوْتٌ أَيُّمَا صَوْتٍ)، وَقَدْ أَجَازَ الْخَلِيلُ: (لَهُ صَوْتٌ صَوْتًا حَسَنًا) عَلَى الْمَصْدَرِ أَوْ الْحَالِ، وَكَذَلِكَ (مِثْلُ) و(أَيُّمَا)، وَقَدْ قَالَ رُؤْبَةُ:

فِيهَا ازْدِهَافٌ أَيَّمَا ازْدِهَافِ ....

بِالنَّصْبِ مَعَ أَنَّهُ لَمْ يَذْكُرْ صَاحِبَهُ، فَكَانَ أَضْعَفَ[1].

قَوْلُهُ: (وَمِنْهُ مَا يَكُونُ تَوْكِيدًا لِغَيْرِهِ؛ كَقَوْلِكَ: هَذَا عَبْدُ اللهِ حَقًّا وَالْحَقَّ لا الْبَاطِلَ).

وَهَذَا أَيْضًا مَوْضِعٌ يُعْرَفُ بِالْقِيَاسِ، وَضَابِطُهُ أَنْ تَتَقَدَّمَ جُمْلَةٌ قَبْلَ الْمَصْدَرِ لَهَا دَلالَةٌ عَلَيْهِ، فَإِنِ احْتَمَلَتْ غَيْرَهُ فَهُوَ تَوْكِيدٌ لِغَيْرِهِ، وَإِنْ لَمْ تَحْتَمِلْ فِي الْمَعْنَى غَيْرَهُ فَهُوَ تَوْكِيدٌ لِنَفْسِهِ، وَسُمِّيَ تَوْكِيدًا لِغَيْرِهِ؛ لأَنَّهُ جِيءَ بِهِ لأَجْلِ غَيْرِهِ، لِيَرْفَعَ احْتِمَالَهُ، وَسُمِّيَ الثَّانِي تَوْكِيدًا لِنَفْسِهِ؛ لأَنَّهُ لا مَعْنَى لِغَيْرِهِ، فَلَمْ يَبْقَ سِوَاهُ، وَمَدْلُولُهُ هُوَ مَدْلُولُ الأَوَّلِ.

ثُمَّ مَثَّلَ فِي النَّوْعِ الأَوَّلِ بِقَوْلِهِ: (هَذَا عَبْدُ اللهِ حَقًّا)؛ لأَنَّ الْمُخْبِرَ بِشَيْءٍ عَنْ شَيْءٍ يُحْتَمَلُ أَنْ يَكُونَ الأَمْرُ عَلَى مَا ذَكَرَهُ، وَيُحْتَمَلُ أَنْ يَكُونَ عَلَى خِلافِهِ، فَإِذَا قَالَ: حَقًّا فَقَدْ ذَكَرَ أَحَدَ الْمُحْتَمَلَيْنِ، فَلِذَلِكَ كَانَ تَوْكِيدًا لِغَيْرِهِ، وَكَذَلِكَ قَوْلُهُ: (الحَقَّ لا الْبَاطِلَ) بَعْدَ

---

(١) وإذا جاء بعد الجملة المذكورة صفة للمصدر المضمون من غير تكرير المصدر فالأولى الاتباع، ويجوز النصب على حذف المصدر الموصوف، نحو له صوت حسن، ويجوز: حسنا، أي صوتا حسنا، وكذا إن خلت الجملة المتقدمة من صاحب الاسم الذي بمعنى المصدر، فالأولى إتباع المصدر وإن كان للتشبيه، وصفا أو بدلا، كما ذكرنا، نحو: مررت فإذا في الدار صوت صوت حمار، وإنما ضعف نصبه لان الجملة المتقدمة، إذن، ليست كالفعل لخلوها مما أسند إليه الحدث معنى، ولا بد للفعل من مسند إليه، وقد أجازوا النصب فيه على المصدر أو الحال، كما مر. شرح الرضي على الكافية ٣٢٢/١.

قَوْلِهِ: (هَذَا عَبْدُ اللهِ)، وَشِبْهِهِ، و(هَذَا زَيْدٌ غَيْرَ مَا تَقُولُ)؛ لأنَّ الْمُخْبِرَ بِقَوْلِهِ: (هَذَا زَيْدٌ)، يَجُوزُ أَنْ يَكُونَ مُوافِقًا لِقَوْلِ مُخَاطِبِهِ، وَيَجُوزُ أَنْ يَكُونَ مُخَالِفًا، فَإِذَا قَالَ: (غَيْرَ مَا تَقُولُ)، فَقَدْ جَعَلَهُ لأحَدِ الْمُحْتَمَلَيْنِ، فَكَانَ تَوْكِيدًا لِغَيْرِهِ.

وَقَوْلُهُ: (أَجِدَّكَ لا تَفْعَلُ كَذَا).

أَصْلُهُ: لا تَفْعَلُ كَذَا جِدًّا؛ لأنَّ الَّذِي يَنْتَفِي الْفِعْلُ عَنْهُ يَجُوزُ أَنْ يَكُونَ بِجِدٍّ مِنْهُ وَيَجُوزُ أَنْ يَكُونَ بِغَيْرِ جِدٍّ، فَإِذَا قَالَ جِدًّا فَقَدْ ذَكَرَ أَحَدَ الْمُحْتَمَلَيْنِ، ثُمَّ أَدْخَلُوا هَمْزَةَ الاسْتِفْهَامِ إِيذَانًا بِأَنَّ الأمْرَ يَنْبَغِي أَنْ يَكُونَ كَذَلِكَ عَلَى سَبِيلِ التَّقْرِيرِ، فَقَدَّمَ الْمَصْدَرَ مِنْ أَجْلِ هَمْزَةِ الاسْتِفْهَامِ، فَصَارَ (أَجِدَّكَ لا تَفْعَلُ كَذَا) ثُمَّ لَمَّا كَانَ مَعْنَاهُ تَقْرِيرَ أَنْ يَكُونَ الأمْرُ عَلَى وُفْقِ مَا أُخْبِرَ صَارَ فِي مَعْنَى تَأْكِيدِ كَلامِ الْمُتَكَلِّمِ، فَيَتَكَلَّمُ بِهِ مَنْ يَقْصِدُ إِلَى التَّأْكِيدِ، وَإِنْ كَانَ مَا تَقَدَّمَ هُوَ الأصْلُ الْجَارِي عَلَى قِيَاسِ لُغَتِهِمْ.

وَيَجُوزُ أَنْ يَكُونَ مَعْنَى (أَجِدَّكَ) فِي مِثْلِهِ أَتَفْعَلُهُ جِدًّا مِنْكَ؟ عَلَى سَبِيلِ الإنْكَارِ لِفِعْلِهِ جِدًّا، ثمَّ نَهَاهُ عَنْهُ، أَوْ أَخْبَرَ عَنْهُ بِأَنَّهُ لا يَفْعَلُهُ، فَيَكُونُ (أَجِدَّكَ) تَوْكِيدًا لِجُمْلَةٍ مُقَدَّرَةٍ دَلَّ سِيَاقُ الْكَلامِ عَلَيْهَا، وَمِمَّا يَدُلُّ عَلَى أَنَّهُمْ يَقُولُونَ: (أَفْعَلُهُ جِدًّا) قَوْلُ أَبِي طَالِبٍ:

إِذَنْ لاتَّبَعْنَاهُ عَلَى كُلِّ حَالَةٍ   مِنَ الدَّهْرِ جِدًّا غَيْرَ قَوْلِ التَّهَازُلِ

وَمِنَ التَّوْكِيدِ لِغَيْرِهِ (فَعَلَهُ أَلْبَتَّةَ).

ثُمَّ مَثَّلَ فِي النَّوْعِ الثَّانِي بِقَوْلِهِمْ: (لَهُ عَلَيَّ أَلْفُ دِرْهَمٍ عُرْفًا)؛ أَيْ: اعْتِرَافًا، وَمَعْلُومٌ أَنَّ مَنْ قَالَ: (لَهُ عَلَيَّ أَلْفُ دِرْهَمٍ)، فَقَدِ اعْتَرَفَ، وَلا يَحْتَمِلُ غَيْرَهُ، فَإِذَا قَالَ: اعْتِرَافًا فَقَدْ ذَكَرَ مَا دَلَّ عَلَيْهِ الأوَّلُ، وَتَعَيَّنَ لَهُ، وَكَانَ تَوْكِيدًا لِنَفْسِهِ عَلَى مَا تَقَدَّمَ تَفْسِيرُهُ، وَمِنْهُ قَوْلُ الأحْوَصِ[١]:

(١) الأحوص الأنصاري ١٠٥ هـ /٧٢٣ م. عبد الله بن محمد بن عبد الله بن عاصم الأنصاري.
من بني ضبيعة، لقب بالأحوص لضيق في عينه، شاعر إسلامي أموي هجّاء، صافي الديباجة، من طبقة جميل بن معمر ونصيب، وكان معاصراً لجرير والفرزدق.
وهو من سكان المدينة. وفد على الوليد بن عبد الملك في الشام فأكرمه ثم بلغه عنه ما ساءه من سيرته فردّه إلى المدينة وأمر بجلده فجلد ونفي إلى دهلك (وهي جزيرة بين اليمن والحبشة) كان بنو أمية ينفون إليها من يسخطون عليه.
فبقي بها إلى ما بعد وفاة عمر بن عبد العزيز وأطلقه يزيد بن عبد الملك، فقدم دمشق ومات بها، وكان حماد الراوية يقدمه في النسيب على شعراء زمنه.

إِنِّي لأَمْنَحُكَ الصُّدُودَ وَإِنَّنِي ... قَسَمًا إِلَيْكَ مَعَ الصُّدُودِ لأَمْيَلُ

لأنَّ (إِنَّ) تَوْكِيدٌ لِلْجُمْلَةِ، وَالْقَسَمُ تَوْكِيدٌ لِلْجُمْلَةِ الْمُقْسَمِ عَلَيْهَا، فَإِذَا قَالَ: إِنَّنِي لأَمْيَلُ فَقَدْ عُلِمَ أَنَّهُ أَكَّدَ، فَإِذَا قَالَ (قَسَمًا)، فَإِنَّمَا ذَكَرَ مَا تَعَيَّنَ بِالْجُمْلَةِ الأُولَى[1]، وَهُوَ مَعْنَى قَوْلِهِ: (تَوْكِيدًا لِنَفْسِهِ).

وَمِنْهُ قَوْلُهُ تَعَالَى: "**صُنْعَ اللَّهِ**" [النمل:٨٨] بَعْدَ قَوْلِهِ تَعَالَى: "**وَتَرَى الْجِبَالَ**" [النمل:٨٨]؛ لأنَّ ذَلِكَ مَعْلُومٌ مِمَّا تَقَدَّمَ، وَمِنْهُمْ مَنْ يَزْعُمُ أَنَّهُ تَوْكِيدٌ لِمَا تَقَدَّمَ قَبْلَ ذَلِكَ مِنْ قَوْلِهِ: '**وَيَوْمَ يُنْفَخُ فِي الصُّورِ فَفَزِعَ مَنْ فِي السَّمَوَاتِ وَمَنْ فِي الأَرْضِ إِلا مَنْ شَاءَ اللَّهُ**" [النمل:٨٧]، وَكَيْفَمَا قُدِّرَ فَهُوَ تَوْكِيدٌ لِنَفْسِهِ.

وَقَوْلُهُمْ: (اللهُ أَكْبَرُ دَعْوَةَ الْحَقِّ)، كَأَنَّهُمْ كَانُوا يَتَدَاعَوْنَ بِهَا لِيَنْحَازَ سَامِعُهَا مِنْ أَهْلِ الْحَقِّ إِلَيْهِمْ، فَصَحَّ أَنْ يَكُونَ تَوْكِيدًا لِنَفْسِهِ.

قَالَ: (وَمِنْهُ مَا يَكُونُ مُثَنًّى).

هَذَا النَّوْعُ لَهُ جِهَتَانِ: سَمَاعِيَّةٌ وَقِيَاسِيَّةٌ؛ فَالسَّمَاعِيَّةُ: أَنْ يُسْمَعَ كَوْنُهُ مُثَنًّى بِهَذَا الْمَعْنَى، فَلا يُقَاسُ عَلَيْهِ، فَيُثَنَّى غَيْرُ مَا سُمِعَ، وَالْقِيَاسِيَّةُ: أَنَّ كُلَّ مَا جَاءَ مُثَنًّى حُذِفَ فِعْلُهُ وُجُوبًا مِنْ غَيْرِ أَنْ يُحْتَاجَ إِلَى سَمَاعٍ مِنْهُمْ، وَمَعْنَى التَّثْنِيَةِ فِي ذَلِكَ التَّكْرِيرُ وَالتَّكْثِيرُ، وَقَالَ الْخَلِيلُ فِي (حَنَانَيْكَ):

مَعْنَاهُ: كُلَّمَا كُنْتُ فِي رَحْمَةٍ وَخَيْرٍ مِنْكَ فَلْيَكُنْ مَوْصُولا بِآخَرَ.

و(لَبَّيْكَ) مَعَ أَلَبَّ عَلَى كَذَا؛ أَيْ: أَقَامَ، وَكَأَنَّ الْمَعْنَى أَدُومُ دَوَامًا بَعْدَ دَوَامٍ عَلَى طَاعَتِكَ، وَقَدْ يَأْتِي (سَعْدَيْكَ) مَعَ (لَبَّيْكَ) خَاصَّةً بِمَعْنَى مُسَاعَدَةً بَعْدَ مُسَاعَدَةٍ، و(دَوَالَيْكَ) مِنَ الْمُدَاوَلَةِ؛ أَيْ: مُدَاوَلَةً بَعْدَ مُدَاوَلَةٍ، قَالَ:

إِذَا شُقَّ بُرْدٌ شُقَّ بِالْبُرْدِ مِثْلُهُ ... دَوَالَيْكَ حَتَّى كُلُّنَا غَيْرُ لابِسِ

وَهَذَاذَيْكَ مِنْ (هَذَّ)؛ أَيْ: أَسْرَعَ؛ أَيْ: هَذًّا بَعْدَ هَذٍّ، قَالَ:

ضَرْبًا هَذَا ذَيْكَ وَطَعْنًا وَخْضَا ... .

قَالَ: (وَمِنْهُ مَا لا يَتَصَرَّفُ)، وَوَقَعَ فِي بَعْضِ النُّسَخِ (مَا لا يَنْصَرِفُ)، وَهُوَ غَلَطٌ،

---

(١) وذلك قولك: لا إله إلا الله قولا حقًّا. كأنك قلت: أقول قولا حقاً؛ لأن قولك: لا إله إلا الله هو حقٌّ، وكذلك: لأضربنك قسماً حقاً؛ لأنه بدلٌ من قولك: أقسم، وكذلك: لأقومن قسما لأن قولك: لأقومن فيه لام القسم. ومثله. المقتضب ١/١٨٤.

وَإِنَّمَا غَلِطَ فِيهِ مِنْ جِهَةِ التَّمْثِيلِ بِسُبْحَانَ، وَقَدْ ذَكَرَ أَنَّ (سُبْحَانَ) غَيْرُ مُنْصَرِفٍ، فَتَوَهَّمَ أَنَّهُ ذُكِرَ مِنْ هَذِهِ الْجِهَةِ، وَلَيْسَ كَذَلِكَ، ولا يُقَالُ فِي (سُبْحَانَ) هَاهُنَا إِنَّهُ غَيْرُ مُنْصَرِفٍ، وَإِنَّمَا ذَلِكَ إِذَا تُكُلِّمَ بِهِ مُفْرَدًا عَلَى مَا تَقَدَّمَ فِي بَابِ (سُبْحَانَ)، ثُمَّ لَوْ صَحَّ فِي (سُبْحَانَ) تَعَذَّرَ فِي (مَعَاذَ) و(عَمْرَكَ) و(قِعْدَكَ)، وَإِنَّمَا أَرَادَ أَنَّهُ لا يَتَصَرَّفُ؛ أَيْ: لا يُسْتَعْمَلُ إلا مَنْصُوبًا عَلَى الْمَصْدَرِ، كَالظُّرُوفِ غَيْرِ الْمُتَصَرِّفَةِ، وَهِيَ الَّتِي تَلْزَمُ الظَّرْفِيَّةَ، أَوْ أَرَادَ أَنَّهَا لا تُسْتَعْمَلُ إلا مُضَافَةً غَيْرَ مَقْطُوعٍ عَنْهَا فِي اللُّغَةِ الْفَصِيحَةِ، وَإِلا فَقَدِ اسْتُعْمِلَ (سُبْحَانَ) فِي قَوْلِهِ:

.... سُبْحَانَ مِنْ عَلْقَمَةَ الْفَاخِرِ

وَهُوَ شَاذٌّ، وَمَعْنَى (سُبْحَانَ اللهُ) أَيْ: سَبَّحْتُ اللهَ تَسْبِيحًا؛ أَيْ: نَزَّهْتُهُ تَنْزِيهًا، وَيَكُونُ (سَبَّحْتُ) هَاهُنَا[1] بِمَعْنَى: (نَزَّهْتُ)، لا بِمَعْنَى، قُلْتُ: سُبْحَانَ اللهِ، وَعَنْ أَبِي الْعَبَّاسِ: أُبَرِّئُهُ مِنَ السُّوءِ بَرَاءَةً، وَعَنْ أَبِي عُبَيْدَةَ: جَاءَتْنِي امْرَأَةٌ فَقَالَتْ: أَتَكْتُبُ لِي؟ فَقُلْتُ: نَعَمْ. فَقَالَتْ: اكْتُبْ سُبْحَانَ شَهْلَةَ بِنْتِ عَوْفٍ مِنْ أَيْنُقٍ ادَّعَاهَا أُخَيُّهَا؛ تُرِيدُ: بَرِئَتْ شَهْلَةُ.

وَمِنْ كَلامِهِمْ: (سُبْحَانَ اللهِ وَرَيْحَانَهُ)، وَالْمَعْنَى: وَاسْتِرْزَاقَهُ؛ أَيْ: وَأَسْتَرْزِقُهُ اسْتِرْزَاقًا، مِنَ الرَّوْحِ؛ لأَنَّهُ رِزْقُ اللهِ، وَجَاءَتِ الْيَاءُ إِمَّا لأَنَّ أَصْلَهُ فَيْعَلان، وَإِمَّا لِقَلْبِ الْوَاوِ يَاءً تَخْفِيفًا.

و(عَمْرَكَ اللهَ) مَصْدَرٌ عِنْدَ سِيبَوَيْهِ، وَتَقْدِيرُهُ أَنَّ مَعْنَى (عَمْرَكَ اللهَ) عَمَّرْتُكَ اللهَ؛ أَيْ: سَأَلْتُ اللهَ عَمْرَكَ، وَإِذَا صَحَّ أَنَّ (عَمْرَكَ اللهَ) بِمَعْنَى (عَمَّرْتُكَ) وَجَبَ أَنْ يَكُونَ مَصْدَرًا، وَقَدْ ثَبَتَ أَنَّهُمْ يَقُولُونَ: عَمْرَكَ اللهَ، وَعَمَّرْتُكَ اللهَ بِمَعْنًى، فَيَكُونُ اسْمُ اللهِ مَنْصُوبًا بِعَمْرَكَ عَلَى قَوْلٍ، أَوْ بِالْفِعْلِ الْمُقَدَّرِ عَلَى قَوْلٍ، وَفِيهِ مَعْنَى السُّؤَالِ، وَلِذَلِكَ يُجَابُ بِمَا يُجَابُ بِهِ قِسْمُ السُّؤَالِ.

وَقِيلَ: مَنْصُوبٌ بِفِعْلٍ مُقَدَّرٍ؛ أَيْ: سَأَلْتُ اللهَ عَمْرَكَ؛ أَيْ: بَقَاءَكَ، وَفُتِحَتِ الْعَيْنُ فِي الْقَسَمِ تَخْفِيفًا، وَالْفَرْقُ بَيْنَهُ وَبَيْنَ قَوْلِ سِيبَوَيْهِ وَإِنْ كَانَا بِمَعْنَى: (سَأَلْتُ اللهَ بَقَاءَكَ) أَنَّ

(١) اعلم أن الأعلام أكثر وقوعها في كلامهم إنما هو على الأعيان دون المعاني. الأعيان هي الأشخاص؛ نحو: زيد، وجعفر، وأبي محمد، وأبي القاسم، وعبد الله، وذي النون، وذي يزن، وأعوج، وسبل، والوجيه، ولاحق، وعلوي، وعتوة، والجديل، وشدقم وعمان، ونجران، والحجاز، والعراق، والنجم، والدبران، الثريا، وبرقع، والجرباء. ومنه محوة للشمال؛ لأنها على كل حال جسم، وإن لم تكن مرئية. وكما جاءت الأعلام في الأعيان، فكذلك أيضاً قد جاءت في المعاني. الخصائص ١٦٨/١.

(عَمْرَكَ) عَلَى مَذْهَبِ سِيبَوَيْهِ بِمَعْنَى (عَمَّرْتُكَ) الْمُلْتَزَم حَذْفُهُ، وَهُوَ النَّاصِبُ لَهُ، وَاسْمُ اللهِ تَعَالَى الْمَفْعُولُ الثَّانِي، وَعَلَى الآخَرِ (عَمْرَكَ) وَاسْمُ اللهِ مَفْعُولانِ لِسَأَلْتُ الْمُقَدَّرِ، وَأَجَازَ الأَخْفَشُ (وَعَمْرَكَ اللهُ) بِرَفْعِ اسْمِ اللهِ؛ أَيْ: أَسْأَلُ بِأَنْ يُعَمِّرَكَ اللهُ، فَيَرْتَفِعُ بِعَمْرِكَ حَيْثُ كَانَ الْمَعْنَى كَذَلِكَ.

و(قَعْدَكَ اللهُ) عِنْدَ سِيبَوَيْهِ مِثْلُ (عَمْرَكَ اللهُ)، يَجْعَلُهُ مَنْصُوبًا بِمَعْنَى فِعْلٍ مُقَدَّرٍ مَعْنَاهُ: سَأَلْتُهُ أَنْ يَكُونَ حَفِيظَكَ، وَإِنْ لَمْ يُتَكَلَّمْ بِهِ، كَأَنَّهُ قِيلَ: حَفَّظْتُكَ اللهَ مِنْ قَوْلِهِ تَعَالَى: ﴿عَنِ الْيَمِينِ وَعَنِ الشِّمَالِ قَعِيدٌ﴾ [ق:١٧]؛ أَيْ: حَافِظٌ، وَوَضَحَ ذَلِكَ فِي (عَمْرَكَ اللهَ) لاسْتِعْمَالِ فِعْلِهِ.

وَإِذَا تَحَقَّقَ أَنَّ مَعْنَى: (قَعْدَكَ اللهَ) مَعْنَى الْفِعْلِ الْمُقَدَّرِ الْمَذْكُورِ وَضَحَ أَيْضًا، وَيُقَالُ أَيْضًا: (قَعِيدَكَ اللهَ) بِمَعْنَاهُ، وَفِيهِ أَيْضًا مَعْنَى السُّؤَالِ، كَعَمْرَكَ اللهَ، قَالَ:

قَعِيدَكِ أَنْ لا تُسْمِعِينِي مَلامَةً ... وَلا تَنْكَئِي قَرْحَ الْفُؤَادِ فَيَيْجَعَا

وَالنَّوْعُ الثَّالِثُ نَحْوَ: دَفْرًا، وَبَهْرًا، وَأُفَّةً، وَتُفَّةً، وَوَيْحَكَ، وَهُوَ النَّوْعُ الثَّالِثُ مِنَ الَّذِي يَلْزَمُ إِضْمَارُ فِعْلِهِ، وَلا فِعْلَ لَهُ مُشْتَقٌّ مِنْ لَفْظِهِ بِخِلافِ الْقِسْمِ الَّذِي قَبْلَهُ، فَإِنَّ لَهُ فِعْلا مِنْ لَفْظِهِ عَلَى مَا تَقَدَّمَ، ثُمَّ مَثَّلَ بِالأَمْثِلَةِ الْمَذْكُورَةِ، وَكُلُّهَا عَلَى مَا ذَكَرَهُ مِنْ وُجُوبِ الإِضْمَارِ، وَلا فِعْلَ لَهَا مِنْ لَفْظِهَا[1].

بَهْرًا بِمَعْنَى تَعْسًا هُوَ الْمُرَادُ، لا بَهْرًا مِنْ بَهَرَهُ اللهُ؛ أَيْ: لَعَنَهُ، وَلا مِنْ بَهَرَهُ؛ أَيْ: غَلَبَهُ؛ كَقَوْلِ الشَّاعِرِ:

تَفَاقَدَ قَوْمِي إِذْ يَبِيعُونَ مُهْجَتِي ... بِجَارِيَةٍ بَهْرًا لَهُمْ بَعْدَهَا بَهْرَا

وَدَفْرًا وَأُفَّةً وَتُفَّةً بِمَعْنَى نَتْنًا، وَلَيْسَ لِذَلِكَ فِعْلٌ، وَوَيْحَكَ وَوَيْسَكَ وَوَيْلَكَ وَوَيْبَكَ، كُلُّهَا بِمَعْنَى الْوَيْلِ، ثُمَّ كَثُرَتْ حَتَّى صَارَتْ تُسْتَعْمَلُ مِنْ غَيْرِ قَصْدِ دُعَاءٍ، وَقِيلَ: وَيْحَكَ وَوَيْسَكَ تَرَحُّمٌ، وَمَا يُنْشَدُ مِنْ قَوْلِهِ:

فَمَا وَالَ وَلا وَاحَ ... وَلا وَاسَ أَبُو هِنْد

مَجْهُولٌ.

قَوْلُهُ: (وَقَدْ تَجْرِي أَسْمَاءٌ غَيْرُ مَصَادِرٍ ذَلِكَ الْمَجْرَى).

---

(١) قِعدَكَ اللهَ: بمنزلةِ نَشَدتُكَ اللهَ، يَنتَصِبُ على المَصدريَّة بإضمارِ فِعلٍ متروكٍ إظهارُه، وهو غيرُ مُتَصَرِّف. ومَعناه: إنَّ اللهَ مَعَك. ومِثلُها: قَعِيدَكَ. معجم القواعد العربية ٢٢/٤.

قَالَ الشَّيْخُ: قَدْ ذَكَرَ فِي هَذَا الْفَصْلِ أَسْمَاءً غَيْرَ مَصَادِرٍ فِي الأَصْلِ نُصِبَتْ عَلَى الْمَفْعُولِ الْمُطْلَقِ، وَقَدْ تَقَدَّمَ ذِكْرُ ذَلِكَ فِي أَوَّلِ هَذَا الْبَابِ، وَلَكِنَّهُ ذَكَرَهَا لِغَرَضٍ آخَرَ، وَهُوَ كَوْنُهَا انْتَصَبَتْ نَصْبَ الْمَصَادِرِ، وَيَلْزَمُ إِضْمَارُ أَفْعَالِهَا النَّاصِبَةِ لَهَا، فَالْوَجْهُ الَّذِي ذَكَرَهَا لأَجْلِهِ هَاهُنَا غَيْرُ الْوَجْهِ الَّذِي ذَكَرَهَا مِنْ أَجْلِهِ أَوَّلا، إِذْ لَمْ يَذْكُرْهَا أَوَّلا بِاعْتِبَارِ أَنَّ فِعْلَهَا مَحْذُوفٌ، بَلْ ذَكَرَهَا مُظْهَرًا فِعْلُهَا فِي مِثْلِ قَوْلِكَ: (رَجَعَ الْقَهْقَرَى) و(ضَرَبْتُهُ سَوْطًا)، وَذَكَرَهَا هَاهُنَا بِاعْتِبَارِ لُزُومِ إِضْمَارِ الْفِعْلِ، وَهُوَ مَعْنَى قَوْلِهِ: (ذَلِكَ الْمَجْرَى) إِشَارَةً إِلَى مَا تَقَدَّمَ مِنْ لُزُومِ إِضْمَارِ الْفِعْلِ، ثُمَّ قَسَمَهَا قِسْمَيْنِ: إِلَى مَا هُوَ فِي الأَصْلِ اسْمٌ لأَجْسَامٍ، وَإِلَى مَا هُوَ مَوْضُوعٌ وَضْعَ الصِّفَاتِ، ثُمَّ قُصِدَ بِهَا إِلَى قَصْدِ مَدْلُولِ الْفِعْلِ، فَوَجَبَ أَنْ يَكُونَ مَفْعُولا مُطْلَقًا لِذَلِكَ.

فَالنَّوْعُ الأَوَّلُ نَحْوُ: تُرْبًا وَجَنْدَلا، وَمَعْلُومٌ أَنَّ ذَلِكَ فِي الأَصْلِ اسْمٌ لِهَذِهِ الأَجْسَامِ الْمَعْرُوفَةِ، إِلا أَنَّ الْمُتَكَلِّمَ بِقَوْلِهِ: تُرْبًا فِي الدُّعَاءِ لَمْ يُرِدْ بِهِ إِلا الدُّعَاءَ، وَإِذَا عُلِمَ ذَلِكَ وَجَبَ أَنْ يَكُونَ مَصْدَرًا، إِذْ لا فَرْقَ بَيْنَ قَوْلِهِ: خَيْبَةً وَبَيْنَ قَوْلِهِ: تُرْبًا، وَكَذَلِكَ (جَنْدَلا) مَعْنَاهُ: إِهْلاكًا، وَإِذَا عُلِمَ ذَلِكَ وَجَبَ أَنْ يُحْكَمَ بِالْمَصْدَرِيَّةِ، وَكَذَلِكَ قَوْلُهُ: فَاهًا لِفِيكَ، هَذَا فِي الأَصْلِ اسْمٌ لِلْفَمِ، وَالضَّمِيرُ لِلدَّاهِيَةِ، وَقَوْلُ الْقَائِلِ: (فَاهًا لِفِيكَ) دَاعِيًا لَمْ يُرِدْ بِهِ الْفَمَ، وَإِنَّمَا قَصَدَ الْخَيْبَةَ وَإِصَابَةَ الدَّاهِيَةِ، كَأَنَّهُ قِيلَ: دُهِيتَ دَهْيًا، وَإِذَا عُلِمَ ذَلِكَ وَجَبَ الْحُكْمُ بِالْمَصْدَرِيَّةِ، وَقِيلَ: أَصْلُهُ: جَعَلَ اللهُ فَاهًا لِفِيكَ، ثُمَّ كَثُرَ حَتَّى صَارَ عِبَارَةً عَنْ إِصَابَتِهَا.

وَالنَّوْعُ الثَّانِي: نَحْوُ قَوْلِهِ: هَنِيئًا مَرِيئًا؛ لأَنَّ أَصْلَهُ صِفَةٌ، إِذْ هُوَ مِنْ قَوْلِكَ: هَنَأَ وَمَرَأَ، فَهُوَ هَنِيءٌ وَمَرِيءٌ، فَإِذَا قُلْتَ: هَنِيئًا مَرِيئًا، فَإِنَّمَا قَصَدْتَ هَنَّأَهُ اللهُ وَمَرَّأَهُ؛ كَقَوْلِهِ:

هَنِيئًا لأَرْبَابِ الْبُيُوتِ بُيُوتُهُمْ ... وَلِلْعَزَبِ الْمِسْكِينِ مَا يَتَلَمَّسُ

أَيْ: هَنَّأَهُمُ اللهُ، وَإِذَا عُلِمَ ذَلِكَ وَجَبَ الْحُكْمُ بِالْمَصْدَرِيَّةِ.

وَقَوْلُهُمْ: (أَقَائِمًا وَقَدْ قَعَدَ النَّاسُ) اسْمُ فَاعِلٍ فِي الأَصْلِ مِنْ (قَامَ يَقُومُ)، وَلَكِنَّهُ لَمْ يَقْصِدْ هَاهُنَا إِلا مَعْنَى: (أَتَقُومُ قَائِمًا وَقَدْ قَعَدَ النَّاسُ)؟ وَإِذَا عُلِمَ أَنَّهُ وَاقِعٌ مَوْقِعَ الْفِعْلِ وَجَبَ الْحُكْمُ بِالْمَصْدَرِيَّةِ.

وَقَوْلُهُ: (أَقَاعِدًا وَقَدْ سَارَ الرَّكْبُ) مِثْلُهُ فِي أَنَّ الْمَعْنَى أَتَقْعُدُ وَقَدْ سَارَ الرَّكْبُ[1]؟

(١) أما النوع الذي يجب حذفه فقد بين الشارح ثلاثة مواضع من مواضعه وهي الحال المؤكدة

قَوْلُهُ: (وَمِنْ إِضْمَارِ الْمَصْدَرِ قَوْلُهُمْ: عَبْدُ اللهِ أَظُنُّهُ مُنطَلِقٌ)؛ أَيْ: أَظُنُّ ظَنِّي.

قَالَ الشَّيْخُ: هَذَا الإِضْمَارُ عَلَى قِيَاسِ بَابِ الْمُضْمَرَاتِ؛ لِتَقَدُّمِ مَا يَدُلُّ عَلَيْهِ، وَهُوَ الْفِعْلُ، فَحَقُّهُ أَنْ يُذْكَرَ ثَمَّ؛ لأَنَّ مَا يَتَعَلَّقُ بِالإِضْمَارِ فِي الأَسْمَاءِ مَخْصُوصٌ بِذَلِكَ الْبَابِ، وَالَّذِي حَسَّنَ ذِكْرَهُ هَاهُنَا التَّنْبِيهُ عَلَى أَنَّهُ يَصِحُّ أَنْ يَنْتَصِبَ انْتِصَابَ الْمَفْعُولِ الْمُطْلَقِ مَعَ كَوْنِهِ مُضْمَرًا؛ لأَنَّهُ يَسْبِقُ إِلَى الْوَهْمِ خُصُوصِيَّةُ ذَلِكَ بِالظَّاهِرِ، ثُمَّ مَثَّلَ بِقَوْلِهِ: (عَبْدُ اللهِ أَظُنُّهُ مُنطَلِقٌ)، وَذَلِكَ أَنَّ الضَّمِيرَ فِي (أَظُنُّهُ) لا يَجُوزُ أَنْ يَكُونَ رَاجِعًا إِلَى (عَبْدِ اللهِ)؛ لأَنَّهُ لَوْ رَجَعَ إِلَيْهِ لَكَانَ مَنْصُوبًا عَلَى أَنَّهُ مَفْعُولٌ أَوَّلُ، فَيَجِبُ أَنْ يَكُونَ (مُنْطَلِقٌ) مَنصُوبًا عَلَى أَنَّهُ مَفْعُولٌ ثَانٍ، وَهُوَ مَرْفُوعٌ، فَبَطَلَ أَنْ يَكُونَ الضَّمِيرُ لِعَبْدِ اللهِ، وَإِذَا بَطَلَ أَنْ يَكُونَ لِعَبْدِ اللهِ تَعَيَّنَ أَنْ يَكُونَ ضَمِيرًا لِلْمَصْدَرِ، وَيَكُونَ (عَبْدُ اللهِ) مُبْتَدَأً، و(مُنْطَلِقٌ) خَبَرُهُ، وَالظَّنُّ مُلْغًى، وَيَجُوزُ إِلْغَاءُ الظَّنِّ إِذَا تَوَسَّطَ أَوْ تَأَخَّرَ، وَهَذَا مُتَوَسِّطٌ فَجَازَ إِلْغَاؤُهُ، وَإِضْمَارُ الْمَصْدَرِ لا يَمْنَعُ الإِلْغَاءَ؛ لأَنَّ لِلْمَفْعُولَيْنِ مُتَعَلِّقًا آخَرَ سِوَاهُ، وَلا يَزِيدُ الْفِعْلُ بِذِكْرِ الْمَصْدَرِ مَفْعُولا وَلا يَنْقُصُ، أَلا تَرَى أَنَّكَ إِذَا قُلْتَ: (أَعْطَيْتُ إِعْطَاءً زَيْدًا ثَوْبًا)، و(أَعْطَيْتُ زَيْدًا ثَوْبًا) كَانَ تَعَدِّيهِ مَعَ الْمَصْدَرِ مِثْلَ تَعَدِّيهِ مَعَ عَدَمِهِ، فَصَحَّ أَنْ يَكُونَ الضَّمِيرُ فِي (أَظُنُّهُ) ضَمِيرَ الْمَصْدَرِ عَلَى مَا تَقَرَّرَ، نَعَمْ إِلْغَاءُ بَابِ الظَّنِّ مَعَ ذِكْرِ الْمَصْدَرِ ضَعِيفٌ؛ لأَجْلِ كَوْنِهِ تَأْكِيدًا، وَالتَّأْكِيدُ لا يُلْغَى، وَإِنَّمَا حَسَّنَ الإِلْغَاءَ كَوْنُ الْمَصْدَرِ مُضْمَرًا، فَلَمْ يَقْوَ قُوَّةَ الظَّاهِرِ.

وَأَمَّا قَوْلُهُ: (وَاجْعَلْهُ الْوَارِثَ مِنَّا)، فَمُحْتَمِلٌ عَلَى مَا ذَكَرَهُ، وَإِنَّمَا قَالَ: فِيهِ (مُحْتَمِلٌ)، وَلَمْ يَقُلْ فِي الأَوَّلِ؛ لأَنَّ الأَوَّلَ مُتَعَيِّنٌ بِخِلافِ الثَّانِي، وَبَيَانُ الاحْتِمَالِ أَنَّ قَوْلَهُ: (وَاجْعَلْهُ) يَجُوزُ أَنْ يَكُونَ ضَمِيرًا لِلْمَفْعُولِ الأَوَّلِ رَاجِعًا إِلَى مَا تَقَدَّمَ مِنْ ذِكْرِ الأَسْمَاعِ وَالأَبْصَارِ، وَيَكُونَ (الْوَارِثُ) هُوَ الْمَفْعُولُ الثَّانِي، وَيَدُلُّ عَلَيْهِ أَمْرَانِ:

أَحَدُهُمَا: مَا رُوِيَ مِنْ قَوْلِهِمْ: (وَاجْعَلْ ذَلِكَ الْوَارِثَ مِنَّا)، وَهَذَا تَفْسِيرُهُ، وَهُوَ مَفْعُولٌ أَوَّلُ رَاجِعٌ إِلَى مَا ذَكَرْنَاهُ.

=

لمضمون جملة، والحال النائبة مناب الخبر، والحال الدالة على زيادة أو نقص بتدريج وبقي موضعان آخران، أولهما: أن ينوب عنه الحال كقولك لمن شرب: هنيئا، ومن ذلك قول كثير: هنيئا مريئا غير داء مخامر لعزة من أعراضنا ما استحلت وثانيهما: أن تدل الحال على توبيخ، كقولك: أقاعدا وقد جد الناس؟ شرح ابن عقيل ٦٦١/١.

وَالثَّانِي: أَنَّ الْمَقْصُودَ أَنْ تَكُونَ هَذِهِ الأَعْضَاءُ الْمَذْكُورَةُ لازِمَةً لَهُ عِنْدَ مَوْتِهِ لُزُومَ الْوَارِثِ؛ لأَنَّهُ لَمَّا قَالَ: (مَتِّعْنَا اللَّهُمَّ بِأَسْمَاعِنَا وَأَبْصَارِنَا)، قَرَّرَهُ بِأَنْ تَكُونَ كَالْوَارِثَةِ فِي لُزُومِهَا وَاسْتِقْرَارِهَا بِاعْتِبَارِ الْعَادَةِ، فَهَذَا تَبْيِينُ احْتِمَالِ كَوْنِ الضَّمِيرِ لِغَيْرِ الْمَصْدَرِ، وَإِنَّمَا فَرَّ قَوْمٌ مِنْ عَوْدِهِ إِلَى الْمَفْعُولِ وَجَعَلُوهُ لِلْمَصْدَرِ لأَمْرَيْنِ:

أَحَدُهُمَا: هُوَ أَنَّ الأَسْمَاعَ وَالأَبْصَارَ جَمْعٌ، وَلا يَصِحُّ عَوْدُ الضَّمِيرِ الْمُفْرَدِ إِلَى الْجَمْعِ، وَلَوْ كَانَ لَهَا لَكَانَ الصَّحِيحُ أَنْ يَقُولَ: وَاجْعَلْهُنَّ أَوْ وَاجْعَلْهَا، فَلَمَّا قَالَ: (وَاجْعَلْهُ) دَلَّ عَلَى أَنَّهُ لَيْسَ لَهُ.

الثَّانِي: هُوَ أَنَّهُ يَلْزَمُ أَنْ يَكُونَ الْوَارِثُ مَفْعُولا ثَانِيًا، ولا يَسْتَقِيمُ فِي الظَّاهِرِ أَنْ تَكُونَ هَذِهِ وَارِثَةً ولا مِثْلَ الْوَارِثَةِ.

قَوْلُهُمْ: إِنَّهُ أَرَادَ بِهِ الْمُلازَمَةَ جَوَابُهُ أَنَّهُ قَدْ تَقَدَّمَ مَا يَدُلُّ عَلَى ذَلِكَ، وَهُوَ قَوْلُهُ: مَتِّعْنَا، فَجَعْلُهُ لِمَعْنًى آخَرَ مِنْ غَيْرِ تَأْوِيلٍ أَوْلَى مِنْ تَكْرِيرِ الْمَعْنَى الأَوَّلِ بِوَجْهٍ مِنَ التَّأْوِيلِ، وَهُوَ أَنْ يَكُونَ الضَّمِيرُ ضَمِيرَ الْمَصْدَرِ، وَالْوَارِثُ مَفْعُولا أَوَّلا، و(مِنَّا) فِي مَوْضِعِ الْمَفْعُولِ الثَّانِي، عَلَى مَعْنَى وَاجْعَلِ الْوَارِثَ مِنْ نَسْلِنَا، لا كَلالَةً خَارِجَةً عَنَّا، وَهَذَا مَعْنًى مَقْصُودٌ لِلْعُقَلاءِ وَالصَّالِحِينَ.

وَمِنْهُ قَوْلُهُ تَعَالَى: "**فَهَبْ لِي مِن لَدُنكَ وَلِيًّا (٥) يَرِثُنِي وَيَرِثُ مِنْ آلِ يَعْقُوبَ**" [مريم:٦]، وَإِذَا كَانَ كَذَلِكَ كَانَ الضَّمِيرُ ضَمِيرَ الْمَصْدَرِ عَلَى مَا تَقَرَّرَ، فَمِنْ أَجْلِ ذَلِكَ حَمَلَ صَاحِبُ الْكِتَابِ الضَّمِيرَ عَلَى الْمَصْدَرِ.

وَقَدْ أُجِيبَ عَنْ عَوْدِ الضَّمِيرِ الْمُفْرَدِ إِلَى الْجَمْعِ بِأَنَّهُ عَلَى مَعْنَى: وَاجْعَلِ الْمَذْكُورَ كَمَا صَحَّ أَنْ يُشَارَ إِلَيْهِ بِذَلِكَ، وَقَوِيَ بِقَوْلِهِ تَعَالَى: "**وَإِنَّ لَكُمْ فِي الأَنْعَامِ لَعِبْرَةً نُسْقِيكُمْ مِمَّا فِي بُطُونِهِ**" [النحل:٦٦]، وَهَذَا وَإِنْ كَانَ سَائِغًا إِلا أَنَّهُ لَيْسَ بِالظَّاهِرِ، وَقَوْلُهُ: "**نُسْقِيكُمْ مِمَّا فِي بُطُونِهِ**" لَيْسَ (الأَنْعَامَ) عِنْدَ سِيبَوَيْهِ فِيهِ بِجَمْعٍ، وَإِنَّمَا هُوَ اسْمُ جَمْعٍ، فَعَلَى ذَلِكَ جَاءَ الضَّمِيرُ فِي (بُطُونِهِ).

المَفْعُولُ بِهِ

قَوْلُهُ: (هُوَ الَّذِي يَقَعُ عَلَيْهِ فِعْلُ الْفَاعِلِ).

قَالَ الشَّيْخُ: أَرَادَ بِالْوُقُوعِ التَّعَلُّقَ الْمَعْنَوِيَّ الْمَعْقُولَ، لا الأَمْرَ الْحِسِّيَّ، إِذْ لَيْسَ كُلُّ الأَفْعَالِ الْمُتَعَدِّيَةِ وَاقِعَةً عَلَى مَفْعُولِهَا حِسًّا؛ كَقَوْلِكَ: (عَلِمْتُ زَيْدًا)، و(أَرَدْتُهُ)،

و(شَافَهتُهُ)، و(خَاطَبْتُهُ)، وَمَا أَشْبَهَ ذَلِكَ، وَالتَّعَلُّقُ الْمَعْنَوِيُّ هُوَ الَّذِي يَشْمَلُ الْجَمِيعَ، فَوَجَبَ حَمْلُهُ عَلَيْهِ، كَمَا قَالَ: (وَهُوَ الْفَارِقُ بَيْنَ المُتَعَدِّي مِنَ الأَفْعَالِ وَغَيْرِ الْمُتَعَدِّي)، وَذَلِكَ أَنَّ الْفِعْلَ المُتَعَدِّي هُوَ الَّذِي لَهُ مُتَعَلَّقٌ تَتَوَقَّفُ عَقْلِيَّتُهُ عَلَيْهِ، فَمَا كَانَ مُتَعَدِّيًا إِلا بِاعْتِبَارِ هَذَا الْمُتَعَلَّقِ، وَهُوَ الَّذِي يُسَمَّى مَفْعُولا بِهِ، وَإِذَا كَانَ كَذَلِكَ وَجَبَ أَنْ يَكُونَ هُوَ الْفَارِقَ بَيْنَ المُتَعَدِّي، أَلا تَرَى أَنَّكَ لَوْ قَطَعْتَ النَّظَرَ عَنْهُ كَانَتِ الأَفْعَالُ كُلُّهَا سَوَاءٌ فِي عَدَمِ التَّعَدِّي، وَلَوْ قَدَّرْتَهَا جَمِيعًا كَذَلِكَ كَانَتْ كُلُّهَا مُتَعَدِّيَةً، وَإِنَّمَا انْقَسَمَتْ بِاعْتِبَارِ أَنَّ بَعْضَهَا لَهُ هَذَا التَّعَلُّقُ، وَبَعْضُهَا عَرِيَ عَنْهُ، فَمَا ثَبَتَ لَهُ هَذَا التَّعَلُّقُ فَهُوَ مُتَعَدٍّ، وَمَا عَرِيَ عَنْهُ فَهُوَ غَيْرُ مُتَعَدٍّ، فَهُوَ الْفَارِقُ بَيْنَ المُتَعَدِّي مِنَ الأَفْعَالِ وَغَيْرِ المُتَعَدِّي عَلَى التَّحْقِيقِ.

وَسُمِّيَ هَذَا الْمُتَعَلَّقُ الْمَفْعُولَ بِهِ؛ لأَنَّهُ أُوقِعَ الْفِعْلُ بِهِ أَوْ تَعَلَّقَ بِهِ، أَوْ لأَنَّهُ جَوَابُ (مَنْ فَعَلْتَ بِهِ هَذَا الْفِعْلَ)، وَالْكَلامُ فِي كَوْنِهِ مَفْعُولا وَفِي نَصْبِهِ فِي مِثْلِ (مَا ضَرَبْتُ زَيْدًا) كَالْكَلامِ فِي الْفَاعِلِ.

قَالَ: (وَيَكُونُ وَاحِدًا فَصَاعِدًا إِلَى الثَّلاثَةِ عَلَى مَا سَيَأْتِيكَ).

وَذَلِكَ أَنَّ الْفِعْلَ تَتَوَقَّفُ عَقْلِيَّتُهُ تَارَةً عَلَى مُتَعَلَّقٍ وَاحِدٍ، فَيَجِبُ أَنْ يَكُونَ مُتَعَدِّيًا إِلَى وَاحِدٍ؛ كَقَوْلِكَ: أَكَلْتُ، وَشَمَمْتُ، وَلَمَسْتُ، وَتَارَةً تَتَوَقَّفُ عَلَى اثْنَيْنِ، فَيَجِبُ أَنْ يَكُونَ مُتَعَدِّيًا إِلَى اثْنَيْنِ؛ كَقَوْلِكَ: أَعْطَيْتُ، وَكَسَوْتُ، وَخِلْتُ، وَحَسِبْتُ، وَزَعَمْتُ، وَعَلِمْتُ الْمُتَعَلِّقُ بِالنَّسَبِ، وَتَارَةً تَتَوَقَّفُ عَلَى ثَلاثَةٍ فَيَجِبُ أَنْ يَكُونَ مُتَعَدِّيًا إِلَى ثَلاثَةٍ؛ كَقَوْلِكَ: أَعْلَمْتُ، إِذَا قَصَدْتَ تَصْيِيرَهُ عَالِمًا بِالْمُرَكَّبَاتِ، وَلَيْسَ فِي الأَفْعَالِ مَا تَتَوَقَّفُ عَقْلِيَّتُهُ عَلَى أَكْثَرِ مِنْ ذَلِكَ.

قَوْلُهُ: (وَيَجِيءُ مَنْصُوبًا بِعَامِلٍ مُضْمَرٍ مُسْتَعْمَلٍ إِظْهَارُهُ، أَوْ لازِمٌ إِضْمَارُهُ).

أَقُولُ: قَدْ قَسَّمَ الْمُصَنِّفُ عَامِلَ الْمَفْعُولِ بِهِ إِلَى ظَاهِرٍ وَمُضْمَرٍ، وَالَّذِي تَقَدَّمَ تَمْثِيلٌ لِلظَّاهِرِ، وَاسْتَغْنَى عَنْ ذِكْرِهِ عَلَى مَا هُوَ عَادَتُهُ فِي الاسْتِغْنَاءِ، وَذَكَرَ الْمُضْمَرَ لِكَوْنِهِ لَمْ يَتَقَدَّمْ لَهُ ذِكْرٌ، وَقَسَمَهُ إِلَى مَا يَجُوزُ إِظْهَارُهُ، وَإِلَى مَا لا يَجُوزُ إِظْهَارُهُ.

وَالَّذِي يَجُوزُ إِظْهَارُهُ هُوَ أَنْ تَكُونَ مَعَهُ قَرِينَةٌ تُشْعِرُ بِخُصُوصِيَّةِ ذَلِكَ الْفِعْلِ الْمَحْذُوفِ مُجَرَّدًا مِنْ غَيْرِ وُقُوعِ لَفْظٍ آخَرَ فِي مَوْضِعِهِ، أَوْ مَا يَقُومُ مَقَامَهُ، مِثْلُ: أَهْلا وَسَهْلا، كَالنَّائِبِ عَنْهُ، ثُمَّ مَثَّلَهُ بِأَمْثِلَةٍ، فَمِنْهُ قَوْلُهُمْ لِمَنْ أَخَذَ يَضْرِبُ الْقَوْمَ، أَوْ قَالَ: (أَضْرِبُ شَرَّ النَّاسِ): زَيْدًا؛ لأَنَّ أَخْذَهُ قَرِينَةٌ حَالِيَّةٌ تُشْعِرُ بِمَقْصُودِهِ فِي قَصْدِ الْفِعْلِ.

قَوْلُهُ: (الْمَنْصُوبُ بِالْمُسْتَعْمَلِ إِظْهَارُهُ)، هُوَ فِي الْحَقِيقَةِ رَاجِعٌ إِلَى كُلِّ مَوْضِعٍ قَامَتْ

فِيهِ قَرِينَةٌ تَدُلُّ عَلَى خُصُوصِيَّةِ الْفِعْلِ الْمَحْذُوفِ، وَلَيْسَ فِي مَوْضِعِ الْفِعْلِ لَفْظٌ يَقُومُ مَقَامَهُ، وَلَا كَثْرَةً بَلَغَتْ مَبْلَغًا يُسْتَغْنَى بِهَا عَنِ الْفِعْلِ، ثُمَّ شَرَعَ يُمَثِّلُهَا بِمَا ذَكَرَهُ.

قَالَ: (هُوَ قَوْلُكَ لِمَنْ أَخَذَ يَضْرِبُ الْقَوْمَ)، فَالْقَوْمُ مَنْصُوبٌ مَفْعُولًا بِهِ لِـ (يَضْرِبُ) الْمَلْفُوظِ بِهَا، وَالْمِثَالُ إِنَّمَا هُوَ (زَيْدًا)، وَلَا يَسْتَقِيمُ أَنْ يَكُونَ (الْقَوْمُ) مِثَالًا لِلْمَنْصُوبِ بِالْفِعْلِ الْمَحْذُوفِ لِأَمْرَيْنِ:

أَحَدُهُمَا: أَنَّهُ لَيْسَ مَعَنَا قَبْلَ قَوْلِهِ: (أَوْ) شَيْءٌ يَصْلُحُ أَنْ يَكُونَ مَا بَعْدَهَا مَعْطُوفًا عَلَيْهِ.

وَالثَّانِي: أَنَّهُ لَوْ كَانَ ذَلِكَ لَلَزِمَ أَنْ يَكُونَ الْمِثَالُ أَحَدَ الْأَمْرَيْنِ لَا الْأَمْرَيْنِ جَمِيعًا، لِإِيجَابِ (أَوْ) هَذَا الْمَعْنَى، وَالْأَمْرُ بِخِلَافِهِ؛ لِأَنَّ الْغَرَضَ التَّمْثِيلُ بِأَنْوَاعِ كُلِّهَا مِنَ الْبَابِ، لَا أَنَّ أَحَدَهَا مِنَ الْبَابِ.

وَ(أَفَاعِيلُ الْبُخَلَاءِ) يَعْنِي: مِنْ مَنْعٍ وَإِغْلَاقِ بَابٍ وَتَضْيِيقٍ وَنَحْوِهِ، وَأَفَاعِيلُ جَمْعُ أَفْعَالٍ، وَ(لِمَنْ زَكَنْتَ)؛ أَيْ: تَقُولُ عَمَّنْ زَكَنْتَ، وَكَذَلِكَ (لِمَنْ سَدَّدَ سَهْمًا) وَ(لِلْمُسْتَهْلِينَ)، وَإِلَّا كَانَ التَّفْسِيرُ (تُرِيدُ) وَ(تُصِيبُ) وَ(أَبْصَرْتُمْ) بِالْخِطَابِ، وَمَعْنَى زَكَنْتَ عَلِمْتَ بِالْقَرَائِنِ.

وَيَقَعُ فِي بَعْضِ النُّسَخِ: (وَمَا شَرًّا)؛ أَيْ: وَمَا رَأَيْتُ شَرًّا، وَإِضْمَارُ الْفِعْلِ بَعْدَ النَّفْيِ مِنْ غَيْرِ تَفْسِيرٍ ضَعِيفٌ، وَهُوَ فِي قَوْلِ سِيبَوَيْهِ: (وَمَا سَرَّ)، وَمَثَّلَ بِالْقَرَائِنِ الْحَالِيَّةِ وَالْمَقَالِيَّةِ، ثُمَّ أَوْرَدَ الْبَيْتَ وَهُوَ:

لَنْ تَرَاهَا.......   ....

وَقَرِينَتُهُ لَفْظِيَّةٌ؛ لِأَنَّهُ لَمَّا أَثْبَتَ بَعْدَ النَّفْيِ وَنَصَبَ بَعْدَ الْإِثْبَاتِ عُلِمَ أَنَّ الْمُرَادَ إِثْبَاتُ الْفِعْلِ الْمَنْفِيِّ أَوَّلًا، وَهُوَ (تَرَى)، وَالتَّقْدِيرُ: إِلَّا وَتَرَى لَهَا، وَأَبُو الْعَبَّاسِ يُنْكِرُ بَيْتَ (لَنْ تَرَاهَا)، وَقَالَ: هُوَ مَجْهُولٌ.

وَمِنْهُ قَوْلُهُمْ: (كَالْيَوْمِ رَجُلًا)، وَالْقَرِينَةُ هَاهُنَا تَقْدِيرِيَّةٌ فِي الْأَصْلِ، ثُمَّ كَثُرَ اسْتِعْمَالُهُمْ لَهَا حَتَّى صَارَ كَأَنَّ الْقَرِينَةَ فِيهِ مَوْجُودَةٌ، وَلَيْسَ ذَلِكَ بِمَنْزِلَةِ مَا لَزِمَ فِيهِ الْحَذْفُ، إِذْ لَمْ يَبْلُغْ عِنْدَهُمْ ذَلِكَ الْمَبْلَغَ، وَ(رَجُلًا) مَنْصُوبٌ بِالْفِعْلِ الْمُقَدَّرِ، فَهُوَ الْمُمَثَّلُ بِهِ فِي مَقْصُودِ الْبَابِ، وَ(كَالْيَوْمِ) فِي مَوْضِعِ نَصْبِ صِفَةٍ فِي الْأَصْلِ، قُدِّمَتْ فَصَارَتْ مَنْصُوبَةً عَلَى الْحَالِ، وَتَقْدِيرُهَا كَرَجُلٍ الْيَوْمَ، ثُمَّ حُذِفَ رَجُلٌ الْمَخْفُوضُ بِالْكَافِ، ثُمَّ قُدِّمَ؛ أَيْ: الْيَوْمَ مَعَ خَافِضِهِ قَبْلَ الْمَفْعُولِ، وَحُذِفَ الْفِعْلُ عَلَى مَا هُوَ الْمَقْصُودُ مِنَ الْبَابِ، وَيَجُوزُ أَنْ

يَكُونَ (كَالْيَوْمِ) هُوَ الْمَنْصُوبَ بِالْفِعْلِ نَصْبَ الْمَفْعُولِ؛ أَيْ: مَا رَأَيْتُ رَجُلا مِثْلَ رَجُلِ الْيَوْمِ، حُذِفَ الْمَوْصُوفُ وَأُقِيمَتِ الصِّفَةُ مَقَامَهُ، فَصَارَ مَا رَأَيْتُ كَالْيَوْمِ، ثُمَّ فُسِّرَ بِـ (رَجُلا) إِمَّا تَمْيِيزًا وَإِمَّا عَطْفَ بَيَانٍ، وَالظَّاهِرُ مَا تَقَدَّمَ لِمَا فِيمَا بَعْدَهُ مِنْ كَثْرَةِ التَّقْدِيرَاتِ.

وَمِنْهُ قَوْلُهُ:

حَتَّى إِذَا الْكِلَابُ قَالَ لَهَا ... كَالْيَوْمِ مَطْلُوبًا وَلا طَلَبَا

ذَكَرَ الْقِتَالَ لَهَا فَرَاجَعَهَا ... عَنْ نَفْسِهِ وَنُفُوسَهَا نَدَبَا

فَصْلٌ: قَالَ سِيبَوَيْه: وَهَذِهِ حُجَجٌ سُمِعَتْ

وَدَلَّ عَلَى أَنَّهُمْ لَمْ يَلْتَزِمُوهُ أَنَّهُمْ قَدْ يُظْهِرُونَهُ، فَيَقُولُونَ: اللَّهُمَّ اجْمَعْ فِيهَا أَوْ اجْعَلْ فِيهَا، وَقَوْلُ (بَعْضِ الْعَرَبِ، وَقِيلَ لَهُ: لِمَ أَفْسَدْتُمْ مَكَانَكُمْ؟ فَقَالَ: الصِّبْيَانَ بِأَبِي؛ أَيْ: لُمِ الصِّبْيَانَ)، إِمَّا لِمَا تَضَمَّنَهُ (لِمَ أَفْسَدْتُمْ) مِنْ مَعْنَى اللَّوْمِ، وَإِمَّا لِمَا فُهِمَ مِنْ قَرِينَةِ الْحَالِ.

(وَقِيلَ لِبَعْضِهِمْ: أَمَا بِمَكَانِ كَذَا وَجْذٌ، فَقَالَ: بَلَى وِجَاذًا)؛ لأنَّ مَعْنَى ذَلِكَ أَما تَعْرِفُ؟ فَقَالَ: بَلَى أَعْرِفُ، وَالْوَجْذُ هُوَ: الْمَوْضِعُ يُسْتَنْقَعُ فِيهِ الْمَاءُ، وَكَانُوا يَسْأَلُونَ عَنْ ذَلِكَ لِيَرِدُوهُ.

قَوْلُهُ:

الْمَنْصُوبُ بِاللازِمِ إِضْمَارُهُ مِنْهُ الْمُنَادَى

قَالَ الشَّيْخُ: لَمْ يَحُدَّهُ لإِشْكَالِهِ، وَذَلِكَ أَنَّهُ إِنْ حَدَّهُ بِاعْتِبَارِ الْمَعْنَى وَرَدَ عَلَيْهِ قَوْلُ الْقَائِلِ: مُخَاطَبَتِي مَعَكَ، وَأَنْتَ الْمُرَادُ بِهَذَا الْخِطَابِ وَمَا أَشْبَهَهُ، وَإِنْ حَدَّهُ بِاعْتِبَارِ اللَّفْظِ وَرَدَ عَلَيْهِ الْمَنْدُوبُ وَالْمَخْصُوصُ فِي قَوْلِكَ: (أَفْعَلُ كَذَا أَيُّهَا الرَّجُلُ)، و(نَحْنُ نَفْعَلُ كَذَا أَيُّهَا الْقَوْمُ)، وَالتَّحْقِيقُ أَنْ يُقَالَ فِي حَدِّهِ: هُوَ الْمَطْلُوبُ إِقْبَالُهُ بِحَرْفٍ نَائِبٍ مُنَابَ أَدْعُو لَفْظًا أَوْ تَقْدِيرًا، فَالْمَطْلُوبُ إِقْبَالُهُ جِنْسٌ شَامِلٌ لَهُ وَلِغَيْرِهِ، و(بِحَرْفٍ نَائِبٍ مَنَابَ أَدْعُو) فَاصِلٌ، وَخَرَجَ الْمَنْدُوبُ عَنْهُ بِأَصْلِ الْجِنْسِ، فَإِنَّهُ لَيْسَ مَطْلُوبًا إِقْبَالُهُ، وَسَيَأْتِي ذِكْرُهُ بِحَدِّهِ، وَمِمَّا يَدُلُّ عَلَى أَنَّهُ أَشْكَلَ عَلَيْهِ حَدُّهُ أَنَّهُ جَعَلَ الْمَنْدُوبَ مُنَادَى لَمَّا فَصَلَ أَحْكَامَ الْمُنَادَى فِي الإِعْرَابِ وَالْبِنَاءِ، فَقَالَ فِي آخِرِ الْفَصْلِ: (أَوْ مَنْدُوبًا؛ كَقَوْلِكَ: يَا زَيْدَاهُ).

وَقَدِ اخْتَلَفَ النَّحْوِيُّونَ فِي الْمُنَادَى، هَلْ هُوَ مَفْعُولٌ بِهِ بِفِعْلٍ الْتُزِمَ إِضْمَارُهُ، فَيَكُونَ مِنْ هَذَا الْبَابِ، وَعَلَيْهِ الأَكْثَرُونَ، أَوْ هُوَ مَفْعُولٌ بِاسْمِ فِعْلٍ، وَهُوَ يَا وَأَيَا وَهَيَا، فَجَعَلَ هَؤُلاءِ حُرُوفَ النِّدَاءِ أَسْمَاءَ أَفْعَالٍ، وَالْمُنَادَى مَنْصُوبٌ بِهَا لَفْظًا أَوْ مَحَلا، عَلَى مَا يَقُولُهُ

الْمُحَقِّقُونَ فِي النَّصْبِ اللَّفْظِيِّ وَالْمَحَلِّيِّ، وَالْوَجْهُ الْقَوْلُ الأَوَّلُ لِوَجْهَيْنِ:

أَحَدُهُمَا: أَنَّهُ لا يَسْتَقِيمُ أَنْ تَكُونَ هَذِهِ الْكَلِمَاتُ أَسْمَاءَ أَفْعَالٍ؛ لأَنَّ أَسْمَاءَ الأَفْعَالِ لا بُدَّ لَهَا مِنْ مَرْفُوعٍ، ولا مَرْفُوعَ هَاهُنَا، فَوَجَبَ أَنْ لا تَكُونَ أَسْمَاءَ أَفْعَالٍ، فَإِنْ زَعَمَ زَاعِمٌ أَنَّ الْفَاعِلَ مُضْمَرٌ فِيهَا مِثْلَهُ فِي (رُوَيْدَ زَيْدًا) وَأَشْبَاهِهِ فَغَيْرُ مُسْتَقِيمٍ؛ لأَنَّهَا لا تَخْلُو إِمَّا أَنْ تَكُونَ لِمُتَكَلِّمٍ أَوْ مُخَاطَبٍ أَوْ غَائِبٍ، لا جَائِزٌ أَنْ تَكُونَ لِغَائِبٍ، إِذْ لَمْ يَتَقَدَّمْ لَهُ ذِكْرٌ، وَلَيْسَ الْمَعْنَى أَيْضًا عَلَيْهِ، ولا جَائِزٌ أَنْ تَكُونَ لِمُتَكَلِّمٍ؛ لأَنَّ ضَمِيرَ الْمُتَكَلِّمِ لا يَكُونُ مُسْتَتِرًا فِي أَسْمَاءِ الأفعَالِ، ولا جَائِزٌ أَنْ تَكُونَ لِمُخَاطَبٍ؛ لأَنَّهُ لَيْسَ الْمَعْنَى عَلَيْهِ، إِذْ لَمْ يُرِدْ أَنَّ الْمُخَاطَبَ هُوَ الدَّاعِي، وَإِنَّمَا الْمُرَادُ أَنَّهُ الْمَدْعُوُّ، فَلا يَسْتَقِيمُ أَنْ يَكُونَ فَاعِلا مَعَ كَوْنِهِ وَاقِعًا عَلَيْهِ بِالْفِعْلِ.

وَالْوَجْهُ الثَّانِي: هُوَ أُنَّ أَسْمَاءَ الأَفْعَالِ لَيْسَ فِيهَا مَا هُوَ أَقَلُّ مِنْ حَرْفَيْنِ، وَهَذِهِ الْحُرُوفُ مِنْ جُمْلَتِهَا الْهَمْزَةُ، وَهِيَ حَرْفٌ وَاحِدٌ، وَإِذَا بَطَلَ أَنْ تَكُونَ الْهَمْزَةُ اسْمَ فِعْلٍ بَطَلَ الْبَوَاقِي، إِذْ لا قَائِلَ بِالْفَرْقِ، ولأَنَّ الْجَمِيعَ فِي مَعْنًى وَاحِدٍ بِاتِّفَاقٍ، فَإِذَا وَجَبَ أَنْ يَكُونَ بَعْضُهَا لَيْسَ بِاسْمِ فِعْلٍ وَجَبَ أَنْ تَكُونَ الْبَوَاقِي كَذَلِكَ.

وَأَمَّا مَنْ قَالَ: إِنَّ حَرْفَ النِّدَاءِ مَعَ الْمُنَادَى نَفْسِهِ اسْتَقَلَّ كَلامًا، وَلَيْسَتْ أَسْمَاءَ أَفْعَالٍ، وَلا فِعْلَ يُقَدَّرُ، فَقَوْلُهُ غَيْرُ مُسْتَقِيمٍ، لأَنَّا إِذَا عَلِمْنَا أَنَّ الْجُمْلَةَ هِيَ الَّتِي تُرَكَّبُ مِنْ كَلِمَتَيْنِ أُسْنِدَتْ إِحْدَاهُمَا إِلَى الأُخْرَى، وَعَلِمْنَا أَنَّ وَضْعَ الْحَرْفِ لِئَلا يُسْنَدَ وَلا يُسْنَدَ إِلَيْهِ، عُلِمَ بِهَاتَيْنِ الْمُقَدِّمَتَيْنِ أَنَّ الْحَرْفَ وَالاسْمَ لا يَنْتَظِمُ مِنْهُمَا كَلامٌ، وَإِذَا ثَبَتَ هَذَانِ الأَصْلانِ بِاتِّفَاقٍ فَلا وَجْهَ لِمَنْ يَقُولُ: إِنَّ الْحَرْفَ مَعَ الاسْمِ كَلامٌ؛ لأَنَّهُ مُخَالِفٌ لِمَا عُلِمَ ثُبُوتُهُ، إِذْ يَلْزَمُ مِنْهُ أَنْ يَكُونَ الْحَرْفُ مُسْنَدًا إِلَيْهِ أَوْ مُسْنَدًا بِهِ، وَكِلاهُمَا بَاطِلٌ، أَوْ يَلْزَمُ أَنْ يَكُونَ كَلامٌ مِنْ غَيْرِ إِسْنَادٍ، وَهُوَ بَاطِلٌ، فَلَمَّا لَزِمَ بُطْلانُ أَحَدِ الأَصْلَيْنِ الْمَذْكُورَيْنِ الْمُتَّفَقِ عَلَيْهِمَا عُلِمَ أَنَّهُ بَاطِلٌ، إِذْ مَا أَدَّى إِلَى الْبَاطِلِ فَهُوَ بَاطِلٌ.

وَقَوْلُ مَنْ قَالَ: إِنَّهُ لَيْسَ بِجُمْلَةٍ وَلَكِنَّهُ بَعْضُ جُمْلَةٍ يَتْبَعُ مَا بَعْدَهُ مِنَ الْكَلامِ، إِذْ الْمُنَادِي إِنَّمَا يُنَادِي بِكَلامٍ يَذْكُرُهُ بَعْدَ نِدَائِهِ، فَالْجُمْلَةُ هُوَ مَا يُذْكَرُ بَعْدَ النِّدَاءِ، وَالنِّدَاءُ مَعَهُ كَالْفَضَلاتِ الَّتِي تَكُونُ فِي الْجُمَلِ، وَهَذَا قَوْلُ بَعْضِ أَصْحَابِ الأُصُولِ، لَيْسَ بِمُسْتَقِيمٍ، فَإِنَّهُ مُخْتَلٌّ مِنْ جِهَةِ اللَّفْظِ وَالْمَعْنَى:

أَمَّا مِنْ جِهَةِ الْمَعْنَى فَإِنَّا نَقْطَعُ بِأَنَّ الْقَائِلَ: (يَا زَيْدُ) قَدْ تَمَّ كَلامُهُ، فَإِذَا قَالَ بَعْدَ ذَلِكَ: (عَمْرٌو مُنْطَلِقٌ)، أَوْ (جَاءَنِي زَيْدٌ) أَوْ (افْعَلْ كَذَا) كَانَ جُمْلَةً مُسْتَقِلَّةً، مِثْلُهَا فِي قَوْلِكَ:

(افْعَلْ كَذَا) مِنْ غَيْرِ قَوْلِكَ: يَا زَيْدُ، وَقَدْ يَقُولُ الْقَائِلُ: يَا زَيْدُ، لا لِيُخْبِرَهُ بِشَيْءٍ، بَلْ لِيَعْلَمَ حُضُورَهُ أَوْ غَيْبَتَهُ، وَلِذَلِكَ قَالَ الْمُحَقِّقُونَ: إِنَّ الْوَقْفَ عَلَى الْجُمْلَةِ النِّدَائِيَّةِ جَائِزٌ؛ لأَنَّهَا جُمْلَةٌ مُسْتَقِلَّةٌ، وَمَا بَعْدَهَا جُمْلَةٌ أُخْرَى، وَإِنْ كَانَتِ الأُولَى لَهَا تَعَلُّقٌ مِنْ حَيْثُ كَانَتْ تَنْبِيهًا فِي الْمَعْنَى.

وَأَمَّا مِنْ جِهَةِ اللَّفْظِ فَهُوَ أَنَّ الاسْمَ لا بُدَّ لَهُ مِنْ إِعْرَابٍ مِنْ جِهَةِ التَّرْكِيبِ، وَجِهَاتُ التَّرْكِيبِ مَحْصُورَةٌ، ولا يَدْخُلُ فِي وَاحِدٍ مِنْهَا عَلَى تَقْدِيرِ أَنْ يَكُونَ جُزْءًا، فَبَطَلَ أَيْضًا لِذَلِكَ الْوَجْهِ.

فَالْوَجْهُ مَا قَالَهُ النَّحْوِيُّونَ فِي أَنَّهُ مَنْصُوبٌ بِفِعْلٍ مُقَدَّرٍ دَلَّ عَلَيْهِ هَذَا الْحَرْفُ الْمُسَمَّى حَرْفَ النِّدَاءِ، وَأَنَّهُ كَانَ الأَصْلُ: يَا أَدْعُو زَيْدًا، أَوْ أُنَادِي زَيْدًا، أَوْ مَا أَشْبَهَهُ عَلَى مَعْنَى الإِنْشَاءِ، فَلَمَّا كَثُرَ اسْتِعْمَالُهُ حَذَفُوا الْفِعْلَ تَخْفِيفًا وَاقْتَصَرُوا عَلَيْهِ، فَكَانَ الْمُوجِبُ لِحَذْفِهِ كَثْرَةُ اسْتِعْمَالِهِ وَوُقُوعُ حَرْفٍ يَدُلُّ عَلَيْهِ فِي مَحَلِّهِ، وَحَذْفُ الْفِعْلِ لِمَا يَدُلُّ عَلَيْهِ لَيْسَ بِبِدْعٍ فِي اللُّغَةِ، بَلْ وَاقِعٌ كَثِيرًا كَمَا سَيَأْتِي فِي مَوَاضِعَ، وَلَيْسَ الْمَعْنِي بِكَثْرَةِ الاسْتِعْمَالِ فِي ذَلِكَ، وَفِي مِثْلِهِ أَنَّهُمْ تَكَلَّمُوا بِهِ عَلَى الأَصْلِ كَثِيرًا ثُمَّ خَفَّفُوهُ؛ لأَنَّ ذَلِكَ يَسْتَلْزِمُ وُجُودَهُ فِي كَلامِهِمْ كَذَلِكَ كَثِيرًا، وَإِنَّمَا الْمَعْنَى أَنَّهُمْ عَلِمُوا أَنَّهُ يَكْثُرُ اسْتِعْمَالُهُ، فَفَعَلُوا ذَلِكَ بِهِ مِنْ أَوَّلِ أَمْرِهِ، إِنْ قُلْنَا: إِنَّهُمُ الْوَاضِعُونَ بِاصْطِلاحِهِمْ، وَإِنْ قُلْنَا: إِنَّ اللهَ تَعَالَى عَلَّمَهُمْ ذَلِكَ فَأَوْضَحُ.

وَإِذَا تَقَرَّرَ مَعْنَى الْمُنَادَى فِي نَفْسِهِ، فَالْكَلامُ بَعْدَ ذَلِكَ يَتَعَلَّقُ بِإِعْرَابِهِ وَبِنَائِهِ، وَالأَصْلُ فِيهِ أَنْ يَكُونَ مَنْصُوبًا؛ لأَنَّهُ مَفْعُولٌ بِهِ، إِلا أَنْ يَعْرِضَ مَا يُوجِبُ بِنَاءَهُ عَلَى الضَّمِّ، أَوْ بِنَاءَهُ عَلَى الْفَتْحِ، أَوْ إِعْرَابَهُ بِالْخَفْضِ، فَأَمَّا مَا يُوجِبُ خَفْضَهُ فَدُخُولُ لامِ الاسْتِغَاثَةِ، وَأَمَّا دُخُولُ لامِ التَّعَجُّبِ فَلَيْسَتْ فِي التَّحْقِيقِ دَاخِلَةً عَلَى الْمُنَادَى، لِمَا تَقَرَّرَ أَنَّ الْمُنَادَى هُوَ الْمَطْلُوبُ إِقْبَالُهُ، وَالتَّحْقِيقُ أَنَّ الْمُنَادَى فِي قَوْلِهِمْ: (يَا لَلْمَاءِ) و(يَا لَلدَّوَاهِي) لَيْسَ الْمَاءَ ولا الدَّوَاهِي، وَإِنَّمَا الْمُرَادُ: يَا قَوْمِ أَوْ يَا هَؤُلاءِ اعْجَبُوا لِلْمَاءِ وَلِلدَّوَاهِي، وَلِذَلِكَ سُمِّيَتْ لامَ التَّعَجُّبِ بِخِلافِ الْمُسْتَغَاثِ بِهِ، فَإِنَّهُ فِي الْحَقِيقَةِ مَطْلُوبُ الإِقْبَالِ، كَمَا إِذَا قُلْتَ: يَا زَيْدُ، وَإِنَّمَا أَدْخَلُوا اللامَ عَلَيْهِ تَنْبِيهًا عَلَى أَنَّهُ مُسْتَغَاثٌ بِهِ، وَلَيْسَ يَتَحَقَّقُ مِثْلُ ذَلِكَ فِي الْمَاءِ وَالدَّوَاهِي، إِذْ لا مَعْنَى لِلطَّلَبِ مِنْ مِثْلِ ذَلِكَ.

وَأَمَّا الْمَوْضِعُ الَّذِي يُبْنَى الْمُنَادَى فِيهِ عَلَى الضَّمَّةِ فَهُوَ أَنْ يَكُونَ مُفْرَدًا مَعْرِفَةً، وَإِنَّمَا بُنِيَ عَلَى الضَّمِّ لِطُرُوءِ سَبَبٍ وَاحِدٍ أَوْجَبَ الْبِنَاءَ، وَهُوَ مُنَاسَبَةُ مَا لا تَمَكُّنَ لَهُ فِي

الإعْرَابِ، وَهُوَ شَبَهُهُ بِالْمُضمَرِ، أَلا تَرَى أَنَّكَ إِذَا قُلْتَ: (يَا زَيْدُ) فَأَصْلُهُ فِي الْمَعْنَى أَدْعُوكَ أَوْ أُنَادِيكَ؛ لأنَّهُ مُخَاطَبٌ، وَوَضْعُ الْمُخَاطَبِ أَنْ يَكُونَ بِضَمِيرِ الْخِطَابِ، فَلَمَّا عَدَلُوا عَنْ ذَلِكَ الْمَعْنَى إِلَى الظَّاهِرِ كَانَ وَضْعًا لَهُ مَوْضِعَ الْمُضْمَرِ، فَلَمَّا أَشْبَهَ الْمُضْمَرَ كَانَ سَبَبًا مُوجِبًا لِلْبِنَاءِ، أَلا تَرَى إِلَى قَوْلِ بَعْضِ الْعَرَبِ: يَا إِيَّاكَ، وَقَوْلُ ابْنُ دَارَةَ:

يا مُرَّ يا بْنَ وَاقِعٍ يَا أَنْتَا أَنْتَ الَّذِي طَلَّقْتَ عَامَ جُعْتَا

حَيْثُ أَوْقَعَ لَفْظَ الْمُضْمَرِ الْمُخَاطَبِ مَحَلَّهُ حِينَ كَانَ الْمَعْنَى عَلَيْهِ، وَإِنْ كَانَ شَاذًّا، وَقَدْ قِيلَ: إِنَّمَا أَرَادَ (يَا هَذَا أَنْتَ)، و(يا هَذَا إِيَّاكَ)؛ أَعْنِي: كَمَا تَقُول: (يَا زَيْدُ أَنْتَ فَعَلْتَ كَذَا)، و(يا زَيْدُ إِيَّاكَ ضَرَبْتُ).

ثُمَّ مِنَ النَّحْوِيِّينَ مَنْ يَزِيدَ قَيْدًا آخَرَ، وَهُوَ كَوْنُهُ مُفْرَدًا، وَيَجْعَلُ السَّبَبَ الْمُوجِبَ لِلْبِنَاءِ شَبَهَهُ بِالْمُضْمَرِ لَفْظًا وَمَعْنًى، فَلا يَرِدُ عَلَيْهِ الْمُضَافُ ولا الطَّوِيلُ ولا النَّكِرَةُ؛ لأَنَّهُ إِنْ وَرَدَ الْمُضَافُ وَالطَّوِيلُ أُجِيبَ بِأَنَّهُ لَيْسَ مُفْرَدًا، فَقَدْ فُقِدَ مِنْهُ أَحَدُ جُزْأَيِّ الْعِلَّةِ.

وَمِنَ النَّحْوِيِّينَ مَنْ يَقْتَصِرُ عَلَى الْعِلَّةِ الْمَعْنَوِيَّةِ، وَهُوَ وُقُوعُهُ مَوْقِعَ الْمُضْمَرِ، فَإِذَا أُورِدَ عَلَيْهِ (يَا عَبْدَ اللهِ) و(يَا رَفِيقًا بِالْعِبَادِ) وَشِبْهُهُ أَجَابَ بِأَنَّ فِيهِ مَانِعًا مَعَ السَّبَبِ وَهُوَ تَوَالِي ثَلاثَةُ مَبْنِيَّاتٍ، وَقَدْ يَنْتَفِي الْحُكْمُ لانْتِفَاءِ السَّبَبِ، وَقَدْ يَنْتَفِي لِوُجُودِ مَانِعٍ، وَيَجْعَلُ الْمَانِعَ وُجُودَ الإضَافَةِ الَّتِي هِيَ مِنْ خَوَاصِّ الأسْمَاءِ، وَهِيَ مُنَاسِبَةٌ لِقُوَّةِ الإعْرَابِ وَثُبُوتِهِ، فَلَمْ يَقْوَ السَّبَبُ لإثْبَاتِ مَا يُنَافِي الإضَافَةَ مِنَ الْبِنَاءِ، وَمِثَالُهُ عِنْدَهُمْ بِنَاءُ (لا رَجُلَ) حَيْثُ لا يَلْزَمُ تَوَالِي ثَلاثَةُ مَبْنِيَّاتٍ، وَإِعْرَابُ (لا غُلامَ رَجُلٍ)؛ لأنَّهُ لَوْ بُنِيَ لَتَوَالَى ثَلاثَةُ مَبْنِيَّاتٍ، وَلَيْسَ هُنَا إلا الإفْرَادُ وَالإضَافَةُ، فَالَّذِي مَنَعَ الْبِنَاءَ فِي (لا غُلامَ رَجُلٍ) مَعَ وُجُودِ السَّبَبِ هُوَ الَّذِي مَنَعَ الْبِنَاءِ فِي (يَا غُلامَ زَيْدٍ) مَعَ وُجُودِ السَّبَبِ.

وَقَدْ رُدَّ عَلَيْهِمْ بِأَنَّ الْمَبْنِيَّاتِ لا تُغَيِّرُهَا الإضَافَةُ وَدُخُولُ الألِفِ وَاللامِ عَنْ بِنَائِهَا، وَإِذَا كَانَ كَذَلِكَ كَانَ مَا ذَكَرْتُمْ خِلاف مَا عَلَيْهِ اللُّغَةُ، وَالَّذِي يَدُلُّ عَلَيْهِ الإجْمَاعُ عَلَى قَوْلِكَ: خَمْسَةَ عَشَرَ، وَالْخَمْسَةَ عَشَرَ، كُلُّه مَبْنِيٌّ أَضَفْتَهُ أَوْ أَدْخَلْتَ عَلَيْهِ الألِفَ وَاللامَ أَوْ أَفْرَدْتَهُ، وَإِذَا كَانَ كَذَلِكَ فَلا مَعْنَى لإثْبَاتِكُمْ ذَلِكَ مَانِعًا مِنَ الْبِنَاءِ مَعَ وُجُودِ الْبِنَاءِ مَعَهُ فِي جَمِيعِ مَا يُضَافُ مِنَ الْمَبْنِيَّاتِ وَمَا يَدْخُلُهُ الألِفُ وَاللامُ.

وَقَدْ أُجِيبَ عَنْ ذَلِكَ بِأَنَّ الْبِنَاءَ فِيهِ أَصْلِيٌّ بِسَبَبٍ قَوِيٍّ، وَالْبِنَاءُ هَاهُنَا عَارِضٌ لِشَبَهٍ بَعِيدٍ، وَهُوَ أَنْ يَكُونَ الْمُنَادَى مُشَابِهًا لِلْكَافِ فِي (أَدْعُوكَ)، وَالْكَافُ اسْمٌ يُشْبِهُ الْحَرْفَ، فَلا يَلْزَمُ مِنْ مَنْعِ الْمَانِعِ عَمَلَ السَّبَبِ الضَّعِيفِ مَنْعُهُ عَمَلَ السَّبَبِ الْقَوِيِّ، وَقَرَّرُوا ذَلِكَ

بِمَا تَقَرَّرَ مِنْ بِنَاءِ (لا رَجُلَ) وَإِعْرَابِ (لا غُلامَ رَجُلٍ)، قَالُوا: السَّبَبُ فِي الْمَوَاضِعِ كُلِّهَا قَوِيٌّ، إلا أَنَّهُ اتَّفَقَ فِي بَعْضِهَا اسْتِمْرَارُهُ، فَكَانَ الْبِنَاءُ لازِمًا سَبَبَهُ، وَاتَّفَقَ فِي بَعْضِهَا انْتِفَاؤُهُ فِي بَعْضِ الصُّوَرِ، فَانْتَفَى مُسَبَّبُهُ، ولا يُوصَفُ السَّبَبُ بِالْقُوَّةِ وَالضَّعْفِ لِوُجُودِهِ تَارَةً وَعَدَمِهِ تَارَةً وَانْتِفَائِهِ أُخْرَى، كَمَا لا يُوصَفُ بِالْقُوَّةِ لِكَوْنِهِ دَائِمًا، فَرُبَّ سَبَبٍ قَوِيٍّ يَتَّفِقُ وُجُودُهُ تَارَةً وَعَدَمُهُ أُخْرَى، وَرُبَّ سَبَبٍ ضَعِيفٍ يَتَّفِقُ اسْتِمْرَارُهُ وَدَوَامُهُ، وَقَدْ ثَبَتَ أَنَّ الإضَافَةَ لا تُخِلُّ بِالْبِنَاءِ ولا تُعَارِضُ السَّبَبَ الْمُوجِبَ لَهُ بِمَا ذَكَرْنَاهُ مِنْ أَنَّ كُلَّ مَبْنِيٍّ يَصِحُّ دُخُولُ ذَلِكَ عَلَيْهِ غَيْرُ مَحَلِّ النِّزَاعِ، وَهُوَ (يَا غُلامَ زَيْدٍ)، وَمَا ذَكَرْتُمُوهُ مِنْ أَنَّهُ ضَعِيفٌ أَيْضًا مِنْ جِهَةِ كَوْنِ الشَّبَهِ بَعِيدًا لَيْسَ بِمُسْتَقِيمٍ، فَإِنَّا نَعْلَمُ أَنَّ أَسْمَاءَ الإشَارَةِ مُشَبَّهَةٌ بِمَا لا تَمَكُّنَ لَهُ بِوَجْهٍ بَعِيدٍ، وَمَعَ ذَلِكَ فَإِنَّ الإضَافَةَ لا تُخِلُّ بِبِنَائِهَا بِدَلِيلِ وُجُوبِ ذَلِكَ فِي قَوْلِكَ: (رَأَيْتُ غُلامَ هَؤُلاءِ).

وَمَا ذَكَرُوهُ مِنْ أَنَّ الأصْلَ فِي (لا غُلامَ رَجُلٍ) لَيْسَ الْمَانِعُ عِنْدَنَا ذَلِكَ، وَهُوَ الشَّبَهُ بِالْكَافِ فِي أَدْعُوكَ بَلِ الْمَانِعُ أَمْرٌ آخَرُ، وَهُوَ أَنَّهُ لَوْ بُنِيَ لأدَّى إِلَى امْتِزَاجِ ثَلاثِ كَلِمَاتٍ، وَهُمْ لا يَفْعَلُونَ ذَلِكَ.

فَإِنْ زَعَمَ زَاعِمٌ أَنَّهُ كَذَلِكَ أَيْضًا فِي (يَا غُلامَ زَيْدٍ) لَمْ يَسْتَقِمْ لَهُ ذَلِكَ لِمَا فِي (لا) مِنْ مَعْنَى مَا بُنِيَ لَهُ (رَجُلٌ)، وَهُوَ إِضْمَارُ الْحَرْفِ فِيهِ بِخِلافِ (يَا غُلامَ زَيْدٍ)، فَإِنَّهُ لا يُحْتَاجُ إِلَى (يَا) فِي ذَلِكَ، وَيَدُلُّكَ عَلَى ذَلِكَ جَوَازُ حَذْفِ (يَا) وَامْتِنَاعُ حَذْفِ (لا)، وَأَيْضًا مِمَّا يُضَعِّفُهُ أَنَّ (لا غُلامَ) السَّبَبُ فِيهِ تَضَمُّنُهُ مَعْنَى الْحَرْفِ، وَهُوَ أَقْوَى الأسْبَابِ، فَبَطَلَ أَنْ يُقَالَ: إِنَّ سَبَبَ الْبِنَاءِ ضَعِيفٌ، فَلِذَلِكَ قَابَلَتْهُ الإضَافَةُ.

وَأُجِيبَ بِأَنَّ الْمَعْنَى بِضَعْفِهِ كَوْنُهُ بُنِيَ فِي هَذَا الْمَوْضِعِ خَاصَّةً، وَلَمْ يَثْبُتْ مِثْلُ ذَلِكَ فِي لُغَتِهِمْ فِي الْمُضَافِ، وَمَا ذَكَرْتُمُوهُ مَبْنِيٌّ بِالأصَالَةِ فِي كُلِّ مَوْضِعٍ، وَمَا ذَكَرْتُمُوهُ فِي (غُلامُ هَؤُلاءِ) لا يُفِيدُ فَإِنَّ الْكَلامَ فِي الْمُضَافِ لا فِي الثَّانِي، وَمَا ذَكَرْتُمُوهُ فِي (لا غُلامَ) مِنَ التَّرْكِيبِ بَعِيدٌ مَعَ أَنَّهُ مُسْتَغْنًى عَنْهُ بِتَضَمُّنِ الْحَرْفِ.

وَمَا ذَكَرْتُمُوهُ مِنْ أَنَّهُ مُمْتَنِعٌ فِي (لا غُلامَ رَجُلٍ) مِنَ التَّرْكِيبِ كَرَاهَةَ تَرْكِيبِ ثَلاثِ كَلِمَاتٍ مَرْدُودٌ عَلَى مَذْهَبِكُمْ بِمِثْلِ: (لا رَجُلَ ظَرِيفَ) بِبِنَائِهِمَا مَعًا، وَهُوَ وَاضِحٌ فِي أَنَّهُمْ لَمْ يُرَكِّبُوا إِلا مَعَ رَجُلٍ، وَإِذَا لَمْ يُرَكِّبُوا بَطَلَ مَا ذَكَرْتُمُوهُ وَتَعَيَّنَ مَا ذَكَرْنَاهُ، وَالأمْرُ فِي ذَلِكَ كُلِّهِ قَرِيبٌ.

وَقَوْلُ الْفَرَّاءِ: إِنَّمَا أَرَادَتِ الْعَرَبُ (يَا زَيْدَاهُ) ثُمَّ حَذَفَتْهُ، وَهُوَ كَالْمُضَافِ، فَكَانَ كَقَبْلُ

وَبَعْدُ، وَلَمَّا قَامَ الاسْمُ الثَّاني مَقَامَ الزِّيَادَةِ نَصَبَتْهُ إِذْ لَيْسَ بِمَنْصُوبٍ بِفِعْلٍ ولا أَدَاةٍ، إِذْ لَوْ كَانَ بِفِعْلٍ لَصَحَّتْ مِنْهُ الْحَالُ، ضَعِيفٌ، وَامْتَنَعَتِ الْحَالُ؛ لأَنَّ الْمَعْنَى دُعَاؤُهُ عَلَى كُلِّ حَالٍ.

وَقَوْلُ الْخَلِيلِ: إِنَّمَا نَصَبُوا الْمُضَافَ كَمَا نَصَبُوا قَبْلَكَ وَبَعْدَكَ حِينَ طَالَ، وَرَفَعُوا الْمُفْرَدَ كَقَبْلُ وَبَعْدُ، أَضْعَفُ.

وَقَوْلُ الْكِسَائِيِّ: رَفَعُوا الْمُفْرَدَ بِغَيْرِ تَنْوِينٍ فَرْقًا بَيْنَهُ وَبَيْنَ الْمَرْفُوعِ بِعَامِلٍ صَرِيحٍ، وَنَصَبُوا الْمُضَافَ حَمْلا لَهُ عَلَى أَكْثَرِ الْكَلامِ لِلْفَرْقِ بَيْنَهُ وَبَيْنَ الْمُفْرَدِ أَضْعَفُ.

وَالاتِّفَاقُ عَلَى أَنَّهُ إِذَا اضْطُرَّ الشَّاعِرُ فِي الْمُفْرَدِ نَوَّنَهُ، وَقَالَ الْخَلِيلُ وَسِيبَوَيْه وَالْمَازِنِيُّ مَضْمُومًا، وَقَالَ عِيسَى بْنُ عُمَرَ وَأَبُو عَمْرٍو وَيُونُسُ مَنْصُوبًا رَدًّا لَهُ إِلَى الأَصْلِ، وَأَنْشَدَ سِيبَوَيْه:

سَلامُ اللهِ يَا مَطَرٌ عَلَيْهَا ... وَلَيْسَ عَلَيْكَ يَا مَطَرُ السَّلامُ

وَقَالَ: (لَمْ يُسْمَعْ مِنَ الْعَرَبِ مَنْ يَقُولُ: يَا مَطَرًا)، وَاسْتَدَلَّ النَّاصِبُ بِقَوْلِهِ:

فَيَا رَاكِبًا إِمَّا عَرَضْتَ فَبَلِّغَنْ ... نَدَامَايَ مِنْ نَجْرَانَ أَنْ لا تَلاقِيَا

وَقَدْ صَرَّحَ الْفَرَّاءُ وَالْكِسَائِيُّ بِتَجْوِيزِ (يَا رَجُلا رَاكِبًا) لِمُعَيَّنٍ، جَعَلُوهُ مِنَ الْمُشَبَّهِ بِالْمُضَافِ، وَمِنْ ثَمَّ أَجَازَا (يَا رَاكِبًا) لِمُعَيَّنٍ، وَفِي كَلامِ سِيبَوَيْه مَا يُشْعِرُ بِجَوَازِهِ، وَفِيهِ إِشْكَالٌ، فَإِنَّهُ يَسْتَلْزِمُ جَوَازَ (لا رَجُلا رَاكِبًا).

وَأَمَّا نَحْوُ:

أَيَا شَاعِرًا لا شَاعِرَ الْيَوْمَ مِثْلَهُ ... .

و(يَا رَجُلا يَضْرِبُ عَمْرًا) فَاتِّفَاقٌ، وَالْفَرْقُ بَيْنَهُ وَبَيْنَ (لا رَجُلَ يَضْرِبُ عَمْرًا) أَنَّهُ فِي (يَا رَجُلا) تَعَذَّرَ جَعْلُهُ مُنَادَى مُفْرَدًا؛ لأَنَّ (يَضْرِبُ) لا يَصْلُحُ صِفَةً ولا يَجُوزُ الْحَالُ، بِخِلافِ (لا رَجُلَ)، وَأَيْضًا فَإِنَّهُ قَدْ ثَبَتَ جَعْلُ الاسْمَيْنِ فِي النَّفْيِ كَاسْمٍ وَاحِدٍ، بِدَلِيلِ (لا رَجُلَ مُنْطَلِقَ) بِالْفَتْحِ فِيهِمَا.

وَأَمَّا الْمَوْضِعُ الَّذِي يُبْنَى عَلَى الْفَتْحِ فِيهِ، فَأَنْ تَدْخُلَ أَلِفُ الاسْتِغَاثَةِ؛ كَقَوْلِكَ: (يَا زَيْدَاهُ)، وَهَذِهِ الأَلِفُ تَدُلُّ عَلَى أَنَّ الاسْمَ مُسْتَغَاثٌ بِهِ، كَدَلالَةِ اللَّامِ فِي قَوْلِكَ: (يَا لَزَيْدٍ)، وَلِذَلِكَ لا يُجْمَعُ بَيْنَهُمَا، فَيُقَالُ: يَا لَزَيْدَاهُ، وَوَجَبَ الْبِنَاءُ عَلَى الْفَتْحِ ضَرُورَةَ أَنَّ الأَلِفَ لا يَكُونُ مَا قَبْلَهَا إِلا مَفْتُوحًا، وإلا فَالضَّمُّ فِيهِ وَاجِبٌ لَوْلا الأَلِفُ، أَلا تَرَى أَنَّكَ لَوْ حَذَفْتَهَا

لَوَجَبَ ضَمُّهَا.

وَلَمْ يَحْتَجْ إِلَى ذِكْرِ نَحْوِ (يَا هَؤُلاءِ) و(يَا حَذَامِ)؛ لأنَّهُ مَبْنِيٌّ فَلا يَتَغَيَّرُ بِالنِّدَاءِ، وَلا إِلَى ذِكْرِ (يَا غُلامِي) كَانَ مُعْرَبًا أَوْ مَبْنِيًّا عَلَى الْقَوْلَيْنِ فِيهِ.

وقَالَ صَاحِبُ الْكِتَابِ تَمْثِيلا لِلْمَبْنِيِّ عَلَى الْفَتْحِ: (أَوْ مَنْدُوبًا؛ كَقَوْلِكَ: يَا زَيْدَاهُ)، وَلَيْسَ بِمُسْتَقِيمٍ لِمَا تَقَرَّرَ مِنْ أَنَّ الْمَنْدُوبَ لَيْسَ بِمُنَادَى، فَلا يَنْبَغِي أَنْ يُذْكَرَ حُكْمُهُ فِي بَابِ الْمُنَادَى، وَإِنْ وَافَقَ بَعْضُ أَلْفَاظِهِ لَفْظَ الْمُنَادَى، وَلِذَلِكَ ذَكَرَ الْمَنْدُوبَ عَلَى حِيَالِهِ فِي فَصْلٍ بِرَأْسِهِ، وَالتَّمْثِيلُ بِمَا ذَكَرْنَاهُ هُوَ الْوَجْهُ.

قَوْلُهُ: (تَوَابِعُ الْمُنَادَى الْمَضْمُومِ غَيْرِ الْمُبْهَمِ إِذَا أُفْرِدَتْ حُمِلَتْ عَلَى لَفْظِهِ وَمَحَلِّهِ).

قَالَ الشَّيْخُ: ذَكَرَ تَوَابِعَ الْمُنَادَى الْمَوْصُوفِ بِالصِّفَةِ الْمَذْكُورَةِ فِي بَابِ النِّدَاءِ، وَإِنْ كَانَ لِلتَّوَابِعِ بَابٌ مُفْرَدٌ، فَكَانَ حَقُّهَا أَنْ تُذْكَرَ فِيهِ؛ لأنَّ مَا ذَكَرَهُ مِنْهَا مُخَالِفٌ لِحُكْمِ التَّوَابِعِ بِاعْتِبَارِ النِّدَاءِ، فَكَانَ ذِكْرُهُ فِي بَابِ النِّدَاءِ أَوْلَى؛ لأنَّهُ مِنْ آثَارِهِ فِي التَّحْقِيقِ، فَقَالَ: (تَوَابِعُ الْمُنَادَى الْمَضْمُومِ غَيْرِ الْمُبْهَمِ) احْتِرَازًا مِنَ الْمُنَادَى الْمَنْصُوبِ، فَإِنَّ تَابِعَهُ عَلَى قِيَاسِ بَابِ التَّوَابِعِ، وَقَالَ: (غَيْرِ الْمُبْهَمِ) احْتِرَازًا مِنَ الْمُبْهَمِ، فَإِنَّهُ لا يَكُونُ فِيهِ مَا ذَكَرَهُ مِنَ الْحُكْمَيْنِ عَلَى الْمُخْتَارِ؛ كَقَوْلِكَ: (يَا أَيُّهَا الرَّجُلُ)، و(يَا أَيُّهَذَا الرَّجُلُ)، وَلَوْ لَمْ يَحْتَرِزْ مِنْهُ لَكَانَ دَاخِلا فِي أَنَّ تَابِعَهُ يَجُوزُ فِيهِ الْوَجْهَانِ، وَلَيْسَ كَذَلِكَ إِلا عِنْدَ بَعْضِ النَّحْوِيِّينَ كَالْمَازِنِيِّ، وَلَيْسَ بِالْجَيِّدِ، وَسَيَأْتِي ذِكْرُهُ.

وَقَوْلُهُ: (إِذَا أُفْرِدَتْ) تَقْيِيدٌ لِلتَّوَابِعِ، فَإِنَّهَا قَدْ تَكُونُ مُفْرَدَةً، وَقَدْ تَكُونُ مُضَافَةً، وَالْحُكْمُ الَّذِي ذَكَرَهُ مُخْتَصٌّ بِالْمُفْرَدَةِ، وَلِذَلِكَ وَجَبَ تَقْيِيدُهَا بِهِ.

قَالَ: (حُمِلَتْ عَلَى لَفْظِهِ وَمَحَلِّهِ)، فَذَكَرَ الْحُكْمَ الَّذِي يَكُونُ لِهَذِهِ التَّوَابِعِ الْمَخْصُوصَةِ، أَمَّا حَمْلُهَا عَلَى مَحَلِّهَا فَهُوَ الْقِيَاسُ؛ لأنَّهُ مَفْعُولٌ مَنْصُوبُ الْمَحَلِّ، فَوَجَبَ أَنْ يَكُونَ تَابِعُهُ مَنْصُوبًا كَجَمِيعِ الْمَبْنِيَّاتِ؛ كَقَوْلِكَ: (ضَرَبْتُ هَؤُلاءِ الرِّجَالِ)، لا يَجُوزُ غَيْرُ ذَلِكَ.

وَأَمَّا حَمْلُهَا عَلَى لَفْظِهِ؛ فَلأنَّهُ لَمَّا كَانَ فِيهِ الْبِنَاءُ عَارِضًا أَشْبَهَ الإعْرَابَ فِي عُرُوضِهِ وَأَشْبَهَ مُوجِبُهُ عَامِلَ الإعْرَابِ، وَهُوَ حَرْفُ النِّدَاءِ الْمُوجِبُ لِلْحَرَكَةِ الْمُشَبَّهَةِ بِحَرَكَةِ الإعْرَابِ فِي مَتْبُوعِهِ؛ لأنَّهُمْ لَمَّا شَبَّهُوا مُوجِبَ هَذِهِ الْحَرَكَةِ بِالْعَامِلِ لِشَبَهِهَا بِحَرَكَةِ الإعْرَابِ فِي مَتْبُوعِهِ، أَجْرَوْا التَّوَابِعَ مُجْرَى تَوَابِعِ الْمُعْرَبِ، فَكَانَ حُكْمُ ذَلِكَ الْمُشَبَّهِ بِالْعَامِلِ فِي الانْسِحَابِ عَلَى التَّابِعِ حُكْمَ الْعَامِلِ الْمُحَقَّقِ فِي الانْسِحَابِ عَلَى التَّابِعِ، كَمَا

شُبِّهَتِ الْحَرَكَةُ فِي (يَا زَيْدُ) بِحَرَكَةِ (جَاءَ زَيْدٌ) شُبِّهَ الْمُوجِبُ لَهَا وَهُوَ (يَا) فِي (يَا زَيْدُ) بِالْمُوجِبِ لَهَا فِي (زَيْد) فِي (جَاءَ زَيْدٌ) شَبَّهُوا التَّابِعَ لَهُ فِي (يَا زَيْدُ الْعَاقِلُ) بِالتَّابِعِ الْمُعْرَبِ الْمُحَقَّقِ فِي (جَاءَ زَيْدٌ الْعَاقِلُ)، وَهُوَ مِنْ مُشْكِلاتِ أَبْوَابِ النَّحْوِ مِنْ حَيْثُ كَانَ تَابِعًا مُعْرَبًا أُعْرِبَ بِحَرَكَةِ مَتْبُوعِهِ الْمَبْنِيِّ مَعَ اسْتِحْقَاقِهِ إِعْرَابًا مُخَالِفًا لَهُ، وَإِيضَاحِهِ بِمَا ذَكَرْنَاهُ، وَإِنَّمَا لَمْ يَلْزَمْ أَنَّ الرَّفْعَ فِي الْعَاقِلِ عَلَى (هُوَ الْعَاقِلُ) وَإِنْ كَانَ وَجْهًا مُسْتَقِيمًا لِمَا ثَبَتَ فِي (يَا تَمِيمُ أَجْمَعُونَ)، فَعُلِمَ جَوَازُ الرَّفْعِ فِيهِ عَلَى الإتْبَاعِ.

وَوَقَعَ الاتِّفَاقُ عَلَى أَنَّ هَذِهِ التَّوَابِعَ مُعْرَبَةٌ، وَإِنْ كَانَتْ عَلَى لَفْظِ الْمَتْبُوعِ الْمَبْنِيِّ لِعَدَمِ الْمُوجِبِ لِلْبِنَاءِ فِيهَا، فَلَمْ يُخْتَلَفْ لِذَلِكَ فِي إِعْرَابِهَا، وَوَجْهُهُ مَا تَقَدَّمَ ذِكْرُهُ مِنَ التَّشْبِيهِ الْمَذْكُورِ، وَالْفَرْقُ بَيْنَهُ وَبَيْنَ الْمَتْبُوعِ هُوَ أَنَّ الْمَتْبُوعَ وُجِدَتْ فِيهِ عِلَّةُ الْبِنَاءِ، فَوَجَبَ بِنَاؤُهُ، وَالتَّابِعُ لَمْ تُوجَدْ فِيهِ، فَلَمْ يَجُزْ بِنَاؤُهُ، وَلا يَلْزَمُ مِنْ بِنَاءِ الْمَتْبُوعِ بِنَاءُ التَّابِعِ إِذَا فُقِدَتْ عِلَّةُ الْبِنَاءِ فِيهِ، أَلا تَرَى أَنَّكَ تَقُولُ: (جَاءَنِي هَذَا الْعَاقِلُ)، فَيَكُونُ الْمَتْبُوعُ مَبْنِيًّا لِوُجُودِ عِلَّةِ الْبِنَاءِ فِيهِ، وَالتَّابِعُ مُعْرَبًا لِفُقْدَانِ الْعِلَّةِ بِاتِّفَاقٍ، وَإِنْ كَانَ هُوَ فِي الْمَعْنَى الْمُشَارِ إِلَيْهِ، فَكَذَلِكَ إِذَا قُلْتَ: (يَا زَيْدُ الطَّوِيلُ) بُنِيَ زُيْدٌ لِكَوْنِهِ وَاقِعًا مَوْقِعَ الْمُضْمَرِ الْمُخَاطَبِ بِاعْتِبَارِ مَا ذَكَرْنَاهُ، وَلَمْ يُبْنَ (الطَّوِيلُ) لأَنَّهُ لَمْ يَرِدْ ذَلِكَ الْوُرُودَ، وَإِنَّمَا قَصَدَ بِهِ التَّوْضِيحَ وَالتَّبْيِينَ، كَمَا فِي قَوْلِكَ: (جَاءَنِي هَذَا الْعَاقِلُ)، وَلا اعْتِبَارَ بِكَوْنِهِ هُوَ الذَّاتَ الْمُنَادَاةَ فِي الْمَعْنَى، كَمَا لا اعْتِبَارَ بِمِثْلِ ذَلِكَ فِي الطَّوِيلِ فِي قَوْلِكَ: (هَذَا الطَّوِيلُ)؛ لأَنَّ هَذِهِ الصِّفَاتُ لَمْ يُقْصَدْ بِهَا قَصْدُ الذَّاتِ فَتَكُونُ وَاقِعَةً ذَلِكَ الْمَوْقِعَ، وَإِنَّمَا قَصَدَ بِهَا الْمَعْنَى خَاصَّةً، وَلِذَلِكَ خَرَجَتْ عَنِ الْمَعْنَى الْمُوجِبِ لِلْبِنَاءِ فِي مَتْبُوعَاتِهَا.

وَقَدِ اعْتُرِضَ عَلَى ذَلِكَ بِأَنَّهُمْ قَدْ بَنَوْا الصِّفَةَ لِبِنَاءِ مَوْصُوفِهَا فِي قَوْلِكَ: (لا رَجُلَ ضَارِبَ فِي الدَّارِ) فَلِمَ لا تَكُونُ هَذِهِ الصِّفَةُ أَيْضًا مَبْنِيَّةً بِنَاءَ (ضَارِبِ) فِي قَوْلِكَ: (لا رَجُلَ ضَارِبَ فِي الدَّارِ؟)

وَفُرِّقَ بَيْنَهُمَا بِأَنَّ الْمُرَادَ هُنَا نَفْيُ رَجُلٍ عَلَى هَذِهِ الصِّفَةِ، لا نَفْيُ رَجُلٍ مُطْلَقًا، فَلَمْ يُنْفَ رَجُلٌ مُطْلَقًا أَوَّلا ثُمَّ وُصِفَ، وَإِنَّمَا نُفِيَ رَجُلٌ مَوْصُوفٌ بِهَذِهِ الصِّفَةِ، فَصَارَا بِهَذَا الاعْتِبَارِ كَأَنَّهُمَا شَيْءٌ وَاحِدٌ؛ لأَنَّ النَّفْيَ لَهُمَا جَمِيعًا، بِخِلافِ (يَا زَيْدُ الطَّوِيلُ)، فَإِنَّهُ قَدْ تَمَّ النِّدَاءُ فِي قَوْلِكَ: (يَا زَيْدُ)، وَلَوْ قُلْتَ ثَمَّ: (لا رَجُلَ) هُوَ الْمَقْصُودُ لاخْتَلَفَ الْمَعْنَى، أَلا تَرَى أَنَّ نَفْيَ (رَجُلَ ضَارِبَ) لا يَلْزَمُ مِنْهُ نَفْيُ رَجُلٍ مُطْلَقًا، فَيَخْتَلُّ الْمَعْنَى عِنْدَ تَقْدِيرِكَ أَنَّ النَّفْيَ دَاخِلٌ عَلَى رَجُلٍ مُطْلَقًا، ثُمَّ تَصِفُهُ فَتَصِيرُ مُعَمِّمًا مُخَصِّصًا، وَهُوَ بَاطِلٌ بِخِلافِ

قَوْلِكَ: (يَا زَيْدُ الطَّوِيلُ)، فَإِنَّكَ تَعْلَمُ أَنَّ الْمُنَادَى زَيْدٌ، ولا يَخْتَلِفُ بِانْضِمَامِ الطَّوِيلِ إِلَيْهِ وَحَذْفِهِ فِي كَوْنِهِ هُوَ الْمُنَادَى حَتَّى يَصِحَّ تَقْدِيرُهُ جُزْءًا مَعَهُ.

فَإِنْ قُلْتَ: فَمَا ذَكَرْتَ فِي الْمَعْنَى يُمْكِنُ مِثْلُهُ فِي مِثْلِ قَوْلِهِمْ:

أَيَا شَاعِرًا لا شَاعِرَ الْيَوْمَ مِثْلَهُ ... جَرِيرٌ وَلَكِنْ فِي كُلَيْبٍ تَوَاضُعُ

وَشِبْهُهُ مِنَ الْمُنَادَى الْمَوْصُوفِ عَلَى هَذَا النَّحْوِ؛ لأَنَّهُ لَمْ يُقْصَدْ إِلَى النِّدَاءِ أَوَّلا ثُمَّ يُوصَفُ بَعْدَ تَمَامِهِ، وَإِنَّمَا قُصِدَ إِلَى نِدَاءٍ مُحَقَّقٍ بِالْوَصْفِ قَبْلَ النِّدَاءِ، فَصَارَتِ الصِّفَةُ وَالْمَوْصُوفُ فِي قَصْدِ الْمُنَادِي مِثْلَهُمَا فِي قَصْدِ النَّافِي فِي قَوْلِكَ: (لا رَجُلَ ضَارِبَ فِي الدَّارِ).

فَالْجَوَابُ: أَنَّ الارْتِبَاطَ فِيهِمَا حَاصِلٌ مِثْلَهُ فِيمَا تَقَدَّمَ، إلا أَنَّهُ بِالطُّولِ فَاتَ الْمُوجِبُ لِلْبِنَاءِ، فَوَجَبَ الإِعْرَابُ؛ لأَنَّ الْمُنَادَى إِذَا كَانَ مُضَافًا أَوْ طَوِيلا وَجَبَ إِعْرَابُهُ لِفَوَاتِ عِلَّةِ الْبِنَاءِ، فَاتَّفَقَ أَنَّ هَذَا الرَّبْطَ الْحَاصِلَ لَزِمَ مِنْهُ فَوَاتُ عِلَّةِ الْبِنَاءِ، فَوَجَبَ إِعْرَابُهُ، وَلَوْ كَانَتْ عِلَّةُ الْبِنَاءِ قَائِمَةً لَوَجَبَ الْبِنَاءُ فِيهِمَا لِمَا ذَكَرْتُهُ، حَتَّى إِنَّهُ لَوْ لَمْ يُبْنَ لَكَانَ نَقْضًا مُبْطِلا لِمَا ذُكِرَ، وَيُتَخَيَّلُ فِي جَوَابٍ عَنْهُ.

فَإِنْ قِيلَ: لَوْ كَانَتِ الصِّفَةُ تُوجِبُ طُولا لِلْمُنَادَى لَوَجَبَ نَصْبُ مِثْلِ قَوْلِكَ: (يَا رَجُلُ) إِذَا وُصِفَ بِالْجُمْلَةِ، وَلَيْسَ كَذَلِكَ، أُجِيبَ بِالْتِزَامِهِ كَمَا تَقَدَّمَ وَبِالْفَرْقِ بَيْنَ مَا وُصِفَ بِالْمُفْرَدِ وَبَيْنَ مَا وُصِفَ بِالْجُمْلَةِ؛ لأَنَّهُ إِذَا وُصِفَ بِالْمُفْرَدِ أَمْكَنَ تَمَامُ الأَوَّلِ دُونَهُ، وَعُرِّفَ الثَّانِي وَجُعِلَ وَصْفًا لَهُ، وَإِذَا كَانَ جُمْلَةً لَمْ يَسْتَقِمْ إِلا أَنْ تَكُونَ مِنْ تَتِمَّتِهِ؛ لأَنَّهُ لَوْ قُدِّرَ اسْتِقْلالُ الأَوَّلِ دُونَهُ وُصِفَتْ الْمَعْرِفَةُ بِالْجُمْلَةِ الَّتِي هِيَ نَكِرَةٌ، وَهُوَ بَاطِلٌ.

وَالْخَلِيلُ وَسِيبَوَيْهِ يَخْتَارَانِ فِي بَابِ (يَا زَيْدُ وَالْحَارِثُ) الرَّفْعَ، وَأَبُو عَمْرٍو وَيُونُسُ يَخْتَارَانِ النَّصْبَ، وَأَبُو الْعَبَّاسِ إِنْ كَانَتِ اللامُ كَلامِ الْحَسَنِ فَكَالْخَلِيلِ، وَإِلا فَكَأَبِي عَمْرٍو.

ثُمَّ مَثَّلَ بِالتَّوَابِعِ الَّتِي أَرَادَهَا، ثُمَّ اسْتَثْنَى الْبَدَلَ وَنَحْوَ زَيْدٍ وَعَمْرٍو مِنَ الْمَعْطُوفَاتِ.

وَقَوْلُهُ: (وَنَحْوُ زَيْدٍ وَعَمْرٍو مِنَ الْمَعْطُوفَاتِ)؛ يَعْنِي بِهِ: كُلَّ مَعْطُوفٍ أَمْكَنَ أَنْ يَدْخُلَ عَلَيْهِ حَرْفُ النِّدَاءِ، وَإِنَّمَا اخْتَصَّ بَابُ الْبَدَلِ، وَهَذَا النَّوْعُ مِنَ الْمَعْطُوفَاتِ بِذَلِكَ؛ لأَنَّ الْبَدَلَ فِي حُكْمِ تَكْرِيرِ الْعَامِلِ، فَكَانَ كَأَنَّهُ مَوْجُودٌ فِي الثَّانِي، فَأُجْرِيَ مُجْرَى الْمُسْتَقِلِّ بِنَفْسِهِ إِنْ قُلْنَا: إِنَّ الْبَدَلَ يُخَالِفُ التَّوَابِعَ فِي حُكْمِ تَكْرِيرِ الْعَامِلِ، وَإِنْ قُلْنَا: إِنَّهُ مِثْلُهَا، فَإِنَّمَا خَالَفَهَا فِي ذَلِكَ؛ لأَنَّهُ الْمَقْصُودُ بِالذِّكْرِ، وَالأَوَّلُ كَالتَّوْطِئَةِ لَهُ، فَكَرِهُوا أَنْ يَجْعَلُوا مَا

هُوَ الْمَقْصُودُ غَيْرَ مَحْكُومٍ لَهُ بِحُكْمِ الْمَقْصُودِ، وَيَجْعَلُوا غَيْرَ الْمَقْصُودِ مَحْكُومًا لَهُ بِحُكْمِ الْمَقْصُودِ مَعَ كَوْنِهِ أَوْلَى فِي الدَّلالَةِ عَلَى الْغَرَضِ، وَأَمَّا الْمَعْطُوفُ الْمَخْصُوصُ بِمَا ذُكِرَ؛ فلأنَّ حَرْفَ الْعَطْفِ كَالْقَائِمِ مَقَامَ الْعَامِلِ، فَصَارَ بِمَنْزِلَتِهِ، فَكَأَنَّهُ مَذْكُورٌ، فَجُعِلَ حُكْمُهُ حُكْمَ الْمَذْكُورِ مَعَهُ، أَوْ لأنَّ الْمَعْطُوفَ وَالْمَعْطُوفَ عَلَيْهِ بِالْوَاوِ وَأَخَوَاتِهَا فِي الْمَعْنَى مُشْتَرَكَانِ مُتَسَاوِيَانِ، فَكَرِهُوا أَنْ يَجْعَلُوا لأحَدِ الْمُتَسَاوِيَيْنِ شَأْنًا لَيْسَ لِمُسَاوِيهِ، وَهَذَا ثَابِتٌ فِي الْوَاوِ وَالْفَاءِ وَثُمَّ وَحَتَّى، ثُمَّ أُجْرِيَتْ بَقِيَّتُهَا كَبَلْ وَلَكِنْ ولا مُجْرَاهَا لِكَوْنِهَا مِنْ بَابٍ وَاحِدٍ.

ثُمَّ مَثَّلَ فِي الْبَدَلِ بِقَوْلِكَ: (يَا زَيْدُ زَيْدُ)، وَلَيْسَ بِمُسْتَقِيمٍ؛ لأنَّهُ تَكْرَارُ اللَّفْظِ بِغَيْرِ فَائِدَةٍ، وَقَدْ مَثَّلَ بِهِ أَبُو عَلِيٍّ الْفَارِسِيُّ، وَهَذَا إِنَّمَا هُوَ مِنْ بَابِ التَّأْكِيدِ اللَّفْظِيِّ، وَالأوْلَى أَنْ يُمَثَّلَ بِغَيْرِهِ، فَيُقَالُ: (يَا رَجُلُ زَيْدُ) أَوْ (يَا زَيْدُ عَمْرُو) عَلَى تَقْدِيرِ أَنْ يَكُونَا اسْمَيْنِ لَهُ.

فَإِنْ قُلْتَ: فَإِذَا كَانَ مِنْ بَابِ التَّأْكِيدِ اللَّفْظِيِّ بَطَلَ أَنْ تَكُونَ التَّوَابِعُ غَيْرَ الْبَدَلِ، وَنَحْوُ زَيْدٍ وَعَمْرٍو مُعْرَبَةٌ لَفْظًا وَمَحلا، فَإِنَّ هَذَا مَبْنِيٌّ.

فَالْجَوَابُ: أَنَّا لَمْ نَقْصِدْ بِالتَّأْكِيدِ الْمُتَقَدِّمِ إلا التَّأْكِيدَ الْمَعْنَوِيَّ لا التَّأْكِيدَ اللَّفْظِيَّ، وَأَمَّا التَّأْكِيدُ اللَّفْظِيُّ فَقَدْ عُلِمَ أَنَّ حُكْمَهُ حُكْمُ الأوَّلِ حَتَّى كَأَنَّهُ هُوَ، أَلا تَرَى أَنَّكَ تَقُولُ: (يَا زَيْدُ زَيْدُ الْيَعْمَلاتِ)، فَتَأْتِي بِهِ عَلَى هَذِهِ الصِّفَةِ، فَكَذَلِكَ هَاهُنَا، وَلَوْ بَيَّنَ ذَلِكَ وَاسْتَثْنَى مَعَ الْبَدَلِ نَحْوَ (زَيْدٍ وَعَمْرٍو)، لَكَانَ أَنْفَى لِلَّبْسِ وَأَبْيَنَ لِلْحُكْمِ فِيهِ.

ثُمَّ ذَكَرَ الْقِسْمَ الآخَرَ مِنَ التَّوَابِعِ لِلْمُنَادَى الْمُقَيَّدِ الْمَذْكُورِ أَوَّلا وَهُوَ الْمُضَافُ، فَقَالَ: (فَإِذَا أُضِيفَتْ فَالنَّصْبُ).

وَإِنَّمَا نُصِبَتْ؛ لأنَّ مَتْبُوعَهَا مَنْصُوبٌ، وَإِنَّمَا وَجَبَ النَّصْبُ وَلَمْ يَجُزِ الإجْرَاءُ عَلَى اللَّفْظِ كَالتَّوَابِعِ الْمُفْرَدَةِ؛ لأنَّهَا ثَمَّةَ جَازَ ذَلِكَ فِيهَا إِجْرَاءً مُجْرَى مُنَادَى انْسَحَبَ حُكْمُ حَرْفِ النِّدَاءِ عَلَيْهِ تَقْدِيرًا وَتَشْبِيهًا لَهُ بِعَامِلِ الإعْرَابِ، وَمَعْلُومٌ أَنَّهُ لَوْ قُدِّرَ مُنْسَحِبًا عَلَيْهَا كَانَتْ حَرَكَتُهَا حَرَكَةَ الْمَتْبُوعِ، فَلَمَّا شُبِّهَ بِعَامِلِ الإعْرَابِ جُعِلَتْ حَرَكَتُهُ الإعْرَابِيَّةُ حَرَكَتَهُ الَّتِي كَانَتْ تَكُونُ لَهُ لَوْ بَاشَرَهُ هَذَا الْمُقَدَّرُ عَامِلا، وَإِذَا كَانَ مُضَافًا لَمْ يَكُنْ ذَلِكَ فِيهِ وَوَجَبَ لَهُ النَّصْبُ عَلَى كُلِّ تَقْدِيرٍ؛ إِذْ تَقْدِيرُهُ عَلَى أَصْلِ التَّوَابِعِ لِلْمَبْنِيَّاتِ يُوجِبُ نَصْبَهُ، وَتَقْدِيرُهُ عَلَى أَنَّهُ مُنْسَحِبٌ عَلَيْهِ حُكْمُ مَا شُبِّهَ بِالْعَامِلِ يُوجِبُ لَهُ أَيْضًا النَّصْبَ، إِذْ الْمُضَافُ إِذَا قُدِّرَ عَلَيْهِ حَرْفُ النِّدَاءِ لا يَكُونُ إِلا مَنْصُوبًا، فَوَجَبَ لَهُ النَّصْبُ عَلَى كُلِّ تَقْدِيرِهِ.

ثُمَّ مَثَّلَ بِالتَّوَابِعِ الْمُتَقَدِّمَةِ، وَمَا اسْتَثْنَى هَاهُنَا بِبَدَلٍ وَلَا غَيْرِهِ؛ لِأَنَّهُ إِذَا وَجَبَ النَّصْبُ فِي غَيْرِ الْبَدَلِ، وَنَحْوِ (زَيْدٍ وَعَمْرٍو) مِنَ الْمَعْطُوفَاتِ إِذَا كَانَتْ مُضَافَةً مَعَ كَوْنِهَا كَانَ يَجُوزُ فِيهَا الرَّفْعُ إِذَا كَانَتْ مُفْرَدَةً، فَلِأَنْ يَجِبَ النَّصْبُ فِي الْبَدَلِ وَنَحْوِ (زَيْدٍ وَعَمْرٍو) إِذَا كَانَ مُضَافًا مَعَ كَوْنِهِ كَانَ فِي حُكْمِ الْمُنَادَى إِذَا كَانَ مُفْرَدًا مِنْ طَرِيقِ الْأَوْلَى، وَتَمَامُ قَوْلِهِ:

أَزَيْدُ أَخَا وَرْقَاءَ إِنْ كُنْتَ ثَائِرًا   فَقَدْ عَرَضَتْ أَحْنَاءُ حَقٍّ فَخَاصِمِ

وَمَثَّلَ بِقَوْلِهِمْ: (يَا تَمِيمُ كُلُّهُمْ أَوْ كُلُّكُمْ) وَأَتَى بِحَرْفِ الْخِطَابِ فَجَعَلَهُ مُخَاطَبًا تَارَةً وَغَائِبًا أُخْرَى؛ لِأَنَّهُ بِاعْتِبَارِ الْمَعْنَى مُخَاطَبٌ، فَجَازَ الْإِتْيَانُ بِضَمِيرِ الْمُخَاطَبِ لِذَلِكَ، وَبِاعْتِبَارِ اللَّفْظِ هُوَ كَالْغَائِبِ؛ فَجَازَ الْإِتْيَانُ بِضَمِيرِ الْغَائِبِ لِذَلِكَ، وَهَذَا أَصْلٌ مُطَّرِدٌ فِي كُلِّ مَا كَانَ لَهُ جِهَتَانِ مِنْ حَيْثُ الْمَعْنَى وَاللَّفْظُ؛ كَقَوْلِكَ: (أَنْتَ الَّذِي فَعَلْتَ كَذَا)، وَ(أَنْتَ الَّذِي فَعَلَ كَذَا)، وَالِاعْتِبَارُ بِالْمَعْنَى أَقْوَى إِذَا كَانَا فِي حُكْمِ الْجُزْءِ الْوَاحِدِ؛ لِأَنَّهُ الْمَقْصُودُ، وَاللَّفْظُ مُتَوَسَّلٌ بِهِ إِلَيْهِ فِي التَّحْقِيقِ، فَكَانَ الْوَفَاءُ بِالْأَهَمِّ أَوْلَى، وَلِذَلِكَ كَانَ قَوْلُهُمْ: (يَا تَمِيمُ كُلُّكُمْ) أَوْلَى.

فَإِنْ قُلْتَ: يَنْبَغِي عَلَى هَذَا أَنْ يَكُونَ (أَنْتَ الَّذِي فَعَلْتَ كَذَا)، أَوْلَى مِنْ (أَنْتَ الَّذِي فَعَلَ كَذَا)، وَالْأَمْرُ بِخِلَافِهِ، فَإِنَّهُمْ لَمْ يَخْتَلِفُوا فِي أَنَّهُ ضَعِيفٌ.

فَالْجَوَابُ: أَنَّ هَذَا جُزْءٌ مُسْتَقِلٌّ، وَ(أَنْتَ) جُزْءٌ آخَرُ مُسْتَقِلٌّ، وَلَيْسَ كَذَلِكَ (يَا تَمِيمُ كُلُّكُمْ)، فَإِنَّهُ تَوْكِيدٌ لَهُ، فَهُمَا جَمِيعًا كَجُزْءٍ وَاحِدٍ، فَصَارَ هَذَا كَالْغَائِبِ لَفْظًا وَمَعْنًى بِاعْتِبَارِهِ فِي نَفْسِهِ؛ لِأَنَّهُ مُسْتَقِلٌّ.

فَإِنْ قُلْتَ: فَلَوْ قَدَّرْتَهُ تَتِمَّةً لِلْأَوَّلِ لَا أَنْ يَكُونَ جُزْءًا وَجَبَ فِيهِ عَلَى هَذَا مَا وَجَبَ فِي (يَا تَمِيمُ كُلُّكُمْ) مِنَ اخْتِيَارِ الْخِطَابِ، قُلْتُ: لَوْ أَمْكَنَ ذَلِكَ لَكَانَ، وَلَكِنَّهُ لَا يُمْكِنُ، فَإِنَّهُ لَا يَصْلُحُ الْمُضْمَرُ الْمُخَاطَبُ أَنْ يَكُونَ مَوْصُوفًا وَلَا مُبْدَلًا مِنْهُ بَدَلَ الْكُلِّ، وَلَيْسَ بِمَعْطُوفٍ وَلَا مُؤَكِّدٍ، فَبَطَلَ جَمِيعُ التَّوَابِعِ فِيهِ؛ فَلَمْ يَبْقَ إِلَّا أَنْ يَكُونَ مُسْتَقِلًّا، فَمِنْ ثَمَّ جَاءَتِ الْمُخَالَفَةُ بَيْنَهُ وَبَيْنَ (يَا تَمِيمُ كُلُّكُمْ).

قَوْلُهُ: (وَالْوَصْفُ بِابْنٍ وَابْنَةٍ) إِلَى آخِرِهِ.

قَالَ الشَّيْخُ: وَإِنَّمَا ابْنٌ وَابْنَةٌ حُكْمُهُ فِي نَفْسِهِ وَاحِدٌ، وَإِنَّمَا يُوجِبُ حُكْمًا فِيمَا قَبْلَهُ إِذَا وَقَعَ بَيْنَ عَلَمَيْنِ صِفَةً، وَالْحُكْمُ هُوَ تَخْفِيفُهُ، وَعِلَّتُهُ كَثْرَتُهُ فِي اللَّفْظِ وَالِاسْتِعْمَالِ؛ أَمَّا اللَّفْظُ فَلِأَنَّهُ كَلِمَاتٌ مُتَعَدِّدَةٌ فِي حُكْمِ كَلِمَةٍ وَاحِدَةٍ، وَأَمَّا الِاسْتِعْمَالُ فَلِأَنَّ الْإِتْيَانَ بِابْنٍ

مُضَافًا إِلَى الْعَلَمِ صِفَةً أَكْثَرُ مِنْ مَجِيئِهِ مُضَافًا إِلَى غَيْرِهِ، فَلَمَّا كَثُرَ مِنْ هَذَيْنِ الْوَجْهَيْنِ خَفَّفُوهُ بِإِبْدَالِ الضَّمَّةِ فَتْحَةً، وَتَحْقِيقُ الْخِفَّةِ مِنْ وَجْهَيْنِ:

أَحَدُهُمَا: أَنَّ الْفَتْحَةَ أَخَفُّ مِنَ الضَّمَّةِ فِي نَفْسِهَا، وَالآخَرُ: أَنَّ فِيهَا إِتْبَاعًا، وَالإِتْبَاعُ أَخَفُّ مِنْ مُخَالَفَةِ الْحَرَكَاتِ.

وَالصَّحِيحُ أَنَّ حَرَكَةَ زَيْدٍ فِي (يَا زَيْدُ بْنُ عَمْرٍو) حَرَكَةُ بِنَاءٍ، وَحَرَكَةُ ابْنِ عَلَى حَالِهَا، وَزَعَمَ قَوْمٌ أَنَّهُمَا حَرَكَتَا بِنَاءٍ، كَأَنَّهُ لَمَّا كَثُرَ ذَلِكَ مَعَهُ صَارَ عِنْدَهُمْ كَالْكَلِمَةِ الْوَاحِدَةِ كَخَمْسَةَ عَشَرَ، وَزَعَمَ قَوْمٌ أَنَّهُمَا حَرَكَتَا إِعْرَابٍ، كَأَنَّهُ لَمَّا كَثُرَ ذَلِكَ مَعَهُ صَارَ كَأَنَّهُ قِيلَ: (يَا زَيْدَ عَمْرٍو).

وَلَمَّا ذَكَرَ حُكْمًا تَخْفِيفًا عِنْدَ وُقُوعِ ابْنٍ بَيْنَ عَلَمَيْنِ فِي الْمُنَادَى ذَكَرَ أَيْضًا حُكْمًا تَخْفِيفِيًّا أَوْجَبَهُ وُقُوعُ ابْنٍ بَيْنَ عَلَمَيْنِ صِفَةً فِي غَيْرِ الْمُنَادَى، وَهُوَ حَذْفُ التَّنْوِينِ، وَالْعِلَّةُ مَا تَقَدَّمَ، إلا أَنَّ الْحُكْمَ هَاهُنَا حَذْفُ التَّنْوِينِ، وَالْحُكْمُ ثَمَّ الْفَتْحُ، وَشَرَطَ وُجُودَ الأَمْرَيْنِ جَمِيعًا بِأَنْ تَكُونَ صِفَةً وَاقِعَةً بَيْنَ عَلَمَيْنِ، حَتَّى لَوْ انْتَفَيَا أَوْ أَحَدُهُمَا لَمْ يُخَفَّفْ، فَمِثَالُ انْتِفَائِهِمَا قَوْلُكَ: (زَيْدٌ ابْنُ أَخِي)، وَمِثَالُ انْتِفَاءِ الصِّفَةِ قَوْلُكَ: (زَيْدٌ بْنُ عَمْرٍو)، فَهَذَا وَإِنْ كَانَ وَاقِعًا بَيْنَ عَلَمَيْنِ إلا أَنَّهُ لَيْسَ بِصِفَةٍ، وَمِثَالُ كَوْنِهِ صِفَةً وَلَيْسَ وَاقِعًا بَيْنَ عَلَمَيْنِ؛ كَقَوْلِكَ: (جَاءَنِي زَيْدٌ ابْنُ أَخِي)، فَهَذَا وَإِنْ كَانَ صِفَةً فَلَيْسَ بَيْنَ عَلَمَيْنِ، وَمِثَالُ حُصُولِ الشَّرْطَيْنِ قَوْلُكَ: (جَاءَنِي زَيْدُ بْنُ عَمْرٍو)، فَيَجِبُ التَّخْفِيفُ لِوُجُودِ الشَّرْطَيْنِ، إلا فِي ضَرُورَةِ الشِّعْرِ؛ كَقَوْلِهِ:

جَارِيَةٌ مِنْ قَيْسٍ بْنِ ثَعْلَبَهْ

قَبَّاءُ ذَاتُ سُرَّةٍ مُقَعَّبَهْ

كَأَنَّهَا حِلْيَةُ سَيْفٍ مُذْهَبَهْ

وَزَعَمَ قَوْمٌ أَنَّ (ابْنَ ثَعْلَبَةَ) بَدَلٌ، وَقَصْدُهُ أَنْ يُخْرِجَهُ عَنِ الشُّذُوذِ، وَهُوَ بَعِيدٌ؛ لأَنَّ الْمَعْنَى عَلَى الْوَصْفِ كَغَيْرِهِ، وَأَيْضًا فَإِنْ خَرَجَ عَنِ الشُّذُوذِ بِاعْتِبَارِ التَّنْوِينِ لَمْ يَخْرُجْ بِاعْتِبَارِ اسْتِعْمَالِ (ابْنٍ) بَدَلًا.

وَظَاهِرُ كَلامِهِ يَدُلُّ عَلَى تَحَتُّمِ الْفَتْحِ فِي الْمُنَادَى إِذَا وَقَعَ (ابْنُ) بَعْدَهُ بَيْنَ عَلَمَيْنِ، وَعَلَيْهِ بَعْضُ النَّحْوِيِّينَ، وَالصَّوَابُ: أَنَّهُ لَيْسَ بِمُتَحَتِّمٍ، فَيَكُونُ تَرَكَ ذِكْرَهُ؛ إِمَّا لأَنَّ هَذَا هُوَ الأَفْصَحُ، وَإِمَّا لأَنَّ ذَلِكَ كَالْمَعْلُومِ، وَأَنْشَدَ سِيبَوَيْهِ لِلْعَجَّاجِ:

يَا عُمَرَ بْنَ مَعْمَرٍ لا مُنْتَظَرْ ....

بِالفَتْحِ، وَرُوِيَ قَوْلُهُ:

يا حَكَمَ بْنَ الْمُنْذِرِ بْنِ الْجَارُودْ   سُرَادِقُ الْمَجْدِ عَلَيْكَ مَمْدُودْ

عَلَى الْوَجْهَيْنِ.

فَصْلٌ: وَالْمُنَادَى الْمُبْهَمُ شَيْئَانِ أَيٌّ وَاسْمُ الإِشَارَةِ... إِلَى آخِرِهِ

قَالَ الشَّيْخُ: يَجِبُ فِي تَابِعِ الْمُنَادَى الْمُبْهَمِ الرَّفْعُ عِنْدَ الْمُحَقِّقِينَ مِنَ النَّحْوِيِّينَ، وَأَجَازَ الْمَازِنِيُّ النَّصْبَ قِيَاسًا، وَلَيْسَ بِشَيْءٍ، وَتَوَهَّمَ بَعْضُهُمُ الْفَرْقَ بَيْنَ (يَا أَيُّهَا الرَّجُلُ) وَ(يَا هَذَا الرَّجُلُ)، لِجَوَازِ (يَا هَذَا)، فَأَجَازَ فِي (يَا هَذَا الرَّجُلُ) الْوَجْهَيْنِ، فَإِنْ أَرَادُوا جَوَازَ النَّصْبِ بِتَقْدِيرِ أَعْنِي فَمُسْتَقِيمٌ، وَإِنْ أَرَادُوا جَوَازَهُ عَلَى الإِتْبَاعِ فَلَيْسَ بِشَيْءٍ، وَإِنَّمَا وَجَبَ الرَّفْعُ؛ لِأَنَّهُ لَمَّا رَأَوْهُ هُوَ الْمُنَادَى فِي الْمَعْنَى، وَمَا قَبْلَهُ وُصْلَةٌ لِذِكْرِهِ، جَعَلُوا حَرَكَتَهُ الإِعْرَابِيَّةَ حَرَكَتَهُ الَّتِي كَانَتْ تَكُونُ لَهُ لَوْ كَانَ مُبَاشِرًا بِالنِّدَاءِ تَنْبِيهًا عَلَى أَنَّهُ هُوَ الْمُنَادَى فِي الْمَعْنَى، وَعَلَى ذَلِكَ لَا يَسْتَقِيمُ قِيَاسُهُ عَلَى (يَا زَيْدُ الطَّوِيلُ)؛ لِظُهُورِ الْفَرْقِ بَيْنَهُمَا بِمَا ذَكَرْنَاهُ.

الْوَجْهُ الآخَرُ أَنْ يُقَالَ: لَمَّا كَانَتْ صِفَةُ الْمُبْهَمِ مَعَ الْمُبْهَمِ كَالشَّيْءِ الْوَاحِدِ بِخِلَافِ صِفَةِ غَيْرِ الْمُبْهَمِ بِدَلِيلِ جَوَازِ (مَرَرْتُ بِزَيْدٍ فِي الدَّارِ الْكَرِيمِ)، وَامْتِنَاعِ (مَرَرْتُ بِهَذَا فِي الدَّارِ الْكَرِيمِ) صَارَ الرَّجُلُ فِي قَوْلِكَ: (يَا أَيُّهَا الرَّجُلُ) كَأَنَّهُ مُنْتَهَى الاسْمِ، فَجَعَلُوا حَرَكَتَهُ الإِعْرَابِيَّةَ الْحَرَكَةَ الَّتِي تَكُونُ لَهُ لَوْ كَانَ مُنْتَهَى الاسْمِ حَقِيقَةً.

قَالَ: (وَاسْمُ الإِشَارَةِ لَا يُوصَفُ إِلَّا بِمَا فِيهِ الأَلِفُ وَاللَّامُ).

وَإِنَّمَا كَانَ كَذَلِكَ؛ لِأَنَّ وَصْفَ اسْمِ الإِشَارَةِ أَصْلُهُ أَنْ يَكُونَ بِأَسْمَاءِ الأَجْنَاسِ؛ لِأَنَّهُ مُبْهَمُ الذَّاتِ، فَكَانَ وَصْفُهُ بِمَا يَدُلُّ عَلَى ذَاتِيَّاتِهِ أَوَّلًا هُوَ الْوَجْهَ؛ لِأَنَّ الْوَصْفَ بِالْمَعَانِي الْخَارِجِيَّةِ فَرْعٌ عَلَى مَعْرِفَةِ الذَّاتِ، وَلِذَلِكَ كَانَ الْمُبْهَمُ مُقَيَّدًا بِصِحَّةِ الْوَصْفِيَّةِ بِأَسْمَاءِ الأَجْنَاسِ دُونَ غَيْرِهِ لِمَا فِيهِ مِنَ الإِبْهَامِ، وَإِذَا ثَبَتَ وَصْفُهُ بِأَسْمَاءِ الأَجْنَاسِ وَهُوَ مَعْرِفَةٌ وَجَبَ تَعْرِيفُهَا بِالأَلِفِ وَاللَّامِ، وَقَوْلُ الشَّاعِرِ:

يا صَاحِ يا ذَا الضَّامِرُ الْعَنْسِ   وَالرَّحْلُ وَالأَقْتَابُ وَالْحِلْسُ

قَالَ الشَّيْخُ: أُورِدَ عَلَيْهِ أَنَّهُ لَا يَسْتَقِيمُ رَفْعُ الضَّامِرِ فِي الْمَعْنَى؛ لِأَنَّهُ عَطَفَ عَلَى الْعَنْسِ قَوْلَهُ: (وَالرَّحْلُ وَالأَقْتَابُ)، فَيَصِيرُ الْمَعْنَى الضَّامِرُ الْعَنْسِ وَالضَّامِرُ الأَقْتَابِ وَهِيَ لَا تُوصَفُ بِالضُّمُورِ، فَإِذًا يَنْبَغِي (يَا ذَا الضَّامِرِ) بِالْخَفْضِ كَمَا أَنْشَدَهُ الكُوفِيُّونَ، وَيَسْقُطُ

الاسْتِدْلالُ؛ لأنَّهُ يَصِيرُ مِنْ بَابٍ آخَرَ لَيْسَ مِنْ بَابِ نِدَاءِ الْمُبْهَمِ، وَأُجِيبَ عَنْهُ بِوَجْهَيْنِ:

أَحَدُهُمَا: أَنَّ الاسْتِدْلالَ بِإِنْشَادِ هَذَا النِّصْفِ عَلَى انْفِرَادِهِ - وَإِنْ كَانَ غَيْرَ شَاعِرٍ - مُتَوَقِّفٌ عَلَى مَا رَوَاهُ الثِّقَاتُ مِمَّنْ لَمْ يُعْلَمْ مَا تَتِمَّتُهُ.

الآخَرُ: هُوَ أَنْ يَكُونَ (الرَّحْلُ) مَعْطُوفًا عَلَى (الْعَنْسِ) عَلَى سَبِيلِ التَّجَوُّزِ؛ لأَنَّ مَعْنَى (الضَّامِرِ الْعَنْسِ): الَّذِي ضَعُفَ أَوْ بَلِيَ عَنْسُهُ، فَعَطَفَ الرَّحْلَ بِاعْتِبَارِ الْمَعْنَى، كَأَنَّهُ قَالَ: الَّذِي ضَعُفَ أَوْ بَلِيَ عَنْسُهُ وَرَحْلُهُ.

وَفِي (الضَّامِرِ الْعَنْسِ) إِشْكَالٌ فِي وُجُوبِ رَفْعِهِ مَعَ كَوْنِهِ صِفَةً مُضَافَةً، وَالصِّفَةُ الْمُضَافَةُ تَكُونُ مَنْصُوبَةً عَلَى مَا تَقَرَّرَ فِي أَوَّلِ الْمُنَادَى فِي الْفَصْلِ الثَّانِي، وَأُجِيبَ عَنْهُ بِجَوَابَيْنِ:

أَحَدُهُمَا: أَنَّ (الضَّامِرِ الْعَنْسِ) مَوْصُولٌ، وَالْمَوْصُولُ فِي حُكْمِ الْمُفْرَدِ؛ لأَنَّهُ كَالْمُرَكَّبِ، فَكَأَنَّهُ قَالَ: الَّذِي ضَمَرَتْ عَنْسُهُ، وَلَوْ كَانَ (الَّذِي ضَمَرَتْ عَنْسُهُ) يَقْبَلُ حَرَكَةً لَمْ تَكُنْ إِلا رَفْعًا، فَكَذَلِكَ مَا كَانَ مِثْلَهُ.

وَثَانِيهُمَا: هُوَ أَنَّ (الضَّامِرِ الْعَنْسِ) وَقَعَ صِفَةً لِمَوْصُوفٍ مُفْرَدٍ مَرْفُوعٍ؛ لأَنَّ صِفَةَ اسْمِ الإِشَارَةِ لا تَكُونُ إِلا كَذَلِكَ عَلَى مَا تَقَدَّمَ، فَيَجِبُ أَنْ يَكُونَ هَذَا الْوَصْفُ مُعْرَبًا بِإِعْرَابِهِ، وَإِعْرَابُهُ رَفْعٌ، فَيَجِبُ أَنْ يَكُونَ مَرْفُوعًا، وَالْكَلامُ عَلَى قَوْلِهِ:

يَا ذَا الْمُخَوِّفُنَا.... ....

كَالْكَلامِ فِي الْبَيْتِ الْمُتَقَدِّمِ، وَالاعْتِرَاضُ كَالاعْتِرَاضِ، وَالْجَوَابُ كَالْجَوَابِ، وَسَبَبُ قَوْلِ عَبِيدٍ:

يَا ذَا الْمُخَوِّفُنَا بِمَقْتَلِ شَيْخِهِ ... حُجُرٍ تَمَنِّيَ صَاحِبِ الأَحْلامِ

لا تَبْكِنَا سَفَهًا وَلا سَادَاتِنَا ... وَاجْعَلْ بُكَاءَكَ لابْنِ أُمِّ قَطَامِ

أَنَّ قَوْمَ عَبِيدٍ قَتَلُوا أَبَا امْرِئِ الْقِيسِ حُجُرًا، وَهُوَ ابْنُ أُمِّ قَطَامِ، فَتَوَعَّدَهُمُ امْرُؤُ الْقَيْسِ، فَقَالَ لَهُ ذَلِكَ، وَتَمَامُهُ:

أَلا أَيُّهَذَا الْبَاخِعُ الْوَجْدُ نَفْسَهُ ... لِشَيْءٍ نَحَتْهُ عَنْ يَدَيْهِ الْمَقَادِرُ

وَجَاءَ فِي (الْوَجْدِ) الرَّفْعُ عَلَى الْفَاعِلِ وَالنَّصْبُ عَلَى الْمَفْعُولِ مِنْ أَجْلِهِ، وَإِذَا أُجِيزَ فِي مِثْلِ:

يَا أَيُّهَا الْجَاهِلُ ذُو التَّنَزِّي ....

النَّصْبُ فَإِنَّمَا هُوَ عَلَى مَعْنَى (أَعْنِي)، لا عَلَى الإتْبَاعِ؛ لأنَّ (الْجَاهِلَ) يُرْفَعُ عَلَى كُلِّ تَقْدِيرٍ.

قَوْلُهُ: (وَقَالُوا فِي غَيْرِ الصِّفَةِ: يَا هَذَا زَيْدٌ وَزَيْدًا).

قَالَ الشَّيْخُ: لا يَخْلُو إِمَّا أَنْ يُرِيدَ بِهِ عَطْفَ الْبَيَانِ أَوْ الْبَدَلَ، فَإِنْ أُرِيدَ عَطْفُ الْبَيَانِ يَجُوزُ فِيهِ الْوَجْهَانِ، الرَّفْعُ عَلَى اللَّفْظِ وَالنَّصْبُ عَلَى الْمَحَلِّ، أَمَّا اللَّفْظُ فَهُوَ اللَّفْظُ التَّقْدِيرِيُّ، وَإِنْ أُرِيدَ الْبَدَلُ فَالضَّمُّ لَيْسَ إلا.

وَقَوْلُهُ: (يَا هَذَا ذَا الْجُمَّةِ) عَلَى الْبَدَلِ، لا غَيْرُ؛ لأَنَّهُ لا يَصِحُّ أَنْ يَكُونَ تَوْكِيدًا لا لَفْظًا وَلا مَعْنًى، أَمَّا الْمَعْنَى فَهِيَ أَلْفَاظٌ مَحْفُوظَةٌ، وَلَيْسَ هَذَا وَاحِدًا مِنْهَا، وَأَمَّا اللَّفْظُ فَهُوَ إِعَادَةُ الأَوَّلِ بِعَيْنِهِ، وَلَيْسَ هَذَا كَذَلِكَ، وَلا يَصِحُّ أَنْ يَكُونَ عَطْفًا لا بَيَانًا وَلا نَسَقًا، أَمَّا النَّسَقُ فَلِعَدَمِ الْحَرْفِ، وَأَمَّا الْبَيَانُ فَإِنَّهُ يَكُونُ بِالأَسْمَاءِ الْجَوَامِدِ، وَهَذَا بِمَعْنَى الْمُشْتَقِّ، وَلا يَصِحُّ أَنْ يَكُونَ صِفَةً؛ لأَنَّ أَسْمَاءَ الإِشَارَةِ لا تُوصَفُ إلا بِالأَلِفِ وَاللامِ عَلَى مَا تَقَدَّمَ، فَتَعَيَّنَ أَنْ يَكُونَ بَدَلَ كُلٍّ مِنْ كُلٍّ.

فَصْلٌ: وَلا يُنَادَى مَا فِيهِ الأَلِفُ وَاللامُ إلا اللهُ وَحْدَهُ

قَالَ الشَّيْخُ: عَلَّلَ بِعِلَّتَيْنِ كُلُّ وَاحِدَةٍ مِنْهُمَا جُزْءٌ، وَإِحْدَاهُمَا: لُزُومُهَا الْكَلِمَةَ، وَالأُخْرَى: كَوْنُهَا بَدَلا مِنَ الْمَحْذُوفِ، إِذْ أَصْلُهَا الإِلَهُ، فَنُقِلَتْ حَرَكَةُ الْهَمْزَةِ إِلَى اللامِ فَصَارَ أَللاهَ فَاجْتَمَعَ الْمِثْلانِ فَجَازَ الإِدْغَامُ، فَصَارَ (اللهَ)، فَصَارَتِ الأَلِفُ وَاللامُ عِوَضًا مِنَ الْهَمْزَةِ، وَيُعَلَّلُ أَيْضًا بِأَنَّهُ لَوْ قِيلَ: (يَا أَيُّهَا اللهُ) أَوْ (يَا هَذَا) لأُطْلِقَ لَفْظٌ لَمْ يُؤْذَنْ شَرْعًا فِيهِ، أَوْ لَمْ يَسْتَقِمْ لَهُمْ فِي الْمَعْنَى أَنْ يُشِيرُوا إِلَى مَا يَسْتَحِيلُ عَلَيْهِ الإِشَارَةُ فِي التَّحْقِيقِ، وَلَوْ قِيلَ: يَالاهُ أَوْ يَا إِلَهُ لَغَيَّرُوا الاسْمَ وَلأَزَالُوا مَا قُصِدَ بِهِ التَّعْظِيمُ، وَقَالَ صَاحِبُ الْكِتَابِ:

مِنَ آجْلِكِ يَا الَّتِي تَيَّمْتِ حُبِّي وَأَنْتِ بَخِيلَةٌ بِالْوَصْلِ عَنِّي

شَاذٌّ؛ لأَنَّهُ لَيْسَ فِيهِ الْوَجْهَانِ: وَإِنَّمَا حَصَلَ فِيهِ وَجْهٌ وَاحِدٌ، وَهُوَ أَنْ تَكُونَ اللامُ لازِمَةً لِلْكَلِمَةِ، وَلَيْسَتْ بَدَلا مِنْ جُزْئِهَا، وَأَمَّا قَوْلُ الشَّاعِرِ:

فَيَا الْغُلامَانِ اللَّذَانِ فَرَّا إِيَّاكُمَا أَنْ تَكْسِبَانَا شَرَّا

فَأَكْثَرُ شُذُوذًا مِنْهُ، إِذْ لَيْسَ فِيهِ وَجْهٌ مِنْهُمَا، لا لُزُومٌ وَلا عِوَضٌ.

فَصْلٌ: وَإِذَا كُرِّرَ الْمُنَادَى فِي غَيْرِ حَالِ الإِضَافَةِ... إِلَى آخِرِهِ

قَالَ الشَّيْخُ: وَقَعَ فِي بَعْضِ النُّسَخِ: (فِي حَالِ الإِضَافَةِ)، وَهِيَ تَرْجَمَةُ سِيبَوَيْهِ؛ لأَنَّهُ قَالَ: (هَذَا بَابٌ تَكَرَّرَ فِيهِ الاسْمُ فِي حَالِ الإِضَافَةِ)، وَكِلاهُمَا مُسْتَقِيمٌ فِي الْمَعْنَى؛ لأَنَّ مَعْنَى التَّكَرُّرِ ذِكْرُهُ مَرَّةً أُولَى ثُمَّ مَرَّةً ثَانِيَةً، وَلَيْسَ مَخْصُوصًا بِأَحَدِهِمَا فَيَصِحُّ تَقْيِيدُهُ بِاعْتِبَارِ الأُولَى، فَيُقَالُ: فِي غَيْرِ حَالِ الإِضَافَةِ، وَبِاعْتِبَارِ الثَّانِيَةِ، فَيُقَالُ: فِي حَالِ الإِضَافَةِ، وَيُقَوِّي تَرْجَمَةَ سِيبَوَيْهِ أَنَّ الْمَعْنَى وَإِذَا كُرِّرَ الْمُنَادَى ثَانِيًا فِي حَالِ الإِضَافَةِ، فَتَقْيِيدُهُ الْمَرَّةَ الثَّانِيَةَ أَوْلَى؛ لأَنَّهَا الْمُرَادَةُ، وَالاسْمُ مُضَافٌ فِيهَا، فَكَانَ فِي حَالِ الإِضَافَةِ أَظْهَرَ.

فَفِيهِ وَجْهَانِ: النَّصْبُ وَالضَّمُّ، فَلِلنَّصْبِ وَجْهَانِ:

أَحَدُهُمَا: أَنْ يَكُونَ (تَيْمَ) الأَوَّلُ مُضَافًا إِلَى (عَدِيٍّ)، وَالثَّانِي مُؤَكِّدًا لِلْمُضَافِ، فَوَجَبَ نَصْبُ الأَوَّلِ؛ لأَنَّهُ مُضَافٌ، وَوَجَبَ نَصْبُ الثَّانِي؛ لأَنَّهُ تَوْكِيدٌ لِمَنْصُوبٍ وَهُوَ مَذْهَبُ سِيبَوَيْهِ وَالْخَلِيلِ، وَشَبَّهَهُ بِقَوْلِهِمْ: (لا أَبَالَكَ) فِي أَنَّ اللامَ زِيدَتْ تَوْكِيدًا، وَلَوْلا زِيَادَتُهَا لَقَالَ: لا أَبَ لَكَ، وَبِقَوْلِهِ:

يَا بُؤْسَ لِلْحَرْبِ الَّتِي ... وَضَعَتْ أَرَاهِطَ فَاسْتَرَاحُوا

وَلَوْلا زِيَادَتُهَا لَقَالَ: يَا بُؤْسًا لِلْحَرْبِ.

وَالْوَجْهُ الثَّانِي: أَنْ يَكُونَ كُلُّ وَاحِدٍ مِنْهُمَا نُصِبَ لأَنَّهُ مُضَافٌ، إلا أَنَّهُ حُذِفَ الْمُضَافُ إِلَيْهِ مِنْ أَحَدِهِمَا اسْتِغْنَاءً عَنْهُ بِالآخَرِ، وَبَقِيَتْ أَحْكَامُ الإِضَافَةِ فِيهِ؛ كَقَوْلِهِ:

إِلا عُلالَةَ أَوْ بُدَا ... هَةَ سَابِحٍ نَهْدِ الْجُزَارَهْ

وَمِثْلُهُ: (لَهُ عَلَيَّ نِصْفُ وَرُبْعُ دِرْهَمٍ).

وَمَا هُوَ الْمَحْذُوفُ مِنْهُ فِيهِ وَجْهَانِ:

أَحَدُهُمَا: أَنَّ الْمَحْذُوفَ مِنْهُ الْمُضَافُ إِلَيْهِ هُوَ الأَوَّلُ، و(تَيْمُ) الثَّانِي مُضَافٌ إِلَى (عَدِيٍّ) وَهَذَا هُوَ الظَّاهِرُ، وَالدَّلِيلُ عَلَيْهِ أَنَّا لَوْ قُلْنَا: إِنَّ الْمُضَافَ إِلَى عَدِيٍّ هُوَ الأَوَّلُ لأَدَّى إِلَى أَمْرَيْنِ مَحْذُورَيْنِ:

أَحَدُهُمَا: التَّقْدِيمُ وَالتَّأْخِيرُ مِنْ غَيْرِ فَائِدَةٍ، وَالآخَرُ: الْفَصْلُ بَيْنَ الْمُضَافِ وَالْمُضَافِ إِلَيْهِ.

وَالْمَذْهَبُ الآخَرُ: أَنَّ (تَيْمَ) الأَوَّلَ مُضَافٌ إِلَى (عَدِيٍّ) الْمَذْكُورِ، و(تَيْمُ) الثَّانِي مُضَافٌ إِلَى (عَدِيٍّ) مَحْذُوفٍ، وَوَجْهُهُ أَنَّهُ لَوْ لَمْ يَكُنْ كَذَلِكَ لأَدَّى إِلَى أَنْ يَكُونَ الْمُتَأَخِّرُ

لَفظًا وَمَعْنًى دَالا عَلَى مُتقدِّم، وَالْمَعْقُولُ أَنَّ الْمُتقدِّمَ يَدُلُّ عَلَى الْمُتَأَخِّر.

وَالْجَوابُ عَنِ الأوَّلِ أَنَّا لَمَّا حَذَفْنَا الْمُضَافَ إِلَيْهِ مِنَ الثَّانِي بَقِيَ الاسْمُ غَيْرَ تَامٍّ، فَأُخِّرَ الْمُضَافُ إِلَيْهِ الأَوَّلُ لِيَكُونَ الثَّانِي تَامًّا مِنْ حَيْثُ اللَّفْظ، وَيَكُونَ الأَوَّلُ تَامًّا بِمَا بَعْدَهُ، وَهُمَا الاسْمَانِ جَمِيعًا، أَلا تَرَى أَنَّكَ إِذَا قُلْتَ: (يَا تَيْمَ عَدِيٍّ تَيْمَ) لَمْ يَكُنْ مُسْتَقِيمًا؛ لأَنَّهُ لَمْ يَتِمَّ وَلَمْ يُعَوَّضْ عَنْ تَمَامِهِ، وَإِذَا أَخَّرْتَ فَقُلْتَ: (يَا تَيْمَ تَيْمَ عَدِيٍّ) عَوَّضْتَ عَنْ عَدِيٍّ الْمَحْذُوفِ لَفْظًا مِثْلَهُ، وَصَارَ (تَيْمَ عَدِيٍّ) بِالنِّسْبَةِ إِلَى الأَوَّلِ كَالتَّمَامِ، فَلأجْلِ ذَلِكَ كَانَ التَّقْدِيمُ وَالتَّأْخِيرُ.

وَأَمَّا الرَّفْعُ فَعَلَى أَنْ يَكُونَ نَادَاهُ عَلَمًا مُفْرَدًا ثُمَّ أَتَى بِالْمُضَافِ، إِمَّا عَطْفَ بَيَانٍ، وَإِمَّا بَدَلا، وَإِمَّا تَأْكِيدًا، وَإِمَّا مَنْصُوبًا بِفِعْلٍ مُقَدَّرٍ تَقْدِيرُهُ؛ أَعْنِي: تَيْمَ عَدِيٍّ أَوْ عَلَى إِضْمَارِ حَرْفِ النِّدَاءِ، وَأَنْشَدَ بَيْتَ جَرِيرٍ(١):

يَا تَيْمَ تَيْمَ عَدِيٍّ لا أَبَا لَكُمُ ... لا يُلْقِيَنَّكُمُ فِي سَوْءَةٍ عُمَرُ

عَلَى الْوَجْهَيْنِ: يُرِيدُ عُمَرَ بْنَ لَجَإٍ، يُحَرِّضُ قَوْمَهُ عَلَيْهِ؛ لأَنَّهُ يَقُولُ: أَنَا أَهْجُوكُمْ بِسَبَبِهِ، وَبَعْدَهُ:

أَحِينَ كُنْتُ سِمَامًا يَا بَنِي لَجَإٍ ... وَحَاضَرَتْ بِيَ عَنْ أَحْسَابِهَا مُضَرُ

حَاضَرَتْ؛ أَيْ: غَالَبَتْ، فَأَجَابَهُ عُمَرُ بْنُ لَجَإٍ:

لَقَدْ كَذَبْتَ وَسُوءُ الْقَوْلِ أَكْذَبُهُ ... مَا حَاضَرَتْ بِكَ عَنْ أَحْسَابِهَا مُضَرُ

أَلَسْتَ نَزْوَةَ خَوَّارٍ عَلَى أَمَةٍ ... لا يَسْبِقُ الْحَلَبَاتِ اللُّؤْمُ وَالْخَوَرُ

مَا قُلْتَ مِنْ هَذِهِ إِنِّي سَأَنْقُضُهَا ... يَا بْنَ الأَتَانِ بِمِثْلِي تُنْقَضُ الْمِرَرُ

وَكَذَلِكَ يُنْشَدُ:

يَا زَيْدُ زَيْدَ الْيَعْمَلاتِ الذُّبَّلِ ... تَطَاوَلَ اللَّيْلُ عَلَيْكَ فَانْزِلِ

وَالْمُبَرِّدُ يَقُولُ: هُوَ لابْنِ رَوَاحَةَ.

---

(١) جَرير: ٢٨ - ١١٠ هـ / ٦٤٨ - ٧٢٨ م. هو جرير بن عطية بن حذيفة الخطفي بن بدر الكلبي اليربوعي، أبو حزرة، من تميم.
أشعر أهل عصره، ولد ومات في اليمامة، وعاش عمره كله يناضل شعراء زمنه ويساجلهم فلم يثبت أمامه غير الفرزدق والأخطل. كان عفيفاً، وهو من أغزر الناس شعراً.

فَصْلٌ: وَقَالُوا فِي الْمُضَافِ إِلَى يَاءِ الْمُتَكَلِّمِ... إِلَى آخِرِهِ

قَالَ الشَّيْخُ: فِي يَاءِ الإضَافَةِ قَوْلانِ:

أَحَدُهُمَا: أَنَّ أَصْلَهَا الْفَتْحُ وَجَاءَ السُّكُونُ تَخْفِيفًا، وَهُوَ الأَكْثَرُ وَالأَظْهَرُ، وَثَانِيهُمَا: أَنَّ أَصْلَهَا أَنْ تَكُونَ سَاكِنَةً، وفُتِحَتْ تَقْوِيَةً لَهَا لِضَعْفِهَا وَخَفَائِهَا.

وَدَلِيلُ الْوَجْهِ الأَوَّلِ أَنَّهَا اسْمٌ عَلَى حَرْفٍ وَاحِدٍ، فَيَجِبُ أَنْ يُبْنَى عَلَى حَرَكَةٍ كَسَائِرِ الأسْمَاءِ الَّتِي هِيَ عَلَى حَرْفٍ وَاحِدٍ، كَالْكَافِ فِي (ضَرَبْتُكَ) وَمَا أَشْبَهَهُ، وَلَوْ قُلْنَا: مُضْمَرٌ عَلَى حَرْفٍ وَاحِدٍ لَكَانَ أَيْضًا حَسَنًا، وَيَرِدُ عَلَى هَذَا الْقَوْلِ أَنَّ فِي الأَسْمَاءِ أَسْمَاءً مُفْرَدَةً مَبْنِيَّةً عَلَى السُّكُونِ كَالْوَاوِ فِي (ضَرَبُوا) وَشِبْهِهِ، فَنَقُولُ عَلَى هَذَا: مُضْمَرٌ هُوَ حَرْفُ مَدٍّ وَلِينٍ، فَوَجَبَ أَنْ يُبْنَى عَلَى السُّكُونِ قِيَاسًا عَلَى الْوَاوِ فِي (ضَرَبُوا)، وَيُمْكِنُ أَنْ يُفْرَقَ بَيْنَهُمَا مِنْ حَيْثُ إِنَّ الْوَاوَ يُسْتَثْقَلُ عَلَيْهَا الْحَرَكَةُ بَعْدَ الْحَرَكَةِ، وَلَيْسَ كَذَلِكَ الْيَاءُ، أَلا تَرَاهُمْ يَقُولُونَ: (رَأَيْتُ الْقَاضِيَ) و(لَنْ تَشْتَرِيَ) فِي الأَسْمَاءِ وَالأَفْعَالِ، ولا يَقُولُونَ: (رَأَيْتُ قَلَنْسُوًا)، وَلَكِنْ يَقُولُونَ: (لَنْ يَدْعُوَ) فِي الأَفْعَالِ دُونَ الأَسْمَاءِ؛ لأَنَّ الأَفْعَالَ تَتَحَمَّلُ مَا لا تَتَحَمَّلُهُ الأَسْمَاءُ، فَدَلَّ عَلَى أَنَّهُ لا يَلْزَمُ مِنْ تَحْرِيكِ الْيَاءِ تَحْرِيكُ الْوَاوِ لِمَا ظَهَرَ مِنَ الْفَرْقِ بَيْنَهُمَا.

وَقَدْ تَوَهَّمَ قَوْمٌ أَنَّ شَرْطَ الْحَذْفِ فِي نَحْوِ: (يَا غُلامِ) أَنْ لا يَكُونَ بَعْدَهُ مَا يَحْصُلُ بِهِ سِتُّ حَرَكَاتٍ، وَلَيْسَ بِمُسْتَقِيمٍ، ثُمَّ عَلَّلَهُ بِأَنَّ اجْتِمَاعَ ذَلِكَ مَعْدُومٌ فِي كَلامِ الْعَرَبِ، وَهُوَ غَلَطٌ ثَانٍ، وَلَوْ عَلَّلَ بِأَنَّ حَذْفَ الْيَاءِ مِنْ مِثْلِ ذَلِكَ فِي (يَا غُلامِ) أَثْقَلُ مِنْ إِثْبَاتِهَا لَكَانَ لِلتَّعْلِيلِ وَجْهٌ، ولا يُخْتَلَفُ فِي جَوَازِ (عُمَرُ ضَرَبَ فَرَسَهُ)، و(أَكَلَ عُمَرُ وَشَرِبَ)، وَهَذِهِ عَشْرُ حَرَكَاتٍ، وَإِنَّمَا يَمْتَنِعُ خَمْسُ حَرَكَاتٍ فَصَاعِدًا فِي الشِّعْرِ لِفَوَاتِ الْمَقْصُودِ.

وَزَعَمَ سِيبَوَيْهِ أَنَّ بَعْضَ الْعَرَبِ يَقُولُ: (يَا رَبُّ) و(يَا غُلامُ)، وَمُرَادُهُمْ (يَا رَبِّ) و(يَا غُلامِ)، وَوَجْهُهُ أَنَّهُمْ لَمَّا حَذَفُوا شَابَهَ الْمُفْرَدَ فَجُعِلَتْ حَرَكَتُهُ حَرَكَتَهُ.

قَوْلُهُ: (وَالتَّاءُ فِي يَا أَبَتِ وَيَا أُمَّتِ) إِلَى آخِرِهِ.

قَالَ الشَّيْخُ: لِلنَّاسِ فِيهِ مَذْهَبَانِ؛ مَذْهَبُ أَهْلِ الْكُوفَةِ أَنَّ التَّاءَ لِلتَّأْنِيثِ، وَيَاءُ الإِضَافَةِ مُقَدَّرَةٌ بَعْدَهَا، كَأَنَّهُ قَالَ: يَا أَبَتِي وَيَا أُمَّتِي، وَمَذْهَبُ الْبَصْرِيِّينَ أَنَّ تَاءَ التَّأْنِيثِ عِوَضٌ عَنْ يَاءِ الإِضَافَةِ، وَاسْتَدَلُّوا بِوَجْهَيْنِ:

أَحَدُهُمَا: أَنَّهَا تُقْلَبُ هَاءً، وَلَوْ كَانَتْ يَاءُ الإِضَافَةِ مُقَدَّرَةً بَعْدَهَا لَمْ يَجُزْ قَلْبُهَا هَاءً؛

لِأَنَّهَا حِينَئِذٍ مُتَوَسِّطَةٌ، وَالْمُتَوَسِّطَةُ لَا تُقْلَبُ هَاءً.

وَالْآخَرُ: هُوَ أَنَّهُ لَوْ لَمْ تَكُنْ عِوَضًا لَجَازَ أَنْ يُجْمَعَ بَيْنَهَا وَبَيْنَ الْيَاءِ، فَيُقَالُ: يَا أُمَّتِي، كَمَا يَقُولُونَ: يَا ضَارِبَتِي، فَلَمَّا لَمْ يَقُولُوا: يَا أُمَّتِي دَلَّ عَلَى أَنَّهَا عِوَضٌ عَنْهَا.

وَمَنْ كَسَرَ التَّاءَ وَهُوَ الْأَكْثَرُ؛ فَلِأَنَّهَا مُنَاسِبَةٌ لِلْحَرْفِ الْمُبْدَلِ مِنْهُ التَّاءُ، فَكَانَتْ أَوْلَى، وَمَنْ فَتَحَ - وَهِيَ عَنِ ابْنِ عَامِرٍ - فَلِأَنَّهَا حَرَكَةُ الْحَرْفِ الْمُبْدَلِ مِنْهُ، وَزَعَمَ قَوْمٌ أَنَّ (يَا أَبَتِ) فَرْعُ (يَا أَبَتَا) فَحُذِفَ الْأَلِفُ وَكُسِرَتِ التَّاءُ، وَلَيْسَ بِشَيْءٍ.

وَقَوْلُهُ: (يَا بْنَ أُمِّي) إِلَى قَوْلِهِ: (جَعَلُوا الِاسْمَيْنِ كَاسْمٍ وَاحِدٍ).

يَعْنِي: أَنَّهُمْ جَعَلُوا (ابْنَ) الْمُضَافَ إِلَى (أُمٍّ) وَابْنَ الْمُضَافَ إِلَى (عَمٍّ) لَمَّا أَضَافُوهُمَا إِلَى يَاءِ الْمُتَكَلِّمِ كَاسْمٍ وَاحِدٍ أُضِيفَ إِلَى يَاءِ الْمُتَكَلِّمِ، حَيْثُ عَامَلُوهُمَا فِي التَّخْفِيفِ مُعَامَلَتَهُ لَمَّا كَثُرَ قَوْلُهُمْ: (يَا ابْنَ أُمِّي) و(يَا ابْنَ عَمِّي) بِخِلَافِ (يَا غُلَامَ عَمِّي) و(يَا غُلَامَ أُمِّي) لِقِلَّتِهِ، وَجَازَ الْفَتْحُ فِي (يَا ابْنَ أُمَّ) و(يَا ابْنَ عَمَّ) لِزِيَادَةِ اسْتِثْقَالِهِ، فَبُولِغَ فِي تَخْفِيفِهِ بِأَكْثَرَ مِنْ تَخْفِيفِ (يَا غُلَامُ).

وَزَعَمَ قَوْمٌ أَنَّهُ فَرْعٌ عَلَى (يَا بْنَ أُمَّا) فَخُفِّفَ بِحَذْفِ الْأَلِفِ، وَهُوَ تَعَسُّفٌ، وَقِيلَ فِي تَفْسِيرِ: (جَعَلُوا الِاسْمَيْنِ كَاسْمٍ وَاحِدٍ)؛ يَعْنِي: مَزَجُوا (ابْنَ) مَعَ (أُمٍّ) أَوْ (عَمٍّ) وَصَيَّرُوهُمَا وَاحِدًا فَبُنِيَا كَخَمْسَةَ عَشَرَ، ثُمَّ أَضَافُوا كَمَا أُضِيفَ خَمْسَةَ عَشَرَ، وَلَيْسَ بِشَيْءٍ.

وَقِيلَ: جَعَلُوهُمَا كَخَمْسَةَ عَشَرَ حَيْثُ فَتَحُوا آخِرَ الِاسْمَيْنِ، وَلَمْ يَفْتَحُوا فِي (يَا غُلَامُ) فَبَنَوْهُمَا مَعًا كَمَا بُنِيَ خَمْسَةَ عَشَرَ وَكُلُّ ذَلِكَ بَعِيدٌ عَنِ الصَّوَابِ، لِأَنَّا قَاطِعُونَ بِأَنَّ الْحَرَكَةَ فِي (يَا ابْنَ أُمَّ) بِفَتْحِ الْمِيمِ مِثْلُهَا فِي (يَا بْنَ أُمِّي) بِإِثْبَاتِ الْيَاءِ، فَكَيْفَ يَسْتَقِيمُ أَنْ يُبْنَى الِاسْمُ مَعَ التَّرْكِيبِ بِغَيْرِ مُوجِبٍ.

فَإِنْ زَعَمَ زَاعِمٌ أَنَّهُمْ قَالُوا: (بَادِي بَدَا) و(ذَهَبُوا أَيْدِي سَبَأً) بِالْبِنَاءِ مَعَ أَنَّ أَصْلَهُ مُعْرَبٌ، لَمَّا صَارَ الِاسْمَانِ كَاسْمٍ وَاحِدٍ، فَكَذَلِكَ هَذَا لَمَّا صَارَ (ابْنَ أُمَّ) عِبَارَةً عَنِ الْقَرِيبِ - وَإِنْ لَمْ يُقْصَدْ إِضَافَتُهُ - جَرَى مُجْرَى ذَلِكَ.

قِيلَ لَهُ: لَوْلَا السُّكُونُ فِي (بَادِي) و(أَيْدِي) لَمْ يَقُلْ أَحَدٌ بِذَلِكَ، وَلَكِنَّهُمْ لَمَّا سَكَّنُوا أَمْكَنَ أَنْ يُقَالَ، وَأَيْضًا فَإِنَّ مِثْلَ ذَلِكَ مُوجِبٌ لِبِنَاءِ الْأَوَّلِ خَاصَّةً، فَأَيْنَ مُوجِبُ بِنَاءِ الثَّانِي الَّذِي هُوَ أُمُّ فِي (يَا بْنَ أُمَّ).

فَصْلٌ فِي الْمَنْدُوبِ

قَالَ الشَّيْخُ: هُوَ الْمُتَفَجَّعُ عَلَيْهِ بِيَا أَوْ وَا، وَاخْتَصَّ بِوَا، وَحُكْمُهُ فِي الإِعْرَابِ وَالْبِنَاءِ حُكْمُ الْمُنَادَى، وَتَوَابِعُهُ كَتَوَابِعِهِ، تَقُولُ: (وَازَيْدُ الظَّرِيفُ) نَصْبًا وَرَفْعًا، كَأَنَّهُمْ أَخْرَجُوهُ مُخْرَجَ الْمُنَادَى فِي اللَّفْظِ، لِيَكُونَ أَبْلَغَ فِي التَّفَجُّعِ، وَلِذَلِكَ كَانَ الأَفْصَحُ الإِتْيَانَ بِالْمُدَّةِ فِي آخِرِهِ، وَإِنَّمَا قَالُوا: أَلِف، وَقَدْ يَكُونُ غَيْرَ أَلِفٍ؛ لأَنَّهَا الْغَالِبُ، وَإِنَّمَا يُعْدَلُ إِلَى غَيْرِهَا لِغَرَضٍ، ولا يَخْلُو مِنْ أَنْ يَكُونَ آخِرُهُ حَرَكَةً أَوْ سُكُونًا، فَإِنْ كَانَ حَرَكَةً فَلا يَخْلُو إِمَّا أَنْ تَكُونَ إِعْرَابًا أَوْ بِنَاءً، فَإِنْ كَانَتْ إِعْرَابًا فَلَيْسَ إِلا الأَلِفُ؛ كَقَوْلِكَ: وَازَيْدَاهُ، وَاعَبْدَ الْمُطَّلِبَاهُ، وَاغلامَ أَحْمَدَاهُ، بِخِلافِ مَدَّةِ الإِنْكَارِ، فَإِنَّكَ تَقُولُ فِيهَا: عَبْدُ الْمُطَّلِبِيهِ بِالْيَاءِ؛ لأَنَّهُ مُضَافٌ إِلَيْهِ، وَمَدَّةُ التَّذَكُّرِ أَيْضًا كَمَا يُقَالُ: جَاءَنِي الرَّجُلُوهُ، وَرَأَيْتُ الرَّجُلَاهِ، وَمَرَرْتُ بِالرَّجُلِيهِ، فَإِنَّكَ تَأْتِي بِهَا عَلَى حَسَبِ حَرَكَةِ الآخِرِ كَائِنَةً مَا كَانَتْ، فَإِنْ كَانَتْ حَرَكَةُ الآخِرِ بِنَاءً أَتْبَعْتَهَا مَدَّةً مِنْ جِنْسِهَا، فَقُلْتَ فِي حَذَامِ: وَاحَذَامِيَهْ، وَفِي أَمِيرِ الْمُؤْمِنِينَ: وَاأَمِيرَ الْمُؤْمِنِينَاهُ، وَفِي غُلامِكِ لِلْمَرْأَةِ الْمُخَاطَبَةِ: وَاغُلامَكِيهِ، وَإِنْ كَانَ آخِرُهُ سَاكِنًا فَلا يَخْلُو إِمَّا أَنْ تَكُونَ مَدَّةً أَوْ غَيْرَ ذَلِكَ، فَإِنْ كَانَتْ مَدَّةً اسْتُغْنِيَ بِهَا، فَتَقُولُ فِيمَنْ اسْمُهُ (اضْرِبِي)، وَاضْرِبِيهِ، وَفِي (غُلامُهُ)، وَاغُلامَهُوهِ، وَفِي (غُلامَكُمَا): وَاغُلامَكُمَاهُ، ولا فَرْقَ بَيْنَ الْوَاوِ الْمُقَدَّرَةِ وَالْمُحَقَّقَةِ فِي آخِرِ الْكَلِمَةِ، فَلِذَلِكَ قُلْتَ فِي: (وَاغُلامَكُمْ) فِيمَنْ أَسْكَنَ الْمِيمَ: وَاغُلامَكُمُوهُ؛ لأَنَّ الْوَاوَ مُرَادَةٌ عِنْدَهُ، فَلِذَلِكَ وَجَبَ الضَّمُّ فِي قَوْلِكَ: (غُلامُكُمُ الْيَوْمَ) رَدًّا لِلْمِيمِ إِلَى أَصْلِهَا، كَمَا وَجَبَ فِي (مُذُ الْيَوْمَ) كَذَلِكَ.

فَأَمَّا إِلْحَاقُ الأَلِفِ فِي الْمُعْرَبَاتِ؛ فَلأَنَّهَا أَسْمَاءٌ بِمَنْزِلَةِ زَيْدٍ وَعَمْرٍو، ولا لَبْسَ فِيهَا، فَأُلْحِقَتِ الأَلِفَاتُ فِي آخِرِهَا، كَمَا أُلْحِقَتْ بِزَيْدٍ وَعَمْرٍو.

وَأَمَّا إِلْحَاقُ الْيَاءِ وَالْوَاوِ فَلِخَوْفِ الالْتِبَاسِ، أَلا تَرَى أَنَّكَ لَوْ قُلْتَ فِي (غُلامَكِ): وَاغُلامَكَاهُ لالْتَبَسَ الْمُذَكَّرُ بِالْمُؤَنَّثِ، وَلَوْ قُلْتَ فِي (غُلامَكُم): وَاغُلامَكُمَاه لالْتَبَسَ الْمُثَنَّى بِالْمَجْمُوعِ، ثُمَّ أُجْرِيَ مَبْنِيُّ الآخِرِ مُجْرًى وَاحِدًا.

وَأَمَّا اخْتِيَارُهُمْ فِي (وَاغُلامِيْ) بِإِسْكَانِ الْيَاءِ وَاغُلامِيَاهُ، فَلأَنَّ أَصْلَهُ الْفَتْحُ فَرُدَّتْ إِلَيْهِ، وَجَوَّزَ الْمُبَرِّدُ: وَاغُلامَاهُ، وَلَيْسَ بِجَيِّدٍ.

وَ(وَاغُلامِيَهْ) أَوْجَهُ، إِمَّا بِنَاءً عَلَى أَنَّ أَصْلَهَا السُّكُونُ، فَلا إِشْكَالَ، أَلا تَرَى أَنَّكَ لَوْ قُلْتَ: فِيمَنْ اسْمُهُ (اضْرِبِي) أَوْ (اضْرِبُوا) لَقُلْتَ: (وَاضْرِبِيهِ)، (وَاضْرِبُوهُ)، وَإِمَّا بِنَاءً عَلَى أَنَّ السُّكُونَ الْعَارِضَ كَالأَصْلِيِّ فِي هَذَا الْبَابِ، بِدَلِيلِ أَنَّكَ إِذَا قُلْتَ فِيمَنْ اسْمُهُ مُثَنًّى أَوْ

مُعَلَّى قُلْتَ: وَامُثَنَّاهُ ووَامُعَلاهُ، ولا تُرَدُّ الألِفُ إِلَى أَصْلِهَا، فَكَذَلِكَ قِيَاسُ الْيَاءِ بَعْدَ سُكُونِهَا بِخِلافِ التَّثْنِيَةِ، فَإِنَّكَ تَقْلِبُهَا لِلُزُومِ أَلِفِ التَّثْنِيَةِ لِلاسْمِ الْمُثَنَّى.

وَأَمَّا مِثْلُ (قِنَّسْرُونَ)، فَقَالَ سِيبَوَيْهِ: وَاقِنَّسْرُونَاهُ، وَقَالَ الكُوفِيُّونَ: وَاقِنَّسْرِينَاهُ، وَهُمَا جَائِزَانِ فِي التَّحْقِيقِ بِنَاءً عَلَى أَنَّ إِعْرَابَهُ بِالْحُرُوفِ أَوْ بِالْحَرَكَاتِ.

وَلَوْ سَمَّيْتَ بِاثْنَيْ عَشَرَ، فَقَالَ سِيبَوَيْهِ: وَاثْنَا عَشَرَاهُ؛ لأَنَّهُ عِنْدَهُ اسْمٌ مُفْرَد، فَوَجَبَ أَنْ يَكُونَ حَالُهُ حَالَ الْمَرْفُوعِ، وَقَالَ الكُوفِيُّونَ: وَاثْنَيْ عَشَرَاهُ؛ لأَنَّهُ عِنْدَهُمْ فِي حُكْمِ الْمُضَافِ، فَوَجَبَ أَنْ يَكُونَ مَنْصُوبًا، وَالْخِلافُ جَارٍ فِي قِنَّسْرُونَ، وَاثْنَي عَشَرَ أُلْحِقَتْ الألِفُ أَوْ لَمْ تُلْحَقْ.

قَوْلُهُ: (وَلا يَلْحَقُ الصِّفَةَ عِنْدَ الْخَلِيلِ)؛ لأَنَّ الاسْمَ الْمُتَفَجَّعَ عَلَيْهِ قَدْ تَمَّ وَالصِّفَةُ لَيْسَتْ مِنْ جُمْلَتِهِ، وَإِنَّمَا هِيَ اسْمٌ آخَرَ جِيءَ بِهِ لِمَعْنًى آخَرَ، وَهُوَ التَّوْضِيحُ وَلَيْسَ كَالْمُضَافِ وَالْمُضَافِ إِلَيْهِ؛ لأَنَّهُ جُعِلَ دَالا عَلَى الْمُسَمَّى بِجُمْلَتِهِ، فَالْمُضَافُ إِلَيْهِ مَعَ الْمُضَافِ كَالدَّالِ مِنْ زَيْدٍ، فَكَمَا لَحِقَتِ الْعَلامَةُ الدَّالَ مِنْ زَيْدٍ فَكَذَلِكَ هَاهُنَا، وَلَيْسَ كَذَلِكَ الصِّفَةُ.

وَمَذْهَبُ يُونُسَ جَوَازُ ذَلِكَ، وَقَالَ: إِنَّهُمَا كَشَيْءٍ وَاحِدٍ كَالْمُضَافِ مَعَ الْمُضَافِ إِلَيْهِ، وَقَدْ ظَهَرَ الْفَرْقُ بَيْنَهُمَا، وَقَالَ الْخَلِيلُ: لَوْ جَازَ (وَازَيْدُ الظَّرِيفَاهُ) لَجَازَ (جَاءَ زَيْدٌ الظَّرِيفَاهُ)، وَتَقْرِيرُهُ أَنَّهُ لَوْ جَازَ لَلَحِقَتِ الْعَلامَةُ مَا لَيْسَ بِاسْمٍ مَنْدُوبٍ، وَإِذَا لَحِقَتِ الْعَلامَةُ مَا لَيْسَ بِمَنْدُوبٍ جَازَ إِلْحَاقُهَا فِي (جَاءَ زَيْدٌ الظَّرِيفَاهُ) وَإِنْ لَمْ يَكُنْ مَنْدُوبًا، وَقَدْ نُقِلَ عَنْ يُونُسَ أَنَّهُ يُجِيزُ (وَازَيْدُ أَنْتَ الْفَارِسُ الْبَطَلاهُ) وَهَذَا أَبْعَدُ، وَقَدْ احْتَجَّ يُونُسُ بِقَوْلِهِمْ: (وَاجُمْجُمَتَيَّ الشَّامِيَّتَيْنَاهُ)، وَالْجَمَاجِمُ: الرُّؤُوسُ، وَالشَّامِيَّتَيْنِ صِفَةٌ لِلْجُمْجُمَتَيْنِ، وَهَذَا إِنْ صَحَّ فَشَاذٌّ لا يُعْمَلُ عَلَيْهِ.

قَالَ: (وَلا يُنْدَبُ إِلا الاسْمُ الْمَعْرُوفُ)؛ أَيْ: الدَّالُّ عَلَى الْمَنْدُوبِ بِخُصُوصِ لَفْظِهِ، فَأَمَّا النَّكِرَاتُ وَأَسْمَاءُ الإِشَارَةِ فَلَيْسَتْ مِنْ هَذَا الْقَبِيلِ؛ لأَنَّ النَّادِبَ غَرَضُهُ الْجُؤَارُ وَالتَّضَرُّعُ بِذِكْرِ مَنْ يَتَفَجَّعُ عَلَيْهِ، إِمَّا لِتَعْرِيفِهِ عُذْرِهِ فِي ذَلِكَ، وَلا يَحْصُلُ هَذَا الْمَعْنَى إِلا أَنْ يَكُونَ الاسْمُ كَمَا ذَكَرْنَا، وَلا فَرْقَ بَيْنَ أَنْ يَكُونَ عَلَمًا أَوْ كَالْعَلَمِ، وَعَلَى ذَلِكَ نُزِّلَ (وَامَنْ حَفَرَ بِئْرَ زَمْزَمَاهُ) مَنْزِلَةَ قَوْلِكَ: (وَاعَبْدَ الْمُطَّلِبَاهُ).

قَالَ الْخَلِيلُ: وَكَمَا لا يُقَالُ: وَامَنْ لا يَعْنِينِي أَمْرُهُوه، ولا يُعْذَرُ مَنْ يَتَفَجَّعُ بِذَلِكَ، لا يُعْذَرُ مَنْ يَتَفَجَّعُ وَيُبْهِمُ؛ يَعْنِي: أَنَّهُ لا يَعْرِفُ مَنْ لا يَعْنِيه.

فَصْلٌ: وَيَجُوزُ حَذْفُ حَرْفِ النِّدَاءِ عَمَّا لا يُوصَفُ بِهِ أَيٌّ

قَالَ الشَّيْخُ: ذَكَرَ الْقَيْدَ، وَهُوَ مُشْعِرٌ بِالْعِلَّةِ، وَوَجْهُ التَّعْلِيلِ بِهِ أَنَّ قَوْلَكَ: (يَا رَجُلُ) أَصْلُهُ: يَا أَيُّهَا الرَّجُلُ، و(يَا هَذَا الرَّجُلُ)، أَصْلُهُ: يَا أَيُّهَذَا الرَّجُلُ، فَحَذَفُوا الأَلِفَ وَاللامَ اسْتِغْنَاءً عَنْهُمَا بِيَا، وَحَذَفُوا أَيَّ؛ لأَنَّهُمْ مَا أَتَوْا بِهَا إِلا وَصْلَةً إِلَى نِدَاءِ مَا فِيهِ الأَلِفُ وَاللَّامُ، فَبَقِيَ (يَا رَجُلُ)، فَكَرِهُوا أَنْ يَحْذِفُوا حَرْفَ النِّدَاءِ فَيُخِلُّوا بِحَذْفِ أَشْيَاءَ كَثِيرَةٍ، وَفِي قَوْلِكَ: (يَا زَيْدُ) وَشِبْهِهِ لَمْ يُحْذَفْ مِنْهُ إِلا حَرْفُ النِّدَاءِ، فَلا يَلْزَمُ مِنْ جَوَازِ حَذْفِ شَيْءٍ وَاحِدٍ جَوَازُ حَذْفِ أَشْيَاءَ مُتَعَدِّدَةٍ.

وَمِنَ النَّاسِ مَنْ قَالَ: لَمْ يَجُزِ الْحَذْفُ فِي قَوْلِكَ: (يَا رَجُلُ) لِبَقَائِهِ مُبْهَمًا، وَفِي قَوْلِكَ: (يَا زَيْدُ) جَازَ لِكَوْنِهِ غَيْرَ مُبْهَمٍ، فَلا يَلْزَمُ مِنْ جَوَازِ الْحَذْفِ فِي الْمَوْضِعِ الَّذِي يُعْلَمُ الْمُنَادَى فِيهِ جَوَازُ الْحَذْفِ فِي الْمَوْضِعِ الَّذِي لا يُعْلَمُ.

وَأُورِدَ عَلَى هَذَا قَوْلُهُمْ: (هَذَا)، فَإِنَّهُ فِيهِ تَعْرِيفٌ يُرْشِدُنَا إِلَى الْمَقْصُودِ بِالنِّدَاءِ، فَلْيَجُزْ كَمَا جَازَ قَوْلُكَ: زَيْدُ فِي (يَا زَيْدُ).

وَأُجِيبَ عَنْهُ بِأَنَّمَا قُلْنَا ذَلِكَ؛ لأَنَّهُ إِذَا حُذِفَ بَقِيَ مُبْهَمًا، و(هَذَا) هُوَ مُبْهَمٌ أَيْضًا، وَلِذَلِكَ يُسَمِّيهِ النَّحْوِيُّونَ مُبْهَمًا، وَمَا ذَاكَ إِلا لِتَرَدُّدِهِ بَيْنَ أَشْيَاءَ مُتَعَدِّدَةٍ عِنْدَ الإِشَارَةِ، وَلَيْسَ بِشَيْءٍ، لأَنَّا نُجَوِّزُ أَنْ نَقُولَ: غُلامَ هَذَا، وَإِنْ كَانَ أَقَلَّ تَعْرِيفًا مِنْ قَوْلِكَ: هَذَا؛ لأَنَّهُ يَتَرَدَّدُ بَيْنَ الْمُشَارِ إِلَيْهِمْ وَالْغِلْمَانِ جَمِيعًا، فَكَانَ بِالْمَنْعِ أَوْلَى، وَلَمْ يُمْنَعْ فَدَلَّ عَلَى أَنَّ الْجَوَابَ لَيْسَ بِشَيْءٍ، وَاللهُ أَعْلَمُ بِالصَّوَابِ.

وَأَمَّا (أَصْبِحْ لَيْلَ) [1] فَلِجَرْيِهِ مَثَلا، يُضْرَبُ فِي شِدَّةِ طَلَبِ الشَّيْءِ، وَقِيلَ: أَوَّلُ مَنْ قَالَهُ امْرَأَةٌ طَرَقَهَا امْرُؤُ الْقَيْسِ، وَكَانَ مُبَغَّضًا لِلنِّسَاءِ، فَجَعَلَتْ تَقُولُ: أَصْبَحْتَ يَا فَتَى،

---

(١) ذكر المفضل بن محمد بن يعلى الضبي: أن امرأ القَيْس بن حُجْر الكِنْدِيَّ كان رجلا مفرَّكاً لا تحبه النساء ولا تكاد امرأة تصبر معه فتزوج امرأة من طَيِّء فابتنى بها فأبغضته من تحت ليلتها وكرهت مكانها معه فجعلت تقول: يا خَيْرَ الفِتْيَانِ أَصْبَحْتَ أصبحت فيرفع رأسه فينظر فإذا الليل كما هو فتقول: أَصْبَحْ لَيْلُ فلما أصبح قال لها: قد علمتُ ما صَنعتَ الليلَةَ وقد عرفتُ أن ما صنعت كان من كراهية مكاني في نفسك فما الذي كرهت مني؟ فقالت: ما كرهتُك فلم يَزَلْ بها حتى قالت: كرهت منك أنك خفيف العَزَلة ثقيل الصدر سريع الإراقة بطيء الإفاقة فلما سمع ذلك منها طَلَّقها وذهب قولها " أَصْبِحْ ليل " مثلا.
قال الأعشى: (يَقُولُونَ أَصْبِحْ لَيْلُ والليلُ عَاتِمُ) وإنما يقال ذلك في الليلة الشديدة التي يَطُول فيها الشر، ومعنى بيت الأعشى حتى يبيت القوم غيرَ مطمئنين. [مجمع الأمثال:١/٤٠٤]

فَيَقُولُ: لا، فَرَجَعَتْ إِلَى خِطَابِ اللَّيْلِ، كَأَنَّهَا تَسْتَعْطِفُهُ لِفَرْطِ تَضَجُّرِهَا مِنْهُ، فَقَالَتْ: أَصْبِحْ لَيْلُ.

و(افْتَدِ مَخْنُوقُ) [١] مَثَلٌ لِلْحَضِّ عَلَى تَخْلِيصِ النَّفْسِ مِنَ الشَّدَائِدِ.

و(أَطْرِقْ كَرَا) [٢] مَثَلٌ لِمَنْ يَتَكَلَّمُ وَبِحَضْرَتِهِ مَنْ أَوْلَى مِنْهُ بِذَلِكَ، كَأَنَّ أَصْلَهُ خِطَابٌ لِلْكَرَوَانِ بِالإِطْرَاقِ لِوُجُودِ النَّعَامِ، وَلِذَلِكَ يُقَالُ إِنَّ تَمَامَهُ:

أَطْرِقْ كَرَا .... إِنَّ النَّعَامَ فِي القُرَى

وَيُقَالُ: إِنَّ الْكَرَوَانَ يَخَافُ مِنَ النَّعَامِ، وَكَرَا مُرَخَّمٌ عَلَى لُغَةِ مَنْ يَقُولُ: يَا حَارُ فِي (يَا حَارِثُ) بِالضَّمِّ، وَقَوْلُ الْعَجَّاجِ شَاذٌّ، يُقَالُ: إِنَّهُ كَانَ يُصْلِحُ حِلْسًا لَهُ، فَمَرَّتْ بِهِ جَارِيَةٌ، فَأَلَحَّتْ بِالنَّظَرِ إِلَيْهِ مُتَعَجِّبَةً، فَقَالَ:

جَارِيَ لا تَسْتَنْكِرِي عَذِيرِي
سَيْرِي وَإِشْفَاقِي عَلَى بَعِيرِي
وَحَذَرِي مَا لَيْسَ بِالْمَحْذُورِ

وَعَذِيرِي: مُبْتَدَأٌ خَبَرُهُ مَا بَعْدَهُ، أَوْ مَفْعُولٌ بِتَسْتَنْكِرِي، وَمَا بَعْدَهُ إِمَّا خَبَرُ مُبْتَدَأٍ مَحْذُوفٍ؛ أَيْ: عَذِيرِي، وَإِمَّا بَدَلٌ مِنْ عَذِيرِي الْمَذْكُورِ.

وَالْتَزَمُوا حَذْفَهُ فِي (اللَّهُمَّ)؛ لأَنَّ الْمِيمَ عِوضٌ عَنْهُ عِنْدَ الْبَصْرِيِّينَ، وَقَالَ الْفَرَّاءُ: أَصْلُهُ: يا اللهُ أُمَّنَا بِخَيْرٍ، ثُمَّ كَثُرَ حَتَّى خُفِّفَ، وَهُوَ بَعِيدٌ جِدًّا.

وَقَوْلُهُ:

إِنِّي إِذَا مَا حَدَثٌ أَلَمَّا .... أَقُولُ يَا اللَّهُمَّ يَا اللَّهُمَّا

وَقَوْلُهُ:

---

(١) أي: يا مخنوق. يضرب لكل مَشْفُوق عليه مضطر. ويروى: افْتَدَى مخنوقٌ. [مجمع الأمثال:٢٨]

(٢) (أَطْرِقْ كَرَا إِنَّ النَّعَامَةَ فِي الْقُرَى) يقال: الكَرَا الكَرَوَان نفسُه ويقال: إنه مُرَخَّمُ الكروان وجمع الكَرَوَان: كِرْوَان. قال الخَليل: الكَرَا الذكر مِن الكِرْوَان ويقال له: أطْرِقْ كَرَا إنك لن ترى قال: يصيدونه بهذه الكلمة فإذا سمعها يلبد في الأرض فيُلْقَى عليه ثوبٌ فَيُصَاد. وقال أبو الهيثَم: هو طائر شبيه البطَّة لا ينام بالليل فسمى بضده من الكَرَى قال: ويقال للواحدة كَرَوَانة وللجمع الكِرْوَان والكَرَى.
يضرب للذي ليس عنده غَنَاء ويتكلم فيقال له: اسكت وتَوَّق انتشار ما تلفظ به كراهة ما يتعقبه. وقولهم: " إن النعامة في القرى " أي تأتيك فتدوسُك بأخفافها. [مجمع الأمثال:٤٣٢/١]

وَمَا عَلَيْكِ أَنْ تَقُولِي كُلَّمَا   صَلَّيْتِ أَوْ سَبَّحْتِ يَا اللَّـهُمَّا
ارْدُدْ عَلَيْنَا شَيْخَنَا مُسَلَّمَا   مِنْ حَيْثُمَا وَكَيْفَمَا وَأَيْنَمَا

فَإِنَّنَا مِنْ خَيْرِهِ لَنْ نُعْـــدَمَا

مَحْمُولٌ عَلَى الضَّرُورَةِ مَعَ كَوْنِهِ مَجْهُولا.

وَفِي جَوَازِ وَصْفِ (اللَّـهُمَّ) خِلافٌ، جَعَلَهُ سِيبَوَيْه لَمَّا كَانَ مَخْصُوصًا بِالنِّـدَاءِ مِثْـلَ (يَـا هَنَاهُ)، وَجَوَّزَ قَوْمٌ وَصْفَهُ كَمَا يُوصَفُ (يَا اللـهُ)، وَاسْـتَدَلُّوا بِمِثْـلِ: "**قُلِ اللَّـهُمَّ مَالِـكَ الْمُلْكِ**" [آل عمران:٢٦]، "**قُلِ اللَّـهُمَّ فَاطِرَ السَّمَوَاتِ وَالأَرْضِ**" [الزمـر:٤٦]، وَحَمَلَهُ سِيبَوَيْه عَلَى نِدَاءٍ ثَانٍ.

فَصْلٌ: وَفِي كَلامِهِمْ مَا هُوَ عَلَى طَرِيقَةِ النِّدَاءِ وَيُقْصَدُ بِهِ الاخْتِصَاصُ لا النِّدَاءُ

قَالَ الشَّيْخُ: اعْلَمْ أَنَّ فِي كَلامِهِمْ جُمَلا لِمَعَانٍ فِي الأَصْلِ، ثُمَّ يَنْقِلُونَهَا إِلَى مَعَانٍ أُخْـرَى مَعَ تَجْرِيدِهَا عَنْ أَصْلِ مَعْنَاهَا الأَصْلِيِّ، وَهَذَا فِي أَبْوَابٍ:

مِنْهَا: أَنَّ (أَفْعَلَ) صِيغَةُ الأَمْرِ فِي الأَصْلِ، ثُمَّ نُقِلَتْ إِلَى مَعْنَى التَّعَجُّبِ؛ كَقَوْلِـهِ تَعَـالَى: ﴿أَسْمِعْ بِهِمْ وَأَبْصِرْ﴾ [مريم:٣٨]، لَمْ يُقْصَدْ بِهِ هَاهُنَا إِلَى أَمْرٍ، وَإِنَّمَـا قُصِـدَ بِـهِ التَّعَجُّـبُ، وَكَذَلِكَ قَوْلُهُمْ: (مَا أَحْسَنَ زَيْدًا)، أَصْلُهُ: إِمَّا خَبَرٌ وَإِمَّا اسْتِفْهَامٌ عَلَى الْخِلافِ، ثُـمَّ نُقِـلَ إِلَى التَّعَجُّبِ، وَكَذَلِكَ قَوْلُهُمْ: (أَقُمْتَ أَمْ قَعَدْتَ) سُؤَالٌ عَنْ تَعْيِينٍ مَعَ التَّسْوِيَةِ بَيْنَهُمَا، ثُمَّ نُقِلَ إِلَى الْخَبَرِ بِمَعْنَى التَّسْوِيَةِ مِنْ غَيْرِ سُؤَالٍ؛ كَقَوْلِكَ: (سَوَاءٌ عَـلَيَّ أَقُمْـتَ أَمْ قَعَـدْتَ)، وَكَـذَلِكَ قَوْلُهُمْ: (أَيُّهَا الرَّجُلُ) أَصْلُهُ تَخْصِيصُ الْمُنَادَى لِطَلَـبِ إِقْبَالِـهِ عَلَيْـكَ، ثُـمَّ نُقِـلَ إِلَى مَعْنَـى الاخْتِصَاصِ مُجَرَّدًا عَنْ مَعْنَى طَلَبِ الإِقْبَالِ فِي قَوْلِكَ: (أَمَّا أَنَا فَأَفْعَلُ كَذَا أَيُّهَا الرَّجُلُ).

وَكُلُّ مَا يُنْقَلُ مِنْ بَابٍ إِلَى بَابٍ فَإِنَّ إِعْرَابَهُ يَكُونُ عَلَى حَسَبِ مَا كَـانَ عَلَيْـهِ، فَلِـذَلِكَ تَقُولُ فِي قَوْلِكَ: (أَكْرِمْ بِزَيْدٍ) أَكْرِمْ: فِعْـلُ أَمْـرٍ، وَتَقُـولُ: فِي (أَيُّهَـا الرَّجُـلُ)؛ أَيْ هُنَـا مُنَـادَى مُفْرَدٌ، وَالرَّجُلُ صِفَةٌ لَهُ، كَمَا تَقُولُ فِي الْمُنَادَى الْحَقِيقِيِّ.

ثُمَّ لَفْظُ الاخْتِصَاصِ قَدْ يَكُونُ اللَّفْظَ الْمُخْتَصَّ بِالنِّـدَاءِ، فَيَكُـونُ لَفْظُـهُ لَفْـظَ النِّـدَاءِ؛ كَقَوْلِكَ: (أَمَّا أَنَا فَأَفْعَلُ كَذَا أَيُّهَا الرَّجُلُ)، وَمِنْهُ: مَا لَيْسَ عَلَى لَفْظِ النِّدَاءِ؛ كَقَوْلِكَ: نَحْنُ

الْعَرَبَ أَقْرَى النَّاسِ لِلضَّيْفِ، فَهَذَا لا يَكُونُ إعْرَابُهُ إلا بِمَا يَقْتَضِيهِ فِي نَفْسِهِ؛ لأنَّهُ لا يَصِحُّ أَنْ يَكُونَ مَنْقُولا عَنِ النِّدَاءِ، وَمِنْهُ مَا يَحْتَمِلُ الأَمْرَيْنِ؛ كَقَوْلِكَ: إِنَّا مَعْشَرَ الْعَرَبِ، فَجَائِزٌ فِي إِعْرَابِهِ الأَمْرَانِ جَمِيعًا، إلا أَنَّ الأَوْلَى أَنْ يُقَالَ: مَنْصُوبٌ نَصْبَ (الْعَرَبِ)، إِذِ النَّقْلُ عَنِ النِّدَاءِ إِلَى التَّخْصِيصِ عَلَى خِلافِ الْقِيَاسِ، فَجَعَلَهُ أَصْلا فِي نَفْسِهِ مَعَ صِحَّتِهِ أَوْلَى مِنْ جَعْلِهِ مَنْقُولا.

وَقَوْلُ أَبِي سَعِيدٍ: (أَيُّهَا الرَّجُلُ) هُنَا مُبْتَدَأٌ وَالْخَبَرُ مَحْذُوفٌ؛ أَيْ: الْمُرَادُ، أَوْ خَبَرٌ وَالْمُبْتَدَأُ مَحْذُوفٌ؛ أَيْ: الْمُرَادُ الرَّجُلُ، لَيْسَ بِشَيْءٍ.

وَيَقَعُ فِي بَعْضِ النُّسَخِ عَلامَةُ قَطْعٍ بَيْنَ قَوْلِهِ: (إلا أَنْفُسَهُمْ) وَبَيْنَ (مَا كَنَوْا عَنْهُ)، وَكَأَنَّ هَؤُلاءِ فَهِمُوا أَنَّهُ اسْتِئْنَافٌ خَبَرُهُ (كَأَنَّهُ قِيلَ)؛ أَيْ: كَأَنَّهُ قِيلَ فِيهِ، وَالَّذِي حَمَلَهُمْ عَلَيْهِ أَنَّ عَطْفَهُ عَلَى (أَنْفُسَهُمْ) يَقْتَضِي الْمُغَايَرَةَ، وَلَيْسَ بِمُغَايِرٍ، وَمَا ارْتَكَبُوهُ مُفْسِدٌ لِلْمَعْنَى؛ لأَنَّهُ يَكُونُ قَوْلُهُ: (كَأَنَّهُ قِيلَ) تَفْسِيرًا لِقَوْلِهِ: (وَمَا كَنَوْا عَنْهُ)، وَلَيْسَ هَذَا تَفْسِيرًا لَهُ بِاتِّفَاقٍ؛ وَإِنَّمَا هُوَ تَفْسِيرٌ لِقَوْلِهِمْ: (يَا أَيُّهَا الرَّجُلُ) وَإِذَا تَبَيَّنَ جَعْلُهُ لِمَا تَقَدَّمَ وَجَبَ الْعَطْفُ، وَيُحْمَلُ الْعَطْفُ عَلَى غَيْرِ ظَاهِرِهِ فِي الْمُغَايَرَةِ أَوْ يُجْعَلُ (وَمَا كَنَوْا عَنْهُ) خَبَرَ مُبْتَدَأٍ مَحْذُوفٍ؛ أَيْ: وَهُوَ (مَا كَنَوْا عَنْهُ)، فَيَسْتَقِيمُ.

وَقَوْلُهُ: (إلا أَنَّهُمْ سَوَّغُوا دُخُولَ اللامِ هَاهُنَا).

يَعْنِي: مِنْ غَيْرِ أَنْ يُذْكَرَ (أَيُّهَا) يُرِيدُ: وَيَلْزَمُ النَّصْبُ عَلَى أَصْلِ الْبَابِ، وَذَكَرَ اسْمَ اللهِ تَعَالَى؛ لِيُعْلَمَ أَنَّ النَّصْبَ لازِمٌ فِيمَا يَجُوزُ دُخُولُ (يَا) عَلَيْهِ وَفِيمَا لا يَجُوزُ، إِذَا لَمْ يَدْخُلْ عَلَيْهِ (يَا)، وَقِيلَ: قَوْلُهُ:

وَيَأْوِي إِلَى نِسْوَةٍ عُطَّلٍ ... وَشُعْثًا مَرَاضِيعَ مِثْلَ السَّعَالِي

يَعْنِي: وَأَخُصُّ شُعْثًا؛ لأَنَّهُ لَوْ كَانَ وَاوَ الْعَطْفِ لَقِيلَ: وَشُعْثٍ، وَبَعْدَهُ:

فَأَوْرَدَهَا مَرْصَدًا حَافِظًا ... بِهِ ابْنُ الدُّجَى لا طِيًا كَالطِّحَالِ

مُفِيدًا مُعِيدًا لأَكْلِ الْقَنِيـ ... ـصِ ذَا فَاقَةٍ مُلْحِمًا لِلْعِيَالِ

يَعْنِي: أَوْرَدَ الْعِيرُ الأُتُنَ مَرْصَدًا؛ أَيْ: مَكَانًا يَرْصُدُ بِهِ الصَّائِدُ الْوَحْشَ، (حَافِظًا بِهِ ابْنُ الدُّجَى)، يَعْنِي: الصَّائِدَ، ثُمَّ أَخَذَ فِي صِفَتِهِ (لا طِيًا كَالطِّحَالِ)؛ أَيْ: مُلْتَصِقًا بِالأَرْضِ لِيَخْفَى عَنِ الصَّيْدِ، ثُمَّ وَصَفَهُ بِلُزُومِهِ لِلصَّيْدِ لِفَقْرِهِ، وَقَوْلُ بَعْضِهِمْ: إِنَّهُ قَصَدَ تَقْسِيمَ النِّسْوَةِ إِلَى عُطَّلٍ وَشُعْثٍ يَأْبَاهُ النَّصْبُ؛ لأَنَّهُمَا حِينَئِذٍ فِي مَعْنَى الصِّفَةِ الْوَاحِدَةِ، فَلا

يَسْتَقِيمُ جَرْيُ أَحَدِهِمَا وَقَطْعُ الأُخْرَى.

فَصْلٌ: وَمِنْ خَوَاصِّ الاسْمِ التَّرْخِيمُ

قَالَ الشَّيْخُ: التَّرْخِيمُ مِنْ قَوْلِهِمْ: رَخَّمَ صَوْتَهُ إِذَا رَقَّقَهُ، وَكَلامٌ رَخِيمٌ؛ أَيْ: ضَعِيفٌ، وَعَنِ الأَصْمَعِيِّ، قَالَ لِيَ الْخَلِيلُ: مَا اسْمُ الصَّوْتِ الضَّعِيفِ؟ قُلْتُ: التَّرْخِيمُ، فَعَمِلَ بَابَ التَّرْخِيمِ، وَقَدْ ضَعُفَ قَوْلُ الأَصْمَعِيِّ بِأَنَّ قَبْلَ الْخَلِيلِ جَمَاعَةٌ مِنَ النُّحَاةِ كَأَبِي عَمْرٍو وَابْنِ أَبِي إِسْحَاقَ، وَلَمْ يُنْقَلْ عَنْهُمْ اسْمٌ غَيْرُهُ، وَلا يَضْعُفُ بِمُجَرَّدِ ذَلِكَ، نَعَمْ إِنْ صَحَّ أَنَّهُمْ تَكَلَّمُوا فِيهِ بِهَذَا الاسْمِ تَبَيَّنَ ضَعْفُهُ، وَإِلا فَيَجُوزُ أَنَّهُمْ تَكَلَّمُوا فِيهِ بِغَيْرِ هَذَا الاسْمِ، أَوْ مَا تَكَلَّمُوا فِيهِ أَصْلًا، وَإِنْ ثَبَتَ مَا رُوِيَ عَنِ ابْنِ عَبَّاسٍ رَضِيَ اللهُ عَنْهُ أَنَّهُ لَمَّا سَمِعَ قِرَاءَةَ ابْنِ مَسْعُودٍ ﴿وَنَادَوا يَا مَالُ﴾ فِي ﴿يَا مَالِكُ﴾ [الزخرف:٧٧]، قَالَ: مَا أَشْغَلَ أَهْلَ النَّارِ عَنِ التَّرْخِيمِ، كَانَ مُضَعَّفًا، وَالاتِّفَاقُ بَعِيدٌ.

قَوْلُهُ: (إِلا إِذَا اضْطُرَّ الشَّاعِرُ فَرَخَّمَ فِي غَيْرِ النِّدَاءِ).

يَعْنِي: فَيَجُوزُ عَلَى الْوَجْهَيْنِ الْفَتْحُ وَالضَّمُّ، وَهُوَ مَذْهَبُ سِيبَوَيْهِ، وَأَجَازَهُ الْمُبَرِّدُ فِي الشِّعْرِ عَلَى لُغَةِ (يَا حَارُ) بِالضَّمِّ خَاصَّةً دُونَ الأُخْرَى، وَأَنْكَرَ مَا أَجَازَهُ سِيبَوَيْهِ وَغَيْرُهُ، وَقَدْ أَنْشَدَ سِيبَوَيْهِ:

أَلا أَضْحَتْ حِبَالُكُمُ رِمَامَا ... وَأَضْحَتْ مِنْكَ شَاسِعَةً أُمَامَا

فَرَخَّمَ أُمَامَةَ اسْمَ امْرَأَةٍ، وَهُوَ وَاضِحٌ فِيمَا ادَّعَاهُ، وَرَدَّهُ الْمُبَرِّدُ بِأَنَّ الرِّوَايَةَ: (وَمَا عَهْدِي كَعَهْدِكِ يَا أُمَامَا)، وَهُوَ مِنْ تَعَسُّفَاتِهِ، وَجَاءَ أَيْضًا:

إِنَّ ابْنَ حَارِثَ إِنْ أَشْتَقْ لِرُؤْيَتِهِ ... أَوْ أَمْتَدِحْهُ فَإِنَّ النَّاسَ قَدْ عَلِمُوا

وَمَنْ كَسَرَ وَنَوَّنَ وَنَقَلَ الْحَرَكَةَ تَعَسَّفَ، وَقَالَ عَنْتَرَةُ:

يَدْعُونَ عَنْتَرَ وَالرِّمَاحُ كَأَنَّهَا ... أَشْطَانُ بِئْرٍ فِي لَبَانِ الأَدْهَمِ

يُرْوَى بِفَتْحِ الرَّاءِ وَضَمِّهَا، وَلَيْسَ بِقَوِيٍّ لِجَوَازِ أَنْ يَكُونَ التَّقْدِيرُ: يَا عَنْتَرُ فَيَسْقُطُ الاسْتِدْلالُ، وَقَالَ:

أَوْدَى ابْنَ جُلْهُمَ عَبَّادٌ بِصِرْمَتِهِ ... إِنَّ ابْنَ جُلْهُمَ أَمْسَى حَيَّةَ الْوَادِي

فَإِنْ ثَبَتَ أَنَّهُ اسْمُ أَبِيهِ كَمَا يَقُولُهُ سِيبَوَيْهِ نَهَضَ، وَإِنْ ثَبَتَ أَنَّهُ اسْمُ أُمِّهِ كَمَا يَقُولُهُ الْمُبَرِّدُ لَمْ يَنْهَضْ؛ لأَنَّهُ حِينَئِذٍ لا يَنْصَرِفُ لِلْعَلَمِيَّةِ وَالتَّأْنِيثِ، وَأَمَّا اللُّغَةُ الأُخْرَى فِيهِ فَاتِّفَاقٌ.

قَوْلُهُ: (وَلَهُ شَرَائِطُ) إِلَى آخِرِه.

قَالَ الشَّيْخُ: مِنْهَا شَرْطَانِ عَامَّانِ فِي كُلِّ شَيْءٍ، وَهُمَا كَوْنُهُ غَيْرَ مُضَافٍ، وَالآخَرُ كَوْنُهُ غَيْرَ مُسْتَغَاثٍ وَلا مَنْدُوبٍ، وَشَرْطَانِ خَاصَّانِ فِي غَيْرِ مَا فِيهِ تَاءُ التَّأْنِيثِ، وَهُمَا الْعَلَمِيَّةُ وَالزِّيَادَةُ.

أَمَّا كَوْنُهُ عَلَمًا فلأَنَّ الأعْلامَ كَثُرَ نِدَاؤُهَا فَنَاسَبَ التَّخْفِيفُ، وَأَمَّا كَوْنُهُ غَيْرَ مُضَافٍ؛ فلأنَّ الاسْمَ الْمُضَافَ حُكْمُهُ بَعْدَ التَّسْمِيَةِ حُكْمُهُ قَبْلَ التَّسْمِيَةِ؛ لأَنَّهُمَا اسْمَانِ مُعْرَبَانِ إِعْرَابَيْنِ مُخْتَلِفَيْنِ، فَلَوْ رَخَّمْتَ فَإِمَّا أَنْ تُرَخِّمَ الأوَّلَ، وَإِمَّا أَنْ تُرَخِّمَ الثَّانِي؛ أَمَّا تَرْخِيمُ الأوَّلِ فَلا يَسْتَقِيمُ؛ لأَنَّ التَّرْخِيمَ يَبْقَى فِي وَسَطِ الْكَلِمَةِ مِنْ حَيْثُ الْمَعْنَى، وَذَلِكَ عَلَى خِلافِ التَّرْخِيمِ، وَأَمَّا تَرْخِيمُ الثَّانِي؛ فَلأنَّهُ لَيْسَ بِمُنَادَى؛ لأَنَّ الَّذِي وَقَعَ عَلَيْهِ النِّدَاءُ لَفْظًا هُوَ الأوَّلُ.

وَأَمَّا الْمَنْدُوبُ وَالْمُسْتَغَاثُ؛ فَلأَنَّ الْمَقْصُودَ بِهِمَا امْتِدَادُ الصَّوْتِ، وَالتَّرْخِيمُ يُضَادُّ ذَلِكَ، وَأَمَّا الزِّيَادَةُ عَلَى الثَّلاثَةِ؛ فَلأَنَّهُ لَوْ رُخِّمَ الثُّلاثِيُّ لَبَقِيَ عَلَى صُورَةٍ لَيْسَ مِثْلُهَا فِي الْمُتَمَكِّنَاتِ، إِذْ لَيْسَ فِي كَلامِهِمِ اسْمٌ مُتَمَكِّنٌ عَلَى حَرْفَيْنِ، ولا سِيَّمَا عَلَى لُغَةِ مَنْ يَقُولُ: يَا حَارُ بِالضَّمِّ.

وَقَوْلُهُ: (إلا مَا كَانَ فِي آخِرِهِ تَاءُ التَّأْنِيثِ، فَإِنَّ الْعَلَمِيَّةَ وَالزِّيَادَةَ عَلَى الثَّلاثَةِ فِيهِ غَيْرُ مَشْرُوطَتَيْنِ).

أَمَّا الْعَلَمِيَّةُ؛ فَلأَنَّهَا خَلَفَهَا غَيْرُهَا، وَهُوَ التَّأْنِيثُ؛ لأَنَّ التَّأْنِيثَ يَقْتَضِي التَّخْفِيفَ لِثِقَلِهِ، كَمَا يَقْتَضِيهِ الْعَلَمُ لِكَثْرَتِهِ، وَأَمَّا كَوْنُهُ لَيْسَ زَائِدًا عَلَى ثَلاثَةٍ؛ فلأَنَّ اشْتِرَاطَ ذَلِكَ إِنَّمَا كَانَ لِمَا يُؤَدِّي إِلَيْهِ التَّرْخِيمُ مِنَ الإخْلالِ، وَأَمَّا مَا فِيهِ تَاءُ التَّأْنِيثِ فَإِنَّمَا يُحْذَفُ مِنْهُ التَّاءُ، وَحَذْفُ التَّاءِ لا يُؤَدِّي إِلَى إِخْلالٍ؛ لأَنَّهَا زَائِدَةٌ، فَلا إِخْلالَ بِالتَّرْخِيمِ، فَلا حَاجَةَ إِلَى الزِّيَادَةِ.

وَقَدْ أَجَازَ الْفَرَّاءُ وَالْكُوفِيُّونَ تَرْخِيمَ الْعَلَمِ الثُّلاثِيِّ الَّذِي تَحَرَّكَ وَسَطُهُ؛ لأَنَّهُ يَصِيرُ مِثْلَ يَدٍ وَدَمٍ، فَيَقُولُونَ فِيمَنْ اسْمُهُ كَتِفٌ وَقَدَمٌ: يَا كَتِ وَيَا قَدَ، وَلَيْسَ بِالْجَيِّدِ، فَإِنَّ نَحْوَ (يَدٍ) إِنَّمَا صَارَ كَذَلِكَ بِنَوْعٍ مِنَ الإعْلالِ، وَلا يَلْزَمُ مِنْهُ جَوَازُ مِثْلِهِ فِي التَّرْخِيمِ، وَمِنْ ثَمَّ قَالَ الْفَرَّاءُ فِي سَعِيدٍ: يَا سَعِ، وَفِي لَمِيسَ: يَا لَمِ، بِحَذْفِ الْحَرْفَيْنِ مَعًا، وَقَوْلُهُ فِي قَوْلِ أَوْسٍ:

تَنَكَّرَتْ مِنَّا بَعْدَ مَعْرِفَةٍ لَمِي ... وَبَعْدَ التَّصَابِي وَالشَّبَابِ الْمُكَرَّمِ

إنَّ الْيَاءَ لِلإِطْلاقِ تَحكُّمٌ، وَكَذَلِكَ قَوْلُهُ:

وَقَالُوا تَعَالَ يَا يَزِ بْنَ مُخَرِّمٍ ... فَقُلْتُ لَهُمْ: إِنِّي حَلِيفُ صُدَاءِ

لا يَاءَ فِيهِ حُذِفَتْ لالْتِقَاءِ السَّاكِنَيْنِ، وَمِنْ مَذْهَبِهِ أَنَّ السَّاكِنَ يُحْذَفُ مَعَ الآخِرِ فِي نَحْوِ قِمَطْرَ، فَيُقَالُ: يَاقِمَ، فَيَاءُ (يَزِي) مَحْذُوفَةٌ عِنْدَ سِيبَوَيْهِ لالْتِقَاءِ السَّاكِنَيْنِ، وَعِنْدَ الْفَرَّاءِ الْيَاءُ مَحْذُوفَةٌ مَعَ الدَّالِ لِلتَّرْخِيمِ كَالطَّاءِ مِنْ (قِمَطْرٍ).

قَوْلُهُ: (وَالتَّرْخِيمُ حَذْفٌ فِي آخِرِ الاسْمِ عَلَى سَبِيلِ الاعْتِبَاطِ)، لِيَخْرُجَ مَا حُذِفَ لِكَوْنِهِ حَرْفَ عِلَّةٍ لِمُوجِبٍ مِثْلُ قَاضٍ، أَوْ لِتَخْفِيفٍ مِثْلَ الْقَاضِ فِيمَنْ حَذَفَ، وَقَالَ سِيبَوَيْهِ: إِنَّ نَحْوَ قَائِمَةٍ وَقَاعِدَةٍ إِذَا كَانَ غَيْرَ عَلَمٍ لا يَجُوزُ تَرْخِيمُهُ عَلَى لُغَةِ (يَا حَارُ) بِالضَّمِّ، لِئَلا يَلْتَبِسَ بِالْمُذَكَّرِ، وَالظَّاهِرُ خِلافُهُ.

فَأَمَّا ثَمِي وَبَنِي فَلأَنَّهُ كَالأَحْقِي وَالأَدْلِي، وَكَذَلِكَ يُقَالُ فِي قَمَحْدُوَةَ وَعَرْقُوَةَ: يَا قَمَحْدِي وَيَا عَرْقِي، وَفِي قَطَوَانٍ وَكَرَوَانٍ: يَا قَطَا وَيَا كَرَا كَعَصَا، وَفِي سِنَّوْرٍ وَبِرْذَوْنٍ: يَا سِنَّا وَيَا بِرْذَا وَفِي شَاةٍ يَا شَاه بِالْهَاءِ بِرَدِّهَا إِلَى أَصْلِهَا حِينَ احْتَجْتَ إِلَى الرَّدِّ، إِذْ لَيْسَ فِي كَلامِهِمْ اسْمٌ مُتَمَكِّنٌ عَلَى حَرْفَيْنِ ثَانِيهُ أَلِفٌ، وَقَدْ ثَبَتَ رَدُّهَا إِلَى الأَصْلِ عِنْدَ الاحْتِيَاجِ فِي مِثْلِ شُوَيْهَةٍ وَشِيَاه، وَفِي الْمُسَمَّى بِطَيْلَسَانَ: يَا طَيْلَسَ، وَزَعَمَ أَبُو عُثْمَانَ الْمَازِنِيُّ أَنَّهُ لا يَجُوزُ؛ لأَنَّهُ لَيْسَ فِي كَلامِهِمْ فَيْعَلُ فِي الصَّحِيحِ، قَالَ: سَأَلْتُ الأَخْفَشَ فَأَخْطَأَ، فَلَمَّا نَبَّهْتُهُ تَنَبَّهَ، وَقَدْ أَجَازَ ذَلِكَ غَيْرُهُ، إِذَا لا يَعْتَبِرُ وُجُودَ نَفْسِ الزِّنَةِ، وَإِنَّمَا أَرَادَ جَرْيَهُ عَلَى قِيَاسِ كَلامِهِمْ، وَهُوَ الصَّحِيحُ، وَلِذَلِكَ قِيلَ فِي تَرْخِيمِ سَدُوسَ وَفَرَزْدَقَ وَعُنْفُوَانَ عَلَمًا: يَا سَدِي، وَيَا فَرَزْدَ، وَيَا عُنْفِي، وَلَيْسَ ذَلِكَ مِنْ أَبْنِيَتِهِمْ، وَتَقُولُ فِي شَقَاوَةٍ وَحَمْرَاوَانِ عَلَمًا، يَا شَقَاءُ وَيَا حَمْرَاءُ بِالْهَمْزَةِ، وَفِي حَوْلايَا: يَا حَوْلاءُ بِالْهَمْزَةِ، وَفِي حَيَوَةَ: يَا حَيْوَ، ولا يُدْغَمُ لِمَا ثَبَتَ مِنْ شُذُوذِهِ، وَفِيهِ نَظَرٌ، وَفِي شِيَةٍ وَدِيَةٍ: يَا وَشِي، وَيَا وَدِي؛ لأَنَّ الرَّدَّ لَزِمَ، وَالْعَيْنُ مَكْسُورَةٌ فَتَبْقَى، وَالأَخْفَشُ يَقُولُ: يَا وَشْي، وَيَا وَدْي بِسُكُونِهَا رَدًّا إِلَى الأَصْلِ.

وَفِي إِسْحَارَّ عَلَمًا يَا إِسْحَارَ بِالْفَتْحِ عِنْدَ سِيبَوَيْهِ عَلَى اللُّغَةِ الْفَصِيحَةِ، وَبِالْكَسْرِ عِنْدَ قَوْمٍ، وَأَمَّا نَحْوُ يَا رَادِ وَيَا فَارِ عَلَمًا فَالْكَسْرُ لا غَيْرُ، وَأَمَّا عَلَى اللُّغَةِ الْقَلِيلَةِ فَالضَّمُّ فِي الْبَابَيْنِ، وَقَالُوا فِي: (قَاضُونَ) عَلَمًا: يَا قَاضِي بِإِثْبَاتِ الْيَاءِ عَلَى اللُّغَتَيْنِ، وَفِي نَحْوِ أَعْلَوْنَ يَا أَعْلَى بِإِثْبَاتِ الأَلِفِ، وَلَوْ قِيلَ بِحَذْفِ ذَلِكَ عَلَى اللُّغَةِ الْكَثِيرَةِ لَمْ يَبْعُدْ.

وَقَالُوا فِي مُحْمَرٍّ عَلَمًا عَنِ اسْمِ الْفَاعِلِ وَغَيْرِهِ: يَا مُحْمَرْ بِسُكُونِ الرَّاءِ عَلَى اللُّغَةِ

الْكَثِيرَةِ، وَالْفَرَّاء بِكَسْرِهَا عَنِ اسْمِ الْفَاعِلِ وَيُفْتَحُ فِي غَيْرِهِ، وَهُوَ قِيَاسُ مَنْ قَالَ فِي قَاضُونَ: يَا قَاضِي بِإِثْبَاتِ الْيَاءِ.

الْمُرَخَّمُ الَّذِي يُحْذَفُ مِنْهُ حَرْفَانِ كُلُّ اسْمٍ فِي آخِرِهِ زِيَادَتَانِ زِيدَتَا مَعًا؛ أَيْ: لِمَعْنًى؛ كَالألِفِ وَالنُّونِ فِي نَحْوِ سَكْرَانَ وَعُثْمَانَ، أَوْ حَرْفٌ صَحِيحٌ وَقَبْلَهُ مَدَّةٌ قَبْلَهَا ثَلَاثَةُ أَحْرُفٍ فَصَاعِدًا، وَقَدْ أَهْمَلَ قَوْلَهُ: (قَبْلَهَا ثَلاثَةُ أَحْرُفٍ)؛ لأنَّهُ قَالَ: (وَإِمَّا حَرْفٌ صَحِيحٌ وَقَبْلَهُ مَدَّةٌ) وَلَمْ يَزِدْ، كَأَنَّهُ اسْتَغْنَى بِمَا مَثَّلَ بِهِ فِي مِثْلِ مَنْصُورٍ وَعَمَّارٍ، وَبِمَا تَقَدَّمَ فِي مِثْلِ (يَا ثَمُو)، وَلَوْلا تَقَدُّمُ تَصْرِيحُهُ فِي (ثَمُودَ) وَنَحْوِهِ بِإِثْبَاتِ الْوَاوِ لَتُوهِّمَ أَنَّ مَذْهَبَهُ كَمَذْهَبِ الْفَرَّاءِ فِي إِسْقَاطِ الْحَرْفَيْنِ مِنَ الْمُنَادَى.

وَقَدِ اخْتُلِفَ فِي (أَسْمَاءَ) هَلْ هِيَ مِمَّا آخِرُهُ زِيَادَتَانِ أَوْ حَرْفٌ أَصْلِيٌّ وَقَبْلَهُ مَدَّةٌ، فَمَذْهَبُ سِيبَوَيْهِ أَنَّهُمَا زِيَادَتَانِ وَوَزْنُهُ عِنْدَهُ فَعْلاءُ مِنَ الْوَسْمِ، انْقَلَبَتِ الْوَاوُ هَمْزَةً عَلَى غَيْرِ قِيَاسٍ، كَمَا قُلِبَتْ فِي أَنَاةٍ وَأَحَدٍ، وَقَدْ ذَهَبَ غَيْرُهُ إِلَى أَنَّ أَسْمَاءَ أَفْعَالٌ جَمْعُ اسْمٍ سُمِّيَ بِهِ الْمُؤَنَّثُ، وَامْتَنَعَ مِنَ الصَّرْفِ لِلتَّأْنِيثِ الْمَعْنَوِيِّ وَالْعَلَمِيَّةِ، فَعَلَى هَذَا يَكُونُ آخِرُهُ حَرْفًا أَصْلِيًّا وَقَبْلَهُ مَدَّةٌ، فَيَكُونُ مِثْلَ قَوْلِكَ: عَمَّارٌ، وَمَذْهَبُ سِيبَوَيْهِ أَقْرَبُ إِلَى الْمَعْنَى، وَمَذْهَبُ غَيْرِهِ أَجْرَى عَلَى مُقْتَضَى الألْفَاظِ، وَبَيَانُ الْمَعْنَى أَنَّ أَسْمَاءَ الأعْلامِ أَكْثَرُهَا صِفَاتٌ وَلَمْ يُسَمَّ بِالْجَمْعِ إِلا نَادِرًا، فَإِذَا تَرَدَّدَ الاسْمُ بَيْنَ كَوْنِهِ جَمْعًا، وَبَيْنَ كَوْنِهِ صِفَةً كَانَ حَمْلُهُ عَلَى الْوَصْفِيَّةِ أَوْلَى، وَاعْتَقَدَ سِيبَوَيْهِ قَلْبَ الْوَاوِ هَمْزَةً مُحَافَظَةً عَلَى هَذَا الْمَعْنَى، وَحُجَّةُ غَيْرِهِ أَنَّ قَلْبَ الْوَاوِ هَمْزَةً إِذَا قُدِّرَ وَسْمَاءَ عَلَى خِلافِ الْقِيَاسِ؛ كَوَعْدٍ وَوَجْدٍ وَوَرْدٍ وَأَشْبَاهِهِ، وَلا ضَرُورَةَ تُلْجِئُ إِلَى ذَلِكَ، وَإِذَا لَمْ تَكُنِ الْوَاوُ مُنْقَلِبَةً وَجَبَ أَنْ تَكُونَ أَفْعَالا، وَهَذَا وَإِنْ كَانَ قَوِيًّا فَإِنَّمَا خَالَفَهُ سِيبَوَيْهِ لِكَثْرَةِ التَّسْمِيَةِ بِالصِّفَاتِ وَقِلَّتِهِ فِي الْجُمُوعِ، فَرَأَى أَنَّ قَلْبَ الْوَاوِ هَمْزَةً أَقْرَبُ مِنْ تَسْمِيَتِهِمْ بِالْجَمْعِ.

وَقَوْلُهُ: (وَقَبْلَهُ مَدَّةً)، يَعْنِي: زَائِدَةً، وَإِلا وَرَدَ نَحْوُ: مُخْتَارٍ، وَتَرْخِيمُهُ (يَا مُخْتَا) بِإِثْبَاتِ الألِفِ.

وَأَمَّا الْمُرَكَّبُ فَإِنَّهُ يُحْذَفُ آخِرُ الاسْمَيْنِ بِكَمَالِهِ، وَالْفَرْقُ بَيْنَهُ وَبَيْنَ الْمُضَافِ أَنَّ الْمُضَافَ مَعَ الْمُضَافِ إِلَيْهِ اسْمَانِ مُعْرَبَانِ بِإِعْرَابَيْنِ مُخْتَلِفَيْنِ، فَظَهَرَ التَّعَدُّدُ فِيهِمَا لَفْظًا، وَالتَّرْخِيمُ حُكْمٌ لَفْظِيٌّ فَلَمْ يَجُزْ فِي الْمُتَعَدِّدِ لَفْظًا.

وَأَمَّا مَعْدِ يكَرِبَ فَلَمْ يَجُزْ فِيهِ التَّعَدُّدُ اللَّفْظِيُّ فَجَرَى مُجْرَى قَوْلِكَ: جَعْفَرُ وَعِمْرَانُ، بِدَلِيلِ إِعْرَابِهِ إِعْرَابًا وَاحِدًا فِي آخِرِهِ، فَلَمَّا لَمْ يَتَعَدَّدْ تَعَدُّدًا لَفْظِيًّا جَرَى مُجْرَى الْمُفْرَدَاتِ،

وَحُذِفَ عِنْدَ التَّرْخِيمِ آخِرُ الاسْمَيْنِ بِكَمَالِهِ؛ لأنَّهَا كَلِمَةٌ زِيدَتْ عَلَى الْكَلِمَةِ الأولَى فَأَشْبَهَتْ تَاءَ التَّأْنِيثِ وَأَلِفَ التَّأْنِيثِ.

وَإِذَا قُلْتَ: يَا خَمْسَهْ فِي (خَمْسَةَ عَشَرَ)، وَوَقَفْتَ وَقَفْتَ عَلَى الْهَاءِ عَلَى اللُّغَتَيْنِ، وَكَذَلِكَ لَوْ رَخَّمْتَ نَحْوَ (مُسْلِمَتَانِ)، قُلْتَ: يَا مُسلِمَهْ، قَالَ سِيبَوَيْه: (لأنَّهَا تِلْكَ الْهَاءُ الَّتِي كَانَتْ فِي خَمْسَةَ).

وَتَقُولُ فِي (اثْنَا عَشَرَ) عَلَمًا: يَا اثْنُ وَيَا اثْنَ؛ لأنَّ عَشَرَ بِمَنْزِلَةِ النُّونِ حَيْثُ عَامَلُوهُ مُعَامَلَةَ (اثْنَانِ)، فَيَتْبَعُهَا الألِفُ عَلَى قِيَاسِ لُغَتِهِمْ، وَفِيهِ نَظَرٌ مِنْ جِهَةِ أَنَّ الثَّانِي مُسْتَقِلٌّ بِرَأْسِهِ، وَمِنْ جِهَةِ أَنَّ الألِفَ لا تَتَحَقَّقُ زِيَادَتُهَا، وَمَنْ قَالَ: يَا اثْنَيْ بِالْيَاءِ فَقِيَاسُهُ (يَا اثْنَيْ) عَلَى اللُّغَةِ الْكَثِيرَةِ، وَيَا اثْنَا عَلَى اللُّغَةِ الْقَلِيلَةِ.

وَأَمَّا (تَأَبَّطَ شَرًّا) فَهُوَ أَشْبَهُ شَيْءٍ بِالْمُضَافِ مَعَ الْمُضَافِ إِلَيْهِ؛ لأنَّ التَّعَدُّدَ فِيهِ مَقْصُودٌ بَعْدَ التَّسْمِيَةِ، أَلا تَرَى أَنَّ شَرًّا فِي قَوْلِكَ: (تَأَبَّطَ شَرًّا) مَنْصُوبٌ فِي أَحْوَالِهِ كُلِّهَا، فَلَمَّا كَانَ التَّعَدُّدُ بَاقِيًا تَعَذَّرَ فِيهِ التَّرْخِيمُ كَمَا تَعَذَّرَ فِي الْمُضَافِ وَالْمُضَافِ إِلَيْهِ، وَقَالَ سِيبَوَيْه: وَلَوْ رَخَّمْتَ (تَأَبَّطَ شَرًّا) لَرَخَّمْتَ رَجُلا يُسَمَّى (يَا دَارَ عَبْلَةَ بِالْجَوَاءِ تَكَلَّمِي).

وَأَمَّا قَوْلُهُ:

فَاجْزُوا تَأَبَّطَ قَرْضًا لا أَبَا لَكُمْ صَاعًا بِصَاعٍ فَإِنَّ الذُّلَّ مَعْيُوبُ

فَشُذُوذٌ عَلَى شُذُوذٍ، وَمَا عَدَا الْقِسْمَيْنِ الْمَذْكُورَيْنِ هُوَ الَّذِي يُحْذَفُ مِنْهُ حَرْفٌ وَاحِدٌ، وَاللهُ أَعْلَمُ.

وَقَدْ يُحْذَفُ الْمُنَادَى عَلَى مَا ذَكَرَ، وَقَوْلُهُ: "**أَلا يَسْجُدُوا**" [النمل:٢٥] عَلَى قِرَاءَةِ الْكَسَائِيِّ مِنْ ذَلِكَ؛ لأنَّهُ يَقِفُ عَلَى (يَا) وَيَبْتَدِئُ (اسْجُدُوا) بِضَمِّ الْهَمْزَةِ، وَقَوْلُهُ:

.... عَلَى سَمْعَانَ مِنْ جَارِ

أي: جَارًا حَالٌ أَوْ تَمْيِيزٌ؛ أَيْ: عَلَى جِيرَتِهِ.

فَصْلٌ: وَمِنَ الْمَنْصُوبِ بِاللازِمِ إِضْمَارُهُ قَوْلُكَ فِي التَّحْذِيرِ.. إِلَى آخره

قَالَ الشَّيْخُ: هَذَا يَنْقَسِمُ إِلَى قِسْمَيْنِ: مِنْهُ مَا هُوَ سَمَاعِيٌّ، وَعِلَّةُ حَذْفِ فِعْلِهِ مَا تَقَدَّمَ فِي (سَقْيًا وَرَعْيًا) وَبَابِهِ، وَمِنْهُ مَا هُوَ قِيَاسِيٌّ، فَالْقِيَاسِيُّ مَا بَدَأَ بِهِ فِي قَوْلِهِ: (إِيَّاكَ وَالأسَدَ)، وَهُوَ كُلُّ مَوْضِعٍ كَانَ الاسْمُ فِيهِ مُحَذَّرًا، وَذُكِرَ الْمُحَذَّرُ مِنْهُ بَعْدَهُ بِحَرْفِ الْعَطْفِ أَوْ

بِحَرْفِ الْجَرِّ، كَقَوْلِكَ: (إِيَّاكَ وَالْأَسَدَ)، وَكَقَوْلِكَ: (إِيَّاكَ مِنَ الْأَسَدِ)، وَأَصْلُهُ نَحِّكَ، إِلَّا أَنَّ الضَّمِيرَيْنِ إِذَا كَانَا لِشَيْءٍ وَاحِدٍ وَجَبَ إِبْدَالُ الثَّانِي بِالنَّفْسِ فِي غَيْرِ أَفْعَالِ الْقُلُوبِ، فَصَارَ تَقْدِيرُهُ نَحِّ نَفْسَكَ، ثُمَّ حُذِفَ الْفِعْلُ بِفَاعِلِهِ، فَزَالَ الْمُوجِبُ لِتَغْيِيرِ إِضْمَارِ الثَّانِي فَوَجَبَ رُجُوعُهُ إِلَى أَصْلِهِ، إِلَّا أَنَّهُ لَا يُمْكِنُ الْإِتْيَانُ بِهِ مُتَّصِلًا لِعَدَمِ مَا يَتَّصِلُ بِهِ، فَوَجَبَ أَنْ يَكُونَ مُنْفَصِلًا، وَهَذَا الْمَذْكُورُ بَعْدَهُ إِنْ كَانَ بِحَرْفِ الْجَرِّ، فَظَاهِرُ تَعَلُّقُهُ بِالْفِعْلِ الْمَحْذُوفِ، وَإِنْ كَانَ بِالْوَاوِ فَهُوَ مَعْطُوفٌ عَلَى (إِيَّاكَ)، كَأَنَّكَ قُلْتَ: نَحِّ نَفْسَكَ وَنَحِّ الْأَسَدَ، وَلَا يَجُوزُ أَنْ تَقُولَ: (إِيَّاكَ الْأَسَدَ) كَمَا يَزْعُمُ بَعْضُ النَّحْوِيِّينَ، وَنَصَّ سِيبَوَيْهِ عَلَى ذَلِكَ؛ لِأَنَّهُ إِنْ كَانَ عَنْ قَوْلِكَ: (إِيَّاكَ وَالْأَسَدَ)، فَلَا يَجُوزُ حَذْفُ حَرْفِ الْعَطْفِ، وَإِنْ كَانَ عَنْ قَوْلِكَ: (إِيَّاكَ مِنَ الْأَسَدِ) فَحَرْفُ الْجَرِّ لَا يُحْذَفُ فِي مِثْلِ ذَلِكَ.

وَأَمَّا قَوْلُهُ: (إِيَّاكَ وَأَنْ تَقُومَ)، وَإِيَّاكَ مِنْ أَنْ تَقُومَ، فَهَذَا جَائِزٌ أَنْ تَقُولَ: (إِيَّاكَ أَنْ تَقُومَ)، وَحِينَئِذٍ يَجِبُ حَمْلُهُ عَلَى (إِيَّاكَ مِنْ أَنْ تَقُومَ)، وَحُذِفَ حَرْفُ الْجَرِّ؛ لِأَنَّ حَرْفَ الْجَرِّ يُحْذَفُ عَنْ (أَنْ) قِيَاسًا، وَلَا يَجُوزُ أَنْ يَكُونَ مِنْ قَوْلِكَ: (إِيَّاكَ وَأَنْ تَقُومَ)؛ لِأَنَّ حَرْفَ الْعَطْفِ لَا يُحْذَفُ عَنْ (أَنْ) وَلَا عَنْ غَيْرِهَا، وَقَدْ جَاءَ فِي الشِّعْرِ شَاذًّا:

فَإِيَّاكَ إِيَّاكَ الْمِرَاءَ فَإِنَّهُ   إِلَى الشَّرِّ دَعَّاءٌ وَلِلشَّرِّ جَالِبُ

وَحَمَلَهُ الْخَلِيلُ عَلَى أَنَّهُ مَنْصُوبٌ بِفِعْلٍ مُقَدَّرٍ، كَأَنَّهُ قَالَ بَعْدَ تَمَامِ الْكَلَامِ: احْذَرِ الْمِرَاءَ، وَحَمَلَهُ ابْنُ أَبِي إِسْحَاقَ عَلَى أَنَّ أَصْلَهُ (إِيَّاكَ مِنَ الْمِرَاءِ) فَحُذِفَ حَرْفُ الْجَرِّ لَمَّا كَانَ الْمِرَاءُ بِمَعْنَى: (أَنْ تُمَارِيَ)، فَحَمَلَهُ عَلَيْهِ مِنْ حَيْثُ الْمَعْنَى عَلَى شُذُوذِهِ.

وَقَدَّرَ سِيبَوَيْهِ (إِيَّايَ وَالشَّرَّ) مَنْصُوبًا بِفِعْلٍ لِلْمُتَكَلِّمِ، كَأَنَّهُ أَمْرٌ لِنَفْسِهِ، يَعْنِي: لِأُبَاعِدْ نَفْسِي عَنِ الشَّرِّ وَلِأُبَاعِدِ الشَّرَّ عَنِّي، وَأَنْكَرَهُ غَيْرُهُ وَقَالَ: الْمَعْنَى عَلَى أَنَّهُ يُخَاطِبُ غَيْرَهُ عَلَى مَعْنَى: (بَاعِدْنِي)، وَإِلَيْهِ ذَهَبَ الزَّمَخْشَرِيُّ، وَكِلَا التَّقْدِيرَيْنِ مُسْتَقِيمٌ، وَقَوْلُ عُمَرَ: (إِيَّايَ وَأَنْ يَحْذِفَ أَحَدُكُمُ الْأَرْنَبَ) مِثْلُهُ، وَقَدَّرَهُ الزَّجَّاجُ بِإِيَّايَ وَإِيَّاكُمْ، وَأَرَادَ عُمَرُ النَّهْيَ عَنْ حَذْفِ الْأَرْنَبِ بِالْعَصَا؛ لِأَنَّ ذَلِكَ يَقْتُلُهَا فَلَا تَحِلُّ، فَقَالَ: (لِيَذَكِّ لَكُمُ الْأَسَلُ وَالرِّمَاحُ وَالسِّهَامُ، وَإِيَّايَ وَأَنْ يَحْذِفَ أَحَدُكُمُ الْأَرْنَبَ)، فَبَالَغَ فِي نَهْيِهِمْ بِأَنْ قَالَ: بَاعِدُونِي عَنْ حَذْفِهِ، فَجَعَلَهُ مِنَ الْأَمْرِ الَّذِي يَطْلُبُ مِنْهُمُ الْبُعْدَ عَنْهُ لِعِظَمِهِ، أَوْ يَطْلُبُ مِنْ نَفْسِهِ الْبُعْدَ عَنْهُ، وَهُوَ أَبْلَغُ مِنْ أَنْ يُقَالَ: لَا تَحْذِفُوا الْأَرْنَبَ.

وَمِنْهُ: (مَازِ رَأْسَكَ وَالسَّيْفَ) [١] و(مَازِ) مُرَخَّمٌ عَنْ مَازِنٍ، وَقِيلَ: تَرْخِيمُ مَازِنِيٍّ، وَفِيهِ شُذُوذٌ مِنْ وَجْهَيْنِ: تَرْخِيمُ مَا لَيْسَ بِعَلَمٍ، وَحَذْفُ حَرْفٍ قَبْلَ يَاءَيِ النَّسَبِ وَالَّذِي حَمَلَهُمْ عَلَى ذَلِكَ مَا يُنْقَلُ أَنَّ كَدَّامًا الْمَازِنِيَّ أَسَرَ بُجَيْرًا الْقُشَيْرِيَّ، فَجَاءَ قَعْنَبٌ الْيَرْبُوعِيُّ لِيَقْتُلَ الْقُشَيْرِيَّ، فَحَالَ الْمَازِنِيُّ دُونَ أَسِيرِهِ، فَقَالَ لَهُ قَعْنَبُ: (مَازِ رَأْسَكَ وَالسَّيْفَ)، فَإِنْ كَانَ الْمَثَلُ مُتَقَدِّمًا أَوْ سَمَّاهُ بِاسْمِ أَبِيهِ اسْتَقَامَ، وَإِلا فَيُرْتَكَبُ الشُّذُوذَانِ لِجَرْيِهِ مُجْرَى الْمَثَلِ؛ وَمَا بَعْدَ ذَلِكَ سَمَاعِيٌّ.

وَقَوْلُهُ: (أَهْلَكَ وَاللَّيْلَ) [٢] أَيْ: بَادِرْ أَهْلَكَ وَبَادِرِ اللَّيْلَ، وَأَحْضِرْ عُذْرَكَ تَفْسِيرُ سِيبَوَيْهِ، و(عَاذِرَكَ) تَفْسِيرُ الْمُفَضَّلِ بْنِ سَلَمَةَ، كَأَنَّهُ اسْتَبْعَدَ أَنْ يَكُونَ فَعِيلٌ مَصْدَرًا غَيْرَ صَوْتٍ؛ كَالنَّئِيمِ، وَالزَّئِيرِ، وَالصَّلِيلِ، وَالصَّرِيرِ.

وَمِنْهُ: (هَذَا ولا زَعَمَاتِكَ)؛ أَيْ: وَلا أَتَوَهَّمُ زَعَمَاتِك، كَأَنَّ الْمُخَاطَبَ وَعَدَ بِفِعْلِ أَشْيَاءَ، فَلَمْ يَفِ بِهَا، ثُمَّ رَأَى الْوَاعِدَ الْمَوْعُودَ عَلَى حَالٍ دُونَهَا، فَقَالَ الْمَوْعُودُ لَهُ: هَذَا وَلا زَعَمَاتِكَ؛ أَيْ: أَرْضَى هَذَا وَلا زَعَمَاتِكَ.

وَقَوْلُهُمْ: (كِلَيْهِمَا وَتَمْرًا) مَثَلٌ تَلْزَمُ حِكَايَتُهُ كَالأَمْثَالِ، قِيلَ: أَصْلُهُ أَنَّ عَمْرَوا الْجَعْدِيَّ كَانَ بَيْنَ يَدَيْهِ قُرْصٌ وَتَمْرٌ وَزُبْدٌ، فَقَالَ لَهُ رَجُلٌ: أَطْعِمْنِي مِنْ قُرْصِكَ وَزُبْدِكَ، فَقَالَ عَمْرُو: كِلَيْهِمَا وَتَمْرًا؛ أَيْ: أُطْعِمُكَ كِلَيْهِمَا وَأَزِيدُكَ تَمْرًا، قَالَ سِيبَوَيْه: (وَمِنْهُمْ مَنْ يَقُولُ: كِلاهُمَا وَتَمْرًا)؛ أَيْ: كِلاهُمَا ثَابِتَانِ وَأَزِيدُكَ تَمْرًا، وَكَذَلِكَ قَالَ فِي: (كُلُّ شَيْءٍ وَلا شَتِيمَةَ حُرٍّ)؛ أَيْ: كُلُّ شَيْءٍ أَمَمٌ، وَالْمَشْهُورُ فِيهِمَا النَّصْبُ.

وَمِنْهُ: "انْتَهُوا خَيْرًا لَكُمْ" [النساء:١٧١]، قَالَ سِيبَوَيْه: (لأَنَّكَ حِينَ قُلْتَ: انْتَهِ فَأَنْتَ تُرِيدُ أَنْ تُخْرِجَهُ مِنْ أَمْرٍ وَتُدْخِلَهُ فِي آخَرَ)، فَكَأَنَّهُ قَالَ: وَائْتِ خَيْرًا لَكَ، وَقَالَ الْفَرَّاءُ:

---

(١) قَالَ الأصمعي: أصل ذلك أن رجلا يُقَال له " مازن " أَسَرَ رجلا وكان رجل يطلب المأسور بِذَحْل فقَال له: مازِ - أي يا مازن - رأسَكَ والسيفَ فنحّى رأسه فضرب الرجل عنق الأسير.
قلت: قَالَ الليث: إذا أراد الرجلُ أن يضرب عنقَ آخر يقول: أخرج رأسَك فقد أخطىء حتى يقول: ما زِ رَأسَك أو يقول: مَازَ ويَسكت ومعناه مُدَّ رأسكَ.
قَالَ الأزهري: لا أعرف " مازِ رأسَكَ " بهذا المعنى إلا أن يكون بمعنى مايز فأخَّرَ الياء فقَالَ ماز وأسقطت الياء في الأمر. [مجمع الأمثال:٢٧٩/٢]

(٢) أي أذكر أهلك وبُعْدهم عنك واحذر الليل وظلمته فهما منصوبان بإضمار الفعل. يضرب في التحذير والأمر بالحَزْم [مجمع الأمثال:٥٢/١]

الْمَعْنَى: انْتَهُوا انْتِهَاءً خَيْرًا لَكُمْ، وَقَالَ الْكَسَائِيُّ: الْمَعْنَى: انْتَهُوا يَكُنْ خَيْرًا لَكُمْ، وَمَا ذَكَرَهُ سِيبَوَيْهِ أَظْهَرُ وَالْمَعْنَى عَلَيْهِ، وَلِذَلِكَ أَظْهَرُوهُ فِي مِثْلِ (انْتَهِ وَائْتِ أَمْرًا قَاصِدًا)، وَقَوْلُ الزَّمَخْشَرِيِّ: وَمِنْهُ: (انْتَهِ أَمْرًا قَاصِدًا). عَلَى أَنَّهُ وَاجِبٌ فِيهِ حَذْفُ الْفِعْلِ غَلَطٌ، وَمِثْلُ (انْتَهِ أَمْرًا قَاصِدًا) قَوْلُهُ:

تَرَوَّحِي أَجْدَرَ أَنْ تَقِيلِي ....

وَمِنْهُ: (وَرَاءَكَ أَوْسَعَ لَكَ)، مَثَلٌ فِي الزَّجْرِ عَنِ الإِقْدَامِ عَلَى الشَّيْءِ، يُقَالُ: إِنَّ ابْنَ الْحَمَامَةِ الشَّاعِرَ أَتَى الْحُطَيْئَةَ فَقَالَ: السَّلامُ عَلَيْكُم. فَقَالَ: كَلِمَةٌ تُقَالُ، وَلَيْسَ لَهَا جَوَابٌ عِنْدِي. فَقَالَ: أَأَلِجُ؟ فَقَالَ: (وَرَاءَكَ أَوْسَعَ لَكَ)، فَقَالَ: أَنَا ابْنُ الْحَمَامَةِ الشَّاعِرُ. فَقَالَ: كُنْ ابْنَ أَيِّ طَيْرِ اللهِ شِئْتَ.

(وَمِنْهُ: مَنْ أَنْتَ زَيْدًا)، يُقَالُ لِمَنْ ذَكَرَ عَظِيمًا بِسُوءٍ، وَلِمَنْ يُشَبِّهُ نَفْسَهُ بِرَجُلٍ عَظِيمٍ، وَلَكَ أَنْ لا تُغَيِّرَ لَفْظَ زَيْدٍ، وَلَكَ أَنْ تَذْكُرَ اسْمَ ذَلِكَ الرَّجُلِ.

(وَمِنْهُ مَرْحَبًا)، إِلَى آخِرِهِ، وَقَدْ كَثُرَ ذَلِكَ حَتَّى صَارَ بِمَعْنَى الدُّعَاءِ، فَلَوْ قِيلَ: إِنَّهَا مَنْصُوبَةٌ عَلَى الْمَصْدَرِ لَكَانَ صَوَابًا.

(وَإِنْ تَأْتِنِي فَأَهْلَ اللَّيْلِ وَالنَّهَارِ)؛ أَيْ: فَإِنَّكَ تَأْتِي، وَمَعْنَاهُ الإِكْرَامُ؛ لأَنَّ الْمَرْءَ يُكْرَمُ فِي أَهْلِهِ لَيْلا وَنَهَارًا، وَيَجْمَعُ ذَلِكَ كُلَّهُ أَنَّهُ كَثُرَ حَتَّى صَارَ مَعْلُومًا، وَجَرَى مَثَلا أَوْ كَالْمَثَلِ لِكَثْرَتِهِ.

فَصْلٌ: وَمِنَ الْمَنْصُوبِ بِاللازِمِ إِضْمَارُهُ مَا أُضْمِرَ عَامِلُهُ عَلَى شَرِيطَةِ التَّفْسِيرِ

قَالَ الشَّيْخُ: ضَابِطُهُ أَنْ يَتَقَدَّمَ اسْمٌ وَبَعْدَهُ فِعْلٌ أَوْ مَا هُوَ فِي مَعْنَى الْفِعْلِ مُسَلَّطٌ عَلَى ضَمِيرِ ذَلِكَ الاسْمِ عَلَى جِهَةِ الْمَفْعُولِيَّةِ، أَوْ مَا يَتَعَلَّقُ بِضَمِيرِهِ لَوْ سُلِّطَ عَلَى الأَوَّلِ؛ لَكَانَ مَعْمُولا لَهُ، وَمَهْمَا رَفَعْتَ فَعَلَى الابْتِدَاءِ، وَإِذَا نَصَبْتَ فَعَلَى تَقْدِيرِ فِعْلٍ، وَإِذَا نَصَبْتَ فِي مِثْلِ: (زَيْدًا ضَرَبْتُهُ)، فَالتَّقْدِيرُ: ضَرَبْتُ زَيْدًا، وَفِي مِثْلِ (زَيْدًا مَرَرْتُ بِهِ) جَاوَزْتُ زَيْدًا، وَفِي مِثْلِ: (زَيْدًا ضَرَبْتُ أَخَاهُ) أَهَنْتُ، وَفِي مِثْلِ (زَيْدًا سَمَّيْتُ بِهِ)، لابَسْتُ، فَقِسْ عَلَى ذَلِكَ، وَزَعَمَ الْمُبَرِّدُ أَنَّ الرَّفْعَ فِي مِثْلِ:

إِذَا ابْنَ أَبِي مُوسَى.... ....

بِتَقْدِيرِ فِعْلٍ رَافِعٍ، كَأَنَّهُ قِيلَ: إِذَا بُلِغَ لا عَلَى الابْتِدَاءِ، وَيَلْزَمُهُ أَنْ يُجِيزَ مِثْلَهُ فِي غَيْرِهِ.

ثُمَّ هُوَ يَنْقَسِمُ إِلَى أَقْسَامٍ، مَا يُخْتَارُ فِيهِ الرَّفْعُ، وَمَا يُخْتَارُ فِيهِ النَّصْبُ، وَمَا يَسْتَوِي فِيهِ الأمْرَانِ، وَمِنْهُ مَا يَجِبُ فِيهِ النَّصْبُ.

فَأَمَّا الْمَوْضِعُ الَّذِي يُخْتَارُ فِيهِ الرَّفْعُ فَأَنْ يَكُونَ مُجَرَّدًا عَنِ الْقَرَائِنِ الَّتِي نَذْكُرُهَا فِي بَابِ الأقْسَامِ؛ كَقَوْلِكَ: (زَيْدٌ ضَرَبْتُهُ).

وَأَمَّا الْمَوْضِعُ الَّذِي يُخْتَارُ فِيهِ النَّصْبُ فَأَنْ يَقَعَ بَعْدَ الاسْتِفْهَامِ أَوْ حَرْفِ النَّفْيِ و(إِذَا) و(حَيْثُ)، وَأَنْ تُعْطَفَ هَذِهِ الْجُمْلَةَ عَلَى جُمْلَةٍ فِعْلِيَّةٍ.

وَأَمَّا الْمَوْضِعُ الَّذِي يَسْتَوِي فِيهِ الأمْرَانِ فَأَنْ تُعْطَفَ هَذِهِ الْجُمْلَةَ عَلَى جُمْلَةٍ فِعْلِيَّةٍ ذَاتِ وَجْهَيْنِ؛ كَقَوْلِكَ: (زَيْدٌ ضَرَبْتُهُ وَعَمْرٌو أَكْرَمْتُهُ).

وَأَمَّا الْمَوْضِعُ الَّذِي يَجِبُ فِيهِ النَّصْبُ فَأَنْ تَقَعَ الْجُمْلَةُ بَعْدَ حَرْفٍ لا يَلِيهُ إلا الْفِعْلُ؛ كَقَوْلِكَ: (إِنْ زَيْدًا تُكْرِمْهُ أُكْرِمْهُ)، فَأَمَّا قَوْلُكَ: (زَيْدٌ قَامَ) و(زَيْدٌ ضُرِبَ) وَشِبْهُهُ فَلَيْسَ مِنْ هَذَا الْبَابِ، وَلَيْسَ فِيهِ إلا الرَّفْعُ؛ لأنَّ الْفِعْلَ لَمْ يَتَسَلَّطْ عَلَى الضَّمِيرِ عَلَى جِهَةِ الْمَفْعُولِيَّةِ، وَإِنَّمَا سُلِّطَ عَلَى جِهَةِ الْفَاعِلِيَّةِ.

وَإِنَّمَا اخْتِيرَ الرَّفْعُ فِي الْقِسْمِ الأوَّلِ؛ لأنَّهُ إِذَا ارْتَفَعَ ارْتَفَعَ بِالابْتِدَاءِ، وَإِذَا انْتَصَبَ انْتَصَبَ بِفِعْلٍ مُضْمَرٍ دَلَّ عَلَيْهِ مَا بَعْدَهُ، وَلَيْسَ مَعَهُ قَرِينَةٌ تُقَوِّي أَمْرَ الإضْمَارِ، فَكَانَ حَمْلُهُ عَلَى مَا لا إِضْمَارَ فِيهِ أَوْلَى، فَلِذَلِكَ كَانَ (زَيْدٌ ضَرَبْتُهُ) أَحْسَنَ مِنْ قَوْلِكَ: (زَيْدًا ضَرَبْتُهُ).

وَإِنَّمَا اخْتِيرَ النَّصْبُ فِي الْوَجْهِ الثَّانِي لِوُجُودِ قَرَائِنَ تَقْتَضِي تَقْدِيرَ الْفِعْلِ، فَكَانَ تَقْدِيرُ الْفِعْلِ لِيَتَوَفَّرَ عَلَيْهَا مَا تَقْتَضِيهِ أَوْلَى مِنْ ذَلِكَ الاسْتِفْهَامُ؛ كَقَوْلِكَ: (أَزَيْدًا ضَرَبْتَهُ)؛ لأنَّ الاسْتِفْهَامَ بِالْفِعْلِ أَوْلَى، فَكَانَ تَقْدِيرُ الْفِعْلِ لِيَتَوَفَّرَ عَلَيْهِ أَوْلَوِيَّةُ مَا يَقْتَضِيهِ أَوْلَى فَكَانَ أَوْلَى، وَلِذَلِكَ كَانَ (أَزَيْدًا ضَرَبْتَهُ) أَحْسَنَ مِنْ قَوْلِكَ: (أَزَيْدٌ ضَرَبْتَهُ)، وَلَيْسَ (هَلْ زَيْدًا ضَرَبْتَهُ) مِثْلَ (أَزَيْدًا ضَرَبْتَهُ) لا فِي الرَّفْعِ ولا فِي النَّصْبِ، لاقْتِضَائِهَا لَفْظَ الْفِعْلِ، فَلِذَلِكَ كَانَ الرَّفْعُ شَاذًّا، بِخِلافِهِ فِي الْهَمْزَةِ؛ لِتَصَرُّفِهِمْ فِيهَا، أَوْ لأنَّ (هَلْ) فِي أَصْلِهَا بِمَنْزِلَةِ قَدْ، وَأَمْثِلَةُ بَقِيَّةِ الأقْسَامِ سَوَاءٌ.

وَمِنْهُ: عَطْفُ الْجُمْلَةِ الْمُتَكَلَّمُ فِيهَا عَلَى جُمْلَةٍ فِعْلِيَّةٍ، وَذَلِكَ أَنَّكَ إِذَا قَدَّرْتَ الْفِعْلَ فِي الثَّانِيَةِ تَنَاسَبَتِ الْجُمْلَتَانِ فِي كَوْنِهِمَا فِعْلِيَّتَيْنِ، فَكَانَ تَقْدِيرُ الْفِعْلِ أَوْلَى لِيَحْصُلَ التَّنَاسُبُ، فَكَانَ النَّصْبُ أَوْلَى، وَإِنَّمَا حَسُنَ الرَّفْعُ مَعَ (أَمَّا) مَعَ تَقَدُّمِ الْجُمْلَةِ الْفِعْلِيَّةِ؛ لأنَّهَا انْقَطَعَ مَا بَعْدَهَا عَمَّا قَبْلَهَا، وَكَذَلِكَ (إِذَا) الَّتِي لِلْمُفَاجَأَةِ، وَإِذَا نُصِبَ مِثْلُ قَوْلِهِ: **"وَأَمَّا ثَمُودَ فَهَدَيْنَاهُمْ"** [فصلت: ١٧] عَلَى الْقِرَاءَةِ الشَّاذَّةِ، فَالتَّقْدِيرُ: وَأَمَّا ثَمُودَ فَهَدَيْنَا

فَهَدَيْنَاهُمْ؛ لِأَنَّ الْفِعْلَ لَا يَلِيهَا، وَرُوِيَ قَوْلُهُ:

فَأَمَّا تَمِيمٌ تَمِيمُ بْنُ مُرٍّ   فَأَلْفَاهُمُ الْقَوْمُ رَوْبَى نِيَامَا

بِالرَّفْعِ وَالنَّصْبِ، وَقَدْ تَوَهَّمَ قَوْمٌ أَنَّ النَّصْبَ بَعْدَ أَمَّا لِاقْتِضَائِهَا الْفِعْلَ لِمَا فِيهَا مِنْ مَعْنَى الشَّرْطِ، وَلَيْسَ بِشَيْءٍ؛ لِأَنَّهُ يَسْتَلْزِمُ اخْتِيَارَ النَّصْبِ، وَهُوَ ضَعِيفٌ مَعَ تَقَدُّمِ الْجُمْلَةِ الْفِعْلِيَّةِ، فَهُوَ فِي غَيْرِ ذَلِكَ أَجْدَرُ.

وَأَمَّا الْمَوْضِعُ الَّذِي يَسْتَوِي فِيهِ الْأَمْرَانِ، فَأَنْ تَكُونَ الْجُمْلَةُ الْأُولَى ذَاتَ وَجْهَيْنِ مُشْتَمِلَةً عَلَى جُمْلَةٍ اسْمِيَّةٍ وَجُمْلَةٍ فِعْلِيَّةٍ، فَيَكُونُ الرَّفْعُ عَلَى تَأْوِيلِ الاسْمِيَّةِ، وَالنَّصْبُ عَلَى تَأْوِيلِ الْفِعْلِيَّةِ، فَإِنْ زَعَمَ زَاعِمٌ أَنَّ هَذَا الْمَعْنَى يَقْتَضِي تَقَابُلَهُمَا فَيَرْجِعُ الْأَمْرُ إِلَى مَا كَانَ عَلَيْهِ وَهُوَ اخْتِيَارُ الرَّفْعِ.

فَالْجَوَابُ: أَنَّ قَرِينَةَ النَّصْبِ أَقْوَى مِنْ قَرِينَةِ الرَّفْعِ لِقُرْبِهَا مِنَ الثَّانِيَةِ؛ لِأَنَّ الْفِعْلِيَّةَ مِنْهُمَا هِيَ الَّتِي تَلِي الثَّانِيَةَ، فَلَمَّا تَرَجَّحَتْ عَلَيْهَا قَابَلَ مَا فِيهَا مِنَ الرُّجْحَانِ ذَلِكَ الْأَصْلَ، وَقَابَلَتْ هِيَ بِاعْتِبَارِ نَفْسِهَا الْجُمْلَةَ الاسْمِيَّةَ، فَاسْتَوَى الْأَمْرَانِ لِذَلِكَ، فَلِذَلِكَ كَانَ (زَيْدٌ قَامَ، وَعَمْرٌو أَكْرَمْتُهُ، وَعَمْرًا أَكْرَمْتُهُ) مُسْتَوِيَيْنِ.

وَأَمَّا الْقِسْمُ الرَّابِعُ الَّذِي يَجِبُ فِيهِ النَّصْبُ فَلِأَنَّهُ وَلِيَ الْجُمْلَةَ مَا لَا يَجُوزُ أَنْ يَكُونَ بَعْدَهُ إِلَّا الْفِعْلُ، فَوَجَبَ تَقْدِيرُ الْفِعْلِ بَعْدَهُ لِمَا يَقْتَضِيهِ، وَإِذَا وَجَبَ تَقْدِيرُ الْفِعْلِ وَجَبَ النَّصْبُ، إِذِ الرَّفْعُ لَا يَكُونُ إِلَّا بِالابْتِدَاءِ، وَقَدْ تَبَيَّنَ أَنَّ الْمَوْضِعَ مَوْضِعٌ لَا يَقَعُ فِيهِ الْمُبْتَدَأُ؛ كَقَوْلِكَ: (إِنْ زَيْدًا أَكْرَمْتَهُ أَكْرَمْتُهُ)، أَلَا تَرَى أَنَّكَ لَوْ رَفَعْتَ لَأَوْقَعْتَ الْمُبْتَدَأَ بَعْدَ حَرْفِ الشَّرْطِ، وَهُوَ غَيْرُ جَائِزٍ، فَوَجَبَ تَقْدِيرُ الْفِعْلِ، وَالْغَرَضُ أَنَّهُ مُتَعَدٍّ فَوَجَبَ تَقْدِيرُهُ مُتَعَدِّيًا إِلَيْهِ، فَوَجَبَ نَصْبُهُ لِتَعَلُّقِهِ بِهِ تَعَلُّقَ الْمَفْعُولِيَّةِ، وَلِذَلِكَ وَجَبَ نَصْبُ مِثْلِ قَوْلِهِ:

لَا تَجْزَعِي إِنْ مُنْفِسًا أَهْلَكْتُهُ   وَإِذَا هَلَكْتُ فَعِنْدَ ذَلِكَ فَاجْزَعِي

وَكَذَلِكَ (هَلَّا زَيْدًا ضَرَبْتَهُ) وَمَا كَانَ مِثْلَهُ.

وَأَمَّا قَوْلُهُمْ: (زَيْدٌ قَامَ) وَ(زَيْدٌ ضُرِبَ)، فَلَيْسَ مِنْ هَذَا الْبَابِ، إِذْ لَيْسَ مُسَلَّطًا عَلَى ضَمِيرِ الْأَوَّلِ، وَلَا عَلَى مَا يَتَعَلَّقُ بِهِ تَسَلُّطَ الْمَفْعُولِيَّةِ، وَمَا كَانَ كَذَلِكَ فَلَيْسَ مِنْ هَذَا الْبَابِ، وَحُكْمُهُ أَنْ يَكُونَ مُبْتَدَأً، إِنْ لَمْ يَكُنْ قَبْلَهُ مَا يُرَجِّحُ بِهِ تَقْدِيرَ الْفِعْلِ عَلَى الْمُخْتَارِ، وَفَاعِلًا إِنْ كَانَ مَعَهُ مَا يُرَجِّحُ تَقْدِيرَ الْفِعْلِ، وَفَاعِلًا عَلَى الْوُجُوبِ إِنْ كَانَ مَعَهُ مَا يُرَجِّحُ تَقْدِيرُهُ، فَالْأَوَّلُ كَقَوْلِكَ: (زَيْدٌ قَامَ)، وَالثَّانِي كَقَوْلِكَ: (أَزَيْدٌ قَامَ)، وَالثَّالِثُ كَقَوْلِكَ: (إِنْ زَيْدٌ قَامَ)، فَالَّذِي أَوْجَبَ النَّصْبَ عَلَى جِهَةِ الْمَفْعُولِيَّةِ فِي قَوْلِكَ: (إِنْ زَيْدًا ضَرَبْتَهُ) هُوَ

الْمُوجِبُ لِلرَّفْعِ عَلَى الْفَاعِلِيَّةِ فِي قَوْلِكَ: (إِنْ زَيْدٌ قَامَ)؛ لأَنَّ الْمَوْضِعَ مَوْضِعٌ يَجِبُ فِيهِ تَقْدِيرُ الْفِعْلِ، وَإِذَا وَجَبَ تَقْدِيرُ الْفِعْلِ كَانَ الاسْمُ مَعْمُولا لَهُ عَلَى حَسَبِ مَا يَقْتَضِيهِ، فَلِذَلِكَ تَعَيَّنَ النَّصْبُ فِي (إِنْ زَيْدًا ضَرَبْتُهُ) وَتَعَيَّنَ الرَّفْعُ فِي (إِنْ زَيْدٌ قَامَ).

فَصْلٌ: وَحَذْفُ الْمَفْعُولِ بِهِ كَثِيرٌ إِلَى آخِرِهِ

قَالَ الشَّيْخُ: وَذَلِكَ عَلَى نَوْعَيْنِ: تَارَةً يُحْذَفُ فَيُعْلَمُ مَنْ يَرْجِعُ إِلَيْهِ، وَتَارَةً لا يُعْلَمُ مَنْ يَرْجِعُ إِلَيْهِ.

فَالْقِسْمُ الَّذِي يُعْلَمُ مَنْ يَرْجِعُ إِلَيْهِ عَلَى ضَرْبَيْنِ: مُضْمَرٍ، وَقَدْ تَقَدَّمَ مَا يَقْتَضِيهِ كَالْمُضْمَرِ الْوَاقِعِ مَفْعُولا فِي صِلَةِ الَّذِي، أَوْ خَبَرِ الْمُبْتَدَأِ، أَوْ صِفَةِ الْمَوْصُوفِ، أَوْ حَالِ ذِي الْحَالِ، أَوْ مَفْعُولٍ ظَاهِرٍ غَيْرِ مُضْمَرٍ، فَلا يَكُونُ إِلا فِي سِيَاقِ النَّفْيِ فَيَعُمُّ؛ كَقَوْلِهِ تَعَالَى: "لَا تُقَدِّمُوا بَيْنَ يَدَيِ اللَّهِ وَرَسُولِهِ" [الحجرات:١]؛ لأَنَّهُ إِذَا قُدِّرَ: لا تُقَدِّمُوا شَيْئًا كَانَ نَكِرَةً فِي سِيَاقِ النَّفْيِ، فَتَعُمُّ الْجِنْسَ، وَالْجِنْسُ مَعْلُومٌ.

وَأَمَّا الْقِسْمُ الثَّانِي فَهُوَ عَلَى ضَرْبَيْنِ: ضَرْبٍ يُقَدَّرُ الْمَفْعُولُ بِهِ مِنْ حَيْثُ الْجُمْلَةِ؛ كَقَوْلِكَ: (ضَرَبْتُ)، فَهَذَا لا يُعْلَمُ لا بِالتَّخْصِيصِ وَلا بِالتَّعْمِيمِ، وَلَكِنْ يُقَدَّرُ مَضْرُوبٌ لا غَيْرُ، وَالْقِسْمُ الآخَرُ أَنْ يَكُونَ الْمُتَكَلِّمُ قَصَدَ إِلَى نَفْسِ الْفِعْلِ لا بِاعْتِبَارِ وُقُوعِهِ؛ كَقَوْلِهِمْ: (فُلانٌ يُعْطِي وَيَمْنَعُ)، كَأَنَّهُ قَالَ: يُوقِعُ الإِعْطَاءَ وَيُوقِعُ الْمَنْعَ، فَيَجْعَلُ الْمَفْعُولَ بِهِ نَسْيًا مَنْسِيًّا كَأَنَّهُ مِنْ جِنْسِ الأَفْعَالِ غَيْرِ الْمُتَعَدِّيَةِ.

الْمَفْعُولُ فِيهِ[١]

قَالَ: إِنَّمَا لَمْ يَذْكُرْ حَدَّهُ لِمَا فِي لَفْظِ الْمَفْعُولِ فِيهِ مِنَ الدَّلالَةِ عَلَيْهِ، كَأَنَّهُ قَالَ: الْمَفْعُولُ فِيهِ هُوَ الَّذِي فُعِلَ فِيهِ الْفِعْلُ.

قَوْلُهُ: (وَكِلاهُمَا يَنْقَسِمُ إِلَى مُبْهَمٍ وَمُؤَقَّتٍ)، فَقَسَمَ ظَرْفَيِ الزَّمَانِ وَالْمَكَانِ إِلَى مُبْهَمٍ وَمُؤَقَّتٍ، وَالَّذِي يَقَعُ ظَرْفًا مِنَ الْمَكَانِ لَيْسَ إِلا الْمُبْهَمُ، فَلا يَسْتَقِيمُ تَقْسِيمُهُ الظُّرُوفَ الزَّمَانِيَّةَ وَالْمَكَانِيَّةَ مُطْلَقًا إِلَى مُبْهَمٍ وَمُؤَقَّتٍ.

---

(١) المفعولُ فيه (ويُسمّى ظرفاً) هو اسمٌ يَنتصبُ على تقدير "في"، يُذكرُ لبيانِ زمان الفعل أو مكانِه. أما اذا لم يكن على تقدير "في" فلا يكون ظرفاً، بل يكون كسائر الاسماء، على حسب ما يطلَبه العامل. فيكون مبتدأ وخبراً، نحو "يومنا يومٌ سعيد"، وفاعلاً، نحو "جاء يومُ الجمعة"، ومفعولاً به، نحو "لا تضيع أيامَ شبابك". ويكون غير ذلك.

ثُمَّ اخْتَلَفَتْ عِبَارَاتُ النَّحْوِيِّينَ فِي تَعْرِيفِ الْمُبْهَمِ وَالْمُؤَقَّتِ، فَمِنْهُمْ مَنْ ظَنَّ أَنَّ الْمُبْهَمَ هُوَ النَّكِرَةُ، وَالْمُؤَقَّتَ هُوَ الْمَعْرِفَةُ، وَهَذَا فَاسِدٌ ظَاهِرُ الْفَسَادِ، وَوَجْهُ الْفَسَادِ قَوْلُنَا بِاتِّفَاقٍ: ضَرَبْتُهُ مَكَانَكَ، وَهُوَ مَعْرِفَةٌ، وَلَوْ كَانَ مُؤَقَّتًا لَمْ يَصِحَّ أَنْ يَقَعَ ظَرْفًا.

وَمِنْهُمْ مَنْ ظَنَّ أَنَّ الْمُؤَقَّتَ هُوَ الْمَحْدُودُ، وَالْمُبْهَمَ غَيْرُ الْمَحْدُودِ، وَهُوَ غَيْرُ مُسْتَقِيمٍ؛ لِأَنَّ الْفَرْسَخَ وَالْبَرِيدَ وَمَا أَشْبَهَهُمَا مِنَ الظُّرُوفِ مَحْدُودَةٌ بِقِيَاسٍ مَخْصُوصٍ، وَهِيَ تَنْصِبُ انْتِصَابَ الظُّرُوفِ بِلَا خِلَافٍ، وَلَوْ كَانَ الظَّرْفُ الْمُؤَقَّتُ هُوَ الْمَحْدُودَ لَامْتَنَعَ نَصْبُ هَذِهِ الظُّرُوفِ.

وَمِنْهُمْ مَنْ قَالَ: إِنَّ الْمُؤَقَّتَ هُوَ مَا لَهُ اسْمُهُ بِاعْتِبَارِ مَا هُوَ دَاخِلٌ فِي مُسَمَّاهُ، وَالْمُبْهَمَ مَا لَهُ اسْمُهُ بِاعْتِبَارِ مَا لَيْسَ دَاخِلًا فِي مُسَمَّاهُ، وَهَذَا هُوَ الَّذِي يَطَّرِدُ، فَالدَّارُ عَلَى هَذَا مُؤَقَّتٌ، وَالْفَرْسَخُ مُبْهَمٌ؛ لِأَنَّ الدَّارَ لَهَا اسْمُهَا مِنْ جِهَةِ مَا دَخَلَ فِي مُسَمَّاهَا مِنَ الْبِنَاءِ وَالسَّقْفِ وَغَيْرِهِ، وَالْفَرْسَخُ لَهُ اسْمٌ بِاعْتِبَارِ قِيَاسٍ غَيْرِ دَاخِلٍ فِي مُسَمَّاهُ.

ثُمَّ لَمْ يُسْتَثْنَ مِنَ الْمُؤَقَّتِ فِي كَوْنِهِ يَقَعُ ظَرْفًا إِلَّا قَوْلُهُمْ: (ذَهَبْتُ الشَّامَ) بِلَا خِلَافٍ، وَ(دَخَلْتُ الدَّارَ)، بِاعْتِبَارِ كُلِّ مُؤَقَّتٍ، هَذَا قَوْلُ أَكْثَرِ النَّحْوِيِّينَ، وَقَالَ بَعْضُهُمْ: بَلِ الدَّارُ مَفْعُولٌ بِهِ، وَالْخِلَافُ مَبْنِيٌّ عَلَى أَنَّ (دَخَلْتُ) هَلْ هُوَ مُتَعَدٍّ أَوْ غَيْرُ مُتَعَدٍّ، فَمَنْ قَالَ: هُوَ غَيْرُ مُتَعَدٍّ حَكَمَ بِأَنَّ الدَّارَ ظَرْفٌ، وَمَنْ قَالَ: إِنَّهُ مُتَعَدٍّ حَكَمَ بِأَنَّ الدَّارَ مَفْعُولٌ بِهِ، فَمَنْ قَالَ: إِنَّهُ غَيْرُ مُتَعَدٍّ، قَالَ: لِأَنَّ ضِدَّهُ (خَرَجْتُ) وَ(خَرَجْتُ) غَيْرُ مُتَعَدٍّ بِاتِّفَاقٍ، فَكَذَلِكَ (دَخَلْتُ)، وَمَنْ قَالَ: إِنَّهُ مُتَعَدٍّ، قَالَ: الْمُتَعَدِّي هُوَ الَّذِي لَا يُعْقَلُ إِلَّا بِمُتَعَلِّقٍ، وَغَيْرُ الْمُتَعَدِّي هُوَ الَّذِي يُعْقَلُ بِنَفْسِهِ مِنْ غَيْرِ مُتَعَلِّقٍ، وَهَذَا لَا يُفْهَمُ إِلَّا بِمُتَعَلِّقٍ، لِأَنَّكَ لَوْ قَدَّرْتَ انْتِفَاءَ الْمَدْخُولِ إِلَيْهِ عَنِ الذِّهْنِ لَمْ يُفْهَمْ مَعْنَى الدُّخُولِ، كَمَا أَنَّكَ لَوْ قَدَّرْتَ انْتِفَاءَ مُتَعَلِّقِ الضَّرْبِ عَنِ الذِّهْنِ لَمْ يُفْهَمْ مَعْنَى الضَّرْبِ، بِخِلَافِ الْقِيَامِ، فَإِنَّكَ لَوْ قَدَّرْتَ انْتِفَاءَ الْمَوْضِعِ عَنِ الذِّهْنِ لَفَهِمْتَ مَعْنَى الْقِيَامِ، فَلَيْسَ الْمَوْضِعُ بِاعْتِبَارِ الْقِيَامِ كَالْمَوْضِعِ بِاعْتِبَارِ الدُّخُولِ عِنْدَ هَؤُلَاءِ، إِذْ يُعْقَلُ مَعْنَى الْقِيَامِ مَعَ الذُّهُولِ عَنِ الْمَوْضِعِ، وَلَمْ يُعْقَلِ الدُّخُولُ مَعَ الذُّهُولِ عَنِ الْمَوْضِعِ، فَدَلَّ عَلَى أَنَّهُ مُتَعَدٍّ.

ثُمَّ قَالَ: (وَمِنْهَا مَا يُسْتَعْمَلُ اسْمًا وَظَرْفًا، وَهُوَ مَا جَازَ أَنْ تَعْتَقِبَ عَلَيْهِ الْعَوَامِلُ - كَمَا ذَكَرَ - وَمِنْهَا مَا لَا يُسْتَعْمَلُ إِلَّا ظَرْفًا، وَلَا يُعْرَفُ إِلَّا بِسَمَاعٍ).

وَوَجْهُ الْحُكْمِ عَلَيْهِ بِأَنَّهُ لَا يُسْتَعْمَلُ إِلَّا ظَرْفًا هُوَ أَنَّهُ أَكْثَرُ فِي اسْتِعْمَالِهِمْ وَلَمْ يَجِئْ إِلَّا مَنْصُوبًا عَلَى الظَّرْفِيَّةِ، فَدَلَّ ذَلِكَ عَلَى أَنَّهُ لَوْ كَانَ مِمَّا يَقَعُ غَيْرَ ظَرْفٍ لَوَقَعَ فِي كَلَامٍ مَا

غَيْرَ ظَرْفٍ، كَمَا أَنَّ (سَقْيًا) و(رَعْيًا) فِي الْمَصَادِرِ كَذَلِكَ، وَالْأَمْثِلَةُ قَوْلُهُ: (سِرْنَا ذَاتَ مَرَّةٍ) وَشِبْهُهُ.

وَقَوْلُهُ: (وَمِثْلُهُ عِنْدَ وَسِوَى وَسَوَاءُ) فِي الْأَمْكِنَةِ إِلَّا أَنَّ (عِنْدَ) يَدْخُلُ عَلَيْهَا (مِنْ)، فَلَمْ تَلْزَمِ الظَّرْفِيَّةَ.

وَأَمَّا (سِوَى وَسَوَاءُ) فَلِلنَّاسِ فِيهِمَا مَذْهَبَانِ:

أَحَدُهُمَا: أَنَّهَا بِمَعْنَى غَيْرَ فَتُعْرَبُ كَغَيْرَ، وَمَذْهَبُ سِيبَوَيْهِ أَنَّهَا مُنْتَصِبَةٌ عَلَى الظَّرْفِيَّةِ أَبَدًا، وَلَا تُسْتَعْمَلُ غَيْرَ ظَرْفٍ، وَالدَّلِيلُ عَلَى ذَلِكَ أَنَّ (سَوَاءَ) لَمْ تَجِئْ إِلَّا مَنْصُوبَةً إِلَّا فِيمَا شَذَّ مِنْ قَوْلِهِمْ:

وَمَا قَصَدَتْ مِنْ أَهْلِهَا لِسَوَائِكَا ....

وَإِذَا لَمْ تُسْتَعْمَلْ إِلَّا مَنْصُوبَةً فَذَلِكَ مَا أَرَدْنَاهُ مِنْ كَوْنِهَا غَيْرَ مُتَصَرِّفَةٍ، و(سِوَى) مِثْلُهَا وَلَا قَائِلَ بِالْفَرْقِ، وَبَيَانُ الظَّرْفِيَّةِ فِيهِمَا هُوَ: أَنَّ الْعَرَبَ تُجْرِي الظُّرُوفَ الْمَعْنَوِيَّةَ الْمُقَدَّرَةَ مُجْرَى الظُّرُوفِ الْحَقِيقِيَّةِ، فَيَقُولُونَ: (جَلَسَ فُلَانٌ مَكَانَ فُلَانٍ)، و(أَنْتَ عِنْدِي مَكَانَ فُلَانٍ)، وَلَا يَعْنُونَ إِلَّا مَنْزِلَةً فِي الذِّهْنِ مُقَدَّرَةً، فَنَصَبُوهُ نَصْبَ الظُّرُوفِ الْحَقِيقِيَّةِ، فَكَذَلِكَ إِذَا قَالُوا: مَرَرْتُ بِرَجُلٍ سِوَاكَ وَسَوَاءَكَ، إِنَّمَا يَعْنُونَ: مَكَانَكَ وَعِوَضًا مِنْكَ مِنْ حَيْثُ الْمَعْنَى، فَانْتَصَبَ ذَلِكَ الِانْتِصَابَ.

وَأَمَّا حُجَّةُ مَنْ قَالَ: إِنَّهَا بِمَعْنَى غَيْرَ يَعْتَوِرُهَا الْإِعْرَابُ عَلَى اخْتِلَافِ وُجُوهِهِ فَالنَّقْلُ وَالْمَعْنَى، أَمَّا الْمَعْنَى فَقَوْلُهُمْ: (مَرَرْتُ بِرَجُلٍ سِوَاكَ) مِثْلُ قَوْلِهِمْ: (مَرَرْتُ بِرَجُلٍ غَيْرِكَ)، وَأَمَّا النَّقْلُ فَقَوْلُ الشَّاعِرِ:

وَلَمْ يَبْقَ سِوَى الْعُدْوَا .... نِ دِنَّاهُمْ كَمَا دَانُوا

وَتَقُولُ: (مَا ضَرَبْتُ سِوَاكَ) و(مَا جَاءَنِي سِوَاكَ)، وَالْجَوَابُ: مَا ذَكَرْنَاهُ مِنْ أَنَّ سَوَاءَ لَا يُسْتَعْمَلُ إِلَّا مَنْصُوبًا، وَمَجِيئُهُ لِمَعْنًى غَيْرَ مَنْصُوبٍ شَاذٌّ، وَلَا قَائِلَ بِالْفَرْقِ بَيْنَهُ وَبَيْنَ سِوَى.

وَأَمَّا مَا ذَكَرُوهُ مِنَ الْمَعْنَى فَمَرْدُودٌ؛ لِأَنَّهُ يُؤَدِّي إِلَى رَفْعِ (سِوَى)، وَلَمْ يُسْتَعْمَلْ، فَرَدُّهُ إِلَى الظَّرْفِ أَوْلَى لِيُوَافِقَ كَلَامَ الْعَرَبِ، وَإِنْ كَانَ مُخَالِفًا لِلظَّاهِرِ، وَأَمَّا الْبَيْتُ وَغَيْرُهُ مِنَ الْكَلَامِ فَهُوَ صِفَةٌ لِمَوْصُوفٍ مَحْذُوفٍ، وَذَلِكَ الْمَحْذُوفُ هُوَ الَّذِي دَخَلَ عَلَيْهِ الْعَامِلُ، وَوَجْهُهُ مَا تَقَدَّمَ، لِمَا يَلْزَمُ مِنْ رَفْعِ سَوَاءَ وَخَفْضِهَا، وَلَمْ يَأْتِ، فَحَمْلُهُ عَلَى وَجْهٍ يُوَافِقُ

اسْتِعْمَالَهُمْ وَإِنْ كَانَ بَعِيدًا أَوْلَى مِنْ حَمْلِهِ عَلَى وَجْهٍ يُخَالِفُ اسْتِعْمَالَهُمْ وَإِنْ كَانَ قَرِيبًا، وَلا خِلافَ فِي هَذَا الأَصْلِ.

قَوْلُهُ: (وَمِمَّا يُخْتَارُ فِيهِ أَنْ يَلْزَمَ الظَّرْفِيَّةَ صِفَةُ الأَحْيَانِ؛ كَقَوْلِكَ: سِيرَ عَلَيْهِ طَوِيلا).

قَالَ: إِنَّمَا اخْتِيرَ فِيهِ النَّصْبُ؛ لأَنَّ فِي مُخَالَفَةِ النَّصْبِ خُرُوجًا عَنِ الْقِيَاسِ مِنْ وَجْهَيْنِ:

أَحَدُهُمَا: حَذْفُ الْمَوْصُوفِ وَإِقَامَةُ الصِّفَةِ مَقَامَهُ.

وَالآخَرُ: وُقُوعُ الظَّرْفِ مَوْقِعَ الْفَاعِلِ إِذَا قُلْتَ: (سِيرَ عَلَيْهِ كَثِيرٌ).

قَوْلُهُ: (وَقَدْ يُجْعَلُ الْمَصْدَرُ حِينًا لِسَعَةِ الْكَلامِ) إِلَى آخِرِهِ.

قَالَ الشَّيْخُ: مَثَّلَ بِقَوْلِهِ: مَقْدَمَ الحَاجِّ، وَهُوَ عِنْدِي لا يَلِيقُ أَنْ يُمَثَّلَ بِهِ هَاهُنَا؛ لأَنَّهُ يُحْتَمَلُ أَنْ يَكُونَ مَصْدَرًا، وَيُحْتَمَلُ أَنْ يَكُونَ زَمَانًا بِأَصْلِ وَضْعِهِ؛ لأَنَّ (مَفْعَلَ) مِنْ (يَفْعَلَ) يَكُونُ لِلزَّمَانِ وَيَكُونُ لِلْمَصْدَرِ، فَجَعْلُهُ هَاهُنَا لِلْمَصْدَرِ بِالأَصَالَةِ مَعْدُولا عَنْهُ إِلَى الظَّرْفِ خُرُوجٌ عَنِ الْقِيَاسِ، وَالْمُمَثِّلُ بِالْمِثَالِ مُسْتَدِلا عَلَى حُكْمٍ ادَّعَاهُ لا يُمَثِّلُ بِمَا هُوَ عَلَى خِلافِ مَا ذُكِرَ ظَاهِرًا، بَلْ وَلا بِمُحْتَمِلٍ، وَهَذَا هُوَ عَلَى حَذْفِ الْمُضَافِ مَعَ كَوْنِهِ تَجَوُّزًا.

قَوْلُهُ: (وَقَدْ يُذْهَبُ بِالظَّرْفِ عَنْ أَنْ يُقَدَّرَ فِيهِ مَعْنَى فِي اتِّسَاعًا).

قَالَ الشَّيْخُ: إِنَّمَا يَنْتَصِبُ عَلَى الظَّرْفِ الأَسْمَاءُ الظَّاهِرَةُ دُونَ الْمُضْمَرَةِ؛ كَقَوْلِكَ: (خَرَجْتُ يَوْمَ الْجُمُعَةِ)، وَلا تَقُولُ: (يَوْمَ الْجُمُعَةِ خَرَجْتُهُ) عَلَى أَنْ يَكُونَ الضَّمِيرُ ظَرْفًا، وَسِرُّهُ هُوَ أَنَّهُمْ قَصَدُوا إِلَى أَنْ يَكُونَ فِي اللَّفْظِ إِشْعَارٌ بِالظَّرْفِيَّةِ، فعلى هَذَا إِذَا قُلْتَ: (يَوْمَ الْجُمُعَةِ خَرَجْتُهُ) كَانَ جَارِيًا مُجْرَى الْمَفْعُولِ بِهِ عَلَى الاتِّسَاعِ، وَلا يَتَّسِعُ إِلا فِيمَا كَانَ لَهُ شَبَهٌ مِمَّا يَتَعَدَّى إِلَى مِثْلِهِ، فَلِذَلِكَ اتَّسَعَ فِي غَيْرِ المُتَعَدِّي تَشْبِيهًا لَهُ بِالْمُتَعَدِّي إِلَى وَاحِدٍ، فَقِيلَ: (اليَوْمَ خَرَجْتُهُ) تَشْبِيهًا بِقَوْلِكَ: (زَيْدًا ضَرَبْتُهُ)، وَفِي المُتَعَدِّي إِلَى وَاحِدٍ تَشْبِيهًا لَهُ بِالْمُتَعَدِّي إِلَى اثْنَيْنِ، فَقِيلَ: (الْيَوْمَ ضَرَبْتُهُ زَيْدًا) تَشْبِيهًا بِقَوْلِكَ: (زَيْدًا أَعْطَيْتُهُ دِرْهَمًا)، وَلَمْ يُتَّسَعْ فِي المُتَعَدِّي إِلَى ثَلاثَةٍ، فَلا يُقَالُ: (اليَوْمَ أَعْلَمْتُهُ زَيْدًا عَمْرًا قَائِمًا)؛ لأَنَّهُ لَيْسَ فِي كَلامِهِمْ مُتَعَدٍّ إِلَى أَرْبَعَةٍ حَتَّى يُشَبَّهَ هَذَا بِهِ فِي الاتِّسَاعِ.

وَاخْتُلِفَ فِي المُتَعَدِّي إِلَى اثْنَيْنِ، هَلْ يُتَّسَعُ فِيهِ فِي الظَّرْفِ أَوْ لا، فَأَجَازَ بَعْضُهُمْ (الْيَوْمَ أَعْطَيْتُهُ زَيْدًا دِرْهَمًا) تَشْبِيهًا بِقَوْلِهِمْ: (زَيْدًا أَعْلَمْتُهُ عَمْرًا قَائِمًا)، وَمَنَعَهُ بَعْضُهُمْ؛ لأَنَّ المُتَعَدِّي إِلَى ثَلاثَةٍ قَلِيلٌ مَحْصُورٌ بِخِلافِ المُتَعَدِّي إِلَى وَاحِدٍ أَوْ اثْنَيْنِ، فَلا يَلْزَمُ مِنَ

اتِّسَاعِهِمْ فِيمَا كَانَ شَبِيهُهُ كَثِيرًا اتِّسَاعُهُمْ فِيمَا كَانَ شَبِيهُهُ قَلِيلا.

قَوْلُهُ: (وَيُضَافُ إِلَيْهِ كَقَوْلِكَ: (يَا سَارِقَ اللَّيْلَةِ أَهْلَ الدَّارِ).

فَهَذَا مُتَمَحِّضٌ لِلْمَفْعُولِ بِهِ اتِّسَاعًا؛ لأَنَّ الْمُضَافَ إِلَيْهِ إِمَّا أَنْ يَكُونَ فَاعِلا أَوْ مَفْعُولا بِهِ، وَلَوْ كَانَ مَفْعُولا فِيهِ لَكَانَ مَنْصُوبًا، فَهَذَا مِمَّا يُقَوِّي اسْتِعْمَالَهُ مَفْعُولا بِهِ.

قَوْلُهُ: (ويُضْمَرُ عَامِلُهُ عَلَى شَرِيطَةِ التَّفْسِيرِ).

وَضَابِطُهُ أَنْ يَتَقَدَّمَ ظَرْفٌ وَبَعْدَهُ فِعْلٌ أَوْ مَا هُوَ فِي مَعْنَى الْفِعْلِ؛ كَقَوْلِكَ: (يَوْمَ الْجُمُعَةِ أَنْتَ ضَارِبٌ فِيهِ) مُسَلَّطٌ عَلَى ضَمِيرِ ذَلِكَ الظَّرْفِ بِإِظْهَارِ (فِي) إِذْ لَوْ لَمْ تَظْهَرْ (فِي) لَكَانَ مُتَّسَعًا فِيهِ كَمَا تَقَدَّمَ فِي الْفَصْلِ قَبْلَهُ، وَاللهُ أَعْلَمُ بِالصَّوَابِ.

المَفْعُولُ مَعَهُ[١]

قَالَ صَاحِبُ الْكِتَابِ: (هُوَ الْمَنْصُوبُ بَعْدَ الْوَاوِ الْكَائِنَةِ بِمَعْنَى مَعَ).

قَالَ الشَّيْخُ: قَوْله: (هُوَ الْمَنْصُوبُ بَعْدَ الْوَاوِ الْكَائِنَةِ بِمَعْنَى مَعَ) إِنَّمَا يَكُونُ ذَلِكَ مُعَرِّفًا لِمَا هُوَ مَوْجُودٌ فِيمَا يَتَكَلَّمُ بِهِ الْمُتَكَلِّمُ ، فَأَمَّا إِذَا قُصِدَ تَعْرِيفُ حَقِيقَتِهِ لِتَتَمَيَّزَ عِنْدَ مُنْشِئِ الْكَلامِ لِيُعْطِيَهُ بَعْدَ تَعَقُّلِهِ مَا يَسْتَحِقُّهُ مِنَ الإِعْرَابِ أَفْضَى ذَلِكَ إِلَى الدَّوْرِ؛ لأَنَّهُ إِنَّمَا يُعْطِيهِ النَّصْبَ بَعْدَ مَعْرِفَةِ كَوْنِهِ مَفْعُولا مَعَهُ، فَإِذَا جَعَلَ النَّصْبَ حَدًّا لَهُ فَقَدْ تَوَقَّفَ كُلُّ وَاحِدٍ مِنْهُمَا عَلَى الآخَرِ؛ لأَنَّهُ لا يَتَعَقَّلُهُ حَتَّى يَكُونَ مَنْصُوبًا، وَلا يَكُونُ مَنْصُوبًا حَتَّى يَتَعَقَّلَهُ، وَإِنَّمَا قَالَ: (هُوَ الْمَنْصُوبُ)؛ لأَنَّ ثَمَّ أَشْيَاءَ كَثِيرَةً الْوَاوُ فِيهَا بِمَعْنَى مَعَ، وَمَعَ ذَلِكَ لَيْسَ مَفْعُولا مَعَهُ؛ كَقَوْلِكَ: (كُلُّ رَجُلٍ وَضَيْعَتُهُ)، و(مَا شَأْنُ زَيْدٍ وَعَمْرٍو)، فَقَالَ: (هُوَ الْمَنْصُوبُ) لِيَتَمَيَّزَ بِهِ عَنْ هَذَا.

قَالَ الشَّيْخُ: شَرْطُهُ أَنْ يَكُونَ مُشْتَرِكًا بَيْنَهُ وَبَيْنَ فَاعِلٍ قَبْلَهُ، إِمَّا لَفْظًا وَإِمَّا مَعْنًى.

فَإِنْ كَانَ لَفْظًا فَلا يَخْلُو إِمَّا أَنْ يَصِحَّ الْعَطْفُ أَوْ لا، فَإِنْ صَحَّ الْعَطْفُ جَازَ الْوَجْهَانِ عَلَى السَّوَاءِ؛ كَقَوْلِكَ: (خَرَجْتُ أَنَا وَزَيْدٌ)، وَإِنْ لَمْ يَصِحَّ الْعَطْفُ فَالنَّصْبُ هُوَ الْوَجْهُ؛ كَقَوْلِكَ: (خَرَجْتُ وَزَيْدًا).

وَإِنْ كَانَ مَعْنًى فَلا يَخْلُو إِمَّا أَنْ يَصِحَّ الْعَطْفُ أَوْ لا، فَإِن صَحَّ الْعَطْفُ فَهُوَ أَوْلَى؛ كَقَوْلِكَ:

(١) المفعولُ مَعَهُ اسمٌ فضلةٌ وقعَ بعد واوٍ، بِمعنى "مع" مسبوقةً بجملةٍ، ليدُلَّ على شيءٍ حصلَ الفعلُ بِمُصاحبتِه (أي معهُ)، بلا قصدٍ إلى إشراكِهِ في حكمِ ما قبلَهُ، نحو "مَشيتُ والنَّهرَ".

(مَا لِزَيْدٍ وَعَمْرٍو)، وَإِنْ لَمْ يَصِحَّ الْعَطْفُ فَالنَّصْبُ هُوَ الْوَجْهُ؛ كَقَوْلِكَ: (مَا لَكَ وَزَيْدًا) وَإِنْ صَحَّ الْعَطْفُ عَلَى ضَعْفٍ جَازَ النَّصْبُ عَلَى ضَعْفٍ، وَقَوْلُهُ تَعَالَى: "**فَأَجْمِعُوا أَمْرَكُمْ وَشُرَكَاءَكُمْ**" [يونس:٧١] عَلَى قِرَاءَةِ الْجَمَاعَةِ مَفْعُولٌ مَعَهُ بِاعْتِبَارِ أَنَّهُ فِي الْمَعْنَى مُشْتَرِكٌ بَيْنَهُ وَبَيْنَ فَاعِلِ (أَجْمِعُوا)، وَبَيَانُهُ مِنْ وَجْهَيْنِ:

أَحَدُهُمَا: أَنَّهُ لَوْ لَمْ يَكُنْ كَذَلِكَ لَكَانَ مَعْطُوفًا عَلَى (أَمْرَكُمْ)، وَلَوْ كَانَ مَعْطُوفًا عَلَى (أَمْرَكُمْ) لَكَانَ التَّقْدِيرُ: أَجْمِعُوا أَمْرَكُمْ وَأَجْمِعُوا شُرَكَاءَكُمْ، وَلا يُقَالُ إلا أَجْمَعْتُ أَمْرِي وَجَمَعْتُ شُرَكَائِي.

وَثَانِيهِمَا: مَا ثَبَتَ مِنْ قِرَاءَةِ يَعْقُوبَ (شُرَكَاؤُكُمْ) بِالرَّفْعِ، وَإِذَا اجْتَمَعَ قِرَاءَتَانِ لإِحْدَاهِمَا تَأْوِيلانِ؛ أَحَدُهُمَا مُوَافِقٌ لِلْقِرَاءَةِ الأخْرَى كَانَ حَمْلُهُ عَلَى الْقِرَاءَةِ الْمُوَافِقَةِ لِلأخْرَى أَوْلَى، لِئَلا يُؤَدِّي إِلَى اخْتِلافِ الْمَعَانِي، وَالأَصْلُ اتِّفَاقُهُمَا، وَاللهُ أَعْلَمُ.

المَفْعُولُ لَهُ[1]

قَالَ صَاحِبُ الْكِتَابِ: (هُوَ عِلَّةُ الإِقْدَامِ عَلَى الْفِعْلِ).

قَالَ الشَّيْخُ: قِيَاسُ قَوْلِهِ فِي الْمَفْعُولِ مَعَهُ أَنْ يَقُولَ هَاهُنَا: هُوَ الْمَنْصُوبُ لِعِلَّةِ الإِقْدَامِ عَلَى الْفِعْلِ؛ لأَنَّهُ إِذَا لَمْ يَقُلْ: هُوَ الْمَنْصُوبُ دَخَلَ تَحْتَهُ كُلُّ مَا يَكُونُ عِلَّةً، وَمِنْ جُمْلَتِهِ الْمَخْفُوضُ، فَيَفْسُدُ الْحَدُّ؛ لأَنَّ كَلامَنَا فِي الْمَنْصُوبَاتِ.

قَالَ الشَّيْخُ: كُلُّ مَا يُذْكَرُ مَفْعُولا مِنْ أَجْلِهِ فَهُوَ عِلَّةُ الإِقْدَامِ عَلَى الْفِعْلِ، فَإِذَا قُلْتَ: (ضَرَبْتُهُ تَأْدِيبًا)، فَالتَّأْدِيبُ سَبَبُ الضَّرْبِ، فَإِنْ قُلْتَ: كَيْفَ يَكُونُ الضَّرْبُ سَبَبًا لِشَيْءٍ وَذَلِكَ الشَّيْءُ سَبَبٌ لَهُ، وَنَحْنُ نَقْطَعُ بِأَنَّ الضَّرْبَ سَبَبٌ لِلتَّأْدِيبِ، فَالْجَوَابُ أَنَّ التَّأْدِيبَ لَهُ جِهَتَانِ، هُوَ بِاعْتِبَارِ إِحْدَاهُمَا سَبَبٌ، وَبِاعْتِبَارِ الأخْرَى مُسَبَّبٌ، فَبِاعْتِبَارِ عَقْلِيَّتِهِ وَمَعْلُومِيَّتِهِ وَفَائِدَتِهِ سَبَبٌ لِلضَّرْبِ، وَبِاعْتِبَارِ وُجُودِهِ مُسَبَّبٌ لِلضَّرْبِ، فَالْوَجْهُ الَّذِي كَانَ بِهِ سَبَبًا غَيْرُ الْوَجْهِ الَّذِي كَانَ بِهِ مُسَبَّبًا، وَإِنَّمَا يَتَنَاقَضُ أَنْ لَوْ كَانَ سَبَبًا مُسَبَّبًا لِشَيْءٍ وَاحِدٍ مِنْ وَجْهٍ وَاحِدٍ، وَكُلُّ فِعْلٍ هُوَ سَبَبٌ لِوُجُودِ أَمْرٍ، فَإِنَّ مَعْقُولِيَّةَ ذَلِكَ الأَمْرِ سَبَبٌ لِلإِقْدَامِ عَلَى الْفِعْلِ؛ كَقَوْلِكَ: (أَسْلِمْ تَدْخُلِ الْجَنَّةَ)، فَالإِسْلامُ سَبَبٌ لِدُخُولِ الْجَنَّةِ، وَمَعْقُولِيَّةُ دُخُولِ الْجَنَّةِ وَفَائِدَتُهُ سَبَبٌ لِلإِقْدَامِ عَلَى الإِسْلامِ، وَكَذَلِكَ قَوْلُهُمْ: (ابْنِ بِنَاءً تَسْتَظِلَّ بِهِ)، فَالْبِنَاءُ

(١) المفعولُ لهُ (ويُسمّى المفعولَ لأجلِه، والمفعولَ من أجلِهِ) هو مصدرٌ قَلبيٌّ يُذكرُ عِلّةً لحدَثٍ شاركهُ في الزمانِ والفاعلِ، نحو "رغبةً" من قولكَ "اغتربتُ رَغبةً في العلم".

سَبَبٌ لِلاسْتِظْلالِ، وَمَعْقُولِيَّةُ الاسْتِظْلالِ هُوَ الْحَامِلُ عَلَى الْبِنَاءِ.

قَالَ صَاحِبُ الْكِتَابِ: (وَلَهُ ثَلاثُ شَرَائِطَ) إِلَى آخِرِهِ.

قَالَ الشَّيْخُ: إِنَّمَا اشْتُرِطَ ذَلِكَ لِيَقْوَى مَعْنَى التَّعْلِيلِ فَيَصِحَّ حَذْفُ الْحَرْفِ الدَّالِّ عَلَيْهِ، فَوِزَانُهُ وِزَانُ الظَّرْفِ بِاعْتِبَارِ حَذْفِ (فِي)، فَشَرْطُهُ أَنْ يَكُونَ اسْمًا ظَاهِرًا؛ لِيَقْوَى أَمْرُ الظَّرْفِيَّةِ فَيَصِحَّ حَذْفُ (فِي)، وَوَجْهُ قُوَّةِ التَّعْلِيلِ عِنْدَ وُجُودِ هَذِهِ الشَّرَائِطِ أَنَّهَا الْغَالِبُ فِي التَّعْلِيلاتِ، فَكَأَنَّ فِيهَا تَنْبِيهًا عَلَى التَّعْلِيلِ فَصَحَّ حَذْفُ اللامِ لِمَا فِيهَا مِنَ الْقُوَّةِ، فَإِذَا فَاتَ شَيْءٌ مِنْهَا ضَعُفَتْ دَلالَةُ التَّعْلِيلِ فَاحْتِيجَ إِلَى حَرْفِ التَّعْلِيلِ، كَمَا أَنَّهُ إِذَا غُيِّرَ اسْمُ الزَّمَانِ الظَّاهِرُ بِمُضْمَرٍ أَوْ إِشَارَةٍ وَجَبَ الإِتْيَانُ بِحَرْفِ الظَّرْفِ؛ كَقَوْلِكَ: (يَوْمَ الْجُمُعَةِ خَرَجْتُ فِيهِ)، و(خَرَجْتُ فِي هَذَا)، إِذَا كَانَتِ الإِشَارَةُ إِلَى زَمَانٍ، وَلَوْ قُلْتَ: (يَوْمَ الْجُمُعَةِ خَرَجْتُهُ) لَمْ يَسْتَقِمْ إِلا عَلَى الاتِّسَاعِ لا عَلَى الظَّرْفِ.

الحَالُ[1]

قَالَ الشَّيْخُ: قَدَّمَ شَبَهَ الْحَالِ عَلَى حَدِّهِ وَأَقْسَامِهِ، وَلَمْ يَفْعَلْ ذَلِكَ فِي غَيْرِهِ؛ لأَنَّهُ أَوَّلُ الْمُشَبَّهَاتِ، فَنَبَّهَ عَلَى ابْتِدَائِهِ بِهَا، فَذَكَرَ الشَّبَهَ أَوَّلَ الأَمْرِ لِذَلِكَ، وَحَدَّهُ بِقَوْلِهِ: (وَمَجِيئُهَا لِبَيَانِ هَيْئَةِ الْفَاعِلِ أَوْ الْمَفْعُولِ)؛ لأَنَّ حَدَّ الأَلْفَاظِ إِنَّمَا هُوَ بِاعْتِبَارِ مَوْضُوعِهَا، فَبِهِ يَتَمَيَّزُ بَعْضُهَا عَنْ بَعْضٍ، وَلَمَّا كَانَ مَوْضُوعُ الْحَالِ عَلَى هَذَا الْمَعْنَى صَحَّ أَنْ تَجْعَلَهُ فَصْلا لَهَا، وَإِنْ كَانَتِ الْعِبَارَةُ عَلَى غَيْرِ اصْطِلاحِ الْمُتَكَلِّمِينَ فِي نَظْمِ الْحُدُودِ، إِلا أَنَّهُ فِي التَّحْقِيقِ مُسْتَقِيمٌ؛ لأَنَّ الْغَرَضَ بِالْحَدِّ تَمْيِيزُ الْمَحْدُودِ، وَهُوَ حَاصِلٌ بِذَلِكَ حُصُولَهُ مِنَ اصْطِلاحِ الْمُتَكَلِّمِينَ، وَإِذَا قُصِدَ مَجِيئُهُ عَلَى الْمُصْطَلَحِ، قِيلَ: الْحَالُ هُوَ اللَّفْظُ الدَّالُّ عَلَى هَيْئَةِ فَاعِلٍ أَوْ مَفْعُولٍ.

وَقَد اعْتُرِضَ عَلَى مِثْلِ ذَلِكَ بِأَنَّهُ تَدْخُلُ فِيهِ الصِّفَةُ، فَيَكُونُ الْحَدُّ غَيْرَ مُطَّرِدٍ، وَبَيَانُ دُخُولِهَا أَنَّكَ إِذَا قُلْتَ: (جَاءَنِي رَجُلٌ عَالِمٌ) فَهُوَ لَفْظٌ دَالٌّ عَلَى هَيْئَةِ فَاعِلٍ، و(أَكْرَمْتُ رَجُلا عَالِمًا) فَهُوَ لَفْظٌ دَالٌّ عَلَى هَيْئَةِ مَفْعُولٍ، فَهَذَا وُجِدَ فِيهِ الْحَدُّ، وَلَيْسَ بِالْمَحْدُودِ،

---

(١) الحالُ وصفٌ فضلةٌ يُذكرُ لبيانِ هيئةِ الاسمِ الذي يكونُ الوصفُ له، نحو "رجعَ الجندُ ظافراً. وأدِّبْ ولدَكَ صغيراً. ومررتُ بهند راكبةً. وهذا خالدٌ مُقبلاً".
ولا فرق بين أن يكون الوصف مشتقاً من الفعل، نحو "طلعت الشمس صافية"، أو اسماً جامداً في معنى الوصف المشتق، نحو "عدا خليل غزالاً" أي مسرعاً كالغزال.

فَحَصَلَ أَنَّهُ غَيْرُ مَانِعٍ.

وَأُجِيبَ عَنْهُ بِأَنَّ الْمُرَادَ مِنْ حُدُودِ الأَلْفَاظِ أَنْ يَكُونَ اللَّفْظُ دَالا عَلَى مَا ذَكَـرُوا، وَإِذَا كَانَ الْحَالُ هِيَ الدَّالَّةُ عَلَى هَيْئَةِ الْفَاعِلِ أَوْ الْمَفْعُولِ بِاعْتِبَارِ الْوَضْعِ خَرَجَتِ الصِّفَةُ عَنْ ذَلِكَ؛ لأَنَّ قَوْلَكَ: (جَاءَنِي رَجُلٌ عَالِمٌ) لا يَدُلُّ إِلا عَلَى هَيْئَةِ ذَاتٍ، وَإِنَّمَا أُخِذَ كَوْنُهُ فَاعِلا مِنْ غَيْرِ جِهَةِ دَلالَتِهَا بِالْوَضْعِ، بِخِلافِ الْحَالِ، فَإِنَّهَا مَوْضُوعَةٌ دَالَّةٌ عَلَى هَيْئَةِ فَاعِلٍ أَوْ مَفْعُولٍ بِنَفْسِهَا، وَتَبْيِينُ ذَلِكَ بِأَنَّكَ تَقُولُ: (زَيْدٌ رَجُلٌ عَالِمٌ)، فَتَجِدُ دَلالَةَ (عَالِم) فِي مِثْلِ ذَلِكَ كَدَلالَتِهِ فِيمَا تَقَدَّمَ، وَلا تَقُولُ: (زَيْدٌ قَائِمًا أَخُوكَ) لانْتِفَاءِ الْفَاعِلِ وَالْمَفْعُولِ، فَثَبَتَ أَنَّ وَضْعَ الْحَالِ لِلدَّلالَةِ عَلَى هَيْئَةِ الْفَاعِلِ أَوْ الْمَفْعُولِ دَالا عَلَيْهِ، وَالصِّفَةُ دَالَّةٌ عَلَى هَيْئَةِ ذَاتٍ مُطْلَقًا مِنْ غَيْرِ تَقْيِيدٍ.

وَقَدْ حَدَّ بَعْضُهُمُ الْحَالَ بِأَنْ قَالَ: هُوَ اللَّفْظُ الَّذِي يُبَيِّنُ كَيْفِيَّةَ وُقُوعِ الْفِعْلِ، وَهُوَ فِي الْمَعْنَى أَيْضًا مُسْتَقِيمٌ، وَإِنْ كَانَ الأَوَّلُ أَوْضَحُ فِي بَابِ الْحُدُودِ؛ لأَنَّهُ ذُكِرَ فِيهِ الْمَاهِيَّةُ بِاعْتِبَارِ الْوَضْعِ؛ لأَنَّ مَاهِيَّةَ الأَلْفَاظِ الْمَوْضُوعَةِ إِنَّمَا هُوَ بِاعْتِبَارِ مَوْضُوعَاتِهَا، وَلَيْسَ فِي هَذَا إِلا ذِكْرُ اللازِمِ، وَهُوَ كَيْفِيَّةُ وُقُوعِ الْفِعْلِ، وَالْحَالُ فِي قَوْلِكَ: (جَاءَنِي زَيْدٌ رَاكِبًا) لَيْسَ مَاهِيَّتُهَا فِي الْوَضْعِ بَيَانَ كَيْفِيَّةِ وُقُوعِ الْفِعْلِ، وَإِنَّمَا مَوْضُوعُهَا ذَاتٌ قَامَ بِهَا الْمَعْنَى الْمُشْتَقَّةُ هِيَ مِنْهُ، وَلَكِنَّهُمْ وَضَعُوهَا وَضْعًا مُقَيَّدًا بِالْفَاعِلِ خَاصَّةً، فَجَاءَ ذَلِكَ مِنْ لازِمِهَا؛ لأَنَّهُ مِنْ مَاهِيَّةِ مَوْضُوعِهَا.

وَأَمَّا قَوْلُ بَعْضِ النَّحْوِيِّينَ فِي حَدِّهَا: (الْحَالُ كُلُّ نَكِرَةٍ جَاءَتْ بَعْدَ مَعْرِفَةٍ قَدْ تَمَّ الْكَلامُ دُونَهَا)، فَمِمَّا لا حَاصِلَ لَهُ؛ لأَنَّ حَدَّ الأَلْفَاظِ إِنَّمَا يَكُونُ بِاعْتِبَارِ مَدْلُولاتِهَا حَسَبَ مَا تَقَدَّمَ، وَهَذَا الْحَدُّ عَرِيٌّ عَنِ الْمَعْنَى، وَأَمَّا قَوْلُهُ: (قَدْ تَمَّ الْكَلامُ)، فَلَيْسَ أَيْضًا بِمَعْنًى يَتَعَلَّقُ بِمَدْلُولِ الْحَالِ وَإِنَّمَا هُوَ لأَمْرٍ آخَرَ يَكُونُ مَعَ الْحَالِ، فَتَبَيَّنَ أَنَّ هَذَا الْحَدَّ عَرِيٌّ عَنْ مَدْلُولِ الْحَالِ مِنْ حَيْثُ هُوَ، ثُمَّ هُوَ فَاسِدٌ مِنْ حَيْثُ إِنَّا نَجِدُ كَثِيرًا مِنَ الأَلْفَاظِ مُوَافِقَةً لِمَا ذُكِرَ وَلَيْسَ بِحَالٍ؛ كَقَوْلِكَ: (ضَرَبْتُ رِجَالا)، و(ضَرَبْتُ يَوْمًا) و(ضَرَبْتُ تَأْدِيبًا)، وَأَشْبَاهُ ذَلِكَ، وَكُلُّهَا نَكِرَةٌ جَاءَتْ بَعْدَ مَعْرِفَةٍ قَدْ تَمَّ الْكَلامُ دُونَهَا، وَلَيْسَتْ بِحَالٍ.

فَصْلٌ:

قَالَ الشَّيْخُ: نَبَّهَ الْمُصَنِّفُ فِي هَذَا الْفَصْلِ عَلَى أَنَّ الْفَاعِلَ الْمُقَيَّدَ فِعْلُهُ بِحَالٍ قَدْ يَكُونُ فَاعِلا لَفْظًا وَمَعْنًى، وَقَدْ يَكُونُ فَاعِلا مَعْنًى لا لَفْظًا، وَكَذَلِكَ الْمَفْعُولُ، فَقَالَ:

(وَالْعَامِلُ فِيهَا إِمَّا فِعْلٌ أَوْ شِبْهُهُ مِنَ الصِّفَاتِ أَوْ مَعْنَى فِعْلٍ)، فَالْفِعْلُ مَعْرُوفٌ، و(شِبْهِهِ)، يَعْنِي بِهِ اسْمَ الْفَاعِلِ، وَاسْمَ الْمَفْعُولِ، وَالصِّفَةَ الْمُشَبَّهَةَ بِهِمَا، وَأَفْعَلَ التَّفْضِيلِ، وَالْمَصْدَرِ، وَهَذِهِ مُنَزَّلَةٌ مَنْزِلَةَ الْفِعْلِ فِي أَنَّ الْفَاعِلَ وَالْمَفْعُولَ بِهَا لَفْظًا وَمَعْنًى.

وَأَمَّا مَعْنَاهُ فَهُوَ الَّذِي يَكُونُ بِهِ صَاحِبُ الْحَالِ فَاعِلا مَعْنَوِيًّا أَوْ مَفْعُولا مَعْنَوِيًّا لا لَفْظِيًّا، فَمِثَالُ الْفَاعِلِ قَوْلُكَ: (زَيْدٌ فِي الدَّارِ قَائِمًا)، فـ (قَائِمًا) حَالٌ مِنَ الضَّمِيرِ فِي (فِي الدَّارِ)؛ لأَنَّهُ فِي الْمَعْنَى فَاعِلٌ، فَصَحَّ أَنْ يُقَيَّدَ بِاعْتِبَارِ مَا هُوَ فِي الْمَعْنَى فَاعِلٌ لَهُ، وَكَذَلِكَ قَوْلُهُ تَعَالَى: ﴿فَمَا لَهُمْ عَنِ التَّذْكِرَةِ مُعْرِضِينَ﴾ [المدثر:٤٩]؛ لأَنَّ الْمَعْنَى (مَا يَصْنَعُونَ)، فـ (مُعْرِضِينَ) حَالٌ مِنَ الضَّمِيرِ بِاعْتِبَارِ كَوْنِهِ فَاعِلا فِي الْمَعْنَى، فَصَحَّ تَقْيِيدُهُ لِذَلِكَ، وَمِثَالُ الْمَفْعُولِ قَوْلُهُمْ: (هَذَا زَيْدٌ قَائِمًا)، و﴿وَهَذَا بَعْلِي شَيْخًا﴾ [هود:٧٢]، فـ (قَائِمًا) و(شَيْخًا) حَالٌ مِنَ الْمُشَارِ إِلَيْهِ؛ لأَنَّهُ مَفْعُولٌ فِي الْمَعْنَى، فَصَحَّ تَقْيِيدُهُ لِذَلِكَ؛ لأَنَّ التَّقْدِيرَ: أُشِيرُ إِلَيْهِ فِي حَالِ كَوْنِهِ قَائِمًا، وَلَوْلا ذَلِكَ لَمْ تَسْتَقِمِ الْحَالُ، أَلا تَرَى أَنَّكَ لَوْ قُلْتَ: (زَيْدٌ قَائِمًا أَخُوكَ) لَمْ يَسْتَقِمْ، وَلَوْ قُلْتَ: (هَذَا قَائِمًا أَخُوكَ) لاسْتَقَامَ.

وَمَثَّلَ أَيْضًا فِي الْمَعْنَوِيِّ بِـ(لَيْتَ وَلَعَلَّ وَكَأَنَّ)؛ لأَنَّهَا لَيْسَتْ بِأَفْعَالٍ، وَإِنَّمَا هِيَ مُشَبَّهَةٌ بِهَا، فَإِذَا قُيِّدَ مَنْصُوبُهَا أَوْ مَرْفُوعُهَا بِالْحَالِ كَانَ تَقْيِيدًا بِاعْتِبَارِ مَعْنَاهَا الَّذِي أَشْبَهَتْ بِهِ الْفِعْلَ، فَكَانَ مَعْنَوِيًّا لِذَلِكَ، فَإِذَا قُلْتَ: (كَأَنَّ زَيْدًا رَاكِبًا الأَسَدُ)، كَانَ (رَاكِبًا) حَالا مِنْ زَيْدٍ؛ لأَنَّ الْمَعْنَى: أُشَبِّهُ زَيْدًا رَاكِبًا بِالأَسَدِ، فَلَمَّا كَانَ كَذَلِكَ صَحَّ تَقْيِيدُهُ، وَلَوْلا هَذَا الْمَعْنَى لَمْ يَصِحَّ.

ثُمَّ حَكَمَ بِأَنَّ الْفِعْلَ وَشِبْهَهُ يَجُوزُ تَقْدِيمُ الْحَالِ عَلَيْهِ، وَأَمَّا الْمَعْنَى فَلا يَجُوزُ تَقْدِيمُ الْحَالِ عَلَيْهِ، وَإِنَّمَا تَقَدَّمَ عَلَى الْفِعْلِ وَشِبْهِهِ؛ لأَنَّهُ الأَصْلُ فِي الْفَاعِلِيَّةِ وَالْمَفْعُولِيَّةِ، وَهَذَا مُشَبَّهٌ بِهِ وَمَحْمُولٌ عَلَيْهِ، فَلَمْ يَقْوَ الْفَرْعُ قُوَّةَ الأَصْلِ، أَوْ لأَنَّهُ عَامِلٌ مُتَصَرِّفٌ فِي مَعْمُولِهِ، وَهَذَا غَيْرُ مُتَصَرِّفٌ.

وَقَدِ اخْتُلِفَ فِي مِثْلِ (زَيْدٌ فِي الدَّارِ قَائِمًا)، فَجَوَّزَ بَعْضُهُمْ تَقْدِيمَهُ، وَالظَّاهِرُ أَنَّ الْمُجَوِّزِينَ لَهُ يَذْهَبُونَ إِلَى أَنَّ الْعَمَلَ لِمُتَعَلَّقِ الظَّرْفِ، وَهُوَ الاسْتِقْرَارُ، فَالتَّقْدِيرُ: اسْتَقَرَّ أَوْ مُسْتَقِرٌّ، وَإِذَا كَانَ كَذَلِكَ فَهُوَ مَعْمُولٌ لِفِعْلٍ مُحَقَّقٍ أَوْ شِبْهِ فِعْلٍ، فَيَكُونُ مِنَ الْقِسْمِ الأَوَّلِ، وَالْقَائِلُونَ بِالْمَنْعِ يَجْعَلُونَ الْعَمَلَ لِلظَّرْفِ، وَيَجْعَلُونَ الْفِعْلَ أَوْ شِبْهَهُ عَلَى التَّقْدِيرَيْنِ نَسْيًا مَنْسِيًّا، وَصَارَ الظَّرْفُ هُوَ الْعَامِلُ عِنْدَهُمْ فِي الْمَعْنَى.

وَكلا الْقَوْلَيْنِ مُسْتَقِيمٌ، وَالْقَوْلُ الأوَّلُ أَرْجَحُ مِنْ وَجْهَيْنِ:

أَحَدُهُمَا: أَنَّهُ لَمْ يَثْبُتْ مِثْلُ (زَيْدٌ قَائِمًا فِي الدَّارِ) فِي فَصِيحِ الْكَلامِ، فَدَلَّ ذَلِكَ عَلَى أَنَّهُ مِنْ قَبِيلِ الْمَعْنَى، إِذْ لَوْ كَانَ مِنْ قَبِيلِ مَا تَقَدَّمَ لَوَقَعَ عَلَى كَثْرَتِهِ مُقَدَّمًا كَمَا فِي الأَوَّلِ.

وَالثَّانِي: أَنَّهُ إِذَا صَارَ ذَلِكَ نَسْيًا مَنْسِيًّا صَارَ فِي حُكْمِ الْعَدَمِ، وَصَارَتِ الْمُعَامَلَةُ لِلنَّائِبِ عَنْهُ، فَدَلَّ عَلَى أَنَّ الْعَمَلَ مِنْ حَيْثُ الْمَعْنَى لا مِنْ حَيْثُ اللَّفْظِ.

وَلِذَلِكَ كَانَ مَذْهَبُ الْمُحَقِّقِينَ فِي قَوْلِكَ: (سَقْيًا زَيْدًا) أَنَّ زَيْدًا مَنْصُوبٌ بِسَقْيًا لا بِالْفِعْلِ الْمَحْذُوفِ؛ لأَنَّهُ صَارَ نَسْيًا مَنْسِيًّا، بِخِلافِ قَوْلِكَ: (ضَرْبًا زَيْدًا)، فَإِنَّهُ مَنْصُوبٌ بِالْفِعْلِ الْمُقَدَّرِ لا بِالْمَصْدَرِ لِصِحَّةِ التَّلَفُّظِ بِهِ، فَرَجَحَ بِذَلِكَ الْوَجْهُ الأَوَّلُ.

قَوْلُهُ: (وَقَدْ مَنَعُوا فِي (مَرَرْتُ رَاكِبًا بِزَيْدٍ) أَنْ يُجْعَلَ الرَّاكِبُ حَالا مِنَ الْمَجْرُورِ).

قَالَ الشَّيْخُ: تَقْدِيمُ الْحَالِ عَلَى الْمَجْرُورِ إِذَا كَانَ صَاحِبُ الْحَالِ هُوَ الْمَجْرُورَ مُخْتَلَفٌ فِيهِ، فَأَكْثَرُ الْبَصْرِيِّينَ عَلَى مَنْعِهِ، وَكَثِيرٌ مِنَ النَّحْوِيِّينَ عَلَى تَجْوِيزِهِ، وَوَجْهُ الْجَوَازِ أَنَّهُ حَالٌ عَنْ مَعْمُولِ فِعْلٍ لَفْظِيٍّ، فَجَازَ التَّصَرُّفُ فِيهِ بِالتَّقْدِيمِ وَالتَّأْخِيرِ كَسَائِرِ أَحْوَالِ الأَفْعَالِ، فَتَمَسَّكُوا فِي جَوَازِهِ بِدُخُولِهِ تَحْتَ مُفْرَدَاتِ أَحْوَالِ الأَفْعَالِ، وَقَدْ عُلِمَ بِالاسْتِقْرَارِ جَوَازُ تَقْدِيمِهِ، أَلا تَرَى أَنَّكَ إِذَا قُلْتَ: (جَاءَنِي رَاكِبًا زَيْدٌ) لَمْ تَحْتَجْ فِي جَوَازِ التَّقْدِيمِ إِلَى سَمَاعٍ مَخْصُوصٍ، بَلْ تَحْكُمُ بِالْجَوَازِ نَظَرًا إِلَى عُمُومِ الْقَاعِدَةِ الْمَعْلُومَةِ مِنَ اسْتِقْرَاءِ كَلامِهِمْ، كَمَا فِي رَفْعِ (جَاءَ زَيْدٌ)، وَنَصْبِ (ضَرَبْتُ زَيْدًا).

وَوَجْهُ الْمَنْعِ: هُوَ أَنَّهُ كَثُرَ الْحَالُ مِنَ الْمَجْرُورِ فِي كَلامِهِمْ، وَلَمْ يُسْمَعْ مِنَ الْفُصَحَاءِ تَقْدِيمُهُ، وَلَوْ كَانَ تَقْدِيمُهُ جَائِزًا لَوَقَعَ فِي كَلامِهِمْ مُتَقَدِّمًا، فَلَمَّا لَمْ يَقَعْ دَلَّ عَلَى امْتِنَاعِهِ.

وَأَجَابَ عَمَّا ذَكَرَهُ الْمُجَوِّزُونَ بِأَنَّ الْحُكْمَ بِمَا ذَكَرُوهُ مِنَ الْقِيَاسِ مَشْرُوطٌ فِيهِ أَنْ لا تَخْتَلِفَ الأَنْوَاعُ بِوَجْهٍ تَصِحُّ مُخَالَفَةُ الْحُكْمِ بِسَبَبِهِ، وَهَاهُنَا مَعْنًى مُنَاسِبٌ لَيْسَ فِي الأَصْلِ يَصِحُّ أَنْ يُخَالِفَ الأَصْلُ بِسَبَبِهِ، وَهُوَ أَنَّ حَالَ الْمَجْرُورِ صِفَةٌ لِصَاحِبِهَا، فَهِيَ مَعْمُولَةٌ فِي الْمَعْنَى لِحَرْفِ الْجَرِّ، إِلا أَنَّهُمْ نَصَبُوهَا لِغَرَضِ الْفَصْلِ بَيْنَ الصِّفَةِ وَالْحَالِ، وَكَمَا أَنَّ مَعْمُولَ الْجَارِّ لا يَتَقَدَّمُ عَلَيْهِ فَفَرْعُ مَعْمُولِ الْجَارِّ بِأَنْ لا يَتَقَدَّمُ عَلَى الْجَارِّ أَجْدَرُ، فَثَبَتَ أَنَّ فِي هَذَا الْمَعْنَى مُنَاسِبًا يَقْطَعُهُ عَنْ تِلْكَ الْقَاعِدَةِ الْمَذْكُورَةِ مِنْ تَقَدُّمِ الْحَالِ، وَإِذَا صَحَّ ذَلِكَ انْقَطَعَ إِلْحَاقُهُ بِذَلِكَ إِلَى أَنْ يَثْبُتَ بِوَجْهٍ آخَرَ أَوْ يَمْتَنِعَ، وَقَدْ ثَبَتَ امْتِنَاعُهُ بِمَا ذَكَرُوهُ مِنَ الدَّلِيلِ السَّالِمِ مِنَ الاعْتِرَاضِ، فَثَبَتَ أَنَّ الْوَجْهَ امْتِنَاعُهُ.

فَصْلٌ: وَقَدْ يَقَعُ الْمَصْدَرُ حَالا... إِلَى آخِرِهِ

قَالَ الشَّيْخُ: قَدْ بَيَّنَ فِي هَذَا الْفَصْلِ أَنَّهُمْ اسْتَعْمَلُوا أَلْفَاظَ الْمَصَادِرِ وَاقِعَةً فِي مَعْنَى الْحَالِ، كَمَا أَوْقَعُوا أَلْفَاظَ الأَحْوَالِ مَصَادِرَ، ثُمَّ مَثَّلَ بِوُقُوعِ أَلْفَاظِ الأَحْوَالِ مَصَادِرَ، كَقَوْلِهِمْ: (قُمْ قَائِمًا)، وَمَعْنَاهُ: قُمْ قِيَامًا؛ لأَنَّ (قَائِمًا) لا يَسْتَقِيمُ أَنْ يَكُونَ حَالا لِتَعَذُّرِ تَقْدِيرِ الْحَالِ فِيهِ؛ لأَنَّكَ إِذَا جَعَلْتَهُ حَالا لَمْ يَكُنْ إِلا مِنَ الْمُضْمَرِ الْفَاعِلِ فِي (قُمْ)، وَإِذَا جَعَلْتَهُ حَالا مِنَ الْمُضْمَرِ وَجَبَ أَنْ يَكُونَ الْقِيَامُ مُقَيَّدًا، وَلا يَسْتَقِيمُ أَنْ يَكُونَ (قَائِمًا) مُقَيِّدًا لِلْقِيَامِ؛ لأَنَّهُ هُوَ هُوَ، فَكَيْفَ يَكُونُ تَقْيِيدًا لَهُ؟ فَوَجَبَ أَنْ يُعْدَلَ بِهِ إِلَى مَعْنَى الْمَصْدَرِ، فَيَكُونُ التَّقْدِيرُ: قُمْ قِيَامًا، وَالْمَصْدَرُ يُؤْتَى بِهِ تَأْكِيدًا لِلْفِعْلِ فَيَصِحُّ تَقْدِيرُهُ بِهِ، وَكَذَلِكَ قَوْلُهُ:

.... وَلا خَارِجًا مِنْ فِيَّ زُورُ كَلامِ

تَقْدِيرُهُ: وَلا يَخْرُجُ خُرُوجًا؛ لأَنَّ قَوْلَهُ: (وَلا خَارِجًا) مَعْطُوفٌ عَلَى قَوْلِهِ: (لا أَشْتُمُ)، وَهُوَ الَّذِي حَلَفَ عَلَيْهِ، فَلا بُدَّ مِنْ أَنْ يَكُونَ جُمْلَةً، وَإِذَا وَجَبَ أَنْ يَكُونَ جُمْلَةً وَجَبَ أَنْ يَكُونَ الْمَعْطُوفُ عَلَيْهِ جُمْلَةً، وَلا يَكُونُ جُمْلَةً إِلا بِتَقْدِيرِ (وَلا يَخْرُجُ) فَوَجَبَ تَقْدِيرُ ذَلِكَ، فَصَارَ مِثْلَ قَوْلِهِمْ: (قُمْ قَائِمًا)، فَوَجَبَ تَقْدِيرُهُ، وَلا يَخْرُجُ خُرُوجًا، فَصَارَ الْمَعْنَى: (حَلَفْتُ لا أَشْتُمُ مُسْلِمًا وَلا يَخْرُجُ مِنْ فِيَّ زُورُ كَلامِ)، ثُمَّ أَكَّدَ (يَخْرُجُ) بِـ (خُرُوجًا)، ثُمَّ وَضَعَ (خَارِجًا) مَوْضِعَ (خُرُوجًا).

وَقَدْ زَعَمَ بَعْضُ النَّحْوِيِّينَ الْمُتَقَدِّمِينَ أَنَّ (خَارِجًا) حَالٌ عَلَى بَابِهِ، وَجَعَلَ قَوْلَهُ: (لا أَشْتُمُ) حَالا مِنْ قَوْلِهِ: (عَاهَدْتُ)؛ أَيْ: عَاهَدْتُ رَبِّي وَأَنَا عَلَى هَذِهِ الْحَالِ، ثُمَّ عَطَفَ الْحَالَ الأُخْرَى الَّتِي هِيَ (خَارِجًا)، فَكَأَنَّهُ قَالَ: عَاهَدْتُ رَبِّي فِي حَالِ كَوْنِي غَيْرَ شَاتِمٍ وَغَيْرَ خَارِجٍ مِنْ فِيَّ زُورُ كَلامِ.

وَالأَوَّلُ أَظْهَرُ، وَهُوَ قَوْلُ سِيبَوَيْهِ؛ لأَنَّ الثَّانِي إِذَا جَعَلْتَهُ حَالا كَانَ الْمَحْلُوفُ عَلَيْهِ غَيْرَ مَذْكُورٍ، وَالْقَسَمُ يَبْقَى بِلا جَوَابٍ، وَجَوَابُهُ (لا أَشْتُمُ)، وَغَرَضُهُ أَنْ يُبَيِّنَ أَنَّهُ عَاهَدَ عَلَى مَا ذَكَرَهُ مِنْ نَفْيِ الشَّتْمِ وَنَفْيِ قَوْلِ الزُّورِ، وَلا يَسْتَقِيمُ هَذَا الْمَعْنَى إِذَا جُعِلَ حَالا؛ لأَنَّ الْمَعْنَى حِينَئِذٍ أَنَا الآنَ عَلَى هَذِهِ الْحَالَةِ، فَيَجُوزُ أَنْ تَكُونَ الْمُعَاهَدَةُ عَلَيْهِ وَعَلَى ضِدِّهِ وَعَلَى غَيْرِهَا، أَلا تَرَى أَنَّهُ لَوْ قَالَ: عَاهَدْتُ رَبِّي فِي هَذَا الْمَوْضِعِ فِي حَالِ كَوْنِي الآنَ غَيْرَ شَاتِمٍ وَلا قَائِلا زُورًا إِنِّي بَعْدَ ذَلِكَ لا أَتْرُكُ الشَّتْمَ لَكَانَ مُسْتَقِيمًا فِي الْقَوْلِ، وَكَذَلِكَ

لَوْ قَالَ: عَاهَدْتُ رَبِّي وَأَنَا فِي هَذِهِ الْحَالَةِ عَلَى الصَّوْمِ وَالصَّلَاةِ أَوْ غَيْرِهِمَا لَكَانَ مُسْتَقِيمًا، فَدَلَّ ذَلِكَ عَلَى أَنَّ مَقْصُودَ هَذَا الْقَائِلِ ذِكْرُ الْمُعَاهَدِ عَلَيْهِ، وَأَنَّهُ تَرَكَ الشَّتْمَ وَقَوْلَ الزُّورِ، لَا أَنَّهُ عَاهَدَ فِي هَذِهِ الْحَالِ عَلَى شَيْءٍ لَمْ يَذْكُرْهُ، فَالْوَجْهُ إِذَنْ مَذْهَبُ سِيبَوَيْهِ.

ثُمَّ مَثَّلَ بِالْمَصَادِرِ الْوَاقِعَةِ أَحْوَالًا، وَقَدِ اخْتَلَفَ النَّحْوِيُّونَ فِي هَذِهِ الْمَصَادِرِ عَلَى وَجْهَيْنِ:

الْوَجْهُ الْأَوَّلُ: أَنَّ هَذِهِ الْمَصَادِرَ أَنْفُسَهَا اسْتُعْمِلَتْ بِمَعْنَى الْحَالِ، أَوْ هِيَ عَلَى حَذْفِ مُضَافٍ.

وَالْوَجْهُ الثَّانِي: أَنَّ هَذِهِ الْمَصَادِرَ الْمُسْتَعْمَلَةَ هَذَا الِاسْتِعْمَالَ هَلْ هِيَ قِيَاسٌ أَوْ مَخْصُوصَةٌ بِمَا سُمِعَ مِنْهَا؟

فَذَهَبَ الْأَكْثَرُونَ إِلَى أَنَّهَا مَوْضُوعَةٌ بِمَعْنَى الْحَالِ، عَلَى حَذْفِ الْمُضَافِ، فَإِذَا قُلْتَ: (جَاءَ زَيْدٌ مَشْيًا) فَمَعْنَاهُ مَاشِيًا، لَا عَلَى أَنَّ التَّقْدِيرَ (ذَا مَشْيٍ)، وَهُوَ مَذْهَبُ الْمُصَنِّفِ؛ لِأَنَّهُ صَرَّحَ بِذَلِكَ، وَجَعَلَهُ فِي هَذَا الْمَوْضِعِ كَالْحَالِ الْوَاقِعَةِ مَصْدَرًا، وَلَا خِلَافَ أَنَّ الْحَالَ بِمَعْنَى الْمَصْدَرِ نَفْسِهِ، لَا عَلَى حَذْفٍ يُصَيِّرُهُ مَصْدَرًا.

وَذَهَبَ الْأَكْثَرُونَ فِي الْوَجْهِ الثَّانِي إِلَى أَنَّهَا سَمَاعِيَّةٌ لَا قِيَاسِيَّةٌ، وَذَهَبَ الْمُبَرِّدُ وَمَنْ تَابَعَهُ إِلَى أَنَّهَا قِيَاسِيَّةٌ بِشَرْطِ أَنْ يَكُونَ فِي الْفِعْلِ دَلَالَةٌ عَلَيْهَا، وَمَعْنَى دَلَالَةِ الْفِعْلِ عَلَيْهَا أَنْ تَكُونَ فِي الْمَعْنَى مِنْ تَقْسِيمَاتِ الْفِعْلِ، كَالْمَشْيِ وَالرَّكْضِ وَالْعَدْوِ بِالنِّسْبَةِ إِلَى الْمَجِيءِ، فَيُجِيزُ (جَاءَنِي زَيْدٌ عَدْوًا) وَ(مَشْيًا) وَ(رُكُوبًا) وَ(جَرْيًا)، وَأَشْبَاهَ ذَلِكَ لِأَنَّهَا فِي الْمَعْنَى مِنْ أَقْسَامِ الْمَجِيءِ، وَيَمْنَعُ (جَاءَ زَيْدٌ ضَحِكًا) وَ(بُكَاءً) وَ(أَكْلًا) وَ(شُرْبًا) وَمَا أَشْبَهَهُ؛ لِأَنَّهَا لَيْسَتْ فِي الْمَعْنَى أَقْسَامَ الْمَجِيءِ، وَكَذَلِكَ أَجَازَ: (أَتَانَا رُجْلَةً) وَ(سُرْعَةً)؛ لِأَنَّهُ مِثْلُ قَوْلِكَ: (أَتَانَا مَشْيًا)، وَلَمْ يُجِزْهُ سِيبَوَيْهِ؛ لِأَنَّهُ مَخْصُوصٌ عِنْدَهُ بِالسَّمَاعِ، وَلَمْ يُسْمَعْ ذَلِكَ.

فَصْلٌ: وَالِاسْمُ غَيْرُ الصِّفَةِ وَالْمَصْدَرِ بِمَنْزِلَتِهِمَا فِي هَذَا الْبَابِ

قَالَ الشَّيْخُ: يَعْنِي بِمَنْزِلَةِ الصِّفَةِ وَالْمَصْدَرِ فِي صِحَّةِ وُقُوعِهِمَا حَالًا، وَذَلِكَ تَنْبِيهٌ مِنْهُ عَلَى أَنَّ الْمُقَوِّمَ لِلْحَالِ كَوْنُهَا دَالَّةً عَلَى هَيْئَةٍ، فَلَا يُنْظَرُ إِلَى مَا يَقُولُهُ كَثِيرٌ مِنَ النَّحْوِيِّينَ مِنْ أَنَّهَا مُشْتَقَّةٌ، وَلِذَلِكَ جَازَ (هَذَا بُسْرًا أَطْيَبُ مِنْهُ رُطَبًا) وَنَظَائِرُهُ مِنَ الْأَسْمَاءِ

الدَّالَّةِ عَلَى الْهَيْئَاتِ، وَمَعْنَى: (هَذَا بُسْرًا أَطْيَبُ مِنْهُ رُطَبًا) تَفْضِيلُ هَـذِهِ التَّمْـرَةِ فِي حَالِ كَوْنِهَا بُسْرًا عَلَيْهَا فِي حَالِ كَوْنِهَا رُطَبًا.

وَقَدِ اخْتَلَفَ النَّحْوِيُّونَ فِي الْعَامِلِ فِي (بُسْرًا)، فَقَالَ بَعْضُهُمْ: الْعَامِلُ فِيهِ الإِشَارَةُ، وَقَالَ بَعْضُهُمْ: الْعَامِلُ (كَانَ) مُقَدَّرَةً مُتَعَلِّقَةً بِظَرْفٍ، كَأَنَّهُ قِيلَ: هَذَا إِذَا كَانَ بُسْرًا أَطْيَبُ مِنْهُ إِذَا كَانَ رُطَبًا، وَالْعَامِلُ فِي (إِذَا) الإِشَارَةُ، وَقَالَ بَعْضُهُمْ: الْعَامِلُ فِي (بُسْرًا) أَطْيَبُ، وَقَالَ بَعْضُهُمْ: الْعَامِلُ (كَانَ)، وَالْعَامِلُ فِي (إِذَا) أَطْيَبُ.

وَالْخِلافُ فِي الْحَقِيقَةِ هَلِ الْعَامِلُ اسْمُ الإِشَارَةِ أَوْ (أَطْيَبُ)، وَإِذَا قُدِّرَ (إِذَا كَانَ) رَجَعَ الْخِلافُ فِي الْعَامِلِ فِي (إِذَا) هَلْ هُوَ الإِشَارَةُ أَوْ أَطْيَبُ.

وَقَدْ ذَهَبَ أَبُو عَلِيٍّ الْفَارِسِيُّ وَكَثِيرٌ مِنَ النَّحْوِيِّينَ إِلَى أَنَّ الْعَامِلَ (هَـذَا)، وَذَهَبَ آخَرُونَ إِلَى أَنَّ الْعَامِلَ (أَطْيَبُ)، وَهَذَا هُوَ الصَّحِيحُ.

وَالْقَوْلُ الأَوَّلُ وَهْمٌ مَحْضٌ، وَالدَّلِيلُ عَلَى أَنَّ الْعَامِلَ (أَطْيَبُ) مِنْ وُجُوهٍ:

أَحَدُهَا: أَنَّا مُتَّفِقُونَ عَلَى جَوَازِ (زَيْدٌ قَائِمًا أَحْسَنُ مِنْهُ رَاكِبًا)، وَ(ثَمَرَةُ نَخْلَتِي بُسْرًا أَطْيَبُ مِنْهَا رُطَبًا)، وَالْمَعْنَى فِيهِ كَالْمَعْنَى فِي ذَلِكَ سَوَاءٌ فِي الْمُفَضَّلِ وَالْمُفَضَّلِ عَلَيْهِ، وَلا عَامِلَ سِوَى أَطْيَبَ وَأَحْسَنَ، وَإِذَا وَجَبَ أَنْ يَكُونَ (أَطْيَبُ) هُوَ الْعَامِلُ - وَالْمَسْأَلَةُ الأُخْرَى بِمَعْنَاهَا - وَجَبَ أَنْ يَكُونَ الْعَامِلُ فِيهَا أَيْضًا أَطْيَبُ.

وَالْوَجْهُ الثَّانِي: هُوَ أَنَّهُ لَوْ كَانَ الْعَامِلُ (هَـذَا) لَوَجَبَ أَنْ يَكُونَ فِي حَالِ الْخَبَرِ عَنْهُ بُسْرًا؛ لأَنَّهُ حَالٌ مِنَ الْمُشَارِ إِلَيْهِ، فَوَجَبَ أَنْ يَكُونَ فِي حَالِ الإِشَارَةِ إِلَيْهِ كَذَلِكَ، وَنَحْنُ قَاطِعُونَ بِأَنَّهُ يَجُوزُ أَنْ يَكُونَ عَلَى غَيْرِ ذَلِكَ، بِدَلِيلِ قَوْلِكَ لَهُ وَهُوَ رُطَبٌ: (هَـذَا بُسْرًا أَطْيَبُ مِنْهُ رُطَبًا)، وَكَذَلِكَ لَوْ كَانَ بَلَحًا.

وَالْوَجْهُ الثَّالِثُ: أَنَّهُ لَوْ كَانَ الْعَامِلُ فِيهِ (هَذَا) لَوَجَبَ أَنْ يَكُونَ الْخَبَرُ عَنِ الذَّاتِ مُطْلَقًا؛ لأَنَّ تَقْيِيدَ الْمُشَارِ إِلَيْهِ بِاعْتِبَارِ الإِشَارَةِ لا يُوجِبُ تَقْيِيدَ الْخَبَرِ، بِدَلِيلِ قَوْلِكَ: (هَـذَا قَائِمًا أَبِي)، فَالْخَبَرُ بِالأُبُوَّةِ وَقَعَتْ مُطْلَقَةً عَنِ الذَّاتِ الْمُشَارِ إِلَيْهَا، وَإِذَا ثَبَتَ ذَلِكَ وَجَبَ أَنْ يَكُونَ الْخَبَرُ بِأَحْسَنَ وَقَعَ عَنِ الْمُشَارِ إِلَيْهِ مُطْلَقًا، فَكَأَنَّكَ قُلْتَ: هَذَا أَطْيَبُ مِنْهُ رُطَبًا، إِذْ وُجُودُ الْحَالِ وَعَدَمُهَا إِذَا كَانَ الْعَامِلُ الإِشَارَةَ بِاعْتِبَارِ الْخَبَرِ عَلَى حَدٍّ سَوَاءٍ، وَإِذَا ثَبَتَ ذَلِكَ فَسَدَ الْمَعْنَى؛ لأَنَّكَ فَضَّلْتَ الشَّيْءَ عَلَى نَفْسِهِ مِنْ غَيْرِ تَقْيِيدٍ لَهُ تَحْصُلُ بِهِ الأَفْضَلِيَّةُ.

وَالْوَجْهُ الرَّابِعُ: هُوَ أَنَّهُ إِذَا لَمْ يَكُنِ الْعَامِلُ (أَحْسَنُ) لَمْ تَكُنِ الأَحْسَنِيَّةُ مُقَيَّدَةً بِالْبُسْرِيَّةِ؛ لأَنَّ الْمُقَيَّدَ بِالْحَالِ هُوَ الْعَامِلُ فِيهَا، وَالْعَامِلُ فِيهَا هُوَ الْمُقَيَّدُ بِهَا، وَإِذَا لَمْ تَكُنِ

الأحْسَنِيَّةُ مُقيَّدَةً بِالْبُسْرِيَّةِ فَسَدَ الْمَعْنَى؛ لأَنَّ الْغَرَضَ تَقْيِيدُ الأحْسَنِيَّةِ بِالْبُسْرِيَّةِ مُفَضَّلَةً عَلَى الرُّطَبِيَّةِ، وَهَذَا مَعْنَى الْعَامِلِ فِي الْحَالِ، وَإِذَا ثَبَتَ أَنَّ الأحْسَنِيَّةَ مُقَيَّدَةٌ بِالْبُسْرِيَّةِ وَجَبَ أَنْ يَكُونَ مَعْمُولا لأحْسَنَ، فَثَبَتَ بِمَا ذَكَرْنَاهُ أَنَّ الْقَوْلَ الصَّحِيحَ قَوْلُ مَنْ قَالَ: إِنَّ الْعَامِلَ فِي بُسْرًا (أَطْيَبُ).

وَأَمَّا مَنْ قَالَ: إِنَّ الْعَامِلَ (هَذَا) فَشُبْهَتُهُمْ أَنَّهُ لَوْ كَانَ (أَحْسَنُ) هُوَ الْعَامِلُ فِي (بُسْرًا)، وَقَدْ ثَبَتَ أَنَّهُ هُوَ الْعَامِلُ فِي (رُطَبًا) لأَدَّى إِلَى أَنْ يَكُونَ الشَّيْءُ الْوَاحِدُ مُقَيَّدًا بِحَالَيْنِ مُخْتَلِفَيْنِ فِي الْحَالِ، وَهُوَ مُحَالٌ، وَهَذَا لَيْسَ بِشَيْءٍ، فَإِنَّ لأحْسَنَ جِهَتَيْنِ؛ لأَنَّ مَعْنَاهُ زَادَ حُسْنُهُ، فَعَمِلَ فِي (بُسْرًا) بِاعْتِبَارِ (زَادَ)، وَعَمِلَ فِي (رُطَبًا) بِاعْتِبَارِ الْحُسْنِ، حَتَّى لَوْ فَكَكْتَ هَذَا لَقُلْتَ: هَذَا زَادَ بُسْرًا فِي الطِّيبِ عَلَى طِيبِهِ فِي حَالِ كَوْنِهِ، فَيَسْتَقِيمُ الْمَعْنَى الْمَطْلُوبُ، فَثَبَتَ أَنَّ مَا ذَكَرُوهُ وَهْمٌ مَحْضٌ.

وَشُبْهَةٌ أُخْرَى لَهُمْ، قَالُوا: لا يَتَقَدَّمُ مَعْمُولُ أَفْعَلَ عَلَيْهِ بِدَلِيلِ امْتِنَاعِ (زَيْدٌ مِنْكَ أَحْسَنُ)، وَإِذَا لَمْ يَتَقَدَّمْ (مِنْكَ) لَمْ يَتَقَدَّمِ الْحَالُ، وَإِذَا لَمْ يَتَقَدَّمْ فَالْعَامِلُ (هَذَا)، إِذْ لا عَامِلَ سِوَاهُ.

وَهَذَا عِنْدَنَا أَيْضًا غَيْرُ مُسْتَقِيمٍ؛ لأَنَّ امْتِنَاعَ تَقْدِيمِ (مِنْكَ) بَعْدَ تَسْلِيمِهِ إِنَّمَا كَانَ لأَنَّهُ فِي مَعْنَى الْمُضَافِ إِلَيْهِ، بِدَلِيلِ أَنَّ قَوْلَهُمْ: (زَيْدٌ أَحْسَنُ مِنْكَ)، كَقَوْلِهِمْ: (زَيْدٌ أَحْسَنُ النَّاسِ) فِي قِيَامِ أَحَدِهِمَا مَقَامَ الآخَرِ، وَلَمَّا قَامَ مَقَامَ الْمُضَافِ إِلَيْهِ لِكَوْنِهِ هُوَ الْمُفَضَّلَ عَلَيْهِ فِي الْمَعْنَى كَرِهُوا تَقْدِيمَهُ كَمَا كَرِهُوا تَقْدِيمَ الْمُضَافِ إِلَيْهِ عَلَى الْمُضَافِ؛ لأَنَّهُ خِلافُ لُغَتِهِمْ، وَإِنْ كَانَ ذَلِكَ مِنْ لُغَةِ غَيْرِهِمْ، فَلا يَلْزَمُ مِنَ امْتِنَاعِ مَعْمُولٍ هُوَ كَالْمُضَافِ إِلَيْهِ امْتِنَاعُ الْمَعْمُولِ الَّذِي هُوَ الْحَالُ مَعَ كَوْنِ الْعَامِلِ مِنَ الْمُشَبَّهَاتِ بِالْفِعْلِ، وَأَيْضًا فَإِنَّ لِلْعَرَبِ فِي الشَّيْءِ - إِذَا فَضَّلُوهُ عَلَى نَفْسِهِ بِاعْتِبَارِ حَالَيْنِ مِنْ تَقْدِيمِ أَحَدِهِمَا عَلَى الْعَامِلِ وَإِنْ كَانَ مِمَّا لا يَسُوغُ تَقْدِيمُهُ لَوْ لَمْ يَكُنْ كَذَلِكَ - غَرَضًا فِي التَّنْبِيهِ بِالتَّقْدِيمِ عَلَى أَنَّهُ الْمُفَضَّلُ، وَكَذَلِكَ إِذَا فَضَّلُوا ذَاتَيْنِ بِاعْتِبَارِ حَالَيْنِ، وَكَذَلِكَ إِذَا شَبَّهُوا بِاعْتِبَارِ حَالَيْنِ، فَيَقُولُونَ: (زَيْدٌ قَائِمًا أَحْسَنُ مِنْهُ قَاعِدًا)، وَ(زَيْدٌ قَائِمًا أَحْسَنُ مِنْكَ قَاعِدًا)، وَ(زَيْدٌ قَائِمًا مِثْلُهُ قَاعِدًا)، وَ(زَيْدًا قَائِمًا مِثْلُكَ قَاعِدًا)، وَيَقُولُونَ: (زَيْدٌ قَائِمًا كَعَمْرٍو قَاعِدًا)، وَإِذَا جَازَ تَقْدِيمُ هَذَا الْمَعْمُولِ عَلَى الْكَافِ الَّتِي هِيَ أَبْعَدُ فِي الْعَمَلِ مِنْ بَابِ (أَحْسَنَ)، فَتَقْدِيمُ مَعْمُولِ (أَحْسَنَ) أَجْوَزُ، وَأَيْضًا فَإِنَّهُ يَجُوزُ تَقْدِيمُ الظَّرْفِ.

وَقَوْلُهُ: (جَاءَ الْبُرُّ قَفِيزَيْنِ وَصَاعَيْنِ).

ذَكَرَهُ فِي الأَحْوَالِ، وَالأَوْلَى أَنْ يَكُونَ ذَلِكَ مِنْ قَبِيلِ الأَخْبَارِ، وَالَّذِي يَدُلُّ عَلَيْهِ أَنَّ الْحَالَ فَضْلَةٌ، و(قَفِيزَيْنِ) هَاهُنَا لَيْسَ عَلَى مَعْنَى الْفَضْلَةِ، وَإِنَّمَا هُوَ عَلَى مَعْنَى الصَّيْرُورَةِ، تَقُولُ: (كِلْتُ الْبُرَّ فَجَاءَ قَفِيزَيْنِ)، وَيُمْكِنُ أَنْ يُقَالَ: نِسْبَةُ الْمَجِيءِ إِلَى الْبُرِّ عَلَى مَعْنَى حُصُولِهِ فِي نَفْسِهِ، ثُمَّ أَثْبَتَ لَهُ حَالًا مِنَ الْقَفِيزَيْنِ وَالصَّاعَيْنِ وَأَشْبَاهِهِمَا، كَأَنَّهُ قَالَ: حَصَلَ الْبُرُّ عَلَى هَذِهِ الْحَالِ، وَلَا يُرِيدُ الإِخْبَارَ عَنْهُ بِذَلِكَ، وَالأَوَّلُ هُوَ الظَّاهِرُ.

وَقَوْلُهُ: (كَلَّمْتُهُ فَاهُ إِلَى فِيَّ، وَبَايَعْتُهُ يَدًا بِيَدٍ).

مِنْ أَشْكَلِ مَسَائِلِ النَّحْوِ؛ لأَنَّ الأَصْلَ (كَلَّمْتُهُ فُوهُ إِلَى فِيَّ) و(بَايَعْتُهُ يَدٌ بِيَدٍ)، بِدَلِيلِ أَنَّ الْجُمَلَ تُسْتَعْمَلُ اسْتِعْمَالَ الْمُفْرَدَاتِ، وَلَا يُعْكَسُ، وَأَيْضًا فَإِنَّ الْهَيْئَاتِ غَيْرُ الْجُمَلِ لَا تَكُونُ إِلَّا مُفْرَدَةً؛ كَقَوْلِكَ: ضَارِبٌ، وَشِبْهِهِ، سِوَى مَا كُرِّرَ لِلتَّفْصِيلِ؛ نَحْوُ: (بَابًا بَابًا)، و(فَاهُ إِلَى فِيَّ)، لَمْ تُفْهَمِ الْهَيْئَةُ إِلَّا مِنْ جَمِيعِهِ، فَدَلَّ عَلَى أَنَّهُ لَيْسَ مِنْ قَبِيلِ الْمُفْرَدَاتِ فِي الأَصْلِ، وَالْوَجْهُ الَّذِي بِهِ انْتَصَبَ (فَاهُ) هُوَ أَنَّهُ كَثُرَ اسْتِعْمَالُهُ حَتَّى صَارَ مَعْنَى الْمُشَافَهَةِ يُفْهَمُ مِنْ غَيْرِ نَظَرٍ إِلَى تَفْصِيلٍ، بَلْ صَارَ (فُوهُ إِلَى فِيَّ) بِمَعْنَى: (مُشَافِهًا)، حَتَّى يَفْهَمَ ذَلِكَ مَنْ لَا يَخْطُرُ بِبَالِهِ فُو الْمُكَلِّمِ وَلَا فُو الْمُتَكَلِّمِ، وَلَا مَدْلُولُ الْجَارِّ، فَلَمَّا صَارَ كَذَلِكَ جُعِلَ كَالْمُفْرَدَاتِ، فَأُعْرِبَ مَا يَقْبَلُ مِنْهُ إِعْرَابَ الْمُفْرَدَاتِ بِإِعْرَابِ الْحَالِ، وَهُوَ (فَاهُ)، فَنَصَبُوهُ وَشَبَّهُوهُ بِقَوْلِهِمْ: (بَابًا بَابًا)، فَهَذَا وَجْهُ قَوْلِهِمْ: (فَاهُ إِلَى فِيَّ)، وَإِذَا كَانُوا قَدْ بَنَوْا فِي قَوْلِهِمْ: (أَيْدِي سَبَأَ) و(أَفْعَلُ هَذَا بَادِي بَدَا) مَعَ كَوْنِهِ مُضَافًا لِتَنَزُّلِهِ لِكَثْرَةِ الاسْتِعْمَالِ مَنْزِلَةَ الْمُفْرَدِ، لَمْ يُسْتَبْعَدْ مِنْ لُغَتِهِمْ إِعْرَابُ مَا نَحْنُ فِيهِ بِإِعْرَابِ الْمُفْرَدِ.

و(بَايَعْتُهُ يَدًا بِيَدٍ) مِثْلُهُ، وَأَصْلُهُ: (يَدٌ بِيَدٍ) كَمَا ذَكَرْنَاهُ، وَكَذَلِكَ (بِعْتُ الشَّاءَ شَاةً وَدِرْهَمَا)؛ أَصْلُهُ: شَاةٌ بِدِرْهَمٍ؛ أَيْ: شَاةٌ مَعَ دِرْهَمٍ، ثُمَّ كَثُرَ ذَلِكَ، فَنَصَبُوا شَاةً نَصْبَ (يَدًا)، ثُمَّ أَبْدَلُوا مِنْ بَاءِ الْمُصَاحَبَةِ وَاوًا، وَإِذَا أُبْدِلَتْ بَاءُ الْمُصَاحَبَةِ وَاوًا وَجَبَ أَنْ يُعْرَبَ مَا بَعْدَهَا بِإِعْرَابِ مَا قَبْلَهَا؛ كَقَوْلِهِمْ: (كُلُّ رَجُلٍ وَضَيْعَتُهُ)، و(كُلُّ امْرِئٍ وَنَفْسُهُ)، وَقَوْلُهُمْ: (امْرَأً وَنَفْسَهُ).

قَوْلُهُ: (وَبَيَّنْتُ لَهُ حِسَابَهُ بَابًا بَابًا).

وَالْمَعْنَى: بَيَّنْتُ لَهُ حِسَابَهُ مُفَصَّلًا؛ لأَنَّ الْعَرَبَ تُكَرِّرُ الشَّيْءَ مَرَّتَيْنِ، فَتَسْتَوْعِبُ تَفْصِيلَ جَمِيعِ جِنْسِهِ بِاعْتِبَارِ الْمَعْنَى الَّذِي دَلَّ عَلَيْهِ اللَّفْظُ الْمُكَرَّرُ، فَإِذَا قُلْتَ: (جَاءَ الْقَوْمُ ثَلَاثَةً ثَلَاثَةً)، فَمَعْنَاهُ: جَاؤُوا مُفَصَّلِينَ بِاعْتِبَارِ هَذَا الْعَدَدِ الْمَخْصُوصِ، وَإِذَا قُلْتَ: (بَيَّنْتُ لَهُ الْكِتَابَ كَلِمَةً كَلِمَةً)، فَمَعْنَاهُ: بَيَّنْتُهُ لَهُ مُفَصَّلًا بِاعْتِبَارِ كَلِمَاتِهِ، وَكَذَلِكَ (بَيَّنْتُ لَهُ حِسَابَهُ

بَابًا بَابًا)؛ أَيْ: بَيَّنْتُهُ مُفَصَّلًا بِاعْتِبَارِ أَبْوَابِهِ، فَلَمَّا كَانَ ذَلِكَ يُفِيدُ هَذِهِ الْهَيْئَةَ الْمَخْصُوصَةَ صَحَّ وُقُوعُهُ حَالًا.

وَقَوْلُهُ: (وَمِنْ حَقِّهَا أَنْ تَكُونَ نَكِرَةً).

وَذَلِكَ مِنْ وَجْهَيْنِ:

أَحَدُهُمَا: أَنْ لَا تَشْتَبِهَ بِالصِّفَةِ.

وَالثَّانِي: أَنَّ الْحَالَ حُكْمٌ كَالْخَبَرِ، وَالْأَحْكَامُ يَجِبُ أَنْ تَكُونَ نَكِرَاتٍ؛ لِأَنَّ التَّعْرِيفَ بِالْمَعْرُوفِ هَذَرٌ، وَلِذَلِكَ قَالُوا فِي (زَيْدٌ الْقَائِمُ): إِنَّهُ لَيْسَ بِخَبَرٍ عَلَى الْحَقِيقَةِ، وَإِنَّمَا الْخَبَرُ مُقَدَّرٌ لَهُ بِقَوْلِكَ: زَيْدٌ مَحْكُومٌ عَلَيْهِ بِالْقَائِمِ.

(وَذُو الْحَالِ مَعْرِفَةٌ). لِأَنَّهُ مُخْبَرٌ عَنْهُ وَمَحْكُومٌ عَلَيْهِ، وَذَلِكَ إِنَّمَا يَتَأَتَّى بَعْدَ مَعْرِفَةِ الشَّيْءِ، وَلِئَلَّا يَشْتَبِهَ بِالصِّفَةِ فِي قَوْلِكَ: (رَأَيْتُ رَجُلًا عَالِمًا).

وَأَمَّا (أَرْسَلَهَا الْعِرَاكَ) وَأَخَوَاتُهَا فَاخْتَلَفَ النَّحْوِيُّونَ فِيهَا، فَمَذْهَبُ أَبِي عَلِيٍّ الْفَارِسِيِّ أَنَّهَا لَيْسَتْ بِأَحْوَالٍ، وَإِنَّمَا الْأَحْوَالُ الْأَفْعَالُ الَّتِي عَمِلَتْ فِيهَا، فَقَوْلُهُ: (أَرْسَلَهَا الْعِرَاكَ)؛ أَيْ: أَرْسَلَهَا تَعْتَرِكُ الْعِرَاكَ، وَكَذَلِكَ بَوَاقِيهَا.

وَمَذْهَبُ سِيبَوَيْهِ وَهُوَ اخْتِيَارُ الزَّمَخْشَرِيِّ فِي كِتَابِهِ أَنَّهَا مَصَادِرُ مُعَرَّفَةٌ وُضِعَتْ مَوْضِعَ الْأَسْمَاءِ النَّكِرَاتِ، وَلَا بُعْدَ فِي كَوْنِ الشَّيْءِ يَكُونُ لَفْظُهُ لَفْظَ الْمَعْرِفَةِ، وَمَعْنَاهُ مَعْنَى النَّكِرَةِ، بِدَلِيلِ قَوْلِهِمْ: (مَرَرْتُ بِرَجُلٍ مِثْلِكَ)، و(ضَارِبِ زَيْدٍ)، وَقَصَدَ إِلَى أَنْ يَجْعَلَ الْجَمِيعَ مَصَادِرَ اسْتُعْمِلَتْ لِلْأَحْوَالِ النَّكِرَاتِ، لِيَكُونَ لَفْظًا قَدِ اسْتُعْمِلَ فِي غَيْرِ مَوْضِعِهِ الَّذِي وُضِعَ التَّعْرِيفُ لَهُ، وَلَا بُعْدَ فِي أَنْ يَكُونَ اللَّفْظُ فِي الْأَصْلِ مَعْرِفَةً لِشَيْءٍ ثُمَّ يُنْقَلَ مَجَازًا لِشَيْءٍ مُنَكَّرٍ، وَيَجُوزُ أَنْ يُقَالَ: إِنَّ التَّعْرِيفَ فِي هَذِهِ الْأَشْيَاءِ لَيْسَ تَعْرِيفًا لِمَعْهُودٍ فِي الْوُجُودِ، وَإِنَّمَا هُوَ لِمَعْهُودٍ فِي الذِّهْنِ، وَالْمَعْهُودُ فِي الذِّهْنِ يَكُونُ بِاعْتِبَارِ الْوُجُودِ فِي الْمَعْنَى كَالنَّكِرَاتِ، فَجَاءَتْ هَذِهِ أَحْوَالًا، وَإِنْ كَانَ لَفْظُهَا لَفْظَ الْمَعْرِفَةِ بِاعْتِبَارِ الْوُجُودِ، وَهِيَ مَعَارِفُ بِاعْتِبَارِ الذِّهْنِ، كَمَا أَنَّ (أُسَامَةَ) مَعْرِفَةٌ بِاعْتِبَارِ الذِّهْنِ نَكِرَةٌ بِاعْتِبَارِ الْوُجُودِ كَمَا تَقَدَّمَ، وَإِنَّمَا وَجَبَ التَّقْدِيمُ إِذَا كَانَ صَاحِبُهَا نَكِرَةً لِئَلَّا تَلْتَبِسَ بِالصِّفَةِ فِي قَوْلِكَ: (ضَرَبْتُ رَجُلًا قَائِمًا)، فَحِينَئِذٍ يَقَعُ اللَّبْسُ، وَإِذَا قَدَّمْتَ ارْتَفَعَ لِأَنَّ الصِّفَةَ لَا تَتَقَدَّمُ.

قَوْلُهُ: (وَالْحَالُ الْمُؤَكَّدَةُ).

وَحَدُّهَا أَنْ يَكُونَ صَاحِبُهَا مُتَضَمِّنًا مَعْنَاهَا، وَتَكُونَ بَعْدَ جُمْلَةٍ اسْمِيَّةٍ لَا عَمَلَ لَهَا كَمَا صَرَّحَ بِهِ هَاهُنَا؛ كَقَوْلِكَ: (زَيْدٌ أَبُوكَ عَطُوفًا)، فَإِنَّ الْأُبُوَّةَ تَتَضَمَّنُ الْعَطْفَ، وَكَذَلِكَ الْبَاقِي.

(وَتقُولُ: أَنَا فُلانٌ بَطَلا شُجَاعًا كَرِيمًا جَوَادًا).

ولا يَجُوزُ ذَلِكَ إلا لِمَنْ اتَّصَفَ بِهَذِهِ الصِّفَاتِ وعُرِفَ بِهَا وَشُهِرَ بِأَمْرِهَا؛ لِيَتَنَزَّلَ ذَلِكَ مَنْزِلَةَ التَّضْمِينِ.

قَالَ: (وَلَوْ قُلْتَ: زَيْدٌ أَبُوكَ مُنْطَلِقًا أَوْ أَخُوكَ أَحَلْتَ، إلا إِذَا أَرَدْتَ التَّبَنِّي وَالصَّدَاقَةَ).

لأَنَّ الأُبُوَّةَ الْمُحَقَّقَةَ لا تَقْبَلُ التَّقْيِيدَ بِحَالٍ إلا إِذَا ذَكَرَهَا مَجَازًا وَعَنَى بِهَا التَّبَنِّي وَالصَّدَاقَةَ.

قَالَ الشَّيْخُ: يَرِدُ عَلَى حَدِّ الْحَالِ بِالنَّظَرِ إِلَى الْحَدِّ الْمَذْكُورِ الْحَالُ الْمُؤَكِّدَةُ مِنْ وَجْهَيْنِ:

أَحَدُهُمَا: أَنَّ الْحَالَ بَيَانُ هَيْئَةِ الْفَاعِلِ أَوْ الْمَفْعُولِ، وَهَذِهِ لَيْسَتْ لِوَاحِدٍ مِنْهُمَا، وَجَوَابُهُ: أَنَّهَا مِنْ مَفْعُولٍ، وَهُوَ مَا فِي أُحِقُّهُ أَوْ أُثْبِتُهُ مِنَ الْعَامِلِ الْمُقَدَّرِ عَلَى مَا ذُكِرَ آخِرًا.

وَالآخَرُ: أَنَّ الْحَالَ تَقْيِيدٌ لِلْفَاعِلِ أَوْ الْمَفْعُولِ بِاعْتِبَارِ فِعْلِهِ، وَهَذِهِ الْجُمْلَةُ لا تَخْلُو إِمَّا أَنْ تَكُونَ مُقَيَّدَةً أَوْ مُطْلَقَةً، فَإِنْ كَانَتْ مُطْلَقَةً اخْتَلَّ مَعْنَى الْحَالِ مِنْ حَيْثُ مُشَابَهَتِهَا الصِّفَةَ، وَإِنْ كَانَتْ مُقَيَّدَةً اخْتَلَّ مَعْنَى الْكَلامِ إِذْ لا تَكُونُ أُبُوَّةٌ إلا فِي حَالِ الْعُطُوفِيَّةِ وَهُوَ مُمْتَنِعٌ، وَأُجِيبَ عَنْهُ بِأَنَّ مِنَ الأَفْعَالِ أَفْعَالا لا تَقْبَلُ التَّقْيِيدَ، وَهِيَ أَفْعَالُ الْعِلْمِ؛ كَقَوْلِكَ: تَحَقَّقْتُ الإِنْسَانَ قَائِمًا، فَلَمْ تَجِئْ بِقَائِمٍ لِتَقْيِيدِ التَّحْقِيقِ حَتَّى يَنْتَفِي إِذَا قَعَدَ، وَإِنَّمَا ذَكَرْتَهُ لِتُعَرِّفَهُ أَنَّهُ كَذَلِكَ كَانَ عِنْدَ التَّحْقِيقِ، وَالتَّحْقِيقُ مُسْتَمِرٌّ، وَإِذَا ثَبَتَ ذَلِكَ فِي هَذِهِ الأَفْعَالِ فَلا فَرْقَ بَيْنَ الْحَالِ الَّتِي يَصِحُّ انْتِقَالُهَا وَالَّتِي لا يَصِحُّ، وَكَذَلِكَ جَاءَتِ الْحَالُ فِي هَذَا الْبَابِ غَيْرَ مُنْتَقِلَةٍ.

وَمِنْهُمْ مَنْ اسْتَشْكَلَهُ فَجَعَلَ الْحَالَ قِسْمَيْنِ، كُلُّ وَاحِدٍ مِنْهُمَا مَحْدُودٌ بِحَدٍّ، وَهُوَ ظَاهِرُ كَلامِ صَاحِبِ الْكِتَابِ، فَإِذَا حَدَّ الْحَالَ الْمُؤَكِّدَةَ قَالَ: هِيَ تَقْرِيرٌ وَتَحْقِيقٌ لِمَضْمُونِ الْخَبَرِ مِنَ الْجُمْلَةِ الاسْمِيَّةِ الَّتِي لا عَمَلَ لِوَاحِدٍ مِنْهُمَا فِيهَا، وَالْفَرْقُ بَيْنَهَا وَبَيْنَ الْحَالِ الْمُقَيَّدَةِ أَنَّ الْحَالَ الْمُقَيَّدَةَ تَأْتِي لِبَيَانِ هَيْئَةِ الْفَاعِلِ أَوْ الْمَفْعُولِ عِنْدَ تَعَلُّقِ الْفِعْلِ بِهِ خَاصَّةً، وَهَذِهِ تَأْتِي لِتَقْرِيرِ ذَلِكَ الْمَعْنَى لِصَاحِبِهَا مُطْلَقًا مِنْ غَيْرِ تَقْيِيدٍ.

وَوَجْهٌ آخَرُ مِنَ الْفَرْقِ أَنَّ الْعَامِلَ فِيهَا إِمَّا فِعْلٌ وَإِمَّا مَعْنَى فِعْلٍ يَجُوزُ إِظْهَارُهُ، وَالْمُؤَكِّدَةُ لا يَكُونُ عَامِلُهَا إلا مُقَدَّرًا لا يَجُوزُ إِظْهَارُهُ.

وَقَوْلُهُ: (أَنَا عَبْدُ اللهِ آكِلا كَمَا يَأْكُلُ الْعَبِيدُ).

قَالَ الشَّيْخُ: إِنْ قَصَدَ الْعَلَمِيَّةَ لَمْ يَسْتَقِمْ أَنْ تَكُونَ حَالا مُؤَكِّدَةً؛ لأَنَّ آكِلا لَيْسَ فِيهِ

تَقْرِيرٌ فِي أَنَّهُ عَبْدُ اللهِ وَلا فِي أَنَّ اسْمَهُ غَيْرُ عَبْدِ اللهِ، إلا أَنْ يَكُونَ قَدْ اشْتُهِرَ بِأَنَّهُ يَأْكُلُ كَمَا يَأْكُلُ الْعَبِيدِ، فَيَكُونَ تَقْرِيراً؛ لأَنَّهُ عَبْدُ اللهِ، وَهُوَ لَمْ يُرِدْ هَذَا الْمَعْنَى، وَإِنَّمَا أَرَادَ مَعْنَى الْعُبُودِيَّةِ مِنْ حَيْثُ الإضَافَةِ، فَكَأَنَّهُ قَالَ: (أَنَا عَبْدُ اللهِ آكِلا).

وَقَوْلُهُ: (وَالْجُمْلَةُ تَقَعُ حَالا) إِلَى آخِرِهِ.

إِنَّمَا كَانَ كَذَلِكَ؛ لأَنَّهَا نَكِرَةٌ، وَالْجُمَلُ تَقَعُ مَكَانَ النَّكِرَاتِ، (فَيَصِحُّ وُقُوعُهَا أَحْوَالا)، (وَلا تَخْلُو مِنْ أَنْ تَكُونَ اسْمِيَّةً أَوْ فِعْلِيَّةً)، فَإِنْ كَانَتِ اسْمِيَّةً فَلا بُدَّ مِنَ الْوَاوِ، وَيَجُوزُ إِسْقَاطُ الضَّمِيرِ، وَيَجُوزُ عُرُوُّهَا مِنَ الْوَاوِ عَلَى ضَعْفٍ، وَلا بُدَّ حِينَئِذٍ مِنَ الضَّمِيرِ، وَلَمْ يَخْتَرِ الْمُصَنِّفُ فِي كِتَابِهِ إلا الْوَجْهَ الأَوَّلَ، وَلِذَلِكَ تَكَلَّمَ عَلَى (لَقِيتُهُ عَلَيْهِ جُبَّةُ وَشْيٍ)، وَتَأَوَّلَهُ بِمُسْتَقِرَّةٍ، وَلَمْ يَكُنْ عِنْدَهُ (عَلَيْهِ جُبَّةُ وَشْيٍ) مُبْتَدَأً تَقَدَّمَ عَلَيْهِ خَبَرُهُ.

قَالَ: (وَإِنْ كَانَتْ فِعْلِيَّةً، فَإِنْ كَانَ مُضَارِعًا مُثْبَتًا فَبِغَيْرِ وَاوٍ)؛ لِوُقُوعِهِ مَوْقِعَ ضَارِبٍ وَشِبْهِهِ، وَلا بُدَّ مِنَ الضَّمِيرِ كَمَا فِي ضَارِبٍ، وَإِنْ كَانَتْ مَنْفِيَّةً فَلا بُدَّ مِنَ الضَّمِيرِ، فَأَنْتَ فِي الْوَاوِ بِالْخِيَارِ، أَمَّا الضَّمِيرُ؛ فَلأَنَّهُ كَاسْمِ الْفَاعِلِ، وَإِذَا كَانَ اسْمُ الْفَاعِلِ لا بُدَّ لَهُ مِنْ ضَمِيرٍ فَهَذَا أَجْدَرُ، وَأَمَّا جَوَازُ الإتْيَانِ بِالْوَاوِ؛ فلأَنَّ الْحَالَ فِي الْحَقِيقَةِ هُوَ الانْتِفَاءُ؛ كَقَوْلِكَ: (جَاءَ زَيْدٌ لا يَتَكَلَّمُ)، مَعْنَاهُ غَيْرَ مُتَكَلِّمٍ، فَالْحَالُ هِيَ انْتِفَاءُ الْكَلامِ لا الْكَلامِ، فَلا يَلْزَمُ مِنْ وُجُوبِ حَذْفِ الْوَاوِ فِي الْمَوْضِعِ الَّذِي جَرَى فِيهِ الْفِعْلُ مُجْرَى اسْمِ الْفَاعِلِ وُجُوبُ حَذْفِهَا فِي الْمَوْضِعِ الَّذِي صَارَ فِيهِ الْحُكْمُ لِلْمَنْفِيِّ لا لاسْمِ الْفَاعِلِ، وَإِنَّمَا جَازَ حَذْفُ الْوَاوِ مَعَ ذَلِكَ؛ لأَنَّ الْفِعْلَ هُوَ الْمُصَحِّحُ لِلْحَالِيَّةِ، وَالنَّفْيُ جِيءَ بِهِ لِغَرَضِ كَوْنِ النِّسْبَةِ مُنْتَفِيَةً، أَلا تَرَى أَنَّ قَوْلَكَ: (ضَرَبَ زَيْدٌ)، و(مَا ضَرَبَ زَيْدٌ) سَوَاءٌ بِالنِّسْبَةِ إِلَى رَفْعِ زَيْدٍ بِإِسْنَادِ الْفِعْلِ إِلَيْهِ، وَإِنْ كَانَ فِي أَحَدِهِمَا مُثْبَتًا وَفِي الآخَرِ مَنْفِيًّا، فَثَبَتَ بِذَلِكَ أَنَّ الْمُقَوِّمَ لِلْحَالِيَّةِ هُوَ الْفِعْلُ، وَإِذَا كَانَ لا وَاوَ فِيهِ فِي الإثْبَاتِ صَحَّ أَنْ يَكُونَ بِغَيْرِ وَاوٍ فِي النَّفْيِ لِجَرْيِهِ مُجْرَاهُ فِيمَا ذَكَرْنَاهُ.

قَوْلُهُ: (وَيَجُوزُ إِخْلاءُ هَذِهِ الْجُمْلَةِ عَنِ الرَّاجِعِ إِلَى ذِي الْحَالِ).

يَعْنِي بِالْجُمْلَةِ الْجُمْلَةَ الْمَذْكُورَةَ لا الْجُمْلَةَ مِنَ الْفِعْلِ الْمُضَارِعِ، فَإِنَّ تِلْكَ لا بُدَّ لَهَا مِنْ ضَمِيرٍ، وَشَبَهُهَا بِالظَّرْفِ لِمَا تَقَدَّمَ.

قَوْلُهُ: (وَمِنَ انْتِصَابِ الْحَالِ)، قَالَ: (وَمِنْهُ: أَخَذْتُهُ بِدِرْهَمٍ فَصَاعِدًا).

أَيْ: فَذَهَبَ الثَّمَنُ صَاعِدًا، وَهَذَا الْكَلامُ إِنَّمَا يَكُونُ فِي شَيْءٍ ذِي أَجْزَاءٍ، اشْتَرَى بَعْضَهَا بِدِرْهَمٍ وَبَعْضَهَا بِأَكْثَرَ مِنْ دِرْهَمٍ، فَقَوْلُكَ: (أَخَذْتُهُ بِدِرْهَمٍ فَصَاعِدًا) مِثْلُ (أَخَذْتُ

الإرْدَبَّ مِنَ الْقَمْحِ بِدِرْهَمٍ فَصَاعِدًا)، وَالأَرَادِبُ مُتَعَدِّدَةٌ، وَانْتِصَابُ (فَصَاعِدًا) لا يَسْتَقِيمُ أَنْ يَكُونَ بِالْعَطْفِ عَلَى مَا قَبْلَهُ، وَلا بِحَالٍ لِمَا قَبْلَهُ.

أَمَّا الْعَطْفُ فَلَمْ يَتَقَدَّمْ إلا الْفَاعِلُ وَالْمَفْعُولُ وَالدِّرْهَمُ، وَعَطْفُ (صَاعِدًا) عَلَى الْجَمِيعِ فَاسِدٌ لَفْظًا وَمَعْنًى، أَمَّا عَطْفُهُ عَلَى الْفَاعِلِ فَلا يَسْتَقِيمُ لَفْظًا وَلا مَعْنًى؛ لأَنَّ الْفَاعِلَ مَرْفُوعٌ، و(فَصَاعِدًا) مَنْصُوبٌ، وَأَمَّا عَلَى الْمَفْعُولِ فَلا يَسْتَقِيمُ مِنْ حَيْثُ الْمَعْنَى، إِذْ لَيْسَ الْغَرَضُ أَنَّكَ أَخَذْتَ الْمُثَمَّنَ وَالصَّاعِدَ؛ لأَنَّ الصَّاعِدَ هُوَ الثَّمَنُ، وَلَمْ تُرِد أَنَّكَ أَخَذْتَ الْمُثَمَّنَ وَالثَّمَنَ، ولا يَسْتَقِيمُ عَطْفُهُ عَلَى دِرْهَمٍ لا لَفْظًا ولا مَعْنًى، أَمَّا اللَّفْظُ فَوَاضِحٌ، وَأَمَّا الْمَعْنَى فَلأَنَّهُ لَمْ يُرِدْ أَنَّهُ أَخَذَ الْمُثَمَّنَ بِدِرْهَمٍ فَصَاعِدًا، وَإِنَّمَا الْغَرَضُ أَنَّهُ أَخَذَ بَعْضَهُ بِدِرْهَمٍ وَبَعْضَهُ بِأَكْثَرَ، وَإِذَا جُعِلَ عَطْفًا صَارَ مَأْخُوذًا بِالدِّرْهَمِ وَالزَّائِدِ جَمِيعًا، ثُمَّ لَوْ قُدِّرَ أَنَّهُ كَذَلِكَ لَمْ يَسْتَقِمِ الْعَطْفُ بِالْفَاءِ؛ لأَنَّهَا تُؤْذِنُ بِالتَّعْقِيبِ، وَبَعْضُ ثَمَنِ الشَّيْءِ لا يَكُونُ بِاعْتِبَارِ كَوْنِهِ ثَمَنًا عُقَيْبَ بَعْضٍ، لَوْ قُلْتَ: (اشْتَرَيْتُهُ بِدِرْهَمٍ فَرُبْعٍ) لَمْ يَسْتَقِمْ، فَوَجَبَ أَنْ يُحْمَلَ عَلَى مَحْذُوفٍ، وَيَكُونُ التَّقْدِيرُ: فَذَهَبَ الثَّمَنُ عَلَى هَذِهِ الْحَالَةِ، وَالْمُرَادُ: فَذَهَبَ الثَّمَنُ فِي الْبَعْضِ إِلَى هَذِهِ الْحَالَةِ.

وَقَوْلُهُ: (أَتَمِيمِيًّا مَرَّةً وَقَيْسِيًّا أُخْرَى).

ذَكَرَهُ فِي الْحَالِ، وَلَيْسَ بِقَوِيٍّ أَنْ يَكُونَ حَالا، إِذْ لَوْ كَانَ حَالا لَكَانَ الْمَعْنَى أَتَتَحَوَّلُ فِي هَذِهِ الْحَالَةِ، وَلَمْ يُرِدْ أَنَّهُ يَتَحَوَّلُ فِي حَالِ كَوْنِهِ تَمِيمِيًّا، وَإِنَّمَا أَرَادَ أَنَّهُ يَتَنَقَّلُ تَنَقُّلا مُتَعَدِّدًا، كَمَا فِي قَوْلِهِ:

أَفِي الْوَلائِمِ أَوْلادًا لِوَاحِدَةٍ ... وَفِي الْعِيَادَةِ أَوْلادًا لِعَلاتِ

أَيْ: أَتَتَحَوَّلُونَ هَذَا التَّحَوُّلَ وَتَتَنَقَّلُونَ هَذَا التَّنَقُّلَ، فَانْتِصَابُهُ انْتِصَابُ الْمَصْدَرِ، وَكَذَلِكَ قَوْلُهُ:

أَفِي السِّلْمِ أَعْيَارًا جَفَاءً وَغِلْظَةً ... وَفِي الْحَرْبِ أَشْبَاهَ النِّسَاءِ الْعَوَارِكِ

يُرِيدُ أَنَّهُمْ يَتَنَقَّلُونَ هَذَا التَّنَقُّلَ، فَثَبَتَ أَنَّهُ لَمْ يُرِدْ أَنَّهُ يَتَنَقَّلُ فِي حَالِ كَوْنِهِ تَمِيمِيًّا، وَإِنَّمَا أَرَادَ أَنَّهُ يَتَنَقَّلُ هَذَا التَّنَقُّلَ الْمَخْصُوصَ مِنَ التَّمِيمِيَّةِ إِلَى الْقَيْسِيَّةِ، فَوَجَبَ أَنْ يُحْمَلَ عَلَى الْمَصْدَرِ لا عَلَى الْحَالِ، وَهُوَ مَذْهَبُ سِيبَوَيْهِ فِي الْجَمِيعِ، وَهُوَ الصَّحِيحُ لِمَا ذَكَرْنَاهُ.

قَالَ صَاحِبُ الْكِتَابِ:

التَّمْيِيزُ(١)

مَا يَرْفَعُ الإِبْهَامَ الْمُسْتَقِرَّ عَنْ ذَاتٍ مَذْكُورَةٍ أَوْ مُقَدَّرَةٍ.

قَوْلُهُ: (يَرْفَعُ الإِبْهَامَ) يَشْمَلُ التَّمْيِيزَ وَغَيْرَهُ، وَقَوْلُهُ: (الْمُسْتَقِرَّ) لِيَخْرُجَ بِهِ نَحْوُ قَوْلِكَ: عَيْنٌ مُبْصِرَةٌ؛ لأَنَّهُ يَرْفَعَ الإِبْهَامَ عَنْ ذَاتٍ وَلَيْسَ بِتَمْيِيزٍ؛ لأَنَّ الإِبْهَامَ فِيهِ غَيْرُ مُسْتَقِرٍّ بِخِلافِ قَوْلِكَ: عِشْرُونَ، فَعِشْرُونَ فِي أَصْلِ وَضْعِهِ مَوْضُوعٌ لِذَاتٍ مُبْهَمَةٍ فِي أَصْلِ الْوَضْعِ، وَعَيْنٌ وُضِعَ دَالا عَلَى كُلِّ وَاحِدٍ مِنْ مَدْلُولاتِهِ، فَإِنْ وَقَعَ إِبْهَامٌ عَمَّا هُوَ عَارِضٌ فَمِنْ جِهَةِ خَفَاءِ الْقَرَائِنِ عَلَى السَّامِعِ فِي مُرَادِ الْمُتَكَلِّمِ، وَلِذَلِكَ يَصِحُّ إِطْلاقُ لَفْظَةِ الْعَيْنِ قَاصِدًا بِهَا إِلَى الدَّلالَةِ عَلَى الْعَيْنِ الْمُبْصِرَةِ وَغَيْرِهَا مِنْ مَدْلُولاتِهِ، وَلَوْ أَطْلَقَ مُطْلِقٌ عِشْرِينَ وَأَرَادَ بِهِ الدَّلالَةَ عَلَى دَنَانِيرَ أَوْ دَرَاهِمَ كَانَ مُسْتَعْمَلا لِلَّفْظِ فِي غَيْرِ مَا وُضِعَ لَهُ، فَتَبَيَّنَ أَنَّ الإِبْهَامَ فِيهَا مُسْتَقِرٌّ، وَفِي الْمُشْتَرَكِ غَيْرُ مُسْتَقِرٍّ.

قَوْلُهُ: (مُحْتَمَلاتِهِ) لا يَصِحُّ أَنْ يُقَالَ إِلا: (مُحْتَمَلاتِهِ) بِفَتْحِ الْمِيمِ؛ لأَنَّ الْمُحْتَمِلاتِ بِالْكَسْرِ إِنَّمَا هِيَ الَّتِي انْتَصَبَ عَنْهَا التَّمْيِيزُ، أَلا تَرَى أَنَّ قَوْلَكَ: عِشْرُونَ وَثَلاثُونَ وَأَرْبَعُونَ مُحْتَمِلاتٌ لأَنْ تَكُونَ مِنَ الدَّرَاهِمِ وَالدَّنَانِيرِ، فَهِيَ مُحْتَمِلاتٌ بِالْكَسْرِ وَالدَّرَاهِمُ وَالدَّنَانِيرُ الَّتِي تُذْكَرُ هِيَ مُحْتَمَلاتٌ بِالْفَتْحِ؛ لأَنَّهَا الَّتِي احْتَمَلَهَا الْمُنْتَصِبَةُ هِيَ عَنْهُ، وَهِيَ الْمُرَادَةُ بِقَوْلِهِ: بِالنَّصِّ عَلَى أَحَدِ مُحْتَمَلاتِهِ؛ لأَنَّهُ يُرِيدُ بِهِ التَّمْيِيزَ، فَيَجِبُ أَنْ يَكُونَ مَفْتُوحًا.

وَقَوْلُهُ: (مَذْكُورَةٍ أَوْ مُقَدَّرَةٍ) تَقْسِيمٌ لِلتَّمْيِيزِ، فَإِنَّهُ قَدْ يَكُونُ عَنْ ذَاتٍ ذُكِرَتْ مُبْهَمَةً كَعِشْرِينَ، وَقَدْ يَكُونُ عَن ذَاتٍ مُقَدَّرَةٍ، وَهِيَ أَيْضًا مُبْهَمَةٌ؛ كَقَوْلِكَ: (حَسُنَ زَيْدٌ أَبًا)؛ لأَنَّ قَوْلَكَ: (حَسُنَ) مُسْنَدٌ فِي اللَّفْظِ إِلَى زَيْدٍ، وَهُوَ فِي الْمَعْنَى مُسْنَدٌ إِلَى مُقَدَّرٍ مُتَعَلِّقٍ بِزَيْدٍ،

---

(١) التَّمييزُ اسمٌ نكرةٌ يذكرُ تفسيراً للمُبهَم من ذاتٍ أو نِسبةٍ. فالأوَّلُ نحو "اشتريتُ عشرينَ كتاباً"، والثاني نحو "طابَ المجتهدُ نفساً".
والمُفسِّرُ للمُبهَمِ يُسمّى تمييزاً ومُميِّزاً، وتفسيراً ومُفسِّراً، وتبييناً ومُبيِّناً، والمُفَسَّرُ يُسمّى مُميَّزاً ومفسّراً ومُبيَّناً.
والتَّمييزُ يكونُ على معنى "مِنْ"، كما أنَّ الحال تكون على معنى "في". فإذا قلتَ "اشتريتُ عشرين كتاباً"، فالمعنى أنكَ اشتريتَ عشرين من الكتُبِ، وإذا قلتَ "طابَ المجتهدُ نفساً"، فالمعنى أنهُ طابَ من جهة نفسه.
والتَّمييزُ قسمانِ تمييزُ ذاتٍ (ويسمّى تمييزَ مُفرَدٍ أيضاً)، وتمييزُ نسبةٍ (ويُسمّى أيضاً تمييزَ جملةٍ).

وَذَلِكَ مُبْهَمٌ لاحتِمَالِهِ مُتعَلَّقَاتِهِ كُلَّهَا، فَإِذَا قُلْتَ: (أَبًا)، فَقَدْ رَفَعْتَ الإِبْهَامَ فِي الذَّاتِ الْمُقَدَّرَةِ أَعْنِي: الْمُتَعَلَّقَ كَمَا رَفَعْتَ الإِبْهَامَ بِقَوْلِكَ: دِرْهَمًا عَنْ عِشْرِينَ فِي الذَّاتِ الْمَذْكُورَةِ، وَالذَّاتُ الْمَذْكُورَةُ لا تَكُونُ إِلا مُفْرَدَةً بِاعْتِبَارِ إِبْهَامِهَا؛ كَقَوْلِكَ: عِشْرُونَ وَثَلاثُونَ، وَأَكْثَرُهُ فِيمَا كَانَ مِقْدَارًا مِنْ جِهَةِ أَنَّ الْغَرَضَ بِالْمَقَادِيرِ تَعْيِينُ الْمِقْدَارِ لِيَجْرِي عَلَى كُلِّ مَا يُقَدَّرُ بِهِ، فَوَجَبَ أَنْ تَكُونَ الذَّوَاتُ فِيهَا مُبْهَمَةً، فَاحْتَاجَتْ إِلَى التَّمْيِيزِ لِذَلِكَ، وَقَدْ يَجِيءُ فِيمَا يُشَبَّهُ بِهَا، وَهُوَ كُلُّ اسْمٍ بِاعْتِبَارِ هَيْئَتِهِ، فَإِنَّهُ يَجُوزُ أَنْ يُمَيَّزَ بِجِنْسِهِ؛ كَقَوْلِكَ: خَاتَمٌ حَدِيدًا، وَبَابٌ سَاجًا، وَإِنْ كَانَ الأَكْثَرُ أَنْ يُقَالَ: خَاتَمُ حَدِيدٍ، وَبَابُ سَاجٍ.

وَالذَّاتُ الْمُقَدَّرَةُ إِنَّمَا تَكُونُ بِاعْتِبَارِ النِّسْبَةِ، وَذَلِكَ فِي الْجُمَلِ وَمَا يُضَاهِيهَا مِنَ الصِّفَةِ الْمَنْسُوبَةِ إِلَى مَعْمُولِهَا وَالْمُضَافِ بِالنِّسْبَةِ إِلَى الْمُضَافِ إِلَيْهِ؛ كَقَوْلِكَ فِي الْجُمْلَةِ: (حَسُنَ زَيْدٌ أَبًا)، وفِيمَا يُضَاهِيهَا: (زَيْدٌ حَسُنَ أَبًا)، وَفِي الإِضَافَةِ: (يُعْجِبُنِي حُسْنُ زَيْدٍ أَبًا)؛ لأَنَّهَا جَمِيعًا قُصِدَ فِيهَا إِلَى نِسْبَةِ الْحُكْمِ إِلَى مُتَعَلِّقٍ بِالْمَذْكُورِ، وَهُوَ مُبْهَمٌ، وَكَانَ مَا ذُكِرَ تَفْسِيرًا لَهُ وَتَمْيِيزًا، كَمَا فِي قَوْلِكَ: عِشْرُونَ، وَلَوْ كَانَ (عِشْرُونَ) ذَاتًا مَذْكُورَةً وَتِلْكَ ذَاتًا مُقَدَّرَةً، وَهَذَا الاسْمُ الَّذِي يُمَيَّزُ بِهِ هَذِهِ الذَّاتُ الْمُقَدَّرَةُ إِنْ كَانَ صَالِحًا لأَنْ يُجْعَلَ لِمَا نُسِبَ إِلَيْهِ الْحُكْمُ صَحَّ أَنْ يُجْعَلَ لَهُ، وَصَحَّ أَنْ يُجْعَلَ لِمُتَعَلِّقٍ لَهُ؛ كَقَوْلِكَ: (حَسُنَ زَيْدٌ أَبًا) فَأَبٌ صَالِحٌ لِزَيْدٍ فِي الْمَعْنَى، فَجَائِزٌ أَنْ تَكُونَ أَرَدْتَ بِهِ نَفْسَ زَيْدٍ، فَيَكُونَ الْمَمْدُوحُ بِحُسْنِ الأُبُوَّةِ زَيْدًا بِاعْتِبَارِ أُبُوَّتِهِ لِغَيْرِهِ، وَيَجُوزُ أَنْ يَكُونَ الْمَمْدُوحُ أَبَا زَيْدٍ، فَتَكُونَ الأُبُوَّةُ الْمَمْدُوحَةُ الأُبُوَّةَ الْمُتَعَلِّقَةَ بِزَيْدٍ، وَكَذَلِكَ قَوْلُهُ:

.... وَأَبْرَحْتَ جَارا

وَنَظَائِرُهُ، وَإِنْ كَانَ اسْمًا غَيْرَ صَالِحٍ لِمَا ذَكَرْنَاهُ لَمْ يَكُنْ إِلا لِمُتَعَلِّقٍ خَاصَّةً؛ كَقَوْلِكَ: (حَسُنَ زَيْدٌ دَارًا).

ثُمَّ لا يَخْلُو هَذَا التَّمْيِيزُ فِي النَّسَبِ إِمَّا أَنْ يَكُونَ اسْمَ جِنْسٍ أَوْ غَيْرَهُ، فَإِنْ كَانَ غَيْرَهُ طَابَقَ مَا قُصِدَ مُثَنًّى وَمَجْمُوعًا، وَإِنْ كَانَ اسْمَ جِنْسٍ كَانَ مُفْرَدًا، إِلا أَنْ تَقْصِدَ الأَنْوَاعَ، مِثَالُ الأَوَّلِ: (حَسُنَ زَيْدٌ أَبًا) إِذَا قَصَدْتَ إِلَى أُبُوَّتِهِ لابْنِهِ أَوْ أُبُوَّةِ أَبِيهِ لَهُ خَاصَّةً، فَإِنْ قَصَدْتَ أُبُوَّةَ آبَائِهِ، قُلْتَ: (حَسُنَ زَيْدٌ آبَاءً)، وَكَذَلِكَ إِذَا قُلْتَ: (حَسُنَ الزَّيْدَانِ) وَقَصَدْتَ إِلَى مَدْحِهِمَا بِأُبُوَّتَيْهِمَا لِغَيْرِهِمَا، قُلْتَ: (حَسُنَ الزَّيْدَانِ أَبَوَيْنِ)، وَكَذَلِكَ (حَسُنَ زَيْدٌ دَارًا وَاحِدَةً وَدَارَيْنِ وَدُورًا) إِذَا قَصَدْتَ اثْنَيْنِ أَوْ جَمَاعَةً.

وَمِثَالُ الثَّانِي: (حَسُنَ زَيْدٌ مَاءً وَعَسَلا وَتَمْرًا)، فَهَذَا يَجِبُ إِفْرَادُهُ إِذَا قَصَدْتَ إِلَى

الْحَقِيقَةِ؛ لأنَّهُ لا يَسْتَقِيمُ تَثْنِيَةٌ وَلا جَمْعٌ فِيهِ، فَإِنْ قَصَدْتَ إِلَى الأنْوَاعِ كَانَ الأمْرُ فِيهِ كَمَا تَقَدَّمَ مِنْ جَوَازِ التَّثْنِيَةِ وَالْجَمْعِ.

وَأَمَّا تَمْيِيزُ الْمُفْرَدِ فَلا يَخْلُو إِمَّا أَنْ يَكُونَ جِنْسًا أَوْ غَيْرَهُ، فَإِنْ كَانَ جِنْسًا أُفْرِدَ إِلا أَنْ تُقْصَدَ الأنْوَاعَ فَيُثَنَّى وَيُجْمَعَ، وَإِنْ كَانَ غَيْرَهُ جُمِعَ لا غَيْرُ، تَقُولُ فِي الأوَّلِ: (عِنْدِي رَاقُودٌ خَلا وَرَطْلٌ زَيْتًا)، فَإِنْ قَصَدْتَ الأنْوَاعَ، قُلْتَ: خَلَّيْنِ وَخُلُولا، وَزَيْتَيْنِ وَزُيُوتًا، وَتَقُولُ فِي الثَّانِي: (عِنْدِي قِنْطَارٌ أَثْوَابًا أَوْ خَوَاتِمَ) أَوْ مَا أَشْبَهَهُ فِيمَا لَيْسَ بِجِنْسٍ، فَلا بُدَّ مِنْ جَمْعِهِ، وَسَبَبُهُ أَنَّ اسْمَ الْجِنْسِ لَمَّا كَانَ دَالا عَلَى الْحَقِيقَةِ أَغْنَى عَنِ التَّثْنِيَةِ وَالْجَمْعِ، وَهَذَا لَمَّا كَانَ مُفْرَدُهُ لا دَلالَةَ لَهُ عَلَى الْجِنْسِ، وَاخْتَصَّ بِالدَّلالَةِ عَلَى الْمُفْرَدِ عُدِلَ عَنْ لَفْظِ أَفْرَادِهِ إِلَى مَا هُوَ أَدَلُّ مِنْهُ عَلَى الْجِنْسِ، فَقِيلَ: قِنْطَارٌ خَوَاتِمَ، وَقِنْطَارٌ أَثْوَابًا.

قَوْلُهُ: (وَشَبَهُ التَّمْيِيزِ بِالْمَفْعُولِ مِنْ حَيْثُ إِنَّ مَوْقِعَهُ فِي هَذِهِ الأمْثِلَةِ كَمَوْقِعِهِ فِي (ضَرَبَ زَيْدٌ عَمْرًا) إِلَى آخِرِهِ.

فَشَبَّهَ انْتِصَابَ تَمْيِيزِ الْجُمْلَةِ بِالْمَفْعُولِ؛ لِكَوْنِهِ بَعْدَ تَمَامِ الْجُمْلَةِ، وَشَبَّهَ انْتِصَابَ تَمْيِيزِ الْمُفْرَدِ بِمَا يَنْتَصِبُ عَنْ تَمَامِ الْمُفْرَدَاتِ الْمُشَبَّهَةِ بِالْجُمَلِ، كَضَارِبَانِ وَضَارِبُونَ، فَالْعَامِلُ عَلَى ذَلِكَ فِي (دِرْهَمًا) عِشْرُونَ، كَمَا أَنَّ الْعَامِلَ فِي (ضَارِبُونَ زَيْدًا) ضَارِبُونَ؛ لأنَّ الْعَامِلَ هُوَ الَّذِي يَتَقَوَّمُ بِهِ الْمَعْنَى الْمُقْتَضِي لِلإعْرَابِ، وَالْمَعْنَى الْمُقْتَضِي لِنَصْبِ التَّمْيِيزِ شَبَهُهُ بِالْمَفْعُولِ، وَشَبَهُهُ بِالْمَفْعُولِ إِنَّمَا حَصَلَ لِوُقُوعِهِ مِنْ تَتِمَّةِ عِشْرِينَ، كَمَا أَنَّ عَمْرًا مِنْ تَتِمَّةِ (ضَارِبُونَ)، فَكَمَا أَنَّ عَمْرًا مَعْمُولٌ لِضَارِبُونَ فَدِرْهَمٌ مَعْمُولٌ لِعِشْرُونَ.

قَوْلُهُ: (وَلا يَنْتَصِبُ الْمُمَيِّزُ عَنْ مُفْرَدٍ إِلا عَنْ تَمَامٍ) إِلَى آخِرِهِ.

لَمْ يَخُصَّ الْمُفْرَدَ؛ لأنَّ تَمْيِيزَ الْجُمْلَةِ يَكُونُ عَنْ غَيْرِ تَمَامٍ، وَإِنَّمَا خَصَّهُ بِمَا يُذْكَرُ بَعْدَ ذَلِكَ مِنْ جَوَازِ الإضَافَةِ الْمُخْتَصَّةِ بِتَمْيِيزِ الْمُفْرَدِ، وَإِلا فَالتَّمْيِيزُ عَنِ الْجُمْلَةِ، وَعَنِ الْمُفْرَدِ فِي كَوْنِهِ لا يَكُونُ إِلا عَنْ تَمَامٍ سَوَاءٌ.

(وَالَّذِي يَتِمُّ بِهِ أَرْبَعَةُ أَشْيَاءَ التَّنْوِينُ وَنُونُ التَّثْنِيَةِ وَنُونُ الْجَمْعِ وَالإضَافَةُ) ثُمَّ قَسَمَهُ قِسْمَيْنِ: زَائِلٌ وَلازِمٌ؛ يَعْنِي بِالزَّائِلِ مَا يَجُوزُ زَوَالُهُ إِلَى الإضَافَةِ، وَيَعْنِي بِاللازِمِ مَا لا يَجُوزُ الْعُدُولُ عَنْهُ إِلَى الإضَافَةِ، (فَالزَّائِلُ التَّمَامُ بِالتَّنْوِينِ وَنُونِ التَّثْنِيَةِ)، لأنَّكَ تَقُولُ فِي جَمِيعِ الْبَابِ: رَطْلٌ زَيْتًا، وَرَطْلُ زَيْتٍ، وَمَنَوَانِ سَمْنًا وَمَنَوَا سَمْنٍ، وَلا يُسْتَثْنَى مِنْ ذَلِكَ إِلا قَوْلُهُمْ: مَائَةُ دِرْهَمٍ وَأَلْفُ ثَوْبٍ، وَمَائَتَا دِرْهَمٍ، وَأَلْفَا ثَوْبٍ، فَإِنَّ الإضَافَةَ فِي ذَلِكَ هِيَ الْوَجْهُ، وَجَائِزٌ أَنْ يُسْتَعْمَلَ التَّمَامُ وَالنَّصْبُ؛ كَقَوْلِهِ:

إِذَا عَاشَ الْفَتَى مائَتَيْنِ عَامًا　　　فَقَدْ ذَهَبَ اللَّذَاذَةُ وَالْفَتَاءُ

وَإِنَّمَا اخْتِيرَتِ الإِضَافَةُ إِمَّا لِكَثْرَةِ الْعَدَدِ فِي كَلامِهِمْ، وَالإِضَافَةُ أَخَفُّ فَاخْتِيرَتْ فِيمَا كَثُرَ؛ وَإِمَّا لأَنَّ الأَصْلَ فِي تَمْيِيزِ الْعَدَدِ الإِضَافَةُ بِدَلِيلِ قَوْلِهِمْ: ثَلاثَةُ أَثْوَابٍ إِلَى عَشَرَةِ أَثْوَابٍ، وَإِنَّمَا عُدِلَ إِلَى النَّصْبِ فِيمَا تَعَذَّرَ فِيهِ الإِضَافَةُ فَبَقِيَ مَا عَدَاهُ عَلَى الأَصْلِ.

(وَاللازِمُ التَّمَامِ بِنُونِ الْجَمْعِ وَالإِضَافَةِ).

يَعْنِي: لا يَكُونُ مُمَيِّزُهُ إِلا مَنْصُوبًا، وَلا يُعْدَلُ فِيهِ إِلَى الإِضَافَةِ، وَإِنَّمَا كَانَ لِتَعَذُّرِ الإِضَافَةِ فِيهِ.

أَمَّا مَا كَانَ فِيهِ نُونُ الْجَمْعِ فَلا يَكُونُ إِلا فِي الأَعْدَادِ؛ كَعِشْرُونَ وَثَلاثُونَ، وَذَلِكَ لا يُضَافُ أَلْبَتَّةَ لا إِلَى تَمْيِيزِهِ وَلا إِلَى غَيْرِهِ، وَإِذَا تَعَذَّرَ إِضَافَتُهُ إِلَى غَيْرِ تَمْيِيزِهِ مَعَ مَسِيسِ الْحَاجَةِ فِي الْمَعْنَى إِلَيْهِ كَانَ تَعَذُّرُ إِضَافَتِهِ إِلَى التَّمْيِيزِ الَّذِي يُمْكِنُ اسْتِغْنَاءُ الإِضَافَةِ عَنْهُ أَجْدَرَ، وَبَيَانُ تَعَذُّرِ الإِضَافَةِ هُوَ أَنَّهُ لَوْ أُضِيفَ لَمْ يَخْلُ إِمَّا أَنْ تُثْبَتَ فِيهِ النُّونُ أَوْ تُحْذَفَ، فَلَوْ ثَبَتَتْ لَثَبَتَتْ نُونٌ تُشْبِهُ نُونَ الْجَمْعِ الْمُحَقَّقِ، فَكَمَا أَنَّ نُونَ الْجَمْعِ الْمُحَقَّقِ لا تَثْبُتُ فَكَذَلِكَ الْمُشَبَّهُ بِهِ، وَلَوْ حُذِفَتْ لَحُذِفَتْ نُونٌ لَيْسَتْ فِي الْحَقِيقَةِ نُونَ جَمْعٍ، فَكَرِهُوا الإِضَافَةَ لأَدَائِهَا إِلَى أَحَدِ هَذَيْنِ الأَمْرَيْنِ، فَالْتَزَمُوا فِي تَمْيِيزِهِ النَّصْبَ.

وَقَدْ أُورِدَ عَلَى ذَلِكَ (الزَّيْدُونَ حَسَنُونَ وُجُوهًا)، فَقِيلَ: هَذَا تَمْيِيزٌ عَنِ اسْمٍ تَامٍّ بِنُونِ الْجَمْعِ وَأَنْتَ فِي إِضَافَتِهِ بِالْخِيَارِ، وَقَدْ تَقَدَّمَ مِنْ قَوْلِهِ: إِنَّ كُلَّ تَمْيِيزٍ عَنْ تَامٍّ بِنُونِ الْجَمْعِ لازِمٌ نَصْبُهُ، وَلا يَجُوزُ الإِضَافَةُ إِلَيْهِ.

وَالْجَوَابُ عَنْ ذَلِكَ أَنَّ هَذَا لَيْسَ مِنْ تَمْيِيزِ الْمُفْرَدِ فِي شَيْءٍ، وَإِنَّمَا ذَلِكَ مِنْ تَمْيِيزِ مَا يُضَاهِي الْجُمَلَ، وَقَدْ تَقَدَّمَ أَنَّ حُكْمَ ذَلِكَ حُكْمُ تَمْيِيزِ الْجُمَلِ عَلَى الْحَقِيقَةِ؛ لأَنَّ الْحُسْنَ مَنْسُوبٌ إِلَى الضَّمِيرِ الْعَائِدِ إِلَى الْمُبْتَدَأ وَهُوَ فِي الْمَعْنَى لِمُتَعَلِّقِهِ، وَهَذَا هُوَ الَّذِي فُسِّرَ بِهِ تَمْيِيزُ الْجُمْلَةِ، بِخِلافِ تَمْيِيزِ الْمُفْرَدِ، وَالْكَلامُ الآنَ فِي تَمْيِيزِ الْمُفْرَدِ، وَإِنَّمَا قَوِيَ الاعْتِرَاضُ بِذَلِكَ؛ لِكَوْنِهِ لَمْ يُفَصِّلْ تَمْيِيزَ الْجُمَلِ وَلَمْ يُبَيِّنْهُ بِمَا يَدْفَعُ هَذَا السُّؤَالَ، وَقَدْ تَقَدَّمَ فِي الْكَلامِ عَلَيْهِ مَا يَنْدَفِعُ بِهِ ذَلِكَ.

وَاللازِمُ التَّامُّ أَيْضًا بِالإِضَافَةِ؛ كَقَوْلِكَ: (عَلَى التَّمْرَةِ مِثْلُهَا زُبْدًا)؛ لأَنَّهُ تَعَذَّرَتْ فِيهِ الإِضَافَةُ، فَلَزِمَ نَصْبُهُ لِذَلِكَ، وَبَيَانُ تَعَذُّرِ الإِضَافَةِ هُوَ أَنَّهُ لَوْ أُضِيفَ لَمْ يَخْلُ إِمَّا أَنْ يُضَافَ الْمُضَافُ أَوِ الْمُضَافُ إِلَيْهِ، أَوْ كِلاهُمَا، وَلا يُمْكِنُ إِضَافَةُ الْمُضَافِ مِنْ جِهَةِ اللَّفْظِ وَمِنْ جِهَةِ الْمَعْنَى.

أَمَّا مِنْ جِهَةِ اللَّفْظِ فَلِلْفَاصِلِ، وَأَمَّا مِنْ جِهَةِ الْمَعْنَى؛ فَلأَنَّ الْغَرَضَ نِسْبَةُ الْمِثْلِيَّـةِ إِلَى التَّمْرَةِ لا إِلَى الزُّبْدِ، وَلَوْ أُضِيفَ إِلَى الزُّبْدِ فَسَدَ الْمَعْنَـى، وَلا يُمْكِـنُ إِضَـافَةُ الْمُضَـافِ إِلَيْـهِ لِفَسَادِ الْمَعْنَى، أَلا تَرَى أَنَّكَ إِذَا قُلْتَ: (عِنْدِي مِثْلُ تَمْرَةِ زُبْـدٍ) فَأَضَـفْتَ تَمْـرَةً إِلَى زُبْـدٍ لَـمْ يَكُنْ لَهُ مَعْنًى، إِذْ لَيْسَ الْغَرَضُ تَبْيِينَ التَّمْرَةَ بِالزُّبْدِ، وَإِنَّمَا الْغَرَضُ تَبْيِينُ مِثْلَ التَّمْرَةِ بِالزُّبْدِ، فَكَانَتِ الإِضَافَةُ تُؤَدِّي إِلَى مَا لَيْسَ بِمَقْصُودٍ فِي الْمَعْنَى، وَلا يَسْتَقِيمُ إِضَافَتُهُمَا جَمِيعًـا لِـمَا تَقَدَّمَ مِنَ امْتِنَاعِ إِضَافَةِ كُلِّ وَاحِدٍ مِنْهُمَا، وَإِذَا امْتَنَعَتْ إِضَافَةُ كُلِّ وَاحِـدٍ مِـنْهُمَا بِمَا ذُكِـرَ كَانَ امْتِنَاعُ إِضَافَتِهِمَا جَمِيعًا أَجْدَرَ.

قَوْلُهُ: (وَتَمْيِيزُ الْمُفْرَدِ أَكْثَرُهُ فِيمَا كَانَ مِقْدَارًا كَيْلا كَقَفِيزَانِ) إِلَى آخِرِهِ.

وَهَذَا كَمَا ذَكَرَ؛ لأَنَّ الْمَقَادِيرَ وُضِعَتْ وَالْمَقْصُودُ مِنْهَـا النُّصُوصِيَّةُ عَـلَى الْمِقْـدَارِ، وَحَقَائِقُ الذَّوَاتِ لا دَلالَةَ لَهَا عَلَيْهَا، فَاحْتَاجَتْ إِلَى التَّمْيِيزِ بِاعْتِبَارِ الدَّلالَةِ عَلَى أَجْنَاسِهَا.

ثُمَّ فَسَّرَ مَـا جَـاءَ مِـنْ تَمْيِيـزِ الْمُفْـرَدَاتِ مِـنْ غَـيْرِ الْمَقَـادِيرِ بِقَوْلِـهِ: (للهِ دَرُّهُ فَارِسًـا، وَحَسْبُكَ بِهِ نَاصِرًا)، وَهُوَ غَـيْرُ مُسْـتَقِيمٍ مِـنْ جِهَـةِ أَنَّ الْمَعْنَـى فِي (للهِ دَرُّهُ فَارِسًـا): للهِ دَرُّ فُرُوسِيَّتِهِ، فَهُوَ مِثْلُ قَوْلِكَ: (يُعْجِبُنِي حُسْنُ زَيْدٍ أَبًـا)، وَالْمَعْنَـى: حُسْـنُ أُبُوَّتِـهِ، وَإِذَا كَـانَ كَذَلِكَ فَهُوَ مِنْ بَابِ تَمْيِيزِ الْجُمَلِ؛ لأَنَّهُ مِنْ بَابِ تَمْيِيزِ النِّسْبَةِ الإِضَافِيَّةِ، وَقَدْ تَقَدَّمَ أَنَّ ذَلِكَ لَيْسَ مِنْ بَابِ تَمْيِيزِ الْمُفْرَدَاتِ.

وَكَذَلِكَ (حَسْبُكَ بِهِ نَاصِرًا)؛ لأَنَّ الْمَعْنَى: حَسْبُكَ بِنُصْرَتِهِ، وَإِذَا تَبَـيَّنَ ذَلِـكَ لَـمْ يَكُـنْ لإِيـرَادِهِ فِي تَمْيِيـزِ الْمُفْـرَدَاتِ مَعْنًـى، وَالأَوْلَى أَنْ يُقَـالَ مَوْضِـعَهُ؛ كَقَوْلِـكَ: (عِنْـدِي خَـاتَمٌ حَدِيدًا) و(بَابٌ سَاجًا)، وَإِنْ كَـانَ الأَكْثَرُ فِي مِثْـلِ ذَلِـكَ الإِضَـافَةَ، وَقَـدْ جَـاءَ التَّمْيِيـزُ فِيهَـا مَنْصُوبًا تَشْبِيهًا لَهَا بِالْمَقَادِيرِ، فَهِيَ تَمْيِيزٌ عَنْ مُفْرَدٍ فِيمَا لَيْسَ بِمِقْدَارٍ.

قَوْلُهُ: (وَلَقَدْ أَبَى سِيبَوَيْهِ تَقَدُّمَ الْمُمَيِّزِ عَلَى عَامِلِهِ) إِلَى آخِرِهِ.

أَقُولُ: لا خِلافَ أَنَّ تَقْدِيمَ تَمْيِيزِ الْمُفْرَدَاتِ غَيْرُ جَائِزٍ عِنْدَ الْجَمِيعِ، فَلا يَجُـوزُ (عِنْـدِي دِرْهَمًا عِشْرُونَ)، وَكَذَلِكَ مَا أَشْبَهَهُ، وَإِنَّمَـا الْخِـلافُ فِـيمَا انْتَصَـبَ عَـنِ الْجُمْلَـةِ الْمُحَقَّقَـةِ؛ كَقَوْلِكَ: (طَابَ زَيْدٌ نَفْسًا)، و(حَسُـنَ زَيْـدٌ أَبًـا)، وَأَجَـازَ الْمَـازِنِيُّ وَالْمُـبَرِّدُ التَّقْـدِيمَ وَمَنَعَـهُ سِيبَوَيْهِ، وَإِنَّمَا لَمْ يَجُزْ تَقْدِيمُهُ لأَنَّهُ فِي الْمَعْنَى فَاعِلٌ، فَكَمَا أَنَّ الْفَاعِلَ لا يَتَقَدَّمُ عَلَى الْفِعْلِ فَكَذَلِكَ هَذَا، أَلا تَرَى أَنَّ قَوْلَكَ: (حَسُنَ زَيْدٌ أَبًا)، مَعْنَاهُ: حَسُنَتْ أُبُوَّةُ زَيْـدٍ، أَوْ حَسُـنَ أَبُـو زَيْدٍ.

وَالثَّانِي: أَنَّ تَقْدِيمَهُ يُخْرِجُهُ عَنْ حَقِيقَةِ التَّمْيِيزِ، فَكَانَ فِي تَقْدِيمِهِ إِبْطَالُ أَصْلِهِ، إِذْ

حَقِيقَةُ التَّمْيِيزِ أَنْ يُمَيِّزَ مَا أَشْكَلَ، وَهُوَ فِي الْمَعْنَى تَفْسِيرٌ، وَالتَّفْسِيرُ لا يَكُونُ إِلا لِمُفَسَّرٍ، وَالْمُفَسَّرُ لا بُدَّ فِي الْمَعْنَى أَنْ يَكُونَ مُقَدَّمًا عَلَى التَّفْسِيرِ، وَإِلا لَمْ يَكُنْ تَفْسِيرًا لَهُ، وَفِي تَقْدِيمِ التَّمْيِيزِ إِخْرَاجُهُ عَنْ ذَلِكَ، فَوَجَبَ تَأْخِيرُهُ، وَقَدْ تَمَسَّكُوا بِأَنَّهُ مَعْمُولُ فِعْلٍ مُتَصَرِّفٍ، فَجَازَ تَقْدِيمُهُ كَسَائِرِ مَعْمُولاتِ الأَفْعَالِ الْمُتَصَرِّفَةِ، وَقَوَّوْا ذَلِكَ بِمَا أَوْرَدُوهُ مِنْ قَوْلِهِ[1]:

أَتَهْجُرُ لَيْلَى بِالْفِرَاقِ حَبِيبَهَا … وَمَا كَانَ نَفْسًا بِالْفِرَاقِ تَطِيبُ

وَالْجَوَابُ عَمَّا أَنْشَدُوهُ مِنْ وَجْهَيْنِ:

أَحَدُهُمَا: أَنَّ الرِّوَايَةَ (وَمَا كَانَ نَفْسِي بِالْفِرَاقِ تَطِيبُ)، وَلَيْسَ بِالْقَوِيِّ.

وَالثَّانِي: أَنَّ ذَلِكَ عَلَى خِلافِ الْقِيَاسِ وَاسْتِعْمَالِ الْفُصَحَاءِ، وَمِثْلُ ذَلِكَ مَرْدُودٌ لا يُحْتَجُّ بِهِ، وَمَا ذَكَرُوهُ مِنَ الْمَعْنَى لا يَنْهَضُ؛ لأَنَّهُ مُعَارَضٌ بِمِثْلِهِ فِي الْمَنْعِ، وَإِذَا تَعَارَضَ الْمَعْنَيَانِ فِي الإِجَازَةِ وَالْمَنْعِ كَانَ الأَصْلُ الْمَنْعَ حَتَّى يَثْبُتَ الْبَابُ عَنْهُمْ سَمَاعًا، فَقَدْ تَبَيَّنَ أَنَّ مَا لَمْ يُسْمَعْ لا يَنْهَضُ عَلَى مَا نُسِبَ إِلَى سِيبَوَيْهِ.

قَوْلُهُ: (وَاعْلَمْ أَنَّ هَذِهِ الْمُمَيِّزَاتِ عَنْ آخِرِهَا أَشْيَاءُ مُزَالَةٌ عَنْ أَصْلِهَا)، وَبَيَّنَ أَنَّ الأَصْلَ أَنْ يَكُونَ التَّمْيِيزُ مَوْصُوفًا بِمَا انْتَصَبَ عَنْهُ، أَلا تَرَى أَنَّ مَعْنَى قَوْلِكَ: (عِنْدِي عِشْرُونَ دِرْهَمًا) عِنْدِي دَرَاهِمُ عِشْرُونَ، وَكَذَلِكَ جَمِيعُ تَمْيِيزِ الْمُفْرَدَاتِ، ثُمَّ قَدَّرَ تَمْيِيزَ الْجُمَلِ بِكَوْنِهَا فِي الْمَعْنَى مَنْسُوبًا إِلَيْهَا الْفِعْلُ، فَإِذَا قُلْتَ: (حَسُنَ زَيْدٌ أَبًا)، فَالْمَعْنَى: نِسْبَةُ الْحُسْنِ إِلَى الأَبِ، فَكَأَنَّكَ قُلْتَ: أَبُو زَيْدٍ حَسَنٌ، وَإِذَا ثَبَتَ ذَلِكَ ثَبَتَ أَنَّهُ فِي الْمَعْنَى وَصْفٌ لَهُ، إِذًا لا فَرْقَ فِي الْمَعْنَى بَيْنَ الصِّفَاتِ وَالأَخْبَارِ، وَإِنَّمَا يَفْتَرِقَانِ مِنْ جِهَةِ عِلْمِ الْمُخَاطَبِ وَجَهْلِهِ، فَسُمِّيَ الْحُكْمُ بِاعْتِبَارِ جَهْلِ الْمُخَاطَبِ لَهُ خَبَرًا، وَسُمِّيَ بِاعْتِبَارِ عِلْمِهِ لَهُ صِفَةً، فَتَبَيَّنَ أَنَّ تَمْيِيزَ الْجُمْلَةِ كَتَمْيِيزِ الْمُفْرَدِ فِيمَا قُصِدَ إِلَيْهِ، وَفِي هَذَا الْفَصْلِ تَقْرِيرٌ لِلدَّلِيلِ عَلَى امْتِنَاعِ تَقْدِيمِ التَّمْيِيزِ؛ لأَنَّهُ إِذَا قُدِّمَ خَرَجَ عَنْ حَقِيقَتِهِ؛ لأَنَّهُ إِنَّمَا كَانَ تَمْيِيزًا بَعْدَ الْعُدُولِ عَنْ هَذَا الأَصْلِ الَّذِي بِهِ حَصَلَ التَّفْسِيرُ بِالتَّمْيِيزِ، وَإِذَا قُدِّمَ خَرَجَ بِتَقْدِيمِهِ عَنْ حَقِيقَتِهِ، ثُمَّ بَيَّنَ بَعْدَ ذَلِكَ الْمَعْنَى الَّذِي مِنْ أَجْلِهِ غُيِّرَ عَنْ أَصْلِهِ بِقَوْلِهِ:

(١) البيت من شعر أعشى همدان: ٨٣ هـ /٧٠٢ م: عبد الرحمن بن عبد الله بن الحارث بن نظام بن جشم الهمداني. شاعر اليمانيين، بالكوفة وفارسهم في عصره.
ويعد من شعراء الدولة الأموية. كان أحد الفقهاء القراء، وقال الشعر فعرف به وكان من الغزاة أيام الحجاج، غزا الديلم وله شعر كثير في وصف بلادهم ووقائع المسلمين معهم.

(وَالسَّبَبُ فِي ذَلِكَ قَصْدُهُمْ إِلَى ضَرْبٍ مِنَ الْمُبَالَغَةِ وَالتَّأْكِيدِ).

يُرِيدُ أَنَّكَ إِذَا ذَكَرْتَ الشَّيْءَ مُبْهَمًا تَوَفَّرَتِ الدَّوَاعِي إِلَى طَلَبِ عِلْمِهِ، فَكَانَ فِي ذَلِكَ مُبَالَغَةٌ وَتَعْظِيمٌ، وَأَيْضًا فَإِنَّكَ إِذَا ذَكَرْتَهُ مُبْهَمًا ثُمَّ فَسَّرْتَهُ فَقَدْ ذَكَرْتَهُ مَرَّتَيْنِ، وَمَا ذُكِرَ مَرَّتَيْنِ آكَدُ مِمَّا ذُكِرَ مَرَّةً وَاحِدَةً، فَتَبَيَّنَ أَنَّ فِي الْعُدُولِ عَنِ الأَصْلِ مُبَالَغَةً وَتَأْكِيدًا، وَاللهُ أَعْلَمُ.

الاسْتِثْنَاءُ[1]

قَالَ الشَّيْخُ: التَّرْجَمَةُ يَنْبَغِي أَنْ تَكُونَ بِالْمُسْتَثْنَى؛ لأَنَّهُ تَفْصِيلٌ لِمَا تَقَدَّمَ، وَالَّذِي تَقَدَّمَ إِنَّمَا هُوَ الْمُسْتَثْنَى، حَيْثُ قَالَ: (وَالْمُسْتَثْنَى الْمَنْصُوبُ)، وَالاسْتِثْنَاءُ مُشْكِلٌ بِاعْتِبَارِ مَعْقُولِيَّتِهِ وَحَدِّهِ.

أَمَّا تِبْيَانُ إِشْكَالِ مَعْقُولِيَّتِهِ فَإِنَّكَ إِذَا قُلْتَ: (جَاءَ الْقَوْمُ إِلا زَيْدًا)، لَمْ يَخْلُ إِمَّا أَنْ يَكُونَ زَيْدٌ دَاخِلا فِي الْقَوْمِ أَوْ لا، فَإِنْ كَانَ غَيْرَ دَاخِلٍ فِي الْقَوْمِ لَمْ يَسْتَقِمْ؛ لأَنَّ إِجْمَاعَ أَهْلِ الْعَرَبِيَّةِ فِي الاسْتِثْنَاءِ الْمُتَّصِلِ أَنَّهُ إِخْرَاجُ مَا بَعْدَ إِلا مِمَّا قَبْلَهَا، وَإِجْمَاعُ أَهْلِ الْعَرَبِيَّةِ مَقْطُوعٌ بِهِ فِي تَفَاصِيلِ الْعَرَبِيَّةِ، وَأَيْضًا فَإِنَّا قَاطِعُونَ بِأَنَّهُ إِذَا قَالَ الْعَرَبِيُّ: (لَهُ عِنْدِي دِينَارٌ إِلا ثُمُنًا وَنِصْفَ ثُمُنٍ) أَنْ تَحْسُبَ الْمَذْكُورَ بَعْدَ إِلا، ثُمَّ تُخْرِجَهُ مِنَ الدِّينَارِ، ثُمَّ تَقْطَعُ بِأَنَّ الْمُقَرَّرَ بِهِ بَعْدَهُ هُوَ الْبَاقِي، وَقَدْ قَالَ الْقَاضِي: لا إِخْرَاجَ، وَقَوْلُ الْقَائِلِ: (عَشَرَةٌ إِلا ثَلاثَةً) مَوْضُوعَةٌ بِإِزَاءِ سَبْعَةٍ، حَتَّى كَأَنَّهُمَا عِبَارَتَانِ عَنْ مُعَبَّرٍ وَاحِدٍ، وَقَدْ تَبَيَّنَ بُطْلانُهُ قَطْعًا.

وَإِمَّا أَنْ نَقُولَ: الإِخْرَاجُ ثَابِتٌ، وَهُوَ مُشْكِلٌ، فَإِنَّ الْمُتَكَلِّمَ إِذَا قَالَ: (جَاءَ الْقَوْمُ) وَزَيْدٌ مِنْهُمْ فَقَدْ وَجَبَ نِسْبَةُ الْمَجِيءِ إِلَيْهِ؛ لأَنَّهُ مِنْهُمْ، فَإِذَا أُخْرِجَ بَعْدَ ذَلِكَ فَقَدْ نُفِيَ عَنْهُ الْمَجِيءُ، فَيَصِيرُ مُثْبَتًا مَنْفِيًّا بِاعْتِبَارٍ وَاحِدٍ، فَيُؤَدِّي إِلَى أَنْ لا يَكُونَ الاسْتِثْنَاءُ فِي كَلامٍ إِلا وَهُوَ كَذِبٌ مِنْ أَحَدِ الطَّرَفَيْنِ، وَهُوَ بَاطِلٌ، فَإِنَّ الْقُرْآنَ مُشْتَمِلٌ عَلَيْهِ، قَالَ اللهُ تَعَالَى: ﴿فَلَبِثَ فِيهِمْ أَلْفَ سَنَةٍ إِلا خَمْسِينَ عَامًا﴾ [العنكبوت:١٤]، فَلَوْ عَلا الأَلْفَ بِكَمَالِهَا، وَقَدْ نُسِبَ اللَّبْثُ إِلَيْهَا لَوَجَبَ أَنْ يَكُونَ اللَّبْثُ فِي جَمِيعِهَا وَلَمْ يَصِحَّ بَعْدَ هَذِهِ النِّسْبَةِ إِخْرَاجُ شَيْءٍ مِنْهَا، وَلِهَذِهِ الشُّبْهَةِ فَرَّ الْقَاضِي إِلَى مَذْهَبِهِ الْمَذْكُورِ.

---

(١) الاستثناءُ هو إخراجُ ما بعدَ "إلاّ" أو إحدَى أخواتها من أدوات الاستثناءِ، من حكم ما قبلَهُ، نحو "جاءَ التلاميذُ إلاّ عليّاً". والمُخرَجُ يُسمّى "مستثنى"، والمُخرَجُ منه "مُستثنى منه".
وللاستثناءِ ثماني أدواتٍ، وهي "إلاّ وغيرٌ وسِوًى (بكسر السين. ويقال فيها أيضاً سُوًى - بضم السين - وسَواءٌ - بفتحها) وخَلا وعَدا وحاشا وليسَ ولا يكونُ"..

وَالصَّوَابُ الَّذِي يَجْمَعُ بَيْنَ رَفْعِ الإِشْكَالَيْنِ أَنْ تَقُولَ: لا يُحْكَمُ بِالنِّسْبَةِ إِلا بَعْدَ كَمَالِ ذِكْرِ الْمُفْرَدَاتِ فِي كَلامِ الْمُتَكَلِّمِ، فَإِذَا قَالَ الْمُتَكَلِّمُ: (قَامَ الْقَوْمُ إِلا زَيْدًا) فُهِمَ الْقِيَامُ أَوَّلا بِمُفْرَدِهِ، وفُهِمَ الْقَوْمُ بِمُفْرَدِهِ وَأَنَّ فِيهِمْ زَيْدًا، وَفُهِمَ إِخْرَاجُ زَيْدٍ مِنْهُمْ بِقَوْلِهِ: (إِلا زَيْدًا)، ثُمَّ حُكِمَ بِنِسْبَةِ الْقِيَامِ إِلَى هَذَا الْمُفْرَدِ الَّذِي أُخْرِجَ مِنْهُ زَيْدٌ، فَحَصَلَ الْجَمْعُ بَيْنَ الْمَسَالِكِ الْمَقْطُوعِ بِهَا عَلَى وَجْهٍ مُسْتَقِيمٍ، وَهُوَ أَنَّ الإِخْرَاجَ حَاصِلٌ بِالنِّسْبَةِ إِلَى الْمُفْرَدَاتِ، وَفِيهِ تَوْفِيَةٌ بِإِجْمَاعِ النَّحْوِيِّينَ، وَتَوْفِيَةٌ بِأَنَّكَ مَا نَسَبْتَ إِلا بَعْدَ أَنْ أَخْرَجْتَ زَيْدًا، فَلا يُؤَدِّي إِلَى الْمُنَاقَضَةِ الْمَذْكُورَةِ، فَاسْتَقَامَ الأَمْرُ فِي الْوَجْهَيْنِ جَمِيعًا.

وَأَمَّا حَدُّهُ، فَمُشْكِلٌ لأَنَّ الاسْتِثْنَاءَ يَجْمَعُ الْمُتَّصِلَ وَالْمُنْقَطِعَ، وَلا يَتَمَيَّزُ الْمُتَّصِلُ إِلا بِالإِخْرَاجِ، وَلا إِخْرَاجَ فِي الْمُنْقَطِعِ، وَكُلُّ أَمْرَيْنِ فَصْلُ أَحَدِهِمَا مَفْقُودٌ فِي الآخَرِ يَسْتَحِيلُ جَمْعُهُمَا فِي حَدٍّ وَاحِدٍ، فَالأَوْلَى أَنْ يُحَدَّ الْمُتَّصِلُ عَلَى حِدَتِهِ وَالْمُنْقَطِعُ عَلَى حِدَتِهِ، فَنَقُولُ فِي حَدِّ الْمُتَّصِلِ: هُوَ كُلُّ لَفْظٍ أُخْرِجَ بِهِ شَيْءٌ من شَيْءٍ بِإِلا وَأَخَوَاتِهَا، فَإِذَا وَرَدَ قَوْلُهُ تَعَالَى: ﴿فَاقْتُلُوا الْمُشْرِكِينَ﴾ [التوبة:٥]، ثُمَّ قَالَ: (لا تَقْتُلُوا أَهْلَ الذِّمَّةِ)، قُلْنَا: هَذَا لَيْسَ بِإِخْرَاجٍ، وَإِنَّمَا هُوَ تَبْيِينُ مُرَادِ الْمُتَكَلِّمِ بِاللَّفْظِ الأَوَّلِ، وَكَذَلِكَ لَوْ قِيلَ: (قَامَ الْقَوْمُ إِلا زَيْدًا)، لَيْسَ زَيْدٌ دَاخِلا فِي الْقَوْمِ، بَلْ هُوَ بِمَنْزِلَةِ قَوْلِكَ: (قَامَ زَيْدٌ لا عَمْرٌو).

قَالَ: وَقَدْ اخْتُلِفَ فِي عَامِلِ الاسْتِثْنَاءِ، فَقَالَ قَوْمٌ: إِنَّ الْعَامِلَ (إلا) نَفْسُهَا؛ لأَنَّ مَعْنَى (إلا) أَسْتَثْنِي، وَقَدْ رُدَّ ذَلِكَ بِأَنَّهُ لَوْ كَانَ الأَمْرُ كَذَلِكَ لَوَجَبَ أَنْ لا يَنْفَكَّ عَنِ النَّصْبِ.

وَقَالَ قَوْمٌ: (إلا) مُرَكَّبَةٌ مِنْ إِنَّ وَلا، فَالْعَامِلُ إِذَا نَصَبْتَ إِنَّ، وَإِذَا رَفَعْتَ لا، وَهَذَا لَيْسَ بِشَيْءٍ؛ لأَنَّهُ غَيْرُ مُسْتَقِيمٍ لَفْظًا وَمَعْنًى؛ أَمَّا اللَّفْظُ فَلأَنَّكَ لَوْ لَفَظْتَ بِهِ لَمْ يَسْتَقِمْ، وَأَمَّا الْمَعْنَى فَعَلَى خِلافِ ذَلِكَ.

وَقَالَ قَوْمٌ: الْعَامِلُ أَنَّ بَعْدَ إِلا، كَأَنَّكَ قُلْتَ: إِلا أَنَّ زَيْدًا، وَهَذَا لَيْسَ بِجَيِّدٍ؛ لأَنَّ (أَنَّ) لا تُضْمَرُ، وَلأَنَّهُ كَانَ يَجِبُ أَنْ تَكُونَ نَاصِبَةً أَبَدًا.

وَقَالَ قَوْمٌ: الْعَامِلُ فِيهِ مَا قَبْلَهُ بِوَاسِطَةِ إِلا إِذَا كَانَ فَضْلَةً، وَهُوَ الْمَذْهَبُ الصَّحِيحُ لأَنَّكَ إِذَا قُلْتَ: (جَاءَ الْقَوْمُ إِلا زَيْدًا)، فَقَدْ وَقَعَ زَيْدٌ فَضْلَةً، وَقَدْ تَوَصَّلْتَ إِلَيْهِ فِي مَعْنَى الإِخْرَاجِ مِنْ قَوْلِكَ: (جَاءَ الْقَوْمُ) بِإِلا، فَقَدْ صَارَ لِقَوْلِكَ: جَاءَ الْقَوْمُ بِوَاسِطَةِ إِلا فِي زَيْدٍ مَعْنًى هُوَ مَعْنَى الاسْتِثْنَاءِ، وَهَذَا هُوَ مَعْنَى الْعَامِلِ، كَمَا أَنَّ قَوْلَكَ: (ضَرَبْتُ وَزَيْدًا)، وَقَعَ زَيْدٌ فَضْلَةً مُتَوَصَّلا إِلَى مَعْنَاهُ عَلَى جِهَةِ الْمَعِيَّةِ مَعَ مَا قَبْلَهُ بِوَاسِطَةِ الْوَاوِ، فَالَّذِي أَوْجَبَ أَنْ تَقُولَ فِي (ضَرَبْتُ وَزَيْدًا): الْعَامِلُ فِيهِ مَا قَبْلَ الْوَاوِ بِوَاسِطَةِ الْوَاوِ فَكَذَلِكَ تَقُولُ هَاهُنَا:

وَإِنَّمَا قُلْنَا: إِذَا وَقَعَ فَضْلَةً؛ لِأَنَّهُ إِذَا لَمْ يَقَعْ فَضْلَةً صَارَ إِمَّا أَحَدَ جُزْأَيِ الْجُمْلَةِ، فَيَكُونُ لَهُ حُكْمُهُ، وَإِمَّا مِنْ بَابٍ آخَرَ غَيْرِ بَابِ الِاسْتِثْنَاءِ؛ كَقَوْلِكَ: (مَا ضَرَبْتُ إِلَّا زَيْدًا)، وَيَرِدُ عَلَيْهِ أَمْرَانِ:

أَحَدُهُمَا: أَنَّ الْعَامِلَ هُوَ الَّذِي يَكُونُ لَهُ فِي الْمَعْمُولِ اقْتِضَاءٌ، وَلَيْسَ فِي (جَاءَ) وَشِبْهِهِ اقْتِضَاءٌ لِمُخْرَجٍ مِنْهُ، فَإِنْ قِيلَ: اقْتِضَاؤُهُ لَهُ كَوْنُهُ مُخْرَجًا مِمَّا نُسِبَ إِلَيْهِ، قِيلَ: تَقَدَّمَ أَنَّ النِّسْبَةَ إِنَّمَا حُكِمَ بِهَا بَعْدَ الْإِخْرَاجِ، وَإِلَّا تَنَاقَضَ، فَلَا يَلِيقُ بَعْدَ ذَلِكَ أَنْ يُقَالَ: إِنَّ فِي (جَاءَ) اقْتِضَاءً لِلْمُخْرَجِ بِالِاعْتِبَارِ الَّذِي ذُكِرَ.

وَالثَّانِي: أَنَّ ثَمَّ مَسَائِلَ لَيْسَ فِيهَا فِعْلٌ، مِثْلُ (الْقَوْمُ إِلَّا زَيْدًا إِخْوَتُكَ)، فَإِنْ كَانَ الْعَامِلُ هُوَ الْفِعْلُ بَقِيَتْ هَذِهِ الْمَسَائِلُ بِغَيْرِ عَامِلٍ، فَالْوَجْهُ أَنْ يُقَالَ: الْعَامِلُ هُوَ الَّذِي اقْتَضَى الْمُخْرَجَ مِنْهُ، وَهُوَ مَا ذُكِرَ.

وَمِنْهُمْ مَنْ يَقُولُ: إِنَّ الِاسْمَ الْمُتَعَدِّدَ الَّذِي تَنَاوَلَ الْمُسْتَثْنَى هُوَ الَّذِي يَقْتَضِي ـ صِحَّةَ الْإِخْرَاجِ مِنْهُ، فَهُوَ فِي الْمَعْنَى الْعَامِلُ بِوَاسِطَةِ إِلَّا، وَهَذَا يَشْمَلُ الْمَوَاضِعَ كُلَّهَا، وُجِدَ الْفِعْلُ أَوْ لَمْ يُوجَدْ، فَالتَّمَسُّكُ بِهِ أَوْلَى.

وَإِنَّمَا هَذَا فِي الِاسْتِثْنَاءِ الْمُتَّصِلِ، فَأَمَّا الْمُنْقَطِعُ فَالْعَامِلُ فِيهِ إِلَّا؛ لِأَنَّهَا تَعْمَلُ عَمَلَ لَكِنَّ، وَلَهَا خَبَرٌ مُقَدَّرٌ عَلَى حَسْبِ الْمَعْنَى الْمُرَادِ، وَمِنْهُمْ مَنْ يَقُولُ: إِنَّهُ يَظْهَرُ، وَمِنْهُمْ مَنْ يَجْعَلُهُ إِذَنْ كَلَامًا مُسْتَأْنَفًا.

ثُمَّ تَكَلَّمَ فِي الْإِعْرَابِ؛ لِأَنَّهُ هُوَ الْمَقْصُودُ، فَقَالَ: (الْمُسْتَثْنَى فِي إِعْرَابِهِ عَلَى خَمْسَةِ أَضْرُبٍ أَحَدُهَا: مَنْصُوبٌ أَبَدًا، وَهُوَ عَلَى ثَلَاثَةِ أَضْرُبٍ مِنْهَا مَا اسْتُثْنِيَ بِإِلَّا مِنْ كَلَامٍ مُوجَبٍ) احْتِرَازًا مِنْ كَلَامٍ غَيْرِ مُوجَبٍ، وَهُوَ الْقِسْمُ الثَّانِي مِنَ الْخَمْسَةِ كَمَا سَيَجِيءُ، وَلَمْ يَحْتَرِزْ مِنَ الصِّفَةِ، وَإِنْ كَانَ مَا بَعْدَ إِلَّا لَا يَكُونُ مَنْصُوبًا؛ لِقَوْلِهِ: (مَا اسْتُثْنِيَ)، وَإِذَا كَانَ صِفَةً لَمْ يُسْتَثْنَ بِهَا، أَلَا تَرَى أَنَّ قَوْلَهُ تَعَالَى: ﴿لَوْ كَانَ فِيهِمَا آلِهَةٌ إِلَّا اللَّهُ﴾ [الأنبياء:٢٢] لَمْ يُقْصَدْ إِخْرَاجُ اللهِ مِنَ الْآلِهَةِ، وَإِنَّمَا قُصِدَ الْوَصْفُ، وَالْآلِهَةُ عَلَى حَالِهِمْ، وَلَوْ قُصِدَ الْإِخْرَاجُ بِإِلَّا لَمْ يَكُنْ مُسْتَقِيمًا، وَكَانَ بِمَثَابَةِ قَوْلِكَ: (لَهُ عِنْدِي دَرَاهِمُ إِلَّا دِرْهَمًا)، وَلَيْسَ لَهُ حِينَئِذٍ فَائِدَةٌ.

(وَبِعَدَا وَخَلَا بَعْدَ كُلِّ كَلَامٍ).

وَلَمْ يَعْتَبِرِ الْخَفْضَ بَعْدَ خَلَا وَعَدَا لِشُذُوذِهِ، فَجَعَلَهُ مِمَّا يَكُونُ مَنْصُوبًا أَبَدًا، وَلِذَلِكَ ضَعَّفَ ذَلِكَ الْقَوْلَ، وَقَالَ: (وَلَمْ يُورِدْ هَذَا الْقَوْلَ سِيبَوَيْهِ وَلَا الْمُبَرِّدُ).

وَنَصْبُهُ بِعَدَا عَلَى أَنْ تَكُونَ فِعْلا أُضْمِرَ فِيهَا فَاعِلُهَا مُسْتَتِرًا كَمَا أُضْمِرَ فِي (لَيْسَ) و(لا يَكُونُ)، وَتَقْدِيرُهُ: عَدَا بَعْضُهُمْ زَيْدًا؛ أَيْ: جَانَبَ بَعْضُهُمْ، وَلَمْ يُقَدَّرْ حَرْفًا كَإِلا لِلُزُومِ النَّصْبِ فِيهَا بَعْدَ كُلِّ كَلامٍ، وَكَذَلِكَ (لَيْسَ) و(لا يَكُونُ)، فَأَمَّا إِذَا قُلْتَ: مَا خَلا وَمَا عَدَا فَلا يَكُونُ إِلا النَّصْبُ؛ لأَنَّهَا حِينَئِذٍ يَجِبُ تَقْدِيرُهَا فِعْلا مِنْ جِهَةِ أَنَّ (مَا) هَاهُنَا لا يَسْتَقِيمُ أَنْ تَكُونَ مَوْصُولَةً، فَيَصِحُّ تَقْدِيرُ الْجَارِّ بَعْدَهَا، بَلْ يَجِبُ أَنْ تَكُونَ مَصْدَرِيَّةً، فَيَجِبُ أَنْ تَكُونَ (عَدَا) فِعْلا؛ لأَنَّ الْمَصْدَرِيَّةَ لا يَلِيهَا إِلا الْفِعْلُ، وَإِنَّمَا لَمْ يَصِحَّ أَنْ تَكُونَ مَوْصُولَةً؛ لأَنَّ الْمَوْصُولَةَ مَوْضُوعَةٌ لِلصِّفَةِ وَالْمَوْصُوفِ جَمِيعًا، وَهَاهُنَا ذُكِرَ الاسْمُ، فَلَيْسَ مَوْضِعَ مَا، أَلا تَرَى أَنَّكَ تَقُولُ: (اشْتَرَيْتُ الْكِتَابَ الَّذِي تَعْلَمُ) وَلا تَقُولُ: (اشْتَرَيْتُ الْكِتَابَ مَا تَعْلَمُ).

وَالآخَرُ: أَنَّهَا لَوْ كَانَتْ بِمَعْنَى الَّذِي لَصَحَّ أَنْ يَقَعَ مَوْضِعَهَا (مَنْ) فِي قَوْلِكَ: (جَاءَ الْقَوْمُ)؛ لأَنَّهَا لِمَنْ يَعْقِلُ.

وَالآخَرُ: أَنَّهَا لَوْ كَانَتْ بِمَعْنَى الَّذِي لَوَجَبَ أَنْ يَكُونَ فِي الْفِعْلِ ضَمِيرٌ يَعُودُ عَلَيْهَا، وَالضَّمِيرُ الَّذِي ذَكَرْنَا ضَمِيرُ بَعْضِ الْقَوْمِ، وَأَمَّا كَوْنُهَا لَيْسَتْ مِنَ الأَوْجُهِ الْبَوَاقِي فَظَاهِرٌ، فَإِذَنْ تَقْدِيرُهُ (جَاءَ الْقَوْمُ خُلُوَّهُمْ مِنْ زَيْدٍ)، كَأَنَّكَ قُلْتَ: وَقْتَ خُلُوِّهِمْ مِنْ زَيْدٍ، وَوَجَبَ هَذَا التَّقْدِيرُ لَمَّا لَمْ يَكُنْ ثَمَّ مُقْتَضٍ لِلْمَصْدَرِ.

وَالْقِسْمُ الثَّانِي مِنَ الثَّلاثَةِ شَرْطُهُ أَنْ يَتَقَدَّمَ بَعْضَ الْجُمْلَةِ؛ كَقَوْلِكَ: (مَا جَاءَنِي إِلا أَخَاكَ أَحَدٌ)؛ لأَنَّهُ كَالْمَفْعُولِ مَعَهُ عِنْدَ الْمُحَقِّقِينَ، فَكَمَا لا يَتَقَدَّمُ الْمَفْعُولُ مَعَهُ فَكَذَلِكَ هَذَا.

الْقِسْمُ الثَّالِثُ مِنَ الْمَنْصُوبِ أَبَدًا: وَهُوَ الْمُنْقَطِعُ، وَهُوَ كُلُّ لَفْظٍ مِنْ أَلْفَاظِ الاسْتِثْنَاءِ لَمْ يُرَدْ بِهِ إِخْرَاجٌ سَوَاءٌ كَانَ مِنْ جِنْسِ الأَوَّلِ أَوْ مِنْ غَيْرِ جِنْسِهِ، فَلَوْ قُلْتَ: (جَاءَ الْقَوْمُ إِلا زَيْدًا) وَزَيْدٌ لَيْسَ مِنَ الْقَوْمِ كَانَ مُنْقَطِعًا، وَكَذَلِكَ إِذَا قُلْتَ: (مَا جَاءَ الْقَوْمُ إِلا زَيْدًا) لَمْ يَجُزْ إِلا النَّصْبُ عَلَى مَذْهَبِ أَهْلِ الْحِجَازِ، وَاسْتِشْهَادُهُ بِقَوْلِهِ تَعَالَى: ﴿لا عَاصِمَ الْيَوْمَ مِنْ أَمْرِ اللَّهِ إِلا مَنْ رَحِمَ﴾ [هود:٤٣]، يُحْمَلُ عَلَى أَرْبَعَةِ أَوْجُهٍ:

أَحَدُهَا: وَهُوَ الْمَشْهُورُ لا مَعْصُومَ إِلا الرَّاحِمِ، وَعَلَيْهِ بَنَى الْمُصَنِّفُ، وَالأَوْجُهُ الأُخَرُ اثْنَانِ مِنْهَا مُتَّصِلٌ، وَلَيْسَ فِيهِ غَرَضٌ، وَقَدْ قِيلَ بِهِمَا، وَوَاحِدٌ مُنْقَطِعٌ، وَهُوَ لا عَاصِمَ إِلا الْمَرْحُومَ، وَلَمْ يُقَلْ بِهِ، وَلَوْ قِيلَ بِهِ لَمْ يَكُنْ بَعِيدًا.

وَالْقِسْمُ الثَّانِي مِنَ الْخَمْسَةِ، وَهُوَ قَوْلُهُ: (مَا اسْتُثْنِيَ بِإِلا مِنْ كَلامٍ غَيْرِ مُوجِبٍ)

إِلَى آخِرِهِ.

قَالَ الشَّيْخُ: وَكَانَ يَنْبَغِي أَنْ يَقُولَ: ذُكِرَ الْمُسْتَثْنَى مِنْهُ، وَإِلا وَرَدَ عَلَيْهِ (مَا ضَرَبْتُ إِلا زَيْدًا).

فَإِنَّهُ مُسْتَثْنَى مِنْ كَلامٍ غَيْرِ مُوجِبٍ، وَلَيْسَ هُوَ مِنْ هَذَا الْقِسْمِ، وَلا يَصِحُّ أَنْ يُقَالَ: هُوَ مِنْهُ لِتَصْرِيحِهِ فِي الْقِسْمِ الْخَامِسِ بِهِ، وَأَيْضًا فَإِنَّ الاتِّفَاقَ عَلَى أَنَّهُ مَفْعُولٌ، وَأَيْضًا فَإِنَّ الْبَدَلِيَّةَ لا تَسْتَقِيمُ فِيهِ، إِذْ شَرْطُ الْمُبْدَلِ مِنْهُ أَنْ يَكُونَ مَذْكُورًا، وَالاخْتِيَارُ الْبَدَلُ؛ لأَنَّ النَّصْبَ عَلَى الاسْتِثْنَاءِ فِي عَقْلِيَّةِ الْعَامِلِ فِيهِ إِشْكَالٌ، فَإِذَا أَمْكَنَ غَيْرُهُ مِنَ الْوَاضِحِ كَانَ أَوْلَى، وَوِزَانُهُ وِزَانُ الْمَفْعُولِ مَعَهُ، فَإِنَّهُ إِذَا أَمْكَنَ غَيْرُهُ كَانَ أَوْلَى، أَلا تَرَى أَنَّ قَوْلَكَ: (مَا لِزَيْدٍ وَعَمْرٍو) أَحْسَنُ مِنْ قَوْلِكَ: (وَعَمْرًا)، (مَا لَكَ وَعَمْرًا) لَمَّا تَعَذَّرَ الْعَطْفُ رَجَعَ إِلَيْهِ، كَذَلِكَ هَاهُنَا لا يَنْبَغِي أَنْ يُصَارَ إِلَى الاسْتِثْنَاءِ إِلا عِنْدَ تَعَذُّرِ الْبَدَلِيَّةِ.

(وَقَوْلُهُ تَعَالَى: ﴿وَلا يَلْتَفِتْ مِنْكُمْ أَحَدٌ إِلا امْرَأَتَكَ﴾ [هود:٨١] فِيمَنْ قَرَأَ بِالنَّصْبِ مُسْتَثْنَى مِنْ قَوْلِهِ: ﴿فَأَسْرِ بِأَهْلِكَ﴾ [هود:٨١]).

قَالَ الشَّيْخُ: جَعَلَ الْقِرَاءَةَ بِالرَّفْعِ مَحْمُولَةً عَلَى الْبَدَلِ مِنْ قَوْلِهِ: "**وَلا يَلْتَفِتْ مِنْكُمْ أَحَدٌ**"، وَقِرَاءَةَ النَّصْبِ مَحْمُولَةً عَلَى الاسْتِثْنَاءِ مِنَ الْمُوجَبِ مِنْ قَوْلِهِ: "**فَأَسْرِ بِأَهْلِكَ**"، وَهَذَا التَّفْصِيلُ بَاطِلٌ قَطْعًا، فَإِنَّ الْقِرَاءَتَيْنِ ثَابِتَتَانِ قَطْعًا، فَيَمْتَنِعُ حَمْلُهُمَا عَلَى وَجْهَيْنِ، أَحَدُهُمَا بَاطِلٌ قَطْعًا، وَالْقَضِيَّةُ وَاحِدَةٌ، فَهُوَ إِمَّا أَنْ يَكُونَ سَرَى بِهَا أَوْ مَا سَرَى بِهَا، فَإِنْ كَانَ قَدْ سَرَى بِهَا فَلَيْسَ مُسْتَثْنَى إِلا مِنْ قَوْلِهِ: "**وَلا يَلْتَفِتْ مِنْكُمْ أَحَدٌ**"، وَإِنْ كَانَ مَا سَرَى بِهَا فَهُوَ مُسْتَثْنَى مِنْ قَوْلِهِ: "**فَأَسْرِ بِأَهْلِكَ**"، فَقَدْ ثَبَتَ أَنَّ أَحَدَ التَّأْوِيلَيْنِ بَاطِلٌ قَطْعًا، فَلا يُصَارُ إِلَيْهِ فِي إِحْدَى الْقِرَاءَتَيْنِ الثَّابِتَتَيْنِ قَطْعًا، وَالأَوَّلُ مِنْ هَذَا أَنْ يَكُونَ "**إِلا امْرَأَتَكَ**" فِي الرَّفْعِ وَالنَّصْبِ مِثْلَ قَوْلِهِ تَعَالَى: "**مَا فَعَلُوهُ إِلا قَلِيلٌ مِنْهُمْ**" [النساء:٦٦]، وَلا بُعْدَ أَنْ يَكُونَ أَقَلُّ الْقُرَّاءِ عَلَى الْوَجْهِ الأَقْوَى، وَأَكْثَرُهُمْ عَلَى الْوَجْهِ الَّذِي دُونَهُ، بَلْ قَدِ الْتَزَمَ بَعْضُ النَّاسِ أَنَّهُ يَجُوزُ أَنْ يُجْمَعَ عَلَى قِرَاءَةِ غَيْرِ الأَقْوَى.

وَالْقِسْمُ الثَّالِثُ مِنَ الْخَمْسَةِ يَجِبُ فِيهِ الْجَرُّ، وَهُوَ إِمَّا اسْمٌ وَإِمَّا حَرْفٌ، فَإِنْ كَانَ اسْمًا فَمَا بَعْدَهَا مُضَافٌ إِلَيْهِ، وَإِنْ كَانَ حَرْفًا؛ أَعْنِي حَرْفَ جَرٍّ كَعَدَا وَخَلا، فَمَا بَعْدَهُ مَجْرُورٌ بِهِ، وَالْكَلامُ فِي (غَيْرٍ) و(سِوَى) و(سَوَاءٍ) يَأْتِي فِي فَصْلِهِ بَعْدَ هَذَا، وَالْكَلامُ فِي (حَاشَا) إِذَا نَصَبْتَ بِهَا عَلَى غَيْرِ الْمُخْتَارِ كَالْكَلامِ فِي (عَدَا) و(خَلا) عَلَى الْمُخْتَارِ، وَقَدْ تَقَدَّمَ.

و(الْقِسْمُ الرَّابِعُ: جَائِزٌ فِيهِ الرَّفْعُ وَالْجَرُّ، وَهُوَ مَا اسْتُثْنِيَ بِلا سِيَّمَا).

قَالَ الشَّيْخُ: لا يَنْبَغِي أَنْ يَكُونَ (لا سِيَّمَا) فِي الاسْتِثْنَاءِ؛ لأَنَّ الاسْتِثْنَاءَ إِخْرَاجُ شَيْءٍ مِنْ شَيْءٍ، وَإِثْبَاتُ ضِدِّ الْحُكْمِ لَهُ، وَهَذَا لَيْسَ كَذَلِكَ، بَلْ هُوَ إِثْبَاتُ ذَلِكَ الْحُكْمِ الأَوَّلِ بِطَرِيقِ الزِّيَادَةِ فِي مَعْنَاهُ، مِثَالُهُ قَوْلُكَ: (أَحْسَنَ إِلَيَّ الْقَوْمُ لا سِيَّمَا عَمْرُو)، وَإِنَّمَا أَوْرَدَهُ لَمَّا كَانَ بَيْنَهُمَا مُخَالَفَةٌ مَا؛ لأَنَّ الثَّانِي ثَبَتَ لَهُ زِيَادَةٌ، فَكَأَنَّهُ غَيْرُ الْحُكْمِ الأَوَّلِ، وَيَجُوزُ فِي الْوَاقِعِ بَعْدَ (لا سِيَّمَا) الْجَرُّ، وَهُوَ الأَكْثَرُ، وَالرَّفْعُ وَهُوَ قَلِيلٌ، وَالنَّصْبُ وَهُوَ الأَقَلُّ، وَلَمْ يَذْكُرْهُ، وَقَدْ وَقَعَ فِي بَعْضِ النُّسَخِ، فَأَمَّا الْجَرُّ فَلَهُ وَجْهَانِ:

أَحَدُهُمَا: أَنْ تَكُونَ (مَا) زَائِدَةً، وَالاسْمُ مَجْرُورٌ بِالإِضَافَةِ، فَيَكُونَ التَّقْدِيرُ: جَاءَ الْقَوْمُ لا مِثْلَ زَيْدٍ.

وَالْوَجْهُ الثَّانِي: أَنْ تَكُونَ (مَا) نَكِرَةً بِمَعْنَى شَيْءٍ، وَيَكُونَ زَيْدٌ بَدَلا مِنْهَا، فَيَكُونَ التَّقْدِيرُ: جَاءَ الْقَوْمُ لا مِثْلَ رَجُلٍ زَيْدٍ.

وَالرَّفْعُ عَلَى أَنْ تَكُونَ (مَا) بِمَعْنَى شَيْءٍ، وَزَيْدٌ مَرْفُوعًا خَبَرَ مُبْتَدَأٍ مَحْذُوفٍ، فَيَكُونَ التَّقْدِيرُ: جَاءَ الْقَوْمُ لا مِثْلَ شَيْءٍ هُوَ زَيْدٌ.

وَلَوْ قَدَّرْتَ (مَا) مَوْصُولَةً وَزَيْدًا خَبَرَ الْمُبْتَدَأِ الْمَحْذُوفِ وَالْجُمْلَةُ صِلَةً لَمْ يَكُنْ بَعِيدًا.

وَالْقِسْمُ الْخَامِسُ جَارٍ عَلَى إِعْرَابِهِ قَبْلَ دُخُولِ كَلِمَةِ الاسْتِثْنَاءِ).

وَهَذَا لَمْ يَذْكُرْ لَهُ ضَابِطًا، وَضَابِطُهُ أَنْ يَكُونَ مَا قَبْلَ (إلا) غَيْرَ مُوجَبٍ وَلا مَذْكُورًا مَعَهُ الْمُسْتَثْنَى مِنْهُ، وَسَوَاءٌ كَانَ فَاعِلا أَوْ مَفْعُولا أَوْ ظَرْفًا أَوْ صِفَةً أَوْ حَالا، كُلُّ ذَلِكَ وَاقِعٌ، وَفَائِدَةُ (إلا) فِي الْمَعْنَى كَفَائِدَتِهَا لَوْ ذُكِرَ الْمُسْتَثْنَى مِنْهُ فِي أَنَّ الْغَرَضَ حَصْرُ ذَلِكَ الْمَعْنَى لما ذُكِرَ بَعْدَهُ.

قَوْلُهُ: (وحُكْمُ غَيْرَ فِي الإِعْرَابِ حُكْمُ الْمُسْتَثْنَى بِإلا).

قَالَ الشَّيْخُ: لَمَّا وَقَعَتْ (غَيْرَ) مَوْقِعَ إلا، و(إلا) حَرْفٌ غَيْرُ مُعْرَبٍ، و(غَيْرَ) اسْمٌ، وَجَبَ أَنْ يَكُونَ لَهَا إِعْرَابٌ، فَجُعِلَ إِعْرَابُهَا الإِعْرَابَ الَّذِي يَكُونُ عَلَى الاسْمِ الَّذِي يَكُونُ بَعْدَ (إلا)، وجُعِلَ مَا بَعْدَهَا هِيَ مَخْفُوضًا بِالإِضَافَةِ؛ لأَنَّهَا اسْمٌ يَقْبَلُ الإِضَافَةَ، فوفِّيَ بِمُقْتَضَى الاسْمَيْنِ، وَإِذَا وَقَعَتْ (إلا) مَوْقِعَ (غَيْرَ) فِي الْوَصْفِيَّةِ جُعِلَ إِعْرَابُ مَا بَعْدَ (إلا) إِعْرَابَ (غَيْرَ) نَفْسَهُ، وَسَيَأْتِي، وَمِثْلُ ذَلِكَ (لا) إِذَا وَقَعَتْ مَوْقِعَ (غَيْرَ) جُعِلَ إِعْرَابُ مَا بَعْدَهَا إِعْرَابَ (غَيْرَ) لِتَعَذُّرِ الإِضَافَةِ، فَيَقُولُونَ: (جِئْتُ لا رَاكِبًا وَلا ضَارِبًا) أَيْ: غَيْرَ

رَاكِبٌ وَغَيْرَ ضَارِبٍ، وَقَالَ:

فَأَلْفَيْتُهُ غَيْرَ مُسْتَعْتِبٍ   وَلَا ذَاكِرَ اللهِ إِلَّا قَلِيلَا

وَأَمَّا (سِوَى) فَقَدْ تَقَدَّمَ الْكَلَامُ عَلَيْهَا فِي الْمَفْعُولِ فِيهِ.

قَوْلُهُ: (وَاعْلَمْ أَنَّ إِلَّا وَغَيْرًا يَتَقَارَضَانِ مَا لِكُلِّ وَاحِدٍ مِنْهُمَا).

قَالَ الشَّيْخُ: سَبَبُ حَمْلِ كُلِّ وَاحِدٍ مِنْهُمَا عَلَى صَاحِبِهِ أَنَّ مَا بَعْدَ كُلِّ وَاحِدٍ مِنْهُمَا مُغَايِرٌ لِمَا قَبْلَهَا، إِلَّا أَنَّ غَيْرًا وُقُوعُهَا مَوْقِعَ (إِلَّا) كَثِيرٌ، وَوُقُوعُ (إِلَّا) مَوْقِعَ غَيْرٍ قَلِيلٌ، وَسَبَبُهُ: أَنَّ غَيْرًا اسْمٌ، وَتَصَرُّفُهُمْ فِي الْأَسْمَاءِ أَكْثَرُ مِنْ تَصَرُّفِهِمْ فِي الْحُرُوفِ.

وَاسْتِشْهَادُهُ بِقَوْلِهِ تَعَالَى: "لَا يَسْتَوِي الْقَاعِدُونَ" [النساء:٩٥] الْآيَةَ إِلَى آخِرِهِ.

قَالَ الشَّيْخُ: فَإِنْ قِيلَ: (غَيْرُ) إِذَا أُضِيفَ إِلَى الْمَعْرِفَةِ فَهِيَ نَكِرَةٌ، فَكَيْفَ جَرَتْ عَلَى الْمَعْرِفَةِ صِفَةً.

فَالْجَوَابُ: أَنَّ غَيْرَ إِذَا كَانَتْ فِي تَقْسِيمٍ حَاضِرٍ كَانَتْ مَعْرِفَةً، مِثْلُ قَوْلِهِ تَعَالَى: "غَيْرِ الْمَغْضُوبِ عَلَيْهِمْ" [الفاتحة:٧]، فَلِذَلِكَ جَرَتْ كَذَلِكَ.

وَقَوْلُهُ تَعَالَى: "لَوْ كَانَ فِيهِمَا آلِهَةٌ إِلَّا اللهُ" [الأنبياء:٢٢]، قَالَ بَعْضُهُمْ: لَيْسَ عَلَى الْوَصْفِيَّةِ، وَإِنَّمَا هُوَ عَلَى الْبَدَلِ، وَصَحَّ لِأَنَّهُ فِي مَعْنَى النَّفْيِ؛ لِأَنَّ مَعْنَى قَوْلِكَ: لَوْ كَانَ فِيهِمَا آلِهَةٌ إِلَّا اللهُ: مَا فِيهِمَا آلِهَةٌ إِلَّا اللهُ، فَلَمَّا كَانَ مَعْنَاهُ مَعْنَى النَّفْيِ جَرَى فِي الْبَدَلِ مُجْرَاهُ، وَهَذَا ضَعِيفٌ مِنْ أَوْجُهٍ:

أَحَدُهَا: أَنَّهُ لَوْ كَانَ كَذَلِكَ لَجَازَ أَنْ تَقُولَ: لَوْ كَانَ فِيهَا آلِهَةٌ إِلَّا اللهُ، كَمَا تَقُولُ: مَا فِيهِمَا إِلَّا اللهُ؛ لِأَنَّهُ بِمَنْزِلَتِهِ، وَلَيْسَ الْأَمْرُ كَذَلِكَ.

الثَّانِي: أَنَّهُ لَا يَجْرِي النَّفْيُ الْمَعْنَوِيُّ مُجْرَى النَّفْيِ اللَّفْظِيِّ، أَلَا تَرَى أَنَّكَ تَقُولُ: (أَبَى الْقَوْمُ إِلَّا زَيْدًا) بِالنَّصْبِ لَيْسَ إِلَّا، وَكَانَ النَّفْيُ الْمَعْنَوِيُّ كَاللَّفْظِيِّ لَجَازَ (أَبَى الْقَوْمُ إِلَّا زَيْدٌ)، وَكَانَ الْمُخْتَارَ، وَهَاهُنَا أَوْلَى؛ لِأَنَّ النَّفْيَ مُحَقَّقٌ غَيْرُ مُقَدَّرٍ فِيهِ إِثْبَاتٌ، وَفِي (لَوْ) مُقَدَّرٌ مَا بَعْدَهَا الْإِثْبَاتُ، وَإِنَّمَا قُدِّرَ فِيهِ النَّفْيُ لَمَّا كَانَ الْإِثْبَاتُ مُقَدَّرًا.

الثَّالِثُ: أَنَّهُ لَوْ كَانَ عَلَى الْبَدَلِ لَكَانَ مَعْنَاهُ مَعْنَى الِاسْتِثْنَاءِ، وَلَوْ كَانَ مَعْنَاهُ مَعْنَى الِاسْتِثْنَاءِ لَجَازَ أَنْ تَقُولَ: (إِلَّا اللهَ) بِالنَّصْبِ، وَلَا يَسْتَقِيمُ الْمَعْنَى؛ لِأَنَّ الِاسْتِثْنَاءَ إِذَا سُكِتَ عَنْهُ دَخَلَ مَا بَعْدَهُ فِيمَا قَبْلَهُ، أَلَا تَرَى أَنَّكَ لَا تَقُولُ: (جَاءَنِي إِلَّا زَيْدًا)، فَكَذَلِكَ لَا يَسْتَقِيمُ

أَنْ تَقُولَ: لَوْ كَانَ فِيهِمَا آلِهَةٌ إِلا اللـهَ بِالنَّصْبِ، وَقَوْلُهُ(١):

وَكُلُّ أَخٍ مُفَارِقُهُ أَخُوهُ   لَعَمْرُ أَبِيكَ إِلا الْفَرْقَدَانِ

قَالَ الشَّيْخُ: فِيهِ شُذُوذَانِ:

أَحَدُهُمَا: أَنَّهُ وَصَفَ الْمُضَافَ هَاهُنَا، وَهُوَ (كُلُّ)، وَالْقِيَاسُ أَنْ يُوصَفَ الْمُضَافُ إِلَيْهِ فِي (كُلِّ)، وَهُوَ مَعَ ذَلِكَ جَائِزٌ، وَحَمَلَهُ عَلَى ذَلِكَ ضَرُورَةُ الرِّدْفِ بِالأَلِفِ، فَإِنَّهَا لازِمَةٌ، وَهُوَ الْمَعْنَى الَّذِي حَمَلَهُ عَلَى الْوَصْفِيَّةِ، وَلَوْ جَازَ لَهُ أَنْ يَقُولَ: إِلا الْفَرْقَدَيْنِ مِنْ غَيْرِ ضَرُورَةٍ تَحْمِلَهُ لَمْ يُحْمَلْ عَلَى الْخَفْضِ الَّذِي هُوَ ضَعِيفٌ، ولَحُمِلَ عَلَى الاسْتِثْنَاءِ فَالَّذِي حَمَلَهُ عَلَى أَنْ يَجْعَلَ (إِلا) صِفَةً هُوَ الْحَامِلُ لَهُ عَلَى أَنْ يَكُونَ صِفَةً لِكُلٍّ، وَإِلا لَمْ يَحْصُلْ لَهُ غَرَضٌ.

وَالشُّذُوذُ الثَّانِي: أَنَّهُ فَصَلَ بَيْنَ الصِّفَةِ وَالْمَوْصُوفِ بِالْخَبَرِ، وَهُوَ قَلِيلٌ.

قَالَ: (وَتَقُولُ: مَا جَاءَنِي مِنْ أَحَدٍ إِلا زَيْدٌ، فَتَحْمِلُهُ عَلَى الْبَدَلِ مِنَ الْمَوْضِعِ، لا مِنَ اللَّفْظِ).

قَالَ الشَّيْخُ: إِنَّمَا كَانَ كَذَلِكَ لِتَعَذُّرِ الْحَمْلِ عَلَى اللَّفْظِ مِنْ حَيْثُ إِنَّ (مِنْ) لا يَصِحُّ تَقْدِيرُهَا بَعْدَ (إِلا)؛ لأَنَّهَا لا تُزَادُ إِلا فِي سِيَاقِ النَّفْيِ، وَإِذَا بَطَلَ الْحَمْلُ عَلَى اللَّفْظِ وَجَبَ الْحَمْلُ عَلَى الْمَحَلِّ، وَالْمَحَلُّ رَفْعٌ، فَوَجَبَ الرَّفْعُ عَلَى الْمَحَلِّ؛ لأَنَّ تَقْدِيرَ (جَاءَنِي زَيْدٌ) مُسْتَقِيمٌ، وَكَذَلِكَ إِذَا قُلْتَ: (مَا رَأَيْتُ مِنْ أَحَدٍ إِلا عَبْدَ اللـهِ) مُسْتَقِيمٌ أَيْضًا.

وَقَوْلُهُ: (لا أَحَدَ فِيهَا إِلا عَمْرٌو).

قَالَ بَعْضُهُمْ: إِنَّمَا لَمْ يَصِحَّ الْحَمْلُ عَلَى اللَّفْظِ؛ لأَنَّهُ يُؤَدِّي إِلَى تَقْدِيرِ دُخُولِ (لا)

---

(١) البيت من شعر عمرو بن معدي كرب الزبيدي: ٧٥ ق. هـ - ٢١ هـ / ٥٤٧ - ٦٤٢ م
عمرو بن معدي كرب بن ربيعة بن عبد اللـه الزبيدي. فارس اليمن، وصاحب الغارات المذكورة.
وفد على المدينة سنة ٩هـ في عشرة من بني زبيد، فأسلم وأسلموا، وعادوا.
ولما توفي النبي (صلى الله عليه وسلم) ارتد عمرو في اليمن. ثم رجع إلى الإسلام، فبعثه أبو بكر إلى الشام، فشهد اليرموك، وذهبت فيها إحدى عينيه. وبعثه عمر إلى العراق، فشهد القادسية.
وكان عصيّ النفس، أبيّها، فيه قسوة الجاهلية، يكنى أبا ثور.
وأخبار شجاعته كثيرة، له شعر جيد أشهره قصيدته التي يقول فيها:
إذا لم تستطع شيئاً فدعه   وجاوزه إلى ما تستطيع
توفي على مقربة من الريّ. وقيل: قتل عطشاً يوم القادسية.

عَلَى الْمَعْرِفَةِ، وَهِيَ لا تَدْخُلُ عَلَيْهَا، وَهَذَا غَيْرُ مُسْتَقِيم، فَإِنَّهُ لَوْ قِيلَ: (لا إِلَهَ إِلا إِلَهٌ وَاحِدٌ) لَمْ يَكُنْ إِلا كَذَلِكَ مَرْفُوعًا، فَبَطَلَ تَعْلِيلُهُ بِذَلِكَ، وَإِنَّمَا الْوَجْهُ أَنْ يُقَالَ: إِنَّمَا امْتَنَعَ؛ لأَنَّهُ يُؤَدِّي إِلَى تَقْدِيرِ (لا) بَعْدَ إِلا؛ لأَنَّ الْبَدَلَ فِي حُكْمِ تَكْرِيرِ الْعَامِلِ، وَالْعَامِلُ فِي الأَوَّلِ (لا) فَوَجَبَ أَنْ يَكُونَ كَذَلِكَ فِي الْمُبْدَلِ مِنْهُ، وَلا يَسْتَقِيمُ لَفْظًا وَلا مَعْنًى، أَمَّا اللَّفْظُ فَإِنَّ (لا) لا يُلْفَظُ بِهَا بَعْدَ إِلا، وَأَمَّا الْمَعْنَى فَإِنَّهُ يَتَنَاقَضُ؛ لأَنَّ (إِلا) لِلإِثْبَاتِ و(لا) لِلنَّفْيِ فَيَتَنَاقَضَانِ.

وَأَشْكَلُ مَا يَرِدُ عَلَيْهِ (لَيْسَ زَيْدٌ شَيْئًا إِلا شَيْئًا لا يُعْبَأُ بِهِ) وَنَظَائِرُهُ؛ لأَنَّهُ يُقَالُ: فَلْيَمْتَنِعَ الْبَدَلُ هَاهُنَا؛ لأَنَّ النَّصْبَ إِنَّمَا يَكُونُ بَعْدَ النَّفْيِ، وَهُوَ لا يَتَقَدَّرُ بَعْدَ (إِلا) لِفَسَادِ الْمَعْنَى؛ إِذِ الْغَرَضُ إِثْبَاتُهُ شَيْئًا لا يُعْبَأُ بِهِ، فَإِنْ أُجِيبَ بِأَنَّ قَوْلَهُمْ: (لا إِلَهَ إِلا اللهُ) مُسْتَثْنَى مِنْ أَحَدِ الْجُزْأَيْنِ لا بِاعْتِبَارِ أَنَّهُ الْجُزْءُ الآخَرُ كَمَا فِي قَوْلِكَ: (لَيْسَ زَيْدٌ شَيْئًا) فَلَيْسَ بِمُسْتَقِيمٍ لأَمْرَيْنِ:

أَحَدُهُمَا: أَنَّهُ لا أَثَرَ لِكَوْنِهِ مِنَ الأَوَّلِ أَوْ الثَّانِي؛ لأَنَّ الْعَامِلَ وَاحِدٌ.

وَالآخَرُ بُطْلانُهُ بِقَوْلِكَ: لَيْسَ الْقَوْمُ إِلا عَمْرٌو مُنْطَلِقِينَ، فَهَذَا مُسْتَثْنَى مِنَ الْجُزْءِ الأَوَّلِ، وَهُوَ جَائِزٌ عَلَى الْبَدَلِ.

فَإِنْ قِيلَ: الْمُسْتَثْنَى فِي (لا إِلَهَ إِلا اللهُ) مُسْتَثْنَى مِنْ مَبْنِيٍّ، وَفِي (لَيْسَ) مِنْ مُعْرَبٍ، فَلَيْسَ بِمُسْتَقِيمٍ أَيْضًا، لأَنَّا نَقُولُ: لا فَرْقَ بَيْنَ قَوْلِنَا: (لا إِلَهَ إِلا اللهُ) و(لا إِلَهَ لِلنَّاسِ إِلا اللهُ).

وَالْجَوَابُ الصَّحِيحُ أَنْ يُقَالَ: إِنَّمَا عَمِلَتْ (لا) لأَجْلِ النَّفْيِ، فَلا تُقَدَّرُ عَامِلَةً إِلا مَعَ النَّفْيِ، فَبَطَلَ تَقْدِيرُهَا عَامِلَةً بَعْدَ (إِلا) لأَنَّ (إِلا) لِلإِثْبَاتِ، وَلَمْ تَعْمَلْ (لَيْسَ) لأَجْلِ النَّفْيِ، وَإِنَّمَا عَمِلَتْ لِكَوْنِهَا فِعْلا، فَهِيَ بِمَثَابَةِ (مَا) و(كَانَ) جَمِيعًا؛ أَيْ: بِمَثَابَةِ هَذَا الْمَجْمُوعِ، وَهُوَ قَوْلُنَا: (مَا كَانَ)، فَإِنَّهُ فِعْلٌ، وَإِنْ كَانَ نَفْيًا، كَذَلِكَ (لَيْسَ)، وَلَوْ قُلْتَ: (مَا كَانَ زَيْدٌ شَيْئًا إِلا شَيْئًا) لَكَانَ مُسْتَقِيمًا؛ لأَنَّ الْعَمَلَ لِـ (كَانَ) و(كَانَ) يَصِحُّ تَقْدِيرُهَا بَعْدَ (إِلا) و(لَيْسَ) لَمَّا كَانَتْ فِعْلا مَعْنَاهُ النَّفْيُ تُوُهِّمَ أَنَّهُ بِمَثَابَةِ (لا) فِي الْعَمَلِ، وَلَيْسَ الأَمْرُ كَذَلِكَ، بَلْ عَمَلُهُ لِلْفِعْلِيَّةِ، وَالْفِعْلِيَّةُ إِذَا قُدِّرَتْ مُجَرَّدَةً عَنِ النَّفْيِ لَمْ تَتَعَذَّرْ، وَلَكِنْ لَمَّا كَانَ انْفِكَاكُهَا عَنِ النَّفْيِ مُتَعَذِّرًا لَفْظًا تُوُهِّمَ أَنَّ التَّقْدِيرَ مُتَعَذِّرٌ كَمَا تَعَذَّرَ فِي (لا)، وَسَيَجِيءُ فِي بَابِ الأَفْعَالِ النَّاقِصَةِ هَذَا، وَإِذَا تَحَقَّقَ أَنَّ عَمَلَهَا لَيْسَ لأَجْلِ النَّفْيِ بَلْ لأَجْلِ الْفِعْلِيَّةِ تَحَقَّقَ تَجْوِيزُ تَقْدِيرِ الْفِعْلِيَّةِ بَعْدَ إِلا مُجَرَّدَةً عَنِ النَّفْيِ، وَهَذَا السِّرُّ هُوَ الَّذِي جَوَّزَ أَنْ

تَقُولَ: (لَيْسَ زَيْدٌ إلا قائمًا)، وَلَمْ يَجُزْ (مَا زَيْدٌ إلا قائمًا)؛ لأنَّ (مَا) لَمْ تَعْمَلْ إلا لِلنَّفْي، وَلا يُقدَّرُ بَعْدَ (إلا)، فَبَطَلَ الْعَمَلُ، و(لَيْسَ) لَمْ تَعْمَلْ لأجْلِ النَّفْيِ بَلْ لأجْلِ الْفِعْلِيَّةِ، فَكَانَ عَمَلُهَا مَعَ (إلا) وَمَعَ غَيْرِ (إلا) عَلَى حَدٍّ سَوَاءٍ، فَتَحَقَّقَ الْفَرْقُ عَلَى وَجْهٍ مُسْتَقِيمٍ، وَإِذَا تَحَقَّقْتَ ذَلِكَ عَلِمْتَ جَوَازَ (لَيْسَ زَيْدٌ بِشَيْءٍ إلا شَيْئًا) بِالنَّصْبِ، وَامْتِنَاعَ (مَا زَيْدٌ بِشَيْءٍ إلا شَيْئًا) بِالنَّصْبِ؛ لأنَّ عَمَلَ (مَا) لأجْلِ النَّفْيِ، فَلَوْ قَدَّرْتَهَا بَعْدَ (إلا) عَامِلَةً لَمْ تَكُنْ إلا نَافِيَةً فَيَخْتَلُّ الْمَعْنَى، بِخِلافِ (لَيْسَ)، فَإِنَّ عَمَلَهَا لَيْسَ لأجْلِ النَّفْيِ، فَالْوَجْهُ الَّذِي هِيَ نَفْيٌ فِيهِ غَيْرُ الْوَجْهِ الَّذِي هِيَ عَامِلَةٌ فِيهِ.

فَصْلٌ: وَإِنْ قَدَّمْتَ الْمُسْتَثْنَى عَلَى صِفَةِ الْمُسْتَثْنَى مِنْهُ

فَفِيهِ طَرِيقَانِ:

أَحَدُهُمَا: وَهُوَ اخْتِيَارُ سِيبَوَيْهِ: أَنْ لا تَكْتَرِثَ لِلصِّفَةِ وَتَحْمِلَهُ عَلَى الْبَدَلِ.

قَالَ الشَّيْخُ: يَدُلُّ عَلَى صِحَّةِ مَذْهَبِ سِيبَوَيْهِ أَنَّهُ غَيْرُ مُسْتَثْنًى مِمَّا تَأَخَّرَ عَنْهُ، فَلَمْ يَجِبْ النَّصْبُ، وَبَيَانُ أَنَّهُ غَيْرُ مُسْتَثْنًى مِمَّا تَأَخَّرَ عَنْهُ أَنَّ زَيْدًا لَمْ يُخْرَجْ إلا مِنَ الأحَدِينَ، وَهُوَ مُتَقَدِّمٌ، و(خَيْرٌ) إِنَّمَا جِيءَ بِهِ لِبَيَانِ الْمُرَادِ بِالأحَدِينَ، فَتَقْدِيمُهُ وَتَأْخِيرُهُ عَلَى حَدٍّ وَاحِدٍ، فَوَجَبَ أَنْ لا يَكُونَ مُسْتَثْنًى مُتَقَدِّمًا.

وَوَجْهٌ آخَرُ: وَهُوَ أَنَّ الْبَدَلَ مُخْتَارٌ فِي كُلِّ كَلامٍ غَيْرِ مُوجَبٍ، وَهَذَا مُسْتَثْنًى مِنْ كُلامٍ غَيْرِ مُوجَبٍ، فَوَجَبَ اخْتِيَارُ الْبَدَلِ، وَبَيَانُهُ أَنَّكَ لَوْ قُلْتَ: (مَا جَاءَنِي أَحَدٌ) وَسَكَتَّ كَانَ كَلامًا تَامًّا، وَالصِّفَةُ لَيْسَتْ جُزْءًا مِنَ الْكَلامِ، وَإِنَّمَا يُقْصَدُ بِهَا بَيَانُ الْمُرَادِ بِالْمَوْصُوفِ، وَإِذَا كَانَ كَذَلِكَ فَهُوَ مُسْتَثْنًى مِنْ كَلامٍ غَيْرِ مُوجَبٍ، فَيَجِبُ اخْتِيَارُ الرَّفْعِ فِيهِ، كَمَا يَجِبُ فِيمَا لَمْ يُوصَفْ، وَحُجَّةُ الْمُخَالِفِ أَنَّهُ تَوَهَّمَ أَنَّ الصِّفَةَ وَالْمَوْصُوفَ امْتَزَجَا فِي الْمَعْنَى وَدَلا عَلَى شَيْءٍ وَاحِدٍ، فَكَانَ تَقْدِيمُهُ عَلَى أَحَدِهِمَا كَتَقْدِيمِهِ عَلَيْهِمَا، فَوَجَبَ النَّصْبُ عِنْدَهُ.

فَصْلٌ: وَتَقُولُ فِي تَثْنِيَةِ الْمُسْتَثْنَى: مَا أَتَانِي إلا زَيْدٌ إلا عَمْرًا

قَالَ الشَّيْخُ: يَعْنِي بِتَثْنِيَةِ الْمُسْتَثْنَى تَكْرِيرَ الْمُسْتَثْنَى، لا عَلَى الاصْطِلاحِ؛ لأنَّ حُكْمَ الْمُسْتَثْنَى الْمُثَنَّى وَغَيْرِهِ سَوَاءٌ، ثُمَّ مَثَّلَ بِقَوْلِهِ: (مَا أَتَانِي إلا زَيْدٌ إلا عَمْرًا أَوْ إلا عَمْرًا إلا زَيْدٌ، تَرْفَعُ الَّذِي أَسْنَدْتَ إِلَيْهِ وَتَنْصِبُ الآخَرَ) فَرَفْعُ أَحَدِهِمَا وَاجِبٌ؛ إِذْ لا بُدَّ مِنَ الْفَاعِلِ، وَنَصْبُ الآخَرِ؛ لأنَّ التَّفْرِيغَ لا يَكُونُ مِنْ جِهَةٍ وَاحِدَةٍ إلا لِشَيْءٍ وَاحِدٍ، وَلَوْ رُفِعَ الآخَرُ

لَكَانَا مَرْفُوعَيْنِ مِنْ جِهَةٍ وَاحِدَةٍ وَهُوَ غَيْرُ مُسْتَقِيمٍ.

فَإِنْ قِيلَ: أَرْفَعُهُ عَلَى أَنْ أُبْدِلَ (إلا عمرو) مِنْ قَوْلِكَ: (مَا أَتَانِي أَحَدٌ إِلا زَيْدٌ) مِنْ أَحَدٍ الْمُخْرَجِ مِنْهُ زَيْدٌ فَهُوَ غَيْرُ مُسْتَقِيمٍ مِنْ حَيْثُ لَفْظِ التَّفْرِيغِ؛ لأَنَّ التَّفْرِيغَ قَدْ أَخَذَ حَقَّهُ، فَلَمْ يَبْقَ إِلا أَنْ تَقُولَ: إِنَّ قَوْلَكَ: (مَا أَتَانِي أَحَدٌ إِلا زَيْدٌ) بِمَعْنَى (تَرَكَ هَؤُلاءِ الإِتْيَانَ)، فَلِذَلِكَ قَالَ صَاحِبُ الْكِتَابِ: (لأَنَّكَ لا تَقُولُ: تَرَكُونِي إِلا عَمْرٌو)، وَتَعَرَّضَ لِمَوْقِعِ الشُّبْهَةِ، وَبَيَّنَ أَنَّكَ لَوْ صَرَّحْتَ بِمَا هُوَ مَعْنَاهُ الَّذِي يَرْجِعُ إِلَيْهِ لَمْ يَكُنْ إِلا نَصْبًا.

وَالْمَسْأَلَةُ الثَّانِيَةُ: (مَا أَتَانِي إِلا عَمْرًا إِلا بِشْرًا أَحَدٌ) وَاضِحَةٌ بَعْدَ مَا ذَكَرَهُ؛ لأَنَّ نَصْبَ أَحَدِهِمَا عَلَى أَنَّهُ مُقَدَّمٌ عَلَى الْمُسْتَثْنَى مِنْهُ، وَنَصْبَ الآخَرِ عَلَى مَا كَانَ عَلَيْهِ لَوْ كَانَ مُتَأَخِّرًا، وَهَذَا الثَّانِي لَمَّا تَقَدَّمَ وَوَضَحَ لَمْ يَتَعَرَّضْ لَهُ، وَالَّذِي نُصِبَ لأَجْلِ التَّقْدِيمِ تَعَرَّضَ لَهُ؛ لأَنَّهُ هُوَ الَّذِي حَدَثَ لَهُ النَّصْبُ فِي هَذِهِ الْمَسْأَلَةِ لأَجْلِ التَّقْدِيمِ، وَلَوْ قُلْتَ: (مَا أَتَانِي أَحَدٌ إِلا زَيْدًا إِلا عَمْرٌو) كَانَ جَائِزًا أَيْضًا، وَيَكُونُ قَوْلُكَ: (عَمْرٌو) بَدَلا مِنْ قَوْلِكَ: (أَحَدٌ إِلا زَيْدًا).

فَإِنْ قُلْتَ: قُلْ: (مَا أَتَانِي أَحَدٌ إِلا زَيْدٌ إِلا عَمْرٌو) وَاجْعَلْ (عَمْرو) بَدَلا مِنْ قَوْلِكَ: (أَحَدٌ إِلا زَيْدٌ) فَقَدْ تَقَدَّمَ مَا يَدُلُّ عَلَى دَفْعِهِ، وَهُوَ أَنَّ هَذَا قَدْ أَخَذَ بَدَلَهُ، وَهُوَ فَرْعُ التَّفْرِيغِ، فَلا يَكُونُ لَهُ تَفْرِيغٌ آخَرُ مِنْ جِهَةٍ وَاحِدَةٍ، وَالَّذِي قَبْلَهُ لَمْ يَأْخُذْ تَفْرِيغًا؛ لأَنَّ زَيْدًا مَنْصُوبٌ فِيهِ.

فَأَمَّا إِذَا قُلْتَ: (مَا أَتَانِي إِلا زَيْدًا إِلا بِشْرٌ)، لَمْ يَخْلُ مِنْ أَنْ تَجْعَلَ (بِشْرًا) هُوَ الْبَدَلَ، وَزَيْدًا اسْتِثْنَاءً، أَوْ زَيْدًا بَدَلا ثُمَّ قَدَّمْتَهُ عَلَى الْمُسْتَثْنَى مِنْهُ، فَإِنْ قَدَّرْتَ الأَوَّلَ كَانَ رَفْعُ بِشْرٍ هُوَ الْمُخْتَارُ، وَيَكُونُ قَوْلُكَ: (إِلا زَيْدًا) اسْتِثْنَاءً مِنْ قَوْلِكَ: (أَحَدٌ إِلا بِشْرٌ)، وَيَجُوزُ النَّصْبُ أَيْضًا عَلَى الاسْتِثْنَاءِ، وَإِنْ قَدَّرْتَ الثَّانِي نَصَبْتَ بِشْرًا أَيْضًا عَلَى الاسْتِثْنَاءِ؛ لأَنَّ الَّذِي كَانَ يَكُونُ بَدَلا قَدْ قَدَّمْتَهُ، وَهُوَ زَيْدٌ، وَيَكُونُ (بِشْرًا) اسْتِثْنَاءً مِنْ أَحَدٍ مُخْرَجٍ مِنْهُمْ زَيْدٌ، أَمَّا نَصْبُ زَيْدٍ فَوَاضِحٌ.

فَصْلٌ: وَإِذَا قُلْتَ: مَا مَرَرْتُ بِأَحَدٍ إِلا زَيْدٌ خَيْرٌ مِنْهُ إِلَى آخِرِهِ

قَالَ الشَّيْخُ: هَذَا رَاجِعٌ إِلَى الاسْتِثْنَاءِ الْمُفَرَّغِ بِاعْتِبَارِ الصِّفَاتِ؛ لأَنَّ التَّفْرِيغَ جَارٍ فِي الصِّفَاتِ وَغَيْرِهَا، قَالَ اللهُ تَعَالَى: "**وَمَا أَهْلَكْنَا مِن قَرْيَةٍ إِلا لَهَا مُنذِرُونَ**" [الشعراء:٢٠٨]، وَالصِّفَةُ قَدْ تَكُونُ بِالْمُفْرَدِ، وَقَدْ تَكُونُ بِالْجُمْلَةِ، وَحُكْمُهُمَا وَاحِدٌ فِي الصِّحَّةِ،

فَعَلَى هَذَا تَقُولُ: (مَا جَاءَنِي أَحَدٌ إلا قَائِمٌ) و(مَا جَاءَنِي أَحَدٌ إلا أَبُوهُ قَائِمٌ)، وَكُلُّ ذَلِكَ مُسْتَقِيمٌ.

فَإِنْ قِيلَ: فَالاسْتِثْنَاءُ الْمُفَرَّغُ مَعْنَاهُ نَفْيُ الْحُكْمِ عَنْ كُلِّ مَا عَدَا الْمُسْتَثْنَى؛ كَقَوْلِكَ: (مَا جَاءَنِي إلا زَيْدٌ)، و(مَا ضَرَبْتُ إلا يَوْمَ الْجُمُعَةِ) نَفَيْتَ الْمَجِيءَ عَنْ كُلِّ وَاحِدٍ وَأَثْبَتَّهُ لِزَيْدٍ، وَنَفَيْتَ الضَّرْبَ فِي جَمِيعِ الأَوْقَاتِ وَأَثْبَتَّهُ فِي يَوْمِ الْجُمُعَةِ، وَهَذَا لا يَسْتَقِيمُ فِي الصِّفَةِ، لأَنَّكَ إِذَا قُلْتَ: (مَا جَاءَنِي أَحَدٌ إلا رَاكِبٌ) لَمْ يَسْتَقِمْ أَنْ يَنْتَفِي جَمِيعُ الصِّفَاتِ حَتَّى لا يَكُونَ عَالِمًا وَحَيًّا مِمَّا لا يَسْتَقِيمُ أَنْ يَنْفَكَّ عَنْهُ.

فَالْجَوَابُ مِنْ وَجْهَيْنِ:

أَحَدُهُمَا: أَنَّ الصِّفَاتَ لا يَنْتَفِي مِنْهَا إلا مَا يُمْكِنُ انْتِفَاؤُهُ مِمَّا يُضَادُّ الْمُثْبَتَ؛ لأَنَّهُ قَدْ عُلِمَ أَنَّ جَمِيعَ الصِّفَاتِ لا يَصِحُّ انْتِفَاؤُهَا، وَإِنَّمَا الْغَرَضُ نَفْيُ مَا ضَادَّ الْمَذْكُورَ بَعْدَ إلا لَمَّا كَانَ ذَلِكَ مَعْلُومًا، فَاغْتُفِرَ اسْتِعْمَالُهُ بِلَفْظِ النَّفْيِ وَالإِثْبَاتِ الْمُفِيدِ لِلْحَصْرِ.

الثَّانِي: أَنْ يُقَالَ: إِنَّ هَذَا الْكَلامَ يَرِدُ جَوَابًا لِمَنْ يَنْفِي تِلْكَ الصِّفَةَ، فَيُجَابُ عَلَى قَصْدِ الْمُبَالَغَةِ وَالرَّدِّ جَوَابًا يُنَاقِضُ مَا قَالَهُ، وَالْغَرَضُ إِظْهَارُ إِثْبَاتِ تِلْكَ الصِّفَةِ وَوُضُوحِهَا وَإِظْهَارُهَا دُونَ غَيْرِهَا.

وَقَوْلُهُ: (و (إلا) لَغْوٌ فِي اللَّفْظِ مُعْطِيَةٌ فِي الْمَعْنَى فَائِدَتَهَا) مُسْتَقِيمٌ.

وَقَوْلُهُ: (جَاعِلَةٌ زَيْدًا خَيْرًا مِنْ جَمِيعِ مَنْ مَرَرْتَ بِهِمْ) غَيْرُ مُسْتَقِيمٍ، فَإِنَّ ذَلِكَ مَأْخُوذٌ مِنْ نَفْسِ خَبَرِ زَيْدٍ لا مِنْ (إلا)، أَلا تَرَى أَنَّكَ لَوْ قُلْتَ: (زَيْدٌ خَيْرٌ مِنْ جَمِيعِهِمْ)، كَانَ هَذَا الْمَعْنَى مُسْتَفَادًا مِنْهُ وَلَيْسَ فِيهِ إلا، وَإِنَّمَا مَعْنَى (إلا) إِثْبَاتُ هَذِهِ الصِّفَةِ لِلأَحَدِينَ دُونَ غَيْرِهَا عَلَى حَسَبِ الْوَجْهَيْنِ الْمُتَقَدِّمَيْنِ.

فَصْلٌ: وَقَدْ أُوْقِعَ الْفِعْلُ مَوْقِعَ الْمُسْتَثْنَى

فِي أَلْفَاظِ الْحَلِفِ عَلَى سَبِيلِ الاسْتِعْطَافِ لِلاخْتِصَارِ؛ كَقَوْلِهِمْ: (نَشَدْتُكَ بِاللهِ إلا فَعَلْتَ)، وَفِيهِ اخْتِصَارَانِ:

أَحَدُهُمَا: وَضْعُ الإِثْبَاتِ وَالْمُرَادُ مَعْنَى النَّفْيِ.

وَالآخَرُ: وُقُوعُ الْفِعْلِ مَوْقِعَ الْمَصْدَرِ.

فَقَوْلُهُ: (نَشَدْتُكَ بِاللهِ)، مَعْنَاهُ: مَا أَطْلُبُ، وَقَوْلُهُ: (إلا فَعَلْتَ)، مَعْنَاهُ: فِعْلَكَ، وَجَازَ ذَلِكَ لأَنَّ بَابَ الْقَسَمِ بَابٌ اتُّسِعَ فِيهِ فِي الاخْتِصَارِ لِكَثْرَتِهِ فِي الْكَلامِ، فَجَازَ فِيهِ مَا لا

يَجُوزُ فِي غَيْرِهِ.

فَصْلٌ: وَالْمُسْتَثْنَى يُحْذَفُ تَخْفِيفًا

قَالَ الشَّيْخُ: وَإِنَّمَا يَكُونُ ذَلِكَ عِنْدَ قِيَامِ قَرِينَةٍ دَالَّةٍ عَلَى خُصُوصِيَّةِ الْمُسْتَثْنَى الْمَحْذُوفِ، وَإِلا فَلَوْ قِيلَ: (جَاءَ الْقَوْمُ إِلا) لَمْ يَجُزْ. فَإِذَا قُلْتَ: (ضَرَبْتُ زَيْدًا لَيْسَ إِلا) فَهَذَا جَائِزٌ؛ لأَنَّهُ قَدْ تَقَدَّمَ مَا يُشْعِرُ بِالْمُسْتَثْنَى الْمَحْذُوفِ؛ لأَنَّ الْمَعْنَى: لَيْسَ الْمَضْرُوبُ إِلا زَيْدًا، وَكَذَلِكَ (لَيْسَ غَيْرُ)؛ لأَنَّ الْمَعْنَى: لَيْسَ الْمَضْرُوبُ غَيْرَ زَيْدٍ، وَلَيْسَ الضَّمُّ فِي (لَيْسَ غَيْرُ) رَفْعًا، وَإِنَّمَا هُوَ بِنَاءٌ لِحَذْفِ الْمُضَافِ إِلَيْهِ مِنْهَا، وَسَيَأْتِي ذَلِكَ فِي الظُّرُوفِ الْمَبْنِيَّةِ إِنْ شَاءَ اللهُ تَعَالَى، فَغَيْرُ فِي مَوْضِعِ نَصْبٍ خَبَرًا لِلَيْسَ؛ لأَنَّ إِعْرَابَهَا إِعْرَابُ الاسْمِ الْوَاقِعِ بَعْدَ (إِلا)، وَالاسْمُ الْوَاقِعُ بَعْدَ (إِلا) هَاهُنَا نَصْبٌ، فَكَذَلِكَ (غَيْرُ)، فَلَمَّا حُذِفَ مُضَافُهَا بُنِيَتْ بِنَاءَ الْغَايَاتِ، فَلِذَلِكَ ضُمَّتْ.

قَالَ: الْخَبَرُ وَالاسْمُ فِي بَابَي كَانَ وَإِنَّ

لَمَّا شُبِّهَ الْعَامِلُ فِي الْبَابَيْنِ بِالْفِعْلِ الْمُتَعَدِّي... إِلَى آخِرِهِ

قَالَ الشَّيْخُ: جَعَلَ الْمُصَنِّفُ مَعْمُولَيْ كَانَ وَإِنَّ مُشَبَّهَيْنِ بِالْفَاعِلِ وَالْمَفْعُولِ، وَلَمْ يَذْكُرْ مَرْفُوعَ (كَانَ) فِي الْمُشَبَّهَاتِ بِالْفَاعِلِ، وَهَذَا الَّذِي هُوَ ظَاهِرُ كَلامِهِ هَاهُنَا فِي أَنَّ مَرْفُوعَ (كَانَ) مُشَبَّهٌ بِالْفَاعِلِ مَذْهَبُ كَثِيرٍ مِنَ النَّحْوِيِّينَ، وَإِسْقَاطُهُ اسْمَ (كَانَ) مِنَ الْمُشَبَّهَاتِ بِالْفَاعِلِ حَيْثُ لَمْ يَذْكُرْهُ يَدُلُّ عَلَى أَنَّهُ عِنْدَهُ فَاعِلٌ، وَذِكْرُهُ هَاهُنَا أَنَّ الْمَعْمُولَيْنِ فِي بَابَيْ (كَانَ) و(إِنَّ) يَدُلُّ عَلَى أَنَّهُ عِنْدَهُ مُشَبَّهٌ بِالْفَاعِلِ، فَإِمَّا أَنْ يَكُونَ اخْتَارَ الْمَذْهَبَ الأَوَّلَ ثَمَّةَ وَهُوَ أَنَّهُ فَاعِلٌ فَلَمْ يَذْكُرْهُ هَاهُنَا، وَاخْتَارَ هَاهُنَا أَنَّهُ مُشَبَّهٌ بِالْفَاعِلِ، فَجَاءَ الاخْتِلافُ فِي قَوْلِهِ، وَإِمَّا أَنْ يَكُونَ هَذَا الْكَلامُ عَلَى خِلافِ ظَاهِرِهِ، فَيُحْمَلُ قَوْلُهُ: (شُبِّهَ الْعَامِلُ فِي الْبَابَيْنِ بِالْفِعْلِ الْمُتَعَدِّي) أَنَّ (إِنَّ) شُبِّهَتْ بِالْفِعْلِ الْمُتَعَدِّي بِاعْتِبَارِ مَعْمُولَيْهَا جَمِيعًا، و(كَانَ) شُبِّهَتْ بِهِ بِاعْتِبَارِ مَنْصُوبِهَا خَاصَّةً، وَيَكُونُ قَوْلُهُ: (شُبِّهَ مَا عَمِلَ فِيهِ بِالْفَاعِلِ)؛ يَعْنِي: خَبَرَ (إِنَّ)، (وَالْمَفْعُولُ)؛ يَعْنِي: مَنْصُوبَ (إِنَّ) وَمَنْصُوبَ (كَانَ) جَمِيعًا، فَعَلَى هَذَا يَكُونُ مَرْفُوعُ (كَانَ) فَاعِلا عَلَى مَا تَقَدَّمَ، وَيَكُونُ قَدْ تَرَكَ ذِكْرَهُ فِي الْمَرْفُوعَاتِ؛ لِكَوْنِهِ دَخَلَ فِي حَدِّ الْفَاعِلِ.

وَلَمْ يَذْكُرْ فِي هَذِهِ التَّرْجَمَةِ حَدَّ اسْمِ (إِنَّ) وَلا خَبَرَ (كَانَ)، وَسَبَبُهُ أَنَّ اسْمَ (إِنَّ) هُوَ الْمُبْتَدَأُ فِي الْمَعْنَى، وَخَبَرُ (كَانَ) هُوَ الْخَبَرُ فِي الْمَعْنَى، وَإِنَّمَا نُسِبَ إِلَى (إِنَّ) و(كَانَ) مِنْ

حَيْثُ وُجُودِهِمَا مَعَهُمَا، فَاسْتَغْنَى بِذَلِكَ عَنْ حَدِّهِمَا.

ثُمَّ لَمَّا كَانَ خَبَرُ (كَانَ) قَدْ يَكُونُ مَحْذُوفًا عَنْهُ عَامِلُهُ جَعَلَ لَهُ فَصْلًا، فَقَالَ: (وَيُضْمَرُ الْعَامِلُ فِي خَبَرِ (كَانَ) فِي مِثْلِ قَوْلِهِمْ: النَّاسُ مَجْزِيُّونَ بِأَعْمَالِهِمْ إِنْ خَيْرًا فَخَيْرٌ وَإِنْ شَرًّا فَشَرٌّ).

وَهَذِهِ الْمَسْأَلَةُ وَنَظَائِرُهَا يَجُوزُ فِيهَا أَرْبَعَةُ أَوْجُهٍ: نَصْبُ الْأَوَّلِ وَرَفْعُ الثَّانِي، وَهُوَ أَجْوَدُهَا، وَعَكْسُهَا وَهُوَ أَرْدَأُهَا، وَنَصْبُهُمَا جَمِيعًا، وَرَفْعُهُمَا جَمِيعًا، وَهُمَا مُتَوَسِّطَانِ بَيْنَ الْأَوَّلِ وَالثَّانِي.

وَإِنَّمَا اخْتِيرَ نَصْبُ الْأَوَّلِ وَرَفْعُ الثَّانِي؛ لِأَنَّا إِذَا نَصَبْنَا، فَالتَّقْدِيرُ: إِنْ كَانَ عَمَلُهُ خَيْرًا، وَالْمَعْنَى عَلَيْهِ، وَجَازَ تَقْدِيرُ (كَانَ)؛ لِأَنَّهُ فِعْلٌ دَلَّ عَلَيْهِ سِيَاقُ الْكَلَامِ، فَكَانَ حَذْفُهُ جَائِزًا.

وَضَعُفَ الرَّفْعُ؛ لِأَنَّكَ إِذَا رَفَعْتَ فَلَا بُدَّ مِنْ تَقْدِيرِ رَافِعٍ، وَلَا يُقَدَّرُ إِلَّا (كَانَ) لِكَوْنِ الْمَعْنَى عَلَيْهِ، فَإِمَّا أَنْ تُقَدِّرَهَا تَامَّةً أَوْ نَاقِصَةً، فَتَقْدِيرُهَا تَامَّةً ضَعِيفٌ؛ لِأَنَّ التَّامَّةَ قَلِيلَةٌ فِي الِاسْتِعْمَالِ، وَمَا قَلَّ اسْتِعْمَالُهُ قَلَّ حَذْفُهُ، وَمَا كَثُرَ اسْتِعْمَالُهُ قَوِيَ حَذْفُهُ، وَأَيْضًا فَإِنْ تَقْدِيرَ التَّامَّةِ مُخِلٌّ بِالْمَعْنَى؛ لِأَنَّهُ يَصِيرُ كَأَنَّهُ أَجْنَبِيٌّ عَنِ الْأَوَّلِ، وَالْمَعْنَى عَلَى تَعَلُّقِهِ بِهِ، وَذَلِكَ إِنَّمَا يَكُونُ فِي النَّاقِصَةِ، وَإِنْ قَدَّرْتَ الِتِزَامَ النَّاقِصَةِ وَجَبَ أَنْ يَكُونَ الْخَبَرُ مُقَدَّرًا مَحْذُوفًا، لِيَكُونَ (خَيْرٌ) اسْمًا لَهَا، وَلَا يُمْكِنُ أَنْ يُقَدَّرَ إِلَّا مِثْلَ قَوْلِكَ: (إِنْ كَانَ فِي عَمَلِهِ خَيْرٌ)، أَوْ مَا أَشْبَهَهُ، وَهُوَ ضَعِيفٌ لَفْظًا وَمَعْنًى؛ أَمَّا اللَّفْظُ فَلِكَثْرَةِ مَا نُقَدِّرُهُ مَحْذُوفًا، وَأَمَّا الْمَعْنَى فَلِأَنَّهُ يَرْجِعُ مَخْصُوصًا، وَلَيْسَ الْمَعْنَى عَلَى الْخُصُوصِ، وَإِنَّمَا الْمَعْنَى فِيهِ عَلَى الْإِطْلَاقِ وَالتَّعْمِيمِ.

وَإِنَّمَا كَانَ رَفْعُ الثَّانِي هُوَ الْوَجْهَ؛ لِأَنَّهُ إِذَا ارْتَفَعَ كَانَ خَبَرَ مُبْتَدَأٍ مَحْذُوفٍ بَعْدَ فَاءِ الْجَزَاءِ، وَالْمُبْتَدَأُ بَعْدَ فَاءِ الْجَزَاءِ جَائِزٌ حَذْفُهُ قِيَاسًا مُسْتَمِرًّا إِذَا عُلِمَ، وَهَذَا كَذَلِكَ، وَضَعُفَ نَصْبُهُ؛ لِأَنَّهُ لَا بُدَّ أَنْ يُقَدَّرَ لَهُ نَاصِبٌ، وَلَا نَاصِبَ يَنْبَغِي أَنْ يُقَدَّرَ غَيْرَ (كَانَ)، وَإِذَا قُدِّرَتْ (كَانَ) فَإِمَّا أَنْ يَكُونَ التَّقْدِيرُ: إِنْ كَانَ عَمَلُهُ خَيْرًا كَانَ جَزَاؤُهُ خَيْرًا، كَمَا قَدَّرَهُ سِيبَوَيْهِ، وَهُوَ ضَعِيفٌ؛ لِأَنَّهُ يَلْزَمُ مِنْهُ حَذْفُ الْفَاءِ الثَّابِتَةِ فِي الْمَسْأَلَةِ، وَهُوَ غَيْرُ مُسْتَقِيمٍ، وَأَيْضًا فَإِنَّهُ حَذْفٌ لِلْفِعْلِ عَلَى غَيْرِ قِيَاسٍ، وَحَذْفُ الْمُبْتَدَأِ الْمَذْكُورِ حَذْفٌ عَلَى قِيَاسٍ، فَكَانَ أَوْلَى، وَإِمَّا أَنْ يَكُونَ التَّقْدِيرُ: إِنْ كَانَ عَمَلُهُ خَيْرًا فَيَكُونُ جَزَاؤُهُ خَيْرًا، فَيَضْعُفُ مِنْ حَيْثُ إِنَّ مَجِيءَ الْفَاءِ مَعَ الْفِعْلِ الْمُضَارِعِ قَلِيلٌ، وَأَيْضًا فَإِنَّهُ عَلَى غَيْرِ قِيَاسٍ، وَرَفْعُهُ عَلَى الْقِيَاسِ عَلَى مَا تَقَدَّمَ.

وَلَمْ يَذْكُرِ الْمُصَنِّفُ رَفْعَ الأوَّلِ وَنَصْبَ الثَّانِي، وَذَكَرَ نَصْبَ الأوَّلِ وَرَفْعَ الثَّانِي، وَنَصْبَهُمَا جَمِيعًا، وَرَفْعَهُمَا جَمِيعًا، وَيَلْزَمُ مِنْ جَوَازِ نَصْبِهِمَا جَمِيعًا وَرَفْعِهِمَا جَمِيعًا جَوَازُ رَفْعِ الأوَّلِ وَنَصْبِ الثَّانِي وَإِنْ كَانَ أَضْعَفَ، فَيَجُوزُ أَنْ يَكُونَ تَرَكَ ذِكْرَهُ لِضَعْفِهِ، وَيَجُوزُ أَنْ يَكُونَ تَرَكَ ذِكْرَهُ؛ لأنَّ فِي كَلَامِهِ مَا يُرْشِدُ إِلَيْهِ.

ثُمَّ ذَكَرَ حَذْفَ (كَانَ) فِي مَوْضِعٍ يَجِبُ فِيهِ حَذْفُهَا، وَهُوَ مِثْلُ قَوْلِهِمْ: (أَمَّا أَنْتَ مُنْطَلِقًا انْطَلَقْتُ)، وَأَصْلُهُ: لأَنْ كُنْتَ مُنْطَلِقًا انْطَلَقْتُ، فَحُذِفَتِ اللامُ عَلَى الْقِيَاسِ الْجَائِزِ فِي حَذْفِهَا، وَحُذِفَتْ (كَانَ) لِلاخْتِصَارِ، ثمَّ وَجَبَ أَنْ يَكُونَ الْفَاعِلُ الْمُتَّصِلُ مُنْفَصِلا لِحَذْفِ مَا يَتَّصِلُ بِهِ، فَصَارَ (أَنْ أَنْتَ مُنْطَلِقًا انْطَلَقْتُ)، ثُمَّ عُوِّضَ مِنْ (كَانَ) (مَا) زَائِدَةً، لِتَكُونَ دَالَّةً عَلَى ذَلِكَ الْمَحْذُوفِ مَعَ كَوْنِهَا عِوَضًا، فَصَارَ (أَمَّا أَنْتَ مُنْطَلِقًا انْطَلَقْتُ)، فَأُدْغِمَتْ نُونُ (أَنْ) فِي (مَا) لأنَّ إِدْغَامَ النُّونِ السَّاكِنَةِ فِي الْمِيمِ وَاجِبٌ، فَصَارَ (أَمَّا أَنْتَ مُنْطَلِقًا انْطَلَقْتُ)، وَهَذَا التَّقْدِيرُ وَإِنْ كَانَ فِيهِ اسْتِبْعَادٌ قَرِيبٌ بِالنَّظَرِ إِلَى مَا يَلْزَمُ لَوْ لَمْ يُقَدَّرْ، وَلا يُسْتَبْعَدُ التَّأْوِيلُ إِذَا كَانَ تَرْكُهُ يُؤَدِّي إِلَى مَا هُوَ أَشَدُّ مِنْهُ، وَذَلِكَ أَنَّكَ إِذَا لَمْ تَتَأَوَّلْ ذَلِكَ لَمْ يَسْتَقِمْ إِعْرَابُ ذَلِكَ، وَخَرَجَ عَنْ قِيَاسِ كَلامِهِمْ، وَذَلِكَ مَعْلُومُ الْبُطْلانِ، فَارْتِكَابُ مُسْتَبْعَدٍ أَجْدَرُ مِنْ ارْتِكَابِ مَا يُخْرِجُ عَنِ الْقَاعِدَةِ الْمَعْلُومَةِ، وَقَدْ رُوِيَ قَوْلُهُ:

إِمَّا أَقَمْتَ وَأَمَّا أَنْتَ مُرْتَحِلا ... فَاللهُ يَكْلأُ مَا تَأْتِي وَمَا تَذَرُ

بِكَسْرِ الأوَّلِ وَفَتْحِ الثَّانِي؛ أَمَّا كَسْرُ الأوَّلِ فَلأَنَّهُ شَرْطٌ، فَوَجَبَ كَسْرُهُ، وَدُخُولُ (مَا) عَلَيْهِ كَدُخُولِهَا فِي قَوْلِكَ: (إِمَّا تُكْرِمْنِي أُكْرِمْكَ)، وَفَتْحُ الثَّانِي وَاجِبٌ؛ لأنَّهُ مِثْلُ قَوْلِكَ: أَمَّا أَنْتَ مُنْطَلِقًا انْطَلَقْتُ، وَقَدْ تَقَدَّمَ ذِكْرُهُ.

وأَمَّا قَوْلُهُ: (فَاللهُ يَكْلأُ مَا تَأْتِي وَمَا تَذَرُ)، فَجَوَابُ الشَّرْطِ وَمُعَلَّلٌ بِقَوْلِهِ: (أَمَّا أَنْتَ مُرْتَحِلا)، وَصَحَّ أَنْ يَكُونَ لَهُمَا جَمِيعًا مِنْ حَيْثُ كَانَ الشَّرْطُ وَالْعِلَّةُ فِي مَعْنًى وَاحِدٍ، أَلا تَرَى أَنَّ قَوْلَكَ: (إِنْ أَتَيْتَنِي أَكْرَمْتُكَ) بِمَعْنَى قَوْلِكَ: (أُكْرِمُكَ لأجْلِ إِتْيَانِكَ)، فَإِذَا ثَبَتَ أَنَّ الشَّرْطَ وَالتَّعْلِيلَ بِمَعْنًى وَاحِدٍ صَحَّ أَنْ تَعْطِفَ أَحَدَهُمَا عَلَى الآخَرِ، وَتَجْعَلَ الْجَوَابَ لَهُمَا جَمِيعًا فِي الْمَعْنَى، فَصَارَ مِثْلَ قَوْلِكَ: (إِنْ أَكْرَمْتَنِي وَأَحْسَنْتَ إِلَيَّ أَكْرَمْتُكَ) إلا أَنَّهُ وُضِعَ مَوْضِعَ (أَحْسَنْتَ إِلَيَّ) لَفْظُ التَّعْلِيلِ، فَصَارَ كَأَنَّكَ قُلْتَ: إِنْ أَكْرَمْتَنِي فَلأجْلِ إِتْيَانِكَ فَأَنَا أُكْرِمُكَ، وَذَلِكَ سَائِغٌ.

المَنْصُوبُ بِـ(لا) الَّتِي لِنَفْيِ الْجِنْسِ

قَالَ صَاحِبُ الْكِتَابِ: (هِيَ كَمَا ذَكَرْتُ مَحْمُولَةٌ عَلَى إِنَّ).

قَالَ الشَّيْخُ: يَنْبَغِي أَنْ يَذْكُرَ مَا يَتَمَيَّزُ بِهِ الْمَنْصُوبُ بِلا؛ لأَنَّهُ بَوَّبَ لَهُ، وَالأَوْلَى أَنْ يُقَالَ: هُوَ الْمُسْنَدُ إِلَيْهِ بَعْدَ دُخُولِ (لا) نَكِرَةً يَلِيهَا مُضَافًا أَوْ مُشَبَّهًا بِالْمُضَافِ، وَلَكِنَّهُ اسْتَغْنَى عَنْ ذَلِكَ بِمَا ذَكَرَهُ فِي أَثْنَاءِ فُصُولِ الْبَابِ فَلْيُمْشَ مَعَهُ.

قَالَ: (وَذَلِكَ إِذَا كَانَ الْمَنْفِيُّ مُضَافًا).

وَإِنَّمَا لَمْ يَنْتَصِبْ إِلا إِذَا كَانَ مُضَافًا؛ لأَنَّهُ إِذَا كَانَ مُفْرَدًا تَضَمَّنَ مَعْنَى الْحَرْفِ، فَوَجَبَ بِنَاؤُهُ، وَبَيَانُ تَضَمُّنِهِ مَعْنَى الْحَرْفِ أَنَّ قَوْلَهُمْ: (لا رَجُلَ فِي الدَّارِ) أَبْلَغُ فِي النَّفْيِ مِنْ (لا رَجُلٌ فِي الدَّارِ) و(لَيْسَ رَجُلٌ فِي الدَّارِ)، وَلا يُمْكِنُ تَقْدِيرُ مَا يَكُونُ بِهِ كَذَلِكَ إِلا بِحَرْفٍ مُؤَكِّدٍ، وَالْحَرْفُ الَّذِي يُؤَكَّدُ بِهِ النَّفْيُ (مِنْ)، فَوَجَبَ تَقْدِيرُهَا، هَذَا مَعَ أَنَّ الْحُكْمَ مِنْهُمْ بِبِنَاءِ (لا رَجُلَ فِي الدَّارِ) يُوجِبُ هَذَا التَّقْدِيرَ، وَلَوْ كَانَ مَعْنَاهُ كَمَعْنَى (لا رَجُلٌ فِي الدَّارِ)؛ لأَنَّ الْبِنَاءَ فِي لُغَتِهِمْ إِنَّمَا يَكُونُ بِمِثْلِ ذَلِكَ، فَإِذَا لَمْ يَكُنْ ظَاهِرًا وَجَبَ تَأْوِيلُهُ.

وَأَمَّا نَصْبُهُمْ بِهَا؛ فَلأَنَّهَا مَحْمُولَةٌ عَلَى (إِنَّ) مِنْ حَيْثُ إِنَّ (إِنَّ) نَقِيضَتُهَا، وَهُمْ يَحْمِلُونَ الشَّيْءَ عَلَى نَقِيضِهِ، إِمَّا لأَنَّهُ فِي أَحَدِ الطَّرَفَيْنِ، كَمَا أَنَّ الآخَرَ فِي الطَّرَفِ الآخَرِ، وَإِمَّا لِتَلازُمِهِمَا فِي الذِّهْنِ، وَلَيْسَ بَيْنَ النَّفْيِ وَالإِثْبَاتِ دَرَجَةٌ، فَلَمَّا تَلازَمَا وَأُعْطِيَ أَحَدُهُمَا حُكْمًا أُعْطِيَ الآخَرُ الْمُلازِمُ مِثْلَهُ.

(وَأَمَّا قَوْلُهُ:

لا نَسَبَ الْيَوْمَ وَلا خُلَّةً ....

فَعَلَى إِضْمَارِ فِعْلٍ).

هَذَا الْكَلامُ وَقَعَ مِنْهُ وَهَمًا، وَإِلا فَقَوْلُهُ: (وَلا خُلَّةً) مِثْلُ قَوْلِهِمْ: (لا حَوْلَ وَلا قُوَّةً) سَوَاءٌ، وَلا ضَرُورَةَ فِي ذَلِكَ، وَسَنَذْكُرُ أَنَّ قَوْلَهُمْ: (لا أَبَ وَابْنًا) جَائِزٌ، و(لا حَوْلَ وَلا قُوَّةً إِلا بِاللهِ) جَائِزٌ، وَإِذَا كَانَ مِثْلَهُ فَلا حَاجَةَ إِلَى تَكَلُّفِ جَعْلِهِ ضَرُورَةً، وَلَيْسَ مِثْلَ قَوْلِهِ:

أَلا رَجُلا.........   ....

لأَنَّ هَذَا لا يُمْكِنُ جَعْلُهُ مِنْ بَابِ (لا حَوْلَ وَلا قُوَّةً)، بَلْ هُوَ مِثْلُ قَوْلِكَ: (لا رَجُلَ) مُفْرَدًا، وَكَمَا أَنَّ قَوْلَكَ: (لا رَجُلا) لا يَكُونُ إِلا لِضَرُورَةٍ فَكَذَلِكَ (أَلا رَجُلا)، فَلِذَلِكَ حَمَلَ النَّاسَ (أَلا رَجُلا) عَلَى ذَلِكَ.

وَأَمَّا (وَلا خُلَّةٌ)، فَقَدْ ذَكَرَهُ النَّاسُ مُسْتَشْهِدِينَ بِهِ عَلَى (لا حَوْلَ وَلا قُوَّةَ).

قَالَ: (وَمِنْ حَقِّهِ أَنْ يَكُونَ نَكِرَةً).

وَإِنَّمَا وَجَبَ تَنْكِيرُهُ؛ لأنَّ الْغَرَضَ بِهَا نَفْيُ الْجِنْسِ، فَلا حَاجَةَ إِلَى التَّعْرِيفِ؛ لأَنَّهُ لَوْ عُرِّفَ لَمْ يُعَرِّفْ إلا تَعْرِيفَ الْجِنْسِ، وَكَمَا يَحْصُلُ ذَلِكَ بِالْمَعْرِفَةِ كَذَلِكَ يَحْصُلُ بِالنَّكِرَةِ، فَيَقَعُ التَّعْرِيفُ ضَائِعًا، وَأَيْضًا فَإِنَّ الْغَرَضَ بِهَا نَفْيُ الْوَاحِدِ الْمُتَعَقَّلِ فِي الذِّهْنِ، فَيَلْزَمُ مِنْهُ نَفْيُ مَا عَدَاهُ، وَذَلِكَ لا يَحْصُلُ إلا بِالتَّنْكِيرِ، وَقَوْلُكَ: (لا رِجَالَ فِي الدَّارِ) نِسْبَةُ الْجَمْعِ هَاهُنَا إِلَى تَفَاصِيلِ جَعْلِ الْجِنْسِ رِجَالا لا رَجُلا كَنِسْبَةِ الْمُفْرَدِ فِي قَوْلِكَ: (لا رَجُلَ).

ثُمَّ اسْتَشْهَدَ بِقَوْلِ سِيبَوَيْهِ: (وَاعْلَمْ أَنَّ كُلَّ شَيْءٍ) إِلَى آخِرِهِ، وَلا يَنْهَضُ دَلِيلا؛ لأَنَّهُ لا يَلْزَمُ إِذَا حَسُنَ أَنْ تَدْخُلَ عَلَى كُلِّ مَا يَدْخُلُ عَلَيْهِ (رُبَّ) أَنْ لا تَدْخُلَ إلا عَلَى نَكِرَةٍ، وَإِنْ كَانَتْ (رُبَّ) لا تَدْخُلُ إلا عَلَى نَكِرَةٍ، نَعَمْ لَوْ قَالَ: إِنَّ كُلَّ شَيْءٍ حَسُنَ أَنْ تَعْمَلَ فِيهِ (لا) حَسُنَ أَنْ تَعْمَلَ فِيهِ (رُبَّ)، و(رُبَّ) لا تَدْخُلُ إلا عَلَى نَكِرَةٍ لَنَهَضَ دَلِيلا، ثُمَّ أَوْرَدَ اعْتِرَاضًا عَلَى هَذَا الأَصْلِ بِقَوْلِهِ:

لا هَيْثَمَ اللَّيْلَةَ لِلْمَطِيِّ وَلا فَتَى مِثْلَ ابْنِ خَيْبَرِيِّ

وَقَالَ: (فَعَلَى تَقْدِيرِ التَّنْكِيرِ).

وَتَقْرِيرُ السُّؤَالِ هُوَ أَنَّ هَيْثَمَ عَلَمٌ لِحَادٍ مَشْهُورٍ، وَبَصْرَةُ وَأَبُو حَسَنٍ وَأُمَيَّةُ أَعْلامٌ، فَقَدْ دَخَلَتْ عَلَيْهَا (لا)، وَالْجَوَابُ عَنْ مِثْلِ ذَلِكَ أَنْ يُقَدَّرَ فِيهِ لا مِثْلَ هَيْثَمَ، وَعَلَى ذَلِكَ يَكُونُ نَكِرَةً؛ لأَنَّ (مِثْلَ) لا تَتَعَرَّفُ بِالإِضَافَةِ مَلْفُوظًا بِهَا، فَلأَنْ لا تَتَعَرَّفَ مَحْذُوفَةً أَجْدَرُ.

فَصْلٌ: وَتَقُولُ: لا أَبَ لَكَ، وَلا غُلامَيْنِ لَكَ، وَلا نَاصِرَيْنِ لَكَ

قَالَ الشَّيْخُ: وَإِنَّمَا أَوْرَدَ ذَلِكَ، وَإِنْ كَانَ مَعْلُومًا عَلَى الْقِيَاسِ الْمُتَقَدِّمِ لأَجْلِ اللُّغَةِ الأُخْرَى الَّتِي ذَكَرَهَا بَعْدَهُ، لِكَوْنِهَا عَلَى خِلافِ الْقِيَاسِ، وَهُوَ قَوْلُهُ: وَأَمَّا قَوْلُهُمْ: لا أَبَا لَكَ، وَلا غُلامَيْ لك، وَلا نَاصِرَيْ لَكَ) إِلَى آخِرِهِ.

قَالَ الشَّيْخُ: يَعْنِي: أَنَّ هَذِهِ اللُّغَةَ شَاذَّةٌ؛ لأَنَّهُ أُعْطِيَ أَحْكَامَ الإِضَافَةِ، وَفِيهِ مَا يَأْبَاهَا مِنَ اللَّفْظِ وَالْمَعْنَى.

وَقَوْلُهُ: (فَمُشَبَّهٌ فِي الشُّذُوذِ بِالْمَلامِحِ)؛ لأَنَّ مَلامِحَ جَمْعُ لَمْحَةٍ، وَقِيَاسُهُ لَمَحَاتٌ أَوْ لِمَاحٍ، وَمَذَاكِيرُ جَمْعُ ذَكَرٍ، وَقِيَاسُهُ ذُكُورٌ، و(لَدُنْ غُدْوَةً) قِيَاسُهُ الْخَفْضُ، وَالنَّصْبُ شَاذٌّ.

وَقَوْلُهُ: (وَقَصْدُهُمْ فِيهِ إِلَى الإِضَافَةِ)، يُرِيدُ أَنَّهُ مُضَافٌ عَلَى الْحَقِيقَةِ بِاعْتِبَارِ الْمَعْنَى،

وَجَعَلَ إِعْطَاءَهُ حُكْمَ الْمُضَافِ لِذَلِكَ، ثُمَّ أَكَّدَ كَوْنَهُ مُضَافًا بِأَنْ جَعَلَ اللَّامَ إِنَّمَا زِيدَتْ لِتَأْكِيدِ الْإِضَافَةِ، ثُمَّ أَبْدَى مَعْنًى آخَرَ فِي مَجِيئِهَا، وَهُوَ مَا يَظْهَرُ بِهَا مِنْ صُورَةِ الِانْفِصَالِ.

يُرِيدُ أَنَّهُ لَمَّا تَعَذَّرَ قَضَاءُ حَقِّ الْمَنْفِيِّ بِاعْتِبَارِ الْمَعْنَى فِي كَوْنِهِ نَكِرَةً قُضِيَ- حَقُّهُ بِاعْتِبَارِ اللَّفْظِ بِإِدْخَالِ هَذِهِ اللَّامِ، وَكُلُّ ذَلِكَ مُؤْذِنٌ مِنْ كَلَامِهِ بِأَنَّهُ مُضَافٌ حَقِيقَةً لُغَوِيَّةً لَا حَقِيقَةً اصْطِلَاحِيَّةً ثُمَّ أَكَّدَ ذَلِكَ بِقَوْلِهِ: (وَقَدْ شُبِّهَتْ فِي أَنَّهَا مَزِيدَةٌ وَمُؤَكَّدَةٌ بِـ (تَيْمٍ) الثَّانِي فِي: (يَا تَيْمَ تَيْمَ عَدِيٍّ).

وَذَلِكَ غَيْرُ مُسْتَقِيمٍ؛ لِأَنَّهُ لَوْ كَانَ مُضَافًا لَكَانَ مَعْرِفَةً، وَلَوْ كَانَ مَعْرِفَةً لَمْ يَصِحَّ دُخُولُ (لَا) عَلَيْهِ عَلَى مَا هُوَ عَلَيْهِ مِنْ كَوْنِهِ لَمْ يُكَرَّرْ، وَأَيْضًا فَإِنَّ مَعْنَى (لَا أَبَا لَكَ) مَعْنَى (لَا أَبَ لَكَ)، وَلَا خِلَافَ فِي أَنَّ (لَا أَبَ لَكَ) نَكِرَةٌ، فَيَجِبُ أَنْ يَكُونَ (لَا أَبَا لَكَ) نَكِرَةً؛ لِأَنَّ التَّنْكِيرَ أَمْرٌ مَعْنَوِيٌّ، وَإِذَا اتَّفَقَ لَفْظَانِ فِي الْأَمْرِ الْمَعْنَوِيِّ وَأَحَدُهُمَا نَكِرَةٌ وَجَبَ أَنْ يَكُونَ الْآخَرُ كَذَلِكَ، وَإِلَّا لَمْ يَتَّفِقَا، وَأَيْضًا فَإِنَّهُ لَوْ كَانَ مُضَافًا لَكَانَ مَعْرِفَةً، وَلَوْ كَانَ مَعْرِفَةً لَكَانَ مَرْفُوعًا؛ لِأَنَّ (لَا) إِذَا دَخَلَتْ عَلَى الْمَعْرِفَةِ بَعْدَهَا وَجَبَ الرَّفْعُ وَالتَّكْرِيرُ عَلَى مَا سَيَذْكُرُهُ.

فَإِذَا ثَبَتَ أَنَّهُ غَيْرُ مُضَافٍ بَطَلَ جَمِيعُ مَا ذَكَرَهُ بِنَاءً عَلَى ذَلِكَ، فَنَقُولُ: إِنَّمَا أُعْطِيَ أَحْكَامَ الْمُضَافِ عَلَى الْوَجْهِ الشَّاذِّ؛ لِأَنَّهُ أَشْبَهَ الْمُضَافَ لِمُشَارَكَتِهِ لَهُ فِي أَصْلِ مَعْنَاهُ؛ لِأَنَّ قَوْلَكَ: غُلَامُكَ وَغُلَامٌ لَكَ مُشْتَرِكَانِ فِي أَصْلِ النِّسْبَةِ، وَإِنْ كَانَا مُخْتَلِفَيْنِ فِي الْأَخَصِّيَّةِ عِنْدَ حَذْفِ اللَّامِ وَالْأَعَمِّيَّةِ عِنْدَ وُجُودِهَا، فَلَمَّا كَانَ بَيْنَهُ وَبَيْنَ الْمُضَافِ هَذِهِ الْمُنَاسَبَةُ أُعْطِيَ حُكْمَ الْمُضَافِ لَفْظًا عَلَى هَذَا الْوَجْهِ الشَّاذِّ، وَلِذَلِكَ لَمْ يَقُلْ: لَا أَبَا فِيهَا، وَلَا رَقِيبِي عَلَيْهَا؛ لِأَنَّ (فِي) وَ(عَلَى) لَا مَدْخَلَ لَهُمَا فِي النِّسْبَةِ الْإِضَافِيَّةِ الْأَخَصِّيَّةِ وَالْأَعَمِّيَّةِ، فَلِذَلِكَ فَارَقَاهُمَا وَأَشْبَاهُهُمَا مَا جَاءَ بِاللَّامِ، فَهَذَا هُوَ الْوَجْهُ السَّدِيدُ الَّذِي لَا يُطْعَنُ عَلَيْهِ بِمِثْلِ مَا تَقَدَّمَ وَلَا غَيْرِهِ.

قَالَ: (وَالْفَرْقُ بَيْنَ الْمَنْفِيِّ فِي هَذِهِ اللُّغَةِ وَبَيْنَهُ فِي الْأُولَى أَنَّهُ فِي هَذِهِ مُعْرَبٌ وَفِي تِلْكَ مَبْنِيٌّ).

وَهَذَا كَمَا ذَكَرَهُ، وَإِنَّمَا يَسْتَقِيمُ حَقُّ الِاسْتِقَامَةِ عَلَى الْوَجْهِ الَّذِي ذَكَرْتُهُ، وَأَمَّا عَلَى الْوَجْهِ الَّذِي ذَكَرَهُ فَيَنْبَغِي أَنْ يَكُونَ مَرْفُوعًا إِذَا كَانَ مُعْرَفًا؛ لِأَنَّهُ مُضَافٌ إِلَى مَعْرِفَةٍ، وَقَدْ تَعَرَّفَ بِذَلِكَ، وَ(لَا) إِذَا دَخَلَتْ عَلَى الْمَعْرِفَةِ وَجَبَ أَنْ تَكُونَ مَرْفُوعَةً.

قَوْلُهُ: (فَإِذَا فَصَلْتَ فَقُلْتَ: لَا يَدَيْنِ بِهَا لَكَ، وَلَا أَبَ فِيهَا لَكَ، امْتَنَعَ الْحَذْفُ

وَالإِثْبَاتُ عِنْدَ سِيبَوَيْهِ، وَأَجَازَهُمَا يُونُسُ).

قَالَ الشَّيْخُ: وَوَجْهُ قَوْلِ سِيبَوَيْهِ إِنْ كَانَ عِلَّتُهُ أَنَّهُ مُضَافٌ، وَأَنَّ ذَلِكَ قَدْ فَصَلَ بَيْنَهُمَا فَبَعُدَ عَنِ الْمُضَافِ، وَعَلَى مَا ذَكَرْنَاهُ أَنَّهُ مُشَبَّهٌ بِالْمُضَافِ عَلَى وَجْهٍ بَعِيدٍ، فَلا يَلْزَمُ مِنْ تَشْبِيهِهِ بِهِ تَشْبِيهُهُ بِمَا هُوَ أَبْعَدُ، وَالْفَصْلُ يُبْعِدُ الْمُضَافَ عَنِ الْمُضَافِ إِلَيْهِ، فَلأَنْ يُبْعِدَ الْبَعِيدَ أَقْرَبُ.

(وَإِذَا قُلْتَ: لا غُلامَيْنِ ظَرِيفَيْنِ لَكَ لَمْ يَكُنْ بُدٌّ مِنْ إِثْبَاتِ النُّونِ فِي الصِّفَةِ وَالْمَوْصُوفِ).

يَعْنِي: أَنَّكَ إِذَا وَصَفْتَ الْمَنْفِيَّ بِلا ثُمَّ نَسَبْتَهُ بِاللامِ لَمْ تُعْطِهِ أَحْكَامَ الإِضَافَةِ، أَمَّا عَلَى قَوْلِهِ فَلأَنَّهُ مُضَافٌ، وَقَدْ تَعَذَّرَ فِيهِمَا جَمِيعًا؛ لأَنَّهُ لا يُمْكِنُ إِضَافَةُ الأَوَّلِ مَعَ الْفَصْلِ وَلا إِضَافَةُ الثَّانِي؛ لأَنَّ الْغَرَضَ بِهِ غَيْرُ الذَّاتِ، فَلا مَعْنَى لإِضَافَتِهِ، وَأَمَّا عَلَى التَّشْبِيهِ بِالْمُضَافِ؛ فَلأَنَّهُ بِالنِّسْبَةِ إِلَى الأَوَّلِ بَعِيدٌ، وَبِالنِّسْبَةِ إِلَى الثَّانِي غَيْرُ مُسْتَقِيمٍ فِيهِ مَعْنَى الإِضَافَةِ لِمَا ذَكَرْنَاهُ.

فَصْلٌ: وَفِي صِفَةِ الْمُفْرَدِ وَجْهَانِ: أَحَدُهُمَا: أَنْ تُبْنَى مَعَهُ عَلَى الْفَتْحِ

لِتَنَزُّلِهِمَا مَنْزِلَةَ شَيْءٍ وَاحِدٍ، وَلَيْسَ صِفَةُ الْمَنْفِيِّ فِي الْفَضْلِيَّةِ كَغَيْرِهَا مِنَ الصِّفَاتِ، أَلا تَرَى أَنَّكَ إِذَا قُلْتَ: (لا رَجُلَ فِي الدَّارِ)، كَانَ النَّفْيُ لِجِنْسِ الرِّجَالِ عُمُومًا، وَإِذَا قُلْتَ: (لا رَجُلَ ظَرِيفَ) كَانَ النَّفْيُ لِنَوْعِ الظُّرَفَاءِ خَاصَّةً، بِخِلافِ قَوْلِكَ: (يَا زَيْدُ الطَّوِيلُ)، فَإِنَّ الصِّفَةَ ثَمَّةَ لَمْ تُفِدْ إِلا تَوْضِيحًا فِي الْمُنَادَى خَاصَّةً، وَلَمْ تَجْعَلْهُ لِنَوْعٍ دُونَ نَوْعٍ.

(وَالثَّانِي أَنْ تُعْرَبَ)، وَهُوَ الْقِيَاسُ (مَحْمُولَةً عَلَى مَحَلِّهِ)، وَهُوَ الْقِيَاسُ أَيْضًا مِنْ جِهَةِ أَنَّ الإِعْرَابَ فِي التَّابِعِ إِنَّمَا يَكُونُ عَلَى إِعْرَابِ الْمَتْبُوعِ إِنْ أَمْكَنَ فِي اللَّفْظِ وَالْمَحَلِّ.

وَإِلا فَفِي الْمَحَلِّ بِدَلِيلِ وُجُوبِ (جَاءَنِي هَؤُلاءِ الْكِرَامُ) وَلا يَجُوزُ غَيْرُهُ، وَإِنَّمَا جَازَ الإِعْرَابُ عَلَى اللَّفْظِ فِيمَا كَانَ مِنْ هَذَا الْقَبِيلِ؛ لِكَوْنِ الْحَرَكَةِ فِيهِ عَارِضَةٌ شُبِّهَتْ لِعُرُوضِهَا بِحَرَكَةِ الإِعْرَابِ، كَمَا قِيلَ: يَا زَيْدُ الطَّوِيلُ وَالطَّوِيلَ، إِلا أَنَّ النَّصْبَ هَاهُنَا كَالرَّفْعِ ثَمَّ، وَالرَّفْعُ هَاهُنَا كَالنَّصْبِ ثَمَّةَ.

(فَإِنْ فَصَلْتَ بَيْنَهُمَا أَعْرَبْتَ).

مِنْ جِهَةِ أَنَّ بِنَاءَهُ إِنَّمَا كَانَ لِتَنَزُّلِهِ مَعَهُ كَالشَّيْءِ الْوَاحِدِ، وَالْفَصْلُ يَأْبَى ذَلِكَ فَتَعَيَّنَ

الإِعْرَابُ، وَإِذَا أَعْرِبَتْ فَالْوَجْهَانِ.

(وَلَيْسَ فِي الصِّفَةِ الزَّائِدَةِ عَلَيْهَا إِلَّا الإِعْرَابُ).

كَرَاهَةَ كَثْرَةِ التَّرْكِيبِ فِي الْكَلَامِ، إِذْ لَيْسَ مِنْ جِنْسِ لُغَتِهِمْ.

(فَإِنْ كَرَّرْتَ الْمَنْفِيَّ جَازَ فِي الثَّانِي الإِعْرَابُ وَالْبِنَاءُ).

أَمَّا الإِعْرَابُ؛ فَلِأَنَّهُ تَابِعٌ فَجَازَ فِيهِ الإِعْرَابُ كَالصِّفَةِ، وَأَمَّا الْبِنَاءُ فَإِمَّا لِأَنَّهُ تَأْكِيدٌ لَفْظِيٌّ، وَالتَّأْكِيدُ اللَّفْظِيُّ حُكْمُهُ حُكْمُ الْمُؤَكَّدِ، أَوْ بَدَلٌ، وَالْبَدَلُ حُكْمُهُ حُكْمُ الْمُبْدَلِ مِنْهُ، بِدَلِيلِ (يَا زَيْدُ زَيْدُ) بِالضَّمِّ لَا غَيْرُ.

(وَحُكْمُ الْمَعْطُوفِ حُكْمُ الصِّفَةِ).

يَعْنِي فِي الإِعْرَابِ؛ لِأَنَّهُ قَالَ: (إِلَّا فِي الْبِنَاءِ)، وَإِنَّمَا جَازَ الإِعْرَابُ لَفْظًا وَمَحَلًّا، كَمَا جَازَ فِي الصِّفَةِ، وَكَمَا جَازَ فِي قَوْلِكَ: (يَا زَيْدُ الطَّوِيلُ وَالطَّوِيلَ)، وَإِنَّمَا لَمْ يَجُزِ الْبِنَاءُ؛ لِأَنَّ الْبِنَاءَ فِيهِ لَمْ يَخْلُ إِمَّا أَنْ يَكُونَ عَلَى وَجْهِ الاسْتِقْلَالِ، وَإِمَّا أَنْ يَكُونَ عَلَى وَجْهِ التَّبَعِيَّةِ.

أَمَّا عَلَى الاسْتِقْلَالِ فَلَا يَسْتَقِيمُ مِنْ جِهَةِ أَنَّ شَرْطَ ذَلِكَ التَّلَفُّظُ بِلَا، أَلَا تَرَى أَنَّكَ لَوْ قُلْتَ: (رَجُلٌ فِي الدَّارِ) وَأَنْتَ تَعْنِي: (لَا رَجُلَ فِي الدَّارِ) لَمْ يَسْتَقِمْ.

وَأَمَّا عَلَى التَّبَعِيَّةِ فَلَا يَسْتَقِيمُ مِنْ جِهَةِ الْفَصْلِ الْحَاصِلِ بَيْنَهُمَا بِحَرْفِ الْعَطْفِ، وَمِنْ جِهَةِ أَنَّهُمَا مُتَغَايِرَانِ، فَلَا يَلْزَمُ مِنْ بِنَاءِ الصِّفَةِ مَعَهَا لِتَنَزُّلِهِمَا مَنْزِلَةَ شَيْءٍ وَاحِدٍ بِنَاءُ هَذَا التَّابِعِ الْمُغَايِرِ لِلْمَنْفِيِّ الأَوَّلِ.

قَالَ: (فَإِنْ تَعَرَّفَ).

يَعْنِي: تَعَرَّفَ الْمَعْطُوفُ لَمْ يَكُنْ فِيهِ إِلَّا الرَّفْعُ.

(كَقَوْلِكَ: لَا غُلَامَ لَكَ وَلَا الْعَبَّاسُ).

وَإِنَّمَا وَجَبَ الرَّفْعُ؛ لِأَنَّهُ إِنْ جُعِلَ مُسْتَقِلًّا وَجَبَ رَفْعُهُ، كَمَا يَجِبُ فِي قَوْلِكَ: (لَا زَيْدٌ وَلَا عَمْرٌو عِنْدَنَا)، وَإِنْ جُعِلَ تَبَعًا وَجَبَ ذَلِكَ؛ لِأَنَّ النَّصْبَ فِي قَوْلِكَ: (لَا رَجُلَ وَلَا امْرَأَةً)، إِنَّمَا جَازَ إِجْرَاءً لِحَرَكَةِ الْبِنَاءِ مُجْرَى حَرَكَةِ الإِعْرَابِ، فَجُعِلَ الْمَعْطُوفُ كَأَنَّ حَرْفَ النَّفْيِ مُبَاشِرُهُ، فَأُعْطِيَ الْحَرَكَةَ الَّتِي كَانَتْ تَكُونُ لَهُ لَوْ بَاشَرَهُ، وَالْمَعْرِفَةُ لَوْ بَاشَرَهَا حَرْفُ النَّفْيِ لَمْ تَكُنْ إِلَّا مَرْفُوعَةً، فَهِيَ إِذَا كَانَتْ تَابِعَةً بِذَلِكَ أَجْدَرُ.

قَالَ: (وَيَجُوزُ رَفْعُهُ إِذَا كُرِّرَ).

يَعْنِي: وَيَجُوزُ رَفْعُ مَا بَعْدَ (لَا) فِي الأَوَّلِ وَالثَّانِي وَمَا بَعْدَهُمَا إِذَا حَصَلَ التَّكْرَارُ؛

كَقَوْلِهِ تَعَالَى: "فَلَا رَفَثَ وَلَا فُسُوقَ" [البقرة:١٩٧]، وَخُصَّ الرَّفْعُ تَارَةً بِالذِّكْرِ، وَإِنْ جَازَ فِيهِ إِذَا كُرِّرَ خَمْسَةُ أَوْجُهٍ عَلَى مَا يَأْتِي؛ لِأَنَّ بَقِيَّةَ الْأَوْجُهِ قَدْ تَقَدَّمَ بَعْضُهَا الْقَوِيُّ، وَآخِرَ هَذَا الْفَصْلِ بَعْضُهَا الضَّعِيفُ، فَلَمْ يَبْقَ إِلَّا وَجْهُ رَفْعِهِمَا، وَإِنَّمَا جَازَ الرَّفْعُ؛ لِأَنَّهُ مُقَدَّرٌ جَوَابًا لِسُؤَالِ سَائِلٍ: (أَرَجُلٌ فِي الدَّارِ أَمْ امْرَأَةٌ)، فَقِيلَ لَهُ: لَا رَجُلَ فِي الدَّارِ وَلَا امْرَأَةٌ، فَحَسُنَ أَنْ يَكُونَ مُطَابِقًا، وَإِنْ كَانَ فِيهِ مُخَالَفَةٌ قِيَاسُهُ؛ لِأَنَّ الْقِيَاسَ الْبِنَاءُ وَإِذَا جَازَ (دَعْنِي مِنْ تَمْرَتَانِ)، لِذَلِكَ فَهُوَ هَاهُنَا أَجْوَزُ، وَإِنَّمَا قُدِّرَ جَوَابًا لِسُؤَالٍ كَذَلِكَ، وَلَمْ يُقَدَّرْ (لَا رَجُلَ فِي الدَّارِ)، كَذَلِكَ لِأَمْرَيْنِ:

أَحَدُهُمَا: أَنَّهُ لَوْ كَانَ (لَا رَجُلَ فِي الدَّارِ) جَوَابًا لِسُؤَالِ سَائِلٍ لَكَانَ (لَا) تُغْنِي وَحْدَهَا، أَلَا تَرَى أَنَّهُ إِذَا قِيلَ: (أَفِي الدَّارِ رَجُلٌ)، فَالْجَوَابُ أَنْ يُقَالَ: لَا أَوْ نَعَمْ، بِخِلَافِ قَوْلِكَ: (أَرَجُلٌ فِي الدَّارِ أَمْ امْرَأَةٌ) إِذَا لَمْ يَكُنْ فِيهَا أَحَدُهُمَا، فَلَا يَحْصُلُ الْمَقْصُودُ إِلَّا بِقَوْلِكَ: (لَا رَجُلَ فِي الدَّارِ وَلَا امْرَأَةٌ).

الثَّانِي: أَنَّ قَوْلَكَ: (لَا رَجُلَ فِي الدَّارِ وَلَا امْرَأَةٌ) إِذَا قَدَّرْتَهُ جَوَابًا كَانَتْ فِيهِ الْمُطَابَقَةُ لِشَيْئَيْنِ، وَفِي قَوْلِكَ: (لَا رَجُلَ فِي الدَّارِ) مُطَابَقَةٌ لِشَيْءٍ وَاحِدٍ، فَلَا يَلْزَمُ مِنْ مُرَاعَاةِ شَيْئَيْنِ مُرَاعَاةُ شَيْءٍ وَاحِدٍ.

(فَإِنْ جَازَ مَفْصُولًا بَيْنَهُ وَبَيْنَ لَا أَوْ مَعْرِفَةً وَجَبَ الرَّفْعُ وَالتَّكْرِيرُ).

أَمَّا وُجُوبُ الرَّفْعِ فَلِأَنَّ الْعَامِلَ مُشَبَّهٌ بِمُشَبَّهٍ، وَأَصْلُهُ (إِنَّ)، وَإِذَا كَانَ الْأَصْلُ لَا يَسْتَقِيمُ الْفَصْلُ بَيْنَهُ وَبَيْنَ مَنْصُوبِهِ، فَالْفَرْعُ أَجْدَرُ، فَلِذَلِكَ بَطَلَ الْعَمَلُ عِنْدَ الْفَصْلِ، فَارْتَفَعَ الِاسْمُ عَلَى الِابْتِدَاءِ.

وَأَمَّا وُجُوبُ التَّكْرِيرِ؛ فَلِأَنَّهُ جَوَابٌ لِمُتَكَرِّرٍ فِيهِ ذَلِكَ، وَالَّذِي يُحَقِّقُ كَوْنَهُ جَوَابًا الْفَصْلُ بَيْنَ (لَا) وَبَيْنَ مَنْفِيِّهَا، أَلَا تَرَى أَنَّكَ لَوْ قُلْتَ: (لَا فِي الدَّارِ رَجُلٌ) لَمْ يَجُزْ إِلَّا إِذَا قُلْتَ: لَا فِي الدَّارِ رَجُلٌ وَلَا امْرَأَةٌ، فَلَمَّا كَانَ السُّؤَالُ كَذَلِكَ، وَالْفَصْلُ مَا جِيءَ بِهِ إِلَّا لِأَجْلِهِ لَازَمَ التَّكْرِيرُ الْمُجَوَّزُ لِلْفَصْلِ فَقِيلَ: "لَا فِيهَا غَوْلٌ وَلَا هُمْ عَنْهَا يُنْزَفُونَ" [الصافات:٤٧]، وَأَشْبَاهُ ذَلِكَ.

وَكَذَلِكَ إِذَا كَانَ الْمَنْفِيُّ مَعْرِفَةً فَإِنَّهُ يَجِبُ التَّكْرِيرُ، إِمَّا لِأَنَّهُ جَوَابٌ عَلَى مِثْلِ مَا ذُكِرَ، أَلَا تَرَى أَنَّكَ لَوْ قُلْتَ: (لَا زَيْدٌ فِي الدَّارِ) لَمْ يَجُزْ مِنْ جِهَةِ كَوْنِهِ لَا يَصِحُّ تَقْدِيرُهُ جَوَابًا، إِذْ لَوْ كَانَ جَوَابًا لَاسْتَغْنَيْتَ بِلَا، وَإِنَّمَا نُقَدِّرُ جَوَابًا عِنْدَ التَّكْرِيرِ، فَوَجَبَ التَّكْرِيرُ لِذَلِكَ، وَإِمَّا لِأَنَّ أَصْلَ (لَا) أَنْ تَدْخُلَ عَلَى الْأَجْنَاسِ، وَلَمَّا تَعَذَّرَتِ الْجِنْسِيَّةُ فِي الْمَعْرِفَةِ قُصِدَ

إِلَى مَجِيءِ التَّكْرَارِ، لِيَكُونَ كَالْقَاضِي مِنْ حَقِّهَا فِي أَصْلِ وَضْعِهَا لِمَا فِي التَّكْرَارِ مِنَ التَّعَدُّدِ الْمُشَابِهِ لِلأَجْنَاسِ.

وَأَمَّا قَوْلُهُمْ: (لا نَوْلُكَ أَنْ تَفْعَلَ كَذَا)، فَبِمَعْنَى لا يَنْبَغِي، فَهُوَ الَّذِي حَسَّنَ وُرُودَهُ مِنْ غَيْرِ تَكْرَارٍ مَعَ كَوْنِهِ مَعْرِفَةً تَنْزِيلا لَهُ مَنْزِلَةَ مَا هُوَ بِمَعْنَاهُ، وَهُوَ الْفِعْلُ، وقولُهُ:

.... حَيَاتُكَ لا نَفْعٌ.........

و:

.... أَنْ لا إِلَيْنَا رُجُوعُهَا

شَاذٌّ، وَوَجْهُ وُرُودِ (لا نَفْعٌ) أَنَّهُ نَكِرَةٌ مَرْفُوعٌ بَعْدَ (لا)، وَوَجْهُ وُرُودِ (أَنْ لا إِلَيْنَا رُجُوعُهَا) أَنَّهُ مَعْرِفَةٌ غَيْرُ مُكَرَّرٍ، وَمَفْصُولٌ بَيْنَ (لا) وَمَنْفِيِّهَا، وَهُوَ غَيْرُ مُكَرَّرٍ.

(وَقَدْ أَجَازَ الْمُبَرِّدُ فِي السَّعَةِ أَنْ يُقَالَ: لا رَجُلٌ فِي الدَّارِ، وَلا زَيْدٌ عِنْدَنَا).

يَعْنِي فِي سَعَةِ الْكَلامِ، فَإِنَّ غَيْرَهُ إِنَّمَا يُجِيزُ ذَلِكَ فِي الشِّعْرِ لِلضَّرُورَةِ، وَالْمَعْنَى بِذَلِكَ: انْفِرَادُ كُلِّ مَسْأَلَةٍ عَلَى حِيَالِهَا، وَإِلا فَهُمَا عَلَى اجْتِمَاعِهَا جَائِزَانِ فِي فَصِيحِ الْكَلامِ بِإِجْمَاعٍ، وَإِنَّمَا الْكَلامُ فِيمَا إِذَا انْفَرَدَتْ كُلُّ وَاحِدَةٍ مِنْهُمَا، فَقِيلَ: (لا رَجُلٌ فِي الدَّارِ) أَوْ (لا زَيْدٌ فِي الدَّارِ) عَلَى انْفِرَادٍ، فَحِينَئِذٍ يَقَعُ فِيهِ الْخِلافُ عَلَى مَا ذَكَرَ.

قَالَ: (وَفِي (لا حَوْلَ وَلا قُوَّةَ إِلا بِاللهِ) سِتَّةُ أَوْجُهٍ: أَنْ تَفْتَحَهُمَا).

وَهُوَ أَنْ يَكُونَ كُلُّ وَاحِدٍ مِنْهُمَا مُسْتَقِلا، وَعُطِفَتْ إِحْدَى الْجُمْلَتَيْنِ عَلَى الأُخْرَى، وَذَلِكَ وَاضِحٌ، وَإِنَّمَا الإِشْكَالُ فِي الاسْتِثْنَاءِ الْوَاقِعِ بَعْدَهُ، وَهُوَ فِي الْمَعْنَى رَاجِعٌ إِلَى الْجُمْلَتَيْنِ، وَالاسْتِثْنَاءُ إِذَا اسْتَعْقَبَ الْجُمْلَتَيْنِ إِنَّمَا يَكُونُ لِلثَّانِيَةِ، وَأَشْبَهُ مَا يُقَالُ: إِنَّ الْحَوْلَ وَالْقُوَّةَ لَمَّا كَانَا بِمَعْنًى كَانَ كَأَنَّهُ تَكْرَارٌ، فَصَحَّ رُجُوعُ الاسْتِثْنَاءِ إِلَيْهِمَا لِتَنَزُّلِهِمَا مَنْزِلَةَ شَيْءٍ وَاحِدٍ.

وَالْوَجْهُ الثَّانِي: أَنْ تَفْتَحَ الأَوَّلَ وَتَنْصِبَ الثَّانِي عَلَى الْعَطْفِ عَلَى اللَّفْظِ كَقَوْلِهِ:

لا أَبَ وَابْنًا.......... ....

وَتَكُونُ (لا) مَزِيدَةً لِلتَّأْكِيدِ.

وَالْوَجْهُ الثَّالِثُ: أَنْ تَفْتَحَ الأَوَّلَ وَتَرْفَعَ الثَّانِي، فَفَتْحُ الأَوَّلِ وَاضِحٌ، وَرَفْعُ الثَّانِي عَلَى أَنْ يَكُونَ مَعْطُوفًا عَلَى الْمَحَلِّ؛ كَقَوْلِهِ:

.... لا أُمَّ لِي إِنْ كَانَ ذَاكَ وَلا أَبُ

وَالْوَجْهُ الرَّابِعُ: أَنْ تَرْفَعَهُمَا عَلَى مَا تَقَدَّمَ مِنْ قَصْدِ مُنَاسَبَةِ السُّؤَالِ لِلْجَوَابِ، أَوْ لِأَنَّهُ لَمَّا كُرِّرَ صَارَ فِي الظَّاهِرِ كَأَنَّهُ بُنِيَ مَعَ الْأَوَّلِ، فَكُرِهَ أَنْ يُوهِمَ مَا لَيْسَ مِنْ لُغَتِهِمْ مِنْ تَرْكِيبِ الْمُتَعَدِّدَاتِ، فَعَدَلُوا عَلَى وَجْهِ الْجَوَازِ إِلَى الْأَصْلِ.

وَالْوَجْهُ الْخَامِسُ: أَنْ تَرْفَعَ الْأَوَّلَ وَتَفْتَحَ الثَّانِيَ، وَقَدْ ذُكِرَ الْوَجْهُ فِي تَعْلِيلِهِ.

وَأَمَّا الْوَجْهُ السَّادِسُ فَلَا حَاصِلَ لَهُ؛ لِأَنَّهُ جَعَلَهُ عَكْسَ الْخَامِسِ، وَالْخَامِسُ: لَا حَوْلَ وَلَا قُوَّةَ، وَعَكْسُهُ: لَا حَوْلَ وَلَا قُوَّةٍ، وَهُوَ الثَّالِثُ بِعَيْنِهِ، وَإِنَّمَا وَقَعَ ذِكْرُهُ وَهْمًا مِنْهُ، وَقَدْ تَوَهَّمَ بَعْضُهُمْ أَنَّ ذَلِكَ وَجْهٌ سَادِسٌ بِاعْتِبَارِ وَجْهِ الرَّفْعِ، فَيَكُونُ رَفْعُ الثَّانِي فِي الثَّالِثِ عَلَى غَيْرِ هَذَا الرَّفْعِ؛ لِأَنَّهُ ذُكِرَ فِي الْخَامِسِ عَلَى أَنَّ (لَا) بِمَعْنَى: (لَيْسَ)، أَوْ عَلَى مَذْهَبِ أَبِي الْعَبَّاسِ فِي كَوْنِ (لَا) مُلْغَاةً؛ لِأَنَّ (لَا) بِمَعْنَى نَفْيِ الْمَاضِي، وَ(لَيْسَ) لِنَفْيِ الْحَالِ، فَبَعُدَ عَنِ الْمُشَابَهَةِ، وَهَذَا الِاعْتِذَارُ لَيْسَ بِشَيْءٍ، فَإِنَّهُ لَمْ يَقْصِدْ إِلَى عَدِّ الْوُجُوهِ بِاعْتِبَارِ تَوْجِيهِهَا، وَإِنَّمَا قَصَدَ إِلَى عَدِّهَا بِاعْتِبَارِ اخْتِلَافِ لَفْظِهَا، وَلَا يَزِيدُ ذَلِكَ عَلَى خَمْسَةٍ، وَعَلَى مَا ذَكَرَهُ هَذَا الْمُعْتَذِرُ يَجِبُ أَنْ يَزِيدَ عَلَى السِّتَّةِ؛ لِأَنَّ رَفْعَهُمَا جَمِيعًا يَجُوزُ أَنْ يَكُونَ عَلَى الْمُنَاسَبَةِ وَعَلَى كَرَاهَةِ وَهْمِ التَّرْكِيبِ، وَعَلَى أَنَّ (لَا) بِمَعْنَى (لَيْسَ)، وَعَلَى مَذْهَبِ أَبِي الْعَبَّاسِ، وَعَلَى أَنَّ الْأُولَى بِمَعْنَى (لَيْسَ) وَالثَّانِيَةَ عَلَى مَذْهَبِ أَبِي الْعَبَّاسِ وَعَلَى الْعَكْسِ.

(وَقَدْ حُذِفَ الْمَنْفِيُّ فِي قَوْلِهِمْ: لَا عَلَيْكَ؛ أَيْ: لَا بَأْسَ عَلَيْكَ).

عُلِمَ ذَلِكَ؛ لِأَنَّهُمْ يُظْهِرُونَ فَيَقُولُونَ: لَا بَأْسَ عَلَيْكَ، فَعُلِمَ أَنَّ الْمُضْمَرَ مِنْ جِنْسِ الْمُظْهَرِ.

خَبَرُ مَا وَلَا الْمُشَبَّهَتَيْنِ بِلَيْسَ

قَالَ: (هَذَا التَّشْبِيهُ لُغَةُ أَهْلِ الْحِجَازِ) إِلَى آخِرِهِ.

قَالَ الشَّيْخُ: النَّحْوِيُّونَ يَزْعُمُونَ أَنَّ لُغَةَ بَنِي تَمِيمٍ فِي ذَلِكَ عَلَى الْقِيَاسِ، وَيَقُولُونَ: إِنَّ الْحَرْفَ إِذَا لَمْ يَكُنْ لَهُ اخْتِصَاصٌ بِالِاسْمِ أَوْ بِالْفِعْلِ لَمْ يَكُنْ لَهُ عَمَلٌ فِي أَحَدِهِمَا، وَ(مَا) وَ(لَا) تَدْخُلَ عَلَى الْقِسْمَيْنِ، فَالْقِيَاسُ أَلَّا تَعْمَلَ فِي أَحَدِهِمَا.

قُلْتُ: لَا خِلَافَ فِي إِعْمَالِ (لَا) الَّتِي لِنَفْيِ الْجِنْسِ، وَإِذَا صَحَّ إِعْمَالُ (لَا) بِالِاتِّفَاقِ فَلَا بُعْدَ فِي إِعْمَالِ (مَا)، فَإِنْ زَعَمَ زَاعِمٌ أَنَّ (لَا) النَّاصِبَةَ غَيْرُ (لَا) الدَّاخِلَةِ عَلَى الْفِعْلِ، قِيلَ لَهُ: فَمَا الْمَانِعُ مِنْ أَنْ تَكُونَ (مَا) الرَّافِعَةُ غَيْرَ (مَا) الدَّاخِلَةِ عَلَى الْفِعْلِ؟

قَوْلُهُ: (وَأَمَّا بَنُو تَمِيمٍ فَيَرْفَعُونَ مَا بَعْدَهُمَا عَلَى الِابْتِدَاءِ، وَيَقْرَؤُونَ: "مَا هَذَا بَشَرٌ" [يوسف:٣١] إِلَّا مَنْ دَرَى كَيْفَ هِيَ فِي الْمُصْحَفِ).

غَيْرُ مُسْتَقِيمٍ؛ لِأَنَّهُ لَا يَحِلُّ أَنْ يُقْرَأَ الْقُرْآنُ عَلَى حَسَبِ اخْتِلَافِ اللُّغَاتِ مَا لَمْ يُنْقَلْ تَوَاتُرًا.

وَقَوْلُهُ: (وَيَقْرَؤُونَ: "مَا هَذَا بَشَرٌ").

يُؤْذِنُ بِأَنَّ لِأَهْلِ كُلِّ لُغَةٍ أَنْ يَقْرَؤُوا بِلُغَتِهِمْ، أَوْ يُؤْذِنُ بِأَنَّ هَذِهِ الْقَبِيلَةَ كَانَتْ تَفْعَلُ ذَلِكَ، وَلَيْسَ ذَلِكَ بِمُسْتَقِيمٍ.

وَقَوْلُهُ: (إِلَّا مَنْ دَرَى كَيْفَ هِيَ فِي الْمُصْحَفِ).

يُؤْذِنُ بِأَنَّ الْقِرَاءَةَ كَانَتْ سَائِغَةً، ثُمَّ لَمَّا كُتِبَ الْمُصْحَفُ لَمْ يَسُغْ إِلَّا عَلَى مَا يُوَافِقُهُ، وَكِلَاهُمَا غَيْرُ مُسْتَقِيمٍ.

قَالَ: (فَإِذَا انْتَقَضَ النَّفْيُ بِـ (إِلَّا) أَوْ تَقَدَّمَ الْخَبَرُ بَطَلَ الْعَمَلُ).

أَمَّا إِذَا انْتَقَضَ النَّفْيُ بِـ (إِلَّا)، فَإِنَّمَا يَبْطُلُ الْعَمَلُ مِنْ حَيْثُ كَانَ الْعَمَلُ لِأَجْلِ النَّفْيِ، فَلَوْ أُعْمِلَ بَعْدَ الْإِثْبَاتِ لَتَنَاقَضَ، أَلَا تَرَى أَنَّكَ إِذَا قُلْتَ: (مَا زَيْدٌ إِلَّا قَائِمٌ)، فَلَوْ نَصَبْتَ لَوَجَبَ أَنْ يُقَدَّرَ مَا بَعْدَ إِلَّا نَاصِبًا لِقَائِمٍ، وَوَجَبَ أَنْ يَكُونَ (قَائِمًا) مُثْبَتًا لِوُقُوعِهِ بَعْدَ إِلَّا، فَيَجْتَمِعُ النَّفْيُ وَالْإِثْبَاتُ فِي مَحَلٍّ وَاحِدٍ بَعْدَ إِلَّا وَهُوَ مُحَالٌ.

وَأَمَّا إِذَا تَقَدَّمَ الْخَبَرُ فَلِأَنَّ الْعَامِلَ ضَعِيفٌ، فَلَمْ يَقْوَ قُوَّةَ الْأَصْلِ، فَلَمَّا رُوعِيَ التَّقْدِيمُ تُرِكَ الْعَمَلُ، فَقِيلَ: (مَا قَائِمٌ زَيْدٌ).

وَأَمَّا إِعْمَالُ (لَا) هَذَا الْعَمَلَ فَضَعِيفٌ مِنَ الْأَصْلِ عَلَى مَا تَقَدَّمَ فِي الْمَرْفُوعَاتِ، وَاسْتِعْمَالُ (لَا) نَاصِبَةً لِلْمُضَافِ وَمَبْنِيًّا مَعَهَا الْمُفْرَدُ هُوَ الْوَجْهُ، وَأَمَّا الرَّفْعُ بِهَا وَنَصْبُ الْخَبَرِ فَضَعِيفٌ لَا يَجُوزُ إِلَّا فِي الشِّعْرِ، إِلَّا عَلَى مَذْهَبِ أَبِي الْعَبَّاسِ.

قَالَ: (وَدُخُولُ الْبَاءِ فِي الْخَبَرِ فِي قَوْلِكَ: مَا زَيْدٌ بِمُنْطَلِقٍ إِنَّمَا يَصِحُّ عَلَى لُغَةِ أَهْلِ الْحِجَازِ، لِأَنَّكَ لَا تَقُولُ: زَيْدٌ بِمُنْطَلِقٍ).

قُلْتُ: هَذَا الِاسْتِدْلَالُ غَيْرُ مُسْتَقِيمٍ، لِفُقْدَانِ النَّفْيِ الْمُصَحِّحِ دُخُولَ الْبَاءِ، أَلَا تَرَى أَنَّكَ تَقُولُ: (مَا جَاءَنِي مِنْ أَحَدٍ)، فَدُخُولُ (مِنْ) لِأَجْلِ النَّفْيِ خَاصَّةً، وَلَا يَلْزَمُ أَنْ تَقُولَ: (جَاءَنِي مِنْ أَحَدٍ)، فَكَذَلِكَ هَاهُنَا.

قَوْلُهُ: وَ(لَا) الَّتِي يَكْسَعُونَهَا بِالتَّاءِ هِيَ الْمُشَبَّهَةُ بِلَيْسَ بِعَيْنِهَا، وَلَكِنَّهُمْ أَبَوْا إِلَّا أَنْ

يَكُونَ الْمَنْصُوبُ بِهَا حِينًا) إِلَى آخِرِهِ.

قُلْتُ: اخْتَلَفَ النَّاسُ فِي (لا) الَّتِي تَلْحَقُ آخِرَهَا التَّاءُ، فَمِنْهُمْ مَنْ قَالَ: إِنَّهَا بِمَعْنَى لَيْسَ، وَهُوَ مَذْهَبُ البَصْرِيِّينَ، وَمِنْهُمْ مَنْ قَالَ: إِنَّهَا الَّتِي لِنَفْيِ الْجِنْسِ، وَهُوَ مَذْهَبُ الكُوفِيِّينَ، وَمِنْهُمْ مَنْ قَالَ: هَذِهِ التَّاءُ مِنْ حِينَ، وَيَجْعَلُ حِينَ وَتَحِينَ لُغَتَيْنِ، فَعَلَى هَذَا تَكُونُ النَّافِيَةَ لِلْجِنْسِ، وَهُوَ مَذْهَبُ أَبِي عُبَيْدٍ، فَأَمَّا حُجَّةُ الأَوَّلِينَ؛ فَلأَنَّهُ دَخَلَهُ تَاءُ التَّأْنِيثِ، وَهِيَ مِنْ خَوَاصِّ الْفِعْلِ، فَوَجَبَ أَنْ تَكُونَ الْمُشَبَّهَةَ بِالْفِعْلِ، لِيَقْوَى وَجْهُ دُخُولِ التَّاءِ.

وَأَمَّا وَجْهُ قَوْلِ مَنْ زَعَمَ أَنَّهَا لِنَفْيِ الْجِنْسِ؛ فَلأَنَّهَا الْكَثِيرَةُ فِي الاسْتِعْمَالِ، وَتِلْكَ إِنَّمَا تَكُونُ فِي الشِّعْرِ، فَوَجَبَ أَنْ يُحْمَلَ الْقُرْآنُ عَلَى الْوَجْهِ الْفَصِيحِ.

وَأَمَّا مَذْهَبُ أَبِي عُبَيْدٍ فَضَعِيفٌ.

وَقَدْ رَجَّحَ البَصْرِيُّونَ بِأَنَّهُ إِنَّمَا كَانَ فَصِيحًا عِنْدَ عَدَمِ دُخُولِ التَّاءِ، فَأَمَّا عِنْدَ وُجُودِهَا فَلَيْسَ بِمُسْتَنْكَرٍ، وَإِلْحَاقُ التَّاءِ بِالنَّافِيَةِ لِلْجِنْسِ بَعِيدٌ مِنْ حَيْثُ كَانَتْ مُشَبَّهَةً بِالْحَرْفِ، وَهَذِهِ الْمُشَبَّهَةُ بِلَيْسَ مُشَبَّهَةٌ بِالْفِعْلِ، فَكَانَتِ التَّاءُ بِهَا أَوْلَى.

وَقَدْ تَمَسَّكَ الكُوفِيُّونَ بِأَنَّهُ يَلْزَمُ الإِضْمَارُ فِي الْحَرْفِ، وَلَمْ يُعْهَدْ مِثْلُ ذَلِكَ، وَلَوْ جَازَ الإِضْمَارُ فِي الْحَرْفِ لَجَازَ (زَيْدٌ مَا قَائِمًا)؛ أَيْ: مَا هُوَ قَائِمًا، وَهُوَ مُمْتَنِعٌ، فَأُجِيبَ عَنْ ذَلِكَ بِأَمْرَيْنِ:

أَحَدُهُمَا: أَنَّهُ لَيْسَ بِإِضْمَارٍ، وَإِنَّمَا هُوَ حَذْفٌ، وَالْحَذْفُ سَائِغٌ إِذَا دَلَّ عَلَيْهِ الدَّلِيلُ.

وَالثَّانِي: أَنَّ الإِضْمَارَ فِي ذَلِكَ؛ أَعْنِي: (لا) الْمُشَبَّهَةُ بِلَيْسَ سَائِغٌ؛ لِجَرْيِهِ مُجْرَى الْفِعْلِ فِي إِلْحَاقِ التَّاءِ، وَلا يَلْزَمُ مِنَ الإِضْمَارِ فِيمَا قَوِيَ شَبَهُهُ بِالْفِعْلِ الإِضْمَارُ فِيمَا لَمْ يَقْوَ، وَكِلا الْقَوْلَيْنِ جَيِّدٌ.

الْمَجْرُورَاتُ

قَالَ صَاحِبُ الْكِتَابِ: (لا يَكُونُ الاسْمُ مَجْرُورًا إِلا بِالإِضَافَةِ، وَهِيَ الْمُقْتَضِيَةُ لِلْجَرِّ، كَمَا أَنَّ الْفَاعِلِيَّةَ وَالْمَفْعُولِيَّةَ هُمَا الْمُقْتَضِيَانِ لِلرَّفْعِ وَالنَّصْبِ) إِلَى آخِرِهِ.

أَقُولُ: اخْتَلَفَ النَّاسُ فِي الْعَامِلِ فِي الْمُضَافِ إِلَيْهِ؛ كَقَوْلِكَ: (غُلامُ زَيْدٍ)، مِنْهُمْ مَنْ زَعَمَ أَنَّ الْعَامِلَ الْحَرْفُ الْمُقَدَّرُ، وَمِنْهُمْ مَنْ زَعَمَ أَنَّ الْعَامِلَ هُوَ الاسْمُ الأَوَّلُ، وَمِنْهُمْ مَنْ زَعَمَ أَنَّ الْعَامِلَ مَعْنَوِيٌّ، وَهِيَ نِسْبَةُ الأَوَّلِ إِلَى الثَّانِي.

فَأَمَّا مَنْ قَالَ: الْعَامِلُ الْحَرْفُ الْمُقَدَّرُ فَوَجْهُهُ أَنَّهُ قَدْ ثَبَتَ عَمَلُ الْحَرْفِ لِلْجَرِّ، فَجَعَلُ

الحَرْفَ عَامِلًا لِيَكُونَ ذَلِكَ بَابًا وَاحِدًا أَوْلَى مِنْ جَعْلِهِ مُخْتَلِفًا، وَوَجْهٌ ثَانٍ وَهُوَ أَنَّ مَعْنَى قَوْلِكَ: (غُلَامُ زَيْدٍ) غُلَامٌ لِزَيْدٍ، فَيَجِبُ أَنْ تَكُونَ اللَّامُ عَامِلَةً، وَهَذَا لَا يَقْوَى؛ لِأَنَّ إِضْمَارَ الْحَرْفِ ضَعِيفٌ بَعِيدٌ، وَلِأَنَّ مَا ذَكَرُوهُ مِنَ الْمَعْنَى غَيْرُ مُسْتَقِيمٍ، إِذْ مَعْنَى قَوْلِكَ: (غُلَامُ زَيْدٍ) لَيْسَ كَ (غُلَامٌ لِزَيْدٍ)، إِذْ أَحَدُهُمَا نَكِرَةٌ وَالآخَرُ مَعْرِفَةٌ.

وَأَمَّا مَنْ قَالَ: الْعَامِلُ الْمَعْنَى فَوَجْهُهُ أَنَّهُ قَدْ بَطَلَ أَنْ يَكُونَ الْحَرْفُ عَامِلًا، وَلَا وَجْهَ لِعَمَلِ الاسْمِ؛ لِأَنَّهُ عَلَى خِلَافِ الْقِيَاسِ، وَلَيْسَ بِجَيِّدٍ؛ لِأَنَّ الْمَعْنَى فِي الْعَمَلِ إِنَّمَا يُصَارُ إِلَيْهِ عِنْدَ عَدَمِ عَامِلِ اللَّفْظِ، وَلَمْ يُعْدَمْ هَاهُنَا، وَعَمَلُ الْمَعْنَى أَبْعَدُ فِي الْقِيَاسِ مِنْ عَمَلِ الاسْمِ.

وَأَمَّا مَنْ قَالَ: الْعَامِلُ الاسْمُ فَوَجْهُهُ أَنَّهُ إِذَا بَطَلَ الْمَذْهَبَانِ فَقَدْ تَعَيَّنَ.

وَقَوْلُهُ: (أَوْ مَعْنَاهُ) يَحْتَمِلُ أَنْ يُرِيدَ نَفْسَ الْمَعْنَى، فَيَكُونَ الْمَذْهَبَ الثَّانِي، وَيَحْتَمِلُ أَنْ يُرِيدَ أَنَّ الْعَامِلَ الْحَرْفُ الْمُقَدَّرُ، وَذَكَرَ الْمَعْنَى لِيُنَبِّهَ بِهِ عَلَيْهِ، فَلِذَلِكَ قَالَ: (أَوْ مَعْنَاهُ)، يَعْنِي: مَعْنَى الْحَرْفِ، وَهُوَ أَقْرَبُ إِلَى الصَّوَابِ.

وَقَوْلُهُ: (لَا يَكُونُ الاسْمُ مَجْرُورًا إِلا بِالإِضَافَةِ) لِمَا تَقَدَّمَ مِنْ أَنَّهَا أَحَدُ الْمُقْتَضِيَاتِ لِلإِعْرَابِ، وَمُقْتَضَاهَا هُوَ الْجَرُّ.

قَالَ: (وَالْعَامِلُ هُنَا غَيْرُ الْمُقْتَضِي كَمَا كَانَ ثَمَّةَ).

لِأَنَّ الْعَامِلَ هُوَ مَا يَتَقَوَّمُ بِهِ الْمَعَانِي الْمُقْتَضِيَةُ، فَوَجَبَ أَنْ يَكُونَ غَيْرَهَا.

(وَهُوَ هَاهُنَا حَرْفُ الْجَرِّ أَوْ مَعْنَاهُ).

يَعْنِي فِي الْمُضَافِ إِلَيْهِ إِذَا كَانَ اسْمًا؛ كَقَوْلِكَ: غُلَامُ زَيْدٍ؛ لِأَنَّ الْمَعْنَى عَلَى مَا تَقَدَّمَ غُلَامٌ لِزَيْدٍ، وَالظَّاهِرُ أَنَّهُ لَمْ يُرِدْ بِقَوْلِهِ: (أَوْ مَعْنَاهُ) إِلَا مَا قَدَّمْنَا ذِكْرَهُ مِنْ أَنَّ الْمُرَادَ الْحَرْفُ الْمُقَدَّرُ، لَا أَنْ يَجْعَلَ الْعَامِلَ مَعْنَوِيًّا؛ فَإِنَّهُ لَيْسَ مَذْهَبًا لِلْبَصْرِيِّينَ إِلا فِي الْمُبْتَدَأِ وَالْفِعْلِ الْمُضَارِعِ.

فَصْلٌ: وَإِضَافَةُ الاسْمِ إِلَى الاسْمِ عَلَى ضَرْبَيْنِ:

مَعْنَوِيَّةٍ وَلَفْظِيَّةٍ؛ فَالْمَعْنَوِيَّةُ مَا أَفَادَ تَعْرِيفًا أَوْ تَخْصِيصًا

أَقُولُ: يَرِدُ عَلَيْهِ (مَرَرْتُ بِرَجُلٍ ضَارِبِ امْرَأَةٍ)، فَإِنَّ هَذَا أَفَادَ تَخْصِيصًا، وَمَعَ ذَلِكَ فَلَيْسَ بِمَعْنَوِيٍّ.

وَجَوَابُهُ: أَنَّ هَذَا لَمْ يُفِدْ تَخْصِيصًا بِالإِضَافَةِ، وَإِنَّمَا التَّخْصِيصُ حَاصِلٌ قَبْلَ الإِضَافَةِ؛

إِذْ أَصْلُهُ: ضَارِبُ امْرَأَةٍ، فَبَقِيَ عَلَى مَا كَانَ عَلَيْهِ، وَلا يَكُونُ حِينَئِذٍ مِنْ هَذَا الْبَابِ، وَلَوْ قِيلَ: (مَا أَفَادَ تَعْرِيفًا) عَلَى تَقْدِيرِ أَنْ يَكُونَ الْمُضَافُ إِلَيْهِ مَعْرِفَةً لَسَلِمَ مِنْ هَذَا الاعْتِرَاضِ.

وَقَوْلُهُ: (فِي الأَمْرِ الْعَامِّ) الأَوْلَى أَنْ يُحْمَلَ عَلَى الاحْتِرَازِ مِنْ مِثْلِ قَوْلِكَ: (ضَرْبُ الْيَوْمِ)، و"**مَكْرُ ٱلَّيْلِ**" [سبأ:٣٣]، فَإِنَّ هَذَا بِمَعْنَى: (فِي)، وَلا يَقْوَى أَنْ يُحْمَلَ عَلَى مِثْلِ قَوْلِكَ: (عِنْدَ زَيْدٍ)؛ أَيْ: مَكَانٌ لِزَيْدٍ، "**لَّدُنْ حَكِيمٍ**" [هود:١] وَشِبْهِهِ؛ لأَنَّ هَذِهِ فِي الْحَقِيقَةِ كُلَّهَا بِمَعْنَى اللامِ، وَإِنَّمَا يَمْتَنِعُ تَقْدِيرُهَا؛ لأَنَّ بَعْضَ الأَلْفَاظِ لَمْ تُسْتَعْمَلْ إِلا مُضَافَةً، فَلَمَّا أُنِسَ فِيهَا عَدَمُ الْقَطْعِ جَاءَ الْقَطْعُ فِيهَا مُنَافِرًا، فَتُوُهِّمَ أَنَّهَا لا تُقَدَّرُ، وَهِيَ فِي الْمَعْنَى مُقَدَّرَةٌ بِاللامِ كَمَا تُقَدِّرُهَا فِي (تَحْتَ) و(فَوْقَ) وَشِبْهِهِمَا، وَإِنْ كَانَتْ أَيْضًا لا تُسْتَعْمَلُ مَقْطُوعَةً، لأَنَّكَ تَعْلَمُ أَنَّ (تَحْتَ زَيْدٍ) بِمَعْنَى مَوْضِعٍ، وَنِسْبَةُ مَوْضِعٍ إِلَى زَيْدٍ نِسْبَةٌ بِمَعْنَى اللامِ، فَيُعْلَمُ أَنَّ نِسْبَةَ (تَحْتَ) إِلَى زَيْدٍ بِمَعْنَى اللامِ أَيْضًا.

وَيُعْرَفُ مَا كَانَ بِمَعْنَى (مِنْ) أَنْ يَكُونَ الأَوَّلُ نَوْعًا مِنَ الثَّانِي، وَمَعْنَى النَّوْعِ أَنْ يَصْلُحَ إِطْلاقُ اسْمِ الْجِنْسِ عَلَيْهِ.

قَالَ: (واللَّفْظِيَّةُ أَنْ تُضَافَ الصِّفَةُ إِلَى مَفْعُولِهَا أَوْ فَاعِلِهَا).

وَلَوْ قِيلَ: هِيَ الَّتِي لا تُفِيدُ تَعْرِيفًا بِتَقْدِيرِ تَعْرِيفِ الثَّانِي لَكَانَ جَيِّدًا، لِيُطَابِقَ تَفْسِيرَ الْمَعْنَوِيَّةِ عَلَى الْعَكْسِ، وَلَوْ قِيلَ فِيهَا أَيْضًا: عُدُولٌ عَنْ أَصْلٍ فِي الْعَمَلِ إِلَى لَفْظِ الإِضَافَةِ لإِفَادَةِ التَّخْفِيفِ لَكَانَ جَيِّدًا أَيْضًا، وَلا يَكُونُ ذَلِكَ إِلا فِي اسْمِ الْفَاعِلِ بِالنِّسْبَةِ إِلَى مَفْعُولِهِ، أَوْ الصِّفَةِ بِالنِّسْبَةِ إِلَى فَاعِلِهَا، مِثْلُ قَوْلِكَ: ضَارِبُ زَيْدٍ، وَحَسَنُ الْوَجْهِ، وَقَوْلُهُ فِي التَّمْثِيلِ: (وَمَعْمُورَةٌ دَارُهُ) هَذَا ذَكَرَهُ بِنَاءً عَلَى مَا قَدَّمَهُ مِنْ أَنَّ مَفْعُولَ مَا لَمْ يُسَمَّ فَاعِلُهُ عِنْدَهُ فَاعِلٌ، ثُمَّ اسْتَدَلَّ عَلَى أَنَّهُ نَكِرَةٌ بِوَصْفِ النَّكِرَةِ بِهِ، وَسَيَأْتِي ذَلِكَ.

فَصْلٌ: وَقَضِيَّةُ الإِضَافَةِ الْمَعْنَوِيَّةِ أَنْ يُجَرَّدَ لَهَا الْمُضَافُ مِنَ التَّعْرِيفِ... إِلَى آخِرِهِ

قَالَ الشَّيْخُ: الإِضَافَةُ الْمَعْنَوِيَّةُ فَائِدَتُهَا نِسْبَةُ خُصُوصِيَّةٍ بَيْنَ الأَوَّلِ وَالثَّانِي رَاجِعَةٍ إِلَى عَهْدٍ بَيْنَكَ وَبَيْنَ مُخَاطَبِكَ فِيهِ، وَهَذَا الْمَعْنَى يُفِيدُهُ الأَلِفُ وَاللامُ، فَالْجَمْعُ بَيْنَهُمَا لا حَاجَةَ إِلَيْهِ، وَلا يَجُوزُ تَعْرِيفُهُ بِاللامِ وَإِضَافَتُهُ إِلَى نَكِرَةٍ مِنْ طَرِيقِ الأَوْلَى.

(وَمَا تَقَبَّلَهُ الكُوفِيُّونَ) هُوَ مَنْقُولٌ عَنْ بَعْضِ الْعَرَبِ، وَلَيْسُوا بِفُصَحَاءَ، وَوَجْهُهُ أَنَّهُمْ رَأَوْا أَنَّ الْخَمْسَةَ وَالأَثْوَابَ لِذَاتٍ وَاحِدَةٍ فِي الْمَعْنَى، وَإِنَّمَا جِيءَ بِالأَوَّلِ لِغَرَضِ الْعَدَدِ،

فَلَمَّا فَهِمُوا اتِّحَادَ الذَّاتِ عَرَّفُوا الأَوَّلَ؛ لأَنَّهُ مَحَلُّ التَّعْرِيفِ، وَلَمْ يُخْلُوا الثَّانِي عَنِ الألِفِ وَاللامِ؛ لأَنَّهُ هُوَ المَقْصُودُ بِالذَّاتِ فِي الْحَقِيقَةِ، فَهَذَا وَجْهُهُ، وَإِنْ كَانَ ضَعِيفًا.

وَأَمَّا اللَّفْظِيَّةُ فَلَمْ تُقْصَدْ تِلْكَ النِّسْبَةُ الْمَذْكُورَةُ، وَلَكِنَّ الأَمْرَ فِيهَا عَلَى مَا كَانَ عَلَيْهِ فِي الانْفِصَالِ، فَكَمَا جَازَ تَعْرِيفُهُ مُنْفَصِلا جَازَ تَعْرِيفُهُ مُتَّصِلا لِزَوَالِ الْمَانِعِ، فَتَقُولُ: هَذَانِ الضَّارِبَا زَيْدٍ، فَتَجْمَعُ بَيْنَ الألِفِ وَاللامِ وَالإِضَافَةِ، وَأَمَّا (الضَّارِبُ زَيْدٍ) فَمَنْ نَظَرَ إِلَى أَنَّ الألِفَ سَابِقَةٌ وَالتَّنْوِينَ زَالَ لأَجْلِهَا حَكَمَ بِمَنْعِ الإِضَافَةِ لِفَوَاتِ الشَّرْطِ الَّذِي هُوَ التَّخْفِيفُ، وَمَنْ نَظَرَ إِلَى أَنَّ الإِضَافَةَ سَابِقَةٌ، وَقَدْ حَصَلَ التَّخْفِيفُ بِهَا بِحَذْفِ التَّنْوِينِ بِهَا بِحَذْفِ التَّنْوِينِ جَوَّزَ تَعْرِيفَهُ بِاللامِ.

وَالْوَجْهُ الأَوَّلُ؛ لأَنَّ الألِفَ وَاللامَ فِي أَوَّلِ الاسْمِ سَابِقَةٌ عَلَى مَا يُشْعِرُ بِالإِضَافَةِ، فَوَجَبَ أَنْ يَكُونَ حَذْفُ التَّنْوِينِ لَهُمَا؛ لأَنَّهُ مُوجَبٌ لَهُ مُوجِبَانِ، سَبَقَ أَحَدُهُمَا وَهُوَ الألِفُ وَاللامُ، وَتَأَخَّرَ الآخَرُ وَهُوَ الإِضَافَةُ، فَثَبَتَ الْحُكْمُ لِلسَّابِقِ، كَمَا لَوْ لَمَسَ ثُمَّ بَالَ، فَانْتِقَاضُ الْوُضُوءِ بِاللَّمْسِ السَّابِقِ، وَلَمْ يُؤَثِّرِ الثَّانِي شَيْئًا، إِذْ لا يَحْصُلُ الحَاصِلُ، وَأَوْرَدَ (الضَّارِبُ الرَّجُلَ)، وَسَيَأْتِي ذِكْرُهُ فِي بَابِ (حَسَنُ الْوَجْهِ).

فَصْلٌ: وَإِذَا كَانَ الْمُضَافُ إِلَيْهِ ضَمِيرًا مُتَّصِلا جَاءَ مَا فِيهِ تَنْوِينٌ أَوْ نُونٌ وَمَا عَدِمَ وَاحِدًا مِنْهُمَا شَرْعًا فِي صِحَّةِ الإِضَافَةِ

قَالَ الشَّيْخُ: هَذَا يَرِدُ اعْتِرَاضًا عَلَى مَسْأَلَةِ (الضَّارِبُ زَيْدٍ)؛ إِذْ عِلَّةُ مَنْعِهَا مَوْجُودَةٌ هَاهُنَا، وَفِيهَا خِلافٌ، مِنْهُمْ مَنْ يَقُولُ: الْكَافُ فِي مَوْضِعِ نَصْبٍ، وَهُوَ مَذْهَبُ الأَخْفَشِ، فَلا يَرِدُ عَلَى هَؤُلاءِ هَذَا الاعْتِرَاضُ وَمَذْهَبُ صَاحِبِ الْكِتَابِ أَنَّهُ فِي مَوْضِعِ خَفْضٍ، فَاحْتَاجَ أَنْ يَسْتَدِلَّ عَلَيْهِ، فَاسْتَدَلَّ بِقِيَاسِهِ عَلَى الضَّارِبَاكَ مِنْ جِهَةِ أَنَّ الضَّارِبَاكَ بِالإِجْمَاعِ مُضَافٌ إِلَى الْمُضْمَرِ، وَلَمْ يُفِدْ خِفَّةً، لأَنَّكَ لا تَقُولُ: الضَّارِبَانِكَ، فَإِذَا وَجَبَ أَنْ يَكُونَ الضَّارِبَاكَ مُضَافًا وَلا خِفَّةَ وَجَبَ أَنْ يَكُونَ أَيْضًا الضَّارِبُكَ مُضَافًا، وَإِنْ لَمْ تَكُنْ فِيهِ خِفَّةٌ، وَإِنَّمَا وَجَبَتِ الإِضَافَةُ فِي الْجَمِيعِ؛ لأَنَّهُمْ لَوْ اعْتَبَرُوا تَحْقِيقَ التَّخْفِيفِ فِي (الضَّارِبَاكَ) لأَدَّى إِلَى تَنَاقُضٍ؛ إِذْ لَوْ جَوَّزُوا ضَارِبُنْكَ لِيَصِحَّ التَّخْفِيفُ فِي الضَّارِبَاكَ لأَدَّى إِلَى الْجَمْعِ بَيْنَ مَا يُشْعِرُ بِالتَّمَامِ، وَهُوَ التَّنْوِينُ وَالنُّونُ، وَبَيْنَ مَا يُشْعِرُ بِالاتِّصَالِ، وَهُوَ الضَّمِيرُ الْمُتَّصِلُ، فَلأَجْلِ ذَلِكَ كَانَ لاسْمِ الْفَاعِلِ مَعَ الضَّمِيرِ الْمُتَّصِلِ شَأْنٌ لَيْسَ لَهُ مَعَ الْمُظْهَرِ، فَلا يَلْزَمُ مِنْ جَوَازِ إِضَافَةِ اسْمِ الْفَاعِلِ إِلَى الْمُضْمَرِ مِنْ غَيْرِ تَخْفِيفٍ؛ لأَجْلِ هَذِهِ الْعِلَّةِ

جَوَازُ إِضَافَةِ اسْمِ الْفَاعِلِ إِلَى الظَّاهِرِ مَعَ انْتِفَائِهَا، فَحَصَلَ الْفَرْقُ بَيْنَ مَسْأَلَةِ (الضَّارِبُ زَيْدٍ) و(الضَّارِبُكَ)، وَحَصَلَ الدَّلِيلُ عَلَى أَنَّ الْكَافَ فِي مَوْضِعِ خَفْضٍ بِالْقِيَاسِ الَّذِي تَقَدَّمَ.

وَقَوْلُ صَاحِبِ الْكِتَابِ: (جَاءَ مَا فِيهِ تَنْوِينٌ)؛ يَعْنِي: (ضَارِبٌ)، (أَوْ نُونٌ)؛ يَعْنِي: (الضَّارِبَانِ وَالضَّارِبُونَ)، وَهِيَ الْأُصُولُ الَّتِي قَاسَ عَلَيْهَا.

وَقَوْلُهُ: (وَمَا عَدِمَ وَاحِدًا مِنْهُمَا).

يَعْنِي بِقَوْلِهِ: (وَاحِدًا مِنْهُمَا) التَّنْوِينَ خَاصَّةً؛ لِأَنَّ النُّونَ لَا تَعْدَمُ لِأَجْلِ شَيْءٍ غَيْرِ الْإِضَافَةِ، وَكَلَامُهُ فِيهِ قَبْلَ تَقْدِيرِ الْإِضَافَةِ، فَلَا وَجْهَ لِقَوْلِهِ: (وَمَا عَدِمَ وَاحِدًا مِنْهُمَا) إِلَّا التَّنْوِينُ؛ لِأَنَّهُ هُوَ الَّذِي يُعْدَمُ لِأَجْلِ الْأَلِفِ وَاللَّامِ.

وَقَوْلُهُ: (شَرْعًا)؛ يَعْنِي: سَوَاءً، وَأَوْرَدَ:

هُمُ الْآمِرُونَ الْخَيْرَ وَالْفَاعِلُونَهُ ....

اعْتِرَاضًا عَلَى الْأَصْلِ الَّذِي ذَكَرَهُ، وَأَجَابَ بِأَنَّهُ شَاذٌّ لَا اعْتِدَادَ بِهِ، فَإِنْ قِيلَ: لِمَ لَا يَجُوزُ أَنْ يَكُونَ الضَّمِيرُ فِي (وَالْفَاعِلُونَهُ) مَفْعُولًا بِهِ، وَتَقْدِيرُ الْكَلَامِ: الَّذِينَ يَفْعَلُونَ الْخَيْرَ، قُلْتُ: الْأَصْلُ فِي الْأَلْفَاظِ أَنْ تَكُونَ مُجْرَاةً عَلَى حَقَائِقِهَا، فَإِجْرَاءُ اسْمِ الْفَاعِلِ مُجْرَى الْفِعْلِ خِلَافُ الْأَصْلِ.

وَفِي هَذِهِ الْمَسْأَلَةِ ثَلَاثَةُ مَذَاهِبَ، قَالَ عِيسَى بْنُ عُمَرَ: سَوَاءٌ كَانَ اسْمُ الْفَاعِلِ بِالْأَلِفِ وَاللَّامِ أَوْ بِدُونِهِمَا فَالضَّمِيرُ مَنْصُوبٌ، وَمَذْهَبُ الْأَخْفَشِ: مَجْرُورٌ فِي الْحَالَيْنِ، وَعِنْدَ سِيبَوَيْهِ إِنْ كَانَ بِغَيْرِ الْأَلِفِ وَاللَّامِ فَهُوَ مَنْصُوبٌ، وَإِنْ كَانَ مَعَهُمَا فَهُوَ مَجْرُورٌ.

فَصْلٌ: وَكُلُّ اسْمٍ مَعْرِفَةٍ يَتَعَرَّفُ بِهِ مَا أُضِيفَ إِلَيْهِ إِضَافَةً مَعْنَوِيَّةً إِلَّا أَسْمَاءَ تَوَغَّلَتْ فِي إِبْهَامِهَا، فَهِيَ نَكِرَاتٌ وَإِنْ أُضِيفَتْ إِلَى الْمَعَارِفِ

قَالَ الشَّيْخُ: قَدْ تَقَدَّمَ أَنَّ تَعْرِيفَ الْإِضَافَةِ الْمَعْنَوِيَّةِ بِسَبَبِ مَا يَحْصُلُ مِنْ خُصُوصِيَّةِ النِّسْبَةِ بِاعْتِبَارِ الْمَعْنَى الَّذِي عُيِّنَ لَهُ لَفْظُ الْمُضَافِ، فَإِذَا كَانَتْ تِلْكَ النِّسْبَةُ لَا تَتَخَصَّصُ انْتَفَى التَّعْرِيفُ فِيهَا بِهَا، فَلِذَلِكَ لَمْ يَحْصُلْ تَعْرِيفٌ فِي غَيْرِ وَمِثْلَ لِتَعَذُّرِ النِّسْبَةِ وَتَعَذُّرِ تَخْصِيصِهَا، فَإِنْ فُرِضَتْ عَلَى النُّدُورِ خُصُوصِيَّةٌ فِيهَا لِشُهْرَةٍ أَوْ مُضَادَّةٍ جَاءَ التَّعْرِيفُ

الْمَذْكُورُ، وَلِذَلِكَ قَالَ: (إِلَّا إِذَا شُهِرَ الْمُضَافُ بِالْمُغَايَرَةِ أَوِ الْمُمَاثَلَةِ، وَاسْتَدَلَّ عَلَى أَنَّهَا نَكِرَاتٌ بِدُخُولِ خَصَائِصِ النَّكِرَاتِ عَلَيْهَا مِنْ وَصْفِ النَّكِرَاتِ بِهَا، وَدُخُولِ رُبَّ عَلَيْهَا.

فَصْلٌ: وَالْأَسْمَاءُ الْمُضَافَةُ إِضَافَةً مَعْنَوِيَّةً عَلَى ضَرْبَيْنِ: لَازِمَةٍ وَغَيْرِ لَازِمَةٍ

قَالَ الشَّيْخُ: اللَّازِمَةُ كُلُّ اسْمٍ لَا يُعْقَلُ مَدْلُولُهُ إِلَّا بِالنِّسْبَةِ إِلَى غَيْرِهِ، فَيُذْكَرُ مَعَهُ لِذَلِكَ الْغَيْرِ عَلَى سَبِيلِ الْإِضَافَةِ؛ لِيُعْرَفَ مَدْلُولُهُ عَلَى سَبِيلِ الْوُضُوحِ، وَقَدْ يُتَوَهَّمُ أَنَّ هَذَا الْمَعْنَى يَلْزَمُ بِسَبَبِهِ الْإِضَافَةُ مُطْلَقًا فِي كُلِّ اسْمٍ بِهَذِهِ الْمَثَابَةِ، وَلَيْسَ الْأَمْرُ كَذَلِكَ، فَإِنَّ الْأَبَ وَالِابْنَ وَمَا أَشْبَهَهُمَا لَا يُعْقَلُ إِلَّا بِالنِّسْبَةِ إِلَى غَيْرِهِ، وَمَعَ ذَلِكَ فَإِنَّهُ يُسْتَعْمَلُ نَكِرَةً غَيْرَ مُضَافٍ، نَعَمِ الْأَكْثَرُ فِي مِثْلِ هَذِهِ الْأَسْمَاءِ أَنْ تُسْتَعْمَلَ مُضَافَةً، وَقَدِ الْتُزِمَ فِيمَا ذُكِرَ لِزِيَادَةِ بَيَانٍ فِيهِ، وَهَذِهِ الْأَسْمَاءُ وَإِنِ الْتُزِمَ ذِكْرُ مُتَعَلِّقَاتِهَا كَمَا يُلْتَزَمُ فِي الْحُرُوفِ فِي قَوْلِكَ: مِنْ زَيْدٍ، وَإِلَى عَمْرٍو، وَعَلَى الْحَصِيرِ، فَإِنَّهَا تُفَارِقُهَا مِنْ حَيْثُ إِنَّ وَضْعَهَا عَلَى أَنْ تُفْهَمَ تِلْكَ الْمَعَانِي مِنْهَا، وَذِكْرُ تِلْكَ التَّعْلِيقَاتِ لِزِيَادَةِ بَيَانٍ، بِخِلَافِ الْحَرْفِ، فَإِنَّهُ لَمْ يُوضَعْ دَالًّا عَلَى ذَلِكَ الْمَعْنَى إِلَّا بِاعْتِبَارِ ذِكْرِ مُتَعَلِّقِهِ مَعَهُ، وَأَيْضًا فَإِنَّا عَلِمْنَا أَنَّ لِلْأَسْمَاءِ خَصَائِصَ مِنْ دُخُولِ حَرْفِ الْجَرِّ عَلَيْهَا وَغَيْرِهِ، وَقَدْ وَجَدْنَاهَا بِعَيْنِهَا دَاخِلَةً عَلَى هَذَا الْقَبِيلِ الَّذِي هُوَ لَازِمُ الْإِضَافَةِ، فَدَلَّ عَلَى أَنَّهَا مِنْ قَبِيلِ الْأَسْمَاءِ وَأَنَّ مَعَانِيهَا مَفْهُومَةٌ مِنْهَا.

وَغَيْرُ اللَّازِمَةِ الْأَسْمَاءُ الَّتِي تُعْقَلُ فِي نَفْسِهَا مِنْ غَيْرِ تَوَقُّفٍ عَلَى مُتَعَلِّقٍ لَهَا، وَغَيْرُ ذَلِكَ مِمَّا اسْتَعْمَلَتْهُ الْعَرَبُ مُفْرَدًا بِاعْتِبَارِ مَعْنَاهُ خَاصَّةً كَمَا ذَكَرْنَاهُ فِي الْأَبِ وَالِابْنِ.

فَصْلٌ: و(أَيٌّ) إِضَافَتُهُ إِلَى اثْنَيْنِ فَصَاعِدًا إِذَا أُضِيفَ إِلَى الْمَعْرِفَةِ

قَالَ الشَّيْخُ: الْحُكْمُ الَّذِي ذَكَرَهُ فِي أَيٍّ صَحِيحٌ، إِلَّا أَنَّهُ لَمْ يُبَيِّنِ الْمَعْنَى فِي إِضَافَتِهَا إِلَى الْمَعْرِفَةِ وَالْمَعْنَى فِي إِضَافَتِهَا إِلَى النَّكِرَةِ.

فَأَمَّا مَعْنَاهَا إِذَا أُضِيفَتْ إِلَى الْمَعْرِفَةِ فَسُؤَالٌ عَنْ وَاحِدٍ مِنَ الْمَذْكُورِ بَعْدَهَا جِنْسًا، أَوْ جَمْعًا مَعْرُوفًا، أَوْ مُثَنًّى مَعْرُوفًا بِإِضْمَارٍ، أَوْ لَامٍ لِجِنْسٍ، أَوْ عَهْدٍ، أَوْ إِضَافَةٍ، أَوْ إِشَارَةٍ، فَإِذَا قَالَ: (جَاءَنِي أَحَدُ الرَّجُلَيْنِ). قُلْتُ: (أَيُّ الرَّجُلَيْنِ؟) وَكَذَلِكَ مَا أَشْبَهَهُ.

وَإِذَا أُضِيفَتْ إِلَى النَّكِرَةِ، فَمَعْنَاهَا: السُّؤَالُ عَنْ عَدَدٍ أُضِيفَتْ إِلَيْهِ وَاحِدًا كَانَ أَوِ اثْنَيْنِ أَوْ جَمَاعَةً؛ كَقَوْلِكَ إِذَا قَالَ: (جَاءَنِي رَجُلٌ): أَيُّ رَجُلٍ؟، وَإِذَا قَالَ: (جَاءَنِي رَجُلَانِ): أَيُّ رَجُلَيْنِ؟، وَإِذَا قَالَ: (جَاءَنِي رِجَالٌ): أَيُّ رِجَالٍ؟، وَالْمَعْنَى فِي هَذِهِ تَقْدِيرُ الْجِنْسِ رَجُلَيْنِ رَجُلَيْنِ، وَجَمَاعَةً جَمَاعَةً، ثُمَّ سَأَلَهُ عَنِ الْوَاحِدِ الْمُلْتَبِسِ عِنْدَهُ مِنْهَا، فَهِيَ فِي التَّحْقِيقِ فِي هَذَا مُضَافَةٌ إِلَى الْمَسْؤُولِ عَنْهُ عَلَى طِبْقِهِ وَوَفْقِهِ، وَفِي الْأَوَّلِ مُضَافَةٌ إِلَى شَيْءٍ الْمَسْؤُولُ عَنْهُ وَاحِدٌ مِنْهُ، وَإِنَّمَا أَضَافُوهَا إِلَى عَيْنِ الْمَسْؤُولِ عَنْهُ، وَإِنْ كَانَتْ سُؤَالًا عَنْ وَاحِدٍ مِنْ أَعْدَادٍ؛ لِأَنَّهُمْ لَمَّا اضْطُرُّوا إِلَى السُّؤَالِ عَنْ مِثْلِ ذَلِكَ فَهُمْ إِمَّا أَنْ يُضِيفُوهَا إِلَى جِنْسِ ذَلِكَ أَوْ إِلَيْهِ أَوْ إِلَيْهِمَا.

وَلَا تَسْتَقِيمُ الْإِضَافَةُ إِلَيْهِمَا؛ إِذْ لَا يُضَافُ إِلَى اسْمَيْنِ وَلَا إِلَى الْجِنْسِ؛ لِئَلَّا يُوهِمَ الْوَجْهَ الْأَوَّلَ، فَأَضَافُوهُ إِلَى نَكِرَةٍ مُطَابِقَةٍ لِلْمَسْؤُولِ عَنْهُ، لِيَحْصُلَ الْغَرَضُ، وَكَأَنَّ فِي تَنْكِيرِهِ مُنَاسَبَةً لِلْجِنْسِيَّةِ فِي عَدَمِ الِاخْتِصَاصِ وَثُبُوتِ الصَّلَاحِيَّةِ، وَإِنْ كَانَ فِي الْمَعْنَى الْجِنْسُ مُرَادًا يَجُوزُ التَّصْرِيحُ بِهِ، كَمَا لَوْ قُلْتَ: أَيُّ رِجَالٍ مِنَ الرِّجَالَاتِ؟ لِأَنَّكَ قَدَّرْتَ الْجِنْسَ رِجَالًا رِجَالًا.

وَأَوْرَدَ أَيِّي وَأَيُّكَ اعْتِرَاضًا؛ لِأَنَّهُ أُضِيفَ إِلَى الْمَعْرِفَةِ مُفْرَدًا، وَأَجَابَ بِأَنَّهُ لَمْ يُضَفْ فِي التَّحْقِيقِ إِلَّا إِلَى الْمُتَعَدِّدِ وَهُوَ أَيُّنَا وَأَيُّكُمْ، وَإِنَّمَا كُرِّرَتْ أَيٌّ لِأَمْرٍ لَفْظِيٍّ، وَهُوَ الْتِزَامُهُمْ أَلَّا يَعْطِفُوا عَلَى الضَّمِيرِ الْمَخْفُوضِ إِلَّا بِإِعَادَةِ الْعَامِلِ، كَمَا قَالُوا: (الْمَالُ بَيْنِي وَبَيْنَكَ)، فَلَمْ تُذْكَرْ (بَيْنَ) لِأَمْرٍ مَعْنَوِيٍّ اقْتَضَاهَا، وَإِنَّمَا ذُكِرَتْ لِمَا ذَكَرْنَاهُ مِنَ اللَّفْظِ.

قَالَ: (وَلَا يُقَالُ: أَيًّا ضَرَبْتَ؟ وَبِأَيٍّ مَرَرْتَ؟ إِلَّا حَيْثُ جَرَى ذِكْرُ مَا هُوَ بَعْضٌ مِنْهُ).

يَعْنِي: أَنَّكَ لَا تَسْتَعْمِلُ أَيًّا إِلَّا مُضَافَةً، فَإِذَا حَذَفْتَ الْمُضَافَ إِلَيْهِ، فَلَا بُدَّ مِنْ قَرِينَةٍ تَدُلُّ عَلَيْهِ، وَمَثَّلَهُ بِقَوْلِهِ تَعَالَى: "أَيًّا مَا تَدْعُوا" [الإسراء:١١٠]، إِذْ قَدْ تَقَدَّمَ: "ادْعُوا اللَّهَ أَوِ ادْعُوا الرَّحْمَنَ" [الإسراء:١١٠].

ثُمَّ قَالَ مَا مَعْنَاهُ: إِذَا كَانُوا قَدْ وَفَّرُوا عَلَيْهَا صُورَةَ الْإِضَافَةِ مَعَ خُرُوجِهَا عَنْ هَذَا الْمَعْنَى الَّذِي اقْتَضَتْ بِهِ الْإِضَافَةُ فَهِيَ أَحَقُّ بِالْإِضَافَةِ هُنَا، وَهُوَ قَوْلُهُ: (وَلِاسْتِيجَابِهِ الْإِضَافَةَ) إِلَى آخِرِهِ.

فَصْلٌ: وَحَقُّ مَا يُضَافُ إِلَيْهِ كِلا أَنْ يَكُونَ مَعْرِفَةً وَمُثَنًّى، أَوْ مَا هُوَ فِي مَعْنَى الْمُثَنَّى

وَكِلاهُـمَا تَجِـبُ إِضَـافَتُهُ؛ لأَنَّ الْغَـرَضَ بِوَضْـعِهِ الْمُضَـافُ إِلَيْـهِ؛ لأَنَّـهُ كَالتَّأْكِيـدِ لَـهُ وَالتَّفْصِيلِ لأَجْزَائِهِ كَكُلٍّ فِي الْجَمْعِ، فَإِنَّمَا وَجَبَ أَنْ يَكُونَ مُثَنًّى؛ لأَنَّ وَضْعَهُ كَذَلِكَ، كَـمَا أَنَّ وَضْعَ كُلٍّ فِي الْجَمْعِ، وَإِنَّمَا وَجَبَ أَنْ يَكُونَ مَعْرِفَةً؛ لأَنَّ وَضْعَهُ لِلتَّأْكِيـدِ، فَنَاسَـبَ أَنْ يَكُـونَ الْمُضَافُ إِلَيْهِ مَعْرِفَةً، كَمَا كَانَ فِي كُلٍّ، وَإِنَّمَا أُضِيفَ كُلٌّ فِي الصُّورَةِ إِلَى نَكِرَةٍ؛ كَقَوْلِـكَ: (كُـلُّ رَجُلٍ)، لإِفَادَتِهِ الْجِنْسَ، فَكَانَ فِي مَعْنَى الْمَعْرِفَةِ، وَلَـمْ يُضَـفْ (كِلا) كَـذَلِكَ لأَنَّـهُ لِلتَّثْنِيَـةِ، فَيُنَافِي ذَلِكَ مَعْنَى الْجِنْسِ، فَلِذَلِكَ امْتَنَعَ إِضَافَتُهُ إِلَى نَكِرَةٍ بِخِلافِ كُـلٍّ، وَإِنَّمَـا التَّفْرِيـقُ فِي الْمُضَافِ إِلَيْهِ ضَعِيفٌ؛ لأَنَّهُ مَوْضُوعٌ لِتَأْكِيدِ الْمُثَنَّى، فَنَفْسُ الْمُثَنَّى فِي الْمُضَـافِ إِلَيْـهِ فِيـهِ مَقْصُودٌ، كَمَا أَنَّ نَفْسَ الْجَمْعِ فِي الْمُضَافِ إِلَيْهِ كُـلٌّ مَقْصُودٌ، فَكَمَا لَـزِمَ الْجَمْـعُ ثَمَّـةَ لَـزِمَ التَّثْنِيَةُ هُنَا.

وَالْجَوَابُ فِي (كُـلُّ رَجُـلٍ) هَاهُنَـا كَـالْجَوَابِ فِيـهِ فِيمَا تَقَـدَّمَ، وَفَـارِقُ ذَلِـكَ قَـوْلُهُمْ: (اسْتَوَى الْمَاءُ وَالْخَشَبَةُ) و(تَضَارَبَ زَيْدٌ وَعَمْرٌ)؛ لأَنَّهُ لَيْسَ الْغَرَضُ هَاهُنَا إِلا أَنْ يُنْسَبَ إِلَى مُتَعَدِّدٍ، فَلا فَرْقَ بَيْنَ أَنْ يَكُونَ مَعْطُوفًا أَحَدُهُمَا عَـلَى الآخَرِ وَبَـيْنَ كَوْنِـهِ مَـذْكُورًا بِلَفْـظٍ وَاحِدٍ، بِخِلافِ كِلا وَكُلٍّ لِمَا ذَكَرْنَاهُ مِنْ قَصْدِ الْمُثَنَّى وَالْمَجْمُوعِ فِيهِمَا.

قَالَ: (وَحُكْمُهُ إِذَا أُضِيفَ إِلَى الظَّاهِرِ أَنْ يَجْرِيَ مُجْرَى عَصًا وَرَحًـى، وَإِذَا أُضِـيفَ إِلَى الْمُضْمَرِ أَنْ يَجْرِيَ مُجْرَى الْمُثَنَّى).

أَمَّا إِذَا أُضِيفَ إِلَى الظَّاهِرِ فَقِيَاسُهُ مَا هُوَ مُسْتَعْمَلٌ فِيهِ؛ لأَنَّهُ اسْمٌ مُفْـرَدٌ، فَوَجَـبَ أَنْ يَكُونَ إِعْرَابُهُ بِالْحَرَكَةِ، وَآخِرُهُ أَلِفٌ، فَوَجَبَ أَنْ يَكُونَ إِعْرَابُهُ تَقْدِيرًا.

وَأَمَّا إِذَا أُضِيفَ إِلَى الْمُضْمَرِ، فَقِيَاسُهُ أَنْ يَكُونَ كَذَلِكَ عَلَى مَا هُوَ مُسْتَعْمَلٌ فِي اللُّغَـةِ الضَّعِيفَةِ؛ لأَنَّهُ اسْمٌ مُفْرَدٌ، فَقِيَاسُـهُ إِذَا أُضِـيفَ إِلَى الْمُضْـمَرِ أَنْ يَكُـونَ حُكْمُـهُ حُكْمَـهُ إِذَا أُضِيفَ إِلَى الظَّاهِرِ، وَاسْتِعْمَالُهُ اسْتِعْمَالَ الْمُثَنَّى عَلَى مَا هُوَ فِي اللُّغَةِ الْفَصِيحَةِ عَلَى خِلافِ الْقِيَاسِ، وَوَجْهُهُ أَنَّهُ لَمَّا كَانَ مَعْنَاهُ مُثَنًّى، وَتَأَكَّـدَ أَمْرُ التَّثْنِيَـةِ فِيـهِ بِكَـوْنِ الْمُضَـافِ إِلَيْـهِ ضَمِيرًا مُتَّصِلا؛ لأَنَّ الْمُضْمَرَ الْمَجْرُورَ لا يَكُونُ إِلا مُتَّصِلا، صَـارَ كَأَنَّـهُ بِمُضْـمَرِهِ لاتِّصَالِهِ بِـهِ كَلِمَةً وَاحِدَةً، فَاشْتَدَّ أَمْرُ التَّثْنِيَةِ فِيهِ لَفْظًا وَمَعْنًى، فَنَاسَبَ ذَلِكَ أَنْ يُجْرَى مُجْرَى الْمُثَنَّى، فَلِذَلِكَ أُعْرِبَ عَلَى اللُّغَةِ الْفَصِيحَةِ بِإِعْرَابِ الْمُثَنَّى، فَقِيلَ: (جَاءَنِي كِلاهُمَا)

و(رَأَيْتُ كِلَيْهِمَا) و(مَرَرْتُ بِكِلَيْهِمَا)، وَكَذَلِكَ تَقُولُ: (كِلانَا فَعَلَ كَذَا)، و(رَأَيْتُ كِلَيْنَا) و(مَرَرْتُ بِكِلَيْنَا)؛ لأَنَّهُ ضَمِيرُ تَثْنِيَةٍ، فَحُكْمُهُ حُكْمُ غَيْرِهِ مِنْ مُضْمَرَاتِ الْمُثَنَّى، وَإِنْ كَانَ لَفْظُهُ مُوَافِقًا لِمُضْمَرَاتِ الْجَمْعِ؛ لأَنَّ الْمُتَكَلِّمَ فِي الْمُثَنَّى وَالْمَجْمُوعِ فِي جَمِيعِ أَبْوَابِ الْمُضْمَرِ سَوَاءٌ.

فَصْلٌ: وَأَفْعَلُ التَّفْضِيلِ يُضَافُ إِلَى نَحْوِ مَا يُضَافُ إِلَيْهِ أَيٌّ فِي الْمُظْهَرِ وَالْمُضْمَرِ

قَالَ الشَّيْخُ: يَعْنِي أَنَّكَ إِذَا قَصَدْتَ التَّفْضِيلَ عَلَى مَعْرُوفٍ أَضَفْتَهَا إِلَى مَعْرِفَةٍ، وَوَجَبَ أَنْ يَكُونَ الأَوَّلُ وَاحِدًا مِنَ الْمَذْكُورِينَ عَلَى حَسَبِ ذَلِكَ الْمَعْنَى، وَإِنْ قَصَدْتَ تَفْضِيلَ عَدَدٍ عَلَى عَدَدٍ مِثْلِهِ مِنْ ذَلِكَ الْجِنْسِ أَضَفْتَهُ إِلَى الْعَدَدِ الَّذِي قَصَدْتَهُ مُنَكَّرًا، كَمَا فَعَلْتَهُ فِي أَيٍّ حِينَ قُلْتَ: أَيُّ رَجُلَيْنِ؟ فَتَقُولُ: الزَّيْدَانُ أَفْضَلُ رَجُلَيْنِ، وَالزَّيْدُونَ أَفْضَلُ رِجَالٍ، وَعِلَّتُهُ كَعِلَّتِهِ فِي أَيٍّ، وَلِذَلِكَ قَالَ: (وَالْمَعْنَى فِي هَذَا) - يَعْنِي عِنْدَ إِضَافَتِكَ إِيَّاهُ إِلَى النَّكِرَةِ - (إِثْبَاتُ الْفَضْلِ عَلَى الرِّجَالِ إِذَا فُصِّلُوا رَجُلًا رَجُلًا، وَاثْنَيْنِ اثْنَيْنِ، وَجَمَاعَةً جَمَاعَةً).

ثُمَّ قَالَ: (وَلَهُ مَعْنَيَانِ).

فَالأَوَّلُ الظَّاهِرُ، وَهُوَ الْكَثِيرُ الْمُسْتَعْمَلُ.

(وَالثَّانِي: أَنْ يُؤْخَذَ مُطْلَقًا لَهُ الزِّيَادَةُ فِيهَا إِطْلاقًا).

فَقَوْلُهُ: (أَنْ يُؤْخَذَ) يَعْنِي: أَفْعَلَ التَّفْضِيلَ بِاعْتِبَارِ مَنْ هُوَ لَهُ، فَفِي (يُؤْخَذَ) ضَمِيرٌ يَعُودُ عَلَى أَفْعَلَ، و(مُطْلَقًا) حَالٌ، و(الزِّيَادَةُ) مَرْفُوعٌ بِمُطْلَقٍ، و(فِيهَا) ضَمِيرُ الْخَصْلَةِ.

ثُمَّ قَالَ: (ثُمَّ يُضَافُ لا لِلتَّفْضِيلِ بَلْ لِلتَّخْصِيصِ)، وَمَثَّلَ بِقَوْلِهِ: (النَّاقِصُ وَالأَشَجُّ أَعْدَلا بَنِي مَرْوَانَ)، كَأَنَّهُ زَعَمَ أَنَّهُ لَيْسَ فِي بَنِي مَرْوَانَ عَادِلٌ غَيْرُهُمَا، وَإِنَّمَا أَضَافَهُ لِلتَّخْصِيصِ؛ لأَنَّهُ لَوْ لَمْ يُقَدَّرْ ذَلِكَ لَلَزِمَ أَنْ يَكُونَ مِنَ الْوَجْهِ الأَوَّلِ.

ثُمَّ قَالَ: (فَأَنْتَ عَلَى الأَوَّلِ يَجُوزُ لَكَ تَوْحِيدُهُ) إِلَى آخِرِهِ.

يَعْنِي: أَنَّهُ لَيْسَ بِوَاجِبٍ، وَسَيَأْتِي ذَلِكَ عِنْدَ ذِكْرِ الأَسْمَاءِ الْمُتَّصِلَةِ بِالأَفْعَالِ مُبَيَّنًا فِي فَصْلٍ.

ثُمَّ قَالَ: (وَقَدِ اجْتَمَعَ الْوَجْهَانِ فِي قَوْلِهِ عَلَيْهِ السَّلامُ) إِلَى آخِرِهِ.

فَالظَّاهِرُ أَنَّهُ أَرَادَ بِالْوَجْهَيْنِ الْمَعْنَى الأَوَّلَ وَالْمَعْنَى الثَّانِي، وَهُوَ غَيْرُ مُسْتَقِيمٍ بِاعْتِبَارِ

الْمَعْنَى فِي الحَدِيثِ، وَإِنْ حُمِلَ الْوَجْهَانِ بِاعْتِبَارِ قَوْلِهِ: (يَجُوزُ)؛ لأَنَّ مَضْمُونَهُ أَنَّ فِيهِ وَجْهًا آخَرَ، فَهُوَ أَيْضًا غَيْرُ مُسْتَقِيمٍ؛ لأَنَّهُ غَيْرُ مَقْصُودٍ هَاهُنَا، إِذْ سَيَأْتِي فِي بَابِهِ، وَلأَنَّهُ أَخَّرَهُ - يَعْنِي الحَدِيثَ - بَعْدَ أَنْ ذَكَرَ الْمَعْنَى الثَّانِي، وَالظَّاهِرُ أَنَّهُ لَمْ يَقْصِدْ إِلا الْمَعْنَيَيْنِ، وَتَوَهَّمَ أَنَّ الْجَمْعَ لِلْوَجْهِ الثَّانِي، وَهُوَ غَيْرُ مُسْتَقِيمٍ؛ لأَنَّ الْجَمْعَ لا يُنَافِي أَنْ يَكُونَ فِي الْوَجْهِ الأَوَّلِ، فَلِذَلِكَ وَقَعَ فِي بَعْضِ النُّسَخِ مَوْضِعَ (يَجُوزُ) (يَجِبُ) وَبَيَانُ أَنَّهُ لا يَمْتَنِعُ أَنْ يَكُونَ مِنَ الْوَجْهِ الأَوَّلِ أَنَّ قَوْلَهُ: (أَحَاسِنُكُمْ) لِلْمُخَاطَبِينَ، وَهُمُ الْمَقْصُودُونَ، وَقَدِ اشْتَرَكُوا فِي حُسْنِ الْخُلُقِ، وَعَلَى تَقْدِيرِ أَنْ يَكُونَ مِنَ الْوَجْهِ الثَّانِي لا تَكُونُ الأَحَاسِنُ لِلْمُخَاطَبِينَ، وَلَكِنْ مِنْ غَيْرِهِمْ، وَلا يَكُونُ الاشْتِرَاكُ فِي الْحُسْنِ لازِمًا، وَهُوَ غَيْرُ جَيِّدٍ، فَثَبَتَ أَنَّ حَمْلَهُ عَلَى الْمَعْنَى الثَّانِي غَيْرُ مُسْتَقِيمٍ.

ثُمَّ مَسْأَلَةُ (يُوسُفُ أَحْسَنُ إِخْوَتِهِ)، قَدْ أَوْضَحَهَا وَقَالَ: (وَمِنْهُ قَوْلُ مَنْ قَالَ لِنُصَيْبٍ: أَنْتَ أَشْعَرُ أَهْلِ جِلْدَتِكَ)؛ لأَنَّ أَهْلَ جِلْدَتِهِ لَيْسَ هُوَ مِنْهُمْ، فَإِذَا أَضَافَ (أَشْعَرَ) إِلَيْهِمْ فَقَدْ أَضَافَهُ إِلَى شَيْءٍ لَيْسَ هُوَ مِنْهُمْ، وَذَلِكَ إِنَّمَا يَكُونُ عَلَى الْوَجْهِ الثَّانِي.

فَصْلٌ: وَيُضَافُ الشَّيْءُ إِلَى غَيْرِهِ بِأَدْنَى مُلابَسَةٍ

يَعْنِي أَنَّهُ لا يُشْتَرَطُ فِي الإِضَافَةِ مِلْكٌ فِيمَا يَمْلِكُ، وَلا خُصُوصِيَّةٌ فِي ذَلِكَ الْمَعْنَى بِالنِّسْبَةِ إِلَى الْمُضَافِ إِلَيْهِ، وَلَكِنْ يَكْفِي أَدْنَى مُلابَسَةٍ، فَتَحْصُلُ خُصُوصِيَّةٌ مَا، ثُمَّ مَثَّلَهُ بـ:

... كَوْكَبُ الْخَرْقَاءِ..... ....

وَبِقَوْلِهِ:

إِذَا قَالَ قَدْنِي قَالَ بِاللهِ حَلْفَةً   لِتَغْنِي عَنِّي ذَا إِنَائِكَ أَجْمَعَا

وَهَذَا الْبَيْتُ يَحْتَمِلُ مَعْنَيَيْنِ:

أَحَدُهُمَا: أَنْ يُرِيدَ إِضَافَةَ الإِنَاءِ إِلَى الْمُخَاطَبِ، وَالإِنَاءُ لَيْسَ لَهُ، وَإِنَّمَا أَضَافَهُ لِمُلابَسَتِهِ لَهُ فِي شُرْبِهِ، فَالضَّمِيرُ فِي (مُلابَسَتِهِ) لِلْمُضَافِ إِلَيْهِ، وَفِي (لَهُ) لِلإِنَاءِ، وَيَجُوزُ الْعَكْسُ، و(فِي شُرْبِهِ) يَجُوزُ أَنْ يَكُونَ لِلشَّارِبِ وَالإِنَاءِ وَاللَّبَنِ[1].

(١) قد يضافُ الشيءُ إلى الشيءُ لأدنى سَبب بينهما (ويُسمُّونَ ذلك بالإضافة لأدنى مُلابَسةٍ)، وذلك أنك تقولُ لرجلٍ كنتَ قد اجتمعتَ به بالأمسِ في مكان "انتظرني مكانَكَ أمس"، فأضفتَ المكانَ إليه لأقلِّ سببٍ، وهو اتفاقُ وُجوده فيه، وليس المكانُ ملكاً لهُ ولا خاصاً به. جامع الدروس العربية ٢٢.

وَالْمَعْنَى الآخَرُ: أَنْ يَكُونَ مَوْضِعُ الاسْتِشْهَادِ إِضَافَةَ (ذَا) إِلَى الإِنَاءِ عَلَى مَعْنَى أَنَّهُ صَاحِبُهُ لِمُلابَسَةِ اللَّبَنِ لِلإِنَاءِ.

قَوْلُهُ: (وَهُوَ لِسَاقِي اللَّبَنِ) أَيْ: فِي الْحَقِيقَةِ، وَلَيْسَ لِلَّبَنِ، وَهُوَ ضَعِيفٌ؛ لأَنَّهُ قَالَ: (لِمُلابَسَتِهِ لَهُ فِي شُرْبِهِ)، وَاللَّبَنُ مُلابِسٌ لِلإِنَاءِ فِي شُرْبِهِ وَفِي غَيْرِ شُرْبِهِ، فَتَقْيِيدُهُ بِقَوْلِهِ: (فِي شُرْبِهِ) يُقَوِّي الأَوَّلَ؛ أَيْ: الشَّارِبَ.

فَصْلٌ: وَالَّذِي أَبَوْهُ مِنْ إِضَافَةِ الشَّيْءِ إِلَى نَفْسِهِ... إِلَى آخِرِهِ

أَقُولُ: لأَنَّ إِضَافَةَ الشَّيْءِ إِلَى الشَّيْءِ تُفِيدُ تَعْرِيفًا أَوْ تَخْصِيصًا، وَإِذَا أَضَفْتَ الشَّيْءَ إِلَى مَا هُوَ نَفْسُهُ لَمْ يَحْصُلْ تَعْرِيفٌ وَلا تَخْصِيصٌ، فَبَطَلَتِ الإِضَافَةُ.

وَأَمَّا قَوْلُهُ: (نَحْوُ جَمِيعِ الْقَوْمِ) إِلَى آخِرِهِ، فَإِنَّمَا جَازَ لِمَا فِي الأَوَّلِ مِنَ الإِبْهَامِ، فَجَازَ إِضَافَتُهُ لِلتَّخْصِيصِ، كَمَا فِي (خَاتَمُ حَدِيدٍ) و(بَابُ سَاجٍ)، وَيَجُوزُ أَنْ يُقَالَ فِي هَذَا: إِنَّ الْمُرَادَ بِالأَوَّلِ الذَّاتُ وَبِالثَّانِي اللَّفْظُ، كَمَا فِي قَوْلِكَ: ذَاتُ زَيْدٍ، كَمَا سَيَأْتِي ذِكْرُهُ.

فَصْلٌ: وَلا يَجُوزُ إِضَافَةُ الْمَوْصُوفِ إِلَى صِفَتِهِ وَلا الصِّفَةُ إِلَى مَوْصُوفِهَا

أَقُولُ: أَمَّا امْتِنَاعُ إِضَافَةِ الْمَوْصُوفِ إِلَى صِفَتِهِ؛ فَلأَنَّهُ يُؤَدِّي إِلَى إِضَافَةِ الشَّيْءِ إِلَى نَفْسِهِ، وَأَمَّا امْتِنَاعُ إِضَافَةِ الصِّفَةِ إِلَى مَوْصُوفِهَا؛ فَلأَنَّهُ أَيْضًا يُخْرِجُهَا عَنْ وَضْعِهَا بِتَقْدِيمِهَا وَخُرُوجِهَا عَنْ كَوْنِهَا تَابِعَةً، وَخُرُوجِ مَتْبُوعِهَا عَنْ أَنْ يَكُونَ مَتْبُوعًا، وَلأَنَّهُ يُؤَدِّي إِلَى إِضَافَةِ الشَّيْءِ إِلَى نَفْسِهِ.

ثُمَّ أَوْرَدَ اعْتِرَاضًا يُوهِمُ إِضَافَةُ الْمَوْصُوفِ إِلَى صِفَتِهِ، وَاعْتِرَاضًا يُوهِمُ إِضَافَةَ الصِّفَةِ إِلَى مَوْصُوفِهَا، وَأَجَابَ عَنْهُمَا.

أَمَّا الأَوَّلُ فَقَوْلُهُ: (دَارُ الآخِرَةِ) إِلَى آخِرِهِ، وَجَوَابُهُ أَنَّهُ مُؤَوَّلٌ بِحَذْفِ مَوْصُوفٍ لِلْمُضَافِ إِلَيْهِ لَيْسَ هُوَ الْمُضَافَ عَلَى مَا بَيَّنَهُ، وَالْكُوفِيُّونَ يَزْعُمُونَ أَنَّهُ إِضَافَةُ الْمَوْصُوفِ إِلَى صِفَتِهِ، وَيَحْمِلُونَهُ عَلَى ظَاهِرِهِ.

وَأَمَّا الثَّانِي فَقَوْلُهُ: (عَلَيْهِ سَحْقُ عِمَامَةٍ) إِلَى آخِرِهِ، وَأَجَابَ عَنْهُ بِأَنَّ هَذِهِ صِفَاتٌ فِي الأَصْلِ، حُذِفَ مَوْصُوفُهَا، فَصَارَتْ مَوْضُوعَةً لِلذَّاتِ ثُمَّ رَأَوْهَا مُبْهَمَةً كَإِبْهَامِ خَاتَمٍ وَشِبْهِهِ، فَأَضَافُوهَا إِلَى مَا يُبَيِّنُهَا، فَصَارَتْ فِي الصُّورَةِ كَأَنَّهَا مُضَافَةٌ إِلَى مَوْصُوفِهَا، وَلَيْسَ

الأمْرُ كَذَلِكَ، وَشَبَّهَهُ بِـ:
وَالْمُؤْمِنُ الْعَائِذَاتِ الطَّيْرِ..... ....

لا مِنْ جِهَةِ الإضَافَةِ، لَكِنْ مِنْ جِهَةِ أَنَّكَ أَجْرَيْتَ الطَّيْرَ عَلَى الْعَائِذَاتِ عَطْفَ بَيَانٍ بَعْدَ أَنْ أَرَدْتَ بِالْعَائِذَاتِ نَفْسَ الذَّاتِ بِحَذْفِ مَوْصُوفِهَا، فَلَمَّا صَارَتْ مُبْهَمَةً جَازَ بَيَانُهَا بِمَوْصُوفِهَا، فَوَجْهُ تَشْبِيهِهِ بِهَا أَنَّكَ أَرَدْتَ بِالأوَّلِ حَذْفَ الْمَوْصُوفِ، فَصَارَ مُبْهَمًا، فَقَصَدْتَ إِلَى تَبْيِينِهِ، إِلا أَنَّكَ بَيَّنْتَهُ فِي الأوَّلِ بِالإضَافَةِ، وَهَاهُنَا بِعَطْفِ الْبَيَانِ، وَالْجَمِيعُ تَأْوِيلٌ؛ لأنَّهُ هَاهُنَا أَيْضًا لَوْ لَمْ يَتَأَوَّلْهُ لَكَانَ تَقْدِيمًا لِلصِّفَةِ عَلَى الْمَوْصُوفِ، فَكَمَا يَمْتَنِعُ إِضَافَةُ الصِّفَةِ إِلَى مَوْصُوفِهَا فَهُنَا يَمْتَنِعُ تَقْدِيمُ الصِّفَةِ عَلَى مَوْصُوفِهَا، فَهَذَا وَجْهُ الْجَمْعِ بَيْنَهُمَا.

فَصْلٌ: وَقَدْ أُضِيفَ الْمُسَمَّى إِلَى اسْمِهِ... إِلَى آخِرِهِ

قَالَ الشَّيْخُ: يَعْنِي أَنَّكَ تَأْخُذُ اللَّفْظَ الْمُرَادَ بِهِ الذَّاتُ فَتُضِيفُهُ إِلَى اللَّفْظِ الَّذِي لَمْ يُرَدْ بِهِ إِلا اللَّفْظُ؛ كَقَوْلِكَ: (ذَاتُ زَيْدٍ)، وَسُمِّيَ الأوَّلُ مُسَمًّى لِمَا قُصِدَ بِهِ الذَّاتُ، وَهُوَ كَذَلِكَ بِلا خِلافٍ، وَسُمِّيَ الثَّانِي اسْمًا لَمَّا قُصِدَ بِهِ اللَّفْظُ، وَفِي ذَلِكَ خِلافٌ، مِنْهُمْ مَنْ يَقُولُ: الاسْمُ هُوَ التَّسْمِيَةُ، وَهُوَ مَذْهَبُ الْمُعْتَزِلَةِ وَالنَّحْوِيِّينَ وَكَثِيرٍ مِنَ الْفُقَهَاءِ، وَمِنْهُمْ مَنْ يَقُولُ: الاسْمُ هُوَ الْمُسَمَّى، وَهُوَ مَذْهَبُ الأشْعَرِيِّ، وَلا خِلافَ أَنَّهُ يُطْلَقُ الاسْمُ عَلَى الْمُسَمَّى وَعَلَى التَّسْمِيَةِ، وَإِنَّمَا الْخِلافُ فِي أَنَّهُ هَلْ هُوَ فِي التَّسْمِيَةِ مَجَازٌ وَفِي الْمُسَمَّى حَقِيقَةٌ أَوْ بِالْعَكْسِ، فَالأوَّلُ مَذْهَبُ الأشْعَرِيِّ، وَالثَّانِي مَذْهَبُ الْمُعْتَزِلَةِ، وَهُوَ اخْتِلافٌ لَفْظِيٌّ لا يَتَعَلَّقُ بِاعْتِقَادٍ وَلا بِحَقِيقَةٍ، وَفِي الْقُرْآنِ ظَوَاهِرُ فِي الْمَذْهَبَيْنِ، قَالَ اللهُ تَعَالَى: "**مَا تَعْبُدُونَ مِنْ دُونِهِ إِلا أَسْمَاءً**" [يوسف:٤٠]، فَظَاهِرُ هَذَا عَلَى مَذْهَبِ الأشْعَرِيِّ، وَكَذَلِكَ: "**سَبِّحِ اسْمَ رَبِّكَ الأعْلَى**" [الأعلى:١] وَنَظَائِرُهُ، قَالَ اللهُ تَعَالَى: "**أَنبِئُونِي بِأَسْمَاءِ هَؤُلاءِ**" [البقرة:٣١]، وَقَالَ اللهُ تَعَالَى: "**اسْمُهُ الْمَسِيحُ عِيسَى ابْنُ مَرْيَمَ**" [آل عمران:٤٥]، فَظَاهِرٌ هَذَا عَلَى مَذْهَبِ الْمُعْتَزِلَةِ[1].

---

(١) يؤكد ذلك أيضاً أن الإضافة في الكلام على ضربين: أحدهما ضم الاسم إلى اسم هو غيره بمعنى اللام؛ نحو غلام زيد وصاحب بكر. والآخر ضم اسم إلى اسم هو بعضه بمعنى من، نحو هذا ثوب خز، وهذه جبة صوف؛ وكلاهما ليس الثاني فيه بالأول؛ ألا ترى أن الغلام ليس بزيد، وأن الثوب ليس بجميع الخز، واستمرار هذا عندهم وفشوه في استعمالهم وعلى أيديهم يدل على أن المضاف ليس بالمضاف إليه البتة، وفي هذا كافٍ. الخصائص ٢٤٩/١.

وَفِي (ذَاتِ يَوْمٍ) وَشِبْهِهِ تَقْدِيرٌ آخَرُ، وَهُوَ أَنْ يَكُونَ مِنْ بَابِ قَوْلِكَ: عَيْنُ الشَّيْءِ وَنَفْسُهُ، عَلَى مَا ذُكِرَ عَلَى التَّشْبِيهِ بِخَاتَمِ حَدِيدٍ، وَبَابِ سَاجٍ.

فَصْلٌ: وَقَالُوا فِي نَحْوِ قَوْلِ لَبِيدٍ... إِلَى آخِرِه

أَوْرَدَ هَذَا الْفَصْلَ اعْتِرَاضًا فِي إِضَافَةِ اللَّفْظِ إِلَى الْمَدْلُولِ، وَلا يَسْتَقِيمُ، وَاسْتِعْمَالِ الاسْمِ بِمَعْنَى الْمُسَمَّى، وَهُوَ خِلافُ مَذْهَبِه، فَاخْتَارَ أَنْ يَكُونَ (اسْمٌ) زَائِدًا، وَالْمَعْنَى فِي إِسْقَاطِهِ لِيَسْتَقِيمَ مَذْهَبُهُ، ثُمَّ قَرَّرَ ذَلِكَ بِقَوْلِهِ:

.... دَاعٍ يُنَادِيهِ بِاسْمِ الْمَاءِ مَبْغُومُ

وَالنِّدَاءُ إِنَّمَا هُوَ بِاللَّفْظِ، فَلَوْ حُمِلَ الاسْمُ عَلَى اللَّفْظِ لاخْتَلَّ الْمَعْنَى، وَالَّذِي يَجْعَلُ الاسْمَ لِلْمُسَمَّى فِي قَوْلِهِ:

... ثُمَّ اسْمُ السَّلامِ... ....

يَكُونُ مِنْ بَابِ (ذَاتِ يَوْمٍ)، وَيَتَأَوَّلُ قَوْلَهُ: (بِاسْمِ الْمَاءِ) عَلَى أَنَّ الْمُرَادَ بِمُسَمَّى هَذَا اللَّفْظِ، وَيَجْعَلُهُ دَالا عَلَى قَوْلِكَ: مَاءٌ، وَهُوَ حِكَايَةُ بُغَامُ الظَّبْيَةِ، وَكَذَلِكَ (شِيبَ)، وَهُوَ حِكَايَةُ صَوْتِ مَشَافِرِ الإِبِلِ عِنْدَ الشُّرْبِ، وَيُقَوِّي ذَلِكَ اسْتِعْمَالُهُ اسْتِعْمَالَ رَجُلٍ وَفَرَسٍ بِإِدْخَالِ اللامِ عَلَيْهِ وَخَفْضِهِ وَإِضَافَتِهِ، وَلَوْلا تَقْدِيرُهُ اسْمًا لِذَلِكَ لَمْ يَجْرِ هَذَا الْمُجْرَى، ثُمَّ قَرَّرَ صَاحِبُ الْكِتَابِ زِيَادَتَهَا بِإِيرَادِ أَسْمَاءٍ وَقَعَتْ زَائِدَةً؛ كَقَوْلِهِمْ (حَيُّ زَيْدٍ) وَ:

.... مَقَامَ الذِّئْبِ...............

إِلَى آخِرِهِ.

فَصْلٌ: وَتُضَافُ أَسْمَاءُ الزَّمَانِ إِلَى الْفِعْلِ... إِلَى آخِرِه

قَالَ الشَّيْخُ: اتَّسَعُوا فِي ظُرُوفِ الزَّمَانِ حَتَّى أَضَافُوهَا إِلَى الْجُمَلِ بِتَأْوِيلِ مَضْمُونِهَا، فَقَالُوا: (أَتَيْتُكَ يَوْمَ يَقُومُ زَيْدٌ) وَ(زَمَنَ الْحَجَّاجُ أَمِيرٌ)، وَالْمَعْنَى: قِيَامُ زَيْدٍ، وَإِمَارَةُ الْحَجَّاجِ.

وَقَوْلُهُ: (وَتُضَافُ إِلَى الْفِعْلِ)، ثُمَّ قَالَ: (وَتُضَافُ إِلَى الْجُمْلَةِ الابْتِدَائِيَّةِ) يَجُوزُ أَنْ يَكُونَ أَرَادَ فِي الْمَوْضِعَيْنِ الْجُمْلَةَ عَلَى مَا ذَكَرَ، وَيَجُوزُ أَنْ يَكُونَ أَرَادَ بِالأَوَّلِ الإِضَافَةَ إِلَى الْفِعْلِ بِتَأْوِيلِ الْمَصْدَرِ، وَبِالثَّانِي: تَعْيِينَ الْجُمْلَةِ، فَلِذَلِكَ فَرَّقَ بَيْنَ الْعِبَارَتَيْنِ، وَقِيَاسُ الأَسْمَاءِ أَنْ لا تُضَافَ إِلا إِلَى الْمُفْرَدَاتِ، فَلَمَّا خُولِفَ فِي هَذِهِ الأَسْمَاءِ الْقِيَاسُ الْمَذْكُورُ، وَأُضِيفَتْ إِلَى الْجُمَلِ كَانَتْ بِتَأْوِيلِ مَضْمُونِهَا، وَهُوَ فِي الْمَعْنَى مُفْرَدٌ، وَقَوْلُهُ:

حَنَّتْ نَوَارُ وَلَاتَ هَنَّا حَنَّتْ ....

مَحْمُولٌ عَلَى الزَّمَانِ لِأُمُورٍ:

أَحَدُهَا: أَنَّ (لَا) الَّتِي لِنَفْيِ الْجِنْسِ الْمَكْسُوعَةَ بِالتَّاءِ لَا تَدْخُلُ إِلَّا عَلَى الْأَحْيَانِ.

وَالْآخَرُ: أَنَّ الْمَعْنَى إِنْكَارُ الْحَنِينِ بَعْدَ الْكِبَرِ، وَذَلِكَ إِنَّمَا يَتَحَقَّقُ بِالزَّمَانِ لَا بِالْمَكَانِ.

وَالثَّالِثُ: أَنَّهُ لَوْ جُعِلَ لِلْمَكَانِ لَمْ يَصِحَّ إِضَافَتُهُ إِلَى الْفِعْلِ، إِذْ لَمْ يُضَفْ مِنْ أَسْمَاءِ الْمَكَانِ إِلَى الْأَفْعَالِ إِلَّا الظُّرُوفُ غَيْرُ الْمُتَمَكِّنَةِ كَ (حَيْثُ، وَأَيْنَ) وَإِنَّمَا لَمْ تُضَفْ ظُرُوفُ الْمَكَانِ إِلَى الْجُمَلِ لِأَمْرَيْنِ:

أَحَدُهُمَا: أَنَّ ظُرُوفَ الزَّمَانِ أَكْثَرُ اسْتِعْمَالًا، فَاتَّسَعُوا فِيهَا مَا لَمْ يَتَّسَعُوا فِي الْمَكَانِ لِقِلَّةِ اسْتِعْمَالِهِ.

وَالْآخَرُ: أَنَّ ظُرُوفَ الْمَكَانِ فِي الْجِهَاتِ، وَالْجِهَاتُ إِذَا أُضِيفَتْ إِلَى الْجُمَلِ كَانَتْ فِي الْمَعْنَى مُضَافَةً إِلَى الْمَضْمُونِ، فَتَصِيرُ مُضَافَةً إِلَى الْمَعْنَى، فَلَا يَسْتَقِيمُ الْمَعْنَى، إِذْ لَا يَسْتَقِيمُ أَنْ تَقُولَ: (خَلْفَ عِلْمِكَ) وَ(قُدَّامَ عِلْمِكَ) بِخِلَافِ الزَّمَانِ، فَإِنَّ نِسْبَتَهُ الْمُقَيَّدَةَ فِي الْحَقِيقَةِ إِنَّمَا هِيَ إِلَى الْمَعَانِي، فَلِذَلِكَ صَحَّتْ إِضَافَةُ الزَّمَانِ إِلَى الْجُمْلَةِ، وَلَمْ تَصِحَّ إِضَافَةُ الْمَكَانِ.

قَوْلُهُ: (وَمِمَّا يُضَافُ إِلَى الْفِعْلِ آيَةٌ).

فَذَكَرَهُ مَبْنِيًّا، وَقَوْلُهُ:

بِآيَةِ مَا تُحِبُّونَ الطَّعَامَا ....

إِذَا جَعَلْتَ (مَا) مَصْدَرِيَّةً اسْتَغْنَيْتَ عَنْ تَقْدِيرِ آيَةٍ مُضَافَةً إِلَى الْجُمَلِ، وَقَوْلُهُمْ: (اذْهَبْ بِذِي تَسْلَمْ)، وَفِيهِ تَأْوِيلَانِ كِلَاهُمَا بِمَعْنَى صَاحِبٍ، إِلَّا أَنَّ أَحَدَهُمَا لِلْأَمْرِ عَلَى مَا ذَكَرَهُ، كَأَنَّهُ قَالَ: بِالْأَمْرِ الَّذِي هُوَ صَاحِبُ سَلَامَتِكَ، وَالْآخَرُ: أَنْ يَكُونَ لِلزَّمَانِ، كَأَنَّهُ قَالَ: فِي الزَّمَانِ الَّذِي هُوَ صَاحِبُ سَلَامَتِكَ، وَاخْتَارَ هَذَا كَثِيرٌ مِنَ النَّاسِ لِمَا فِيهِ مِنَ التَّشْبِيهِ بِالظُّرُوفِ لِإِضَافَتِهِ إِلَى الْجُمْلَةِ.

فَصْلٌ: وَيَجُوزُ الْفَصْلُ بَيْنَ الْمُضَافِ وَالْمُضَافِ إِلَيْهِ بِالظَّرْفِ فِي الشِّعْرِ

إِذَا أُورِدَ عَلَى مَذْهَبِ سِيبَوَيْهِ أَنَّهُ فَصَلَ بَيْنَ الْمُضَافِ وَالْمُضَافِ إِلَيْهِ بِغَيْرِ الظَّرْفِ،

فَجَوَابُهُ أَنَّ مِثْلَ هَذَا الْفَصْلِ سَائِغٌ لاشْتِرَاكِ الْفَاصِلِ مَعَ مَا قَبْلَهُ فِي النِّسْبَةِ إِلَى الْمُضَافِ إِلَيْهِ، فَهَذَا هُوَ الْوَجْهُ الَّذِي حَسَّنَ مِنْهُ ذَلِكَ، وَإِنَّمَا الْفَصْلُ مُمْتَنِعٌ إِذَا لَمْ يَكُنْ كَذَلِكَ.

وَمَذْهَبُ **سِيبَوَيْهِ** أَنَّ (عُلالَةَ) مُضَافٌ إِلَى (سَابِحِ) الْمَذْكُورِ آخِرًا، وَحُذِفَ الْمُضَافُ إِلَيْهِ، فَكَأَنَّهُ أَرَادَ أَنْ يَجْعَلَ الدَّالَّ عَلَى الْحَذْفِ مُقَدَّمًا فِي الْمَعْنَى، وَالدَّلِيلُ يَجِبُ أَنْ يُعْقَلَ قَبْلَ الْمَدْلُولِ، وَإِنَّمَا أُخِّرَ عَنْهُ؛ لأَنَّهُ لَوْ وَقَعَ مَوْقِعَهُ لَجَاءَ الثَّانِي مُضَافًا لَيْسَ بَعْدَهُ مُضَافُهُ وَلا مَا يَقُومُ مَقَامَ مُضَافِهِ، وَأَخَّرَهُ لِيَكُونَ كَالْعِوَضِ مِنَ الْمُضَافِ إِلَيْهِ (بُدَاهَةً)، لا سِيَّمَا وَهُوَ فِي الْمَعْنَى عَيْنُ مَا نُسِبَ إِلَيْهِ (عُلالَةَ)[1].

وَمَذْهَبُهُ فِي (زَيْدٌ وَعَمْرٌو قَائِمٌ) أَنَّ خَبَرَ الأَوَّلِ هُوَ الْمَحْذُوفُ، وَالْمَذْكُورُ آخِرَهُ هُوَ خَبَرُ الثَّانِي، وَهُوَ عَكْسُ مَا قَالَهُ هَاهُنَا، وَالْفَرْقُ بَيْنَهُمَا أَنَّهُ قَدْ وَضَحَ ثَمَّةَ أَمْرٌ أَوْجَبَ التَّأْخِيرَ مَعَ تَحْقِيقِ الَّذِي أَوْجَبَ التَّقْدِيمَ، وَهَاهُنَا لَوْ كَانَ خَبَرًا عَنِ الأَوَّلِ لَوَقَعَ فِي

---

(١) لا يجوز إلا في ضرورة الشعر، وإنما يجوز على تقدير حذف المبتدأ، أي أتذكر إذ الناس من يأتنا نأته، فلما باشر المضاف غير المضاف إليه في اللفظ أشبه الفصل بين المضاف والمضاف إليه، فلذلك أجازوه في الضرورة.
فإن قيل: فما الذي يمنع من إضافته إلى الشرط وهو ضرب من الخبر؟ قيل: لأن الشرط له صدر الكلام، فلو أضفت إليه لعلقته بما قبله، وتانك حالتان متدافعتان. فأما بأيهم تمرر أمرر ونحوه فإن حرف الجر متعلق بالفعل بعد الاسم، والظرف في قولك: أتذكر إذ من يأتنا نأته متعلق بقولك أتذكر، وإذا خرج ما يتعلق به حرف الجر من حيز الاستفهام لم يعمل في الاسم المستفهم به ولا المشروط به.
ومن التدريج في اللغة أن يكتسي المضاف من المضاف إليه كثيراً من أحكامه: من التعريف، والتنكير، والاستفهام، والشياع وغيره، ألا ترى أن ما لا يستعمل من الأسماء في الواجب إذا أضيف إليه شيء منها صار في ذلك إلى حكمه. وذلك قولك: ما قرعت حلقة باب دار أحد قط، فسرى ما في " أحد " من العموم والشياع إلى " الحلقة ". ولو قلت: قرعت حلقة باب دار أحد، أو نحو ذلك لم يجز.
ومن التدريج في اللغة: إجراؤهم الهمزة المنقلبة عن حرفي العلة عينا مجرى الهمزة الأصلية. وذلك نحو قولهم في تحقير قائم، وبائع: قويئم، وبويئع، فألحقوا الهمزة المنقلبة بالهمزة الأصلية في سائل، وثائر، من سأل وثأر، إذا قلت: سويئل، وثويئر. وليست كذلك اللام إذا انقلبت همزة عن أحد الحرفين، نحو كساء، وقضاء، ألا تراك تقول في التحقير: كسيٌّ، وقضيّ، فترد حرف العلة وتحذفه لاجتماع الياءات. وليست كذلك الهمزة الأصلية، ألا تراك تقول في تحقير سلاء وخلاء بإقرار الهمزة لكونها أصلية، وذلك سُليِّء وخُليِّء. وتقول أيضاً في تكسير كساء وقضاء بترك الهمزة البتة، وذلك قولك: أكسية، وأقضية. وتقول في سلاء، وخلاء: أسلئة وأخلئة، فاعرف ذلك. الخصائص ١٠١/١.

مَوْضعِهِ مِنْ غَيْرِ ضَرُورَةٍ، وَهُوَ أَنَّهُ يَجُوزُ أَنْ يَكُونَ خَبَرُ الْمُبْتَدَإِ مَحْذُوفًا، وَاسْتَدَلَّ عَلَى أَنَّ الْخَبَرَ لِلثَّانِي لا لِلأَوَّلِ بِقَوْلِهِ:

نَحْنُ بِمَا عِنْدَنَا وَأَنْتَ بِمَا ... عِنْدَكَ رَاضٍ وَالرَّأْيُ مُخْتَلِفُ

وَلَوْ كَانَ خَبَرًا عَنِ الأَوَّلِ لَقِيلَ: رَاضُونَ، وَقَوْلُهُ فِي الْبَيْتِ:

فَزَجَجْتُهَا بِمِزَجَّةٍ ... زَجَّ الْقَلُوصَ أَبِي مَزَادَهْ

يَرِدُ فِي الْمَعْنَى عَلَى قِرَاءَةِ ابْنِ عَامِرٍ فِي قَوْلِهِ تَعَالَى: "قَتْلُ أَوْلَادَهُمْ شُرَكَائِهِمْ" [الأنعام:١٣٧]، وَإِنَّمَا وَرَكَ عَلَى الشِّعْرِ قَصْدًا لِنَفْيِ الشَّنَاعَةِ عَنْهُ فِي التَّصْرِيحِ بِرَدِّ الْقِرَاءَةِ، وَالنَّحْوِيُّونَ أَكْثَرُهُمْ يُنْكِرُونَ ذَلِكَ أَيْضًا؛ لأَنَّهُ لَمْ يَثْبُتِ الْفَصْلُ عِنْدَهُمْ إِلا بِالظُّرُوفِ، وَهَذَا لَيْسَ بِظَرْفٍ، وَقَدْ رَدَّ بَعْضُهُمْ بِطَرِيقٍ آخَرَ، وَهُوَ أَنَّ الْفَصْلَ إِنَّمَا يَجُوزُ فِي الشِّعْرِ لِلضَّرُورَةِ، وَهَذَا لا ضَرُورَةَ فِيهِ، إِذْ كَانَ يُمْكِنُهُ أَنْ يَقُولَ: زَجَّ الْقَلُوصِ أَبُو مَزَادَهْ فَيُضِيفَ الْمَصْدَرَ إِلَى الْمَفْعُولِ، وَيَرْفَعُ بَعْدَهُ الْفَاعِلَ، وَقَدْ قَالَ سِيبَوَيْهِ فِي قَوْلِهِ:

ثَلاثٌ كُلُّهُنَّ قَتَلْتُ عَمْدًا ... فَأَخْزَى اللهُ رَابِعَةً تَعُودُ

كَلامًا مَعْنَاهُ: أَنَّ الرَّفْعَ فِي (كُلُّهُنَّ) عَلَى الابْتِدَاءِ، وَحَذْفُ الضَّمِيرِ مِنَ الْجُمْلَةِ الَّتِي وَقَعَتْ خَبَرًا جَائِزٌ عَلَى السَّعَةِ، وَلَيْسَ بِضَرُورَةٍ، إِذْ لا ضَرُورَةَ تُلْجِئُهُ إِلَى الرَّفْعِ، وَحُذِفَ الضَّمِيرُ لإِمْكَانِ أَنْ تَقُولَ: ثَلاثٌ كُلَّهُنَّ قَتَلْتُ بِالنَّصْبِ، وَهَذَا وَإِنْ حَصَّلَ الْمَقْصُودَ بِكَلامِ سِيبَوَيْهِ مِنْ أَنَّ الضَّرُورَةَ إِنَّمَا تَكُونُ عِنْدَ تَعَذُّرِ الْوَجْهِ الْوَاسِعِ، فَتَمْثِيلُهُ بِالْبَيْتِ لَيْسَ بِمُسْتَقِيمٍ، إِذْ لا وَجْهَ يُمْكِنُهُ إِلا رَفْعُ (كُلُّهُنَّ)، فَهُوَ مُضْطَرٌّ إِلَى الرَّفْعِ، وَبَيَانُ ذَلِكَ أَنَّ (كُلُّهُنَّ) إِذَا أُضِيفَتْ إِلَى الْمُضْمَرِ لَمْ تُسْتَعْمَلْ إِلا تَأْكِيدًا أَوْ مُبْتَدَأَةً، لا جَائِزٌ أَنْ تَكُونَ هَاهُنَا تَأْكِيدًا؛ لأَنَّ النِّسَاءَ لَمْ تَكُنْ مَذْكُورَةً حَتَّى أُكِّدَتْ، فَتَعَيَّنَ أَنْ تَكُونَ مُبْتَدَأَةً، وَلَوْ نَصَبَهَا لاسْتَعْمَلَهَا مَفْعُولَةً، وَذَلِكَ لا يَجُوزُ؛ لأَنَّ كُلا جَاءَ لِلتَّأْكِيدِ، وَالنَّصْبُ يُخْرِجُهُ عَنْ كَوْنِهِ تَأْكِيدًا، وَذَلِكَ لا يَجُوزُ، وَإِنَّمَا كَانَتْ (كُلٌّ) إِذَا أُضِيفَتْ إِلَى الْمُضْمَرِ تُسْتَعْمَلُ إِمَّا تَأْكِيدًا وَإِمَّا مُبْتَدَأً؛ لأَنَّ قِيَاسَهَا أَنْ تُسْتَعْمَلَ تَأْكِيدًا لِمَا تَقَدَّمَهَا لَمَّا اشْتَمَلَتْ عَلَى ضَمِيرِهِ؛ لأَنَّ مَعْنَاهَا: إِجْدَاءُ الشُّمُولِ وَالإِحَاطَةِ فِي أَجْزَاءِ مَا أُضِيفَتْ إِلَيْهِ، وَلَمَّا أُضِيفَتْ إِلَى مُضْمَرٍ كَانَتِ الْجُمْلَةُ مُتَقَدِّمًا ذِكْرُهَا أَوْ فِي حُكْمِ الْمُتَقَدِّمِ، إِلا أَنَّهُمُ اسْتَعْمَلُوهَا مُبْتَدَأَةً حَيْثُ كَانَ الْمُبْتَدَأُ لا عَامِلَ لَفْظِيَّ فِيهِ يُخْرِجُهَا فِي الصُّورَةِ عَمَّا هِيَ لَهُ، فَأَجَازُوا ذَلِكَ لاتِّسَاعِهِمْ فِيهَا، وَلَمْ يُجِيزُوا ذَلِكَ فِي غَيْرِ الْمُبْتَدَأِ حَيْثُ كَانَتِ الْعَوَامِلُ فِيهَا لَفْظِيَّةً تُخْرِجُهَا عَنْ صُورَةِ التَّأْكِيدِ، فَلِذَلِكَ قَالَ: "إِنَّ الأَمْرَ كُلَّهُ لِلَّهِ" [آل عمران:١٥٤] و"إِنَّ

الأَمْرَ كُلَّهُ لِلّهِ»، وَلَا يُقَالُ: الأَمْرُ إِنَّ كُلَّهُ لِلّهِ، لِمَا فِيهِ مِنْ إِخْرَاجِهَا عَنْ صُورَةِ التَّأْكِيدِ بِإِدْخَالِ الْعَامِلِ اللَّفْظِيِّ عَلَيْهَا.

فَصْلٌ: وَإِذَا أَمِنُوا الإِلْبَاسَ حَذَفُوا الْمُضَافَ، وَأَقَامُوا الْمُضَافَ إِلَيْهِ مَقَامَهُ، وَأَعْرَبُوهُ بِإِعْرَابِهِ

أَقُولُ: ذَهَبَ الْقَاضِي أَبُو بَكْرٍ الْبَاقِلَانِي إِلَى أَنَّهُ لَا مَجَازَ فِي الْقُرْآنِ، وَأَنَّ مِثْلَ قَوْلِهِ تَعَالَى: "وَاسْأَلِ الْقَرْيَةَ" [يوسف:٨٢] مَحْمُولٌ عَلَى أَنَّ الْقَرْيَةَ تُطْلَقُ لِلأَهْلِ وَالْجُدْرَانِ جَمِيعًا عَلَى وَجْهِ الِاشْتِرَاكِ، وَلَيْسَ بِجَيِّدٍ؛ لِأَنَّهُ مَعْلُومٌ أَنَّ الْقَرْيَةَ مَوْضُوعَةٌ لِلْجُدْرَانِ الْمَخْصُوصَةِ دُونَ الأَهْلِ، فَإِذَا أُطْلِقَتْ عَلَى الأَهْلِ لَمْ تُطْلَقْ إِلَّا بِقِيَامِ قَرِينَةٍ تَدُلُّنَا عَلَى الْمَحْذُوفِ، وَلَوْ كَانَتْ مُشْتَرَكَةً لَمْ تَكُنْ كَذَلِكَ.

وَقَوْلُهُ: (وَكَمَا أَعْطَوْا هَذَا الثَّابِتَ حَقَّ الْمَحْذُوفِ فِي الإِعْرَابِ فَقَدْ أَعْطَوْهُ حَقَّهُ فِي غَيْرِهِ).

قَوْلُهُ: (فَقَدْ أَعْطَوْهُ حَقَّهُ)؛ يَعْنِي: فِي التَّذْكِيرِ وَالتَّأْنِيثِ، وَالإِفْرَادِ وَالْجَمْعِ، فَالتَّذْكِيرُ وَالتَّأْنِيثُ مِثْلُ قَوْلِهِ:

.... بَرَدَى يُصَفَّقُ......

بِالتَّذْكِيرِ، لَوْ قَالَ: تُصَفَّقُ بِالتَّاءِ لَكَانَ عَائِدًا إِلَى بَرَدَى، فَلَمَّا قَالَ: يُصَفَّقُ بِالْيَاءِ أَرَادَ الْمَحْذُوفَ.

وَالإِفْرَادُ وَالْجَمْعُ مِثْلُ قَوْلِهِ تَعَالَى: "وَكَمْ مِنْ قَرْيَةٍ أَهْلَكْنَاهَا فَجَاءَهَا بَأْسُنَا بَيَاتًا أَوْ هُمْ قَائِلُونَ" [الأعراف:٤]، عَلَى مَا لِلثَّابِتِ وَالْمَحْذُوفِ جَمِيعًا (أَهْلَكْنَاهَا) عَلَى الثَّابِتِ، و(أَوْ هُمْ قَائِلُونَ) عَلَى الْمَحْذُوفِ، وَهُمُ الأَهْلُ، وَفِي إِعَادَةِ الضَّمِيرِ عَلَى الثَّابِتِ وَجْهَانِ:

أَحَدُهُمَا: أَنَّكَ أَقَمْتَهُ مَقَامَ الْمَحْذُوفِ، فَصَارَتِ الْمُعَامَلَةُ مَعَهُ.

وَالآخَرُ: أَنَّهُ يُقَدَّرُ فِي الثَّانِي حَذْفُ الْمُضَافِ، كَمَا قُدِّرَ فِي الأَوَّلِ، فَإِذَا قُلْتَ: (سَأَلْتُ الْقَرْيَةَ وَضَرَبْتُهَا)؛ فَمَعْنَاهُ: سَأَلْتُ عَنْ أَهْلِهَا، وَضَرَبْتُ أَهْلَهَا، فَحُذِفَ الْمُضَافُ كَمَا حُذِفَ فِي الأَوَّلِ؛ إِذْ وَجْهُ الْجَوَازِ قَائِمٌ.

فَصْلٌ: وَقَدْ حُذِفَ الْمُضَافُ وَتُرِكَ الْمُضَافُ إِلَيْهِ عَلَى إِعْرَابِهِ

قَالَ الشَّيْخُ: اخْتَلَفَ النَّاسُ فِي مِثْلِ ذَلِكَ، فَقَالَ سِيبَوَيْهِ وَأَصْحَابُهُ لَيْسَ عَطْفًا عَلَى

عَامِلَيْنِ مُخْتَلِفَيْنِ فِي قَوْلِهِ:

أَكُلَّ امْرِئٍ تَحْسَبِينَ امْرَأً ... وَنَارٍ تَوَقَّدُ بِاللَّيْلِ نَارَا

وَهُمْ لا يُجِيزُونَ الْعَطْفَ عَلَى عَامِلَيْنِ مُخْتَلِفَيْنِ مُطْلَقًا، وَجَعَلُوهُ عَلَى حَذْفِ الْمُضَافِ وَتَرْكِ الْمُضَافِ إِلَيْهِ عَلَى إِعْرَابِهِ، وَإِذَا أُورِدَ عَلَيْهِمْ جَوَازُ (وَاسْأَلِ الْقَرْيَةِ) [يوسف آية: ٨٢] بِالْخَفْضِ عَلَى تَقْدِيرِ: أَهْلَ الْقَرْيَةِ، لَمْ يُجِيزُوهُ، وَفَرَّقُوا بَيْنَهُ وَبَيْنَ هَذَا بِأَنْ يَكُونَ الْمُضَافُ مُتَقَدِّمًا مُضَافًا إِلَى شَيْءٍ، ثُمَّ يُذْكَرُ بَعْدَ ذَلِكَ شَيْءٌ آخَرُ هُوَ فِي الْمَعْنَى مُضَافٌ إِلَيْهِ مِثْلَ الأَوَّلِ، فَهَذَا شَرْطُ جَوَازِ تَرْكِ الْمُضَافِ إِلَيْهِ عَلَى إِعْرَابِهِ.

وَغَيْرُهُمْ يَجْعَلُ الْبَيْتَ و(مَا كُلُّ سَوْدَاءَ تَمْرَةً وَلا بَيْضَاءَ شَحْمَةً) وَأَمْثَالَهُمَا مِنْ بَابِ الْعَطْفِ عَلَى عَامِلَيْنِ مُخْتَلِفَيْنِ، وَيُجَوِّزُ الْعَطْفَ عَلَى عَامِلَيْنِ مُطْلَقًا، وَكَثِيرٌ مِنَ النَّحْوِيِّينَ الْمُحَقِّقِينَ يَجْعَلُهُ عَطْفًا عَلَى عَامِلَيْنِ مُخْتَلِفَيْنِ، وَيُجَوِّزُ مِنَ الْعَطْفِ عَلَى عَامِلَيْنِ مُخْتَلِفَيْنِ مَا كَانَ مِثْلَهُ، وَهُوَ مَا تَقَدَّمَ فِيهِ الْمَجْرُورُ وَتَأَخَّرَ عَنْهُ غَيْرُهُ، ثُمَّ يُؤْتَى بِالْمَعْطُوفَيْنِ عَلَى ذَلِكَ التَّرْتِيبِ؛ كَقَوْلِكَ: (فِي الدَّارِ زَيْدٌ وَالْحُجْرَةِ عَمْرو)، وَعَلَى هَذَا قَوْلُهُ تَعَالَى عِنْدَ الأَخْفَشِ وَأَصْحَابِهِ: "**وَاخْتِلَافِ اللَّيْلِ وَالنَّهَارِ وَمَا أَنْزَلَ اللَّهُ مِنَ السَّمَاءِ مِنْ رِزْقٍ فَأَحْيَا بِهِ الأَرْضَ بَعْدَ مَوْتِهَا وَتَصْرِيفِ الرِّيَاحِ آيَاتٌ**" [الجاثية:٥]، و(آيَاتٍ) رَفْعًا وَنَصْبًا، مَعْطُوفٌ عَلَى "**لَآيَاتٍ**" [الجاثية:٣]، وَعَلَيْهِ قَوْلُهُ تَعَالَى عِنْدَهُمْ: "**لِلَّذِينَ أَحْسَنُوا الْحُسْنَى وَزِيَادَةٌ**" [يونس:٢٦]، ثُمَّ قَالَ: "**وَالَّذِينَ كَسَبُوا السَّيِّئَاتِ جَزَاءُ سَيِّئَةٍ**" [يونس:٢٧]، فـ (الَّذِينَ كسبوا السيئات الَّذِينَ كَسَبُوا السَّيِّئَاتِ) فِي مَوْضِعِ خَفْضٍ عِنْدَهُمْ مَعْطُوفًا عَلَى (لِلَّذِينَ)، وَهَذَا هُوَ الْوَجْهُ الْمُسْتَقِيمُ لِظَوَاهِرِ الْقُرْآنِ وَأَشْعَارِ الْعَرَبِ، وَلا حَاجَةَ إِلَى التَّعَسُّفِ بِإِضْمَارِ كُلٍّ.

وَأَمَّا الَّذِينَ أَجَازُوا الْعَطْفَ عَلَى عَامِلَيْنِ مُخْتَلِفَيْنِ مُطْلَقًا فَإِنَّهُمْ لَمَّا رَأَوْا جَوَازَ مِثْلِ هَذِهِ الْمَسَائِلِ وَظُهُورَهَا ظَنُّوا أَنَّ الْبَابَ وَاحِدٌ، فَأَجَازُوا الْجَمِيعَ.

وَأَمَّا سِيبَوَيْهِ الَّذِي هُوَ الْمَانِعُ، فَإِنَّهُ لَمَّا ظَهَرَ لَهُ امْتِنَاعُ (زَيْدٌ فِي الدَّارِ وَعَمْرٌو الْحُجْرَةِ) لِفُقْدَانِ وُرُودِهِ وَظُهُورِ عِلَّتِهِ ظَنَّ أَنَّ الْبَابَ وَاحِدٌ، فَعَمَّمَ الْمَنْعَ فِي الْجَمِيعِ، وَهُوَ أَنَّ النَّائِبَ، وَهُوَ حَرْفُ الْعَطْفِ لا يَزِيدُ عَلَى قُوَّةِ الأَصْلِ الَّذِي هُوَ مَعْطُوفُهُ، فَإِذَا لَمْ يَعْمَلِ الأَصْلُ عَمَلَيْنِ فَالنَّائِبُ أَوْلَى.

وَأَمَّا اسْتِدْلالُ سِيبَوَيْهِ بِقَوْلِهِ: (مَا مِثْلُ عَبْدِ اللهِ يَقُولُ ذَاكَ وَلا أَخِيهِ) وَأُخْتُهَا (وَلا أَبِيكَ وَلا أَخِيكَ يَقُولانِ ذَاكَ) فَعَنْهُ جَوَابَانِ:

أَحَدُهُمَا: أَنَّهُ قَلِيلٌ شَاذٌّ، فَلا وَجْهَ لِحَمْلِ غَيْرِهِ عَلَيْهِ مِمَّا كَثُرَ وَظَهَرَ.

وَالثَّانِي: أَنَّ قَوْلَ الْعَرَبِ: (مِثْلُكَ لا يَقُولُ كَذَا)، إِنَّمَا يَعْنُونَ فِي الْحَقِيقَةِ الْمُخَاطَبَ، فَكَأَنَّهُمْ أَرَادُوا: أَنْتَ لا يَنْبَغِي لَكَ أَنْ تَقُولَ كَذَا، وَذُكِرَ الْمِثْلُ مُبَالَغَةً، وَلَوْ كَانَ الْمِثْلُ مَقْصُودًا لَمْ يَكُنِ الْمُخَاطَبُ مُرَادًا، فَعِنْدَ ذَلِكَ يَفْسُدُ الْمَعْنَى؛ لأَنَّهُ لا يَمْتَنِعُ أَنْ يَكُونَ الْمُرَادُ حِينَئِذٍ (مِثْلُكَ لا يَقُولُ كَذَا)، وَلَكِنَّكَ أَنْتَ تَقُولُهُ، كَمَا تَقُولُ: (غُلامُ زَيْدٍ لا يَقُولُ كَذَا، وَلَكِنَّ زَيْدًا يَقُولُهُ) لَمَّا كَانَ الْغُلامُ مَقْصُودًا، وَإِذَا كَانَ كَذَلِكَ فَالْمُرَادُ هُوَ الاسْمُ الْمُضَافُ إِلَيْهِ مِثْلٌ فِي الْحَقِيقَةِ، وَالْعَطْفُ عَلَيْهِ فِي الْمَعْنَى، وَإِذَا كَانَ كَذَلِكَ فَكَأَنَّكَ قُلْتَ: (مَا أَبُوكَ وَلا أَخُوكَ يَقُولانِ ذَلِكَ)، فَالْعَطْفُ فِي الْحَقِيقَةِ إِنَّمَا هُوَ عَلَى الْمُضَافِ إِلَيْهِ مِثْلٌ، وَلَكِنْ لَمَّا كَانَ الْمِثْلُ غَيْرَ مَقْصُودٍ فِي الْمَعْنَى صَارَتِ الْمُعَامَلَةُ مَعَ الْمُضَافِ إِلَيْهِ، فَجَازَ لِذَلِكَ (يَقُولانِ)، وَالْعَطْفُ عَلَيْهِ، وَإِنْ فَصَلْتَ كَأَنَّكَ مَا أَخْبَرْتَ إِلا عَنِ اثْنَيْنِ فِي الْمَعْنَى، وَمَا عَطَفْتَ إِلا عَلَى مَرْفُوعٍ فِي الْمَعْنَى، فَهَذَا وَجْهُ الْجَوَازِ.

وَاسْتَدَلَّ سِيبَوَيْه عَلَى مَسْأَلَةِ (مَا كُلُّ سَوْدَاءَ تَمْرَةً وَلا بَيْضَاءَ شَحْمَةً) عَلَى أَنَّهُ لَيْسَ عَطْفًا عَلَى عَامِلَيْنِ مُخْتَلِفَيْنِ، وَإِنَّمَا هُوَ بِتَقْدِيرِ كُلٍّ، وَتَقْدِيرُهُ: (وَكُلُّ بَيْضَاءَ شَحْمَةً)، فَحُذِفَ الْمُضَافُ وَتُرِكَ الْمُضَافُ إِلَيْهِ عَلَى إِعْرَابِهِ، لا عَلَى أَنَّهُ مَعْطُوفٌ عَلَى (سَوْدَاءَ) بِقَوْلِهِمْ: (مَا مِثْلُ عَبْدِ اللهِ يَقُولُ ذَاكَ وَلا أَخِيهِ)، فَإِنَّ هَذِهِ مَحْمُولَةٌ عَلَى أَنَّ الْمُضَافَ مَحْذُوفٌ، وَالْمُضَافُ إِلَيْهِ بَاقٍ عَلَى إِعْرَابِهِ، فَلا يَسْتَقِيمُ أَنْ يَكُونَ (وَلا أَخِيهِ) مَعْطُوفًا عَلَى (عَبْدِ اللهِ) مِنْ وَجْهَيْنِ:

أَحَدُهُمَا: أَنَّ الْمَخْفُوضَ الْمَعْطُوفَ لا يُفْصَلُ بَيْنَهُ وَبَيْنَ مَا عُطِفَ عَلَيْهِ بِالأَجْنَبِيِّ، فَلا تَقُولُ: (غُلامُ زَيْدٍ ضَارِبٌ وَعَمْرٍو)، وَلَوْ كَانَ (وَلا أَخِيهِ) مَعْطُوفًا عَلَى (عَبْدِ اللهِ) لَكَانَ كَذَلِكَ.

الثَّانِي: أَنَّ الْمَعْطُوفَ الدَّاخِلَ مَعَهُ (لا) إِنَّمَا يَكُونُ مَعْطُوفًا عَلَى مَا دَخَلَ عَلَيْهِ الْحُكْمُ الْمَنْفِيُّ، وَهَاهُنَا قَدْ دَخَلَ (لا) عَلَى (أَخِيهِ)، فَلَوْ كَانَ مَعْطُوفًا عَلَى قَوْلِهِ: (عَبْدِ اللهِ) لَكَانَ قَدْ دَخَلَ عَلَيْهِ حَرْفُ النَّفْيِ بِدُونِ إِضْمَارِ مِثْلٍ، وَلَيْسَ مَعْطُوفًا عَلَى مَا دَخَلَ عَلَيْهِ حَرْفُ النَّفْيِ، أَلا تَرَى أَنَّكَ لا تَقُولُ فِي غُلامٍ لِزَيْدٍ وَعَمْرٍو: (مَا جَاءَنِي غُلامُ زَيْدٍ وَلا عَمْرٍو)؛ لأَنَّ عَمْرًا لَيْسَ مَعْطُوفًا عَلَى مَا دَخَلَ عَلَيْهِ حَرْفُ النَّفْيِ، وَأَيْضًا فَإِنَّ الْمُرَادَ (مَا كُلُّ وَاحِدٍ مِنْهُمَا يَقُولُ ذَاكَ)، وَلَوْ جَعَلْنَا (أَخِيكَ) مَعْطُوفًا عَلَى (أَبِيكَ) لَكَانَ الْمَعْنَى مَا مِثْلُهُمَا جَمِيعًا يَقُولُ ذَاكَ، فَيَفْسُدُ الْمَعْنَى.

وَاسْتَدَلَّ أَيْضًا بِقَوْلِهِ: (مَا مِثْلُ أَبِيكَ وَلا أَخِيكَ يَقُولانِ ذَاكَ)، وَهَذِهِ لا يَسْتَقِيمُ أَنْ يَكُونَ مَعْطُوفًا فِيهَا (أَخِيكَ) عَلَى (أَبِيكَ) لأَوْجُهٍ ثَلاثَةٍ:

أَحَدُهَا: دُخُولُ النَّفْيِ، وَهُوَ أَحَدُ الْوَجْهَيْنِ الْمُتَقَدِّمَيْنِ.

الآخَرُ: أَنَّهُ لَوْ كَانَ (أَخِيكَ) مَعْطُوفًا عَلَى (أَبِيكَ) لَمْ يَكُنِ الإِخْبَارُ إِلا عَنْ مِثْلٍ، وَإِذَا كَانَ الإِخْبَارُ عَنْ مِثْلٍ وَجَبَ الإِفْرَادُ فِي الْخَبَرِ، فَتَقُولُ: (مَا مِثْلُ أَبِيكَ وَلا أَخِيكَ يَقُولُ ذَاكَ)، كَمَا تَقُولُ: (مَا غُلامُ زَيْدٍ وَعَمْرٍو جَاءَنِي)، وَلَوْ قُلْتَ: (جَاآنِي) لَمْ يَجُزْ.

الثَّالِثُ: أَنَّهُ لَوْ كَانَ مَعْطُوفًا عَلَى (أَخِيكَ) لَفَسَدَ الْمَعْنَى؛ لأَنَّ الْمَعْنَى يَكُونُ (مَا مِثْلُ هَذَيْنِ الشَّخْصَيْنِ جَمِيعًا يَقُولانِ ذَلِكَ)، وَلَيْسَ الْغَرَضُ نَفْيَ الْقَوْلِ عَنِ الْمُمَاثِلِ لِلشَّخْصَيْنِ جَمِيعًا، بَلِ الْمُرَادُ نَفْيُ الْقَوْلِ عَنْ مِثْلِ كُلِّ وَاحِدٍ مِنْهُمَا، وَهَذَا لا يَسْتَقِيمُ إِلا أَنْ يَكُونَ مَعْطُوفًا عَلَى مِثْلٍ، وَلا يَكُونُ مَعْطُوفًا عَلَى مِثْلٍ إِلا بِتَقْدِيرِ مِثْلٍ، وَهُوَ أَحَدُ الأَوْجُهِ الْمُتَقَدِّمَةِ.

فَصْلٌ: وَقَدْ حُذِفَ الْمُضَافُ إِلَيْهِ فِي قَوْلِهِمْ: (كَانَ ذَاكَ إِذٍ وَحِينَئِذٍ)... إِلَى آخِرِهِ

قَالَ الشَّيْخُ: كُلُّ هَذِهِ أَسْمَاءٌ لَمْ تُسْتَعْمَلْ إِلا مُضَافَةً لإِبْهَامِهَا، فَإِذَا اسْتُعْمِلَتْ غَيْرَ مُضَافَةٍ فَلا بُدَّ مِنْ قَرِينَةٍ تَدُلُّ عَلَى خُصُوصِيَّةِ ذَلِكَ الْمُضَافِ إِلَيْهِ، فَلِذَلِكَ حُكِمَ بِحَذْفِهِ وَإِرَادَتِهِ، بِخِلافِ قَوْلِكَ: رَأَيْتُ ثَوْبًا وَحَصِيرًا، فَإِنَّهُ لا يُحْكَمُ بِحَذْفِ شَيْءٍ.

ثُمَّ مِنْهَا ظُرُوفٌ وَغَيْرُ ظُرُوفٍ، فَالظُّرُوفُ تُبْنَى عِنْدَ الْحَذْفِ عَلَى مَا سَيَأْتِي عِلَّتُهُ فِي الْمَبْنِيَّاتِ، وَغَيْرُ الظُّرُوفِ لا يُبْنَى.

ثُمَّ قَالَ: (وَقَدْ جَاءَا مَحْذُوفَيْنِ).

وَذَلِكَ إِنَّمَا يَكُونُ عِنْدَ وُجُودِ مُضَافٍ إِلَيْهِ ثَانٍ لِلْمُضَافِ إِلَيْهِ ثَالِثٍ لِلْمُضَافِ فَيُحْذَفُ الْمُضَافُ أَوَّلا، ثُمَّ يُقَامُ الثَّانِي مَقَامَهُ، ثُمَّ يُحْذَفُ الْمُضَافُ إِلَى الثَّالِثِ وَيُقَامُ الثَّالِثُ مَقَامَهُ؛ كَقَوْلِهِ فِي صِفَةِ الْبَرْقِ:

أَيَا مَنْ رَأَى لِي رَأْيَ بَرْقٍ شَرِيقِ ... أَسَالَ الْبِحَارَ فَانْتَحَى لِلْعَقِيقِ

تَقْدِيرُهُ: أَسَالَ سُقْيَا سَحَابِهِ، فَحُذِفَ الأَوَّلُ الَّذِي هُوَ سُقْيَا، فَبَقِيَ (أَسَالَ سَحَابُهُ)، ثُمَّ حُذِفَ سَحَابٌ فَوَجَبَ رَفْعُ الضَّمِيرِ لِقِيَامِهِ مَقَامَهُ، فَوَجَبَ اسْتِتَارُهُ؛ لأَنَّهُ صَارَ ضَمِيرًا مُفْرَدًا غَائِبًا، وَلا يَكُونُ ذَلِكَ إِلا مُسْتَتِرًا، فَفِي (أَسَالَ) ضَمِيرٌ مَرْفُوعٌ هُوَ ذَلِكَ الضَّمِيرُ

الَّذِي كَانَ مَجْرُورًا فِي سَحَابِهِ، وَكَذَلِكَ قَوْلُهُ:

وَأَدْرَكَ إِبْقَاءَ الْعَرَادَةِ ظَلْعُهَا ... وَقَدْ جَعَلَتْنِي مِنْ حَزِيمَةَ إِصْبَعَا

أَيْ: ذَا مَسَافَةِ إِصْبَعٍ، فَحُذِفَ (ذَا) وَبَقِيَ مَسَافَةَ إِصْبَعٍ، ثُمَّ حُذِفَتْ مَسَافَةُ فَبَقِيَ إِصْبَعُ.

فَصْلٌ: وَمَا أُضِيفَ إِلَى يَاءِ الْمُتَكَلِّمِ فَحُكْمُهُ الْكَسْرُ

قَالَ الشَّيْخُ: إِنَّمَا كُسِرَ إِمَّا لأَنَّهُمْ أَرَادُوا أَنْ يَكُونَ مَا قَبْلَ الْيَاءِ مِنْ جِنْسِهَا، وَإِمَّا كَرَاهَةَ أَنْ تَنْقَلِبَ الْيَاءُ أَلِفًا لِتَحَرُّكِهَا وَانْفِتَاحِ مَا قَبْلَهَا، إِنْ قُلْنَا: إِنَّ أَصْلَهَا الْفَتْحُ، وَهُوَ الصَّحِيحُ.

وَهَذَا الاسْمُ عِنْدَ الْمُحَقِّقِينَ مُعْرَبٌ؛ لأَنَّ الإِضَافَةَ إِلَى الْمَبْنِيِّ لا تُوجِبُ بِنَاءً لِلْمُضَافِ، وَلا تُجَوِّزُهُ إِلا فِي الظُّرُوفِ، كَقَبْلُ وَبَعْدُ، وَفِيمَا أُجْرِيَ مُجْرَى الظُّرُوفِ كَمِثْلِ وَغَيْرِ، وَشِبْهِهِ وَنَحْوِ، قَالَ الشَّاعِرُ:

لَمْ يَمْنَعِ الشُّرْبَ مِنْهَا غَيْرَ أَنْ نَطَقَتْ ... حَمَامَةٌ فِي غُصُونٍ ذَاتِ أَوْقَالِ

فَوَجَبَ أَنْ يَكُونَ مُعْرَبًا عَلَى أَصْلِهِ، إِلا أَنَّ إِعْرَابَهُ تَقْدِيرِيٌّ لِتَعَذُّرِ اللَّفْظِيِّ وَاسْتِثْقَالِهِ، وَالْكَسْرَةُ فِي قَوْلِكَ: (مَرَرْتُ بِغُلامِي) أَصَحُّ الْقَوْلَيْنِ أَنَّهَا كَسْرَةٌ لأَجْلِ الْيَاءِ لا كَسْرَةُ إِعْرَابٍ، وَالدَّلِيلُ عَلَيْهِ أَنَّهَا ثَابِتَةٌ قَبْلَ التَّرْكِيبِ لَوْ عَدَدْتَ فَقُلْتَ: غُلامِي ثَوْبِي لَكَانَتْ ثَابِتَةً، وَإِذَا وَجَبَ ثُبُوتُهَا قَبْلَ الإِعْرَابِ فَهِيَ هِيَ بَعْدَ ذَلِكَ، وَوَجَبَ أَنْ يُحْكَمَ بِأَنَّهَا لَيْسَتْ لِلإِعْرَابِ.

فَإِنْ كَانَ آخِرُ الاسْمِ أَلِفًا فَإِنَّهَا تَبْقَى عَلَى حَالِهَا أَلِفًا فِي اللُّغَةِ الْفَصِيحَةِ؛ لأَنَّهَا لا يُمْكِنُ تَحْرِيكُهَا بِكَسْرٍ وَلا غَيْرِهِ، فَوَجَبَ أَنْ تَبْقَى أَلِفًا، وَلَوْ قُدِّرَ جَوَازُ تَحْرِيكِهَا لَوَجَبَ أَنْ تَنْقَلِبَ أَلِفًا، فَوَجَبَ أَنْ تَبْقَى أَلِفًا، وهُذَيْلٌ يَقْلِبُونَهَا يَاءً؛ كَقَوْلِهِ:

سَبَقُوا هَوَيَّ وَأَعْنَقُوا لِهَوَاهُمُ ... فَتُخُرِّمُوا وَلِكُلِّ جَنْبٍ مَصْرَعُ

وَوَجْهُهُ أَنَّهُ لَمَّا تَعَذَّرَ كَسْرُهَا لِتُنَاسِبَ الْيَاءَ بِالْكَسْرَةِ قَلَبُوهَا يَاءً لِتَحْصُلَ الْمُنَاسَبَةُ بِالْقَلْبِ، وَلا يَفْعَلُونَ ذَلِكَ فِي التَّثْنِيَةِ لِوَجْهَيْنِ:

أَحَدُهُمَا: أَنَّ أَلِفَ التَّثْنِيَةِ لَمْ يَكُنْ مُقَدَّرًا تَحْرِيكُهَا حَتَّى يُعَوَّضَ عَنْ كَسْرِهَا الْقَلْبُ، فَلَمْ يَقْلِبُوهَا بِخِلافِ مُوسَى وَعِيسَى وَشِبْهِهِ، فَإِنَّ حُكْمَهُ الْكَسْرُ تَقْدِيرًا، فَلَمَّا تَعَذَّرَ الْكَسْرُ لَفْظًا عَوَّضُوهُ الْقَلْبَ، وَأَمَّا التَّثْنِيَةُ فَلَيْسَتْ كَذَلِكَ.

وَالثَّانِي: أَنَّهُمْ كَرِهُوا أَنْ يَقْلِبُوهَا يَاءً لِئَلَّا يُغَيِّرُوا حَرْفًا جِيءَ بِهِ لِمَعْنًى، وَهُوَ الرَّفْعُ، بِخِلَافِ أَلِفِ مُوسَى وَعِيسَى وَشِبْهِهِ، فَإِنْ لَمْ يُؤْتَ بِهِ عَلَى انْفِرَادِهِ لِمَعْنًى فَلَا يَلْزَمُ مِنْ جَوَازِ تَغْيِيرِهِ تَغْيِيرُ مَا ذَكَرْنَاهُ.

(وَقَالُوا جَمِيعًا): يَعْنِي عَلَى اللُّغَاتِ كُلِّهَا: لَدَيَّ وَلَدَيْهِ وَلَدَيْكَ، كَمَا قَالُوا: عَلَيَّ وَعَلَيْهِ وَعَلَيْكَ، وَإِنَّمَا قَالُوا: عَلَيْهِ وَعَلَيْكَ إِرَادَةَ أَنْ يُفَرِّقُوا بَيْنَ الْفِعْلِ وَالْحَرْفِ، إِذْ لَوْ أَبْقَوْهُ لَالْتَبَسَ، ثُمَّ أَجْرَوْا مَا كَانَ آخِرُهُ أَلِفًا مِنَ الْحُرُوفِ وَالْأَسْمَاءِ الْمَبْنِيَّةِ الْمُضَافَةِ هَذَا الْمُجْرَى لِشَبَهِهِ بِهِ، وَأَمَّا قَوْلُهُمْ: عَلَيَّ وَإِنْ لَمْ يَكُنْ فِيهِ لَبْسٌ إِذْ يُقَالُ فِي الْفِعْلِ: عَلَانِي، وَفِي الْحَرْفِ: عَلَيَّ، وَفِي الِاسْمِ: عَلَا فِي الْأَرْضِ، فَإِجْرَاءٌ لَهُ مُجْرَى عَلَيْهِ وَعَلَيْكَ لِشَبَهِهِ بِهِ.

(وَيَاءُ الْإِضَافَةِ مَفْتُوحَةٌ): يَعْنِي بَعْدَ الْأَلِفِ فِي نَحْوِ: هَوَايَ، وَأَوْرَدَ قِرَاءَةَ نَافِعٍ قَوْلَهُ تَعَالَى: (وَمَحْيَايْ) [الأنعام آية: ١٦٢] بِسُكُونِ الْيَاءِ، وَقَصْدُهُ تَضْعِيفُهَا.

(وَأَمَّا الْيَاءُ فَلَا يَخْلُو) إِلَى آخِرِهِ؛ لِأَنَّهَا إِذَا كَانَتْ يَاءً وَقَبْلَهَا فَتْحَةٌ كَمُسْلِمَيْنِ أُدْغِمَتْ فِي أُخْتِهَا، فَبَقِيَتْ سَاكِنَةً بَيْنَ مَفْتُوحَيْنِ، وَكَذَلِكَ إِنْ كَانَتْ وَاوًا وَقَبْلَهَا فَتْحَةٌ كَمُصْطَفَوْنَ قُلِبَتْ يَاءً وَجُعِلَ حُكْمُهَا حُكْمَ الْيَاءِ، فَصَارَتْ أَيْضًا سَاكِنَةً بَيْنَ مَفْتُوحَيْنِ، وَكَذَلِكَ إِذَا كَانَتْ يَاءً مَكْسُورًا مَا قَبْلَهَا كَمُسْلِمِينَ فِي حَالِ النَّصْبِ أَوِ الْجَرِّ أُدْغِمَتْ فِي يَاءِ الْمُتَكَلِّمِ، فَصَارَتْ يَاءً بَيْنَ مَكْسُورٍ وَمَفْتُوحٍ، وَكَذَلِكَ إِذَا كَانَتْ وَاوًا وَقَبْلَهَا ضَمَّةٌ كَمُسْلِمُونَ فِي حَالِ الرَّفْعِ، فَإِنَّهَا تُقْلَبُ يَاءً لِاجْتِمَاعِهَا مَعَ الْيَاءِ، ثُمَّ تُقْلَبُ الضَّمَّةُ كَسْرَةً لِوُقُوعِهَا قَبْلَ يَاءٍ سَاكِنَةٍ، فَتَصِيرُ يَاءً أَيْضًا بَيْنَ مَكْسُورٍ وَمَفْتُوحٍ.

فَصْلٌ: وَالْأَسْمَاءُ السِّتَّةُ مَتَى أُضِيفَتْ إِلَى ظَاهِرٍ أَوْ مُضْمَرٍ مَا خَلَا الْيَاءَ فَحُكْمُهَا مَا ذَكَرَ... إِلَى آخِرِهِ

قَالَ الشَّيْخُ: هَذِهِ الْأَسْمَاءُ إِذَا أُضِيفَتْ إِلَى ظَاهِرٍ أَوْ مُضْمَرٍ غَيْرِ الْيَاءِ فَحُكْمُهَا مَا ذَكَرَ مِنْ إِعْرَابِهَا بِالْحُرُوفِ، وَبَيَانُ إِعْرَابِهَا بِالْحُرُوفِ قَدْ تَقَدَّمَ، وَهُوَ عَلَى خِلَافِ الْقِيَاسِ لِمَا حَصَلَ فِيهَا مِنْ تَشْبِيهِهَا بِالْمُثَنَّى وَالْمَجْمُوعِ؛ لِتَعَدُّدِهَا فِي الْمَعْنَى بِمُضَافِهَا وَلُزُومِ حَرْفِ الْعِلَّةِ أَوَاخِرَهَا.

وَأَمَّا **(ذُو)** فَلَا يُضَافُ إِلَّا إِلَى أَسْمَاءِ الْأَجْنَاسِ؛ لِأَنَّ وَضْعَهَا عَلَى أَنْ يُتَوَصَّلَ بِهَا إِلَى الْوَصْفِ بِأَسْمَاءِ الْأَجْنَاسِ، فَلَا تَدْخُلُ إِلَّا عَلَيْهَا، وَلِذَلِكَ لَمْ تُفْرَدْ عَنِ الْإِضَافَةِ، وَأَمَّا

غَيْرُهَا فَيُضَافُ إِلَى الْمُضْمَرِ وَالْمُظْهَرِ وَيُفْرَدُ.

فَأَمَّا حُكْمُهَا إِذَا أُضِيفَ إِلَى غَيْرِ الْيَاءِ فَقَدْ تَقَدَّمَ، وَأَمَّا حُكْمُهَا إِذَا أُفْرِدَتْ عَنِ الإِضَافَةِ فَهُوَ أَنْ تُعْرَبَ بِالْحَرَكَاتِ، وَتُحْذَفُ حُرُوفُ الْعِلَّةِ، فَيُقَالُ: أَخٌ، وَأَبٌ، وَحَمٌ، وَهَنٌ، وَلَمَّا تَعَذَّرَ ذَلِكَ فِي الْفَمِ أُبْدِلَتْ مِنْ وَاوِهِ مِيمٌ لِيَلْحَقَ بِإِخْوَانِهِ، وَعِلَّتُهُ أَنَّهُ لَوْ حُذِفَتْ وَاوُهُ كَإِخْوَانِهِ لَبَقِيَ عَلَى حَرْفٍ وَاحِدٍ فَيَخْتَلُّ، وَلَوْ بَقِيَتْ وَاوًا لَمْ تَقْبَلِ الْحَرَكَاتِ، فَأُبْدِلَتْ مِنْهَا الْمِيمُ لِتَصِحَّ فَتَقْبَلَ الْحَرَكَةَ.

وَفِي حَمٍ لُغَاتٌ، إِحْدَاهَا مَا ذَكَرْنَاهَا، وَإِجْرَاؤُهَا مُجْرَى يَدٍ، وَمُجْرَى عَصًا، وَمُجْرَى كَمْءٍ، وَمُجْرَى دَلْوٍ.

وَفِي هَنٍ لُغَتَانِ، إِحْدَاهُمَا: مَا ذَكَرْنَاهَا، وَالأُخْرَى مِثْلُ يَدٍ.

وَإِذَا أُضِيفَتْ إِلَى يَاءِ الْمُتَكَلِّمِ عَلَى اللُّغَةِ الأُولَى حُذِفَتْ أَوَاخِرُهَا عَلَى مَا فَعَلْتَهُ فِي الإِفْرَادِ، فَتَقُولُ: هَذَا أَخِي أَبِي فَمِي، إِلا أَنَّ فِي الْفَمِ لُغَتَيْنِ؛ إِحْدَاهُمَا: فَمِي، وَهِيَ أَضْعَفُهُمَا، وَالأُخْرَى: فِيَّ، وَهِيَ أَقْوَاهُمَا، أَمَّا مَنْ قَالَ: فَمِي فَوَجْهُهُ أَنَّهُ قَدْ ثَبَتَ إِجْرَاءُ هَذِهِ الْكَلِمَةِ مَعَ يَاءِ الْمُتَكَلِّمِ مُجْرَاهَا فِي الإِفْرَادِ، وَهَذِهِ فِي الإِفْرَادِ فَمٌ، فَيَجِبُ أَنْ يُقَالَ: فَمِي، كَمَا قِيلَ فِي قَوْلِكَ: أَخٌ، أَخِي.

وَوَجْهُ مَنْ قَالَ: فِيَّ فِي الأَحْوَالِ الثَّلاثَةِ: أَنَّ الْعِلَّةَ الَّتِي قَلَبْنَاهَا مِيمًا مَفْقُودَةٌ هُنَا، وَهُوَ أَدَاءُ الْكَلِمَةِ إِلَى الاخْتِلالِ، وَذَلِكَ لا يَلْزَمُ عِنْدَ الإِضَافَةِ لإِمْكَانِ الإِدْغَامِ، فَكَانَ الْقِيَاسُ أَنْ تَتَحَرَّكَ هَذِهِ الْوَاوُ بِالْكَسْرِ؛ لأَنَّهَا بِمَثَابَةِ الْخَاءِ فِي أَخٍ، وَلَكِنَّهُ لَمَّا كَانَ تَحْرِيكُهَا يُؤَدِّي إِلَى قَلْبِهَا أَلِفًا، وَهِيَ أَجْنَبِيَّةٌ عَنِ الْكَسْرَةِ قَلَبُوهَا حَرْفًا مِنْ جِنْسِ الْكَسْرَةِ، وَهُوَ الْيَاءُ، ثُمَّ كَسَرُوا مَا قَبْلَهَا لِتَحْصُلَ صُورَةُ الْكَسْرِ الَّتِي تَعَذَّرَتْ عَلَى الْوَاوِ، وَلِتَسْلَمَ الْيَاءُ، أَوْ نَقُولُ: كَانَ الْقِيَاسُ أَنْ يَتَحَرَّكَ مَا قَبْلَ الْيَاءِ بِالْكَسْرِ فَلَمَّا تَعَذَّرَ حُرِّكَ مَا قَبْلَ الْوَاوِ، وَهِيَ الْفَاءُ، فَانْقَلَبَتِ الْوَاوُ يَاءً، ثُمَّ أُدْغِمَتْ فِي الْيَاءِ فِي الأَحْوَالِ الثَّلاثَةِ.

وَأَمَّا عِلَّةُ الْتِزَامِهِمْ أَبِي وَأَخِي فِي الأَحْوَالِ الثَّلاثِ عَلَى الصَّحِيحِ خِلافًا لِلْمُبَرِّدِ، فَإِنَّهُ يَقُولُ: أَبِيَّ، فَإِنَّهُمْ كَرِهُوا أَنْ يُبْقُوا حُرُوفَ الإِعْرَابِ، فَيُؤَدِّي إِلَى الإِعْلالِ، وَإِعْرَابُهُ بِالْحُرُوفِ فَرْعٌ غَيْرُ أَصْلٍ، فَلَمْ تَلْزَمِ الْمُحَافَظَةُ عَلَيْهِ كَالأُصُولِ، فَرُدَّ إِلَى صُورَتِهِ إِذَا أُعْرِبَ بِالْحَرَكَاتِ، فَقِيلَ: أَبِي وَأَخِي، وَقَالَ الْمُبَرِّدُ: يَجُوزُ أَنْ تَقُولَ: أَبِيَّ وَأَخِيَّ فِي الأَحْوَالِ الثَّلاثِ، وَلَوْ صَحَّ لَهُ النَّقْلُ لَكَانَ لَهُ وَجْهٌ، وَلَكِنْ مَا اسْتَدَلَّ بِهِ ضَعِيفٌ لاحْتِمَالِ أَنْ يَكُونَ جَمْعًا، وَمَا يُسْتَدَلُّ بِهِ وَيُجْعَلُ أَصْلا، فَإِنَّمَا يَدُلُّ إِذَا كَانَ غَيْرَ مُحْتَمِلٍ لِغَيْرِ ذَلِكَ، فَأَمَّا إِذَا

احْتَمَلَ أَنْ يَكُونَ جارِيًا عَلَى الْقَوَاعِدِ الْمُسْتَقِرَّةِ احْتَمَلَ الْمُخَالَفَةَ، فَإِجْرَاؤُهُ عَلَى الْقَوَاعِدِ أَوْلَى، وَهُوَ مَعْنَى قَوْلِهِ: (وَصِحَّةُ مَحْمَلِهِ عَلَى الْجَمِيعِ فِي قَوْلِهِ[1]:

.... وَفَدَّيْنَنَا بِالأَبِينَا

تَدْفَعُ ذَلِكَ).

يَعْنِي: إِذَا كَانَ أَبٌ يُجْمَعُ عَلَى أَبِينَ، فَمِنَ الْمُحْتَمَلِ أَنْ يَكُونَ قَوْلُهُ: (وَأَبِيَّ) أَرَادَ بِهِ وَأَبِينِي، ثُمَّ حَذَفَ النُّونَ لِلإِضَافَةِ، فَاجْتَمَعَتِ الْيَاءُ الَّتِي لِلإِعْرَابِ وَيَاءُ الْمُتَكَلِّمِ فَأُدْغِمَتْ فِيهَا، وَإِذَا احْتُمِلَ ذَلِكَ وَصَحَّ كَانَ جَارِيًا عَلَى الْقَاعِدَةِ الْمُسْتَقِرَّةِ فِي مِثْلِهَا، فَلا وَجْهَ لِحَمْلِهِ عَلَى مَا يُخَالِفُ ذَلِكَ مِمَّا لَمْ يَثْبُتْ، وَاللهُ أَعْلَمُ.

قَالَ صَاحِبُ الْكِتَابِ:

التَّوْكِيدُ عَلَى ضَرْبَيْنِ

قَدْ تَقَدَّمَ أَنَّ الْمَذَاهِبَ ثَلاثَةٌ؛ أَحَدُهَا: الانْسِحَابُ، وَالآخَرُ: التَّقْدِيرُ، وَالآخَرُ: الْفَرْقُ بَيْنَ الْبَدَلِ وَالْمَعْطُوفِ وَغَيْرِهِمَا، وَقَدْ أُخِذَ مِنْ هَذَا الْخِلافِ صِحَّةُ الْوَقْفِ عَلَى الْمَتْبُوعِ عَلَى قَوْلِ مَنْ قَالَ بِتَقْدِيرِ عَامِلٍ مِثْلِ الأَوَّلِ، فَإِذَا قُلْتَ: (جَاءَنِي زَيْدٌ الْعَاقِلُ)، وَكَانَ تَقْدِيرُهُ: (جَاءَنِي الْعَاقِلُ)، كَانَ جُمْلَةً مُسْتَقِلَّةً، فَيَسْتَقِيمُ الْوَقْفُ دُونَهَا، وَهَذَا غَيْرُ مُسْتَقِيمٍ، فَإِنَّهُ يُؤَدِّي إِلَى مَا لا يَتَنَاهَى؛ لأَنَّهُ إِذَا كَانَ التَّقْدِيرُ: (جَاءَنِي الْعَاقِلُ) كَانَ تَقْدِيرُ الْعَاقِلِ فِي (جَاءَنِي الْعَاقِلُ) (جَاءَنِي زَيْدٌ الْعَاقِلُ)، ثُمَّ تَقْدِيرُ الْعَاقِلِ كَذَلِكَ إِلَى مَا لا يَتَنَاهَى، فَظَهَرَ فَسَادُ ذَلِكَ.

وَأَكْثَرُ النَّاسِ عَلَى أَنَّهُ لا يَجُوزُ الْوَقْفُ عَلَى الْمَتْبُوعِ دُونَ تَابِعِهِ وَهُوَ الصَّحِيحُ، وَتَمَسَّكَ الْقَائِلُونَ بِالانْسِحَابِ فِي مِثْلِ قَوْلِكَ: (جَاءَنِي غُلامُ زَيْدٍ وَعَمْرٍو)، وَقَالُوا: لَوْ

(١) البيت من شعر غيلان بن سلمة الثقفي: ٢٣ هـ / ٦٤٤ م: وهو غيلان بن سلمة الثقفي.
حكيم شاعر جاهلي، أدرك الإسلام وأسلم يوم الطائف وعنده عشر نسوة، فأمره النبي (صلى الله عليه وسلم) فاختار أربعاً، فصارت سنّة.
وكان أحد وجوه ثقيف، انفرد في الجاهلية بأن قسم أعماله على الأيام، فكان له يوم يحكم فيه بين الناس، ويوم ينشد فيه شعره، ويوم ينظر فيه إلى جماله، وهو ممن وفد على كسرى وأعجب كسرى بكلامه.
والبيت كاملا من المتقارب:

فلما تبين أصـــــواتنا ... بكـــــين وفديننا بالأبينا

كَانَ التَّقْدِيرُ صَحِيحًا لَفَسَدَ الْمَعْنَى؛ إِذْ يَتَعَدَّدُ الْغُلامُ وَهُوَ وَاحِدٌ، فَوَجَبَ الْقَوْلُ بِالانْسِحَابِ.

وَتَمَسَّكَ الْقَائِلُونَ بِالتَّقْدِيرِ بِقَوْلِكَ: (أَعْجَبَنِي قِيَامُ زَيْدٍ وَعَمْرو)، إِذْ لَوْلا التَّقْدِيرُ لَمْ يَسْتَقِمِ الْمَعْنَى؛ لأَنَّ الْغَرَضَ الْوَاحِدَ لا يَقُومُ بِمَحَلَّيْنِ، فَوَجَبَ أَنْ يَكُونَ التَّقْدِيرُ: (قِيَامُ زَيْدٍ وَقِيَامُ عَمْرٍو).

وَمَنْ قَالَ بِالتَّقْسِيمِ تَمَسَّكَ فِي الانْسِحَابِ بِمَا تَمَسَّكَ بِهِ أَصْحَابُهُ، وَتَمَسَّكَ فِي الْبَدَلِ وَالْعَطْفِ بِالتَّكْرِيرِ صَرِيحًا؛ كَقَوْلِهِ تَعَالَى: "لِلَّذِينَ اسْتُضْعِفُوا لِمَنْ آمَنَ" [الأعراف:٧٥] الآيَةَ.

وَالصَّحِيحُ الانْسِحَابُ فِي الْجَمِيعِ، وَجَوَازُ التَّقْدِيرِ فِي الْمَعْطُوفِ مُطْلَقًا إِنْ تَعَدَّدَ فِي الْمَعْنَى، وَوُجُوبُ الانْسِحَابِ إِنِ اتَّحَدَ الْمَنْسُوبُ إِلَى الْمَعْطُوفِ عَلَيْهِ، وَفِي الْبَدَلِ بِحَرْفِ الْخَفْضِ، وَالدَّلِيلُ عَلَيْهِ أَنَّكَ تَقُولُ فِي الْمَعْطُوفِ: (قَامَ زَيْدٌ وَقَامَ عَمْرٌو) لَمَّا كَانَ ذَلِكَ مُتَعَدِّدًا، وَتَقُولُ: (جَاءَنِي غُلامُ زَيْدٍ وَعَمْرٍو)، فَيَجِبُ الانْسِحَابُ لَمَّا كَانَ الْمَنْسُوبُ مُتَّحِدًا، وَفِي الْبَدَلِ تَقُولُ: (عَجِبْتُ مِنْ زَيْدٍ مِنْ حُسْنِهِ)، وَلَوْ قُلْتَ: (أَعْجَبَنِي زَيْدٌ أَعْجَبَنِي حُسْنُهُ) لَمْ يَسْتَقِمْ؛ لأَنَّ الإِعْجَابَ لَيْسَ مَنْسُوبًا إِلَى زَيْدٍ فِي الْمَعْنَى بِدَلِيلِ أَنَّهُ يَصِحُّ نَفْيُهُ عَنْهُ، فَيُؤَدِّي إِلَى إِثْبَاتِهِ مَعَ صِحَّةِ نَفْيِهِ عَنْهُ فِي الْكَلامِ الْوَاحِدِ، وَأَمَّا مَا يَرِدُ مِنْ قَوْلِهِمْ: (قِيَامُ زَيْدٍ وَعَمْرٍو) وَأَنَّهُ لا بُدَّ مِنَ التَّقْدِيرِ؛ لِئَلا يُؤَدِّي إِلَى أَنْ يَكُونَ قِيَامُ زَيْدٍ مَنْسُوبًا إِلَى عَمْرٍو، وَهُوَ مُحَالٌ.

فَالْجَوَابُ: أَنَّ هَذِهِ أَسْمَاءٌ وُضِعَتْ لِمَعْقُولِيَّةِ مَدْلُولِهَا مِنْ غَيْرِ نَظَرٍ إِلَى تَعْدَادٍ، فَصَحَّ نِسْبَتُهَا إِلَى مُفْرَدٍ وَإِلَى مُتَعَدِّدٍ، فَإِذَا نُسِبَتْ إِلَى مُفْرَدٍ فَهُوَ وَاضِحٌ، وَإِذَا نُسِبَتْ إِلَى مُتَعَدِّدٍ عُلِمَ بِمَدْلُولِهَا أَنَّ الْمُرَادَ جِنْسُهَا وَمَعْقُولُهَا؛ كَقَوْلِكَ: (قَامَ الزَّيْدَان) وَمَا أَشْبَهَهُ؛ لأَنَّ الْمُرَادَ نِسْبَتُهُ بِاعْتِبَارِ خُصُوصِيَّةٍ بِالْمُضَافِ إِلَيْهِ، إِذْ لَمْ يُرِدْ أَنَّ قِيَامَ زَيْدٍ مَنْسُوبٌ إِلَى عَمْرٍو، وَلَكِنْ نِسْبَةُ الْقِيَامِ إِلَيْهِمَا جَمِيعًا مُطْلَقًا، كَمَا لَوْ قُلْتَ: قِيَامُ الزَّيْدَيْنِ، وَإِنَّمَا جَاءَ التَّعْدَادُ مِنْ ضَرُورَةِ التَّعْبِيرِ.

وَلَمْ يَذْكُرْ صَاحِبُ الْكِتَابِ حَدَّ التَّوْكِيدِ؛ لأَنَّ غَرَضَهُ بَسْطُ الْمَعْنَى فِيهِ فَخَصَّصَ لَهُ فَصْلا، وَهُوَ قَوْلُهُ: (وَجَدْوَى التَّوْكِيدُ)؛ إِذْ حُدُودُ الأَلْفَاظِ إِنَّمَا تَحْصُلُ بِمَدْلُولاتِهَا وَجَدْوَاهَا.

ثُمَّ قَالَ: (وَالتَّأْكِيدُ عَلَى ضَرْبَيْنِ: صَرِيحٌ).

كَمَا ذَكَرَ، وَقَدْ يُجْعَلُ الصَّرِيحُ إِذَا كَانَ اسْمًا بَدَلا فِي كَلامِهِ وَكَلام غَيْرِهِ مِنَ النَّحْوِيِّينَ، وَهُوَ غَيْرُ بَعِيدٍ، نَظَرًا إِلَى أَنَّ الْمَقْصُودَ بِالْمَدْلُولِ هَلْ هُوَ الأَوَّلُ أَوْ الثَّانِي؟

فَإِنْ كَانَ الْمَقْصُودُ هُوَ الأَوَّلُ فَالثَّانِي تَوْكِيدٌ، وَإِلا فَهُوَ بَدَلٌ.

وَالْمَعْنَوِيُّ بِأَلْفَاظٍ مَخْصُوصَةٍ مَحْفُوظَةٍ، وَهِيَ: كُلٌّ، وَكِلا، وَالنَّفْسُ، وَالْعَيْنُ، وَأَجْمَعُ، وَأَكْتَعُ، وَأَبْتَعُ، وَأَبْصَعُ، وَهِيَ مُنْقَسِمَةٌ بِاعْتِبَارِ لَفْظِهَا قِسْمَيْنِ:

قِسْمٍ يَخْتَلِفُ لِمَنْ هُوَ لَهُ بِاعْتِبَارِ الْمُضَافِ إِلَيْهِ، وَهُوَ كُلٌّ، وَالنَّفْسُ، وَالْعَيْنُ، وَكِلا.

وَقِسْمٍ يَخْتَلِفُ بِصِيغَتِهِ، وَهُوَ أَجْمَعُ، وَأَكْتَعُ، وَأَبْتَعُ، وَأَبْصَعُ، فَلِذَلِكَ تَقُولُ: كُلُّهُ نَفْسُهُ عَيْنُهُ كِلاهُمَا، كُلُّهَا نَفْسُهَا عَيْنُهَا، كُلُّهُمْ أَنْفُسُهُمْ أَعْيُنُهُمْ أَنْفُسُهُمَا أَعْيُنُهُمَا، كُلُّهُنَّ أَنْفُسُهُنَّ أَعْيُنُهُنَّ، وَتَقُولُ: أَجْمَعُ أَكْتَعُ أَبْصَعُ أَبْتَعُ، جَمْعَاءَ كَتْعَاءَ بَصْعَاءَ بَتْعَاءَ، أَجْمَعُونَ أَكْتَعُونَ أَبْصَعُونَ أَبْتَعُونَ، جُمَعُ كُتَعْ بُصَعْ بُتَعْ.

وَهِيَ تَنْقَسِمُ ثَلاثَةَ أَقْسَامٍ: قِسْمٍ يُؤَكَّدُ بِهِ الْمُثَنَّى خَاصَّةً، وَهُوَ كِلا، وَقِسْمٍ يُؤَكَّدُ بِهِ غَيْرُ الْمُثَنَّى، وَهُوَ كُلٌّ، وَأَجْمَعُ، وَأَكْتَعُ، وَأَبْتَعُ، وَأَبْصَعُ، وَقِسْمٍ يُؤَكَّدُ بِهِ الْجَمِيعُ، وَهُوَ النَّفْسُ وَالْعَيْنُ، فَلِذَلِكَ لا تَقُولُ: كِلا إِلا فِي التَّثْنِيَةِ، وَلا تَقُولُ: كُلُّهُمَا وَلا أَجْمَعَانِ إِلَى آخِرِهَا، وَتَقُولُ: أَنْفُسُهُمَا وَأَعْيُنُهُمَا، فَتَجْرِي عَلَى الْمُذَكَّرَيْنِ لأَجْلِ اشْتِرَاكِ الضَّمِيرِ.

وَإِنَّمَا لَمْ يُؤَكَّدِ الْمُثَنَّى بِكُلٍّ وَأَجْمَعَ إِلَى آخِرِهَا؛ لأَنَّ قِيَاسَهُ أَنْ يُؤَكَّدَ بِأَمْثَالِهَا؛ لأَنَّهُ نَصٌّ بِاعْتِبَارِ مَدْلُولِهِ فِي الإِحَاطَةِ وَالشُّمُولِ بِمَا دَلَّ عَلَيْهِ، أَلا تَرَى أَنَّكَ لَوْ قُلْتَ: (جَاءَنِي الزَّيْدَانِ) وَأَنْتَ تُرِيدُ وَاحِدًا لَمْ يَجُزْ، بِخِلافِ قَوْلِكَ: (الرِّجَالُ كُلُّهُمْ) لِجَوَازِ أَنْ تُرِيدَ الْبَعْضَ.

فَإِنْ قُلْتَ: فَقِيَاسُ الْوَاحِدِ أَنْ لا يُؤَكَّدَ فَالْجَوَابُ أَنَّهُ لا يُؤَكَّدُ بِمَا يَدُلُّ عَلَى الإِفْرَادِ لِنُصُوصِيَّتِهِ، وَإِنَّمَا يُؤَكَّدُ بِمَا يَدُلُّ عَلَى حَقِيقَتِهِ.

فَإِنْ قُلْتَ: فَجَوِّزَ فِي الْمُثَنَّى كَذَلِكَ، قُلْتُ: كَذَلِكَ هُوَ، فَتَقُولُ: أَنْفُسُهُمَا كَمَا تَقُولُ: نَفْسُهُ.

فَإِنْ قُلْتَ: فَقَدْ قَالُوا: (اشْتَرَيْتُ الْعَبْدَ كُلَّهُ)، وَهَذَا يَدُلُّ عَلَى أَنَّهُمْ يُؤَكِّدُونَ الْمُفْرَدَ بِكُلٍّ، فَالتَّثْنِيَةُ أَوْلَى، قُلْتُ: إِنَّمَا يُؤَكَّدُ الْعَبْدُ وَشِبْهُهُ بِكُلٍّ نَظَرًا إِلَى تَقْدِيرِ تَفْرِقَةِ أَجْزَائِهِ بِالنِّسْبَةِ إِلَى مَا وُجِّهَ إِلَيْهِ مِنْ شِرَاءٍ أَوْ بَيْعٍ، فَلَوْلا تَقْدِيرُ الأَجْزَاءِ الْمُقَدَّرِ تَفْرِيقُهَا لَمْ يَجُزْ، وَلِذَلِكَ امْتَنَعَ (جَاءَنِي الْعَبْدُ كُلُّهُ) و(قَامَ الْعَبْدُ كُلُّهُ) لامْتِنَاعِ تَقْدِيرِ تَفْرِيقِ الأَجْزَاءِ.

فَإِنْ قُلْتَ: فَجَوِّزَ فِي الْمُثَنَّى ذَلِكَ بِاعْتِبَارِ الأَجْزَاءِ، قُلْتُ: هَذَا كَانَ يَلْزَمُهُمْ، وَلَكِنَّهُمْ

عَوَّضُوا عَنْهُ كِلاهُمَا، فَيَقُولُونَ: (اشْتَرَيْتُ الْعَبْدَيْنِ كِلَيْهِمَا)، وَاسْتَغْنَوْا بِهَا.

فَصْلٌ: وَيُؤَكَّدُ الْمُظْهَرُ بِمِثْلِهِ لا بِالْمُضْمَرِ، وَالْمُضْمَرُ بِمِثْلِهِ وَبِالْمُظْهَرِ جَمِيعًا... إِلَى آخِرِهِ

قَالَ الشَّيْخُ: لا يُؤَكَّدُ الْمُظْهَرُ بِمُضْمَرٍ؛ لأَنَّ التَّأْكِيدَ تَكْمِلَةٌ، وَالأَوَّلُ هُوَ الْمَقْصُودُ، وَلا يَلِيقُ أَنْ تَكُونَ التَّكْمِلَةُ أَقْوَى مِنَ الْمَقْصُودِ، فَلِذَلِكَ لَمْ يُؤَكَّدِ الْمُظْهَرُ بِالْمُضْمَرِ.

ثُمَّ قَالَ: (وَلا يَخْلُو الْمُضْمَرَانِ مِنْ أَنْ يَكُونَا مُنْفَصِلَيْنِ أَوْ مُتَّصِلا أَحَدُهُمَا وَالآخَرُ مُنْفَصِلا).

قُلْتُ: لا يَكُونُ الأَمْرُ إِلا كَذَلِكَ مِنْ جِهَةِ أَنَّ الْقِسْمَةَ تَكُونُ أَرْبَعَةً: مُنْفَصِلَيْنِ وَمُتَّصِلَيْنِ، وَالأَوَّلُ مُتَّصِلٌ وَالثَّانِي مُنْفَصِلٌ وَالْعَكْسُ.

أَمَّا الْمُتَّصِلانِ فَلا يُمْكِنُ؛ لأَنَّهُ إِذَا اتَّصَلَ الأَوَّلُ تَعَذَّرَ اتِّصَالُ الثَّانِي، وَالأَوَّلُ مُنْفَصِلٌ وَالثَّانِي مُتَّصِلٌ لا يُمْكِنُ مِنْ طَرِيقِ الأَوْلَى؛ لأَنَّهُ لَمَّا فَصَلْتَ بَيْنَهُ وَبَيْنَ مَا يَتَّصِلُ بِالْمُنْفَصِلِ، وَمَا كَانَ الانْفِصَالُ مِنْ أَجْلِهِ تَعَذَّرَ الاتِّصَالُ.

بَقِيَ الْقِسْمَانِ الآخَرَانِ وَهُوَ أَنْ يَكُونَ الأَوَّلُ مُتَّصِلا وَالثَّانِي مُنْفَصِلا، وَالْمُنْفَصِلانِ.

ثُمَّ قَالَ: (وَلا يَخْلُو الْمُضْمَرُ إِذَا أُكِّدَ بِالْمُظْهَرِ مِنْ أَنْ يَكُونَ مَرْفُوعًا، أَوْ مَنْصُوبًا، أَوْ مَجْرُورًا).

الأَوْلَى أَنْ يَقُولَ: الْمُضْمَرُ الْمُتَّصِلُ، وَكَذَلِكَ أَرَادَ، ثُمَّ فَرَّقَ بَيْنَ الْمَرْفُوعِ وَبَيْنَ الْمَنْصُوبِ وَالْمَجْرُورِ فِي أَنَّ الْمَرْفُوعَ لا بُدَّ مِنْ تَأْكِيدِهِ بِمُضْمَرٍ مُنْفَصِلٍ قَبْلَ التَّأْكِيدِ بِالظَّاهِرِ، وَسِرُّهُ هُوَ أَنَّهُ لَمَّا اشْتَدَّ اتِّصَالُهُ وَكَانَتِ النَّفْسُ وَالْعَيْنُ فِي حُكْمِ الاسْتِقْلالِ كُرِهَ جَرْيُهَا عَلَيْهِ إِمَّا خَوْفَ اللَّبْسِ بِالْمَفْعُولِ لِمَا ثَبَتَ مِنْ أَنَّهُ لا يَكُونُ بَعْدَ الْفِعْلِ وَالْفَاعِلِ اسْمٌ مُسْتَقِلٌّ غَيْرُ مَفْعُولٍ، وَكَانَ هَذَا أَقْوَى مِنْ دِلالَةِ الإِعْرَابِ فِي النَّفْسِ وَالْعَيْنِ، وَكَانَ خَوْفُ اللَّبْسِ مُتَّجِهًا، وَأَمَّا الْمَنْصُوبُ وَالْمَجْرُورُ فَلا يُوقِعُ فِي لَبْسٍ، وَلَمْ يَشْتَدَّ اتِّصَالُهُ، وَإِمَّا كَرَاهَةُ أَنْ يُؤَكِّدَ مَا هُوَ كَالْجُزْءِ بِمَا هُوَ مُسْتَقِلٌّ.

ثُمَّ قَالَ فِي الْفَصْلِ الَّذِي يَلِيهِ: (وَالنَّفْسُ وَالْعَيْنُ مُخْتَصَّانِ بِهَذِهِ التَّفْصِلَةِ بَيْنَ الضَّمِيرِ الْمَرْفُوعِ وَصَاحِبَيْهِ، وَفِيمَا سِوَاهُمَا لا فَصْلَ فِي الْجَوَازِ بَيْنَ ثَلاثَتِهَا)، إِلَى آخِرِهِ.

يَعْنِي بِالتَّفْصِلَةِ: التَّفْرِقَةَ بَيْنَ الْمَرْفُوعِ وَالْمَنْصُوبِ وَالْمَجْرُورِ فِي لُزُومِ الْمُضْمَرِ الْمُنْفَصِلِ بَيْنَ الْمُؤَكِّدِ وَالْمُؤَكَّدِ، وَبَيْنَ الْمَنْصُوبِ وَالْمَجْرُورِ فِي جَوَازِ التَّأْكِيدِ مِنْ

غَيْرِ شَرِيطَةٍ.

قَالَ: (وَفِيمَا سِوَاهُمَا).

يَعْنِي: سِوَى النَّفْسِ وَالْعَيْنِ مِنَ الْكُلِّ وَأَجْمَعَ وَأَكْتَعَ، لَا فَصْلَ فِي الْجَوَازِ بَيْنَ الْمَرْفُوعِ وَصَاحِبَيْهِ، ثُمَّ مَثَّلَ بِكُلٍّ فِي حَالِ الرَّفْعِ، وَاسْتَغْنَى عَنْ تَمْثِيلِ النَّصْبِ وَالْجَرِّ؛ لِأَنَّهُ يَجِيءُ مِنْ طَرِيقِ الْأَوْلَى؛ لِأَنَّهُ إِذَا كَانَتِ النَّفْسُ وَالْعَيْنُ مُسْتَغْنِيَةً فِي النَّصْبِ وَالْجَرِّ فَلَأَنْ يَسْتَغْنِيَ كُلٌّ فِي النَّصْبِ وَالْجَرِّ مَعَ اسْتِغْنَائِهَا فِي الرَّفْعِ أَوْلَى.

فَأَمَّا (أَجْمَعُونَ) وَأَخَوَاتُهَا فَأَكْثَرُ النَّاسِ لَا يُجِيزُهَا إِذَا ذُكِرَتْ إِلَّا مُرَتَّبَةً، وَتَقْدِيمُ (أَجْمَعُونَ) وَاجِبٌ عِنْدَهُمْ، وَقَدْ أَجَازَ بَعْضُهُمْ حَذْفَ أَجْمَعِينَ مَعَ تَرْتِيبِ مَا بَعْدَهَا، وَأَجَازَ بَعْضُهُمْ حَذْفَ أَجْمَعِينَ مَعَ انْتِفَاءِ التَّرْتِيبِ، وَأَجَازَ بَعْضُهُمْ حَذْفَ أَجْمَعِينَ مَعَ ذِكْرِ أَيِّهَا شِئْتَ، وَلَمْ يُجِزْ أَحَدٌ مَعَ وُجُودِ أَجْمَعِينَ تَأْخِيرَهَا.

وَسِرُّ وُجُوبِ تَقْدِيمِ أَجْمَعِينَ عِنْدَ الْجَمِيعِ أَنَّهُ أَدَلُّ عَلَى الْمَعْنَى الْمَقْصُودِ مِنْ هَذِهِ التَّوَاكِيدِ، فَتَقْدِيمُهُ أَوْلَى، وَمَنْ نَظَرَ إِلَى وُجُوبِ تَرْتِيبِ غَيْرِهَا لَمَحَ قَرِيبًا مِنْ هَذَا الْمَعْنَى، وَمَنْ نَظَرَ إِلَى الْجَوَازِ اسْتَضْعَفَهُ فِي غَيْرِ أَجْمَعِينَ، وَمَنْ جَوَّزَ حَذْفَ أَجْمَعِينَ نَظَرَ إِلَى أَنَّهُ لَا يَجِبُ تَقْدِيمُهَا مَعَ كَوْنِهَا أَدَلَّ إِلَّا عِنْدَ وُجُودِهَا، وَاللهُ أَعْلَمُ.

قَالَ صَاحِبُ الْكِتَابِ:

الصِّفَةُ هِيَ الِاسْمُ الدَّالُّ عَلَى بَعْضِ أَحْوَالِ الذَّاتِ...

إِلَى آخِرِهِ

قَالَ الشَّيْخُ: الصِّفَةُ تُطْلَقُ بِاعْتِبَارَيْنِ: عَامٍّ وَخَاصٍّ، فَالْعَامُّ مَا دَلَّ عَلَى ذَاتٍ بِاعْتِبَارِ مَعْنًى هُوَ الْمَقْصُودُ، وَالْخَاصُّ بِاعْتِبَارِ التَّابِعِ، وَهُوَ أَنْ يُقَالَ: تَابِعٌ يَدُلُّ عَلَى مَعْنًى فِي مَتْبُوعِهِ مِنْ غَيْرِ تَقْيِيدٍ، فَقَوْلُنَا: تَابِعٌ يَخْرُجُ مِنْهُ الْخَبَرُ، نَحْوُ: رَجُلٌ عَالِمٌ عِنْدَكَ؛ إِذِ الْخَبَرُ لَيْسَ بِتَابِعٍ، وَإِنَّمَا هُوَ جُزْءٌ مُسْتَقِلٌّ بِخِلَافِ الصِّفَةِ، فَإِنَّهَا لَيْسَتْ بِمُسْتَقِلَّةٍ، وَقَوْلُنَا: (مِنْ غَيْرِ تَقْيِيدٍ)، يَخْرُجُ مِنْهُ الْحَالُ، فَإِنَّ الْحَالَ تَدُلُّ عَلَى هَيْئَةِ فَاعِلٍ أَوْ مَفْعُولٍ.

قُلْتُ: حَدُّ صَاحِبِ الْكِتَابِ غَيْرُ مُسْتَقِيمٍ، فَإِنَّهُ يَنْتَقِضُ بِالْحَالِ، فَإِنَّهُ يَدُلُّ عَلَى بَعْضِ أَحْوَالِ الذَّاتِ، وَلَيْسَتْ بِصِفَةٍ، بَلِ الْحَدُّ الصَّحِيحُ مَا تَقَدَّمَ.

قَالَ: وَيَرِدُ عَلَى الْحَدِّ الْأَوَّلِ؛ أَيْ: بِاعْتِبَارِ الْعَامِّ أَنْ يُقَالَ: إِنَّ أَسْمَاءَ الْأَجْنَاسِ كُلَّهَا تَدُلُّ عَلَى ذَاتٍ بِاعْتِبَارِ مَعْنًى، وَلَيْسَتْ بِصِفَاتٍ، فَإِنَّ رَجُلًا مَوْضُوعٌ لِذَاتٍ بِاعْتِبَارِ

الذُّكُورِيَّةِ وَالإِنْسَانِيَّةِ، وَالْمَرْأَةُ بِاعْتِبَارِ الأُنُوثَةِ وَالإِنْسَانِيَّةِ، وَكَذَلِكَ جَمِيعُ الأَسْمَاءِ الأَجْنَاسِ.

وَالْجَوَابُ أَنْ يُقَالَ: إِنَّ الصِّفَاتِ الْمَقْصُودُ بِهَا الْمَعْنَى لا الذَّاتُ، وَالأَسْمَاءُ الْمَقْصُودُ بِهَا الذَّاتُ، وَقَدْ احْتَرَزْنَا بِهِ فِي الْحَدِّ بِقَوْلِنَا: هُوَ الْمَقْصُودُ.

فَإِنْ قِيلَ: قَوْلُكُمْ: (جَاءَنِي هَذَا الرَّجُلُ)، فَالرَّجُلُ صِفَةٌ، هَذَا بِاتِّفَاقٍ بَيْنَ النَّحْوِيِّينَ الْمُحَقِّقِينَ، وَهُوَ لَفْظٌ يَدُلُّ عَلَى ذَاتِ الْمَقْصُودِ، فَيَكُونُ صِفَةً مَا هُوَ صِفَةٌ، وَمَدْلُولُهُ وَاحِدٌ، فَالْجَوَابُ عَنْهُ مِنْ وَجْهَيْنِ:

أَحَدُهُمَا: أَنَّ الصِّفَةَ تُطْلَقُ بِاعْتِبَارَيْنِ مُخْتَلِفَيْنِ لا يَجْمَعُهُمَا حَدٌّ وَاحِدٌ، فَالْحَدُّ الْمَذْكُورُ أَوَّلا هُوَ الْحَدُّ الْعَامُّ، وَإِذَا قُصِدَ حَدُّهُ الْخَاصُّ حُدَّ بِحَدٍّ آخَرَ، فَقِيلَ: هِيَ أَسْمَاءُ الأَجْنَاسِ الْجَارِيَةُ عَلَى الأَسْمَاءِ الْمُبْهَمَةِ.

وَالآخَرُ: أَنْ تَقُولَ: هُوَ مُنْدَرِجٌ تَحْتَ الْحَدِّ الأَوَّلِ؛ يَعْنِي: الْعَامَّ، وَبَيَانُ انْدِرَاجِهِ هُوَ أَنَّ الرَّجُلَ فِي قَوْلِكَ: (جَاءَنِي هَذَا الرَّجُلُ) لَمْ يَجِئْ إِلا بَعْدَ مَا تَقَدَّمَ لَفْظٌ يَدُلُّ عَلَى الذَّاتِ، ثُمَّ تُخُيِّلَ إِبْهَامٌ فِي الْحَقِيقَةِ الَّتِي يَتَمَيَّزُ بِهَا الذَّاتُ، فَلَمْ يَأْتِ رَجُلٌ هَاهُنَا إِلا لِيُبَيِّنَ الْمَعْنَى الَّذِي يَتَمَيَّزُ بِهِ الذَّاتُ، فَهُوَ لَفْظٌ يَدُلُّ عَلَى ذَاتٍ فِي هَذَا الْمَوْضِعِ بِاعْتِبَارِ مَعْنًى هُوَ الْمَقْصُودُ، وَهُوَ عَيْنُ مَا ذَكَرْنَاهُ فِي الْحَدِّ الْعَامِّ، وَالَّذِي يُظْهِرُ ذَلِكَ أَنَّهُمْ يَقُولُونَ: (مَرَرْتُ بِثَلاثَةِ رِجَالٍ)، فَهُوَ عِنْدَهُمْ اسْمٌ غَيْرُ صِفَةٍ بِلا خِلافٍ، وَيَقُولُونَ: (مَرَرْتُ بِرِجَالٍ ثَلاثَةٍ)، فَثَلاثَةٌ صِفَةٌ بِلا خِلافٍ، فَانْظُرْ إِلَى الاسْمِ الْوَاحِدِ كَيْفَ جَاءَ غَيْرَ صِفَةٍ لَمَّا قُصِدَ بِهِ الذَّاتُ، وَجَاءَ صِفَةً لَمَّا عُرِفَتِ الذَّاتُ، وَلَمْ يُقْصَدْ بِهِ إِلا قَصْدُ الْمَعْنَى.

قَوْلُهُ: (وَهِيَ فِي الأَمْرِ الْعَامِّ إِمَّا أَنْ تَكُونَ اسْمَ فَاعِلٍ، أَوْ اسْمَ مَفْعُولٍ، أَوْ صِفَةً مُشَبَّهَةً).

قَوْلُهُ: (فِي الأَمْرِ الْعَامِّ) حَذَرًا مِنْ قَوْلِكَ: (مَرَرْتُ بِرَجُلٍ أَيِّ رَجُلٍ) وَشِبْهِهِ، وَوَجْهُ ذَلِكَ أَنَّ الصِّفَةَ تَدُلُّ عَلَى ذَاتٍ بِاعْتِبَارِ مَعْنًى، وَالْمَعَانِي هِيَ الْمَصَادِرُ، وَالأَلْفَاظُ الَّتِي اشْتُقَّتْ مِنَ الْمَصَادِرِ لِتَدُلَّ عَلَى ذَاتٍ بِاعْتِبَارِ الْمَعْنَى هِيَ الأَلْفَاظُ الَّتِي يُسَمِّيهَا النَّحْوِيُّونَ اسْمَ فَاعِلٍ، وَاسْمَ مَفْعُولٍ، وَصِفَةً مُشَبَّهَةً، إِلا أَنَّهُمْ وَضَعُوا أَلْفَاظًا تَدُلُّ عَلَى ذَاتٍ قَامَ بِهَا مَعْنًى عَلَى غَيْرِ ذَلِكَ النَّحْوِ، وَهِيَ عَلَى قِسْمَيْنِ: قِسْمٍ قِيَاسِيٍّ، وَقِسْمٍ سَمَاعِيٍّ؛ فَالْقِيَاسِيُّ: بَابُ الْمَنْسُوبِ، وَالسَّمَاعِيُّ: ذُو، وَأَيٌّ، وَجِدٌّ، وَحَقٌّ، وَصِدْقٌ، وَسَوْءٌ، عَلَى النَّحْوِ الَّذِي ذَكَرَهُ.

وَوَجْهُ اسْتِضْعَافِهِمْ (مَرَرْتُ بِرَجُلٍ أَسَدٍ) أَنَّ أَسَدًا لَيْسَ مَوْضُوعًا لِذَاتٍ بِاعْتِبَارِ مَعْنًى، وَإِنَّمَا هُوَ مَوْضُوعٌ لِحَيَوَانٍ مَخْصُوصٍ، فَكَانَ اسْتِعْمَالُهُ صِفَةً عَلَى خِلَافِ وَضْعِهِ.

وَوَجْهُ تَجْوِيزِهِ أَنْ يَكُونَ ثَمَّةَ مُضَافٌ مَحْذُوفٌ تَقْدِيرُهُ: مِثْلَ أَسَدٍ، وَحَذْفُ الْمُضَافِ وَإِقَامَةُ الْمُضَافِ إِلَيْهِ مَقَامَهُ لَيْسَ بِقِيَاسٍ.

وَقَوْلُهُ: (يُوصَفُ بِالْمَصَادِرِ).

قَالَ: بِتَأْوِيلَيْنِ:

أَحَدُهُمَا: أَنْ يَكُونَ الْمَصْدَرُ نَفْسُهُ بِمَعْنَى اسْمِ الْفَاعِلِ أَوْ الْمَفْعُولِ، وَهُوَ الصَّحِيحُ.

وَالآخَرُ: أَنْ يَكُونَ بَاقِيًا عَلَى بَابِهِ، وَيَكُونَ ثَمَّةَ مُضَافٌ مَحْذُوفٌ تَقْدِيرُهُ: ذُو عَدْلٍ، وَهُوَ ضَعِيفٌ مِنْ وَجْهَيْنِ:

أَحَدُهُمَا: أَنَّهُ يَلْزَمُهُ أَنْ يُوصَفَ بِجَمِيعِ الْمَصَادِرِ عَلَى هَذَا النَّحْوِ.

وَالآخَرُ: يَلْزَمُ مِنْهُ حَذْفُ مُضَافٍ عَلَى مَا ذَكَرْنَاهُ.

قَوْلُهُ: (وَيُوصَفُ بِالْجُمَلِ الَّتِي يَدْخُلُهَا الصِّدْقُ وَالْكَذِبُ).

وَإِنَّمَا كَانَ كَذَلِكَ مِنْ جِهَةِ أَنَّ الصِّفَاتِ كُلَّهَا قَبْلَ الْعِلْمِ بِهَا أَخْبَارٌ فِي الْحَقِيقَةِ، فَإِذَا عُلِمَتْ سُمِّيَتْ صِفَاتٍ، وَكَمَا أَنَّ الْخَبَرَ لا يَكُونُ إلا مُحْتَمِلا لِلصِّدْقِ وَالْكَذِبِ، فَكَذَلِكَ الصِّفَةُ.

ثُمَّ قَالَ: (وَلا يُوصَفُ بِالْجُمَلِ إلا النَّكِرَاتُ).

وَإِنَّمَا كَانَتِ الْجُمَلُ نَكِرَاتٍ؛ لأَنَّهَا تُقَدَّرُ بِاعْتِبَارِ الْحُكْمِ، وَالْحُكْمُ فِي الْمَعْنَى نَكِرَةٌ، فَكَانَ الاسْمُ الَّذِي يُسْبَكُ مِنْهَا نَكِرَةً، وَتَقْدِيرُهُ أَنَّكَ تَقُولُ فِي الْفِعْلِيَّةِ: (مَرَرْتُ بِرَجُلٍ قَامَ أَبُوهُ)، فَتُقَدِّرُهُ بِقَائِمٍ أَبُوهُ، فَتَأْخُذُ الاسْمَ مِنَ الْحُكْمِ لا مِنَ الْمَحْكُومِ عَلَيْهِ، وَهُوَ الرَّجُلُ، وَلَوْ كَانَتِ اسْمِيَّةً كَقَوْلِكَ: (مَرَرْتُ بِرَجُلٍ أَبُوهُ قَائِمٌ) لَكَانَ تَقْدِيرُهُ: مَرَرْتُ بِرَجُلٍ قَائِمٍ أَبُوهُ، فَتَسْبِكُهُ مِنَ الْحُكْمِ الَّذِي هُوَ الثَّانِي.

فَإِنْ قِيلَ: فَقَدْ يَكُونُ بَعْضُ الأَحْكَامِ مَعَارِفَ فِي قَوْلِكَ: (زَيْدٌ الْقَائِمُ)، فَالْجَوَابُ: لَيْسَ زَيْدٌ فِي (زَيْدٌ الْقَائِمُ) مُخْبَرًا عَنْهُ بِالْقِيَامِ، بَلْ لا بُدَّ أَنْ يَكُونَ الْقِيَامُ مَعْلُومًا نِسْبَتُهُ إِلَى صَاحِبِهِ عِنْدَ مُخَاطَبِهِ، وَلَوْ كَانَ الْحُكْمُ بِالْقِيَامِ لَوَجَبَ أَنْ يَكُونَ مَجْهُولا، وَإِنَّمَا الْخَبَرُ فِي الْمَعْنَى الْحُكْمُ بِأَنَّ هَذِهِ الذَّاتَ هِيَ هَذِهِ الذَّاتُ، وَإِذَا كَانَ كَذَلِكَ صَارَ (زَيْدٌ) مَحْكُومًا عَلَيْهِ، وَالَّذِي يَدُلُّ عَلَى ذَلِكَ (مَرَرْتُ بِرَجُلٍ أَخُوهُ الْقَائِمُ) فَإِذَا قِيلَ: اسْبُكْ مِنْهَا، قُلْتَ:

بِرَجُلٍ مَحْكُومٍ عَلَيْهِ بِأَنَّ أَخَاهُ الْقَائِمُ، فَانْظُرْ كَيْفَ سَبَكْتَهُ فِي قَوْلِكَ: مَحْكُومٌ؛ لِأَنَّهُ الْحُكْمَ فِي الْحَقِيقَةِ، كَمَا سَبَكْتَهُ فِي قَوْلِكَ: (قَامَ أَبُوهُ).

فَصْلٌ: وَقَدْ نَزَّلُوا نَعْتَ الشَّيْءِ بِحَالِ مَا هُوَ مِنْ سَبَبِهِ مَنْزِلَةَ نَعْتِهِ بِحَالِهِ... إِلَى آخِرِهِ

إِنَّمَا كَانَ كَذَلِكَ مِنْ جِهَةِ أَنَّهُ لَهُ فِي الْحَقِيقَةِ بِاعْتِبَارِ نِسْبَتِهِ لَا بِاعْتِبَارِ إِفْرَادِهِ، فَإِذَا قُلْتَ: (مَرَرْتُ بِرَجُلٍ قَائِمٍ أَبُوهُ)، فَالْقَائِمُ أَبُوهُ هُوَ الرَّجُلُ، وَمَا وَصَفْتَهُ إِلَّا بِذَلِكَ، وَلَمْ تَصِفْهُ بِالْقِيَامِ الْمُجَرَّدِ، فَمِنْ أَجْلِ ذَلِكَ صَحَّ جَرْيُهُ صِفَةً عَلَيْهِ.

فَصْلٌ:

قَالَ: الصِّفَةُ تَتْبَعُ الْمَوْصُوفَ فِي عَشَرَةِ أَشْيَاءَ كَمَا ذَكَرَ، إِلَّا أَنَّهَا إِذَا كَانَتْ لِمَا هُوَ مِنْ سَبَبِهِ نَقَصَتْ خَمْسَةً؛ وَهِيَ: الإِفْرَادُ، وَالتَّثْنِيَةُ، وَالْجَمْعُ، وَالتَّذْكِيرُ، وَالتَّأْنِيثُ، وَسِرُّ ذَلِكَ أَنَّ التَّذْكِيرَ وَالتَّأْنِيثَ إِنَّمَا يَكُونُ فِي الِاسْمِ الْمُشْتَقِّ بِاعْتِبَارِ فَاعِلِهِ، وَفَاعِلُهُ فِي الْحَقِيقَةِ هُوَ الْمُتَأَخِّرُ عَنْهُ لَا الْمَوْصُوفِ، فَلِأَجْلِ ذَلِكَ كَانَ تَذْكِيرُهُ وَتَأْنِيثُهُ بِاعْتِبَارِ الْمُتَأَخِّرِ لَا بِاعْتِبَارِ الْمَوْصُوفِ، وَكَذَلِكَ الإِفْرَادُ وَالتَّثْنِيَةُ وَالْجَمْعُ فِي الأَسْمَاءِ الْمُشْتَقَّةِ، إِنَّمَا هُوَ بِاعْتِبَارِ فَاعِلِهَا، فَإِنْ كَانَ ظَاهِرًا كَانَتْ مُفْرَدَةً، وَإِنْ كَانَ مُضْمَرًا مُثَنًّى كَانَتْ مُثَنَّاةً، وَإِنْ كَانَ مُضْمَرًا مَجْمُوعًا كَانَتْ مَجْمُوعَةً، وَفَاعِلُهَا هَاهُنَا لَا يَكُونُ إِلَّا ظَاهِرًا، فَوَجَبَ أَنْ تَكُونَ الصِّفَةُ مُفْرَدَةً وَأَنْ لَا تُثَنَّى وَلَا تُجْمَعَ بِاعْتِبَارِ لَفْظِ الأَوَّلِ، وَلَكِنْ تُفْرَدُ بِاعْتِبَارِ لَفْظِ الثَّانِي عَلَى مَا ذَكَرَ.

وَأَمَّا الْخَمْسَةُ الأُخَرُ؛ وَهِيَ: الإِعْرَابُ، وَالتَّعْرِيفُ، وَالتَّنْكِيرُ، فَأَحْكَامٌ لَيْسَتْ مِنْ أَحْكَامِ الأَفْعَالِ، وَإِنَّمَا هِيَ مِنْ أَحْكَامِ الأَسْمَاءِ، فَوَجَبَ أَنْ تَجْرِيَ فِي الِاسْمِ الْوَاقِعِ صِفَةً بِاعْتِبَارِ الأَوَّلِ؛ لِأَنَّهُ لَهُ بِاعْتِبَارِ الِاسْمِيَّةِ بِخِلَافِ الْخَمْسَةِ الأُخَرِ، فَإِنَّهَا لَمْ تَكُنْ بِاعْتِبَارِ الِاسْمِيَّةِ عَلَى مَا تَقَدَّمَ بَيَانُهُ.

قَوْلُهُ: (الْمُضْمَرُ لَا يَقَعُ مَوْصُوفًا وَلَا صِفَةً) إِلَى آخِرِهِ.

إِنَّمَا كَانَ كَذَلِكَ، أَمَّا كَوْنُهُ لَا يُوصَفُ فَلِوُضُوحِهِ، وَلَا يَقَعُ صِفَةً لِفِقْدَانِ مَعْنَى الْوَصْفِيَّةِ، وَهُوَ الدَّلَالَةُ عَلَى الْمَعْنَى، فَإِنَّ الْمُضْمَرَاتِ لَمْ تُوضَعْ لِلدَّلَالَةِ عَلَى الْمَعْنَى، وَإِنَّمَا وُضِعَتْ لِلذَّوَاتِ، وَلِذَلِكَ امْتَنَعَ إِضْمَارُ الْحَالِ.

وَالْعَلَمُ لَا يَقَعُ صِفَةً لِفِقْدَانِ الْمَعْنَى الْمَذْكُورِ، وَلَكِنْ يَصِحُّ وَصْفُهُ لِقَبُولِهِ الإِيضَاحَ،

وَيُوصَفُ بِبَقِيَّةِ الْمَعَارِفِ بِشَرْطِ الْمَعْنَى الْمَذْكُورِ، وَصَحَّ وَصْفُهُ بِبَقِيَّةِ أَجْنَاسِ الْمَعَارِفِ؛ لأنَّهَا أَقَلُّ تَخْصِيصًا، إِذْ لا أَخَصَّ مِنْهُ إِلا الْمُضْمَرَ.

(وَالْمُضَافُ إِلَى الْمَعْرِفَةِ مِثْلُ الْعَلَمِ).

فِيهِ نَظَرٌ مِنْ جِهَةِ أَنَّ قَوْلَكَ: (غُلامُ الرَّجُلِ) مُضَافٌ إِلَى الْمَعْرِفَةِ، فَيَلْزَمُ أَنْ تَصِحَّ صِفَتُهُ بِقَوْلِكَ: ضَارِبُكَ، وَهُوَ أَخَصُّ مِنْهُ، وَقَدْ صَرَّحَ بِأَنَّكَ لَوْ قُلْتَ: (مَرَرْتُ بِالرَّجُلِ ضَارِبِكَ) لَمْ يَجُزْ فِي قَوْلِهِ: (وَالْمُعَرَّفُ بِاللامِ لا يُوصَفُ إِلا بِمِثْلِهِ وَبِالْمُضَافِ إِلَى مِثْلِهِ)، وَإِذَا امْتَنَعَ أَنْ تَقُولَ: (مَرَرْتُ بِالرَّجُلِ ضَارِبِكَ) فَامْتِنَاعُ (مَرَرْتُ بِغُلامِ الرَّجُلِ ضَارِبِكَ) مِنْ طَرِيقِ الأَوْلَى، فَعَلَى هَذَا يَنْبَغِي أَنْ يَقُولَ: وَالْمُضَافُ إِلَى الْمَعْرِفَةِ يُوصَفُ بِمَا هُوَ أَقَلُّ تَخْصِيصًا بِالنَّظَرِ إِلَيْهِ إِنْ كَانَ غَيْرَ مُضَافٍ؛ نَحْوُ: مَرَرْتُ بِغُلامِ الرَّجُلِ هَذَا، وَإِلَى مُضَافِهِ إِنْ كَانَ مُضَافًا، كـ (مَرَرْتُ بِغُلامِ الرَّجُلِ ضَارِبِكَ).

ثُمَّ قَالَ: (وَالْمُبْهَمُ يُوصَفُ بِالْمُعَرَّفِ بِاللامِ اسْمًا أَوْ صِفَةً) إِلَى آخِرِهِ.

قَالَ: أَمَّا وَصْفُهُ بِاسْمِ الْجِنْسِ فَقَدْ تَقَدَّمَتْ عِلَّةُ ذَلِكَ، وَهِيَ أَنَّ الْغَرَضَ تَبْيِينُ جِنْسِهِ، وَإِنَّمَا يَتَبَيَّنُ جِنْسُهُ بِاسْمِ جِنْسٍ، وَأَسْمَاءُ الأَجْنَاسِ كُلُّهَا غَيْرُ مُضَافَةٍ، فَوَجَبَ أَنْ يَكُونَ اسْمَ جِنْسٍ عُرِّفَ بِاللامِ؛ لأَنَّ الأَوَّلَ مَعْرِفَةٌ.

وَأَمَّا امْتِنَاعُ وَصْفِهِ بِغَيْرِ اسْمِ الْجِنْسِ فَوَاضِحٌ؛ لأَنَّهَا أَقَلُّ تَخْصِيصًا مِنْهُ، وَإِنَّمَا الإِشْكَالُ فِي وَصْفِهِ بِمَا أُضِيفَ إِلَى الْمُعَرَّفِ بِاللامِ، وَوَجْهُهُ أَنَّ الْغَرَضَ تَبْيِينُ ذَاتِ الْمُبْهَمِ، وَتَبْيِينُ الذَّاتِ بِأَسْمَاءِ الأَجْنَاسِ، وَأَسْمَاءُ الأَجْنَاسِ الْجَارِيَةُ عَلَى الْمُبْهَمِ مُعَرَّفَةٌ بِاللامِ، فَالصِّفَةُ الْجَارِيَةُ فِي الْحَقِيقَةِ إِنَّمَا هِيَ صِفَةٌ لاسْمِ الْجِنْسِ الْمُقَدَّرِ صِفَةً لَهُ لِتَدُلَّ عَلَى الْمَعْنَى الَّذِي كَانَ اسْمُ الْجِنْسِ ذَاتًا مَخْصُوصَةً بِاعْتِبَارِهِ، وَلِذَلِكَ كَانَ قَوْلُكَ: (مَرَرْتُ بِهَذَا الْعَاقِلِ) قَوِيًّا، وَكَانَ قَوْلُكَ: (مَرَرْتُ بِهَذَا الأَبْيَضِ) ضَعِيفًا لِمَا فِي الْعَاقِلِ مِنَ الدَّلالَةِ عَلَى مَعْنَى الْجِنْسِ الْمَخْصُوصِ.

وَالَّذِي يَدُلُّ عَلَى أَنَّ الْغَرَضَ بِصِفَةِ الْمُبْهَمِ إِنَّمَا هُوَ الْمَعْنَى الَّذِي كَانَ بِهِ ذَاتًا مَخْصُوصَةً أَنَّهُمْ صَيَّرُوا اسْمَ الإِشَارَةِ وَاسْمَ الْجِنْسِ كَالشَّيْءِ الْوَاحِدِ مِنْ جِهَةِ أَنَّ الْمَقْصُودَ بِهِمَا جَمِيعًا مَا يُقْصَدُ بِالأَسْمَاءِ، وَلِذَلِكَ امْتَنَعَ أَنْ تَقُولَ: (مَرَرْتُ بِهَذَا يَوْمَ الْجُمُعَةِ الْعَاقِلِ) فَاصِلا بَيْنَهُمَا، وَجَازَ (مَرَرْتُ بِزَيْدٍ يَوْمَ الْجُمُعَةِ الْعَاقِلِ)، وَامْتَنَعَ (مَرَرْتُ بِهَذَيْنِ الْعَاقِلِ وَالطَّوِيلِ)، وَجَازَ (مَرَرْتُ بِالزَّيْدَيْنِ الْعَاقِلِ وَالطَّوِيلِ)؛ لأَنَّ صِفَةَ غَيْرِ اسْمِ الإِشَارَةِ لَيْسَتْ فِي الامْتِزَاجِ كَأَسْمَاءِ الإِشَارَةِ، وَقَوْلُهُ:

أَنَا ابْنُ جَلَا وَطَلَّاعِ الثَّنَايَا   مَتَى أَضَعِ الْعِمَامَةَ تَعْرِفُونِي

مَذْهَبُ عِيسَى بْنِ عُمَرَ هُوَ أَنَّهُ مَتَى سُمِّيَ بِالْفِعْلِ كَانَ كَوْنُهُ عَلَى صِيغَةِ الْفِعْلِ سَبَبًا، فَيَجْتَمِعُ مَعَ الْعَلَمِيَّةِ، فَيَمْتَنِعُ مِنَ الصَّرْفِ، وَلِذَلِكَ يَمْنَعُ صَرْفَ قَتَلَ وَأَخَذَ وَخَرَجَ إِذَا سُمِّيَ بِهَا؛ لِأَنَّ فِيهِ وَزْنَ الْفِعْلِ وَالْعَلَمِيَّةِ.

وَمَذْهَبُ سِيبَوَيْهِ وَالْخَلِيلِ وَجُمْهُورِ النَّاسِ أَنَّ الْمُعْتَبَرَ فِي وَزْنِ الْفِعْلِ إِمَّا خُصُوصِيَّةُ وَزْنٍ لَا تَكُونُ إِلَّا فِي الْفِعْلِ، وَإِمَّا أَنْ يَكُونَ فِي أَوَّلِ الِاسْمِ زِيَادَةٌ كَزِيَادَةِ الْفِعْلِ، سَوَاءٌ كَانَ فِي الْأَصْلِ اسْمًا أَوْ فِعْلًا، فَلَا فَرْقَ بَيْنَ أَرْنَبَ وَأَخْرَجَ إِذَا سُمِّيَ بِهِمَا فِي أَنَّهُمَا غَيْرُ مَصْرُوفَيْنِ، وَلَا فَرْقَ بَيْنَ جَمَلٍ وَقَتَلَ إِذَا سُمِّيَ بِهِمَا فِي أَنَّهُمَا مَصْرُوفَانِ، وَهَذَا هُوَ الصَّحِيحُ الَّذِي يَدُلُّ عَلَيْهِ مَا نَقَلَهُ الثِّقَاتُ عَنِ الْعَرَبِ الْفُصَحَاءِ مِنْ صَرْفِ كَعْسَبَ، وَهُوَ فِي الْأَصْلِ فِعْلٌ، يُقَالُ: كَعْسَبَ الرَّجُلُ إِذَا مَشَى بِإِسْرَاعٍ مَعَ تَقَارُبِ الْخَطْوِ، وَقَدْ جَاءَ فِي تَفْسِيرِ بَعْضِهِمْ (مَشَى بِإِسْرَاعٍ)، وَجَاءَ فِي تَفْسِيرِ آخَرِينَ (مَشَى عَلَى بُطْءٍ)، حَتَّى ظَنَّهُ قَوْمٌ مِنَ الْأَضْدَادِ، وَإِنَّمَا هُوَ عَلَى مَا ذَكَرْنَاهُ، وَجَاءَ الْوَهْمُ لِلْفَرِيقَيْنِ مِنَ الْإِسْرَاعِ وَتَقَارُبِ الْخَطْوِ.

وَإِذَا ثَبَتَ أَنَّ كَعْسَبًا مَصْرُوفٌ ثَبَتَ مَا ذَهَبْنَا إِلَيْهِ وَبَطَلَ مَذْهَبُ عِيسَى بْنِ عُمَرَ، وَقَدْ تَمَسَّكَ بِقَوْلِ الشَّاعِرِ: [أَنَا ابْنُ جَلَا وَطَلَّاعِ الثَّنَايَا] الْبَيْتُ.

وَوَجْهُ الِاسْتِدْلَالِ أَنَّ (جَلَا) اسْمُ عَلَمٍ، فَلَوْلَا أَنَّ وَزْنَ الْفِعْلِ مُعْتَبَرٌ لَكَانَ مَصْرُوفًا، وَقَدْ جَاءَ غَيْرَ مَصْرُوفٍ، فَوَجَبَ اعْتِبَارُ وَزْنِ الْفِعْلِ مُطْلَقًا مِنْ غَيْرِ مَا ذَكَرْتُمُوهُ مِنَ الْقَيْدِ، وَإِذَا امْتَنَعَ (جَلَا) امْتَنَعَ (قَتَلَ)، وَلَا فَرْقَ بَيْنَهُمَا.

وَالْجَوَابُ مَا أَشَارَ إِلَيْهِ سِيبَوَيْهِ فِي أَنَّ قَوْلَهُ: (أَنَا ابْنُ جَلَا) لَيْسَ عَلَى مَا تَوَهَّمَهُ عِيسَى بْنُ عُمَرَ، يُشِيرُ إِلَى أَنَّهُ مِنْ بَابِ حِكَايَاتِ الْجُمَلِ، كَأَنَّ (جَلَا) فِيهِ ضَمِيرٌ، وَإِذَا كَانَ فِيهِ ضَمِيرٌ وَجَبَ حِكَايَتُهُ؛ كَقَوْلِهِ:

نُبِّئْتُ أَخْوَالِي بَنِي يَزِيدُ   ....

وَهَذَا وَإِنْ كَانَ تَأْوِيلًا فَوَاجِبٌ أَنْ يُصَارَ إِلَيْهِ، لِئَلَّا يُؤَدِّيَ إِلَى التَّنَاقُضِ فِي كَلَامِهِمْ؛ لِأَنَّهُ قَدْ ثَبَتَ بِالنَّقْلِ الْمَقْطُوعِ بِهِ عَدَمُ اعْتِبَارِ ذَلِكَ فِي نَحْوِ (كَعْسَبَ)، فَلَوِ اعْتَبَرْنَاهُ هَاهُنَا لَأَدَّى إِلَى التَّنَاقُضِ، وَإِذَا كَانَ كَذَلِكَ وَجَبَ تَأْوِيلُ مَا يَقْبَلُ التَّأْوِيلَ مِنْهُمَا، وَلَا تَأْوِيلَ يَحْتَمِلُهُ (كَعْسَبَ)، وَهَذَا يَحْتَمِلُ أَنْ يَكُونَ عَلَى مَا ذَكَرْنَاهُ، فَوَجَبَ حَمْلُهُ عَلَيْهِ جَمْعًا بَيْنَ الدَّلِيلَيْنِ.

وَفِيهِ وَجْهٌ آخَرُ مِنَ التَّأْوِيلِ، وَهُوَ أَنْ يَكُونَ (جَلا) بَاقِيًا عَلَى فِعْلِيَّتِهِ، كَأَنَّ أَصْلَهُ: أَنَا ابْنُ رَجُلٍ جَلا، ثُمَّ حُذِفَ الْمَوْصُوفُ وَأُقِيمَتِ الصِّفَةُ مَقَامَهُ، فَيَكُونُ بَاقِيًا عَلَى فِعْلِيَّتِهِ، فَلا مَدْخَلَ لِلصَّرْفِ وَلا لِمَنْعِهِ فِيهِ، وَهَذَا الثَّانِي هُوَ الَّذِي ذَكَرَهُ الزَّمَخْشَرِيُّ فِي فَصْلِ حَذْفِ الْمَوْصُوفِ وَإِقَامَةِ الصِّفَةِ مَقَامَهُ، وَاللهُ أَعْلَمُ.

الْبَدَلُ[١]

قَالَ الشَّيْخُ: تَابِعٌ مَقْصُودٌ بِالذِّكْرِ، ذُكِرَ الْمَتْبُوعُ قَبْلَهُ لِلتَّوْطِئَةِ وَالتَّمْهِيدِ، فَقَوْلُنَا: (تَابِعٌ) يَجْمَعُ التَّوَابِعَ كُلَّهَا، وَقَوْلُنَا: (مَقْصُودٌ بِالذِّكْرِ) يَفْصِلُ الصِّفَةَ وَالتَّأْكِيدَ وَعَطْفَ الْبَيَانِ، وَقَوْلُنَا: (ذُكِرَ الْمَتْبُوعُ) إِلَى آخِرِهِ، يَفْصِلُهُ عَنِ الْمَعْطُوفِ، فَإِنَّهُ لَمْ يُذْكَرْ لِلتَّوْطِئَةِ، وَإِنَّمَا كُلُّ وَاحِدٍ مِنْهُمَا مُسْتَقِلٌّ بِنَفْسِهِ، وَهَذَا الْحَدُّ إِنَّمَا يَكُونُ شَامِلا لِغَيْرِ بَدَلِ الْغَلَطِ، إِذْ بَدَلُ الْغَلَطِ لَمْ يُذْكَرْ مَا قَبْلَهُ لِتَوْطِئَةٍ وَلا لِتَمْهِيدٍ، فَإِنْ قَصَدْتَ دُخُولَهُ فِي الْحَدِّ، قُلْتَ: (ذُكِرَ الْمَتْبُوعُ وَلَيْسَ هُوَ الْمَقْصُودَ)، وَإِنَّمَا ذَكَرَهُ النَّحْوِيُّونَ فِي بَابِ الْبَدَلِ، وَإِنْ كَانَ الأَوَّلُ غَلَطًا، وَالأَغْلاطُ لا يُبَوَّبُ لَهَا؛ لأَنَّ الْكَلامَ وَقَعَ عَلَى الثَّانِي، وَلَيْسَ بِغَلَطٍ، وَلَمَّا كَانَ حُكْمُهُ فِي الإِعْرَابِ وَالْقَصْدِ حُكْمَ الْبَدَلِ الَّذِي لَيْسَ بِغَلَطٍ كَانَ أَقْعَدَ بِأَنْ يُذْكَرَ هَاهُنَا.

وَإِنَّمَا لَمْ يَذْكُرْ حَدَّهُ فِي أَوَّلِ الْبَابِ؛ لأَنَّهُ سَيَذْكُرُهُ بِبَسْطٍ وَتَبْيِينٍ أَبْلَغَ مِنَ الْحَدِّ، وَالْحَدُّ فِيهِ اخْتِصَارٌ، فَإِنَّهُ بَابٌ مُلْبِسٌ، فَلَمْ يَذْكُرْهُ إِلا مَبْسُوطًا فِي الْفَصْلِ الثَّانِي.

وَالدَّلِيلُ عَلَى حَصْرِهَا فِي أَرْبَعَةٍ هُوَ أَنَّهُ لا يَخْلُو إِمَّا أَنْ يَكُونَ مَدْلُولُهُ عَيْنَ مَدْلُولِ الأَوَّلِ أَوْ لا، فَإِنْ كَانَ فَهُوَ بَدَلُ الْكُلِّ مِنَ الْكُلِّ، وَإِنْ لَمْ يَكُنْ مَدْلُولُهُ عَيْنَ مَدْلُولِ الأَوَّلِ فَلا يَخْلُو إِمَّا أَنْ يَكُونَ بَعْضًا أَوْ لا، فَإِنْ كَانَ بَعْضًا فَهُوَ بَدَلُ الْبَعْضِ مِنَ الْكُلِّ، وَإِنْ لَمْ يَكُنْ بَعْضًا فَلا يَخْلُو إِمَّا أَنْ يَكُونَ بَيْنَهُ وَبَيْنَ الأَوَّلِ مُلابَسَةٌ أَوْ لا، فَإِنْ كَانَ بَيْنَهُ وَبَيْنَ الأَوَّلِ مُلابَسَةٌ فَهُوَ بَدَلُ الاشْتِمَالِ، وَإِنْ لَمْ يَكُنْ فَهُوَ بَدَلُ الْغَلَطِ.

وَاخْتُلِفَ فِي تَسْمِيَةِ بَدَلِ الاشْتِمَالِ، فَقِيلَ: لأَنَّ الأَوَّلَ مُشْتَمِلٌ عَلَى الثَّانِي، وَقِيلَ: لأَنَّ الثَّانِيَ يَشْتَمِلُ عَلَى الأَوَّلِ، وَلَيْسَ بِمُسْتَقِيمٍ، وَقِيلَ: لاشْتِمَالِ الْمَعْنَى عَلَيْهِ، فَإِنَّكَ إِذَا قُلْتَ: (أَعْجَبَنِي زَيْدٌ حُسْنُهُ)، فَمَعْنَى الْكَلامِ مُشْتَمِلٌ عَلَى نِسْبَةِ الإِعْجَابِ إِلَى الْحُسْنِ، فَالْمُشْتَمَلُ عَلَيْهِ فِي الْمَعْنَى هُوَ الْبَدَلُ، وَلِذَلِكَ سُمِّيَ بَدَلَ الاشْتِمَالِ، وَهَذَا هُوَ الصَّحِيحُ، وَيَرِدُ عَلَيْهِ أَنَّ الأَبْدَالَ كُلَّهَا كَذَلِكَ، فَإِنَّكَ إِذَا قُلْتَ: (أَعْجَبَنِي زَيْدٌ رَأْسُهُ)، فَالإِعْجَابُ

---

(١) البَدَلُ هو التَّابِعُ المقصودُ بالحُكمِ بلا واسطةٍ بينهُ وبينَ متبوعِهِ نحو "واضعُ النحوِ الإمامُ عليٌّ".

بِالنِّسْبَةِ إِلَى الرَّأْسِ مِثْلُهُ بِالنِّسْبَةِ إِلَى الحُسْنِ فِي اشْتِمَالِ الْمَعْنَى عَلَيْهِ.

وَالْجَوَابُ أَنَّ مِثْلَ ذَلِكَ لا يَضُرُّ فِي الاصْطِلاحِ فِي التَّسْمِيَةِ، فَكَمْ مِنْ مُسَمَّى سُمِّيَ بِاسْمٍ جُعِلَ عَلَمًا عَلَيْهِ لِمَعْنًى وَهُوَ مُخْتَصٌّ بِذَلِكَ الاسْمِ.

وَأَمَّا الْمَذْهَبَانِ الأَوَّلانِ فَلا يَسْتَقِيمَانِ؛ لأَنَّهُ لَوْ كَانَ لاشْتِمَالِ الأَوَّلِ عَلَى الثَّانِي لامْتَنَعَ (أَعْجَبَنِي زَيْدٌ سُلْطَانُهُ)، وَلَوْ كَانَ الثَّانِي مُشْتَمِلا عَلَى الأَوَّلِ لامْتَنَعَ (ضُرِبَ زَيْدٌ غُلامُهُ)، فَإِنَّ الْغُلامَ لا يَشْتَمِلُ عَلَى زَيْدٍ.

قَوْلُهُ: وَلَيْسَ بِمَشْرُوطٍ أَنْ يَتَطَابَقَ الْبَدَلُ وَالْمُبْدَلُ مِنْهُ تَعْرِيفًا وَتَنْكِيرًا) إِلَى آخِرِهِ.

قَالَ الشَّيْخُ: هَذَا بِخِلافِ الصِّفَةِ وَالتَّأْكِيدِ؛ لأَنَّ الصِّفَةَ وَالتَّأْكِيدَ فِي حُكْمِ التَّبَعِ، فَإِذَا كَانَ الأَوَّلُ مَعْرِفَةً أَوْ نَكِرَةً كَانَ مَا هُوَ كَالتَّتِمَّةِ لَهُ كَذَلِكَ.

وَالْبَدَلُ إِمَّا أَنْ نَقُولَ: فِي حُكْمِ تَكْرِيرِ الْعَامِلِ، فَيَظْهَرُ الأَمْرُ، وَيَصِيرُ كَالْجُمْلَتَيْنِ، فَلا يَلْزَمُ التَّطَابُقُ، وَإِمَّا أَنْ نَقُولَ: عَامِلُهُ الْعَامِلُ الأَوَّلُ، وَلَكِنْ لَمَّا كَانَ مَقْصُودًا وَالأَوَّلُ كَالتَّتِمَّةِ لَمْ تَلْزَمْ مُطَابَقَتُهُ كَمَا لَزِمَ فِي التَّتِمَّةِ؛ لِقُوَّةِ مَا هُوَ أَصْلٌ، وَضَعْفِ مَا هُوَ فَرْعٌ.

فَالْبَدَلُ أَصْلٌ لأَنَّهُ مَقْصُودٌ، وَالصِّفَةُ فَرْعٌ لأَنَّهَا تَتِمَّةٌ، وَإِنَّمَا لَمْ يَحْسُنْ إِبْدَالُ النَّكِرَةِ مِنَ الْمَعْرِفَةِ إِلا مَوْصُوفَةً؛ لأَنَّهَا إِنْ كَانَتْ بَدَلَ الْكُلِّ مِنَ الْكُلِّ؛ كَقَوْلِكَ: مَرَرْتُ بِزَيْدٍ رَجُلٍ صَالِحٍ فَهِيَ هِيَ فِي الْمَعْنَى، فَلا يَحْسُنُ أَنْ يُؤْتَى بِالْمَقْصُودِ مِنْ غَيْرِ زِيَادَةٍ عَلَى مَا هُوَ غَيْرُ الْمَقْصُودِ، وَإِنْ كَانَ غَيْرَ بَدَلِ الْكُلِّ مِنَ الْكُلِّ لَزِمَ أَنْ يَكُونَ ثَمَّةَ ضَمِيرٌ يَرْجِعُ إِلَى الْمُبْدَلِ، فَإِنْ كَانَ الْبَدَلُ مُتَّصِلا بِهِ رَجَعَ مَعْرِفَةً؛ نَحْوُ: أَعْجَبَنِي زَيْدٌ رَأْسُهُ، وَإِنْ كَانَ مُنْفَصِلا عَنْهُ رَجَعَ مَوْصُوفًا بِهِ، وَمَا اتَّصَلَ بِهِ؛ كَقَوْلِكَ: (أَعْجَبَنِي زَيْدٌ رَأْسٌ لَهُ وَحُسْنٌ لَهُ) فَلأَجْلِ ذَلِكَ وَجَبَ مَا ذُكِرَ، وَهَذَا فِي غَيْرِ بَدَلِ الْغَلَطِ، وَأَمَّا بَدَلُ الْغَلَطِ فَلا يَجْرِي فِيهِ ذَلِكَ الْمُجْرَى لِفَوَاتِ الْمَعْنَى الْمَذْكُورِ؛ إِذْ قَدْ تَغْلَطُ بِذِكْرِ زَيْدٍ وَأَنْتَ تَعْنِي حِمَارًا، فَهَذَا مِمَّا يَدُلُّكَ عَلَى أَنَّ بَدَلَ الْغَلَطِ عِنْدَهُمْ مُطَّرَحٌ.

فَصْلٌ: وَيُبْدَلُ الْمُظْهَرُ مِنَ الْمُضْمَرِ الْغَائِبِ دُونَ الْمُتَكَلِّمِ وَالْمُخَاطَبِ

قَالَ الشَّيْخُ: قَوْلُهُ: (دُونَ الْمُتَكَلِّمِ وَالْمُخَاطَبِ) لَيْسَ عَلَى إِطْلاقِهِ؛ لأَنَّهُ يَجُوزُ إِبْدَالُ الْمُظْهَرِ مِنْ ضَمِيرِ الْمُتَكَلِّمِ وَالْمُخَاطَبِ إِذَا كَانَ بَدَلَ الاشْتِمَالِ، فَتَقُولُ: (أَعْجَبْتَنِي عِلْمُكَ)، (وَأَعْجَبْتُكَ عِلْمِي)، وَمَنْ جَوَّزَهُ فِي بَدَلِ الاشْتِمَالِ يَلْزَمُهُ تَجْوِيزُهُ فِي بَدَلِ

الْبَعْضِ؛ لأنَّهُ فِي مَعْنَى بَدَلِ الاشْتِمَالِ؛ لأنَّكَ إذَا قُلْتَ: (أَعْجَبْتُكَ) لَمْ يَكُنْ فِيهِ تَعَرُّضٌ لِعِلْمِكَ، فَكَذَلِكَ إذَا قُلْتَ: (أَعْجَبْتُكَ) لَمْ يَكُنْ فِيهِ تَعَرُّضٌ لِوَجْهِكَ فِي قَوْلِكَ: (أَعْجَبْتَنِي وَجْهُكَ)، فَالْوَجْهُ الَّذِي اقْتَضَى بَدَلَ الاشْتِمَالِ مَوْجُودٌ فِي بَدَلِ الْبَعْضِ، وَإِنَّمَا امْتَنَعَ فِي بَدَلِ الظَّاهِرِ مِنَ الْمُضْمَرِ؛ لأنَّ الأوَّلَ أَخَصُّ مِنَ الثَّانِي، وَالْمَقْصُودُ مِنَ الْبَدَلِ الْبَيَانُ، وَالْمُضْمَرُ أَعْرَفُ، لا سِيَّمَا إِذَا كَانَ أَعْرَفَ الْمَعَارِفِ، كَضَمِيرِ الْمُتَكَلِّمِ وَالْمُخَاطَبِ، وَأَمَّا ضَمِيرُ الْغَائِبِ فَلَيْسَ هُوَ فِي التَّعْرِيفِ كَضَمِيرِ الْمُتَكَلِّمِ وَالْمُخَاطَبِ، فَجَازَ فِيهِ مَا لَمْ يَجُزْ فِيهِمَا.

فَإِنْ قِيلَ: فَقَدْ جَوَّزْتُمْ إِبْدَالَ النَّكِرَةِ مِنَ الْمَعْرِفَةِ، فَكَيْفَ مَنَعْتُمْ إِبْدَالَ الْمَعْرِفَةِ مِنْ مَعْرِفَةٍ هِيَ أَعْرَفُ مِنْهَا، وَكَانَ ذَلِكَ فِي النَّكِرَةِ أَوْلَى؟

فَالْجَوَابُ عَنْهُ: إِنَّمَا جَوَّزْنَاهُ لإِشْعَارِ صِفَةِ النَّكِرَةِ بِمَعْنًى لَمْ يُشْعِرْ بِهِ الْمُبْدَلُ مِنْهُ، وَلا يَلْزَمُ مِثْلُهُ فِي بَدَلِ الظَّاهِرِ مِنْ ضَمِيرِ الْمُتَكَلِّمِ.

فَإِنْ قِيلَ: جَوِّزْهُ بِشَرْطِ الصِّفَةِ، قُلْنَا: لَوْ جَوَّزْنَاهُ لأدَّى إِلَى أَنْ يُوصَفَ الْمُضْمَرُ؛ لأنَّ الْبَدَلَ هُوَ الْمُبْدَلُ مِنْهُ إِذَا كَانَ بَدَلَ الْكُلِّ مِنَ الْكُلِّ، وَإِذَا كَانَ كَذَلِكَ فَكَأَنَّمَا وَصَفْنَا الأوَّلَ الْمُضْمَرَ إِذَا وَصَفْنَا الثَّانِي فَافْتَرَقَا.

وَشَاهِدُ بَدَلِ الاشْتِمَالِ مِنْ ضَمِيرِ الْمُتَكَلِّمِ قَوْلُ الشَّاعِرِ:

ذَرِينِي إِنَّ أَمْرَكِ لَنْ يُطَاعَا ... وَمَا أَلْفَيْتِنِي حِلْمِي مُضَاعَا

وَأَمَّا إِبْدَالُ الْمُضْمَرِ مِنَ الْمُظْهَرِ فَجَائِزٌ عَلَى كُلِّ حَالٍ؛ لأنَّ الثَّانِي هُوَ الْمَقْصُودُ، وَهُوَ أَعْرَفُ مِنَ الأوَّلِ.

وَأَمَّا الْمُضْمَرُ مِنَ الْمُضْمَرِ فَجَائِزٌ لِمَا فِيهِ مِنَ التَّأْكِيدِ؛ كَقَوْلِكَ: (رَأَيْتُكَ إِيَّاكَ)، وَالأحْسَنُ فِي مِثْلِ هَذَا أَنْ يُجْعَلَ تَأْكِيدًا لا بَدَلا.

قَالَ صَاحِبُ الْكِتَابِ:

عَطْفُ الْبَيَانِ هُوَ اسْمٌ غَيْرُ صِفَةٍ يَكْشِفُ عَنِ الْمُرَادِ كَشْفُهَا... إِلَى آخِرِهِ

قَالَ الشَّيْخُ: وَيُقَالُ أَيْضًا: تَابِعٌ غَيْرُ صِفَةٍ أُتِيَ بِهِ لِبَيَانِ الأوَّلِ.

قَالَ: (وَالَّذِي يَفْصِلُهُ مِنَ الْبَدَلِ أَمْرَانِ: أَحَدُهُمَا: قَوْلُ الْمَرَّارِ).

وَهَذَا الاسْتِشْهَادُ إِنَّمَا أَوْرَدَهُ مَنْ يُسَلِّمُ الامْتِنَاعَ فِي (الضَّارِبُ زَيْدٍ) كَسِيبَوَيْهِ، فَأَمَّا مَنْ

يُجَوِّزُهُ كَالفَرَّاء فَلَا يَرِدُ شَاهِدًا؛ لِأَنَّهُ يَلْتَزِمُهُ، وَمَنْ لَمْ يُجَوِّزْهُ فَلَهُ أَنْ يَقُولَ: لَيْسَ حُكْمُ التَّابِعِ كَحُكْمِ الأَصْلِ، فَرُبَّ تَابِعٍ يَجُوزُ فِيهِ مَا لَا يَجُوزُ فِي الأَصْل، أَلَا تَرَى أَنَّا مُتَّفِقُونَ عَلَى جَوَازِ (كُلُّ شَاةٍ وَسَخْلَتِهَا بِدِرْهَمٍ)، وَلَوْ قُلْتَ: (كُلُّ سَخْلَتِهَا) لَمْ يَجُزْ، وَتَقُولُ: (رُبَّ رَجُلٍ وَغُلَامِهِ)، وَلَوْ قُلْتَ: (رُبَّ غُلَامِهِ) لَمْ يَجُزْ، فَعَلَى هَذَا لَا يَلْزَمُ مِنَ امْتِنَاعِ (التَّارِكِ بِشْرٍ) تَصْرِيحًا امْتِنَاعُ (التَّارِكِ بِشْرٍ) تَقْدِيرًا.

وَجَوَابُهُ أَنْ يُقَالَ: لَيْسَ البَدَلُ فِي حُكْمِ المَعْطُوفَاتِ وَلَا بَقِيَّةِ التَّوَابِعِ؛ لِأَنَّ البَدَلَ فِي حُكْمِ التَّكْرِيرِ فِي جَمِيعِ أَمْثِلَتِهِ، وَالمَعْطُوفُ إِنْ كَانَ فِي بَعْضِ المَوَاضِعِ فِي حُكْمِ التَّكْرِيرِ فَلَيْسَ فِي كُلِّ المَوَاضِعِ، وَإِذَا كَانَ كَذَلِكَ فَلَا يَلْزَمُ مِنْ جَوَازِ تَابِعٍ لَيْسَ فِي حُكْمِ تَكْرِيرِ العَامِلِ جَوَازُ تَابِعٍ فِي حُكْمِ تَكْرِيرِ العَامِلِ.

العَطْفُ بِالحَرْفِ (١)

قَالَ صَاحِبُ الْكِتَابِ: (هُوَ نَحْوُ قَوْلِكَ: (جَاءَنِي زَيْدٌ وَعَمْرٌو)، وَكَذَلِكَ إِذَا نَصَبْتَ أَوْ جَرَرْتَ) إِلَى آخِرِهِ.

قَالَ الشَّيْخُ: حَدُّهُ: تَابِعٌ يَتَوَسَّطُ بَيْنَهُ وَبَيْنَ مَتْبُوعِهِ أَحَدُ الْحُرُوفِ الْعَشَرَةِ، ثُمَّ الْعَطْفُ يُطْلَقُ بِاعْتِبَارَيْنِ:

أَحَدُهُمَا: عَلَى عَمَلِ الْمُتَكَلِّمِ هَذَا الْعَمَلَ الْمَخْصُوصَ.

وَالآخَرُ: عَلَى نَفْسِ الْمَعْطُوفِ.

وَقَوْلُهُ: (العَطْفُ) الظَّاهِرُ أَنَّهُ لِلْمَعْطُوفِ؛ لِأَنَّهُ تَفْصِيلٌ لِمَا تَقَدَّمَ مِنْ قَوْلِهِ: (تَأْكِيدٌ، وَصِفَةٌ، وَبَدَلٌ، وَعَطْفُ بَيَانٍ، وَعَطْفٌ بِحَرْفٍ)، فَهُوَ تَفْصِيلٌ لِلتَّوَابِعِ، فَيَجِبُ أَنْ يَكُونَ لِلْمَعْطُوفِ.

ثُمَّ الْمَعْطُوفُ عَلَيْهِ لَا يَخْلُو مِنْ أَنْ يَكُونَ ظَاهِرًا أَوْ مُضْمَرًا مُتَّصِلًا أَوْ مُضْمَرًا مُنْفَصِلًا، فَإِنْ كَانَ ظَاهِرًا لَمْ يَخْلُ الْمَعْطُوفُ مِنَ الثَّلَاثَةِ أَيْضًا، فَيَكُونُ ثَلَاثَةٌ فِي ثَلَاثَةٍ بِتِسْعَةٍ، فَإِنْ كَانَ الأَوَّلُ ظَاهِرًا وَالثَّانِي ظَاهِرًا جَازَ الْعَطْفُ مُطْلَقًا، وَإِنْ كَانَ الثَّانِي مُضْمَرًا مُنْفَصِلًا؛ نَحْوُ: (جَاءَ زَيْدٌ وَأَنْتَ) و(رَأَيْتُ زَيْدًا وَإِيَّاكَ) جَازَ عَطْفُهُ، وَلَا يَكُونُ إِلَّا فِي الْمَرْفُوعِ وَالْمَنْصُوبِ، إِذْ لَيْسَ فِي الْمَجْرُورِ مُنْفَصِلٌ، فَإِنْ كَانَ الثَّانِي مُتَّصِلًا تَعَذَّرَ عَطْفُهُ؛

---

(١) المعطوفُ بالحرفِ هو تابعٌ يتوسَّطُ بينَه وبينَ متبوعِه حرفٌ من أحرفِ العطفِ، نحو "جاءَ عليٌّ وخالدٌ. أكرمتُ سعيداً ثم سليماً". ويُسمَّى العطفُ بالحرفِ "عطفَ النَّسَقِ" أيضاً.

إِذْ لا يَتَّصِلُ بِحُرُوفِ الْعَطْفِ، فَإِنْ قُصِدَ إِلَيْهِ وَجَبَ إِعَادَةُ الْعَامِلِ لِيَتَّصِلَ بِهِ إِنْ كَانَ مِمَّا يُمكِنُ، فَهَذِهِ ثَلاثَةُ أَقْسَامٍ، فَإِنْ كَانَ الأَوَّلُ مُضْمَرًا مُنْفَصِلا وَكَانَ الثَّانِي ظَاهِرًا جَازَ عَطْفُهُ، وَلا يَكُونُ ذَلِكَ فِي الْمَجْرُورِ لِمَا ذَكَرْنَاهُ، فَإِنْ كَانَ الثَّانِي مُضْمَرًا مُنْفَصِلا جَازَ أَيْضًا، فَإِنْ كَانَ الثَّانِي مُضْمَرًا مُتَّصِلا لَمْ يَجُزْ عَطْفُهُ أَلْبَتَّةَ؛ لأَنَّهُ لا يَتَّصِلُ بِحَرْفِ الْعَطْفِ، وَلا يُمْكِنُ التَّحَيُّلُ إِلَيْهِ؛ لأَنَّهُ إِذَا أُعِيدَ الأَوَّلُ وَجَبَ أَيْضًا الانْفِصَالُ، فَهَذِهِ ثَلاثَةُ أَقْسَامٍ، فَإِنْ كَانَ الأَوَّلُ مُضْمَرًا مُتَّصِلا وَكَانَ الثَّانِي ظَاهِرًا لَمْ يَخْلُ الأَوَّلُ مِنْ أَنْ يَكُونَ مَرْفُوعًا؛ نَحْوُ: (قُمْتُ أَنَا وَزَيْدٌ) أَوْ مَنْصُوبًا كـ (زَيْدًا رَأَيْتُهُ وَإِيَّاكَ)، أَوْ مَجْرُورًا كـ (مَرَرْتُ بِهِ وَبِكَ)، فَإِنْ كَانَ مَرْفُوعًا لَمْ يُعْطَفْ عَلَيْهِ إِلا بَعْدَ تَأْكِيدِهِ بِمُنْفَصِلٍ عَلَى الْفَصِيحِ، وَإِنْ كَانَ مَجْرُورًا لَمْ يُعْطَفْ عَلَيْهِ إِلا بِإِعَادَةِ الْخَافِضِ، وَإِنْ كَانَ مَنْصُوبًا عُطِفَ عَلَيْهِ مِنْ غَيْرِ شَرِيطَةٍ، فَإِنْ كَانَ الثَّانِي مُضْمَرًا مُنْفَصِلا؛ نَحْوُ: (قُمْتُ أَنَا وَأَنْتَ) كَانَ حُكْمُهُ فِي الرَّفْعِ بِالتَّأْكِيدِ وَفِي النَّصْبِ بِغَيْرِ شَرِيطَةٍ، وَلا يَقَعُ فِي الْمَجْرُورِ؛ لأَنَّ الْمَجْرُورَ لا مُنْفَصِلَ لَهُ، فَإِنْ كَانَ الثَّانِي ضَمِيرًا مُتَّصِلا تَعَذَّرَ عَطْفُهُ إِلا بِإِعَادَةِ الْعَامِلِ عَلَى مَا ذُكِرَ فِي غَيْرِهِ، فَهَذِهِ ثَلاثَةُ أَقْسَامٍ، فَصَارَتِ الْجُمْلَةُ تِسْعَةً.

وَعِلَّةُ امْتِنَاعِ الْعَطْفِ عَلَى الْمَرْفُوعِ إِلا بِشَرْطِ تَأْكِيدِهِ بِالْمُنْفَصِلِ أَوْ مَا يَقُومُ مَقَامَ الْمُنْفَصِلِ أَنَّهُ فِي حُكْمِ الْجُزْءِ، وَهُمْ لا يَعْطِفُونَ عَلَى الْجُزْءِ، فَأَتَوْا فِي الصُّورَةِ بِالْمُضْمَرِ الْمُنْفَصِلِ لِيَكُونَ الْعَطْفُ عَلَيْهِ لَفْظًا.

وَأَمَّا الْمَجْرُورُ فَلا يُعْطَفُ عَلَيْهِ إِلا بِإِعَادَةِ الْجَارِّ؛ لأَنَّ الْمَجْرُورَ إِذَا كَانَ مُضْمَرًا اشْتَدَّ اتِّصَالُهُ بِهِ كَاتِّصَالِ الْمَرْفُوعِ مِنْ حَيْثُ اللَّفْظِ وَمِنْ حَيْثُ الْمَعْنَى، فَامْتَنَعَ الْعَطْفُ عَلَيْهِ كَمَا امْتَنَعَ فِي الْمَرْفُوعِ، وَلَمْ يَكُنْ لَهُ مُضْمَرٌ مُنْفَصِلٌ، فَتَقُولُ فِيهِ كَمَا تَقُولُ فِي الْمَرْفُوعِ، فَأَعَادُوا الْعَامِلَ الأَوَّلَ لِيَكُونَ فِي حُكْمِ الاسْتِقْلالِ.

وَمِنْهُمْ مَنْ قَالَ: الْمُضَافُ إِلَيْهِ إِذَا كَانَ ضَمِيرًا صَارَ بِمَنْزِلَةِ التَّنْوِينِ، فَكَمَا لا يُعْطَفُ عَلَى التَّنْوِينِ كَذَلِكَ لا يُعْطَفُ عَلَى هَذَا الْمُضَافِ إِلَيْهِ، وَبَيَانُ كَوْنِهِ مُشْبِهًا لِلتَّنْوِينِ أَنَّهُ لا يَسْتَقِلُّ مَعَهُ كَلامًا، كَمَا أَنَّ التَّنْوِينَ لا يَسْتَقِلُّ مَعَ الْمُنَوَّنِ كَلامًا، فَكَمَا لا يُعْطَفُ عَلَى التَّنْوِينِ لا يُعْطَفُ عَلَى الْمُضَافِ إِلَيْهِ، وَاخْتِيرَتْ هَذِهِ الْعِلَّةُ؛ لأَنَّهُ يَرِدُ عَلَى الأُولَى إِلْزَامُ تَجْوِيزِ (مَرَرْتُ بِكَ أَنْتَ وَزَيْدٍ)؛ إِذْ لا خِلافَ فِي أَنَّهُ يَجُوزُ أَنْ يُقَالَ: (مَرَرْتُ بِكَ أَنْتَ)، فَيَلْزَمُ أَنْ يَكُونَ مُصَحِّحًا لِعَطْفِ الْمَجْرُورِ كَمَا كَانَ مُصَحِّحًا لِعَطْفِ الْمَرْفُوعِ، فَيُجِيبُ هَؤُلاءِ بِأَنَّ الْمَجْرُورَ أَشَدُّ اتِّصَالا؛ لأَنَّ الْمَرْفُوعَ مَعَ عَامِلِهِ مُسْتَغْنٍ، وَالْمُضَافُ مَعَ

الْمُضَافِ إِلَيْهِ غَيْرُ مُسْتَغْنٍ، فَلَمَّا اشْتَدَّ اتِّصَالُهُ أَكْثَرَ مِنَ الْفَاعِلِ خُولِفَ بَيْنَهُ وَبَيْنَهُ فِي الْعَطْفِ.

وَلَوْ قِيلَ: إِنَّهُ لا يَلْزَمُ لَمْ يَكُنْ بَعِيدًا، وَذَلِكَ مِنْ وَجْهَيْنِ:

أَحَدُهُمَا: أَنَّ قَوْلَكَ: (مَرَرْتُ بِكَ أَنْتَ) مُخَالِفٌ لِلْقِيَاسِ، وَلا يَلْزَمُ مِنْ مُخَالَفَةِ الْقِيَاسِ لِغَرَضٍ مُخَالَفَتُهُ فِي كُلِّ مَوْضِعٍ.

الثَّانِي: سَلَّمْنَا أَنَّهُ غَيْرُ مُخَالِفٍ لِلْقِيَاسِ، وَلَكِنْ مَنَعَ مَانِعٌ هَاهُنَا، وَهُوَ أَنَّهُمْ لَوْ قَالُوا: (مَرَرْتُ بِكَ أَنْتَ وَزَيْدٍ) لَكَانَتْ هَاهُنَا مُخَالَفَةٌ لَفْظِيَّةٌ وَمَعْنَوِيَّةٌ، وَفِي قَوْلِكَ: (مَرَرْتُ بِكَ أَنْتَ) لَيْسَ فِيهِ إِلا مُخَالَفَةُ التَّقْدِيرِ، وَلا يَلْزَمُ مِنْ مُخَالَفَةِ التَّقْدِيرِ مُخَالَفَةُ اللَّفْظِ وَالتَّقْدِيرِ، أَلا تَرَى أَنَّ بَعْضَهُمْ يَقُولُ: (إِنَّهُمْ أَجْمَعُونَ)، وَلا أَحَدَ يَقُولُ: (إِنَّ الْقَوْمَ أَجْمَعُونَ)، فَهَذَا جَوَابٌ لِمَنْ تَمَسَّكَ بِالْوَجْهِ الأَوَّلِ الَّذِي يَجْعَلُهُ كَالْفَاعِلِ، وَلا يَجْعَلُهُ كَالتَّنْوِينِ.

قَالَ صَاحِبُ الْكِتَابِ:

وَمِنْ أَصْنَافِ الاسْمِ: الْمَبْنِيُّ

قَالَ: (هُوَ الَّذِي سُكُونُ آخِرِهِ وَحَرَكَتُهُ لا بِعَامِلٍ)[(١)].

قَالَ الشَّيْخُ: حَدَّ الْمَبْنِيَّ وَجَعَلَ الْفَصْلَ بَيْنَهُ وَبَيْنَ الْمُعْرَبِ الْعَامِلَ، وَهُوَ صَحِيحٌ؛ لأَنَّهُ مِنْ حَيْثُ اللَّفْظِ مِثْلُ الإِعْرَابِ، ثُمَّ أَخَذَ يَتَكَلَّمُ فِي سَبَبِ الْبِنَاءِ؛ لأَنَّ الأَصْلَ فِي الأَسْمَاءِ الإِعْرَابُ عَلَى مَا تَقَدَّمَ.

ثُمَّ قَالَ: (وَسَبَبُ بِنَائِهِ مُنَاسَبَتُهُ مَا لا تَمَكُّنَ لَهُ).

فقال: (مُنَاسَبَةُ)، وَلَمْ يَقُلْ: مُشَابَهَةُ؛ لأَنَّ بَعْضَ الْمَبْنِيَّاتِ لَيْسَ مُشَابِهًا لِمَا لا تَمَكُّنَ

---

(١) الفعل كله مبني. ولا يُعرَبُ منه إلا ما أشبه الاسم، وهو الفعل المضارع الذي لم تتصل به نونا التوكيد ولا نون النّسوة.
وهذا الشبه إنما يقع بينه وبين اسم الفاعل. وهو يكون بينهما من جهتي اللفظ والمعنى.
أما من جهة اللفظ، فلأنهما متفقان على عدد الأحرف والحركات والسكنات فيكتبُ على وزن (كاتب) ومُكرِمٌ على وزن (يُكرِمُ). وأما من جهة المعنى فلأنَّ كلاً منهما يكون للحال والاستقبال وباعتبار هذه المشابهة يسمّى هذا الفعل (مُضارعاً)، أي مشابهاً، فإن المضارعة معناها المشابهة، يُقال "هذا يُضارعُ هذا"، أي يشابهه.
فإن اتصلت به نون التوكيد، أو نون النسوة، بُني، لأن هذه النُّونات من خصائص الأفعال، فاتصالُهُ بهنَّ يُبعِدُ شَبهَهُ باسم الفاعل فيرجعُ إلى البناء الذي هو أصل في الأفعال.

لَهُ، كَالْمُضَافِ إِلَى الْمَبْنِيِّ وَكَبَابِ فَجَارِ وَفَسَاقِ عَلَى مَا سَيَأْتِي فِي مَكَانِهِ.

وَقَالَ: (مَا لَا تَمَكُّنَ لَهُ) لِيَدْخُلَ الْحَرْفَ وَالْفِعْلَ الْمَاضِيَ وَالأَمْرَ، وَلَوْ قَالَ: (مُنَاسَبَةُ الْحَرْفِ) لَوَرَدَ عَلَيْهِ نَزَالِ وَفَجَارِ وَأَشْبَاهُهُمَا، فَإِنَّهَا لَمْ تُشْبِهِ الْحَرْفَ، فَلِذَلِكَ عَدَلَ إِلَى مَا لَا يَدْخُلُ فِيهِ الْفِعْلُ.

ثُمَّ أَخَذَ فِي تَفْصِيلِ الْمُنَاسَبَةِ فَقَالَ: (بِتَضَمُّنِ مَعْنَاهُ؛ نَحْوُ: أَيْنَ وَأَمْسِ)، فَضُمِّنَ (أَيْنَ) مَعْنَى هَمْزَةِ الِاسْتِفْهَامِ، و(أَمْسِ) مَعْنَى لَامِ التَّعْرِيفِ عَلَى مَذْهَبِ أَهْلِ الْحِجَازِ، عَلَى مَا سَيَأْتِي فِي مَوْضِعِهِ.

(أَوْ شِبْهِهِ كَالْمُبْهَمَاتِ).

أَشْبَهَتِ الْمُبْهَمَاتُ الْحُرُوفَ لِاحْتِيَاجِهَا إِلَى مَا يَنْضَمُّ إِلَيْهَا مِنْ لَفْظٍ أَوْ قَرِينَةٍ، وَكَذَلِكَ الْمُضْمَرَاتُ.

(أَوْ وُقُوعِهِ مَوْقِعَهُ كَنَزَالِ)؛ يَعْنِي: وُقُوعَهُ مَوْضِعَ (انْزِلْ).

(أَوْ مُشَاكَلَتِهِ لِلْوَاقِعِ مَوْقِعَهُ)؛ يَعْنِي: مُشَاكَلَتِهِ لِنَزَالِ، وَسَيَأْتِي.

(أَوْ وُقُوعِهِ مَوْقِعَ مَا أَشْبَهَهُ كَالْمُنَادَى الْمَضْمُومِ)؛ يَعْنِي: وُقُوعَهُ مَوْقِعَ الْمُضْمَرِ الْمُشْبِهِ لِلْحَرْفِ، مِثْلُ قَوْلِكَ: (يَا زَيْدُ) وَشِبْهِهِ.

(أَوْ إِضَافَتِهِ إِلَيْهِ)؛ يَعْنِي: إِلَى مَا أَشْبَهَهُ، إِمَّا أَنْ يَعْنِيَ إِلَى مَا أَشْبَهَهُ، أَوْ إِلَى مَا لَا تَمَكُّنَ لَهُ، فَإِنْ حَمَلْنَاهُ عَلَى الأَوَّلِ وَرَدَ عَلَيْنَا قَوْلُهُ:

عَلَى حِينِ عَاتَبْتُ..... ....

فَإِنَّهُ مُضَافٌ إِلَى مَا لَا تَمَكُّنَ لَهُ، وَهُوَ الْقِسْمُ الثَّانِي، وَإِنْ حَمَلْنَاهُ عَلَى الثَّانِي وَرَدَ عَلَيْنَا (يَوْمَئِذٍ) و(حِينَئِذٍ)، فَإِنَّهُ مُضَافٌ إِلَى مَا أَشْبَهَهُ؛ يَعْنِي: مَا أَشْبَهَ مَا لَا تَمَكُّنَ لَهُ، فَكَانَ الأَوْلَى أَنْ يَقُولَ: أَوْ إِضَافَتِهِ إِلَيْهِ، أَوْ إِلَى مَا أَشْبَهَهُ، وَلَعَلَّهُ أَرَادَ (أَوْ إِضَافَتِهِ إِلَى مَا أَشْبَهَهُ) لِتَقَدُّمِ ذِكْرِهِ، وَيُؤْخَذُ إِضَافَتُهُ إِلَى مَا لَا تَمَكُّنَ لَهُ مِنْ طَرِيقِ الأَوْلَى.

قَالَ: (وَالْبِنَاءُ عَلَى السُّكُونِ هُوَ الْقِيَاسُ).

لِأَنَّهُ أَخَفُّ، وَلَا يُعْدَلُ عَنِ الأَخَفِّ إِلَى الأَثْقَلِ إِلَّا لِمُعَارِضٍ، فَقَالَ: وَالْمُعَارِضُ أَحَدُ ثَلَاثَةِ أَسْبَابٍ، (لِلْهَرَبِ مِنَ الْتِقَاءِ السَّاكِنَيْنِ)، وَهُوَ ظَاهِرٌ، أَوْ (لِئَلَّا يُبْتَدَأَ بِسَاكِنٍ لَفْظًا أَوْ حُكْمًا)، فَاللَّفْظُ يَعْنِي بِهِ كَافَ التَّشْبِيهِ؛ لِأَنَّهَا يَصِحُّ تَقْدِيمُهَا فِي أَوَّلِ الْكَلَامِ؛ كَقَوْلِكَ: (كَزَيْدٍ أَخُوكَ)، فَلَوْ لَمْ تُبْنَ عَلَى الْحَرَكَةِ لَأَدَّى إِلَى الِابْتِدَاءِ بِالسَّاكِنِ، وَهُوَ مُتَعَذِّرٌ.

وَقَوْلُهُ: (حُكْمًا) يَعْنِي بِهِ كَافَ الضَّمِيرِ؛ نَحْوُ قَوْلِكَ: (أَكْرَمْتُكَ)، فَإِنَّ الْكَافَ اسْمٌ

مُسْتَقِلٌّ، وَالأَسْمَاءُ الْمُسْتَقِلَّةُ عُرْضَةٌ لِلتَّقْدِيمِ وَالتَّأْخِيرِ، فَهِيَ فِي حُكْمِ مَا يَصِحُّ تَقْدِيمُهُ، وَإِنَّمَا عَرَضَ لَهُ مُعَارِضٌ مَنَعَ مِنْ تَقْدِيمِهِ، فَهَذَا مَعْنَى قَوْلِهِ: (حُكْمًا).

(وَلِعُرُوضِ الْبِنَاءِ).

يَعْنِي: أَنْ يَكُونَ الاسْمُ مُعْرَبًا، وَإِنَّمَا يَعْرِضُ لَهُ الْبِنَاءُ فِي مَوْضِعٍ لِمُعَارِضٍ، فَيُبْنَى عَلَى الْحَرَكَةِ تَشْبِيهًا لَهُ بِالْمُعْرَبَاتِ كَخَمْسَةَ عَشَرَ وَنَحْوِهِ.

الْمُضْمَرَاتُ

قَالَ الشَّيْخُ: يُحَدُّ الْمُضْمَرُ بِأَنَّهُ مَا كَانَ لِمُتَكَلِّمٍ، أَوْ مُخَاطَبٍ، أَوْ غَائِبٍ بِقَرِينَةٍ، فَإِنِ اعْتُرِضَ عَلَيْهِ بِأَنَّ فِي الْحَدِّ (أَوْ)، فَالْجَوَابُ عَنْهُ أَنَّ الْغَرَضَ التَّعْرِيفُ، فَإِذَا حَصَلَ بِأَيِّ طَرِيقٍ كَانَ فَهُوَ الْمَقْصُودُ، وَقَدْ يُقَالُ: إِذَا قُصِدَ الْجَرْيُ فِي اصْطِلَاحِ الْحُدُودِ فِي أَنَّ الْحَدَّ لَا بُدَّ لَهُ مِنْ فَصْلٍ يَجْمَعُ جُمْلَةَ أَنْوَاعِهِ وَيُوجَدُ فِيهَا دُونَ غَيْرِهَا، قِيلَ: الْمُضْمَرُ مَا وُضِعَ لِمَدْلُولِهِ بِقَرِينَةِ غَيْرِ الإِشَارَةِ، إِلَّا أَنَّهُ يَبْقَى فِيهِ إِبْهَامٌ لِجُمْلِيَّتِهِ، وَفِي ذَلِكَ تَنْبِيهٌ لِلتَّفْصِيلِ الَّذِي فِيهِ، وَكُلٌّ جَيِّدٌ.

قَوْلُهُ: وَالْمُسْتَتِرُ مَا نُوِيَ كَالَّذِي فِي (زَيْدٌ ضَرَبَ).

قَالَ الشَّيْخُ: لَا يَخْلُو إِمَّا أَنْ يَكُونَ الدَّالُّ عَلَى الْفَاعِلِ الْفِعْلُ نَفْسُهُ مِنْ غَيْرِ تَقْدِيرٍ، أَوْ يُقَدَّرَ مُضْمَرٌ غَيْرُ الْفِعْلِ، فَإِنْ كَانَ لَفْظُ الْفِعْلِ هُوَ الدَّالَّ فَهُوَ فَاسِدٌ مِنْ وَجْهَيْنِ:

أَحَدُهُمَا: أَنَّهُ يُؤَدِّي إِلَى أَنَّ (ضَرَبَ) لَيْسَ فِعْلِيَّتُهُ بِأَوْلَى مِنِ اسْمِيَّتِهِ؛ لأَنَّهُ كَمَا دَلَّ عَلَى حَدَثٍ مُقْتَرِنٍ بِزَمَانٍ فَقَدْ دَلَّ عَلَى شَيْءٍ آخَرَ، وَهُوَ ذَاتُ الْفَاعِلِ غَيْرُ مُقْتَرِنٍ بِزَمَانٍ، فَاشْتَمَلَ عَلَى حَقِيقَةِ الاسْمِ وَحَقِيقَةِ الْفِعْلِ، وَهُمَا مُتَضَادَّانِ، وَهُوَ فَاسِدٌ.

وَالآخَرُ: الإِطْبَاقُ عَلَى أَنَّ الْجُمْلَةَ مُرَكَّبَةٌ مِنْ لَفْظَيْنِ مَنْطُوقٍ بِهِمَا أَوْ مُقَدَّرَيْنِ مَنْسُوبٌ أَحَدُهُمَا إِلَى الآخَرِ، وَعَلَى هَذَا لَا يَكُونُ إِلَّا عَلَى لَفْظِ الْفِعْلِ؛ إِذْ لَا تَقْدِيرَ عِنْدَكُمْ، فَبَطَلَ هَذَا الْمَذْهَبُ.

وَإِنْ قِيلَ: إِنَّ الْمُضْمَرَ مُقَدَّرٌ فَيَجِبُ أَنْ يَكُونَ مَحْذُوفًا، وَأَنْتُمْ تَقُولُونَ: إِنَّ الْفَاعِلَ لَا يُحْذَفُ بِلَا بَدَلٍ، وَإِلَّا يَلْزَمُ أَنْ يَكُونَ كَالْمَفْعُولِ، وَالْجَوَابُ عَنْهُ أَنَّ الْفَاعِلَ عُلِمَ مِنْ لُغَتِهِمْ أَنَّهُمْ لَا يَحْذِفُونَهُ مِنْ غَيْرِ بَدَلٍ، وَالْمَفْعُولُ عُلِمَ مِنْ لُغَتِهِمْ أَنَّهُمْ يَحْذِفُونَهُ، وَقَدْ يَطْرَأُ فِي الْمَفْعُولِ الْمَحْذُوفِ مَا يَجْعَلُهُ فِي حُكْمِ الْمَوْجُودِ، وَقَدْ يَطْرَأُ عَلَى الْفَاعِلِ مَا يُسْتَغْنَى عَنِ التَّلَفُّظِ بِهِ، مِثَالُ الْمَفْعُولِ الْمَذْكُورِ قَوْلُهُ تَعَالَى: "وَفِيهَا مَا تَشْتَهِيهِ الأَنْفُسُ" [الزخرف:

٧١] وَشِبْهُهُ؛ لأنَّهُ لا بُدَّ لَهُ مِنْ ضَمِيرٍ عَائِدٍ عَلَى الْمَوْصُولِ، وَمِثَالُ الْفَاعِلِ الْمَذْكُورِ أَنْ يَكُونَ بَعْدَ تَقَدُّمِ الذِّكْرِ.

وَكَوْنُ الفِعْلِ الْمَاضِي لِوَاحِدٍ مُذَكَّرٍ أَوْ مُؤَنَّثٍ، أَوْ كَوْنُهُ مُضَارِعًا مُتَكَلِّمًا مُطْلَقًا، أَوْ لِغَائِبٍ مُفْرَدٍ، أَوْ لِمُخَاطَبٍ، أَوْ كَوْنُهُ أَمْرًا لِمُخَاطَبٍ مُذَكَّرٍ، فَهَذِهِ كُلُّهَا قَرَائِنُ اسْتُغْنِيَ لأَجْلِهَا عَنِ التَّلَفُّظِ بِأَلْفَاظٍ تَدُلُّ عَلَى الفَاعِلِ، وَالْتُزِمَ الْحَذْفُ فِيهَا كَمَا الْتُزِمَ حَذْفُ الْفِعْلِ وَغَيْرِهِ فِي مَوَاضِعَ، وَلَكِنْ لَمَّا كَانَ بَابُ الْمَفْعُولِ بِاعْتِبَارِ مَفْعُولِيَّتِهِ الْحَذْفَ مِنْ غَيْرِ تَقْدِيرٍ قِيلَ عِنْدَ عَدَمِ التَّلَفُّظِ بِهِ: مَحْذُوفٌ فِي كُلِّ مَوْضِعٍ، وَلَمَّا كَانَ الْفَاعِلُ بِاعْتِبَارِ فَاعِلِيَّتِهِ حُكْمُهُ الْوُجُودُ عُبِّرَ عِنْدَ عَدَمِ التَّلَفُّظِ بِهِ بِأَنَّهُ مَوْجُودٌ، وَإِلا فَالضَّمِيرُ فِي قَوْلِكَ: (زَيْدٌ ضَرَبَ) فِي الاحْتِيَاجِ إِلَيْهِ كَالضَّمِيرِ فِي قَوْلِهِ تَعَالَى: "**وَفِيهَا مَا تَشْتَهِيهِ الأَنفُسُ**" [الزخرف:٧١]، وَإِنْ كَانَ أَحَدُهُمَا فَاعِلا وَالآخَرُ مَفْعُولا.

فَثَبَتَ أَنَّ مَذْهَبَ التَّقْدِيرِ هُوَ الصَّحِيحُ، وَالَّذِي يَدُلُّ عَلَيْهِ مِنْ حَيْثُ اللُّغَةِ عِلْمُنَا بِأَنَّ كُلَّ قِسْمٍ مِنْ أَقْسَامِ الضَّمَائِرِ لِلْمُخَاطَبِ خَمْسَةٌ، كَأَنْتَ وَبَابِهِ، وَإِيَّاكَ وَبَابِهِ، وَضَرَبْتَ وَبَابِهِ، وَضَرَبَكَ وَبَابِهِ، فَلَوْ لَمْ يُجْعَلِ الضَّمِيرُ مُقَدَّرًا حِينَ تَقُولُ: (زَيْدٌ ضَرَبَ) وَ(هِنْدٌ ضَرَبَتْ)، وَضَرَبَا، وَضَرَبُوا، وَضَرَبْنَ لَمْ تَكُنْ خَمْسَةً؛ لأَنَّ (ضَرَبَ) فِي الْمُذَكَّرِ هُوَ (ضَرَبَ) فِي الْمُؤَنَّثِ، فَلَوْ كَانَ الدَّالُّ هُوَ الْفِعْلُ لَمْ تَكُنْ مُخْتَلِفَةً وَلَمْ تُعَدَّ إِلا وَاحِدًا.

فَإِنْ قُلْتَ: تَاءُ التَّأْنِيثِ لازِمَةٌ فِي أَحَدِهِمَا، فَعُدَّتْ بِاعْتِبَارِهِ، فَلَيْسَ بِمُسْتَقِيمٍ؛ لأَنَّ تَاءَ التَّأْنِيثِ لا مَدْخَلَ لَهَا فِي الضَّمَائِرِ، وَالدَّلِيلُ عَلَيْهِ: أَنَّ أَحَدًا لا يَعُدُّ ضَرَبَا وَضَرَبَتَا جَمِيعًا إِلا قِسْمًا وَاحِدًا، وَعَلَى مَا ذَكَرْتَ هُمَا قِسْمَانِ، وَهُوَ فَاسِدٌ.

قَوْلُهُ: (وَالْحُرُوفُ الَّتِي تَتَّصِلُ بِإِيَّا).

اخْتَلَفَ فِيهِ النَّاسُ فِي نَحْوِ إِيَّاكَ وَنَحْوِهَا، فَقَائِلٌ مَا ذَكَرَهُ الزَّمَخْشَرِيُّ، وَهُمُ الْمُتَأَخِّرُونَ، وَقِيلَ: إِنَّ إِيَّا اسْمٌ أُضِيفَ إِلَى مَا بَعْدَهُ كَإِضَافَةِ بَعْضٍ وَكُلٍّ، وَهُوَ مَذْهَبُ الْمُبَرِّدِ، وَقَالَ بَعْضُهُمْ: إِيَّا اسْمٌ مُضْمَرٌ أُضِيفَ إِلَى الْكَافِ وَنَحْوِهِ، وَلا يُعْرَفُ اسْمٌ مُضْمَرٌ أُضِيفَ إِلَى الْكَافِ غَيْرُهُ، وَهُوَ مَذْهَبُ الْخَلِيلِ، وَمِنْهُمْ مَنْ قَالَ: إِنَّهُ اسْمٌ ظَاهِرٌ أُضِيفَ إِلَى الْكَافِ، وَهُوَ مَذْهَبُ الزَّجَّاجِ، وَيُشْبِهُ قَوْلَ الْمُبَرِّدِ، وَمِنْهُمْ مَنْ قَالَ: (إِيَّا) عُمْدَةٌ؛ يَعْنِي: اعْتَمَدَ عَلَيْهِ الضَّمِيرُ لِتَتَقَوَّى اسْمِيَّتُهُ، وَالْكَافُ هُوَ الضَّمِيرُ، وَهُوَ مَذْهَبُ الكُوفِيِّينَ، وَمِنْهُمْ مَنْ يَقُولُ: إِيَّاكَ بِكَمَالِهِ هُوَ الضَّمِيرُ.

وَالصَّحِيحُ هُوَ الْمَذْهَبُ الأَوَّلُ، وَالدَّلِيلُ عَلَيْهِ أَنَّهَا أَلْفَاظٌ اتَّصَلَتْ مَبْنِيَّةٌ بِمَا لَفْظُهُ

وَاحِدٌ يُبَيِّنُ بِهَا مَنْ يَرْجِعُ الضَّمِيرُ إِلَيْهِ، فَيَجِبُ أَنْ تَكُونَ حُرُوفًا كَالتَّاءِ فِي (أَنْتَ).

وَبُنِيَتِ الْمُضْمَرَاتُ لِوَجْهَيْنِ:

أحَدُهُمَا: أَنَّهَا أَشْبَهَتِ الْحُرُوفَ فِي احْتِيَاجِهَا إِلَى غَيْرِهَا كَاحْتِيَاجِ الْحُرُوفِ إِلَى غَيْرِهَا.

وَالثَّانِي: أَنَّهَا لَمْ يُوجَدْ فِيهَا سَبَبُ الإعْرَابِ، فَإِنَّ السَّبَبَ هُوَ اخْتِلافُ الْمَعَانِي عَلَى الصِّيغَةِ الْوَاحِدَةِ، وَهَذِهِ صِيغَتُهَا مُخْتَلِفَةٌ، فَيَقُومُ اخْتِلافُ الصِّيَغِ مَقَامَ الإعْرَابِ، فَلَمْ يُوجَدْ فِيهَا سَبَبُ الإعْرَابِ.

فَصْلٌ: وَلأنَّ الْمُتَّصِلَ أَخْصَرُ... إِلَى آخِرِهِ

قَالَ الشَّيْخُ: قَدْ تَقَدَّمَ أَنَّ الْمُضْمَرَ مُتَّصِلٌ وَمُنْفَصِلٌ، فَالْمُنْفَصِلُ لا يُصَارُ إِلَيْهِ إلا عِنْدَ تَعَذُّرِ الْمُتَّصِلِ؛ لأنَّ الْمُتَّصِلَ أَخْصَرُ، وَيَتَعَذَّرُ الْمُتَّصِلُ فِي الْمَرْفُوعِ وَالْمَنْصُوبِ، وَذَلِكَ أَنْ يَتَقَدَّمَ عَلَى عَامِلِهِ، فَلا يُمْكِنُ اتِّصَالُهُ مَعَ تَقْدِيمِهِ، أَوْ يَفْصِلَ بَيْنَهُ وَبَيْنَ عَامِلِهِ فَاصِلٌ مَقْصُودٌ، وَلا يُمْكِنُ اتِّصَالُهُ لِلْفَصْلِ، أَوْ لا يُذْكَرَ لَهُ عَامِلٌ لَفْظِيٌّ، فَلا يُمْكِنُ اتِّصَالُهُ مَعَ عَدَمِ مَا يَتَّصِلُ بِهِ، وَلِذَلِكَ لَمْ يَقَعِ الْمَجْرُورُ إلا مُتَّصِلا لِتَعَذُّرِ مَا ذُكِرَ فِيهِ؛ لأنَّهُ لا بُدَّ مِنَ التَّلَفُّظِ بِالْجَارِّ مُتَقَدِّمًا عَلَى الْمَجْرُورِ، فَتَعَذَّرَ جَمِيعُ مَا تَقَدَّمَ مِنْ مُجَوِّزَاتِ الانْفِصَالِ، فَوَجَبَ أَنْ لا يَكُونَ إلا مُتَّصِلا، فَمِثَالُ مَا يَتَقَدَّمُ قَوْلُكَ: (إِيَّاكَ أَكْرَمْتُ)، وَمِثَالُ مَا يُفْصَلُ بَيْنَهُ وَبَيْنَهُ قَوْلُكَ:

....   مَا قَطَّرَ الْفَارِسَ إلا أَنَا

و (جَاءَ عَبْدُ اللهِ وَأَنْتَ)، وَمِثَالُ مَا لا يُذْكَرُ لَهُ عَامِلٌ (هُوَ ضَرَبَ)، و(الْكَرِيمُ أَنْتَ)، وَقَدْ جَاءَ الْمُتَّصِلُ فِي الْمَوْضِعِ الَّذِي تَعَذَّرَ هُوَ فِيهِ لِلضَّرُورَةِ، وَجَاءَ الْمُنْفَصِلُ فِي الْمَوْضِعِ الَّذِي لَمْ يَتَعَذَّرْ فِيهِ الْمُتَّصِلُ، فَالأوَّلُ مِثْلُ قَوْلِهِ:

وَمَا نُبَالِي إِذَا مَا كُنْتِ جَارَتَنَا   أَنْ لا يُجَاوِرَنَا إِلاكِ دَيَّارُ

وَالثَّانِي مِثْلُ قَوْلِهِ:

إِلَيْكَ حَتَّى بَلَغَتْ إِيَّاكَا   ....

وَقَوْلُهُ:

.... نَقْتُلُ إِيَّانَا

أَوْرَدَهُ عَلَى أَنَّهُ وَضَعَ الْمُنْفَصِلَ مَوْضِعَ الْمُتَّصِلِ، وَالْقِيَاسُ أَنْ يُقَالَ فِي مِثْلِهِ: (نَقْتُلُ

أَنْفُسَنَا)، فَإِذَنْ لَمْ يَضَعْ (إِيَّانَا) إلا فِي مَوْضِعِ الأنفُسِ، وَلَكِنَّهُ نَظَرَ إِلَى الْقِيَاسِ الأَصْلِيِّ الْمُطَّرَحِ، وَهُوَ أَنَّ الْقِيَاسَ أَنْ يُقَالَ: نَقْتُلُنَا، فَكَأَنَّهُ وَضَعَ إِيَّانَا مَوْضِعَ ذَلِكَ الضَّمِيرِ.

فَصْلٌ: وَإِذَا الْتَقَى ضَمِيرَانِ فِي نَحْوِ قَوْلِهِمْ: (الدِّرْهَمُ أَعْطَيْتُكَهُ)... إِلَى آخِرِهِ

قَالَ الشَّيْخُ: يَعْنِي لَيْسَ الأَوَّلُ مِنْهُمَا مَرْفُوعًا، وَتَمْثِيلُهُ يُرْشِدُ إِلَيْهِ، وَإِلا وَرَدَ عَلَيْهِ (ضَرَبْتُكَ)، فَإِنَّهُمَا لا يَأْتِيَانِ إِلا مُتَّصِلَيْنِ.

قَوْلُهُ: (جَازَ فِي الثَّانِي الاتِّصَالُ وَالانْفِصَالُ).

فَالاتِّصَالُ لإِمْكَانِهِ وَالانْفِصَالُ لِبُعْدِهِ؛ لأَنَّهُ مَفْعُولٌ، وَتَشْبِيهُهُ بِالْمُتَعَذِّرِ لأَدَائِهِ إِلَى اجْتِمَاعِ ثَلاثِ مُضْمَرَاتٍ فِي مِثْلِ قَوْلِكَ: (أَعْطَيْتُكَهُ)، وَإِذَا جَاءَا مُتَّصِلَيْنِ فَحُكْمُهُمَا مَا ذَكَرَ مِنْ تَقْدِيمِ الْمُتَكَلِّمِ عَلَى أَخَوَيْهِ، وَتَقْدِيمُ الْمُخَاطَبِ عَلَى الْغَائِبِ تَقْدِيمًا لِلأَهَمِّ فَالأَهَمِّ، وَإِذَا انْفَصَلَ الثَّانِي لَمْ تُرَاعِ هَذَا التَّرْتِيبَ الْمَذْكُورَ؛ لأَنَّ الْمُنْفَصِلَ كَالظَّاهِرِ فِي الاسْتِبْدَادِ بِنَفْسِهِ، فَلَمْ يَلْزَمْ فِيهِ مَا لَزِمَ فِي الْمُتَّصِلِ، إلا أَنْ يَكُونَا غَائِبَيْنِ، فَإِنَّ الاخْتِيَارَ فِي الثَّانِي الانْفِصَالُ كَرَاهَةَ اجْتِمَاعِ الأَلْفَاظِ الْمُتَمَاثِلَةِ، وَقَدْ جَاءَ مُتَّصِلا شَاذًّا فِي قَوْلِهِ:

.... لِضَغْمِهِمَاهَا..........

وَاسْتَشْهَدَ بِالْبَيْتِ، وَمَعْنَاهُ: أَنَّ نَفْسَهُ طَابَتْ لإِصَابَةِ الشِّدَّةِ مِنْ أَجْلِ أَنَّ هَذَيْنِ الْقَاصِدَيْنِ لَهُ بِالشِّدَّةِ أَصَابَتْهُمَا مِثْلُهَا، وَفِي الْبَيْتِ إِشْكَالٌ، فَإِنَّ الضَّغْمَ عِبَارَةٌ عَنِ الشِّدَّةِ، فَإِذَا قَدَّرْتَ إِضَافَتَهَا إِلَى الْمَفْعُولِ، وَهُوَ الظَّاهِرُ، وَجَبَ أَنْ يَكُونَ ضَمِيرُهَا فَاعِلا فِي الْمَعْنَى، وَلا يَسْتَقِيمُ لِوَجْهَيْنِ:

أَحَدُهُمَا: أَنَّ (ها) لَيْسَتْ مِنْ ضَمَائِرِ الرَّفْعِ.

وَالآخَرُ: أَنَّ ضَمِيرَ الْفَاعِلِ لا يَأْتِي بَعْدَ ضَمِيرِ الْمَفْعُولِ أَبَدًا.

فَالْوَجْهُ أَنَّ الضَّغْمَةَ بِمَعْنَى: الإِصَابَةِ، أُضِيفَ إِلَى الْفَاعِلِ الَّذِي هُوَ ضَمِيرُ التَّثْنِيَةِ، ثُمَّ ذُكِرَ بَعْدَ ذَلِكَ الْمَفْعُولُ، فَكَأَنَّهُ قَالَ: لإِصَابَةِ هَذَيْنِ الشِّدَّةَ الَّتِي عَبَّرَ عَنْهَا بِالضَّغْمَةِ أَوَّلا.

قَالَ: (وَالاخْتِيَارُ فِي ضَمِيرِ خَبَرِ (كَانَ) وَأَخَوَاتِهَا الانْفِصَالُ).

وَإِنْ كَانَ الأَوَّلُ مَرْفُوعًا؛ لأَنَّ خَبَرَ كَانَ هُوَ خَبَرُ الْمُبْتَدَأِ فِي الْمَعْنَى، فَكَمَا أَنَّ خَبَرَ الْمُبْتَدَأِ لا يَكُونُ إِلا مُنْفَصِلا فَكَذَلِكَ خَبَرُ (كَانَ).

وَالآخَرُ: أَنَّ (كَانَ) ضَعُفَتْ عَنْ بَابِ الأَفْعَالِ، فَقَصُرَتْ عَنِ اتِّصَالِ ضَمِيرَيْنِ، كَمَا

قَصَّرَتْ (إِنَّ) وَأَخَوَاتُهَا، وَوَجْهُ ضَعْفِهَا أَنَّ الْمَنْصُوبَ فِيهَا لَيْسَ مَفْعُولا فِي الْمَعْنَى، وَأَيْضًا فَإِنَّ أَكْثَرَ النَّاسِ عَلَى أَنَّهَا لا دَلالَةَ لَهَا عَلَى الْحَدَثِ.

فَصْلٌ: وَالضَّمِيرُ الْمُسْتَتِرُ يَكُونُ لازِمًا وَغَيْرُ لازِمٍ... إِلَى آخِرِهِ

قَالَ الشَّيْخُ: يَعْنِي بِقَوْلِهِ: اللَّازِمُ أَنَّ الْفَاعِلَ لا يَكُونُ إِلا مُضْمَرًا، وَلا يَكُونُ ظَاهِرًا وَلا مُنْفَصِلا، وَالدَّلِيلُ عَلَى أَنَّهُ لَمْ يُرِدْ بِاللُّزُومِ إِلا الْمُتَّصِلَ مُسْتَكِنًّا كَانَ أَوْ بَارِزًا أَنَّهُ مَثَّلَ بِمَا يَصِحُّ أَنْ يَكُونَ فِيهِ بَارِزًا مِثْلَ افْعَلْ وَتَفْعَلُ لِلْمُخَاطَبِ، لأَنَّكَ تَقُولُ: افْعَلا وَتَفْعَلُونَ، فَدَلَّ عَلَى أَنَّهُ لَمْ يُرِدِ الْمُسْتَكِنَّ خَاصَّةً كَمَا وَقَعَ فِي بَعْضِ النُّسَخِ، وَالدَّلِيلُ عَلَى أَنَّهُ لَمْ يُرِدِ الْمُنْفَصِلَ أَنَّ جَمِيعَ أَمْثِلَتِهِ فِي اللَّازِمِ لا يَسْتَقِيمُ أَنْ يَكُونَ فِيهَا الْمُنْفَصِلُ، وَأَيْضًا فَإِنَّهُ مَثَّلَ فِي غَيْرِ اللَّازِمِ بِالْمُنْفَصِلِ بِقَوْلِهِ: (مَا قَامَ إِلا هُوَ).

وَقَوْلُهُ: (وَتَفْعَلُ لِلْمُخَاطَبِ).

احْتِرَازٌ مِنْ (تَفْعَلُ) لِلْغَائِبَةِ، فَإِنَّهُ لا يَكُونُ لازِمًا، وَهُوَ يَتَكَلَّمُ فِي اللَّازِمِ، وَإِنَّمَا لَمْ يَقَعِ الْفَاعِلُ فِي هَذِهِ الْمَوَاضِعِ إِلا مُضْمَرًا مِنْ جِهَةِ أَنَّهَا أَلْفَاظٌ مَوْضُوعَةٌ بِقَرِينَةٍ لازِمَةٍ لِلْمُتَكَلِّمِ الْمُخَاطَبِ، وَهُوَ مَوْضِعُ الْمُضْمَرِ، أَلا تَرَى أَنَّ الْمُتَكَلِّمَ لا يَقُولُ عَنْ نَفْسِهِ إِلا (أَنَا) وَشِبْهَهُ، وَلا يَقُولُ لِلْمُخَاطَبِ إِلا (أَنْتَ) وَشِبْهَهُ، فَلَوْ وَقَعَ فِي مَوْضِعِهَا غَيْرُ مُضْمَرٍ لاخْتَلَّ وَضْعُ بَابِ الْمُضْمَرَاتِ.

وَغَيْرُ اللازِمِ فِي مَوْضِعَيْنِ:

أَحَدُهُمَا: فِي فِعْلِ الْوَاحِدِ الْغَائِبِ وَفِي الصِّفَاتِ؛ لأَنَّ فِعْلَ الْوَاحِدِ الْغَائِبِ وَالصِّفَاتِ يَكُونُ مُضْمَرًا بِقَرِينَةٍ تَثْبُتُ وَتُفْقَدُ، فَإِنْ ثَبَتَتْ وَجَبَ الإِضْمَارُ، وَإِلا وَجَبَ الإِظْهَارُ، وَلِذَلِكَ جَاءَ الْوَجْهَانِ بِخِلافِ الأَفْعَالِ الأُوَلِ، فَإِنَّ قَرَائِنَهَا لازِمَةٌ، فَلَمْ يَقَعْ فَاعِلُهَا إِلا مُضْمَرًا، فَلِذَلِكَ كَانَ لازِمًا ثَمَّةَ، وَلَمْ يَكُنْ لازِمًا هَاهُنَا.

وَمِنْ غَيْرِ اللازِمِ مَا يَسْتَكِنُّ فِي الصِّفَاتِ لِمَا ذَكَرْنَاهُ مِنْ أَنَّهُ كَفِعْلِ الْغَائِبِ بِاعْتِبَارِ قَرِينَةٍ يَجُوزُ الْخُلُوُّ عَنْهَا، فَلِذَلِكَ جَاءَ فِيهِ الْوَجْهَانِ، فَإِذَا جَرَتِ الصِّفَةُ عَلَى غَيْرِ مَنْ هِيَ لَهُ جَاءَ ضَمِيرُ الْفَاعِلِ مُنْفَصِلا، وَلا يَكُونُ مُتَّصِلا، وَيَكُونُ ذَلِكَ فِي الأَخْبَارِ، وَالصِّفَاتِ، وَالأَحْوَالِ، وَالْمَوْصُولاتِ بِالأَلِفِ وَاللامِ، فَمِثَالُ الأَخْبَارِ قَوْلُكَ: (هِنْدٌ زَيْدٌ ضَارِبَتُهُ هِيَ)، وَمِثَالُ الصِّفَاتِ: (مَرَرْتُ بِرَجُلٍ ضَارِبِهِ أَنَا)، وَمِثَالُ الأَحْوَالِ: (رَكِبْتُ الْفَرَسَ طَارِدَهُ أَنَا)، وَمِثَالُ الْمَوْصُولاتِ بِالأَلِفِ وَاللامِ: (الْفَرَسُ الرَّاكِبُهُ هُوَ)، وَلَهُ عِلَّتَانِ:

إِحْدَاهُمَا: أَنَّ أَسْمَاءَ الْفَاعِلِينَ تَنْقُصُ فِي الْقُوَّةِ عَنِ الْأَفْعَالِ، فَلَا يَلْزَمُ مِنْ تَحَمُّلِ الْأَفْعَالِ ضَمَائِرَ مَا لَيْسَتْ جَارِيَةً عَلَيْهِ مَعَ قُوَّتِهَا تَحَمُّلُ هَذِهِ مَعَ ضَعْفِهَا.

وَالثَّانِي: أَنَّ الْأَفْعَالَ يَتَّصِلُ فِي أَكْثَرِهَا صِيَغُ الضَّمَائِرِ الَّتِي يُعْرَفُ بِهَا مَنْ هِيَ لَهُ؛ لِأَنَّ أَكْثَرَهَا بَارِزٌ، وَأَمَّا أَسْمَاءُ الْفَاعِلِينَ فَلَا يَتَّصِلُ بِهَا مُضْمَرٌ بَارِزٌ، وَإِنَّمَا يَكُونُ مُسْتَتِرًا، فَلَا يَلْزَمُ مِنْ تَحَمُّلِ الْأَفْعَالِ هَذِهِ الضَّمَائِرَ مَعَ وُجُودِهَا بَارِزَةً فِي الْأَكْثَرِ تَحَمُّلُ أَسْمَاءِ الْفَاعِلِينَ هَذِهِ الضَّمَائِرَ مَعَ عَدَمِهَا.

فَإِنْ قِيلَ: أَسْمَاءُ الْفَاعِلِينَ وَإِنْ لَمْ تَبْرُزْ ضَمَائِرُهَا، فَالْحُرُوفُ الَّتِي فِيهَا تُبَيِّنُ مَنْ هِيَ لَهُ لَفْظًا كَمَا تُبَيِّنُهُ الضَّمَائِرُ نَفْسُهَا، فَإِنَّكَ إِذَا قُلْتَ: ضَارِبَانِ عُلِمَ أَنَّهُ لِلْمُثَنَّى كَمَا يُعْلَمُ بِ (يَضْرِبَانِ)، وَإِنِ اخْتَلَفَتِ الْأَلِفَانِ، وَكَذَلِكَ (ضَارِبُونَ) مِثْلَ (يَضْرِبُونَ)، وَإِذَا حَصَلَتِ الدَّلَالَةُ فَلَا فَرْقَ بَيْنَ أَنْ يَكُونَ ضَمِيرًا أَوْ غَيْرَ ضَمِيرٍ.

فَالْجَوَابُ مِنْ وَجْهَيْنِ:

أَحَدُهُمَا: أَنَّ هَذَا وَإِنْ وُجِدَ فِي آحَادِ الصُّوَرِ فَهُوَ مَقْصُودٌ فِي أَكْثَرِهَا، أَلَا تَرَى أَنَّ (ضَرَبْتُ) وَ(ضَرَبْتَ) وَشِبْهَهُمَا اسْمُ الْفَاعِلِ مِنْهُ ضَارِبٌ، وَإِنِ اخْتَلَفَتِ الضَّمَائِرُ، فَقَدْ تَحَقَّقَ فِي كَثِيرٍ مِنَ الصُّوَرِ الدَّلَالَةُ فِي الْأَفْعَالِ دُونَ الصِّفَاتِ.

وَالثَّانِي: لَوْ سَلَّمْنَا أَنَّ ذَلِكَ فِي كُلِّ الصِّفَاتِ لَكَانَتْ هَذِهِ الْحُرُوفُ فِي الصِّفَاتِ قَرَائِنَ، وَهِيَ فِي الْأَفْعَالِ أَنْفُسُ الضَّمَائِرِ، فَلَا يَلْزَمُ مِنَ الِاسْتِغْنَاءِ بِمَا دَلَّ عَلَيْهِ الشَّيْءُ نَفْسُهُ بِوَضْعِهِ الِاسْتِغْنَاءُ بِمَا دَلَّ عَلَيْهِ بِقَرِينَةٍ، فَحَصَلَ الْفَرْقُ بَيْنَهُمَا.

فَصْلٌ: وَيَتَوَسَّطُ بَيْنَ الْمُبْتَدَأِ وَخَبَرِهِ قَبْلَ دُخُولِ الْعَوَامِلِ اللَّفْظِيَّةِ وَبَعْدَهُ إِذَا كَانَ الْخَبَرُ مَعْرِفَةً أَوْ مُضَارِعًا لَهُ فِي امْتِنَاعِ دُخُولِ حَرْفِ التَّعْرِيفِ عَلَيْهِ كَأَفْعَلَ مِنْ كَذَا أَحَدُ الضَّمَائِرِ الْمُنْفَصِلَةِ الْمَرْفُوعَةِ... إِلَى آخِرِهِ

قَالَ رَضِيَ اللهُ عَنْهُ: شَرْطُ هَذَا الْبَابِ مَا ذَكَرَهُ مِنَ الشُّرُوطِ، وَشَرَطَ أَنْ يَكُونَ الْخَبَرُ مَعْرِفَةً؛ لِأَنَّهُ لَا يَقَعُ اللَّبْسُ إِلَّا إِذَا كَانَ الْخَبَرُ مَعْرِفَةً؛ لِأَنَّهُ إِذَا قَالَ: (زَيْدٌ مُنْطَلِقٌ) لَا يُلْبِسُ بِأَنَّهُ نَعْتٌ، وَلَمْ يَشْتَرِطْ فِي الْمُبْتَدَأِ أَنْ يَكُونَ مَعْرِفَةً؛ لِأَنَّهُ لَا يَكُونُ إِلَّا مَعْرِفَةً، وَمَا يَقَعُ نَكِرَةً بِتَأْوِيلٍ لَا يَقَعُ خَبَرُهُ مَعْرِفَةً، وَقَدْ قَيَّدَ الْخَبَرَ بِالتَّعْرِيفِ، فَعُلِمَ أَنَّهُ مَخْصُوصٌ بِأَنْ

يَكُونَ الْمُبْتَدَأُ مَعْرِفَةً.

وَقَوْلُهُ: (فِي امْتِنَاعِ دُخُولِ حَرْفِ التَّعْرِيفِ عَلَيْهِ كَأَفْعَلَ مِنْ كَذَا).

إِنَّمَا عَنَى (أَفْعَلَ مِنْ كَذَا)، فَلِذَلِكَ مَثَّلَ بِهِ، فَعَلَى هَذَا لَا يَجُوزُ أَنْ تَقُولَ: (زَيْدٌ هُوَ غُلَامُ رَجُلٍ)، وَإِنْ كَانَ مُمْتَنِعًا دُخُولُ حَرْفِ التَّعْرِيفِ، وَالْفَرْقُ بَيْنَهُمَا أَنَّ (أَفْعَلَ مِنْ كَذَا) يُشْبِهُ الْمَعْرِفَةَ شَبَهًا قَوِيًّا مِنْ حَيْثُ الْمَعْنَى، حَتَّى إِنَّ مَعْنَى قَوْلِكَ: (أَفْضَلُ مِنْ كَذَا) الْأَفْضَلُ بِاعْتِبَارِ فَضْلِيَّةٍ مَعْهُودَةٍ، وَلِذَلِكَ قَامَ مَقَامَهُ، وَلَيْسَ (غُلَامُ رَجُلٍ) كَذَلِكَ، فَإِنَّهُ إِنَّمَا امْتَنَعَ دُخُولُ حَرْفِ التَّعْرِيفِ عَلَيْهِ مِنْ جِهَةِ أَنَّ الْإِضَافَةَ قَدْ تَكُونُ لِلتَّعْرِيفِ، وَاللَّامُ لِلتَّعْرِيفِ، فَكُرِهَ الْجَمْعُ بَيْنَهُمَا بِخِلَافِ (أَفْضَلَ مِنْكَ).

قَالَ: وَهَذِهِ الضَّمَائِرُ لَا تَخْلُو إِمَّا أَنْ يَكُونَ لَهَا مَوْضِعٌ مِنَ الْإِعْرَابِ أَوْ لَا، بَاطِلٌ أَنْ لَا يَكُونَ لَهَا مَوْضِعٌ مِنَ الْإِعْرَابِ؛ لِأَنَّهَا كُلَّهَا فِي التَّرْكِيبَاتِ لَهَا مَوْضِعٌ مِنَ الْإِعْرَابِ، فَتَعَيَّنَ أَنْ يَكُونَ لَهَا مَوْضِعٌ مِنَ الْإِعْرَابِ، وَإِذَا كَانَ لَهَا مَوْضِعٌ فَلَا يَخْلُو مِنْ أَنْ يَكُونَ رَفْعًا أَوْ نَصْبًا أَوْ جَرًّا، وَلَا عَامِلَ لِوَاحِدٍ مِنْهَا، وَإِنَّمَا قُلْنَا: إِنَّ لَهَا مَوْضِعًا مِنَ الْإِعْرَابِ؛ لِأَنَّهَا مُضْمَرَةٌ، فَتَجْرِي عَلَى قِيَاسِ بَابِ الْمُضْمَرَاتِ.

أَمَّا النَّصْبُ وَالْجَرُّ فَغَيْرُ مُسْتَقِيمٍ؛ لِأَنَّ لَفْظَهُ لَفْظُ الْمَرْفُوعِ، وَأَمَّا الرَّفْعُ فَلَا يَسْتَقِيمُ؛ لِأَنَّ عَوَامِلَ الرَّفْعِ اللَّفْظِيَّةَ كُلَّهَا مُنْتَفِيَةٌ، وَالْعَامِلُ الْمَعْنَوِيُّ لَا يَصِحُّ؛ لِأَنَّهُ لَوْ كَانَ مُبْتَدَأً لَارْتَفَعَ مَا بَعْدَهُ عَلَى الْخَبَرِيَّةِ وَأَنْتَ تَقُولُ: (كَانَ زَيْدٌ هُوَ الْمُنْطَلِقُ)، وَلَا يَسْتَقِيمُ أَنْ يَكُونَ حَرْفًا؛ لِأَنَّ الْحُرُوفَ تَلْزَمُ طَرِيقَةً وَاحِدَةً، وَهَذَا يَتَغَيَّرُ بِاعْتِبَارِ مَنْ هُوَ لَهُ بِالتَّكَلُّمِ، وَالْغَيْبَةِ، وَالْخِطَابِ، وَالْإِفْرَادِ، وَالتَّثْنِيَةِ، وَالْجَمْعِ، وَالتَّذْكِيرِ، وَالتَّأْنِيثِ، وَهَذِهِ أَحْكَامُ الضَّمَائِرِ، فَدَلَّ عَلَى أَنَّهُ لَيْسَ مِنْ قَبِيلِ الْحُرُوفِ.

وَقَدْ أُجِيبَ عَنْ ذَلِكَ بِأَنَّ تَغَيُّرَهُ لَا يَمْنَعُ حَرْفِيَّتَهُ، بِدَلِيلِ تَغَيُّرِ الْحَرْفِ فِي أُولَئِكَ، أَلَا تَرَى أَنَّكَ تَقُولُ: أُولَئِكَ، وَأُولَئِكُمَا، وَأُولَئِكُمْ، وَهُوَ حَرْفٌ بِاتِّفَاقٍ، وَأُجِيبَ عَنْهُ بِأَنَّ حَرْفَ الْخِطَابِ يَتَغَيَّرُ بِاعْتِبَارِ الْمُخَاطَبِ، وَهَذَا يَتَغَيَّرُ بِاعْتِبَارِ الْمُضْمَرَاتِ، وَاعْتُذِرَ عَنْهُ بِأَنَّ مِثْلَهُ قَدْ جَاءَ فِي إِيَّاهُ، وَإِيَّاهَا، وَإِيَّاكَ، وَإِيَّاهُمَا فِي الْخِطَابِ وَغَيْرِ الْخِطَابِ، وَهِيَ حُرُوفٌ عَلَى الْمَذْهَبِ الصَّحِيحِ، وَأُجِيبَ عَنْهُ بِأَنَّ هَذِهِ عَلَى هَذَا الْمَذْهَبِ إِنَّمَا جِيءَ بِهَا حُرُوفًا لِتُبَيِّنَ صَاحِبَ الْمُضْمَرِ الَّذِي هُوَ (إِيَّا)، وَ(إِيَّا) حَرْفٌ جِيءَ بِهِ غَيْرُ مُبَيِّنٍ مُخْتَلِفٍ كَاخْتِلَافِ الضَّمَائِرِ، فَلَيْسَ بِمَعْهُودٍ فِي اللُّغَةِ.

فَالصَّحِيحُ إِذًا أَنَّهَا ضَمَائِرُ، وَمَوْضِعُهَا عَلَى حَسَبِ مَا قَبْلَهَا تَوْكِيدًا، فَإِنْ كَانَ مَرْفُوعًا

فَهَذَا وَاضِحٌ، وَإِنْ كَانَ مَنْصُوبًا كَانَ لَفْظُ الْمَرْفُوعِ وَاقِعًا مَوْقِعَ الْمَنْصُوبِ، وَلا بُعْدَ أَنْ يُؤَكَّدَ الْمَنْصُوبُ بِالضَّمَائِرِ الْمَرْفُوعَةِ بِدَلِيلِ قَوْلِهِمْ: (ضَرَبْتَنِي أَنَا)، و(ضَرَبْتَنَا نَحْنُ).

قَوْلُهُ: (وَتَدْخُلُ عَلَيْهِ لامُ الابْتِدَاءِ).

فِيهِ تَسَامُحٌ حَيْثُ سَمَّى هَذِهِ اللامَ بِلامِ الابْتِدَاءِ؛ لأَنَّ الاصْطِلاحَ فِي هَذِهِ اللامِ أَنْ تُسَمَّى الْفَارِقَةَ؛ لأَنَّهَا تَفْرُقُ بَيْنَ (إِنْ) الْمُخَفَّفَةِ وَالنَّافِيَةِ، وَلَكِنَّهُ سَمَّاهَا لامَ الابْتِدَاءِ، وَإِنْ كَانَتْ لازِمَةً فَارِقَةً نَظَرًا إِلَى أَصْلِهَا؛ لأَنَّ أَصْلَهَا الابْتِدَاءُ.

وَتَسْمِيَةُ أَهْلِ الْبَصْرَةِ لَهُ فَصْلا أَقْرَبُ إِلَى الاصْطِلاحِ؛ لأَنَّ الشَّيْءَ يُسَمَّى بِاسْمِ مَعْنَاهُ فِي أَكْثَرِ الأَلْفَاظِ، وَلَمَّا كَانَ الْمَعْنَى فِي هَذِهِ الأَلْفَاظِ الْفَصْلُ كَانَ تَسْمِيَتُهَا فَصْلا أَجْدَى مِنْ تَسْمِيَةِ الْكُوفِيِّينَ لَهَا عِمَادًا نَظَرًا إِلَى أَنَّ السَّامِعَ أَوْ الْمُتَكَلِّمَ أَوْ هُمَا جَمِيعًا يَعْتَمِدَانِ بِهَا عَلَى الْفَصْلِ بَيْنَ الصِّفَةِ وَالْخَبَرِ، فَسَمَّوْهَا بِاسْمِ مَا يُلازِمُهَا وَيُؤَدِّي إِلَى مَعْنَاهَا، فَكَانَتْ تَسْمِيَةُ الْبَصْرِيِّينَ أَظْهَرَ.

فَصْلٌ: وَيُقَدِّمُونَ قَبْلَ الْجُمْلَةِ ضَمِيرًا يُسَمَّى ضَمِيرَ الشَّأْنِ وَالْقِصَّةِ، وَهُوَ الْمَجْهُولُ عِنْدَ الْكُوفِيِّينَ

قَالَ الشَّيْخُ: تَسْمِيَةُ الْبَصْرِيِّينَ أَقْرَبُ؛ لأَنَّهُمْ سَمَّوْهُ بِاعْتِبَارِ مَعْنَاهُ؛ لأَنَّ مَعْنَاهُ الشَّأْنُ وَالْقِصَّةُ، وَالْكُوفِيُّونَ لا يُخَالِفُونَ فِي أَنَّ مَعْنَاهُ ذَلِكَ، وَإِنَّمَا سَمَّوْهُ بِاسْمٍ آخَرَ مُلازِمٍ لَهُ، وَهُوَ كَوْنُهُ عَائِدًا عَلَى غَيْرِ مَذْكُورٍ أَوَّلا، وَلَكِنْ عَلَى مَا يُفَسِّرُهُ ثَانِيًا، فَتَسْمِيَتُهُ بِاسْمِ مَعْنَاهِ أَوْلَى، وَلا يُخَالِفُ الْبَصْرِيُّونَ فِي أَنَّهُ مَجْهُولٌ، وَلا يُخَالِفُ الْكُوفِيُّونَ فِي أَنَّهُ يُفَسَّرُ بِالْجُمْلَةِ، وَإِنَّمَا وَقَعَ أَوَّلا؛ لأَنَّهُ لَوْ وَقَعَ آخِرًا عَادَ عَلَى مَا تَقَدَّمَ، وَلَمْ يَحْتَجْ إِلَى تَفْسِيرٍ، فَيَخْرُجُ عَمَّا نَحْنُ فِيهِ، وَلا يَكُونُ إِلا فِي الْمَوْضِعِ الَّذِي تَقَعُ فِيهِ الْجُمْلَةُ؛ لأَنَّ شَرْطَهُ أَنْ يُفَسَّرَ بِالْجُمْلَةِ الْوَاقِعَةِ بَعْدَهُ، وَإِنَّمَا وَضَعُوهُ لِيُعَظِّمُوا الْقِصَّةَ الْمَذْكُورَةَ بَعْدَهُ؛ لأَنَّ الشَّيْءَ إِذَا ذُكِرَ مُبْهَمًا ثُمَّ فُسِّرَ كَانَ أَوْقَعَ فِي النَّفْسِ مِنْ وُقُوعِهِ مُفَسَّرًا أَوَّلا، وَإِنَّمَا لَمْ يَأْتُوا بِالشَّأْنِ الَّذِي هُوَ الْمُظْهَرُ مَوْضِعَ الْمُضْمَرِ؛ لأَنَّ الْمُضْمَرَ أَبْهَمُ مِنَ الْمُظْهَرِ، وَيَكُونُ مُتَّصِلا وَمُنْفَصِلا، فَالْمُنْفَصِلُ يَجِبُ أَنْ يَكُونَ مَرْفُوعًا بِالابْتِدَاءِ غَائِبًا، أَمَّا كَوْنُهُ غَائِبًا فَوَاضِحٌ، وَأَمَّا كَوْنُهُ مَرْفُوعًا فَلأَنَّهُ لَوْ كَانَ مَنْصُوبًا أَوْ مَرْفُوعًا بِغَيْرِ الابْتِدَاءِ لَمْ يَكُنْ بُدٌّ مِنْ عَامِلٍ، فَلَوْ كَانَ ثَمَّةَ عَامِلٌ لَوَجَبَ اتِّصَالُهُ، فَيَخْرُجُ عَنِ الانْفِصَالِ، فَإِذَنْ لا يَكُونُ إِلا مُنْفَصِلا عِنْدَ عَدَمِ الْعَوَامِلِ، وَإِذَا عُدِمَتِ الْعَوَامِلُ وَجَبَ الرَّفْعُ عَلَى الابْتِدَاءِ، وَيَكُونُ مُتَّصِلا فِي كُلِّ

مَوْضعٍ كَانَ ثَمَّةَ عَامِلٌ فِي الْجُمْلَةِ، فَالْعَامِلُ لا يَخْلُو إِمَّا أَنْ يَكُونَ نَاصِبًا أَوْ رَافِعًا.

فَإِنْ كَانَ نَاصِبًا وَجَبَ أَنْ يَكُونَ مُتَّصِلا بَارِزًا، أَمَّا اتِّصَالُهُ فَلِتَقَدُّمِ عَامِلٍ اتَّصَلَ بِهِ، وَأَمَّا بُرُوزُهُ فَإِنَّ ضَمَائِرَ النَّصْبِ لا تَكُونُ إلا بَارِزَةً؛ كَقَوْلِكَ: (إِنَّهُ زَيْدٌ قَائِمٌ)، وَلا يَجُوزُ فِي سَعَةِ الْكَلامِ (إِنْ زَيْدٌ قَائِمٌ)؛ لأَنَّهُ ضَمِيرٌ مَنْصُوبٌ، فَلا يَجُوزُ أَنْ يَسْتَتِرَ، وَلَيْسَ الْمَوْضِعُ مَوْضِعَ حَذْفٍ فَيُحْذَفَ، وَقَدْ جَاءَ فِي الشِّعْرِ مَحْذُوفًا لا مُسْتَتِرًا؛ لأَنَّ الْحَرْفَ لا يُسْتَتَرُ فِيهِ، وَفَرْقٌ بَيْنَ الْمَحْذُوفِ وَالْمُسْتَتِرِ.

وَإِنْ كَانَ الْعَامِلُ رَافِعًا وَجَبَ أَنْ يَكُونَ مُسْتَتِرًا؛ لأَنَّهُ ضَمِيرٌ مَرْفُوعٍ غَائِبٍ مُفْرَدٍ، فَيَجِبُ أَنْ يَكُونَ مُسْتَتِرًا قِيَاسًا عَلَى سَائِرِ الضَّمَائِرِ مِثْلِهِ، فَتَقُولُ: (كَانَ زَيْدٌ مُنْطَلِقٌ)؛ أَيْ: الأمْرُ وَالشَّأْنُ أَوْ الْقِصَّةُ أَنَّهُ مُنْطَلِقٌ فَلَوْ أَبْرَزْتَهُ لَمْ يَجُزْ؛ لأَنَّ الضَّمِيرَ الْمُسْتَتِرَ لا يَظْهَرُ.

وَيَكُونُ مُؤَنَّثًا إِذَا كَانَ فِي الْكَلامِ مُؤَنَّثٌ، فَكَأَنَّهُمْ قَصَدُوا إِلَى الْمُنَاسَبَةِ، وَإِلا فَالْمَعْنَى سَوَاءٌ مُذَكَّرًا كَانَ أَوْ مُؤَنَّثًا، قَالَ اللهُ تَعَالَى: **"فَإِنَّهَا لا تَعْمَى الأَبْصَارُ وَلَكِنْ تَعْمَى الْقُلُوبُ الَّتِي فِي الصُّدُورِ"** [الحج:٤٦].

وَقَالَ: **"أَوَلَمْ يَكُنْ لَهُمْ آيَةً أَنْ يَعْلَمَهُ"** [الشعراء:١٩٧] عَلَى قِرَاءَةِ ابْنِ عَامِرٍ، أَمَّا عَلَى قِرَاءَةِ الْجَمَاعَةِ فَلَيْسَ مِنْ هَذَا الْفَصْلِ أَصْلا؛ لأَنَّ (آيَةَ) خَبَرُ كَانَ، و(أَنْ يَعْلَمَهُ) اسْمُهَا، وَلَيْسَ أَيْضًا مِنَ الْحُكْمِ آخِرًا، وَهُوَ التَّأْنِيثُ؛ لأَنَّ قِرَاءَتَهُم بِالْيَاءِ، وَلا تَتَحَتَّمُ قِرَاءَةُ ابْنُ عَامِرٍ عَلَى هَذَا التَّأْوِيلِ، بَلْ يَجُوزُ أَنْ يَكُونَ التَّأْنِيثُ لأَجْلِ (آيَة)، وَيَكُونُ الْخَبَرُ (لَهُمْ) لا (أَنْ يَعْلَمَهُ) لِئَلا يُؤَدِّي إِلَى أَنْ يَكُونَ الاسْمُ نَكِرَةً وَالْخَبَرُ مَعْرِفَةً، وَيَكُونُ (أَنْ يَعْلَمَهُ) بَدَلا مِنْ (آيَةَ)، أَوْ مُسْتَأْنَفًا خَبَرَ مُبْتَدَإٍ مَحْذُوفٍ عَلَى جِهَةِ التَّفْسِيرِ لآيَةِ؛ لأَنَّ التَّقْدِيرَ: هُوَ أَنْ يَعْلَمَهُ، وَإِنَّمَا حَمَلَ النَّحْوِيُّونَ قِرَاءَةَ ابْنِ عَامِرٍ عَلَى هَذَا الْوَجْهِ؛ أَيْ: ضَمِيرُ الشَّأْنِ لِمَا يَلْزَمُهُمْ مِنْ تَعَسُّفٍ مَا فِي (أَنْ يَعْلَمَهُ)؛ لأَنَّهُمْ فِي حَمْلِهِ بَيْنَ بَعِيدٍ وَمُتَعَذِّرٍ، أَمَّا الْمُتَعَذِّرُ فَهُوَ أَنْ يَكُونَ خَبَرًا لِكَانَ، وَأَمَّا الْبَعِيدُ فَهُوَ أَنْ يَكُونَ بَدَلا أَوْ تَفْسِيرًا، وَمِثْلُ هَذَا الإِبْدَالِ قَلِيلٌ، وَالإِضْمَارُ وَالتَّفْسِيرُ عَلَى خِلافِ الْقِيَاسِ.

وَقَوْلُهُ تَعَالَى: **"كَادَ يَزِيغُ"** [التوبة:١١٧]، إِلَى آخِرِهِ، لا يَسْتَقِيمُ أَنْ يَكُونَ مِنْ بَابِ (قَامَا وَقَعَدَ الزَّيْدَانُ)؛ لأَنَّكَ إِنْ جَعَلْتَ (قُلُوبُ) فَاعِلا لـ (يَزِيغُ) وَجَبَ أَنْ يَكُونَ فِي (كَادَ) ضَمِيرُ الْقُلُوبِ، وَضَمِيرُ الْقُلُوبِ فِي (كَادَ) وَشِبْهِهِ لا يَكُونُ إلا مُسْتَتِرًا بِالتَّاءِ أَوْ بَارِزًا بِالنُّونِ، فَكَانَ يَجِبُ أَنْ يَكُونَ (كَادَتْ) أَوْ (كِدْنَ)، وَإِنْ جَعَلْتَ (قُلُوبُ) فَاعِلا لـ (كَادَ) كُنْتَ مُؤَخِّرًا لاسْمِهَا عَنْ خَبَرِهَا، وَهُوَ خِلافُ وَضْعِهَا، فَوَجَبَ أَنْ يَكُونَ فِي (كَادَ) ضَمِيرُ

الشَّأْنِ، وَالْجُمْلَةُ بَعْدَهُ مُفَسِّرَةٌ لَهُ.

فَصْلٌ: وَالضَّمِيرُ فِي قَوْلِهِمْ: (رُبَّهُ رَجُلا)... إِلَى آخِرِهِ

قَالَ الشَّيْخُ: اخْتَلَفَ النَّاسُ فِي هَذَا الضَّمِيرِ؛ فَالْبَصْرِيُّونَ يُفْرِدُونَهُ فِي جَمِيعِ وُجُوهِهِ، فَيَقُولُونَ: رُبَّهُ رَجُلا، وَرُبَّهُ امْرَأَةً، وَرُبَّهُ رِجَالا، وَرُبَّهُ نِسَاءً، وَالْكُوفِيُّونَ يَقُولُونَ: رُبَّهُ رَجُلا، وَرُبَّهَا امْرَأَةً، وَرُبَّهُمْ رِجَالا، وَرُبَّهُنَّ نِسَاءً، وَمَذْهَبُ أَهْلِ الْبَصْرَةِ هُوَ الْجَارِي عَلَى الْقِيَاسِ؛ لأَنَّهُ مُضْمَرٌ مُبْهَمٌ، فَيَجِبُ أَنْ يَتَّحِدَ فِي جَمِيعِ وُجُوهِهِ قِيَاسًا عَلَى الضَّمِيرِ فِي (نِعْمَ).

وَبَيَانُ أَنَّهُ مُبْهَمٌ هُوَ أَنَّ وَضْعَ (رُبَّ) أَلا تَدْخُلَ إِلا عَلَى النَّكِرَاتِ، فَوَجَبَ أَنْ يَكُونَ هَذَا الضَّمِيرُ مُبْهَمًا، لِئَلا يُؤَدِّي إِلَى فَوَاتِ وَضْعِهَا، وَإِذَا وَجَبَ أَنْ يَكُونَ مُبْهَمًا وَجَبَ أَنْ يَكُونَ مُفْرَدًا عَلَى مَا تَقَرَّرَ فِي (نِعْمَ).

وَالْكُوفِيُّونَ إِمَّا أَنْ يَقُولُوا: لَيْسَ بِمُبْهَمٍ، فَيُخَالِفُوا وَضْعَ (رُبَّ)، وَإِمَّا أَنْ يَقُولُوا: هُوَ مُبْهَمٌ، فَيُخَالِفُوا وَضْعَ الْمُبْهَمَاتِ، فَإِذَنِ الْمَذْهَبُ مَا صَارَ إِلَيْهِ الْبَصْرِيُّونَ، وَإِنَّمَا لَمْ يُوصَفْ لأَمْرَيْنِ:

أَحَدُهُمَا: أَنَّ الصِّفَةَ إِنَّمَا تَكُونُ بَعْدَ مَعْرِفَةِ الذَّاتِ، وَالذَّاتُ هُنَا مُبْهَمَةٌ، فَوَجَبَ تَفْسِيرُهَا بِمَا يَدُلُّ عَلَيْهَا، ثُمَّ تَكُونُ الصِّفَةُ لِذَلِكَ التَّفْسِيرِ، فَيَحْصُلُ الْمَقْصُودُ مِنَ الصِّفَةِ بِوَصْفِ التَّفْسِيرِ.

وَالثَّانِي: أَنَّهُ لَمَّا كَانَ صُورَتُهُ صُورَةَ الضَّمَائِرِ حُمِلَ عَلَى الضَّمَائِرِ فِي أَنَّهَا لا تُوصَفُ، وَإِنْ لَمْ يَكُنْ فِيهِ عَيْنُ الْمَانِعِ مِنَ الصِّفَةِ فِي الْمُضْمَرِ؛ لأَنَّ الشَّيْءَ قَدْ يُحْمَلُ عَلَى غَيْرِهِ لِشَبَهٍ غَيْرِ الْمَعْنَى الَّذِي كَانَ مِنْ أَجْلِهِ الْحُكْمُ الأَصْلِيِّ، وَمِثَالُهُ أَنَّ الْعَرَبَ تَقُولُ: أُكْرِمُ، وَأَصْلُهُ أُؤَكْرِمُ، هَذَا مَعْلُومٌ، وَعِلَّتُهُ وَاضِحَةٌ، فَحَذَفُوا الْهَمْزَةَ الثَّانِيَةَ كَرَاهَةَ اجْتِمَاعِ الْهَمْزَتَيْنِ، فَالْحُكْمُ حَذْفُ الْهَمْزَةِ الثَّانِيَةِ، وَالْعِلَّةُ اجْتِمَاعُ الْهَمْزَتَيْنِ، ثُمَّ أَجْرَوْا (تُكْرِمُ)، و(يُكْرِمُ)، و(نُكْرِمُ) مُجْرَى (أُكْرِمُ) فِي ذَلِكَ الْحُكْمِ، وَهُوَ حَذْفُ الْهَمْزَةِ، وَإِنْ لَمْ تَكُنْ فِيهِ الْعِلَّةُ، وَهُوَ اجْتِمَاعُ الْهَمْزَتَيْنِ، وَلَكِنَّهُمْ أَجْرَوْهُ مُجْرَاهُ لِشَبَهٍ آخَرَ، وَهُوَ كَوْنُهُ فِعْلا مُضَارِعًا مِثْلَهُ.

فَصْلٌ: وَإِذَا كُنِّيَ عَنِ الاسْمِ الْوَاقِعِ بَعْدَ لَوْلَا وَعَسَى... إِلَى آخِرِهِ

قَالَ الشَّيْخُ: الْقِيَاسُ أَنْ تَأْتِيَ الضَّمَائِرُ فِيهِمَا عَلَى قِيَاسِ الضَّمَائِرِ، وَهُوَ أَنْ يَقَعَ بَعْدَ (لَوْلَا) الضَّمِيرُ الْمُنْفَصِلُ الْمَرْفُوعُ، وَبَعْدَ (عَسَى) الضَّمِيرُ الْمُتَّصِلُ الْمَرْفُوعُ، وَقَدْ رَوَى الثِّقَاتُ عَنِ الْعَرَبِ وُقُوعَ صُوَرِ الضَّمَائِرِ الْمَجْرُورَةِ بَعْدَ (لَوْلَا)، وَصُوَرِ الضَّمَائِرِ الْمَنْصُوبَةِ بَعْدَ (عَسَى)، وَاخْتُلِفَ فِي تَوْجِيهِ هَذَا الْمَذْهَبِ الْقَلِيلِ عَنِ الْعَرَبِ.

فَقَالَ سِيبَوَيْهِ: الضَّمَائِرُ بَعْدَ (لَوْلَا) مَجْرُورَةٌ، وَبَعْدَ (عَسَى) مَنْصُوبَةٌ، وَ(لَوْلَا) مَعَ الْمُضْمَرِ فِي هَذِهِ اللُّغَةِ الضَّعِيفَةِ حَرْفُ جَرٍّ، وَ(عَسَى) مَعَ الْمُضْمَرِ فِي هَذِهِ اللُّغَةِ أَيْضًا حَرْفُ نَصْبٍ بِمَعْنَى لَعَلَّ.

وَقَالَ الْأَخْفَشُ: (لَوْلَا) وَ(عَسَى) عَلَى مَا كَانَا عَلَيْهِ، وَالضَّمِيرُ بَعْدَ (لَوْلَا) وَإِنْ كَانَ صُورَتُهُ صُورَةَ الْمَجْرُورِ فِي مَوْضِعِ رَفْعٍ، إِلَّا أَنَّهُ حُمِلَ الْمَرْفُوعُ عَلَى الْمَجْرُورِ، وَالضَّمِيرُ بَعْدَ (عَسَى) فِي مَوْضِعِ رَفْعٍ، إِلَّا أَنَّهُ حُمِلَ الْمَرْفُوعُ عَلَى الْمَنْصُوبِ.

وَحُجَّةُ سِيبَوَيْهِ أَنَّهُ يَقُولُ: هَذِهِ الْمَسَائِلُ إِمَّا أَنْ يَكُونَ التَّغْيِيرُ فِيهَا فِي الْكَلِمَةِ الْوَاقِعَةِ قَبْلَهَا أَوْ فِيهَا نَفْسِهَا، بَاطِلٌ أَنْ يَكُونَ التَّغْيِيرُ فِيهَا نَفْسِهَا، فَوَجَبَ أَنْ يَكُونَ التَّغْيِيرُ فِيمَا قَبْلَهَا، وَبَيَانُ أَنَّهُ لَا يَنْبَغِي أَنْ يَكُونَ التَّغْيِيرُ فِيهَا نَفْسِهَا أَنَّا إِذَا جَعَلْنَاهَا مُتَغَيِّرَةً كَانَتْ تَغْيِيرَاتٌ كَثِيرَةٌ تَبْلُغُ إِلَى اثْنَيْ عَشَرَ تَغْيِيرًا، وَإِذَا جَعَلْنَا التَّغْيِيرَ فِيمَا قَبْلَهَا كَانَ تَغْيِيرًا وَاحِدًا تَقْدِيرِيًّا، وَذَكَرَ (لَدُنْ) تَأْنِيسًا بِتَغْيِيرِ الْعَامِلِ.

وَحُجَّةُ الْأَخْفَشِ أَنَّهُ يَقُولُ: الْأَوْلَى أَنْ يَكُونَ التَّغْيِيرُ فِيهَا؛ لِأَنَّ تَغْيِيرَ مَا قَبْلَهَا لَا يُعْرَفُ إِلَّا فِي مِثْلِ (لَدُنْ)، وَتَغْيِيرُهَا نَفْسِهَا لَا يَكَادُ يَنْحَصِرُ كَتَأْكِيدِ الْمَنْصُوبَاتِ وَالْمَجْرُورَاتِ بِالْمَرْفُوعَاتِ كَ (مَرَرْتُ بِكَ أَنْتَ)، وَوُقُوعِ الْمَرْفُوعِ مَوْقِعَ الْمَجْرُورِ فِي قَوْلِهِمْ: (مَا أَنَا كَأَنْتَ)، وَوُقُوعِ الْمَنْصُوبِ وَعَلَامَةُ نَصْبِهِ الْكَسْرَةُ كَ (رَأَيْتُ مُسْلِمَاتٍ)، وَوُقُوعِ الْمَخْفُوضِ وَعَلَامَةُ خَفْضِهِ الْفَتْحَةُ فِي مَا لَمْ يَنْصَرِفْ، فَكَانَ تَقْدِيرُ مَا كَثُرَتْ أَمْثَالُهُ فِي كَلَامِ الْعَرَبِ أَوْلَى مِنْ تَقْدِيرِ مَا لَمْ تَكْثُرْ.

وَلَيْسَ مَا ذَهَبَ إِلَيْهِ الْأَخْفَشُ بِقَوِيٍّ، أَمَّا قِيَاسُهُ عَلَى (مَا أَنَا كَأَنْتَ) فَضَعِيفٌ لِقِلَّةِ اسْتِعْمَالِهِ وَشُذُوذِهِ، بِخِلَافِ مَا حَمَلَ عَلَيْهِ سِيبَوَيْهِ، فَإِنَّهُ كَثِيرٌ، وَأَمَّا وُقُوعُ الْمَرْفُوعِ مَوْقِعَ الْمَجْرُورِ فِي قَوْلِهِمْ: (مَرَرْتُ بِكَ أَنْتَ) فَضَعِيفٌ لِأَمْرَيْنِ:

أَحَدُهُمَا: أَنَّهُ لَمْ يَقَعْ مَوْضِعَ ضَمِيرٍ آخَرَ؛ إِذْ لَا ضَمِيرَ مُنْفَصِلٌ لِلْمَجْرُورِ.

وَالآخَرُ: أَنَّهُ مَوْضِعُ ضَرُورَةٍ؛ إِذْ لَا يُمْكِنُ إِلَّا كَذَلِكَ.

وَأَمَّا وُقُوعُ الْمَرْفُوعِ مَوْقِعَ الْمَنْصُوبِ فَلْيُفَرِّقُوا بَيْنَ التَّأْكِيدِ وَبَيْنَ الْبَدَلِ فَإِذَا قَالُوا: (ضَرَبْتُهُ إِيَّاهُ) كَانَ بَدَلًا، وَإِذَا قَالُوا: (ضَرَبْتُهُ هُوَ) كَانَ تَأْكِيدًا، فَصَارَ إِنَّمَا وَقَعَ هَذَا الْمَوْقِعَ ضَرُورَةً لِلْفَرْقِ بَيْنَ الْبَدَلِ وَالتَّأْكِيدِ، فَبَقِيَ قَوْلُ سِيبَوَيْهِ سَالِمًا.

فَصْلٌ: وَتُعْمَدُ يَاءُ الْمُتَكَلِّمِ إِذَا اتَّصَلَتْ بِالْفِعْلِ بِنُونٍ قَبْلَهَا صَوْنًا لَهُ مِنْ أَخِي الْجَرِّ

أَقُولُ: الْحُرُوفُ الْمَحْمُولَةُ عَلَى الْفِعْلِ فِي دُخُولِ نُونِ الْوِقَايَةِ عَلَيْهَا تَنْقَسِمُ إِلَى ثَلَاثَةِ أَقْسَامٍ؛ قِسْمٌ يَسْتَوِي فِيهِ الْأَمْرَانِ؛ يَعْنِي: الْحَذْفَ وَالْإِثْبَاتَ، وَهُوَ كُلُّ كَلِمَةٍ كَانَ فِي آخِرِهَا حَرْفٌ مُشَدَّدٌ؛ وَهِيَ: إِنَّ، وَكَأَنَّ، وَلَكِنَّ، وَأَنَّ، أَمَّا عِلَّةُ الْإِثْبَاتِ فَلِشَبَهِهَا بِالْفِعْلِ، وَأَمَّا عِلَّةُ الْحَذْفِ فَلِاجْتِمَاعِ النُّونَاتِ فِيمَا لَيْسَ بِفِعْلٍ.

وَأَمَّا الْمَوْضِعُ الَّذِي الْحَذْفُ فِيهِ أَوْلَى فَهُوَ (لَعَلَّ)، وَعِلَّتُهُ تَنَزُّلُ اللَّامِ مَنْزِلَةَ النُّونِ فِي قُرْبِ مَخْرَجِهَا مَعَ لَامٍ أُخْرَى قَبْلَ الْعَيْنِ، فَلَمَّا كَثُرَتِ الْمُتَمَاثِلَاتُ مَعَ الْمُتَقَارِبَاتِ كَانَ الْحَذْفُ أَوْلَى، وَعِلَّةٌ أُخْرَى؛ وَهُوَ كَوْنُ الْحَرْفِ عَلَى أَرْبَعَةِ أَحْرُفٍ بِخِلَافِ (إِنَّ)، فَإِنَّهُ عَلَى ثَلَاثَةِ أَحْرُفٍ، فَلَمَّا طَالَ هَذَا بِالنُّونِ كَانَ الْحَذْفُ أَحْسَنَ، وَلَمَّا لَمْ تَطُلْ (إِنَّ) بِالْحُرُوفِ اسْتَوَى فِيهَا الْأَمْرَانِ.

وَإِنْ أُورِدَتْ (لَكِنَّ) وَ(كَأَنَّ) فَالْجَوَابُ: أَنَّ (كَأَنَّ) هِيَ كَافُ التَّشْبِيهِ دَخَلَتْ عَلَى (أَنَّ) فَبَقِيَتْ (أَنَّ) عَلَى أَصْلِيَّتِهَا فِي اسْتِوَاءِ الْأَمْرَيْنِ.

وَأَمَّا (لَكِنَّ) فَأَصْلُهَا: (لَكِنْ إِنَّ) فَحُذِفَتِ الْهَمْزَةُ مِنْ (إِنَّ) فَبَقِيَتْ ثَلَاثُ نُونَاتٍ، الْأُولَيَانِ سَاكِنَتَانِ، فَحُذِفَتِ الْأُولَى مِنَ السَّاكِنَيْنِ، بَقِيَ لَكِنَّ، وَالدَّلِيلُ عَلَيْهِ قَوْلُهُ:

وَلَكِنَّنِي مِنْ حُبِّهَا لَعَمِيدُ   ....

وَاللَّامُ لَا تَدْخُلُ إِلَّا مَعَ (إِنَّ)، فَبَقِيَتْ بَعْدَ تَخْفِيفِهَا بِالنَّقْلِ وَالْإِدْغَامِ عَلَى مَا كَانَتْ عَلَيْهِ فِي جَوَازِ الْإِثْبَاتِ وَالْحَذْفِ عَلَى السَّوَاءِ. وَإِنْ أُورِدَتْ (لَكِنَّ) عَلَى الْعِلَّةِ الْأُولَى، فَالْجَوَابُ أَنَّ هَذِهِ كَلِمَتَانِ كَمَا قُلْنَا هَاهُنَا.

وَأَمَّا الْمَوْضِعُ الَّذِي الْأَحْسَنُ فِيهِ الْإِثْبَاتُ فَهُوَ (لَيْتَ)، وَعِلَّتُهُ أَنَّهُ مُشَبَّهٌ بِالْفِعْلِ، وَلَمْ يَعْرِضْ مَانِعٌ مِنَ الْإِثْبَاتِ، وَقَدْ جَاءَ حَذْفُهَا شَاذًّا فِي قَوْلِهِ:

كَمُنْيَةِ جَابِرٍ إِذْ قَالَ لَيْتِي ... أُصَادِفُهُ وَأَفْقِدُ بَعْضَ مَالِي

نَظَرًا إِلَى أَنَّهَا لَيْسَتْ بِفِعْلٍ، وَقَدْ فَعَلُوا ذَلِكَ فِي الْكَلِمَاتِ الْمَبْنِيَّاتِ عَلَى السُّكُونِ عِنْدَ إِدْخَالِهَا عَلَى يَاءِ الْمُتَكَلِّمِ صَوْنًا لَهَا مِنَ الْكَسْرَةِ، وَإِذَا كَانُوا قَدْ صَانُوا الْفِعْلَ الْقَابِلَ لِلتَّحَرُّكِ وَالإِعْرَابِ عَنِ الْكَسْرِ؛ فَلأَنْ يَصُونُوا الْحَرْفَ الْمَبْنِيَّ عَلَى السُّكُونِ عَنِ الْكَسْرِ مِنْ بَابِ الأَوْلَى، فَيَقُولُونَ: مِنِّي وَعَنِّي إِلَى آخِرِ مَا ذَكَرُوهُ، وَيَقُولُونَ: (حَسْبِي)؛ لأَنَّهُ لَيْسَ مَبْنِيًّا، وَهُوَ بِمَثَابَةِ قَوْلِكَ: (ثَوْبِي)، وَقَالُوا: (قَدِي) شَاذٌّ، تَشْبِيهًا لَهُ بِحَسْبِي؛ لأَنَّهُ بِمَعْنَاهُ، وَلَمْ يَفْعَلُوا ذَلِكَ فِي إِلَيَّ وَعَلَيَّ وَلَدَيَّ؛ لأَنَّهَا تُقْلَبُ الأَلِفُ فِيهَا يَاءً، فَتَجْتَمِعُ مَعَ يَاءِ الْمُتَكَلِّمِ، فَتُدْغَمُ وَهِيَ سَاكِنَةٌ، فَقَدْ أُمِنَتْ فِيهِ الْكَسْرَةُ، فَلَا حَاجَةَ إِلَى النُّونِ.

أَسْمَاءُ الإِشَارَةِ[(١)]

قَالَ الشَّيْخُ: هِيَ كُلُّ اسْمٍ وُضِعَ لِمُشَارٍ إِلَيْهِ، وَمَدْلُولاتُهَا بِاعْتِبَارِ التَّقْسِيمِ الْعَقْلِيِّ سِتَّةٌ؛ لأَنَّ الْمُشَارَ إِلَيْهِ لا يَخْلُو مِنْ أَنْ يَكُونَ مُفْرَدًا أَوْ مُثَنًّى أَوْ مَجْمُوعًا، وَكُلُّ وَاحِدٍ مِنْهَا لا يَخْلُو مِنْ أَنْ يَكُونَ مُذَكَّرًا أَوْ مُؤَنَّثًا، إِلا أَنَّهُمْ وَضَعُوا لِلاثْنَيْنِ مِنْهَا لَفْظًا مُشْتَرَكًا، و(هَؤُلاءِ) لِلْجَمَاعَةِ الْمُذَكَّرِينَ وَالْمُؤَنَّثِينَ بَقِيَ أَرْبَعَةٌ، وَضَعُوا لِوَاحِدٍ مِنْهَا أَلْفَاظًا مُتَرَادِفَةً،

(١) اسمُ الإشارةِ ما يدُلُّ على مُعينٍ بواسطة إشارةٍ حِسّيَّةٍ باليدِ ونحوها، إن كان المشارُ إليه حاضراً، أو إشارة معنويَّة إذا كان المشارُ اليه معنىً، أو ذاتاً غيرَ حاضرة.
وأسماءُ الإشارة هي "ذا" للمفرد المذكر، و"ذانِ وَتْينِ" للمثنى، المذكر، و"ذِهْ وتِهْ" للمفرد المؤنثة، و"تانِ وتَيْنِ" للمثنى المؤنث و"أُولاءِ واولى" (بالمدِّ والقَصر، والمدُّ أفصحُ) للجمع المذكر والمؤنث، سواءٌ أكان الجمعُ للعقلاءِ.
ومن أسماءِ الإشارة ما هو خاصٌّ بالمكان، فيشارُ إلى المكان القريبِ بهُنا، وإلى المتوسط بهُناك وإلى البعيد بهنالك وثُمَّ.
ومن أسماءِ الإشارة كثيراً "ها" التي هي حرفٌ للتَّنبيه، فيقال "هذا وهذه وهاتان وهؤلاء".
وقد تلحقُ "ذا وتي" الكافُ، التي هي حرفٌ للخطاب، فيقال "ذاك وتِيكَ" وقد تلحقهما هذه الكافُ معَ اللاّمِ فيقال "ذلكَ وتِلك".
وقد تلحقُ "ذانِ وذَيْنِ وتانِ وتَينِ وأولاءِ" كافُ الخطاب وحدها، فيقال "ذانكَ وتانكَ وأُولئكَ".
ويجوز أن يُفصَلَ بينَ (ها) التَّنبيهيَّةِ واسمِ الإشارة بضمير المُشارِ إليه، مثل "ها أنا ذا، وها أنت ذي، وها أنتما ذانِ، وها نحن تانِ، وها نحنُ أُولاءِ". وهو أولى وأفصحُ، وهو الكثيرُ الواردُ في بليغ الكلام.
والفصلُ بغيره قليلٌ، مثل "ها إنَّ الوقتَ قد حان" والفصل بكافِ التَّشبيه في نحو (هكذا) كثيرٌ شائعٌ.

وَهُوَ الْوَاحِدُ الْمُؤَنَّثُ؛ وَأَلْفَاظُهُ: ذِي، وَتَا، وَتِي، وَتِه، وَذِه، بَقِيَتْ ثَلاثَةٌ، وَضَعُوا لِكُلِّ وَاحِدٍ لَفْظًا نَصًّا، وَهُوَ ذَا لِلْوَاحِدِ الْمُذَكَّرِ، وَذَانِ لِلاثْنَيْنِ الْمُذَكَّرَيْنِ، وَتَانِ لِلاثْنَيْنِ الْمُؤَنَّثَيْنِ.

وَهِيَ مَبْنِيَّةٌ كُلُّهَا عِنْدَ الْمُحَقِّقِينَ لاحْتِيَاجِهَا إِلَى مَعْنَى الإِشَارَةِ كَاحْتِيَاجِ الْمُضْمَرِ إِلَى التَّكَلُّمِ وَالْخِطَابِ وَتَقَدُّمِ الذِّكْرِ.

وَقَالَ بَعْضُ النَّاسِ: إِنَّ الْمُثَنَّى مُعْرَبٌ، وَذَلِكَ أَنَّهُ قَدْ اخْتَلَفَ آخِرُهُ لاخْتِلافِ الْعَوَامِلِ، فَوَجَبَ أَنْ يَكُونَ مُعْرَبًا قِيَاسًا عَلَى سَائِرِ الْمَبْنِيَّاتِ، وَأُجِيبَ عَنْ ذَلِكَ بِأَوْجُهٍ:

أَحَدُهَا: أَنَّ الدَّلِيلَ قَائِمٌ عَلَى وُجُوبِ الْبِنَاءِ فِيهَا كُلِّهَا، فَوَجَبَ الْحُكْمُ عَلَيْهَا كُلِّهَا بِالْبِنَاءِ، وَتَأْوِيلُ هَذَا مُشْكِلٌ، وَوَجْهُهُ أَنْ تَقُولَ: لَوْ كَانَتْ عَلَى قِيَاسِ الْمُثَنَّى لَوَجَبَ أَنْ تَكُونَ أَلِفُهَا مُنْقَلِبَةً كَمَا تُقْلَبُ أَلِفُ عَصَا وَرَحَى، وَلَمَّا لَمْ تُقْلَبْ دَلَّ عَلَى أَنَّهَا صِيغَةٌ مَوْضُوعَةٌ لِلْمُشَارِ الْمَرْفُوعِ تَارَةً وَالْمَنْصُوبِ أُخْرَى، كَمَا وَضَعُوا (إِيَّاكَ) لِلْمَنْصُوبِ فِي الْمُضْمَرَاتِ، و(أَنْتَ) لِلْمَرْفُوعِ، وَلَكِنْ لَمَّا كَانَ ثَمَّةَ تَغْيِيرٌ لِجَمِيعِ الصِّيغَةِ وَضَحَ أَمْرُهُ، وَلَمَّا كَانَ هَاهُنَا تَغْيِيرٌ لِبَعْضِ الصِّيغَةِ أَشْكَلَ أَمْرُهُ، وَلا فَرْقَ فِي التَّحْقِيقِ فِي تَغْيِيرِ الصِّيغَةِ بَيْنَ أَنْ يَكُونَ تَغْيِيرًا لِلْجَمِيعِ أَوْ تَغْيِيرًا لِلْبَعْضِ.

الوَجْهُ الآخَرُ: أَنَّهُ تُشَدَّدُ نُونُهَا، وَلَوْ كَانَتْ نُونَ التَّثْنِيَةِ لَمْ تُشَدَّدْ نُونُهَا، إِذْ لا يَجُوزُ أَنْ تَقُولَ فِي (رَجُلانِ): رَجُلانِّ بِالتَّشْدِيدِ، وَهَذَا كُلُّهُ عَلَى لُغَةِ مَنْ قَالَ: (هَذَانِ) فِي الرَّفْعِ، و(هَذَيْنِ) فِي النَّصْبِ وَالْجَرِّ، وَأَمَّا مَنْ قَالَ: (هَذَانِ) فِي الأَحْوَالِ الثَّلاثَةِ كُلِّهَا فَلا إِشْكَالَ فِي أَنَّهُ مَبْنِيٌّ.

وَإِنَّمَا لَمْ يَحُدَّ أَسْمَاءَ الإِشَارَةِ اسْتِغْنَاءً عَنْهُ بِاسْمِهَا، فَإِنَّ الإِشَارَةَ هِيَ الَّتِي تُمَيِّزُهُ مِنْ غَيْرِهِ.

قَوْلُهُ: (وَيَلْحَقُ حَرْفُ الْخِطَابِ بِأَوَاخِرِهَا).

أَقُولُ: يُرِيدُ بِهِ كَافَ الْخِطَابِ لِغَيْرِ مَنْ تُشِيرُ إِلَيْهِ، وَتَغْيِيرُهَا عَلَى حَسَبِ مَنْ يُخَاطَبُ، وَأَلْفَاظُهَا خَمْسَةٌ، وَقَدْ تَقَدَّمَ أَنَّ أَلْفَاظَ الإِشَارَةِ خَمْسَةٌ، فَتَكُونُ خَمْسَةً وَعِشْرِينَ لَفْظًا، تَقُولُ فِي ذَلِكَ: ذَاكَ، ذَاكِ، ذَاكُمَا، ذَاكُمْ، ذَاكُنَّ، فَهَذِهِ خَمْسَةٌ مَعَ (ذَا) إِذَا كَانَ الْمُشَارُ إِلَيْهِ مُفْرَدًا مُذَكَّرًا، وَتَجْرِي مَعَ الْبَوَاقِي عَلَى هَذَا الْمِثَالِ: تَاكَ، تَاكِ، تَاكُمَا، تَاكُمْ، تَاكُنَّ، ذَانِكَ، ذَانِكِ، ذَانِكُمَا، ذَانِكُمْ، ذَانِكُنَّ، تَانِكَ، تَانِكِ، تَانِكُمَا، تَانِكُمْ، تَانِكُنَّ، أُولَئِكَ، أُولَئِكِ، أُولَئِكُمَا، أُولَئِكُمْ، أُولَئِكُنَّ، وَيَسْتَوِي فِيهِ الْمُذَكَّرُ وَالْمُؤَنَّثُ، وَاللهُ أَعْلَمُ.

المَوْصُولاتُ

قَالَ صَاحِبُ الْكِتَابِ: (الَّذِي لِلْمُذَكَّرِ).

قَالَ الشَّيْخُ: المَوْصُولاتُ مِنْ جُمْلَةِ الْمَبْنِيَّاتِ، وَعِلَّةُ بِنَائِهَا وَاضِحَةٌ، وَهُوَ احْتِيَاجُهَا إِلَى مَا يُكَمِّلُهَا كَاحْتِيَاجِ الْحَرْفِ إِلَى مُتَعَلَّقِهِ، وَالْكَلامُ فِي الْمُثَنَّى فِيمَنْ قَالَ: اللَّذَانِ، وَاللَّذَيْنِ، وَاللَّتَانِ، وَاللَّتَيْنِ فِي اللُّغَةِ الْفَصِيحَةِ كَالْكَلامِ فِي هَذَيْنِ وَهَذَانِ فِي الإِعْرَابِ وَالْبِنَاءِ، وَكَذَلِكَ الْكَلامُ فِي الَّذِينَ فِيمَنْ قَالَ: اللَّذونَ وَالَّذِينَ، وَهِيَ اللُّغَةُ الْقَلِيلَةُ.

ثُمَّ ذَكَرَ اللُّغَاتِ ثُمَّ عَدَّدَ ذِكْرَ الْمَوْصُولاتِ مِنْ حَيْثُ الْجُمْلَةِ، ثُمَّ ذَكَرَهَا مُفَصَّلَةً، وَابْتَدَأَ بِالَّذِي؛ لأَنَّهَا أَصْلٌ لِكَثْرَةِ اسْتِعْمَالِهَا.

ثُمَّ ذَكَرَ الْمَوْصُولَ مِنْ حَيْثُ الْجُمْلَة، فَقَالَ: (وَهُوَ مَا لا بُدَّ لَهُ فِي تَمَامِهِ اسْمًا مِنْ جُمْلَةٍ وَمِنْ ضَمِيرٍ فِيهَا).

كَانَ يَنْبَغِي أَنْ يَكُونَ أَوَّلا؛ لأَنَّهُ حَدُّ الْمَوْصُولِ، وَالتَّفْصِيلُ يَنْبَغِي أَنْ يَكُونَ بَعْدَهُ، وَإِنَّمَا احْتَاجَ إِلَى جُمْلَةٍ؛ لأَنَّهُ وُضِعَ لِيُتَوَصَّلَ بِهِ إِلَى تَصْيِيرِ الْجُمْلَةِ الْمُقَدَّرَةِ نَكِرَةً مَعْرِفَةً، فَهُوَ فِي الْجُمْلَةِ بِمَثَابَةِ الأَلِفِ وَاللامِ مَعَ الْمُفْرَدِ، فَثَبَتَ أَنَّهُ لا بُدَّ لَهُ مِنْ جُمْلَةٍ، وَإِنَّمَا احْتَاجَ إِلَى ضَمِيرٍ يَرْجِعُ إِلَيْهِ لِيَحْصُلَ رَبْطًا بَيْنَهُ وَبَيْنَهُ.

ثُمَّ قَالَ:

وَاسْمُ الْفَاعِلِ فِي (الضَّارِبِ) فِي مَعْنَى الْفِعْلِ... إِلَى آخِرِهِ

أَوْرَدَهُ اعْتِرَاضًا عَلَى قَوْلِهِ: (لا بُدَّ لَهُ مِنْ جُمْلَةٍ)، وَالضَّارِبُ لَيْسَ مَعَ الأَلِفِ وَاللامِ جُمْلَةً، فَأَجَابَ بِأَنَّهُ فِي مَعْنَى الْجُمْلَةِ، وَإِنَّمَا وَقَعَ مُفْرَدًا لإِرَادَةِ الْمُشَاكَلَةِ بَيْنَ هَذِهِ الأَلِفِ وَاللامِ وَالأَلِفِ وَاللامِ الَّتِي لِلتَّعْرِيفِ فِي قَوْلِكَ: الرَّجُلُ، فَسَبَكُوا مِنَ الْجُمْلَةِ اسْمَ فَاعِلٍ لِيُوَفِّرُوا عَلَى الأَلِفِ وَاللامِ مَا يَقْتَضِيهِ مِنَ الْمُفْرَدِ وَالْمَعْنَى عَلَى مَا كَانَ عَلَيْهِ، فَكَانَ فِيهِ وَفَاءٌ بِالْغَرَضَيْنِ.

وَقَوْلُهُ: (وَقَدْ يُحْذَفُ الرَّاجِعُ كَمَا ذَكَرْنَا) يَعْنِي فِي فَصْلٍ، وَحَذْفُ الْمَفْعُولِ بِهِ كَثِيرٌ؛ لأَنَّهُ ذَكَرَ ثَمَّةَ أَنَّ الضَّمِيرَ الْمَفْعُولَ الْعَائِدَ عَلَى الْمَوْصُولِ يَجُوزُ حَذْفُهُ؛ كَقَوْلِهِ تَعَالَى: "اللَّهُ يَبْسُطُ الرِّزْقَ لِمَنْ يَشَاءُ وَيَقْدِرُ" [الرعد:٢٦]، أَمَّا إِذَا لَمْ يَكُنْ مَفْعُولا فَحَذْفُهُ ضَعِيفٌ، وَإِنَّمَا ضَعُفَ إِذَا لَمْ يَكُنْ مَفْعُولا؛ لأَنَّهُ يَكُونُ أَحَدَ جُزْأَيِ الْجُمْلَةِ فِي غَيْرِ الْجَرِّ، وَفِي الْجَرِّ يَلْزَمُ مِنْ حَذْفِهِ حَذْفَ الْجَارِّ، فَيُؤَدِّي إِلَى الاخْتِلالِ أَوْ الْحَذْفِ الْكَثِيرِ بِخِلافِ

الْمَفْعُولِ، فَإِنَّهُ فَضْلَةٌ مُفْرَدٌ.

قَوْلُهُ: (وَحَقُّ الْجُمْلَةِ الَّتِي يُوصَلُ بِهَا أَنْ تَكُونَ مَعْلُومَةً لِلْمُخَاطَبِ).

هَذَا قِيَاسُ الصِّفَاتِ كُلِّهَا؛ لأَنَّ الصِّفَةَ لَمْ يُؤْتَ بِهَا لِيُعْلَمَ الْمُخَاطَبُ بِشَيْءٍ يَجْهَلُهُ بِخِلافِ الأَخْبَارِ، وَقَدْ تَعَيَّنَ أَنَّ الَّذِي تَجْعَلُهُ صِفَةً فَلا بُدَّ أَنْ يَكُونَ مَعْلُومًا كَالصِّفَاتِ كُلِّهَا.

ثُمَّ قَالَ: (وَحَذَفُوهُ رَأْسًا، وَاجْتَزَؤُوا عَنْهُ بِالْحَرْفِ الْمُلْتَبِسِ بِهِ، وَهُوَ لامُ التَّعْرِيفِ).

فِيهِ نَظَرٌ؛ لأَنَّ الَّذِي بِكَمَالِهَا لِلتَّعْرِيفِ، لا أَنَّ الأَلِفَ وَاللامَ عَلَى انْفِرَادِهَا لِلتَّعْرِيفِ، وَقَدْ صَرَّحَ بِذَلِكَ فِي قَوْلِهِ: (وَالَّذِي وُضِعَ وُصْلَةً)، فَكَيْفَ تَكُونُ (الَّذِي) بِكَمَالِهَا وُصْلَةً لِلتَّعْرِيفِ، وَتَكُونُ الأَلِفُ وَاللامُ وَحْدَهَا لِلتَّعْرِيفِ؟ وَإِنَّمَا جَاءَ الْوَهْمُ مِنْ أَنَّ هَذَا الاسْمَ يُفِيدُ التَّعْرِيفَ كَمَا تُفِيدُهُ الأَلِفُ وَاللامُ، وَحُكْمُ أَلِفِهَا حُكْمُ أَلِفِ وَلامِ التَّعْرِيفِ، وَعِنْدَ حَذْفِ الذَّالِ تُسْبَكُ بِالْجُمْلَةِ فَتَصِيرُ مُفْرَدًا، فَلَمَّا حَكَمَ بِحَذْفِ الذَّالِ مِنْهَا رَآهَا وَلَفْظُهَا لَفْظُ التَّعْرِيفِ وَمَعْنَاهَا مَعْنَى التَّعْرِيفِ، وَالدَّاخِلَةُ عَلَيْهِ اسْمٌ مُفْرَدٌ كَالدَّاخِلِ عَلَيْهِ حَرْفُ التَّعْرِيفِ حَكَمَ بِأَنَّهُ حَرْفُ التَّعْرِيفِ.

وَالأَوْلَى أَنْ يُقَالَ: الأَلِفُ وَاللامُ فِي قَوْلِكَ: (الضَّارِبُ) حَرْفٌ لِلتَّعْرِيفِ بِمَعْنَى الَّذِي، لا أَنَّهُ كَانَ (الَّذِي) فَحُذِفَ ذَالُهُ وَيَاؤُهُ، وَبَقِيَ حَرْفُ تَعْرِيفِهِ؛ لأَنَّ (الَّذِي) بِكَمَالِهِ لا يَنْفَصِلُ، بَلْ بِجُمْلَتِهِ لِلتَّعْرِيفِ.

وَقَوْلُهُ مُسْتَشْهِدًا بِقَوْلِهِ تَعَالَى: "**وَخُضْتُمْ كَالَّذِي خَاضُوا**" [التوبة:٦٩]، إِنَّمَا جُعِلَ الضَّمِيرُ الْفَاعِلُ عَائِدًا عَلَى (الَّذِي) فَهُوَ كَمَا ذَكَرَهُ مِنْ أَنَّ (الَّذِي) بِمَعْنَى: (الَّذِينَ)، وَيَكُونُ الْمَعْنَى: وَخُضْتُمْ مُشْبِهِينَ الَّذِينَ خَاضُوا، أَوْ خَوْضًا مِثْلَ خَوْضِ الَّذِينَ خَاضُوا، فَيَكُونُ عَلَى هَذَا التَّقْدِيرِ مَصْدَرًا، وَعَلَى التَّقْدِيرِ الأَوَّلِ حَالا، وَإِنْ جَعَلْنَا الضَّمِيرَ الْعَائِدَ عَلَى (الَّذِي) ضَمِيرَ مَفْعُولٍ مَحْذُوفٍ وَجَبَ أَنْ يَكُونَ (الَّذِي) عَلَى بَابِهِ، وَلا يَكُونُ بِمَعْنَى الَّذِينَ، وَيَكُونُ التَّقْدِيرُ: وَخُضْتُمْ خَوْضًا مِثْلَ الْخَوْضِ الَّذِي خَاضُوهُ، فَيَكُونَ مَصْدَرًا لا غَيْرُ.

قَوْلُهُ: (وَمَجَالُ الَّذِي فِي بَابِ الإِخْبَارِ أَوْسَعُ مِنْ مَجَالِ اللامِ الَّتِي بِمَعْنَاهُ).

قَالَ الشَّيْخُ: فَائِدَةُ الإِخْبَارِ فِي هَذَا الْبَابِ أَنْ تَعْلَمَ إِذَا عَلِمْتَ نِسْبَةَ حُكْمٍ إِلَى مُبْهَمٍ أَوْ مَنْسُوبًا نُسِبَ إِلَيْهِ حُكْمٌ مُبْهَمٌ كَيْفَ تُخْبِرُ عَنْهُ بِالاسْمِ الَّذِي تَقْصِدُ بِهِ تَبْيِينَ ذَلِكَ الْمُبْهَمِ، فَيَجِبُ أَنْ تُصَدِّرَ الْجُمْلَةَ بِالَّذِي وَمَا شَاكَلَهَا؛ لأَنَّهُ مُبْهَمٌ عِنْدَكَ لَمْ تَعْلَمْ غَيْرَ نِسْبَتِهِ

أَوْ مَنْسُوبِهِ الْمَذْكُورِ فِي الصِّلَةِ، فَيَصِيرُ الْجَمِيعُ؛ يَعْنِي: الْمَوْصُولَ مَعَ صِلَتِهِ، وَيَجِبُ أَنْ يَكُونَ مَوْضِعَ ذَلِكَ الاسْمِ ضَمِيرٌ يَرْجِعُ إِلَى الَّذِي، وَلَا بُدَّ مِنْهُ؛ لِأَنَّكَ فِي الْمَعْنَى إِنَّمَا ذَكَرْتَ الْجُمْلَةَ مَنْسُوبَةً إِلَى مُبْهَمٍ نُسِبَ إِلَيْهِ أَوْ نُسِبَ هُوَ لِتَعْرِفَهُ، وَلَوْ لَمْ يُذْكَرِ الْمُخْبَرُ عَنْهُ لَبَقِيَ النِّسْبَةُ إِلَى غَيْرِ مَنْسُوبٍ أَوِ الْمَنْسُوبُ مِنْ غَيْرِ نِسْبَةٍ، فَيَخْتَلَّ الْمَقْصُودُ.

وَلِهَذَا الْمَعْنَى احْتَاجَ الْمَوْصُولُ إِلَى صِلَةٍ؛ لِأَنَّ وَضْعَهُ لِأَنْ تَصِيرَ الْجُمْلَةُ مَعَهُ بِهَذِهِ الْمَثَابَةِ الْمَذْكُورَةِ، فَإِذَا عَرَفْتَ الْمَقْصُودَ مِنْ وَضْعِ الْبَابِ فِي الْمَعْنَى، فَإِنَّمَا قَالُوا فِيهِ: إِخْبَارٌ عَنِ الاسْمِ الَّذِي تَذْكُرُهُ آخِرًا مِنْ جِهَةِ أَنَّهُ أَوْضَحُ مِنَ الْأَوَّلِ لِمَا ذَكَرْنَاهُ مِنْ إِبْهَامِ الْأَوَّلِ، وَهُوَ هُوَ فِي الْمَعْنَى، فَنُسِبَ الْخَبَرُ إِلَى مَا هُوَ الْأَوْضَحُ لَمَّا كَانَا لِشَيْءٍ وَاحِدٍ، فَكَانَ الْقِيَاسُ أَنْ يُقَالَ: كَيْفَ تُخْبِرُ بِكَذَا؟ وَإِنَّمَا جَرَى مَا ذَكَرْتُ لَكَ مِنْ أَنَّهُ يَكُونُ أَوَّلًا مُبْهَمًا، وَهُوَ فِي الْمَعْنَى، زَيْدٌ مَثَلًا، فَيُقَالُ: كَيْفَ تُخْبِرُ عَنْ هَذَا الَّذِي هُوَ زَيْدٌ، ثُمَّ كَثُرَ حَتَّى قَالُوا: كَيْفَ تُخْبِرُ عَنْ زَيْدٍ.

وَذَكَرَ صَاحِبُ الْكِتَابِ الطَّرِيقَ فِي الإِخْبَارِ مُتَضَمِّنًا ذِكْرَ الْمَوَانِعِ، فَقَالَ: (أَنْ تُصَدِّرَ الْجُمْلَةَ بِالْمَوْصُولِ)، فَعُلِمَ أَنَّ كُلَّ مَوْضِعٍ لَا يَصْلُحُ أَنْ يَتَصَدَّرَ الْمَوْصُولُ فِيهِ لَا يَصِحُّ الإِخْبَارُ عَنْهُ، ثُمَّ قَالَ: (فَتُزَحْلِقَ الاسْمَ إِلَى عَجُزِهَا)، فَعُلِمَ أَنَّ كُلَّ مَا لَا يَصِحُّ تَأْخِيرُهُ لَا يَصِحُّ فِيهِ الإِخْبَارُ، ثُمَّ قَالَ: (وَاضِعًا مَكَانَهُ ضَمِيرًا عَائِدًا إِلَى الْمَوْصُولِ)، فَعُلِمَ أَنَّ مَا لَا يَصِحُّ إِضْمَارُهُ، وَلَا يَصِحُّ وَضْعُ الضَّمِيرِ مَكَانَهُ لَا يَصِحُّ الإِخْبَارُ بِهِ، فَامْتَنَعَ الإِخْبَارُ عَنْ ضَمِيرِ الشَّأْنِ؛ لِعَدَمِ جَوَازِ تَأْخِيرِهِ، وَامْتِنَاعِ تَقْدِيمِ (الَّذِي) عَلَيْهِ، وَامْتَنَعَ الإِخْبَارُ عَنْ كُلِّ ضَمِيرٍ يَعُودُ عَلَى الْمُبْتَدَأِ، لِأَنَّكَ تُؤَخِّرُهُ وَتَجْعَلُ مَكَانَهُ عَائِدًا إِلَى الْمَوْصُولِ، فَيَبْقَى الْمُبْتَدَأُ بِلَا عَائِدٍ، فَتَعَذَّرَ تَأْخِيرُهُ فِي الْمَعْنَى.

وَقَوْلُهُ: (لِأَنَّهَا إِذَا عَادَتْ إِلَى الْمَوْصُولِ بَقِيَ الْمُبْتَدَأُ بِلَا عَائِدٍ).

فِيهِ إِيهَامُ أَنَّهُ لَوْ كَانَ ثَمَّةَ ضَمِيرَانِ لَصَحَّ؛ لِأَنَّ الْمُبْتَدَأَ لَا يَحْتَاجُ إِلَّا إِلَى ضَمِيرٍ وَاحِدٍ؛ كَقَوْلِكَ: (زَيْدٌ فِي دَارِهِ أَخُوهُ)، فَالْمُبْتَدَأُ يَحْتَاجُ إِلَى ضَمِيرٍ مِنْهُمَا، وَلَوْ أَخْبَرْتَ عَنِ الْآخَرِ لَمْ يَصِحَّ، وَإِنَّمَا لَمْ يَصِحَّ؛ لِأَنَّ الْغَرَضَ مِنَ الإِخْبَارِ أَنْ يُذْكَرَ أَوَّلًا مُبْهَمًا فِي الْجُزْءِ الْمُخْبَرِ عَنْهُ، ثُمَّ بَعْدَ ذَلِكَ يُذْكَرُ الْجُزْءُ الْآخَرُ؛ لِيُفِيدَ بِالتَّرْكِيبِ وَالنِّسْبَةِ فَائِدَةً، وَأَنْتَ هَاهُنَا إِذَا أَخْبَرْتَ لَمْ تُخْبِرْ إِلَّا بِضَمِيرٍ آخَرَ يَعُودُ عَلَى زَيْدٍ، وَزَيْدٌ مَذْكُورٌ فِي الْجُزْءِ الْأَوَّلِ، فَلَمْ تَذْكُرْ شَيْئًا فِيهِ فَائِدَةٌ، فَامْتَنَعَ لِعَدَمِ الْفَائِدَةِ الْمَقْصُودَةِ بِالإِخْبَارِ، فَهُوَ دَاخِلٌ فِي الْقَيْدِ الْأَوَّلِ.

وَقَوْلُهُ: (وَتُزَحْلِقَ الاسْمَ إِلَى عَجُزِهَا)، وَهَذَا لَا يَتَزَحْلَقُ؛ لِأَنَّهُ يَكُونُ خَبَرًا بِغَيْرِ فَائِدَةٍ.

قَوْلُهُ: ((وَمَا) إِذَا كَانَتِ اسْمًا عَلَى أَرْبَعَةِ أَوْجُهٍ، مَوْصُولَةٌ كَمَا ذُكِرَ، وَمَوْصُوفَةٌ).

أَقُولُ: فَإِذَا كَانَتْ مَوْصُولَةً تَكُونُ لِلْمَوْصُوفِ وَالصِّفَةِ جَمِيعًا بِخِلافِ الَّذِي، فَإِنَّ الْمَوْصُوفَ مُقَدَّرٌ مَعَهَا، فَلِذَلِكَ تَقُولُ فِي قَوْلِكَ: (أَعْجَبَنِي مَا صَنَعْتَ)؛ مَعْنَاهُ: أَعْجَبَنِي الشَّيْءُ الَّذِي صَنَعْتَ، فَتُفَسِّرُهَا بِالشَّيْءِ وَالَّذِي جَمِيعًا، فَهَذَا يَدُلُّكَ عَلَى أَنَّهَا لِلْمَوْصُوفِ وَالصِّفَةِ جَمِيعًا.

(وَمَوْصُوفَةٌ فِي قَوْلِهِ:

رُبَّمَا تَكْرَهُ النُّفُوسُ مِنَ الأَمْـ ـرِ لَهُ فُرْجَةٌ كَحَلِّ الْعِقَالِ

فَحَكَمَ عَلَى كَوْنِهَا نَكِرَةً بِدُخُولِ (رُبَّ) عَلَيْهَا، وَحَكَمَ بِالْجُمْلَةِ صِفَةً عَلَى قِيَاسِ نَكِرَةِ (رُبَّ) مِنْ أَنَّهَا مَوْضُوعَةٌ لِتَقْلِيلِ نَوْعٍ مِنْ جِنْسٍ، فَلا بُدَّ مِنْ أَنْ يَكُونَ الْجِنْسُ مَوْصُوفًا حَتَّى تَحْصُلَ النَّوْعِيَّةُ، وَفِيهِ نَظَرٌ؛ لأَنَّهُ لا فَرْقَ بَيْنَ قَوْلِكَ: (رُبَّ حَيَوَانٍ صَهَّالٍ)، و(رُبَّ فَرَسٍ).

وَقَدْ قِيلَ: إِنَّ (مَا) هَاهُنَا مُهَيِّئَةٌ، هَيَّأَتْ وُقُوعَ الْجُمَلِ بَعْدَ (رُبَّ)، مِثْلُهَا فِي قَوْلِكَ: (رُبَّمَا قَامَ زَيْدٌ)، و(رُبَّمَا زَيْدٌ فِي الدَّارِ)، فَلا يَكُونُ فِيهِ اسْتِدْلالٌ عَلَى أَنَّهَا نَكِرَةٌ مَوْصُوفَةٌ.

وَتَكُونُ (مَا) حَرْفًا كَافًّا لِصِحَّةِ دُخُولِ (رُبَّ) عَلَى الْفِعْلِ، وَتَخْرُجُ عَنِ الاسْتِدْلالِ بِكَوْنِهَا نَكِرَةً عَلَى ذَلِكَ، وَسَيَأْتِي ذِكْرُ ذَلِكَ فِي مَوْضِعِهِ إِنْ شَاءَ اللهُ، وَكَانَ الأَوَّلُ أَوْلَى؛ أَيْ: كَوْنُهَا مَوْصُوفَةً لِعَوْدِ الضَّمِيرِ إِلَيْهَا فِي (تَكْرَهُهُ)، وَالْحَرْفُ لا يَرْجِعُ إِلَيْهِ الضَّمِيرُ، وَلأَنَّ الضَّمِيرَ الْعَائِدَ عَلَى الْمَوْصُوفِ حَذْفُهُ سَائِغٌ، و(مِنَ الأَمْرِ) تَبْيِينٌ لَهُ، وَإِذَا جَعَلْتَ (مَا) مُهَيِّئَةً كَانَ قَوْلُهُ: (مِنَ الأَمْرِ) وَاقِعًا مَوْقِعَ الْمَفْعُولِ، تَقْدِيرُهُ: تَكْرَهُ النُّفُوسُ شَيْئًا مِنَ الأَمْرِ، وَحَذْفُ الْمَوْصُوفِ وَإِبْقَاءُ الصِّفَةِ جَارًّا وَمَجْرُورًا فِي مَوْضِعِهِ قَلِيلٌ.

(وَنَكِرَةٌ فِي مَعْنَى شَيْءٍ مِنْ غَيْرِ صِلَةٍ وَلا صِفَةٍ؛ كَقَوْلِهِ تَعَالَى: "**فَنِعِمَّا هِيَ**" [البقرة:٢٧١]).

لأَنَّ (مَا) هَاهُنَا تَمْيِيزٌ لِلضَّمِيرِ فِي (نِعْمَ)، وَالْمُضْمَرُ بَعْدَهُ هُوَ الْمَخْصُوصُ بِالْمَدْحِ، فَوَجَبَ أَنْ يَكُونَ مُسْتَقِلًا، وَكَذَلِكَ (مَا) فِي التَّعَجُّبِ عَلَى مَذْهَبِ سِيبَوَيْهِ؛ لأَنَّهَا عِنْدَهُ فِي مَعْنَى (شَيْءٌ أَحْسَنَ زَيْدًا)، وَسَيَأْتِي ذِكْرُ ذَلِكَ فِي بَابِهِ، وَعِنْدَ الْمُبَرِّدِ مَوْصُولَةٌ بِمَعْنَى الَّذِي.

وَقَوْلُهُ: (وَمُضَمَّنَةٌ مَعْنَى حَرْفِ الاسْتِفْهَامِ؛ كَقَوْلِهِ تَعَالَى: "**وَمَا تِلْكَ بِيَمِينِكَ يَا مُوسَى**" [طه:١٧]، أَوِ الْجَزَاءِ).

وَهُوَ ظَاهِرٌ كَقَوْلِهِ تَعَالَى: "وَمَا بِكُمْ مِنْ نِعْمَةٍ فَمِنَ اللَّهِ" [النحل:٥٣].

(وَهِيَ فِي وُجُوهِهَا مُبْهَمَةٌ تَقَعُ عَلَى كُلِّ شَيْءٍ).

يَعْنِي: أَنَّهَا لَا تَخْتَصُّ بِمَا لَا يَعْقِلُ عِنْدَ الْإِبْهَامِ، فَلِذَلِكَ تَقُولُ لِشَبَحٍ تَرَاهُ: كَمَا ذَكَرَ.

(وَقَدْ جَاءَ: (سُبْحَانَ مَا سَخَّرَكُنَّ لَنَا)) إِلَى آخِرِهِ.

وَقَدْ وُجِّهَ بِأَمْرَيْنِ:

أَحَدُهُمَا: صِحَّةُ إِطْلَاقِهَا عَلَى أُولِي الْعِلْمِ، وَإِنْ لَمْ يَكُنْ مُبْهَمًا، قَالَ اللَّـهُ تَعَالَى: "إِلَّا مَا مَلَكَتْ أَيْمَانُكُمْ" [النساء:٢٤].

وَالثَّانِي: أَنَّهُ لَمَّا كَانَ الْبَارِي تَعَالَى لَا تُدْرَكُ حَقِيقَتُهُ صَحَّ التَّعْبِيرُ بِاللَّفْظِ الْمُبْهَمِ الْحَقِيقَةِ عَنْهُ.

قَوْلُهُ: (وَيُصِيبُ أَلِفَهَا الْقَلْبُ وَالْحَذْفُ، فَالْقَلْبُ فِي الِاسْتِفْهَامِيَّةِ).

كَمَا ذَكَرَ، وَكَذَلِكَ فِي الْجَزَائِيَّةِ عَلَى مَا ذَكَرَ، وَاسْتَشْهَدَ بِقَوْلِهِ تَعَالَى: "مَهْمَا تَأْتِنَا بِهِ مِنْ آيَةٍ" [الأعراف:١٣٢]، عَلَى مَذْهَبِ سِيبَوَيْهِ؛ لِأَنَّهَا أَصْلُهَا عِنْدَهُ مَا مَا، فَقُلِبَتِ الْأَلِفُ الْأُولَى هَاءً كَرَاهَةَ اجْتِمَاعِ الْمِثْلَيْنِ، وَكَانَتْ أَوْلَى مِنَ الثَّانِيَةِ؛ لِئَلَّا يُتَوَهَّمَ أَنَّ التَّغْيِيرَ لِوَقْفٍ أَوْ لِتَخْفِيفٍ.

وَالْحَذْفُ فِي الِاسْتِفْهَامِيَّةِ عَلَى مَا ذَكَرَ مِنَ الشَّرْطِ؛ لِأَنَّ الْجَارَّ مَعَ الْمَجْرُورِ كَالْجُزْءِ مِنْهُ، فَجُعِلَتْ (مَا) مَعَ الْجَارِّ كَالْكَلِمَةِ الْوَاحِدَةِ، وَخُفِّفَتْ بِحَذْفِ أَلِفِهَا، فَقِيلَ مَا ذَكَرَ، وَكَيْفِيَّةُ الْوَقْفِ عَلَيْهَا وَالْفَرْقُ بَيْنَ لِمَ وَمَجِيءٍ مَ يَأْتِي فِي بَابِ الْوَقْفِ إِنْ شَاءَ اللَّهُ، وَكَذَلِكَ نُصْرَةُ مَذْهَبِ سِيبَوَيْهِ فِي (مَهْمَا).

قَالَ: (وَ (مَنْ) كَمَا فِي أَوْجُهِهَا إِلَّا فِي وُقُوعِهَا غَيْرَ مَوْصُوفَةٍ وَلَا مَوْصُولَةٍ).

قَالَ الشَّيْخُ: وَهُوَ الْوَجْهُ الَّذِي تَكُونُ فِيهِ بِمَعْنَى شَيْءٍ، وَأَمَّا بَقِيَّةُ الْأَوْجُهِ الْأَرْبَعَةُ فَجَارِيَةٌ فِيهَا.

وَقَوْلُهُ: (غَيْرَ مَوْصُوفَةٍ وَلَا مَوْصُولَةٍ).

هُوَ وَجْهٌ وَاحِدٌ مِنْ وُجُوهِ (مَا)، وَهُوَ قَوْلُهُ: "فَنِعِمَّا هِيَ" [البقرة:٢٧١]، وَ(مَا أَحْسَنَ زَيْدًا)، فَـ (مَا) هَاهُنَا غَيْرُ مَوْصُوفَةٍ وَلَا مَوْصُولَةٍ، وَهَذَا الْوَجْهُ لَا يَقَعُ فِي (مَنْ)، فَبَقِيَتِ الْمَوْصُولَةُ، وَالْمَوْصُوفَةُ، وَالشَّرْطِيَّةُ، وَالِاسْتِفْهَامِيَّةُ.

(وَهِيَ تَخْتَصُّ بِأُولِي الْعِلْمِ)، هَذَا وَضْعُهُ.

(وَتُوقِعُ عَلَى الْوَاحِدِ، وَالاثْنَيْنِ، وَالْجَمِيعِ، وَالْمُذَكَّرِ، وَالْمُؤَنَّثِ).

كَمَا ذَكَرَ، إِلا أَنَّكَ إِذَا حَمَلْتَ عَلَى اللَّفْظِ جَازَ أَنْ تَحْمِلَ بَعْدَ ذَلِكَ عَلَى الْمَعْنَى، وَإِذَا حَمَلْتَ عَلَى الْمَعْنَى أَوَّلًا ضَعُفَ الْحَمْلُ بَعْدَهُ عَلَى اللَّفْظِ، وَسِرُّهُ هُوَ أَنَّ الْمَعْنَى أَقْوَى، فَلا يَبْعُدُ الرُّجُوعُ إِلَيْهِ بَعْدَ اعْتِبَارِ اللَّفْظِ، وَيَضْعُفُ بَعْدَ اعْتِبَارِ الْمَعْنَى الْقَوِيِّ أَنْ يُرْجَعَ إِلَى الأَضْعَفِ.

قَوْلُهُ: (وَإِذَا اسْتَفْهَمَ بِهَا الْوَاقِفُ عَنْ نَكِرَةٍ)، إِلَى آخِرِهِ.

قَالَ الشَّيْخُ: شَرْطُهُ أَنْ يَكُونَ الْمُسْتَفْهِمُ وَاقِفًا، بِأَنْ يَقُولَ: مَنْ يَا فَتَى، وَأَنْ يَكُونَ الْمُسْتَفْهَمُ عَنْهُ نَكِرَةً، أَمَّا الْوَقْفُ فَلأَنَّهَا زِيَادَةٌ عَلَى خِلافِ الأَصْلِ، فَشُرِطَ لَهُ الْوَقْفُ؛ لأَنَّ الْوَقْفَ مَحَلٌّ يَقْبَلُ التَّغْيِيرَ، وَشُرِطَ أَنْ يَكُونَ الْمُسْتَفْهَمُ عَنْهُ نَكِرَةً؛ لأَنَّهُ الَّذِي يُحْتَاجُ إِلَى تَمْيِيزِهِ بِالاسْتِفْهَامِ فِي الْغَالِبِ، أَلا تَرَى أَنَّكَ إِذَا قُلْتَ: (جَاءَنِي رَجُلٌ)، و(ضَرَبْتُ رَجُلا) و(مَرَرْتُ بِرَجُلٍ) كَانَ اللَّفْظُ وَاحِدًا، وَالْمَعْنَى مُخْتَلِفٌ، فَدَلَّ ذَلِكَ عَلَى أَنَّ النَّكِرَاتِ يُحْتَاجُ إِلَى تَمْيِيزِهَا فِي الاسْتِفْهَامِ عَنْهَا أَكْثَرَ مِنَ احْتِيَاجِ غَيْرِهَا، فَكَانَتْ بِهَذَا أَلْيَقَ، فَزَادُوا حُرُوفَ اللِّينِ؛ لِيَدُلُّوا عَلَى الْمُسْتَفْهَمِ عَنْهُ بِمَا يُجَانِسُ إِعْرَابَهُ، ثُمَّ لَمَّا كَانَتِ النَّكِرَةُ قَدْ تَكُونُ مُؤَنَّثَةً وَمُذَكَّرَةً وَمُثَنَّاةً وَمَجْمُوعَةً اخْتَلَفَ أَصْحَابُ هَذِهِ اللُّغَةِ، فَمِنْهُمْ - وَهُمُ الأَكْثَرُونَ - مَنْ يَرَى الدَّلالَةَ عَلَى ذَلِكَ بِأَنْ يَزِيدَ فِي التَّثْنِيَةِ وَالْجَمْعِ نَفْسَ مَا يَكُونُ آخِرُ الْمُثَنَّى وَالْمَجْمُوعِ عَلَى حَسَبِ أَحْوَالِهِ مِنْ رَفْعٍ وَنَصْبٍ وَخَفْضٍ، فَيُفْهَمُ مِنْهُ الإِعْرَابُ وَالْحَالُ جَمِيعًا، فَإِذَا قُلْتَ: (مَنَانِ) عُلِمَ أَنَّكَ مُسْتَفْهِمٌ عَنْ مَرْفُوعٍ مُثَنًّى، وَكَذَلِكَ جَمِيعُ الأَمْثِلَةِ، فَإِنِ اتَّفَقَ أَنْ لا يُمْكِنُ اجْتِمَاعُ الدَّلالَتَيْنِ دَلالَتُهُ وَدَلالَةُ الإِعْرَابِ رُجِّحَ الدَّلالَةُ عَلَى حَالِ الذَّاتِ نَفْسِهَا عَلَى الدَّلالَةِ عَلَى الإِعْرَابِ سَوَاءٌ كَانَ مُفْرَدًا أَوْ مُثَنًّى أَوْ مَجْمُوعًا، مُذَكَّرًا كَانَ أَوْ مُؤَنَّثًا، كَمَا إِذَا قُلْتَ: (ضَرَبْتُ امْرَأَةً)، فَتَقُولُ فِي هَذِهِ: (مَنَهْ)، وَلَيْسَ فِيهِ إِلا مَا يَدُلُّ عَلَى التَّأْنِيثِ، كَأَنَّهُ جَعَلَ مَعْرِفَةَ الذَّاتِ أَوْلَى مِنْ مَعْرِفَةِ الإِعْرَابِ، وَإِنَّمَا قَالَ: مَنَهْ؛ لأَنَّهُ لَوْ قَالَ: (مَنَاةٌ) يَلْزَمُ تَوَسُّطُ حَرْفِ الإِعْرَابِ، وَلَوْ قَالَ: مَنَتَا يَلْزَمُ تَوَسُّطُ تَاءِ التَّأْنِيثِ أَيْضًا.

وَاللُّغَةُ الأُخْرَى: أَنْ لا يُعْتَدَّ إِلا بِمَا يَدُلُّ عَلَى الإِعْرَابِ، فَهَؤُلاءِ اسْتَغْنَوْا بِالأَحْرُفِ الثَّلاثَةِ عَنْ غَيْرِهَا؛ لأَنَّ الْمَعْنَى الَّذِي قَصَدُوهُ يَحْصُلُ بِهَا، فَيَقُولُونَ: مَنُو، وَمَنَا، وَمَنِي فِي كُلِّ مُنَكَّرٍ مُسْتَفْهَمٍ عَنْهُ مُذَكَّرٌ أَوْ مُؤَنَّثٌ أَوْ مَجْمُوعٌ، فَالْوَاوُ لِلْمَرْفُوعِ، وَالأَلِفُ لِلْمَنْصُوبِ، وَالْيَاءُ لِلْمَخْفُوضِ، كَمَا يَقُولُونَهُ جَمِيعًا فِي الْوَاحِدِ.

(وَأَمَّا الْمَعْرِفَةُ) فَقِيَاسُهُ: أَنَّهُ غَيْرُ مُحْتَاجٍ احْتِيَاجَ النَّكِرَةِ عَلَى مَا تَقَدَّمَ؛ لِأَنَّهُ فِي الْغَالِبِ غَيْرُ مُحْتَاجٍ إِلَى الِاسْتِفْهَامِ عَنْهُ، وَإِنَّمَا جَرَى فِي الْعَلَمِ الْحِكَايَةُ عِنْدَ أَهْلِ الْحِجَازِ كَمَا يُقَالُ: جَاءَنِي زَيْدٌ، فَقِيلَ: مَنْ زَيْدٌ لِمَا تَطَرَّقَ إِلَيْهَا مِنَ الِاحْتِمَالِ لِكَثْرَةِ الْمُسَمَّيَاتِ بِالْعَلَمِ الْوَاحِدِ، فَجَرَى فِيهَا مِنَ اللَّبْسِ الْمُقَدَّرِ مِثْلَ مَا يَجْرِي فِي النَّكِرَةِ، فَقَصَدُوا حِكَايَتَهَا لِيُعْرَفَ مِنْهَا مَا قُصِدَ بِالِاسْتِفْهَامِ عَنْهُ، وَلَمْ يُجْعَلِ الْعَمَلُ فِيهَا كَالْعَمَلِ فِي النَّكِرَةِ فَرْقًا بَيْنَ الْمَعْرِفَةِ وَالنَّكِرَةِ، وَلَمْ يَعْكِسُوا لِمَا ذَكَرْنَاهُ مِنْ أَنَّ الْأَكْثَرَ فِي الِاسْتِفْهَامِ عَنِ النَّكِرَةِ، فَلَوْ عَكَسُوا لَكَثُرَ اللَّفْظُ فِي الْمَعْرِفَةِ، وَقَلَّ الِاخْتِصَارُ فِي النَّكِرَةِ؛ لِأَنَّ قَوْلَكَ: مَنُو أَخْصَرُ مِنْ قَوْلِكَ: مَنْ زَيْدٌ، وَلِأَنَّهُ لَا يُمْكِنُ حِكَايَةُ النَّكِرَةِ؛ لِأَنَّكَ إِنْ حَكَيْتَهَا، وَهِيَ عَلَى لَفْظِهَا اسْتُعْمِلَتِ اسْمَ الْجِنْسِ بَعْدَ تَقَدُّمِ ذِكْرِهِ غَيْرَ مُعَرَّفٍ بِاللَّامِ، وَلَيْسَ بِجَيِّدٍ، أَلَا تَرَى أَنَّكَ لَوْ قُلْتَ: (جَاءَنِي رَجُلٌ)، ثُمَّ قُلْتَ بَعْدَ ذَلِكَ: (ضَرَبْتُ رَجُلًا)، وَأَنْتَ تَعْنِي الدَّلَالَةَ عَلَيْهِ لَمْ يَكُنِ الْقَوْلُ مُسْتَقِيمًا، وَلَوْ حَكَيْتَ بِالْأَلِفِ وَاللَّامِ لَكُنْتَ حَاكِيًا لَفْظًا غَيْرَ اللَّفْظِ الْوَاقِعِ فِي كَلَامِ مَنْ تَحْكِيهِ بِخِلَافِ الْعَلَمِ، فَإِنَّ ذَلِكَ غَيْرُ جَارٍ فِيهِ.

ثُمَّ قَالَ: (وَإِذَا اسْتُفْهِمَ عَنْ صِفَةِ الْعَلَمِ) إِلَى آخِرِهِ.

وَإِنَّمَا فَعَلَ أَصْحَابُ هَذِهِ اللُّغَةِ ذَلِكَ؛ لِأَنَّهُمْ رَأَوْا أَنَّ الصِّفَةَ أَوْلَى بِالِاسْتِفْهَامِ؛ لِأَنَّ اللَّبْسَ فِي الْعَلَمِ إِنَّمَا جَاءَ مِنْ أَجْلِهَا، أَلَا تَرَى أَنَّكَ لَوْ قَدَّرْتَ مُسَمَّيَاتٍ بِاسْمِ عَلَمٍ، وَكَانَ تَمْيِيزُهَا بِكَوْنِ أَحَدِهَا قُرَشِيًّا، وَالْآخَرِ تَمِيمِيًّا، وَالْآخَرِ هُذَلِيًّا، لَكَانَ اللَّبْسُ إِنَّمَا جَاءَكَ بِاعْتِبَارِ الصِّفَةِ، فَالِاسْتِفْهَامُ عَنْهَا أَوْلَى مِنَ الْعَلَمِ، فَلَمَّا قَصَدُوا إِلَى الِاسْتِفْهَامِ عَنْ هَذَا الْمُلْبِسِ عَلَى السَّامِعِ أَتَوْا فِي مَنْ بِاللَّفْظِ الْعَامِّ الَّذِي يَخُصُّ الصِّفَةَ مِنْ أَوَّلِهَا إِلَى آخِرِهَا، وَهُوَ الْأَلِفُ وَاللَّامُ وَيَاءُ النَّسَبِ، وَوَسَّطُوا (مَنْ) بَيْنَهُمَا، فَقَالُوا: الْمَنِيُّ فِي جَوَابِ مَنْ قَالَ: جَاءَنِي رَجُلٌ، وَإِنَّمَا خَصُّوا الصِّفَاتِ الْمَنْسُوبَةَ؛ لِأَنَّهَا هِيَ الَّتِي كَانَ التَّمْيِيزُ عِنْدَهُمْ فِي الْغَالِبِ بِهَا، فَخَصُّوهَا لِذَلِكَ، وَإِلَّا فَقَدْ تَكُونُ الصِّفَةُ بِغَيْرِ النَّسَبِ، وَأَيْضًا فَإِنَّهُمْ لَوِ اسْتَفْهَمُوا بِالْأَلِفِ وَاللَّامِ وَحْدَهَا؛ كَقَوْلِكَ: الْمَنْ، لَمْ يُعْرَفْ أَنَّهُ صِفَةٌ، إِذْ لَا تَخْتَصُّ الْأَلِفُ وَاللَّامُ بِالصِّفَةِ، بِخِلَافِ الْيَاءِ مَعَهَا (مَنْ)، فَإِنَّهَا مُخْتَصَّةٌ بِالصِّفَةِ، فَيُعْلَمُ أَنَّ الِاسْتِفْهَامَ عَنِ الصِّفَةِ، وَزَادُوا هَمْزَةَ الِاسْتِفْهَامِ لَمَّا وَسَّطُوا (مَنْ)، وَأَدْخَلُوا عَلَيْهَا الْأَلِفَ وَاللَّامَ حَيْثُ قَالُوا: آلْمَنِيُّ، فَكَأَنَّهُمُ اسْتَضْعَفُوا دَلَالَتَهَا عَلَى الِاسْتِفْهَامِ مَعَ هَذَا الْعَمَلِ الَّذِي لَا يَكُونُ مَعَهَا فِي الِاسْتِفْهَامِ، فَأَدْخَلُوا الْهَمْزَةَ فِي أَوَّلِهِ لِقُوَّةِ أَمْرِ الِاسْتِفْهَامِ.

قَوْلُهُ: (وَ (أَيٌّ) كَ (مَنْ) فِي وُجُوهِهَا، تَقُولُ مُسْتَفْهِمًا) إِلَى آخِرِهِ.

قَالَ الشَّيْخُ: أَيٌّ مُعْرَبَةٌ فِي الاسْتِفْهَامِ؛ كَقَوْلِكَ: أَيُّهُمْ صَاحِبُكَ، وَالْجَزَاءِ؛ نَحْوُ: أَيُّهُمْ يَأْتِنِي فَأُكْرِمُهُ، مَبْنِيَّةٌ فِي الصِّفَةِ، مُنْقَسِمَةٌ فِي الصِّلَةِ إِلَى مُعْرَبٍ وَمَبْنِيٍّ.

فَأَمَّا إِعْرَابُهَا فِي الاسْتِفْهَامِ وَالْجَزَاءِ دُونَ بَقِيَّةِ أَسْمَاءِ الاسْتِفْهَامِ؛ فَلأَنَّهُمْ لَمْ يَسْتَعْمِلُوهَا إِلا مُضَافَةً، وَالإِضَافَةُ مِنْ خَوَاصِّ الأَسْمَاءِ، فَقَوَّى سَبَبُ الإِضَافَةِ أَمْرَ الاسْمِيَّةِ فِيهَا، فَرُدَّتْ إِلَى أَصْلِهَا فِي الإِعْرَابِ؛ إِذْ الأَصْلُ فِي الأَسْمَاءِ الإِعْرَابُ مَا لَمْ يَمْنَعْ مَانِعٌ.

وَأَمَّا بِنَاؤُهُمْ لَهَا إِذَا كَانَتْ مَوْصُوفَةً فَلأَنَّهَا غَيْرُ مُضَافَةٍ، أَوْ لِتَأْكِيدِ الأَمْرِ الْمُقْتَضِي لِلْبِنَاءِ بِدُخُولِ حَرْفِ النِّدَاءِ عَلَيْهَا كـ (يَا أَيُّهَا الرَّجُلُ).

وَأَمَّا الْمَوْصُولَةُ فَإِنَّهَا إِنْ كَانَتْ صِلَتُهَا تَامَّةً؛ نَحْوُ: جَاءَنِي أَيُّهُمْ هُوَ أَكْرَمُ، فَالإِعْرَابُ، وَعِلَّتُهُ كَعِلَّةِ الْجَزَائِيَّةِ وَالاسْتِفْهَامِيَّةِ، وَإِنْ كَانَتْ صِلَتُهَا مَحْذُوفَةَ الصَّدْرِ؛ كَقَوْلِهِ تَعَالَى: ﴿ثُمَّ لَنَنْزِعَنَّ مِنْ كُلِّ شِيعَةٍ أَيُّهُمْ أَشَدُّ﴾ [مريم:٦٩]؛ إِذِ التَّقْدِيرُ: أَيُّهُمْ هُوَ أَشَدُّ، فَالْبِنَاءُ أَفْصَحُ كَأَنَّهَا لَمَّا تَضَمَّنَتْ مَعْنَى الْجُزْءِ صَارَتْ مُحْتَاجَةً إِلَى أَمْرٍ آخَرَ مِنْ وَجْهٍ آخَرَ، فَقَوِيَ شَبَهُ الْحَرْفِيَّةِ فِيهَا فَبُنِيَتْ.

وَالْوَجْهُ الآخَرُ: أَنَّهَا أُعْرِبَتْ لأَجْلِ الإِضَافَةِ عَلَى مَا تَقَرَّرَ فِي الاسْتِفْهَامِيَّةِ، وَلَمْ يُعْتَدَّ بِهَذَا التَّضَمُّنِ كَأَنَّهُ جُعِلَ حَذْفًا مِنْ غَيْرِ تَضَمُّنٍ؛ كَقَوْلِكَ: مِنْ قَبْلُ وَمِنْ بَعْدُ فِي الْوَجْهَيْنِ جَمِيعًا، فَإِنَّهَا إِذَا ضُمِّنَتِ الْمَحْذُوفَ بُنِيَتْ، وَإِنْ لَمْ تُضَمَّنْهُ أُعْرِبَتْ، وَبِنَاؤُهَا الأَفْصَحُ، فَكَذَلِكَ هَاهُنَا.

(قَوْلُهُ: وَإِذَا اسْتُفْهِمَ بِهَا عَنْ نَكِرَةٍ فِي وَصْلٍ) إِلَى آخِرِهِ.

قَالَ الشَّيْخُ: أَمَّا النَّكِرَةُ فَلِمَا تَقَدَّمَ مِنْ أَنَّ النَّكِرَةَ هِيَ الَّتِي يُحْتَاجُ فِيهَا إِلَى الاسْتِفْهَامِ غَالِبًا، وَإِنَّمَا لَمْ يُشْتَرَطْ فِيهَا أَمْرُ الْوَقْفِ كَمَا اشْتُرِطَ فِي (مَنْ) فِي الزِّيَادَاتِ؛ لأَنَّهَا مُعْرَبَةٌ فِي أَصْلِهَا تَقْبَلُ الْحَرَكَاتِ، بِخِلافِ (مَنْ)، فَإِنَّهُ لا قَبُولَ لَهَا لِلْحَرَكَاتِ، فَلِذَلِكَ جُعِلَ عِوَضَ الْحَرَكَاتِ حُرُوفُ الْمَدِّ وَاللِّينِ، وَقَدْ تَقَدَّمَ اخْتِصَاصُهَا بِالْوَقْفِ، وَلَمَّا صَحَّ دُخُولُ الْحَرَكَاتِ عَلَيْهَا جَرَى أَمْرُهَا فِي الْوَصْلِ؛ لأَنَّ الْحَرَكَاتِ لا تَكُونُ إِلا فِي الْوَصْلِ، وَلَمَّا جَرَتِ الْحَرَكَاتُ فِيهَا فِي الْوَصْلِ جَرَتْ أَيْضًا عَلامَةُ التَّثْنِيَةِ وَالْجَمْعِ وَالْمُذَكَّرِ وَالْمُؤَنَّثِ فِي الْوَصْلِ؛ لأَنَّهُ بَابٌ وَاحِدٌ، فَجَرَى عَلَى قِيَاسٍ وَاحِدٍ، فَإِذَا وَقَفْتَ جَرَتْ فِي الْوَقْفِ كَالأَسْمَاءِ الْمُعْرَبَةِ بِمِثْلِ مَا فِيهَا، فَإِنْ وَقَفْتَ عَلَى الْمَرْفُوعِ وَالْمَجْرُورِ سَكَّنْتَ، وَعَلَى الْمَنْصُوبِ أَبْدَلْتَ مِنَ التَّنْوِينِ أَلِفًا، وَعَلَى الْمُثَنَّى وَالْمَجْمُوعِ بِإِسْكَانِ النُّونِ، وَعَلَى الْمُؤَنَّثِ بِقَلْبِ التَّاءِ هَاءً، وَعَلَى الْمَجْمُوعِ بِالأَلِفِ وَالتَّاءِ سَاكِنَةً؛ لأَنَّ هَذِهِ أَحْكَامُ مَا شُبِّهَ

بِهِ، وَهَذَا كُلُّهُ عَلَى لُغَةِ مَنْ يَقْصِدُ التَّفْرِقَةَ فِي الإِعْرَابِ وَأَحْوَالُ الذَّاتِ بِاعْتِبَارِ الْمُثَنَّى، وَالْمَجْمُوعِ، وَالتَّأْنِيثِ، وَالتَّذْكِيرِ، كَلُغَةِ مَنْ يَقُولُ: مَنُو، وَمَنَا، وَمَنَهْ، وَمَنَات.

أَمَّا مَنْ لُغَتُهُ التَّفْرِقَةُ فِي الإِعْرَابِ خَاصَّةً دُونَ الأَحْوَالِ الْمَذْكُورَةِ؛ فَإِنَّهُ يَقُولُ: أَيٌّ، وَأَيٍّ، وَأَيًّا، فِي الأَحْوَالِ كُلِّهَا، كَلُغَةِ مَنْ يَقُولُ: مَنُو، وَمَنِي، وَمَنَا، فِي الأَحْوَالِ كُلِّهَا؛ لأَنَّ الْحَرَكَةَ هَاهُنَا بِمَثَابَةِ الْحُرُوفِ ثَمَّةَ.

(قَالَ: وَمَحَلُّهُ الرَّفْعُ عَلَى الابْتِدَاءِ).

هَذَا ظَاهِرٌ؛ لأَنَّهُ اسْمٌ جُرِّدَ عَنِ الْعَامِلِ اللَّفْظِيِّ لِيُخْبَرَ عَنْهُ؛ لأَنَّ التَّقْدِيرَ (أَيٌّ هُوَ)، فَوَجَبَ أَنْ يَكُونَ مُبْتَدَأً، وَلا يَسْتَقِيمُ أَنْ يُقَالَ: إِنَّهُ مُعْرَبٌ؛ لِفَسَادِ اللَّفْظِ وَالْمَعْنَى، أَمَّا اللَّفْظُ فَلأَنَّهُ يُؤَدِّي إِلَى أَنْ يَكُونَ الْعَامِلُ فِي كَلامِ الْمُتَكَلِّمِ مِنْ كَلامِ غَيْرِهِ، وَأَمَّا الْمَعْنَى فَلأَنَّهُ يَصِيرُ تَقْدِيرُهُ (ضَرَبْتُ أَيًّا)، وَلَيْسَ الْمَعْنَى كَذَلِكَ، وَلَوْ قِيلَ فِي الإِفْرَادِ فِي قَوْلِكَ: (أَيٌّ وَأَيًّا): إِنَّهُ مُعْرَبٌ لَكَانَ مُسْتَقِيمًا، وَيَكُونُ التَّقْدِيرُ إِذَا قَالَ: (ضَرَبْتُ رَجُلا)، فَقَالَ: (أَيًّا ضَرَبْتَ)، فَلَوْ قَالَهُ كَذَلِكَ لَكَانَ مُعْرَبًا بِاتِّفَاقٍ، وَكَذَلِكَ إِذَا صَحَّ التَّقْدِيرُ، وَأَمَّا فِي الرَّفْعِ فَوَاضِحٌ؛ لأَنَّهُ لا يَحْتَاجُ إِلَى تَقْدِيرِ الْعَامِلِ تَقْدِيرَهُ؛ أَيٌّ هُوَ، وَإِنَّمَا اخْتِيرَ غَيْرُهُ لِوَجْهَيْنِ:

أَحَدُهُمَا: أَنَّ مِنْ جُمْلَتِهِ الْمَجْرُورَ، فَيُؤَدِّي إِلَى إِضْمَارِ الْجَارِّ إِذَا قُلْتَ: أَيٍّ، عَلَى تَقْدِيرِ بِأَيٍّ مَرَرْتَ، وَالْجَارُّ لا يَعْمَلُ مُضْمَرًا مَعَ عَدَمِ جَوَازِ إِضْمَارِ الْحَرْفِ، وَأَمَّا (اللهِ لأَفْعَلَنَّ) بِجَرِّ اللهِ فَشَاذٌّ.

وَالآخَرُ: أَنَّ مِنْ جُمْلَةِ الْمَسَائِلِ مَسَائِلَ التَّثْنِيَةِ وَالْجَمْعِ، وَالْجَمِيعُ فِي الْمَعْنَى وَجْهٌ وَاحِدٌ.

وَلا يُمْكِنُ أَنْ يَكُونَ فِي (أَيَّانِ) وَ(أَيَّيْنِ) مُعْرَبًا؛ إِذْ لا يُقَالُ: أَيَّيْنِ ضَرَبْتَ، فَعُلِمَ أَنَّهُ حِكَايَةٌ.

وَأَمَّا (مَنْ زَيْدًا) وَأَخَوَاتُهُ، فَوَاضِحٌ فِي أَنَّهُ حِكَايَةٌ، وَالْكَلامُ فِي (مَنْ زَيْدٌ) فِي الرَّفْعِ وَاحْتِمَالِهِ لِلإِعْرَابِ كَالْكَلامِ فِي (أَيٍّ) فِي النَّصْبِ وَاحْتِمَالِهِ لِلإِعْرَابِ.

فَإِنْ قِيلَ: فَإِذَا جَعَلْتُمُوهُ حِكَايَةً وَهُوَ فِي مَوْضِعِهِ، فَهَلْ هُوَ مُعْرَبٌ أَوْ مَبْنِيٌّ؟

قُلْنَا: هُوَ مُعْرَبٌ تَقْدِيرًا؛ لِتَعَذُّرِ الإِعْرَابِ اللَّفْظِيِّ، وَالإِعْرَابُ التَّقْدِيرِيُّ يَكُونُ لِلتَّعَذُّرِ تَارَةً وَلِلاسْتِثْقَالِ أُخْرَى، وَإِذَا تَعَذَّرَ إِعْرَابُ قَاضٍ لاسْتِثْقَالِ الضَّمَّةِ عَلَى الْيَاءِ، فَتَعَذَّرَ إِعْرَابُ (مَنْ زَيْدًا) فِي (مَنْ زَيْدًا) بِالضَّمِّ عَلَى حَرْفٍ قَدْ وَجَبَ لَهُ الْفَتْحُ لِمَعْنًى أَوْلَى بِالتَّعَذُّرِ لاسْتِحَالَةِ اللَّفْظِ بِحَرَكَتَيْنِ عَلَى حَرْفٍ وَاحِدٍ، وَهَذَا وَاضِحٌ.

وَأَمَّا الْمَعْرِفَةُ فَغَيْرُ الْعَلَمِ لَا إِشْكَالَ فِيهِ عَلَى مَا مَرَّ فِي (مَنْ)، وَأَمَّا الْعَلَمُ فَإِنَّهُ أَيْضًا لَا يُحْكَى بِخِلَافِ (مَنْ)، وَسِرُّهُ هُوَ أَنَّكَ مُسْتَغْنٍ عَنْ حِكَايَتِهِ بِمَا يَظْهَرُ فِي أَيٍّ مِنَ الْحَرَكَاتِ، فَلَا حَاجَةَ إِلَى الْحِكَايَةِ الَّتِي هِيَ عَلَى خِلَافِ الْأَصْلِ مَعَ وُجُودِ الْمُغْنِي عَنْهَا، وَأَيْضًا فَإِنَّكَ لَوْ حَكَيْتَ فَإِمَّا أَنْ تَحْكِيَ فِي الِاثْنَيْنِ؛ أَيْ: فِي أَيٍّ وَزَيْدٍ، أَوْ فِي أَحَدِهِمَا: فَإِنْ حَكَيْتَ فِي الِاثْنَيْنِ فَلَيْسَ بِجَيِّدٍ لِكَثْرَةِ مُخَالَفَةِ الْأَصْلِ مَعَ الِاسْتِغْنَاءِ بِالْأَوَّلِ، وَإِنْ حَكَيْتَ الْأَوَّلَ، كَانَ فِيهِ مُخَالَفَةٌ لِلْمَعْنَى، إِذْ حَكَيْتَ غَيْرَ الْمَحْكِيِّ وَتَرَكْتَ الْمَحْكِيَّ، وَإِنْ حَكَيْتَ الثَّانِيَ دُونَ الْأَوَّلِ غَيَّرْتَ مَا لَمْ يَثْبُتْ فِيهِ تَغْيِيرٌ، وَتَرَكْتَ الْقَابِلَ لِلتَّغْيِيرِ، فَتَعَذَّرَ تَغْيِيرُهُمَا أَوْ تَغْيِيرُ أَحَدِهِمَا.

قَوْلُهُ: (وَلَمْ يُثْبِتْ سِيبَوَيْهِ (ذَا) بِمَعْنَى الَّذِي إِلَّا فِي قَوْلِهِمْ: مَاذَا) إِلَى آخِرِهِ.

قَالَ الشَّيْخُ: مَا ذَكَرَهُ الْكُوفِيُّونَ لَيْسَ بِثَبْتٍ، حَيْثُ قَالُوا: إِنَّ (ذَا) يَجِيءُ بِمَعْنَى الَّذِي إِذَا لَمْ يَكُنْ مُقْتَرِنًا بِمَا لِخُرُوجِهِ عَنِ الْقِيَاسِ وَقِلَّتِهِ.

وَذَكَرَ فِي (مَاذَا صَنَعْتَ) وَجْهَيْنِ، وَقَالَ: (أَحَدُهُمَا بِالرَّفْعِ، وَالْآخَرُ بِالنَّصْبِ).

عَلَى مَا ذَكَرَ، وَهَذَا عَلَى سَبِيلِ الِاخْتِيَارِ، وَإِلَّا فَالْوَجْهَانِ جَائِزَانِ فِي الْوَجْهَيْنِ؛ أَيْ: فِي كُلِّ وَاحِدٍ مِنَ الْوَجْهَيْنِ، وَالَّذِي يَدُلُّ عَلَيْهِ أَنَّهُ لَوْ صَرَّحَ بِمَا يُفَسَّرُ بِهِ كُلُّ وَاحِدٍ مِنْهُمَا لَجَازَ الْوَجْهَانِ، وَإِذَا جَازَ مَعَ الصَّرِيحِ الْوَجْهَانِ فَهُمَا مَعَ الْمُحْتَمَلِ أَقْرَبُ.

وَوَجْهُهُ فِي النَّصْبِ أَنْ تُقَدِّرَ الْفِعْلَ الْمَذْكُورَ فَيَنْتَصِبَ بِهِ، وَفِي الرَّفْعِ أَنْ تُقَدِّرَ مُبْتَدَأً عَلَى حَسَبِ الْمَعْنَى، وَإِنَّمَا حَسُنَ النَّصْبُ فِي أَحَدِ الْوَجْهَيْنِ؛ لِأَنَّهُ فِي كَلَامِ السَّائِلِ جُمْلَةٌ فِعْلِيَّةٌ، فَكَانَ فِي تَقْدِيرِ كَلَامِ الْمُجِيبِ كَذَلِكَ أَوْلَى لِلْمُنَاسَبَةِ، وَفِي الرَّفْعِ الْجُمْلَةُ مُقَدَّرَةٌ فِي كَلَامِ السَّائِلِ بِالِاسْمِيَّةِ، فَكَانَ الرَّفْعُ لِتَكُونَ اسْمِيَّةً أَوْلَى لِلْمُنَاسَبَةِ الْمَذْكُورَةِ، وَجَازَ غَيْرُهُمَا لِصِحَّةِ تَقْدِيرِ الْفِعْلِ فِي الِاسْمِيَّةِ وَالِاسْمِ فِي الْفِعْلِيَّةِ، وَهَذَا كُلُّهُ إِنَّمَا يَكُونُ إِذَا كَانَ كَلَامُ الْمُجِيبِ مُوَافِقًا لِكَلَامِ السَّائِلِ فِي أَحَدِ جُزْأَيْهِ، فَيَحْذِفُهُ وَيَسْتَغْنِي بِدَلَالَةِ كَلَامِ السَّائِلِ عَلَيْهِ، مِثْلُ قَوْلِهِ: (مَا كَتَبْتَ)؟ وَهُوَ قَدْ كَتَبَ، فَيَقُولُ لَهُ: مُصْحَفًا أَوْ شِبْهَهُ.

فَأَمَّا إِذَا لَمْ يَكُنْ مُوَافِقًا لَهُ فِي الْفِعْلِ تَعَذَّرَ تَقْدِيرُهُ لِإِخْلَالِهِ بِالْمَعْنَى؛ إِذْ يُفْهَمُ مِنْهُ الْإِثْبَاتُ وَهُوَ غَيْرُ مُرِيدٍ لَهُ، كَمَا إِذَا قَالَ لَهُ وَقَدْ سَمِعَ صَوْتًا ظَنَّهُ ضَرْبًا مِنْهُ: مَنْ ضَرَبْتَ؟ فَيَقُولُ لَهُ الْقَائِلُ: هُوَ صَوْتُ مُنَادٍ، فَالنَّصْبُ هَاهُنَا لَا يَسْتَقِيمُ؛ لِأَنَّ الْمُجِيبَ قَاصِدٌ نَفْيَهُ فِي الْمَعْنَى مُثْبِتٌ لِغَيْرِهِ، فَهُوَ يُفْسِدُ الْمَعْنَى، وَمِنْهُ قَوْلُهُ تَعَالَى: "وَإِذَا قِيلَ لَهُمْ مَاذَا أَنْزَلَ رَبُّكُمْ قَالُوا أَسَاطِيرُ الْأَوَّلِينَ" [النحل:٢٤]، فَلَوْ نَصَبَ هَاهُنَا لَمْ يَسْتَقِمْ؛ لِأَنَّهُمْ لَيْسُوا مُقِرِّينَ

بِإِنْزَالٍ مِنَ اللهِ مُتَعَلِّقٌ بِأَسَاطِيرِ الأَوَّلِينَ، بَلْ مُنْكِرُونَ لِإِنْزَالٍ مِنَ اللهِ تَعَالَى مُطْلَقًا، وَقَوْلُهُمْ: أَسَاطِيرُ الأَوَّلِينَ هُوَ فِي الْمَعْنَى نَفْيُ الإِنْزَالِ؛ أَيْ: هَذَا الَّذِي يَقُولُ: إِنَّهُ إِنْزَالٌ هُوَ أَسَاطِيرُ الأَوَّلِينَ، فَيَفْسُدُ تَقْدِيرُ الْفِعْلِ، وَهُوَ أَنْزَلَ عَلَى هَذَا، مَعَ أَنَّهُمْ غَيْرُ مُقِرِّينَ بِالإِنْزَالِ مِنَ اللهِ، بِخِلَافِ قَوْلِهِ تَعَالَى: "وَقِيلَ لِلَّذِينَ اتَّقَوْا مَاذَا أَنْزَلَ رَبُّكُمْ قَالُوا خَيْرًا" [النحل:٣٠].

أَيْ: أَنْزَلَ خَيْرًا؛ لِأَنَّهُمْ مُقِرُّونَ بِالإِنْزَالِ مِنَ اللهِ تَعَالَى.

فَصْلٌ: الكَلَامُ عَلَى أَسْمَاءِ الأَفْعَالِ وَالأَصْوَاتِ الَّتِي هِيَ مِنْ جُمْلَةِ الْمَبْنِيَّاتِ

قَالَ الشَّيْخُ: أَمَّا أَسْمَاءُ الأَفْعَالِ فَإِنَّمَا بُنِيَتْ لِوُقُوعِهَا مَوْقِعَ مَا لَا أَصْلَ لَهُ فِي الإِعْرَابِ، وَهُوَ فِعْلُ الأَمْرِ وَالْمَاضِي، وَقَوْلُ بَعْضِ النَّحْوِيِّينَ: إِنَّهَا تَكُونُ لِلأَمْرِ وَالنَّهْيِ رَاجِعٌ إِلَى الأَمْرِ؛ لِأَنَّ الَّذِي يَقُولُ، بِهَذَا الْقَوْلِ النَّهْيُ عَنِ الشَّيْءِ عِنْدَهُ أَمْرٌ بِضِدِّهِ، وَإِلَّا فَلَا يَلِيقُ بِهِ أَنْ يَقُولَهُ، لِئَلَّا يَتَعَذَّرَ عَلَيْهِ عِلَّةُ الْبِنَاءِ، وَلَمَّا تَيَقَّظَ صَاحِبُ الْكِتَابِ لِذَلِكَ لَمْ يَتَعَرَّضْ لِذِكْرِ النَّهْيِ، بَلْ قَالَ:

(ضَرْبٌ لِتَسْمِيَةِ الأَوَامِرِ، وَضَرْبٌ لِتَسْمِيَةِ الأَخْبَارِ).

ثُمَّ ذَكَرَ مَا ذَكَرَهُ مِنْهَا جُمْلَةً، ثُمَّ ذَكَرَ لِكُلِّ فَصْلًا مُفَصَّلًا، وَاعْلَمْ أَنَّ هَذِهِ الأَسْمَاءَ مَعْنَاهَا مَعْنَى الْمَصَادِرِ الْمَأْمُورِ بِهَا فِي الأَمْرِ كَنَزَالِ وَنَحْوِهِ، وَالْمُخْبَرِ بِهَا فِي الْخَبَرِ كَسَقْيًا وَرَعْيًا، إِلَّا أَنَّا فَهِمْنَا مِنْهُمْ إِعْرَابَ (سَقْيًا) وَبِنَاءَ (رُوَيْدَ) وَشِبْهِهِ، وَأَمْكَنَنَا أَنْ نَحْمِلَ كُلَّ وَاحِدٍ مِنَ الْبَابَيْنِ عَلَى قِيَاسِ لُغَتِهِمْ، فَحَكَمْنَا بِأَنَّ سَقْيًا مَصْدَرٌ لِـ (سَقَى) مُقَدَّرًا غَيْرَ وَاقِعٍ بَدْءًا مَوْقِعَهُ وَإِلَّا لَكَانَ مَبْنِيًّا كَنَزَالِ، وَإِنَّمَا حُذِفَ (سَقَى) مَعَهُ؛ لِكَثْرَةِ الاِسْتِعْمَالِ حَتَّى صَارَ كَأَنَّهُ عِوَضٌ عَنْهُ، وَقَوْلُ سِيبَوَيْهِ وَغَيْرِهِ مِنَ النَّحْوِيِّينَ: إِنَّ سَقْيًا عِوَضٌ، جَعَلُوا سَقْيًا عِوَضًا مِنَ اللَّفْظِ بِالْفِعْلِ؛ يَعْنِي: أَنَّهُ لَازِمٌ حَذْفُ فِعْلِهِ لِكَثْرَةِ اسْتِعْمَالِهِ، لَا أَنَّ سَقْيًا وَاقِعٌ بَدْءًا مَوْقِعَ (سَقَى) أَوْ (اسْقِ)، وَحَكَمْنَا بِأَنَّ (رُوَيْدَ) وَشِبْهَهُ وَاقِعٌ مَوْقِعَ فِعْلِ الأَمْرِ، فَيَتَّضِحُ عِلَّةُ الْبِنَاءِ.

وَلَوْلَا بِنَاؤُهُمْ لِأَحَدِ الْقِسْمَيْنِ وَإِعْرَابُهُمْ لِلْآخَرِ لَمْ يَكُنْ لِلْفَصْلِ بَيْنَهُمَا مَعْنًى، وَالَّذِي يَدُلُّكَ عَلَى ذَلِكَ أَنَّهُ قَدْ جَاءَ بَعْضُ هَذِهِ الأَسْمَاءِ مُعْرَبًا وَمَبْنِيًّا كَرُوَيْدَ، وَحَكَمْنَا فِي حَالِ إِعْرَابِهِ كَحُكْمِنَا عَلَى (سَقْيًا)، وَحَكَمْنَا فِي حَالِ بِنَائِهِ كَحُكْمِنَا عَلَى (هَا) وَشِبْهِهِ، وَكَذَلِكَ (بَلْهَ) و(فَدَاءَ) و(أُفَّةَ) وَنَظَائِرُهَا، فَقَدِ اتَّضَحَ لَكَ أَنَّ التَّقْدِيرَ مُخْتَلِفٌ، وَالْمَعْنَيَانِ مُتَقَارِبَانِ.

ثُمَّ قَالَ: (هَلُمَّ)، وَذَكَرَ الخِلافَ فِي تَرْكِيبِهَا، وَالَّذِي حَمَلَ النَّحْوِيِّينَ عَلَى الْحُكْمِ بِالتَّرْكِيبِ فِي مِثْلِ هَذِهِ الْمَوَاضِعِ، وَإِنْ كَانَ الظَّاهِرُ أَنَّهُ كَلِمَةٌ بِرَأْسِهَا أَنَّهُمْ رَأَوْا الْعَرَبَ حَكَمَتْ بِالتَّرْكِيبِ فِي مِثْلِهِ؛ كَقَوْلِهِمْ فِي (إِمَّا): إِنْ فِي قَوْلِهِ:

سَقَتْهُ الرَّوَاعِدُ مِنْ صَيِّفٍ ... وَإِنْ مِنْ خَرِيفٍ فَلَنْ يَعْدَمَا

قَالَ سِيبَوَيْه: هِيَ (إِمَّا) الْعَاطِفَةُ، فَحُذِفَتْ (مَا) وَبَقِيَتْ (إِنْ)، وَإِذَا ثَبَتَ أَنَّ (إِمَّا) مُرَكَّبَةٌ مَعَ بُعْدِ التَّرْكِيبِ عَنْهَا صُورَةً فَلا بُعْدَ فِي أَنْ يَكُونَ (هَلُمَّ) مُرَكَّبًا، وَيُقَوِّيهِ هَاهُنَا لُغَةُ بَنِي تَمِيمٍ فِي قَوْلِهِمْ: هَلُمَّا وَهَلُمُّوا؛ لأَنَّهُمْ لَمَّا صَرَّفُوهُ تَصَرُّفَ الْفِعْلِ دَلَّ عَلَى أَنَّهُ فِعْلٌ، وَلا يَكُونُ فِعْلا إِلا بِالتَّرْكِيبِ.

عَلَى أَنَّ مَذْهَبَ أَهْلِ الْحِجَازِ يُضَعِّفُ التَّرْكِيبَ؛ لأَنَّهُ لَوْ كَانَ مُرَكَّبًا لَوَجَبَ اللُّغَةُ التَّمِيمِيَّةُ، وَلَمْ يَكُنْ لِكَوْنِهِ اسْمَ فِعْلٍ مَعْنًى، إِذْ كَيْفَ يَكُونُ اسْمَ فِعْلٍ وَهُوَ فِعْلٌ؟

وَمَذْهَبُ بَنِي تَمِيمٍ يُقَوِّي التَّرْكِيبَ، وَلَكِنَّهُ يُضَعِّفُ كَوْنَهُ اسْمَ فِعْلٍ لِلْمُنَافَاةِ الْحَاصِلَةِ بَيْنَ الْفِعْلِ وَاسْمِ الْفِعْلِ، وَإِذَا حَكَمْنَا بِأَنَّهُ فِعْلٌ تَعَذَّرَ أَن نَحْكُمَ بِأَنَّهُ اسْمٌ، فَلا بُعْدَ أَنْ يَكُونَ عَلَى مَذْهَبِ أَهْلِ الْحِجَازِ اسْمَ فِعْلٍ غَيْرَ مُرَكَّبٍ، وَعَلَى مَذْهَبِ بَنِي تَمِيمٍ فِعْلا لا اسْمَ فِعْلٍ، وَيُمْكِنُ أَنْ يُجَابَ عَلَى ذَلِكَ بِأَنَّ يُقَالَ: الْمُرَكَّبُ قَدْ يَكُونُ لِكُلِّ وَاحِدٍ مِنْ مُفْرَدَيْهِ مَعْنًى عِنْدَ التَّفْصِيلِ، وَيَصِيرُ لَهُ بِالتَّرْكِيبِ مَعْنًى آخَرُ وَحُكْمٌ، فَلا بُعْدَ أَنْ يَكُونَ (هَلُمَّ) فِي الأَصْلِ عَلَى مَا ذُكِرَ مِنَ التَّرْكِيبِ، ثُمَّ جُعِلا جَمِيعًا اسْمَ فِعْلٍ، فَحَصَلَتْ لَهُ أَحْكَامُ أَسْمَاءِ الأَفْعَالِ لِذَلِكَ، وَبَقِيَ حُكْمُ اتِّصَالِ الضَّمَائِرِ عَلَى لُغَةِ بَنِي تَمِيمٍ عَلَى أَصْلِهِ.

وَمَذْهَبُ الْبَصْرِيِّينَ أَقْرَبُ مِنْ مَذْهَبِ الْكُوفِيَّةِ، فَإِنَّ الْبَصْرِيَّةَ قَالُوا: إِنَّهَا مُرَكَّبَةٌ مِنْ هَا لُمَّ، وَمَذْهَبُ الْكُوفِيَّةِ مِنْ هَلْ أُمَّ؛ لِبُعْدِ مَعْنَى حَرْفِ الاسْتِفْهَامِ مِنْ مَعْنَاهُ.

(وَحَيْهَلَ) عَلَى مَا ذَكَرَ، ثُمَّ اسْتَدَلَّ بِقَوْلِهِ:

بِحَيَّهَلا......... ....

عَلَى أَنَّهُ يَكُونُ مَفْتُوحًا مُنَوَّنًا، وَإِنْ كَانَ الْمُرَادُ هَاهُنَا اللَّفْظَ؛ لأَنَّ حَرْفَ الْجَرِّ لا يَدْخُلُ عَلَيْهِ بِمَعْنَاهُ، كَمَا لا يَدْخُلُ عَلَى الْفِعْلِ الَّذِي بِمَعْنَاهُ لِتَعَذُّرِ مَعْنَاهُ فِيهِ، إِلا أَنَّهُ اسْتَقَامَ الاسْتِدْلالُ؛ لأَنَّ الْحِكَايَةَ فِيهِ مَعْلُومَةٌ، إِذْ لَوْ لَمْ يَقْصِدْهَا لأعْرِبَ، وَإِذَا كَانَ مَحْكِيًّا عُلِمَ أَنَّهُ لُغَةٌ فِي الْمَحْكِيِّ، وَإِذَا لَمْ يُعْرَبْ وَجَبَ أَنْ يَكُونَ حِكَايَةً، وَأَمَّا قَوْلُهُ:

وَهَيَّجَ الْقَوْمَ مِنْ دَارٍ فَظَلَّ لَهُمْ ... يَوْمٌ كَثِيرٌ تُنَادِيهِ وَحَيَّهَلُهْ

فَلا مَعْنَى لإنْشَادِهِ هَاهُنَا؛ لأنَّهُ لا يَسْتَقِلُّ دَلِيلا عَلَى لُغَةٍ مِنْ لُغَاتِ بِنَائِهِ، وَلا عَلَى التَّعَدِّي بِنَفْسِهِ، وَلا عَلَى التَّعَدِّي بِحَرْفِ جَرٍّ، إِذْ كُلُّ ذَلِكَ لا يَجُوزُ تَقْدِيرُهُ.

أَمَّا لُغَاتُهُ فَلأَنَّهُ لَمَّا قَصَدَ اللَّفْظَ وَلَمْ يَحْكِهِ أَعْرَبَهُ، فَبَقِيَ احْتِمَالُ لُغَاتِ الْبِنَاءِ عَلَى السَّوَاءِ، وَالَّذِي يَدُلُّكَ عَلَى إِعْرَابِهِ رَفْعُهُ، إِذْ لَيْسَ مِنْ لُغَاتِهِ الضَّمُّ، وَأَمَّا تَعَدِّيهِ بِنَفْسِهِ أَوْ بِحَرْفِ جَرٍّ فَذَلِكَ إِنَّمَا يَكُونُ عِنْدَ اسْتِعْمَالِهِ بِمَعْنَاهُ أَوْ حِكَايَتِهُ، وَقَدْ تَبَيَّنَ أَنَّهُ لَمْ يَسْتَعْمِلْهُ بِمَعْنَاهُ، بَلْ قَصَدَ اللَّفْظَ، وَلِذَلِكَ أَضَافَهُ وَلَمْ يَحْكِهِ؛ لأنَّهُ أَعْرَبَهُ، فَصَارَ تَقْدِيرُ التَّعَدِّي عَلَى اخْتِلافِهِ عَلَى حَدٍّ سَوَاءٍ.

قَالَ: (فَعَالِ عَلَى أَرْبَعَةِ أَضْرُبٍ).

أَمَّا الْقِسْمُ الأَوَّلُ فَعِلَّةُ بِنَائِهِ عِلَّةُ بِنَاءِ الأفْعَالِ، وَأَمَّا الثَّلاثَةُ الْبَوَاقِي فَعِلَّتُهَا مُخْتَلَفٌ فِيهَا.

فَمِنْهُمْ مَنْ يَذْهَبُ إِلَى أَنَّ عِلَّةَ بِنَائِهَا قُوَّةُ شَبَهِهَا بِمَا وَقَعَ مَوْقِعَ الْمَبْنِيِّ، فَيُشَبِّهُ يَسَارِ وَحَمَادِ بِنَزَالِ مِنْ وَجْهَيْنِ:

أَحَدُهُمَا: أَنَّهُ مَعْدُولٌ فِي يَسَارِ عَنِ الْمَيْسَرَةِ، وَحَمَادِ عَنِ الْمَحْمَدَةِ، كَمَا أَنَّ نَزَالِ مَعْدُولٌ عَنِ (انْزِلْ).

وَالثَّانِي: أَنَّ لَفْظَهُ فِي حَرَكَاتِهِ وَسَكَنَاتِهِ كَلَفْظِ نَزَالِ، وَهُوَ مَذْهَبُ صَاحِبِ الْكِتَابِ.

وَالْمَذْهَبُ الثَّانِي: أَنَّهَا كُلَّهَا بُنِيَتْ لِتَضَمُّنِهَا مَعْنَى تَاءِ التَّأْنِيثِ، فَزَعَمَ أَنَّ (يَسَارِ) مُتَضَمِّنَةٌ لِتَاءِ التَّأْنِيثِ الَّتِي فِي الْمَيْسَرَةِ؛ لأنَّهُ بِمَعْنَاهُ، فَكَأَنَّهُ تَضَمَّنَ مَعْنَى تَاءِ التَّأْنِيثِ، وَإِذَا أُورِدَ عَلَيْهِ هِنْدٌ وَعَيْنٌ وَقِدْرٌ وَشِبْهُهُ مِمَّا هُوَ مُؤَنَّثٌ فِي كَلامِهِمْ، وَلَيْسَ فِيهِ تَاءُ التَّأْنِيثِ أَجَابَ بِأَنَّ هَذَا تَاءُ التَّأْنِيثِ فِيهِ مُرَادَةٌ مَحْذُوفَةٌ، وَفِي مِثْلِ (يَسَارِ) تَضَمَّنَهَا الاسْمُ فَصَارَ دَالا عَلَيْهَا، وَزَعَمَ أَنَّ ذَلِكَ مَعْلُومٌ مِنْ أَحْكَامِهِمْ لِبِنَائِهِمْ أَحَدَ الْقِسْمَيْنِ وَإِعْرَابِهِمُ الآخَرَ، فَإِذَا قُدِّرَ هَذَا التَّقْدِيرَ جَرَى عَلَى قِيَاسِ لُغَتِهِمْ.

وَالأَوَّلُ أَوْلَى لِمَا فِي هَذَا مِنَ التَّعَسُّفِ، وَتَقْدِيرُ أَسْمَاءٍ مُؤَنَّثَةٍ لَمْ يُنْطَقْ بِهَا.

ثُمَّ قَالَ: (وَالْبِنَاءُ فِي الْمَعْدُولَةِ لُغَةُ أَهْلِ الْحِجَازِ)، وَقَدْ تَقَدَّمَ عِلَّتُهُ.

(وَبَنُو تَمِيمٍ يُعْرِبُونَهَا وَيَمْنَعُونَهَا الصَّرْفَ).

وَوَجْهُهُ أَنَّهُ مَعْدُولٌ عَلَمٌ، فَوَجَبَ أَنْ يَمْتَنِعَ مِنَ الصَّرْفِ كَسَائِرِ الأَسْمَاءِ الْمُمْتَنِعَةِ مِنَ الصَّرْفِ، وَهَذَا وَإِنْ كَانَ جَيِّدًا فِي مَعْنَاهُ لَوْ طَرَدُوهُ، لَكِنَّهُمْ خَالَفُوهُ فِيمَا آخِرُهُ رَاءٌ فَبَنَوْا، فَلَوْلا أَنَّهُمْ فَهِمُوا عِلَّةً تُوجِبُ الْبِنَاءَ فِيمَا آخِرُهُ رَاءٌ لَمَا بَنَوْا، وَإِذَا وَجَبَ بِنَاءُ مَا آخِرُهُ رَاءٌ

وَجَبَ بِنَاءُ الْبَابِ كُلِّهِ، إِذْ لَيْسَ لِكَوْنِهِ رَاءً أَثَرٌ فِي الْبِنَاءِ.

وَيُمْكِنُ أَنْ يُقَالَ عَنْهُمْ: التَّقْدِيرَانِ مُسْتَقِيمَانِ، لَكِنْ قَدْ يُرَجَّحُ أَحَدَ التَّقْدِيرَيْنِ لِغَرَضٍ، وَالْغَرَضُ هَاهُنَا قَصْدُ الإِمَالَةِ، وَذَلِكَ لا يَحْصُلُ إلا بِتَقْدِيرِ عِلَّةِ الْبِنَاءِ؛ لأَنَّهُ إِذَا أُعْرِبَ لَمْ يُكْسَرْ، وَإِذَا بُنِيَ كُسِرَ، فَالإِمَالَةُ فِي مِثْلِهِ لا تَكُونُ إلا لِلْكَسْرَةِ، فَلَمَّا كَانَتِ الإِمَالَةُ مَقْصُودَةً فِي لُغَتِنَا وَلا تَحْصُلُ إلا بِالْكَسْرَةِ، وَالْكَسْرَةُ لا تَحْصُلُ إلا بِتَقْدِيرِ عِلَّةِ الْبِنَاءِ كَانَ تَقْدِيرُهَا أَوْلَى مِنْ تَقْدِيرِ عِلَّةِ مَنْعِ الصَّرْفِ، وَإِنْ كَانَتْ أَيْضًا مُسْتَقِيمَةً لَكِنْ يُرَجَّحُ عَلَيْهَا عِلَّةُ الْبِنَاءِ لِمَا ذَكَرْنَاهُ.

وَأَمَّا الْقَلِيلُ مِنْ تَمِيمٍ فَقَدْ جَرَوْا عَلَى قِيَاسِ مَنْعِ الصَّرْفِ فِي الْجَمِيعِ دُونَ الْبِنَاءِ، وَلَمْ يَحْتَاجُوا إِلَى تَعَسُّفٍ فِي الْفَرْقِ.

ثُمَّ قَالَ فِي فَصْلِ (هَيْهَاتَ): (وَقَالُوا: إِنَّ الْمَفْتُوحَةَ مُفْرَدَةٌ) إِلَى آخِرِهِ.

لَمْ يُرِدْ نِسْبَتَهُ إِلَيْهِ فَقَالَ: (وَقَالُوا) لِمَا فِيهِ مِنْ تَعَسُّفٍ، وَالْحَقُّ أَنَّهُ لُغَاتٌ فِيهَا، إلا أَنَّهُمْ لَمَّا رَأَوْهَا مَفْتُوحَةً تَارَةً وَمَكْسُورَةً أُخْرَى، وَتُقْلَبُ تَاؤُهَا تَارَةً، وَتَثْبُتُ أُخْرَى شَبَّهُوهَا فِي الْمَوْضِعَيْنِ بِمَا يُمَاثِلُهَا، فَقَالُوا مَا قَالُوهُ مِنْ أَنَّ الْمَفْتُوحَةَ أَصْلُهَا هَيْهَيَةٌ كَزَلْزَلَةٍ، فَقُلِبَتِ الْيَاءُ أَلِفًا وَبَقِيَتْ تَاؤُهَا تَاءَ التَّأْنِيثِ فِي مُفْرَدٍ، فَحُكْمُهَا أَنْ تُقْلَبَ هَاءً فِي الْوَقْفِ، مِثْلُهَا فِي زَلْزَلَةٍ، وَأَنَّ الْمَكْسُورَةَ أَصْلُهَا هَيْهَيَاتٌ وَهِيَ جَمْعُ الْمَفْتُوحَةِ، فَحُذِفَتِ الْيَاءُ الَّتِي هِيَ لامٌ عَلَى غَيْرِ قِيَاسٍ، إِذْ قِيَاسُهَا أَنْ لا تُحْذَفَ، كَمَا لا تُحْذَفُ فِي جَمْعِ مُصْطَفَاةٍ وَمُعَلَاةٍ، إِذَا قُلْتَ: مُصْطَفَيَاتٌ وَمُعَلَّيَاتٌ؛ لأَنَّ الْيَاءَ تَصِحُّ إِذَا كَانَ بَعْدَهَا أَلِفٌ إِمَّا كَرَاهَةَ اجْتِمَاعِ الأَلِفَيْنِ وَإِمَّا خِيفَةَ اللَّبْسِ، كَمَا فِي سَرَى وَسَرَيَا لأَنَّكَ لَوْ بَقَّيْتَهَا أَلِفًا لَحُذِفَتْ إِحْدَاهُمَا لِلسَّاكِنَيْنِ، فَيَبْقَى مُصْطَفَاةً، فَيَلْتَبِسُ بِالْمُفْرَدِ؛ لأَنَّ لَفْظَهُ كَلَفْظِهِ، فَتَاؤُهَا إِذَنْ تَاءُ جَمْعٍ كَتَاءِ مُسْلِمَاتٍ، فَيُوقَفُ عَلَيْهَا بِالتَّاءِ، وَهَذَا كُلُّهُ تَعَسُّفٌ لا حَاجَةَ إِلَيْهِ.

وَقَوْلُهُ فِي فَصْلِ (شَتَّانَ):

(لَشَتَّانَ مَا بَيْنَ الْيَزِيدَيْنِ فِي النَّدَى ... يَزِيدِ سُلَيْمٍ وَالأَغَرِّ بْنِ حَاتِمِ

فَقَدْ أَبَاهُ الأَصْمَعِيُّ).

لِمَا يَلْزَمُ مِنْ جَعْلِ فَاعِلِهِ الْمَقْصُودِ بِهِ التَّفْرِقَةُ بَيْنَهُمَا فِي الْمَعْنَى لَفْظًا وَاحِدًا لا افْتِرَاقَ فِيهِ فِي اللَّفْظِ، كَأَنَّهُ فُهِمَ مِنْهُمْ أَنَّهُمْ لَمَّا قَصَدُوا التَّفْرِقَةَ فِي الْمَعْنَى قَصَدُوا إِلَى أَنْ يَكُونَ اللَّفْظُ أَيْضًا مُفْتَرِقًا؛ لِيَتَنَاسَبَ اللَّفْظُ وَالْمَعْنَى، وَكَأَنَّ الْمُجِيزَ لَمَّا فَهِمَ أَنَّ مَعْنَى قَوْلِكَ: (شَتَّانَ زَيْدٌ وَعَمْرٌو) (شَتَّانَ حَالا زَيْدٍ وَعَمْرٍو)، فَكَأَنَّهُمْ حَذَفُوا الْمُضَافَ وَأَقَامُوا

الْمُضَافِ إِلَيْهِ مَقَامَهُ، رَأَى أَنَّ إِظْهَارَهُ غَيْرُ بَعِيدٍ فَجَوَّزَهُ، وَإِنْ كَانَ لَفْظُهُ مُفْرَدًا؛ لِأَنَّ التَّقْدِيرَ كَذَلِكَ، وَأَيْضًا إِذَا كَانَ الْفَاعِلُ، وَهُوَ زَيْدٌ وَعَمْرٌو لَا يُعْقَلُ إِلَّا مُتَعَدِّدًا فِي الْمَعْنَى جَازَ أَنْ يَأْتِيَ اللَّفْظُ مُتَعَدِّدًا لَفْظًا وَمُتَعَدِّدًا مَعْنًى؛ كَقَوْلِكَ: (كِلَا الزَّيْدَيْنِ) وَ(كِلَا زَيْدٍ وَعَمْرٍو).

وَالْجَوَابُ عَنْهُ أَنَّ ذَلِكَ لَا يَلْزَمُ، أَمَّا تَقْدِيرُ حَالًا زَيْدٍ وَعَمْرٍو فَمِنْ وَجْهَيْنِ:

أَحَدُهُمَا: أَنَّ التَّقْدِيرَ حَالُ زَيْدٍ وَحَالُ عَمْرٍو، فَالتَّقْدِيرُ أَيْضًا مُتَعَدِّدٌ.

وَالثَّانِي: سَلَّمْنَا أَنَّ التَّقْدِيرَ غَيْرُ مُتَعَدِّدٍ، وَلَكِنَّهُ عِنْدَ ذَلِكَ مُلْتَزَمُ الْحَذْفِ، حَتَّى يَحْصُلَ التَّعَدُّدُ، وَعِنْدَ الْإِظْهَارِ لَا يَبْقَى تَعَدُّدٌ.

وَأَمَّا الْجَوَابُ عَنِ الثَّانِي فَهُوَ أَنَّ الْمَعْنَى إِذَا لَمْ يَحْصُلْ إِلَّا بِالتَّعَدُّدِ نُظِرَ فَإِنْ كَانَ الْمَعْنَى يَقْتَضِي اجْتِمَاعَ الْمُتَعَدِّدَاتِ كَانَ اللَّفْظُ الْوَاحِدُ هُوَ الْوَجْهَ لِيَحْصُلَ الْغَرَضَانِ، وَإِنْ كَانَ الْمَعْنَى يَقْتَضِي افْتِرَاقَ الْمُتَعَدِّدَاتِ، فَالْوَجْهُ الْإِتْيَانُ بِهَا فِي اللَّفْظِ مُفَرَّقَةً كَـ (شَتَّانَ زَيْدٍ وَعَمْرٍو)، وَمَا ذَكَرْتُمُوهُ حُجَّةٌ عَلَيْكُمْ، فَإِنَّ (كِلَا الزَّيْدَيْنِ) هُوَ الْوَجْهُ، وَ(كِلَا زَيْدٍ وَعَمْرٍو) ضَعِيفٌ، وَلَا خِلَافَ أَنَّ (شَتَّانَ زَيْدٍ وَعَمْرٍو) قَوِيٌّ، فَلَا بُدَّ مِنَ الْفَرْقِ، وَلَا يُوجَدُ فَرْقٌ مُنَاسِبٌ سِوَى مَا ذَكَرْنَاهُ، فَكَانَ مَا ذَكَرْنَاهُ أَوْلَى.

ثُمَّ قَالَ فِي فَصْلِ (أُفٍّ): (يُفْتَحُ وَيُضَمُّ وَيُكْسَرُ- وَيُنَوَّنُ فِي أَحْوَالِهِ، وَتُلْحَقُ بِهِ التَّاءُ مُنَوَّنًا).

قَالَ الشَّيْخُ: (أُفٍّ) إِذَا نُوِّنَ وَفُتِحَ سَوَاءٌ لَحِقَتْهُ تَاءُ التَّأْنِيثِ أَوْ لَا فَالظَّاهِرُ أَنَّهُ مَصْدَرٌ وَلَا حَاجَةَ إِلَى تَقْدِيرِهِ اسْمَ فِعْلٍ؛ لِأَنَّهُ قَدْ تَقَدَّمَ أَنَّ أَسْمَاءَ الْأَفْعَالِ إِنَّمَا قُدِّرَتْ هَذَا التَّقْدِيرَ لِإِظْهَارِ عِلَّةِ الْبِنَاءِ، فَأَمَّا إِذَا كَانَ ظَاهِرُهُ الْإِعْرَابَ فَحَمْلُهُ عَلَى الْمَصْدَرِ أَوْلَى؛ لِأَنَّهُ أَصْلٌ، وَلِذَلِكَ ذَكَرَ (أُفَّةٌ) فِي الْمَصَادِرِ الْمَنْصُوبَةِ بِأَفْعَالٍ مُضْمَرَةٍ، وَيَجُوزُ أَنْ يُقَدَّرَ اسْمَ فِعْلٍ لَمَّا فُهِمَ أَنَّ مَعْنَاهُ فِي حَالِ فَتْحِهِ كَمَعْنَاهُ فِي بَقِيَّةِ أَحْوَالِهِ، وَقَدْ ثَبَتَ أَنَّهُ فِي بَقِيَّةِ أَحْوَالِهِ اسْمُ فِعْلٍ، فَلْيَكُنْ هَاهُنَا كَذَلِكَ.

ثُمَّ قَالَ: (وَهَذِهِ الْأَسْمَاءُ عَلَى ثَلَاثَةِ أَضْرُبٍ).

مَا يُسْتَعْمَلُ مُنَوَّنًا، وَمَا يُسْتَعْمَلُ غَيْرَ مُنَوَّنٍ، فَقِيلَ فِيمَا اسْتُعْمِلَ مُنَوَّنًا: إِنَّ التَّنْوِينَ لِلتَّنْكِيرِ، وَإِنَّكَ إِذَا قُلْتَ: صَهْ، فَمَعْنَاهُ: الْأَمْرُ بِسُكُوتٍ مَعْهُودٍ؛ أَيْ: اسْكُتْ السُّكُوتَ، وَإِذَا قُلْتَ: صَهٍ، فَمَعْنَاهُ: الْأَمْرُ بِسُكُوتٍ مَا، كَأَنَّهُمْ قَصَدُوا إِلَى أَنْ يَجْعَلُوا التَّنْوِينَ فِي (صَهٍ) جِيءَ بِهِ لِمَعْنًى، وَحَكَمُوا عَلَى الْمُنَوَّنِ بِأَنَّهُ نَكِرَةٌ، وَعَلَى غَيْرِ الْمُنَوَّنِ بِأَنَّهُ مَعْرِفَةٌ لِمَا ذَكَرْنَاهُ، وَيَنْبَغِي إِذَا حُكِمَ بِالتَّعْرِيفِ أَنْ يَكُونَ عَلَمًا مَوْضُوعًا اسْمًا لِلْفِعْلِ الَّذِي بِمَعْنَاهُ.

فَإِنْ قِيلَ: هُوَ اسْمٌ لِلْفِعْلِ عَلَى كُلِّ تَقْدِيرٍ، فَكَيْفَ يَكُونُ مَعْرِفَةً تَارَةً وَنَكِرَةً أُخْرَى؟

قُلْتُ: إِذَا قُدِّرَ مَعْرِفَةً جُعِلَ عَلَمًا لِمَعْقُولِيَّةِ الْفِعْلِ الَّذِي بِمَعْنَاهُ، كَمَا تَقُولُهُ فِي أُسَامَة وَغُدْوَةَ، وَإِذَا قُدِّرَ نَكِرَةً كَانَ لِوَاحِدٍ مِنْ آحَادِ الْفِعْلِ الَّذِي يَتَعَذَّرُ اللَّفْظُ بِهِ، فَصَارَ أَمْرُهُ بِهَذَا التَّقْدِيرِ مُخْتَلِفًا، فَصَحَّ أَنْ يُقَدَّرَ مَعْرِفَةً وَأَنْ يُقَدَّرَ نَكِرَةً، وَمَجِيئُهُ مَعْرِفَةً لا غَيْرُ فِي بَعْضِ مَوَاضِعِهِ كَمَجِيءِ قَوْلِهِمْ: (أَبُو بَرَاقِشَ)، وَمَجِيئُهُ مَعْرِفَةً وَنَكِرَةً بِالتَّأْوِيلَيْنِ الْمَذْكُورَيْنِ كَمَا لَوْ نَكَّرْتَ أُسَامَة، كَمَا يُقَالُ: مَرَرْتُ بِأُسَامَةَ وَأُسَامَةٍ آخَرَ، وَكَمَا يُقَالُ: مَرَرْتُ بِحَمْزَةَ وَحَمْزَةٍ آخَرَ، وَمَجِيئُهُ نَكِرَةً لا غَيْرُ؛ كَقَوْلِكَ: أَسَدٌ وَشِبْهُهُ.

وَقَوْلُهُمْ: (فِدَاءً لَكَ) لا بُدَّ مِنْ تَقْدِيرِهِ اسْمَ فِعْلٍ، وَإِلَّا وَجَبَ نَصْبُهُ، وَإِذَا جَاءَ مَنْصُوبًا كَانَ مَصْدَرًا.

وَهَذِهِ الْأَسْمَاءُ كُلُّهَا - أَعْنِي: أَسْمَاءَ الْأَفْعَالِ - اخْتُلِفَ فِيهَا، هَلْ لَهَا مَوْضِعٌ مِنَ الْإِعْرَابِ أَوْ لا، فَقَالَ قَوْمٌ: لا مَوْضِعَ لَهَا مِنَ الْإِعْرَابِ؛ لِأَنَّ مَعْنَاهَا مَعْنَى مَا لا مَوْضِعَ لَهُ مِنَ الْإِعْرَابِ، وَهُوَ الْفِعْلُ وَلِذَلِكَ بُنِيَتْ، فَوَجَبَ أَنْ لا يَكُونَ لَهَا مَوْضِعٌ مِنَ الْإِعْرَابِ.

وَقَالَ غَيْرُهُمْ: بَلْ لَهَا مَوْضِعٌ مِنَ الْإِعْرَابِ؛ لِأَنَّهَا أَسْمَاءٌ وَقَعَتْ مُرَكَّبَةً؛ لِأَنَّ مِنْهَا مَا فِيهِ ضَمِيرٌ، وَمِنْهَا مَا هُوَ مُسْنَدٌ إِلَى الضَّمَائِرِ ظَاهِرًا، وَكُلُّ اسْمٍ وَقَعَ مُرَكَّبًا، فَلا بُدَّ مِنْ إِعْرَابِهِ، إِذْ عِلَّةُ الْإِعْرَابِ التَّرْكِيبُ، وَقَدْ وُجِدَ وَمَا ذَكَرْتُمُوهُ مِنْ عِلَّةِ الْبِنَاءِ لا يُوجِبُ أَنْ لا يَكُونَ لَهُ مَوْضِعٌ مِنَ الْإِعْرَابِ كَجَمِيعِ الْأَسْمَاءِ الْمَبْنِيَّةِ، وَإِنَّمَا نَحْكُمُ بِأَنَّ لَهَا مَوْضِعًا مِنَ الْإِعْرَابِ، وَإِنْ كَانَتْ مَبْنِيَّةً عَلَى اخْتِلافِ وُجُوهِ الْبِنَاءِ.

وَمَوْضِعُهَا عِنْدَ هَؤُلاءِ رَفْعٌ بِالِابْتِدَاءِ؛ لِأَنَّهُ وَمَا بَعْدَهُ اسْمَانِ جُرِّدَا عَنِ الْعَوَامِلِ اللَّفْظِيَّةِ لِيُسْنَدَ أَحَدُهُمَا إِلَى الْآخَرِ؛ كَقَوْلِكَ: (أَقَائِمٌ الزَّيْدَانِ)، وَكَوْنُهُ وَاقِعًا مَوْقِعَ الْفِعْلِ لا يَمْنَعُ الْإِعْرَابَ أَلا تَرَى إِلَى (أَقَائِمٌ) وَإِنْ كَانَ وَاقِعًا مَوْقِعَ الْفِعْلِ كَيْفَ حُكِمَ بِرَفْعِهِ عَلَى الِابْتِدَاءِ، نَعَمْ بُنِيَ لِوُقُوعِهِ مَوْقِعَ الْمَبْنِيِّ وَهَذَا هُوَ الْوَجْهُ.

وَأَمَّا أَسْمَاءُ الْأَصْوَاتِ فَعِلَّةُ بِنَائِهَا أَنَّهُ لَمْ يُوجَدْ فِيهَا الْعِلَّةُ الْمُقْتَضِيَةُ لِلْإِعْرَابِ، وَهُوَ التَّرْكِيبُ، وَلِأَنَّهَا وُضِعَتْ مُفْرَدَةً صَوْتًا، إِمَّا لِحِكَايَةٍ وَإِمَّا لِغَيْرِهَا عَلَى مَا ذُكِرَتْ مَعَانِيهَا، وَلِذَلِكَ قَالَ فِي الْمُبْتَدَأِ وَالْخَبَرِ: (لِأَنَّهُمَا لَوْ جُرِّدَا لا لِلْإِسْنَادِ لَكَانَا فِي حُكْمِ الْأَصْوَاتِ الَّتِي حَقُّهَا أَنْ يُنْعَقَ بِهَا غَيْرَ مُعْرَبَةٍ؛ لِأَنَّ الْإِعْرَابَ لا يُسْتَحَقُّ إِلَّا بَعْدَ الْعَقْدِ وَالتَّرْكِيبِ)، فَهَذَا تَصْرِيحٌ بِأَنَّهَا مَبْنِيَّةٌ لِعَدَمِ مُقْتَضِي الْإِعْرَابِ، وَهُوَ التَّرْكِيبُ، نَعَمْ إِذَا وَقَعَتْ هَذِهِ الْأَسْمَاءُ فِي التَّرْكِيبِ حُكِيَتْ عَلَى مَا كَانَتْ عَلَيْهِ، وَيَكُونُ لَهَا حِينَئِذٍ مَوْضِعٌ مِنَ الْإِعْرَابِ؛

كَقَوْلِكَ: غَاقِ حِكَايَةَ صَوْتِ الْغُرَابِ، وَكَذَلِكَ مَا أَشْبَهَهُ.

وَفِي هَذِهِ الأَسْمَاءِ أَسْمَاءٌ لَمْ يُخْتَلَفْ فِي أَنَّهَا أَصْوَاتٌ، وَأَسْمَاءٌ يُمْكِنُ أَنْ تُقَدَّرَ أَصْوَاتًا، وَيُمْكِنُ أَنْ تُقَدَّرَ أَسْمَاءَ الأَفْعَالِ، كَالأَلْفَاظِ الَّتِي تُقَالُ لِلْبَهَائِمِ زَجْرًا أَوْ دُعَاءً أَوْ غَيْرَهُمَا؛ كَقَوْلِكَ: نَخّْ لِلْبَعِيرِ، فَإِنَّ لِقَائِلٍ أَنْ يَقُولَ: إِنَّهُ اسْمُ فِعْلٍ؛ لأَنَّهُ بِمَعْنَى أَنِخْ، وَهُوَ أَمْرٌ بِالإِنَاخَةِ، كَمَا أَنَّ (صَهٍ) أَمْرٌ بِالسُّكُوتِ، فَيَكُونُ اسْمَ فِعْلٍ، وَيُمْكِنُ أَنْ يُقَالَ: إِنَّ الْبَهَائِمَ لَمْ تَقْصِدِ الْعُقَلاءُ مُخَاطَبَتَهَا وَإِرَادَةَ مَعَانٍ فِي النَّفْسِ بِالْخِطَابِ تَفْهَمُهَا الْبَهَائِمُ، فَإِنَّ الْبَهَائِمَ لا تَفْهَمُ الْمُرَكَّبَاتِ، وَإِنْ فَهِمَتْ بَعْضَ الْمُفْرَدَاتِ، وَإِنَّمَا هِيَ أَلْفَاظٌ يَقُولُهَا قَائِلُهَا عِنْدَ إِرَادَةِ إِنَاخَةِ الْبَعِيرِ، لِعِلْمِهِ أَنَّ الْعَادَةَ جَرَتْ بِأَنَّهَا إِذَا سَمِعَهَا الْبَعِيرُ أَنَاخَ، لا أَنَّهُ يَقُومُ بِنَفْسِهِ طَلَبُ الإِنَاخَةِ مِنَ الْبَعِيرِ، فَعَلَى هَذَا تَكُونُ أَصْوَاتًا، وَهَذَا هُوَ الظَّاهِرُ، وَعَلَيْهِ اعْتَمَدَ صَاحِبُ الْكِتَابِ، وَكَذَلِكَ (وَيْ) يُحْتَمَلُ أَنْ يُقَالَ: هِيَ اسْمُ فِعْلٍ مَعْنَاهَا مَعْنَى التَّعَجُّبِ، وَإِنَّمَا بُنِيَتْ لِوُقُوعِهَا مَوْقِعَ الْمَبْنِيِّ، وَهِيَ مَوْضُوعَةٌ لِلتَّعَجُّبِ، كَمَا أَنَّ (هَيْهَاتَ) مَوْضُوعَةٌ لـ (بَعُدَ)، وَيَجُوزُ أَنْ يُقَالَ: إِنَّهَا اسْمُ صَوْتٍ؛ لأَنَّ الْمُتَعَجِّبَ يَقُولُ عِنْدَ التَّعَجُّبِ: وَيْ لا يَقْصِدُ إِخْبَارًا بِأَنَّهُ تَعَجَّبَ، بَلْ كَمَا يَقُولُ الْمُتَأَلِّمُ: آهِ، وَلِذَلِكَ يَقُولُهَا الْمُتَعَجِّبُ مُنْفَرِدًا، وَلَوْ كَانَ اسْمَ فِعْلٍ لَمْ يَقُلْهَا الْمُتَكَلِّمُ إِلا مُخَاطِبًا، فَيَقُولُ: وَيْكَ، وَهَذَا هُوَ الظَّاهِرُ، وَعَلَيْهِ اعْتَمَدَ صَاحِبُ الْكِتَابِ.

وفِي قَوْلِهِ تَعَالَى: "وَيْكَأَنَّهُ لا يُفْلِحُ الْكَافِرُونَ" [القصص:٨٢]، قَوْلانِ:

أَحَدُهُمَا: أَنَّ (وَيْ) كَلِمَةٌ دَخَلَتْ عَلَى (كَأَنَّ).

وَالآخَرُ: أَنَّهَا (وَيْكَ) دَخَلَتْ عَلَى (أَنَّ).

فَالأَوَّلُ مَذْهَبُ الْبَصْرِيِّينَ وَالثَّانِي مَذْهَبُ الْكُوفِيِّينَ، وَالْقُرَّاءُ الْبَصْرِيُّونَ جَاءَتْ قِرَاءَتُهُمْ عَلَى خِلافِ مَذْهَبِهِمْ وَوُفْقَ مَذْهَبِ الْكُوفِيِّينَ، وَقِرَاءَةُ الْكُوفِيِّينَ جَاءَتْ أَيْضًا عَلَى خِلافِ مَذْهَبِهِمْ، فَأَبُو عَمْرٍو بَصْرِيٌّ يَقِفُ عَلَى الْكَافِ مِنْ (وَيْكَ)، وَالْكِسَائِيُّ كُوفِيٌّ يَقِفُ عَلَى الْيَاءِ مِنْ (وَيْ).

فَهَذَا يَدُلُّكَ عَلَى أَنَّ قِرَاءَتَهُمْ لَمْ يَأْخُذُوهَا مِنْ نَحْوِهِمْ، وَإِنَّمَا أَخَذُوهَا نَقْلا، حَتَّى لَوْ خَالَفَ النَّقْلُ مَذْهَبَهُ فِي النَّحْوِ لَمْ يَقْرَأْ إِلا بِمَا نُقِلَ كَمَا رَأَيْتَهُ فِي (وَيْ)، وَاللهُ أَعْلَمُ.

الْكَلامُ عَلَى بِنَاءِ بَعْضِ الظُّرُوفِ

قَالَ: (مِنْهَا الْغَايَاتُ، وَهِيَ قَبْلُ وَبَعْدُ) إِلَى آخِرِهِ.

عِلَّةُ بِنَاءِ هَذِهِ الظُّرُوفِ تَضَمُّنُهَا مَعْنَى الْحَرْفِ لِتَضَمُّنِهَا مَعْنَى الْمُضَافِ إِلَيْهِ، وَالْفَرْقُ بَيْنَهَا إِذَا أُعْرِبَتْ وَبَيْنَهَا إِذَا بُنِيَتْ - وَالْحَذْفُ فِي الْحَالَيْنِ - أَنَّهَا فِي الْبِنَاءِ مُتَضَمِّنَةٌ لِلْمَحْذُوفِ تَضَمَّنَ (أَيْنَ) لِحَرْفِ الِاسْتِفْهَامِ، وَإِذَا أُعْرِبَتْ كَانَ الْمُضَافُ إِلَيْهِ مَحْذُوفًا مُرَادًا فِي نَفْسِهِ، لَا عَلَى مَعْنًى أَنَّ شَيْئًا يَتَضَمَّنُهُ، فَهُوَ كَالظُّرُوفِ فِي قَوْلِكَ: (خَرَجْتُ يَوْمَ الْجُمُعَةِ) فِي أَنَّ الْحَرْفَ مَحْذُوفٌ وَلَا مُتَضَمَّنَ لَهُ، وَإِلَّا وَجَبَ الْبِنَاءُ، وَهُوَ مُعْرَبٌ بِاتِّفَاقٍ، فَلَمَّا جَاءَتْ هَذِهِ الظُّرُوفُ عَلَى الْوَجْهَيْنِ قُدِّرَ لِكُلِّ وَجْهٍ مَا يَلِيقُ بِهِ مِمَّا هُوَ قِيَاسُ الْعَرَبِيَّةِ.

وَقَوْلُهُ: (وَحَسْبُ وَلَا غَيْرُ).

وَإِنْ لَمْ يَكُونَا ظَرْفَيْنِ فَقَدْ أُجْرِيَا مُجْرَاهُ فِي تَضَمُّنِهِمَا الْمَعْنَى الَّذِي بُنِيَ الظَّرْفُ مِنْ أَجْلِهِ، وَلَوْ كَانَ (حَسْبُ) مُعْرَبًا لَوَجَبَ تَنْوِينُهُ، وَكَذَلِكَ (غَيْرُ) فِي قَوْلِكَ: (لَا غَيْرُ)، فَدَلَّ ذَلِكَ عَلَى أَنَّهُ مَبْنِيٌّ، وَلَا عِلَّةَ لِلْبِنَاءِ إِلَّا مَا ذَكَرْنَاهُ فِي الظُّرُوفِ.

(وَفِي مَعْنَى حَسْبُ بَجَلْ).

قُلْتُ: (بَجَلْ) كَانَتْ أَوْلَى بِأَنْ تُذْكَرَ فِي أَسْمَاءِ الْأَفْعَالِ؛ لِأَنَّهَا مَبْنِيَّةٌ، وَمَعْنَاهَا: (كَفَاكَ)، وَلَيْسَ بِنَاؤُهَا لِقَطْعِهَا عَنِ الْإِضَافَةِ، أَلَا تَرَاهُمْ يَقُولُونَ: (بَجَلَكَ) فَيَبْنُونَهَا بِخِلَافِ (حَسْبُ)، فَإِنَّهَا تَكُونُ مُعْرَبَةً عِنْدَ الْإِضَافَةِ، فَيَقُولُونَ: (حَسْبُكَ الدِّرْهَمُ)، فَدَلَّ ذَلِكَ عَلَى أَنَّ بِنَاءَهَا لَيْسَ لِقَطْعِهَا عَنِ الْإِضَافَةِ، وَلَكِنْ لَمَّا رَأَوْهَا مُوَافِقَةً لِـ (حَسْبُ) فِي الْمَعْنَى حَيْثُ يَقُولُونَ: بَجَلَكَ وَبَجَلِي، كَمَا يَقُولُونَ: حَسْبُكَ وَحَسْبِي ذَكَرَهَا مَعَهَا، وَالْأَوْلَى ذِكْرُهَا فِي بِنَاءِ أَسْمَاءِ الْأَفْعَالِ لِمَا ذَكَرْنَاهُ.

وَبِنَاءُ الظُّرُوفِ عَلَى حَرَكَةٍ لِعُرُوضِ الْبِنَاءِ أَوْ لِالْتِقَاءِ السَّاكِنَيْنِ فِي كَثِيرٍ مِنْهَا، وَعَلَى الضَّمِّ لِأَنَّهَا حَرَكَةٌ لَا تَكُونُ لَهَا فِي حَالَةِ الْإِعْرَابِ.

قَوْلُهُ: (وَشُبِّهَ (حَيْثُ) بِالْغَايَاتِ مِنْ حَيْثُ مُلَازَمَتِهَا الْإِضَافَةَ).

قَالَ: إِنْ قَصَدَ بِهَذَا التَّشْبِيهِ أَنَّهُ عِلَّةُ الْبِنَاءِ لَمْ يَسْتَقِمْ؛ لِأَنَّ لُزُومَ الْإِضَافَةِ لَا يَلْزَمُ مِنْهُ الْبِنَاءُ، وَإِنْ أَرَادَ أَنَّهُمَا؛ أَيْ: حَيْثُ وَالْغَايَاتُ مُضَافَانِ إِلَى جُمْلَةٍ فَلَا يَسْتَقِيمُ التَّشْبِيهُ؛ لِأَنَّ الْغَايَاتِ غَيْرُ مُضَافَةٍ إِلَى جُمْلَةٍ، وَأَيْضًا فَإِنَّ مُضَافَ (حَيْثُ) مَذْكُورٌ، وَالْغَايَاتُ بُنِيَتْ لِتَضَمُّنِهَا مَعْنَى مُضَافِهَا بَعْدَ الْحَذْفِ، فَلَا يَسْتَقِيمُ أَنْ يَكُونَ مَا ذَكَرَهُ عِلَّةً لِلْبِنَاءِ، وَإِنْ قَصَدَ إِلَى أَنَّهُ عِلَّةُ الضَّمِّ فِيهِ فَهُوَ مُسْتَقِيمٌ، وَلَكِنْ ذِكْرُ عِلَّةِ بِنَائِهَا أَهَمُّ لِأَنَّهُ مُلْبِسٌ.

وَعِلَّةُ بِنَائِهَا احْتِيَاجُهَا إِلَى جُمْلَةٍ مَعَهَا كَاحْتِيَاجِ الْحَرْفِ إِلَى جُمْلَةٍ مَعَهُ، وَهَذِهِ هِيَ عِلَّةُ بِنَاءِ الَّذِي، وَإِنَّمَا احْتَاجَ إِلَى جُمْلَةٍ مِنْ جِهَةِ أَنَّ وَضْعَهُ لِمَكَانٍ مَنْسُوبٍ إِلَى نِسْبَةٍ،

وَتِلْكَ النِّسْبَةُ لَا تَحْصُلُ إِلَّا بِالْجُمْلَةِ، وَوِزَانُهُ فِي احْتِيَاجِهِ إِلَى جُمْلَةٍ كَاحْتِيَاجِ الَّذِي مِنْ حَيْثُ إِنَّ وَضْعَهُ لِمَنْ قَامَتْ بِهِ النِّسْبَةُ، فَلَمَّا احْتَاجَ إِلَى الْجُمْلَةِ فِي تَتْمِيمِهِ أَشْبَهَ الْحَرْفَ.

قَوْلُهُ: (وَمِنْهَا (مُنْذُ)، وَهِيَ إِذَا كَانَتِ اسْمًا عَلَى مَعْنَيَيْنِ) إِلَى آخِرِهِ.

قَالَ الشَّيْخُ: عِلَّةُ بِنَائِهَا أَحَدُ أَمْرَيْنِ:

إِمَّا أَنْ يُقَالَ: هِيَ فِي أَحَدِ وَجْهَيْهَا حَرْفٌ، وَفِي جِهَةِ الاسْمِيَّةِ لَفْظُهَا مِثْلُهُ، وَأَصْلُ مَعْنَاهَا مِثْلُ مَعْنَاهُ، فَهِيَ أَشْبَهُ شَيْءٍ بِالْحَرْفِ، وَهَذَا الْمَعْنَى هُوَ الَّذِي يُقَالُ فِي بِنَاءِ (عَنْ) وَشِبْهِهَا إِذَا وَقَعَتِ اسْمًا، وَإِلَّا وَجَبَ الإِعْرَابُ.

وَالْوَجْهُ الآخَرُ أَنْ يُقَالَ: إِنَّهَا مَقْطُوعَةٌ عَنْ إِضَافَةٍ مُرَادَةٍ فِي الْمَعْنَى، أَلَا تَرَى أَنَّ قَوْلَكَ: (مُنْذُ يَوْمِ الْجُمُعَةِ)، مَعْنَاهُ أَوَّلُ الْمُدَّةِ، فَالْمُضَافُ إِلَيْهِ مُتَضَمَّنٌ لَهَا كَتَضَمُّنِ قَبْلُ وَبَعْدُ عِنْدَ الْحَذْفِ، إِلَّا أَنَّهَا لَمْ تَأْتِ إِلَّا مَبْنِيَّةً؛ لِأَنَّ الْمُضَافَ إِلَيْهِ لَا يُذْكَرُ أَبَدًا مَعَهَا، وَلَمْ يَصِحَّ تَقْدِيرُهُ مَحْذُوفًا بِخِلَافِ قَبْلُ وَشِبْهِهِ، فَإِنَّهُ يَصِحُّ ذِكْرُ مُضَافِهَا، فَصَحَّ أَنْ يُقَدَّرَ مَحْذُوفًا فَتُعْرَبَ، فَمِنْ ثَمَّ جَاءَتْ (مُنْذُ) مَبْنِيَّةً لَيْسَ إِلَّا، وَ(قَبْلُ) وَأَخَوَاتُهَا مَبْنِيَّةً تَارَةً وَمُعْرَبَةً أُخْرَى.

قَوْلُهُ: (وَمِنْهَا (إِذْ) لِمَا مَضَى مِنَ الدَّهْرِ، وَ(إِذَا) لِمَا يُسْتَقْبَلُ مِنْهُ)، قَالَ: عِلَّةُ بِنَاءِ إِذْ وَإِذَا أَنَّ وَضْعَهَا لِزَمَانٍ مَنْسُوبٍ إِلَى نِسْبَةٍ، فَهُمَا مُحْتَاجَانِ إِلَى جُمْلَةٍ تُبَيِّنُ مَعْنَاهُمَا كَاحْتِيَاجِ الْحَرْفِ إِلَى جُمْلَةٍ مَعَهُ.

وَفِي (إِذَا) أَمْرٌ آخَرُ، وَهُوَ تَضَمُّنُهَا مَعْنَى الشَّرْطِ، وَفِي (إِذْ) أَمْرٌ آخَرُ، وَهُوَ وَضْعُهَا عَلَى حَرْفَيْنِ الَّذِي لَيْسَ هُوَ وَضْعَ الْمُتَمَكِّنِ.

وَلَمْ تُضَفْ (إِذَا) إِلَّا إِلَى الْفِعْلِيَّةِ لِمَا فِيهَا مِنْ مَعْنَى الشَّرْطِ، وَأَمَّا (إِذْ) فَأُضِيفَتْ إِلَى كِلْتَا الْجُمْلَتَيْنِ؛ لِأَنَّهُ لَا شَرْطَ فِيهَا، فَإِنْ وَقَعَ بَعْدَ (إِذَا) اسْمٌ مَرْفُوعٌ أَوْ مَنْصُوبٌ قُدِّرَ مَعْمُولًا لِفِعْلٍ؛ لِيُوَفَّرَ عَلَيْهَا مَا تَقْتَضِيهِ مِنَ الْفِعْلِ؛ كَقَوْلِهِ تَعَالَى: **"إِذَا السَّمَاءُ انْشَقَّتْ"** [الانشقاق:١]، تَقْدِيرُهُ: إِذَا انْشَقَّتِ السَّمَاءُ، وَقَدْ أَجَازَ بَعْضُ النَّحْوِيِّينَ أَنْ تَكُونَ جُمْلَةً اسْمِيَّةً مُبْتَدَأً وَخَبَرًا، وَاسْتَدَلَّ عَلَى ذَلِكَ بِاتِّفَاقِهِمْ عَلَى جَوَازِ (إِذَا زَيْدٌ ضَرَبْتَهُ ضَرَبْتُهُ)، وَلَوْ كَانَ الْفِعْلُ لَازِمًا لَمْ يَجُزِ الرَّفْعُ كَمَا لَا يَجُوزُ (إِنْ زَيْدٌ ضَرَبْتَهُ ضَرَبْتُهُ)، إِذْ لَا يُرْفَعُ الاسْمُ إِلَّا بِالابْتِدَاءِ وَالْخَبَرِ، فَدَلَّ الاسْتِدْلَالُ عَلَى صِحَّةِ وُقُوعِ الْمُبْتَدَأِ بَعْدَهَا، وَهُوَ اسْتِدْلَالٌ قَوِيٌّ.

ثُمَّ ذَكَرَ الْمَسَائِلَ، فَقَالَ: (وَقَدِ اسْتَقْبَحُوا (إِذْ زَيْدٌ قَامَ)).

وَوَجْهُ اسْتِقْبَاحِهِمْ أَنَّهُ إِنْ قَصَدَ إِلَى الفِعْلِيَّةِ، فَالْوَجْهُ (إِذْ قَامَ زَيْدٌ)، وَإِنْ قَصَدَ إِلَى الاسْمِيَّةِ، فَالْوَجْهُ (إِذْ زَيْدٌ قَائِمٌ)، فَلِذَلِكَ قَبُحَ (إِذْ زَيْدٌ قَامَ).

فَإِنْ قِيلَ: قُصِدَ إِلَى الاسْمِيَّةِ وَأُتِيَ بِالْمَاضِي لِلدَّلالَةِ عَلَى أَنَّ الْحُكْمَ فِيمَا مَضَى. قِيلَ: هَذَا مَعْلُومٌ مِنْ نَفْسِ (إِذْ)، فَلا حَاجَةَ إِلَى إِيقَاعِ الْفِعْلِ لِهَذَا الْغَرَضِ.

فَإِنْ قِيلَ: يَلْزَمُ مِثْلُهُ فِي (إِذَا) فِي قَوْلِكَ: (إِذَا زَيْدٌ يَقُومُ)، فَالْجَوَابُ: أَنَّ (يَقُومُ) مُفَسِّرٌ لِلْفِعْلِ الْمُقَدَّرِ بَعْدَهَا، وَلَيْسَ الْجُمْلَةُ اسْمِيَّةً حَتَّى يُقَالَ: الوَجْهُ (زَيْدٌ قَائِمٌ).

فَإِنْ قِيلَ: فَإِذَا قُلْنَا: إِنَّ (إِذَا) يَصِحُّ وُقُوعُ الْمُبْتَدَأِ بَعْدَهَا عَلَى مَا ذُكِرَ مِنَ الاسْتِدْلالِ الْقَوِيِّ، فَالْجَوَابُ: أَنَّ (يَقُومُ) حِينَئِذٍ لَمْ يُقْصَدْ بِهَا الدَّلالَةُ عَلَى الْمُسْتَقْبَلِ، وَإِنَّمَا قَصَدَ بِهَا الدَّلالَةَ عَلَى الْحَالِ عَلَى وَجْهِ الْحِكَايَةِ، فَقَدْ صَارَ مَجِيئُهُ لِمَعْنًى مَقْصُودٍ لا يُؤْخَذُ مِنْ (إِذَا)، بِخِلافِ (إِذْ) فَإِنَّهُ لِلْمَاضِي، وَلِذَلِكَ حَسُنَ (إِذْ زَيْدٌ يَقُومُ) لَمَّا كَانَ لِمَعْنًى غَيْرِ مَأْخُوذٍ مِنْ (إِذْ).

و(إِذَا) قَدْ يَكُونُ ظَرْفًا غَيْرَ مُتَضَمِّنٍ لِلشَّرْطِ فِي مِثْلِ قَوْلِهِ تَعَالَى: "**وَٱلَّيْلِ إِذَا يَغْشَىٰ**" [الليل:١] وَنَظَائِرِهِ؛ لأَنَّهُ لَوْ قُدِّرَ شَرْطًا لَفَسَدَ الْمَعْنَى مِنْ جِهَةِ أَنَّ الْجَوَابَ لا بُدَّ أَنْ يَكُونَ مَذْكُورًا أَوْ فِي مَعْنَى الْمَذْكُورِ لِدَلالَةِ مَا تَقَدَّمَ عَلَيْهِ، وَهَاهُنَا لَمْ يُذْكَرْ شَيْءٌ يَصْلُحُ جَوَابًا، فَيَجِبُ أَنْ يَكُونَ مَا تَقَدَّمَ هُوَ الدَّالُّ، فَيَفْسُدُ حِينَئِذٍ الْمَعْنَى، إِذْ يَصِيرُ: إِذَا يَغْشَى اللَّيْلُ أُقْسِمُ، فَيَصِيرُ الْقَسَمُ مُعَلَّقًا عَلَى شَرْطٍ، وَهُوَ ظَاهِرُ الْفَسَادِ، فَيَجِبُ أَنْ يَكُونَ ظَرْفًا.

فَإِنْ قِيلَ: بِمَاذَا تَتَعَلَّقُ (إِذَا) إِنْ كَانَتْ ظَرْفًا مُجَرَّدًا عَنِ الشَّرْطِ، قُلْتُ: بِمَحْذُوفٍ تَقْدِيرُهُ: وَاللَّيْلِ حَاصِلا فِي هَذَا الْوَقْتِ، فَهُوَ إِذَنْ فِي مَوْضِعِ الْحَالِ مِنَ اللَّيْلِ، وَالْعَامِلُ فِي الْحَالِ فِعْلُ الْقَسَمِ، فَاسْتَقَامَ حِينَئِذٍ الْمَعْنَى، وَلا يَسْتَقِيمُ أَنْ يَكُونَ ظَرْفًا مَعْمُولا لـ (أُقْسِمُ) لِفَسَادِ الْمَعْنَى، إِذْ يَصِيرُ (أُقْسِمُ فِي هَذَا الْوَقْتِ بِاللَّيْلِ)، وَلَيْسَ الْمَعْنَى عَلَى تَقْيِيدِ الْقَسَمِ بِوَقْتٍ، بَلْ مَعْنَى الْقَسَمِ مُطْلَقٌ.

وَالْعَامِلُ فِي (إِذَا) إِذَا كَانَتْ شَرْطًا مُخْتَلَفٌ فِيهِ، فَمِنْهُمْ مَنْ يَقُولُ: شَرْطُهَا، وَمِنْهُمْ مَنْ يَقُولُ: جَوَابُهَا، وَهُمُ الأَكْثَرُونَ، بِخِلافِ (مَتَى)، فَإِنَّ الأَكْثَرِينَ عَلَى الْعَكْسِ؛ أَيْ: عَلَى أَنْ يَكُونَ الشَّرْطُ عَامِلا فِيهَا.

فَأَمَّا مَنْ قَالَ: الْعَامِلُ فِيهَا جَوَابُهَا فَلَمَّا رَآهُ مِنْ أَنَّ وَضْعَهَا لِلْوَقْتِ الْمُعَيَّنِ، وَرَأَى أَنَّهُ لا يَتَعَيَّنُ إِلا بِنِسْبَتِهِ إِلَى مَا يَتَعَيَّنُ بِهِ مِنْ شَرْطِهِ، فَيَصِيرُ مُضَافًا إِلَى الشَّرْطِ، وَإِذَا صَارَ مُضَافًا تَعَذَّرَ عَمَلُ الْمُضَافِ إِلَيْهِ فِي الْمُضَافِ لِئَلا يُؤَدِّيَ إِلَى أَنْ يَكُونَ الشَّيْءُ عَامِلا

مَعْمُولا مِنْ وَجْهٍ وَاحِدٍ، فَوَجَبَ أَنْ يَكُونَ الْعَامِلُ هُوَ الْجَوَابُ.

وَأَمَّا (مَتَى)، فَلَيْسَ لِوَقْتٍ مُعَيَّنٍ، فَلَا يَلْزَمُ أَنْ تَكُونَ مُضَافَةً، فَصَحَّ عَمَلُ مَا بَعْدَهَا فِيهَا، وَهُوَ شَرْطُهَا.

فَإِنْ قِيلَ: فَقَدْ عَمِلَتْ (مَتَى) فِيمَا بَعْدَهَا، وَمَا بَعْدَهَا عَلَى هَذَا الْقَوْلِ عَامِلٌ فِيهَا، فَقَدْ صَارَ الشَّيْءُ الْوَاحِدُ عَامِلًا مَعْمُولًا.

قُلْتُ: تَعَدَّدَتِ الْوُجُوهُ فِي قَوْلِكَ: مَتَى تَخْرُجْ أَخْرُجْ.

وَتَعَدُّدُ الْوُجُوهِ كَتَعَدُّدِ أَصْحَابِهَا، وَوَجْهُ التَّعَدُّدِ أَنَّ (مَتَى) إِنَّمَا عَمِلَتْ فِي فِعْلِهَا لِتَضَمُّنِهَا مَعْنَى (إِنْ)، وَمَا بَعْدَهَا عَمِلَ فِيهَا لِكَوْنِهَا ظَرْفًا لَهُ، فَالْوَجْهُ الَّذِي عَمِلَتْ بِهِ غَيْرُ الْوَجْهِ الَّذِي عُمِلَ فِيهَا.

فَإِنْ قُلْتَ: فَقَدِّرْهُ كَذَلِكَ فِي (إِذَا) قُلْتُ: لَا يَسْتَقِيمُ؛ لِأَنَّكَ إِذَا جَعَلْتَ (إِذَا) مُضَافَةً إِلَى فِعْلِهَا كَانَ عَمَلُهَا فِيهِ بِاعْتِبَارِ كَوْنِهَا ظَرْفًا لَهُ، إِذْ هُوَ الَّذِي جَوَّزَ النِّسْبَةَ، فَإِذَا جَعَلْتَ الْفِعْلَ عَامِلًا فِيهَا كَانَ عَلَى مَعْنَى كَوْنِهَا ظَرْفًا لَهُ، فَصَارَ الْوَجْهُ وَاحِدًا، فَهَذَا وَجْهُ قَوْلِ الْأَكْثَرِينَ.

وَالْحَقُّ أَنَّ (إِذَا) وَ(مَتَى) سَوَاءٌ فِي كَوْنِ الشَّرْطِ عَامِلًا، وَتَقْدِيرُ الْإِضَافَةِ فِي (إِذَا) لَا مَعْنَى لَهُ، وَمَا ذَكَرُوهُ مِنْ كَوْنِهَا لِوَقْتٍ مُعَيَّنٍ مُسَلَّمٌ، لَكِنَّهُ حَاصِلٌ بِذِكْرِ الْفِعْلِ بَعْدَهَا، كَمَا يَحْصُلُ فِي قَوْلِكَ: (زَمَانًا طَلَعَتْ فِيهِ الشَّمْسُ)، فَإِنَّهُ يَحْصُلُ التَّعْيِينُ وَلَا تَلْزَمُ الْإِضَافَةُ، وَإِذَا لَمْ تَلْزَمِ الْإِضَافَةُ لَمْ يَلْزَمْ فَسَادُ عَمَلِ الشَّرْطِ، وَالَّذِي يَدُلُّ عَلَى ذَلِكَ قَوْلُكَ: (إِذَا أَكْرَمْتَنِي الْيَوْمَ أَكْرَمْتُكَ غَدًا)، وَقَوْلُهُ تَعَالَى: "وَيَقُولُ الْإِنْسَانُ أَئِذَا مَا مِتُّ لَسَوْفَ أُخْرَجُ حَيًّا" [مريم:٦٦]، وَمَعْلُومٌ أَنَّ الْجَوَابَ مَعْنَى قَوْلِهِ: "لَسَوْفَ أُخْرَجُ حَيًّا"، فَلَوْ كَانَ هُوَ الْعَامِلَ وَ(إِذَا) مُضَافَةً إِلَى الْمَوْتِ لَفَسَدَ الْمَعْنَى، إِذْ تَصِيرُ (إِذَا) الْمُرَادُ بِهَا وَقْتٌ وَاقِعٌ فِيهِ الْإِخْرَاجُ، فَيَصِيرُ وَقْتُ الْمَوْتِ وَالْإِخْرَاجِ وَاحِدًا؛ لِأَنَّهُ ظَرْفٌ عِنْدَهُمْ لِلْإِخْرَاجِ، وَهُوَ قَدْ نُسِبَ إِلَى الْمَوْتِ عَلَى أَنَّهُ ظَرْفٌ، فَلَا يَسْتَقِيمُ أَنْ يَكُونَ ظَرْفًا لِلْمَوْتِ وَالْإِخْرَاجِ جَمِيعًا، وَكَذَلِكَ الْمِثَالُ فِي قَوْلِكَ: (إِذَا أَكْرَمْتَنِي الْيَوْمَ أَكْرَمْتُكَ غَدًا)، وَهَذَا ظَاهِرٌ فِي أَنَّ الْعَمَلَ لِلْفِعْلِ الَّذِي هُوَ الشَّرْطُ لَا الْجَوَابُ.

قَوْلُهُ: وَفِي (إِذَا) مَعْنَى الْمُجَازَاةِ دُونَ (إِذْ) إِلَّا إِذَا كُفَّتْ إِلَى آخِرِهِ.

قَالَ الشَّيْخُ: قَدْ تَقَدَّمَ مَا يَدُلُّ عَلَى أَنَّ (إِذَا) قَدْ تَخْلُو عَنِ الشَّرْطِ، وَلَكِنَّهَا فِي الْغَالِبِ - كَمَا ذَكَرَ - فِيهَا مَعْنَى الشَّرْطِ، وَأَمَّا (إِذْ) فَحُكْمُهَا مَا ذَكَرَ، فَإِذَا دَخَلَتْ (مَا) عَمِلَتْ

عَمَلَ الشَّرطِ، وَهَلْ هِيَ اسْمٌ كَـ (مَتَى) أَوْ حَرْفٌ؟ فِيهِ خِلَافٌ، فَمَنْ فَهِمَ الظَّرْفِيَّةَ حَكَمَ بِالاسْمِيَّةِ، وَمَنْ فَهِمَ الشَّرْطِيَّةَ مُجَرَّدَةً حَكَمَ بِالحَرْفِيَّةِ.

قَوْلُهُ: (وَقَدْ تَقَعَانِ لِلْمُفَاجَأَةِ).

وَبَيَّنَ بِالأَمْثِلَةِ مَوَاضِعَ وُقُوعِهِمَا، وَلَا يَقَعُ بَعْدَ (إِذَا) فِي الْمُفَاجَأَةِ إِلَّا الْمُبْتَدَأُ وَالْخَبَرُ، وَالْعَامِلُ فِيهِ مَعْنَى الْمُفَاجَأَةِ، وَهُوَ عَامِلٌ لَا يَظْهَرُ، اسْتَغْنَوْا عَنْ إِظْهَارِهِ بِقُوَّةِ مَا فِيهَا مِنَ الدَّلَالَةِ عَلَيْهِ، وَالَّذِي يَدُلُّ عَلَى ذَلِكَ قَوْلُكَ: (خَرَجْتُ فَإِذَا زَيْدٌ بِالْبَابِ)، إِذْ لَوْ كَانَ الْعَامِلُ (خَرَجْتُ) لَفَسَدَ إِذْ لَا يُفْصَلُ بَيْنَ الْعَامِلِ وَمَعْمُولِهِ بِالْفَاءِ، نَعَمْ قَدْ تَكُونُ لِعَطْفٍ أَوْ لِسَبَبِيَّةٍ، وَكِلَاهُمَا مُتَعَذِّرٌ.

وَأَمَّا (بَيْنَا وَبَيْنَمَا) فَهُوَ ظَرْفٌ فِيهِ مَعْنَى الشَّرْطِ، أُجِيبَ تَارَةً بِـ (إِذَا) وَتَارَةً بِـ (إِذْ) وَتَارَةً بِالْفِعْلِ، وَالْأَصْمَعِيُّ لَمَّا رَأَى مَجِيءَ الْفِعْلِ مِنْ غَيْرِ إِذَا وَإِذْ مَعَ اسْتِقْلَالِ الْمَعْنَى ظَنَّ أَنَّ مَجِيئَهُ زِيَادَةٌ لَا فَائِدَةَ فِيهَا، فَحَكَمَ بِأَنَّ الْفَصِيحَ إِسْقَاطُهُمَا، وَالْجَمِيعُ جَيِّدٌ، أَلَا تَرَى أَنَّكَ تَقُولُ: (إِنْ تُكْرِمْنِي إِذًا أَنَا أُكْرِمْكَ) وَ(إِنْ تُكْرِمْنِي أُكْرِمْكَ)، وَلَمْ يَدُلَّ ذَلِكَ عَلَى أَنَّ الْإِسْقَاطَ أَفْصَحُ، قَالَ اللهُ تَعَالَى: **"وَإِنْ تُصِبْهُمْ سَيِّئَةٌ بِمَا قَدَّمَتْ أَيْدِيهِمْ إِذَا هُمْ يَقْنَطُونَ"** [الروم:٣٦] عَلَى مَا ذَكَرَهُ.

وَأَمَّا (لَدَى) فَلَا يَسْتَقِيمُ أَنْ يُقَالَ: عِلَّةُ بِنَائِهَا احْتِيَاجُهَا إِلَى مُضَافٍ، إِذْ لَوْ صَحَّ ذَلِكَ لَوَجَبَ أَنْ يُبْنَى كُلُّ اسْمٍ يَحْتَاجُ إِلَى الْإِضَافَةِ؛ كَفَوْقَ، وَتَحْتَ، وَأَمَامَ، وَقُدَّامَ، وَغَيْرَ، وَبَعْضَ، وَمَا أَشْبَهَهَا، إِذْ كُلُّهَا يَحْتَاجُ إِلَى الْإِضَافَةِ.

وَإِنَّمَا الْأَوْلَى أَنْ يُقَالَ: بُنِيَتْ لُدْ وَلَدْ لِشَبَهِهِمَا بِالْحُرُوفِ لِوَضْعِهِمَا عَلَى الصِّيغَةِ الَّتِي لَيْسَتْ عَلَيْهَا الْأَسْمَاءُ الْمُتَمَكِّنَةُ، وَإِنَّمَا عَلَيْهَا الْحُرُوفُ، فَأَشْبَهَتِ الْحُرُوفَ وبُنِيَ (لَدَى) لِأَنَّهُ هُوَ هُوَ، وَقَدْ تَقَدَّمَ أَنَّ كُلَّ اسْمٍ بُنِيَ فَإِنَّهُ يُبْنَى وَإِنِ اخْتَلَفَتْ لُغَاتُهُ بِزِيَادَةٍ أَوْ نُقْصَانٍ مَعَ بَقَاءِ الْأَصْلِ، وَالْمَعْنَى فَبُنِيَ (لَدْ) لِشَبَهِ الْحَرْفِ، وَبُنِيَ (لَدَى) لِشَبَهِ مَا أَشْبَهَ الْحَرْفَ، وَإِنِ اخْتَلَفَتْ جِهَاتُ الشَّبَهِ، فَإِنَّهُ لَا يَضُرُّ، أَلَا تَرَى أَنَّ (نَزَالِ) بُنِيَ لِشَبَهِهِ بِـ (انْزِلْ) وَبُنِيَ (فَجَارِ) لِشَبَهِهِ بِـ (نَزَالِ)، وَإِنِ اخْتَلَفَتْ جِهَاتُ الشَّبَهِ وَهَذَا كَثِيرٌ فِي الْعَرَبِيَّةِ فِي أَبْوَابٍ مُخْتَلِفَةٍ.

قَالَ: (وَمِنْهَا (الْآنَ)، وَهُوَ الزَّمَانُ الَّذِي يَقَعُ فِيهِ كَلَامُ الْمُتَكَلِّمِ).

عِلَّةُ بِنَاءِ الْآنَ لِتَضَمُّنِهَا حَرْفَ التَّعْرِيفِ، وَلَا يُقَالُ: إِنَّ الْأَلِفَ وَاللَّامَ فِيهِ لِلتَّعْرِيفِ، إِذْ لَيْسَ هُوَ آنَ دَخَلَتْ عَلَيْهِ الْأَلِفُ وَاللَّامُ، بَلْ هُوَ مَوْضُوعٌ فِي أَوَّلِ أَحْوَالِهِ بِالْأَلِفِ وَاللَّامِ، وَلَيْسَ حُكْمُ لَامِ التَّعْرِيفِ ذَلِكَ، فَوَجَبَ أَنْ يَكُونَ تَعْرِيفُهُ بِأَمْرٍ مُقَدَّرٍ، وَهُوَ تَضَمُّنُهُ

مَعْنَى لَامِ التَّعْرِيفِ وَهُوَ مَعْنَى كَلَامِهِ فِي قَوْلِهِ: (وَقَدْ وَقَعَتْ فِي أَوَّلِ أَحْوَالِهَا بِالأَلِفِ وَاللَّامِ، وَهُوَ عِلَّةُ بِنَائِهَا)؛ لِأَنَّهَا لَمَّا وَقَعَتْ كَذَلِكَ وَهِيَ مُعَرَّفَةٌ وَجَبَ أَنْ تَكُونَ مُعَرَّفَةً بِحَرْفِ تَعْرِيفٍ مُقَدَّرٍ، فَوَجَبَ بِنَاؤُهُ.

وَأَمَّا (مَتَى) و(أَيْنَ) فَعِلَّةُ الْبِنَاءِ فِيهِمَا وَاضِحَةٌ فِي الشَّرْطِ وَالاسْتِفْهَامِ جَمِيعًا.

وَقَوْلُهُ: (مَتَى) لِلْوَقْتِ الْمُبْهَمِ).

لِأَنَّكَ تَسْتَعْمِلُهَا لِمَا لَا يَتَحَقَّقُ وُقُوعُهُ؛ كَقَوْلِكَ: (مَتَى جَاءَ زَيْدٌ)، وَلَا تَقُولُ: (مَتَى طَلَعَتِ الشَّمْسُ) و(إِذَا) بِالْعَكْسِ، وَإِنْ كَانَتْ (إِذَا) قَدِ اسْتُعْمِلَتْ كَثِيرًا فِي الْمُبْهَمِ، وَلَمْ يَجْزِمُوا بِـ (إِذَا) لَمَّا لَمْ تَكُنْ كَالشُّرُوطِ فِي الإِبْهَامِ، فَأَشْبَهَتِ الأَحْيَانَ الْمُضَافَاتِ، لَا سِيَّمَا عَلَى قَوْلِ مَنْ يَقُولُ: إِنَّهَا مُضَافَةٌ عَلَى الْحَقِيقَةِ.

وَأَمَّا (لَمَّا) فَبُنِيَتْ لِشَبَهِهَا بِالشَّرْطِ، أَوْ لاقْتِضَائِهَا جُمْلَةً تُبَيِّنُهَا كَاقْتِضَاءِ (إِذْ).

وَأَمَّا (أَمْسِ) فَهِيَ مُتَضَمِّنَةٌ مَعْنَى لَامِ التَّعْرِيفِ عِنْدَ الْحِجَازِيِّينَ فَبُنِيَتْ لِذَلِكَ، وَأَمَّا بَنُو تَمِيمٍ فَيُعْرِبُونَهَا، فَيَنْبَغِي أَنْ تُقَدَّرَ عَلَى مَذْهَبِهِمْ مَعْدُولَةً عَمَّا فِيهِ الأَلِفُ وَاللَّامُ، وَالْعَدْلُ لَا يُوجِبُ الْبِنَاءَ، فَيَكُونُ اسْمًا مُعْرَبًا مَمْنُوعًا مِنَ الصَّرْفِ، وَكَذَلِكَ يَقُولُونَ.

وَأَمَّا (قَطُّ) فَبُنِيَتْ إِمَّا لِتَضَمُّنِهَا مَعْنَى لَامِ التَّعْرِيفِ؛ لِأَنَّ مَعْنَاهَا اسْتِغْرَاقُ الزَّمَنِ الْمَاضِي جَمِيعِهِ، وَهُوَ قَوْلُ بَعْضِ الْمُتَقَدِّمِينَ، وَإِمَّا أَنْ يُقَالَ: لِتَضَمُّنِهَا مَعْنَى الْمُضَافِ إِلَيْهِ؛ لِأَنَّهُ بِمَعْنَى زَمَنِ الْمُضِيِّ، أَوْ نَقُولُ: إِنَّ مِنْ لُغَاتِهَا قَطْ سَاكِنَةً، وَهِيَ مَوْضُوعَةٌ وَضْعَ الْحُرُوفِ، وَهَذِهِ مُشْبِهَةٌ لَهَا مِنْ حَيْثُ الْمَعْنَى وَاللَّفْظِ، فَأُجْرِيَتْ مُجْرَاهَا، كَمَا قُلْنَا فِي (لَدُنْ) بِالنِّسْبَةِ إِلَى (لَدُ).

وَأَمَّا (عَوْضُ) فَبُنِيَتْ لِلْعِلَّتَيْنِ الْمَذْكُورَتَيْنِ فِي (قَطُّ)، إِلَّا أَنَّ زَمَانَهَا مُسْتَقْبَلٌ، فَإِذَا أُورِدَ (أَبَدًا)، فَإِنَّهَا مَوْضُوعَةٌ لِلزَّمَنِ الْمُسْتَقْبَلِ، وَهِيَ مُعْرَبَةٌ، أُجِيبَ بِأَنَّ (أَبَدًا) تَدْخُلُهُ لَامُ التَّعْرِيفِ، وَلَوْ كَانَ مُتَضَمِّنًا لَهَا لَمْ تَدْخُلْهُ، كَمَا قُلْنَاهُ فِي (أَيْنَ) وَشِبْهِهِ مِنَ الْمَبْنِيَّاتِ الَّتِي تَضَمَّنَتْ مَعْنَى الْحَرْفِ، وَاللهُ أَعْلَمُ.

الْمُرَكَّبَاتُ

قَالَ صَاحِبُ الْكِتَابِ: (هِيَ عَلَى ضَرْبَيْنِ: ضَرْبٌ يَقْتَضِي تَرْكِيبُهُ أَنْ يُبْنَى الاسْمَانِ مَعًا)، إِلَى آخِرِهِ.

قَالَ الشَّيْخُ: إِنَّمَا لَمْ يُبْنَ الأَوَّلُ مِنَ (اثْنَيْ عَشَرَ)؛ لِأَنَّهُمْ حَذَفُوا نُونَهُ، فَأَشْبَهَ الْمُضَافَ

مَعَ الْمُضَافِ إِلَيْهِ، فَكَمَا أَنَّ الْمُضَافَ مَعَ الْمُضَافِ إِلَيْهِ غَيْرُ مَبْنِيٍّ فَكَذَلِكَ مَا أَشْبَهَهُ.

ثُمَّ قَالَ: (وَالأَصْلُ فِي الْعَدَدِ الْمُنَيِّفِ عَلَى الْعَشَرَةِ أَنْ يُعْطَفَ الثَّانِي عَلَى الأَوَّلِ).

لأَنَّ الْقِيَاسَ فِي الأَعْدَادِ كُلِّهَا أَنْ يُعْطَفَ الثَّانِي عَلَى الأَوَّلِ، وَكَانَ قِيَاسُ هَذِهِ كَذَلِكَ، فَمُزِجَ الاسْمَانِ كَمَا ذَكَرَ إِلَى تِسعةَ عَشَرَ، وَلَمْ يُمْزَجْ غَيْرُ ذَلِكَ؛ لأَنَّ الْعَشَرَةَ فَمَا دُونَهَا لَيْسَ فِيهَا تَعَدُّدٌ، وَأَمَّا فَوْقَ الْعِشْرِينَ فَلَمْ يَكْثُرْ كَثْرَةَ مَا قَبْلَهَا، فَخُفِّفَ مَا كَثُرَ بِالْمَزْجِ دُونَ مَا لَمْ يَكْثُرْ، وَالدَّلِيلُ عَلَى أَكْثَرِيَّتِهِ أَنَّ كُلَّ مَا يَتَعَدَّاهُ فَهُوَ فِي ضِمْنِهِ؛ لأَنَّ مَا فَوْقَ الْعِشْرِينَ إِلَى الْمِائَةِ يَتَضَمَّنُ عَلَى الآحَادِ وَالْعَشَرَاتِ، وَهِيَ دَاخِلَةٌ فِي مَفْهُومِ مَا بَيْنَ الْعَشَرَةِ إِلَى عِشْرِينَ.

(وَحَرْفُ التَّعْرِيفِ وَالإِضَافَةُ لا يُخِلانِ بِالْبِنَاءِ).

أَمَّا حَرْفُ التَّعْرِيفِ فَمُتَّفَقٌ عَلَى حُكْمِهِ، وَأَمَّا الإِضَافَةُ فَمَذْهَبُ سِيبَوَيْهِ أَنَّهَا لا تُخِلُّ بِالْبِنَاءِ نَظَرًا إِلَى قِيَامِ الْعِلَّةِ فِيهِ مَعَ الإِضَافَةِ فَمُوجِبُ الْبِنَاءِ قَائِمٌ بَعْدَ الإِضَافَةِ كَمَا هُوَ قَبْلَ الإِضَافَةِ، وَمَذْهَبُ الأَخْفَشِ أَنَّ الثَّانِي مُعْرَبٌ؛ لأَنَّهُ مُضَافٌ فَقَوِيَ أَمْرُ الاسْمِيَّةِ فِيهِ قِيَاسًا عَلَى (اثْنَيْ) فِي قَوْلِكَ: (اثْنَا عَشَرَ)، وَالْفَرْقُ بَيْنَهُمَا أَنَّ (اثْنَا) لَمَّا حُذِفَتْ نُونُهَا، وَهُوَ حُكْمٌ مِنْ أَحْكَامِ الإِضَافَةِ أُعْطِيَ حُكْمَ الْمُضَافِ؛ لأَنَّ عِلَّةَ بِنَائِهِ إِنَّمَا هِيَ كَوْنُهُ مُنَزَّلًا مَنْزِلَةَ جُزْءِ الْكَلِمَةِ، فَلَمَّا قُدِّرَ مُضَافًا، وَالْمُضَافُ لَهُ حُكْمُ الاسْتِقْلالِ فِي الإِعْرَابِ فَاتَ عِلَّةُ الْبِنَاءِ، فَأُجْرِيَ مُجْرَى الْمُضَافِ، بِخِلافِ الثَّانِي من (خَمْسَةَ عَشَرَ)، فَإِنَّ عِلَّةَ بِنَائِهِ تَضَمُّنُهُ مَعْنَى الْحَرْفِ، وَتَضَمُّنُهُ مَعْنَى الْحَرْفِ بَاقٍ عَلَى حَالِهِ قَبْلَ الإِضَافَةِ وَبَعْدَهَا، فَلا يَلْزَمُ مِنْ إِعْرَابِ اثْنَيْ فِي (اثْنَيْ عَشَرَ) إِعْرَابُ عَشَرَ فِي (خَمْسَةَ عَشَرَكَ).

فَإِنْ سُمِّيَ رَجُلٌ بِخَمْسَةَ عَشَرَ كَانَ فِيهِ وَجْهَانِ.

أَحَدُهُمَا كَمَا ذَكَرَ إِنْ جَعَلْتَهُ غَيْرَ مُنْصَرِفٍ، تَقُولُ: هَذَا خَمْسَةَ عَشَرُ، وَرَأَيْتُ خَمْسَةَ عَشَرَ، وَمَرَرْتُ بِخَمْسَةَ عَشَرَ.

أَمَّا وَجْهُ الْبِنَاءِ؛ فَلأَنَّهُ قَبْلَ النَّقْلِ كَانَ مَبْنِيًّا، فَأُجْرِيَ بَعْدَ التَّسْمِيَةِ مُجْرَاهُ قَبْلَهَا، كَمَا أُجْرِيَ (غُلامُ زَيْدٍ) بَعْدَ التَّسْمِيَةِ مُجْرَاهُ قَبْلَهَا فِي الإِعْرَابِ قِيَاسًا عَلَى (قُمْ) إِذَا سُمِّيَتْ بِهِ وَفِيهِ ضَمِيرٌ فِي الْبِنَاءِ.

وَأَمَّا الإِعْرَابُ؛ فَلأَنَّهُمَا كَلِمَتَانِ مُزِجَتَا وَصُيِّرَتَا وَاحِدًا وَسُمِّيَ بِهِمَا، فَأُجْرِيَ مُجْرَى مَا هُوَ كَذَلِكَ مِنَ الأَسْمَاءِ كَمَعْدِ يكَرِبَ، وَيَنْبَغِي لِمَنْ أَعْرَبَ أَنْ يُجْرِيَ فِيهِ اللُّغَاتِ الثَّلاثَ الَّتِي فِي مَعْدِ يكَرِبَ عَلَى مَا يَأْتِي بَيَانُهَا فِي فَصْلِ مَعْدِ يكَرِبَ مِنْ أَنَّهُ إِنْ جُعِلا

اسمًا نَقُولُ: هَذَا مَعْدِ يكَرِبْ، وَرَأَيْتُ مَعْدِ يكَرِبْ، وَمَرَرْتُ بِمَعْدِ يكَرِبْ، وَإِنْ أُضِيفَ الأَوَّلُ إِلَى الثَّانِي وَهُوَ عَلَى قِسْمَيْنِ: قِسْمٌ بِصَرْفِ الثَّانِي، وَقِسْمٌ بِعَدَمِ صَرْفِهِ. وَأَمَّا عِلَّةُ بِنَاءِ (الخَازِبَازِ) فَمُشْكِلَةٌ، وَوَجْهُ إِشْكَالِهِ أَنَّهُ إِنْ قُدِّرَ مُفْرَدًا فَلا عِلَّةَ تُوجِبُ الْبِنَاءَ يُمْكِنُ تَقْدِيرُهَا، وَإِنْ قُدِّرَ مُرَكَّبًا فَلا عِلَّةَ يُمْكِنُ تَقْدِيرُهَا إِلا وَاوُ الْعَطْفِ، عَلَى أَنْ يَكُونَ الأَصْلُ (خَازَ وَبَازَ) مُزِجَا وَصُيِّرَا اسْمًا وَاحِدًا كَخَمْسَةَ عَشَرَ، وَلا دَلِيلَ يَدُلُّ عَلَى ذَلِكَ، بِخِلافِ خَسْمَةَ عَشَرَ، إِذْ قِيَاسُهُ خَمْسَةٌ وَعَشَرٌ، فَإِذَا صَحَّ هَذَا التَّقْدِيرُ فِيهِ فَلْيَصِحَّ فِي مَعْدِ يكَرِبْ، وَلا قَائِلَ بِهِ، وَغَايَةُ مَا يُمْكِنُ أَنْ يُقَالَ فِيهِ أَنَّهُ فِي الأَصْلِ قُصِدَ إِلَى عَطْفِ أَحَدِ الاسْمَيْنِ، وَهَذَا التَّقْدِيرُ - وَإِنْ كَانَ مِثْلَهُ - كَانَ يُمْكِنُ أَنْ يُقَدِّرُوا مِثْلَهُ فِي مَعْدِ يكَرِبْ، إِلا أَنَّ الأَحْكَامَ مِنَ الْبِنَاءِ فِي (خَازِبَازِ) وَالإِعْرَابِ فِي مَعْدِ يكَرِبْ دَلَّتْ عَلَى الْمُخَالَفَةِ بَيْنَ التَّقْدِيرَيْنِ، وَإِذَا كَانَتْ قَوَاعِدُ مَعْلُومَةٌ تَقْتَضِي أَحْكَامًا مُخْتَلِفَةً، وَجَاءَتِ الأَحْكَامُ مُخْتَلِفَةً فِي أَلْفَاظٍ يَجُوزُ أَنْ يُقَدَّرَ فِي كُلِّ وَاحِدٍ مِنْهَا مَا يَجْرِي بِهِ عَلَى الْقَوَاعِدِ الْمَعْلُومَةِ وَجَبَ تَقْدِيرُ ذَلِكَ فِيهَا، لِئَلا يُؤَدِّي إِلَى إِبْطَالِ مَا عُلِمَ صِحَّتُهُ، فَهَذَا أَقْصَى مَا يُمْكِنُ أَنْ يُقَالَ فِي (خَازِبَازِ).

وَأَمَّا (بَادِي بَدِيْ)، و(أَيْدِي سَبَأ) فَهُمَا مِنَ الْقِسْمِ الثَّانِي عِنْدَهُ مِمَّا لَمْ يَتَضَمَّنْ ثَانِيهُ مَعْنَى حَرْفٍ، فَهُوَ مُعْرَبٌ، وَالأَوَّلُ مَبْنِيٌّ كَمَعْدِ يكَرِبْ، وَهُوَ مُشْكَلٌ أَيْضًا، وَوَجْهُ إِشْكَالِهِ أَنَّهُ فِي الأَصْلِ اسْمٌ مُعْرَبٌ مَنْصُوبٌ عَلَى الْحَالِ، لَمْ يَطْرَأْ عَلَيْهِ إِلا التَّخْفِيفُ، وَالتَّخْفِيفُ لا يُوجِبُ بِنَاءً، وَلَوْ قِيلَ: إِنَّهُ مُعْرَبٌ عَلَى أَصْلِهِ مَنْصُوبٌ عَلَى الْحَالِ إِلا أَنَّهُمْ سَكَّنُوا الْيَاءَ فِي (أَيْدِي سَبَأ) وَفِي (بَادِي بَدِيْ) بَعْدَ تَخْفِيفِ الْهَمْزَةِ تَخْفِيفًا لَمَّا جَرَتْ فِي كَلامِهِمْ كَثِيرًا، فَصَارَتْ كَالأَمْثَالِ، كَمَا كَانَ ذَلِكَ فِي قَوْلِهِمْ: (أَعْطِ الْقَوْسَ بَارِيهَا)، وَكَذَلِكَ قَوْلُ الشَّاعِرِ:

فَآلَيْتُ لا أَرْثِي لَهَا مِنْ كَلالَةٍ ... وَلا مِنْ حَفًى حَتَّى تُلاقِي مُحَمَّدَا

وَسَيَأْتِي ذِكْرُ ذَلِكَ فِي الْمُشْتَرَكِ، لَكَانَ أَقْرَبَ إِلَى الصَّوَابِ، إِلا أَنَّهُمْ حَكَمُوا بِالْبِنَاءِ لَمَّا رَأَوْا إِسْكَانَ الأَوَّلِ، وَهُوَ فِي مَوْضِعِ نَصْبٍ، وَرَأَوْا صُورَةَ التَّرْكِيبِ.

ثُمَّ تَوْجِيهُهُ لَهُمْ أَنْ يُقَالَ: كَثُرَ اسْتِعْمَالُهُمْ (أَيْدِي سَبَأ) فِي التَّفَرُّقِ الْكَثِيرِ، حَتَّى صَارَ قَوْلُهُمْ: (أَيْدِي سَبَأ) يُفْهَمُ مِنْهُ التَّفَرُّقُ مِنْ غَيْرِ نَظَرٍ إِلَى مَعْنَى الأَيْدِي، وَمَعْنَى سَبَأ عَلَى مَعْنَى التَّفْصِيلِ، فَلَمَّا صَارَا جَمِيعًا يُفْهَمُ مِنْهُمَا مَعْنًى مَقْصُودٌ مِنْ غَيْرِ نَظَرٍ إِلَى آحَادِهِمَا كَانَ بِمَنْزِلَةِ مَعْدِ يكَرِبْ فِي دِلالَتِهِمَا عَلَى مَدْلُولِهِمَا مِنْ غَيْرِ نَظَرٍ إِلَى تَفْصِيلِ اللَّفْظَيْنِ،

فَأُجْرِيَ مُجْرَاهُ لَمَّا صَارَ فِي الْمَعْنَى مِثْلَهُ، وَإِذَا كَانُوا قَدْ فَعَلُوا مِثْلَ ذَلِكَ فِي الْجُمَلِ حَتَّى أُجْرِيَتْ مُجْرَى الْمُفْرَدَاتِ لما فُهِمَ مِنْهَا مَعْنًى مِنْ غَيْرِ تَفْصِيلٍ، فَأُعْرِبَتْ إِعْرَابَ الْمُفْرَدِ، وَعُدِلَ بِهَا عَنْ مَعْنَى الْجُمْلَةِ، فَهَذِهِ أَقْرَبُ إِلَى ذَلِكَ، وَإِنْ كَانَتِ الأحْكَامُ قَدْ اخْتَلَفَتْ باخْتِلافِ الْمَقْصُودِ فِيهِمَا إلا أَنَّ الْجَامِعَ بَيْنَهُمَا فِي التَّشْبِيه أَنَّهَا أَلْفَاظٌ مُتَعَدِّدَةٌ يُفْهَمُ مِنْهَا مَعْنًى مَقْصُودٌ مِنْ غَيْرِ نَظَرٍ إِلَى مَدْلُولِ كُلِّ مُفْرَدٍ حَتَّى أُجْرِيَ كُلُّ وَاحِدٍ مِنَ الْقَبِيلَيْنِ مُجْرَى الْمُفْرَدِ، فَهَذَا وَجْهُ الْمُشَابَهَةِ بَيْنَهُمَا، وَحُكْمُ (بَادِي بَدِيْ) فِي الْعِلَّةِ حُكْمُ (أَيْدِي سَبَأ) وَإِنِ اخْتَلَفَ الْمَدْلُولانِ فِي أَنَّ ذَلِكَ لِلتَّفَرُّقِ، وَهَذَا لِلأَوْلَوِيَّة.

وَأَمَّا (مَعْدِ يكَرِبْ) وَبَابُهُ فَفِيهِ لُغَتَانِ عَلَى مَا ذَكَرَ، أَمَّا اللُّغَةُ الْفَصِيحَةُ فَهِيَ إِعْرَابُ الثَّانِي، وَجَعْلُ الأوَّلِ مَعَهُ كَالْجُزْءِ، وَيَكُونُ غَيْرَ مُنْصَرِفٍ فِي الْمَعْرِفَةِ، وَعِلَّتُهُ وَاضِحَةٌ، وَهِيَ أَنَّهُمَا لَفْظَانِ مُزِجَا وَصُيِّرَا وَاحِدًا دَالا عَلَى مَعْنًى، فَأُلْحِقَ بِالْمُفْرَدَاتِ مِنْ كَلامِهِمْ؛ لأَنَّهُ أَشْبَهَ بِهَا مِنَ الْمُرَكَّبَاتِ قَبْلَ النَّقْلِ، إِذِ الْمُرَكَّبَاتُ قَبْلَ النَّقْلِ كَانَ لَهَا حُكْمٌ فِي الإِعْرَابِ، فَبَقِيَ ذَلِكَ الْحُكْمُ عَلَى حَالِهِ، وَهَذَا لَمْ يَكُنْ لَهُ حُكْمٌ قَبْلَ النَّقْلِ، فَلا بُدَّ مِنْ حُكْمٍ لَهُ الآنَ، وَهُوَ أَشْبَهُ بِالْمُفْرَدَاتِ مِنْ حَيْثُ الْمَعْنَى، إِذْ مَدْلُولُهُ مُفْرَدٌ كَمَا أَنَّ مَدْلُولَ الْمُفْرَدَاتِ مُفْرَدٌ.

وَاللُّغَةُ الثَّانِيَةُ أَنْ تُضِيفَ الأوَّلَ إِلَى الثَّانِي، وَعِلَّتُهَا أَنَّهُمْ شَبَّهُوهُ بِالْمُضَافِ وَالْمُضَافِ إِلَيْهِ تَشْبِيهًا لَفْظِيًّا مِنْ جِهَةِ أَنَّهُمَا اسْمَانِ ذُكِرَ أَحَدُهُمَا عُقَيْبَ الآخَرِ، وَهُوَ ضَعِيفٌ مِنْ وَجْهَيْنِ:

أَحَدُهُمَا: أَنَّ مَا ذَكَرُوهُ تَشْبِيهٌ لَفْظِيٌّ، وَمَا ذُكِرَ فِي تِلْكَ الْعِلَّةِ تَشْبِيهٌ مَعْنَوِيٌّ، وَاعْتِبَارُ الْمَعْنَى أَقْوَى.

وَالآخَرُ: هُوَ أَنَّهُمْ بَقَّوْهُ سَاكِنًا فِي حَالِ النَّصْبِ، فَقَالُوا: (رَأَيْتُ مَعْدِ يكَرِبْ)، وَلَوْ كَانَ جَارِيًا مُجْرَى الْمُضَافِ عَلَى التَّحْقِيقِ لَوَجَبَ أَنْ يَنْتَصِبَ الْمُضَافُ إِذَا كَانَ مِثْلَهُ فِي قَوْلِكَ: (رَأَيْتُ قَاضِيَ مِصْرَ) وَشِبْهِهِ، وَلَمَّا وَجَبَ التَّسْكِينُ دَلَّ عَلَى اعْتِبَارِ الامْتِزَاجِ دُونَ اعْتِبَارِ الإِضَافَةِ.

وَهَذِهِ اللُّغَةُ؛ أَيْ: اعتِبَارُ الإِضَافَةِ انْقَسَمَ صَاحِبُهَا إِلَى قِسْمَيْنِ:

فَمِنْهُمْ مَنْ يَمْنَعُ الثَّانِي الصَّرْفَ، وَعِلَّتُهُ كَالْعِلَّةِ فِي إِسْكَانِ الْيَاءِ مِنْ مَعْدِ يكَرِبْ، وَلَوْلا اعْتِدَادُهُمْ بِالتَّرْكِيبِ وَالْمَزْجِ لَمْ يَكُنْ لِلإِسْكَانِ وَجْهٌ، ثُمَّ أَصْحَابُ هَذِهِ اللُّغَةِ انْقَسَمُوا إِلَى قِسْمَيْنِ:

مِنهُمْ مَنْ لا يَصْرِفُ الثَّاني اعْتِدَادًا بِالتَّرْكِيبِ الصُّورِيِّ، كَمَا اعْتُدَّ بِهِ فِي إِسْكَانِ مَعْدِ يكَرِبْ، وَهُوَ وَجْهٌ ثَالِثٌ تَضْعُفُ بِهِ هَذِهِ اللُّغَةُ.

وَمِنهُمْ مَنْ يَصْرِفُهُ، وَهُوَ الْقِيَاسُ بَعْدَ قَصْدِ الإِضَافَةِ، إِذِ التَّرْكِيبُ فِي الْمُضَافِ وَالْمُضَافِ إِلَيْهِ غَيْرُ مُعْتَدٍّ بِهِ فِي بَابِ مَنْعِ الصَّرْفِ، وَاللهُ أَعْلَمُ.

الكِنَايَاتُ

قَالَ صَاحِبُ الْكِتَابِ: (وَهِيَ كَمْ، وَكَذَا، وَكَيْتُ، وَذَيْتُ) إِلَى آخِرِهِ.

قَالَ الشَّيْخُ: عِلَّةُ بِنَاءِ (كَمْ) الاسْتِفْهَامِيَّةُ ظَاهِرَةٌ، وَهِيَ تَضَمُّنُهَا مَعْنَى حَرْفِ الاسْتِفْهَامِ، وَأَمَّا الْخَبَرِيَّةُ فَيَجُوزُ أَنْ يَكُونَ لِشَبَهِهَا بِأُخْتِهَا لَفْظًا وَأَصْلَ مَعْنًى، وَهُوَ كِنَايَةٌ لِلْعَدَدِ، أَوْ لِوَضْعِهَا عَلَى حَرْفَيْنِ كَوَضْعِ الْحُرُوفِ، أَوْ لأَنَّهَا نَقِيضَةُ (رُبَّ)، أَوْ لِتَضَمُّنِهَا مَعْنَى الإِنْشَاءِ، وَهُوَ فِي الْغَالِبِ بِحَرْفٍ، فَكَأَنَّهَا تَضَمَّنَتْ حَرْفًا مُقَدَّرًا، وَلِذَلِكَ اسْتَحَقَّتْ صَدْرَ الْكَلامِ.

وَمَعْنَى الْكَلامِ الإِنْشَائِيِّ أَنْ لا يَحْتَمِلَ صِدْقًا وَلا كَذِبًا، بَلْ لِنَوْعٍ مِنَ الْكَلامِ مُحَقَّقٍ فِي النَّفْسِ لَيْسَ لَهُ اعْتِبَارٌ مِنْ خَارِجٍ بِمُوَافَقَةٍ لَهُ فَيُسَمَّى صِدْقًا وَلا بِمُخَالَفَةٍ فَيُسَمَّى كَذِبًا، وَالْخَبَرُ بِخِلافِهِ لِنَوْعٍ مِنَ الْكَلامِ فِي النَّفْسِ لَهُ اعْتِبَارٌ مِنْ خَارِجٍ بِمُوَافَقَةٍ فَيُسَمَّى صِدْقًا، أَوْ بِمُخَالَفَةٍ فَيُسَمَّى كَذِبًا، فَمِثَالُ الإِنْشَاءِ قَوْلُكَ: قُمْ وَاقْعُدْ، فَإِنَّهُ لِطَلَبٍ مُحَقَّقٍ لا يُعْتَبَرُ بِأَمْرٍ مِنْ خَارِجٍ، فَلا يُقَالُ لَهُ: صِدْقٌ وَلا كَذِبٌ، وَالْخَبَرُ كَقَوْلِكَ: (زَيْدٌ قَائِمٌ)، فَيُعْتَبَرُ بِأَمْرٍ مِنْ خَارِجٍ، وَهُوَ تَحْقِيقُ النِّسْبَةِ إِلَى زَيْدٍ، لا بِاعْتِبَارِ النَّفْسِ، فَإِنْ كَانَتْ مُحَقَّقَةً سُمِّيَ صِدْقًا، وَإِنْ كَانَتْ مُنْتَفِيَةً سُمِّيَ كَذِبًا.

وَأَمَّا (كَذَا) وَهُوَ كِنَايَةٌ عَنِ الْحَدَثِ فَعِلَّةُ بِنَائِهَا إِمَّا أَنْ تَقُولَ: لِشَبَهِهَا بِكَمْ فِي مَعْنَاهَا فَأُلْحِقَتْ بِهَا، وَإِمَّا لأَنَّهَا كَافُ التَّشْبِيهِ دَخَلَتْ عَلَى ذَا وَاسْتُعْمِلَتْ كِنَايَةً، فَبَقِيَتْ عَلَى أَصْلِهَا فِي الْبِنَاءِ.

وَأَمَّا (كَيْتَ)، وَ(ذَيْتَ) فَعِلَّةُ بِنَائِهِمَا أَنَّهُمَا كِنَايَتَانِ عَنِ الْجُمَلِ، وَالْجُمَلُ مَبْنِيَّةٌ بِاعْتِبَارِ الْجُمْلِيَّةِ، فَبُنِيَتْ تَشْبِيهًا لَهَا بِمَا كُنِيَ بِهَا عَنْهُ.

قَوْلُهُ: (وَمُمَيِّزُ الاسْتِفْهَامِيَّةِ مُفْرَدٌ).

مَنْصُوبٌ، وَالْخَبَرِيَّةِ مَجْرُورٌ مَجْمُوعٌ أَوْ مُفْرَدٌ، إِنَّمَا كَانَ مُمَيِّزُ الاسْتِفْهَامِيَّةِ مَنْصُوبًا مُفْرَدًا؛ لأَنَّهُ لِمُطْلَقِ الْعَدَدِ مِنْ غَيْرِ نَظَرٍ لِقِلَّةٍ وَكَثْرَةٍ، فَجُعِلَ لَهُ تَمْيِيزٌ مُطَابِقٌ لِلْعَدَدِ الْمُتَوَسِّطِ

وَهُوَ أَحَدَ عَشَرَ، وَلَمْ يُجْعَلْ لَهُ الْقِلَّةُ وَلا الْكَثْرَةُ كَمُمَيِّزِ الْمَائَةِ وَالثَّلاثَةِ، فَيَكُونُ تَحَكُّمًا.

وَأَمَّا (كَمْ) الخَبَرِيَّةُ فَجُعِلَ لَهَا لَمَّا كَانَتْ لِلْكَثْرَةِ مُمَيِّزٌ مُوَافِقٌ لِمُمَيِّزِ عَدَدِ الْكَثْرَةِ، وَهُوَ الْمَائَةُ وَالألفُ، وَهُوَ مُفْرَدٌ مَخْفُوضٌ، وَجَاءَ فِيهِ الْجَمْعُ تَقْوِيَةً لِمَعْنَى الْكَثْرَةِ، إِذْ لَيْسَ فِي لَفْظِ كَمْ مَا يُشْعِرُ بِخُصُوصِيَّةِ الْكَثْرَةِ الْمَقْصُودَةِ بِخِلافِ الألفِ، فَإِنَّ فِيهَا مَا يُشْعِرُ، فَاسْتَغْنَتْ عَنِ الْجَمْعِيَّةِ.

قَوْلُهُ: (وَتَقَعُ فِي وَجْهَيْهَا مُبْتَدَأَةً) إِلَى آخِرِهِ.

قَالَ الشَّيْخُ: وَلا يُقَالُ: (مَالُكَ كَمْ)، وَلا تَقَعُ إلا فِي صَدْرِ الْكَلامِ عِنْدَ البَصْرِيِّينَ، فَلِذَلِكَ لَمْ تَقَعْ فَاعِلَةً، وَلا عَلَى صِفَةٍ يَلْزَمُ مِنْهَا تَقْدِيمُ الْعَامِلِ إلا إِذَا كَانَتْ مُضَافًا إِلَيْهَا، فَإِنَّهُ مُغْتَفَرٌ تَقْدِيمُ الْمُضَافِ عَلَيْهَا؛ إِمَّا لأَنَّهُ مُتَعَذِّرٌ تَأْخِيرُهُ، وَإِمَّا لأَنَّ مَعْنَى الاسْتِفْهَامِ يَنْسَحِبُ إِلَيْهِ، فَتَصِيرُ الْكَلِمَتَانِ لِلاسْتِفْهَامِ، فَلَمْ يَبْقَ إلا أَنْ تَقَعَ مُبْتَدَأَةً أَوْ مَعْمُولَةً لِفِعْلٍ بَعْدَهَا، وَتَعْرِفُ ذَلِكَ بِأَنْ تَنْظُرَ إِلَى مَا وَقَعَ بَعْدَهَا، فَإِنْ كَانَ اسْمًا خَبَرًا عَنْهَا وَجَبَ أَنْ تَكُونَ مُبْتَدَأَةً؛ كَقَوْلِكَ: (كَمْ مَالُكَ) وَشِبْهِهِ، وَإِنْ لَمْ يَكُنْ اسْمًا هُوَ خَبَرٌ عَنْهَا وَجَبَ أَنْ يَكُونَ ثَمَّةَ فِعْلٌ، فَتَنْظُرَ فَإِنْ كَانَ مُسَلَّطًا عَلَى كَمْ وَجَبَ أَنْ تَكُونَ مَعْلُومَةً لَهُ عَلَى حَسَبِ ذَلِكَ التَّسْلِيطِ مَفْعُولا بِهِ، أَوْ ظَرْفًا، أَوْ مَصْدَرًا؛ كَقَوْلِكَ: (كَمْ رَجُلا ضَرَبْتَ) و(كَمْ يَوْمًا ضَرَبْتَ زَيْدًا)، و(كَمْ ضَرْبَةً ضَرَبْتَ زَيْدًا)، وَإِنْ لَمْ يَكُنْ مُسَلَّطًا عَلَيْهِ، فَلا يَخْلُو إِمَّا أَنْ يَكُونَ مُسَلَّطًا عَلَى ضَمِيرِهَا تَسَلُّطَ الْمَفْعُولِيَّةِ أَوْ لا، فَإِنْ كَانَ الأَوَّلَ فَلَكَ فِيهِ وَجْهَانِ؛ كَمَسْأَلَةِ (زَيْدٌ ضَرَبْتُهُ)، مِثَالُهُ (كَمْ رَجُلا ضَرَبْتَهُ) إلا أَنَّكَ إِذَا قَدَّرْتَهُ مَنْصُوبًا وَجَبَ أَنْ تُقَدِّرَ النَّاصِبَ مُتَأَخِّرًا عَنْهَا، فَتَقُولُ: (كَمْ رَجُلا ضَرَبْتَ ضَرَبْتَهُ) لِمَا تَقَدَّمَ مِنْ أَنَّ لَهَا صَدْرُ الْكَلامِ، وَإِنْ لَمْ يَكُنْ مُسَلَّطًا عَلَيْهَا وَلا عَلَى ضَمِيرِهَا وَجَبَ أَنْ تَكُونَ مُبْتَدَأً؛ كَقَوْلِكَ: (كَمْ رَجُلٍ قَامَ) و(كَمْ رَجُلٍ جَاءَكَ) وَشِبْهِهِ، ثُمَّ مَثَّلَ بِالْمُبْتَدَأِ، ثُمَّ مَثَّلَ بَعْدَهُ بِمِثَالَيْنِ آخَرَيْنِ لِلابْتِدَاءِ بَيَّنَ بِهِمَا أَنَّ مَا يَصْلُحُ صِفَةً لِلْمُمَيِّزِ يَصِحُّ أَنْ يَكُونَ خَبَرًا، وَهُوَ قَوْلُهُ: (كَمْ مِنْهُمْ شَاهِدٌ عَلَى فُلانٍ، وَكَمْ غُلامًا لَكَ ذَاهِبٌ) ثُمَّ مَثَّلَ بِالْمَفْعُولِيَّةِ وَالإِضَافَةِ.

قَوْلُهُ: (وَإِذَا فُصِلَ بَيْنَ الْخَبَرِيَّةِ وَمُمَيِّزِهَا نُصِبَ).

قَالَ الشَّيْخُ: جَازَ الْفَصْلُ بَيْنَ كَمْ وَمُمَيِّزِهَا، وَلَمْ يَجُزْ فِي مِثْلِ (عِشْرِينَ رَجُلا) مِنْ حَيْثُ إِنَّ (عِشْرِينَ رَجُلا) الغَرَضُ فِيهِ تَبْيِينُ الذَّاتِ أَوَّلا، وَإِنَّمَا جِيءَ بِعِشْرِينَ لِيُبَيِّنَ بِهَا خُصُوصِيَّةَ الْعَدَدِ، فَهُمَا جَمِيعًا كَأَنَّهُمَا شَيْءٌ وَاحِدٌ، أَلا تَرَى أَنَّ هَذَيْنِ الْمَعْنَيَيْنِ لَمَّا كَانَ التَّعْبِيرُ عَنْهُمَا بِلَفْظٍ وَاحِدٍ لَمْ يُعْدَلْ عَنْهُ؛ كَقَوْلِهِمْ: رَجُلٌ وَرَجُلانِ، فَصَارَ (عِشْرُونَ رَجُلا)

بِمَثابَةِ قَوْلِكَ: رَجُلَيْنِ، فَكَمَا أَنَّ رَجُلَيْنِ لا يُفْصَلُ بَيْنَ حُرُوفِهِ فَكَذَلِكَ (عِشْرُونَ رَجُلا) بِخِلافِ (كَمْ) فَإِنَّهَا فِي أَصْلِ وَضْعِهَا لِلإِبْهَامِ، وَلَيْسَتْ مَعَ مُمَيِّزِهَا كَعِشْرِينَ مَعَ مُمَيِّزِهِ، أَلا تَرَى أَنَّكَ لَوْ قُلْتَ: (كَمْ رَجُلا) لَمْ تُبَيِّنْ بِهِ خُصُوصِيَّةَ الْعَدَدِ، فَقَدْ ظَهَرَ الْفَرْقُ بَيْنَ الْبَابَيْنِ.

وَالْمُخْتَارُ النَّصْبُ عِنْدَ الْفَصْلِ؛ لأَنَّهُ فِي التَّقْدِيرِ الْمُخْتَارِ مُضَافٌ إِلَيْهِ، وَالْفَصْلُ بَيْنَ الْمُضَافِ وَالْمُضَافِ إِلَيْهِ ضَعِيفٌ، وَلَمَّا ضَعُفَ أَنْ يَكُونَ مُضَافًا إِلَيْهِ نُقِلَ إِلَى إِعْرَابِ عُمُومِ التَّمْيِيزِ، وَهُوَ النَّصْبُ، وَقَدْ جَاءَ الْجَرُّ مَعَ الْفَصْلِ، إِمَّا عَلَى جَوَازِ الْفَصْلِ بَيْنَ الْمُضَافِ وَالْمُضَافِ إِلَيْهِ، وَإِمَّا عَلَى أَنْ يَكُونَ مَجْرُورًا بِإِضْمَارِ (مِنْ).

قَالَ: (وَتقُولُ، كَمْ غَيْرَهُ لَكَ) إِلَى آخِرِهِ.

قَالَ الشَّيْخُ: إِنَّمَا ذَكَرَ هَذَا الْفَصْلَ؛ لِيُعْرَفَ أَنَّ غَيْرَهُ وَمِثْلَهُ، وَشِبْهَهُمَا مِمَّا لا يَتَعَرَّفُ بِالإِضَافَةِ يَصِحُّ أَنْ يَقَعَ مُمَيِّزًا لِكَمْ، كَمَا صَحَّ أَنْ يَقَعَ مَجْرُورًا لـ (رُبَّ).

(وَقَدْ يُنْشَدُ بَيْتُ الْفَرَزْدَقِ:

كَمْ عَمَّةٍ لَكَ يَا جَرِيرُ وَخَالَةٍ ... فَدْعَاءَ قَدْ حَلَبَتْ عَلَيَّ عِشَارِيَ)

إِلَى آخِرِهِ، فَالنَّصْبُ كَمَا ذَكَرَ، وَالْجَرُّ كَذَلِكَ عَلَى الإِضَافَةِ، وَالرَّفْعُ عَلَى مَعْنَى كَمْ مَرَّةٍ، أَوْ كَمْ مَرَّةً عَمَّةٌ لَكَ حَلَبَتْ عَلَى عِشَارِي، فَكَمْ مَنْصُوبٌ عَلَى الظَّرْفِ بـ (حَلَبَتْ)، أَوْ عَلَى الْمَصْدَرِ - إِنْ جَعَلْنَا الْمَرَّاتِ لِلْحَلَبَاتِ - بـ (حَلَبَتْ) أَيْضًا، فَتَقْدِيرُهُ عَلَى الأَوَّلِ: حَلَبَتْ زَمَانًا كَثِيرًا، وَعَلَى الثَّانِي حَلَبَتْ حَلَبَاتٍ كَثِيرَةً، وَلا فَرْقَ فِي الْمَعْنَى بَيْنَ أَنْ يُقَدَّرَ اسْتِفْهَامًا أَوْ خَبَرًا؛ إِذْ مَعْنَاهُ فِي الْخَبَرِ كَثِيرًا مِنَ الأَزْمَانِ عَمَّاتُكَ وَخَالاتُكَ حَلَبَتْ لِي؛ أَيْ: كَانُوا خَدَمًا لِي فِي أَوْقَاتٍ كَثِيرَةٍ، وَإِذَا جَعَلْتَهُ اسْتِفْهَامًا كَانَ مَعْنَاهُ: أَخْبِرْنِي أَيُّ عَدَدٍ مِنَ الأَزْمَانِ أَوْ مِنَ الْحَلَبَاتِ عَمَّةٌ لَكَ وَخَالَةٌ حَلَبَتْ عَلَيَّ عِشَارِي؟ أَيْ: ذَلِكَ كَثِيرٌ لا أَعْرِفُ عَدَدَهُ، فَأَخْبِرْنِي عَنْ عَدَدِهِ، وَهَذَا الْمَعْنَى أَبْلَغُ مِنَ الأَوَّلِ فِي الذَّمِّ لِمَا فِيهِ مِنَ الاسْتِهْزَاءِ.

وَقَوْلُهُ: (تَقْدِيرُهُ كَمْ مَرَّةٍ حَلَبَتْ عَلَيَّ عَمَّاتُكَ).

إِنْ أَرَادَ بِهِ تَحْقِيقَ الإِعْرَابِ لَمْ يَسْتَقِمْ؛ لأَنَّ عَمَّاتِكَ فِيمَا قَدَّرَ فَاعِلٌ، وَهِيَ فِي الْبَيْتِ مُبْتَدَأٌ لِتَأَخُّرِ الْفِعْلِ عَنْهَا، وَلا يَتَقَدَّمُ الْفَاعِلُ عَلَى فِعْلِهِ، وَإِنْ أَرَادَ بِهِ تَبْيِينَ الْمَعْنَى وَإِيضَاحَهُ فَهُوَ مُسْتَقِيمٌ؛ لأَنَّ (عَمَّاتُكَ حَلَبَتْ)، و(حَلَبَتْ عَمَّاتُكَ) سَوَاءٌ.

قَوْلُهُ: (وَالْخَبَرِيَّةُ مُضَافَةٌ إِلَى مُمَيِّزِهَا) إِلَى آخِرِهِ.

تَقْدِيرُ الإِضَافَةِ هُوَ الْوَجْهُ لِمَا يَلْزَمُ مِنْ إِضْمَارِ الْجَارِّ لَوْ لَمْ تُقَدَّرِ الإِضَافَةُ وَوَجْهُ

الْقَوْلِ الآخَرِ مَا ثَبَتَ مِنْ إِظْهَارِ الْجَارِ فِي كَثِيرٍ مِنْ كَلَامِهِمْ وَهِيَ مَعَ حَذْفِهَا بِمَعْنَاهَا، فَحُمِلَتْ عَلَيْهَا، وَهَذَا الْقَوْلُ لَيْسَ كَقَوْلِ مَنْ يَقُولُ: الْعَامِلُ فِي زَيْدٍ فِي (غُلَامُ زَيْدٍ) حَرْفُ الْجَرِّ الْمُقَدَّرُ فِي الْمَعْنَى عَامِلًا؛ لِأَنَّ هَذَا كَقَوْلِ مَنْ يُقَدِّرُ الاسْمَ الْأَوَّلَ تَامًّا مُنَوَّنًا فِي التَّقْدِيرِ، و(مِنْ) مُضْمَرَةٌ، وَذَلِكَ يَجْعَلُ الْحَرْفَ الْمُقَدَّرَ فِي الْمَعْنَى عَامِلًا مَعَ كَوْنِ الْأَوَّلِ مُضَافًا لَفْظًا وَمَعْنًى، وَاللهُ أَعْلَمُ.

وَمِنْ أَصْنَافِ الاسْمِ: الْمُثَنَّى

قَالَ صَاحِبُ الْكِتَابِ: (هُوَ مَا لَحِقَتْ آخِرَهُ زِيَادَتَانِ) إِلَى آخِرِهِ.

قَالَ الشَّيْخُ: هَذَا الْحَدُّ هُوَ الَّذِي يَسْتَقِيمُ فِي حَدِّ الْمُثَنَّى، وَإِذَا حَدَّدْنَا التَّثْنِيَةَ قُلْنَا: إِلْحَاقُ الاسْمِ زِيَادَتَيْنِ، إِلَى آخِرِهِ، وَلَيْسَ قَوْلُ مَنْ قَالَ: (ضَمُّ شَيْءٍ إِلَى مِثْلِهِ) فِي حَدِّ الْمُثَنَّى بِشَيْءٍ، لِأَنَّكَ لَوْ قُلْتَ: زَيْدٌ وَزَيْدٌ فَهَذَا ضَمُّ شَيْءٍ إِلَى مِثْلِهِ، وَلَيْسَ بِمُثَنًّى.

وَقَوْلُهُ: (لِتَكُونَ الْأُولَى عَلَمًا لِضَمِّ وَاحِدٍ إِلَى وَاحِدٍ).

يَعْنِي إِلَى وَاحِدٍ مِنْ جِنْسِهِ الْمُسَمَّى بِذَلِكَ الاسْمِ؛ كَقَوْلِكَ فِي رَجُلٍ: رَجُلَانِ، وَهَلْ يَجُوزُ أَنْ تَأْخُذَ الاسْمَ الْمُشْتَرَكَ فَتُثَنِّيهِ بِاعْتِبَارِ الْمَدْلُولَيْنِ؛ كَقَوْلِكَ: عَيْنَانِ فِي عَيْنِ الشَّمْسِ وَعَيْنِ الْمَاءِ؟ فِيهِ خِلَافٌ، وَالظَّاهِرُ جَوَازُهُ شَاذًّا، وَالْكَثِيرُ الْمُسْتَعْمَلُ خِلَافُهُ.

وَقَالُوا: زَيْدَانِ وَعَمْرَانِ فِي الْأَسْمَاءِ الْأَعْلَامِ، وَإِنْ كَانَتْ بِاعْتِبَارِ مُسَمَّيَاتِهَا كَالْأَسْمَاءِ الْمُشْتَرَكَةِ؛ لِأَنَّهَا لَمْ يُسَمَّ بِهَا بِاعْتِبَارِ أَمْرٍ جَامِعٍ فِي مُسَمَّيَاتِهَا، وَهَذَا مِمَّا يُقَوِّي قَوْلَ مَنْ يَقُولُ: إِنَّ الاسْمَ الْمُشْتَرَكَ يُثَنَّى، وَإِنِ اخْتَلَفَ مَدْلُولُهُ.

وَالْجَوَابُ أَنَّهَا إِنَّمَا ثُنِّيَتْ بَعْدَ مَا أَخْطَرَ الْمُتَكَلِّمُ الْمُسَمَّيَاتِ بِزَيْدٍ بِبَالِهِ، وَقَدَّرَ انْتِفَاءَ الْعَلَمِيَّةِ مِنْهَا، فَصَارَتْ كَأَنَّهَا أَسْمَاءُ أَجْنَاسٍ كَرَجُلٍ بِاعْتِبَارِ مَا تَحْتَهُ، فَثَنَّاهَا كَمَا يُثَنَّى رَجُلٌ بَعْدَ أَنْ قَدَّرَهَا مِثْلَهُ، وَهَذَا الْمَعْنَى هُوَ الَّذِي جَوَّزَ أَنْ يُقَالَ: الزَّيْدُ وَزَيْدٌ فُلَانٍ، وَلَوْلَا تَقْدِيرُهَا نَكِرَةً لَمْ يَسْتَقِمْ تَعْرِيفُهَا، وَمَهْمَا قُدِّرَتْ نَكِرَةً صَارَتْ كَأَسْمَاءِ الْأَجْنَاسِ الْمُشْتَرَكَةِ فِي أَمْرٍ وَاحِدٍ، إِلَّا أَنَّ أَسْمَاءَ الْأَجْنَاسِ مُشْتَرَكَاتٌ فِي أَمْرٍ مَعْنَوِيٍّ مُحَقَّقٍ، وَهَذِهِ مُشْتَرَكَةٌ فِي أَمْرٍ مُقَدَّرٍ، وَهُوَ كَوْنُهُ مُسَمَّى بِزَيْدٍ.

فَإِنْ قِيلَ: إِذَا كَانَتْ تَثْنِيَتُهَا كَبَابِ تَنْكِيرِهَا وَتَعْرِيفِهَا بِاللَّامِ، وَذَلِكَ شَاذٌّ، فَلْيَكُنْ أَيْضًا تَثْنِيَتُهَا شَاذًّا، وَلَيْسَ بِشَاذٍّ بِالْإِجْمَاعِ، دَلَّ عَلَى أَنَّهُ لَيْسَ مِثْلَهُ.

فَالْجَوَابُ أَنَّ زَيْدًا إِذَا نُكِّرَ وَعُرِّفَ فَقَدِ اسْتُعْمِلَ عَلَى خِلَافِ مَا وُضِعَ لَهُ مِنْ غَيْرِ

ضَرُورةٍ؛ لأنَّهُ يُمكِنُ استِعْمالُهُ عَلَمًا في كُلِّ مَوضعٍ، فَجَعْلُهُ نَكِرَةً بِهَذا التَّقْدِيرِ إخْراجٌ لَهُ عَنْ أَصْلِهِ لِغَيْرِ ضَرُورةٍ، وَأَمَّا زَيْدانِ فَلا يُمكِنُ استِعْمالُهُ عَلَمًا؛ لأنَّ تَثْنِيَتَهُ تُنافي عَلَمِيَّتَهُ، فَلا يَلْزَمُ مِنْ شُذُوذِ مَا يُمكِنُ جَرْيُهُ وَهُوَ الزَّيْدُ بِأَنْ يُقَالَ: زَيْدٌ بِغَيْرِ الألِفِ وَاللامِ عَلَى أَصْلِهِ شُذُوذُ مَا لا يُمْكِنُ إجْرَاؤُهُ عَلَى أَصْلِهِ كَزَيْدانِ بِأَنْ يُقَالَ: هُوَ عَلَمٌ.

قَوْلُهُ: (وَالثَّانِيَةُ عِوَضًا مِنَ الْحَرَكَةِ وَالتَّنْوِينِ).

هُوَ مَذْهَبُ البَصْرِيِّينَ، وَأَمَّا الكُوفِيُّونَ فَيَقُولُونَ: إنَّهَا عِوَضٌ مِنَ التَّنْوِينِ، وَيَسْتَدِلُّونَ بِقَوْلِكَ: (جَاءَنِي غُلامَا زَيْدٍ)، فَحَذْفُهَا يَدُلُّ عَلَى أَنَّهَا كَالتَّنْوِينِ، وَالْبَصْرِيُّونَ يَسْتَدِلُّونَ بِقَوْلِكَ: الْغُلامَانِ، فَإِثْبَاتُهَا يَدُلُّ عَلَى أَنَّهَا كَالْحَرَكَةِ؛ إذِ التَّنْوِينُ لا ثَبَاتَ لَهُ مَعَ اللامِ.

وَالْوَجْهُ أَنَّهَا كَالْحَرَكَةِ فِي مَوْضِعٍ، وَكَالتَّنْوِينِ فِي مَوْضِعٍ، وَمِثْلُهُمَا فِي مَوْضِعٍ، فَإِذَا قُلْتَ: رَجُلانِ كَانَتْ عِوَضًا مِنَ التَّنْوِينِ وَالْحَرَكَةِ جَمِيعًا، وَإِذَا قُلْتَ: الرَّجُلانِ كَانَتْ عِوَضًا مِنَ الْحَرَكَةِ، فَإِذَا قُلْتَ: (غُلامَا زَيْدٍ) كَانَتْ عِوَضًا مِنَ التَّنْوِينِ.

قَوْلُهُ: (وَمِنْ شَأْنِهِ إذَا لَمْ يَكُنْ مُثَنًّى مَنْقُوصٌ).

يَعْنِي بِالْمَنْقُوصِ مَا آخِرُهُ أَلِفٌ، وَهَذَا غَرِيبٌ فِي الاصْطِلاحِ، وَإِنَّمَا الْمَنْقُوصُ فِي الاصْطِلاحِ مَا نُقِصَ مِنْ آخِرِهِ حَرْفٌ كَقَاضٍ وَعَصًا، أَوْ مَا نُقِصَ بَعْضَ الإعْرَابِ كَقَاضٍ، وَأَمَّا إطْلاقُ الْمَنْقُوصِ عَلَى مَا فِي آخِرِهِ أَلِفٌ خَاصَّةً فَلَيْسَ بِمَعْرُوفٍ.

قَوْلُهُ: (وَلا يَخْلُو الْمَنْقُوصُ) إلَى آخِرِهِ.

قَالَ: الْمَنْقُوصُ عَلَى اصْطِلاحِهِ، وَهُوَ مَا فِي آخِرِهِ أَلِفٌ، لا يَخْلُو مِنْ أَنْ يَكُونَ ثُلاثِيًّا أَوْ فَوْقَهُ، فَإِنْ كَانَ ثُلاثِيًّا وَجَبَ رَدُّ الألِفِ إلَى أَصْلِهَا لِوُجُوبِ حَرَكَتِهَا لِوُقُوعِ الألِفِ بَعْدَهَا، وَالْوَاوُ وَالْيَاءُ لا تُعَلانِ إذَا وَقَعَتَا قَبْلَ الألِفِ؛ كَقَوْلِكَ: غَزَوَا وَرَمَيَا إمَّا كَرَاهَةَ اجْتِمَاعِ الألِفَيْنِ، أَوْ كَرَاهَةَ اللَّبْسِ فِي الأصْلِ وَحُمِلَ الْبَوَاقِي عَلَيْهِ، وَإِذَا لَمْ تُعَلَّ وَجَبَ أَنْ تَبْقَى عَلَى الأصْلِ، فَتَقُولُ: قَفَوَانِ وَرَحَيَانِ.

(وَإِنْ جُهِلَ أَصْلُهَا) نُظِرَ إلَى الإمَالَةِ كَمَا ذَكَرَ وَإِنْ كَانَتْ فَوْقَ الثَّلاثَةِ لَمْ تُقْلَبْ إلا يَاءً، وَإِنَّمَا قُلِبَتْ يَاءً فِيمَا أَصْلُهُ وَاوٌ لأحَدِ أَمْرَيْنِ:

إمَّا لأنَّهَا فِي أَصْلِ الأفْعَالِ فُعِلَ بِهَا ذَلِكَ، فَأُجْرِيَتِ الأسْمَاءُ عَلَيْهَا كَقَوْلِهِمْ: أَغْزَيْتُ وَاسْتَغْزَيْتُ، وَإِمَّا اسْتِثْقَالا لَهَا آخِرًا فِيمَا كَثُرَتْ حُرُوفُهُ، فَأَبْدَلُوا مِنْهَا الْيَاءَ لِخِفَّتِهَا.

(وَأَمَّا مِذْرَوَانِ فَلأنَّ التَّثْنِيَةَ فِيهِ لازِمَةٌ) إلَى آخِرِهِ.

وَجْهُ اعْتِرَاضِهِ أَنَّهُ اسْمٌ رُبَاعِيٌّ جَاءَتْ فِيهِ الْوَاوُ رَابِعَةً وَلَمْ تُقْلَبْ يَاءً، وَجَوَابُهُ أَنَّ

مِذْرَوَانَ لا يُقَالُ فِي مُفْرَدِهِ: مِذْرًا، فَإِنْ عَلَّلْنَا بِالْوَجْهِ الأَوَّلِ، فَلَيْسَ آخِرُهُ أَلِفًا مُخَفَّفَةً عَنْ وَاوٍ حَتَّى تُبْدَلَ عَنِ الألِفِ يَاءً، بَلْ هَذِهِ لَمْ تَزَلْ وَاوًا لِلُزُومِ التَّثْنِيَةِ، وَإِنْ عَلَّلْنَا بِالثَّانِي فَالْوَاوُ لَمْ تَقَعْ مُتَطَرِّفَةً؛ لأنَّ التَّثْنِيَةَ لازِمَةٌ فَلَمْ تَقَعْ مُتَطَرِّفَةً، وَلِذَلِكَ شَبَّهَهَا بِالْوَاوِ الْوَاقِعَةِ فِي جِبَاوَةٍ بِمَعْنَى جِبَايَةٍ.

قَوْلُهُ: (وَمَا آخِرُهُ هَمْزَةٌ) إِلَى آخِرِهِ، ثُمَّ قَالَ فِي آخِرِ الْفَصْلِ: (فَهَذِهِ الأخِيرَةُ تُقْلَبُ وَاوًا لا غَيْرُ، وَالْبَابُ فِي الْبَوَاقِي أَنْ لا يُقْلَبْنَ).

قَوْلُهُ: (وَالْبَابُ فِي الْبَوَاقِي أَنْ لا يُقْلَبْنَ، وَقَدْ أُجِيزَ الْقَلْبُ) يُوهِمُ أَنَّ ثَلاثَةَ الأبْوَابِ مُسْتَوِيَةٌ فِي الْبَقَاءِ وَالْقَلْبِ، وَلَيْسَ الأمْرُ كَذَلِكَ، بَلِ الأولَى الْبَابُ فِيهَا أَنْ لا تُقْلَبَ، وَالْقَلْبُ ضَعِيفٌ جِدًّا، وَالْقَلْبُ فِي الثَّانِيَةِ أَوْلَى مِنْهُ فِي الأولَى، وَالْقَلْبُ فِي الثَّالِثَةِ أَظْهَرُ مِنْهُ فِي الثَّانِيَةِ.

وَإِنَّمَا كَانَ الْقَلْبُ ضَعِيفًا فِي الأولَى؛ لأنَّهَا هَمْزَةٌ أَصْلِيَّةٌ، لَمْ يُوجَدْ مَا يُوجِبُ تَغْيِيرَهَا، فَكَانَ بَقَاؤُهَا عَلَى حَالِهَا أَوْلَى، وَالثَّانِيَةُ لَيْسَتْ هَمْزَةً أَصْلِيَّةً، وَلَكِنَّهَا مُنْقَلِبَةٌ عَنْ حَرْفٍ أَصْلِيٍّ، فَكَانَ الْقَلْبُ أَظْهَرَ لِفَوَاتِ أَصْلِيَّةِ الْهَمْزَةِ، وَالثَّالِثَةُ لَيْسَتْ أَصْلِيَّةً وَلا مُنْقَلِبَةً عَنْ حَرْفٍ أَصْلِيٍّ، فَكَانَ الْقَلْبُ أَظْهَرَ لِفَوَاتِ أَصْلِيَّةِ الْهَمْزَةِ وَفَوَاتِ الْحَرْفِ الأصْلِيِّ الْمُنْقَلِبَةُ عَنْهُ الْهَمْزَةُ، وَأَمَّا الرَّابِعُ وَهُوَ حَمْرَاءُ وَصَحْرَاءُ، فَإِنَّمَا أَوْجَبُوا فِيهِ الْقَلْبَ لِلْفَرْقِ بَيْنَ هَمْزَةِ التَّأْنِيثِ وَغَيْرِهَا، وَكَانَتْ أَوْلَى بِالْقَلْبِ؛ إِذْ لا أَصْلَ لَهَا، وَلا عَنْ أَصْلٍ وَلا مُشَبَّهَ بِالأصْلِ، وَقُلِبَتْ وَاوًا؛ إِمَّا لأنَّهُ الَّذِي ثَبَتَ لَهَا فِي النَّسَبِ فَحُمِلَ عَلَيْهِ، وَإِنِ اخْتَلَفَتِ الْعِلَّةُ، وَإِمَّا لأنَّهَا عَنْ هَمْزَةٍ، وَالْوَاوُ أَقْرَبُ إِلَيْهَا لِمُشَاكَلَتِهَا لَهَا فِي الثِّقَلِ، وَإِمَّا كَرَاهَةَ الأدَاءِ إِلَى يَاءَيْنِ بَعْدَ أَلِفٍ لَوْ قَالُوا: حَمْرَايَيْنِ، وَإِمَّا لِيُفَرِّقُوا بَيْنَهَا وَبَيْنَ الألِفِ الْمَقْصُورَةِ بِأَمْرٍ فِيهَا، وَالَّتِي لا أَلِفَ قَبْلَهَا لَمْ يَقْلِبُوهَا ذَلِكَ الْقَلْبَ؛ لأنَّ الْقَلْبَ ثَمَّةَ الْوَاجِبَ وَالْجَائِزَ إِنَّمَا كَانَ؛ إِمَّا لأنَّهَا زَائِدَةٌ مَعَ اسْتِثْقَالِ هَمْزَةٍ بَيْنَ أَلِفَيْنِ، وَإِمَّا لاسْتِثْقَالِهَا بَيْنَ أَلِفَيْنِ، وَلَمْ يُوجَدْ فِي هَذِهِ شَيْءٌ مِنْ ذَلِكَ، نَعَمْ قَدْ تُخَفَّفُ الْهَمْزَةُ عَلَى مَا يَأْتِي فِي تَخْفِيفِ الْهَمْزَةِ، وَلَيْسَ مِنْ هَذَا الْبَابِ.

قَوْلُهُ: (وَقَدْ يُثَنَّى الْجَمْعُ عَلَى تَأْوِيلِ الْجَمَاعَتَيْنِ وَالْفِرْقَتَيْنِ) إِلَى آخِرِهِ.

قَالَ الشَّيْخُ: تَثْنِيَةُ الْجَمْعِ قَلِيلٌ، وَسَبَبُ قِلَّتِهِ أَنَّ مُفْرَدَهُ يُعْطِي مَا تُعْطِي التَّثْنِيَةُ، فَيَقَعُ ذِكْرُ التَّثْنِيَةِ ضَائِعًا، وَلَكِنْ قَدْ يَجْرِي فِي بَعْضِ الْمَعَانِي مَا يُحْتَاجُ إِلَى ذِكْرِ الْجَمْعِ مُثَنًّى،

مِثْلُ قَوْلِهِ عَلَيْهِ السَّلامُ: "كَالشَّاةِ الْعَائِرَةِ بَيْنَ الْغَنَمَيْنِ"[1]، فَلِذَلِكَ يُسْتَحْسَنُ مِثْلُ ذَلِكَ، فَإِنَّهُ لا يُمْكِنُ التَّعْبِيرُ بِمُجَرَّدِ الْجَمْعِ، بِخِلافِ قَوْلِكَ: (عِنْدِي رِجَالانِ)، فَإِنَّهُ ضَعِيفٌ.

قَوْلُهُ: (وَيُجْعَلُ الاثْنَانِ عَلَى لَفْظِ الْجَمْعِ إِذَا كَانَا مُتَّصِلَيْنِ) إِلَى آخِرِهِ.

يَعْنِي: إِذَا قُصِدَ التَّعْبِيرُ عَنِ اثْنَيْنِ فِي الْمَعْنَى مُضَافَيْنِ إِلَى اثْنَيْنِ، وَهُمَا مُتَّصِلانِ بِهِمَا فِي الْمَعْنَى عُبِّرَ عَنِ الْمُضَافِ بِلَفْظِ الْجَمْعِ وَإِنْ كَانَ مُثَنًّى فِي الْمَعْنَى، وَسَبَبُهُ كَرَاهَةُ اجْتِمَاعِ لَفْظِ تَثْنِيَتَيْنِ فِيمَا تَأَكَّدَ اتِّصَالُهُمَا لَفْظًا وَمَعْنًى، فَعَلَى ذَلِكَ تَقُولُ: (اضْرِبْ رُؤُوسَهُمَا)، وَلا فَرْقَ بَيْنَ أَنْ يَكُونَ الأَوَّلُ مُتَّحِدًا فِي كُلِّ وَاحِدٍ مِنْهُمَا أَوْ مُتَعَدِّدًا، فَلِذَلِكَ تَقُولُ: (قَطَعْتُ أَيْدِيهِمَا) وَأَنْتَ تُرِيدُ يَدًا مِنْ كُلِّ وَاحِدٍ مِنْهُمَا، وَقَالَ الكُوفِيُّونَ: شَرْطُهُ أَنْ يَكُونَ الأَوَّلُ مُتَّحِدًا فِي كُلِّ وَاحِدٍ مِنْهُمَا؛ كَقَوْلِهِ تَعَالَى: ﴿فَقَدْ صَغَتْ قُلُوبُكُمَا﴾ [التحريم:٤]، وَهُوَ مَرْدُودٌ بِقَوْلِهِ: ﴿فَاقْطَعُوا أَيْدِيَهُمَا﴾ [المائدة:٣٨]، وَالْمُرَادُ: أَيْمَانُهُمَا، فَبَطَلَتْ شَرْطِيَّةُ الاتِّحَادِ.

(وَقَالَ: ظَهْرَاهُمَا مِثْلُ ظُهُورِ التُّرْسَيْنِ، فَاسْتَعْمَلَ هَذَا وَالأَصْلَ مَعًا).

يَعْنِي بِقَوْلِهِ: (هَذَا) وَضْعَ الْجَمْعِ مَوْضِعَ التَّثْنِيَةِ، وَهُوَ إِشَارَةٌ إِلَى حُكْمِ هَذَا الْفَصْلِ، وَهُوَ قَوْلُهُ: (ظُهُورُ التُّرْسَيْنِ).

وَقَوْلُهُ: (وَالأَصْلَ)؛ يَعْنِي: وَضْعَ لَفْظِ الْمُثَنَّى لِلدَّلالَةِ عَلَى التَّثْنِيَةِ عَلَى الْقِيَاسِ الأَصْلِيِّ، وَهُوَ قَوْلُهُ: (ظَهْرَاهُمَا)، ثُمَّ بَيَّنَ أَنَّ الشَّرْطَ الاتِّصَالُ خِلْقَةً لامْتِنَاعِ أَفْرَاسِهِمَا وَغِلْمَانِهِمَا لَمَّا فُقِدَ الاتِّصَالُ.

وَمِنْ أَصْنَافِ الاسْمِ: الْمَجْمُوعُ

قَالَ الشَّيْخُ: لَمَّا كَانَ غَرَضُ الْمُصَنِّفِ الدَّلالَةَ عَلَى بَيَانِ لَفْظِ السَّالِمِ الْمُذَكَّرِ لاخْتِلافِ آخِرِهِ بِالْحُرُوفِ لاخْتِلافِ الْعَامِلِ لَمْ يُمْكِنْهُ حَدُّ الْمَجْمُوعِ الْمُكَسَّرِ مَعَهُ لاخْتِلافِهِمَا فِي هَذَا الْمَعْنَى، فَجَعَلَ كُلَّ وَاحِدٍ عَلَى حِدَةٍ، ثُمَّ حَدَّ الْمَجْمُوعَ السَّالِمَ

---

(١) أخرجه مسلم (٢٧٨٦)، وأخرجه النسائي (٥٠٣٧)، وأخرجه أحمد في مسنده (٥٠٥٩)، وأخرجه الدارمي (٣١٩)، واخرجه ابن حبان في صحيحه (٢٦٤)، ونص الحديث: " مَثَلُ الْمُنَافِقِ كَمَثَلِ الشَّاةِ الْعَائِرَةِ بَيْنَ الْغَنَمَيْنِ تَعِيرُ إِلَى هَذِهِ مَرَّةً وَإِلَى هَذِهِ مَرَّةً ". والعائرة: الساقطة لا يُعْرَف لها مالكٌ، من عَارَ الفرسُ يَعِير إذا انْطَلَق من مَرْبَطِه مارًا على وجْهه. ومنه الحَديث: مَثَل المُنَافِق مَثَل الشَّاة العَائِرة بين غَنَمَيْن. أي: المُتَرِدِّدَة بين قَطِيعَين، لا تَدْرِي أيَّهُما تَتْبَعُ. [النهاية في غريب الحديث:٣٢٨/٣]

الْمُذَكَّرَ عَلَى نَحْوِ حَدِّ التَّثْنِيَةِ، وَذَكَرَ السَّالِمَ الْمُؤَنَّثَ بِالأَلِفِ وَالتَّاءِ لِئَلا يُتَوَهَّمَ عُمُومُ السَّالِمِ فِيمَا ذَكَرَ، وَاسْتَغْنَى عَنْ أَنْ يُعِيدَ لَفْظًا آخَرَ لِلْمُذَكَّرِ السَّالِمِ، إِذْ لَفْظُهُ فِيهِ تَنْبِيهٌ.

(فَالَّذِي بِالْوَاوِ وَالنُّونِ لِمَنْ يَعْلَمُ فِي أَعْلامِهِ وَصِفَاتِهِ).

أَرَادَ بَعْضَ أَعْلامِهِ وَصِفَاتِهِ، وَإِلا فَلا يَسْتَقِيمُ التَّعْمِيمُ، فَإِنَّ طَلْحَةَ وَشِبْهَهُ لا يُجْمَعُ جَمْعَ التَّصْحِيحِ، وَهُوَ مِنْ أَعْلامِ مَنْ يَعْقِلُ، وَأَحْمَرُ وَعَلامَةٌ وَجَرِيحٌ مِنْ صِفَاتِ مَنْ يَعْقِلُ، وَلا يُجْمَعُ بِالْوَاوِ وَالنُّونِ كُلُّ مُذَكَّرٍ عَلَمٍ يَعْقِلُ أَوْ صِفَةٌ لِمُذَكَّرٍ يَعْقِلُ لَيْسَتْ أَفْعَلَ فَعْلاءَ وَلا فَعْلانَ فَعْلَى وَلا مُؤَنَّثَةً جَارِيَةً عَلَى الْمُذَكَّرِ؛ كَعَلامَةٍ، وَنَسَّابَةٍ، وَلا مُذَكَّرُهُ يَجْرِي عَلَى الْمُؤَنَّثِ؛ كَصَبُورٍ، وَشَكُورٍ، وَجَرِيحٍ، إِلا مَا شَذَّ مِنَ الَّذِي ذَكَرَهُ؛ كَامْرَأَةٍ عَاشِقٍ، وَنَاقَةٍ ضَامِرٍ، وَامْرَأَةٍ مُرْضِعِ فُلانٍ، وَمَا لَعَلَّهُ وُجِدَ مِنْ غَيْرِهِ.

وَقَوْلُهُ: (وَالَّذِي بِالأَلِفِ وَالتَّاءِ لِلْمُؤَنَّثِ فِي أَسْمَائِهِ وَصِفَاتِهِ).

يُرِيدُ بَعْضَ صِفَاتِهِ، وَهُوَ كُلُّ صِفَةٍ لَيْسَتْ فَعْلاءَ أَفْعَلَ وَلا فَعْلَى فَعْلانَ، وَلا مُذَكَّرَةً تَجْرِي عَلَى الْمُؤَنَّثِ؛ كَطَالِقٍ، وَجَرِيحٍ، كَأَنَّهُ اسْتَغْنَى عَنْ بَيَانِ ذَلِكَ هَاهُنَا بِتَفَاصِيلَ سَتَأْتِي فِي أَثْنَاءِ الْبَابِ.

ثُمَّ قَالَ: (وَالثَّانِي يَعُمُّ مَنْ يَعْلَمُ وَغَيْرَهُمْ فِي أَسْمَائِهِمْ وَصِفَاتِهِمْ).

يَعْنِي: الْمُكَسَّرَ، وَقَوْلُهُ: (فِي أَسْمَائِهِمْ وَصِفَاتِهِمْ) يُرِيدُ فِي بَعْضِ الصِّفَاتِ؛ إِذْ بَعْضُهَا لا يُجْمَعُ إِلا مُصَحَّحًا؛ كَمُكْرِمٍ وَمُكَرَّمٍ عَلَى مَا سَيَأْتِي، وَحُكْمُ الزِّيَادَتَيْنِ كَحُكْمِهِمَا فِي مُسْلِمَاتٍ عَلَى مَا تَقَدَّمَ.

(وَقَدْ أُجْرِيَ الْمُؤَنَّثُ عَلَى الْمُذَكَّرِ فِي التَّسْوِيَةِ) إِلَى آخِرِهِ.

أَيْ: جُعِلَ عَلامَةُ النَّصْبِ وَالْخَفْضِ الْكَسْرَةَ حَمْلا لَهُ عَلَى الْمُذَكَّرِ حَيْثُ جُعِلَ عَلامَةُ الْخَفْضِ وَالنَّصْبِ الْيَاءَ كَرَاهَةَ أَنْ يَكُونَ لِلْمُؤَنَّثِ عَلَى الْمُذَكَّرِ مَزِيَّةٌ.

وَإِنَّمَا أُعْرِبَ الْجَمْعُ الصَّحِيحُ بِالْحُرُوفِ؛ لأَنَّهُ زِيدَ فِي آخِرِهِ حَرْفُ عِلَّةٍ مَعَ بَقَاءِ صِيغَتِهِ، فَأَشْبَهَ التَّثْنِيَةَ فَأُعْرِبَ كَإِعْرَابِهَا، وَإِنَّمَا أُعْرِبَ الْمُثَنَّى بِالْحُرُوفِ؛ لأَنَّهُ لَمَّا تَكَثَّرَ مَدْلُولُهُ جَعَلُوا إِعْرَابَهُ بِشَيْءٍ هُوَ أَكْثَرُ مِنْ إِعْرَابِ الْمُفْرَدِ، وَهُوَ الْحُرُوفُ، وَكَانَ الْقِيَاسُ فِيمَا يُعْرَبُ بِالْحُرُوفِ أَنْ تَكُونَ الْوَاوُ لِلرَّفْعِ، وَالأَلِفُ لِلنَّصْبِ، وَالْيَاءُ لِلْخَفْضِ، كَمَا هُوَ فِي (أَخُوكَ) وَأَخَوَاتِهِ، فَقِيَاسُ (الزَّيْدُونَ) أَنْ يُقَالَ فِي نَصْبِهِ: الزَّيْدَانُ، وَفِي خَفْضِهِ: الزَّيْدِينَ عَلَى مَا هُوَ عَلَيْهِ فِي الرَّفْعِ، وَقِيَاسُ التَّثْنِيَةِ أَنْ يُقَالَ فِي الرَّفْعِ: الزَّيْدُونَ، وَفِي النَّصْبِ: الزَّيْدَانِ، وَفِي الْخَفْضِ: الزَّيْدَيْنِ، فَجَاءَ الْجَمْعُ فِي الرَّفْعِ وَالْخَفْضِ عَلَى

الْقِيَاسِ، وَجَاءَتِ التَّثْنِيَةُ فِي الْخَفْضِ عَلَى الْقِيَاسِ لَا غَيْرُ، وَإِنَّمَا كَانَ ذَلِكَ مِنْ جِهَةِ أَنَّ الْأَلِفَ الَّتِي هِيَ قِيَاسُ النَّصْبِ لَوْ بَقِيَتْ لَهُمَا لَالْتَبَسَ التَّثْنِيَةُ بِالْجَمْعِ فِي قَوْلِكَ: ضَارِبَاكَ؛ لِأَنَّ النُّونَ تُحْذَفُ، وَمَا قَبْلَ الْأَلِفِ لَا يَكُونُ إِلَّا مَفْتُوحًا، فَلَا يُفَرَّقُ بَيْنَ كَوْنِهِ تَثْنِيَةً أَوْ مَجْمُوعًا، فَلَمَّا جَاءَ اللَّبْسُ مِنَ الْأَلِفِ فِي النَّصْبِ أُسْقِطَتْ مِنْهُمَا جَمِيعًا فِي النَّصْبِ، ثُمَّ لَمَّا كَانَتِ الْأَلِفُ أَخَفَّ حُرُوفِ الْعِلَّةِ كُرِهَ أَنْ تُخَلَّى بِالْكُلِّيَّةِ، فَجُعِلَتْ عِوَضًا عَنِ الْوَاوِ فِي التَّثْنِيَةِ، ثُمَّ حُمِلَ فِي كُلِّ وَاحِدٍ مِنْهُمَا الْمَنْصُوبُ عَلَى الْمَخْفُوضِ، إِذْ لَمْ يَبْقَ غَيْرُ ذَلِكَ، فَصَارَ الْأَمْرُ عَلَى مَا ذُكِرَ فِي حَدِّ الْجَمْعِ وَالتَّثْنِيَةِ.

فَصْلٌ: وَيَنْقَسِمُ إِلَى جَمْعِ قِلَّةٍ وَجَمْعِ كَثْرَةٍ

وَيَعْنِي بِجَمْعِ الْقِلَّةِ مَا ذُكِرَ، وَجَمْعُ الْكَثْرَةِ مَا زَادَ عَلَيْهِ، وَصِيَغُ جَمْعِ الْقِلَّةِ أَبْنِيَةٌ مَخْصُوصَةٌ مِنْ جُمُوعِ التَّكْسِيرِ، وَهِيَ مَا ذُكِرَ، وَجَمِيعُ صِيَغِ التَّصْحِيحِ وَصِيَغُ جُمُوعِ التَّكْسِيرِ مَا عَدَا ذَلِكَ.

قَوْلُهُ: (وَقَدْ يُجْعَلُ إِعْرَابُ مَا يُجْمَعُ بِالْوَاوِ وَالنُّونِ فِي النُّونِ).

قَالَ الشَّيْخُ: جَعْلُ الْإِعْرَابِ فِي النُّونِ مَعَ بَقَائِهِ جَمْعًا شَاذٌّ، وَلَمْ يَأْتِ مَعَ شُذُوذِهِ إِلَّا فِي أَسْمَاءٍ جُمِعَتْ جَمْعَ التَّصْحِيحِ عَلَى غَيْرِ قِيَاسٍ، كَأَنَّهَا لَمَّا كَانَتْ مُسْتَحِقَّةً لِلتَّكْسِيرِ جَرَى فِيهَا إِعْرَابُهُ، مِنْ ذَلِكَ قَوْلُهُمْ: سِنِينٌ عَلَى مَا ذُكِرَ، وَمِنْهَا أَسْمَاءُ الْأَعْدَادِ؛ كَقَوْلِهِ:

دَعَانِي مِنْ نَجْدٍ فَإِنَّ سِنِينَهُ   لَعِبْنَ بِنَا شِيبًا وَشَيَّبْنَنَا مُرْدَا

وَكَقَوْلِ سُحَيْمٍ:

وَمَاذَا يَدَّرِي الشُّعَرَاءُ مِنِّي   وَقَدْ جَاوَزْتُ حَدَّ الْأَرْبَعِينِ

وَلَا بُدَّ مِنَ الْيَاءِ؛ لِأَنَّ الْإِعْرَابَ لَا يَكُونُ بِجِهَتَيْنِ، وَالْتِزَامُ الْيَاءِ دُونَ الْوَاوِ لِخِفَّتِهَا وَثِقَلِ الْوَاوِ.

قَوْلُهُ: (وَلِلثُّلَاثِيِّ الْمُجَرَّدِ إِذَا كُسِّرَ عَشَرَةُ أَمْثِلَةٍ) إِلَى آخِرِهِ.

ثُمَّ تَعَرَّضَ لِأَبْنِيَةِ الْجَمْعِ وَلَمْ يَذْكُرِ الْمُفْرَدَاتِ، وَلَمْ يَذْكُرْ لِكُلِّ مُفْرَدٍ أَبْنِيَتَهُ الَّتِي جُمِعَ عَلَيْهَا؛ لِأَنَّهُ لَا يُفِيدُهُ كَبِيرَ غَرَضٍ؛ إِذْ ذَلِكَ لَا يَنْضَبِطُ إِلَّا بِالسَّمَاعِ فِي كُلِّ لَفْظَةٍ، وَهُوَ حَظُّ اللُّغَةِ، وَالَّذِي يَنْضَبِطُ هُوَ أَنْ تَعْلَمَ أَوْزَانَ الْجَمْعِ وَأَوْزَانَ الْمُفْرَدَاتِ، وَيُعْلَمَ أَنَّ تِلْكَ الْمُفْرَدَاتِ لَا تَخْرُجُ عَنْ قَبِيلِ هَذَا الْجَمْعِ، وَهَذَا الْمَعْنَى يَحْصُلُ بِمَا ذَكَرَهُ، فَإِنْ ذُكِرَ مِنَ الْجُمُوعِ عَشَرَةٌ فِي مِثَالٍ عُلِمَ أَنَّ عَشَرَةَ الْأَوْزَانِ الْمُفْرَدَةِ تُجْمَعُ عَلَيْهَا؛ وَإِنْ جَاءَتْ نَاقِصَةً

عُلِمَ أَنَّ ذَلِكَ الْمَنْقُوصَ لَمْ يَأْتِ جَمْعُهُ عَلَى تِلْكَ الزِّنَةِ، وَبَيَانُهُ أَنَّهُ ذَكَرَ فِي أَفْعَالٍ جَمِيعَ الأَمْثِلَةِ، فَعُلِمَ أَنَّ جَمِيعَ الأَمْثِلَةِ تُجْمَعُ عَلَيْهِ، ثُمَّ ذَكَرَ فِعَالا وَذَكَرَ سِتَّةَ أَمْثِلَةٍ، فَنَقَصَتْ أَرْبَعَةٌ؛ وَهِيَ: فَعِلٌ، وَفِعَلٌ، وَفُعُلٌ، وَفِعِلٌ، فَيُعْلَمُ أَنَّ هَذِهِ الأَرْبَعَةَ لَمْ تَجِئْ عَلَى فِعَالٍ، وَكَذَلِكَ سَائِرُهَا، وَهَذَا هُوَ الَّذِي كَانَ يَحْصُلُ لَوْ ذَكَرَ الْمُفْرَدَاتَ وَاحِدًا وَاحِدًا، إلا أَنَّهُ كَانَ يَطُولُ الْكَلامُ، وَهَذَا أَخْصَرُ.

قَوْلُهُ: (وَالْمُؤَنَّثُ السَّاكِنُ الْحَشْوِ لا يَخْلُو مِنْ أَنْ يَكُونَ اسْمًا أَوْ صِفَةً) كَمَا ذَكَرَ، فَإِنْ كَانَ اسْمًا تَحَرَّكَتْ عَيْنُهُ فِي الْجَمْعِ إِذَا صَحَّتْ.

فَإِنْ أَرَادَ بِقَوْلِهِ: (إِذَا صَحَّتْ) حُرُوفَ الْعِلَّةِ وَحُرُوفَ الإِدْغَامِ فَهُوَ جَيِّدٌ، وَلَكِنَّهُ لَيْسَ بِالظَّاهِرِ، وَحُكْمُهُ حُكْمُ الْمُعْتَلِّ فِي أَنَّهُ لا يُحَرَّكُ؛ تَقُولُ: شَدَّةٌ وَشَدَّاتٌ.

قَوْلُهُ: (وَبِهِ وَبِالْكَسْرِ فِي الْمَكْسُورِهَا).

كَانَ يَنْبَغِي أَنْ يُنَبِّهَ عَلَى الْمُدْغَمِ الْعَيْنِ وَالْمُعْتَلِّ اللامِ؛ فَأَمَّا الْمُدْغَمُ كَقَوْلِكَ: حِجَّةٌ وَحِجَّات فَيَجِبُ إِسْكَانُهُ، وَأَمَّا الْمُعْتَلُّ اللامِ فَالإِسْكَانُ فِيهِ جَائِزٌ كَذِرْوَةٍ وَذِرْوَاتٍ.

وَقَوْلُهُ: (وَبِهِ وَبِالضَّمِّ فِي الْمَضْمُومِهَا كَغُرْفَاتٍ).

كَانَ يَنْبَغِي أَنْ يُنَبِّهَ عَلَى الْمُدْغَمِ الْعَيْنِ وَالْمُعْتَلِّ اللامِ؛ فَأَمَّا الْمُدْغَمُ فَيَجِبُ إِسْكَانُهُ؛ كَقَوْلِكَ: عُدَّةٌ وَعُدَّاتٌ، وَأَمَّا الْمُعْتَلُّ اللامِ فَيَجُوزُ إِسْكَانِهِ كَعُرْوَةٍ وَعُرْوَاتٍ، وَخُطْوَةٍ وَخُطْوَاتٍ.

ثُمَّ أَوْرَدَ اعْتِرَاضًا عَلَى قَوْلِهِ: (وَتُسَكَّنُ فِي الصِّفَةِ)، وَقَدْ قَالُوا: لَجَبَاتٌ وَرَبَعَاتٌ، وَهِيَ صِفَاتٌ، تَقُولُ: شِيَاهٌ لَجَبَاتٌ، وَهِيَ الشَّاةُ الَّتِي جَفَّ لَبَنُهَا، وَنِسَاءٌ رَبَعَاتٌ لِلْقَصِيرَاتِ، وَأَجَابَ بِأَنَّ ذَلِكَ فِي الأَصْلِ مِنْ قَبِيلِ الأَسْمَاءِ، فَلَمَّا وُصِفَ بِهِ لِلَمْحِ مَعْنَى الصِّفَةِ بَقِيَ حُكْمُ الاسْمِيَّةِ فِي التَّحْرِيكِ، وَيَجُوزُ أَنْ تَقُولَ: لَجْبَاتٌ وَرَبْعَاتٌ بِالسُّكُونِ وَهُوَ الْقِيَاسُ ثُمَّ قَوَّى ذَلِكَ بِأَنْ مَثَّلَ بِأَسْمَاءٍ لا لَبْسَ فِي اسْمِيَّتِهَا، وَقَدْ أُجْرِيَتْ صِفَاتٍ عَلَى خِلافِ أَصْلِهَا بِقَوْلِهِ: (امْرَأَةٌ كَلْبَةٌ، وَلَيْلَةٌ غَمٌّ؛ أَيْ: كَثِيرَةُ الْغَمَامِ، وَلَوْ جُمِعَتْ فِي مِثْلِ ذَلِكَ لَقِيلَ: نِسَاءٌ كَلَبَاتٌ وَكَلْبَاتٌ، فَكَلَبَاتٌ بِالتَّحْرِيكِ نَظَرًا إِلَى الأَصْلِ، وَكَلْبَاتٌ بِالسُّكُونِ نَظَرًا إِلَى الْوَصْفِ، وَأَمَّا مِثْلُ (لَيْلَةٌ غَمٌّ)، فَلا يَظْهَرُ فِي الْجَمْعِ فَرْقٌ بَيْنَ كَوْنِهِ اسْمًا أَوْ صِفَةً؛ لأَنَّ الْمُدْغَمَ فِيهِمَا سَوَاءٌ عَلَى مَا تَقَدَّمَ.

قَوْلُهُ: (وَحُكْمُ الْمُؤَنَّثِ مِمَّا لا تَاءَ فِيهِ كَالَّذِي فِيهِ التَّاءُ).

قَالَ الشَّيْخُ: قَوْلُهُ: عِيَرَات فِي جَمْعِ عِيرٍ إِنَّمَا هُوَ لُغَةُ هُذَيْلٍ؛ لأَنَّهُ مُعْتَلُّ الْعَيْنِ،

وَكَذَلِكَ الْبَيْتُ: (وَامْتَنَعُوا فِيمَا اعْتَلَّتْ عَيْنُهُ مِنْ أَفْعَلَ).

كَرَاهَةَ الضَّمَّةِ عَلَى الْوَاوِ وَالْيَاءِ، فَلا يَقُولُونَ: عُوْدٌ وَأَعْوُدٌ، وَلا ذَيْلٌ وَأَذْيُلٌ، إلا مَا شَذَّ.

(وَامْتَنَعُوا فِي الْوَاوِ دُونَ الْيَاءِ مِنْ فُعُولٍ).

كَرَاهَةَ الضَّمَّتَيْنِ وَالْوَاوَيْنِ، فَلا يَقُولُونَ: قُوُوسٌ إلا مَا شَذَّ؛ كَفَوْجٍ وَفُوُوجٍ، وَلَمْ يَكْرَهُوهُ فِي الْيَاءِ؛ كَبَيْتٍ وَبُيُوتٍ؛ لِفِقْدَانِ إِحْدَى الْوَاوَيْنِ وَقُوَّتُهَا بِالسُّكُونِ بَعْدَهَا، وَمِنْهُمْ مَنْ يَكْسِرُ الأَوَّلَ فِي مِثْلِ ذَلِكَ كَرَاهَةَ الضَّمَّتَيْنِ وَالْوَاوِ، فَيَقُولُ: عِيُونٌ وَشِبْهُهُ.

و(أَفْعُلُ) مِنَ الْمُعْتَلِّ اللام يَجِبُ أَنْ يَكُونَ مِنْ بَابِ قَاضٍ، فَيَصِيرُ لَفْظُهُ عَلَى لَفْظِ أَفْعٍ فِي الرَّفْعِ وَالْجَرِّ؛ كَجَرْوٍ وَأَجْرٍ لِصِغَارِ الْقِثَّاءِ، وَأَفْعِلَ فِي النَّصْبِ؛ لأَنَّهُ لَوْ بَقِيَ لأَدَّى إِلَى وَاوٍ أَوْ يَاءٍ قَبْلَهَا ضَمَّةٌ، وَلَيْسَ مِنْ لُغَتِهِمْ، فَتُبْدَلُ الضَّمَّةُ كَسْرَةً، فَيَجْتَمِعُ سَاكِنَانِ حَرْفُ الْعِلَّةِ وَالتَّنْوِينُ، فَيُحْذَفُ الأَوَّلُ لالْتِقَاءِ السَّاكِنَيْنِ، فَيَصِيرُ كَمَا ذَكَرَ؛ كَقَوْلِكَ: أَدْلٍ وَأَيْدٍ، وَرَأَيْتُ أَدْلِيًا وَأَيْدِيًا.

و(فُعُولٌ) مِنَ الْمُعْتَلِّ اللام تُبْدَلُ فِيهِ الضَّمَّةُ كَسْرَةً لِشَبَهِهِ بِمَا فِي آخِرِهِ حَرْفُ عِلَّةٍ قَبْلَهَا ضَمَّةٌ؛ كَقَوْلِكَ: دُلِيٌّ وَدُمِيٌّ؛ لأَنَّ أَصْلَهُ دُلُوٌ، فَقُلِبَتِ الضَّمَّةُ كَسْرَةً، فَانْقَلَبَتِ الْوَاوُ الأُولَى يَاءً، ثُمَّ أُدْغِمَتْ فِيمَا بَعْدَهَا، سَوَاءٌ كَانَتْ وَاوًا أَوْ يَاءً عَلَى أَصْلِ الإِعْلالِ الَّذِي سَيَأْتِي، وَقَدْ جَاءَتِ الضَّمَّةُ فِي مِثْلِهِ بَاقِيَةً فِيمَا كَانَ مِنْ ذَوَاتِ الْوَاوِ؛ مِثْلُ قَوْلِهِمْ: نُحُوٌّ، وَقَدْ جَاءَ فِي الْيَاءِ نَادِرًا، قَالُوا: فُتُوٌّ، وَيَجُوزُ كَسْرُ الْفَاءِ فِي الْمَقِيسِ؛ كَقَوْلِكَ: دِلِيٌّ وَنِحِيٌّ كَرَاهَةَ الْكَسْرَةِ بَعْدَ الضَّمَّةِ فِي أَوَّلِ الْكَلِمَةِ فِي الاسْمِ.

وَقَوْلُهُمْ: قِسِيٌّ هُوَ جَمْعُ قَوْسٍ، جَمَعُوهُ عَلَى فُعُولٍ، فَيَكُونُ قُوُوسًا، فَكَرِهُوا اجْتِمَاعَ الضَّمَّتَيْنِ وَالْوَاوَيْنِ، فَأَخَّرُوا الْوَاوَ إِلَى مَوْضِعِ اللامِ فَصَارَ قُسُوٌّ، فَفَعَلُوا فِيهِ مَا فَعَلُوا فِي دِلِيٍّ، فَصَارَ قِسِيٌّ، فَلِذَلِكَ قَالَ: (كَأَنَّهُ جَمْعُ قَسْوٍ فِي التَّقْدِيرِ) كَمَا ذَكَرْنَاهُ.

مَعْنَاهُ: أَنَّ آمٍ وَزْنُهُ أَفْعُلٌ، فَيَكُونُ أَصْلُهُ أَأْمُو، وَجَبَ قَلْبُ الْهَمْزَةِ الثَّانِيَةِ أَلِفًا، مِثْلُهَا فِي آدَمَ، وَوَجَبَ قَلْبُ الضَّمَّةِ كَسْرَةً، مِثْلُهَا فِي أَدْلٍ؛ لأَنَّ الْوَاوَ تَنْقَلِبُ بِالْكَسْرَةِ، ثُمَّ تُسَكَّنُ لاسْتِثْقَالِ الضَّمَّةِ وَالْكَسْرَةِ عَلَيْهَا، مِثْلُهَا فِي قَاضٍ، فَيَجْتَمِعُ سَاكِنَانِ فَيُحْذَفُ حَرْفُ الْعِلَّةِ لاجْتِمَاعِهِمَا، فَيَصِيرُ آمٍ، وَوَزْنُهُ أَفْعٍ، تَقُولُ فِي الرَّفْعِ وَالْجَرِّ: آمٍ، وَتَقُولُ فِي النَّصْبِ: رَأَيْتُ آمِيًا، فَتُثْبِتُ الْيَاءَ لانْكِسَارِ مَا قَبْلَهَا، مِثْلُهُ فِي (رَأَيْتُ غَازِيًا).

قَوْلُهُ: (وَأَمَّا الْخُمَاسِيُّ فَلا يُكَسَّرُ إِلا عَلَى اسْتِكْرَاهٍ).

لأَنَّهُ مُسْتَثْقَلٌ فِي مُفْرَدِهِ، فَإِذَا جُمِعَ زَادَ اسْتِثْقَالا إِنْ بَقِيَتْ حُرُوفُهُ، أَوْ أُخِلَّ بِهِ إِنْ حُذِفَ مِنْهَا، فَإِنْ كُسِرَ عَلَى الاسْتِكْرَاهِ وَجَبَ الْحَذْفُ، وَقِيَاسُهُ أَنْ يُحْذَفَ الْخَامِسُ؛ لأَنَّهُ بِهِ حَصَلَ الثِّقَلُ، فَيُقَالُ: فَرَازِدٌ، وَجَحَامِرٌ، وَقِيَاسُ مَنْ قَالَ: جُحَيْرِش، وَفُرَيْزِق أَنْ يَقُولَ: فَرَازِقٌ وَجُحَارِشٌ.

قَوْلُهُ: (وَمَا كَانَ زِيَادَتُهُ ثَالِثَةً مَدَّةً فَلأَسْمَائِهِ فِي الْجَمْعِ أَحَدَ عَشَرَ مِثَالا).

جَرَى فِي الْفَصْلِ كَالْفُصُولِ الأَوَلِ لاشْتِرَاكِ الآحَادِ فِي الأَبْنِيَةِ الْمَذْكُورَةِ، وَهَذَا لا يَكُونُ إِلا فِي خَمْسَةِ أَمْثِلَةٍ؛ لأَنَّ الْمَدَّةَ إِمَّا أَلِفٌ أَوْ وَاوٌ أَوْ يَاءٌ، فَالأَلِفُ لا يَكُونُ قَبْلَهَا إِلا فَتْحَةٌ، فَيَبْقَى أَوَّلُ الْكَلِمَةِ، يَكُونُ مَفْتُوحًا وَمَضْمُومًا وَمَكْسُورًا، فَهَذِهِ ثَلاثَةٌ.

وَإِنْ كَانَتِ الْمَدَّةُ وَاوًا فَلا يَكُونُ قَبْلَهَا إِلا ضَمَّةٌ، وَالأَوَّلُ لا يَكُونُ إِلا مَفْتُوحًا؛ لأَنَّ الْكَسْرَ لَيْسَ مِنْ أَبْنِيَتِهِمْ، وَالضَّمُّ مِنْ أَبْنِيَةِ الْجُمُوعِ إِلا مَا شَذَّ من نَحْوِ: سُدُوسٍ لِلطَّيْلَسَانِ الأَخْضَرِ، وَقَدْ رَوَاهُ الأَصْمَعِيُّ بِالْفَتْحِ.

قَوْلُهُ: (وَلا يُجْمَعُ عَلَى أَفْعُلٍ) تَخْصِيصٌ لَهُ بِالْمُؤَنَّثِ، وَبَيَّنَ أَنَّ أَمْكُنًا فِي جَمْعِ مَكَانٍ شَاذٌّ، وَإِنْ كَانَتِ الْمَدَّةُ يَاءً فَلا يَكُونُ قَبْلَهَا إِلا كَسْرَةً، وَالأَوَّلُ مَفْتُوحٌ، وَالضَّمُّ وَالْكَسْرُ لَيْسَ مِنْ أَبْنِيَتِهِمْ، إِذْ فُعِيلٌ وَفِعِيلٌ لَيْسَ مِنْ أَبْنِيَتِهِمْ، فَثَبَتَ أَنَّهَا خَمْسَةٌ.

(وَلَمْ يَجِئْ فُعُلٌ فِي الْمُضَاعَفِ وَلا الْمُعْتَلِّ اللَّامِ).

كَأَنَّهُمْ كَرِهُوا أَنْ يَأْتُوا بِالْمِثْلَيْنِ؛ لأَنَّهُمْ فِيهِ بَيْنَ لَبْسٍ وَثِقَلٍ؛ لأَنَّهُمْ إِنْ أَدْغَمُوا لَمْ يَعْرِفُوا كَوْنَهُ فُعُلا أَوْ فُعْلا وَإِنْ أَظْهَرُوا اسْتُثْقِلَ النُّطْقُ بِالْمِثْلَيْنِ، وَقَدْ جَاءَ قَلِيلا عَلَى فُعُلٍ مَفْكُوكًا إِدْغَامُهُ، قَالُوا: سَرِيرٌ وَسُرُرٌ.

وَأَمَّا الْمُعْتَلُّ اللام فَكَرِهُوهُ أَلْبَتَّةَ لِمَا يُؤَدِّي إِلَى الإِعْلالِ؛ لأَنَّهُ لَيْسَ فِي لُغَتِهِمْ مَا آخِرُهُ حَرْفُ عِلَّةٍ وَقَبْلَهَا ضَمَّةٌ، فَإِذَا أَدَّى إِلَيْهِ قِيَاسٌ قَلَبُوا الضَّمَّةَ كَسْرَةً، فَلَوْ فَعَلُوا ذَلِكَ هَاهُنَا لَقَالُوا فِي النَّصْبِ: فُعِلا، فَيُؤَدِّي إِلَى مَا لَيْسَ مِنْ أَبْنِيَةِ أَسْمَائِهِمْ، وَقَدْ جَاءَ فُعْلٌ قَلِيلا، قَالُوا ذُبَابٌ وَذُبٌّ، وَأَمَّا الْمُؤَنَّثُ فَظَاهِرٌ.

قَوْلُهُ: (وَلِصِفَاتِهِ تِسْعَةُ أَمْثِلَةٍ).

مِنْهَا أَفْعِلاءُ، وَلَمْ يَذْكُرْهَا فِي الأَمْثِلَةِ، وَمَوْضِعُهَا بَعْدَ (أَعْدَاءٍ)، فَيَنْبَغِي أَنْ يَكُونَ بَعْدَهُ (وَأَصْدِقَاء) أَوْ نَحْوُهُ.

(وَيُجْمَعُ جَمْعَ التَّصْحِيحِ)، فَتَقُولُ: عَدُوُّونَ وَصَدِيقُونَ لِوُجُودِ شَرَائِطِهِ، وَهُوَ كَوْنُهُ صِفَةً لِمَنْ يَعْقِلُ.

وَأَمَّا (فَعِيلٌ) فَبَابُهُ مَا ذَكَرَ، وَلَا يُجْمَعُ جَمْعَ التَّصْحِيحِ؛ لِأَنَّ فَعِيلًا يَكُونُ بِمَعْنَى مَفْعُولٍ، وَيَكُونُ بِمَعْنَى فَاعِلٍ، فَكَأَنَّهُمْ أَرَادُوا أَنْ يَجْعَلُوا بَيْنَهُمَا فِي الْجَمْعِ فَرْقًا، فَجَمَعُوا أَحَدَهُمَا جَمْعَ السَّلَامَةِ، وَالْآخَرَ جَمْعَ تَكْسِيرٍ، وَكَانَ ذَلِكَ أَوْلَى بِالسَّلَامَةِ لِأَنَّهُ الْأَصْلُ، وَفَعِيلٌ بِمَعْنَى مَفْعُولٍ لَيْسَ أَصْلًا، فَلَمَّا لَمْ يُجْمَعْ بِالْوَاوِ وَالنُّونِ لَمْ يُجْمَعْ مُؤَنَّثُهُ بِالْأَلِفِ وَالتَّاءِ، لِكَوْنِهِ فَرْعًا عَلَيْهِ فِي الْجَمْعِ، فَيُقَالُ: رِجَالٌ جَرْحَى، وَنِسَاءٌ جَرْحَى.

(وَلِمُؤَنَّثِهَا ثَلَاثَةُ أَمْثِلَةٍ).

وَعَدَّ فُعَلَاءَ، وَفُعَلَاءُ عِنْدَ غَيْرِهِ لَا يَكُونُ جَمْعَ فَعِيلَةٍ، إِنَّمَا هِيَ جَمْعُ فَعِيلٍ، وَقَوْلُهُمْ: خُلَفَاءُ ظَاهِرٌ فِيمَا ذَكَرَ، وَغَيْرُهُ يَزْعُمُ أَنَّهُ قِيلَ: خَلِيفٌ وَخَلِيفَةٌ، وَأَنَّ خُلَفَاءَ جَمْعُ خَلِيفٍ، وَخَلَائِفَ جَمْعُ خَلِيفَةٍ، وَإِذَا احْتَمَلَ خُلَفَاءُ أَنْ يَكُونَ جَمْعًا لِخَلِيفٍ فَلَا يُجْعَلُ أَصْلًا فِي جَمْعِ فَعِيلَةٍ عَلَيْهِ؛ إِذْ لَا يَثْبُتُ بَابٌ مِثْلُ هَذَا بِالِاحْتِمَالِ، بَلْ لَا بُدَّ مِنْ ثَبَتٍ.

قَوْلُهُ: (وَمَا كَانَ عَلَى فَاعِلٍ اسْمًا) إِلَى آخِرِهِ.

لَمَّا كَانَ هَذَا الْوَزْنُ غَيْرَ مُشَارِكٍ بِمِثْلِهِ فِي أَبْنِيَتِهِ أَفْرَدَهُ.

(وَلِلصِّفَةِ ثَمَانِيَةُ أَمْثِلَةٍ).

وَقَعَ فِي بَعْضِ النُّسَخِ (تِسْعَةٌ)، وَعَدَّ فِيهَا فُعُولًا، وَمَثَّلَ بِقُعُودٍ وَلَيْسَ بِبَعِيدٍ عَنِ الصَّوَابِ، فَإِنْ قِيلَ: هُوَ قَلِيلٌ فَفَعَّالٌ أَقَلُّ، وَقَدْ ذَكَرَهُ.

(وَقَدْ شَذَّ نَحْوُ: فَوَارِسَ).

وَهَوَالِكُ وَنَوَاكِسُ؛ فَأَمَّا فَوَارِسُ فَالَّذِي حَسَّنَ مِنْهُ انْتِفَاءُ الشَّرِكَةِ بَيْنَهُ وَبَيْنَ الْمُؤَنَّثِ؛ لِأَنَّهُمْ لَا يَقُولُونَ: امْرَأَةٌ فَارِسَةٌ، وَأَمَّا (هَوَالِكُ) فَجَاءَ فِي مِثْلِ (هَالِكٌ فِي الْهَوَالِكِ)، وَالْأَمْثَالُ كَثِيرًا مَا تَخْرُجُ عَنِ الْقِيَاسِ، وَأَمَّا (نَوَاكِسُ) فَلِلضَّرُورَةِ، فَلَا اعْتِدَادَ بِهِ.

وَيَجُوزُ فِي فَاعِلٍ إِذَا كَانَ لِمَا لَا يَعْقِلُ أَنْ يُجْمَعَ عَلَى فَوَاعِلَ قِيَاسًا مُطَّرِدًا، نَقُولُ فِي خَيْلٍ ذُكُورٍ: رَوَافِسُ، وَسِرُّهُ هُوَ أَنَّ الْجَمْعَ فِيمَا لَا يَعْقِلُ مِنَ الْمُذَكَّرِ يَجْرِي مُجْرَى الْمُؤَنَّثِ فِيمَنْ يَعْقِلُ تَارَةً فِي مُفْرَدِهِ وَتَارَةً فِي صِفَاتِهِ وَأَخْبَارِهِ وَأَحْوَالِهِ، وَلَمَّا كَانَتْ هَذِهِ الصِّفَاتُ لِمَا لَا يَعْقِلُ أُجْرِيَتْ ذَلِكَ الْمُجْرَى، أَلَا تَرَى أَنَّ أَفْعَلَ مُذَكَّرَ فُعْلَى لَا يُجْمَعُ عَلَى فُعَلٍ، وَفُعْلَى فِي مُؤَنَّثِهِ يُجْمَعُ عَلَى فُعَلٍ، وَقَالَ اللَّهُ تَعَالَى: "فَعِدَّةٌ مِنْ أَيَّامٍ أُخَرَ" [البقرة:١٨٤]، وَأُخَرُ جَمْعُ آخَرَ؛ لِأَنَّهُ لِلْيَوْمِ، وَلَكِنَّهُ لَمَّا كَانَ فِيمَا لَا يَعْقِلُ أُجْرِيَ مُجْرَى أُخْرَى عَلَى مَا ذَكَرَ.

(وَيَسْتَوِي فِي ذَلِكَ مَا فِيهِ التَّاءُ وَمَا لَا تَاءَ فِيهِ).

يَعْنِي فِي فُعَّلٍ وَفَوَاعِلَ؛ لِأَنَّ الْغَرَضَ التَّفْرِقَةُ بَيْنَ الْمُذَكَّرِ وَالْمُؤَنَّثِ فِي الْمَعْنَى، فَلَا فَرْقَ بَيْنَ وُجُودِ التَّاءِ وَعَدَمِهَا.

قَوْلُهُ: (وَلِلِاسْمِ مِمَّا فِي آخِرِهِ أَلِفُ تَأْنِيثٍ) إِلَى آخِرِهِ.

ثُمَّ مَثَّلَ بِصَحَارِي وَإِنَاثٍ، وَقِيَاسُ تَرْتِيبِهِ أَنْ يُمَثِّلَ بِأَرْبَعَةٍ؛ لِأَنَّ الْمُفْرَدَ مِثَالَانِ وَالْجَمْعَ مِثَالَانِ، فَيَجِيءُ التَّرْكِيبُ أَرْبَعَةً.

(وَلِلصِّفَةِ أَرْبَعَةُ أَمْثِلَةٍ).

ثُمَّ ذَكَرَ فُعَلَا وفُعَلَا، وَفُعْلٌ وَفَعَلٌ لَيْسَ بِعَامٍّ، إِنَّمَا يُجْمَعُ عَلَى فُعْلٍ فَعْلَاءُ أَفْعَلَ، وَعَلَى الْفُعَلِ فُعْلَى أَفْعَلَ.

قَوْلُهُ: (وَيُقَالُ: ذِفْرَيَاتٌ).

تَنْبِيهًا عَلَى أَنَّهُ يَجْرِي فِيهِ التَّصْحِيحُ إِلَّا فَعْلَاء أَفْعَلَ، وَسَبَبُهُ أَنَّ أَفْعَلَ فَعْلَاءَ مُوَافِقٌ لِأَفْعَلَ فُعْلَى فِي اللَّفْظِ، فَأَرَادُوا أَنْ يُفَرِّقُوا بَيْنَهُمَا فِي الْجَمْعِ فَجَمَعُوا أَفْعَلَ فُعْلَى بِالْوَاوِ وَالنُّونِ وَامْتَنَعُوا فِي جَمْعِ أَفْعَلَ فَعْلَاء فَرْقًا بَيْنَهُمَا، فَلِذَلِكَ جَازَ فِي فُعْلَى أَفْعَلَ الْفُعْلَيَاتُ؛ نَحْوُ: كُبْرَى أَكْبَرَ الْكُبْرَيَاتُ حَمْلًا عَلَى مُذَكَّرِهِ لِمَجِيءِ جَمْعِهِ أَكْبَرُونَ، وَلَمْ يَجِئْ فِي فَعْلَاء أَفْعَلَ فَعْلَاوَاتٌ لِامْتِنَاعِ التَّصْحِيحِ فِي مُذَكَّرِهِ، ثُمَّ اعْتَرَضَ بِالْخُضْرَوَاتِ، وَأَجَابَ عَنْهَا بِغَلَبَتِهَا حَتَّى لَا يُذْكَرَ الْمَوْصُوفُ قَبْلَهَا، فَصَارَتْ مِثْلَ صَحْرَاءَ، فَأُجْرِيَتْ مُجْرَاهَا.

قَوْلُهُ: (وَإِذَا كَانَتِ الْأَلِفُ خَامِسَةً).

لَمْ يُجْمَعْ إِلَّا مُصَحَّحًا؛ لِأَنَّهُ إِذَا كَرِهُوا التَّكْسِيرَ فِي الْخُمَاسِيِّ الْمُذَكَّرِ؛ فَلِأَنْ يُكْرَهَ التَّكْسِيرُ فِي الْمُؤَنَّثِ أَوْلَى.

قَوْلُهُ: (وَلِأَفْعَلَ إِذَا كَانَ اسْمًا مِثَالٌ وَاحِدٌ أَفَاعِلُ) إِلَى آخِرِهِ.

قَالَ الشَّيْخُ: قَوْلُهُ: (وَلِلصِّفَةِ ثَلَاثَةُ أَمْثِلَةٍ) جَمَعَ بَيْنَ أَمْثِلَةِ الصِّفَاتِ، وَفُعْلٌ وَفُعْلَانُ مُخْتَصٌّ بِأَفْعَلَ الَّذِي مُؤَنَّثُهُ فَعْلَاءُ، وَأَفَاعِـلُ مُخْتَصٌّ بِأَفْعَلَ الَّذِي لِلتَّفْضِيلِ، وَهُوَ الَّذِي مُؤَنَّثُهُ فُعْلَى.

قَوْلُهُ: (وَإِنَّمَا يُجْمَعُ بِأَفَاعِلَ أَفْعَلُ الَّذِي مُؤَنَّثُهُ فُعْلَى).

لَا يَكْفِي، فَإِنَّهُ يَبْقَى فُعْلٌ وَفُعْلَانُ، فَيُوهِمُ أَنَّهُمَا مُطْلَقَانِ، وَلَيْسَ كَذَلِكَ، وَأَفْعَـلُ التَّفْضِيلِ أَيْضًا يُجْمَعُ بِالْوَاوِ وَالنُّونِ دُونَ أَفْعَلَ الْآخَرِ، وَقَدْ ذَكَرَ ذَلِكَ، ثُمَّ أَوْرَدَ قَوْلَ الشَّاعِرِ:

أَتَانِي وَعِيدُ الْحُوصِ...... ....

البَيْتُ، كَالاعْتِرَاضِ عَلَى الْفَصْلِ، فَإِنَّهُ إِنْ كَانَ أَحْوَصُ صِفَةً فَلْيُجْمَعُ عَلَى حُوصٍ، وَإِنْ كَانَ عَلَمًا فَلْيُجْمَعْ عَلَى أَحَاوِص، فَقَالَ: (وَهُوَ مَنْظُورٌ فِيهِ إِلَى جَانِبَيِّ الْوَصْفِيَّةِ وَالاسْمِيَّةِ)، فَجُمِعَ جَمْعَهَا، فَقِيلَ: حُوصٌ، وإِلَى الاسْمِيَّةِ الْعَارِضَةِ بِالْعَلَمِيَّةِ فَجُمِعَ جَمْعَهَا، فَقِيلَ: أَحَاوِصُ، فَهَذَا مَعْنَى قَوْلِهِ: (فَمَنْظُورٌ فِيهِ إِلَى جَانِبَيِّ الْوَصْفِيَّةِ وَالاسْمِيَّةِ).

وَقَوْلُهُ: (وَكُلُّ ثُلاثِيٍّ فِيهِ زِيَادَةٌ لِلإِلْحَاقِ بِالرُّبَاعِيِّ) إِلَى آخِرِهِ.

حُكْمُ الْمُلْحَقِ بِالرُّبَاعِيِّ أَنْ يُجْمَعَ جَمْعَ الرُّبَاعِيِّ؛ كَقَوْلِكَ: جَدْوَلٌ وَجَدَاوِل، مُلْحَقٌ بِجَعْفَرٍ وَجَعَافِرَ، وَحُكْمُ مَا فِيهِ زِيَادَةٌ غَيْرُ مَدَّةٍ يَكُونُ بِهَا مُمَاثِلا لِلرُّبَاعِي أَنْ يُجْمَعَ جَمْعَهُ كَأَجْدَلَ وَأَجَادِلَ.

وَقَوْلُهُ: (غَيْرُ مَدَّةٍ) احْتِرَازٌ مِنْ نَحْوِ: فَاعِلٍ، وَفَعُولٍ، وَفَعِيلٍ وَأَشْبَاهِهَا، فَإِنَّ لَهُ جَمْعًا مَخْصُوصًا عَلَى مَا تَقَدَّمَ.

وَحُكْمُ (الرُّبَاعِي إِذَا لَحِقَهُ حَرْفُ لِينٍ رَابِعٍ) أَنْ يَثْبُتَ فِي جَمْعِهِ مَوْضِعَهُ، إِلا أَنَّهُ يُقْلَبُ يَاءً إِنْ لَمْ يَكُنْ إِيَّاهَا لانْكِسَارِ مَا قَبْلَهَا؛ كَقَوْلِكَ: سِرْدَاحٌ وَسَرَادِيحُ، وَمَا كَانَ مِنَ الثُّلاثِيِّ مُلْحَقًا بِهِ فَحُكْمُهُ فِي الْجَمْعِ كَذَلِكَ؛ كَقَوْلِكَ: قِرْوَاحٌ وَقَرَاوِيحُ، وَكَذَلِكَ مَا كَانَتْ فِيهِ زِيَادَةٌ يَكُونُ بِهَا مُوَافِقًا لِذَلِكَ الْمِثَالِ، وَإِنْ لَمْ تَكُنْ لِلإِلْحَاقِ كَمِصْبَاحٍ وَمَصَابِيحَ.

وَقَوْلُهُ فِي هَذَا الْفَصْلِ: (وَكَذَلِكَ مَا كَانَتْ فِيهِ مِنْ ذَلِكَ زِيَادَةٌ غَيْرُ مَدَّةٍ) غَيْرُ مُسْتَقِيمٍ، وَلا فَرْقَ بَيْنَ أَنْ تَكُونَ مَدَّةً أَوْ غَيْرَ مَدَّةٍ، وَبَيَانُ ذَلِكَ أَنَّ الْمَدَّةَ لا يُمْكِنُ أَنْ تَكُونَ فِيهَا إِلا ثَانِيَةً؛ لأَنَّ الأَوَّلَ مَوْضِعُ حَرَكَةٍ، وَالثَّالِثَ قَبْلَ حَرْفِ الْمَدِّ وَاللِّينِ مَوْضِعُ حَرَكَةٍ، وَالرَّابِعَ هُوَ نَفْسُ حَرْفِ الْمَدِّ وَاللِّينِ الَّذِي الْكَلامُ فِيهِ فِي الْمِثَالِ مَعَ ثُبُوتِهِ، وَالْخَامِسُ حَرْفُ الإِعْرَابِ، وَهُوَ مَوْضِعُ حَرَكَةٍ، فَلَمْ يَبْقَ إِلا الثَّانِي، وَإِذَا تَعَيَّنَ لِتَقْدِيرِ حَرْفِ الْمَدِّ وَاللِّينِ فَحُكْمُهُ حُكْمُ الصَّحِيحِ بِدَلِيلِ قَوْلِكَ: طُومَارٌ وَطَوَامِيرُ، وَدِيمَاسٌ وَدَيَامِيسُ، وَسَابَاطٌ وَسَوَابِيطُ وَسَيَابِيطُ، فَلا مَعْنَى لاحْتِرَازِهِ بِقَوْلِهِ: (غَيْرُ مَدَّةٍ) لِمَا ثَبَتَ أَنَّ الْمَدَّةَ وَغَيْرَهَا سَوَاءٌ.

قَوْلُهُ: (يَقَعُ الاسْمُ الْمُفْرَدُ عَلَى الْجِنْسِ ثُمَّ يُمَيَّزُ مِنْهُ وَاحِدُهُ بِالتَّاءِ).

قَوْلُهُ: (مِثْلُهُ مُخْتَلَفٌ فِيهِ، فَأَكْثَرُ النَّاسِ عَلَى أَنَّهُ اسْمٌ مُفْرَدٌ وُضِعَ بِإِزَاءِ الْجَمْعِ، وَالَّذِي يَدُلُّ عَلَيْهِ إِفْرَادُ صِفَتِهِ وَضَمَائِرِهِ).

(وَإِنَّمَا يَكْثُرُ ذَلِكَ فِي الأَشْيَاءِ الْمَخْلُوقَةِ).

يَعْنِي: الَّتِي سُمِّيَتْ بِذَلِكَ بِاعْتِبَارِ خِلْقَةٍ أَصْلِيَّةٍ لَا بِاعْتِبَارِ صَنْعَةٍ مِنَ الْآدَمِيِّينَ، ثُمَّ أَوْرَدَ نَحْوَ: (سَفِينٍ وَسَفِينَةٍ وَأَشْبَاهَهُمَا عَلَى وَجْهِ الشُّذُوذِ).

(وَعَكْسُ تَمْرٍ وَتَمْرَةٍ كَمْأَةٌ وَكَمْءٌ).

أَيْ: مَا فِيهِ التَّاءُ لِلْجَمْعِ وَمَا حُذِفَتْ مِنْهُ لِلْمُفْرَدِ، فَهُوَ عَكْسُ تَمْرَةٍ وَتَمْرٍ.

ثُمَّ قَالَ: (وَقَدْ يَجِيءُ الْجَمْعُ مَبْنِيًّا عَلَى غَيْرِ وَاحِدِهِ الْمُسْتَعْمَلِ نَحْوُ أَرَاهِطَ).

لِأَنَّ أَفَاعِلَ لَيْسَ مِنْ أَبْنِيَةِ فَعْلٍ، وَأَبَاطِيلَ لَيْسَ مِنْ أَبْنِيَةِ فَاعِلٍ، وَأَحَادِيثَ لَيْسَ مِنْ أَبْنِيَةِ فَعِيلٍ وَأَعَارِيضَ لَيْسَ مِنْ أَبْنِيَةِ فُعُولٍ، وَأَهَالٍ عَلَى فَعَالٍ زَادُوا فِيهِ يَاءً لِلْإِلْحَاقِ، فَاعْتَلَّتْ كَمَا اعْتَلَّتْ يَاءُ جَوَارٍ، فَلِذَلِكَ يَجْرِي مُجْرَاهُ، وَلَيَالٍ مِثْلُهُ، قَالَ اللَّهُ تَعَالَى: ﴿سِيرُوا فِيهَا لَيَالِيَ﴾ [سبأ:١٨]، وَلَيْسَ فِي الْمُفْرَدِ يَاءٌ بَعْدَ اللَّامِ الثَّانِيَةِ، فَدَلَّ عَلَى أَنَّهَا لِلْإِلْحَاقِ، وَأَمْكُنٌ قَدْ تَقَدَّمَ.

قَوْلُهُ: (وَيُجْمَعُ الْجَمْعُ).

يَعْنِي: أَنَّهُ قَدْ يُجْمَعُ لَا عَلَى أَنَّهُ يَطَّرِدُ قِيَاسًا، وَلَكِنَّهُ كَثُرَ فِي جَمْعِ الْقِلَّةِ، وَقَلَّ فِي جَمْعِ الْكَثْرَةِ إِلَّا بِالْأَلِفِ وَالتَّاءِ، فَإِنَّ جَمْعَ الْجَمْعِ فِيهِ يَكْثُرُ، وَإِنْ كَانَ الْجَمِيعُ لَا يَثْبُتُ إِلَّا بِالسَّمَاعِ، ثُمَّ ذَكَرَ مِنْ كُلِّ ذَلِكَ أَمْثِلَةً.

قَوْلُهُ: وَيَقَعُ الِاسْمُ عَلَى الْجَمِيعِ لَمْ يُكَسَّرْ عَلَيْهِ وَاحِدُهُ.

قَالَ: هَذَا فِيهِ خِلَافٌ، وَالصَّحِيحُ مَا ذَكَرَ؛ لِأَنَّ الْجَمْعَ إِنَّمَا يَثْبُتُ كَوْنُهُ صِيغَةَ جَمْعٍ إِذَا كَثُرَتْ جَمْعًا، فَأَمَّا أَبْنِيَةٌ نَادِرَةٌ اسْتِعْمَالُهَا جَمْعًا فَلَا يَثْبُتُ كَوْنُهَا جُمُوعًا، وَالَّذِي يَدُلُّ عَلَى أَنَّهَا لَيْسَتْ بِجَمْعٍ، تَصْغِيرُهَا عَلَى صِيغَتِهَا؛ كَرَكِيبٍ وَسُفَيْنٍ، وَلَوْ كَانَ جَمْعًا لَمْ يَجُزْ ذَلِكَ فِيهَا.

قَوْلُهُ: (وَيَقَعُ الِاسْمُ الَّذِي فِيهِ عَلَامَةُ التَّأْنِيثِ عَلَى الْوَاحِدِ وَالْجَمْعِ بِلَفْظٍ وَاحِدٍ)، وَطَرِيقُهُ السَّمَاعُ.

قَوْلُهُ: (وَيُحْمَلُ الشَّيْءُ عَلَى غَيْرِهِ فِي الْمَعْنَى فَيُجْمَعُ جَمْعَهُ؛ نَحْوُ قَوْلِهِمْ: مَرْضَى).

وَمَرِيضٌ بِمَعْنَى فَاعِلٍ فَقِيَاسُهُ أَنْ لَا يُجْمَعَ عَلَى فَعْلَى، وَإِنَّمَا يُجْمَعُ عَلَى فَعْلَى فَعِيلٌ بِمَعْنَى مَفْعُولٍ، وَلَكِنْ لَمَّا وَافَقَهُ فِي وَزْنِهِ وَكَوْنِهِ صِفَةً بِاعْتِبَارِ آفَةٍ أُجْرِيَتْ مُجْرَاهُ، وَأُجْرِيَ هَلْكَى وَشِبْهُهُ مُجْرَى مَرْضَى.

وَقَوْلُهُ: (حُمِلَتْ عَلَى قَتْلَى، وَجَرْحَى، وَعَقْرَى، وَلَدْغَى).

لِأَنَّهَا هُوَ الأَوَّلُ الَّذِي يُجْمَعُ عَلَى فَعْلَى.

وَقَوْلُهُ: (أَيَامَى وَيَتَامَى مَحْمُولَانِ عَلَى وَجَاعَى وَحَبَاطَى).

يُرِيدُ أَنَّ وَجِعًا وَحَبِطًا جُمِعَا عَلَى فَعَالَى تَشْبِيهًا لِفَعِلٍ بِفَعْلَان؛ لِأَنَّهُمَا يَشْتَرِكَانِ كَثِيرًا؛ كَقَوْلِهِمْ: صَدٍ وَصَدْيَانُ، وَغَرِثٍ وَغَرْثَانُ، وَعَطِشٍ وَعَطْشَانُ، وَلَمَّا كَانَ فَعْلَانُ يُجْمَعُ عَلَى فَعَالَى كَنَدْمَانَ وَنَدَامَى، وَسَكْرَانَ وَسَكَارَى، حُمِلَ عَلَيْهِ مُوَافِقُهُ وَهُوَ فَعِلٌ، فَجُمِعَ جَمْعَهُ مَعَ مُوَافَقَتِهِ فِي مَعْنَى الآفَةِ، وَأَيَامَى وَيَتَامَى حُمِلَا عَلَى وَجَاعَى لِقُرْبِ مَا بَيْنَهُمَا مِنَ الوَزْنِ؛ لِأَنَّ فَعِيلَا وَفَيْعَلَا لَا يُفَارِقَانِ فَعِلا إِلَّا بِزِيَادَةِ يَاءٍ، فَحُمِلَا عَلَيْهِ مَعَ مُوَافَقَتِهِمَا فِي كَوْنِهِمَا آفَةً.

(وَالْمَحْذُوفُ يُرَدُّ عِنْدَ التَّكْسِيرِ).

وَلَمْ يُمَثِّلْ إِلَّا بِالْمَحْذُوفِ اللَّامِ لِأَنَّهُ كَثِيرٌ، وَغَيْرُهُ نَادِرٌ؛ كَقَوْلِهِمْ: سَهْ، وَلَوْ جُمِعَ أَيْضًا لَقِيلَ: أَسْتَاهْ.

وَمِنْ أَصْنَافِ الِاسْمِ: المُذَكَّرُ وَالْمُؤَنَّثُ

قَالَ صَاحِبُ الْكِتَابِ: (المُذَكَّرُ مَا خَلَا مِنَ الْعَلَامَاتِ الثَّلَاثِ) إِلَى آخِرِهِ.

قَالَ الشَّيْخُ: يَعْنِي: مَا خَلَا لَفْظًا أَوْ تَقْدِيرًا؛ لِأَنَّهُ سَيُبَيِّنُ أَنَّ الْمُؤَنَّثَ يَكُونُ مُؤَنَّثًا لَفْظًا وَتَقْدِيرًا، فَإِنْ لَمْ يَكُنِ الْمُذَكَّرُ كَذَلِكَ رَجَعَ الْمُؤَنَّثُ الْمُقَدَّرُ مُذَكَّرًا، وَالتَّقْدِيرُ مَخْصُوصٌ بِالتَّاءِ عَلَى مَا سَيَأْتِي، وَالْيَاءُ لَا تَكُونُ لِلتَّأْنِيثِ فِي الأَسْمَاءِ إِلَّا فِي نَحْوِ هَذِي عِنْدَ بَعْضِهِمْ، وَبَعْضُهُمْ لَا يُثْبِتُ الْيَاءَ، وَيَزْعُمُ أَنَّ هَذِي بِكَمَالِهَا صِيغَةٌ مَوْضُوعَةٌ لِلتَّأْنِيثِ كَهَذِهِ، وَبَعْضُهُمْ يُزِيدُ فِي عَلَامَاتِ التَّأْنِيثِ الْهَاءَ مَوْضِعَ قَوْلِهِمْ: الْيَاءُ نَظَرًا إِلَى قَوْلِهِمْ: هَذِهِ، فَيَقُولُ: التَّاءُ وَالأَلِفُ وَالْهَاءُ، وَهَذِهِ التَّاءُ لَيْسَتْ بِهَاءٍ - وَإِنِ انْقَلَبَتْ هَاءً فِي الْوَقْفِ - فِي اللُّغَةِ الْفَصِيحَةِ، وَلِذَلِكَ يَقُولُ الْكُوفِيُّونَ: هَاءُ التَّأْنِيثِ؛ لِأَنَّهُ قَدْ ثَبَتَ التَّلَفُّظُ بِهَا تَاءً فِي الْوَصْلِ إِجْمَاعًا، وَقَلْبُهَا فِي الْوَقْفِ هَاءً إِنَّمَا كَانَ فَرْقًا بَيْنَهَا وَبَيْنَ تَاءِ الْفِعْلِ فِي نَحْوِ: قَامَتْ هِنْدٌ وَقَعَدَتْ، وَالْوَقْفُ مَحَلُّ تَغْيِيرٍ، وَأَيْضًا فَإِنَّ تَاءَ الْفِعْلِ لِلتَّأْنِيثِ، وَهَذِهِ مَحْمُولَةٌ عَلَيْهَا، فَهِيَ إِذَنْ تَاءٌ.

قَوْلُهُ: (وَالتَّأْنِيثُ عَلَى ضَرْبَيْنِ حَقِيقِيٌّ) عَلَى مَا فَسَّرَهُ، (وَغَيْرُ حَقِيقِيٍّ كَتَأْنِيثِ الظُّلْمَةِ وَالنَّعْلِ).

فَمَثَّلَ بِمُؤَنَّثٍ بِتَاءٍ لَفْظِيَّةٍ وَتَاءٍ مُقَدَّرَةٍ عَلَى مَا سَيَأْتِي ذِكْرُهُ، ثُمَّ ذَكَرَ أَحْكَامَ الْفِعْلِ إِذَا

نُسبَ إِلَى الْمُؤَنَّثِ عِنْدَ تَرْجِيحِهِ الْحَقِيقِيِّ عَلَى غَيْرِهِ، وَالْفِعْلُ إِذَا أُسْنِدَ إِلَى ظَاهِرِ الْمُؤَنَّثِ فَلا يَخْلُو إِمَّا أَنْ يَكُونَ حَقِيقِيًّا أَوْ غَيْرَ حَقِيقِيٍّ؛ فَالْحَقِيقِيُّ لا بُدَّ لَهُ مِنْ عَلامَةِ التَّأْنِيثِ، وَقَعَ فَصْلٌ أَوْ لَمْ يَقَعْ إلا فِي لُغَةٍ رَدِيئَةٍ وَهُوَ مَعَ الْفَصْلِ، وَمَعَ غَيْرِ الْفَصْلِ أَبْعَدُ مِنْهُ، وَمِنْهُ قَوْلُهُ:

لَقَدْ وَلَدَ الأخَيْطَلَ أُمُّ سَوْءٍ   عَلَى بَابِ اسْتِهَا صُلُبٌ وَشَامُ

وَغَيْرُ الْحَقِيقِيِّ أَنْتَ مُخَيَّرٌ فِي الْفِعْلِ بَيْنَ إِثْبَاتِ التَّاءِ وَتَرْكِهَا، وَقَعَ فَصْلٌ أَوْ لَمْ يَقَعْ، وَقَدْ جَاءَ الْقُرْآنُ بِذَلِكَ كُلِّهِ، وَقَوْلُ النَّحْوِيِّينَ: إِنَّ إِثْبَاتَ التَّاءِ مَعَ عَدَمِ الْفَصْلِ أَحْسَنُ لَيْسَ بِسَدِيدٍ لِلإِجْمَاعِ عَلَى قَوْلِهِ تَعَالَى: "**وَجُمِعَ الشَّمْسُ وَالْقَمَرُ**" [القيامة:٩]، فَإِذَنِ الأَمْرَانِ مُسْتَوِيَانِ، وَإِذَا أُسْنِدَ إِلَى الضَّمِيرِ الْمُؤَنَّثِ اسْتَوَى الْحَقِيقِيُّ وَغَيْرُ الْحَقِيقِيِّ فِي لُزُومِ الْعَلامَةِ، فَتَقُولُ: هِنْدٌ قَامَتْ، وَالشَّمْسُ طَلَعَتْ، أَمَّا فِي الْحَقِيقِيِّ فَوَاضِحٌ، وَأَمَّا فِي غَيْرِ الْحَقِيقِيِّ فَلأُمُورٍ:

مِنْهَا: أَنَّ تَاءَ التَّأْنِيثِ إِنَّمَا جِيءَ بِهَا لِتَدُلَّ عَلَى أَنَّ الْفَاعِلَ مُؤَنَّثٌ، فَإِذَا أُسْنِدَ إِلَى الظَّاهِرِ، فَالظَّاهِرُ نَفْسُهُ يَدُلُّ عَلَى التَّأْنِيثِ، فَاسْتُغْنِيَ عَنْهَا، وَلَيْسَ فِي الضَّمِيرِ مَا يُرْشِدُ إِلَى ذَلِكَ، فَلَمْ يُسْتَغْنَ عَنْهَا.

وَمِنْهَا: هُوَ أَنَّهُ إِذَا كَانَ مُضْمَرًا كَانَ أَشَدَّ اتِّصَالا، فَنَاسَبَ أَنْ يَكُونَ الْفِعْلُ لَهُ أَكْثَرَ مِنْ كَوْنِهِ ظَاهِرًا مُسْتَقِلا.

وَمِنْهَا: أَنَّهُ إِذَا تَأَخَّرَ عُلِمَ أَنَّهُ فَاعِلُهُ بِرَفْعِهِ، وَإِذَا لَمْ يَتَأَخَّرْ وَكَانَ مُضْمَرًا فَقَدْ يَتَقَدَّمُ هُوَ وَغَيْرُهُ مِنَ الْمَذْكُورَاتِ، فَلا يُعْلَمُ هَلْ هُوَ لِلْمُذَكَّرِ أَوْ لِلْمُؤَنَّثِ.

وَمِنْهَا: هُوَ أَنَّهُ إِذَا كَانَ مُضْمَرًا فَقَدْ يَكُونُ مُسْتَتِرًا، فَجُعِلَ لَهُ لَفْظٌ يَدُلُّ عَلَيْهِ بِخِلافِ الظَّاهِرِ، ثُمَّ حُمِلَ أَخَوَاتُهُ فِي الإِضْمَارِ عَلَيْهِ.

(وَقَوْلُهُ:

فَلا مُزْنَةٌ وَدَقَتْ وَدْقَهَا   وَلا أَرْضَ أَبْقَلَ إِبْقَالَهَا

مُتَأَوَّلٌ بِالْمَكَانِ).

يُرِيدُ أَنَّ (أَرْضَ) بِمَعْنَى مَوْضِعٍ، فَأُجْرِيَ مُجْرَى مَوْضِعٍ.

قَوْلُهُ: (وَالتَّاءُ تَثْبُتُ فِي اللَّفْظِ وَتُقَدَّرُ) إِلَى آخِرِهِ.

قَالَ الشَّيْخُ: يَعْنِي: أَنَّ تَاءَ التَّأْنِيثِ يَكُونُ الاسْمُ مُؤَنَّثًا بِهَا تَقْدِيرًا، وَإِنَّمَا حُكِمَ بِذَلِكَ لَمَّا اسْتَقَرَّ الإِتْيَانُ بِهَا فِي كُلِّ مُصَغَّرٍ ثُلاثِيٍّ، فَعُلِمَ أَنَّهَا مُرَادَةٌ، إِذْ لَوْ لَمْ تَكُنْ مُرَادَةً لَمْ يَجُزِ

الإِتْيَانُ بِهَا؛ لِأَنَّ التَّصْغِيرَ لَا يَرُدُّ شَيْئًا لَمْ يَكُنْ، وَلَمَّا ثَبَتَتْ فِي الثُّلَاثِيِّ عُلِمَ أَنَّ الرُّبَاعِيَّ مِثْلُهُ، وَإِنَّمَا مَنَعَ مِنْهُ مَانِعٌ، وَهُوَ زِيَادَةُ الْحَرْفِ الرَّابِعِ، فَلِذَلِكَ حُكِمَ بِأَنَّ التَّاءَ مُقَدَّرَةٌ فِي الْجَمِيعِ، وَإِنْ كَانَتْ فِي الثُّلَاثِيِّ أَوْضَحَ.

وَأَمَّا قَوْلُهُ: (وَيَظْهَرُ أَمْرُهَا بِالإِسْنَادِ)، فَغَيْرُ مُسْتَقِيمٍ؛ لِأَنَّهُ إِنْ أَرَادَ ظُهُورَ أَنَّ الاسْمَ مُؤَنَّثٌ لَا يَظْهَرُ إِلَّا بِالإِسْنَادِ، فَهَذَا يَظْهَرُ بِأَشْيَاءَ كَثِيرَةٍ غَيْرِ الإِسْنَادِ مِنَ الصِّفَةِ وَعَوْدِ الضَّمِيرِ وَبَعْضِ الْجُمُوعِ وَغَيْرِ ذَلِكَ، وَإِنْ أَرَادَ أَنَّهُ يَظْهَرُ أَمْرُ التَّاءِ فِي كَوْنِهَا مُقَدَّرَةً فَغَيْرُ مُسْتَقِيمٍ أَيْضًا؛ إِذْ لَيْسَ فِي الإِسْنَادِ مَا يُشْعِرُ بِذَلِكَ، وَكَأَنَّهُ قَصَدَ إِلَى أَنَّ التَّاءَ فِي الأَسْمَاءِ الْقِيَاسِيَّةِ لِلتَّفْرِقَةِ بَيْنَ الْمُذَكَّرِ وَالْمُؤَنَّثِ مَحْمُولَةٌ عَلَى التَّاءِ الَّتِي فِي الْفِعْلِ، فَالتَّاءُ الَّتِي فِي الْفِعْلِ بِالنَّظَرِ إِلَى الأَصْلِ فِيهَا دَلَالَةٌ عَلَى التَّاءِ الَّتِي فِي الأَسْمَاءِ الْمُؤَنَّثَةِ فِي الأَصْلِ؛ لِأَنَّ التَّاءَ فِي الأَسْمَاءِ أَصْلُهَا أَنْ تَكُونَ فِي الصِّفَاتِ فَرْقًا بَيْنَ الْمُذَكَّرِ وَالْمُؤَنَّثِ، وَدُخُولُهَا فِي الصِّفَاتِ فِي الْمَوْضِعِ الَّذِي تَدْخُلُ فِيهِ التَّاءُ فِي الأَفْعَالِ؛ كَقَوْلِكَ: قَامَتْ هِنْدٌ فَهِيَ قَائِمَةٌ، وَضَرَبَتْ فَهِيَ ضَارِبَةٌ، وَلِذَلِكَ قَالُوا: حَائِضٌ لَمَّا لَمْ يَقْصِدُوا مَعْنَى الْفِعْلِ، فَإِذَا قَصَدُوا مَعْنَى الْفِعْلِ قَالُوا: حَائِضَةٌ، فَهَذَا وَجْهُ ذِكْرِ الإِسْنَادِ فِي دَلَالَتِهِ عَلَى التَّاءِ وَفِي خُصُوصِيَّتِهِ دُونَ مَا يَدُلُّ عَلَى التَّأْنِيثِ؛ لِأَنَّ غَيْرَهُ - وَإِنْ دَلَّ عَلَى كَوْنِهِ مُؤَنَّثًا - لَيْسَتْ فِيهِ دَلَالَةٌ عَلَى كَوْنِ الْمُؤَنَّثِ فِيهِ تَاءٌ مُقَدَّرَةٌ، وَإِنَّمَا خُصَّ التَّاءُ بِالتَّقْدِيرِ دُونَ الأَلِفِ؛ لِأَنَّهَا الَّتِي ثَبَتَ رَدُّهَا فِي قَوْلِنَا: أُذُنٌ وَأُذَيْنَةٌ، وَلَمْ يَثْبُتْ رَدُّ الأَلِفِ، فَلَا يَنْبَغِي أَنْ تُقَدَّرَ.

قَوْلُهُ: (وَدُخُولُهَا عَلَى وُجُوهٍ: لِلْفَرْقِ بَيْنَ الْمُذَكَّرِ وَالْمُؤَنَّثِ فِي الصِّفَةِ).

أَكْثَرُ مَا تَدْخُلُ التَّاءُ لِلْفَرْقِ بَيْنَ الْمُذَكَّرِ وَالْمُؤَنَّثِ فِي الصِّفَاتِ كَمَا ذَكَرَ، وَهُوَ قِيَاسٌ إِلَّا فِي الْمُسْتَثْنَاةِ، وَأَمَّا فِي غَيْرِهِ فَيُحْتَاجُ فِيهِ إِلَى السَّمَاعِ، وَهِيَ ثَمَانِيَةُ أَوْجُهٍ كَمَا ذَكَرَ.

قَوْلُهُ: (وَيَجْمَعُ هَذِهِ الأَوْجُهَ أَنَّهَا تَدْخُلُ لِلتَّأْنِيثِ وَشِبْهِ التَّأْنِيثِ) فَفِي الأَوَّلِ وَالثَّانِي وَالثَّالِثِ لِلتَّفْرِقَةِ بَيْنَ الْمُذَكَّرِ وَالْمُؤَنَّثِ أَوْ لِلْوَاحِدَةِ، وَفِي الرَّابِعِ لِلْمُبَالَغَةِ، وَفِي الْخَامِسِ وَاضِحٌ.

(وَلِلْجَمْعِيَّةِ وَالنِّسْبَةِ وَالتَّعْرِيبِ).

يَعْنِي: أَنَّهُ كَانَ أَعْجَمِيًّا، فَتَكُونُ دَالَّةً عَلَى الْعُجْمَةِ، وَ(لِلتَّعْوِيضِ)؛ يَعْنِي: أَنَّهُ عِوَضٌ عَنِ الْيَاءِ، وَالْيَاءُ مُؤَنَّثَةٌ.

قَوْلُهُ: (وَالْكَثِيرُ فِيهَا أَنْ تَجِيءَ مُنْفَصِلَةً).

يَعْنِي: أَنَّهُ يُقَدَّرُ وُجُودُهَا كَعَدَمِهَا فِي الأَحْكَامِ الَّتِي تَثْبُتُ فِي الاسْمِ قَبْلَهَا، وَيَكُونُ مَا

قَبْلَهَا فِي حُكْمِ الْمُتَطَرِّفِ فِي أَحْكَامِ الطَّرَفِ.

وَقَوْلُهُ: (وَقَلَّ أَنْ تُبْنَى عَلَيْهَا الْكَلِمَةُ).

يَعْنِي: تُجْعَلَ مَعَهَا كَأَحَدِ أَجْزَائِهَا حَتَّى يَكُونَ مَا قَبْلَهَا كَالْوَسَطِ، فَيَمْتَنِعُ عَلَيْهِ أَحْكَامُ الطَّرَفِ، وَمِنْ هَذَا الْقَبِيلِ قَوْلُهُمْ: عَبَايَةٌ وَعَظَايَةٌ فِي الْيَاءِ، وَعِلاوَةٌ وَشِقَاوَةٌ فِي الْوَاوِ، وَكَانَ الْقِيَاسُ أَنْ يَكُونَ مَوْضِعَ الْيَاءِ وَالْوَاوِ هَمْزَةٌ.

قَوْلُهُ: (وَقَوْلُهُمْ: جَمَّالَةٌ فِي جَمْعِ جَمَّالٍ بِمَعْنَى جَمَاعَةٍ).

يَعْنِي: أَنَّ هَذِهِ التَّاءَ لَيْسَتْ لِمَعْنَى آخَرَ غَيْرِ مَا تَقَدَّمَ، وَلَكِنَّهَا فِيهَا بِمَثَابَةِ قَوْلِكَ: ضَارِبَةٌ، وَلَمَّا كَانَ ضَارِبَةٌ يَصِحُّ جَرْيُهُ عَلَى كُلِّ جَمَاعَةٍ صَحَّ أَنْ تَكُونَ جَمَّالَةٌ تَجْرِي عَلَى الْجَمْعِ أَيْضًا، إلا أَنَّ فِي جَمَّالَةٍ مِنَ الدَّلالَةِ عَلَى الْجَمْعِيَّةِ مَا لا نَجِدُهُ فِي ضَارِبَةٍ، وَسَبَبُهُ كَثْرَةُ اسْتِعْمَالِهِ لِلْجَمَاعَةِ بِحَذْفِ مَوْصُوفِهِ، وَلَمْ يَكْثُرْ ضَارِبَةٌ، وَلَوْ كَثُرَ ضَارِبَةٌ هَذِهِ الْكَثْرَةَ بِاعْتِبَارِ الْجَمْعِ وَحُذِفَ مَوْصُوفُهُ لَكَانَ مِثْلَهُ.

(وَمِنْ ذَلِكَ الْبَصْرِيَّةُ وَالْكُوفِيَّةُ).

وَهَذَا أَظْهَرُ فِي أَنَّهُ مِنْ بَابِ ضَارِبٍ وَضَارِبَةٍ؛ لأَنَّهُ لَيْسَ فِي الدَّلالَةِ عَلَى الْجَمْعِيَّةِ كَبَغَّالَةٍ لِكَوْنِهِ دُونَهُ فِي الْكَثْرَةِ.

(وَمِنْهُ: الْحَلُوبَةُ، وَالْقَتُوبَةُ، وَالرَّكُوبَةُ، قَالَ اللهُ تَعَالَى: "فَمِنْهَا رَكُوبُهُمْ" [يس:٧٢]، وَقُرِئَ: "رَكُوبَتُهُمْ".

وَهُوَ مَوْضِعُ الاسْتِشْهَادِ، وَقَدْ يُقَالُ: حَلُوبَةٌ وَحَلُوبٌ؛ فَحَلُوبَةٌ لِلْوَاحِدِ، وَحَلُوبٌ لِلْجَمْعِ، فَلَيْسَ هَذَا مِنْ بَابِ الْحَلُوبَةِ الْمُتَقَدِّمَةِ؛ لأَنَّ تِلْكَ لِلْجَمَاعَةِ، فَهُوَ مِنْ بَابِ بَغَّالَةٍ، وَهَذِهِ لِلْمُفْرَدِ، فَهِيَ مِنْ بَابِ تَمْرَةٍ.

قَوْلُهُ: (وَلِلْبَصْرِيِّينَ فِي نَحْوِ: طَامِثٍ وَحَائِضٍ مَذْهَبَانِ) إِلَى آخِرِهِ.

قال رَضِيَ اللهُ عَنْهُ: مَذْهَبُ الْخَلِيلِ أَنَّهُ عَلَى مَعْنَى النَّسَبِ، وَمَا كَانَ عَلَى مَعْنَى النَّسَبِ فَقِيَاسُهُ أَنْ يَأْتِيَ بِغَيْرِ تَاءٍ؛ كَقَوْلِهِمْ: لابِنٌ، وَتَامِرٌ، وَدَارِعٌ؛ أَيْ: ذَلِكَ مَنْسُوبٌ إِلَيْهَا، لا عَلَى مَعْنَى حُدُوثِهِ حَتَّى تَدْخُلَ التَّاءُ؛ لأَنَّ التَّاءَ إِنَّمَا دَخَلَتْ فِي هَذَا الْجِنْسِ حَمْلا عَلَى الْفِعْلِ عَلَى مَا تَقَدَّمَ، فَإِذَا لَمْ يُقْصَدْ جَرْيُهَا عَلَى الْفِعْلِ وَقُصِدَ ذَلِكَ الْمَعْنَى بِمُجَرَّدِ مَنْسُوبًا إِلَى مَنْ قَامَ بِهِ لَمْ يُؤْتَ بِالتَّاءِ، فَلِذَلِكَ قَالَ الْخَلِيلُ: عَلَى مَعْنَى النَّسَبِ، يُشِيرُ إِلَى هَذَا.

وَقَالَ سِيبَوَيْه: إِنَّهُ مُتَأَوَّلٌ بِأَنَّهُ إِنْسَانٌ أَوْ شَيْءٌ حَائِضٌ، وَمَا ذَكَرَهُ الْخَلِيلُ أَحْسَنُ؛ لأَنَّهُ

إنَّمَا رَدَّهُ إلَى مَعنى يَقْتَضِي حَذْفَ التَّاءِ، وَمَا ذَكَرَهُ سِيبَوَيْه تَأْوِيلٌ بَعِيدٌ لَيْسَ فِيهِ مَعْنًى يَقْتَضِي حَذْفَ التَّاءِ، وَاتِّفَاقُهُمْ عَلَى أَنَّهُ إِنَّمَا يَكُونُ فِي الصِّفَةِ الثَّابِتَةِ دُونَ الْحَادِثَةِ دَلِيلٌ عَلَى صِحَّةِ مَا ذَهَبَ إِلَيْهِ الْخَلِيلُ؛ إِذْ لَوْ كَانَ الْمُصَحِّحُ تَأْوِيلَهُ بِأَنَّهُ شَيْءٌ لَجَرَى فِي الْحُدُوثِ وَغَيْرِهِ عَلَى السَّوَاءِ.

وَقَالَ الكُوفِيُّونَ: إِنَّمَا ذَلِكَ؛ لأَنَّهُ مُشَارَكَةٌ بَيْنَهُ وَبَيْنَ الْمُذَكَّرِ، وَالتَّاءُ جَاءَتْ لِلتَّفْرِقَةِ، فَلا حَاجَةَ إِلَيْهَا، وَقَدْ رُدَّ ذَلِكَ بِأُمُورٍ:

أَحَدُهَا: أَنَّهُ لَوْ كَانَ كَذَلِكَ لَوَجَبَ أَنْ تَقُولَ: نَاقَةٌ ضَامِرَةٌ؛ لِقَوْلِهِمْ: جَمَلٌ ضَامِرٌ، لِتَحْصُلَ التَّفْرِقَةُ، وَهُوَ الَّذِي أَشَارَ إِلَيْهِ فِي الْكِتَابِ.

وَهَذَا لا يَلْزَمُهُمْ إِلا أَنْ يُعَمِّمُوا، وَهُمْ إِنَّمَا عَلَّلُوا نَحْوَ: حَائِضٍ، وَطَامِثٍ.

الثَّانِي: أَنَّهُ لَوْ كَانَ كَذَلِكَ لَوَجَبَ أَنْ يُقَالَ: امْرَأَةٌ مُرْضِعٌ؛ لأَنَّهُ لا مُشَارَكَةَ بَيْنَهُ وَبَيْنَ الْمُذَكَّرِ، وَلَمَّا قِيلَ: امْرَأَةٌ مُرْضِعَةٌ دَلَّ عَلَى فَسَادِ التَّعْلِيلِ، وَلا يَلْزَمُهُمْ أَيْضًا لأَمْرَيْنِ:

أَحَدُهُمَا: أَنَّهُمْ إِنَّمَا جَعَلُوهُ مُجَوِّزًا لا مُوجِبًا، وَيَجُوزُ أَنْ تَقُولَ: مُرْضِعٌ كَذَلِكَ.

وَثَانِيهِمَا: أَنَّهُمْ إِنَّمَا عَلَّلُوا الْوَاقِعَ فِي كَلامِ الْعَرَبِ مِنْ نَحْوِ: حَائِضٍ، وَطَامِثٍ، وَطَالِقٍ، فَلا يَلْزَمُهُمُ التَّعْمِيمُ.

الثَّالِثُ: أَنَّهُ قِيلَ: لَوْ كَانَ مَا ذَكَرْتُمُوهُ صَحِيحًا لَجَازَ أَنْ تَقُولَ: (هِنْدٌ حَاضَ)؛ إِذْ لا مُشَارَكَةَ بَيْنَهُ وَبَيْنَ الْمُذَكَّرِ، وَهَذَا أَيْضًا لا يَلْزَمُهُمْ؛ لأَنَّهُمْ لَمْ يُعَمِّمُوا فِي الأَسْمَاءِ فَضْلا عَنِ الأَفْعَالِ، وَإِذَا لَمْ يَرِدْ عَلَيْهِمْ بَعْضُ الأَسْمَاءِ؛ فَلأَنْ لا يَرِدَ عَلَيْهِمُ الأَفْعَالُ أَوْلَى.

قَوْلُهُ: (وَيَسْتَوِي الْمُذَكَّرُ وَالْمُؤَنَّثُ) إِلَى آخِرِهِ.

قَالَ رَضِيَ اللهُ عَنْهُ: هَذَا الْفَصْلُ رَاجِعٌ إِلَى السَّمَاعِ، وَاشْتِرَاطُهُمْ جَرْيَهُ عَلَى الْمُؤَنَّثِ قَصْدٌ إِلَى الإِيضَاحِ فِي كَوْنِهِ لِلْمُؤَنَّثِ، لِيَحْصُلَ الْفَرْقُ بَيْنَهُ وَبَيْنَ الْمُؤَنَّثِ بِقَرِينَةِ جَرْيِهِ عَلَى الْمَوْصُوفِ.

ثُمَّ قَالَ: (وَقَدْ يُشَبَّهُ بِهِ مَا هُوَ بِمَعْنَى فَاعِلٍ).

يَعْنِي: لَمَّا كَانَ فَعِيلٌ تُحْذَفُ مِنْهُ التَّاءُ فِي الْمُؤَنَّثِ وَهُوَ بِمَعْنَى مَفْعُولٍ شُبِّهَ بِهِ فَعِيلٌ، وَإِنْ كَانَ بِمَعْنَى فَاعِلٍ لِمُوَافَقَتِهِ لَهُ فِي اللَّفْظِ، وَقَدْ قِيلَ فِي قَوْلِهِ تَعَالَى: "**إِنَّ رَحْمَتَ اللَّهِ قَرِيبٌ مِنَ الْمُحْسِنِينَ**" [الأعراف:٥٦] إِنَّ (قَرِيبٌ) هَاهُنَا ذُكِّرَ؛ لأَنَّ (رَحْمَةَ) مَصْدَرٌ، وَالْمَصَادِرُ الْمُؤَنَّثَةُ يَجُوزُ تَذْكِيرُهَا حَمْلا عَلَى لَفْظٍ آخَرَ فِي مَعْنَاهُ، فَالرَّحْمَةُ بِمَعْنَى الرُّحْمِ،

وَالتَّذْكِرَةُ فِي قَوْلِهِ تَعَالَى: "فَمَنْ شَاءَ ذَكَرَهُ" [المدثر:٥٥] بِمَعْنَى الذِّكْرِ.

وَأَمَّا (مِلْحَفَةٌ جَدِيدٌ)، فَالْكُوفِيُّونَ يَزْعُمُونَ أَنَّهُ بِمَعْنَى مَفْعُولٍ، وَأَنَّ جَدِيدًا بِمَعْنَى مَجْدُودٍ؛ أَيْ: مَقْطُوعٍ، فَهُوَ فَعِيلٌ بِمَعْنَى مَفْعُولٍ، وَلَكِنَّهُ كَثُرَ حَتَّى قَالُوا: (جَدَّ الثَّوْبُ)، فَهُوَ جَدِيدٌ، فَتَوَهَّمَ أَنَّ جَدِيدًا مِنْ (جَدَّ) فَهُوَ جَدِيدٌ، وَإِنَّمَا هُوَ مِنْ (جَدَدْتُ) وَلَيْسَ بِقَوِيٍّ؛ لأَنَّ دَعْوَاهُمْ أَنَّ (جَدَّ الشَّيْءَ) فَرْعٌ عَلَى (جَدَدْتُهُ) فَهُوَ جَدِيدٌ لا دَلِيلَ عَلَيْهِ.

قَوْلُهُ: (وَتَأْنِيثُ الْجَمْعِ لَيْسَ بِحَقِيقِيٍّ).

سَوَاءٌ كَانَتْ مُفْرَدَاتُهُ بِتَأْنِيثٍ حَقِيقِيٍّ أَوْ لا؛ لأَنَّ التَّأْنِيثَ الْحَقِيقِيَّ إِنَّمَا يُعْتَبَرُ عِنْدَ الإِفْرَادِ، وَأَنْتَ فِي الْجَمْعِ لَمْ تَقْصِدْ إِلا النِّسْبَةَ إِلَى الْجَمْعِ، وَالْجَمْعُ لَيْسَ فِيهِ تَأْنِيثٌ حَقِيقِيٌّ، فَلَمَّا كَانَ كَذَلِكَ جَرَى التَّأْنِيثُ وَالتَّذْكِيرُ كَجَرْيِهِ عَلَى الْمُؤَنَّثِ غَيْرِ الْحَقِيقِيِّ، وَإِذَا نَسَبْتَ إِلَى ضَمِيرِ الْجَمْعِ، فَإِنْ كَانَ مُذَكَّرًا يَعْقِلُ اخْتَصَّ بِضَمِيرٍ وَعَلامَةٍ لا يَشْرَكُهُ غَيْرُهُ فِيهَا، كَمَا تَقُولُ: الْقَوْمُ رَأَيْتُهُمْ، وَجَازَ أَنْ تَأْتِيَ مَعَهُ بِضَمِيرِ الْمُفْرَدِ الْمُؤَنَّثِ، كَمَا تَقُولُ: الْقَوْمُ رَأَيْتُهَا، وَإِنْ كَانَ غَيْرُ ذَلِكَ مِنْ مُذَكَّرٍ لا يَعْقِلُ أَوْ مُؤَنَّثٍ مُطْلَقًا كُنْتَ فِيهِ بِالْخِيَارِ بَيْنَ ضَمِيرِ الْمُفْرَدِ الْمُؤَنَّثِ وَبَيْنَ ضَمِيرِ الْجَمْعِ، وَهَذَا جَارٍ فِي الصِّفَاتِ كَمَا جَرَى فِي الأَفْعَالِ، فَتَقُولُ: (الرِّجَالُ ضَرَبُوا)، و(ضَرَبَتْ) وَلا تَقُولُ: ضَرَبْنَ، وَالنِّسَاءُ وَالأَيَّامُ فَعَلَتْ وَفَعَلْنَ، وَلا تَقُولُ: فَعَلُوا، وَيَجْرِي أَيْضًا فِي الضَّمَائِرِ وَإِنْ لَمْ تَكُنْ لِلْفَاعِلِ، تَقُولُ: الرِّجَالُ ضَرَبْتُهُمْ وَضَرَبْتُهَا، وَالنِّسَاءُ وَالأَيَّامُ أَكْرَمْتُهَا وَأَكْرَمْتُهُنَّ، وَلا تَقُولُ فِي الأَوَّلِ: أَكْرَمْتُهُنَّ، وَلا فِي الثَّانِي: أَكْرَمْتُهُمْ.

وَعَنْ أَبِي عُثْمَانَ: الأَجْذَاعُ انْكَسَرْنَ، وَالْجُذُوعُ انْكَسَرَتْ، وَخَمْسٌ خَلَوْنَ، وَخَمْسَ عَشْرَةَ خَلَتْ عَلَى سَبِيلِ الاسْتِحْسَانِ لا الْوُجُوبِ، وَوَجْهُهُ أَنَّكَ إِذَا قُلْتَ: (خَمْسٌ خَلَوْنَ) فَأَصْلُهُ خَمْسُ لَيَالٍ خَلَوْنَ، فَاللَّيَالِي هِيَ الْمَقْصُودَةُ بِالذِّكْرِ، فَحَسُنَ رُجُوعُ الضَّمِيرِ إِلَيْهَا ضَمِيرَ جَمْعٍ لِيُنَاسِبَهَا، وَإِذَا قُلْتَ: (خَمْسَ عَشْرَةَ خَلَتْ) فَأَصْلُهُ لَيْلَةٌ، فَرَجَعَ الضَّمِيرُ إِلَى لَيْلَةٍ مُفْرَدًا، كَمَا رَجَعَ إِلَى اللَّيَالِي جَمْعًا لِكَوْنِهِ الْمَقْصُودَ، ثُمَّ حَمَلُوا الْجُمُوعَ عَلَى تَقْدِيرِ الأَعْدَادِ، وَإِنْ لَمْ تُذْكَرْ، نَظَرًا إِلَى الْمَعْنَى، فَقَالُوا: (الأَجْذَاعُ انْكَسَرْنَ) نَظَرًا إِلَى أَنَّهُ جَمْعُ قِلَّةٍ، فَيَثْبُتُ عَلَى حَالِهِ مَعَ تَقْدِيرِ أَلْفَاظِ الْعَدَدِ، فَكَأَنَّكَ قُلْتَ: ثَلاثَةُ أَجْذَاعٍ أَوْ نَحْوَهَا إِلَى الْعَشَرَةِ، وَإِذَا قُلْتَ: الْجُذُوعُ انْكَسَرَتْ فَهُوَ إِمَّا فَوْقَ الْعَشَرَةِ، وَالتَّمْيِيزُ فِيهِ مُفْرَدٌ، فَكَأَنَّكَ قُلْتَ: أَحَدَ عَشَرَ جِذْعًا، أَوْ مَائَةُ جِذْعٍ، أَوْ أَلْفُ جِذْعٍ، فَحُمِلَ عَلَى تَقْدِيرِ وُجُودِ مَا يَكُونُ تَمْيِيزًا لَهُ.

قَوْلُهُ: (وَنَحْوُ النَّخْلِ وَالتَّمرِ يُذَكَّرُ وَيُؤَنَّثُ).

قَضِيَّةٌ سَمَاعِيَّةٌ، فَمَنْ ذَكَّرَ فَلأنَّ اللَّفْظَ مُذَكَّرٌ، وَمَنْ أَنَّثَ فَلأَنَّهُ فِي الْمَعْنَى جَمَاعَةٌ، وَيَسْتَوِي الْمُذَكَّرُ وَالْمُؤَنَّثُ الْحَقِيقِيُّ فِي لَفْظِ الْمُفْرَدِ مِنْ هَذَا الْبَابِ، فَيُقَالُ: حَمَامَةٌ وَدَجَاجَةٌ وَشَاةٌ لِلذَّكَرِ وَالأنْثَى، وَلَمْ يُفَرِّقُوا كَرَاهَةَ اللَّبْسِ بِالْجَمْعِ كَمَا ذَكَرَ.

(وَقَالَ يُونُسُ: إِذَا أَرَادُوا ذَلِكَ)، يَعْنِي: الدَّلالَةَ عَلَى الذُّكُورِيَّةِ، (قَالُوا: هَذِهِ شَاةٌ ذَكَرٌ، وَحَمَامَةٌ ذَكَرٌ).

وَدَجَاجَةٌ ذَكَرٌ، فَعَلَى هَذَا يَجُوزُ أَنْ تَقُولَ: غَنَّتِ الْحَمَامَةُ وَإِنْ كَانَتْ ذَكَرًا؛ لأنَّ فِيهَا تَأْنِيثًا لَفْظِيًّا يَجُوزُ اعْتِبَارُهُ، فَقَوْلُ مَنْ قَالَ: إِنَّ قَوْلَهُ تَعَالَى: "قَالَتْ نَمْلَةٌ" [النمل:١٨]، يَدُلُّ عَلَى أَنَّ النَّمْلَةَ أُنْثَى غَيْرُ مُسْتَقِيمٍ لِجَوَازِ أَنْ يَكُونَ التَّأْنِيثُ لِمَا فِي لَفْظِ نَمْلَةٍ مِنَ التَّأْنِيثِ، وَالَّذِي يَدُلُّ عَلَى ذَلِكَ قَوْلُهُمْ: (هَذِهِ حَمَامَةٌ ذَكَرٌ)، وَلَوْ كَانَ التَّأْنِيثُ فِي (قَالَتْ) لَيْسَ إِلا لأنَّ الْفَاعِلَ أُنْثَى لَمْ يَجُزْ أَنْ يُقَالَ: (هَذِهِ حَمَامَةٌ ذَكَرٌ)، فَالَّذِي جَوَّزَ الإِتْيَانَ بِاسْمِ الإِشَارَةِ لِلْمُؤَنَّثِ الْمُفْرَدِ مِنْ هَذَا الْبَابِ مَعَ التَّصْرِيحِ بِالتَّذْكِيرِ يَجُوزُ الإِتْيَانُ بِعَلامَةِ التَّأْنِيثِ وَإِنْ كَانَ مُذَكَّرًا.

وَقَدْ أُورِدَ عَلَى ذَلِكَ لُزُومُ (قَالَتْ طَلْحَةُ) وَشِبْهِهِ؛ لأنَّ التَّأْنِيثَ مَلْفُوظٌ بِهِ فِيهِ، وَهَذَا لا يَلْزَمُ لِمَا ذَكَرْنَاهُ مِنَ الاتِّفَاقِ عَلَى تَجْوِيزِ (هَذِهِ شَاةٌ ذَكَرٌ)، وَنَحْنُ مُتَّفِقُونَ عَلَى امْتِنَاعِ (هَذِهِ طَلْحَةُ)، فَدَلَّ ذَلِكَ عَلَى الْفَرْقِ بَيْنَهُمَا، وَالسِّرُّ فِي ذَلِكَ أَنَّ طَلْحَةَ عَلَمٌ قُصِدَ فِيهِ الإِخْرَاجُ عَنْ مَوْضُوعِهِ، وَجَعْلُهُ لِمَنْ هُوَ لَهُ، فَصَارَ التَّأْنِيثُ نَسْيًا مَنْسِيًّا، فَاعْتُبِرَ الْمَعْنَى، وَلَيْسَ كَذَلِكَ بَابُ شَاةٍ وَنَحْوِهَا، عَلَى أَنَّ بَعْضَ الْكُوفِيِّينَ يَلْتَزِمُ جَوَازَ (هَذِهِ طَلْحَةُ) و(قَالَتْ طَلْحَةُ)، وَإِنْ كَانَ لِمُذَكَّرٍ، وَلَيْسَ ذَلِكَ بِشَيْءٍ.

قَوْلُهُ: (وَالأَبْنِيَةُ الَّتِي تَلْحَقُهَا أَلِفُ التَّأْنِيثِ الْمَقْصُورَةِ عَلَى ضَرْبَيْنِ: مُخْتَصَّةٍ بِهَا، وَمُشْتَرَكَةٍ) إِلَى آخِرِهِ.

يَعْنِي بِالأَبْنِيَةِ الصِّيَغَ الَّتِي تَلْحَقُهَا الأَلِفُ لِلتَّأْنِيثِ أَوْ لِلإِلْحَاقِ دُونَ الأَلِفِ؛ لأَنَّكَ إِذَا أَخَذْتَ الأَلِفَ فِي الأَبْنِيَةِ تَعَذَّرَ أَنْ تَكُونَ مُشْتَرَكَةً؛ لأَنَّ الْبِنَاءَ الَّذِي فِيهِ أَلِفُ التَّأْنِيثِ بِاعْتِبَارِ الأَلِفِ لا اشْتِرَاكَ فِيهِ أَبَدًا، فَدَلَّ ذَلِكَ عَلَى أَنَّ الْمُرَادَ الأَبْنِيَةُ دُونَ تَقْدِيرِ الأَلِفِ.

وَقَوْلُهُ: (مُشْتَرَكَةٌ) وَقَعَ فِي بَعْضِ النُّسَخِ بِكَسْرِ الرَّاءِ، وَلَيْسَ بِجَيِّدٍ؛ لأَنَّ الْمُشْتَرِكَ لا بُدَّ أَنْ يَكُونَ فَاعِلُهُ مُتَعَدِّدًا مُتَعَلِّقًا بِمُشْتَرَكٍ فِيهِ، وَالْمُشْتَرَكُ لا بُدَّ أَنْ يَكُونَ مُتَعَلِّقًا بِهِ اشْتِرَاكٌ مُتَعَدِّدٌ، فَإِنْ قُلْتَ: مُشْتَرِكَةٌ بِكَسْرِ الرَّاءِ، وَهُوَ لِلْبِنَاءِ، فَالْبِنَاءُ مُفْرَدٌ لا مُشَارَكَةَ بَيْنَهُ

وَبَيْنَ غَيْرِهِ، فَتَعَذَّرَ أَنْ يَكُونَ مُشْتَرَكًا بِكَسْرِ الرَّاءِ، وَإِذَا قُلْنَا: مُشْتَرَكَةٌ بِفَتْحِ الرَّاءِ، فَالْمُشْتَرَكُ فِي الْبِنَاءِ أَلِفَا التَّأْنِيثِ وَالإِلْحَاقِ، وَهُوَ مُتَعَدِّدٌ، وَهُمَا جَمِيعًا مُتَعَلِّقَانِ بِالْبِنْيَةِ الَّتِي يَلْحَقَانِهَا عَلَى سَبِيلِ الاشْتِرَاكِ.

فَإِنْ قَالَ قَائِلٌ: الْمُشْتَرَكَةُ بِكَسْرِ الرَّاءِ هِيَ الأَبْنِيَةُ، وَهِيَ مُتَعَدِّدَةٌ، وَالْمُشْتَرَكُ فِيهِ بِالْفَتْحِ هُمَا الأَلِفَانِ، وَلا يَضُرُّ تَعَدُّدُ الْمُشْتَرَكِ فِيهِ، إِذَا ثَبَتَ تَعَدُّدُ الْمُشْتَرِكِ بِكَسْرِ الرَّاءِ عَلَى مَعْنَى الاشْتِرَاكِ، قِيلَ: لا يَسْتَقِيمُ، فَإِنَّهُ يُؤَدِّي ذَلِكَ إِلَى أَنْ لا تَكُونَ مُخْتَصَّةً فِي الأَبْنِيَةِ؛ لأَنَّ فُعْلَى وفَعْلَى وفُعَلَى مُشْتَرِكَةٌ فِي أَلِفِ التَّأْنِيثِ، وَلا يَضُرُّ اتِّحَادُ الْمُشْتَرَكِ فِيهِ.

فَإِنْ قِيلَ: المُشْتَرِكَةُ بِكَسْرِ الرَّاءِ هِيَ الأَبْنِيَةُ الَّتِي اشْتَرَكَتْ فِي الأَلِفَيْنِ، وَالْمُخْتَصَّةُ الأَبْنِيَةُ الَّتِي اشْتَرَكَتْ فِي أَلِفِ التَّأْنِيثِ وَحْدَهَا، وَسُمِّيَتْ مُخْتَصَّةً لاخْتِصَاصِهَا بِأَلِفِ التَّأْنِيثِ.

قِيلَ: لا يَسْتَقِيمُ؛ لأَنَّ كُلَّ وَاحِدٍ مِنَ الأَبْنِيَةِ يُقَالُ لَهُ: مُشْتَرِكٌ مَعَ قَطْعِ النَّظَرِ عَنْ أَخَوَاتِهِ، وَهُوَ عَلَى هَذَا غَيْرُ مُشْتَرِكٍ بِالْكَسْرِ؛ لأَنَّ الْمُشْتَرِكَ بِالْكَسْرِ لا يَكُونُ وَاحِدًا.

قَوْلُهُ: (فَمِنَ الْمُخْتَصَّةِ فُعْلَى، وَفَعَلَى، وَفُعَلَى).

لا تَكُونُ إِلا لِلتَّأْنِيثِ؛ لأَنَّهَا لَوْ كَانَتْ لِلإِلْحَاقِ لَوَجَبَ أَنْ يَكُونَ فِي الأُصُولِ مُمَاثِلٌ لَهَا، وَلَيْسَ فِي الأُصُولِ مُمَاثِلٌ لَهَا؛ لأَنَّ مَعْنَى الإِلْحَاقِ أَنْ تُوجَدَ حُرُوفٌ نَاقِصَةٌ عَنْ حُرُوفِ بِنْيَةٍ أُخْرَى فِي الأُصُولِ، فَيُزَادَ عَلَى النَّاقِصِ حَرْفٌ لِيَصِيرَ مِثْلَهُ فِي الزِّنَةِ عِنْدَ إِرَادَتِهِمْ مِنْهُ تِلْكَ الْبِنْيَةَ الْمَخْصُوصَةَ، وَلَيْسَ فِي الأُصُولِ مُمَاثِلٌ لِهَذِهِ الأَبْنِيَةِ، وَلَيْسَ فِي الأُصُولِ مُمَاثِلٌ لِفُعْلَلٍ عِنْدَ سِيبَوَيْهِ، وَلا فَعَلَلٌ، وَلا فُعَلَلٌ، وَأَمَّا الأَخْفَشُ فَلا يَنْتَهِضُ لَهُ هَذَا دَلِيلًا فِي فُعْلَى؛ لأَنَّ عِنْدَهُ فُعْلَلًا كَجُنْدَبٍ وَجُخْدَبٍ، فَيَحْتَاجُ إِلَى دَلِيلٍ غَيْرِهِ، فَيَقُولُ: لَوْ كَانَ فُعْلَى لِلإِلْحَاقِ لَجَاءَ مَصْرُوفًا، وَلَمْ يُصْرَفْ، دَلَّ عَلَى أَنَّهُ لِلتَّأْنِيثِ.

قَوْلُهُ: (وَمِنَ الْمُشْتَرَكَةِ فَعْلَى).

فَمَا ذَكَرَهُ فِي التَّأْنِيثِ يَدُلُّ عَلَى أَنَّهَا أَلِفُ التَّأْنِيثِ كَوْنُهُ غَيْرَ مَصْرُوفٍ، وَمَا ذَكَرَهُ لِلإِلْحَاقِ دَلَّ عَلَيْهِ صَرْفُهُ أَوْ إِلْحَاقُ تَاءِ التَّأْنِيثِ بِهِ؛ لأَنَّ تَاءَ التَّأْنِيثِ لا تَلْحَقُ أَلِفَ التَّأْنِيثِ.

وَأَمَّا (أَرْطَى) فَأَلِفُهُ لِلإِلْحَاقِ فِي الأَكْثَرِ لِقَوْلِهِمْ: أَدِيمٌ مَأْرُوطٌ، فَلَمَّا حُذِفَتْ الأَلِفُ مِنْ مَفْعُولٍ دَلَّ عَلَى زِيَادَتِهَا وَأَصَالَةِ الْهَمْزَةِ، وَإِذَا ثَبَتَ زِيَادَتُهَا ثَبَتَ أَنَّهَا لِلإِلْحَاقِ؛ لأَنَّ كُلَّ أَلِفٍ زَائِدَةٍ وَقَعَتْ آخِرًا وَلَيْسَتْ لِلتَّأْنِيثِ فَهِيَ لِلإِلْحَاقِ، إِلا أَنْ يَمْنَعَ مَانِعٌ كَمَا فِي نَحْوِ: (قَبَعْثَرَى) لِلْجَمَلِ الضَّخْمِ.

وَيَجُوزُ أَنْ تَكُونَ أَلِفُ (أَرطَى) أَصْلِيَّةً، فَيَكُونُ وَزْنُهُ أَفْعَل، وَيَدُلُّ عَلَيْهِ قَولُهُمْ: أَدِيمٌ مَرطِيٌّ، فَحَذْفُ الْهَمْزَةِ مِنْ مَفْعُولٍ يَدُلُّ عَلَى زِيَادَتِهَا، وَإِثْبَاتُ الْيَاءِ يَدُلُّ عَلَى أَصَالَتِهَا، وَإِنْ جَاءَ (أَرْطَى) غَيْرَ مَصْرُوفٍ فِي النَّكِرَةِ فَيَجِبُ أَنْ تَكُونَ لِلتَّأْنِيثِ.

وَأَمَّا (عَلْقَى)، فَيَجُوزُ أَنْ تَكُونَ أَلِفُهُ لِلإِلْحَاقِ؛ لِقَولِهِمْ: عَلْقَاةٌ، وَلِكَوْنِهِ مُنْصَرِفًا، وَأَمَّا مَنْ قَالَ: عَلْقَى غَيْرَ مَصْرُوفٍ فَأَلِفُهُ لِلتَّأْنِيثِ، وَلا يَسْتَقِيمُ أَنْ يُقَالَ: إِنَّهَا أَصْلٌ لِمَا ثَبَتَ مِنْ أَنَّ الأَلِفَ إِذَا وَقَعَتْ مَعَ ثَلاثَةِ أَحْرُفٍ أُصُولٍ لا تَكُونُ إِلا زَائِدَةً، عَلَى أَنَّ مَنْعَهُمُ الصَّرْفَ فِي عَلْقَى يَدُلُّ عَلَى زِيَادَتِهَا، وَأَنَّ أُصُولَ الْكَلِمَةِ عَيْنٌ وَلامٌ وَقَافٌ، فَكُلُّ مَا يَأْتِي مَعَهَا مَحْكُومٌ بِزِيَادَتِهِ إِنْ لَمْ يَمْنَعْ مَانِعٌ.

(وَمِنْهَا فِعْلَى).

فَالشِّيزَى أَلِفُهُ لِلتَّأْنِيثِ؛ لأَنَّهُ لَمْ يُصْرَفْ، وَلَوْ كَانَتْ لِغَيْرِهِ لَصُرِفَ، وَكَذَلِكَ الدِّفْلَى، وَأَمَّا الذِّفْرَى فَمَنْ لَمْ يَصْرِفْ فَهِيَ كَالشِّيزَى، وَمَنْ صَرَفَ فَهِيَ كَمِعْزَى، وَمِعْزَى لَمْ يَأْتِ إِلا مَصْرُوفًا فَأَلِفُهُ لِلإِلْحَاقِ لا غَيْرُ.

وَقَوْلُهُ: (وَصِفَةٌ).

هَذَا عَلَى رَأْيِ غَيْرِ سِيبَوَيْهِ؛ لأَنَّ سِيبَوَيْهِ يَقُولُ: فِعْلَى مِثْلُ: كِيصَى وَعِزْهَى لا تَكُونُ صِفَةً إِلا مَعَ التَّاءِ وَكَذَلِكَ ذَكَرَهُ صَاحِبُ الْكِتَابِ فِي آخِرِ الْفَصْلِ، وَقَدْ أَوْرَدَ سِيبَوَيْهِ قَوْلَهُمْ: (قِسْمَةٌ ضِيزَى) و(مِشْيَةٌ حِيكَى)، وَهُوَ عِنْدَ سِيبَوَيْهِ فُعْلَى بِضَمِّ الْفَاءِ لا فِعْلَى بِكَسْرِهَا، وَإِنَّمَا كُسِرَتْ فَاؤُهُ لِتَسْلَمَ الْيَاءُ؛ لأَنَّهُ مِنْ (ضَازَ يَضِيزُ)، و(حَاكَ يَحِيكُ)، فَلَوْ لَمْ تُكْسَرْ لانْقَلَبَتِ الْيَاءُ وَاوًا، وَقَلْبُ الضَّمَّةِ كَسْرَةً أَقْرَبُ؛ لأَنَّهُ تَغْيِيرُ حَرَكَةٍ، وَذَلِكَ تَغْيِيرُ حَرْفٍ.

وَأَمَّا مَنْ قَالَ: ضِئْزَى بِالْهَمْزِ فَوَارِدٌ عَلَى سِيبَوَيْهِ؛ لأَنَّهُ لَوْ كَانَ فُعْلَى لَوَجَبَ أَنْ تَقُولَ: ضُؤْزَى، غَايَةُ مَا يُقَالُ أَنَّهُ أُبْدِلَ مِنَ الْيَاءِ هَمْزَةٌ عَلَى غَيْرِ قِيَاسٍ، وَهُوَ بَعِيدٌ.

قَوْلُهُ: (وَالأَبْنِيَةُ الَّتِي تَلْحَقُهَا مَمْدُودَةُ فَعْلاءَ، وَهِيَ عَلَى ضَرْبَيْنِ) إِلَى آخِرِهِ.

هَذِهِ الأَبْنِيَةُ كُلُّهَا مُخْتَصَّةٌ إِمَّا بِأَلِفِ التَّأْنِيثِ وَإِمَّا بِأَلِفِ الإِلْحَاقِ، فَفُعْلاءُ وَفِعْلاءُ مُخْتَصَّانِ بِالإِلْحَاقِ، وَمَا عَدَاهُ لِلتَّأْنِيثِ.

قَوْلُهُ: (وَجَمْعٌ).

يُرِيدُ اسْمَ جَمْعٍ؛ لأَنَّ فَعْلاءَ لَيْسَتْ مِنْ أَبْنِيَةِ الْجُمُوعِ، وَعَدَّ أَشْيَاءَ مِنْهَا، وَهِيَ كَذَلِكَ عَلَى مَذْهَبِ الْخَلِيلِ وَسِيبَوَيْهِ، وَأَصْلُهَا عِنْدَهُمَا شَيْئَاءُ، كَرِهُوا اجْتِمَاعَ الْهَمْزَتَيْنِ وَبَيْنَهُمَا

أَلْفٌ حَاجِزٌ غَيْرُ حَصِينٍ، فَقَلَبُوا اللامَ إِلَى مَوْضِعِ الْفَاءِ، وَقَالُوا: أَشْيَاءَ، وَالَّذِي يَدُلُّ عَلَى ذَلِكَ أَنَّهُمْ قَالُوا فِي تَصْغِيرِهِ: أُشَيَّاءُ وَفِي جَمْعِهِ: أَشَاوَى وَأَنَّهُ غَيْرُ مَصْرُوفٍ، وَلَوْ كَانَ جَمْعًا لِشَيْءٍ لا يَخْلُو إِمَّا أَنْ يَكُونَ أَفْعَالا كَمَا يَقُولُ الْكِسَائِيُّ، أَوْ أَفْعِلاءَ كَمَا يَقُولُ الْفَرَّاءُ وَالأَخْفَشُ، وَإِنْ اخْتَلَفَا فِي مُفْرَدِهِ.

فَقَالَ الْفَرَّاءُ: أَصْلُهُ شَيِّءٌ فَخُفِّفَ كَمَا خُفِّفَ هَيِّنٌ، وَقَالَ الأَخْفَشُ: بَلْ شَيْءٌ بِوَزْنِ فَعْلٍ، وَجُمِعَ عَلَى أَفْعِلاءَ عَلَى غَيْرِ قِيَاسٍ، فَلَوْ كَانَ أَفْعَالا كَمَا قَالَ الْكِسَائِيُّ لانْصَرَفَ؛ لأَنَّ أَفْعَالا مَصْرُوفٌ بِاتِّفَاقٍ، وَهَذَا وَاضِحٌ، وَأَيْضًا فَإِنَّهُ كُسِّرَ عَلَى أَشَاوَى، وَأَفْعَالٌ لا يُكَسَّرُ عَلَى أَفَاعَلَ إِذْ لَيْسَ فِي كَلامِهِمْ أَفَاعَلُ.

وَأَمَّا الْفَرَّاءُ وَالأَخْفَشُ فَإِنَّهُ يَبْطُلُ عَلَيْهِمَا بِأَنَّهُ فِي التَّصْغِيرِ يُقَالُ فِيهِ: أُشَيَّاءُ، وَلَوْ كَانَ أَفْعِلاءَ لَكَانَ جَمْعَ كَثْرَةٍ، وَجَمْعُ الْكَثْرَةِ فِي التَّصْغِيرِ يُرَدُّ إِلَى الْمُفْرَدِ، ثُمَّ يُجْمَعُ عَلَى مَا يُذْكَرُ فِي التَّصْغِيرِ، وَأَيْضًا فَإِنَّهُ قَدْ كُسِّرَ عَلَى أَشَاوَى، وَأَفْعِلاءُ لا يُكَسَّرُ عَلَى أَفَاعَلَ.

وَلا يَرِدُ عَلَى مَذْهَبِ سِيبَوَيْهِ شَيْءٌ مِنْ ذَلِكَ؛ لأَنَّ مَنْعَ الصَّرْفِ؛ لأَجْلِ أَلِفِ التَّأْنِيثِ، وَتَصْغِيرُهُ عَلَى أُشَيَّاءَ؛ لأَنَّهُ اسْمُ جَمْعٍ لا جَمْعٌ، وَجَمْعُهُ عَلَى أَشَاوَى؛ لأَنَّهُ اسْمٌ عَلَى فَعْلاءَ، وَفَعْلاءُ يَجِيءُ عَلَى فَعَالَى؛ كَقَوْلِهِمْ: صَحْرَاءُ وَصَحَارَى.

فَإِنْ قِيلَ: يَلْزَمُ سِيبَوَيْهِ أَنَّهُ قَلَبَ الْهَمْزَةَ إِلَى مَوْضِعِ الْفَاءِ، وَالْقَلْبُ عَلَى خِلافِ الْقِيَاسِ، كَمَا أَنَّ مَنْعَ الصَّرْفِ فِي أَفْعَالٍ عَلَى خِلافِ الْقِيَاسِ، وَكَذَلِكَ التَّصْغِيرُ وَالْجَمْعُ الَّذِي أَنْكَرَ.

فَالْجَوَابُ أَنَّ مَنْعَ الصَّرْفِ فِي أَفْعَالٍ حُكْمٌ لَمْ يُعْرَفْ أَصْلا، فَلا يَجُوزُ بِحَالٍ، بِخِلافِ الْقَلْبِ، فَإِنَّهُ ثَابِتٌ فِي لُغَتِهِمْ فِي أَمْثِلَةٍ كَثِيرَةٍ، فَكَانَ ارْتِكَابُ مَا هُوَ مِنْ لُغَتِهِمْ أَوْلَى.

وَأَيْضًا فَإِنَّهُ يَلْزَمُ الْكِسَائِيَّ أَمْرَانِ عَلَى خِلافِ الْقِيَاسِ، مَنْعُ صَرْفِ أَفْعَالٍ، وَجَمْعُهُ عَلَى أَفَاعَلَ كَمَا تَقَدَّمَ، وَلا يَلْزَمُ سِيبَوَيْهِ سِوَى أَمْرٍ وَاحِدٍ.

وَأَمَّا الأَخْفَشُ فَإِنَّهُ يَلْزَمُهُ ثَلاثَةُ أُمُورٍ، مِنْهَا أَنَّهُ جَمَعَ فَعْلا عَلَى أَفْعِلاءَ، وَهُوَ خِلافُ الْقِيَاسِ، وَمِنْهَا حَذْفُ الْهَمْزَةِ الَّتِي هِيَ لامٌ، وَمِنْهَا التَّصْغِيرُ الْمَذْكُورُ.

وَأَمَّا الْفَرَّاءُ فَيَلْزَمُهُ ثَلاثَةُ أُمُورٍ، مِنْهَا الأَمْرَانِ الآخَرَانِ، وَمِنْهَا أَنَّهُ جَعَلَ (شَيْءٌ) أَصْلُهُ شَيِّءٌ كَهَيِّنٍ وَبَيِّنٍ، وَلَوْ كَانَ كَهَيِّنٍ لَجَازَ فِيهِ الأَصْلُ كَمَا فِي هَيِّنٍ، بِأَنْ يُقَالَ: شَيِّءٌ، لَكِنَّهُ لَمْ يُقَلْ، فَالْتِزَامُ التَّخْفِيفِ - مَعَ أَنَّ الأَصْلَ مَا ذَكَرَهُ - عَلَى خِلافِ الْقِيَاسِ، فَظَهَرَ أَنَّ الْقَوْلَ

السَّدِيدَ مَا ذَهَبَ إِلَيْهِ الْخَلِيلُ وَسِيبَوَيْهِ.

وَأَمَّا فُعْلاءُ وَفِعْلاءُ فَأَلِفُهُمَا لِلإِلْحَاقِ؛ لأَنَّ فُعْلاءَ وَفِعْلاءَ لَيْسَ مِنْ أَبْنِيَتِهِمْ إِلا مَا جَاءَ فِي قُوْبَاءٍ وَخُشَاءٍ شَاذًّا لِدَاءٍ مَعْرُوفٍ فِي الإِبِلِ، وَلِلْعَظْمِ النَّاتِئِ خَلْفَ الأُذُنِ، فَعِلْبَاءُ وَحِرْبَاءُ وَاضِحٌ.

و(سِيْسَاءُ) إِنْ قِيلَ: لِمَ لا يَكُونُ فِيْعَالا بِمَثَابَةِ دِيْمَاسٍ وَمِيْلاعٍ، فَتَكُونُ الْيَاءُ زَائِدَةً، أَوْ فِعْلالا بِمَثَابَةِ الزِّلْزَالِ، فَتَكُونُ الْيَاءُ أَصْلِيَّةً، وَالْهَمْزَةُ عَنْ يَاءٍ هِيَ لامٌ حَتَّى يَكُونَ مُضَاعَفًا كَالزِّلْزَالِ.

فَالْجَوَابُ: أَنَّكَ لَوْ جَعَلْتَ الْيَاءَ زَائِدَةً لَكَانَتِ الْفَاءُ وَالْعَيْنُ مِنْ جِنْسٍ وَاحِدٍ، وَذَلِكَ بَعِيدٌ، فَوَجَبَ أَنْ تَكُونَ أَصْلِيَّةً، وَإِذَا ثَبَتَ أَصَالَتُهَا فَلَوْ كَانَتِ الْهَمْزَةُ مُنْقَلِبَةً عَنْ يَاءٍ كَالزِّلْزَالِ لَكَانَ مَصْدَرًا؛ لأَنَّ ذَلِكَ مَخْصُوصٌ بِالْمَصَادِرِ، وَأَيْضًا فَإِنَّهُ يَكُونُ جَائِزًا فِيهِ الْفَتْحُ، وَلَمْ يُسْمَعْ فِيهِ فَتْحٌ، فَوَجَبَ أَنْ تَكُونَ الْهَمْزَةُ زَائِدَةً، وَلَيْسَتْ لِلتَّأْنِيثِ لِمَا ذَكَرْنَاهُ أَوَّلا؛ لأَنَّهُ جَاءَ مُنْصَرِفًا، فَوَجَبَ الإِلْحَاقُ.

(وَحُوَّاءٌ) إِنْ قِيلَ: لَمْ لا يَكُونُ فُعَّالا؛ كَقَوْلِكَ: ضُرَّابٌ، فَتَكُونُ الْهَمْزَةُ مُنْقَلِبَةً عَنْ حَرْفٍ أَصْلِيٍّ أَوْ أَصْلِيَّةً، أَوْ فُوْعَالا؛ كَقَوْلِهِمْ: طُومَارٌ.

فَالْجَوَابُ: أَنَّهُ اسْمٌ لِنَبْتٍ يَضْرِبُ لَوْنُهُ إِلَى الْحُوَّةِ فَالاشْتِقَاقُ مُرْشِدٌ إِلَى أَنَّ الْهَمْزَةَ لَيْسَتْ أَصْلا، وَلا يَسْتَقِيمُ أَنْ يَكُونَ أَصْلُهُ فُعَّالا مِنَ الْحُوَّةِ؛ لأَنَّ فُعَّالا مِنْ أَبْنِيَةِ الصِّفَاتِ؛ كَقَوْلِهِ تَعَالَى: ﴿وَمَكَرُوا مَكْرًا كُبَّارًا﴾ [نوح:٢٢]، وَلا يَكُونُ فُوعَالا مِنَ الْحُوَّةِ؛ لأَنَّ فُوعَالا فِيمَا عَيْنُهُ وَاوٌ لَمْ يَأْتِ، وَلَوْ أَتَى لَوَجَبَ أَنْ يَكُونَ غَيْرَ مُدْغَمٍ فَرْقًا بَيْنَ الْبِنَاءَيْنِ كَمَا فَرَّقُوا بَيْنَ تُفُعِّلَ وَتُفُوعِلَ، فَقَالُوا: تُسُوِيرَ وَتُسُيِّرَ، وَتُقُوِّوِلَ وَتُقُوِّلَ، فَأَدْغَمُوا فِي تُفُعِّلَ، وَلَمْ يُدْغِمُوا فِي تُفُوعِلَ، وَهَذَا يَتَبَيَّنُ فِي الإِعْلالِ.

وَأَمَّا (مُزَّاءُ) مِنْ أَسْمَاءِ الْخَمْرِ فَوَزْنُهُ فُعْلاءُ أَيْضًا، فَإِنْ قُلْتَ: لِمَ لا يَجُوزُ أَنْ يَكُونَ فُعَّالا مِنَ الْمَزِيَّةِ، أَوْ مِنَ الْمَزِيزِ قُلِبَتْ فِيهِ الزَّايُ لأَجْلِ التَّضْعِيفِ.

فَالْجَوَابُ: أَنَّهُ لا يَسْتَقِيمُ أَنْ يَكُونَ مِنَ الْمَزِيَّةِ؛ لأَنَّ فُعَّالا مِنْ أَبْنِيَةِ الصِّفَاتِ كَمَا تَقَدَّمَ، وَهَذَا اسْمٌ، وَأَيْضًا فَإِنَّهُمْ يَقُولُونَ: مُزَّى مَقْصُورًا غَيْرَ مَصْرُوفٍ، فَدَلَّ عَلَى أَنَّ الْعَيْنَ وَاللامَ زَايَانِ، وَلَوْ كَانَ مِنَ الْمَزِيَّةِ لَوَجَبَ أَنْ تَكُونَ الْيَاءُ أَصْلِيَّةً، وَيَكُونَ وَزْنُهُ مُزْيًا، وَلا يَسْتَقِيمُ أَنْ يَكُونَ مِنَ الْمَزِيزِ لِمَا ذَكَرْنَا مِنْ أَنَّ فُعَّالا مِنْ أَبْنِيَةِ الصِّفَاتِ، وَأَيْضًا فَإِنَّ حَرْفَ التَّضْعِيفِ إِنَّمَا يُقْلَبُ فِيمَا قُلِبَ عِنْدَ الاجْتِمَاعِ، وَهَاهُنَا قَدْ فُصِلَ بِالأَلِفِ، فَوَجَبَ أَنْ

يَكُونَ فُعْلاءَ لِلإلْحَاقِ.

وَأَمَّا مَنْ قَصَرَ فَلا يَخْلُو إِمَّا أَنْ يَكُونَ مَنَعَ الصَّرْفَ أَوْ لا، فَإِنْ كَانَ مَنَعَ الصَّرْفَ فَهُوَ فُعْلَى لِلتَّأْنِيثِ مِنَ الْمَزِيزِ لا غَيْرُ، وَإِنْ صَرَفَ لَمْ تَكُنْ أَلِفُهُ إِلا عَنْ أَصْلٍ، وَيَكُونُ وَزْنُهُ فُعَّلا كَمُزًّى وَكَزُرَّقٍ مُشْتَقًّا إِمَّا مِنَ الْمَزِيَّةِ، وَهُوَ ضَعِيفٌ لِمَا ثَبَتَ أَنَّهُ مُشْتَقٌّ مِنَ الْمَزِيزِ بِدَلِيلِ مُزَّى غَيْرَ مَصْرُوفٍ، وَهُوَ هُوَ؛ يَعْنِي الأَلِفَ لِلإلْحَاقِ، فَالأَوْلَى أَنْ يَكُونَ فُعَّلا مُشْتَقًّا مِنَ الْمَزِيزِ، قُلِبَتْ فِيهِ الزَّايُ الثَّالِثَةُ يَاءً، فَانْقَلَبَتْ أَلِفًا، وَأَصْلُهُ مُزَّزٌ.

فَإِنْ قِيلَ: لَمْ لا تَحْكُمُونَ بِزِيَادَةِ الأَلِفِ، فَيَكُونَ وَزْنُهُ فُعْلا، وَيَدُلُّ عَلَى زِيَادَتِهَا مَا ثَبَتَ مِنْ زِيَادَتِهَا فِي مُزَّى غَيْرَ مَصْرُوفٍ، فَهَذَا إِنَّمَا يَرِدُ إِذَا قُلْنَا: إِنَّهُ مِنَ الْمَزِيزِ، فَأَمَّا إِذَا قُلْنَا: إِنَّهُ مِنَ الْمَزِيَّةِ فَأَصَالَتُهَا وَاضِحَةٌ، لَكِنَّهَا ضَعِيفَةٌ لِمَا بَيَّنَّا أَنَّهُ مِنَ الْمَزِيزِ.

فَالْجَوَابُ: أَنَّهُ لا يُمْكِنُ أَنْ نَقُولَ فُعْلَى، لأَنَّا لَوْ قُلْنَا: هُوَ فُعْلَى لَوَجَبَ أَنْ تَكُونَ الأَلِفُ لِلإلْحَاقِ، فَيَجِبُ أَنْ يَكُونَ فِي الأُصُولِ فُعْلَلٌ، وَلَيْسَ ذَلِكَ فِيهَا عَلَى مَذْهَبِ سِيبَوَيْهِ، نَعَمْ يَلْزَمُ الأَخْفَشَ ذَلِكَ فَيَقُولُ بِهِ، وَلَيْسَ بِبِدْعٍ عِنْدَ مَنْ يُثْبِتُ فُعْلَلا، بَلْ هُوَ جَارٍ عَلَى قِيَاسِ قَوْلِهِ، وَاللهُ أَعْلَمُ بِالصَّوَابِ.

قَالَ صَاحِبُ الْكِتَابِ:

وَمِنْ أَصْنَافِ الاسْمِ: الْمُصَغَّرُ

قَالَ: (الاسْمُ الْمُتَمَكِّنُ إِذَا صُغِّرَ ضُمَّ صَدْرُهُ وَفُتِحَ ثَانِيهِ) إِلَى آخِرِهِ.

قَوْلُهُ: (الاسْمُ الْمُتَمَكِّنُ) احْتِرَازٌ مِنَ الأَسْمَاءِ الْمُبْهَمَةِ، فَإِنَّ تَصْغِيرَهَا يُخَالِفُ فِيهِ ذَلِكَ، مِثْلُ اللَّتَيَّا وَاللَّذَيَّا، وَسَيَأْتِي فِي آخِرِهِ.

(وَلَمْ يَتَجَاوَزْ ثَلاثَةَ أَمْثِلَةٍ).

كَأَنَّهُمْ قَصَدُوا إِلَى أَنْ يَكُونَ لِهَذَا الْمَعْنَى صِيَغٌ مَحْصُورَةٌ لِيَسْهُلَ أَمْرُهُ، فَقَوْلُهُ: (فُعَيْل، وَفُعَيْعِل، وَفُعَيْعِيل) إِنَّمَا يُرِيدُ صُورَتَهَا لا اعْتِبَارَ الْحُرُوفِ الأُصُولِ، وَلَوْ اعْتَبَرَ الْحُرُوفَ الأُصُولَ لأَدَّى إِلَى ذِكْرِ أَكْثَرِ أَبْنِيَةِ الأَسْمَاءِ فِي التَّصْغِيرِ، فَلَمْ يُرِدْ إِلا صُوَرَ الْحَرَكَاتِ، الضَّمَّةُ ثُمَّ الْفَتْحَةُ ثُمَّ يَاءُ التَّصْغِيرِ، ثُمَّ مَا بَعْدَهَا عَلَى اخْتِلافِهِ فِي الْحَرَكَاتِ وَالْعَدَدِ.

ثُمَّ قَالَ: (وَمَا خَالَفَهُنَّ) إِلَى فُعَيْعِلٍ وَفُعَيْعَالٍ، وَذَكَرَ فُعَيْلَى، وَفُعَيْلاءَ، وَأُفَيْعَالا، وَفُعَيْلانًا، فَإِنْ قَصَدَ إِلَى أَنَّهُ عَلَى فُعَيْعِلٍ حَقِيقَةً فَهُوَ بَاطِلٌ كَمَا تَقَدَّمَ، وَإِنْ قَصَدَ إِلَى اعْتِبَارِ

الْحَرَكَاتِ وَالسَّكَنَاتِ عَلَى مَا فُسِّرَ فَلَا يَنْحَصِرُ لَهُ ذَلِكَ؛ لِأَنَّ مِنَ الْأَوْزَانِ الَّتِي تَثْبُتُ فِيهَا أَلِفُ التَّأْنِيثِ وَالْأَلِفُ وَالنُّونُ أَوْزَانًا كَثِيرَةً غَيْرَ هَذِهِ؛ كَقَوْلِكَ فِي: عَقْرَبَاءُ لِأُنْثَى الْعَقَارِبِ: عُقَيْرِبَاءُ، وَفِي خُنْفَسَاءَ: خُنَيْفِسَاءُ، وَفِي زَعْفَرَانَ: زُعَيْفِرَانٌ، وَفِي عُقْرُبَانٍ لِـذَكَرِ الْعَقَارِبِ: عُقَيْرِبَانٌ، وَهَذَا لَا يَنْحَصِرُ كَثْرَةً، فَكَانَ الْوَجْهُ أَنْ يَقُولَ: وَمَا خَالَفَهُنَّ إِلَى فُعَيْعِلٍ وَفُعَيْعَالٍ وَفُعَيْعِلَالٍ إِنَّمَا يَكُونُ لِأَجْلِ أَلِفِ التَّأْنِيثِ الْمَقْصُورَةِ وَالْمَمْدُودَةِ، وَالْأَلِفِ وَالنُّونِ اللَّتَيْنِ لَا تُقْلَبُ أَلِفُهَا يَاءً فِي الْجَمْعِ الْمُكَسَّرِ، وَأَلِفِ أَفْعَالٍ.

أَمَّا الثَّلَاثَةُ الْأُوَلُ، فَكَانَ يَسْتَغْنِي عَنْهَا بِأَنْ يَقُولَ: وَمَا فِي آخِرِهِ أَلِفُ تَأْنِيثٍ مَقْصُورَةٌ مِنَ الثُّلَاثِيِّ، أَوْ أَلِفُ تَأْنِيثٍ مَمْدُودَةٌ مُطْلَقًا أَوْ أَلِفٌ وَنُونٌ زَائِدَتَانِ لَا تُقْلَبُ أَلِفُهَا يَاءً فِي التَّصْغِيرِ، وَالِاعْتِبَارُ فِي الْبِنْيَةِ بِدُونِ ذَلِكَ، فَيَكُونُ فُعَيْلَى وَفُعَيْلَاءُ وَفُعَيْلَانِ مِنْ بَابِ فُعَيْلٍ، وَيَكُونُ فُعَيْلِلَاءُ وَفُنَيْعِلَاءُ وَفُعَيْلِلَانٌ وَشِبْهُهُ مِنْ بَابِ فُعَيْعِلٍ، وَلَمْ يَبْقَ إِلَّا أَفْعَالٌ، فَيُحْتَاجُ إِلَى ذِكْرِهِ لِخُصُوصِيَّتِهِ.

وَإِنَّمَا جَاءَتِ الثَّلَاثَةُ الْأُوَلُ مُخَالِفَةً لِصِيَغِ التَّصْغِيرِ تَشْبِيهًا لِأَلِفَيِ التَّأْنِيثِ فِي الْمِثَالَيْنِ بِتَاءِ التَّأْنِيثِ، وَفِي الْمِثَالِ الثَّالِثِ بِأَلِفَيِ التَّأْنِيثِ فِي تَرْكِ الِاعْتِدَادِ بِهَا فِي الْجَمْعِ، وَلِذَلِكَ بَقِيَ مَا قَبْلَهَا مَفْتُوحًا، فَهِيَ مَحْمُولَةٌ عَلَى فُعَيْلٍ وَفُعَيْعِلٍ كَمَا تَقَدَّمَ.

وَأَمَّا الْمِثَالُ الرَّابِعُ - وَهُوَ مَا جُمِعَ عَلَى أَفْعَالٍ - فَإِنَّمَا خُولِفَ بِهِ مُحَافَظَةً عَلَى أَلِفِ الْجَمْعِ، كَأَنَّهُمْ قَصَدُوا إِلَى الْفَرْقِ بَيْنَ حَرْفِ الْجَمْعِ وَحَرْفِ الْإِفْرَادِ، فَلَوْ صَغَّرْتَ إِعْلَامًا مَصْدَرًا لَقُلْتَ: أُعَيْلِيمُ، وَلَوْ صَغَّرْتَ أَعْلَامًا جَمْعًا لَقُلْتَ: أُعَيْلَامٌ، فَلَوْلَا بَقَاءُ الْأَلِفِ لَوَقَعَ اللَّبْسُ، فَوَجَبَ الْفَتْحُ عِنْدَ الْمُحَافَظَةِ عَلَيْهَا؛ لِأَنَّهَا لَا يَكُونُ قَبْلَهَا إِلَّا فَتْحَةٌ.

ثُمَّ قَالَ: (وَلَا يُصَغَّرُ إِلَّا الثُّلَاثِيُّ وَالرُّبَاعِيُّ).

يَعْنِي فِي الِاتِّسَاعِ، وَلِذَلِكَ ذَكَرَ تَصْغِيرَ الْخُمَاسِيِّ، وَفِي تَصْغِيرِهِ ثَلَاثَةُ أَوْجُهٍ:

أَحَدُهَا: وَهُوَ الْأَجْوَدُ أَنْ تَحْذِفَ الْخَامِسَ كَمَا ثَبَتَ فِي التَّكْسِيرِ، وَعِلَّتُهُ مَا ذَكَرَهَا سِيبَوَيْهِ، وَهُوَ وَاضِحٌ.

وَالثَّانِي: أَنْ تَحْذِفَ مَا كَانَ مِنْ حُرُوفِ الزَّوَائِدِ فِي الْجِنْسِ أَوْ فِي الشَّبَهِ، كَحَذْفِ الْمِيمِ وَالدَّالِ عَلَى مَا ذَكَرَ.

وَالثَّالِثُ: أَنْ تُبْقِيَ حُرُوفَهُ كُلَّهَا، فَتَقُولَ: سُفَيْرِجِلٌ بِكَسْرِ الْجِيمِ، كَمَا ذُكِرَ عَنِ الْأَخْفَشِ.

قَالَ: (وَالتَّصْغِيرُ وَالتَّكْسِيرُ مِنْ وَادٍ وَاحِدٍ).

يُرِيدُ أَنَّهُ فِي الْمَعْنَى مِثْلَهُ مِنْ حَيْثُ إِنَّهُمْ قَصَدُوا إِلَى مَعْنًى زَائِدٍ فِي الاسْمِ، غَيَّرُوهُ فَغَيَّرُوا صِيغَتَهُ تَغْيِيرًا يُؤْذِنُ بِذَلِكَ، وَذَلِكَ أَنَّهُمْ حَمَلُوهُ عَلَيْهِ فِي رَدِّ الأَشْيَاءِ إِلَى أُصُولِهَا عِنْدَهُمْ، وَفِي امْتِنَاعِهِمْ مِنْ تَصْغِيرِ الْخُمَاسِيِّ فِي السَّعَةِ كَمَا امْتَنَعُوا مِنَ التَّكْسِيرِ.

قَوْلُهُ: (وَكُلُّ اسْمٍ عَلَى حَرْفَيْنِ فَإِنَّ التَّحْقِيرَ يَرُدُّهُ إِلَى أَصْلِهِ).

الاسْمُ الَّذِي بَقِيَ مِنْ حُرُوفِهِ الأُصُولِ حَرْفَانِ لا يَخْلُو إِمَّا أَنْ يَكُونَ مِنْ غَيْرِ زِيَادَةٍ فِيهِ أَوْ مَعَ زِيَادَةٍ، فَالأَوَّلُ هُوَ الْفَصْلُ الأَوَّلُ، وَحُكْمُهُ أَنْ يُرَدَّ الزَّائِدُ ضَرُورَةَ بِنَاءِ فُعَيْلٍ؛ إِذْ لا يُمْكِنُ إِلا بِرَدِّهِ، لأَنَّكَ لَوْ لَمْ تَرُدَّهُ لَوَقَعَتْ يَاءُ التَّصْغِيرِ آخِرًا، فَكَانَ فِيهِ خُرُوجٌ عَنْ بِنَاءِ فُعَيْلٍ، وَتَغْيِيرُ الْيَاءِ؛ لأَنَّهَا تَرْجِعُ مُعْتَقَبَ حَرَكَاتِ الإِعْرَابِ، ثُمَّ مَثَّلَ بِمَا حُذِفَ فَاؤُهُ أَوْ عَيْنُهُ أَوْ لامُهُ بِتَمْثِيلٍ وَاضِحٍ.

وَإِنْ كَانَ فِيهِ زِيَادَةٌ فَلا يَخْلُو إِمَّا أَنْ يَكُونَ مِمَّا يُمْكِنُ جَعْلُ الاسْمِ عَلَى فُعَيْلٍ بِهَا أَوْ لا، فَالأَوَّلُ هُوَ الْقِسْمُ الثَّانِي، وَحُكْمُهُ أَنْ يُسْتَغْنَى بِالزِّيَادَةِ عَنْ حَرْفِ الأَصْلِ الْمَحْذُوفِ، لإِمْكَانِ صِيغَةِ فُعَيْلٍ بِهَا، فَيُقَالُ فِي مَيْتٍ وَزْنُهُ فَيْلٌ: مُيَيْتٌ، فَتَحْصُلُ الصِّيغَةُ الْمَطْلُوبَةُ، فَلا حَاجَةَ إِلَى رَدِّ الأَصْلِ، وَكَذَلِكَ تَقُولُ فِي تَصْغِيرِ (هَارٍ)، و(هَارٍ) إِمَّا أَنْ يَكُونَ أَصْلُهُ فَعِلا هَوِرًا، أَوْ فَاعِلا هَايِرًا أَوْ هَاوِرًا، مَقْلُوبٌ فَيَكُونُ مِثْلَ قَاضٍ، وَلا يُمْكِنُ الأَوَّلُ هَاهُنَا؛ لأَنَّهُ أَثْبَتَهُ مَحْذُوفًا مِنْهُ حَرْفٌ أَصْلِيٌّ، وَلا يُمْكِنُ أَنْ يَكُونَ مَقْلُوبًا؛ لأَنَّ حُكْمَ مِثْلِ قَاضٍ أَنْ تَكُونَ الْيَاءُ فِيهِ كَالثَّابِتَةِ؛ إِذْ حَذْفُهَا عَارِضٌ؛ كَقَوْلِكَ: (رَأَيْتُ قُوَيْضِيًا)، وَلَمَّا لَمْ يَقُلْ: هُوَيْرِيًا وَجَبَ أَنْ يَكُونَ الثَّانِي، فَوَجَبَ أَنْ يَكُونَ فَاعِلا هَايِرًا حُذِفَتْ عَيْنُهُ، فَإِذَا صَغَّرْتَهُ قُلْتَ: هُوَيْرٌ، بِقَلْبِ أَلِفِ الْفَاعِلِ وَاوًا، وَاسْتَغْنَيْتَ بِالزِّيَادَةِ.

وَقَالَ: (نَاسٌ): مُشْتَقٌّ مِنَ الإِنْسِ، فَفَاؤُهُ مَحْذُوفَةٌ، فَإِذَا صُغِّرَ قِيلَ: نُوَيْسٌ بِوَزْنِ عُوَيْلٍ، وَاسْتُغْنِيَ بِالزِّيَادَةِ، وَلَوْ رَدُّوا هَذِهِ الأَلْفَاظَ إِلَى أُصُولِهَا لَمْ تَكُنْ عَلَى هَذِهِ الصِّيَغِ الْمَذْكُورَةِ، وَلَوَجَبَ أَنْ يُقَالَ فِي مَيْتٍ مُيَيِّتٌ؛ لأَنَّكَ كَذَلِكَ تُصَغِّرُ مَيِّتًا، وَلَقِيلَ فِي هَارٍ: هُوَيْئِرٌ بِالْهَمْزِ، وَوَقَعَ فِي بَعْضِ النُّسَخِ هُوَيِّرٌ وَلَيْسَ بِجَيِّدٍ؛ لأَنَّ قِيَاسَ اسْمِ الْفَاعِلِ مِنْ مِثْلِ: قَالَ، وَقَامَ، وَهَارَ، أَنْ يُقَالَ: قُوَيْئِمٌ، وَقُوَيْئِلٌ، وَكَذَلِكَ هُوَيْئِرٌ، وَقَدْ اعْتَذَرَ بِأَنَّ هَارٍ مَحْذُوفٌ مِنْهُ الْوَاوُ قَبْلَ قَلْبِهَا هَمْزَةً اسْتِثْقَالا لَهَا، وَبَقَاءُ الْهَمْزَةِ فِي التَّصْغِيرِ فَرْعٌ عَلَى التَّكْسِيرِ، فَإِذَا لَمْ تَثْبُتْ فِي الْمُكَبَّرِ لَمْ تَثْبُتْ فِي الْمُصَغَّرِ، أَلا تَرَى أَنَّهُمْ يَقُولُونَ فِي تَصْغِيرِ اسْمِ الْفَاعِلِ مِنْ صَيِدَ وَعَوِرَ: صُوَيِّدٌ وَعُوَيِّرٌ، لأَنَّهُمْ لَمْ يَقُولُوا: صَائِدٌ وَعَائِرٌ، فَدَلَّ عَلَى مَا ذَكَرْنَاهُ، وَإِذْ لَمْ تُقْلَبْ هَمْزَةً فِي هَارٍ لَمْ تُقْلَبْ هَمْزَةً فِي هُوَيِّرٍ، وَلَيْسَ بِبَعِيدٍ.

وَإِنْ لَمْ يُمْكِنْ جَعْلُ الاسْمِ عَلَى فُعَيْلٍ بِالزِّيَادَةِ فَهُوَ قِسْمَانِ:

أَحَدُهُمَا: أَنْ تَكُونَ الزِّيَادَةُ هَمْزَةَ وَصْلٍ، أَوْ تَاءَ تَأْنِيثٍ عُوِّضَتْ عَنِ اللامِ، وَهُوَ الْفَصْلُ الثَّالِثُ، وَبَيَانُ أَنَّهُ لا يُمْكِنُ فِيهِ بِنَاءُ فُعَيْلٍ بِالزِّيَادَةِ أَنَّكَ لَوْ بَنَيْتَ فُعَيْلا مِنِ اسْمٍ وَابْنٍ وَأُخْتٍ وَأَخٍ بِالزِّيَادَةِ لَضَمَمْتَ الْهَمْزَةَ وَفَتَحْتَ مَا بَعْدَهَا، فَأَنْتَ فِي الدَّرْجِ؛ إِمَّا أَنْ تَحْذِفَهَا فَتُخِلَّ بِفُعَيْلٍ، وَإِمَّا أَنْ تُثْبِتَهَا فَتُخَالِفَ وَضْعَهَا وَتَنْطِقَ بِهَا مَعَ الاسْتِغْنَاءِ عَنْهَا، وَفِي الابْتِدَاءِ تَسْتَغْنِي عَنْهَا بِتَحْرِيكِ مَا بَعْدَهَا، وَلَوْ بَنَيْتَ فُعَيْلا مِنْ أُخْتٍ وَبِنْتٍ وَهَنْتٍ لاعْتَدَدْتَ بِتَاءِ التَّأْنِيثِ فِي بِنَاءِ فُعَيْلٍ، وَهِيَ فِي حُكْمِ كَلِمَةٍ أُخْرَى بِدَلِيلِ قَوْلِهِمْ: شُفَيْهَةٌ وَنَظَائِرِهِ، وَإِذَا لَمْ يُعْتَدَّ بِهَا لَمْ يَبْقَ الاسْمُ عَلَى فُعَيْلٍ، فَإِذَا صَغَّرْتَ مِثْلَ هَذَا الْقَبِيلِ وَجَبَ الرَّدُّ كَمَا فِي الْفَصْلِ الأَوَّلِ، إِلا أَنَّكَ هَاهُنَا تَحْذِفُ هَمْزَةَ الْوَصْلِ اسْتِغْنَاءً عَنْهَا لِوُجُوبِ تَحْرِيكِ الْفَاءِ، وَلا تَحْذِفُ التَّاءَ؛ لأَنَّ الْمَعْنَى الَّذِي أُتِيَ بِهَا لَهُ بَاقٍ، إِلا أَنَّكَ لا تَجْعَلُ حُكْمَهَا حُكْمَ التَّاءِ الَّتِي كَانَتْ فِي أُخْتٍ لِخُرُوجِهَا عَنِ التَّعْوِيضِ بِرَدِّ الْمَحْذُوفِ، وَلَكِنْ تَجْعَلُهَا تَاءَ التَّأْنِيثِ، مِثْلُهَا فِي قَائِمَةٍ؛ لأَنَّهَا فِي أُخْتٍ عِوَضٌ عَنِ الْوَاوِ وَتَأْنِيثٌ، فَثَبَتَ لَهَا بِالْعِوَضِيَّةِ حُكْمٌ، فَإِذَا رَدَدْتَ الْمَحْذُوفَ زَالَتِ الْعِوَضِيَّةُ فَزَالَ حُكْمُهَا، فَلِذَلِكَ تَقِفُ عَلَيْهَا هَاءً، وَتَكْتُبُهَا هَاءً، وَتُحَرِّكُ مَا قَبْلَهَا، وَهَذِهِ أَحْكَامُ غَيْرِ الْعِوَضِ، وَهَذَا الَّذِي أَرَادَ بِقَوْلِهِ: (وَتَذْهَبُ بِالتَّاءِ اللاحِقَةِ).

قَوْلُهُ: (وَالْبَدَلُ عَلَى ضَرْبَيْنِ: لازِمٍ، وَغَيْرِ لازِمٍ).

قَالَ رَضِيَ اللهُ عَنْهُ: الاسْمُ الَّذِي يُصَغَّرُ لا يَخْلُو إِمَّا أَنْ تَكُونَ حُرُوفُهُ لَمْ تُغَيَّرْ أَوْ غُيِّرَتْ، فَالثَّانِي هُوَ هَذَا الْفَصْلُ، وَهُوَ يَنْقَسِمُ إِلَى قِسْمَيْنِ: تَغْيِيرٍ سَمَّاهُ لازِمًا، وَتَغْيِيرٍ سَمَّاهُ غَيْرَ لازِمٍ، وَقَدْ فَسَّرَ بَعْضُ النَّاسِ الْبَدَلَ اللَّازِمَ بِأَنَّهُ الَّذِي يَلْزَمُ الْمُكَبَّرَ وَالْمُصَغَّرَ، وَغَيْرَ اللازِمِ بِأَنَّهُ الَّذِي يَلْزَمُ الْمُكَبَّرَ دُونَ الْمُصَغَّرِ، وَلَيْسَ بِمُسْتَقِيمٍ؛ لأَنَّ غَرَضَنَا أَنْ نَعْرِفَ كَوْنَهُ لازِمًا قَبْلَ تَصْغِيرِهِ لِنُثْبِتَهُ أَوْ نَرُدَّهُ إِلَى أَصْلِهِ.

فَالأَوْلَى أَنْ يُقَالَ: الْبَدَلُ اللَّازِمُ كُلُّ مَا كَانَتْ عِلَّةُ الْبَدَلِ فِيهِ ثَابِتَةً فِي الْمُكَبَّرِ وَالْمُصَغَّرِ، وَغَيْرُ اللَّازِمِ كُلُّ مَا كَانَتِ الْعِلَّةُ فِيهِ فِي الْمُكَبَّرِ دُونَ الْمُصَغَّرِ وَبَيَانُهُ أَنَّكَ إِذَا أَرَدْتَ أَنْ تُصَغِّرَ مِيزَانًا، فَأَنْتَ تَعْلَمُ أَنَّ الْوَاوَ انْقَلَبَتْ يَاءً لِسُكُونِهَا وَانْكِسَارِ مَا قَبْلَهَا، وَتَعْلَمُ أَنَّ الْمُصَغَّرَ يُضَمُّ أَوَّلُهُ وَيُفْتَحُ ثَانِيهِ، فَيَزُولُ الأَمْرَانِ جَمِيعًا؛ يَعْنِي: سُكُونَهَا وَانْكِسَارَ مَا قَبْلَهَا، فَإِذَا الْعِلَّةُ الْمُقْتَضِيَةُ لِلْبَدَلِ فِي الْمُكَبَّرِ مُنْتَفِيَةٌ فِي الْمُصَغَّرِ، فَتَرُدُّهُ إِذَنْ إِلَى أَصْلِهِ، فَتَقُولُ: مُوَيْزِينٌ، وَإِذَا أَرَدْتَ أَنْ تُصَغِّرَ مُتَّعِدًا وَمُتَّسِرًا وَأَصْلُهُ مُوْتَعِدٌ وَمُوْتَسِرٌ

مِنَ الْوَعْدِ وَالْيُسْرِ، فَتَعْلَمُ أَنَّ الْوَاوَ وَالْيَاءَ قُلِبَتَا تَاءً لِكَوْنِهِمَا فَاءَيْنِ سَاكِنَتَيْنِ مَعَ تَاءِ الافْتِعَالِ طَلَبًا لِلتَّخْفِيفِ، وَعِنْدَ تَصْغِيرِ مُفْتَعِلٍ تُحْذَفُ تَاءُ الافْتِعَالِ، وَيَتَحَرَّكُ الأَوَّلُ بِالضَّمِّ وَالثَّانِي بِالْفَتْحِ، فَتَزُولُ الْعِلَّةُ الَّتِي مِنْ أَجْلِهَا قُلِبَتْ تَاءً، فَهِيَ غَيْرُ لازِمَةٍ، فَتَرُدُّ إِلَى أَصْلِهَا، فَلِذَلِكَ قُلْتَ: مُوَيْعِدٌ، وَمُيَيْسِرٌ.

وَفِي بَابٍ وَنَابٍ قُلِبَتِ الْوَاوُ وَالْيَاءُ أَلِفًا لِتَحَرُّكِهِمَا وَانْفِتَاحِ مَا قَبْلَهُمَا، وَفِي التَّصْغِيرِ يُضَمُّ الأَوَّلُ فَتَذْهَبُ الْعِلَّةُ، فَهُوَ إِذًا غَيْرُ لازِمٍ، فَيُرَدُّ إِلَى أَصْلِهِ، وَقِيلَ: كَمِيزَانٍ.

وَمِثَالُ الْبَدَلِ اللازِمِ قَوْلُكَ: قَائِلٌ قُوَيْئِلٌ؛ إِذْ الْعِلَّةُ فِي الإِعْلالِ فِي اسْمِ الْفَاعِلِ إِنَّمَا هُوَ حَمْلٌ لَهُ عَلَى الْفِعْلِ صُغِّرَ أَوْ كُبِّرَ، فَلِذَلِكَ قِيلَ: قُوَيْئِلٌ كَمَا قِيلَ: قَائِلٌ، وَقَدْ يُتَوَهَّمُ أَنَّ الْوَاوَ فِي قَائِلٍ إِنَّمَا قُلِبَتْ هَمْزَةً لِوُقُوعِهَا بَعْدَ أَلِفٍ، وَلَيْسَ بِجَيِّدٍ لِمَا ثَبَتَ عَنْهُمْ مِنْ حُكْمِ الْمُصَغَّرِ، وَلَوْ كَانَتْ تِلْكَ الْعِلَّةَ لَوَجَبَ أَنْ يُقَالَ: قُوَيِّلٌ.

وَمِنْ ذَلِكَ تُرَاثٌ، وَتُخَمَةٌ، وَأُدَدٌ؛ لأَنَّ الْعِلَّةَ فِي قَلْبِ الْوَاوِ كَوْنُهَا مَضْمُومَةً، وَهَذِهِ فِي التَّصْغِيرِ مَضْمُومَةٌ، فَيَجِبُ أَنْ نُبْقِي قَلْبَ الْوَاوِ.

وَأَوْرَدَ تَصْغِيرُ عِيدٍ اعْتِرَاضًا، وَبَيَانُهُ أَنَّ عِيدًا مُشْتَقٌّ مِنْ (عَادَ يَعُودُ)، قُلِبَتِ الْوَاوُ يَاءً لِسُكُونِهَا وَانْكِسَارِ مَا قَبْلَهَا، فَهُوَ مِثْلُ (قِيلَ)، وَفِي التَّصْغِيرِ تَزُولُ هَذِهِ الْعِلَّةُ، فَكَانَ يَجِبُ أَنْ يُقَالَ: عُوَيْدٌ كَمَا يُقَالُ: قُوَيْلٌ.

وَأَجَابَ بِأَنَّ هَذَا الْقِيَاسَ خُولِفَ لِغَرَضٍ آخَرَ، وَهُوَ إِجْرَاؤُهُمُ الْمُصَغَّرَ مُجْرَى الْجَمْعِ الْمُكَسَّرِ، وَهُمْ يَقُولُونَ: أَعْيَادٌ بِالْيَاءِ، وَكَانَ الْقِيَاسُ أَعْوَادًا بِالْوَاوِ، وَلَكِنَّهُمْ خَالَفُوا الْقِيَاسَ لِيُفَرِّقُوا بَيْنَ جَمْعِ عُودٍ وَجَمْعِ عِيدٍ، فَلِذَلِكَ خَالَفُوا الْقِيَاسَ، وَلَوْ قَالَ فِي عِيدٍ: إِنَّمَا قَالُوا: عُيَيْدٌ لِيُفَرِّقُوا بَيْنَهُ وَبَيْنَ تَصْغِيرِ عُودٍ لَكَانَ أَقْرَبَ.

قَوْلُهُ: (وَالْوَاوُ إِذَا وَقَعَتْ ثَالِثَةً وَسَطًا كَوَاوِ أَسْوَدَ وَجَدْوَلٍ) إِلَى آخِرِهِ.

قال رَضِيَ اللهُ عَنْهُ: أَمَّا مَنْ قَالَ: أُسَيِّدٌ فَهُوَ قِيَاسُ الْعَرَبِيَّةِ؛ لأَنَّهُ اجْتَمَعَ فِيهِ الْوَاوُ وَالْيَاءُ وَسَبَقَتْ إِحْدَاهُمَا بِالسُّكُونِ كَمَا فِي مَيِّتٍ، وَلِذَلِكَ كَانَ الْفَصِيحَ، وَأَمَّا مَنْ قَالَ: أُسَيْوِدٌ فَكَأَنَّهُ رَاعَى فِيهِ أَمْرَيْنِ:

أَحَدُهُمَا: مُرَاعَاةُ الْبِنْيَةِ كَمَا فِي قَوْلِكَ: سُوَيْدٌ وَسُوَيْرٌ لِيُفَرِّقَ بَيْنَهُ وَبَيْنَ سُيِّدَ وَسُيِّرَ، إِذْ لَوْ أُدْغِمَ لالْتَبَسَ.

وَالآخَرُ: أَنَّ يَاءَ التَّصْغِيرِ تَأْتِي عَارِضًا، وَالْعَارِضُ لا اعْتِدَادَ بِهِ، أَلا تَرَى أَنَّهُمْ يَقُولُونَ: (قَالُوا: يَا قَوْمِ) وَلا يُدْغِمُونَ، (وَنَادَوْا يَا مَالِكُ) لِعُرُوضِ مَجِيءِ الْيَاءِ بَعْدَ الْوَاوِ

بِخِلافِ مَا كَانَ مَجِيئُهَا أَصْلا فِي بِنْيَةِ الْكَلِمَةِ.

قَوْلُهُ: (وَكُلُّ وَاوٍ إِذَا وَقَعَتْ لامًا صَحَّتْ أَوْ أُعِلَّتْ فَإِنَّهَا تَنْقَلِبُ يَاءً).

لأنَّهَا إِنْ كَانَتْ ثَالِثَةً اجْتَمَعَتْ مَعَ يَاءِ التَّصْغِيرِ، فَتُقْلَبُ يَاءً سَوَاءٌ كَانَتْ مُصَحَّحَةٌ أَوْ مُعْتَلَّةٌ، فَالمُصَحَّحَةُ كَنَحْوِ: عُرْوَةَ، وَالْمُعْتَلَّةُ كَنَحْوِ: عَصَا؛ لأنَّ يَاءَ التَّصْغِيرِ إِذَا وَقَعَتْ قَبْلَ الألِفِ زَالَ المَعْنَى الَّذِي مِنْ أَجْلِهِ قُلِبَتِ الْوَاوُ أَلِفًا، فَرُدَّتْ إِلَى أَصْلِهَا لأنَّهُ بَدَلٌ غَيْرُ لازِمٍ كَمَا تَقَدَّمَ فِي فَصْلِ الْبَدَلِ، وَإِنْ كَانَتْ رَابِعَةً وَقَعَتْ بَعْدَ الْكَسْرَةِ الَّتِي بَعْدَ يَاءِ التَّصْغِيرِ، فَتُقْلَبُ يَاءً مُصَحَّحَةً فِي الْمُكَبَّرِ أَوْ مُعْتَلَّةً؛ كَقَوْلِكَ فِي قَرْنُوةٍ: قُرَيْنِيَةٌ وَفِي شَقَاءٍ: شُقَيٌّ.

قَوْلُهُ: (وَإِذَا اجْتَمَعَ مَعَ يَاءِ التَّصْغِيرِ يَاءَانِ حُذِفَتِ الأخِيرَةُ) إِلَى آخِرِهِ.

وَإِنَّمَا كَانَ كَذَلِكَ كَرَاهَةَ اجْتِمَاعِ الْيَاءَاتِ، وَلَيْسَ هَذَا حَذْفًا إِعْلالِيًّا بِمَنْزِلَتِهِ فِي قَاضٍ، وَلَكِنْ حَذْفٌ اعْتِبَاطِيٌّ لِلتَّخْفِيفِ بِمَنْزِلَتِهِ فِي يَدٍ وَدَمٍ، وَلِذَلِكَ كَانَ مُعْرَبًا بِالْحَرَكَاتِ الثَّلاثِ كَإِعْرَابِ يَدٍ وَدَمٍ، أَلا تَرَى أَنَّكَ تَقُولُ: هَذَا عُطَيٌّ، وَرَأَيْتُ عُطَيًّا، وَمَرَرْتُ بِعُطَيٍّ، وَلَوْ كَانَ كَقَاضٍ لَقُلْتَ: هَذَا عُطَيٍّ، وَمَرَرْتُ بِعُطَيٍّ، وَرَأَيْتُ عُطَيِّيًا، كَمَا تَوَهَّمَ أَبُو عَمْرِو بْنُ الْعَلاءِ فِي أُحَيٍّ عَلَى مَا سَيَأْتِي.

فَأَمَّا عَطَاءٌ فَقِيَاسُ تَصْغِيرِهِ عُطَيِّي، رَدَدْتَ الْهَمْزَةَ إِلَى أَصْلِهَا لِزَوَالِ عِلَّةِ قَلْبِهَا هَمْزَةً، ثُمَّ قُلِبَتِ الْوَاوُ يَاءً لانْكِسَارِ مَا قَبْلَهَا، فَاجْتَمَعَ ثَلاثُ يَاءَاتٍ، فَحُذِفَتِ الأخِيرَةُ تَخْفِيفًا.

وَإِدَاوَةٌ مِثْلُهُ؛ لأنَّ أَصْلَهُ أُدَيِّوَةٌ كَمَا تَقُولُ: رُسَيِّلَةٌ، ثُمَّ قُلِبَتِ الْوَاوُ يَاءً لانْكِسَارِ مَا قَبْلَهَا، ثُمَّ حُذِفَتْ لاجْتِمَاعِ الْيَاءَاتِ.

وَغَاوِيَةٌ أَصْلُهَا فِي التَّصْغِيرِ غُوَيْوِيَةٌ، قُلِبَتِ الْوَاوُ الثَّانِيَةُ يَاءً، كَمَا فُعِلَ فِي سَيِّدٍ وَمَيِّتٍ، وَأُدْغِمَتْ يَاءُ التَّصْغِيرِ فِيهَا ثُمَّ جُعِلَتْ غُوَيِّيَةً، فَاجْتَمَعَ ثَلاثُ يَاءَاتٍ، فَحُذِفَتِ الأخِيرَةُ.

وَمُعَاوِيَةُ مِثْلُ غَاوِيَةٍ، لأنَّكَ تَحْذِفُ الألِفَ لأنَّهَا زَائِدَةٌ خَامِسَةٌ مَعَ الْمِيمِ، فَهِيَ أَحَقُّ بِالْحَذْفِ عَلَى مَا سَيَأْتِي، فَقِيَاسُ تَصْغِيرِهِ مُعَيْوِيَةٌ، ثُمَّ فُعِلَ بِهِ مَا تَقَدَّمَ بِغَاوِيَةٍ.

وَقِيَاسُ مَنْ قَالَ: أُسَيْوِدٌ، وَرَأَيْتُ أُحَيْوِيًا أَنْ يَقُولَ: مُعَيْوِيَةُ؛ لأنَّهَا ثَالِثَةٌ، وَلَمْ تَجْتَمِعْ عِنْدَهُ يَاءَاتٌ، وَكَذَلِكَ مَا أَشْبَهَهُ.

وَأَحْوَى قِيَاسُهُ أَنْ تَقُولَ: أُحَيْوِو لأنَّهُ مِنَ الْحُوَّةِ، فَانْقَلَبَتِ الأخِيرَةُ يَاءً لانْكِسَارِ مَا قَبْلَهَا، ثُمَّ أُدْغِمَتِ الْيَاءُ فِي الْوَاوِ بَعْدَ قَلْبِهَا يَاءً كَمَا تَقَدَّمَ، فَصَارَ أُحَيِّي، فَاجْتَمَعَ ثَلاثُ يَاءَاتٍ، فَحُذِفَتِ الأخِيرَةُ عَلَى قِيَاسِ الْمُتَقَدِّمِ.

ثُمَّ مِنهُم مَنْ يَمْنَعُ الصَّرْفَ نَظَرًا إِلَى أَنَّ التَّقْدِيرَ فِي صِيغَةِ أَفْعَلَ كَالْمُحَقَّقِ، أَلا تَرَى أَنَّكَ تَمْنَعُ صَرْفَ أَشَدَّ وَأُشَيْدَ، وَإِنْ تَغَيَّرَتْ صِيغَةُ أَفْعَلَ، فَكَذَلِكَ هَاهُنَا، وَمِنْهُمْ مَنْ نَظَرَ إِلَى أَنَّ الْحَذْفَ هَاهُنَا لَيْسَ كَالْحَذْفِ فِي قَاضٍ، فَيَكُونُ مُرادًا، فَصَارَتِ الْكَلِمَةُ كَأَنَّهَا عَلَى هَذِهِ الْبِنْيَةِ، فَخَرَجَتْ عَنْ صِيغَةِ أَفْعَلَ، وَلِذَلِكَ إِذَا صُغِّرَ أَحْمَرُ تَصْغِيرَ التَّرْخِيمِ قِيلَ: حُمَيْرٌ عَلَى وَزْنِ فُعَيْلٍ بِلا خِلافٍ لانْتِفَاءِ صِيغَةِ أَفْعَلَ، وَإِنْ كَانَ فِي التَّقْدِيرِ عَلَيْهِ، فَكَأَنَّهُمْ فَرَّقُوا بَيْنَ مَا التَّغْيِيرُ فِيهِ لإِعْلالٍ مُوجِبٍ، فَيَكُونُ الْمَحْذُوفُ مُرَادًا مِثْلَهُ فِي أُشَيِّدَ وَبَيْنَ مَا التَّغْيِيرُ فِيهِ لَيْسَ لإِعْلالٍ مُوجِبٍ فَلا يَكُونُ الأَصْلُ مُرادًا مِثْلَهُ فِي حُمَيْرٍ وَالأَوَّلُ مَذْهَبُ سِيبَوَيْهِ، وَالثَّانِي مَذْهَبُ عِيسَى بْنِ عُمَرَ.

وَأَمَّا مَنْ قَالَ: أُحَيٌّ فَوَهْمٌ مَحْضٌ؛ لأَنَّهُ أَصْلُهُ كَمَا تَقَدَّمَ أُحَيِّيٌ، اجْتَمَعَ ثَلاثُ يَاءَاتٍ، فَوَجَبَ حَذْفُ الأَخِيرَةِ، كَمَا فِي عُطَيٍّ، فَإِنَّ حَذْفَهَا هَاهُنَا حَذْفُ الإِعْلالِ، وَمَنْ قَالَ: أُحَيٌّ فِي الرَّفْعِ، وَمَرَرْتُ بِأُحَيٍّ، وَرَأَيْتُ أُحَيِّي، وَجَبَ عَلَيْهِ أَنْ يَقُولَ فِي جَمِيعِ الْبَابِ: هَذَا عُطَيٌّ، وَمَرَرْتُ بِعُطَيٍّ، وَرَأَيْتُ عُطَيِّيًا، وَلا قَائِلَ بِهِ؛ إِذْ لا فَرْقَ بَيْنَ الْمَسَائِلِ، فَظَهَرَ أَنَّ ذَلِكَ تَوَهُّمٌ، إِذْ التَّسْوِيَةُ مَعْلُومَةٌ.

وَأَمَّا مَنْ قَالَ: أُسَيْوِدٌ فَقِيَاسُهُ أَنْ يَقُولَ: أُحَيْوٍ فِي الرَّفْعِ وَالْجَرِّ، وَرَأَيْتُ أُحَيْوِيَ فِي النَّصْبِ، وَأَصْلُهُ أُحَيْوِيٌ، فَأَعَلَّهُ كَمَا أَعَلَّ أُعَيْلِي فَقَالَ: أُحَيْوٍ كَمَا يُقَالُ: أُعَيْلٍ، وَلَمْ تَجْتَمِعْ يَاءَاتٌ فَتُحْذَفُ، وَلِذَلِكَ قُلْنَا: إِنَّ قِيَاسَ الْبَابِ عِنْدَهُ أَنْ يَقُولَ: مُعَيْوِيَةٌ وَشِبْهَهُ عَلَى مَا تَقَدَّمَ؛ إِذْ لَمْ تَجْتَمِعْ يَاءَاتٌ عَلَى مَذْهَبِهِ.

قَوْلُهُ: (وَتَاءُ التَّأْنِيثِ لا تَخْلُو مِنْ أَنْ تَكُونَ ظَاهِرَةً أَوْ مُقَدَّرَةً) إِلَى آخِرِهِ.

قَالَ: إِنَّمَا ظَهَرَتِ التَّاءُ فِي تَصْغِيرِ الثُّلاثِيِّ الْمُؤَنَّثِ؛ لأَنَّهُ لَمَّا كَانَ فِيهِ مَعْنَى الصِّفَةِ كَمَا تَقُولُ فِي دَارٍ: دُوَيْرَةٌ؛ لأَنَّهُ فِي مَعْنَى دَارٍ صَغِيرَةٍ، وَتَاءُ التَّأْنِيثِ قِيَاسُهَا أَنْ تَلْحَقَ صِفَةَ الْمُؤَنَّثِ، أُلْحِقَتْ بِالْمُؤَنَّثِ الْمُصَغَّرِ، وَإِنْ لَمْ تَكُنْ فِي مُكَبَّرِهِ، وَلَمْ تَثْبُتْ فِي الرُّبَاعِيِّ اسْتِثْقَالا لِكَثْرَةِ حُرُوفِهِ، فَكَأَنَّ الرَّابِعَ عُوِّضَ عَنْهَا.

وَأَمَّا الأَلِفُ فَإِنْ كَانَتْ مَقْصُورَةً وَهِيَ رَابِعَةٌ ثَبَتَتْ لِخِفَّةِ الاسْمِ، فَإِنْ كَانَتْ عَلَى أَكْثَرَ مِنْ ذَلِكَ حُذِفَتِ اسْتِثْقَالا لَهَا، فَتَقُولُ فِي جَحْجَبَى - قَبِيلَةٌ مِنَ الأَنْصَارِ -: جُحَيْجِبٌ، وَفِي حَوْلايَا: حُوَيْلِيٌّ، وَحُوَيْلٌ، فَأَمَّا حُوَيْلِيٌّ فَإِنَّكَ لَمَّا حَذَفْتَ أَلِفَ التَّأْنِيثِ بَقِيَ حَوْلاي، وَهُوَ عَلَى خَمْسَةِ أَحْرُفٍ، وَقَبْلَ آخِرِهِ حَرْفُ لِينٍ، فَتَثْبُتُ فِي التَّصْغِيرِ، إِلا أَنَّهَا تُقْلَبُ يَاءً لانْكِسَارِ مَا قَبْلَهَا، فَتُدْغَمُ فِي الْيَاءِ الأَخِيرَةِ، فَيَصِيرُ حُوَيْلِيًّا، وَحُكْمُ هَذَا الاسْمِ وَغَيْرِهِ

الصَّرْفُ؛ لأنَّ مَنْعَ الصَّرْفِ إنَّمَا كَانَ لألِفِ التَّأْنِيثِ، وَلا أَلِفَ تَأْنِيثٍ ثَمَّةَ لأنَّهَا حُذِفَتْ.

وَأَمَّا مَنْ قَالَ: حُوَيْلٌ، وَكَذَلِكَ وَقَعَ فِي الأصْلِ، فَإنَّهُ إمَّا أَنْ يَكُونَ حَذَفَ الألِفَ لِزِيَادَتِهَا ثُمَّ صَغَّرَ، فَقَالَ: حُوَيْلِيٌّ، ثُمَّ أَعَلَّ الْيَاءَ كَمَا يُعَلُّ يَاءُ قَاضٍ، وَإمَّا أَنْ يَكُونَ صَغَّرَهُ أَوَّلًا عَلَى حُوَيْلِيٍّ، ثُمَّ خَفَّفَ الْيَاءَ كَمَا تُخَفَّفُ يَاءُ صَحَارِي، فَيُقَالُ: صَحَارٍ، فَتُعَلُّ كَمَا اعْتَلَّتْ يَاءُ صَحَارٍ، وَإنْ كَانَتْ مَمْدُودَةً ثَبَتَتْ مُطْلَقًا ثُلاثِيًّا كَانَ الاسْمُ أَوْ غَيْرَهُ، وَإنَّمَا ثَبَتَتْ لأنَّهَا زَادَتْ عَلَى حَرْفٍ، فَأَشْبَهَتْ كَلِمَةً أُخْرَى، فَثَبَتَتْ كَمَا ثَبَتَ (بَكٌّ) فِي قَوْلِكَ: بَعْلَبَك.

فَإنْ قِيلَ: فَلِمَ لَمْ تُحْذَفْ تَاءُ التَّأْنِيثِ كَمَا حُذِفَتْ أَلِفُ التَّأْنِيثِ فِي الاسْمِ الرُّبَاعِيِّ، أَوْ تَثْبُتْ أَلِفُ التَّأْنِيثِ كَمَا تَثْبُتُ التَّاءُ؟

قِيلَ: أَلِفُ التَّأْنِيثِ مَعَ الاسْمِ كَالْجُزْءِ مِنْهُ؛ لأنَّهَا لا تُقَدَّرُ مُنْفَصِلَةً بِخِلافِ تَاءِ التَّأْنِيثِ، فَإنَّهَا تُقَدَّرُ كَالْمُنْفَصِلَةِ، فَأَشْبَهَتِ الْحَرْفَ مِنْ بِنْيَةِ الْكَلِمَةِ، فَحُذِفَتْ كَمَا يُحْذَفُ، وَتَثْبُتُ رَابِعَةً لأنَّهَا لَوْ كَانَتْ حَرْفًا مِنْ بِنْيَةِ الْكَلِمَةِ لَثَبَتَتْ، فَكَذَلِكَ أَلِفُ التَّأْنِيثِ.

قَوْلُهُ: (وَكُلُّ زَائِدَةٍ كَانَتْ مَدَّةً فِي مَوْضِعِ يَاءِ فُعَيْعِيلٍ وَجَبَ تَقْرِيرُهَا وَإبْدَالُهَا يَاءً) إلَى آخِرِهِ.

قَالَ: لأنَّهَا لا تَخْرُجُ عَنْ أَبْنِيَةِ التَّصْغِيرِ؛ إذْ الاسْمُ يَبْقَى عَلَى فُعَيْعِيلٍ.

وَقَوْلُهُ: (وَجَبَ تَقْرِيرُهَا)؛ يَعْنِي: بَقَاءَهَا مَدَّةً.

وَقَوْلُهُ: (وَإبْدَالُهَا يَاءً إنْ لَمْ تَكُنْهَا)؛ يَعْنِي: إنْ لَمْ تَكُنْ يَاءً؛ لأنَّهَا يَنْكَسِرُ مَا قَبْلَهَا، فَيَجِبُ قَلْبُهَا يَاءً، إذْ لا يُمْكِنُ النُّطْقُ بِأَلِفٍ أَوْ وَاوٍ بَعْدَ كَسْرَةٍ.

قَوْلُهُ: (وَإنْ كَانَتْ فِي اسْمٍ ثُلاثِيٍّ زَائِدَتَانِ لَيْسَتْ إحْدَاهُمَا إيَّاهَا أَبْقَيْتَ أَذْهَبَهُمَا فِي الْفَائِدَةِ وَحَذَفْتَ أُخْتَهَا).

أَيْ: لَيْسَتْ إحْدَاهُمَا الْمَدَّةَ الَّتِي قَبْلَ الآخِرِ، (أَبْقَيْتَ أَذْهَبَهُمَا فِي الْفَائِدَةِ)؛ أَيْ: أَقْوَاهُمَا فِي الدَّلالَةِ عَلَى الْمَعْنَى الأصْلِيِّ، وَحَذَفْتَ الأضْعَفَ، فَكُلُّ اسْمِ فَاعِلٍ أَوْ مَفْعُولٍ مِنَ الْخُمَاسِيِّ بِالزِّيَادَةِ، فَإنَّكَ تُبْقِي الْمِيمَ وَتَحْذِفُ الأخْرَى؛ لأنَّ الْمِيمَ هِيَ مَوْضُوعَةٌ لِبِنَاءِ اسْمِ الْفَاعِلِ أَوِ الْمَفْعُولِ، وَهُوَ الْمَقْصُودُ بِالصِّيغَةِ، وَالزِّيَادَةِ الأخْرَى إنَّمَا هِيَ لِمَا يَعْتَوِرُ مِنْ مَعَانٍ أُخَرَ، فَالْمِيمُ أَقْعَدُ فِي الدَّلالَةِ عَلَى الْمَقْصُودِ بِالصِّيغَةِ، فَوَجَبَ إثْبَاتُهَا وَحَذْفُ أُخْتِهَا، فَلِذَلِكَ تَقُولُ فِي مُنْطَلِقٍ وَأَشْبَاهِهِ مَا ذَكَرَ.

(وَإنْ تَسَاوَتَا كُنْتَ مُخَيَّرًا).

وَتَسَاوِيهِمَا بِأَنْ لا يَكُونَ لأحَدِهِمَا قُوَّةٌ فِي الدَّلالَةِ عَلَى الْمَقْصُودِ، فَتَكُونَ مُخَيَّرًا فِي حَذْفِ أَيِّهِمَا شِئْتَ عَلَى مَا مَثَّل.

قَوْلُهُ: (وَإِنْ كُنَّ ثَلاثًا وَالْفَضْلُ لإحْدَاهُنَّ حُذِفَتْ أُخْتَاهَا) عَلَى مَا تَقَدَّمَ.

(وَأَمَّا الرُّبَاعِيُّ فَتَحْذِفُ مِنْهُ كُلَّ زَائِدَةٍ مَا خَلا الْمَدَّةَ الْمَوْصُوفَةَ)؛ لأَنَّهُ لا يُمْكِنُ إِبْقَاءُ أَكْثَرَ مِنْ أَرْبَعَةِ أَحْرُفٍ، وَفِي هَذَا الاسْمِ أَرْبَعَةُ أَحْرُفٍ أُصُولٍ، فَلا مُقَابَلَةَ بَيْنَهُ وَبَيْنَ الزَّوَائِدِ، فَالزَّوَائِدُ بِالْحَذْفِ أَوْلَى، فَإِذَا صَغَّرْتَ مُقْرَطِسًا، قُلْتَ: قُرَيْطِسٌ، إِذْ لا يُمْكِنُ بَقَاءُ شَيْءٍ مِنَ الزَّوَائِدِ لِذَهَابِ صِيغَةِ التَّصْغِيرِ بِبَقَائِهِ، إلا أَنْ تَكُونَ مَدَّةٌ قَبْلَ الآخِرِ، فَإِنَّهَا تَثْبُتُ كَمَا تَقَدَّمَ فِي أَوَّلِ الْفَصْلِ، لِبَقَاءِ صِيغَةِ التَّصْغِيرِ مَعَهَا، وَهُوَ قَوْلُهُ: (مَا خَلا الْمَدَّةَ الْمَوْصُوفَةَ).

قَوْلُهُ: (وَيَجُوزُ التَّعْوِيضُ وَتَرْكُهُ فِيمَا يُحْذَفُ مِنْ هَذِهِ الزَّوَائِدِ).

التَّعْوِيضُ إِنَّمَا يَكُونُ فِيمَا حُذِفَ مِنْهُ، ثُمَّ هُوَ عَلَى ضَرْبَيْنِ:

ضَرْبٌ مَوْضِعُ التَّعْوِيضِ مُشْتَغِلٌ بِمَا يُنَافِي حَرْفَ التَّعْوِيضِ، وَضَرْبٌ مَوْضِعُ التَّعْوِيضِ خَالٍ، فَالضَّرْبُ الأَوَّلُ لا يمكن فِيهِ هَذَا، كَمَا لَوْ قِيلَ فِي تَصْغِيرِ احْرَنْجَام: حُرَيْجِيمٌ، فَلا يُمْكِنُ فِي هَذَا التَّعْوِيضُ، وَالضَّرْبُ الثَّانِي نَحْوُ قَوْلِكَ فِي مُنْطَلِقٍ: مُطَيْلِقٌ، فَهَذَا يُمْكِنُ فِيهِ التَّعْوِيضُ بِأَنْ تَقُولَ: مُطَيْلِيقٌ.

قَوْلُهُ: (وَجَمْعُ الْقِلَّةِ يُحَقَّرُ عَلَى بِنَائِهِ).

الجَمْعُ عَلَى ضَرْبَيْنِ: جَمْع كَثْرَةٍ، وَجَمْع قِلَّةٍ عَلَى مَا تَقَدَّمَ فِي الْجُمُوعِ، فَجَمْعُ الْقِلَّةِ حُكْمُهُ فِي التَّصْغِيرِ حُكْمُ الْمُفْرَدِ، يُصَغَّرُ كَمَا يُصَغَّرُ الْمُفْرَدُ، إلا أَنَّ أَلِفَ أَفْعَالٍ يُحَافَظُ عَلَيْهَا كَمَا تَقَدَّمَ فِي الْمُفْرَدِ فِي نَحْوِ: أُجَيْمَالٍ، وَأَمَّا جَمْعُ الْكَثْرَةِ فَلا يُحَقَّرُ عَلَى صِيغَتِهِ، كَأَنَّهُ لَمَّا كَانَ التَّصْغِيرُ فِيهِ مَعْنَى التَّقْلِيلِ كَرِهُوا أَنْ يَجْمَعُوا بَيْنَهُ وَبَيْنَ صِيغَةِ التَّكْثِيرِ، فَعَدَلُوا إِلَى أَحَدِ أَمْرَيْنِ، إِلَى جَمْعِ الْقِلَّةِ إِنْ كَانَ لَهُ جَمْعُ قِلَّةٍ، أَوْ إِلَى الْمُفْرَدِ، ثُمَّ جَمَعُوهُ بِالْوَاوِ وَالنُّونِ أَوْ الألِفِ وَالتَّاءِ عَلَى حَسَبِ مَا يَسْتَحِقُّ، فَإِذَا صَغَّرْتَ غِلْمَانًا فَأَنْتَ بِالْخِيَارِ، إِنْ شِئْتَ أَخَذْتَ جَمْعَ قِلَّتِهِ وَهُوَ غِلْمَةٌ وَصَغَّرْتَهُ، فَقُلْتَ: غُلَيْمَةٌ، وَإِنْ شِئْتَ صَغَّرْتَ الْمُفْرَدَ ثُمَّ جَمَعْتَهُ، فَقُلْتَ: غُلَيِّمُونَ فَإِنْ لَمْ يَكُنْ لَهُ جَمْعُ قِلَّةٍ تَعَيَّنَ رَدُّهُ إِلَى الْمُفْرَدِ؛ كَقَوْلِكَ فِي شُسُوعٍ شُسَيْعَاتٌ، لِفَقْدِ السَّمَاعِ فِي أَشْسُعٍ، وَإِنَّمَا جُمِعَ غُلَيِّمٌ بِالْوَاوِ وَالنُّونِ وَرُجَيْلٌ كَذَلِكَ فِي التَّصْغِيرِ؛ لأَنَّهُ فِيهِ مَعْنَى الصِّفَةِ، وَقَبْلَ التَّصْغِيرِ لَيْسَ فِيهِ مَعْنَى الصِّفَةِ كَمَا ذَكَرْنَا فِي دُخُولِ تَاءِ التَّأْنِيثِ فِي مُؤَنَّثِهِ فِي نَحْوِ: أُذَيْنٍ مُصَغَّرًا، وَامْتِنَاعِهَا فِيهِ

مُكَبَّرًا[١].

(وَحُكْمُ أَسْمَاءِ الْجُمُوعِ حُكْمُ الآحَادِ).

لأَنَّ ذَلِكَ الْمَعْنَى مُنْتَفٍ؛ إِذْ أَلْفَاظُهَا أَلْفَاظُ الْمُفْرَدَاتِ، فَلا مَعْنَى لِلْعُدُولِ عَنْهَا.

وَجَاءَ فِي بَعْضِ الأَسْمَاءِ تَصْغِيرٌ عَلَى خِلافِ الْقِيَاسِ عَلَى مَا ذَكَرَ، وَحُكْمُهُ السَّمَاعُ فِي أُنَيْسِيَانَ زَادُوا يَاءً بَعْدَ السِّينِ، وَفِي عُشَيَّانَ زَادُوا أَلِفًا وَنُونًا، وَفِي عُشَيْشِيَةٍ أَبْدَلُوا مِنَ الْيَاءِ شِينًا، فَرَدُّوا الْيَاءَ الَّتِي كَانَ قِيَاسُهَا أَنْ تُحْذَفَ لاجْتِمَاعِ الْيَاءَاتِ، وَفِي أُغَيْلِمَةٍ وَأُصَيْبِيَةٍ زَادُوا هَمْزَةً.

قَوْلُهُ: (وَقَدْ يُحَقَّرُ الشَّيْءُ لِدُنُوِّهِ مِنَ الشَّيْءِ وَلَيْسَ مِثْلَهُ).

وَقَدْ تَقَرَّرَ أَنَّ التَّصْغِيرَ يَدُلُّ عَلَى أَنَّ الشَّيْءَ عِنْدَهُمْ مُسْتَصْغَرٌ، وَقَدْ جَاءَ قَلِيلا عَلَى مَعْنَى قُرْبِ الشَّيْءِ مِنَ الشَّيْءِ، وَمِثَالُهُ قَوْلُهُمْ: هُوَ أُصَيْغِرُ مِنْكَ، لا يَسْتَقِيمُ أَنْ يُقَالَ: إِنَّ الْمُرَادَ أَنَّهُ صَغِيرٌ؛ لأَنَّ لَفْظَ أَصْغَرَ يَدُلُّ عَلَى الزِّيَادَةِ فِي الصِّغَرِ، فَهُوَ مُسْتَغْنٍ عَنِ التَّصْغِيرِ بِهَذَا الْمَعْنَى، وَإِنَّمَا قُصِدَ إِلَى أَنَّ الْمُدَّةَ الَّتِي بَيْنَهُمَا قَرِيبَةٌ، وَكَذَلِكَ مَا مَثَّلَ.

قَوْلُهُ: (وَتَصْغِيرُ الْفِعْلِ لَيْسَ بِقِيَاسٍ).

وَإِنَّمَا جَاءَ فِي أَلْفَاظٍ يَسِيرَةٍ مَحْفُوظَةٍ؛ كَقَوْلِهِ:

يَا مَا أُمَيْلِحَ غِزْلانًا شَدَنَّ لَنَا ... مِنْ هَؤُلَيَّائِكُنَّ الضَّالِ وَالسَّمُرِ

وَإِنَّمَا لَمْ يُصَغَّرِ الْفِعْلُ؛ لأَنَّهُ مَأْخُوذٌ مِنْ أَجْنَاسِ الْمَصَادِرِ، وَمَعْنَى الْجِنْسِيَّةِ بَاقٍ فِيهِ، وَهُوَ يَقْتَضِي الْعُمُومَ، وَالتَّصْغِيرُ يَقْتَضِي الْخُصُوصَ؛ لأَنَّهُ صِفَةٌ فَيَتَبَايَنَانِ؛ لأَنَّ مَعْنَى التَّصْغِيرِ الْوَصْفِيَّةُ بِالصِّغَرِ لِمَا صَغَّرْتَهُ، وَالْفِعْلُ لا يَصِحُّ وَصْفُهُ فَيُصَغَّرَ، وَإِنَّمَا الْمَعْنَى فِيمَا صُغِّرَ لِمَنْ نُسِبَ إِلَيْهِ الْفِعْلُ كَمَا فَسَّرَهُ.

قَالَ: (وَمِنَ الأَسْمَاءِ) إِلَى آخِرِهِ.

يُرِيدُ أَنَّهُ فِي الأَصْلِ وُضِعَ مُصَغَّرًا، كَأَنَّهُمْ فِي أَصْلِ الْوَضْعِ فَهِمُوا تَصْغِيرَهُ، فَوَضَعُوا اسْمَهُ عَلَى التَّصْغِيرِ، وَذَلِكَ قَلِيلٌ؛ مِنْهُ: جُمَيْلٌ وَكُعَيْتٌ اسْمَانِ لِطَائِرَيْنِ، وَكُمَيْتٌ صِفَةٌ

(١) اعلم أن جمع القلة ليس بأصل في الجمع، لأنه لا يذكر إلا حيث يراد بيان القلة، ولا يستعمل لمجرد الجمعية والجنسية كما يستعمل له جمع الكثرة.
يقال فلان حسن الثياب، في معنى حسن الثوب، ولا يحسن حسن الأثواب، وكم عندك من الثوب والثياب، ولا يحسن من الاثواب، وتقول: هو أنبل الفتيان، ولا تقل أنبل الفتية، مع قصد بيان الجنس. شرح الشافية ٩٢/٢.

لِلفَرَسِ، فَإِذَا جَمَعُوهُ رَدُّوهُ إِلَى الْمُكَبَّرِ الْمُقَدَّرِ؛ لأَنَّهُ لَيسَ لِلْمُصَغَّرِ جَمْعٌ عَلَى حِيَالِهِ، فَقَالُوا فِي جُمَيْلٍ وَكُعَيْتٍ: جِمْلانٌ وَكِعْتَانٌ بِوَزْنِ غِزْلانٍ، فَدَلَّ ذَلِكَ عَلَى أَنَّ الْمُكَبَّرَ فِي التَّقْدِيرِ جُمَلٌ وَكُعَتٌ؛ لأَنَّ فِعْلانَ جَمْعُهُ كَصُرَدٍ وَصِرْدَانٍ، وَقَالُوا: كُمْتٌ[1]، فَدَلَّ عَلَى أَنَّ مُكَبَّرَهُ فِي التَّقْدِيرِ أَكْمَتَ؛ لأَنَّ فُعْلا جَمْعُهُ كَأَصْفَرَ عَلَى صُفْرٍ، وَأَكْبَرَ عَلَى كُبْرٍ، وَأَيْضًا فَإِنَّ كُمَيْتًا مِنْ صِفَاتِ الأَلْوَانِ، فَهُوَ مِنْ بَابِ أَحْمَرَ وَأَسْوَدَ، فَقِيَاسُ مُكَبَّرِهِ بِهَذَا الْوَجْهِ يُعْلَمُ أَنَّهُ أَفْعَلُ.

قَوْلُهُ: (وَالأَسْمَاءُ الْمُرَكَّبَةُ يُحَقَّرُ الصَّدْرُ مِنْهَا).

وَلا يُعْتَدُّ بِالْكَلِمَةِ الثَّانِيَةِ، كَمَا لا يُعْتَدُّ بِتَاءِ التَّأْنِيثِ، وَلا تُحْذَفُ كَمَا لا تُحْذَفُ تَاءُ التَّأْنِيثِ، وَهُوَ هَاهُنَا أَجْدَرُ لِقُوَّةِ الالْتِبَاسِ بِتَصْغِيرِ غَيْرِ الْمُرَكَّبِ، وَتَرَكُوا مَا قَبْلَ الثَّانِي مَفْتُوحًا تَشْبِيهًا بِتَاءِ التَّأْنِيثِ.

قَوْلُهُ: (وَتَحْقِيرُ التَّرْخِيمِ أَنْ تَحْذِفَ كُلَّ شَيْءٍ زِيدَ فِي بَنَاتِ الثَّلاثَةِ وَالأَرْبَعَةِ) إِلَى آخِرِهِ.

هَذَا بَابٌ عَلَى حِيَالِهِ فِي التَّصْغِيرِ سَهْلٌ، وَهُوَ أَنْ تَحْذِفَ الزَّوَائِدَ كُلَّهَا وَتُصَغِّرَ الاسْمَ، وَسُمِّيَ تَصْغِيرُ التَّرْخِيمِ لِمَا الْتُزِمَ فِيهِ مِنَ الْحَذْفِ؛ لأَنَّ التَّرْخِيمَ فِي اللُّغَةِ التَّقْلِيلُ، يُقَالُ: صَوْتٌ رَخِيمٌ إِذَا لَمْ يَكُنْ قَوِيًّا، وَمِنْهُ سُمِّيَ التَّرْخِيمُ، وَلَيْسَ تَصْغِيرُ التَّرْخِيمِ مَعْنَاهُ أَنَّكَ أَضَفْتَ إِلَى التَّرْخِيمِ الَّذِي هُوَ حَذْفُ الآخِرِ، وَإِنَّمَا أَرَادَ حَذْفَ الزَّوَائِدِ عَلَى مَا فَسَّرَهُ.

قَوْلُهُ: (وَمِنَ الأَسْمَاءِ مَا لا يُصَغَّرُ).

ثُمَّ ذَكَرَ أَسْمَاءً كَثِيرَةَ الاسْتِعْمَالِ لَمْ تُوجَدْ فِي كَلامِهِمْ إِلا مُكَبَّرَةً فَدَلَّ ذَلِكَ عَلَى أَنَّ تَصْغِيرَهَا مُطَّرَحٌ فِي لُغَتِهِمْ، وَأَمَّا اسْمُ الْفَاعِلِ وَالْمَفْعُولِ إِذَا أَعْمَلْتَهُمَا لَمْ يَأْتِ فِي كَلامِهِمْ تَصْغِيرُهُمَا كَرَاهَةَ اجْتِمَاعِ الْعَمَلِ وَالتَّصْغِيرِ؛ لأَنَّهُ قَوِيَ شَبَهُ الْفِعْلِ فِيهِ.

---

(١) قال سيبويه: سألت الخليل عن كميت فقال هو بمنزلة جميل يعنى الذي هو البلبل.
وقال: إنما هي حمرة يخالطها سواد ولم تخلص، وإنما حقروها لأنها بين السواد والحمرة ولم تخلص لواحد منهما فيقال له أسود أو أحمد فأرادوا بالتصغير أنه منهما قريب، وإنما هذا كقولك هو دوين ذاك، والجمع كمت، كسروه على مكبره المتوهم، وإن لم يلفظ به، لأن قياس الأوصاف من الألوان هو أفعل كأحمر وأشقر وأسود وقياس جمعها على فعل كحمر وخضر وسود. وقد جاء جمع الكميت على كمت. شرح الشافية ٢٨٢/١

قَوْلُهُ: (وَالأَسْمَاءُ الْمُبْهَمَةُ خُولِفَ بِتَحْقِيرِهَا تَحْقِيرُ مَا سِوَاهَا).
يَعْنِي: أَسْمَاءَ الإِشَارَةِ وَالْمَوْصُولاتِ، وَخُولِفَ لِلإِيذَانِ مِنْ أَوَّلِ الأَمْرِ أَنَّهَا غَيْرُ مُتَمَكِّنَةٍ.
قَوْلُهُ: (وَأُلْحِقَتْ بِأَوَاخِرِهَا أَلِفَاتٌ).

فِيمَا سِوَى هَؤُلاءِ، فَإِنَّ الأَلِفَ مُلْحَقَةٌ قَبْلَ آخِرِهِ، وفِيمَا سِوَى الْمُثَنَّى وَالْمَجْمُوعِ، فَإِنَّكَ تَقُولُ فِي اللَّذَيْنِ تَثْنِيَةَ اللَّذَيَّانِ، وَفِي الَّذِينَ جَمْعًا اللَّذَيُّونَ، وَلا أَلِفَ فِي ذَلِكَ، فَإِنْ زُعِمَ أَنَّ الأَلِفَ فِي اللَّذَيَّانِ وَاللَّتَيَّانِ سَقَطَتْ لالْتِقَاءِ السَّاكِنَيْنِ فَمَرْدُودٌ بِقَوْلِهِمْ: اللَّذَيُّونَ بِضَمِّ الْيَاءِ، وَلَوْ كَانَتِ الأَلِفُ مُرَادَةً لَوَجَبَ أَنْ يُقَالَ: اللَّذَيَّوْنَ بِفَتْحِ الْيَاءِ، فَإِنْ ثَبَتَ اللَّذَيَّوْنَ بِفَتْحِ الْيَاءِ كَانَ الانْفِصَالُ عَنْ هَذِهِ الشُّبْهَةِ مُسْتَقِيمًا، وَكَانَ يَنْبَغِي أَنْ يَقُولَ: (وَزِيدَ قَبْلَ آخِرِهَا يَاءٌ لِلتَّصْغِيرِ) لأَنَّهُ لا بُدَّ مِنْهَا، وَاللهُ أَعْلَمُ.

وَمِنْ أَصْنَافِ الاسْمِ: المَنْسُوبُ

قَالَ الشَّيْخُ: وَحَدُّهُ بِمَا ذَكَرَ، وَظَاهِرُهُ غَيْرُ مُسْتَقِيمٍ، وَهُوَ فِي الْحَقِيقَةِ مُسْتَقِيمٌ، فَأَمَّا ظَاهِرُهُ فَإِنَّهُ يُقَالُ: لا يَخْلُو إِمَّا أَنْ يَكُونَ حَدَّ الْمَنْسُوبِ إِلَيْهِ، فَإِنْ حَدَّ الْمَنْسُوبَ كَانَ غَيْرَ مُسْتَقِيمٍ؛ لِقَوْلِهِ: (عَلامَةً لِلنِّسْبَةِ إِلَيْهِ)، وَالْمَنْسُوبُ لَمْ يُلْحَقِ الْيَاءَ عَلامَةً لِلنِّسْبَةِ إِلَيْهِ؛ إِذْ لَيْسَ مَنْسُوبًا إِلَيْهِ، وَإِنْ حَدَّ الْمَنْسُوبَ إِلَيْهِ كَانَ غَيْرَ مُسْتَقِيمٍ؛ لأَنَّ التَّبْوِيبَ بِالْمَنْسُوبِ، فَكَيْفَ يَحُدُّ غَيْرَ مَا بَوَّبَ لَهُ؟ وَهُوَ فِي الْحَقِيقَةِ مُسْتَقِيمٌ، وَلَمْ يَحُدَّ إِلا الْمَنْسُوبَ.
وَقَوْلُهُ: (هُوَ الاسْمُ).
يُرِيدُ الاسْمَ قَبْلَ الإِلْحَاقِ، ثُمَّ قَالَ:
(المُلْحَقُ بِآخِرِهِ يَاءٌ مُشَدَّدَةٌ عَلامَةٌ لِلنِّسْبَةِ إِلَيْهِ).

يَعْنِي إِلَى الاسْمِ قَبْلَ إِلْحَاقِ الْيَاءِ بِهِ، وَالاسْمُ الَّذِي أُلْحِقَتْ بِآخِرِهِ يَاءٌ مُشَدَّدَةٌ عَلامَةً لِلنِّسْبَةِ إِلَيْهِ هُوَ الْمَنْسُوبُ، وَإِنَّمَا جَاءَ الإِشْكَالُ مِنْ جِهَةِ الضَّمِيرِ فِي قَوْلِهِ: (إِلَيْهِ)، فَمَنْ جَعَلَ الضَّمِيرَ رَاجِعًا إِلَى الاسْمِ الَّذِي أُلْحِقَتْ بِآخِرِهِ يَاءٌ جَاءَ فَاسِدًا، وَمَنْ جَعَلَهُ ضَمِيرَ الاسْمِ لا بِاعْتِبَارِ إِلْحَاقِ الْيَاءِ جَاءَ مُسْتَقِيمًا، وَهُوَ الَّذِي قَصَدَهُ[١].

---

(١) المنسوب الملحق بآخره ياء مشددة ليدل على نسبته إلى المجرد عنها، وقياسه حذف تاء التأنيث مطلقا، وزيادة التثنية والجمع إلا علما قد أعرب بالحركات، فلذلك جاء قنسرى وقنسرينى " أقول: قوله: " على نسبته

وَشَبَهُهَا بِتَاءِ التَّأْنِيثِ مِنْ جِهَةِ تَغْيِيرِهَا مَعْنَى الْكَلِمَةِ كَمَا تُغَيِّرُهُ التَّاءُ، وَشَبَّهَهَا بِتَاءِ التَّأْنِيثِ فِي أَنَّهَا تَكُونُ لِلنَّسَبِ الْمُحَقَّقِ وَلِمُجَرَّدِ اللَّفْظِ، وَفِي أَنَّهَا تَكُونُ لِلْمُفْرَدِ كَمَا تَكُونُ التَّاءُ.

(وَكَمَا انْقَسَمَ التَّأْنِيثُ إِلَى حَقِيقِيٍّ وَغَيْرِ حَقِيقِيٍّ، فَكَذَلِكَ النَّسَبُ).

يُرِيدُ بِالْحَقِيقِيِّ مَا تَقَدَّمَ مِنْ كَوْنِ الْمَدْلُولِ مُؤَنَّثًا فِي الْمَعْنَى بِإِزَائِهِ ذَكَرٌ فِي الْحَيَوَانِ عَلَى مَا تَقَدَّمَ، وَغَيْرِ الْحَقِيقِيِّ مَا جَرَى فِي اللَّفْظِ فَقَطْ؛ كَقَوْلِهِمْ: ظُلْمَةٌ وَضَرْبَةٌ وَشِبْهُهُ، وَكَذَلِكَ النَّسَبُ مِنْهُ مَا كَانَ مَدْلُولُهُ مَنْسُوبًا حَقِيقَةً؛ كَقَوْلِكَ: دِمَشْقِيٌّ وَمِصْرِيٌّ، وَهُوَ الْكَثِيرُ الشَّائِعُ، وَمِنْهُ مَا كَانَ فِي اللَّفْظِ خَاصَّةً دُونَ الْمَعْنَى؛ كَقَوْلِكَ: كُرْسِيٌّ؛ إِذْ لَيْسَ كُرْسِيٌّ مَنْسُوبًا مِنْ حَيْثُ الْمَعْنَى، كَمَا أَنَّ الظُّلْمَةَ لَيْسَ مُؤَنَّثًا مِنْ حَيْثُ الْمَعْنَى.

قَوْلُهُ: (وَالنِّسْبَةُ مِمَّا طَرَّقَ إِلَى الاسْمِ تَغْيِيرَاتٍ شَتَّى).

لأَنَّهَا غَيَّرَتْهُ مِنْ مَدْلُولٍ إِلَى مَدْلُولٍ آخَرَ مُغَايِرٍ لَهُ، أَلا تَرَى أَنَّ قَوْلَكَ: دِمَشْقُ اسْمٌ لِلْبَلَدِ، وَقَوْلَكَ: دِمَشْقِيٌّ لِلرَّجُلِ الْمَنْسُوبِ إِلَيْهَا، وَغَيَّرَتْهُ مِنْ حَالٍ إِلَى حَالٍ؛ لأَنَّهُ كَانَ عَرِيًّا عَنِ الْيَاءَيْنِ، فَصَارَ بِهِمَا، وَكَانَ إِعْرَابُهُ عَلَى مَا قَبْلَهَا فَصَارَ عَلَى آخِرِهَا.

قَوْلُهُ: (وَحَذْفُهُمُ التَّاءَ).

فِي النَّسَبِ وَاجِبٌ؛ لأَنَّهُمْ لَوْ أَثْبَتُوهَا لَفَسَدَ الْمَعْنَى، أَلا تَرَى أَنَّكَ إِذَا نَسَبْتَ رَجُلا إِلَى ضَارِبَةٍ، فَالرَّجُلُ هُوَ الاسْمُ الَّذِي فِيهِ يَاءُ النَّسَبِ، فَلَوْ بَقَّيْتَ فِيهِ تَاءَ التَّأْنِيثِ لَكُنْتَ مُؤَنِّثًا الْمُذَكَّرَ.

الثَّانِي: أَنَّهُ كَانَ يُؤَدِّي إِلَى اجْتِمَاعِ تَأْنِيثَيْنِ إِذَا نَسَبْتَ مُؤَنَّثًا إِلَى مُؤَنَّثٍ، فَتَقُولُ إِذَا نَسَبْتَ امْرَأَةً إِلَى ظُلْمَةٍ: ظُلْمَتِيَّةٌ.

وَالثَّالِثُ: أَنَّهُ يُؤَدِّي إِلَى أَنْ تَكُونَ تَاءُ التَّأْنِيثِ وَسَطًا.

قَوْلُهُ: (وَنُونَيِ التَّثْنِيَةِ وَالْجَمْعِ).

يَنْبَغِي أَنْ يَقُولَ: وَعَلامَةُ التَّثْنِيَةِ وَالْجَمْعِ وَنُونَيْهِمَا؛ لأَنَّ ذَلِكَ يُحْذَفُ مَعَ النُّونِ، فَتَخْصِيصُهُ النُّونَ يُوهِمُ بِبَقَاءِ مَا قَبْلَهَا، وَإِنَّمَا حُذِفَ عَلامَةُ التَّثْنِيَةِ؛ لأَنَّ الْمَعْنَى يَحْصُلُ بِالنَّسَبِ إِلَى الْمُفْرَدِ، فَتَقَعُ الزِّيَادَةُ ضَائِعَةً، فَلا حَاجَةَ إِلَيْهَا، وَكُلُّ مَا ذَكَرْنَاهُ فِي التَّاءِ فَنَحْوُهُ

=

إلى المجرد عنها " يخرج ما لحقت آخره ياء مشددة للوحدة كرومي وروم، وزنجي وزنج، وما لحقت آخره للمبالغة كأحمري ودواري. شرح الشافية ٤/٢.

جَارٍ فِي الْمُثَنَّى وَالْمَجْمُوعِ، فَتَكُونُ أَرْبَعَةَ أَوْجُهٍ.

فَإِذَا سَمَّيْتَ بِالْمُثَنَّى وَالْمَجْمُوعِ الْمُصَحَّحِ فَلا يَخْلُو إِمَّا أَنْ تُعْرِبَهُ إِعْرَابَ الْمُفْرَدَاتِ أَوْ تُجْرِيَهُ فِي الإِعْرَابِ عَلَى حُكْمِ مَا كَانَ عَلَيْهِ، فَعَلَى الأَوَّلِ تُثْبِتُهَا؛ لأَنَّكَ أَخْرَجْتَهَا عَنْ صُورَتِهَا فِي أَحْكَامِهَا التي كَانَت لَهَا، فَكَأَنَّهَا أَلِفٌ وَنُونٌ لِغَيْرِ التَّثْنِيَةِ، كَمَا فِي عِمْرَانَ، وَعَلَى الثَّانِي تَحْذِفُهَا كَمَا قَبْلَ التَّسْمِيَةِ؛ لأَنَّ أَحْكَامَ عَلامَةِ التَّثْنِيَةِ وَالْجَمْعِ بَاقِيَةٌ فِيهَا، فَأُجْرِيَتْ بَعْدَ التَّسْمِيَةِ مُجْرَاهَا قَبْلَهَا، فَتَقُولُ عَلَى الأَوَّلِ: قِنَّسْرِينِيٌّ، وَعَلَى الثَّانِي: قِنَّسْرِيٌّ، وَكَذَلِكَ نَصِيبِيٌّ وَيَبْرِيٌّ، وَكَذَلِكَ زَيْدِيٌّ وَزَيْدَانِيٌّ، وَخَلِيلِيٌّ وَخَلِيلانِيٌّ، وَسَبُعِيٌّ وَسَبُعَانِيٌّ فِي النَّسَبِ إِلَى السَّبُعَانِ، اسْمُ مَوْضِعٍ.

وَمِنَ الْجَارِيَةِ عَلَى الْقِيَاسِ فِي التَّغْيِيرِ أَنْ يَكُونَ الاسْمُ ثُلاثِيًّا ثَانِيهِ كَسْرَةٌ، فَإِنَّهُمْ يَكْرَهُونَ اجْتِمَاعَ الْكَسْرَتَيْنِ وَالْيَاءَيْنِ مَعَ قِلَّةِ حُرُوفِ الْكَلِمَةِ، فَيَفِرُّونَ إِلَى فَتْحِ الْوَسَطِ، كَنَمَرِيٍّ وَدُؤَلِيٍّ وَإِبَلِيٍّ، فَإِنْ كَانَ أَكْثَرَ مِنْ ثَلاثَةِ أَحْرُفٍ وَفِي آخِرِهِ مَا فِي نَمِرِيٍّ مِنَ الْكَسْرَتَيْنِ وَالْيَاءِ فَالأَحْسَنُ بَقَاءُ الْكَسْرَةِ لِقُوَّةِ الْكَلِمَةِ بِالزَّائِدِ عَلَى الثَّلاثَةِ كَتَغْلِبِيٍّ وَيَثْرِبِيٍّ، وَيَجُوزُ الْفَتْحُ كَرَاهَةَ اجْتِمَاعِ الْكَسْرَتَيْنِ.

وَمِنْ ذَلِكَ حَذْفُ الْيَاءِ وَالْوَاوِ مِنْ فَعِيلَةٍ وَفَعُولَةٍ وَفُعَيْلَةٍ فِي صَحِيحِ الْعَيْنِ غَيْرَ مُضَاعَفٍ فَرْقًا بَيْنَ الْمُذَكَّرِ وَالْمُؤَنَّثِ، فَإِذَا نَسَبْتَ إِلَى كَرِيمٍ قُلْتَ: كَرِيمِيٌّ، وَإِلَى كَرِيمَةٍ: كَرَمِيٌّ، وَالْمُؤَنَّثُ أَوْلَى بِالْحَذْفِ لاسْتِثْقَالِهِمْ إِيَّاهُ.

وَأَمَّا الْمُعْتَلُّ الْعَيْنِ فَلَمْ يُفَرِّقُوا فِيهِ لِمَا يُؤَدِّي إِلَى اسْتِثْقَالٍ لَيْسَ مِنْ جِنْسِ كَلامِهِمْ؛ لأَنَّهُمْ لَوْ قَالُوا: طَوَلِيٌّ لأَدَّى إِلَى تَحْرِيكِ الْوَاوِ وَانْفِتَاحِ مَا قَبْلَهَا، فَيَكُونُونَ بَيْنَ أَمْرَيْنِ: اسْتِثْقَالٍ وَزِيَادَةِ تَغْيِيرٍ، وَكَذَلِكَ شَدِيدَةٌ، لَوْ قَالَ: شَدَدِيٌّ لأَدَّى إِلَى أَحَدِ أَمْرَيْنِ: ثِقَلٍ وَزِيَادَةِ تَغْيِيرٍ.

قَوْلُهُ: (وَتُحْذَفُ الْيَاءُ الْمُتَحَرِّكَةُ مِنْ كُلِّ مِثَالٍ قَبْلَ آخِرِهِ يَاءَانِ مُدْغَمَةٌ إِحْدَاهُمَا فِي الأُخْرَى).

قَالَ رَضِيَ اللهُ عَنْهُ: وَمِنْ ذَلِكَ حَذْفُهُمُ الْيَاءَ الْمُتَحَرِّكَةَ إِذَا وَقَعَتْ مُشَدَّدَةً قَبْلَ الآخِرِ كَرَاهَةَ اجْتِمَاعِ الْيَاءَيْنِ وَالْكَسْرَتَيْنِ، فَيَقُولُونَ فِي مَيِّتٍ: مَيْتِيٌّ عَلَى مَا ذُكِرَ، وَأَمَّا طَائِيٌّ فَفِيهِ مِنَ الشُّذُوذِ وَضْعُ الأَلِفِ مَوْضِعَ الْيَاءِ السَّاكِنَةِ لا غَيْرُ، وَأَمَّا حَذْفُ الْيَاءِ الْمُتَحَرِّكَةِ فَقِيَاسٌ؛ لأَنَّهُمْ لَوْ قَالُوا: طَيْئِيٌّ لَمْ يَكُنْ فِيهِ شُذُوذٌ.

وَفَرَّقُوا بَيْنَ مُهَيِّمٍ مُصَغَّرًا وَمُكَبَّرًا عِنْدَ النِّسْبَةِ إِلَيْهِ، فَأَجْرَوْا مُهَيِّمًا عَلَى الْقِيَاسِ

بِالْحَذْفِ، وَزَادُوا يَاءً سَاكِنَةً فِي الْمُصَغَّرِ بَعْدَ الْمُشَدَّدَةِ فَرْقًا بَيْنَهُمَا، وَكَانَ إِجْرَاءُ الْمُكَبَّرِ عَلَى الْقِيَاسِ أَوْلَى؛ لأَنَّهُ حَذْفٌ فِيمَا لَمْ يُحْذَفْ مِنْهُ شَيْءٌ، وَلَوْ عَكَسُوا لَحَذَفُوا فِيمَا حَذَفُوا مِنْهُ قَبْلَ النَّسَبِ، وَإِنَّمَا لَمْ يَسْتَغْنُوا بِبَقَاءِ الْمُصَغَّرِ عَلَى صِيغَتِهِ وَحَذْفِ الْيَاءِ مِنَ الْمُكَبَّرِ مَعَ أَنَّ الْفَرْقَ إِذًا حَاصِلٌ؛ لأَنَّ لَفْظَ مُهَيِّمِيٍّ أَثْقَلُ مِنْ لَفْظِ مُهَيِّيمِيٍّ، وَلأَنَّهُ أَمْرٌ جَارٍ فِيهِ قَبْلَ النَّسَبِ، فَجَازَ أَنْ يَبْقَى بَعْدَهُ عَلَى حَالِهِ الَّتِي كَانَت تَكُونُ لَهُ فِي الْمُصَغَّرِ.

قَوْلُهُ: (وَتَقُولُ فِي فَعِيلٍ، وَفَعِيلَةٍ، وَفُعَيْلٍ، وَفُعَيْلَةٍ).

قَالَ الشَّيْخُ: وَمِنَ التَّغْيِيرَاتِ الْجَارِيَةِ عَلَى الْقِيَاسِ حَذْفُهُمُ الْيَاءَ السَّاكِنَةَ مِنْ فَعِيلٍ وَفَعِيلَةٍ وَفُعَيْلٍ وَفُعَيْلَةٍ، وَقَلْبُهُمُ الثَّانِيَةَ وَاوًا، وَفَتْحُ الْكَسْرَةِ الَّتِي قَبْلَهَا فِيمَا هِيَ فِيهِ، وَإِنَّمَا فَعَلُوا ذَلِكَ كَرَاهَةَ اجْتِمَاعِ الْيَاءَاتِ، وَلَمْ يُفَرِّقُوا بَيْنَ الْمُذَكَّرِ وَالْمُؤَنَّثِ لِشِدَّةِ الاسْتِثْقَالِ، فَفَرُّوا مِنْهُ فِيهِمَا جَمِيعًا.

وَمِنَ الْعَرَبِ مَنْ يَقُولُ: أُمَيِّيٌّ وَلا يَقُولُ فِي غَنِيٍّ: غَنِيِّيٌّ لِمَا فِي غَنِيٍّ مِنْ شِدَّةِ الاسْتِثْقَالِ بِالْكَسْرَةِ، وَقَدْ فَعَلُوا مِثْلَ ذَلِكَ فِيمَا آخِرُهُ يَاءٌ مُشَدَّدَةٌ، وَإِنْ كَانَ مُخَالِفًا لَهُ فِي الزِّنَةِ؛ كَقَوْلِهِمْ فِي تَحِيَّةٍ: تَحَوِيٌّ؛ لأَنَّ الأَمْرَ الْمُسْتَثْقَلَ مَوْجُودٌ، فَلا اعْتِدَادَ بِالْوَزْنِ.

وَأَمَّا فَعُولٌ كَعَدُوٍّ، فَإِنَّهُ لَيْسَ فِيهِ الاسْتِثْقَالُ الَّذِي فِي غَنِيٍّ فَجَرَى مُجْرَى الصَّحِيحِ، فَقَالُوا: عَدُوِّيٌّ بِالاتِّفَاقِ، فَأَجْرَوْهُ مُجْرَى الصَّحِيحِ لَمَّا انْتَفَى ذَلِكَ الاسْتِثْقَالُ.

وَأَمَّا مَا لَحِقَهُ تَاءُ التَّأْنِيثِ كَعَدُوَّةٍ، فَقَالَ سِيبَوَيْهِ فِيهِ: عَدَوِيٌّ إِجْرَاءً لَهُ مُجْرَى نَحْوِ: شَنُوءَةَ وَبَابِهِ، وَهَذَا هُوَ الْقِيَاسُ الَّذِي لا يَنْبَغِي أَنْ يُعْدَلَ عَنْهُ، وَقَالَ الْمُبَرِّدُ: عَدُوِيٌّ بِضَمِّ الدَّالِ كَالْمُذَكَّرِ، وَلَيْسَ لَهُ وَجْهٌ فِي الْقِيَاسِ؛ لأَنَّ (عَدُوِّيٌّ) أَثْقَلُ مِنْ قَوْلِكَ: (عَدَوِيٌّ) بِفَتْحِ الدَّالِ فَلا مَعْنَى لالْتِزَامِهِ.

قَوْلُهُ: (وَالأَلِفُ فِي الآخِرِ لا تَخْلُو مِنْ أَنْ تَقَعَ ثَالِثَةً) إِلَى آخِرِهِ.

قَالَ: وَمِمَّا غُيِّرَ عَنِ الْقِيَاسِ مَا آخِرُهُ أَلِفٌ، وَحُكْمُهَا إِنْ كَانَتْ ثَالِثَةً أَنْ تُقْلَبَ وَاوًا سَوَاءٌ كَانَتْ مُنْقَلِبَةً عَنْ وَاوٍ أَوْ يَاءٍ؛ لأَنَّهَا إِنْ كَانَتْ عَنْ وَاوٍ فَظَاهِرٌ، وَإِنْ كَانَتْ عَنْ يَاءٍ كُرِهَ بَقَاؤُهَا لِمَا يُؤَدِّي مِنَ الْجَمْعِ بَيْنَ سَاكِنَيْنِ أَوْ إِخْلالٍ بِالْحَذْفِ؛ لِبَقَاءِ الْكَلِمَةِ عَلَى حَرْفَيْنِ وَكُرِهَ رَدُّهَا إِلَى أَصْلِهَا لِمَا فِيهِ مِنَ اجْتِمَاعِ الْيَاءَاتِ، فَلَمْ يَبْقَ إِلا رَدُّهَا إِلَى أُخْتِهَا وَهُوَ الْوَاوُ.

وَإِنْ كَانَتْ رَابِعَةً نَظَرْتَ فَإِنْ كَانَتْ أَصْلِيَّةً كَمَلْهَى قَلَبْتَهَا كَذَلِكَ مُحَافَظَةً عَلَى الْحَرْفِ الأَصْلِيِّ، كَمَا فِي أَعْلَى، يُقَالُ فِيهِ: أَعْلَوِيٌّ؛ لأَنَّ الأَلِفَ فِيهِ أَصْلِيَّةٌ، وَقَدْ جَاءَ

حَذْفُهَا اسْتِثْقَالا كَحُبْلِي.

وَإِنْ كَانَتْ زَائِدَةً فَالْمُخْتَارُ حَذْفُهَا بِخِلَافِ الأَصْلِيَّةِ؛ لِأَنَّ زِيَادَتَهَا تُقَوِّي حَذْفَهَا، وَأَصْلِيَّتُهَا فِي الأُولَى تُضَعِّفُهُ.

وَالثَّانِي: قَلْبُهَا وَاوًا مُحَافَظَةً عَلَى الْبِنْيَةِ تَشْبِيهًا لَهَا بِالأَصْلِيَّةِ.

وَالثَّالِثُ: أَنْ تَجْعَلَ قَبْلَ يَاءِ النَّسَبِ أَلِفًا وَوَاوًا كَحُبْلَاوِيٍّ، وَهَلْ تَكُونُ الأَلِفُ هِيَ أَلِفَ التَّأْنِيثِ وَالْوَاوُ زَائِدَةٌ، أَوِ الْوَاوُ أَلِفَ التَّأْنِيثِ انْقَلَبَتْ إِلَيْهِ وَالأَلِفُ هِيَ الزَّائِدَةُ؟ كُلُّ ذَلِكَ مُحْتَمَلٌ.

وَقَوْلُهُ: (وَأَنْ يُفْصَلَ بَيْنَ الْوَاوِ وَالْيَاءِ بِأَلِفٍ).

فَقَوْلُهُ يُوهِمُ أَنَّهُ لَا يَجْرِي إِلَّا فِي دُنْيَاوِيٍّ وَعُلْيَاوِيٍّ وَشِبْهِهِمَا، فَكَانَ الأَوْلَى أَنْ يَقُولَ: وَيُفْصَلُ بَيْنَ آخِرِهِ وَبَيْنَ الْوَاوِ بِأَلِفٍ لِيَشْمَلَ نَحْوَ: حُبْلَى، وَلَعَلَّهُ قَصَدَ إِلَى التَّنْبِيهِ عَلَى التَّعْلِيلِ فِي إِدْخَالِ الأَلِفِ كَرَاهَةَ اجْتِمَاعِ الْيَاءِ وَالْوَاوِ.

(وَلَيْسَ فِيمَا وَرَاءَ ذَلِكَ إِلَّا الْحَذْفُ).

اسْتِثْقَالا لَهُ مَعَ يَاءِ النَّسَبِ، ثُمَّ قَالَ: (وَجَمَزَى فِي حُكْمِ حُبَارَى) جَمَزَى وَإِنْ كَانَتِ الأَلِفُ فِيهِ رَابِعَةً إِلَّا أَنَّهَا حُمِلَتْ عَلَى الْخَامِسَةِ لِأَمْرَيْنِ:

أَحَدُهُمَا: تَعَذُّرُ حَمْلِهَا عَلَى مِثْلِ دَعْوَى؛ لِأَنَّهُ مَحْمُولٌ عَلَى مِثْلِ مَغْزَى الَّذِي أَلِفُهُ أَصْلِيَّةٌ، وَلَيْسَ فِي مِثْلِهِ فَعَلَلٌ بِالْحَرَكَاتِ، فَيُحْمَلُ عَلَيْهِ جَمَزَى، فَإِنْ وَرَدَ حُبْلَى ارْتُكِبَ مَذْهَبُ الأَخْفَشِ فِي ثُبُوتِ جُخْدَبٍ.

الثَّانِي: أَنَّ الْحَرَكَةَ فِيهِ تَنَزَّلَتْ مَنْزِلَةَ الْحَرْفِ الزَّائِدِ عَلَى الأَرْبَعَةِ كَمَا فِي فَرَسٍ لَوْ سَمَّيْتَ بِهِ امْرَأَةً بِخِلَافِ هِنْدٍ، جَعَلُوا الْحَرَكَةَ مُنَزَّلَةً مَنْزِلَةَ الْحَرْفِ لِثِقَلِ الْكَلِمَةِ بِهَا.

قَوْلُهُ: (وَالْيَاءُ الْمَكْسُورُ مَا قَبْلَهَا فِي الآخِرِ) إِلَى آخِرِهِ.

قَالَ: وَمِنَ التَّغْيِيرَاتِ الْجَارِيَةِ عَلَى الْقِيَاسِ مَا فِي آخِرِهِ يَاءٌ مَكْسُورٌ مَا قَبْلُهَا، فَحُكْمُهَا إِنْ كَانَتْ ثَالِثَةً أَنْ تُقْلَبَ وَاوًا وَيَنْفَتِحَ مَا قَبْلَهَا، أَمَّا فَتْحُ مَا قَبْلَهَا فَكَمَا انْفَتَحَ مَا قَبْلَ آخِرِ نَمِرٍ، وَأَمَّا قَلْبُهَا وَاوًا فَكَمَا انْقَلَبَتْ أَلِفُ رَحَى.

وَإِنْ كَانَتْ رَابِعَةً فَالْمُخْتَارُ حَذْفُهَا اسْتِثْقَالا لَهَا، وَيَجُوزُ قَلْبُهَا وَاوًا وَفَتْحُ مَا قَبْلَهَا، وَإِنَّمَا كَانَ الْمُخْتَارُ هُنَا الْحَذْفُ فِي الْيَاءِ، وَفِي الأَلِفِ الْقَلْبُ، كَمَا فِي مَغْزَى وَمَرْمَى، يُقَالُ: مَغْزَوِيٌّ وَمَرْمَوِيٌّ لِأَمْرَيْنِ:

أَحَدُهُمَا: أَنَّ الألِفَ أَخَفُّ فَلا يَلْزَمُ مِنْ مُرَاعَاةِ الأخَفِّ مُرَاعَاةُ الأثْقَلِ.

وَثَانِيهُمَا: أَنَّ الألِفَ لَيْسَ فِيهَا إلا تَغْيِيرٌ وَاحِدٌ، وَفِي الْيَاءِ تَغْيِيرٌ آخَرُ، وَهُوَ قَلْبُ الْكَسْرَةِ فَتْحَةً، وَلِذَلِكَ كَانَ الْحَذْفُ فِي الْيَاءِ أَحْسَنَ مِنَ الألِفِ، وَبِالْعَكْسِ؛ أَيْ: الإثْبَاتُ فِي الألِفِ أَحْسَنُ.

(وَلَيْسَ فِيمَا وَرَاءَ ذَلِكَ إلا الْحَذْفُ).

اسْتِثْقَالا لِمَا زَادَ عَلَى الأرْبَعَةِ، وَإِذَا كَانُوا قَدِ الْتَزَمُوا الْحَذْفَ فِيمَا زَادَ عَلَى الأرْبَعَةِ فِي الألِفِ فَالْتِزَامُهُمُ الْحَذْفَ فِي الْيَاءِ أَجْدَرُ؛ لأنَّهَا أَثْقَلُ فِي الْوَجْهَيْنِ، فَإِنْ كَانَتِ الْيَاءُ الزَّائِدَةُ عَلَى الأرْبَعَةِ قَبْلَهَا يَاءٌ مُشَدَّدَةٌ وَجَبَ حَذْفُ الْخَامِسَةِ كَمَا يَجِبُ حَذْفُهَا فِي مُشْتَرٍ، فَيَبْقَى قَبْلَ يَاءِ النَّسَبِ يَاءٌ مُشَدَّدَةٌ قَبْلَهَا فَتْحَةٌ، فَتَكُونُ فِي الاسْتِثْقَالِ مِثْلَهَا فِي أُمَيَّةَ، فَمَنِ اسْتَثْقَلَهَا قَالَ: مُحَوِيٌّ كَمَا قَالَ: أُمَوِيٌّ، وَمَنْ لَمْ يَسْتَثْقِلْهَا قَالَ: مُحَيِّيٌّ كَمَا قَالَ: أُمَيِّيٌّ.

فَصْلٌ: وَتَقُولُ فِي غَزْوٍ وَظَبْيٍ

مِمَّا آخِرُهُ يَاءٌ أَوْ وَاوٌ مِنَ الثُّلاثِيِّ السَّاكِنِ الْحَشْوِ: غَزْوِيٌّ وَظَبْيِيٌّ بِلا خِلافٍ؛ إِذْ لا اسْتِثْقَالَ لِسُكُونِ مَا قَبْلَهُمَا؛ لأنَّ كُلَّ وَاحِدَةٍ مِنْهُمَا تَخِفُّ عِنْدَ سُكُونِ مَا قَبْلَهَا.

فَأَمَّا مَا لَحِقَتْهُ تَاءُ التَّأْنِيثِ فَفِيهِ خِلافٌ، مَذْهَبُ سِيبَوَيْهِ وَالْخَلِيلِ أَنَّهُ فِي حُكْمِ الأوَّلِ الَّذِي لا تَاءَ فِيهِ، فَيَقُولانِ فِي غَزْوَةٍ وَظَبْيَةٍ: غَزْوِيٌّ وَظَبْيِيٌّ أَيْضًا؛ لأنَّهُ سَاكِنُ الأوْسَطِ، فَاسْتُخِفَّ، وَمَذْهَبُ يُونُسَ غَزَوِيٌّ وَظَبَوِيٌّ بِفَتْحِ الأوْسَطِ، وَلَهُ شُبْهَتَانِ:

إِحْدَاهُمَا: أَنَّ الْعَرَبَ تَقُولُ فِي النَّسَبِ إِلَى بَنِي زِينَةٍ وَقَرْيَةٍ: زَنَوِيٌّ وَقَرَوِيٌّ، وَهُوَ مَحَلُّ الْخِلافِ كَالأوَّلِ، فَيَكُونُ فِي حَيِّزِ الْمَنْعِ، فَوَجَبَ إِلْحَاقُ ذَلِكَ بِهِ.

وَثَانِيهُمَا: أَنَّهُمْ يَكْرَهُونَ الثِّقَلَ بِاجْتِمَاعِ الْيَاءَاتِ فِي الْمُؤَنَّثِ كَمَا كُرِهَ ذَلِكَ فِي نَحْوِ: كَرِيمَةٍ، وَلَمْ يُكْرَهْ فِي نَحْوِ: كَرِيمٍ، وَإِذَا كُرِهَ اجْتِمَاعُ الْيَاءَاتِ قُلِبَتِ الْيَاءُ الأولَى وَاوًا وَحُرِّكَ مَا قَبْلَهَا بِالْفَتْحِ كَمَا قُلْنَاهُ فِي يَدَوِيٍّ.

وَمَذْهَبُ سِيبَوَيْهِ أَوْلَى، وَمَا ذَكَرَهُ مِنَ الْمَسْمُوعِ نَادِرٌ لا يَنْبَغِي أَنْ يُجْعَلَ أَصْلا، وَالاسْتِثْقَالُ الَّذِي يُشِيرُ إِلَيْهِ غَيْرُ مُعْتَدٍّ بِهِ لِمُخَالَفَةِ أَكْثَرِ النَّسَبِ فِيهِ، ثُمَّ هُوَ بَاطِلٌ بِبَنَاتِ الْوَاوِ؛ إِذْ لا تُسْتَثْقَلُ حَتَّى يُفْتَحَ مَا قَبْلَهَا، وَلِذَلِكَ عَذَرَهُ الْخَلِيلُ فِي بَنَاتِ الْيَاءِ دُونَ بَنَاتِ الْوَاوِ لَمَّا كَانَتْ شُبْهَةُ الاسْتِثْقَالِ مُخْتَصَّةً بِهَا[١].

---

(١) وإن كانت الكلمة على أكثر من ثلاثة صحت المفتوح ما قبلها نحو غزو، وانقلبت المكسور ما

فَإِنْ كَانَ وَسَطُ الْكَلِمَةِ يَاءً أَيْضًا؛ كَقَوْلِكَ: طَيٌّ وَكَيٌّ نَظَرْتَ إِلَى أَصْلِ الْيَاءِ الأولَى فَرَدَدْتَهَا إِلَيْهِ مُتَحَرِّكَةً، وَقَلَبْتَ الثَّانِيَةَ وَاوًا، فَتَقُولُ فِي طَيٍّ: طَوَوِيٌّ، وَلَيْسَ هَذَا مِثْلَ قَوْلِكَ: طَيِّيٌّ؛ لأَنَّهُ لَوْ قِيلَ فِيهِ: طَيِّيٌّ لأَدَّى إِلَى اجْتِمَاعِ أَرْبَعِ يَاءَاتٍ وَكَسْرَةٍ مَعَ قِلَّةِ حُرُوفِ الْكَلِمَةِ، وَفِي حَيَّةٍ: حَيَوِيٌّ.

فَإِنْ كَانَ الاسْمُ فِي آخِرِهِ وَاوٌ مُشَدَّدَةٌ بَقَّيْتَهُ عَلَى حَالِهِ، وَجَرَى مُجْرَى غَزْوٍ، فَقُلْتَ فِي دَوٍّ: دَوِّيٌّ؛ إِذْ لا يَاءَاتٍ مُجْتَمِعَةٌ.

قَالَ: فَإِنْ نَسَبْتَ إِلَى اسْمٍ آخِرُهُ يَاءٌ مُشَدَّدَةٌ مَعَ ثَلاثَةِ أَحْرُفٍ فَصَاعِدًا نَظَرْتَ هَلْ هُمَا زَائِدَتَانِ أَوْ لا؟، فَإِنْ كَانَتِ الثَّانِيَةُ أَصْلِيَّةً كُنْتَ فِيهَا بِالْخِيَارِ إِنْ شِئْتَ شَبَّهْتَهَا بِيَاءِ غَنِيٍّ، فَتَقُولُ: مَرْمَوِيٌّ كَمَا قُلْتَ: غَنَوِيٌّ، وَإِنْ شِئْتَ شَبَّهْتَهَا لِزِيَادَتِهَا عَلَى الثَّلاثَةِ بِيَاءِ مِصْرِيٍّ إِذَا نَسَبْتَ إِلَيْهِ، فَتَحْذِفُهَا فَتَقُولُ فِيهِ: مَرْمِيٌّ، فَالْيَاءُ فِي مَرْمِيٍّ يَاءُ النِّسْبَةِ، وَتِلْكَ الْيَاءُ حُذِفَتِ اسْتِثْقَالا لَهَا مَعَ يَاءِ النَّسَبِ.

وَإِنْ كَانَتِ الْيَاءُ الْمُشَدَّدَةُ مَزِيدَةً حَذَفْتَهَا لا غَيْرُ؛ إِذْ لا وَجْهَ فِي تَشْبِيهِهَا بِغَنِيٍّ لِزِيَادَتِهَا، فَتَقُولُ فِي كُرْسِيٍّ: كُرْسِيٌّ، وَشَافِعِيٍّ: شَافِعِيٌّ، وَتَمِيمِيٍّ: تَمِيمِيٌّ.

(وَفِي بَخَاتِيَّ اسْمَ رَجُلٍ: بَخَاتِيٌّ).

وَقَوْلُهُ: (اسْمَ رَجُلٍ) احْتِرَازٌ مِنْهُ إِذَا كَانَ جَمْعًا، فَإِنَّكَ تَرُدُّهُ إِلَى الْوَاحِدِ، فَتَقُولُ: بُخْتِيٌّ عَلَى قِيَاسِ الْجُمُوعِ، فَلِذَلِكَ قَالَ: (اسْمَ رَجُلٍ)، وَالَّذِي يَدُلُّكَ عَلَى أَنَّ هَذِهِ الْيَاءَ هِيَ يَاءُ النَّسَبِ، وَأَنَّ الْيَاءَ الَّتِي كَانَتْ فِيهِ هِيَ الْمَحْذُوفَةُ أَنَّكَ تَقُولُ قَبْلَ النَّسَبِ: بَخَاتِيُّ غَيْرُ مَصْرُوفٍ، فَإِذَا نَسَبْتَ، قُلْتَ: بَخَاتِيٌّ مَصْرُوفٌ، وَلَوْ كَانَتْ هِيَ الْيَاءَ الأَصْلِيَّةَ لَكَانَ

=

قبلها ياء وجوبا كغزى - على وزن فلز والمضموم ما قبلها جازا في المذكر المفرد نحو غزو، وغزى، كعتو وعتى، ووجوبا في الجمع كدلى وإن اجتمع ثلاث واوات فإن كانت الأخيرة لاما: فإما أن تكون الأولى مدغمة في الثانية أو الثانية في الثالثة أو ليس شئ منها مدغما في شيء، ففي الأول تقلب الثالثة ألفا إن انفتح ما قبلها كقوى والمقوى، وياء إن انكسر كيقوى والمقوى، أو انضم كقو على وزن برثن من القوة، وفي الثاني تقلب المشددة ياء مشددة: انفتح ما قبلها كقوى - على وزن هجف أو قمطر - أو انكسر كقوى - على وزن فلز - أو انضم كقوى - على وزن قمد - بكسر ذلك الضم، فيجوز كسر الفاء اتباعا كعتى وذلك لثقل الواوات المتحرك ما قبلها بخلاف نحو حيى فإن الياء أخف، وكذا إذا كانت أولى الواوات ثالثة الكلمة وتحرك ما قبلها نحو غزوى - على وزن حلكوك - فإن سكن ما قبلها: فان انفتحت الأولى سلم الجميع، نحو غزوو - على وزن قرشب أو قرطعب. شرح الشافية ١٩٥/٣.

عَلَى حَالِهِ.

وَمَا كَانَ آخِرُهُ هَمْزَةً قَبْلَهَا أَلِفٌ نَظَرْتَ، فَإِنْ كَانَتْ أَلِفَ التَّأْنِيثِ قَلَبْتَهَا وَاوًا كَحَمْرَاوِيٍّ، وَإِنْ كَانَتْ غَيْرَهَا سَاغَ فِيهِ الْوَجْهَانِ عَلَى مَا ذَكَرْنَاهُ فِي التَّثْنِيَةِ مِنْ إِبْقَائِهَا وَقَلْبِهَا، وَهَذَا أَوْلَى مِنْ قَوْلِهِ: (إِنْ كَانَ مُنْصَرِفًا)؛ لأَنَّكَ لَوْ سَمَّيْتَ بِكِسَاءٍ امْرَأَةً كَانَ غَيْرَ مُنْصَرِفٍ، وَلا يَجِبُ قَلْبُ الْهَمْزَةِ، فَكَانَ التَّنْبِيهُ عَلَى أَنَّهُ لا تُقْلَبُ إِلا إِذَا كَانَ أَلِفَ تَأْنِيثٍ أَوْلَى مِنَ اعْتِبَارِ الصَّرْفِ وَعَدَمِهِ، لِئَلا يُؤَدِّي إِلَى دُخُولِ كِسَاءٍ وَشِبْهِهِ إِذَا سَمَّيْتَ بِهِ امْرَأَةً فِيمَا يَجِبُ قَلْبُهُ؛ لأَنَّهُ غَيْرُ مُنْصَرِفٍ حِينَئِذٍ.

(وَتَقُولُ فِي سِقَايَةٍ وَعَظَايَةٍ) إِلَى آخِرِهِ.

سِقَائِيٌّ وَعَظَائِيٌّ بِالْهَمْزِ؛ لأَنَّهُمْ لَوْ بَقَّوْهَا يَاءً لَجَمَعُوا بَيْنَ يَاءَاتٍ بَعْدَ أَلِفٍ زَائِدَةٍ، وَهُمْ يَكْرَهُونَ الْيَاءَ بَعْدَ الأَلِفِ الزَّائِدَةِ وَإِنِ انْفَرَدَتْ، فَكَيْفَ بِهَا وَقَدْ صَارَ بَعْدَهَا يَاءَانِ أُخْرَيَانِ.

فَإِنْ قِيلَ: قَدْ قَالُوا: سِقَايَةٌ فَأَقَرُّوا الْيَاءَ لَمَّا جَعَلُوا التَّاءَ فِي حُكْمِ الْمُتَّصِلَةِ، فَيَاءُ النَّسَبِ أَجْدَرُ بِالاتِّصَالِ لِتَغْيِيرِهَا مَعْنَى الاسْمِ عَلَى مَا تَقَدَّمَ.

فَالْجَوَابُ أَنَّهَا فِي النَّسَبِ انْكَسَرَتْ، فَلا يَلْزَمُ مِنْ صِحَّتِهَا مَفْتُوحَةً صِحَّتُهَا مَكْسُورَةً.

وَالآخَرُ: أَنَّهَا فِي النَّسَبِ اجْتَمَعَتْ مَعَ يَاءَيْنِ أُخْرَيَيْنِ فَقَوِيَ الاسْتِثْقَالُ.

وَالآخَرُ: أَنَّ صِحَّتَهَا فِي سِقَايَةٍ شَاذٌّ، فَلا يَلْزَمُ مِنْ شُذُوذِهِ مَعَ التَّأْنِيثِ شُذُوذُهُ مَعَ يَاءِ النَّسَبِ.

فَإِنْ قِيلَ: فَلِمَ لَمْ يَقُولُوا: سِقَاوِيٌّ، فَيَقْلِبُونَهَا وَاوًا كَمَا قَلَبُوا فِي شَقَاوِيٍّ إِذَا نَسَبُوا إِلَى الشَّقَاءِ؟

قُلْتُ: لَمَّا كَرِهُوا اجْتِمَاعَ الْيَاءَاتِ هَاهُنَا قَدَّرُوهَا مُتَطَرِّفَةً بَعْدَ أَلِفٍ زَائِدَةٍ، فَقَلَبُوهَا هَمْزَةً عَلَى قِيَاسِهَا، ثُمَّ لَمْ يَقْلِبُوهَا وَاوًا؛ لأَنَّهُ وَجَبَ قَلْبُهَا هَمْزَةً لاجْتِمَاعِهَا مَعَ النَّسَبِ، وَهُمْ إِنَّمَا يَقْلِبُونَ الْهَمْزَةَ وَاوًا إِذَا كَانَتْ هَمْزَةً قَبْلَ يَاءِ النَّسَبِ، فَلَمَّا لَمْ تَكُنْ هَذِهِ هَمْزَةً قَبْلَ يَاءِ النَّسَبِ لَمْ يَكُنْ لِقَلْبِهَا وَاوًا مَعْنًى، فَوَجَبَ أَنْ تَكُونَ هَمْزَةً عَلَى مَا ذُكِرَ[1].

---

(١) وإذا بنيت مثل عفرية من غزوت قلت: غزوية، والأصل غزوة، ومن الرمي رميية، ولا يجوز الإدغام كما في أحيية، مع لزوم التاء في الموضعين، لأن رميية كعفرية، وهو ملحق بزبرجة، وأحيية ليس ملحقا، كذا قيل، والأولى أن هذا البناء ليس للالحاق كما مر، ولو جمعت هبيا على فعالل قلت: هباي كدواب، ولو بنيت على فعاليل من رميت قلت: رمايي، ويجوز رماوي،

وَتَقُولُ فِي شَقَاوَةٍ: شَقَاوِيٌّ، وَكَذَلِكَ مَا أَشْبَهَهُ؛ لأنَّهُ لَمْ يَجْتَمِعْ فِيهِ يَاءَاتٌ مُسْتَثْقَلَةٌ؛ إِذْ آخِرُهُ وَاوٌ، فَبَقِيَتْ عَلَى حَالِهَا، وَلَمْ تُقْلَبْ هَمْزَةً؛ لأنَّهَا قَدْ ثَبَتَتْ مَعَ تَاءِ التَّأْنِيثِ، وَهِيَ أَوْلَى بِالانْفِصَالِ، فَثَبَاتُهَا مَعَ يَاءِ النَّسَبِ أَجْدَرُ.

وَتَقُولُ فِي رَايَةٍ وَثَايَةٍ وَشِبْهِهِمَا مِمَّا وَقَعَتْ فِيهِ الْيَاءُ بَعْدَ أَلِفٍ لَيْسَتْ بِزَائِدَةٍ: رَايِيٌّ، وَرَائِيٌّ، وَرَاوِيٌّ.

أَمَّا رَايِيٌّ بِالْيَاءِ؛ فَلأنَّهُ لَمْ تَقَعْ فِيهِ بَعْدَ أَلِفٍ زَائِدَةٍ، فَلَمْ تُسْتَثْقَلِ اسْتِثْقَالَ سِقَايِيٌّ، بَلْ أُجْرِيَتْ مُجْرَى ظَبْيِيٍّ؛ لأنَّهَا مِثْلُهُ، فَتُرِكَتْ عَلَى حَالِهَا، وَلَمْ تُجْرَ مُجْرَى طَوَوِيٍّ فِي رَدِّ الْعَيْنِ إِلَى أَصْلِهَا لِمَا يَلْزَمُ مِنْ كَثْرَةِ التَّغْيِيرِ مِنْ غَيْرِ حَاجَةٍ، بِخِلافِ طَيِّيٍّ، فَإِنَّهُ لَوْ تُرِكَ عَلَى حَالِهِ لاجْتَمَعَ أَرْبَعُ يَاءَاتٍ.

وَأَمَّا رَائِيٌّ بِالْهَمْزَةِ؛ فَلأنَّهُ اجْتَمَعَتْ فِيهِ يَاءَاتٌ قَبْلَ قَلْبِ الْيَاءِ هَمْزَةً مَعَ وُقُوعِ إِحْدَى الْيَاءَاتِ بَعْدَ صُورَةِ الأَلِفِ، فَأَشْبَهَ سِقَايَةً، وَالْيَاءُ إِذَا اسْتُثْقِلَتْ بَعْدَ الأَلِفِ فَالْوَجْهُ قَلْبُهَا هَمْزَةً.

وَأَمَّا رَاوِيٌّ بِالْوَاوِ؛ فَلأنَّهُمْ لَمَّا اسْتَثْقَلُوا الْيَاءَاتِ فِيمَا قَلَّتْ حُرُوفُهُ، وَمَا قَبْلَهُ فِي حُكْمِ الْمُتَحَرِّكِ قَلَبُوهَا وَاوًا، كَمَا فَعَلُوا فِي رَحَوِيٍّ، وَقِيَاسُ الْيَاءِ إِذَا اسْتُثْقِلَتْ فِي النَّسَبِ أَنْ تُقْلَبَ وَاوًا، كَمَا قَالُوا: عَمَوِيٌّ وَشَجَوِيٌّ، وَبَابُهُ.

قَوْلُهُ: (وَمَا كَانَ عَلَى حَرْفَيْنِ عَلَى ثَلاثَةِ أَضْرُبٍ) إِلَى آخِرِهِ.

قَالَ رَضِيَ اللهُ عَنْهُ: وَقَدْ ضَبَطَ بَعْضُهُمْ بِأَنَّ كُلَّ مَوْضِعٍ رُدَّ فِي التَّثْنِيَةِ وَجَبَ الرَّدُّ فِي النَّسَبِ، وَكُلَّ مَوْضِعٍ لَمْ يُرَدَّ فِي التَّثْنِيَةِ جَازَ الْوَجْهَانِ، وَكُلَّ مَوْضِعٍ كَانَ الْمَحْذُوفُ غَيْرَ لازِمٍ لا يَجُوزُ الرَّدُّ، وَلَيْسَ بِجَيِّدٍ؛ لأنَّهُ رَدٌّ إِلَى عَمَايَةٍ؛ إِذْ لا يُعْرَفُ مَا الَّذِي يُرَدُّ فِي التَّثْنِيَةِ حَتَّى يُرَدَّ فِي النَّسَبِ.

وَمِنْهُمْ مَنْ قَالَ: كُلُّ مَا كَانَ الْمَحْذُوفُ غَيْرَ يَاءٍ فِي مَوْضِعِ اللامِ مُتَحَرِّكَ الأَوْسَطِ، وَلَمْ يُعَوَّضْ مِنْهُ هَمْزَةُ وَصْلٍ فَهُوَ وَاجِبُ الرَّدِّ، وَكَذَلِكَ مَا كَانَ الْمَحْذُوفُ مِنْهُ فَاءً مُعْتَلَّ اللامِ، وَمَا كَانَ الْمَحْذُوفُ مِنْهُ غَيْرَ لامٍ مِمَّا لَيْسَ بِمُعْتَلِّ اللامِ، فَإِنَّهُ لا يُرَدُّ، وَمَا سِوَى ذَلِكَ جَائِزٌ فِيهِ الأَمْرَانِ، وَاحْتَرَزَ بِقَوْلِهِ: (مَا كَانَ الْمَحْذُوفُ غَيْرَ يَاءٍ) فِي الْقِسْمِ الأَوَّلِ مِنْ دَمٍ، فَإِنَّ أَصْلَهُ عِنْدَ الْمُبَرِّدِ دَمَيٌ، وَيَجُوزُ فِي النَّسَبِ إِلَيْهِ وَجْهَانِ، فَلَوْ لَمْ يَقُلْ: (مَا آخِرُهُ

=

لاجتماع الياءات كما في سقاوي، ولا يجوز بالهمز، لعدم تطرف الياء. شرح الشافية ٣/٣١٠.

غَيْرَ يَاءٍ) لَوَرَدَ عَلَيْهِ وُجُوبُ دَمَوِيٍّ، وَلَيْسَ بِوَاجِبٍ، وَعَلَى مَذْهَبِ سِيبَوَيْهِ لا يَحْتَاجُ إِلَى أَنْ يَقُولَ: (غَيْرَ يَاءٍ)؛ لأَنَّ أَصْلَ دَمٍ عِنْدَهُ دَمْيٌ، وَلِذَلِكَ قِيلَ فِي جَمْعِهِ: دِمَاءٌ كَدَلْوٍ وَدِلاءٍ، وَظَبْيٍ وَظِبَاءٍ، وَقَوْلُهُمْ:

.... الدَّمَيَان.........

و (يَقْطُرُ الدَّمَا) مِنْ بَيْتِ الْحَمَاسَةِ:

وَلَسْنَا عَلَى الأَعْقَابِ تَدْمَى كُلُومُنَا ... وَلَكِنْ عَلَى أَعْقَابِنَا يَقْطُرُ الدَّمَا

لا يَنْهَضُ لأَنَّهُ شَاذٌّ، فَلا اعْتِدَادَ بِهِ، فَبَقِيَ أَنْ يُقَالَ: فَقَدْ قِيلَ: أَصْلُهُ دَمْوٌ[١]، فَعَلَى هَذَا يَجِيءُ اعْتِرَاضًا عَلَى الْقَوْلَيْنِ جَمِيعًا، وَالْجَوَابُ: أَنَّهُ لا اعْتِدَادَ بِهَذَا الْقَوْلِ، فَإِنَّهُ مُخَالِفٌ لِلظَّاهِرِ، فَإِنَّ بَابَ الْيَاءِ أَكْثَرُ مِنْ بَابِ الْوَاوِ، فَرَدُّهُ إِلَى الْوَاوِ لا حَاجَةَ إِلَيْهِ مَعَ جَوَازِ أَنْ يَكُونَ مِنَ الْيَاءِ، وَهَذَا الْقَائِلُ يَزْعُمُ أَنَّ الْيَاءَ فِي دَمِيَ لأَجْلِ الْكَسْرَةِ مِثْلُ رَضِيَ، وَلَوْلا أَنَّ الْوَاوَ فِي (رَضِيَ) ثَابِتَةٌ بِحُجَّةٍ، وَهُوَ قَوْلُهُمْ: الرِّضْوَانُ، لَمْ يَحْسُنْ أَنْ يُقَالَ: هِيَ مُنْقَلِبَةٌ عَنْ وَاوٍ، فَلا يَحْسُنُ فِي (دَمِيَ) ذَلِكَ بِلا دَلِيلٍ عَلَيْهِ، وَإِنَّمَا وَجَبَ الرَّدُّ فِي الْقِسْمِ الأَوَّلِ عَلَى تَقْدِيرِ صِحَّةِ قَوْلِ الْمُبَرِّدِ فِي دَمٍ؛ لأَنَّهُ مُتَحَرِّكُ الأَوْسَطِ مَحْذُوفٌ مِنْهُ لامٌ غَيْرُ يَاءٍ، فَيَنْبَغِي أَنْ يُرَدَّ؛ لأَنَّهُ مَوْضِعٌ يَقْبَلُ التَّغْيِيرَ بِالرَّدِّ مِنْ غَيْرِ ثِقَلٍ، وَلا يَلْزَمُ دَمَوِيٌّ؛ لأَنَّهُ مَحْذُوفٌ مِنْهُ يَاءٌ، فَلَوْ أَوْجَبُوا الرَّدَّ لأَوْجَبُوا تَغْيِيراً كَثِيراً، وَهُوَ رَدُّ الْيَاءِ وَقَلْبُهَا إِلَى الْوَاوِ، وَلا يَلْزَمُ مِنْ وُجُوبِ تَغْيِيرٍ لِمَعْنَى وُجُوبُ تَغْيِيرَيْنِ.

وَأَمَّا مَذْهَبُ سِيبَوَيْهِ فَلا يَحْتَاجُ إِلَى الاحْتِرَازِ مِنْ دَمٍ؛ إِذْ أَصْلُهُ دَمْيٌ عَلَى مَا تَقَدَّمَ، فَقَصَدُوا أَنْ يُعَوِّضُوا فِيمَا كَانَ مُتَحَرِّكَ الأَوْسَطِ عِوَضًا مِنْ حَرَكَتِهِ، وَلَيْسَ لِدَمٍ عِنْدَهُ حَرَكَةٌ فِي الْوَسَطِ حَتَّى يَجِبَ التَّعْوِيضُ.

قَوْلُهُ: (وَمِنْ ذَلِكَ سَتَهِيٌّ فِي سَتٍ).

وَوَقَعَ فِي بَعْضِ النُّسَخِ فِي (اسْتٍ)، وَلَيْسَ بِجَيِّدٍ؛ لأَنَّ اسْتًا يَجُوزُ فِيهِ الْوَجْهَانِ: اسْتِيٌّ وَسَتَهِيٌّ؛ لِجَرْيِهِ عَلَى قِيَاسِ مَا يَجُوزُ فِيهِ الأَمْرَانِ، وَأَمَّا سَتٌ فَأَصْلُهُ سَتَهٌ، فَهُوَ قِيَاسُ مَا يَجِبُ فِيهِ الرَّدُّ، فَوَجَبَ أَنْ يَكُونَ سَتَهِيًّا.

(١) قال: فإن قيل قد جاء يديان كدميان، مع أن (يد) ساكنة العين اتفاقا، فالجواب: أنه مثنى (يدي) وهي لغة في يد، لا مثنى يد، قلت: ولسيبويه، أيضا، أن يقول: دما، لغة في دم، كيدي لغة في يد، والمشهور أن يدا، في الأصل ساكن العين، لأن الأصل السكون ولا يحكم بالحركة إلا بثبت، ولم يستبعد السيرافي أن يكون أصل يد، فعل متحرك العين. شرح الشافية ٣٥٧/٣.

وَأَمَّا الْقِسْمُ الآخَرُ الَّذي يَجِبُ فِيهِ الرَّدُّ فَهُوَ أَنْ يَكُونَ مُعْتَلَّ اللامِ وَالْفَاءِ؛ نَحْوُ: شِيَةٍ، فَإِنَّهُمْ كَرِهُوا أَنْ لا يَرُدُّوا، فَيَكُونُوا بَيْنَ ثِقَلٍ أَوْ ارْتِكَابِ تَغْيِيرَاتٍ عَلَى غَيْرِ قِيَاسِ النَّسَبِ، فَرَدُّوا فَقَالُوا: وِشَوِيٌّ، وَأَبُو الْحَسَنِ يَقُولُ: وِشْيِيٌّ، وَوَجْهُهُ أَنَّهُ لَمَّا رَدَّ الْوَاوَ رَجَعَتِ الْكَلِمَةُ إِلَى أَصْلِهَا، فَصَارَتْ وِشْيَةً، وَلَوْ نَسَبْتَ إِلَى وِشْيَةٍ لَقُلْتَ: وِشْيِيٌّ عِنْدَ الْمُخَالِفِ، فَكَذَلِكَ هَاهُنَا؛ وَلِذَلِكَ قَالَ فِي الْقِسْمِ الثَّانِي: يَدْيِيٌّ وَغَدْوِيٌّ، فَأَسْكَنَ لِهَذَا التَّعْلِيلِ، وَالْوَجْهُ غَيْرُهُ؛ لأَنَّهُ تَغْيِيرٌ لأَجْلِ النَّسَبِ، فَكَانَ قِيَاسُهُ الْقَلْبَ وَفَتْحَ مَا قَبْلَ الآخِرِ؛ كَعَمَوِيٍّ وَشَجَوِيٍّ وَشِبْهِهِمَا، وَحَمْلُهُ فِي النَّسَبِ عَلَى ظَبْيٍ وَغَزْوٍ لَيْسَ بِجَيِّدٍ؛ إِذْ لَيْسَ ذَاكَ بِتَغْيِيرٍ فِي النَّسَبِ، بَلْ إِبْقَاءُ الْيَاءِ عَلَى مَا كَانَتْ، وَلِذَلِكَ إِنَّ يُونُسَ لَمَّا خَالَفَ بِتَغْيِيرِ الْيَاءِ فِي ظَبْيَةٍ فِي النَّسَبِ لَمْ يُمْكِنْهُ أَنْ يَقُولَ إِلا ظَبَوِيًّا، فَثَبَتَ أَنَّ قِيَاسَ تَغْيِيرِهِمْ فِي النَّسَبِ أَنْ يَقْلِبُوا الْيَاءَ وَاوًا وَيَفْتَحُوا مَا قَبْلَهَا، فَلِذَلِكَ كَانَ يَدَوِيٌّ وَوِشَوِيٌّ أَوْلَى مِنْ يَدْيِيٍّ وَوِشْيِيٍّ.

وَأَمَّا مَا لا يَجُوزُ فِيهِ الرَّدُّ فَهُوَ أَنْ يَكُونَ الْمَحْذُوفُ مِنْ غَيْرِ مَوْضِعِ التَّغْيِيرِ مِمَّا لَيْسَ مِثْلَ شِيَةٍ.

كَقَوْلِكَ: عِدِيٌّ وَزِنِيٌّ؛ لأَنَّ الْمَحْذُوفَ فِي مَوْضِعٍ لَيْسَ مَوْضِعَ تَغْيِيرٍ، فَلَمْ يَجُزِ الرَّدُّ، وَلا يَلْزَمُ عَلَيْهِ شِيَةٌ لِمَا ذَكَرْنَاهُ لِمَا يُؤَدِّي مِنَ الإِخْلالِ، وَقَدْ جَاءَ عَنْ بَعْضِ الْعَرَبِ زِيَادَةُ وَاوٍ بَعْدَ الْعَيْنِ فِي مِثْلِ عِدِيٍّ، فَيَقُولُونَ: عِدَوِيٌّ كَأَنَّهُمْ لَمَّا تَعَذَّرَ عَلَيْهِمْ الرَّدُّ فِي مَوْضِعِ الْحَذْفِ؛ إِذْ لَيْسَ مَوْضِعَ التَّغْيِيرِ، قَلَبُوا إِلَى مَوْضِعِ التَّغْيِيرِ، أَوْ زَادُوا فِي مَوْضِعِ التَّغْيِيرِ.

قَوْلُهُ: (وَمِنْ ذَلِكَ سَهِيٌّ فِي سَهٍ).

يُعْنِي: مِمَّا لا يَجُوزُ فِيهِ الرَّدُّ؛ لأَنَّ أَصْلَهُ سَتَهٌ، فَالْمَحْذُوفُ مِنْهُ عَيْنٌ، وَلَمْ يَجُزِ الرَّدُّ عَلَى مَا ذُكِرَ فِي عِدَةٍ[1].

وَأَمَّا الْقِسْمُ الثَّالِثُ، وَهُوَ مَا عَدَا هَذَيْنِ الْقِسْمَيْنِ عَلَى التَّفْصِيلِ الْمَذْكُورِ أَوَّلا؛

---

(١) إِذَا نُسِبَ إِلَى مَا حُذِفَتْ فَاؤُهُ أَو عَيْنُه رُدَّتْ وُجُوباً إذا كانَتْ اللامُ مُعْتَلَّةً كـ "شِيَة" أَصلُها "وِشْيَة" و"يرَى" عَلَماً أصله "يَرأَى" فتقولُ في "شِيَة" "وِشَوِيّ" لأنَّنا لَمَّا رَدَدْنا الوَاوَ صَارَتْ الواوُ الشِّينُ مَكْسورتَين فَقُلِبَت الثَّانِيةُ فَتْحَةً كَمَا نَفعَلُ في "إبِل" و"أَبَلِيّ" وقَلَبْنا اليَاءَ أَلفاً ثُمَّ الأَلفَ وَاواً.
وتقولُ في "يَرَى" عَلَماً "يَرَئِيّ" بفَتْحَتَين فكَسرة، بِنَاء على إبْقَاءِ الحَرَكَةِ بَعْدَ الرَّاءِ لأَنَّه يصِيرُ "يَرْأَى" بِوَزْن جَمزَى، فَيجِبْ حِينئذ حَذفُ الألف.
وعن أَبِي الحَسَن "يَرْئِيٌّ" أو "يرْأَوِيّ" كما تقول: "مَلْهِيّ" أو "مَلْهَوِيّ" ويمتَنِعُ الرَّدُ في غيرِ ذلك فتَقُول في "سَهْ" أَصْلُها "سَتَه" فما حُذِفتْ عَيْنُه "سَهِيٌّ" لا "سَتَهِيٌّ" وتَقُولُ في "عِدَة" أَصْلُها "وِعْدَة" "عِدِيٌّ" لا "وَعْدِيّ" لأنَّ لامَهُمَا صَحِيحةٌ.
معجم القواعد العربية ٣١/٣.

كَقَوْلِكَ: غَدِيٌّ وَغَدَوِيٌّ وَأَخَوَاتِه مِمَّا الْمَحْذُوفُ مِنْهُ لامٌ سَاكِنَ الْوَسَطِ، أَوْ مُعَوَّضًا عِنْدَ سِيبَوَيْهِ أَوْ مُتَحَرِّكَهُ، وَالْمَحْذُوفُ يَاءٌ عِنْدَ الْمُبَرِّدِ عَلَى مَا تَقَدَّمَ، وَلَمْ يُعَوَّضْ، وَمَهْمَا رَدَدْتَ وَثَمَّةَ عِوَضٌ وَجَبَ حَذْفُ الْعِوَضِ؛ إِذْ لا يَجُوزُ جَمْعُ الْعِوَضِ وَالْمُعَوَّضِ، فَتَقُولُ: سِمَوِيٌّ، وَمَهْمَا لَمْ تَرُدَّ وَجَبَ إِثْبَاتُ الْعِوَضِ؛ لأَنَّهُ ثَابِتٌ قَبْلَ النَّسَبِ، فَأَوْلَى أَنْ يَثْبُتَ فِي النَّسَبِ، فَتَقُولُ: اسْمِيٌّ.

قَوْلُهُ: (وَتَقُولُ فِي بِنْتٍ وَأُخْتٍ: بَنَوِيٌّ وَأَخَوِيٌّ عِنْدَ الْخَلِيلِ وَسِيبَوَيْهِ).

لأَنَّ التَّاءَ فِيهَا مَعْنَى التَّأْنِيثِ، فَكَانَ الْقِيَاسُ لَهُ فِي النَّسَبِ حَذْفُهَا، وَإِذَا حَذَفْتَ وَجَبَ رَدُّ الْمَحْذُوفِ، وَإِذَا كَانُوا قَدْ رَدُّوا فِي أَخٍ وَهُوَ غَيْرُ مُعَوَّضٍ قَبْلَ النَّسَبِ فَهُمْ لِلرَّدِّ عِنْدَ حَذْفِ الْعِوَضِ أَلْزَمُ، أَلا تَرَى أَنَّهُمْ فِي اسْمٍ لَمَّا حَذَفُوا مِنْهُ الْعِوَضَ وَجَبَ الرَّدُّ، فَقَالُوا: سِمَوِيٌّ، وَإِنْ كَانَ مِمَّا لا يَجِبُ الرَّدُّ فِيهِ لَوْ بَقِيَ عِوَضُهُ، فَأَخَوِيٌّ أَجْدَرُ؛ لأَنَّهُ مِمَّا يَجِبُ الرَّدُّ فِيهِ لَوْ لَمْ يَكُنْ مُعَوَّضًا.

وَأَمَّا يُونُسُ فَيَقُولُ: أُخْتِيٌّ إِجْرَاءً لِلتَّاءِ مُجْرَى حَرْفٍ أَصْلِيٍّ؛ لأَنَّهُ عِوَضٌ عَنْهُ.

وَمَذْهَبُ سِيبَوَيْهِ أَقْيَسُ؛ لأَنَّهُ لَوْ جَازَ أَنْ يُقَالَ: أُخْتِيٌّ لَجَازَ أَنْ يُقَالَ فِي التَّصْغِيرِ: أُخَيْتٌ، وَلَمَّا لَمْ يَجُزْ فِي التَّصْغِيرِ لَمْ يَجُزْ فِي النَّسَبِ، وَبَيَانُ الْمُلازَمَةِ هُوَ أَنَّهَا إِنَّمَا لَمْ تَثْبُتْ فِي التَّصْغِيرِ؛ لأَنَّهَا مُنَزَّلَةٌ مَنْزِلَةَ تَاءِ التَّأْنِيثِ، وَهُمْ لا يَعْتَدُّونَ بِتَاءِ التَّأْنِيثِ فِي مِثَالِ الْمُصَغَّرِ، فَكَذَلِكَ لَمْ يَعْتَدُّوا بِمَا كَانَ فِي مَعْنَاهُ، وَلِذَلِكَ لا تَكُونُ تَاءُ التَّأْنِيثِ قَبْلَ يَاءِ النَّسَبِ، فَكَذَلِكَ مَا كَانَ فِي مَعْنَاهَا.

(وَتَقُولُ فِي كِلْتَا: كِلْتِيٌّ، وَكِلَوِيٌّ).

وَوَقَعَ فِي بَعْضِ النُّسَخِ: (كِلْتِيٌّ وَكِلْتَوِيٌّ عَلَى الْمَذْهَبَيْنِ)، وَلَيْسَ بِمُسْتَقِيمٍ؛ لأَنَّ الْمَنْقُولَ مِنْ مَذْهَبِ سِيبَوَيْهِ وَالْقِيَاسِ جَمِيعًا كِلَوِيٌّ، فَلا وَجْهَ لِقَوْلِهِ: (كِلْتِيٌّ وَكِلْتَوِيٌّ عَلَى الْمَذْهَبَيْنِ)[1].

(١) قال السيرافي: من ذهب إلى أن التاء ليس فيه معنى التأنيث بل هو بدل من الواو كما في ست وأصله سدس وكما في تكلة وتراث قال كلتى، فيجئ على ما قال السيرافي كلتوى وكلتاوي أيضا كحبلوى وحبلاوي، وعند الجرمي أن ألف كلتا لام الكلمة، وليس التاء بدلا من اللام ولا فيه معنى التأنيث، فيقول: كلتوى كأعلوى وقوله مردود لعدم فعتل في كلامهم، وليس ليونس في كلتا قول، ولم يقل إنه ينسب إليه مع وجود التاء كما نسب إلى أخت وبنت، وليس ماجوز من النسب مع وجود التاء فيهما مطردا عنده في كل ما أبدل من لامه تاء حتى يقال إنه يلزمه كلتى وكلتوى وكلتاوى كحبلى وحبلوى وحبلاوى،، ولو كان ذلك عنده مطردا لقال منتى وهنتى أيضا

وَكِلْتَا عِنْدَ سِيبَوَيْهِ فِعْلَى أَصْلُهُ كِلْوَى، أُبْدِلَتِ الْوَاوُ تَاءً إِشْعَارًا بِالتَّأْنِيثِ، وَلَمْ يُكْتَفَ بِالألِفِ؛ لأنَّهَا تَنْقَلِبُ يَاءً فِي قَوْلِكَ: (رَأَيْتُ الْمَرْأَتَيْنِ كِلْتَيْهِمَا)، فَلَمَّا قَصَدُوا إِلَى النَّسَبِ لَمْ يَبْقَ لإِثْبَاتِ التَّاءِ وَجْهٌ فَحُذِفَتْ، فَلَمَّا حُذِفَتْ وَجَبَ أَنْ يُقَالَ: كِلَوِيٌّ بِتَحْرِيكِ اللامِ عَلَى مَا ذُكِرَ فِيمَا تَقَدَّمَ، وَوَجَبَ حَذْفُ الألِفِ كَرَاهَةَ اجْتِمَاعِ الْوَاوَيْنِ لَوْ قُلِبَتِ الألِفُ وَاوًا، عَلَى أَنَّ اللُّغَةَ الْفَصِيحَةَ فِي مِثْلِ حُبْلَى الحَذْفُ، فَهِيَ هَاهُنَا أَجْدَرُ، وَلِذَلِكَ الْتُزِمَ الحَذْفُ لِمَا ذَكَرْنَاهُ مِنَ الاسْتِثْقَالِ.

وَقِيَاسُ مَذْهَبِ يُونُسَ أَنْ يَقُولَ: كِلْتِيٌّ كَمَا تَقُولُ: حُبْلِيٌّ، وَكِلْتَوِيٌّ وَكِلْتَاوِيٌّ كَمَا تَقُولُ: حُبْلَوِيٌّ وَحُبْلاوِيٌّ.

وَمَذْهَبُ بَعْضِ النَّحْوِيِّينَ أَنَّ التَّاءَ لِلتَّأْنِيثِ غَيْرُ عِوَضٍ، وَأَنَّ الألِفَ لامٌ، وَوَزْنُهُ فِعْتَلٌ فَقِيَاسُ النَّسَبِ عَلَى قَوْلِ هَؤُلاءِ كِلْتَوِيٌّ عَلَى الأفْصَحِ وَكِلْتِيٌّ عَلَى غَيْرِ الأفْصَحِ، وَإِنْ كَانَ الْقَوْلُ فِي أَصْلِهِ لَيْسَ بِشَيْءٍ؛ إِذْ لا يُعْرَفُ فِعْتَلٌ فِي كَلامِهِمْ، فَإِنْ كَانَتِ التَّاءُ عِنْدَهُمْ لِلتَّأْنِيثِ فَهُوَ أَبْعَدُ لِوُقُوعِهَا مُتَوَسِّطَةً.

قَالَ: (وَيُنْسَبُ إِلَى الصَّدْرِ مِنَ الْمُرَكَّبَةِ)، إِلَى آخِرِهِ.

لأنَّ الثَّانِي مِنَ الاسْمَيْنِ بِمَنْزِلَةِ تَاءِ التَّأْنِيثِ، فَلِذَلِكَ وَجَبَ الحَذْفُ كَمَا تُحْذَفُ تَاءُ التَّأْنِيثِ، فَقِيلَ: بَعْلِيٌّ كَمَا يُقَالُ: طَلْحِيٌّ، وَيُقَالُ فِي (خَمْسَةَ عَشَرَ) اسْمًا: خَمْسِيٌّ، وَلا يُنْسَبُ إِلَيْهِ وَهُوَ عَدَدٌ كَرَاهَةَ اللَّبْسِ؛ لأنَّ النِّسْبَةَ إِلَى خَمْسَةٍ خَمْسِيٌّ، وَإِلَى خَمْسَةَ عَشَرَ خَمْسِيٌّ، فَلَوْ نُسِبَ إِلَيْهِ وَهُوَ عَدَدٌ لالْتَبَسَ، وَلا يَرِدُ رَجُلٌ سُمِّيَ بِخَمْسَةٍ، فَإِنَّ النَّسَبَ إِلَيْهِ خَمْسِيٌّ، فَيَقَعُ اللَّبْسُ، فَإِنَّ وُقُوعَ ذَلِكَ نَادِرٌ، وَالْعَدَدُ كَثِيرٌ، فَلا يَلْزَمُ مِنَ الامْتِنَاعِ مِمَّا يُؤَدِّي إِلَى اللَّبْسِ غَالِبًا الامْتِنَاعُ مِمَّا يُؤَدِّي إِلَى اللَّبْسِ بِتَقْدِيرٍ نَادِرٍ.

وَكَذَلِكَ (اثْنَا عَشَرَ)، وَيُنْسَبُ إِلَيْهِ اثْنِيٌّ، وَثَنَوِيٌّ؛ لأنَّ أَصْلَهُ ثَنَيٌ، قُلِبَتِ الْيَاءُ وَاوًا كَمَا تَقُولُ: اسْمِيٌّ وَسَمَوِيٌّ.

(وَمِنْهُ تَأَبَّطَ شَرًّا وَبَرَقَ نَحْرُهُ).

=

ولم يلزمه الخليل ما ألزمه، فقول المصنف " وعليه كلتوى وكلتي وكلتاوى " فيه نظر، إلا أن يريد أنك لو نسبت إليه تقديرا على قياس ما نسب يونس إلى أخت وبنت لجاز الاوجه الثلاثة قوله " متحرك الاوسط أصلا " أي في أصل الوضع قوله " والمحذوف هو اللام ولم يعوض همزة الوصل " شرط لوجوب الرد. شرح الشافية ٢٠.

فَتَقُولُ: تَأَبَّطِيٌّ وَبَرَقِيٌّ كَمَا تَقُولُ: مَعْدِيٌّ وَأَخَوَاتِهِ.

قَوْلُهُ: (وَالْمُضَافُ عَلَى ضَرْبَيْنِ: مُضَافٍ إِلَى اسْمٍ مَعْرُوفٍ يَتَنَاوَلُ مُسَمًّى عَلَى حِيَالِهِ)، إِلَى آخِرِهِ.

قَالَ الشَّيْخُ: إِذَا نَسَبْتَ إِلَى الْمُضَافِ نُظِرَ الْمُضَافُ إِلَيْهِ هَلْ قَصَدَ الْوَاضِعُ بِهِ مُسَمًّى مَقْصُودًا ثُمَّ أَضَافَ إِلَيْهِ الأَوَّلَ، أَوْ لا يَكُونُ الثَّانِي مَقْصُودًا قَصْدَهُ بِنِسْبَةِ الأَوَّلِ، فَإِذَا نُسِبَ إِلَى الأَوَّلِ حُذِفَ الْمُضَافُ فَقِيلَ: زُبَيْرِيٌّ فِي ابْنِ الزُّبَيْرِ؛ لأَنَّ الْمُضَافَ إِلَيْهِ - وَهُوَ الزُّبَيْرُ - مَقْصُودٌ بِمَدْلُولِهِ وَنِسْبَةِ الابْنِ إِلَيْهِ، وَإِذَا نُسِبَ إِلَى الثَّانِي حُذِفَ الْمُضَافُ إِلَيْهِ كَعَبْدِيٍّ فِي عَبْدِ الْقَيْسِ؛ لأَنَّهُ لَمْ يُقْصَدْ إِلَى الْقَيْسِ وَإِضَافَةِ عَبْدٍ إِلَيْهِمْ، وَإِنَّمَا حَذَفْتَ الثَّانِي هَاهُنَا؛ لأَنَّهُ لَمْ يُقْصَدْ بِهِ مَدْلُولٌ عَلَى حِيَالِهِ، فَتَنَزَّلَ مَنْزِلَةَ بَعْلَبَكَّ فِي أَنَّ الثَّانِي لَيْسَ لَهُ مَدْلُولٌ عَلَى حِيَالِهِ، فَيُفْعَلُ لَهُ مَا فُعِلَ بِذَلِكَ.

وَأَمَّا الْقِسْمُ الأَوَّلُ فَلَمْ يَجْرِ مُجْرَى بَعْلَبَكَّ؛ لأَنَّ الثَّانِي مَقْصُودٌ مُرَادٌ، وَلَمْ يُضَفْ إِلَيْهِ الأَوَّلُ إِلا لِقَصْدِ الْمَعْنَى فِيهِ، فَلَوْ نُسِبَ إِلَى الأَوَّلِ فِيهِ لَنُسِبَ إِلَى الأَعَمِّ وَتُرِكَ الأَخَصُّ، فَكَانَ مُلْبِسًا، وَكَانَ الْعَكْسُ أَوْلَى.

وَإِنْ وَرَدَ عَلَى ذَلِكَ الْكُنَى لِلأَطْفَالِ وَلِمَنْ لَيْسَ لَهُ وَلَدٌ، فَإِنَّهُ يُقْصَدُ فِيهِ بِالثَّانِي مُسَمًّى عَلَى حِيَالِهِ لانْتِفَاءِ ذَلِكَ فِي التَّحْقِيقِ، وَالنَّسَبُ فِيهِ إِلَى الثَّانِي.

فَالْجَوَابُ أَنَّ الْكُنَى أَصْلُهَا الْقَصْدُ إِلَى الثَّانِي، وَإِنَّمَا أُجْرِيَتْ فِي هَذِهِ الْمَوَاضِعِ تَفَاؤُلا، وَالْمُرَادُ بِهَا مَا هُوَ أَصْلُهَا، وَهُوَ أَنْ يَكُونَ الثَّانِي مُعَيَّنًا فَلِذَلِكَ جَرَتْ فِي هَذِهِ الْمَوَاضِعِ مُجْرَى وُقُوعِهَا فِي التَّحْقِيقِ، أَلا تَرَى أَنَّ ابْنَ الزُّبَيْرِ عَلَمٌ عَلَى عَبْدِ اللهِ، وَإِنْ لَمْ يُخْطِرِ السَّامِعُ بِبَالِهِ ابْنًا مَنْسُوبًا إِلَى رَجُلٍ مُسَمًّى بِالزُّبَيْرِ، فَالثَّانِي بِهَذَا التَّقْدِيرِ غَيْرُ مَقْصُودٍ بِهِ مُسَمًّى عَلَى حِيَالِهِ، وَهُوَ مَعَ ذَلِكَ يُنْسَبُ إِلَى الثَّانِي فِيهِ إِجْرَاءً لَهُ عَلَى قَضِيَّةِ الأَصْلِ؛ إِذْ أَصْلُ وَضْعِ ابْنِ الزُّبَيْرِ لِمَنْ وُضِعَ لَهُ ابْنٌ مَنْسُوبٌ إِلَى رَجُلٍ مُسَمًّى بِالزُّبَيْرِ، فَكَذَلِكَ الْكُنَى الْوَارِدَةُ اعْتِرَاضًا.

قَوْلُهُ: (وَقَدْ يُصَاغُ مِنْهُمَا اسْمٌ مَنْسُوبٌ فَيُنْسَبُ إِلَيْهِ).

وَهَذَا إِنَّمَا يُؤْخَذُ سَمَاعًا فِيمَا جَاءَ عَنْهُمْ.

قَالَ: (وَإِذَا نُسِبَ إِلَى الْجَمْعِ رُدَّ إِلَى الْوَاحِدِ) إِلَى آخِرِهِ.

قَالَ الشَّيْخُ: الْجَمْعُ الْمَنْسُوبُ لا يَخْلُو إِمَّا أَنْ يَكُونَ بَاقِيًا عَلَى مَعْنَى الْجَمْعِيَّةِ فِيهِ، أَوْ يَصِيرُ عَلَمًا بِوَضْعٍ أَوْ بِغَلَبَةٍ، فَإِذَا نُسِبَ إِلَى الأَوَّلِ وَجَبَ رَدُّهُ إِلَى الْوَاحِدِ؛ لأَنَّ الْغَرَضَ

مِنَ النَّسَبِ إِلَى الْجَمْعِ الدَّلالَةُ عَلَى أَنَّ بَيْنَهُ وَبَيْنَ هَذَا الْجِنْسِ مُلابَسَةً، وَهَذَا يَحْصُلُ بِالْمُفْرَدِ، فَيَقَعُ لَفْظُ الْجَمْعِ ضَائِعًا، وَأَمَّا الثَّانِي فَيَجِبُ بَقَاؤُهُ عَلَى لَفْظِهِ، إِذْ هَذَا الْمَعْنَى الَّذِي فَعَلَ مِنْ أَجْلِهِ الرَّدُّ إِلَى الْوَاحِدِ مُنْتَفٍ؛ لأَنَّهُ لَمْ يُقْصَدْ بِهِ قَصْدُ الْجَمْعِ، وَإِنَّمَا صَارَ الْمُرَادُ بِهِ كَالْمُرَادِ بِالأَعْلامِ لَقَبًا عَلَى مَا وُضِعَ لَهُ، فَتَقُولُ فِي النَّسَبِ إِلَى الْمَسَاجِدِ: مَسْجِدِيٌّ، وَفِي مَسَاجِدَ اسْمَ رَجُلٍ: مَسَاجِدِيٌّ؛ إِذْ لَوْ قُلْتَ: مَسْجِدِيٌّ لَمْ يَكُنْ لَهُ مَعْنًى، إِذْ لَيْسَ فِي مَسَاجِدَ دَلالَةٌ عَلَى مَسْجِدٍ بِخِلافِ الأَوَّلِ، وَكَذَلِكَ لَوْ كَانَ جَمْعًا فِي الأَصْلِ وَغُلِّبَ؛ لأَنَّهُ لَمَّا غُلِّبَ صَارَ عَلَمًا، فَلَمْ تَبْقَ الْجَمْعِيَّةُ مَلْمُوحَةً، بَلْ صَارَ يُفْهَمُ مَدْلُولُهُ، وَإِنْ لَمْ يَخْطُرْ كَوْنُهُ جَمْعًا بِالْبَالِ، فَوَجَبَ بَقَاؤُهُ عَلَى حَالِهِ كَبَقَاءِ الْجَمْعِ لَوْ سُمِّيَ بِهِ مُفْرَدٌ أَوِ الْمُفْرَدِ لَوْ سُمِّيَ بِهِ جَمْعٌ؛ لأَنَّهُ لا يُفْهَمُ مِنَ اللَّفْظِ جَمْعٌ، فَلِذَلِكَ نُسِبَ إِلَى الأَنْصَارِ أَنْصَارِيٌّ؛ لأَنَّهُ صَارَ عَلَمًا يُفْهَمُ مِنْهُ قَوْمٌ بِأَعْيَانِهِمْ، كَمَا يُفْهَمُ مَثَلا مِنْ قَوْلِكَ: الْخَزْرَجُ، فَوَجَبَ أَنْ يَكُونَ النَّسَبُ عَلَى اللَّفْظِ مِنْ غَيْرِ تَغْيِيرٍ، وَكَذَلِكَ أَعْرَابِيٌّ، بَلْ هُوَ فِي الأَعْرَابِ أَجْدَرُ؛ لأَنَّ الأَعْرَابَ لَمْ يَتَحَقَّقْ كَوْنُهُ جَمْعًا؛ لأَنَّهُ لَوْ كَانَ جَمْعًا لِعَرَبٍ لَكَانَ مَدْلُولُهُ فِي الْجَمْعِيَّةِ كَمَدْلُولِهِ فِي الْمُفْرَدَاتِ، وَلَيْسَ الأَمْرُ كَذَلِكَ، فَإِنَّ الْعَرَبَ اسْمٌ لِمَنْ عَدَا الْعَجَمَ مُطْلَقًا سَكَنَ الْبَادِيَةَ أَوْ الْحَاضِرَةَ، وَالأَعْرَابُ اسْمٌ لِمَنْ سَكَنَ الْبَادِيَةَ خَاصَّةً مِنْهُمْ، فَكَيْفَ يَكُونُ الْجَمْعُ - يَعْنِي: الأَعْرَابَ - أَخَصَّ مِنَ الْمُفْرَدِ - يَعْنِي: الْعَرَبَ -؟ هَذَا مِمَّا لا يَسْتَقِيمُ، وَلِذَلِكَ إِنَّهُ عَلَّلَ بَعْضُهُمْ امْتِنَاعَ عَرَبِيٌّ فِي النَّسَبِ إِلَى الأَعْرَابِ بِاخْتِلالِ الْمَعْنَى أَخْذًا مِنْ هَذَا، وَإِذَا كُنَّا قَدْ نَسَبْنَا إِلَى الأَنْصَارِ أَنْصَارِيٌّ مَعَ تَحَقُّقِ أَصْلِ الْجَمْعِ بِمَعْنَاهُ لَمَّا غَلَبَ وَصَارَ عَلَمًا فَلأَنْ يُنْسَبَ إِلَى الأَعْرَابِ أَعْرَابِيٌّ مَعَ انْتِفَاءِ مَعْنَى الْجَمْعِ أَجْدَرُ.

وَأَمَّا الْمَعْدُولَةُ عَنِ الْقِيَاسِ فَبَابُهَا السَّمَاعُ، وَخُرَاسِيٌّ وَخُرْسِيٌّ مَنْسُوبٌ إِلَى خُرَاسَانَ.

(وَقَدْ يُبْنَى عَلَى فَعَّالٍ وَفَاعِلٍ مَا فِيهِ مَعْنَى النَّسَبِ مِنْ غَيْرِ إِلْحَاقِ الْيَاءَيْنِ).

هَذَا وَاضِحٌ، وَيَكُونُ مَعْنَاهُ مَعْنَى الاسْمِ الْمُشْتَقِّ مِنْهُ هَذِهِ الْبِنْيَةِ لَوْ أَلْحَقْتَهُ يَاءَ النَّسَبِ، فَبَتَّاتٌ بِمَعْنَى بَتِّيٍّ، وَعَوَّاجٌ بِمَعْنَى عَاجِيٍّ، وَلا يَكُونُ فَعَّالٌ وَلا فَاعِلٌ إلا مِنَ الثُّلاثِيِّ لِتَعَذُّرِ بِنَائِهِ مِنْ غَيْرِهِ، وَقَدْ كَثُرَ فَعَّالٌ حَتَّى لا تَبْعُدُ دَعْوَى الْقِيَاسِ فِيهِ، وَقَلَّ فَاعِلٌ فَلا يُمْكِنُ دَعْوَى الْقِيَاسِ فِيهِ لِنُدُورِهِ، وَفَعَّالٌ أَكْثَرُ مَا يَأْتِي مُشْتَقًّا مِنِ اسْمِ الْحِرْفَةِ الَّتِي الْمَنْسُوبُ مُحَاوِلٌ لَهَا كَمَا ذَكَرَهُ فِي قَوْلِكَ: بَتَّاتٌ، وَالْبَتُّ: الكِسَاءُ الْغَلِيظُ[1]، قَالَ الشَّاعِرُ:

---

(١) ما تحذفُ منهُ ياءُ الإضافةِ: إذا جعلتَهُ صاحبَ معالجةٍ جاءَ على (فَعَّالٍ) قالوا: لِصَاحبِ الثيابِ:

مَنْ كَانَ ذَا بَتٍّ فَهَذَا بَتِّي مُقَيِّظٌ مُصَيِّفٌ مُشَتِّي

و(فَاعِلٌ) يَأْتِي لِلْمُلابَسَةِ فِي الْجُمْلَةِ، لا عَلَى أَنَّ ذَلِكَ الشَّيْءَ حِرْفَتُهُ، وَقَوْلُهُمْ: طَاعِمٌ كَاسٍ، وَقَوْلُ الشَّاعِرِ:

دَعِ الْمَكَارِمَ لا تَرْحَلْ لِبُغْيَتِهَا وَاقْعُدْ فَإِنَّكَ أَنْتَ الطَّاعِمُ الْكَاسِي

لا يُحْمَلُ إلا عَلَى مَعْنَى النَّسَبِ؛ لأنَّهُ لَوْ ادُّعِيَ فِيهِ اسْمُ الْفَاعِلِ لَوَجَبَ أَنْ يَكُونَ لَهُ فِعْلٌ بِمَعْنَاهُ، وَمَعْنَى طَاعِمٍ؛ أَيْ: لَهُ طَعَامٌ، وَكَاسٍ؛ أَيْ: لَهُ كِسْوَةٌ، وَلَيْسَ ثَمَّةَ فِعْلٌ هُوَ طَعِمَ وَكَسِيَ بِمَعْنَى لَهُ طَعَامٌ وَكِسْوَةٌ، وَلِذَلِكَ وَجَبَ الْعُدُولُ إِلَى مَعْنَى النَّسَبِ، وَلِذَلِكَ قَالَ الْخَلِيلُ فِي (رَاضِيَةٍ) - مِنْ قَوْلِهِ تَعَالَى: "**فَهُوَ فِي عِيشَةٍ رَاضِيَةٍ**" [الحاقة:٢١] - ذَلِكَ إِذْ لا يَسْتَقِيمُ أَنْ تَكُونَ (رَاضِيَةٌ) فَاعِلَةً مِنْ (رَضِيَتْ) وَهِيَ الْعِيشَةُ؛ إِذِ الْعِيشَةُ لا يُقَالُ فِيهَا (رَضِيَتْ)، فَعُدِلَ إِلَى مَعْنَى النَّسَبِ بِمَعْنَى ذَاتِ رِضًى، وَاللهُ أَعْلَمُ.

وَمِنْ أَصْنَافِ الاسْمِ: أَسْمَاءُ الْعَدَدِ

قَالَ الشَّيْخُ: العَدَدُ مَقَادِيرُ آحَادِ الأَجْنَاسِ، فَالْوَاحِدُ وَالاثْنَانِ عَلَى ذَلِكَ لَيْسَ بِعَدَدٍ، وَإِنَّمَا ذُكِرَا فِي الْعَدَدِ؛ لأَنَّهُ مُحْتَاجٌ إِلَيْهِمَا فِيمَا بَعْدَ الْعَشَرَاتِ، فَهُمَا حِينَئِذٍ مَعَ مَا مَعَهُمَا مِنَ الْعَدَدِ، وَإِنْ قُلْنَا: إِنَّ الْعَدَدَ عِبَارَةٌ عَنْ مِقْدَارِ مَا الشَّيْءُ عَلَيْهِ مِنْ وِحْدَةٍ وَغَيْرِهَا دَخَلَ الْوَاحِدُ وَالاثْنَانِ فِي الْعَدَدِ، وَلَمَّا كَانَتِ الأَسْمَاءُ الَّتِي وُضِعَتْ لِمَقَادِيرِ الآحَادِ لَهَا أَحْكَامٌ لَفْظِيَّةٌ احْتَاجَ النَّحْوِيُّونَ إِلَى تَرْتِيبِهَا.

فَأَسْمَاءُ الأَعْدَادِ عَلَى مَا ذَكَرَهُ اثْنَتَا عَشْرَةَ كَلِمَةً، وَمَا عَدَا ذَلِكَ فَمُتَشَعِّبٌ عَنْهَا إِمَّا بِتَثْنِيَةٍ كَأَلْفَيْنِ وَمَائَتَيْنِ، أَوْ بِجَمْعٍ قِيَاسِيٍّ كَالآلافِ وَالْمِئِينَ، أَوْ غَيْرِ قِيَاسِيٍّ كَعِشْرِينٍ، أَوْ مَعْطُوفٍ مُحَقَّقٍ كَثَلاثَةٍ وَعِشْرِينَ، أَوْ فِي حُكْمِ الْمَعْطُوفِ كَأَحَدَ عَشَرَ.

قَوْلُهُ: (وَعَامَّتُهَا تُشْفَعُ بِأَسْمَاءِ الْمَعْدُودَاتِ).

أَيْ: تُذْكَرُ أَسْمَاءُ الْمَعْدُودَاتِ بَعْدَهَا إِذَا قُصِدَ بَيَانُ جِنْسِهَا وَلَمْ يَتَقَدَّمْ مَا يُبَيِّنُهُ، وإلا

=
ثَوَّابٌ وَلِصَاحِبِ العَاجِ: (عَوَّاجٌ) وذا أَكثرُ من أَنْ يُحصى وقَدْ قالوا: البتّيّ أضافوهُ إلى البتُوتِ وقد قالوا: البَتَّاتُ فأَمَّا ما كانَ ذَا شيءٍ وليسَ بصنعةٍ فيجيءُ عَلَى فَاعِلٍ تقولُ لذي الدرعِ: دارِعٌ ولذي النبلِ: نَابِلٌ ومثله نَاشِبٌ وتَامِرٌ ذو تمرٍ وآهِلٌ أي: ذوا أَهلٍ ولِصاحبِ الفَرسِ: فَارِسٌ وعِيشةٌ راضيةٌ ذَاتِ رِضَاً ومثلهُ طَاعمٌ كَاسٍ ذُو طَعامٍ وكسوة. الأصول في النحو ٨٣/٣.

فَلَوْ قِيلَ: رِجَالٌ ثَلاثَةٌ لا غِنَى عَنْ ذِكْرِ الْمُمَيِّزِ بَعْدَهُ.

ثُمَّ قَالَ: (لِتَدُلَّ عَلَى الأَجْنَاسِ)؛ أَيْ: بِاسْمِ الْمَعْدُودِ.

(وَمَقَادِيرُهَا).

أَيْ: بِاسْمِ الْعَدَدِ؛ لأَنَّ اسْمَ الْجِنْسِ لَيْسَ لَهُ دَلالَةٌ عَلَى خُصُوصِيَّةِ الْعَدَدِ، وَاسْمُ الْعَدَدِ لَيْسَ لَهُ دَلالَةٌ عَلَى خُصُوصِيَّةِ الْجِنْسِ، فَإِذَا اجْتَمَعَا حَصَلَ دَلالَةُ الْجِنْسِ وَدَلالَةُ الْعَدَدِ.

وَقَوْلُهُ: (وَعَامَّتُهَا).

يَعْنِي: أَكْثَرَهَا؛ لأَنَّ الْوَاحِدَ وَالاثْنَيْنِ لَيْسَ كَذَلِكَ عَلَى مَا سَيَأْتِي.

وَقَوْلُهُ: (مَا خَلا الْوَاحِدَ وَالاثْنَيْنِ).

غَيْرُ مُسْتَقِيمٍ فِي الظَّاهِرِ؛ لأَنَّ الْوَاحِدَ وَالاثْنَيْنِ قَدْ احْتَرَزَ مِنْهُمَا بِقَوْلِهِ: (وَعَامَّتُهَا)، فَكَيْفَ يَسْتَثْنِي مَا احْتَرَزَ مِنْهُ، وَيُخْرِجُ مِنْهُ، وَيُخْرِجُ مَا لَيْسَ بِدَاخِلٍ فِيمَا قَبْلَهُ؟

فَيَجِبُ أَنْ يُحْمَلَ عَلَى الاسْتِثْنَاءِ الْمُنْقَطِعِ، وَإِنَّمَا عَمِلَ فِي الْوَاحِدِ وَالاثْنَيْنِ مَا ذُكِرَ؛ لأَنَّ الدَّلالَتَيْنِ اللَّتَيْنِ ذُكِرَتَا فِي اسْمِ الْجِنْسِ وَالْعَدَدِ تَحْصُلانِ جَمِيعًا بِاسْمِ الْجِنْسِ فِي الإِفْرَادِ وَالتَّثْنِيَةِ، أَلا تَرَى أَنَّكَ إِذَا قُلْتَ: رَجُلٌ عُلِمَ بِهِ أَنَّهُ وَاحِدٌ وَأَنَّهُ مِنْ جِنْسِ الرِّجَالِ، فَإِذَا قُلْتَ: رَجُلانِ عُلِمَ أَنَّهُمَا اثْنَانِ وَأَنَّهُمَا مِنْ جِنْسِ الرِّجَالِ، فَاسْتُغْنِيَ بِذَلِكَ عَنِ اجْتِمَاعِ اسْمِ الْعَدَدِ وَالْجِنْسِ، وَقَدْ جَاءَ شَاذًّا (ثِنْتَا حَنْظَلِ) فِي قَوْلِهِ:

كَأَنَّ خُصْيَيْهِ مِنَ التَّدَلْدُلِ ... ظَرْفُ عَجُوزٍ فِيهِ ثِنْتَا حَنْظَلِ

لِلضَّرُورَةِ.

(وَقَدْ سُلِكَ سَبِيلُ قِيَاسِ التَّذْكِيرِ وَالتَّأْنِيثِ فِي الْوَاحِدِ وَالاثْنَيْنِ) إِلَى آخِرِهِ.

وَإِنَّمَا كَانَ كَذَلِكَ مِنْ جِهَةِ أَنَّ الثَّلاثَةَ جَمَاعَةٌ، فَأَنَّثُوا الْجَمَاعَةَ فِي الْمُذَكَّرِ لأَنَّهُ السَّابِقُ، ثُمَّ جَاؤُوا إِلَى الْمُؤَنَّثِ فَذَكَّرُوهُ إِرَادَةَ الْفَرْقِ بَيْنَهُمَا، أَوْ يُقَالُ: ثُمَّ لَمَّا جَاؤُوا إِلَى الْمُؤَنَّثِ كَرِهُوا أَنْ يَجْمَعُوا بَيْنَ دَلِيلَيْ تَأْنِيثٍ فِيمَا هُوَ كَالشَّيْءِ الْوَاحِدِ، وَهُوَ الْمُضَافُ وَالْمُضَافُ إِلَيْهِ.

وَلا يَرِدُ شَيْءٌ مِمَّا ذَكَرْنَاهُ عَلَى الْوَاحِدِ وَالاثْنَيْنِ؛ لأَنَّهُ لَيْسَ بِجَمَاعَةٍ، فَيُقَالُ: يُؤَنَّثُ الْمُذَكَّرُ، فَجَاءَ كُلُّ وَاحِدٍ مِنْهُمَا عَلَى أَصْلِهِ، وَلا يُقَالُ: يُكْرَهُ فِي الْمُؤَنَّثِ أَنْ يُجْمَعَ بَيْنَ تَأْنِيثَيْنِ فِيمَا هُوَ كَالشَّيْءِ الْوَاحِدِ؛ إِذْ لا يُقَالُ: وَاحِدَةٌ امْرَأَةٌ، فَلِذَلِكَ جَاءَ الْوَاحِدُ وَالاثْنَانِ

عَلَى الْقِيَاسِ الأَصْلِيِّ، وَخُولِفَ فِي الثَّلاثَةِ إِلَى الْعَشَرَةِ.

قَوْلُهُ: (وَالْمُمَيِّزُ عَلَى ضَرْبَيْنِ: مَنْصُوبٍ وَمَجْرُورٍ) إِلَى آخِرِهِ.

قَالَ الشَّيْخُ: أَمَّا مِنَ الثَّلاثَةِ إِلَى الْعَشَرَةِ فَالْمُمَيِّزُ مَجْمُوعٌ مَجْرُورٌ، أَمَّا جَمْعُهُ فَلأَنَّهُ هُوَ الْقِيَاسُ؛ لأَنَّ مَدْلُولَهُ جَمْعٌ، وَأَمَّا جَرُّهُ فَلأَنَّ الثَّلاثَ لَمَّا كَانَتْ مُبْهَمَةً تَصْلُحُ لِكُلِّ شَيْءٍ، وَقُصِدَ إِلَى تَبْيِينِهَا أُضِيفَ كَمَا يُضَافُ نَفْسٌ وَذَاتٌ وَكُلٌّ وَبَعْضٌ، وَغَيْرُ ذَلِكَ إِذَا قُصِدَ إِلَى تَبْيِينِهِ، فَلِذَلِكَ جَاءَ ثَلاثَةُ رِجَالٍ إِلَى الْعَشَرَةِ.

وَأَمَّا مُمَيِّزُ مَا بَعْدَ الْعَشَرَةِ إِلَى التِّسْعَةِ وَالتِّسْعِينَ فَمُفْرَدٌ مَنْصُوبٌ، أَمَّا كَوْنُهُ مَنْصُوبًا فَلِتَعَذُّرِ إِضَافَتِهِ، أَلا تَرَى أَنَّ الْعِشْرِينَ إِلَى التِّسْعِينَ لا تَصِحُّ إِضَافَتُهُ؛ لأَنَّهُ لَوْ أُضِيفَ لَمْ يَخْلُ إِمَّا أَنْ تَثْبُتَ نُونُهُ أَوْ تُحْذَفَ، وَكِلاهُمَا فِيهِ خُرُوجٌ عَنِ الْقِيَاسِ؛ لأَنَّهُ إِذَا حَذَفَهَا حَذَفَ حَرْفًا مِنْ كَلِمَةٍ لَيْسَتْ كَنُونِ مُسْلِمِينَ، وَإِنْ أَثْبَتَهَا أَثْبَتَ نُونًا جِيءَ بِهَا لِلدَّلالَةِ عَلَى الْجَمْعِ، فَلَمَّا تَعَذَّرَتْ إِضَافَتُهُ وَجَبَ نَصْبُ الْمُمَيِّزِ، وَلَمَّا وَجَبَ نَصْبُهُ رُدَّ إِلَى الْمُفْرَدِ؛ إِذِ الْغَرَضُ بِهِ التَّبْيِينُ.

فَإِنْ قِيلَ: فَلِمَ لَمْ يَبْقَ الْجَمْعُ وَإِنْ فَاتَ الْخَفْضُ؛ لأَنَّ الْمَدْلُولَ جَمْعٌ، فَالْجَوَابُ عَنْهُ مِنْ وَجْهَيْنِ:

أَحَدُهُمَا: أَنَّهُ لَمْ يُقْصَدْ هَاهُنَا بِالذَّاتِ إِلا الاسْمُ الْمُتَقَدِّمُ بِخِلافِ الأَوَّلِ، فَإِنَّهُ قُصِدَ بِالاسْمِ الثَّانِي عَيْنُ الْمَقْصُودِ؛ لأَنَّهُ بِمَثَابَةِ قَوْلِكَ: نَفْسُ زَيْدٍ عَلَى مَا تَقَدَّمَ، وَلَيْسَ الْعِشْرُونَ كَذَلِكَ؛ لأَنَّ رَجُلا مَعَهَا كَالصِّفَةِ بَعْدَ تَمَامِ الْمَوْصُوفِ، فَلا يَلْزَمُ مِنْ جَمْعِ قَوْلِكَ: (ثَلاثَةُ رِجَالٍ) مَعَ كَوْنِهِ مُضَافًا إِلَى الْمَقْصُودِ بِمَثَابَةِ (ذَاتُ زَيْدٍ) جَمْعُ (رَجُلا) بَعْدَ تَعَذُّرِ إِضَافَتِهِ فِي قَوْلِكَ: (عِشْرُونَ رَجُلا).

وَثَانِيهُمَا: وَإِنْ سُلِّمَتِ الْمُسَاوَاةُ إِلا أَنَّهُ اغْتُفِرَ الْجَمْعُ فِي الأَوَّلِ؛ لِكَوْنِهِ جَمْعَ قِلَّةٍ لَفْظًا وَمَعْنًى؛ كَثَلاثَةِ أَفْلُسٍ، أَوْ مَعْنًى لا لَفْظًا؛ كَثَلاثَةِ دَرَاهِمَ، بِخِلافِ هَذَا، فَإِنَّهُ جَمْعُ كَثْرَةٍ، وَجَمْعُ الْكَثْرَةِ مُسْتَثْقَلٌ رُدَّ إِلَى الْوَاحِدِ فِي الْمَوْضِعِ الَّذِي يُغْنِي ذِكْرُ الْوَاحِدِ عَنْهُ، أَلا تَرَى أَنَّهُ فُعِلَ مِثْلُ ذَلِكَ فِي التَّصْغِيرِ، فَقِيلَ: أُجَيْمَالٌ فِي تَصْغِيرِ أَجْمَالٍ، وَاغْتُفِرَ لَفْظُ جَمْعِ الْقِلَّةِ، وَقِيلَ فِي تَصْغِيرِ جِمَالٍ: جُمَيْلاتٌ، وَلَمْ يُقَلْ: جُمَيِّلٌ اسْتِثْقَالا لِجَمْعِ الْكَثْرَةِ، فَرُدَّ إِلَى الْوَاحِدِ.

وَأَمَّا مُمَيِّزُ الْمَائَةِ وَالأَلْفِ فَيَجِبُ خَفْضُهُ لِصِحَّةِ الإِضَافَةِ كَمَا خُفِضَ فِي أَوَّلِ الْعَدَدِ، وَأُفْرِدَ لِلْوَجْهِ الثَّانِي الْمَذْكُورِ فِي الإِفْرَادِ لا لِلْوَجْهِ الأَوَّلِ لأَنَّهُ يُضَعَّفُ؛ لأَنَّ إِضَافَةَ الْمَائَةِ

إِلَى الْجَمْعِ تَجْعَلُهُ ضَعِيفًا، وَإِنْ جَاءَتْ.

قَوْلُهُ: (وَمِمَّا شَذَّ عَنْ ذَلِكَ قَوْلُهُمْ: ثَلاثُ مَائَةٍ إِلَى تِسْعِ مَائَةٍ).

وَوَجْهُ الشُّذُوذِ أَنَّ قِيَاسَ الثَّلاثِ أَنْ يُضَافَ إِلَى الْجَمْعِ كَمَا تَقَدَّمَ، وَقَدْ أَضَافُوا فِي المِئَاتِ إِلَى الْمُفْرَدِ، فَقَالُوا: ثَلاثُ مَائَةٍ إِلَى تِسْعِ مَائَةٍ، وَكَانَ قِيَاسُهُ ثَلاثِمِئَاتٍ أَوْ مِئِينَ إِلَى تِسْعِمِئَاتٍ أَوْ مِئِينَ، وَعِلَّتُهُ أَنَّهُ فِي نَفْسِهِ جَمْعُ كَثْرَةٍ مُؤَنَّثٌ، فَاسْتُثْقِلَ لِلْكَثْرَةِ وَالتَّأْنِيثِ، وَلا يَرِدُ (ثَلاثَةُ رِجَالٍ)؛ إِذْ لا كَثْرَةَ وَلا تَأْنِيثَ، وَلا (ثَلاثُ نِسَاءٍ) إِذْ لا كَثْرَةَ، وَلا (ثَلاثَةُ آلافٍ) إِذْ لا تَأْنِيثَ، فَلَمَّا اسْتُثْقِلَ لِلتَّأْنِيثِ وَالْكَثْرَةِ رُدَّ إِلَى الْمُفْرَدِ، وَشَبَّهَهُ بِقَوْلِهِ:

كُلُوا فِي بَعْضِ بَطْنِكُمُ تَعِفُّوا   فَإِنَّ زَمَانَكُمْ زَمَنٌ خَمِيصُ

وَأَرَادَ بُطُونَكُمْ.

قَوْلُهُ: (وَقَدْ قَالُوا: ثَلاثَةٌ أَثْوَابًا).

لِمَّا ذَكَرَ الشُّذُوذَ فِي الْمُمَيِّزِ الْخَارِجِ عَنِ الْقِيَاسِ، وَهُوَ ثَلاثُ مَائَةٍ، وَالْخَارِجُ عَنِ الاسْتِعْمَالِ، وَهُوَ ثَلاثُ مِئِينَ أَتْبَعَهُ بِمَا خَرَجَ مِنَ التَّمْيِيزِ عَنِ الْقِيَاسِ وَالاسْتِعْمَالِ جَمِيعًا، فَقَالَ: (وَقَدْ قَالُوا: ثَلاثَةٌ أَثْوَابًا)، وَشُذُوذُهُ نَصْبُهُ، وَالْقِيَاسُ عَلَى مَا تَقَدَّمَ الْخَفْضُ، وَقَالُوا:

.... مائَتَيْنِ عَامًا   ....

وَشُذُوذُهُ نَصْبُهُ بِتَرْكِ إِضَافَتِهِ، وَالْقِيَاسُ (مَائَتَا عَامٍ)؛ لأَنَّ الْمَائَةَ وَالأَلْفِ حُكْمُهُمَا الإِضَافَةُ إِلَى مُمَيِّزِهِمَا مُفْرَدَيْنِ كَانَا أَوْ مُثَنَّيَيْنِ، وَوَجْهُهُ كَوَجْهِهِ مُفْرَدًا، وَقَدْ تَقَدَّمَ.

وَقَوْلُهُ تَعَالَى: "**ثَلَاثَ مِائَةٍ سِنِينَ وَازْدَادُوا تِسْعًا**" [الكهف:٢٥]، فِيمَنْ قَرَأَ بِتَنْوِينِ مِائَةٍ - وَهِيَ عَنْ غَيْرِ حَمْزَةَ وَالْكَسَائِيِّ - عَلَى الْبَدَلِ، وَإِلا لَزِمَ الشُّذُوذُ مِنْ وَجْهَيْنِ: أَحَدُهُمَا: جَمْعُ مُمَيِّزِ مِائَةٍ.

وَثَانِيهِمَا: نَصْبُهُ، فَإِذَا جُعِلَ بَدَلا خَرَجَ عَنِ الشُّذُوذِ وَاسْتَقَامَ الإِعْرَابُ، فَيَكُونُ مَنْصُوبًا عَلَى الْبَدَلِيَّةِ لا عَلَى التَّمْيِيزِ، كَأَنَّهُ قَالَ: وَلَبِثُوا سِنِينَ، وَكَذَلِكَ قَوْلُهُ تَعَالَى: "**اثْنَتَيْ عَشْرَةَ أَسْبَاطًا أُمَمًا**" [الأعراف:١٦٠] وَإِلا لَزِمَ الشُّذُوذُ فِي جَمْعِ الْمُمَيِّزِ لا غَيْرُ، وَإِذَا جُعِلَ بَدَلا اسْتَقَامَ الإِعْرَابُ.

قَالَ أَبُو إِسْحَاقَ لَوْ انْتَصَبَ (سِنِينَ) عَلَى التَّمْيِيزِ لَوَجَبَ أَنْ يَكُونُوا قَدْ لَبِثُوا تِسْعَ مِائَةِ سَنَةٍ، وَوَجْهُهُ أَنَّهُ قَدْ فُهِمَ مِنْ لُغَةِ الْعَرَبِ أَنَّ مُمَيِّزَ الْمِائَةِ وَاحِدٌ مِنْ مِائَةٍ، فَإِذَا قُلْتَ: (مِائَةُ رَجُلٍ)، فَمُمَيِّزُهَا رَجُلٌ، وَهُوَ وَاحِدٌ مِنَ الْمِائَةِ، وَإِذَا كَانَ كَذَلِكَ وَقُلْتَ: (مِائَةُ سِنِينَ)،

فَتَكُونُ (السِّنِينُ) وَاحِدَةً مِنَ الْمِائَةِ، وَهِيَ ثَلاثُ مِائَةٍ، وَأَقَلُّ السِّنِينَ ثَلاثٌ، فَيَجِبُ أَنْ يَكُونَ تِسْعَ مِائَةٍ.

وَهَذَا يَطَّرِدُ فِي (اثْنَتَيْ عَشْرَةَ أَسْبَاطًا)، وَيُقَالُ: لَوْ كَانَ تَمْيِيزًا لَكَانُوا سِتَّةً وَثَلاثِينَ عَلَى هَذَا النَّحْوِ؛ لأَنَّ مُمَيِّزَ اثْنَتَيْ عَشْرَةَ وَاحِدٌ مِنَ اثْنَتَيْ عَشْرَةَ، فَإِذَا كَانَ ثَلاثَةً كَانَتِ الثَّلاثَةُ وَاحِدًا مِنَ اثْنَتَيْ عَشْرَةَ، فَتَكُونُ سِتَّةً وَثَلاثِينَ قَطْعًا.

وَهَذَا الَّذِي ذَكَرَهُ يَرِدُ عَلَى قِرَاءَةِ حَمْزَةَ وَالْكَسَائِيِّ؛ إِذْ لَيْسَ لِقِرَاءَتِهِمَا وَجْهٌ سِوَى التَّمْيِيزِ؛ لأَنَّهُمَا قَرَءَا بِإِضَافَةِ مِائَةٍ إِلَى سِنِينَ، وَلا شَكَّ أَنَّ قِرَاءَةَ الْجَمَاعَةِ أَقْيَسُ عِنْدَ النَّحْوِيِّينَ مِنْ قِرَاءَتِهِمَا.

وَمَا ذَكَرَهُ الزَّجَّاجُ غَيْرُ لازِمٍ؛ لأَنَّ ذَلِكَ الَّذِي ذَكَرَهُ مَخْصُوصٌ بِأَنْ يَكُونَ الْمُمَيِّزُ مُفْرَدًا، أَمَّا إِذَا كَانَ جَمْعًا فَيَكُونُ الْقَصْدُ فِيهِ كَالْقَصْدِ فِي وُقُوعِ التَّمْيِيزِ جَمْعًا فِي نَحْوِ: ثَلاثَةُ أَثْوَابٍ، عَلَى أَنَّا قَدْ قَدَّمْنَا أَنَّ الأَصْلَ فِي الْجَمِيعِ الْجَمْعُ، وَإِنَّمَا عُدِلَ إِلَى الْمُفْرَدِ، فَإِذَا اسْتُعْمِلَ الْجَمْعُ اسْتُعْمِلَ الأَصْلُ، لا عَلَى الْوَجْهِ الَّذِي أَلْزَمَهُ، فَإِنَّ ذَلِكَ إِنَّمَا يَكُونُ لَوْ كَانَ الْمُسْتَعْمَلُ جَمْعًا اسْتُعْمِلَ كَالْمُسْتَعْمَلِ مُفْرَدًا، فَأَمَّا إِذَا اسْتُعْمِلَ الْجَمْعُ عَلَى أَصْلِهِ فِيمَا وُضِعَ الْعَدَدُ لَهُ فَلا، وَلَسْنَا نُخَالِفُ فِي أَنَّ الْوَجْهَ نَصْبُ (سِنِينَ) عَلَى الْبَدَلِ، و(أَسْبَاطًا) أَيْضًا؛ لأَنَّ فِي جَعْلِهِمَا غَيْرَ بَدَلٍ مُخَالَفَةً لِمَا تَقَدَّمَ مِنَ الْقِيَاسِ، فَالْوَجْهُ حَمْلُهُ عَلَى ذَلِكَ، وَإِنَّمَا نُخَالِفُ فِي أَنَّ تَضْعِيفَ الْعَدَدِ عَلَى الْوَجْهِ الْمَذْكُورِ لازِمٌ لَوْ قَصَدَ التَّمْيِيزَ، كَمَا أَنَّهُ غَيْرُ لازِمٍ عَلَى قِرَاءَةِ حَمْزَةَ وَالْكَسَائِيِّ، وَإِنْ لَمْ يَكُنْ لَهَا إِلا التَّمْيِيزُ.

قَوْلُهُ: (وَحَقُّ مُمَيِّزِ الْعَشَرَةِ فَمَا دُونَهَا أَنْ يَكُونَ جَمْعَ قِلَّةٍ لِيُطَابِقَ عَدَدَ الْقِلَّةِ) إِلَى آخِرِهِ.

قَالَ الشَّيْخُ: إِنَّ الْعَشَرَةَ فَمَا دُونَهَا هِيَ الَّتِي وُضِعَتْ لَهَا جُمُوعُ الْقِلَّةِ، فَإِذَا أَمْكَنَ الإِتْيَانُ بِهَا مَعَهَا كَانَ أَحْسَنَ لِمُوَافَقَتِهَا لَهَا فِي الْمَعْنَى.

وَقَوْلُهُ: (وَقَدْ يُسْتَعَارُ جَمْعُ الْكَثْرَةِ لِمَوْضِعِ جَمْعِ الْقِلَّةِ؛ كَقَوْلِهِ تَعَالَى: "**ثَلَاثَةَ قُرُوءٍ**" [البقرة:٢٢٨]).

وَالَّذِي حَسَّنَهُ أَنَّ قُرُوءًا فِي كَلامِهِمْ كَثِيرٌ، وَلِكَثْرَتِهِ اسْتُخِفَّ، فَوُضِعَ مَوْضِعَ أَقْرَاءٍ، وَأَيْضًا فَإِنَّ أَقْرَاءَ أَثْقَلُ مِنْ قُرُوءٍ؛ لأَنَّ فِيهِ هَمْزَتَيْنِ، وَهُوَ أَكْثَرُ بِحَرْفٍ، فَكَانَ قُرُوءٌ هَاهُنَا حَسَنًا لِهَذَا الْعَارِضِ فِيهِ.

قَوْلُهُ: (وَأَحَدَ عَشَرَ إِلَى تِسْعَةَ عَشَرَ مَبْنِيٌّ إِلا اثْنَيْ عَشَرَ).

تُكُلِّمَ فِيهِ فِي الْمُرَكَّبَاتِ، وَقَدْ تَقَدَّمَ فِي الْمُرَكَّبَاتِ ذِكْرُ عِلَّةِ بِنَائِهَا، وَقَوْلُهُ: (إِلَّا اثْنَيْ عَشَرَ)، يُرِيدُ أَنَّهُ مُعْرَبٌ دُونَ سَائِرِ أَخَوَاتِهِ، وَإِنَّمَا أُعْرِبَ؛ لِأَنَّهُ جُعِلَ كَالْمُضَافِ إِلَى عَشَرَـ بِدَلِيلِ حَذْفِهِمْ نُونَهُ، فَلَمْ يُقَدَّرْ فِيهِ حَرْفُ الْعَطْفِ؛ إِذْ تَقْدِيرُ حَرْفِ الْعَطْفِ وَالْإِضَافَةِ مُتَنَاقِضٌ، وَلَمَّا ثَبَتَ ذَلِكَ كَانَ إِعْرَابُهُ هُوَ الْوَجْهَ.

(وَحُكْمُ آخِرِ شَطْرَيْهِ حُكْمُ نُونِ التَّثْنِيَةِ، وَلِذَلِكَ لَمْ يُضَفْ إِضَافَةَ أَخَوَاتِهِ).

لِأَنَّهُ لَمَّا حَذَفُوا نُونَهُ، وَهُوَ غَيْرُ مُضَافٍ فِي التَّحْقِيقِ لِطُولِهِ صَارَ (عَشَرَـ) عِوَضًا مِنْهَا، فَلَمْ يُضِيفُوهُ؛ لِأَنَّهُ لَوْ أَضَافُوهُ وَحَذَفُوا (عَشَرَ) أَخَلُّوا، وَلَوْ أَبْقَوْا (عَشَرَـ) كَانُوا قَدْ جَمَعُوا بَيْنَ الْإِضَافَةِ وَبَيْنَ مَا هُوَ عِوَضٌ عَنِ النُّونِ، وَأَيْضًا فَإِنَّهُمْ لَوْ أَضَافُوا لَمْ يَخْلُ إِمَّا أَنْ يُضِيفُوا الِاسْمَيْنِ أَوْ أَحَدَهُمَا، وَكِلَاهُمَا مُتَعَذِّرٌ فَتَعَذَّرَ، وَبَيَانُ التَّعَذُّرِ هُوَ أَنَّهُمْ لَوْ أَضَافُوا الِاسْمَيْنِ مَعَ جَعْلِ الْأَوَّلِ كَالْمُضَافِ فِي حَذْفِ النُّونِ وَالْإِعْرَابِ لَمْ يَسْتَقِمْ؛ إِذِ الْمُضَافُ وَالْمُضَافُ إِلَيْهِ لَا يُضَافَانِ جَمِيعًا أَبَدًا، فَكَذَلِكَ مَا أُجْرِيَ مُجْرَاهُمَا فِي أَحْكَامِ الْإِضَافَةِ، لِئَلَّا يُؤَدِّي إِلَى الْجَمْعِ بَيْنَ أَحْكَامِ الْإِضَافَةِ وَبَيْنَ مَا يُضَادُّهَا، وَلَوْ أَضَافُوا أَحَدَهُمَا اخْتَلَّ الْمَعْنَى؛ إِذْ لَيْسَ الْمَعْنَى إِضَافَةَ اثْنَيْنِ دُونَ الْعَشَرَةِ وَلَا الْعَشَرَةِ دُونَ الِاثْنَيْنِ، وَلِذَلِكَ لَمْ يُقَلْ: هَذِهِ اثْنَا عَشَرَكَ، وَقِيلَ: أَحَدَ عَشَرَكَ إِلَى تِسْعَةَ عَشَرَكَ.

قَالَ: وَحُكْمُ (أَحَدَ) وَ(اثْنَانِ) حُكْمُ أَنْفُسِهِمَا فِي التَّذْكِيرِ وَالتَّأْنِيثِ عَلَى مَا تَقَدَّمَ، وَهُوَ هَاهُنَا لِلْمُذَكَّرِ، فَوَجَبَ التَّذْكِيرُ، وَحُكْمُ الثَّلَاثَةِ إِلَى التِّسْعَةِ حُكْمُهَا الَّذِي تَقَدَّمَ، وَلِذَلِكَ قِيلَ أَيْضًا: ثَلَاثَةَ عَشَرَ إِلَى تِسْعَةَ عَشَرَ.

وَأَمَّا عَشَرٌ فَكَانَ حُكْمُهَا أَنْ تَكُونَ أَيْضًا مُؤَنَّثًا إِلَّا أَنَّهُمْ لَمَّا أَنَّثُوا الْأَوَّلَ كَرِهُوا تَأْنِيثَ الثَّانِي مَعَ اسْتِغْنَائِهِمْ عَنْ ذَلِكَ؛ لِأَنَّهُمَا كَالشَّيْءِ الْوَاحِدِ، وَجَرَى عَشَرَـ مَعَ أَحَدٍ فِي (أَحَدَ عَشَرَ) وَ(اثْنَيْ عَشَرَ) مُجْرَاهُ فِي بَقِيَّةِ أَخَوَاتِهِ؛ لِأَنَّهُ بَابٌ وَاحِدٌ، فَكُرِهَ الْمُخَالَفَةُ فِيهِ.

وَأَمَّا الْمُؤَنَّثُ فَقِيَاسُهُ فِي إِحْدَى وَاثْنَتَيْنِ مَا ذُكِرَ، فَحُكْمُهُمَا أَنْ يُؤَنَّثَا مَعَ الْمُؤَنَّثِ.

وَالثَّلَاثُ إِلَى التِّسْعِ حُكْمُهَا كَمَا كَانَ، وَلِذَلِكَ أَتَى بِهَا مِنْ غَيْرِ عَلَامَةٍ، وَكَانَ قِيَاسُ عَشَرَةَ أَنْ تَكُونَ عَشَرًا بِغَيْرِ عَلَامَةٍ، وَلَكِنْ لَمَّا كَانَ إِلْحَاقُ الْعَلَامَةِ لَا يُخِلُّ فِي اللَّبْسِ بَيْنَهُ وَبَيْنَ الْمُذَكَّرِ أُدْخِلَتْ فِي آخِرِ الشَّطْرَيْنِ، فَقِيلَ: ثَلَاثَ عَشْرَةَ إِلَى تِسْعَ عَشْرَةَ، وَأُجْرِيَ ذَلِكَ فِي إِحْدَى عَشْرَةَ وَاثْنَتَيْ عَشْرَةَ لِأَنَّهُ بَابٌ وَاحِدٌ، فَكُرِهَتِ الْمُخَالَفَةُ فِيهِ.

وَأَمَّا شِينُ أَحَدَ عَشَرَ إِلَى تِسْعَةَ عَشَرَ فَمَفْتُوحَةٌ لَا غَيْرُ، وَأَكْثَرُ الْعَرَبِ عَلَى فَتْحِ الْعَيْنِ، وَمِنْهُمْ مَنْ يُسَكِّنُهَا فَيَقُولُ: أَحَدَ عَشَرَ وَثَلَاثَةَ عَشَرَ.

وَأَمَّا شِينُ الْعَشَرَةِ فَأَكْثَرُ الْعَرَبِ عَلَى إِسْكَانِهَا، فَلِذَلِكَ لَمْ يَجِئْ تَسْكِينُ الْعَيْنِ، وَبَعْضُ الْعَرَبِ عَلَى إِسْكَانِهَا بِكَسْرِ الشِّينِ، كَأَنَّهُ كَرِهَ تَوَالِي الْفَتَحَاتِ الْأَصْلِيَّةِ، وَلَيْسَ بِقَوِيٍّ لَا فِي النَّقْلِ وَلَا فِي التَّعْلِيلِ؛ لِأَنَّهُ عُدِلَ عَنِ الْفَتْحِ الَّذِي هُوَ أَخَفُّ إِلَى الْكَسْرِ ـ الَّذِي هُوَ أَثْقَلُ، وَلَيْسَ بِجَيِّدٍ.

(وَأَكْثَرُ الْعَرَبِ عَلَى فَتْحِ الْيَاءِ مِنْ ثَمَانِي عَشَرَةَ).

وَهُوَ الْوَجْهُ؛ لِأَنَّهَا وَقَعَتْ آخِرَ الِاسْمِ الْأَوَّلِ، وَهُوَ مَبْنِيٌّ عَلَى الْفَتْحِ، وَالْيَاءُ قَابِلَةٌ لِلْفَتْحِ، مِثْلَهَا فِي (رَأَيْتُ الْقَاضِي)، وَمِنَ الْعَرَبِ مَنْ يُسَكِّنُهَا اسْتِثْقَالًا لِلْحَرَكَةِ عَلَى حَرْفِ الْعِلَّةِ، وَيُقَوِّي ذَلِكَ قَوْلُهُمْ: مَعْدِ يكْرِبَ، وَقَالُوا: مَعْدِي، فَبَنَوْا آخِرَ الِاسْمِ الْأَوَّلِ فِي مَعْدِ يكْرِبَ عَلَى السُّكُونِ؛ لِأَجْلِ حَرْفِ الْعِلَّةِ.

قَوْلُهُ: (وَالْعَدَدُ مَبْنِيٌّ عَلَى الْوَقْفِ).

يُرِيدُ أَنَّهُ إِذَا ذَكَرْتَهُ مُفْرَدًا مِنْ غَيْرِ تَرْكِيبٍ؛ لِأَنَّ الْإِعْرَابَ إِنَّمَا يَسْتَحِقُّ مِنَ الْمَعَانِي النَّاشِئَةِ مِنَ التَّرْكِيبِ، فَإِذَا لَمْ يَكُنْ تَرْكِيبٌ فَلَا إِعْرَابَ، وَلَيْسَ هَذَا مَخْصُوصًا بِأَسْمَاءِ الْعَدَدِ، بَلْ كُلُّ الْمُفْرَدَاتِ إِذَا سَاغَ ذِكْرُهَا مِنْ غَيْرِ تَرْكِيبٍ فَلَا إِعْرَابَ فِيهَا، وَكَذَلِكَ لَوْ عَدَدْتَ أَسْمَاءً لَمْ تَقْصِدْ فِيهَا تَرْكِيبًا، كَمَا لَوْ قُلْتَ: حَصِيرٌ ثَوْبٌ، دَارٌ فَرَسٌ، وَكَذَلِكَ أَسْمَاءُ الْحُرُوفِ الْمُتَهَجَّى بِهَا نَحْوُ: ا بَا تَا ثَا، وَكَذَلِكَ الْأَصْوَاتُ الَّتِي تُحْكَى؛ كَقَوْلِكَ: غَاقْ طَاقْ قَبْ وَمَا أَشْبَهَهُ، فَإِذَا وَقَعَ التَّرْكِيبُ جَاءَ الْإِعْرَابُ.

(وَالْهَمْزَةُ فِي أَحَدٍ وَإِحْدَى مُنْقَلِبَةٌ عَنْ وَاوٍ).

هَذَا مَعْلُومٌ بِالِاشْتِقَاقِ؛ لِأَنَّكَ تَقُولُ: وَاحِدٌ، فَتَعْلَمُ أَنَّ فَاءَ الْكَلِمَةِ وَاوٌ، فَإِذَا قُلْتَ: أَحَدٌ، وَهُوَ مُشْتَقٌّ مِنْهُ، عَلِمْتَ أَنَّ الْهَمْزَةَ عَنِ الْوَاوِ، وَذَلِكَ وَاضِحٌ.

قَوْلُهُ: (وَتَقُولُ فِي تَعْرِيفِ الْأَعْدَادِ: ثَلَاثَةُ الْأَثْوَابِ، وَعَشَرَةُ الْغِلْمَةِ)، إِلَى آخِرِهِ.

قَالَ: لَا تَخْلُو الْأَعْدَادُ إِمَّا أَنْ تَكُونَ مُضَافَةً أَوْ غَيْرَ مُضَافَةٍ، فَالْمُضَافُ تَعْرِيفُهَا بِتَعْرِيفِ الْمُضَافِ إِلَيْهِ كَمَا تَقَدَّمَ فِي فُصُولِ الْإِضَافَةِ؛ كَقَوْلِكَ: (ثَلَاثَةُ الْأَثْوَابِ) و(مِائَةُ الدِّرْهَمِ)، وَإِنْ كَانَ غَيْرَ مُضَافٍ لَمْ يَخْلُ مِنْ أَنْ يَكُونَ ذَا عَطْفٍ أَوْ لَا، فَإِنْ كَانَ ذَا عَطْفٍ عُرِّفَ الْمَعْطُوفُ وَالْمَعْطُوفُ عَلَيْهِ جَمِيعًا؛ كَقَوْلِكَ: الثَّلَاثَةُ وَالْعِشْرُونَ، وَالْخَمْسَةُ وَالْأَرْبَعُونَ، وَإِنْ كَانَ غَيْرَ مَعْطُوفٍ وَلَا مُضَافٍ عُرِّفَ تَعْرِيفًا وَاحِدًا؛ كَقَوْلِكَ: الْأَحَدَ عَشَرَ، وَالثَّلَاثَةَ عَشَرَ.

وَأَمَّا مَنْ قَالَ: (الثَّلَاثَةُ الْأَثْوَابِ)، فَقَدْ تَقَدَّمَ رَدُّهُ، وَوَجْهُهُ أَنَّ الثَّلَاثَةَ هِيَ الْمُرَادَةُ

بِالذَّاتِ الْمَقْصُودَةِ بِالتَّعْرِيفِ، فَصَحَّ تَعْرِيفُهَا لِذَلِكَ، وَجَازَ إِضَافَتُهَا إِلَى الْمَعْرِفَةِ لإِفَادَةِ غَرَضٍ آخَرَ، وَهُوَ تَبْيِينُ هَذِهِ الذَّاتِ الْمُبْهَمَةِ، فَصَارَ فِي الإِضَافَةِ مَعْنًى غَيْرُ التَّعْرِيفِ، فَجَازَ الْجَمْعُ بَيْنَهُمَا، وَهَذَا وَجْهُ لِمَنْ قَالَ: (الثَّلاثَةُ الأَثْوَابِ)، وَإِنْ كَانَ قَبِيحًا، كَأَنَّهُمْ لَمَّا عَرَّفُوا الأَوَّلَ اسْتَغْنَوْا عَنْ تَعْرِيفٍ فِي الثَّانِي، وَأَضَافُوهُ لِبَيَانِ نَوْعِهِ.

وَقَوْلُ مَنْ قَالَ: (الأَحَدَ الْعَشَرَ الدِّرْهَمَ)، و(الأَحَدَ الْعَشَرَ دِرْهَمًا)، كَأَنَّهُ لَمَّا كَانَ أَصْلُهُ الْعَطْفَ أُجْرِيَ مُجْرَى الْعَطْفِ فِي تَعْرِيفِ الاسْمَيْنِ مَعًا، وَأَمَّا تَعْرِيفُ الدِّرْهَمِ فَلأَنَّهُ هُوَ الْمَقْصُودُ بِتَبْيِينِ الذَّاتِ، فَكَانَ أَحَقَّ بِالتَّعْرِيفِ، وَكُلُّ ذَلِكَ خَارِجٌ عَنِ الْقِيَاسِ وَاسْتِعْمَالِ الْفُصَحَاءِ.

فَأَمَّا الْمَعْطُوفُ فَلا خِلافَ فِي أَنَّ الاثْنَيْنِ يُعَرَّفَانِ؛ لأَنَّ كُلَّ وَاحِدٍ مِنْهُمَا اسْمٌ مُسْتَقِلٌّ بِنَفْسِهِ، فَلا يَلْزَمُ مِنْ تَعْرِيفِ أَحَدِهِمَا تَعْرِيفُ الآخَرِ، فَوَجَبَ عِنْدَ قَصْدِ التَّعْرِيفِ أَنْ يُعَرَّفَا جَمِيعًا؛ كَقَوْلِكَ: (جَاءَنِي الرَّجُلُ وَالْمَرْأَةُ) كَمَا أَنَّهُ لا بُدَّ مِنْ تَعْرِيفِهِمَا عِنْدَ قَصْدِ التَّعْرِيفِ، وَلا يُسْتَغْنَى بِتَعْرِيفِ أَحَدِهِمَا عَنْ تَعْرِيفِ الآخَرِ، فَكَذَلِكَ هَاهُنَا.

وَأَمَّا الْمُرَكَّبَاتُ فَقَدْ مُزِجَا وَصُيِّرَا وَاحِدًا، فَجُعِلا كَالاسْمِ الْوَاحِدِ فِي الأَحْكَامِ، فَعُرِّفَا تَعْرِيفًا وَاحِدًا فِي أَوَّلِ الاسْمَيْنِ؛ كَقَوْلِكَ: الأَحَدَ عَشَرَ إِلَى التِّسْعَةَ عَشَرَ، كَمَا يُعَرَّفُ الاسْمُ الْمُفْرَدُ، وَلِذَلِكَ صَحَّتْ إِضَافَتُهُمَا جَمِيعًا، فَتَقُولُ: أَحَدَ عَشَرَكَ، وَلَوْلا جَعْلُهُمَا كَالشَّيْءِ الْوَاحِدِ لَمْ تَجُزْ إِضَافَتُهُمَا، فَهَذَا وَجْهُ مَا ذَكَرْنَاهُ مِنَ التَّعْرِيفِ عَلَى التَّفْصِيلِ.

قَوْلُهُ: (وَتَقُولُ: الأَوَّلُ وَالثَّانِي وَالثَّالِثُ).

هَذَا الْفَصْلُ لِتَعْرِيفِ الأَسْمَاءِ الْمَوْضُوعَةِ لِلْوَاحِدِ مِنَ الْمَعْدُودَاتِ بِاعْتِبَارِ ذَلِكَ الْعَدَدِ الْمُشْتَقِّ ذَلِكَ الاسْمُ مِنْهُ؛ كَقَوْلِكَ: الثَّالِثُ وَالرَّابِعُ، فَقَوْلُكَ: الثَّالِثُ اسْمٌ لِوَاحِدٍ بِاعْتِبَارِ الثَّلاثَةِ، إِمَّا لِكَوْنِهِ أَحَدَهَا أَوْ مُصَيِّرَهَا ثَلاثَةً، أَوْ مَذْكُورًا ثَالِثًا، وَكَذَلِكَ إِلَى الْعَشَرَةِ عَلَى مَا سَيَأْتِي.

وَقَالَ: (الأَوَّلُ).

وَلَمْ يَقُلْ: الوَاحِدُ لأَنَّ لَفْظَ الْوَاحِدِ لَوْ قَالُوهُ بِهَذَا الْمَعْنَى لَكَانَ لَفْظَ اسْمِ الْعَدَدِ، فَغَيَّرُوهُ إِلَى لَفْظِ الأَوَّلِ، وَكَذَلِكَ مَا زَادَ؛ كَقَوْلِكَ: الْحَادِي عَشَرَ وَالثَّانِي عَشَرَ وَلِلْمُؤَنَّثَةِ: الْحَادِيَةَ عَشْرَةَ وَالثَّانِيَةَ عَشْرَةَ بِالتَّاءِ فِيهِمَا، وَوَقَعَ فِي " الْمُفَصَّلِ " (الْحَادِي عَشَرَ) بِغَيْرِ تَاءٍ فِي عَشْرَةٍ، وَلَيْسَ بِجَيِّدٍ؛ لِخُرُوجِهِ عَنِ الاسْتِعْمَالِ وَالْقِيَاسِ، أَمَّا الاسْتِعْمَالُ فَالْمَنْقُولُ تَأْنِيثُهُمَا، وَأَمَّا الْقِيَاسُ فَلأَنَّ الاسْمَ الأَوَّلَ حُكْمُهُ تَأْنِيثُ الْمُؤَنَّثِ وَتَذْكِيرُ الْمُذَكَّرِ بِدَلِيلِ

قَوْلِكَ: (ثَالِث عَشَرَ) فِي الْمُذَكَّرِ، وَأَمَّا الثَّانِي فَإِنَّ حُكْمَهُ أَنْ يَبْقَى عَلَى حَالِهِ الَّذِي كَانَ فِي الْعَدَدِ بِدَلِيلِ قَوْلِهِمْ فِي الْمُذَكَّرِ: (ثَالِث عَشَرَ)، فَتَرَكُوا (عَشَرَ) عَلَى مَا كَانَ فِي ثَلاثَةَ عَشَرَ، فَثَبَتَ أَنَّ الْقِيَاسَ الثَّالِثَةَ عَشَرَةَ إِلَى التَّاسِعَةَ عَشَرَةَ.

قَوْلُهُ: (وَالْحَادِي قَلْبُ الْوَاحِدِ).

لأَنَّهُ مُشْتَقٌّ مِنَ الْوَحْدَةِ، فَلا بُدَّ أَنْ يُقَدَّرَ الْقَلْبُ، وَإِلا فَلا يَسْتَقِيمُ أَنْ يَكُونَ مُشْتَقًّا مِنْهُ؛ لأَنَّ الْمُشْتَقَّ مِنَ الشَّيْءِ يَجِبُ أَنْ تَكُونَ حُرُوفُهُ الأُصُولُ حُرُوفَ الْمُشْتَقِّ مِنْهُ عَلَى التَّرْتِيبِ، فَمَا لَمْ يُقَدَّرِ الْقَلْبُ فَاتَ التَّرْتِيبُ، فَامْتَنَعَ الاشْتِقَاقُ.

وَالْحَادِي عَشَرَ وَالثَّانِي عَشَرَ الْقِيَاسُ فَتْحُ الْيَاءِ كَفَتْحِ يَاءِ ثَمَانِيَ عَشَرَ، وَجَاءَ التَّسْكِينُ كَإِسْكَانِ ثَمَانِي عَشَرَ اسْتِثْقَالا لِتَحْرِيكِ حَرْفِ الْعِلَّةِ، وَقَدْ مَضَى.

قَوْلُهُ: (وَإِذَا أَضَفْتَ اسْمَ الْفَاعِلِ الْمُشْتَقَّ مِنَ الْعَدَدِ) إِلَى آخِرِهِ.

إِذَا قَصَدْتَ إِلَى كَوْنِهِ وَاحِدًا مِنْ ذَلِكَ الْعَدَدِ الْمُضَافِ إِلَيْهِ هُوَ جَازَ لَكَ أَنْ تُضِيفَهُ إِلَى الْعَدَدِ الْمُشْتَقِّ هُوَ مِنْهُ؛ كَقَوْلِكَ: ثَالِثُ ثَلاثَةٍ؛ أَيْ: وَاحِدٌ مِنْ ثَلاثَةٍ، وَرَابِعُ أَرْبَعَةٍ إِلَى عَاشِرِ عَشَرَةٍ، وَجَازَ لَكَ أَنْ تُضِيفَهُ إِلَى عَدَدٍ أَكْثَرَ فَتَقُولُ فِي تَفْصِيلِ جُمْلَةٍ هِيَ عَشَرَةٌ: ثَالِثُهَا كَذَا وَرَابِعُهَا كَذَا، وَمَعْنَاهُ الْوَاحِدُ مِنَ الْعَشَرَةِ الَّذِي ذُكِرَ فِي مَوْضِعِ الْعَدَدِ الْمُشْتَقِّ هُوَ مِنْهُ، وَلَمْ يَذْكُرْ صَاحِبُ الْكِتَابِ هَذَا الْمَعْنَى، وَهُوَ جَارٍ كَثِيرًا، وَلا تَجُوزُ إِضَافَتُهُ بِهَذَا الْمَعْنَى إِلَى مَا هُوَ دُونَهُ، فَتَقُولُ: (هَذَا ثَالِثُ اثْنَيْنِ) بِمَعْنَى وَاحِدٍ مِنَ اثْنَيْنِ عَلَى انْفِرَادِهِمَا، إِذْ لَيْسَ لِلثَّلاثِيَّةِ مَعْنًى، فَلا يَسْتَقِيمُ تَسْمِيَتُهُ ثَالِثًا إِذْ الاثْنَانِ لا يَسْتَقِيمُ تَسْمِيَةُ أَحَدِهِمَا ثَالِثًا، بِمَعْنَى أَنَّهُ وَاحِدٌ مِنْهُمَا، وَإِذَا قَصَدْتَ إِلَى كَوْنِهِ مُصَيِّرًا لِلْمُضَافِ إِلَيْهِ عَلَى الْعَدَدِ الْمُشْتَقِّ هُوَ مِنْهُ وَجَبَ إِضَافَتُهُ إِلَى مَا دُونَهُ بِوَاحِدٍ فِي الْعَدَدِ لِيُصَيِّرَهُ عَلَى الْعَدَدِ الَّذِي اشْتُقَّ مِنْهُ؛ كَقَوْلِكَ: ثَالِثُ اثْنَيْنِ، وَرَابِعُ ثَلاثَةٍ، فَمَعْنَاهُ الْمُصَيِّرُ لِلاثْنَيْنِ ثَلاثَةً وَالثَّلاثَةِ أَرْبَعَةً.

وَلا يَجُوزُ إِضَافَتُهُ إِلَى أَقَلَّ مِنْهُ بِاثْنَيْنِ أَوْ أَكْثَرَ وَلا إِلَى مِثْلِهِ وَلا إِلَى أَكْثَرَ مِنْهُ؛ إِذْ لا يَسْتَقِيمُ أَنْ تَقُولَ: هَذَا رَابِعُ اثْنَيْنِ؛ إِذِ الْوَاحِدُ لا يُصَيِّرُ الاثْنَيْنِ أَرْبَعَةً، وَكَذَلِكَ ثَالِثُ ثَلاثَةٍ؛ إِذْ الثَّلاثَةُ لا يُصَيِّرُهَا وَاحِدٌ يَدْخُلُ مَعَهَا ثَلاثَةً لِكَوْنِهَا تَكُونُ أَرْبَعَةً، وَكَذَلِكَ لا تَقُولُ: رَابِعُ خَمْسَةٍ لأَنَّهُ أَبْعَدُ؛ إِذِ الْخَمْسَةُ لا يَسْتَقِيمُ أَنْ يَزِيدَ فِيهَا وَاحِدٌ فَتَصِيرَ أَرْبَعَةً وَهِيَ سِتَّةٌ.

قَالَ: (فَإِذَا جَاوَزْتَ الْعَشَرَةَ لَمْ يَكُنْ إِلا الْوَجْهُ الأَوَّلُ).

يَعْنِي: أَنْ يَكُونَ وَاحِدًا مِنَ الْعَدَدِ الْمُضَافِ هُوَ إِلَيْهِ عَلَى حَسَبِ مَا تَقَدَّمَ مِنَ الْمَعْنَيَيْنِ، وَلا يَسْتَقِيمُ الْوَجْهُ الثَّانِي؛ لأَنَّهُ مَبْنِيٌّ عَلَى الْفِعْلِ، أَلا تَرَى أَنَّ قَوْلَكَ: رَابِعُ ثَلاثَةٍ

إِنَّمَا هُوَ مِنْ قَوْلِكَ: رَبَعْتُ الثَّلَاثَةَ، إِذَا كَمَّلْتَهُمْ بِنَفْسِكَ أَرْبَعَةً، فَجَاءَ رَابِعُ ثَلَاثَةٍ مِنْ ذَلِكَ، فَهُوَ فَرْعٌ عَلَى قَوْلِكَ: رَابِعُ ثَلَاثَةٍ؛ أَيْ: مُصَيِّرُ الثَّلَاثَةِ أَرْبَعَةً.

وَأَمَّا مَا زَادَ عَلَى الْعَشَرَةِ فَلَيْسَ لَهُ فِعْلٌ بِهَذَا الْمَعْنَى وَلَا غَيْرِهِ، فَيُبْنَى مِنْهُ اسْمُ الْفَاعِلِ، وَإِنَّمَا هُوَ اسْمٌ مَحْضٌ، فَإِذَا أُضِيفَ كَإِضَافَةِ الْأَسْمَاءِ وَجَبَ أَنْ يَكُونَ عَلَى الْوَجْهِ الْأَوَّلِ الَّذِي أُضِيفَ بِاعْتِبَارِ الِاسْمِيَّةِ، لَا بِاعْتِبَارِ الْفِعْلِيَّةِ، فَعَلَى هَذَا تَقُولُ: ثَانِي عَشَرَ- اثْنَيْ عَشَرَ، وَلَا تَقُولُ: ثَانِي عَشَرَ أَحَدَ عَشَرَ لِمَا تَقَدَّمَ.

ثُمَّ لَهُمْ فِيهِ عِبَارَتَانِ مَشْهُورَتَانِ:

إِحْدَاهُمَا: أَنْ تَذْكُرَ الِاسْمَيْنِ جَمِيعًا فِي الْأَوَّلِ وَالثَّانِي، فَتَقُولُ: حَادِي عَشَرَ أَحَدَ عَشَرَ- وَتَبْنِي الْجَمِيعَ لِوُجُودِ عِلَّةِ الْبِنَاءِ.

وَثَانِيهُمَا: أَنْ تَحْذِفَ الِاسْمَ الثَّانِي، فَتَقُولُ: حَادِي أَحَدَ عَشَرَ- وَثَالِثُ ثَلَاثَةَ عَشَرَ- اسْتِغْنَاءً بِعَشَرَ آخِرًا عَنْ أَنْ تَذْكُرَهَا أَوَّلًا؛ لِأَنَّهُ مَعْلُومٌ، وَالْأَوَّلُ فِي هَذَا مُعْرَبٌ؛ لِفِقْدَانِ عِلَّةِ الْبِنَاءِ، وَالثَّانِي مَبْنِيٌّ عَلَى أَصْلِهِ.

وَقَدْ قِيلَ وَجْهٌ ثَالِثٌ، وَهُوَ أَنْ تَقُولَ: حَادِي عَشَرَ- فَتَحْذِفُ الِاسْمَ الثَّانِي مِنَ الْأَوَّلِ وَالْأَوَّلَ مِنَ الثَّانِي، فَيَبْقَى لَفْظُهُ كَلَفْظِ الْأَوَّلَيْنِ فِي الصُّورَةِ، وَلَمْ يُنْقَلْ إِلَّا الْبِنَاءُ لِقِيَامِ الْآخِرِ مِنَ الثَّانِي مَقَامَ الثَّانِي مِنَ الْأَوَّلِ، وَالظَّاهِرُ أَنَّ هَذَا اللَّفْظَ هُوَ لَفْظُ الِاسْمَيْنِ الْأَوَّلَيْنِ، وَكَذَلِكَ سَائِرُهَا، بِخِلَافِ ثَالِثٍ وَرَابِعٍ، فَإِنَّ لَهُ مَعْنَيَيْنِ، فَلَمْ يُسْتَغْنَ إِذَا قُصِدَ فِيهِ أَحَدُ الْمَعْنَيَيْنِ عَنْ ذِكْرِ الْمُضَافِ لِيَتَبَيَّنَ الْمَقْصُودُ بِهِ، وَاللهُ أَعْلَمُ.

قَالَ: وَمِنْ أَصْنَافِ الِاسْمِ: الْمَقْصُورُ وَالْمَمْدُودُ

قَالَ الشَّيْخُ: سُمِّيَ الْمَمْدُودُ مَمْدُودًا؛ لِأَنَّ الْأَلِفَ قَبْلَ الْهَمْزَةِ تُمَدُّ لِأَجْلِ الْهَمْزَةِ، وَلَا تُحْذَفُ بِحَالٍ، وَسُمِّيَ الْمَقْصُورُ مَقْصُورًا؛ لِأَنَّ الْأَلِفَ لَيْسَ بَعْدَهَا هَمْزَةٌ فَتُمَدُّ، وَلِأَنَّهَا قَدْ تُحْذَفُ لِوُجُودِ التَّنْوِينِ أَوِ السَّاكِنِ بَعْدَهَا، فَيُقْصَرُ الِاسْمُ، وَهَذَا أَوْلَى فِي مَعْنَى الِاسْمِيَّةِ لِمَا فِيهِ مِنْ مُنَاقَضَةِ الْمَمْدُودِ؛ لِأَنَّهُ يُورَدُ عَلَى أَنَّ نَقِيضَهُ مِنْ قَوْلِ مَنْ قَالَ فِي تَفْسِيرِهِ هَاهُنَا: الَّذِي قُصِرَ عَنِ الْإِعْرَابِ؛ لِأَنَّهُ لَيْسَ فِيهِ مَا يُشْعِرُ بِمُنَاقَضَةِ الْمَمْدُودِ.

ثُمَّ قَالَ: (فَالْقِيَاسِيُّ طَرِيقُ مَعْرِفَتِهِ أَنْ يُنْظَرَ إِلَى نَقِيضِهِ مِنَ الصَّحِيحِ) إِلَى آخِرِهِ.

يَعْنِي بِالْقِيَاسِيِّ: مَا عُلِمَ قَصْرُهُ حَمْلًا لَهُ عَلَى مُمَاثِلِهِ مِنْ ذَلِكَ الْبَابِ، وَلِذَلِكَ لَمْ يُورِدْ فُعْلَى وَلَا فَعْلَى وَفُعَلَى وَفِعِّيلَى وَفُعَالَى، وَهَذِهِ لَا تَكُونُ إِلَّا مَقْصُورَاتٍ؛ لِأَنَّهَا

لَيْسَتْ مَحْمُولَةً عَلَى نَظِيرٍ، وَإِنَّمَا اتَّفَقَ أَنْ كَانَتْ مَقْصُورَةً؛ لأَنَّ الْعَرَبَ لَمْ تَضَعْ وَزْنَهَا وَبَعْدَهُ هَمْزَةٌ، فَلِذَلِكَ عُلِمَ قَصْرُهَا لا بِالْقِيَاسِ عَلَى نَظِيرٍ، فَإِذَا نَظَرْتَ إِلَى بَابٍ مِنَ الصِّيَغِ قِيَاسُهُ أَنْ يَكُونَ قَبْلَ آخِرِهِ فَتْحَةٌ، وَأَرَدْتَ بِنَاءَ تِلْكَ الصِّيغَةِ مِنَ الْمُعْتَلِّ اللامِ وَجَبَ أَنْ يَكُونَ مَقْصُورًا؛ لأَنَّهُ يَتَحَرَّكُ اللامُ بِحَرَكَةِ الإِعْرَابِ، وَيَنْفَتِحُ مَا قَبْلَهَا، فَيَجِبُ قَلْبُهَا أَلِفًا، فَيَصِيرُ اسْمًا آخِرُهُ أَلِفٌ، وَهُوَ مَعْنَى الْمَقْصُورِ.

وَإِذَا كَانَ الْبَابُ قِيَاسُهُ فِي الصَّحِيحِ أَنْ يَكُونَ قَبْلَ آخِرِهِ أَلِفٌ، فَإِذَا أَرَدْتَ بِنَاءَ تِلْكَ الصِّيغَةِ مِنَ الْمُعْتَلِّ اللامِ وَجَبَ أَنْ يَكُونَ مَمْدُودًا؛ لأَنَّ حَرْفَ الْعِلَّةِ مِنَ الاسْمِ الْمُعْتَلِّ يَقَعُ آخِرًا بَعْدَ أَلِفٍ، فَيَجِبُ قَلْبُهُ هَمْزَةً، وَهَذَا مَعْنَى الْمَمْدُودِ.

ثُمَّ بَسَطَ مَا اشْتَمَلَ عَلَيْهِ هَذِهِ الْجُمْلَةُ بِأَبْوَابِهَا عَلَى التَّفْصِيلِ، فَقَالَ: (وَأَسْمَاءُ الْمَفَاعِيلِ مِمَّا اعْتَلَّ آخِرُهُ مِنَ الثُّلاثِيِّ الْمَزِيدِ فِيهِ وَالرُّبَاعِيِّ مَقْصُورَاتٍ؛ لأَنَّ نَظَائِرَهَا مَفْتُوحَاتُ مَا قَبْلَ الآخِرِ).

وَذَلِكَ أَنَّ كُلَّ اسْمِ مَفْعُولٍ مِمَّا ذَكَرَهُ مَفْتُوحٌ مَا قَبْلَ الآخِرِ؛ كَقَوْلِكَ: مُكْرَمٌ، وَمُسْتَخْرَجٌ، وَمُدَحْرَجٌ، فَإِذَا أَرَدْتَ بِنَاءَ هَذِهِ الصِّيغَةِ مِنَ الْمُعْتَلِّ اللامِ تَحَرَّكَتِ الْيَاءُ وَانْفَتَحَ مَا قَبْلَهَا فَانْقَلَبَتْ أَلِفًا، وَهُوَ مَعْنَى الْمَقْصُورِ؛ كَقَوْلِكَ: مُغْزَى، وَمُسْتَغْزَى، وَمُصْطَفَى، وَمِنْ ذَلِكَ مَغْزَى وَمَلْهَى؛ لأَنَّ اسْمَ الزَّمَانِ وَالْمَكَانِ مِنْ يَفْعَلُ وَيَفْعُلُ كَيَعْلَمُ وَيَنْصُرُ عَلَى مَفْعَلٍ بِفَتْحِ الْعَيْنِ، فَإِذَا بَنَيْتَ هَذِهِ الصِّيغَةَ مِنَ الْمُعْتَلِّ اللامِ تَحَرَّكَتِ الْيَاءُ وَانْفَتَحَ مَا قَبْلَهَا فَقُلِبَتْ أَلِفًا؛ كَقَوْلِكَ: مَغْزَى وَمَلْهَى، وَلا فَرْقَ فِي الْمُعْتَلِّ بَيْنَ أَنْ يَكُونَ فِعْلُهُ يَفْعِلُ بِالْكَسْرِ أَوْ غَيْرَهُ، فَإِنَّ اسْمَ الزَّمَانِ وَالْمَكَانِ مِنْهُ مَفْعَلٌ بِالْفَتْحِ، وَإِنَّمَا ذَلِكَ الْفَرْقُ فِي الصَّحِيحِ، وَلَكِنَّهُ لَمْ يُمَثِّلْ إِلا بِمَا وَافَقَ الصَّحِيحَ كَرَاهَةَ أَنْ يَدْخُلَ بِأَحْكَامِ بَابٍ فِي بَابٍ آخَرَ، وَسَنَذْكُرُ ذَلِكَ عِنْدَمَا نَذْكُرُ اسْمَ الزَّمَانِ وَالْمَكَانِ.

وَمِنْ ذَلِكَ الْعَشَا وَالصَّدَى وَالطَّوَى، وَهُوَ كُلُّ مَصْدَرٍ مَاضِيهُ فَعِلَ اللازِمُ بِكَسْرِ الْعَيْنِ، وَاسْمُ الْفَاعِلِ مِنْهُ أَفْعَلُ أَوْ فَعْلانُ أَوْ فَعِلٌ، فَإِنَّ مَصْدَرَهُ عَلَى فَعَلٍ بِفَتْحِ الْعَيْنِ، فَإِذَا بَنَيْتَ هَذِهِ الصِّيغَةَ مِنْ مُعْتَلِّ اللامِ وَجَبَ أَنْ يَكُونَ عَلَى فَعَلٍ بِفَتْحِ الْعَيْنِ، فَتَتَحَرَّكُ اللامُ وَيَنْفَتِحُ مَا قَبْلَهَا فَتَنْقَلِبُ أَلِفًا، وَهُوَ مَعْنَى الْمَقْصُورِ.

وَمَثَّلَ بِثَلاثَةِ أَمْثِلَةٍ فِي الْمُعْتَلِّ لاخْتِلافِهَا فِي اسْمِ الْفَاعِلِ، وَبِثَلاثَةٍ فِي الصَّحِيحِ كَذَلِكَ، فَالْعَشَى مِنْ عَشِيَ فَهُوَ أَعْشَى، وَنَظِيرُهُ مِنَ الصَّحِيحِ حَوِلَ فَهُوَ أَحْوَلُ، وَالطَّوَى مِنْ طَوِيَ فَهُوَ طَيَّانُ، نَظِيرُهُ مِنَ الصَّحِيحِ عَطِشَ بِكَسْرِ الطَّاءِ فَهُوَ عَطْشَانُ، وَالصَّدَى مِنْ

صَدِيَ فَهُوَ صَدٍ، نَظِيرُهُ مِنَ الصَّحِيحِ فَرِقَ فَهُوَ فَرِقٌ.

ثُمَّ أَوْرَدَ (الْغِرَاءَ) عَلَى ذَلِكَ؛ إِذْ قِيَاسُهُ (غَرًى)؛ لأَنَّهُ مِنْ (غَرِيَ) فَهُوَ غَرٍ مِثْلُ قَوْلِكَ: صَدِيَ فَهُوَ صَدٍ، فَمَدُّهُ عَلَى خِلافِ الْقِيَاسِ، وَلا بُعْدَ فِي مَجِيءِ بَعْضِ الأَلْفَاظِ خَارِجًا عَنِ الْقِيَاسِ، وَقَدْ أَجْرَاهُ الأَصْمَعِيُّ عَلَى الْقِيَاسِ، وَالْمَسْمُوعُ مَا ذَكَرَ سِيبَوَيْهِ مِنَ الْمَدِّ.

(وَمِنْ ذَلِكَ جَمْعُ فُعْلَةٍ وَفِعْلَةٍ).

إِذْ قِيَاسُهَا فُعَلٌ وَفِعَلٌ، فَإِذَا جُمِعَ الْمُعْتَلُّ اللامِ مِنْ فُعْلَةٍ أَوْ فِعْلَةٍ جَاءَ عَلَى فُعَلٍ وَفِعَلٍ، فَتَتَحَرَّكُ الْيَاءُ وَيَنْفَتِحُ مَا قَبْلَهَا فَتَنْقَلِبُ أَلِفًا، وَهُوَ مَعْنَى الْمَقْصُورِ.

قَوْلُهُ: (وَنَحْوُ الإِعْطَاءِ وَالرِّمَاءِ وَالاشْتِرَاءِ وَالاحْبِنْطَاءِ) إِلَى آخِرِهِ.

مَمْدُودَاتٌ لأَنَّ نَظَائِرَهُنَّ مِنَ الصَّحِيحِ قِيَاسُهُ أَنْ يَكُونَ قَبْلَ آخِرِهِ أَلِفٌ زَائِدَةٌ، فَإِذَا بَنَيْتَ مِنَ الْمُعْتَلِّ اللامِ مِثْلَهُ وَقَعَ حَرْفُ الْعِلَّةِ مُتَطَرِّفًا بَعْدَ أَلِفٍ زَائِدَةٍ، فَوَجَبَ قَلْبُهُ هَمْزَةً، وَهُوَ مَعْنَى الْمَمْدُودِ وَمَثَّلَ بِالإِعْطَاءِ فِي الْمُعْتَلِّ، وَنَظِيرُهُ الإِكْرَامُ فِي الصَّحِيحِ، وَقِيَاسُ أَفْعَلَ إِفْعَالٌ، وَمَثَّلَ بِالرِّمَاءِ فِي الْمُعْتَلِّ، وَنَظِيرُهُ الطِّلابُ فِي الصَّحِيحِ، وَهُوَ مَصْدَرُ فَاعَلَ، وَقِيَاسُ فَاعَلَ فِعَالٌ، وَمَثَّلَ بِالاشْتِرَاءِ فِي الْمُعْتَلِّ، وَنَظِيرُهُ الافْتِتَاحُ فِي الصَّحِيحِ، وَهُوَ مَصْدَرُ افْتَعَلَ، وَقِيَاسُ مَصْدَرِ افْتَعَلَ افْتِعَالٌ، وَمَثَّلَ بِالاحْبِنْطَاءِ وَنَظِيرُهُ فِي الصَّحِيحِ الاحْرِنْجَامُ، وَهُوَ مَصْدَرُ افْعَنْلَلَ، وَقِيَاسُ مَصْدَرِ افْعَنْلَلَ افْعِنْلالٌ، فَوَجَبَ أَنْ يَكُونَ قَبْلَ آخِرِ الْجَمِيعِ أَلِفٌ، فَيَقَعُ حَرْفُ الْعِلَّةِ بَعْدَهَا مُتَطَرِّفًا، فَيَنْقَلِبُ هَمْزَةً.

وَمِنْ ذَلِكَ أَسْمَاءُ الأَصْوَاتِ الْمَضْمُومَةُ الأَوَائِلِ، فَإِنَّ قِيَاسَهَا أَنْ يَقَعَ قَبْلَ آخِرِهَا أَلِفٌ، فَيَنْقَلِبَ حَرْفُ الْعِلَّةِ هَمْزَةً كَمَا تَقَدَّمَ، ثُمَّ مَثَّلَ بِالصَّحِيحِ وَالْمُعْتَلِّ.

(وَقَالَ الْخَلِيلُ: مَدُّوا الْبُكَاءَ عَلَى ذَا).

(أَيْ عَلَى أَنَّهُ صَوْتٌ) كَأَنَّهُمْ لَمَّا رَأَوْهُ لا يَخْلُو عَنْ صَوْتٍ فِي الْعَادَةِ أَجْرَوْهُ مُجْرَى الصَّوْتِ.

(وَالَّذِينَ قَصَرُوهُ جَعَلُوهُ كَالْحُزْنِ).

لأَنَّهُ لَيْسَ بِصَوْتٍ عَلَى الْحَقِيقَةِ، فَلَمْ يُجْرُوهُ مُجْرَى الأَصْوَاتِ، فَيَكُونَ مَدُّهُ قِيَاسًا، وَلَيْسَ قَصْرُهُ بِقِيَاسٍ أَيْضًا؛ إِذْ لَيْسَ لَهُ أَصْلٌ فِي الصَّحِيحِ مَفْتُوحُ مَا قَبْلَ الآخِرِ فَيُحْمَلُ عَلَيْهِ.

قَوْلُهُ: (وَالْعِلاجُ كَالصَّوْتِ).

يَعْنِي الأَسْمَاءَ الْمَضْمُومَةَ الْفَاءِ الَّتِي هِيَ مَوْضُوعَةٌ لِمُزَاوَلَةِ الأَشْيَاءِ وَعِلاجِهَا،

قِيَاسُهَا أَنْ يَكُونَ قَبْلَ آخِرِهَا أَلِفٌ كَالأَصْوَاتِ، فَإِذَا وَقَعَتْ فِي الْمُعْتَلِّ اللام صَارَ حَرْفُ الْعِلَّةِ مُتَطَرِّفًا بَعْدَ أَلِفٍ زَائِدَةٍ، فَيُقْلَبُ هَمْزَةً، وَهُوَ مَعْنَى الْمَمْدُودِ، وَمَثَّلَ الْمُعْتَلَّ بِالنُّزَاءِ، يُقَالُ: نَزَا الذَّكَرُ عَلَى الأُنْثَى يَنْزُو نُزَاءً، وَالْمَعْرُوفُ فِيهِ الْكَسْرُ، وَإِنَّمَا النُّزَاءُ دَاءٌ يَأْخُذُ الشِّيَاهَ، وَمَثَّلَ الصَّحِيحَ بِالْقُمَاصِ، يُقَالُ: قَمَصَتِ الدَّابَّةُ إِذَا رَفَعَتْ يَدَيْهَا وَرِجْلَيْهَا عَلَى غَيْرِ تَرْتِيبٍ.

قَوْلُهُ: (وَمِنْ ذَلِكَ مَا جُمِعَ عَلَى أَفْعِلَةٍ).

فَإِنَّهُ جَمْعٌ مَخْصُوصٌ بِمَا قَبْلَ آخِرِهِ حَرْفُ مَدٍّ، فَإِذَا بَنَيْتَ مِنْهُ الْمُعْتَلَّ وَقَعَ حَرْفُ الْعِلَّةِ بَعْدَ الأَلِفِ، فَيَنْقَلِبُ هَمْزَةً، وَمَثَّلَهُ بِأَكْسِيَةٍ وَأَقْبِيَةٍ، وَمُفْرَدُهُ كِسَاءٌ وَقَبَاءٌ، وَالصَّحِيحُ كَقَوْلِكَ: قَذَالٌ وَأَقْذِلَةٌ، وَحِمَارٌ وَأَحْمِرَةٌ.

(وَقَوْلُهُ:

فِي لَيْلَةٍ مِنْ جُمَادَى ذَاتِ أَنْدِيَةٍ ... مَا يُبْصِرُ الْكَلْبُ مِنْ ظَلْمَائِهَا الطُّنُبَا

فِي الشُّذُوذِ مِنَ الْمُعْتَلِّ كَأَنْجِدَةٍ فِي جَمْعِ نَجْدٍ).

وَكَانَ قِيَاسُهُ أَنْ لا يُقَالَ فِي جَمْعِهِ: أَنْدِيَةٌ، أَوْ يُقَالُ فِي مُفْرَدِهِ نِدَاءٌ بِالْمَدِّ، كَمَا قِيلَ: قَبَاءٌ فِي مُفْرَدِ أَقْبِيَةٍ، وَكَذَلِكَ قِيَاسُ مُفْرَدِ أَنْجِدَةٍ نِجَادٌ أَوْ نَجَادٌ؛ وَلَكِنَّهُمْ جَمَعُوا فَعْلا فِي الصَّحِيحِ جَمْعَ أَفْعِلَةٍ، وَجَمَعُوا نَدًى فِي الْمُعْتَلِّ عَلَى أَفْعِلَةٍ عَلَى غَيْرِ قِيَاسٍ.

(وَأَمَّا السَّمَاعِيُّ)

فَهُوَ مَا لَيْسَ لَهُ بِاعْتِبَارِ مَعْنَاهُ صِيغَةٌ مَخْصُوصَةٌ مَفْتُوحٌ مَا قَبْلَ آخِرِهَا، فَيَكُونَ مَقْصُورًا، أَوْ وَاقِعٌ قَبْلَ آخِرِهِ أَلِفٌ، فَيَكُونَ مَمْدُودًا؛ كَقَوْلِهِمْ: الرَّحَى وَالرَّجَا، فَلَوْ مُدَّ هَذَا لَمْ يَكُنْ فِيهِ خُرُوجٌ عَنْ قِيَاسٍ، وَكَذَلِكَ قَصْرُهُ؛ إِذْ لَيْسَ فِيهِ أَصْلٌ مُطَّرِدٌ يُحْمَلُ فِيهِ عَلَى قَصْرٍ وَلا مَدٍّ، وَاللهُ أَعْلَمُ.

قَوْلُهُ: وَمِنْ أَصْنَافِ الاسْمِ: الأَسْمَاءُ الْمُتَّصِلَةُ بِالأَفْعَالِ، وَهِيَ ثَمَانِيَةٌ... إِلَى آخِرِهِ

قَالَ الشَّيْخُ: مَعْنَى اتِّصَالِهَا بِهَا أَنَّهَا لا تَنْفَكُّ عَنْ مَعْنَاهَا، فَالْمَصْدَرُ اسْمُ الْفِعْلِ، وَاسْمُ الْفَاعِلِ اسْمٌ لِمَنْ قَامَ بِهِ الْفِعْلُ، وَكَذَلِكَ إِلَى آخِرِهَا عَلَى مَا سَيَأْتِي.

وَوَقَعَ فِي الأَصْلِ (وَأَسْمَاءُ الزَّمَانِ وَالْمَكَانِ)، وَلَيْسَ بِالْجَيِّدِ، لأَنَّكَ إِنْ جَعَلْتَهُ قِسْمًا وَاحِدًا كَانَ سَبْعَةً، وَإِنْ جَعَلْتَهُ أَقْسَامًا جَاءَتْ أَكْثَرَ مِنْ ثَمَانِيَةٍ، وَلا وَجْهَ لِجَعْلِهَا اثْنَيْنِ؛ لأَنَّ

لَفظَهُ جَمْعٌ، فَالأَوْلَى أَنْ يُقَالَ: (وَاسْمَا الزَّمَانِ وَالْمَكَانِ) فَتكُونُ عَلَى ذَلِكَ ثَمَانِيَةً.

أَمَّا الْمَصْدَرُ فَعَلَى مَا ذَكَرَهُ مِنْ أَنَّ لِلثُّلاثِيِّ الْمُجَرَّدِ أَبْنِيَةً مُخْتَلِفَةً، وَقَدْ يَكْثُرُ بَعْضُ الأَبْنِيَةِ فِي بَعْضِ الأَفْعَالِ، كَفَعْلٍ فِي فَعَلَ الْمُتَعَدِّي، وَفُعُولٍ فِي فَعَلَ غَيْرِ الْمُتَعَدِّي، وَفَعَلٍ فِي فَعِلَ غَيْرِ الْمُتَعَدِّي، وَفَعَالَةٍ فِي فَعُلَ.

وَأَمَّا الثُّلاثِيُّ الْمَزِيدُ فِيهِ وَالرُّبَاعِيُّ فَلِكُلِّ وَزْنٍ مَصْدَرٌ مُخْتَصٌّ بِهِ يَجْرِي عَلَيْهِ قِيَاسًا عَلَى مَا ذَكَرَ.

(وَقَالُوا فِي فَعَّلَ: تَفْعِيلٌ وَتَفْعِلَةٌ) وَتَفْعِيلٌ هُوَ الأَكْثَرُ.

(وَعَنْ نَاسٍ مِنَ الْعَرَبِ فِعَّالٌ).

كَأَنَّهُمْ نَحَوْا بِالْمَصْدَرِ مِنْهُ نَحْوَ قِيَاسِ الْمَزِيدِ فِيهِ حَيْثُ أَتَوْا بِحُرُوفِ الْفِعْلِ وَزِيَادَةِ الأَلِفِ قَبْلَ الآخِرِ، كَمَا قَالُوا فِي أَفْعَلَ: إِفْعَالٌ قَالُوا فِي فَعَّلَ: فِعَّالٌ لأَنَّهُ قِيَاسُهُ.

وَقَالَ: (وَفِي فَاعَلَ مُفَاعَلَةٌ وَفِعَالٌ).

وَهُمَا كَثِيرٌ، وَبَعْضُهُمْ يَقُولُ: فِيْعَالٌ، وَهُوَ قِيَاسُ مَنْ قَالَ: فِعَّالٌ مِنْ فَعَّلَ؛ لأَنَّهُ إِذَا كَسَرَ الأُولَى وَأَتَى بِحُرُوفِ الْفِعْلِ انْقَلَبَتِ الأَلِفُ يَاءً لانْكِسَارِ مَا قَبْلَهَا، فَبَقِيَ فِيْعَالٌ، وَلَمَّا كَانَ ذَلِكَ هُوَ قِيَاسَ هَذَا الْبَابِ جَعَلَ سِيبَوَيْهِ قَوْلَ مَنْ قَالَ: فِعَّالٌ مَبْنِيًّا عَلَى حَذْفِ الْيَاءِ؛ لأَنَّهُ قَالَ: (كَأَنَّهُمْ حَذَفُوا الْيَاءَ الَّتِي جَاءَ بِهَا أُولَئِكَ فِي قِيتَالٍ وَنَحْوِهَا، وَقَدْ جَاءَ (فَاعَلْتُهُ فِعَّالا)، وَهُوَ قَلِيلٌ، كَقَوْلِهِمْ: مَارَيْتُهُ مِرَّاءً.

(وَفِي تَفَعَّلَ تَفَعُّلٌ).

وَهَذَا هُوَ الْكَثِيرُ، وَقَدْ جَاءَ تِفِعَّالٌ، وَهُوَ قِيَاسُ مَنْ قَالَ: كِلامٌ؛ لأَنَّهُ كَسَرَ وَزَادَ أَلِفًا قَبْلَ الآخِرِ.

(وَفِي فَعْلَلَ فَعْلَلَةٌ وَفِعْلالٌ).

كَقَوْلِكَ: سَرْهَفَ سَرْهَفَةً وَسِرْهَافًا بِالْكَسْرِ، وَفَعْلَلَةٌ أَكْثَرُ، وَفِعْلالٌ هُوَ الْقِيَاسُ، عَلَى نَحْوِ أَفْعَلَ إِفْعَالٌ، وَأَمَّا الْمُضَاعَفُ مِنْهُ فَجَاءَ فِيهِ فَعْلَلَةٌ وَفِعْلالٌ وَفَعْلالٌ بِالْفَتْحِ، وَهُوَ قَلِيلٌ، وَوَجْهُهُ أَنَّهُ لَمَّا كَانَ مُضَاعَفًا، وَالتَّضْعِيفُ مُسْتَثْقَلٌ، خُفِّفَ بِقَلْبِ الْكَسْرَةِ فَتْحَةً، تَقُولُ: زَلْزَلَ زَلْزَلَةً وَزِلْزَالا وَزَلْزَالا، وَفِي تَفَعْلَلَ تَفَعْلُلٌ.

قَالَ: (وَقَدْ يَرِدُ الْمَصْدَرُ عَلَى وَزْنِ اسْمَي الْفَاعِلِ وَالْمَفْعُولِ).

أَمَّا وُرُودُهُ عَلَى وَزْنِ اسْمِ الْفَاعِلِ فَقَلِيلٌ يُحْفَظُ وَلا يُقَاسُ عَلَيْهِ، وَلَمْ يَجِئْ إِلا فِي الثُّلاثِيِّ؛ كَقَوْلِكَ: (قُمْ قَائِمًا)، وَقَوْلِهِ:

عَلَى حَلْفَةٍ لا أَشْتُمُ الدَّهْرَ مُسْلِمًا وَلا خَارِجًا مِنْ فِيَّ زُورُ كَلامِ

فَقَوْلُكَ: (قَائِمًا)، و(خَارِجًا) صِيغَةُ اسْمِ الْفَاعِلِ وُضِعَتْ مَصْدَرًا فِي مَوْضِعِ (قِيَامًا) و(خُرُوجًا)، وَهُوَ قَلِيلٌ، وَمِنْ ذَلِكَ الْفَاضِلَةُ، وَالْعَافِيَةُ، وَالْكَاذِبَةُ، وَالْوَاقِعَةُ، وَالدَّالَّةُ.

وَأَمَّا اسْمُ الْمَفْعُولِ فَجَاءَ مِنَ الثُّلاثِيِّ قَلِيلا يُحْفَظُ وَلا يُقَاسُ عَلَيْهِ؛ كَالْمَيْسُورِ وَالْمَعْسُورِ، وَأَمَّا الْمَزِيدُ فِيهِ وَالرُّبَاعِيُّ فَجَاءَ مِنْهُ اسْمُ الْمَفْعُولِ فِي مَوْضِعِ الْمَصْدَرِ قِيَاسًا؛ كَقَوْلِكَ: أَخْرَجْتُهُ مَخْرَجًا وَانْطَلَقَ مُنْطَلَقًا عَلَى مَا ذَكَرَهُ آخِرًا.

وَقَوْلُهُ تَعَالَى: "بِأَيِّكُمُ الْمَفْتُونُ" [القلم:٦] أَوْرَدَهُ عَلَى أَنَّهُ وَاقِعٌ مَوْقِعَ الْمَصْدَرِ، وَإِنَّمَا يَسْتَقِيمُ ذَلِكَ فِيهِ عَلَى تَقْدِيرِ أَنْ تَكُونَ الْبَاءُ غَيْرَ زَائِدَةٍ، وَقَدْ ذَكَرَ فِي فَصْلِ حَرْفِ الْجَرِّ أَنَّهَا زَائِدَةٌ، وَعَلَى تَقْدِيرِ أَنْ تَكُونَ زَائِدَةً لا يَكُونُ (الْمَفْتُونُ) إلا اسْمَ مَفْعُولٍ عَلَى بَابِهِ؛ إِذْ لا يَسْتَقِيمُ أَنْ يُقَالَ: (أَيُّكُمُ الْمَفْتُونُ) بِمَعْنَى (أَيُّكُمُ الْفِتْنَةُ)، وَإِنَّمَا يَسْتَقِيمُ بِأَنْ يُقَالَ: (بِأَيِّكُمُ الْمَفْتُونُ) عَلَى مَعْنَى (بِأَيِّكُمُ الْفِتْنَةُ).

وَذَلِكَ يَكُونُ إِذَا لَمْ تَكُنْ زَائِدَةً، وَالْقَوْلانِ؛ يَعْنِي: زِيَادَةَ الْبَاءِ وَعَدَمَهَا مَذْكُورَانِ، فَاسْتَعْمَلَ أَحَدَهُمَا فِي فَصْلِ الْجَرِّ وَالآخَرُ اسْتَعْمَلَهُ هَاهُنَا، وَقَوْلُهُ:

.... فَإِنَّ الْمُنَدَّى رِحْلَةٌ فَرُكُوبُ

أَيْ: فَإِنَّ التَّنْدِيَةَ، وَالتَّنْدِيَةُ تَرْدَادُ الإِبِلِ إِلَى الْمَاءِ لِتَشْرَبَ عَلَلا بَعْدَ النَّهَلِ، فَيَقُولُ: إِنَّ مَوْضِعَ تَنْدِيَتِهَا رِحْلَتُهَا وَرُكُوبُهَا؛ كَقَوْلِ الْقَائِلِ: (عِتَابُكَ السَّيْفُ)؛ أَيْ: مَوْضِعُ الْعِتَابِ السَّيْفُ، لا أَنَّ الْعِتَابَ السَّيْفُ عَلَى الْحَقِيقَةِ، كَمَا أَنَّ التَّنْدِيَةَ لَيْسَتْ الرِّحْلَةَ وَالرُّكُوبَ، وَإِنَّمَا هُوَ عَلَى مَعْنَى مَوْضِعِهَا وَعِوَضًا مِنْهَا، وَقَوْلُهُ:

إِنَّ الْمُوَقَّى مِثْلُ مَا وُقِّيتُ ....

أَيْ أَنَّ التَّوْقِيَةَ عَلَى الْحَقِيقَةِ مِثْلُ تَوْقِيَتِي، وَلا يَسْتَقِيمُ أَنْ يَكُونَ الْمُوَقَّى اسْمَ مَفْعُولٍ؛ لأَنَّهُ قَدْ أُخْبِرَ عَنْهُ بِالْمَصْدَرِ، فَدَلَّ عَلَى أَنَّهُ بِمَعْنَاهُ؛ إِذْ لا يُقَالُ: إِنَّ الْمَضْرُوبَ مِثْلُ ضَرْبِي، وَإِنَّمَا يُقَالُ: إِنَّ الضَّرْبَ مِثْلُ ضَرْبِي، فَوَجَبَ حَمْلُهُ عَلَى الْمَصْدَرِ، وَمِنْهُ قَوْلُهُ:

أُقَاتِلُ حَتَّى لا أَرَى لِي مُقَاتِلا ....

أَيْ: حَتَّى لا أَرَى لِي قِتَالا، وَهُوَ أَوْلَى مِنْ أَنْ يَكُونَ (مُقَاتِلا) لِلْمَفْعُولِ لأَمْرَيْنِ:

أَحَدُهُمَا: أَنَّ الْمُسْتَعْمَلَ قَاتَلْتُ حَتَّى مَا بَقِيَ قِتَالٌ، وَهَذَا بِمَعْنَاهُ.

وَالآخَرُ: أَنَّهُ إِذَا حُمِلَ عَلَى الْمَفْعُولِ ضَعُفَ الْمَعْنَى؛ لأَنَّهُ إِذَا تَرَكَ الْمُقَاتَلَ لَمْ يَرَ لَهُ

مُقَاتَلا، وَلَمْ يُورَدْ إلا فِي مَعْنَى الْمُبَالَغَةِ لِلشِّدَّةِ وَالشَّجَاعَةِ، وَهَذَا التَّقْدِيرُ يَدْفَعُهُ، وَتَقْدِيرُهُ بِالْمَصْدَرِ يُقَوِّيهِ.

وَالْفَصْلانِ اللَّذَانِ بَعْدَهُ ظَاهِرَانِ.

وَقَوْلُهُ: (وَبِنَاءُ الْمَرَّةِ مِنَ الْمُجَرَّدِ عَلَى فَعْلَةٍ).

يَعْنِي: إِذَا قُصِدَ إِلَى وَاحِدَةٍ مِنْ مَرَّاتِ الْفِعْلِ بِاعْتِبَارِ حَقِيقَةِ الْفِعْلِ لا بِاعْتِبَارِ خُصُوصِيَّةِ نَوْعٍ مِنَ الْفِعْلِ، وَإِنْ كَانَ الْفِعْلُ ثُلاثِيًّا مُجَرَّدًا بَنَيْتَ فَعْلَةً لَهُ وَقُلْتَ: ضَرَبْتُ ضَرْبَةً، وَقَتَلْتُ قَتْلَةً، وَقَدْ جَاءَ لِلْمَرَّةِ الْوَاحِدَةِ عَلَى لَفْظِ الْمَصْدَرِ الْمُسْتَعْمَلِ؛ كَقَوْلِهِمْ: أَتَيْتُهُ إِتْيَانَةً، وَهُوَ قَلِيلٌ وَأَمَّا مَا عَدَا الْمُجَرَّدَ فَالْمَرَّةُ مِنْهُ عَلَى لَفْظِ الْمَصْدَرِ الْمُسْتَعْمَلِ.

(وَأَمَّا مَا فِي آخِرِهِ تَاءٌ فَلا يُتَجَاوَزُ بِهِ الْمُسْتَعْمَلُ بِعَيْنِهِ).

هَذَا الْكَلامُ وَقَعَ مِنَ الْمُصَنِّفِ سَهْوًا؛ لأنَّهُ مَثَّلَهُ بِمَا زَادَ عَلَى الثَّلاثَةِ، وَقَدْ ذَكَرَ أَنَّ مَا زَادَ عَلَى الثَّلاثَةِ لا يَتَجَاوَزُ الْمُسْتَعْمَلَ، فَلا وَجْهَ لِقَوْلِهِ بَعْدَ ذَلِكَ. (وَأَمَّا مَا فِي آخِرِهِ تَاءٌ فَلا يُتَجَاوَزُ بِهِ الْمُسْتَعْمَلُ بِعَيْنِهِ)، وَإِنَّمَا كَانَ يَصِحُّ لَوْ ذَكَرَهُ مَعَ الثُّلاثِيِّ، فَإِنَّ الْمَرَّةَ مِنَ الثُّلاثِيِّ الْمُجَرَّدِ إِذَا كَانَ فِي الْمَصْدَرِ تَاءٌ لا يُتَجَاوَزُ بِهِ، فَكَانَ الصَّوَابُ أَنْ يَذْكُرَهُ قَبْلَ قَوْلِهِ: (وَهُوَ مِمَّا عَدَاهُ)، وَيُمَثِّلَهُ بِنَحْوِ: طَلْبَةٍ، وَنِشْدَةٍ، وَكُدْرَةٍ، وَغَلْبَةٍ، وَسَرِقَةٍ، وَدِرَايَةٍ.

قَوْلُهُ: (وَتَقُولُ فِي الضَّرْبِ مِنَ الْفِعْلِ: هُوَ حَسَنُ الطِّعْمَةِ).

أَمَّا فِعْلَةٌ بِكَسْرِ الْفَاءِ فَمَوْضُوعَةٌ لِلدَّلالَةِ عَلَى النَّوْعِ مِنَ الْفِعْلِ، فَإِذَا قُلْتَ: الْجِلْسَةُ فَمَعْنَاهُ النَّوْعُ مِنَ الْجُلُوسِ، وَإِذَا قُلْتَ: الْجَلْسَةُ بِالْفَتْحِ كَانَتِ الْوَاحِدَةُ مِنَ الْجُلُوسِ؛ أَيَّ جُلُوسٍ كَانَ، وَإِذَا قُلْتَ: الْجُلُوسُ كَانَ اسْمَ جِنْسٍ لِلْجُلُوسِ مُطْلَقًا، ثُمَّ الْجِلْسَةُ تُطْلَقُ عَلَى الْمَرَّةِ أَيْضًا بِاعْتِبَارِ النَّوْعِ، وَهُوَ عَلَى لَفْظِهِ، فَلِذَلِكَ تَقُولُ: جَلَسْنَا جِلْسَةً فَتَسْتَعْمِلُهُ لِلنَّوْعِ، وَإِنْ لَمْ يَكُنْ لِلْمَرَّةِ مِنْ غَيْرِ تَغْيِيرٍ لَمَّا كَانَ فِيهِ التَّاءُ.

(وَقَالُوا فِيمَا اعْتَلَّتْ عَيْنُهُ مِنْ أَفْعَلَ لامُهُ مِنْ فَعَّلَ) إِلَى آخِرِهِ.

لأَنَّهُ إِذَا اعْتَلَّتْ عَيْنُهُ حُذِفَتْ فِي الْمَصْدَرِ لأَنَّكَ تَقُولُ: أَقَامَ، فَقِيَاسُ مَصْدَرِهِ إِفْعَالٌ، فَأَصْلُهُ إِقْوَامٌ، فَأَعَلُّوا الْوَاوَ كَمَا أَعَلُّوهَا فِي الْفِعْلِ، وَإِنْ لَمْ تَقُمْ فِيهَا عِلَّةُ الإِعْلالِ، فَانْقَلَبَتْ أَلِفًا، فَحُذِفَتْ لالْتِقَاءِ السَّاكِنَيْنِ هِيَ وَأَلِفُ إِفْعَالٍ، فَبَقِيَ (إِفَالُ) مَحْذُوفَ الْعَيْنِ فَعَوَّضُوا مِنْهُ تَاءً فَقَالُوا: إِقَامَةٌ.

وَأَمَّا مَا اعْتَلَّتْ لامُهُ مِنْ فَعَّلَ فَإِنَّ قِيَاسَهُ تَفْعِيلٌ، فَكَرِهُوا اجْتِمَاعَ الْيَاءَيْنِ، فَحَذَفُوا إِحْدَاهُمَا، وَظَاهِرُ كَلامِهِ أَنَّ الْمَحْذُوفَ اللامُ لِقَوْلِهِ: (مُعَوِّضِينَ التَّاءَ مِنَ الْعَيْنِ وَاللامِ

السَّاقِطَتَيْنِ)، فَكَأَنَّهُ لَمَّا اجْتَمَعَ الْيَاءَانِ حُذِفَتِ الثَّانِيَةُ اسْتِثْقَالا لَهَا وَالْوَجْهُ أَنْ يُقَالَ: إِنَّ تَعْزِيَةً تَفْعِلَةٌ؛ لأَنَّ فَعَّلَ قِيَاسُهُ إِمَّا تَفْعِيلٌ وَإِمَّا تَفْعِلَةٌ، وَإِذَا اسْتُثْقِلَ تَفْعِيلُ فَالْوَجْهُ أَنْ يُحْمَلَ تَعْزِيَةٌ عَلَى أَنَّهُ تَفْعِلَةٌ، وَلا حَاجَةَ إِلَى أَنْ يُحْمَلَ عَلَى التَّفْعِيلِ، ثُمَّ حُذِفَتِ اللامُ، ثُمَّ عُوِّضَ، فَإِنَّهُ تَعَسُّفٌ مِنْ غَيْرِ حَاجَةٍ.

قَوْلُهُ: (وَيَجُوزُ تَرْكُ التَّعْوِيضِ فِي أَفْعَلَ دُونَ فَعَّلَ، قَالَ اللهُ تَعَالَى: "**وَإِقَامَ الصَّلَاةِ**" [الأنبياء:٧٣]).

وَإِنَّمَا يَكُونُ تَرْكُ التَّعْوِيضِ عِنْدَ وُجُودِ الإِضَافَةِ، كَأَنَّهُمْ جَعَلُوهَا عِوَضًا، وَأَمَّا (أَرَيْتُهُ إِرَاءً) فَشَاذٌّ غَيْرُ مَعْمُولٍ عَلَيْهِ، وَأَمَّا مَصْدَرُ فَعَّلَ فَلَمْ يَجِئْ بِتَرْكِ التَّعْوِيضِ لا مُضَافًا وَلا غَيْرَ مُضَافٍ، وَسَبَبُهُ أَنَّهُ أَحَدُ بِنَاءِ مَصْدَرَيْهِ الْقِيَاسِيُّ، وَالْتُزِمَ دُونَ أَخِيهِ اسْتِثْقَالا لأَخِيهِ، فَلا وَجْهَ لِحَذْفِ تَائِهِ، بِخِلافِ قَوْلِكَ: إِقَامَةٌ، فَإِنَّ الْقِيَاسَ حَذْفُ تَائِهِ، فَكَانَ حَذْفُهَا رَدًّا إِلَى أَصْلِهِ، وَهُوَ إِقْوَامٌ بِخِلافِ تَفْعِلَةٍ، ثُمَّ لَوْ سُلِّمَ أَنَّهَا لِلتَّعْوِيضِ فِي تَعْزِيَةٍ مِنَ اللامِ، فَالْفَرْقُ بَيْنَ تَعْزِيَةٍ وَإِقَامَةٍ أَنَّ الْحَذْفَ فِي إِقَامَةٍ لازِمٌ إِعْلالا كَلُزُومِ الْحَذْفِ فِي نَحْوِ عَصًا، وَالْحَذْفُ فِي تَعْزِيَةٍ لَيْسَ عَلَى طَرِيقِ إِعْلالٍ؛ إِذِ اجْتِمَاعُ الْيَاءَيْنِ لا يُوجِبُ حَذْفًا، وَإِنَّمَا اغْتُفِرَ التَّعْوِيضُ، فَلا يَلْزَمُ مِنْ حَذْفِ مَا جِيءَ بِهِ، وَهِيَ التَّاءُ فِي إِقَامَةٍ بَعْدَ وُجُوبِ الْحَذْفِ لِغَيْرِهِ لِلتَّعْوِيضِ حَذْفُ مَا كَانَ الْحَذْفُ لأَجْلِ كَوْنِهِ عِوَضًا لِتَنَزُّلِهِ مَنْزِلَةَ الْمَحْذُوفِ بِخِلافِ إِقَامَةٍ، فَإِنَّهُ لَيْسَ مُنَزَّلا مَنْزِلَةَ الْمَحْذُوفِ؛ لِوُجُوبِ الْحَذْفِ بِغَيْرِهِ، وَقَدْ جَاءَ التَّفْعِيلُ فِيهِ فِي الشِّعْرِ كَقَوْلِهِ:

فَهِيَ تُنَزِّي دَلْوَهَا تَنْزِيًا ... كَمَا تُنَزِّي شَهْلَةٌ صَبِيًّا

وَقِيَاسُهُ تَنْزِيَةٌ كَمَا تَقَدَّمَ.

قَوْلُهُ: (وَيُعْمَلُ الْمَصْدَرُ إِعْمَالَ الْفِعْلِ مُفْرَدًا).

وَإِنَّمَا أُعْمِلَ؛ لأَنَّهُ فِي الْمَعْنَى مُقَدَّرٌ بِأَنْ وَالْفِعْلِ، فَلِذَلِكَ لا يَعْمَلُ إِلا إِذَا كَانَ فِي الْمَوْضِعِ الَّذِي يَصِحُّ تَقْدِيرُ أَنْ؛ فَلِذَلِكَ إِذَا قُلْتَ: (ضَرَبَ ضَرْبًا زَيْدٌ عَمْرًا) كَانَ الْعَامِلُ الْفِعْلَ، وَلِذَلِكَ لَوْ حُذِفَ الْفِعْلُ وَهُوَ مُرَادٌ كَانَ الْعَامِلُ الْفِعْلَ؛ كَقَوْلِكَ: (ضَرْبًا زَيْدًا)؛ لأَنَّ الْمَعْنَى: اضْرِبْ ضَرْبًا، فَالْعَامِلُ هَاهُنَا الْفِعْلُ لا الْمَصْدَرُ.

فَإِنْ قِيلَ: قَوْلُهُمْ سَقْيًا وَرَعْيًا وَمَا أَشْبَهَهُ مِنَ الْمَصَادِرِ الَّتِي لا يَجُوزُ إِظْهَارُ فِعْلِهَا مَا الْعَامِلُ فِيمَا يُذْكَرُ مَعَهَا قِيلَ فِيهِ وَجْهَانِ:

أَحَدُهُمَا: أَنَّ الْعَامِلَ أَيْضًا الْفِعْلُ الْمُقَدَّرُ النَّاصِبُ لَهَا وَلا فَرْقَ بَيْنَ إِظْهَارِهِ

وَإِضْمَارِهِ، وَوُجُوبُ إِضْمَارِهِ لِكَثْرَةِ عَارِضِ الاسْتِعْمَالِ فَصَارَ بِمَنْزِلَةِ الْمَثَلِ، وَالْمَثَلُ لَا يُغَيَّرُ، فَلَا أَثَرَ لَهُ فِي مَنْعِ تَقْدِيرِ الْعَمَلِ.

وَمِنْهُمْ مَنْ يَقُولُ: الْعَامِلُ الْمَصْدَرُ لَا بِاعْتِبَارِ كَوْنِهِ مَصْدَرًا، وَلَكِنْ لِقِيَامِهِ مَقَامَ الْفِعْلِ وَنِيَابَتِهِ عَنْهُ، فَعَمَلُهُ إِذَنْ لَيْسَ كَعَمَلِ الْمَصَادِرِ، بَلْ لِقِيَامِهِ مَقَامَ الْفِعْلِ الْمُقَدَّرِ، فَوِزَانُهُ فِي الْوَجْهَيْنِ وِزَانُ قَوْلِكَ: (زَيْدٌ فِي الدَّارِ أَبُوهُ) هَلِ الْعَامِلُ فِي (أَبُوهُ) الاسْتِقْرَارُ الْمُقَدَّرُ أَوْ قَوْلُكَ: (فِي الدَّارِ) لِقِيَامِهِ مَقَامَهُ؟ وَالْأَكْثَرُونَ عَلَى أَنَّ (فِي الدَّارِ) هُوَ الْعَامِلُ، لَا بِاعْتِبَارِ نَفْسِهِ، وَلَكِنْ لِقِيَامِهِ مَقَامَ مُسْتَقَرٍّ، وَكَذَلِكَ هَاهُنَا الْأَكْثَرُونَ عَلَى أَنَّهُ مِثْلُ ذَلِكَ، وَمِنْهُمْ مَنْ يَقُولُ: الْعَامِلُ الاسْتِقْرَارُ الْمُقَدَّرُ، وَوُجُوبُ حَذْفِهِ لَا يَمْنَعُ عَمَلَهُ، أَلَا تَرَى أَنَّ الْإِجْمَاعَ عَلَى أَنَّهُ عَامِلٌ فِي قَوْلِكَ: (فِي الدَّارِ)، وَلَمْ يَكُنْ حَذْفُهُ بِمَانِعٍ مِنْ عَمَلِهِ، وَكَذَلِكَ الْإِجْمَاعُ عَلَى أَنَّ (سَقْيًا) مَعْمُولُ الْفِعْلِ الْمُقَدَّرِ، وَلَمْ يَكُنْ حَذْفُهُ بِمَانِعٍ مِنْ عَمَلِهِ، فَكَذَلِكَ فِيمَا كَانَ مَعَهُ.

وَالْمَصْدَرُ يَعْمَلُ مُفْرَدًا أَوْ مُضَافًا وَمُعَرَّفًا بِاللَّامِ، وَهُوَ قَلِيلٌ لِأَنَّ الْأَلِفَ وَاللَّامَ لَا تَدْخُلُ عَلَى مَا هُوَ مُقَدَّرٌ بِهِ، وَهُوَ (أَنْ) وَالْفِعْلُ، وَلَمَّا دَخَلَتْ عَلَيْهِ ضَعُفَ تَقْدِيرُهُ بِأَنْ وَالْفِعْلِ، فَضَعُفَ عَمَلُهُ.

(وَيَجُوزُ تَرْكُ ذِكْرِ الْفَاعِلِ وَالْمَفْعُولِ فِي الْإِفْرَادِ وَالْإِضَافَةِ).

أَمَّا جَوَازُ تَرْكِ الْمَفْعُولِ فَوَاضِحٌ لِأَنَّهُ فَضْلَةٌ، وَأَمَّا جَوَازُ تَرْكِ ذِكْرِ الْفَاعِلِ؛ فَلِأَنَّهُ لَمْ يَلْزَمْ مَعَ الْفِعْلِ إِلَّا لِكَوْنِهِ أَحَدَ جُزْأَيِ الْجُمْلَةِ، فَاحْتِيجَ إِلَيْهِ لِتَمَامِ الْجُمْلَةِ، وَلَيْسَ هُوَ فِي بَابِ الْمَصْدَرِ أَحَدَ جُزْأَيِ الْجُمْلَةِ فَلَمْ يَلْزَمْ.

فَإِنْ قِيلَ: فَاسْمُ الْفَاعِلِ لَا بُدَّ لَهُ مِنْ فَاعِلٍ، وَلَيْسَ فَاعِلُهُ أَحَدَ جُزْأَيِ الْجُمْلَةِ فِي أَكْثَرِ مَوَاضِعِهِ، كَقَوْلِكَ: (زَيْدٌ ضَارِبٌ عَمْرًا)، فَلَا بُدَّ فِي (ضَارِب) مِنْ ضَمِيرٍ هُوَ فَاعِلٌ، وَكَذَلِكَ (زَيْدٌ ضَارِبٌ غُلَامُهُ عَمْرًا)، فَلِمَ لَا يَكُونُ الْمَصْدَرُ كَذَلِكَ، أَوْ يَكُونُ اسْمُ الْفَاعِلِ كَالْمَصْدَرِ؟

فَالْفَرْقُ بَيْنَهُمَا أَنَّ اسْمَ الْفَاعِلِ لَا يَعْمَلُ إِلَّا مُعْتَمِدًا عَلَى مَنْ هُوَ لَهُ، أَوْ عَلَى حَرْفِ اسْتِفْهَامٍ أَوْ حَرْفِ نَفْيٍ، فَإِنِ اعْتَمَدَ عَلَى مَنْ هُوَ لَهُ وَجَبَ رُجُوعُ الضَّمِيرِ إِلَيْهِ، لِكَوْنِهِ صِفَةً لَهُ أَوْ خَبَرًا أَوْ حَالًا، وَإِذَا اعْتَمَدَ عَلَى حَرْفِ اسْتِفْهَامٍ أَوْ نَفْيٍ وَجَبَ ذِكْرُ الْفَاعِلِ؛ لِأَنَّهُ حِينَئِذٍ أَحَدُ جُزْأَيِ الْجُمْلَةِ، فَكَانَ كَالْفَاعِلِ مَعَ الْفِعْلِ، بِخِلَافِ الْمَصْدَرِ، فَإِنَّ عَمَلَهُ لَيْسَ كَاسْمِ الْفَاعِلِ فِي الاعْتِمَادَيْنِ الْمَذْكُورَيْنِ حَتَّى يَلْزَمَ فِيهِ الْفَاعِلُ، وَأَيْضًا فَإِنَّ اسْمَ الْفَاعِلِ

وَاقِعٌ فِي الْمَعْنَى مَوْقِعَ الْفِعْلِ الْمَبْنِيِّ لِلْفَاعِلِ؛ كَقَوْلِكَ: (زَيْدٌ ضَارِبٌ) بِمَعْنَى: (زَيْدٌ يَضْرِبُ)، فَكَمَا أَنَّهُ لا بُدَّ لـ (يَضْرِبُ) مِنْ فَاعِلٍ فَكَذَلِكَ لِمَا حَلَّ مَحَلَّهُ بِخِلافِ الْمَصْدَرِ، فَإِنَّهُ لَيْسَ وَاقِعًا مَوْقِعَ الْفِعْلِ، أَلا تَرَى أَنَّكَ لَوْ قُلْتَ فِي مَوْضِعِ (زَيْدٌ يَضْرِبُ)، (زَيْدٌ ضَرْبٌ) لَمْ يَسْتَقِمْ كَمَا يَسْتَقِيمُ (زَيْدٌ ضَارِبٌ)؛ لأَنَّ ضَارِبًا بِمَعْنَى: (يَضْرِبُ).

وَقَوْلُهُ تَعَالَى: "وَهُم مِّنۢ بَعْدِ غَلَبِهِمْ سَيَغْلِبُونَ" [الروم:٣] يَجُوزُ أَنْ يَكُونَ تَمْثِيلا لِحَذْفِ الْفَاعِلِ خَاصَّةً؛ لأَنَّهُ أَوْرَدَهُ بَعْدَ قَوْلِهِ: (أَوْ ضُرِبَ) تَفْسِيرًا لِقَوْلِهِ: (ضَرْبُ زَيْدٍ)، وَيَجُوزُ أَنْ يَكُونَ أَوْرَدَهُ عَلَى الْمِثَالَيْنِ جَمِيعًا، لِجَوَازِ التَّقْدِيرَيْنِ، وَالأَوَّلُ أَظْهَرُ لأَنَّ (هُمْ) ظَاهِرٌ فِي ضَمِيرِ الرُّومِ، وَهُمُ الْمَغْلُوبُونَ، وَالضَّمِيرُ فِي (غَلَبِهِمْ) لَهُمْ، فَهُوَ مُضَافٌ إِلَى الْمَفْعُولِ، وَالضَّمِيرُ فِي (سَيُغْلَبُونَ) لِلضَّمِيرِ الَّذِي هُوَ (وَهُمْ)؛ لأَنَّهُ لَمْ يَتَقَدَّمْ لِغَيْرِهِمْ ذِكْرٌ، وَيَجُوزُ أَنْ يَكُونَ الضَّمِيرُ فِي (وَهُمْ) لِلرُّومِ أَيْضًا، وَفِي (غَلَبِهِمْ) لِلْمَجُوسِ، فَيَكُونُ مُضَافًا إِلَى الْفَاعِلِ، و(سَيُغْلَبُونَ) عَائِدٌ عَلَى (هُمْ) عَلَى كُلِّ تَقْدِيرٍ؛ لأَنَّهُ خَبَرُهُ.

وَقَوْلُهُ[1]:

قَدْ كُنْتُ دَايَنْتُ بِهَا حَسَّانَا مَخَافَةَ الإِفْلاسِ وَاللَّيَّانَا

لأَنَّ الإِفْلاسَ مَفْعُولٌ فِي الْمَعْنَى لِمَخَافَةِ، كَأَنَّكَ قُلْتَ: مَخَافَةَ الإِفْلاسِ، فَعَطَفْتَ اللَّيَّانَا عَلَى أَصْلِ الْعَمَلِ فِي التَّقْدِيرِ، وَلَيْسَ بِقَوِيٍّ لأَنَّهُ مَخْفُوضٌ لَفْظًا وَتَقْدِيرًا، وَإِنَّمَا جَازَ نَظَرًا إِلَى أَنَّهُ كَانَ يَصِحُّ أَنْ يَكُونَ مَنْصُوبًا عَلَى الْمَفْعُولِيَّةِ، وَلِذَلِكَ رُفِعَ الْمَظْلُومُ فِي قَوْلِهِ:

حَتَّى تَهَجَّرَ فِي الرَّوَاحِ وِهَاجَهَا طَلَبَ الْمُعَقِّبِ حَقَّهُ الْمَظْلُومُ

قَالَ: (وَيَعْمَلُ مَاضِيًا كَانَ أَوْ مُسْتَقْبَلا).

لأَنَّ عَمَلَهُ بِتَقْدِيرِ أَنْ وَالْفِعْلِ، وَهُوَ يَجْرِي فِي الْمَاضِي وَالْمُسْتَقْبَلِ.

(وَلا يَتَقَدَّمُ مَعْمُولُهُ عَلَيْهِ).

لأَنَّهُ فِي مَعْنَى الْمَوْصُولِ، فَكَمَا لا تَتَقَدَّمُ الصِّلَةُ عَلَى الْمَوْصُولِ، فَكَذَلِكَ لا تَتَقَدَّمُ

---

(١) من شعر رؤبة بن العجاج: ١٤٥ هـ / ٧٦٢ م: وهو رؤبة بن عبد الله العجاج بن رؤبة التميمي السعدي أبو الجحّاف أَو أبو محمد.
راجز، من الفصحاء المشهورين، من مخضرمي الدولتين الأموية والعباسية.
كان أكثر مقامه في البصرة، وأخذ عنه أعيان أهل اللغة وكانوا يحتجون بشعره ويقولون بإمامته فاللغة، مات في البادية، وقد أسنّ.
وفي الوفيات: لما مات رؤبة قال الخليل: دفنا الشعر واللغة والفصاحة..

عَلَى مَا هُوَ بِمَعْنَاهُ، وَاللهُ أَعْلَمُ.

اسْمُ الْفَاعِلِ

قَالَ: (وَهُوَ مَا يَجْرِي عَلَى يَفْعَلُ مِنْ فِعْلِهِ) إِلَى آخِرِهِ[١].

قَالَ الشَّيْخُ: إِنْ أَرَادَ بِالْجَارِي الْوَاقِعَ مَوْقِعَ يَفْعَلُ بِاعْتِبَارِ الْمَعْنَى وَرَدَ عَلَيْهِ اسْمُ الْفَاعِلِ إِذَا كَانَ لِمَا مَضَى، فَإِنَّهُ لَيْسَ وَاقِعًا مَوْقِعَ يَفْعَلُ، وَإِنَّمَا هُوَ وَاقِعٌ مَوْقِعَ فَعَلَ، وَهُوَ اسْمُ فَاعِلٍ، فَلَمْ يَكُنِ الْحَدُّ جَامِعًا.

وَإِنْ أَرَادَ بِالْجَارِي أَنَّهُ عَلَى مِثْلِ حَرَكَاتِهِ وَسَكَنَاتِهِ وَرَدَ عَلَيْهِ أَنَّ ثَمَّةَ أَشْيَاءَ تَجْرِي عَلَى يَفْعَلُ بِهَذَا الاعْتِبَارِ وَلَيْسَتْ بِاسْمِ فَاعِلٍ، كَاسْمِ الْمَكَانِ وَالزَّمَانِ، فَإِنَّهَا تَجْرِي عَلَى يَفْعَلُ بِهَذَا التَّفْسِيرِ، وَلَيْسَتْ بِاسْمِ فَاعِلٍ.

وَيُجَابُ عَنْهُ بِأَنَّهُ اسْتَغْنَى عَنِ الْقَيْدِ الَّذِي يُخَصِّصُهُ بِقَوْلِهِ: (اسْمُ الْفَاعِلِ)، فَكَأَنَّهُ قَالَ: هُوَ الْجَارِي عَلَى يَفْعَلُ اسْمًا لِمَنْ نُسِبَ إِلَيْهِ، وَفِي الْجَمِيعِ تَعَسُّفٌ، وَأَوْلَى مِنْ هَذَا أَنْ يُقَالَ: هُوَ الْمُشْتَقُّ مِنْ فِعْلٍ لِمَنْ نُسِبَ إِلَيْهِ عَلَى نَحْوِ الْمُضَارِعِ، فَهَذَا حَدُّهُ.

وَقَوْلُهُ: (مِنْ فِعْلِهِ) احْتَرَزَ بِهِ عَنِ التَّفْسِيرَيْنِ مِنْ قَوْلِكَ: جَالِسٌ فِي (يَقْعُدُ)، وَقَاعِدٍ فِي (يَجْلِسُ)، فَإِنَّهُ اسْمُ فَاعِلٍ جَارٍ عَلَى يَفْعَلُ، وَلَيْسَ بِاسْمِ فَاعِلٍ مِنْهُ، فَلِذَلِكَ قَالَ: (مِنْ فِعْلِهِ).

وَإِذَا قُصِدَ إِلَى تَبْيِينِ كَيْفِيَّةِ اسْتِعْمَالِهِ قِيلَ: لا يَخْلُو مِنْ أَنْ يَكُونَ مِنْ ثُلاثِيٍّ أَوْ غَيْرِهِ، فَإِنْ كَانَ مِنْ ثُلاثِيٍّ فَقِيَاسُهُ أَنْ يَجِيءَ عَلَى وَزْنِ فَاعِلٍ؛ كَقَوْلِكَ: ضَرَبَ فَهُوَ ضَارِبٌ، وَإِنْ كَانَ مِنْ غَيْرِهِ فَقِيَاسُهُ أَنْ يَجِيءَ عَلَى وَزْنِ الْمُضَارِعِ، إلا أَنَّ مَوْضِعَ الْيَاءِ مِيمًا مَضْمُومَةً، سَوَاءٌ كَانَتِ الْيَاءُ مَضْمُومَةً أَوْ مَفْتُوحَةً، وَمَا قَبْلَ الآخِرِ مَكْسُورٌ سَوَاءٌ كَانَ مَفْتُوحًا أَوْ مَكْسُورًا، فَتَقُولُ فِي (أَخْرَجَ): يُخْرِجُ مُخْرِجٌ، وَفِي (انْطَلَقَ): يَنْطَلِقُ مُنْطَلِقٌ، فَتَضُمُّ الْمِيمَ وَإِنْ كَانَتِ الْيَاءُ مَفْتُوحَةً، وَتَقُولُ فِي (تَوَعَّدَ): مُتَوَعِّدٌ، فَتَكْسِرُ مَا قَبْلَ الآخِرِ وَإِنْ كَانَ مَفْتُوحًا فِي الْمُضَارِعِ، وَهُوَ (يَتَوَعَّدُ).

---

(١) يعملُ اسمُ الفاعلِ عملَ الفعلِ المُشتق منه، إنْ متعدياً، وإنْ لازماً. فالمتعدّي نحو "هل مُكرِمٌ سعيدٌ ضُيوفَه؟". واللازم، نحو "خالدٌ مجتهدٌ أولادُهُ".
ولا تجوزُ إضافتُهُ إلى فاعله، كما يجوز ذلك في المصدر، فلا يقالُ "هلْ مُكرِمُ سعيدٍ ضُيوفَهُ".
وشرطُ عمله أن يقترنَ بألْ. فإن اقترنَ بها، لم يحتج إلى شرطٍ غيره. فهو يعملُ ماضياً أو حالاً أو مستقبلاً، مُعتمداً على شيءٍ أو غيرَ معتمدٍ، نحو "جاء المعطي المساكينَ أمسِ أو الآنَ أو غداً".

قَوْلُهُ: (وَيَعْمَلُ عَمَلَ فِعْلِهِ مُتَقَدِّمًا وَمُتَأَخِّرًا كَالْفِعْلِ، وَمَلْفُوظًا بِهِ وَمُقَدَّرًا)، ثُمَّ مَثَّلَ بِالْجَمِيعِ.

(قَالَ سِيبَوَيْهِ: وَأَجْرَوْا اسْمَ الْفَاعِلِ إِذَا أَرَادُوا أَنْ يُبَالِغُوا فِي الأَمْرِ مُجْرَاهُ إِذَا كَانَ عَلَى بِنَاءِ فَاعِلٍ).

كَأَنَّهُمْ جَعَلُوا مَا فِيهَا مِنْ زِيَادَةِ الْمَعْنَى قَائِمًا مَقَامَ مَا فَاتَ مِنْ زِنَةِ فَاعِلٍ، فَأَعْمَلُوهَا عَمَلَهُ، وَمَثَّلَ بِذَلِكَ فِي التَّقْدِيمِ وَالتَّأْخِيرِ وَالإِظْهَارِ وَالإِضْمَارِ كَمَا مَثَّلَ بِهِ فِي فَاعِلٍ، وَقَوْلُهُ: (ضَرُوبُ رُؤُوسِ الرِّجَالِ وَسُوقَ الإِبِلِ) هَاهُنَا مِثْلُ (ضَارِبُ زَيْدٍ وَعَمْرًا) فِي اسْمِ الْفَاعِلِ.

قَوْلُهُ: (وَمَا ثُنِّيَ مِنْ ذَلِكَ وَجُمِعَ مُصَحَّحًا أَوْ مُكَسَّرًا يَعْمَلُ عَمَلَ الْمُفْرَدِ).

يُرِيدُ مِنْهُمَا جَمِيعًا؛ أَعْنِي: مَا كَانَ عَلَى وَزْنِ فَاعِلٍ، وَمَا كَانَ لِلْمُبَالَغَةِ، سَوَاءٌ كَانَ الْجَمْعُ مُصَحَّحًا أَوْ مُكَسَّرًا كَمَا ذَكَرَ.

ثُمَّ مَثَّلَ بِالْجَمْعِ الْمُصَحَّحِ وَالْمُكَسَّرِ، وَمَثَّلَ بِجَمْعِ اسْمِ الْفَاعِلِ وَالْمُبَالَغَةِ، وَهُوَ قَوْلُهُ:

.... مَهَاوِينَ..... ....

كَأَنَّهُ جَمْعُ مِهْوَانٍ لِلْمُبَالَغَةِ و(غُفُرٌ) جَمْعُ غَفُورٍ لِلْمُبَالَغَةِ.

(وَيُشْتَرَطُ فِي إِعْمَالِهِ أَنْ يَكُونَ بِمَعْنَى الْحَالِ أَو الاسْتِقْبَالِ).

وَدَلِيلُهُ اسْتِقْرَاءُ لُغَةِ الْعَرَبِ فِي ذَلِكَ، وَحِكْمَتُهُ أَنَّهُ إِذَا كَانَ لِلْحَالِ أَوْ الاسْتِقْبَالِ كَانَ مُوَافِقًا لِلْفِعْلِ الْمُضَارِعِ فِي الْمَعْنَى وَاللَّفْظِ، وَإِذَا كَانَ بِمَعْنَى الْمَاضِي لَمْ يَكُنْ مُوَافِقًا لِلْمُضَارِعِ فِي الْمَعْنَى وَلا لِلْمَاضِي فِي اللَّفْظِ، فَلا يَلْزَمُ مِنْ إِعْمَالِهِمْ مَا قَوِيَ شَبَهُهُ بِالْفِعْلِ إِعْمَالُهُمْ مَا لَمْ يَقْوَ قُوَّتَهُ.

وَقَالَ الْكِسَائِيُّ: يَجُوزُ إِعْمَالُهُ وَإِنْ كَانَ لِلْمَاضِي، وَتَمَسَّكَ بِأُمُورٍ:

أَحَدُهَا: مِثْلُ قَوْلِهِ تَعَالَى: "وَجَعَلَ اللَّيْلَ سَكَنًا وَالشَّمْسَ" [الأنعام:٩٦].

وَمِنْهَا: مِثْلُ قَوْلِهِمْ: (زَيْدٌ مُعْطِي زَيْدٍ أَمْسِ دِرْهَمًا).

وَمِنْهَا إِجْمَاعُهُمْ عَلَى قَوْلِهِمْ: (الضَّارِبُ زَيْدًا أَمْسِ).

وَمِنْهَا قَوْلُهُ تَعَالَى: "وَكَلْبُهُم بَاسِطٌ ذِرَاعَيْهِ بِالْوَصِيدِ" [الكهف:١٨].

وَأُجِيبَ عَنْ ذَلِكَ بِأَنَّهُ لَمْ يُوجَدْ فِي لُغَةِ الْعَرَبِ مِثْلُ: (مَرَرْتُ بِرَجُلٍ ضَارِبٍ زَيْدًا أَمْسِ) مَعَ كَثْرَةِ التَّغْيِيرِ عَنْ مَعْنَاهُ، وَلَوْ كَانَ جَائِزًا لَوَقَعَ.

وَأَمَّا (وَجَاعِلُ اللَّيْلِ سَكَنًا وَالشَّمْسَ) فَبَعْدَ أَنْ نُسَلِّمَ أَنَّ جَاعِلًا لِلْمُضِيِّ- فَجَائِزٌ أَنْ يَكُونَ (وَالشَّمْسَ) مَنْصُوبًا بِفِعْلٍ مُقَدَّرٍ دَلَّ عَلَيْهِ مَا قَبْلَهُ، وَإِذَا جَازَ ذَلِكَ ضَعُفَ أَنْ يُقَالَ: إِنَّهُ مَنْصُوبٌ بِجَاعِلٍ؛ لِأَنَّهُ فِيهِ إِثْبَاتُ أُصُولِ الْأَبْوَابِ الَّتِي ثَبَتَ أَنَّهَا لَيْسَتْ مِنْ لُغَتِهِمْ بِالْمُحْتَمَلَاتِ، وَكَذَلِكَ قَوْلُهُمْ: (هَذَا مُعْطِي زَيْدٍ أَمْسِ دِرْهَمًا) جَائِزٌ أَنْ يَكُونَ (دِرْهَمًا) جَوَابًا لِقَوْلِ قَائِلٍ: مَا الَّذِي أَعْطَى؟

فَقِيلَ: أَعْطَاهُ دِرْهَمًا، فَصَارَ دِرْهَمًا مِثْلَ (وَالشَّمْسَ) فِي الِاحْتِمَالِ.

وَأَمَّا (الضَّارِبُ زَيْدًا أَمْسِ) فَهُوَ نَصٌّ فِي إِعْمَالِ الْمَاضِي، إِلَّا أَنَّ الْفَرْقَ بَيْنَهُ وَبَيْنَ صُوَرِ الْخِلَافِ أَنَّ هَذَا دَخَلَ عَلَى اسْمٍ مَوْصُولٍ قِيَاسُهُ أَنْ يُوصَلَ بِجُمْلَةٍ، وَلَا يَكُونُ اسْمُ الْفَاعِلِ مُقَدَّرًا جُمْلَةً إِلَّا بِتَقْدِيرِهِ فِعْلًا، فَقَوِيَ تَقْدِيرُ الْفِعْلِ فِيهِ تَوْفِيرًا لِمَا يَقْتَضِيهِ الْمَوْصُولُ مِنَ الْجُمْلَةِ، فَلَا يَلْزَمُ مِنْ إِعْمَالِ اسْمِ الْفَاعِلِ فِي الْمَوْضِعِ الَّذِي قَوِيَ تَقْدِيرُ كَوْنِهِ فِعْلًا لِمُلَازِمٍ لَهُ، وَإِنْ كَانَ مَاضِيًا إِعْمَالُهُ فِي الْمَوْضِعِ الَّذِي انْتَفَى عَنْهُ ذَلِكَ الْمُقَوِّي، فَثَبَتَ أَنَّ الْوَجْهَ مَا عَلَيْهِ الْجَمَاعَةُ فِي تَرْكِ إِعْمَالِ اسْمِ الْفَاعِلِ بِمَعْنَى الْمَاضِي إِذَا لَمْ يَكُنْ فِيهِ لَامُ التَّعْرِيفِ.

وَأَمَّا قَوْلُهُ تَعَالَى: "وَكَلْبُهُمْ بَاسِطٌ ذِرَاعَيْهِ" [الكهف:١٨]، وَأَمْثَالُهُ فَهَذِهِ إِنَّمَا تَكُونُ فِي مَوْضِعِ الْأَحْوَالِ، وَالْأَحْوَالُ يُقْصَدُ بِهَا التَّعْبِيرُ عَنْ ذِكْرِ الْفِعْلِ فِي حَالِ وُقُوعِهِ حِكَايَةً عَنِ الْحَالِ الْمَاضِيَةِ، حَتَّى كَأَنَّهُ وَاقِعٌ، وَلِذَلِكَ يَقَعُ الْفِعْلُ الْمُضَارِعُ فِي مَوْضِعِهَا فَتَقُولُ: (جَاءَنِي رَجُلٌ أَمْسِ يَضْرِبُ عَمْرًا)، وَتَقُولُ: (سِرْتُ أَمْسِ حَتَّى أَدْخُلُ الْبَلْدَةَ) بِالرَّفْعِ، وَلَوْلَا قَصْدُ التَّعْبِيرِ عَنِ الْحَالِ الْمَاضِيَةِ لَمْ يَسْتَقِمْ وُقُوعُ الْمُضَارِعِ، فَنُزِّلَ مَنْزِلَةَ فِعْلِ الْحَالِ؛ لِأَنَّهُ الْمَقْصُودُ، فَلَا يَلْزَمُ مِنْ إِعْمَالِ اسْمِ الْفَاعِلِ، وَإِنْ كَانَ الْمَدْلُولُ مَاضِيًا إِذَا قُصِدَ بِهِ الدَّلَالَةُ عَلَى حَالِ وُقُوعِهِ إِعْمَالُ اسْمِ الْفَاعِلِ وَهُوَ مَاضٍ مِنْ كُلِّ وَجْهٍ، فَحَصَلَ الْفَرْقُ بَيْنَهُمَا.

قَوْلُهُ: (وَيُشْتَرَطُ اعْتِمَادُهُ).

عَلَى مَا ذُكِرَ إِلَّا عِنْدَ الْفَرَّاءِ، فَإِنَّهُ يُجِيزُ إِعْمَالَهُ غَيْرَ مُعْتَمِدٍ، فَأَمَّا وَجْهُ اعْتِمَادِهِ عَلَى أَحَدِ الثَّلَاثَةِ الْأُوَلِ، فَلِأَنَّهُ صِفَةٌ تَقْتَضِي مَا يَكُونُ لَهُ مَوْصُوفًا فَكَانَ قِيَاسُهُ أَنْ لَا يَقَعَ إِلَّا مَعَ أَحَدِ الثَّلَاثَةِ، وَإِنَّمَا وَقَعَ بَعْدَ حَرْفِ الِاسْتِفْهَامِ وَحَرْفِ النَّفْيِ؛ لِأَنَّهُ قُصِدَ بِهِ قَصْدُ الْفِعْلِ نَفْسِهِ فَجَرَى مُجْرَاهُ، وَلِذَلِكَ تُوَحِّدُهُ فِي التَّثْنِيَةِ وَالْجَمْعِ، وَتَسْتَقِلُّ الْجُمْلَةُ بِفَاعِلِهِ، وَلَوْ لَمْ يَكُنْ كَالْفِعْلِ لَمْ يَكُنْ كَذَلِكَ؛ لِأَنَّ اسْمَ الْفَاعِلِ مَعَ فَاعِلِهِ نَحْوُ: (زَيْدٌ قَائِمٌ) مُفْرَدٌ مُحْتَاجٌ

إِلَى جُزْءٍ آخَرَ يَنْضَمُّ إِلَيْهِ كَأَبُوهُ.

فَإِنْ قِيلَ: فَمَذْهَبُ الْفَرَّاءِ إِعْمَالُهُ مِنْ غَيْرِ حَرْفِ اسْتِفْهَامٍ أَوْ نَفْيٍ عَلَى الْوَجْهِ الَّذِي ذَكَرْتُمُوهُ مِنْ قِيَامِهِ مَقَامَ الْفِعْلِ، فَبِمَاذَا يُرَدُّ عَلَيْهِ؟

فَنَقُولُ: لَمْ يَثْبُتْ عَنِ الْعَرَبِ (قَائِمٌ الزَّيْدُونَ)، وَقَدْ ثَبَتَ (أَقَائِمٌ الزَّيْدُونَ) بِالإِجْمَاعِ، وَحِكْمَتُهُ هُوَ أَنَّ حَرْفَ الاسْتِفْهَامِ وَحَرْفَ النَّفْيِ مُقْتَضِيَانِ لِلْفِعْلِ، فَلا يَلْزَمُ مِنْ وُقُوعِ اسْمِ الْفَاعِلِ مَوْقِعَ الْفِعْلِ فِي الْمَوْضِعِ الَّذِي قَامَ مَعَهُ مَا يَقْتَضِيهِ وُقُوعُهُ مَوْقِعَ الْفِعْلِ مَعَ انْتِفَاءِ مَا يَقْتَضِي الْفِعْلَ، فَحَصَلَ الْفَرْقُ بَيْنَهُمَا، فَلا وَجْهَ لِلإِلْحَاقِ بِالَّذِي دَخَلَ عَلَيْهِ هَمْزَةُ الاسْتِفْهَامِ مَعَ تَحْقِيقِ الْفَرْقِ الْمُنَاسِبِ، وَاحْتِمَالُ الْفَرْقِ كَافٍ مَا لَمْ تُعْلَمِ التَّسْوِيَةُ.

وَقَوْلُهُ: (فَإِنْ قُلْتَ: بَارِعٌ أَدَبُهُ) إِلَى آخِرِهِ.

وَهَذِهِ يَفْرِضُهَا الْخَصْمُ وَيُثْبِتُ عَلَيْهَا مَذْهَبَهُ، فَيَقُولُ: أَجْمَعْنَا عَلَى جَوَازِ مِثْلِ (بَارِعٌ أَدَبُهُ) فَلْيَجُزْ (قَائِمٌ أَخَوَاكَ) قِيَاسًا عَلَيْهِ.

فَجَوَابُهُ حِينَئِذٍ مَعْنَى مَا ذَكَرَهُ؛ لأَنَّهُ يُقَالُ: (بَارِعٌ أَدَبُهُ) إِنَّمَا جَازَ عِنْدَنَا؛ لأَنَّ (بَارِعٌ) خَبَرٌ مُبْتَدَأٍ مُقَدَّمٌ، و(أَدَبُهُ) مُبْتَدَأٌ، كَأَنَّكَ قُلْتَ: (أَدَبُهُ بَارِعٌ)، فَالْوَجْهُ الَّذِي جَازَ بِهِ عِنْدَنَا غَيْرُ الْوَجْهِ الَّذِي جَازَ بِهِ عِنْدَكُمْ، وَالَّذِي يَدُلُّ عَلَيْهِ امْتِنَاعُ (قَائِمٌ أَخَوَاكَ)، وَجَعْلُهَا أَصْلا فِي الرَّدِّ، وَإِنْ كَانَتْ مَسْأَلَةَ الْخِلافِ لأَحَدِ أَمْرَيْنِ.

إِمَّا لأَنَّهُ اسْتَسْلَفَ جَوَازَ (بَارِعٌ أَدَبُهُ) وَحَمَلَ (قَائِمٌ أَخَوَاكَ) عَلَيْهَا، وَجَعَلَهُمَا شَيْئًا وَاحِدًا، فَقِيلَ لَهُ: لَيْسَ كَشَيْءٍ وَاحِدٍ، وَهُوَ مَعْنَى تَكْذِيبِهِ.

وَإِمَّا لأَنَّهُ لَمْ يُوجَدْ مِثْلُ ذَلِكَ فِي كَلامِ الْعَرَبِ، وَلا يَنْبَغِي أَنْ تَحْمِلَهُ عَلَى وَجْهٍ فِي مَسْأَلَةٍ أُخْرَى لَكَ فِيهَا عَنْهُ مَنْدُوحَةٌ لِجَوَازِ أَنْ يَكُونَ (بَارِعٌ) خَبَرَ مُبْتَدَأٍ، و(أَدَبُهُ) مُبْتَدَأٌ، وَإِذَا جَازَ ذَلِكَ فَلا يَنْبَغِي أَنْ تُثْبِتَ أَصْلَ بَابٍ بِالاحْتِمَالِ مَعَ مُخَالَفَةِ مَا ذَكَرْنَاهُ مِنَ الاسْتِقْرَاءِ وَالْمَعْنَى جَمِيعًا، وَاللهُ أَعْلَمُ.

اسْمُ الْمَفْعُولِ

قَالَ صَاحِبُ الْكِتَابِ: (هُوَ الْجَارِي عَلَى يُفْعَلُ مِنْ فِعْلِهِ نَحْوُ: مَضْرُوبٌ؛ لأَنَّ أَصْلَهُ مُفْعَلٌ).

وَالْكَلامُ فِي (الْجَارِي) مِثْلُهُ فِيمَا تَقَدَّمَ فِي اسْمِ الْفَاعِلِ.

وَقَوْلُهُ: (لأَنَّ أَصْلَهُ مُفْعَلٌ) وَقَعَ فِي بَعْضِ النُّسَخِ بِالْيَاءِ، وَالصَّوَابُ مُفْعَلٌ بِالْمِيمِ؛ إِذْ

هُوَ الْمَسْمُوعُ عَنِ الْمُصَنِّفِ؛ لِأَنَّ (الْجَارِي) إِنْ فُسِّرَ بِالْمَعْنَى الْأَوَّلِ الَّذِي هُوَ الْحَالُ وَالِاسْتِقْبَالُ، فَلَيْسَ هُوَ فِي الْحَقِيقَةِ أَصْلُهُ يُفْعَلُ، ثُمَّ لَوْ سُلِّمَ أَنَّهُ أَصْلُهُ فَلَيْسَ فِي تَخْصِيصِهِ بِمَضْرُوبٍ فَائِدَةٌ؛ لِأَنَّ أَسْمَاءَ الْمَفَاعِيلِ عَلَى هَذَا الْمَعْنَى كُلُّهَا سَوَاءٌ، وَأَيْضًا فَلَوْ كَانَ الْمُرَادُ ذَلِكَ عَلَى هَذَا التَّفْسِيرِ لَكَانَ ذِكْرُهُ فِي اسْمِ الْفَاعِلِ أَوْلَى؛ لِأَنَّهُ الْأَسْبَقُ وَالْأَصْلُ، فَكَانَ يَقُولُ: نَحْوُ ضَارِبٍ؛ لِأَنَّ أَصْلَهُ يَفْعَلُ.

وَلَا يَسْتَقِيمُ عَلَى التَّفْسِيرِ الثَّانِي الَّذِي هُوَ (جَارِيًا عَلَى يُفْعَلُ فِي حَرَكَاتِهِ وَسَكَنَاتِهِ) لِلْوُجُوهِ الْمَذْكُورَةِ أَيْضًا، وَإِنَّمَا يَسْتَقِيمُ مُفْعَلٌ؛ لِأَنَّ (مَضْرُوبٌ) لَيْسَ جَارِيًا عَلَى (يُفْعَلُ) فِي لَفْظِهِ، فَأَرَادَ أَنْ يُبَيِّنَ أَنَّ أَصْلَهُ مُفْعَلٌ عَلَى وَزْنِ الْفِعْلِ، وَهَذَا يُقَوِّي التَّفْسِيرَ الثَّانِيَ؛ لِأَنَّهُ لَيْسَ لِذِكْرِهِ عَلَى التَّفْسِيرِ الْأَوَّلِ بِالْيَاءِ مَعْنًى عَلَى مَا تَقَدَّمَ، وَهُوَ بِالْمِيمِ أَبْعَدُ.

وَخَصَّ مَضْرُوبًا؛ لِأَنَّ غَيْرَهُ مِنْ أَسْمَاءِ الْمَفَاعِيلِ جَارٍ عَلَى الْفِعْلِ مِنْ غَيْرِ تَغْيِيرٍ، وَأَمَّا مَضْرُوبٌ وَبَابُهُ فَلَيْسَ جَارِيًا عَلَى الْفِعْلِ، فَقَالَ: (أَصْلُهُ مُفْعَلٌ) إِثْبَاتًا لِجَرَيَانِهِ عَلَى الْفِعْلِ، وَإِنَّمَا غُيِّرَ إِلَى لَفْظِ مَفْعُولٍ؛ لِأَنَّهُ لَوْ بَقِيَ عَلَى مُفْعَلٍ لَمْ يُعْلَمْ أَهُوَ اسْمُ مَفْعُولٍ لِأَفْعَلَ أَوْ لِفَعَلَ، فَغَيَّرُوا مَفْعُولَ فَعَلَ لِيَتَبَيَّنَ، وَكَانَ أَوْلَى بِالتَّغْيِيرِ بِهَذِهِ الزِّيَادَةِ؛ لِقِلَّةِ حُرُوفِهِ فِي التَّقْدِيرِ بِخِلَافِ الرُّبَاعِيِّ، فَإِنَّهُ أَكْثَرُ مِنْهُ تَقْدِيرًا، إِذْ أَصْلُ قَوْلِكَ: مُكْرَمٌ مُؤَكْرَمٌ بِاتِّفَاقٍ، وَلَمَّا زَادُوا فِي مَضْرُوبٍ وَاوًا فَتَحُوا الْمِيمَ تَخْفِيفًا، وَكُلُّ مَا ذُكِرَ فِي اسْمِ الْفَاعِلِ مَذْكُورٌ فِيهِ، وَاللهُ أَعْلَمُ.

الصِّفَةُ الْمُشَبَّهَةُ

قَالَ صَاحِبُ الْكِتَابِ: (هِيَ الَّتِي لَيْسَتْ مِنَ الصِّفَاتِ الْجَارِيَةِ، وَإِنَّمَا هِيَ مُشَبَّهَةٌ بِهَا).

قَالَ الشَّيْخُ: فَإِنْ قُلْنَا: (الْجَارِيَةُ) عَلَى التَّفْسِيرِ الْأَوَّلِ فَلَيْسَتْ مِثْلَ اسْمِ الْفَاعِلِ؛ لِأَنَّهَا تَدُلُّ عَلَى مَعْنًى ثَابِتٍ، وَاسْمُ الْفَاعِلِ يَدُلُّ عَلَى الْحُدُوثِ كَمَا فِي الْفِعْلِ، وَإِنْ كَانَ عَلَى التَّفْسِيرِ الثَّانِي فَهُوَ ظَاهِرٌ؛ لِأَنَّهَا لَيْسَتْ عَلَى وَزْنِ الْفِعْلِ الْمُضَارِعِ، وَإِنَّمَا عَمِلَتْ عَمَلَهُ لِمَا ذَكَرَهُ.

قَوْلُهُ: (وَهِيَ تَدُلُّ عَلَى مَعْنًى ثَابِتٍ، فَإِنْ قُصِدَ الْحُدُوثُ، قِيلَ: حَاسِنٌ الْآنَ أَوْ غَدًا).

يَعْنِي أَنَّكَ إِذَا قُلْتَ: (مَرَرْتُ بِرَجُلٍ حَسَنٍ)، فَمَعْنَاهُ: إِثْبَاتُ الْحُسْنِ لَهُ مِنْ غَيْرِ تَعَرُّضٍ لِلدَّلَالَةِ عَلَى حُدُوثِهِ، بِخِلَافِ قَوْلِكَ: حَاسِنٌ، فَإِنَّهُ يَدُلُّ عَلَى الْحُدُوثِ، كَمَا فِي

قَوْلُكَ: ضَارِبٌ، وَكَمَا يَدُلُّ (يَحْسُنُ)، و(يَضْرِبُ) عَلَى ذَلِكَ، وَهَذَا عَلَى نَحْوِ مَا ذَكَرَهُ سِيبَوَيْهِ فِي حَائِضٍ وَحَائِضَةٍ، وَإِنْ كَانَ عَلَى وَزْنِ اسْمِ الْفَاعِلِ، وَإِنَّمَا الْغَرَضُ تَشْبِيهُهُ بِهِ فِي الثُّبُوتِ وَالْحُدُوثِ.

(وَتُضَافُ إِلَى فَاعِلِهَا).

لِأَنَّهُ لَمَّا شُبِّهَ بِاسْمِ الْفَاعِلِ فِي الْعَمَلِ، وَاسْمُ الْفَاعِلِ يُضَافُ إِلَى مَعْمُولِهِ الْمَفْعُولِ، وَلَمْ يَكُنْ لِهَذِهِ مَفْعُولٌ تُضَافُ إِلَيْهِ، أُضِيفَتْ إِلَى فَاعِلِهَا، فَقِيلَ: (حَسَنُ الْوَجْهِ)، وَسَتَأْتِي الْوُجُوهُ فِيهِ.

قَالَ: (وَأَسْمَاءُ الْفَاعِلِ وَالْمَفْعُولِ يَجْرِيَانِ مُجْرَاهَا فِي ذَلِكَ).

أَقُولُ: يَعْنِي فِي الْإِضَافَةِ إِلَى الْفَاعِلِ، يُرِيدُ اسْمَ الْفَاعِلِ غَيْرَ الْمُتَعَدِّي وَاسْمَ الْمَفْعُولِ الْمُتَعَدِّي فِعْلُهُ إِلَى وَاحِدٍ، وَإِلَّا فَلَوْ قُلْتَ: (هَذَا ضَارِبُ زَيْدٍ فِي دَارِهِ) لَمْ يَكُنْ زَيْدٌ إِلَّا مَفْعُولًا، وَكَذَلِكَ لَوْ قُلْتَ: (هَذَا مُعْطِي الْعَبْدِ) لَمْ يَكُنِ الْعَبْدُ إِلَّا مَفْعُولًا؛ لِأَنَّ إِضَافَتَهُ إِلَى الْمَنْصُوبِ هُوَ الْوَجْهُ؛ لِأَنَّهُ مُغَايِرٌ لَهُ، فَإِضَافَتُهُ إِلَى الْفَاعِلِ عَلَى خِلَافِ الْأَصْلِ؛ لِأَنَّهُ هُوَ هُوَ فِي الْمَعْنَى، وَإِنَّمَا أُضِيفَ إِلَيْهِ عِنْدَ عَدَمِ الْمَنْصُوبِ؛ لِأَنَّهُ مُشَبَّهٌ بِهِ، فَأُجْرِيَ مُجْرَاهُ فِي الْإِضَافَةِ إِلَيْهِ كَمَا أُجْرِيَ مُجْرَاهُ فِي الْعَمَلِ، وَأَيْضًا فَإِنَّهُ لَوْ أُضِيفَ إِلَى الْفَاعِلِ وَهُوَ مُتَعَدٍّ لَمْ يُعْلَمْ هَلْ هُوَ مُضَافٌ إِلَى الْفَاعِلِ أَوْ إِلَى الْمَفْعُولِ؟ بِخِلَافِ الصِّفَةِ الْمُشَبَّهَةِ وَغَيْرِ الْمُتَعَدِّي، فَإِنَّهُ لَا يُلْبِسُ؛ إِذْ لَا مَفْعُولَ لَهُ.

قَوْلُهُ: (وَفِي مَسْأَلَةِ (حَسَنٌ وَجْهُهُ) سَبْعَةُ أَوْجُهٍ).

قَالَ الشَّيْخُ: فِي مَسْأَلَةِ (حَسَنٌ وَجْهُهُ) بِالتَّرْكِيبِ الْعَقْلِيِّ ثَمَانِيَةَ عَشَرَ وَجْهًا، وَذَلِكَ أَنَّ مَعْمُولَهُ لَا يَخْلُو إِمَّا أَنْ يَكُونَ مُعَرَّفًا بِاللَّامِ أَوْ مُضَافًا إِلَى مُضْمَرٍ أَوْ غَيْرِهِمَا، فَهَذِهِ ثَلَاثَةُ أَقْسَامٍ، كُلُّ وَاحِدٍ مِنْهَا يَكُونُ مَرْفُوعًا وَمَنْصُوبًا وَمَخْفُوضًا، فَهَذِهِ تِسْعَةُ أَقْسَامٍ، وَتَكُونُ الصِّفَةُ مَعَهُ غَيْرَ مُعَرَّفٍ بِاللَّامِ وَمُعَرَّفًا بِاللَّامِ، فَتَصِيرُ ثَمَانِيَةَ عَشَرَ وَصُوَرُهَا: مَرَرْتُ بِرَجُلٍ حَسَنٍ وَجْهُهُ، وَحَسَنٍ وَجْهَهُ، وَحَسَنٍ وَجْهِهِ، وَحَسَنُ الْوَجْهِ، وَحَسَنَ الْوَجْهَ، وَحَسَنِ الْوَجْهِ، وَحَسَنٍ وَجْهٌ، وَحَسَنٍ وَجْهًا، وَحَسَنٍ وَجْهٍ، فَهَذِهِ تِسْعَةٌ، فَإِذَا عُرِّفَ الْأَوَّلُ جَاءَ تِسْعَةٌ أُخْرَى عَلَى هَذَا التَّرْتِيبِ.

ثُمَّ اعْلَمْ أَنَّ حُكْمَ الْمَعْمُولِ فِي الْإِعْرَابِ إِذَا كَانَ مُعَرَّفًا بِاللَّامِ حُكْمُهُ إِذَا كَانَ مُضَافًا إِلَى الْمُعَرَّفِ بِاللَّامِ أَوْ مُضَافًا إِلَى مَا أُضِيفَ إِلَى الْمُعَرَّفِ بِاللَّامِ مَا تَنَاهَى وَمَا بَلَغَ، فَحُكْمُ قَوْلِكَ: (مَرَرْتُ بِرَجُلٍ حَسَنِ الْوَجْهِ) حُكْمُ قَوْلِكَ: (مَرَرْتُ بِرَجُلٍ حَسَنٍ وَجْهِ

الْغُلامِ، وَحَسَنٍ وَجْهِ أَبِي الْغُلامِ)، وَكَذَلِكَ لَوْ زِدْتَ.

وَحُكْمُ الْمُضَافِ إِلَى الْمُضْمَرِ حُكْمُ مَا أُضِيفَ إِلَى مَا أُضِيفَ إِلَى الْمُضْمَرِ مَا تَنَاهَى وَمَا بَلَغَ، فَحُكْمُ قَوْلِكَ: (مَرَرْتُ بِرَجُلٍ حَسَنٍ وَجْهُهُ) حُكْمُ قَوْلِكَ: (مَرَرْتُ بِرَجُلٍ حَسَنٍ وَجْهُ غُلامِهِ) و(حَسَنٍ وَجْهُ أَبِي غُلامِهِ)، وَكَذَلِكَ لَوْ زِدْتَ.

وَحُكْمُ غَيْرِ الْمُعَرَّفِ بِاللامِ وَغَيْرِ الْمُضَافِ إِلَى الْمُضْمَرِ حُكْمُ مَا أُضِيفَ إِلَى مِثْلِهِ؛ أَعْنِي غَيْرَ مُعَرَّفٍ بِاللامِ وَلا مُضَافٍ إِلَى مُضْمَرٍ مَا تَنَاهَى وَمَا بَلَغَ، فَحُكْمُ قَوْلِكَ: (مَرَرْتُ بِرَجُلٍ حَسَنِ وَجْهٍ) حُكْمُ قَوْلِكَ: (مَرَرْتُ بِرَجُلٍ حَسَنِ وَجْهِ غُلامٍ) و(حَسَنِ وَجْهِ أَبِي غُلامٍ)، وَكَذَلِكَ لَوْ زِدْتَ.

وَكُلُّ مَوْضِعٍ رَفَعْتَ بِالصِّفَةِ كَانَ فَاعِلا لَهَا، وَكُلُّ مَوْضِعٍ نَصَبْتَ بِهَا فَإِنْ كَانَ نَكِرَةً فَهُوَ تَمْيِيزٌ أَوْ مُشَبَّهٌ بِالْمَفْعُولِ، وَإِنْ كَانَ مَعْرِفَةً فَهُوَ مُشَبَّهٌ بِالْمَفْعُولِ، وَكُلُّ مَوْضِعٍ خَفَضْتَ بِهَا كَانَ مَخْفُوضًا بِالإِضَافَةِ، وَعِنْدَ ذَلِكَ يَجِبُ حَذْفُ التَّنْوِينِ مِنَ الصِّفَةِ إِنْ كَانَ مِمَّا يُنَوَّنُ، أَوْ خَفْضُهُ إِنْ كَانَ غَيْرُ مُنْصَرِفٍ وَهُوَ فِي مَوْضِعِ خَفْضٍ.

وَاعْلَمْ أَنَّ كُلَّ مَوْضِعٍ رَفَعْتَ بِالصِّفَةِ فَلا ضَمِيرَ فِيهَا؛ إِذْ لا يَكُونُ لَهَا فَاعِلانِ، فَيَجِبُ حِينَئِذٍ إِفْرَادُهَا وَتَذْكِيرُهَا إِنْ كَانَ مَا بَعْدَهَا مُذَكَّرًا، وَتَأْنِيثُهَا إِنْ كَانَ مَا بَعْدَهَا مُؤَنَّثًا كَالْفِعْلِ، فَتَقُولُ: (مَرَرْتُ بِرَجُلٍ حَسَنٍ وَجْهُهُ)، و(مَرَرْتُ بِرَجُلَيْنِ حَسَنٍ وَجْهُهُمَا)، و(بِرِجَالٍ حَسَنٍ وُجُوهُهُمْ)، و(حَسَنَيْنِ وُجُوهُهُمَا) ضَعِيفٌ، و(حَسَنِينَ وُجُوهُهُمْ) ضَعِيفٌ ضَعْفَ (أَكَلُونِي الْبَرَاغِيثُ).

وَأَمَّا (مَرَرْتُ بِرِجَالٍ حِسَانٍ وُجُوهُهُمْ)، فَهَذَا لَيْسَ بِضَعِيفٍ؛ لأَنَّهُمْ إِنَّمَا كَرِهُوا الإِتْيَانَ بِالْعَلامَةِ الَّتِي تَدُلُّ عَلَى مَا تَدُلُّ عَلَيْهِ عَلامَةُ الْفِعْلِ، وَأَمَّا جَمْعُ التَّكْسِيرِ فَلَيْسَ مِنْ ذَلِكَ.

وَكُلُّ مَوْضِعٍ نُصِبَ الْمَعْمُولُ أَوْ خُفِضَ فَفِي الصِّفَةِ ضَمِيرٌ يَعُودُ عَلَى مَا تَقَدَّمَ مِمَّا اعْتَمَدَتْ عَلَيْهِ، إِنْ كَانَ مُذَكَّرًا فَمُذَكَّرٌ، وَكَذَلِكَ فِي التَّأْنِيثِ وَالتَّثْنِيَةِ وَالْجَمْعِ، فَتَقُولُ: (مَرَرْتُ بِرَجُلٍ حَسَنِ الْوَجْهَ)، و(بِرَجُلَيْنِ حَسَنَيْنِ الْوَجْهَ)، و(بِرِجَالٍ حَسَنِينَ الْوَجْهَ) و(بِامْرَأَةٍ حَسَنَةٍ الْوَجْهَ)، وَكَذَلِكَ مَا أَشْبَهَهُ؛ لأَنَّهُمْ لَمَّا نَصَبُوا مَا بَعْدَهُ شَبَّهُوهُ بِالْمَفْعُولِ، وَجَعَلُوا حَسَنًا كَأَنَّهُ فِي الْحَقِيقَةِ لِمَا قَبْلَهُ، ثُمَّ أُتِيَ بِالْمَعْمُولِ لِلأَمْرِ الَّذِي كَانَ بِهِ الأَوَّلُ حَسَنًا، فَالْحَسَنُ عَلَى هَذَا التَّقْدِيرِ لِجُمْلَةِ مَا تَقَدَّمَ، وَذُكِرَ الْمَعْمُولُ تَبْيِينًا لِلأَمْرِ الَّذِي بِهِ حَسُنَ؛ لأَنَّ الشَّيْءَ قَدْ يَحْسُنُ جُمْلَتُهُ بِحُسْنِ أَمْرٍ يَنْضَمُّ إِلَيْهِ، بِخِلافِ الرَّفْعِ، فَإِنَّ الْحُسْنَ

لَيْسَ مَنْسُوبًا إلا لِمَا بَعْدَهُ، وَلِذَلِكَ امْتَنَعَ الإضْمَارُ مَعَ الرَّفْعِ، وَوَجَبَ مَعَ النَّصْبِ، وَإِذَا خَفَضْتَ المَعْمُولَ فَالصِّفَةُ فِي الْحُكْمِ كَحُكْمِ الْمَنْصُوبِ؛ لأنَّ الإضْمَارَ فِيهِ لِمَا قَبْلَهُ، فَتَقُولُ: (مَرَرْتُ بِرَجُلٍ حَسَنِ الْوَجْهِ)، و(بِرَجُلَيْنِ حَسَنَيِّ الْوَجْهِ)، و(بِرِجَالٍ حَسَنِيِّ الْوَجْهِ)، وَحُكْمُهُ فِي التَّفْسِيرِ مَا ذُكِرَ فِي الْمَنْصُوبِ.

ثُمَّ فِي هَذِهِ الْمَسَائِلِ الثَّمَانِي عَشْرَةَ مَسْأَلَتَانِ مُمْتَنِعَتَانِ، وَهُمَا (مَرَرْتُ بِالرَّجُلِ الْحَسَنِ وَجْهِهِ)، وَهِيَ الْمَسْأَلَةُ الثَّانِيَةَ عَشْرَةَ، و(مَرَرْتُ بِالرَّجُلِ الْحَسَنِ وَجْهٍ)، وَهِيَ الْمَسْأَلَةُ الثَّامِنَةَ عَشْرَةَ، وَامْتِنَاعُ الأولَى مِنْهُمَا؛ لأنَّهَا لَمْ تُفِدْ خِفَّةً بِالإضَافَةِ، وَامْتِنَاعُ الثَّانِيَةِ مِنْهُمَا؛ لأنَّهَا خِلافُ قِيَاسِ وَضْعِ اللُّغَةِ فِي إِضَافَةِ الْمَعْرِفَةِ إِلَى النَّكِرَةِ.

وَفِيهَا مَسْأَلَةٌ وَقَعَ فِيهَا خِلافٌ، وَهِيَ (مَرَرْتُ بِرَجُلٍ حَسَنِ وَجْهِهِ) وَهِيَ الثَّالِثَةُ، فَمَنْ مَنَعَهَا نَظَرَ إِلَى أَنَّ حَسَنًا لِلْوَجْهِ، فَكَأَنَّهُ أُضِيفَ إِلَى نَفْسِهِ.

قَالَ الشَّيْخُ: وَهَذَا التَّعْلِيلُ لابْنِ بَابْشَاذٍ، وَلَيْسَ بِصَحِيحٍ؛ لأنَّهُ إِنَّمَا يَلْزَمُ إِضَافَةُ الشَّيْءِ إِلَى نَفْسِهِ إِنْ كَانَ مَدْلُولُهُمَا وَاحِدًا، كَالْحَبْسِ وَالْمَنْعِ، وَأَمَّا إِذَا كَانَا مُتَغَايِرَيْنِ لَفْظًا وَمَعْنًى فَلا، وَالْحُسْنُ هَاهُنَا لَيْسَ هُوَ الْوَجْهُ، وَإِنَّمَا هُوَ مَعْنًى قَائِمٌ بِالْوَجْهِ، فَلا يَلْزَمُ مَا ذَكَرَهُ، أَوْ لأنَّ الْوَجْهَ مُضَافٌ إِلَى ضَمِيرِهِ، فَكَأَنَّهُ مُضَافٌ إِلَى نَفْسِهِ، وَكِلاهُمَا تَعْلِيلٌ فَاسِدٌ، وَلِذَلِكَ كَانَ الْوَجْهُ صِحَّتَهَا، وَإِنَّمَا مَنَعَهَا صَاحِبُ " الْجُمَلِ " أَبُو الْقَاسِمِ الزَّجَّاجِيُّ تِلْمِيذُ أَبِي إِسْحَاقَ الزَّجَّاجِ، وَظَنَّ أَنَّ النَّاسَ يَمْنَعُونَهَا، فَقَالَ: (وَخَالَفَ سِيبَوَيْهِ فِيهَا جَمِيعُ النَّاسِ)، وَلَيْسَ الأمْرُ عَلَى مَا ذَكَرَ.

أَمَّا التَّعْلِيلُ الأوَّلُ فَبَاطِلٌ لِجَوَازِ (حَسَنِ وَجْهِهِ)، وَأَمَّا الثَّانِي فَلِجَوَازِ (ضَارِبُ غُلامِهِ) بِاتِّفَاقٍ.

ثُمَّ هَذِهِ الْمَسَائِلُ السِّتَّ عَشْرَةَ فِيهَا الْقَوِيُّ وَالضَّعِيفُ وَالْمُتَوَسِّطُ، فَكُلُّ مَسْأَلَةٍ كَانَ الضَّمِيرُ فِي الصِّفَةِ أَوْ فِي مَعْمُولِهَا فَهِيَ قَوِيَّةٌ، وَكُلُّ مَسْأَلَةٍ كَانَ الضَّمِيرُ فِيهِمَا جَمِيعًا فَهِيَ مُتَوَسِّطَةٌ، وَكُلُّ مَسْأَلَةٍ لَيْسَ فِيهَا ضَمِيرٌ فَهِيَ ضَعِيفَةٌ، فَعَلَى ذَلِكَ تَكُونُ الْمَسْأَلَةُ الأولَى، وَالْخَامِسَةُ، وَالسَّادِسَةُ، وَالثَّامِنَةُ، وَالتَّاسِعَةُ، وَالْعَاشِرَةُ، وَالرَّابِعَةَ عَشْرَةَ، وَالْخَامِسَةَ عَشْرَةَ، وَالسَّابِعَةَ عَشْرَةَ قَوِيَّةً؛ لأنَّهُ لَيْسَ فِيهِمَا إلا ضَمِيرٌ وَاحِدٌ، وَتَكُونُ الْمَسْأَلَةُ الثَّانِيَةُ وَالثَّالِثَةُ عَلَى قَوْلِ الْمُجِيزِ، وَالْحَادِيَةَ عَشْرَةَ مُتَوَسِّطَةٌ؛ لأنَّ فِي كُلِّ وَاحِدَةٍ مِنْهُمَا ضَمِيرًا، وَتَكُونُ الْمَسْأَلَةُ الرَّابِعَةُ وَالسَّابِعَةُ وَالثَّالِثَةَ عَشْرَةَ وَالسَّادِسَةَ عَشْرَةَ ضَعِيفَةً؛ لأنَّهُ لا ضَمِيرَ فِيهَا، وَقَدْ تَقَدَّمَ أَنَّ الْمَسْأَلَةَ الثَّانِيَةَ عَشْرَةَ وَالثَّامِنَةَ عَشْرَةَ غَيْرُ جَائِزَتَيْنِ، فَقَدْ تَكَمَّلَتِ الثَّمَانِيَةَ عَشْرَةَ.

وَلَمْ يَذْكُرْ صَاحِبُ الْكِتَابِ مِنْهَا الضَّعِيفَ، وَإِنَّمَا ذَكَرَ الْقَوِيَّ وَالْمُتَوَسِّطَ، فَلِذَلِكَ جَعَلَهَا سَبْعَةً، وَإِنْ كَانَتْ عِنْدَهُ اثْنَتَيْ عَشْرَةَ، إِلَّا أَنَّهُ اسْتَغْنَى بِالتَّنْكِيرِ عَنِ التَّعْرِيفِ؛ لِأَنَّهُ هُوَ هُوَ، فَاسْتَغْنَى بِحَسَنٍ وَجْهُهُ عَنِ الْحَسَنِ وَجْهُهُ، وَاسْتَغْنَى بِحَسَنٍ وَجْهًا عَنِ الْحَسَنِ وَجْهًا، وَكَذَلِكَ مَا عَدَاهَا، إِلَّا أَنَّهُ تُسْقَطُ مِنَ التَّعْرِيفِ مَسْأَلَتَانِ، وَهُمَا غَيْرُ الْجَائِزَتَيْنِ، إِحْدَاهُمَا تَعْرِيفُ (حَسَنُ وَجْهٍ)، وَالْأُخْرَى تَعْرِيفُ (حَسَنُ وَجْهِهِ)، وَإِذَا تَكَرَّرَتْ سَبْعَةٌ دُونَ اثْنَتَيْنِ مِنْهَا عُلِمَ أَنَّهَا اثْنَتَا عَشْرَةَ، فَلِذَلِكَ قَالَ: (وَفِي مَسْأَلَةِ حَسَنٍ وَجْهُهُ سَبْعَةُ أَوْجُهٍ) حَاصِلُهُ رَاجِعٌ إِلَى اثْنَتَيْ عَشْرَةَ، وَهِيَ الْحَسَنَةُ وَالْمُتَوَسِّطَةُ، وَأَمَّا الضَّعِيفُ فَلَمْ يَذْكُرْهُ، وَهِيَ الْأَرْبَعَةُ الْمُتَقَدِّمَةُ، وَيَضْبِطُهَا كُلُّ مَوْضِعٍ ارْتَفَعَ الْمَعْمُولُ وَهُوَ عَرِيٌّ عَنِ الضَّمِيرِ، وَيَضْبِطُ الْحَسَنَ كُلُّ مَوْضِعٍ ارْتَفَعَ الْمَعْمُولُ وَفِيهِ ضَمِيرٌ، أَوِ انْتَصَبَ أَوِ انْخَفَضَ عَرِيًّا عَنِ الضَّمَائِرِ، وَيَضْبِطُ الْمُتَوَسِّطَ كُلُّ مَوْضِعٍ انْتَصَبَ أَوِ انْخَفَضَ وَفِيهِ ضَمِيرٌ، وَلِذَلِكَ بَعْدَ إِسْقَاطِ الْمَسْأَلَتَيْنِ غَيْرِ الْجَائِزَتَيْنِ.

وَالصِّفَةُ إِنَّمَا تَعْمَلُ فِيمَا كَانَ مِنْ سَبَبِهَا لَا فِي الْأَجْنَبِيِّ، فَلِذَلِكَ احْتِيجَ فِي مَسْأَلَةِ (مَرَرْتُ بِرَجُلٍ حَسَنِ الْوَجْهِ)، وَأَمْثَالِهَا إِلَى تَقْدِيرِ الضَّمِيرِ، وَإِنْ كَانَتْ ضَعِيفَةً، فَمِنْهُمْ مَنْ يَقُولُ: الْأَلِفُ وَاللَّامُ سَدَّتْ مَسَدَّ الضَّمِيرِ، وَهُوَ مَذْهَبُ الْكُوفِيِّينَ، وَمِنْهُمْ مَنْ يَقُولُ: الضَّمِيرُ مَحْذُوفٌ تَقْدِيرُهُ: حَسَنُ الْوَجْهِ مِنْهُ، وَهُوَ مَذْهَبُ الْبَصْرِيِّينَ، هَذَا إِذَا قُلْنَا: إِنَّ الْوَجْهَ مَرْفُوعٌ بِحَسَنٍ رَفْعَ الْفَاعِلِ، فَأَمَّا إِذَا قِيلَ: إِنَّ فِي حَسَنٍ ضَمِيرًا يَعُودُ عَلَى رَجُلٍ، وَإِنَّ الْوَجْهَ بَدَلٌ فَعِنْدَ ذَلِكَ تَقْوَى الْمَسْأَلَةُ وَلَا تَضْعُفُ، وَعَلَى مِثْلِ ذَلِكَ حُمِلَ قَوْلُهُ تَعَالَى: "مُفَتَّحَةً لَهُمُ الْأَبْوَابُ" [ص:٥٠]، وَيَكُونُ الِاحْتِيَاجُ إِلَى الضَّمِيرِ بِاعْتِبَارِ بَدَلِيَّةِ الِاشْتِمَالِ، وَذَلِكَ جَائِزٌ حَذْفُهُ إِذَا عُلِمَ، وَلَيْسَ حَذْفُهُ فِي الْجَوَازِ كَحَذْفِ الضَّمِيرِ الْعَائِدِ عَلَى صَاحِبِ الصِّفَةِ.

وَأَمَّا مَسْأَلَةُ (حَسَنَ الْوَجْهَ) أَوْ (حَسَنِ الْوَجْهِ) مِمَّا انْتَصَبَ فِيهِ الْمَعْمُولُ أَوِ انْخَفَضَ فَلَيْسَ الْحَاجَةُ فِيهِ إِلَى الضَّمِيرِ كَالْحَاجَةِ فِي (حَسَنِ الْوَجْهِ) لِمَا بَيَّنَّا أَنَّ الضَّمِيرَ عِنْدَ النَّصْبِ وَالْخَفْضِ فِي الصِّفَةِ، وَأَنَّ النَّصْبَ بَعْدَهُ عَلَى التَّشْبِيهِ بِالْمَفْعُولِيَّةِ، وَالْخَفْضُ فَرْعُهُ، فَكَمَا يَحْسُنُ (ضَارِبٌ زَيْدًا) يَحْسُنُ (حَسَنٌ وَجْهًا)، وَكَذَلِكَ الْخَفْضُ، وَقَوْلُهُ:

أَقَامَتْ عَلَى رَبْعَيْهَا جَارَتَا صَفًا كُمَيْتَا الْأَعَالِي جَوْنَتَا مُصْطَلَاهُمَا

اسْتَشْهَدَ بِهِ سِيبَوَيْهِ عَلَى جَوَازِ إِضَافَةِ الصِّفَةِ الْمُشَبَّهَةِ إِلَى مَعْمُولِهَا مُضَافًا إِلَى مُضْمَرٍ مَوْصُوفِهِ، وَهِيَ مَسْأَلَةُ (مَرَرْتُ بِرَجُلٍ حَسَنٍ وَجْهِهِ)؛ لِأَنَّ (جَوْنَتَا) صِفَةٌ لِـ (جَارَتَا)

مُضَافٌ إِلَى (مُصْطَلاهُمَا)، بِدَلِيلِ حَذْفِ نُونِهِ، وَ(هُمَا) فِي قَوْلِكَ: (مُصْطَلاهُمَا) ضَمِيرُ (جَارَّتَا) وَهُوَ مَوْصُوفٌ (جَوْنَتَا)، وَهِيَ عَيْنُ مَسْأَلَةِ الْخِلَافِ، فَقَالَ الْمُخَالِفُونَ: لَيْسَ الضَّمِيرُ فِي (مُصْطَلاهُمَا) رَاجِعًا إِلَى (جَارَّتَا) فَتَكُونُ مَسْأَلَةَ الْخِلَافِ، بَلْ نَجْعَلُهُ عَائِدًا إِلَى (الْأَعَالِي) وَهُوَ غَيْرُ الْمَوْصُوفِ بِـ (جَوْنَتَا)، فَيَكُونُ مِثْلَ قَوْلِكَ: (زَيْدٌ حَسَنُ الْغُلَامِ جَمِيلُ ثَوْبِهِ) عَلَى أَنْ يَكُونَ الضَّمِيرُ فِي (ثَوْبِهِ) لِلْغُلَامِ، فَيَكُونُ التَّقْدِيرُ: جَمِيلُ ثَوْبِ الْغُلَامِ، وَيَخْرُجُ بِذَلِكَ عَنْ أَنْ يَكُونَ دَلِيلًا عَلَى مَسْأَلَةِ الْخِلَافِ.

فَأُجِيبَ عَنْ ذَلِكَ بِأَنَّ (الْأَعَالِي) جَمْعٌ، وَالضَّمِيرُ فِي (مُصْطَلاهُمَا) مُثَنًّى، فَلَا يَسْتَقِيمُ أَنْ يَكُونَ الضَّمِيرُ مُثَنًّى لِجَمْعٍ، وَأَيْضًا فَإِنَّ الْمَعْنَى عَلَى أَنَّهُ تَغَيَّرَ أَعْلَى الْحَجَرَيْنِ؛ لِبُعْدِهِ عَنْ مَوْقِدِ النَّارِ، وَاسْوَدَّ مَوْضِعُ الِاصْطِلَاءِ، وَعَلَى مَا ذَكَرْتُمُوهُ يَكُونُ اسْوَدَّ وَلَمْ يَسْوَدَّ، وَهُوَ غَيْرُ مُسْتَقِيمٍ، وَغَايَةُ مَا يَقُولُونَهُ عَلَى الْوَجْهِ الْأَوَّلِ أَنَّهُ وَإِنْ كَانَ بِلَفْظِ الْجَمْعِ فَهُوَ فِي مَعْنَى الْمُثَنَّى، وَعَادَ الضَّمِيرُ عَلَيْهِ مِنْ حَيْثُ الْمَعْنَى وَلَيْسَ بِشَيْءٍ؛ لِأَنَّهُ جَمْعٌ مُسْتَقِيمٌ أَمْكَنَ حَمْلُهُ عَلَى ظَاهِرِهِ فَلَا حَاجَةَ إِلَى حَمْلِهِ عَلَى غَيْرِهِ.

وَأَمَّا إِفْرَادُ مُصْطَلَى فَهُوَ لَازِمٌ عَلَى كُلِّ قَوْلٍ، وَوَجْهُهُ أَنْ يَكُونَ مُصْطَلًى إِمَّا مَصْدَرًا عَلَى تَقْدِيرِ حَذْفِ مُضَافٍ؛ أَيْ: مَوْضِعَيِ اصْطِلَائِهِمَا، وَإِمَّا أَنْ يَكُونَ مُفْرَدًا وَاقِعًا مَوْقِعَ التَّثْنِيَةِ، كَمَا قَالَ:

كُلُوا فِي بَعْضِ بَطْنِكُمُ تَعِفُّوا   ....

لَمَّا كَانَ مَعْلُومًا أَوْقَعَ الْوَاحِدَ مَوْقِعَ الْجَمْعِ، فَوُقُوعُهُ مَوْقِعَ التَّثْنِيَةِ أَجْوَزُ، وَاللهُ أَعْلَمُ.

أَفْعَلُ التَّفْضِيلِ

قَالَ صَاحِبُ الْكِتَابِ: (قِيَاسُهُ أَنْ يُصَاغَ مِنْ ثُلَاثِيٍّ غَيْرِ مَزِيدٍ فِيهِ مِمَّا لَيْسَ بِلَوْنٍ وَلَا عَيْبٍ) إِلَى آخِرِهِ.

قَالَ الشَّيْخُ: إِنَّمَا لَمْ يُصَغْ مِنَ الْمَزِيدِ فِيهِ عَلَى الثَّلَاثَةِ؛ لِأَنَّهُ إِنْ بَقِيَ عَلَى حُرُوفِهِ لَمْ يُمْكِنْ، وَإِنْ حُذِفَ اخْتَلَّ فَكُرِهَ لِذَلِكَ، وَأَمَّا اللَّوْنُ وَالْعَيْبُ فَقَدِ اخْتُلِفَ فِي تَعْلِيلِهِ، فَقَالَ قَوْمٌ: لِأَنَّهُ فِي الْأَصْلِ أَفْعَالُهُ زَائِدَةٌ عَلَى ثَلَاثَةٍ، فَإِذَا أَوْرَدَ عَلَيْهِمْ أَدَمَ وَشَهُبَ وَسَمُرَ وَسَوُدَ وَعَوُرَ أَجَابُوا بِأَنَّ أَصْلَهُ افْعَلَّ وَافْعَالَّ، وَلِذَلِكَ صَحَّتْ وَاوُ سَوُدَ وَعَوُرَ؛ لِأَنَّهَا فِي مَوْضِعٍ يَجِبُ فِيهِ تَصْحِيحُهَا فِي التَّقْدِيرِ.

وَمِنْهُمْ مَنْ قَالَ: إِنَّمَا لَمْ يُتَعَجَّبْ مِنَ اللَّوْنِ وَالْعَيْبِ؛ لِأَنَّهَا خَلْقٌ ثَابِتَةٌ فِي الْعَادَةِ،

وَإِنَّمَا يُتَعَجَّبُ مِمَّا يَقْبَلُ الزِّيَادَةَ وَالنُّقْصَانَ، فَجَرَتْ لِذَلِكَ مُجْرَى الأَجْسَامِ الثَّابِتَةِ عَلَى حَالٍ وَاحِدَةٍ.

وَالْحَقُّ أَنَّهُ إِنَّمَا لَمْ يُتَعَجَّبْ مِنْهُ؛ لأَنَّهُ يُبْنَى مِنْهُمَا أَفْعَلُ لِغَيْرِ التَّفْضِيلِ، فَكَرِهُوا أَنْ يَبْنُوا مِنْهُمَا أَفْعَلَ التَّفْضِيلِ فَيَلْتَبِسَ، وَلِذَلِكَ فَرَّقُوا بَيْنَهُمَا فِي جَمْعِ التَّصْحِيحِ وَالتَّكْسِيرِ، فَجَمَعُوا كُلَّ وَاحِدٍ بِجَمْعٍ لَمْ يُجْمَعْ عَلَيْهِ الآخَرُ، وَمِمَّا يَدُلُّ عَلَى ذَلِكَ أَنَّهُمْ تَعَجَّبُوا مِنَ الْعَيْبِ إِذَا لَمْ يَكُنْ لَهُ أَفْعَلُ لِغَيْرِ التَّفْضِيلِ؛ كَقَوْلِكَ: (زَيْدٌ أَجْهَلُ مِنْ عَمْرٍو)، وَلَمْ يَتَعَجَّبُوا مِمَّا لَيْسَ بِلَوْنٍ وَلا عَيْبٍ إِذَا كَانَ لَهُ أَفْعَلُ لِغَيْرِ التَّفْضِيلِ؛ كَقَوْلِكَ: أَقْنَى وَشِبْهِهِ مِنَ الْحُلَى، فَهَذِهِ الْعِلَّةُ هِيَ الْمُسْتَقِيمَةُ، وَيَنْبَغِي أَنْ يُضْبَطَ بِأَنْ يُقَالَ: كُلُّ مَوْضِعٍ لَيْسَ بِلَوْنٍ وَلا عَيْبٍ مِمَّا لا يُبْنَى مِنْهُ أَفْعَلُ لِغَيْرِ التَّفْضِيلِ؛ لأَنَّهُ قَدْ تَبَيَّنَ أَنَّ كَوْنَهُ لَيْسَ بِلَوْنٍ وَلا عَيْبٍ لا يَحْصُلُ بِهِ الضَّبْطُ طَرْدًا وَلا عَكْسًا لِصِحَّةِ قَوْلِهِمْ: أَجْهَلُ، وَامْتِنَاعِ قَوْلِهِمْ: أَقْنَى، فَإِذَا قُصِدَ إِلَى التَّعَجُّبِ مِنْ هَذِهِ الأَشْيَاءِ بُنِيَ أَفْعَلُ مِمَّا يَصِحُّ بِنَاؤُهُ عَلَى حَسَبِ الْمَعْنَى الَّذِي يَقْصِدُهُ الْمُتَكَلِّمُ، ثُمَّ يُمَيِّزُ عَلَى مَا ذُكِرَ، وَصِحَّةُ التَّعَجُّبِ مِنْهُ تُبْطِلُ تَعْلِيلَ مَنْ قَالَ: إِنَّمَا لَمْ يُتَعَجَّبْ مِنْهَا؛ لأَنَّهَا ثَابِتَةٌ كَالأَجْسَامِ.

فَإِنْ قَالَ: لَمْ يُتَعَجَّبْ مِنْهَا، وَإِنَّمَا تُعُجِّبَ مِنْ مَعْنَى أَفْعَلَ الْمَذْكُورِ مَعَهَا، قِيلَ: قَدْ عُلِمَ أَنَّ الْمَقْصُودَ فِي التَّعَجُّبِ لَيْسَ إِلا لَهَا، وَتَعْلِيلُكَ إِنَّمَا كَانَ مِنْ جِهَةِ الْمَعْنَى لا مِنْ جِهَةِ اللَّفْظِ، وَنَحْنُ عَلَى عِلْمٍ أَنَّ مَعْنَى قَوْلِكَ: (مَا أَشَدَّ حُمْرَتَهُ) فِي أَنَّ التَّعَجُّبَ مِنَ الْحُمْرَةِ بِمَعْنَى قَوْلِكَ: (مَا أَحْمَرَهُ) لَوْ جَازَ، كَمَا أَنَّ قَوْلَكَ: (مَا أَكْثَرَ فَضْلَهُ)، و(مَا أَفْضَلَهُ)، بِمَعْنًى وَاحِدٍ، دَلَّ عَلَى أَنَّ التَّعَجُّبَ إِنَّمَا كَانَ مِمَّا وَقَعَ بَعْدَ أَشَدَّ وَشِبْهِهِ، وَلِذَلِكَ يَقُولُ النَّحْوِيُّونَ: فَإِنْ أَرَدْتَ التَّعَجُّبَ مِنْ شَيْءٍ مِنْ ذَلِكَ تَوَصَّلْتَ إِلَيْهِ بِأَشَدَّ وَشِبْهِهِ، فَهَذَا تَصْرِيحٌ بِأَنَّهُ يُتَعَجَّبُ مِنْهُ مِنْ حَيْثُ الْمَعْنَى.

قَوْلُهُ: (وَالْقِيَاسُ أَنْ يُفَضَّلَ عَلَى الْفَاعِلِ دُونَ الْمَفْعُولِ)[1].

---

(١) يرفعُ اسمُ التفضيلِ الفاعلَ. وأكثرُ ما يرفعُ الضميرَ المستترَ، نحو "خالد أشجعُ من سعيد". ولا يرفعُ الاسمَ الظاهرَ إلا إذا صَلَحَ وقوعُ فعلٍ بمعناهُ مَوقعَهُ، نحو "ما رأيتُ رجلاً أوقع في نفسه النصيحةُ منها في نفسِ زهير"، ونحو "ما رأيتُ رجلاً أوقع في نفسه النصيحةُ منها في نفس زهير"، ونحو "ما رأيتُ رجلاً أوقعَ في نفسِهِ النصيحةُ كزهير". ونحو "ما رأيتُ كنفس زهيرٍ أوقعَ فيها النصيحةُ". وتقولُ "ما رجلٌ أحسنَ به الجميلُ كعليٍّ".
فإن قلت فيما تقدَم "ما رأيتُ رجلاً تقعُ النصيحةُ في نفسه كزهير، ما رجلٌ يحسنُ به الجميلُ كعليٍّ. ما رأيتُ أمرأ يحبُّ البذلَ كابنِ سنان" صحَّ.

لأَنَّهُمْ لَوْ فَضَّلُوا عَلَى الْمَفْعُولِ دُونَ الْفَاعِلِ لَبَقِيَ كَثِيرٌ مِنَ الأَفْعَالِ لَا يُتَعَجَّبُ مِنْهَا، وَغَرَضُهُمُ التَّعْمِيمُ، وَلَوْ فَضَّلُوا عَلَيْهِمَا جَمِيعًا لأَدَّى إِلَى اللَّبْسِ، فَلَمْ يَبْقَ إِلَّا التَّعَجُّبُ مِنَ الْفَاعِلِ؛ لأَنَّ الْفَاعِلَ هُوَ الْمَقْصُودُ بِالنِّسْبَةِ إِلَيْهِ فِي الْمَعْنَى، وَالْمَفْعُولُ فَضْلَةٌ فِي الْكَلَامِ، فَكَانَ مَا هُوَ الْمَقْصُودُ أَوْلَى، وَهَذَا مَعْنَى قَوْلِ سِيبَوَيْهِ، (وَهُمْ بِبَيَانِهِ أَعْنَى)؛ يَعْنِي: أَنَّهُمْ يَعْتَنُونَ بِالْفَاعِلِ دُونَ الْمَفْعُولِ، حَتَّى لَا يَذْكُرُونَ فِعْلًا إِلَّا وَيَذْكُرُونَ لَهُ فَاعِلًا أَوْ مَا يَقُومُ مَقَامَهُ؛ حِرْصًا عَلَى بَيَانِ الْفَاعِلِ عِنْدَهُمْ، فَلَمَّا تَعَجَّبُوا كَانَ الأَوْلَى عِنْدَهُمْ أَنْ يُجْعَلَ التَّعَجُّبُ لَهُ لِذَلِكَ.

قَوْلُهُ: (وَتَعْتَوِرُهُ حَالَتَانِ مُتَضَادَّتَانِ) إِلَى آخِرِهِ.

أَمَّا لُزُومُ التَّنْكِيرِ عِنْدَ مُصَاحَبَتِهِ (مِنْ) فَفَصِيحٌ، وَعِلَّتُهُ أَنَّهُمْ لَوْ عَرَّفُوا لَمْ يَخْلُ مِنْ أَنْ يُعَرِّفُوا بِالأَلِفِ وَاللَّامِ أَوْ بِالإِضَافَةِ، وَكِلَاهُمَا مُتَعَذِّرٌ مَعَ (مِنْ)، أَمَّا الإِضَافَةُ فَوَاضِحَةٌ؛ لأَنَّهُمْ إِنَّمَا يُضِيفُونَهُ إِلَى مَا هُوَ مُفَضَّلٌ عَلَيْهِ، وَإِنَّمَا يَذْكُرُونَ (مِنْ) لِيُبَيِّنُوا بَعْدَهَا الْمُفَضَّلَ عَلَيْهِ، فَكَانَ الْجَمْعُ بَيْنَهُمَا عَبَثًا لَا فَائِدَةَ فِيهِ، وَلَوْ عَرَّفُوهُ بِاللَّامِ لَمْ تَكُنْ إِلَّا لَامَ الْعَهْدِ، فَيَجِبُ أَنْ تَكُونَ مَعْرُوفَةً أَفْضَلِيَّتُهُ عِنْدَ الْمُخَاطِبِ وَالْمُخَاطَبِ، وَلَا تَكُونُ مَعْرُوفَةً أَفْضَلِيَّتُهُ إِلَّا بِالنَّظَرِ إِلَى الْمُفَضَّلِ عَلَيْهِ، فَلَوْ جَمَعَتْ بَيْنَهُمَا وَبَيْنَ (مِنْ) الْمَذْكُورِ بَعْدَهَا الْمُفَضَّلُ عَلَيْهِ لَجَمَعَتْ أَيْضًا بَيْنَ أَمْرَيْنِ يُغْنِيكَ أَحَدُهُمَا عَنِ الآخَرِ، كَالإِضَافَةِ الْمَذْكُورَةِ سَوَاءً.

وَأَمَّا قَوْلُهُ: (وَلُزُومُ التَّعْرِيفِ عِنْدَ مُفَارَقَتِهَا) فَوَهْمٌ؛ لأَنَّهُ قَدْ يَكُونُ مُضَافًا إِلَى نَكِرَةٍ وَهُوَ بَاقٍ عَلَى تَنْكِيرِهِ؛ كَقَوْلِكَ: (مَرَرْتُ بِأَفْضَلِ رَجُلٍ)، فَهَذَا قَدْ فَارَقَ (مِنْ) وَلَمْ يَلْزَمْهُ تَعْرِيفٌ، فَذَهَلَ عَنِ الإِضَافَةِ إِلَى النَّكِرَةِ، وَإِنَّمَا يَلْزَمُهُ عِنْدَ مُفَارَقَةِ (مِنْ) لَامُ التَّعْرِيفِ أَوِ الإِضَافَةُ.

وَقَوْلُهُ: (وَكَذَلِكَ مُؤَنَّثُهُ وَتَثْنِيَتُهُمَا وَجَمْعُهُمَا) مَعْطُوفٌ عَلَى قَوْلِهِ: (وَتَعْتَوِرُهُ حَالَتَانِ مُتَضَادَّتَانِ)، وَهُوَ غَيْرُ مُسْتَقِيمٍ فِي الظَّاهِرِ؛ لأَنَّهُ إِذَا كَانَ أَفْعَلُ التَّفْضِيلِ الْمَذْكُورُ مُؤَنَّثًا أَوْ مُثَنًّى أَوْ مَجْمُوعًا لَا يُصَاحِبُهُ (مِنْ)، وَإِنَّمَا أَرَادَ بِقَوْلِهِ: (وَكَذَلِكَ): أَنَّهُ لَا بُدَّ لَهُ مِمَّا يَقُومُ مَقَامَ (مِنْ) مِنْ تَعْرِيفٍ بِاللَّامِ أَوْ إِضَافَةٍ؛ لأَنَّ حَذْفَ (مِنْ) وَاجِبٌ فِيهَا بِخِلَافِ الأَوَّلِ، فَإِنَّهُ غَيْرُ وَاجِبٍ، بَلْ أَنْتَ بِالْخِيَارِ، فَاشْتَرَكَا فِي أَنَّهُ إِذَا حُذِفَتْ (مِنْ) مِنَ الْقَبِيلَيْنِ فَلَا بُدَّ مِنَ الأَلِفِ وَاللَّامِ أَوِ الإِضَافَةِ، إِلَّا أَنَّكَ فِي الأَوَّلِ مُخَيَّرٌ فِي حَذْفِ (مِنْ) وَالتَّعْوِيضِ بِالأَلِفِ وَاللَّامِ أَوِ الإِضَافَةِ، وَهُنَا فِي الْمُؤَنَّثِ وَالْمُثَنَّى وَالْمَجْمُوعِ لَازِمٌ حَذْفُ (مِنْ)، وَإِثْبَاتُ أَحَدِ الأَمْرَيْنِ.

وَقَوْلُهُ: (بَلِ الْوَاجِبُ تَعْرِيفُ ذَلِكَ بِاللامِ أَوِ الإِضَافَةِ).

جَرْيًا عَلَى الْوَهْمِ الأَوَّلِ فِي قَوْلِهِ: (وَلُزُومُ التَّعْرِيفِ عِنْدَ مُفَارَقَتِهَا)، وَإِنَّمَا الْوَاجِبُ اللامُ أَوِ الإِضَافَةُ، وَقَدْ تَكُونُ الإِضَافَةُ تُعَرِّفُ، وَقَدْ لا تُعَرِّفُ عَلَى مَا تَقَدَّمَ.

وَقَوْلُهُ: (وَمَا دَامَ مَصْحُوبًا بِـ (مِنْ) اسْتَوَى فِيهِ الذَّكَرُ وَالأُنْثَى وَالاثْنَانِ وَالْجَمْعِ) إِلَى آخِرِهِ.

لأَنَّهُمْ أَجْرَوْهُ مُجْرَى بَابِ التَّعَجُّبِ لِقُرْبِهِ مِنْهُ فِي الْمَعْنَى، وَلِذَلِكَ اشْتَرَطُوا فِيهِ شُرُوطَ التَّعَجُّبِ، فَلَمْ يُبْنَ إِلا مِمَّا بُنِيَ مِنْهُ فِعْلُ التَّعَجُّبِ، فَلَمَّا أَجْرَوْهُ مُجْرَاهُ لَفْظًا وَمَعْنًى كَمَا أَفْرَدُوا الْفِعْلَ، وَاسْتَغْنَوْا عَنْ تَثْنِيَتِهِ وَجَمْعِهِ، فَإِذَا عُرِّفَ بِاللامِ أُنِّثَ وَجُمِعَ؛ لأَنَّ تَعْرِيفَهُ بِاللامِ أَخْرَجَهُ عَنْ شِبْهِ الْفِعْلِيَّةِ، فَجَرَى عَلَى طِبْقِ مَنْ هُوَ لَهُ فِي التَّأْنِيثِ وَالتَّثْنِيَةِ وَالْجَمْعِ.

(وَإِذَا أُضِيفَ سَاغَ فِيهِ الأَمْرَانِ).

يَعْنِي: الْمُطَابَقَةَ وَالإِفْرَادَ، أَمَّا الْمُطَابَقَةُ فَلأَنَّ الإِضَافَةَ تُشْبِهُ اللامَ، فَأُجْرِيَ بِهَا مُجْرَاهُ، وَأَمَّا الإِفْرَادُ؛ فَلأَنَّ الإِضَافَةَ فِيهِ لَيْسَتْ إِلا لِلْمُفَضَّلِ عَلَيْهِ، فَأَشْبَهَتْ (مِنْ) مَعَ مَا بَعْدَهَا، أَلا تَرَى أَنَّ قَوْلَكَ: (زَيْدٌ أَفْضَلُ النَّاسِ) مِثْلُ قَوْلِكَ: (زَيْدٌ أَفْضَلُ مِنَ النَّاسِ)، فَلَمَّا كَانَتِ الإِضَافَةُ فِيهِ لا تُخْرِجُهُ عَنْ مَعْنَى (مِنْ) الَّذِي كَانَ بِهَا مُفْرَدًا بَقِيَ مُفْرَدًا مَعَ الإِضَافَةِ؛ لأَنَّهَا بِمَثَابَةِ (مِنْ) مَعَ مَجْرُورِهَا، وَقَوْلُ ذِي الرُّمَّةِ:

وَمَيَّةُ أَحْسَنُ الثَّقَلَيْنِ جِيدًا وَسَالِفَةً وَأَحْسَنُهُ قَذَالا

عَلَى الإِفْرَادِ، وَلَوْ جَاءَ عَلَى الْمُطَابَقَةِ لَقَالَ: حُسْنَى الثَّقَلَيْنِ وَحُسْنَاهُ قَذَالا، وَالضَّمِيرُ فِي (أَحْسَنُهُ) عَائِدٌ عَلَى الثَّقَلَيْنِ، وَإِنْ كَانَ مُثَنًّى؛ لأَنَّهُ فِي مَعْنَى الْخَلْقِ، كَأَنَّهُ قَالَ: وَمَيَّةُ أَحْسَنُ الْخَلْقِ.

قَوْلُهُ: (وَمِمَّا حُذِفَتْ مِنْهُ (مِنْ) وَهِيَ مُرَادَةٌ) إِلَى آخِرِهِ.

قَالَ رَحِمَهُ اللهُ: قَوْلُهُ: (أَوَّلُ) مِنْ أَفْعَلَ الَّذِي لا فِعْلَ لَهُ كَآبَلَ).

هَذَا مَذْهَبُ الْبَصْرِيِّينَ، وَقَالَ الكُوفِيُّونَ: وَزْنُهُ فَوْعَلٌ كَأَنَّ أَصْلَهُ وَوْأَلُ، فَنَقَلُوا الْهَمْزَةَ إِلَى مَوْضِعِ الْفَاءِ، ثُمَّ أَدْغَمُوا الْوَاوَ فِي الْوَاوِ، وَهُوَ عِنْدَهُمْ مِنْ قَوْلِهِمْ: وَأَلَ إِذَا نَجَا، كَأَنَّ فِي الأَوَّلِيَّةِ النَّجَاةَ، فَنَقَلُوا الْهَمْزَةَ إِلَى مَوْضِعِ الْفَاءِ، وَبِالْعَكْسِ، فَصَارَ وَزْنُهُ الآنَ عَوْفَلا.

وَقَالَ قَوْمٌ: أَصْلُهُ وَوَّلَ عَلَى وَزْنِ فَوْعَلٍ، وَلَيْسَ بِشَيْءٍ؛ إِذْ يَلْزَمُ مِنْهُ تَغْيِيرَاتٌ كَثِيرَةٌ، وَلا أَصْلَ لَهُ فِي الاشْتِقَاقِ.

وَهُوَ عِنْدَ البَصْرِيِّينَ أَفْعَلُ الْمَبْنِيُّ لِلتَّفْضِيلِ لِقَوْلِهِمْ: أَوَّلُ مِنْ كَذَا، وَلِقَوْلِهِمْ فِي مُؤَنَّثِهِ: الأولَى، وَفِي جَمْعِهِ: الأَوَّلُ كَمَا ذَكَرَ، وَهَذَا هُوَ الصَّحِيحُ، وَلَوْ كَانَ كَمَا زَعَمَ الكُوفِيُّونَ لَقِيلَ فِي مُؤَنَّثِهِ: أَوَّلَةٌ.

قَوْلُهُ: (وَلآخَرَ شَأْنٌ لَيْسَ لأخَوَاتِهِ)، إِلَى آخِرِهِ.

قَالَ: لأنَّهُ كَثُرَ فِي كَلامِهِمْ حَتَّى صَارَ لأحَدِ الشَّيْئَيْنِ، فَاسْتَعْمَلُوهُ حِينَئِذٍ اسْتِعْمَالَ الأَسْمَاءِ الَّتِي لا تَفْضِيلَ فِيهَا، فَالْتَزَمُوا فِيهِ حَذْفَ (مِنْ) فِي حَالِ التَّنْكِيرِ، وَهُوَ خِلافُ أَصْلِ وَضْعِهِ، فَلأجْلِ ذَلِكَ خَالَفُوا بِهِ، وَهَذَا هُوَ أَيْضًا الَّذِي جَوَّزَ اسْتِعْمَالَهُمْ أَوَّلَ كَذَلِكَ؛ أَيْ: بِلا مُصَاحَبَةِ مِنْ، أَلا تَرَاهُمْ يَقُولُونَ: الأوَّلُ وَالثَّانِي وَالثَّالِثُ، فَالثَّانِي وَالثَّالِثُ لا تَفْضِيلَ فِيهِ، وَالأوَّلُ مُفِيدٌ مَا يُفِيدُهُ أَحَدُهُمَا بِاعْتِبَارِ الْعَدَدِ، فَجَرَى مُجْرَاهُمَا فِي صِحَّةِ اسْتِعْمَالِهِ بِغَيْرِ (مِنْ) فِي قَوْلِكَ: هَذَا أَوَّلٌ وَثَانٍ وَثَالِثٌ.

قَوْلُهُ: (وَلَمْ يَسْتَوِ فِيهِ مَا اسْتَوَى فِي أَخَوَاتِهِ) إِلَى آخِرِهِ.

قَالَ: يَعْنِي أَنَّ أَفْعَلَ التَّفْضِيلِ إِذَا كَانَ غَيْرَ مُعَرَّفٍ وَلا مُضَافٍ فَحُكْمُهُ الْمُطَابَقَةُ لا غَيْرُ، فَقَدْ خَالَفَ أَيْضًا بَابَهُ، وَوَجْهُ الْمُخَالَفَةِ أَيْضًا مَا ذُكِرَ مِنْ أَنَّهُ اسْتُعْمِلَ اسْتِعْمَالَ مَا لا تَفْضِيلَ فِيهِ، فَجَرَى مُجْرَى مَا لا تَفْضِيلَ فِيهِ، فَوَجَبَتِ الْمُطَابَقَةُ كَسَائِرِ الصِّفَاتِ، فَلِذَلِكَ قَالُوا عَلَى مَا ذَكَرَ.

وَأُخَرُ غَيْرُ مُنْصَرِفٍ، وَهُوَ جَمْعُ أُخْرَى، وفُعَلٌ جَمْعَ فُعْلَى فِي جَمِيعِ بَابِ التَّفْضِيلِ مُنْصَرِفٌ سِوَى أُخَرَ، وَعِلَّتُهُ أَنَّهُ فِيهِ الصِّفَةُ وَالْعَدْلُ، وَبَيَانُ الْعَدْلِ أَنَّ أَصْلَهُ أَنْ لا يُسْتَعْمَلَ هَذَا الاسْتِعْمَالَ؛ أَيْ: مُقْتَرِنًا بـ (مِنْ)، فَقَدْ عُدِلَ عَنْ صِيغَةٍ كَانَ يَسْتَحِقُّهَا إِلَى صِيغَةٍ أُخْرَى، وَهَذَا مَعْنَى الْعَدْلِ، وَقَدْ أَوْرَدَ أَبُو عَلِيٍّ عَلَى ذَلِكَ اعْتِرَاضًا، فَقَالَ: الْمَعْدُولُ عَنِ الْمُعَرَّفِ مَعْرِفَةٌ أَلا تَرَى أَنَّ (سَحَرَ) الْمَعْدُولَ عَنِ السَّحَرِ مَعْرِفَةٌ، وَأَمْسِ الْمَعْدُولَ عَنِ الأَمْسِ مَعْرِفَةٌ، وَأُخَرُ إِنَّمَا كَانَ يَسْتَحِقُّ أَنْ يُقَالَ: الأخَرُ، فَلَوْ كَانَ مَعْدُولا عَنْهُ لَوَجَبَ أَنْ يَكُونَ مَعْرِفَةً، وَلَيْسَ بِمَعْرِفَةٍ بِاتِّفَاقٍ، وَلَمَّا لَمْ يَكُنْ مَعْرِفَةً كَانَ غَيْرَ مَعْدُولٍ، فَلْتُطْلَبْ لَهُ عِلَّةٌ أُخْرَى.

وَالْجَوَابُ مِنْ وَجْهَيْنِ:

أَحَدُهُمَا: أَنَّا نَقُولُ: لَيْسَ مَعْدُولا عَمَّا ذَكَرْتَ، وَلَكِنَّهُ مَعْدُولٌ عَنْ قَوْلِهِمْ: آخَرُ مِنْ كَذَا، فَاسْتِعْمَالُهُمْ إِيَّاهُ مَجْمُوعًا فِي مَوْضِعِ الْمُفْرَدِ مَعَ (مِنْ) عُدُولٌ عَنِ الصِّيغَةِ الَّتِي كَانَتْ لَهُ بِمُصَاحَبَةِ (مِنْ)، وَعَلَى ذَلِكَ يَتَحَقَّقُ الْعَدْلُ مَعَ التَّنْكِيرِ، وَيَنْدَفِعُ السُّؤَالُ.

الثَّانِي: سَلَّمْنَا أَنَّهُ مَعْدُولٌ عَنِ الصِّيغَةِ الَّتِي فِيهَا الألِفُ وَاللامُ، وَمَعْنَى كَوْنِهِ مَعْدُولا أَنَّهُ كَانَ يَجِبُ أَنْ لا يُسْتَعْمَلَ إلا كَذَلِكَ، فَلَمَّا اسْتُعْمِلَ عَلَى غَيْرِ تِلْكَ الْجِهَةِ كَانَ عُدُولا، وَمَا ذَكَرَهُ مِنْ قِيَاسِ الْعَدْلِ صَحِيحٌ، إلا أَنَّهُ قَامَ الدَّلِيلُ هَاهُنَا عَلَى التَّنْكِيرِ، وَثَمَّةَ عَلَى التَّعْرِيفِ، فَحَكَمْنَا فِي كُلِّ مَوْضِعٍ بِمُوجَبِ دَلِيلِه.

قَوْلُهُ: (وَقَدِ اسْتُعْمِلَتْ (دُنْيَا) بِغَيْرِ أَلِفٍ وَلامٍ) كَمَا ذَكَرَ، وَهُوَ ظَاهِرٌ، (وَقَوْلُ الأعْشَى:

وَلَسْتَ بِالأكْثَرِ مِنْهُمْ حَصًى ... وَإِنَّمَا الْعِزَّةُ لِلْكَاثِرِ

يَعْنِي أَنَّهُمْ لا يَجْمَعُونَ بَيْنَ الألِفِ وَاللامِ وَبَيْنَ (مِنْ) المَذْكُورَةِ لِلتَّفْضِيلِ عَلَى مَا تَقَدَّمَ، فَلا بُدَّ مِنْ تَأْوِيلٍ مِنْهُمْ فِي قَوْلِهِ:

وَلَسْتَ بِالأكْثَرِ مِنْهُمْ حَصًى

وَتَأْوِيلُهَا أَنَّهَا مِثْلُهَا فِي قَوْلِكَ: (أَنْتَ مِنْ بَنِي فُلانٍ الشُّجَاعُ)، وَمِثْلُ هَذِهِ يَجُوزُ أَنْ يَجْتَمِعَ مَعَ أَفْعَلَ الَّذِي فِيهِ الألِفُ وَاللامُ، لأنَّكَ تَقُولُ: (أَنْتَ الأفْضَلُ مِنْ قُرَيْشٍ) كَمَا تَقُولُ: (أَنْتَ مِنْ قُرَيْشٍ الأفْضَلُ)، لا عَلَى أَنَّكَ فَضَّلْتَ عَلَى قُرَيْشٍ، وَيَكُونُ الْمُفَضَّلُ عَلَيْهِ مَعْلُومًا مِنَ اللامِ الَّذِي لِلْعَهْدِ عَلَى حَسَبِ مَا بَيْنَ الْمُخَاطَبِينَ، وَقَدْ يَكُونُ هُوَ الْمَذْكُورَ بَعْدَ (مِنْ) وَقَدْ يَكُونُ غَيْرَهُ، لأنَّكَ قَدْ تَقُولُ لِمُخَاطَبِكَ: (هَذَا أَفْضَلُ مِنْ تَمِيمٍ)، فَالْمُفَضَّلُ عَلَيْهِ تَمِيمٌ، ثُمَّ تَقُولُ لَهُ بَعْدَ ذَلِكَ: (ذَاكَ الأفْضَلُ مِنْ تَمِيمٍ)، فَلَسْتَ تَعْنِي هَاهُنَا إلا تِلْكَ الأفْضَلِيَّةَ، وَبَيَّنْتَ لَهُ أَيْضًا أَنَّهُ مِنْ تَمِيمٍ، فَهَذَا الْمَذْكُورُ بَعْدَ (مِنْ) هُوَ الْمُفَضَّلُ عَلَيْهِ فِي الْمَعْنَى، وَلَكِنَّكَ لَمْ تُفَضِّلْ عَلَيْهِ بـ (مِنْ)، وَإِنَّمَا عُرِفَ ذَلِكَ بِمَا تَقَدَّمَ، وَذُكِرَتْ (مِنْ) لِلتَّبْيِينِ، وَقَدْ تَقُولُ لِمُخَاطَبِكَ: (هَذَا أَفْضَلُ مِنْ عَمْرٍو)، ثُمَّ تَقُولُ لَهُ: (ذَاكَ الأفْضَلُ مِنْ تَمِيمٍ)، فَهُنَا لَسْتَ تَعْنِي بِالأفْضَلِيَّةِ إلا الأفْضَلِيَّةَ عَلَى عَمْرٍو؛ لأنَّهُ الْمَعْهُودُ، وَذَكَرْتَ (مِنْ قُرَيْشٍ) عَلَى مَا تَقَدَّمَ لِلْبَيَانِ.

فَهَذَا وَجْهُ (مِنْ) فِي هَذِهِ الْمَوَاضِعِ وَأَشْبَاهِهَا، وَلا يُبَالَى - بِاتِّفَاقٍ - ذِكْرُ الْمُفَضَّلِ عَلَيْهِ بَعْدَهَا، وَإِنَّمَا الْمُفْسِدُ هُوَ أَنْ يَكُونَ الإتْيَانُ بِهَا لِغَرَضِ دَلالَةِ التَّفْضِيلِ عَلَى مَا بَعْدَهَا، فَأَمَّا وُقُوعُ ذَلِكَ اتِّفَاقًا وَالْمُرَادُ بِهَا التَّبْيِينُ فَلا يَضُرُّ.

قَوْلُهُ: (وَلا يَعْمَلُ عَمَلَ الْفِعْلِ).

لَيْسَ عَلَى عُمُومِهِ، بَلْ يَعْمَلُ عَمَلَ الْفِعْلِ فِي بَعْضِ الْمَوَاضِعِ، وَهُوَ كُلُّ مَوْضِعٍ كَانَ فِيهِ لِمُسَبَّبٍ مُفَضَّلٍ بِاعْتِبَارِ مَنْ هُوَ لَهُ عَلَى نَفْسِهِ بِاعْتِبَارِ غَيْرِهِ، فَعِنْدَ ذَلِكَ يَعْمَلُ عَمَلَ فِعْلِهِ فِي ذَلِكَ الْمُسَبَّبِ، وَمِثَالُهُ قَوْلُهُمْ: (مَا رَأَيْتُ رَجُلا أَبْغَضَ إِلَيْهِ الشَّرُّ مِنْهُ إِلَى زَيْدٍ) وَمَا

أَشْبَهَ ذَلِكَ، فَأَبْغَض هَاهُنَا فِي الْمَعْنَى لِمُسَبَّبٍ لِرَجُلٍ، وَهُوَ الشَّرُّ- مُفَضَّلٍ بِاعْتِبَارِ الرَّجُلِ عَلَى نَفْسِهِ وَبِاعْتِبَارِ غَيْرِهِ، وَهُوَ زَيْدٌ، قَالَ سِيبَوَيْهِ فِي هَذِهِ الْمَسْأَلَةِ وَنَظَائِرِهَا كَلامًا مَعْنَاهُ: أَنَّكَ لَوْ جَعَلْتَ (أَبْغَضَ) خَبَرًا عَنِ الشَّرِّ كَانَ مُحَالا؛ يَعْنِي أَنَّهُ يُؤَدِّي إِلَى الْفَصْلِ بَيْنَ الْعَامِلِ وَالْمَعْمُولِ بِالأَجْنَبِيِّ الَّذِي هُوَ الْمُبْتَدَأُ؛ لأَنَّ (أَبْغَض) إِذَا ارْتَفَعَ بِالْخَبَرِ كَانَ الشَّرُّ- مُبْتَدَأً، و(مِنْهُ) مُتَعَلِّقٌ بِأَبْغَض، وَقَدْ فَصَلْتَ بَيْنَهُ وَبَيْنَهُ بِالْمُبْتَدَأِ، وَهُوَ الشَّرُّ- وَهُوَ فَصْلٌ بِالأَجْنَبِيِّ، وَذَلِكَ غَيْرُ جَائِزٍ.

وَلَكَ أَنْ تَخْتَصِرَ فَتَقُولَ: (أَبْغَض إِلَيْهِ الشَّرُّ- مِنْ زَيْدٍ) فَتَحْذِفَ الضَّمِيرَ مِنْ (مِنْهُ) وَحَرْفَ الْجَرِّ الَّذِي هُوَ فِيهِ، وَتُدْخِلَ (مِنْ) عَلَى مَا دَخَلَتْ (إِلَى) عَلَيْهِ، وَلَكَ أَنْ تَقُولَ: (مَا رَأَيْتُ كَزَيْدٍ أَبْغَضَ إِلَيْهِ الشَّرُّ)، وَيُفِيدُ ذَلِكَ الْمَعْنَى، وَمِنْهُ مَا أَنْشَدَهُ سِيبَوَيْهِ:

مَرَرْتُ عَلَى وَادِي السِّبَاعِ وَلا أَرَى ... كَوَادِي السِّبَاعِ حِينَ يُظْلِمُ وَادِيا

أَقَلَّ بِهِ رَكْبٌ أَتَوْهُ تَئِيَّةً ... وَأَخْوَفَ إِلا مَا وَقَى اللهُ وَاقِيَا

وَإِذَا عَبَّرْتَ بِالْعِبَارَةِ الأولَى، قُلْتَ: (وَلا أَرَى وَادِيًا أَقَلَّ بِهِ رَكْبٌ أَتَوْهُ تَئِيَّةً مِنْهُ بِوَادِي السِّبَاعِ)، وَعَلَى الْعِبَارَةِ الثَّانِيَةِ (وَلا أَرَى وَادِيًا أَقَلَّ بِهِ رَكْبٌ أَتَوْهُ تَئِيَّةً مِنْ وَادِي السِّبَاعِ)، وَالثَّالِثَةُ هِيَ عَيْنُ مَا ذَكَرَهُ فِي الْبَيْتِ.

وَأَفْعَلُ هَاهُنَا؛ أَيْ: فِي الْبَيْتِ هُوَ أَقَلُّ جَرَى لِشَيْءٍ، وَهُوَ فِي الْمَعْنَى لِمُسَبَّبٍ، وَهُوَ الرَّكْبُ، مُفَضَّلٍ بِاعْتِبَارٍ - وَهُوَ قَوْلُهُ: (بِهِ) - عَلَى نَفْسِهِ بِاعْتِبَارِ وَادِي السِّبَاعِ، و(أَتَوْهُ) صِفَةٌ لِرَكْبٍ، و(تَئِيَّةً) إِمَّا مَصْدَرٌ عَلَى أَصْلِهِ؛ لأَنَّ الإِتْيَانَ قَدْ يَكُونُ تَئِيَّةً؛ أَيْ: بِتَوَقُّفٍ وَتَحَبُّسٍ، وَقَدْ يَكُونُ بِغَيْرِهِ، وَإِمَّا مَصْدَرٌ فِي مَوْضِعِ الْحَالِ؛ أَيْ: مُتَوَقِّفِينَ مُتَلَبِّثِينَ.

وَأَمَّا غَيْرُ هَذَا الَّذِي قَيَّدْنَاهُ مِنَ الْمَسَائِلِ، فَلا يَجُوزُ أَنْ يُرْفَعَ بِهِ الظَّاهِرُ بَلْ يَرْتَفِعَانِ جَمِيعًا عَلَى الابْتِدَاءِ وَالْخَبَرِ، وَتَكُونُ الْجُمْلَةُ صِفَةَ الأَوَّلِ؛ كَقَوْلِكَ: (مَرَرْتُ بِرَجُلٍ أَفْضَلُ مِنْهُ أَبُوهُ)، فَأَبُوهُ وَأَفْضَلُ مُبْتَدَأٌ وَخَبَرٌ، وَالْجُمْلَةُ صِفَةٌ لِرَجُلٍ، وَلا يَجُوزُ الْخَفْضُ صِفَةً لِرَجُلٍ، وَرَفْعُ (أَبُوهُ) بِأَفْعَلَ بِخِلافِ مَا تَقَدَّمَ، وَقَوْلُهُ:

وَأَضْرَبَ مِنَّا بِالسُّيُوفِ الْقَوَانِسَا ... .

أَوْرَدَهُ اعْتِرَاضًا لِمَنْ يَتَوَهَّمُ أَنَّ الْقَوَانِسَ مَنْصُوبٌ بـ (أَضْرَبَ)، وَإِنَّمَا هُوَ مَعْمُولٌ لِمَا دَلَّ عَلَيْهِ (أَضْرَبَ)، فَكَأَنَّهُ قِيلَ: مَاذَا يَضْرِبُ؟ فَقِيلَ: الْقَوَانِسَا، وَهِيَ بَيْضَةُ الْحَدِيدِ، وَهُوَ مِثْلُ قَوْلِهِ تَعَالَى: ﴿أَعْلَمُ مَنْ يَضِلُّ عَنْ سَبِيلِهِ﴾ [الأنعام:١١٧] فـ (مَنْ يَضِلُّ) مَوْضِعُ نَصْبٍ بِفِعْلٍ دَلَّ عَلَيْهِ (أَعْلَمُ) لا بِأَعْلَمَ، وَلا يَجُوزُ أَنْ يَكُونَ مَخْفُوضًا بِأَعْلَم لِمَا يَلْزَمُ مِنَ

الْمُحَالِ، وَإِنَّمَا لَمْ يَعْمَلْ فِي الظَّاهِرِ؛ لِأَنَّهُ لَيْسَ جَارِيًا عَلَى الْفِعْلِ وَلَا مُشَبَّهًا بِهِ؛ إِذْ لَمْ يَجْرِ مُجْرَى اسْمِ الْفَاعِلِ فِي التَّثْنِيَةِ وَالتَّذْكِيرِ وَالتَّأْنِيثِ عَلَى مَا تَقَدَّمَ فِي قَوْلِكَ: (زَيْدٌ أَفْضَلُ مِنْ عَمْرٍو)؛ لِأَنَّهُ الْأَصْلُ، وَاللهُ أَعْلَمُ.

قَالَ صَاحِبُ الْكِتَابِ:

اسْمَا الزَّمَانِ وَالْمَكَانِ مَا بُنِيَ مِنْهُمَا مِنَ الثُّلَاثِيِّ الْمُجَرَّدِ عَلَى ضَرْبَيْنِ... إِلَى آخِرِهِ

قَالَ رَضِيَ اللهُ عَنْهُ: هُوَ كُلُّ مُشْتَقٍّ مِنْ فِعْلٍ اسْمًا لِمَا فُعِلَ فِيهِ الْفِعْلُ مِنْ زَمَانٍ أَوْ مَكَانٍ، وَلَا يَخْلُو مِنْ أَنْ يُبْنَى مِنْ ثُلَاثِيٍّ أَوْ غَيْرِهِ.

فَإِنْ كَانَ ثُلَاثِيًّا فَلَا يَخْلُو مِنْ أَنْ يَكُونَ مُعْتَلَّ الْفَاءِ أَوِ اللامِ، فَإِنْ لَمْ يَكُنْ مُعْتَلَّ الْفَاءِ وَاللامِ فَلَا يَخْلُو مِنْ أَنْ يَكُونَ مُضَارِعُهُ بِالْكَسْرِ- أَوْ لَا، فَإِنْ كَانَ بِالْكَسْرِ- فَالاسْمُ بِالْكَسْرِ- أَيْضًا، وَإِنْ لَمْ يَكُنْ بِالْكَسْرِ فَالاسْمُ بِالْفَتْحِ عَلَى مَفْعَلٍ، وَإِنْ كَانَ مُعْتَلَّ الْفَاءِ فَالاسْمُ عَلَى مَفْعِلٍ بِالْكَسْرِ لَا غَيْرُ، وَإِنْ كَانَ مُعْتَلَّ اللامِ فَالاسْمُ بِالْفَتْحِ لَا غَيْرُ، فَالأَوَّلُ مِثْلُ: مَضْرِب، وَالثَّانِي مِثْلُ: مَقْتَلٍ وَمَذْبَحٍ، وَالثَّالِثُ مِثْلُ: مَوْعِدٍ وَمَوْرِدٍ، وَالرَّابِعُ مِثْلُ: مَأْتًى وَمَسْعًى، وَمَا جَاءَ عَلَى غَيْرِ ذَلِكَ فَشَاذٌّ، وَقَدْ ذَكَرَهُ، وَكَأَنَّهُمْ كَسَرُوا تَشْبِيهًا لَهُ بِالْمُضَارِعِ؛ لِأَنَّهُ جَارٍ عَلَيْهِ، وَفَتَحُوا فِيمَا كَانَ الْمُضَارِعُ مَفْتُوحًا أَوْ مَضْمُومًا، إِلا أَنَّهُمْ حَمَلُوا الْمَضْمُومَ عَلَى الْمَفْتُوحِ لِأَنَّهُ أَخَفُّ، وَكَسَرُوا فِي مُعْتَلِّ الْفَاءِ مُطْلَقًا؛ لِأَنَّهُ أَخَفُّ مَعَ الْوَاوِ؛ إِذْ مَوْعِدٌ أَخَفُّ مِنْ مَوْعَدٍ لِجَرْيِهِ عَلَى مُضَارِعِهِ فِي أَصْلِهِ دُونَهُ، وَفَتَحُوا مَعَ الْمُعْتَلِّ اللامِ لِمَا يُؤَدِّي الْكَسْرُ- فِيهِ إِلَى الثِّقَلِ الْمُؤَدِّي إِلَى الإِعْلالِ.

وَقَوْلُهُ: (وَقَدْ تَدْخُلُ عَلَى بَعْضِهَا تَاءُ التَّأْنِيثِ).

مَعَ جَرْيِهَا عَلَى الْقِيَاسِ وَمَعَ مُخَالَفَتِهِ، فَالْجَارِي كَالْمَزِلَّةِ وَالْمَقْبَرَةِ، وَغَيْرُ الْجَارِي كَالْمَظِنَّةِ بِالْكَسْرِ؛ إِذْ قِيَاسُهُ مَظَنَّةٌ بِالْفَتْحِ؛ لِأَنَّهُ مِنْ ظَنَّ يَظُنُّ، فَالْكَسْرُ فِيهِ شَاذٌّ، و(مَوْقِعَةُ الطَّائِرِ) جَارٍ عَلَى الْقِيَاسِ.

(وَأَمَّا مَا جَاءَ عَلَى مَفْعُلَةٍ بِالضَّمِّ).

فَأَسْمَاءٌ غَيْرُ جَارِيَةٍ عَلَى الْفِعْلِ، وَلَكِنَّهَا بِمَنْزِلَةِ قَارُورَةٍ وَشِبْهِهَا.

وَمَا بُنِيَ مِنْ غَيْرِ الثُّلَاثِيِّ رُبَاعِيًّا كَانَ أَوْ ثُلَاثِيًّا بِزِيَادَةٍ فَكُلُّهُ عَلَى لَفْظِ اسْمِ الْمَفْعُولِ، فَيَكُونُ لَفْظُ اسْمِ الْمَفْعُولِ وَالْمَصْدَرِ كَمَا تَقَدَّمَ وَالزَّمَانِ وَالْمَكَانِ مُشْتَرَكًا فِي الْجَمِيعِ،

كَالْمُخْرَجِ مِنْ أَخْرَجَ، وَالْمُسْتَخْرَجِ مِنْ اسْتَخْرَجَ، وَالْمُدحْرَجِ مِنْ دَحْرَجَ، وَكَذَلِكَ مَا أَشْبَهَهُ، وَكَأَنَّهُمْ قَصَدُوا مُضَارَعَتَهُ لِلْفِعْلِ فِي الزِّنَةِ، فَأَجْرَوْهُ عَلَى لَفْظِ الْمَفْعُولِ؛ لأنَّهُ أَخَفُّ مِنْ لَفْظِ الْفَاعِلِ؛ لأنَّ الْفَاعِلَ بِالْكَسْرِ - وَالْمَفْعُولَ بِالْفَتْحِ، وَالْفَتْحُ أَخَفُّ، وَلأنَّ الاسْمَ مَفْعُولٌ فِيهِ فِي الْمَعْنَى، فَكَانَ اسْتِعْمَالُ الْمَفْعُولِ لِمُطَابَقَتِهِ لَهُ أَقْيَسَ، فَمِنْ ثَمَّةَ اسْتَعْمَلُوا صِيغَةَ الْمَفْعُولِ.

وَقَوْلُهُ فِي الْبَيْتِ:

وَمَا هِيَ إلا فِي إِزَارٍ وَعِلْقَةٍ مُغَارَ ابْنَ هَمَّامٍ عَلَى حَيِّ خَثْعَمَا

أَنْشَدَهُ سِيبَوَيْهِ فِي ذَلِكَ، وَقَدْ أُخِذَ عَلَيْهِ مِنْ وَجْهَيْنِ:

أَحَدُهُمَا: فِي قَوْلِهِ: (عَلَى حَيِّ خَثْعَمَا)، وَاسْمُ الزَّمَانِ وَالْمَكَانِ لا يَعْمَلُ.

وَثَانِيهُمَا: أَنَّ الْغَرَضَ فِي ذَلِكَ تَشْبِيهُ خِفَّةِ مَا عَلَيْهَا بِابْنِ هَمَّامٍ عِنْدَ إِغَارَتِهِ، فَكَانَ الْمَعْنَى: وَمَا هي إلا مُتَخَفِّفَةٌ كَتَخَفُّفِ ابْنِ هَمَّامٍ، وَهُوَ وَجْهٌ فِي الرَّدِّ عَلَى سِيبَوَيْهِ، وَلا يَكُونُ اسْمَ مَكَانٍ.

وَالْجَوَابُ عَنِ الأَوَّلِ أَنَّ الْجَارَّ مُتَعَلِّقٌ بِمَا دَلَّ عَلَيْهِ (مُغَارٍ)، كَأَنَّهُ قَالَ: يُغِيرُ عَلَى حَيِّ خَثْعَمَا، وَأَمَّا عَنِ الثَّانِي فَلا يَبْعُدُ أَنْ يَكُونَ أَرَادَ: وَمَا هِيَ إلا مُتَخَفِّفَةٌ فِي زَمَانٍ مِثْلَ زَمَنِ إِغَارَةِ ابْنِ هَمَّامٍ، فَوَضَعَ مُغَارًا مَوْضِعَ (زَمَنِ إِغَارَةِ)، وَهُوَ مَعْنَى اسْمِ الزَّمَانِ، وَفِي الْجَمِيعِ تَعَسُّفٌ؛ لأنَّ الإِضْمَارَ خِلافُ الأَصْلِ.

وَقَوْلُهُ: (وَلا يَعْمَلُ شَيْءٌ مِنْهَا).

لأنَّهَا أَسْمَاءٌ لأجْسَامٍ، فَلَمْ تَعْمَلْ بِخِلافِ الْمَصْدَرِ، فَإِنَّهُ اسْمٌ لِلْمَعْنَى كَالْفِعْلِ، وَبِخِلافِ اسْمِ الْفَاعِلِ وَالْمَفْعُولِ، فَإِنَّهُمَا صِفَةٌ، وَالْمَعْنَى فِي الصِّفَةِ هُوَ الْمَقْصُودُ، فَجَرَيَا مُجْرَى الْفِعْلِ فِي ذَلِكَ، وَلَيْسَ اسْمُ الزَّمَانِ وَالْمَكَانِ كَذَلِكَ؛ لأنَّهُمَا اسْمَانِ لِذَوَاتٍ غَيْرِ مَذْهُوبٍ بِهَا مَذْهَبَ الصِّفَةِ، فَيُجْرَيَا مُجْرَى اسْمِ الْفَاعِلِ، وَلا مُجَرَّدَ الْمَعْنَى فَيُجْرَيَا مُجْرَى الْمَصْدَرِ، فَمِنْ أَجْلِ ذَلِكَ امْتَنَعَ الْعَمَلُ فِيهِمَا، وَقَوْلُ الشَّاعِرِ:

كَأَنَّ مَجَرَّ الرَّامِسَاتِ ذُيُولَهَا عَلَيْهِ قَضِيمٌ نَمَّقَتْهُ الصَّوَانِعُ

وَتَقْرِيرُ الاعْتِرَاضِ أَنَّ (مَجَرَّ) هَاهُنَا اسْمٌ لِلْمَكَانِ، وَقَدْ عَمِلَ فِي (ذُيُولَهَا)، وَبَيَانُ كَوْنِهِ اسْمًا لِلْمَكَانِ أَنَّهُ أُخْبِرَ عَنْهُ بِقَضِيمٍ، وَهُوَ الرَّقُّ الأبْيَضُ يُكْتَبُ فِيهِ، فَشَبَّهَ مَوْضِعَ مُرُورِ الرِّيَاحِ بِالرَّقِّ الْمُنَمَّقِ بِالْكِتَابَةِ، وَلا يَسْتَقِيمُ أَنْ يَكُونَ لِلْجَرِّ، فَيُؤَدِّي إِلَى تَشْبِيهِهِ

بِالرِّقِّ، وَلا مَعْنَى لِذَلِكَ.

وَالْجَوَابُ أَنَّ اسْمَ الْمَكَانِ قَدْ اسْتَقَرَّ بِاسْتِقْرَاءِ لُغَتِهِمْ، وَتَأَكَّدَ ذَلِكَ بِالْمَعْنَى، فَإِذَا وُجِدَ مَا يُخَالِفُهُ وَجَبَ تَأْوِيلُهُ، وَلَهُ هَاهُنَا تَأْوِيلانِ: أَحَدُهُمَا: أَنْ يَكُونَ ثَمَّةَ مُضَافٌ قَبْلَ (مَجَرِّ)، وَتَقْدِيرُهُ: كَأَنَّ مَوْضِعَ مَجَرِّ الرَّامِسَاتِ، وَهُوَ خَيْرٌ مِنْ تَقْدِيرِ (أَثَرَ) لِئَلا يَحْصُلَ مَا هُرِبَ مِنْهُ مِنَ الإِخْبَارِ بِقَضِيمٍ؛ إِذِ الأَثَرُ مُشَبَّهٌ بِالْكِتَابَةِ لا بِالرِّقِّ، وَغَرَضُنَا هَاهُنَا الْمُشَبَّهُ بِالرِّقِّ؛ لأَنَّ الرِّقَّ هُوَ الَّذِي وَقَعَ خَبَرًا عَنْ (كَأَنَّ)، فَوَجَبَ أَنْ يَكُونَ اسْمُهَا هُوَ الْمُشَبَّهَ هُوَ بِهِ.

وَالْوَجْهُ الثَّانِي: أَنْ يَكُونَ (مَجَرَّ) مَوْضِعًا عَلَى ظَاهِرِهِ، وَالْمُضَافُ مَحْذُوفٌ مِنَ الرَّامِسَاتِ، كَأَنَّهُ قَالَ: كَأَنَّ مَجَرَّ جَرِّ الرَّامِسَاتِ، وَيَتَأَكَّدُ بِأَمْرَيْنِ: أَحَدُهُمَا: مُطَابَقَةُ الْمُشَبَّهِ بِالْمُشَبَّهِ بِهِ؛ لأَنَّ فِيهِ ذِكْرَ الْمَوْضِعِ أَوَّلا وَالأَثَرِ ثَانِيًا، كَمَا أَنَّ الْمُشَبَّهَ بِهِ ذُكِرَ فِيهِ الرِّقُّ أَوَّلا وَالتَّنْمِيقُ ثَانِيًا.

وَالآخَرُ: أَنَّ الْمَحْذُوفَ مَدْلُولٌ عَلَيْهِ بِـ (مَجَرَّ)؛ لأَنَّ (مَجَرَّ) مَوْضِعُ الْجَرِّ، فَلَمْ يُقَدَّرْ إِلا مَا دَلَّ عَلَيْهِ بِخِلافِ التَّقْدِيرِ الأَوَّلِ، فَإِنَّ الْمُؤَدِّيَ إِلَيْهِ امْتِنَاعُ اسْتِقَامَتِهِ فِي الظَّاهِرِ، وَهُوَ بِعَيْنِهِ مَوْجُودٌ هَاهُنَا مَعَ الْوَجْهَيْنِ الآخَرَيْنِ، وَيَضْعُفُ مِنْ جِهَةِ أَنَّ (ذُيُولَهَا) تَكُونُ مَنْصُوبَةً بِمَصْدَرٍ مُقَدَّرٍ، وَالنَّصْبُ بِالْمَصَادِرِ الْمُقَدَّرَةِ لا يَكَادُ يُوجَدُ، وَمِنْ أَجْلِ ذَلِكَ قُدِّمَ ذَلِكَ التَّقْدِيرُ الأَوَّلُ، وَهُوَ (مَوْضِعُ جَرِّ الرَّامِسَاتِ).

اسْمُ الآلَةِ

قَالَ صَاحِبُ الْكِتَابِ: (هُوَ اسْمُ مَا يُعَالَجُ بِهِ وَيُنْقَلُ، وَيَجِيءُ عَلَى مِفْعَلٍ، وَمِفْعَلَةٍ، وَمِفْعَالٍ) إِلَى آخِرِهِ.

قَالَ الشَّيْخُ: اسْمُ الآلَةِ هُوَ كُلُّ اسْمٍ اشْتُقَّ مِنْ فِعْلٍ اسْمًا لِمَا يُسْتَعَانُ بِهِ فِي ذَلِكَ الْفِعْلِ، وَصِيغَتُهُ الْمُطَّرِدَةُ مِفْعَلٌ وَمِفْعَالٌ كَمِفْتَحٍ وَمِفْتَاحٍ، وَمَا أُلْحِقَ بِهِ الْهَاءُ كَمِفْعَلَةٍ نَحْوُ: المِكْسَحَةِ مَسْمُوعٌ لا قِيَاسٌ، مِثْلُهُ فِي اسْمِ الزَّمَانِ وَالْمَكَانِ.

وَأَمَّا مَا جَاءَ مَضْمُومَ الْمِيمِ وَالْعَيْنِ فَلَيْسَ بِالْجَارِي قِيَاسًا، وَإِنَّمَا هِيَ أَلْفَاظٌ وُضِعَتْ أَسْمَاءً لِلأَوْعِيَةِ مِنْ غَيْرِ اعْتِبَارِ جَرْيِهَا عَلَى الْفِعْلِ.

وَمِنْ أَصْنَافِ الاسْمِ: الثُّلاثِيُّ

كُلُّهُ عَشَرَةُ أَبْنِيَةٍ، وَقِسْمَتُهُ الْعَقْلِيَّةُ اثْنَا عَشَرَ، أَهْمَلَتِ الْعَرَبُ مِنْهَا اثْنَيْنِ وَاسْتَعْمَلَتْ

عَشَرَةً، وَبَيَانُ ذَلِكَ أَنَّ اللَّامَ لَا تَقْسِيمَ بِاعْتِبَارِهَا؛ لِأَنَّ اخْتِلَافَهَا لِأَجْلِ الْإِعْرَابِ، فَبَقِيَتِ الْفَاءُ وَالْعَيْنُ، فَأَمَّا الْفَاءُ فَتَكُونُ مُتَحَرِّكَةً بِالْحَرَكَاتِ الثَّلَاثِ، وَلَا تَكُونُ سَاكِنَةً لِمَا يُؤَدِّي إِلَى الِابْتِدَاءِ بِالسَّاكِنِ الْمَرْفُوضِ، وَأَمَّا الْعَيْنُ فَتَكُونُ بِالْحَرَكَاتِ الثَّلَاثِ وَبِالسُّكُونِ، وَإِذَا ضُرِبَتْ ثَلَاثَةً فِي أَرْبَعَةٍ كَانَتِ اثْنَيْ عَشَرَ، فَمَفْتُوحُ الْفَاءِ أَرْبَعَةٌ: فَعْلٌ، وَفَعَلٌ، وَفَعِلٌ، وَفَعُلٌ، وَكَذَلِكَ مَكْسُورُهَا وَمَضْمُومُهَا، إِلَّا أَنَّهُ سَقَطَ مِنْ مَكْسُورِهَا فِعُلٌ؛ لِأَنَّهُ لَيْسَ مِنْ أَبْنِيَتِهِمُ اسْتِثْقَالًا لَهُ، وَإِنْ أُورِدَ (حِبُكَ) بِكَسْرِ الْحَاءِ وَضَمِّ الْبَاءِ يُجَابُ بِأَنَّ الْعَرَبَ تَقُولُ: حُبُّكَ بِضَمِّهِمَا وَبِكَسْرِهِمَا، فَكَأَنَّهُ مِنْ تَدَاخُلِ اللُّغَتَيْنِ، وَسَقَطَ مِنْ مَضْمُومِهَا فُعِلٌ؛ لِأَنَّهُ بِنَاءٌ مُخْتَصٌّ بِالْفِعْلِ لِمَا لَمْ يُسَمَّ فَاعِلُهُ.

فَإِنْ أُورِدَ دُئِلٌ اسْمُ دُوَيْبَةٍ قُلْتَ: إِنَّهُ مَاضٍ مَجْهُولٌ نُقِلَ إِلَيْهَا مِنَ الدَّأَلَانِ كَضُرِبَ وَقُتِلَ، وَاللُّغَةُ الْفَصِيحَةُ دَأَلٌ بِفَتْحِ الدَّالِ وَالْهَمْزَةِ.

وَقَدْ تَلْحَقُهُ الزِّيَادَةُ، وَتَعْرِفُ الْأَصْلِيَّ مِنَ الزَّائِدِ بِأَنْ تَنْظُرَ إِلَى تَصَارِيفِ الْكَلِمَةِ، فَمَا ثَبَتَ فِي جَمِيعِ وُجُوهِهَا فَهُوَ الْأَصْلِيُّ، وَمَا يَسْقُطُ فَهُوَ الزَّائِدُ، وَالزِّيَادَةُ قَدْ تَكُونُ مِنْ جِنْسِ حُرُوفِ الْكَلِمَةِ، وَقَدْ تَكُونُ مِنْ غَيْرِ جِنْسِهَا، فَمَا هُوَ مِنْ جِنْسِهَا قَدْ ذَكَرَهُ مُفَصَّلًا، وَمَا هُوَ مِنْ غَيْرِ جِنْسِهَا فَهُوَ حُرُوفُ (سَأَلْتُمُونِيهَا)، فَإِذًا لَا تَكُونُ زِيَادَةٌ مِنْ غَيْرِ (سَأَلْتُمُونِيهَا) إِلَّا وَهِيَ تَكْرِيرٌ، وَحُرُوفُ (سَأَلْتُمُونِيهَا) قَدْ تَكُونُ تَكْرِيرًا وَقَدْ تَكُونُ غَيْرَ تَكْرِيرٍ، إِلَّا أَنَّهَا إِذَا كَانَتْ تَكْرِيرًا هِيَ أَوْ غَيْرُهَا لَمْ تُوزَنْ إِلَّا بِلَفْظِ الْأَصْلِ الْمُكَرَّرِ، وَلِذَلِكَ تَقُولُ فِي (عَلَّمَ): فَعَّلَ، وَفِي (ضَرَّبَ): فَعَّلَ، وَفِي خَفَيْدَدٍ لِوَلَدِ النَّعَامَةِ فَعَيْلَلَ، وَأَمَّا إِذَا لَمْ تَكُنِ الزِّيَادَةُ تَكْرِيرًا فِي الْوَزْنِ إِلَّا بِلَفْظِهَا، فَتَقُولُ فِي وَزْنِ مَضْرَبٍ: مَفْعَلٍ، وَفِي زُرْقُمٍ: فُعْلُمٌ، وَكَذَلِكَ جَمِيعُ مَا يَأْتِي مِنْ غَيْرِ تَكْرِيرٍ.

وَالزِّيَادَةُ أَيْضًا قَدْ تَكُونُ لِلْإِلْحَاقِ وَلِغَيْرِ الْإِلْحَاقِ، فَأَمَّا زِيَادَةُ الْإِلْحَاقِ فَأَنْ تَكُونَ الزِّيَادَةُ جِيءَ بِهَا لِغَرَضِ تَصْيِيرِ تِلْكَ الزِّنَةِ النَّاقِصَةِ عَلَى مِثَالِ زِنَةٍ أَكْمَلَ مِنْهَا، كَإِلْحَاقِهِمْ جَوْهَرًا بِجَعْفَرٍ، فَلَا يَرِدُ عَلَى هَذَا مِثْلُ مَضْرَبٍ فِي أَنَّهُ مُلْحَقٌ بِجَعْفَرٍ، وَلَا مِثْلُ مِضْرَابٍ فِي أَنَّهُ مُلْحَقٌ بِقِرْطَاسٍ؛ لِأَنَّ شَرْطَ الْإِلْحَاقِ أَنْ يَكُونَ الْغَرَضُ بِهَا ذُكِرَ، وَأَمَّا هَذَا الْمُعْتَرَضُ بِهِ فَلَهُ غَرَضٌ آخَرُ وَاضِحٌ فِي غَيْرِ ذَلِكَ الْمَعْنَى، فَلَا وَجْهَ لِجَعْلِهِ إِلْحَاقًا.

وَمَوْقِعُ الزِّيَادَةِ مِنَ الثُّلَاثِيِّ أَرْبَعَةٌ؛ لِأَنَّهَا إِمَّا أَنْ تَكُونَ قَبْلَ ذِكْرِ الْفَاءِ، أَوْ تَلِيَ الْفَاءَ، أَوْ تَلِيَ الْعَيْنَ، أَوْ تَلِيَ اللَّامَ، وَلَا مَوْضِعَ غَيْرَ ذَلِكَ، وَأَمَّا فِي غَيْرِ الثُّلَاثِيِّ فَتَزِيدُ عَلَى حَسَبِ عَدَدِ الْحُرُوفِ.

قَالَ صَاحِبُ الْكِتَابِ: (وَالزِّيَادَةُ الْوَاحِدَةُ قَبْلَ الْفَاءِ فِي نَحْوِ: أَجْدَلَ، وَإِثْمِدٍ، وَإِصْبَعٍ، وَأُصْبُعٍ، وَأَكْلُبٍ، وَأُبْلُمٍ) إِلَى آخِرِهِ.

قَالَ الشَّيْخُ: كُلُّ هَمْزَةٍ وَقَعَتْ أَوَّلا بَعْدَهَا ثَلاثَةُ أَحْرُفٍ أُصُولٍ فَهِيَ زَائِدَةٌ، فَحُكِمَ فِي (أَجْدَلَ) إِلَى (أَكْلُبٍ) بِالزِّيَادَةِ، لِذَلِكَ فَإِنْ وَقَعَ مَعَ الْهَمْزَةِ مَا يَحْتَمِلُ أَنْ يَكُونَ زَائِدًا، وَيَحْتَمِلُ أَنْ يَكُونَ أَصْلا جَازَ الْوَجْهَانِ؛ كَقَوْلِكَ: أَوْلَق، وَإِنْ وَقَعَ بَعْدَهَا ثَلاثَةٌ لا يَصْلُحُ أَحَدُهَا أَنْ يَكُونَ أَصْلا حُكِمَ بِأَصَالَتِهَا، مِثْلُ قَوْلِهِمْ: إِمَّعَةٌ؛ لأَنَّ الْمِيمَيْنِ لَوْ كَانَا أَصْلا لأَدَّى إِلَى أَنْ يَكُونَ مِنْ بَابِ يَيْنٍ اسْمُ مَكَانٍ، وَهُوَ نَادِرٌ، فَحُكِمَ بِزِيَادَةِ الثَّانِيَةِ، فَوَجَبَ أَنْ تَكُونَ الْهَمْزَةُ أَصْلا.

فَأَمَّا (تَنْضُبٌ) وَهُوَ شَجَرٌ يُتَّخَذُ مِنْهُ الْقِسِيُّ - فَالتَّاءُ فِيهِ زَائِدَةٌ؛ لأَنَّهَا لَوْ كَانَتْ أَصْلا لَم يَخْلُ مِنْ أَنْ تَكُونَ النُّونُ بَعْدَهَا أَصْلا أَوْ زَائِدَةً، وَكِلاهُمَا يُؤَدِّي إِلَى مَا لَيْسَ مِنْ أَبْنِيَتِهِمْ، فَوَجَبَ أَنْ تَكُونَ التَّاءُ زَائِدَةً.

فَإِنْ قِيلَ: فَأَنْتُمْ إِذَا حَكَمْتُمْ بِزِيَادَةِ التَّاءِ أَدَّى إِلَى أَنْ يَكُونَ وَزْنُهُ تَفْعُلا، (وَتَفْعُلٌ) لَيْسَ مِنْ أَبْنِيَةِ الأَسْمَاءِ، فَالْجَوَابُ أَنَّ الْوَزْنَ إِذَا تَرَدَّدَ بَيْنَ أَنْ تَكُونَ حُرُوفُهُ أُصُولا وَلَيْسَ مِنْ أَبْنِيَتِهِمْ وَبَيْنَ أَنْ يَكُونَ بَعْضُهَا زَائِدًا وَلَيْسَ مِنْ أَبْنِيَتِهِمْ كَانَ الْحُكْمُ بِزِيَادَةِ الْبَعْضِ أَوْلَى، وَوَجْهُهُ هُوَ أَنَّ الأَبْنِيَةَ الأُصُولَ قَلِيلَةٌ مَحْصُورَةٌ، وَالأَبْنِيَةُ الَّتِي فِيهَا الزِّيَادَةُ كَثِيرَةٌ لا تَكَادُ تَنْحَصِرُ، فَإِذَا تَرَدَّدَ هَذَا بَيْنَ أَنْ يَكُونَ مِنْ قَلِيلٍ أَوْ مِنْ كَثِيرٍ كَانَ جَعْلُهُ مِنَ الْكَثِيرِ أَوْلَى، وَهَذَا جَارٍ فِي كُلِّ مَا يَأْتِي فِي مِثْلِ ذَلِكَ.

وَأَمَّا تُدْرَأٌ لِلْقُوَّةِ وَالْعُدَّةِ، فَالْكَلامُ فِي التَّاءِ وَزِيَادَتِهَا مَعَ الْهَمْزَةِ آخِرًا كَالْكَلام فِي تَنْضُب مَعَ النُّونِ ثَانِيًا، إِلا أَنَّهُ إِنَّمَا يَنْهَضُ عَلَى مَذْهَبِ سِيبَوَيْهِ؛ إِذْ لَيْسَ فِي الْكَلام عِنْدَهُ فُعْلَلٌ فَيُحْتَاجُ إِلَى جِهَةٍ أُخْرَى مِنَ الدَّلِيلِ، فَيُرْجَعُ إِلَى الاشْتِقَاقِ، وَهُوَ مُشْتَقٌّ مِنْ (دَرَأْتُهُ) إِذَا دَفَعْتُهُ؛ لأَنَّ التُّدْرَأَ الْمُدَافَعَةُ فَالاشْتِقَاقُ مُشْعِرٌ بِزِيَادَةِ التَّاءِ.

وَأَمَّا (تَتْفُلٌ) لِوَلَدِ الثَّعْلَبِ فَتَاؤُهُ زَائِدَةٌ؛ لأَنَّ مِنْ لُغَاتِهِ تُنْفُلٌ بِوَزْنِ طُحْلُبٍ وَكُرْسُفٍ، فَثَبَتَ أَنَّ تَاءَهُ زَائِدَةٌ بِمِثْلِ مَا ثَبَتَ فِي تَنْضُبٍ، ثُمَّ تَقُولُ: التَّاءُ فِي تَنْفُلٍ هِيَ التَّاءُ فِي تُتْفُلٍ؛ لأَنَّهَا هِيَ هِيَ لَفْظًا وَمَعْنًى، وَإِذَا ثَبَتَ أَنْ تَكُونَ زَائِدَةً فِي إِحْدَى الصِّيغَتَيْنِ وَجَبَ أَنْ تَكُونَ زَائِدَةً فِي الصِّيغَةِ الأُخْرَى لاتِّفَاقِهِمَا حُرُوفًا وَمَعْنًى.

وَأَمَّا (تِحْلِئٌ) لِمَا قُشِرَ مِنَ الأَدِيمِ فَتَاؤُهُ زَائِدَةٌ؛ لأَنَّهُ مِنْ قَوْلِهِمْ: حَلأْتُ الأَدِيمَ إِذَا نَقَّيْتَهُ عِنْدَ السَّلْخِ، فَالاشْتِقَاقُ دَلَّ عَلَى زِيَادَةِ التَّاءِ.

وَأَمَّا يَرْمَعُ لِلْحِجَارَةِ الْبِيضِ فَيَاؤُهُ زَائِدَةٌ، لأنَّهُ عُرِفَ بِاسْتِقْرَاءِ كَلامِهِمْ أَنَّ كُلَّ يَاءٍ وَقَعَتْ مَعَ ثَلاثَةِ أُصُولٍ فَهِيَ زَائِدَةٌ، وَالْمِيمُ فِي مَقْتَلٍ، وَفِي بَقِيَّتِهَا كَذَلِكَ.

وَأَمَّا (هِبْلَعٌ) فَالْهَاءُ فِيهِ زَائِدَةٌ عِنْدَ الأخْفَشِ أَخْذًا مِنَ الاشْتِقَاقِ؛ لأنَّ الْهِبْلَعَ الشَّدِيدُ الْبَلْعِ، فَكَأَنَّهُ مِنْ (بَلَعَ)، فَالْهَاءُ زَائِدَةٌ، وَغَيْرُهُ يَقُولُ: الهَاءُ أَصْلِيَّةٌ، وَلا أَثَرَ لِمِثْلِ هَذَا الاشْتِقَاقِ الَّذِي لَيْسَ عَلَى قِيَاسِ كَلامِهِمْ؛ إِذْ لَمْ يُعْهَدْ زِيَادَةُ الْهَاءِ فِي أَوَّلِ الْكَلامِ، وَلا بُعْدَ فِي أَنْ يَكُونُوا بَنَوْا كَلِمَةً لِلشَّدِيدِ الْبَلْعِ مِنَ الْهَاءِ وَالْبَاءِ وَاللامِ وَالْعَيْنِ، فَوَافَقَ بَعْضُ حُرُوفِهَا حُرُوفَ (بَلَعَ)، وَلَيْسَ هَذَا كَقَوْلِنَا: إِنَّ النُّونَ فِي (عَنْسَلٍ) زَائِدَةٌ أَخْذًا مِنْ قَوْلِهِمْ: عَسَلَ الذِّئْبُ إِذَا أَسْرَعَ؛ لأنَّ الْعَنْسَلَ السَّرِيعُ؛ لأنَّ النُّونَ قَدْ ثَبَتَ زِيَادَتُهَا ثَانِيًا سَاكِنًا كَثِيرًا، فَلَمْ يَكُنِ الْحُكْمُ بِزِيَادَتِهَا هَاهُنَا أَخْذًا مِنْ هَذَا الاشْتِقَاقِ، وَإِنْ كَانَ فِيهِ بُعْدٌ، مِثْلَ الْحُكْمِ بِزِيَادَةِ الْهَاءِ فِي هِبْلَعٍ؛ إِذْ لَمْ يَثْبُتْ زِيَادَتُهَا أَوَّلاً.

وَقَدْ بَقِيَ عَلَيْهِ مِنَ الأَمْثِلَةِ الثُّلاثِيَّةِ الَّتِي زِيدَ فِيهَا زِيَادَةٌ وَاحِدَةٌ قَبْلَ الْفَاءِ تُفْعَلٌ؛ كَقَوْلِهِمْ: تُنْفَلٌ، وَبَقِيَ عَلَيْهِ يُفْعُلُ؛ كَقَوْلِهِمْ: يُعْفُرٌ، فَإِنْ أُجِيبَ عَنْ يُعْفُرٍ بِأَنَّ الضَّمَّةَ لِلإتْبَاعِ، وَالسَّاكِنُ غَيْرُ حَصِينٍ، وَالأصْلُ يَعْفُرٌ بِفَتْحِ الْيَاءِ، فَقَدْ ذُكِرَ مِنْ أَبْنِيَةِ مِنْخَرٌ، وَإِنْ كَانَ الْكَسْرُ لِلإتْبَاعِ، فَكَمَا لَمْ يُطْرَحْ بِنَاءُ مِنْخِرٍ وَإِنْ كَانَ الْكَسْرُ لِلإتْبَاعِ، فَكَذَلِكَ لا يَنْبَغِي أَنْ يُطَّرَحَ يُعْفُرٌ.

قَوْلُهُ: (وَمَا بَيْنَ الْفَاءِ وَالْعَيْنِ) إِلَى آخِرِهِ.

قَالَ الشَّيْخُ: الألِفُ لا تَكُونُ مَعَ ثَلاثَةِ أَحْرُفٍ أُصُولٍ إِلا زَائِدَةً، وَالْهَمْزَةُ فِي شَأْمَلٍ زَائِدَةٌ؛ لأنَّهُ مِنْ قَوْلِهِمْ: شَمَلَتِ الرِّيحُ بِفَتْحِ الْمِيمِ، وَشَمِلَ الأمْرُ بِكَسْرِهَا، وَالْيَاءُ فِي ضَيْغَمٍ زَائِدَةٌ لِمَا تَقَدَّمَ مِنْ أَنَّ الْيَاءَ إِذَا وَقَعَتْ مَعَ ثَلاثَةِ أَحْرُفٍ أُصُولٍ زَائِدَةٌ، وَالنُّونُ فِي قُنْبَرٍ زَائِدَةٌ؛ لِئَلا يُؤَدِّي إِلَى أَنْ يَكُونَ فُعْلَلا، وَلَيْسَ مِنْ أَبْنِيَتِهِمْ عِنْدَ سِيبَوَيْهِ، وَأَمَّا الأخْفَشُ فَيَحْتَاجُ إِلَى غَيْرِ ذَلِكَ فَيَقُولُ: مِنْ لُغَتِهِ قُبَّرٌ وَتَصَرُّفُهُمْ فِيهِ بِغَيْرِ نُونٍ مَعَ بَقَاءِ مَعْنَاهُ يُشْعِرُ بِزِيَادَةِ مَا حُذِفَ؛ لأنَّهُ مَعْنَى الزَّائِدِ، وَجُنْدَبٌ عِنْدَ سِيبَوَيْهِ النُّونُ فِيهِ زَائِدَةٌ؛ لأنَّ مِنْ لُغَاتِهِ جُنْدَبٌ فَثَبَتَ أَنَّ النُّونَ زَائِدَةٌ فِيهِ، وَإِذَا ثَبَتَ أَنَّ النُّونَ زَائِدَةٌ فِي جُنْدَبٍ ثَبَتَ أَنَّهَا زَائِدَةٌ فِي جِنْدَبٍ بِكَسْرِ الْجِيمِ، وَأَمَّا الأخْفَشُ فَيَحْتَاجُ إِلَى غَيْرِ ذَلِكَ، وَلا نَعْرِفُ لَهُ وَجْهًا، وَلَعَلَّهُ يَقُولُ: وَزْنُهُ فُعْلَلٌ.

وَأَمَّا عَنْسَلٌ لِلنَّاقَةِ السَّرِيعَةِ، فَقَدْ تَقَدَّمَ بَيَانُ زِيَادَةِ النُّونِ فِيهِ، وَأَمَّا عَوْسَجٌ وَإِنْ لَمْ يَكُنْ مُشْتَقًّا حُمِلَ عَلَى مَا لَهُ اشْتِقَاقٌ كَجَوْهَرٍ وَحَوْمَلٍ فَوَاوُهُ زَائِدَةٌ، مِنْ عَسَجَ النَّاقَةَ إِذَا مَدَّ

عُنُقَهَا فِي الْمَشْيِ؛ لأنَّ الْوَاوَ مَعَ ثَلاثَةِ أَحْرُفٍ أُصُولٍ لا تَكُونُ إلا زَائِدَةً، وَقَدْ بَقِيَ عَلَيْهِ مِنَ الأَمْثِلَةِ فِي هَذَا الْفَصْلِ فُنْعُلٌ؛ كَجُنْدُبٍ وَحِيَفْسٌ لِلْقَصِيرِ، قَالَ الشَّاعِرُ:

أَبَـدٌ إِذَا يَمْشِي حِـيَفْسٌ كَأَنَّـهُ   بِـهِ مِـنْ دَمَامِيـلِ الْجَزِيـرَةِ نَـاخِسُ

وَدُلَمِصٌ بِمَعْنَى دُلامِصٍ؛ أَيْ: بَرَّاقٌ، وَآجُرٌّ بِمَعْنَى أَجُرٍّ أَعْجَمِيٌّ مُعَرَّبٌ.

قَوْلُهُ: (وَمَا بَيْنَ الْعَيْنِ وَاللامِ فِي نَحْوِ شَمْأَلٍ).

لأنَّهُ مِنْ قَوْلِهِمْ: شَمَلَتِ الرِّيحُ، وَمِنْ أَسْمَائِهِ شَمْأَلٌ، فَدَلَّ عَلَى أَنَّ الْهَمْزَةَ زَائِدَةٌ، وَغَزَالٌ وَحِمَارٌ وَغُلامٌ لا إِشْكَالَ فِيهِ، وَبَعِيرٌ وَعِثْيَرٌ لِلْغُبَارِ كَذَلِكَ، وَأَمَّا عُرُنْدٌ فِي قَوْلِهِمْ: وَتَرٌ عُرُنْدٌ فَنُونُهُ زَائِدَةٌ لأَمْرَيْنِ:

أَحَدُهُمَا: أَنَّهُمْ يَقُولُونَ: الْعُرُدُ، فَوَجَبَ أَنْ تَكُونَ زَائِدَةً.

وَالآخَرُ: لَوْ كَانَتْ أَصْلِيَّةً لَوَجَبَ أَنْ يَكُونَ وَزْنُهُ فُعُلا، وَلَيْسَ فِي كَلامِهِمْ فُعُلٌّ وَالْحُرُوفُ أُصُولٌ.

وَقُعُودٌ وَجَدْوَلٌ لِلنَّهْرِ الصَّغِيرِ، وَخِرْوَعٌ وَسُدُوسٌ لِلطَّيْلَسَانِ، وَسُلَّمٌ وَقِنَّبٌ لا إِشْكَالَ فِيهِ، وَبَقِيَ عَلَيْهِ مِنْ أَمْثِلَةِ هَذَا الْفَصْلِ دُلَمِصٌ، وَمِيمُهُ زَائِدَةٌ بِمَعْنَى دُلامِصٍ، وَحِمِّصٌ لِحَبٍّ مَشْهُورٍ، وَتُبَّعٌ لُغَةٌ فِي تُبَّعٍ.

قَوْلُهُ: (وَمَا بَعْدَ اللامِ فِي نَحْوِ: عَلْقَى، وَمِعْزَى، وَبُهْمَى).

بِالتَّنْوِينِ لِتَكُونَ لِلإِلْحَاقِ، وَإِلا فَحُبْلَى مِثْلُهَا، وَإِذَا نُوِّنَ لَمْ يَكُنْ تَكْرِيرًا، كَأَنَّهُ قَصَدَ إِلَى أَمْثِلَةٍ لِلإِلْحَاقِ وَإِلَى أَمْثِلَةٍ لِغَيْرِ الإِلْحَاقِ، وَإِنَّمَا يَجِيءُ هَذَا عَلَى مَذْهَبِ الأَخْفَشِ، لِمَجِيءِ جُخْدَبٍ بِفَتْحِ الدَّالِ عِنْدَهُ، وَإِلا فَلا إِلْحَاقَ عَلَى مَذْهَبِ سِيبَوَيْهِ لِتَعَذُّرِ فُعْلَلٍ عِنْدَهُ، وَلِذَلِكَ وَقَعَ بُهْمَى هَاهُنَا غَيْرَ مَصْرُوفٍ، وَإِنْ لَزِمَ مِنْهُ التَّكْرَارُ.

وَسَلْمَى فِي اسْمِ امْرَأَةٍ، وَذِكْرَى مَصْدَرٌ، وَحُبْلَى، وَدَقَرَى لِرَوْضَةٍ بِالْيَمَامَةِ، وَشُعَبَى لِجَبَلٍ لِطَيِّئٍ وَاضِحٌ، وَرَعْشَنٌ النُّونُ فِيهِ زَائِدَةٌ بِدَلِيلِ الاشْتِقَاقِ؛ لأَنَّهُ مِنَ الرَّعْشَةِ؛ إِذْ مَعْنَاهُ: الْمُرْتَعِشُ وَفِرْسِنٌ النُّونُ فِيهِ زَائِدَةٌ؛ لأَنَّهُ اسْمٌ لِمُقَدَّمِ خُفِّ الْبَعِيرِ مِنْ فَرَسَ إِذَا دَقَّ فَأَرْشَدَ الاشْتِقَاقُ إِلَى زِيَادَتِهِ، وَبِلَغْنٌ النُّونُ فِيهِ زَائِدَةٌ؛ لأَنَّ مَعْنَاهُ الْبَلاغَةُ، فَأَرْشَدَ الاشْتِقَاقُ إِلَيْهِ، وَقَرْدَدٌ لِلْمَكَانِ الْغَلِيظِ، وَشُرْبُبٌ لِمَوْضِعٍ، وَعُنْدَدٌ بِمَعْنَى بُدٌّ وَرِمْدِدٌ ظَاهِرٌ فِيهِ التَّكْرَارُ لِلإِلْحَاقِ.

وَمَعَدٌّ عَلَمٌ لِمَعَدِّ بْنِ عَدْنَانَ مَنْقُولٌ مِنْ مَعَدٍّ مَوْضِعِ رِجْلِ الْفَارِسِ، الدَّالُ الثَّانِيَةُ زَائِدَةٌ سَوَاءٌ جَعَلْتَهُ اسْمًا لِلْقَبِيلَةِ أَوْ اسْمًا لِمَوْضِعِ رِجْلِ الْفَارِسِ مِنَ الدَّابَّةِ إِذَا رَكِبَ، أَمَّا إِذَا كَانَ

اسْمًا لِلْقَبِيلَةِ فَدَلِيلُهُ قَوْلُهُمْ: (تَمَعْدَدُوا) إِذَا تَشَبَّهُوا بِمَعَدِّ بْنِ عَدْنَانَ فِي خُشُونَةِ الْعَيْشِ، وَالْمِيمُ لا تُزَادُ فِي الْفِعْلِ، وَإِنْ كَانَ اسْمًا لِمَوْضِعِ رِجْلِ الْفَارِسِ فَيَدُلُّ عَلَى زِيَادَتِهَا مَا تَقَدَّمَ؛ لأَنَّهُ مَنْقُولٌ عَنْهُ؛ إِذِ الأَسْمَاءُ الأَعْلامُ إِذَا أَمْكَنَ فِيهَا النَّقْلُ كَانَ أَوْلَى، وَإِمَّا لأَنَّهُمْ يَقُولُونَ: مَعْدَدَ إِذَا عَدَا، فَيَقْرُبُ أَنْ يَكُونَ مَعَدٌّ مِنْهُ؛ لأَنَّهُ مَوْضِعُ رِجْلِ الْفَارِسِ الَّذِي يَبْعَثُهَا عَلَى الْعَدْوِ، وَهَذَا أَوْلَى مِنْ أَنْ يُجْعَلَ مِنْ عَدَّ يَعُدُّ؛ إِذْ لَيْسَ بَيْنَهُمَا مَعْنًى قَرِيبٌ.

وَخِدَبٌّ، وَجُبُنٌّ، وَفِلِزٌّ لِجَوْهَرِ الأَرْضِ لا إِشْكَالَ فِيهِ، وَبَقِيَ عَلَيْهِ مِنْ أَمْثِلَةِ هَذَا الْفَصْلِ ضَهْيَأٌ لِلْمَرْأَةِ الَّتِي تُضَاهِي الرِّجَالَ بِشَيْءٍ، وَالْهَمْزَةُ زَائِدَةٌ، وَزُرْقُمٌ وَالْمِيمُ زَائِدَةٌ، اسْمٌ لِلأَزْرَقِ، وَدِلْقِمٌ: اسْمٌ لِلنَّاقَةِ الْمُسِنَّةِ لانْدِلاقِ لِسَانِهَا، وَدُرَّجٌ لُغَةٌ فِي دُرَّاجَةٍ، وَشَجْعَمٌ لِلشُّجَاعِ، وَهُوَ عِنْدَ سِيبَوَيْهِ فَعْلَمٌ مِنَ الشَّجَاعَةِ.

قَوْلُهُ: (وَالزِّيَادَتَانِ الْمُفْتَرِقَتَانِ بَيْنَهُمَا الْفَاءُ فِي نَحْوِ: أُدَابِرٍ).

الْهَمْزَةُ وَالأَلِفُ زَائِدَتَانِ؛ لأَنَّهُ اسْمٌ لِمَنْ قَطَعَ رَحِمَهُ وَأَدْبَرَ عَنْهَا، فَالْهَمْزَةُ زَائِدَةٌ، وَهُوَ مُنْصَرِفٌ، وَإِنْ جُعِلَ اسْمَ مَوْضِعٍ جَازَ أَنْ لا يُصْرَفَ؛ لأَنَّ فِيهِ عَلَمًا وَوَزْنَ فِعْلٍ مِثْلُ: أُكَابِرٌ وَأَجَادِلٌ جَمْعُ أَجْدَلٍ، وَقَدْ ثَبَتَ زِيَادَةُ هَمْزَتِهِ فِي الْمُفْرَدِ، فَكَذَلِكَ الْجَمْعُ، وَأَلَنْجَجٌ لِعُودٍ يُتَبَخَّرُ بِهِ هَمْزَتُهُ وَنُونُهُ زَائِدَتَانِ، أَمَّا الْهَمْزَةُ فَإِنَّهُمْ يَقُولُونَ: يَلَنْجَجُ، فَقَدْ دَلَّ عَلَى زِيَادَتِهَا؛ لأَنَّ الْيَاءَ لا تَقَعُ بَدَلا مِنَ الْهَمْزَةِ الْمَفْتُوحَةِ، أَمَّا النُّونُ فَلِئَلا يُؤَدِّي إِلَى وَزْنٍ لَيْسَ مِنْ أَبْنِيَتِهِمْ، وَهُوَ أَفْعَلَلٌ، وَأَلَنْدَدٌ مِثْلُ أَلَنْجَجٍ لِلأَلَدِّ الْخُصُومَةِ، فَالاشْتِقَاقُ يُرْشِدُ إِلَى الزِّيَادَةِ.

قَالَ: (وَمُقَاتِلٌ وَمُقَاتَلٌ)، إِلَى آخِرِهِ. الْفَصْلُ ظَاهِرٌ.

قَوْلُهُ: (وَبَيْنَهُمَا الْعَيْنُ فِي نَحْوِ: عَاقُولٍ، وَسَابَاطٍ، وَطُومَارٍ).

إِلَى آخِرِ الْفَصْلِ ظَاهِرٌ، وَبَقِيَ مِنْ هَذَا الْفَصْلِ قِنْعَاسٌ، وَهُوَ الشَّدِيدُ مِنَ الإِبِلِ؛ لأَنَّهُ مِنَ الْقَعْسِ، وَهُوَ الشِّدَّةُ، فَالاشْتِقَاقُ أَرْشَدَ إِلَى زِيَادَةِ النُّونِ.

قَوْلُهُ: (وَبَيْنَهُمَا اللامُ فِي نَحْوِ: قُصَيْرَى).

مِنْ قَصَرَ ظَاهِرٌ زِيَادَةُ الْيَاءِ وَالأَلِفِ، وَقِرَنْبَى، وَهِيَ دُوَيْبَةٌ مِنَ الْحَشَرَاتِ مَصْرُوفَةٌ أَلِفُهُ وَنُونُهُ زَائِدَتَانِ؛ أَمَّا الأَلِفُ فَوَاضِحٌ، وَأَمَّا النُّونُ فَلأَنَّهَا لَوْ كَانَتْ أَصْلِيَّةً لأَدَّى إِلَى مِثَالِ فَعَلَّى، وَلَيْسَ فِي أَمْثِلَةِ الأَسْمَاءِ فَعَلَّى.

وَالْجُلَنْدَى: اسْمُ مَلِكٍ كَانَ بِعُمَانَ، وَجَاءَ بِضَمِّ اللامِ أَيْضًا، وَيُضْبَطُ عَلَيْهِمَا لِيَحْصُلَ الْمِثَالانِ، وَفِيهِ زِيَادَةُ النُّونِ وَالأَلِفِ، وَالْكَلامُ فِي الأَلِفِ ظَاهِرٌ، وَالنُّونُ كَالنُّونِ فِي قِرَنْبَى، وَوَقَعَ فِي " الْمُفَصَّلِ " بِالأَلِفِ وَاللامِ، وَهُوَ اسْمٌ عَلَمٌ، فَالأَوْلَى أَنْ لا يَكُونَ فِيهِ

الألِفُ وَاللامُ.

وَبَلَنْصَى لِطَائِرٍ عَلَى غَيْرِ قِيَاسٍ نُونُهُ زَائِدَتَانِ؛ لِأَنَّهُ مِثْلُ قَرَنْبَى، وَلِأَنَّهُ جَمْعٌ لِبَلَصُوصٍ، اسْمٌ لِطَائِرٍ، وَإِنَّمَا كَرَّرُوهُ وَإِنْ كَانَ مِثْلَ قَرَنْبَى؛ لِأَنَّ أَلِفَ بَلَنْصَى ـ لِلتَّأْنِيثِ، وَأَلِفُ قَرَنْبَى لِلْإِلْحَاقِ بِسَفَرْجَلٍ، و(حُبَارَى) نَوْعٌ مِنَ الطَّيْرِ، وَكَذَلِكَ (خَفَيْدَدٌ) لِوَلَدِ النَّعَامَةِ، وَهُوَ السَّرِيعُ، و(جَرَنْبَةٌ) نُونُهُ وَتَاؤُهُ زَائِدَتَانِ، أَمَّا التَّاءُ فَوَاضِحٌ، وَأَمَّا النُّونُ فَلِئَلَّا يُؤَدِّي إِلَى مِثَالٍ لَيْسَ فِي الأَسْمَاءِ مِثْلُ قَرَنْبَى.

وَبَقِيَ مِنْ هَذَا الْفَصْلِ سُمَّهَى لِلْبَاطِلِ، وَصِحَارٍ وَصَحَارَى، وَعِلْوَدٌّ بِتَشْدِيدِ الدَّالِ: الْغَلِيظُ مِنَ الإِنْسَانِ، وَحَبَوْنَنٌ: اسْمُ وَادٍ.

قَوْلُهُ: (وَبَيْنَهُمَا الْفَاءُ وَالْعَيْنُ نَحْوُ: إِعْصَارٌ).

وَهِيَ رِيحٌ شَدِيدَةٌ أَوْ شَدِيدَةٌ فِيهَا نَارٌ، وَأُسْلُوبٌ وَهُوَ الطَّرِيقُ، يُقَالُ لِلْمُتَكَبِّرِ: أَنْفُهُ فِي أُسْلُوبٍ؛ قَالَ:

أُنُوفُهُمْ مِلْفَخْرِ فِي أُسْلُوبِ ....

وَقَعَ فِي " الْمُفَصَّلِ ": (تُنُوِّطَ) وَلَيْسَ بِمُسْتَقِيمٍ لِثَلَاثَةِ أُمُورٍ:

أَحَدُهَا: أَنَّهُ لَا يُعْرَفُ (تُنُوِّطَ) اسْمًا لِشَيْءٍ.

وَالآخَرُ: مَا يَلْزَمُ مِنْ سُقُوطِ مِثَالِ تُفُعِّلَ.

وَالثَّالِثُ: مَا يَلْزَمُ مِنَ التَّكْرَارِ مِنْ غَيْرِ فَائِدَةٍ.

وَالصَّوَابُ تَنَوُّطٌ، وَهُوَ مَصْرُوفٌ.

وَتُبُشِّرَ، وَهُوَ طَائِرٌ يُقَالُ لَهُ: الصَّفَارِيَّةُ، وَجَاءَ تُبُشِّرَ فَيُضْبَطُ عَلَيْهِمَا لِيَحْصُلَ الْمِثَالَانِ، وَالصَّوَابُ صَرْفُهُ، وَتِهِبْطُ ظَاهِرٌ مِنَ الاشْتِقَاقِ، وَهُوَ الْهُبُوطُ، وَهُوَ اسْمُ أَرْضٍ، وَوَقَعَ فِي "الْمُفَصَّلِ" مَصْرُوفًا، وَوَقَعَ فِي أَبْنِيَةِ السِّيرَافِيِّ بِالألِفِ وَاللامِ، وَبَقِيَ فِي الأَمْثِلَةِ أُسْرُوعٌ لِدُوَيْبَةٍ تَكُونُ فِي الرَّمْلِ، وَتُضَمُّ هَمْزَتُهُ فَيَكُونُ كَأُسْلُوبٍ، وَيُسْرُوعٌ لُغَةٌ فِيهِ، وَيُفْتَحُ يَاؤُهُ فَيَكُونُ كَيَرْبُوعٍ وَتُؤْثُورٌ: حَدِيدَةٌ تُوسَمُ بِهَا الإِبِلُ.

قَوْلُهُ: (وَبَيْنَهُمَا الْعَيْنُ وَاللامُ فِي خَيْزَلَى وَخَيْزَرَى).

وَيُقَالُ: خَوْزَرَى وَخَوْزَلَى ـ ضَرْبٌ مِنَ الْمَشْيِ ـ فِيهِ تَبَخْتُرٌ، وَالأَوْلَى أَنْ يُقَالَ: خَوْزَرَى؛ لِأَنَّهَا لُغَةٌ فِيهِ، و(خَيْزَلَى) يُغْنِي عَنْهُ، وَإِلا فَقَدْ كَرَّرَ الْمِثَالَ مِنْ غَيْرِ فَائِدَةٍ، وَأَسْقَطَ فَوْعَلَى.

و(حِنطَأْوٌ) وَنُونُهُ وَوَاوُهُ زَائِدَتَانِ، أَمَّا الْوَاوُ فَظَاهِرٌ، وَأَمَّا النُّونُ فَلِئَلا يُؤَدِّي إِلَى مَا لَيْسَ مِنَ الأَبْنِيَةِ بِاعْتِبَارِ الأُصُولِ.

بَقِيَ عَلَيْهِ (كَوَأْلَلٌ) لِلْقَصِيرِ، وَقَالَ ابْنُ دُرَيْدٍ: كَوَأْلَكٌ فَلا يَكُونُ مِنْهُ، وَآجُرٌّ ظَاهِرٌ.

قَالَ: (وَبَيْنَهُمَا الْفَاءُ وَالْعَيْنُ وَاللامُ؛ نَحْوُ: أَجْفَلَى).

بِمَعْنَى: جَفَلَى لِلْكَثْرَةِ، يُقَالُ: دَعَا الْجَفَلَى إِذَا عَمَّ وَلَمْ يَخُصَّ، و(أُتْرُجٌّ)، و(إِرْزَبٌّ)، وَهُوَ الْغَلِيظُ، قَالَ:

إِنَّ لَهَا لَرَكَبًا إِرْزَبًّا كَأَنَّهُ جَبْهَةُ ذَرَّى حَبًّا

وَبَقِيَ مِنْ هَذَا الْفَصْلِ (يَهْيَرٌّ)، وَهُوَ الْبَاطِلُ، و(تُحْلُبَةٌ) لُغَةٌ فِي تِحْلِبَةٍ، إِذَا حَلَبَتْ قَبْلَ أَنْ يَضْرِبَهَا الْفَحْلُ.

قَوْلُهُ: (وَالزِّيَادَتَانِ الْمُجْتَمِعَتَانِ قَبْلَ الْفَاءِ فِي نَحْوِ: مُنْطَلِقٍ، وَمُسْطِيعٍ، وَمُهْرَاقٍ) وَاضِحٌ مِنْ حَيْثُ الاشْتِقَاقِ، و(مُسْطِيعٌ) مِنْ قَوْلِهِمْ: أَسْطَاعَ؛ بِمَعْنَى: (أَطَاعَ) زَادُوا السِّينَ عَلَى غَيْرِ قِيَاسٍ، ثُمَّ صَرَّفُوهُ بِهَا، فَقَالُوا: مُسْطِيعٌ لِلْفَاعِلِ، وَمُسْطَاعٌ لِلْمَفْعُولِ، وَهِيَ فِي تَصْرِيفِهِمْ لِلْفِعْلِ كَالْعَدَمِ، أَلا تَرَاهُمْ يَقُولُونَ: يُسْطِيعُ بِضَمِّ الْيَاءِ؛ لأَنَّهُ مُضَارِعُ (أَطَاعَ).

و(مُهْرَاقٌ) مِنْ قَوْلِهِمْ: أَهْرَاقَ بِزِيَادَةِ الْهَاءِ؛ لأَنَّهُ (أَرَاقَ) زَادُوا بَعْدَ الْهَمْزَةِ هَاءً، كَمَا زَادُوا سِينًا بَعْدَ الْهَمْزَةِ فِي (اسْطَاعَ)، هَذَا إِنْ قُلْنَا: مُهْرَاقٌ بِإِسْكَانِ الْهَاءِ، وَأَمَّا إِنْ قُلْنَا: مُهَرَاقٌ بِفَتْحِ الْهَاءِ فَهُوَ مِنْ قَوْلِهِمْ: هَرَاقَ، أَبْدَلُوا مِنَ الْهَمْزَةِ هَاءً، ثُمَّ صَرَّفُوا الْفِعْلَ بِهَا؛ لأَنَّهُمْ إِنَّمَا حَذَفُوهَا لِكَوْنِهَا هَمْزَةً مِنْ مِثْلِ: يُرِيقُ، فَلَمَّا صَارَتْ هَمْزَةُ (أَرَاقَ) هَاءً صَارَتْ مِثْلَ: (دَحْرَجَ)، فَكَمَا قَالُوا: يُدَحْرِجُ، وَمُدَحْرِجٌ، وَمُدَحْرَجٌ، قَالُوا: يُهَرِيقُ، وَمُهَرِيقٌ، وَمُهَرَاقٌ.

و(إِنْقَحْلٌ)، وَهُوَ الْمُسِنُّ، وَإِنْقَحْرٌ، وَهُوَ بِمَعْنَاهُ الْهَمْزَةُ وَالنُّونُ زَائِدَتَانِ، وَكَرَّرَ الْمِثَالَ؛ لأَنَّهُ مُنْحَصِرٌ فِيهِمَا.

وَبَقِيَ (مُنْطَلِقٌ)، و(مُسْطَاعٌ)، و(مُهْرِيقٌ)، و(مُهَرَاقٌ)، وَإِنَّمَا تَرَكَهُ؛ لأَنَّهَا أَلْفَاظٌ تَجْرِي عَلَى الْفِعْلِ قِيَاسًا.

قَوْلُهُ: (وَبَيْنَ الْفَاءِ وَالْعَيْنِ؛ نَحْوُ: حَوَاجِرُ).

فِي جَمْعِ حَاجِرٍ، وَهُوَ الْمَانِعُ، وَغَيَالِمُ لِمَنْ غَلَبَتْ شَهْوَتُهُ، وَجَنَادِبُ إِلَى آخِرِهِ، ظَاهِرٌ، وَبَقِيَ دُمَالِصٌ.

قَوْلُهُ: (وَبَيْنَ الْعَيْنِ وَاللامِ فِي نَحْوِ: كَلاءٍ وَخُطَّافٍ).

أَمَّا كَلاءٌ فَإِنَّمَا تَكُونُ فِيهِ زِيَادَتَانِ بَيْنَ الْعَيْنِ وَاللامِ إِذَا كَانَ مِنْ قَوْلِهِمْ: كَلأَ يَكْلأُ، وَأَمَّا إِنْ كَانَ مِنْ (كَلَّ) لأَنَّهُ مَوْضِعٌ تَكِلُّ فِيهِ الرِّيحُ عَنِ الْعَمَلِ فَهُوَ مِنْ بَابِ ضَهْيَاءَ.

وَخُطَّافٌ وَحِنَّاءٌ وَاضِحٌ، وَكَذَلِكَ جِلْوَاخٌ لِلْوَادِي الْوَسِيعِ، وَجِرْيَالٌ لِلْخَمْرِ، وَقِيلَ: لِلْمَكَانِ الْغَلِيظِ، وَعِصْوَادٌ، وَهَبَيَّخٌ لِلْغُلامِ السَّمِينِ ظَاهِرٌ، وَكَدْيَوْنٌ لِلتُّرَابِ الْمَدْقُوقِ عَلَيْهَا دُرْدِيُّ الزَّيْتِ تُجْلَى بِهَا الدُّرُوعُ وَالْيَاءُ وَالْوَاوُ زَائِدَتَانِ، وَعَقَنْقَلٌ لِلْجَبَلِ مِنَ الرَّمْلِ فَعَنْلَلٌ، فَالنُّونُ زَائِدَةٌ وَالْقَافُ كَذَلِكَ؛ لأَنَّهَا تَكْرِيرٌ لِلْعَيْنِ، وَعَثَوْثَلٌ مِثْلُهُ لِلْمُسْتَرْخِي مِنَ الْكِبَرِ، وَحُطَائِطُ لِلْقَصِيرِ كَأَنَّهُ حُطَّ عَنِ الْكَبِيرِ الطَّوِيلِ، الأَلِفُ وَالْهَمْزَةُ زَائِدَتَانِ، وَوَزْنُهُ فُعَائِلُ، وَلَوْ قِيلَ: فُعَالِعُ لَمْ يَكُنْ بَعِيدًا، وَإِنَّمَا حَكَمُوا بِزِيَادَتِهِمَا نَظَرًا إِلَى الاشْتِقَاقِ، وَإِنْ كَانَ بَعِيدًا؛ لأَنَّهُ اسْمٌ لِلصَّغِيرِ، كَأَنَّهُ حُطَّ عَنْ جِرْمِ الْكَبِيرِ، وَدُلامِصُ الأَلِفُ وَالْمِيمُ زَائِدَتَانِ؛ لأَنَّهُمْ يَقُولُونَ: دِرْعٌ دِلاصٌ.

وَبَقِيَ عَلَيْهِ زَرَارِقُ جَمْعُ زُرَّقٍ لِطَائِرٍ يُصْطَادُ بِهِ، قَالَ الْفَرَّاءُ: هُوَ الْبَازِيُّ الأَبْيَضُ، وَفِرْنَاسٌ لِلأَسَدِ؛ لأَنَّهُ مِنْ فَرَسَ، و(عَطَوَّدٌ) لِلسَّفَرِ الْبَعِيدِ، و(تَنُّومٌ) اسْمٌ لِنَبْتٍ لَهُ ثَمَرٌ يَأْكُلُهُ أَهْلُ الْبَادِيَةِ، وَلا إِشْكَالَ فِي أَنَّ فِيهَا زِيَادَتَيْنِ بَيْنَ الْعَيْنِ وَاللامِ.

(وَبَعْدَ اللامِ فِي نَحْوِ: ضَهْيَاءَ وَطَرْفَاءَ).

وَهُمَا مِثَالانِ يُسْتَغْنَى بِأَحَدِهِمَا عَنِ الآخَرِ، وَإِنَّمَا كَرَّرَ الْمِثَالَ لِلإِشْكَالِ فِي ضَهْيَاءَ؛ لأَنَّهُمْ يَقُولُونَ: امْرَأَةٌ ضَهْيَاءُ بِوَزْنِ فَعْلاءَ لا فَعْلَلٍ، فَقَدْ تُتَوَهَّمُ الأَصَالَةُ، و(قُوبَاءُ) لِدَاءٍ مَعْرُوفٍ يَتَقَشَّرُ وَيُعَالَجُ بِالرِّيقِ، إِلَى (عِرَضْنَى) ظَاهِرٌ، و(عِرَضْنَى) نُونُهُ وَأَلِفُهُ زَائِدَتَانِ؛ لأَنَّهُ اسْمٌ لِمِشْيَةٍ فِيهَا مُعَارَضَةٌ، فَالاشْتِقَاقُ يُرْشِدُ إِلَيْهِ، وَيُقَالُ: عُرُضْنَى وَعِرَضْنَى بِمَعْنًى: و(دِفِقَّى) لِلسُّرْعَةِ فِي الْمَشْيِ، قَالَ الرَّاجِزُ:

بَيْنَ الدِّفِقَّى وَالنَّجَـاءِ الأَدْفَقِ

و (هِبْرِيَةٌ) لِمَا تَحْتَ الشَّعْرِ مِثْلُ النُّخَالَةِ وَاضِحٌ، و(سَنْبَتَةٌ) لِقِطْعَةٍ مِنَ الدَّهْرِ التَّاءُ الأُولَى وَالثَّانِيَةُ زَائِدَتَانِ، أَمَّا الثَّانِيَةُ فَلا إِشْكَالَ، وَأَمَّا الأُولَى فَلأَنَّهُمْ يَقُولُونَ: (مَضَى سَنْبَةٌ مِنَ الدَّهْرِ) بِحَذْفِ التَّاءِ الأُولَى، فَدَلَّ عَلَى أَنَّ التَّاءَ الأُولَى زَائِدَةٌ، و(قَرْنُوَةٌ) نَبْتٌ فِي الْبَادِيَةِ يُدْبَغُ بِهِ، و(عُنْصُوَةٌ) الْوَاوُ وَالتَّاءُ فِيهِمَا زَائِدَتَانِ، وَإِنَّمَا حُكِمَ بِزِيَادَةِ الْوَاوِ دُونَ النُّونِ فِيهِمَا؛ لأَنَّ زِيَادَةَ الْوَاوِ أَكْثَرُ، فَكَانَ جَعْلُهَا زَائِدَةً أَوْلَى، و(جَبَرُوتٌ) لِلْعَظَمَةِ إِلَى آخِرِهِ ظَاهِرٌ.

وَبَقِيَ عَلَيْهِ (بَلَصُوصٌ) لِطَائِرٍ، و(كِرْدِيدٌ) لِغَلِيظِ الرَّقَبَةِ، و(رُعْبُوبٌ) لِلْجَبَانِ،

و(عُرُضَّى) بِمَعْنَى (عُرُضْنَى) و(حَمَصِيصٌ) و(تَئِفَّةٌ) و(تَلُنَّةٌ).

قَوْلُهُ: (وَالثَّلاثُ الْمُتَفَرِّقَةُ فِي نَحْوِ: إِهْجِيْرَى) إِلَى آخِرِهِ، وَاضِحٌ، وَبَقِيَ عَلَيْهِ (أَبَاطِيلُ).

(وَبَعْدَ الْعَيْنِ وَاللامِ فِي نَحْوِ: سَلالِيمِ) إِلَى آخِرِهِ، وَبَقِيَ عَلَيْهِ مَرْمَرِيسٌ لِلدَّاهِيَةِ، مِنْ مَرَسَ إِذَا هَلَكَ.

(وَبَعْدَ اللامِ فِي صِلِّيَانٍ) لِلْعَنِيفِ، و(عُنْفُوَانٌ) لأَوَّلِ الشَّبَابِ ظَاهِرٌ، و(عِرِقَّانٌ) لأَنَّهُ مِنَ الْمَعْرِفَةِ؛ إِذْ هُوَ بِمَعْنَاهَا، فَالْفَاءُ الثَّانِيَةُ وَالأَلِفُ وَالنُّونُ زَوَائِدُ، و(كِبْرِيَاءُ)، و(سِيمِيَاءُ) لِلْعَلامَةِ وَاضِحٌ؛ لأَنَّهُ مِنَ الْكِبْرِ وَالسِّيمَا، و(مَرْحَيَّا).

وَبَقِيَ عَلَيْهِ (جُلُبَّانُ) و(حِلِبْلابُ) بِالْكَسْرِ لِنَبْتٍ، تُسَمِّيهِ الْعَامَّةُ اللَّبْلاب، و(عُمُدَّانُ) لِلطَّوِيلِ، و(إِجْرِيَّا) بِمَعْنَى إِهْجِيْرَى لِلْعَادَةِ، و(بُلَهْنِيَةٌ) لِلْعَيْشِ الْهَنِيِّ، كَأَنَّهُ مِنَ الْبَلَهِ، وَفِيهِ نَظَرٌ.

قَوْلُهُ: (وَقَدِ اجْتَمَعَتْ ثِنْتَانِ وَانْفَرَدَتْ وَاحِدَةٌ؛ نَحْوُ: أُفْعُوانٍ).

حُكِمَ بِزِيَادَةِ الْهَمْزَةِ الأُولَى هَاهُنَا، وَلَمْ تُجْعَلْ كَعُنْفُوَانٍ؛ لأَنَّهُ ذَكَرُ أَفْعَى وَهُوَ مُنْصَرِفٌ، فَوَجَبَ أَنْ تَكُونَ الْهَمْزَةُ أَصْلِيَّةً؛ لأَنَّهَا وَقَعَتْ أَوَّلًا مَعَ ثَلاثَةِ أُصُولٍ، و(إِضْحِيَانٍ) وَاضِحٌ؛ لأَنَّهُ مِنَ الضَّحَاءِ، لأَنَّ مَعْنَاهُ: الْمُضِيءُ، و(أَرْوَنَانٌ) مَعْنَاهُ: الشَّدِيدُ، و(أَرْبِعَاءُ) لِلْيَوْمِ الرَّابِعِ؛ لأَنَّهُ مُشْتَقٌّ مِنَ الرُّبُعِ؛ لأَنَّهُ اسْمٌ لِلْيَوْمِ مِنَ الأَحَدِ، وَيُقَالُ: أَرْبَعَاءُ، و(أَرْبُعَاءُ) يَجُوزُ أَنْ يَكُونَ لُغَةً فِيهِ؛ لأَنَّ أُرْبُعَاءُ بِضَمِّ الْهَمْزَةِ وَضَمِّ الْبَاءِ عَمُودُ الْخَيْمَةِ فَيُنْظَرُ، و(قَاصِعَاءُ) لإِحْدَى جِحَرِ الْيَرْبُوعِ، إِلَى آخِرِهِ.

وَوَقَعَ فِي بَعْضِ النُّسَخِ (غُمُدَّانُ)، وَإِنْ كَانَتْ لُغَةً فِيهِ، إِلا أَنَّهُ لا يَنْبَغِي هَاهُنَا؛ لأَنَّهُ يَكُونُ ثَلاثَةً بَعْدَ اللامِ، فَيَكُونُ مِنَ الْفَصْلِ الَّذِي قَبْلَهُ، و(مَلْكَعَانُ) لأَنَّهُ مِنْ قَوْلِهِمْ: يَا لُكَعُ.

وَبَقِيَ عَلَيْهِ (خَيْزُرَانُ)، و(حَيْسُمَانُ) نَبْتٌ، وَبِمَعْنَى الطَّوِيلِ إِذَا كَانَ صِفَةً، و(عَجِيْسَاءُ) لِمِشْيَةٍ، و(حَوْثَنَانُ) مَوْضِعٌ، وَهُوَ بِالثَّاءِ وَالتَّاءِ جَمِيعًا، و(فِرِنْدَادٌ) لِمَوْضِعٍ، و(مَعْيُورَاءُ) لِلْحَمِيرِ؛ لأَنَّهُ مِنَ الْعِيرِ، و(لُغَيْزَى) لِبَعْضِ جِحَرَةِ الْيَرْبُوعِ، و(يَهْيَرَّى) لِلْبَاطِلِ، و(مَكْوَرَّى) لِلْكَبِيرِ الأَنْفِ، و(هِجِّيْرَى)، و(مُسْحُلانُ) لِلسَّبْطِ الشَّعْرِ، و(صَحَارِي)، و(دَيَامِيسُ) جَمْعُ دِيمَاسٍ، و(بَرُوكَاءُ) بِمَعْنَى: بَرَاكَاءُ لِلثَّبَاتِ فِي الْحَرْبِ، و(زَعَارَّةٌ) لِسُوءِ الْخُلُقِ، و(خُضَّارَى) لِطَائِرٍ أَخْضَرَ، و(حَوْصَلاءُ)، و(حَوْصَلَّةٌ) لِلْحَوْصَلَةِ، و(خَنْفَقِيقٌ) لِلدَّاهِيَةِ، و(خَنْدَقُوقٌ) بِمَعْنَى: طَوِيلٍ مُضْطَرِبٍ، وَقِيلَ: بِمَعْنَى مَجْنُونٍ.

قَوْلُهُ: (وَالأرْبَعَةُ فِي نَحْوِ: اشْهِيبَابِ وَاحْمِيرَارِ).

هَذَا ظَاهِرٌ، وَبَقِيَ عَلَيْهِ (تَرْنَمُوتُ) لأنَّهُ مِنَ التَّرَنُّمِ، و(تُقْدُمِيَّةٌ) لأوَّلِ تَقَدُّمِ الْخَيْلِ.

الرُّبَاعِيُّ

قَوْلُهُ: (فَالزِّيَادَةُ الْوَاحِدَةُ قَبْلَ الْفَاءِ لا تَكُونُ إلا فِي نَحْوِ: مُدَحْرِجٍ).

يَنْبَغِي أَنْ يَقُولَ: إلا فِي نَحْوِ: مُدَحْرِجٍ وَمُدَحْرَجٍ، وَأَمَّا قِنْفَخْرٌ فَالنُّونُ فِيهِ زَائِدَةٌ لأنَّهُ يُقَالُ: قُنْفَخْرٌ فَلَوْ كَانَتِ النُّونُ أَصْلِيَّةً لأدَّى إِلَى مِثْلِ لَيْسَ فِي الأسْمَاءِ، وَهُوَ فُعْلَلٌّ، وَلأنَّهُ يُقَالُ فِي مَعْنَاهُ: الْقُفَاخِرِيُّ، لِلْفَائِقِ فِي نَوْعِهِ، فَأَرْشَدَ الاشْتِقَاقُ إِلَى الزِّيَادَةِ، و(كُنْتَأْلٌ) لِلْقَصِيرِ مِنَ الرِّجَالِ نُونُهُ زَائِدَةٌ لِمَا ذُكِرَ، و(كَنَهْبُلٌ) لِنَوْعٍ مِنَ الشَّجَرِ، وَنُونُهُ زَائِدَةٌ؛ لأنَّهَا لَوْ كَانَتْ أَصْلا لأدَّى إِلَى مِثَالِ فَعَلُّلٍ، وَلَيْسَ فِي الأسْمَاءِ.

وَبَقِيَ عَلَيْهِ (كَنَهْبَلٌ) بِفَتْحِ الْبَاءِ، وَهُوَ ضَرْبٌ مِنَ الشَّجَرِ أَيْضًا، وَنُونُهُ زَائِدَةٌ لِمَا ثَبَتَ مِنْ زِيَادَتِهِ فِي لُغَتِهِ الأخْرَى، وَكَذَلِكَ قَنْفَخْرٌ بِفَتْحِ الْقَافِ، نُونُهُ زَائِدَةٌ لِمَا ثَبَتَ، لِئَلا يُؤَدِّي إِلَى مَا لَيْسَ مِنْ أَبْنِيَتِهِمْ، وَلِمَا ثَبَتَ مِنْ لُغَتِهِ الأخْرَى قِنْفَخْرٌ بِكَسْرِ الْقَافِ بِمَعْنَاهُ.

قَوْلُهُ: (وَبَعْدَ الْعَيْنِ فِي نَحْوِ: عُذَافِرٍ).

إِلَى حُبَارِجٍ ظَاهِرٌ، و(حَزَنْبَلٌ) نُونُهُ زَائِدَةٌ، وَإِنْ لَمْ يُعْرَفْ لَهُ اشْتِقَاقٌ، وَلا يُمْكِنُ أَنْ يُقَالَ: إِنَّهُ لا نَظِيرَ لَهُ فِي الأسْمَاءِ لَوْ كَانَتْ أَصْلِيَّةً لِمُمَاثَلَتِهِ لِسَفَرْجَلٍ؛ لأنَّهُ قَدْ كَثُرَ زِيَادَةُ النُّونِ ثَالِثَةً فِيمَا عُرِفَ اشْتِقَاقُهُ؛ نَحْوُ: حَبَنْطَى، وَلَوْ قِيلَ: إِنَّهَا أَصْلِيَّةٌ لَمْ يَكُنْ بَعِيدًا، و(قُرُنْفُلٌ) نُونُهُ زَائِدَةٌ، لِمَا يُؤَدِّي إِلَى مِثَالِ لَيْسَ فِي الأسْمَاءِ، وَهُوَ فَعَلُّلٌ، و(عِلَّكْدٌ) إِلَى آخِرِهِ، ظَاهِرٌ، وَقَدْ وَقَعَ فِي كُتُبِ اللُّغَةِ (شُمَّخْزٌ) بِالزَّايِ، وَالظَّاهِرُ أَنَّهُ الصَّوَابُ.

وَبَقِيَ عَلَيْهِ (حَفَيْتَلٌ) لِشَجَرٍ، وَبَقِيَ عَلَيْهِ (هَمَّرِشٌ)، وَهُوَ عِنْدَ سِيبَوَيْهِ مِنْ ذَلِكَ مُضَاعَفُ الْعَيْنِ، فَتَكُونُ زِيَادَتُهُ وَاحِدَةً بَعْدَ الْعَيْنِ، وَعِنْدَ الأخْفَشِ أَصْلُهُ هَنْمَرِشٌ فَحُرُوفُهُ كُلُّهَا أُصُولٌ؛ مِثْلُ جَحْمَرِشٍ، فَلا يَكُونُ مِنْ هَذَا الْفَصْلِ، و(نَخْورَشٌ) وَاوُهُ زَائِدَةٌ، يُقَالُ: جِرْوٌ نَخْوَرِشٌ؛ أَيْ: كَبِيرٌ (وَبَعْدَ اللامِ الأولَى) إِلَى آخِرِهِ.

ظَاهِرٌ، وَبَقِيَ عَلَيْهِ قُرْنَاسٌ، وَهُوَ مَا شَخَصَ مِنَ الْجَبَلِ،، وَالآلَةُ الَّتِي يُلَفُّ عَلَيْهَا مَا يُغْزَلُ، و(زُمُرُّدٌ).

(وَبَعْدَ اللامِ الأخِيرَةِ).

ظَاهِرٌ أَيْضًا، وَبَقِيَ عَلَيْهِ هِنْدِبَى بِكَسْرِ الدَّالِ بِمَعْنَى هِنْدَبَاءَ بِفَتْحِهَا.

قَوْلُهُ: (وَالزِّيَادَتَانِ الْمُفْتَرِقَتَانِ فِي نَحْوِ: حَبَوْكَرَى وَخَيْتَعُورٍ).

ظَاهِرٌ، و(مَنْجَنُونٌ) وَقَعَ فِي هَذَا الْفَصْلِ، وَلَيْسَ هُوَ مَوْضِعَهُ؛ لِأَنَّهُ لَيْسَ مِنَ الرُّبَاعِيِّ، وَلَيْسَ فِيهِ زِيَادَتَانِ مُفْتَرِقَتَانِ، لِأَنَّكَ إِنْ قَدَّرْتَ الْمِيمَ أَصْلِيَّةً - وَهُوَ الصَّحِيحُ - فَنُونُهُ الْأُولَى وَالْوَاوُ وَالنُّونُ الْأَخِيرَةُ زَوَائِدُ، فَيَكُونُ ثُلَاثِيًّا، وَلَيْسَ فِيهِ زِيَادَتَانِ مُفْتَرِقَتَانِ وَإِنْ قَدَّرْتَ الْمِيمَ زَائِدَةً كَانَ غَيْرَ مُسْتَقِيمٍ؛ لِأَنَّهُ يُؤَدِّي إِنْ قَدَّرْتَ النُّونَ زَائِدَةً أَيْضًا أَوْ أَصْلًا أَيْضًا إِلَى مِثَالٍ لَيْسَ فِي الْأَسْمَاءِ، وَهُوَ مَفْعُلُولٌ أَوْ مَنْفَعُولٌ، وَيَكُونُ بَعْدَ ذَلِكَ ثُلَاثِيًّا، وَفِيهِ زِيَادَتَانِ مُجْتَمِعَتَانِ، وَالظَّاهِرُ أَنَّهُ تَصْحِيفٌ لِمَنْجَنِيقٍ، فَإِنَّهُ مِنْ هَذَا الْفَصْلِ، وَهُوَ بِمَعْنَى مَنْجَنُونٍ، وَمُوَافِقٌ لَهُ فِي أَكْثَرِ الْحُرُوفِ، فَغَلِطَ بِهِ لِمُوَافَقَتِهِ لَهُ فِي الْحُرُوفِ وَالْمَعْنَى.

و(مَنْجَنِيقٌ) عِنْدَ سِيبَوَيْهِ فَنْعَلِيلٌ فَالنُّونُ الْأُولَى زَائِدَةٌ وَالْيَاءُ زَائِدَةٌ، وَالْمِيمُ وَالْجِيمُ وَالنُّونُ الثَّانِيَةُ وَالْقَافُ أُصُولٌ، فَهُوَ رُبَاعِيٌّ فِيهِ زِيَادَتَانِ مُفْتَرِقَتَانِ، وَإِنَّمَا حُكِمَ بِزِيَادَةِ النُّونِ لِقَوْلِهِمْ: مَجَانِيقُ، فَحُكِمَ بِأَصَالَةِ الْمِيمِ لِئَلَّا يُجْمَعَ بَيْنَ زِيَادَتَيْنِ فِي أَوَّلِ اسْمٍ لَيْسَ بِجَارٍ عَلَى الْفِعْلِ، وَلِئَلَّا يُؤَدِّي إِلَى مِثَالٍ لَيْسَ فِي الْأَسْمَاءِ، وَفَنْعَلِيلٌ كَخَنْدَرِيسٍ، وَبَعْضُ النَّحْوِيِّينَ يَزْعُمُ أَنَّ الْمِيمَ وَالنُّونَ زَائِدَتَانِ؛ لِقَوْلِ بَعْضِ الْعَرَبِ: (جَنَقْنَاهُمْ) إِذَا رَمَوْهُمْ بِالْمَنْجَنِيقِ فَأَدَّى الِاشْتِقَاقُ إِلَى زِيَادَتِهِمَا، وَمَا أَدَّى إِلَيْهِ الِاشْتِقَاقُ حُكِمَ بِهِ، وَإِنْ أَدَّى إِلَى مِثَالٍ لَيْسَ فِي الْأَسْمَاءِ.

و(كَنَابِيلُ) اسْمُ مَوْضِعٍ، وَوَقَعَ مُنْصَرِفًا، وَالْأَوْلَى أَنْ لَا يُصْرَفَ، و(جِحِنْبَارٌ)، النُّونُ وَالْأَلِفُ زَائِدَتَانِ، وَهُوَ الضَّخْمُ.

قَوْلُهُ: (وَأَمَّا الْمُجْتَمِعَتَانِ) إِلَى آخِرِهِ.

فَظَاهِرٌ، و(حِنْدِمَانُ) بِالدَّالِ وَالذَّالِ الْمَكْسُورَةِ، وَهُوَ اسْمُ قَبِيلَةٍ وَالْأَوْلَى أَنْ لَا يُصْرَفَ، وَوَقَعَ فِي أَمْثِلَةِ السِّيرَافِيِّ بِالْأَلِفِ وَاللَّامِ وَلَيْسَ بِجَيِّدٍ.

وَبَقِيَ عَلَيْهِ (عَرَقْصَانُ) لُغَةٌ فِي (عَرَنْقَصَانٍ) وَهِيَ دَابَّةٌ.

(وَالثَّلَاثُ فِي نَحْوِ: عَبَوْثَرَانَ، وَعَرَنْقَصَانَ، وَجُخَادِبَاءَ، وَبَرْنَاسَاءَ، وَعُقْرُبَانٍ).

وَأَمَّا الْخُمَاسِيُّ فَخَنْدَرِيسٌ عِنْدَهُ فَعْلَلِيلٌ، وَهُوَ وَزْنٌ لَمْ يَثْبُتْ، فَالْأَوْلَى أَنْ يَكُونَ فَنْعَلِيلًا، وَلِذَلِكَ حُكِمَ بِمَنْجَنِيقٍ أَنْ يَكُونَ فَنْعَلِيلًا، وَقَالَ بَعْضُ النَّاسِ: النُّونُ أَصْلِيَّةٌ نَظَرًا إِلَى أَنَّهُ لَمْ يَثْبُتْ عِنْدَهُ زِيَادَةُ النُّونِ فِي الرُّبَاعِيِّ ثَانِيَةً، فَحَكَمَ عَلَى النُّونِ بِالْأَصَالَةِ، وَهُوَ الَّذِي اخْتَارَهُ بِأَنَّهُ خُمَاسِيٌّ، وَأَنَّ زِيَادَتَهُ وَاحِدَةٌ، فَوَجَبَ أَنْ تَكُونَ نُونُهُ أَصْلِيَّةً، و(خُزَعْبِيلٌ) وَاضِحٌ، و(عَضْرَفُوطٌ) وَاوُهُ زَائِدَةٌ، وَإِنَّمَا حُكِمَ بِأَنَّ (مَنْجَنُونٌ) لَيْسَ مِثْلَ عَضْرَفُوطٍ؛ لِأَنَّ

نُونَهُ الأخِيرَةَ لا بُدَّ أَنْ تَكُونَ زَائِدَةً، فَوَجَبَ أَنْ لا يَكُونَ مِثْلَ عَضْرَفُوطٍ، فَلِذَلِكَ قِيلَ ثَمَّةَ: لِئَلا يُؤَدِّي إِلَى بِنَاءٍ لَيْسَ فِي الأَسْمَاءِ.

و(يَسْتَعُورُ) مِثْلُ عَضْرَفُوطٍ، لِئَلا يُؤَدِّي إِلَى مِثَالٍ لَيْسَ فِي الأَسْمَاءِ مِنْ غَيْرِ مُرَجِّحٍ؛ إِذْ (يَفْعَلُولُ) لَيْسَ مِنْ أَبْنِيَتِهِمْ، وَإِذَا جُعِلَتِ الْيَاءُ أَصْلِيَّةً كَانَ مِثْلَ عَضْرَفُوطٍ، فَلَمْ يُؤَدِّ إِلا إِلَى أَمْثِلَتِهِمْ، فَكَانَ الأَوْلَى.

و(قِرطَبُوسٌ) ظَاهِرٌ، و(قَبَعْثَرَى) مُنَوَّنٌ؛ لأَنَّ أَلِفَهُ لَيْسَتْ لِلتَّأْنِيثِ؛ لأَنَّكَ تَقُولُ: جَمَلٌ قَبَعْثَرَى؛ أَيْ: شَدِيدٌ؛ وَلأَنَّ أَلِفَ التَّأْنِيثِ لا تَلْحَقُ مِثْلَ هَذَا الْوَزْنِ، فَوَجَبَ صَرْفُهُ، وَلَيْسَتْ لِلإِلْحَاقِ أَيْضًا؛ لأَنَّهَا لَوْ كَانَتْ لِلإِلْحَاقِ وَالْخَمْسَةُ الَّتِي قَبْلَهَا أُصُولٌ لَوَجَبَ أَنْ يَكُونَ ثَمَّةَ مُلْحَقٌ بِهِ هُوَ عَلَى سِتَّةِ أَحْرُفٍ أُصُولٍ، وَلَيْسَ بِمَوْجُودٍ فِي كَلامِهِمْ، وَاللهُ أَعْلَمُ.

فَصْلٌ: فَالزِّيَادَةُ الْوَاحِدَةُ قَبْلَ الْفَاءِ فِي نَحْوِ:

أَجْدَلَ، وَإِثْمِدٍ، وَإِصْبَعٍ، وَأُصْبُعٍ، وَأُبْلُمٍ

وَهُوَ خُوصُ الْمُقَلِ، وَأَكْلُبٌ، و(تَنْضُبٌ)، وَهُوَ شَجَرٌ تُعْمَلُ مِنْهُ الْقِسِيُّ، و(تُدْرَأٌ) وَهُوَ الْمُدَافَعَةُ فِي حَرْبٍ أَوْ خُصُومَةٍ، و(تَتْفُلٌ) وَهُوَ الثَّعْلَبُ، وَالأُنْثَى تَتْفُلَةٌ، وَيُقَالُ: تُتْفُلٌ، وُتَتْفُلٌ، وَتَتْفَلٌ، فَأَمَّا تَتْفُلٌ وَتُتْفَلٌ فَيُغْنِي عَنْهُمَا تَنْضُبٌ وَتُدْرَأٌ، وَيَنْبَغِي أَنْ يُضْبَطَ عَلَى الْوَجْهَيْنِ الْبَاقِيَيْنِ لِيَحْصُلَ الْمِثَالانِ، و(تِحْلِئٌ)، وَهُوَ مَا حُلِئَ مِنَ الأَدِيمِ؛ أَيْ: قُشِرَ أَوْ بُشِرَ، و(يَرْمَعٌ)، وَهُوَ حَجَرٌ رَخْوٌ يَتَفَتَّتُ إِذَا فُرِكَ، و(مَقْتَلٌ)، و(مِنْبَرٌ)، و(مَجْلِسٌ)، و(مُنْخُلٌ)، و(مُصْحَفٌ)، و(مِنْخِرٌ)، وَكَسْرُ الْمِيمِ فِيهِ لِلإِتْبَاعِ، قَالَ سِيبَوَيْهِ: (مِنْتِنٌ) و(مِغِيرَةٌ) كَسَرُوا الْمِيمَ فِيهِمَا لِلإِتْبَاعِ، وَالأَصْلُ الضَّمُّ، وَكَذَلِكَ (مِنْخِرٌ)، و(هِبْلَعٌ)، وَهُوَ الشَّدِيدُ الْبَلْعِ، وَغَيْرُ الأَخْفَشِ يَجْعَلُهُ مِنَ الرُّبَاعِيِّ كَدِرْهَمٍ.

بَقِيَ عَلَيْهِ (يُعْفُرٌ) اسْمُ عَلَمٍ، وَالضَّمَّةُ لِلإِتْبَاعِ كَكَسْرَةِ مِنْخِرٍ، فَإِنْ أُجِيبَ بِأَنَّهُ عَلَمٌ مَنْقُولٌ عَنْ فِعْلٍ فَلا مَدْخَلَ لَهُ فِي أَوْزَانِ الأَسْمَاءِ، كَتَغْلِبَ وَيَشْكُرَ فَهُوَ مُسْتَقِيمٌ لَوْ سَلِمَ مِنْ ضَمِّ الْيَاءِ، فَأَمَّا بَعْدَ ضَمِّ يَائِهِ فَهُوَ أَشْبَهُ بِالْمُرْتَجَلِ، فَلا وَجْهَ لإِسْقَاطِهِ.

فَصْلٌ: وَمَا بَيْنَ الْفَاءِ وَالْعَيْنِ فِي نَحْوِ: كَاهِلٍ، وَخَاتَمٍ، وَشَأْمَلٍ

الشَّأْمَلُ، وَالشَّمْأَلُ، وَالشَّمَالُ مِنَ الرِّيحِ، و(ضَيْغَمٌ)، وَهُوَ مِنْ نُعُوتِ الأَسَدِ، و(قُنْبَرٌ)، و(جِنْدَبٌ)، يُقَالُ: جُنْدَبٌ، وَجُنْدُبٌ، وَجِنْدَبٌ؛ فَأَمَّا جُنْدَبٌ فَمَعَهُ عَنْهُ قُنْبَرٌ، فَيَنْبَغِي أَنْ يُضْبَطَ عَلَى الْوَجْهَيْنِ الآخَرَيْنِ لِيَحْصُلَ الْمِثَالانِ، و(عَنْسَلَ)، وَهُوَ السَّرِيعُ، و(عَوْسَجَ).

بَقِيَ عَلَيْهِ (حِيَفْسٌ) وَهُوَ الْقَصِيرُ، و(دُمَلِصٌ) وَهُوَ الْبَرَّاقُ بِمَعْنَى دُلامِصٍ، يُقَالُ: دُلامِصٌ، وَدُمَالِصٌ، وَدَلِمَصٌ، وَدُمَلِصٌ بِمَعْنًى وَاحِدٍ، وَآجُرٌ بِالتَّخْفِيفِ بِمَعْنَى: آجُرٍّ بِالتَّثْقِيلِ، وَهُوَ أَعْجَمِيٌّ مُعَرَّبٌ.

فَصْلٌ: وَمَا بَيْنَ الْعَيْنِ وَاللامِ فِي نَحْوِ:

شَمْأَلٍ، وَغَزَالٍ، وَحِمَارٍ، وَغُلامٍ، وَبَعِيرٍ، وَعِثْيَرٍ

هُوَ الْغُبَارُ، و(عُلْيَبٌ) وَهُوَ اسْمُ وَادٍ، وَالصَّوَابُ صَرْفُهُ، و(عُرُنْدٌ)، وَهُوَ الشَّدِيدُ، وَيُقَالُ: عُرُدٌّ، و(قُعُودٌ)، و(جَدْوَلٌ)، و(خِرْوَعٌ) وَهُوَ مَا لانَ مِنَ الشَّجَرِ، و(سُدُوسٌ)، وَهُوَ ضَرْبٌ مِنَ الطَّيَالِسَةِ الْخُضْرِ بِالضَّمِّ، وَالْقَبِيلَةُ بِالْفَتْحِ، وَالأَصْمَعِيُّ يَعْكِسُ، وَقَالَ ابْنُ حَبِيبٍ: سُدُوسُ بْنُ أَصْمَعَ مِنْ نَبْهَانَ بِالضَّمِّ، و(سُلَّمٌ)، و(قِنَّبٌ)، بَقِيَ عَلَيْهِ (دُلَمِصٌ)، و(حِمِّصٌ)، و(تُبُّعٌ) لُغَةٌ فِي (تُبَّعٍ).

فَصْلٌ: وَمَا بَعْدَ اللامِ فِي نَحْوِ: عَلْقَى

وَهُوَ نَبْتٌ، يُنَوَّنُ وَلا يُنَوَّنُ، و(مِعْزَى)، و(بُهْمَى)، وَهُوَ شَوْكٌ، وَالْوَاحِدُ وَالْجَمِيعُ سَوَاءٌ، وَأَلِفُهُ لِلتَّأْنِيثِ، وَقِيلَ: لِلإِلْحَاقِ، فَوَاحِدُهُ بُهْمَاةٌ، وَسَلْمَى، وَذِكْرَى، وَحُبْلَى، وَدَقَرَى وَهِيَ رَوْضَةٌ بِالْيَمَامَةِ، وَقَالَ الْجِرْمِيُّ: دَقَرَى وَنَمَلَى وَصَوَرَى مِيَاهٌ قُرْبَ الْمَدِينَةِ، و(شُعَبَى)، وَهُوَ اسْمُ بَلَدٍ، و(رَعْشَنٌ) وَهُوَ الْمُرْتَعِشُ، و(فِرْسِنٌ)، وَهُوَ مُقَدَّمُ خُفِّ الْبَعِيرِ، مِنْ (فَرَسَهُ) إِذَا دَقَّهُ، و(بِلَغْنٌ) وَهُوَ الْبَلاغَةُ، و(قَرْدَدٌ) وَهُوَ الأَرْضُ الْمُسْتَوِيَةُ، و(شُرْبُبٌ) وَهُوَ شَجَرٌ، وَاسْمُ مَوْضِعٍ، و(عُنْدَدٌ)، يُقَالُ: مَا لِي عَنْهُ عُنْدَدٌ؛ أَيْ: بُدٌّ، و(رِمْدِدٌ)، يُقَالُ: رَمَادٌ رِمْدِدٌ؛ أَيْ: أَتَى عَلَيْهِ الدَّهْرُ وَحَالَ عَنْ حَالِهِ، و(مَعَدٌّ)، وَهُوَ مَوْضِعُ رِجْلِ الْفَارِسِ مِنَ الدَّابَّةِ إِذَا رَكِبَ، وَاسْمُ قَبِيلَةٍ، مِيمُهُ أَصْلِيَّةٌ بِدَلِيلِ قَوْلِهِمْ: تَمَعْدَدَ إِذَا تَشَبَّهَ بِمَعْدِّ بْنِ عَدْنَانَ فِي خُشُونَةِ الْعَيْشِ، وَالْمِيمُ لا تُزَادُ فِي الْفِعْلِ، وَتَمَدْرَعَ وَتَمَسْكَنَ قَلِيلٌ شَاذٌّ، وَالْفَصِيحُ تَسَكَّنَ وَتَدَرَّعَ وَأَيْضًا فَإِنَّهُ يُقَالُ: مَعَدٌّ إِذَا عَدَا، فَهُوَ أَشْبَهُ أَنْ يُشْتَقَّ مِنْهُ مَعَدٌّ؛ لأَنَّهُ مَوْضِعُ رِجْلِ الْفَارِسِ الَّذِي يَبْعَثُهَا عَلَى الْعَدْوِ مِنْ أَنْ يُجْعَلَ مِنْ عَدَّ يَعُدُّ، و(خِدَبٌّ) وَهُوَ الضَّخْمُ الشَّدِيدُ، و(جُبُنٌّ) بِالتَّشْدِيدِ، وَيَجُوزُ تَخْفِيفُهُ، و(فِلِزٌّ) وَهُوَ خَبَثُ الْفِضَّةِ وَالذَّهَبِ، بَقِيَ عَلَيْهِ (ضَهْيَأٌ) بِغَيْرِ مَدٍّ بِمَعْنَى ضَهْيَاءَ مَمْدُودًا، و(زُرْقُمٌ) وَهُوَ الأَزْرَقُ، و(دِلْقِمٌ) وَهِيَ النَّاقَةُ الْمُسِنَّةُ، وَالْمِيمُ زَائِدَةٌ، مِنَ الدَّلَقِ وَهُوَ سُرْعَةُ الْخُرُوجِ؛ لأَنَّ لِسَانَهَا يَنْدَلِقُ لِعَدَمِ أَسْنَانِهَا، و(دُرَّجٌ) جَمْعُ دُرَّجَةٍ لُغَةٌ فِي دَرَّاجَةٍ، و(شَجْعَمٌ) وَهُوَ الشُّجَاعُ، وَهُوَ عِنْدَ غَيْرِ

سِيبَوَيْهِ فَعْلَمْ ذَكَرَهُ سِيبَوَيْه مَعَ سَلْهَبٍ وَخَلْجَمٍ.

فَصْلٌ: وَالزِّيَادَتَانِ الْمُفْتَرِقَتَانِ بَيْنَهُمَا الْفَاءُ فِي نَحْوِ: أُدَابِرٌ

لَمْ يُفَسِّرْهُ غَيْرُ الْجَرْمِيِّ، فَقَالَ: الَّذِي يَقْطَعُ صِلَةَ رَحِمِهِ وَيُدْبِرُ عَنْهَا، فَعَلَى هَذَا يَكُونُ مَصْرُوفًا، وَقَالَ السِّيرَافِيُّ: غَيْرُ مُسْتَنْكَرٍ أَنْ يَكُونَ اسْمَ مَوْضِعٍ فَعَلَى هَذَا يَجُوزُ أَنْ لا يُصْرَفَ، و(أَجَادِلُ)، وَهُوَ أَجْدَلُ لِلصَّقْرِ، و(أَلَنْجَجٌ) وَهُوَ الْعُودُ يُتَبَخَّرُ بِهِ، وَجَاءَ يَلَنْجَجٌ، وَأَلَنْجُوجٌ، وَيَلَنْجُوجٌ، و(أَلَنْدَدٌ) لِلأَلَدِّ، وَهُوَ الشَّدِيدُ الْخُصُومَةِ، و(مُقَاتِلٌ)، و(مُقَاتَلٌ)، و(مَسَاجِدٌ)، و(تَنَاضِبٌ) جَمْعُ تَنْضُبٍ، وَهُوَ شَجَرٌ يُعْمَلُ مِنْهُ الْقِسِيُّ، و(يَرَامِعُ) وَهُوَ جَمْعُ يَرْمَعٍ، وَهُوَ حَجَرٌ رَخْوٌ يَتَفَتَّتُ إِذَا فُرِكَ.

فَصْلٌ: وَبَيْنَهُمَا الْعَيْنُ فِي نَحْوِ: عَاقُولٍ

وَهُوَ الْمَوْضِعُ الَّذِي إِذَا كَانَتْ فِيهِ مَعَاطِفُ، و(سَابَاطٌ، وَطُومَارٌ، وَخَيْتَامٌ)، وَيُقَالُ: خَيْتَامٌ، وَخَاتَامٌ، لِلْخَاتَمِ، و(دِيمَاسٌ) وَهُوَ السَّرَبُ بِكَسْرِ الدَّالِ وَفَتْحِهَا، وَيَنْبَغِي أَنْ يُضْبَطَ عَلَيْهِمَا لِيَحْصُلَ الْمِثَالانِ، و(تَوْرَابٌ) وَهُوَ التُّرَابُ، و(قَيْصُومٌ) وَهُوَ نَبْتٌ، بَقِيَ عَلَيْهِ (قِنْعَاسٌ) وَهُوَ الشَّدِيدُ مِنَ الإِبِلِ.

(وَبَيْنَهُمَا اللامُ فِي نَحْوِ: قُصَيْرَى وَقَرَنْبَى).

وَهِيَ دُوَيْبَةٌ مِنَ الْحَشَرَاتِ مَصْرُوفَةٌ، و(الْجُلَنْدَى) اسْمُ مَلِكٍ كَانَ بِعُمَانَ، وَجَاءَ بِضَمِّ اللامِ، فَيَنْبَغِي أَنْ يُضْبَطَ عَلَيْهِمَا لِيَحْصُلَ الْمِثَالانِ، وَوَقَعَ فِي " الْمُفَصَّلِ " بِلامِ التَّعْرِيفِ، وَالصَّوَابُ إِسْقَاطُهَا، و(بَلَنْصَى) جَمْعُ بَلَصُوصٍ عَلَى غَيْرِ قِيَاسٍ، وَهُوَ طَائِرٌ، و(حُبَارَى) وَهُوَ طَائِرٌ، و(خَفَيْدَدٌ) وَهُوَ السَّرِيعُ، و(جَرَنْبَةٌ).

وَبَقِيَ عَلَيْهِ (سُمَّهَى) لِلْبَاطِلِ، و(صَحَارٍ)، و(صَحَارَى)، و(عِلْوَدٌّ) لِلشَّدِيدِ، و(حَبَوْنَنٌ) اسْمُ وَادٍ.

فَصْلٌ: وَبَيْنَهُمَا الْفَاءُ وَالْعَيْنُ فِي نَحْوِ: إِعْصَارٌ

وَهِيَ الرِّيحُ الشَّدِيدَةُ، وَقِيلَ: وَفِيهَا نَارٌ، و(إِخْرِيطٌ)، و(أُسْلُوبٌ) وَهُوَ الطَّرِيقُ، وَيُقَالُ لِلْمُتَكَبِّرِ: (أَنْفُهُ فِي أُسْلُوبٍ)، قَالَ:

أُنُوفُهُمْ مِلْفَخْرِ فِي أُسْلُوبِ ... وَشَعَرُ الأَسْتَاهِ بِالْجَبُوبِ

أَيْ: فِي ظَاهِرِ الأَرْضِ، و(إِدْرَوْنٌ) وَهُوَ الْوَسَخُ، وَيُسْتَعْمَلُ فِي الأَصْلِ الرَّدِيءِ.

(وَمِفْتَاحٌ، وَمَضْرُوبٌ، وَمِنْدِيلٌ، وَمُغْرُودٌ).

وَالْمُغْرُودُ وَالْمُعْلُوقُ: ضَرْبٌ مِنَ الْكَمْأَةِ، وَالْمُغْثُورُ وَالْمُغْفُورُ: الصَّمْغُ، وَلَيْسَ فِي الْكَلامِ غَيْرُهَا، و(تِمْثَالٌ)، و(تِرْدَادٌ) و(يَرْبُوعٌ)، و(يَعْضِيدٌ)، وَهُوَ شَجَرٌ، و(تَنْبِيتٌ) وَهُوَ مَا يَنْبُتُ عَلَى الأَرْضِ، قَالَ رُؤْبَةُ:

صَحْرَاءُ لَمْ يَنْبُتْ بِهَا تَنْبِيتُ ....

وَعَنِ ابْنِ دُرَيْدٍ كَسْرُ التَّاءِ، فَيَنْبَغِي أَنْ يُضْبَطَ عَلَيْهِمَا لِيَحْصُلَ الْمِثَالانِ، وَلَوْ قَدَّرْنَا أَنَّ الْكَسْرَةَ لِلإتْبَاعِ؛ لأَنَّهُ قَدْ ذَكَرَ مِفعلا وَمَثَّلَهُ بِمِنْخِرٍ، وَالْكَسْرُ لِلإتْبَاعِ، و(تُذْنُوبٌ) وَهِيَ الْبُسْرَةُ إِذَا أَرْطَبَتْ مِنْ أَسْفَلِهَا وَلَمْ تَبْلُغِ النِّصْفَ، و(تَنَوُّطٌ) وَهُوَ طَائِرٌ يَعْلَقُ بَيْضَهُ فِي أَغْصَانِ الشَّجَرِ، فَسُمِّيَ تَنَوُّطًا، مِنْ (نُطْتُ الشَّيْءَ بِالشَّيْءِ)، وَنَوَّطْتُهُ إِذَا عَلَّقْتُهُ بِهِ، وَوَقَعَ فِي "المُفَصَّلِ" (تُنُوِّطٌ) عَلَى مِثَالِ (تُبُشِّرٌ)، وَلَيْسَ بِمُسْتَقِيمٍ لِثَلاثَةِ أَوْجُهٍ:

مِنْهَا: أَنَّهُ لا تُعْرَفُ فِيهِ هَذِهِ اللُّغَةُ.

وَمِنْهَا: مَا يَلْزَمُ مِنْ سُقُوطِ مِثَالِ تُفُعِّلَ.

وَمِنْهَا: لُزُومُ التَّكْرَارِ مِنْ غَيْرِ فَائِدَةٍ.

فَالصَّوَابُ (تَنَوُّطٌ)، وَهُوَ مَصْرُوفٌ، و(تُبُشِّرٌ) وَهُوَ طَائِرٌ، وَجَاءَ (تُبَشِّرٌ)، فَيَنْبَغِي أَنْ يُضْبَطَ عَلَيْهِمَا لِيَحْصُلَ الْمِثَالانِ، وَالصَّوَابُ صَرْفُهُ، و(تِهِبِّطٌ) وَهُوَ اسْمُ أَرْضٍ، وَوَقَعَ فِي "الْمُفَصَّلِ" مَصْرُوفًا، وَوَقَعَ فِي أَبْنِيَةِ السِّيرَافِيِّ بِالأَلِفِ وَاللامِ، بَقِيَ عَلَيْهِ (أُسْرُوعٌ) وَهِيَ دُوَيْبَةٌ تَكُونُ فِي الرَّمْلِ، وَتُضَمُّ هَمْزَتُهُ فَيَكُونُ كَأُسْلُوبٍ، وَيُسْرُوعٌ لُغَةٌ فِي أُسْرُوعٍ، وَتُفْتَحُ يَاؤُهُ فَيَكُونُ كَيَرْبُوعٍ، وَتُؤْثُورٌ، وَهِيَ حَدِيدَةٌ تُوسَمُ بِهَا الإبِلُ.

فَصْلٌ: وَبَيْنَهُمَا الْعَيْنُ وَاللامُ فِي نَحْوِ خَيْزَلَى

وَخَوْزَلَى، وَخَيْزَرَى، وَخَوْزَرَى لِضَرْبٍ مِنَ الْمَشْيِ فِيهِ تَبَخْتُرٌ، وَخَيْزَرَى مَعْنَاهُ مَعْنَى خَيْزَلَى، وَوَقَعَ فِي " الْمُفَصَّلِ " بِالْيَاءِ، وَالصَّوَابُ أَنْ يَكُونَ الْخَوْزَرَى بِالْوَاوِ وَإِلا فَقَدْ كَرَّرَ الْمِثَالَ بِلا فَائِدَةٍ، وَأَسْقَطَ فَوْعَلَى، وَالحِنطَأْوُ وَالْحِنطَأْوَةُ: العَظِيمُ الْبَطْنِ، وَقِيلَ: القَصِيرُ، النُّونُ وَالْوَاوُ مَزِيدَتَانِ كَزِيَادَتِهِمَا فِي كِنْتَأْوٍ، وَهَذَا أَحْسَنُ مَا قِيلَ فِيهِ.

وَبَقِيَ عَلَيْهِ كَوَأْلَلٌ، وَهُوَ الْقَصِيرُ، وَقَالَ ابْنُ دُرَيْدٍ: كَوَأْلَكٌ بِالْكَافِ.

فَصْلٌ: وَبَيْنَهُمَا الْفَاءُ وَالْعَيْنُ فِي نَحْوِ: أَجْفَلَى

بِمَعْنَى: جَفَلَى لِلْكَثْرَةِ، يُقَالُ: دَعَا الجَفَلَى، إِذَا عَمَّ وَلَمْ يَخُصَّ، وَأُتْرُجٌّ، وَإِرْزَبٌّ وَهُوَ الْغَلِيظُ، قَالَ:

إِنَّ لَهَا مُرَكَّنًا إِرْزَبَّا كَأَنَّهُ جَبْهَةُ ذَرَّى حَبَّا

وَبَقِيَ عَلَيْهِ (يِهْيَرٌّ)، وَهُوَ الْبَاطِلُ، وَتِحِلِبَةٌ، وَتَحْلُبَةٌ، لِمَا حُلِبَتْ قَبْلَ أَنْ يَضْرِبَهَا الْفَحْلُ مِنَ الإِبِلِ، وَآجُرٌّ، وَهُوَ أَعْجَمِيٌّ مُعَرَّبٌ، وَتَرْعِيَّةٌ بِمَعْنَى الرَّاعِي، وَيُشَدَّدُ يَاؤُهُ، وَمِنْدِبَى، وَهُوَ النَّدْبُ الْخَفِيفُ فِي الْحَاجَةِ.

فَصْلٌ: وَالزِّيَادَتَانِ الْمُجْتَمِعَتَانِ قَبْلَ الْفَاءِ فِي نَحْوِ: مُنْطَلِقٍ، وَمُسْطِيعٌ

وَهُوَ اسْمُ فَاعِلٍ مِنِ (اسْطَاعَ) بِمَعْنَى: أَطَاعَ، وَالسِّينُ زَائِدَةٌ مُلْغَاةٌ، فَلِذَلِكَ بَقِيَ ضَمُّ الْمِيمِ عَلَى حَالِهِ، و(مُهْرَاقٌ) اسْمُ مَفْعُولٍ مِنْ (أَهْرَاقَ) بِمَعْنَى (أَرَاقَ)، زِيدَتْ فِيهِ الْهَاءُ، وَكَانَ أَصْلُهُ (أَرَاقَ)، قُلِبَتِ الْهَمْزَةُ هَاءً، فَقِيلَ: هَرَاقَ، ثُمَّ تُوُهِّمَ أَصَالَةُ الْهَاءِ فَزِيدَتِ الْهَمْزَةُ مَعَهَا، وَجَاءَ اسْمُ الْفَاعِلِ وَالْمَفْعُولِ عَلَى ذَلِكَ، و(إِنْقَحْلٌ) بِالْقَافِ: الْمُسِنُّ، و(إِنْقَحْرٌ) مِثْلُهُ، وَهُوَ تَكْرِيرٌ.

فَصْلٌ: وَمَا بَعْدَ الْفَاءِ فِي نَحْوِ: حَوَاجِرٍ

وَقَعَ فِي " كِتَابِ " سِيبَوَيْهِ التَّمْثِيلُ بِحَوَاجِزٍ بِالزَّايِ، جَمْعُ حَاجِزٍ، وَهُوَ مِثْلُ الْحَوْضِ، ذَكَرَهُمَا فِي الأَسْمَاءِ، فَيَجُوزُ أَنْ يَكُونَ الْمُصَنِّفُ جَعَلَ مَوْضِعَهَا حَوَاجِرَ بِالرَّاءِ، وَيَجُوزُ أَنْ يَكُونَ تَصْحِيفًا، و(غَيَالِمَ) جَمْعُ غَيْلَمٍ، وَهِيَ السُّلَحْفَاةُ أَوِ الْمَرْأَةُ الْحَسْنَاءُ، وَالْعَيْلَمُ بِالْعَيْنِ الْمُهْمَلَةِ: الْبِئْرُ الْغَزِيرَةُ الْمَاءِ، وَجَنَادِبٌ: جَمْعُ جُنْدُبٍ، وَدُوَاسِرٌ: لِلشَّدِيدِ الْمَاضِي، وَصِيَّهْمٌ وَجَاءَ مُخَفَّفًا: لِلْقَصِيرِ، وَلِلَّذِي يَرْفَعُ رَأْسَهُ، وَلِلْغَلِيظِ، وَبَقِيَ عَلَيْهِ دُمَالِصٌ بِمَعْنَى دُلَامِصٍ وَهُوَ الْبَرَّاقُ.

(وَبَيْنَ الْعَيْنِ وَاللامِ فِي نَحْوِ: كُلَّاءٍ).

وَهُوَ الْمَوْضِعُ الَّذِي يُحْبَسُ فِيهِ السُّفُنُ، وَخُطَّافٌ، وَحِنَّاءٌ، وَجِلْوَاخٌ وَهُوَ النَّهْرُ الْعَظِيمُ، وَجِرْيَالٌ: اسْمٌ لِلْخَمْرِ، وَعِصْوَادٌ وَهُوَ مَوْضِعُ الْحَرْبِ، وَالْفَصِيحُ كَسْرُ عَيْنِهِ، وَقَالَ الْجَرْمِيُّ، مَعْنَاهُ: الْجَلَبَةُ وَالصِّيَاحُ، وَهَبَيَّخٌ وَهُوَ الْعَظِيمُ وَالصَّبِيُّ، وَالأُنْثَى هَبَيَّخَةٌ، وَكِدْيَوْنٌ وَهُوَ دُرْدِيُّ الزَّيْتِ، وَبِطِّيخٌ، وَقُبَّيْطٌ وَهُوَ النَّاطِفُ، وَيُقَالُ: قُبَّاطٌ، وَقُيَّامٌ، وَصُوَّامٌ، وَعَقَنْقَلٌ وَهُوَ الْجَبَلُ مِنَ الرَّمْلِ، وَعَقَنْقَلُ الضَّبِّ: كُشْيَتُهُ، وَهِيَ شَحْمَتُهُ، وَعَثَوْثَلٌ وَهُوَ الْعِثْوَلُّ، وَهُوَ الْمُسْتَرْخِي، وَعِجَّوْلٌ وَهُوَ الْعِجْلُ وَلَدُ الْبَقَرَةِ، وَسُبُّوحٌ وَهُوَ الطَّاهِرُ فِي صِفَاتِ الْبَارِي تَعَالَى، وَمُرِّيقٌ، وَهُوَ شَبِيهٌ بِالْعُصْفُرِ، وَحُطَائِطُ وَهُوَ الصَّغِيرُ، كَأَنَّهُ حُطَّ عَنْ جِرْمِ

الْكَبِيرِ، وَدُلامِصٌ.

وَبَقِيَ عَلَيْهِ زَرَارِقٌ، جَمْعُ زُرَّقٍ لِطَائِرٍ، وَفِرْنَاسٌ مِنْ نُعُوتِ الأَسَدِ، وَعَطَوَّدٌ وَهُوَ السَّفَرُ الْبَعِيدُ، وَتَنُّومٌ وَهُوَ نَبْتٌ؛ يُقَالُ: إِنَّهُ الشَّهْدَانَجُ.

فَصْلٌ: وَبَعْدَ اللامِ فِي نَحْوِ: ضَهْيَاء

وَهِيَ أَرْضٌ لا نَبَاتَ بِهَا، وَالْمَرْأَةُ الَّتِي لا يَنْبُتُ لَهَا ثَدْيٌ، وَأَيْضًا الَّتِي لا تَحِيضُ، وَجَاءَ ضَهْيَأً مَهْمُوزًا مَقْصُورًا، وَطَرْفَاءُ: شَجَرٌ، وَاحِدُهُ طَرَفَةٌ، وَقُوْبَاءُ، وَعِلْبَاءُ، وَرُحَضَاءُ، وَسِيَرَاءُ، وَهُوَ ضَرْبٌ مِنْ ثِيَابِ الْحَرِيرِ، وَجَنَفَاءُ: مَوْضِعٌ، وَسَعْدَانُ وَهُوَ نَبْتٌ، وَكَرَوَانٌ، وَكِرْوَانٌ، وَسِرْحَانُ وَهُوَ الذِّئْبُ وَالأَسَدُ أَيْضًا؛ لأَنَّ كِرْوَانًا مِثْلُهُ، وَعُثْمَانُ، وَظَرِبَانُ وَهِيَ دَابَّةٌ مُنْتِنَةُ الرِّيحِ، وَالسَّبُعَانُ وَهُوَ مَوْضِعٌ، وَالسُّلْطَانُ، وَعُرُضْنَى، وَهِيَ مِشْيَةٌ فِي مُعَارَضَةٍ، وَجَاءَ عِرَضْنَى، وَيَنْبَغِي أَنْ يُضْبَطَ عَلَيْهِمَا لِيَحْصُلَ الْمِثَالانِ، وَجَاءَ فِيهِ الْعُرُضْنَى، فَيَنْبَغِي أَنْ يُضْبَطَ، وَدِفِقَّى وَهُوَ ضَرْبٌ مِنَ السَّيْرِ، وَجَاءَ بِكَسْرِ الْعَيْنِ وَفَتْحِهَا، فَيَنْبَغِي أَنْ يُضْبَطَ عَلَيْهِمَا لِيَحْصُلَ الْمِثَالانِ، وَهِبْرِيَةٌ وَهُوَ الْخَزَازُ فِي الرَّأْسِ، وَسَنْبَتَةٌ، سَنْبَتَةٌ مِنَ الدَّهْرِ: حِينٌ، وَسَنْبَةٌ مِثْلُهُ، وَقَرْنُوَةٌ وَهُوَ نَبْتٌ يُدْبَغُ بِهِ، وَعُنْصُوَةٌ وَهُوَ النَّبْتُ الْمُتَفَرِّقُ، وَجَبَرُوتٌ، وَفُسْطَاطٌ، الفُسْطَاطُ وَالفِسْطَاطُ: الخَيْمَةُ، وَجِلْبَابٌ وَهُوَ القَمِيصُ، وَحِلْتِيتٌ، وَصَمَحْمَحٌ وَهُوَ الْغَلِيظُ، وَالْفَرَّاءُ يَجْعَلُ صَمَحْمَحًا مِثْلَ سَفَرْجَلٍ، وَيَبْطُلُ عَلَيْهِ بِذُرَحْرَحٍ؛ إِذْ لَيْسَ فِي الْكَلامِ مِثْلُ سُفَرْجَلٍ، وَخُرُوجُ اللَّفْظِ عَنْ أَبْنِيَةِ كَلامِهِمْ أَحَدُ الأَدِلَّةِ عَلَى زِيَادَةِ الْحَرْفِ فِيهِ، وَذُرَحْرَحٌ وَهِيَ دُوَيْبَةٌ ذَاتُ سُمٍّ إِذَا أُكِلَتْ فِي طَعَامٍ، وَاحِدَةُ الذَّرَارِيحِ.

وَبَقِيَ عَلَيْهِ بَلَصُوصٌ، وَهُوَ طَيْرٌ، وَجَمْعُهُ بَلَنْصَى، وَكِرْدِيدٌ وَهُوَ جُلَّةُ التَّمْرِ، وَرُعْبُوبٌ لِلنَّاعِمَةِ الْبَدَنِ، وَعُرَضَّى بِمَعْنَى عُرُضْنَى، وَحَمَصِيصٌ وَهُوَ نَبْتٌ، وَتَئِفَّةٌ، وَفِيهِ نَظَرٌ، يُقَالُ: جِئْتُكَ عَلَى تَئِفَّةِ ذَاكَ، وَتَفِئَّةِ ذَاكَ، وَإِفَّانَهُ؛ أَيْ: بِالْقُرْبِ مِنْهُ، وَقَوْلُهُمْ: تَفِئَّةٌ يَدُلُّ عَلَى أَنَّ التَّاءَ أَصْلِيَّةٌ، فَيَكُونُ مِنْ هَذَا الْفَصْلِ، وَقَوْلُهُمْ: (إِفَّانَ ذَاكَ) يَدُلُّ عَلَى أَنَّ التَّاءَ زَائِدَةٌ، فَيَكُونُ وَزْنُهُ تَفْعِلَةٌ، فَلا يَكُونُ مِنْ هَذَا الْفَصْلِ، وَتَلُنَّةٌ وَهِيَ الْحَاجَةُ، قَالَ ابْنُ مُقْبِلٍ:

يَا حُرَّ أَمْسَتْ تَلُنَّاتُ الصِّبَا ذَهَبَتْ ... فَلَسْتُ مِنْهَا عَلَى عَيْنٍ وَلا أَثَرِ

فَصْلٌ: وَالثَّلاثُ الْمُفْتَرِقَةُ فِي نَحْوِ: إِهْجِيرَى، وَمَخَارِيقَ، وَتَمَاثِيلَ، وَيَرَابِيعَ

جَمْعُ يَرْبُوعٍ، وَهِيَ دُوَيْبَةٌ، وَبَقِيَ عَلَيْهِ أَبَاطِيلُ.

فَصْلٌ: وَالْمُجْتَمِعَةُ قَبْلَ الْفَاءِ فِي مُسْتَفْعِل

بِكَسْرِ الْعَيْنِ وَفَتْحِهَا، وَيَنْبَغِي أَنْ يُضْبَطَ عَلَيْهِمَا لِيَحْصُلَ الْمِثَالانِ.

فَصْلٌ: وَبَعْدَ الْعَيْنِ فِي نَحْوِ: سَلالِيمَ، وَقَرَاوِيحَ

وَبَقِيَ عَلَيْهِ مَرْمَرِيسٌ.

فَصْلٌ: وَبَعْدَ اللامِ فِي نَحْوِ: صِلِّيَانُ

وَهُوَ نَبْتٌ، وَاللامُ مُشَدَّدَةٌ، وَالْيَاءُ مُخَفَّفَةٌ، وَعُنْفُوَانُ وَهُوَ ابْتِدَاءُ الشَّبَابِ، وَعِرِفَّانُ وَهُوَ الْمَعْرِفَةُ، وَقِيلَ: الكَرِيُّ؛ كَقَوْلِهِ:

كَفَانِي الْعِرِفَّانُ الْكَرَى وَكَفَيْتُهُ ... كِلاءَ الْفَلاةِ وَالنُّعَاسُ مُعَانِقُه

وَتَيِقَّانُ وَهُوَ أَوَّلُ الشَّيْءِ، وَقِيلَ: النَّشَاطُ، وَكِبْرِيَاءُ وَهُوَ الْكِبْرُ، وَسِيمِيَاءُ وَهِيَ الْعَلامَةُ، وَيُقَالُ: السِّيمَا وَهُوَ وَزْنُ كِبْرِيَاء، فَلا مَعْنَى لإِعَادَتِهِ، وَمَرَحَيَّا وَهُوَ زَجْرٌ عِنْدَ الرَّمْيِ، وَبَقِيَ عَلَيْهِ جُلُبَّانُ وَهِيَ بَقْلَةٌ، وَحِلِبْلابُ وَهُوَ نَبْتٌ، وَإِجْرِيَّا بِمَعْنَى إِهْجِيْرَى، وَرَغَبُوتَى، وَبُلَهْنِيَةٌ وَهُوَ الْعَيْشُ الَّذِي لا كَدَرَ فِيهِ.

فَصْلٌ: وَقَدِ اجْتَمَعَتْ ثِنْتَانِ، وَانْفَرَدَتْ وَاحِدَةٌ فِي نَحْوِ: أُفْعُوَان

وَهُوَ الذَّكَرُ مِنَ الأَفَاعِي، وَإِضْحِيَانُ وَهُوَ الْمُضِيءُ، وَأَرْوَنَانُ، يُقَالُ: يَوْمٌ أَرْوَنَانُ؛ أَيْ: شَدِيدٌ، قَالَ النَّابِغَةُ:

فَظَلَّ لِنِسْوَةِ النُّعْمَانِ مِنَّا ... عَلَى سَفَوانَ يَوْمٌ أَرْوَنَانُ

وَبَعْضُ النَّاسِ يَقُولُ: الْقَافِيَةُ مَجْرُورَةٌ، وَأَوَّلُهَا:

أَلا أَبْلِغْ بَنِي خَلَفٍ رَسُولا ... أَحَقًّا أَنَّ أَخْطَلَكُمْ هَجَانِي

فَيَحْتَمِلُ الأَمْرَيْنِ:

أَحَدُهُمَا: أَنْ يَكُونَ إِقْوَاءً.

وَالآخَرُ: أَنْ يَكُونَ نَسَبَ النَّعْتَ إِلَى نَفْسِهِ؛ كَقَوْلِهِ[1]:

---

(١) الرجز للعجاج: ٩٠ هـ / ٧٠٨ م: وهو عبد الله بن رؤبة بن لبيد بن صخر السعدي التميمي أبو الشعثاء. راجز مجيد، من الشعراء، ولد في الجاهلية وقال الشعر فيها، ثم أدرك الإسلام وأسلم وعاش إلى أيام الوليد بن عبد الملك ففلج وأقعد، وهو أول من رفع الرجز، وشبهه بالقصيد، وكان بعيداً عن الهجاء وهو والد رؤبة الراجز المشهور.

وَالدَّهْرُ بِالإنْسَانِ دَوَّارِيُّ ....

وَإِنَّمَا هُوَ دَوَّارٌ.

و(أَرْبِعَاءُ) لِيَوْمِ الأَرْبِعَاءِ الْمُخْتَارُ عِنْدَ ثَعْلَب، قَالَ سِيبَوَيْه فِيهِ لُغَتَانِ: الأَرْبِعَاءُ، وَالإِرْبِعَاءُ، فَتْحُ الْهَمْزَةِ وَالْبَاءِ وَكَسْرُهُمَا، وَالأَرْبِعَاءُ عِنْدَ سِيبَوَيْه جَمْعُ رَبِيعٍ، وَأُرْبُعَاءُ وَقَعَ فِي " الْمُفَصَّلِ " مَضْمُومَ الْهَمْزَةِ وَالْبَاءِ، وَهُوَ غَرِيبٌ، وَيَنْبَغِي أَنْ يُضْبَطَ هَذَا عَلَى الْوَجْهَيْنِ اللَّذَيْنِ ذَكَرَهُمَا سِيبَوَيْه لا غَيْرُ لِيَشْمَلَ الْوَزْنَيْنِ.

وَقَاصِعَاءُ: الْقَاصِعَاءُ وَالنَّافِقَاءُ مِنْ جِحَرَةِ الْيَرْبُوعِ، وَفَسَاطِيطُ وَسَرَاحِينُ، وَثَلاثَاءُ، وَسَلامَانُ، وَهُوَ فِي طَيِّئٍ وَمَذْحِجٍ وَقُضَاعَةَ وَقَيْسِ عَيْلانَ، وَسَلْمَانُ فِي مُرَادٍ، رَهْطِ عُبَيْدَةَ السَّلْمَانِيِّ، وَقُرَاسِيَةٌ وَهُوَ الْفَحْلُ الْعَظِيمُ، وَقَلَنْسُوَةٌ، وَخُنْفَسَاءُ، وَتَيَّحَانٌ وَهُوَ الْمُتَعَرِّضُ لِمَا لا يَعْنِيهِ، وَعُمُدَّانٌ وَهُوَ الطَّوِيلُ، وَفِي نُسْخَةِ الْمُبَرِّدِ مِنْ " كِتَابِ " سِيبَوَيْه غُمَدَّانُ، وَيَنْبَغِي أَنْ يُضْبَطَ عَلَيْهِمَا، وَإِلا فَقَدْ أَسْقَطَ فُعَلانَ، وَمَلْكَعَانُ، وَمَكْرُمَانُ مِنَ الْعُبُودِيَّةِ وَالْهُجْنَةِ، وَمِنَ الْكَرَامَةِ، وَمَلأَمَانُ مِنَ اللُّؤْمِ، وَبَقِيَ عَلَيْهِ خَيْزُرَانُ، وَحَيْسُمَانُ وَهُوَ نَبْتٌ، وَيُقَالُ: رَجُلٌ حَيْسُمَانُ؛ أَيْ: طَوِيلٌ سَمِينٌ آدَمُ، وَعَجِيسَاءُ وَهِيَ مِشْيَةٌ، وَحَوْثَنَانُ وَهُوَ مَوْضِعٌ بِالثَّاءِ وَالتَّاءِ، وَمُسْحُلانُ وَهُوَ السَّبْطُ الْجُمَّةُ، و(فِرِنْدَادُ) وَهُوَ مَوْضِعٌ، و(مَعْيُورَاءُ) اسْمٌ لِلْحَمِيرِ، و(لُغَيْزَى) بَعْضُ جِحَرَةِ الْيَرْبُوعِ، و(يَهْيَرَّى) لِلْبَاطِلِ، و(مَكْوَرَّى) لِلْعَظِيمِ رَوْثَةِ الأَنْفِ، و(هِجِّيرَى)، و(صَحَارِيٌّ)، و(دَيَامِيسُ)، و(بَرُوكَاءُ) بِمَعْنَى بَرَاكَاءَ، وَهُوَ الثَّبَاتُ فِي الْحَرْبِ، و(زَعَارَّةٌ) وَهُوَ سُوءُ الْخُلُقِ، وَيُقَالُ: حَمَارَّةٌ لِشِدَّةِ الْحَرِّ، وَصَبَارَّةٌ لِشِدَّةِ الْبَرْدِ، وَلَيْسَ فِي الْكَلامِ غَيْرُهَا، وَخُضَّارَى وَهُوَ طَائِرٌ أَخْضَرُ، وَحَوْصَلاءُ وَحَوْصَلَةٌ لِلْحَوْصَلَةِ، وَخَنْفَقِيقُ وَهِيَ الدَّاهِيَةُ، وَحَنْدَقُوقُ وَهُوَ نَبْتٌ يُقَالُ لَهُ: الذُّرَقُ، وَهُوَ نَبَطِيٌّ مُعَرَّبٌ، وَلا تَقُلِ الْحَنْدَقُوقَى، وَتَرَنَمُوتُ وَهُوَ تَرَنُّمُ الْقَوْسِ عِنْدَ النَّزْعِ، وَتُقُدُّمِيَّةٌ وَهِيَ لُغَةٌ فِي التَّقْدُمَةِ، وَهِيَ أَوَّلُ تَقَدُّمِ الْخَيْلِ.

فَصْلٌ: وَالأَرْبَعَةُ فِي نَحْوِ: اشْهِيبَابٍ، وَاحْمِيرَارٍ

وَمِنْ أَصْنَافِ الاسْمِ: الرُّبَاعِيُّ.

الرُّبَاعِيُّ الأُصُولِ جَعْفَرٌ، وَزِبْرِجٌ وَهُوَ الذَّهَبُ، وَقِيلَ: الأَحْمَرُ، وَقِيلَ: السَّحَابُ الرَّقِيقُ، وَبُرْثُنٌ وَهُوَ لِلسَّبُعِ وَالطَّائِرِ كَالإِصْبَعِ لِلإِنْسَانِ، وَدِرْهَمٌ، وَفِطَحْلٌ، وَالفِطَحْلُ: اسْمُ زَمَانٍ تَزْعُمُ الْعَرَبُ أَنَّ الْحِجَارَةَ كَانَتْ فِيهِ رَطْبَةً، قَالَ رُؤْبَةُ:

فَقُلْتُ: لَوْ عُمِّرْتُ عُمَرَ الْحِسْلِ   أَوْ عُمَرَ نُوحٍ زَمَنَ الْفِطَحْلِ

فَصْلٌ: وَالزِّيَادَةُ الْوَاحِدَةُ قَبْلَ الْفَاءِ لا تَكُونُ إلا فِي نَحْوِ: مُدَحْرِجٍ، وَمُدَحْرَجٍ

فَصْلٌ: وَهِيَ بَعْدَ الْفَاءِ فِي نَحْوِ: قِنْفَخْرٍ

الْقِنْفَخْرُ، وَالْقُنْفَخْرُ، وَالْقُفَاخِرِيُّ: الفَائِقُ فِي نَوْعِهِ، وَكُنْتَأْلٌ وَهُوَ الْقَصِيرُ، وَكَنَهْبُلٌ، وَهُوَ نَوْعٌ مِنَ الشَّجَرِ.

فَصْلٌ: وَبَعْدَ الْعَيْنِ فِي نَحْوِ: عُذَافِرٍ

وَهُوَ الْغَلِيظُ الْجَانِبِ، وَسَمَيْذَعٍ وَهُوَ السَّيِّدُ، وَفَدَوْكَسٍ وَهُوَ الشَّدِيدُ، وَاسْمُ حَيٍّ مِنْ تَغْلِبَ بْنِ وَائِلٍ، وَحُبَارِجٍ، وَحَزَنْبَلٍ وَهُوَ الْقَصِيرُ وَنَبَاتٌ، حُكِمَ بِزِيَادَةِ النُّونِ، وَإِنْ لَمْ يُعْرَفْ لَهُ اشْتِقَاقٌ؛ لأَنَّ النُّونَ قَدْ كَثُرَتْ زِيَادَتُهَا ثَالِثَةً سَاكِنَةً فِيمَا عُرِفَ بِالاشْتِقَاقِ؛ نَحْوَ: حَبَنْطَى وَشِبْهِهِ، فَكَانَ حَمْلُهُ عَلَى مَا كَثُرَ أَوْلَى مِنْ حَمْلِهِ عَلَى مَا قَلَّ كَسَفَرْجَلٍ، وَقَرَنْفُلٍ، وَعِلَّكْدٍ وَهُوَ الْغَلِيظُ، وَقَالَ الْمُبَرِّدُ: العَجُوزُ الْمُسِنَّةُ كَالْعِلَّكْدِ، و(هُمَّقِعٌ) وَهُوَ نَبْتٌ، و(شُمَّخْرٌ) وَهُوَ الْمُتَعَظِّمُ، وَفِي " كِتَابِ " سِيبَوَيْهِ شُمَّخْزٌ بِالزَّايِ، وَبَقِيَ عَلَيْهِ حَفَيْتَلٌ وَهُوَ شَجَرٌ، وَهَمَّرِشٌ وَهُوَ عِنْدَ سِيبَوَيْهِ رُبَاعِيٌّ مُضَاعَفُ الْعَيْنِ، وَوَزْنُهُ فَعَّلِلٌ، وَعِنْدَ الأَخْفَشِ وَزْنُهُ فَعْلَلِلٌ مِثْلُ جَحْمَرِشٍ، وَأَصْلُهُ عِنْدَهُ هَنْمَرِشٌ، فَأُدْغِمَتِ النُّونُ فِي الْمِيمِ، وَنَخْوَرِشٌ؛ يُقَالُ: جِرْوٌ نَخْوَرِشٌ؛ أَيْ: كَبِيرٌ، قَالَ السِّيرَافِيُّ: هُوَ مُلْحَقٌ بِجَحْمَرِشٍ بِزِيَادَةِ الْوَاوِ.

فَصْلٌ: وَبَعْدَ اللامِ الأُولَى فِي نَحْوِ: قِنْدِيلٍ، وَزُنْبُورٍ، وَغُرْنِيقٍ

وَهُوَ الشَّدِيدُ، وَفِرْدَوْسٌ وَهِيَ الرَّوْضَةُ، وَقَرَبُوسٌ، وَوَقَعَ فِي مَوْضِعِهِ فِي أَمْثِلَةِ سِيبَوَيْهِ، و(قَرْقُوسٌ) وَهُوَ الْقَاعُ الأَمْلَسُ، فَيَجُوزُ أَنْ يَكُونَ غَيْرَهُ بِقَرَبُوسٍ، وَيَجُوزُ أَنْ يَكُونَ تَصْحِيفًا مِنَ النَّاقِلِينَ، وَكَنَهْوَرٌ وَهُوَ السَّحَابُ الْعِظَامُ، وَاحِدَتُهُ كَنَهْوَرَةٌ، وَصَلْصَالٌ، وَسِرْدَاحٌ وَهِيَ الأَرْضُ الْوَاسِعَةُ، وَأَيْضًا الضَّخْمُ، وَشَفَلَّحٌ وَهُوَ ثَمَرُ الْكَبَرِ، وَالْغَلِيظُ الشَّفَتَيْنِ، وَصُفُرُّقٌ بِضَمِّ الأَوَّلَيْنِ وَهُوَ نَبْتٌ، وَمَثَّلَ بِهِ سِيبَوَيْهِ، وَفَسَّرَهُ السِّيرَافِيُّ عَنْ ثَعْلَبَ، وَقِيلَ: الفَالُوذُ.

وَبَقِيَ عَلَيْهِ قِرْنَاسٌ، وَهُوَ مَا شَخَصَ مِنَ الْجَبَلِ، وَالآلَةُ الَّتِي يُلَفُّ عَلَيْهَا الْقُطْنُ وَغَيْرُهُ لِيُغْزَلَ، وَزُمُرُّدٌ.

فَصْلٌ: وَبَعْدَ اللامِ الأخِيرَةِ فِي نَحْوِ: حَبَرْكَى

وَهُوَ الطَّوِيلُ الظَّهْرِ الْقَصِيرُ الرِّجْلِ، وَعَنْ ثَعْلَبَ الْعَكْسُ، وَجَحْجَبَى، وَهِرْبِذَى، وَهِنْدَبَى، يُقَالُ: هِنْدِبَى، وَهِنْدَبَاءُ، مَقْصُورًا وَمَمْدُودًا فِيهِمَا، وَهُوَ هَاهُنَا بِفَتْحِ الدَّالِ مَقْصُورٌ لا غَيْرُ؛ لأنَّ الْمَدَّ يُخْرِجُهُ عَنِ الْفَصْلِ، وَكَسْرُ الدَّالِ يُغْنِي عَنْهُ، وَهِرْبِذَى، وَسِبَطْرَى وَهِيَ مِشْيَةٌ فِيهَا تَبَخْتُرٌ، وَسَبَهْلَلٌ وَهُوَ الْفَارِغُ، وَقِرْشَبٌّ وَهُوَ الْمُسِنُّ، وَطُرْطُبٌّ وَهُوَ الْعَظِيمُ الثَّدْيَيْنِ.

(وَالزِّيَادَتَانِ الْمُفْتَرِقَتَانِ فِي نَحْوِ: حَبَوْكَرَى).

وَحَبَوْكَرٌ لِلدَّاهِيَةِ، وَخَيْتَعُورٌ وَهِيَ الدَّاهِيَةُ أَيْضًا، وَقِيلَ: مَا يَغُرُّ وَيَخْدَعُ، قَالَ الشَّاعِرُ:

كُلُّ أُنْثَى وَإِنْ بَدَا لَكَ مِنْهَا ... آيَةُ الْحُبِّ حُبُّهَا خَيْتَعُورُ[1]

وَمَنْجَنُونٌ وَقَعَ فِي " الْمُفَصَّلِ " (مَنْجَنُونٌ)، وَلَيْسَ هَذَا مَوْضِعَهُ؛ لأنَّهُ لَيْسَ مِنَ الرُّبَاعِيِّ، وَلَيْسَتْ فِيهِ زِيَادَتَانِ مُفْتَرِقَتَانِ، وَالَّذِي أَرَاهُ أَنْ يَكُونَ مَوْضِعَهُ مَنْجَنِيقٌ؛ لأنَّهُ عِنْدَ سِيبَوَيْهِ فَنْعَلِيلٌ، فَفِيهِ زِيَادَتَانِ مُفْتَرِقَتَانِ، وَهُوَ رُبَاعِيٌّ، وَحُكِمَ بِزِيَادَةِ النُّونِ لِقَوْلِهِمْ: مَجَانِيقُ، وَحُكِمَ بِأَنَّ الْمِيمَ أَصْلِيَّةٌ؛ لِئَلا يُجْمَعَ بَيْنَ زِيَادَتَيْنِ فِي أَوَّلِ الاسْمِ، وَلِئَلا يُؤَدِّي إِلَى مِثَالٍ لَيْسَ فِي الأَسْمَاءِ، وَفَنْعَلِيلٌ كَخَنْدَرِيسٍ، وَبَعْضُ النَّحْوِيِّينَ يَزْعُمُ أَنَّ الْمِيمَ وَالنُّونَ زَائِدَتَانِ، وَيَذْكُرُ أَنَّ مِنَ الْعَرَبِ مَنْ يَقُولُ: جَنَقْنَاهُمْ إِذَا رَمَوْهُمْ بِالْمَنْجَنِيقِ، وَمَا

---

(١) الخَيْتَعُور: السَّرَابُ؛ وقيل: هو ما يبقى من السراب لا يلبث أَن يضمحل؛ وقال كراع: هو ما يبقى من آخر السراب حين يتفرّق فلا يلبث أن يضمحل، وخَتْعَرَتُه: اضمحْلالُه. والخَيْتَعُور: الذي ينزل من الهواء في شدة الحر أَبيض الخُيوط أَو كنسج العنكبوت. والخَيْتَعُور: الغادِرُ. والخَيْتَعورُ: الدنيا، على المَثَل، وقيل: الذئب، سمّي بذلك لأَنه لا عهد له ولا وفاء، وقيل: الغُولُ، لتلوّنها. وامرأَة خَيْتَعُورٌ: لا يدومُ وُدُّها، مشبهة بذلك، وقيل: كلُّ شيءٍ يتلوّن ولا يدوم على حال خَيْتَعُورٌ؛ قال: كلُّ أُنْثَى، وإِن بَدَا لَكَ منها آيةُ الحُبِّ، حُبُّها خَيْتَعُورُ كذلك رواه ابن الأَعرابي بتاء ذات نقطتين. الفراء: يقال للسلطان الخَيْتَعُورُ. والخَيْتَعُورُ: دُوَيْبَّةٌ سوداء تكون على وجه الماء لا تلبث في موضع إِلاَّ رَيْثَما تَطْرِفُ. والخَيْتَعُور: الداهية. ونَوىً خَيْتَعُورٌ، وهي التي لا تستقيم؛ وقوله أَنشده يعقوب: أَقولُ، وقد نَأَتْ بهم غُرْبَةُ النَّوَى: نَوىً خَيْتَعُورٌ لا تَشطُّ ديارُك يجوز أَن تكون الداهية، وأَن تكون الكاذبة، وأَن تكون التي لا تبقى. ابن الأَثير: ذئب العقبة يقال له الخَيْتَعُورُ؛ يريد شيطان العَقَبَة فجعل الخَيْتَعُورَ إِسماً له، وهو كل من يضمحل ولا يدوم على حالة واحدة أَو لا يكون له حقيقة كالسراب ونحوه، والياء فيه زائدة. [لسان العرب: ٢٣٠/٤]

أَدَّى إِلَيْهِ الاشْتِقَاقُ الصَّحِيحُ حُكِمَ بِهِ، وَإِنْ أَدَّى إِلَى مِثَالٍ لَيْسَ فِي الأَسْمَاءِ، وَكُنَابِيلُ وَهُوَ اسْمُ أَرْضٍ عَلَمٌ، فَيَنْبَغِي أَنْ لا يُصْرَفَ، وَجِحِنْبَارٌ وَهُوَ الضَّخْمُ، وَبَقِيَ عَلَيْهِ غُرَانِيقُ جَمْعُ غُرْنِيقٍ، وَهُوَ كَثِيرٌ؛ كَقَوْلِكَ: قَنَادِيلُ، وَزَنَابِيرُ، وَفَرَادِيسُ، وَقَرَابِيسُ.

فَصْلٌ: وَالزِّيَادَتَانِ الْمُجْتَمِعَتَانِ فِي نَحْوِ: قَنْدَوِيلٍ

القَنْدَوِيلُ وَالْقَنْدَلُ: العَظِيمُ الرَّأْسِ، وَقَمَحْدُوَةٌ، وَسُلَحْفِيَةٌ، وَعَنْكَبُوتٌ، وَعَرْطَلِيلٌ وَهُوَ الطَّوِيلُ أَوْ الْغَلِيظُ، وَطِرِمَّاحٌ، وَعَقْرَبَاءُ وَهُوَ مَعْرِفَةٌ، وَوَقَعَ بِضَمِّ عَيْنِهِ وَرَائِهِ، وَلَيْسَ بِمُسْتَقِيمٍ، وَإِنْ صَحَّ ذَلِكَ فَيَنْبَغِي أَنْ يُزَادَ بَرَنْسَاءُ، فَإِنَّهُ عَلَى ذَلِكَ، فَقَدْ أَسْقَطَ فَعْلَلاءَ، وَهِنْدِبَاءُ، يُقَالُ: هِنْدِبَى، وَهِنْدَبَاءُ، مَمْدُودًا وَمَقْصُورًا فِيهِمَا، وَهُوَ هَاهُنَا بِكَسْرِ الدَّالِ وَفَتْحِهَا مَعًا مَمْدُودٌ لِيَحْصُلَ الْمِثَالانِ، وَشَعْشَعَانٌ، وَعُقْرُبَانٌ وَهُوَ ذَكَرُ الْعَقَارِبِ، وَقِيلَ: دَخَّالُ الأُذُنِ، وَعُقْرُبَّانٌ بِتَشْدِيدِ الْبَاءِ لُغَةٌ أُخْرَى فِيهِ.

فَصْلٌ: وَالثَّلاثُ فِي نَحْوِ: عَبَوْثَرَانَ

عَبَوْثُرَانُ، وَعَبَيْثَرَانُ نَبْتٌ، وَعَرَنْقُصَانُ، وَعُرَيْقُصَانُ، وَعَرْقُصَانُ: دَابَّةٌ، وَجُخَادِبَاءُ، وَجُخَادِبٌ: ضَرْبٌ مِنَ الْجَرَادِ، و(بَرْنَاسَاءُ)، بَرْنَاسَاءُ وَبَرَنْسَاءُ: النَّاسُ، يُقَالُ: (مَا أَدْرِي أَيُّ الْبَرْنَاسَاءِ هُوَ)، وَعُقْرُبَّانُ.

وَمِنْ أَصْنَافِ الاسْمِ: الخُمَاسِيُّ الْمُجَرَّدُ

نَحْوُ: سَفَرْجَلٍ، وَجَحْمَرِشٍ، وَقُذَعْمِلٍ، وَجِرْدَحْلٍ.

(وَلِلْمَزِيدِ فِيهِ خَمْسَةُ أَبْنِيَةٍ).

أَمْثِلَتُهَا: خَنْدَرِيسٌ، وَخُزَعْبِيلٌ وَهُوَ الْبَاطِلُ مِنْ كَلامٍ مُزَاحٍ، وَعَضْرَفُوطٌ وَهُوَ دَابَّةٌ، وَمِنْهُ يَسْتَعُورٌ وَهُوَ مَوْضِعٌ بِالْحِجَازِ، وَيُقَالُ: ذَهَبْتُ فِي الْيَسْتَعُورِ؛ أَيْ: فِي الْبَاطِلِ، وَقَوْلُهُ:

عَصَيْتُ الآمِرِيَّ بِصَرْمِ لَيْلَى ... فَطَارُوا فِي عِضَاهِ الْيَسْتَعُورِ

يَحْتَمِلُ الأَمْرَيْنِ، وَقِرْطَبُوسٌ وَهِيَ الدَّاهِيَةُ، أَوِ النَّارُ الشَّدِيدَةُ، وَقَبَعْثَرَى وَهُوَ الْجَمَلُ الضَّخْمُ الشَّدِيدُ الْكَثِيرُ الْوَبَرِ، وَاللهُ أَعْلَمُ.

الْقِسْمُ الثَّانِي

الأفْعَالُ

قَالَ صَاحِبُ الْكِتَابِ: الْفِعْلُ: مَا دَلَّ عَلَى اقْتِرَانِ حَدَثٍ بِزَمَانٍ

قَالَ الشَّيْخُ: قَوْلُهُ: (مَا دَلَّ عَلَى اقْتِرَانِ حَدَثٍ بِزَمَانٍ) لَيْسَ بِجَيِّدٍ؛ لأنَّ الْفِعْلَ يَدُلُّ عَلَى الْحَدَثِ وَالزَّمَانِ جَمِيعًا، وَإِذَا قَالَ: مَا دَلَّ عَلَى اقْتِرَانِ حَدَثٍ، فَقَدْ جَعَلَ الاقْتِرَانَ نَفْسَهُ هُوَ الْمَدْلُولَ، وَخَرَجَ الْحَدَثُ وَالزَّمَانُ عَنِ الدِّلالَةِ، وَلا يَنْفَعُهُ كَوْنُهُمَا مُتَعَلَّقَ الاقْتِرَانِ؛ لأنَّكَ تَقُولُ: (أَعْجَبَنِي اقْتِرَانُ زَيْدٍ وَعَمْرٍو دُونَهُمَا)، فَثَبَتَ بِاعْتِبَارِ الاقْتِرَانِ، وَلا يَثْبُتُ بِاعْتِبَارِ مُتَعَلَّقِهِ، وَكَذَلِكَ كُلُّ مُضَافٍ وَمُضَافٍ إِلَيْهِ، وَإِنْ كَانَ مُتَعَلَّقًا لَهُ لا يَلْزَمُ مِنْ إِخْبَارِكَ عَنِ الْمُضَافِ إِخْبَارُكَ عَنِ الْمُضَافِ إِلَيْهِ.

فَإِنْ قِيلَ: الْمَقْصُودُ مِنَ الْحَدِّ تَمَيُّزُهُ، وَهُوَ يَتَمَيَّزُ بِذَلِكَ سَوَاءٌ كَانَ الْحَدَثُ وَالزَّمَانُ مِنْ مُدْلُولِهِ أَوْ لا، فَحَصَلَ الْمَقْصُودُ مِنَ الْحَدِّ.

قُلْنَا: الاقْتِرَانُ لَيْسَ مِنْ مَدْلُولِهِ أَلْبَتَّةَ، وَإِنَّمَا جَاءَ لازِمًا لَمَّا دَلَّ عَلَى الْحَدَثِ وَالزَّمَانِ دِلالَةً وَاحِدَةً لَزِمَ اقْتِرَانُهُمَا؛ إِذْ لا يُعْقَلُ إلا كَذَلِكَ، فَلَمْ يَكُنْ لِذِكْرِ الاقْتِرَانِ مَعْنًى، ثُمَّ لَوْ سَلَّمْنَا أَنَّ الاقْتِرَانَ مَدْلُولُ الْفِعْلِ، فَالْمَقْصُودُ فِي حُدُودِ هَذِهِ الأَلْفَاظِ أَنْ يُذْكَرَ مَا هُوَ مَدْلُولٌ لَهُ بِاعْتِبَارِ وَضْعِهِ، وَلا شَكَّ أَنَّ الْحَدَثَ وَالزَّمَانَ مَدْلُولٌ بِاعْتِبَارِ وَضْعِهِ، فَكَانَ التَّعَرُّضُ لَهُمَا بِاعْتِبَارِ حُدُودِ الأَلْفَاظِ هُوَ الْوَجْهُ الأَلْيَقُ.

قَوْلُهُ: (وَلُحُوقُ الْمُتَّصِلِ الْبَارِزِ مِنَ الضَّمَائِرِ).

أَرَادَ الضَّمِيرَ الْمَرْفُوعَ، وَإِلا وَرَدَ عَلَيْهِ (غُلامُكَ)، و(غُلامِي)، وَشِبْهُهُ، فَإِنَّهُ ضَمِيرٌ مُتَّصِلٌ بَارِزٌ، وَقَدِ اتَّصَلَ بِالاسْمِ، وَإِذَا أَخَذَ الْمَرْفُوعَ قَيْدًا فِي ذَلِكَ اسْتَقَامَ، وَلِذَلِكَ مَثَّلَ بِهِ دُونَ غَيْرِهِ، فَدَلَّ عَلَى أَنَّهُ الْمَقْصُودُ.

قَوْلُهُ: (الْفِعْلُ الْمَاضِي مَبْنِيٌّ عَلَى الْفَتْحِ؛ إلا أَنْ يَعْتَرِضَهُ مَا يُوجِبُ سُكُونَهُ) إِلَى آخِرِهِ.

قَالَ الشَّيْخُ: جَرَى فِي الْحَدِّ عَلَى الْمِنْهَاجِ الأَوَّلِ، وَيَرِدُ عَلَيْهِ مَا يَرِدُ فِي الأَوَّلِ، وَإِنَّمَا بُنِيَ عَلَى الْفَتْحِ؛ لأَنَّهُ مُشْبِهٌ لأَخِيهِ الْمُضَارِعِ مِنْ حَيْثُ إِنَّ الْمَاضِي يَقَعُ صِفَةً كَالْمُضَارِعِ، كَقَوْلِكَ: (مَرَرْتُ بِرَجُلٍ ضَرَبَ) كَمَا تَقُولُ: (مَرَرْتُ بِرَجُلٍ يَضْرِبُ)، وَصِلَةً، وَشَرْطًا، وَحَالا، كَمَا يَقَعُ (يَضْرِبُ)، وَقَدْ أُعْرِبَ الْمُضَارِعُ، فَجُعِلَ لِلْمَاضِي حَظٌّ مِنَ الْحَرَكَاتِ الَّتِي هِيَ آلَةُ الإِعْرَابِ، وَبُنِيَ عَلَى الْفَتْحِ؛ لأَنَّهُ أَخَفُّ، وَشَبَهُهُ بِهِ مِنْ حَيْثُ إِنَّهُ يَقَعُ مَوْقِعَهُ كَمَا ذَكَرْنَا.

قَوْلُهُ: (فَالسُّكُونُ عِنْدَ الإِعْلالِ).

يَعْنِي: إِذَا كَانَ آخِرُهُ يَاءً أَوْ وَاوًا مَفْتُوحًا مَا قَبْلَهَا، فَإِنَّهَا تَنْقَلِبُ أَلِفًا، وَالأَلِفُ لا تَكُونُ إِلا سَاكِنَةً.

قَوْلُهُ: (وَلُحُوقِ بَعْضِ الضَّمَائِرِ).

يَعْنِي: لُحُوقَ الضَّمِيرِ الْمُتَّصِلِ الْمَرْفُوعِ الْمُتَحَرِّكِ، وَإِذَا وُجِدَتْ هَذِهِ الشَّرَائِطُ وَجَبَ سُكُونُهُ، فَإِنْ فُقِدَ وَاحِدٌ مِنْهَا رَجَعَ إِلَى أَصْلِهِ فِي الْفَتْحِ، فَمِثَالُ فِقْدَانِ كَوْنِهِ مُتَحَرِّكًا قَوْلُكَ: (ضَرَبَا)، وَمِثَالُ فِقْدَانِ كَوْنِهِ مَرْفُوعًا قَوْلُكَ: (ضَرَبَنِي)، وَمِثَالُ فِقْدَانِ كَوْنِهِ مُتَّصِلا قَوْلُكَ: (مَا ضَرَبَ إِلا أَنَا)، وَالضَّمُّ مَعَ وَاوِ الضَّمِيرِ ظَاهِرٌ.

قَوْلُهُ: (وَمِنْ أَصْنَافِ الْفِعْلِ الْمُضَارِعُ) إِلَى آخِرِهِ.

قَالَ الشَّيْخُ: ذَكَرَ الْمُضَارِعَ وَلَمْ يُضِفِ الْحَالَ وَالاسْتِقْبَالَ مِنْ جِهَةِ أَنَّ لَفْظَهُمَا وَاحِدٌ، فَبَوَّبَ لَهُ وَحَدَّهُ بِمَا بِهِ كَانَ كَذَلِكَ، وَهُوَ حُرُوفُ الْمُضَارَعَةِ، وَلَمْ يَتَعَرَّضْ فِي الْحَدِّ لِلْمَدْلُولِ لِذَلِكَ.

(وَذَلِكَ قَوْلُكَ لِلْمُخَاطَبِ أَوْ لِلْغَائِبَةِ: تَفْعَلُ).

يُرِيدُ مُجَرَّدًا عَنِ الضَّمِيرِ الْمُتَّصِلِ، وَإِلا فَهُوَ فِي الْغَائِبَيْنِ بِالتَّاءِ أَيْضًا، كَقَوْلِكَ: (الْمَرْأَتَانِ تَخْرُجَانِ).

(وَلِلْغَائِبِ يَفْعَلُ)، يُرِيدُ مِثْلَ ذَلِكَ، وَإِلا وَرَدَ عَلَيْهِ يَفْعَلانِ وَيَفْعَلُونَ أَيْضًا، فَإِنَّهُ لِلْغَائِبِ، وَهُوَ بِالْيَاءِ، فَلا يُمْكِنُ حَمْلُهُ عَلَى الْعُمُومِ لِذَلِكَ، فَإِنْ قُصِدَ تَحْقِيقُ ذَلِكَ، قِيلَ: التَّاءُ لِلْمُخَاطَبِ مُطْلَقًا وَلِلْغَائِبَةِ وَالْغَائِبَتَيْنِ، وَالْيَاءُ لِلْغَائِبِ مُطْلَقًا، وَأَمَّا الْهَمْزَةُ وَالنُّونُ فَأَمْرُهُمَا ظَاهِرٌ، فَالْهَمْزَةُ لِلْمُتَكَلِّمِ مُفْرَدًا مُطْلَقًا، وَالنُّونُ لِلْمُتَكَلِّمِ غَيْرَ مُفْرَدٍ مُطْلَقًا.

(وَتُسَمَّى الزَّوَائِدَ الأَرْبَعَ). هَذَا اصْطِلاحُ النَّحْوِيِّينَ.

(وَيَشْتَرِكُ فِيهِ الْحَاضِرُ وَالْمُسْتَقْبَلُ).

هَذَا هُوَ الْمَذْهَبُ الْمَشْهُورُ، وَمِنْهُمْ مَنْ زَعَمَ أَنَّهُ ظَاهِرٌ فِي الْحَالِ مَجَازٌ فِي الاسْتِقْبَالِ، وَمِنْهُمْ مَنْ عَكَسَ، وَالصَّحِيحُ أَنَّهُ مُشْتَرَكٌ؛ لأَنَّهُ يُطْلَقُ عَلَيْهِمَا إِطْلاقًا وَاحِدًا؛ كَإِطْلاقِ الْمُشْتَرَكِ، فَوَجَبَ الْقَوْلُ بِهِ كَسَائِرِ الْمُشْتَرَكَاتِ.

قَوْلُهُ: (وَاللامُ فِي قَوْلِكَ: (إِنَّ زَيْدًا لَيَفْعَلُ) مُخَلِّصَةٌ لِلْحَالِ).

هَذَا مَذْهَبُ الْكُوفِيِّينَ، جَعَلَهُ هَاهُنَا قَوْلَهُ، وَإِنْ كَانَ يُخَالِفُهُ، وَقَدْ صَرَّحَ بِذَلِكَ فِي قَوْلِهِ فِي الْحَرْفِ: وَيَجُوزُ عِنْدَنَا: (إِنَّ زَيْدًا لَسَوْفَ يَقُومُ)، قَالَ اللَّهُ تَعَالَى: ﴿وَلَسَوْفَ يُعْطِيكَ رَبُّكَ فَتَرْضَى﴾ [الضحى:٥]، وَ ﴿لَسَوْفَ أُخْرَجُ حَيًّا﴾ [مريم:٦٦]، وَلا يُجِيزُهُ الْكُوفِيُّونَ، وَإِنَّمَا قَالَ بِهِ هَاهُنَا؛ لِيَقْوَى أَمْرُ الْمُضَارَعَةِ، وَذَلِكَ أَنَّ اسْمَ الْجِنْسِ نَحْوَ: (رَجُلٌ) يَقَعُ عَلَى آحَادٍ مُتَعَدِّدَةٍ عَلَى الْبَدَلِ وَالْمُضَارِعِ كَذَلِكَ، ثُمَّ يَتَمَيَّزُ الاسْمُ لِكُلِّ وَاحِدٍ مِنْ آحَادِهِ إِذَا قُصِدَ إِلَيْهِ بِحَرْفِ التَّعْرِيفِ عَلَى الْبَدَلِ أَيْضًا، وَكَذَلِكَ الْمُضَارِعُ يَتَمَيَّزُ لِكُلِّ وَاحِدٍ مِنْ مَدْلُولَيْهِ بِحَرْفٍ عَلَى الْبَدَلِ؛ فَتَقْوَى الْمُشَابَهَةُ، وَإِذَا لَمْ تُذْكَرِ اللامُ فَلا يَصِحُّ أَنْ يُقَالَ: إِنَّهُ يَتَمَيَّزُ بِحَرْفٍ لِكُلِّ وَاحِدٍ مِنْ مَدْلُولاتِهِ؛ لأَنَّهُ لا يَتَمَيَّزُ إِلا بِحَرْفِ الاسْتِقْبَالِ لأَحَدِ مَدْلُولَيْهِ دُونَ الآخَرِ؛ فَلأَجْلِ ذَلِكَ اغْتُفِرَ جَعْلُ اللامِ لِلْحَالِ، وَلا يَصِحُّ أَنْ يُقَالَ: هُوَ يَتَمَيَّزُ بِقَرِينَةٍ تَنْضَمُّ إِلَيْهِ فِي نَحْوِ: الآنَ وَالسَّاعَةَ، فَيَكُونُ لِلْمَدْلُولِ الآخَرِ بِذَلِكَ، وَيُسْتَغْنَى عَنْ كَوْنِ اللامِ لِلْحَالِ؛ لأَنَّ الْمُشَابَهَةَ إِنَّمَا وَقَعَتْ فِي شِيَاعِهِ وَتَخْصِيصِهِ بِالْحَرْفِ، لا فِي تَعْيِينِ أَحَدِ مَدْلُولَيْهِ بِقَرِينَةٍ مِنْ خَارِجٍ.

عَلَى أَنَّ الْمُضَارِعَ مَوْضُوعٌ لِكُلِّ وَاحِدٍ مِنْ مَدْلُولَيْهِ وَهُمَا مُخْتَلِفَانِ دَالا عَلَيْهِ كَوَضْعِ الْمُشْتَرَكَاتِ، وَرَجُلٌ مَوْضُوعٌ لِوَاحِدٍ مِنْ مَدْلُولاتِهِ الَّذِي هُوَ فِي الْمَعْنَى حَقِيقَةٌ وَاحِدَةٌ، لا اخْتِلافَ فِيهِ، وَدُخُولُ اللامِ فِي الرَّجُلِ يَجْعَلُهُ دَالا عَلَى مَا لَمْ يَدُلَّ عَلَيْهِ قَبْلَ ذَلِكَ، وَهُوَ الرَّجُلُ الْمُعَيَّنُ، وَدُخُولُ حَرْفِ الاسْتِقْبَالِ لَيْسَ كَذَلِكَ، وَإِنَّمَا هُوَ فِي التَّحْقِيقِ قَرِينَةٌ يَتَّضِحُ بِهَا مَدْلُولُهُ فِي قَصْدِ الْمُتَكَلِّمِ مِنْ غَيْرِ زِيَادَةٍ، إِلا أَنَّ التَّشْبِيهَ بَيْنَهُمَا فِي أَمْرٍ جَامِعٍ لَهُمَا، هُوَ أَنَّهُمَا جَمِيعًا مَوْضُوعَانِ لِمُتَعَدِّدٍ عَلَى الْبَدَلِ، ثُمَّ يَصِيرُ كُلُّ وَاحِدٍ مِنْهُمَا لِمُتَعَيِّنٍ بِحَرْفٍ يَدْخُلُ عَلَيْهِ بَعْدَ أَنْ كَانَ شَائِعًا، فَهَذَا هُوَ الْوَجْهُ الَّذِي تَشَابَهَا فِيهِ، وَإِلا فَهُمَا مُخْتَلِفَانِ فِي الشِّيَاعِ مِنْ وَجْهٍ، وَفِي التَّخْصِيصِ مِنْ وَجْهٍ عَلَى مَا تَبَيَّنَ، وَلَمَّا أَشْبَهَ الْمُضَارِعُ الاسْمَ هَذَا الشَّبَهَ الْمَذْكُورَ جُعِلَ لَهُ فِي الإِعْرَابِ حَظٌّ، فَأُعْرِبَ بِالرَّفْعِ وَالنَّصْبِ وَالْجَزْمِ مَكَانَ الْجَرِّ عَلَى مَا ذُكِرَ.

قَالَ: (وَهَذَا إِذَا كَانَ فَاعِلُهُ ضَمِيرَ اثْنَيْنِ، أَوْ جَمَاعَةٍ، أَوْ مُخَاطَبٍ مُؤَنَّثٍ).

الإِشَارَةُ إِلَى الْمُضَارِعِ إِذَا كَانَ فَاعِلُهُ ضَمِيرَ اثْنَيْنِ، أَوْ جَمَاعَةٍ، أَوْ مُخَاطَبٍ مُؤَنَّثٍ (لَحِقَتْهُ)؛ يَعْنِي: الْمُضَارِعَ (مَعَهُ)؛ يَعْنِي: الضَّمِيرَ فِي حَالِ الرَّفْعِ، (نُونٌ مَكْسُورَةٌ بَعْدَ الأَلِفِ) الَّتِي هِيَ ضَمِيرُ الاثْنَيْنِ، وَلَمْ يُعَيِّنْهَا لِذَلِكَ لِلْعِلْمِ بِهَا، (مَفْتُوحَةٌ بَعْدَ أُخْتَيْهَا)؛ يَعْنِي: الْوَاوَ الَّتِي هِيَ لِلْجَمْعِ، وَالْيَاءَ الَّتِي هِيَ ضَمِيرُ الْمُخَاطَبِ الْمُؤَنَّثِ فِي نَحْوِ: تَضْرِبِينَ.

وَقَوْلُهُ: (إِذَا كَانَ فَاعِلُهُ ضَمِيرَ اثْنَيْنِ) يَعْنِي: مُخَاطَبَيْنِ أَوْ غَائِبَيْنِ؛ لأَنَّ الاثْنَيْنِ إِذَا كَانَا مُتَكَلِّمَيْنِ فَهُوَ مُضَارِعٌ وَفَاعِلُهُ ضَمِيرُ اثْنَيْنِ، وَلَا يَلْحَقُهُ شَيْءٌ مِمَّا ذَكَرَ؛ كَقَوْلِكَ: (نَحْنُ نَفْعَلُ)، وَكَذَلِكَ قَوْلُهُ: (أَوْ جَمَاعَةٍ)؛ إِلَّا أَنَّهُ يُسْتَثْنَى مِنَ الْجَمَاعَةِ جَمَاعَةُ الْمُؤَنَّثِ؛ لأَنَّهُ لَيْسَ كَذَلِكَ، وَإِنَّمَا تَرَكَهُ غَيْرَ مُسْتَثْنًى؛ لأَنَّهُ سَيَذْكُرُ بَعْدَ ذَلِكَ أَنَّهُ مَبْنِيٌّ، ثُمَّ مَثَّلَ بِقَوْلِكَ: هُمَا يَفْعَلَانِ، وَأَنْتُمَا تَفْعَلَانِ، وَهُمْ يَفْعَلُونَ، وَأَنْتُمْ تَفْعَلُونَ، وَأَنْتِ تَفْعَلِينَ، فَعُلِمَ أَنَّهُ لَمْ يَقْصِدْ إِلَّا الْغَائِبَ وَالْمُخَاطَبَ.

وَقَوْلُهُ: (وَجُعِلَ فِي حَالِ النَّصْبِ كَغَيْرِ الْمُتَحَرِّكِ).

يَعْنِي: الْمَجْزُومَ، وَإِنَّمَا اخْتَارَ هَذَا اللَّفْظَ؛ لِيُنَبِّهَ عَلَى أَنَّهُ شُبِّهَ حَذْفُهَا بِحَذْفِ الْحَرَكَةِ فِي الْجَزْمِ؛ لأَنَّ الْجَزْمَ بِحَذْفِ الْحَرَكَةِ، وَهِيَ الَّتِي كَانَتْ لِلرَّفْعِ وَالنَّصْبِ، وَلَمَّا كَانَ ثُبُوتُ النُّونِ عَلَامَةً لِلرَّفْعِ جُعِلَ حَذْفُهَا لِلْجَزْمِ تَشْبِيهًا لَهَا بِالْحَرَكَةِ، وَلَمَّا حُذِفَتْ بِالْجَزْمِ لَمْ يَبْقَ لِلنَّصْبِ شَيْءٌ يَخُصُّهُ، فَحُمِلَ النَّصْبُ عَلَى الْجَزْمِ، وَكَانَ فِي قَوْلِهِ: (كَغَيْرِ الْمُتَحَرِّكِ) تَنْبِيهٌ عَلَى التَّشْبِيهِ بِالْحَرَكَاتِ وَحَذْفِهَا، وَعَلَى تَعَذُّرِ عَلَامَةٍ لِلنَّصْبِ حَتَّى حُمِلَ عَلَى الْجَزْمِ.

وَإِنَّمَا أُعْرِبَ مَا لَحِقَهُ ضَمِيرُ الاثْنَيْنِ وَالْجَمَاعَةِ بِالنُّونِ؛ تَشْبِيهًا لَهُ بِالتَّثْنِيَةِ وَالْجَمْعِ فِي الأَسْمَاءِ؛ لأَنَّهُ مِثْلُهُ فِي اللَّفْظِ، فَأُجْرِيَ مُجْرَاهُ، وَلَمْ يُمْكِنْ أَنْ تُجْعَلَ حُرُوفُ الْعِلَّةِ إِعْرَابًا؛ لأَنَّهَا ضَمَائِرُ، فَلَوْ جُعِلَتْ إِعْرَابًا، وَالإِعْرَابُ يَخْتَلِفُ لأَدَّى إِلَى اخْتِلَافِ الاسْمِ الْوَاحِدِ، وَهُوَ عَلَى حَالِهِ فِي الْمَعْنَى، وَذَلِكَ غَيْرُ مُسْتَقِيمٍ، فَوَجَبَ أَنْ يُلْحَقَ مَا بِهِ يَكُونُ الإِعْرَابُ، فَأُلْحِقَ الْفِعْلُ الْحَرْفَ الْمُشَبَّهَ بِحُرُوفِ الْعِلَّةِ، وَهُوَ النُّونُ، وَجُعِلَ الإِعْرَابُ بِهِ مُثْبَتًا وَمَحْذُوفًا، كَمَا جُعِلَ إِعْرَابُ الْمُتَحَرِّكِ مِنْهُ عَلَى مَا تَقَدَّمَ فِي قَوْلِهِ: (كَغَيْرِ الْمُتَحَرِّكِ).

وَإِنَّمَا أُعْرِبَ الْمُخَاطَبُ الْمُؤَنَّثُ بِالْحَرْفِ؛ لِشَبَهِهِ بِهِمَا مِنْ حَيْثُ أُلْحِقَ آخِرُهُ حَرْفُ عِلَّةٍ هِيَ ضَمِيرٌ، فَأُجْرِيَ مُجْرَى (يَفْعَلُونَ)، وَيُمْكِنُ أَنْ يُقَالَ: إِنَّمَا أُعْرِبَ هَذَا الْقِسْمُ مِنَ الْفِعْلِ بِالْحَرْفِ؛ لِتَعَذُّرِ الْحَرَكَةِ؛ يَعْنِي: أَمْثِلَةَ الْخَمْسَةِ؛ لأَنَّهَا لَوْ جُعِلَتْ عَلَى مَا قَبْلَ

الضَّمِيرَ لَتَعَذَّرَ مِنْ غَيْرِ وَجْهٍ؛ لِأَنَّ الْفَاعِلَ مَعَ الْفِعْلِ كَالْجُزْءِ مِنْهُ، فَلَا يَلِيقُ بِالْإِعْرَابِ أَنْ يَكُونَ قَبْلَهُ؛ وَلِأَنَّ الْحَرَكَةَ قَبْلَ الْأَلِفِ لَا يُمْكِنُ اخْتِلَافُهَا، وَقَبْلَ الْوَاوِ لَا يُمْكِنُ مَعَ السُّكُونِ، وَقَبْلَ الْيَاءِ كَذَلِكَ، وَلَا يُمْكِنُ أَنْ تَكُونَ الْحَرَكَةُ عَلَى الضَّمَائِرِ أَنْفُسِهَا؛ لِأَنَّهَا أَسْمَاءُ، فَكَيْفَ تُعْرَبُ بِإِعْرَابِ الْفِعْلِ؛ وَلِأَنَّهَا مَبْنِيَّةٌ، فَكَيْفَ يَصِحُّ إِعْرَابُهَا؛ وَلِأَنَّ مِنْهَا مَا لَا يَقْبَلُ الْحَرَكَةَ أَلْبَتَّةَ، وَهُوَ الْأَلِفُ، وَمِنْهَا مَا تُسْتَثْقَلُ، وَهُوَ الْوَاوُ وَالْيَاءُ.

قَوْلُهُ: (وَإِذَا اتَّصَلَتْ بِهِ نُونُ جَمَاعَةِ الْمُؤَنَّثِ رَجَعَ مَبْنِيًّا).

أَيْ: صَارَ مَبْنِيًّا كَمَا فِي الْأَصْلِ، وَإِنَّمَا بُنِيَ لِمَا ذَكَرْنَاهُ مِنْ تَعَذُّرِ الْإِعْرَابِ بِالْحَرَكَاتِ فِي بَابِ (يَفْعَلَانِ)، وَتَعَذُّرِ الْإِعْرَابِ بِالْحَرْفِ أَيْضًا؛ إِذْ لَا حَرْفَ لِلْأَفْعَالِ إِلَّا النُّونُ، وَلَا يُمْكِنُ الْجَمْعُ بَيْنَهَا وَبَيْنَ نُونِ الضَّمِيرِ؛ لِأَنَّهُ كَانَ يُؤَدِّي إِلَى إِعْرَابٍ بِحَرْفٍ فِي كَلِمَةٍ لَيْسَتْ عَلَى مِثَالِ ضَارِبُونَ وَضَارِبِينَ؛ لِأَنَّ إِعْرَابَ الْفِعْلِ بِالْحُرُوفِ إِنَّمَا كَانَ حَمْلًا عَلَى مُشَابَهَةِ مِنْ أَسْمَاءِ الْفَاعِلِينَ فِي قَوْلِكَ: ضَارِبُونَ وَضَارِبِينَ، فَالْتُزِمَ أَنْ يَكُونَ آخِرُهُ حَرْفَ عِلَّةٍ كَمَا كَانَ ثَمَّةَ كَذَلِكَ، وَلَمَّا كَانَ (يَضْرِبْنَ) لَيْسَ آخِرُهُ حَرْفَ عِلَّةٍ تَعَذَّرَ إِعْرَابُهُ بِالْحُرُوفِ؛ لِعَدَمِ الْمُشَابَهَةِ، وَقَدْ قَالَ سِيبَوَيْهِ: إِنَّمَا بُنِيَ لِشَبَهِهِ بِفَعَلْنَ، وَيَرِدُ عَلَيْهِ أَنَّ (يَفْعَلْنَ) الْمُقْتَضِي لِلْإِعْرَابِ قَائِمٌ، وَ(فَعَلْنَ) الْمُقْتَضِي لِلْبِنَاءِ قَائِمٌ، فَكَيْفَ يُشَبَّهُ مَا قَامَ فِيهِ مُقْتَضِي ـ الْإِعْرَابِ بِمَا قَامَ فِيهِ مُقْتَضِي الْبِنَاءِ؟

وَيَرِدُ عَلَيْهِ أَيْضًا أَنَّهُ لَوْ صَحَّ أَنْ يَكُونَ (يَفْعَلْنَ) مُشَبَّهًا بِفَعَلْنَ؛ لَصَحَّ أَنْ يُقَالَ: إِنَّ (لَمْ يَفْعَلَا) مُشَبَّهٌ بِفَعَلَا، و(لَمْ يَفْعَلُوا) مُشَبَّهٌ بِفَعَلُوا، وَذَلِكَ غَيْرُ مُسْتَقِيمٍ.

وَيُجَابُ عَنْ ذَلِكَ أَنَّ (يَفْعَلْنَ) وَإِنْ كَانَ فِيهِ مُقْتَضِي الْإِعْرَابِ، إِلَّا أَنَّهُ وُجِدَ مَانِعٌ، وَهُوَ مُشَابَهَتُهُ لِمَا هُوَ أَصْلٌ فِي الْبِنَاءِ، وَوَجْهُ الْمُشَابَهَةِ إِلْحَاقُ ضَمِيرِ فَاعِلٍ بَارِزٍ، وَهُوَ نُونٌ مُتَحَرِّكَةٌ، وَأَمَّا النَّقْضُ بِـ (لَمْ يَفْعَلُوا)، و(لَمْ يَفْعَلَا) فَيُجَابُ عَنْهُ بِأَنَّ (لَمْ يَفْعَلَا) فَرْعٌ لِيَفْعَلَانِ، وَمَا جَاءَ صُورَةُ (لَمْ يَفْعَلَا) إِلَّا بَعْدَ الْإِعْرَابِ، فَكَيْفَ يَسْتَقِيمُ تَشْبِيهُهُ بَعْدَ أَنْ أُعْرِبَ فِي وَجْهٍ مِنْ وُجُوهِهِ بِالْمَبْنِيِّ لِيُبْنَى؟

هَذَا مَا لَا يَسْتَقِيمُ.

وَأَيْضًا فَإِنَّ الْأَصْلَ (يَفْعَلَانِ)، وَلَيْسَ بَيْنَ (يَفْعَلَانِ وَفَعَلَا) مِثْلُ الْمُشَابَهَةِ الَّتِي ذَكَرْنَاهَا.

قَوْلُهُ: (لِأَنَّهَا)؛ أَيْ: نُونُ جَمَاعَةِ الْمُؤَنَّثِ.

قَوْلُهُ: (مِنْهَا)؛ أَيْ: مِنَ الضَّمَائِرِ، وَإِنَّمَا بُنِيَتِ الْأَفْعَالُ الْمُضَارِعَةُ مَعَ النُّونِ الْمُؤَكَّدَةِ

لِمَا ذَكَرْنَاهُ مِنْ تَعَذُّرِ الإعْرَابِ فِي نَحْوِ: يَفْعَلْنَ.

قَوْلُهُ: (ذِكْرُ وُجُوهِ إِعْرَابِ الْمُضَارِعِ) إِلَى آخِرِهِ.

قَالَ الشَّيْخُ: لِأَنَّ الْفِعْلَ تَخْتَلِفُ صِيغَتُهُ لِاخْتِلَافِ مَعَانِيهِ، فَكَانَ مُسْتَغْنِيًا عَنِ الإعْرَابِ، بِخِلَافِ الأَسْمَاءِ، فَإِنَّهَا تَعْتَوِرُهَا مَعَانٍ مُخْتَلِفَةٌ وَهِيَ عَلَى صِيغَتِهَا، وَإِنَّمَا أُعْرِبَتْ لِشَبَهٍ لَفْظِيٍّ عَلَى مَا تَقَدَّمَ، وَأُعْرِبَ بِالرَّفْعِ وَالنَّصْبِ وَالْجَزْمِ مَكَانَ الْجَرِّ، وَإِنَّمَا لَمْ يَنْجَرَّ لِمَا تَقَدَّمَ، وَدَخَلَ الرَّفْعُ وَالنَّصْبُ وَإِنْ كَانَ مَدْلُولُهُ فِي الاسْمِ الْفَاعِلِيَّةَ وَالْمَفْعُولِيَّةَ، وَهُمَا مُتَعَذِّرَانِ فِي الْفِعْلِ، أَلَا تَرَى أَنَّ الْفِعْلَ لَا يَقَعُ فَاعِلًا وَلَا مَفْعُولًا، وَإِنَّمَا صَحَّ دُخُولُهُمَا دُونَ الْجَرِّ؛ لِمُشَابَهَةِ عَامِلِهِمَا فِي الاسْمِ، أَلَا تَرَى أَنَّ عَامِلَ الرَّفْعِ فِي الْفِعْلِ عَامِلٌ مَعْنَوِيٌّ نَظِيرُ عَامِلِ الْمُبْتَدَأ وَالْخَبَرِ، وَالْعَامِلُ لِلنَّصْبِ فِي الْفِعْلِ أَصْلُهُ (أَنْ)، وَعِنْدَ قَوْمٍ لَا يَكُونُ إِلَّا (أَنْ)، وَ(أَنْ) النَّاصِبَةُ لِلْفِعْلِ تُوَافِقُ أَنَّ النَّاصِبَةَ لِلاسْمِ لَفْظًا وَمَعْنًى، فَلَمَّا اشْتَرَكَا فِي عَوَامِلِ الرَّفْعِ وَالنَّصْبِ شُرِّكَ بَيْنَهُمَا فِيهِ، وَلَمَّا تَعَذَّرَ عَامِلُ الْجَرِّ مِنْ كُلِّ وَجْهٍ تَعَذَّرَ الْجَرُّ، وَعُوِّضَ فِي الْفِعْلِ عَنْهُ الْجَزْمُ، وَجُعِلَ الْعَامِلُ فِيهِ أَمْرًا مَخْصُوصًا بِهِ دُونَ الاسْمِ.

وَقَوْلُهُ: (بَلْ هُوَ فِيهِ). (هُوَ) ضَمِيرُ الْفِعْلِ، وَ(فِيهِ) ضَمِيرُ الإعْرَابِ. وَ(مِنَ الاسْمِ الْمُشَبَّهِ بِهِ بِمَنْزِلَةِ الأَلِفِ وَالنُّونِ)؛ يَعْنِي: الْفِعْلَ، (مِنَ الألِفَيْنِ)؛ يَعْنِي: الاسْمَ، (فِي مَنْعِ الصَّرْفِ)؛ يَعْنِي: الإعْرَابَ.

قَوْلُهُ: (وَمَا ارْتَفَعَ بِهِ الْفِعْلُ وَانْتَصَبَ وَانْجَزَمَ غَيْرُ مَا اسْتَوْجَبَ بِهِ الإعْرَابَ).

يَعْنِي: أَنَّ الْعَامِلَ غَيْرُ الْمُقْتَضِي كَمَا كَانَ ذَلِكَ فِي الأَسْمَاءِ، وَإِنِ اخْتَلَفَ الْمُقْتَضِي لِلإعْرَابِ فِي الاسْمِ وَالْفِعْلِ فِي نَفْسِهِ، ثُمَّ ذَكَرَ الْعَامِلَ لِكُلِّ وَاحِدٍ مُرَتَّبًا، فَابْتَدَأَ بِعَامِلِ الرَّفْعِ، فَقَالَ: (هُوَ فِي الارْتِفَاعِ بِعَامِلٍ مَعْنَوِيٍّ). ثُمَّ قَرَّرَ ذَلِكَ الْمَعْنَى بِأَنَّهُ صِحَّةُ وُقُوعِهِ بِحَيْثُ يَصِحُّ وُقُوعُ الأَسْمَاءِ ثَمَّةَ، ثُمَّ أَوْرَدَ اعْتِرَاضًا، وَهُوَ قَوْلُكَ: (يَضْرِبُ الزَّيْدَانِ) وَشِبْهُهُ، وَأَجَابَ عَنْهُ، ثُمَّ أَوْرَدَ فِي الْفَصْلِ بَعْدَ ذَلِكَ اعْتِرَاضًا أَشْكَلَ مِنْهُ، وَهُوَ الأَفْعَالُ الْوَاقِعَةُ خَبَرًا فِي (كَادَ وَأَخَوَاتِهَا)، وَأَجَابَ عَنْهُ بِأَنَّ الأَصْلَ أَنْ تَكُونَ أَسْمَاءً، وَإِنَّمَا عُدِلَ عَنِ الأَسْمَاءِ إِلَى الأَفْعَالِ لِغَرَضٍ، وَالْغَرَضُ الَّذِي أَرَادَهُ: أَنَّ هَذِهِ الأَفْعَالَ لَمَّا كَانَتْ لِمُقَارَبَةِ حُصُولِ الشَّيْءِ وَالأَخْذِ فِيهِ جُعِلَ ذَلِكَ الشَّيْءُ بِلَفْظِ الْحَالِ؛ لِيَكُونَ ذَلِكَ تَقْوِيَةً لِلْمَعْنَى الْمُرَادِ، كَمَا أَنَّ (عَسَى) لَمَّا كَانَتْ لِلرَّجَاءِ، وَهُوَ مُسْتَقْبَلٌ، جُعِلَ الْمَرْجُوُّ مَعَهَا دَاخِلًا عَلَيْهِ (أَنْ) تَقْوِيَةً لِذَلِكَ الْمَعْنَى، ثُمَّ قُوِّيَ أَنَّ ذَلِكَ الأَصْلُ بِمَا وَرَدَ فِي الشِّعْرِ مِنْ

قَوْلُهُ^(١):

.... وَمَا كِدْتُ آئِبًا ....

المَنْصُوبُ

قَالَ صَاحِبُ الكِتَابِ: (انْتِصَابُهُ بِأَنْ وَأَخَوَاتِهَا) إِلَى آخِرِهِ.

قَالَ الشَّيْخُ: خَصَّ (أَنْ) لِأَنَّهُ مُتَّفَقٌ عَلَيْهَا، وَفِي غَيْرِهَا خِلَافٌ، وَ(لَنْ) مِنْهُمْ مَنْ يَقُولُ: أَصْلُهَا (لَا أَنْ)، وَهُوَ الخَلِيلُ، وَ(إِذَنْ) مِنْ (إِذْ وَأَنْ)، وَ(كَيْ) نَاصِبَةٌ بِتَقْدِيرِ (أَنْ)، فَهَؤُلَاءِ لَا نَاصِبَ عِنْدَهُمْ إِلَّا (أَنْ)، وَلَيْسَ بِمُسْتَقِيمٍ؛ لِأَنَّ (لَنْ، وَإِذَنْ) لَهُمَا مَعْنًى مُسْتَقِلٌّ، وَلَوْ وُضِعَ مَوْضِعُهُمَا مَا ذَكَرُوهُ لَمْ يَسْتَقِمْ، وَأَمَّا كَيْ فَهِيَ نَاصِبَةٌ بِنَفْسِهَا عَلَى مَا ذُكِرَ بِدَلِيلِ الاتِّفَاقِ عَلَى أَنَّهَا نَاصِبَةٌ بِنَفْسِهَا فِي قَوْلِهِمْ: لِكَيْ نَفْعَلَ، وَيَزْعُمُ هَؤُلَاءِ أَنَّ (كَيْ) فِي قَوْلِكَ: لِكَيْ نَفْعَلَ غَيْرُهَا فِي قَوْلِكَ: جِئْتُكَ كَيْ تَفْعَلَ كَذَا، وَأَنَّهَا فِي الأَوَّلِ مَصْدَرِيَّةٌ، وَفِي الثَّانِي حَرْفُ جَرٍّ، وَهُوَ بَعِيدٌ؛ لِأَنَّهُ لَمْ يَثْبُتْ كَوْنُهَا حَرْفَ جَرٍّ إِلَّا فِي قَوْلِهِمْ: (كَيْمَه) عَلَى احْتِمَالٍ ظَاهِرٍ، فَلَا يَنْبَغِي أَنْ يُجْعَلَ أَصْلًا؛ وَلِأَنَّ المَعْنَى فِي: (جِئْتُ لِكَيْ تَفْعَلَ، وَكَيْ تَفْعَلَ) وَاحِدٌ.

قَوْلُهُ: (وَيُنْصَبُ بِأَنْ مُضْمَرَةً بَعْدَ خَمْسَةِ أَحْرُفٍ).

هَذَا مَذْهَبُ البَصْرِيِّينَ، وَالكُوفِيُّونَ يَزْعُمُونَ أَنَّهُ مُنْتَصِبٌ بِنَفْسِ هَذِهِ الخَمْسَةِ مِنْ غَيْرِ إِضْمَارٍ، وَالَّذِي حَمَلَ البَصْرِيِّينَ عَلَى ذَلِكَ أَنَّهُمْ وَجَدُوا اللَّامَ وَحَتَّى حَرْفَيْ جَرٍّ، وَمَعْنَاهُمَا هَاهُنَا كَمَعْنَاهُمَا هُنَاكَ، فَوَجَبَ أَنْ يُقَدَّرَ مَا دَخَلَتَا عَلَيْهِ اسْمًا، وَلَا يُقَدَّرُ الفِعْلُ اسْمًا إِلَّا بِحَرْفِ مَصْدَرٍ، وَحَرْفُ المَصْدَرِ: (أَنْ، وَمَا، وَكَيْ) عَلَى اخْتِلَافٍ، وَ(أَنْ) لَا جَائِزٌ أَنْ تَكُونَ (أَنَّ) إِذْ لَا دُخُولَ لَهَا عَلَى الفِعْلِ، وَلَا (مَا)؛ لِأَنَّ الفِعْلَ مَنْصُوبٌ، وَهِيَ لَا تَنْصِبُ ظَاهِرَةً، فَكَيْفَ تَنْصِبُ مُضْمَرَةً، وَلَا جَائِزٌ أَنْ تَكُونَ (كَيْ)، أَمَّا عِنْدَ مَنْ لَيْسَتْ عِنْدَهُ مَصْدَرِيَّةً فَظَاهِرٌ، وَأَمَّا مَنْ قَالَ: هِيَ مَصْدَرِيَّةٌ؛ فَلِأَنَّ تَقْدِيرَهَا هَاهُنَا يُؤَدِّي إِلَى تَغْيِيرِ

---

(١) البيت كاملا: وأبت إلى بهم وما كدت آئباً   وكم مثلها غادرتها وهي تصفرُ!

والبيت من شعر تأبط شرًّا: ٨٥ ق. هـ / ٥٤٠ م: وهو ثابت بن جابر بن سفيان، أبو زهير، الفهمي. من مضر، شاعر عدّاء، من فتاك العرب في الجاهلية، كان من أهل تهامة، شعره فحل، قتل في بلاد هذيل وألقي في غار يقال له رخمان فوجدت جثته فيه بعد مقتله.

الْمَعْنَى فِي حَتَّى، وَإِلَى التَّكْرِيرِ مَعَ اللامِ، وَذَلِكَ قَوْلُكَ: (سِرْتُ حَتَّى تَطْلُعَ الشَّمْسُ)، فَلَوْ قَدَّرْتَ هَاهُنَا (كَيْ) لَفَسَدَ الْمَعْنَى؛ لأَنَّهُ لَيْسَ مَوْضِعَ تَعْلِيلٍ، وَبَعْدَ اللامِ يُؤَدِّي إِلَى تَقْدِيرِ حَرْفٍ بِمَعْنَاهُ مَعَ إِمْكَانِ غَيْرِهِ.

وَالأَوْلَى أَنْ يُقَالَ: ثَبَتَ إِظْهَارُهُمْ لـ (أَنْ) مَعَ اللامِ، فَدَلَّ عَلَى أَنَّهَا هِيَ الْمُضْمَرَةُ فِيهَا وَفِي غَيْرِهَا؛ لأَنَّهُ يَرِدُ عَلَى الْقَوْلِ بِكَرَاهَةِ إِضْمَارِ (كَيْ) لِئَلا يُؤَدِّيَ إِلَى اجْتِمَاعِ حَرْفَيْنِ بِمَعْنَى وَاحِدٍ أَنَّهُمْ فَعَلُوا ذَلِكَ مُظْهَرًا فِي قَوْلِكَ: جِئْتُ لِكَيْ تُكْرِمَنِي، وَإِذَا لَمْ يَكْرَهُوهُ مُظْهَرًا، فَكَيْفَ يَكْرَهُونَهُ مُقَدَّرًا، فَكَانَ مَا ذَكَرْنَاهُ ثَانِيًا أَوْلَى.

وَأَمَّا الْوَاوُ وَالْفَاءُ فِي جَوَابِ الأَشْيَاءِ السِّتَّةِ؛ فَلأَنَّهُمَا حَرْفَا عَطْفٍ تَعَذَّرَ حَمْلُهُمَا عَلَى وَجْهِ الْعَطْفِ هَاهُنَا بِتَأْوِيلِ جَعْلِ الأَوَّلِ اسْمًا، وَإِذَا جُعِلَ اسْمًا فَلا يُعْطَفُ عَلَيْهِ الْفِعْلُ إِلا بِتَأْوِيلِ الاسْمِ، ثُمَّ يُقَالُ مَا تَقَدَّمَ، وَبَيَانُ تَعَذُّرِ الْعَطْفِ أَنَّكَ إِذَا قُلْتَ: أَكْرِمْنِي فَأُكْرِمَكَ، كَانَ الثَّانِي مُخَالِفًا لِلأَوَّلِ، أَلا تَرَى أَنَّ الأَوَّلَ أَمْرٌ، وَالثَّانِي إِخْبَارٌ، وَكَيْفَ يَسْتَقِيمُ أَنْ يَكُونَ الْخَبَرُ مَعْطُوفًا عَلَى الأَمْرِ، فَوَجَبَ تَقْدِيرُ الأَوَّلِ بِمَعْنَى: لِيَكُنْ مِنْكَ إِكْرَامٌ، وَإِذَا قُدِّرَ الأَوَّلُ إِكْرَامًا وَعُطِفَ (فَأُكْرِمَكَ) عَلَيْهِ وَجَبَ تَقْدِيرُهُ بِالاسْمِ، وَلا يُقَدَّرُ الْفِعْلُ اسْمًا إِلا بِمَا تَقَدَّمَ، فَيَتَعَيَّنُ تَقْدِيرُ (أَنْ).

وَأَمَّا (أَوْ) فَإِمَّا أَنْ تُقَدَّرَ عَاطِفَةً، فَالْكَلامُ فِيهَا كَالْكَلامِ فِي الْوَاوِ وَالْفَاءِ، وَإِمَّا أَنْ تُقَدَّرَ بِمَعْنَى: إِلَى، فَالْكَلامُ فِيهَا كَالْكَلامِ فِي اللامِ وَحَتَّى، وَإِمَّا أَنْ تُقَدَّرَ بِمَعْنَى: إِلا مُنْقَطِعَةً، و(إِلا) الْمُنْقَطِعَةُ لا يَقَعُ بَعْدَهَا إِلا الاسْمُ، فَيَجِبُ حَرْفُ الْمَصْدَرِ عَلَى مَا ذُكِرَ، وَذَكَرَ الْوَاوَ وَلَمْ يَذْكُرْ شَرْطَهَا، وَهِيَ مِثْلُ الْفَاءِ فِي أَنَّهَا لا يَثْبُتُ النَّصْبُ بَعْدَهَا؛ إِلا إِذَا وَقَعَتْ بَعْدَ أَحَدِ الأَشْيَاءِ السِّتَّةِ كَالْفَاءِ، إِلا أَنَّهَا تُفَارِقُهَا فِي أَنَّ مَعْنَاهَا: الْجَمْعِيَّةُ، وَمَعْنَى الْفَاءِ: السَّبَبِيَّةُ.

قَوْلُهُ: (وَلِقَوْلِكَ: (مَا تَأْتِينَا فَتُحَدِّثَنَا) مَعْنَيَانِ) إِلَى آخِرِهِ.

قَالَ الشَّيْخُ: أَحَدُهُمَا: جَارٍ عَلَى قِيَاسِ أَخَوَاتِهِ، وَهُوَ الَّذِي ابْتَدَأَ بِهِ عَلَى أَنْ يَكُونَ الأَوَّلُ سَبَبًا لِلثَّانِي، وَانْتَفَى السَّبَبُ فَيَنْتَفِي الْمُسَبَّبُ، وَهُوَ مَعْنَى قَوْلِهِ: (فَكَيْفَ تُحَدِّثُنَا).

وَالآخَرُ: أَنْ تَقْصِدَ إِلَى أَنَّ الْفِعْلَ الثَّانِي لَمْ يَحْصُلْ عُقَيْبَ الأَوَّلِ، فَكَأَنَّهُ نَفَى وُقُوعَهُمَا بِصِفَةِ أَنْ يَكُونَ الثَّانِي عُقَيْبَ الأَوَّلِ، كَمَا تَقُولُ: (مَا جَاءَنِي زَيْدٌ وَعَمْرٌو)؛ أَيْ: مَا جَاءَا بِصِفَةِ الاجْتِمَاعِ، فَيَجُوزُ أَنْ يَكُونَ أَحَدُهُمَا جَاءَ، فَكَذَلِكَ هَاهُنَا يَجُوزُ أَنْ يَكُونَ الإِتْيَانُ وَقَعَ دُونَ الْحَدِيثِ، إِذْ لَمْ يَنْفِ إِلا مُعَاقَبَةَ الثَّانِي لِلأَوَّلِ، فَكَأَنَّهُ نَفَى الأَوَّلَ بِصِفَةِ

مُعَاقبَةِ الثَّاني لَهُ، لا أَنَّهُ نَفَى كُلَّ وَاحِدٍ مِنْهُمَا كَمَا ذَكَرَ فِي مَسْأَلَةِ الْوَاوِ، وَلِذَلِكَ قَرَّرَ سِيبَوَيْهِ الْمَسْأَلَةَ بِتَقْدِيرِ الإِتْيَانِ عَلَى سَبِيلِ الْكَثْرَةِ وَانْتِفَاءِ الْحَدِيثِ؛ لِيُوَضِّحَ أَنَّ النَّفْيَ لَمْ يَرِدْ إلا عَلَى مَا ذَكَرَهُ، وَلَمْ يُرِدْ سِيبَوَيْهِ أَنَّ مَدْلُولَ الْكَلامِ ذَلِكَ فِي كُلِّ مَوْضِعٍ، وَإِنَّمَا أَرَادَ بِهِ التَّمْثِيلَ لِبَعْضِ صُوَرِهِ؛ لِيُحَقِّقَ الْمَعْنَى الْمَذْكُورَ، وَقَدْ جَاءَ فِي الْحَدِيثِ عَنْهُ عَلَيْهِ الصلاةُ والسلامُ: "لا يَمُوتُ لأَحَدٍ ثَلاثَةٌ مِنَ الْوَلَدِ فَتَمَسُّهُ النَّارُ إلا تَحِلَّةَ الْقَسَمِ"[١]. فَهَذَا عَلَى الْوَجْهِ الثَّانِي؛ لأَنَّ الْمَقْصُودَ مِنَ النَّفْيِ نَفْيُ الْمَسِّ عُقَيْبَ الْمَوْتِ الْمَذْكُورِ، كَمَا أَنَّ الْمَقْصُودَ نَفْيُ الْحَدِيثِ عُقَيْبَ الإِتْيَانِ، وَلا يَسْتَقِيمُ عَلَى الْوَجْهِ الأَوَّلِ، إِذْ لا يُقَدَّرُ مَوْتُ الْوَلَدِ سَبَبًا لِلْمَسِّ حَتَّى تَنْتَفِيَ لانْتِفَائِهِ، بَلِ الأَمْرُ بِالْعَكْسِ، يَعْنِي: أَنَّ مَوْتَ الْوَلَدِ سَبَبٌ لِدُخُولِ الْجَنَّةِ، وَلا يَسْتَقِيمُ أَنْ يُحْمَلَ عَلَى تَفْسِيرِ سِيبَوَيْهِ بِالْكَثْرَةِ، إِذْ لَيْسَ الْمَقْصُودُ أَنَّ مَوْتَ ثَلاثَةٍ مِنَ الْوَلَدِ لِكُلِّ وَاحِدٍ وَاقِعٌ كَثِيرًا، وَلَكِنْ لا يَحْصُلُ بَعْدَهُ مَسٌّ، وَإِنَّمَا الْمَقْصُودُ أَنَّ مَسَّ النَّارِ لا يَكُونُ مَعَ مَوْتِ ثَلاثَةٍ مِنَ الْوَلَدِ كَمَا أَنَّ الْمَقْصُودَ ثَمَّةَ أَنَّ الْحَدِيثَ لا يَكُونُ بَعْدَ الإِتْيَانِ.

وَاتَّفَقَ أَنَّ مِنْ صُوَرِ الْمَسْأَلَةِ أَنْ يَقَعَ الأَوَّلُ كَثِيرًا، وَلا يَقَعَ الثَّانِي، فَمَثَّلَهَا سِيبَوَيْهِ لِتَتَّضِحَ وَيَتَبَيَّنَ الْفَصْلُ بَيْنَهُ وَبَيْنَ الْمَعْنَى الأَوَّلِ؛ لأَنَّهُ يُخَالِفُهُ فِي ذَلِكَ، لا عَلَى أَنَّ ذَلِكَ مُلازِمٌ لَهُ لِمَا تَبَيَّنَ فِي الْمَعْنَى.

قَوْلُهُ: (وَيَمْتَنِعُ إِظْهَارُ (أَنْ) مَعَ هَذِهِ الأَحْرُفِ).

يَعْنِي: الْخَمْسَةَ الْمُتَقَدِّمَةَ إلا اللامَ الَّتِي لِكَيْ وَحْدَهَا، فَإِنَّ الإِظْهَارَ جَاءَ مَعَهَا جَائِزًا مَعَ غَيْرِ لا، كَقَوْلِكَ: (جِئْتُكَ لِتُكْرِمَنِي) و(لأَنْ تُكْرِمَنِي)، وَلازِمًا مَعَ لا، كَقَوْلِهِ تَعَالَى: ﴿لِئَلا يَعْلَمَ أَهْلُ الْكِتَابِ﴾ [الْحَدِيد:٢٩]، فَصَارَتْ عَلَى ثَلاثَةِ أَقْسَامٍ:

قِسْمٌ يَجُوزُ فِيهِ الإِظْهَارُ؛ وَقِسْمٌ لا يَجُوزُ فِيهِ الإِظْهَارُ؛ وَقِسْمٌ يَجِبُ فِيهِ الإِظْهَارُ، فَالْجَائِزُ فِيهِ الإِظْهَارُ لامُ كَيْ بِغَيْرِ لا، وَالْوَاجِبُ فِيهِ الإِظْهَارُ لامُ كَيْ مَعَ لا، وَالَّذِي لا يَجُوزُ فِيهِ الإِظْهَارُ الْبَوَاقِي.

وَإِنَّمَا أَوْجَبُوا الإِظْهَارَ فِي مِثْلِ (لِئَلا) كَرَاهَةَ دُخُولِ حَرْفِ الْجَرِّ عَلَى حَرْفِ النَّفْيِ، وَلا يَلْزَمُ صِحَّةُ دُخُولِهِ عَلَى الْحَرْفِ فِي مِثْلِ: لِمَا وَلأَنْ؛ لأَنَّ ذَلِكَ مَعَ مَا بَعْدَهُ فِي تَأْوِيلِ

(١) أخرجه البخاري (١٢٥١)، وأخرجه مسلم (٢٦٣٥)، وأخرجه الترمذي (١٠٦٠)، وأخرجه النسائي (١٨٧٢)، وأخرجه ابن ماجه (١٦٠٣)، وأخرجه أحمد في مسنده (٧٢٢٤).

الاسْمِ، فَكَأَنَّهُ لَمْ يَدْخُلْ إلا عَلَى اسْمٍ، وَجَازَ مَعَ اللامِ؛ لِيَحْصُلَ الْفَرْقُ بَيْنَهَا وَبَيْنَ لامِ الْجُحُودِ إذَا قُصِدَ مِنْ أَوَّلِ الأمْرِ.

وَوَجَبَ فِي الْبَوَاقِي الإضْمَارُ؛ لأنَّ أَمْرَهَا ظَاهِرٌ، وَهِيَ كَثِيرَةٌ فِي الاسْتِعْمَالِ، فَحُذِفَتْ تَخْفِيفًا، وَمِمَّا يَجُوزُ فِيهِ إظْهَارُ (أَنْ) حُرُوفُ الْعَطْفِ، إذَا عُطِفَ بِهَا فِعْلٌ عَلَى اسْمٍ، مِثْلُ: (يُعْجِبُنِي خُرُوجُكَ وَتَقُومَ وَأَنْ تَقُومَ) إلا أَنَّهُ لَمْ يَذْكُرْهَا؛ لأنَّهُ لَمْ يَذْكُرْ حُرُوفَ الْعَطْفِ الصَّرِيحَةَ فِي الْعَطْفِ هَاهُنَا، وَسَيَذْكُرُهَا فِي بَعْضِ الْفُصُولِ الَّتِي تَأْتِي مَخْلُوطَةً مَعَ هَذِهِ الْوَاوِ وَالْفَاءِ.

قَالَ صَاحِبُ الْكِتَابِ: (وَلَيْسَ بِحَتْمٍ أَنْ تَنْصِبَ الْفِعْلَ الْمُضَارِعَ فِي هَذِهِ الْمَوَاضِعِ، بَلْ لِلْعُدُولِ بِهِ إِلَى غَيْرِ ذَلِكَ مِنْ مَعْنًى وَجِهَةٍ مِنَ الإعْرَابِ مَسَاغٌ).

قَالَ الشَّيْخُ: يَعْنِي بِالْمَوَاضِعِ: مَا بَعْدَ (حَتَّى، وَأَوْ، وَالْوَاوِ، وَالْفَاءِ دُونَ اللامِ)؛ لأنَّ اللامَ لا يَكُونُ بَعْدَهَا إلا الْمَنْصُوبُ، وَلِذَلِكَ لَمْ يَذْكُرْهَا فِي تَفْصِيلِ الْمَوَاضِعِ، وَقَدْ وَقَعَ فِي بَعْضِ النُّسَخِ (مِنْ مَعْنَى وَجِهَةٍ) بِإِضَافَةِ (مَعْنَى) إِلَى (وَجِهَةٍ)، وَوَقَعَ فِي بَعْضِهَا (مِنْ مَعْنًى وَجِهَةٍ) بِتَنْوِينِ مَعْنًى وَعَطْفِ (جِهَةٍ) عَلَيْهِ، وَالصُّورَةُ فِي الْخَطِّ وَاحِدَةٌ، وَالْوَجْهَانِ مُتَقَارِبَانِ.

وَقَدْ تَمَسَّكَ الْكُوفِيُّونَ بِأَنَّ الأفْعَالَ مَوْضُوعٌ إعْرَابُهَا لِمَعَانٍ كَوَضْعِ إعْرَابِ الأسْمَاءِ بِمِثْلِ مَا أَشَارَ بِهِ هَاهُنَا فِي أَنَّ الْمَعْنَى مُخْتَلِفٌ بِاخْتِلافِ الإعْرَابِ، وَنَحْنُ لا نُنْكِرُ أَنَّكَ إذَا رَفَعْتَ الْفِعْلَ كَانَ ثَمَّةَ مَعْنًى يُخَالِفُهُ إذَا نَصَبْتَهُ، وَكَذَلِكَ إذَا جَزَمْتَهُ، إلا أَنَّا نَقُولُ: هَذِهِ الْمَعَانِي هِيَ مَعَانِي مَا يَنْضَمُّ إِلَى الأفْعَالِ، أَلا تَرَى أَنَّكَ إذَا قُلْتَ: (أَنْ تُكْرِمَنِي)، فَمَعْنَاهُ: إثْبَاتُ الإكْرَامِ، وَإذَا قُلْتَ: (لَنْ تُكْرِمَنِي)، فَمَعْنَاهُ: نَفْيُ الإكْرَامِ فِي الْمُسْتَقْبَلِ، وَإذَا قُلْتَ: (لَمْ تُكْرِمْنِي)، فَمَعْنَاهُ: نَفْيُ الإكْرَامِ فِي الْمَاضِي، فَهَذِهِ الْمَعَانِي لَيْسَتْ بِمَعَانٍ مُعْتَوِرَةٍ عَلَى الْفِعْلِ حَتَّى يُجْعَلَ لَهَا دِلالَةٌ فِي الْفِعْلِ كَمَا فُعِلَ فِي مَعَانِي الاسْمِ، وَإِنَّمَا هِيَ مَعَانٍ لِمَا يَنْضَمُّ إِلَى الْفِعْلِ.

فَإِنْ قُلْتَ: مَا ذَكَرْتَهُ مِنْ مَعَانِي الأسْمَاءِ هِيَ أَيْضًا لِمَا يَنْضَمُّ إِلَيْهَا، أَلا تَرَى أَنَّكَ إذَا قُلْتَ: (قَامَ زَيْدٌ) كَانَ الْمَعْنَى نِسْبَةَ الْقِيَامِ إِلَى زَيْدٍ، وَإذَا قُلْتَ: (ضَرَبْتُ زَيْدًا) كَانَ مَعْنَاهُ: وُقُوعَ الضَّرْبِ عَلَى زَيْدٍ، وَكَذَلِكَ الْجَرُّ، وَقَدْ جُعِلَتْ لِلأسْمَاءِ بِهَذَا الاعْتِبَارِ مُعَانٍ، فَلْتَكُنْ لِلأفْعَالِ كَذَلِكَ.

قُلْتُ: لَيْسَ الْمَعَانِي فِي الأسْمَاءِ كَوِزَانِهَا فِي الأفْعَالِ، أَلا تَرَى أَنَّهَا لَوْ لَمْ تُعْرَبْ

لأدَّى إِلَى الْتِبَاسِهَا فِي مِثْلِ قَوْلِكَ: (مَا أَحْسَنَ زَيْدًا) وَشِبْهِهِ، وَذَلِكَ مُحَقَّقٌ مَا ادُّعِيَ مِنَ الْمَعَانِي، وَلَيْسَ كَذَلِكَ الْأَفْعَالُ، فَإِنَّهَا لَوْ لَمْ تُعْرَبْ لَكَانَ مَا انْضَمَّ إِلَيْهَا مِمَّا ذَكَرْنَاهُ يُنْبِئُ عَنِ الْمَعَانِي، فَقَدْ وَضَحَ لَكَ أَنَّ الْمَعَانِي تَعْتَوِرُ عَلَى الْأَسْمَاءِ أَنْفُسِهَا، وَإِنْ كَانَتْ تَتَقَوَّمُ بِمَا يَنْضَمُّ إِلَيْهَا، وَأَنَّ الْمَعَانِيَ فِي الْأَفْعَالِ لِمُجَرَّدِ مَا يَنْضَمُّ إِلَيْهَا دُونَ أَنْ تَعْتَوِرَ عَلَيْهَا، فَهَذَا مَعْنَى قَوْلِهِ: (لِلْعُدُولِ بِهِ إِلَى غَيْرِ ذَلِكَ مِنْ مَعْنًى وَجِهَةٍ مِنَ الْإِعْرَابِ مَسَاغٌ).

ثُمَّ ابْتَدَأَ بِهِ وَاحِدًا وَاحِدًا، وَبَيَّنَ الْجِهَةَ الَّتِي يَكُونُ عِنْدَهَا مَنْصُوبًا، وَالْجِهَةَ الَّتِي يَكُونُ بِهَا مَرْفُوعًا، فَقَالَ: (فَلَهُ بَعْدَ حَتَّى حَالَتَانِ) إِلَى آخِرِ الْكَلَامِ، ثُمَّ قَوْلُهُ فِي تَمْثِيلِهِ فِي النَّصْبِ: (كَأَنَّكَ قُلْتَ: كَيْ أَدْخُلَهَا)، يُوهِمُ أَنَّ (حَتَّى) لَا تَنْصِبُ إِلَّا بِهَذَا الْمَعْنَى، وَلَيْسَ الْأَمْرُ كَذَلِكَ، بَلْ تَنْصِبُ بِهَذَا الْمَعْنَى وَبِغَيْرِهِ، وَهُوَ أَنْ تَكُونَ لِمُجَرَّدِ الْغَايَةِ مِنْ غَيْرِ تَعْلِيلٍ، كَقَوْلِكَ: (أَسِيرُ حَتَّى تَغِيبَ الشَّمْسُ)، وَلَيْسَ هَاهُنَا تَعْلِيلٌ.

وَقَوْلُهُ: (أَوْ كَانَ مُتَقَضِّيًا) يُرِيدُ مَا بَعْدَ حَتَّى، وَيُوهِمُ أَنَّهُ فِي هَذَا الْوَجْهِ لَا بُدَّ أَنْ يَكُونَ مُتَقَضِّيًا، وَأَنَّ التَّعْبِيرَ عَنِ التَّقَضِّي، وَلَيْسَ الْأَمْرُ كَذَلِكَ فِيهِمَا؛ لِأَنَّ قَوْلَكَ: (كُنْتُ سِرْتُ أَمْسَ حَتَّى أَدْخُلَ الْمَدِينَةَ)، لَا يَلْزَمُ مِنْهُ تَقَضِّي الدُّخُولِ وَلَا الْإِخْبَارُ عَنْهُ بِالتَّقَضِّي لَوْ قُدِّرَ مُتَقَضِّيًا؛ لِأَنَّ الْمَعْنَى: الْإِخْبَارُ بِوُقُوعِ الْفِعْلِ قَبْلَهَا، وَيَكُونُ مُتَعَلِّقُ (حَتَّى) كَانَ حِينَئِذٍ مُتَرَقَّبًا، فَأَنْتَ مُخْبِرٌ بِالسَّيْرِ، وَبِدُخُولٍ كَانَ مُتَرَقَّبًا عِنْدَ السَّيْرِ مَقْصُودٍ فِي التَّقْدِيرِ لَا فِي الْوُقُوعِ، ثُمَّ هَذَا الدُّخُولُ الْمُتَرَقَّبُ قَدْ يَقَعُ بَعْدَ ذَلِكَ فِي الْوُجُودِ وَقَدْ لَا يَقَعُ، وَلَا يَتَغَيَّرُ ذَلِكَ الْمَعْنَى وَلَا التَّعْبِيرُ عَنْهُ عَمَّا كَانَ عَلَيْهِ، فَلِذَلِكَ تَقُولُ بَعْدَ وُقُوعِ الدُّخُولِ أَوْ تَقْدِيرِهِ: (كُنْتُ سِرْتُ أَمْسَ حَتَّى أَدْخَلَ الْبَلَدَ)، فَتَجِدُ الْمَعْنَى فِي هَذَا الْإِخْبَارِ عَلَى كِلَا التَّقْدِيرَيْنِ وَاحِدًا؛ لِأَنَّهُ لَا تَعَرُّضَ لَهُ فِي إِثْبَاتِ وُقُوعِ الدُّخُولِ وَلَا نَفْيِهِ، وَإِنَّمَا هُوَ مُخْبِرٌ عَنْ دُخُولٍ كَانَ مُتَرَقَّبًا، وَلَا يَخْتَلِفُ بِوُقُوعِ الدُّخُولِ بَعْدَ ذَلِكَ وَلَا بِانْتِفَائِهِ، فَهَذَانِ الْمَعْنَيَانِ هُمَا مَوْضِعُ النَّصْبِ.

(وَتَرْفَعُ إِذَا كَانَ الدُّخُولُ يُوجَدُ فِي الْحَالِ).

يَعْنِي: أَنَّ الرَّفْعَ يَجِبُ إِذَا قُصِدَ التَّعْبِيرُ عَنْ وُقُوعِ الدُّخُولِ حَالًا، فَقَدْ تَكُونُ الْحَالُ مُحَقَّقَةً، وَقَدْ تَكُونُ مُقَدَّرَةً كَمَا تَقَدَّمَ فِي الِاسْتِقْبَالِ فِي كَلَامِهِ، فَمِثَالُ الْحَالِ تَحْقِيقًا أَنْ تَكُونَ قَدْ سِرْتَ وَأَنْتَ دَاخِلٌ، فَتَقُولَ: (سِرْتُ حَتَّى أَدْخُلُ الْبَلَدَ)، مُعَبِّرًا عَنِ الدُّخُولِ الْحَاصِلِ تَحْقِيقًا، وَمِثَالُ الْحَالِ تَقْدِيرًا أَنْ يَكُونَ السَّيْرُ وَالدُّخُولُ قَدْ وَقَعَا جَمِيعًا، وَقَصَدْتَ إِلَى التَّعْبِيرِ عَنِ الدُّخُولِ الْوَاقِعِ فِي الْوُجُودِ، إِلَّا أَنَّكَ قَصَدْتَ حِكَايَةَ الْحَالِ

وَقْتَ وُجُودِهِ، فَتَقُولُ: (سِرْتُ أَمْسَ حَتَّى أَدْخُلُ الْمَدِينَةَ)، فَتَكُونُ مُخْبِرًا عَنْ سِيرٍ حَصَلَ عَنْهُ دُخُولٌ فِي الْوُجُودِ حَاكِيًا لِلْحَالِ.

وَبِهَذَا تَبَيَّنَ لَكَ أَنَّ قَوْلَهُ فِي النَّصْبِ: (أَوْ كَانَ مُتَقَضِّيًا) غَيْرُ مُسْتَقِيمٍ؛ لِأَنَّهُ إِذَا كَانَ مُتَقَضِّيًا وَقَصَدْتَ التَّعْبِيرَ عَنْهُ وَجَبَ الرَّفْعُ عَلَى مَا ظَهَرَ لَكَ مِنْ وَجْهِ الرَّفْعِ الثَّانِي.

وَمَا بَعْدَ (حَتَّى) فِي وَجْهَيِ الرَّفْعِ مُخْبَرٌ بِهِ حُصُولًا وَاجِبٌ أَنْ يَكُونَ مُسَبَّبًا عَمَّا قَبْلَهَا، وَلَمْ يَذْكُرِ السَّبَبِيَّةَ فِيهَا، وَهُوَ لَازِمٌ، وَذَكَرَهُ فِي النَّاصِبَةِ، وَهُوَ غَيْرُ لَازِمٍ، وَإِنَّمَا الْتَزَمُوا السَّبَبِيَّةَ هَاهُنَا لَمَّا كَانَ الْكَلَامُ جُمْلَتَيْنِ، فَكَأَنَّهُمْ قَصَدُوا إِلَى قُوَّةِ الرَّبْطِ بَيْنَهُمَا بِمَعْنَى: السَّبَبِيَّةِ هَاهُنَا، وَفِي الْأَوَّلِ لَمْ يَلْتَزِمُوهَا لِلرَّبْطِ الْحَاصِلِ بِالْجُزْئِيَّةِ، وَذَلِكَ أَنَّ (حَتَّى) فِي الْوَجْهِ الْأَوَّلِ جَارٌّ وَمَجْرُورٌ، فَهُوَ جُزْءٌ مِمَّا قَبْلَهُ، وَفِي الْوَجْهِ الثَّانِي جُمْلَةٌ مُسْتَقِلَّةٌ، وَلَيْسَ جُزْءًا مِمَّا قَبْلَهَا، فَلَا يَلْزَمُ مِنَ الْتِزَامِ السَّبَبِيَّةِ فِي الْجُمْلَتَيْنِ لِيَقْوَى الرَّبْطُ الْتِزَامُ السَّبَبِيَّةِ فِيمَا الرَّبْطُ مُقَوًّى فِيهِ بِالْجُزْئِيَّةِ، وَإِنَّمَا نَصَبُوا فِي مَوْضِعِ النَّصْبِ الْمَذْكُورِ؛ لِأَنَّهُ أَمْكَنَ فِيهِ تَقْدِيرُ النَّاصِبِ، أَلَا تَرَى أَنَّ الْفِعْلَ مُسْتَقْبَلٌ، وَأَنَّ تَقْدِيرَ (أَنْ) فِيهِ مُتَحَقِّقٌ؛ لِأَنَّهَا لِلِاسْتِقْبَالِ، فَصَحَّ تَقْدِيرُهَا بِخِلَافِ مَوْضِعِ الرَّفْعِ، فَإِنَّهُ لِلْحَالِ، وَتَقْدِيرُ (أَنْ) مَعَ الْحَالِ مُتَنَاقِضٌ؛ لِأَنَّهَا لِلِاسْتِقْبَالِ، فَلَا تُجَامِعُ الْحَالَ، فَلِذَلِكَ جَاءَ النَّصْبُ فِي مَوَاضِعِ الِاسْتِقْبَالِ، وَفَاتَ فِي مَوَاضِعِ الْحَالِ.

وَمَثَّلَ صَاحِبُ الْكِتَابِ فِي النَّصْبِ بِمَا يَتَحَقَّقُ فِيهِ الِاسْتِقْبَالُ، كَدُخُولِ الْجَنَّةِ، وَفِي الرَّفْعِ بِمَا يَتَحَقَّقُ فِيهِ الْحَالُ، كَانْتِفَاءِ الرَّجَاءِ عِنْدَ الْمَرَضِ، فَإِنَّهُ لَوْ قُدِّرَ مُسْتَقْبَلًا فَسَدَ الْمَعْنَى مِنْ جِهَةِ أَنَّ انْتِفَاءَ الرَّجَاءِ الْمَقْصُودَ بِذِكْرِهِ خَطَرُ الْمَرَضِ، وَلَا يَحْصُلُ ذَلِكَ حَتَّى يَكُونَ انْتِفَاءُ الرَّجَاءِ حَاصِلًا، وَإِذَا كَانَ حَاصِلًا وَجَبَ الرَّفْعُ، وَكَذَلِكَ (شَرِبَتِ الْإِبِلُ حَتَّى يَجِيءُ الْبَعِيرُ يَجُرُّ بَطْنَهُ)، وَلَوْ قُدِّرَ مَنْصُوبًا لَمْ يَسْتَقِمْ؛ لِأَنَّ الْغَرَضَ بِذِكْرِ جَرِّ الْبَعِيرِ بَطْنَهُ زِيَادَةُ الِارْتِوَاءِ، وَلَا يَحْصُلُ ذَلِكَ إِلَّا أَنْ يَكُونَ حَاصِلًا، فَلِذَلِكَ وَجَبَ الرَّفْعُ.

وَمَثَّلَ بِالْآيَةِ فِي الرَّفْعِ وَالنَّصْبِ، فَأَمَّا النَّصْبُ فَعَلَى أَنَّ الْإِخْبَارَ بِالزِّلْزَالِ وَبِقَوْلِ الرَّسُولِ كَانَ مُتَرَقَّبًا عِنْدَ الزِّلْزَالِ، وَلَيْسَ فِيهِ إِخْبَارٌ بِوُقُوعِ قَوْلِ الرَّسُولِ، وَإِنْ كَانَ الْوُقُوعُ قَدْ ثَبَتَ بِأَمْرٍ آخَرَ، وَأَمَّا قِرَاءَةُ الرَّفْعِ فَعَلَى أَنَّ الْإِخْبَارَ بِالزِّلْزَالِ وَبِالْقَوْلِ الْحَاصِلِ فِي الْوُجُودِ عَلَى حِكَايَةِ الْحَالِ مَسَبَّبًا عَنِ الزِّلْزَالِ.

ثُمَّ قَالَ: (كَانَ سَيْرِي حَتَّى أَدْخُلَهَا بِالنَّصْبِ لَيْسَ إِلَّا).

هَذَا إِذَا جَعَلْتَ (كَانَ) نَاقِصَةً، وَإِلَيْهِ أَشَارَ، وَإِنَّمَا كَانَ ذَلِكَ مِنْ جِهَةِ أَنَّهَا تَحْتَاجُ إِلَى

خَبَر، وَلَيْسَ مَعَهُ مَا يَصْلُحُ خَبَرًا؛ إلا قَوْلُكَ: (حَتَّى أَدْخُلَهَا)، وَلا يَصِحُّ أَنْ يَكُونَ خَبَرًا إلا أَنْ يَكُونَ فِي تَقْدِيرِ الْجَارِّ وَالْمَجْرُورِ، وَإِذَا كَانَ كَذَلِكَ وَجَبَ النَّصْبُ، فَتَعَيَّنَ لِذَلِكَ، وَلَوْ رَفَعْتَ لَمْ يَكُنْ لـ (كَانَ) خَبَرٌ؛ لأنَّ (حَتَّى أَدْخُلُهَا) بِالرَّفْعِ حِينَئِذٍ جُمْلَةٌ مُسْتَقِلَّةٌ بِالإِخْبَارِ بِهَا، لا تَصْلُحُ أَنْ تَكُونَ خَبَرًا لـ (كَانَ) لِفُقْدَانِ الضَّمِيرِ الْعَائِدِ، وَلِفَصْلِ (حَتَّى) بَيْنَ الاسْمِ وَمَا وَقَعَ خَبَرًا عَنْهَا.

(فَإِنْ زِدْتَ أَمْسِ وَعَلَّقْتَهُ بِكَانَ)، يَعْنِي: جَعَلْتَهُ خَبَرًا، (أَوْ قُلْتَ: سَيْرًا مُتْعِبًا)، وَجَعَلْتَهُ أَيْضًا خَبَرًا، (أَوْ أَرَدْتَ كَانَ التَّامَّةَ جَازَ الْوَجْهَانِ)؛ لأنَّكَ لَمْ تَضْطَرَّ هَاهُنَا إِلَى خَبَرٍ حَتَّى يَجِبَ النَّصْبُ، فَلِذَلِكَ جَازَ الْوَجْهَانِ.

(وَتَقُولُ: أَسِرْتَ حَتَّى تَدْخُلَهَا بِالنَّصْبِ).

لَيْسَ إلا؛ لأنَّ الرَّفْعَ فَاسِدٌ، أَلا تَرَى أَنَّهُ لا بُدَّ أَنْ يَكُونَ مَسَبَّبًا عَنِ الأَوَّلِ مُحَقَّقًا، وَكَيْفَ يَسْتَقِيمُ أَنْ يَكُونَ الْمُسَبَّبُ مُحَقَّقًا ثَابِتًا، وَالسَّبَبُ مَشْكُوكٌ فِيهِ، مَسْؤُولٌ عَنْ وُقُوعِهِ؟ فَلِذَلِكَ لَمْ يَجُزْ إلا النَّصْبُ.

وَتَقُولُ: (أَيُّهُمْ سَارَ حَتَّى يَدْخُلَهَا بِالنَّصْبِ وَالرَّفْعِ)؛ لأنَّ السَّيْرَ هَاهُنَا مُتَحَقِّقٌ، وَإِنَّمَا الْمَسْؤُولُ عَنْهُ صَاحِبُهُ، وَيَجُوزُ أَنْ يَتَحَقَّقَ مُسَبَّبُ السَّيرِ وَالسَّيْرُ، وَيُجْهَلَ صَاحِبُهُ فَيُسْأَلَ عَنْهُ، فَلِذَلِكَ جَازَ الرَّفْعُ هُنَا دُونَ الَّتِي قَبْلَهَا.

قَوْلُهُ: (وَقُرِئَ قَوْلُهُ تَعَالَى: "**تُقَاتِلُونَهُمْ أَوْ يُسْلِمُونَ**" [الفتح:١٦] بِالنَّصْبِ).

النَّصْبُ عَلَى إِضْمَارِ (أَنْ) ظَاهِرٌ، وَالرَّفْعُ عَلَى الاشْتِرَاكِ بَيْنَ (يُسْلِمُونَ) و(تُقَاتِلُونَهُمْ) عَلَى مَعْنَى التَّشْرِيكِ بَيْنَهُمَا فِي عَامِلٍ وَاحِدٍ، حَتَّى كَأَنَّكَ عَطَفْتَ جُزْءًا عَلَى جُزْءٍ.

(أَوْ عَلَى الابْتِدَاءِ).

يَعْنِي بِقَوْلِهِ: (أَوْ عَلَى الابْتِدَاءِ): عَلَى الاسْتِئْنَافِ بِجُمْلَةٍ مُعْرَبَةٍ إِعْرَابَ نَفْسِهَا غَيْرَ مُشَرَّكٍ بَيْنَهَا وَبَيْنَ مَا قَبْلَهَا فِي عَامِلٍ وَاحِدٍ، وَمَثَّلَهَا بِقَوْلِهِ: (أَوْ هُمْ يُسْلِمُونَ)؛ لِيَظْهَرَ الْفَرْقُ بَيْنَ هَذَا التَّقْدِيرِ وَالتَّقْدِيرِ الَّذِي قَبْلَهُ، إِذِ الْجُمْلَةُ الاسْمِيَّةُ لا تَكُونُ مَعْطُوفَةً عَلَى جُمْلَةٍ فِعْلِيَّةٍ بِاعْتِبَارِ التَّشْرِيكِ، وَلَكِنْ بِاعْتِبَارِ الاسْتِقْلالِ، وَمِثَالُ التَّقْدِيرِ الأَوَّلِ فِي غَيْرِ الْجُمْلَةِ الْفِعْلِيَّةِ قَوْلُكَ: (إِنَّ زَيْدًا قَائِمٌ وَعَمْرًا مِنطَلِقٌ)، عَطَفْتَ عَمْرًا عَلَى زَيْدٍ عَلَى التَّشْرِيكِ مَعَهُ فِي عَامِلٍ وَاحِدٍ، وَلَمْ تَجْعَلْهُ مُسْتَقِلا، وَمِثَالُ التَّقْدِيرِ الثَّانِي قَوْلُكَ: (إِنَّ زَيْدًا قَائِمٌ وَعَمْرٌو مُنْطَلِقٌ)، عَطَفْتَ (وَعَمْرٌو مُنْطَلِقٌ) عَلَى أَنَّهُ جُمْلَةٌ مُسْتَقِلَّةٌ، لا بِاعْتِبَارِ تَشْرِيكٍ فِي عَامِلٍ.

وَقَوْلُهُ: (هُوَ قَاتِلِي أَوْ أَفْتَدِيَ مِنْهُ)؛ أَيْ: إِلَى أَنْ أَفْتَدِيَ مِنْهُ، (وَإِنْ شِئْتَ ابْتَدَأْتَهُ) عَلَى

مَعْنَى: (أَنَا أَفْتَدِي)، وَلَمْ يَذْكُرْ لِلرَّفْعِ إلا تَقْدِيرًا وَاحِدًا، وَهُوَ الثَّانِي؛ لأنَّ تَقْدِيرَ الأَوَّلِ مُتَعَذِّرٌ؛ لأنَّهُ عَطْفٌ بِاعْتِبَارِ تَشْرِيكٍ فِي إعْرَابٍ، وَلَيْسَ هَاهُنَا قَبْلَ (أَوْ أَفْتَدِيَ) مَا يَصْلُحُ أَنْ يَكُونَ (أَفْتَدِي) مُشْتَرِكًا مَعَهُ فِي الإِعْرَابِ؛ لأَنَّ الفِعْلَ لا مُشَارَكَةَ بَيْنَهُ وَبَيْنَ الأَسْمَاءِ فِي الْعَوَامِلِ، فَلَمْ يَبْقَ إلا التَّقْدِيرُ الثَّانِي، وَهُوَ الاسْتِئْنَافُ، وَمَثَّلَهَا بِأَنَا أَيْضًا لِيَتَّضِحَ، وَاسْتَشْهَدَ بِقَوْلِ امْرِئِ الْقَيْسِ:

فَقُلْتُ لَهُ لا تَبْكِ عَيْنُكَ إِنَّمَا نُحَاوِلُ مُلْكًا أَوْ نَمُوتَ فَنُعْذَرا

وَقَالَ: فِي الرَّفْعِ وَجْهَانِ، وَهَذَانِ الْوَجْهَانِ فِي الرَّفْعِ مِثْلُهُمَا فِي قَوْلِهِ: (أَوْ هُمْ يُسْلِمُونَ) سَوَاءٌ؛ لِتَقَدُّمِ فِعْلٍ مُضَارِعٍ مَرْفُوعٍ يَجُوزُ التَّشْرِيكُ مَعَهُ وَلِصِحَّةِ اسْتِئْنَافِهِ، فَاسْتَقَامَ تَقْدِيرُ الْوَجْهَيْنِ.

(وَيَجُوزُ فِي قَوْلِهِ تَعَالَى: ﴿وَلا تَلْبِسُوا الْحَقَّ بِالْبَاطِلِ وَتَكْتُمُوا الْحَقَّ﴾ [البقرة:٤٢]، أَنْ يَكُونَ ﴿تَكْتُمُوا﴾ مَنْصُوبًا وَمَجْزُومًا)، وَهُمَا ظَاهِرَانِ، أَمَّا النَّصْبُ فَعَلَى الْجَمْعِيَّةِ عَلَى مَا تَقَدَّمَ، وَأَمَّا الْجَزْمُ فَعَلَى الاشْتِرَاكِ بَيْنَ الْفِعْلَيْنِ فِي الْجَزْمِ، وَلا يَسْتَقِيمُ أَنْ يُقَالَ: هُوَ عَطْفُ جُمْلَةٍ عَلَى جُمْلَةٍ مُشْتَرِكَةٍ وَلا مُنْقَطِعَةٍ عَنْهَا، أَمَّا التَّشْرِيكُ فَغَيْرُ مُسْتَقِيمٍ؛ لأَنَّ الرَّافِعَ لِلْفَاعِلِ الأَوَّلِ غَيْرُ الرَّافِعِ لِلْفَاعِلِ الثَّانِي، فَكَيْفَ يَسْتَقِيمُ التَّشْرِيكُ وَالْعَامِلُ مُتَعَدِّدٌ مُخْتَلِفٌ؟

وَلا يَسْتَقِيمُ أَنْ تَكُونَ مُنْقَطِعَةً؛ لأَنَّهُ لا وَجْهَ لِلْجَزْمِ حِينَئِذٍ، فَلَمْ يَبْقَ إلا الْعَطْفُ الْمَذْكُورُ، ثُمَّ مَثَّلَ بِالْبَيْتِ الَّذِي يَتَعَذَّرُ فِيهِ تَقْدِيرُ الْجَمْعِيَّةِ؛ لِيَتَّضِحَ بِهِ وَجْهُ الْعَطْفِ جَزْمًا.

قَوْلُهُ: (وَتَقُولُ: زُرْنِي وَأَزُورَكَ بِالنَّصْبِ) عَلَى مَعْنَى الْجَمْعِيَّةِ، وَلِذَلِكَ فَسَّرَهُ بِقَوْلِهِ: (يَعْنِي: لِتَجْتَمِعَ الزِّيَارَتَانِ)، وَقَدْ وَقَعَ فِي الْمُفَصَّلِ (لِتَجْتَمِعَ) بِالنَّصْبِ، وَهُوَ غَلَطٌ؛ لأَنَّ الْمَعْنَى عَلَى أَنَّهُ يُفَسِّرُ مَدْلُولَ (زُرْنِي وَأَزُورَكَ)، وَلا يَسْتَقِيمُ تَفْسِيرُهَا مَعَ النَّصْبِ لأَمْرَيْنِ:

أَحَدُهُمَا: أَنَّهَا مُسْتَقِلَّةٌ، وَلا تَكُونُ جُمْلَةً إلا مَعَ الْجَزْمِ لا مَعَ النَّصْبِ.

وَالآخَرُ: أَنَّ مَعْنَى قَوْلِكَ: (زُرْنِي وَأَزُورَكَ) لِتَجْتَمِعَ الزِّيَارَتَانِ، وَلَيْسَ مَعْنَاهُ: لِتَجْتَمِعَ الزِّيَارَتَانِ، فَصَحَّ أَنْ يَكُونَ الأَوَّلُ تَفْسِيرًا دُونَ الثَّانِي، وَأَيْضًا فَإِنَّ النَّصْبَ مُفْسِدٌ لِلْمَعْنَى مِنْ جِهَةٍ أُخْرَى، وَهُوَ أَنَّهُ يَصِيرُ تَعْلِيلا لِلأَوَّلِ وَهُوَ هُوَ، فَكَأَنَّهُ عَلَّلَ الشَّيْءَ بِنَفْسِهِ، فَكَأَنَّهُ قَالَ: لِتَجْتَمِعَ الزِّيَارَتَانِ، لِتَجْتَمِعَ الزِّيَارَتَانِ، فَكَانَ مِثْلَ قَوْلِكَ: (ضَرَبْتُهُ لأَضْرِبَهُ). وَهُوَ فَاسِدٌ.

وَمَثَّلَ النَّصْبَ بِمَا لا يَسْتَقِيمُ مَعَهُ سِوَاهُ؛ لأَنَّ الْجَزْمَ وَالرَّفْعَ فِي الْبَيْتِ غَيْرُ مُسْتَقِيمٍ،

أَمَّا الْجَزْمُ فَقَدْ ذَكَرَهُ، وَأَمَّا الرَّفْعُ فَيَدُلُّ عَلَى الِاسْتِئْنَافِ، وَالْغَرَضُ الِاجْتِمَاعُ بِدَلِيلِ قَوْلِهِ:

إِنَّ .... لِصَوْتٍ أَنْ يُنَادِيَ دَاعِيَانِ

وَلَا يَنْهَضُ هَذَا الْمَعْنَى إِلَّا بِالنَّصْبِ.

ثُمَّ قَالَ: (وَبِالرَّفْعِ)، يَعْنِي: فِي الْمِثَالِ لَا فِي الْبَيْتِ؛ لِأَنَّ الرَّفْعَ يُضْعِفُ مَعْنَاهُ، ثُمَّ مَثَّلَ الرَّفْعَ بِمَا لَا يَسْتَقِيمُ مَعَهُ سِوَاهُ، وَهُوَ قَوْلُهُ: (دَعْنِي وَلَا أَعُودُ) لِتَعَذُّرِ النَّصْبِ وَالْجَزْمِ عَلَى الْعَطْفِ، أَمَّا النَّصْبُ فَيَفْسُدُ الْمَعْنَى؛ لِأَنَّهُ يَصِيرُ الْمَعْنَى لِيَجْتَمِعَ تَرْكُكَ لِي وَتَرْكِي لِمَا تَنْهَانِي عَنْهُ، وَقَدْ عُلِمَ أَنَّ طَلَبَهُ لِتَرْكِهِ إِنَّمَا هُوَ فِي الْحَالِ بِقَرِينَةِ أَلَمِهِ بِتَأْدِيبِهِ، فَيَفُوتُ مَقْصُودُ طَالِبِ الْأَدَبِ، وَالْغَرَضُ مِنْ هَذَا الْكَرَمِ لِمَنْ أُدِّبَ حُصُولُ مَقْصُودِ مُؤَدِّبِهِ، وَلَا يَحْصُلُ مَقْصُودُهُ إِلَّا بِتَرْكِ الْعَوْدِ فِي الْمُسْتَقْبَلِ، وَلَا يَسْتَقِيمُ الْجَزْمُ؛ لِأَنَّهُ إِنْ جَزَمَ عَطْفًا كَانَ فَاسِدًا عَلَى مَا يُذْكَرُ بَعْدَهُ، وَإِنْ جَزَمَ بِلَا عَلَى أَنَّهَا لِلنَّهْيِ، وَتَكُونُ جُمْلَةً نَهْيِيَّةً مَعْطُوفَةً عَلَى جُمْلَةٍ أَمْرِيَّةٍ، وَهِيَ قَوْلُكَ: دَعْنِي، فَكَأَنَّهُ قَالَ: دَعْنِي، ثُمَّ شَرَعَ فِي جُمْلَةٍ أُخْرَى نَاهِيًا لِنَفْسِهِ عَنِ الْعَوْدِ، كَانَ فَاسِدًا أَيْضًا مِنْ جِهَةِ الْمَعْنَى؛ لِأَنَّهُ لَا يَنْهَضُ الْمُوجِبُ لِتَرْكِ التَّأْدِيبِ إِلَّا بِالْخَبَرِ عَنْ نَفْيِ الْعَوْدِ، لَا بِنَهْيِ نَفْسِهِ عَنِ الْعَوْدِ، وَلِذَلِكَ لَمْ يَكُنْ بَيْنَ النَّهْيِ وَبَيْنَ الْعَوْدِ تَنَاقُضٌ؛ لِأَنَّهُ رُبَّ إِنْسَانٍ يَنْهَى نَفْسَهُ عَنْ شَيْءٍ وَيَعُودُ فِيهِ، أَلَا تَرَى أَنَّكَ تَقُولُ: أَنَا أَنْهَى نَفْسِي عَنْ كَذَا فِي كُلِّ وَقْتٍ، ثُمَّ أَفْعَلُهُ، وَلَوْ قُلْتَ: أَنَا لَا أَفْعَلُ كَذَا ثُمَّ أَفْعَلُهُ كَانَ تَنَاقُضًا، وَالْغَرَضُ نَفْيُ وُقُوعِ الْعَوْدِ فِي الْمُسْتَقْبَلِ، وَهَذَا لَا يَحْصُلُ إِلَّا بِالْخَبَرِ.

وَقَوْلُهُ: (وَإِنْ أَرَدْتَ الْأَمْرَ أَدْخَلْتَ اللَّامَ).

يُرِيدُ أَنَّهُ لَا يَسْتَقِيمُ الْجَمْعُ بَيْنَهُ وَبَيْنَ (زُرْنِي) فِي الْإِعْرَابِ؛ لِأَنَّ (زُرْنِي) لَا إِعْرَابَ لَهَا عِنْدَ الْبَصْرِيِّينَ، وَ(أَزُرْكَ) مُعْرَبٌ، فَكَيْفَ يُشَرَّكُ بَيْنَ شَيْئَيْنِ فِي الْإِعْرَابِ، وَهُوَ مُنْتَفٍ عَنِ الْأَصْلِ، هَذَا تَنَاقُضٌ.

فَإِنْ قِيلَ: اجْعَلْهُ مُشْتَرَكًا عَلَى الْمَوْضِعِ، كَمَا تَقُولُ: جَاءَنِي هَذَا وَزَيْدٌ، وَتُشَرِّكُ بَيْنَ الِاثْنَيْنِ فِي الْإِعْرَابِ، وَإِنْ كَانَ الْإِعْرَابُ مُنْتَفِيًا عَنِ الْأَوَّلِ فَهُوَ غَيْرُ مُسْتَقِيمٍ لِأَمْرَيْنِ:

أَحَدُهُمَا: أَنَّ مَنْ قَالَ: (زُرْنِي) مُعْرَبٌ فَهُوَ مُعْرَبٌ لَفْظًا لَا تَقْدِيرًا.

وَالْآخَرُ: هُوَ أَنَّ التَّشْرِيكَ بِاعْتِبَارِ الْمَوْضِعِ إِنَّمَا يَكُونُ فِيمَا ثَبَتَ لَهُ ذَلِكَ الْإِعْرَابُ فِي الْأَصْلِ وَمَنَعَهُ مَانِعٌ عَارِضٌ كَمَا فِي الْأَسْمَاءِ.

وَأَمَّا فِعْلُ الْأَمْرِ بِغَيْرِ اللَّامِ، فَلَا إِعْرَابَ لَهُ أَلْبَتَّةَ عَلَى الْمَذْهَبِ الصَّحِيحِ، لَا أَصْلًا وَلَا

فَرْعًا، فَلا يَسْتَقِيمُ تَقْدِيرُ الإِعْرَابِ فِيهِ، وَاسْتَشْهَدَ بِقَوْلِ كَعْبٍ الْغَنَوِيِّ، وَذَكَرَ النَّصْبَ بِالْوَاوِ فِي هَذَا الْبَيْتِ وَإِنْ لَمْ يَكُنْ فِي الْحَقِيقَةِ مِمَّا هُوَ فِيهِ؛ لأَنَّ الْكَلامَ فِي وَاوِ الْجَمْعِ، وَهَذِهِ لَيْسَتْ وَاوَ الْجَمْعِ، وَإِنَّمَا هِيَ وَاوُ الْعَطْفِ لِمُشَارَكَتِهَا لَهَا فِي اللَّفْظِ وَالْمَعْنَى الأَصْلِيِّ، وَلا يَسْتَقِيمُ أَنْ تَكُونَ هُنَا وَاوَ الْجَمْعِ؛ لأَنَّ تِلْكَ إِنَّمَا تَنْصِبُ بَعْدَ الأَشْيَاءِ السِّتَّةِ عَلَى مَعْنَى الْجَمْعِيَّةِ، وَلَيْسَ هَاهُنَا مِنْهَا سِوَى النَّفْيِ، وَلَوْ قُدِّرَ الْجَمْعُ بِهَا بَيْنَ الْمَنْفِيِّ وَبَيْنَ مَا بَعْدَهَا لَكَانَ فَاسِدًا؛ لأَنَّ قَوْلَهُ: (لَيْسَ نَافِعِي وَيَغْضَبُ)، إِذَا جَعَلْتَهَا نَاصِبَةً بَعْدَ هَذَا النَّفْيِ كَانَ الْمَعْنَى نَفْيَ النَّفْعِ وَنَفْيَ الْغَضَبِ، فَيَفْسُدُ الْمَعْنَى، إِذِ الْغَرَضُ أَنَّ الَّذِي يَغْضَبُ مِنْهُ صَاحِبُهُ لا يَقُولُهُ، وَهَذَا عَكْسُهُ، وَكَذَلِكَ إِذَا جَعَلْتَهُ فِي سِيَاقِ (وَمَا أَنَا لِلشَّيْءِ) أَدَّى إِلَى ذَلِكَ أَيْضًا وَفَسَادٍ آخَرَ، وَهُوَ تَأْخِيرُ مَا ذُكِرَ مَنْفِيًّا، وَهُوَ قَوْلُهُ: (بِقَؤُولٍ) وَشَرْطُهُ التَّقْدِيمُ عَلَى وَاوِ الْجَمْعِ، فَلَمْ يَبْقَ إِلا أَنْ تَكُونَ وَاوَ الْعَطْفِ، وَتَكُونُ عَاطِفَةً لِـ (يَغْضَبَ) عَلَى قَوْلِهِ: لِلشَّيْءِ، وَإِذَا عُطِفَ الْفِعْلُ عَلَى الاسْمِ وَجَبَ تَقْدِيرُهُ بِتَأْوِيلِ الاسْمِ، وَلا يُقَدَّرُ إِلا بِـ (أَنْ) عَلَى مَا تَقَدَّمَ، فَيَكُونُ الْمَعْنَى: وَمَا أَنَا لِلشَّيْءِ، وَلِغَضَبِ صَاحِبِي بِقَؤُولٍ، وَيُحْتَاجُ فِي اسْتِقَامَةِ الْمَعْنَى إِلَى تَقْدِيرِ مُضَافٍ مَحْذُوفٍ؛ أَيْ: لِقَوْلِ شَيْءٍ، وَلَقَوْلٍ يُوجِبُ غَضَبَ صَاحِبِي؛ لأَنَّ الْغَضَبَ يُقَالُ فِيهِ: مَقُولٌ، وَالتَّقْدِيرُ: وَلِغَضَبِ صَاحِبِي بِقَؤُولٍ، فَحُذِفَ الْمُضَافُ لَمَّا كَانَ مَعْلُومًا، وَالرَّفْعُ أَظْهَرُ مِنْ وَجْهَيْنِ:

أَحَدُهُمَا: أَنَّ عَطْفَ الْفِعْلِ عَلَى اسْمٍ غَيْرِ مَصْدَرٍ ضَعِيفٌ.

وَالآخَرُ: أَنَّهُ لا تَقْدِيرَ يَلْزَمُ فِيهِ، بِخِلافِ النَّصْبِ؛ لأَنَّهُ جُمْلَةٌ مَعْطُوفَةٌ عَلَى (لَيْسَ نَافِعِي)، فَهِيَ دَاخِلَةٌ فِي حُكْمِ الصِّلَةِ، وَلِذَلِكَ احْتِيجَ فِيهَا إِلَى ضَمِيرٍ يَرْجِعُ إِلَى الَّذِي، وَهُوَ الْهَاءُ فِي مِنْهُ، وَوَصْلُهَا بِجُمْلَتَيْنِ إِحْدَاهُمَا مُنْتَفِيَةٌ وَالأُخْرَى مُثْبَتَةٌ، وَلا بُعْدَ فِي ذَلِكَ.

ثُمَّ مَثَّلَ الرَّفْعَ بِمَا يَتَعَذَّرُ فِيهِ النَّصْبُ، وَهُوَ قَوْلُهُ تَعَالَى: "**وَنُقِرُّ**" [الحج:٥]، وَإِنْ كَانَتْ أَيْضًا عَاطِفَةً بَعْدَ مَا يُتَوَهَّمُ الْعَطْفُ فِيهَا، وَهُوَ قَوْلُهُ: (لِنُبَيِّنَ)؛ لأَنَّهُ لَوْ جُعِلَ مَعْطُوفًا عَلَيْهِ ضَعُفَ الْمَعْنَى، إِذِ اللامُ فِي (لِنُبَيِّنَ) لِلتَّعْلِيلِ عَمَّا تَقَدَّمَ، وَهُوَ قَوْلُهُ تَعَالَى: "**فَإِنَّا خَلَقْنَاكُمْ**" إِلَى قَوْلِهِ: "**لِنُبَيِّنَ**" [الحج:٥]، فَالْمُتَقَدِّمُ سَبَبٌ لِلتَّبْيِينِ، فَلَوْ جُعِلَ "**وَنُقِرُّ**" [الحج:٥] مَعْطُوفًا عَلَيْهِ لَكَانَ دَاخِلا مَعَ التَّبْيِينِ فِي مُسَبِّبِهِ "**فَإِنَّا خَلَقْنَاكُمْ**" [الحج:٥]، وَلَيْسَ مَا ذُكِرَ مِنْ قَوْلِهِ: "**فَإِنَّا خَلَقْنَاكُمْ**" [الحج:٥] إِلَى آخِرِهِ سَبَبًا فِي الإِقْرَارِ فِي الأَرْحَامِ مَا يَشَاءُ، فَضَعُفَ النَّصْبُ.

ثُمَّ انْتَقَلَ إِلَى ذِكْرِ الْفَاءِ النَّاصِبَةِ فِي جَوَابِ الأَشْيَاءِ السِّتَّةِ، فَقَالَ: (مَا تَأْتِينَا فَتُحَدِّثَنَا)،

النَّصْبُ وَاضِحٌ عَلَى الْمَعْنَيَيْنِ الْمُتَقَدِّمَيْنِ، وَيَجُوزُ الرَّفْعُ عَلَى الْوَجْهَيْنِ اللَّذَيْنِ ذَكَرَهُمَا.

أَحَدُهُمَا: أَنْ يَكُونَ عَطْفًا لِلْحَدِيثِ عَلَى الإِتْيَانِ مُشَرَّكًا بَيْنَهُ وَبَيْنَهُ فِي النَّفْيِ، مَرْفُوعًا بِمَا ارْتَفَعَ كَمَا تَقَدَّمَ مِثْلُهُ، وَمَثَّلَهُ بِقَوْلِهِ تَعَالَى: "**وَلا يُؤْذَنُ لَهُمْ فَيَعْتَذِرُونَ**" [المرسلات:٣٦]، لأَنَّ الظَّاهِرَ فِيهِ ذَلِكَ، إِذِ الْمَعْنَى عَلَى نَفْيِ الإِذْنِ، وَنَفْيِ الْعُذْرِ بِظَاهِرِ قَوْلِهِ تَعَالَى: "**لا تَعْتَذِرُوا الْيَوْمَ**" [التحريم:٧]؛ وَلأَنَّهُ نَفْيُ الإِذْنِ لَهُمْ، وَالظَّاهِرُ نَفْيُ الإِذْنِ فِي الاعْتِذَارِ، فَلا يَقْوَى إِثْبَاتُ الْعُذْرِ مِنْهُمْ بَعْدَ ذَلِكَ؛ لأَنَّهُ فِي الْمَعْنَى مُخَالَفَةٌ، وَيَجُوزُ أَنْ يَكُونَ مُسْتَأْنَفًا، فَيَكُونَ الْمَعْنَى: أَنَّهُمْ يَعْتَذِرُونَ، وَيَكُونَ ذَلِكَ فِي مَوْقِفٍ آخَرَ؛ لأَنَّ الْمَوَاقِفَ مُتَعَدِّدَةٌ، وَيَدُلُّ عَلَيْهِ قَوْلُهُ تَعَالَى: "**ثُمَّ لَمْ تَكُنْ فِتْنَتُهُمْ إِلا أَنْ قَالُوا**" [الأنعام: ٢٣] وَأَمْثَالُ ذَلِكَ، وَلَكِنَّهُ ضَعِيفٌ، وَالأَوْلَى أَنْ يُحْمَلَ عَلَى التَّشْرِيكِ فِي هَذَا الْمَوْضِعِ لِسِيَاقِهِ بَعْدَ قَوْلِهِ تَعَالَى: "**يُؤْذَنُ لَهُمْ**" [المرسلات:٣٦]، وَإِنْ ثَبَتَ أَنَّهُمْ يَعْتَذِرُونَ فِي مَوْقِفٍ آخَرَ.

وَالثَّانِي: أَنْ تَكُونَ جُمْلَةً مُسْتَأْنَفَةً بِنَفْسِهَا، فَرَفْعُهَا عَلَى غَيْرِ التَّشْرِيكِ، وَالْجُمْلَةُ الأُولَى مَنْفِيَّةٌ وَالثَّانِيَةُ مُثْبَتَةٌ، وَيَكُونُ الْمَعْنَى عَلَى خِلافِ مَا تَقَدَّمَ؛ لأَنَّ فِيمَا تَقَدَّمَ نَفْيَ الإِتْيَانِ وَالْحَدِيثِ، وَفِي هَذَا نَفَى الإِتْيَانَ وَأَثْبَتَ الْحَدِيثَ، ثُمَّ مَثَّلَهُ بِمَا لا يَسْتَقِيمُ مَعَهُ إِلا الاسْتِقْلالُ بِنَفْسِهِ، وَالإِثْبَاتُ حَتَّى يَثْبُتَ كَوْنُ الْجُمْلَةِ الأُولَى نَفْيًا وَالثَّانِيَةِ مُثْبَتَةً، وَإِنْ خَالَفَ التَّمْثِيلَ فِي الْمَعْنَى، وَهُوَ قَوْلُهُ: (مَا تَأْتِينَا فَأَنْتَ تَجْهَلُ أَمْرَنَا)، إِذْ لا يَشُكُّ مَنْ قِيلَ لَهُ ذَلِكَ أَنَّ قَوْلَهُ: (فَأَنْتَ تَجْهَلُ أَمْرَنَا) مُثْبَتٌ بِخِلافِ مَا تَقَدَّمَ، فَإِنَّهُ مُحْتَمِلٌ، فَمَثَّلَ الاحْتِمَالَيْنِ بِمَا لا يَحْتَمِلُ سِوَاهُ لِيُوَضِّحَهُ، ثُمَّ مَثَّلَ بِقَوْلِ الْعَنْبَرِيِّ:

غَيْرَ أَنَّا لَمْ تَأْتِنَا بِيَقِينٍ فَنُرَجِّي وَنُكْثِرُ التَّأْمِيلا

فِي الرَّفْعِ أَيْضًا، وَهُوَ أَيْضًا لا يَحْتَمِلُ إِلا الرَّفْعَ؛ لأَنَّ الْمَعْنَى عَلَى أَنَّ الآتِي لَمْ يَأْتِ بِيَقِينٍ، فَنَحْنُ نَرْجُو خِلافَ مَا أَتَى بِهِ لانْتِفَاءِ الْيَقِينِ عَمَّا أَتَى بِهِ، وَلا يَسْتَقِيمُ عَلَى ذَلِكَ إِلا الرَّفْعُ؛ لأَنَّهُ لَوْ جُزِمَ لِدَخَلَ مَعَ الإِتْيَانِ فِي النَّفْيِ، فَيَفْسُدُ الْمَعْنَى، إِذِ الْمَعْنَى إِثْبَاتُ الرَّجَاءِ، وَلَوْ نَصَبَ لَنَصَبَ عَلَى الْجَمْعِيَّةِ، وَيَجِبُ أَنْ يَكُونَ أَيْضًا مَنْفِيًّا مَعَهُ.

فَإِنْ قُلْتَ: لِمَ لا يَسْتَقِيمُ النَّصْبُ عَلَى الْمَعْنَى الثَّانِي لِلْفَاءِ، وَهُوَ أَنَّ هَذَا لا يَكُونُ عُقَيْبَ هَذَا؛ لأَنَّ مَعْنَاهُمَا أَنَّهُمَا لا يَجْتَمِعَانِ؟

قُلْتُ: يَفْسُدُ الْمَعْنَى أَيْضًا؛ لأَنَّ ذَلِكَ الْمَعْنَى عَلَى أَنَّ الأَوَّلَ لا يَكُونُ عُقَيْبَهُ الثَّانِي حَتَّى كَأَنَّهُ وَصْفٌ لَهُ، وَأَنْتَ لَوْ قَدَّرْتَ نَفْيَ الثَّانِي عَلَى تَقْدِيرِ حُصُولِ الأَوَّلِ فَسَدَ الْمَعْنَى

فِيهِمَا جَمِيعًا، إِذِ الْمَعْنَى نَفْيُ الأَوَّلِ وَإِثْبَاتُ الثَّانِي، وَهَذَا عَكْسُهُ.

ثُمَّ مَثَّلَ بِقَوْلِهِ:

أَلَمْ تَسْأَلِ الرَّبْعَ الْقَــوَاءَ فَيَنْطِقُ

فِي الرَّفْعِ، وَظَاهِرُهُ أَيْضًا الرَّفْعُ؛ لأَنَّهُ أَرَادَ أَنَّ النُّطقَ حَاصِلٌ لَهَا عَلَى سَبِيلِ التَّجَوُّزِ لِـمَا هِيَ عَلَيْهِ مِنْ أَحْوَالِهَا، وَلَمْ يَقْصِدْ أَنْ يَدْخُلَ النَّفْـيُ إلا عَـلَى السُّـؤَالِ، وَعَـلَى ذَلِـكَ يَكُـونُ الرَّفْعُ، وَإِنْ كَانَ النَّصْبُ وَالْجَزْمُ غَيْرَ مُمْتَنِعَيْنِ، وَلِذَلِكَ قَالَ سِيبَوَيْهِ: (لَمْ يَجْعَلِ الأَوَّلَ سَـبَبًا لِلآخَرِ، وَلَكِنَّهُ جَعَلَهُ يَنْطِقُ عَلَى كُلِّ حَالٍ). وَقَوْلُـهُ: (لَـمْ يَجْعَـلِ الأَوَّلَ سَـبَبًا لِلآخَـرِ) يَنْفِـي النَّصْبَ. وَقَوْلُهُ: (جَعَلَهُ مِمَّا يَنْطِقُ عَلَى كُلِّ حَالٍ) يَنْفِي الْجَزْمَ؛ لأَنَّهُ قَصَدَ إِلَى الاسْتِئْنَافِ.

وَقَوْلُهُ: (وَدَّ لَوْ تَأْتِيهِ فَتُحَدِّثَهُ) يَجُوزُ النَّصْبُ عَلَى جَوَابِ التَّمَنِّي.

وَيَجُوزُ الرَّفْعُ عَلَى وَجْهَيْنِ: أَحَدُهُمَا: الاشْتِرَاكُ، وَالآخَرُ: الاسْتِئْنَافُ.

قَالَ: وَقَالَ ابْنُ أَحْمَرَ[1]:

يُعَالِجَ عَاقِرًا أَعْيَتْ عَلَيْهِ   لِيُلْقِحَهَا فَيُنْتِجُهَا حُوَارا

بِالرَّفْعِ وَالنَّصْبِ؛ أَمَّا النَّصْبُ فَظَاهِرٌ عَطْفًا عَلَى (لِيُلْقِحَهَـا)، وَتَكُـونُ الْجُمْلَـةُ وَاحِـدَةً، وَهَذَا وَإِنْ لَمْ تَكُنِ الْفَاءُ فِيهِ فَاءَ الْجَوَابِ، وَلَكِنَّهَا فَاءُ الْعَطْفِ، فَوَجْـهُ مَجِيئِـهِ بِهَـا كَوَجْـهِ مَجِيئِهِ بِوَاوِ الْعَطْفِ فِي وَاوِ الْجَمْعِ.

قَالَ الشَّيْخُ: أَخْبَرَ أَنَّ هَذَا الْمَذْمُومَ يُعَالِجُ الْعَاقِرَ؛ لِيُلْقِحَهَـا لِلنِّتَـاجِ، فَـأَخْبَرَ عَـنْ حَـالِ مَنْ يَصِفُهُ بِقِلَّةِ الْعَقْلِ أَنَّهُ بِهَذِهِ الصِّفَةِ، فَالتَّعْلِيلُ بِاللِّقَاحِ وَالنِّتَاجِ إِنَّمَا هُوَ فِي حَقِّ الْمَهْجُوِّ؛ لأَنَّهُ أَخْبَرَ أَنَّهُ يَفْعَلُ هَذَا لِهَذَا الْغَرَضِ، فَالْجُمْلَةُ وَاحِدَةٌ، وَإِذَا رَفَعَ فَسَدَ الْمَعْنَى ظَاهِرًا، إِذْ

(١) البيت لعمرو بن أحمر الباهلي: ٧٥ هـ / ٦٩٤ م: وهو عمرو بن أحمر الباهلي.
شاعر جاهلي مخضرم، ولد ونشأ في نجد،أدرك الإسلام وأسلم وشارك في الفتوحات ويروى أنه شارك في الفتوحات مع خالد بن الوليد وكذلك في مغازي الروم. مدح الخلفاء الراشدين عدا أبي بكر الصديق ومدح بعض الخلفاء الأمويين، وكان من المطالبين بدم عثمان والمعادين لعلي بن أبي طالب.
وقد هجا في شعره يزيد بن معاوية وظل مختفياً عنه حتى وفاته. ثم عاد فأصلح ما فسد بينه وبين بني أمية فمدح عبد الملك بن مروان وغيره، واختلف في تاريخ وفاته فقال المرزباني إنه توفي في عهد عثمان بن عفان والأرجح أنه توفي في عهد عبد الملك بن مروان كما أشار أبو الفرج الأصفهاني.

لَيْسَ لِلرَّفْعِ إلا وَجْهَانِ: إمَا الْعَطْفُ، وَإِمَّا الاسْتِئْنَافُ، فَإِذَا عُطِفَ عَلَى (يُعَالَجُ) صَارَ مُخْبِرًا بِالْعِلاجِ وَالنِّتَاجِ، فَيَصِيرُ أَسْوَأَ حَالا مِنَ الْمُعَالِجِ، وَإِذَا كَانَ قَدْ ذَمَّ مُعَالِجًا يَقْصِدُ إِلَى اللِّقَاحِ، فَذَمُّ مَنْ يُخْبِرُ بِالنِّتَاجِ تَحْقِيقًا عَنْ هَذِهِ الْمُعَالَجَةِ أَوْلَى، وَكَذَلِكَ الاسْتِئْنَافُ يُوجِبُ أَنْ يَكُونَ مُخْبِرًا بِهِ، فَيَفْسُدُ الْمَعْنَى، وَكَانَ النَّصْبُ هُوَ الْوَجْهَ، وَوَجْهُ الرَّفْعِ أَنْ يُحْمَلَ عَلَى قَصْدِ الْهَزْءِ وَالتَّهَكُّمِ بِهَذَا الْمُعَالِجِ، وَهُوَ بَابٌ مُسْتَعْمَلٌ يَقْصِدُ الْمُتَكَلِّمُ فِيهِ إِلَى ضِدِّ مَا هُوَ مَوْضُوعٌ لَهُ بِالأَصَالَةِ، فَتَقُولُ لِمَنْ أَظْهَرَ فِعْلَ مَنْ لَيْسَ بِعَاقِلٍ: مَا هَذَا إلا فِعْلُ الْعُقَلاءِ. وَعَلَى ذَلِكَ حَمَلَ بَعْضُهُمْ قَوْلَهُ تَعَالَى: "إِنَّكَ لَأَنتَ الْحَلِيمُ الرَّشِيدُ" [هود:٨٧]؛ أَيْ: السَّفِيهُ الْغَوِيُّ، و"الْعَزِيزُ الْكَرِيمُ" [الدخان:٤٩]؛ أَيْ: الذَّلِيلُ اللَّئِيمُ، وَشِبْهُهُ، فَيَسْتَقِيمُ الْمَعْنَى بِهَذَا التَّقْدِيرِ دُونَ غَيْرِهِ.

وَقَوْلُهُ: (أُرِيدُ أَنْ تَأْتِيَنِي ثُمَّ تُحَدِّثَنِي).

فَأَتَى بِـ (ثُمَّ)، وَلَمْ يَسُقْ هَذِهِ الْفُصُولَ إلا لِبَيَانِ وُجُوهِ غَيْرِ النَّصْبِ فِي (حَتَّى، وَوَاوِ الْجَمْعِ، وَفَاءِ الْجَوَابِ، وَأَوْ)، وَلَكِنَّهُ لَمَّا جَرَّ ذِكْرُ الْوَاوِ وَالْفَاءِ ذِكْرَ الْوَاوِ وَالْفَاءِ اللَّتَيْنِ لِلْعَطْفِ، جَرَّ ذِكْرُ الْوَاوِ وَالْفَاءِ اللَّتَيْنِ لِلْعَطْفِ ذِكْرَ ثُمَّ؛ لأَنَّهَا مِثْلُهُمَا، فَإِذَا نَصَبْتَ فَبِالْعَطْفِ عَلَى مَا قَبْلَهَا، وَإِنْ رَفَعْتَ فَعَلَى الاسْتِئْنَافِ كَمَا ذَكَرَ فِي وَاوِ الْعَطْفِ وَفَاءِ الْعَطْفِ عَلَى مَا تَقَدَّمَ.

وَقَوْلُهُ: (وَخَيَّرَ الْخَلِيلُ فِي شِعْرِ عُرْوَةَ الْعُذْرِيِّ).

فَمَا هُوَ إلا أَنْ أَرَاهَا فُجَاءَةً ... فَأُبْهَتُ حَتَّى مَا أَكَادُ أُجِيبُ

فَإِنْ نَصَبْتَ فَعَلَى الْعَطْفِ عَلَى (أَرَاهَا)، وَإِنْ رَفَعْتَ فَعَلَى الاسْتِئْنَافِ كَمَا تَقَدَّمَ.

(وَمِمَّا جَاءَ مُنْقَطِعًا قَوْلُ أَبِي اللحَّامِ التَّغْلَبِيِّ).

عَلَى الحَكَمِ المَأْتِيِّ يَوْمًا إِذَا قَضَى ... قَضِيَّتَهُ أَنْ لا يَجُورَ وَيَقْصِدُ

لأَنَّ الْعَطْفَ عَلَى (يَجُورَ) غَيْرُ مُسْتَقِيمٍ، إِذْ غَرَضُهُ أَنْ يَنْفِيَ الْجَوْرَ وَيُثْبِتَ الْقَصْدَ؛ لِيَحْصُلَ الْمَدْحُ، وَإِذَا شُرِّكَ بَيْنَهُ وَبَيْنَ الْجَوْرِ دَخَلَ فِي النَّفْيِ، فَيَصِيرُ نَافِيًا لِلْجَوْرِ وَنَافِيًا لِلْعَدْلِ، وَلا يَحْصُلُ مَدْحٌ، بَلْ يَتَنَاقَضُ، فَوَجَبَ أَنْ يُحْمَلَ عَلَى أَنَّهُ مُسْتَأْنَفٌ؛ لِيَكُونَ مُثْبَتًا، فَيَكُونَ الْجَوْرُ مَنْفِيًّا، وَالْقَصْدُ مُثْبَتًا، فَيَحْصُلَ الْمَقْصُودُ، وَيَرْتَفِعَ التَّنَاقُضُ.

وَمَثَّلَ بِقَوْلِهِ: (عَلَيْهِ أَنْ لا يَجُورَ، وَيَنْبَغِي لَهُ كَذَا) كِنَايَةً عَمَّا يُنَاقِضُ الْجَوْرَ، فَلا يَسْتَقِيمُ أَنْ يَكُونَ مُشَرَّكًا بَيْنَهُ وَبَيْنَ (يَجُورَ) لِئَلا يَفْسُدَ الْمَعْنَى، وَيَحْصُلَ التَّنَاقُضُ، وَإِذَا جُعِلَ مُسْتَأْنَفًا حَصَلَ الْجَوْرُ مُنْتَفِيًا وَضِدُّهُ مُثْبَتًا، فَيَسْتَقِيمُ الْمَعْنَى، وَيَزُولُ التَّنَاقُضُ.

وَذَكَرَ فِي هَذَا الْفَصْلِ الْفَاءَ وَالْوَاوَ جَمِيعًا مَعَ ثُمَّ، وَإِنْ كَانَ تَقَدَّمَ ذِكْرُهُمَا لِيُوْنِسَ بِأَنَّ ذِكْرَ (ثُمَّ) كَانَ لأجْلِهِمَا، وَقَدَّمَ (ثُمَّ) لأنَّ الْفَصْلَ لأجْلِهَا لا لأجْلِهِمَا، وَاللَّـهُ أَعْلَمُ.

الْمَجْزُومُ

قَالَ صَاحِبُ الْكِتَابِ: (تَعْمَلُ فِيهِ حُرُوفٌ وَأَسْمَاءٌ) إِلَى آخِرِهِ.

قَالَ الشَّيْخُ: فَالْحُرُوفُ الْعَامِلَةُ فِي الْفِعْلِ الْمُضَارِعِ: لَمْ، وَلَمَّا، وَلامُ الأمْرِ، وَلا فِي النَّهْيِ، وَإِنْ فِي الْجَزَاءِ، وَإِذْمَا عَلَى الْمُخْتَارِ، وَهِيَ عِنْدَ بَعْضِهِمْ مِنَ الأسْمَاءِ الْمُكْتَسِبَةِ لِلشَّرْطِ بِمَا كَحَيْثُمَا، فَهِيَ إِذًا الظَّرْفِيَّةُ ضُمَّتْ إِلَيْهَا مَا، وَلَيْسَ بِالْقَوِيِّ؛ لِفَوَاتِ مَعْنَى الظَّرْفِيَّةِ فِيهَا، إِذْ مَعْنَاهَا فِي الظَّرْفِيَّةِ لِمَا مَضَى، وَمَعْنَى الشَّرْطِ لِمَا يُسْتَقْبَلُ فِي الشَّرْطِ وَالْجَزَاءِ جَمِيعًا، فَكَيْفَ يَكُونُ الظَّرْفُ الْوَاحِدُ بِالنِّسْبَةِ إِلَى فِعْلٍ وَاحِدٍ مَاضِيًا مُسْتَقْبَلا، هَذَا مِمَّا لا يَسْتَقِيمُ، وَغَايَةُ مَا يُقَدِّرُونَهُ أَنَّهُ لا يَبْعُدُ أَنْ يُزَادَ حَرْفٌ فَيُغَيِّرَ بَعْضَ الْمَعْنَى قَبْلَ دُخُولِهِ، كَمَا فِي قَوْلِكَ: (لَمْ يَخْرُجْ وَإِنْ خَرَجَ).

وَأَمَّا الأسْمَاءُ الْعَامِلَةُ فِي الْفِعْلِ الْمُضَارِعِ، فَقَدْ تَقَدَّمَ ذِكْرُ جَمِيعِهَا فِي صِنْفِ الْمَبْنِيِّ؛ لأنَّهَا مُتَضَمِّنَةٌ مَعْنَى الشَّرْطِ، وَذُكِرَتْ مَعَهَا أَيٌّ، وَإِنْ لَمْ تَكُنْ مَبْنِيَّةً عَلَى مَا تَقَدَّمَ، وَهِيَ: (مَنْ، وَمَا، وَمَهْمَا، وَحَيْثُمَا، وَأَيْنَ، وَمَتَى، وَأَيٌّ، وَأَنَّى، وَكَيْفَمَا فِي قَوْلِ بَعْضِ النَّحْوِيِّينَ، وَإِذَا مَا فِي لُغَةٍ ضَعِيفَةٍ).

وَهَذِهِ الأسْمَاءُ الْعَامِلُ فِيهَا شَرْطُهَا عَلَى الصَّحِيحِ، وَقِيلَ: جَوَابُهَا، وَلَيْسَ بِشَيْءٍ؛ لِجَوَازِ (أَيَّ رَجُلٍ تَضْرِبْ فَإِنِّي أُكْرِمُهُ)، فَهَذَا لَيْسَ لَهُ جَوَابٌ يَصِحُّ عَمَلُهُ فِي اسْمِ الشَّرْطِ، فَوَجَبَ أَنْ يَكُونَ الْعَامِلُ الشَّرْطَ، وَلا يَرِدُ عَلَى هَذَا إلا أَنَّ الاسْمَ عَامِلٌ فِي الْفِعْلِ، فَكَيْفَ يَكُونُ الْفِعْلُ عَامِلا فِيهِ؟ لأنَّا نَقُولُ: عَمِلَ كُلُّ وَاحِدٍ مِنْهُمَا مِنْ جِهَةٍ، وَلَيْسَ عَمَلُهُمَا مِنْ جِهَةٍ وَاحِدَةٍ، وَالْمُمْتَنِعُ أَنْ يَكُونَ مِنْ جِهَةٍ وَاحِدَةٍ، كَمَا فِي قَوْلِكَ: (يَوْمُ الْقِتَالِ حَسَنٌ)، فَإِنَّهُ لا يَسْتَقِيمُ أَنْ يَكُونَ الْعَامِلُ فِي (يَوْمِ) الْقِتَالَ؛ لأنَّهُ مَعْمُولٌ لـ (يَوْم) مِنَ الْوَجْهِ الَّذِي يَعْمَلُ فِيهِ لَوْ قُدِّرَ بِخِلافِ مَا نَحْنُ فِيهِ، فَإِنَّ الْفِعْلَ يَعْمَلُ فِي اسْمِ الشَّرْطِ بِاعْتِبَارِ تَعَلُّقِهِ، وَاسْمُ الشَّرْطِ يَعْمَلُ فِي الْفِعْلِ بِاعْتِبَارِ تَضَمُّنِهِ حَرْفَ الشَّرْطِ، فَالْوَجْهُ الَّذِي عَمِلَ الْفِعْلُ بِهِ غَيْرُ الْوَجْهِ الَّذِي عَمِلَ الاسْمُ فِيهِ بِهِ، فَثَبَتَ أَنَّ الْعَامِلَ فِي اسْمِ الشَّرْطِ الْفِعْلُ الْوَاقِعُ بَعْدَهُ إِذَا كَانَ مُتَعَلِّقًا لَهُ، فَإِنْ وَقَعَ الْفِعْلُ الَّذِي بَعْدَهُ غَيْرَ وَاقِعٍ عَلَيْهِ كَانَ الشَّرْطُ مُبْتَدَأً وَمَا بَعْدَهُ خَبَرُهُ، وَإِنْ دَخَلَ عَلَى اسْمِ الشَّرْطِ حَرْفُ جَرٍّ أَوِ اسْمٌ مُضَافٌ كَانَ فِي مَوْضِعِ

خَفْضٍ، وَيكُونُ الاسْمُ الَّذِي قَبْلَهُ مَعْمُولَ الفِعْلِ إِنْ كَانَ وَاقِعًا عَلَيْهِ، أَوْ مُبْتَدَأً إِنْ كَانَ غَيْرَ وَاقِعٍ عَلَيْهِ، كَقَوْلِكَ: (بِمَنْ تَمْرُرْ أَمْرُرْ) و(غُلامَ مَنْ تَضْرِبْ أَضْرِبْهُ) و(غُلامُ مَنْ يَخْرُجْ أَخْرُجْ مَعَهُ).

قَالَ: (وَيُجْزَمُ بِـ (إِنْ) مُضْمَرَةً)، إِلَى آخِرِهِ.

قَالَ الشَّيْخُ: لأَنَّ هَذِهِ الأَشْيَاءَ الْخَمْسَةَ مُتَضَمِّنَةٌ مَعْنَى الطَّلَبِ، وَالطَّلَبُ لا يَكُونُ إلا لِغَرَضٍ، فَقَدْ تَضَمَّنَتْ فِي الْمَعْنَى أَنَّهَا سَبَبٌ لِمُسَبَّبٍ، فَإِذَا ذُكِرَ الْمُسَبَّبُ عُلِمَ أَنَّهَا هِيَ السَّبَبُ، وَهَذَا مَعْنَى الشَّرْطِ وَالْجَزَاءِ، فَلِذَلِكَ قَالَ الْخَلِيلُ: (إِنَّ هَذِهِ الأَوَائِلَ كُلَّهَا فِيهَا مَعْنَى إِنْ) نَظَرًا إِلَى الْمَعْنَى الْمَذْكُورِ، وَهَذَا بِخِلافِ الْخَبَرِ، فَإِنَّ الْخَبَرَ لا يَلْزَمُ أَنْ يَكُونَ لِغَرَضٍ آخَرَ خَارِجٍ عَنْهُ بِخِلافِ الطَّلَبِ، فَإِنَّهُ لا يَكُونُ إلا لِغَرَضٍ خَارِجٍ عَنْهُ، وَإِلا كَانَ عَبَثًا، وَمِنْ ثَمَّةَ لَمْ يَقُلْ: (أَكْرَمَنِي زَيْدٌ فَأُكْرِمْهُ)، وَلِذَلِكَ امْتَنَعَ الْجَزْمُ بَعْدَ النَّفْيِ، فَلَمْ يَقُلْ: (مَا تَأْتِينَا تَجْهَلْ أَمْرَنَا)، لا لِلتَّعْلِيلِ الَّذِي ذَكَرَهُ فِي الْفَصْلِ الَّذِي يَأْتِي.

قَوْلُهُ: (وَمَا فِيهِ مَعْنَى الأَمْرِ وَالنَّهْيِ).

كَذَلِكَ؛ لأَنَّ الْجَزْمَ إِنَّمَا كَانَ لِتَضَمُّنِهَا مَعْنَى الطَّلَبِ، فَلا فَرْقَ بَيْنَ أَنْ يَكُونَ بِصِيغَةِ الأَمْرِ أَوْ بِغَيْرِهَا لِحُصُولِ الْمَعْنَى الْمُتَضَمَّنِ.

قَوْلُهُ: (وَحَقُّ الْمُضْمَرِ أَنْ يَكُونَ مِنْ جِنْسِ الْمُظْهَرِ).

يَعْنِي: أَنَّ الشَّرْطَ الْمُقَدَّرَ إِنَّمَا يَكُونُ مِنْ جِنْسِ الْفِعْلِ الْمُصَرَّحِ بِهِ فِي الإِثْبَاتِ وَالنَّفْيِ، وَالْغَرَضُ مَسْأَلَةُ (لا تَدْنُ مِنَ الأَسَدِ يَأْكُلُكَ) فَإِنَّا إِذَا قَدَّرْنَا فِعْلَ الشَّرْطِ مِنْ جِنْسِ الْمُظْهَرِ وَجَبَ أَنْ يَكُونَ نَفْيًا، فَيَكُونَ التَّقْدِيرُ: إِنَّكَ إِنْ لا تَدْنُ مِنْهُ يَأْكُلْكَ؛ لأَنَّ الأَوَّلَ نَفْيٌ، وَإِذَا قُدِّرَ كَذَلِكَ فَسَدَ الْمَعْنَى، إِذِ انْتِفَاءُ الدُّنُوِّ لَيْسَ سَبَبًا لِلأَكْلِ فِي الْعَادَةِ.

قَالَ صَاحِبُ الْكِتَابِ: (وَلِذَلِكَ امْتَنَعَ الإِضْمَارُ فِي النَّفْيِ، فَلَمْ يُقَلْ: مَا تَأْتِينَا تُحَدِّثْنَا).

وَهَذَا الْكَلامُ غَيْرُ مُسْتَقِيمٍ، فَإِنَّهُ لَمْ يَمْتَنِعِ الإِضْمَارُ فِي النَّفْيِ لِمَا ذَكَرَهُ مِنْ تَعَذُّرِ تَقْدِيرِ النَّفْيِ فِي الْمَسْأَلَةِ الَّتِي فَرَضَهَا مِنْ قَوْلِكَ: (مَا تَأْتِينَا تُحَدِّثْنَا)، فَإِنَّهُ لَوْ كَانَ كَذَلِكَ لَجَازَ (مَا تَأْتِينَا تَجْهَلْ أَمْرَنَا) لِصِحَّةِ تَقْدِيرِ النَّفْيِ، وَلَكَانَ الْجَوَابُ بَعْدَ النَّهْيِ مُمْتَنِعًا لامْتِنَاعِ (لا تَدْنُ مِنَ الأَسَدِ يَأْكُلْكَ)؛ لِتَعَذُّرِ تَقْدِيرِ النَّفْيِ فِي هَذِهِ الْمَسْأَلَةِ، وَلَيْسَ امْتِنَاعُ التَّقْدِيرِ فِي مَسْأَلَةٍ يَفْسُدُ الْمَعْنَى فِيهَا بِذَلِكَ التَّقْدِيرِ بِالَّذِي يَمْنَعُ أَصْلَ الْبَابِ مَعَ اسْتِقَامَةِ الْمَعْنَى، فَيَجِبُ التَّعْلِيلُ بِمَا ذَكَرْنَا آنِفًا مِنْ فَوَاتِ مَعْنَى الطَّلَبِ مِنَ النَّفْيِ؛ لأَنَّهُ خَبَرٌ

مَحْضٌ، فَكَانَ كَالإِثْبَاتِ، وَقَدْ تَقَدَّمَ الْكَلَامُ عَلَى النَّصْبِ بِالْفَاءِ عُقَيْبَهُ، وَإِجْرَائِهِ مُجْرَى الطَّلَبِ.

وَقَدْ أَجَازَ الْكِسَائِيُّ (لَا تَدْنُ مِنَ الْأَسَدِ يَأْكُلْكَ)، وَشِبْهَهُ، وَحُجَّتُهُ أَنَّهُ يُقَدِّرُ الإِثْبَاتَ نَظَرًا إِلَى قُوَّةِ الْمَعْنَى، فَجَعَلَ الْقَرِينَةَ الْمَعْنَوِيَّةَ حَاكِمَةً عَلَى الْقَرِينَةِ اللَّفْظِيَّةِ، فَجَوَّزَ الْجَزْمَ عَلَى مَعْنَى أَنَّ الدُّنُوَّ سَبَبٌ لَهُ لَا نَفْيُهُ، وَإِذَا ثَبَتَ ذَلِكَ فِي لُغَةِ الْعَرَبِ فَلَا بُعْدَ فِيهِ.

(وَإِنْ لَمْ تَقْصِدِ الْجَزَاءَ).

يَعْنِي: بَعْدَ هَذِهِ الْأَشْيَاءِ الْخَمْسَةِ؛ لِأَنَّ وِزَانَهَا فِي الْمَجْزُومِ وِزَانُ الْمَنْصُوبِ بَعْدَ (حَتَّى) وَأَخَوَاتِهِ، فَكَانَ جَائِزًا أَنْ يُعْدَلَ بِهِ إِلَى جِهَةٍ أُخْرَى مِنَ الإِعْرَابِ، وَتِلْكَ الْجِهَةُ الرَّفْعُ عَلَى الصِّفَةِ إِنْ كَانَ قَبْلَهُ مَا يَصْلُحُ وَصْفًا لَهُ، أَوْ عَلَى الْحَالِ إِنْ كَانَ كَذَلِكَ، أَوْ عَلَى الاسْتِئْنَافِ، وَقَدْ تُقَدَّرُ الثَّلَاثَةُ، وَقَدْ يُقَدَّرُ اثْنَانِ مِنْهَا، وَمَثَّلَ بِقَوْلِهِ تَعَالَى: **"فَهَبْ لِي مِنْ لَدُنْكَ وَلِيًّا (٥) يَرِثُنِي"** [مريم:٥-٦]، فَهَذَا يَجُوزُ فِيهِ الْجَزْمُ عَلَى الْجَوَابِ، وَالرَّفْعُ عَلَى الصِّفَةِ أَوِ الاسْتِئْنَافِ، وَبِقَوْلِهِ تَعَالَى: **"ذَرْهُمْ فِي خَوْضِهِمْ يَلْعَبُونَ"** [الأنعام:٩١]، وَهَذَا ظَاهِرٌ فِي الْحَالِ؛ لِأَنَّ الْمَعْنَى: ذَرْهُمْ عَلَى هَذِهِ الْحَالَةِ الَّتِي هُمْ عَلَيْهَا، وَلَا يَبْعُدُ أَنْ يَكُونَ اسْتِئْنَافًا إِخْبَارًا بِلَعِبِهِمْ عَلَى جِهَةِ الاسْتِئْنَافِ، وَمَثَّلَ فِي الْقَطْعِ بِقَوْلِهِ: (لَا تَذْهَبْ بِهِ تُغْلَبْ عَلَيْهِ)، وَهُوَ مَا لَا يَجُوزُ فِيهِ إِلَّا الرَّفْعُ؛ لِأَنَّ الْجَزْمَ لَا يَسْتَقِيمُ، إِذْ يَصِيرُ الْمَعْنَى: فَإِنَّكَ إِنْ لَا تَذْهَبْ بِهِ تُغْلَبْ عَلَيْهِ، وَهُوَ عَكْسُ الْمَعْنَى، فَيَصِيرُ مِثْلَ: (لَا تَدْنُ مِنَ الْأَسَدِ يَأْكُلْكَ).

وَالرَّفْعُ عَلَى الْحَالِ غَيْرُ مُسْتَقِيمٍ، إِذْ يَصِيرُ الْمَعْنَى: لَا تَذْهَبْ بِهِ فِي حَالِ كَوْنِكَ مَغْلُوبًا عَلَيْهِ، وَالْغَرَضُ: الإِخْبَارُ بِالْغَلَبَةِ بَعْدَ الذَّهَابِ لَا النَّهْيُ عَنِ الذَّهَابِ فِي حَالِ الْغَلَبَةِ.

فَإِنْ قُلْتَ: اجْعَلْهُ حَالًا مُقَدَّرَةً، فَهُوَ أَيْضًا ضَعِيفٌ مِنْ جِهَةِ أَنَّ الْغَرَضَ الإِخْبَارُ بِأَنَّكَ تُغْلَبُ عَلَيْهِ إِذَا ذَهَبْتَ بِهِ، وَإِذَا جَعَلْتَهُ حَالًا كَانَ نَهْيًا عَنِ الذَّهَابِ فِي حَالِ كَوْنِكَ مُقَدَّرًا غَلَبَتُكَ، وَهُمَا مَعْنَيَانِ مُخْتَلِفَانِ.

وَقَوْلُهُ: (قُمْ يَدْعُوكَ).

أَيْضًا الْوَجْهُ فِيهِ الرَّفْعُ عَلَى الْقَطْعِ؛ لِأَنَّ الْمُرَادَ بِذِكْرِ (يَدْعُوكَ) تَعْلِيلُ الْأَمْرِ بِالْقِيَامِ، فَلَا يَحْسُنُ جَعْلُهُ مَجْزُومًا لِئَلَّا يَنْعَكِسَ الْمَعْنَى، إِذْ يَصِيرُ الْقِيَامُ سَبَبًا لِلدُّعَاءِ، وَهُوَ عَكْسُ الْمَعْنَى، وَلَا يَسْتَقِيمُ أَنْ يَكُونَ حَالًا لِئَلَّا يَفُوتَ مَعْنَى التَّعْلِيلِ الْمَذْكُورِ، فَتَعَيَّنَ الْقَطْعُ لِيَحْصُلَ الْمَعْنَى الْمُرَادُ، وَمِنْهُ بَيْتُ الْكِتَابِ:

.... أَرْسُوا نُزَاوِلُهَا ....

وَالْكَلامُ فِيهِ كَالْكَلامِ فِي (قُمْ يَدْعُوكَ)، إِذِ الْغَرَضُ: تَعْلِيلُ الأَمْرِ بِالإِرْسَاءِ بِالْمُزَاوَلَةِ لِلْخَمْرِ، فَلا يَحْسُنُ جَزْمُهُ، وَلا جَعْلُهُ حَالا كَمَا تَقَدَّمَ.

وَقَوْلُهُ: (ذَرْهُ يَقُولُ ذَاكَ، وَمُرْهُ يَحْفِرُهَا).

يَجُوزُ فِيهِ الأَمْرَانِ، وَالْحَالُ أَظْهَرُ فِي (ذَرْهُ يَقُولُ ذَاكَ)، إِذِ الْمَعْنَى: ذَرْهُ عَلَى هَذِهِ الْحَالِ. وَالْقَطْعُ أَظْهَرُ فِي (مُرْهُ يَحْفِرُهَا)؛ لأَنَّ الْمَعْنَى لا يَقْوَى إِذَا كَانَ التَّقْدِيرُ: مُرْهُ حَافِرًا لَهَا إِلا عَلَى تَأْوِيلِ التَّقْدِيرِ، وَالْجَزْمُ فِي هَذَيْنِ الْمِثَالَيْنِ ظَاهِرٌ. وَقَوْلُ الأَخْطَلِ:

كُرُّوا إِلَى حُرَّتَيْكُمْ تَعْمُرُونَهُمَا كَمَا تَكُرُّ إِلَى أَوْطَانِهَا الْبَقَرُ

يَجُوزُ فِيهِ الْجَزْمُ عَلَى أَنْ يَكُونَ الْكَرُّ سَبَبًا لِلْعِمَارَةِ، وَيَجُوزُ الرَّفْعُ عَلَى الْقَطْعِ عَلَى أَنْ يَكُونَ مُخْبَرًا بِهِ مُسْتَأْنَفًا بَعْدَ الأَمْرِ بِالْكَرِّ، وَعَلَى أَنْ يَكُونَ حَالا مُقَدَّرَةً كَمَا فِي (مُرْهُ يَحْفِرُهَا).

وَقَوْلُهُ تَعَالَى: "**فَاضْرِبْ لَهُمْ طَرِيقًا فِي الْبَحْرِ يَبَسًا لا تَخَافُ دَرَكًا**" [طه:٧٧]، يَجُوزُ أَنْ يَكُونَ مَجْزُومًا عَلَى الْجَوَابِ، وَعَلَى أَنْ تَكُونَ (لا) نَاهِيَةً، وَيَجُوزُ أَنْ يَكُونَ مَرْفُوعًا عَلَى الْحَالِ مِنَ الضَّمِيرِ فِي (اضْرِبْ)، أَوْ عَلَى الاسْتِئْنَافِ.

قَوْلُهُ: (وَتَقُولُ: إِنْ تَأْتِنِي تَسْأَلُنِي أُعْطِكَ).

لأَنَّ الْفِعْلَ الْمُتَوَسِّطَ لَمْ يَدْخُلْ عَلَيْهِ جَازِمٌ وَلا نَاصِبٌ، إِذْ لَيْسَ شَرْطًا وَلا جَزَاءً، بَلْ وَاقِعٌ مَوْقِعَ الْحَالِ، فَيَجِبُ رَفْعُهُ، فَإِنْ كَانَ الْفِعْلُ صَالِحًا بَدَلَهُ مِمَّا قَبْلَهُ أَوْ صَالِحًا أَنْ يُبْدَلَ مِنْهُ مَا بَعْدَهُ صَحَّ جَزْمُ الْجَمِيعِ، فَمِثَالُ الأَوَّلِ مَا ذَكَرَهُ مِنْ قَوْلِهِ:

مَتَى تَأْتِنَا تُلْمِمْ......... ....

فَلَوْلا أَنَّ الإِلْمَامَ نَوْعٌ مِنَ الإِتْيَانِ لَمْ يَصِحَّ إِبْدَالُهُ مِنْهُ، وَلَمْ يَجُزِ الْجَزْمُ.

وَمِثَالُ الثَّانِي قَوْلُكَ: (إِنْ تَأْتِنِي أُحْسِنْ إِلَيْكَ أُعْطِكَ دِينَارًا). فَلَوْلا أَنَّ إِعْطَاءَ الدِّينَارِ نَوْعٌ مِنَ الإِحْسَانِ لَمْ يَصِحَّ الْجَزْمُ فِيهِمَا.

قَوْلُهُ: (وَتَقُولُ: إِنْ تَأْتِنِي آتِكَ فَأُحَدِّثْكَ بِالْجَزْمِ) إِلَى آخِرِهِ.

ذَكَرَ فِي هَذَا الْفَصْلِ مَا وَقَعَ بَعْدَ حُرُوفِ الْعَطْفِ مَجْزُومًا عَلَى الْعَطْفِ وَمَقْطُوعًا جَرْيًا عَلَى مَا ذَكَرَهُ فِي الْمَنْصُوبِ، حَيْثُ ذَكَرَ بَعْدَ تِلْكَ الأَفْعَالِ الْمَنْصُوبَةِ حُرُوفَ الْعَطْفِ، فَكَذَلِكَ فَعَلَ هَاهُنَا، فَيَجُوزُ هُنَا مَا جَازَ ثَمَّةَ، فَإِنْ جَزَمْتَ فِي هَذِهِ الْمَسْأَلَةِ فَعَلَى

الْعَطْفِ، وَإِنْ قَطَعْتَ فَعَلَى الاسْتِئْنَافِ، وَإِذَا اسْتَأْنَفْتَ الْجُمْلَةَ كَانَ لَكَ فِي تَقْدِيرِهَا وَجْهَانِ:

أَحَدُهُمَا: أَنْ تَجْعَلَهَا مُشْتَرَكًا بَيْنَهَا وَبَيْنَ الإتْيَانِ فِي الْمُسَبَّبِيَّةِ كَمَا فِي مَعْنَى الْمَجْزُومِ، إلا أَنْكَ أَتَيْتَ بِأَحَدِ الْمُسَبَّبَيْنِ بِالْفِعْلِ الصَّرِيحِ فَجَزَمْتَهُ، وَأَتَيْتَ فِي الثَّانِي بِمَا مَقْصُودُكَ بِهِ الْجُمْلَةُ الْمُسْتَقِلَّةُ لا الْعَطْفُ عَلَى مُجَرَّدِ الْفِعْلِ، فَكَانَ مِثْلَ قَوْلِكَ: (إِنْ تَأْتِنِي أُكْرِمْكَ وَمَا أُسِيءُ إِلَيْكَ).

وَالثَّانِي: أَنْ تَجْعَلَهُ مَقْطُوعًا عَنِ الْمُسَبَّبِيَّةِ، وَإِنَّمَا أَتَيْتَ بِهِ مُخْبِرًا بِوُقُوعِهِ بَعْدَ الإتْيَانِ عَلَى مَعْنَى التَّعْقِيبِ، لا عَلَى مَعْنَى أَنَّهُ مُسَبَّبٌ، فَهَذَانِ وَجْهَانِ مُسْتَقِيمَانِ، فَأَجْرِهِمَا فِيمَا أَتَى مِثْلَهُ.

قَالَ: (وَكَذَلِكَ الْوَاوُ وَثُمَّ).

يَعْنِي: فِي جَوَازِ الْجَزْمِ وَالرَّفْعِ، ثُمَّ مَثَّلَ بِقَوْلِهِ تَعَالَى: "**مَنْ يُضْلِلِ اللَّهُ فَلا هَادِيَ لَهُ وَيَذَرُهُمْ**" [الأعراف:١٨٦]، وَقُرِئَ جَزْمًا وَرَفْعًا، فَالْجَزْمُ عَطْفٌ عَلَى مَوْضِعِ "**فَلا هَادِيَ لَهُ**" [الأعراف:١٨٦]، وَيَصِحُّ الْعَطْفُ عَلَى الْمَوْضِعِ إِذَا قُصِدَ كَمَا يَصِحُّ عَلَى اللَّفْظِ، فَيَكُونُ التَّشْرِيكُ بَيْنَهُمَا فِي الْمُسَبَّبِيَّةِ، وَمَنْ قَرَأَ: "**وَيَذَرُهُمْ**" [الأعراف:١٨٦] بِالرَّفْعِ كَانَ عَلَى وَجْهَيْنِ:

أَحَدُهُمَا: أَنْ يَقْصِدَ إِلَى عَطْفِ الْجُمْلَةِ بِمَا هِيَ جُمْلَةٌ، لا بِاعْتِبَارِ عَطْفِ مُجَرَّدِ الْفِعْلِ عَلَى مَوْضِعِ الْجَزْمِ الْمُتَقَدِّمِ، فَعَلَى ذَلِكَ يَكُونَانِ أَيْضًا مُشْتَرَكَيْنِ فِي الْمُسَبَّبِيَّةِ، وَيَجُوزُ أَنْ يَكُونَ إِخْبَارًا بِوُقُوعِ ذَلِكَ لا عَلَى تَشْرِيكٍ بَيْنَهُ وَبَيْنَ مَا قَبْلَهُ، كَمَا ذُكِرَ فِي الْفَاءِ.

قَوْلُهُ: وَسَأَلَ سِيبَوَيْهِ الْخَلِيلَ عَنْ قَوْلِهِ تَعَالَى: "**فَأَصَّدَّقَ وَأَكُنْ**" [المنافقون:١٠]، فَأَجَابَهُ بِمِثْلِ مَا سَأَلَهُ عَنْهُ، وَقَصَدَ إِلَى تَنْبِيهِهِ بِمِثْلِهِ عَلَى أَنَّ مَوْضِعَ الأَوَّلِ جَزْمٌ، فَعُطِفَ الثَّانِي عَلَى الْمَوْضِعِ، كَمَا فِي قَوْلِهِ تَعَالَى: "**فَلا هَادِيَ لَهُ وَيَذَرْهُمْ فِي طُغْيَانِهِمْ يَعْمَهُونَ**" [الأعراف:١٨٦]، وَهَذَا شَائِعٌ فَصِيحٌ، ثُمَّ مَثَّلَهُ بِمَا هُوَ أَبْعَدُ مِنْهُ فِي التَّقْدِيرِ، وَهُوَ قَوْلُهُ:

بَدَا لِيَ أَنِّي لَسْتُ مُدْرِكَ مَا مَضَى ... وَلا سَابِقٍ شَيْئًا إِذَا كَانَ جَائِيَا

وَالْفَرْقُ بَيْنَهُمَا هُوَ أَنَّ الأَوَّلَ مُحَقَّقٌ فِيهِ مَوْضِعُ الْجَزْمِ؛ لأَنَّكَ لَوْ جَعَلْتَ مَوْضِعَ (فَأَصَّدَّقَ) فِعْلا لَكَانَ مَجْزُومًا، وَالثَّانِي غَيْرُ مُحَقَّقٍ فِيهِ مَوْضِعُ الْجَرِّ، وَهُوَ قَوْلُهُ: (لَسْتُ مُدْرِكَ مَا مَضَى) إلا بِتَأْوِيلٍ بَعِيدٍ، وَهُوَ تَقْدِيرُ الْمَعْدُومِ مَوْجُودًا، كَالْبَاءِ الْمُقَدَّرَةِ فِي (لَسْتُ

بِمُدْرِكٍ)، فَلِذَلِكَ كَانَ الأوَّلُ فَصِيحًا، وَالثَّانِي ضَعِيفًا.

فَصْل: وَتَقُولُ: وَاللَّهِ إنْ تَأْتِنِي لا أَفْعَلُ... إلَى آخِرِهِ

قَالَ الشَّيْخُ: عَقْدُ هَذَا الْبَابِ أَنَّهُ إذَا اجْتَمَعَ الشَّرْطُ وَالْقَسَمُ، فَإِنْ تَقَدَّمَ الْقَسَمُ فِي أَوَّلِ الْكَلامِ كَانَ الْحُكْمُ فِي الْجَوَابِ لَهُ، وَوَجَبَ أَنْ يَكُونَ الْفِعْلُ مَاضِيًا أَوْ فِي حُكْمِهِ كَمَسْأَلَةِ الْكِتَابِ، وَهُوَ قَوْلُهُ: (وَاللَّهِ إنْ أَتَيْتَنِي لا أَفْعَلُ) بِالرَّفْعِ، أَمَّا كَوْنُ الْجَوَابِ لِلْقَسَمِ، فَلأَنَّهُ تَقَدَّمَ فِي أَوَّلِ الْكَلامِ، فَدَلَّ عَلَى أَنَّهُ الْمَقْصُودُ عِنْدَ الْمُتَكَلِّمِ، فَجَعْلُ آخِرِ الْكَلامِ لِمَا هُوَ الْمَقْصُودُ أَوْلَى، وَأَمَّا كَوْنُ الْفِعْلِ مَاضِيًا أَوْ فِي حُكْمِهِ، فَلأَنَّهُ لَمَّا امْتَنَعَ عَمَلُ الشَّرْطِ فِي الْجَزَاءِ بِجَعْلِهِ لِلْقَسَمِ أَرَادُوا أَنْ يَكُونَ الشَّرْطُ غَيْرَ مَعْمُولٍ فِي اللَّفْظِ؛ لِيَتَنَاسَبَ مَعَ أَخِيهِ.

فَإِنْ تَوَسَّطَ الْقَسَمُ وَهُوَ مُقَدَّمٌ عَلَى الشَّرْطِ أَيْضًا فَلا يَخْلُو إمَا أَنْ تَجْعَلَهُ مُعْتَرِضًا، أَوْ تَجْعَلَهُ مُعْتَبَرًا، فَإِنْ جَعَلْتَهُ مُعْتَرِضًا كَانَ مَا بَعْدَهُ لِمَا قَبْلَهُ، إذْ وُجُودُ الْمُعْتَرِضِ وَعَدَمُهُ فِي أَحْكَامِ مَا مَعَهُ سَوَاءٌ، وَهِيَ مَسْأَلَةُ الْكِتَابِ، كَقَوْلِكَ: (أَنَا وَاللَّهِ إنْ تَأْتِنِي لا آتِكَ)، وَإِنْ جَعَلْتَ الْقَسَمَ فِي هَذِهِ الْمَسْأَلَةِ مُعْتَبَرًا كَانَ حُكْمُهُ حُكْمَ الْمَسْأَلَةِ الأوْلَى عَلَى السَّوَاءِ، فَإِنْ تَقَدَّمَ الشَّرْطُ عَلَى الْقَسَمِ كَانَ الْكَلامُ فِي كَوْنِهِ مُعْتَرِضًا وَغَيْرَ مُعْتَرِضٍ كَذَلِكَ، فَإِنْ جَعَلْتَهُ مُعْتَرِضًا، قُلْتَ: (إنْ تَأْتِنِي وَاللَّهِ لا آتِكَ) بِالْجَزْمِ، وَإِنْ جَعَلْتَهُ مُعْتَبَرًا، قُلْتَ: (إنْ تَأْتِنِي فَوَاللَّهِ لا آتِيكَ)، وَلا فَرْقَ بَيْنَ أَنْ يَكُونَ الْقَسَمُ فِي الْمَسْأَلَةِ الأوْلَى مُرَادًا أَوْ مَلْفُوظًا بِهِ، أَوْ مَلْفُوظًا بِمَا يَدُلُّ عَلَيْهِ، فَمِثَالُ الْمَلْفُوظِ بِمَا يَدُلُّ عَلَيْهِ قَوْلُهُ تَعَالَى: "لَئِن لَّمْ يَنتَهِ الْمُنَافِقُونَ" [الأحزاب:٦٠] وَشِبْهُهُ، وَمِثَالُ مَا هُوَ مُرَادٌ، وَإِنْ لَمْ يَكُنْ فِي اللَّفْظِ مَا يَدُلُّ عَلَيْهِ قَوْلُهُ تَعَالَى: "وَإِنْ أَطَعْتُمُوهُمْ إِنَّكُمْ لَمُشْرِكُونَ" [الأنعام:١٢١]، فَلَوْلا تَقْدِيرُ الْقَسَمِ لَمْ يَجُزْ أَنْ يُقَالَ: (إنْ أَكْرَمْتَنِي إنِّي أُكْرِمُكَ)، وَإِذَا قُدِّرَ الْقَسَمُ وَجَبَ ذَلِكَ؛ لأنَّ الْمُعَامَلَةَ لَهُ عَلَى مَا تَقَدَّمَ، وَقَوْلُ مَنْ قَالَ: التَّقْدِيرُ: (فَإِنَّكُمْ) فَحُذِفَتِ الْفَاءُ، مَرْدُودٌ بِأَنَّ ذَلِكَ ضَعِيفٌ، وَبِأَنَّهُ لا يَكُونُ إلا فِي ضَرُورَةِ الشِّعْرِ، كَقَوْلِهِ:

مَنْ يَفْعَلِ الْحَسَنَاتِ اللَّهُ يَشْكُرُهَا ... لا يَذْهَبُ الْعُرْفُ بَيْنَ اللَّهِ وَالنَّاسِ

وَمِنْ أَصْنَافِ الْفِعْلِ مِثَالُ الأَمْرِ

قَالَ صَاحِبُ الْكِتَابِ: (وَهُوَ الَّذِي عَلَى طَرِيقَةِ الْمُضَارِعِ لِلْفَاعِلِ الْمُخَاطَبِ).

قَالَ الشَّيْخُ: فَقَوْلُهُ: (عَلَى طَرِيقَةِ الْمُضَارِعِ لِلْفَاعِلِ الْمُخَاطَبِ)، هَذَا حَدٌّ لِصِيغَةِ الأَمْرِ، وَلَمَّا كَانَ قَوْلُهُ: (عَلَى طَرِيقَةِ الْمُضَارِعِ) يَحْتَاجُ إلَى تَبْيِينٍ بَيَّنَهُ بَعْدَ ذَلِكَ، وَكَانَ

يَنْبَغي أَنْ يُنَبِّهَ عَلَى كَيْفِيَّةِ آخِرِ هَذِهِ الصِّيغَةِ، فَإِنَّهُ لا يَبْقَى عَلَى مَا كَانَ فِي الْمُضَارِعِ مُطْلَقًا، بَلْ عَلَى مَا كَانَ فِي الْمُضَارِعِ فِي حَالِ الْجَزْمِ صَحِيحِهِ وَمُعْتَلِّهِ، وَمُذَكَّرِهِ وَمُؤَنَّثِهِ، وَمُثَنَّاهُ وَمَجْمُوعِهِ، فَقَالَ: (لا تُخَالِفُ بِصِيغَتِهِ صِيغَتَهُ إلا فِي حَذْفِ الزَّائِدَةِ)، فَقَدْ تَحَقَّقَ الْحَدُّ أَوَّلا، وَجَاءَ فِي الثَّانِي بِتَفْسِيرِ بَعْضِ اللَّفْظِ الَّذِي اشْتَمَلَ عَلَيْهِ الْحَدُّ، وَلا يُعْنَي بِصِيغَةِ الأَمْرِ فِي اصْطِلاحِ النَّحْوِيِّينَ وَالأُصُولِيِّينَ غَيْرُ ذَلِكَ، وَإِنْ كَانَتِ الْعِبَارَاتُ عَنِ الأَمْرِ مُتَعَدِّدَةً إلا أَنَّهُمْ خَصُّوا هَذَا النَّوْعَ بِقَوْلِهِمْ: صِيغَةُ الأَمْرِ. وَسِرُّهُ هُوَ أَنَّ هَذِهِ الصِّيغَةَ لا تَكُونُ ظَاهِرَةً إلا لِلأَمْرِ، وَلا تُسْتَعْمَلُ فِي غَيْرِهِ ظَاهِرَةً، وَهِيَ صِيغَةٌ مَخْصُوصَةٌ، وَغَيْرُهَا يُسْتَعْمَلُ فِي الأَمْرِ وَفِي غَيْرِهِ، فَكَانَتْ هَذِهِ أَوْلَى بِأَنْ تُطْلَقَ عَلَيْهَا صِيغَةُ الأَمْرِ، وَلا تَكُونُ إلا لِلْمُخَاطَبِ دُونَ الْغَائِبِ، وَالْمُتَكَلِّمِ؛ لأَنَّهُمْ لَوْ جَعَلُوهَا لِلْمُتَكَلِّمِ وَالْغَائِبِ مَعَ الْمُخَاطَبِ لأَدَّى إِلَى اللَّبْسِ، فَلَمْ يُعْرَفْ هَلِ الْمَأْمُورُ مُخَاطَبٌ أَوْ غَائِبٌ أَوْ مُتَكَلِّمٌ.

فَإِنْ قِيلَ: فَلِمَ خَصُّوهَا بِالْمُخَاطَبِ دُونَ الْغَائِبِ وَالْمُتَكَلِّمِ؟

قُلْتُ: لأَنَّهُمْ لَوْ جَعَلُوهَا لِلْغَائِبِ أَوْ لِلْمُتَكَلِّمِ لَقَلَّ اسْتِعْمَالُهَا؛ لأَنَّ الْمَأْمُورَ الْمُخَاطَبَ هُوَ الْوَاقِعُ كَثِيرًا، وَأَمَّا الْغَائِبُ وَالْمُتَكَلِّمُ فَقَلَّ أَنْ يَقَعَ لَهُ أَمْرٌ، وَإِذَا كَانَ كَذَلِكَ كَانَ اسْتِعْمَالُهَا لِمَا كَثُرَ - لأَنَّهَا بَابٌ مِنْ أَبْوَابِ الاخْتِصَارِ - أَوْلَى مِنَ اسْتِعْمَالِهَا فِيمَا لَمْ يَكْثُرْ، إذَا تَعَيَّنَ جَعْلُهَا لأَحَدِ الأَمْرَيْنِ خَوْفَ اللَّبْسِ كَمَا تَقَدَّمَ.

ثُمَّ بَيَّنَ كَيْفِيَّةَ صَوْغِ هَذِهِ الصِّيغَةِ، فَقَالَ: (إِذَا حَذَفْتَ الزَّائِدَةَ). فَإِنْ كَانَ مَا بَعْدَهَا مُتَحَرِّكًا بَقَّيْتَهُ عَلَى حَالِهِ، وَإِنْ كَانَ مَا بَعْدَهَا سَاكِنًا زِدْتَ هَمْزَةَ الْوَصْلِ؛ إلا فِي (خُذْ)، و(كُلْ)، و(مُرّ)، لِئَلا تَبْتَدِئَ بِالسَّاكِنِ مَضْمُومَةً إِنْ كَانَ بَعْدَ السَّاكِنِ ضَمٌّ لازِمٌ مَكْسُورَةً فِيمَا عَدَاهُ.

ثُمَّ أَوْرَدَ اعْتِرَاضًا وَهُوَ الْفِعْلُ الْمُضَارِعُ مِنَ الرُّبَاعِيِّ بِالْهَمْزَةِ، وَمَضْمُونُهُ أَنَّهُ: إذَا حُذِفَ حَرْفُ الْمُضَارَعَةِ وَبَعْدَهُ سَاكِنٌ؛ وَجَبَ الإِتْيَانُ بِهَمْزَةِ الْوَصْلِ، وَهَذَا كَذَلِكَ وَهَمْزَتُهُ هَمْزَةُ قَطْعٍ، وَأَجَابَ عَنْ ذَلِكَ بِمَا مَعْنَاهُ: أَنَّ هَذِهِ الْهَمْزَةَ فِي التَّقْدِيرِ ثَابِتَةٌ؛ لأَنَّ حُرُوفَ الْمُضَارَعَةِ هِيَ حُرُوفُ الْمَاضِي بِدَلِيلِ (دَحْرَجَ يُدَحْرِجُ)، وَجَمِيعِ الأَفْعَالِ، فَوَجَبَ أَنْ يَكُونَ الأَصْلُ يُؤَكْرِمُ، وَإِنَّمَا حُذِفَتْ لِعَارِضٍ، وَهُوَ وُجُودُ حَرْفِ الْمُضَارَعَةِ، فَإِذَا قُصِدَ إِلَى بِنَاءِ الصِّيغَةِ وَجَبَ حَذْفُ حَرْفِ الْمُضَارَعَةِ، فَيَزُولُ الْمَانِعُ لإِثْبَاتِ الْهَمْزَةِ، فَيَجِبُ رَدُّهَا لِزَوَالِ مَانِعِهَا وَوُجُودِ سَبَبِهَا، وَإِذَا وَجَبَ رَدُّهَا كَانَ حُكْمُهَا حُكْمَ الدَّالِ فِي (دَحْرَجَ)، فَيُسْتَغْنَى عَنِ اجْتِلابِ هَمْزَةِ وَصْلٍ، فَهَذَا مَعْنَى قَوْلِهِ: (وَالأَصْلُ فِي تُكْرِمُ

تُؤَكْرِمُ)، فَعَلَى ذَلِكَ خَرَجَ (أُكْرِمُ).

قَوْلُهُ: (وَأَمَّا مَا لَيْسَ لِلْفَاعِلِ الْمُخَاطَبِ).

يَعْنِي: إِذَا قَصَدْتَ الْأَمْرَ لِغَيْرِ الْفَاعِلِ الْمُخَاطَبِ، فَإِنَّكَ لَا تَأْمُرُ بِهَذِهِ الصِّيغَةِ لِمَا تَقَدَّمَ مِنْ وُجُوبِ اخْتِصَاصِهَا بِالْفَاعِلِ الْمُخَاطَبِ، فَإِذَا قَصَدْتَ إِلَى أَمْرِ مَنْ لَيْسَ بِفَاعِلٍ وَلَا مُخَاطَبٍ، أَوْ إِلَى فَاعِلٍ وَلَيْسَ بِمُخَاطَبٍ، أَوْ مُخَاطَبٍ وَلَيْسَ بِفَاعِلٍ، زِدْتَ لَامَ الْأَمْرِ دَاخِلَةً عَلَى الْمُضَارِعِ وَهُوَ عَلَى صِيغَتِهِ، كَقَوْلِكَ فِي الْأَوَّلِ: (لِيُضْرَبْ زَيْدٌ) و(لِأَضْرَبْ أَنَا)، وَفِي الثَّانِي (لِيَضْرِبْ زَيْدٌ) و(لِأَضْرِبْ أَنَا)، وَفِي الثَّالِثِ: (لِتُضْرَبْ أَنْتَ).

(وَقَدْ جَاءَ قَلِيلًا أَنْ يُؤْمَرَ الْفَاعِلُ الْمُخَاطَبُ بِاللَّامِ).

وَسِرُّ الِامْتِنَاعِ مَا ذَكَرْنَاهُ مِنْ طَلَبِ الِاخْتِصَارِ، وَحُصُولُهَا بِهَذِهِ الصِّيغَةِ لِلْفَاعِلِ الْمُخَاطَبِ وَجَوَازُهَا لِانْتِفَاءِ اللَّبْسِ؛ لِأَنَّهُمُ امْتَنَعُوا مِنْ إِجْرَاءِ صِيغَةِ الْأَمْرِ لِلْغَائِبِ وَالْمُتَكَلِّمِ خَوْفَ اللَّبْسِ، وَلَمْ يَمْتَنِعُوا مِنْ أَمْرِ الْفَاعِلِ الْمُخَاطَبِ بِاللَّامِ؛ لِأَنَّهُ لَا لَبْسَ؛ لِأَنَّ صِيغَةَ الْفِعْلِ الْمُضَارِعِ تُشْعِرُ بِخُصُوصِيَّتِهَا بِمَنْ هِيَ لَهُ، بِخِلَافِ مَا لَوْ أُجْرِيَ صِيغَةُ الْأَمْرِ عَلَى الْغَائِبِ، فَإِنَّهُ كَانَ يَتَحَقَّقُ اللَّبْسُ.

قَوْلُهُ: (وَهُوَ مَبْنِيٌّ عَلَى الْوَقْفِ).

يُرِيدُ صِيغَةَ الْأَمْرِ الَّتِي ذَكَرَهَا فِي الْفَصْلِ الْأَوَّلِ، وَبِهِ اسْتَغْنَى عَنْ أَنْ يَذْكُرَ حَالَ آخِرِهَا عَلَى مَا بَيَّنَّاهُ، إِلَّا أَنَّهُ لَا يَكْفِيهِ إِلَّا أَنْ يُبَيِّنَ أَنَّهُ يَجْرِي مُجْرَى الْمَجْزُومِ مُطْلَقًا، أَلَا تَرَى أَنَّ قَوْلَكَ: اضْرِبَا وَاضْرِبُوا وَاضْرِبِي، وَاغْزُ، وَارْمِ، وَاخْشَ لَيْسَ مَبْنِيًّا عَلَى السُّكُونِ، فَوَجَبَ الِاحْتِيَاجُ إِلَى التَّبْيِينِ عَلَى مَا تَقَدَّمَ.

(وَقَالَ الْكُوفِيُّونَ: هُوَ مَجْزُومٌ بِاللَّامِ مُقَدَّرَةً).

قَالَ: وَهَذَا خَلَفٌ مِنَ الْقَوْلِ؛ لِأَنَّ حَرْفَ الْمُضَارَعَةِ هُوَ عِلَّةُ الْإِعْرَابِ، فَإِذَا انْتَفَى فَيَجِبُ انْتِفَاءُ الْإِعْرَابِ، كَمَا أَنَّ الِاسْمَ إِذَا انْتَفَى سَبَبُ إِعْرَابِهِ وَجَبَ انْتِفَاؤُهُ، فَهَذَا أَجْدَرُ، فَإِنْ زَعَمُوا أَنَّ حَرْفَ الْمُضَارَعَةِ مُقَدَّرٌ فَلَيْسَ بِمُسْتَقِيمٍ؛ لِأَنَّ حَرْفَ الْمُضَارَعَةِ مِنْ جُمْلَةِ صِيغَةِ الْكَلِمَةِ، كَالْمِيمِ فِي اسْمِ الْفَاعِلِ، فَلَا يَسْتَقِيمُ تَقْدِيرُ الْمِيمِ، كَذَلِكَ تَقْدِيرُ حَرْفِ الْمُضَارَعَةِ، وَاللَّهُ أَعْلَمُ.

وَمِنْ أَصْنَافِ الْفِعْلِ: الْمُتَعَدِّي، وَغَيْرُ الْمُتَعَدِّي

قَالَ صَاحِبُ الْكِتَابِ: (فَالْمُتَعَدِّي عَلَى ثَلَاثَةِ أَضْرُبٍ) إِلَى آخِرِهِ.

قَالَ الشَّيْخُ: كُلُّ فِعْلٍ تَوَقَّفَتْ عَقْلِيَّةُ مَعْنَاهُ عَلَى مُتَعَلِّقٍ، كَـ (قَتَلَ، وَعَلِمَ)، فَإِنَّهُ لا يُعْقَلُ مَعْنَى مِثْلِ ذَلِكَ إلا بِمُتَعَلِّقٍ؛ لأَنَّهُ مِنَ الْمَعَانِي النِّسْبِيَّةِ، وَكُلُّ مَعْنًى نِسْبِيٍّ لا يُعْقَلُ إلا بِمَا هُوَ مَنْسُوبٌ إِلَيْهِ، فَمِثْلُ ذَلِكَ هُوَ الْمَعْنِيُّ بِالْمُتَعَدِّي، وَغَيْرُ الْمُتَعَدِّي مَا لا تَتَوَقَّفُ عَقْلِيَّتُهُ عَلَى مُتَعَلِّقٍ لَهُ، وَلا يَرِدُ عَلَى ذَلِكَ أَنَّ غَيْرَ الْمُتَعَدِّي بِهَذَا التَّفْسِيرِ تَتَوَقَّفُ عَقْلِيَّتُهُ عَلَى فَاعِلِهِ؛ لأَنَّ فَاعِلَهُ مَحَلُّهُ، وَلَيْسَ مُتَعَلَّقًا لَهُ.

وَمَنْ زَعَمَ أَنَّ الْفِعْلَ لا تَتَوَقَّفُ عَقْلِيَّتُهُ مِنْ حَيْثُ كَوْنُهُ فِعْلا عَلَى مَنْ يَقُومُ بِهِ؛ لأَنَّا نَعْقِلُ الْعِلْمَ، وَلا يَخْطُرُ بِبَالِنَا مَنْ يَقُومُ بِهِ، وَلِذَلِكَ تَقُولُ فِي حَدِّهِ: صِفَةٌ تَتَعَلَّقُ بِالشَّيْءِ عَلَى مَا هُوَ عَلَيْهِ مِنْ غَيْرِ أَنْ تَتَعَرَّضَ إِلَى ذِكْرِ الْفَاعِلِ، وَلَوْ كَانَ الْفَاعِلُ مَأْخُوذًا فِي عَقْلِيَّتِهِ لَوَجَبَ التَّعَرُّضُ لَهُ فِي حَدِّهِ، كَمَا وَجَبَ التَّعَرُّضُ لِمُتَعَلَّقِهِ لَيْسَ بِمُسْتَقِيمٍ، فَإِنَّ الْمَعَانِي لا تُعْقَلُ مَعَ قَطْعِ النَّظَرِ عَنِ الْمَحَلِّ، وَإِنَّمَا لَمْ تُذْكَرْ فِي حَدِّ الْعِلْمِ وَنَحْوِهِ لِلاسْتِغْنَاءِ بِقَوْلِهِمْ: صِفَةٌ؛ لأَنَّ ذَلِكَ مِنْ مَعْقُولِهَا.

وَأَمَّا الزَّمَانُ وَالْمَكَانُ فَوَاضِحٌ فَسَادُ قَوْلِ مَنْ يَزْعُمُ أَنَّهُمَا مِمَّا تَتَوَقَّفُ عَقْلِيَّةُ الْفِعْلِ عَلَيْهِمَا، فَإِنَّا نَعْقِلُ ذَلِكَ مَعَ الذُّهُولِ عَنِ الزَّمَانِ وَالْمَكَانِ، وَلَوْ كَانَ مِنْ عَقْلِيَّتِهِ لَمْ يُمْكِنْ عَقْلِيَّةُ حَقِيقَتِهِ مَعَ الذُّهُولِ عَنْ ذَلِكَ، نَعَمْ هُوَ لا يُوجَدُ إلا كَذَلِكَ، كَمَا أَنَّ الْجِسْمَ لا يُوجَدُ إلا فِي مَكَانٍ وَزَمَانٍ، وَلَمْ يَكُنْ ذَلِكَ عَنْ حَقِيقَتِهِ.

(فَالْمُتَعَدِّي عَلَى ثَلاثَةِ أَضْرُبٍ)؛ لأَنَّ الْمُتَعَلَّقَاتِ لا تَزِيدُ عَلَى ثَلاثَةٍ، فَلِذَلِكَ لَمْ تَزِدِ الأَفْعَالُ الْمُتَعَدِّيَةُ عَلَى ذَلِكَ، فَمَا تَتَوَقَّفُ عَقْلِيَّتُهُ عَلَى وَاحِدٍ فَهُوَ الْمُتَعَدِّي إِلَى وَاحِدٍ، وَكَذَلِكَ الْمُتَعَدِّي إِلَى اثْنَيْنِ وَإِلَى ثَلاثَةٍ.

قَوْلُهُ: (وَغَيْرُ الْمُتَعَدِّي مَا تَخَصَّصَ بِالْفَاعِلِ).

قَدْ تَقَدَّمَ فِي بَيَانِ غَيْرِ الْمُتَعَدِّي مَا هُوَ وَاضِحٌ مِنْ قَوْلِهِ؛ لأَنَّ تَخْصِيصَهُ بِفَاعِلِهِ إِنَّمَا هُوَ أَثَرُ مَا ذَكَرْنَاهُ، فَكَانَ التَّبْيِينُ بِهِ أَوْلَى.

ثُمَّ قَالَ: (وَلِلتَّعْدِيَةِ أَسْبَابٌ ثَلاثَةٌ).

يَعْنِي: أَنَّ ثَمَّةَ أَلْفَاظَ تُزَادُ عَلَى الْفِعْلِ، فَيَصِيرُ بِهَا فِي الْمَعْنَى مُتَوَقِّفًا عَقْلِيَّتُهُ عَلَى أَمْرٍ لَمْ يَكُنْ قَبْلَ ذَلِكَ، لا أَنَّهُ لا يَكُونُ التَّعَدِّي إلا بِهِ؛ لأَنَّ الْفِعْلَ يَكُونُ بِأَصْلِ مَعْنَاهُ مُتَعَدِّيًا مِنْ غَيْرِ شَيْءٍ مِنْ هَذِهِ الزِّيَادَاتِ، وَلَيْسَ يَعْنِي أَيْضًا: أَنَّ هَذِهِ الأَلْفَاظَ بِاعْتِبَارِ لَفْظِهَا تُوجِبُ أَنْ يَكُونَ مُتَعَدِّيًا، بَلْ لا بُدَّ مِنَ اعْتِبَارِ مَعْنَى التَّصْيِيرِ بِهَا؛ لأَنَّ أَلْفَاظَهَا تَكُونُ لِلتَّصْيِيرِ وَغَيْرِهِ، فَالَّتِي لِلتَّصْيِيرِ هِيَ الَّتِي تَكُونُ لِلتَّعْدِيَةِ، أَلا تَرَى أَنَّكَ تَقُولُ: (أَكَبَّ زَيْدٌ)،

وَلا يُوجِبُ ذَلِكَ تَعْدِيَةً، و(مَوَّتَ الْمَالُ) وَلا يَكُونُ ذَلِكَ تَعْدِيَةً، و(نَجَّرْتُ بِالْقَدُومِ)، وَلا تُوجِبُ الْبَاءُ تَعْدِيَةً، وَإِنَّمَا إِذَا كَانَ مَعْنَاهَا التَّصْيِيرُ كَانَتْ لِلتَّعْدِيَةِ، أَلا تَرَى أَنَّكَ إِذَا قُلْتَ فِي (ذَهَبَ زَيْدٌ): (أَذْهَبْتُ زَيْدًا) صَارَ مُتَعَدِّيًا بِالْهَمْزَةِ بَعْدَ أَنْ لَمْ يَكُنْ؛ لأَنَّهَا أَفَادَتِ التَّصْيِيرَ مَعَ بَقَاءِ الْمَعْنَى الأَوَّلِ فِي أَصْلِهِ، وَالتَّصْيِيرُ لا يُعْقَلُ إِلا بِمُتَعَلِّقٍ هُوَ مُصَيَّرٌ، فَمَهْمَا وُجِدَ مَعْنَى التَّصْيِيرِ اقْتَضَى ذَلِكَ، وَيَبْقَى الفِعْلُ عَلَى مَا كَانَ عَلَيْهِ قَبْلَ ذَلِكَ. فَلِذَلِكَ إِذَا أُلْحِقَ غَيْرُ الْمُتَعَدِّي حَرْفَ التَّصْيِيرِ صَارَ مُتَعَدِّيًا إِلَى وَاحِدٍ، وَالْمُتَعَدِّي إِلَى وَاحِدٍ يَصِيرُ مُتَعَدِّيًا إِلَى اثْنَيْنِ، وَالْمُتَعَدِّي إِلَى اثْنَيْنِ يَصِيرُ مُتَعَدِّيًا إِلَى ثَلاثَةٍ.

وَقَوْلُهُ: (غَضَّبْتُ عَلَيْهِ الضَّيْعَةَ).

فِي الْمُتَعَدِّي بِحَرْفِ الْجَرِّ غَيْرُ مُسْتَقِيمٍ، إِذْ مَعْنَى التَّصْيِيرِ فِيهِ بِهِ مَفْقُودٌ، أَلا تَرَى أَنَّكَ تَقُولُ: (غَضَبْتُ الضَّيْعَةَ)، و(غَضَّبْتُهُ الضَّيْعَةَ)، و(غَضَّبْتُ عَلَيْهِ الضَّيْعَةَ)، فَلا تَجِدُ (عَلَى) أَفَادَتْ تَصْيِيرًا، فَبَطَلَ أَنْ يَكُونَ مِنْ قَبِيلِ مَا نَحْنُ فِيهِ، نَعَمْ يَصِحُّ أَنْ يُقَالَ فِي كُلِّ جَارٍّ وَمَجْرُورٍ: إِنَّ الْفِعْلَ مُتَعَدٍّ إِلَيْهِ لا بِاعْتِبَارِ هَذَا التَّعَدِّي الَّذِي نَحْنُ فِيهِ، كَمَا تَقُولُ: يَتَعَدَّى إِلَى الظَّرْفِ وَغَيْرِهِ. وَلَسْنَا نَعْنِي هَذَا التَّعَدِّي، فَكَانَ ذِكْرُ (عَلَى) لِلتَّعَدِّي فِي هَذَا الْمَكَانِ غَيْرَ مُسْتَقِيمٍ.

قَالَ: (وَالأَفْعَالُ الْمُتَعَدِّيَةُ إِلَى ثَلاثَةٍ عَلَى ثَلاثَةِ أَضْرُبٍ).

الأَوَّلُ مَنْقُولٌ بِالْهَمْزَةِ، وَهُوَ فِعْلانِ بِالاتِّفَاقِ (أَعْلَمْتُ، وَأَرَيْتُ) كَمَا ذَكَرَ، وَبَقِيَّةُ أَفْعَالِ الْقُلُوبِ مُخْتَلَفٌ فِيهَا، فَالصَّحِيحُ أَنَّهَا لا تَجْرِي هَذَا الْمَجْرَى، فَإِنَّ التَّعَدِّي بِإِلْحَاقِ الْهَمْزَةِ لَيْسَ بِقِيَاسٍ فِيمَا كَانَ مُتَعَدِّيًا إِلَى وَاحِدٍ، فَكَيْفَ فِي الْمُتَعَدِّي إِلَى اثْنَيْنِ، وَلا سِيَّمَا إِذَا كَانَ بَابُهُ أَلْفَاظًا مَحْصُورَةً، وَغَايَةُ مَا مَعَ الْقَائِلِ بِذَلِكَ إِلْحَاقُهُ بِـ (أَعْلَمْتُ وَأَرَيْتُ)، وَلَيْسَ بِالْجَيِّدِ، فَإِنَّ الإِلْحَاقَ فِي اللُّغَةِ إِنَّمَا يَكُونُ بَعْدَ عِلْمِ الْقَاعِدَةِ بِالاسْتِقْرَاءِ فِيمَا كَثُرَ اسْتِعْمَالُهُ، وَهَذَا مِمَّا قَلَّ اسْتِعْمَالُهُ.

قَوْلُهُ: (وَضَرْبٌ مُتَعَدٍّ إِلَى مَفْعُولٍ وَاحِدٍ، وَقَدْ أُجْرِيَ مُجْرَى أَعْلَمْتُ لِمُوَافَقَتِهِ لَهُ فِي مَعْنَاهُ، فَعُدِّيَ تَعْدِيَتَهُ).

وَهَذَا الضَّرْبُ مُتَعَدٍّ فِي الْحَقِيقَةِ إِلَى وَاحِدٍ؛ لأَنَّهُ فِعْلٌ لا تَتَوَقَّفُ عَقْلِيَّتُهُ إِلا عَلَى مُتَعَلِّقٍ وَاحِدٍ، فَوَجَبَ أَنْ يَكُونَ مِنْ ذَلِكَ.

فَإِنْ زَعَمَ زَاعِمٌ أَنَّ الثَّانِيَ وَالثَّالِثَ بِالنِّسْبَةِ إِلَى (أَنْبَأْتُ وَأَخْبَرْتُ)، كَالثَّانِي وَالثَّالِثِ بِالنِّسْبَةِ إِلَى أَعْلَمْتُ؛ لأَنَّكَ تَجِدُ تَعَلُّقَ الْقَبِيلَيْنِ بِهِمَا تَعَلُّقًا وَاحِدًا، فَتِلْكَ شُبْهَةٌ، وَوَجْهُ

التَّبيين في ذَلِكَ أَنَّ الإعلامَ مَنقُولٌ عَنْ (عَلِمتُ)، و(عَلِمتُ) الدَّاخِلُ عَلَى النَّسَبِ يَتعلَّقُ باثْنَيْنِ، فإذا عُدِّيَ بالْهَمْزَةِ صَارَ مُتَعدِّيًا إلَى ثَلاثَة، فَوجَبَ أَنْ يَكُونَ مُتَعلِّقًا بِثَلاثَةٍ، وَأَمَّا الْمَفعُولانِ فِي بَابِ أَنْبَأْتُ وَأَخْبَرْتُ فَهُمَا نَفسُ النَّبأِ وَالْخَبَرِ وَالْحَدِيثِ، وَهُوَ نَفسُ الْفِعلِ، وَإِنَّمَا ذُكِرَ لِبَيَانِ نَوعِ ذَلِكَ الْحَدِيثِ وَالْخَبَرِ، أَلا تَرَى أَنَّكَ إِذَا قُلتَ: (رَجَعَ الْقَهْقَرَى)، فَإِنَّمَا يَنْتَصِبُ عَلَى الْمَصْدَرِ؛ لأَنَّهُ رُجُوعٌ وَإِنْ كَانَ لِنَوعٍ، فَكَذَلِكَ هَاهُنَا الْمَفعُولُ الثَّانِي وَالثَّالِثُ حَدِيثٌ وَخَبَرٌ، وَإِنْ كَانَ لِنَوعٍ مَخْصُوصٍ، بِخِلافِ قَوْلِكَ: أَعْلَمْتُ، فَإِنَّهُمَا مِنْ مُتَعلَّقَاتِهِ لا مِنْ هَذِهِ الْجِهَةِ، وَالسِّرُّ فِيهِ أَنَّ الإِعلامَ يَتَعلَّقُ بِمُصَيَّرٍ وَبِحَدِيثٍ هُوَ مُرَكَّبٌ مِنْ جُزْأَيْنِ؛ أَيْ: صُيِّرَ عَالِمًا بِالإِعلامِ، وَالْجَمِيعُ مِنْ مُتَعلَّقَاتِهِ، وَلَيْسَ شَيْءٌ مِنْهَا نَوعًا لَهُ، فَهُوَ مِنْ مُتَعَلَّقِ الْعِلمِ، لا نَفسُ الْعِلمِ وَلا نَوعُهُ، وَأَمَّا الإِنْبَاءُ وَالإِخْبَارُ فَيَتَعلَّقُ بِالْمُخْبَرِ، وَلا يَتَعلَّقُ بِالْخَبَرِ هَذَا التَّعلُّقَ؛ لأَنَّهُ نَفسُ الْخَبَرِ، فَإِذَا ذُكِرَ نَوعُهُ كَانَ فِي الْمَعنَى مَصْدَرًا لِبَيَانِ النَّوعِ.

يَبْقَى أَنْ يُقَالَ: كَيْفَ صَحَّ أَنْ يَقَعَ مَا لَيْسَ بِفِعْلٍ فِي الْمَعنَى مَصْدَرًا، وَهُوَ الْمَفْعُولُ الثَّانِي وَالثَّالِثُ؟

وَالْجَوَابُ عَنْ ذَلِكَ أَنَّهُ لَمْ يَكُنْ مَصْدَرًا بِاعْتِبَارِ كَوْنِهِ زَيْدًا وَقَائِمًا، وَلَكِنْ بِاعْتِبَارِ كَوْنِهِ حَدِيثًا مَخْصُوصًا، فَالْوَجْهُ الَّذِي صَحَّ الإِخْبَارُ بِهِ عَنِ الْحَدِيثِ إِذَا قُلْتَ: (حَدَّثَنِي زَيْدٌ عَمْرٌو مُنْطَلِقٌ) هُوَ الَّذِي صَحَّحَ وُقُوعَهُ مَصْدَرًا، وَمِثْلُ ذَلِكَ (قُلْتُ: زَيْدٌ مُنْطَلِقٌ) إِذَا قُلْنَا: إِنَّ (قَالَ) غَيْرُ مُتَعَدٍّ، فَالْحَدِيثُ الْوَاقِعُ بَعْدَ الْقَوْلِ بِهَذَا الاعْتِبَارِ كَالْمَفْعُولِ الثَّانِي وَالثَّالِثِ فِي بَابِ أَنْبَأْتُ وَأَخْبَرْتُ.

فَإِنْ قِيلَ: فَإِذَا كَانَ عِنْدَكُمْ بِمَثَابَةِ مَا يَقَعُ بَعْدَ الْقَوْلِ، وَالْقَوْلُ يُخْتَارُ فِيمَا بَعْدَهُ الْحِكَايَةُ، وَلَيْسَ مَا نَحْنُ فِيهِ كَذَلِكَ، فَدَلَّ عَلَى الْمُخَالَفَةِ؟

فَالْجَوَابُ: أَنَّ الْقَوْلَ أَكْثَرُ مَا يُؤْتَى بِهِ لِحِكَايَةِ مَا تَقَدَّمَ ذِكْرُهُ، فَجَاءَتِ الْحِكَايَةُ فِيهِ عَلَى حَسَبِ الْقَصْدِ بِهِ، بِخِلافِ (أَنْبَأْتُ) و(أَخْبَرْتُ)، فَإِنَّهُ لَيْسَ بِهَذِهِ الْمَثَابَةِ.

فَإِنْ قُلْتَ: فَقَدْ يَكُونُ الْقَوْلُ لا عَلَى جِهَةِ الْحِكَايَةِ، كَقَوْلِكَ عَنْ نَفْسِكَ: (قُلْتَ: زَيْدٌ مُنْطَلِقٌ)؟

فَالْجَوَابُ: أَنَّ هَذَا وَإِنْ قُدِّرَ قَلِيلٌ، فَأُجْرِيَ مُجْرَى أَصْلِ الْبَابِ، بِخِلافِ مَا نَحْنُ فِيهِ.

وَقَوْلُهُ: (وَقَدْ أُجْرِيَ مُجْرَى " أَعْلَمْتُهُ ").

يُرِيدُ فِي الصُّورَةِ لَمَّا كَانَ الْمَفْعُولُ الثَّانِي وَالثَّالِثُ بِالنَّظَرِ إِلَى مَفْرَدَيْهِمَا لا يَتَحَقَّقُ

مَعْنَى الْمَصْدَرِيَّةِ فِيهِمَا فِي الظَّاهِرِ، فَأُجْرِيَ مُجْرَى مَفْعُولَي (أَعْلَمْتُ) فِي التَّسْمِيَةِ لِمَوَافَقَتِهِمَا لَهُ فِي الصُّورَةِ وَالتَّقْدِيرِ بِوَجْهٍ.

فَإِنْ قِيلَ: فَمَا الْمَانِعُ أَنْ يَكُونَ (أَنْبَأَ) كَـ (أَعْلَمَ)، فَتَكُونَ مُتَعَلَّقَاتِهِ كَمُتَعَلَّقَاتِ (أَعْلَمَ)، فَتَكُونَ مَفْعُولاتٍ عَلَى الْحَقِيقَةِ؟

فَالْجَوَابُ: أَنَّ الإِعْلامَ هُوَ تَصْيِيرُ غَيْرِكَ عَالِمًا، وَمُتَعَلَّقُ الْعِلْمِ لَيْسَ عِلْمًا، وَإِنَّمَا هُوَ مَعْلُومٌ مُتَعَلِّقٌ لِلْعِلْمِ كَتَعَلُّقِ الضَّرْبِ بِالْمَضْرُوبِ، ثُمَّ يَحْصُلُ فِي النَّفْسِ حَدِيثٌ عَنِ الْمَعْلُومِ، وَهِيَ حَقِيقَةٌ أُخْرَى غَيْرُ الْمَعْلُومِ، وَإِنْ وَافَقَتْهُ فِي نِسْبَةِ شَيْءٍ إِلَى شَيْءٍ، فَلَيْسَ نِسْبَةُ شَيْءٍ إِلَى شَيْءٍ مِنْ مُتَعَلَّقِ الْحَدِيثِ، بَلْ هِيَ نَفْسُ الْحَدِيثِ، بِخِلافِ مَا ذَكَرْنَاهُ مِنَ الْمَعْلُومِ، فَإِنَّهُ مُتَعَلَّقٌ لِلْعِلْمِ، فَدَلَّ ذَلِكَ عَلَى أَنَّ الْحَدِيثَ مَعَ (حَدَّثْتُ)، وَالْخَبَرَ مَعَ (أَخْبَرْتُ) لَيْسَ بِمُتَعَلَّقٍ لِلْفِعْلِ، بَلْ هُوَ هُوَ، وَأَنَّ الْمَعْلُومَاتِ مَعَ (عَلِمْتُ) لَيْسَتْ بِالْعِلْمِ، وَإِنَّمَا هِيَ مُتَعَلَّقٌ لِلْعِلْمِ، فَثَبَتَ الْفَرْقُ بَيْنَ (أَعْلَمْتُ) و(حَدَّثْتُ).

(وَضَرْبٌ مُتَعَدٍّ إِلَى مَفْعُولَيْنِ وَإِلَى الظَّرْفِ الْمُتَسَعِ فِيهِ).

هَذَا الضَّرْبُ إِذَا جُعِلَ فِيهِ الظَّرْفُ مَفْعُولا فَهُوَ عَلَى سَبِيلِ الْمَجَازِ لا التَّحْقِيقِ، مِثْلُهُ فِي قَوْلِكَ: (ضُرِبَ يَوْمُ الْجُمُعَةِ)، وَلا يَتَحَقَّقُ الاتِّسَاعُ فِي مِثْلِ ذَلِكَ إلا إِذَا بُنِيَ لِلْمَفْعُولِ، أَوْ أُضْمِرَ مِنْ غَيْرِ (فِي)، وَإِلا فَلا حَاجَةَ إِلَى إِخْرَاجِهِ عَنْ أَصْلِهِ مَعَ اسْتِقَامَتِهِ مِنْ غَيْرِ ضَرُورَةٍ وَلا اسْتِحْسَانٍ.

(وَمِنَ النَّحْوِيِّينَ مَنْ أَبَى الاتِّسَاعَ فِي الظُّرُوفِ فِي الأَفْعَالِ ذَاتِ الْمَفْعُولَيْنِ).

وَسَبَبُهُ: أَنَّ جَعْلَ الظَّرْفِ مُتَسَعًا فِيهِ إِنَّمَا هُوَ عَلَى التَّشْبِيهِ بِالْمَفْعُولِ بِهِ، وَإِنَّمَا يَحْسُنُ ذَلِكَ فِيمَا كَثُرَ، وَالْمُتَعَدِّي إِلَى ثَلاثَةٍ لَمْ يَكْثُرْ كَثْرَةَ الْمُتَعَدِّي إِلَى اثْنَيْنِ وَإِلَى وَاحِدٍ، فَلِذَلِكَ كَرِهَ بَعْضُهُم الاتِّسَاعَ فِيهِ مَعَ الْمَفْعُولَيْنِ، وَأَمَّا الْمُتَعَدِّي إِلَى ثَلاثَةٍ فَالأَكْثَرُ عَلَى أَنَّهُ لا يُتَّسَعُ فِيهِ، إِذْ لَيْسَ فِي الأَفْعَالِ مَا يَتَعَدَّى إِلَى أَرْبَعَةٍ فَيُشَبَّهُ هَذَا بِهِ، وَجَوَّزَ ابْنُ خَرُوفٍ، وَهُوَ مَذْهَبُ الأَخْفَشِ.

ثُمَّ قَالَ: (وَالْمُتَعَدِّي وَغَيْرُ الْمُتَعَدِّي سِيَّانِ فِي نَصْبِ مَا عَدَا الْمَفْعُولَ بِهِ مِنَ الْمَفَاعِيلِ الأَرْبَعَةِ).

يَعْنِي: الْمَفْعُولَ الْمُطْلَقَ، وَالْمَفْعُولَ فِيهِ، وَالْمَفْعُولَ لَهُ، وَالْمَفْعُولَ مَعَهُ؛ لأَنَّ هَذِهِ كُلَّهَا نِسْبَةُ الْمُتَعَدِّي وَغَيْرُ الْمُتَعَدِّي إِلَيْهَا وَاحِدٌ، فَكَمَا انْتَصَبَتْ بِالْمُتَعَدِّي تَنْتَصِبُ بِغَيْرِ الْمُتَعَدِّي، وَكَذَلِكَ مَا يَلْحَقُ بِالْمَفْعُولِ مِنَ الْحَالِ وَالتَّمْيِيزِ وَغَيْرِهِ، حُكْمُ الْمُتَعَدِّي وَغَيْرِ

الْمُتَعَدِّي فِي نَصْبِهِ سَوَاءٌ.

وَمِنْ أَصْنَافِ الْفِعْلِ الْمَبْنِي لِلْمَفْعُولِ

قَالَ صَاحِبُ الْكِتَابِ: (وَهُوَ مَا اسْتُغْنِيَ عَنْ فَاعِلِهِ، فَأُقِيمَ الْمَفْعُولُ مُقَامَهُ، وَأُسْنِدَ إِلَيْهِ مَعْدُولا بِهِ عَنْ صِيغَةِ فَعَلَ إِلَى فُعِلَ) إِلَى آخِرِهِ.

قَالَ الشَّيْخُ: قَدِ اعْتُرِضَ عَلَى قَوْلِهِ: (هُوَ مَا اسْتُغْنِيَ عَنْ فَاعِلِهِ)؛ لأَنَّ الْمَرْفُوعَ عِنْدَهُ هَاهُنَا فَاعِلٌ عَلَى مَا تَقَدَّمَ مِنْ مَذْهَبِهِ فِي أَنَّ مَفْعُولَ مَا لَمْ يُسَمَّ فَاعِلُهُ فَاعِلٌ، وَلِذَلِكَ حَدَّ الْفَاعِلَ بِمَا يُدْخِلُهُ فِي حَدِّهِ، وَإِذَا كَانَ عِنْدَهُ فَاعِلا، فَكَيْفَ يَسْتَقِيمُ أَنْ يَقُولَ: (مَا اسْتُغْنِيَ عَنْ فَاعِلِهِ، وَأُقِيمَ الْمَفْعُولُ مُقَامَهُ؟ وَهَلْ هَذَا إلا تَصْرِيحٌ مِنْهُ بِأَنَّ الْمَرْفُوعَ هُنَا غَيْرُ فَاعِلٍ؟

وَأُجِيبَ عَنْهُ بِأَنَّهُ أَرَادَ أَنَّ الْفَاعِلَ عَلَى ضَرْبَيْنِ: فَاعِلٍ قَامَ بِهِ الْفِعْلُ، وَفَاعِلٍ أُسْنِدَ إِلَيْهِ الْفِعْلُ مِنْ غَيْرِ قِيَامٍ بِهِ، فَقَوْلُهُ: (مَا اسْتُغْنِيَ عَنْ فَاعِلِهِ) أَرَادَ بِهِ فَاعِلَهُ الَّذِي يَقُومُ بِهِ الْفِعْلُ، فَعَلَى هَذَا يَصِحُّ أَنْ يَكُونَ هَذَا فَاعِلا أَيْضًا؛ لأَنَّهُ دَاخِلٌ تَحْتَ حَدِّ الْفَاعِلِ الَّذِي ذَكَرَهُ، وَلا يُخْرِجُهُ كَوْنُهُ فَاعِلا بِذَلِكَ الاعْتِبَارِ عَنْ أَنْ يَكُونَ مَفْعُولا فِي الْمَعْنَى؛ لأَنَّ الْجِهَةَ الَّتِي كَانَ بِهَا مَفْعُولا فِي الْمَعْنَى غَيْرُ الْجِهَةِ الَّتِي كَانَ بِهَا فَاعِلا.

وَقَوْلُهُ: (مَعْدُولا عَنْ صِيغَةِ فَعَلَ إِلَى فُعِلَ).

يُرِيدُ بِصِيغَةِ (فَعَلَ) صِيغَةَ كُلِّ فِعْلٍ أُسْنِدَتْ صِيغَتُهُ عَلَى جِهَةِ قِيَامِهَا بِمَحَلِّهَا، وَبِقَوْلِهِ: (فُعِلَ) كُلَّ صِيغَةٍ أُسْنِدَتْ لا عَلَى جِهَةِ قِيَامِهَا، وَلَمْ يُرِدْ وَزْنَ (فَعَلَ) الَّذِي هُوَ مَفْتُوحُ الْفَاءِ وَالْعَيْنِ، وَلا (فُعِلَ) الَّذِي هُوَ مَضْمُومُ الْفَاءِ مَكْسُورُ الْعَيْنِ؛ لأَنَّ عَلِمَ وَاسْتَخْرَجَ مُنْدَرِجٌ تَحْتَ (فَعَلَ)، وَإِنْ لَمْ يَكُنْ عَلَى وَزْنِهِ، وَاسْتُخْرِجَ وَانْطُلِقَ مُنْدَرِجٌ تَحْتَ (فُعِلَ)، وَإِنْ لَمْ يَكُنْ عَلَى وَزْنِهِ؛ لأَنَّ الْمَقْصُودَ مَا ذَكَرْنَاهُ، فَإِذَنْ صِيغَةُ (فَعَلَ) عَلَمٌ عَلَى كُلِّ فِعْلٍ أُسْنِدَ عَلَى جِهَةِ قِيَامِهِ بِهِ، و(فُعِلَ) عَلَمٌ لِكُلِّ صِيغَةٍ أُسْنِدَتْ لا عَلَى جِهَةِ قِيَامِهِ بِهِ، فَانْدَرَجَ تَحْتَ كُلِّ وَاحِدٍ مِنْهُمَا مَا كَانَ عَلَى وَزْنِهِ، وَمَا لَيْسَ عَلَى وَزْنِهِ.

قَوْلُهُ: (وَيُسَمَّى)؛ أَيْ: هَذَا الْفِعْلُ الْمَوْضُوعُ لَهُ صِيغَةُ (فُعِلَ) فِعْلَ مَا لَمْ يُسَمَّ فَاعِلُهُ).

قَالَ: (وَالْمَفَاعِيلُ سَوَاءٌ فِي صِحَّةِ بِنَائِهِ لَهَا).

يُرِيدُ أَنَّهُ يَصِحُّ أَنْ يُسْنَدَ الْفِعْلُ الَّذِي حُذِفَ فَاعِلُهُ بِاعْتِبَارِ قِيَامِهِ بِهِ إِلَى أَيِّ الْمَفَاعِيلِ شِئْتَ، إلا مَا اسْتَثْنَاهُ، وَهُوَ الْمَفْعُولُ الثَّانِي فِي بَابِ (عَلِمْتُ)، وَالثَّالِثُ فِي بَابِ

(أَعْلَمْتُ)، وَالْمَفْعُولُ لَهُ، وَالْمَفْعُولُ مَعَهُ، فَأَمَّا الأَوَّلُ وَالثَّانِي، فَإِنَّمَا امْتَنَعَ أَنْ يُسْنَدَ إِلَيْهِ الْفِعْلُ؛ لأَنَّهُ مُسْنَدٌ فِي الْمَعْنَى؛ لأَنَّ قَوْلَكَ: (عَلِمْتُ زَيْدًا قَائِمًا) مُسْنَدٌ فِيهِ (قَائِمٌ) إِلَى (زَيْدٍ)، فَلَوْ ذَهَبْتَ تُسْنِدُ (عَلِمْتُ) إِلَى (قَائِمٍ) وَهِيَ جُمْلَةٌ وَاحِدَةٌ، لَجَعَلْتَ (قَائِمًا) مُسْنَدًا وَمُسْنَدًا إِلَيْهِ، فَكَرِهُوهُ لِذَلِكَ مَعَ الاسْتِغْنَاءِ عَنْهُ؛ لأَنَّهُ إِذَا ذُكِرَ أَحَدُهُمَا، فَلا بُدَّ مِنْ ذِكْرِ الآخَرِ، وَإِذَا لَمْ يَكُنْ بُدٌّ مِنْ ذِكْرِ الآخَرِ، فَالْتَزَمُوا الإِسْنَادَ إِلَيْهِ حَتَّى لا يَلْزَمَهُمْ مَا ذُكِرَ، وَالْمَفْعُولُ الثَّالِثُ فِي بَابِ (أَعْلَمْتُ) كَذَلِكَ.

وَأَمَّا الْمَفْعُولُ لَهُ، فَإِنَّمَا لَمْ يُبْنَ لِمَا لَمْ يُسَمَّ فَاعِلُهُ لأَحَدِ أَمْرَيْنِ:

أَحَدُهُمَا: أَنَّهُ فِي الْمَعْنَى كَأَنَّهُ جَوَابٌ لِسَائِلٍ سَأَلَ عَنِ الْعِلَّةِ، فَلَوْ ذَهَبْتَ تُقِيمُهُ مُقَامَ الْفَاعِلِ لَذَهَبَ هَذَا الْمَعْنَى مِنْهُ.

وَالثَّانِي: أَنَّهُ مُقَدَّرٌ بِاللامِ، وَهِيَ فِيهِ غَالِبًا، وَاللامُ لَهَا مَعْنَى غَيْرُ ذَلِكَ، فَلَوْ ذَهَبْتَ تُقِيمُهُ هَذَا الْمُقَامَ لَمْ يُعْلَمْ أَنَّهُ مِنْ هَذَا الْقَبِيلِ، فَتُرِكَ لِذَلِكَ.

وَأَمَّا الْمَفْعُولُ مَعَهُ فَامْتَنَعَ لأَمْرَيْنِ أَيْضًا:

أَحَدُهُمَا: أَنَّ حَرْفَ الْعَطْفِ يَسْتَدْعِي مُتَقَدِّمًا، فَلَوْ حَذَفْتَهُ لَذَهَبَ مَا يَسْتَدْعِيهِ.

وَالآخَرُ: أَنَّ إِقَامَتَهُ هَذَا الْمُقَامَ تُخْرِجُهُ عَنْ حَقِيقَتِهِ؛ لأَنَّ مَعْنَى كَوْنِهِ مَفْعُولا مَعَهُ أَنَّهُ مُشْتَرِكٌ بَيْنَهُ وَبَيْنَ فَاعِلٍ فِي الْفِعْلِ، فَإِذَا حَذَفْتَ الْفَاعِلَ ذَهَبَتِ الْمُشَارَكَةُ، فَزَالَ كَوْنُهُ مَفْعُولا مَعَهُ، فَلَمْ يَسْتَقِمْ لِذَلِكَ.

قَوْلُهُ: (وَإِذَا كَانَ لِلْفِعْلِ غَيْرُ مَفْعُولٍ فَبُنِيَ لِوَاحِدٍ) إِلَى آخِرِهِ.

يُرِيدُ أَنَّهُ لا يَقُومُ مُقَامَ الْفَاعِلِ إِلا وَاحِدٌ، وَيَبْقَى مَا كَانَ عَلَى مَا كَانَ، فَلِذَلِكَ تَقُولُ: (أُعْلِمَ زَيْدٌ عَمْرًا خَيْرَ النَّاسِ) بِرَفْعِ (زَيْدٍ) وَنَصْبِ مَا عَدَاهُ؛ لأَنَّهُ لَمْ تَدْعُ ضَرُورَةٌ إِلا لِمُسْنَدٍ إِلَيْهِ، وَالْمُسْنَدُ إِلَيْهِ لا يَكُونُ إِلا وَاحِدًا، فَوَجَبَ أَنْ يَبْقَى مَا عَدَاهُ عَلَى حَالِهِ.

ثُمَّ قَالَ: (وَلِلْمَفْعُولِ بِهِ الْمُتَعَدَّى إِلَيْهِ بِغَيْرِ حَرْفٍ مِنَ الْفَضْلِ عَلَى سَائِرِ مَا بُنِيَ لَهُ) إِلَى آخِرِهِ.

يُرِيدُ أَنَّ الْمَفْعُولَ بِهِ الصَّرِيحَ إِذَا وُجِدَ مَعَ بَقِيَّةِ الْمَفَاعِيلِ لا يُقَامُ مُقَامَ الْفَاعِلِ سِوَاهُ، هَذَا مَذْهَبُ الْبَصْرِيِّينَ، وَالْكُوفِيُّونَ يَخْتَارُونَهُ وَلا يُوجِبُونَهُ، وَالسِّرُّ فِي وُجُوبِهِ أَنَّهُ إِذَا حُذِفَ الْفَاعِلُ فَالأَوْلَى أَنْ يُقَامَ مُقَامَهُ مَا كَانَ أَقْرَبَ إِلَى الْفِعْلِ، وَلَيْسَ فِي الْمَفَاعِيلِ مَا هُوَ أَقْرَبُ إِلَى الْفِعْلِ مِنَ الْمَفْعُولِ بِهِ؛ لأَنَّهُ مِنْ مَعْقُولِيَّتِهِ، كَمَا أَنَّ الْفَاعِلَ مِنْ مَعْقُولِيَّتِهِ، فَإِذَا حُذِفَ أَحَدُهُمَا وَجَبَ إِقَامَةُ الآخَرِ مُقَامَهُ، وَلا يَرِدُ عَلَى ذَلِكَ إِلا الْمَفْعُولُ الْمُطْلَقُ، فَإِنَّهُ

أَقْرَبُ إِلَى الْفِعْلِ حَيْثُ كَانَ وَاصِلا إِلَيْهِ بِغَيْرِ وَاسِطَةٍ، وَالْجَوَابُ عَنْهُ أَنَّهُ لَيْسَ فِيهِ دِلالَةٌ زَائِدَةٌ، بَلْ هُوَ فِي الْمَعْنَى نَفْسُ الْفِعْلِ، وَالْغَرَضُ إِقَامَةُ شَيْءٍ يُسْنَدُ إِلَيْهِ، فَلَوْ أَقَمْتَهُ أَسْنَدْتَ الشَّيْءَ إِلَى نَفْسِهِ، فَكَانَ مُمْتَنِعًا مِنْ حَيْثُ الْمَعْنَى، بِخِلافِ مَا ذَكَرْنَاهُ.

فَإِنْ قِيلَ: فَقَوْلُكَ: (ضُرِبَ ضَرْبٌ شَدِيدٌ)، وَأَمْثَالُهُ هُوَ الَّذِي يَسْتَقِيمُ إِقَامَتُهُ مُقَامَ الْفَاعِلِ، وَفِيهِ مَعْنَى زَائِدٌ عَلَى مَعْنَى الْفِعْلِ، وَهُوَ الصِّفَةُ، فَلِمَ لَمْ يَكُنْ أَوْلَى[(١)]؟

فَالْجَوَابُ عَنْهُ مِنْ وَجْهَيْنِ:

أَحَدُهُمَا: أَنَّهُ لَمْ يَخْرُجْ عَنْ كَوْنِهِ كَأَنَّكَ نَسَبْتَ الشَّيْءَ إِلَى نَفْسِهِ؛ لأَنَّ الضَّرْبَ الشَّدِيدَ ضَرْبٌ، فَكَانَ غَيْرُهُ أَوْلَى إِذَا وُجِدَ.

وَالآخَرُ: هُوَ أَنَّكَ لَمْ تُسْنِدْ إِلا إِلَى ضَرْبٍ خَاصٍّ، وَلِذَلِكَ يُحْكَمُ عَلَى (شَدِيدٍ) بِأَنَّهُ صِفَةٌ، وَإِنَّمَا تَكُونُ الصِّفَةُ بَعْدَ تَتِمَّةِ الاسْمِ، فَصَارَ قَوْلُكَ: (ضُرِبَ ضَرْبٌ)، و(ضُرِبَ ضَرْبٌ شَدِيدٌ) فِي أَنَّ الإِسْنَادَ إِلَى ضَرْبٍ فِيهِمَا سَوَاءً.

فَإِنْ قِيلَ: فَالْمَفْعُولُ بِهِ الْمُتَعَدَّى إِلَيْهِ بِحَرْفٍ هُوَ فِي الْمَعْنَى مُقْتَضَى الْفِعْلِ، فَلِمَ كَانَ الْمَفْعُولُ بِهِ بِغَيْرِ حَرْفٍ أَوْلَى، وَقَدْ قُلْتَ: إِنَّ الأَوْلَوِيَّةَ فِيهِ عَلَى بَقِيَّةِ الْمَفَاعِيلِ؛ لأَجْلِ الاقْتِضَاءِ، وَالْفِعْلُ يَقْتَضِيهِمَا جَمِيعًا اقْتِضَاءً وَاحِدًا؟

فَالْجَوَابُ: أَنَّ الْعَرَبَ لَمَّا عَدَّتِ الْفِعْلَ إِلَى أَحَدِهِمَا بِنَفْسِهِ وَإِلَى الآخَرِ بِوَاسِطَةٍ، صَارَ فِي الصُّورَةِ كَأَنَّهُ أَقْوَى مِنْهُ بِاعْتِبَارِ اقْتِضَاءِ الْفِعْلِ، فَجَعَلُوهُ أَوْلَى لِذَلِكَ.

فَإِنْ قُلْتَ: فَهَبْ أَنَّ الْمَفْعُولَ بِغَيْرِ حَرْفٍ أَوْلَى مِنْهُ، فَلِمَ لا يَكُونُ الْمَفْعُولُ بِحَرْفٍ مُقَدَّمًا عَلَى بَقِيَّةِ الْمَفَاعِيلِ الْتِزَامًا؛ لأَنَّهُ مِنْ مُقْتَضَى الْفِعْلِ، وَلَيْسَتْ تِلْكَ مِنْ مُقْتَضَيَاتِهِ؟

فَالْجَوَابُ: أَنَّهُ لَمَّا كَانَ مُتَعَدًّى إِلَيْهِ بِحَرْفِ جَرٍّ أَجْرَوْهُ مُجْرَى أَمْثَالِهِ، مِمَّا يَتَعَدَّى الْفِعْلُ إِلَيْهِ بِحَرْفِ جَرٍّ، لِيَكُونَ الْبَابُ كُلُّهُ عَلَى حَالٍ وَاحِدَةٍ، فَأَجْرَوْا قَوْلَهُمْ: (اسْتَغْفَرْتُ اللَّهَ مِنَ الذَّنْبِ)، أَعْنِي: (مِنَ الذَّنْبِ) مُجْرَى قَوْلِهِمْ: (اسْتَغْفَرْتُ اللَّهَ فِي

---

(١) وإن أسند إلى المصدر فلا يطلق اسم المفعول عليه فلا تقول في ضرب ضرب شديد، أن الضرب الشديد مضروب، ثم إن اسم المفعول، ان أضيف إلى ما هو مفعوله، سواء كان مفعول ما لم يسم فاعله، كمؤدب الخدام، أو، لا نحو: زيد معطى درهم غلامه، أي: معطى درهما غلامه، فإضافته غير حقيقية، لأنه مضاف إلى معموله، وإن لم يضف إلى معموله فإضافته حقيقية، سواء كان المضاف إليه فاعلا من حيث المعنى، نحو: زيد مضروب عمرو، أو، لا، كقولنا: الحسين رضي الله عنه قتيل الطف. شرح الرضي على الكافية ٤٣٠/٣.

الدَّارِ)، أَعْنِي: (فِي الدَّارِ)، وَإِنْ كَانَ (مِنَ الذَّنْبِ) مِـنْ مُقْتَضَـيَاتِهِ، وَلَـيْسَ (فِي الـدَّارِ) مِثْلَهُ فِي اقْتِضَاءِ الْفِعْلِ لَمَّا شَارَكَهُ فِي بَابِ الْجَارِّ وَالْمَجْرُورِ، فَجَعَلُوا الْحُكْمَ فِي الْكُلِّ سَـوَاءً، وَإِنْ كَانَ الَّذِي مِنْ مُقْتَضَيَاتِهِ أَوْلَى، وَلَكِنْ عَلَى سَبِيلِ الالْتِزَامِ.

قَوْلُهُ: (وَأَمَّا سَائِرُ الْمَفَاعِيلِ فَمُسْتَوِيَةُ الأَقْدَامِ) إِلَى آخِرِهِ.

يَعْنِي: أَنَّهَا سَوَاءٌ فِي صِحَّةِ بِنَاءِ الْفِعْلِ لِكُلِّ وَاحِدٍ مِنْهَا، وَمَثَّلَ بِـ (اسْـتُخِفَّ بِزَيـدٍ) إِلَى آخِرِهِ، وَبَيَّنَهُ.

ثُمَّ قَالَ: (وَلَكَ فِي الْمَفْعُولَيْنِ الْمُتَغَايِرَيْنِ أَنْ تُسْنِدَ إِلَى أَيِّهِمَا شِئْتَ).

هَذَا الإِطْلَاقُ يُوهِمُ أَنَّهُ يَجُوزُ مُطْلَقًا، وَشَرْطُهُ أَنْ لا يَقَعَ لَـبْسٌ، فَلَـوْ قُلْـتَ: (أَعْطَيْـتُ الْعَبْدَ الْجَارِيَةَ) لَمْ تُقِمْ مُقَامَ الْفَاعِلِ إِلا الأَوَّلَ؛ لأَنَّـكَ لَـوْ أَقَمْـتَ كُـلَّ وَاحِـدٍ مِـنْهُمَا لَوَقَـعَ اللَّبْسُ، فَلا تَعْرِفُ الآخِذَ مِنَ الْمَأْخُوذِ، وَكَذَلِكَ لَوْ لَمْ تَبْنِ لِلْمَفْعُـولِ بِـهِ، وَقُلْـتَ: (أَعْطَيْـتُ الْعَبْدَ الْجَارِيَةَ) لَكَانَ تَقْدِيمُ الآخِذِ مُعْتَبَرًا خَوْفَ اللَّبْسِ، وَكَذَلِكَ إِذَا قُلْـتَ: (أَعْلَمْـتُ زَيْـدًا عَمْرًا قَائِمًا)، فَإِنَّهُ لا يَجُوزُ تَقْدِيمُ الْمَفْعُولِ الثَّانِي عَـلَى الأَوَّلِ إِلا عِنْـدَ انْتِفَـاءِ اللَّـبْسِ، فَلَـوْ قُلْتَ: (أَعْلَمْتُ عَمْرًا زَيْدًا قَائِمًا)، وَزَيْدٌ هُوَ الْمُعْلَمُ لَمْ يَجُزْ، لِئَلا يُلْـبِسَ، وَكَـذَلِكَ إِذَا بَنَيْتَـهُ لِمَا لَمْ يُسَمَّ فَاعِلُهُ، لَمْ تُقِمْ مُقَامَ الْفَاعِلِ إِلا الأَوَّلَ لِئَلا يُلْبِسَ، إِلا أَنَّـكَ إِذَا أَقَمْـتَ الأَوَّلَ فِي الْبَابَيْنِ مُقَامَ الْفَاعِـلِ جَـازَ التَّقْـدِيمُ وَالتَّـأْخِيرُ؛ لانْتِفَـاءِ اللَّـبْسِ[1]، أَلا تَـرَى أَنَّـكَ إِذَا قُلْـتَ: (أُعْطِيَ الْعَبْدُ الْجَارِيَةَ) أَوْ (أُعْطِيَ الْجَارِيَةَ الْعَبْـدُ) كَـانَ اللَّـبْسُ مُنْتَفِيًـا، بِخِـلافِ حَالِـهِ فِي الْمَنْصُوبِ، فَإِنَّكَ لَوْ قَدَّمْتَ وَقَعَ اللَّبْسُ، أَلا تَرَى أَنَّكَ إِذَا قُلْتَ: (أَعْطَيْـتُ الْعَبْـدَ الْجَارِيَـةَ) فَمَفْهُومٌ أَنَّ الْعَبْدَ هُوَ الآخِذُ، وَلَوْ ذَهَبْتَ تَقُولُ: (أَعْطَيْتُ الْجَارِيَةَ الْعَبْـدَ)، فَتُقَـدِّمُ وَأَنْـتَ تَقْصِدُ الْمَعْنَى الأَوَّلَ وَقَعَ اللَّبْسُ، إِذْ لا إِعْرَابَ مَخْصُوصٌ فِي أَحَدِهِمَا يُمَيِّزُهُ، وَكَذَلِكَ

---

(١) وهي أنه لا يجوز: أعلمت الخبر خبراً إنما يعلم المستخبر وتقول: أعلمت عمراً زيداً ظاناً بكراً أخاك كأنك قلت: أعلمت عمراً زيداً رجلا ظاناً بكراً أخاك

فإن رددت إلى ما لم يسم فاعله قلت: أعلم عمرو زيداً ظاناً بكراً أخاك ولك أن تقيم (زيداً) مقام الفاعل وتنصب عمراً فتقول: أعلم زيد عمراً ظاناً بكراً أخاك ولا يجوز: أعلم ظان بكراً أخاك عمراً زيداً من أجل أن حق المفعول الثالث أن يكون هو الثاني في المعنى إذ كان أصله المبتدأ والخبر وقد تقدم تفسير ذلك فإن كان عمرو هو زيد له إسمان جاز وجعلته هو على أن يغني غناه ويقوم مقامه كما تقول: زيد عمرو أي: أن أمره وهو يقوم مقامه جازَ وإلا فالكلام محالٌ لأن عمراً لا يكون زيداً. الأصول في النحو ١٨٩/١.

بابُ (أَعْلَمْتُ) عِنْدَ تَسْمِيَةِ الْفَاعِلِ، وَعِنْدَ حَذْفِهِ حُكْمُهُ مَا ذَكَرْنَاهُ مِنْ لُزُومِ التَّقْدِيمِ لِلْمَفْعُولِ الأَوَّلِ عِنْدَ تَسْمِيَةِ الْفَاعِلِ خَوْفَ اللَّبْسِ، وَمِنْ وُجُوبِ إِقَامَةِ الْمَفْعُولِ الأَوَّلِ مُقَامَ الْفَاعِلِ عِنْدَ حَذْفِهِ، فَإِذَا قَامَتْ قَرِينَةٌ تُبَيِّنُ الْمُرَادَ فِيهِمَا جَازَ التَّقْدِيمُ فِيهِمَا جَمِيعًا عِنْدَ تَسْمِيَةِ الْفَاعِلِ، وَجَازَ إِقَامَةُ أَيِّهِمَا شِئْتَ مُقَامَ الْفَاعِلِ عِنْدَ حَذْفِ الْفَاعِلِ، وَمِثَالُهُ: قَوْلُكَ: (أَعْطَيْتُ زَيْدًا دِرْهَمًا) فَجَائِزٌ أَنْ تَقُولَ: (أَعْطَيْتُ دِرْهَمًا زَيْدًا)؛ لأَنَّهُ لا يُلْبَسُ، إِذْ مَعْلُومٌ أَنَّ زَيْدًا هُوَ الآخِذُ، وَجَائِزٌ أَنْ تَقُولَ: (أُعْطِيَ دِرْهَمٌ زَيْدًا)، إِذْ لا إِلْبَاسَ، وَكَذَلِكَ إِذَا قُلْتَ: (أَعْلَمْتُ زَيْدًا كِتَابَهُ مُسْتَعَارًا)، فَيَجُوزُ أَنْ تُقَدِّمَ إِذْ لا لَبْسَ فِي أَنَّ زَيْدًا هُوَ الْمُعْلَمُ؛ لاسْتِحَالَةِ إِعْلامِ الْكِتَابِ، وَجَائِزٌ أَنْ تَقُولَ: (أُعْلِمَ زَيْدًا الْكِتَابُ مُسْتَعَارًا) لانْتِفَاءِ اللَّبْسِ، إِلا أَنَّ إِقَامَةَ الْمَفْعُولِ الأَوَّلِ إِذَا انْتَفَى اللَّبْسُ أَحْسَنُ؛ لأَنَّهُ فَاعِلٌ فِي الْمَعْنَى، فَكَانَ أَقْرَبَ إِلَى إِقَامَتِهِ مُقَامَ الْفَاعِلِ، وَكَذَلِكَ الْمَفْعُولُ الأَوَّلُ فِي بَابِ (أَعْلَمْتُ)؛ لأَنَّهُ فِي الْمَعْنَى عَالِمٌ، فَكَانَ مِثْلَ زَيْدٍ فِي الإِعْطَاءِ.

وَمِنْ أَصْنَافِ الْفِعْلِ أَفْعَالُ الْقُلُوبِ، وَهِيَ سَبْعَةٌ

قَالَ الشَّيْخُ: هَذِهِ الأَفْعَالُ كُلُّهَا اشْتَرَكَتْ فِي أَنَّهَا مَوْضُوعَةٌ فِي الْمَعْنَى لِحُكْمِ الذِّهْنِ يَتَعَلَّقُ بِشَيْءٍ عَلَى صِفَةٍ، فَلِذَلِكَ اقْتَضَتْ مَفْعُولَيْنِ، وَفَائِدَتُهَا الإِعْلامُ بِأَنَّ النِّسْبَةَ حَاصِلَةٌ عَمَّا دَلَّ عَلَيْهِ الْفِعْلُ مِنْ عِلْمٍ أَوْ ظَنٍّ، فَإِنَّ الْخَبَرَ قَدْ يَكُونُ عَنْ عِلْمٍ، وَقَدْ يَكُونُ عَنْ ظَنٍّ، فَإِذَا قُصِدَ التَّعَرُّضُ لِتَعْرِيفِ مَا الْخَبَرُ عَنْهُ أُتِيَ بِالْفِعْلِ الدَّالِّ عَلَى ذَلِكَ، وَأُدْخِلَ عَلَى الْمَفْعُولَيْنِ الْمَذْكُورَيْنِ.

وَقَوْلُهُ: (إِذَا كُنَّ بِمَعْنَى مَعْرِفَةِ الشَّيْءِ عَلَى صِفَةٍ).

فِيهِ مُسَامَحَةٌ؛ لأَنَّهَا لَيْسَتْ كُلُّهَا لِلْعِلْمِ، وَإِنَّمَا بَعْضُهَا لِذَلِكَ، ثُمَّ وَلَوْ قُدِّرَ أَنَّهُ لِلْعِلْمِ لَمْ يَحْسُنِ التَّعْبِيرُ عَنْهُ بِمَعْرِفَةِ الشَّيْءِ عَلَى صِفَةٍ؛ لأَنَّ لَفْظَ الْمَعْرِفَةِ إِنَّمَا وُضِعَ لأَحَدِ مَدْلُولَيِ الْعِلْمِ، وَهُوَ الْمُتَعَلِّقُ بِالْمُفْرَدِ خَاصَّةً، فَإِطْلاقُهُ عَلَى الْعِلْمِ بِالاعْتِبَارِ الآخَرِ غَيْرُ مُحَقَّقٍ، أَلا تَرَى أَنَّكَ إِذَا قُلْتَ: (عَرَفْتُ زَيْدًا قَائِمًا)، فَإِنَّمَا تَحْكُمُ عَلَى (قَائِمًا) بِالْحَالِ دُونَ الْخَبَرِ فِي الْمَعْنَى، وَإِذَا قُلْتَ: (عَلِمْتُ زَيْدًا قَائِمًا) احْتَمَلَ الْحَالَ، وَاحْتَمَلَ الْمَفْعُولَ الثَّانِي الَّذِي هُوَ فِي الْمَعْنَى خَبَرٌ، فَقَدْ ظَهَرَ لَكَ الْفَرْقُ بَيْنَ مَعَانِي هَذِهِ الأَفْعَالِ، وَبَيْنَ الْمَعْرِفَةِ مِنَ الْوَجْهَيْنِ الْمَذْكُورَيْنِ[1].

(١) والفصل بين علمت وظننت وبابهما، وبين سائر الأفعال أن علمت وبابها ليست أفعالا واصلة

وَقَوْلُه: (وَيُسْتَعْمَلُ أُرِيتُ اسْتِعْمَالَ ظَنَنْتُ).

و(أُرِيتُ) هَاهُنَا أَصْلُهُ أَنْ يَكُونَ مَعَدًّى بِالْهَمْزَةِ عَنْ (رَأَيْتُ) الَّتِي بِمَعْنَى: (عَلِمْتُ)، فَاسْتُعْمِلَتْ بِمَعْنَى: (ظَنَنْتُ) لَمَّا كَثُرَتْ فِي كَلامِهِمْ، وَحِينَئِذٍ يَتَعَدَّى إِلَى مَفْعُولَيْنِ، وَأَكْثَرُ الْخَبَرِ عَنْ ظَنٍّ، فَجَرَتْ لِلظَّنِّ، وَكَذَلِكَ مَا تَصَرَّفَ مِنْهَا.

(وَيَقُولُونَ فِي الاسْتِفْهَامِ خَاصَّةً: مَتَى تَقُولُ: زَيْدًا مُنْطَلِقًا، بِمَعْنَى: تَظُنُّ).

يُرِيدُ أَنَّ فِعْلَ الْقَوْلِ إِذَا كَانَ مُسْتَقْبَلا لِلْمُخَاطَبِ مُسْتَفْهَمًا عَنْهُ جَرَى مَجْرَى (ظَنَّ) عَلَى اللُّغَةِ الْفَصِيحَةِ، وَسِرُّهُ مَا تَقَدَّمَ مِنْ أَنَّ الْقَوْلَ إِنَّمَا حُكِيَتِ الْجُمْلَةُ بَعْدَهُ لَمَّا كَانَ أَكْثَرُ مَا يُطْلَقُ عَلَى حِكَايَةِ مَا قِيلَ لَفْظًا وَمَعْنًى، فَلَمَّا كَانَ هَاهُنَا وَاقِعًا مَوْقِعَ مَا لا يَصِحُّ أَنْ يَكُونَ حِكَايَةً أُعْمِلَ عَمَلَ الظَّنِّ.

وَقَوْلُ بَعْضِ النَّحْوِيِّينَ: إِنَّهُ بِمَعْنَى الظَّنِّ تَسَامُحٌ، وَإِلا فَقَدْ يُقَالُ: مَا تَقُولُ فِي هَذِهِ الْمَسْأَلَةِ؟ وَمَتَى تَقُولُ: زَيْدًا مُنْطَلِقًا بِمَعْنَى: مَا تَعْتَقِدُ، أَوْ مَا تَعْلَمُ، أَوْ مَا تَظُنُّ؟ وَلَوْ كَانَ بِمَعْنَى الظَّنِّ لَمْ يَصِحَّ الاسْتِفْهَامُ بِهَا عَمَّا يُعْلَمُ، وَلا الْجَوَابُ بِمَا يَكُونُ مَعْلُومًا، وَنَحْنُ نَعْلَمُ خِلافَهُ.

(وَبَنُو سُلَيْمٍ يَجْعَلُونَ بَابَ قُلْتَ أَجْمَعَ مِثْلَ ظَنَنْتُ).

يَعْنِي: فِي عَمَلِهِ لَمَّا رَأَوْهُ مُتَعَلِّقًا بِجُزْأَيْنِ كَتَعَلُّقِ الْعِلْمِ وَالْحُسْبَانِ أَجْرَوْهُ مُجْرَاهُ فِي نَصْبِ مُتَعَلَّقِهِ إِذَا ذُكِرَ، فَالْحَقُّ إِذَنْ أَنَّ الْقَوْلَ عَلَى حَالِهِ فِي الْمَعْنَى الأَصْلِيِّ، وَإِنَّمَا حَسُنَ إِجْرَاؤُهُ فِيمَا ذَكَرْنَاهُ لَمَّا كَانَ مُوَافِقًا لأَفْعَالِ الْقُلُوبِ فِي الْمُتَعَلَّقِ، وَقَدْ تَقَدَّمَ الْفَرْقُ بَيْنَهُمَا مِنْ جِهَةِ أَنَّ مُتَعَلَّقَ الْقَوْلِ لَيْسَ كَمُتَعَلَّقِ الْحُسْبَانِ؛ لأَنَّ مُتَعَلَّقَ الْحُسْبَانِ مَفْعُولٌ بِهِ مُحَقَّقٌ بِمَنْزِلَةِ الْمَفْعُولَيْنِ فِي (أَعْطَيْتُ زَيْدًا دِرْهَمًا)، وَمُتَعَلَّقُ الْقَوْلِ هُوَ الْقَوْلُ فِي الْمَعْنَى، وَإِنَّمَا

منك إلى غيرك، وإنما هي إخبار بما هجس في نفسك من يقين أو شك.

فإذا قلت: علمت زيداً قائماً فإنما أثبت القيام في علمك، ولم توصل إلى ذات زيد شيئاً. وإذا قلت: ما علمت زيداً قائماً فإنما أخبرت أنه لم يقع في علمك.

وضربت وبابها أفعال واصلة إلى الذات مكتفية بمفعولاتها، فما كان بعدها فله معناه، وكذلك أعطيت وبابها. نحو: أعطيت زيداً درهماً، وكسوت زيداً ثوباً. إنما هي أفعال حقيقة ودفع كان منك إلى زيد، ونقل لمفعول إلى مفعول به، فالدرهم والثوب منقولان، وزيد منقول إليه.

فإذا قلت: ما أعطيت أحداً درهماً إلا ديناراً أبدلت الدينار مما قبله؛ لأن درهماً في معنى الجميع. كأنه قال: ما أعطيت أحداً شيئاً. المقتضب ٢٨١/١.

يَكُونُ فِيهِ خُصُوصِيَّةٌ لِذِكْرِ خَاصَّتِهِ، وَهُوَ تَعْيِينُ الْقَوْلِ بِكَوْنِهِ زَيْدًا مُنْطَلِقًا، فَيُتَوَهَّمُ أَنَّهُ مُتَعَلِّقٌ لَهُ، وَلَيْسَ كَذَلِكَ، كَمَا تُوُهِّمَ أَنَّ الْمَفْعُولَيْنِ الثَّانِي وَالثَّالِثَ فِي (أَنْبَأْتُ) وَأَخَوَاتِهَا مُتَعَلَّقٌ لَهَا كَتَعَلُّقِ (أَعْلَمْتُ)، وَلَيْسَ كَذَلِكَ، فَإِذَنْ ضَعُفَ نَصْبُ الْمَفْعُولَيْنِ فِي بَابِ (قُلْتُ)، وَقَوِيَ نَصْبُ الْمَفْعُولَيْنِ فِي بَابِ (أَنْبَأْتُ)، وَقَوِيَ النَّصْبُ فِي الاسْتِفْهَامِ الْمَذْكُورِ لَمَّا كَانَ الأَمْرُ الْمُقَوِّي لِلْحِكَايَةِ مَفْقُودًا.

ثُمَّ قَالَ: (وَلَهَا مَا خَلَا حَسِبْتُ، وَخِلْتُ، وَزَعَمْتُ مَعَانٍ أُخَرُ لا تَتَجَاوَزُ عَلَيْهَا مَفْعُولا وَاحِدًا).

لأَنَّ تَعَدِّيَهَا إِلَى مَفْعُولَيْنِ إِنَّمَا كَانَ بِالنَّظَرِ إِلَى اقْتِضَائِهَا الْجُزْأَيْنِ، فَإِذَا كَانَتْ قَدْ وُضِعَتْ لِمَعْنًى آخَرَ لا يَقْتَضِي إِلا أَمْرًا وَاحِدًا وَجَبَ أَنْ لا تَتَعَدَّى إِلا إِلَى وَاحِدٍ؛ لأَنَّ التَّعَدِّيَ أَمْرٌ مَعْنَوِيٌّ، فَثَبَتَ تَعَدُّدُ مُتَعَلَّقِهِ وَإِفْرَادُهُ عَلَى حَسَبِ الْمَعْنَى، وَكَذَلِكَ (ظَنَنْتُ) إِذَا أَرَدْتَ بِهَا التُّهْمَةَ؛ لأَنَّ الاتِّهَامَ إِنَّمَا يَقْتَضِي مُتَّهَمًا، وَكَذَلِكَ (عَلِمْتُ) إِذَا قَصَدْتَ بِهَا عِلْمَ الشَّيْءِ فِي نَفْسِهِ إِنَّمَا تَقْتَضِي وَاحِدًا، وَفَسَّرَهَا بِـ (عَرَفْتُهُ)؛ لأَنَّ وَضْعَ (عَرَفْتُهُ) لِذَلِكَ خَاصَّةً، وَبِهَذَا يَتَبَيَّنُ أَنَّ تَفْسِيرَ الْجَمِيعِ بِالْمَعْرِفَةِ أَوَّلا غَيْرُ سَدِيدٍ.

قَوْلُهُ: (وَرَأَيْتُهُ بِمَعْنَى: أَبْصَرْتُهُ).

لأَنَّ الإِبْصَارَ إِنَّمَا يَقْتَضِي وَاحِدًا، و(وَجَدْتُ الضَّالَّةَ): أَصَبْتُهَا فِي نَفْسِهَا.

(وَكَذَلِكَ (أُرِيتُ الشَّيْءَ)، بِمَعْنَى: بُصِّرْتُهُ أَوْ عُرِّفْتُهُ[1]).

قَوْلُهُ: (أَوْ عُرِّفْتُهُ) فِيهِ نَظَرٌ، إِذْ لَمْ يَثْبُتْ (رَأَيْتُ الشَّيْءَ فِي نَفْسِهِ)، بِمَعْنَى: عَرَفْتُهُ، وَإِنَّمَا ثَبَتَ (رَأَيْتُهُ) بِمَعْنَى: عَلِمْتُهُ عَلَى صِفَةٍ، وَبِمَعْنَى: أَبْصَرْتُهُ بِعَيْنِي، فَاسْتِعْمَالُ (أُرِيتُ) عَلَى مَعْنَى: (عُرِّفْتُ) عَلَى خِلافِ ذَلِكَ، وَلا يَسْتَقِيمُ الاسْتِدْلالُ بِقَوْلِهِ تَعَالَى: "وَأَرِنَا مَنَاسِكَنَا" [البقرة:١٢٨]، فَإِنَّهُ غَيْرُ وَاضِحٍ فِي (عَرِّفْنَا) لِظُهُورِهِ فِي بَصِّرْنَا.

قَوْلُهُ: (وَأَتَقُولُ: إِنَّ زَيْدًا مُنْطَلِقٌ؛ أَيْ: أَتَفَوَّهُ بِذَلِكَ).

يُوهِمُ أَنَّ الْمَعْنَى فِي الْكَسْرِ غَيْرُ الْمَعْنَى فِي الْفَتْحِ، وَالتَّحْقِيقُ: أَنَّ الْمَعْنَى وَاحِدٌ فِي الْمَوْضِعَيْنِ، وَكَذَلِكَ إِذَا قُلْتَ: (أَتَقُولُ زَيْدٌ مُنْطَلِقٌ)، و(أَتَقُولُ: زَيْدًا مُنْطَلِقًا) فِي أَنَّ الْمَعْنَى وَاحِدٌ، وَهُوَ السُّؤَالُ عَمَّا قَامَ بِهِ مِنَ الْقَوْلِ الَّذِي هُوَ مُخْتَصٌّ بِهَذِهِ النِّسْبَةِ، وَوَجْهُ النَّصْبِ

(١) ويقال أَرَّيْتُ الشيء تأْريباً إذا وفّرته جاء في الحديث (أُتي النبي بكتفٍ مُؤَرَّبَةٍ فأكلها وصلّى ولم يتوضأ) فالمؤربة الموفرة ويقال لكلّ مُوفّر مُؤَرَّب. الزاهر ٢٧٢/١.

كَوَجْهِ نَصْبِ مَفْعُولَي (أَعْلَمْتُ) كَمَا تَقَدَّمَ، وَوَجْهُ الرَّفْعِ مَا تَقَدَّمَ مِنْ قَصْدِ حِكَايَةِ الْجُمْلَةِ.

وَإِنَّمَا لَمْ يَذْكُرْ أَنَّ (زَعَمْتُ) لَهَا وَجْهَانِ أَيْضًا مِثْلَ غَيْرِهَا مَعَ أَنَّهُمْ يَقُولُونَ: زَعَمْتُ بِمَعْنَى: كَفَلْتُ، وَهُوَ لَفْظُ (زَعَمْتَ) الْمُتَعَدِّيَةُ إِلَى الْمَفْعُولَيْنِ؛ لأَنَّهُ قَصَدَ إِلَى اسْتِعْمَالِ هَذِهِ الأَلْفَاظِ مَعَ بَقَائِهَا أَفْعَالا مِنْ أَفْعَالِ الْقُلُوبِ.

فَإِنْ قِيلَ: و(رَأَيْتُ) إِذَا كَانَتْ مِنْ رُؤْيَةِ الْعَيْنِ فَهِيَ بِمَعْنَى: (أَبْصَرْتُ)، وَلَيْسَتْ مِنْ أَفْعَالِ الْقُلُوبِ؟

فَالْجَوَابُ: أَنَّهَا وَإِنْ كَانَتْ لِلإِبْصَارِ، فَمَعْنَاهَا أَيْضًا: عِلْمٌ بِالْحَاسَّةِ، فَلَمْ تَخْرُجْ عَنْ مَعْنَى الْعِلْمِ، وَكَذَلِكَ إِذَا وَرَدَ (وُجِدْتُ الضَّالَّةَ) بِمَعْنَى: أَصَبْتُهَا، فَإِنَّ (وَجدْتَ) مِثْلُهُ ثَمَّةَ، إلا أَنَّهُ ثَمَّةَ بِمَعْنَى: (أَصَبْتُهَا عَلَى صِفَةٍ)، وَهَاهُنَا (أَصَبْتُهَا فِي نَفْسِهَا)، فَكَانَتْ مِثْلَهَا، وَلَيْسَ كَذَلِكَ (زَعَمْتُ) بِمَعْنَى: كَفَلْتُ مَعَ (زَعَمْتُ) الَّتِي مِنْ هَذَا الْبَابِ.

قَوْلُهُ: (وَمِنْ خَصَائِصِهَا أَنَّ الاقْتِصَارَ عَلَى أَحَدِ الْمَفْعُولَيْنِ) إِلَى آخِرِهِ.

وَإِنَّمَا اخْتَصَّتْ أَفْعَالُ الْقُلُوبِ بِامْتِنَاعِ الاقْتِصَارِ عَلَى أَحَدِ مَفْعُولَيْهَا؛ لأَنَّهَا فِي الْمَعْنَى مُبْتَدَأٌ وَخَبَرٌ، فَكَمَا لا يَصِحُّ قَطْعُ الْمُبْتَدَأِ عَنِ الْخَبَرِ وَلا الْخَبَرِ عَنِ الْمُبْتَدَأِ، فَكَذَلِكَ مَفْعُولاهَا، بِخِلافِ بَابِ (كَسَوْتُ)، فَإِنَّهُ لا رَبْطَ بَيْنَ مَفْعُولَيْهَا، فَلِذَلِكَ جَازَ ذِكْرُ أَحَدِهِمَا دُونَ الآخَرِ بِخِلافِ هَذَا الْبَابِ؛ أَيْ: بَابُ أَفْعَالِ الْقُلُوبِ.

قَالَ: (فَأَمَّا الْمَفْعُولانِ مَعًا فَلا عَلَيْكَ أَنْ تَسْكُتَ عَنْهُمَا فِي الْبَابَيْنِ).

يَعْنِي: هَذَا، وَبَابِ (كَسَوْتُ)، وَقَدِ اخْتَلَفَ النَّاسُ فِي جَوَازِ قَطْعِهَا عَنِ الْمَفْعُولَيْنِ مِنْ غَيْرِ أَنْ يَقْتَرِنَ بِهَا زِيَادَةُ فَائِدَةٍ، فَمَنَعَهُ بَعْضُهُمْ نَظَرًا إِلَى أَنَّهُ لا يَخْلُو أَحَدٌ مِنْ عِلْمٍ أَوْ حُسْبَانٍ، فَلَوْ قِيلَ: عَلِمْتُ وَحَسِبْتُ لَمْ تَكُنْ فِيهِ فَائِدَةٌ، فَيَكُونُ امْتِنَاعُهُ لامْتِنَاعِ فَائِدَتِهِ، وَهُوَ وَجْهٌ قَوِيٌّ فِي ذَلِكَ، أَوْ لأَنَّ هَذِهِ الأَفْعَالَ قَدْ تُلُقِّيَتْ بِمَا يُتَلَقَّى بِهِ الْقَسَمُ، فَكَمَا لا بُدَّ لِلْقَسَمِ مِنْ جَوَابٍ، فَكَذَلِكَ لا بُدَّ لِهَذِهِ الأَفْعَالِ مِنْ مَفْعُولَيْنِ.

وَاسْتَدَلَّ الآخَرُونَ بِقَوْلِهِمْ: (مَنْ يَسْمَعْ يَخَلْ)؛ أَيْ: يَخَلِ الْمَسْمُوعَ حَقًّا، فَقَدْ ذُكِرَ الْفِعْلُ مَقْطُوعًا عَنِ الْمَفْعُولَيْنِ وَعَنِ الزِّيَادَةِ[١].

---

(١) جرت عادة النحويين أن يقولوا: يحذف المفعول اختصاراً واقتصاراً، ويريدون بالاختصار الحذف لدليل، وبالاقتصار الحذف لغير دليل ويمثلونه بنحو (كلوا واشربوا) أي أوقعوا هذين الفعلين، وقول العرب فيما يتعدى الى اثنين مَنْ يسمَعْ يخَلْ أي تكن منه خيلة.

والتحقيق أن يقال: إنه تارة يتعلق الغرض بالإعلام بمجرد وقوع الفعل من غير تعيين مَنْ أوقعه

وَأُجِيبُ بِأَنَّ هَذَا مَثَلٌ قَدْ عُلِمَ مَعْنَاهُ، فَكَانَتِ الزِّيَادَةُ مَعْلُومَةً، إِذِ الْمَفْعُولانِ مَحْذُوفَانِ مُقَدَّرَانِ؛ لأنَّ الْمَعْنَى: مَنْ يَسْمَعْ يَخَلِ الْمَسْمُوعَ صَحِيحًا، إِذْ مَعْنَى (مَنْ يَسْمَعْ): مَنْ يَرْكَنْ إِلَى الاسْتِمَاعِ، أَوْ لأنَّ هَذَا مَثَلٌ وَالْمَثَلُ غَيْرُ مَقِيسٍ عَلَيْهِ.

وَقَدِ اعْتُرِضَ بِقَوْلِهِمْ: (ظَنَنْتُ ذَاكَ). وَهُوَ اقْتِصَارٌ عَلَى أَحَدِ الْمَفْعُولَيْنِ، وَأُجِيبَ عَنْهُ بِأَنَّهُ إِشَارَةٌ إِلَى الظَّنِّ الْمَدْلُولِ عَلَيْهِ بِـ (ظَنَنْتُ) وَالْمَفْعُولانِ مَحْذُوفَانِ؛ لأنَّ ذَلِكَ إِنَّمَا يُقَالُ بَعْدَ تَقَدُّمِ ذِكْرِ مَا يَصِحُّ أَنْ يَكُونَا مَفْعُولَيْنِ، كَقَوْلِ قَائِلٍ: (ظَنَنْتُ زَيْدًا قَائِمًا)، فَتَقُولُ: (ظَنَنْتُ ذَاكَ)؛ أَيْ: ظَنَنْتُ ذَاكَ الظَّنَّ؛ أَيْ: ظَنًّا مِثْلَهُ، وَإِذَا أُشِيرَ إِلَى ظَنٍّ مَخْصُوصٍ بِمُتَعَلَّقٍ مَخْصُوصٍ وَجَبَ أَنْ يَكُونَ مَفْعُولاهُ فِي الْمَعْنَى مِثْلَهُمَا، فَيُحْذَفَ لِلْعِلْمِ بِهِ، وَمِنْ ثَمَّةَ وَهِمَ بَعْضُهُمْ فِي أَنَّ ذَاكَ إِشَارَةٌ إِلَى الْمَفْعُولَيْنِ جَمِيعًا، وَجَوَّزَ مِثْلَ ذَلِكَ لَمَّا كَانَ عِبَارَةً عَنِ الْمَفْعُولَيْنِ، كَمَا جُوِّزَ (أَنْبَأْتُهُ ذَاكَ) و(قُلْتُ لَهُ ذَاكَ)، وَهُوَ فِي مَوْضِعِ الْجُمْلَةِ، فَكَذَلِكَ هَاهُنَا، وَهَذَا غَلَطٌ، فَإِنَّ مَفْعُولَي (أَنْبَأْتُ) وَأَخَوَاتِهِ، وَمَا يَقَعُ بَعْدَ الْقَوْلِ لَيْسَ مِنْ مُقْتَضَيَاتِ الإِنْبَاءِ وَالْقَوْلِ، وَإِنَّمَا هُوَ النَّبَأُ وَالْقَوْلُ بِعَيْنِهِ، وَلَكِنَّهُ عَلَى وَجْهٍ مِنَ التَّخْصِيصِ، أَلا تَرَى أَنَّ قَوْلَكَ: (زَيْدٌ مُنْطَلِقٌ) نَوْعٌ مَخْصُوصٌ مِنَ النَّبَأِ، وَقَوْلُكَ: (زَيْدٌ مُنْطَلِقٌ) نَوْعٌ مَخْصُوصٌ مِنَ الْقَوْلِ، فَوَضَحَ أَنَّهُ مَصْدَرٌ مُحَقَّقٌ، وَإِنَّمَا وَقَعَتْ صُورَةٌ هِيَ صُورَةُ الْجُمْلَةِ؛ لأَنَّ النَّوعَ الْمَخْصُوصَ مِنْهُ لا يَكُونُ إلا كَذَلِكَ، فَجَاءَتِ الْجُمْلَةُ مِنْ ضَرُورَةِ الْخُصُوصِ، فَإِذَا عُدِلَ عَنِ الْخُصُوصِيَّةِ جَاءَ الْمَصْدَرُ فِيهِ مُفْرَدًا، فَتَقُولُ: (أَنْبَأْتُهُ الإِنْبَاءَ)، و(أَنْبَأْتُهُ ذَلِكَ)، تَعْنِي: الإِنْبَاءَ، وَلَيْسَ مَفْعُولا ظَنَنْتُ وَحَسِبْتُ كَذَلِكَ، فَإِنَّهُ مِنْ مُتَعَلَّقِهِ، وَوَضْعُهُ أَنْ يَتَعَلَّقَ بِالشَّيْءِ عَلَى صِفَةٍ، فَإِذَا عَلَّقْتَهُ هَاهُنَا بِالْحَدِيثِ بِجُمْلَتِهِ احْتَجْتَ إِلَى صِفَةٍ يَكُونُ الْحَدِيثُ عَلَيْهَا،

=

أو من أوقع عليه، فيجاء بمصدره مُسنَداً الى فعل كون عام، فيقال: حصل حريقٌ أو نهبٌ.
وتارة يتعلق بالإعلام بمجرد إيقاع الفاعل للفعل، فيقتصر عليهما، ولا يذكر المفعول، ولا ينوى، إذ المنويّ كالثابت، ولا يسمى محذوفاً، لأن الفعل ينزل هذا القصد منزلة ما لا مفعول له، ومنه (ربي الذي يُحيي ويميتُ)، (هل يستوي الذين يعلمون والذين لا يعلمون)، (وكُلوا واشْربوا ولا تُسرفوا)، (وإذا رأيت ثمّ) إذ المعنى: ربي الذي يفعل الإحياء والإماتة؛ وهل يستوي من يتصف بالعلم ومن ينتفي عنه العلم، وأوقعوا الأكل والشرب، وذروا الإسراف، وإذا حصلت منك رؤية هنالك، ومنه على الأصح (ولمّا وردَ ماءَ مدْيَنَ) الآية، ألا ترى أنه عليه الصلاة والسلام إنما رحمهما إذ كانتا على صفة الذِّياد وقومهما على السقي، لا لكون مَذودهما غنماً ومَسقيهم إبلا، وكذلك المقصود من قولهما (لا نَسقي) السقي، لا المسقي، ومن لم يتأمل قدّر: يسقون إبلَهم، وتذودان غنَمَهما، ولا نسقي غنمَنا. مغني اللبيب ٢٣٣/١.

وَإلا خَالَفْتَ وَضْعَهُ، وَلا يَسْتَقِيمُ أَنْ يُقَالَ: إِنَّهُ لَـمَّا تَضَـمَّنَ الصِّـفَةَ وَالـذَّاتَ جَمِيعًـا أَغْنَى عَنْ ذِكْرِهِمَا مُفَصَّلَيْنِ، فَإِنَّكَ أَوْقَعْتَ الظَّنَّ عَلَى الْجُمْلَةِ بِلَفْظٍ وَاحِدٍ عَـلَى أَنَّـهُ الأوَّلُ، وَذَلِكَ يُوجِبُ ذِكْرَ الصِّفَةِ، وَلَوْ ذَكَرْتَ الْجُمْلَـةَ مُفَصَّلَـةً وَأَنْـتَ تَعْنِـي بِهَـا الْحَـدِيثَ، وَأَنَّـهُ مَظْنُونٌ بِكَمَالِهِ، لَوَجَبَ أَنْ تَذْكُرَ صِفَةً أُخْرَى يَكُونُ عَلَيْهَا الْحَـدِيثُ، فَهَـذَا أَجْـدَرُ، فَوَضَـحَ بِذَاكَ أَنَّ ذَاكَ فِي (ظَنَنْـتُ ذَاكَ) لا يَسْـتَقِيمُ جَعْلُـهُ مَفْعُـولا بِالْحَـدِيثِ وَلا غَـيْرِهِ، وَوَجَـبَ جَعْلُهُ مَصْدَرًا.

(وَتَقُولُ: ظَنَنْتُ بِهِ، إِذَا جَعَلْتَهُ مَكَانَ ظَنِّكَ[(١)]).

فَيَكُونُ الْمَفْعُولانِ أَيْضًا مَحْذُوفَيْنِ، وَيَكُونُ (بِهِ) فَضْلَةً كَالظَّرْفِ لِبَيَانِ مَوْضِـعِ الظَّـنِّ، لا عَلَى أَنَّهُ أَحَدُ الْمَفْعُولَيْنِ، كَمَا تَقُـولُ: (ظَنَنْـتُ فِي الـدَّارِ) إلا أَنَّ الْفَـرْقَ بَيْـنَهُمَا أَنَّ الـدَّارَ ظَرْفٌ مُحَقَّقٌ لِوُقُوعِ الظَّنِّ فِيهِ، وَالْمَجْرُورُ هَاهُنَا ظَرْفٌ مُقَدَّرٌ لِمَحَلِّ مَا تَعَلَّـقَ بِـهِ الظَّـنُّ، وَكَذَلِكَ لَوْ صَرَّحْتَ بِالْمَفْعُولَيْنِ مَعَ مِثْلِ ذَلِكَ كَانَ مُسْتَقِيمًا، كَقَوْلِكَ: (ظَنَنْتُ بِزَيْـدٍ وَجْهَـهُ حَسَنًا)، فَـ (وَجْهَهُ حَسَنًا) هُمَا الْمَفْعُولانِ، و(بِزَيْدٍ) إِنَّمَا ذُكِرَ لِيُبَيِّنَ بِهِ مَحَـلَّ مَـا تَعَلَّـقَ بِـهِ الظَّنُّ، وَهُوَ مَعَ حَذْفِ الْمَفْعُولَيْنِ أَحْسَنُ لِقِيَامِهِ بِالْفَائِدَةِ، وَمَـعَ الْمَفْعُـولَيْنِ تَقِـلُّ فَائِدَتُـهُ؛ لأَنَّ الْمَفْعُولَيْنِ يَحْصُلُ مِنْهُمَا ذَلِكَ، كَقَوْلِكَ: (ظَنَنْتُ وَجَهَ زَيْدٍ حَسَنًا)، وَقَوْلُ مَنْ قَـالَ: إِنَّـهُ مَفْعُولٌ بِدَلِيلِ قَوْلِهِمْ: (ظَنَنْتُ بِهِ خَـيْرًا) لا يَسْـتَقِيمُ، لِـمَا تَقَـدَّمَ مِـنْ أَنَّـهُ خِـلافُ وَضْـعِهِ، وَوَجْهُهُ أَنَّهُ مَصْدَرٌ أَيْضًا؛ أَيْ: ظَنَّ خَيْرٍ، كَمَا تَقُولُ: ظَنَنْتُ سُوءًا، وَظَنَنْتُ ظَنَّ سَـوْءٍ بِمَعْنًـى وَاحِدٍ، وَالَّذِي يَدُلُّكَ عَلَى ذَلِكَ أَيْضًـا أَنَّـكَ لَـوْ جَمَعْـتَ بَـيْنَ ذَلِـكَ وَبَـيْنَ الْمَفْعُـولَيْنِ، لَكَـانَ مُسْتَقِيمًا، كَقَوْلِكَ: (ظَنَنْتُ بِزَيْدٍ خَيْرًا وُدَّهُ بَاقِيًا)، فَذَكَرْتَ الْمَفْعُـولَيْنِ كَـمَا فِي قَوْلِـهِ تَعَـالَى: "يَظُنُّونَ بِاللَّـهِ غَيْرَ الْحَقِّ ظَنَّ الْجَاهِلِيَّةِ" [آل عمران:١٥٤]، فَقَوْلُهُ: (غَيْرَ الْحَـقِّ)، و(ظَنَّ الْجَاهِلِيَّةِ) مَصْدَرَانِ، أَحَدُهُمَا: لِلتَّشْبِيهِ، وَالآخَرُ: تَوْكِيدٌ لِغَيْرِ مَضْمُونِ الْجُمْلَـةِ؛ لأَنَّ (يَظُنُّونَ بِاللَّـهِ) يَحْتَمِلُ أَنْ يَكُونَ حَقًّا وَغَيْرَ حَقٍّ، فَلَمَّا قَالَ: "غَيْرَ الْحَقِّ" تَبَيَّنَ، وَتَقْـدِيرُ الْكَلامِ: تَظُنُّونَ بِاللَّـهِ غَيْرَ الْحَقِّ ظَنًّا كَظَنِّ الْجَاهِلِيَّةِ، فَالظَّنُّ الثَّانِي لِلتَّشْبِيهِ، وَالظَّنُّ الأَوَّلُ

(١) فأما قولهم: ظننت ذاك فإنما جاز السكوت عليه لأنه كناية عن الظن يعني المصدر فكأنه قال: ظننت ذاك الظن ف (ذاك): إشارة إلى المصدر تعمل الظن فيه كما تعمل الأفعال التي لا تتعدى في المصدر إذا قلت: قمت قياماً ويجوز إذا لم تعد: ظننت أن تقول: ظننت به تجعله موضع ظنك كما تقول: نزلت به ويجوز لك أن تلغي الظن إذا توسط الكلام أو تأخر وإن شئت أعملته تقول: زيدٌ ظننت منطلق. الأصول ١٨١/١.

تَوْكِيدٌ لِغَيْرِ الْحَقِّ الَّذِي هُوَ غَيْرُ مَضْمُونِ الْجُمْلَةِ، وَالْمَفْعُولانِ مَحْذُوفَانِ؛ أَيْ: إِخْلافَ وَعْدِهِ حَاصِلا، فَهَذَا مِمَّا يُبَيِّنُ بِهِ أَنَّ (بِهِ) فِي قَوْلِكَ: (ظَنَنْتُ بِهِ) لَيْسَ مَفْعُولا لِظَنَنْتُ.

(فَإِنْ جَعَلْتَ الْبَاءَ زَائِدَةً بِمَنْزِلَتِهَا فِي (أَلْقَى بِيَدِهِ) لَمْ يَجُزِ السُّكُوتُ عَلَيْهِ).

جَعْلُ الْبَاءِ زَائِدَةٌ فِي مِثْلِ ذَلِكَ يَتَوَقَّفُ عَلَى السَّمَاعِ، وَلَمْ يَثْبُتْ (ظَنَنْتُ بِزَيْدٍ قَائِمًا)، وَإِذَا كَانَ كَذَلِكَ فَلا مَعْنَى لِقَوْلِهِ: (فَإِنْ جَعَلْتَ الْبَاءَ مَزِيدَةً)، فَإِنَّهُ يُوهِمُ صِحَّةَ ذَلِكَ، وَلَيْسَ بِصَحِيحٍ.

قَالَ: (وَمِنْ خَصَائِصِهَا أَنَّهَا إِذَا تَقَدَّمَتْ أُعْمِلَتْ).

أَمَّا إِذَا تَقَدَّمَتْ فَالْوَجْهُ الإِعْمَالُ، وَهُوَ الثَّابِتُ كَثِيرًا، وَقَدْ نُقِلَ جَوَازُ الإِلْغَاءِ، وَلا بُعْدَ فِيهِ؛ لأَنَّ الْمَعْنَى فِي صِحَّةِ الإِلْغَاءِ قَائِمٌ تَقَدَّمَتْ أَوْ تَأَخَّرَتْ، وَهُوَ أَنَّ مُتَعَلَّقَهَا لَهُ إِعْرَابٌ مُسْتَقِلٌّ قَبْلَ دُخُولِهَا، فَجُعِلَ بَعْدَ دُخُولِهَا عَلَى أَصْلِهِ، وَجُعِلَتْ هِيَ تُفِيدُ مَعْنَاهَا خَاصَّةً، وَهَذَا حَاصِلٌ تَقَدَّمَتْ أَوْ تَأَخَّرَتْ.

وَإِنَّمَا كَثُرَ إِعْمَالُهَا مُتَقَدِّمَةً؛ لأَنَّ الْمُقْتَضِي إِذَا تَقَدَّمَ كَانَ أَقْوَى مِنْهُ إِذَا تَأَخَّرَتْ بِدَلِيلِ قَوْلِهِمْ: (لِزَيْدٍ ضَرَبْتُ)، وَامْتِنَاعِ (ضَرَبْتُ لِزَيْدٍ)، وَإِذَا كَانَ كَذَلِكَ فَلا بُعْدَ فِي الْتِزَامِ النَّصْبِ عِنْدَ التَّقْدِيمِ أَوِ الْقُوَّةِ، وَإِذَا تَوَسَّطَتْ أَوْ تَأَخَّرَتْ حَصَلَ بَعْضُ الضَّعْفِ، فَيَقْوَى الرُّجُوعُ إِلَى أَصْلِ مَفْعُولَيْهَا كَمَا تَقَدَّمَ فَحَصَلَ مِنْ ذَلِكَ أَنَّهَا إِذَا تَقَدَّمَتْ قَوِيَ الإِعْمَالُ أَوِ الْتُزِمَ عَلَى قَوْلٍ، وَإِذَا تَوَسَّطَتْ كَانَ الإِلْغَاءُ أَقْوَى مِنْهُ إِذَا تَقَدَّمَتْ، وَإِذَا تَأَخَّرَتْ كَانَ الإِلْغَاءُ أَقْوَى مِنْهُ إِذَا تَوَسَّطَتْ.

(وَيُلْغَى الْمَصْدَرُ إِلْغَاءَ الْفِعْلِ).

لأَنَّ الْفِعْلَ مُرَادٌ، فَيَجُوزُ إِعْمَالُهُ وَإِلْغَاؤُهُ، إِذِ الْجَمِيعُ سَوَاءٌ.

(وَلا يَكُونُ الإِلْغَاءُ فِي سَائِرِ الأَفْعَالِ).

يَعْنِي: فِي بَقِيَّةِ الأَفْعَالِ الْمُتَعَدِّيَةِ إِلَى الْمَفْعُولَيْنِ غَيْرِ أَفْعَالِ الْقُلُوبِ، مِنْ جِهَةِ أَنَّ مُتَعَلَّقَاتِهَا غَيْرُ مُرْتَبِطَةٍ بِأَنْفُسِهَا حَتَّى تَبْقَى عَلَى حَالِهَا، أَلا تَرَى أَنَّ قَوْلَكَ: (أَعْطَيْتُ زَيْدًا دِرْهَمًا) لَوْ أَلْغَيْتَهُ لَمْ يَسْتَقِمْ أَنْ يَنْتَظِمَ زَيْدٌ مَعَ الدِّرْهَمِ كَلامًا، إِذْ لا رَبْطَ بَيْنَهُمَا قَبْلَ ذَلِكَ وَلا بَعْدَهُ، بِخِلافِ مَا نَحْنُ فِيهِ.

(وَمِنْهَا أَنَّهَا تُعَلَّقُ). وَالْفَرْقُ بَيْنَ التَّعْلِيقِ وَالإِلْغَاءِ أَنَّ الإِلْغَاءَ عِبَارَةٌ عَنْ قَطْعِهَا عَنِ الْعَمَلِ مَعَ جَوَازِ الإِعْمَالِ بِبَقَائِهَا عَلَى أَصْلِهَا، وَالتَّعْلِيقُ قَطْعُهَا عَنِ الْعَمَلِ لِمَانِعٍ مَنَعَ مِنْ إِعْمَالِهَا، وَذَلِكَ عِنْدَ دُخُولِ حَرْفِ الابْتِدَاءِ وَالاسْتِفْهَامِ وَالنَّفْيِ، لأَنَّكَ لَوْ أَعْمَلْتَهَا لَجَعَلْتَ

مَا بَعْدَ لامِ الابْتِدَاءِ وَحَرْفِ الاسْتِفْهَامِ وَالنَّفْيِ مَعْمولا لِمَا قَبْلَهُ، فَيَخْرُجُ عَنْ أَنْ يَكُونَ لَهُ صَدْرُ الْكَلامِ، وَهُوَ مَوْضُوعٌ فِي صَدْرِ الْكَلامِ، فَلا يَعْمَلُ مَا قَبْلَهُ فِيمَا بَعْدَهُ، فَوَجَبَ الإِلْغَاءُ لِذَلِكَ.

وَمَوْضِعُهُ مَوْضِعُ نَصْبٍ بِاعْتِبَارِ الْمَعْنَى؛ لأَنَّهُ مُتَعَلِّقُ الظَّنِّ، إلا أَنَّهُ جُمْلَةٌ مُسْتَقِلَّةٌ، وَكَوْنُهُ مُتَعَلَّقًا لِلظَّنِّ بِاعْتِبَارِ الْمَعْنَى لا يُخْرِجُهُ عَنْ أَنْ يَكُونَ لَهُ صَدْرُ الْكَلامِ، أَلا تَرَى أَنَّكَ إذَا قُلْتَ: (زَيْدٌ مَا ضَرَبْتُهُ) أَوْ (زَيْدٌ هَلْ ضَرَبْتَهُ) لَمْ يَخْرُجْ بِوُقُوعِهِ خَبَرًا لِلْمُبْتَدَأِ عَنْ أَنْ يَكُونَ لَهُ صَدْرُ الْكَلامِ؛ لأَنَّهُ وَقَعَ فِي جُمْلَتِهِ فِي صَدْرِ الْكَلامِ، فَقَدْ وُفِّرَ عَلَيْهِ مَا يَقْتَضِيهِ، فَكَذَلِكَ هَاهُنَا، وَإِذَا دَخَلَ عَلَى هَذِهِ الْجُمْلَةِ كَانَ فِي الْمَعْنَى الْمُسْنَدُ إِلَيْهِ هُوَ الْمَفْعُولَ الأَوَّلَ، وَالْمُسْنَدُ هُوَ الْمَفْعُولَ الثَّانِي[1].

وَقَد اخْتُلِفَ فِي (عَلِمْتُ هَلْ قَامَ زَيْدٌ)، فَجَوَّزَهُ قَوْمٌ، وَمَنَعَهُ قَوْمٌ مَعَ اتِّفَاقِهِمْ عَلَى (عَلِمْتُ أَزَيْدٌ عِنْدَكَ أَمْ عَمْرٌو)، فَأَمَّا مَنْ أَجَازَهُ فَإِنَّهُ نَظَرَ إِلَى صُورَةِ الْجُمْلَةِ، وَهِيَ حَاصِلَةٌ فِي الْمَوْضِعَيْنِ مِثْلَهَا فِي (أَزَيْدٌ قَائِمٌ أَمْ عَمْرٌو)، وَالَّذِي مَنَعَ زَعَمَ أَنَّ مَضْمُونَ الاسْتِفْهَامِ لا يَصِحُّ أَنْ يَكُونَ مُتَعَلَّقًا لِلعِلْمِ إلا بِتَأْوِيلٍ، وَهُوَ أَنْ يَكُونَ مَا يُقَالُ فِي جَوَابِهِ - وَالَّذِي يُقَالُ فِي جَوَابِ الاسْتِفْهَامِ مَعَ (أَمْ) أَحَدُ الشَّيْئَيْنِ - مَنْسُوبًا إِلَيْهِ ذَلِكَ الْحُكْمُ، فَيَحْصُلَ تَعَلُّقُ الْعِلْمِ بِشَيْءٍ عَلَى صِفَةٍ، فَإِذَا قُلْتَ: (عَلِمْتُ أَزَيْدٌ عِنْدَكَ أَمْ عَمْرٌو)، فَمَعْنَاهُ: عَلِمْتُ أَحَدَهُمَا مُعَيَّنًا عَلَى صِفَةٍ، وَهُوَ كَوْنُهُ عِنْدَكَ؛ لأَنَّ ذَلِكَ هُوَ الَّذِي يُقَالُ فِي جَوَابِهِ، وَأَمَّا إِذَا قَالَ: (هَلْ زَيْدٌ قَائِمٌ)، فَلَيْسَ جَوَابُ هَذَا نِسْبَةَ قِيَامٍ إِلَى زَيْدٍ أَوْ نَفْيِهِ حَتَّى يَصِحَّ أَنْ يُقَالَ: إِنَّ الْعِلْمَ إِذَا دَخَلَ عَلَيْهِ تَعَلَّقَ بِذَلِكَ حَسَبَ مَا تَعَلَّقَ مَعَ (أَمْ)، وَإِنَّمَا جَوَابُهُ نَعَمْ أَوْ لا، فَهُوَ غَيْرُ مُتَعَيِّنٍ، فَكَيْفَ يَصِحُّ تَعَلُّقُ الْعِلْمِ بِمِثْلِ ذَلِكَ؟

وَيُجَابُ عَنْ ذَلِكَ بِأَنَّ مَعْنَى (نَعَمْ): (نَعَمْ زَيْدٌ قَائِمٌ)، وَمَعْنَى (لا): (مَا زَيْدٌ قَائِمٌ)، وَلَوْلا ذَلِكَ لَمْ يَسْتَقِمْ أَنْ يَكُونَ (نَعَمْ) أَوْ (لا) كَلامًا، فَحَصَلَ الْمَقْصُودُ مِنْ مَحْكُومٍ عَلَيْهِ

---

(١) ومن ذلك قول البغداديين: إن الاسم يرتفع بما يعود عليه من ذكره، نحو زيد مررت به، وأخوك أكرمته. فارتفاعه عندهم إنما هو لأن عائداً عاد عليه، فارتفع بذلك العائد. وإسقاط هذا الدليل أن يقال لهم: فنحن نقول: زيد هل ضربته، وأخوك متى كلمته؟ ومعلوم أن ما بعد حرف الاستفهام لا يعمل فيما قبله، فكما اعتبر أبو عثمان أن كل صفة فينبغي أن تكون مفيدة فأوجد أن من الصفات ما لا يفيد، وكان ذلك كسراً لقوله، كذلك قول هؤلاء: إن كل عائد على اسم عار من العوامل يرفعه يفسده وجود عائد على اسم عار من العوامل وهو غير رافع له، فهذا طريق هذا. الخصائص ٥٧/١.

وَمَحْكُومٍ بِهِ فِي الْجَوَابِ، وَهُوَ الْمُصَحِّحُ لِلتَّعْلِيقِ.

وَمِثْلُ الْهَمْزَةِ وَأَمْ (عَلِمْتُ أَيُّ الرَّجُلَيْنِ جَاءَكَ) وَمَا أَشْبَهَهُ مِمَّا مَعْنَاهُ طَلَبُ التَّعْيِينِ، فَهُوَ فِي الْجَوَازِ سَوَاءٌ.

قَوْلُه: (وَلا يَكُونُ التَّعْلِيقُ فِي غَيْرِهَا).

لَيْسَ بِمُسْتَقِيمٍ عَلَى ظَاهِرِهِ، فَإِنَّ (عَرَفْتُ) و(عَلِمْتُ) الَّذِي بِمَعْنَى: (عَرَفْتُ) يُعَلَّقُ أَيْضًا، وَكَذَلِكَ مَا أَشْبَهَهَا مِنْ أَفْعَالِ الْقُلُوبِ يُعَلَّقُ أَيْضًا مَعَ الاسْتِفْهَامِ.

نَعَمْ؛ التَّعْلِيقُ مَخْصُوصٌ بِأَفْعَالِ الْقُلُوبِ دُونَ سَائِرِ الأَفْعَالِ، وَسَبَبُهُ مَعَ النَّفْيِ وَحَرْفِ الابْتِدَاءِ مَا تَقَدَّمَ مِنْ أَنَّهَا جُمْلَةٌ مُسْتَقِلَّةٌ دَخَلَ عَلَيْهِ مَا يَصُدُّ عَنْ عَمَلِ الأَوَّلِ فِيهَا، فَاسْتَقَامَ ذِكْرُهَا مَقْطُوعَةً عَنْ إِعْمَالِ الْفِعْلِ فِيهَا، وَلَيْسَ لِمُتَعَلِّقٍ مِنْ مُتَعَلَّقَاتِ الأَفْعَالِ هَذَا الْمَعْنَى حَتَّى يَسْتَقِيمَ تَعْلِيقُهَا، كَمَا أَنَّهُ لَمْ يَسْتَقِمْ إِلْغَاؤُهَا لِفَوَاتِ ذَلِكَ الْمَعْنَى، وَسَبَبُهُ مَعَ الاسْتِفْهَامِ فِي الْمُتَعَدِّيَةِ إِلَى مَفْعُولَيْنِ مَا ذَكَرْنَاهُ، وَفِي الْمُتَعَدِّيَةِ إِلَى وَاحِدٍ أَنَّ الْمَقْصُودَ: عَلِمْتُ جَوَابَ ذَلِكَ، وَهَذَا إِنَّمَا يَسْتَقِيمُ مَعَ الْعِلْمِ دُونَ غَيْرِهِ، فَلِذَلِكَ لَمْ تُعَلَّقْ إِلا أَفْعَالُ الْقُلُوبِ.

(وَمِنْهَا أَنَّكَ تَجْمَعُ فِيهَا بَيْنَ ضَمِيرَيِ الْفَاعِلِ وَالْمَفْعُولِ، فَتَقُولُ: عَلِمْتُنِي مُنْطَلِقًا).

وَسَبَبُهُ أَنَّهُمْ إِنَّمَا كَرِهُوا ذَلِكَ فِي غَيْرِهَا، وَإِنْ كَانَ هُوَ الأَصْلُ لِمَا ثَبَتَ مِنْ أَنَّ غَيْرَهَا قَلَّ أَنْ يَكُونَ فِي الْوُجُودِ فَاعِلُهُ وَمَفْعُولُهُ لِشَيْءٍ وَاحِدٍ، فَلَمَّا كَانَ كَذَلِكَ كَرِهُوا أَنْ يَأْتُوا بِالضَّمِيرَيْنِ لَهُمَا، فَيَسْبِقَ إِلَى الْوَهْمِ أَنَّهُمَا مُخْتَلِفَانِ قَضَاءً بِالأَكْثَرِ، فَيَقَعَ اللَّبْسُ، فَعَدَلُوا إِلَى لَفْظِ النَّفْسِ بِالضَّمِيرِ لَهَا؛ لِيَكُونَ إِيذَانًا بِاتِّحَادِهِمَا لِمَا فِيهِ مِنْ زِيَادَةِ لَفْظٍ لَيْسَ فِي الْمُضْمَرِ.

وَأَمَّا أَفْعَالُ الْقُلُوبِ، فَإِنَّهَا كَثِيراً مَا يَقَعُ فَاعِلُهَا وَمَفْعُولُهَا لِشَيْءٍ وَاحِدٍ، بَلْ هُوَ الأَكْثَرُ؛ لأَنَّ عِلْمَ الإِنْسَانِ وَظَنَّهُ بِأُمُورِ نَفْسِهِ أَكْثَرُ وُقُوعًا مِنْ غَيْرِهِ، وَإِذَا كَانَ كَذَلِكَ فَقَدْ زَالَ ذَلِكَ الْمَعْنَى الْمُقْتَضِي لِتَغْيِيرِ الأَصْلِ، فَبَقِيَتْ عَلَى أَصْلِهَا، وَحُمِلَ عَلَيْهَا قَوْلُهُمْ: عَدِمْتُنِي وَفَقَدْتُنِي؛ لأَنَّهُمَا ضِدُّ (وَجَدْتُ) و(وَجَدْتُ) مِنْهَا، فَحُمِلَتْ عَلَى ضِدِّهَا، وَلا بُعْدَ فِي أَنْ يُحْمَلَ الشَّيْءُ عَلَى ضِدِّهِ، وَاللَّهُ أَعْلَمُ.

قَالَ: وَمِنْ أَصْنَافِ الْفِعْلِ:
الأفْعَالُ النَّاقِصَةُ، وَهِيَ: كَانَ، وَأَصْبَحَ، وَصَارَ، وَأَمْسَى...
إِلَى آخِرِهِ

قَالَ الشَّيْخُ: هَذِهِ الأفْعَالُ كُلُّهَا اشْتَرَكَتْ فِي أَنَّهَا لِتَقْرِيرِ الشَّيْءِ عَلَى صِفَةٍ، وَمِنْ ثَمَّ احْتِيجَ فِيهَا إِلَى الْجُزْأَيْنِ، وَهُوَ مَعْنَى قَوْلِهِ: (يَدْخُلْنَ دُخُولَ أَفْعَالِ الْقُلُوبِ)، وَإِنِ اخْتَلَفَتْ جِهَاتُ الاحْتِيَاجِ، إِذْ جِهَةُ الاحْتِيَاجِ ثَمَّةَ تَبْيِينُ مُتَعَلَّقِ الْخَبَرِ، أَبِالظَّنِّ هُوَ أَمْ بِالْعِلْمِ؟

وَجِهَةُ الاحْتِيَاجِ هَاهُنَا كَوْنُهَا لِتَقْرِيرِ الشَّيْءِ عَلَى صِفَةٍ، فَلا بُدَّ مِنْ ذِكْرِ ذَلِكَ الشَّيْءِ وَصِفَتِهِ، ثُمَّ إِنَّهَا تَخْتَلِفُ بَعْدَ ذَلِكَ بِحَسَبِ مَعَانِيهَا.

قَوْلُهُ: (وَيُسَمَّى الْمَرْفُوعُ اسْمًا وَالْمَنْصُوبُ خَبَرًا).

يَعْنِي: اسْمًا مُضَافًا إِلَى مَا ذُكِرَ مَعَهُ، وَكَذَلِكَ الْخَبَرُ، فَإِنْ كَانَ الْمَذْكُورُ (كَانَ)، قِيلَ: اسْمُ كَانَ وَخَبَرُ كَانَ، وَكَذَلِكَ غَيْرُهَا، وَإِنَّمَا نَسَبُوهُ إِلَى (كَانَ) إِشْعَارًا بِأَنَّهُ مَعْمُولُهُ وَمُتَعَلَّقُهُ، وَإِلا فَلَيْسَ هُوَ اسْمًا لـ (كَانَ) وَلا خَبَرًا عَنْهَا فِي الْحَقِيقَةِ، وَقَدْ يُضَافُ الشَّيْءُ إِلَى الشَّيْءِ بِأَدْنَى مُلابَسَةٍ، وَلَمْ يَقُولُوا فِي مِثْلِ (ضَرَبَ زَيْدٌ عَمْرًا): اسْمٌ وَخَبَرٌ، بَلْ فَاعِلٌ وَمَفْعُولٌ؛ لِيُفَرِّقُوا بَيْنَ الْبَابَيْنِ فِي أَسْمَاءِ مُتَعَلَّقَاتِهَا فِي الإِعْرَابِ، فَجَعَلُوا الاسْمَ وَالْخَبَرَ لِمُتَعَلَّقَاتِ الأفْعَالِ النَّاقِصَةِ الْمَذْكُورَةِ، فَإِذَا قَالُوا: اسْمٌ وَخَبَرٌ عُلِمَ أَنَّهُمْ قَصَدُوا إِلَى هَذَا النَّوْعِ مَعَ الأفْعَالِ، وَأَيْضًا فَإِنَّ الْمَرْفُوعَ وَالْمَنْصُوبَ لَيْسَ كَنَحْوِ الْمَرْفُوعِ وَالْمَنْصُوبِ فِي (ضَرَبْتُ) إِذْ مَنْصُوبُ (ضَرَبْتُ) مَفْعُولٌ فِي الْحَقِيقَةِ، وَلَيْسَ مَنْصُوبُ (كَانَ) كَذَلِكَ[1].

ثُمَّ بَيَّنَ كَوْنَهُنَّ نَوَاقِصَ مِنْ حَيْثُ إِنَّهُ لَوِ اقْتُصِرَ عَلَى الْمَرْفُوعِ لَمْ يَسْتَقِمْ، فَكَانَتْ نَاقِصَةً؛ أَيْ: عِنْدَ اقْتِصَارِكَ فِيهَا عَلَى الْمَرْفُوعِ خَاصَّةً، بِخِلافِ غَيْرِهَا مِنَ الأفْعَالِ، فَإِنَّكَ

(١) اعلم أن من المصادر مصادر تقع في موضع الحال، وتغني غناءه، فلا يجوز أن تكون معرفة؛ لأن الحال لا تكون معرفة. وذلك قولك: جئتك مشياً، وقد أدى عن معنى قولك: جئتك ماشيا، وكذلك قوله عز وجل: " ثم ادعهن يأتينك سعياً ". ومنه: قتلته صبرا. وإنما الفصل بين المصدر وبين اسم الفاعل أنك إذا قلت: عجبت من ضرب زيدٍ عمرا، أن ضرباً في معنى: أن ضرب فيحتاج ما بعدها إلى الفاعل والمفعول. فإذا قلت: عجبت من ضارب عمرا، فقد جئت بالفاعل، وإنما بقي المفعول، والفاعل يحمل على المصدر؛ كما حمل المصدر عليه.تقول: قم قائماً فالمعنى: قم قياماً. المقتضب ١٩١/١.

لَو اقْتَصَرْتَ عَلَى الْمَرْفُوعِ لَكَانَ مُسْتَقِيمًا، وَلَمْ تَكُنْ نَاقِصَةً، وَسَبَبُهُ مَا تَقَدَّمَ مِنْ أَنَّ وَضْعَهَا لِتَقْرِيرِ الشَّيْءِ عَلَى صِفَةٍ، فَإِذَا قَطَعْتَهَا عَنِ الصِّفَةِ اسْتَعْمَلْتَهَا فِي غَيْرِ مَوْضِعِهَا، فَلَمْ يَسْتَقِمْ لِذَلِكَ.

قَالَ: (وَلَمْ يَذْكُرْ سِيبَوَيْهِ مِنْهَا إلا كَانَ، وَصَارَ، وَمَا دَامَ، وَلَيْسَ) إِلَى آخِرِهِ.

أَمَّا (مَا دَامَ) فَلِكَثْرَتِهَا، وَأَمَّا الأخَرُ فَلأَنَّهَا لَمْ تُسْتَعْمَلْ إلا كَذَلِكَ، وَاسْتَغْنَى عَنِ الْبَوَاقِي بِمَا بَيَّنَهُ مِنَ المعْنَى، وَهُوَ قَوْلُهُ: (وَمَا كَانَ نَحْوَهُنَّ مِنَ الْفِعْلِ مِمَّا لا يَسْتَغْنِي عَنِ الْخَبَرِ)، يُرِيدُ مَا وُضِعَ لِمَا ذَكَرْنَاهُ مِنْ تَقْرِيرِ الشَّيْءِ عَلَى صِفَةٍ، فَهَذَا مَعْنَى قَوْلِهِ: (مِمَّا لا يَسْتَغْنِي عَنِ الْخَبَرِ).

قَوْلُهُ: (وَمِمَّا يَجُوزُ أَنْ يُلْحَق بِهِنَّ: آضَ[1]، وَعَادَ، وَغَدَا، وَرَاحَ).

لأنَّ أَحَدَ وَجْهَي اسْتِعْمَالِهَا لِتَقْرِيرِ الشَّيْءِ عَلَى صِفَةٍ، فَوَجَبَ عِنْدَ ذَلِكَ أَنْ تَكُونَ مِنْهَا لِمُشَارَكَتِهَا لَهَا فِي الْمَعْنَى الَّذِي كَانَتْ نَاقِصَةً بِهِ.

قَالَ: (وَقَدْ جَاءَ (جَاءَ) بِمَعْنَى: صَارَ، فِي قَوْلِهِمْ: مَا جَاءَتْ حَاجَتَكَ).

أَيْ: مَا صَارَتْ هِيَ حَاجَتَكَ، وَهَلْ يُقْتَصَرُ فِي ذَلِكَ عَلَى هَذَا الْمَحَلِّ أَوْ يُعَدَّى إِلَى غَيْرِهِ؟

فِيهِ نَظَرٌ، وَالأَوْلَى أَنْ يُعَدَّى؛ لأَنَّهُمْ يَقُولُونَ: (جَاءَ الْبُرُّ قَفِيزَيْنِ وَصَاعَيْنِ)، عَلَى أَنَّهُ قَدْ قِيلَ: إِنَّ قَفِيزَيْنِ حَالٌ، وَهُوَ ضَعِيفٌ؛ لأَنَّهُمْ لَمْ يَقْصِدُوا الإِخْبَارَ عَنِ الْبُرِّ بِالْمَجِيءِ فِي نَفْسِهِ، وَإِنَّمَا قَصَدُوا حُصُولَهُ عَلَى هَذِهِ الصِّفَةِ، فَوَجَبَ أَنْ يَكُونَ مِمَّا نَحْنُ فِيهِ؛ أَيْ: بِمَعْنَى: صَارَ، وَإِذَا ثَبَتَ ذَلِكَ صَحَّ اسْتِعْمَالُهُ فِي غَيْرِ الْمَوْضِعِ الْمَذْكُورِ.

وَأَمَّا قَوْلُهُمْ: (حَتَّى قَعَدَتْ كَأَنَّهَا حَرْبَةٌ).

أَيْ: صَارَتْ. فَالظَّاهِرُ أَنَّهُ مَخْصُوصٌ بِمَحَلِّه، فَإِنَّهُ لَمْ يُعْرَفْ فِي غَيْرِهِ، إِذْ لا يُقَالُ: (قَعَدَ كَاتِبًا) عَلَى نَحْوِ (صَارَ كَاتِبًا)، وَلَكِنْ لا يَبْعُدُ أَنْ يُقَالَ: (قَعَدَ زَيْدٌ كَأَنَّهُ سُلْطَانٌ) عَلَى نَحْوِ مَا نَحْنُ فِيهِ؛ أَيْ: بِمَعْنَى: صَارَ، مِنْ إِرَادَةِ ثُبُوتِهِ عَلَى هَذِهِ الصِّفَةِ، فَيَكُونُ مَخْصُوصًا بِمِثْلِ ذَلِكَ.

قَالَ: (وَحَالُ الاسْمِ وَالْخَبَرِ مِثْلُهَا فِي بَابِ الابْتِدَاءِ) إِلَى آخِرِهِ.

(١) آض: تَعْمل أحْيَاناً عَمَلَ "كَانَ وأَخواتها" لأنَّها قد تأتِي بِمعنى صَارَ، ولا مصْدَر لها تقول "آضَ البَعِيدُ قَرِيباً". معجم القواعد العربية ٢٠/٢.

قَوْلُهُ: (مِثْلُهَا) ضَمِيرُ الْحَالِ الْمُضَافَةِ إِلَى الاسْمِ وَالْخَبَرِ جَمِيعًا، وَإِذَا كَانَ كَذَلِكَ كَانَ حَالُ الاسْمِ كَحَالِ الْمُبْتَدَأِ، وَحَالُ الْخَبَرِ كَحَالِ الْخَبَرِ فِي مُرَادِهِ؛ لأَنَّهُ أَضَافَ الْحَالَ إِلَيْهِمَا، وَأَخْبَرَ عَنْهَا بِإِضَافَةِ الْمِثْلِ إِلَى الْمُبْتَدَأِ وَالْخَبَرِ، ثُمَّ خَصَّصَ الْمِثْلِيَّةَ الَّتِي أَرَادَهَا بِكَوْنِ الاسْمِ مَعْرِفَةً وَالْخَبَرِ نَكِرَةً، وَلَيْسَ يَنْبَغِي أَنْ تُجْعَلَ الْمِثْلِيَّةُ فِي ذَلِكَ خَاصَّةً، بَلِ الْمِثْلِيَّةُ فِيهِ وَفِي غَيْرِهِ مِنْ أَحْكَامِ الْمُبْتَدَأِ وَالْخَبَرِ، إلا أَنْ تَكُونَ (كَانَ) مَانِعَةً مِنْهُ، فَيَتَمَاثَلُ الْبَابَانِ فِي أَنَّهُ يَجُوزُ أَنْ يَقَعَ الْمُبْتَدَأُ مَعْرِفَةً وَنَكِرَةً بِشَرْطِهِ، وَيَكُونُ الْخَبَرُ مُفْرَدًا وَجُمْلَةً بِالتَّقَاسِيمِ وَالشُّرُوطِ الَّتِي مَضَتْ، وَمَا خَصَّصَ بِهِ حُكْمٌ مِنَ الأَحْكَامِ الْمَذْكُورَةِ.

قَوْلُهُ: وَنَحْوُ قَوْلِ الْقُطَامِيِّ:

قِفِي قَبْلَ التَّفَرُّقِ يَاضُبَاعًا ... وَلا يَكُ مَوْقِفٌ مِنْكِ الْوَدَاعَا

وَمَا أَنْشَدَهُ بَعْدَهُ (مِنَ الْقَلْبِ الَّذِي يُشَجِّعُ عَلَيْهِ أَمْنُ الإِلْبَاسِ)، يُرِيدُ أَنَّ الْقِيَاسَ عَلَى خِلافِ مَا جَاؤُوا بِهِ فِي الشِّعْرِ، وَهُوَ رَفْعُ الْمَعْرِفَةِ وَنَصْبُ النَّكِرَةِ، فَخَالَفُوا فِي ذَلِكَ لِلضَّرُورَةِ لَمَّا كَانَ غَيْرَ مُلْبِسٍ.

وَقَوْلُهُ:

فَإِنَّكَ لا تُبَالِي بَعْدَ حَوْلٍ ... أَظَبْيٌ كَانَ أُمَّكَ أَمْ حِمَارُ

وَجْهُ كَوْنِهِ مِنْ هَذَا الْبَابِ أَنَّ الاسْتِفْهَامَ الْوَاقِعَ بَعْدَهُ (ظَبْيٌ[1]) يُقَدَّرُ بِالْفِعْلِ، فَتَقْدِيرُهُ: أَكَانَ ظَبْيٌ أُمَّكَ؛ لأَنَّ تَقْدِيرَ الاسْتِفْهَامِ بِالْفِعْلِ أَوْلَى، فَإِذَا قُدِّرَ الْفِعْلُ فَيَجِبُ أَنْ يَكُونَ عَلَى حَسَبِ الْمُفَسِّرِ، وَالْمُفَسِّرُ (كَانَ) فَوَجَبَ أَنْ يَكُونَ التَّقْدِيرُ: أَكَانَ ظَبْيٌ أُمَّكَ، وَهُوَ عَيْنُ مَا قُصِدَ فِي الأَبْيَاتِ الأُخَرِ، فَهَذَا وَجْهُ تَقْدِيرِ كَوْنِ اسْمِ (كَانَ) هَاهُنَا نَكِرَةً وَخَبَرِهَا مَعْرِفَةً.

وَقَدْ ظَنَّ بَعْضُ النَّاسِ أَنَّ مَوْضِعَ الاسْتِشْهَادِ أَنَّ الضَّمِيرَ فِي (كَانَ) ضَمِيرُ (ظَبْيٍ)، وَضَمِيرُ النَّكِرَةِ نَكِرَةٌ، وَقَدْ أُخْبِرَ عَنْهُ بِالْمَعْرِفَةِ، فَكَانَ مِنْ هَذَا الْبَابِ لِذَلِكَ، وَهَذَا غَيْرُ

---

(١) ظبي اسم كان. والصواب أن وصال فاعل يدوم محذوفاً مدلولا عليه بالمذكور، وأن ظبي اسم لكان محذوفة مفسرة بكان المذكورة، أو مبتدأ، والأول أولى، لأن همزة الاستفهام بالجمل الفعلية أولى منها بالاسمية، وعليهما فاسم كان ضميرٌ راجع إليه، وقول سيبويه إنه أخبر عن النكرة بالمعرفة واضحٌ على الأول، لأن ظبياً المذكور اسم كان، وخبره أمكَ وأما على الثاني فخبر ظبي إنما هو الجملة، والجمل نكرات، ولكن يكون محل الاستشهاد قوله كان أمك على أن ضمير النكرة عنده نكرة، لا على أن الاسم مقدم. مغني اللبيب ٢٢٤/١.

مُسْتَقِيمٌ، فَإِنَّكَ لَوْ قُلْتَ: (جَاءَنِي رَجُلٌ وَكَانَ رَاكِبًا) لَكَانَ مُسْتَقِيمًا، وَلَمْ يُعَدَّ الِاسْمُ خَارِجًا عَنِ الْقِيَاسِ لِكَوْنِهِ ضَمِيرَ نَكِرَةٍ، يَعْنِي: الضَّمِيرُ فِي (كَانَ) فِي قَوْلِكَ: (جَاءَنِي رَجُلٌ وَكَانَ رَاكِبًا) مَعْرِفَةٌ، وَإِنْ كَانَ ضَمِيرَ (رَجُلٍ) وَهُوَ نَكِرَةٌ.

فَإِنْ قِيلَ: لَيْسَتْ هَذِهِ مِنْ قَبِيلِ مَا نَحْنُ فِيهِ، فَإِنَّ الَّذِي نَحْنُ فِيهِ أَنْ يَكُونَ الِاسْمُ نَكِرَةً وَالْخَبَرُ مَعْرِفَةً، وَمَا مَثَّلْتَ بِهِ نَكِرَتَانِ؛ لِأَنَّ ضَمِيرَ النَّكِرَةِ نَكِرَةٌ، وَ(رَاكِبًا) نَكِرَةٌ.

فَالْجَوَابُ: أَنَّهُ كَمَا يَمْتَنِعُ أَنْ يَكُونَ اسْمُ (كَانَ) نَكِرَةً وَخَبَرُهَا مَعْرِفَةً، فَيَمْتَنِعُ أَنْ يَكُونَ اسْمُهَا نَكِرَةً مِنْ غَيْرِ مُصَحِّحٍ، وَلَوْ لَمْ يَكُنِ الضَّمِيرُ مَعْرِفَةً لَمَا صَحَّ، بِدَلِيلِ امْتِنَاعِ (كَانَ رَجُلٌ قَائِمًا)، ثُمَّ لَوْ قُدِّرَ ضَارِبٌ مَعْهُودٌ بَيْنَكَ وَبَيْنَ مُخَاطَبِكَ لَصَحَّ أَنْ تَقُولَ: (جَاءَنِي الْيَوْمَ رَجُلٌ)، وَاتَّفَقَ أَنْ كَانَ ذَلِكَ الضَّارِبَ، وَهَذِهِ عَيْنُ مَا أَنْكَرَ، وَلَيْسَتْ مِثْلَ قَوْلِكَ: (كَانَ رَجُلٌ الضَّارِبَ)، هَذَا مَا لَا يُشَكُّ فِيهِ، وَالنَّحْوِيُّونَ وَإِنِ اخْتَلَفُوا فِي أَنَّ ضَمِيرَ النَّكِرَةِ مَعْرِفَةٌ، فَلَمْ يَخْتَلِفُوا فِي صِحَّةِ وُقُوعِهَا مَحَلَّ الْمَعْرِفَةِ، وَإِنَّمَا الْخِلَافُ فِي أَنَّ الْمَعْرِفَةَ رَاجِعَةٌ إِلَى مَا يَتَعَيَّنُ مَدْلُولُهُ وُجُودًا أَوْ عَلَى أَيِّ وَجْهٍ كَانَ، وَلِذَلِكَ يُقَالُ بِالْإِجْمَاعِ: (ضَرَبْتُ رَجُلًا وَهُوَ رَاكِبٌ)، وَلَوْلَا أَنَّ الضَّمِيرَ فِي حُكْمِ الْمَعْرِفَةِ لَمْ يَصِحَّ وُقُوعُهُ مُبْتَدَأً.

وَقَدْ أُورِدَ عَلَى التَّقْدِيرِ الْأَوَّلِ أَنَّ الدَّاخِلَ عَلَيْهِ هَمْزَةُ الِاسْتِفْهَامِ الْمُعَادَلَةُ لِـ (أَمْ) يَجِبُ أَنْ يَكُونَ الْوَاقِعَ بَعْدَ (أَمْ) مُعَادِلًا لَهُ، وَإِذَا جُعِلَ الْوَاقِعُ بَعْدَ الْهَمْزَةِ (كَانَ) الْمُقَدَّرَةُ لَمْ يَكُنِ الْوَاقِعُ بَعْدَ (أَمْ) الْمُعَادِلَةَ كَذَلِكَ، أَلَا تَرَى أَنَّكَ لَوْ قُلْتَ: (أَضَرَبْتَ زَيْدًا أَمْ عَمْرًا) لَمْ يَسْتَقِمْ حَتَّى تَقُولَ: (أَزَيْدًا ضَرَبْتَ أَمْ عَمْرًا)؛ لِأَنَّ الْغَرَضَ بِدُخُولِ الْهَمْزَةِ وَ(أَمْ) الْمُعَادِلَةِ بَيْنَ شَيْئَيْنِ نِسْبَتُهُمَا بِاعْتِبَارِ مَا جُعِلَ لَهُمَا عِنْدَ الْمُتَكَلِّمِ عَلَى حَالٍ وَاحِدَةٍ، فَقُصِدَ ذِكْرُ أَحَدِهِمَا بَعْدَ الْهَمْزَةِ، وَالْآخَرِ بَعْدَ (أَمْ) لِذَلِكَ الْغَرَضِ، وَإِذَا كَانَ كَذَلِكَ فَقَدْ أُوقِعَتْ بَعْدَ الْهَمْزَةِ هَاهُنَا (كَانَ) الْمُقَدَّرَةَ، وَأُوقِعَتْ بَعْدَ (أَمْ) لَفْظَ حِمَارٍ، فَلَمْ تُعَادِلْ بَيْنَ الْأَمْرَيْنِ اللَّذَيْنِ جِيءَ بِالْهَمْزَةِ وَ(أَمْ) لَهُمَا، وَالْجَوَابُ مِنْ وَجْهَيْنِ:

أَحَدُهُمَا: أَنَّهُ لَمَّا كَانَتْ (كَانَ) الْمُقَدَّرَةُ وَاجِبًا حَذْفُهَا لَمَّا وَقَعَ (كَانَ) مُفَسِّرًا لَهَا، كَانَ حُكْمُهَا لِذَلِكَ حُكْمَ الْعَدَمِ، فَقَدْ وَقَعَ بَعْدَ هَمْزَةِ الِاسْتِفْهَامِ مَا قُصِدَ بِهِ الْمُعَادَلَةُ بَيْنَهُ وَبَيْنَ مَا بَعْدَ (أَمْ)، وَهُوَ حِمَارٌ، فَهَذَا وَجْهٌ يُسَوِّغُ ذَلِكَ.

وَالْآخَرُ: أَنَّ (كَانَ) الْمُقَدَّرَةَ لَمَّا لَمْ تَكُنْ مَقْصُودَةً كَانَ تَقْدِيرُهَا وَوُجُودُهَا كَالْعَدَمِ، فَلَمْ يُذْكَرْ بَعْدَ الْهَمْزَةِ مَقْصُودًا إِلَّا ظَبْيٌ، وَهُوَ الْمُعَادِلُ.

وَالْأَوْلَى بَعْدَ ذَلِكَ أَنْ يُقَالَ: إِنَّ (ظَبْيًا) مُبْتَدَأٌ، وَ(كَانَ أُمَّكَ) خَبَرٌ لَهُ، وَ(حِمَارٌ) عَطْفُ

عَلَى (ظَبْيٍ)، وَصَحَّ الابْتِدَاءُ بِالنَّكِرَةِ لَمَّا كَانَتْ بَعْدَ الْهَمْزَةِ الْمُعَادِلَةِ لِـ (أَمْ)، كَمَا صَحَّ (أَرَجُلٌ فِي الدَّارِ أَمِ امْرَأَةٌ)، إلا أَنَّهُ يَخْرُجُ الْبَيْتُ عَنْ مَقْصُودِ التَّمْثِيلِ لِمَا تَقَدَّمَ أَوَّلا مِنْ إِبْطَالِ كَوْنِ الضَّمِيرِ نَكِرَةً.

وَلَوْ قَالَ قَائِلٌ: إِنَّ (كَانَ) هَاهُنَا لا ضَمِيرَ فِيهَا، وَإِنَّ أَصْلَ الْكَلامِ: أَظَبْيًا كَانَ أُمُّكَ أَمْ حِمَارًا، فَـ (ظَبْيًا) هُوَ الْخَبَرُ فِي الأَصْلِ، و(حِمَارًا) مَعْطُوفٌ عَلَيْهِ، فَلَمَّا قُصِدَ إِلَى الْقَلْبِ قُلِبَ مَعَ بَقَاءِ كُلِّ شَيْءٍ فِي مَوْضِعِهِ، وَالْمَعْنَى عَلَى مَا كَانَ عَلَيْهِ.

فَإِنْ قِيلَ: فَهَذَا يُؤَدِّي إِلَى جَوَازِ تَقْدِيمِ اسْمِ (كَانَ) عَلَيْهَا؛ لأَنَّهُ لَمَّا رُفِعَ (ظَبْيًا) عَلَى تَقْدِيرِكُمْ جَعَلَهُ اسْمًا لِـ (كَانَ)، وَهُوَ مُقَدَّمٌ.

فَالْجَوَابُ: أَنَّهُ لَمْ يُقْصَدْ إِلَى جَعْلِهِ اسْمًا تَحْقِيقًا، وَإِنَّمَا قُصِدَ إِلَى جَعْلِهِ اسْمًا صُورَةً، أَلا تَرَى أَنَّهُ فِي الْمَعْنَى خَبَرٌ عَلَى مَا كَانَ عَلَيْهِ لَوْ كَانَ مَنْصُوبًا، فَيَكُونُ ذَلِكَ هُوَ الَّذِي سَوَّغَ بَقَاءَهُ مُقَدَّمًا، وَهَذَا لا بُعْدَ فِيهِ إلا حَذْفَ التَّاءِ مِنْ (كَانَتْ)، فَإِنَّهُ إِذَا بَقِيَ الأَمْرُ عَلَى مَا كَانَ عَلَيْهِ فِي الأَصْلِ، فَالأَصْلُ: أَظَبْيًا كَانتْ أُمُّكَ، وَقَدْ حُذِفَتِ التَّاءُ، وَحَذْفُ التَّاءِ مُشْعِرٌ بِجَعْلِ الضَّمِيرِ فِيهَا مُسْتَتِرًا عَلَى أَنَّهُ اسْمُهَا، فَيُبْطِلُ هَذَا ذَلِكَ التَّقْدِيرَ.

وجَوَابُهُ أَنْ يُقَالَ: هَذَا كُلُّهُ مِنْ قَبِيلِ الشُّذُوذِ، وَحَذْفُ التَّاءِ أَيْضًا مِنْ قَبِيلِ الشُّذُوذِ، إلا أَنَّهُ شُذُوذٌ يَلْزَمُ مِنْهُ شُذُوذٌ ثَانٍ، وَيُمْكِنُ أَنْ يُقَوَّى ذَلِكَ بِأَنْ يُقَالَ: لَمَّا جَعَلَ الظَّبْيَ فِي الصُّورَةِ مُخْبَرًا عَنْهُ صَارَ (كَانَ) كَأَنَّهُ فِي الصُّورَةِ رَاجِعٌ إِلَيْهِ، وَصَارَ (أُمُّكَ) كَأَنَّهُ فِي الصُّورَةِ غَيْرُ الاسْمِ، فَشُبِّهَ بِمَا فِيهِ ضَمِيرُ الْمُذَكَّرِ، وَبِمَا لَمْ يَقَعْ مَنْسُوبًا إِلَى مُؤَنَّثٍ، وَمِثْلُ ذَلِكَ يَفْصِلُهُ عَنْ قَوْلِهِمْ: (كَانَ هِنْدٌ قَائِمَةً)، فَإِنَّهُ يُنَاسِبُ حَذْفَ التَّاءِ الْمَذْكُورَةِ.

قَوْلُهُ: (وَكَانَ عَلَى أَرْبَعَةِ أَضْرُبٍ، نَاقِصَةٍ كَمَا ذُكِرَ، وَتَامَّةٍ بِمَعْنَى: وَقَعَ، وَوُجِدَ).

وَقَدْ تَقَدَّمَ أَنَّ (كَانَ) وَأَخَوَاتِهَا مَوْضُوعَةٌ لِتَقْرِيرِ الشَّيْءِ عَلَى صِفَةٍ، وَقَدْ تَبَيَّنَ بِذَلِكَ نُقْصَانُهَا، وَقَد اسْتُعْمِلَ (كَانَ) بِمَعْنَى: حَصَلَ الشَّيْءُ فِي نَفْسِهِ، فَعَلَى ذَلِكَ لا تَقْتَضِي إلا مَرْفُوعًا لا غَيْرُ، مِثْلُ: قَعَدَ وَجَلَسَ، وَلِذَلِكَ سُمِّيَتْ تَامَّةً فِي هَذَا الْوَجْهِ؛ لانْتِفَاءِ الْمَعْنَى الَّذِي سُمِّيَتْ بِهِ نَاقِصَةً، وَمَثَّلَ بِقَوْلِهِمْ: (كَانَتِ الْكَائِنَةُ)؛ أَيْ: حَصَلَتْ، وَكَذَلِكَ (الْمَقْدُورُ كَائِنٌ)، و(كُنْ فَيَكُونُ)[1].

---

(١) قوله عز وجل: " فإنما يقول له كن فيكون ". النصب هاهنا محال؛ لأنه لم يجعل فيكون جواباً. هذا خلاف المعنى؛ لأنه ليس هاهنا شرط.إنما المعنى: فإنه يقول له: كن فيكون، وكن حكاية.

وَزَائِدَةٌ تَعْرِفُهَا بِأَنْ يَكُونَ وُجُودُهَا كَالْعَدَمِ، وَهَذَا مَعْنَى الزَّائِدِ فِي كُلِّ مَوْضِعٍ، وَهُوَ الَّذِي يَبْقَى الْكَلامُ بَعْدَ حَذْفِهِ عَلَى مَعْنَاهُ قَبْلَهُ إلا فِي التَّأْكِيدِ؛ لأَنَّكَ إِنْ أَرَدْتَ التَّأْكِيدَ بِـ (كَانَ) لا يَكُونُ وُجُودُهُ وَعَدَمُهُ عَلَى السَّوِيَّةِ، وَلَكِنْ فِي إِعْرَابِ الْجُمْلَةِ دُخُولُ (كَانَ) وَعَدَمُهُ عَلَى السَّوِيَّةِ، كَقَوْلِكَ: (زَيْدٌ كَانَ ضَرَبَ)، وَمَثَّلَهُ فِي الْكِتَابِ بِقَوْلِهِمْ: (إِنَّ مِنْ أَفْضَلِهِمْ كَانَ زَيْدًا)، يَعْنِي: إِنَّ مِنْ أَفْضَلِهِمْ زَيْدًا، وَكَذَلِكَ الْبَيْتُ:

جِيَادُ بَنِي أَبِي بَكْرٍ تَسَامَى ... عَلَى كَانَ المُسَوَّمَةِ العِرَابِ

وَكَذَلِكَ (لَمْ يُوجَدْ كَانَ مِثْلُهُمْ).

وَأَمَّا الَّتِي فِيهَا ضَمِيرُ الشَّأْنِ فَهِيَ وَإِنْ جُعِلَتْ قِسْمًا دَاخِلَةً فِي أَقْسَامِ النَّاقِصَةِ؛ لأَنَّهَا لِتَقْرِيرِ الشَّيْءِ عَلَى صِفَةٍ، وَلا بُدَّ لَهَا مِنَ اسْمٍ وَخَبَرٍ، إلا أَنَّهَا لَمَّا كَانَتْ تَخْتَصُّ بِأَحْكَامٍ لا يُشَارِكُهَا فِيهَا بَقِيَّةُ أَقْسَامِ النَّاقِصَةِ جُعِلَتْ قِسْمًا بِرَأْسِهِ تَنْبِيهًا عَلَى تِلْكَ الأَحْكَامِ، مِنْهَا أَنَّ اسْمَهَا لا يَكُونُ إلا ضَمِيراً، وَمِنْهَا أَنَّهُ لا يَكُونُ إلا لِلْحَدِيثِ، وَمِنْهَا أَنَّهُ لا يَكُونُ إلا مُبْهَمًا، وَمِنْهَا أَنَّهُ لا يَكُونُ خَبَرُهَا إلا جُمْلَةً، وَمِنْهَا أَنَّهُ لا يَكُونُ فِيهِ ضَمِيرٌ يَعُودُ عَلَى اسْمِهَا.

(وَقَوْلُهُ عَزَّ وَجَلَّ: ﴿لِمَنْ كَانَ لَهُ قَلْبٌ﴾ [ق:٣٧]، يَتَوَجَّهُ عَلَى الأَرْبَعَةِ).

فَإِذَا كَانَتْ نَاقِصَةً كَانَ (قَلْبٌ) اسْمَهَا و(لَهُ) خَبَرَهَا؛ وَإِنْ كَانَتْ تَامَّةً كَانَ (قَلْبٌ) فَاعِلَهَا، و(لَهُ) مُتَعَلِّقٌ بِهَا؛ وَإِنْ كَانَتْ زَائِدَةً كَانَ (لَهُ قَلْبٌ) مُبْتَدَأً وَخَبَرًا، وَالْمَعْنَى: لِمَنْ لَهُ قَلْبٌ؛ وَإِذَا كَانَتْ لِضَمِيرِ الشَّأْنِ كَانَ فِيهَا ضَمِيرُ الْحَدِيثِ، هُوَ اسْمُهَا، و(لَهُ قَلْبٌ) مُبْتَدَأٌ وَخَبَرٌ فِي مَوْضِعِ خَبَرِهَا، فَقَدْ تَحَقَّقَ تَوَجُّهُهَا عَلَى الأَوْجُهِ الأَرْبَعَةِ.

وَقِيلَ فِي قَوْلِهِ:

بِتَيْهَاءَ قَفْرٍ وَالمَطِيُّ كَأَنَّهَا ... قَطَا الحَزْنِ قَدْ كَانَتْ فِرَاخًا بِيُوضُهَا

إِنَّ (كَانَ) فِيهِ بِمَعْنَى: (صَارَ) لِتَعَذُّرِ حَمْلِهَا عَلَى أَحَدِ الْوُجُوهِ الأَرْبَعَةِ، فَالتَّامَّةُ وَالزَّائِدَةُ وَالَّتِي فِيهَا ضَمِيرُ الشَّأْنِ امْتِنَاعُهَا وَاضِحٌ.

أَمَّا التَّامَّةُ؛ فَلأَنَّهُ يَجِبُ أَنْ يَكُونَ (فِرَاخًا) حَالا، فَيَلْزَمُ أَنْ يَكُونَ الْبَيْضُ فِي حَالِ كَوْنِهِ فِرَاخًا، وَهُوَ فَاسِدٌ؛ وَأَمَّا الزَّائِدَةُ فَتَفْسُدُ مِنْ حَيْثُ اللَّفْظِ وَمِنْ حَيْثُ الْمَعْنَى؛ أَمَّا اللَّفْظُ

=

وأما قوله عز وجل: " أن نقول له كن فيكون " فالنصب والرفع. فأما النصب فعلى أن تقول: فيكون يا فتى، والرفع على هو يقول فيكون. المقتضب ٦٥/١.

فَلِنَصْبِ (فِرَاخًا)، وَأَمَّا الْمَعْنَى فَلِلإِخْبَارِ عَنِ الْبَيْضِ بِأَنَّهُ فِرَاخٌ؛ وَأَمَّا الَّتِي فِيهَا ضَمِيرُ الشَّأْنِ فَلِلأَمْرَيْنِ بِعَيْنِهِمَا، وَالنَّاقِصَةُ إِنَّمَا لَمْ تَسْتَقِمْ؛ لأَنَّهُ يُؤَدِّي إِلَى عَكْسِ الْمَعْنَى؛ لأَنَّهَا تُشْعِرُ هَاهُنَا بِأَنَّ الْفِرَاخَ سَابِقَةٌ عَلَى الْبَيْضِ؛ لأَنَّ الْمَعْنَى يَصِيرُ: كَانَ الْبَيْضُ فِرَاخًا، وَهُوَ عَكْسُهُ؛ لأَنَّ الْمَعْنَى: كَانَ الْفِرَاخُ بَيْضًا، فَلَمَّا كَانَ مُؤَدِّيًا إِلَى عَكْسِ الْمَعْنَى تَعَذَّرَ حَمْلُهُ عَلَى ذَلِكَ، فَحُمِلَ عَلَى (صَارَ)، وَالْمَعْنَى عَلَيْهِ.

قَوْلُهُ: (وَمَعْنَى صَارَ: الانْتِقَالُ).

قَدْ تَقَدَّمَ أَنَّ هَذِهِ الأَفْعَالَ النَّاقِصَةَ كُلَّهَا لِتَقْرِيرِ الشَّيْءِ عَلَى صِفَةٍ، وَبِهِ احْتَاجَتْ إِلَى الْخَبَرِ، فَكَانَتْ نَاقِصَةً، ثُمَّ كُلُّهَا مُشْتَرِكَةٌ فِي أَنَّهَا تُثْبِتُ لِلْخَبَرِ حُكْمَ مَعْنَاهَا، وَلَمَّا كَانَ مَعْنَى (صَارَ) الانْتِقَالَ؛ وَجَبَ أَنْ يَكُونَ ذَلِكَ الْحُكْمُ ثَابِتًا لِلْخَبَرِ، فَإِذَا قُلْتَ: (صَارَ زَيْدٌ عَالِمًا)، فَفِي (عَالِمٍ) حُكْمُ الانْتِقَالِ؛ لأَنَّهُ الْحَالُ الَّتِي انْتَقَلَ إِلَيْهَا، وَهَذِهِ الانْتِقَالُ قَدْ يَكُونُ إِلَى صِفَةٍ حَقِيقِيَّةٍ، كَقَوْلِكَ: (صَارَ زَيْدٌ عَالِمًا)، و(وَصَارَ الطِّينُ خَزَفًا)، وَقَدْ يَكُونُ لِمُجَرَّدِ نِسْبَةٍ، كَقَوْلِكَ: (صَارَ زَيْدٌ مِنِّي قَرِيبًا)، و(صَارَ زَيدٌ غَنِيًّا وَفَقِيرًا)؛ وَقَدْ يَكُونُ بِاعْتِبَارِ الْمَوَاضِعِ، كَقَوْلِكَ: (صَارَ زَيْدٌ إِلَى عَمْرٍو)؛ أَيْ: انْتَقَلَ إِلَيْهِ، وَكُلُّ ذَلِكَ سَوَاءٌ لِصِحَّةِ مَعْنَى الانْتِقَالِ.

فَصْلٌ: وَأَصْبَحَ، وَأَمْسَى، وَأَضْحَى عَلَى ثَلاثَةِ مَعَانٍ

أَحَدُهَا: أَنْ تَقْرِنَ مَضْمُونَ الْجُمْلَةِ بِالأَوْقَاتِ الْخَاصَّةِ الَّتِي هِيَ الصَّبَاحُ وَالْمَسَاءُ وَالضُّحَى عَلَى طَرِيقَةِ كَانَ).

يَعْنِي: أَنَّهَا تَكُونُ نَاقِصَةً، وَإِذَا كَانَتْ نَاقِصَةً وَجَبَ أَنْ يُعْطَى الْخَبَرُ حُكْمَ مَعْنَاهَا، وَمَعْنَاهَا: الدِّلالَةُ عَلَى الدُّخُولِ فِي هَذِهِ الأَوْقَاتِ، فَوَجَبَ أَنْ يَكُونَ الْخَبَرُ دَاخِلا فِي هَذِهِ الأَوْقَاتِ فِي حَالِ نِسْبَتِهِ لِمَنْ هُوَ لَهُ، فَإِذَا قُلْتَ: (أَصْبَحَ زَيْدٌ عَالِمًا)، فَقَدْ أَعْطَتْ (أَصْبَحَ) لـ (عَالِمًا) حُكْمَ الإِصْبَاحِ حَتَّى صَارَ الْمَعْنَى: أَنَّهُ مَنْسُوبٌ إِلَى صَاحِبِهِ فِي وَقْتِ الصَّبَاحِ دُونَ غَيْرِهِ، وَكَذَلِكَ أَمْسَى وَأَضْحَى.

وَالثَّانِي: أَنْ تُفِيدَ مَعْنَى الدُّخُولِ فِي هَذِهِ الأَوْقَاتِ، وَحِينَئِذٍ تَكُونُ تَامَّةً، لا خَبَرَ لَهَا؛ لأَنَّ الْمَعْنَى: دَخَلَ فِي هَذَا الْوَقْتِ، كَمَا تَقُولُ: أَظْهَرْنَا وَأَعْتَمْنَا، فَهِيَ فِي هَذَا الْبَابِ كَكَانَ التَّامَّةِ، وَمِنْ ذَلِكَ قَوْلُهُ:

وَمِنْ فَعَلاتِي أَنَّنِي حَسَنُ الْقِرَى ... إِذَا اللَّيْلَةُ الشَّبْهَاءُ أَضْحَى جَلِيدُهَا

فَقَوْلُهُ: (أَضْحَى جَلِيدُهَا)؛ أَيْ: دَخَلَ فِي وَقْتِ الضُّحَى.

وَالثَّالِثُ: أَنْ تَكُونَ بِمَعْنَى: صَارَ، وَالْكَلَامُ فِيهِ كَالْكَلَامِ فِي صَارَ، وَمِنْهُ قَوْلُهُ:

ثُمَّ أَضْحَوا كَأَنَّهُمْ وَرَقٌ جَفْـ ـفَ فَأَلْوَتْ بِهِ الصَّبَا وَالدَّبُورُ

لأَنَّهُ لا يَسْتَقِيمُ أَنْ يُرَادَ اعْتِبَارُ الْوَقْتِ؛ لأَنَّهُمْ عَلَى هَذِهِ الصِّفَةِ فِي هَذَا الْوَقْتِ وَغَيْرِهِ، وَلَيْسَ الْمَقْصُودُ أَنَّهُمْ فِي الضُّحَى عَلَى هَذِهِ الصِّفَةِ، إِذْ لَيْسَ لِلتَّخْصِيصِ وَجْهٌ، وَإِنَّمَا الْمَعْنَى: ثُمَّ صَارُوا.

قَوْلُهُ: (وَظَلَّ وَبَاتَ عَلَى مَعْنَيَيْنِ، أَحَدُهُمَا: اقْتِرَانُ مَضْمُونِ الْجُمْلَةِ بِالْوَقْتَيْنِ الْخَاصَّيْنِ).

وَيَعْنِي بِالْوَقْتَيْنِ الْخَاصَّيْنِ: النَّهَارَ وَاللَّيْلَ، فَالنَّهَارُ لِـ (ظَلَّ)، وَاللَّيْلُ لِـ (بَاتَ)، وَالْمَعْنَى بِالنِّسْبَةِ إِلَى الْوَقْتَيْنِ كَمَعْنَى (أَصْبَحَ) فِي الْوَجْهِ الأَوَّلِ، وَالْوَجْهُ الثَّانِي ظَاهِرٌ أَنَّهَا تَامَّةٌ.

قَوْلُهُ: (وَالَّتِي فِي أَوَائِلِهَا الْحَرْفُ النَّافِي فِي مَعْنًى وَاحِدٍ، وَهُوَ اسْتِمْرَارُ الْفِعْلِ بِفَاعِلِهِ فِي زَمَانِهِ).

يَعْنِي: مَا زَالَ، وَمَا بَرِحَ، وَمَا فَتِئَ، وَمَا انْفَكَّ دُونَ مَا دَامَ، فَإِنَّهَا لَيْسَتْ لِلنَّفْيِ، بَلْ مَصْدَرِيَّةٌ، وَمَعْنَاهَا: التَّوْقِيتُ.

قَوْلُهُ: (وَهُوَ اسْتِمْرَارُ الْفِعْلِ بِفَاعِلِهِ)، يَعْنِي: اسْتِمْرَارَ الْخَبَرِ؛ وَقَوْلُهُ: (بِفَاعِلِهِ)، يَعْنِي: بِمَنْ نُسِبَ إِلَيْهِ؛ وَقَوْلُهُ: (فِي زَمَانِهِ)، يَعْنِي: مِنْ حِينَ صَلَحَ لَهُ، وَفِي عِبَارَتِهِ بَعْضُ التَّعَسُّفِ؛ لأَنَّهُ جَعَلَ الْخَبَرَ فِعْلًا، وَجَعَلَ الْمَنْسُوبَ إِلَيْهِ فَاعِلًا لَهُ، وَكُلُّ ذَلِكَ عَلَى غَيْرِ الاصْطِلَاحِ، وَالأَوْلَى أَنْ يَقُولَ: اسْتِمْرَارُ الْخَبَرِ بِمَنْ نُسِبَ إِلَيْهِ مِنْ حِينَ صَلَحَ لَهُ، وَيُحْتَمَلُ أَنْ يُرِيدَ بِاسْتِمْرَارِ الْفِعْلِ نَفْسَ هَذِهِ الأَفْعَالِ الَّتِي هِيَ مَا زَالَ وَأَخَوَاتُهَا، و(بِفَاعِلِهِ)، يَعْنِي: بِأَسْمَائِهَا؛ لأَنَّهَا فَاعِلَاتٌ فِي التَّحْقِيقِ، فَيَكُونُ الْمَعْنَى: أَنَّ ثُبُوتَ هَذِهِ الأَفْعَالِ بِحَسَبِ مَعَانِيهَا حَاصِلٌ لِفَاعِلِيهَا، وَمَعَانِيهَا: ثُبُوتُ أَخْبَارِهَا عَلَى الصِّفَةِ الْمُرَادَةِ بِهَا، وَهُوَ مَعْنَى الاسْتِمْرَارِ مِنْ حِينَ صَلَحَ لَهُ، وَهَذَا أَشْبَهُ مِنْ حَيْثُ جَرَى اللَّفْظُ عَلَى مَا هُوَ الاصْطِلَاحُ بِخِلَافِ الأَوَّلِ.

قَوْلُهُ: (وَلِدُخُولِ النَّفْيِ فِيهَا عَلَى النَّفْيِ جَرَتْ مَجْرَى كَانَ).

لأَنَّ (زَالَ) مَعْنَاهَا: النَّفْيُ، و(مَا) مَعْنَاهَا: النَّفْيُ، فَإِذَنْ صَارَ الْمَعْنَى: انْتَفَى النَّفْيُ، وَإِذَا انْتَفَى النَّفْيُ وَجَبَ الإِثْبَاتُ، فَصَارَتْ بِمَعْنَى: ثَبَتَ مُسْتَمِرًّا، وَإِذَا كَانَ كَذَلِكَ لَمْ يَجُزْ أَنْ

تَقُولَ: (مَا زَالَ زَيْدٌ إلا عَالِمًا) لأنَّ (إلا) لا يَسْتَقِيمُ أَنْ تَكُونَ لِلإخْرَاجِ، فَلا تَكُونُ (إلا) لِلتَّفْرِيغِ؛ لأنَّ (إلا) لا تَجِيءُ إلا لِلإخْرَاجِ أَوِ التَّفْرِيغِ، وَهَاهُنَا لا يَصْلُحُ أَنْ تَكُونَ لِلإخْرَاجِ، فَتكُونُ لِلتَّفْرِيغِ، وَإِذَا كَانَ كَذَلِكَ فَشَرْطُ التَّفْرِيغِ أَنْ يَكُونَ فِي مِثْلِ ذَلِكَ بَعْدَ نَفْيٍ، وَلا نَفْيَ هَاهُنَا لِمَا ثَبَتَ مِنْ أَنَّ (ما زَالَ) لِلإثْبَاتِ، ثُمَّ لَوْ سُلِّمَ أَنَّهَا تَكُونُ بَعْدَ الإثْبَاتِ لَوَجَبَ أَنْ يَكُونَ الْمُخْرَجُ مَنْفِيًا، وَإِذَا كَانَ مَنْفِيًّا بـ (إلا) لِكَوْنِهِ بَعْدَ الإثْبَاتِ تَنَاقَضَ مَعَ (مَا زَالَ)؛ لأنَّ (مَا زَالَ) لإثْبَاتِهِ، و(إلا) يَكُونُ لِنَفْيِهِ، فَيَصِيرُ مُثْبَتًا مَنْفِيًّا فِي حَالٍ وَاحِدَةٍ، وَهُوَ مُحَالٌ.

وَخُطِّئَ ذُو الرُّمَّةِ بِقَوْلِهِ:

حَرَاجِيجُ مَا تَنْفَكُّ إلا مُنَاخَـةً

لِمَا ذَكَرْنَاهُ مِنَ الْوَجْهَيْنِ، سَوَاءٌ كَانَ الْمُقَدَّمُ مَنْفِيًّا أَوْ مُثْبَتًا؛ لأنَّ الاسْتِثْنَاءَ مِنَ النَّفْيِ إثْبَاتٌ، وَ مِنَ الإثْبَاتِ نَفْيٌ، وَيَلْزَمُ التَّنَاقُضُ، وَقَدْ قِيلَ: إنَّ قَوْلَهُ: (عَلَى الْخَسْفِ) هُوَ خَبَرُ (مَا تَنْفَكُّ)، كَأَنَّهُ قَالَ: مَا تَنْفَكُّ مُهَانَةً، ثُمَّ اسْتَثْنَى (إلا مُنَاخَةً) بَعْدَ أَنْ كَمُلَ اسْمُهَا وَخَبَرُهَا عَلَى أَنَّهُ حَالٌ مُسْتَثْنَى مِنْ أَحْوَالٍ عَامَّةٍ مُقَدَّرَةٍ؛ أَيْ: مَا تَنْفَكُّ عَلَى الْخَسْفِ فِي حَالٍ مِنَ الأحْوَالِ إلا فِي حَالِ الإنَاخَةِ، فَإِنَّهُ تَحْصُلُ لَهَا رَاحَةٌ، فَيَكُونُ الْمُرَادُ بِالإنَاخَةِ إنَاخَةَ الْبَعِيرِ، وَهُوَ جَعْلُهُ بَارِكًا، فَإِنَّهُ حِينَئِذٍ تَحْصُلُ لَهُ رَاحَةٌ، وَيَكُونُ الْمَعْنِيُّ بِمُنَاخَةٍ فِي وَجْهِ الإفْسَادِ؛ أَيْ: الَّذِي يَلْزَمُ التَّنَاقُضُ مِنْهُ؛ أَيْ: مَقْصُورَةً عَلَى الْخَسْفِ؛ أَيْ: الذُّلِّ لا تُفَارِقُهُ حَتَّى يَحْصُلَ بِهَا الْغَرَضُ؛ أَيْ: بِالإنَاخَةِ، غَرَضُ الشَّاعِرِ، وَهُوَ قَوْلُهُ: (أَوْ نَرْمِي بِهَا بَلَدًا قَفْرًا)، إلا أَنَّ التَّقْدِيرَ الْمُصَحِّحَ ضَعِيفٌ مِنْ وَجْهَيْنِ:

أَحَدُهُمَا: أَنَّهُ اسْتِثْنَاءٌ مُفَرَّغٌ، وَالاسْتِثْنَاءُ الْمُفَرَّغُ قَلَّ أَنْ يَأْتِيَ فِي الْمُثْبَتِ، وَإِنَّمَا يَأْتِي فِي النَّفْيِ.

وَالآخَرُ: أَنَّ الاسْتِثْنَاءَ الْمُفَرَّغَ إِنَّمَا يَكُونُ الْمُسْتَثْنَى مِنْهُ مُقَدَّرًا قَبْلَهُ، وَهَذَا إنَّمَا يُقَدَّرُ الْمُسْتَثْنَى مِنْهُ بَعْدَهُ؛ لأنَّهُ مُسْتَثْنَى مِنَ الأحْوَالِ لِلضَّمِيرِ الْمُسْتَقِرِّ فِي قَوْلِهِ: (عَلَى الْخَسْفِ)؛ لأنَّ التَّقْدِيرَ: مَا تَنْفَكُّ مُهَانَةً فِي جَمِيعِ الأحْوَالِ إلا حَالَ الإنَاخَةِ، فَكَانَ الْمُسْتَثْنَى مِنْهُ مُقَدَّرًا بَعْدَهُ، وَذَلِكَ لَمْ يُعْهَدْ فِي الاسْتِثْنَاءِ الْمُفَرَّغِ.

قَوْلُهُ: (وَتَجِيءُ مَحْذُوفًا مِنْهَا حَرْفُ النَّفْيِ).

وَذَلِكَ مَعَ الْقَسَمِ؛ لأنَّهُ قَدْ عُلِمَ أَنَّهُ مُرَادٌ، كَمَا تَقُولُ: (وَاللَّهِ يَقُومُ زَيْدٌ)، وَذَلِكَ جَارٍ فِي حَرْفِ النَّفْيِ فِي هَذِهِ الأفْعَالِ وَفِي غَيْرِهَا عَلَى مَا يَأْتِي فِي الْقَسَمِ.

قَالَ: (وَمَا دَامَ تَوْقِيتٌ لِلْفِعْلِ).

قَالَ الشَّيْخُ: إِنْ أَرَادَ بِقَوْلِهِ: (لِلْفِعْلِ) دَامَ نَفْسَهَا أَوْ خَبَرَهَا، فَلَيْسَ ذَلِكَ بِمُسْتَقِيمٍ، إِذْ لَيْسَتْ تَوْقِيتًا لِنَفْسِهَا وَلا خَبَرِهَا؛ وَإِنْ أَرَادَ بِقَوْلِهِ: (لِلْفِعْلِ) الَّذِي يَصْحَبُهَا فَلَمْ يُبَيِّنْ لَهَا خُصُوصِيَّةً، وَهُوَ مَقْصُودُهُ، إِذْ ذَلِكَ مَعْنَى لَفْظَةِ (مَا) فِي كُلِّ مَوْضِعٍ، إِذَا كَانَتْ لِلظَّرْفِيَّةِ، كَقَوْلِكَ: (أَجْلِسُ مَا جَلَسْتَ)، و(أَكْتُبُ مَا كَتَبْتَ) وَشِبْهِ ذَلِكَ، وَالْغَرَضُ تَبْيِينُ مَعْنَاهَا الْمُتَمَيِّزَةِ بِهِ بِاعْتِبَارِ حَاجَتِهَا إِلَى الْخَبَرِ، لا تَبْيِينُ مَعْنَى لَفْظَةِ (مَا) الَّتِي لِلظَّرْفِيَّةِ، فَإِنَّ ذَلِكَ يَعُمُّ (مَا) الظَّرْفِيَّةَ أَيْنَمَا وَقَعَتْ.

وَالأَوْلَى أَنْ يُقَالَ: (وَمَا دَامَ) تَوْقِيتٌ لأَمْرٍ بِمُدَّةِ ثُبُوتِ خَبَرِهَا لاسْمِهَا، فَقَوْلُهُ: (تَوْقِيتٌ لأَمْرٍ) يَعْنِي بِهِ: مَا يَصْحَبُهَا مِنْ فِعْلٍ أَوْ مُشَبَّهٍ بِهِ، وَقَوْلُهُ: (بِمُدَّةِ ثُبُوتِ خَبَرِهَا لاسْمِهَا) مِمَّا تَتَمَيَّزُ بِهِ (مَا دَامَ) دُونَ غَيْرِهَا مِمَّا يَكُونُ ظَرْفًا، فَإِنَّ ذَلِكَ تَوْقِيتٌ لأَمْرٍ بِمُدَّةِ ثُبُوتِ ذَلِكَ الْفِعْلِ الْوَاقِعِ مَعَهَا لِفَاعِلِهِ.

وَإِذَا قُلْتَ: (أَجْلِسُ مَا دُمْتَ قَائِمًا)، فَقَوْلُكَ: (مَا دُمْتَ قَائِمًا) تَوْقِيتٌ لِلْجُلُوسِ بِمُدَّةِ ثُبُوتِ الْقِيَامِ مَنْسُوبًا إِلَى الْمُخَاطَبِ، فَهَذَا هُوَ الْمَعْنَى الَّذِي تَتَمَيَّزُ بِهِ عَنْ سَائِرِ الأَفْعَالِ الَّتِي تَصْحَبُهَا (مَا) الظَّرْفِيَّةُ، فَكَانَ التَّعَرُّضُ لِبَيَانِهِ أَهَمَّ مِنَ التَّعَرُّضِ لِبَيَانِ الأَمْرِ الْعَامِّ الَّذِي لا خُصُوصِيَّةَ لَهَا فِيهِ.

ثُمَّ بَيَّنَ كَوْنَهَا ظَرْفِيَّةً بِتَشْبِيهِهَا بِالْمَصَادِرِ الَّتِي وَقَعَتْ ظَرْفًا؛ إِيذَانًا بِأَنَّهَا الْمَصْدَرِيَّةُ اسْتُعْمِلَتْ ظَرْفًا.

قَالَ: (وَلِذَلِكَ كَانَ مُفْتَقِرًا إِلَى أَنْ يُشْفَعَ بِكَلامٍ؛ لأَنَّهُ ظَرْفٌ لا بُدَّ لَهُ مِمَّا يَقَعُ فِيهِ).

وَهَذَا وَاضِحٌ؛ لأَنَّ الْمَفْعُولَ فِيهِ مَا فُعِلَ فِيهِ فِعْلٌ مَذْكُورٌ، وَإِذَا كَانَ ذَلِكَ مَفْعُولا فِيهِ وَجَبَ أَنْ يَكُونَ مَعَهُ فِعْلٌ مَذْكُورٌ أَوْ شِبْهُهُ مِمَّا يَكُونُ الظَّرْفُ بِهِ فَضْلَةً، إِذ الظَّرْفُ لا يَكُونُ أَحَدَ جُزْأَيِ الْجُمْلَةِ، وَمِنْ ثَمَّ لَمْ يَكُنْ بُدٌّ مِنْ كَلامٍ يُشْفَعُ بِهِ حَتَّى تَسْتَقِيمَ ظَرْفِيَّتُهُ.

قَالَ: (وَ " لَيْسَ " مَعْنَاهَا نَفْيُ مَضْمُونِ الْجُمْلَةِ فِي الْحَالِ).

هَذَا مَذْهَبُ الأَكْثَرِينَ، وَقَدْ ذَهَبَ بَعْضُهُمْ إِلَى أَنَّهُ لِلنَّفْيِ مُطْلَقًا حَالا كَانَ أَوْ غَيْرَهُ، وَلا بُعْدَ فِي ذَلِكَ، قَالَ اللَّهِ تَعَالَى: **﴿أَلَا يَوْمَ يَأْتِيهِمْ لَيْسَ مَصْرُوفًا عَنْهُمْ﴾** [هود:٨]، وَهَذَا نَفْيٌ؛ لِكَوْنِ الْعَذَابِ مَصْرُوفًا عَنْهُمْ يَوْمَ الْقِيَامَةِ، فَهُوَ نَفْيٌ فِي الْمُسْتَقْبَلِ، وَهُوَ عَيْنُ مَا زَعَمُوا خِلافَهُ؛ لأَنَّهُمْ يَقُولُونَ: لَوْ قُلْتَ: (لَيْسَ زَيْدٌ قَائِمًا غَدًا) لَمْ يَسْتَقِمْ، وَهَذَا لَيْسَ الْعَذَابُ مَصْرُوفًا عَنْهُمْ يَوْمَ الْقِيَامَةِ، وَقَدْ صَرَّحَ فِي قَوْلِهِ: وَلا تَقُولُ: (لَيْسَ زَيْدٌ قَائِمًا

غَدًا)، وَهُوَ خِلافُ الْوَارِدِ فِي الْقُرْآنِ، إلا أَنْ يُرَادَ بِهِ الْحَالُ الْمُسْتَقْبَلَةُ.

قَالَ: (وَالَّذِي يُصَدِّقُ أَنَّهُ فِعْلٌ لُحُوقُ الضَّمَائِرِ وَتَاءِ التَّأْنِيثِ).

يَعْنِي بِاللُّحُوقِ: لُحُوقَ الضَّمَائِرِ الْبَارِزَةِ الْمُتَّصِلَةِ عَلَى مَا تَقَدَّمَ؛ لأَنَّهَا مِنْ خَوَاصِّ الأَفْعَالِ، وَقَدْ تَقَدَّمَ فِي حَدِّ الاسْمِ مَا يُرْشِدُ إِلَى فِعْلِيَّتِهَا وَدُخُولِهَا تَحْتَ حَدِّ الْفِعْلِ، وَعِلَّةِ تَجَرُّدِهَا عَنِ الدِّلالَةِ عَلَى الزَّمَانِ الْمَاضِي، وَسَيَأْتِي فِي الْمُشْتَرَكِ بَيَانُ إِعْلالِهَا عَلَى هَذِهِ الزِّنَةِ.

قَالَ: (وَهَذِهِ الأَفْعَالُ فِي تَقْدِيمِ خَبَرِهَا عَلَى ضَرْبَيْنِ) إِلَى آخِرِهِ.

قَالَ الشَّيْخُ: كُلُّهَا مُشْتَرِكَةٌ فِي صِحَّةِ تَقْدِيمِ أَخْبَارِهَا عَلَى أَسْمَائِهَا؛ لأَنَّهَا أَفْعَالٌ مِنْ حَيْثُ الْجُمْلَةِ، فَتُصُرِّفَ فِي مَعْمُولِهَا بِتَقْدِيمِ أَحَدِهِمَا عَلَى الآخَرِ، أَمَّا تَقْدِيمُ أَخْبَارِهَا عَلَيْهَا فَقَد انْقَسَمَتْ بِاعْتِبَارِهِ إِلَى ثَلاثَةِ أَقْسَامٍ: قِسْمٍ جَائِزٍ اتِّفَاقًا، وَهُوَ مَا عَدَا مَا أَوَّلُهُ (مَا)، وَمَا عَدَا (لَيْسَ)؛ وَقِسْمٍ لا يَجُوزُ تَقْدِيمُ أَخْبَارِهَا عَلَيْهَا، وَهُوَ مَا أَوَّلُهُ (مَا) خِلافًا لابْنِ كَيْسَانَ، فَإِنَّهُ أَجَازَ ذَلِكَ فِي غَيْرِ (مَا دَامَ)؛ وَقِسْمٍ اخْتُلِفَ فِيهِ اخْتِلافًا ظَاهِرًا، وَهُوَ (لَيْسَ).

فَأَمَّا مَا جَازَ تَقْدِيمُ الْخَبَرِ فِيهِ وِفَاقًا فَوَاضِحٌ أَمْرُهُ؛ لأَنَّهَا أَفْعَالٌ مُتَصَرِّفَةٌ لَمْ يَمْنَعْ مِنَ التَّقْدِيمِ عَلَيْهَا مَانِعٌ، فَجَازَ، وَهُوَ كَثِيرٌ فِي كَلامِهِمْ، وَذَلِكَ مِثْلُ: كَانَ، وَصَارَ.

وَأَمَّا امْتِنَاعُ التَّقْدِيمِ فِيمَا أَوَّلُهُ (مَا) وَهِيَ نَافِيَةٌ؛ فَلأَنَّهُ لا يَتَقَدَّمُ عَلَى النَّفْيِ مَا فِي حَيِّزِهِ مَعَ أَنَّهُ لَمْ يُسْمَعْ عَنْهُمْ، وَأَمَّا (مَا دَامَ) فَمَحَلُّ اتِّفَاقٍ فِي الامْتِنَاعِ، وَعِلَّتُهُ وَاضِحَةٌ، وَهُوَ أَنَّهَا مَصْدَرِيَّةٌ، وَلا يَتَقَدَّمُ عَلَى الْمَصْدَرِ مَا فِي حَيِّزِهِ، وَهُوَ فِي (مَا دَامَ) أَوْلَى، وَشُبْهَةُ ابْنِ كَيْسَانَ فِيمَا أَوَّلُهُ (مَا) النَّافِيَةُ أَنَّهَا لَمَّا دَخَلَتْ عَلَى النَّفْيِ صَارَ مَعْنَاهُ إِثْبَاتًا، فَتَوَهَّمَ أَنَّ حُكْمَ النَّفْيِ يَزُولُ بِزَوَالِ مَعْنَى النَّفْيِ، وَلَيْسَ بِمُسْتَقِيمٍ، فَإِنَّهُ لَوْ قِيلَ: (مَا أَبَى زَيْدٌ أَكْلا) لَكَانَ مَعْنَاهُ إِثْبَاتًا لِلأَكْلِ، وَلَوْ قِيلَ: (أَكْلا مَا أَبَى زَيْدٌ) لَمْ يَجُزْ؛ لأَنَّ حُكْمَ النَّفْيِ ثَابِتٌ، وَإِنَّمَا اتُّفِقَ أَنَّهُ دَخَلَ عَلَى فِعْلٍ مَعْنَاهُ النَّفْيُ، فَصَارَ الْمَعْنَى بِالآخِرَةِ إِثْبَاتًا، وَلَوْلا أَنَّ مَعْنَى النَّفْيِ حَاصِلٌ لَمْ يَرْجِعِ الإِثْبَاتُ الَّذِي دَخَلَ عَلَيْهِ نَفْيًا، فَكَيْفَ يَزُولُ مَعْنَى النَّفْيِ وَبِاعْتِبَارِهِ قَدْ حَصَلَ الْمَعْنَى مُثْبَتًا؟ فَالْوَجْهُ مَا عَلَيْهِ الْعَامَّةُ، وَلِذَلِكَ لَمْ يُعْرَفْ مِثْلُ ذَلِكَ وَاقِعًا فِي كَلامِهِمْ.

وَأَمَّا (لَيْسَ)، فَقَدْ زَعَمَ بَعْضُهُمْ أَنَّهُ يَتَقَدَّمُ خَبَرُهَا عَلَيْهَا مِثْلَ (كَانَ)، وَاسْتَدَلَّ عَلَى ذَلِكَ بِقَوْلِهِ تَعَالَى: "**أَلَا يَوْمَ يَأْتِيهِمْ لَيْسَ مَصْرُوفًا عَنْهُمْ**" [هود:٨]، وَ "**يَوْمَ يَأْتِيهِمْ**" مَعْمُولٌ لـ "**مَصْرُوفًا**"، وَإِذَا تَقَدَّمَ الْمَعْمُولُ دَلَّ عَلَى جَوَازِ تَقَدُّمِ الْعَامِلِ؛ لأَنَّهُ فَرْعُ تَقَدُّمِهِ،

وَإِلَى ذَلِكَ ذَهَبَ الزَّمَخْشَرِيُّ، وَهُوَ مَذْهَبُ الْبَصْرِيِّينَ، فَإِنَّهُ قَالَ: (وَقَدْ خُولِفَ فِي (لَيْسَ) فَجُعِلَ مِنَ الضَّرْبِ الأَوَّلِ)، يَعْنِي: مِنَ الَّذِي لَا يَجُوزُ تَقْدِيمُ خَبَرِهَا عَلَيْهَا، ثُمَّ قَالَ: (وَالأَوَّلُ هُوَ الصَّحِيحُ)، يَعْنِي بِالأَوَّلِ: دُخُولَهَا فِيمَا يَتَقَدَّمُ الْخَبَرُ عَلَيْهَا؛ لِأَنَّهُ قَالَ: (وَمَا عَدَاهَا يَتَقَدَّمُ خَبَرُهَا عَلَى اسْمِهَا وَعَلَيْهَا)، وَلَمْ يَتَقَدَّمْ إِلَّا حُكْمُ مَا أَوَّلُهُ (مَا)، فَقَدْ دَخَلَتْ (لَيْسَ) فِي قَوْلِهِ: (وَمَا عَدَاهَا)، فَإِذَا قَالَ بَعْدَ ذَلِكَ: (وَالأَوَّلُ هُوَ الصَّحِيحُ)، فَهُوَ حُكْمٌ عَلَى هَذَا الْقَوْلِ بِالصِّحَّةِ، وَهُوَ تَقْدِيمُ خَبَرِهَا عَلَيْهَا.

وَقَدْ مَنَعَ قَوْمٌ تَقْدِيمَ خَبَرِهَا عَلَيْهَا، وَعِلَّتُهُ: أَنَّهُ لَمْ يَثْبُتْ مُصَرَّحًا تَقْدِيمُهُ؛ وَلِأَنَّهَا فِعْلٌ غَيْرُ مُتَصَرِّفٍ، مَعْنَاهُ نَفْيٌ، فَكَانَ كَالْحَرْفِ فِي امْتِنَاعِ تَقْدِيمِ مَا فِي حَيِّزِهِ عَلَيْهِ.

قَالَ: (وَفَصَّلَ سِيبَوَيْهِ فِي تَقْدِيمِ الظَّرْفِ وَتَأْخِيرِهِ بَيْنَ اللَّغْوِ مِنْهُ وَالْمُسْتَقَرِّ) إِلَى آخِرِهِ.

يُرِيدُ بِالْمُسْتَقَرِّ: مَا كَانَ خَبَرًا مُحْتَاجًا إِلَيْهِ، وَجَعَلَهُ مُسْتَقَرًّا؛ لِأَنَّهُ يَتَعَلَّقُ بِالاسْتِقْرَارِ، فَالاسْتِقْرَارُ فِيهِ، فَهُوَ مُسْتَقَرٌّ فِيهِ، ثُمَّ حُذِفَ (فِيهِ) اخْتِصَارًا، وَيُرِيدُ بِقَوْلِهِ: (لَغْوًا) مَا كَانَ فَضْلَةً، وَسَمَّاهُ لَغْوًا؛ لِأَنَّكَ لَوْ حَذَفْتَهُ لَكَانَ الْكَلَامُ مُسْتَغْنِيًا عَنْهُ لَا حَاجَةَ بِهِ إِلَيْهِ.

وَوَجْهُ اسْتِحْسَانِهِ لِذَلِكَ أَنَّهُ مُحْتَاجٌ إِلَيْهِ، فَكَانَ فِي تَقْدِيمِهِ إِشْعَارٌ مِنْ أَوَّلِ وَهْلَةٍ بِأَنَّهُ خَبَرٌ لَا فَضْلَةٌ، وَفِي تَأْخِيرِهِ إِيذَانٌ بِأَنَّهُ لَغْوٌ لَا خَبَرٌ، فَلَمَّا أَفَادَ هَذِهِ الإِفَادَةَ بِتَقْدِيمِهِ وَتَأْخِيرِهِ حَسُنَ ذَلِكَ فِيهِ عَلَى حَسَبِ الْمَعْنَيَيْنِ.

وَمَثَّلَ الْمُسْتَقَرَّ بِقَوْلِهِ: (مَا كَانَ فِيهَا أَحَدٌ خَيْرٌ مِنْكَ)، وَاللَّغْوَ بِقَوْلِهِ: (مَا كَانَ أَحَدٌ خَيْرًا مِنْكَ فِيهَا)، ثُمَّ قَالَ: - يَعْنِي: سِيبَوَيْهِ -: (وَأَهْلُ الْجَفَاءِ يَقْرَؤُونَ: **"وَلَمْ يَكُنْ لَهُ كُفُوًا أَحَدٌ"** [الإخلاص:٤]، وَهَذَا الْكَلَامُ غَيْرُ سَدِيدٍ، فَإِنَّهُ إِنْ كَانَ اعْتِرَاضًا صَحِيحًا، فَلَا يَنْدَفِعُ بِأَنَّ أَهْلَ الْجَفَاءِ يَقْرَؤُونَ خِلَافَهُ؛ لِأَنَّ أَهْلَ الإِجْمَاعِ يَقْرَؤُونَهُ عَلَى خِلَافِ ذَلِكَ، وَالْمُعْتَمَدُ عَلَيْهِ لَا عَلَى مَا نُقِلَ آحَادًا إِنْ صَحَّ النَّقْلُ فِيهِ، وَإِنْ لَمْ يَكُنِ اعْتِرَاضًا لَازِمًا، فَيُجَابُ بِمَا يَدْفَعُهُ، وَيُبَيَّنُ بِهِ أَنَّهُ غَيْرُ لَازِمٍ.

وَأَوْلَى مَا يُقَالُ فِيهِ بَعْدَ تَسْلِيمِ الْقَاعِدَةِ الأُولَى، وَهِيَ تَقْدِيمُ غَيْرِ الْفَضْلَةِ وَتَأْخِيرُ الْفَضْلَةِ: أَنَّهُ عَرَضَ هَاهُنَا مَانِعٌ يَمْنَعُ مِنْ حُكْمِ الْقَاعِدَةِ الْمُتَقَدِّمَةِ، وَهُوَ الاهْتِمَامُ بِتَنَاسُبِ الْفَوَاصِلِ؛ لِأَنَّهُ لَوْ أُخِّرَ لَتَغَيَّرَتِ الْفَوَاصِلُ، وَأَمْرُهَا أَهَمُّ مِنْ تَأْخِيرِ اللَّغْوِ، فَوَجَبَ لِأَجْلِ صِحَّةِ الْفَوَاصِلِ تَقْدِيمُهُ وَإِنْ كَانَ لَغْوًا، فَإِنْ وَرَدَ أَنَّهُ يُمْكِنُ أَنْ يُقَدَّمَ عَلَى مَا يُصَحِّحُ الْفَوَاصِلَ لَا عَلَيْهَا جَمِيعًا، فَيَحْتَاجُ إِلَى جَوَابٍ فِي تَقْدِيمِهِ عَلَيْهِمَا جَمِيعًا، وَإِذَا كَانَ أَصْلُهُ التَّأْخِيرَ، وَإِنَّمَا قُدِّمَ لِتَصْحِيحِ الْفَوَاصِلِ، فَمَا وَجَبَ لِأَمْرٍ يُقَدَّرُ بِقَدْرِهِ، فَكَانَ تَقْدِيمُهُ عَلَى

الاسْمِ يُغْنِي عَنْ تَقْدِيمِهِ عَلَيْهِمَا جَمِيعًا، وَلَعَلَّ سِيبَوَيْهِ إِنَّمَا قَصَدَ إِلَى الإِجَابَةِ عَنْ هَذَا الاعْتِرَاضِ خَاصَّةً، وَالَّذِي يَدُلُّ عَلَيْهِ أَنَّهُ مُقَدَّمٌ أَيْضًا عَلَى مَا ذُكِرَ أَنَّهَا قِرَاءَةُ أَهْلِ الْجَفَاءِ، فَكَأَنَّ أَمْرَ الْفَوَاصِلِ ظَاهِرٌ فِي عِلَّةِ تَقْدِيمِهِ عَلَى (أَحَدٍ)، وَلَوْ قُدِّرَ أَنَّهُ قَصَدَ ذَلِكَ، فَالْجَوَابُ أَيْضًا غَيْرُ سَدِيدٍ؛ لِمَا تَقَدَّمَ مِنَ الْقِرَاءَةِ الْعَامَّةِ.

وَالْجَوَابُ السَّدِيدُ أَنْ يُقَالَ: إِنَّمَا قُدِّمَ عَلَيْهِمَا جَمِيعًا؛ لأَنَّهُ لَمَّا وَجَبَ تَقْدِيمُهُ عَلَى (أَحَدٍ) كُرِهَ الْفَصْلُ بَيْنَ الْجُزْأَيْنِ اللَّذَيْنِ هُمَا مُسْنَدٌ وَمُسْنَدٌ إِلَيْهِ، فَقُدِّمَ عَلَيْهِمَا جَمِيعًا لِذَلِكَ، فَهَذَا أَوْلَى مِمَّا ذَكَرَهُ مِنْ قِرَاءَةِ أَهْلِ الْجَفَاءِ، فَإِنَّ قِرَاءَةَ أَهْلِ الْجَفَاءِ لا تَنْفَعُ فِي دَفْعِ اعْتِرَاضٍ وَقَعَ عَلَى قِرَاءَةِ أَهْلِ الإِجْمَاعِ.

قَالَ: وَمِنْ أَصْنَافِ الْفِعْلِ أَفْعَالُ الْمُقَارَبَةِ

قَالَ صَاحِبُ الْكِتَابِ: (مِنْهَا عَسَى، وَلَهَا مَذْهَبَانِ) إِلَى آخِرِهِ.

قَالَ الشَّيْخُ: هِيَ أَفْعَالٌ وُضِعَتْ لِدُنُوِّ الْخَبَرِ رَجَاءً، أَوْ حُصُولاً، أَوْ أَخْذًا فِيهِ، فَالأَوَّلُ: عَسَى، وَالثَّانِي: كَادَ وَأَوْشَكَ، وَالثَّالِثُ: بَقِيَّتُهَا كَـ (جَعَلَ، وَأَخَذَ)، وَلَمَّا كَانَتْ (عَسَى) لِلرَّجَاءِ دَخَلَهَا مَعْنَى الإِنْشَاءِ؛ فَلَمْ تَتَصَرَّفْ، بَلْ لَزِمَتْ مَعْنًى وَاحِدًا؛ لأَنَّ تَصَرُّفَهَا يُنَافِي مَعْنَى الإِنْشَاءِ؛ لأَنَّهَا إِذَا تَصَرَّفَتْ دَلَّتْ عَلَى الْخَبَرِ فِيمَا مَضَى، وَفِي الْحَالِ، وَفِي الْمُسْتَقْبَلِ، وَذَلِكَ مُنَاقِضٌ لِمَعْنَى الإِنْشَاءِ، إِذْ لا يَسْتَقِيمُ أَنْ يَكُونَ لِمَاضٍ وَلا لِمُسْتَقْبَلٍ، وَأَيْضًا فَإِنَّ الْخَبَرَ مَا يَحْتَمِلُ الصِّدْقَ وَالْكَذِبَ، وَالإِنْشَاءُ بِخِلافِهِ، فَلا يَسْتَقِيمُ الْجَمْعُ بَيْنَهُمَا.

قَوْلُهُ: (وَلَهَا مَذْهَبَانِ).

يَعْنِي: فِي الاسْتِعْمَالِ بِاعْتِبَارِ الظَّاهِرِ، أَحَدُهُمَا: أَنْ تَأْتِيَ لَهَا بِاسْمٍ وَخَبَرٍ، وَخَبَرُهَا يُشْتَرَطُ أَنْ يَكُونَ (أَنْ) مَعَ الْفِعْلِ، وَإِنْ كَانَ أَصْلَهُ عِنْدَهُمُ الاسْمُ، وَإِنَّمَا عُدِلَ إِلَى الْفِعْلِ تَنْبِيهًا عَلَى الدِّلالَةِ عَلَى مَا هُوَ الْمَقْصُودُ فِي الرَّجَاءِ، وَأُتِيَ بِـ (أَنْ) تَقْوِيَةً لِمَا يُفِيدُهُ الرَّجَاءُ مِنَ الاسْتِقْبَالِ فِي مُتَعَلَّقِهِ، فَلِذَلِكَ عَدَلُوا عَنِ الاسْمِ إِلَى الْفِعْلِ، وَشَبَّهَهَا فِي هَذَا الاسْتِعْمَالِ بِقَوْلِهِمْ: (قَارَبَ زَيْدٌ الْخُرُوجَ)، تَحْقِيقًا لِقَضِيَّةِ الإِعْرَابِ، وَإِلا فَلَيْسَ فِي (قَارَبَ زَيْدٌ الْخُرُوجَ) مَعْنَى رَجَاءٍ وَلا إِنْشَاءٍ، وَإِنَّمَا هُوَ تَمْثِيلٌ تَقْدِيرًا لِتَحْقِيقِ الإِعْرَابِ اللَّفْظِيِّ، كَأَنَّ أَصْلَهَا ذَاكَ، ثُمَّ دَخَلَهَا مَعْنَى الإِنْشَاءِ وَالرَّجَاءِ، كَمَا يُقَالُ فِي (مَا أَحْسَنَ زَيْدًا): إِنَّ مَعْنَاهُ فِي الأَصْلِ: شَيْءٌ حَسَّنَ زَيْدًا.

وَالْمَذْهَبُ الثَّانِي: أَنْ تُسْتَعْمَلَ دَاخِلَةً عَلَى أَنْ وَالْفِعْلِ خَاصَّةً مُسْتَغْنًى بِذَلِكَ عَنِ اسْمٍ قَبْلَهَا، وَهَذَا الاسْتِعْمَالُ فِي الاسْتِغْنَاءِ بِأَنْ وَالْفِعْلِ عَنِ الْجُزْأَيْنِ كَاسْتِغْنَائِهِمْ فِي (ظَنَنْتُ أَنْ يَقُومَ زَيْدٌ) عَنِ الْجُزْأَيْنِ جَمِيعًا، وَسِرُّهُ اشْتِمَالُ ذَلِكَ عَلَى مُسْنَدٍ وَمُسْنَدٍ إِلَيْهِ، وَهُوَ الْمَقْصُودُ بِهَذِهِ الأَفْعَالِ، فَلَمَّا كَانَ ذَلِكَ مَوْجُودًا اسْتُغْنِيَ بِهِ عَنْ ذِكْرِ الْجُمْلَةِ مُحَقَّقَةً، أَلا تَرَى أَنَّ مَعْنَى قَوْلِكَ: (ظَنَنْتُ أَنْ يَقُومَ زَيْدٌ): ظَنَنْتُ زَيْدًا يَقُومُ، وَمَعْنَى قَوْلِكَ: (عَسَى أَنْ يَقُومَ زَيْدٌ): عَسَى زَيْدٌ أَنْ يَقُومَ، فَلَمَّا كَانَ بِمَعْنَاهُ اسْتُغْنِيَ عَنِ الأَصْلِ لِذَلِكَ.

قَالَ: (وَمِنْهَا كَادَ).

وَهِيَ مَوْضُوعَةٌ لِمُقَارَبَةِ الْخَبَرِ عَلَى سَبِيلِ حُصُولِ الْقُرْبِ لا عَلَى رَجَائِهِ، وَهُوَ خَبَرٌ مَحْضٌ بِقُرْبِ خَبَرِهَا، فَلِذَلِكَ جَاءَتْ مُتَصَرِّفَةً تَصَرُّفَ الأَفْعَالِ.

(وَخَبَرُهَا مَشْرُوطٌ فِيهِ أَنْ يَكُونَ فِعلا مُضَارِعًا).

تَنْبِيهًا عَلَى أَنَّهُ الْمَقْصُودُ بِالْقُرْبِ، وَدِلالَةً عَلَى مَعْنَى الْحَالِ عَلَى وَجْهِ تَأْكِيدِ الْقُرْبِ، فَقَالَ: (كَادَ زَيْدٌ يَخرُجُ) لِذَلِكَ.

(وَقَدْ شُبِّهَ عَسَى بِكَادَ). لَمَّا كَانَتْ (كَادَ، وَعَسَى) مُشْتَرِكَتَيْنِ فِي أَصْلِ مَعْنَى الْمُقَارَبَةِ، وَإِنِ اخْتَلَفَتَا فِي وُجُوهِ الْمُقَارَبَةِ حُمِلَتْ كُلُّ وَاحِدَةٍ مِنْهُمَا عَلَى صَاحِبَتِهَا تَشَبُّهًا بِهَا وَمُشَارَكَتِهَا لَهَا فِي أَصْلِ مَعْنَاهَا، كَمَا قَالُوا: (لا أَبَا لِزَيْدٍ)؛ لِمُشَارَكَتِهِ لِلْمُضَافِ فِي أَصْلِ مَعْنَاهُ، فَدَخَلَتْ لِذَلِكَ (أَنْ) فِي (كَادَ) وَحُذِفَتْ مِنْ (عَسَى).

قَالَ: (وَلِلْعَرَبِ فِي عَسَى ثَلاثَةُ مَذَاهِبَ).

ثُمَّ ذَكَرَ أَحَدَ الْمَذْهَبَيْنِ الأَوَّلَيْنِ، وَدُخُولَهَا عَلَى الْمُضْمَرِ بِاعْتِبَارِ الْمَذْهَبِ الأَوَّلِ فِي احْتِيَاجِهَا إِلَى اسْمٍ وَخَبَرٍ، فَإِنْ قَصَدَ إِلَى اسْتِعْمَالِهَا بِالنِّسْبَةِ إِلَى الْمُضْمَرِ وَالظَّاهِرِ جَمِيعًا فَهِيَ أَرْبَعَةٌ: (عَسَيْتُ)، و(عَسَانِي أَنْ أَفْعَلَ)، وَهَذَانِ وَجْهَانِ فِي الْمُضْمَرِ بِاعْتِبَارِ الْوَجْهِ الأَوَّلِ لِلظَّاهِرِ، وَالْوَجْهَانِ الآخَرَانِ: (عَسَى زَيْدٌ أَنْ يَفْعَلَ)، و(عَسَى أَنْ يَفْعَلَ زَيْدٌ)، وَإِنْ قَصَدَ إِلَى اسْتِعْمَالِهَا بِالنِّسْبَةِ إِلَى الْمُضْمَرِ، فَهُوَ وَجْهَانِ:

أَحَدُهُمَا: عَسَيْتُ، إِلَى آخِرِهَا، وَالآخَرُ: عَسَاكَ، إِلَى آخِرِهَا، وَيَسْقُطُ الْوَجْهَانِ الأَوَّلانِ؛ لأَنَّ أَحَدَهُمَا هُوَ الَّذِي وَقَعَ هَذَا الْمُضْمَرُ مَوْقِعَهُ، وَالآخَرُ لا يَسْتَقِيمُ أَنْ يَكُونَ مُضْمَرًا؛ لأَنَّهُ (أَنْ) وَالْفِعْلُ لَفْظًا، فَلا يَسْتَقِيمُ تَغْيِيرُهُ، وَالظَّاهِرُ أَنَّهُ قَصَدَ اسْتِعْمَالَهَا مَعَ الْمُضْمَرِ خَاصَّةً بِاعْتِبَارِ الْوَجْهَيْنِ الأَوَّلَيْنِ، فَجَعَلَ فِي الْوَجْهِ الأَوَّلِ وَجْهَيْنِ: عَسَيْتُ وَعَسَانِي إِلَى آخِرِهِمَا عَلَى مَا ذَكَرَ فِي الْمُضْمَرَاتِ، وَجَعَلَ فِي الثَّانِي وَجْهًا وَاحِدًا

بِاعْتِبَارِ فَاعِلِ الْفِعْلِ بَعْدَ (أَنْ)، وَلَيْسَ ذَلِكَ مِنْ أَحْكَامِ (عَسَى)، وَإِنَّمَا ذَلِكَ قِيَاسُ إِضْمَارِ الأَسْمَاءِ، فَلَمْ يَكُنْ لِذِكْرِهِ مَعَ (عَسَى) وَجْهٌ.

وَأَمَّا (كَادَ) فَلَمْ يَأْتِ إلا عَلَى نَحْوٍ وَاحِدٍ، وَهُوَ قِيَاسُ الأَفْعَالِ فِي الظَّاهِرِ وَالْمُضْمَرِ، وَقَدْ ضَمَّ بَعْضُهُمْ فَاءَهَا مَعَ الْمُضْمَرِ، كَقَوْلِكَ: (كُدْتُ)، كَأَنَّهُ جَعَلَهَا مِنَ الْوَاوِ، وَلَيْسَ بِالْقَوِيِّ، وَالْفَصْلُ بَيْنَ (عَسَى) و(كَادَ) وَاضِحٌ مِنْ قَوْلِهِ، وَقَدْ تَقَدَّمَ مَا يُرْشِدُ إِلَيْهِ.

قَالَ: (وَقَوْلُهُ تَعَالَى: "**إِذَا أَخْرَجَ يَدَهُ لَمْ يَكَدْ يَرَاهَا**" [النور:٤٠]).

قَالَ الشَّيْخُ: اخْتَلَفَ النَّاسُ فِي (كَادَ)، فَقَالَ بَعْضُهُمْ: هِيَ فِي الإِثْبَاتِ نَفْيٌ، وَفِي النَّفْيِ إِثْبَاتٌ، وَتَمَسَّكُوا فِي الإِثْبَاتِ بِأَنَّكَ إِذَا قُلْتَ: (كَادَ زَيْدٌ يَخْرُجُ)، فَالْخُرُوجُ غَيْرُ حَاصِلٍ، فَهَذَا مَعْنَى كَوْنِهَا نَفْيًا فِي الإِثْبَاتِ، وَتَمَسَّكُوا فِي النَّفْيِ بِمِثْلِ قَوْلِهِ تَعَالَى: "**وَمَا كَادُوا يَفْعَلُونَ**" [البقرة:٧١]، وَمَعْلُومٌ أَنَّهُمْ فَعَلُوا، وَبِقَوْلِهِ:

إِذَا غَيَّرَ النَّأْيُ الْمُحِبِّينَ لَمْ يَكَدْ ... رَسِيسُ الْهَوَى مِنْ حُبِّ مَيَّةَ يَبْرَحُ

عَلَى مَا سَيَأْتِي، وَهَذَا مَعْنَى الإِثْبَاتِ فِي النَّفْيِ، وَهَذَا مَذْهَبٌ فَاسِدٌ، فَإِنَّ قَوْلَهُ: (كَادَ زَيْدٌ يَخْرُجُ)، مَعْنَاهُ: إِثْبَاتُ مُقَارَبَةِ الْخُرُوجِ، وَهَذَا مَعْنًى مُثْبَتٌ، وَأَخْذُ النَّفْيِ لِلْخُرُوجِ لَيْسَ مِنْ مَوْضُوعِهِ، وَإِنَّمَا هُوَ مِنْ قَضِيَّةٍ عَقْلِيَّةٍ، وَهُوَ أَنَّ الشَّيْءَ إِذَا كَانَ مَحْكُومًا عَلَيْهِ بِقُرْبِ الْوُجُودِ عُلِمَ أَنَّهُ غَيْرُ مَوْجُودٍ، وَأَمَّا مَدْلُولُ (كَادَ) فَمُثْبَتٌ، وَهُوَ قُرْبُ الْخُرُوجِ، وَلَوْ صَحَّ أَنْ يُقَالَ فِي مِثْلِ ذَلِكَ: إِنَّهُ نَفْيٌ لَصَحَّ أَنْ يُقَالَ فِي قَوْلِكَ: (قَرُبَ خُرُوجُ زَيْدٍ): إِنَّهُ مَوْضُوعٌ لِلنَّفْيِ، وَهَذَا غَيْرُ مُسْتَقِيمٍ مَعْلُومٌ فَسَادُهُ، وَأَمَّا الْكَلامُ عَلَى النَّفْيِ فَسَيَأْتِي عَلَى الْفَرِيقِ الآخَرِ.

وَالْمَذْهَبُ الثَّانِي: أَنَّهُ فِي الإِثْبَاتِ إِثْبَاتٌ وَفِي النَّفْيِ نَفْيٌ؛ وَالْمَذْهَبُ الثَّالِثُ: أَنَّهُ فِي الإِثْبَاتِ إِثْبَاتٌ، وَفِي النَّفْيِ لِلْمَاضِي إِثْبَاتٌ، وَفِي الْمُسْتَقْبَلِ عَلَى قِيَاسِ الأَفْعَالِ، وَتَمَسَّكَ هَؤُلاءِ فِي النَّفْيِ فِي الْمَاضِي بِقَوْلِهِ تَعَالَى: "**وَمَا كَادُوا يَفْعَلُونَ**" [البقرة:٧١]، وَقَدْ فَعَلُوا، وَلَمْ يَسْتَمِرَّ لَهُمْ أَنْ يَقُولُوا مِثْلَهُ فِي النَّفْيِ عَلَى الْمُسْتَقْبَلِ لِمَا رَأَوْهُ مِنْ قَوْلِهِ تَعَالَى: "**إِذَا أَخْرَجَ يَدَهُ لَمْ يَكَدْ يَرَاهَا**" [النور:٤٠]، وَالْمَعْنَى فِيهِ: نَفْيُ مُقَارَبَةِ الرُّؤْيَةِ، فَلَوْ قَالُوا بِإِثْبَاتِ الرُّؤْيَةِ لَفَسَدَ الْمَعْنَى، وَمَا ذَكَرُوهُ فِي نَفْيِ الْمَاضِي فَغَيْرُ مُسْتَقِيمٍ؛ لأَنَّا نَعْلَمُ مِنْ قِيَاسِ لُغَتِهِمْ أَنَّ الْمُثْبَتَ إِذَا دَخَلَ عَلَيْهِ النَّفْيُ انْتَفَى، فَإِذَا قُلْتَ: (قَرُبَ خُرُوجُ زَيْدٍ) كَانَ مَعْنَاهُ: إِثْبَاتُ قُرْبِ الْخُرُوجِ، فَإِذَا قُلْتَ: مَا قَرُبَ خُرُوجُ زَيْدٍ. كَانَ مَعْنَاهُ: نَفْيَ قُرْبِ الْخُرُوجِ، وَهَذَا مَعْلُومٌ مِنْ لُغَتِهِمْ، فَيَجِبُ رَدُّ قَوْلِهِ تَعَالَى: "**وَمَا كَادُوا يَفْعَلُونَ**" [البقرة:

٧١] إلَيهِ، فَيَكُونُ الْمَعْنَى: وَمَا قَارَبُوا الْفِعلَ قَبْلَ أَنْ يَفعَلُوا لِمَا دَلَّ عَلَيْهِ سِّيَاقُ الآيَةِ مِنْ تَعَنُّتِهِمْ وَاسْتِفْسَارِهِمْ فِيمَا لا يُحْتَاجُ فِيهِ إِلَى التَّفْسِيرِ، وَلا يُؤْخَذُ وَقُوعُ الذَّبْحِ مِنْ قَوْلِهِ تَعَالَى: "وَمَا كَادُوا يَفْعَلُونَ" [البقرة:٧١]، وَإِنَّمَا يُؤْخَذُ مِنْ قَوْلِهِ تَعَالَى: "فَذَبَحُوهَا" [البقرة:٧١].

هَذَا هُوَ الْوَجْهُ الَّذِي يَنْبَغِي حَمْلُ الآيَةِ عَلَيْهِ وَمَا كَانَ مِثْلَهَا، جَرْيًا عَلَى الْقَاعِدَةِ الْمَعْلُومَةِ مِنْ كَلامِهِمْ، وَقَدْ وَافَقُوا فِي دُخُولِ النَّفْيِ عَلَى الْمُسْتَقْبَلِ أَنَّهُ يَكُونُ مَعْنَاهُ: نَفيَ الْقُرْبِ عَلَى قِيَاسِ الأفْعَالِ، وَلا فَرْقَ فِي قِيَاسِ لُغَةِ الْعَرَبِ فِي دُخُولِ النَّفْيِ عَلَى الْمَاضِي أَوْ عَلَى الْمُسْتَقْبَلِ، فَثَبَتَ بِذَلِكَ أَنَّ الْمَذْهَبَ الصَّحِيحَ جَرْيُ (كَادَ) مَجْرَى الأَفْعَالِ فِي الإِثْبَاتِ وَالنَّفْيِ، فَإِذَا قِيلَ: (كَادَ زَيْدٌ يَفْعَلُ)، فَمَعْنَاهُ: إِثْبَاتُ قُرْبِ ذَلِكَ الْفِعْلِ، وَإِذَا قِيلَ: (مَا كَادَ زَيْدٌ يَفْعَلُ)، كَانَ نَفْيَ قُرْبِ ذَلِكَ الْفِعْلِ، فَصَارَ فِي (كَادَ) ثَلاثَةُ مَذَاهِبَ: الْمَذْهَبُ الْحَقُّ جَرْيُهُ عَلَى قِيَاسِ الأفْعَالِ، وَالْمَذْهَبُ الثَّانِي: مُخَالَفَتُهُ لِلأفعَالِ فِي الإِثْبَاتِ وَالنَّفْيِ جَمِيعًا، وَالْمَذْهَبُ الثَّالِثُ: مُخَالَفَتُهُ فِي النَّفْيِ لِلْمَاضِي، وَجَرْيُهُ عَلَى قِيَاسِ الأفْعَالِ فِي غَيْرِ ذَلِكَ، وَبَيْتُ ذِي الرُّمَّةِ الَّذِي هُوَ:

إِذَا غَيَّرَ الْهَجْرُ الْمُحِبِّينَ لَمْ يَكَدْ رَسِيسُ الْهَوَى مِنْ حُبِّ مَيَّةَ يَبْرَحُ

عَلَى نَفْيِ مُقَارَبَةِ الزَّوَالِ، وَهُوَ أَبْلَغُ مِنْ نَفْيِ الزَّوَالِ، كَقَوْلِهِ تَعَالَى: "إِذَا أَخْرَجَ يَدَهُ" [النور:٤٠] سَوَاءٌ عَلَى مَا ذُكِرَ.

وَالتَّمَسُّكُ بِهِ فِي أَنَّ مَعْنَاهُ: الإِثْبَاتُ، ضَعِيفٌ، وَمُسْتَنَدُهُ مَا رَوَاهُ بَعْضُ الرُّوَاةِ مِنْ أَنَّ ذَا الرُّمَّةِ لَمَّا أَنْشَدَ هَذَا الْبَيْتَ، قِيلَ لَهُ: أَقْرَرْتَ بِزَوَالِ الْحُبِّ، وَذَلِكَ إِنَّمَا أَخَذُوهُ مِنْ قَوْلِهِ تَعَالَى: "لَمْ يَكَدْ يَرَاهَا" [النور:٤٠]، فَلَوْلا أَنَّ مَعْنَاهَا فِي النَّفْيِ إِثْبَاتٌ لَمْ يَكُنْ لأَخْذِهِمْ عَلَيْهِ مَعْنًى، وَالصَّوَابُ مَا قَدَّمْنَاهُ، وَهَذَا غَيْرُ مَرْوِيٍّ عَمَّنْ يُؤْبَهُ بِهِ بِوَجْهٍ صَحِيحٍ، ثُمَّ وَلَو قُدِّرَ رِوَايَتُهُ بِوَجْهٍ صَحِيحٍ، فَهُوَ عَمَّنْ يَرَى هَذَا الْمَذْهَبَ الْفَاسِدَ، وَالرَّدُّ عَلَيْهِمْ كَالرَّدِّ عَلَى مَنْ يَرَاهُ الأَوَّلُ.

(وَمِنْهَا أَوْشَكَ يُسْتَعْمَلُ اسْتِعْمَالَ عَسَى فِي مَذْهَبَيْهَا).

يَعْنِي: نَاقِصَةً، كَمَا تَقُولُ: (عَسَى زَيْدٌ أَنْ يَقُومَ)، وَتَامَّةً كَمَا تَقُولُ: (أَوْشَكَ أَنْ يَقُومَ زَيْدٌ).

(وَاسْتِعْمَالَ كَادَ)، وَلَمْ يُرِدْ أَنَّهَا بِمَعْنَى: عَسَى، وَبِمَعْنَى: كَادَ؛ لأَنَّ (أَوْشَكَ) لَيْسَ فِيهِ مَعْنَى رَجَاءٍ وَلا إِنْشَاءٍ، وَإِنَّمَا مَعْنَاهَا مَعْنَى (كَادَ) فِي إِثْبَاتِ قُرْبِ الْحُصُولِ، وَإِنَّمَا

اسْتُعْمِلَتْ لَفْظًا اسْتِعْمَالَ الْبَابَيْنِ لِمُشَارَكَتِهَا لَهُمَا فِي أَصْلِ الْبَابِ، فَأُجْرِيَتْ مُجْرَاهُمَا جَمِيعًا فِي الِاسْتِعْمَالِ، وَالْقِيَاسُ اسْتِعْمَالُهَا اسْتِعْمَالَ (كَادَ) لِمُوَافَقَتِهَا لَهَا فِي الْمَعْنَى لِوُجُودِ الْمُقَارَبَةِ.

وَمِنْهَا (جَعَلَ) وَأَخَوَاتُهَا، وَهَذِهِ مَعْنَاهَا: دُنُوُّ خَبَرِهَا عَلَى مَعْنَى الْأَخْذِ فِيهِ وَالشُّرُوعِ، فَهِيَ مُخَالِفَةٌ لِـ (عَسَى) لِانْتِفَاءِ مَعْنَى الْإِنْشَاءِ وَالرَّجَاءِ، وَمُخَالِفَةٌ لِـ (كَادَ) لِحُصُولِ الشُّرُوعِ فِيمَا أَخْبَرَتْ بِهِ مَعَهَا، وَلَيْسَ فِي (كَادَ) شُرُوعٌ، وَالْجَمِيعُ مِنْ بَابٍ وَاحِدٍ بِاعْتِبَارِ أَصْلِ الْمُقَارَبَةِ، وَلَمْ تُسْتَعْمَلْ هَذِهِ الْأَفْعَالُ إِلَّا بِالْفِعْلِ الْمُضَارِعِ مُجَرَّدًا عَنْ (أَنْ)؛ لِأَنَّ خَبَرَهَا مُحَقَّقٌ فِي الْحَالِ أَكْثَرَ مِنَ الْخَبَرِ فِي (كَادَ)، وَإِذَا كَانَ اسْتِعْمَالُ (كَادَ) بِفِعْلِ الْحَالِ فَهَذَا أَجْدَرُ، وَمِنْ ثَمَّ لَمْ يَجُزِ الْإِتْيَانُ بِـ (أَنْ) عَلَى حَالٍ بِخِلَافِ (كَادَ)؛ لِأَنَّهُ فِي (كَادَ) يَصِحُّ تَقْدِيرُهُ مُسْتَقْبَلًا عَلَى وَجْهٍ، فَصَحَّ دُخُولُ (أَنْ) لِذَلِكَ، وَهَاهُنَا لَا وَجْهَ لِتَقْدِيرِهِ مُسْتَقْبَلًا؛ لِكَوْنِهِ مَشْرُوعًا فِيهِ، فَقَدْ تَحَقَّقَ فِيهِ مَعْنَى الْحَالِ، فَلَمْ يَكُنْ لِدُخُولِ (أَنْ) وَجْهٌ، وَاللَّهُ أَعْلَمُ.

وَمِنْ أَصْنَافِ الْفِعْلِ فِعْلَا الْمَدْحِ وَالذَّمِّ

قَالَ صَاحِبُ الْكِتَابِ: (وُضِعَا لِلْمَدْحِ الْعَامِّ وَالذَّمِّ الْعَامِّ) [١].

قَالَ الشَّيْخُ: الْمُرَادُ بِأَفْعَالِ الْمَدْحِ وَالذَّمِّ عِنْدَ النَّحْوِيِّينَ: أَفْعَالٌ وُضِعَتْ لِإِنْشَاءِ مَدْحٍ أَوْ ذَمٍّ، لَا كُلُّ فِعْلٍ قُصِدَ بِهِ مَدْحٌ أَوْ ذَمٌّ، وَإِنْ صَحَّ إِطْلَاقُ الْمَدْحِ وَالذَّمِّ عَلَيْهَا، إِلَّا أَنَّ التَّبْوِيبَ لِمَا ذَكَرْنَاهُ مِنَ الْإِنْشَاءِ، وَلِذَلِكَ لَمْ يَكُنْ (شَرَّفَ، وَفَخُمَ، وَعَظُمَ)، وَمَا أَشْبَهَهَا مِنْ أَفْعَالِ الْمَدْحِ الْمُرَادَةِ هَاهُنَا؛ إِذْ لَا إِنْشَاءَ فِيهَا.

وَقَوْلُهُ: (لِلْمَدْحِ الْعَامِّ).

---

[١] أفعال المدح هي "نعْمَ وحبّ وحبّذا". وأفعال الذمّ هي "بئس وساء ولا حبّذا".
وهي أفعال لإنشاء المدح أو الذم فجُملها إنشائيةٌ غير طلبية، لا خبرية، ولا بُدَّ لها من مخصوص بالمدح أو الذم.
(فإذا قلت "نعم الرجل خالد، وبئس الرجل فلان". فالمخصوص بالمدح هو (خالد)، والمخصوص بالذم هو (زيد).
وهي غير محتاجة إلى التصرف، للزومها أسلوبًا واحدًا في التعبير، لأنها تدل على الحدث المتطلب للزمان، حتى تحتاج إلى التصرف بحسب الأزمنة. فمعنى المدح والذم لا يختلف باختلاف الزمان).

يَعْنِي: لِمَدْحٍ لا خُصُوصِيَّةَ فِيهِ؛ لأنَّكَ إذَا قُلْتَ: (نِعْمَ الرَّجُلُ زَيْدٌ)، فَقَدْ مَدَحْتَهُ مُطْلَقًا مِنْ غَيْرِ تَعْيِينِ خَصْلَةٍ مُعَيَّنَةٍ مَدَحْتَهُ لَهَا، فَهَذَا مَعْنَى قَوْلِهِ: (لِلْمَدْحِ الْعَامِّ)، وَكَذَلِكَ الذَّمُّ.

وَقَوْلُهُ: (وَفِيهِمَا أَرْبَعُ لُغَاتٍ).

الظَّاهِرُ: أَنَّهُ أَرَادَ (فِيهِمَا) فِي الأَصْلِ قَبْلَ نَقْلِهِمَا إِلَى مَعْنَى الإِنْشَاءِ؛ إِذْ لَمْ يُسْمَعْ (نِعْمَ الرَّجُلُ زَيْدٌ).

فَإِنْ قِيلَ: فَقَدْ جَاءَ (نِعِمَّا) و(نِعْمَا) وَهِيَ الَّتِي لِلإِنْشَاءِ؟

فَالْجَوَابُ: أَنَّهُ عَرَضَ ثَمَّ عَارِضٌ أَوْجَبَ تَحْرِيكَ الْعَيْنِ وَهُوَ سُكُونُ الْمِيمِ، فَلا يَلْزَمُ مِنَ الْعُدُولِ إِلَى الأَصْلِ فِي الْمَوْضِعِ الَّذِي تَعَذَّرَ فِيهِ اللَّفْظُ الْمُنْتَقَلُ إِلَيْهِ الْعُدُولُ إِلَى الأَصْلِ فِي الْمَوْضِعِ الَّذِي لا تَعَذُّرَ فِيهِ، وَالَّذِي يَدُلُّ عَلَى ذَلِكَ أَنَّ حَبَّذَا أَصْلُهُ حَبَّ وَحُبَّ بِالْفَتْحِ وَالضَّمِّ جَمِيعًا قَبْلَ النَّقْلِ، وَبَعْدَ النَّقْلِ الْتُزِمَ الْفَتْحُ، وَلَمْ يَجُزِ الضَّمُّ، وَهَذَا كَذَلِكَ.

وَهَذِهِ الأَفْعَالُ امْتَازَتْ بِأُمُورٍ:

مِنْهَا أَنَّ فَاعِلَهَا لا يَكُونُ إلا أَحَدَ ثَلاثَةِ أَشْيَاءَ: إِمَّا مُعَرَّفًا بِاللامِ، وَإِمَّا مُضَافًا إِلَى الْمُعَرَّفِ، وَإِمَّا مُضْمَرًا مُمَيَّزًا بِنَكِرَةٍ مَنْصُوبَةٍ، وَإِنَّمَا كَانَ كَذَلِكَ مِنْ جِهَةِ أَنَّهُمْ قَصَدُوا إِبْهَامَ الْمَمْدُوحِ أَوَّلا ثُمَّ تَفْسِيرَهُ، فَلِذَلِكَ أَتَوْا بِهِ عَلَى هَذِهِ الصِّفَةِ.

وَوَجْهُ الإِبْهَامِ فِيمَا فِيهِ الأَلِفُ وَاللامُ أَنَّهُ قُصِدَ إِلَى مَعْهُودٍ فِي الذِّهْنِ غَيْرِ مُعَيَّنٍ فِي الْوُجُودِ، كَقَوْلِكَ: (ادْخُلِ السُّوقَ)، وَإِنْ لَمْ يَكُنْ بَيْنَكَ وَبَيْنَ مُخَاطَبِكَ سُوقٌ مَعْهُودٌ فِي الْوُجُودِ، وَهَذَا التَّعْرِيفُ بِاللامِ نَحْوُ: التَّعْرِيفِ الَّذِي ذَكَرْنَاهُ فِي بَابِ أُسَامَةَ، وَإِنِ اخْتَلَفَتْ جِهَاتُ التَّعْرِيفِ، وَإِذَا كَانَ كَذَلِكَ ثَبَتَ فِيهِ إِبْهَامٌ بِاعْتِبَارِ الْوُجُودِ، فَالْوَجْهُ الَّذِي حُكِمَ بِتَعْرِيفِهِ غَيْرُ الْوَجْهِ الَّذِي حُكِمَ بِإِبْهَامِهِ، وَوِزَانُهُ فِي الإِبْهَامِ وَالتَّعْرِيفِ قَوْلُكَ: (قَتَلَ فُلانًا أُسَامَةُ)، فَإِنَّ أُسَامَةَ هَاهُنَا وَإِنْ كَانَ مَعْرِفَةً بِاعْتِبَارِ الذِّهْنِ، إلا أَنَّهُ نَكِرَةٌ بِاعْتِبَارِ الْوُجُودِ، وَلِهَذَا الْمَعْنَى ظَنَّ بَعْضُ النَّحْوِيِّينَ أَنَّهُ مَوْضُوعٌ لِلْجِنْسِ بِكَمَالِهِ، يَعْنِي: الْمُعَرَّفَ بِاللامِ، كَمَا ظَنَّ بَعْضُهُمْ أَنَّ أُسَامَةَ مَوْضُوعٌ لِلْجِنْسِ بِكَمَالِهِ، وَهَذَا خَطَأٌ مَحْضٌ فِي الْبَابَيْنِ جَمِيعًا، أَلا تَرَى أَنَّكَ إِذَا قُلْتَ: (نِعْمَ الرَّجُلُ) لَمْ تُرِدْ جَمِيعَ الرِّجَالِ، هَذَا مَقْطُوعٌ بِهِ فِي قَصْدِ الْمُتَكَلِّمِ، وَلِذَلِكَ وَجَبَ أَنْ يَكُونَ الْمُفَسِّرُ لَهُ مُطَابِقًا، وَوَجَبَ إِذَا قُصِدَ التَّثْنِيَةُ أَنْ يُثَنَّى، وَلَوْ كَانَ عَلَى مَا زَعَمُوا لَوَجَبَ أَنْ يُطَابِقَ بِجَمِيعِ الْجِنْسِ، وَأَنْ لا يُثَنَّى وَأَنْ لا يُجْمَعَ؛ لأَنَّ أَسْمَاءَ الأَجْنَاسِ لا تُثَنَّى وَلا تُجْمَعُ إِذَا قُصِدَ بِهَا الْجِنْسُ.

فَإِنْ زَعَمُوا أَنَّ الْمَخْصُوصَ بِالْمَدْحِ مَرْفُوعٌ عَلَى الابْتِدَاءِ فِي الأَصْلِ، و(نِعْمَ الرَّجُلُ)

خَبَرُهُ، وَالْجُمْلَةُ إِذَا وَقَعَتْ خَبَرًا فَلَا بُدَّ مِنْ ضَمِيرٍ يَعُودُ عَلَيْهِ، أَوْ مَا يَقُومُ مَقَامَهُ، وَمَا لَمْ يُقَدَّرْ هَذَا الْفَاعِلُ اسْمَ جِنْسٍ لَمْ يَصِحَّ؛ لِعَدَمِ الضَّمِيرِ أَوْ مَا يَقُومُ مَقَامَهُ؟

فَالْجَوَابُ: أَنَّ هَذِهِ الشُّبْهَةَ لَا تُعَارِضُ الْأُمُورَ الْقَطْعِيَّةَ، وَمَا ذَكَرْنَاهُ مَقْطُوعٌ بِهِ، وَأَيْضًا فَمَا ذَكَرْتُمُوهُ إِنَّمَا هُوَ أَحَدُ احْتِمَالَيْنِ فِي الْإِعْرَابِ، فَإِنْ تَعَذَّرَ أَحَدُهُمَا تَعَيَّنَ الْآخَرُ، وَمَا ذَكَرْنَاهُ مُتَعَيِّنٌ، وَهُوَ أَنْ يَكُونَ زَيْدٌ مُبْتَدَأً، وَالْجُمْلَةُ قَبْلَهُ خَبَرًا، وَأَيْضًا فَإِنَّا مُتَّفِقُونَ عَلَى صِحَّةِ (نِعْمَ رَجُلًا زَيْدٌ)، وَزَيْدٌ يَحْتَمِلُ أَنْ يَكُونَ مُبْتَدَأً كَمَا زَعَمْتُمْ، وَخَبَرُهُ (نِعْمَ)، وَلَا يَصِحُّ أَنْ يُقَالَ: الضَّمِيرُ عَائِدٌ عَلَى زَيْدٍ؛ لِأَنَّهُ يَجِبُ أَنْ لَا يَكُونَ عَائِدًا عَلَى مُتَقَدِّمٍ، وَإِلَّا وَرَدَ (نِعْمَ رَجُلَيْنِ الزَّيْدَانِ)، و(نِعْمَ رِجَالًا الزَّيْدُونَ)، وَأَيْضًا فَإِنَّهُ كَانَ يَفُوتُ الْإِبْهَامُ الَّذِي هُوَ مَقْصُودٌ فِي غَرَضِ هَذَا الْبَابِ. فَإِنْ زَعَمُوا أَنَّ الْأَصْلَ كَانَ كَذَلِكَ، فَلَمَّا نُقِلَ إِلَى مَعْنَى الْإِنْشَاءِ جُعِلَ الضَّمِيرُ مُبْهَمًا، ثُمَّ فُسِّرَ، فَلَا بُعْدَ أَنْ يُقَالَ فِيمَا نَحْنُ فِيهِ كَذَلِكَ، بِأَنْ تَكُونَ الْأَلِفُ وَاللَّامُ لِلْعَهْدِ فِي (نِعْمَ الرَّجُلُ) ثُمَّ لَمَّا أُرِيدَ الْإِنْشَاءُ صَارَ لِلْجِنْسِ، فَإِنَّا لَا نُنْكِرُ أَنْ يَكُونَ الْأَصْلُ كَذَلِكَ ثُمَّ غُيِّرَ، وَإِنَّمَا الْكَلَامُ فِي مَدْلُولِهِ فِي حَالِ اسْتِعْمَالِهِ لِلْإِنْشَاءِ، وَالتَّحْقِيقُ فِي جَوَابِ شُبْهَتِهِمْ أَمْرَانِ:

أَحَدُهُمَا: أَنَّ الْأَصْلَ أَنْ يَكُونَ الرَّجُلُ لِزَيْدٍ الْمَذْكُورِ مُضْمَرًا عَائِدًا عَلَيْهِ، فَاسْتُعْمِلَ تَارَةً مُضْمَرًا وَتَارَةً مُظْهَرًا، وَحَصَلَ الْإِبْهَامُ بِتَأْخِيرِ الْمُفَسِّرِ عَنْهُ.

وَالْآخَرُ: أَنَّهُمْ لَمَّا قَصَدُوا إِلَى مَقْصُودٍ مَعْهُودٍ فِي الذِّهْنِ كَانَ كَاسْمِ الْجِنْسِ الَّذِي لَهُ شُمُولٌ فِي الْمَعْنَى، فَكَمَا يَصِحُّ أَنْ يَقُومَ اسْمُ الْجِنْسِ مَقَامَ الضَّمِيرِ صَحَّ أَنْ يُقَامَ الِاسْمُ بِاعْتِبَارِ الْمَعْقُولِ فِي الذِّهْنِ مُقَامَ الضَّمِيرِ؛ لِأَنَّهُ مُنْدَرِجٌ تَحْتَهُ مَا يُقَدَّرُ مِنْ آحَادِهِ فِي الْمَعْنَى، فَإِنْ قَصَدُوا بِقَوْلِهِمْ: اسْمُ جِنْسٍ هَذَا الْمَعْنَى فَهُوَ مُسْتَقِيمٌ، وَإِنْ قَصَدُوا تَحْقِيقَ وَضْعِهِ لِلْجُمْلَةِ عَلَى التَّفْصِيلِ فَهُوَ مَرْدُودٌ بِمَا تَقَدَّمَ.

وَالْكَلَامُ فِي الْمُضَافِ إِلَى مَا فِيهِ الْأَلِفُ وَاللَّامُ وَفِي الْمُضْمَرِ كَذَلِكَ، وَقَدْ أَلْحَقَ بَعْضُهُمُ الْمَوْصُولَ كَـ (مَنْ، وَمَا) فِي صِحَّةِ وُقُوعِهِ فَاعِلًا لِهَذِهِ الْأَفْعَالِ بِمَا فِيهِ الْأَلِفُ وَاللَّامُ، وَحُمِلَ عَلَيْهِ قَوْلُهُ تَعَالَى: "بِئْسَمَا اشْتَرَوْا بِهِ أَنْفُسَهُمْ" [البقرة:٩٠] وَنَظَائِرُهُ، وَلَا بُعْدَ فِي ذَلِكَ، وَيَجُوزُ أَنْ يَكُونَ الْفَاعِلُ فِي مِثْلِ ذَلِكَ مُضْمَرًا، وَتَكُونَ (مَا) هِيَ التَّمْيِيزَ مَوْصُوفَةً بِاشْتَرَوْا، و(أَنْ تَكْفُرُوا) الْمَخْصُوصُ بِالذَّمِّ عَلَى الْقَوْلَيْنِ، وَلَا بُعْدَ فِي الْآخَرِ.

وَمِنْهَا: أَنَّهُ لَا بُدَّ مِنْ أَنْ يَكُونَ بَعْدَ الْفِعْلِ وَالْفَاعِلِ اسْمٌ مَرْفُوعٌ، هُوَ الْمَخْصُوصُ بِالْمَدْحِ أَوِ الذَّمِّ؛ لِأَنَّ وَضْعَهَا عَلَى الْإِبْهَامِ أَوَّلًا، ثُمَّ التَّفْسِيرُ، فَوَجَبَ لِذَلِكَ ذِكْرُ

الْمَخْصُوصِ؛ لأنَّهُ التَّفْسِيرُ لِلْمُبْهَمِ أَوّلا، فَلَوْ قُطِعَ عَنْهُ لَكَانَ خُرُوجًا بِهَا عَنْ مَوْضُوعِهَا، وَهُوَ غَيْرُ مُسْتَقِيمٍ، وَفَائِدَةُ الإِبْهَامِ ثُمَّ التَّفْسِيرِ: أَنَّ الشَّيْءَ إِذَا أُبْهِمَ ثُمَّ فُسِّرَ كَانَ أَوْقَعَ فِي النَّفْسِ لِمَا جَبَلَ اللَّهُ تَعَالَى النُّفُوسَ عَلَيْهِ مِنَ التَّشَوُّقِ إِلَى مَعْرِفَةِ مَا قُصِدَ إِبْهَامُهُ؛ وَلأنَّهُ إِذَا ذُكِرَ كَذَلِكَ كَانَ مَذْكُورًا مَرَّتَيْنِ، وَالْمَذْكُورُ مَرَّتَيْنِ أَبْلَغُ مِنَ الْمَذْكُورِ مَرَّةً وَاحِدَةً.

قَالَ: (وَقَدْ يُجْمَعُ بَيْنَ الْفَاعِلِ الظَّاهِرِ وَبَيْنَ الْمُمَيِّزِ تَأْكِيدًا).

لأنَّهُ قَدْ يُسْتَغْنَى عَنْهُ، فَلِذَلِكَ كَانَ تَأْكِيدًا، وَلا بُعْدَ فِي الإِتْيَانِ بِالتَّمْيِيزِ، وَإِنْ كَانَ فِي الْكَلامِ مَا يَدُلُّ عَلَيْهِ، كَقَوْلِهِ تَعَالَى: "ذَرْعُهَا سَبْعُونَ ذِرَاعًا" [الحاقة:٣٢]، وَيُمْكِنُ أَنْ يُقَالَ: إِنَّ التَّمْيِيزَ فِي مِثْلِ ذَلِكَ بَعِيدٌ؛ لأنَّهُ مُشَبَّهٌ بِقَوْلِكَ: (عِنْدِي قَمْحٌ قَمْحًا)؛ لأنَّ قَوْلَكَ: (نِعْمَ الرَّجُلُ رَجُلا) كَذَلِكَ، بِخِلافِ قَوْلِهِ تَعَالَى: "ذَرْعُهَا سَبْعُونَ ذِرَاعًا"، فَإِنَّ ذِرَاعًا هَاهُنَا تَمْيِيزٌ لِمَا لَيْسَتْ فِيهِ دِلالَةٌ عَلَى ذِرَاعٍ، وَإِنَّمَا أُخِذَتْ مِنْ دَلِيلٍ مِنْ خَارِجٍ، بِخِلافِ قَوْلِكَ: (نِعْمَ الرَّجُلُ رَجُلا)، وَمِنْ أَجْلِ ذَلِكَ مَنَعَهُ بَعْضُهُمْ، وَجَعَلَ قَوْلَهُ: (زَادًا) فِي الْبَيْتِ مَفْعُولا بِـ (تَزَوَّدْ):

تَزَوَّدْ مِثْلَ زَادِ أَبِيكَ فِينَا ... فَنِعْمَ الزَّادُ زَادُ أَبِيكَ زَادًا

كَأَنَّهُ قَالَ: تَزَوَّدْ زَادًا مِثْلَ زَادِ أَبِيكَ، فَنِعْمَ الزَّادُ زَادُ أَبِيكَ، وَلَكِنَّهُ قَدَّمَ وَأَخَّرَ.

وَقَوْلُهُ تَعَالَى: "فَنِعِمَّا هِيَ" [البقرة:٢٧١]، أَوْرَدَهَا لإِشْكَالِهَا، وَإِلا فَهِيَ مُنْدَرِجَةٌ فِي عُمُومِ مَا ذَكَرَهُ، وَتَبْيِينُهَا مَا ذَكَرَهُ، وَهُوَ أَنَّ الْفَاعِلَ مُضْمَرٌ، و(مَا) مُمَيِّزٌ، و(هِيَ) الْمَخْصُوصُ بِالْمَدْحِ.

وَأَمَّا قَوْلُهُ تَعَالَى: "إِنَّ اللَّهَ نِعِمَّا يَعِظُكُمْ بِهِ" [النساء:٥٨]، فَهَذِهِ يُحْتَمَلُ أَنْ تَكُونَ مِثْلَهَا، إِلا أَنَّ (مَا) تَكُونُ مَوْصُوفَةً، فَكَانَ التَّقْدِيرُ: إِنَّ اللَّهَ نِعْمَ الشَّيْءُ شَيْئًا يَعِظُكُمْ بِهِ، فَتَكُونُ (مَا) تَمْيِيزًا، و(يَعِظُكُمْ بِهِ) صِفَةً لَهُ، وَيُحْتَمَلُ أَنْ تَكُونَ (مَا) مَوْصُولَةً فَاعِلا عَلَى قَوْلِ مَنْ جَوَّزَ ذَلِكَ فِي مِثْلِ "بِئْسَمَا اشْتَرَوْا بِهِ" [البقرة:٩٠]، فَيَجْرِي فِيهِ الْقَوْلانِ الْجَارِيَانِ فِي مِثْلِ "بِئْسَمَا اشْتَرَوْا بِهِ"، إِلا أَنَّ الْمَخْصُوصَ فِي (بِئْسَ مَا اشْتَرَوا بِهِ) مَذْكُورٌ، وَهُوَ (أَنْ يَكْفُرُوا)، وَالْمَخْصُوصُ هَاهُنَا مَحْذُوفٌ لِلْعِلْمِ بِهِ، وَتَقْدِيرُهُ: إِنَّ اللَّهَ نِعِمَّا يَعِظُكُمْ بِهِ ذَلِكَ، وَهُوَ أَدَاءُ الأَمَانَةِ، وَالْحُكْمُ بِالْعَدْلِ.

(وَفِي ارْتِفَاعِ الْمَخْصُوصِ بِالْمَدْحِ مَذْهَبَانِ: أَحَدُهُمَا: أَنْ يَكُونَ مُبْتَدَأً خَبَرُهُ مَا تَقَدَّمَ مِنَ الْجُمْلَةِ).

وَقَدْ تَقَدَّمَ الْكَلامُ عَلَى ذَلِكَ، وَبَيَانُ أَنَّهُ الْحَامِلُ لِمَنْ زَعَمَ أَنَّهُ اسْمُ جِنْسٍ،

وَإِيضَاحُ ذَلِكَ.

(وَالثَّانِي: أَنْ يَكُونَ خَبَرَ مُبْتَدَأٍ).

كَأَنَّهُ لَمَّا تَقَدَّمَ ذِكْرُ الْفَاعِلِ مُبْهَمًا قُدِّرَ سُؤَالٌ عَنْهُ، وَأُجِيبَ بِقَوْلِهِ: هُوَ زَيْدٌ، ثُمَّ اسْتُعْمِلَ عَلَى هَذَا النَّحْوِ فِي هَذَا الْمَعْنَى الْمَقْصُودِ، فَصَارَتْ فِي حُكْمِ جُمْلَةٍ وَاحِدَةٍ؛ لِعُرُوضِ هَذَا الْمَعْنَى الْمَقْصُودِ فِيهَا، وَهَذَا الثَّانِي أَوْلَى مِنْ وَجْهَيْنِ: لَفْظًا وَمَعْنًى؛ أَمَّا اللَّفْظُ فَلأَنَّ الْمُبْتَدَأَ إِذَا كَانَ خَبَرُهُ فِعلا، فَالْوَجْهُ أَنْ لا يَتَقَدَّمَ عَلَيْهِ، وَفِي جَعْلِ ذَلِكَ كَذَلِكَ خُرُوجٌ عَنْ هَذِهِ الْقَاعِدَةِ، وَهُوَ بَعِيدٌ.

وَالآخَرُ: أَنَّهُ إِذَا وَقَعَ خَبَرُ الْمُبْتَدَأِ جُمْلَةً، فَلا بُدَّ مِنْ ضَمِيرٍ، وَلا ضَمِيرَ، وَمَا تَوَهَّمُوهُ مِنْ أَنَّ الرَّجُلَ لِلْجِنْسِ قَدْ تَقَدَّمَ فَسَادُهُ، وَلَوْ جُوِّزَ لَكَانَ وُقُوعُ الْجِنْسِ مَوْقِعَ الضَّمِيرِ شَاذًّا قَلِيلا أَيْضًا.

وَمِنْ حَيْثُ الْمَعْنَى: هُوَ أَنَّ الإِبْهَامَ يُنَاسِبُ التَّفْسِيرَ، وَإِذَا جُعِلَ زَيْدٌ خَبَرَ مُبْتَدَأٍ كَانَ التَّفْسِيرُ فِيهِ مُحَقَّقًا، وَهُوَ الْمَفْهُومُ مِنْهُ، وَإِذَا جُعِلَ مُبْتَدَأً لَمْ يَكُنْ ذَلِكَ مُحَقَّقًا، فَظَهَرَ أَنَّ الْوَجْهَ هُوَ الثَّانِي.

وَأَمَّا مَا يَلْزَمُ مِنْ أَنَّ فِيهِ حَذْفًا لِلْمُبْتَدَأِ، فَذَلِكَ كَثِيرٌ شَائِعٌ لا شُذُوذَ فِيهِ وَلا بُعْدَ، فَلَمْ يُقَابِلْهُ أَمْرٌ مِمَّا تَقَدَّمَ.

(وَقَدْ يُحْذَفُ الْمَخْصُوصُ إِذَا كَانَ مَعْلُومًا، كَقَوْلِهِ تَعَالَى: "نِعْمَ الْعَبْدُ" [ص:٣٠]؛ أَيْ: نِعْمَ الْعَبْدُ هُوَ، وَهُوَ ضَمِيرُ أَيُّوبَ، وَهُوَ عَلَى هَذَا الْوَجْهِ الثَّانِي خَبَرُ مُبْتَدَإٍ مَحْذُوفٍ؛ أَيْ: هُوَ هُوَ، وَكَذَلِكَ كُلُّ مَا أَتَى مِنْ نَحْوِ قَوْلِهِ تَعَالَى: "نِعِمَّا يَعِظُكُمْ بِهِ" [النساء:٥٨]، وَلَيْسَ ذَلِكَ مِنْ قَبِيلِ (أَنَا أَنَا)، و(شِعْرِي شِعْرِي)، وَإِنَّمَا ذَلِكَ مِنْ نَحْوِ: (زَيْدٌ أَخُوكَ) وَأَشْبَاهِهِ، أَلا تَرَى أَنَّ الضَّمِيرَ الأَوَّلَ فِي قَوْلِكَ: (هُوَ هُوَ) يَعُودُ عَلَى الْعَبْدِ الْمَوْضُوعِ مُبْهَمًا، و(هُوَ) الثَّانِي الْمَخْصُوصُ بِالْمَدْحِ يَعُودُ عَلَى (أَيُّوبَ)، فَكَأَنَّكَ قُلْتَ: الْعَبْدُ الْمَذْكُورُ أَيُّوبُ، فَظَهَرَ أَنَّهُ مِنْ نَحْوِ قَوْلِكَ: (زَيدٌ أَخُوكَ) وَشِبْهِهِ، وَهَذَا وَاضِحٌ.

قَالَ: (وَيُؤَنَّثُ الْفِعْلُ، وَيُثَنَّى الاسْمَانِ وَيُجْمَعَانِ).

إِنَّمَا ذَكَرَ ذَلِكَ؛ لِيُعْلَمَ أَنَّ هَذَا الْفِعْلَ يَجُوزُ فِيهِ مَا يَجُوزُ فِي الأَفْعَالِ مِنْ إِلْحَاقِ الْعَلامَةِ فِي الْمُؤَنَّثِ وَامْتِيَازِهِ بِجَوَازِ حَذْفِهَا، وَإِنْ كَانَ مُؤَنَّثًا حَقِيقِيًّا بِخِلافِ غَيْرِهِ مِنَ الْفِعْلِ؛ لأَنَّهُ غَيْرُ مُتَصَرِّفٍ، فَأَشْبَهَ الْحُرُوفَ فَجَرَى مَجْرَاهَا فِي تَرْكِ إِلْحَاقِ الْعَلامَةِ، وَكُلُّ ذَلِكَ سَائِغٌ.

وَأَمَّا مَا ذَكَرَهُ لِلتَّثْنِيَةِ وَالْجَمْعِ، فَلِرَفْعِ إِبْهَامِ عَمَّنْ يَظُنُّ أَنَّهُ اسْمُ جِنْسٍ، فَيَتَوَهَّمُ أَنَّهُ لا يُثَنَّى وَلا يُجْمَعُ، أَوْ عَمَّنْ يَظُنُّ أَنَّهُ لَمَّا كَانَ الإِنْشَاءُ فِي الْمَدْحِ يَلْزَمُ فَاعِلُهُ طَرِيقَةً وَاحِدَةً كَمَا فِي (حَبَّذَا)، وَكَمَا فِي الضَّمِيرِ فِيهِ نَفْسِهِ.

وَقَوْلُهُ: (هَذِهِ الدَّارُ نِعْمَتِ الْبَلَدُ).

فَأَلْحَقُوا الْعَلامَةَ بِـ (نِعْمَ) وَإِنْ كَانَ الْفَاعِلُ الْبَلَدَ؛ لأَنَّهُ قَدْ عُلِمَ أَنَّهُ قُصِدَ إِلَى تَفْسِيرِهَا بِالدَّارِ، إِذْ التَّقْدِيرُ: نِعْمَتِ الْبَلَدُ هِيَ، فَلَمَّا كَانَ كَذَلِكَ جَازَ إِلْحَاقُ الْعَلامَةِ، وَشَبَّهَهُ بِقَوْلِهِ: (مَنَ كَانَتْ أُمُّكَ)، فِي كَوْنِهِ أَنَّثَ الضَّمِيرَ فِي (كَانَتْ) مَعَ كَوْنِهِ لِمُذَكَّرٍ، وَهُوَ (مَنْ) لَمَّا كَانَ فِي الْمَعْنَى هُوَ الأُمَّ، فَالتَّأْنِيثُ فِي (كَانَتْ) وَإِنْ كَانَ الْفَاعِلُ مُذَكَّرًا لَمَّا كَانَ لِمُؤَنَّثٍ مَذْكُورٍ فِي الْمَعْنَى، كَالتَّأْنِيثِ فِي (نِعْمَتْ) وَإِنْ كَانَ لِمُذَكَّرٍ لَمَّا كَانَ لِمُؤَنَّثٍ مَذْكُورٍ فِي الْمَعْنَى، وَكَذَلِكَ الْبَيْتُ فِي قَوْلِهِ:

.... نِعْمَتْ زَوْرَقُ الْبَلَدِ

أَنَّثَ وَإِنْ كَانَ الْفَاعِلُ مُذَكَّرًا لَمَّا كَانَتْ لِمُؤَنَّثٍ مَذْكُورٍ فِي الْمَعْنَى، وَهُوَ قَوْلُهُ: (أَوْ حُرَّةٌ عَيْطَلٌ).

قَالَ: (وَمِنْ حَقِّ الْمَخْصُوصِ أَنْ يُجَانِسَ الْفَاعِلَ).

لأَنَّهُ فِي الْمَعْنَى تَفْسِيرٌ، وَإِذَا كَانَ تَفْسِيرًا لَهُ وَجَبَتْ مُطَابَقَتُهُ لَهُ، وَهَذَا يُوَضِّحُ لَكَ الرَّدَّ عَلَى مَنْ قَالَ: إِنَّهُ لِلْجِنْسِ، ثُمَّ أَوْرَدَ اعْتِرَاضًا عَلَى ذَلِكَ، وَهُوَ قَوْلُهُ تَعَالَى: "**سَاءَ مَثَلا الْقَوْمُ الَّذِينَ كَذَّبُوا**" [الأعراف:١٧٧] الآيَةِ، وَذَلِكَ أَنَّ الْفَاعِلَ هَاهُنَا مُضْمَرٌ مُفَسَّرٌ بِمَثَلٍ، فَيَكُونُ التَّقْدِيرُ: سَاءَ الْمَثَلُ، وَقَدْ ذُكِرَ الْقَوْمُ، وَلَيْسَ هُوَ مُطَابِقًا لِلْمَثَلِ فِي الْمَعْنَى.

وَأَجَابَ عَنْهُ بِأَنَّهُ عَلَى حَذْفِ مُضَافٍ تَقْدِيرُهُ: سَاءَ مَثَلا مَثَلُ الْقَوْمِ، فَعَلَى ذَلِكَ يَكُونُ مُطَابِقًا، وَكَذَلِكَ أَوْرَدَ قَوْلَهُ تَعَالَى: "**بِئْسَ مَثَلُ الْقَوْمِ الَّذِينَ كَذَّبُوا**" [الجمعة:٥]، وَتَقْدِيرُ الاعْتِرَاضِ مِثْلُ الأَوَّلِ سَوَاءً.

وَأَجَابَ عَنْهُ بِأَمْرَيْنِ:

أَحَدُهُمَا: مِثْلُ مَا تَقَدَّمَ، وَهُوَ أَنْ يَكُونَ عَلَى حَذْفِ مُضَافٍ، كَأَنَّهُ قَالَ: بِئْسَ مَثَلُ الْقَوْمِ مَثَلُ الَّذِينَ كَذَّبُوا.

وَالآخَرُ: أَنْ يَكُونَ (الَّذِينَ كَذَّبُوا) صِفَةً لِلْقَوْمِ، وَيَكُونَ الْمَخْصُوصُ مَحْذُوفًا؛ أَيْ: بِئْسَ مَثَلُ الْقَوْمِ الْمُكَذِّبِينَ هُوَ، و(هُوَ) ضَمِيرُ الْمَثَلِ الْمُتَقَدِّمِ قَبْلَ (بِئْسَ) وَهُوَ قَوْلُهُ تَعَالَى:

"مَثَلُ الَّذِينَ حُمِّلُوا التَّوْرَاةَ" [الجمعة:٥] كَمَا تَقُولُ: (زَيْدٌ بِئْسَ الرَّجُلُ)؛ أَيْ: بِئْسَ الرَّجُلُ هُوَ، وَبِهَذَيْنِ التَّأْوِيلَيْنِ يَكُونُ الْمَخْصُوصُ مُطَابِقًا، فَيَسْتَقِيمُ الْمَعْنَى بِهِ.

قَالَ: (وَحَبَّذَا مِمَّا يُنَاسِبُ هَذَا الْبَابَ).

لِأَنَّهُ إِنْشَاءٌ لِلْمَدْحِ، فَهُوَ مِنَ الْبَابِ فِي التَّحْقِيقِ، وَإِنَّمَا ذُكِرَتْ عَلَى حِدَةٍ لِمَا خُصَّتْ بِهِ مِنْ أَحْكَامٍ لَفْظِيَّةٍ، وَهُوَ أَنَّ فَاعِلَهَا لَا يَكُونُ إِلَّا لَفْظَ (ذَا) بِخِلَافِ (نِعْمَ) و(بِئْسَ)، فَإِنَّ فَاعِلَهُمَا عَلَى مَا تَقَدَّمَ، وَإِنَّمَا خَصُّوا (ذَا)؛ لِأَنَّهُ مِنَ الْأَسْمَاءِ الْمُبْهَمَةِ، وَالْغَرَضُ الإِبْهَامُ، فَكَانَ مُنَاسِبًا لِلْمَعْنَى الْمَقْصُودِ، وَاخْتَصَّتْ دُونَ أَخَوَاتِهَا؛ لِأَنَّهَا اللَّفْظُ السَّابِقُ؛ لِأَنَّهُ مُذَكَّرٌ مُفْرَدٌ، وَالْمُذَكَّرُ الْمُفْرَدُ هُوَ السَّابِقُ، وَمَا عَدَاهُ فَرْعٌ عَلَيْهِ عَلَى مَا تَقَدَّمَ فِي ذِكْرِ عِلَلِ مَنْعِ الصَّرْفِ، وَعُدِلَ عَنْ ضَمِّ الْفِعْلِ وَإِنْ كَانَ جَائِزًا فِي الْأَصْلِ عَلَى قَوْلٍ، وَوَاجِبًا عَلَى قَوْلٍ؛ لِأَنَّهُ لَمَّا نُقِلَ إِلَى مَعْنَى الإِنْشَاءِ جُعِلَ عَلَى صِيغَةٍ مَخْصُوصَةٍ تَنْبِيهًا عَلَى قَصْدِ النَّقْلِ عَمَّا كَانَ عَلَيْهِ فِيهِ.

وَمِنْهَا: أَنَّ تَمْيِيزَهَا غَيْرُ وَاجِبِ ذِكْرِهِ، بَلْ يَجُوزُ أَنْ تَقُولَ: (حَبَّذَا زَيْدٌ)، و(حَبَّذَا رَجُلًا زَيْدٌ).

وَمِنْهَا: أَنَّ الْمَخْصُوصَ إِذَا لَمْ يَكُنْ مُفْرَدًا مُذَكَّرًا كَانَ غَيْرَ مُطَابِقٍ لِلْفَاعِلِ فِي اللَّفْظِ، كَقَوْلِكَ: (حَبَّذَا الزَّيْدَانِ)، فَلِذَلِكَ جُعِلَتْ عَلَى حِدَةٍ.

وَأَصْلُهَا (حَبُبَ) مِنْ مِثْلِ قَوْلِهِ:

| فَقُلْتُ اقْتُلُوهَا عَنْكُمْ بِمِزَاجِهَا | وَحُبَّ بِهَا مَقْتُولَةً حِينَ تُقْتَلُ |

فَيَجُوزُ أَنْ يَكُونَ مِنْ (حَبَّ) الَّذِي أَصْلُهُ (حَبُبَ)، وَهُوَ الظَّاهِرُ؛ لِمُوَافَقَتِهِ لَهُ فِي اللَّفْظِ؛ وَيَجُوزُ أَنْ يَكُونَ مِنْ (حَبَّ) الَّذِي أَصْلُهُ (حَبِبَ) ثُمَّ غُيِّرَ، وَهَذَا أَبْعَدُ لِمَا فِيهِ مِنَ التَّغْيِيرِ مِنْ غَيْرِ حَاجَةٍ.

قَالَ: (وَهَذَا الاسْمُ فِي مِثْلِ إِبْهَامِ الضَّمِيرِ فِي نِعْمَ).

يَعْنِي: أَنَّهُ مُبْهَمٌ غَيْرُ مُرَادٍ بِهِ مُعَيَّنٌ، مِثْلُ إِبْهَامِ الضَّمِيرِ فِي (نِعْمَ).

قَالَ: (وَمِنْ ثَمَّ فُسِّرَ بِمَا فُسِّرَ بِهِ).

يَعْنِي: أَنَّهُ مُمَيَّزٌ بِنَكِرَةٍ تُبَيِّنُ جِنْسَهُ، كَمَا مُيِّزَ الضَّمِيرُ فِي (نِعْمَ) بِذَلِكَ، فَتَقُولُ: (حَبَّذَا رَجُلًا زَيْدٌ)، كَمَا تَقُولُ: (نِعْمَ رَجُلًا زَيْدٌ).

ثُمَّ قَالَ: (إِلَّا أَنَّ الظَّاهِرَ فُضِّلَ عَلَى الْمُضْمَرِ بِأَنِ اسْتَغْنَوْا مَعَهُ عَنِ الْمُفَسِّرِ، فَقِيلَ:

حَبَّذَا زَيْدٌ، وَلَمْ يَقُولُوا: نِعْم زَيْدٌ).

يَعْنِي بِالظَّاهِرِ: لَفْظَ (ذَا) فِي قَوْلِكَ: (حَبَّذَا) بِخِلافِ (نِعْمَ) إِذَا كَانَ الْفَاعِلُ مضمرًا، فَإِنَّهُ لَيْسَ فِي اللَّفْظِ مَا يُشْعِرُ بِالْفَاعِلِ، فَلَمَّا كَانَ الْفَاعِلُ لَفْظًا يَخْتَصُّ بِهِ اسْتُغْنِيَ عَنِ الْمُفَسِّرِ، وَلَمَّا لَمْ يَكُنْ فِي (نِعْمَ) لَفْظٌ مُخْتَصٌّ بِالْفَاعِلِ احْتِيجَ إِلَى الْمُفَسِّرِ.

ثُمَّ قَالَ: (وَلأَنَّهُ كَانَ لا يَنْفَصِلُ الْمَخْصُوصُ عَنِ الْفَاعِلِ فِي (نِعْمَ)، وَيَنْفَصِلُ فِي (حَبَّذَا).

هَذَا وَجْهٌ آخَرُ فِي وُجُوبِ ذِكْرِ التَّمْيِيزِ فِي (نِعْمَ)، وَجَوَازِ حَذْفِهِ فِي (حَبَّذَا)، يَعْنِي: أَنَّهُ لَوْ لَمْ يُفْعَلْ ذَلِكَ لالْتَبَسَ الْفَاعِلُ بِالْمَخْصُوصِ فِي (نِعْمَ)، بِخِلافِ (حَبَّذَا)، يُرِيدُ أَنَّهُ كَانَ يَلْتَبِسُ فِي كَثِيرٍ مِنَ الْمَوَاضِعِ لا فِي كُلِّ الْمَوَاضِعِ، وَبَيَانُ مَوْضِعِ الالْتِبَاسِ أَنَّكَ لَوْ قُلْتَ: (نِعْمَ السُّلْطَانُ) وَأَنْتَ تُرِيدُ: (نِعْمَ رَجُلا السُّلْطَانُ) لَمْ يُعْرَفْ هَلِ السُّلْطَانُ فَاعِلٌ، أَوْ مَخْصُوصٌ وَالْفَاعِلُ مُضْمَرٌ؟ وَفِي التَّصْرِيحِ بِقَوْلِكَ: (نِعْمَ رَجُلا السُّلْطَانُ) مَا يَتَعَيَّنُ بِهِ الْفَاعِلُ مِنَ الْمَخْصُوصِ، فَهَذَا وَشِبْهُهُ مَوَاضِعُ اللَّبْسِ، بِخِلافِ (حَبَّذَا)، فَإِنَّهُ مَعْلُومٌ أَنَّ فَاعِلَهُ (ذَا)، فَإِذَا ذُكِرَ بَعْدَهُ الاسْمُ الْمَخْصُوصُ تَعَيَّنَ لِذَلِكَ، وَلَمْ يَلْتَبِسْ بِالْفَاعِلِ أَبَدًا.

قَالَ: وَمِنْ أَصْنَافِ الْفِعْلِ فِعْلا التَّعَجُّبِ(١)

قَالَ الشَّيْخُ: التَّعَجُّبُ الَّذِي يَعْنِيهِ النَّحْوِيُّونَ هِيَ الأَلْفَاظُ الَّتِي تَدُلُّ عَلَى إِنْشَاءِ التَّعَجُّبِ، لا مَا يَدُلُّ عَلَى التَّعَجُّبِ، أَلا تَرَى أَنَّكَ لَوْ قُلْتَ: (تَعَجَّبْتُ مِنْ زَيْدٍ)، وَأَشْبَاهَهُ لَمْ يَكُنْ مِنْ بَابِ التَّعَجُّبِ الَّذِي يُبَوِّبُ لَهُ النَّحْوِيُّونَ، وَلَمْ يَحُدَّهُ اسْتِغْنَاءً بِذِكْرِ الصِّيغَةِ وَحَصْرِهَا فِي (مَا أَفْعَلَهُ) و(أَفْعِلْ بِهِ)، إِذِ الْمَقْصُودُ إِنَّمَا هُوَ الصِّيغَةُ، فَإِذَا انْحَصَرَتْ حَصَلَ الْمَقْصُودُ، إِلا أَنَّ ذِكْرَهَا بِاعْتِبَارِ الْمَعْنَى أَوَّلا هُوَ الأَوْلَى، ثُمَّ بَعْدَ ذَلِكَ يُذْكَرُ مَا هُوَ شَرْطٌ

---

(١) التَّعجُّبُ هو استعظامُ فعلِ فاعلٍ ظاهر المزية. كحديث "سُبحانَ اللهِ! المؤمن لا يَنجَسُ حيًّا ولا ميْتاً"، ونحو "للهِ دَرُّهُ فارساً! ولله أنت!" ونحو "يا لكَ من رجل! وحَسبُكَ بخالد رجلاً ونحو ذلك.
وكلُّ ذلك إنما يُفهمُ من قرينة الكلام، لا بأصل الوضع. والذي يُفهم التعجُّبَ بصيغته الموضوعةِ للتعجب، إنما هو "فعلا التعجب".
وهُما صيغتانِ للتعجب من الشيءِ ويكونان على وزن "ما أفعل" و"أفعلْ بِ" نحو "ما أحسنَ العِلم! وأقبِحْ بالجهل!".
وتُسمى الصيغةُ الأولى (فعل التعجب الأوّل)، والصيغةُ الثانية (فعل التعجبِ الثاني). وهما فعلان ماضيان. وقد جاءت الثانية منهما على صيغة الأمر، وليست بفعل أمرٍ.
ومَدلولُ كلا الفعلين واحدٌ، وهو إنشاءُ التعجُّب.

لَهَا بِاعْتِبَارِ اللَّفْظِ كَمَا يُفْعَلُ فِي سَائِرِ الْحُدُودِ النَّحْوِيَّةِ.

قَالَ: (وَهُمَا صِيغَتَانِ: مَا أَفْعَلَهُ، وَأَفْعِلْ بِهِ).

فَكَنَى بِأَفْعَلَ وَأَفْعِلْ عَنْ كُلِّ مَا يَصِحُّ أَنْ يُبْنَى عَلَيْهِمَا، وَكَنَى بِالضَّمِيرَيْنِ فِي الْمِثَالَيْنِ عَنْ كُلِّ مَا يُنْسَبُ إِلَيْهِ فِعْلُ التَّعَجُّبِ.

قَالَ: (وَلا يُبْنَيَانِ إلا مِمَّا يُبْنَى مِنْهُ أَفْعَلُ التَّفْضِيلِ).

قَدْ تَقَدَّمَ ذِكْرُ ذَلِكَ بِوُجُوهِهِ وَعِلَلِهِ، فَلا حَاجَةَ إِلَى إِعَادَتِهِ.

قَالَ: (إلا مَا شَذَّ مِنْ قَوْلِهِمْ: مَا أَشْهَاهَا، وَمَا أَمْقَتَهُ).

فَالشُّذُوذُ فِيهِمَا جَمِيعًا أَنَّهُ مِنَ الْمَفْعُولِ دُونَ الْفَاعِلِ، وَالْقِيَاسُ أَنْ يَكُونَ مِنَ الفَاعِلِ؛ لأَنَّهُ يُقَالُ: شَهِيتُ الطَّعَامَ، وَمَقَتُّ الرَّجُلَ، فَلا شُذُوذَ فِيهِ مِنْ هَذِهِ الْجِهَةِ، فَلَمْ يَكُنْ شُذُوذُهُ إلا بِمَا ذَكَرْنَاهُ.

وَأَمَّا (مَا أَوْلاهُ) فَشُذُوذُهُ أَنَّهُ اسْتُعْمِلَ مِنَ الرُّبَاعِيِّ بِالْهَمْزَةِ مِنْ قَوْلِكَ: أَوْلَيْتُهُ خَيْرًا، وَأَعْطَيْتُهُ كَذَا، وَلا يُقَالُ فِي هَذَا الْمَعْنَى: وَلِيَ وَلا أَعْطَى، وَلِذَلِكَ قَالَ: (لِلْمَعْرُوفِ) لِيُبَيِّنَ أَنَّهُ مِنْ قَوْلِكَ: (أَوْلَيْتُهُ الْمَعْرُوفَ)، لا مِنْ قَوْلِكَ: وَلِيَ؛ لأَنَّ ذَاكَ بِمَعْنًى آخَرَ.

وَاسْتَغْنَى فِي (أَعْطَى) بِمَا يُفْهَمُ مِنْ قَوْلِهِمْ: مَا أَعْطَاهُ؛ لأَنَّ الْمَعْنَى عَلَى الإِعْطَاءِ، وَبِمَا تَقَدَّمَ فِي مِثْلِهِ فِي أَفْعَلِ التَّفْضِيلِ مِنْ قَوْلِهِ: (أَعْطَاهُمْ لِلدِّينَارِ وَالدِّرْهَمِ)، وَذَلِكَ إِنَّمَا يَكُونُ مِنَ الإِعْطَاءِ.

قَالَ: (وَذَكَرَ سِيبَوَيْهِ أَنَّهُمْ لا يَقُولُونَ: مَا أَقْيَلَهُ؛ اسْتِغْنَاءً عَنْهُ بِـ (مَا أَشَدَّ قَائِلَتَهُ).

وَوَجْهُ ذَلِكَ أَنَّهُ كَثُرَ وُقُوعُ هَذَا الْمَعْنَى وَالتَّعْبِيرُ عَنْهُ بِـ (مَا أَكْثَرَ قَائِلَتَهُ)، فَلَوْ كَانَ (مَا أَقْيَلَهُ) جَارِيًا فِي كَلامِهِمْ عَلَى الْقِيَاسِ فِي هَذَا الْبَابِ؛ لَكَانَ وَاقِعًا فِي لُغَتِهِمْ، وَلَمَّا لَمْ يَقَعْ فِي لُغَتِهِمْ دَلَّ عَلَى أَنَّهُ مُسْتَثْنًى عِنْدَهُمْ، فَهَذِهِ طَرِيقُ سِيبَوَيْهِ فِي اسْتِثْنَاءِ (مَا أَقْيَلَهُ) مِنَ الْبَابِ، وَهَذَا جَارٍ فِي كُلِّ مَا يَأْتِي مِثْلُهُ.

ثُمَّ قَالَ: (وَمَعْنَى مَا أَكْرَمَ زَيْدًا: شَيْءٌ جَعَلَهُ كَرِيمًا)، إِلَى آخِرِهِ.

يُرِيدُ أَنَّ ذَلِكَ أَصْلُهُ قَبْلَ نَقْلِهِ إِلَى التَّعَجُّبِ، وَإِلا فَلَيْسَ مَعْنَاهُ بَعْدَ النَّقْلِ ذَلِكَ، وَهُوَ الَّذِي أَرَادَ بِقَوْلِهِ بَعْدَ ذَلِكَ: (إِلا أَنَّ هَذَا النَّقْلَ مِنْ كُلِّ فِعْلٍ خَلا مَا اسْتُثْنِيَ مِنْهُ مُخْتَصٌّ بِبَابِ التَّعَجُّبِ)، يُرِيدُ أَنَّ ذَلِكَ وَإِنْ كَانَ أَصْلُهُ لِتَصْحِيحِ الإِعْرَابِ فَهُوَ بِمَعْنَى التَّعَجُّبِ، ثُمَّ شَبَّهَهُ فِي أَصْلِهِ بِقَوْلِهِمْ: (أَمْرٌ أَقْعَدَهُ عَنِ الْخُرُوجِ)؛ لأَنَّهُ مِنْ بَابِ (شَرٌّ أَهَرَّ ذَا نَابٍ)، يَعْنِي: مَا أَقْعَدَهُ إلا أَمْرٌ، وَمَا أَهَرَّ ذَا نَابٍ إلا شَرٌّ، وَالْمُصَحِّحُ لِلابْتِدَاءِ بِالنَّكِرَةِ هُنَا كَوْنُهُ فِي

مَعْنَى كَلامٍ هُوَ فِيهِ فَاعِلٌ، وَلِذَلِكَ احْتَاجَ أَنْ يُشَبِّهَهُ بِأَمْرٍ فِي قَوْلِهِمْ: (أَمْرٌ أَقْعَدَهُ عَنِ الْخُرُوجِ)؛ لِيَصِحَّ الابْتِدَاءُ بِالنَّكِرَةِ.

وَكَانَ الأَوْلَى أَنْ يَذْكُرَ بَقِيَّةَ الْمَذَاهِبِ فِي الإِعْرَابِ فِي (مَا أَكْرَمَ زَيْدًا) هَاهُنَا، وَيَسْتَغْنِيَ عَنِ الْفَصْلِ الَّذِي بَعْدَ ذَلِكَ؛ لأَنَّهُ فِي الْحَقِيقَةِ تَتِمَّةٌ لَهُ، وَمَا ذَكَرَهُ هَاهُنَا أَحَدُ الْمَذَاهِبِ الثَّلاثَةِ، وَهُوَ مَذْهَبُ سِيبَوَيْهِ؛ لأَنَّهُ يَجْعَلُ (مَا) مُبْتَدَأً، وَمَا بَعْدَهُ جُمْلَةٌ فِي مَوْضِعِ الْخَبَرِ، وَهُوَ عَيْنُ مَا ذَكَرَهُ هَاهُنَا، ثُمَّ أَعَادَ ذَلِكَ فِي الْفَصْلِ الَّذِي يَلِيهِ، وَذَكَرَ مَعَهُ الْمَذْهَبَيْنِ الآخَرَيْنِ، وَلَيْسَ لِفَصْلِهِ مَعْنًى.

فَإِنْ زَعَمَ زَاعِمٌ أَنَّهُ تَكَلَّمَ هُنَا فِي الْمَعْنَى وَثَمَّةَ فِي الإِعْرَابِ، فَلَيْسَ بِمُسْتَقِيمٍ؛ لأَنَّ الْمَقْصُودَ إِنَّمَا هُوَ الإِعْرَابُ، وَالْمَعْنَى الأَصْلِيُّ أَمْرٌ تَقْدِيرِيٌّ، وَالإِعْرَابُ مَبْنِيٌّ عَلَيْهِ، فَهُوَ الْمَقْصُودُ.

وَالآخَرُ: أَنَّهُ قَدْ ذَكَرَ بَعْدَهُ (أَفْعِلْ بِهِ) وَاسْتَوْفَى عِنْدَ ذِكْرِهِ الأَصْلَ وَالإِعْرَابَ جَمِيعًا، وَالْكَلامُ عَلَى الْجَمِيعِ سَوَاءٌ.

قَالَ: (إلا أَنَّ هَذَا النَّقْلَ مِنْ كُلِّ فِعْلٍ خَلا مَا اسْتُثْنِيَ مِنْهُ).

يُرِيدُ بِـ (مَا اسْتُثْنِيَ مِنْهُ) مَا تَقَدَّمَ ذِكْرُهُ فِي أَفْعَلِ التَّفْضِيلِ عَلَى ذَلِكَ التَّفْصِيلِ.

(وَأَمَّا قَوْلُهُمْ: (أَكْرِمْ بِزَيْدٍ)، فَقِيلَ: أَصْلُهُ: (أَكْرَمَ زَيْدٌ).

عَلَى التَّفْصِيلِ الَّذِي ذَكَرَهُ، وَلا يَكُونُ عَلَى ذَلِكَ فِيهِ ضَمِيرٌ؛ لأَنَّ فَاعِلَهُ مَذْكُورٌ بَعْدَهُ.

قَالَ: (وَفِي هَذَا ضَرْبٌ مِنَ التَّعَسُّفِ).

لِمَا فِيهِ مِنْ مُخَالَفَةِ الْقِيَاسِ فِي وُجُوهٍ مُتَعَدِّدَةٍ.

مِنْهَا: اسْتِعْمَالُ الْهَمْزَةِ لِصَيْرُورَةِ الشَّيْءِ ذَا كَذَا فِي (أَكْرَمَ)، وَحَقُّهُ أَنْ يَتَعَدَّى الْفِعْلُ إِلَى مَفْعُولٍ وَاحِدٍ، لا إِلَى مَفْعُولَيْنِ.

وَمِنْهَا: نَقْلُ الْفِعْلِ عَنْ صِيغَةِ الْخَبَرِ إِلَى صِيغَةِ الأَمْرِ.

وَمِنْهَا: زِيَادَةُ الْبَاءِ عَلَى الْفَاعِلِ، وَكُلُّ ذَلِكَ خُرُوجٌ عَنِ الْقِيَاسِ.

ثُمَّ ذَكَرَ وَجْهَيْنِ لَيْسَ فِيهِمَا مَا فِي ذَلِكَ، وَإِنَّمَا فِيهِمَا اسْتِعْمَالُ الْهَمْزَةِ لِلتَّعَدِّي أَوْ لِلتَّصْيِيرِ، وَتَقْدِيرُ ذَلِكَ أَنْ يُقَالَ: إِنَّهُ أَمْرٌ فِي الأَصْلِ مِنْ (أَكْرَمْتُهُ)؛ أَيْ: جَعَلْتُهُ كَرِيمًا، وَالْبَاءُ مَزِيدَةٌ عَلَى الْمَفْعُولِ، وَفِيهِ عَلَى هَذَا ضَمِيرٌ، فَاسْتَعْمَلَ الْهَمْزَةَ لِلتَّعَدِّي وَهُوَ كَثِيرٌ، وَاسْتَعْمَلَ الْبَاءَ زَائِدَةً عَلَى الْمَفْعُولِ وَهُوَ كَثِيرٌ، وَاسْتَعْمَلَ صِيغَةَ الأَمْرِ لِلأَمْرِ وَهُوَ الْقِيَاسُ، ثُمَّ نُقِلَ إِلَى مَعْنَى التَّعَجُّبِ، كَمَا نُقِلَ عَلَى التَّقْدِيرِ الأَوَّلِ، فَلَمْ يَلْزَمْ فِيهِ ذَلِكَ التَّعَسُّفُ

الَّذِي فِي التَّقْدِيرِ الأَوَّلِ، وَإِنَّمَا يَلْزَمُ فِيهِ الإِضْمَارُ الَّذِي لَا يَتَغَيَّرُ، وَلَيْسَ بِمُسْتَبْعَدٍ، أَلَا تَرَى أَنَّ مِثْلَ هَذِهِ الصِّيغَةِ فِي بَابِ الإِنْشَاءِ لِلْمَدْحِ قَدْ جَرَى الضَّمِيرُ فِيهَا هَذَا الْمَجْرَى، فَلَمْ يُغَيَّرْ عَنْ لَفْظِ الْوَحْدَةِ فِي قَوْلِكَ: (نِعْمَ رَجُلًا)، وَ(نِعْمَ رَجُلَيْنِ)، وَ(نِعْمَ رِجَالًا)، فَكَذَلِكَ هَاهُنَا، وَقَدْ أَجَابَ بِقَوْلِهِ: إِنَّهُ (جَرَى مَجْرَى الْمَثَلِ، فَلَمْ يُغَيَّرْ عَنْ لَفْظِ الْوَحْدَةِ).

وَالْوَجْهُ الثَّانِي: أَنْ تَجْعَلَ الْهَمْزَةَ لِمَا جُعِلَتْ لَهُ فِي الْوَجْهِ الأَوَّلِ، وَهُوَ عَلَى الأَمْرِ أَيْضًا، كَأَنَّ أَصْلَهُ: أَكْرِمْ: أَيْ: صَيِّرْ ذَا كَرَمٍ، ثُمَّ عُدِّيَ بِالْبَاءِ، فَصَارَ الْفَاعِلُ فِيهِ مُصَيِّرًا غَيْرَهُ صَائِرًا ذَا كَرَمٍ، كَمَا تَقُولُ: قُمْتُ، فَتَكُونُ أَنْتَ الْقَائِمَ، ثُمَّ تَقُولُ: قُمْتُ بِزَيْدٍ، فَتَأْتِي بِالْبَاءِ لِلتَّعَدِّي، فَيَصِيرُ الدَّاخِلَةُ هِيَ عَلَيْهِ هُوَ الْفَاعِلَ لِذَلِكَ الْفِعْلِ قَبْلَ دُخُولِهَا، فَصَارَ مَعْنَى (أَكْرِمْ بِزَيْدٍ) فِي الأَصْلِ عَلَى هَذَا التَّأْوِيلِ: صَيِّرْ زَيْدًا صَائِرًا ذَا كَرَمٍ، فَأَفَادَ التَّصْيِيرُ فِيهِ مَجِيءَ الْبَاءِ لِلتَّعَدِّي؛ لِأَنَّ هَذَا الْمَعْنَى مُسْتَفَادٌ مِنْ بَاءِ التَّعَدِّي، وَأَمَّا كَوْنُهُ صَائِرًا ذَا كَذَا فَمُسْتَفَادٌ مِنَ الصِّيغَةِ الَّتِي هِيَ (أَكْرِمْ).

قَالَ: (وَاخْتَلَفُوا فِي (مَا)، فَهِيَ عِنْدَ سِيبَوَيْهِ)، إِلَى آخِرِهِ.

يُرِيدُ فِي الأَصْلِ، فَقَالَ سِيبَوَيْهِ: إِنَّهَا بِمَعْنَى: شَيْءٍ. مُبْتَدَأٌ مَا بَعْدَهُ خَبَرُهُ، كَمَا تَقَدَّمَ فِي أَوَّلِ الْفَصْلِ الَّذِي قَبْلَهُ، وَهُوَ الْوَجْهُ؛ إِذْ لَا يَلْزَمُ فِيهِ مَا يَلْزَمُ فِي غَيْرِهِ، وَهُوَ حَذْفُ الْخَبَرِ.

وَقَالَ الأَخْفَشُ: هِيَ مَوْصُولَةٌ، وَصِلَتُهَا مَا بَعْدَهَا، وَفِيهِ تَعَسُّفٌ؛ لِأَنَّهُ يَحْتَاجُ فِيهِ إِلَى تَقْدِيرِ خَبَرٍ مَحْذُوفٍ، وَنَحْنُ نَقْطَعُ بِاسْتِقْلَالِهِ كَلَامًا مِنْ غَيْرِ نَظَرٍ إِلَى مَحْذُوفٍ.

وَقَالَ قَوْمٌ: إِنَّهَا اسْتِفْهَامٌ مُبْتَدَأٌ، وَمَا بَعْدَهُ خَبَرُهُ، كَأَنَّ الأَصْلَ: أَيُّ شَيْءٍ حَسَّنَ زَيْدًا، وَلَيْسَ بِالْجَيِّدِ؛ لِأَنَّ صِيَغَ الِاسْتِفْهَامِ لَمْ يَثْبُتْ فِيهَا نَقْلٌ إِلَى إِنْشَاءٍ آخَرَ، بِخِلَافِ صِيَغِ الأَخْبَارِ، فَإِنَّهَا تُنْقَلُ إِلَى الإِنْشَاءَاتِ كَثِيرًا، فَثَبَتَ أَنَّ الْوَجْهَ مَا صَارَ إِلَيْهِ سِيبَوَيْهِ.

قَالَ: (وَلَا يُتَصَرَّفُ فِي الْجُمْلَةِ التَّعَجُّبِيَّةِ) إِلَى آخِرِهِ.

لِأَنَّهَا جَرَتْ كَالْمَثَلِ، وَالأَمْثَالُ لَا تُغَيَّرُ؛ أَوْ لِأَنَّهَا بِمَجْمُوعِهَا تَدُلُّ عَلَى إِنْشَاءِ التَّعَجُّبِ، فَلَزِمَتْ طَرِيقَةً وَاحِدَةً كَمَا لَزِمَتْ نِعْمَ وَبِئْسَ طَرِيقَةً وَاحِدَةً لِلإِنْشَاءِ.

قَالَ: (وَقَدْ أَجَازَ الْجَرْمِيُّ وَغَيْرُهُ الْفَصْلَ).

نَظَرًا إِلَى مَا وَرَدَ مِنْ قَوْلِهِمْ: (مَا أَحْسَنَ بِالرَّجُلِ أَنْ يُصَدَّقَ)، وَوَجْهُهُ أَنَّ الظُّرُوفَ اتُّسِعَ فِيهَا فَجَرَى فِيهَا مَا لَمْ يَجْرِ فِي غَيْرِهَا.

قَالَ: (وَيُقَالُ: (مَا كَانَ أَحْسَنَ زَيْدًا) لِلدَّلَالَةِ عَلَى الْمُضِيِّ).

كَأَنَّهُمْ لَمَّا قَصَدُوا إِلَى التَّعَجُّبِ مِمَّا مَضَى أَتَوْا بِالْفِعْلِ الدَّالِّ عَلَى الزَّمَانِ الْمَاضِي مَعَ فِعْلِ التَّعَجُّبِ مُشْعِرًا بِذَلِكَ، وَلَكَ أَنْ تَقُولَ: (مَا أَحْسَنَ مَا كَانَ زَيْدٌ)، وَلَكَ أَنْ تَجْمَعَ بَيْنَهُمَا فَتَقُولَ: (مَا كَانَ أَحْسَنَ مَا كَانَ زَيْدٌ)، وَالْأَوْلَى هِيَ الصِّيغَةُ الْأُولَى؛ إِذْ لَا حَاجَةَ إِلَى التَّكْرِيرِ، وَالْإِتْيَانُ بِهَا مَعَ الْفِعْلِ الَّذِي جِيءَ بِهِ لِلْمَعْنَى الْمُتَعَجَّبِ مِنْهُ هُوَ الْقِيَاسُ؛ لِأَنَّهُ هُوَ الْمَقْصُودُ بِالْمُضِيِّ.

وَقَدْ حُكِيَ: (مَا أَصْبَحَ أَبْرَدَهَا)، وَ(مَا أَمْسَى أَدْفَأَهَا).

وَإِدْخَالُ (أَصْبَحَ وَأَمْسَى) هَاهُنَا فِي الدَّلَالَةِ عَلَى الْوَقْتِ الَّذِي حَصَلَ فِيهِ الْمُتَعَجَّبُ مِنْهُ كَإِدْخَالِ (كَانَ) فِي الدَّلَالَةِ عَلَى وَقْتِ الْمُتَعَجَّبِ مِنْهُ، وَإِنِ اخْتَلَفَتْ جِهَاتُ الْأَزْمَانِ.

قَوْلُهُ: (وَالضَّمِيرُ لِلْغَدَاةِ).

إِنَّمَا يَعْنِي فِي: (مَا أَصْبَحَ أَبْرَدَهَا)، وَإِلَّا فَهُوَ فِي قَوْلِهِ: (مَا أَمْسَى ـ أَدْفَأَهَا) لَا يَكُونُ لِلْعَشِيَّةِ، وَإِنَّمَا اسْتَغْنَى بِتَنْبِيهِهِ عَلَى ضَمِيرِ الْغَدَاةِ؛ لِأَنَّهُ يُعْلَمُ أَنَّ قَوْلَهُ: (مَا أَمْسَى ـ أَدْفَأَهَا) يَكُونُ الضَّمِيرُ فِيهَا لِلْعَشِيَّةِ.

وَمِنْ أَصْنَافِ الْفِعْلِ الثُّلَاثِيِّ

قَالَ صَاحِبُ الْكِتَابِ: (لِلْمُجَرَّدِ مِنْهُ ثَلَاثَةُ أَبْنِيَةٍ: فَعَلَ، وَفَعِلَ، وَفَعُلَ).

قَالَ الشَّيْخُ: لَا يَكُونُ الثُّلَاثِيُّ عَلَى أَكْثَرَ مِنْ ذَلِكَ؛ لِأَنَّ أَوَّلَهُ مُلْتَزَمٌ فِيهِ الْفَتْحُ، وَآخِرُهُ لَا اعْتِدَادَ بِهِ فِي الْبِنْيَةِ؛ لِأَنَّهُ مَحَلُّ التَّغْيِيرِ، فَلَمْ يَبْقَ إِلَّا وَسَطُهُ، وَلَمْ يَجِيءْ سَاكِنًا أَصْلًا، وَالْحَرَكَاتُ ثَلَاثٌ، فَوَجَبَ أَنْ لَا يَزِيدَ عَلَى ثَلَاثَةِ أَبْنِيَةٍ: فَعَلَ، وَفَعِلَ، وَفَعُلَ، وَأَمَّا الْكَسْرُ فِي الْفَاءِ فَلَيْسَ بِأَصْلٍ أَيْضًا، فَلِذَلِكَ حُكِمَ فِي (شَهِدَ) إِذَا قِيلَ: (شِهْدَ، أَوْ شِهِدَ أَوْ شُهْدَ) أَنَّهَا فُرُوعٌ عَلَى (شَهِدَ)، وَلِذَلِكَ حُكِمَ عَلَى (نِعْمَ، وَبِئْسَ) بِذَلِكَ، وَحُكِمَ عَلَى (لَيْسَ) أَيْضًا، وَسَيَأْتِي ذَلِكَ.

ثُمَّ قَالَ: (وَكُلُّ وَاحِدٍ مِنَ الْأَوَّلَيْنِ).

يَعْنِي: فَعَلَ وَفَعِلَ عَلَى وَجْهَيْنِ: مُتَعَدٍّ وَغَيْرُ مُتَعَدٍّ، وَقَدْ تَقَدَّمَ مَعْنَى التَّعَدِّي: وَهُوَ كَوْنُهُ تَتَوَقَّفُ عَقْلِيَّتُهُ عَلَى مُتَعَلَّقٍ؛ وَغَيْرُ الْمُتَعَدِّي: مَا لَا تَتَوَقَّفُ عَقْلِيَّتُهُ عَلَى مُتَعَلَّقٍ، وَقَدْ تَقَدَّمَ مُبَيَّنًا.

قَوْلُهُ: (وَمُضَارِعُهُ عَلَى يَفْعِلُ وَيَفْعُلُ).

يَعْنِي: مُضَارِعَهُ عَلَى اخْتِلَافِ وَجْهَيْهِ، فَتَكُونُ أَرْبَعَةَ أَقْسَامٍ: يَفْعِلُ مُتَعَدٍّ وَغَيْرُ مُتَعَدٍّ،

وَيَفْعُلُ مُتَعَدٍّ وَغَيْرُ مُتَعَدٍّ، فَلِذَلِكَ مَثَّلَ بِأَرْبَعَةِ أَمْثِلَةٍ، فَضَرَبَهُ يَضْرِبُهُ لِلْأَوَّلِ، وَجَلَسَ يَجْلِسُ لِلثَّانِي، وَقَتَلَهُ يَقْتُلُهُ لِلثَّالِثِ، وَقَعَدَ يَقْعُدُ لِلرَّابِعِ.

(وَمِثَالُ فَعَلَ)، وَالْكَلَامُ فِي مُضَارِعِهِ فِي تَقْسِيمِهِ إِلَى أَرْبَعَةِ أَمْثِلَةٍ كَالْكَلَامِ فِي مُضَارِعِ (فَعَلَ)، إِلَّا أَنَّ مَوْضِعَ (يَفْعُلُ) ثَمَّةَ (يَفْعَلُ) هَاهُنَا، فَيَكُونُ (يَفْعَلُ) هَاهُنَا مُتَعَدِّيًا وَغَيْرَ مُتَعَدٍّ، وَ(يَفْعِلُ) مُتَعَدِّيًا وَغَيْرَ مُتَعَدٍّ، فَمِثَالُ الْأَوَّلِ: شَرِبَهُ يَشْرَبُهُ؛ وَمِثَالُ الثَّانِي: فَرِحَ يَفْرَحُ؛ وَمِثَالُ الثَّالِثِ: وَمِقَهُ يَمِقُهُ؛ وَمِثَالُ الرَّابِعِ: وَثِقَ يَثِقُ، وَالثَّالِثُ بِنَاءٌ وَاحِدٌ غَيْرُ مُتَعَدٍّ، وَمُضَارِعُهُ عَلَى بِنَاءٍ وَاحِدٍ، وَهُوَ (يَفْعُلُ)، فَلِذَلِكَ لَمْ يَجِيءْ إِلَّا عَلَى بِنْيَةٍ وَاحِدَةٍ، وَهُوَ (يَفْعُلُ).

قَالَ: (وَأَمَّا فَعُلَ يَفْعُلُ فَلَيْسَ بِأَصْلٍ).

كَأَنَّهُمْ قَصَدُوا إِلَى مُخَالَفَةِ عَيْنِ الْمَاضِي لِلْمُضَارِعِ، وَلِذَلِكَ (فَعَلَ يَفْعَلُ) هُوَ الْقِيَاسُ، وَالْكَسْرُ لَمْ يَجِيءْ لِمُضَارِعِهِ إِلَّا فِي أَلْفَاظٍ مَحْصُورَةٍ كَـ (حَسِبَ يَحْسِبُ، وَنَعِمَ يَنْعِمُ، وَيَئِسَ يَيْئِسُ، وَيَبِسَ يَيْبِسُ)، وَهِيَ فِي الصَّحِيحِ لَا تَزِيدُ عَلَى خَمْسَةٍ، وَيَجُوزُ فِيهَا الْوَجْهَانِ، وَفِي مُعْتَلِّ الْفَاءِ أَكْثَرُ مِنْ ذَلِكَ.

وَأَمَّا مَجِيءُ مُضَارِعِ (فَعُلَ) عَلَى وَفْقِ عَيْنِ الْمَاضِي، فَكَأَنَّهُمْ كَرِهُوا مُشَارَكَتَهُ لِعَيْنِ الْمُتَعَدِّي فِي الْمَاضِي وَالْمُسْتَقْبَلِ، فَخَصُّوهُ بِالضَّمَّةِ لِذَلِكَ.

(وَمِنْ ثَمَّ لَمْ يَجِيءْ إِلَّا مَشْرُوطًا).

يَعْنِي: لَمْ يَجِيءْ مُضَارِعُ (فَعَلَ) الْمَفْتُوحُ الْعَيْنِ مَفْتُوحًا عَيْنُهُ؛ إِلَّا أَنْ تَكُونَ عَيْنُ الْفِعْلِ أَوْ لَامُهُ أَحَدَ حُرُوفِ الْحَلْقِ؛ لِمَا بَيْنَهَا وَبَيْنَ الْفَتْحِ مِنَ الْمُنَاسَبَةِ، فَكَأَنَّهُمْ أَرَادُوا مَجِيئَهَا مُنَاسِبَةً لِحَرَكَتِهَا، وَاعْتَدُّوا بِاللَّامِ، وَإِنْ كَانَتْ بَعْدَهَا لِمَا يَلْزَمُ مِنَ انْتِقَالٍ إِلَى عُلُوٍّ، وَلَمْ يَعْتَدُّوا بِحَرْفِ الْحَلْقِ إِذَا كَانَ فَاءً؛ لِأَنَّهُ لَا يَلْزَمُ مِنْهُ الِانْتِقَالُ إِلَى عُلُوٍّ، كَمَا مَنَعُوا فِي اللُّغَةِ الْفَصِيحَةِ الْإِمَالَةَ بِالْغَيْنِ الْوَاقِعَةِ فِي (نَابِغٍ)، وَلَمْ يَمْنَعُوا بِالْغَيْنِ الْوَاقِعَةِ فِي (غِلَابٍ) نَظَرًا إِلَى ذَلِكَ.

ثُمَّ قَالَ: (إِلَّا مَا شَذَّ مِنْ نَحْوِ: أَبَى يَأْبَى، وَرَكَنَ يَرْكَنُ).

فَكَأَنَّهُمْ لَمَّا عَلِمُوا أَنَّهُمْ إِذَا فَتَحُوا انْقَلَبَتِ الْيَاءُ أَلِفًا، وَالْأَلِفُ مِنْ حُرُوفِ الْحَلْقِ، فَصَارَ لِلْفَتْحِ وَجْهٌ فِي مِثْلِ ذَلِكَ، وَإِنْ كَانَ عَلَى خِلَافِ الْقِيَاسِ مِنْ حَيْثُ إِنَّ فِيهِ دَوْرًا، وَذَلِكَ أَنَّ الْفَتْحَ لَا يَكُونُ إِلَّا بِحَرْفِ الْحَلْقِ، فَيَتَوَقَّفُ الْفَتْحُ عَلَى حَرْفِ الْحَلْقِ، وَيَتَوَقَّفُ كَوْنُهُ حَرْفَ حَلْقٍ عَلَى الْفَتْحِ، وَأَمَّا (رَكَنَ يَرْكَنُ)، فَقَدْ جَعَلَهُ شَاذًّا، وَقَدْ نُقِلَ أَنَّهُ يُقَالُ: رَكَنَ يَرْكُنُ، كَنَصَرَ يَنْصُرُ؛ وَرَكِنَ يَرْكَنُ، كَعَلِمَ يَعْلَمُ، فَالْأَوْلَى عَلَى ذَلِكَ أَنْ يُقَالَ: هُوَ مِنْ

تَدَاخُل اللُّغَتَيْنِ؛ لِأَنَّهُ أَقْرَبُ مِنْ مُخَالَفَةِ القِيَاسِ، وَلِذَلِكَ حُكِمَ عَلَى (فَضَلَ يَفْضُلُ) أَنَّهُ مِنْ تَدَاخُلِ اللُّغَتَيْنِ، وَمَعْنَى تَدَاخُلِ اللُّغَتَيْنِ: أَنْ يَثْبُتَ لِلْمَاضِي جِهَتَانِ بِنَاآنِ، وَلِلْمُضَارِعِ لِكُلِّ وَاحِدٍ مِنْهُمَا بِنَاءٌ وَاحِدٌ، ثُمَّ يَتَكَلَّمُ الْعَرَبِيُّ بِأَحَدِ بِنَاءَي الْمَاضِي مَعَ بِنَاءِ الْمُضَارِعِ الَّذِي لَيْسَ لَهُ، فَيَتَوَهَّمُ أَنَّهُ جَارٍ عَلَيْهِ، وَلَيْسَ كَذَلِكَ، وَمِثَالُهُ مَا ذَكَرَهُ فِي (فَضَلَ يَفْضُلُ)؛ لِأَنَّ الْعَرَبَ تَقُولُ: (فَضَلَ) بِالْفَتْحِ، وَ(فَضِلَ) بِالكَسْرِ، وَمُضَارِعُ (فَضَلَ) بِالْفَتْحِ (يَفْضُلُ) بِالضَّمِّ، وَمُضَارِعُ (فَضِلَ) بِالكَسْرِ (يَفْضَلُ) بِالْفَتْحِ، فَإِذَا سُمِعَ بَعْدَ ذَلِكَ (فَضَلَ يَفْضُلُ) عُلِمَ أَنَّهُ مِنْ تَدَاخُلِ اللُّغَتَيْنِ.

وَهَذَا الْفِعْلُ مَعْنَاهُ مِنَ الْفَضْلَةِ، لَا مِنْ قَوْلِكَ: فَضَلْتُهُ إِذَا غَلَبْتُهُ فِي الْفَضْلِ؛ لِأَنَّ ذَلِكَ لَيْسَ فِي مَاضِيهِ إِلَّا الْفَتْحَ، وَلَيْسَ فِي مُضَارِعِهِ إِلَّا الضَّمُّ؛ لِأَنَّهُ مِنْ بَابِ فَاعَلَنِي فَفَعَلْتُهُ أَفْعُلُهُ.

قَالَ: (وَلِلْمَزِيدِ فِيهِ خَمْسَةٌ وَعِشْرُونَ بِنَاءً).

يَعْنِي: وَلِلثُّلَاثِيِّ الْمَزِيدِ فِيهِ؛ لِأَنَّ الرُّبَاعِيَّ سَيَأْتِي بَعْدَ ذَلِكَ، وَإِنَّمَا كَلَامُهُ فِي الثُّلَاثِيِّ.

(وَالزِّيَادَةُ إِمَّا أَنْ تَكُونَ مِنْ جِنْسِ حُرُوفِ الْكَلِمَةِ، أَوْ مِنْ غَيْرِ جِنْسِهَا).

وَلِلْإِلْحَاقِ وَغَيْرِ الْإِلْحَاقِ، وَقَدْ تَقَدَّمَ بَيَانُ ذَلِكَ كُلِّهِ فِي الْأَسْمَاءِ، ثُمَّ ذَكَرَ الْمَوَازِنَ لِلرُّبَاعِيِّ عَلَى سَبِيلِ الْإِلْحَاقِ.

قَالَ: (وَأَبْنِيَةُ الْمَزِيدِ فِيهِ عَلَى ثَلَاثَةِ أَضْرُبٍ: مُوَازِنٍ لِلرُّبَاعِيِّ عَلَى سَبِيلِ الْإِلْحَاقِ، وَمُوَازِنٍ لَهُ عَلَى غَيْرِ سَبِيلِ الْإِلْحَاقِ، وَغَيْرِ مُوَازِنٍ لَهُ).

فَالْأَوَّلُ عَلَى ثَلَاثَةِ أَوْجُهٍ: مُلْحَقٌ بِـ (دَحْرَجَ)، نَحْوُ: شَمْلَلَ، وَحَوْقَلَ، وَبَيْطَرَ، وَجَهْوَرَ، وَقَلْنَسَ، وَقَلْسَى) إِلَى آخِرِهِ. فَهَذِهِ كُلُّهَا مُلْحَقَةٌ بِـ (دَحْرَجَ)؛ لِأَنَّهُمْ زَادُوا فِي كُلِّ وَاحِدٍ مِنْهَا زِيَادَةً؛ لِيُوَافِقَ (دَحْرَجَ) فِي وَزْنِهِ عَلَى الْوَجْهِ الَّذِي قَدَّمْنَاهُ فِي الْأَسْمَاءِ وَعَلَى مَا سَيَأْتِي فِي آخِرِ هَذَا الْفَصْلِ.

وَمُلْحَقٌ بِـ (تَدَحْرَجَ) عَلَى مَا ذُكِرَ، وَمُلْحَقٌ بِـ (احْرَنْجَمَ) عَلَى مَا ذُكِرَ أَيْضًا.

وَالثَّانِي: وَهُوَ الْمُوَازِنُ عَلَى غَيْرِ سَبِيلِ الْإِلْحَاقِ، نَحْوُ: (أَخْرَجَ، وَجَرَّبَ، وَقَاتَلَ)، فَهَذِهِ الثَّلَاثَةُ وَإِنْ وَافَقَتِ (دَحْرَجَ) فِي وَزْنِهِ بِمَا زِيدَ فِيهَا، فَلَيْسَتْ لِلْإِلْحَاقِ لِمَا ذَكَرْنَاهُ مِنْ أَنَّ حَرْفَ الْإِلْحَاقِ هُوَ الَّذِي لَيْسَ لَهُ مَعْنًى وُضِعَتِ الْكَلِمَةُ بِهِ لَهُ.

فَأَمَّا الْهَمْزَةُ فِي (أَفْعَلَ) فَمَوْضُوعَةٌ لِمَعَانٍ، كَالتَّعَدِّي وَغَيْرِهِ، وَكَذَلِكَ تَضْعِيفُ الْعَيْنِ فِي مِثْلِ (جَرَّبَ)، وَأَمَّا الْأَلِفُ فِي نَحْوِ: (قَاتَلَ)، فَمَوْضُوعَةٌ لِأَنْ يَكُونَ مِنْ غَيْرِكَ إِلَيْكَ مَا

كَانَ مِنْكَ إِلَيْهِ، وَهَذَا كُلُّهُ بِخِلَافِ حُرُوفِ الإِلْحَاقِ، وَهَاهُنَا وَجْهٌ آخَرُ يُشْعِرُ بِالإِلْحَاقِ فِي الأَوَّلِ دُونَ الثَّانِي، وَهُوَ مُوَافَقَةُ الْمَصْدَرِ مِنْهُ لِمَصْدَرِ الْمُلْحَقِ بِهِ، بِخِلَافِ مَصَادِرِ غَيْرِ الْمُلْحَقِ، وَاعْتَمَدَ صَاحِبُ الْكِتَابِ عَلَى ذَلِكَ لِسُهُولَتِهِ، وَالتَّحْقِيقُ مَا بَدَأْنَا بِهِ؛ لِأَنَّهُ جَارٍ فِي الأَسْمَاءِ وَالأَفْعَالِ، وَمَا ذَكَرَهُ مُقَيَّدٌ بِالأَفْعَالِ دُونَ الأَسْمَاءِ؛ لِأَنَّ الأَسْمَاءَ لَا يُمْكِنُ مَعْرِفَةُ الْمُلْحَقِ فِيهَا مِنْ غَيْرِهِ بِمَصْدَرٍ؛ إِذْ لَيْسَ لَهَا مَصَادِرُ.

وَالثَّالِثُ: غَيْرُ مُوَازِنٍ، نَحْوُ: (انْطَلَقَ، وَاقْتَدَرَ) إِلَى آخِرِهِ، فَهَذِهِ غَيْرُ مُوَازِنَةٍ لِلرُّبَاعِيِّ بِوَجْهٍ، وَلَيْسَ (اسْتَخْرَجَ) مُوَازِنًا لِـ (احْرَنْجَمَ)؛ لِأَنَّا لَمْ نَعْنِ بِالْمُوَازَنَةِ صُورَةَ حَرَكَاتٍ وَسَكَنَاتٍ، وَإِنَّمَا عَنَيْنَا بِهِ وُقُوعَ الْفَاءِ وَالْعَيْنِ وَاللَّامِ فِي الْفَرْعِ مَوْقِعَهَا فِي الأَصْلِ الْمُلْحَقِ بِهِ وَالزِّيَادَةِ، وَإِنْ كَانَ ثَمَّةَ زِيَادَةٌ لِغَيْرِ الإِلْحَاقِ، فَلَا بُدَّ مِنْ مُمَاثَلَةٍ فِي الْمُلْحَقِ.

وَ(اسْتَخْرَجَ) بِالنِّسْبَةِ إِلَى (احْرَنْجَمَ) عَلَى خِلَافِ مَا ذَكَرْنَاهُ فِي الأَصْلِيَّةِ وَالزِّيَادَةِ جَمِيعًا، أَمَّا الأَصْلِيَّةُ فَهُوَ أَنَّ الْخَاءَ وَهِيَ فَاءٌ وَقَعَتْ مَوْقِعَ النُّونِ الزَّائِدَةِ فِي الأَصْلِ، وَلَيْسَ ذَلِكَ فِي مِثْلِ الْمُلْحَقِ، وَأَمَّا بِاعْتِبَارِ الزَّائِدِ فَهُوَ أَنَّ النُّونَ وَاقِعَةٌ فِي الأَصْلِ بَعْدَ الْفَاءِ وَالْعَيْنِ، وَلَيْسَ فِي الْفَرْعِ نُونٌ فِي مَوْضِعِهَا وَلَا فِي غَيْرِهِ.

قَالَ: (فَمَا كَانَ عَلَى (فَعَلَ) فَهُوَ عَلَى مَعَانٍ لَا تُضْبَطُ كَثْرَةً وَسَعَةً).

لِأَنَّهُ أَخَفُّ أَبْنِيَتِهِمْ فِي الأَفْعَالِ، فَتَصَرَّفُوا فِيهِ فِي مَعَانٍ كَثِيرَةٍ لِخِفَّتِهِ، فَقَلَّ أَنْ تَجِدَ فِعْلًا مِنْ أَبْنِيَتِهِمْ غَيْرَهُ لَهُ مَعْنًى إِلَّا وَقَدِ اسْتُعْمِلَ (فَعَلَ) فِيهِ، فَهَذَا وَجْهُ كَثْرَةِ مَعَانِيهِ، وَغَيْرُهُ لَيْسَ مِثْلَهُ فِي الْخِفَّةِ، فَلَمْ تَكْثُرْ مَعَانِيهِ، فَتَعَرَّضَ النَّحْوِيُّونَ لِذِكْرِهَا لِحَصْرِهَا وَقِلَّتِهَا، وَإِنْ كَانَ ذَلِكَ كُلُّهُ أَمْرًا لُغَوِيًّا فِي التَّحْقِيقِ.

قَالَ: (وَبَابُ الْمُغَالَبَةِ مُخْتَصٌّ بِفَعَلَ يَفْعُلُ مِنْهُ).

لَمَّا كَانَ بَابُ الْمُغَالَبَةِ مُخْتَصًّا بِمَاضٍ مَخْصُوصٍ وَمُضَارِعٍ مَخْصُوصٍ، فَأَمْكَنَ ضَبْطُهُ ذَكَرَهُ، وَهَذَا أَوْلَى بِقَوَاعِدِ النَّحْوِ، فَإِنَّهَا رَاجِعَةٌ إِلَى ضَوَابِطَ كُلِّيَّةٍ تُعْرَفُ بِهَا تَفَاصِيلُ أَنْوَاعِهَا.

(إِلَّا مَا كَانَ مُعْتَلَّ الْفَاءِ كَـ (وَعَدْتُ)، أَوْ مُعْتَلَّ الْعَيْنِ أَوِ اللَّامِ مِنْ بَنَاتِ الْيَاءِ كَـ"بِعْتُ وَرَمَيْتُ").

فَإِنَّهُ لَمْ يَأْتِ فِيهِ الضَّمُّ، وَإِنَّمَا أَتَى فِيهِ الْكَسْرُ، لِأَنَّهُمْ لَوْ بَنَوْهُ عَلَى الضَّمِّ فِي الْعَيْنِ؛ لَأَدَّى إِلَى مَا لَيْسَ مِنْ أَبْنِيَةِ كَلَامِهِمْ فِي مِثْلِهِ، أَلَا تَرَى أَنَّهُمْ لَمْ يَقُولُوا فِي بَابِ وَعَدَ: يَوْعُدُ مَضْمُومًا، وَلَا فِي بَابِ بَاعَ: يَبُوعُ وَلَا فِي بَابِ رَمَى: يَرْمُو، وَإِنَّمَا أَتَوْا بِذَلِكَ كُلِّهِ

مَكْسُورًا أَوْ مَفْتُوحًا فِي بَابِ (وَعَدَ) خَاصَّةً؛ لأجْلِ حَرْفِ الْحَلْقِ، كَقَوْلِهِمْ فِي: (وَضَعَ): يَضَعُ، وَإِنَّمَا لَمْ يَبْنُوا (يَفْعُلُ) مِنْ بَابِ (وَعَدَ) اسْتِثْقَالا لَهُ، وَلَمْ يَبْنُوا (يَفْعُلُ) مِنْ بَابِ (بَاعَ، وَرَمَى) لِمَا يُؤَدِّي مِنَ انْقِلابِ الْيَاءِ الَّتِي هِيَ عَيْنٌ وَلامٌ وَاوًا لانْضِمَامِ مَا قَبْلَهَا، فَتَخْتَلِفُ حُرُوفُ الْكَلِمَةِ؛ وَلأَنَّهُ يُؤَدِّي إِلَى إِبْدَالِ الأَخَفِّ بِالأَثْقَلِ مَعَ الْغُنْيَةِ عَنْهُ بِالْبِنَاءِ الآخَرِ الَّذِي هُوَ أَصْلٌ أَيْضًا، فَلَمَّا كَانَ كَذَلِكَ لَمْ يَسْتَعْمِلُوهُ أَيْضًا فِي هَذَا الْبَابِ إِلا مَا كَانَ مِنْ جِنْسِ كَلامِهِمْ.

قَالَ: (وَعَنِ الْكِسَائِيِّ أَنَّهُ اسْتَثْنَى أَيْضًا مَا فِيهِ أَحَدُ حُرُوفِ الْحَلْقِ، وَأَنَّهُ يُقَالُ فِيهِ: أَفْعَلُهُ بِالْفَتْحِ).

يَعْنِي: أَنْ تَكُونَ عَيْنُهُ أَوْ لامُهُ أَحَدَ حُرُوفِ الْحَلْقِ دُونَ الْفَاءِ، وَإِنَّمَا أَبْهَمَ؛ لأَنَّهُ قَدْ تَقَدَّمَ مَا يُشْعِرُ بِذَلِكَ، وَاسْتِثْنَاءُ الْكِسَائِيِّ غَيْرُ مُسْتَقِيمٍ لا فِي النَّقْلِ وَلا فِي الْمَعْنَى؛ أَمَّا فِي النَّقْلِ فَقَدْ نَقَلَ الثِّقَاتُ: فَاخَرَنِي فَفَخَرْتُهُ أَفْخُرُهُ، وَهُوَ عَيْنُ مَا خَالَفَ فِيهِ.

وَأَمَّا فِي الْمَعْنَى، فَإِنَّ مَا فِيهِ أَحَدُ حُرُوفِ الْحَلْقِ لَمْ يَلْزَمْ فِي قِيَاسِ كَلامِهِم الْفَتْحُ دُونَ الضَّمِّ حَتَّى يَكُونَ الضَّمُّ مُخْرِجًا لَهُ عَنْ قِيَاسِ لُغَتِهِمْ، بَلِ اسْتُعْمِلَ فِيهِ الضَّمُّ وَالْفَتْحُ جَمِيعًا، أَلا تَرَاهُمْ يَقُولُونَ: دَخَلَ يَدْخُلُ، وَنَحَتَ يَنْحِتُ، وَهُوَ مُمَاثِلٌ لِبَابِ فَعَلَ الَّذِي لَيْسَ فِيهِ حَرْفُ حَلْقٍ فِي كَوْنِهِمْ يَقُولُونَ: يَفْعُلُ وَيَفْعِلُ بِالضَّمِّ وَالْكَسْرِ فَإِذَا اسْتَعْمَلُوا الضَّمَّ فَإِنَّمَا اسْتَعْمَلُوا أَحَدَ الْبِنَاءَيْنِ اللَّذَيْنِ هُمَا قِيَاسُهُ، فَكَذَلِكَ إِذَا اسْتَعْمَلُوا يَفْعُلُ مِمَّا فِيهِ حَرْفُ حَلْقٍ، فَإِنَّمَا اسْتَعْمَلُوا أَحَدَ الأَبْنِيَةِ الَّتِي هِيَ قِيَاسُهُ، فَوَضَحَ مِنْ حَيْثُ الْمَعْنَى أَنَّهُ لَيْسَ كَبَابِ (وَعَدَ، وَرَمَى) فِي امْتِنَاعِ (يَفْعُلُ) فِيهِ.

قَوْلُهُ: (قَالَ سِيبَوَيْهِ: وَلَيْسَ فِي كُلِّ شَيْءٍ يَكُونُ هَذَا، أَلا تَرَاهُمْ لا يَقُولُونَ: نَازَعَنِي فَنَزَعْتُهُ، اسْتُغْنِيَ عَنْهُ بِغَلَبْتُهُ).

وَمَا ذَكَرَهُ سِيبَوَيْهِ فِي ذَلِكَ لا يُخْرِجُهُ عَنْ أَنْ يَكُونَ قِيَاسًا، كَمَا أَنَّهُ لَمْ يَخْرُجْ بَابُ التَّعَجُّبِ عَنِ الْقِيَاسِ؛ لامْتِنَاعِهِمْ فِي: (مَا أَقْيَلَهُ)، وَإِنَّمَا قَامَ دَلِيلٌ خَاصٌّ فِي هَذَا الْمَوْضِعِ، وَالدَّلِيلُ الْخَاصُّ: هُوَ أَنَّهُ كَثُرَ اسْتِعْمَالُهُمْ هَذَا الْمَعْنَى، وَلَمْ يَرِدْ عَنْهُمْ فِيهِ مِثْلُ ذَلِكَ، وَإِنَّمَا وَرَدَ فِي مَوْضِعِهِ: غَلَبْتُهُ فَدَلَّ ذَلِكَ عَلَى أَنَّهُ فِي هَذَا الْمَوْضِعِ الْخَاصِّ مُطَّرَحٌ، وَتَقْرِيرُ دَلِيلِهِ أَنْ يُقَالَ: لَوْ كَانَ ذَلِكَ جَائِزًا لَوَرَدَ، وَلَمْ يَرِدْ، فَدَلَّ عَلَى أَنَّهُ غَيْرُ جَائِزٍ.

قَالَ: (وَ (فَعِلَ) يَكْثُرُ فِيهِ الأَعْرَاضُ مِنَ الْعِلَلِ)، إِلَى آخِرِهِ.

لَمَّا لَمْ يُمْكِنْ حَصْرُهُ لانْتِشَارِ مَعَانِيهِ ذَكَرَ الْكَثْرَةَ، وَحَصَرَ فِي الْعِلَلِ وَالأَحْزَانِ

وَأَضْدَادِهَا، ثُمَّ مَثَّل لِكُلِّ وَاحِدٍ مِنَ الأَقْسَامِ، وَقَدْ يَكُونُ (فَعِلَ) لِغَيْرِ ذَلِك، كـ (عَلِمَ، وَسَمِعَ، وَرَكِنَ) وَأَشْبَاهُ ذَلِكَ.

وَقَوْلُهُ: (يَكْثُرُ فِيهِ الأَعْرَاضُ مِنَ الْعِلَلِ وَالأَحْزَانِ).

تَنْبِيهٌ عَلَى أَنَّ هَذِهِ الْمَعَانِي تَكُونُ فِيهِ كَثِيراً، لا عَلَى مَعْنَى أَنَّهُ يَكُونُ فِيهَا أَكْثَرَ مِنْهُ فِي غَيْرِهَا، فَإِنَّ (فَعِلَ) فِي غَيْرِ ذَلِكَ أَكْثَرُ مِنْهُ فِي ذَلِك، وَلَكِنَّ الْعِلَلَ وَالأحزانَ فِيهِ أَكْثَرُ مِنْهَا فِي غَيْرِهِ، فَلِذَلِكَ قَالَ: (يَكْثُرُ فِيهِ)، وَلَمْ يَقُلْ: يَكْثُرُ (فَعِلَ) فِيهَا، وَهُوَ تَنْبِيهٌ دَقِيقٌ.

(وَفَعُلَ لِلْخِصَالِ الَّتِي تَكُونُ فِي الأَشْيَاءِ).

قَالَ: وَلِذَلِكَ لَمْ يَأْتِ مُتَعَدِّيًا؛ لأَنَّ الْخِصَالَ الَّتِي وُضِعَ لَهَا لَمْ يَأْتِ شَيْءٌ مِنْهَا مُتَعَلِّقًا، فَلِذَلِكَ كَانَ غَيْرَ مُتَعَدٍّ، كـ (حَسُنَ، وَقَبُحَ).

قَالَ: (وَتَفَعْلَلَ يَجِيءُ مُطَاوِعَ فَعْلَلَ).

الْغَرَضُ مِنْهُ: أَنْ يَذْكُرَ مَعْنَى فَعْلَلَ الْمُلْحَقِ؛ لأَنَّهُ الْمَذْكُورُ بَعْدَ (فَعُلَ) فِي تَرْتِيبِهِ؛ لأَنَّ كَلامَهُ فِي الثُّلاثِيِّ، وَلَكِنْ لَمَّا كَانَ الْمُلْحَقُ وَالأَصْلِيُّ مُشْتَرِكَيْنِ جَمَعَهُمَا، وَجَعَلَ الْفَصْلَ لِـ (تَفَعْلَلَ)، وَإِنْ كَانَ غَرَضُهُ (فَعْلَلَ)، لِئَلا يَطُولَ الْكَلامُ، وَمَعْنَى كَوْنِ الْفِعْلِ مُطَاوِعًا: كَوْنُهُ دَالا عَلَى مَعْنًى حَصَلَ عَنْ تَعَلُّقِ فِعْلٍ آخَرَ مُتَعَدٍّ بِهِ، كَقَوْلِكَ: كَسَرْتُهُ فَانْكَسَرَ، فَقَوْلُكَ: (انْكَسَرَ) عِبَارَةٌ عَنْ مَعْنًى حَصَلَ عَنْ تَعَلُّقِ فِعْلٍ مُتَعَدٍّ، وَهُوَ الْكَسْرُ بِهِ؛ أَيْ: بِهَذَا الَّذِي قَامَ بِهِ أَثَرُ الْكَسْرِ، وَهُوَ الانْكِسَارُ، وَهَذَا الَّذِي يُعْنَى بِالْمُطَاوِعِ، وَقَدْ يُتَكَلَّمُ بِالْمُطَاوِعِ وَإِنْ لَمْ يَكُنْ مَعَهُ مَا هُوَ مُطَاوَعٌ، كَقَوْلِكَ: انْكَسَرَ الإِنَاءُ، وَلا يَلْزَمُ ذِكْرُ مَا هُوَ مُطَاوِعٌ لَهُ مَعَهُ، وَإِنَّمَا يَلْزَمُ مَا ذَكَرْنَاهُ، وَهُوَ أَنْ يَكُونَ لَهُ فِعْلٌ مُتَعَدٍّ الْمُطَاوِعُ أَثَرُهُ.

ثُمَّ لَمَّا تَكَلَّمَ عَلَى (تَفَعْلَلَ) بِاعْتِبَارِ مُطَاوَعَتِهِ لِـ (فَعْلَلَ) صَارَ الْفَصْلُ فِي الظَّاهِرِ لِـ (تَفَعْلَلَ)، فَكَمَّلَهُ بِاعْتِبَارِهِ، فَقَالَ: (وَبِنَاءً مُقْتَضِيًا)، يَعْنِي: (تَفَعْلَلَ)، كـ (تَسَهْوَكَ، وَتَرَهْوَكَ)، أَمَّا (تَسَهْوَكَ) فَقَدْ نُقِلَ (سَهْوَكْتُهُ فَتَسَهْوَكَ)؛ أَيْ: (أَهْلَكْتُهُ فَهَلَكَ)، فَهُوَ جَارٍ عَلَى الْمُطَاوَعَةِ، وَأَمَّا (تَرَهْوَكَ) فَعَلَى مَا ذَكَرَ مِنْ كَوْنِهِ مُقْتَضِيًا غَيْرَ جَارٍ عَلَى مُطَاوِعٍ لَهُ، يُقَالُ: تَرَهْوَكَ فِي مَشْيِهِ إِذَا مَاجَ.

قَالَ: (وَتَفَعَّلَ يَجِيءُ مُطَاوِعَ فَعَّلَ)، إِلَى آخِرِهِ.

قَدْ تَقَدَّمَ مَعْنَى الْمُطَاوَعَةِ، نَحْوُ: (كَسَّرْتُهُ فَتَكَسَّرَ)، قَالَ: (وَبِمَعْنَى التَّكَلُّفِ)، وَالتَّكَلُّفُ مَعْنَاهُ: أَنْ يُتَعَانَى ذَلِكَ الْفِعْلُ لِيَحْصُلَ بِمُعَانَاتِهِ، فَالْقَصْدُ تَحْصِيلُهُ كَتَشَجَّعَ، مَعْنَاهُ: اسْتَعْمَلَ الشَّجَاعَةَ، وَكَلَّفَ نَفْسَهُ إِيَّاهَا لِتَحْصُلَ، وَكَذَلِكَ الْحِلْمُ وَالْمُرُوءَةُ، ثُمَّ لَمَّا كَانَ هَذَا الْمَعْنَى

مُلْتَبِسًا بـ (تَفَاعَلَ) مِنْ حَيْثُ إِنَّ كُلَّ وَاحِدٍ مِنْهُمَا غَيْرُ ثَابِتٍ فِي الأَصْلِ لِمَنْ نُسِبَ إِلَيْهِ فَرَّقَ بَيْنَهُمَا بِمَا هُمَا مُخْتَلِفَانِ فِيهِ، وَهُوَ أَنَّ (تَفَعَّلَ) الْمَقْصُودُ فِيهِ مُمَارَسَةُ ذَلِكَ الْفِعْلِ لِيَحْصُلَ، فَلِذَلِكَ قَالَ: (لأَنَّ هَذَا يَطْلُبُ أَنْ يَصِيرَ حَلِيمًا).

وَأَمَّا (تَفَاعَلَ) فَهُوَ أَنْ يُظْهِرَ الْفِعْلَ، وَهُوَ عَلَى خِلَافِهِ، لا لِيُحَصِّلَهُ، بَلْ لِيُظْهِرَهُ أَنَّهُ عَلَيْهِ وَلَيْسَ بِهِ، فَقَدْ حَصَلَ الْفَرْقُ بَيْنَهُمَا بِمَا ذَكَرَ.

قَالَ: (وَمِنْهُ: تَقَيَّسَ، وَتَنَزَّرَ).

وَإِنَّمَا فَصَلَهُ مِنْ ذَلِكَ؛ لأَنَّهُ مُخَالِفٌ لَهُ مِنْ وَجْهٍ آخَرَ، وَذَلِكَ أَنَّ الْمَعَانِي الأَوَلَ كُلَّهَا يُمْكِنُ أَنْ يُتَمَرَّنَ عَلَيْهَا؛ لِتَحْصُلَ بَعْدَ أَنْ لَمْ تَكُنْ؛ لأَنَّ الإِنْسَانَ قَدْ يُمَرِّنُ نَفْسَهُ عَلَى الْحِلْمِ وَالْمُرُوءَةِ وَالصَّبْرِ حَتَّى يَحْصُلَ ذَلِكَ، وَلا يُمْكِنُ ذَلِكَ فِي مِثْلِ: تَقَيَّسَ وَتَنَزَّرَ، فَإِنَّهُ إِذَا لَمْ يَكُنْ مِنْ هَذِهِ الْقَبِيلَةِ لا يَكُونُ مِنْهَا أَبَدًا، وَإِنَّمَا أُدْخِلَ فِيهِ؛ لأَنَّ الْغَرَضَ اسْتِعْمَالُ ذَلِكَ؛ لِيَحْصُلَ عِنْدَ النَّاسِ اعْتِقَادُ ذَلِكَ، فَلَمَّا كَانَ الْغَرَضُ مِنَ الأَمْرَيْنِ حُصُولَ ذَلِكَ مُعْتَقَدًا أَجْرَاهُمَا مُجْرًى وَاحِدًا، فَقَدْ ظَهَرَ الْفَرْقُ بَيْنَهُمَا.

قَالَ: (وَبِمَعْنَى: اسْتَفْعَلَ).

الظَّاهِرُ أَنَّهُ أَرَادَ (بِمَعْنَى اسْتَفْعَلَ): أَصْلَ مَعْنَى اسْتَفْعَلَ، وَأَصْلُ مَعْنَاهُ: طَلَبُ ذَلِكَ الْفِعْلِ، كَقَوْلِكَ: اسْتَعْلَمَ وَاسْتَعْطَى؛ أَيْ: طَلَبَ الْعِلْمَ وَالْعَطَاءَ، ثُمَّ مَثَّلَ بِتَكَبَّرَ وَتَعَظَّمَ وَتَعَجَّلَ الشَّيْءَ وَتَيَقَّنَهُ، كَأَنَّهُ طَلَبَ الْكِبْرَ مِنْ نَفْسِهِ وَالْعَظَمَةَ، كَقَوْلِهِمْ فِي اسْتَفْعَلَ: اسْتَخْرَجْتُهُ؛ أَيْ: لَمْ أَزَلْ أَطْلُبُ خُرُوجَهُ مِنْ نَفْسِي حَتَّى خَرَجَ، وَأَمَّا تَعَجَّلَ فَظَاهِرٌ، وَتَيَقَّنَهُ كَتَكَبَّرَ، كَأَنَّهُ طَلَبَ التَّيَقُّنَ مِنْ نَفْسِهِ حَتَّى حَصَلَ، فَلِذَلِكَ يُطْلَقُ (تَيَقَّنَ) فِي مَوْضِعِ (عَلِمَ)، وَ(تَقَصَّاهُ)، وَ(تَبَيَّنَهُ) مِثْلُ (تَيَقَّنَهُ)؛ لأَنَّ الطَّلَبَ مِنْ نَفْسِهِ، وَيَجُوزُ أَنْ يَكُونَ تَقَصَّاهُ وَاسْتَقْصَاهُ بِمَعْنَى: طَلَبَ غَايَتَهُ، وَأَقْصَاهُ مِنْ غَيْرِهِ أَيْضًا، فَيَكُونَ عَلَى الأَصْلِ فِي مَعْنَى اسْتَفْعَلَ مِنْ غَيْرِ تَأْوِيلٍ.

(وَلِلْعَمَلِ بَعْدَ الْعَمَلِ فِي مُهْلَةٍ)، نَحْوُ تَجَرَّعَهُ؛ أَيْ: شَرِبَهُ جُرْعَةً بَعْدَ جُرْعَةٍ، وَتَحَسَّاهُ؛ أَيْ: حُسْوَةً بَعْدَ حُسْوَةٍ، وَتَعَرَّقَهُ؛ أَيْ: أَخَذَ مَا عَلَيْهِ مِنَ اللَّحْمِ شَيْئًا بَعْدَ شَيْءٍ، وَتَفَوَّقَهُ: إِذَا شَرِبَهُ فُوَاقًا بَعْدَ فُوَاقٍ، وَمِنْهُ: تَفَهَّمَ وَتَبَصَّرَ وَتَسَمَّعَ، كَأَنَّهُ حَصَلَ لَهُ فَهْمُهُ شَيْئًا بَعْدَ شَيْءٍ.

(وَبِمَعْنَى اتِّخَاذِ الشَّيْءِ)، نَحْوُ: تَدَيَّرْتُ الْمَكَانَ؛ أَيْ: اتَّخَذْتُهُ دَارًا، وَتَوَسَّدْتُ التُّرَابَ؛ أَيْ: اتَّخَذْتُهُ وِسَادَةً، (وَمِنْهُ تَبَنَّاهُ)؛ أَيْ: اتَّخَذَهُ ابْنًا، وَإِنَّمَا فَصَلَهُ؛ لأَنَّ اتِّخَاذَهُ ابْنًا لا يُصَيِّرُهُ عَلَى الْحَقِيقَةِ مَوْجُودًا فِيهِ ذَلِكَ الْمَعْنَى الْحِسِّيُّ؛ كَأَنَّهُ قَصَدَ إِلَى الْفَصْلِ بَيْنَ الأُمُورِ

الْحِسِّيَّةِ، وَالأمُورِ الْمَعْنَوِيَّةِ.

(وَبِمَعْنَى التَّجَنُّبِ): وَهُوَ فِي هَذَا الْبِنَاءِ كَمَعْنَى هَمْزَةِ السَّلْبِ فِي قَوْلِكَ: أَعْجَمْتُ الْكِتَابَ؛ أَيْ: أَزَلْتُ عُجْمَتَهُ، كَذَلِكَ هَاهُنَا مَعْنَى تَحَوَّبَ؛ أَيْ: أَزَالَ الْحُوبَ عَنْ نَفْسِهِ.

قَالَ: (وَتَفَاعَلَ لِمَا يَكُونُ مِنَ اثْنَيْنِ)، إِلَى آخِرِهِ.

تَفَاعَلَ فَرْعُ فَاعَلَ الَّذِي يَكُونُ لِلاثْنَيْنِ فَصَاعِدًا، وَمَعْنَاهُ: نِسْبَةُ الْفِعْلِ إِلَى فَاعِلِهِ مُتَعَلِّقًا بِمَنْ شَارَكَهُ فِيهِ عَلَى ذَلِكَ النَّحْوِ، فَلِذَلِكَ كَانَ بِنَاؤُهُ يَقْتَضِي التَّعَدِّي، وَإِنْ لَمْ يَكُنِ الْفِعْلُ مُتَعَدِّيًا؛ لأَنَّ الْمُشَارَكَ يَكُونُ هُوَ الْمَفْعُولَ، فَهُوَ بِمَثَابَةِ هَمْزَةِ التَّعْدِيَةِ، وَإِنِ اخْتَلَفَا فِي الْمَعْنَى، وَلِذَلِكَ سَاقَهُ بَعْضُهُمْ فِي أَسْبَابِ التَّعَدِّي، وَجَعَلَهُ مَعَ الْهَمْزَةِ وَالتَّضْعِيفِ وَحَرْفِ الْجَرِّ، وَلَمْ يَعُدَّهُ الْكَثِيرُ، إِمَّا لأَنَّهُ لَيْسَ مِثْلَ ذَلِكَ فِي الْمَعْنَى؛ لأَنَّ تِلْكَ بِمَعْنَى التَّصْيِيرِ، وَإِمَّا لأَنَّ هَذَا قَدْ يُبْنَى وَلا يَتَعَدَّى إِلَى أَكْثَرَ مِمَّا كَانَ مُتَعَدِّيًا إِلَيْهِ، كَقَوْلِكَ: ضَارَبْتُهُ، وَذَلِكَ فِي كُلِّ فِعْلٍ كَانَ مَفْعُولُهُ الأَصْلِيُّ هُوَ الَّذِي اشْتَرَكَ مَعَهُ فِي مَعْنَى فَاعَلَ، فَصَارَ هُوَ الْمُتَعَلِّقُ الأَصْلِيَّ، وَهُوَ الْمَفْعُولُ الَّذِي يَقْتَضِيهِ هَذَا الْبِنَاءُ، فَلَمَّا اتَّحَدَ مُتَعَلَّقُهُمَا لَمْ يُزَدْ مَفْعُولٌ آخَرُ، فَمِنْ أَجْلِ ذَلِكَ جَاءَ فِي هَذِهِ الْمَوَاضِعِ غَيْرَ زَائِدٍ مَفْعُولا؛ لأَجْلِ هَذَا الْبِنَاءِ، فَأُسْقِطَ مِنْ بَابِ أَسْبَابِ التَّعَدِّي لِذَلِكَ.

و(تَفَاعَلْتُ) مِثْلُهُ فِي الْمَعْنَى، وَإِنَّمَا نَقَصَ عَنْهُ مَفْعُولا مِنْ حَيْثُ إِنَّ وَضْعَهُ إِلَى الْمُشْتَرِكَيْنِ فِيهِ مِنْ جِهَةٍ وَاحِدَةٍ، فَوَجَبَ أَنْ يَكُونَ الْفَاعِلُ وَالْمَفْعُولُ اللَّذَانِ كَانَا فِي (فَاعَلَ) فَاعِلا لَهُ، فَوَجَبَ نَقْصُهُ عَنْهُ مَفْعُولا، وَلِذَلِكَ تَقُولُ: جَاذَبْتُ زَيْدًا الثَّوْبَ، فَإِذَا عَبَّرْتَ بِتَفَاعَلَ قُلْتَ: تَجَاذَبْنَا الثَّوْبَ، فَيَصِيرُ الْفَاعِلُ وَالْمَفْعُولُ اللَّذَانِ كَانَا فِي (فَاعَلَ) فَاعِلا لِـ (تَفَاعَلَ)، وَسِرُّهُ مَا ذَكَرْنَاهُ مِنْ أَنَّ وَضْعَ الأَوَّلِ عَلَى مَعْنَى نِسْبَتِهِ إِلَى فَاعِلٍ مَعَ تَعَلُّقِهِ بِغَيْرِهِ فِي أَنَّهُ فَعَلَ مِثْلَ ذَلِكَ، وَوَضْعُ الثَّانِي نِسْبَتُهُ إِلَى الْمُشْتَرِكَيْنِ فِيهِ مِنْ غَيْرِ قَصْدٍ إِلَى تَعَلُّقٍ لَهُ، فَلِذَلِكَ جَاءَ الأَوَّلُ زَائِدًا عَلَى الثَّانِي بِمَفْعُولٍ أَبَدًا، فَهَذَا مَعْنَى قَوْلِهِ: (وَلا يَخْلُو مِنْ أَنْ يَكُونَ مِنْ فَاعَلَ)، إِلَى آخِرِهِ.

قَوْلُهُ: (وَيَجِيءُ لِيُرِيَكَ الْفَاعِلَ أَنَّهُ فِي حَالٍ لَيْسَ فِيهَا)، إِلَى آخِرِهِ.

وَهَذَا مَعْنًى ثَانٍ لِـ (تَفَاعَلَ)، وَهُوَ كَثِيرٌ، وَحَاصِلُهُ رَاجِعٌ إِلَى الإِخْبَارِ عَنْ فَاعِلِهِ بِأَنَّهُ عَلَى حَالِ الْمَعْنَى الْمُشْتَقِّ مِنْهُ (تَفَاعَلَ)، وَهُوَ فِي الْحَقِيقَةِ عَلَى غَيْرِهَا، فَإِذَا قُلْتَ: تَجَاهَلَ زَيْدٌ، فَمَعْنَاهُ: أَنَّهُ عَلَى حَالِ الْجَهْلِ فِي الصُّورَةِ، وَلَيْسَ عَلَيْهَا فِي الْحَقِيقَةِ.

وَوَقَعَ لَفْظُ الْكِتَابِ: (وَيَجِيءُ لِيُرِيَكَ الْفَاعِلُ) بِالرَّفْعِ فِي الْفَاعِلِ، وَفِي بَعْضِ النُّسَخِ

(لِيُرِيَكَ الْفَاعِلَ) بِالنَّصْبِ، وَكِلاهُمَا ضَعِيفٌ، أَمَّا الرَّفْعُ؛ فَلأنَّهُ يَلْزَمُ مِنْهُ أَنْ يَكُونَ اللَّفْظُ جَاءَ لِيُرِيَ الْفَاعِلُ أَنَّهُ عَلَى تِلْكَ الصِّفَةِ، وَقَدْ يَكُونُ اللَّفْظُ جَاءَ لِيُرِيَ غَيْرُ الْفَاعِلِ أَنَّ الْفَاعِلَ عَلَى حَالٍ لَيْسَ فِيهَا، كَقَوْلِكَ لِلْمُخَاطَبِ: تَعَامَيْتُ وَتَجَاهَلْتُ، فَإِنَّهُ لا يَصْلُحُ هَاهُنَا أَنْ يُقَالَ: جِيءَ بِاللَّفْظِ؛ لِيُرِيَ الْفَاعِلُ أَنَّهُ فِي حَالٍ لَيْسَ فِيهَا، فَإِنَّ الْفَاعِلَ هَاهُنَا قَدْ يَكُونُ غَيْرَ قَاصِدٍ إِلَى إِرَادَةِ ذَلِكَ، بَلْ قَاصِدٌ إِلَى أَنْ لا يَطَّلِعَ عَلَيْهِ أَحَدٌ.

وَأَمَّا النَّصْبُ فَضَعِيفٌ أَيْضًا؛ لأنَّهُ يَصِيرُ الْمَعْنَى: وَيَجِيءُ لَفْظُ (تَفَاعَلَ) لِيُعْلِمَ اللَّفْظُ أَنَّ الْفَاعِلَ عَلَى حَالٍ لَيْسَ فِيهَا، وَهُوَ مَجَازٌ بَعِيدٌ، مَعَ ذَلِكَ فَإِنَّهُ عَلَى خِلافِ مَا يُعَبَّرُ بِهِ عَنْ مُعَانِي الأَلْفَاظِ هُوَ وَغَيْرُهُ.

وَالْوَجْهُ أَنْ يَكُونَ (وَلَيْسَ فِيهَا) بِالْوَاوِ؛ لِيَكُونَ مِنْ كَلامِ الْمُخْبِرِ بِمَعْنَاهُ لا صِفَةً لِحَالٍ، فَيَلْزَمُ دُخُولُهَا فِي حُكْمِ إِرَادَةِ الْفَاعِلِ، فَيَجِيءُ التَّنَاقُضُ، وَيَكُونُ الْمَعْنَى حِينَئِذٍ: وَيَجِيءُ بِمَعْنَى إِرَاءَةِ الْفَاعِلِ أَنَّهُ فِي حَالٍ، ثُمَّ قَالَ الْمُفَسِّرُ؛ أَيْ: الْمُخْبِرُ: (وَلَيْسَ فِيهَا)؛ أَيْ: وَتِلْكَ الْحَالُ فِي الْحَقِيقَةِ مُنْتَفِيَةٌ عَنْهُ؛ لأنَّ الْفَاعِلَ يُرَى أَنَّهُ فِي حَالٍ مُنْتَفِيَةٍ، فَيَسْتَقِيمُ الْمَعْنَى؛ لأنَّهُ لا يَنْفَكُّ مَعْنَاهُ عَنْ أَنَّ الْفَاعِلَ أَرَى مِنْ نَفْسِهِ ذَلِكَ، وَأَنَّهُ فِي الْحَقِيقَةِ لَيْسَ كَذَلِكَ، وَإِنَّمَا جَاءَ الْخَلَلُ مِنْ مَجِيءِ (لَيْسَ) فِيهَا صِفَةً لِحَالٍ، فَإِذَا جُعِلَتْ بِالْوَاوِ خَرَجَتْ عَنْ ذَلِكَ فَاسْتَقَامَ.

قَالَ: (وَبِمَنْزِلَةِ فَعَلْتُ) إِلَى آخِرِهِ.

لأنَّ الْمَعْنَى: أَنَّ ذَلِكَ حَصَلَ لِفَاعِلِهِ، كَقَوْلِكَ: قَامَ وَقَعَدَ، وَلا يَلْزَمُ أَنْ يَكُونَ لِلصِّيغَةِ الَّتِي بِمَعْنَى: فَعَلْتُ، وَهِيَ عَلَى غَيْرِ صِيغَةِ فَعَلْتُ.

(وَمُطَاوِعَ فَاعَلْتُ)، إِلَى آخِرِهِ. وَقَدْ تَقَدَّمَ مَعْنَى الْمُطَاوَعَةِ فِي فَصْلِ (تَفَعْلَلَ لِفَعْلَلَ)، وَهَذَا مِثْلُهُ لِـ (فَاعَلَ) فَلا حَاجَةَ إِلَى إِعَادَتِهِ.

قَالَ: (وَأَفْعَلَ لِلتَّعْدِيَةِ فِي الأَكْثَرِ، نَحْوُ: أَجْلَسْتُهُ وَأَمْكَنْتُهُ)، إِلَى آخِرِهِ.

قَالَ الشَّيْخُ: قَدْ تَقَدَّمَ مَعْنَى التَّعْدِيَةِ، وَهُوَ أَنْ تَجْعَلَ الْفِعْلَ لِفَاعِلٍ مُصَيِّرٍ لِمَنْ كَانَ فَاعِلا لَهُ قَبْلَ تَعْدِيَتِهِ مَنْسُوبًا إِلَيْهِ ذَلِكَ الْفِعْلُ، فَلِذَلِكَ يَصِيرُ غَيْرُ الْمُتَعَدِّي مُتَعَدِّيًا، وَالْمُتَعَدِّي إِلَى وَاحِدٍ يَتَعَدَّى إِلَى اثْنَيْنِ، وَالْمُتَعَدِّي إِلَى اثْنَيْنِ يَتَعَدَّى إِلَى ثَلاثَةٍ، كَقَوْلِكَ: أَخْرَجْتُهُ، وَأَشْمَمْتُهُ الطِّيبَ، وَأَعْلَمْتُ زَيْدًا عَمْرًا مُنْطَلِقًا.

وَيَكُونُ أَفْعَلُ أَيْضًا (لِلتَّعْرِيضِ لِلشَّيْءِ، وَأَنْ يُجْعَلَ بِسَبَبٍ مِنْهُ).

يَعْنِي: التَّعْرِيضَ لِلاسْمِ الْمُشْتَقِّ هُوَ مِنْهُ، كَقَوْلِكَ: أَقْتَلْتُهُ: إِذَا عَرَّضْتُهُ لِلْقَتْلِ، وَأَبَعْتُهُ:

إذا عَرَّضْتُهُ لِلْبَيْعِ، وَهُوَ قَلِيلٌ، (وَمِنْهُ أَقْبَرْتُهُ)، يَعْنِي: وَمِنْ أَفْعَلُ الَّذِي لِلتَّعْرِيضِ، وَإِنَّمَا نَوَّعَهُ؛ لأنَّ الأوَّلَ: تَعْرِيضٌ لِفِعْلٍ مَنْسُوبٍ إِلَيْهِ يَتَعَلَّقُ بِالْفِعْلِ مِنْ بَيْعٍ وَقَتْلٍ، وَالثَّانِي: تَعْرِيضٌ لِمَا لَيْسَ كَذَلِكَ، أَلا تَرَى أَنَّ جَعْلَهُ ذَا قَبْرٍ لَيْسَ مِثْلَ جَعْلِهِ الشَّيْءَ مُعَرَّضًا لِلْبَيْعِ وَالْقَتْلِ؛ لأنَّ الْقَبْرَ لَيْسَ فِعلا لَهُ يَتَعَلَّقُ بِالْمَفْعُولِ، فَأَرَادَ أَنْ يُبَيِّنَ أَنَّ الْبَابَيْنِ سَوَاءٌ فِي أَنَّهُ تَعْرِيضٌ لِلشَّيْءِ سَوَاءٌ كَانَ ذَلِكَ الشَّيْءُ فِعْلا لِفَاعِلِ أَفْعَلَ عَلَى الصِّفَةِ الْمَذْكُورَةِ أَوْ غَيْرَ ذَلِكَ.

ثُمَّ قَالَ: (أَوْ لِصَيْرُورَةِ الشَّيْءِ ذَا كَذَا).

أَيْ: لِصَيْرُورَتِهِ مَنْسُوبًا إِلَيْهِ الْمَعْنَى الْمُشْتَقُّ هُوَ مِنْهُ عَلَى وَجْهٍ مَا، كَأَغَدَّ الْبَعِيرُ؛ أَيْ: صَارَ ذَا غُدَّةٍ، وَأَجْرَبَ؛ أَيْ: صَارَ ذَا جَرَبٍ، وَكَانَ يَنْبَغِي أَنْ يَفْصِلَ بَيْنَ (أَغَدَّ) و(أَجْرَبَ) و(أَنْحَزَ) و(أَحَالَ)؛ لأنَّ (أَغَدَّ)، مَعْنَاهُ: أَنَّهُ صَارَ مَنْسُوبًا إِلَيْهِ مَا اشْتُقَّ مِنْهُ عَلَى جِهَةِ قِيَامِهِ بِهِ، وَهَذَا عَلَى جِهَةِ قِيَامِهِ بِمَالِهِ.

(وَمِنْهُ أَلامَ)، يَعْنِي: أَفْعَلَ الصَّيْرُورَةَ، وَإِنَّمَا فَصَلَهُ؛ لأَنَّهُ مَخْصُوصٌ بِمَا كَانَ الْفَاعِلُ آتِيًا بِذَلِكَ الشَّيْءِ الْمُشْتَقِّ هُوَ مِنْهُ، إِذْ مَعْنَى أَلامَ: أَتَى بِمَا يُلامُ عَلَيْهِ، فَهُوَ مُشَارِكٌ لَهُ فِيمَا ذَكَرْنَاهُ، إلا أَنَّ الْفَاعِلَ هَاهُنَا آتٍ بِهِ، وَلَيْسَ الأوَّلُ كَذَلِكَ، وَكَانَ يَنْبَغِي أَنْ يَفْصِلَ بَيْنَ (أَلامَ) و(أَرَابَ)، وَبَيْنَ (أَصْرَمَ) النَّخْلُ و(أَجَدَّ)؛ لأنَّ هَذَا لَيْسَ مِثْلَهُ فِي أَنَّهُ آتٍ بِذَلِكَ الْمَعْنَى، وَبَيْنَ الأوَّلِ أَيْضًا؛ لأَنَّهُ لَيْسَ مِثْلَهُ فِي أَنَّ الْمَعْنَى قَدْ حَصَلَ، وَإِنَّمَا الْمَعْنَى: قَارَبَ وَقْتُ حُصُولِهِ، فَنُزِّلَتْ مُقَارَبَتُهُ لَهُ مَنْزِلَةَ حُصُولِهِ، أَلا تَرَى أَنَّكَ تَقُولُ: أَصْرَمَ النَّخْلُ، وَأَجَدَّ الزَّرْعُ، وَهُوَ لَمْ يُصْرَمْ وَلَمْ يُجَدَّ، بِخِلافِ مَا تَقَدَّمَ، فَإِنَّهُ عَلَى مَعْنَى حُصُولِ ذَلِكَ الشَّيْءِ وَدُخُولِهِ فِي الْوُجُودِ.

وَمِنْهُ يَعْنِي: أَفْعَلَ لِلصَّيْرُورَةِ (أَبْشَرَ وَأَفْطَرَ)؛ أَيْ: صَارَ ذَا فِطْرٍ، وَذَا بُشْرَى، وَإِنَّمَا فَصَلَهُ؛ لأَنَّهُ مُطَاوِعٌ، فَأَفْطَرَ وَأَبْشَرَ مُطَاوِعُ فَعَّلَ، قَالُوا: بَشَّرْتُهُ فَأَبْشَرَ، وَفَطَّرْتُهُ فَأَفْطَرَ.

وَأَقْشَعَ مُطَاوِعُ قَشَعَ، يُقَالُ: قَشَعَ الرِّيحُ السَّحَابَ، فَأَقْشَعَ وَانْقَشَعَ، وَأَمَّا (أَلَبَّ) فَلَيْسَ لِدُخُولِهِ مَعَ مَا تَوَسَّطَهُ مَعْنًى؛ لأنَّ (أَلَبَّ بِالْمَكَانِ) بِمَعْنَى: أَقَامَ بِهِ، وَلَيْسَ مُطَاوِعًا لِشَيْءٍ، وَأَظُنُّهُ (أَكَبَّ) فَصُحِّفَ؛ لأَنَّهُ يُقَالُ: كَبَبْتُهُ فَأَكَبَّ وَانْكَبَّ، كَمَا يُقَالُ: قَشَعَتِ الرِّيحُ السَّحَابَ فَأَقْشَعَ وَانْقَشَعَ، فَيَسْتَقِيمُ حِينَئِذٍ.

ثُمَّ قَالَ: (وَلِوُجُودِ الشَّيْءِ عَلَى صِفَةٍ).

مَعْنَاهُ: لِوُجُودِ مَفْعُولِ الْفِعْلِ عَلَى الصِّفَةِ الْمُشْتَقِّ الْفِعْلُ مِنْهَا، كَقَوْلِكَ: أَحْمَدْتُ

الرَّجُلَ؛ أَيْ: وَجَدْتُهُ مَوْصُوفًا بِالْحَمْدِ، وَمِنْهُ مَا ذَكَرَهُ فِي الْحِكَايَةِ.

(وَلِلسَّلْبِ)، يَعْنِي: وَلِسَلْبِ الْمَعْنَى الْمُشْتَقِّ (أَفْعَلَ) مِنْهُ عَمَّنْ تَعَلَّقَ بِهِ الْفِعْلُ، كَقَوْلِكَ: أَعْجَمْتُ الْكِتَابَ؛ أَيْ: أَزَلْتُ عُجْمَتَهُ، وَأَشْكَيْتُهُ؛ أَيْ: أَزَلْتُ شِكَايَتَهُ، وَقَدْ يُجِيءُ ذَلِكَ سَلْبًا عَمَّنْ نُسِبَ إِلَيْهِ الْفِعْلُ، وَذَلِكَ إِذَا لَمْ يَكُنِ الْفِعْلُ مُتَعَدِّيًا، كَقَوْلِهِمْ: أَقْسَطَ؛ أَيْ: أَزَالَ عَنْهُ الْقِسْطَ، وَهُوَ الْجَوْرُ، وَلِذَلِكَ كَانَ مَعْنَى أَقْسَطَ: عَدَلَ، وَقَسَطَ: جَارَ، فَهُوَ مِنْ هَذَا الْبَابِ، فَكَانَ يَنْبَغِي أَنْ يَقُولَ: وَمِنْهُ أَقْسَطَ.

(وَيَجِيءُ بِمَعْنَى: فَعَلْتُ). وَهُوَ وَاضِحٌ، فَإِنَّهُ مُمَثَّلٌ بِمَا جَاءَ فِيهِ فَعَلَ.

قَالَ: (وَفَعَّلَ يُؤَاخِي أَفْعَلَ فِي التَّعْدِيَةِ).

وَقَدْ تَقَدَّمَ مَعْنَى التَّعْدِيَةِ، (وَمِنْهَا خَطَّأْتُهُ)، وَإِنَّمَا فَصَلَ قَوْلَهُ: خَطَّأْتُهُ إِلَى آخِرِهَا؛ لأَنَّهُ مُخَالِفٌ فِي أَنَّهُ لَمْ يُصَيِّرْهُ فِي الْحَقِيقَةِ فَاعِلا لِلْفِعْلِ الْمُشْتَقِّ هُوَ مِنْهُ، وَإِنَّمَا جَعَلَهُ مَنْسُوبًا إِلَى ذَلِكَ الْفِعْلِ؛ أَلا تَرَى أَنَّ مَعْنَى (خَطَّأْتُهُ)، قُلْتُ لَهُ: أَخْطَأْتَ، أَوْ نَسَبْتُهُ إِلَى الْخَطَأِ، وَكَذَلِكَ (فَسَّقْتُهُ)؛ أَيْ: قُلْتُ لَهُ: يَا فَاسِقُ، أَوْ نَسَبْتُهُ إِلَى الْفِسْقِ، وَلَيْسَ الْمَعْنَى صَيَّرْتُهُ فَاسِقًا؛ أَيْ: فَاعِلا لِفِعْلِ الْفُسُوقِ، كَمَا فِي قَوْلِكَ: غَرَّمْتُهُ وَفَرَّحْتُهُ، وَكَذَلِكَ: جَدَّعْتُهُ؛ أَيْ: قُلْتُ لَهُ: جَدْعًا، وَعَقَّرْتُهُ؛ أَيْ: قُلْتُ لَهُ: عَقْرًا.

قَالَ: (وَفِي السَّلْبِ).

أَيْ: يُؤَاخِي (أَفْعَلَ) فِيهِ أَيْضًا، وَقَدْ تَقَدَّمَ مَعْنَى السَّلْبِ، فَقَوْلُهُ: فَزَّعْتُهُ؛ أَيْ: أَزَلْتُ الْفَزَعَ عَنْهُ، وَكَذَلِكَ الْبَوَاقِي عَلَى مَا ذَكَرَ.

قَالَ: (وَفِي كَوْنِهِ بِمَعْنَى فَعَلَ).

يَعْنِي: أَنَّ فَعَّلَ يُؤَاخِي أَفْعَلَ فِي كَوْنِهِ بِمَعْنَى: فَعَلَ، كَقَوْلِكَ: زِلْتُهُ وَزَيَّلْتُهُ، وَمِزْتُهُ وَمَيَّزْتُهُ، وَهُمَا بِمَعْنَى وَاحِدٍ، كَمَا كَانَ قِلْتُ وَأَقَلْتُ بِمَعْنَى وَاحِدٍ.

قَالَ: (وَمَجِيئُهُ لِلتَّكْثِيرِ هُوَ الْغَائِبُ عَلَيْهِ).

يَعْنِي: أَنَّ ذَلِكَ هُوَ أَصْلُهُ وَالأَكْثَرُ فِي اسْتِعْمَالِهِمْ إِيَّاهُ، فَكَانَ الأَوْلَى تَقْدِيمَهُ، وَلَكِنَّهُ قَدَّمَ غَيْرَهُ لِمُؤَاخَاتِهِ لِـ (أَفْعَلَ)، وَقَدْ جَاءَ عُقَيْبَهُ، وَشَرْطُهُ التَّكْثِيرُ فِي الْفِعْلِ، أَوْ فِي الْفَاعِلِ، أَوْ فِي الْمَفْعُولِ، فَمِثَالُ الأَوَّلِ: جَوَّلَ وَطَوَّفَ، وَمِثَالُ الثَّانِي: مَوَّتَتِ الإِبِلُ، وَمِثَالُ الثَّالِثِ: غَلَّقْتُ الأَبْوَابَ، فَإِنْ فُقِدَ ذَلِكَ لَمْ يَسُغِ اسْتِعْمَالُهُ، فَلِذَلِكَ كَانَ قَوْلُكَ: مَوَّتَتِ الشَّاةُ خَطَأً، لانْتِفَاءِ جَمِيعِ ذَلِكَ؛ لأَنَّ هَذَا الْفِعْلَ لا يَسْتَقِيمُ تَكْثِيرُهُ بِالنِّسْبَةِ إِلَى الشَّاةِ، وَلا يَسْتَقِيمُ

تَكْثِيرُهَا وَهِيَ وَاحِدَةٌ، وَلَيْسَ ثَمَّةَ مَفْعُولٌ، فَيَكُونَ التَّكْثِيرُ لَهُ، فَلِذَلِكَ قَالَ فِي هَذِهِ الْمَسْأَلَةِ: (وَلا يُقَالُ لِلْوَاحِدِ) بِخِلافِ قَوْلِكَ: قَطَّعْتُ الثَّوْبَ، فَإِنَّ ذَلِكَ سَائِغٌ، وَإِنْ كَانَ الْفَاعِلُ وَاحِدًا، فَظَاهِرُ كَلامِهِ يُوهِمُ أَنَّ هَذَا الْبِنَاءَ لا يُقَالُ لِلْوَاحِدِ، وَلَكِنَّهُ أَطْلَقَهُ لِتَقَدُّمِ قَوْلِهِ: (وَهُوَ يُجَوِّلُ وَيُطَوِّفُ)؛ أَيْ: يُكْثِرُ الْجَوَلانَ وَالطَّوَافَ، فَعُلِمَ أَنَّ التَّكْثِيرَ قَدْ يَكُونُ فِي الْفِعْلِ نَفْسِهِ، وَقَدْ يَكُونُ فِي الْفَاعِلِ، فَقَوْلُهُ: (وَلا يُقَالُ لِلْوَاحِدِ) لَمْ يُرِدْ بِهِ إلا مَا لَمْ يَسْتَقِمْ فِيهِ تَكْثِيرُ الْفِعْلِ، وَإِنَّمَا يَكُونُ التَّكْثِيرُ فِي الْوَاحِدِ هُوَ الْمُصَحِّحَ.

قَالَ: (وَفَاعَلَ لأَنْ يَكُونَ مِنْ غَيْرِكَ إِلَيْكَ مَا كَانَ مِنْكَ إِلَيْهِ).

قَالَ الشَّيْخُ: أَرَادَ لأَنْ يَكُونَ مِنْ غَيْرِ الْفَاعِلِ إِلَى الْفَاعِلِ مَا كَانَ مِنَ الْفَاعِلِ إِلَيْهِ، فَقَدَّرَ الْفَاعِلَ مُخَاطَبًا، وَكَانَ الأَوْلَى أَنْ يَقُولَ: أَنْ يَكُونَ مِنْكَ إِلَى غَيْرِكَ مَا كَانَ مِنْهُ إِلَيْكَ، فَإِنَّهُ هُوَ الْمَفْهُومُ أَوَّلا مِنْ قَوْلِكَ: (خَاصَمْتُ زَيْدًا)، أَلا تَرَى أَنَّكَ مُسْنِدٌ إِلَى نَفْسِكَ أَوَّلا الْخِصَامَ وَتُوقِعُهُ عَلَى زَيْدٍ، فَكَانَ الأَوْلَى مِنَ التَّعَرُّضِ أَوَّلا لِلْمَفْعُولِ دُونَ الْفَاعِلِ، أَلا تَرَى أَنَّ مَعْنَى (فَاعَلَ): نِسْبَةُ الْفِعْلِ إِلَى الْفَاعِلِ وَاقِعًا عَلَى مَنْ شَارَكَهُ فِي أَصْلِ الْفِعْلِ الْمُشْتَقِّ هُوَ مِنْهُ، وَقَدْ تَقَدَّمَ تَحْقِيقُ ذَلِكَ فِي فَصْلِ (تَفَاعَلَ).

قَالَ: (فَإِذَا كُنْتَ الْغَالِبَ، قُلْتَ: (فَاعَلَنِي فَفَعَلْتُهُ).

وَقَدْ تَقَدَّمَ ذِكْرُ (فَعَلْتُ) فِي الْمُغَالَبَةِ، وَتَفْصِيلُ مُضَارِعِهِ.

(وَيَجِيءُ مَجِيءَ فَعَلْتُ).

يَعْنِي: أَنَّهُ يَأْتِي بِمَعْنَى: نِسْبَةِ (فَعَلَ) إِلَى فَاعِلٍ لا غَيْرَ، كَمَا يَأْتِي (فَعَلَ)، كَقَوْلِكَ: سَافَرْتُ بِمَعْنَى نِسْبَةِ السَّفَرِ إِلَى مُسَافِرٍ، وَلَيْسَ ثَمَّةَ فِعْلٌ ثُلاثِيٌّ مِنْ لَفْظِ سَافَرْتُ بِمَعْنَاهُ فَيُمَثَّلَ بِهِ، كَمَا فِي شَغَلْتُهُ وَأَشْغَلْتُهُ، وَمِزْتُهُ وَمَيَّزْتُهُ، وَلِذَلِكَ يَجِيءُ فِيهِ بَعْضُ اللَّبْسِ عَلَى الْقَاصِرِ فِي الْفَهْمِ.

(وَبِمَعْنَى أَفْعَلْتُ كَقَوْلِكَ: عَافَاكَ اللَّهُ).

يَعْنِي بِمَعْنَى: أَفْعَلْتُ فِي التَّعْدِيَةِ؛ لأَنَّ مَعْنَى (أَجْلَسْتُ زَيْدًا): صَيَّرْتُهُ ذَا جُلُوسٍ. وَمَعْنَى (عَافَاكَ اللَّهُ)؛ أَيْ: صَيَّرَكَ ذَا عَافِيَةٍ، فَشَبَّهَهُ بِهِ فِي ذَلِكَ، وَخَصَّ (أَفْعَلَ) وَإِنْ كَانَ (فَعَلَ) قَدْ يَأْتِي لِذَلِكَ؛ لِكَثْرَةِ (أَفْعَلَ) فِيهِ، وَلَوْ كَانَ لِعَافَاكَ فِعْلٌ ثُلاثِيٌّ مِنْ مَعْنَاهُ لازِمٌ، وَعَافَاكَ مُعَدٍّ لَهُ لاتَّضَحَ أَمْرُ التَّعْدِيَةِ فِيهِ، مِثْلُ: بَعُدَ وَبَاعَدْتُهُ، وَكَانَ تَمْثِيلُهُ بِبَاعَدْتُهُ أَوْلَى؛ لأَنَّهُ حِينَئِذٍ مِثْلُ جَلَسَ وَأَجْلَسْتُهُ، وَلَكِنَّهُ جَاءَ مُلْبِسًا؛ لأَنَّهُ مَوْضُوعٌ فِي أَصْلِهِ لِمَا ذَكَرْنَاهُ، وَلا يُقَالُ: عَفَا زَيْدٌ، بِمَعْنَى: قَامَتْ بِهِ عَافِيَةٌ، وَعَافَيْتُهُ بِمَعْنَى: صَيَّرْتُهُ قَائِمَةً بِهِ الْعَافِيَةُ، كَمَا

فِي بَعُدَ وَبَاعَدْتُهُ، وَلَكِنَّهُ وَاضِحٌ بِمَا ذَكَرْنَاهُ، وَكَذَلِكَ (طَارَقْتُ النَّعْلَ)؛ أَيْ: صَيَّرْتُهَا ذَاتَ طِرَاقٍ، وَتَقْرِيرُهُ عَلَى نَحْوِ مَا قُرِّرَ فِي: (عَافَاكَ اللَّهُ)، وَإِشْكَالُهُ كَإِشْكَالِهِ.

(وَبِمَعْنَى: فَعَّلْتُ).

يَعْنِي: لِلتَّكْثِيرِ؛ لأَنَّهُ هُوَ بَابُ فَعَّلْتُ الْكَثِيرُ، وَهُوَ وَاضِحٌ فِي ضَاعَفْتُ وَنَاعَمْتُ؛ لأَنَّ فِي مَعْنَاهُ: ضَعَّفْتُ وَنَعَّمْتُ، فَيَتَّضِحُ الأَمْرُ فِي مِثْلِ ذَلِكَ كَمَا تَقَدَّمَ.

قَالَ: (وَانْفَعَلَ لا يَكُونُ إلا مُطَاوِعَ فَعَلَ).

قَدْ تَقَدَّمَ مَعْنَى الْمُطَاوَعَةِ، فَلا حَاجَةَ إِلَى إِعَادَتِهِ، وَقَدِ اخْتَصَّ بِنَاءُ انْفَعَلَ بِهَا، وَلَكِنَّهُ فِي الأَكْثَرِ يَكُونُ الْمُطَاوِعُ عَلَى (فَعَلَ)، كَقَوْلِكَ: كَسَرْتُهُ فَانْكَسَرَ. وَقَدْ جَاءَ مُطَاوِعًا لِغَيْرِهِ قَلِيلا.

(وَلا يَقَعُ إلا حَيْثُ يَكُونُ عِلاجٌ وَتَأْثِيرٌ).

يَعْنِي: أَنَّهُمْ خَصُّوا هَذَا الْبِنَاءَ بِالْمَعَانِي الْوَاضِحَةِ لِلْحِسِّ دُونَ الْمَعَانِي الْمُجَرَّدَةِ عَنْهُ مُخْتَصَّةً بِالْعِلْمِ خَاصَّةً دُونَهُ، كَأَنَّهُمْ لَمَّا خَصُّوهُ بِالْمُطَاوَعَةِ الْتَزَمُوا أَنْ تَكُونَ جَلِيَّةً وَاضِحَةً، فَلِذَلِكَ لا يُقَالُ: عَلِمْتُهُ فَانْعَلَمَ، وَلا عَرَفْتُهُ فَانْعَرَفَ، وَكَذَلِكَ مَا كَانَ مِثْلُهُ، وَلِذَلِكَ كَانَ قَوْلُهُمْ: انْعَدَمَ لَيْسَ بِجَيِّدٍ.

(وَقَالُوا: قُلْتُهُ فَانْقَالَ)؛ لأَنَّ الْمَقُولَ مُعَالَجٌ بِتَحْرِيكِ اللِّسَانِ وَالشَّفَتَيْنِ، وَإِخْرَاجِ الصَّوْتِ، وَكُلُّ ذَلِكَ مِنْ بَابِ الْمَحْسُوسِ لِلْمُخَاطَبِ وَالْمُخَاطِبِ، فَإِنْ أُطْلِقَ (قُلْتُهُ فَانْقَالَ) عَلَى إِرَادَةِ الْمَعْنَى الْمَفْهُومِ مِنَ الْقَوْلِ، وَذَلِكَ لَيْسَ فِيهِ مَا اشْتُرِطَ مِنْ غَيْرِ أَنْ يُقْصَدَ إِلَى أَلْفَاظٍ مُحَقَّقَةٍ أَوْ مُقَدَّرَةٍ كَانَ فِي الامْتِنَاعِ نَظِيرَ (انْعَدَمَ).

قَالَ: (وَافْتَعَلَ يُشَارِكُ انْفَعَلَ فِي الْمُطَاوَعَةِ، كَقَوْلِكَ: غَمَمْتُهُ فَاغْتَمَّ).

قَالَ الشَّيْخُ: إلا أَنَّهُ يَكُونُ لِغَيْرِ الْمُطَاوَعَةِ، بِخِلافِ انْفَعَلَ، فَإِنَّهُ لا يَكُونُ إلا مُطَاوِعًا، وَقَدْ تَقَدَّمَ مَعْنَى الْمُطَاوَعَةِ.

(وَبِمَعْنَى تَفَاعَلَ).

يَعْنِي: أَصْلَ مَعْنَى (تَفَاعَلَ)، وَهُوَ الْمَوْضُوعُ لِمُتَعَدِّدَيْنِ مُشْتَرِكَيْنِ فِي أَصْلِ الْفِعْلِ الْمُشْتَقِّ هُوَ مِنْهُ، كَقَوْلِكَ: تَضَارَبُوا، وَتَخَاصَمُوا كَمَا تَقَدَّمَ، فَجَاءَ افْتَعَلَ أَيْضًا كَذَلِكَ قَلِيلا، كَقَوْلِكَ: اخْتَصَمُوا بِمَعْنَى: تَخَاصَمُوا، وَاجْتَوَرُوا بِمَعْنَى: تَجَاوَرُوا.

(وَبِمَعْنَى الاتِّخَاذِ). وَقَدْ تَقَدَّمَ مَعْنَى الاتِّخَاذِ، وَأَنَّهُ بِمَعْنَى: جَعْلِ الْفَاعِلِ مَا اشْتُقَّ مِنْهُ الْفِعْلُ لَهُ، كَقَوْلِكَ: تَوَسَّدْتُ التُّرَابَ؛ أَيْ: جَعَلْتُ التُّرَابَ وِسَادَةً، وَقَدِ اسْتُعْمِلَ (افْتَعَلَ)

كَذَلِكَ، كَقَوْلِكَ: اذَّبَحَ، إذَا اتَّخَذَ ذَبِيحَةً، وَكَذَلِكَ اطَّبَخَ وَاشْتَوَى، وَفَصَلَ بَيْنَهُمَا؛ لأنَّ لِهَذَا مُطَاوَعًا فِي الْمَعْنَى، كَقَوْلِهِمْ: وَزَنْتُ لَهُ فَاتَّزَنَ، وَكِلْتُ لَهُ فَاكْتَالَ، يُقَالُ: كَالَ الْبَائِعُ وَاكْتَالَ الْمُشْتَرِي؛ أَيْ: أَخَذَهُ مَكِيلا، وَأَخَذَهُ مَوْزُونَا، كَمَا فَصَلَ قَوْلَهُ: أَبْشَرَ وَأَفْطَرَ وَأَقْشَعَ عَمَّا قَبْلَهُ لِذَلِكَ، لِيُنَبِّهَ عَلَى أَنَّ مِنْهُ مَا هُوَ مُطَاوِعٌ، وَمِنْهُ مَا هُوَ غَيْرُ ذَلِكَ.

(وَبِمَنْزِلَةِ فَعَلَ، كَقَوْلِكَ: خَطِفَ وَاخْتَطَفَ).

وَلَيْسَ يَعْنِي: (فَعَلَ) بِفَتْحِ الْعَيْنِ، وَإِنَّمَا أَرَادَ (فَعَلَ) الَّذِي لا زِيَادَةَ فِيهِ، وَلِذَلِكَ يُقَالُ: (فَعَلَ) عَلَى ثَلاثَةِ أَضْرُبٍ: بِفَتْحِ الْعَيْنِ، وَكَسْرِهَا، وَضَمِّهَا، وَهُوَ وَاضِحٌ؛ لأَنَّهُ جَاءَ (افْتَعَلَ) فِيمَا جَاءَ فِيهِ (فَعَلَ) عَلَى مَا تَقَدَّمَ مِنْ أَنَّهُ أَوْضَحُ مِمَّا يَأْتِي بِمَعْنَى فَعَلَ، وَلَيْسَ مِنْهُ فَعَلَ.

(وَلِلزِّيَادَةِ عَلَى مَعْنَاهُ).

يَعْنِي: عَلَى مَعْنَى (فَعَلَ)، كَأَنَّهُ مِنْ بَابِ التَّكْثِيرِ فِي ذَلِكَ الْفِعْلِ، كَمَا جَاءَ (فَعَّلَ) لِلتَّكْثِيرِ.

(قَالَ سِيبَوَيْهِ: أَمَّا كَسَبْتُ، فَإِنَّهُ يَقُولُ: أَصَبْتُ، وَأَمَّا اكْتَسَبْتُ فَهُوَ التَّصَرُّفُ وَالطَّلَبُ).

يُرِيدُ أَنَّ مَعْنَى (كَسَبْتُ): حُصُولُ الْكَسْبِ عَلَى أَيِّ وَجْهٍ كَانَ، وَمَعْنَى (اكْتَسَبْتُ): تَكْثِيرٌ لِمَعْنَى أَصْلِ الْكَسْبِ، وَمِنْ ذَلِكَ قَوْلُهُ تَعَالَى: ﴿لَهَا مَا كَسَبَتْ وَعَلَيْهَا مَا اكْتَسَبَتْ﴾ [البقرة:٢٨٦]، وَفِيهِ تَنْبِيهٌ عَلَى لُطْفِ اللَّهِ تَعَالَى بِخَلْقِهِ وَرَحْمَتِهِ لَهُمْ، فَأَثْبَتَ لَهُمْ ثَوَابَ الْفِعْلِ عَلَى أَيِّ صِفَةٍ كَانَ، وَلَمْ يُثْبِتْ عَلَيْهِمْ عِقَابَ الْفِعْلِ إلا عَلَى وَجْهِ مُبَالَغَةٍ وَاعْتِمَالٍ فِيهِ.

قَالَ: (وَاسْتَفْعَلَ لِطَلَبِ الْفِعْلِ).

وَمَعْنَاهُ: نِسْبَةُ الْفِعْلِ إِلَى فَاعِلِهِ؛ لإِرَادَتِهِ تَحْصِيلَ الْفِعْلِ الْمُشْتَقِّ هُوَ مِنْهُ، كَمَا ذُكِرَ فِي الأَمْثِلَةِ.

ثُمَّ قَالَ: (وَمَرَّ مُسْتَعْجِلا)، كَالاعْتِرَاضِ عَلَى الْبَابِ، وَبَيَّنَ أَنَّ مَعْنَاهُ: أَنَّهُ طَالِبٌ ذَلِكَ مِنْ نَفْسِهِ، فَصَارَ جَارِيًا عَلَى قِيَاسِ الْبَابِ بِهَذَا التَّأْوِيلِ.

(وَمِنْهُ اسْتَخْرَجْتُهُ).

يَعْنِي: اسْتَفْعَلَ الَّذِي هُوَ لِطَلَبِ الْفِعْلِ، وَإِنَّمَا فَصَلَهُ؛ لأَنَّهُ يُسْتَعْمَلُ بِمَعْنَى: أَخْرَجْتُهُ؛ لأَنَّ الطَّالِبَ لِلشَّيْءِ قَدْ يُحَصِّلُهُ فَيَصِيرُ بِمَثَابَةِ الْفِعْلِ الْمُتَعَدِّي، فَلَمَّا أُطْلِقَ (اسْتَخْرَجْتُهُ) عَلَى الطَّالِبِ الْمُحَصِّلِ لِلْخُرُوجِ، صَارَ بِمَعْنَى: (أَخْرَجْتُهُ)، إلا أَنَّ فِي (اسْتَخْرَجْتُهُ) مَعْنَى الطَّلَبِ، فَنَبَّهَ عَلَى أَنَّهُ مِنْهُ، وَإِنْ وَافَقَ (أَخْرَجْتُهُ) فِي مَعْنَى الْحُصُولِ.

(وَلِلتَّحَوُّلِ عَنْ مَعْنَاهُ).

يَعْنِي: وَلِنسْبَةِ الْفِعْلِ إِلَى فَاعِلٍ لإِثْبَاتِ صِفَاتِ الأَمْرِ الْمُشْتَقِّ هُوَ مِنْهُ بَعْدَ أَنْ لَمْ يَكُنْ كَذَلِكَ، كَقَوْلِهِمْ: (اسْتَتْيَسَتِ الشَّاةُ)؛ أَيْ: صَارَتْ صِفَاتُهَا كَصِفَاتِ التَّيْسِ. و(اسْتَنْوَقَ الْجَمَلُ)؛ أَيْ: صَارَتْ صِفَتُهُ صِفَةَ النَّاقَةِ. وَكَذَلِكَ (اسْتَنْسَرَ الْبُغَاثُ)؛ أَيْ: صَارَتْ صِفَتُهُ صِفَةَ النَّسْرِ.

(وَلِلإِصَابَةِ عَلَى صِفَةٍ). وَقَدْ تَقَدَّمَ ذَلِكَ فِي بَابِ أَفْعَلَ، وَمِنْهُ قَوْلُهُمْ: اسْتَعْظَمْتُهُ؛ أَيْ: وَجَدْتُهُ كَذَلِكَ، كَمَا تَقُولُ: أَحْمَدْتُهُ؛ أَيْ: وَجَدْتُهُ مَحْمُودًا.

(وَبِمَنْزِلَةِ فَعَلَ)، كَقَوْلِهِمْ: قَرَّ، وَاسْتَقَرَّ، وَهُوَ وَاضِحٌ.

(وَافْعَوْعَلَ بِنَاءُ مُبَالَغَةٍ وَتَوْكِيدٍ). كَمَا فِي أَصْلِ (فَعَّلَ) فِي تَكْثِيرِ مَا اشْتُقَّ مِنْهُ، فَلِذَلِكَ كَانَ (اعْشَوْشَبَ الأَرْضُ) مُبَالَغَةً فِي كَثْرَةِ الْعُشْبِ، وَكَذَلِكَ (اخْشَوْشَنَ، وَاحْلَوْلَى)، وَبِذَلِكَ فَسَّرَهُ الْخَلِيلُ عَلَى مَا ذَكَرَ.

قَالَ: (وَمِنْ أَصْنَافِ الْفِعْلِ الرُّبَاعِيُّ لِلْمُجَرَّدِ مِنْهُ بِنَاءٌ وَاحِدٌ). وَهُوَ فَعْلَلَ.

(وَلِلْمَزِيدِ فِيهِ بِنَاآنِ: افْعَنْلَلَ، وَافْعَلَّلَ).

ذَكَرَ لِلْمَزِيدِ فِيهِ بِنَاءَيْنِ، وَأَسْقَطَ الثَّالِثَ، وَهُوَ أَكْثَرُ مِنَ الْبِنَاءَيْنِ اللَّذَيْنِ ذَكَرَهُمَا، وَهُوَ (تَفَعْلَلَ)، كَقَوْلِكَ: (تَدَحْرَجَ)، وَهُوَ وَهْمٌ مِنْهُ، وَقَدْ ذَكَرَ (تَفَعْلَلَ) فِي تَقَاسِيمِ الأَبْنِيَةِ الْمُتَقَدِّمَةِ، إلا أَنَّهُ بِاعْتِبَارِ زِيَادَةِ التَّاءِ وَاللامِ جَمِيعًا، و(تَدَحْرَجَ) لَيْسَ مِنْ ذَلِكَ؛ لأَنَّ لامَيْهِ أَصْلِيَّتَانِ، وَإِنِ اتَّفَقَا فِي أَنَّهُمَا يُوزَنَانِ جَمِيعًا بِـ (تَفَعْلَلَ)، و(افْعَلَلَّ) كَاقْشَعَرَّ لا يَأْتِي إلا مُضَاعَفًا بِلامَيْهِ الأَخِيرَتَيْنِ، كَاقْشَعَرَّ وَاطْمَأَنَّ، وَلِذَلِكَ يَقُولُ بَعْضُهُمْ: (افْعَلَلَّ) نَظَرًا إِلَى مَا يَصِيرُ إِلَيْهِ بَعْدَ الإِدْغَامِ، وَمِنْهُمْ مَنْ يَقُولُ: (افْعَلَّلَ) نَظَرًا إِلَى مَا هُوَ أَصْلُهُ قَبْلَ الإِدْغَامِ، وَهَذَا أَوْلَى؛ لأَنَّهُ لَوْ جَاءَ مِنْهُ مُعْتَلُّ اللامِ لَوَجَبَ أَنْ يَكُونَ غَيْرَ مُدْغَمٍ؛ لِوُجُوبِ إِعْلالِ الثَّانِي، كَمَا فِي قَوْلِهِمْ: (احْوَاوَى) فِي بَابِ (افْعَالَّ)، وَهُوَ بَابٌ أَيْضًا لا يَجِيءُ إلا مُضَاعَفًا، فَلَمَّا جَاءَ فِي الْمُعْتَلِّ لَمْ يُمْكِنْ إِدْغَامُهُ؛ لِفَوَاتِ الْمُمَاثَلَةِ بِالإِعْلالِ، وَكَذَلِكَ (ارْعَوَى) فِي بَابِ (افْعَلَّ)، فَظَهَرَ أَنَّ الْوَجْهَ أَنْ يُقَالَ: (افْعَلَّلَ) لا (افْعَلَلَّ).

قَالَ: (وَكِلا بِنَاءَيِ الْمَزِيدِ فِيهِ غَيْرُ مُتَعَدٍّ، وَهُمَا فِي الرُّبَاعِيِّ نَظِيرُ انْفَعَلَ، وَافْعَلَّ، وَافْعَالَّ).

يَعْنِي: أَنَّهُمْ لَمَّا خَصُّوا مِنَ الثُّلاثِيِّ مَا زَادُوا فِيهِ أَلِفًا وَنُونًا لِلْمَعَانِي الَّتِي هِيَ غَيْرُ مُتَعَلِّقَةٍ خَصُّوا مَا زَادُوا فِيهِ أَلِفًا وَنُونًا مِنَ الرُّبَاعِيِّ بِمِثْلِ ذَلِكَ، فَكَمَا أَنَّهُمْ جَعَلُوا (انْفَعَلَ)

فِي الثُّلاثِيِّ غَيْرَ مُتَعَدٍّ لِمَا ذَكَرْنَاهُ، فَكَذَلِكَ (احْرَنْجَمَ) فِي الرُّبَاعِيِّ.

قَالَ سِيبَوَيْهِ: (زَادُوا نُونًا وَأَلِفًا فِي هَذَا كَمَا زَادُوهُمَا فِي الثُّلاثِيِّ).

وَكَذَلِكَ لَمَّا خَصُّوا بابَ (افْعَالَّ) فِي الثُّلاثِيِّ، وَهُوَ مَزِيدٌ فِيهِ هَمْزَةُ وَصْلٍ قَبْلَ الْفَاءِ مُضَاعَفًا لامُهُ سَاكِنًا مَا قَبْلَهُمَا، فَكَذَلِكَ جَعَلُوا مِثْلَهُ فِي الرُّبَاعِيِّ؛ لأَنَّ (اقْشَعْرَرَ) زِيدَتْ فِيهِ هَمْزَةٌ، وَهُوَ مُضَاعَفُ اللامِ سَاكِنُ مَا قَبْلَهُمَا فَشَبَّهُوهُ بِهِ كَمَا شَبَّهُوا (افْعَنْلَلَ) بِـ (انْفَعَلَ)، وَاللَّهُ أَعْلَمُ بِالصَّوَابِ.

الْقِسْمُ الثَّالِثُ

الْحُرُوفُ

قَالَ صَاحِبُ الْكِتَابِ:

الْحَرْفُ مَا دَلَّ عَلَى مَعْنًى فِي غَيْرِهِ... إِلَى آخِرِهِ

قَالَ الشَّيْخُ: مَعْنَى قَوْلِهِمْ: (فِي غَيْرِهِ): أَيْ أَنَّ الْمَعْنَى الَّذِي دَلَّ عَلَيْهِ الْحَرْفُ يَتَعَلَّقُ بِمُتَعَلَّقٍ لا بُدَّ مِنْ ذِكْرِهِ مِنْ حَيْثُ الْوَضْعُ، بِخِلافِ الاسْمِ وَالْفِعْلِ؛ لأَنَّهُمَا يَدُلانِ عَلَى الْمَعْنَى مِنْ غَيْرِ أَنْ يَتَوَقَّفَ مَعْنَاهُمَا عَلَى مُتَعَلَّقٍ مِنْ حَيْثُ الْوَضْعِ، وَبَيَانُ ذَلِكَ أَنَّ (مِنْ) فِي قَوْلِكَ: (سِرْتُ مِنَ الْبَصْرَةِ)، مَعْنَاهُ: أَنَّ ابْتِدَاءَ سَيْرِي مِنَ الْبَصْرَةِ، فَلَمْ يَكُنْ بُدٌّ مِنْ ذِكْرِ الْمُتَعَلَّقِ الَّذِي هُوَ الْبَصْرَةُ، بِخِلافِ مَا لَوْ قُلْتَ: (ابْتِدَاءُ سَيْرِي حَسَنٌ)، فَإِنَّهُ يَصِحُّ مِنْ غَيْرِ أَنْ يُذْكَرَ مُتَعَلَّقُهُ، فَهَذَا مَعْنَى قَوْلِهِمْ: (فِي نَفْسِهِ فِي الاسْمِ وَالْفِعْلِ، وَفِي غَيْرِهِ فِي الْحَرْفِ). وَلِذَلِكَ لَمْ يَقَعْ مُخْبَرًا عَنْهُ وَلا وَبِهِ، بِخِلافِ الاسْمِ وَالْفِعْلِ.

وَقَدْ أُورِدَ عَلَى قَوْلِ النَّحْوِيِّينَ: الْحَرْفُ لا يُخْبَرُ عَنْهُ وَلا يُخْبَرُ بِهِ أَنَّهُ قَدْ أُخْبِرَ عَنْهُ بِقَوْلِكُمْ: لا يُخْبَرُ عَنْهُ، فَإِنَّهُ خَبَرٌ عَنْهُ، وَهَذَا بِعَيْنِهِ يُورِدُ عَلَى الْفِعْلِ إِذَا قِيلَ: لا يُخْبَرُ عَنْهُ وَيُخْبَرُ بِهِ، فَإِنَّ ذَلِكَ خَبَرٌ عَنْهُ.

وَجَوَابُهُ: أَنَّ الْمَحْكُومَ بِكَوْنِهِ لا يُخْبَرُ بِهِ وَلا يُخْبَرُ عَنْهُ إِنَّمَا هُوَ أَلْفَاظُ الْحُرُوفِ بِاعْتِبَارِ مُعَانِيهَا الْمُسْتَعْمَلَةِ هِيَ فِيهَا، وَأَمَّا قَوْلُهُ: (الْحَرْفُ)، فَلَيْسَ مِنْ ذَلِكَ، وَكَذَلِكَ قَوْلُهُمْ: (مِنْ) حَرْفُ جَرٍّ فَإِنَّهُ أُخْبِرَ عَنِ الْحَرْفِ، وَلَوْلا أَنَّهُ خَبَرٌ عَنِ الْحَرْفِ لَمْ يَصْدُقْ قَوْلُنَا: حَرْفُ جَرٍّ، وَلَكِنْ لَيْسَ ذَلِكَ الْمَعْنِيَّ بِقَوْلِهِمْ، فَإِنَّ هَذَا لَمْ يُخْبَرْ عَنْهُ بِاعْتِبَارِ لَفْظِهِ وَمَعْنَاهُ الْمُسْتَعْمَلِ هُوَ فِيهِ، وَإِنَّمَا أُخْبِرَ عَنْهُ بِاعْتِبَارِ لَفْظِهِ، وَهُوَ بِهَذَا الْمَعْنَى اسْمٌ، أَلا تَرَى أَنَّكَ تَقُولُ: (مِنْ) مُبْتَدَأٌ، وَحَرْفُ جَرٍّ خَبَرُ مُبْتَدَأٍ مَحْذُوفٍ، وَلا يَقَعُ مُبْتَدَأً إِلا الأَسْمَاءُ.

فَإِنْ قِيلَ: كَيْفَ يَصِحُّ أَنْ يَكُونَ اسْمًا، وَقَدْ أُخْبِرَ عَنْهُ بِأَنَّهُ حَرْفٌ، وَهَلْ هَذَا إِلا تَنَاقُضٌ؟

فَالْجَوَابُ: أَنَّ الْوَجْهَ الَّذِي كَانَ بِهِ اسْمًا غَيْرُ الْوَجْهِ الَّذِي أُخْبِرَ عَنْهُ بِأَنَّهُ حَرْفٌ، أَلا تَرَى أَنَّكَ تَقُولُ فِي (مِنْ) وَشِبْهِهَا: هَذِهِ الْكَلِمَةُ حَرْفٌ، وَلا يَشُكُّ ذُو عَقْلٍ أَنَّ قَوْلَكَ هَذِهِ اسْمٌ، وَمَعَ ذَلِكَ فَقَدْ أَخْبَرْتَ عَنْهُ بِأَنَّهُ حَرْفٌ؛ لأَنَّ لَفْظَ الْكَلِمَةِ صَالِحٌ إِطْلاقُهُ عَلَى الاسْمِ وَالْفِعْلِ وَالْحَرْفِ جَمِيعًا، فَإِذَا قُلْتَ: هَذِهِ الْكَلِمَةُ حَرْفٌ وَأَنْتَ تَعْنِي (مِنْ) أَوْ غَيْرَهَا كَانَ ذَلِكَ صَحِيحًا، فَكَذَلِكَ إِذَا قُلْتَ: (مِنْ) حَرْفٌ؛ لأَنَّكَ لَمْ تَقْصِدْ إلا إِلَى نَفْسِ اللَّفْظِ بِاعْتِبَارِ كَوْنِهِ كَلِمَةً، وَهَذَا بِعَيْنِهِ يُجَابُ بِهِ عَنِ الْفِعْلِ، فَإِنَّهُمْ لَمْ يَعْنُوا بِقَوْلِهِمْ: لا يُخْبَرُ عَنْهُ إلا فِي حَالِ اسْتِعْمَالِهِمْ لَهُ عَلَى حَسَبِ وَضْعِهِ فِي مَعْنَاهُ فِي مِثْلِ قَوْلِكَ: ضَرَبَ زَيْدٌ، فَأَمَّا إِذَا قُلْتَ: الْفِعْلُ يُخْبَرُ بِهِ، فَلَيْسَ هُوَ الْمُرَادَ؛ لأَنَّكَ لَمْ تَسْتَعْمِلْ لَفْظَ مَا هُوَ فِعْلٌ بِمَعْنَاهُ، وَإِنَّمَا اسْتَعْمَلْتَ اسْمَهُ، كَمَا اسْتَعْمَلْتَ اسْمَ الْحَرْفِ فِي قَوْلِكَ: الْحَرْفُ، وَكَذَلِكَ إِذَا قُلْتَ: (ضَرَبَ) فِعْلٌ مَاضٍ، فَإِنَّكَ وَإِنِ اسْتَعْمَلْتَ اللَّفْظَ لَمْ تَسْتَعْمِلْهُ بِاعْتِبَارِ مَعْنَاهُ الْمَوْضُوعِ هُوَ لَهُ، أَلا تَرَى أَنَّكَ لا تَعْنِي بِقَوْلِكَ: (ضَرَبَ) إلا نَفْسَ اللَّفْظِ، وَلَمْ تَسْتَعْمِلْهُ بِاعْتِبَارِ مَعْنَاهُ الْمَوْضُوعِ هُوَ لَهُ، وَإِنَّمَا قَصَدْتَ إِلَى حِكَايَةِ اللَّفْظَةِ الْوَاقِعَةِ فِي كَلامٍ غَيْرِ ذَلِكَ، فَهَذَا هُوَ الْوَجْهُ فِي صِحَّةِ قَوْلِهِمْ: الْحَرْفُ لا يُخْبَرُ بِهِ وَلا يُخْبَرُ عَنْهُ، وَالْفِعْلُ لا يُخْبَرُ عَنْهُ.

قَالَ: (وَمِنْ ثُمَّ لَمْ يَنْفَكَّ مِنَ اسْمٍ أَوْ فِعْلٍ يَصْحَبُهُ).

يَعْنِي: وَلِكَوْنِهِ مَوْضُوعًا لِمَعْنًى فِي غَيْرِهِ مُحْتَاجًا إِلَيْهِ فِي الاسْتِعْمَالِ وَجَبَ أَنْ يَذْكُرَ مَعَهُ غَيْرَهُ، وَوَجَبَ أَنْ يَكُونَ فِعْلا أَوِ اسْمًا لِئَلا يُؤَدِّي إِلَى تَسَلْسُلٍ، فَلَمْ يَكُنْ بُدٌّ مِنْ فِعْلٍ أَوِ اسْمٍ يَصْحَبُهُ.

قَالَ: (إلا فِي مَوَاضِعَ مَخْصُوصَةٍ حُذِفَ فِيهَا الفِعْلُ وَاقْتُصِرَ على الحَرْفِ، فَجَرَى مَجْرَى النَّائِبِ).

قَوْلُهُ: (إلا فِي مَوَاضِعَ) لَيْسَ بِسَدِيدٍ؛ لأَنَّهُ يُوهِمُ صِحَّةَ اسْتِعْمَالِ الْحَرْفِ فِي بَعْضِ الْمَوَاضِعِ مِنْ غَيْرِ مُتَعَلَّقٍ، وَلَيْسَ بِصَحِيحٍ، فَإِنَّ الْمَحْذُوفَ إِذَا كَانَ مُرَادًا فَهُوَ فِي حُكْمِ الْمَوْجُودِ، أَلا تَرَى أَنَّهُ لا بُدَّ لِكُلِّ فَاعِلٍ مِنْ رَافِعٍ، وَلا يَصِحُّ أَنْ يُقَالَ: إلا فِي بَعْضِ الْمَوَاضِعِ، وَإِنْ كَانَ الرَّافِعُ قَدْ يَكُونُ مَحْذُوفًا، وَكَذَلِكَ النَّاصِبُ وَغَيْرُهُ مِمَّا يَجُوزُ فِيهِ الْحَذْفُ، وَهُوَ مُحْتَاجٌ إِلَيْهِ.

فَإِنْ قِيلَ: يَصِحُّ جَعْلُهُ اسْتِثْنَاءً مُنْقَطِعًا تَبْيِينًا لِجَوَازِ حَذْفِ الْمُتَعَلَّقِ؟

قِيلَ: لَيْسَتْ هَذِهِ عِبَارَةَ الاسْتِثْنَاءِ الْمُنْقَطِعِ، فَإِنَّ الاسْتِثْنَاءَ الْمُنْقَطِعَ بِمَثَابَةِ لَكِنَّ، وَلا يَقَعُ بَعْدَهُ إلا الاسْمُ أَوْ مَا فِي مَعْنَاهُ، فَلَوْ قَالَ: إلا أَنَّهُ يَكُونُ كَذَا وَكَذَا كَانَ مُسْتَقِيمًا، وَأَمَّا مِثْلُ هَذِهِ الْعِبَارَةِ فَلا تُحْمَلُ إلا عَلَى الاسْتِثْنَاءِ الْمُفَرَّغِ، كَأَنَّهُ قَالَ: لَمْ يَنْفَكَّ فِي كُلِّ مَوْضِعٍ إلا فِي مَوَاضِعَ مَخْصُوصَةٍ.

وَقَوْلُهُ: (حُذِفَ فِيهَا الْفِعْلُ وَاقْتُصِرَ عَلَى الْحَرْفِ) لَيْسَ بِسَدِيدٍ أَيْضًا؛ لأَنَّهُ يُوهِمُ أَنَّ الْحَذْفَ إِنَّمَا يَكُونُ فِي الْفِعْلِ دُونَ الاسْمِ؛ لأَنَّهُ وَقَعَ إِثْبَاتًا بَعْدَ النَّفْيِ؛ وَلأَنَّهُ فِي مَحَلِّ التَّعْلِيمِ، فَإِذَا ذَكَرَ حُكْمًا وَخَصَّصَهُ بِقِسْمٍ أَشْعَرَ ذَلِكَ أَنَّ غَيْرَهُ لَيْسَ مِثْلَهُ، وَقَدْ يُحْذَفُ الاسْمُ أَيْضًا، فَلا مَعْنَى لِخُصُوصِيَّةِ ذِكْرِ الْفِعْلِ، وَبَيَانُهُ أَنَّهُ إِذَا قِيلَ: أَزَيْدٌ قَائِمٌ؟ فَقُلْتَ: نَعَمْ كَانَ الْمَحْذُوفُ الاسْمَ، كَمَا أَنَّهُ قَالَ: أَقَامَ زَيْدٌ؟ فَقُلْتَ: نَعَمْ. كَانَ الْمَحْذُوفُ الْفِعْلَ، وَكَذَلِكَ (بَلَى) فِي قَوْلِكَ: (أَمَا زَيْدٌ قَائِمٌ)، وَ(أَمَا قَامَ زَيْدٌ)، فَقَدْ تَبَيَّنَ أَنَّ الْفِعْلَ وَالاسْمَ سِيَّانِ فِي صِحَّةِ حَذْفِهِمَا مَعَ الْحَرْفِ، إلا أَنَّ بَعْضَ مَا مَثَّلَهُ يَخْتَصُّ بِالْفِعْلِ؛ لِتَعَذُّرِ مَعْنَاهُ فِي الاسْمِ، مِثْلُ قَوْلِهِ: (يَا زَيْدُ)، وَ(كَأَنْ قَدِ).

وَمِنْ أَصْنَافِ الْحَرْفِ حُرُوفُ الإِضَافَةِ

قَالَ: (سُمِّيَتْ بِذَلِكَ؛ لأَنَّ وَضْعَهَا عَلَى أَنْ تُفْضِيَ بِمَعَانِي الأَفْعَالِ إِلَى الأَسْمَاءِ).

قَالَ الشَّيْخُ: أَيْ تُوصِلُ مَعَانِي الأَفْعَالِ إِلَى الأَسْمَاءِ، فَسُمِّيَتْ بِاعْتِبَارِ مَعْنَاهَا، كَمَا قِيلَ: حُرُوفُ النَّفْيِ، وَحُرُوفُ الاسْتِفْهَامِ، وَغَيْرُ ذَلِكَ، فَسُمِّيَتْ حُرُوفَ الإِضَافَةِ، وَحُرُوفَ الْجَرِّ؛ لأَنَّهَا تُضِيفُ مَعَانِي الأَفْعَالِ إِلَى الأَسْمَاءِ؛ أَيْ: تُوصِلُهُ، وَكَذَلِكَ تَجُرُّهُ، أَوْ يَكُونُ الْجَرُّ الْمُرَادُ بِهِ نَفْسَ الإِعْرَابِ، فَكَأَنَّهَا أُضِيفَتْ إِلَى الإِعْرَابِ الَّذِي هُوَ مَعْمُولُهَا، كَمَا يُقَالُ: حُرُوفُ النَّصْبِ وَحُرُوفُ الْجَزْمِ، وَكُلُّهَا اشْتَرَكَتْ فِي أَنَّهَا تُوصِلُ عَلَى ذَلِكَ، وَإِنِ اخْتَلَفَتْ مَعَانِيهَا وَزَادَ ذَلِكَ عَلَى مَا يُفَسَّرُ.

قَوْلُهُ: (وَهِيَ فَوْضَى فِي ذَلِكَ)؛ أَيْ: مُسْتَوِيَةٌ، (وَإِنِ اخْتَلَفَتْ بِهَا وُجُوهُ الإِفْضَاءِ)؛ أَيْ: فِي الإِضَافَةِ وَالإِيصَالِ.

ثُمَّ قَالَ: (وَهِيَ عَلَى ثَلاثَةِ أَضْرُبٍ)، إِلَى آخِرِهِ.

قَالَ الشَّيْخُ: فَإِنْ قِيلَ: فَلِمَ لَمْ يَجْعَلْ (مِنْ) مِنْ قَبِيلِ مَا اسْتُعْمِلَ حَرْفًا وَفِعْلا؛ لأَنَّهُ أَمْرٌ مِنْ (مَانَ يَمِينُ)، وَ(إِلَى) مِنْ قَبِيلِ مَا اسْتُعْمِلَ حَرْفًا وَاسْمًا؛ لأَنَّ (إِلًى) مَعْنَاهُ: نِعْمَةٌ، وَجَمْعُهُ (آلاءُ)، وَكَذَلِكَ غَيْرُهُمَا؟

فَالْجَوَابُ: أَنَّهُ لا يَصِيرُ (مِنْ) فِعْلا إلا بِإِعْلالٍ وَتَغْيِيرٍ، وَلَمْ يُرِدْ إلا أَنَّهُ يَكُونُ عَلَى ذَلِكَ بِأَصْلِ وَضْعِهِ مِنْ غَيْرِ إعْلالٍ، وَإلا وَجَبَ أَنْ يَقُولَ: اللامُ حَرْفٌ وَفِعْلٌ فِي قَوْلِكَ: (لِ عَمْرًا أَمْرًا) مِنْ قَوْلِكَ: (وَلِيَ يَلِي)، وَهَذَا بِعَيْنِهِ يُجَابُ بِهِ إذَا قِيلَ: إنَّ (عَلَى) يَكُونُ حَرْفًا وَفِعْلا، وَلَمْ يَذْكُرْهَا إلا اسْمًا وَحَرْفًا، فَكَانَ يَجِبُ أَنْ يَجْعَلَهَا قِسْمًا بِرَأْسِهِ، فَيُقَالَ: إنَّهَا لا تَكُونُ فِعْلا إلا بِإِعْلالٍ، ألا تَرَى أَنَّكَ تَقُولُ عِنْدَ تَصْحِيحِهَا لانْتِفَاءِ مُوجِبِ الإعْلالِ: عَلَوْتُ وَعَلَوْنَ، فَتَرْجِعُ إِلَى لَفْظٍ آخَرَ غَيْرِ ذَلِكَ، وَلِذَلِكَ لَمْ يَذْكُرْهَا مُسْتَعْمَلَةً فِعْلا مِنْ حَيْثُ هُوَ هُوَ.

فَإِنْ قِيلَ: فَاسْتِعْمَالُهَا اسْمًا كَاسْتِعْمَالِ (إِلَى) الَّتِي هِيَ النِّعْمَةُ اسْمًا، وَقَدْ ذَكَرْتُمْ أَنَّهُ تَرَكَ ذِكْرَهَا لَمَّا كَانَتْ إِنَّمَا تَكُونُ كَذَلِكَ بِالإعْلالِ، فَلِمَ لَمْ يَقُولُوا فِي (عَلَى) إذَا كَانَتِ اسْمًا: إنَّهَا لا تَكُونُ كَذَلِكَ إلا بِالإِعْلالِ، فَتَتْرُكُوا ذِكْرَهَا مُسْتَعْمَلَةً اسْمًا؟

فَالْجَوَابُ: أَنَّ (عَلَى) الاسْمِيَّةَ لَيْسَتْ كَـ (إِلَى) الَّتِي هِيَ النِّعْمَةُ؛ لأَنَّ (إِلَى) بِمَعْنَى: النِّعْمَةِ، اسْمٌ مُتَمَكِّنٌ، وَأَلِفُهُ مُنْقَلِبَةٌ عَنْ يَاءٍ قَطْعًا، فَلَمْ تَصِرْ كَذَلِكَ إلا بِالإعْلالِ، وَأَمَّا (عَلَى) الاسْمِيَّةُ فَمَبْنِيَّةٌ غَيْرُ مُتَمَكِّنَةٍ، وَالْمَبْنِيَّاتُ بِالأَصَالَةِ لا يُقَدَّرُ لأَلِفَاتِهَا أُصُولٌ، بَلْ هِيَ كَأَلِفَاتِ الْحُرُوفِ، فَلِذَلِكَ حُكِمَ بِاسْتِعْمَالِهَا حَرْفًا وَاسْمًا؛ لأَنَّهَا كَذَلِكَ فِي أَصْلِ وَضْعِهَا حَرْفًا وَاسْمًا مِنْ غَيْرِ إعْلالٍ.

فَإِنْ قِيلَ: فَقَدْ ذَكَرَ (خَلا) وَأَخَوَاتِهِ حَرْفًا وَفِعْلا، و(خَلا) الْفِعْلُ تَقُولُ فِيهِ: (خَلا يَخْلُو وَخَلَوْتُ)، فَلا يَصِيرُ كَذَلِكَ إلا بِالإِعْلالِ، فَهُوَ مِثْلُ (عَلَى) فِي الْفِعْلِيَّةِ، فَلِمَ ذَكَرَهُ فِي الْفِعْلِيَّةِ، وَلَمْ يَذْكُرْ (عَلَى)؟

فَالْجَوَابُ: أَنَّ (خَلا) وَأَخَوَاتِهَا الَّتِي ذَكَرَهَا فِي الْفِعْلِيَّةِ لَيْسَتْ (خَلا) الَّتِي تَقُولُ فِيهَا: خَلَوْتُ، وَإِنَّمَا هِيَ (خَلا) الْوَاقِعَةُ فِي الاسْتِثْنَاءِ، وَتِلْكَ غَيْرُ مُتَصَرِّفَةٍ بِمَثَابَةِ (عَلَى) فِي الأَسْمَاءِ، وَأَلِفَاتُ الأَفْعَالِ الَّتِي لا تَصَرُّفَ لَهَا يُلْجَأُ إِلَى تَغْيِيرِهَا كَأَلِفَاتِ غَيْرِ الْمُتَمَكِّنِ مِنَ الأَسْمَاءِ، فَهَذَا وَجْهُ ذِكْرِهَا فِي الْفِعْلِيَّةِ دُونَ ذِكْرِ (عَلَى).

ثُمَّ قَالَ: (وَ (مِنْ) مَعْنَاهَا: ابْتِدَاءُ الْغَايَةِ)، إِلَى آخِرِهِ.

قَالَ الشَّيْخُ: وَتَعْرِفُهَا بِأَنْ يَصِحَّ مَعَهَا (إِلَى) لِلانْتِهَاءِ لَفْظًا أَوْ تَقْدِيرًا، كَقَوْلِكَ: سِرْتُ مِنَ الْبَصْرَةِ إِلَى بَغْدَادَ، وَقَدْ تَأْتِي لِغَرَضِ الابْتِدَاءِ دُونَ أَنْ يُقْصَدَ إِلَى انْتِهَاءٍ مَخْصُوصٍ إذَا كَانَ الْمَعْنَى لا يَقْتَضِي إلا الْمُبْتَدَأَ مِنْهُ، كَقَوْلِكَ: أَعُوذُ بِاللَّهِ مِنَ الشَّيْطَانِ، و(زَيْدٌ أَفْضَلُ

مِنْ عَمْرٍو)، وَأَشْبَاهُ ذَلِكَ.

وَتَكُونُ مُبَعِّضَةً، وَتَعْرِفُهَا بِأَنْ يَصِحَّ مَوْضِعَهَا بَعْضٍ، كَقَوْلِكَ: (أَخَذْتُ مِنَ الدَّرَاهِمِ)، وَقَدْ تَكُونُ مُبَيِّنَةً، وَتَعْرِفُهَا بِأَنْ تَكُونَ كَالصِّفَةِ لِمَا قَبْلَهَا، كَقَوْلِهِ تَعَالَى: "فَاجْتَنِبُوا الرِّجْسَ مِنَ الْأَوْثَانِ" [الحج:٣٠]؛ أَيِ: الَّذِي هُوَ الْوَثَنُ، وَقَدْ قِيلَ: إِنَّ الْمُبَعِّضَةَ مَا يَكُونُ الْمَذْكُورُ قَبْلَهَا لَفْظًا أَوْ مَعْنًى بَعْضًا مِمَّا بَعْدَهَا، وَالَّتِي لِلتَّبْيِينِ عَكْسُ ذَلِكَ، فَعَلَى هَذَا إِذَا قُلْتُ: أَخَذْتُ دِرْهَمًا مِنَ الدَّرَاهِمِ، فَهِيَ مُبَعِّضَةٌ عَلَى التَّفْسِيرِ الثَّانِي مُبَيِّنَةٌ عَلَى التَّفْسِيرِ الْأَوَّلِ.

(وَمَزِيدَةً) وَتَعْرِفُهَا بِأَنْ تُسْقِطَهَا فَيَبْقَى الْكَلَامُ عَلَى أَصْلِ مَعْنَاهُ، كَقَوْلِكَ: (مَا جَاءَنِي مِنْ أَحَدٍ).

وَقَوْلُهُ: (وَلَا تُزَادُ عِنْدَ سِيبَوَيْهِ إِلَّا فِي النَّفْيِ) لَيْسَ بِمُسْتَقِيمٍ؛ لِأَنَّهَا تُزَادُ فِي قَوْلِكَ: (هَلْ جَاءَكَ مِنْ أَحَدٍ) بِاتِّفَاقٍ، فَلَوْ قَالَ: فِي غَيْرِ الْوَاجِبِ كَانَ أَسَدَّ.

(وَالْأَخْفَشُ يُجَوِّزُ الزِّيَادَةَ فِي الْوَاجِبِ، وَيَسْتَشْهِدُ بِقَوْلِهِ تَعَالَى: "يَغْفِرْ لَكُمْ مِنْ ذُنُوبِكُمْ" [نوح:٤]).

وَوَجْهُ اسْتِدْلَالِهِ أَنَّهُ قَدْ جَاءَ قَوْلُهُ تَعَالَى: "إِنَّ اللَّهَ يَغْفِرُ الذُّنُوبَ جَمِيعًا" [الزمر: ٥٣]، وَقَدْ جَاءَ: "يَغْفِرْ لَكُمْ مِنْ ذُنُوبِكُمْ" [الأحقاف:٣١]، فَإِنْ لَمْ تُحْمَلْ عَلَى الزِّيَادَةِ تَنَاقَضَ، وَلَيْسَ بِمُسْتَقِيمٍ؛ لِأَنَّهُ يُثْبِتُ أَصْلًا فِي الْعَرَبِيَّةِ بِمَا لَيْسَ يَثْبُتُ؛ لِكَوْنِهِ مُحْتَمِلًا غَيْرَ مَا ذَكَرَهُ، وَذَلِكَ أَنَّ قَوْلَهُ تَعَالَى: "يَغْفِرْ لَكُمْ مِنْ ذُنُوبِكُمْ" إِنَّمَا وَرَدَ فِي قَوْمِ نُوحٍ، وَيَجُوزُ أَنْ يَكُونَ قَوْمُ نُوحٍ إِنَّمَا يُغْفَرُ لَهُمُ الْبَعْضُ، و "يَغْفِرُ الذُّنُوبَ جَمِيعًا" إِنَّمَا وَرَدَ فِي هَذِهِ الْأُمَّةِ، فَصَحَّ حَمْلُ تِلْكَ عَلَى التَّبْعِيضِ، وَزَالَ وَهْمُ التَّنَاقُضِ، ثُمَّ وَلَوْ سُلِّمَ أَنَّ الْآيَتَيْنِ لِإِحْدَى الْأُمَّتَيْنِ لَجَازَ أَنْ يَكُونَ "يَغْفِرُ الذُّنُوبَ جَمِيعًا" لِبَعْضِهِمْ، و "يَغْفِرْ لَكُمْ مِنْ ذُنُوبِكُمْ" لِبَعْضِهِمْ، فَيَصِحُّ أَنْ تُحْمَلَ (مِنْ) عَلَى التَّبْعِيضِ، وَيَزُولُ وَهْمُ التَّنَاقُضِ، وَإِذَا ثَبَتَ ذَلِكَ سَقَطَ الِاسْتِدْلَالُ، فَإِذَنِ الْوَجْهُ مَا ذَكَرَهُ سِيبَوَيْهِ، وَمَنِ اسْتَقْرَى كَلَامَ الْعَرَبِ أَدْنَى اسْتِقْرَاءٍ عَلِمَ انْتِفَاءَ صِحَّةِ (مَاتَ مِنْ رَجُلٍ)، و(ضَرَبَ مِنْ رَجُلٍ) وَشِبْهِهِ.

فَإِنْ قِيلَ: فَقَدْ ثَبَتَ قَوْلُهُمْ: (قَدْ كَانَ مِنْ مَطَرٍ)، وَمَعْنَاهُ: كَانَ مَطَرٌ. فَقَدْ أُجِيبَ عَنْ ذَلِكَ بِأَنْ قِيلَ: هُوَ عَلَى الْحِكَايَةِ، كَأَنَّ قَائِلًا قَالَ: هَلْ كَانَ مِنْ مَطَرٍ؟ فَأُجِيبَ بِقَوْلِهِ: قَدْ كَانَ مِنْ مَطَرٍ، وَأَسَدُّ مِنْ ذَلِكَ أَنَّهُ عَلَى مَعْنَى التَّبْعِيضِ، كَقَوْلِكَ: أَخَذْتُ مِنَ الدَّرَاهِمِ، كَأَنَّكَ قُلْتَ: قَدْ كَانَ شَيْءٌ مِنْ مَطَرٍ، وَلَا بُعْدَ فِي مِثْلِ ذَلِكَ، فَحُذِفَ الْمَوْصُوفُ، وَأُقِيمَتِ

الصِّفَةُ مُقَامَهُ، كَقَوْلِهِ تَعَالَى: "وَمِنْ ثَمَرَاتِ النَّخِيلِ وَالأَعْنَابِ تَتَّخِذُونَ مِنْهُ" [النحل:٦٧].

قَالَ: (وَ (إِلَى) مُعَارِضَةٌ لِـ (مِنْ) دَالَّةٌ عَلَى انْتِهَاءِ الْغَايَةِ) إِلَى آخِرِهِ.

وَالْكَلامُ فِيهَا فِي الانْتِهَاءِ كَالْكَلامِ فِي (مِنْ) فِي الابْتِدَاءِ.

(وَقَدْ تَكُونُ بِمَعْنَى: الْمُصَاحَبَةِ، كَقَوْلِهِ تَعَالَى: "وَلا تَأْكُلُوا أَمْوَالَهُمْ إِلَى أَمْوَالِكُمْ" [النساء:٢].

أَيْ: مَعَ أَمْوَالِكُمْ، كَقَوْلِهِ تَعَالَى: "مَنْ أَنصَارِي إِلَى اللَّهِ" [الصف:١٤]؛ أَيْ: مَعَ اللَّهِ، وَقَدْ جَاءَتْ (إِلَى) وَمَا بَعْدَهَا دَاخِلٌ فِي الْحُكْمِ فِيمَا قَبْلَهَا، وَجَاءَتْ وَمَا بَعْدَهَا غَيْرُ دَاخِلٍ فِي الْحُكْمِ فِيمَا قَبْلَهَا، فَمِنْهُمْ مَنْ حَكَمَ بِالاشْتِرَاكِ، وَمِنْهُمْ مَنْ حَكَمَ بِظُهُورِ الدُّخُولِ، وَمِنْهُمْ مَنْ حَكَمَ بِظُهُورِ انْتِفَاءِ الدُّخُولِ، وَعَلَيْهِ النَّحْوِيُّونَ، وَوُجُوبُ دُخُولِ الْمَرَافِقِ وَالْكَعْبَيْنِ فِي الْغَسْلِ لَيْسَ مِنْ ظَاهِرِ الآيَةِ، وَإِنَّمَا حُمِلَ عَلَى ذَلِكَ مِنَ السُّنَّةِ، فَلَمْ يُصَرْ إِلَيْهِ إِلا بِدَلِيلٍ.

ثُمَّ قَالَ: (وَحَتَّى فِي مَعْنَاهَا) يَعْنِي: فِي الانْتِهَاءِ، (إِلا أَنَّهَا تُفَارِقُهَا فِي أَنَّ مَجْرُورَهَا يَجِبُ أَنْ يَكُونَ آخِرَ جُزْءٍ مِنَ الشَّيْءِ، أَوْ مَا يُلاقِي آخِرَ جُزْءٍ مِنْهُ؛ لأَنَّ الْفِعْلَ الْمُعَدَّى بِهَا الْغَرَضُ فِيهِ أَنْ يَنْقَضِيَ مَا تَعَلَّقَ بِهِ شَيْئًا فَشَيْئًا حَتَّى يَأْتِيَ عَلَيْهِ).

قَالَ: (لَمَّا كَانَ وَضْعُهَا لِهَذَا الْغَرَضِ وَجَبَ أَنْ لا يَكُونَ بَعْدَهَا إِلا ذَلِكَ).

وَإِلا انْتَفَى الْغَرَضُ الْمَقْصُودُ، وَإِذَا كَانَتْ عَاطِفَةً فَأَمْرُهَا كَذَلِكَ فِيمَا كَانَ آخِرَ جُزْءٍ دُونَ مُلاقِيهِ، كَأَنَّ أَصْلَهَا أَنْ تَكُونَ جَارَّةً، وَإِنَّمَا اسْتُعْمِلَتْ عَاطِفَةً لَمَّا اشْتَرَكَتْ مَعَ الْوَاوِ فِي الْمَعْنَى؛ لِثُبُوتِ الْحُكْمِ فِي الأَمْرَيْنِ، فَاسْتُعْمِلَتْ عَلَى خِلافِ أَصْلِهَا فِي أَظْهَرِ مَعْنَيَيْهَا لَمَّا أَشْبَهَتْهُ وَهُوَ الْوَاوُ، فَلِذَلِكَ تَقُولُ: (أَكَلْتُ السَّمَكَةَ حَتَّى رَأْسَهَا) خَفْضًا وَنَصْبًا، وَلا تَقُولُ: (نِمْتُ الْبَارِحَةَ حَتَّى الصَّبَاحَ) بِالنَّصْبِ لِمَا ذَكَرْنَاهُ.

قَوْلُهُ: (وَمِنْ حَقِّهَا أَنْ يَدْخُلَ مَا بَعْدَهَا فِيمَا قَبْلَهَا).

بِخِلافِ (إِلَى) عَلَى الأَظْهَرِ عِنْدَ النَّحْوِيِّينَ.

قَالَ: (وَلا تَدْخُلُ عَلَى الْمُضْمَرِ، فَتَقُولَ: حَتَّاهُ. كَمَا تَقُولُ: إِلَيْهِ).

لأَنَّهُمْ لَوْ قَالُوا: حَتَّاهُ. لأَثْبَتُوا مَعَ الْمُضْمَرِ أَلِفًا فِيمَا غُيِّرَتْ أَلِفُ أَمْثَالِهِ إِلَى الْيَاءِ، كَقَوْلِكَ: عَلَيْهِ، وَإِلَيْهِ، وَلَدَيْهِ، وَذَلِكَ كُلُّ أَلِفٍ آخِرَ حَرْفٍ أَوِ اسْمٍ غَيْرِ مُتَمَكِّنٍ اتَّصَلَ بِهِ مُضْمَرٌ، وَلَوْ قَلَبُوهَا يَاءً لَغَيَّرُوا أَلِفًا، وَتَغْيِيرُهَا عَلَى خِلافِ قِيَاسِ أَصْلِ كَلامِهِمْ مِنْ غَيْرِ

حَاجَةٍ لاسْتِغْنَائِهِمْ عَنْهَا بِـ (إِلَى)، وَهَذَا ظَاهِرٌ فِي التَّعْلِيلِ فِيمَنْ قَالَ: إِنَّ (إِلَى) كَـ (حَتَّى)، وَدُونَ هَذَا الْقَوْلِ فِيمَنْ قَالَ بِالاشْتِرَاكِ، وَدُونَ الْقَوْلِ بِالاشْتِرَاكِ فِيمَنْ قَالَ بِمُخَالَفَتِهَا فِي الظُّهُورِ، إلا أَنَّهُ يَصِحُّ اسْتِعْمَالُهَا بِمَعْنَاهَا عَلَى كُلِّ حَالٍ، فَاسْتُغْنِيَ عَنْهَا لَمَّا أَدَّى أَمْرُهَا إِلَى مَا ذَكَرْنَاهُ.

قَوْلُهُ: (وَتَكُونُ عَاطِفَةً وَمُبْتَدَأً مَا بَعْدَهَا الْكَلامُ) إِلَى آخِرِهِ.

وَسَيَأْتِي ذِكْرُ الْعَاطِفَةِ فِي حُرُوفِ الْعَطْفِ، و(مُبْتَدَأً مَا بَعْدَهَا).

يَعْنِي: وَاقِعًا بَعْدَهَا الْجُمَلُ الْمُسْتَقِلَّةُ، وَلَيْسَ يَعْنِي: خُصُوصِيَّةَ الْمُبْتَدَأِ.

قَالَ: (وَيَجُوزُ فِي مَسْأَلَةِ السَّمَكَةِ الْوُجُوهُ الثَّلاثَةُ).

وَخَصَّ مَسْأَلَةَ السَّمَكَةِ دُونَ (الْبَارِحَةِ) لِمَا ذَكَرْنَاهُ آنِفًا مِنْ أَنَّ الْعَاطِفَةَ لا تَكُونُ إلا مَعَ آخِرِ جُزْءٍ لا مَعَ مَا يُلاقِيهِ، فَلِذَلِكَ أَضْرَبَ عَنْهَا، وَوَجْهُ وُقُوعِهَا ابْتِدَائِيَّةً عَلَى أَنْ يَكُونَ الْخَبَرُ مَحْذُوفًا، كَأَنَّهُ قَالَ: حَتَّى رَأْسُهَا مَأْكُولٌ، وَقَدْ أَبَاهُ بَعْضُ الْبَصْرِيِّينَ، وَلَيْسَ بِالْجَيِّدِ؛ لِقُوَّةِ الدِّلالَةِ عَلَى خُصُوصِيَّةِ الْخَبَرِ الْمَحْذُوفِ كَمَا فِي سَائِرِ الأَخْبَارِ الْمَحْذُوفَةِ، فَلا وَجْهَ لِمَنْعِهِ، وَالأَوْلَى: مَا اخْتَارَهُ الْمُصَنِّفُ.

ثُمَّ قَالَ: (وَ (فِي) مَعْنَاهَا: الظَّرْفِيَّةُ).

قَالَ الشَّيْخُ: ثُمَّ مَثَّلَ بِظَرْفِيَّةٍ مُحَقَّقَةٍ، وَظَرْفِيَّةٍ مُقَدَّرَةٍ، وَهُوَ قَوْلُهُ: (نَظَرَ فِي الْكِتَابِ)، و(سَعَى فِي الْحَاجَةِ)، وَقَالَ: إِنَّهَا بِمَعْنَى: (عَلَى) فِي قَوْلِهِ تَعَالَى: "**وَلَأُصَلِّبَنَّكُمْ فِي جُذُوعِ النَّخْلِ**" [طه:٧١]، وَإِنَّمَا حُكِمَ بِأَنَّهَا بِمَعْنَى: (عَلَى) لِمَا فِي الْكَلامِ مِنْ مَعْنَى الاسْتِعْلاءِ، وَالْمَوْضِعُ صَالِحٌ لَهُمَا عَلَى حَسَبِ مَا يَقْصِدُهُ الْمُتَكَلِّمُ مِنْ مَعْنَى الظَّرْفِيَّةِ وَالاسْتِعْلاءِ، وَكَذَلِكَ مَا كَانَ مِثْلَهُ، تَقُولُ: (جَلَسَ فِي الأَرْضِ)، و(جَلَسَ عَلَى الأَرْضِ)، وَمِنْهُ قَوْلُهُ تَعَالَى: "**حَتَّى إِذَا كُنتُمْ فِي الْفُلْكِ**" [يونس:٢٢]، وَقَالَ تَعَالَى: "**فَإِذَا اسْتَوَيْتَ أَنتَ وَمَن مَّعَكَ عَلَى الْفُلْكِ**" [المؤمنون:٢٨]، وَأَمَّا نَحْوُ (جَلَسْتُ فِي الدَّارِ)، فَهَذَا مَوْضِعُ (فِي) دُونَ (عَلَى)، وَالَّذِي يُمَيِّزُ بَيْنَ مَوْقِعَيْهِمَا أَنَّ كُلَّ مَا كَانَ فِيهِ مِنْ مَعْنَى الاحْتِوَاءِ أَوْ مَا نَزَلَ مَنْزِلَتَهُ فَهُوَ مَوْضِعُ (فِي)، وَكُلُّ مَا كَانَ فِيهِ مَعْنَى الاسْتِعْلاءِ دُونَ الظَّرْفِيَّةِ، فَهُوَ مَوْضِعُ (عَلَى)، وَكُلُّ مَا كَانَ فِيهِ مَعْنَى الاسْتِقْرَارِ وَمَعْنَى الاسْتِعْلاءِ، فَهُوَ صَالِحٌ لِكُلِّ وَاحِدٍ مِنْهُمَا، فَلِذَلِكَ حَمَلَ صَاحِبُ الْكِتَابِ قَوْلَهُ تَعَالَى: "**فِي جُذُوعِ النَّخْلِ**" [طه:٧١] عَلَى بَابِهَا فِي الظَّرْفِيَّةِ، وَلَمْ يَعْتَدَّ بِقَوْلِ مَنْ قَالَ: إِنَّهَا بِمَعْنَى (عَلَى)، يَعْنِي: جَعَلَ الْمَجَازَ رَاجِحًا عَلَى الاشْتِرَاكِ، وَقَدْ تَبَيَّنَ وَجْهُ الْقَوْلَيْنِ جَمِيعًا.

ثُمَّ قَالَ: (وَالْبَاءُ مَعْنَاهَا: الإلْصَاقُ) إِلَى آخِرِهِ.

قَالَ الشَّيْخُ: هَذَا مَعْنَاهَا الْعَامُّ، وَقَدْ قِيلَ: إِنَّهَا تَكُونُ عَلَى مَا ذَكَرَ مِنَ الاسْتِعَانَةِ وَالْمُصَاحَبَةِ.

قَالَ: (وَتَكُونُ مَزِيدَةً فِي الْمَنْصُوبِ، كَقَوْلِهِ تَعَالَى: "**وَلَا تُلْقُوا بِأَيْدِيكُمْ إِلَى التَّهْلُكَةِ**" [البقرة:١٩٥].

وَهَذَا وَإِنْ كَانَ كَثِيرًا فَلَيْسَ بِقِيَاسٍ، وَإِنَّمَا الْقِيَاسُ فِي نَحْوِ قَوْلِكَ: (مَا زَيْدٌ بِقَائِمٍ)، وَقَوْلُهُ تَعَالَى: "**بِأَيِّكُمُ الْمَفْتُونُ**" [القلم:٦] أَوْرَدَهَا عَلَى أَنَّهَا مَزِيدَةٌ، وَلا تَكُونُ مَزِيدَةً إلا عَلَى أَنْ يَكُونَ الْمَفْتُونُ اسْمَ مَفْعُولٍ عَلَى ظَاهِرِهِ، وَقَدْ تَقَدَّمَ فِي الْمَصَادِرِ مِنْ قَوْلِهِ: إِنَّ الْمَفْتُونَ مَصْدَرٌ، وَإِذَا كَانَ مَصْدَرًا لَمْ تَكُنِ الْبَاءُ مَزِيدَةً، وَبَيَانُ ذَلِكَ أَنَّا إِذَا جَعَلْنَاهَا زَائِدَةً، وَجَعَلْنَا الْمَفْتُونَ مَصْدَرًا صَارَ التَّقْدِيرُ: أَيُّكُمُ الْفِتْنَةُ، وَلَيْسَ بِسَدِيدٍ، فَثَبَتَ أَنَّهُ لا يَسْتَقِيمُ تَقْدِيرُ الْبَاءِ زَائِدَةً مَعَ كَوْنِ الْمَفْتُونِ مَصْدَرًا، وَكَذَلِكَ لا يَسْتَقِيمُ أَنْ تَكُونَ الْبَاءُ غَيْرَ مَزِيدَةٍ، وَالْمُفْتُونُ غَيْرُ مَصْدَرٍ، إِذْ يَصِيرُ الْمَعْنَى: "**فَسَتُبْصِرُ وَيُبْصِرُونَ**" [القلم:٥] بِأَيِّكُمْ صَاحِبُ الْفِتْنَةِ، وَالأَوْلَى جَعْلُهَا غَيْرَ زَائِدَةٍ، وَالْمُفْتُونُ مَصْدَرٌ عَلَى مَا تَقَدَّمَ فِي الْمُصَادِرِ، فَيَكُونُ الْمَعْنَى: "**فَسَتُبْصِرُ وَيُبْصِرُونَ**" بِأَيِّكُم الْفِتْنَةُ جَوَابًا لِقَوْلِهِمْ: إِنَّهُ لَمَجْنُونٌ؛ أَيْ: بِأَيِّكُمُ الْجُنُونُ، وَيَضْعُفُ جَعْلُهَا غَيْرَ زَائِدَةٍ عَلَى مَعْنَى (فِي)، وَالْمَفْتُونُ صَاحِبُ الْفِتْنَةِ، إِذْ يَصِيرُ الْمَعْنَى: بِأَيِّكُمْ صَاحِبُ الْفِتْنَةِ، وَالْخِطَابُ لَهُ وَلَهُمْ، وَلا يَسْتَقِيمُ أَنْ يُقَالَ لِجَمَاعَةٍ وَاحِدَةٍ: (بِأَيِّكُمْ زَيْدٍ)، فَلا بُدَّ مِنَ التَّعَدُّدِ فِي الْفِرْقَتَيْنِ.

فَإِنْ قِيلَ: فَهَذَا بِعَيْنِهِ يُقَالُ إِذَا جُعِلَ الْمَفْتُونُ بِمَعْنَى: الْفِتْنَةِ أَيْضًا؟

فَالْجَوَابُ: أَنَّهُ لَيْسَ مِثْلَهُ، أَلا تَرَى أَنَّهُ يَصِحُّ أَنْ يُقَالَ لِلاثْنَيْنِ: بِأَيِّهِمَا الْفِتْنَةُ، وَلا يَصِحُّ أَنْ يُقَالَ: بِأَيِّهِمَا صَاحِبُ الْفِتْنَةِ. عَلَى بَقَاءِ الْبَاءِ غَيْرَ زَائِدَةٍ، وَسَبَبُهُ: أَنَّ الْفِتْنَةَ مَعْنًى يَصِحُّ قِيَامُهُ بِكُلِّ وَاحِدٍ مِنْهُمَا، فَصَحَّ الاسْتِفْهَامُ عَنْ مَحَلِّهِ بِقَوْلِكَ: بِأَيِّهِمَا الْفِتْنَةُ، وَصَاحِبُ الْفِتْنَةِ لَيْسَ بِمُسْتَقِيمٍ أَنْ يُجْعَلَ مَحَلا لِنَفْسِهِ حَتَّى يُقَالَ: بِأَيِّ الرَّجُلَيْنِ صَاحِبُ الْفِتْنَةِ، فَظَهَرَ الْفَرْقُ بَيْنَ الْمَسْأَلَتَيْنِ، وَقَوْلُهُ:

.... سُودُ الْمَحَاجِرِ لا يَقْرَأْنَ بِالسُّوَرِ

الْكَلامُ فِيهِ كَالْكَلامِ فِي قَوْلِهِ تَعَالَى: "**وَلَا تُلْقُوا بِأَيْدِيكُمْ**" [البقرة:١٩٥].

(وَفِي الْمَرْفُوعِ فِي قَوْلِهِ تَعَالَى: "**كَفَى بِاللَّهِ شَهِيدًا**" [الرعد:٤٣]).

وَهَذَا نَادِرٌ، وَهُوَ فِي (كَفَى) كَثِيرٌ، وَقَدْ زِيدَتْ فِي مَفْعُولِ (كَفَى) كَثِيراً أَيْضًا، كَقَوْلِكَ: (كَفَى بِهِ فَضَلا عِلْمُهُ)، وَمِنْهُ:

وَكَفَى بِنَا فَضَلا عَلَى مَنْ غَيْرُنَا   حُبُّ النَّبِيِّ مُحَمَّدٍ إِيَّانَا

وَقَدْ جَاءَتِ الْبَاءُ لِلتَّعْدِيَةِ، كَقَوْلِكَ: (قُمْتُ بِزَيْدٍ)، وَجَاءَتْ بِمَعْنَى: (فِي)، كَقَوْلِكَ: (ظَنَنْتُ بِزَيْدٍ)، وَقَدْ قِيلَ: إِنَّهَا فِي قَوْلِهِمْ: (بِعْتُ هَذَا بِهَذَا) لِلْمُقَابَلَةِ، يَعْنِي: قَابَلْتُ هَذَا بِذَا.

قَوْلُهُ: (وَاللامُ لِلاخْتِصَاصِ) إِلَى آخِرِهِ.

قَالَ الشَّيْخُ: لِتُؤْذِنَ بِأَنَّ بَيْنَ الأَوَّلِ وَالثَّانِي نِسْبَةً بِاعْتِبَارِ مَا دَلَّ عَلَيْهِ مُتَعَلَّقُهُ.

قَالَ: (وَقَدْ تَكُونُ زَائِدَةً) فِي مِثْلِ قَوْلِهِ تَعَالَى: "**رَدِفَ لَكُم**" [النمل:٧٢]، وَهُوَ قَلِيلٌ، وَقَدْ تَكُونُ بِمَعْنَى الْوَاوِ فِي الْقَسَمِ لِلتَّعَجُّبِ، كَقَوْلِهِ:

لِلَّهِ يَبْقَى عَلَى الأَيَّامِ ذُو حِيَدٍ   بِمُشْمَخِرٍّ بِهِ الظَّيَّانُ وَالآسُ

قَالَ: (وَ (رُبَّ) لِلتَّقْلِيلِ، وَمِنْ خَصَائِصِهَا أَنْ لا تَدْخُلَ إِلا عَلَى نَكِرَةٍ ظَاهِرَةٍ أَوْ مُضْمَرَةٍ).

قَالَ الشَّيْخُ: لأَنَّ وَضْعَهَا لِتَقْلِيلِ نَوْعٍ مِنَ الْجِنْسِ، فَوَجَبَ وُقُوعُ النَّكِرَةِ دُونَ الْمَعْرِفَةِ لِحُصُولِ مَعْنَى الْجِنْسِ بِهَا دُونَ التَّعْرِيفِ، فَلَوْ عَرَّفْتَ لَوَقَعَ التَّعْرِيفُ زِيَادَةً ضَائِعَةً، كَمَا فِي قَوْلِكَ: كُلُّ رَجُلٍ، وَوَجَبَ وَصْفُهَا لِتَحْصُلَ الإِفَادَةُ بِالنَّوْعِ؛ لأَنَّ الصِّفَةَ تُخَصِّصُ الْجِنْسَ الْمَذْكُورَ أَوَّلا فَيَصِيرُ بِهَا نَوعًا.

(وَالْمُضْمَرَةُ حَقُّهَا أَنْ تُفَسَّرَ بِمَنْصُوبٍ، كَقَوْلِكَ: رُبَّهُ رَجُلا).

وَهَذَا الضَّمِيرُ عِنْدَ الْبَصْرِيِّينَ مَجْهُولٌ يُرْمَى بِهِ مِنْ غَيْرِ قَصْدٍ إِلَى ظَاهِرٍ يُقْصَدُ قَصْدُهُ، ثُمَّ يُمَيَّزُ لإِبْهَامِهِ، كَمَا فِي قَوْلِكَ: (نِعْمَ رَجُلا زَيْدٌ)، وَلِذَلِكَ لا يَكُونُ عِنْدَهُمْ إِلا مُفْرَدًا مُذَكَّرًا، وَإِنْ ثُنِّيَ مُمَيِّزُهُ أَوْ جُمِعَ، وَعِنْدَ الْكُوفِيِّينَ ضَمِيرٌ رَاجِعٌ مَذْكُورٍ، كَأَنَّ قَائِلا قَالَ: هَلْ مِنْ رَجُلٍ كَرِيمٍ؟ فَقِيلَ لَهُ: رُبَّهُ رَجُلا، وَلِذَلِكَ يُثَنَّى وَيُجْمَعُ، وَيُذَكَّرُ وَيُؤَنَّثُ عَلَى حَسَبِ مُمَيِّزِهِ، فَيُقَالُ: رَبُّهُمَا رَجُلَيْنِ، وَرَبُّهُمْ رِجَالا، وَكِلا الْقَوْلَيْنِ مُشْكِلٌ.

أَمَّا قَوْلُ الْبَصْرِيِّينَ فَيَلْزَمُهُمْ جَوَازُ: (رُبَّ رَجُلٍ) كَمَا جَازَ (رُبَّهُ رَجُلا) إِذْ لا فَرْقَ بَيْنَهُمَا عَلَى مَا تَقَرَّرَ، وَأَمَّا قَوْلُ الْكُوفِيِّينَ فَيَلْزَمُهُمْ أَنْ يُجِيزُوا رُبَّهُ وَرُبَّهُمَا وَحْدَهَا، وَلا حَاجَةَ إِلَى هَذَا التَّمْيِيزِ، فَإِنَّهُ مُضْمَرٌ لِمُتَقَدِّمِ الذِّكْرِ، وَيَلْزَمُهُمْ أَيْضًا جَوَازُ (رُبَّ الرَّجُلِ) مِنْ طَرِيقِ الأَوْلَى؛ لأَنَّ الْمُضْمَرَ أَعْرَفُ، فَإِذَا جَازَ هَذَا مَعَهُ جَازَ مَعَ الْمُعَرَّفِ بِالأَلِفِ وَاللامِ،

وَالأَوْلَى مَا قَالَهُ الْبَصْرِيُّونَ، وَيُجَابُ عَنْ ذَلِكَ الإِشْكَالِ بِأَنَّهُ وَإِنْ كَانَ مَضْمَرًا يُرْمَى بِهِ مِنْ غَيْرِ قَصْدٍ، فَلا بُدَّ مِنْ أَنْ يَتَقَدَّمَ مَا يُرْشِدُ إِلَى الْمُفَسِّرِ لَهُ، أَلا تَرَى أَنَّكَ لَوْ قُلْتَ: (جَاءَنِي زَيْدٌ)، فَقِيلَ: (نِعْمَ رَجُلا) كَانَ كَلامًا مُسْتَقِيمًا، وَإِنْ حُكِمَ بِأَنَّ الضَّمِيرَ الَّذِي فِي (نِعْمَ) غَيْرُ مَقْصُودٍ بِهِ قَصْدُ زَيْدٍ، بَلْ مُبْهَمٌ مِنْ غَيْرِ قَصْدٍ إِلَى مَذْكُورٍ، وَمَعَ ذَلِكَ فَقَدْ أَرْشَدَ الْمَذْكُورُ الْمُتَقَدِّمُ إِلَى حَذْفِ الْمَخْصُوصِ الَّذِي هُوَ تَفْسِيرٌ لَهُ فِي الْمَعْنَى، وَكَذَلِكَ إِذَا قُلْتَ: (رُبَّهُ رَجُلا)، كَانَ الضَّمِيرُ فِيهِ كَالضَّمِيرِ فِي (نِعْمَ) بَعْدَ تَقَدُّمِ الذِّكْرِ، وَكَانَ الْمَذْكُورُ الْمُتَقَدِّمُ يُرْشِدُ إِلَى تَخْصِيصٍ فِي الْمَعْنَى كَمَا أَرْشَدَ إِلَى الْمَخْصُوصِ بِالْمَدْحِ فِي قَوْلِكَ: (نِعْمَ رَجُلا)، وَتَقْدِيرُهُ أَنْ يَقُولَ قَائِلٌ: (هَلْ مِنْ رَجُلٍ كَرِيمٍ)، فَيُقَالَ: (رُبَّهُ رَجُلا)، فَالْمُرَادُ بِرَجُلٍ هَاهُنَا: (رَجُلا كَرِيمًا)، وَأَرْشَدَ إِلَيْهِ مَا تَقَدَّمَ ذِكْرُهُ، وَلا يَلْزَمُ مِنْ إِرْشَادِهِ إِلَى مِثْلِ ذَلِكَ أَنْ يَكُونَ الضَّمِيرُ فِي (رُبَّهُ) لَهُ مَا تَقَرَّرَ فِي (نِعْمَ رَجُلا) بَعْدَ تَقَدُّمِ ذِكْرِ زَيْدٍ.

(وَمِنْهَا)، يَعْنِي: وَمِنْ خَصَائِصِهَا (أَنَّ الْفِعْلَ الَّذِي تُسَلِّطُهُ عَلَى الاسْمِ يَجِبُ تَأَخُّرُهُ عَنْهَا، وَأَنَّهُ يَجِيءُ مَحْذُوفًا فِي الأَكْثَرِ) إِلَى آخِرِهِ.

أَمَّا وُجُوبُ تَأَخُّرِهِ، فَلأَنَّهَا لإِنْشَاءِ التَّقْلِيلِ، وَكُلُّ مَا وُضِعَ لِلإِنْشَاءِ فَمَوْضِعُهُ صَدْرُ الْكَلامِ، فَلِذَلِكَ وَجَبَ لَهَا صَدْرُ الْكَلامِ، فَوَجَبَ تَأَخُّرُ الْفِعْلِ، وَأَمَّا حَذْفُهُ فَلأَنَّ الْمَعْنَى فِيهِ مَعْلُومٌ، وَمَا كَانَ هَذَا وَضْعَهُ مِنَ الأَفْعَالِ فِي مَوَاضِعَ مَعْلُومَةٍ كَانَ مَحْذُوفًا، كَمَا فِي قَوْلِكَ: (زَيْدٌ فِي الدَّارِ)، وَقِيلَ: إِنَّمَا حُذِفَ مُتَعَلَّقُهَا؛ لأَنَّهَا لا تَقَعُ إِلا جَوَابًا، فَكَانَ مُتَعَلَّقُهَا مَعْلُومًا فَاسْتُغْنِيَ عَنْهُ بِقَرِينَةِ مَا تَقَدَّمَ كَمَا اسْتُغْنِيَ عَنْ مُتَعَلَّقِ (بِسْمِ اللَّهِ) بِقَرَائِنِ الْحَالِ، وَلَعَلَّ الْمُصَنِّفَ أَشَارَ إِلَى ذَلِكَ بِقَوْلِهِ: (كَمَا حُذِفَ مَعَ الْبَاءِ فِي (بِسْمِ اللَّهِ)، وَلِذَلِكَ لَمَّا قَدَّرَهُ مَلْفُوظًا بِهِ قَدَّرَهُ بِـ (لَقِيتُ)، فَدَلَّ ذَلِكَ عَلَى أَنَّ غَرَضَهُ تَشْبِيهُهُ بِـ (بِسْمِ اللَّهِ)، قَالَ الأَعْشَى:

رُبَّ رِفْدٍ هَرَقْتُهُ ذَلِكَ الْيَوْ ... مَ وَأَسْرَى مِنْ مَعْشَرٍ أَقْيَالِ

فَحَكَمَ عَلَى أَنَّ (هَرَقْتُهُ) لَيْسَ بِمُتَعَلَّقٍ لِـ (رُبَّ)؛ لِبَقَاءِ الْمَجْرُورِ بِغَيْرِ صِفَةٍ، وَهُوَ غَيْرُ مُسْتَقِيمٍ، فَوَجَبَ جَعْلُهُ صِفَةً، وَإِذَا وَجَبَ جَعْلُهُ صِفَةً لَمْ يَبْقَ الْمُتَعَلَّقُ إِلا مَحْذُوفًا.

قَوْلُهُ: (وَمِنْهَا أَنَّ فِعْلَهَا يَجِبُ أَنْ يَكُونَ مَاضِيًا)، وَإِنَّمَا كَانَ كَذَلِكَ؛ لأَنَّهَا لِتَقْلِيلِ مَا ثَبَتَ، فَلِذَلِكَ لَمْ يَسْتَقِمْ أَنْ يَكُونَ الْفِعْلُ إِلا مَاضِيًا، وَلا يَرِدُ عَلَى ذَلِكَ مِثْلُ قَوْلِهِمْ: (رُبَّ رَجُلٍ يُسَافِرُ غَدًا)، فَإِنَّ ذَلِكَ لَيْسَ هُوَ الْفِعْلَ الْمُتَعَلَّقَ، وَكَذَلِكَ قَوْلُهُ تَعَالَى: "رُبَمَا يَوَدُّ الَّذِينَ كَفَرُوا" [الحجر:٢]، فَإِنَّهُ لَيْسَ الْفِعْلَ الْمُتَعَلَّقَ.

قَوْلُهُ: (وَلا يَجُوزُ سَأَلْقَى أَوْ لأَلْقَيَنَّ).

أَمَّا (لأَلْقَيَنَّ)، فَظَاهِرٌ لِتَعَذُّرِ كَوْنِهَا صِفَةً، وَأَمَّا (سَأَلْقَى) فَلا بُعْدَ فِيهِ، وَيَكُونُ صِفَةً، وَإِنَّمَا الَّذِي مَنَعَهُ هُوَ أَنْ تَجْعَلَهُ أَنْ يَكُونَ مُتَعَلِّقًا.

قَوْلُهُ: (وَتُكَفُّ بِـ (مَا) فَتَدْخُلُ حِينَئِذٍ عَلَى الاسْمِ وَالْفِعْلِ).

يَعْنِي: فَتَكُونُ دَاخِلَةً عَلَى الْجُمَلِ خَاصَّةً؛ لأَنَّهُمْ لَمَّا قَصَدُوا إِلَى تَقْلِيلِ النِّسَبِ الْمَفْهُومَةِ مِنَ الْجُمَلِ أَتَوْا بِصُورَةِ الْجُمْلَةِ مُفِيدَةً مَعْنَاهَا، وَأَدْخَلُوا (رُبَّ) مَكْفُوفَةً بِـ (مَا) إِيذَانًا بِذَلِكَ، فَإِذَا قُلْتَ: (رُبَّمَا قَامَ زَيْدٌ)، فَإِنَّمَا قَلَّلْتَ النِّسْبَةَ الْمَفْهُومَةَ مِنْ قَوْلِكَ: (قَامَ زَيْدٌ)، وَاسْتَشْهَدَ بِقَوْلِ أَبِي دُوَادَ:

رُبَّمَا الْجَامِلُ الْمُؤَبَّلُ فِيهِمْ وَعَنَاجِيجُ بَيْنَهُنَّ الْمِهَارُ

وَمَعْنَى الْبَيْتِ يَقُولُ: إِنَّ هَؤُلاءِ ذَوُو إِبِلٍ كَثِيرَةٍ، وَخَيْلٍ مُتَوَالِدَةٍ، وَلَيْسُوا فُقَرَاءَ، وَلَيْسَتْ (رُبَّ) فِي هَذَا الْمَوْضِعِ، وَمَا أَشْبَهَهُ مِنْ قَوْلِهِ تَعَالَى: "رُّبَمَا يَوَدُّ الَّذِينَ كَفَرُوا" [الحجر:٢]، وَمِنْ قَوْلِهِ:

رُبَّ رِفْدٍ هَرَقْتُهُ........ ....

لِتَحْقِيقِ التَّقْلِيلِ، وَلَكِنَّهَا لِتَحْقِيقِ الشَّيْءِ خَاصَّةً، كَأَنَّهُمْ نَقَلُوهَا مِنْ مَعْنَى التَّقْلِيلِ إِلَى التَّحْقِيقِ، كَمَا نَقَلُوا (قَدْ) إِذَا دَخَلَتْ عَلَى الْمُضَارِعِ مِنْ مَعْنَى التَّقْلِيلِ إِلَى التَّحْقِيقِ دُونَهُ، كَقَوْلِهِ تَعَالَى: "قَدْ يَعْلَمُ مَا أَنتُمْ عَلَيْهِ" [النور:٦٤]، وَقَوْلُهُ: "قَدْ يَعْلَمُ اللَّهُ الْمُعَوِّقِينَ مِنكُمْ وَالْقَائِلِينَ لِإِخْوَانِهِمْ" [الأحزاب:١٨]، فَهَذَا كَذَلِكَ.

(وَفِيهَا لُغَاتٌ)، وَلَيْسَ فِيهِ شَيْءٌ.

قَالَ: (وَ (وَاوُ) الْقَسَمِ أُبْدِلَتْ عَنِ الْبَاءِ الإِلْصَاقِيَّةِ).

قَالَ الشَّيْخُ: شَرْطُ إِبْدَالِهَا حَذْفُ الْفِعْلِ، وَلِذَلِكَ قِيلَ: هِيَ عِوَضٌ مِنَ الْفِعْلِ، بِخِلافِ الْبَاءِ، فَإِنَّ الْفِعْلَ مَحْذُوفٌ مَعَهَا حَذْفًا مِنْ غَيْرِ عِوَضٍ، وَمِنْ ثَمَّ جَازَ (أَقْسَمْتُ بِاللَّهِ)، وَلَمْ يَجُزْ: (أَقْسَمْتُ وَاللَّهِ)، وَمِنْ ثَمَّ أَجَابَ مَنْ مَنَعَ الْعَطْفَ عَلَى عَامِلَيْنِ مُخْتَلِفَيْنِ فِي قَوْلِهِ تَعَالَى: "وَاللَّيْلِ إِذَا يَغْشَى (١) وَالنَّهَارِ إِذَا تَجَلَّى" [الليل:١-٢]، لَمَّا اعْتُرِضَ عَلَيْهِ بِأَنَّهُ قَدْ عَطَفَ بِالْوَاوِ الَّتِي هِيَ فِي قَوْلِهِ تَعَالَى: "وَالنَّهَارِ"، وَهِيَ وَاوُ الْعَطْفِ عَلَى عَامِلَيْنِ مُخْتَلِفَيْنِ:

أَحَدُهُمَا: الْفِعْلُ الْمَحْذُوفُ، وَالآخَرُ: الْوَاوُ الَّتِي هِيَ حَرْفُ جَرٍّ خَافِضَةُ اللَّيْلِ بِأَنَّ

هَذِهِ الْوَاوُ جُعِلَتْ بَدَلًا مِنَ الْفِعْلِ وَهِيَ حَرْفُ جَرٍّ، فَصَارَتْ عَامِلَةً لِلْعَمَلَيْنِ جَمِيعًا، فَأُجْرِيَتْ مُجْرَى عَامِلٍ وَاحِدٍ عَمِلَ عَمَلَيْنِ، وَذَلِكَ جَائِزٌ بِالِاتِّفَاقِ، كَقَوْلِكَ: (ضَرَبَ زَيْدٌ عَمْرًا وَخَالِدٌ بَكْرًا)، وَهَذَا وَإِنْ كَانَ ظَاهِرُهُ حَسَنًا، فَإِنَّهُ مَنْقُوضٌ بِمِثْلِ قَوْلِهِ تَعَالَى: "وَالْقَمَرِ إِذَا اتَّسَقَ" [الانشقاق:١٨]، فَإِنَّهُ قَدْ عُطِفَ عَلَى عَامِلَيْنِ مُخْتَلِفَيْنِ مِنْ غَيْرِ أَنْ يَكُونَ أَحَدُهُمَا عِوَضًا عَنِ الْعَامِلِ الْآخَرِ، وَهُوَ قَوْلُهُ: "فَلَا أُقْسِمُ بِالشَّفَقِ" [الانشقاق: ١٦]، وَكَذَلِكَ: "وَاللَّيْلِ إِذَا عَسْعَسَ (١٧) وَالصُّبْحِ إِذَا تَنَفَّسَ" [التكوير:١٧- ١٨].

(ثُمَّ (التَّاءُ) مُبْدَلَةٌ عَنِ الْوَاوِ فِي (تَاللَّهِ) خَاصَّةً).

وَهِيَ عِوَضٌ مِثْلُ الْوَاوِ، وَإِنَّمَا حُكِمَ بِأَنَّ الْبَاءَ أَصْلٌ؛ لِأَنَّهَا هِيَ الثَّابِتَةُ لِلْإِلْصَاقِ فِي غَيْرِ هَذَا الْبَابِ، وَلَمْ تُوجَدِ التَّاءُ وَالْوَاوُ إِلَّا فِي هَذَا الْبَابِ؛ وَلِأَنَّهَا هِيَ الْمُصَرَّحُ بِهَا مَعَ الْفِعْلِ؛ وَلِأَنَّهَا أَعَمُّ، وَلَمَّا كَثُرَ تَصَرُّفُهُمْ فِي الْقَسَمِ، وَخَفَّفُوا بِحَذْفِ الْفِعْلِ، قَصَدُوا إِلَى أَنْ وَضَعُوا حَرْفًا يُشْعِرُ بِهِ وَبِحَرْفِ الْجَرِّ جَمِيعًا، وَهُوَ الْوَاوُ، وَخَصُّوهُ بِالْمُظْهَرِ؛ لِأَنَّ الْقَسَمَ بِالْمُضْمَرِ قَلِيلٌ، وَعِلَّةُ ذَلِكَ الْكَثْرَةُ، فَخَصُّوهُ بِمَا كَثُرَ فِيهِ، وَهُوَ الْمُظْهَرُ، ثُمَّ لَمَّا كَثُرَ الْقَسَمُ بِاللَّهِ خَاصَّةً قَصَدُوا إِلَى تَخْفِيفٍ أَكْثَرَ مِنْ ذَلِكَ، فَعَوَّضُوا عَنِ الْوَاوِ الَّتِي هِيَ حَرْفُ عِلَّةٍ حَرْفًا صَحِيحًا وَهُوَ التَّاءُ، وَمَا رَوَاهُ الْأَخْفَشُ مِنْ قَوْلِهِمْ: (تَرَبِّ الْكَعْبَةِ) شَاذٌّ.

قَوْلُهُ: (وَقَوْلُهُمْ: م اللَّهِ، قِيلَ: أَصْلُهُ مِنْ).

قَالَ الشَّيْخُ: اخْتَلَفَ النَّاسُ، فَقَالَ بَعْضُهُمْ: هِيَ (مِنْ) مِنْ قَوْلِهِمْ: (مِنْ رَبِّي لَأَفْعَلَنَّ كَذَا)، فَحُذِفَتِ النُّونُ تَخْفِيفًا؛ لِأَنَّهُ مَحَلُّ تَخْفِيفٍ، وَخُصَّ الْحَذْفُ عِنْدَ دُخُولِهَا عَلَى اللَّهِ مُلْتَزَمًا لِمَا فِيهِ مِنَ الِاسْتِثْقَالِ لَوْ بَقِيَتْ مِنَ التَّحْرِيكِ؛ لِالْتِقَاءِ السَّاكِنَيْنِ، وَإِنَّمَا جَازَ ضَمُّهَا؛ لِأَنَّهَا مَنْقُولَةٌ عَنْ (مِنْ) فِي قَوْلِهِمْ: (مِنْ رَبِّي)، وَتِلْكَ يَجُوزُ ضَمُّ مِيمِهَا، وَإِنَّمَا جَازَ ضَمُّ مِيمِهَا إِيذَانًا بِأَنَّهَا الْقَسَمِيَّةُ لَا الَّتِي لِلتَّبْيِينِ وَغَيْرِهَا، وَلَمْ يَأْتِ الْفَتْحُ؛ لِأَنَّهُ يُوهِمُ بِالِاسْتِفْهَامِيَّةِ وَالشَّرْطِيَّةِ.

وَمِنْهُمْ مَنْ قَالَ: أَصْلُهُ (أَيْمُنْ)، فَحُذِفَتْ يَاؤُهَا وَنُونُهَا تَخْفِيفًا، فَبَقِيَ (مُ) اللَّهِ، ثُمَّ أَجَازُوا الْكَسْرَ لِأَنَّهُ أَخَفُّ، وَاسْتُدِلَّ عَلَى ذَلِكَ بِجَوَازِ الضَّمِّ.

وَمِنْهُمْ مَنْ قَالَ: هُوَ حَرْفٌ بِرَأْسِهِ مُبْدَلٌ مِنَ (الْوَاوِ) فِي قَوْلِكَ: وَاللَّهِ، إِلَّا أَنَّهُ خُصَّ بِاسْمِ اللَّهِ كَمَا خُصَّ (التَّاءُ) بِذَلِكَ، وَكُلُّ ذَلِكَ مُحْتَمَلٌ، إِلَّا أَنَّهُ يَلْزَمُ مَنْ قَالَ: إِنَّهَا حَرْفٌ بِرَأْسِهِ أَنْ يَعُدَّهَا فِي حُرُوفِ الْجَرِّ كَمَا عَدَّ الْوَاوَ وَالتَّاءَ، فَيَقُولَ: وَتَاءُ الْقَسَمِ وَمِيمُهُ.

قَالَ: (وَ (عَلَى) لِلِاسْتِعْلَاءِ).

وَمَثَّلَ بِالِاسْتِعْلَاءِ الْمَعْنَوِيِّ فِي قَوْلِهِ: (عَلَيْهِ دَيْنٌ)، وَبِالْحِسِّيِّ فِي قَوْلِهِ تَعَالَى: "فَإِذَا اسْتَوَيْتَ أَنْتَ وَمَنْ مَعَكَ عَلَى الْفُلْكِ" [المؤمنون:٢٨]، وَهُوَ اسْمٌ بِمَعْنَى: (فَوْقَ) فِي مِثْلِ قَوْلِهِ (أَخَذْتُ مِنْ عَلَى زَيْدٍ)؛ أَيْ: مِنْ فَوْقِهِ، وَالدَّلِيلُ عَلَى أَنَّهُ اسْمٌ دُخُولُ حَرْفِ الْجَرِّ عَلَيْهِ، فَإِذَا لَمْ يَدْخُلْ عَلَيْهِ حَرْفُ الْجَرِّ فَهُوَ حَرْفٌ لَا غَيْرُ، وَيَجِبُ أَنْ يَكُونَ مَبْنِيًّا أَيْضًا فِي حَالِ الِاسْمِيَّةِ لِحُصُولِ مَا يَقْتَضِي الْبِنَاءَ، وَهُوَ مُشَابَهَتُهُ لِلْحَرْفِ فِي لَفْظِهِ، وَأَصْلِ مَعْنَاهُ، وَالدَّلِيلُ عَلَى صِحَّةِ ذَلِكَ: الْعِلْمُ بِبِنَاءِ (عَنْ) إِذَا وَقَعَتِ اسْمًا، فَلَوْ كَانَتْ (عَلَى) مُعْرَبَةً لَوَجَبَ أَنْ تَكُونَ (عَنْ) مُعْرَبَةً عِنْدَ وُقُوعِهَا اسْمًا، وَأَيْضًا فَلَوْ كَانَتْ مُعْرَبَةً فِي الِاسْمِيَّةِ لَوَجَبَ أَنْ تَبْقَى أَلِفُهَا فِي قَوْلِكَ (مِنْ عَلَيْهِ)، فَتَقُولُ: (مِنْ عَلَاهُ)، كَمَا تَقُولُ: (مِنْ رَحَاهُ)، وَإِنَّمَا يَقْلِبُونَ الْأَلِفَ يَاءً فِي الْآخِرِ مَعَ الْمُضْمَرِ فِيمَا ثَبَتَ أَنَّهُ غَيْرُ مُتَمَكِّنٍ، كَقَوْلِكَ: (لَدَيْهِ، وَعَلَيْهِ، وَإِلَيْهِ)، وَأَمَّا الْمُتَمَكِّنُ فَلَمْ يَأْتِ عَنْهُمْ قَلْبُ أَلِفِهِ يَاءً فِي مِثْلِ قَوْلِكَ: (مِنْ رَحَاهُ، وَمِنْ عَصَاهُ).

قَالَ: (وَ (عَنْ) لِلْبُعْدِ وَالْمُجَاوَزَةِ)، إِلَى آخِرِهِ.

قَالَ: وَهِيَ تُوصِلُ مَعْنَى الْفِعْلِ إِلَى الِاسْمِ عَلَى طَرِيقِ مُجَاوَزَةٍ، وَأَوْرَدَ (جَلَسْتُ عَنْ يَمِينِهِ) كَالِاعْتِرَاضِ، وَأَجَابَ بِتَقْدِيرِ الْمُجَاوَزَةِ بِقَوْلِهِ: مُتَرَاخِيًا عَنْ بَدَنِهِ، كَأَنَّهُ تُجَاوَزَ مَوْضِعَهُ إِلَى الْمَوْضِعِ الَّذِي بِحِيَالِ يَمِينِهِ، وَقَدْ تَكُونُ اسْمًا بِمَعْنَى: جَانِبٍ، كَقَوْلِهِمْ: (جَلَسْتُ مِنْ عَنْ يَمِينِهِ)، وَالْكَلَامُ فِي اسْمِيَّتِهَا وَبِنَائِهَا كَالْكَلَامِ فِي (عَلَى).

قَالَ: (وَالْكَافُ لِلتَّشْبِيهِ).

فَهِيَ تُوصِلُ مَعْنَى الْفِعْلِ إِلَى الِاسْمِ عَلَى سَبِيلِ التَّشْبِيهِ، كَقَوْلِكَ: (الَّذِي كَزَيْدٍ أَخُوكَ)، فَالْكَافُ أَوْصَلَتْ مَعْنَى اسْتِقْرَارِ هَذَا الْمُبْهَمِ إِلَى زَيْدٍ عَلَى سَبِيلِ التَّشْبِيهِ، وَمَثَّلَ بِمَا يَتَعَيَّنُ أَنْ تَكُونَ فِيهِ حَرْفًا، وَبِمَا يَتَعَيَّنُ أَنْ تَكُونَ فِيهِ اسْمًا بِقَوْلِهِ: (الَّذِي كَزَيْدٍ) تَتَعَيَّنُ فِيهِ الْحَرْفِيَّةُ؛ لِأَنَّهُ وَقَعَ صِلَةً، وَلَا يَقَعُ الِاسْمُ الْمُفْرَدُ صِلَةً، وَقَوْلُهُ:

يَضْحَكْنَ عَنْ كَالْبَرَدِ الْمُنْهَمِّ

تَتَعَيَّنُ الِاسْمِيَّةُ لِدُخُولِ حَرْفِ الْجَرِّ عَلَيْهِ.

قَوْلُهُ: (وَلَا تَدْخُلُ عَلَى الضَّمِيرِ).

لِأَنَّهُمْ كَرِهُوا دُخُولَهَا عَلَى الضَّمِيرِ، فَيُؤَدِّي إِلَى مِثْلِ قَوْلِهِمْ: (كَكَ)، وَلَا يَخْفَى تَهْجِينُهُ، فَرَفَضُوا دُخُولَهُ عَلَى الْمُضْمَرَاتِ بِأَسْرِهَا؛ لِأَنَّهُ بَابٌ وَاحِدٌ أَدَّى إِلَى مَا يُسْتَهْجَنُ مَعَ الِاسْتِغْنَاءِ عَنْهُ بِمِثْلٍ، فَاسْتَعْمَلُوا مِثْلَ مَعَ الْمُضْمَرِ وَالْمُظْهَرِ جَمِيعًا، وَلَمْ يَسْتَعْمِلُوا

الْكَافَ إلا مَعَ الْمُظْهَرِ إلا مَا شَذَّ مِنْ نَحْوِ مَا رُوِيَ:

وَأُمَّ أَوْعَـــالٍ كَهَا أَوْ أَقْرَبَا

وَقَوْلُهُ:

فَإِنْ يَكُ مِنْ جِنٍّ لأبْرَحُ طَارِقًا وَإِنْ يَكُ إِنْسًا مَا كَهَا الإِنْسُ تَفْعَلُ

قَالَ: (وَمُذْ وَمُنْذُ لابتِدَاءِ الْغَايَةِ فِي الزَّمَانِ)، إِلَى آخِرِهِ.

قَالَ الشَّيْخُ: لا خِلافَ أَنَّ (مُذْ، وَمُنْذُ) مُخْتَصٌّ بِالزَّمَانِ، وَإِنَّمَا الْخِلافُ فِي (مِنْ) هَلْ هِيَ لِغَيْرِ الزَّمَانِ أَوْ عَامَّةٌ فِي الزَّمَانِ وَغَيْرِهِ، فَالْبَصْرِيُّونَ يَخُصُّونَهَا بِغَيْرِ الزَّمَانِ، وَالْكُوفِيُّونَ يُعَمِّمُونَهَا، وَيَسْتَدِلُّونَ بِقَوْلِهِ تَعَالَى: "**مِنْ أَوَّلِ يَوْمٍ أَحَقُّ أَنْ تَقُومَ فِيهِ**" [التوبة:١٠٨]، وَبِقَوْلِ الشَّاعِرِ:

.... أَقْوَيْنَ مِنْ حِجَجٍ..........

وَإِذَا كَانَتْ حَرْفًا كَانَ مَعْنَاهَا الابْتِدَاءُ فِي الْمَاضِي، وَالظَّرْفِيَّةُ فِي الْحَاضِرِ، فَمِثَالُ الْمَاضِي قَوْلُكَ: (مَا رَأَيْتُهُ مُذْ يَوْمِ الْجُمُعَةِ)، يَعْنِي: أَنَّ ابْتِدَاءَ انْتِفَاءِ الرُّؤْيَةِ وَمُبْتَدَأَهُ ذَلِكَ الْيَوْمُ، وَمِثَالُ الْحَاضِرِ قَوْلُكَ: (مَا رَأَيْتُهُ مُذْ شَهْرِنَا)، تَعْنِي: أَنَّ انْتِفَاءَ الرُّؤْيَةِ فِي الشَّهْرِ جَمِيعِهِ، وَقَدْ تَقَدَّمَ ذِكْرُ كَوْنِهِمَا اسْمَيْنِ.

قَالَ: (وَحَاشَا مَعْنَاهَا: التَّنْزِيهُ).

قَالَ الشَّيْخُ: وَاسْتُعْمِلَتْ لِلاسْتِثْنَاءِ فِيمَا يُنَزَّهُ عَنِ الْمُسْتَثْنَى مِنْهُ، كَقَوْلِكَ: (ضَرَبْتُ الْقَوْمَ حَاشَا زَيْدٍ)، وَلِذَلِكَ لا يَحْسُنُ (صَلَّى النَّاسُ حَاشَا زَيْدٍ) لِفَوَاتِ مَعْنَى التَّنْزِيهِ فِيهِ، وَقَدْ جَاءَ النَّصْبُ بِهَا عَلَى أَنْ تَكُونَ فِعْلا اسْتُعْمِلَ فِي الاسْتِثْنَاءِ كَمَا اسْتُعْمِلَ (خَلا)، و(عَدَا)، و(لَيْسَ)، و(لا يَكُونُ)، كَأَنَّهُ مَنْقُولٌ مِنْ حَاشَى يُحَاشِي؛ أَيْ: جَانَبَ، كَأَنَّهُ قَالَ: جَانَبَ بَعْضُهُمْ زَيْدًا.

وَأَمَّا قَوْلُهُ: "**حَاشَ لِلَّهِ**" [يوسف:٣١]، إِلَى آخِرِهِ، فَقَدْ فَسَّرَهُ بِمَصْدَرٍ، وَالأَوْلَى أَنْ يُقَالَ: إِنَّهُ اسْمٌ مِنْ أَسْمَاءِ الأَفْعَالِ، كَأَنَّهُ بِمَعْنَى: بَرِئَ اللَّهُ مِنَ السُّوءِ، وَدُخُولُ اللامِ فِي فَاعِلِهِ كَدُخُولِ اللامِ فِي فَاعِلِ (هَيْهَاتَ)، كَقَوْلِهِ تَعَالَى: "**هَيْهَاتَ هَيْهَاتَ لِمَا تُوعَدُونَ**" [المؤمنون:٣٦]، وَلَعَلَّهُ لَمْ يَقْصِدْ إلا اسْمَ الْفِعْلِ، وَفَسَّرَهُ بِالْمَصْدَرِ؛ لِكَوْنِهِ اسْمًا، فَقَصَدَ إِلَى تَفْسِيرِهِ بِاسْمٍ، وَلِذَلِكَ نَصَبَ (بَرَاءَةً)، وَلا يُنْصَبُ إلا بِفِعْلٍ مُقَدَّرٍ، فَكَأَنَّ الْمَعْنَى بَرِئَ اللَّهُ مِنَ السُّوءِ، فَصَارَ حَاصِلُهُ التَّفْسِيرَ بِالْفِعْلِ، وَإِذَا فُسِّرَ بِالْفِعْلِ فَهُوَ اسْمُ فِعْلٍ.

قَالَ: (وَكَيْ فِي قَوْلِهِمْ: كَيْمَهْ مِنْ حُرُوفِ الْجَرِّ، بِمَعْنَى: لِمَهْ).

وَلَمْ يَذْكُرْهَا فِي الْحُرُوفِ الْمُتَقَدِّمَةِ، وَكَانَ الأَوْلَى ذِكْرَهَا ثَمَّةَ؛ لأَنَّهُ إِنَّمَا فَصَّلَ مَا أَجْمَلَهُ أَوَّلَ الْبَابِ، وَلِذَلِكَ ذَكَرَهَا ذِكْرَ حَاصِرٍ لَهَا، فَقَسَمَهَا وَذَكَرَ أَعْدَادَ كُلِّ قِسْمٍ مِنْهَا، وَإِنَّمَا أَهْمَلَ ذِكْرَهَا؛ لِقِلَّةِ اسْتِعْمَالِهَا، أَوْ لِوُقُوعِ الْخِلافِ فِيهَا، فَإِنَّ الْكُوفِيِّينَ يَجْعَلُونَهَا حَرْفًا نَاصِبًا لِلْفِعْلِ بِمَعْنَى السَّبَبِيَّةِ، وَيَتَأَوَّلُونَ قَوْلَهُمْ: كَيْمَهْ بِمَعْنَى: (كَيْ تَفْعَلَ مَاذَا)، وَالَّذِي يَدُلُّ عَلَى أَنَّهُ إِنَّمَا تَرَكَهَا لِذَلِكَ أَنَّهُ ذَكَرَ هَذَا التَّأْوِيلَ عَنْهُمْ فِي فَصْلٍ سَيَأْتِي فِي هَذَا الْقِسْمِ.

قَالَ: (وَمَا أَرَى هَذَا الْقَوْلَ بَعِيدًا مِنَ الصَّوَابِ).

فَتَصْوِيبُهُ إِيَّاهُ هُوَ الَّذِي حَسَّنَ عِنْدَهُ إِسْقَاطَهُ، وَكَوْنُهُ عِنْدَ الْبَصْرِيِّينَ حَرْفَ جَرٍّ حَسَّنَ عِنْدَهُ ذِكْرَهُ فِي التَّفْصِيلِ.

قَالَ: (وَتُحْذَفُ حُرُوفُ الْجَرِّ) إِلَى آخِرِهِ.

قَالَ الشَّيْخُ: حَذْفُ حُرُوفِ الْجَرِّ يَجِيءُ تَارَةً سَمَاعًا فِي مَوْضِعٍ وَقِيَاسًا فِي مَوْضِعٍ؛ فَالسَّمَاعِيُّ طَرِيقُهُ النَّقْلُ بِمَوَاضِعِهِ، كَقَوْلِكَ: اسْتَغْفَرْتُ اللَّهَ الذَّنْبَ؛ أَيْ: مِنَ الذَّنْبِ. وَأَمَرْتُ زَيْدًا الْخَيْرَ؛ أَيْ: بِالْخَيْرِ. وَقَوْلِهِمْ: اللَّهِ لأَفْعَلَنَّ كَذَا؛ أَيْ: بِاللَّهِ. وَإِذَا حَذَفْتَ حَرْفَ الْجَرِّ وَجَبَ النَّصْبُ؛ لأَنَّهُ مَفْعُولٌ فَلا وَجْهَ إِلا النَّصْبُ.

وَالْقِيَاسِيُّ: حَذْفُ حُرُوفِ الْجَرِّ مَعَ (أَنْ، وَأَنَّ) عَلَى اخْتِلافِ أَلْفَاظِهَا، تَقُولُ: (عَجِبْتُ أَنَّكَ قَائِمٌ)، و(جِئْتُ أَنَّكَ أَكْرَمْتَنِي)؛ أَيْ: مِنْ أَنَّكَ وَلأَنَّكَ، وَإِذَا حَذَفْتَ حُرُوفَ الْجَرِّ عَنْ (أَنْ) و(أَنَّ)، فَالصَّحِيحُ أَنَّهَا فِي مَوْضِعِ نَصْبٍ إِجْرَاءً لَهَا مُجْرَى مَا حُذِفَ مِنْهُ أَوَّلا حَرْفُ الْجَرِّ فِيمَا تَقَدَّمَ عَلَى الْوَجْهِ الْمَذْكُورِ، وَقَدْ زَعَمَ الْخَلِيلُ أَنَّهَا فِي مَوْضِعِ خَفْضٍ، وَهَذَا يَدُلُّ عَلَى أَنَّهُ قَدَّرَهَا مُضْمَرَةً مِثْلَهَا فِي قَوْلِهِمْ: (اللَّهِ لأَفْعَلَنَّ كَذَا) بِالْخَفْضِ، فَيَبْقَى النَّظَرُ فِي الأَوْلَوِيَّةِ، أَالْحَذْفُ هُوَ أَمِ الإِضْمَارُ؟ وَالأَوْلَى الْحَذْفُ؛ لأَنَّهُ الْكَثِيرُ الشَّائِعُ، وَالإِضْمَارُ نَادِرٌ قَلِيلٌ، فَكَانَ حَمْلُ هَذَا الْمُلْبِسِ عَلَى مَا هُوَ كَثِيرٌ فِي كَلامِهِمْ أَوْلَى مِنْ حَمْلِهِ عَلَى النَّادِرِ، وَلِذَلِكَ قَالَ: (وَتُضْمَرُ قَلِيلا)، وَذَلِكَ هُوَ إِضْمَارُ (رُبَّ) فِي مِثْلِ قَوْلِهِمْ:

وَقَاتِمِ الأَعْمَاقِ خَاوِي الْمُخْتَرَقْ

أَيْ: وَرُبَّ قَاتِمِ الأَعْمَاقِ، عَلَى أَنَّهُ قَدِ اخْتُلِفَ، هَلِ الْخَافِضُ رُبَّ مُضْمَرَةً أَوِ الْوَاوُ النَّائِبَةُ عَنْهَا كَنِيَابَةِ الْوَاوِ عَنِ الْبَاءِ فِي قَوْلِكَ: وَاللَّهِ، وَقُوِّيَ ذَلِكَ بِأَنَّهَا يُؤْتَى بِهَا أَوَّلَ الْكَلامِ، وَلَوْ كَانَتْ (رُبَّ) مُضْمَرَةً بَعْدَهَا لَكَانَتْ عَاطِفَةً، وَلَوْ كَانَتْ عَاطِفَةً لاسْتَدْعَتْ

مَعْطُوفًا عَلَيْهِ، وَوُقُوعُهَا فِي أَوَّلِ الْكَلامِ يَدْفَعُ كَوْنَهَا عَاطِفَةً، فَثَبَتَ أَنَّهَا بِمَعْنَى: رُبَّ، وَهَذَا هُوَ الَّذِي أَشَارَ إِلَيْهِ الْمُصَنِّفُ فِي قَوْلِهِ: (وَوَاوُ رُبَّ)، مَا أَدْرِي إِنْ ذَكَرَ الْمُصَنِّفُ هَذَا وَلَمْ يُرِدْ هَاهُنَا بِإِضْمَارِ (رُبَّ) إِضْمَارَهَا بَعْدَ الْوَاوِ، لِمَا ثَبَتَ مِنْ أَنَّ مَذْهَبَهُ أَنَّ الْوَاوَ هِيَ الْخَافِضَةُ؛ لِعَدِّهِ إِيَّاهَا فِي حُرُوفِ الْخَفْضِ، وَإِنَّمَا أَرَادَ إِضْمَارَهَا فِي مِثْلِ قَوْلِهِمْ:

بَلْ بَلَدٍ مِلْءُ الْفِجَاجِ قَتَمُهْ

فَهَذَا الَّذِي قَصَدَ إِلَيْهِ، وَلِذَلِكَ جَعَلَهُ قَلِيلا.

وَقَوْلُ رُؤْبَةَ: (خَيْرٍ) شَاذٌّ لا يُعْمَلُ عَلَيْهِ، وَاللامُ فِي مِثْلِ قَوْلِهِمْ: (لاهِ أَبُوكَ) حُذِفَتْ لِكَثْرَتِهِ فِي كَلامِهِمْ، وَجَرْيِهِ مَجْرَى الْمَثَلِ، وَلِذَلِكَ لَمْ يَقْتَصِرُوا عَلَى إِضْمَارِ لامِ الْجَرِّ وَحْدَهَا، بَلْ حَذَفُوا مَعَهَا لامَ التَّعْرِيفِ، وَهِيَ مُرَادَةٌ أَيْضًا؛ لأَنَّ الأَصْلَ (لِلَّهِ أَبُوكَ)، فَاللامُ الأُولَى الْمَكْسُورَةُ هِيَ لامُ الْجَرِّ، وَاللامُ الثَّانِيَةُ السَّاكِنَةُ هِيَ لامُ التَّعْرِيفِ، وَاللامُ الثَّالِثَةُ الْمَفْتُوحَةُ هِيَ أَوَّلُ الاسْمِ الدَّاخِلِ عَلَيْهِ حَرْفُ التَّعْرِيفِ، وَهَلْ هِيَ عَيْنٌ وَالْفَاءُ مَحْذُوفَةٌ، أَوْ هِيَ فَاءٌ؟

اخْتُلِفَ فِيهِ، وَلَيْسَ هَذَا مَوْضِعَ ذِكْرِهِ، فَحُذِفَتْ لامُ الْجَرِّ وَلامُ التَّعْرِيفِ، وَبَقِيَ الاسْمُ مُجَرَّدًا عَنْهُمَا، مَقْصُودًا فِيهِ مَعْنَاهُمَا؛ لِمَا ذَكَرْنَاهُ مِنْ جَرْيِهِ مَجْرَى الْمَثَلِ، وَكَثْرَةِ وُقُوعِهِ فِي الْكَلامِ.

وَمِنْ أَصْنَافِ الْحَرْفِ الْحُرُوفُ الْمُشَبَّهَةُ بِالْفِعْلِ، وَهِيَ: إِنَّ، وَأَنَّ... إِلَى آخِرِهِ

قَالَ الشَّيْخُ: قَدْ تَقَدَّمَ وَجْهُ شَبَهِهَا بِالْفِعْلِ فِي الْمَرْفُوعَاتِ.

قَالَ: (وَتَلْحَقُهَا (مَا) الْكَافَّةُ فَتَعْزِلُهَا عَنِ الْعَمَلِ).

لأَنَّهَا مِمَّا لا يَدْخُلُ عَلَى الْفِعْلِ، فَلَمَّا دَخَلَتْ عَلَى هَذِهِ الْحُرُوفِ أَخْرَجَتْهُ عَنْ شَبَهِ الْفِعْلِ، أَوْ لأَنَّهَا لَمَّا اتَّصَلَتْ بِهِ صَارَتْ كَالْجُزْءِ مِنْهُ، فَأَخْرَجَتْهُ عَنْ شَبَهِهِ الَّذِي هُوَ بِنَاءُ آخِرِهِ عَلَى الْفَتْحِ، وَاتِّصَالُ الضَّمَائِرِ بِهِ كَاتِّصَالِهَا بِالْفِعْلِ، فَلِذَلِكَ ابْتُدِئَ بَعْدَهَا الْكَلامُ، وَلَمَّا بَطَلَ عَمَلُهَا لِمَا ذَكَرْنَاهُ صَحَّ وُقُوعُ الْجُمْلَتَيْنِ بَعْدَهَا؛ لأَنَّهَا إِنَّمَا اقْتَضَتِ الاسْمِيَّةَ لِمُشَابَهَتِهَا لِلْفِعْلِ، وَإِذَا خَرَجَتْ عَنْ مُشَابَهَةِ الْفِعْلِ صَحَّ وُقُوعُ الْجُمْلَتَيْنِ بَعْدَهَا، وَمَثَّلَ بِوُقُوعِ الاسْمِيَّةِ بِقَوْلِهِ تَعَالَى: "أَنَّمَا إِلَٰهُكُمْ إِلَٰهٌ وَاحِدٌ" [الكهف:١١٠]، وَقَوْلِهِ:

.... لَعَلَّمَا أَنْتَ حَالِمُ

وَبِوُقُوعِ الْفِعْلِيَّةِ بِقَوْلِهِ: "إِنَّمَا يَنْهَاكُمُ اللَّهُ" [الممتحنة:٩]، وَقَوْلِهِ:

أَعِدْ نَظَرًا يَا عَبْدَ قَيْسٍ لَعَلَّمَا أَضَاءَتْ لَكَ النَّارُ الْحِمَارَ الْمُقَيَّدَا

وَمِنْهُمْ مَنْ يَجْعَلُ (مَا) مَزِيدَةً، وَهُوَ ضَعِيفٌ، وَلَمْ يُسْمَعْ إِعْمَالُ هَذِهِ الْحُرُوفِ مَعَ (مَا) إِلَّا فِي قَوْلِ الشَّاعِرِ:

قَالَتْ أَلَا لَيْتَمَا هَذَا الْحَمَامَ لَنَا إِلَى حَمَامَتِنَا وَنِصْفَهُ فَقَدِ

وَقَوْلُ صَاحِبِ الْكِتَابِ: (إِلَّا أَنَّ الْإِعْمَالَ فِي لَيْتَمَا وَلَعَلَّمَا وَكَأَنَّمَا أَكْثَرُ مِنْهُ فِي إِنَّمَا وَأَنَّمَا وَلَكِنَّمَا) شَيْءٌ اخْتَارَهُ مِنْ طَرِيقٍ قِيَاسِيٍّ، وَكَانَ الْأَوْلَى أَنْ يَقُولَ مَوْضِعَ قَوْلِهِ: (أَكْثَرُ): (أَوْلَى)؛ لِأَنَّ هَذَا لَمْ يَأْتِ عَنْهُمْ فِيهِ نَصْبٌ، وَوَجْهُ الْقِيَاسِ أَنَّهُ ثَبَتَ النَّصْبُ بَعْدَ (لَيْتَمَا)، فَيُحْمَلُ عَلَيْهَا لَعَلَّمَا وَكَأَنَّمَا؛ لِأَنَّهَا قَوِيَّةٌ فِي تَغْيِيرِ مَعْنَى الِابْتِدَاءِ، وَحُمِلَتْ عَلَيْهَا أُخْتَاهَا فِي ذَلِكَ، وَأَمَّا (إِنَّمَا) وَ(أَنَّمَا) وَ(لَكِنَّمَا)، وَإِنْ كَانَتْ مِنْ أَصْلِ الْبَابِ إِلَّا أَنَّهَا لَمْ تُغَيِّرْ مَعْنَى الْجُمْلَةِ فِيمَا كَانَتْ لَهُ، فَلَمْ تَقْوَ قُوَّةَ الْبَوَاقِي.

قَالَ: (إِنَّ وَأَنَّ هُمَا يُؤَكِّدَانِ مَضْمُونَ الْجُمْلَةِ وَيُحَقِّقَانِهِ، إِلَّا أَنَّ الْمَكْسُورَةَ الْجُمْلَةُ مَعَهَا عَلَى اسْتِقْلَالِهَا بِفَائِدَتِهَا).

قَالَ الشَّيْخُ: لِأَنَّ وَضْعَ (إِنَّ) لِتَأْكِيدِ الْجُمْلَةِ مِنْ غَيْرِ تَغْيِيرٍ لِمَعْنَاهَا، فَوَجَبَ أَنْ تَسْتَقِلَّ بِالْفَائِدَةِ بَعْدَ دُخُولِهَا كَمَا تَسْتَقِلُّ قَبْلَ دُخُولِهَا، وَأَمَّا الْمَفْتُوحَةُ فَوَضْعُهَا وَضْعُ الْمَوْصُولَاتِ فِي أَنَّ الْجُمْلَةَ مَعَهَا كَالْجُمْلَةِ مَعَ الْمَوْصُولِ، فَلِذَلِكَ صَارَتْ مَعَ جُمْلَتِهَا فِي حُكْمِ الْجُزْءِ، فَاحْتَاجَتْ إِلَى جُزْءٍ آخَرَ يَسْتَقِلُّ مَعَهَا الْكَلَامُ، فَتَقُولُ: (إِنَّ زَيْدًا قَائِمٌ) وَتَسْكُتُ، وَتَقُولُ: (أَعْجَبَنِي أَنَّ زَيْدًا قَائِمٌ)، فَلَا تَجِدُ بُدًّا مِنْ هَذَا الْجُزْءِ الَّذِي مَعَهَا لِكَوْنِهَا صَارَتْ فِي حُكْمِ الْجُزْءِ الْوَاحِدِ، إِذْ مَعْنَى قَوْلِكَ: (أَعْجَبَنِي أَنَّ زَيْدًا قَائِمٌ): أَعْجَبَنِي قِيَامُ زَيْدٍ، فَكَمَا أَنَّ قَوْلَكَ: (قِيَامُ زَيْدٍ) لَا يَسْتَقِلُّ بِالْفَائِدَةِ مَا لَمْ يَنْضَمَّ إِلَيْهِ جُزْءٌ آخَرُ فَكَذَلِكَ الْمَفْتُوحَةُ مَعَ جُمْلَتِهَا، وَلِذَلِكَ وَقَعَتْ فَاعِلَةً وَمَفْعُولَةً وَمُضَافًا إِلَيْهَا، وَغَيْرَ ذَلِكَ مِمَّا يَقَعُ فِيهِ الْمُفْرَدَاتُ.

قَالَ: (وَلَا تُصَدَّرُ بِهَا الْجُمْلَةُ كَمَا تُصَدَّرُ بِأُخْتِهَا).

لِأَحَدِ الْأَمْرَيْنِ:

أَحَدُهُمَا: أَنَّهَا لَوْ صُدِّرَتْ بِهَا لَوَقَعَتْ مُبْتَدَأَةً، وَالْمُبْتَدَأُ مُعَرَّضٌ لِدُخُولِ (إِنَّ) الْمَكْسُورَةِ، فَيُؤَدِّي إِلَى اجْتِمَاعِهِمَا، وَمِثْلُهُ مُسْتَكْرَهٌ، فَفَرُّوا مِنْ تَصْدِيرِهَا حَتَّى لَا يُؤَدِّيَ

إِلَى اجْتِمَاعِ مَا يَسْتَكْرِهُونَ اجْتِمَاعَهُ.

وَالثَّانِي: أَنَّ (أَنَّ) قَدْ تَكُونُ بِمَعْنَى: (لَعَلَّ) مِنْ قَوْلِهِمْ: (ائْتِ السُّوقَ أَنَّكَ تَشْتَرِي لَحْمًا)، وَفِي قَوْلِهِ تَعَالَى: **"أَنَّهَا إِذَا جَاءَتْ لَا يُؤْمِنُونَ"** [الأنعام:١٠٩]، وَتِلْكَ لَهَا صَدْرُ الْكَلَامِ، فَقَصَدُوا إِلَى أَنْ تَكُونَ هَذِهِ مُخَالِفَةً لِتِلْكَ فِي الْمَوْضِعِ؛ لِيُعْلَمَ مِنْ أَوَّلِ الْأَمْرِ الْفَصْلُ بَيْنَهُمَا، فَإِذَا قُدِّمَتْ عُلِمَ أَنَّهَا بِمَعْنَى لَعَلَّ، وَإِذَا أُخِّرَتْ عُلِمَ أَنَّهَا الْمَصْدَرِيَّةُ، وَلَمْ يَعْكِسُوا؛ لِأَنَّهُ يُؤَدِّي إِلَى أَنْ تَقَعَ الَّتِي بِمَعْنَى لَعَلَّ مُتَأَخِّرَةً، وَتِلْكَ لَا يَسْتَقِيمُ تَأْخِيرُهَا كَمَا لَا يَسْتَقِيمُ تَأْخِيرُ لَعَلَّ، وَهَذِهِ إِذَا أَخَّرُوهَا فَإِنَّمَا أَخَّرُوا مَا يَسُوغُ تَأْخِيرُهُ، وَإِنَّمَا الْتَزَمُوا فِيهِ أَحَدَ الْجَائِزَيْنِ لِغَرَضٍ، فَكَانَ وِزَانُهُ وِزَانَ تَقْدِيمِ الِاسْتِفْهَامِ إِذَا وَقَعَ خَبَرًا فِي مِثْلِ قَوْلِهِمْ: (مَتَى الْقِتَالُ) سَوَاءً.

قَالَ: (وَالَّذِي يُمَيِّزُ بَيْنَ مَوْقِعَيْهِمَا أَنَّ مَا كَانَ مَظِنَّةً لِلْجُمْلَةِ وَقَعَتْ فِيهِ الْمَكْسُورَةُ).

قَالَ الشَّيْخُ: التَّمْيِيزُ بِمَا ذَكَرَهُ أَوْلَى مِنَ التَّمْيِيزِ بِمَا ذَكَرَهُ غَيْرُهُ.

قَالَ الْفَارِسِيُّ: كُلُّ مَا صَحَّ فِيهِ وُقُوعُ الِاسْمِ وَالْفِعْلِ فَـ (إِنَّ) فِيهِ مَكْسُورَةٌ، وَمَا لَمْ يَقَعْ فِيهِ إِلَّا أَحَدُهُمَا فَـ (إِنَّ) فِيهِ مَفْتُوحَةٌ.

وَأَمَّا صَاحِبُ "الْجُمَلِ" فَعَدَّدَ مَوَاضِعَ الْمَكْسُورَةِ تَعْدِيدًا، ثُمَّ قَالَ: وَالْمَفْتُوحَةُ فِيمَا سِوَى ذَلِكَ، وَمَا ذَكَرَهُ هَذَا أَوْلَى مِمَّا ذَكَرَهُ الْفَارِسِيُّ؛ لِأَنَّهُ ذَكَرَ الْمَعْنَى الَّذِي مِنْ أَجْلِهِ امْتَنَعَ فِي الْمَكْسُورَةِ الْفَتْحُ وَفِي الْمَفْتُوحَةِ الْكَسْرُ، فَذَكَرَ الْحُكْمَ بِعِلَّتِهِ، وَذَلِكَ أَنَّ (إِنَّ) الْمَكْسُورَةَ وَضْعُهَا تَأْكِيدٌ لِلْجُمْلَةِ مَعَ بَقَائِهَا عَلَى اسْتِقْلَالِهَا، فَوَجَبَ أَنْ لَا تَقَعَ إِلَّا فِي مَوْضِعِ الْجُمْلَةِ الْمُسْتَقِلَّةِ، وَالْمَفْتُوحَةُ تَصِيرُ الْجُمْلَةُ مَعَهَا بِتَأْوِيلِ مَصْدَرٍ، وَالْمَصْدَرُ مُفْرَدٌ، فَوَجَبَ أَنْ لَا تَقَعَ إِلَّا فِي مَوْضِعِ الْمُفْرَدِ، وَهَذَا مُسْتَقِيمٌ وَاضِحُ التَّعْلِيلِ، وَمَا ذَكَرَهُ الْفَارِسِيُّ لَيْسَ فِيهِ مَا يُشْعِرُ بِمِثْلِ ذَلِكَ، وَلِأَنَّهُ لَا يَنْتَقِضُ مَا ذَكَرَهُ الْمُصَنِّفُ؛ لِأَنَّهُ مَبْنِيٌّ عَلَى أَمْرٍ مُحَقَّقٍ وَمَا ذَكَرَهُ أَبُو عَلِيٍّ مُنْتَقِضٌ.

أَمَّا بَيَانُ أَنَّ هَذَا لَا يَنْتَقِضُ: أَنَّهُ قَدْ عُلِمَ أَنَّ وَضْعَ (إِنَّ) الْمَكْسُورَةِ لِمَا ذَكَرْنَاهُ، فَعُلِمَ أَنَّهَا لَا تَقَعُ إِلَّا فِي مَوْضِعِ الْجُمَلِ، وَعُلِمَ أَنَّ وَضْعَ الْمَفْتُوحَةِ مَعَ مَا بَعْدَهَا فِي تَأْوِيلِ الْمُفْرَدِ، فَوَجَبَ أَنْ لَا تَقَعَ إِلَّا فِي مَوْضِعِ الْمُفْرَدِ.

وَأَمَّا بَيَانُ انْتِقَاضِ مَا ذَكَرَهُ أَبُو عَلِيٍّ فَفِي نَحْوِ قَوْلِكَ: (مَنْ يُكْرِمْنِي فَإِنِّي أُكْرِمُهُ)؛ أَيْ: فَإِكْرَامِي حَاصِلٌ لَهُ، فَهَذَا مَوْضِعٌ يَصِحُّ فِيهِ وُقُوعُ الِاسْمِ وَالْفِعْلِ جَمِيعًا، وَلَمْ يَتَعَيَّنِ الْكَسْرُ فِيهِ، بَلْ جَائِزٌ فِيهِ الْفَتْحُ وَالْكَسْرُ عَلَى تَأْوِيلَيْنِ يَرْجِعَانِ إِلَى الضَّابِطِ الْأَوَّلِ

لِلْمُصَنِّفِ، وَإِذَا رُجِعَ إِلَى ضَابِطِ أَبِي عَلِيٍّ وَجَبَ الْكَسْرُ، لأَنَّهُ مَوْضِعٌ يَقَعُ فِيهِ الاسْمُ وَالْفِعلُ، أَلا تَرَى أَنَّكَ تَقُولُ: (مَنْ يُكْرِمْنِي فَأَكْرِمْهُ)، و(مَنْ يُكْرِمْنِي فَزَيْدٌ يُكْرِمُهُ)، فَقَدْ وَقَعَ بَعْدَ فَاءِ الْجَزَاءِ الاسْمُ وَالْفِعلُ، وَلَمْ يَتَعَيَّنِ الْكَسْرُ.

فَإِنْ زَعَمَ زَاعِمٌ أَنَّكَ إِذَا قُلْتَ: (مَنْ يُكْرِمْنِي فَأُكْرِمْهُ)، فَتَأْوِيلُهُ: فَأَنَا أُكْرِمُهُ، فَلَمْ يَصِحَّ أَنْ يَقَعَ بَعْدَ الْفَاءِ الْجَزَائِيَّةِ إلا الاسْمُ فَهُوَ فَاسِدٌ مِنْ وَجْهَيْنِ:

أَحَدُهُمَا: أَنَّكَ تَقُولُ: (مَنْ يُكْرِمْنِي فَلْيُكْرِمْ زَيْدًا)، وَلا يُمْكِنُ تَقْدِيرُ الاسْمِ فِي مِثْلِ ذَلِكَ.

وَالآخَرُ: أَنَّا لَوْ سَلَّمْنَا ذَلِكَ لَكَانَ حَاصِلُهُ أَنَّهُ مَوْضِعٌ يَتَعَيَّنُ الاسْمُ دُونَ الْفِعْلِ، فَيَتَعَيَّنُ الْفَتْحُ، وَهُوَ غَيْرُ مُتَعَيِّنٍ، فَصَارَ مُنْتَقِضًا عَلَى كُلِّ تَقْدِيرٍ، سَوَاءٌ كَانَ مَوْضِعًا لِلْفِعْلِ، أَوْ مَوْضِعًا لِلاسْمِ، أَوْ مَوْضِعًا لَهُمَا.

فَإِنْ زَعَمَ زَاعِمٌ أَنَّ الْكَسْرَ بِتَأْوِيلِ مَعْنًى يَصِحُّ فِيهِ الأَمْرَانِ، يَعْنِي: الاسْمَ وَالْفِعْلَ، وَالْفَتْحُ بِتَأْوِيلِ أَمْرٍ لا يَصِحُّ فِيهِ إلا أَحَدُهُمَا، أَعْنِي: الاسْمَ، فَقُدِّرَ فِي كُلِّ مَوْضِعٍ أَمْرًا خَاصًّا بِهِ، أُبْطِلَ ذَلِكَ بِقَوْلِكَ: (زَيْدٌ إِنَّ أَبَاهُ أَبُوكَ)، وَلَوْ قُدِّرَ هَاهُنَا بِاعْتِبَارِ أَمْرِهِ الْخَاصِّ لَمْ يُقَدَّرْ إلا الاسْمُ، فَدَلَّ عَلَى أَنَّ تَقْدِيرَ الْخَاصِّ لا اعْتِدَادَ بِهِ، وَلِذَلِكَ كُسِرَ فِي قَوْلِكَ: (إِنَّ أَبَاكَ أَبُو زَيْدٍ)، وَكَذَلِكَ قَوْلُهُ:

وَكُنْتُ أَرَى زَيْدًا كَمَا قِيلَ سَيِّدًا ... إِذَا إِنَّهُ عَبْدُ الْقَفَا وَاللَّهَازِمِ

يَجُوزُ فِيهِ الْفَتْحُ وَالْكَسْرُ، وَالْمَوْضِعُ مَوْضِعٌ لا يَقَعُ فِيهِ إلا الاسْمُ.

وَمَثَّلَ بِمَا يُقَرِّرُ ضَابِطَهُ الْمَذْكُورَ، فَأَتَى بِتَمْثِيلِ الْكَسْرِ فِي مَوَاضِعِ الْجُمَلِ، وَالْفَتْحِ فِي مَوَاضِعِ الإِفْرَادِ، ثُمَّ أَوْرَدَ مَا هُوَ كَالاعْتِرَاضِ عَلَى الْقَاعِدَةِ الْمَذْكُورَةِ، وَهُوَ الْفَتْحُ بَعْدَ (لَوْلا) وَبَعْدَ (لَوْ)، وَقَرَّرَ أَنَّ الْفَتْحَ بَعْدَ (لَوْلا) إِنَّمَا كَانَ لأَنَّهُ مَوْضِعٌ لا يُذْكَرُ خَبَرُ الْمُبْتَدَأِ، فَإِذَا لَمْ تَقَعْ (أَنَّ) وَمَا عَمِلَتْ فِيهِ إلا فِي مَوْضِعِ الْمُبْتَدَأِ خَاصَّةً، فَوَجَبَ الْفَتْحُ لِوُقُوعِهِ مَوْقِعَ الْمُفْرَدِ، وَلَوْ كُسِرَتْ لَمْ يَكُنْ مُسْتَقِيمًا؛ لأَنَّهُ يُؤَدِّي إِلَى ذِكْرِ الْخَبَرِ مَعَ كَوْنِهِ قَدِ اطُّرِحَ ذِكْرُهُ فِي الاسْتِعْمَالِ، وَلَيْسَ هَذَا الْمَوْقِعُ كَمَوْقِعِهَا بَعْدَ (إِذَا)؛ لأَنَّ خَبَرَ مُبْتَدَأٍ (إِذَا) جَائِزٌ ذِكْرُهُ وَحَذْفُهُ، فَإِنْ كُسِرَتْ كَانَتِ الْجُمْلَةُ هِيَ الأَصْلِيَّةَ، وَلَمْ يُقَدَّرْ حَذْفٌ، وَدَخَلَتْ (إِنَّ) عَلَيْهَا بِكَمَالِهَا، وَإِنْ فُتِحَتْ لَمْ تَقَعْ إلا فِي مَوْضِعِ الْمُبْتَدَأِ خَاصَّةً، وَقُدِّرَ الْخَبَرُ مَحْذُوفًا، فَجَازَ الْكَسْرُ عَلَى تَأْوِيلِ إِثْبَاتِ الْخَبَرِ بَعْدَ (إِذَا)، وَذَلِكَ سَائِغٌ، وَلَوْ كَسَرْتَ بَعْدَ (لَوْلا) لَكَانَ فِيهِ إِثْبَاتُ الْخَبَرِ لِلاسْمِ بَعْدَ (لَوْ) و(لَوْلا)، وَهُوَ مُطَّرَحٌ فِي اسْتِعْمَالِهِمْ.

وَلَمْ يُرِدْ بِقَوْلِهِ: (كُلُّ مَا كَانَ مَظِنَّةً لِلْجُمْلَةِ وَقَعَتْ فِيهِ الْمَكْسُورَةُ).

إلا وَقوعَ الْمَكْسُورَةِ فِي مَوْضِعِ الْجُمْلَةِ الْمُقَدَّرَةِ بِكَمَالِهَا عَلَى اسْتِقْلالِهَا بِفَائِدَتِهَا، وَهِيَ هُنَا لَمْ تَقَعْ مَوْقِعَ الْجُمْلَةِ بِكَمَالِهَا؛ لِمَا تَقَدَّمَ مِنْ أَنَّهُ يُؤَدِّي إِلَى ذِكْرِ خَبَرِ الاسْمِ الْوَاقِعَ بَعْدَ (لَولا)، وَهُوَ بَاطِلٌ، فَوَجَبَ أَنْ لا يَصِحَّ وَقُوعُهَا إلا مَوْقِعَ الاسْمِ الْمُفْرَدِ، لِيَتَوَفَّرَ عَلَى (لَوْلا) مَا تَقْتَضِيهِ مِنْ وُجُوبِ حَذْفِ خَبَرِ الاسْمِ الْوَاقِعِ بَعْدَهَا.

وَأَجَابَ عَنِ الْفَتْحِ فِي (أَنَّ) الْوَاقِعَةِ بَعْدَ (لَوْ) فِي قَوْلِكَ: (لَوْ أَنَّكَ مُنْطَلِقٌ لانطَلَقْتُ)، وَهُوَ مَوْضِعٌ ظَاهِرُهُ وَقُوعُ الْجُمْلَةِ، أَلَا تَرَى أَنَّ (لَوْ) فِي قَوْلِكَ: (لَوْ قَامَ زَيْدٌ لَقُمْتُ) لا يَقَعُ بَعْدَهَا إلا الْجُمْلَةُ بِـ (أَنَّ)، قَالَ: (التَّقْدِيرُ: (لَوْ وَقَعَ أَنَّكَ مُنْطَلِقٌ؛ أَيْ: لَوْ وَقَعَ انْطِلاقُكَ)، فَلَمْ تَقَعْ (أَنَّ) مَوْضِعَ الْجُمْلَةِ، وَإِنَّمَا وَقَعَتْ مَوْضِعَ الْفَاعِلِ، كَمَا فِي قَوْلِهِ تَعَالَى: ﴿لَوْ أَنْتُمْ تَمْلِكُونَ﴾ [الإسراء:١٠٠]، فَوَجَبَ الْفَتْحُ، وَلَمْ يَجُزِ الْكَسْرُ؛ لأَنَّهُ كَانَ يُؤَدِّي إِلَى تَحْقِيقِ الْجُمْلَةِ الاسْمِيَّةِ بَعْدَ حَرْفِ الشَّرْطِ، وَهُوَ فَاسِدٌ، أَلَا تَرَى أَنَّكَ لَوْ قُلْتَ: (لَوْ زَيْدٌ قَائِمٌ لَقُمْتُ) لَمْ يَجُزْ؛ لأَنَّ هَذِهِ الْجُمْلَةُ اسْمِيَّةٌ، وَلا مَسَاغَ فِيهَا لِتَقْدِيرِ الْفِعْلِ، وَإِنَّمَا جَازَ (لَوْ زَيْدٌ قَامَ لَقُمْتُ) عَلَى أَنْ يَكُونَ زَيْدٌ فَاعِلا لِفِعْلٍ مُقَدَّرٍ دَلَّ عَلَيْهِ مَا بَعْدَهُ، فَكَأَنَّكَ قُلْتَ: (لَوْ قَامَ زَيْدٌ)، وَإِذَا وَقَعَتْ (أَنَّ) وَجَبَ تَقْدِيرُهَا بِالاسْمِ الْمُفْرَدِ الْمَحْذُوفِ فِعْلُهُ، فَلَمْ تَقَعْ إلا فِي مَوْضِعِ الْمُفْرَدِ، فَلِذَلِكَ وَجَبَ الْفَتْحُ.

وَقَوْلُهُ فِي التَّمْثِيلِ: (لأَنَّ تَقْدِيرَ (لَوْ أَنَّكَ مُنطَلِقٌ لانطَلَقْتُ)؛ أَيْ: (لَوْ وَقَعَ أَنَّكَ مُنْطَلِقٌ) خَطَأٌ، وَلَعَلَّهُ فِي أَصْلِ التَّصْنِيفِ: (لَوْ أَنَّكَ تَنْطَلِقُ)؛ لأَنَّ مِنْ شَرْطِ (لَوْ) إِذَا وَقَعَ (أَنَّ) بَعْدَهَا أَنْ يَكُونَ الْخَبَرُ فِعْلا إِذَا أَمْكَنَ؛ لِيَكُونَ فِي الصُّورَةِ عِوَضًا مِنَ الْفِعْلِ الْمَحْذُوفِ بَعْدَهَا، كَقَوْلِهِ تَعَالَى: "وَلَوْ أَنَّهُمْ فَعَلُوا" [النساء:٦٦]، وَ "وَلَوْ أَنَّهُمْ إِذْ ظَلَمُوا أَنفُسَهُمْ جَاءُوكَ" [النساء:٦٤]، وَ "وَلَوْ أَنَّا كَتَبْنَا عَلَيْهِمْ" [النساء:٦٦]، وَقَوْلُهُ:

وَلَوْ أَنَّ مَا أَبْقَيْتِ مِنِّي مُعَلَّقٌ ... بِعُودِ ثُمَامٍ مَا تَأَوَّدَ عُودُهَا

وَقَوْلُهُ:

لَوْ أَنَّ حَيًّا مُدْرِكُ الْفَلاحِ ... أَدْرَكَهُ مُلاعِبُ الرِّمَاحِ

فَقَوْلُهُ فِي التَّمْثِيلِ: (لأَنَّ تَقْدِيرَهُ: لَوْ أَنَّكَ مُنْطَلِقٌ)، وَإِيقَاعُهُ الاسْمَ خَبَرًا عَنْ (أَنَّ) الْوَاقِعَةِ بَعْدَ (لَوْ) مُخَالَفَةٌ لِهَذِهِ الْقَاعِدَةِ، وَقَدْ صَرَّحَ بِذَلِكَ عِنْدَ ذِكْرِ حَرْفِ الشَّرْطِ، فَقَالَ: (وَلِذَلِكَ وَجَبَ فِي (أَنَّ) الْوَاقِعَةِ بَعْدَ (لَوْ) أَنْ يَكُونَ خَبَرُهَا فِعْلا، كَقَوْلِكَ: لَوْ أَنَّ زَيْدًا جَاءَنِي لأَكْرَمْتُهُ. وَلَوْ قُلْتَ: (لَوْ أَنَّ زَيْدًا حَاضِرِي لأَكْرَمْتُهُ) لَمْ يَجُزْ.

وَقوْلُهُ هَاهُنَا: (لَوْ أَنَّكَ مُنْطَلِقٌ) مِثْلُ (لَوْ أَنَّ زَيْدًا حَاضِرِي)، وَقَدْ صَرَّحَ بِأَنَّهُ مُمْتَنِعٌ، عَلَى أَنَّهُ قَدْ أَطْلَقَ أَيْضًا ثَمَّةَ مَا يَجِبُ تَقْيِيدُهُ، وَهُوَ قَوْلُهُ: (وَجَبَ فِي (أَنَّ) الْوَاقِعَةِ بَعْدَ (لَوْ) أَنْ يَكُونَ خَبَرُهَا فِعْلًا)، وَهَذَا لَيْسَ عَلَى إِطْلَاقِهِ إِلا إِذَا لَمْ يَتَعَذَّرِ الْفِعْلُ بِاعْتِبَارِ الْمَعْنَى الْمَقْصُودِ، أَلا تَرَى إِلَى قَوْلِهِ تَعَالَى: "**وَلَوْ أَنَّمَا فِي الأَرْضِ مِنْ شَجَرَةٍ أَقْلَامٌ**" [لقمان:٢٧]، و(أَقْلَامٌ) خَبَرٌ عَنْ (أَنَّ) الْمَفْتُوحَةِ الْوَاقِعَةِ بَعْدَ (لَوْ) بِلا خِلَافٍ لِمَا لَمْ يُمْكِنْ أَنْ يَقَعَ مَوْضِعَهُ فِعْلٌ بِمَعْنَاهُ.

ثُمَّ أَوْرَدَ إِلْغَاءَ (أَنَّ) الْوَاقِعَةِ بَعْدَ (ظَنَنْتُ) وَأَخَوَاتِهَا اعْتِرَاضًا عَلَى فَتْحِ (أَنَّ) فِي مَوْضِعِ الْجُمْلَةِ، وَتَقْرِيرُ الاعْتِرَاضِ أَنَّ (أَنَّ زَيْدًا قَائِمٌ) بَعْدَ قَوْلِكَ: (ظَنَنْتُ أَنَّ زَيْدًا قَائِمٌ) فِي مَعْنَى الْجُمْلَةِ عَلَى اسْتِقْلالِهَا بِفَائِدَتِهَا؛ أَلا تَرَى أَنَّهَا سَدَّتْ مَسَدَّ الْمَفْعُولَيْنِ، وَلَوْلا ذَلِكَ لَمْ تَسُدَّ مَسَدَّهُمَا لِوَضْعِهَا مُتَعَلِّقَةً بِمُسْنَدٍ وَمُسْنَدٍ إِلَيْهِ، فَأَجَابَ عَنْ ذَلِكَ بِمَا لَيْسَ بِمَذْهَبِ الْجَمَاعَةِ، وَإِنَّمَا هُوَ مَذْهَبُ بَعْضِ النَّحْوِيِّينَ، وَإِنَّمَا اخْتَارَهُ لَمَّا اسْتَصْعَبَ السُّؤَالَ، وَظَنَّ أَنَّهُ لا يَنْدَفِعُ إِلا بِارْتِكَابِهِ، وَلَعَمْرِي إِنَّ دَفْعَهُ بَارْتِكَابِهِ وَاضِحٌ؛ لأَنَّهُ إِذَا جَعَلَ الْمَفْتُوحَةَ إِنَّمَا وَقَعَتْ فِي مَوْضِعِ الْمَفْعُولِ الأَوَّلِ خَاصَّةً، وَالثَّانِي مُقَدَّرٌ لَمْ تَقَعْ إِلا فِي مَوْضِعِ الْمُفْرَدِ، فَوَجَبَ الْفَتْحُ كَمَا وَجَبَ فِي (لَوْلا) و(لَوْ)، وَيَلْزَمُهُ عَلَى ذَلِكَ أُمُورٌ:

أَحَدُهَا: وُجُوبُ الرَّفْعِ فِيهِمَا إِذَا أُسْقِطَتْ (أَنَّ)، وَذِكْرُ الْخَبَرِ؛ لأَنَّهُ عِنْدَهُ مَوْضِعُ الْجُمْلَةِ.

وَالآخَرُ: يَجِبُ عَلَيْهِ أَنْ يَكْسِرَ (أَنَّ) إِذَا لَمْ يَقْصِدْ إِلَى حَذْفِ الْخَبَرِ.

والآخَرُ: أَنَّهُ يَجِبُ عَلَيْهِ جَوَازُ ذِكْرِ الْمَفْعُولِ الثَّانِي؛ لأَنَّ حَذْفَ الْمَفْعُولِ الثَّانِي أَقَلُّ أُمُورِهِ أَنْ يَكُونَ غَيْرَ وَاجِبٍ إِنْ لَمْ يَقُلْ: ذِكْرُهُ وَاجِبٌ.

فَالأَوْلَى أَنْ يُجَابَ عَنْ مَذْهَبِ الْجَمَاعَةِ الَّذِينَ لا مَحْذُوفَ عِنْدَهُمْ، فَيُقَالَ: لَيْسَ الْمَوْضِعُ مَوْضِعَ جُمْلَةٍ، وَإِنَّمَا هُوَ مَوْضِعُ الْمُفْرَدِ، أَلا تَرَى أَنَّهُ مَنْصُوبٌ بِـ (ظَنَنْتُ) وَالْجُمَلُ الْمُسْتَقِلَّةُ لا تَعْمَلُ فِيهَا الأَفْعَالُ، وَالْمَفْعُولُ فَضْلَةٌ، فَكَيْفَ يَكُونُ جُمْلَةً وَهُوَ فَضْلَةٌ، فَإِذَنْ لَمْ تَقَعْ (أَنَّ) مَوْضِعَ جُمْلَةٍ، وَإِنَّمَا وَقَعَتْ مَوْضِعَ مُفْرَدٍ، فَإِنْ زَعَمَ زَاعِمٌ أَنَّهُ كَانَ الْكَلَامُ مُحْتَاجًا إِلَى مَفْعُولٍ ثَانٍ، وَهُوَ بَعْدَ دُخُولِ (أَنَّ) غَيْرُ مُحْتَاجٍ؟

فَالْجَوَابُ: أَنَّ ذَلِكَ الاحْتِيَاجَ إِنَّمَا كَانَ مِنْ جِهَةِ أَنَّ الظَّنَّ إِنَّمَا وُضِعَ لِيَتَعَلَّقَ بِالشَّيْءِ عَلَى صِفَةٍ، فَاحْتِيجَ إِلَى ذِكْرِ اثْنَيْنِ لِهَذَا الْغَرَضِ، فَلَمَّا دَخَلَتْ (أَنَّ)، وَلَزِمَ فِيهَا أَنْ يَكُونَ لَهَا اسْمٌ وَخَبَرٌ حَصَلَ الْمَقْصُودُ مَعَهَا مِنْ مُتَعَلَّقِ الظَّنِّ، فَلَمْ يَحْتَجْ إِلَى مَفْعُولٍ ثَانٍ، وَسَدَّ

ذَلِكَ مَسَدَّ الْمَفْعُولَيْنِ، فَاسْتَقَامَ الْجَوَابُ عَلَى مَذْهَبِ الْجَمَاعَةِ، وَانْتَفَى الاعْتِرَاضُ اللازِمُ عَلَى ارْتِكَابِ الْمَذْهَبِ الأَوَّلِ، فَظَهَرَ أَنَّ الْمَذْهَبَ هُوَ مَذْهَبُ الْجَمَاعَةِ.

قَالَ: (وَمِنَ الْمَوَاضِعِ مَا يَحْتَمِلُ الْمُفْرَدَ وَالْجُمْلَةَ)، إِلَى آخِرِهِ.

قَالَ الشَّيْخُ: عَلَى حَسَبِ مَا قَصَدَ الْمُصَنِّفُ، ثُمَّ مَثَّلَ بِمَسْأَلَةِ " الإِيضَاحِ " لِلْفَارِسِيِّ، وَهِيَ: (أَوَّلُ مَا أَقُولُ: أَنِّي أَحْمَدُ اللَّهَ)، وَذَكَرَ فِيهَا تَأْوِيلَ الْفَتْحِ وَالْكَسْرِ مِثْلَ مَا ذَكَرَهُ الْفَارِسِيُّ.

فَأَمَّا وَجْهُ الْفَتْحِ فَمُسْتَقِيمٌ وَاضِحٌ، وَأَمَّا مَا ذَكَرَهُ مِنْ وَجْهِ الْكَسْرِ فَبَاطِلٌ غَيْرُ مُسْتَقِيمٍ، وَذَلِكَ أَنَّهُمْ جَعَلُوا الْخَبَرَ مَحْذُوفًا، وَالْكَسْرَ مَحْكِيًّا بَعْدَ الْقَوْلِ، كَأَنَّهُ قَالَ: أَوَّلُ مَا أَقُولُ: إِنِّي أَحْمَدُ اللَّهَ ثَابِتٌ أَوْ مَوْجُودٌ، وَإِذَا جُعِلَ الْكَسْرُ مَحْكِيًّا مُتَعَلِّقًا لِـ (أَقُولُ) كَانَ عَيْنَ الْمَقُولِ، وَكَذَلِكَ كُلُّ مَا يُحْكَى بَعْدَ الْقَوْلِ، أَلا تَرَى إِلَى قَوْلِكَ: (أَعْجَبَنِي قَوْلُ زَيْدٍ: إِنَّ عَمْرًا مُنطَلِقٌ)، فَالَّذِي أَعْجَبَكَ هُوَ نَفْسُ الْقَوْلِ الَّذِي هُوَ: إِنَّ عَمْرًا مُنْطَلِقٌ، وَكَذَلِكَ كُلُّ مَا يُحْكَى بَعْدَ الْقَوْلِ، وَإِذَا وَجَبَ أَنْ يَكُونَ الْقَوْلُ هُوَ فِي الْمَعْنَى مُتَعَلَّقَهُ، كَانَ التَّقْدِيرُ: أَوَّلُ إِنِّي أَحْمَدُ اللَّهَ، وَإِذَا كَانَ التَّقْدِيرُ: أَوَّلُ إِنِّي أَحْمَدُ اللَّهَ كَانَ الْمُبْتَدَأُ (أَوَّلُ)، وَأَوَّلُ مِنْ بَابِ أَفْعَلِ التَّفْضِيلِ، وَلا يُضَافُ أَفْعَلُ التَّفْضِيلِ إلا إِلَى شَيْءٍ هُوَ بَعْضُهُ عَلَى حَسَبِ مَعْنَاهُ، فَيَجِبُ أَنْ يَكُونَ الإِخْبَارُ بِقَوْلِكَ: ثَابِتٌ أَوْ مَوْجُودٌ إِنَّمَا وَقَعَ عَنْ (أَوَّلُ إِنِّي أَحْمَدُ اللَّهَ)، و(أَوَّلُ إِنِّي أَحْمَدُ اللَّهَ) بِاعْتِبَارِ الْحُرُوفِ الْهَمْزَةُ، وَبِاعْتِبَارِ الْكَلِمَاتِ (إِنِّي)، فَيَكُونُ الإِخْبَارُ بِمَوْجُودٍ فِي الْمَعْنَى عَنِ الْهَمْزَةِ أَوْ (إِنِّي)، وَهُوَ فَاسِدٌ، إِذْ لَمْ يُقْصَدْ ذَلِكَ وَلَمْ يُرَدْ، وَلَوْ أُرِيدَ لَمْ يَكُنْ لَهُ مَعْنًى، فَبَطَلَ تَأْوِيلُ الْكَسْرِ عَلَى ذَلِكَ.

وَلِلْكَسْرِ وَجْهٌ مُسْتَقِيمٌ غَيْرُ مَا ذَكَرَاهُ، وَهُوَ أَنْ يَكُونَ الْقَوْلُ عَامًّا فِي الْحَمْدِ وَغَيْرِهِ، فَيَكُونَ (أَوَّلُ) مُضَافًا إِلَى أَقْوَالٍ مُتَعَدِّدَةٍ، مِنْهَا: (إِنِّي أَحْمَدُ اللَّهَ)، وَمِنْهَا غَيْرُهُ، ثُمَّ أَخْبَرَ بِمَا هُوَ أَوَّلُهَا، وَهُوَ قَوْلُكَ: (إِنِّي أَحْمَدُ اللَّهَ)، وَحَكَاهُ بِأَنَّهُ قَوْلٌ، وَبَعْضُ الأَقْوَالِ قَوْلٌ كَمَا تَقُولُ: (أَوَّلُ الأَقْوَالِ الَّتِي تَكَلَّمْتُ بِهَا الْيَوْمَ: زَيْدٌ مُنْطَلِقٌ)، وَلا حَاجَةَ إِلَى خَبَرٍ مَحْذُوفٍ، بَلْ يَكُونُ قَوْلُكَ: (إِنِّي أَحْمَدُ اللَّهَ) هُوَ الْخَبَرَ، وَوَجَبَ أَنْ يَكُونَ جُمْلَةً؛ لأَنَّكَ أَخْبَرْتَ بِهِ عَمَّا مَعْنَاهُ جُمْلَةٌ؛ لأَنَّهُ قَوْلٌ؛ لأَنَّ أَوَّلَ الأَقْوَالِ قَوْلٌ، كَمَا لَوْ قُلْتَ: (قَوْلِي زَيْدٌ قَائِمٌ)، فَثَبَتَ أَنَّ تَأْوِيلَ الْكَسْرِ الصَّحِيحُ هُوَ هَذَا التَّأْوِيلُ، وَأَنَّ مَا ذَكَرَاهُ لَمْ يَصْدُرْ عَنْ فَطَانَةٍ، بَلْ صَدَرَ عَنْ ذُهُولٍ، فَكَانَ خَطَأً لِمَا ذَكَرْنَاهُ.

وَمِنَ الْمَوَاضِعِ الْمُحْتَمِلَةِ أَيْضًا مَا ذَكَرَهُ، وَهُوَ مِثْلُ مَا أَنْشَدَهُ مِنَ الْفَتْحِ وَالْكَسْرِ بَعْدَ

(إِذَا)، فَإِذَا فَتَحْتَ فَإِنَّمَا قَصَدْتَ إِلَى وُقُوعِ (أَنَّ) وَاسْمِهَا وَخَبَرِهَا فِي مَوْضِعِ الْمُبْتَدَأِ خَاصَّةً، فَيَكُونُ الْمَوْضِعُ مَوْضِعَ مُفْرَدٍ؛ لِأَنَّكَ لَمْ تَقْصِدْ إِلَّا إِلَيْهِ، وَلِذَلِكَ وَجَبَ تَقْدِيرُ حَذْفِ الْخَبَرِ لِتَكْمُلَ الْجُمْلَةُ، وَإِذَا كَسَرْتَ فَإِنَّمَا قَصَدْتَ إِلَى إِدْخَالِ (إِنَّ) عَلَى الْمُبْتَدَأِ وَالْخَبَرِ عَلَى اسْتِقْلَالِهِمَا بِفَائِدَتِهِمَا، فَلَمْ تَقَعْ (إِنَّ) إِلَّا فِي مَوْضِعِ الْجُمْلَةِ، وَلِذَلِكَ لَمْ يُحْتَجْ إِلَى تَقْدِيرِ مَحْذُوفٍ؛ لِأَنَّ الْجُمْلَةَ حَاصِلَةٌ بِكَمَالِهَا لِوُقُوعِ (إِنَّ) الْمَكْسُورَةِ، وَقَدْ تَقَدَّمَ ذَلِكَ.

قَالَ: (وَتَكْسِرُهَا بَعْدَ (حَتَّى) الَّتِي يُبْتَدَأُ بَعْدَهَا الْكَلَامُ)، إِلَى آخِرِهِ.

قَالَ الشَّيْخُ: إِنَّمَا كُسِرَتْ بَعْدَ (حَتَّى) الِابْتِدَائِيَّةِ؛ لِأَنَّهُ مَوْضِعُ الْجُمْلَةِ، فَإِنْ قُصِدَ إِلَيْهَا بِكَمَالِهَا وَجَبَ الْكَسْرُ، وَإِنْ قُصِدَ إِلَى الْمُبْتَدَأِ خَاصَّةً فِي الْمَوْضِعِ الَّذِي يَصِحُّ قَصْدُهُ وَجَبَ الْفَتْحُ، وَوَجَبَ تَقْدِيرُ الْخَبَرِ عِنْدَ مَنْ جَوَّزَ حَذْفَهُ، مِثَالُهُ قَوْلُكَ: (عَرَفْتُ أُمُورَ زَيْدٍ حَتَّى أَنَّ أَكْلَهُ بِاللَّيْلِ)، إِنْ قَصَدْتَ إِلَى كَوْنِهَا جُمْلَةً مُسْتَقِلَّةً كَسَرْتَ، وَإِنْ قَصَدْتَ إِلَى كَوْنِهَا فِي مَعْنَى الْمُفْرَدِ فَتَحْتَ وَقَدَّرْتَ الْخَبَرَ مَحْذُوفًا، كَأَنَّكَ قُلْتَ: حَتَّى كَوْنُ أَكْلِهِ بِاللَّيْلِ مَعْرُوفٌ، كَقَوْلِكَ: (أَكَلْتُ السَّمَكَةَ حَتَّى رَأْسُهَا) بِالرَّفْعِ؛ أَيْ: حَتَّى رَأْسُهَا مَأْكُولٌ.

قَالَ: (وَإِنْ كَانَتِ الْعَاطِفَةَ أَوِ الْجَارَّةَ فَتَحْتَ).

وَهَذَا لَا إِشْكَالَ فِيهِ؛ لِأَنَّ الْعَاطِفَةَ لِلِاسْمِ الْمُفْرَدِ وَالْجَارَّةَ لَا يَقَعُ بَعْدَهُمَا إِلَّا الْمُفْرَدُ، فَلَا يَصِحُّ بَعْدَهُمَا إِلَّا (أَنَّ) الْمَفْتُوحَةُ كَمَا تَقَدَّمَ.

قَالَ: (وَلِكَوْنِ الْمَكْسُورَةِ لِلِابْتِدَاءِ لَمْ تُجَامِعْ لَامُهُ إِلَّا إِيَّاهَا) إِلَى آخِرِهِ.

قَالَ الشَّيْخُ: يَعْنِي: أَنَّ لَامَ الِابْتِدَاءِ لَمْ تَدْخُلْ إِلَّا مَعَ (إِنَّ) الْمَكْسُورَةِ مِنْ بَيْنِ سَائِرِ هَذِهِ الْحُرُوفِ؛ لِكَوْنِهَا لِلِابْتِدَاءِ، فَلَمْ تَكُنْ بَيْنَهُمَا مُخَالَفَةٌ تَمْنَعُ مِنِ اجْتِمَاعِهِمَا، أَلَا تَرَى أَنَّ مَعْنَى قَوْلِكَ: (لَزَيْدٌ مُنْطَلِقٌ) مِثْلُهُ فِي (إِنَّ زَيْدًا مُنْطَلِقٌ)، فَصَحَّ أَنْ تَكُونَا فِي جُمْلَةٍ وَاحِدَةٍ، إِذْ لَا مُنَافَاةَ بَيْنَهُمَا، بِخِلَافِ غَيْرِهَا مِنْ أَخَوَاتِهَا؛ لِمَا بَيْنَ اللَّامِ وَأَخَوَاتِ (إِنَّ) مِنَ الْمُنَافَاةِ، أَلَا تَرَى أَنَّ قَوْلَكَ: (لَزَيْدٌ مُنْطَلِقٌ) مُنَافٍ لِقَوْلِكَ: (لَعَلَّ زَيْدًا مُنْطَلِقٌ)، فَتَعَذَّرَ حُصُولُهُمَا فِي جُمْلَةٍ وَاحِدَةٍ لِأَدَائِهِ إِلَى الْمُنَافَاةِ، ثُمَّ أَوْرَدَ اعْتِرَاضًا بِقَوْلِهِ:

وَلَكِنَّنِي مِنْ حُبِّهَا لَعَمِيدُ ....

فَقَدْ دَخَلَتِ اللَّامُ مَعَ غَيْرِ (إِنَّ)، وَأَجَابَ عَنْ ذَلِكَ، وَلَا بُدَّ مِنْ تَقْدِيرِ الْمُنَافَاةِ بَيْنَ اللَّامِ وَبَيْنَ (لَكِنَّ) لِيَثْبُتَ الِامْتِنَاعُ حَتَّى يَصِحَّ التَّأْوِيلُ، وَلَيْسَ الْمُنَافَاةُ الَّتِي بَيْنَهُمَا فِي

الظُهُورِ كَالْمُنَافَاةِ الَّتِي فِي (لَعَلَّ) و(لَيْتَ)، وَوَجْهُ الْمُنَافَاةِ هُوَ أَنَّ وَضْعَ (لَكِنَّ) لِلْمُخَالَفَةِ بَيْنَ مَا بَعْدَهَا وَمَا قَبْلَهَا، فَهِيَ لا تَأْتِي إلا مُتَوَسِّطَةً بَيْنَ كَلامَيْنِ مُتَغَايِرَيْنِ، وَاللامُ مُنْقَطِعٌ مَا بَعْدَهَا عَمَّا قَبْلَهَا سَوَاءٌ كَانَ بَيْنَ كَلامَيْنِ مُتَغَايِرَيْنِ أَوْ لَمْ يَكُنْ، فَجَاءَتِ الْمُنَافَاةُ لِذَلِكَ، إِذْ لا يُمْكِنُ اجْتِمَاعُ حَرْفَيْنِ، أَحَدُهُمَا يَقْتَضِي- الاتِّصَالَ، وَالآخَرُ يَقْتَضِي- الانْفِصَالَ؛ لأَنَّهُمَا يُؤَدِّيَانِ إِلَى كَوْنِ الشَّيْءِ مُتَّصِلا غَيْرَ مُتَّصِلٍ وَمُنْفَصِلا غَيْرَ مُنْفَصِلٍ، وَذَلِكَ بَاطِلٌ، وَإِذَا تَقَرَّرَتِ الْمُنَافَاةُ وَوَرَدَ ظَاهِرٌ وَجَبَ تَأْوِيلُهُ إِذَا أَمْكَنَ، وَتَأْوِيلُهُ مَا ذَكَرَهُ مِنْ أَنْ يُقَدَّرَ الأَصْلُ (وَلَكِنْ إِنَّنِي)، فَنُقِلَتْ حَرَكَةُ الْهَمْزَةِ إِلَى النُّونِ مِنْ (لَكِنْ) فَحُذِفَتْ عَلَى مَا يَقْتَضِيهِ قِيَاسُ النَّقْلِ، فَبَقِيَ (وَلَكِنْ نَّنِي)، فَاجْتَمَعَتِ النُّونَاتُ، فَحُذِفَتِ الأُولَى تَخْفِيفًا، ثُمَّ مَثَّلَهُ فِي النَّقْلِ وَالتَّخْفِيفِ بِقَوْلِهِ تَعَالَى: ﴿لَكِنَّا هُوَ اللَّهُ رَبِّي﴾ [الكهف:٣٨]، وَهُوَ بِالاتِّفَاقِ أَصْلُهُ (لَكِنْ أَنَا)، فَنُقِلَتْ حَرَكَةُ الْهَمْزَةِ إِلَى النُّونِ مِنْ (لَكِنْ)، وَحُذِفَتِ الْهَمْزَةُ، فَبَقِيَ (لَكِنْ نَا)، ثُمَّ أُدْغِمَتِ النُّونُ الأُولَى فِي الثَّانِيَةِ فَبَقِيَ (لَكِنَّا)، وَلِذَلِكَ وَجَبَ الْوَقْفُ بِالأَلِفِ بِلا خِلافٍ، كَمَا يُوقَفُ عَلَى (أَنَا) بِالأَلِفِ، وَهُوَ فِي مِثْلِ ذَلِكَ أَوْلَى لِذَهَابِ الْهَمْزَةِ فِيهِ، وَلِذَلِكَ وَصَلَهُ ابْنُ عَامِرٍ بِالأَلِفِ فَقَرَأَ: ﴿لَكِنَّا هُوَ اللَّهُ رَبِّي﴾ [الكهف:٣٨]، وَإِعْرَابُ (هُوَ) مُبْتَدَأٌ، و(اللَّهُ) بَدَلٌ مِنْهُ، أَوْ عَطْفُ بَيَانٍ، و(رَبِّي) خَبَرُ الْمُبْتَدَأِ، وَالْجُمْلَةُ خَبَرٌ عَنْ (أَنَا) فِي قَوْلِكَ: (لَكِنَّا)، وَالضَّمِيرُ الْعَائِدُ عَلَيْهِ هُوَ الضَّمِيرُ فِي (رَبِّي)؛ لأَنَّ الْمُبْتَدَأَ لِلْمُتَكَلِّمِ، فَوَجَبَ أَنْ يَكُونَ الضَّمِيرُ لِلْمُتَكَلِّمِ أَيْضًا.

ثُمَّ أَخَذَ يُبَيِّنُ مَوَاضِعَ دُخُولِ هَذِهِ اللامِ مَعَ (إِنَّ)، فَقَالَ: (وَلَهَا إِذَا جَامَعَتْهَا ثَلاثَةُ مَدَاخِلَ).

قَالَ الشَّيْخُ: الضَّمِيرُ فِي قَوْلِهِ: (وَلَهَا) لِلامِ، وَفِي (جَامَعَتْهَا) ضَمِيرُ (إِنَّ)؛ لأَنَّهُ خَبَرٌ عَنْ قَوْلِهِ: (ثَلاثَةُ مَدَاخِلَ)، وَثَلاثَةُ الْمَدَاخِلِ إِنَّمَا هِيَ اللامُ، فَوَجَبَ أَنْ يَكُونَ الضَّمِيرُ فِي (لَهَا) لِلامِ، وَإِلا فَسَدَ الْمَعْنَى، وَأَصْلُ هَذِهِ اللامِ أَنْ تَدْخُلَ عَلَى الْمُبْتَدَأِ، وَلَكِنَّهُمْ لَمَّا أَدْخَلُوا (إِنَّ) كَرِهُوا أَنْ يَجْمَعُوا بَيْنَهُمَا؛ لاتِّفَاقِهِمَا فِي الْمَعْنَى، فَفَصَلُوا بَيْنَهُمَا فِي اللَّفْظِ، فَإِذَا فَصَلُوا بَيْنَ (إِنَّ) وَبَيْنَ الاسْمِ دَخَلَتْ عَلَيْهِ لِزَوَالِ الْمَانِعِ، وَإِنْ لَمْ يُفْصَلْ بَيْنَهُمَا وَبَيْنَهُ دَخَلَتْ عَلَى الْخَبَرِ أَوْ عَلَى مَا يَتَعَلَّقُ بِالْخَبَرِ بِشَرْطِ تَقَدُّمِهِ عَلَى الْخَبَرِ، فَمِثَالُ الأَوَّلِ قَوْلُكَ: (إِنَّ فِي الدَّارِ لَزَيْدًا)، وَمِثَالُ الثَّانِي: (إِنَّ زَيْدًا لَقَائِمٌ)، وَمِثَالُ الثَّالِثِ: (إِنَّ زَيْدًا لَطَعَامَكَ آكِلٌ)، وَمَا أَنْشَدَهُ مِنْ قَوْلِهِ:

إِنَّ امْرءاً خَصَّنِي عَمْدًا مَوَدَّتَهُ ... عَلَى التَّنَائِي لَعِنْدِي غَيْرُ مَكْفُورِ

وَلَوْ قِيلَ: (آكِلٌ لِطَعَامَكَ) أَوْ (غَيْرُ مَكْفُورٍ لِعِنْدِي) لَمْ يَجُزْ؛ لِمَا ذَكَرْنَاهُ مِنْ أَنَّ الأَصْلَ دُخُولُهَا عَلَى الْمُبْتَدَأ، وَإِنَّمَا وَجَبَ الْفَصْلُ بَيْنَهُمَا؛ لانْتِفَاءِ مَا ذَكَرْنَاهُ مِنَ اجْتِمَاعِ حَرْفَيْنِ لِمَعْنًى وَاحِدٍ، وَمَا وَجَبَ لِضَرُورَةٍ تُقَدَّرُ بِقَدَرِهَا.

فَإِذَا قُلْتَ: (إِنَّ زَيْدًا لآكِلٌ طَعَامَكَ)، فَقَدْ حَصَلَ الْفَصْلُ بَيْنَهَا وَبَيْنَ (آكِلٌ)، وَهُوَ أَحَدُ جُزْأَيْ جُمْلَتِهَا، فَلا وَجْهَ لِتَأْخِيرِهِ إِلَى الْفَضْلَةِ، وَهُوَ طَعَامُكَ، مَعَ زَوَالِ مَانِعِ الدُّخُولِ، فَلِذَلِكَ امْتَنَعَ تَأْخِيرُهَا إِلَى مَا ذَكَرْنَاهُ.

وَقَدْ ظَنَّ بَعْضُهُمْ أَنَّ لَهَا مَدْخَلا غَيْرَ ذَلِكَ، وَهُوَ الضَّمِيرُ الَّذِي يَكُونُ فَصْلا بَيْنَ الاسْمِ وَالْخَبَرِ، كَقَوْلِكَ: (إِنَّ زَيْدًا لَهُوَ الظَّرِيفُ)، وَ قَوْلِهِ تَعَالَى: "إِنَّهُمْ لَهُمُ الْمَنصُورُونَ" [الصافات:١٧٢]، وَهَذَا لا يَخْلُو إِمَّا أَنْ يَكُونَ عَلَى لُغَةِ مَنْ يَجْعَلُهُ مُبْتَدَأً، أَوْ يَجْعَلُهُ فَصْلا، فَإِنْ كَانَ عَلَى الأَوَّلِ فَهِيَ لامُ الابْتِدَاءِ، وَحِينَئِذٍ دَخَلَتِ اللامُ عَلَى الْخَبَرِ، وَإِنْ كَانَ عَلَى الثَّانِي فَلَمْ تَدْخُلْ إِلا عَلَى أَمْرٍ يَتَعَلَّقُ بِالْخَبَرِ فِي الْمَعْنَى؛ لأَنَّهُ دَخَلَ لِيَفْصِلَ بَيْنَ كَوْنِهِ خَبَرًا وَبَيْنَ كَوْنِهِ نَعْتًا، إِلا أَنَّ تَمْثِيلَهُ فِي مُتَعَلَّقِ الْخَبَرِ بِمَعْمُولاتِهِ يُشْعِرُ بِأَنَّهُ لَمْ يَقْصِدْ سِوَاهُ، وَكَذَلِكَ قَوْلُهُ: (إِذَا تَقَدَّمَهُ)، فَإِنَّ هَذَا لا يَكُونُ إِلا مُتَقَدِّمًا عَلَى الْخَبَرِ، فَلِذَلِكَ اعْتُرِضَ عَلَيْهِ بِهَذَا الْمَدْخَلِ الزَّائِدِ، وَإِذَا حُمِلَ مُتَعَلَّقُ الْخَبَرِ عَلَى عُمُومِهِ دَخَلَ هَذَا الْمَدْخَلُ فِيهِ، وَلا يَضُرُّ قَوْلُهُ: (إِذَا تَقَدَّمَهُ)؛ لأَنَّ مِنَ الْمُتَعَلَّقَاتِ مَا يَتَأَخَّرُ فَيَمْتَنِعُ دُخُولُ اللامِ عَلَيْهِ، كَقَوْلِكَ: (إِنَّ زَيْدًا آكِلٌ لَطَعَامَكَ).

قَالَ: (وَتَقُولُ: عَلِمْتُ أَنَّ زَيْدًا قَائِمٌ، فَإِذَا جِئْتَ بِاللامِ كَسَرْتَ وَعَلَّقْتَ الْفِعْلَ)، إِلَى آخِرِهِ.

قَالَ الشَّيْخُ: فَالْفَتْحُ عَلَى مَا تَقَدَّمَ مِنْ تَأْوِيلِهِ وَتَأْوِيلِ غَيْرِهِ، فَإِذَا جِئْتَ بِاللامِ وَجَبَ الْكَسْرُ عَلَى كُلِّ تَأْوِيلٍ، أَمَّا عَلَى تَأْوِيلِهِ فَلأَنَّهُ لا يُمْكِنُ تَقْدِيرُ مَفْعُولٍ آخَرَ؛ لِبُطْلانِ أَنْ تَكُونَ اللامُ مَعَ الْمُفْرَدِ، وَعَلَى تَأْوِيلِ الْجَمَاعَةِ ظَاهِرٌ، وَهُوَ أَنَّهُ لَمَّا جَاءَتِ اللامُ عُلِمَ أَنَّهُ لا عَمَلَ لِـ (عَلِمْتُ) فِيمَا دَخَلَتْ فِيهِ، فَصَارَتْ جُمْلَةً عَلَى حِيَالِهَا مُسْتَقِلَّةً، وَإِذَا دَخَلَتْ (أَنَّ) عَلَى الْجُمَلِ الْمُسْتَقِلَّةِ، وَهِيَ عَلَى اسْتِقْلالِهَا وَجَبَ الْكَسْرُ، وَلِذَلِكَ لَمْ تَقَعِ اللامُ مَعَ (أَنَّ) الْمَفْتُوحَةِ؛ لِتَنَاقُضِ مَعْنَاهُمَا.

قَالَ: (وَمِمَّا يُحْكَى مِنْ جَرَاءَةِ الْحَجَّاجِ عَلَى اللَّهِ أَنَّ لِسَانَهُ سَبَقَ فِي مَقْطَعِ "وَالْعَادِيَاتِ" [الْعَادِيَات:١] إِلَى فَتْحِهِ إِنَّ).

وَيَقَعُ فِي بَعْضِ النُّسَخِ (إِلَى فَتْحَةِ أَنَّ)، وَلَيْسَ بِجَيِّدٍ؛ لأَنَّ (إِنَّ) فِي التِّلاوَةِ مَكْسُورَةٌ،

فَلا وَجْهَ لإضَافَةِ فَتْحَةٍ إلَيْهَا عَلَى سَبِيلِ الإثْبَاتِ، فَالْوَجْهُ إذَنْ أَنْ يُقَالَ: (إِلَى فَتْحِهِ إِنَّ)، فَيُضَافَ الْفَتْحُ إِلَيْهِ؛ لأَنَّهُ هُوَ النَّاطِقُ، وَتَثْبُتُ (إِنَّ) عَلَى حَالِهَا مَكْسُورَةً، وَالْحُكْمُ عَلَى الْحَجَّاجِ بِأَنَّهُ أَسْقَطَ اللامَ تَعَمُّدًا لا يَثْبُتُ؛ لأَنَّهُ يَجُوزُ أَنْ يَكُونَ أَسْقَطَ اللامَ غَلَطًا كَمَا فَتَحَ (إِنَّ) أَوَّلَ الأَمْرِ غَلَطًا، وَقَدْ أَثْبَتَ الْمُصَنِّفُ أَنَّهُ فَتَحَهَا غَلَطًا وَسَهْوًا بِقَوْلِه: (أَنَّ لِسَانَهُ سَبَقَ)، وَهَذَا مَعْنَى الْغَلَطِ، ثُمَّ حَكَمَ عَلَيْهِ بِإِسْقَاطِ اللامِ تَعَمُّدًا، وَهَذَا أَمْرٌ يُؤَدِّي إِلَى الْكُفْرِ، فَلا مَعْنَى لإِثْبَاتِهِ مِنْ غَيْرِ ثَبْتٍ، فَإِنَّ ذَلِكَ لا يَفْعَلُهُ مُسْلِمٌ.

قَالَ: وَلأَنَّ مَحَلَّ الْمَكْسُورَةِ وَمَا عَمِلَتْ فِيهِ الرَّفْعُ جَازَ فِي قَوْلِكَ: إِنَّ زَيْدًا ظَرِيفٌ وَعَمْرًا... إِلَى آخِرِهِ

قَالَ الشَّيْخُ: قَدَّمَ التَّعْلِيلَ لِجَوَازِ الْعَطْفِ عَلَى الْمَحَلِّ قَبْلَ ذِكْرِ الْحُكْمِ، وَذَلِكَ سَائِغٌ، وَهُوَ مِثْلُ قَوْلِه: (وَلِكَوْنِ الْمَكْسُورَةِ لِلابْتِدَاءِ)، وَالْغَرَضُ فِي تَقْدِيمِ مِثْلِ ذَلِكَ أَنْ يَكُونَ الْحُكْمُ إِذَا ذُكِرَ ثَبَتَ مِنْ أَوَّلِ أَمْرِهِ مُعَلَّلا، وَإِذَا ثَبَتَ مِنْ أَوَّلِ أَمْرِهِ مُعَلَّلا فِي النَّفْسِ كَانَ لَهُ اسْتِقْرَارٌ لَيْسَ لِغَيْرِهِ، وَإِنْ ثَبَتَ تَعْلِيلُهُ بَعْدَ ذَلِكَ، لَكِنْ مَعْرِفَةُ الْحُكْمِ بَعْدَ تَعْلِيلِهِ أَبْلَغُ مِنْ مَعْرِفَتِهِ قَبْلَ تَعْلِيلِهِ؛ لأَنَّهُ آكَدُ فِي النَّفْسِ.

وَوَجْهُ الْعَطْفِ عَلَى الْمَحَلِّ أَنَّ مَوْضِعَ (إِنَّ) وَمَا عَمِلَتْ فِيهِ رَفْعٌ؛ لِكَوْنِ الْمَعْنَى لَمْ يَتَغَيَّرْ، فَجَازَ الْعَطْفُ لِذَلِكَ، وَلَوْ قِيلَ: إِنَّ الْعَطْفَ عَلَى زَيْدٍ عَلَى تَقْدِيرِ زِيَادَةِ (إِنَّ) لَكَانَ حَسَنًا؛ لأَنَّ هَذَا مُشَبَّهٌ بِقَوْلِهِمْ: (لَيْسَ زَيْدٌ بِقَائِمٍ وَلا قَاعِدًا)، قَالَ الشَّاعِرُ:

مُعَاوِيَ إِنَّنَا بَشَرٌ فَأَسْجِحْ ... فَلَسْنَا بِالْجِبَالِ وَلا الْحَدِيدَا

وَالأَمْرَانِ مُسْتَقِيمَانِ، فَإِنَّهُ لَوْ قِيلَ فِي قَوْلِهِ: (فَلَسْنَا بِالْجِبَالِ وَلا الْحَدِيدَا): إِنَّ الْعَطْفَ عَلَى مَحَلِّ الْجَارِّ وَالْمَجْرُورِ جَمِيعًا كَانَ سَدِيدًا، فَكَذَلِكَ هَاهُنَا.

قَالَ: (وَفِيهِ وَجْهٌ آخَرُ ضَعِيفٌ، وَهُوَ عَطْفُهُ عَلَى مَا فِي الْخَبَرِ مِنَ الضَّمِيرِ).

وَهَذَا إِنَّمَا يَكُونُ فِي الْمَوْضِعِ الَّذِي يَكُونُ الْخَبَرُ فِيهِ لَهُ عَمَلُ رَفْعٍ حَتَّى يَصِحَّ الْعَطْفُ عَلَى مَرْفُوعِهِ، فَأَمَّا إِذَا كَانَ جَامِدًا تَعَذَّرَ أَنْ يُقَدَّرَ ذَلِكَ فِيهِ؛ لأَنَّهُ لا مَرْفُوعَ لَهُ يُعْطَفُ عَلَيْهِ، كَقَوْلِكَ: (إِنَّ زَيْدًا غُلامُكَ وَعَمْرٌ)، وَإِنَّمَا جَعَلَهُ ضَعِيفًا؛ لأَنَّ شَرْطَ الْعَطْفِ عَلَى الْمُضْمَرِ الْمَرْفُوعِ الْمُتَّصِلِ أَنْ يُؤَكَّدَ بِالْمُنْفَصِلِ، كَقَوْلِكَ: (زَيْدٌ قَامَ هُوَ وَعَمْرٌ)، وَإِذَا كَانَ ذَلِكَ فِيمَا ارْتَفَعَ بِالْفِعْلِ؛ فَلأَنْ يَكُونَ فِيمَا ارْتَفَعَ بِالاسْمِ أَجْدَرُ.

وَفِيهِ وَجْهٌ آخَرُ لَيْسَ بِضَعِيفٍ، وَهُوَ أَنْ يُقَدَّرَ مُبْتَدَأً مُسْتَقِلا بِنَفْسِهِ مِنْ غَيْرِ تَشْرِيكٍ بَيْنَهُ وَبَيْنَ مَا قَبْلَهُ، مِثْلُ قَوْلِكَ: (قَامَ زَيْدٌ وَعَمْرٌ مُنْطَلِقٌ)، رُفِعَ (عَمْرٌ) بِالابْتِدَاءِ عَلَى حُكْمِ

الاسْتِقْلالِ، كَذَلِكَ إِذَا قُلْتَ: (إِنَّ زَيْدًا قَائِمٌ وَعَمْرٌ)، فَيُجْعَلُ (عَمْرٌ) مَرْفُوعًا عَلَى الاسْتِقْلالِ، وَخَبَرُهُ مَحْذُوفٌ دَلَّ عَلَيْهِ مَا قَبْلَهُ.

قَالَ: (وَ (لَكِنَّ) تُشَايِعُ (إِنَّ) فِي ذَلِكَ دُونَ سَائِرِ أَخَوَاتِهَا)، إِلَى آخِرِهِ.

قَالَ الشَّيْخُ: وَإِنَّمَا شَايَعَتْهَا لِكَوْنِهَا لَمْ تُغَيِّرْ مَعْنَى الْجُمْلَةِ الَّتِي بَعْدَهَا كَمَا لا تُغَيِّرُهُ (إِنَّ).

فَإِنْ قُلْتَ: كَيْفَ ثَبَتَتْ مُخَالَفَتُهَا لِـ (إِنَّ) بَاعْتِبَارِ اللامِ، وَثَبَتَتْ مُشَايَعَتُهَا لَهَا بِاعْتِبَارِ الْعَطْفِ عَلَى الْمَحَلِّ؟

قُلْتُ: أَمَّا مُخَالَفَتُهَا لَهَا بِاعْتِبَارِ اللامِ، فَقَدْ ذُكِرَ بِأَمْرٍ وَاضِحٍ، وَأَمَّا مُشَايَعَتُهَا لَهَا بِاعْتِبَارِ الْعَطْفِ؛ فَلأَنَّ الْعَطْفَ لَمْ يَكُنْ مُتَعَلِّقًا بِأَمْرٍ تَقَدُّمِهَا حَتَّى تَحْصُلَ الْمُخَالَفَةُ بَيْنَهَا وَبَيْنَ (إِنَّ) بِذَلِكَ، كَمَا حَصَلَتْ فِي اللامِ لِذَلِكَ، وَإِنَّمَا الْعَطْفُ بِاعْتِبَارِ مَا بَعْدَهَا، وَمَا بَعْدَهَا لا يَتَغَيَّرُ حُكْمُهُ وَمَعْنَاهُ بِدُخُولِهَا كَمَا لا يَتَغَيَّرُ بِـ (إِنَّ)، فَلَمَّا تَشَايَعَا فِي الْمَعْنَى الَّذِي مِنْ أَجْلِهِ صَحَّ الْعَطْفُ فِي (إِنَّ) صَحَّ الْعَطْفُ فِيهَا أَيْضًا لِمُوَافَقَتِهَا فِي ذَلِكَ.

وَأَمَّا سَائِرُ أَخَوَاتِهَا فَمُخَالِفَةٌ لَهَا فِي الْمَعْنَى الَّذِي مِنْ أَجْلِهِ صَحَّ الْعَطْفُ لِمُخَالَفَةِ الْمَعْنَى بِدُخُولِهَا مَا كَانَ عَلَيْهِ قَبْلَ دُخُولِهَا، أَلا تَرَى أَنَّ قَوْلَكَ: (لَيْتَ زَيْدًا قَائِمٌ) لَيْسَ بِمَعْنَى: (زَيْدٌ قَائِمٌ)، فَلِذَلِكَ تَعَذَّرَ الْعَطْفُ عَلَيْهَا، إِذْ لا يُمْكِنُ تَقْدِيرُهَا كَالْعَدَمِ كَمَا أَمْكَنَ تَقْدِيرُ (إِنَّ)، فَظَهَرَ الْفَرْقُ بَيْنَ الْبَابَيْنِ فِي الْمَعْنَى الَّذِي لأَجْلِهِ صَحَّ الْعَطْفُ.

قَالَ: (وَقَدْ أَجْرَى الزَّجَّاجُ الصِّفَةَ مُجْرَى الْمَعْطُوفِ، وَحَمَلَ عَلَيْهِ قَوْلَهُ تَعَالَى: "قُلْ إِنَّ رَبِّي يَقْذِفُ بِالْحَقِّ عَلَّامُ الْغُيُوبِ" [سبأ:٤٨]).

يَعْنِي: أَنَّهُ جَعَلَ ارْتِفَاعَ "عَلَّامُ الْغُيُوبِ" عَلَى أَنْ يَكُونَ صِفَةً لِـ "رَبِّي" الْمَنْصُوبِ بِـ (إِنَّ) بَاعْتِبَارِ التَّأْوِيلَيْنِ الْمَذْكُورَيْنِ أَوَّلا، أَحَدُهُمَا: أَنْ يُعْتَبَرَ (إِنَّ) مَعَ اسْمِهَا فِي مَحَلِّ الرَّفْعِ، وَالثَّانِي: أَنْ يَجْعَلَ اسمَ (إِنَّ) فِي مَحَلِّ الرَّفْعِ، وَهَذَا الَّذِي صَارَ إِلَيْهِ الزَّجَّاجُ لَيْسَ بِشَيْءٍ، فَإِنَّهُ يُمْكِنُ حَمْلُ الآيَةِ عَلَى غَيْرِ مَا ذَكَرَهُ، وَهُوَ أَنْ يَكُونَ (عَلَّامُ الْغُيُوبِ) خَبَرًا بَعْدَ خَبَرٍ، أَوْ خَبَرَ مُبْتَدَأٍ مَحْذُوفٍ، أَوْ بَدَلا مِنَ الضَّمِيرِ فِي (يَقْذِفُ)، أَوْ فَاعِلا لِـ (يَقْذِفُ) عَلَى أَنْ لا ضَمِيرَ فِيهِ، وَاسْتُغْنِيَ عَنِ الْعَائِدِ لِظَاهِرٍ مُوَافِقٍ لِلأَوَّلِ فِي الْمَعْنَى، مِثْلُهُ فِي قَوْلِهِ تَعَالَى: "إِنَّا لا نُضِيعُ أَجْرَ الْمُصْلِحِينَ" [الأعراف:١٧٠]، فَإِنَّ (إِنَّا) مَعَ مَا فِي حَيِّزِهِ خَبَرٌ لِلَّذِينَ، وَحُذِفَ الرَّاجِعُ، تَقْدِيرُهُ (أَجْرَهُمْ)، فَوُضِعَ الظَّاهِرُ وَهُوَ (الْمُصْلِحِينَ) مَقَامَ الْمُضْمَرِ، وَهُوَ (هُمْ) فِي (أَجْرِهِمْ)، وَإِذَا احْتَمَلَ غَيْرَ مَا ذَكَرَهُ احْتِمَالا ظَاهِرًا، فَحَمْلُهُ عَلَى

وَجْهٍ لَمْ يَثْبُتْ إلا بِتَقْدِيرٍ لَيْسَ بِمُسْتَقِيمٍ؛ لأَنَّ الأُصُولَ لا تَثْبُتُ إلا بِثَبَتٍ، فَثَبَتَ أَنَّ قَوْلَ الزَّجَّاجِ لَيْسَ بِشَيْءٍ.

قَالَ: (وَإِنَّمَا يَصِحُّ الحَمْلُ عَلَى المَحَلِّ بَعْدَ مُضِيِّ الجُمْلَةِ).

هَذَا مَذْهَبُ الْبَصْرِيِّينَ، وَهُوَ الصَّحِيحُ، وَالْكُوفِيُّونَ يُجِيزُونَ الْعَطْفَ مُطْلَقًا مَضَتِ الْجُمْلَةُ أَوْ لَمْ تَمْضِ، فَيُجَوِّزُونَ (إِنَّ زَيْدًا وَعَمْرٌ قَائِمَانِ)، وَالْمُبَرِّدُ وَالْكِسَائِيُّ يُجِيزَانِ الْعَطْفَ قَبْلَ مُضِيِّ الْجُمْلَةِ بِشَرْطِ أَنْ يَكُونَ الاسْمُ الأَوَّلُ غَيْرَ مُعْرَبٍ، مِثْلُ قَوْلِكَ: (إِنَّكَ وَزَيْدٌ ذَاهِبَانِ)، وَالَّذِي غَرَّ الْجَمِيعَ مَا جَاءَ عَنْ بَعْضِ الْعَرَبِ (إِنَّكَ وَزَيْدٌ ذَاهِبَانِ)، وَلَيْسَ بِمُسْتَقِيمٍ، وَلا يَثْبُتُ بِمِثْلِهِ حُجَّةٌ؛ لأَنَّهُ عَلَى خِلافِ الْقِيَاسِ وَاسْتِعْمَالِ الْفُصَحَاءِ، وَالْوَجْهُ مَا قَالَهُ الْبَصْرِيُّونَ، وَبَيَانُ أَنَّهُ لا يَسْتَقِيمُ فِي الْمَعْنَى إلا ذَلِكَ أَنَّهُ لَوْ عُطِفَ قَبْلَ مُضِيِّ الْجُمْلَةِ، فَقِيلَ: (إِنَّ زَيْدًا وَعَمْرٌ ذَاهِبَانِ) لأَدَّى إِلَى أَنْ يَعْمَلَ عَامِلانِ مُخْتَلِفَانِ فِي مَعْمُولٍ وَاحِدٍ، وَذَلِكَ أَنَّ (زَيْدًا) مَنْصُوبٌ بِـ (إِنَّ)، وَخَبَرُهُ لا يَكُونُ إلا مَعْمُولا لِـ (إِنَّ)؛ لأَنَّهُ لا بُدَّ لَهَا مِنْ مَرْفُوعٍ هُوَ خَبَرٌ، وَارْتِفَاعُ (عَمْرو) إِنَّمَا هُوَ بِتَقْدِيرِ عَطْفِهِ عَلَى الْمَحَلِّ الَّذِي هُوَ الابْتِدَاءُ عَلَى تَقْدِيرِ الْخُلُوِّ مِنْ (إِنَّ)، أَوْ جَعْلِهَا مَعَ مَعْمُولِهَا كَالْمُبْتَدَأِ الْمُجَرَّدِ، وَخَبَرُهُ يَجِبُ أَنْ يَكُونَ مَرْفُوعًا بِمِثْلِ مَا ارْتَفَعَ بِهِ، فَإِذَا قِيلَ: (قَائِمَانِ) وَجُعِلَ خَبَرًا لَهُمَا أَدَّى إِلَى أَنْ يَكُونَ مَعْمُولا لِـ (إِنَّ) مَعْمُولا لِلابْتِدَاءِ، وَهُوَ بَاطِلٌ، وَلا يُمْكِنُ تَقْدِيرُ عَمَلَيْنِ فِيهِ حَتَّى يُقَالَ: إِنَّهُ مَرْفُوعٌ رَفْعَيْنِ: رَفْعٌ بِـ (إِنَّ)، وَرَفْعٌ بِالابْتِدَاءِ؛ لِلْقَطْعِ بِأَنَّ اسْمًا وَاحِدًا لا يَكُونُ فِيهِ رَفْعَانِ؛ وَلأَنَّهُ لا عَلامَةَ إلا الأَلِفُ، وَالأَلِفُ لا تَكُونُ إلا رَفْعًا وَاحِدًا، فَهَذَا ظَاهِرٌ فِي ثُبُوتِ مَذْهَبِ الْبَصْرِيِّينَ وَبُطْلانِ مَا سِوَاهُ.

وَلَيْسَ قَوْلُ مَنْ قَالَ: (إِنَّ زَيْدًا وَعَمْرٌو قَائِمٌ) مِنْ قَبِيلِ الْمَمْنُوعِ؛ لأَنَّ (قَائِمٌ) إِمَّا أَنْ يُقَدَّرَ خَبَرًا عَنْ (عَمْرٌو)، فَيَكُونَ خَبَرُ زَيْدٍ مُتَقَدِّمًا تَحْقِيقًا، فَلَمْ يُعْطَفْ إلا بَعْدَ مُضِيِّ الْجُمْلَةِ، وَإِمَّا أَنْ يُجْعَلَ (قَائِمٌ) خَبَرًا عَنِ الاسْمِ الأَوَّلِ، وَخَبَرُ الثَّانِي مَحْذُوفٌ، فَيَكُونَ عَلَى التَّقْدِيمِ وَالتَّأْخِيرِ؛ كَأَنَّكَ قُلْتَ: (إِنَّ زَيْدًا قَائِمٌ وَعَمْرٌو)، فَلَمْ يُعْطَفْ إلا بَعْدَ مُضِيِّ الْجُمْلَةِ تَقْدِيرًا، بِخِلافِ (إِنَّ زَيْدًا وَعَمْرٌو قَائِمَانِ)، فَإِنَّ ذَلِكَ غَيْرُ مُمْكِنٍ تَقْدِيرُهُ فِيهِ، وَسِرُّهُ زَوَالُ الْمَعْنَى الَّذِي ذَكَرْنَاهُ فِي الإِفْسَادِ فِي مِثْلِ هَذِهِ الْمَسَائِلِ؛ لأَنَّ الإِفْسَادَ إِنَّمَا جَاءَ مِنْ جِهَةِ تَشْرِيكِهِمَا جَمِيعًا فِي خَبَرٍ وَاحِدٍ، فَأَمَّا إِذَا جُعِلَ لِكُلِّ وَاحِدٍ خَبَرٌ فَقَدِ انْتَفَى الْمَعْنَى الَّذِي كَانَ مِنْ أَجْلِهِ الامْتِنَاعُ.

قَالَ: (وَزَعَمَ سِيبَوَيْهِ أَنَّ نَاسًا مِنَ الْعَرَبِ يَغْلَطُونَ)، إِلَى آخِرِهِ.

فَجَعَلَهُ مِنْ بَابِ الْغَلَطِ؛ لأَنَّهُ عَلَى خِلافِ الْقِيَاسِ وَاسْتِعْمَالِ الْفُصَحَاءِ، وَبَيَّنَ وَجْهَ الْوَهْمِ لَهُمْ فِي ذَلِكَ وَمَثَّلَهُ بِقَوْلِهِ:

بَدَا لِي أَنِّي لَسْتُ مُدْرِكَ مَا مَضَى ... وَلا سَابِقٍ شَيْئًا إِذَا كَانَ جَائِيا

وَهُوَ فِي الْحَقِيقَةِ عَكْسُهُ؛ لأَنَّ هَؤُلاءِ قَدَّرُوا الثَّابِتَ مَحْذُوفًا، وَالْقَائِلُ: (وَلا سَابِقٍ شَيْئًا) قَدَّرَ الْمَحْذُوفَ ثَابِتًا؛ لأَنَّ قَبْلَهُ (بَدَا لِي أَنِّي لَسْتُ مُدْرِكَ مَا مَضَى)، فَتَوَهَّمَ أَنَّ الْبَاءَ ثَابِتَةٌ؛ لِكَوْنِ الْمَوْضِعِ مَوْضِعًا يَصِحُّ دُخُولُهَا فِيهِ، فَتَوَهَّمَ ثَبَاتَهَا، فَقَالَ: (وَلا سَابِقٍ)، وَجَمَعَ بَيْنَهُمَا مِنْ جِهَةِ أَنَّ الْجَمِيعَ اشْتَرَكُوا فِي أَنَّهُمْ تَوَهَّمُوا شَيْئًا، وَالأَمْرُ عَلَى خِلافِهِ وَإِنِ اخْتَلَفَ تَفْصِيلُ الْمُتَوَهَّمِ.

قَالَ: (وَأَمَّا قَوْلُهُ تَعَالَى: "وَالصَّابِئُونَ" [المائدة:٦٩] فَعَلَى التَّقْدِيمِ وَالتَّأْخِيرِ).

يَحْتَمِلُ أَمْرَيْنِ: "الَّذِينَ آمَنُوا" مُقَدَّرًا تَقْدِيمُهُ، وَ "وَالصَّابِئُونَ" لَمْ يُعْطَفْ إلا بَعْدَ تَمَامِ الْجُمْلَةِ تَقْدِيرًا، وَهُوَ أَحَدُ الْوَجْهَيْنِ اللَّذَيْنِ تَقَدَّمَا فِي قَوْلِكَ: (إِنَّ زَيْدًا قَائِمٌ وَعَمْرٌو).

وَالآخَرُ: أَنْ يَكُونَ قَوْلُهُ: (فَعَلَى التَّقْدِيمِ)؛ أَيْ: فَعَلَى تَقْدِيرِ الْخَبَرِ مُقَدَّمًا عَلَى "الصَّابِئُونَ"، وَتَقْدِيرِ "الصَّابِئُونَ" مُؤَخَّرًا عَنْهُ، وَيَكُونُ الْعَطْفُ إِنَّمَا وَرَدَ بَعْدَ مُضِيِّ جُمْلَةٍ مُقَدَّمَةٍ عَلَى الْمَعْطُوفِ وَيَصِحُّ التَّعْبِيرُ بِالتَّقْدِيمِ وَالتَّأْخِيرِ عَنْ ذَلِكَ؛ لأَنَّ الْكَلامَ فِي أَنَّ الْعَطْفَ إِنَّمَا يَكُونُ بَعْدَ مُضِيِّ الْجُمْلَةِ، فَإِذَا قُدِّرَ مُضِيُّهَا بِتَأْوِيلِ تَقْدِيمِ خَبَرٍ مَحْذُوفٍ، وَتَأْخِيرِ الْمَعْطُوفِ عَنْهُ صَحَّ أَنْ يُقَالَ: عَلَى التَّقْدِيمِ وَالتَّأْخِيرِ، وَإِذَا صَحَّ التَّعْبِيرُ عَنْ ذَلِكَ بِمِثْلِ هَذِهِ الْعِبَارَةِ، فَهُوَ أَوْلَى مِنْ أَوْجُهٍ:

أَحَدُهَا: أَنَّ هَذَا لَيْسَ فِيهِ إلا الْحَذْفُ، وَذَلِكَ الْوَجْهُ فِيهِ الْحَذْفُ وَتَغْيِيرُ الْمَوْضِعِ، وَمُخَالَفَةُ أَمْرٍ أَوْلَى مِنْ مُخَالَفَةِ أَمْرَيْنِ.

وَثَانِيهَا: أَنَّ قَوْلَهُ بَعْدَ ذَلِكَ: (كَأَنَّهُ ابْتَدَأَ، وَ "الصَّابِئُونَ" [المائدة:٦٩] بَعْدَ مَا مَضَى الْخَبَرُ) تَفْسِيرٌ لِذَلِكَ، فَإِنَّهُ لا يَكُونُ مُبْتَدَأً بَعْدَ مُضِيِّ الْخَبَرِ إلا وَالْخَبَرُ مُرَادٌ.

وَثَالِثُهَا: هُوَ أَنَّ مَذْهَبَ سِيبَوَيْهِ فِي قَوْلِكَ: (زَيْدٌ وَعَمْرٌو قَائِمٌ) أَنَّ الْخَبَرَ لِلثَّانِي، وَخَبَرُ الأَوَّلِ مَحْذُوفٌ، وَهَذَا مِثْلُهُ، وَاسْتَدَلَّ عَلَى ذَلِكَ بِقَوْلِهِ:

نَحْنُ بِمَا عِنْدَنَا وَأَنْتَ بِمَا ... عِنْدَكَ رَاضٍ وَالرَّأْيُ مُخْتَلِفُ

وَوَجْهُ الاسْتِدْلالِ: أَنَّهُ لَوْ كَانَ خَبَرًا عَنْ (نَحْنُ) لَوَجَبَ أَنْ يُقَالَ: رَاضُونَ، وَلَمَّا قَالَ: (رَاضٍ) دَلَّ عَلَى أَنَّهُ خَبَرٌ لِـ (أَنْتَ)، وَهَذَا مِثْلُهُ.

وَأَنْشَدُوا:

وَإِلا فَاعْلَمُوا أَنَّا وَأَنْتُمْ بُغَاةٌ مَا بَقِينَا فِي شِقَاقِ

وَهَذَا مُمَاثِلٌ لِمَا نَحْنُ فِيهِ مِنْ جِهَةِ أَنَّهُ يُوهِمُ أَنَّهُ عَطْفٌ عَلَى مَوْضِعِ (أَنَّ) قَبْلَ تَمَامِ الْجُمْلَةِ كَمَا فِي قَوْلِهِ تَعَالَى: "وَالصَّابِئُونَ" [المائدة:٦٩]، وَالتَّقْدِيرُ فِيهِ كَالتَّقْدِيرِ فِيمَا تَقَدَّمَ، وَهُوَ أَنْ يُقَدَّرَ خَبَرٌ مَحْذُوفٌ تَتِمُّ الْجُمْلَةُ بِاعْتِبَارِهِ، وَقَوْلُهُ: (وَأَنْتُمْ بُغَاةٌ) بَعْدَ مُضِيِّ الْجُمْلَةِ، أَوْ (بُغَاةٌ) الَّذِي بَعْدَ (أَنْتُمْ) خَبَرٌ عَنْ (أَنَّ) مُقَدَّرٌ تَقْدِيمُهُ، فَلَمْ يُعْطَفْ إِلا بَعْدَ تَمَامِ الْجُمْلَةِ عَلَى كُلِّ تَقْدِيرٍ كَمَا تَقَدَّمَ سَوَاءٌ، وَفِي إِيرَادِ هَذَا الْبَيْتِ دَلِيلٌ عَلَى أَنَّ (أَنَّ) الْمَفْتُوحَةَ إِذَا وَقَعَتْ فِي الْمَوْضِعِ الَّذِي كَانَ يَصْلُحُ لِجُمْلَةٍ يَجُوزُ فِيهَا مِنَ الْعَطْفِ مَا يَجُوزُ فِي الْمَكْسُورَةِ، أَلا تَرَى أَنَّ (أَنَّ) هَاهُنَا مَفْتُوحَةٌ، وَقَدْ تَقَدَّمَ مِنْ قَوْلِهِ: إِنَّ الْعَطْفَ عَلَى الْمَحَلِّ إِنَّمَا يَكُونُ فِي (إِنَّ) الْمَكْسُورَةِ، فَأَمَّا نَحْوُ: (أَعْجَبَنِي أَنَّ زَيْدًا قَائِمٌ وَعَمْرٌو)، فَهَذَا لا يُجِيزُهُ أَحَدٌ عَلَى الْعَطْفِ عَلَى الْمَحَلِّ، وَيَجُوزُ أَنْ يَكُونَ إِيرَادُ الْبَيْتِ لَيْسَ لِلْعَطْفِ عَلَى الْمَوْضِعِ، وَلَكِنْ لِلدِّلالَةِ عَلَى حَذْفِ الْخَبَرِ مِنْ أَوَّلِ اسْتِغْنَاءً عَنْهُ بِثَانٍ، أَوْ عَلَى تَقْدِيرِ تَقْدِيمِ خَبَرٍ جَاءَ فِي اللَّفْظِ مُؤَخَّرًا عَلَى التَّأْوِيلَيْنِ الْمُتَقَدِّمَيْنِ، وَيَكُونُ إِعْرَابُ قَوْلِهِ: (وَأَنْتُمْ) فِي الْبَيْتِ لَيْسَ عَلَى الْعَطْفِ عَلَى الْمَوْضِعِ، وَلَكِنْ مُبْتَدَأٌ مُسْتَقِلٌّ بِجُمْلَتِهِ، وَالْعَطْفُ لَمْ يَقَعْ إِلا بِاعْتِبَارِ الْجُمَلِ لا بِاعْتِبَارِ تَشْرِيكٍ فِي عَامِلٍ كَمَا فِي قَوْلِكَ: (لَيْتَ زَيْدًا قَائِمٌ وَعَمْرٌو مُنْطَلِقٌ)، وَقَدْ ذَكَرَ فِي تَفْسِيرِهِ سِرًّا فِي تَأْخِيرِ الْخَبَرِ عَنِ الأَوَّلِ، وَتَرْكِ ذِكْرِهِ أَوَّلا فِي مِثْلِ ذَلِكَ بِأَنْ قَالَ مَا مَعْنَاهُ: أَنَّكَ إِذَا قُلْتَ: (إِنَّ زَيْدًا مَشْنُوءٌ وَعَمْرٌو) تُوُهِّمَ أَنَّ لِزَيْدٍ مَزِيَّةً فِي الإِخْبَارِ عَنْهُ بِالشَّنَاءَةِ عَلَى عَمْرٍو وَلِثُبُوتِ الْحُكْمِ لَهُ أَوَّلا، وَمَا يَثْبُتُ فِي التَّفْسِيرِ أَوَّلا أَقْوَى مِمَّا يَثْبُتُ ثَانِيًا، وَلَمَّا كَانَ غَرَضُ الْمُتَكَلِّمِ التَّسْوِيَةَ بَيْنَهُمَا تَرَكَ ذِكْرَ الْخَبَرِ أَوَّلا لِيَأْتِيَ الْحُكْمُ بِالشَّنَاءَةِ عَنْهُمَا دُفْعَةً وَاحِدَةً حَتَّى لا يَكُونَ لأَحَدِهِمَا مَزِيَّةٌ عَلَى الآخَرِ فِي ذَلِكَ الْحُكْمِ، وَهُوَ مَعْنًى حَسَنٌ.

قَالَ: (وَلا يَجُوزُ إِدْخَالُ (إِنَّ) عَلَى " أَنَّ ").

وَقَدْ تَقَدَّمَ عِلَّةُ ذَلِكَ؛ لأَنَّا قَدْ بَيَّنَّا أَنَّ (أَنَّ) فِي كَلامِهِمْ لا تَكُونُ أَوَّلا لِعِلَّتَيْنِ:

إِحْدَاهُمَا: أَنَّهُ يُؤَدِّي إِلَى مُجَامَعَتِهَا لأُخْتِهَا، وَلا بُدَّ مِنَ الْفَصْلِ، وَإِذَا جَاءَ الْفَصْلُ صَحَّ أَنْ يُقَالَ: (إِنَّ عِنْدَنَا أَنَّ زَيْدًا فِي الدَّارِ).

وَقَوْلُ النَّحْوِيِّينَ: لا تُصَدَّرُ الْجُمْلَةُ بِـ (أَنَّ) الْمَفْتُوحَةِ لَيْسَ عَلَى ظَاهِرِهِ، وَإِنَّمَا يَعْنُونَ: إِذَا وَقَعَتْ فِي الْمَوْضِعِ الَّذِي تَتَعَرَّضُ فِيهِ لإِدْخَالِ (إِنَّ) الْمَكْسُورَةِ عَلَيْهَا، أَوْ فِي الْمَوْضِعِ الَّذِي تَدْخُلُ فِيهِ (لَعَلَّ) عَلَى الْوَجْهَيْنِ الْمُتَقَدِّمَيْنِ فِي عِلَّةِ ذَلِكَ، فَمِنْ ذَلِكَ قَوْلُهُمْ: (لَوْلا أَنَّ زَيْدًا)، فَهَذَا أَوَّلُ الْجُمْلَةِ، وَالْخَبَرُ مُقَدَّرٌ بَعْدَ ذَلِكَ، وَلَكِنَّهُ جَازَ؛ لأَنَّهُ مَوْضِعٌ لا تَقَعُ فِيهِ (إِنَّ) الْمَكْسُورَةُ وَلا (لَعَلَّ)، كَذَلِكَ قَوْلُهُمْ:

.... إِذَا أَنَّهُ عَبْدُ الْقَفَا وَاللَّهَازِمِ

وَ (أَنَّهُ عَبْدُ الْقَفَا) مُقَدَّرٌ بِالْمُبْتَدَأِ، وَالْخَبَرُ مُقَدَّرٌ بَعْدَ ذَلِكَ، وَلِذَلِكَ أَوَّلَهُ بِقَوْلِهِ: (فَإِذَا الْعُبُودِيَّةُ حَاصِلَةٌ)، وَهَذَا يَقْدَحُ فِي تَعْلِيلِ مَنْ عَلَّلَ بِأَنَّهَا إِنَّمَا امْتَنَعَ تَصْدِيرُهَا لأَدَائِهَا إِلَى إِدْخَالِ (إِنَّ) عَلَيْهَا، إِذْ لَوْ كَانَ ذَلِكَ صَحِيحًا لَمْ يَجُزْ وَقُوعُهَا مُتَقَدِّمَةً مَفْتُوحَةً بَعْدَ (إِذَا)؛ لأَنَّهُ يُؤَدِّي إِلَى إِدْخَالِ (إِنَّ) عَلَيْهَا، أَلا تَرَى أَنَّ (إِنَّ) الْمَكْسُورَةَ يَصِحُّ وَقُوعُهَا أَيْضًا بَعْدَ (إِذَا)، فَلَوْ كَانَ هَذَا التَّعْلِيلُ صَحِيحًا لامْتَنَعَ وَقُوعُهَا مُصَدَّرَةً بِهَا الْجُمْلَةُ بَعْدَ (إِذَا) لِمَا يُؤَدِّي إِلَى دُخُولِ (إِنَّ) الْمَكْسُورَةِ عَلَيْهَا، كَمَا قَالُوهُ فِي التَّصْدِيرِ بِهَا فِي قَوْلِكَ: (أَنَّ زَيْدًا مُنْطَلِقٌ عِنْدِي)، وَأَنَّهُ امْتَنَعَ لِمَا يُؤَدِّي إِلَيْهِ مِنْ إِدْخَالِ (إِنَّ) الْمَكْسُورَةِ عَلَيْهَا، فَإِذَنِ التَّعْلِيلُ الْمُسْتَقِيمُ هُوَ إِرَادَةُ الْفَرْقِ بَيْنَهَا وَبَيْنَ (أَنَّ) الَّتِي بِمَعْنَى: لَعَلَّ؛ لأَنَّهُ أَمْرٌ مُحَقَّقٌ فِي جَمِيعِ مَوَاقِعِهَا، وَمُطَّرِدٌ غَيْرُ مُنْتَقِضٍ، وَالتَّعْلِيلُ بِذَلِكَ إِنَّمَا هُوَ لأَمْرٍ يُؤَدِّي إِلَى مُسْتَكْرَهٍ لا لأَمْرٍ مُحَقَّقٍ، وَهُوَ مَعَ ذَلِكَ مُنْتَقِضٌ عَلَى مَا تَقَرَّرَ.

قَالَ: (وَتُخَفَّفَانِ فَيَبْطُلُ عَمَلُهُمَا، وَمِنَ الْعَرَبِ مَنْ يُعْمِلُهُمَا)، إِلَى آخِرِهِ.

قَالَ الشَّيْخُ: قَوْلُهُ: (وَتُخَفَّفَانِ فَيَبْطُلُ عَمَلُهُمَا) لا يَخْلُو إِمَّا أَنْ يُرِيدَ فِيمَا وَقَعَ بَعْدَهُمَا مَلْفُوظًا بِهِ، أَوْ فِيمَا يُقَدَّرُ، فَإِنْ أَرَادَ فِيمَا يُلْفَظُ بِهِ، وَهُوَ الظَّاهِرُ؛ لأَنَّ (إِنَّ) الْمَكْسُورَةَ لا يُقَدَّرُ بَعْدَهَا شَيْءٌ مَحْذُوفٌ، كَانَ غَيْرَ مُسْتَقِيمٍ مِنْ وَجْهَيْنِ:

أَحَدُهُمَا: أَنَّ الْمَفْتُوحَةَ لَمْ يَكُنْ لَهَا عَمَلٌ فِي هَذَا الاسْمِ الْمَلْفُوظِ بِهِ فِي مِثْلِ قَوْلِكَ: (عَلِمْتُ أَنْ زَيْدٌ مُنْطَلِقٌ)؛ لأَنَّ التَّقْدِيرَ (عَلِمْتُ أَنَّهُ زَيْدٌ مُنْطَلِقٌ)، كَمَا صَرَّحَ بِهِ آخِرًا، فَقَالَ: (وَتَقُولُ: عَلِمْتُ أَنْ زَيْدٌ مُنْطَلِقٌ، وَالتَّقْدِيرُ: أَنَّهُ زَيْدٌ مُنْطَلِقٌ). فَكَيْفَ يَبْطُلُ عَمَلُهَا عِنْدَ التَّخْفِيفِ فِيمَا لَمْ يَكُنْ لَهَا عَمَلٌ فِيهِ؟

وَالآخَرُ: هُوَ أَنَّهُ قَالَ: (وَمِنَ الْعَرَبِ مَنْ يُعْمِلُهُمَا)، وَجَعَلَ إِعْمَالَهُمَا جَمِيعًا سَائِغًا، وَإِعْمَالُ (أَنَّ) الْمَفْتُوحَةِ فِي الظَّاهِرِ بَعْدَهَا شَاذٌّ.

وَإِنْ أَرَادَ فِيمَا يُقَدَّرُ فَهُوَ غَيْرُ مُسْتَقِيمٍ؛ لأَنَّهُ ذَكَرَ الْمَكْسُورَةَ مَعَهَا، وَلا مُقَدَّرَ مَعَ الْمَكْسُورَةِ؛ وَلأَنَّهُ لَمَّا ذَكَرَ مِثَالَ إِعْمَالِ (أَنْ) الْمَفْتُوحَةِ أَنْشَدَ:

فَلَوْ أَنْكِ فِي يَوْمِ الرَّخَاءِ سَأَلْتِنِي   فِرَاقَكِ لَمْ أَبْخَلْ وَأَنْتِ صَدِيقُ

وَجَعَلَ إِعْمَالَهَا فِي الظَّاهِرِ.

وَالأَوْلَى أَنْ يُقَالَ: (وَتُخَفَّفَانِ فَيُلْغَيَانِ فِيمَا يُذْكَرُ بَعْدَهُمَا، وَمِنَ الْعَرَبِ مَنْ يُعْمِلُ (إِن) الْمَكْسُورَةَ، وَهُوَ كَثِيرٌ، وَإِعْمَالُ (أَن) الْمَفْتُوحَةِ فِي الْمَلْفُوظِ بَعْدَهَا ضَرُورَةٌ، وَيَلْزَمُ تَقْدِيرُ اسْمِهَا ضَمِيرَ شَأْنٍ مَحْذُوفًا، وَتَكُونُ الْجُمْلَةُ الَّتِي بَعْدَهَا فِي مَوْضِعِ خَبَرِهَا، وَإِنَّمَا قَدَّرَ النَّحْوِيُّونَ ضَمِيرَ الشَّأْنِ فِي (أَن) الْمَفْتُوحَةِ الْمُخَفَّفَةِ كَيْفَمَا وَقَعَتْ، وَلَمْ يُقَدِّرُوهُ فِي (إِن) الْمَكْسُورَةِ أَلْبَتَّةَ لأَمْرَيْنِ:

أَحَدُهُمَا: أَنَّهُمْ وَجَدُوهَا دَاخِلَةً عَلَى الْفِعْلِ الَّذِي لا يَدْخُلُ عَلَى الْمُبْتَدَأِ وَالْخَبَرِ، فَلَوْ لَمْ يُقَدَّرِ الضَّمِيرُ لَخَرَجَتْ عَنْ حَقِيقَةِ وَضْعِهَا، بِخِلافِ (إِنَّ) الْمَكْسُورَةِ، فَإِنَّهَا لا تَدْخُلُ إِذَا دَخَلَتْ عَلَى فِعْلٍ إِلا وَهُوَ مِنَ الأَفْعَالِ الدَّاخِلَةِ عَلَى الْمُبْتَدَأِ وَالْخَبَرِ، فَكَانَ فِي ذَلِكَ تَوْفِيَةٌ لِمَا تَقْتَضِيهِ، وَهَذَا التَّعْلِيلُ مُسْتَقِيمٌ عَلَى مَذْهَبِ الْبَصْرِيِّينَ، فَلِذَلِكَ لَمْ يُجِيزُوا (إِنْ قَامَ لَزَيْدٌ).

وَالْوَجْهُ الثَّانِي: أَنَّهُمْ وَجَدُوا (إِن) الْمَكْسُورَةَ عَامِلَةً وَهِيَ مُخَفَّفَةٌ فِي الْفَصِيحِ مِنَ الْكَلامِ، قَالَ اللَّهُ تَعَالَى: "**وَإِنَّ كُلا لَمَّا لَيُوَفِّيَنَّهُمْ رَبُّكَ أَعْمَالَهُمْ**" [هود:١١١]، فَجَاءَ مَنْصُوبًا فِي قِرَاءَةِ كُلِّ مَنْ خَفَّفَ، وَلَمْ تَجِئْ (أَنْ) الْمُخَفَّفَةُ الْمَفْتُوحَةُ عَامِلَةً فِي مَلْفُوظٍ بَعْدَهَا إِلا مَا ذَكَرْنَاهُ مِنَ الضَّرُورَةِ، وَهِيَ أَوْلَى فِي الْعَمَلِ بَعْدَ التَّخْفِيفِ مِنَ الْمَكْسُورَةِ، بِدَلِيلِ جَوَازِ الْعَطْفِ عَلَى الْمَكْسُورَةِ بِالرَّفْعِ، وَتَقْدِيرِ وُجُودِهَا كَالْعَدَمِ، فَإِذَا جَاءَ الإِعْمَالُ فِيهَا مَعَ ذَلِكَ فَإِعْمَالُ الْمَفْتُوحَةِ أَجْدَرُ، فَلِذَلِكَ قَدَّرُوا مَعَهَا ضَمِيرَ الشَّأْنِ، وَالَّذِي يَدُلُّكَ عَلَى ذَلِكَ وَأَنَّ الْعَرَبَ تَقْصِدُهُ قَوْلُ الشَّاعِرِ:

فِي فِتْيَةٍ كَسُيُوفِ الْهِنْدِ قَدْ عَلِمُوا   أَنْ هَالِكٌ كُلُّ مَنْ يَحْفَى وَيَنْتَعِلُ

فَلَوْلا أَنَّ الضَّمِيرَ مُقَدَّرٌ لَمْ يَسْتَقِمْ تَقْدِيمُ الْخَبَرِ هَاهُنَا، فَالَّذِي سَوَّغَ التَّقْدِيمَ كَوْنُهَا جُمْلَةً وَاقِعَةً خَبَرًا.

وَقَالَ سِيبَوَيْهِ: (لَمْ يَحْذِفُوا)، يَعْنِي: فِي (أَن) الْمَفْتُوحَةِ الْمُخَفَّفَةِ (لأَنْ يَكُونَ الْحَذْفُ يُدْخِلُهُ فِي حُرُوفِ الابْتِدَاءِ بِمَنْزِلَةِ (إِنَّ)، وَلَكِنَّهُمْ حَذَفُوا)، يَعْنِي: النُّونَ مِنَ الْمَفْتُوحَةِ (كَمَا

حَذَفُوا الإِضْمَارَ)، يَعْنِي: ضَمِيرَ الشَّأْنِ الَّذِي هُوَ اسْمُهَا، (وَجَعَلُوهُ عَلَمًا لِحَذْفِ الإِضْمَارِ)، يَعْنِي: حَذْفَ النُّونِ، فَفُهِمَ مِنْ ذَلِكَ أَنَّ اسْمَهَا لا بُدَّ مِنْ تَقْدِيرِهِ مُضْمَرًا، وَقَالَ أَيْضًا: (لا تُخَفِّفُهَا فِي الكَلامِ أَبَدًا وَبَعْدَهَا الأَسْمَاءُ إِلا وَأَنْتَ تُرِيدُ الثَّقِيلَةَ مُضْمَرًا فِيهَا اسْمٌ مَعْلُومٌ)، وَقَالَ أَيْضًا فِي هَذَا البَابِ: (وَالدَّلِيلُ عَلَى أَنَّهُمْ إِنَّمَا يُخَفِّفُونَ عَلَى إِضْمَارِ الْهَاءِ أَنَّكَ تَسْتَقْبِحُ (قَدْ عَرَفْتُ أَنْ يَقُولُ ذَاكَ)، حَتَّى تَقُولَ: (أَنْ لا يَقُولُ ذَاكَ)، أَوْ تُدْخِلَ السِّينَ أَوْ قَدْ)، وَهَذَا كُلُّهُ تَصْرِيحٌ بِوُجُوبِ الإِضْمَارِ عَلَى مَا ذَكَرْنَا.

فَإِنْ زَعَمَ زَاعِمٌ أَنَّ التَّقْدِيمَ إِنَّمَا جَازَ لِبُطْلانِ عَمَلِ (أَنْ)، فَصَارَ مُبْتَدَأً وَخَبَرًا، وَالْمُبْتَدَأُ وَالْخَبَرُ يَسُوغُ فِيهِ التَّقْدِيمُ، فَهُوَ بَاطِلٌ بِامْتِنَاعِ (إِنْ مُنْطَلِقٌ لَزَيْدٌ)، فَدَلَّ ذَلِكَ عَلَى أَنَّهُمْ يَعْتَبِرُونَ بَعْدَ تَخْفِيفِهَا فِي امْتِنَاعِ تَقْدِيمِ الْخَبَرِ مَا يُعْتَبِرُونَهُ مَعَ التَّشْدِيدِ.

قَالَ: (وَيَقَعُ بَعْدَهُمَا الاسْمُ وَالْفِعْلُ).

قَالَ الشَّيْخُ: وَالْفِعْلُ الَّذِي يَقَعُ بَعْدَ الْمَكْسُورَةِ يَجِبُ أَنْ يَكُونَ مِنَ الأَفْعَالِ الدَّاخِلَةِ عَلَى الْمُبْتَدَأِ وَالْخَبَرِ، وَإِنَّمَا كَانَ كَذَلِكَ لِمَا ذَكَرْنَاهُ مِنْ أَنَّ أَصْلَ وَضْعِهَا أَنْ تَدْخُلَ عَلَى الْمُبْتَدَأِ وَالْخَبَرِ فِي الْمَعْنَى، وَقَدْ تَبَيَّنَ أَنَّهُ لا يُقَدَّرُ فِيهَا ضَمِيرُ شَأْنٍ يَكُونُ اسْمًا لَهَا بِدَلِيلِ ﴿وَإِنْ كُلًّا﴾ [هود:١١١]، فَاعْتُبِرَ فِي الْفِعْلِ الَّذِي بَعْدَهَا أَنْ يَكُونَ كَذَلِكَ؛ لِيُوَفَّرَ عَلَيْهَا مَا تَقْتَضِيهِ مِنَ الْجُمْلَةِ الاسْمِيَّةِ.

(وَجَوَّزَ الْكُوفِيُّونَ غَيْرَهُ).

وَقَدْ وَقَعَ ذَلِكَ فِي كَلامِهِمْ نَادِرًا عَلَى مَا أَنْشَدَهُ مِنْ قَوْلِهِ:

شَلَّتْ يَمِينُكَ إِنْ قَتَلْتَ لَمُسْلِمًا ... حلَّتْ عَلَيْكَ عُقُوبَةُ الْمُتَعَمِّدِ

وَلَيْسَ بِالْجَيِّدِ؛ لأَنَّهُ مُخَالِفٌ لِلْقِيَاسِ وَاسْتِعْمَالِ الْفُصَحَاءِ، أَمَّا مُخَالَفَتُهُ لاسْتِعْمَالِ الْفُصَحَاءِ؛ فَلأَنَّهُ لَمْ يُوجَدْ فِي الْقُرْآنِ، وَلا فِي كَلامٍ فَصِيحٍ.

وَوَجْهُ مَذْهَبِ الْكُوفِيِّينَ: إِذَا صَحَّ التَّمَسُّكُ بِمَا رَوَوْهُ تَقْدِيرُ الضَّمِيرِ فِي مِثْلِ ذَلِكَ، أَوْ تَنْزِيلُ الْجُمْلَةِ الْخَبَرِيَّةِ الْفِعْلِيَّةِ مَجْرَى الاسْمِيَّةِ، كَمَا أَجْرَوْا (إِنَّمَا قَامَ زَيْدٌ) مُجْرَى (إِنَّمَا زَيْدٌ قَائِمٌ)، وَكَمَا أَجْرَوْا (عَلِمْتُ مَا قَامَ زَيْدٌ) مُجْرَى (عَلِمْتُ مَا زَيْدٌ قَائِمًا)، فَلا بُعْدَ فِي مِثْلِ ذَلِكَ، فَقَوْلُنَا: (إِنَّمَا قَامَ زَيْدٌ) حَصْرُ الأَوَّلِ فِي الثَّانِي، و(إِنَّمَا زَيْدٌ قَائِمٌ) حَصْرُ الثَّانِي فِي الأَوَّلِ.

قَالَ: (وَتَلْزَمُ الْمَكْسُورَةَ اللامُ فِي خَبَرِهَا).

سَوَاءٌ أُعْمِلَتْ أَوْ لَمْ تُعْمَلْ؛ لأَنَّهُ لَوْ لَمْ يُدْخِلُوا اللامَ لالْتَبَسَتْ بِالنَّافِيَةِ مَعَ الْجُمْلَتَيْنِ

جَمِيعًا، أَلا تَرَى أَنَّـكَ لَـوْ قُلْـتَ: (إِنْ زَيْـدٌ مُنْطَلِـقٌ)، و(إِنْ قَـامَ زَيْـدٌ) جَـازَ أَنْ يَكُـونَ الْمَعْنَى: مَا زَيْدٌ مُنْطَلِقٌ، وَمَا قَامَ زَيْدٌ، وَجَـازَ أَنْ تَكُـونَ الْمُخَفَّفَـةَ، فَيَكُـونَ الْمَعْنَـى: زَيْـدٌ مُنْطَلِقٌ، وَقَامَ زَيْدٌ، وَإِذَا جِئْتَ بِاللامِ تَمَيَّزَتِ الْمُخَفَّفَةُ، وَسُمِّيَتْ هَذِهِ اللامُ الْفَارِقَةَ لِذَلِكَ.

قَالَ: (وَالْمَفْتُوحَةُ يُعَوَّضُ عَمَّا ذَهَبَ مِنْهَا أَحَدُ الأَحْرُفِ الأَرْبَعَةِ: حَـرْفُ النَّفْـيِ، وَقَـدْ، وَسَوْفَ، وَالسِّينِ).

وَأَرَادَ أَنَّهَا تُعَوَّضُ مَعَ الْفِعْلِ، وَلَكِنَّهُ اسْتَغْنَى عَنْهُ؛ لأَنَّ (قَدْ، وَسَوْفَ، وَالسِّينَ) لا تَدْخُلُ إِلا عَلَى الأَفْعَالِ، فَعُلِمَ أَنَّ التَّعْوِيضَ فِيهِ، وَلَمَّا أُدْخِلَ حَرْفُ النَّفْيِ مَعَهَا اغْتُفِرَ أَمْرُهُ، وَكَانَ الأَوْلَى أَنْ يُبَيِّنَ ذَلِكَ، ثُمَّ أَخَذَ يُمَثِّلُ فَلَمْ يُمَثِّلْ عَلَى تَرْتِيبٍ مُسْتَقِيمٍ لا عَلَى مَا قَدَّمَهُ مِنْ أَوَّلِ الْفَصْلِ وَلا عَلَى تَرْتِيبٍ آخَرَ، وَذَلِكَ أَنَّ الَّذِي رَتَّبَهُ هُوَ تَقْدِيمُ تَخْفِيفِهِمَا وَإِبْطَالُ الْعَمَلِ فِيهِمَا، ثُمَّ إِعْمَالُهُمَا، ثُمَّ وُقُوعُ الاسْمِ وَالْفِعْلِ بَعْدَهُمَا، وَتَمْثِيلُهُ أَوَّلا مُسْتَقِيمٌ فِي الْمَكْسُورَةِ مُلْغَاةً ثُمَّ مُعْمَلَةً، ثُمَّ مَثَّلَ بَعْدَ ذَلِكَ بِالْمَفْتُوحَةِ الْمُعْمَلَةِ، وَكَانَ الأَوْلَى تَقْدِيمُهُ الْمَفْتُوحَةَ الْمُلْغَاةَ؛ لأَنَّهَا الْوَجْهُ، وَإِعْمَالُهَا شَاذٌّ، فَتَرَكَ تَمْثِيلَهُ هَاهُنَا بِالْكُلِّيَّةِ، ثُمَّ ذَكَرَهُ فِي آخِرِ الْفَصْلِ، ثُمَّ مَثَّلَ بِدُخُولِ الْمَكْسُورَةِ عَلَى الْفِعْلِ، وَهُوَ مُسْتَقِيمٌ لَوْ كَانَ قَدَّمَ بِتَمْثِيلِ الْمَفْتُوحَةِ مُلْغَاةً، ثُمَّ مَثَّلَ بِمَذْهَبِ الْكُوفِيِّينَ فِي دُخُولِهَا عَلَى الْفِعْلِ غَيْرِ الدَّاخِلِ عَلَى الْمُبْتَدَأِ وَالْخَبَرِ، ثُمَّ مَثَّلَ بِمَا ذَكَرْنَا أَنَّهُ يَنْبَغِي تَقْدِيمُهُ، وَهُوَ بِـ (أَنْ) الْمَفْتُوحَةِ الْمُلْغَاةِ، فَقَالَ: (وَتَقُولُ: عَلِمْتُ أَنْ زَيْدٌ مُنْطَلِقٌ، وَالتَّقْدِيرُ: أَنَّهُ زَيْدٌ مُنْطَلِقٌ، قَالَ اللَّـهِ تَعَالَى: "وَآخِرُ دَعْوَاهُمْ أَنِ الْحَمْدُ لِلَّـهِ رَبِّ الْعَالَمِينَ" [يونس:١٠].

وَكَانَ يَنْبَغِي أَنْ يُمَثِّلَ بِالْمَفْتُوحَةِ الدَّاخِلَةِ عَلَى الْفِعْلِ عَلَى حَسَبِ تَرْتِيبِهِ، وَقَـدْ تَقَـدَّمَ الْكَلامُ عَلَى جَمِيعِ ذَلِكَ، وَأَنْشَدَ:

فِي فِتْيَةٍ كَسُيُوفِ الْهِنْدِ قَدْ عَلِمُوا ... أَنْ هَالِكٌ كُلُّ مَنْ يَحْفَى وَيَنْتَعِلُ

وَالتَّقْدِيرُ: أَنَّهُ هَالِكٌ عَلَى مَا تَقَدَّمَ.

ثُمَّ مَثَّلَ بِدُخُولِ (أَنْ) الْمَفْتُوحَةِ عَلَى الْفِعْلِ، فَقَالَ: (وَتَقُولُ: عَلِمْتُ أَنْ لا يَخْرُجُ زَيْدٌ، وَأَنْ قَدْ خَرَجَ، وَأَنْ سَيَخْرُجُ، وَأَنْ سَوْفَ يَخْرُجُ).

وَالتَّقْدِيرُ عِنْدَنَا: أَنَّهُ فِي الْجَمِيعِ لِـمَا تَقَـدَّمَ ذِكْـرُهُ، وَالْتَزَمُـوا تَعْـوِيضَ هَـذِهِ الْحُـرُوفِ تَنْبِيهًا عَلَى أَنَّهَا لَيْسَتْ (أَنْ) النَّاصِبَةَ لِلْفِعْلِ مِنْ أَوَّلِ الأَمْرِ، وَلَمْ يُمْكِنْهُم التَّعْوِيضُ بِهَـا مَـعَ حَرْفِ النَّفْيِ؛ لِتَعَذُّرِ اجْتِمَاعِهَا مَعَهَا؛ لِعَدَمِ الْمُلاءَمَةِ بَيْنَهُمَا، فَاسْتَغْنَوْا بِحَـرْفِ النَّفْـيِ لَـمَّا كَانَ زِيَادَةً مُضَادًّا لَهَا، أَلا تَرَى أَنَّهُ لا يَصِحُّ أَنْ تَجْمَعَ بَيْنَهُ وَبَيْنَ السِّينِ وَأُخْتِهَا، وَلا بَيْنَهُ

وَبَيْنَ قَدْ؛ لأنَّ تِلْكَ حُرُوفُ إِثْبَاتٍ، فَلا يَصِحُّ جَمْعُهَا مَعَ حُرُوفِ النَّفْيِ.

قَالَ: (وَالْفِعْلُ الَّذِي يَدْخُلُ عَلَى الْمَفْتُوحَةِ مُشَدَّدَةً أَوْ مُخَفَّفَةً يَجِبُ أَنْ يُشَاكِلَهَا فِي التَّحْقِيقِ)، إِلَى آخِرِه.

قَالَ الشَّيْخُ: كَأَنَّهُمْ قَصَدُوا إِلَى الْمُشَاكَلَةِ بَيْنَ (أَنْ) وَالْفِعْلِ الَّذِي يَدْخُلُ عَلَيْهَا، وَذَلِكَ لأَنَّهُمْ لَوْ أَدْخَلُوا عَلَيْهَا غَيْرَ أَفْعَالِ التَّحْقِيقِ لَكَانَ مَعَهَا كَالْمُضَادِّ، أَلا تَرَى أَنَّكَ لَوْ قُلْتَ: (أَتَمَنَّى أَنَّكَ تَقُومُ)؛ لَكَانَ (أَنَّكَ) دَالا عَلَى ثُبُوتِ مَا فِي حَيِّزِهِ وَتَحْقِيقِهِ، و(أَتَمَنَّى) دَالٌّ عَلَى تَوَقُّعِهِ، وَالشَّيْءُ الْوَاحِدُ لا يَكُونُ مُتَوَقَّعًا حَاصِلا، فَلِذَلِكَ لَمْ يُدْخِلُوا عَلَيْهَا إلا هَذِهِ الأَفْعَالَ وَمَا قَارَبَهَا، فَلَمَّا ثَبَتَ امْتِنَاعُ دُخُولِ أَفْعَالِ الرَّجَاءِ وَالطَّمَعِ عَلَى الْمُشَدَّدَةِ فِي كِلا وَجْهَيْهَا الْتَزَمُوا أَنْ لا يُدْخِلُوا أَفْعَالَ التَّحْقِيقِ إلا عَلَى الْمُشَدَّدَةِ؛ لِتَحْصُلَ الْمُشَاكَلَةُ بَيْنَهُمَا كَمَا حَصَلَتْ فِي غَيْرِهِمَا.

قَالَ: (وَمَا فِيهِ وَجْهَانِ).

يَعْنِي: وَمَا لَهُ جِهَتَانِ شُبِّهَ بِكُلِّ وَاحِدٍ مِنْهُمَا، فَأُدْخِلَ عَلَيْهِمَا جَمِيعًا، كَـ (ظَنَنْتُ) لانْتِفَاءِ مَا ذَكَرْنَاهُ بِالنِّسْبَةِ إِلَيْهِمَا، فَإِذَا أَدْخَلْتَهُ عَلَى الْمُشَدَّدَةِ أَوِ الْمُخَفَّفَةِ فَلأَنَّكَ قَصَدْتَ ثُبُوتَهُ، وَالأَشْيَاءُ تَثْبُتُ بِالظَّنِّ بِخِلافِ تَمَنِّيهَا وَالطَّمَعِ فِيهَا، وَإِذَا أَدْخَلْتَهُ عَلَى (أَنْ) النَّاصِبَةِ لِلْفِعْلِ اسْتَقَامَ أَيْضًا؛ لأَنَّهُ بِمَعْنَى: الْمَصْدَرِ، فَيَصِحُّ أَنْ يَقَعَ مَظْنُونًا، وَقَدْ عُلِمَ بِذَلِكَ مَوَاضِعُ (أَنْ) النَّاصِبَةِ وَمَوَاضِعُ (أَنَّ) الْمُثْقَلَةِ وَالْمُخَفَّفَةِ مِنْهَا، وَذَلِكَ أَنَّ لَفْظَ (أَنْ) إِمَّا أَنْ يُذْكَرَ بِفِعْلٍ قَبْلَهَا مُسَلَّطًا عَلَيْهَا أَوْ لا، فَإِنْ كَانَ بِفِعْلٍ مُسَلَّطٍ عَلَيْهَا فَلا يَخْلُو إِمَّا أَنْ يَكُونَ فِعْلَ تَحْقِيقٍ، أَوْ فِعْلَ ظَنٍّ أَوْ غَيْرَهُمَا، وَالأَوَّلُ يَتَعَيَّنُ لِلْمُشَدَّدَةِ وَالْمُخَفَّفَةِ مِنْهَا، وَالثَّانِي يَجُوزُ فِيهِ الأَمْرَانِ، وَالثَّالِثُ يَتَعَيَّنُ لِلنَّاصِبَةِ، وَإِنْ لَمْ يَكُنْ قَبْلَهَا فِعْلٌ مُسَلَّطٌ عَلَيْهَا فَلا يَخْلُو إِمَّا أَنْ تَكُونَ مُصَدَّرًا بِهَا الْجُمْلَةُ أَوْلا، فَإِنْ صُدِّرَ بِهَا الْجُمْلَةُ تَعَيَّنَتِ النَّاصِبَةُ لِلْفِعْلِ، مِثْلُ قَوْلِهِ تَعَالَى: "وَأَنْ تَصُومُوا خَيْرٌ لَكُمْ" [البقرة:١٨٤]، وَإِنْ لَمْ يُصَدَّرْ بِهَا جَازَتَا جَمِيعًا، كَقَوْلِكَ: (حَسَنٌ أَنْ تَقُومَ)، و(حَسَنٌ أَنَّكَ تَقُومُ)، وَبِهَذَا الضَّابِطِ تَعْلَمُ مَوْضِعَ تَعْيِينِ (أَنِ) النَّاصِبَةِ وَتَعْيِينِ غَيْرِهَا، وَمَوْضِعَ تَجْوِيزِ الأَمْرَيْنِ مُنْشِئًا كُنْتَ أَوْ سَامِعًا.

قَالَ: (وَتَخْرُجُ الْمَكْسُورَةِ إِلَى مَعْنَى أَجل).

هَذَا قَوْلُ كَثِيرٍ مِنَ النَّحْوِيِّينَ، وَقَدْ رَدَّهُ بَعْضُهُمْ، وَحَمَلَ الْبَيْتَ الَّذِي هُوَ:

بَكَرَ الْعَوَاذِلُ......... ....

عَلَى أَنَّهُ أَرَادَ (إِنَّ) الْمُؤَكَّدَةَ، وَأَدْخَلَهَا عَلَى اسْمِهَا، وَحَذَفَ الْخَبَرَ لِلْعِلْمِ بِهِ، يَعْنِي: أَنَّ الْأَمْرَ كَذَلِكَ، وَلَيْسَ بِبَعِيدٍ عَنِ الصَّوَابِ، بَلْ هُوَ الظَّاهِرُ، وَالَّذِي يَجْعَلُهَا بِمَعْنَى: نَعَمْ، يَجْعَلُ هَذِهِ الْهَاءَ هَاءَ السَّكْتِ، كَأَنَّهُ قَالَ: إِنَّ، وَأَلْحَقَ هَاءَ السَّكْتِ بِهَا لِلْوَقْفِ، وَمَا وَرَدَ فِي كَلَامِ ابْنِ الزُّبَيْرِ جَوَابًا لِلْقَائِلِ لَهُ: (لَعَنَ اللَّهُ نَاقَةً حَمَلَتْنِي إِلَيْكَ)، قَالَ: (إِنَّ وَرَاكِبَهَا) لَيْسَ لَهُ وَجْهٌ إِلَّا مَعْنَى: نَعَمْ، وَلَوْلَا ذَلِكَ لَكَانَ الْقَوْلُ بِأَنَّهَا النَّاصِبَةُ فِي الْبَيْتِ مُتَعَيِّنًا، وَإِذَا ثَبَتَ فِي غَيْرِهِ احْتَمَلَ الْبَيْتُ الْوَجْهَيْنِ، إِلَّا أَنَّ حَمْلَهُ عَلَى النَّاصِبَةِ أَوْلَى؛ لِأَنَّهُ الْأَكْثَرُ، فَإِنْ عُورِضَ بِحَذْفِ الْخَبَرِ، فَحَذْفُ الْخَبَرِ سَائِغٌ كَثِيرٌ عِنْدَ قِيَامِ الْقَرِينَةِ أَكْثَرُ مِنَ اسْتِعْمَالِ (إِنَّ) بِمَعْنَى: نَعَمْ، فَكَانَ أَوْلَى لِذَلِكَ.

قَالَ: (وَتَخْرُجُ الْمَفْتُوحَةُ إِلَى مَعْنَى لَعَلَّ، كَقَوْلِكَ: ائْتِ السُّوقَ أَنَّكَ تَشْتَرِي لَحْمًا).

أَيْ: لَعَلَّكَ، وَمِنْهُ قَوْلُهُ تَعَالَى: "وَمَا يُشْعِرُكُمْ أَنَّهَا إِذَا جَاءَتْ لَا يُؤْمِنُونَ" [الأنعام:١٠٩] فِي قِرَاءَةِ مَنْ قَرَأَ بِالْفَتْحِ؛ لِأَنَّهَا لَوْ جُعِلَتْ مُتَّصِلَةً بِمَا قَبْلَهَا لَتَغَيَّرَ الْمَعْنَى إِلَى خِلَافِهِ، وَصَارَ عُذْرًا لَهُمْ، وَالْآيَةُ سِيقَتْ رَدًّا عَلَيْهِمْ فِي قَوْلِهِ تَعَالَى: "لَئِنْ جَاءَتْهُمْ آيَةٌ لَيُؤْمِنُنَّ بِهَا" [الأنعام:١٠٩]، فَقِيلَ: (وَمَا يُشْعِرُكُمْ أَنَّهَا إِذَا جَاءَتْ لَا يُؤْمِنُونَ) رَدًّا عَلَيْهِمْ فِي الْمَعْنَى، كَمَا جَاءَ هَذَا الْمَعْنَى فِي غَيْرِ مَوْضِعٍ، وَيَدُلُّ عَلَيْهِ مَا بَعْدَ ذَلِكَ مِنْ قَوْلِهِ تَعَالَى: "كَمَا لَمْ يُؤْمِنُوا بِهِ أَوَّلَ مَرَّةٍ وَنَذَرُهُمْ فِي طُغْيَانِهِمْ يَعْمَهُونَ" [الأنعام:١١٠]، فَهَذَا يُعْلِمُكَ أَنَّ الْكَلَامَ جَاءَ رَدًّا عَلَيْهِمْ، لَا تَصْدِيقًا لَهُمْ، فَإِذَا حُمِلَ (أَنَّهَا) عَلَى الِاتِّصَالِ بِ (يُشْعِرُكُمْ) عَلَى أَنَّهُ فَاعِلٌ لِ (يُشْعِرُكُمْ) صَارَ الْمَعْنَى: تَوْبِيخَ مَنْ يَزْعُمُ أَنَّهُمْ لَا يُؤْمِنُونَ، وَهُوَ عَكْسُ الْمَعْنَى الْمُتَقَدِّمِ؛ لِأَنَّهُ فِي الْمَعْنَى تَحْقِيقٌ لِمَا قَصَدُوهُ، وَقَدْ عُلِمَ أَنَّهُ رَدٌّ عَلَيْهِمْ، فَكَيْفَ يَرُدُّ عَلَيْهِمْ قَوْلَهُمْ بِتَحْقِيقِهِ؟

وَقَدْ حَمَلَهُ بَعْضُهُمْ عَلَى أَنْ تَكُونَ (لَا) زَائِدَةً، فَيَسْتَقِيمُ الْمَعْنَى؛ لِأَنَّهُ يَصِيرُ تَوْبِيخًا لِمَنْ يَزْعُمُ أَنَّهُمْ يُؤْمِنُونَ، وَفِيهِ رَدٌّ لِقَوْلِهِمْ، وَيَجُوزُ أَنَّهَا عَلَى ظَاهِرِهَا لِغَيْرِ (لَعَلَّ) عَلَى مَعْنَى التَّعْلِيلِ؛ لِتَوْبِيخِهِمْ عَلَى ذَلِكَ، وَجَوَابًا لِسُؤَالٍ مُقَدَّرٍ، كَأَنَّهُ قِيلَ: لِمَ وُبِّخُوا عَلَى ذَلِكَ؟ فَقِيلَ: لِأَنَّهَا إِذَا جَاءَتْ لَا يُؤْمِنُونَ.

قَالَ: (لَكِنَّ هِيَ لِلِاسْتِدْرَاكِ)، إِلَى آخِرِهِ.

قَالَ الشَّيْخُ: وَضْعُ (لَكِنَّ) عَلَى أَنْ يَكُونَ مَا بَعْدَهَا مُخَالِفًا لِمَا قَبْلَهَا عَلَى مَا تَقَرَّرَ عِنْدَ ذِكْرِ دُخُولِ اللَّامِ مَعَ (إِنَّ)، فَإِذَا كَانَ مَا قَبْلَهَا نَفْيًا كَانَ مَا بَعْدَهَا إِثْبَاتًا وَبِالْعَكْسِ، وَلَيْسَ الْمَقْصُودُ صُورَةَ النَّفْيِ وَالْإِثْبَاتِ، وَإِنَّمَا الْمُعْتَبَرُ الْمَعْنَى، فَلَوْ قُلْتَ: (سَافَرَ زَيْدٌ لَكِنَّ

عَمْرًا أَقَامَ) اسْتَقَامَ؛ لِأَنَّ الْمَعْنَى: لَكِنَّ عَمْرًا مَا سَافَرَ، وَكَذَلِكَ لَوْ قُلْتَ: (مَا سَافَرَ زَيْدٌ لَكِنَّ عَمْرًا لَمْ يُقِمْ) كَانَ مُسْتَقِيمًا؛ لِأَنَّ الْمَعْنَى: لَكِنَّ عَمْرًا سَافَرَ، فَاسْتَقَامَ فِي الْجَمِيعِ لِحُصُولِ الْغَرَضِ فِي الْمُخَالَفَةِ بَيْنَ مَا بَعْدَهَا وَمَا قَبْلَهَا، وَمِنْهُ قَوْلُهُ تَعَالَى: **(وَلَوْ أَرَاكَهُمْ كَثِيرًا لَفَشِلْتُمْ وَلَتَنَازَعْتُمْ فِي الْأَمْرِ وَلَكِنَّ اللَّهَ سَلَّمَ)** [الأنفال:٤٣]؛ لِأَنَّ الْمَعْنَى: وَلَكِنَّ اللَّهَ مَا أَرَاكَهُمْ كَثِيرًا، فَاسْتَقَامَ لِهَذَا الْمَعْنَى عَلَى مَا تَقَدَّمَ، وَإِنَّمَا فُهِمَ ذَلِكَ مِنْ قَوْلِهِ: (وَلَكِنَّ اللَّهَ سَلَّمَ) لِكَوْنِهِ جَاءَ فِي سِيَاقِ (لَوْ)، وَ(لَوْ) تَدُلُّ عَلَى امْتِنَاعِ الشَّيْءِ لِامْتِنَاعِ غَيْرِهِ، فَدَلَّ عَلَى أَنَّ الْإِرَاءَةَ مُمْتَنِعَةٌ فِي الْمَعْنَى، فَلَمَّا قِيلَ: (وَلَكِنَّ اللَّهَ سَلَّمَ) عُلِمَ إِثْبَاتُ مَا فُهِمَ إِثْبَاتُهُ أَوَّلًا، وَهُوَ سَبَبُ التَّسْلِيمِ، وَهُوَ نَفْيُ الرُّؤْيَةِ، فَعُلِمَ أَنَّ الْمَعْنَى: وَلَكِنَّ اللَّهَ مَا أَرَاكَهُمْ كَثِيرًا لِيُسَلِّمَكُمْ، فَحُذِفَ السَّبَبُ وَأُقِيمَ الْمُسَبَّبُ مُقَامَهُ.

قَالَ: (وَتُخَفَّفُ فَيَبْطُلُ عَمَلُهَا كَمَا يَبْطُلُ عَمَلُ " إِنَّ، وَأَنَّ ").

لَمْ يُرِدْ تَشْبِيهَهَا بِهِمَا فِي جَوَازِ الْإِعْمَالِ؛ لِأَنَّهَا لَا تَعْمَلُ إِذَا خُفِّفَتْ، بِخِلَافِ (إِنَّ) وَ(أَنَّ)، وَإِنَّمَا لَمْ يُعْمِلُوهَا؛ لِأَنَّهَا أَشْبَهَتْ بِالتَّخْفِيفِ (لَكِنَ) الْعَاطِفَةَ فِي اللَّفْظِ وَالْمَعْنَى، فَأُجْرِيَتْ مُجْرَاهَا فِي تَرْكِ الْعَمَلِ، بِخِلَافِ (إِنَّ) وَ(أَنَّ) فَإِنَّهُمَا لَيْسَ لَهُمَا مَا يَجْرِيَانِ عَلَيْهِ فِي مَنْعِ الْعَمَلِ.

(وَتَقَعُ فِي حُرُوفِ الْعَطْفِ عَلَى مَا سَيَجِيءُ بَيَانُهُ إِنْ شَاءَ اللَّهُ تَعَالَى).

قَالَ:

(كَأَنَّ) لِلتَّشْبِيهِ رُكِّبَتِ الْكَافُ مَعَ (أَنَّ)... إِلَى آخِرِهِ

قَالَ الشَّيْخُ: جَعَلَ (كَأَنَّ) مُرَكَّبَةً مِنْ كَافِ التَّشْبِيهِ وَأَنَّ)، وَلَا دَلِيلَ يَدُلُّ عَلَى ذَلِكَ؛ لِاحْتِمَالِ أَنْ تَكُونَ كَلِمَةً بِرَأْسِهَا لِلتَّشْبِيهِ، كَمَا أَنَّ (لَيْتَ) كَلِمَةٌ بِرَأْسِهَا لِلتَّمَنِّي، وَهُوَ الْأَوْلَى لِأَوْجُهٍ:

أَحَدُهَا: أَنَّ التَّرْكِيبَ عَلَى خِلَافِ الْأَصْلِ.

وَثَانِيهَا: أَنَّ (إِنَّ) وَأَخَوَاتِهَا غَيْرُ مُرَكَّبَةٍ.

وَثَالِثُهَا: أَنَّهَا لَوْ كَانَتْ مُرَكَّبَةً لَأَدَّى إِلَى أَنْ يَكُونَ جَارًّا وَمَجْرُورًا، وَلَا يَسْتَقِيمُ مِنَ الْجَارِّ وَالْمَجْرُورِ كَلَامٌ، وَنَحْنُ نَقْطَعُ بِأَنَّهُ كَلَامٌ مُسْتَقِلٌّ، وَلَا يُفِيدُهُ أَنَّ الْأَصْلَ (إِنَّ زَيْدًا كَالْأَسَدِ)، فَإِنَّهُ لَمَّا أَدْخَلَ حَرْفَ الْجَرِّ وَجَبَ أَنْ تَكُونَ (أَنَّ) مَفْتُوحَةً، وَإِذَا وَجَبَ أَنْ تَكُونَ (أَنَّ) مَفْتُوحَةً صَارَ جَارًّا وَمَجْرُورًا، وَالَّذِي أَوْقَعَ مَنْ قَالَ بِالتَّرْكِيبِ مَا رَأَى مِنْ صُورَةِ

الْكَافِ فِي قَوْلِهِ: (إِنَّ زَيْدًا كَالْأَسَدِ)، وَاسْتِقَامَةُ تَقْدِيمِهَا صُورَةً لِتَدُلَّ عَلَى التَّشْبِيهِ مِنْ أَوَّلِ الْأَمْرِ، وَهَذَا لَوْ سَلِمَ مِنَ الْوَجْهِ الثَّالِثِ لَكَانَ جَيِّدًا، وَلَكِنَّهُ غَيْرُ مُسْتَقِيمٍ لِمَا ذَكَرْنَاهُ.

قَالَ: (وَتُخَفَّفُ فَيَبْطُلُ عَمَلُهَا)، إِلَى آخِرِهِ.

قَالَ الشَّيْخُ: إِذَا خُفِّفَتْ جَازَ إِعْمَالُهَا وَإِلْغَاؤُهَا، إِلَّا أَنَّ الْإِلْغَاءَ أَكْثَرُ، وَهَذَا مِمَّا يَدُلُّكَ عَلَى أَنَّهَا لَيْسَتْ مُرَكَّبَةً؛ لِأَنَّهَا لَوْ كَانَتْ مُرَكَّبَةً لَكَانَ حُكْمُهَا حُكْمَ (أَنْ) الْمَفْتُوحَةِ، و(أَنْ) الْمَفْتُوحَةُ لَا تَعْمَلُ إِلَّا فِي الْمُضْمَرِ عَلَى مَا تَقَرَّرَ، وَهَذِهِ إِنَّمَا تَعْمَلُ فِي الظَّاهِرِ، وَأَمَّا قَوْلُهُ:

وَيَوْمًا تُوَافِينَا بِوَجْهٍ مُقَسَّمٍ كَأَنْ ظَبْيَةٌ تَعْطُو إِلَى وَارِقِ السَّلَمْ

فَإِنَّمَا جَاءَ الْخَفْضُ فِيهِ عَلَى أَنْ تَكُونَ (أَنْ) زَائِدَةً، وَأَمَّا النَّصْبُ وَالرَّفْعُ، فَعَلَى أَنْ تَكُونَ مُخَفَّفَةً مِنَ الثَّقِيلَةِ، فَإِذَنْ لَيْسَ الْخَفْضُ إِلَّا بِتَأْوِيلِ الْجَرِّ بِالْكَافِ، و(أَنْ) حَرْفٌ زَائِدٌ كَمَا تُزَادُ بَعْدَ لَمَّا فِي قَوْلِهِ تَعَالَى: "وَلَمَّا **أَنْ جَاءَتْ رُسُلُنَا**" [العنكبوت:٣٣]، وَشِبْهِهِ، إِلَّا أَنَّ زِيَادَتَهَا مَعَ الْكَافِ قَلِيلٌ.

قَالَ: (لَيْتَ مَعْنَاهَا: التَّمَنِّي).

وَلِذَلِكَ وَجَبَ أَنْ تَكُونَ مُتَقَدِّمَةً فِي أَوَّلِ الْكَلَامِ.

(وَيَجُوزُ عِنْدَ الْفَرَّاءِ أَنْ تَجْرِيَ مَجْرَى أَتَمَنَّى).

فَيَنْصَبُ بِهَا الْجُزْآنِ تَشْبِيهًا لَهَا بِفِعْلِ التَّمَنِّي لَمَّا وَافَقَتْهُ فِي مَعْنَاهُ، فَتَقُولُ: (لَيْتَ زَيْدًا قَائِمًا)، كَمَا يُقَالُ: (أَتَمَنَّى زَيْدًا قَائِمًا)، وَالْكِسَائِيُّ يُجَوِّزُ ذَلِكَ عَلَى تَقْدِيرِ (كَانَ)، فَيَقُولُ: (لَيْتَ زَيْدًا قَائِمًا).

عَلَى مَعْنَى: لَيْتَ زَيْدًا كَانَ قَائِمًا، وَمَا ذَكَرُوهُ لَا دَلِيلَ عَلَيْهِ إِلَّا مَا تَوَهَّمُوهُ مِنْ قَوْلِهِ:

يَا لَيْتَ أَيَّـامَ الصِّبَا رَوَاجِعَا

وَهَذَا مُحْتَمَلٌ أَنْ يُوَجَّهَ عَلَى مَا ثَبَتَ مِنْ لُغَتِهِمْ، فَلَا يَنْبَغِي أَنْ يُحْمَلَ عَلَى وَجْهٍ لَمْ يَثْبُتْ مَعَ احْتِمَالِهِ مَا ثَبَتَ عَنْهُمْ، وَالْوَجْهُ أَنْ يُحْمَلَ عَلَى أَنَّ خَبَرَ (لَيْتَ) مَحْذُوفٌ، و(رَوَاجِعَا) حَالٌ مِنَ الضَّمِيرِ الْمُقَدَّرِ فِيهِ، فَيَكُونُ التَّقْدِيرُ: يَا لَيْتَ أَيَّامَ الصِّبَا لَنَا رَوَاجِعَا، فَـ(رَوَاجِعَا) حَالٌ مِنَ الضَّمِيرِ الْمَرْفُوعِ الْمُسْتَتِرِ فِي (لَنَا) الرَّاجِعِ إِلَى (أَيَّامِ)، مِثْلُ قَوْلِكَ: (زَيْدٌ فِي الدَّارِ قَائِمًا)، وَهَذَا سَائِغٌ فِي لُغَتِهِمْ ثَابِتٌ، فَحَمْلُهُ عَلَيْهِ أَوْلَى مِنْ حَمْلِهِ عَلَى مَا لَمْ يَثْبُتْ فِي لُغَتِهِمْ مِثْلُهُ، وَكَذَلِكَ الْكَلَامُ عَلَيْهِ وَعَلَى الْكِسَائِيِّ وَاحِدٌ، وَإِنْ كَانَ مَا ذَكَرَهُ الْكِسَائِيُّ قَدْ ثَبَتَ أَيْضًا مِثْلُهُ فِي إِضْمَارِ (كَانَ) إِلَّا أَنَّهُ قَلِيلٌ لَيْسَ بِقِيَاسٍ، وَهَذَا كَثِيرٌ جَارٍ عَلَى طَرِيقِ الْقِيَاسِ فِيمَا دَلَّ عَلَيْهِ الْقَرِينَةُ، فَكَانَ الْمَصِيرُ إِلَيْهِ أَوْلَى.

قَالَ: (وَتَقُولُ: لَيْتَ أَنَّ زَيْدًا خَارِجٌ، وَتَسْكُتُ) إِلَى آخِرِهِ.

فَتُدْخِلُهَا عَلَى (أَنَّ) الْمَفْتُوحَةِ، وَتَسُدُّ مَسَدَّ مَا تَحْتَاجُ إِلَيْهِ مِنَ اسْمِهَا وَخَبَرِهَا كَمَا سَدَّتْ فِي قَوْلِكَ: (ظَنَنْتُ أَنَّ زَيْدًا خَارِجٌ)، وَمَنْ زَعَمَ أَنَّ ثَمَّةَ خَبَرًا مَحْذُوفًا، فَيَلْزَمُهُ أَنْ يُقَدِّرَ هَاهُنَا مِثْلَهُ، إِذْ لَا فَرْقَ بَيْنَ الْبَابَيْنِ فِي ذَلِكَ.

(لَعَلَّ) مَعْنَاهَا: التَّوَقُّعُ، وَقَدْ يَكُونُ التَّوَقُّعُ لِلْمَرْجُوِّ وَالْمَخُوفِ، وَلَكِنَّهُ كَثُرَ فِي الْمَرْجُوِّ حَتَّى صَارَ غَالِبًا عَلَيْهَا، وَمِنْهُ قَوْلُهُ تَعَالَى: "لَعَلَّ السَّاعَةَ قَرِيبٌ" [الشورى:١٧]، فَهَذَا لِتَوَقُّعِ الْمَخُوفِ، وَقَوْلُهُ تَعَالَى: "لَعَلَّكُمْ تُفْلِحُونَ" [البقرة:١٨٩] تَرَجٍّ لِلْعِبَادِ، هَذَا أَوْرَدَهُ اعْتِرَاضًا؛ لِأَنَّ الْكَلَامَ وَارِدٌ عَلَى غَيْرِ الْحِكَايَةِ، وَالتَّوَقُّعُ مِنَ الْبَارِي تَعَالَى مُسْتَحِيلٌ؛ لِأَنَّهُ إِنَّمَا يَكُونُ فِيمَا جُهِلَتْ عَاقِبَتُهُ، فَهُوَ مُسْتَحِيلٌ فِي حَقِّ الْعَالِمِ بِالْمَعْلُومَاتِ كُلِّهَا، فَأَجَابَ عَنْ ذَلِكَ بِأَنَّهُ وَارِدٌ عَلَى طَرِيقِ رَدِّ مَعْنَاهُ إِلَى الْمُخَاطَبِ، كَأَنَّ التَّوَقُّعَ مِمَّنْ تَعَلَّقَ بِهِ، وَهُمُ الْمُخَاطَبُونَ، وَمِثْلُهُ قَوْلُهُ تَعَالَى: "وَأَرْسَلْنَاهُ إِلَى مِائَةِ أَلْفٍ أَوْ يَزِيدُونَ" [الصافات:١٤٧] فِي أَنَّهُ شَكٌّ مِمَّنْ يُقَدَّرُ رَائِيًا لَهُمْ؛ أَيْ: لَوْ رَآهُمْ رَاءٍ لَكَانَتْ هَذِهِ حَالَهُ، وَكَذَلِكَ قَوْلُهُ تَعَالَى: "فَهِيَ كَالْحِجَارَةِ أَوْ أَشَدُّ قَسْوَةً" [البقرة:٧٤]، وَأَمْثَالُهُ، وَمِنْهُمْ مَنْ يَزْعُمُ أَنَّ (لَعَلَّ) مَعْنَاهَا فِي مِثْلِ ذَلِكَ التَّعْلِيلُ، وَهُوَ يَقِفُ عَلَيْهِ فِي مِثْلِ: "لَعَلَّ السَّاعَةَ قَرِيبٌ" [الشورى:١٧]، وَمِنْهُمْ مَنْ يَزْعُمُ أَنَّهَا فِي حَقِّ اللَّهِ؛ لِتَحْقِيقِ مَا تَعَلَّقَتْ بِهِ، وَيَقِفُ عَلَيْهِ فِي قَوْلِهِ تَعَالَى: "لَعَلَّهُ يَتَذَكَّرُ أَوْ يَخْشَى" [طه:٤٤]، فَإِنَّهُ لَمْ يَتَذَكَّرْ وَلَمْ يَخْشَ، وَلَوْ كَانَ لِتَحْقِيقِهِ لَوَجَبَ حُصُولُهُ.

وَأُجِيبَ عَنْ ذَلِكَ بِأَنَّهُ قَدْ تَذَكَّرَ بِقَوْلِهِ: (آمَنْتُ) فِي حَالِ الْغَرَقِ، وَهُوَ غَيْرُ مُسْتَقِيمٍ؛ لِأَنَّهُ لَمْ يُرْسَلْ إِلَيْهِ لِذَلِكَ التَّذَكُّرِ، وَإِنَّمَا أُرْسِلَ إِلَيْهِ لِلتَّذَكُّرِ النَّافِعِ.

قَالَ: (وَقَدْ لَمَحَ فِيهَا مَعْنَى التَّمَنِّي مَنْ قَرَأَ: "فَأَطَّلِعَ" [غافر:٣٦]).

وَذَلِكَ لِأَنَّهَا لَمَّا كَثُرَتْ فِي الِاسْتِعْمَالِ لِتَوَقُّعِ الْمَرْجُوِّ، وَتَوَقُّعُ الْمَرْجُوِّ مُلَازِمٌ لِمَعْنَى التَّمَنِّي أُجْرِيَتْ مُجْرَى التَّمَنِّي، فَأُجِيبَ كَمَا يُجَابُ التَّمَنِّي.

(وَقَدْ أَجَازَ الْأَخْفَشُ: لَعَلَّ أَنَّ زَيْدًا قَائِمٌ).

وَلَيْسَ بِالْجَيِّدِ، إِذْ لَيْسَ مَعَهُ إِلَّا مُجَرَّدُ الْقِيَاسِ، وَاللُّغَةُ لَا تَثْبُتُ قِيَاسًا، فَإِنْ زَعَمَ أَنَّهَا مِثْلُهَا، فَلْيُجِزْ (لَكِنْ أَنَّ زَيْدًا قَائِمٌ)، وَلَا مُجِيزَ لَهُ، وَقَدْ جَاءَ فِي الشِّعْرِ:

لَعَلَّكَ يَوْمًا أَنْ تُلِمَّ مُلِمَّةٌ   عَلَيْكَ مِنَ اللَّائِي يَدَعْنَكَ أَجْدَعَا

لَمَّا رَآهَا لِلتَّوَقُّعِ كَـ (عَسَى)، وَكَانَ اسْتِعْمَالُ (عَسَى) بِأَنْ وَالْفِعْلِ اسْتَعْمَلَهَا كَذَلِكَ،

فَقَالَ: (لَعَلَّكَ يَوْمًا أَنْ تُلِمَّ)، وَلَيْسَ بِالْقَوِيِّ لِمُخَالَفَتِهِ الْقِيَاسَ، وَاسْتِعْمَالَ الْفُصَحَاءِ، وَوَجْهُهُ مَا ذَكَرْنَاهُ.

وَمِنْ أَصْنَافِ الْحُرُوفِ حُرُوفُ الْعَطْفِ

قَالَ صَاحِبُ الْكِتَابِ: (الْعَطْفُ عَلَى ضَرْبَيْنِ: عَطْفُ مُفْرَدٍ عَلَى مُفْرَدٍ، وَعَطْفُ جُمْلَةٍ عَلَى جُمْلَةٍ) إِلَى آخِرِهِ.

قَالَ الشَّيْخُ: حُرُوفُ الْعَطْفِ هِيَ الْحُرُوفُ الَّتِي يُشَرَّكُ بِهَا بَيْنَ الْمَتْبُوعِ وَالتَّابِعِ فِي الْإِعْرَابِ، وَقَدْ تَقَدَّمَ ذِكْرُ الْمَتْبُوعِ بِهَا، وَكَلَامُهُ الْآنَ فِيهَا نَفْسِهَا، فَإِذَا وَقَعَ بَعْدَهَا الْمُفْرَدَاتُ فَلَا إِشْكَالَ، وَإِذَا وَقَعَتِ الْجُمَلُ بَعْدَهَا، فَإِنْ كَانَتْ مِنَ الْجُمَلِ الَّتِي هِيَ صَالِحَةٌ لِمَعْمُولِ مَا تَقَدَّمَ كَانَ حُكْمُهَا حُكْمَ الْمُفْرَدِ فِي التَّشْرِيكِ، كَقَوْلِكَ: (أَصْبَحَ زَيْدٌ قَائِمًا وَعَمْرٌو قَاعِدًا) وَشِبْهِهِ، وَإِنْ كَانَتْ غَيْرَ ذَلِكَ فَلَا يَخْلُو إِمَّا أَنْ تَكُونَ فِعْلِيَّةً تَقَدَّمَ قَبْلَهَا مَا يَصِحُّ أَنْ يَكُونَ الْفِعْلُ مَعْطُوفًا عَلَيْهِ بِاعْتِبَارِ عَامِلِهِ أَوْ لَا، فَإِنْ كَانَ كَذَلِكَ عُطِفَ عَلَى مَا تَقَدَّمَ بِاعْتِبَارِهِ دُونَ مَعْمُولِهِ مِنْ فَاعِلٍ وَمَفْعُولٍ؛ لِتَخَالُفِهِمَا فِي ذَلِكَ، كَقَوْلِكَ: (أُرِيدُ أَنْ يَضْرِبَ زَيْدٌ عَمْرًا، وَيُكْرِمَ خَالِدٌ بَكْرًا)، فَعَطَفْتَ (يُكْرِمَ) خَاصَّةً دُونَ مَعْمُولِهِ عَلَى (يَضْرِبَ) خَاصَّةً، وَبَقِيَ مَعْمُولُ كُلِّ وَاحِدٍ مِنْهُمَا عَلَى مَا كَانَ عَلَيْهِ لَوْ لَمْ يُعْطَفْ؛ لِتَعَذُّرِ عَطْفِهِ؛ لِأَنَّ فَاعِلَ الثَّانِي وَمَفْعُولَهُ مُتَعَذِّرٌ عَطْفُهُمَا عَلَى فَاعِلِ الْأَوَّلِ وَمَفْعُولِهِ؛ لِاسْتِقْلَالِ كُلِّ وَاحِدٍ مِنْهُمَا بِالْعَمَلِ فِي ذَلِكَ بِخِلَافِ الْفِعْلَيْنِ، فَإِنَّ مَعْنَى التَّشْرِيكِ فِيهِمَا حَاصِلٌ مُرَادٌ، فَصَحَّ فِيهِمَا مَا لَا يَصِحُّ فِي مَعْمُولِهِمَا.

وَإِنْ كَانَتِ الْجُمْلَةُ الْمَعْطُوفَةُ عَلَى غَيْرِ ذَلِكَ، كَقَوْلِكَ: (قَامَ زَيْدٌ وَخَرَجَ عَمْرٌو)، فَمِثْلُ ذَلِكَ الْمُرَادُ بِهِ حُصُولُ مَضْمُونِ الْجُمْلَتَيْنِ، حَتَّى كَأَنَّهُ قَالَ: (حَصَلَ قِيَامُ زَيْدٍ وَخُرُوجُ عَمْرٍو)، وَهَذَا أَوْلَى مِمَّا قَالَهُ الْإِمَامُ فِي " الْبُرْهَانِ " مِنْ أَنَّ مَجِيءَ حُرُوفِ الْعَطْفِ فِي الْجُمَلِ إِنَّمَا هُوَ عَلَى سَبِيلِ تَحْسِينِ الْكَلَامِ لَا لِمَعْنًى غَيْرِ ذَلِكَ، فَإِنَّا عَلَى قَطْعٍ نَعْلَمُ الْفَرْقَ بَيْنَ قَوْلِ الْقَائِلِ: (قَامَ زَيْدٌ وَخَرَجَ عَمْرٌو)، وَبَيْنَ قَوْلِهِ: (قَامَ زَيْدٌ ثُمَّ خَرَجَ عَمْرٌو)، وَلَوْ كَانَ الْأَمْرُ عَلَى مَا ذَكَرَهُ لَوَجَبَ أَنْ يَكُونَ الْجَمِيعُ سَوَاءً، أَوْ نَقُولُ بِامْتِنَاعِ (ثُمَّ) لِأَنَّهُ لَا حَاجَةَ إِلَيْهِمَا، وَبِهَذَا يَتَبَيَّنُ أَنَّ مَعْنَى الْوَاوِ عَلَى مَا ذَكَرْنَاهُ مِنْ تَقْدِيرِ حُصُولِ الْأَمْرَيْنِ، أَلَا تَرَى أَنَّ (ثُمَّ) أَفَادَتْكَ التَّرَاخِيَ فِيهِمَا، فَالَّذِي فَهِمْتَ فِيهِ التَّرَاخِيَ مَعَ (ثُمَّ) هُوَ الَّذِي يُقَدَّرُ فِيهِ الْحُصُولُ مَعَ الْوَاوِ، وَإِنَّمَا أَشْكَلَ مَعَ الْوَاوِ لَمَّا كَانَ ذَلِكَ يَحْصُلُ لَوْ

أُسْقِطَتْ، وَلَيْسَ ذَلِكَ بِمُخْرِجٍ لِلْوَاوِ عَمَّا ذَكَرْنَاهُ.

وَقَوْلُهُ: (وَبَيْنَ الْفِعْلَيْنِ فِي إِسْنَادِهِمَا إِلَى زَيْدٍ).

لَيْسَ بِالْجَيِّدِ؛ لأَنَّهُ هَاهُنَا فِي تَبْيِينِ مَعْنَى الْعَاطِفِ، وَلَيْسَ الْعَاطِفُ هَاهُنَا بِالْمُصَيِّرِ الْفِعْلَيْنِ لِزَيْدٍ، وَإِنَّمَا صَيَّرَهُمَا لِزَيْدٍ نِسْبَةُ الأَوَّلِ إِلَى ظَاهِرِهِ وَالثَّانِي إِلَى مُضْمَرِهِ دُونَ حَرْفِ الْعَطْفِ، أَلا تَرَى أَنَّكَ إِذَا قُلْتَ: (إِنْ يُكْرِمْنِي زَيْدٌ يُكْرِمْ أَخِي)، فَقَدْ أَسْنَدْتَ الْفِعْلَيْنِ إِلَى زَيْدٍ، وَلَيْسَ ثَمَّةَ عَطْفٌ، وَإِنَّمَا جَاءَ التَّشْرِيكُ فِي الْفَاعِلِ مِمَّا ذَكَرْنَاهُ، فَثَبَتَ أَنَّ الْعَطْفَ فِي (زَيْدٌ يَقُومُ وَيَقْعُدُ) لَيْسَ عَلَى مَعْنَى مَا ذَكَرَهُ، وَإِنَّمَا هُوَ عَلَى أَحَدِ أَمْرَيْنِ:

إِمَا أَنْ يُرَادَ التَّشْرِيكُ بَيْنَ الثَّانِي وَالأَوَّلِ فِي عَامِلِ الأَوَّلِ، وَإِنْ كَانَ مَعْنَوِيًّا، فَيَكُونَ بِمَثَابَةِ قَوْلِكَ: (لَنْ يَقُومَ زَيْدٌ وَيَخْرُجَ) فِي الْعَامِلِ اللَّفْظِيِّ؛ لأَنَّ حُكْمَ التَّشْرِيكِ فِي الْعَامِلِ الْمَعْنَوِيِّ كَحُكْمِهِ فِي الْعَامِلِ اللَّفْظِيِّ.

وَإِمَّا أَنْ يَكُونَ الْغَرَضُ عَطْفَ الْجُمْلَةِ عَلَى الْجُمْلَةِ مِنْ غَيْرِ قَصْدٍ إِلَى تَشْرِيكٍ فِي الْمُفْرَدَاتِ، فَيَكُونَ بِمَثَابَةِ قَوْلِكَ: (قَامَ زَيْدٌ وَخَرَجَ عَمْرٌو) عَلَى مَا تَقَدَّمَ.

قَالَ: (فَالْوَاوُ لِلْجَمْعِ الْمُطْلَقِ مِنْ غَيْرِ أَنْ يَكُونَ الْمَبْدُوءُ بِهِ دَاخِلا فِي الْحُكْمِ قَبْلَ الآخَرِ)، إِلَى آخِرِهِ.

قَالَ الشَّيْخُ: حُرُوفُ الْعَطْفِ عَلَى ثَلاثَةِ أَقْسَامٍ كَمَا ذَكَرَ:

قِسْمٌ: يُشَرِّكُ بَيْنَ الْمَتْبُوعِ وَالتَّابِعِ فِي الْحُكْمِ، وَهِيَ: (الْوَاوُ، وَثُمَّ، وَحَتَّى)؛ وَقِسْمٌ يَثْبُتُ الْحُكْمُ بِهِ لأَحَدِهِمَا مِنْ غَيْرِ تَعْيِينٍ؛ وَقِسْمٌ يَثْبُتُ الْحُكْمُ بِهِ لأَحَدِهِمَا بِعَيْنِهِ.

فَالأَوَّلُ قَدْ ذُكِرَ؛ وَالثَّانِي: (أَوْ، وَإِمَّا، وَأَمْ)، وَالثَّالِثُ: (لا، وَبَلْ، وَلَكِنْ)، ثُمَّ كُلُّ وَاحِدٍ مِنَ الأَقْسَامِ تَفْتَرِقُ آحَادُهُ بِمَعَانٍ يَخْتَصُّ كُلُّ وَاحِدٍ مِنْهَا بِمَعْنًى.

فَالْوَاوُ لِلْجَمْعِ الْمُطْلَقِ بَيْنَهُمَا مِنْ غَيْرِ تَعَرُّضٍ لِتَقْدِيمٍ، وَلا تَأْخِيرٍ، وَلا مَعِيَّةٍ لا عَلَى سَبِيلِ الظُّهُورِ وَلا عَلَى سَبِيلِ الاشْتِرَاكِ، بَلْ هِيَ أَجْنَبِيَّةٌ عَنْ ذَلِكَ، وَإِنَّمَا الْمُعَبَّرُ عَنْهُ فِي الْوُجُودِ لا يَخْرُجُ عَنْ ذَلِكَ؛ أَيْ: الْمَجْمُوعُ، فَإِنَّكَ إِذَا قُلْتَ: (قَامَ زَيْدٌ وَعَمْرٌو) فَجَائِزٌ أَنْ يَكُونَ قِيَامُهُمَا مَعًا، وَجَائِزٌ أَنْ يَكُونَ قِيَامُ زَيْدٍ قَبْلَ قِيَامِ عُمْرٍو، وَجَائِزٌ أَنْ يَكُونَ الْعَكْسُ، وَوِزَانُ الْوَاوِ فِي ذَلِكَ وِزَانُ رَجُلٍ فِي أَنَّ مَدْلُولَهُ فِي قَوْلِكَ: (جَاءَنِي رَجُلٌ)، يَجُوزُ أَنْ يَكُونَ عَالِمًا، وَيَجُوزُ أَنْ يَكُونَ جَاهِلا، وَلَيْسَ لِرَجُلٍ دِلالَةٌ عَلَى كُلِّ وَاحِدٍ مِنْهُمَا، فَكَمَا أَنَّ رَجُلا لا دِلالَةَ لَهُ عَلَى ذَلِكَ فَكَذَلِكَ الْوَاوُ لا دِلالَةَ لَهَا عَلَى وَاحِدٍ مِمَّا ذَكَرْنَاهُ، وَيَقَعُ الْغَلَطُ كَثِيرًا فِي الْفَرْقِ بَيْنَ مَا يَحْتَمِلُهُ الْمَدْلُولُ فِي الْوُجُودِ، وَبَيْنَ مَا يَحْتَمِلُهُ اللَّفْظُ مِنْ

حَيْثُ الْوَضْعُ، فَلْيُتَنَبَّهْ لِذَلِكَ.

وَاسْتَدَلَّ صَاحِبُ الْكِتَابِ عَلَى فَسَادِ قَوْلِ مَنْ قَالَ بِالْمَعِيَّةِ بِقَوْلِهِمْ: (جَاءَنِي زَيْدٌ الْيَوْمَ وَعَمْرٌو أَمْسِ)، وَعَلَى فَسَادِ قَوْلِ مَنْ قَالَ بِأَنَّ الْأَوَّلَ قَبْلَ الثَّانِي أَوْ بِالْعَكْسِ، بِقَوْلِهِمْ: (اخْتَصَمَ بَكْرٌ وَخَالِدٌ) مِنْ جِهَةِ أَنَّ (اخْتَصَمَ) لَا يُعْقَلُ إِلَّا بِفَاعِلَيْنِ فِي وَقْتٍ وَاحِدٍ، فَلَوْ ذَهَبْتَ تَجْعَلُهَا لِلتَّرْتِيبِ لَأَدَّى إِلَى أَنْ لَا يَكُونَ لَهَا فَاعِلَانِ فِي وَقْتٍ وَاحِدٍ، بَلْ فَاعِلٌ وَاحِدٌ، وَذَلِكَ مُحَالٌ، وَكَذَلِكَ قَوْلُهُ: (سِيَّانَ قُعُودُكَ وَقِيَامُكَ)، لِأَنَّكَ لَوْ ذَهَبْتَ تَجْعَلُهَا لِلتَّرْتِيبِ لَفَسَدَ الْمَعْنَى؛ لِأَنَّهُ يُؤَدِّي إِلَى الْإِخْبَارِ عَنِ الْوَاحِدِ بِالْمُسَاوَاةِ، وَهُوَ مُحَالٌ.

قَالَ: (وَقَوْلُ سِيبَوَيْهِ: وَلَمْ تَجْعَلْ لِلرَّجُلِ مَنْزِلَةً يَكُونُ بِهَا أَوْلَى مِنَ الْحِمَارِ، كَأَنَّكَ قُلْتَ: مَرَرْتُ بِهِمَا).

يَعْنِي: إِذَا قُلْتَ: (مَرَرْتُ بِزَيْدٍ وَحِمَارٍ)، وَلَمْ يُرِدْ بِنَفْيِ الْمَنْزِلَةِ إِلَّا بِاعْتِبَارِ نِسْبَةِ الْمُرُورِ إِلَيْهِ، وَإِلَّا فَلَا يَشُكُّ ذُو أَرَبٍ أَنَّ تَقْدِيمَ زَيْدٍ عَلَى الْحِمَارِ لِمَنْزِلَتِهِ وَشَرَفِهِ، وَذَلِكَ جَارٍ فِي كَلَامِهِمْ كَثِيرًا؛ لِأَنَّهُمْ يُقَدِّمُونَ الْأَشْرَفَ، وَلَكِنْ لَيْسَ لِلْغَرَضِ الَّذِي نَحْنُ فِيهِ، وَلَمْ يَقْصِدْ سِيبَوَيْهِ إِلَّا مَا نَحْنُ فِيهِ مِنْ أَنَّ التَّقْدِيمَ لَا يُوجِبُ لَهُ مَزِيَّةً عَلَى الْحِمَارِ بِالنِّسْبَةِ إِلَى الْمُرُورِ.

وَأَمَّا الْفَاءُ، فَمَعْنَاهَا: أَنَّ الثَّانِيَ عُقَيِّبَ الْأَوَّلِ مِنْ غَيْرِ مُهْلَةٍ، كَقَوْلِكَ: (جَاءَ زَيْدٌ فَعَمْرٌو)، فَقَدْ فَارَقَتِ الْوَاوَ لِمَا فِيهَا مِنَ التَّرْتِيبِ، وَالتَّعْقِيبُ فِيهَا عَلَى حَسَبِ مَا يُعَدُّ فِي الْعَادَةِ تَعْقِيبًا، لَا عَلَى سَبِيلِ الْمُضَايَقَةِ، فَرُبَّ شَيْئَيْنِ يُعَدُّ الثَّانِي عُقَيِّبَ الْأَوَّلِ فِي الْعَادَةِ، وَإِنْ كَانَ بَيْنَهُمَا أَزْمَانٌ كَثِيرَةٌ، كَقَوْلِهِ تَعَالَى: "**ثُمَّ خَلَقْنَا النُّطْفَةَ عَلَقَةً فَخَلَقْنَا الْعَلَقَةَ مُضْغَةً فَخَلَقْنَا الْمُضْغَةَ عِظَامًا فَكَسَوْنَا الْعِظَامَ لَحْمًا**" [المؤمنون:١٤].

و(ثُمَّ) مَعْنَاهَا: التَّرْتِيبُ، إِلَّا أَنَّ بَيْنَهُمَا مُهْلَةً، فَقَدْ فَارَقَتِ الْوَاوَ بِالتَّرْتِيبِ، وَفَارَقَتِ الْفَاءَ بِالْمُهْلَةِ، وَقَوْلُ سِيبَوَيْهِ فِي قَوْلِهِمْ: (مَرَرْتُ بِرَجُلٍ ثُمَّ امْرَأَةٍ)، فَالْمُرُورُ هَاهُنَا مُرُورَانِ؛ لِأَنَّهُ لَمَّا دَلَّتْ (ثُمَّ) عَلَى الْمُهْلَةِ وَجَبَ الْحُكْمُ بِانْقِطَاعِ الْمُرُورِ بِالرَّجُلِ قَبْلَ الْمُرُورِ بِالْمَرْأَةِ، فَيَكُونُ الْمُرُورُ بِالْمَرْأَةِ مُرُورًا ثَانِيًا، وَأَوْرَدَ الْآيَتَيْنِ اعْتِرَاضًا عَلَى الْقَوْلِ فِي مَعْنَى (الْفَاءِ، وَثُمَّ)، أَمَّا الْفَاءُ فَهِيَ فِي ظَاهِرِ الْآيَةِ تَدُلُّ عَلَى أَنَّ الثَّانِيَ قَبْلَ الْأَوَّلِ، وَهُوَ عَكْسُ مَا تَقَدَّمَ، وَأَمَّا (ثُمَّ) فِي الْآيَةِ فَكَذَلِكَ، وَأَجَابَ عَنِ الْفَاءِ بِقَوْلِهِ: (مَحْمُولٌ عَلَى أَنَّهُ لَمَّا أَهْلَكَهَا حَكَمَ بِأَنَّ الْبَأْسَ جَاءَهَا)، فَكَأَنَّهُ قَالَ: أَهْلَكْنَاهَا، فَحُكْمُ عُقَيِّبَ الْإِهْلَاكِ بِأَنَّ الْبَأْسَ جَاءَهَا، وَهُوَ ظَاهِرٌ فِي الْجَوَابِ، وَيَجُوزُ أَنْ يَكُونَ الْمُرَادُ بِـ (أَهْلَكْنَاهَا) حَكَمْنَا بِإِهْلَاكِهَا، فَجَاءَهَا

بِأْسُنَا عُقَيْبَ الْحُكْمِ عَلَيْهَا، وَمَعْنَى (الْحُكْمِ عَلَيْهَا): إِرَادَةُ وُقُوعِهِ بِهِمْ.

وَأَجَابَ عَنْ (ثُمَّ) بِأَنَّ الْمُرَادَ بِقَوْلِهِ: (ثُمَّ اهْتَدَى): ثُمَّ دَامَ ذَلِكَ؛ لأَنَّ الْغُفْرَانَ مُتَوَقِّفٌ عَلَى الْعَاقِبَةِ، وَهُوَ ظَاهِرٌ فِي الْجَوَابِ، وَيَجُوزُ أَنْ يَكُونَ الْمُرَادُ بِقَوْلِهِ: (ثُمَّ اهْتَدَى): إِلَى سُلُوكِ سُبُلِ الاسْتِقَامَةِ فِيمَا يَقَعُ لَهُ مِنَ الْوَقَائِعِ بَعْدَ ذَلِكَ.

قَالَ: (وَحَتَّى). مَعْنَاهَا: الْغَايَةُ وَالانْتِهَاءُ، وَأَنَّ مَا قَبْلَهَا تَقَضَّى شَيْئًا فَشَيْئًا إِلَى أَنْ بَلَغَ إِلَيْهِ، فَلِذَلِكَ وَجَبَ أَنْ يَكُونَ جُزْءًا مِنَ الْمَعْطُوفِ عَلَيْهِ، وَهِيَ مَحْمُولَةٌ عِنْدَهُمْ عَلَى الْجَارَّةِ، فَلِذَلِكَ لَمْ يَأْتِ فِيهَا مَا يُلاقِي آخِرَ جُزْءٍ مِنْهُ، كَقَوْلِكَ: (نِمْتُ الْبَارِحَةَ حَتَّى الصَّبَاحَ)، وَجَاءَ ذَلِكَ فِي الْجَارَّةِ، وَجَعَلُوا لِلأَصْلِ عَلَى الْفَرْعِ مَزِيَّةً، وَبِمَعْنَاهَا الْمَذْكُورِ تُفَارِقُ أَخَوَاتِهَا الثَّلاثَ، وَهِيَ: (الْوَاوُ، وَالْفَاءُ، وَثُمَّ).

و(أَوْ، وَإِمَّا، وَأَمْ) الثَّلاثَةُ لإِثْبَاتِ الْحُكْمِ لأَحَدِ الْمَذْكُورَيْنِ مِنْ غَيْرِ تَعْيِينٍ، وَهُوَ فِي (أَوْ، وَإِمَّا) ظَاهِرٌ، أَلا تَرَى أَنَّكَ إِذَا قُلْتَ: (جَاءَنِي زَيْدٌ أَوْ عَمْرٌو) فَأَنْتَ مُثْبِتٌ الْمَجِيءَ لِوَاحِدٍ مِنْهُمَا لا بِعَيْنِهِ، وَلا يَلْزَمُ أَنْ يَكُونَ الْمُتَكَلِّمُ شَاكًّا، بَلْ قَدْ يُبْهِمُ ذَلِكَ عَلَى السَّامِعِ، وَقَدْ يَكُونُ الْمُتَكَلِّمُ شَاكًّا.

وَأَمَّا تَحْقِيقُهُ فِي (أَمْ)، فَإِنَّكَ إِذَا قُلْتَ: (أَزَيْدٌ عِنْدَكَ أَمْ عَمْرٌو)، فَأَنْتَ عَالِمٌ بِأَنَّ أَحَدَهُمَا عِنْدَهُ، وَلَكِنَّكَ لا تَعْلَمُهُ بِعَيْنِهِ، فَقَدْ تَضَمَّنَ كَلامُكَ إِثْبَاتَ الْحُكْمِ لِوَاحِدٍ مِنْهُمَا مِنْ غَيْرِ تَعْيِينٍ، وَإِنَّمَا لَمْ تَقَعْ (أَمْ) فِي الأَمْرِ؛ لأَنَّ وَضْعَهَا لِلاسْتِفْهَامِ، فَضَادَّتِ الأَمْرَ لِذَلِكَ؛ لأَنَّ الْجُمْلَةَ الْوَاحِدَةَ لا تَكُونُ أَمْرًا وَاسْتِفْهَامًا، وَإِنَّمَا وَقَعَتْ فِي الْخَبَرِ إِذَا كَانَتْ خَبَرِيَّةً؛ لأَنَّهَا مُقَدَّرَةٌ بِجُمْلَتَيْنِ مُخْبَرٍ بِالأُولَى أَوَّلا ثُمَّ وَرَدَ الشَّكُّ بَعْدَ ذَلِكَ، فَجِيءَ بِالْجُمْلَةِ الاسْتِفْهَامِيَّةِ، وَلِذَلِكَ تَقُولُ فِي إِعْرَابِ قَوْلِكَ: (أَمْ شَاءٌ): خَبَرُ مُبْتَدَأٍ، وَتَقْدِيرُهُ: أَمْ هِيَ شَاءٌ، فَهَذَا مَعْنَى قَوْلِهِ: (وَالْمُنْقَطِعَةُ تَقَعُ فِي الْخَبَرِ أَيْضًا)، وَإِلا فَالتَّحْقِيقُ أَنَّ (أَمْ) لا تَقَعُ فِي الْخَبَرِ أَصْلا لِمُلازَمَتِهَا الاسْتِفْهَامَ.

ثُمَّ مَثَّلَ بِالْمُنْقَطِعَةِ خَاصَّةً وَوُقُوعِهَا فِي الاسْتِفْهَامِ وَالْخَبَرِ جَمِيعًا عَلَى مَا فَسَّرَهُ، فَقَالَ: (تَقُولُ فِي الاسْتِفْهَامِ: أَزَيْدٌ عِنْدَكَ أَمْ عِنْدَكَ عَمْرٌو)، فَكَرَّرَ (عِنْدَكَ) لِتَحَقُّقِ أَنَّهَا الْمُنْقَطِعَةُ؛ لأَنَّ الْمُتَّصِلَةَ لا تَكُونُ كَذَلِكَ، بَلْ يَلْزَمُ أَنْ يَقَعَ الْمَشْكُوكُ فِيهِ، أَحَدُهُمَا بَعْدَ الْهَمْزَةِ، وَالآخَرُ بَعْدَ (أَمْ)، إِنْ كَانَتِ الْقَضِيَّةُ فِي أَحَدِ جُزْأَيِ الْجُمْلَةِ، كَقَوْلِكَ: (أَزَيْدٌ عِنْدَكَ أَمْ عَمْرٌو)، و(أَقَائِمٌ زَيْدٌ أَمْ قَاعِدٌ)، وَلَوْ قُلْتَ: (أَزَيْدٌ عِنْدَكَ أَمْ فِي الدَّارِ)، أَوْ (أَعِنْدَكَ زَيْدٌ أَمْ عَمْرٌو) لَمْ يَكُنْ مُسْتَقِيمًا، فَإِنْ كَانَ الشَّكُّ فِي جُمْلَتَيْنِ وَلَمْ يَشْتَرِكَا فِي أَحَدِ الْجُزْأَيْنِ،

وَجَبَ ذِكْرُهُمَا جَمِيعًا، كُلُّ وَاحِدَةٍ مِنْهُمَا فِي الْمَوْضِعِ الَّذِي كَانَ مَوْضِعَ الْمُفْرَدِ، كَقَوْلِكَ: (أَقَامَ زَيْدٌ أَمْ قَعَدَ عَمْرٌو)، وَلِذَلِكَ لا تَتَمَيَّزُ هَذِهِ عَنْ (أَمْ) الْمُنْقَطِعَةِ إلا بِالْقَصْدِ لاحْتِمَالِ الأمْرَيْنِ جَمِيعًا فِي جَمِيعِ مَوَاضِعِهَا.

وَأَمَّا (أَمْ) الْمُنْقَطِعَةُ فَوَضْعُهَا عَلَى أَنْ تَأْتِيَ كَالإضْرَابِ عَنِ الْجُمْلَةِ الْمُتَقَدِّمَةِ اسْتِفْهَامِيَّةً كَانَتْ أَوْ خَبَرِيَّةً، وَقَدْ مَثَّلَهُمَا جَمِيعًا.

قَالَ: (وَالْفَصْلُ بَيْنَ (أَوْ) و(أَمْ)، كَقَوْلِكَ: أَزَيْدٌ عِنْدَكَ أَمْ عَمْرٌو)، إِلَى آخِرِهِ.

قَالَ الشَّيْخُ: قَدْ تَقَدَّمَ أَنَّ وَضْعَ (أَمْ) لِلْعِلْمِ بِأَحَدِ الأمْرَيْنِ لا عَلَى التَّعْيِينِ، وَأَمَّا (أَوْ) فَلَيْسَتْ كَذَلِكَ، فَإِذَا عُلِمَ الْفَرْقُ بَيْنَهُمَا فَأَنْتَ مَعَ (أَمْ) عَالِمٌ بِأَنَّ أَحَدَهُمَا عِنْدَهُ مُسْتَفْهِمٌ عَنِ التَّعْيِينِ، وَمَعَ (أَوْ) مُسْتَفْهِمٌ عَنْ وَاحِدٍ مِنْهُمَا عَلَى حَسَبِ مَا كَانَ فِي الْخَبَرِ، فَإِذَا قُلْتَ: (أَزَيْدٌ عِنْدَكَ أَوْ عَمْرٌو)، فَمَعْنَاهُ: هَلْ وَاحِدٌ مِنْهُمَا عِنْدَكَ، وَمِنْ ثَمَّ كَانَ جَوَابُهُ بِـ (نَعَمْ) أَوْ (لا) مُسْتَقِيمًا، وَلَمْ يَكُنْ ذَلِكَ مُسْتَقِيمًا فِي (أَمْ)؛ لأنَّ السُّؤَالَ عَنِ التَّعْيِينِ، وَلا إِشْكَالَ فِي الْفَرْقِ بَيْنَهُمَا فِي مِثْلِ هَذِهِ الْمَسَائِلِ، وَإِنَّمَا الإشْكَالُ فِي اسْتِعْمَالِهِمَا عَلَى غَيْرِ ذَلِكَ، وَهُوَ أَنَّهُم اسْتَعْمَلُوا الْهَمْزَةَ و(أَمْ) فِي مَعْنَى التَّسْوِيَةِ مِنْ غَيْرِ اسْتِفْهَامٍ، كَقَوْلِكَ: (سَوَاءٌ عَلَيَّ أَقُمْتَ أَمْ قَعَدْتَ)، وَاسْتَعْمَلُوا الْجُمْلَتَيْنِ، وَالثَّانِيَةُ مَعْطُوفَةٌ بِـ (أَوْ) فِي مَعْنَى الْحَالِ، كَقَوْلِكَ: (أَنَا أَضْرِبُ زَيْدًا قَامَ أَوْ قَعَدَ)، فَمِثْلُ ذَلِكَ يَلْتَبِسُ فِيهِ مَوْضِعُ (أَمْ) بِمَوْضِعِ (أَوْ)، وَأَوْرَدَ سِيبَوَيْهِ قَوْلَهُ:

مَا أُبَالِي أَنَبَّ بِالْحَزْنِ تَيْسٌ ... أَمْ لَحَانِي بِظَهْرِ غَيْبٍ لَئِيمُ

عَلَى أَنَّهُ مَخْصُوصٌ بِـ (أَمْ)، وَأَوْرَدَ قَوْلَهُ:

وَلَسْتُ أُبَالِي بَعْدَ مَوْتِ مُطَرِّفٍ ... حُتُوفَ الْمَنَايَا أَكْثَرَتْ أَوْ أَقَلَّتْ

عَلَى أَنَّهُ مِنْ مَوَاضِعِ (أَوْ)، وَالْفَرْقُ بَيْنَهُمَا أَنَّ قَوْلَهُ: (أَنَبَّ بِالْحَزْنِ تَيْسٌ) وَقَعَ مَفْعُولا لِـ (أُبَالِي)، فَوَجَبَ أَنْ يَكُونَ مِنْ مَوَاضِعِ (أَمْ) إِذْ لا مَعْنَى لِلْحَالِ فِيهِ، وَإِنَّمَا الْمُرَادُ هَاهُنَا الْمُبَالَى بِهِ، وَأَيْضًا فَإِنَّهُ لا ضَمِيرَ فِي (أَنَبَّ)، فَيَكُونَ لِصَاحِبِ الْحَالِ، فَيَكُونَ حَالا.

وَأَمَّا قَوْلُهُ: (حُتُوفَ الْمُنَايَا)، فَقَدْ ذَكَرَ مَفْعُولَ (أُبَالِي)، وَهُوَ قَوْلُهُ: (حُتُوفَ الْمُنَايَا)، فَلَمْ يَبْقَ إِلا الْحَالُ، وَفِي كُلِّ وَاحِدٍ مِنَ الْفِعْلَيْنِ ضَمِيرُ صَاحِبِهِ، وَأَوْرَدَ قَوْلَهُ:

إِذَا مَا انْتَهَى عِلْمِي تَنَاهَيْتُ عِنْدَهُ ... أَطَالَ فَأَمْلَى أَوْ تَنَاهَى فَأَقْصَرَا

عَلَى أَنَّهُ مِنْ مَوَاضِعِ (أَوْ)، وَقَدْ ظَهَرَ الأمْرُ فِيهِ بِمَا تَقَدَّمَ، فَهَذِهِ هِيَ الْمَوَاضِعُ الَّتِي

يَلْتَبِسُ فِيهَا مَوْضِعُ (أَمْ) بِمَوْضِعِ (أَوْ).

وَكَثِيرًا مَا يَقَعُ فِيهَا الْمُتَأَخِّرُونَ فِي كَلامِهِمْ وَأَشْعَارِهِمْ، فَلا يُفَرِّقُونَ بَيْنَهُمَا، وَشَرْطُ اسْتِعْمَالِ (أَمْ) فِي هَذِهِ الْمَوَاضِعِ أَيْضًا أَنْ يَسْبِقَهَا الْهَمْزَةُ، وَشَرْطُ اسْتِعْمَالِ (أَوْ) أَنْ لا يَسْبِقَهَا هَمْزَةٌ عَلَى نَحْوِ مَا تَقَدَّمَ فِي الأَمْثِلَةِ.

قَالَ: وَيُقَالُ فِي (أَوْ، وَإِمَّا): إِنَّهُمَا لِلشَّكِّ).

وَإِنَّمَا قَالَ: (وَيُقَالُ) تَنْبِيهًا عَلَى أَنَّ ذَلِكَ لَيْسَ بِلازِمٍ، إِذْ قَدْ يَكُونُ الْمُتَكَلِّمُ غَيْرَ شَاكٍّ، بَلْ يَكُونُ مُبْهِمًا، وَأَمَّا فِي الأَمْرِ، فَيُقَالُ: لِلتَّخْيِيرِ وَالإِبَاحَةِ، عَلَى أَنَّ وَضْعَهَا مَا تَقَدَّمَ مِنْ إِثْبَاتِ الْحُكْمِ لأَحَدِ الأَمْرَيْنِ، إِلا أَنَّهُ إِنْ حَصَلَتْ قَرِينَةٌ يُفْهَمُ مَعَهَا أَنَّ الآمِرَ غَيْرُ حَاجِزٍ فِي الآخَرِ، مِثْلُ قَوْلِهِ: (جَالِسِ الْحَسَنَ أَوِ ابْنَ سِيرِينَ، وَتَعَلَّمْ إِمَّا الْفِقْهَ وَإِمَّا النَّحْوَ) سُمِّيَ إِبَاحَةً، وَإِلا سُمِّيَ تَخْيِيرًا، وَهُوَ لأَحَدِ الأَمْرَيْنِ فِي الْمَوْضِعَيْنِ، أَمَّا فِي التَّخْيِيرِ فَلا إِشْكَالَ، وَأَمَّا فِي الإِبَاحَةِ فَإِنَّكَ إِذَا قُلْتَ: (تَعَلَّمِ الْفِقْهَ أَوِ النَّحْوَ) فتعلم الْمَأْمُورَ أَحَدَهُمَا، فَإِنَّهُ مُمْتَثِلٌ لا مَحَالَةَ، وَإِنَّمَا أَخَذْتَ نَفْيَ الْحَجْزِ عَنِ الآخَرِ مِنْ أَمْرٍ خَارِجٍ عَنْ ذَلِكَ.

وَقَدِ اسْتَشْكَلَ بَعْضُهُمْ وُقُوعَ (أَوْ) فِي النَّهْيِ فِي مِثْلِ قَوْلِهِ تَعَالَى: **"وَلا تُطِعْ مِنْهُمْ آثِمًا أَوْ كَفُورًا"** [الإنسان:٢٤]، وَهَاهُنَا لَوِ انْتَهَى عَنْ أَحَدِهِمَا لَمْ يَمْتَثِلْ، وَلا يُعَدُّ مُمْتَثِلا إِلا بِالانْتِهَاءِ عَنْهُمَا جَمِيعًا، وَمِنْ ثَمَّ حَمَلَهَا بَعْضُهُمْ عَلَى أَنَّهَا بِمَعْنَى الْوَاوِ، وَقَالَ: التَّقْدِيرُ: آثِمًا وَكَفُورًا، وَالأَوْلَى أَنْ تَبْقَى عَلَى بَابِهَا، وَإِنَّمَا جَاءَ التَّعْمِيمُ فِيهِمَا مِنْ أَمْرٍ وَرَاءَ ذَلِكَ، وَهُوَ النَّهْيُ الَّذِي فِيهِ مَعْنَى النَّفْيِ؛ لأَنَّ الْمَعْنَى قَبْلَ وُجُودِ النَّهْيِ: تُطِيعُ آثِمًا أَوْ كَفُورًا؛ أَيْ: وَاحِدًا مِنْهُمَا، فَإِذَا جَاءَ النَّهْيُ وَرَدَ عَلَى مَا كَانَ ثَابِتًا فِي الْمَعْنَى، فَيَصِيرُ الْمَعْنَى: وَلا تُطِعْ وَاحِدًا مِنْهُمَا، فَيَجِيءُ التَّعْمِيمُ فِيهِمَا مِنْ جِهَةِ النَّهْيِ الدَّاخِلِ، وَهِيَ عَلَى بَابِهَا فِيمَا ذَكَرْنَاهُ؛ لأَنَّهُ لا يَحْصُلُ الانْتِهَاءُ عَنْ أَحَدِهِمَا، حَتَّى يَنْتَهِيَ عَنْهُمَا، بِخِلافِ الإِثْبَاتِ، فَإِنَّهُ قَدْ يُفْعَلُ أَحَدُهُمَا دُونَ الأَخَرِ، فَهَذَا مَعْنًى دَقِيقٌ يُعْلَمُ بِهِ أَنَّ (أَوْ) فِي الآيَةِ عَلَى بَابِهَا، وَأَنَّ التَّعْمِيمَ لَمْ يَجِئْ مِنْهَا، وَإِنَّمَا جَاءَ مِنْ جِهَةِ الْمَضْمُومِ إِلَيْهَا عَلَى مَا ذَكَرْنَاهُ.

قَالَ: (وَبَيْنَ (أَوْ) و(إِمَّا) مِنَ الْفَصْلِ) إِلَى آخِرِهِ.

قَالَ الشَّيْخُ: أَمَّا الْفَصْلُ بَيْنَ (أَمْ) وَأُخْتَيْهَا فَوَاضِحٌ فِي الاسْتِفْهَامِ وَغَيْرِهِ، وَأَمَّا الْفَصْلُ بَيْنَ (أَوْ) و(إِمَّا) فَلَيْسَ إِلا بِاعْتِبَارِ أَمْرٍ لَفْظِيٍّ، وَهُوَ أَنَّهُ يُشْتَرَطُ فِي (إِمَّا) أَنْ تَكُونَ مُتَقَدِّمَةً قَبْلَ الْمَعْطُوفِ عَلَيْهِ (إِمَّا) أُخْرَى، كَقَوْلِكَ: (جَاءَنِي إِمَّا زَيْدٌ وَإِمَّا عَمْرٌو)، وَقَدْ بَيَّنَ إِفَادَةَ

التَّقْدِيمِ، وَهَذَا التَّقْدِيمُ وَاجِبٌ فِي (إمَّا)، وَجَائِزٌ فِي (أَوْ) بِشَرْطِ أَنْ يَكُونَ الْمُتَقَدِّمُ (إمَّا) أَيْضًا، كَقَوْلِكَ: (جَاءَنِي إمَّا زَيْدٌ أَوْ عَمْرُو)، ثُمَّ ذَكَرَ مَذْهَبَ أَبِي عَلِيٍّ، فَقَالَ: (وَلَمْ يَعُدَّ الشَّيْخُ أَبُو عَلِيٍّ الْفَارِسِيُّ (إمَّا) فِي حُرُوفِ الْعَطْفِ؛ لِدُخُولِ الْعَاطِفِ عَلَيْهَا، وَوُقُوعِهَا قَبْلَ الْمَعْطُوفِ عَلَيْهِ).

وَكِلَا الْأَمْرَيْنِ مُخَيِّلٌ لِمَا صَارَ إلَيْهِ، أَمَّا الْأَوَّلُ فَلِمَا ثَبَتَ مِنْ أَنَّهُمْ لَا يَجْمَعُونَ بَيْنَ حَرْفَيْ عَطْفٍ، وَأَمَّا الثَّانِي فَلِمَا ثَبَتَ مِنْ أَنَّ حَرْفَ الْعَطْفِ شَرْطُهُ التَّوَسُّطُ بَيْنَ الْمَعْطُوفِ وَالْمَعْطُوفِ عَلَيْهِ.

وَالْجَوَابُ: أَنَّا نَقُولُ: لَا نُسَلِّمُ أَوَّلًا أَنَّ الْوَاوَ فِي (وَإِمَّا) حَرْفُ عَطْفٍ دَخَلَ عَلَى (إمَّا)، بَلْ قَوْلُنَا: (وَإِمَّا) هُوَ حَرْفُ الْعَطْفِ، وَلَا بُعْدَ فِي أَنْ تَكُونَ صُورَةُ الْحَرْفِ مُسْتَقِلَّةً حَرْفًا فِي مَوْضِعٍ وَبَعْضَ حَرْفٍ فِي مَوْضِعٍ، ثُمَّ وَلَوْ سُلِّمَ ذَلِكَ فَلَا بُعْدَ فِي أَنَّ ذَلِكَ يَكُونُ دَخَلَ عَلَى (إمَّا) لِغَرَضِ الْجَمْعِ بَيْنَهُ وَبَيْنَ (إمَّا) الْمُتَقَدِّمَةِ، وَتَكُونُ (إمَّا) نَفْسُهَا لِغَرَضِ الْجَمْعِ بَيْنَ مَا بَعْدَهَا وَبَيْنَ مَا بَعْدَ (إمَّا) الْمُتَقَدِّمَةِ، وَهَذَا هُوَ الصَّحِيحُ، وَالَّذِي يُحَقِّقُهُ أَنَّهُمْ يَقُولُونَ: (جَاءَنِي إمَّا زَيْدٌ أَوْ عَمْرُو)، فَيُوقِعُونَ (أَوْ) فِي مَوْقِعِ قَوْلِهِمْ: (وَإِمَّا)، فَلَوْلَا أَنَّهَا حَرْفُ عَطْفٍ لَمْ يَقَعْ حَرْفُ الْعَطْفِ بِمَعْنَاهَا مِنْ كُلِّ وَجْهٍ، وَ(أَوْ) عَطْفٌ بِالِاتِّفَاقِ، وَيُحَقِّقُ مَا قَدَّمْنَا أَنَّهُمْ لَمَّا أَوْقَعُوا (أَوْ) مَوْقِعَ قَوْلِهِمْ: (وَإِمَّا) اسْتَغْنَوْا عَنِ الْوَاوِ قَبْلَهَا؛ لِمَا ذَكَرْنَاهُ مِنْ أَنَّ الْغَرَضَ بِالْوَاوِ فِي (وَإِمَّا) عَطْفُهَا عَلَى (إمَّا) أُخْتِهَا، فَلَمَّا انْتَفَى مَا جِيءَ بِهَا لِأَجْلِهِ حَذَفُوهَا.

وَأَمَّا وُقُوعُهَا قَبْلَ الْمَعْطُوفِ عَلَيْهِ، فَنَقُولُ: لَيْسَتِ الْمُتَقَدِّمَةُ حَرْفَ عَطْفٍ بِاتِّفَاقٍ، فَلَا مَعْنَى لِقَوْلِ الْقَائِلِ: إنَّ حَرْفَ الْعَطْفِ مُتَقَدِّمٌ، وَإِنَّمَا قُدِّمَ حَرْفٌ مُشْعِرٌ بِالشَّكِّ فِيمَا يَأْتِي بَعْدَهُ، وَقُصِدَ أَنْ يَكُونَ عَلَى لَفْظِ مَا بَعْدَهُ لِمَا فِيهِ مِنْ مَعْنَى الشَّكِّ، فَثَبَتَ أَنَّ الْأُولَى لِلشَّكِّ الْمَحْضِ مِنْ غَيْرِ عَطْفٍ، وَالثَّانِيَةَ لَهُمَا جَمِيعًا.

و(لَا، وَبَلْ، وَلَكِنْ): ثَلَاثَتُهَا يَحْصُلُ مَعَهَا ثُبُوتُ الْحُكْمِ لِوَاحِدٍ بِعَيْنِهِ، ثُمَّ تَفْتَرِقُ بَعْدَ ذَلِكَ، فَـ (لَا) تُفَارِقُهُمَا فِي أَنَّ الْحُكْمَ لِلْأَوَّلِ دُونَ الثَّانِي، كَقَوْلِكَ: (جَاءَنِي زَيْدٌ لَا عَمْرُو).

وَأَمَّا الْفَرْقُ بَيْنَ (بَلْ) و(لَكِنْ)، وَإِنِ اتَّفَقَا فِي أَنَّ الْحُكْمَ لِلثَّانِي فَهُوَ أَنَّ (لَكِنْ) وَضَعَهَا عَلَى مُخَالَفَةِ مَا بَعْدَهَا لِمَا قَبْلَهَا، وَالْكَلَامُ هَاهُنَا فِي عَطْفِ الْمُفْرَدِ بِهَا، وَلَا يَسْتَقِيمُ تَقْدِيرُهُ إلَّا مُثْبَتًا؛ لِامْتِنَاعِ تَقْدِيرِ النَّفْيِ فِي الْمُفْرَدِ، وَإِذَا وَجَبَ أَنْ يَكُونَ مُثْبَتًا وَجَبَ أَنْ يَكُونَ مَا قَبْلَهَا نَفْيًا، كَقَوْلِكَ: (مَا جَاءَنِي زَيْدٌ لَكِنْ عَمْرُو)، وَلَوْ قُلْتَ: (جَاءَنِي زَيْدٌ لَكِنْ عَمْرُو) لَمْ

يَجُزْ لِمَا ذَكَرْنَاهُ.

وَأَمَّا (بَلْ) فَلِلإِضْرَابِ مُطْلَقًا مُوجَبًا كَانَ الأَوَّلُ أَوْ مَنْفِيًّا، فَإِذَا قُلْتَ: (جَاءَنِي زَيْدٌ بَلْ عَمْرٌو)، فَقَدْ أَضْرَبْتَ عَنْ نِسْبَةِ الْمَجِيءِ إِلَى زَيْدٍ وَأَثْبَتَّهُ لِعَمْرٍو، فَهُوَ إِذَنْ مِنْ بَابِ الْغَلَطِ، فَلا يَقَعُ مِثْلُهُ فِي الْقُرْآنِ وَلا فِي كَلامٍ فَصِيحٍ، وَأَمَّا إِذَا قُلْتَ: (مَا جَاءَنِي زَيْدٌ بَلْ عَمْرٌو)، فَيَجُوزُ أَنْ يَكُونَ مِنْ بَابِ الْغَلَطِ، فَيَكُونُ (عَمْرٌو) غَيْرَ جَاءٍ، كَأَنَّكَ قُلْتَ: (مَا جَاءَنِي عَمْرٌو)، وَيَجُوزُ أَنْ تَكُونَ مُثْبِتًا لِعَمْرٍو الْمَجِيءَ، فَلا يَكُونُ غَلَطًا.

وَمِنْ أَصْنَافِ الْحَرْفِ حُرُوفُ النَّفْيِ، وَهِيَ: (مَا، وَلا، وَلَمْ، وَلَمَّا، وَلَنْ، وَإِنْ)

قَالَ الشَّيْخُ: فَـ (مَا) لِنَفْيِ الْحَالِ، كَقَوْلِكَ: (مَا زَيْدٌ مُنْطَلِقًا) أَوْ (مُنْطَلِقٌ) عَلَى اللُّغَتَيْنِ، وَالدَّلِيلُ عَلَى أَنَّهَا لِنَفْيِ الْحَالِ أَنَّ الْمَفْهُومَ مِنْ قَوْلِكَ: (مَا زَيْدٌ قَائِمًا) نَفْيُ الْقِيَامِ فِي الزَّمَنِ الَّذِي أَخْبَرْتَ بِهِ، فَإِنْ زَعَمَ زَاعِمٌ أَنَّ ذَلِكَ مِنْ قَبِيلِ الإِخْبَارِ عَنِ الشَّيْءِ، كَمَا فِي قَوْلِكَ: (زَيْدٌ قَائِمٌ)، فَلَيْسَ بِمُسْتَقِيمٍ؛ لأَنَّهُ لَوْ كَانَ كَذَلِكَ لَكَانَتْ لِمُجَرَّدِ النَّفْيِ، وَلَوْ كَانَتْ لِمُجَرَّدِ النَّفْيِ لَجَازَ أَنْ تَقُولَ: (إِنْ تُكْرِمْنِي مَا أُكْرِمْكَ)، و(أُرِيدُ أَنْ مَا تَقُومَ)، كَمَا جَازَ ذَلِكَ فِي (لا) فِي مِثْلِ قَوْلِكَ: (إِنْ تُكْرِمْنِي لا أُكْرِمْكَ)، و(أُرِيدُ أَنْ لا تَقُومَ)، وَلَمَّا لَمْ يَجُزْ ذَلِكَ دَلَّ عَلَى أَنَّ فِيهَا زِيَادَةً تَمْنَعُ، وَلَيْسَ إلا مَا ذَكَرْنَاهُ، وَوَجَبَ الْحُكْمُ بِهِ، وَامْتَنَعَ (إِنْ تُكْرِمْنِي مَا أُكْرِمْكَ).

لَمَّا كَانَتْ (مَا) لِلْحَالِ كَرِهُوا أَنْ يُدْخِلُوا عَلَيْهَا حَرْفَ الاسْتِقْبَالِ، كَمَا امْتَنَعَ فِي الإِثْبَاتِ (إِنْ يُكْرِمْنِي قَدْ أَكْرَمْتُكَ).

وَلا بُعْدَ فِي اسْتِعْمَالِهَا لِلْمَاضِي وَالْمُسْتَقْبَلِ عِنْدَ قِيَامِ الْقَرَائِنِ، قَالَ اللَّهُ تَعَالَى حِكَايَةً عَنِ الْكُفَّارِ: "وَمَا نَحْنُ بِمُنْشَرِينَ" [الدخان:٣٥]، وَ "وَمَا نَحْنُ بِمَبْعُوثِينَ" [الأنعام:٢٩]، وَفِي الْمَاضِي حِكَايَةِ قَوْلِهِمْ: "مَا جَاءَنَا مِنْ بَشِيرٍ وَلا نَذِيرٍ" [المائدة:١٩]، فَإِنَّهُ وَرَدَ لِلتَّعْلِيلِ عَلَى مَعْنَى: كَرَاهَةَ أَنْ يَقُولُوا عِنْدَ إِقَامَةِ الْحُجَّةِ عَلَيْهِمْ: مَا جَاءَنَا فِي الدُّنْيَا مِنْ بَشِيرٍ وَلا نَذِيرٍ، وَهَذَا لِلْمَاضِي الْمُحَقَّقِ، وَأَمْثَالُ ذَلِكَ كَثِيرَةٌ.

وَقَدْ أَوْرَدَ قَوْلَ سِيبَوَيْهِ مُقَرِّرًا لِمَعْنَى الْحَالِ؛ لأَنَّهُ جَعَلَهَا فِي النَّفْيِ جَوَابًا لِـ (قَدْ) فِي الإِثْبَاتِ، وَلا رَيْبَ أَنَّ (قَدْ) لِلتَّقْرِيبِ مِنَ الْحَالِ، فَلِذَلِكَ جُعِلَ جَوَابًا لَهَا فِي النَّفْيِ، ثُمَّ جَعَلَ سِيبَوَيْهِ فِيهَا مَعْنَى التَّأْكِيدِ؛ لأَنَّهَا جَرَتْ مَوْضِعَ (قَدْ) فِي النَّفْيِ، فَكَمَا أَنَّ (قَدْ) فِيهَا

مَعْنَى التَّوْكِيدِ، فَكَذَلِكَ مَا جُعِلَ جَوَابًا لَهَا.

قَالَ: و(لا) لِنَفْيِ الْمُسْتَقْبَلِ فِي قَوْلِكَ: (لا يَفْعَلُ).

فَمَوْضُوعُ (لا) لِنَفْيِ الْمُسْتَقْبَلِ، إِذَا قُلْتَ: (لا يَقُومُ زَيْدٌ)، فَمَعْنَاهُ: نَفْيُ الْقِيَامِ فِي الْمُسْتَقْبَلِ كَمَا فِي (لَنْ)، وَإِنْ كَانَتْ (لَنْ) آكَدَ مِنْهَا، ثُمَّ قَرَّرَهُ بِقَوْلِ سِيبَوَيْهِ: (هُوَ نَفْيٌ لِقَوْلِ الْقَائِلِ: هُوَ يَفْعَلُ، وَلَمْ يَقَعِ الْفِعْلُ)، وَإِذَا لَمْ يَقَعْ فَهُوَ مُسْتَقْبَلٌ.

قَوْلُهُ: (وَتَنْفِي بِهَا نَفْيًا عَامًّا فِي قَوْلِكَ: (لا رَجُلَ فِي الدَّارِ) مُسْتَقِيمٌ.

وَأَمَّا قَوْلُهُ: (وَغَيْرَ عَامٍّ فِي قَوْلِكَ: (لا رَجُلٌ فِي الدَّارِ وَلا امْرَأَةٌ).

فَهَذَا غَيْرُ مُسْتَقِيمٍ، وَلا خِلافَ عِنْدَ أَصْحَابِ الْعُمُومِ، أَنَّهُ مُسْتَفَادٌ مِنْهُ الْعُمُومُ كَمَا فِي (لا رَجُلَ فِي الدَّارِ)، وَإِنْ كَانَ (لا رَجُلَ فِي الدَّارِ) أَقْوَى فِي الدِّلالَةِ عَلَيْهِ، إِمَّا لِكَوْنِهِ نَصًّا، أَوْ لِكَوْنِهِ أَقْوَى ظُهُورًا، وَسَبَبُ الْعُمُومِ أَنَّهَا نَكِرَةٌ فِي سِيَاقِ النَّفْيِ، وَالنَّكِرَةُ فِي سِيَاقِ النَّفْيِ تَعُمُّ، فَلَمْ يَصِحَّ قَوْلُهُ: (وَغَيْرَ عَامٍّ فِي قَوْلِكَ: لا رَجُلٌ فِي الدَّارِ وَلا امْرَأَةٌ)، لِمَا تَبَيَّنَ أَنَّهُ عَامٌّ، وَالظَّاهِرُ أَنَّ التَّصْنِيفَ مِنه.

(وَتَنْفِي بِهَا نَفْيًا عَامًّا فِي قَوْلِكَ: لا رَجُلَ فِي الدَّارِ، وَلا رَجُلٌ فِي الدَّارِ وَلا امْرَأَةٌ، وَغَيْرَ عَامٍّ فِي قَوْلِكَ: لا زَيْدٌ فِي الدَّارِ وَلا عَمْرٌو)، فَنُقِلَ مُخَلَّطًا).

قَوْلُهُ: (وَلِنَفْيِ الأَمْرِ). غَيْرُ مُسْتَقِيمٍ فِي ظَاهِرِهِ؛ لأَنَّهُ إِنْ أَرَادَ بِهِ الأَمْرَ الَّذِي هُوَ ضِدُّ النَّهْيِ، فَلَيْسَ صِيغَةُ النَّهْيِ مَوْضُوعَةً لِنَفْيِهِ، أَلا تَرَى أَنَّكَ إِذَا قُلْتَ: (لا تَزْنِ) فَلَيْسَ الْمَقْصُودُ مِنْهُ نَفْيَ الأَمْرِ بِالزِّنَى؛ لأَنَّهُ لَوْ كَانَ كَذَلِكَ فَزَنَى الْمَنْهِيُّ لَمْ يَعْصِ؛ لأَنَّهُ لَمْ يَحْصُلْ سِوَى نَفْيِ الأَمْرِ بِهِ، وَنَفْيُ الأَمْرِ بِهِ لا يَجْعَلُهُ مُحَرَّمًا كَمَا فِي جَمِيعِ الْمُبَاحَاتِ، وَإِنْ أَرَادَ بِهِ الأَمْرَ الَّذِي هُوَ وَاحِدُ الأُمُورِ لَمْ يَكُنْ مُسْتَقِيمًا؛ لأَنَّ مَا تَقَدَّمَ قَبْلَهُ لِنَفْيِ الأَمْرِ أَيْضًا، أَلا تَرَى أَنَّ قَوْلَكَ: (لا رَجُلَ)، و(وَلا زَيْدٌ) نَفْيٌ لأَمْرٍ، وَكُلُّ مَوْضِعٍ تَقَعُ فِيهِ كَذَلِكَ، فَلَمْ يَكُنْ لِتَخْصِيصِ النَّهْيِ بِذَلِكَ عَلَى هَذَا التَّفْسِيرِ مَعْنًى، وَالظَّاهِرُ أَنَّهُ لَمْ يَقْصِدْ إِلا الْوَجْهَ الأَوَّلَ، وَأَرَادَ أَنْ لا تَخْرُجَ (لا) عَنْ مَعْنَى النَّفْيِ، وَلَكِنَّهُ كَانَ يَحْتَاجُ إِلَى أَنْ يُبَيِّنَ مَعَ ذَلِكَ أَنَّهَا لِطَلَبِ التَّرْكِ، وَلَعَلَّهُ اسْتَغْنَى عَنْهُ بِقَوْلِهِ: (وَيُسَمَّى النَّهْيَ)، وَلَوْ قَالَ: (وَهُوَ النَّهْيُ) كَانَ أَقْرَبَ إِلَى الْمَقْصُودِ.

قَالَ: (وَالدُّعَاءِ فِي قَوْلِهِمْ: لا رَعَاهُ اللَّهُ).

فَالظَّاهِرُ أَنَّهُ عَطَفَ قَوْلَهُ: (وَالدُّعَاءِ) عَلَى الأَمْرِ، كَأَنَّهُ قَالَ: وَلِنَفْيِ الدُّعَاءِ، وَذَلِكَ يُفْهَمُ مِنْ غَرَضِهِ فِي أَنَّ مَقْصُودَهُ: جَعْلُهَا لِلنَّفْيِ فِي كُلِّ مَوْضِعٍ، وَإِذَا جُعِلَ النَّاهِيَةُ كَذَلِكَ

فَهِيَ هَاهُنَا أَقْرَبُ، وَالْكَلامُ عَلَيْهِ كَالْكَلام عَلَيْهِ فِي النَّهْيِ، وَإِنْ حُمِلَ قَوْلُهُ: (وَالدُّعَاءِ) مَعْطُوفًا عَلَى قَوْلِهِ: (وَلَنفْيِ) كَانَ مَعْنَاهُ: وَلِلدُّعَاءِ؛ أَيْ: وَتَكُونُ لِلدُّعَاءِ كَانَ مُسْتَقِيمًا، وَلا يَرِدُ عَلَيْهِ مَا تَقَدَّمَ، إلا أَنَّ الظَّاهِرَ مِنْ سِيَاقِ كَلامِهِ خِلافُهُ عَلَى مَا تَقَدَّمَ.

قَالَ: (وَ (لَمْ، وَلَمَّا) لِقَلْبِ مَعْنَى الْمُضَارِعِ إِلَى الْمَاضِي وَنَفْيِهِ).

(لَمْ، وَلَمَّا) تَدْخُلانِ عَلَى الْمُضَارِعِ فَتَقْلِبَانِ مَعْنَاهُ إِلَى الْمَاضِي، أَلا تَرَى أَنَّكَ إذَا قُلْتَ: (لَمْ يَقُمْ)، و(لَمَّا يَقْعُدْ)، فَمَعْنَاهُ: نَفْيُ الْمَاضِي، حَتَّى كَأَنَّكَ قُلْتَ: (مَا قَامَ)، و(مَا قَعَدَ)، فَـ (يَقُومُ) و(يَقْعُدُ)، وَغَيْرُهُمَا فِي مِثْلِ ذَلِكَ أَلْفَاظُ الْمُضَارَعَةِ بِلا خِلافٍ، وَمَعْنَاهُمَا الْمَاضِي بِقَرِينَةِ دَخَلَتْ عَلَيْهِمَا، وَهِيَ (لَمْ) و(لَمَّا)، فَهَذَا لا يُخَالِفُ أَحَدٌ فِيهِ، وَقَدْ عَبَّرَ بَعْضُهُمْ عَنْ ذَلِكَ بِأَنْ قَالَ: (لَمْ) و(لَمَّا) تَقْلِبُ لَفْظَ الْمَاضِي إِلَى الْمُضَارِعِ، وَهَؤُلاءِ وَإِنْ لَمْ يَكُنْ بَيْنَهُمْ وَبَيْنَ الآخَرِينَ خِلافٌ فِي الْمَعْنَى، إلا أَنَّ الْعِبَارَةَ لَيْسَتْ بِجَيِّدَةٍ؛ لأنَّ قَوْلَهُمْ: (تَقْلِبُ لَفْظَ الْمَاضِي إِلَى الْمُضَارِعِ) مِمَّا يُوهِمُ صِحَّةَ دُخُولِ (لَمْ) عَلَى الْمَاضِي وَلَيْسَ كَذَلِكَ؛ لأنَّ (لَمْ) و(لَمَّا) تَجْزِمَانِ الْمُضَارِعَ، وَأَيْضًا فَإِنَّهُ يُوهِمُ أَنَّ الْمُضَارِعَ عَلَى مَعْنَاهُ؛ لأنَّهُ لَمْ يَقُلْ إلا: إِنَّهَا قَلَبَتْ ذَلِكَ اللَّفْظَ إِلَى لَفْظِ الْمُضَارِعِ، وَلَمْ يَتَعَرَّضْ أَنَّ مَعْنَى الْمُضِيِّ مُرادٌ، فَكَانَ الأَوَّلُ أَوْلَى لِذَلِكَ، وَبَيْنَهُمَا مِنَ الْفَرْقِ مَا ذَكَرَهُ، وَلَيْسَ فِي بَقِيَّةِ الْفَصْلِ إِشْكَالٌ.

قَالَ: (وَ (لَنْ) لِتَأْكِيدِ مَا تُعْطِيهِ (لا) مِنْ نَفْيِ الْمُسْتَقْبَلِ).

وَمَثَّلَهُ بِالْمِثَالَيْنِ لِمَا فِي قَوْلِهِ تَعَالَى: "فَلَنْ أَبْرَحَ الأَرْضَ حَتَّى يَأْذَنَ لِي أَبِي" [يوسف:٨٠] مِنَ الْقَرَائِنِ الَّتِي تَدُلُّ عَلَى قَصْدِ الْمُبَالَغَةِ فِي النَّفْيِ، فَلِذَلِكَ عَبَّرَ بِمَا يَدُلُّ عَلَى تَوْكِيدِ النَّفْيِ.

وَقَالَ الْخَلِيلُ: أَصْلُهَا (لا أَنْ)، وَقَالَ الْفَرَّاءُ: أَصْلُهَا (لا) قُلِبَتْ أَلِفُهَا نُونًا، وَكِلا الْقَوْلَيْنِ غَيْرُ جَيِّدٍ، أَمَّا قَوْلُ الْخَلِيلِ فَغَيْرُ مُسْتَقِيمٍ؛ لأَنَّهُ لا يَجُوزُ أَنْ تَقُولَ: (لا أَنْ تَقُومَ)، وَيَجُوزُ (لَنْ تَقُومَ)، وَلَوْ كَانَ أَصْلا لَكَانَ الظَّاهِرُ جَوَازَهُ.

فَإِنْ زَعَمَ زَاعِمٌ أَنَّهَا غُيِّرَتْ لَفْظًا وَمَعْنًى، فَلَيْسَ بِمُسْتَقِيمٍ؛ لِمَا يَلْزَمُ مِنْ مُخَالَفَةِ الْقِيَاسِ مِنْ غَيْرِ حَاجَةٍ، وَمُخَالَفَةُ الْقِيَاسِ فِيهَا مِنْ أَوْجُهٍ:

مِنْهَا: أَنَّ قِيَاسَ الْحُرُوفِ الإِفْرَادُ؛ وَمِنْهَا: أَنَّ قِيَاسَ الْهَمْزَةِ أَنْ لا تُحْذَفَ مِنْ غَيْرِ مُوجِبِ الْحَذْفِ، وَهُنَا كَذَلِكَ؛ وَمِنْهَا: أَنَّ قِيَاسَ مَا بَعْدَ (أَنْ) لا يَتَقَدَّمُ عَلَيْهَا، وَهَاهُنَا يَجُوزُ أَنْ تَقُولَ: (زَيْدًا لَنْ أَضْرِبَ)، فَلَوْ كَانَتْ (لا أَنْ) لَمْ يَجُزْ.

وَأَمَّا قَوْلُ الْفَرَّاءِ فَيَرِدُ عَلَيْهِ مَا وَرَدَ عَلَى الْخَلِيلِ فِي مُخَالَفَةِ الْقِيَاسِ مِنْ أَنَّ أَصْلَ

الْحُرُوفِ أَنْ لا يُبْدَلَ فِيهَا، وَمِنْ أَنَّ تَقْدِيمَ الْمَعْمُولِ عَلَى (لا) غَيْرُ سَائِغٍ، لا تَقُولُ: (عَمْرًا لا يَضْرِبُ زَيْدٌ)، فَثَبَتَ أَنَّ الْقَوْلَ مَا قَالَهُ سِيبَوَيْهِ، وَهُوَ أَنَّهُ غَيْرُ مُرَكَّبٍ، وَهُوَ الصَّحِيحُ.

قَالَ: (وَ " إِنْ " بِمَنْزِلَةِ " مَا ").

يَعْنِي فِي مَعْنَاهَا، وَقَدْ تَقَدَّمَ، وَتَدْخُلُ عَلَى الْجُمَلِ كَمَا تَدْخُلَ (مَا)، وَمَثَّلَ بِالْجُمْلَةِ الْفِعْلِيَّةِ الْمَاضِيَةِ وَالْمُضَارِعَةِ، وَالاسْمِيَّةِ، وَاخْتُلِفَ فِي الْعَمَلِ، وَأَكْثَرُ النَّاسِ لا يُجِيزُونَهُ، وَأَجَازَهُ الْمُبَرِّدِ حَمْلا لَهَا عَلَى أُخْتِهَا (مَا)، وَهُوَ مُجَرَّدُ قِيَاسٍ، وَاللُّغَةُ لا تَثْبُتُ قِيَاسًا، وَالدَّلِيلُ عَلَى أَنَّ اللُّغَةَ لا تَثْبُتُ قِيَاسًا: الإِطْبَاقُ عَلَى أَنَّ الْبِئْرَ وَالْبَحْرَ لا تُسَمَّى قَارُورَةً، وَإِنْ كَانَ مُسْتَقِرًّا فِيهَا، وَلَوْ كَانَتِ اللُّغَةُ تَثْبُتُ بِالْقِيَاسِ لَسُمِّيَ ذَلِكَ كُلُّهُ قَارُورَةً، وَلَيْسَ رَفْعُ الْفَاعِلِ فِي مِثْلِ (قَامَ زَيْدٌ) وَإِنْ لَمْ يُسْمَعْ مِنَ الْعَرَبِ عَيْنَ هَذَا اللَّفْظِ بِقِيَاسٍ، بَلَ دَاخِلٌ بِطَرِيقٍ عَامٍّ عَنْهُمْ، وَهُوَ عِلْمُنَا مِنَ اسْتِقْرَاءِ كَلامِهِمْ بِأَنَّ كُلَّ مَا نُسِبَ إِلَيْهِ الْفِعْلُ فَهُوَ مَرْفُوعٌ، وَدَخَلَ (قَامَ زَيْدٌ) وَنَظَائِرُهُ فِي هَذَا الْعُمُومِ، وِوِزَانُهُ أَنْ يَقُولَ الشَّارِعُ: (كُلُّ مُسْكِرٍ حَرَامٌ)، فَإِذَا حَرَّمْنَا الْمِزْرَ، وَهُوَ مَا يُعْمَلُ مِنَ الذُّرَةِ وَالشَّعِيرِ، لَمْ نُحَرِّمْهُ بِالْقِيَاسِ، وَإِنَّمَا حَرَّمْنَاهُ بِطَرِيقِ الْعُمُومِ، وَإِنْ لَمْ يَكُنْ لِلْمِزْرِ بِخُصُوصِيَّتِهِ ذِكْرٌ، كَمَا فِي قَوْلِكَ: (قَامَ زَيْدٌ).

فَإِنْ زَعَمَ الْمُبَرِّدُ أَنَّهُ مِنْ بَابِ رَفْعِ الْفَاعِلِ، فَلَيْسَ بِمُسْتَقِيمٍ، فَإِنَّهُ لا يَلْزَمُ مِنَ الْعِلْمِ بِإِعْمَالِهِمْ (مَا) الْعِلْمُ بِإِعْمَالِهِمْ (إِنْ)، وَأَيْضًا فَإِنَّ إِعْمَالَ (مَا) عَلَى خِلافِ الْقِيَاسِ عِنْدَ الَّذِينَ يُعْمِلُونَهَا، وَمَا خَرَجَ عَنِ الْقِيَاسِ لا يُقَاسُ عَلَيْهِ.

وَمِنْ أَصْنَافِ الْحَرْفِ حُرُوفُ التَّنْبِيهِ، وَهِيَ: (هَا، وَأَلا، وَأَمَا)

تَدْخُلُ عَلَى الْجُمَلِ كُلِّهَا لِتُنَبِّهَ الْمُخَاطَبَ عَلَى مَا يُذْكَرُ بَعْدَهَا خَشْيَةَ أَنْ يَفُوتَهُ لِغَفْلَتِهِ شَيْءٌ مِنْهَا، إِلا أَنَّ (هَا) اخْتَصَّتْ بِدُخُولِهَا أَيْضًا، تَنْبِيهًا عَلَى الْمُفْرَدَاتِ مِنْ أَسْمَاءِ الإِشَارَةِ وَالضَّمَائِرِ عَلَى مَا مَثَّلَهُ فِيهِ.

فَإِذَنْ لا تَدْخُلُ (أَلا) و(أَمَا) إِلا أَوَّلَ الْكَلامِ عَلَى الْجُمَلِ، وَأَمَّا (هَا) فَتَدْخُلُ كَمَا يَدْخُلانِ، وَتَدْخُلُ عَلَى الضَّمَائِرِ وَأَسْمَاءِ الإِشَارَةِ، وَإِنْ لَمْ تَكُنْ أَوَّلَ الْكَلامِ.

وَمِنْ أَصْنَافِ الْحُرُوفِ حُرُوفُ النِّدَاءِ

وَعَدَّدَهَا وَسَاقَ (وَا) مِنْ حُرُوفِ النِّدَاءِ؛ لأَنَّهُ جَعَلَ الْمَنْدُوبَ مُنَادَى، وَلَيْسَ بِمُنَادَى فِي التَّحْقِيقِ؛ لأَنَّ الْمُنَادَى هُوَ الْمَطْلُوبُ إِقْبَالُهُ، وَالْمَنْدُوبُ لَيْسَ كَذَلِكَ، وَلِذَلِكَ لَمْ تَدْخُلْ (وَا) إِلا فِي النُّدْبَةِ خَاصَّةً، وَلَوْ قُلْتَ: (وَا زَيْدُ) وَأَنْتَ تَقْصِدُ بِهِ النِّدَاءَ لَمْ يَجُزْ.

وَأَمَّا (يَا) فَمُشْتَرَكَةٌ فِي الْمُنَادَى وَالْمَنْدُوبِ جَمِيعًا، وَأَمَّا بَقِيَّتُهَا فَمُخْتَصَّةٌ بِالْمُنَادَى، فَإِذَا هَذِهِ الْحُرُوفُ عَلَى ثَلَاثَةِ أَقْسَامٍ: قِسْمٌ لِلْمُنَادَى، وَقِسْمٌ لِلْمَنْدُوبِ، وَقِسْمٌ مُشْتَرَكٌ بَيْنَهُمَا، وَقَسَّمَهَا أَيْضًا عَلَى ثَلَاثَةِ أَقْسَامٍ: لِلْقَرِيبِ، وَالْبَعِيدِ، وَالْمُتَوَسِّطِ، فَوَجَبَ إِخْرَاجُ (وَا) مِنْ هَذِهِ الْقِسْمَةِ، وَلِذَلِكَ جَعَلَهَا قِسْمًا بِرَأْسِهِ، فَقَالَ: (وَ (وَا) لِلنُّدْبَةِ خَاصَّةً).

وَأَوْرَدَ قَوْلَهُمْ: (يَا اللهُ) خَاصَّةً اعْتِرَاضًا عَلَى قَوْلِهِمْ: إِنَّ (يَا) لِلْبَعِيدِ، وَأَجَابَ عَنْهُ بِأَنَّ الْبُعْدَ بِالنِّسْبَةِ إِلَى اللهِ تَعَالَى إِنَّمَا هُوَ بِالنِّسْبَةِ إِلَى الْبُعْدِ مِنْ إِحْسَانِهِ وَاسْتِجَابَةِ دُعَائِهِ، وَإِذَا اسْتَقْصَرَ الْإِنْسَانُ نَفْسَهُ فِي ذَلِكَ فَهُوَ بَعِيدٌ بِهَذِهِ النِّسْبَةِ، فَصَلَحَ اسْتِعْمَالُ حَرْفِ الْبُعْدِ لِذَلِكَ.

وَمِنْ أَصْنَافِ الْحُرُوفِ حُرُوفُ التَّصْدِيقِ، وَهِيَ: نَعَمْ، وَبَلَى... إِلَى آخِرِهَا

قَالَ الشَّيْخُ: سُمِّيَتْ حُرُوفَ تَصْدِيقٍ؛ لِأَنَّكَ تُصَدِّقُ بِهَا مَا يَقُولُهُ الْمُتَكَلِّمُ، وَذَلِكَ فِي غَيْرِ (بَلَى) وَاضِحٌ، وَقَدْ تَكُونُ (بَلَى) تَصْدِيقًا فِي مِثْلِ قَوْلِ الْقَائِلِ: (أَلَمْ أُحْسِنْ إِلَيْكَ)؟ فَتَقُولُ: بَلَى، فَهَذَا تَصْدِيقٌ لِقَوْلِهِ؛ لِأَنَّ مَعْنَى قَوْلِهِ: (أَلَمْ أُحْسِنْ إِلَيْكَ) إِنِّي أَحْسَنْتُ إِلَيْكَ، وَلَكِنَّهُ لَوْ قَالَ: (أَحْسَنْتُ إِلَيْكَ)، فَقُلْتَ: بَلَى، لَمْ يَجُزْ؛ لِأَنَّ مِنْ شَرْطِهَا أَنْ يَكُونَ النَّفْيُ فِي كَلَامِ مَنْ تُجِيبُهُ؛ لِتُثْبِتَ بِهَا مَا دَخَلَ عَلَيْهِ النَّفْيُ فِي كَلَامِ الْمُجَابِ عَلَى مَا سَيَأْتِي.

فَأَمَّا (نَعَمْ) فَتُصَدِّقُ بِهَا مَا يَقُولُهُ الْمُتَكَلِّمُ، فَإِنْ كَانَ اسْتِفْهَامًا أَثْبَتَّ بِهَا مَا بَعْدَ الِاسْتِفْهَامِ مِنْ إِثْبَاتٍ أَوْ نَفْيٍ، فَإِذَا قَالَ الْقَائِلُ: (أَقَامَ زَيْدٌ)، فَقُلْتَ: نَعَمْ، فَقَدْ أَثْبَتَّ الْقِيَامَ، وَإِذَا قَالَ: (أَلَمْ يَقُمْ زَيْدٌ)، فَقُلْتَ: نَعَمْ، فَقَدْ نَفَيْتَ الْقِيَامَ؛ لِأَنَّهَا إِثْبَاتٌ لِمَا بَعْدَ الِاسْتِفْهَامِ فِي كَلَامِ الْمُجَابِ، وَبَعْدَ الِاسْتِفْهَامِ هَاهُنَا النَّفْيُ، فَتَكُونُ إِثْبَاتًا لِلنَّفْيِ الْمَذْكُورِ[1].

وَأَمَّا (بَلَى)، فَلَا تُسْتَعْمَلُ إِلَّا بَعْدَ النَّفْيِ لِإِثْبَاتِ الْمَنْفِيِّ، فَإِذَا قَالَ الْقَائِلُ: (أَلَمْ يَقُمْ

---

(١) وذكر ابن مالك: أن (إي) بمعنى (نعم) فإن أراد أنه يقع مواقع نعم، فينبغي أن يقع بعد الخبر، موجبا كان أو منفيا فيكون لتقرير الكلام السابق كنعم، سواء، يقال: لا تضربني فتقول: إي والله لا أضربك، وكذا يقال: ما ضرب زيد فتقول: إي والله ما ضرب، وهذا مخالف للشرطين اللذين ذكرهما المصنف، أعني لزوم سبق الاستفهام وكونها للأثبات، وإن أراد أنه للتصديق مثل (نعم)، وإن لم يقع مواقعها، فكذا جميع حروف التصديق ولا يستعمل بعد (إي)، ولعمري، تقول: إي والله، وإي الله بحذف حرف القسم ونصب (الله) وإي ها الله ذا، وإي وأي لعمري، وإذا جاء بعدها لفظة (الله)، فإن كان مع (ها) نحو: إي، ها الله ذا. شرح الرضي على الكافية ٤/٤٣٠.

زَيْدٌ)، فَقُلْتَ: بَلَى، فَمَعْنَاهُ: قَامَ، كَقَوْلِهِ تَعَالَى: "**أَلَسْتُ بِرَبِّكُمْ قَالُوا بَلَى**" [الأعراف:١٧٢]، وَلِذَلِكَ قَالَ الْمُفَسِّرُونَ: لَوْ قَالُوا: نَعَمْ. لَكَانَ كُفْرًا؛ لِمَا ذَكَرْنَاهُ، وَأَمَّا قَوْلُهُ تَعَالَى: "**بَلَى**" بَعْدَ قَوْلُهُ تَعَالَى: "**لَوْ أَنَّ اللَّهَ هَدَانِي**" [الزمر:٥٧]؛ فَلأَنَّ مَعْنَى "**لَوْ أَنَّ اللَّهَ هَدَانِي**": مَا هَدَانِي، فَجِيءَ بِـ (بَلَى) لإِثْبَاتِ الْمَنْفِيِّ فِي الْمَعْنَى وَلِذَلِكَ حَقَّقَهُ بِقَوْلِهِ تَعَالَى: "**قَدْ جَاءَتْكَ آيَاتِي**" [الزمر:٥٩]، وَهِيَ مِنْ أَعْظَمِ الْهِدَايَاتِ، فَصَحَّ أَنْ تَرِدَ (بَلَى) لِمَا ذَكَرْنَاهُ مِنْ مَعْنَى النَّفْيِ، وَلَوْلا ذَلِكَ لَمْ تَأْتِ (بَلَى).

(وَ (أَجَلْ) لا يُصَدَّقُ بِهَا إلا فِي الْخَبَرِ خَاصَّةً).

هَذَا هُوَ الْمَعْرُوفُ مِنْ كَلامِهِمْ، وَقَدْ زَعَمَ بَعْضُهُمْ أَنَّهُ يَجُوزُ أَنْ تَقَعَ بَعْدَ الاسْتِفْهَامِ أَيْضًا، وَلَيْسَ بِمَعْرُوفٍ.

(وَ (إِنَّ) كَذَلِكَ).

يَعْنِي: يُجَابُ بِهَا فِي الْخَبَرِ، وَقَدْ تَقَدَّمَ أَنَّ اسْتِعْمَالَ (إِنَّ) فِي ذَلِكَ قَلِيلٌ، وَأَنَّ الْبَيْتَ:

وَيَقُلْنَ شَيْبٌ.......... ....

مُحْتَمِلٌ أَنْ تَكُونَ (إِنَّ) هِيَ النَّاصِبَةَ مَحْذُوفَةَ الْخَبَرِ؛ أَيْ: إِنَّهُ كَذَلِكَ.

(وَ (جَيْرِ) نَحْوُهَا).

أَيْ: نَحْوُ (أَجَلْ)، أَوْ نَحْوُ (إِنَّ)، وَالْكَسْرُ أَكْثَرُ فِيهَا، وَقَدْ تُسْتَعْمَلُ بِمَعْنَى: (حَقًّا)، وَإِذَا جَاءَتْ كَذَلِكَ فَعِلَّةُ بِنَائِهَا إِمَّا لأَنَّهَا اسْمٌ مِنْ أَسْمَاءِ الأَفْعَالِ بِمَعْنَى: (حَقَّ ذَلِكَ)، كَمَا تَقُولُ فِي تَفْسِيرِ (هَيْهَاتَ لِذَلِكَ): بُعْدًا لَهُ، وَكَثِيرًا مَا تُفَسَّرُ أَسْمَاءُ الأَفْعَالِ بِالْمَصَادِرِ، وَإِمَّا لأَنَّهُ مُوَافِقٌ لـ (جَيْرِ) الَّذِي هُوَ حَرْفٌ فِي لَفْظِهِ وَأَصْلِ مَعْنَاهُ، إِذْ مَعْنَاهُ فِي الْحَرْفِيَّةِ: التَّحْقِيقُ وَالإِثْبَاتُ، كَمَا قُلْنَاهُ فِي (عَلَى) إِذَا كَانَتِ اسْمًا، وَمَعْنَى الْبَيْتِ فِي قَوْلِهِ:

وَقُلْنَ عَلَى الْفِرْدَوْسِ أَوْ مَشْرَبِ ... أَجَلْ جَيْرِ إِنْ كَانَتْ أُبِيحَتْ دَعَاثِرُهْ

الظَّاهِرُ أَنَّهُ أَرَادَ بِالْفِرْدَوْسِ مَكَانًا مَعْرُوفًا، وَلِذَلِكَ أَجَابَ بِقَوْلِهِ: أَجَلْ جَيْرِ، إِلَى آخِرِهِ[١]، وَوَقَعَ فِي " الْمُفَصَّلِ " (أَنْ كَانَتْ) بِالْفَتْحِ، وَفِي غَيْرِهِ (إِنْ) بِالْكَسْرِ، وَلِكُلٍّ مَعْنًى، فَالْفَتْحُ عَلَى مَعْنَى: أَنَّ ذَلِكَ قَدْ تَحَقَّقَ لأَجْلِ إِبَاحَةِ حِيضَانِهِ وَمَا تَهَدَّمَ مِنْهُ؛ وَالْكَسْرُ عَلَى

(١) جَيْرِ بالكسر على أصل التقاء الساكنين كأمسِ، وبالفتح للتخفيف كأينَ وكيفَ: حرفُ جواب بمعنى نعمْ، لا اسم بمعنى حقًّا فتكون مصدراً، ولا بمعنى أبداً فتكون ظرفاً، وإلا لأعربت ودخلت عليها أل، ولم تؤكد أجلْ بجيْرِ في قوله. مغني اللبيب ٤٥/١.

مَعْنَى: إِنَّ ذَلِكَ قَدْ تَحَقَّقَ إِنْ كَانَ قَدْ حَصَلَ الإِبَاحَةُ لِدَعَاثِرِهِ، فَظَهَرَ أَنَّ الْفَتْحَ فِي الْمَعْنَى الْمُرَادُ أَقْوَى مِنَ الْكَسْرِ.

(وَ (إِيْ) لا تُسْتَعْمَلُ إلا مَعَ الْقَسَمِ).

يَعْنِي: بَعْدَهَا، وَلَمْ يُسْمَعْ ذَلِكَ إلا مَعَ غَيْرِ الْفِعْلِ، فَلا يُقَالُ: إِيْ أَقْسَمْتُ بِاللَّهِ، وَلَكِنْ إِيْ بِاللَّهِ، وَإِيْ وَاللَّهِ، وَإِيْ لَعَمْرِي، وَذَلِكَ رَاجِعٌ إِلَى الاسْتِقْرَاءِ فِي كَوْنِهِ لَمْ يُسْتَعْمَلْ إلا كَذَلِكَ، وَإِلا فَهِيَ وَغَيْرُهَا لَوْلا تَخْصِيصُهُمْ فِي ذَلِكَ سَوَاءٌ.

(وَفِي (إِيْ اللَّهِ) ثَلاثَةُ أَوْجُهٍ):

أَحَدُهَا: أَنْ تُفْتَحَ الْيَاءُ لالْتِقَاءِ السَّاكِنَيْنِ عَلَى خِلافِ الْقِيَاسِ فِي مِثْلِ ذَلِكَ؛ لأَنَّ قِيَاسَ السَّاكِنَيْنِ إِذَا كَانَ الأَوَّلُ حَرْفَ مَدٍّ وَلِينٍ أَنْ يُحْذَفَ الأَوَّلُ، كَمَا جَاءَ الْوَجْهُ الثَّالِثُ، وَلَكِنَّهُمْ كَرِهُوهُ هَاهُنَا لِئَلا يَجِيءَ لَفْظُهُ كَلَفْظِ اسْمِ اللَّهِ وَحْدَهُ مَكْسُورَةً هَمْزَتُهُ، فَلا يُعْرَفُ مَعْنَاهُ، فَفَتَحُوا لِيَظْهَرَ أَمْرُهَا بِالْفَتْحِ.

وَالثَّانِي: أَنْ يُجْمَعَ بَيْنَهَا وَبَيْنَ السَّاكِنِ الَّذِي بَعْدَهَا، وَهُوَ عَلَى خِلافِ الْقِيَاسِ أَيْضًا، وَلَكِنَّهُ شَبَّهَهُ بِمِثْلِ قَوْلِهِمْ: (ضَالِّينَ، وَجَانٌّ)؛ لأَنَّ الثَّانِي مُشَدَّدٌ تَشْبِيهًا لِلْمُنْفَصِلِ بِالْمُتَّصِلِ كَرَاهَةَ أَدَائِهِ لِمَا ذَكَرْنَاهُ.

وَالْوَجْهُ الثَّالِثُ: وَهُوَ الْجَارِي عَلَى الْقِيَاسِ، وَهُوَ حَذْفُ الْيَاءِ لالْتِقَاءِ السَّاكِنَيْنِ، فَيَكُونُ لَفْظُهُ لَفْظَ (إِللَّهِ).

وَمِنْ أَصْنَافِ الْحَرْفِ حُرُوفُ الاسْتِثْنَاءِ، وَهِيَ: إلا، وَحَاشَا، وَعَدَا، وَخَلا فِي بَعْضِ اللُّغَاتِ

قَوْلُهُ: (فِي بَعْضِ اللُّغَاتِ) رَاجِعٌ إِلَى (عَدَا، وَخَلا) فِي الظَّاهِرِ؛ لأَنَّ جَعْلَهُمَا حَرْفَيْنِ إِنَّمَا هُوَ فِي بَعْضِ اللُّغَاتِ، وَلا يَنْبَغِي أَنْ يَكُونَ (حَاشَا) مَعَهُمَا فِي ذَلِكَ؛ لأَنَّ كَوْنَهَا حَرْفًا هُوَ اللُّغَةُ الْمَعْرُوفَةُ، فَهِيَ عَلَى الْعَكْسِ مِنْ (خَلا، وَعَدَا)، فَلا يَنْبَغِي أَنْ تُشَرَّكَ مَعَهُمَا فِي قَوْلِهِ: (فِي بَعْضِ اللُّغَاتِ)، فَيُوهِمَ التَّسْوِيَةَ، وَهُوَ عَلَى خِلافِ مَا عَلَيْهِ أَمْرُهَا[١].

---

(١) ولا ينسق على حروف الاستثناء (بلا) لا تقول: قام القوم ليس زيداً ولا عمراً ولا: قام القوم غير زيد ولا عمرو والنفي في جميع العربية ينسق عليه (بلا) إلا في الاستثناء وقال بعضهم: (لا سيما) يجيء شبيهاً بالاستثناء وحكي: ولا سيما يوم ويوماً من رفع جعله في صلة (ما) ومن خفض خفض بشيء ها هنا وجعل (ما) زائدة للتوكيد والسيّ والمثل ومن نصب جعله ظرفاً

وَمِنْ أَصْنَافِ الْحَرْفِ حَرْفَا الْخِطَابِ، وَهُمَا: الْكَافُ وَالتَّاءُ اللاحِقَتَانِ عَلَامَةً لِلْخِطَابِ...
إِلَى آخِرِهِ

قَالَ الشَّيْخُ: وَالْفَرْقُ بَيْنَهُمَا وَبَيْنَ أَسْمَاءِ الْخِطَابِ أَنَّ تِلْكَ مَوْضُوعَةٌ لِمَنْ تُخَاطِبُهُ كَمَا وُضِعَتِ الْأَسْمَاءُ كُلُّهَا مُسْنَدَةً أَوْ مُسْنَدًا إِلَيْهَا، كَقَوْلِكَ: (ضَرَبْتَ)، فَهَذَا فَاعِلٌ نُسِبَ إِلَيْهِ الْفِعْلُ كَمَا تَقُولُ: (ضَرَبَ زَيْدٌ)، وَإِنْ كَانَتْ فِيهِ دِلَالَةٌ عَلَى الْخِطَابِ؛ لِأَنَّ وَضْعَهُ عَلَى أَنَّهُ اسْمٌ لِلْمُخَاطَبِ، وَهَذِهِ مَوْضُوعَةٌ عَلَامَةً عَلَى اسْتِقْلَالِ الْكَلَامِ وَاسْتِغْنَائِهِ عَنْهَا بِاعْتِبَارِ الْمُسْنَدِ وَالْمُسْنَدِ إِلَيْهِ، فَوِزَانُهَا وِزَانُ التَّنْوِينِ وَيَاءِ النَّسَبِ، إِلَّا أَنَّهَا انْقَسَمَتْ إِلَى قِسْمَيْنِ: قِسْمٌ يُبَيَّنُ بِهِ الْخِطَابُ بِالْجُمْلَةِ، كَقَوْلِكَ: (أَرَأَيْتَكُمْ) وَشِبْهِهِ؛ وَقِسْمٌ يُبَيَّنُ بِهِ الْخِطَابُ بِالْمُفْرَدِ، وَذَلِكَ عَلَى ضَرْبَيْنِ: قِسْمٌ يُبَيَّنُ بِهِ صَاحِبُ الِاسْمِ لِإِبْهَامِهِ، كَقَوْلِكَ: إِيَّاكَ وَأَنْتَ؛ وَقِسْمٌ يُبَيَّنُ بِهِ غَيْرُ صَاحِبِ الِاسْمِ الْمُلْحَقَةِ هِيَ بِهِ؛ لِاسْتِغْنَائِهِ عَنْ بَيَانِهَا، كَقَوْلِكَ: (ذَاكَ، وَذَلِكَ) وَشِبْهِهِ، فَأَمَّا كَوْنُهَا حَرْفًا فِي ذَلِكَ وَبَابِهِ فَمُتَّفَقٌ عَلَيْهِ، وَأَمَّا كَوْنُهَا حَرْفًا فِي مِثْلِ (إِيَّاكَ) فَمُخْتَلَفٌ فِيهِ، وَقَدْ تَقَدَّمَ فِي الْمُضْمَرَاتِ مَا يُغْنِي فِيهِ عَنِ الْإِعَادَةِ.

وَأَمَّا كَوْنُهَا حَرْفًا فِي (أَرَأَيْتَكُمْ) أَعْنِي: الْكَافَ وَالْمِيمَ، فَلِأَنَّهَا لَوْ كَانَتِ الْكَافُ اسْمًا لَكَانَتْ مَفْعُولًا لِـ (أَرَأَيْتَ)، وَكَانَ يَجِبُ أَنْ يَقُولَ: أَرَأَيْتُمُوكُمْ؛ لِأَنَّ الْخِطَابَ لِجَمَاعَةٍ، فَإِذَا كَانَ لِجَمَاعَةٍ وَجَبَ أَنْ يَكُونَ بِالتَّاءِ وَالْمِيمِ كَمَا لَوْ قَالَ: (عَلِمْتُمُوكُمْ قَائِمِينَ)، فَلَمَّا جَاءَ عَلَى غَيْرِ ذَلِكَ عُلِمَ أَنَّهُ عَلَى غَيْرِ هَذَا الْوَجْهِ.

فَإِنْ قُلْتَ: فَهَذَا يَلْزَمُكَ أَيْضًا، فَإِنَّ التَّاءَ عِنْدَكَ لِلْجَمَاعَةِ، وَهِيَ اسْمٌ، فَيَنْبَغِي أَنْ يَكُونَ (أَرَأَيْتُمُوكُمْ)؟

قُلْتُ: لَمَّا كَانَتِ الْكَافُ وَالْمِيمُ لِمُجَرَّدِ الْخِطَابِ اخْتَصَرَتِ التَّاءُ وَالْمِيمُ بِالتَّاءِ وَحْدَهَا؛ لِلْعِلْمِ بِأَنَّهُمْ جَمَاعَةٌ بِقَوْلِكَ: (كَمْ)، أَلَا تَرَى أَنَّ الْمِيمَ لَمْ يُؤْتَ بِهَا مَعَ التَّاءِ إِلَّا لِتَجْعَلَهَا لِلْجَمَاعَةِ، فَالْكَافُ وَالْمِيمُ أَجْدَرُ.

فَإِنْ قُلْتَ: فَاجْعَلْهَا عَلَى مَا ذَكَرْتَ، وَالْكَافُ وَالْمِيمُ اسْمٌ؟

قُلْتُ: لَا يَسْتَقِيمُ لِأُمُورٍ:

=

وَحُكِيَ عَنِ الْأَحْمَرِ: أَنَّهُ كَانَ يُجِيزُ: مَا قَامَ صَغِيرٌ وَمَا خَلَا أَخَاكَ كَبِيرٌ. الْأُصُولُ فِي النَّحْوِ ٣٠٥/١.

مِنْهَا: جَوازُ (أَرَأَيْتُكَ زَيْدًا مَا صَنَعَ)، وَلَوْ جَعَلْتَ الْكَافَ مَفْعُولا لَمْ يَسْتَقِمِ الْمَعْنَى؛ لأَنَّهُ يَصِيرُ الْمَفْعُولُ الأَوَّلُ هُوَ الْمُخَاطَبَ، وَيَصِيرُ مُخْبَرًا عَنْهُ بِقَوْلِكَ: (زَيْدًا مَا صَنَعَ)، وَلَيْسَ فِيهِ ضَمِيرٌ يَرْجِعُ إِلَيْهِ، وَالْمَعْنَى عَلَى خِلافِهِ.

وَمِنْهَا: لُزُومُ مِثْلِ (عَلِمْتُكُمْ قَائِمِينَ)، وَالسِّرُّ فِيهِ أَنَّ كُلَّ وَاحِدٍ مِنَ التَّاءِ وَالْمِيمِ، وَالْكَافِ وَالْمِيمِ مُسْتَقِلٌّ فِي الاسْمِيَّةِ، فَوَجَبَ أَنْ يُعْطَى كُلُّ وَاحِدٍ مِنْهُمَا مَا يَسْتَحِقُّهُ فِي وَضْعِهِ؛ لأَنَّهُ اسْمٌ مُسْتَقِلٌّ، بِخِلافِ (أَرَأَيْتَكُمْ)، فَإِنَّ التَّاءَ أُتْبِعَتِ الْكَافَ وَالْمِيمَ بَيَانًا لَهَا وَعَلامَةً لِلْمُخَاطَبِ، فَاسْتُغْنِيَ عَنِ الْمِيمِ الَّتِي هِيَ بَعْضُ مَدْلُولاتِ الْكَافِ وَالْمِيمِ، فَلِذَلِكَ اسْتُغْنِيَ عَنْهَا فِي (أَرَأَيْتَكُمْ)، وَلَمْ يُسْتَغْنَ عَنْهَا فِي مِثْلِ (عَلِمْتُمُوكُمْ قَائِمِينَ).

قَالَ: (وَتَلْحَقُهَا التَّثْنِيَةُ وَالْجَمْعُ).

يَعْنِي: أَنَّ كَافَ الْخِطَابِ تَلْحَقُهَا الْمِيمُ وَالأَلِفُ الَّتِي تَدُلُّ عَلَى أَنَّهُ مَعَهَا لِلتَّثْنِيَةِ، وَالْمِيمُ وَحْدَهَا لِتَدُلَّ مَعَهَا عَلَى أَنَّهُ لِلْجَمْعِ، وَالنُّونُ تَدُلُّ عَلَى أَنَّهُ لِلْجَمْعِ الْمُؤَنَّثِ، وَتُكْسَرُ لِتَدُلَّ عَلَى أَنَّهُ لِلْمُخَاطَبِ الْمُؤَنَّثِ، فَيَصِيرُ لَفْظُهَا كَلَفْظِ ضَمِيرِ الْمُخَاطَبِ سَوَاءٌ، وَلَيْسَ يَعْنِي أَنَّهَا تُثَنَّى وَتُجْمَعُ، وَلِذَلِكَ قَالَ: (كَمَا تَلْحَقُ الضَّمَائِرَ)، وَمَثَّلَ بِذَلِكَ فِي بَقِيَّةِ الْفَصْلِ.

قَالَ: (وَنَظِيرُ الْكَافِ الْهَاءُ وَالْيَاءُ، وَتَثْنِيَتُهُمَا وَجَمْعُهُمَا).

قَدْ تَقَدَّمَ الْكَلامُ فِيمَا يَلْحَقُ بِـ (إِيَّا)، وَأَنَّهُ إِنْ كَانَ كَافًا فَلِلْخِطَابِ، وَإِنْ كَانَ غَيْرَهَا فَلِلْمُتَكَلِّمِ وَالْغَائِبِ، وَالْخِلافُ فِيهَا وَبَيَانُ مَا هُوَ الأَصَحُّ، فَلا وَجْهَ لإِعَادَتِهِ.

وَمِنْ أَصْنَافِ الْحَرْفِ حُرُوفُ الصِّلَةِ، وَهِيَ: إِنْ، وَأَنْ، وَمَا، وَلا، وَمِنْ، وَالْبَاءُ... إِلَى آخِرِهِ

يَعْنِي بِحُرُوفِ الصِّلَةِ: حُرُوفَ الزِّيَادَةِ، وَسُمِّيَتْ حُرُوفَ الصِّلَةِ؛ لأَنَّهُ يُتَوَصَّلُ بِهَا إِلَى زِنَةٍ أَوْ إِعْرَابٍ لَمْ يَكُنْ عِنْدَ حَذْفِهَا[١].

---

(١) الفائدة اللفظية، فهي تزيين اللفظ، وكون زيادتها أفصح، أو كون الكلمة أو الكلام، بسببها، تهيأ لاستقامة وزن الشعر أو لحسن السجع، أو غير ذلك من الفوائد اللفظية، ولا يجوز خلوها من الفوائد اللفظية والمعنوية معا، وإلا، لعدت عبثا، ولا يجوز ذلك في كلام الفصحاء، ولا سيما في كلام الباري تعالى وأنبيائه، وأئمته، عليهم السلام، وقد تجتمع الفائدتان في حرف، وقد تنفرد إحداهما عن الأخرى، وإنما سميت هذه الحروف زوائد، لأنها قد تقع زائدة لا لأنها لا تقع إلا زائدة، بل وقوعها غير زائدة أكثر، وسميت، أيضا: حروف الصلة لأنها يتوصل بها إلى زيادة

فَأَمَّا (إنْ)، فَتُزَادُ بَعْدَ (مَا) النَّافِيَةِ قِيَاسًا كَثِيرًا، وَبَعْدَ (مَا) الْمَصْدَرِيَّةِ قَلِيلا، وَبَعْدَ (لَمَّا) فِي قَوْلِكَ: (لَمَّا إنْ جَاءَ زَيْدٌ أَكْرَمْتُهُ) أَيْضًا قَلِيلا.

وَقَوْلُ الْفَرَّاءِ: إِنَّهُمَا حَرْفَا نَفْيٍ تَرَادَفَا كَتَرَادُفِ حَرْفَيِ التَّوْكِيدِ فِي قَوْلِكَ: (إِنَّ زَيْدًا لَقَائِمٌ)، فَإِنَّ (إنْ وَاللامَ فِيهِ لِلتَّوْكِيدِ) لَيْسَ بِالْجَيِّدِ؛ لأَنَّهُ لَمْ يُعْهَدِ اجْتِمَاعُ حَرْفَيْنِ بِمَعْنَى وَاحِدٍ، وَمِثْلُ (إِنَّ زَيْدًا لَقَائِمٌ) قَدْ فُصِلَ بَيْنَهُمَا لِذَلِكَ.

وَأَمَّا (أَنْ)، فَتُزَادُ بَعْدَ (لَمَّا)، وَقَبْلَ (لَوْ) بَعْدَ الْقَسَمِ كَثِيرًا، وَقَلَّتْ فِي مِثْلِ قَوْلِهِمْ:

كَأَنْ ظَبْيَةٍ.......... ....

وَأَمَّا مِثْلُ قَوْلِهِ تَعَالَى: "**وَأَنْ عَسَى أَنْ يَكُونَ**" [الأعراف:١٨٥]، وَ "**وَأَلَّوِ اسْتَقَامُوا**" [الجن:١٦]، وَ "**وَأَنْ أَقِمْ وَجْهَكَ**" [يونس:١٠٥]، فَاخْتُلِفَ فِيهِ، فَأَجَازَ بَعْضُهُمْ أَنْ تَكُونَ (أَنْ) زَائِدَةً فِي الْجَمِيعِ، وَجَعَلَهَا بَعْضُهُمْ مَصْدَرِيَّةً فِي قَوْلِهِ تَعَالَى: "**وَأَنْ أَقِمْ وَجْهَكَ**"، مُخَفَّفَةً مِنَ الثَّقِيلَةِ فِي قَوْلِهِ تَعَالَى: "**وَأَنْ عَسَى أَنْ يَكُونَ**" [الأعراف:١٨٥]، وَ "**وَأَلَّوِ اسْتَقَامُوا**" [الجن:١٦].

وَأَمَّا (مَا)، فَتُزَادُ بَعْدَ (إنْ) الشَّرْطِيَّةِ، و(مَتَى)، و(أَيْنَ)، و(إذَا)، و(أَيِّ)؛ و(كَيْفَمَا) عِنْدَ الْبَصْرِيِّينَ، وَلَيْسَتْ فِي (إذْ مَا) عَلَى الْقَوْلِ بِأَنَّهَا اسْمٌ، و(حَيْثُمَا) زَائِدَةً، لإِفَادَتِهَا مَا لَمْ يَكُنْ مُسْتَفَادًا دُونَهَا.

وَقَدْ عُدَّتْ زَائِدَةً فِي مِثْلِ (إِنَّمَا زَيْدٌ مُنْطَلِقٌ)، وَالأَوْلَى أَنْ لا يُحْكَمَ بِزِيَادَتِهَا؛ لأَنَّهَا مُفِيدَةٌ مَا لَمْ يُسْتَفَدْ عِنْدَ حَذْفِهَا مِنْ أَوْجُهٍ:

مِنْهَا: كَفُّهَا لِـ (إِنَّ) عَنِ الْعَمَلِ، وَمِنْهَا: تَهْيِئَةُ وُقُوعِ الْجُمَلِ الْفِعْلِيَّةِ بَعْدَهَا، وَمِنْهَا: أَنَّهَا تُفِيدُ الْحَصْرَ، فَإِذَا قُلْتَ: (إِنَّمَا زَيْدٌ قَائِمٌ)[1]، فَمَعْنَاهُ: مَا زَيْدٌ إلا قَائِمٌ، وَلَيْسَ ذَلِكَ مَعْنَى: (إِنَّ زَيْدًا قَائِمٌ)، وَيَظْهَرُ ذَلِكَ بِقَوْلِهِمْ: (إِنَّمَا ضَرَبَ زَيْدٌ)، أَلا تَرَى أَنَّكَ لَوْ قَدَّرْتَ ضَارِبًا غَيْرَهُ لَكَانَ خَلْفًا، كَمَا لَوْ قُلْتَ: (مَا ضَرَبَ إلا زَيْدٌ)، فَثَبَتَ أَنَّهَا غَيْرُ زَائِدَةٍ.

الفصاحة، أو إلى إقامة وزن أو سجع أو غير ذلك. شرح الرضي على الكافية ٤٣٣/٤.

(١) يقتضي وجوب تأخير الخبر الفعلي مطلقا، وليس كذلك، بل إنما يجب تأخيره إذا رفع ضميرا للمبتدأ مستترا. وإذا كان الخبر محصورا بإنما، نحو " إنما زيد قائم " أو بإلا، نحو " ما زيد إلا قائم " وهو المراد بقوله " أو قصد استعماله منحصرا "، فلا يجوز تقديم " قائم " على " زيد " في المثالين، وقد جاء التقديم مع " إلا " شذوذا. شرح ابن عقيل ٢٣٥/١.

وَتُزَادُ بَيْنَ (غَيْرٍ) وَمُضَافِهَا، وَبَيْنَ (مِثْلٍ) وَمُضَافِهَا، يُقَالُ: (غَضِبْتُ مِنْ غَيْرِ مَا شَيْءٍ)، وَقَالَ تَعَالَى: "مِثْلَ مَا أَنَّكُمْ تَنطِقُونَ" [الذاريات:٢٣]، وَتُزَادُ لِتَأْكِيدِ النَّكِرَةِ فِي شِيَاعِهَا، كَقَوْلِكَ: (جِئْتُ لِأَمْرٍ مَا)، وَمِنْهُمْ مَنْ يَجْعَلُهَا فِي مِثْلِ ذَلِكَ صِفَةً.

وَتُزَادُ بَعْدَ بَعْضِ حُرُوفِ الْجَرِّ، كَقَوْلِهِ تَعَالَى: "فَبِمَا رَحْمَةٍ مِنَ اللَّهِ" [آل عمران: ١٥٩]، وَلَيْسَتْ فِي مِثْلِ (حَيْثُمَا) و(إذْ مَا) زَائِدَةً؛ لِكَوْنِهَا هِيَ الَّتِي صَحَّحَتِ الشَّرْطِيَّةَ وَالْعَمَلَ، أَلَا تَرَى أَنَّكَ لَوْ قُلْتَ: (حَيْثُ تَكُنْ أَكُنْ)، لَمْ يَجُزْ؛ لِعَدَمِ دُخُولِ (حَيْثُ) عَلَى (مَا) وَلَوْ قُلْتَ: (حَيْثُمَا تَكُنْ أَكُنْ)، كَانَ الْجَزْمُ وَاجِبًا، وَأَفَادَتِ الشَّرْطَ، وَمَا ذَلِكَ إِلا بِدُخُولِ (مَا)، فَدَلَّ عَلَى أَنَّهَا غَيْرُ زَائِدَةٍ، وَكَذَلِكَ (إذْ مَا) عَلَى النَّحْوِ الْمَذْكُورِ فِي (حَيْثُ)، وَهِيَ زَائِدَةٌ فِي مِثْلِ (لا سِيَّمَا زَيْدٍ)، وَلَكِنَّهُمْ كَثُرَ اسْتِعْمَالُهُمْ لَهَا مَعَهَا حَتَّى صَارَتْ كَالْوَاجِبِ.

وَأَمَّا (لا)، فَتُزَادُ بَعْدَ (أَنْ) الْمَصْدَرِيَّةِ مُطْلَقًا، كَقَوْلِهِ تَعَالَى: "لِئَلَّا يَعْلَمَ" [الحديد: ٢٩]، وَ "مَا مَنَعَكَ أَلا تَسْجُدَ" [الأعراف:١٢] وَشِبْهِهِ، وَبَعْدَ حَرْفِ الْعَطْفِ الْمُتَقَدِّمِ عَلَيْهِ النَّفْيِ، كَقَوْلِهِ تَعَالَى: "وَلا تَسْتَوِي الْحَسَنَةُ وَلا السَّيِّئَةُ" [فصلت:٣٤]، وَقَوْلِهِ تَعَالَى: "وَلا الضَّالِّينَ" [الفاتحة:٧]، وَقَوْلِهِ: (مَا جَاءَنِي زَيْدٌ وَلا عَمْرٌو)، وَفِي مِثْلِ هَذَا نَظَرٌ، فَإِنَّهُ مُفِيدٌ نَفْيَ الْمَجِيءِ عَنْ كُلِّ وَاحِدٍ مِنْهُمَا نَصًّا، وَلَوْ لَمْ تَأْتِ بِـ (لا) لَجَازَ أَنْ يَكُونَ نَفْيُ الْمَجِيءِ عَنْهُمَا عَلَى جِهَةِ الِاجْتِمَاعِ، وَلَكِنَّهُ خِلَافُ الظَّاهِرِ، فَلِذَلِكَ كَانَ الْقَوْلُ بِالزِّيَادَةِ أَوْلَى لِبَقَاءِ الْكَلَامِ بِإِثْبَاتِهَا عَلَى حَالِهِ عِنْدَ عَدَمِهَا، وَإِنْ كَانَتْ دِلَالَتُهُ عِنْدَ مَجِيئِهَا أَقْوَى، وَهُوَ مِنْ بَابِ التَّأْكِيدِ، وَالزِّيَادَاتُ فِيهَا مَعْنَى التَّأْكِيدِ، فَلَا تَخْرُجُ بِقُوَّةِ دِلَالَةِ الْكَلَامِ بِهَا عَنْ أَنْ تَكُونَ زَائِدَةً؛ لِأَنَّ دِلَالَةَ الْكَلَامِ الْمُؤَكَّدِ أَقْوَى مِنْ دِلَالَةٍ غَيْرِ الْمُؤَكَّدِ، وَلِذَلِكَ لَوْ تَعَارَضَ خَبَرَانِ أَحَدُهُمَا مُؤَكَّدٌ، وَالآخَرُ غَيْرُ مُؤَكَّدٍ؛ قُدِّمَ الْمُؤَكَّدُ مَا لَمْ يُعَارِضِ التَّأْكِيدَ بِوَجْهٍ آخَرَ مِثْلِهِ، وَلَا يُخْرِجُهُ ذَلِكَ عَنْ أَنْ يَكُونَ زَائِدًا.

وَقَبْلَ: (أُقْسِمُ) قَلِيلًا فِي مِثْلِ قَوْلِهِ تَعَالَى: "لا أُقْسِمُ" [القيامة:١]، وَشَذَّتْ بَعْدَ الْفَاءِ فِي مِثْلِ قَوْلِهِ تَعَالَى: "فَلا أُقْسِمُ بِمَوَاقِعِ النُّجُومِ" [الواقعة:٧٥] وَشِبْهِهِ، وَشَذَّتْ فِي مِثْلِ قَوْلِهِ:

فِي بِئْرِ لا حُورٍ سَرَى وَمَا شَعَرْ

وَأَمَّا (مِنْ) فَتُزَادُ فِي غَيْرِ الْوَاجِبِ قِيَاسًا(١)، كَقَوْلِكَ: (مَا جَاءَنِي مِنْ أَحَدٍ) لِإِفَادَةِ

---

(١) وهذا أحد ما يقوى قول أبي الحسن في أن المحذوف من باب مقول ومبيع إنما هو العين؛ من حيث كانت الواو دليلا على اسم المفعول. وقال ابن الأعرابي في قوله:

تَأْكِيدِ التَّعْمِيمِ فِيمَا تَدْخُلُ عَلَيْهِ، وَلِذَلِكَ جَازَ (مَا جَاءَنِي مِنْ أَحَدٍ)، و(مَا مِنْ رَجُلٍ عِنْدِي)، وَلَمْ يَجُزْ (مَا مِنْ زَيْدٍ)، وَلا (مَا زَيْدٌ مِنْ قَائِمٍ)؛ لِتَعَذُّرِ مَعْنَى الْعُمُومِ فِيهِمَا، إلا أَنَّ التَّعْمِيمَ قَدْ يَكُونُ فِي كَلامٍ يُقْصَدُ بِهِ الْحُكْمُ عَلَى جُمْلَةِ الْجِنْسِ بِمَا تَعَلَّقَ بِهِ، كَقَوْلِكَ: (مَا مِنْ رَجُلٍ عَالِمٍ)، و(مَا جَاءَنِي مِنْ رَجُلٍ)؛ لأَنَّ الْقَصْدَ هَاهُنَا نَفْيُ الْعِلْمِ وَالْمَجِيءِ عَنْ جُمْلَةِ الْجِنْسِ، وَقَدْ تَكُونُ فِي كَلامٍ يُقْصَدُ بِهِ وَاحِدٌ غَيْرُ مُخْتَصٍّ مِنْ جُمْلَةِ الْجِنْسِ أَيْضًا، وَذَلِكَ فِي مِثْلِ: (هَلْ جَاءَكَ مِنْ رَجُلٍ)، أَلا تَرَى أَنَّهُ لَمْ يُرِدْ بِهِ الاسْتِفْهَامُ عَنْ مَجِيءِ جَمِيعِ الرِّجَالِ، وَإِنَّمَا اسْتُفْهِمَ عَنْ مَجِيءِ وَاحِدٍ مِنْهُمْ، أَيَّ رَجُلٍ كَانَ، فَافْتَرَقَ الْعُمُومَانِ فِيهِمَا؛ أَيْ: عُمُومَ الْجِنْسِ، وَعُمُومَ الْفَرْدِ، وَقَدْ أَجَازَ الأَخْفَشُ وَالْكُوفِيُّونَ زِيَادَتَهَا فِي الْوَاجِبِ، وَقَدْ تَقَدَّمَ الْكَلامُ عَلَيْهِمْ فِي ذَلِكَ.

وَأَمَّا الْبَاءُ فَتُزَادُ فِي النَّفْيِ فِي الْخَبَرِ فِي مِثْلِ: (مَا زَيْدٌ بِقَائِمٍ) قِيَاسًا، وَتُزَادُ فِي غَيْرِهِ سَمَاعًا، كَقَوْلِكَ: (بِحَسْبِكَ زَيْدٌ)، و(حَسْبُكَ بِزَيْدٍ)، و(كَفَى بِاللَّهِ شَهِيدًا)، و(أَلْقَى بِيَدِهِ)، وَقَدْ تَقَدَّمَ ذَلِكَ.

وَمِنْ أَصْنَافِ الْحَرْفِ حَرْفَا التَّفْسِيرِ، وَهُمَا: أَيْ، وَأَنْ

إلا أَنَّ (أَيْ) أَعَمُّ مِنْ أُخْتِهَا؛ لِوُقُوعِهَا فِي كُلِّ مَوْضِعٍ، وَلا تَقَعُ (أَنْ) إلا بَعْدَ فِعْلٍ فِيهِ مَعْنَى الْقَوْلِ، كَقَوْلِهِ تَعَالَى: "وَنَادَيْنَاهُ أَنْ يَا إِبْرَاهِيمُ (١٠٤) قَدْ صَدَّقْتَ الرُّؤْيَا" [الصافات:١٠٤-١٠٥]، وَهَلْ تَقَعُ بَعْدَ لَفْظِ الْقَوْلِ نَفْسِهِ، كَقَوْلِكَ: (قَالَ زَيْدٌ: أَنِ افْعَلْ كَذَا)، فِيهِ نَظَرٌ؛ لأَنَّهُ مَا جَاءَ عَنِ الْعَرَبِ، وَقَدْ حَمَلَ بَعْضُهُمْ "مَا قُلْتُ لَهُمْ إِلا مَا أَمَرْتَنِي بِهِ أَنِ اعْبُدُوا اللَّهَ رَبِّي وَرَبَّكُمْ" [المائدة:١١٧] عَلَى ذَلِكَ، وَقَبْلَهُ فِعْلٌ بِلَفْظِ الْقَوْلِ، فَيَجُوزُ أَنْ يَكُونَ مُتَّصِلا بِالْقَوْلِ، وَمَنَعَ بَعْضُهُمْ ذَلِكَ لِكَوْنِهَا عِنْدَهُ لا تَكُونُ بَعْدَ لَفْظِ الْقَوْلِ.

في بئر لا حور سرى وما شعر
أراد: حؤور أي في بئر لا حوور لا رجوع. قال: فأسكنت الواو الأولى، وحذفت لسكونها وسكون الثانية بعدها. وكذلك حذفت لام الفعل لياءي الإضافة في نحو مصطفى وقاضي ومرامي في مرامى. وكذلك باب يعد ويزن؛ حذفت فاؤه لحرق المضارعة الزائدة كل ذلك لما كان الزائد ذا معنى. وهذا أحد ما يدل على شرف المعاني عندهم ورسوخها في أنفسهم. نعم، وقد حذفوا الأصل عند الخليل للزائد وإن كانا متساويي المعنيين. وإذا كان ذلك جائزاً عندهم، ومسموعاً في لغتهم، فما ظنك بالحرف الزائد إذا كان ذا معنى. الخصائص ٢٣٦/١.

وَمِنْ أَصْنَافِ الْحَرْفِ الْحَرْفَانِ الْمَصْدَرِيَّانِ، وَهُمَا: مَا، وَأَنْ

وَأَسْقَطَ (أَنْ) وَهِيَ مِنَ الْحُرُوفِ الْمَصْدَرِيَّةِ، إِذْ لا فَرْقَ بَيْنَ قَوْلِكَ فِي تَقْدِيرِ الْمَصْدَرِ: (أَعْجَبَنِي أَنْ تَقُومَ)، و(أَعْجَبَنِي أَنَّكَ قَائِمٌ)، وَإِنِ اسْتُفِيدَ بِـ (أَنْ) الاسْتِقْبَالُ فَلا يَضُرُّ فِيمَا نَحْنُ فِيهِ لِصِحَّةِ تَقْدِيرِ الْمَصْدَرِ فِيهِمَا جَمِيعًا، وَالظَّاهِرُ أَنَّهُ أَسْقَطَهَا لِتَقَدُّمِ ذِكْرِهَا فِي غَيْرِ مَوْضِعٍ.

وَتَخْتَصُّ (أَنَّ) بِأَنَّ صِلَتَهَا لا تَكُونُ إلا جُمْلَةً اسْمِيَّةً، وَأُخْتَاهَا لا تَكُونُ صِلَتُهُمَا إلا جُمْلَةً فِعْلِيَّةً، تَقُولُ: (أَعْجَبَنِي أَنَّ زَيْدًا قَائِمٌ)؛ أَيْ: قِيَامُ زَيْدٍ، و(أَعْجَبَنِي أَنْ تَقُومَ)؛ أَيْ: قِيَامُكَ، و(أَعْجَبَنِي مَا قُمْتَ)، وَتُقَدَّرُ (أَنْ، وَمَا) مَصْدَرًا بِاعْتِبَارِ أَفْعَالِهِمَا، وَتُقَدَّرُ (أَنَّ) مَصْدَرًا بِاعْتِبَارِ فِعْلِ خَبَرِهَا، فَإِنْ لَمْ يَكُنْ لَهُ فِعْلٌ قُدِّرَ بِالْكَوْنِ، كَقَوْلِكَ: (أَعْجَبَنِي أَنَّ زَيْدًا أَخُوكَ)؛ أَيْ: كَوْنُهُ أَخَاكَ، فَإِنْ لَمْ يَكُنْ لِفِعْلِ (مَا) و(أَنْ) مَصْدَرٌ قُدِّرَ بِمَعْنَاهُ، كَقَوْلِهِ تَعَالَى: ﴿وَأَنْ عَسَى أَنْ يَكُونَ﴾ [الأعراف:١٨٥]، فَيُقَدَّرُ بِالتَّوَقُّعِ؛ أَيْ: وَفِي تَوَقُّعِ قُرْبِ أَجَلِهِمْ.

وَشَرْطُ (مَا) إِذَا كَانَتْ مَصْدَرِيَّةً أَنْ لا يَعُودَ عَلَيْهَا ضَمِيرٌ، وَإِلا رَجَعَتْ مَوْصُولَةً أَوْ مَوْصُوفَةً، كَقَوْلِكَ: (أَعْجَبَنِي مَا تَقُولُهُ) احْتَمَلَ الأَمْرَيْنِ؛ لأَنَّهَا هَاهُنَا حَرْفٌ، وَالْحُرُوفُ لا تُضْمَرُ.

وَأَمَّا (أَنْ) و(أَنَّ) فَلا يَقَعَانِ إلا حَرْفَيْنِ، فَلا يَجْرِي فِيهِمَا لَبْسٌ، فَإِذَا قُلْتَ: (أَعْجَبَنِي مَا صَنَعْتَ)، فَلا يَخْلُو إِمَّا أَنْ تُقَدِّرَ ضَمِيرًا يَعُودُ عَلَى (مَا)، وَإِمَّا أَنْ تُقَدِّرَ الْمَفْعُولَ غَيْرَ ذَلِكَ، فَإِنْ قَدَّرْتَ الأَوَّلَ كَانَتْ مَوْصُولَةً، وَإِلا فَهِيَ مَصْدَرِيَّةٌ، فَعَلَى الْمَعْنَى الأَوَّلِ يَكُونُ الَّذِي أَعْجَبَكَ مَا تَعَلَّقَتْ بِهِ الصِّنَاعَةُ، كَبَابٍ، أَوْ حَصِيرٍ، أَوْ مَا أَشْبَهَهُ، وَعَلَى الثَّانِي يَكُونُ مَا أَعْجَبَكَ نَفْسَ الصِّنَاعَةِ لا الْمَصْنُوعَ مِنْ حَرَكَاتِهِ الْمَخْصُوصَةِ بِتِلْكَ الصِّنَاعَةِ؛ لأَنَّ التَّقْدِيرَ فِي الأَوَّلِ: أَعْجَبَنِي الْمَصْنُوعُ، وَفِي الثَّانِي: أَعْجَبَنِي الصِّنَاعَةُ، وَهَذَا إِنَّمَا يَجِيءُ مِثْلُهُ فِي الأَفْعَالِ الْمُتَعَدِّيَةِ الْمَحْذُوفِ مَفْعُولُهَا، أَوْ غَيْرِ الْمُتَعَدِّيَةِ إِذَا احْتَمَلَ أَنْ يَكُونَ الْفَاعِلُ لِـ (مَا) وَلِغَيْرِهِ، كَقَوْلِكَ: (أَعْجَبَنِي مَا سَارَ)[١] بَعْدَ تَقَدُّمِ ذِكْرِ مَا يَصْلُحُ أَنْ يَكُونَ

---

(١) ما انفك وما فتئ وما برح معناهن الإقبال على الشيء وملازمته وترك الانفصال منه إلا لها وجوه تكون تحقيقا بعد النفي ونفيا بعد التحقيق كقولك سار الناس إلا زيدا فقد نفيت مسير زيد مع الناس، وتقول ما سار إخوتك إلا زيد فقد أثبت المسير لزيد من بين الإخوة، وتقع نفيا للنكرات العامة كقوله تعالى (لو كان فيهما آلهة إلا الله لفسدتا) معناه لو كان فيهما آلهة غيره. حروف المعاني ٢٥٠/١.

سَائِرًا، فَيُمْكِنُ تَقْدِيرُ الضَّمِيرِ لِـ (مَا) فَيَكُونُ مَوْصُولا، وَيُمْكِنُ تَقْدِيرُهُ لِمَا تَقَدَّمَ، فَيَكُونُ مَصْدَرًا، فَيَكُونُ التَّقْدِيرُ فِي الْأَوَّلِ: أَعْجَبَنِي السَّائِرُ، وَفِي الثَّانِي: أَعْجَبَنِي السَّيْرُ، فَأَمَّا غَيْرُ مَا ذُكِرَ فَيَتَعَيَّنُ لِأَحَدِهِمَا، كَقَوْلِكَ: (أَعْجَبَنِي مَا قُمْتَ وَمَا قَعَدْتَ)، فَهَذَا يَتَعَيَّنُ لِلْمَصْدَرِ، إِذْ لَا يُمْكِنُ تَقْدِيرُ ضَمِيرٍ رَاجِعٍ إِلَى الْأَوَّلِ لِيَكُونَ مَوْصُولا، وَلِذَلِكَ تَعَيَّنَ قَوْلُهُ تَعَالَى: "وَضَاقَتْ عَلَيْكُمُ الأَرْضُ بِمَا رَحُبَتْ" [التوبة:٢٥] لِلْمَصْدَرِ؛ أَيْ: بِرُحْبِهَا، وَكَذَلِكَ تَعَيَّنَ قَوْلُهُ تَعَالَى: "وَالسَّمَاءِ وَمَا بَنَاهَا" [الشمس:٥]، لِأَنْ تَكُونَ مَصْدَرِيَّةً؛ لِأَنَّ الْفِعْلَ ذُكِرَ مَفْعُولُهُ رَاجِعًا إِلَى غَيْرِ (مَا) وَضَمِيرُ الْفَاعِلِ إِلَى غَيْرِهَا أَيْضًا، وَلَا يُمْكِنُ تَقْدِيرُ ضَمِيرٍ آخَرَ لَهَا، فَتَعَيَّنَتْ لِلْمَصْدَرِ، فَأَمَّا مَنْ حَمَلَهَا عَلَى الْمَوْصُولَةِ فَذَاكَ بِتَأْوِيلِ جَعْلِ (مَا) لِمَنْ يَعْلَمُ، فَيَكُونُ إِذَنِ الضَّمِيرُ رَاجِعًا لَهَا، فَتَتَعَيَّنُ الْمَوْصُولَةُ، وَكَذَلِكَ قَوْلُهُ:

يَسُرُّ الْمَرْءَ مَا ذَهَبَ اللَّيَالِي ....

فَتَعَيَّنَ لِلْمَصْدَرِيَّةِ لِكَوْنِ الْفِعْلِ غَيْرَ مُتَعَدٍّ، وَفَاعِلُهُ مُظْهَرٌ، فَتَعَذَّرَ تَقْدِيرُ ضَمِيرٍ يَعُودُ إِلَيْهِ.

قَوْلُهُ: (وَبَعْضُ الْعَرَبِ يَرْفَعُ الْفِعْلَ بَعْدَ (أَنْ) تَشْبِيهًا بِمَا).

وَهَذَا شَاذٌّ، وَعَلَيْهِ مَا رُوِيَ شَاذًّا فِي قَوْلِهِ تَعَالَى: "أَنْ يُتِمَّ الرَّضَاعَةَ" [البقرة:٢٣٣] بِرَفْعِ (يُتِمُّ)، وَكَذَلِكَ مَا أَنْشَدَهُ مِنْ قَوْلِهِ:

أَنْ تَقْرَآنِ عَلَى أَسْمَاءَ وَيْحَكُمَا   مِنِّي السَّلَامَ وَأَنْ لَا تُشْعِرَا أَحَدَا

لَا وَجْهَ إِلَّا مَا ذُكِرَ، وَهُوَ بِمَعْنَى (مَا)، فَأَمَّا تَشْبِيهُ (مَا) بِـ (أَنْ) فِي الْعَمَلِ فَأَبْعَدُ، وَعَلَيْهِ مَا يُرْوَى مِنْ قَوْلِهِ: "كَمَا تَكُونُوا يُوَلَّى عَلَيْكُمْ"[1]. فَجَاءَ (تَكُونُوا) مَحْذُوفًا نُونُهُ، وَالْوَجْهُ إِثْبَاتُهُ كَمَا فِي رِوَايَتِهِ الْأُخْرَى.

وَمِنْ أَصْنَافِ الْحَرْفِ حُرُوفُ التَّحْضِيضِ، وَهِيَ: لَوْلَا، وَلَوْمَا[2]، وَهَلَّا، وَأَلَا

قَالَ الشَّيْخُ: هَذِهِ الْحُرُوفُ مَعْنَاهَا: الْأَمْرُ إِذَا وَقَعَ بَعْدَهَا الْمُضَارِعُ، وَالتَّوْبِيخُ إِذَا وَقَعَ

---

(١) أخرجه ابن جميع الصيداوي في معجم الشيوخ (١٠٢).

(٢) بمنزلة لولا، تقول: لوما زيد لأكرمتك وفي التنزيل (لوما تأتينا بالملائكة) وزعم المالقي أنها لم تأت إلا للتحضيض. مغني اللبيب ١/١٠٤.

بَعْدَهَا الْمَاضِي، فَإِذَا قُلْتَ: (هَلا تَضْرِبُ زَيْدًا)، و(هَلا تُسْلِمُ) فَأَنْتَ حَاضٌّ عَلَى مَا وَقَعَ بَعْدَهَا طَالِبٌ لَهُ، وَإِذَا قُلْتَ: (هَلا ضَرَبْتَ زَيْدًا)، فَأَنْتَ مُوَبِّخٌ لَهُ عَلَى تَرْكِ ذَلِكَ، وَلَمَّا كَانَ مَعْنَاهَا فِي وَجْهَيْهَا ذَلِكَ افْتَقَرَتْ إِلَى وُقُوعِ الْفِعْلِ بَعْدَهَا كَحَرْفِ الشَّرْطِ؛ لأَنَّ التَّحْضِيضَ وَالتَّوْبِيخَ إِنَّمَا يَكُونَانِ بِالْفِعْلِ كَمَا أَنَّ الشَّرْطَ كَذَلِكَ، فَإِنْ وَقَعَ بَعْدَهَا اسْمٌ مَرْفُوعٌ أَوْ مَنْصُوبٌ كَانَ بِإِضْمَارِ رَافِعٍ أَوْ نَاصِبٍ، كَقَوْلِكَ لِمَنْ يَضْرِبُ قَوْمًا: (هَلا زَيْدًا)؛ أَيْ: هَلا تَضْرِبُ زَيْدًا، وَتَقُولُ: (هَلا زَيْدًا ضَرَبْتَهُ)، فَيَلْزَمُ النَّصْبُ؛ لأَنَّ الْفِعْلَ الَّذِي يُقَدَّرُ إِنَّمَا يَكُونُ مِنْ جِنْسِ الدَّالِ عَلَيْهِ، فَيَكُونُ التَّقْدِيرُ: هَلا ضَرَبْتَ زَيْدًا.

وَأَمَّا قَوْلُهُ: (هَلا خَيْرًا مِنْ ذَلِكَ) لِمَنْ يَفْعَلُ فِعْلا غَيْرَ مَرْضِيٍّ فَيَحْتَمِلُ أَنْ يُقَدَّرَ فِعْلٌ مُتَعَدٍّ وَفِعْلٌ غَيْرُ مُتَعَدٍّ، فَلِذَلِكَ جَازَ الرَّفْعُ وَالنَّصْبُ، فَالنَّصْبُ عَلَى تَقْدِيرِ (هَلا تَفْعَلُ)، أَوْ (هَلا فَعَلْتَ)، وَالرَّفْعُ عَلَى مَعْنَى: (هَلا يَكُونُ)، أَوْ (هَلا كَانَ)، وَوَجَبَ النَّصْبُ فِي الْبَيْتِ الَّذِي هُوَ:

تَعُدُّونَ عَقْرَ النِّيبِ أَفْضَلَ مَجْدِكُمْ ... بَنِي ضَوْطَرَى لَوْلا الْكَمِيَّ الْمُقَنَّعَا

لأَنَّ الْقَرِينَةَ الْمُصَحِّحَةَ لِلْحَذْفِ (تَعُدُّونَ)، فَيَجِبُ أَنْ يُقَدَّرَ (تَعُدُّونَ)، فَيَكُونَ التَّقْدِيرُ: هَلا تَعُدُّونَ، فَوَجَبَ النَّصْبُ لِذَلِكَ[1].

قَالَ: (وَلِـ (لَوْلا) و(لَوْمَا) مَعْنًى آخَرُ، وَهُوَ امْتِنَاعُ الشَّيْءِ لِوُجُودِ غَيْرِهِ).

أَيْ: يَمْتَنِعُ جَوَابُهَا لِوُجُودِ مُبْتَدَئِهَا، فَلِذَلِكَ تَعَيَّنَ حَذْفُ خَبَرِهَا عَلَى مَا تَقَدَّمَ فِي الْمُبْتَدَأ كَقَوْلِكَ: (لَوْلا زَيْدٌ لَكَانَ كَذَا)، و(لَوْمَا زَيْدٌ لَكَانَ كَذَا)، وَلَيْسَتْ هَذِهِ الَّتِي لِلتَّحْضِيضِ؛ لاخْتِلافِ مَعْنَى الْبَابَيْنِ، أَلا تَرَى أَنَّ تِلْكَ مَعْنَاهَا: تَحْضِيضٌ عَلَى الْفِعْلِ الَّذِي وَقَعَ بَعْدَهَا، وَلِذَلِكَ الْتَزَمَ الْفِعْلُ فِيهَا، وَهَذِهِ مَعْنَاهَا: ارْتِبَاطُ الْجُمْلَتَيْنِ عَلَى مَعْنَى أَنَّ الثَّانِيَةَ امْتَنَعَ مَضْمُونُهَا لِحُصُولِ مَضْمُونِ الأَوْلَى.

وَمِنْ أَصْنَافِ الْحَرْفِ حَرْفُ التَّقْرِيبِ

قَدْ يُسَمَّى تَقْرِيبًا، وَيُسَمَّى حَرْفَ تَوَقُّعٍ، وَيُسَمَّى حَرْفَ تَوْكِيدٍ، وَيُسَمَّى حَرْفَ تَحْقِيقٍ، كُلُّ ذَلِكَ بِاعْتِبَارِ مَعْنَاهُ، وَهُوَ يُفِيدُ ذَلِكَ.

---

(١) أن تكون للتوبيخ والتنديم فتختص بالماضي نحو (لولا جاؤوا عليه بأربعةِ شُهداء)، (فلولا نصرَهم الذين اتخذوا من دونِ الله قرباناً آلهة) ومنه (ولولا إذ سمعتموهُ قلتمْ ما يكونُ لنا أنْ نتكلّم بهذا) إلا أن الفعل أخِّر. مغني اللبيب ١٠٣/١.

فَأَمَّا مَعْنَى التَّقْرِيبِ فِيهِ: فَهُوَ أَنَّكَ إِذَا قُلْتَ: (قَدْ قَامَ زَيْدٌ)، كَانَ دَالًا عَلَى أَنَّ قِيَامَهُ قَرِيبٌ مِنْ إِخْبَارِكَ، بِخِلَافِ قَوْلِكَ: (قَامَ زَيْدٌ)، فَإِنَّهُ لَيْسَتْ فِيهِ هَذِهِ الدَّلَالَةُ، فَثَبَتَ أَنَّهَا مُسْتَفَادَةٌ مِنْ (قَدْ)، وَمِنْ ثَمَّ اشْتُرِطَتْ فِي الْمَاضِي إِذَا وَقَعَ حَالًا لَفْظًا أَوْ تَقْدِيرًا، كَقَوْلِكَ: (جَاءَ زَيْدٌ وَقَدْ ضَرَبَ غُلَامَهُ)، وَلَوْ قُلْتَ: (جَاءَ زَيْدٌ وَضَرَبَ غُلَامَهُ) مِنْ غَيْرِ تَقْدِيرِ (قَدْ) لَمْ يَجُزْ؛ لِأَنَّ الْمَاضِيَ لَا يَصْلُحُ أَنْ يَكُونَ حَالًا لِتَضَادِّهِمَا فِي الْمَعْنَى، وَقَدْ تَقَدَّمَ ذَلِكَ، وَلِذَلِكَ قَالَ فِي بَيَانِهِ: (تُقَرِّبُ الْمَاضِيَ مِنَ الْحَالِ)، وَقَرَّرَهُ بِقَوْلِهِمْ: (قَدْ قَامَتِ الصَّلَاةُ).

وَأَمَّا كَوْنُهَا لِلتَّوْكِيدِ فَلِمَا ذَكَرَهُ سِيبَوَيْهِ مِنْ أَنَّهُ جَوَابُ قَوْلِكَ: (هَلْ فَعَلَ)، وَ(لَمَّا يَفْعَلْ)، وَفِيهِمَا مَعْنَى التَّوْكِيدِ، فَإِذَا كَانَ جَوَابُ الْمُؤَكَّدِ كَانَ تَوْكِيدًا.

وَأَمَّا كَوْنُهَا بِمَعْنَى التَّوَقُّعِ فَلِمَا ذَكَرَهُ الْخَلِيلُ مِنْ قَوْلِهِ: (هَذَا الْكَلَامُ لِقَوْمٍ يَنْتَظِرُونَ الْخَبَرَ)، وَمَعْنَى ذَلِكَ: أَنَّكَ إِنَّمَا تُخْبِرُ بِذَلِكَ مَنْ يَنْتَظِرُ الْإِخْبَارَ بِهِ فِي ظَنِّكَ أَوْ عِلْمِكَ، وَمِنْهُ قَوْلُهُمْ: (قَدْ قَامَتِ الصَّلَاةُ)، وَلِذَلِكَ قَالَ: (لَا بُدَّ فِيهِ مِنْ مَعْنَى التَّوَقُّعِ)، وَهَذَا كُلُّهُ إِذَا دَخَلَ عَلَى الْمَاضِي، فَأَمَّا إِذَا دَخَلَ عَلَى الْمُضَارِعِ فَهُوَ لِلتَّقْلِيلِ عَلَى مَا ذَكَرَهُ، كَقَوْلِهِمْ: (إِنَّ الْكَذُوبَ قَدْ يُصَدَّقُ)، وَأَلْفَاظُ التَّقْلِيلِ قَدِ اسْتُعْمِلَتْ لِلتَّحْقِيقِ، كَقَوْلِهِ تَعَالَى: "رُبَمَا يَوَدُّ الَّذِينَ كَفَرُوا" [الحجر:٢]، وَقَوْلِهِ: "قَدْ يَعْلَمُ اللَّهُ الْمُعَوِّقِينَ مِنْكُمْ" [الأحزاب: ١٨]، وَقَدْ جَعَلَهَا بَعْضُهُمْ عَلَى بَابِهَا فِي التَّقْلِيلِ بِتَأْوِيلٍ، وَقَدْ تَقَدَّمَ ذِكْرُهُ فِي (رُبَّ).

(وَيَجُوزُ الْفَصْلُ بَيْنَهَا وَبَيْنَ الْفِعْلِ بِالْقَسَمِ).

لِكَثْرَةِ اسْتِعْمَالِهِمْ لَهَا مَعَ كَوْنِ الْجُمْلَةِ مُعْتَرِضَةً، فَإِنَّ الْجُمْلَةَ الْقَسَمِيَّةَ قَدْ تَعْتَرِضُ بَيْنَ الْجُزْأَيْنِ، كَقَوْلِكَ: (قَامَ وَاللَّهِ زَيْدٌ)[١]، وَإِذَا اعْتَرَضَتْ لَمْ يَكُنْ لَهَا جَوَابٌ لَفْظِيٌّ، وَلَكِنْ يَكُونُ مَا اعْتَرَضَتْ فِيهِ فِي الْمَعْنَى هُوَ الْجَوَابَ، فَيُقَدَّرُ مَحْذُوفًا، أَوْ يُسْتَغْنَى عَنْهُ.

وَيَجُوزُ حَذْفُ الْفِعْلِ بَعْدَهَا إِجْرَاءً لَهَا مُجْرَى مَا هُوَ جَوَابُهَا، وَهِيَ (لَمَّا)، فَلَمَّا جَوَّزُوا حَذْفَ الْفِعْلِ فِي (لَمَّا) لِمَا تَقَدَّمَ حَمَلُوا مَا هُوَ جَوَابُهَا عَلَيْهَا فِي جَوَازِ الْحَذْفِ أَيْضًا، وَشَرْطُهُ: حُصُولُ قَرِينَةٍ دَالَّةٍ عَلَيْهِ، وَإِلَّا فَلَا يَجُوزُ حَذْفُهُ.

---

[١] (وَيُحْذَفُ جَوَابُهُ، إِذَا اعْتُرِضَ، أَوْ تَقَدَّمَ مَا يَدُلُّ عَلَيْهِ)، أَيْ إِذَا اعْتَرَضَ الْقَسَمُ، أَيْ تَوَسَّطَ الْكَلَامَ، نَحْوُ: زَيْدٌ وَاللَّهِ قَائِمٌ، وَ: قَامَ وَاللَّهِ زَيْدٌ، وَفِي نَهْجِ الْبَلَاغَةِ: (قَدْ وَاللَّهِ، لَقَوُا اللَّهَ). شَرْحُ الرَّضِيِّ عَلَى الْكَافِيَةِ ٣١٦/١.

وَمِنْ أَصْنَافِ الْحَرْفِ حُرُوفُ الاسْتِقْبَالِ

هِيَ الْحُرُوفُ الَّتِي تُخَلِّصُ الْفِعْلَ الْمُضَارِعَ لِلاسْتِقْبَالِ الَّذِي هُوَ أَحَدُ مَدْلُولَيْهِ بَعْدَ أَنْ كَانَ شَائِعًا، وَهِيَ مَا ذَكَرَهُ، وَحَرْفُ الشَّرْطِ أَيْضًا، وَإِنْ كَانَ الشَّرْطُ مُفِيدًا ذَلِكَ إلا أَنَّهُ لَمْ يَذْكُرْهُ هَاهُنَا؛ لِتَقَدُّمِ ذِكْرِهِ لِهَذَا الْمَعْنَى وَلِغَيْرِهِ، وَذَلِكَ أَنَّهُ قَالَ فِي ذَلِكَ الْفَصْلِ: (خَلا أَنَّ (إنْ) تَجْعَلُهُ لِلاسْتِقْبَالِ وَإِنْ كَانَ مَاضِيًا)، وَقَوْلُ الْخَلِيلِ: إنَّ (سَيَفْعَلُ) جوابُ (لَنْ يَفْعَلَ) كَمَا أَنَّ (لَيَفْعَلَنَّ) جَوابُ (لا يَفْعَلُ) يُرِيدُ أَنَّ (سَيَفْعَلُ) لا يُجَابُ بِهَا الْقَسَمُ فِي الإِثْبَاتِ، كَمَا أَنَّ (لَنْ) لا يُجَابُ بِهَا الْقَسَمُ فِي النَّفْيِ، وَعَكْسُهُمَا (لَيَفْعَلَنَّ)، و(لا يَفْعَلُ).

(وَفِي (سَوْفَ) دِلالَةٌ عَلَى زِيَادَةِ تَنْفِيسٍ).

كَأَنَّهُمْ لَمَّا زَادُوا عَلَى السِّينِ[1] غَيْرَهَا جَعَلُوهَا أَفْسَحَ مِنْهَا، وَقَالُوا: (سَوَّفْتُهُ) فَوَضَعُوا فِعْلا مُوَافِقًا لِسَوْفَ فِي اللَّفْظِ وَالْمَعْنَى، وَإِنْ كَانَ حَرْفًا كَمَا قَالُوا مِنْ (آمِينَ): (أَمَّنَ)، وَإِنْ كَانَ اسْمًا مِنْ أَسْمَاءِ الأفْعَالِ؛ لأنَّ الْحُرُوفَ مَا لَهَا اشْتِقَاقٌ مُطْلَقًا، وَكَذَا الْجَوَامِدُ مِنَ الأَسْمَاءِ فِي أَصْلِ وَضْعِهَا.

قَوْلُهُ: (وَ (أَنْ) تَدْخُلُ عَلَى الْمُضَارِعِ وَالْمَاضِي، فَيَكُونَانِ مَعَهَا فِي تَأْوِيلِ الْمَصْدَرِ).

وَقَدْ تَقَدَّمَ ذَلِكَ، إلا أَنَّهَا إِذَا دَخَلَتْ عَلَى الْمَاضِي لَمْ يَكُنْ لِلاسْتِقْبَالِ، بَلْ يَكُونُ الْمَاضِي عَلَى مَعْنَاهُ فِي الْمُضِيِّ، فَلَوْ قُلْتَ: (يُعْجِبُنِي أَنْ قَامَ غَدًا) لَمْ يَجُزْ، بِخِلافِ (إنْ) الَّتِي لِلشَّرْطِ، فَإِنَّهَا تَقْلِبُ الْمَاضِي إِلَى مَعْنَى الْمُسْتَقْبَلِ.

قَوْلُهُ: (وَمِنْ ثَمَّ لَمْ يَكُنْ بُدٌّ مِنْهَا فِي خَبَرِ " عَسَى ").

قَدْ تَقَدَّمَ ذِكْرُ ذَلِكَ.

قَوْلُهُ: وَلَمَّا انْحَرَفَ الشَّاعِرُ فِي قَوْلِهِ:

عَسَى طَيِّئٌ مِنْ طَيِّئٍ بَعْدَ هَذِهِ ... سَتُطْفِئُ غُلاتِ الْكُلَى وَالْجَوَانِحِ

جَاءَ بِالسِّينِ تَوْفِيرًا لِمَا تَقْتَضِيهِ (عَسَى) مِنْ مَعْنَى الاسْتِقْبَالِ، إلا أَنَّ وَضْعَ السِّينِ

---

(١) السين المفردة: حرف يختصُّ بالمضارع، ويُخلّصه للاستقبال، وينزلُ منه منزلةَ الجزء؛ ولهذا لم يعمل فيه مع اختصاصه به، وليس مقتطعاً من سوفَ خلافاً للكوفيين، ولا مُدّةُ الاستقبالِ معه أضيق منها مع سوف خلافاً للبصريين، ومعنى قول المعربين فيها حرف تنفيس حرف توسيع، وذلك أنها تقلب المضارع من الزمن الضيق - وهو الحال - الى الزمن الواسع وهو الاستقبال، وأوضح من عبارتهم قول الزمخشري وغيره حرف استقبال وزعم بعضهم أنها قد تأتي للاستمرار لا للاستقبال. مغني اللبيب ٥٢/١.

مَوْضِعَ (أَنْ) شَاذٌّ، وَسَبَبُهُ إِمَّا لِأَنَّ (أَنْ) أَكْثَرُ فِي الِاسْتِعْمَالِ فَخَصُّوهَا لِكَثْرَتِهَا، وَإِمَّا لِأَنَّهُ مُقَدَّرٌ بِالْمَصْدَرِ؛ لِأَنَّ مَعْنَى (عَسَى زَيْدٌ أَنْ يَخْرُجَ): قَارَبَ زَيْدٌ الْخُرُوجَ، وَالسِّينُ لَيْسَتْ مَصْدَرِيَّةً فَخُصَّتْ (أَنْ) لِذَلِكَ.

وَمِنْ أَصْنَافِ الْحَرْفِ حَرْفَا الِاسْتِفْهَامِ، وَهُمَا: الْهَمْزَةُ، وَهَلْ

قَالَ: وَيَدْخُلَانِ عَلَى الْجُمْلَتَيْنِ الْفِعْلِيَّةِ وَالاسْمِيَّةِ، فَيَصِيرُ مَعْنَاهُمَا: السُّؤَالَ عَنْ مَضْمُونِهِمَا بَعْدَ أَنْ كَانَ خَبَرًا، كَقَوْلِكَ: (أَزَيْدٌ قَائِمٌ)، وَ(أَقَامَ زَيْدٌ)، وَ(هَلْ زَيْدٌ قَائِمٌ)، وَ(هَلْ قَامَ زَيْدٌ)، إِلَّا أَنَّ الْهَمْزَةَ أَعَمُّ تَصَرُّفًا مِنْ (هَلْ)، إِمَّا لِأَنَّهَا الْأَصْلُ فِي الِاسْتِفْهَامِ، وَ(هَلْ) مَحْمُولَةٌ عَلَيْهَا كَمَا يَقُولُ سِيبَوَيْهِ؛ وَإِمَّا لِأَنَّهَا أَخْصَرُ مِنْهَا فِي اللَّفْظِ، فَتَصَرَّفُوا فِيهَا؛ لِسُهُولَةِ اللَّفْظِ بِهَا أَكْثَرَ مِنْ أُخْتِهَا.

فَمِنْ خَصَائِصِهَا: أَنَّهَا تَقَعُ مَعَ (أَمْ) الْمُتَّصِلَةِ، وَلَا تَقَعُ مَعَهَا (هَلْ) عَلَى مَا تَقَدَّمَ، وَأَمَّا (أَمْ) الْمُنْقَطِعَةُ فَتَقَعُ فِيهِمَا جَمِيعًا، فَإِذَا قُلْتَ: (أَزَيْدٌ عِنْدَكَ أَمْ عَمْرٌو)، فَهَذَا الْمَوْضِعُ لَا يَقَعُ فِيهِ (هَلْ) مَا لَمْ يُقْصَدْ إِلَى (أَمْ) الْمُنْقَطِعَةِ.

وَمِنْهَا: أَنَّهَا يَقَعُ الِاسْمُ بَعْدَهَا مَنْصُوبًا بِتَقْدِيرِ نَاصِبٍ، أَوْ مَرْفُوعًا بِتَقْدِيرِ رَافِعٍ يُفَسِّرُهُ مَا بَعْدَهُ، كَقَوْلِكَ: (أَزَيْدًا ضَرَبْتَ)، وَ(أَزَيْدٌ قَامَ)، وَلَا تَقُولُ: (هَلْ زَيْدًا ضَرَبْتَ)، وَلَا (هَلْ زَيْدٌ قَامَ) إِلَّا عَلَى ضَعْفٍ، وَهُوَ قَوْلُهُ فِي فَصْلٍ تَقَدَّمَ: (وَالْمَرْفُوعُ فِي قَوْلِهِمْ: (هَلْ زَيْدٌ خَرَجَ) فَاعِلُ فِعْلٍ مُضْمَرٍ يُفَسِّرُهُ الظَّاهِرُ)، وَلَمْ يُقْصَدْ بِهِ إِلَّا تَوْجِيهَ الْوَجْهِ الضَّعِيفِ، لَا عَلَى أَنَّ ذَلِكَ سَائِغٌ فِي السَّعَةِ، وَهَذَا مِمَّا يُقَوِّي قَوْلَ سِيبَوَيْهِ فِي أَنَّ أَصْلَهَا أَنْ تَكُونَ بِمَعْنَى: (قَدْ)، فَاقْتَضَتْ وُقُوعَ الْفِعْلِ، وَكَمَا لَا يُقَالُ: (قَدْ زَيْدًا ضَرَبْتَ)، لَا يُقَالُ: (هَلْ زَيْدًا ضَرَبْتَ).

وَمِنْهَا: أَنَّهَا تُسْتَعْمَلُ لِإِنْكَارِ إِثْبَاتِ مَا يَقَعُ بَعْدَهَا، كَقَوْلِكَ: (أَتَضْرِبُ زَيْدًا وَهُوَ أَخُوكَ).

وَ "أَتَقُولُونَ عَلَى اللهِ مَا لَا تَعْلَمُونَ" [الأعراف:٢٨]، وَلَا تَقَعُ (هَلْ) هَذَا الْمَوْقِعَ، وَلَيْسَ مِثْلُ قَوْلِهِ تَعَالَى: **"هَلْ جَزَاءُ الْإِحْسَانِ إِلَّا الْإِحْسَانُ"** [الرحمن:٦٠] مِنْ ذَلِكَ؛ لِأَنَّ ذَلِكَ إِنْكَارٌ لِإِثْبَاتِ مَا وَقَعَ بَعْدَهَا، وَهَذَا نَفْيٌ لَهُ مِنْ أَصْلِهِ.

وَمِنْهَا: أَنَّهَا تَقَعُ قَبْلَ الْوَاوِ وَالْفَاءِ وَثُمَّ عَلَى مَا مَثَّلَ، وَلَا تَقَعُ (هَلْ)، وَإِذَا امْتَنَعَ (هَلْ زَيْدًا ضَرَبْتَ)، فَامْتِنَاعُ هَذَا أَجْدَرُ عَلَى مَا تَقَدَّمَ.

قَالَ: (وَعِنْدَ سِيبَوَيْهِ أَنَّ (هَلْ)، بِمَعْنَى: قَدْ) إِلَى آخِرِهِ.

فَأَصْلُ قَوْلِكَ: (هَلْ خَرَجَ زَيْدٌ): (أَهَلْ خَرَجَ زَيْدٌ)، إلا أَنَّهُمُ الْتَزَمُوا حَذْفَ الأَلِفِ؛ لِكَثْرَةِ وُقُوعِهَا فِي الاسْتِفْهَامِ، وَلِذَلِكَ جَاءَتْ بِمَعْنَى: (قَدْ) فِي مِثْلِ قَوْلِهِ تَعَالَى: "**هَلْ أَتَى عَلَى الإِنْسَانِ**" [الإنسان:١]، وَدُخُولِ الْهَمْزَةِ عَلَيْهَا فِي مِثْلِ قَوْلِهِ:

أَهَلْ رَأَوْنَا............ ....

شَاذٌّ.

قَالَ: (وَتُحْذَفُ الْهَمْزَةُ إِذَا دَلَّ عَلَيْهَا الدَّلِيلُ).

حَذْفُ الْهَمْزَةِ شَاذٌّ، وَإِنَّمَا يَقَعُ لِلضَّرُورَةِ، وَسِرُّهُ أَنَّ الْحُرُوفَ الَّتِي تَدُلُّ عَلَى الإِنْشَاءِ لَهَا صَدْرُ الْكَلامِ، فَلَوْ جَازَ حَذْفُهَا لَجَازَ تَأْخِيرُهَا، وَلَمْ يَجُزْ تَأْخِيرُهَا، فَلَمْ يَجُزْ حَذْفُهَا.

(وَلِلاسْتِفْهَامِ صَدْرُ الْكَلامِ). وَقَدْ تَقَدَّمَ.

وَمِنْ أَصْنَافِ الْحُرُوفِ حَرْفَا الشَّرْطِ، وَهُمَا: إِنْ، وَلَوْ... إِلَى آخِرِهِ

وَهُوَ كُلُّ حَرْفٍ دَخَلَ عَلَى جُمْلَتَيْنِ فِعْلِيَّتَيْنِ، فَجَعَلَ الأُولَى سَبَبًا لِلثَّانِيَةِ، وَلَمْ يَقَعْ مِنَ الْحُرُوفِ كَذَلِكَ إلا (إِنْ) و(لَوْ)، وَفِي (إِذْ مَا) خِلافٌ، إلا (إِنْ) يَرْتَبِطُ بِهَا الشَّرْطُ وَالْمَشْرُوطُ فِي الاسْتِقْبَالِ، و(لَوْ) يَرْتَبِطَانِ بِهَا فِي الْمُضِيِّ عَلَى سَبِيلِ التَّقْدِيرِ، كَقَوْلِكَ فِي (إِنْ): (إِنْ أَكْرَمْتَنِي أَكْرَمْتُكَ)، فَمَعْنَاهُ: الاسْتِقْبَالُ فِيهِمَا، وَفِي (لَوْ): (لَوْ أَكْرَمْتَنِي أَكْرَمْتُكَ)، فَمَعْنَاهُ: الْمُضِيُّ عَلَى سَبِيلِ التَّقْدِيرِ؛ لأَنَّهَا إِذَا دَلَّتْ عَلَى ارْتِبَاطٍ كَانَ مَعْدُومًا، وَأَمَّا الثَّانِي فَلأَنَّهُ إِذَا كَانَ الأَوَّلُ مَعْدُومًا، فَالأَوَّلُ فِيهَا مُرْتَبِطٌ بِالثَّانِي عَلَى سَبِيلِ تَقْدِيرِ الأَوَّلِ، وَظَاهِرُهَا الدِّلالَةُ عَلَى أَنَّ الثَّانِي مُنْتَفٍ، فَيَلْزَمُ مِنْهُ انْتِفَاءُ الأَوَّلِ ضَرُورَةَ أَنَّ انْتِفَاءَ الْمُسَبَّبِ يَدُلُّ عَلَى انْتِفَاءِ السَّبَبِ، وَظَاهِرُ كَلامِ النَّحْوِيِّينَ فِي قَوْلِهِمْ: (لَوْ: حَرْفٌ يَدُلُّ عَلَى امْتِنَاعِ الشَّيْءِ لامْتِنَاعِ غَيْرِهِ) أَنَّهُمْ يَعْنُونَ بِذَلِكَ: امْتِنَاعَ الْجَوَابِ لامْتِنَاعِ الشَّرْطِ؛ لأَنَّهُمْ يَذْكُرُونَهُ مَعَ (لَوْلا)، فَيَقُولُونَ: لَوْلا حَرْفٌ يَدُلُّ عَلَى امْتِنَاعِ الشَّيْءِ لِوُجُودِ غَيْرِهِ، وَهَذَا الْمُمْتَنِعُ هُوَ الثَّانِي بِاتِّفَاقٍ، وَيَقُولُونَ فِي (لَوْ) حَرْفٌ يَدُلُّ عَلَى امْتِنَاعِ الشَّيْءِ لامْتِنَاعِ غَيْرِهِ، وَمَا ذَكَرْنَاهُ أَوْلَى؛ لأَنَّ انْتِفَاءَ السَّبَبِ لا يَدُلُّ عَلَى انْتِفَاءِ الْمُسَبَّبِ، لِجَوَازِ أَنْ يَكُونَ ثَمَّةَ أَسْبَابٌ أُخَرُ، وَانْتِفَاءُ الْمُسَبَّبِ يَدُلُّ عَلَى انْتِفَاءِ كُلِّ سَبَبٍ، فَصَحَّ أَنْ يُقَالَ: إِنَّهَا يَمْتَنِعُ فِيهَا الأَوَّلُ لامْتِنَاعِ الثَّانِي؛ لأَنَّ الثَّانِي هُوَ الْمُسَبَّبُ، فَيَدُلُّ انْتِفَاؤُهُ عَلَى انْتِفَاءِ السَّبَبِ، أَلا تَرَى إِلَى قَوْلِهِ

تَعَالَى: "لَوْ كَانَ فِيهِمَا آلِهَةٌ إِلا اللَّهُ لَفَسَدَتَا" [الأنبياء:٢٢]، فَإِنَّمَا سِيقَ لِلدِّلالَةِ عَلَى انْتِفَاءِ التَّعَدُّدِ فِي الآلِهَةِ بِامْتِنَاعِ الْفَسَادِ، فَدَلَّ امْتِنَاعُ الْفَسَادِ عَلَى امْتِنَاعِ الآلِهَةِ؛ لأَنَّ امْتِنَاعَ تَعَدُّدِ الآلِهَةِ هُوَ الْمَقْصُودُ بِالدِّلالَةِ عَلَيْهِ هَاهُنَا بِامْتِنَاعِ الْفَسَادِ، لا أَنَّ امْتِنَاعَ الْفَسَادِ لامْتِنَاعِ الآلِهَةِ لأَمْرَيْنِ:

أَحَدُهُمَا: أَنَّهُ خِلافُ مَا يُفْهَمُ مِنْ سِيَاقِ أَمْثَالِ هَذِهِ الآيَةِ.

وَالآخَرُ: أَنَّهُ لا يَلْزَمُ مِنَ انْتِفَاءِ الآلِهَةِ انْتِفَاءُ الْفَسَادِ، لِجَوَازِ وُقُوعِ ذَلِكَ، وَإِنْ لَمْ يَكُنْ تَعَدُّدٌ فِي الآلِهَةِ؛ لأَنَّ الْمُرَادَ بِالْفَسَادِ هَاهُنَا: خُرُوجُ هَذَا النِّظَامِ الْمَوْجُودِ فِي السَّمَوَاتِ وَالأَرْضِ عَنْ حَالِهِ الَّتِي هُوَ جَارٍ عَلَيْهَا فِي الْعَادَةِ، وَذَلِكَ جَائِزٌ أَنْ يَفْعَلَهُ اللَّهُ تَعَالَى وَإِنِ انْتَفَى تَعَدُّدُ الآلِهَةِ، وَإِذَا تَحَقَّقَ أَنَّ مَعْنَاهَا فِي الظَّاهِرِ عَلَى أَنَّ الثَّانِي مُنْتَفٍ، فَيَلْزَمُ مِنْهُ نَفْيُ الأَوَّلِ ثَبَتَ أَنَّ مَعْنَاهَا: انْتِفَاءُ الأَوَّلِ لانْتِفَاءِ الثَّانِي.

وَقَدْ تَأْتِي عَلَى مَعْنَى أَنَّ الأَوَّلَ مُرْتَبِطٌ بِالثَّانِي عَلَى سَبِيلِ التَّقْدِيرِ كَمَا تَقَدَّمَ، إلا أَنَّهُ لا يَكُونُ الثَّانِي مُنْتَفِيًا، وَذَلِكَ فِي مِثْلِ قَوْلِهِ فِي الْحَدِيثِ: "نِعْمَ الْعَبْدُ صُهَيْبٌ لَوْ لَمْ يَخَفِ اللَّهَ لَمْ يَعْصِهِ"[(١)]، وَفِي مِثْلِ قَوْلِهِ تَعَالَى: "وَلَوْ أَنَّمَا فِي الأَرْضِ مِنْ شَجَرَةٍ أَقْلامٌ وَالْبَحْرُ يَمُدُّهُ" [لقمان:٢٧]، أَلا تَرَى أَنَّ الشَّرْطَ هَاهُنَا نَفْيُ الْخَوْفِ، وَالْمَشْرُوطُ نَفْيُ الْعِصْيَانِ، فَسِيَاقُ الْكَلامِ أَنَّ بَيْنَ نَفْيِ الْخَوْفِ وَنَفْيِ الْعِصْيَانِ ارْتِبَاطًا عَلَى سَبِيلِ التَّقْدِيرِ، فَلَوْ قُدِّرَ نَفْيُ الْعِصْيَانِ مُنْتَفِيًا عَلَى مَا تَقَدَّمَ فِيمَا هُوَ ظَاهِرُ (لَوْ) لَوَجَبَ ثُبُوتُ الْعِصْيَانِ، إِذْ نَفْيُ نَفْيِ الشَّيْءِ إِثْبَاتٌ لَهُ، فَيَكُونُ قَدْ أَثْبَتَ لَهُ الْعِصْيَانَ، وَهُوَ نَقِيضُ الْمَعْنَى الَّذِي سِيقَ لَهُ الْحَدِيثُ؛ لأَنَّهُ سِيقَ لِلْمَدْحِ، فَكَيْفَ يَمْدَحُهُ بِالْعِصْيَانِ؟

وَكَذَلِكَ الآيَةُ سِيقَتْ عَلَى أَنَّ بَيْنَ ثُبُوتِ كَوْنِ مَا فِي الأَرْضِ مِنْ شَجَرَةٍ أَقْلامًا، وَكَوْنِ الْبَحْرِ مِدَادًا، وَبَيْنَ نَفْيِ النَّفَادِ عَنْ كَلِمَاتِهِ ارْتِبَاطًا، فَلَوْ قُدِّرَ نَفْيُ النَّفَادِ مُنْتَفِيًا عَلَى مَا ذَكَرْنَاهُ مِنْ ظَاهِرِ كَلامِهِمْ فِي (لَوْ)؛ لأَدَّى إِلَى أَنْ يَكُونَ النَّفَادُ حَاصِلا، إِذْ نَفْيُ النَّفْيِ إِثْبَاتٌ لَهُ، فَيَلْزَمُ مِنْهُ خِلافُ مَا عُلِمَ؛ لأَنَّ سِيَاقَ الآيَةِ عَلَى خِلافِهِ وَخِلافِ الْمَعْقُولِ، وَلَكِنْ مِثْلُ ذَلِكَ إِنَّمَا يَأْتِي عِنْدَ قِيَامِ الْقَرَائِنِ الدَّالَّةِ عَلَى ثُبُوتِ الثَّانِي، وَذَلِكَ قَدْ يَكُونُ مِنْ خَارِجٍ، وَقَدْ يَكُونُ مَعْلُومًا مِنْ نَفْسِ سِيَاقِ الْكَلامِ الَّذِي تَضَمَّنَتْهُ (لَوْ).

فَمِثَالُ الأَوَّلِ قَوْلُهُ: " نِعْمَ الْعَبْدُ صُهَيْبٌ "؛ لأَنَّهُ قَدْ عُلِمَ أَنَّ الْعِصْيَانَ عَنْ مِثْلِهِ مُنْتَفٍ،

---

(١) ذكره السخاوي في المقاصد الحسنة (١٢٥٩).

فَإِذَا قَالَ: " لَوْ لَمْ يَخْفِ اللَّـهِ لَمْ يَعْصِهِ " عُلِمَ بِهَذِهِ الْقَرِينَةِ أَنَّهُ لَمْ يُرِدْ نَفْيَ مَا وَقَعَ جَوَابًا.

وَالثَّانِي كَقَوْلِهِ تَعَالَى: "وَلَوْ أَنَّمَا فِي الأَرْضِ" [القمان:٢٧] الآيَةُ، أَلا تَرَى أَنَّ ذِكْرَ أَشْجَارِ الأَرْضِ، وَتَعْدَادَ الْبِحَارِ عَلَى أَنَّهَا أَقْلَامٌ وَمِدَادٌ مِمَّا يُفْهَمُ مِنْهُ أَنَّ الْمُرَادَ نَفْيُ النَّفَادِ لا حُصُولُهُ، فَعُلِمَ مِنْ سِيَاقِ الآيَةِ نَفْيُ النَّفَادِ.

وَبَقِيَ الرَّبْطُ بَيْنَ شَرْطِهَا وَجَوَابِهَا عَلَى تَقْدِيرِ الثُّبُوتِ، وَكَذَلِكَ إِذَا قُلْتَ لِمَنْ جَاءَكَ فَأَثْنَيْتَ عَلَيْهِ: (وَلَوْ لَمْ تَجِئْنِي لأَثْنَيْتُ عَلَيْكَ)، فَمِثْلُ ذَلِكَ يُعْلَمُ أَنَّهُ لَمْ يَقْصِدْ إِلَى نَفْيِ الثَّانِي، وَإِنَّمَا قَصَدَ إِلَى الرَّبْطِ بَيْنَ الأَوَّلِ وَالثَّانِي عَلَى سَبِيلِ الإِثْبَاتِ تَقْدِيرًا.

وَقَدْ يُقَالُ: إِنَّ الانْتِفَاءَ فِي الْجَمِيعِ مُقَدَّرٌ، وَيَكُونُ قَوْلُكَ لِمَنْ أَثْنَيْتَ عَلَيْهِ لَمَّا جَاءَكَ: (وَلَوْ لَمْ تَجِئْنِي لأَثْنَيْتُ عَلَيْكَ) أَنَّ الثَّنَاءَ الْمُرْتَبِطَ بِنَفْيِ الْمَجِيءِ مُنْتَفٍ، وَالثَّنَاءُ الَّذِي حَصَلَ لَيْسَ هُوَ الثَّنَاءَ الْمُرْتَبِطَ بِنَفْيِ الْمَجِيءِ، وَلَكِنْ لَمَّا كَانَا جَمِيعًا ثَنَاءً تُوُهِّمَ أَنَّهُ يَتَعَذَّرُ تَقْدِيرُ انْتِفَائِهِ، وَهَذَا وَإِنِ اسْتَقَامَ فِيمَا وَقَعَ الْجَوَابُ فِيهِ بِلَفْظِ الإِثْبَاتِ، فَإِنَّهُ يَعْسُرُ فِيمَا وَقَعَ الْجَوَابُ بِلَفْظِ النَّفْيِ، وَسَبَبُهُ أَنَّهُ هَاهُنَا الإِكْرَامَانَ خَاصَّانِ، فَأَمْكَنَ أَنْ يُقَدَّرَ مَا أُثْبِتَ غَيْرَ مَا انْتَفَى، وَأَمَّا فِي النَّفْيِ فَيَنْتَفِي كُلُّ مَا يَشْمَلُهُ لِعُمُومِ النَّفْيِ، فَإِذَا قُدِّرَ نَفْيُ النَّفْيِ لَزِمَ الإِثْبَاتُ، فَيَتَنَاقَضُ الْمَعْنَيَانِ: الْمَعْنَى الَّذِي فُهِمَ مِنَ الْقَرِينَةِ، وَهُوَ النَّفْيُ مُطْلَقًا، وَالْمَعْنَى الَّذِي فُهِمَ مِنْ ظَاهِرِ جَوَابِ (لَوْ)، فَوَجَبَ أَنْ يُتَمَسَّكَ فِي النَّفْيِ بِمَا تَقَدَّمَ مِنَ الْقَرِينَةِ، وَسَبَبُهُ أَنَّ دِلالَةَ (لَوْ) عَلَى انْتِفَاءِ جَوَابِهَا دِلالَةُ ظُهُورٍ، وَمَا ذَكَرْنَاهُ فِي النَّفْيِ مِنَ الْقَرَائِنِ مُفِيدَةٌ لِلْعِلْمِ، فَلِذَلِكَ خَرَجَ بِهَا عَنْ ظَاهِرِهَا فِي مِثْلِ مَا تَقَدَّمَ مِنَ الأَمْثِلَةِ.

قَالَ: (وَلا يَخْلُو الْفِعْلانِ فِي بَابِ (إِنْ) مِنْ أَنْ يَكُونَا مُضَارِعَيْنِ) إِلَى آخِرِهِ.

قَالَ الشَّيْخُ: إِذَا كَانَا مُضَارِعَيْنِ فَلَيْسَ فِيهِمَا إِلا الْجَزْمُ، وَهَذَا وَاضِحٌ، وَكَذَلِكَ فِي الأَوَّلِ، فَأَمَّا إِنْ كَانَ الثَّانِي مُضَارِعًا فَجَائِزٌ فِيهِ الْجَزْمُ وَالرَّفْعُ، أَمَّا الْجَزْمُ فَوَاضِحٌ، وَهُوَ الْكَثِيرُ، وَأَمَّا الرَّفْعُ فَلأَنَّهُ لَمَّا بَطَلَ عَمَلُ (إِنْ) لَفْظًا فِي الشَّرْطِ الَّذِي هُوَ أَقْرَبُ إِلَيْهَا جُعِلَتْ غَيْرَ عَامِلَةٍ فِي الْجَوَابِ الَّذِي هُوَ أَبْعَدُ عَنْهَا، وَيُشْبِهُ ذَلِكَ قَوْلُهُمْ: (وَاللَّـهِ إِنْ أَكْرَمْتَنِي لأَكْرِمَنَّكَ)، وَامْتِنَاعُ (وَاللَّـهِ إِنْ تُكْرِمْنِي لأَكْرِمَنَّكَ)، وَكَذَلِكَ (إِنْ زَيْدًا ضَرَبْتَهُ ضَرَبْتُهُ)، وَضَعْفُ (إِنْ زَيْدًا تَضْرِبْهُ أَضْرِبْهُ)؛ لأَنَّهُ لَمَّا أُلْغِيَ الشَّرْطُ بِاعْتِبَارِ الْجَوَابِ لَفْظًا كُرِهَ أَنْ يَعْمَلَ لَفْظًا فِي الشَّرْطِ مَعَ إِلْغَاءِ أَمْرِهِ اللَّفْظِيِّ فِي الْجَوَابِ، فَجِيءَ بِمَا لا يَظْهَرُ فِيهِ إِعْرَابٌ، فَوُضِعَ مَوْضِعَ الْمُضَارِعِ؛ لِيَكُونَ كَأَنَّهُ مُلْغًى بِاعْتِبَارِهِمَا جَمِيعًا، وَلَمَّا حُذِفَ فِعْلُ الشَّرْطِ فِي قَوْلِكَ: (إِنْ زَيْدًا ضَرَبْتَهُ ضَرَبْتُهُ) كُرِهَ أَنْ يُؤْتَى بِالْمُفَسِّرِ مَجْزُومًا مَعَ الْفَصْلِ بَيْنَهُ

وَبَيْنَ الأَوَّلِ؛ لِضَعْفِهِ عَنِ الْعَمَلِ مَعَ الْفَصْلِ، فَخُصَّ بِالْمَاضِي؛ لِيَكُونَ كَأَنَّهُ مُلْغًى مِنْ حَيْثُ اللَّفْظِ لِحُصُولِ الْفَصْلِ بَيْنَهُ وَبَيْنَ عَامِلِهِ.

وَقَدْ زَعَمَ الْمُبَرِّدُ أَنَّ رَفْعَهُ وَإِنْ كَانَ الشَّرْطُ مَاضِيًا كَرَفْعِهِ إِذَا كَانَ الشَّرْطُ مُضَارِعًا عَلَى وَجْهِ الشُّذُوذِ عَلَى تَقْدِيرِ حَذْفِ الْفَاءِ فِي مِثْلِ قَوْلِهِ:

يَا أَقْرَعُ بْنَ حَابِسٍ يَا أَقْرَعُ ... إِنَّكَ إِنْ يُصرَعْ أَخُوكَ تُصْرَعُ

فَيَجْعَلُهُ شَاذًّا عَلَى حَذْفِ الْفَاءِ عَلَى مَا هُوَ أَصْلُ مَذْهَبِهِ، كَمَا يَقُولُهُ هُوَ وَغَيْرُهُ فِي مِثْلِ قَوْلِهِ:

مَنْ يَفْعَلِ الْحَسَنَاتِ اللَّهُ يَشْكُرُهَا ... .

وَأَمَّا وُقُوعُ الْمُضَارِعِ شَرْطًا وَالْجَزَاءِ مَاضِيًا فَقَلِيلٌ، وَيَجِبُ فِي الأَوَّلِ الْجَزْمُ، كَقَوْلِكَ: (إِنْ تُكْرِمْنِي أَكْرَمْتُكَ)، وَإِنَّمَا قَلَّ اسْتِعْمَالُهُ؛ لأَنَّ الْجَزَاءَ فِي الْمَعْنَى بَعْدَ الشَّرْطِ، وَإِذَا جَاءَ الشَّرْطُ الَّذِي هُوَ أَسْبَقُ فِي الْمَعْنَى بِصِيغَةِ الْمُسْتَقْبَلِ، فَالْجَزَاءُ بِذَلِكَ أَجْدَرُ.

وَالْعَامِلُ فِي فِعْلَيِ الشَّرْطِ فِي التَّحْقِيقِ هُوَ حَرْفُ الشَّرْطِ، أَوْ مَا تَضَمَّنَ مَعْنَى حَرْفِ الشَّرْطِ؛ لأَنَّهُ هُوَ الَّذِي اقْتَضَاهُمَا جَمِيعًا، فَوَجَبَ أَنْ يَكُونَ الْعَمَلُ فِيهِمَا لَهُ، فَالَّذِي أَوْجَبَ عَمَلَهُ فِي الأَوَّلِ يُوجِبُ عَمَلَهُ فِي الثَّانِي، وَمَنْ قَالَ: إِنَّ الْعَامِلَ حَرْفُ الشَّرْطِ وَالْفِعْلُ جَمِيعًا فَلَيْسَ بِمُسْتَقِيمٍ لِمَا ذَكَرْنَاهُ، وَلأَنَّهُ لَمْ يَثْبُتْ كَوْنُ فِعْلٍ عَامِلا فِي فِعْلٍ لا مُسْتَقِلا وَلا مُشْتَرِكًا، وَمَا ذَكَرْنَاهُ عَمَلُ حَرْفٍ فِي فِعْلٍ، وَذَلِكَ ثَابِتٌ بِاتِّفَاقٍ، وَهَذَا الْقَوْلُ أَبْعَدُ مِنْ قَوْلِ مَنْ زَعَمَ أَنَّ الْفِعْلَ وَالْفَاعِلَ هُمَا الْعَامِلانِ فِي الْمَفْعُولِ؛ لأَنَّ ذَلِكَ ثَمَّةَ يُوهِمُ أَنَّ الْمَفْعُولِيَّةَ إِنَّمَا كَانَتْ مُقْتَضَاةً بِالْفِعْلِ وَالْفَاعِلِ جَمِيعًا، فَيُتَوَهَّمُ أَنَّ الْفَاعِلَ مَعَ الْفِعْلِ هُمَا اللَّذَانِ تَقَوَّمَتْ بِهِمَا الْمَفْعُولِيَّةُ، وَلَيْسَ كَذَلِكَ هَاهُنَا، فَإِنَّ الشَّرْطَ مُقْتَضٍ لَهُمَا جَمِيعًا اقْتِضَاءً وَاحِدًا، فَلَيْسَ عَمَلُهُ فِي أَحَدِهِمَا بِأَوْلَى مِنَ الآخَرِ، وَلَيْسَ جَعْلُ الشَّرْطِ عَامِلا فِي الْمَشْرُوطِ بِأَوْلَى مِنَ الْعَكْسِ، فَإِنْ زَعَمَ أَنَّ لِلتَّقَدُّمِ أَثَرًا فِي ذَلِكَ فَهُوَ فَاسِدٌ؛ لأَنَّهُ إِنَّمَا تَقَدَّمَ لِكَوْنِهِ شَرْطًا لا لأَمْرٍ يَتَعَلَّقُ بِالْعَمَلِ، وَلِذَلِكَ لَمْ يَجُزْ تَأْخِيرُهُ، وَالْعَامِلُ يَجُوزُ تَأْخِيرُهُ مَا لَمْ يَكُنْ فِيهِ مَانِعٌ، وَلِذَلِكَ وَجَبَ تَقْدِيمُ قَوْلِكَ: (مَنْ ضَرَبْتَ)، وَإِنْ كَانَ الْعَامِلُ (ضَرَبْتُ) لأَمْرٍ عَرَضَ فِي وُجُوبِ تَقْدِيمِ الْمَعْمُولِ وَتَأْخِيرِ الْعَامِلِ، فَثَبَتَ أَنَّ تَقْدِيمَ الشَّرْطِ عَلَى الْجَزَاءِ لا يَقْتَضِي عَمَلا فِيهِ، وَأَنَّهُ لَيْسَ تَقْدِيرُ عَمَلِهِ فِيهِ بِأَوْلَى مِنْ عَمَلِ الْجَزَاءِ فِيهِ.

وَأَمَّا أَسْمَاءُ الشَّرْطِ إِذَا وَقَعَتْ مُبْتَدَأَةً عَلَى الشَّرْطِ الْمُتَقَدِّمِ، كَقَوْلِكَ: (مَنْ يُكْرِمْنِي أُكْرِمْهُ)، وَأَشْبَاهِهِ فَقَدْ قِيلَ: الْخَبَرُ الْجُمْلَةُ الَّتِي هِيَ شَرْطٌ، وَقَدْ قِيلَ: إِنَّ الْخَبَرَ الْجُمْلَةُ

الَّتِي هِيَ الْجَزَاءُ، وَقَالَ قَوْمٌ: مُبْتَدَأٌ لا خَبَرَ لَهُ، وَالصَّحِيحُ أَنَّ الْخَبَرَ الْجُمْلَةُ الَّتِي هِيَ شَرْطٌ، وَبَيَانُهُ مِنْ أَوْجُهٍ:

مِنْهَا: أَنَّ الْجَوَابَ قَدْ يَدْخُلُهُ الْفَاءُ، وَدُخُولُ الْفَاءِ فِي الْخَبَرِ مُمْتَنِعٌ، كَقَوْلِكَ: (مَنْ يُكْرِمْنِي فَإِنِّي أُكْرِمُهُ)، فَإِنْ قُلْتَ: دُخُولُ الْفَاءِ هَاهُنَا عَلَى الْخَبَرِ كَدُخُولِهَا عَلَى الْخَبَرِ فِي قَوْلِكَ: (الَّذِي يُكْرِمُنِي فَإِنِّي أُكْرِمُهُ)، وَإِذَا جَازَ دُخُولُهَا عَلَى خَبَرِ الْمُبْتَدَأِ الْمُشَبَّهِ بِالشَّرْطِ فَدُخُولُهَا عَلَى خَبَرِ الشَّرْطِ أَجْدَرُ؟

قُلْتُ: إِنَّمَا دَخَلَتْ فِي هَذِهِ الْمَسْأَلَةِ تَشْبِيهًا لَهُ بِمَا لَيْسَ بِخَبَرٍ، وَإِلا كَانَ مُمْتَنِعًا، وَلَوْ ذَهَبْتَ تُدْخِلُ الْفَاءَ فِي الشَّرْطِ عَلَى التَّشْبِيهِ بِدُخُولِهَا فِي (الَّذِي)؛ لأَدَّى إِلَى الدَّوْرِ، فَثَبَتَ أَنَّهَا إِنَّمَا دَخَلَتْ فِي الْجَزَاءِ؛ لأَنَّهُ لَيْسَ بِخَبَرٍ، وَأَنَّ دُخُولَهَا فِي خَبَرِ (الَّذِي) لِشَبَهِهَا بِمَا لَيْسَ بِخَبَرٍ.

الآخَرُ: أَنَّهُ يُؤَدِّي إِلَى جَعْلِ الْجُمْلَتَيْنِ جُمْلَةً وَاحِدَةً، بِمَثَابَةِ قَوْلِكَ: (زَيدٌ قَامَ أَبُوهُ)، وَنَحْنُ نَقْطَعُ بِأَنَّهُمَا جُمْلَتَانِ رَبَطَ بَيْنَهُمَا الشَّرْطُ مَعَ بَقَائِهِمَا عَلَى الْجُمْلَتَيْنِ.

وَالآخَرُ: أَنَّهُ قَدْ ثَبَتَ أَنَّهُمْ يَقُولُونَ: (مَا أَنْسَهُ لا أَنس زَيْدًا)، وَلَوْ كَانَ الْجَزَاءُ هُوَ الْخَبَرَ لَوَجَبَ فِيهِ الضَّمِيرُ، فَلَمَّا وَجَبَ فِي الأَوَّلِ دُونَ الثَّانِي دَلَّ عَلَى أَنَّ الشَّرْطَ هُوَ الْخَبَرُ.

وَالآخَرُ: هُوَ أَنَّهُ اسْمٌ بَاشَرَ جُمْلَةً لِمَعْنًى لَيْسَتْ صِلَةً لَهُ وَلا صِفَةً، فَوَجَبَ أَنْ يَكُونَ مَا بَعْدَهُ الْخَبَرَ قِيَاسًا عَلَى (مَنْ يُكْرِمْنِي)، فَإِنَّ الاتِّفَاقَ عَلَى أَنَّهُ ثَمَّ مُبْتَدَأٌ، وَمَا بَعْدَهُ خَبَرَهُ.

وَشُبْهَةُ مَنْ قَالَ: إِنَّ الْجَزَاءَ هُوَ الْخَبَرُ مَا يَلْمَحُهُ مِنْ مَعْنَى أَنَّ الْمُتَكَلِّمَ بِذَلِكَ قَاصِدٌ إِلَى الإِخْبَارِ بِأَنَّهُ يُكْرِمُ مَنْ يُكْرِمُهُ، وَالْفِعْلُ فِي الْمَعْنَى خَبَرٌ عَنِ الْمَفْعُولِ، بِدَلِيلِ صِحَّةِ قَوْلِكَ: (ضُرِبَ زَيْدٌ)، فَيَجْعَلُهُ لأَجْلِ ذَلِكَ هُوَ الْخَبَرَ، وَهَذَا فَاسِدٌ لِمَا تَقَدَّمَ؛ وَلأَنَّهُ إِذَا لَمَحَ ذَلِكَ فِي الْجَزَاءِ، فَمِثْلُهُ فِي الشَّرْطِ حَاصِلٌ؛ لأَنَّهُ مُسْنِدٌ الإِكْرَامَ الأَوَّلَ إِلَى الْمُضْمَرِ الْعَائِدِ عَلَى الْمُبْهَمِ، وَجَعْلُ الْفِعْلِ الْمُسْنَدِ إِلَى ضَمِيرِ الْمُبْتَدَأِ خَبَرًا عَنِ الْمُبْتَدَأِ أَوْلَى مِنْ جَعْلِ الْوَاقِعِ عَلَى الْمُضْمَرِ؛ لأَنَّ ذَاكَ هُوَ الْخَبَرُ عَلَى الْحَقِيقَةِ.

وَأَمَّا مَنْ قَالَ: إِنَّهُ مُبْتَدَأٌ لا خَبَرَ لَهُ، فَخَارِجٌ عَنِ الْمَعْنَى وَقِيَاسِ الْعَرَبِيَّةِ، وَهَذَا لَمَّا رَأَى قَوْلَهُمْ: (أَقَائِمٌ الزَّيْدَانِ) يُسَمَّى مُبْتَدَأً وَلا خَبَرَ لَهُ، ظَنَّ أَنَّ ذَلِكَ يُمْكِنُ اطِّرَادُهُ، وَلَيْسَ بِمُسْتَقِيمٍ، وَإِنَّمَا صَحَّ (أَقَائِمٌ الزَّيْدَانِ)؛ لأَنَّ اسْمَ الْفَاعِلِ بِمَعْنَى الْفِعْلِ، فَكَأَنَّهُ قَالَ: أَيَقُومُ

الزَّيْدانِ؟ بِخِلافِ قَوْلِكَ: (مَنْ يُكْرِمُنِي)، فَإِنِّي حَاكِمٌ عَلَيْـهِ بِالْفِعْـلِ، فَـلا بُـدَّ أَنْ يَكُـونَ مُتَعَلِّقًا لَهُ، أَوْ مُبْتَدَأً هُوَ خَبَرُهُ.

قَوْلُهُ: (وَإِنْ كَانَ الْجَزَاءُ أَمْرًا أَوْ نَهيًا)، إِلَى آخِرِهِ.

قَالَ الشَّيْخُ: فَاءُ الْجَزاءِ يَجِبُ مَجِيئُهَا فِي مَوْضِعٍ، وَيَمْتَنِعُ فِي مَوْضِعٍ، وَيَجُوزُ فِي مَوْضِعٍ، فَلا بُدَّ مِنَ التَّعَرُّضِ لِبَيَانِ ذَلِكَ لِيُعْرَفَ الْوَاجِبُ وَالْمُمْتَنِعُ وَالْجَائِزُ.

فَأَمَّا الْمَوْضِعُ الَّذِي يَمْتَنِعُ دُخُولُ الْفَاءِ فِيهِ، فَأَنْ يَكُونَ مَاضِيًا لَفْظًا أَوْ مَعْنًى مُتَصَرِّفًا قُصِدَ بِهِ الاسْتِقْبَالُ بِحَرْفِ الشَّرْطِ، كَقَوْلِكَ: (إِنْ أَكْرَمْتَنِي أَكْرَمْتُكَ)، و(إِنْ أَسْلَمْتَ لَمْ تَدْخُلِ النَّارَ)، فَإِنَّ هَذَيْنِ جُزْآنِ، أَحَدُهُمَا مَاضٍ لَفْظًا، وَالآخَرُ مَاضٍ مَعْنًى، وَلَكِنَّهُ قُصِدَ بِهِمَا الاسْتِقْبَالُ بِقَرِينَةِ (إِنْ)؛ لأَنَّهَا تَقْلِبُ مَعْنَى الْمَاضِي مُسْتَقْبَلا، سَوَاءٌ كَانَ بِلَفْظِ الْمُضِيِّ أَوْ بِمَعْنَى الْمُضِيِّ قَبْلَ دُخُولِهَا، وَقَوْلُنَا: (مُتَصَرِّفًا) احْتِرَازٌ مِنْ قَوْلِهِ تَعَالَى: "فَإِنْ كَرِهْتُمُوهُنَّ فَعَسَى أَنْ تَكْرَهُوا شَيْئًا" [النساء:١٩]، وَمِثْلِ قَوْلِهِمْ: (إِنْ أَكْرَمْتَنِي فَلَيْسَ زَيْدٌ بِمُكْرِمِكَ)، فَإِنَّهُ مَاضٍ يُوهِمُ أَنَّهُ قُصِدَ بِهِ الاسْتِقْبَالُ بِقَرِينَةِ (إِنْ)، وَيَجِبُ فِيهِ دُخُولُ الْفَاءِ.

وَأَمَّا الْجَائِزُ فَكُلُّ مَوْضِعٍ وَقَعَ فِيهِ الْجَزَاءُ مُضَارِعًا مُثْبَتًا أَوْ مَنْفِيًّا بِلا، كَقَوْلِكَ: (إِنْ أَكْرَمْتَنِي أُكْرِمُكَ)، و(إِنْ أَكْرَمْتَنِي فَأُكْرِمُكَ)، و(إِنْ أَكْرَمْتَنِي لا أُكْرِمُكَ)، و(إِنْ أَكْرَمْتَنِي فَلا أُكْرِمُكَ)، إلا أَنَّ حَذْفَ الْفَاءِ أَكْثَرُ، وَهُوَ فِي الْمُثْبَتِ أَوْلَى، وَمِنْهُ قَوْلُهُ تَعَالَى: "أَنْ تَضِلَّ إِحْدَاهُمَا فَتُذَكِّرُ" [البقرة:٢٨٢] بِالرَّفْعِ عَلَى قِرَاءَةِ حَمْزَةَ، وَهُوَ قَلِيلٌ.

وَأَمَّا فِي النَّفْيِ فَحَذْفُ الْفَاءِ وَالْجَزْمُ، وَهُوَ الأَكْثَرُ، وَجَاءَ أَيْضًا إِثْبَاتُهَا وَالرَّفْعُ كَثِيراً، كَقَوْلِهِ تَعَالَى: "وَمَنْ يَعْمَلْ مِنَ الصَّالِحَاتِ وَهُوَ مُؤْمِنٌ فَلا يَخَافُ" [طه:١١٢] فِي قِرَاءَةِ غَيْرِ ابْنِ كَثِيرٍ.

وَأَمَّا الْوَاجِبُ دُخُولُهَا فِيهِ، فَمَا عَدَا مَا ذَكَرْنَاهُ فِي الْمُمْتَنِعِ وَالْجَائِزِ، كَقَوْلِكَ: (إِنْ أَكْرَمْتَنِي فَأَكْرِمْ زَيْدًا)، أَوْ (فَلا تُكْرِمْ زَيْدًا)، أَوْ (فَقَدْ أَكْرَمْتُكَ أَمْسِ)، أَوْ (فَزَيْدٌ مُنْطَلِقٌ)، أَوْ (فَعَسَى أَنْ تُكْرِمَ عَمْرًا)، أَوْ (فَلَيْسَ زَيْدٌ مُنْطَلِقًا)، أَوْ (فَمَا زَيْدٌ مُنْطَلِقًا)، أَوْ (فَلَنْ يَقُومُ زَيْدٌ)، وَكَذَلِكَ مَا أَشْبَهَهُ.

وَسَبَبُ وُجُوبِ الْفَاءِ قَصْدُهُمْ إِلَى الإِيذَانِ بِأَنَّ الْمَذْكُورَ مَفْهُومٌ مِنْهُ الْجَوَابُ؛ لِكَوْنِهِ فِي الظَّاهِرِ غَيْرَ صَالِحٍ لَهُ، أَمَّا الأَمْرُ وَالنَّهْيُ وَأَشْبَاهُهُمَا مِنَ الإِنْشَاءَاتِ؛ فَلأَنَّ الْجَزَاءَ قَضِيَّةٌ خَبَرِيَّةٌ مُعَلَّقَةٌ عَلَى الشَّرْطِ، فَإِذَا وَقَعَتْ إِنْشَائِيَّةً كَانَتْ فِي الظَّاهِرِ غَيْرَ صَالِحَةٍ، فَجِيءَ بِالْفَاءِ لِلإِيذَانِ بِأَنَّهَا مُؤَوَّلَةٌ بِمَا يَصِحُّ أَنْ تَكُونَ جَزَاءً، فَكَانَ الْمَعْنَى فِي قَوْلِكَ: (إِنْ

تُكْرِمُنِي فَأُكْرِمْ عَمْرًا): إِنْ تُكْرِمْنِي فَهُوَ سَبَبٌ لِتَنْجِيزِ طَلَبِي إِكْرَامَ عَمْرٍو مِنْكَ، فَكَانَتْ مُؤْذِنَةً بِالْقَصْدِ إِلَى هَذَا التَّأْوِيلِ.

وَأَمَّا فِي الْإِخْبَارِ فِي مِثْلِ قَوْلِكَ: (إِنْ أَكْرَمْتَنِي فَزَيْدٌ مُنْطَلِقٌ)، فَإِنَّ الْجَزَاءَ أَصْلُهُ الْفِعْلُ، فَجِيءَ بِالْفَاءِ إِيذَانًا بِأَنَّهَا مُؤَوَّلَةٌ بِأَنَّ الْجَزَاءَ مَا اشْتَمَلَ مِنْ مُشْتَقِّ الْخَبَرِ، أَوْ لِتَحْقِيقِهِ إِنْ لَمْ يَكُنْ مُشْتَقًّا، كَقَوْلِكَ لِأَبِيكَ: (إِنْ أَكْرَمْتَنِي فَأَنْتَ أَبِي)؛ أَيْ: هُوَ سَبَبُ تَحْقِيقِ ذَلِكَ.

وَأَمَّا فِي الْمَاضِي الْمُحَقَّقِ كَقَوْلِكَ: (إِنْ تُكْرِمْنِي فَقَدْ أَكْرَمْتُكَ أَمْسِ)؛ فَلِأَنَّ الْجَزَاءَ فِي الْمَعْنَى إِنَّمَا يَكُونُ فِي الِاسْتِقْبَالِ، فَجِيءَ بِالْفَاءِ إِيذَانًا بِتَأْوِيلٍ مَا يُصَحِّحُ ذَلِكَ، فَمَعْنَى قَوْلِكَ: (إِنْ تُكْرِمْنِي فَسَبَبُهُ إِكْرَامِي لَكَ أَمْسِ) عَلَى مَعْنَى تَحْقِيقِ ذَلِكَ.

وَأَمَّا وُجُوبُهَا مَعَ حَرْفِ التَّنْفِيسِ، فَكَقَوْلِكَ: (إِنْ يَقُمْ زَيْدٌ فَسَيَقُومُ عَمْرٌو)، وَكَقَوْلِهِ تَعَالَى: "وَإِنْ خِفْتُمْ عَيْلَةً فَسَوْفَ يُغْنِيكُمُ اللَّهُ مِنْ فَضْلِهِ" [التوبة:٢٨]، وَمَعَ مَا يَنْفِي الْفِعْلَ كَذَلِكَ، كَقَوْلِكَ: (إِنْ يَقُمْ زَيْدٌ فَلَنْ يَقُومَ عَمْرٌو)، وَمَعَ (مَا) النَّافِيَةِ كَقَوْلِكَ: (إِنْ يَقُمْ زَيْدٌ فَمَا يَقُومُ عَمْرٌو)، وَمَعَ (لَيْسَ)، كَقَوْلِكَ: (إِنْ يَقُمْ زَيْدٌ فَلَيْسَ عَمْرٌو مُنْطَلِقًا)، وَمَعَ (عَسَى) كَقَوْلِكَ: (إِنْ يَقُمْ زَيْدٌ فَعَسَى أَنْ تُكْرِمَ عَمْرًوا).

فَأَمَّا وُجُوبُهَا مَعَ حَرْفِ التَّنْفِيسِ وَمَا يَنْفِيهِ فَلِأَنَّهُ مُفِيدٌ لِلِاسْتِقْبَالِ، وَحَرْفُ الشَّرْطِ الْمُسَلَّطِ عَلَيْهِ مُفِيدٌ لِلِاسْتِقْبَالِ، فَكَرِهُوا الْجَمْعَ بَيْنَ حَرْفَيِ الِاسْتِقْبَالِ كَمَا كَرِهُوهُ فِي قَوْلِكَ: (إِنْ سَوْفَ تَقُمْ أَقُمْ)، وَهُوَ غَيْرُ جَائِزٍ، فَكَذَلِكَ هَاهُنَا، فَأَتَوْا بِالْفَاءِ الْقَاطِعَةِ (إِنْ) عَنْ إِفَادَةِ الِاسْتِقْبَالِ فِيمَا بَعْدَهَا؛ لِيَصِحَّ الْإِتْيَانُ بِمَا يَدُلُّ عَلَى الِاسْتِقْبَالِ، فَوَجَبَ لِذَلِكَ أَنْ تَقُولَ: (إِنْ تُكْرِمْنِي فَسَوْفَ أُكْرِمُكَ)، وَ(فَلَنْ أُكْرِمَكَ).

وَأَمَّا وُجُوبُهَا مَعَ (مَا)، فَلِمَا ذَكَرْنَاهُ مِنْ كَوْنِهَا لِلْحَالِ، فَيُنَافِي حَرْفَ الِاسْتِقْبَالِ، وَإِذَا كَرِهُوا الْجَمْعَ بَيْنَ حَرْفَيْنِ لِمَعْنًى وَاحِدٍ، فَالْجَمْعُ بَيْنَ حَرْفَيْنِ مُخْتَلِفَيْنِ أَبْعَدُ.

وَأَمَّا وُجُوبُهَا مَعَ الْأَفْعَالِ غَيْرِ الْمُتَصَرِّفَةِ فَلِأُمُورٍ:

أَحَدُهَا: أَنَّهَا أَشْبَهَتِ الْحُرُوفَ، وَلِذَلِكَ لَمْ تَتَصَرَّفْ، فَأُجْرِيَتْ مُجْرَاهَا فِي وُجُوبِ الْفَاءِ.

وَالثَّانِي: أَنَّ الْمَاضِيَ عِوَضٌ عَنِ الْمُسْتَقْبَلِ فِي الشَّرْطِ وَجَوَابِهِ، وَهَذِهِ لَا مُسْتَقْبَلَ لَهَا، فَلَمْ يَصِحَّ وُقُوعُ الْمَاضِي فِي مَوْضِعِ الْجَزَاءِ.

وَالثَّالِثُ: أَنَّ وَضْعَهَا عَلَى أَنْ لَا تَقْبَلَ دَلَالَةَ الزَّمَانِ الْمُسْتَقْبَلِ، وَ(إِنْ) هَذِهِ لِلِاسْتِقْبَالِ فِيمَا يَقَعُ جَوَابًا لَهَا، فَكَرِهُوا الْجَمْعَ بَيْنَهُمَا، فَيُؤَدِّي إِلَى التَّنَاقُضِ.

وَالرَّابِعُ: أَنَّهَا لَا تَعْدُو أَنْ تَكُونَ إِنْشَائِيَّةً كَـ (عَسَى)، أَوْ حَالِيَّةً كَـ (لَيْسَ)، وَكِلَاهُمَا مُنَافٍ لِمَا تَقَدَّمَ فِي الْإِنْشَاءِ، وَمَا تَقَدَّمَ فِي (مَا)، وَإِذَا وَجَبَ فِي الْإِنْشَاءِ، و(مَا) عَلَى مَا تَقَدَّمَ وَجَبَ فِي (عَسَى) و(لَيْسَ).

وَأَمَّا امْتِنَاعُ الْفَاءِ مَعَ مَا ذَكَرْنَاهُ؛ فَلِأَنَّهُ فِعْلٌ صَالِحٌ لِأَنْ يَكُونَ جَزَاءً مِنْ غَيْرِ تَأْوِيلٍ، فَلَمْ تَصِحَّ فِيهِ فَاءٌ تُخْرِجُهُ عَنْ مَقْصُودِهِ، وَهُوَ أَنْ يَقَعَ بِنَفْسِهِ جَزَاءً، فَيَلْزَمُ حَذْفُ الْفَاءِ فِيهِ.

وَأَمَّا جَوَازُ الْأَمْرَيْنِ فِي الْمُضَارِعِ الْمُثْبَتِ وَالْمَنْفِيِّ بِـ (لَا)؛ فَلِأَنَّهُ إِذَا كَانَ يَسُوغُ أَنْ يَكُونَ نَفْسُهُ جَزَاءً، فَلَمْ يَحْتَجْ إِلَى الْفَاءِ، وَيَسُوغُ أَنْ يُقَدَّرَ فِي الْمُثْبَتِ خَبَرَ مُبْتَدَأٍ مَحْذُوفٍ، فَيَسُوغُ دُخُولُ الْفَاءِ، وَفِي الْمَنْفِيِّ يَسُوغُ أَنْ تُقَدَّرَ (لَا) نَافِيَةً عَلَى مَعْنَاهَا فِي الِاسْتِقْبَالِ، فَتَدْخُلَ الْفَاءُ مِثْلَهَا حِينَئِذٍ فِي قَوْلِكَ: (إِنْ تُكْرِمْنِي فَلَنْ أُكْرِمَكَ).

فَإِنْ قُلْتَ: فَهَذَا يَقْتَضِي وُجُوبَهَا، فَإِنَّ وَضْعَهَا لِلِاسْتِقْبَالِ؟

قُلْتُ: وَضْعُهَا لِلِاسْتِقْبَالِ مَا لَمْ يَكُنْ حَرْفُ اسْتِقْبَالٍ، أَلَا تَرَى إِلَى صِحَّةِ قَوْلِكَ: (أُرِيدُ أَنْ لَا تَقُومَ)؛ لِأَنَّ (أَنْ) أَفَادَ مَعْنَى الِاسْتِقْبَالِ، وَلَوْ كَانَتْ (لَا) هَاهُنَا لِلِاسْتِقْبَالِ لَمْ يَسْتَقِمْ، فَدَلَّ ذَلِكَ عَلَى صِحَّةِ تَجْرِيدِهَا عَنْ مَعْنَى الِاسْتِقْبَالِ، فَجَازَ الْأَمْرَانِ لِذَلِكَ.

فَإِنْ قُلْتَ: فَلِمَ لَمْ يَجُزِ الْأَمْرَانِ فِي (مَا)، فَيُقَالَ: (إِنْ أَكْرَمْتَنِي مَا أُكْرِمُكَ)، و(إِنْ أَكْرَمْتَنِي فَمَا أُكْرِمُكَ)، وَلِمَ تَعَيَّنَ وُجُوبُ الْفَاءِ؟

قُلْتُ: الَّذِي مَنَعَ أَنْ تَقُولَ: (أُرِيدُ أَنْ مَا تَقُومَ) فِي مَوْضِعِ (أَنْ لَا تَقُومَ) هُوَ الَّذِي مَنَعَ ذَلِكَ، وَهُوَ أَنَّ (مَا) مَعْنَاهَا: الْحَالُ، فَلَمْ يَسْتَقِمْ أَنْ تُجَامِعَ مَا يُنَاقِضُهَا، فَلَمْ يَقُلْ: (أَنْ مَا تَقُومَ)؛ لِأَنَّ (أَنْ) لِلِاسْتِقْبَالِ، وَالْحَالُ يُنَاقِضُهُ، فَلِذَلِكَ لَمْ يَقُلْ: (إِنْ تُكْرِمْنِي مَا أُكْرِمُكَ)؛ لِأَنَّ الشَّرْطَ وَالْجَزَاءَ لِلِاسْتِقْبَالِ، وَالْحَالُ يُنَاقِضُهُ، فَلَمْ يَجُزْ فِي (مَا) مَا جَازَ فِي (لَا).

فَإِنْ قُلْتَ: فَالْمُضَارِعُ فِي الْإِثْبَاتِ صَالِحٌ لِأَنْ يَكُونَ نَفْسَ الْجَوَابِ، فَكَانَ قِيَاسُهُ أَنْ يَمْتَنِعَ دُخُولُ الْفَاءِ فِيهِ كَالْمَاضِي.

قُلْتُ: كَذَلِكَ كَانَ قِيَاسُهُ، وَلِذَلِكَ كَانَ الْأَكْثَرُ عَلَى ذَلِكَ، وَلَكِنَّهُ لَمَّا كَانَ يُمْكِنُ تَقْدِيرُ الْمُبْتَدَأِ مَحْذُوفًا؛ صَحَّ دُخُولُ الْفَاءِ عَلَى هَذَا التَّأْوِيلِ، فَيَصِيرُ بِمَثَابَةِ مَا ذُكِرَ فِيهِ الْمُبْتَدَأُ.

فَإِنْ قُلْتَ: فَلِمَ لَمْ يُقَدَّرْ ذَلِكَ فِي الْمَاضِي، وَحِينَئِذٍ يَجُوزُ إِدْخَالُ الْفَاءِ؟

قُلْتُ: لَا يُمْكِنُ ذَلِكَ فِي الْمَاضِي؛ لِأَنَّهُ إِذَا قُدِّرَ ذَلِكَ صَارَ الْفِعْلُ فِي سِيَاقِ خَبَرِ الْمُبْتَدَأِ، فَيَلْزَمُ مِنْهُ مَعْنَاهُ، وَهُوَ الْمُضِيُّ، وَتَبْطُلُ إِفَادَةُ الِاسْتِقْبَالِ فِيهِ؛ لِانْقِطَاعِهِ عَنِ الشَّرْطِ.

فَيَخْتَلُّ مَعْنَى الْجَزَاءِ؛ لأَنَّهُ حِينَئِذٍ يَصِيرُ مَاضِيًا مِنْ جِهَةِ الْفِعْلِ مُسْتَقْبَلا مِنْ جِهَةِ الشَّرْطِ، وَذَلِكَ غَيْرُ مُسْتَقِيمٍ.

فَإِنْ قُلْتَ: فَقَدْ جَاءَ الْمَاضِي مُصَرَّحًا بِهِ فِي قَوْلِكَ: (إِنْ أَكْرَمْتَنِي الْيَوْمَ فَقَدْ أَكْرَمْتُكَ أَمْسِ)، فَكَيْفَ يَكُونُ تَقْدِيرُ كَوْنِهِ مَاضِيًا فِي الْمَعْنَى مَفْسِدًا؟

قُلْتُ: صَحَّ ثَمَّةَ؛ لأَنَّ الْمُضِيَّ مَقْصُودٌ لَيْسَ إلا، وَالْجَزَاءُ عَلَى التَّأْوِيلِ الْمُتَقَدِّمِ، وَأَمَّا هَاهُنَا فَلَمْ يُقْصَدْ بِهِ مِنْ حَيْثُ الْمَعْنَى إلا الاسْتِقْبَالُ، وَالْفِعْلُ غَيْرُ صَالِحٍ لَهُ لا بِنَفْسِهِ وَلا بِالشَّرْطِ، فَلِذَلِكَ اخْتَلَّ هَاهُنَا، وَلَمْ يَخْتَلَّ ثَمَّةَ، فَثَبَتَ أَنَّهُ لا يَلْزَمُ مِنْ جَوَازِ دُخُولِ الْفَاءِ فِي الْمُضَارِعِ جَوَازُ دُخُولِهَا فِي الْمَاضِي، وَامْتِنَاعُ دُخُولِهَا فِي: (إِنْ أَكْرَمْتَنِي لَمْ أُكْرِمْكَ)، كَامْتِنَاعِهَا فِي الْمَاضِي سَوَاءٌ.

(وَقَدْ تَجِيءُ الْفَاءُ مَحْذُوفَةً فِي الشُّذُوذِ، كَقَوْلِهِ:

مَنْ يَفْعَلِ الْحَسَنَاتِ اللَّهُ يَشْكُرُهَا ....

وَمِثْلُ ذَلِكَ مُتَّفَقٌ عَلَى تَأْوِيلِهِ، وَإِنَّمَا الْخِلافُ فِي مِثْلِ قَوْلِكَ: (إِنْ تُكْرِمْنِي أُكْرِمُكَ)، فَالْمُبَرِّدُ يَقُولُ: عَلَى حَذْفِ الْفَاءِ أَيْضًا، وَسِيبَوَيْهِ يَقُولُ: عَلَى التَّقْدِيمِ، كَأَنَّهُ قَالَ: أُكْرِمُكَ إِنْ تُكْرِمْنِي)، وَهُوَ قَرِيبٌ.

قَوْلُهُ: (وَيُقَامُ (إِذَا) مُقَامَ الْفَاءِ).

يَعْنِي: إِذَا كَانَ الْمَوْضِعُ لِلابْتِدَاءِ وَالْخَبَرِ، لا فِي غَيْرِهِ، كَقَوْلِكَ: (إِنْ تُكْرِمْنِي إِذَا زَيْدٌ يُكْرِمُكَ).

فَأَمَّا فِي غَيْرِهِ فَلا، لَوْ قُلْتَ: (إِنْ تُكْرِمْنِي إِذَا أُكْرِمْ زَيْدًا)، لَمْ يَجُزْ؛ لأَنَّهَا الَّتِي لِلْمُفَاجَأَةِ، فَلا يَقَعُ بَعْدَهَا إلا الْجُمْلَةُ الْخَبَرِيَّةُ؛ لأَنَّ وَضْعَهَا لِمُفَاجَأَةِ أَمْرٍ مَحْكُومٍ عَلَيْهِ بِحُكْمٍ، وَذَلِكَ إِنَّمَا يَكُونُ فِي الْجُمَلِ الْخَبَرِيَّةِ، فَلا يَسْتَقِيمُ فِي الأَمْرِ وَالنَّهْيِ وَلا فِي جَمِيعِ الإِنْشَاءَاتِ، وَإِنَّمَا لَمْ يَكُنْ فِي الْجُمْلَةِ الْفِعْلِيَّةِ الْخَبَرِيَّةِ كَرَاهَةَ أَنْ تَلْتَبِسَ بِـ (إِذَا) الَّتِي لِلشَّرْطِ، لأَنَّ وَضْعَ تِلْكَ عَلَى وُقُوعِ الْفِعْلِ بَعْدَهَا لاقْتِضَائِهَا الشَّرْطَ، فَخَصُّوا هَذِهِ بِالاسْمِيَّةِ؛ لِيَحْصُلَ الْفَرْقُ بَيْنَهُمَا.

قَالَ: (وَلا تُسْتَعْمَلُ (إِنْ) إلا فِي الْمَعَانِي الْمُحْتَمَلَةِ الْمَشْكُوكِ فِي كَوْنِهَا).

قَالَ الشَّيْخُ: هَذَا رَاجِعٌ إِلَى الْوَضْعِ لِهَذَا الْمَعْنَى، وَلِذَلِكَ اسْتَقْبَحُوهُ فِي مِثْلِ (إِنِ احْمَرَّ الْبُسْرُ آتِكَ)، وَلِذَلِكَ لَمْ يَصْدُرْ (إِنْ بُعِثْنَا كَانَ كَذَا) إلا مِنْ شَاكٍّ أَوْ مُقَدِّرٍ لِلشَّكِّ كَمَا

تُقَدَّرُ الْأَشْيَاءُ الثَّابِتَةُ، وَهِيَ فِي الْحُرُوفِ بِمَثَابَةِ (مَتَى) فِي الْأَسْمَاءِ، بِخِلَافِ (إِذَا)، فَإِنَّهَا ظَاهِرَةٌ فِي الثَّابِتِ، فَتَقُولُ: (إِذَا طَلَعَتِ الشَّمْسُ أَتَيْتُكَ)، وَ(مَتَى أَكْرَمْتَنِي أَكْرَمْتُكَ)، وَإِنْ كَانَتْ (إِذَا) قَدِ اسْتُعْمِلَتْ كَثِيرًا فِي الْمَشْكُوكِ فِيهِ بِخِلَافِ (مَتَى) وَ(إِنْ) فِي الثَّابِتِ، فَتَقُولُ: (إِذَا أَكْرَمْتَنِي أَكْرَمْتُكَ)، وَلَا تَقُولُ: (مَتَى مَاتَ زَيْدٌ كَانَ كَذَا)، وَلَكِنْ (مَتَى دَخَلْتِ الدَّارَ فَأَنْتِ طَالِقٌ).

قَوْلُهُ: (وَتَجِيءُ مَعَ زِيَادَةِ (مَا) فِي آخِرِهَا لِلتَّأْكِيدِ).

قَالَ: وَالْأَحْسَنُ حِينَئِذٍ أَنْ يَكُونَ فِعْلُهَا مُسْتَقْبَلًا مُؤَكَّدًا بِالنُّونِ، كَقَوْلِهِ تَعَالَى: ﴿فَإِمَّا نَذْهَبَنَّ بِكَ﴾ [الزخرف:٤١]، وَأَمْثَالُهُ كَثِيرٌ فِي الْقُرْآنِ، وَقَدْ تَقَدَّمَ ذَلِكَ.

قَالَ: (وَالشَّرْطُ كَالِاسْتِفْهَامِ).

فَقَدْ تَقَدَّمَ تَعْلِيلُهُ فِي أَنَّ كُلَّ مَا يَدُلُّ عَلَى الْإِنْشَاءِ فَلَهُ رُتْبَةُ التَّقَدُّمِ، وَلَمْ يُسْتَثْنَ مِنْ ذَلِكَ إِلَّا بَابُ (زَيْدًا أَكْرِمْ)، وَ(زَيْدًا لَا تُكْرِمْ)، أَمَّا (زَيْدًا أَكْرِمْ)، فَإِمَّا أَنْ يَكُونَ لِكَثْرَتِهِ فِي كَلَامِهِمْ جَعَلُوا لَهُ فِي التَّقْدِيمِ وَالتَّأْخِيرِ شَيْئًا لَيْسَ لِغَيْرِهِ، وَإِمَّا لِكَوْنِهِ مُجَرَّدًا عَنِ الْحَرْفِ الدَّالِّ عَلَى الْإِنْشَاءِ، فَإِنِ اعْتُرِضَ بِقَوْلِهِمْ: (زَيْدًا لَيَضْرِبْ عَمْرٌو)، فَهُوَ قَلِيلٌ، ثُمَّ التَّحْقِيقُ فِيهِ أَنَّهُ مَحْمُولٌ عَلَى (زَيْدًا اضْرِبْ)؛ لِأَنَّهُ مِثْلُهُ فِي الْمَعْنَى.

وَأَمَّا (زَيْدًا لَا تَضْرِبْ)، فَمَحْمُولٌ عَلَى الْأَمْرِ، فَإِنَّهُمَا أَخَوَانِ فِي الْكَثْرَةِ وَالطَّلَبِ، فَلَمَّا جَازَ مَا تَقَدَّمَ فِي الْأَمْرِ جَازَ مِثْلُهُ فِي النَّهْيِ، وَلَمَّا كَانَ الشَّرْطُ كَالِاسْتِفْهَامِ فِي الْإِنْشَاءِ وَوُجُودِ الْحَرْفِ الدَّالِّ عَلَى ذَلِكَ وَجَبَ لَهُ صَدْرُ الْكَلَامِ الَّذِي هُوَ فِيهِ، فَلَمْ يَجُزْ (عَمْرًا إِنْ تَضْرِبْ أَضْرِبْ)، وَلَا أَشْبَاهُ ذَلِكَ.

فَأَمَّا إِذَا تَقَدَّمَ مِثْلُ قَوْلِكَ: (أَنْتِ طَالِقٌ إِنْ دَخَلْتِ الدَّارَ)، فَهَذَا مِمَّا اخْتُلِفَ فِيهِ، فَمِنْهُمْ مَنْ يَقُولُ: هُوَ الْجَزَاءُ، وَمِنْهُمْ مَنْ يَقُولُ: هُوَ جُمْلَةٌ مُسْتَقِلَّةٌ دَلَّتْ عَلَى الْجَزَاءِ، وَلَيْسَ هَذَا الْخِلَافُ بِالْمُسَوِّغِ: (زَيْدًا إِنْ تَضْرِبْ أَضْرِبْ)؛ لِأَنَّ الْقَائِلَ بِأَنَّ الَّذِي تَقَدَّمَ هُوَ الْجَزَاءُ مُلْتَزِمٌ بِأَنَّ جُمْلَةَ الشَّرْطِ الَّتِي هِيَ الْإِنْشَاءُ لَا يَتَقَدَّمُ شَيْءٌ مِمَّا فِي حَيِّزِهَا عَلَيْهَا، وَمَا تَقَدَّمَ جُمْلَةٌ أُخْرَى لَيْسَتْ جَزَاءً مِنْ جُمْلَةِ الشَّرْطِ، فَلَمْ يَكُنْ مِثْلَ قَوْلِكَ: (زَيْدًا إِنْ تَضْرِبْ أَضْرِبْ).

وَالْوَجْهُ أَنَّ الْجَزَاءَ مُقَدَّرٌ مِثْلُهُ، إِلَّا أَنَّهُ حُذِفَ لِلْعِلْمِ بِهِ، وَيَتَمَسَّكُ مَنْ ذَهَبَ إِلَى الْأَوَّلِ بِأَنَّ هَذَا الْكَلَامَ الْمُتَقَدِّمَ لَوْ كَانَ إِخْبَارًا مُطْلَقًا وَلَيْسَ مُعَلَّقًا عَلَى الشَّرْطِ؛ لَوَجَبَ أَنْ تَطْلُقَ وَإِنْ لَمْ تَدْخُلِ الدَّارَ، وَلَمَّا لَمْ يَكُنْ ذَلِكَ، وَكَانَ بِمَثَابَةِ مَا لَوْ قَالَ: إِنْ دَخَلْتِ الدَّارَ

فَأَنْتِ طَالِقٌ بِالإجْمَاعِ، وَجَبَ أَنْ يُقْضَى عَلَيْهِ بِالْجَوَابِ، إِذْ لا مَعْنَى لِلْجَوَابِ إلا مَا عُلِّقَ عَلَى الشَّرْطِ، وَهُوَ مَعْنًى قَوِيٌّ، إلا أَنَّ الأحْكَامَ اللَّفْظِيَّةَ تُعَارِضُهُ.

فَمِنْهَا: أَنَّهُ لَوْ كَانَ هُوَ الْجَوَابَ؛ لَوَجَبَ دُخُولُ الْفَاءِ مِنْ طَرِيقِ الأوْلَى، وَبَيَانُ الأوْلَوِيَّةِ هُوَ: أَنَّهُ إِذَا تَأَخَّرَ فَالإجْمَاعُ عَلَى وُجُوبِ دُخُولِ الْفَاءِ عَلَى جَوَابِ الشَّرْطِ مَعَ تَقَدُّمِ مَا يُشْعِرُ بِالْجَزَاءِ، وَهُوَ الشَّرْطُ، فَلأنْ يَلْزَمَ إِذَا تَقَدَّمَ عَلَى الشَّرْطِ أَوْلَى.

وَمِنْهَا: أَنَّهُ كَانَ يَجِبُ جَزْمُهُ إِذَا كَانَ مِمَّا يَقْبَلُ الْجَزْمَ، كَقَوْلِكَ: (تُكْرِمُنِي إِنْ أُكْرِمْكَ)، فَوُجُوبُ الرَّفْعِ دَلِيلٌ عَلَى أَنَّهُ لَيْسَ بِالْجَزَاءِ، فَإِنْ زَعَمَ أَنَّ رَفْعَهُ إِنَّمَا كَانَ لِتَقْدِيمِهِ عَلَى عَامِلِهِ؛ لَزِمَهُ أَنْ يُبْطِلَ عَمَلَ كُلِّ مَعْمُولٍ إِذَا تَقَدَّمَ، وَهُوَ خِلافُ الإجْمَاعِ.

وَمِنْهَا: أَنَّهُ كَانَ يَلْزَمُهُ أَنْ يُجِيزَ (عَمْرًا إِنْ تَضْرِبْ زَيْدًا أَضْرِبْ)، فَيَكُونَ (عَمْرًا) مَعْمولا لِلْجَزَاءِ؛ لأنَّ الْجَزَاءَ يَصِحُّ تَقْدِيمُهُ فِي هَذَا الْمَوْضِعِ، فَلْيَصِحَّ تَقْدِيمُ مَعْمُولِهِ.

وَمِنْهَا: أَنَّهُ يَجُوزُ أَنْ يُقَالَ: (زَيْدًا اضْرِبْ إِنْ تَقُمْ)، وَلا يَجُوزُ أَنْ يُقَالَ: (إِنْ تَقُمْ زَيْدًا اضْرِبْ)؛ لأنَّ مَعْمُولَ الْجَزَاءِ صَارَ فَاصِلا بَيْنَ الشَّرْطِ وَالْجَزَاءِ، وَهُوَ أَجْنَبِيٌّ بِالنِّسْبَةِ إِلَى الشَّرْطِ، وَلَوْ كَانَ مَا تَقَدَّمَ جَزَاءً؛ لَكَانَ حُكْمُ الْجَزَاءِ فِي امْتِنَاعِ تَقْدِيمِ مَعْمُولِهِ عَلَيْهِ عَلَى مَا كَانَ عَلَيْهِ، فَلَمَّا لَمْ يَكُنْ ذَلِكَ دَلَّ عَلَى أَنَّهُ لَيْسَ بِالْجَزَاءِ.

وَمِنْهَا: أَنَّهُ لا يَجُوزُ أَنْ يُقَالَ: (اضْرِبْ غُلامَهُ إِنْ تَضْرِبْ زَيْدًا)، وَلَوْ كَانَ ذَلِكَ هُوَ الْجَزَاءَ لَجَازَ الإضْمَارُ؛ لأنَّهُ فِي النِّيَّةِ مُؤَخَّرٌ عَنْ زَيْدٍ، فَيَكُونُ مِثْلَ (ضَرَبَ غُلامَهُ زَيْدٌ)، فَلَمَّا لَمْ يَجُزْ ذَلِكَ دَلَّ أَنَّهُ لَيْسَ بِالْجَزَاءِ.

وَمَا ذَكَرُوهُ مِنَ الْمَعْنَى لا يُنَافِي تَقْدِيرَ الْجَوَابِ وَتَعْلِيقَ هَذَا الْخَبَرِ، وَالَّذِي يَدُلُّ عَلَيْهِ أَنَّ الْقَائِلَ لَوْ شَرَعَ فِي قَوْلِهِ: (أَنْتِ طَالِقٌ) وَلَمْ يَخْطُرْ بِبَالِهِ شَرْطٌ، ثُمَّ خَطَرَ لَهُ قَبْلَ تَمَامِ اللَّفْظِ أَنْ يُعَلِّقَهُ عَلَى شَرْطٍ صَحَّ تَعْلِيقُهُ بِذَلِكَ، وَلَوْ كَانَ جَوَابًا لِلشَّرْطِ لَمْ يَسْتَقِمْ أَنْ يَجْعَلَهُ لَهُ بَعْدَ أَنْ لَفَظَ بِأَكْثَرِهِ مِنْ غَيْرِ خُطُورِهِ، أَلا تَرَى أَنَّهُ لَوْ قَالَ: (زَيْدًا) فَنَصَبَهُ بِمَا بَعْدَهُ لَمْ يَكُنْ بُدٌّ قَبْلَ ذِكْرِهِ زَيْدًا أَنْ يَكُونَ قَاصِدًا إِلَى مَا ذَكَرَهُ بَعْدَهُ، كَقَوْلِكَ: (زَيْدًا ضَرَبْتُ) وَشِبْهِهِ، فَلَمَّا صَحَّ أَنْ يَذْكُرَ الشَّرْطَ بَعْدَ أَنْ ذَكَرَ مَا قَبْلَهُ مِنْ غَيْرِ خُطُورِ الشَّرْطِ دَلَّ عَلَى أَنَّهُ لَيْسَ جَوَابًا لَهُ، وَالسِّرُّ فِيهِ هُوَ أَنَّهُ لا يُحْكَمُ عَلَى الْكَلامِ بِالْخَبَرِيَّةِ مُطْلَقًا إلا بَعْدَ تَمَامِهِ، فَإِذَا لَمْ يَتِمَّ صَحَّ تَعْلِيقُهُ كَمَا فِي غَيْرِ ذَلِكَ مِنَ الأحْكَامِ، كَقَوْلِكَ: (جَاءَ الْقَوْمُ إلا زَيْدًا) عَلَى مَا تَقَدَّمَ فِي الاسْتِثْنَاءِ.

فَإِنْ قُلْتَ: فَإِذَا صَحَّ تَعْلِيقُهُ قَبْلَ التَّمَامِ فِي الْمَعْنَى، فَلِمَ لا يَصِحُّ جَعْلُهُ جَزَاءً فِي

الْمَعْنَى، وَإِنْ شَرَعَ فِيهِ وَهُوَ غَيْرُ جَزَاءٍ؟

قُلْتُ: لا يَسْتَقِيمُ أَنْ يَكُونَ الشَّيْءُ جَزَاءً بَعْدَ أَنْ شُرِعَ فِيهِ، وَهُوَ غَيْرُ جَزَاءٍ؛ لأَنَّهُ بِمَثَابَةِ الْجُزْءِ مِنَ الْجُمْلَةِ بِخِلافِ مَضْمُونَاتِ الْجُمَلِ، فَإِنَّهَا لَيْسَتْ مَأْخُوذَةً مِنْ أَحَدِ الأَجْزَاءِ، أَلا تَرَى أَنَّكَ لَوْ قُلْتَ: (قَائِمٌ)، وَأَنْتَ تَقْصِدُ بِهِ الإِخْبَارَ عَنْ زَيْدٍ، فَتَقُولُ: (زَيْدٌ قَائِمٌ) لَمْ يَجُزْ أَنْ تَجْعَلَهُ بَعْدَ ذَلِكَ غَيْرَ خَبَرٍ، وَلا خَبَرًا عَنْ غَيْرِ زَيْدٍ.

فَإِنْ قُلْتَ: لَوْ قَالَ الْقَائِلُ: (قَائِمٌ)، قَاصِدًا بِهِ الإِخْبَارَ عَنْ زَيْدٍ، ثُمَّ بَدَا لَهُ فِي الإِخْبَارِ عَنْهُ، وَقَصَدَ الإِخْبَارَ عَنْ عَمْرٍو لَجَازَ أَنْ يَقُولَ: (عُمَرُو)، وَلا يُفْهَمُ مِنْهُ إلا الإِخْبَارُ عَنْ عَمْرٍو، فَدَلَّ ذَلِكَ عَلَى أَنَّ حُكْمَ الْمُفْرَدِ حُكْمُ مَا ذَكَرْتَ مِنَ النَّسَبِ؟

قُلْتُ: هَذَا الْمِثَالُ تَخْيِيلٌ؛ لأَنَّ السَّامِعَ لَوْ عَلِمَ غَلَطَهُ فِي بَاطِنِهِ لَحَكَمَ بِالْفَسَادِ عَلَيْهِ، وَلَكِنَّهُ لَمَّا لَمْ يَعْلَمْ، وَكَانَتْ حَالُهُ حَالَ الْمُخْبِرِ عَنْ عَمْرٍو لَمْ يَحْكُمْ بِالْخَطَإِ، فَظَهَرَ الْفَرْقُ بَيْنَهُمَا.

قَالَ: (وَلا بُدَّ مِنْ أَنْ يَلِيَهُمَا الْفِعْلُ).

يَعْنِي: (إِنْ) و(لَوْ)؛ لأَنَّهُمَا حَرْفَا شَرْطٍ، وَالشَّرْطُ إِنَّمَا يُعْقَلُ بِالْفِعْلِ، فَالْتَزَمُوا فِيهِمَا وَقُوعَ الْفِعْلِ لَفْظًا أَوْ تَقْدِيرًا، وَنَحْوُ قَوْلِهِ تَعَالَى: "**لَوْ أَنْتُمْ تَمْلِكُونَ**" [الإسراء:١٠٠] الآيَةُ، لا بُدَّ فِيهِ مِنْ تَقْدِيرِ الْفِعْلِ، لِيُوَفَّرَ عَلَى (لَوْ) مَا ذُكِرَ مِنْ مُقْتَضَاهَا، فَـ (أَنْتُمْ) إِذَنْ فَاعِلٌ لِـ (تَمْلِكُ) الْمُقَدَّرِ، وَهُوَ الَّذِي كَانَ اللَّفْظُ بِهِ لَوْ ذُكِرَ الْفِعْلُ وَاوًا؛ لأَنَّهُ ضَمِيرُ الْمُخَاطَبِ الْمُتَّصِلُ بِالْفِعْلِ الْمُضَارِعِ، كَقَوْلِكَ: (تَضْرِبُونَ)، و(تَأْكُلُونَ)، وَكَذَلِكَ (تَمْلِكُونَ)، فَلَمَّا حُذِفَ الْفِعْلُ تَعَذَّرَ الاتِّصَالُ، فَعُدِلَ إِلَى الْمُنْفَصِلِ الْمَرْفُوعِ؛ لأَنَّهُ فَاعِلٌ، وَضَمِيرُ الْمُنْفَصِلِ الْمَرْفُوعِ لِلْمُخَاطَبِينَ الْمُذَكَّرِينَ لا يَكُونُ إلا (أَنْتُمْ)، فَوَجَبَ الإِتْيَانُ بِهَا مَوْضِعَ تِلْكَ الْوَاوِ الَّتِي كَانَتْ عِنْدَ ذِكْرِ الْفِعْلِ، فَقِيلَ: (لَوْ أَنْتُمْ).

وَلَوْ قَالَ قَائِلٌ: إِنَّ (أَنْتُمْ) تَأْكِيدٌ لِلضَّمِيرِ فِي قَوْلِكَ: (تَمْلِكُونَ) الْمَحْذُوفِ، وَالْفِعْلُ وَالْفَاعِلُ جَمِيعًا مَحْذُوفَانِ لَمْ يَكُنْ بَعِيدًا، وَلَكِنَّ الأَوَّلَ أَوْلَى.

قَوْلُهُ: وَلِذَلِكَ لَمْ يَجُزْ (لَوْ زَيْدٌ ذَاهِبٌ)، وَلا (إِنْ عَمْرٌو خَارِجٌ).

لأَنَّهُ لَيْسَ بَعْدَهُ فِعْلٌ يَكُونُ تَفْسِيرًا لِلْفِعْلِ الْمُقَدَّرِ، وَلا يَسْتَقِيمُ أَيْضًا تَقْدِيرُ الْفِعْلِ؛ لأَنَّ (زَيْدٌ ذَاهِبٌ) مُبْتَدَأٌ وَخَبَرٌ، وَلا يَكُونُ الْمُبْتَدَأُ فَاعِلا، فَامْتَنَعَ ذَلِكَ.

قَوْلُهُ: (وَلِطَلَبِهِمَا الْفِعْلَ)، إِلَى آخِرِهِ.

قَدْ أَطْلَقَ ذَلِكَ، وَالصَّوَابُ أَنْ يُقَالَ: (إِنْ كَانَ الْخَبَرُ مِمَّا يَصِحُّ التَّعْبِيرُ عَنْهُ بِالْفِعْلِ)، فَأَمَّا إِذَا لَمْ يَكُنْ كَذَلِكَ لَمْ يَقَعْ إِلَّا الِاسْمُ، كَمَا فِي قَوْلِهِ تَعَالَى: "وَلَوْ أَنَّمَا فِي الْأَرْضِ مِنْ شَجَرَةٍ أَقْلَامٌ" [لقمان:٢٧]، وَلَيْسَ عِلَّةُ وُجُوبِ الْفِعْلِ هَاهُنَا كَعِلَّةِ وُجُوبِهِ فِي (لَوْ زَيْدٌ ذَهَبَ)؛ لِأَنَّهُ فِي قَوْلِكَ: (لَوْ زَيْدٌ ذَهَبَ) لِأَمْرَيْنِ مَعْنَوِيَّيْنِ كَمَا تَقَدَّمَ، وَهُوَ هَاهُنَا لِأَمْرٍ اسْتِحْسَانِيٍّ لَفْظِيٍّ، أَلَا تَرَى أَنَّهُمْ لَوْ قَالُوا: (لَوْ أَنَّ زَيْدًا ذَاهِبٌ لَأَكْرَمْتُكَ) لَكَانَ الْمَعْنَى مُسْتَقِيمًا كَمَا يَقُولُونَ: (لَوْ أَنَّ زَيْدًا أَخُوكَ)، وَلَكِنَّهُمُ الْتَزَمُوا وُقُوعَ الْفِعْلِ إِذَا أَمْكَنَ لِيَكُونَ فِي الصُّورَةِ مُوَافِقًا لِقَوْلِهِ تَعَالَى: "إِنِ امْرُؤٌ هَلَكَ" [النساء:١٧٦]، فَإِنَّهُ عِوَضٌ مِنَ اللَّفْظِ بِالْفِعْلِ الْمَحْذُوفِ، وَالْفَرْقُ بَيْنَهُمَا أَنَّ فِي قَوْلِكَ: (لَوْ أَنَّ) مَا يَدُلُّ عَلَى الْفِعْلِ الْمَحْذُوفِ، وَهُوَ قَوْلُكَ (أَنَّ)؛ لِأَنَّ مَعْنَاهَا: الثُّبُوتُ، فَكَأَنَّكَ قُلْتَ: لَوْ ثَبَتَ أَنَّ، فَاسْتُغْنِيَ عَنْ مُفَسِّرٍ بَعْدَ ذَلِكَ مِنْ حَيْثُ الْمَعْنَى، بِخِلَافِ (إِنِ امْرُؤٌ)، فَإِنَّهُ لَيْسَ ثَمَّةَ مَا يَدُلُّ عَلَى الْفِعْلِ الْمَحْذُوفِ، فَاحْتِيجَ إِلَى تَفْسِيرِهِ بِفِعْلٍ مِثْلِهِ فِي الْمَعْنَى، فَقِيلَ: (إِنِ امْرُؤٌ هَلَكَ)، وَقَدْ تَقَدَّمَ الْكَلَامُ فِي مِثْلِ ذَلِكَ.

قَالَ: (وَتَجِيءُ (لَوْ) فِي مَعْنَى التَّمَنِّي)، إِلَى آخِرِهِ.

وَهَذِهِ يَلْزَمُ أَنْ يَلِيَهَا الْفِعْلُ؛ لِأَنَّهَا كَالشَّرْطِ فِي اقْتِضَاءِ الْفِعْلِ، فَالْمُقْتَضِي ـ لِلْفِعْلِ فِيهَا ثَابِتٌ فِي مَعْنَيَيْهَا، وَهُمَا الشَّرْطُ وَالتَّمَنِّي، وَلِذَلِكَ حُمِلَ (لَوْ ذَاتُ سِوَارٍ لَطَمَتْنِي) عَلَى كُلِّ وَاحِدٍ مِنْ مَعْنَيَيْهَا جَمِيعًا، فَلَا يَجُوزُ أَنْ تَقُولَ: (لَوْ زَيْدٌ مُكْرِمِي)، وَلَوْ قُلْتَ: (لَوْ زَيْدٌ يُكْرِمُنِي) لَكَانَ زَيْدٌ فَاعِلًا بِفِعْلٍ مُقَدَّرٍ، كَمَا قِيلَ فِي الشَّرْطِ سَوَاءً.

وَمَثَّلَ فِي الَّتِي لِلتَّمَنِّي بِقَوْلِهِ: (لَوْ تَأْتِينِي) آتِيًا بِهَا فِي أَوَّلِ الْكَلَامِ؛ لِيَنْفِيَ وَهْمَ مَنْ يَزْعُمُ أَنَّهَا مَصْدَرِيَّةٌ فِي مِثْلِ "وَدُّوا لَوْ تُدْهِنُ فَيُدْهِنُونَ" [القلم:٩]، وَأَشْبَاهِهِ، كَأَنَّهُ قِيلَ: وَدُّوا إِدْهَانَكُمْ، فَإِذَا مَثَّلَ الْمُصَنِّفُ بِقَوْلِهِ: (لَوْ تَأْتِينِي فَتُحَدِّثُنِي) بَطَلَ هَذَا الْوَهْمُ، وَقَدْ تَقَدَّمَ ذَلِكَ وَالْكَلَامُ عَلَى النَّصْبِ وَالرَّفْعِ فِي بَابِهِ.

قَالَ: (وَ (أَمَّا) فِيهَا مَعْنَى الشَّرْطِ)، إِلَى آخِرِهِ.

قَالَ الشَّيْخُ: (أَمَّا) فِيهَا مَعْنَى الشَّرْطِ؛ لِتَفْصِيلٍ غَيْرِ لَازِمٍ أَنْ تُذْكَرَ أَقْسَامٌ مُتَعَدِّدَةٌ، بَلْ قَدْ تُذْكَرُ بِهَا أَقْسَامٌ، وَقَدْ يُذْكَرُ بِهَا قِسْمٌ وَاحِدٌ، وَلَا يُنَافِي ذَلِكَ أَنْ تَكُونَ لِلتَّفْصِيلِ لِمَا فِي نَفْسِ الْمُتَكَلِّمِ، فَيَذْكُرُ قِسْمًا وَيَتْرُكُ الْبَاقِي، كَقَوْلِهِ تَعَالَى: "فَأَمَّا الَّذِينَ فِي قُلُوبِهِمْ زَيْغٌ" [آل عمران:٧]، وَلَمْ تُكَرَّرْ بَعْدَ ذَلِكَ، إِلَّا أَنَّهُمُ الْتَزَمُوا حَذْفَ الْفِعْلِ بَعْدَهَا؛ لِجَرْيِهِ عَلَى طَرِيقَةٍ وَاحِدَةٍ، كَمَا الْتَزَمُوا حَذْفَ مُتَعَلِّقِ الظَّرْفِ إِذَا وَقَعَ خَبَرًا؛ لِأَنَّ الْمَعْنَى: مَهْمَا يَكُنْ

مِنْ شَيْءٍ، أَوْ مَهْمَا يُذْكَرْ مِنْ شَيْءٍ، فَحُذِفَ ذَلِكَ لِمَا ذَكَرْنَاهُ.

ثُمَّ الْتَزَمُوا أَنْ يَقَعَ بَيْنَهَا وَبَيْنَ جَوَابِهَا مَا يَكُونُ كَالْعِوَضِ مِنَ الْفِعْلِ الْمَحْذُوفِ، ثُمَّ اخْتُلِفَ فِي ذَلِكَ الْوَاقِعِ، فَمِنْهُمْ مَنْ يَقُولُ: هُوَ أَحَدُ أَجْزَاءِ الْجُمْلَةِ الْوَاقِعَةِ بَعْدَ الْفَاءِ، قُدِّمَ عَلَيْهَا لِذَلِكَ الْغَرَضِ، وَمِنْهُمْ مَنْ يَقُولُ: هُوَ مُتَعَلِّقُ الْفِعْلِ الْمَحْذُوفِ، وَمَا بَعْدَ الْفَاءِ جُمْلَةٌ مُسْتَقِلَّةٌ، وَلَيْسَ مَا تَقَدَّمَ بِجُزْءٍ لَهَا لَا فَضْلَةً وَلَا غَيْرَهَا، وَمِنْهُمْ مَنْ يَقُولُ: لَا يَخْلُو إِمَّا أَنْ كَانَ مَا تَقَدَّمَ عَلَى الْفَاءِ مِمَّا يَصِحُّ عَمَلُ مَا بَعْدَهَا فِيهِ مَعَ تَقَدُّمِهِ عَلَيْهِ أَوْ لَا، فَإِنْ كَانَ الْأَوَّلُ فَهُوَ كَالْقَائِلِ الْأَوَّلِ، وَإِنْ كَانَ الثَّانِي فَهُوَ كَالْقَائِلِ الثَّانِي، فَعَلَى هَذَا إِذَا قِيلَ: (أَمَّا عَمْرًا فَإِنِّي أَضْرِبُ)، فَمَنْ زَعَمَ أَنَّهُ جُزْءٌ مِمَّا بَعْدَ الْفَاءِ حَكَمَ عَلَيْهِ بِأَنَّهُ مَفْعُولٌ لِـ (أَضْرِبُ)، وَمَنْ زَعَمَ أَنَّهُ مَعْمُولٌ لِلْفِعْلِ الْمَحْذُوفِ قَدَّرَ (مَهْمَا تَذْكُرْ زَيْدًا)، أَوْ (مَهْمَا يَـذْكُرْ أَحَدٌ زَيْدًا)، فَيَكُونُ جُزْءًا مِنْ أَجْزَاءِ الْجُمْلَةِ الْمَحْذُوفَةِ.

وَفِي هَذِهِ الْمَسْأَلَةِ وَأَشْبَاهِهَا يَقُولُ الْقَائِلُ بِالتَّفْصِيلِ: إِنَّ الِاسْمَ الْوَاقِعَ بَعْدَ (أَمَّا) مِنْ مَعْمُولِ الْفِعْلِ الْمُقَدَّرِ، وَالصَّحِيحُ أَنَّ كُلَّ اسْمٍ ذُكِرَ بَعْدَهَا فَهُوَ جُزْءٌ مِنَ الْجُمْلَةِ الْوَاقِعَةِ بَعْدَ الْفَاءِ، وَالَّذِي يَدُلُّ عَلَى ذَلِكَ أَنَّ وَضْعَهَا لِتَفْصِيلِ أَنْوَاعٍ مَا ذُكِرَ بَعْدَهَا أَحَدُ الْأَنْوَاعِ الْمُرَادَةِ، وَذِكْرُهُ بِاعْتِبَارِ مَا تَعَلَّقَ بِهِ مِنَ الْجُمْلَةِ الْوَاقِعَةِ بَعْدَ الْفَاءِ، وَإِنَّمَا قَصَدُوا تَقْدِيمَهُ تَنْبِيهًا عَلَى أَنَّهُ هُوَ النَّوْعُ الْمُرَادُ تَفْصِيلُ جِنْسِهِ، وَكَانَ قِيَاسُهُ أَنْ يَكُونَ مَرْفُوعًا عَلَى الِابْتِدَاءِ، وَلِذَلِكَ كَانَ قَوْلُهُمْ: (قَامَ زَيْدٌ وَأَمَّا عَمْرٌو فَقَدْ ضَرَبْتُهُ) بِالرَّفْعِ أَقْوَى، وَلَوْلَا (أَمَّا) لَكَانَ النَّصْبُ أَقْوَى؛ لِأَنَّ الْغَرَضَ الْحُكْمُ عَلَى هَذَا الْمَذْكُورِ عَلَى حَسَبِ الْجُمْلَةِ الْوَاقِعَةِ بَعْدَ الْفَاءِ، وَلَكِنَّهُمْ خَالَفُوا الِابْتِدَاءَ إِيذَانًا مِنْ أَوَّلِ الْأَمْرِ بِأَنَّ تَفْصِيلَهُ بِاعْتِبَارِ صِفَتِهِ الَّتِي هُوَ عَلَيْهَا فِي الْجُمْلَةِ الْوَاقِعَةِ بَعْدَ الْفَاءِ، أَلَا تَرَى أَنَّكَ تَفْرُقُ بَيْنَ يَوْمِ الْجُمُعَةِ فِي قَوْلِكَ: (يَوْمُ الْجُمُعَةِ ضَرَبْتُ فِيهِ)، و(ضَرَبْتُ يَوْمَ الْجُمُعَةِ)، وَإِنْ كَانَ يَوْمُ الْجُمُعَةِ فِي الْمَوْضِعَيْنِ مَضْرُوبًا فِيهِ، إِلَّا أَنَّهُ فِي الْأَوَّلِ ذُكِرَ أَوَّلًا لِيُحْكَمَ عَلَيْهِ، فَلَمَّا حُكِمَ عَلَيْهِ بِقَوْلِهِمْ: (ضَرَبْتُ فِيهِ)، وَضَمِيرُهُ فِي الْمَعْنَى هُوَ هُوَ، عُلِمَ أَنَّ الضَّرْبَ وَاقِعٌ فِيهِ، وَلَيْسَ ذِكْرُهُ لِيَدُلَّ عَلَى أَنَّهُ الَّذِي وَقَعَ فِيهِ الْفِعْلُ، وَفِي الثَّانِي ذُكِرَ دَالًّا عَلَى أَنَّهُ الَّذِي وَقَعَ فِيهِ الْفِعْلُ مِنْ أَوَّلِ الْأَمْرِ، فَلَمَّا كَانَ كَذَلِكَ قُصِدَ إِلَى أَنْ يُوقَعَ الِاسْمُ الْمُرَادُ بَعْدَ (أَمَّا) مِنْ أَوَّلِ الْأَمْرِ عَلَى حَسَبِ مَا هُوَ فِي جُمْلَتِهِ، كَمَا يَقَعُ (يَوْمَ الْجُمُعَةِ ضَرَبْتُ) كَذَلِكَ، فَهَذَا هُوَ الْغَرَضُ فِي وُقُوعِ الْأَسْمَاءِ بَعْدَ (أَمَّا) عَلَى حَسَبِ مَعْنَاهَا وَإِعْرَابِهَا الَّتِي كَانَتْ عَلَيْهِ.

وَيَبْطُلُ مَذْهَبُ مَنْ قَالَ: إِنَّ الْعَامِلَ الْفِعْلُ مُطْلَقًا لِوُجُوبِ نَصْبِ مِثْلِ "فَأَمَّا الْيَتِيمَ فَلَا

تَقْهَرْ" [الضحى:٩]، وَوُجُوبِ رَفْعِ: (أَمَّا الْيَتِيمُ فَحَرَامٌ قَهْرُهُ)، وَلَوْ كَانَ الْفِعْلُ هُوَ الْعَامِلَ لَكَانَ نِسْبَتُهُ إِلَى هَذَا نِسْبَةً وَاحِدَةً، فَكَانَ يَجُوزُ الأَمْرَانِ فِي الْجَمِيعِ.

وَأَمَّا قَوْلُ الْقَائِلِ بِالتَّفْصِيلِ فَفَاسِدٌ أَيْضًا؛ لأَنَّهُ إِذَا سَلَّمَ الْمَعْنَى فِي (أَمَّا)، وَجَوَّزَ أَنْ يَكُونَ التَّقْدِيمُ لِغَرَضِ التَّفْصِيلِ وَبَقَائِهِ عَلَى حَالِهِ تَنْبِيهًا عَلَى مَا ذَكَرْنَاهُ؛ وَجَبَ أَنْ يُعَمِّمَ، وَإِلا خَالَفَ بِهَا مَوْضُوعَهَا؛ لأَنَّهُ قَدْ وَافَقَ عَلَى أَنَّ مَوْضُوعَهَا فِي مِثْلِ (أَمَّا يَوْمَ الْجُمُعَةِ فَزَيْدٌ مُنْطَلِقٌ) عَلَى مَا ذَكَرْنَاهُ، وَإِذَا ثَبَتَ ذَلِكَ فِي هَذِهِ الْمَسْأَلَةِ وَأَشْبَاهِهَا، وَجَبَ فِيمَا عَدَاهُ، وَإِلا خَالَفَ الْمَوْضُوعَ فِيهَا، أَوْ رَجَعَ إِلَى قَوْلِ مَنْ يَقُولُ: إِنَّ الْعَامِلَ الْفِعْلُ مُطْلَقًا، وَقَدْ أَبْطَلْنَاهُ، ثُمَّ مَا فَسَّرَهُ فِي بَعْضِ الْمَسَائِلِ لازِمٌ لَهُ فِي جَمِيعِهَا؛ لأَنَّ مَا بَعْدَ فَاءِ الْجَزَاءِ لا يَعْمَلُ فِيمَا قَبْلَهَا، أَلا تَرَى أَنَّكَ لَوْ قُلْتَ: (إِنْ تُكْرِمْنِي زَيْدًا فَأَكْرِمْ) لَمْ يَجُزْ. فَإِذًا الْمَانِعُ مِنَ التَّقْدِيمِ فِي الْمَسَائِلِ عِنْدَهُ حَاصِلٌ، فَتَخْصِيصُهُ بَعْضَهَا دُونَ الْبَعْضِ تَحَكُّمٌ، وَوَجْهُ صِحَّةِ التَّقْدِيمِ فِي هَذَا الْبَابِ دُونَ غَيْرِهِ مَا ذَكَرْنَاهُ مِنْ قَصْدِ الْغَرَضِ فِي التَّنْبِيهِ عَلَى أَنَّ الْمَذْكُورَ بَعْدَهَا هُوَ الْمَقْصُودُ بِالتَّفْصِيلِ عَلَى حَالِهِ، فَخُولِفَ الْقِيَاسُ فِي امْتِنَاعِ التَّقْدِيمِ لِلْقَصْدِ إِلَى حُصُولِ هَذَا الْغَرَضِ، وَلِذَلِكَ اتَّفَقْنَا نَحْنُ وَمَنْ قَالَ بِالتَّفْصِيلِ عَلَى التَّقْدِيمِ عَلَى الْفَاءِ، وَأَمَّا الْقَائِلُ الآخَرُ فَقَدْ أَبْطَلْنَا مَذْهَبَهُ مِنْ أَصْلِهِ، فَصَحَّ أَنَّ الْوَجْهَ مَا ذَكَرْنَاهُ، وَأَنَّ مَا عَدَاهُ بَاطِلٌ.

قَالَ: (وَإِذَنْ جَوَابٌ وَجَزَاءٌ) إِلَى آخِرِهِ.

قَالَ الشَّيْخُ: لَسْنَا نَعْنِي بِالْجَوَابِ جَوَابَ مُتَكَلِّمٍ عَلَى التَّحْقِيقِ، بَلْ قَدْ يَكُونُ جَوَابًا لِمُتَكَلِّمٍ، وَقَدْ يَكُونُ جَوَابًا لِتَقْدِيرِ ثُبُوتِ أَمْرٍ، فَمِثَالُ الأَوَّلِ مَا ذَكَرَهُ، وَمِثَالُ الثَّانِي قَوْلُكَ: (لَوْ أَكْرَمْتَنِي إِذَنْ أَكْرَمْتُكَ) وَأَشْبَاهُهُ؛ لأَنَّهُ فِي تَقْدِيرِ جَوَابِ مُتَكَلِّمٍ سَأَلَ مَاذَا يَكُونُ مُرْتَبِطًا بِالإِكْرَامِ؟ فَأَجَابَهُ بَارْتِبَاطِ إِكْرَامِهِ، وَأَمَّا مَعْنَى الْجَزَاءِ فِيهَا فَوَاضِحٌ.

وَقَالَ الزَّجَّاجُ: تَأْوِيلُهَا إِنْ كَانَ الأَمْرُ كَمَا ذَكَرْتَ، فَإِنِّي أُكْرِمُكَ؛ تَنْبِيهًا عَلَى أَنَّ فِيهَا مَعْنَى الْجَزَاءِ حَتَّى صَحَّ تَقْدِيرُهُ مُصَرَّحًا بِهِ، وَقَدْ تَقَدَّمَ الْكَلامُ عَلَيْهَا بِاعْتِبَارِ الْعَمَلِ، وَأَنَّ لَهَا أَحْوَالا ثَلاثًا:

أَحَدُهَا: الْعَمَلُ لُزُومًا، وَهُوَ إِذَا لَمْ يَعْتَمِدْ مَا بَعْدَهَا عَلَى مَا قَبْلَهَا، وَكَانَ الْفِعْلُ مُسْتَقْبَلا، وَلَيْسَ مَعَهَا وَاوٌ أَوْ فَاءٌ.

وَالثَّانِي: الْعَمَلُ جَوَازًا، وَهُوَ إِذَا كَانَتْ كَذَلِكَ وَمَعَهَا وَاوٌ أَوْ فَاءٌ لا لِتَشْرِيكِ مُفْرَدٍ.

وَالثَّالِثُ: الإِلْغَاءُ، وَهُوَ إِذَا مَا فُقِدَ بَعْضُ شَرَائِطِهَا أَوْ كُلُّهَا، فَإِذَا أُلْغِيَتْ وَجَبَ أَنْ

يَكُونُ حُكْمُ الْفِعْلِ بَعْدَهَا فِي اللَّفْظِ حُكْمَهُ فِيمَا لَوْ كَانَتْ مَعْدُومَةً، كَـ (ظَنَنْتُ)، إِذَا أُلْغِيَتْ، فَتَقُولُ: (إِنْ أَكْرَمْتَنِي إِذَنْ أُكْرِمَكَ) بِالْجَزْمِ، وَ(لَئِنْ أَكْرَمْتَنِي إِذَنْ لَا أُكْرِمَكَ) بِالرَّفْعِ، وَكَذَلِكَ مَا أَشْبَهَهُ، وَمِنْهُ قَوْلُهُ:

لَئِنْ عَادَ لِي عَبْدُ الْعَزِيزِ بِمِثْلِهَا   وَأَمْكَنَنِي مِنْهَا إِذَنْ لَا أُقِيلُهَا

فَلَا يَجُوزُ فِي (أُقِيلُهَا) إِلَّا الرَّفْعُ؛ لِأَنَّهُ مُعْتَمِدٌ عَلَى مَا قَبْلَهَا، فَهِيَ كَالْمَعْدُومِ، وَإِذَا كَانَ مُعْتَمِدًا فَقَدْ سَبَقَ الْقَسَمُ أَوَّلَ الْكَلَامِ قَبْلَ الشَّرْطِ، فَوَجَبَ أَنْ يَكُونَ لَهُ، فَكَأَنَّكَ قُلْتَ: (وَاللَّهِ لَا أُقِيلُهَا)؛ لِأَنَّ الشَّرْطَ إِذَا تَقَدَّمَهُ الْقَسَمُ كَانَ أَيْضًا مُلْغًى لَفْظًا بِاعْتِبَارِ جَوَابِهِ عَلَى مَا تَقَدَّمَ.

وَإِنَّمَا لَمْ تَعْمَلْ إِلَّا فِي الْمُسْتَقْبَلِ إِجْرَاءً لَهَا مُجْرَى النَّوَاصِبِ كُلِّهَا، وَلِذَلِكَ ظُنَّ أَنَّهَا مُرَكَّبَةٌ مِنْ (إِذْ) وَ(أَنْ)، وَنُقِلَتْ حَرَكَةُ الْهَمْزَةِ، وَالنَّصْبُ عَنْ هَؤُلَاءِ بِـ (أَنْ)، وَلَيْسَ بِشَيْءٍ.

وَإِنَّمَا لَمْ تَعْمَلْ مُعْتَمِدًا مَا بَعْدَهَا عَلَى مَا قَبْلَهَا؛ لِأَنَّهُ لَمَّا قَبْلَهَا قَبْلَ مَجِيئِهَا، وَمَجِيئُهَا فِي مِثْلِهِ لِغَرَضِ مَعْنًى يَحْصُلُ بِلَفْظِهَا مَعَ بَقَاءِ الْمَعْنَى الْأَوَّلِ، فَبَقِيَ كَمَا كَانَ عَلَيْهِ قَبْلَ مَجِيئِهَا؛ إِيذَانًا بِبَقَاءِ الْمَعْنَى، وَكَرَاهَةَ أَنْ يُتَوَهَّمَ تَغْيِيرُ الْمَعْنَى فِيهِ بِسَبَبِهَا، بِخِلَافِ قَوْلِكَ: (زَيْدٌ لَنْ أُكْرِمَهُ) وَشِبْهِهَا، فَإِنَّهُ لَيْسَ كَذَلِكَ، وَلِذَلِكَ شُبِّهَتْ بِـ (ظَنَنْتُ) إِذَا تَوَسَّطَتْ أَوْ تَأَخَّرَتْ؛ لِأَنَّ الْجُزْأَيْنِ اللَّذَيْنِ مَعَ بَابِ (ظَنَنْتُ) أَيْضًا عِنْدَ تَوَسُّطِهَا عَلَى حَالِهِمَا فِي الْمَعْنَى قَبْلَ دُخُولِهَا، وَإِذَا أُلْغِيَتْ (ظَنَنْتُ) مَعَ تَعَلُّقِهَا التَّعَلُّقَ الْمَعْنَوِيَّ الَّذِي لَا يَنْفَكُّ عَنْهُ لِاسْتِقْلَالِ الْجُزْأَيْنِ، فَلَأَنْ تُلْغَى (إِذَنْ) أَوْلَى؛ لِأَنَّهَا لَا تَعَلُّقَ لَهَا بِمَا بَعْدَهَا تَعَلُّقًا يَقْتَضِي الْعَمَلَ، وَلَوْ كَانَ لَهَا تَعَلُّقٌ فَلَيْسَ كَتَعَلُّقِ عَوَامِلِ الْأَسْمَاءِ؛ لِأَنَّ ذَاكَ مَعْنَوِيٌّ، وَهَذَا لَفْظِيٌّ، وَمِنْ ثَمَّةَ كَانَ الْإِلْغَاءُ فِي (ظَنَنْتُ) جَائِزًا، وَهُوَ هَاهُنَا وَاجِبٌ.

قَالَ: (وَفِي مِثْلِ قَوْلِكَ: (إِنْ تَأْتِنِي آتِكَ وَإِذَنْ أُكْرِمَكَ) ثَلَاثَةُ أَوْجُهٍ).

فَالْجَزْمُ عَلَى أَنَّ مَا بَعْدَهَا مُعْتَمِدٌ عَلَى مَا قَبْلَهَا، وَهُوَ جَوَابُ الشَّرْطِ فِي الِاشْتِرَاكِ، فَكَأَنَّهُ قَالَ: (إِنْ تَأْتِنِي آتِكَ وَأُكْرِمَكَ) كَمَا تَقُولُ: (إِنْ تَأْتِنِي إِذَنْ أُكْرِمَكَ).

وَالرَّفْعُ عَلَى مَعْنَى أَنْ تَكُونَ جُمْلَةً غَيْرَ مَعْطُوفٍ فِعْلُهَا عَطْفًا عَلَى الْجَزَاءِ، وَجَازَ الرَّفْعُ؛ لِوُقُوعِ الْوَاوِ فِي الْجُمْلَةِ، وَالنَّصْبُ عَلَى أَنْ تَكُونَ أَيْضًا جُمْلَةً مُسْتَقِلَّةً، وَجَازَ النَّصْبُ عَلَى تَقْدِيرِ إِلْغَاءِ الْوَاوِ؛ لِأَنَّهَا لَيْسَتْ لِتَشْرِيكِ مُفْرَدٍ، وَإِذَا لَمْ تَكُنْ لِتَشْرِيكِ مُفْرَدٍ فَجَائِزٌ مَعَهَا الرَّفْعُ وَالنَّصْبُ، فَقَدْ ثَبَتَ جَوَازُ الْأَوْجُهِ الثَّلَاثَةِ فِي مِثْلِ ذَلِكَ.

وَمِنْ أَصْنَافِ الْحَرْفِ حَرْفُ التَّعْلِيلِ(١)
وَهُوَ: كَيْ، يَقُولُ الْقَائِلُ: قَصَدْتُ فُلَانًا، فَتَقُولُ لَهُ: كَيْمَهْ...
إِلَى آخِرِهِ

قَالَ الشَّيْخُ: وَقَعَ فِي "الْمُفَصَّلِ" (حَرْفُ التَّعْدِيلِ) بِالدَّالِ، فَيَجُوزُ أَنْ يَكُونَ أَصْلُ التَّصْنِيفِ حَرْفَ التَّعْلِيلِ، فَإِنَّ مَعْنَاهُ: التَّعْلِيلُ، إِذْ هُوَ سُؤَالٌ عَنْهُ، وَيَجُوزُ أَنْ يَكُونَ عَلَى ذَلِكَ؛ لِأَنَّ تَعْدِيلَ الشَّيْءِ إِجْرَاؤُهُ عَلَى مَا يَنْبَغِي، وَإِذَا كَانَ ذَلِكَ سُؤَالًا عَنِ الْعِلَّةِ، وَالْعِلَّةِ فِيهَا تَقْوِيَةٌ لِلْحُكْمِ وَإِثْبَاتٌ لَهُ عَلَى أَنَّهُ عَلَى مَا يَنْبَغِي، صَحَّ أَنْ يُسَمَّى حَرْفَ التَّعْدِيلِ.

وَقَدْ ذَكَرَهَا فِي حُرُوفِ الْجَرِّ، وَهِيَ عِنْدَ الْبَصْرِيِّينَ عَلَى مَا ذَكَرَهُ؛ لِأَنَّهَا حَرْفُ جَرٍّ دَخَلَتْ عَلَى (مَا) الِاسْتِفْهَامِيَّةِ، كَدُخُولِ اللَّامِ الَّتِي بِمَعْنَى التَّعْلِيلِ، وَالْهَاءُ هَاءُ السَّكْتِ كَمَا تَلْحَقُ فِي مِثْلِ (لِمَهْ)، إِلَّا أَنَّهُ لَا يُعْرَفُ حَذْفُهَا مِنْهَا، بِخِلَافِ (لَمَ)، و(عَمَّ) وَأَشْبَاهِهِمَا.

وَأَمَّا حَذْفُ الْأَلِفِ مِنْ (مَا) الِاسْتِفْهَامِيَّةِ عِنْدَ دُخُولِ عَامِلِ الْجَرِّ عَلَيْهَا، فَمُطَّرِدٌ فِي اللُّغَةِ الْفَصِيحَةِ اسْمًا كَانَ الدَّاخِلُ عَلَيْهَا أَوْ حَرْفًا، وَسَيَأْتِي ذَلِكَ مُعَلَّلًا فِي مَوْضِعِهِ.

وَعِنْدَ الْكُوفِيِّينَ: أَنَّهَا لَيْسَتْ حَرْفَ جَرٍّ، وَإِنَّمَا هِيَ (كَيْ) الدَّاخِلَةُ عَلَى الْفِعْلِ، وَالْفِعْلُ مُقَدَّرٌ هَاهُنَا، كَأَنَّهُ قِيلَ: كَيْ تَفْعَلَ مَاذَا؟

وَقَالَ الْمُصَنِّفُ: (وَمَا أَرَى هَذَا الْقَوْلَ بَعِيدًا عَنِ الصَّوَابِ)، وَتَقْرِيبُهُ مِنَ الصَّوَابِ يَتَوَقَّفُ عَلَى ثُبُوتِ أَمْرَيْنِ، وَلَمْ يَثْبُتَا:

أَحَدُهُمَا: تَقَدُّمُ فِعْلِ عَامِلٍ فِي الِاسْتِفْهَامِ؛ لِأَنَّهُمْ يُقَدِّرُونَهُ بِـ (كَيْ تَفْعَلَ مَاذَا)، فَيَكُونُ (مَاذَا) فِي مَوْضِعِ نَصْبٍ مَعْمُولًا لِلْفِعْلِ الْمُقَدَّمِ، وَمِثْلُ ذَلِكَ لَا يُعْرَفُ فِي لُغَةِ الْعَرَبِ، وَلِذَلِكَ لَا يَجُوزُ أَنْ يُقَالَ: (فَعَلْتَ مَاذَا)؟ بِالِاتِّفَاقِ، وَهُوَ مِثْلُهُ.

وَالثَّانِي: أَنْ يَكُونَ نَاصِبًا حُذِفَ فِعْلُهُ، وَلَمْ يَثْبُتْ مِثْلُ ذَلِكَ، وَ لَوْ قُلْتَ لِقَائِلٍ قَالَ: أَتَضْرِبُ زَيْدًا: لَنْ زَيْدًا. لَمْ يَجُزْ ذَلِكَ، فَثَبَتَ أَنَّهُ بَعِيدٌ بِذَلِكَ مِنَ الصَّوَابِ.

---

(١) الحرف الموضوع للتعليل هو "كي"، يقول القائل "إني أطلُبُ العلمَ" فتقولُ "كَيْمَهْ؟" أي لِمَ تطلبُهُ؟ فيقول "كي أخدمَ به الأمةَ"، أي "لأجل أن أخدمها به".
وقد تأتي "اللامُ وفي ومن" للتعليل، نحو "فيمَ الخصامُ؟. سافرتُ للعمل.

فَإِذَنِ الْوَجْهُ مَا اخْتَارَهُ الْبَصْرِيُّونَ، وَأَمَّا الرَّدُّ بِأَنَّ (مَا) إِذَا كَانَتِ اسْتِفْهَامِيَّةً غَيْرَ مُتَّصِلَةٍ بِجَارٍّ لا تُحْذَفُ أَلِفُهَا، فَلَيْسَ بِالْقَوِيِّ، فَإِنَّهُ قَدْ جَاءَ حَذْفُ أَلِفِهَا فِي الْوَقْفِ عَلَى إِبْدَالِ الْهَاءِ مِنْهُ، كَقَوْلِ الْمُسْتَفْهِمِ: مَهْ، وَمِنْهُ مَا نُقِلَ مِنْ قَوْلِ أَبِي الدَّرْدَاءِ عِنْدَ قُدُومِهِ الْمَدِينَةَ، وَسَمَاعِ ضَجِيجِ النَّاسِ: مَهْ، فَلا وَجْهَ لِلرَّدِّ بِهِ، فَإِنَّهُ سَائِغٌ.

(وَانْتِصَابُ الْفِعْلِ بَعْدَ (كَيْ) يَجُوزُ أَنْ يَكُونَ بِهَا نَفْسِهَا، أَوْ بِإِضْمَارِ أَنْ).

وَالَّذِي يَدُلُّ عَلَيْهَا قَوْلُهُمْ: (لِكَيْ تَفْعَلَ)، وَيَجُوزُ أَنْ يَكُونَ بِتَقْدِيرِ (أَنْ)، وَيَدُلُّ عَلَيْهِ أَمْرَانِ:

أَحَدُهُمَا: مَا ثَبَتَ مِنْ كَوْنِهَا حَرْفَ جَرٍّ، فَتَكُونُ كَاللامِ، فَكَمَا وَجَبَ فِي اللامِ أَنْ يَكُونَ النَّصْبُ فِيهَا بِإِضْمَارِ (أَنْ)، فَكَذَلِكَ هَذِهِ.

وَالثَّانِي: مَا ثَبَتَ مِنْ إِظْهَارِ (أَنْ) بَعْدَ (كَيْ)، وَلَوْلا أَنَّهَا مُقَدَّرَةٌ لَمْ يَسُغْ إِظْهَارُهَا، أَلا تَرَى أَنَّكَ لَوْ قُلْتَ: (لَنْ أَنْ أَضْرِبَ زَيْدًا) لَمْ يَجُزْ، وَالْمَذَاهِبُ فِيهَا ثَلاثَةٌ:

مِنْهُمْ مَنْ يَقُولُ: النَّصْبُ بِـ (كَيْ) نَفْسِهَا، وَيَسْتَدِلُّ بِمَا ذُكِرَ أَوَّلا، وَيُجِيبُ إِذَا عُورِضَ بِوَجْهَيِ الْمَذْهَبِ الآخَرِ بِمَنْعِ كَوْنِهَا حَرْفَ جَرٍّ، أَوْ بِأَنَّ ذَلِكَ شَاذٌّ نَادِرٌ، فَلا يُعَارِضُ الْمُسْتَعْمَلَ الشَّائِعَ، وَبِأَنَّ إِظْهَارَ (أَنْ) بَعْدَهَا قَلِيلٌ أَيْضًا مَشْرُوطٌ بِـ (مَا)، فَلا يُعَارِضُ مَا ذَكَرَهُ.

وَالْمَذْهَبُ الثَّانِي: أَنَّ النَّصْبَ بِإِضْمَارِ (أَنْ)، وَيُجِيبُ عَنْ وَجْهِ الْمَذْهَبِ الأَوَّلِ بِأَنَّ اللامَ فِي (لِكَيْ يَفْعَلَ) زَائِدَةٌ لِلتَّأْكِيدِ، وَحَسُنَ دُخُولُهَا عَلَى (كَيْ)، وَإِنْ كَانَتْ بِمَعْنَاهَا؛ لاخْتِلافِ اللَّفْظَيْنِ.

وَالْمَذْهَبُ الثَّالِثُ: أَنَّ لَهَا حَالَيْنِ، فَهِيَ فِي مِثْلِ (لِكَيْ) هِيَ الْعَامِلَةُ، وَهِيَ فِيمَا عَدَاهُ جَائِزٌ فِيهَا الأَمْرَانِ.

وَمِنْ أَصْنَافِ الْحُرُوفِ حَرْفُ الرَّدْعِ وَهُوَ (كَلا)

قَالَ سِيبَوَيْهِ: هُوَ رَدْعٌ وَزَجْرٌ.

قَالَ الشَّيْخُ: شَرْطُهُ أَنْ يَتَقَدَّمَ مَا يُرَدُّ بِهَا فِي غَرَضِ الْمُتَكَلِّمِ، سَوَاءٌ كَانَ مِنْ كَلامِ الْمُتَكَلِّمِ عَلَى سَبِيلِ الْحِكَايَةِ، أَوِ الإِنْكَارِ، أَوْ مِنْ كَلامِ غَيْرِهِ، فَمِثَالُ الأَوَّلِ قَوْلُهُ تَعَالَى: "كَلَّا" [القيامة:١١] بَعْدَ قَوْلِهِ: "يَقُولُ الإِنسَانُ يَوْمَئِذٍ أَيْنَ الْمَفَرُّ" [القيامة:١٠]، وَبَعْدَ قَوْلِهِ: "يَوَدُّ الْمُجْرِمُ" [المعارج:١١]، وَمَا ذَكَرَهُ مِنَ الآيَةِ.

وَمِثَالُ الثَّانِي قَوْلُهُ تَعَالَى: "قَالَ أَصْحَابُ مُوسَى إِنَّا لَمُدْرَكُونَ" [الشعراء:٦١]؛ لِأَنَّ قَوْلَهُ: (قَالَ: كَلَّا)، خَيْرٌ مَا يُقَالُ بَعْدَ تَقَدُّمِ الْقَوْلِ الأَوَّلِ مِنَ الْغَيْرِ.

وَمِثَالُ الثَّالِثِ قَوْلُكَ: (أَأَنَا أُهِينُ الْعَالِمَ؟ كَلَّا).

وَقَدْ تَكُونُ بِمَعْنَى: حَقًّا، وَعَلَيْهِ حُمِلَ مَوَاضِعُ فِي الْقُرْآنِ.

وَمِنْ أَصْنَافِ الْحَرْفِ اللامَاتُ

وَهِيَ: لَامُ التَّعْرِيفِ، وَلَامُ جَوَابِ الْقَسَمِ... إِلَى آخِرِهِ

قَالَ الشَّيْخُ: لَامُ التَّعْرِيفِ: هِيَ اللامُ الَّتِي تَدْخُلُ عَلَى الاسْمِ، فَتَجْعَلُهُ مُعَيَّنًا بِوَجْهِ مَا بَعْدَ أَنْ كَانَ لِوَاحِدٍ مِنَ الْجِنْسِ، وَتُسْتَعْمَلُ عَلَى وَجْهَيْنِ:

أَحَدُهُمَا: أَنْ يُرَادَ بِهَا تَعْرِيفُ مَا كَانَ مُنَكَّرًا بِاعْتِبَارِ حَقِيقَتِهِ، وَهِيَ عَلَى وَجْهَيْنِ:

أَحَدُهُمَا: أَنْ يُرَادَ بِهَا كُلِّيَّةُ ذَلِكَ الْمَعْنَى، فَيَلْزَمَ مِنْهُ شُمُولُ جَمِيعِ الْجِنْسِ، كَقَوْلِكَ: (الرَّجُلُ خَيْرٌ مِنَ الْمَرْأَةِ).

وَالثَّانِي: أَنْ يُرَادَ بِهَا الْحَقِيقَةُ بِاعْتِبَارِ قِيَامِهَا بِوَاحِدٍ، فَيُقَالَ: (دَخَلْتُ السُّوقَ فِي بَلَدِ كَذَا)، وَإِنْ لَمْ يَكُنْ بَيْنَكَ وَبَيْنَ مُخَاطَبِكَ سُوقٌ مَعْهُودٌ، وَإِنَّمَا هُوَ عَلَى مَا ذَكَرْتُ، وَقَدْ تَقَدَّمَ بَيَانُ ذَلِكَ فِي بَابِ أُسَامَةَ، وَأَنَّهُ مِثْلُهُ فِي وَجْهِ التَّعْرِيفِ، وَلِهَذَا الْمَعْنَى قَالَ الْمُحَقِّقُونَ: إِنَّ مِثْلَ ذَلِكَ قَدْ يَجْرِي مَجْرَى الْمُنَكَّرِ، فَقَالُوا فِي مِثْلِ قَوْلِهِ:

وَلَقَدْ أَمُرُّ عَلَى اللَّئِيمِ يَسُبُّنِي   فَمَضَيْتُ ثَمَّةَ قُلْتُ لَا يَعْنِينِي

إِنَّ قَوْلَهُ: (يَسُبُّنِي) صِفَةٌ لِكَوْنِهِ لَمْ يَقْصِدْ لَئِيمًا مَعْهُودًا، فَجَرَى فِي ذَلِكَ مَجْرَى الْمُنَكَّرِ؛ لِمَا كَانَ بِاعْتِبَارِ الْوُجُودِ مِثْلَهُ.

وَالْوَجْهُ الثَّانِي: تَعْرِيفُ مَعْهُودٍ مُتَمَيِّزٍ بَيْنَكَ وَبَيْنَ مُخَاطَبِكَ، كَقَوْلِكَ: (مَا فَعَلَ الرَّجُلُ) لِرَجُلٍ مُتَمَيِّزٍ بَيْنَكَ وَبَيْنَ مُخَاطَبِكَ.

وَقَدِ اخْتُلِفَ فِي لَفْظِهَا، فَقِيلَ: هِيَ وَحْدَهَا لِلتَّعْرِيفِ، وَالْهَمْزَةُ هَمْزَةُ وَصْلٍ مُجْتَلَبَةٌ لِلنُّطْقِ بِالسَّاكِنِ، وَهُوَ مَذْهَبُ سِيبَوَيْهِ، وَاسْتُدِلَّ لَهُ بِأَنَّهَا هَمْزَةُ وَصْلٍ، فَوَجَبَ أَنْ يُحْكَمَ بِأَنَّ الْحَرْفَ هُوَ اللامُ قِيَاسًا عَلَى مَا تَلْحَقُهُ هَمْزَةُ الْوَصْلِ مِنْ نَحْوِ: اضْرِبْ، وَاعْلَمْ.

وَقِيلَ: إِنَّهَا مَعَ الْهَمْزَةِ لِلتَّعْرِيفِ، وَهُوَ مَذْهَبُ الْخَلِيلِ، وَأَصْلُهَا (أَلْ) كـ (هَلْ وبَلْ)، وَاسْتُدِلَّ لَهُ بِأَنَّ حُرُوفَ الْمَعَانِي لَيْسَ فِيهَا مَا وُضِعَ عَلَى حَرْفٍ مُفْرَدٍ سَاكِنٍ، فَوَجَبَ أَنْ يُحْمَلَ عَلَى مَا ثَبَتَ دُونَ مَا لَمْ يَثْبُتْ، وَإِذَا عُورِضَ بِمَا تَقَدَّمَ، قَالَ: خُفِّفَتِ الْهَمْزَةُ

بِطَرْحِهَا فِي الْوَصْلِ؛ لِكَثْرَةِ الِاسْتِعْمَالِ، وَإِذَا عُورِضَ الْأَوَّلُونَ بِمَا ذُكِرَ لِلْخَلِيلِ أَجَابُوا بِأَنَّهَا لَوْ كَانَتْ أَصْلِيَّةً لَمْ يَجُزْ تَخْفِيفُهَا لِذَلِكَ، كَمَا لَمْ يَجُزْ تَخْفِيفُ (أَمْ) و(أَنْ) وَأَشْبَاهِهِمَا، وَلَوْ جَازَ تَخْفِيفُهَا لَكَانَ عَلَى الْوَجْهِ الْمَعْرُوفِ فِي تَخْفِيفِ الْهَمْزَةِ لا بِالطَّرْحِ، وَلَمَّا جَاءَتْ كَذَلِكَ دَلَّ عَلَى أَنَّهَا لَيْسَتْ أَصْلِيَّةً، وَكِلَا الْقَوْلَيْنِ سَائِغٌ.

(وَلَامُ جَوَابِ الْقَسَمِ كَقَوْلِكَ: وَاللَّهِ لَأَفْعَلَنَّ).

هِيَ اللَّامُ الْمَفْتُوحَةُ الَّتِي تَدْخُلُ عَلَى الْجُمْلَةِ الْمُثْبَتَةِ اسْمِيَّةً كَانَتْ أَوْ فِعْلِيَّةً؛ لِتَدُلَّ عَلَى أَنَّ مَا بَعْدَهَا هُوَ الْمُقْسَمُ عَلَيْهِ، كَقَوْلِكَ: (وَاللَّهِ لَزَيْدٌ مُنْطَلِقٌ)، و(لَيَخْرُجَنَّ)، و(لَقَدْ خَرَجَ)، وَقَدْ جَاءَ حَذْفُهَا نَادِرًا مَعَ الْمَاضِي دُونَ غَيْرِهِ، وَالْأَفْصَحُ لُزُومُ النُّونِ لَهَا مَعَ الْمُضَارِعِ، و(قَدْ) مَعَ الْمَاضِي؛ لِأَنَّهُ فِعْلٌ مُؤَكَّدٌ فِي الْمَعْنَى، وَلَهُ مَا يَخُصُّهُ فِي التَّأْكِيدِ، فَكَانَ ذِكْرُهُ أَوْلَى، وَلِذَلِكَ اخْتَصَّ الْمُضَارِعُ بِالنُّونِ، وَالْمَاضِي بِـ (قَدْ)؛ لِأَنَّهُمَا الْحَرْفَانِ اللَّذَانِ يُؤَكِّدَانِ بِهِمَا، وَالَّذِي يُحَقِّقُ ذَلِكَ قَوْلُهُمْ: (وَاللَّهِ إِنَّ زَيْدًا لَمُنْطَلِقٌ)، فَيَأْتُونَ بِـ (إِنَّ) الَّتِي هِيَ أَيْضًا لِتَوْكِيدِ الِاسْمِ، وَيُلْزِمُونَ مَعَهَا اللَّامَ فِي الْأَكْثَرِ لِذَلِكَ، وَلَوْ أَمْكَنَ تَقَدُّمُ اللَّامِ وَتَأَخُّرُ (إِنَّ) لَكَانَ قِيَاسُهُ أَنْ يَأْتِيَ، وَلَكِنَّهُمْ لَمَّا كَانَ وَضْعُ (إِنَّ) عِنْدَهُمْ صَدْرَ الْكَلَامِ تَعَذَّرَ عَلَيْهِمْ ذَلِكَ، وَلَمْ يَجْمَعُوا بَيْنَهُمَا؛ لِئَلَّا يَجْمَعُوا بَيْنَ حَرْفَيْنِ لِمَعْنًى وَاحِدٍ، وَلَمْ يُؤَخِّرُوا (إِنَّ)؛ لِأَنَّهَا أَقْوَى مِنَ اللَّامِ فِي اللَّفْظِ وَالْمَعْنَى وَالْعَمَلِ، فَكَانَ بَقَاؤُهَا عَلَى أَصْلِهَا أَوْلَى.

وَالْمُوَطِّئَةُ لِلْقَسَمِ: هَذِهِ اللَّامُ هِيَ اللَّامُ الَّتِي تَدْخُلُ عَلَى الشَّرْطِ بَعْدَ تَقَدُّمِ الْقَسَمِ لَفْظًا أَوْ تَقْدِيرًا؛ لِيُؤْذَنَ بِأَنَّ الْجَوَابَ لَهُ لا لِلشَّرْطِ، فَهَذَا مَعْنَى تَوْطِئَتِهَا، وَلَيْسَتِ اللَّامُ هَذِهِ جَوَابَ الْقَسَمِ، وَإِنَّمَا الْجَوَابُ مَا يَأْتِي بَعْدَ الشَّرْطِ، كَقَوْلِكَ: (وَاللَّهِ لَئِنْ أَكْرَمْتَنِي لَأُكْرِمَنَّكَ)، و لَوْ قُلْتَ: (وَاللَّهِ لَئِنْ أَكْرَمْتَنِي أُكْرِمْكَ) أَوْ (فَإِنِّي أُكْرِمُكَ)، وَمَا أَشْبَهَهُ مِمَّا يُجَابُ بِهِ الشَّرْطُ لَمْ يَجُزْ، وَقَدْ تَقَدَّمَ ذِكْرُ ذَلِكَ وَتَعْلِيلُهُ، وَقَدْ وَقَعَ الْجَوَابُ لِلشَّرْطِ فِي كَلَامِ الْمُتَأَخِّرِينَ مِنَ الشُّعَرَاءِ وَالْمُصَنِّفِينَ كَثِيرًا، وَكُلُّهُ خَطَأٌ لا يُوجَدُ مِثْلُهُ فِي الْقُرْآنِ مَعَ كَثْرَةِ ذَلِكَ فِيهِ، وَلَا فِي كَلَامٍ فَصِيحٍ.

(وَلَامُ جَوَابِ لَوْ وَلَوْلَا): هِيَ اللَّامُ الَّتِي تَدْخُلُ لِتُؤْذِنَ بِأَنَّ مَا دَخَلَتْ عَلَيْهِ هُوَ اللَّازِمُ لِمَا دَخَلَ عَلَيْهِ (لَوْ)، كَقَوْلِكَ: (لَوْ جِئْتَنِي لَأَكْرَمْتُكَ)، فَاللَّامُ مُؤْذِنَةٌ بِأَنَّ الْمَدْخُولَ عَلَيْهِ هُوَ اللَّازِمُ لِلْمَجِيءِ. وَمَا يَتَعَلَّقُ بِمَعْنَى (لَوْ) قَدْ تَقَدَّمَ، وَيَجُوزُ حَذْفُهَا، وَيَكُونُ الرَّبْطُ بَيْنَهُمَا بِدَلَالَةِ (لَوْ)؛ لِأَنَّهَا شَرْطٌ لـ (إِنْ) فِي كَوْنِهَا شَرْطًا، فَكَمَا جَازَ أَنْ تَقُولَ: (إِنْ أَتَيْتَنِي أَتَيْتُكَ)

جَازَ (لَوْ أَتَيْتَنِي أَتَيْتُكَ)، وَلِهَذَا الْمَعْنَى جَعَلَهَا تَوْكِيدًا.

وَيَجُوزُ حَذْفُ الْجَوَابِ أَيْضًا، وَمَوْضِعُ ذِكْرِ ذَلِكَ مَوْضِعُ ذِكْرِ (لَوْ)؛ لأنَّ الْجَوَابَ مِنْ مُقْتَضَاهَا، وَالْكَلامُ هَاهُنَا عَلَى مُجَرَّدِ اللامِ، وَقَدْ تَقَدَّمَ أَنَّ ذَلِكَ جَائِزٌ عِنْدَ قِيَامِ قَرِينَةٍ تَدُلُّ عَلَيْهِ، كَقَوْلِهِ تَعَالَى: "**وَلَوْ أَنَّ قُرْءَانًا سُيِّرَتْ بِهِ الْجِبَالُ**" [الرعد:٣١]، وَ "**لَوْ أَنَّ لِي بِكُمْ قُوَّةً**" [هود:٨٠]، وَمَا أَشْبَهَ ذَلِكَ.

(وَلامُ الآمْرِ): هِيَ الَّتِي تَدْخُلُ عَلَى الْفِعْلِ الْمُضَارِعِ لِتُؤْذِنَ بِأَنَّهُ مَطْلُوبٌ لِلْمُتَكَلِّمِ، كَقَوْلِكَ: (لِيَضْرِبْ زَيْدٌ)، وَشَرْطُهَا أَنْ يَكُونَ الْفِعْلُ لِغَيْرِ الْفَاعِلِ الْمُخَاطَبِ، كَقَوْلِكَ: (لِيَضْرِبْ عَمْرٌو)، و(لِتُضْرَبْ أَنْتَ)، و(لأَضْرِبْ أَنَا)، إلا فِي لُغَةٍ قَلِيلَةٍ يُدْخِلُونَهَا عَلَى الْفِعْلِ، وَإِنْ كَانَ لِلْفَاعِلِ الْمُخَاطَبِ، فَيَقُولُونَ: (لِتَضْرِبْ أَنْتَ)، وَمِنْهُ قِرَاءَةٌ شَاذَّةٌ، وَهُوَ "**فَبِذَلِكَ فَلْتَفْرَحُوا**" [يونس:٥٨]، وَمَا رُوِيَ فِي الصَّحِيحِ مِنْ قَوْلِهِ عَلَيْهِ الصَّلاةُ وَالسَّلامُ: "لِتَأْخُذُوا مَصَافَّكُمْ"[1].

وَوَضْعُهَا عَلَى الْكَسْرِ؛ لأَنَّهَا فِي اخْتِصَاصِهَا بِالْفِعْلِ الْمَجْزُومِ كَاخْتِصَاصِ لامِ الْجَرِّ بِالْمَجْرُورِ، فَكَمَا أَنَّ تِلْكَ لا تَكُونُ إلا مَكْسُورَةً مَعَ الظَّاهِرِ فَكَذَلِكَ هَذِهِ، وَالْفِعْلُ لا مُضْمَرَ لَهُ، فَتَعَيَّنَ أَنْ تَكُونَ مَكْسُورَةً مُطْلَقًا.

وَإِذَا اتَّصَلَ بِهَا وَاوٌ، أَوْ فَاءٌ، أَوْ ثُمَّ، جَازَ تَسْكِينُهَا، كَقَوْلِهِ تَعَالَى: "**وَلْيَطَّوَّفُوا**" [الحج:٢٩]، وَإِسْكَانُهَا مَعَ الْفَاءِ أَكْثَرُ مِنْهُمَا، وَمَعَ الْوَاوِ أَكْثَرُ مِنْ (ثُمَّ)، وَوَجْهُهُ أَنَّ الْفَاءَ اتَّصَلَتْ بِهَا اتِّصَالا مَعْنَوِيًّا وَصُورِيًّا، وَهِيَ عَلَى حَرْفٍ وَاحِدٍ، فَصَارَتْ كَالْجُزْءِ مِنْهَا لَفْظًا وَمَعْنًى، فَشُبِّهَ قَوْلُكَ: (فَلْيَ) مِنْ قَوْلِكَ: (فَلْيَضْرِبْ) بـ (كَتْفٍ)، وَنَقَصَتِ الْوَاوُ عَمَّا ذَكَرْنَاهُ صُورَةَ الاتِّصَالِ؛ لأَنَّهَا لا تُكْتَبُ مَعَهَا مُتَّصِلَةً، بِخِلافِ الْفَاءِ، فَكَانَتْ أَضْعَفَ فِي الاتِّصَالِ مِنْهَا، وَنَقَصَتْ (ثُمَّ) عَنْهَا مِنْ حَيْثُ إِنَّهَا كَلِمَةٌ مُسْتَقِلَّةٌ لَيْسَتْ عَلَى حَرْفٍ وَاحِدٍ، أَلا تَرَى أَنَّهَا يُوقَفُ عَلَيْهَا وَيُبْتَدَأُ بِهَا بَعْدَهَا، بِخِلافِ الْوَاوِ وَالْفَاءِ، فَإِنَّهُ لا يَصِحُّ الْوَقْفُ عَلَيْهِمَا؛ لأَنَّهُمَا كَالْجُزْءِ مِمَّا اتَّصَلا بِهِ؛ لِكَوْنِهِمَا عَلَى حَرْفٍ وَاحِدٍ.

وَيَجُوزُ حَذْفُهَا فِي ضَرُورَةِ الشِّعْرِ، وَهُوَ شَاذٌّ بِمَثَابَةِ حَذْفِ حَرْفِ الْجَرِّ فِي الأَسْمَاءِ، وَالأَفْصَحُ رَفْعُ الْفِعْلِ، وَإِنْ كَانَ الْقَصْدُ الطَّلَبَ بِهِ، فَإِنَّهُ يَصِحُّ أَنْ يُقَالَ: (يَضْرِبُ زَيْدٌ)، وَإِنْ كَانَ الْغَرَضُ طَلَبَ الضَّرْبِ مِنْهُ، كَمَا يَصِحُّ فِي الْمَاضِي فِي مِثْلِ قَوْلِهِمْ: (غَفَرَ اللَّهُ

(١) أخرجه مسلم (١٢٩٩)، وأخرجه أبو داود (١٩٧٠)، وأخرجه أحمد في مسنده (١٤٠١٠).

لَهُ)، وَهُوَ فِي الْمُضَارِعِ أَجْدَرُ مِنْ حَيْثُ اللَّفْظُ وَالْمَعْنَى جَمِيعًا، وَمِنْهُ قَوْلُهُ تَعَالَى: "تُؤْمِنُونَ بِاللَّهِ وَرَسُولِهِ" [الصف:١١]، وَيَدُلُّ عَلَى أَنَّهُ لِلطَّلَبِ قَوْلُهُ تَعَالَى بَعْدَ ذَلِكَ: "يَغْفِرْ لَكُمْ" [الصف:١٢] مَجْزُومًا، فَلَوْلَا أَنَّهُ طَلَبٌ لَمْ يَصِحَّ الْجَزْمُ؛ لِأَنَّهُ لَيْسَ ثَمَّ وَجْهٌ سِوَاهُ، وَمَا ذُكِرَ مِنْ غَيْرِهِ غَيْرُ مُسْتَقِيمٍ.

(وَلَامُ الِابْتِدَاءِ هِيَ اللَّامُ الْمَفْتُوحَةُ فِي قَوْلِكَ: لَزَيْدٌ مُنْطَلِقٌ).

قَالَ الشَّيْخُ: هِيَ اللَّامُ الَّتِي تَدْخُلُ عَلَى الْمُبْتَدَأِ؛ لِتُؤْذِنَ بِأَنَّهُ الْمَحْكُومُ عَلَيْهِ.

وَقَوْلُهُ: (وَالْفِعْلُ الْمُضَارِعُ)، وَتَمْثِيلُهُ بِقَوْلِهِ تَعَالَى: "وَإِنَّ رَبَّكَ لَيَحْكُمُ بَيْنَهُمْ" [النحل:١٢٤] غَيْرُ مُسْتَقِيمٍ؛ لِأَنَّ هَذِهِ هِيَ لَامُ الِابْتِدَاءِ أُخِّرَتْ لِأَجْلِ (إِنَّ)، فَإِنْ زَعَمَ زَاعِمٌ أَنَّهُ ذَكَرَهَا فِي أَنَّهَا قَدْ دَخَلَتْ عَلَى الْمُضَارِعِ، فَلْيَقُلْ: أَيْضًا تَدْخُلُ عَلَى الْحَرْفِ وَعَلَى كُلِّ مَا يَصْلُحُ أَنْ يَكُونَ خَبَرًا، كَقَوْلِكَ: (إِنَّ زَيْدًا لَفِي الدَّارِ)، و(إِنَّ زَيْدًا لَطَعَامَكَ آكِلٌ)، وَأَشْبَاهُ ذَلِكَ، وَالتَّمْثِيلُ بِمِثْلِ ذَلِكَ بِقَوْلِهِ تَعَالَى: "لَأُقْسِمُ" [القيامة:١] عَلَى قِرَاءَةِ ابْنِ كَثِيرٍ أَوْلَى، لِكَوْنِهِ بَيَانًا لِتَوْطِئَةِ الْقَسَمِ.

قَوْلُهُ: (وَيَجُوزُ عِنْدَنَا (إِنَّ زَيْدًا لَسَوْفَ يَقُومُ)، وَلَا يُجَوِّزُهُ الْكُوفِيُّونَ).

وَإِنَّمَا جَازَ عِنْدَ الْبَصْرِيِّينَ؛ لِأَنَّ اللَّامَ عِنْدَهُمْ لَيْسَتْ لِلْحَالِ، وَإِنَّمَا هِيَ لَامُ الِابْتِدَاءِ أُخِّرَتْ لِمَا ذَكَرْنَاهُ، فَجَازَ أَنْ تُجَامِعَ مَا مَعْنَاهُ الْحَالُ وَالِاسْتِقْبَالُ، إِذْ لَا مُنَاقَضَةَ بَيْنَهُمَا، وَعِنْدَ الْكُوفِيِّينَ أَنَّهَا لِلْحَالِ، فَإِذَا جَامَعَتْ (سَوْفَ) تَنَاقَضَ الْمَعْنَى؛ لِأَنَّهُ يَصِيرُ حَالًا بِاللَّامِ مُسْتَقْبَلًا بِسَوْفَ، وَهُوَ مُتَنَاقِضٌ، وَكَانَ يَلْزَمُهُ أَنْ لَا يُجِيزَهُ أَيْضًا؛ لِأَنَّهُ قَدْ تَقَدَّمَ مِنْ قَوْلِهِ: (إِنَّهَا لِلْحَالِ)، فَقَدْ وَافَقَ الْكُوفِيِّينَ فِي كَوْنِهَا لِلْحَالِ، وَخَالَفَهُمْ فِي مُجَامَعَتِهَا لِسَوْفَ، وَالَّذِي يَدُلُّ عَلَى مَا ذَكَرَهُ الْبَصْرِيُّونَ قَوْلُهُ تَعَالَى: "لَسَوْفَ أُخْرَجُ حَيًّا" [مريم:٦٦]، فَقَدْ دَخَلَتِ اللَّامُ مَعَ وُجُودِ (سَوْفَ).

وَأَمَّا اللَّامُ الْفَارِقَةُ فَهِيَ الَّتِي تُؤْذِنُ بِأَنَّ (إِنْ) الَّتِي فِي أَوَّلِ الْكَلَامِ هِيَ الْمُخَفَّفَةُ مِنَ الثَّقِيلَةِ، وَلَيْسَتِ النَّافِيَةَ، كَقَوْلِهِ تَعَالَى: "إِنْ كُلُّ نَفْسٍ لَمَّا عَلَيْهَا حَافِظٌ" [الطارق:٤]، أَلَا تَرَى أَنَّكَ لَوْ أَسْقَطْتَهَا فُهِمَ النَّفْيُ؟

فَإِذَا قُلْتَ: (إِنْ زَيْدٌ لَقَائِمٌ) فَالْمَفْهُومُ إِثْبَاتُ الْقِيَامِ، وَالْمَعْنَى: زَيْدٌ قَائِمٌ، وَإِذَا قُلْتَ: (إِنْ زَيْدٌ قَائِمٌ)، فَالْمَفْهُومُ نَفْيُ الْقِيَامِ، وَالْمَعْنَى: مَا زَيْدٌ قَائِمٌ.

وَقَدْ زَعَمَ بَعْضُ الْكُوفِيِّينَ أَنَّهَا أَيْضًا لِلنَّفْيِ مَعَ اللَّامِ، وَأَنَّ اللَّامَ بِمَعْنَى: (إِلَّا)، فَيَزْعُمُ أَنَّكَ إِذَا قُلْتَ: (إِنْ زَيْدٌ لَقَائِمٌ)، فَمَعْنَاهُ: (مَا زَيْدٌ إِلَّا قَائِمٌ)، فَقَدْ وَافَقَ فِي أَصْلِ الْمَعْنَى؛

لِأَنَّهُ بِـ (إلا) يَصِيرُ مُثْبَتًا، وَلَكِنَّهُ خَالَفَ فِي التَّقْدِيرِ، وَفِي مَعْنَى الْحَصْرِ الَّذِي يَلْزَمُ مِنَ النَّفْيِ وَالإِثْبَاتِ، وَعَلَى الْوَجْهَيْنِ حُمِلَ قَوْلُهُ تَعَالَى: "إِنْ كُلُّ نَفْسٍ لَمَّا عَلَيْهَا حَافِظٌ" [الطارق:٤].

وَمِنْ أَصْنَافِ الْحَرْفِ تَاءُ التَّأْنِيثِ (١)

هَذِهِ التَّاءُ تَدْخُلُ لِتُؤْذِنَ بِأَنَّ مَنْ أُسْنِدَ إِلَيْهِ الْفِعْلُ مُؤَنَّثٌ فَاعِلا كَانَ أَوْ مَفْعُولا، كَقَوْلِكَ: (ضَرَبَتْ هِنْدُ)، و(ضُرِبَتْ هِنْدُ)، وَإِنَّمَا قَالَ: لِتُؤْذِنَ بِأَنَّ الْفَاعِلَ مُؤَنَّثٌ جَرْيًا عَلَى مَذْهَبِهِ فِي أَنَّ مَفْعُولَ مَا لَمْ يُسَمَّ فَاعِلُهُ فَاعِلٌ، وَلِذَلِكَ أَدْخَلَهُ فِي حَدِّ الْفَاعِلِ عَلَى مَا تَقَدَّمَ، وَسَمَّاهُ فَاعِلا فِي غَيْرِ مَوْضِعٍ، وَهُوَ مَذْهَبُ كَثِيرٍ مِنَ الْمُتَقَدِّمِينَ الْبَصْرِيِّينَ.

وَقَدْ تَقَدَّمَ بَيَانُ مَوْضِعِ جَوَازِهَا، وَمَوْضِعِ وُجُوبِهَا فِي الْمُذَكَّرِ وَالْمُؤَنَّثِ، وَإِنَّمَا كَانَتْ سَاكِنَةً؛ لِأَنَّهَا إِنَّمَا تَلْحَقُ الْمَاضِيَ وَهُوَ مَبْنِيٌّ، فَوَجَبَ إِسْكَانُهَا، وَإِنَّمَا حُرِّكَتْ تَاءُ التَّأْنِيثِ الَّتِي تَلْحَقُ الاسْمَ؛ لِأَنَّهَا لَمَّا امْتَزَجَتْ مَعَ الاسْمِ امْتِزَاجَ أَلِفِ التَّأْنِيثِ وَالأَلِفِ وَالنُّونِ فِي نَحْوِ: صَحْرَاءَ وَسَكْرَانَ، وَالاسْمُ مُعْرَبٌ وَجَبَ أَنْ يَكُونَ الإِعْرَابُ عَلَيْهَا مِثْلَهُ فِي صَحْرَاءَ وَسَكْرَانَ، فَلِذَلِكَ جَاءَتْ وَاجِبًا لَهَا التَّحَرُّكُ فِي الاسْمِ وَالسُّكُونُ فِي الْفِعْلِ، عَلَى أَنَّ دَلالَتَهُمَا مُخْتَلِفَةٌ، أَمَّا الَّتِي تَلْحَقُ الْفِعْلَ، فَدَلالَتُهَا مَا ذَكَرْنَاهُ، وَأَمَّا الَّتِي تَلْحَقُ الاسْمَ، فَدَلالَتُهَا الإِيذَانُ بِأَنَّ مَا دَخَلَتْ عَلَيْهِ نَفْسُهُ مُؤَنَّثٌ، وَهَذِهِ الدَّلالَةُ خِلافُ تِلْكَ، فَإِنَّ تِلْكَ الدَّلالَةَ لِتَأْنِيثِ فَاعِلِ مَا دَخَلَتْ عَلَيْهِ التَّاءُ، وَهَذِهِ الدَّلالَةُ لِتَأْنِيثِ نَفْسِ مَا دَخَلَتْ عَلَيْهِ التَّاءُ.

وَدُخُولُهَا فِي الأَسْمَاءِ الْمُشْتَقَّةِ فَرْعٌ عَلَى دُخُولِهَا فِي الْفِعْلِ، وَهِيَ فِي التَّحْقِيقِ فِي ذَلِكَ عَلَى نَحْوِ مَا هِيَ فِي الْفِعْلِ، أَلا تَرَى أَنَّكَ إِذَا قُلْتَ: (مَرَرْتُ بِامْرَأَةٍ قَائِمَةٍ)، فَإِنَّمَا أَنَّثْتَ؛ لِأَنَّ الْفَاعِلَ الْمُضْمَرَ فِي قَوْلِكَ: (قَائِمَةٍ) مُؤَنَّثٌ، فَهُوَ بِمَثَابَةِ قَوْلِكَ: (مَرَرْتُ بِامْرَأَةٍ قَامَتْ)، وَالَّذِي يُوَضِّحُ ذَلِكَ قَوْلُكَ: (مَرَرْتُ بِرَجُلٍ قَائِمَةٍ جَارِيَتُهُ)، فَإِنَّمَا أَنَّثْتَ (قَائِمَةً)؛ لِأَنَّ الْفَاعِلَ مُؤَنَّثٌ، أَلا تَرَى أَنَّكَ لَوْ قُلْتَ: (مَرَرْتُ بِامْرَأَةٍ قَائِمٌ غُلامُهَا) لَمْ تُؤَنِّثْ؛ لِأَنَّ الْفَاعِلَ غَيْرُ مُؤَنَّثٍ، فَهَذَا يُوَضِّحُ أَنَّ دُخُولَهَا فِي

---

(١) تَاءُ التَّأْنِيثِ السَّاكِنَةُ: هِيَ التَّاءُ فِي نَحْوِ "قَامَتْ وَقَعَدَتْ". وَتَلْحَقُ الْمَاضِيَ، لِلإِيذَانِ مِنْ أَوَّلِ الأَمْرِ بِأَنَّ الْفَاعِلَ مُؤَنَّثٌ. وَهِيَ سَاكِنَةٌ، وَتُحَرَّكُ بِالْكَسْرِ إِنْ وَلِيَهَا سَاكِنٌ كَقَوْلِهِ تَعَالَى: (قَالَتِ امْرَأَةُ عِمْرَانَ) وَقَوْلِهِ: (قَالَتِ الأَعْرَابُ آمَنَّا)، وَبِالْفَتْحِ، إِنِ اتَّصَلَ بِهَا ضَمِيرُ الاثْنَيْنِ، نَحْوَ "قَالَتَا".

هَذِهِ الأَسْمَاءِ عَلَى نَحْوِ دُخُولِهَا فِي الأَفْعَالِ.

وَأَمَّا دُخُولُهَا فِي الأَسْمَاءِ غَيْرِ الْمُشْتَقَّةِ فَمَحْمُولٌ عَلَى الْمُشْتَقَّةِ بِوَجْهٍ مِنَ الشَّبَهِ عَلَى مَا تَقَدَّمَ فِي الْمُذَكَّرِ وَالْمُؤَنَّثِ، عَلَى أَنَّهُ غَيْرُ جَارٍ قِيَاسًا إلا فِي مُفْرَدِ النَّبَاتِ وَالثَّمَرِ، كَقَوْلِكَ: ثَمَرَةٌ، وَشَجَرَةٌ.

قَوْلُهُ: (وَإِذَا لَقِيَهَا سَاكِنٌ بَعْدَهَا وَجَبَ تَحْرِيكُهَا عَلَى قِيَاسِ الْتِقَاءِ السَّاكِنَيْنِ).

وَأَصْلُهُ الْكَسْرُ-كَمَا سَيَأْتِي، وَلا يُرَدُّ مَا حُذِفَ لِسُكُونِهَا قَبْلَ حَرَكَتِهَا الْعَارِضَةِ، إِذِ الْعَارِضُ فِي مِثْلِ ذَلِكَ غَيْرُ مُعْتَدٍّ بِهِ، بِدَلِيلِ وُجُوبِ الْحَذْفِ فِي مِثْلِ قَوْلِهِ تَعَالَى: "**لَمْ يَكُنِ الَّذِينَ كَفَرُوا**" [البينة:١]، فَكَذَلِكَ هَذَا، وَهَذَا يُوَضِّحُ أَنَّهُ لا يَجُوزُ أَنْ يُقَالَ: (رَمَاتِ الْمَرْأَةُ)، وَأَمَّا قَوْلُ بَعْضِهِمْ: (رَمَاتَا) فِي قَوْلِكَ: (الْمَرْأَتَانِ رَمَاتَا) فَلِشُبْهَةٍ لَيْسَتْ فِي مِثْلِ (رَمَتِ الْمَرْأَةُ)، وَذَلِكَ أَنَّهُمْ رَأَوْا هَذِهِ الضَّمَائِرَ الْمُتَّصِلَةَ تَتَنَزَّلُ مِنَ الْفِعْلِ مَنْزِلَةَ الْجُزْءِ مِنْهُ بِدَلِيلِ قَوْلِهِمْ: يَقُولانِ وَقُولا، أَلا تَرَى أَنَّهُ: لَوْ لَمْ يَكُنِ الْمُضْمَرُ مُنَزَّلا مَنْزِلَةَ الْجُزْءِ، لَمْ تَثْبُتِ الْوَاوُ فِي قَوْلِكَ: قُولا، وَلَمْ يَكُنِ الإِعْرَابُ بَعْدَ الأَلِفِ فِي (يَقُولانِ)، فَلَمَّا رَأَوْا هَذَا الامْتِزَاجَ فِي هَذِهِ الضَّمَائِرِ أَجْرَوْا الْحَرَكَةَ فِي (رَمَاتَا) مُجْرَى الْحَرَكَةِ الأَصْلِيَّةِ، وَجَعَلُوهَا مِثْلَهَا فِي (قُولا).

وَمِنْ أَصْنَافِ الْحَرْفِ التَّنْوِينُ، وَهُوَ عَلَى خَمْسَةِ أَضْرُبٍ... إِلَى آخِرِهِ

التَّنْوِينُ[1] : نُونٌ سَاكِنَةٌ تَتْبَعُ حَرَكَةَ الآخِرِ، لَيْسَتْ بِنُونِ التَّأْكِيدِ فِي الْفِعْلِ، وَهَذَا التَّعْرِيفُ يَجْمَعُ جُمْلَةَ أَنْوَاعِ التَّنْوِينِ، وَاحْتَرَزَ مِنَ النُّونِ الْمُؤَكِّدَةِ فِي الْفِعْلِ؛ لأَنَّهَا لَوْ لَمْ يُحْتَرَزْ مِنْهَا لَدَخَلَتْ؛ لأَنَّهَا نُونٌ سَاكِنَةٌ تَتْبَعُ حَرَكَةَ الآخِرِ، وَلَيْسَتْ بِتَنْوِينٍ.

(وَهُوَ عَلَى خَمْسَةِ أَضْرُبٍ)

أَحَدُهَا: الدَّالُّ عَلَى الْمَكَانَةِ، وَهُوَ كُلُّ تَنْوِينٍ لَحِقَ مُعْرَبًا لَمْ يُشْبِهِ الْفِعْلَ مِنَ الْوَجْهَيْنِ مِنَ الْوُجُوهِ الْمَذْكُورَةِ فِي مَنْعِ الصَّرْفِ، كَقَوْلِكَ: (زَيدٌ)، و(عَمْرٌو)، و(رَجُلٌ).

وَالثَّانِي: تَنْوِينُ التَّنْكِيرِ، وَهُوَ تَنْوِينٌ يَدُلُّ عَلَى أَنَّ مَا دَخَلَ عَلَيْهِ نَكِرَةٌ، كَقَوْلِكَ: صَهٍ وَصَهٍ، وَمَا أَشْبَهَهُ، وَلَيْسَ التَّنْوِينُ فِي (رَجُلٍ) تَنْوِينَ تَنْكِيرٍ، وَإِنْ كَانَ الاسْمُ نَكِرَةً، أَلا تَرَى

(١) حَرْفُ التَّنْوِينِ: هو نونٌ ساكنةٌ زائدةٌ، تلحقُ أواخرَ الأسماءِ لفظاً، وتفارقها خطاً ووقفاً.

أَنَّهُ لَوْ جُعِلَ عَلَمًا لَمْ يَزُلْ مِنْهُ تَنوِينُهُ، وَلَوْ كَانَ تَنوِينَ تَنكِيرٍ لَوَجَبَ زَوَالُهُ عِنْدَ زَوَالِ التَّنْكِيرِ، وَأَمَّا زَوَالُهُ عِنْدَ مَجِيءِ اللامِ لِلتَّعْرِيفِ فَلَيْسَ زَوَالُهُ لِكَوْنِهِ لِلتَّنكِيرِ، بِدَلِيلِ مَا ذَكَرْنَاهُ، وَإِنَّمَا زَالَ لِتَضَادٍّ بَيْنَهُ وَبَيْنَ اللامِ، أَلا تَرى أَنَّكَ لَوْ سَمَّيْتَ رَجُلا بِحَسَنٍ، فَتَنْوِينُهُ لَيْسَ لِلتَّنْكِيرِ مِنْ غَيْرِ رِيبَةٍ، وَلَوْ أَدْخَلْتَ اللامَ عَلَيْهِ مَعَ بَقَائِهِ عَلَمًا لَزَالَ إِجْمَاعًا، وَلَيْسَ ذَلِكَ لأَنَّهُ كَانَ لِلتَّنْكِيرِ، فَكَذَلِكَ رَجُلٌ.

وَالثَّالِثُ: الْعِوَضُ مِنَ الْمُضَافِ إِلَيْهِ، وَهُوَ كُلُّ تَنوِينٍ لَحِقَ مُضَافًا عِنْدَ حَذْفِ الْمُضَافِ إِلَيْهِ، كَقَوْلِكَ: يَوْمَئِذٍ، وَسَاعَتَئِذٍ، وَحِينَئِذٍ.

وَالرَّابِعُ: التَّنوِينُ النَّائِبُ مَنَابَ حَرْفِ الإِطْلاقِ، كَقَوْلِهِ:

أَقِلِّي اللَّوْمَ عَاذِلَ وَالعِتَابَنْ ... وَقُولِي إِنْ أَصَبْتُ لَقَدْ أَصَابَنْ

وَهُوَ تَنْوِينُ التَّرَنُّمِ، وَهُوَ كُلُّ تَنوِينٍ جُعِلَ مَكَانَ حَرْفِ المَدِّ وَاللِّينِ فِي الْقَوَافِي الْمُطْلَقَةِ.

وَالْخَامِسُ: التَّنْوِينُ الْغَالِي، وَهُوَ كُلُّ تَنوِينٍ لَحِقَ قَافِيَةً مُقَيَّدَةً لِلتَّرَنُّمِ، وَهُوَ قَلِيلٌ، كَقَوْلِهِ: (وَقَاتِمِ الأَعْمَاقِ خَاوِي الْمُخْتَرَقْنْ).

وَقَدْ زَادَ بَعْضُهُمْ تَنوِينَ الْمُقَابَلَةِ، وَهُوَ كُلُّ تَنوِينٍ لَحِقَ جَمْعَ الْمُؤَنَّثِ السَّالِمِ فِي نَحْوِ: عَرَفَاتٍ، وَأَذْرُعَاتٍ، وَمُسْلِمَاتٍ؛ لأَنَّهُ جِيءَ بِهِ لِيَكُونَ فِي جَمْعِ الْمُؤَنَّثِ السَّالِمِ مُوَازِنًا لِلنُّونِ فِي جَمْعِ الْمُذَكَّرِ السَّالِمِ فِي نَحْوِ: مُسْلِمُونَ، وَهُوَ مُسْتَقِيمٌ؛ لأَنَّهُ إِنْ لَمْ يُذْكَرْ قِسْمًا امْتَنَعَ دُخُولُهُ فِي جَمِيعِ الأَقْسَامِ الْمُفَصَّلَةِ؛ لأَنَّ امْتِنَاعَهُ فِي تَنوِينِ التَّنْكِيرِ وَالْعِوَضِ وَالنَّائِبِ مَنَابَ حَرْفِ الإِطْلاقِ وَالغَالِي وَاضِحٌ، بَقِيَ دُخُولُهُ فِي تَنوِينِ التَّمْكِينِ، وَلا يَسْتَقِيمُ، لأَنَّهُ لَوْ كَانَ كَذَلِكَ؛ لَوَجَبَ أَنْ لا يُصْرَفَ جَمْعُ الْمُؤَنَّثِ إِذَا سُمِّيَ بِهِ مُؤَنَّثًا، كَمُسْلِمَاتٍ إِذَا سُمِّيَتْ بِهِ امْرَأَةٌ؛ لأَنَّ فِيهِ الْعَلَمِيَّةَ وَالتَّأْنِيثَ بِاتِّفَاقٍ، فَلَوْ كَانَ تَنوِينَ التَّمْكِينِ لَمْ يَجُزْ بَقَاؤُهُ كَمَا لا يَجُوزُ صَرْفُ زَيْنَبَ بِاتِّفَاقٍ، نَعَمْ يَدْخُلُ فِي تَنوِينِ التَّمْكِينِ عَلَى مَذْهَبِ مَنْ يَقُولُ: (هَذِهِ مُسْلِمَاتُ) بِغَيْرِ تَنوِينٍ إِذَا سُمِّيَ بِهِ امْرَأَةٌ، وَهُوَ مَذْهَبٌ رَدِيءٌ لَمْ يَصِرْ إِلَيْهِ ذُو تَحْقِيقٍ، وَقَدْ تَكَلَّمَ الْمُصَنِّفُ فِي تَفْسِيرِهِ عَلَى قَوْلِهِ تَعَالَى: "**فَإِذَا أَفَضْتُم مِّنْ عَرَفَاتٍ**" [البقرة:١٩٨]، فِي كَوْنِهِ صُرِفَ بِمَا يَلْزَمُهُ أَنْ لا يَصْرِفَ مُسْلِمَاتٍ إِنْ سُمِّيَ بِهِ امْرَأَةٌ، وَلَيْسَ بِشَيْءٍ.

(وَالتَّنوِينُ سَاكِنٌ). لأَنَّهُ حَرْفٌ مَبْنِيٌّ، وَأَصْلُ الْبِنَاءِ السُّكُونُ، فَإِنْ لَقِيَ سَاكِنًا آخَرَ فَحُكْمُهُ أَنْ يُحَرَّكَ بِالْكَسْرِ كَمَا سَيَأْتِي.

وَقَدْ يُحْذَفُ تَخْفِيفًا تَشْبِيهًا لَهُ بِحَرْفِ الْمَدِّ وَاللِّينِ كَمَا شُبِّهَ بِهِ فِي غَيْرِ مَوْضِعٍ، وَمِنْهُ الْقِرَاءَةُ الشَّاذَّةُ فِي قَوْلِهِ تَعَالَى: "أَحَدٌ (١) اللَّهُ الصَّمَدُ" [الإخلاص:١-٢]، وَفِي قَوْلِهِ:

وَلَا ذَاكِرَ اللَّهَ...........   ....

بِنَصْبِ اسْمِ اللَّهِ، سَوَاءٌ خَفَضْتَ (ذَاكِرًا) أَوْ نَصَبْتَهُ، وَكِلَاهُمَا جَائِزٌ، وَخَفْضُهُ عَلَى الْعَطْفِ عَلَى مَعْمُولِ غَيْرٍ، وَجَعَلَ (لَا) زَائِدَةً، كَقَوْلِهِ تَعَالَى: "وَلَا الضَّالِّينَ" [الفاتحة:٧]، وَنَصْبُهُ عَلَى أَنَّ (لَا) بِمَعْنَى: غَيْرِ، وَهِيَ مُتَعَذِّرٌ فِيهَا الْإِعْرَابُ، فَوَجَبَ أَنْ يَكُونَ إِعْرَابُهَا عَلَى مَا هُوَ مِنْ تَتِمَّتِهَا، وَهُوَ مَا بَعْدَهَا، كَقَوْلِكَ: (جَاءَنِي رَجُلٌ لَا عَالِمٌ، وَلَا عَاقِلٌ)، وَمِنْهُ قَوْلُهُ تَعَالَى: "لَا بَارِدٍ وَلَا كَرِيمٍ" [الواقعة:٤٤].

وَمِنْ أَصْنَافِ الْحَرْفِ النُّونُ الْمُؤَكَّدَةُ، وَهِيَ عَلَى ضَرْبَيْنِ... إِلَى آخِرِهِ

قَالَ الشَّيْخُ: هَذِهِ النُّونُ مُخْتَصَّةٌ بِالْفِعْلِ الْمُضَارِعِ وَصِيغَةِ الْأَمْرِ؛ لِأَنَّ صِيغَةَ الْأَمْرِ مَأْخُوذَةٌ مِنَ الْفِعْلِ الْمُضَارِعِ؛ لِتَأْكِيدِ الْفِعْلِ الدَّاخِلَةِ هِيَ عَلَيْهِ، فَقَوْلُكَ: اضْرِبَنْ، آكَدُ مِنْ قَوْلِكَ: اضْرِبْ، وَوِزَانُهَا فِي الْمُضَارِعِ وِزَانُ (قَدْ) فِي الْمَاضِي فِي مَعْنَى التَّوْكِيدِ، إِذْ قَوْلُكَ: (قَدْ خَرَجَ) آكَدُ مِنْ قَوْلِكَ: (خَرَجَ).

وَشَرْطُهَا: أَنْ يَكُونَ الْفِعْلُ بِمَعْنَى الطَّلَبِ أَوْ مَا يُشَبَّهُ بِهِ، وَيَلْزَمُ أَنْ يَكُونَ مُسْتَقْبَلًا؛ لِأَنَّ الطَّلَبَ إِنَّمَا يَتَعَلَّقُ بِغَيْرِ الْمَوْجُودِ، فَلَا يَكُونُ إِلَّا فِي الْمُسْتَقْبَلِ، وَإِنَّمَا خُصَّتْ بِالطَّلَبِ لِأَنَّ الطَّالِبَ إِنَّمَا يَطْلُبُ فِي الْعَادَةِ مَا هُوَ مُرَادٌ لَهُ، فَكَانَ ذَلِكَ مُقْتَضِيًا لِتَأْكِيدِهِ؛ لِأَنَّ غَرَضَهُ فِي تَحْصِيلِهِ، بِخِلَافِ الْخَبَرِ، فَإِنَّ هَذَا الْمَعْنَى مَفْقُودٌ فِيهِ.

وَإِنَّمَا دَخَلَتْ فِي الْقَسَمِ، وَإِنْ لَمْ يَكُنْ فِيهِ مَعْنَى الطَّلَبِ، إِذْ قَدْ يُقْسِمُ الْإِنْسَانُ عَلَى مَا يَعْلَمُهُ، مِمَّا هُوَ لَيْسَ مِنْ مَطْلُوبِهِ، وَلَا مِنْ غَرَضِهِ، كَقَوْلِ مَنْ أَتَى كَبِيرَةً: (وَاللَّهِ لَأُعَاقَبَنْ)، وَأَمْثَالُ ذَلِكَ كَثِيرٌ، إِمَّا لِأَنَّهُ فِي الْغَالِبِ إِنَّمَا يُقْسِمُ عَلَى مَا هُوَ مَطْلُوبُ الْمُتَكَلِّمِ، وَحُمِلَ بَقِيَّةُ الْبَابِ عَلَيْهِ لِأَنَّهُ مِنْهُ، وَإِمَّا لِأَنَّهُ فِعْلٌ اشْتَمَلَ عَلَى مُسْتَقْبَلٍ فِيهِ مَا يَقْتَضِي تَوْكِيدَهُ وَهُوَ الْقَسَمُ، كَمَا اشْتَمَلَ فِعْلُ الطَّلَبِ عَلَى مَا يَقْتَضِي تَوْكِيدَهُ مِنَ الْمَعْنَى الْمَذْكُورِ آنِفًا، فَأُجْرِيَ مُجْرَى الطَّلَبِ، وَهَذَا أَيْضًا هُوَ الْوَجْهُ فِي جَوَازِ تَوْكِيدِ الْفِعْلِ بِهَذِهِ النُّونِ فِي قَوْلِهِ تَعَالَى: "فَإِمَّا تَرَيِنَّ" [مريم:٢٦]، "فَإِمَّا نَذْهَبَنَّ" [الزخرف:٤١]؛ لِأَنَّهُ فِعْلٌ مُسْتَقْبَلٌ اشْتَمَلَ عَلَى مَا يَقْتَضِي تَوْكِيدَهُ، وَهُوَ (مَا) الْمَزِيدَةُ عَلَى حَرْفِ الشَّرْطِ،

كَاشْتِمَالِ فِعْلِ الْقَسَمِ عَلَى الْقَسَمِ، وَاشْتِمَالِ فِعْلِ الطَّلَبِ عَلَى الطَّلَبِ الْمُقْتَضِي لِتَوْكِيدِهِ.

وَهِيَ عَلَى ضَرْبَيْنِ: خَفِيفَةٌ وَثَقِيلَةٌ، وَكِلَاهُمَا فِي الْمَعْنَى وَالدُّخُولِ سَوَاءٌ؛ إلا أَنَّ الْخَفِيفَةَ لا تَدْخُلُ عَلَى فِعْلِ الاثْنَيْنِ وَفِعْلِ جَمَاعَةِ النِّسَاءِ، خِلافًا لِيُونُسَ، وَإِنَّمَا لَمْ تَدْخُلْ عَلَيْهِمَا لِوُقُوعِهِمَا بَعْدَ الأَلِفِ، فَيَلْزَمُ اجْتِمَاعُ سَاكِنَيْنِ مُتَعَذِّرٍ فِيهِمَا حُكْمُ الْتِقَاءِ السَّاكِنَيْنِ؛ لأَنَّهُ إِمَّا أَنْ يَبْقَيَا سَاكِنَيْنِ، وَإِمَّا أَنْ يُحرَّكَ الثَّانِي، وَإِمَّا أَنْ يُحْذَفَ الأَوَّلُ، فَبَقَاؤُهُمَا سَاكِنَيْنِ يُؤَدِّي إِلَى مَا لَيْسَ مِنْ كَلامِهِمْ، وَتَحْرِيكُ الثَّانِي يُؤَدِّي إِلَى خُرُوجِهَا عَنْ حُكْمِهَا؛ لأَنَّ وَضْعَهَا عَلَى أَنْ لا تَقْبَلَ الْحَرَكَةَ بِدَلِيلِ امْتِنَاعِ: (اضْرِبَنِ الْيَوْمَ)، وَلَوْ جَازَ تَحْرِيكُهَا ثَمَّةَ لَوَجَبَ تَحْرِيكُهَا هُنَا، وَحَذْفُ الأَوَّلِ يُؤَدِّي إِلَى لَبْسِ الْوَاحِدِ بِالْمُثَنَّى فِي فِعْلِ الاثْنَيْنِ، أَلا تَرَى أَنَّهُ لَوْ حُذِفَ الأَلِفُ فِي قَوْلِكَ: (اضْرِبَانْ) لَبَقِيَ (اضْرِبَنْ)، فَيَلْتَبِسُ بِفِعْلِ الْوَاحِدِ، وَإِلَى حَذْفِ مَا عُلِمَ الْتِزَامُهُمُ الإِتْيَانَ بِهِ لِلْفَصْلِ بَيْنَ نُونِ الضَّمِيرِ وَنُونِ التَّأْكِيدِ، بِدَلِيلِ الْتِزَامِهِمْ لِلأَلِفِ فِي قَوْلِهِمْ: (اضْرِبْنَانِّ)، وَكَوْنُهَا مُشَدَّدَةً لا أَثَرَ لَهُ؛ لأَنَّ الْخَفِيفَةَ فَرْعُهَا، فَلا تَأْتِي إلا عَلَى النَّحْوِ الَّذِي أَتَتْ فِيهِ الثَّقِيلَةُ، لِئَلا يُؤَدِّي إِلَى أَنْ يَكُونَ لِلْفَرْعِ عَلَى الأَصْلِ مَزِيَّةٌ، أَوْ يُقَالُ فِي جَمْعِ الْمُؤَنَّثِ: إِنَّهَا مُشَبَّهَةٌ بِأَلِفِ التَّثْنِيَةِ، فَكَمَا امْتَنَعَ مِنْ حَذْفِ تِلْكَ امْتَنَعَ مِنْ حَذْفِ هَذِهِ، وَيُقَوِّي ذَلِكَ كَسْرُ الْمُشَدَّدَةِ كَكَسْرِهَا بَعْدَهَا فِي فِعْلِ الاثْنَيْنِ، وَإِذَا تَعَذَّرَ ذَلِكَ وَجَبَ امْتِنَاعُ دُخُولِهَا فِيهِمَا، وَالْمُشَدَّدَةُ مَفْتُوحَةٌ إلا فِي فِعْلِ الاثْنَيْنِ وَفِعْلِ جَمَاعَةِ الْمُؤَنَّثِ، فَإِنَّهَا فِيهِمَا مَكْسُورَةٌ تَشْبِيهًا لَهَا بِنُونِ التَّثْنِيَةِ؛ لِوُقُوعِهَا بَعْدَ الأَلِفِ.

قَوْلُهُ: (فَإِنْ دَخَلَتْ فِي الْجَزَاءِ بِغَيْرِ (مَا) فَفِي الشِّعْرِ).

مُسْتَقِيمٌ، وَتَعْلِيلُهُ بِقَوْلِهِ: (تَشْبِيهًا لِلْجَزَاءِ بِالنَّهْيِ) غَيْرُ وَاضِحٍ، وَالأَوْلَى أَنْ يُقَالَ: تَشْبِيهًا لَهُ بِالْجَزَاءِ الدَّاخِلِ فِيهِ (مَا)؛ لأَنَّهُ جَزَاءٌ مِثْلُهُ، وَهَذَا أَوْضَحُ وَأَقْرَبُ.

وَأَمَّا دُخُولُهَا فِي النَّفْيِ فَقَلِيلٌ أَيْضًا تَشْبِيهًا بِالنَّهْيِ؛ لأَنَّهُ مُشْتَمِلٌ عَلَى مَعْنَى النَّفْيِ، وَأَمَّا دُخُولُهَا فِي مِثْلِ (رُبَّمَا يَقُولَنَّ ذَاكَ) فَتَشْبِيهٌ بِالنَّفْيِ، وَكُلُّ ذَلِكَ قَلِيلٌ، وَإِنْ كَانَ بَعْضُهُ أَكْثَرَ مِنْ بَعْضٍ، وَهَذِهِ النُّونُ إِنَّمَا تَدْخُلُ عَلَى سَبِيلِ الْجَوَازِ لِلْغَرَضِ الْمُتَقَدِّمِ ذِكْرُهُ، وَحَذْفُهَا جَائِزٌ إلا فِي فِعْلِ الْقَسَمِ؛ لأَنَّ الْقَسَمَ مِنْ مَوَاضِعِ التَّأْكِيدِ، فَلِذَلِكَ احْتِيجَ إِلَيْهَا، وَالْمُؤَكَّدُ بِمَا فِي الشَّرْطِ، فَإِنَّ طَرْحَهَا ضَعِيفٌ.

قَوْلُهُ: (وَإِذَا لَقِيَهَا سَاكِنٌ حُذِفَتْ حَذْفًا، وَلَمْ تُحَرَّكْ)، إِلَى آخِرِهِ.

يَعْنِي: إِذَا لَقِيَ الْخَفِيفَةَ، وَإِلا فَالثَّقِيلَةُ ثَابِتَةٌ أَبَدًا، وَإِنَّمَا ذَلِكَ حُكْمُ الْخَفِيفَةِ، وَإِنَّمَا حُذِفَتْ كَرَاهَةَ أَنْ تُجْرَى مُجْرَى مَا هُوَ مِثْلُهَا فِي الأَسْمَاءِ، وَهُوَ التَّنْوِينُ، قَصْدًا إِلَى أَنْ

يَكُونَ لِمَا يَدْخُلُ عَلَى الاسْمِ مَزِيَّةٌ عَلَى مَا يَدْخُلُ عَلَى الْفِعْلِ، فَتُحْذَفُ لِذَلِكَ، فَيَقُولُونَ فِي (لا تَضْرِبَنْ) إِذَا وَصَلُوهُ بِقَوْلِهِمْ: (ابْنَكَ): (لا تَضْرِبَ ابْنَكَ).

وَمِنْهُ قَوْلُهُ:

وَلا تُهِينَ الْفَقِيرَ........ ....

وَلَوْلا ذَلِكَ لَوَجَبَ أَنْ يُقَالَ: لا تُهِنِ الْفَقِيرَ، بِكَسْرِ النُّونِ وَحَذْفِ الْيَاءِ؛ لالْتِقَاءِ السَّاكِنَيْنِ، وَلَكِنَّهُمْ لَمَّا أَرَادُوا (لا تُهِينَنْ)، وَحَذْفَ النُّونِ لِمَا ذَكَرْنَاهُ؛ وَجَبَ أَنْ يَبْقَى (لا تُهِينَ).

وَمِنْ أَصْنَافِ الْحَرْفِ هَاءُ السَّكْتِ

وَهِيَ الَّتِي فِي قَوْلِهِ تَعَالَى: "**مَا أَغْنَى عَنِّي مَالِيَهْ**" [الحاقة:٢٨]، إِلَى آخِرِهِ[١].

قَالَ الشَّيْخُ: هَاءُ السَّكْتِ: هَاءٌ سَاكِنَةٌ تَلْحَقُ آخِرَ الاسْمِ فِي الْوَقْفِ؛ لِبَيَانِ الْحَرَكَةِ أَوْ حَرْفِ الْمَدِّ، وَوِزَانُهَا فِي الْوَقْفِ لِيُتَوَصَّلَ بِهَا إِلَى بَقَاءِ الْحَرَكَةِ فِي الْوَقْفِ وِزَانُ هَمْزَةِ الْوَصْلِ الَّتِي يُتَوَصَّلُ بِهَا إِلَى الابْتِدَاءِ بِالسَّاكِنِ، فَإِذَا وَصَلْتَ حَذَفْتَهَا كَمَا تَحْذِفُ أَلِفَ الْوَصْلِ عِنْدَ الْوَصْلِ؛ لِفِقْدَانِ الْمَعْنَى الَّذِي جِيءَ بِهَا لأَجْلِهِ، وَلِذَلِكَ اسْتُحِبَّ لِكُلِّ قَارِئٍ مَذْهَبُهُ إِثْبَاتُ الْهَاءِ فِي مِثْلِ (كِتَابِيَهْ)، و(مَالِيَهْ)، و(سُلْطَانِيَهْ)، و((مَا هِيَهْ) أَنْ يَقِفَ ثُمَّ يَبْتَدِئَ، فَإِنْ كَانَ مَذْهَبُهُ الْحَذْفَ فِي الْوَصْلِ حَسُنَ لَهُ الْوَقْفُ بِهَا وَالْوَصْلُ بِحَذْفِهَا، كَقِرَاءَةِ حَمْزَةَ وَالْكِسَائِيِّ: "**اقْتَدِهْ قُلْ**" [الأنعام:٩٠]، وَقِرَاءَةِ حَمْزَةَ: "**مَالِيَهْ (٢٨) هَلَكَ**" [الحاقة:٢٨-٢٩]، وَ"**سُلْطَانِيَهْ (٢٩) خُذُوهُ**" [الحاقة:٢٩-٣٠]، فَإِنْ وُصِلَتْ لِمَنْ يَحْذِفُهَا فَالْوَجْهُ إِثْبَاتُهَا، وَإِنْ كَانَ الْوَصْلُ مُسْتَكْرَهًا كَمَا ذَكَرْنَاهُ، وَلَكِنَّهُ يَجْرِي الْوَصْلُ لَهُمْ مَجْرَى الْوَقْفِ، فَيَكُونُ كَأَنَّهُ مَوْقُوفٌ عَلَيْهِ فِي النِّيَّةِ، وَلِذَلِكَ كَانَ الْوَجْهُ الْمُخْتَارُ فِي قِرَاءَةِ وَرْشٍ: "**كِتَابِيَهْ (١٩) إِنِّي**" [الحاقة:١٩-٢٠] بِإِسْكَانِ الْهَاءِ مِنْ غَيْرِ نَقْلٍ، وَلَوْلا نِيَّةُ

---

(١) هاءُ السَّكْتِ: هي هاءٌ ساكنةٌ تلحقُ طائفةً من الكلمات عندَ الوقفِ، نحو "لِمَهْ؟ كَيمَهْ؟ كيفَهْ؟" ونحوها. فإن وَصَلتَ ولم تَقفْ لم تُثبتِ الهاءَ، نحو "لِمَ جئتَ، كيمَ عصَيتَ أمري؟ كيف كانَ ذلك؟".
ولا تزادُ "هاءَ السكت"، للوقف عليها، إلا في المضارع المعتلّ الآخر، المجزوم بحذف آخره، وفي الأمر المبنيّ على حذف آخره، وفي "ما" الاستفهاميّة، وفي الحرف المبنيّ على حركة، وفي الاسم المبنيّ على حركةٍ بناءً أصليّاً. ولا يوقفُ بهاء السكت في غير ذلك، إلا شذوذاً. وقد سبق شرحُ ذلك في الكلام على "الوقف" في الجزء الثاني.

الْوَقْفِ لَوَجَبَ التَّحْرِيكُ.

قَوْلُهُ: (وَكُلُّ مُتَحَرِّكٍ لَيْسَتْ حَرَكَتُهُ إعْرَابِيَّةً يَجُوزُ الْوَقْفُ عَلَيْهِ بِالْهَاءِ)، إِلَى آخِرِهِ.

قَالَ الشَّيْخُ: لَيْسَ عَلَى عُمُومِهِ، فَإِنَّ (ضَرَبَ) و(قَتَلَ) لَيْسَتْ حَرَكَتُهُ إعْرَابِيَّةً، وَلا يُوقَفُ عَلَيْهِ بِالْهَاءِ، وَكَذَلِكَ قَوْلُكَ: (لا رَجُلَ)، و(يَا زَيْدُ)، وَأَمْثَالُ ذَلِكَ.

(وَحقُّهَا أَنْ تَكُونَ سَاكِنَةً). لأنَّهَا لِغَرَضِ الْوَقْفِ، كَمَا أَنَّ حُكْمَ هَمْزَةِ الْوَصْلِ أَنْ تَكُونَ مُتحَرِّكَةً؛ لأَنَّهَا لِغَرَضِ الابْتِدَاءِ، وَلا تَقِفُ إلا عَلَى سَاكِنٍ، وَلا تَبْتَدِئُ إلا بِمُتَحَرِّكٍ، وَأَمَّا مِثْلُ قَوْلِهِ: ﴿يُؤَدِّهِ إِلَيْكَ﴾ [آل عمران:٧٥]، فَمَنْ قَرَأَ بِالإِسْكَانِ، فَلَيْسَتْ بِهَاءِ السَّكْتِ عَلَى الْمُخْتَارِ؛ لأَنَّهَا لَمْ تَلْحَقْ كَلامًا مُسْتَقِلا فَيُوقَفُ عَلَيْهِ، وَإِنَّمَا هِيَ مَوْصُولَةٌ إِجْمَاعًا مَعَ إِثْبَاتِ الْهَاءِ مِنْ غَيْرِ اسْتِكْرَاهٍ لِذَلِكَ، وَإِنَّمَا هِيَ هَاءُ الإِضْمَارِ، وَيَجُوزُ تَسْكِينُ هَاءِ الإِضْمَارِ إِذَا وَقَعَتْ فِي مِثْلِ هَذِهِ الْمَوْقِعِ.

قَوْلُهُ: (وَتَحْرِيكُهَا لَحْنٌ).

وَتَخْطِئَةُ الْقَائِلِ:

يَا مَرْحَبَاهُ بِحِمَارِ عَفْــــرَاءْ

مُنَاقِضٌ لِمَا ذَكَرَهُ فِي قَوْلِهِ: "**وَيَتَّقْهِ**" [النور:٥٢]، فَمَنْ أَسْكَنَ الْقَافَ، فَإِنَّهُ سَاقَهُ فِي أَنَّ الْهَاءَ مُحَرَّكَةٌ لالْتِقَاءِ السَّاكِنَيْنِ، وَإِذَا جَعَلَهَا مُحَرَّكَةً لالْتِقَاءِ السَّاكِنَيْنِ لَمْ يَسْتَقِمْ إِنْكَارُهُ عَلَى مَنْ حَرَّكَ فِي قَوْلِهِ: (يَا مَرْحَبَاهُ) لالْتِقَاءِ السَّاكِنَيْنِ، وَكَذَلِكَ سَاقَهُ أَبُو عَلِيٍّ الْفَارِسِيِّ لِذَلِكَ، وَلَيْسَ بِالْجَيِّدِ، فَإِنَّ تَحْرِيكَ هَاءِ السَّكْتِ وَوَصْلَهَا ضَعِيفٌ، فَلا يَنْبَغِي أَنْ يُصَارَ إِلَيْهِ مَعَ الاسْتِغْنَاءِ عَنْهُ.

وَالْوَجْهُ فِي قِرَاءَةِ مَنْ قَرَأَ (وَيَتَّقْهِ) أَنَّهَا هَاءُ الإِضْمَارِ مِثْلُهَا فِيمَنْ حَرَّكَ الْهَاءَ وَالْقَافَ جَمِيعًا، وَإِنَّمَا سَكَّنَ الْقَافَ عَلَى النَّحْوِ الَّذِي سُكِّنَ بِهِ كَتِفٌ وَعَضُدٌ، وَلا حَاجَةَ حِينَئِذٍ إِلَى جَعْلِهَا هَاءَ السَّكْتِ، فَإِنَّهُ يَلْزَمُ مِنْهُ ثَلاثَةُ أُمُورٍ ضَعِيفَةٍ، مِنْهَا مَا ذَكَرْنَاهُ مِنَ التَّشْبِيهِ بِكَتْفٍ، وَمِنْهَا وَصْلُ هَاءِ السَّكْتِ وَإِلْحَاقُهَا فِيمَا لَيْسَ بِمَوْقُوفٍ عَلَيْهِ؛ لأَنَّ قَوْلَهُ: (فَأُولَئِكَ) جَوَابُ الشَّرْطِ، وَلا يُوقَفُ عَلَى الشَّرْطِ دُونَ جَزَائِهِ، وَمِنْهَا تَحْرِيكُهَا، وَعَلَى مَا ذَكَرْنَاهُ لا يَلْزَمُ إلا أَمْرٌ وَاحِدٌ، وَهُوَ مَعَ ذَلِكَ دُونَ الأَمْرَيْنِ فِي الظَّاهِرِ، فَالْمَصِيرُ إِلَى ذَلِكَ هُوَ الْوَجْهُ، وَعَلَى كَوْنِ الْهَاءِ ضَمِيرًا فِي (يَتَّقْهِ) يَسْتَقِيمُ الرَّدُّ عَلَى مَنْ قَالَ: (يَا مَرْحَبَاهُ بِحِمَارِ عَفْرَاءْ) فِي الْبَيْتَيْنِ وَفِي غَيْرِهِمَا، وَلا يَسْتَقِيمُ الرَّدُّ مَعَ إِثْبَاتِ مِثْلِهِ فِي الْقُرْآنِ مِنْ جُمْلَةِ الْقِرَاءَاتِ السَّبْعِ، وَالظَّاهِرُ أَنَّهُ وَقَعَ مِنْ أَبِي عَلِيٍّ الْفَارِسِيِّ وَهْمًا مِنْ حَيْثُ إِنَّهُ اعْتَقَدَ أَنَّ الضَّمِيرَ فِي

(وَيَتَّقْهِ) هَاءُ السَّكْتِ، ثُمَّ اتُّبِعَ فِي ذَلِكَ مِنْ غَيْرِ رَوِيَّةٍ وَتَثَبُّتٍ، أَلا تَرَى أَنَّهُ عَلَى ذَلِكَ مُلْحَقٌ بِهِ هَاءُ السَّكْتِ فِي الْوَصْلِ وَهِيَ مُحَرَّكَةٌ، وَذَلِكَ هُوَ الَّذِي أَنْكَرَ فِي (يَا مَرْحَبَاهُ)، فَكَيْفَ يَسْتَقِيمُ إِيرَادُهُ لُغَةً مُسْتَقِيمَةً مَعَ مَثَلٍ رُدَّ وَلَمْ يُرَدَّ؟ وَهَلْ هَذَا إِلا تَنَاقُضٌ بَيِّنٌ لا شُبْهَةَ فِيهِ بَعْدَ هَذَا الْبَيَانِ؟

وَمِنْ أَصْنَافِ الْحَرْفِ شَيْنُ الْوَقْفِ

قَالَ الشَّيْخُ: هَذِهِ لُغَاتٌ ضَعِيفَةٌ لا مُعَوَّلَ عَلَيْهَا، وَلَمْ تَأْتِ فِي كَلامٍ فَصِيحٍ، وَقَدِ اخْتُلِفَ فِي ذَلِكَ مَعَ ضَعْفِهِ، فَمِنْهُمْ مَنْ يَقُولُ: مَا ذَكَرَهُ مِنْ إِلْحَاقِ الشِّينِ بَعْدَ النُّطْقِ بِالْكَافِ، وَمِنْهُمْ مَنْ يَقُولُ: إِبْدَالُ الْكَافِ شِينًا، فَيَكُونُ مِنْ قَبِيلِ الإِبْدَالِ لا مِنْ قَبِيلِ وَصْلِ الْحَرْفِ.

وَالأَوْلَى أَنْ تَكُونَ التَّرْجَمَةُ (وَمِنْ أَصْنَافِ الْحَرْفِ حَرْفُ الْوَقْفِ).

إِذِ الْوَقْفُ لَيْسَ هُوَ الْحَرْفَ، أَلا تَرَى أَنَّهُ قَالَ: (وَهِيَ الشِّينُ)، وَالشِّينُ لَيْسَتْ وَقْفًا، وَإِنَّمَا هِيَ حَرْفٌ يُوقَفُ عَلَيْهِ، وَوَقَعَ فِي آخِرِ الْحِكَايَةِ الْمَذْكُورَةِ: (قَالَ قَوْمِي) بِإِضَافَتِهِ إِلَى يَاءِ الْمُتَكَلِّمِ، وَلَيْسَ بِمُسْتَقِيمٍ مِنْ حَيْثُ الْمَعْنَى وَالنَّقْلِ جَمِيعًا، أَمَّا الْمَعْنَى: فَإِنَّهُ مُخَاطِبٌ لأَمِيرِ الْمُؤْمِنِينَ الَّذِي لُغَتُهُ لُغَةُ أَفْصَحِ النَّاسِ، أَعْنِي: لُغَةَ قُرَيْشٍ، فَكَيْفَ يَلِيقُ بِمَنْ يَمُتُّ إِلَيْهِ وَيُخَاطِبُهُ أَنْ يَكْذِبَ وَيُسِيءَ عَلَيْهِ الأَدَبَ.

وَأَمَّا النَّقْلُ فَاتِّفَاقُ الرُّوَاةِ عَلَى أَنَّهُ قَالَ: (قَوْمُكَ)، وَفِي بَعْضِهَا (قَوْمُكَ يَا أَمِيرَ الْمُؤْمِنِينَ)، وَالظَّاهِرُ أَنَّهُ وَهْمٌ أَوْقَعَ فِيهِ مَا اشْتَمَلَتِ الْحِكَايَةُ عَلَيْهِ مِنْ قَوْلِهِ: (وَجَرْمٌ مِنْ فُصَحَاءِ النَّاسِ).

وَمِنْ أَصْنَافِ الْحَرْفِ حَرْفُ الإِنْكَارِ، وَهِيَ زِيَادَةٌ تَلْحَقُ الآخِرَ... إِلَى آخِرِهِ

قَالَ الشَّيْخُ: هَذِهِ الزِّيَادَةُ لِهَذَا الْمَعْنَى إِنَّمَا وَقَعَتْ فِي غَيْرِ الْكَلامِ الْفَصِيحِ، وَهِيَ إِمَّا مَدَّةٌ مُجَرَّدَةٌ، وَإِمَّا مَدَّةٌ قَبْلَهَا (إِنْ) مَكْسُورَةً نُونُهَا لالْتِقَاءِ السَّاكِنَيْنِ هِيَ وَالْمَدَّةُ الْمَذْكُورَةُ، وَالظَّاهِرُ أَنَّهُمْ لَمْ يَزِيدُوا (إِنْ) إِلا فِيمَا آخِرُهُ سَاكِنٌ؛ مُحَافَظَةً عَلَى صُورَتِهِ، لِئَلا يُحَرَّكَ إِنْ كَانَ صَحِيحًا، أَوْ يُحْذَفَ إِنْ كَانَ مَدًّا.

فَإِنْ قِيلَ: فَقَدْ ثَبَتَ مَجِيئُهَا فِي قَوْلِهِمْ: (أَ أَنَا إِنِيهِ)، فَقَدْ لَحِقَتِ الْمُتَحَرِّكَ، أَلا تَرَى أَنَّهَا بَعْدَ النُّونِ الْمُحَرَّكَةِ فِي (أَنَا)؟

فَالْجَوابُ: أَنَّهُ لَمَّا كَانَ يَلْزَمُ فِي الْوَقْفِ عَلَى (أَنَا) وَإِنْ لَمْ يَكُنْ فِي الْوَصْلِ أَلِفٌ - أَنْ يَكُونَ بِالألِفِ، وَالألِفُ سَاكِنَةٌ - صَارَ حُكْمُهُ حُكْمَ مَا آخِرُهُ أَلِفٌ؛ لأَنَّهُ فِي الْوَقْفِ كَذَلِكَ، أَلا تَرَى أَنَّكَ إِذَا وَقَفْتَ عَلَى (أَنَا) لَزِمَ إِثْبَاتُ الألِفِ، فَتَقُولُ: أَنَا، وَلا يَجُوزُ أَنْ تَقُولَ: أَنَانْ، فَصَارَ فِي حُكْمِ مَا آخِرُهُ أَلِفٌ مُطْلَقًا؛ لأَنَّ هَذِهِ الزِّيَادَةَ إِنَّمَا تَكُونُ فِي الْوَقْفِ، فَلَوْ لَمْ تُزَدْ (إِنْ) لَقِيلَ: (أَ أَنَاهُ)، فَتَحْذِفُ إِحْدَى الأَلِفَيْنِ لالْتِقَاءِ السَّاكِنَيْنِ، فَجَازَ مَجِيءُ (إِنْ) لِمَا ذَكَرْنَاهُ مِنْ قَبْلُ.

(وَلَهَا مَعْنَيَانِ). عَلَى مَا ذَكَرَهُ، إِلا أَنَّ الأَخْفَشَ قَصَدَ فِي تَفْسِيرِهِ فِي (آلأَمِيروه) بِقَوْلِهِ: (كَأَنَّكَ تَهْزَأُ بِهِ) إِلَى أَنْ تَجْعَلَهَا بِمَعْنَى وَاحِدٍ، وَهُوَ إِنْكَارُ مَا ذُكِرَ لا غَيْرُ؛ لأَنَّ بَابَ التَّهَزِّي بِإِيرَادِ الْكَلامِ عَلَى ضِدِّ مَا هُوَ لَهُ لَيْسَ مِنْ بَابِ الْمُشْتَرَكِ، أَلا تَرَى أَنَّ كُلَّ كَلامٍ يَصِحُّ إِيرَادُهُ لِذَلِكَ، وَلَيْسَ كُلُّ كَلامٍ مُشْتَرَكًا، كَقَوْلِكَ لِمَنْ ظَهَرَ لَكَ مِنْهُ خِلافُ مَا يَقْتَضِيهِ الْعَقْلُ: مَا هَذَا إِلا عَقْلٌ رَاجِحٌ، وَإِنَّمَا تَعْنِي ضِدَّ ذَلِكَ، وَعَلَى ذَلِكَ حَمَلَ بَعْضُهُمْ قَوْلَهُ تَعَالَى: "إِنَّكَ لأنتَ الْحَلِيمُ الرَّشِيدُ" [هود:٨٧]، وَقَوْلَهُ: "ذُقْ إِنَّكَ أَنتَ الْعَزِيزُ الْكَرِيمُ" [الدخان:٤٩]، وَغَيْرَ ذَلِكَ.

وَهَذِهِ الزِّيَادَةُ لَيْسَتْ كَزِيَادَةِ النُّدْبَةِ فِي الْتِزَامِهِمْ فِيهَا بِالألِفِ مَا لَمْ يَقَعْ لَبْسٌ، وَإِنَّمَا هَذِهِ زِيَادَةٌ تَابِعَةٌ لِمَا قَبْلَهَا، فَإِنْ كَانَ مُتَحَرِّكًا فَلا إِشْكَالَ فِي أَنْ تَكُونَ أَلِفًا بَعْدَ الْمَفْتُوحِ، وَيَاءً بَعْدَ الْمَكْسُورِ، وَوَاوًا بَعْدَ الْمَضْمُومِ، وَإِنْ كَانَ سَاكِنًا فَحُكْمُهُ حُكْمُ الْمَكْسُورِ؛ لأَنَّ الْكَسْرَ يَلْزَمُهَا لالتِقَاءِ السَّاكِنَيْنِ، فَيَجِبُ أَنْ تَكُونَ الْمَدَّةُ يَاءً، فَتَقُولَ فِيمَنْ قَالَ: ضَرَبْتُ عَبْدَ الْمُطَّلِبِ: أَعَبْدَ الْمُطَّلِبِيه، وَتَقُولُ فِي النُّدْبَةِ: وَا عَبْدَ الْمُطَّلِبَاهُ، فَقَدْ تَبَيَّنَ أَنَّهَا مُخَالِفَةٌ لِزِيَادَةِ النُّدْبَةِ لِمَا ذَكَرْنَاهُ، وَأَمَّا قَوْلُهُمْ فِي النُّدْبَةِ: وَا غُلامَكِيهِ، وَوَا غُلامَكُمُوهُ، فِي غُلامِ الْمَرْأَةِ الْمُخَاطَبَةِ، وَغُلامِ الْجَمَاعَةِ الْمُخَاطَبِينَ، فَإِنَّمَا خُولِفَ بِهِ قِيَاسُ النُّدْبَةِ كَرَاهَةَ اللَّبْسِ، أَلا تَرَى أَنَّهُ لَوْ قِيلَ فِي غُلامِ الْمَرْأَةِ: وَا غُلامَكَاهُ، وَفِي غُلامِ الْجَمَاعَةِ: وَا غُلامَكُمَاهُ، لالْتَبَسَ الأَوَّلُ بِالْمُخَاطَبِ الْمُذَكَّرِ، وَالثَّانِي بِالْمُخَاطَبِينَ.

قَالَ: (وَإِنْ أَجَبْتَ مَنْ قَالَ: لَقِيتُ زَيْدًا وَعَمْرًا) إِلَى آخِرِهِ.

ذَكَرَ هَذَا الْفَصْلَ؛ لِيُنَبِّهَ عَلَى أَنَّهَا تَلْحَقُ الآخِرَ عَلَى أَيِّ صِفَةٍ كَانَ بِخِلافِ عَلامَةِ النُّدْبَةِ، فَإِنَّهَا لا تَلْحَقُ إِلا الْمَنْدُوبَ؛ لأَنَّهَا لِلإِيذَانِ بِأَنَّ مَا دَخَلَتْهُ مُتَفَجَّعٌ عَلَيْهِ، فَاخْتَصَّتْ بِهِ؛ لأَنَّ مَعْنَاهَا لا يَتَعَدَّاهُ، وَأَمَّا هَذِهِ فَلِلإِنْكَارِ بِمَضْمُونِ الْجُمْلَةِ، فَلَحِقَتْ آخِرَ الْجُمْلَةِ عَلَى أَيِّ حَالٍ كَانَتْ، فَمِنْ ثَمَّ جَازَ إِلْحَاقُهَا فِي آخِرِ كُلِّ كَلامٍ، وَلَمْ يَجُزْ فِي تِلْكَ إِلا

إِلْحَاقُهَا بِالْمَنْدُوبِ خَاصَّةً.

وَتُتْرَكُ هَذِهِ الزِّيَادَةُ عِنْدَ الدَّرْجِ، بِخِلَافِ زِيَادَةِ النُّدْبَةِ، فَإِنَّهُ جَائِزٌ إِثْبَاتُهَا فِي الْوَصْلِ، إِمَّا لِأَنَّ الْغَرَضَ ثَمَّ تَطْوِيلُ الصَّوْتِ لِأَجْلِ الْمَعْنَى الْمَقْصُودِ، وَلِذَلِكَ لَمْ يَجُزْ حَذْفُ حَرْفِ النِّدَاءِ وَلَا التَّرْخِيمِ، بِخِلَافِ زِيَادَةِ الْإِنْكَارِ، وَإِمَّا لِشَبَهِهَا بِهَاءِ السَّكْتِ فِي مُحَافَظَتِهِمْ بِهَا عَلَى بَيَانِ حَرَكَةِ آخِرِ الْكَلِمَةِ بِدَلِيلِ قَوْلِهِمْ: (اعْبُدَ الْمُطَّلِبِيهِ)، بِخِلَافِ (وَا عَبْدَ الْمُطَّلِبَاهِ)، فَكَانَتْ فِي ذَلِكَ كَهَاءِ السَّكْتِ، وَتَشْبِيهُهُ إِيَّاهَا بِزِيَادَةِ (مِنْ) تَشْبِيهٌ لَفْظِيٌّ لَا مَعْنًى فِيهِ يَقْتَضِي أَنْ تَكُونَ مَحْذُوفَةً فِي الْوَصْلِ، وَاللَّهُ أَعْلَمُ.

وَمِنْ أَصْنَافِ الْحَرْفِ حَرْفُ التَّذَكُّرِ

وَهِيَ زِيَادَةٌ عَلَى نَحْوِ زِيَادَةِ الْإِنْكَارِ، وَلَكِنَّهَا لَا تَكُونُ إِلَّا مَدَّةً مُجَرَّدَةً عَنْ (إِنْ)، وَهِيَ فِي الشُّذُوذِ أَبْعَدُ مِنْ تِلْكَ، وَلِذَلِكَ لَمْ يَقَعْ فِي كَلَامِ مَنْ يُؤْبَهُ بِهِ، وَمَوْضِعُهَا آخِرَ كُلِّ كَلِمَةٍ يَقِفُ الْمُتَكَلِّمُ عَلَيْهَا لِيَتَذَكَّرَ مَا يَتَكَلَّمُ بِهِ بَعْدَهَا، فَلِذَلِكَ لَمْ تَلْحَقْ إِلَّا مَا هُوَ بَعْضُ الْكَلَامِ فِي قَصْدِ الْمُتَكَلِّمِ، عَكْسُ زِيَادَةِ الْإِنْكَارِ، أَلَا تَرَى أَنَّهُ لَوْ قَصَدَ إِلَى قَوْلِهِ: (قَامَ زَيْدٌ) مِنْ غَيْرِ زِيَادَةٍ لَمْ يَكُنْ لِتَذَكُّرِهِ عِنْدَ فَرَاغِهِ مِنْ (زَيْدٍ) مَعْنًى، فَلَا وَجْهَ لِإِلْحَاقِ زِيَادَةِ التَّذَكُّرِ مَعَ انْتِفَاءِ مَعْنَاهَا، فَإِنْ لَحِقَتْ آخِرَ كَلَامٍ بِاعْتِبَارٍ مَا؛ فَلِأَنَّهُ فِي قَصْدِ الْمُتَكَلِّمِ لَهُ تَتِمَّةٌ بِاعْتِبَارٍ آخَرَ، كَقَوْلِهِمْ: (هَذَا سَيْفُنِي) إِذَا قَصَدَ الْمُتَكَلِّمُ إِلَى الْإِخْبَارِ عَنِ الْمُشَارِ إِلَيْهِ بِأَنَّهُ سَيْفٌ مَوْصُوفٌ بِصِفَةٍ فِي حُكْمِهِ، وَلَكِنَّهُ ذَهَلَ عَنِ اللَّفْظِ الَّذِي يُعَبَّرُ بِهِ، أَوْ عَنْ نَفْسِ الْمَعْنَى مَعَ عِلْمِهِ بِأَنَّهُ كَانَ قَاصِدًا إِلَى صِفَةٍ، وَلَكِنَّهُ نَسِيَهَا، وَهُوَ قَاصِدٌ الْآنَ إِلَى تَذَكُّرِهَا، وَلِذَلِكَ أَوْرَدَ قَوْلَهُمْ: (هَذَا سَيْفُنِي) فِي حَقِّ مَنْ قَصَدَ إِلَى الْإِخْبَارِ بِسَيْفٍ مَوْصُوفٍ، وَجَازَ أَيْضًا إِدْخَالُهَا عَلَى اللَّامِ لِلتَّعْرِيفِ فِي قَوْلِهِمْ: أَلِي وَشِبْهِهِ إِذَا قُصِدَ إِلَى الْإِخْبَارِ عَنْ مَعْهُودٍ، ثُمَّ ذُهِلَ عَنِ اللَّفْظِ أَوْ عَنِ الْمَدْلُولِ، عَلَى مَا تَقَدَّمَ، هَذَا آخِرُ قِسْمِ الْحُرُوفِ مِنَ الْكِتَابِ، وَيَتْلُوهُ الْقِسْمُ الرَّابِعُ، وَهُوَ الْمُشْتَرَكُ، فَلَنَسْأَلِ اللَّهَ تَعَالَى بِالِاسْتِعَانَةِ عَلَى إِتْمَامِهِ بِحُسْنِ تَوْفِيقِهِ، وَصَلَّى اللَّهُ عَلَى مُحَمَّدٍ وَآلِهِ.

الْقِسْمُ الرَّابِعِ

الْمُشْتَرَكُ

نَحْوُ: الإمَالَةِ، وَالْوَقْفِ، وَتَخْفِيفِ الْهَمْزَةِ، وَالتِقَاءِ السَّاكِنَيْنِ وَنَظَائِرِهَا

قَالَ الشَّيْخُ: الصَّوَابُ فِي لَقَبِ هَذَا الْقِسْمِ (الْمُشْتَرَكُ) بِفَتْحِ الرَّاءِ؛ لأَنَّهُ عِبَارَةٌ عَنِ الأحْكَامِ الَّتِي تُشْتَرَكُ فِيهَا، فَهُوَ مُشْتَرَكٌ فِيهِ، وَقَدْ وَقَعَ فِي بَعْضِ النُّسَخِ (الْمُشْتَرِكُ) بِكَسْرِ الرَّاءِ، وَلَيْسَ بِصَوَابٍ؛ لأنَّ الْمُشْتَرِكَ هُوَ الَّذِي اشْتَرَكَ مَعَ غَيْرِهِ فِي شَيْءٍ، وَلَيْسَ هَذَا كَذَلِكَ، وَقَدْ صَرَّحَ بِهِ فِي قَوْلِهِ فِي أَوَّلِ كُلِّ صِنْفٍ: (يَشْتَرِكُ فِيهِ كَذَا وَكَذَا)، فَقَالَ فِي الإمَالَةِ: (يَشْتَرِكُ فِيهَا الاسْمُ وَالْفِعْلُ)، فَثَبَتَ أَنَّ الصَّوَابَ الْفَتْحُ، وَإِنَّمَا وَهِمَ مَنْ كَسَرَ مِنْ أَجْلِ أَنَّهُ كَانَ الأَصْلُ أَنْ يُقَالَ: الْمُشْتَرَكُ فِيهِ)، فَلَمَّا لَمْ يَجِدْ (فِيهِ) مَذْكُورَةً تَوَهَّمَ الْكَسْرَ، وَحَذْفُ (فِيهِ) هَاهُنَا إِمَّا لِلْكَثْرَةِ، وَإِمَّا لِكَوْنِهِ جُعِلَ لَقَبًا.

فَمِنْ ذَلِكَ الإمَالَةُ، قَالَ:

(وَهِيَ أَنْ تَنْحُوَ بِالألِفِ نَحْوَ الْكَسْرَةِ).

وَقَدْ عَبَّرَ غَيْرُهُ بِـ (أَنْ تَنحُوَ بِالْفَتْحَةِ نَحْوَ الْكَسْرَةِ)، وَقَالَ قَوْمٌ: (بِالألِفِ نَحْوَ الْيَاءِ)، وَقَالَ قَوْمٌ: (بِالْفَتْحَةِ وَالألِفِ نَحْوَ الْكَسْرَةِ وَالْيَاءِ)، وَالْجَمِيعُ خَيْرٌ مِنْ عِبَارَتِهِ؛ لأنَّهُ إِذَا قَالَ: (بِالألِفِ نَحْوَ الْكَسْرَةِ) فَإِمَّا أَنْ يُرِيدَ نَحْوَ الْكَسْرَةِ الَّتِي قَبْلَهَا أَوِ الْكَسْرَةِ الَّتِي عَلَيْهَا، وَكِلاهُمَا غَيْرُ مُسْتَقِيمٍ لأنَّهَا لا تَقْبَلُ الْكَسْرَةَ، وَلَيْسَ قَبْلَهَا كَسْرَةٌ، وَأَوْلَى الْبَاقِيَةِ (أَنْ تَنحُوَ بِالْفَتْحَةِ نَحْوَ الْكَسْرَةِ)؛ لأَنَّهُ قَدْ تَكُونُ الإمَالَةُ مِنْ غَيْرِ أَلِفٍ فِي مِثْلِ: (رَحْمِهِ)، و(الْكِبْرِ)، و(مِنَ الْمُحَاذِرِ)، فَإِذَا فُسِّرَتِ الإمَالَةُ بِالألِفِ خَرَجَ ذَلِكَ عَنْ أَنْ يَكُونَ إِمَالَةً، وَهُوَ إِمَالَةٌ، فَثَبَتَ أَنَّ الْوَجْهَ أَنْ يُقَالَ: (بِالْفَتْحَةِ نَحْوَ الْكَسْرَةِ) لِيَشْمَلَ جَمِيعَ أَنْوَاعِ الإمَالَةِ، ثُمَّ عَلَّلَهُ بِالتَّجَانُسِ اللَّفْظِيِّ وَالتَّقْدِيرِيِّ جَمِيعًا عَلَى مَا يَذْكُرُهُ فِي الأَسْبَابِ، وَشَبَّهَهُ فِي تَغْيِيرِهِ بَعْضَ التَّغْيِيرِ لِلتَّجَانُسِ بِمَا يُشْرَبُ مِنَ الْحُرُوفِ صَوْتَ غَيْرِهِ لِذَلِكَ، كَقَوْلِهِمْ: (يَصْدُرُ)،

و(الصِّرَاطِ)، وَأَشْبَاهِهِ عَلَى مَا سَيَأْتِي، وَيُبَيَّنُ بِعِلَّتِهِ فِي صِنْفِ إِبْدَالِ الْحُرُوفِ.

ثُمَّ ذَكَرَ أَسْبَابَ الإِمَالَةِ، وَتَرَكَ مِنْهَا مَا لَيْسَ بِالْقَوِيِّ أَوْ كَانَ وَقُوعُهُ قَلِيلا، فَمِمَّا لَيْسَ بِالْقَوِيِّ الإِمَالَةُ لأَجْلِ الإِمَالَةِ، كَـ (سُكَارَى، وَعِمَادِي)، وَمِمَّا لَيْسَ بِالْكَثِيرِ وُقُوعًا - وَإِنْ كَانَ قَوِيًّا - الإِمَالَةُ لِلتَّشَاكُلِ، كَإِمَالَةِ (ضُحَاهَا) لِيُشَاكِلَ (جَلاهَا)، عَلَى مَا ذَكَرَهُ فِي فَصْلِهِ.

ثُمَّ شَرَعَ فِي شُرُوطٍ وَتَفَاصِيلَ وَمَوَانِعَ، فَابْتَدَأَ بِالشَّرْطِ فِي الْكَسْرَةِ قَبْلَ الأَلِفِ، وَبَيَّنَ أَنَّهَا إِنَّمَا تُؤَثِّرُ إِذَا وَلِيَتْ حَرْفَ الأَلِفِ أَوْ فَصَلَ بَيْنَهُمَا سَاكِنٌ؛ لأَنَّ السَّاكِنَ لَيْسَ بِحَاجِزٍ مُعْتَدٍّ بِهِ، فَإِنْ لَمْ يَكُنْ كَذَلِكَ لَمْ يَكُنِ السَّبَبُ مُؤَثِّرًا لِفَوَاتِ شَرْطِهِ، وَإِنَّمَا لَمْ يُؤَثِّرْ لِبُعْدِهِ عَنِ الأَلِفِ، فَلَمْ يُعْتَدَّ بِذَلِكَ، وَإِنَّمَا أَمَالُوا نَحْوَ: (يُرِيدُ أَنْ يَضْرِبَهَا)، و(عِنْدَهَا)، وَإِنْ كَانَ شَاذًّا؛ لأَنَّ الْهَاءَ خَفِيَّةٌ، فَكَانَتْ مَعَ الأَلِفِ كَحَرْفٍ وَاحِدٍ، فَكَأَنَّهُ لَمْ يُفْصَلْ بَيْنَ الْكَسْرَةِ وَالأَلِفِ إِلا بِحَرْفٍ وَاحِدٍ فِي قَوْلِكَ: (يَضْرِبُهَا)، أَوْ بِحَرْفَيْنِ أَوَّلُهُمَا سَاكِنٌ فِي (عِنْدَهَا).

وَأَمَّا إِمَالَةُ (دِرْهَمَانِ) وَشِبْهِهِ فَأَضْعَفُ مِمَّا تَقَدَّمَ؛ لأَنَّ الْهَاءَ لَيْسَتْ مَعَ الأَلِفِ، فَتَكُونَ لاجْتِمَاعِ الْهَاءِ مَعَ الأَلِفِ كَأَنَّهَا مَدَّةٌ وَاحِدَةٌ لِخَفَائِهَا، وَإِنَّمَا هِيَ مُسْتَقِلَّةٌ وَحْدَهَا لِلْمِيمِ الْفَاصِلَةِ بَيْنَهُمَا، وَلَكِنْ لَمَّا كَانَتْ مِنْ صِفَتِهَا الْخَفَاءُ قُدِّرَتْ كَالْعَدَمِ، وَيَدُلُّكَ عَلَى أَنَّ الْهَاءَ مَعَ الأَلِفِ غَيْرُ مُعْتَدٍّ بِهَا قَوْلُهُمْ: (رُدُّ)، و(رُدَّ)، و(رُدِّ)، فَإِذَا قَالُوا: (رُدَّهَا) فَتَحُوا لا غَيْرُ؛ لأَنَّ الْفِعْلَ كَالْوَاقِعِ قَبْلَ الأَلِفِ، فَكَمَا وَجَبَ أَنْ يُقَالَ: (رُدَّا) وَجَبَ أَنْ يُقَالَ: رُدَّهَا.

قَوْلُهُ: (وَقَدْ أَجْرَوْا الأَلِفَ الْمُنْفَصِلَةَ مُجْرَى الْمُتَّصِلَةِ)، إِلَى آخِرِهِ.

هَذَا كَلامٌ فِي تَفْصِيلِ أَنَّ سَبَبَ الإِمَالَةِ يَعْمَلُ فِي الأَلِفِ وَإِنْ كَانَتْ مُنْفَصِلَةً كَمَا يَعْمَلُ فِيهَا إِذَا كَانَتْ مُتَّصِلَةً، وَيَعْمَلُ أَيْضًا إِذَا كَانَ هُوَ فِي نَفْسِهِ عَارِضًا كَمَا يَعْمَلُ إِذَا كَانَ أَصْلا، إِلا أَنَّ ذَلِكَ لَيْسَ مِثْلَهُ إِذَا كَانَ أَصْلا، وَالأَلِفُ الْمُنْفَصِلَةُ الَّتِي أَرَادَهَا هِيَ أَلِفُ التَّنْوِينِ، مِثْلُ (زَيْدًا) أَوْ مَا ضَاهَاهَا كَـ (عِنْدَهَا) دُونَ غَيْرِهَا؛ لأَنَّهَا امْتَزَجَتْ حَتَّى صَارَتْ كَأَنَّهَا مِنْ بِنْيَةِ الْكَلِمَةِ، وَلِذَلِكَ يَعْسُرُ إِثْبَاتُ الانْفِصَالِ فِيهَا، وَتَحْقِيقُهُ: هُوَ أَنَّ التَّنْوِينَ حَرْفٌ مِنْ حُرُوفِ الْمَعَانِي، فَكَانَتْ كَلِمَةً بِرَأْسِهَا، فَإِذَا أُبْدِلَ مِنْهُ الأَلِفُ كَانَ فِي حُكْمِهِ، فَوَجَبَ أَنْ يُحْكَمَ بِأَنَّهُ لَيْسَ مِنْ بِنْيَةِ الْكَلِمَةِ الَّتِي هُوَ فِيهَا، وَلَيْسَ ذَلِكَ بِمَثَابَةِ الأَلِفِ الْمُنْفَصِلَةِ عَنِ السَّبَبِ فِي غَيْرِهِ، أَلا تَرَى أَنَّهُ لا يَحْسُنُ أَنْ يُقَالَ: (مِنْ هَؤُلاءِ)، فَيُعْتَدَّ بِالْكَسْرَةِ الَّتِي فِي (مِنْ)؛ لأَنَّهُ لَيْسَ بَيْنَهُمَا مَا يَجْعَلُهُمَا كَالْكَلِمَةِ الْوَاحِدَةِ؛ لأَنَّ (مِنْ) كَلِمَةٌ تَسْتَقِلُّ بِنَفْسِهَا، و(هَؤُلاءِ) كَلِمَةٌ مُسْتَقِلَّةٌ أَيْضًا، فَلَمْ تَكُنْ بِمَثَابَةِ الأَلِفِ فِي (زَيْدًا) وَلا بِمَنْزِلَةِ الأَلِفِ فِي (عِنْدَهَا).

ثُمَّ مَثَّلَ بِقَوْلِهِ: (رَأَيْتُ زَيْدًا) فِي الْمُنْفَصِلَةِ، و(مَرَرْتُ بِبَابِهِ) فِي الْكَسْرَةِ الْعَارِضَةِ، وَيَعْنِي بِالْعَارِضِ: مَا كَانَ مَجِيئُهُ فِي الْكَلِمَةِ لِأَمْرٍ فِي بَعْضِ أَحْوَالِهِ، كَحَرَكَةِ الإِعْرَابِ فِي قَوْلِكَ: (فِي بَابِهِ)، أَلا تَرَى أَنَّهَا لا تَلْزَمُ؛ لأَنَّكَ تَقُولُ: (أَعْجَبَنِي بَابُهُ) بِخِلافِ الْكَسْرَةِ فِي نَحْوِ: عَالِمٍ، فَإِنَّهَا لا تَنْفَكُّ، وَلِذَلِكَ كَانَ السَّبَبُ أَقْوَى مِنْ هَذَا إلا فِي الرَّاءِ فِي نَحْوِ: (بِأَنْصَارِ)، وَشِبْهِهِ لِعِلَّةٍ فِي الرَّاءِ عَلَى مَا سَيَأْتِي فِي فَصْلِهَا الْمُخْتَصِّ بِهَا.

قَوْلُهُ: (وَالأَلِفُ فِي الآخِرِ لا يَخْلُو)، إِلَى آخِرِهِ.

قَالَ الشَّيْخُ: هَذَا الْفَصْلُ حَاصِلُهُ رَاجِعٌ إِلَى أَنَّ الأَلِفَ فِي الاسْمِ إِذَا كَانَتْ لامًا ثَالِثَةً عَنْ وَاوٍ لا تُؤَثِّرُ فِيهَا الأَسْبَابُ الْمَذْكُورَةُ دُونَ مَا سِوَاهَا مِنَ اللامَاتِ، أَلا تَرَى أَنَّ نَحْوَ قَوْلِكَ: (رِضَا) لا يُمَالُ؟ وَأَمَّا مَا سِوَى ذَلِكَ فَهُوَ مُمَالٌ لِقِيَامِ سَبَبِ الإِمَالَةِ، فَالأَفْعَالُ الثُّلاثِيَّةُ كُلُّهَا مُمَالَةٌ لِقِيَامِ سَبَبِ الإِمَالَةِ، أَلا تَرَى أَنَّكَ تَقُولُ فِي (دَعَا) وَشِبْهِهِ: دَعِي كَمَا تَقَدَّمَ، وَكَذَلِكَ الأَسْمَاءُ إِذَا لَمْ تُوجَدْ هَذِهِ الشَّرَائِطُ الْمَذْكُورَةُ فِي الْمَنْعِ مُمَالَةٌ أَيْضًا، كَقَوْلِكَ: رَحِي، لأَنَّكَ تَقُولُ: (رَحَيَانِ)، و(مُصْطَفِيْ)؛ لأَنَّكَ تَقُولُ: (مُصْطَفَيَانِ)، وَلَمْ يُمَلْ (عَصَا)؛ لأَنَّهُ لا يُقَالُ فِيهِ: (عَصَيَانِ)، بَلْ (عَصَوَانِ)، فَلَمْ يَكُنْ فِيهِ سَبَبُ الإِمَالَةِ.

بَقِيَ أَنْ يُقَالَ: لِمَ لَمْ يُمَلْ نَحْوُ (رِضَا)، وَسَبَبُ الإِمَالَةِ قَائِمٌ، وَهُوَ الَّذِي احْتَاجَ إِلَى الْفَصْلِ لأَجْلِهِ، وَإِلا فَهُوَ فِي غُنْيَةٍ عَنْ جَمِيعِ الْفَصْلِ؟

وَجَوَابُهُ: أَنَّ انْقِلابَهَا عَنِ الْوَاوِ مُنَاسِبٌ لِلتَّفْخِيمِ، فَلَمْ يُؤَثِّرْ فِيهِ السَّبَبُ الْخَارِجُ عَنْهُ، وَأَثَّرَ إِذَا كَانَتْ هِيَ فِي نَفْسِهَا تَنْقَلِبُ يَاءً لِقُرْبِ السَّبَبِ مِنْهَا؛ لأَنَّهُ فِيهَا، فَلا يَلْزَمُ مِنْ تَأْثِيرِ الأَقْرَبِ، وَهُوَ كَسْرَةٌ، تَأْثِيرُ الأَبْعَدِ، وَهِيَ كَسْرَةُ الْيَاءِ فِي (رَضِيتُ)؛ لأَنَّ هَذَا فِعْلٌ، و(رِضَا) اسْمٌ، وَالْكَسْرَةُ لا تَغْلِبُ، فَمِنْ أَجْلِ ذَلِكَ أُمِيلَ (دَعِي) وَلَمْ يُمَلْ (رِضَا)؛ لأَنَّهَا فِي (دَعَا) تَنْقَلِبُ يَاءً، وَفِي (رِضَا) لا تَنْقَلِبُ يَاءً، فَغُلِّبَ مَا فِيهَا مِنْ مُنَاسَبَةِ التَّفْخِيمِ عَلَى مَا ذُكِرَ.

ثُمَّ أَوْرَدَ اعْتِرَاضًا عَلَى الأَلِفِ الثَّالِثَةِ فِي الأَسْمَاءِ عَنِ الْوَاوِ، وَهُوَ قَوْلُهُمْ: (الْعُلِيّ) مُمَالا، وَأَجَابَ بِأَنَّ فِيهِ مِنَ السَّبَبِ مِثْلَ مَا فِي (دَعَا)؛ لأَنَّهُ جَمْعُ الْفُعْلَى الْمُنْقَلِبَةِ فِيهِ الْوَاوُ يَاءً، فَصَارَتْ كَأَنَّهَا يَاءٌ، كَمَا فِي (دَعَا)، بَلْ هُوَ أَظْهَرُ.

ثُمَّ ذَكَرَ الأَلِفَ الَّتِي هِيَ عَيْنٌ، وَأَنَّهَا لا يُمَالُ مِنْهَا مِنَ الأَفْعَالِ إلا مَا كَانَ فِي فِعْلٍ يُقَالُ فِيهِ: فَعِلْتُ، فَدَخَلَ فِيهِ بَابُ (مَالَ) وَبَابُ (خَافَ)؛ لأَنَّهُمَا جَمِيعًا عِنْدَ اتِّصَالِ ضَمِيرِ الْفَاعِلِ بِهِ يُقَالُ فِيهِ: فَعِلْتُ، كَقَوْلِكَ: مِلْتُ، و(خِفْتُ)، هَذَا مَذْهَبُهُ، فَأَمَّا مَنْ لا يَرَى أَنَّ نَحْوَ (بِعْتُ) عِنْدَ هَذَا الاتِّصَالِ يُنْقَلُ إِلَى هَذَا الْبِنَاءِ، فَلا يُقَيِّدُ الإِمَالَةَ بِمَا ذَكَرَهُ، لِبَقَاءِ بَابِ

(بَاعَ) غَيْرَ مَذْكُورٍ، وَهُوَ مُمَالٌ، فَيَحْتَاجُ أَنْ يَقُولَ: إِنْ كَانَ مِنْ ذَوَاتِ الْيَاءِ، أَوْ يُقَالَ فِيهِ: فَعِلْتُ، وَلِذَلِكَ وَقَعَ هَذَا الْفَصْلُ مُعَلَّمًا عَلَيْهِ فِي كَثِيرٍ مِنَ النُّسَخِ، وَجُعِلَ مَوْضِعُهُ (وَالْمُتَوَسِّطَةُ إِنْ كَانَتْ يَاءً أُمِيلَتْ)، فَدَخَلَ فِيهِ بَابُ (بَاعَ)، وَإِنْ كَانَتْ وَاوًا أُمِيلَتْ أَيْضًا إِنْ كَانَ يُقَالُ فِيهِ: فَعِلْتُ، فَدَخَلَ فِيهِ بَابُ (خَافَ)، وَخَرَجَ فِي الْفَصْلَيْنِ جَمِيعًا عَنِ الْإِمَالَةِ مَا كَانَ مِنَ الْأَسْمَاءِ مِنْ ذَوَاتِ الْوَاوِ عَلَى أَيِّ حَالٍ كَانَ، وَمَا كَانَ مِنَ الْأَفْعَالِ مِنْ ذَوَاتِ الْوَاوِ مِمَّا لَا يُقَالُ فِيهِ: فَعِلْتُ، نَحْوُ: جَالَ، وَحَالَ.

وَقَالَ: فَإِنْ قِيلَ: فَالسَّبَبُ فِي الْأَخِيرَةِ فِي نَحْوِ (دَعَا)، وَ(غَزَا) كَوْنُهَا تَصِيرُ يَاءً عِنْدَ بِنَاءِ (فُعِلَ)، كَقَوْلِكَ: (غُزِيَ)، وَ(دُعِيَ)، فَلِمَ لَا يَكُونُ مِثْلُ ذَلِكَ سَبَبًا فِي نَحْوِ: (جَالَ)، وَ(حَالَ)، وَ(قَالَ)؛ لِأَنَّكَ تَقُولُ: جِيلَ، وَحِيلَ، وَقِيلَ؟

فَالْجَوَابُ فِيهِ مِنْ ثَلَاثَةِ أَوْجُهٍ:

أَحَدُهَا: أَنَّ انْقِلَابَ الْيَاءِ فِي (دُعِيَ) يَاءً لِكَسْرَةٍ لَازِمَةٍ فِي أَصْلِ بِنَائِهِ، وَالْكَسْرَةُ فِي نَحْوِ: (قِيلَ) عَارِضَةٌ لَيْسَتْ فِي أَصْلِ الْبِنَاءِ، فَكَانَتِ الْيَاءُ بَعْدَهَا عَارِضَةً.

وَالثَّانِي: أَنَّ الْيَاءَ فِي (دُعِيَ) مُحَرَّكَةٌ قَوِيَتْ بِالْحَرَكَةِ، فَظَهَرَ أَمْرُهَا، وَالْيَاءُ فِي نَحْوِ (قِيلَ) مَيِّتَةٌ سَاكِنَةٌ، فَلَا يَلْزَمُ مِنَ اعْتِبَارِ مَا قَوِيَ اعْتِبَارُ مَا ضَعُفَ.

وَالثَّالِثُ: أَنَّ بَابَ (دُعِيَ) لَا يَجُوزُ فِيهِ تَغْيِيرُ الْيَاءِ عَنْ حَالِهَا، وَلَا الْكَسْرَةِ الَّتِي قَبْلَهَا، بِخِلَافِ بَابِ (قِيلَ)، فَإِنَّ الْكَسْرَةَ يَجُوزُ أَنْ تُشَمَّ ضَمًّا، وَأَنْ تَبْقَى ضَمَّةً عَلَى أَصْلِهَا، وَتَبْقَى الْوَاوُ وَاوًا، فَلَا يَلْزَمُ مِنَ اعْتِبَارِ يَاءٍ لَا تُغَيَّرُ وَلَا تَزُولُ عَنْ يَائِيَّتِهَا اعْتِبَارُ يَاءٍ مُعَرَّضَةٍ هِيَ وَسَبَبُهَا جَمِيعًا لِلزَّوَالِ.

فَظَهَرَ الْفَرْقُ بَيْنَ الْبَابَيْنِ مِنْ ثَلَاثَةِ أَوْجُهٍ، وَالْفَرْقُ بَيْنَ مَا كَانَ مِنَ الْأَسْمَاءِ عَلَى (فَعِلَ)، وَمِنَ الْأَفْعَالِ عَلَى (فَعِلَ) أَنَّ الْكَسْرَةَ فِي الْفِعْلِ تَظْهَرُ، فَقَوِيَ أَمْرُهَا لِظُهُورِهَا فَنَاسَبَتِ الْإِمَالَةَ، وَهِيَ فِي الِاسْمِ لَا تَظْهَرُ أَبَدًا، إِذْ لَا يَتَصَرَّفُ فِي الْفِعْلِ، فَلَا يَلْزَمُ مِنْ إِمَالَةِ الْفِعْلِ إِمَالَةُ الِاسْمِ لِذَلِكَ.

ثُمَّ ذَكَرَ سَبَبًا آخَرَ مِنْ أَسْبَابِ الْإِمَالَةِ لَمْ يَتَقَدَّمْ ذِكْرُهُ، وَهُوَ سَبَبٌ ضَعِيفٌ، وَلِذَلِكَ لَمْ يَعْتَدَّ بِهِ إِلَّا بَعْضُ الْمُمِيلِينَ، وَهُوَ الْإِمَالَةُ لِلْإِمَالَةِ؛ لِأَنَّهَا لَيْسَتْ كَسْرَةً مُحَقَّقَةً وَلَا يَاءً، فَلَا يَلْزَمُ مِنَ اعْتِبَارِ الْكَسْرَةِ وَالْيَاءِ فِي مُنَاسَبَتِهِمَا لِلْإِمَالَةِ اعْتِبَارُ مَا نُحِيَ بِهِ نَحْوُهُمَا.

ثُمَّ ذَكَرَ الْمَوَانِعَ لِلْإِمَالَةِ، وَبَيَّنَ حُرُوفَ الِاسْتِعْلَاءِ، وَهِيَ سَبْعَةُ أَحْرُفٍ عَلَى مَا ذَكَرَ، وَإِنَّمَا مَنَعَتْ هَذِهِ؛ لِأَنَّهَا يَسْتَعْلِي عِنْدَ النُّطْقِ بِهَا اللِّسَانُ إِلَى الْحَنَكِ الْأَعْلَى، وَالْإِمَالَةُ

انْخِفَاضٌ فَكُرِهَ الْجَمْعُ بَيْنَ هَذَيْنِ الأمْرَيْنِ مِنَ الاسْتِعْلاءِ وَالانْخِفَاضِ.

ثُمَّ ذَكَرَ أَنَّ بَابَ (رَمَى) و(بَاعَ) مُسْتَثْنًى، فَيُمَالُ (طَابَ)، و(خَافَ)، و(صَغِى)، و(طَغِى)، وَإِنْ كَانَ هَذَا الْمَانِعُ قَائِمًا لِبَيَانِ الأصْلِ، وَالْفَرْقُ بَيْنَهُ وَبَيْنَ غَيْرِهِ أَنَّ السَّبَبَ فِي هَذَا الْبَابِ قَوِيٌّ، وَهُوَ إِمَّا يَاءٌ فِي الألِفِ الْمُمَالَةِ نَفْسِهَا، وَإِمَّا كَسْرَةٌ عَلَيْهَا بِخِلافِ غَيْرِهَا، فَإِنَّ السَّبَبَ إِنَّمَا يَكُونُ قَبْلَهَا أَوْ بَعْدَهَا، فَلا يَلْزَمُ مِنَ اعْتِبَارِ هَذَا الْمَانِعِ فِي الْمَوْضِعِ الَّذِي كَانَ السَّبَبُ فِيهِ ضَعِيفًا؛ لِبُعْدِهِ واعْتِبَارِهِ فِي الْمَوْضِعِ الَّذِي كَانَ السَّبَبُ فِيهِ قَوِيًّا لِقُرْبِهِ.

ثُمَّ مَثَّلَ بِوُقُوعِ ذَلِكَ قَبْلَهَا وَبَعْدَهَا، ثُمَّ جَعَلَ مَا بَعْدَهَا بِحَرْفٍ، أَوْ بِحَرْفَيْنِ مِثْلَهُ إِذَا وَلِيَهَا، ثُمَّ ذَكَرَ أَنَّهُ إِذَا كَانَ قَبْلَهَا كَذَلِكَ لَمْ يَكُنْ مَانِعًا عِنْدَ الأكْثَرِ، وَالْفَرْقُ بَيْنَهُمَا أَنَّهَا إِذَا كَانَتْ قَبْلَهَا كَانَ ذَلِكَ اسْتِفَالا بَعْدَ اسْتِعْلاءٍ، وَإِذَا كَانَتْ بَعْدَهَا وَأُمِيلَتْ كَانَ اسْتِعْلاءً بَعْدَ اسْتِفَالٍ، وَالاسْتِفَالُ بَعْدَ الاسْتِعْلاءِ سَهْلٌ، بِخِلافِ الاسْتِعْلاءِ بَعْدَ الاسْتِفَالِ، وَلِذَلِكَ اعْتُبِرَتْ وَإِنْ بَعُدَتْ بَعْدَهَا، وَلَمْ تُعْتَبَرْ إِذَا بَعُدَتْ قَبْلَهَا، فَأَمَّا مَنْ سَوَّى بَيْنَهُمَا فَلا إِشْكَالَ، قَالَ سِيبَوَيْهِ: (سَمِعْنَاهُمْ يَقُولُونَ: أَرَادَ أَنْ يَضْرِبَهَا زَيْدٌ) إِلَى آخِرِهِ.

قَوْلُهُ: (فَتَحُوا)؛ أَيْ: لَمْ يُمِيلُوا، وَهَذَا إِنَّمَا يَكُونُ عَلَى مَنْ يُجْرِي الألِفَ الْمُنْفَصِلَةَ مُجْرَى الْمُتَّصِلَةِ، فَيُجْرِي الْمَانِعَ الْمُنْفَصِلَ أَيْضًا مُجْرَى الْمُتَّصِلِ، وَلَيْسَ بِاللُّغَةِ الْفَصِيحَةِ، وَاللُّغَةُ الْفَصِيحَةُ أَنَّ الإمَالَةَ فِي الرَّحَى جَيِّدَةٌ سَوَاءٌ وَقَعَ بَعْدَهَا حَرْفُ اسْتِعْلاءٍ أَوْ لَمْ يَقَعْ، وَكَذَلِكَ: (مَرَرْتُ بِمَالِ قَاسِمٍ)، و(بِمَالِ مَلِقٍ)، فَلَمْ تَجِئِ الإمَالَةُ فِي مِثْلِ ذَلِكَ إِلا مَا كَانَتْ فِيهِ الإمَالَةُ ضَعِيفَةً؛ لانْفِصَالِ الألِفِ أَوْ لِعُرُوضِ الْكَسْرَةِ، فَانْفِصَالُ الألِفِ مِثْلُ (يَضْرِبُهَا قَبْلُ)، وَالْكَسْرَةُ الْعَارِضَةُ مِثْلُ (مَرَرْتُ بِمَالِ قَاسِمٍ).

قَوْلُهُ: (وَالرَّاءُ غَيْرُ الْمَكْسُورَةِ تَمْنَعُ مَنْعَ الْمُسْتَعْلِيَةِ)، إِلَى آخِرِهِ.

قَالَ الشَّيْخُ: لِلرَّاءِ حُكْمٌ فِي الإمَالَةِ وَمَنْعِهَا لَيْسَ لِغَيْرِهَا مِنَ الْحُرُوفِ، وَسَبَبُهُ مَا فِيهَا مِنَ التَّكْرِيرِ، فَإِذَا وَلِيَتِ الألِفَ وَهِيَ غَيْرُ مَكْسُورَةٍ صَارَتْ كَأَنَّهَا بِفَتْحَتَيْنِ أَوْ ضَمَّتَيْنِ، فَلَمْ يَقْوَ سَبَبُ الإمَالَةِ فِيهَا بِخِلافِ غَيْرِهَا مِنَ الْحُرُوفِ، فَلِذَلِكَ لَمْ يُمَلْ (رَاشِد)، و(حِمَار)، وَأُمِيلَ (عَالِمٌ)، وَإِذَا وَلِيَتْهَا مَكْسُورَةً، وَلا يَكُونُ ذَلِكَ إِلا بَعْدَهَا، كَانَ لَهَا مِنَ الأثَرِ مَا لَيْسَ لِغَيْرِهَا مِنَ الأسْبَابِ؛ لأنَّهَا تَصِيرُ كَكَسْرَتَيْنِ اجْتَمَعَتَا، وَالْوَاحِدَةُ كَانَتْ سَبَبًا فِي مِثْلِ (عَالِمٍ)، فَيَقْوَى السَّبَبُ فِيهَا، فَمِنْ ثَمَّةَ لَمْ يُؤَثِّرْ فِيهَا الْمَوَانِعُ فِي غَيْرِهَا، فَلِذَلِكَ أُمِيلَ (طَارِدٌ، وَغَارِمٌ)، وَلَمْ يُمَلْ نَحْوُ: (خَالِدٍ)؛ لِعَدَمِ الرَّاءِ الْمَكْسُورَةِ بَعْدَ أَلِفِ خَالِدٍ، وَكَذَلِكَ إِذَا كَانَ مَوْضِعَ حَرْفِ الاسْتِعْلاءِ قَبْلَهَا رَاءٌ، فَإِنَّ الرَّاءَ تَغْلِبُ الألِفَ كَمَا غَلَبَتِ الْمُسْتَعْلِيَةَ؛

لأنَّهَا إذَا انْفَتَحَتْ قَبْلَهَا فَإِنَّمَا صَارَتْ مِثْلَ الْمُسْتَعْلِيَةِ بِمَا ذَكَرْنَاهُ مِنَ التَّكْرِيرِ، فَإِذَا غَلَبَتِ الْمَكْسُورَةُ الْمُسْتَعْلِيَةَ، فَلأَنْ تَغْلِبَهَا أَجْدَرُ؛ لأنَّ الرَّاءَ الْمَكْسُورَةَ كَأَنَّهَا بِكَسْرَتَيْنِ، وَالْمَفْتُوحَةَ قَبْلَهَا كَأَنَّهَا بِفَتْحَتَيْنِ، وَقَدْ كَانَتِ الْكَسْرَةُ الْوَاحِدَةُ تَغْلِبُ الْفَتْحَةَ الْوَاحِدَةَ، فَغَلَبَتِ الْكَسْرَتَانِ أَيْضًا الْفَتْحَتَيْنِ.

(تَقُولُ: (مِنْ قَرارِكَ)، وَقُرِئَ "كَانَتْ قَوارِيرِ" [الإنسان:١٥]).

تَمْثِيلُهُ بِقَوْلِهِ: (مِنْ قَرارِكَ) ظَاهِرُ الاسْتِقَامَةِ، وَأَمَّا تَمْثِيلُهُ بِقَوْلِهِ: (كَانَتْ قَوارِيرَ)، فَمُلْبِسٌ؛ لأَنَّ الْغَرَضَ هَاهُنَا: بَيَانُ أَنَّ الرَّاءَ الْمَكْسُورَةَ تَغْلِبُ غَيْرَ الْمَكْسُورَةِ، وَفِي نَحْوِ (قَوارِيرَ) لَيْسَ ثَمَّةَ رَاءٌ مَفْتُوحَةٌ غَلَبَتْهَا الْمَكْسُورَةُ، وَلا يُمْكِنُ أَنْ يُقَالَ: إِنَّ التَّمْثِيلَ لِغَلَبَةِ الرَّاءِ الْمَكْسُورَةِ حَرْفَ الاسْتِعْلاءِ، وَهُوَ الْقَافُ فِي (قَوارِيرَ)، فَإِنَّ ذَلِكَ قَدْ تَقَدَّمَ قَبْلَهُ حُكْمًا وَمِثَالا، وَشَرَعَ فِي حُكْمِ غَيْرِهِ، فَلا وَجْهَ لِذِكْرِ ذَلِكَ فِيهِ، وَالظَّاهِرُ أَنَّهُ أَرَادَ التَّمْثِيلَ بِغَلَبَةِ الرَّاءِ الْمَكْسُورَةِ الرَّاءَ الْمَفْتُوحَةَ فِي آخِرِ الْكَلِمَةِ عَلَى اللُّغَةِ الضَّعِيفَةِ فِي أَنَّهَا وَإِنْ بَعُدَتْ بَعْدَ الأَلِفِ اعْتُبِرَتْ سَبَبًا وَمَانِعًا عَلَى مَا تُعْتَبَرُ فِيهِ إِذَا قَرُبَتْ، فَيَصِحُّ التَّمَسُّكُ حِينَئِذٍ عَلَى ذَلِكَ.

ثُمَّ بَيَّنَ أَنَّ الرَّاءَ إِذَا بَعُدَتْ بَعْدَ الأَلِفِ لَمْ تُؤَثِّرْ فِي سَبَبٍ وَلا مَنْعٍ عِنْدَ الأَكْثَرِ؛ لأَنَّهَا لَيْسَتْ كَحُرُوفِ الاسْتِعْلاءِ، وَإِنَّمَا هِيَ مُجْرَاةٌ مُجْرَاهَا لِمَا ذَكَرْنَاهُ، فَلا يَلْزَمُ مِنَ اعْتِبَارِ الْمُسْتَعْلِيَةِ مَانِعَةً لِمَا ذَكَرْنَاهُ، وَإِنْ بَعُدَتِ اعْتِبَارُهَا هِيَ إِذَا بَعُدَتْ، فَاللُّغَةُ الْجَيِّدَةُ إِمَالَةُ (كَافِرٍ) دُونَ (قَادِرٍ)، وَالأُخْرَى بِالْعَكْسِ مِنْهَا، نَظَرًا إِلَى اعْتِبَارِ الرَّاءِ عِنْدَ الْبُعْدِ سَبَبًا وَمَانِعًا، أَوْ إِلْغَاؤُهَا.

قَالَ: (وَمِمَّا شَذَّ عَنِ الْقِيَاسِ قَوْلُهُمْ: (الْحَجَّاجُ وَالنَّاسُ) مُمَالَيْنِ).

يَعْنِي: فِي حَالِ الرَّفْعِ؛ لأَنَّهُمَا حِينَئِذٍ لا سَبَبَ مِنْ أَسْبَابِ الإِمَالَةِ فِيهِمَا، فَإِمَالَتُهُمَا عَلَى خِلافِ الْقِيَاسِ، لانْتِفَاءِ السَّبَبِ، وَكَذَلِكَ إِمَالَةُ (مَالٍ وَبَابٍ)؛ لأَنَّهُمَا مِنْ ذَوَاتِ الْوَاوِ، وَالثُّلاثِيُّ الْمُعْتَلُّ الْعَيْنِ مِنْ ذَوَاتِ الْوَاوِ لا يُمَالُ؛ لأَنَّهُ لا سَبَبَ لِلإِمَالَةِ فِيهِ، وَأَمَّا إِمَالَةُ (غَابَ) مِنَ الْغَيْبِ فَلَيْسَ بِشَاذٍّ؛ لأَنَّهُ مِنْ ذَوَاتِ الْيَاءِ، وَهُمَا مِنْ ذَوَاتِ الْوَاوِ، فَسَبَبُ الإِمَالَةِ فِيهِ مِنْ غَيْرِ مَانِعٍ، وَلا سَبَبَ لِلإِمَالَةِ فِي (مَالٍ وَبَابٍ).

(وَقَالُوا: الْعَشَا، وَالْمَكَا، وَالْكِبَا) فَأَمَالُوا، وَهُوَ أَيْضًا شَاذٌّ؛ لأَنَّ الأَخِيرَ مِنْ ذَوَاتِ الْوَاوِ لا تُمَالُ، وَلا تُؤَثِّرُ فِي إِمَالَتِهَا كَسْرَةٌ عَلَى مَا تَقَدَّمَ، فَلِذَلِكَ كَانَ إِمَالَةُ ذَلِكَ شَاذًّا، وَكَذَلِكَ كَانَ قِيَاسُ (الرِّبَا) أَنْ لا يُمَالَ، وَلِذَلِكَ أَوْرَدَهُ اعْتِرَاضًا، وَأَجَابَ بِأَنَّ السَّبَبَ لَمَّا

كَانَ قَوِيًّا أَثَّرَ، وَهُوَ كَوْنُهَا كَسْرَةً عَلَى الرَّاءِ، فَهُوَ الَّذِي حَسَّنَ مِنْهُ كَوْنُهُ خَارِجًا عَنِ الْقِيَاسِ الْمَذْكُورِ.

(وَقَدْ أَمَالَ قَوْمٌ (جَادّ)، و(جَوَادّ) نَظَرًا إِلَى الأَصْلِ).

وَهُوَ جَادِدٌ وَجَوَادِدُ، قَالَ: وَكَانَ يَنْبَغِي أَنْ يَكُونَ عِنْدَ ذِكْرِ تَفْصِيلِ الْكَسْرَةِ لَمَّا ذَكَرَ أَنَّهَا تُعْتَبَرُ عَارِضَةً وَأَصْلِيَّةً؛ لأنَّ هَذَا الْفَصْلَ فِي أَنَّهَا تُعْتَبَرُ مُقَدَّرَةً كَمَا تُعْتَبَرُ مَلْفُوظًا بِهَا مُحَقَّقَةً، وَالْفَصِيحُ تَرْكُ اعْتِبَارِهَا، وَإِنْ كَانَ السُّكُونُ عَارِضًا؛ لأَنَّهُ وَإِنْ كَانَ عَارِضًا فِي التَّقْدِيرِ فَقَدْ صَارَ لازمًا فِي اللَّفْظِ، بِخِلافِ سُكُونِ الْوَقْفِ الْعَارِضِ فِي نَحْوِ: (هَذَا مَاش)، فَإِنَّهُ لَيْسَ بِلازِمٍ، فَلا يَلْزَمُ مِنْ إِلْغَاءِ ذَلِكَ السَّبَبِ الَّذِي زَالَ زَوَالا لا يَرْجِعُ إِلَيْهِ إِلْغَاءُ هَذَا السَّبَبِ الَّذِي زَالَ زَوَالا يَرْجِعُ إِلَيْهِ غَالِبًا، فَمِنْ هَاهُنَا ضَعُفَ اعْتِبَارُ السَّبَبِ فِي (جادٍّ) فَإِنَّ أَصْلَهُ جَادِدٌ، وَقَوِيَ اعْتِبَارُهُ فِي (مَاشٍ) فِي الْوَقْفِ، وَإِنَّمَا شَبَّهَهُ بِهِ لاجْتِمَاعِهِمَا جَمِيعًا فِي أَصْلِ الْعُرُوضِ.

قَوْلُهُ: (وَقَدْ أُمِيلَ ﴿وَالشَّمْسِ وَضُحَاهَا﴾ [الشمس:١])، إِلَى آخِرِهِ.

قَالَ الشَّيْخُ: ذَكَرَ فِي هَذَا الْفَصْلِ سَبَبًا آخَرَ مِنْ أَسْبَابِ الإِمَالَةِ الَّتِي لَمْ يَذْكُرْهَا مَعَ الأَسْبَابِ الْمُتَقَدِّمَةِ، وَقَدْ تَقَدَّمَ عُذْرُهُ فِي ذَلِكَ، فَكَانَ يَنْبَغِي أَنْ يَكُونَ ذَلِكَ يَلِي الْفَصْلَ الْمُشْتَمِلَ عَلَى الإِمَالَةِ لأَجْلِ الإِمَالَةِ؛ لأَنَّهُمَا سَبَبَانِ لَمْ يَذْكُرْهُمَا أَوَّلا، وَهُمَا مِنَ الأَسْبَابِ، فَإِذَا لَمْ يَذْكُرْهُمَا مَعَ الأَسْبَابِ لِعُذْرٍ ذَكَرْنَاهُ، وَهُوَ تَشَاكُلُهَا لِـ (جلاهَا) كَانَ الأَوْلَى أَنْ يَذْكُرَهُمَا مُجْتَمِعَيْنِ؛ لأَنَّهُمَا مِنْ جِنْسٍ وَاحِدٍ، فَلا وَجْهَ لِلتَّفْرِقَةِ بَيْنَهُمَا، وَقَدْ ذَكَرْنَا أَنَّهُ مِنَ الأَسْبَابِ الْقَوِيَّةِ، وَلَيْسَ كَالإِمَالَةِ لأَجْلِ الإِمَالَةِ فِي الضَّعْفِ عَلَى مَا تَقَدَّمَ.

قَوْلُهُ: (وَقَدْ أَمَالُوا الْفَتْحَةَ) إِلَى آخِرِهِ.

لَمْ تُمَلِ الْفَتْحَةُ إِلا مَعَ الرَّاءِ مَكْسُورَةً بَعْدَهَا لِمَا فِي إِمَالَتِهَا مِنَ الْكُلْفَةِ، فَلَمْ يَقْوَ عَلَيْهَا إِلا الرَّاءُ الْمَكْسُورَةُ؛ لِمَا ذَكَرْنَاهُ مِنْ تَقْدِيرِ كَسْرَتَيْنِ، بِخِلافِ غَيْرِهَا مِنَ الْحُرُوفِ، وَبِخِلافِ مَا بَعْدَهُ أَلِفٌ مِنَ الْفَتَحَاتِ، فَإِنَّهُ يَعْتَمِدُ عَلَيْهَا، فَيَزُولُ مَا فِي النَّحْوِ بِهَا إِلَى الْكَسْرَةِ مِنَ الْكُلْفَةِ، وَذَلِكَ مَعْلُومٌ عِنْدَ النُّطْقِ.

(وَالْحُرُوفُ لا تُمَالُ)؛ لأَنَّ أَلِفَاتِهَا لا أَصْلَ لَهَا فِي الْيَاءِ حَتَّى تُطْلَبَ مُجَانَسَتُهَا بِالإِمَالَةِ وَقِلَّةِ تَصَرُّفِهِمْ فِيهَا، وَالإِمَالَةُ مِنْ بَابِ التَّصَرُّفِ، فَأَمَّا إِذَا سُمِّيَ بِهَا فَتَصِيرُ مِنْ قَبِيلِ الأَسْمَاءِ، فَإِنْ كَانَ فِيهَا سَبَبُ الإِمَالَةِ اعْتُبِرَ، وَإِلا فَلا، فَلِذَلِكَ تُمَالُ (حَتَّى) إِذَا سُمِّيَ بِهِ، وَلا تُمَالُ (عَلَى) وَنَحْوُهَا إِذَا سُمِّيَ بِهَا؛ لأَنَّكَ لَوْ سَمَّيْتَ بِـ (حَتَّى) وَثَنَّيْتَهُ لَقُلْتَ:

(حتَّيَانِ)، وَلَوْ سَمَّيْتَ بـ (عَلَى) لَقُلْتَ: (عَلوانِ)، وَكَذَلِكَ (إِلَى)؛ لأَنَّكَ تَقُولُ فِي تَثْنِيَتِهِ: (إِلَوانِ)، وَفِي جَمْعِه: (إِلَوَات).

وَأَمَّا إِمَالَتُهُمْ (بَلَى) و(لا) فِي (إِمَّالا) و(يَا) فِي النِّدَاءِ، فَلِمَا فِي ذَلِكَ مِنَ التَّضَمُّنِ لِلْجُمْلَةِ الْمُتَضَمِّنَةِ لِلْفِعْلِ أَوْ لِلاسْمِ أَوِ الاسْمَيْنِ، فَصَارَ كَأَنَّهُ فِعْلٌ أَوِ اسْمٌ لإِغْنَائِهَا عَنْ ذَلِكَ.

(وَالأَسْمَاءُ غَيْرُ الْمُتَمَكِّنَةِ يُمَالُ الْمُسْتَقِلُّ مِنْهَا بِنَفْسِهِ) إِلَى آخِرِهِ.

حُكْمُهَا حُكْمُ الْحُرُوفِ لِمَا ذَكَرْنَاهُ، وَإِنَّمَا أُمِيلَ الْمُسْتَقِلُّ مِنْهَا مِنَ الْجِهَةِ الَّتِي أُمِيلَ بِهَا (بَلَى) وَنَحْوُهَا، فَلِذَلِكَ أَمَالُوا (إِذَا) و(أَنَّى) و(مَتَى)، وَلَمْ يُمِيلُوا (إِذَا) وَنَحْوَهَا، وَالأَفْعَالُ غَيْرُ الْمُتَصَرِّفَةُ لَيْسَ مِنْهَا مَا يَقْبَلُ الإِمَالَةَ إِلا (عَسَى)؛ لأَنَّ بَقِيَّتَهَا لا أَلِفَ فِيهَا، وَإِنَّمَا أُمِيلَتْ مَعَ عَدَمِ التَّصَرُّفِ لِمَا تَحَقَّقَ مِنْ قَوْلِهِمْ: عَسَيْتُ وَعَسَيْنَا، فَلَمَّا كَانَتْ تَصِيرُ إِلَى الْيَاءِ عِنْدَ اتِّصَالِ هَذِهِ الضَّمَائِرِ صَارَتْ كَالْمُتَصَرِّفِ فِي ظُهُورِ الْيَاءِ فِيهِ، فَأُمِيلَتْ لِذَلِكَ، وَلِذَلِكَ قَالَ الْمُبَرِّدُ: (وَإِمَّالَةُ (عَسَى) جَيِّدَةٌ).

وَمِنْ أَصْنَافِ الْمُشْتَرَكِ الْوَقْفُ[1]

تَشْتَرِكُ فِيهِ الأَضْرُبُ الثَّلاثَةُ، وَفِيهِ أَرْبَعُ لُغَاتٍ... إِلَى آخِرِهِ

قَالَ الشَّيْخُ: لأَنَّ كُلَّ وَاحِدٍ مِنْهَا يَصِحُّ الْوَقْفُ عَلَيْهِ، تَقُولُ فِي الاسْمِ: (هَذَا زَيْدٌ)، وَفِي الْفِعْلِ: (زَيْدٌ يَضْرِبُ)، وَفِي الْحَرْفِ: (جَيْرِ) و(إِن).

قَالَ: (وَفِيهِ أَرْبَعُ لُغَاتٍ).

وَلَيْسَ يَعْنِي: أَنَّ الأَرْبَعَ تَجْتَمِعُ؛ لأَنَّ مِنْهَا مَا يُضَادُّ بَعْضُهُ بَعْضًا، كَالإِسْكَانِ وَالرَّوْمِ، وَكَالرَّوْمِ وَالإِشْمَامِ، وَإِنَّمَا أَرَادَ بَيَانَ مَا يَكُونُ لأَجْلِ الْوَقْفِ، وَإِنِ اخْتَلَفَتْ مَحَالُّهُ، وَعَلَى ذَلِكَ كَانَ يَنْبَغِي أَنْ لا يَقْتَصِرَ عَلَى أَرْبَعٍ، إِذْ مِنْ جُمْلَةِ أَحْكَامِ الْوَقْفِ الإِبْدَالُ فِي مِثْلِ (رَأَيْتُ زَيْدًا)، وَفِي مِثْلِ (رحمَة)، وَفِي مِثْلِ (هَذَا الْكَلَوْ)، وَنَقْلُ الْحَرَكَةِ إِلَى مَا قَبْلَهَا فِي مِثْلِ (هَذَا الْبَكُرْ)، وَالْحَذْفُ فِي مِثْلِ (الْقَاضِ، وَالدَّاعِ)، وَإِلْحَاقُ هَاءِ السَّكْتِ، وَكُلُّ ذَلِكَ ذَكَرَهُ فِي أَثْنَاءِ فُصُولِ الصِّنْفِ، فَلا وَجْهَ لِتَخْصِيصِهِ أَرْبَعًا مِنْهَا، فَإِنْ خَصَّهَا لِشُهْرَتِهَا

(١) الوقفُ قطعُ النُّطقِ عندَ آخرِ الكلمة. فما كان ساكنَ الآخر، وَقفْتَ عليه بسكونه، سواءٌ أكان صحيحاً كاكتبْ ولم يكتبْ وعنْ ومَنْ، ام مُعتلاً كيمشي ويدعو ويخشى والفتى وعلى ومهما.
وما كان متحركاً، كيتبُ وكتبَ والكتابِ وأين وليْتَ، وَقفْتَ عليه بحذفِ حركته (أي بالسكون).

فَالتَّضْعِيفُ لَيْسَ مِثْلَ الْبَاقِي فِي الشُّهْرَةِ، فَلَوْ أَسْقَطَ التَّضْعِيفَ أَيْضًا وَذَكَرَهُ فِي أَثْنَاءِ الْفُصُولِ لَكَانَ لِتَخْصِيصِ الثَّلَاثَةِ وَجْهٌ.

وَقَوْلُهُ: (الْإِسْكَانُ الصَّرِيحُ).

احْتِرَازٌ بِالصَّرِيحِ عَنِ الرَّوْمِ وَالْإِشْمَامِ، فَإِنَّ الرَّوْمَ تَبْعِيضٌ لِلْحَرَكَةِ، فَتَقْرُبُ مِنَ الْإِسْكَانِ، وَالْإِشْمَامَ ضَمُّ الشَّفَتَيْنِ بَعْدَ الْإِسْكَانِ، فَاحْتَرَزَ بِالصَّرِيحِ عَنْهُمَا؛ أَيْ: لَيْسَ مَعَهُ بَعْضُ حَرَكَةٍ وَلَا ضَمُّ شَفَتَيْنِ بَعْدَ الْإِسْكَانِ، فَهُوَ مُضَادٌّ لِلْإِسْكَانِ الصَّرِيحِ وَلِلرَّوْمِ، أَمَّا مُضَادَّتُهُ لِلْإِسْكَانِ الصَّرِيحِ، فَلِأَنَّ حَقِيقَةَ الْإِسْكَانِ الصَّرِيحِ أَنْ لَا تُضَمَّ مَعَهُ الشَّفَتَانِ، وَحَقِيقَةُ الْإِشْمَامِ أَنْ تُضَمَّ مَعَهُ الشَّفَتَانِ، فَلَوْ قُدِّرَ اجْتِمَاعُهُمَا لَكَانَ جَمْعًا لِلضِّدَّيْنِ، نَفْيُ ضَمِّ الشَّفَتَيْنِ وَثُبُوتُهُ فِي مَحَلٍّ وَاحِدٍ، وَأَمَّا مُضَادَّتُهُ لِلرَّوْمِ؛ فَلِأَنَّ الرَّوْمَ إِتْيَانٌ بِبَعْضِ الْحَرَكَةِ، وَالْإِشْمَامُ إِسْكَانٌ ثُمَّ ضَمُّ الشَّفَتَيْنِ، فَكَانَ اجْتِمَاعُهُمَا يُؤَدِّي إِلَى ثُبُوتِ الْإِسْكَانِ وَنَفْيِهِ فِي مَحَلٍّ وَاحِدٍ، ثُمَّ ذَكَرَ اصْطِلَاحَ الْكِتَابِ فِي صُوَرِ هَذِهِ اللُّغَاتِ.

قَالَ: (وَالْإِشْمَامُ مُخْتَصٌّ بِالْمَرْفُوعِ).

لِأَنَّهُ ضَمُّ الشَّفَتَيْنِ لِيُؤْذِنَ بِأَنَّ الْحَرَكَةَ ضَمَّةٌ، فَوَجَبَ أَنْ لَا يَكُونَ إِلَّا فِي مَضْمُومٍ.

قَالَ: (وَيَشْتَرِكُ فِي غَيْرِهِ الْمَجْرُورُ وَالْمَرْفُوعُ وَالْمَنْصُوبُ غَيْرُ الْمُنَوَّنِ).

هَكَذَا وَقَعَ فِي النُّسَخِ الْمَشْهُورَةِ، وَلَيْسَ بِمُسْتَقِيمٍ؛ لِأَنَّ قَوْلَهُ: (وَيَشْتَرِكُ) فَاعِلُهُ الْمَجْرُورُ وَالْمَنْصُوبُ، وَقَوْلُهُ: (فِي غَيْرِهِ) لَا وَجْهَ لَهُ إِلَّا فِي غَيْرِ الْإِشْمَامِ، وَإِذَا كَانَ كَذَلِكَ لَمْ يَسْتَقِمْ لِأَدَائِهِ إِلَى أَنَّ غَيْرَ الْإِشْمَامِ يَكُونُ فِي الْمَنْصُوبِ وَالْمَجْرُورِ دُونَ غَيْرِهِمَا؛ لِأَنَّهُ فِي مَحَلِّ الْبَيَانِ لِذَلِكَ، وَمَعْلُومٌ أَنَّ الْمَرْفُوعَ مَعَ الْمَجْرُورِ وَالْمَنْصُوبِ فِي غَيْرِ الْإِشْمَامِ سَوَاءٌ، أَلَا تَرَى أَنَّكَ تُسَكِّنُ وَتَرُومُ وَتُضَعِّفُ فِي الْمَرْفُوعِ كَمَا تَفْعَلُ ذَلِكَ فِي الْمَنْصُوبِ وَالْمَجْرُورِ؟ فَلَمْ يَكُنْ لِتَخْصِيصِ الْمَجْرُورِ وَالْمَنْصُوبِ فَائِدَةٌ.

وَوَقَعَ فِي بَعْضِ النُّسَخِ (وَيَشْتَرِكُ فِي غَيْرِهِ الْمَرْفُوعُ وَالْمَنْصُوبُ وَالْمَجْرُورُ)، وَهُوَ الصَّوَابُ.

وَلَعَلَّهُ كَانَ كَذَلِكَ، أَوْ لَعَلَّهُ كَانَ (وَيَشْتَرِكُ فِي غَيْرِهِ مَعَ الْمَجْرُورِ وَالْمَنْصُوبِ)، وَيَكُونُ فِي (وَيَشْتَرِكُ) ضَمِيرُ الْمَرْفُوعِ لِتَقَدُّمِ ذِكْرِهِ، أَوْ كَانَ (وَيَشْتَرِكُ فِي غَيْرِهِ هُوَ وَالْمَجْرُورُ وَالْمَنْصُوبُ)، ثُمَّ ضَمَّنَ الْفَصْلَ ذِكْرَ الْمَنْصُوبِ الْمُنَوَّنِ، وَأَنَّهُ يُبْدَلُ مِنْ تَنْوِينِهِ أَلِفٌ، وَهُوَ لُغَةٌ مِنْ لُغَاتِ الْوَقْفِ.

وَمَثَّلَ بِأَمْثِلَةٍ مُتَعَدِّدَةٍ؛ لِيُؤْذِنَ أَنَّ الْأَسْمَاءَ عَلَى اخْتِلَافِهَا مُسْتَوِيَةٌ فِي ذَلِكَ إِلَّا مَا سَيَأْتِي

فِي بَابِ (عَصَا).

وَالتَّضْعِيفُ هُوَ: أَنْ يُشَدَّدَ الْآخِرُ، وَشَرْطُهُ أَنْ لَا يَكُونَ آخِرُهُ هَمْزَةً، وَلَا حَرْفَ عِلَّةٍ، وَلَا سَاكِنًا مَا قَبْلَهُ، أَمَّا كَوْنُهُ لَيْسَ بِهَمْزَةٍ فَلِأَنَّ تَضْعِيفَ الْهَمْزَةِ مُسْتَثْقَلٌ، فَكُرِهَ فِي الْحَرْفِ الْمُسْتَثْقَلِ، وَأَمَّا كَوْنُهُ صَحِيحًا؛ فَلِأَنَّ حُرُوفَ الْعِلَّةِ أَيْضًا ثَقُلَتْ عَلَى أَلْسِنَتِهِمْ حَتَّى غَيَّرُوهَا بِضُرُوبٍ مِنَ التَّغْيِيرَاتِ، فَكُرِهَ التَّثْقِيلُ فِيهَا حَتَّى كَانَ الْحَذْفُ فِيهَا مُنَاسِبًا لِأَجْلِ الْوَقْفِ، فَلِأَنْ لَا يُثَقَّلَ أَجْدَرُ، وَأَمَّا كَوْنُهَا مُتَحَرِّكًا مَا قَبْلَهَا فَلِئَلَّا يُجْمَعَ بَيْنَ ثَلَاثِ سَوَاكِنَ: الْحَرْفِ الْمَوْقُوفِ عَلَيْهِ، وَالْحَرْفِ الْمُدْغَمِ، وَالْحَرْفِ الَّذِي قَبْلَهُ، وَذَلِكَ مُطَّرَحٌ فِي كَلَامِهِمْ وَصْلًا وَوَقْفًا، وَلَيْسَ مِنْ ذَلِكَ بَابُ (دَوَابّ)؛ لِأَنَّ حَرْفَ الْمَدِّ وَاللِّينِ قَامَ مَقَامَ الْحَرَكَةِ، فَيَجُوزُ أَنْ يَكُونَ مَعَهَا مَا يَكُونُ مَعَ الْحَرَكَةِ وَصْلًا وَوَقْفًا.

قَوْلُهُ: (وَبَعْضُ الْعَرَبِ يُحَوِّلُ ضَمَّةَ الْحَرْفِ الْمَوْقُوفِ عَلَيْهِ وَكَسْرَتَهُ عَلَى السَّاكِنِ قَبْلَهُ)، إِلَى آخِرِهِ.

وَهَذَا أَيْضًا لُغَةٌ مِنْ لُغَاتِ الْوَقْفِ كَمَا تَقَدَّمَ، وَشَرْطُهُ: أَنْ يَكُونَ مَا قَبْلَ الْآخِرِ سَاكِنًا؛ لِأَنَّهُ إِذَا لَمْ يَكُنْ سَاكِنًا تَعَذَّرَ أَنْ تُنْقَلَ عَلَيْهِ حَرَكَةٌ؛ لِأَنَّ الْمُحَرَّكَ لَا يَقْبَلُ حَرَكَةً أُخْرَى، وَأَنْ يَكُونَ مَضْمُومًا أَوْ مَكْسُورًا مُطْلَقًا، أَوْ مَفْتُوحًا غَيْرَ مُنَوَّنٍ فِي الْهَمْزَةِ، وَلَا يَكُونُ مَفْتُوحًا فِي غَيْرِ الْهَمْزَةِ أَصْلًا؛ لِأَنَّهُ إِذَا كَانَ مَفْتُوحًا فِي الْهَمْزَةِ وَغَيْرِ الْهَمْزَةِ لَمْ يَخْلُ إِمَّا أَنْ يَكُونَ مُنَوَّنًا أَوْ غَيْرَ مُنَوَّنٍ، فَإِنْ كَانَ مُنَوَّنًا فَأَمْرُهُ ظَاهِرٌ لِأَنَّ حَرَكَتَهُ وَاجِبٌ بَقَاؤُهَا عَلَى مَحَلِّهَا، فَكَيْفَ يَصِحُّ نَقْلُهَا؟

وَإِنْ كَانَ بِغَيْرِ تَنْوِينٍ فِي غَيْرِ الْهَمْزَةِ، فَلَا بُدَّ أَنْ يَكُونَ مَعَهُ مَا يَنُوبُ مَنَابَ التَّنْوِينِ، فَيَنْزِلَ مَنْزِلَةَ الْمُنَوَّنِ، فَيَجْرِيَ مَجْرَاهُ، أَوْ لِأَنَّ حَذْفَ التَّنْوِينِ فِيهِ عَارِضٌ، فَأُجْرِيَ مُجْرَى الْأَصْلِ، وَلَيْسَ كَذَلِكَ الْمَفْتُوحُ غَيْرُ الْمُنَوَّنِ مِنَ الْمَهْمُوزِ فِي الْحُكْمِ، بَلْ حُكْمُهُ حُكْمُ الْمَرْفُوعِ وَالْمَجْرُورِ فِي الثِّقَلِ؛ لِأَنَّ الْهَمْزَةَ مُسْتَثْقَلٌ سُكُونُهَا مَعَ سُكُونِ مَا قَبْلَهَا، فَكَانَ نَقْلُ حَرَكَتِهَا إِلَى مَا قَبْلَهَا لِمَا فِي النُّطْقِ بِهَا سَاكِنَةً بَعْدَ الْإِسْكَانِ مِنَ الثِّقَلِ مُنَاسِبًا مُغْتَفَرًا مَعَهُ تَرْكُ اعْتِبَارِ ذَلِكَ الْأَصْلِ، أَلَا تَرَى أَنَّكَ إِذَا وَقَفْتَ عَلَى قَوْلِكَ: (رَأَيْتُ الْخَبْءَ) بِالْإِسْكَانِ، أَدْرَكْتَ فِيهِ مِنَ الثِّقَلِ مَا لَيْسَ فِي قَوْلِكَ: (رَأَيْتُ الْبَكْرَ)، فَلِهَذَا الْمَعْنَى كَانَ الْوَقْفُ عَلَى الْهَمْزَةِ الْمَفْتُوحَةِ غَيْرِ الْمُنَوَّنَةِ كَالْوَقْفِ عَلَى الْمَرْفُوعِ وَالْمَجْرُورِ فِي هَذَا الْبَابِ، وَمِنْ ثَمَّةَ قَالُوا: (هَذَا الرِّدْؤُ)، وَ(مَرَرْتُ بِالْبُطْئِ)، وَلَمْ يَقُولُوا: (هَذَا حِبْرُ)، وَ(مَرَرْتُ بِقُفْلِ)، وَإِنَّمَا فَعَلُوا ذَلِكَ فِي بَابِ الْمَهْمُوزِ لِمَا فِي الْمَهْمُوزِ مِنَ الِاسْتِثْقَالِ عِنْدَ سُكُونِهِ

وَسُكُونُ مَا قَبْلَهُ، وَلِذَلِكَ اسْتَثْنَاهَا فِي قَوْلِهِ: (دُونَ الْفَتْحَةِ فِي غَيْرِ الْهَمْزَةِ)، وَكَانَ يَنْبَغِي أَنْ يَقُولَ: إِذَا لَمْ يَكُنِ السَّاكِنُ حَرْفَ لِينٍ، وَلا الْمَوْقُوفُ عَلَيْهِ حَرْفَ لِينٍ، وَلا مُخْرِجًا إِلَى مَا لَيْسَ مِنْ أَبْنِيَةِ الأَسْمَاءِ فِي غَيْرِ الْهَمْزَةِ، فَالأَوَّلُ: كَـ (يَوْمٍ، وَقَوْمٍ، وَقَوْلٍ)، وَلا يُقَالُ فِيهِ: (يَوُمْ وَلا قَوُمْ، وَلا قَوُلْ) لِمَا يُؤَدِّي إِلَيْهِ مِنَ الثِّقَلِ مِنْ تَحْرِيكِ حَرْفِ اللِّينِ.

وَالثَّانِي نَحْوُ: (ظَبْيٍ، وَغَزْوٍ)، وَلا يُقَالُ فِيهِ: (هَذَا ظَبو)، وَلا (مَرَرْتُ بِغَزِي) لِمَا فِيهِ مِنْ تَغْيِيرِ حُرُوفِ الْكَلِمَةِ إِلَى غَيْرِهَا.

وَالثَّالِثُ نَحْوُ قَوْلِكَ: (هَذَا حِبْرٌ)، و(مَرَرْتُ بِقُفْلٍ)، وَلا يُقَالُ: (هَذَا حِبُرْ)، وَلا (مَرَرْتُ بِقُفِلْ).

وَقُلْنَا: (فِي غَيْرِ الْهَمْزَةِ) احْتِرَازًا مِنْ (هَذَا الرِّدُؤْ)، و(مَرَرْتُ بِالْبُطِئْ)، فَإِنَّ ذَلِكَ اغْتُفِرَ عِنْدَ كَثِيرٍ مِنْ أَهْلِ هَذِهِ اللُّغَةِ، وَإِنْ أَدَّى إِلَى مَا لَيْسَ مِنْ أَبْنِيَةِ الأَسْمَاءِ لِمَا ذَكَرْنَاهُ مِنَ اسْتِثْقَالِ الْهَمْزَةِ السَّاكِنَةِ بَعْدَ السَّاكِنِ، وَإِنْ كَانَ أَصْحَابُ هَذِهِ اللُّغَةِ كُلُّهُمْ يُحَرِّكُونَ اسْتِثْقَالا لِلهَمْزَةِ؛ إلا أَنَّ مِنْهُمْ مَنْ يُحَرِّكُ كَمَا ذَكَرْنَاهُ عَلَى قِيَاسِ النَّقْلِ، وَمِنْهُمْ مَنْ يُعَوِّضُ عَنِ الْحَرَكَةِ حَرَكَةَ مَا قَبْلَهَا لِيَخْرُجَ عَنِ الْبِنَاءِ الْمُطَّرَحِ فِي الأَسْمَاءِ الَّذِي أَدَّى إِلَيْهِ النَّقْلُ الْمَذْكُورُ، فَيَقُولُ: (هَذَا الرِّدِئْ)، و(مَرَرْتُ بِالْبُطُؤْ) كَمَا ذَكَرَهُ.

قَوْلُهُ: (وَقَدْ يُبْدِلُونَ مِنَ الْهَمْزَةِ حَرْفَ لِينٍ)، إِلَى آخِرِهِ.

هَذِهِ لُغَةٌ أَيْضًا مِنْ لُغَاتِ الْوَقْفِ، وَلَكِنْ مَحَلُّهَا الْمَهْمُوزُ، وَهُوَ رَاجِعٌ إِلَى الإِبْدَالِ، فَحُكْمُ هَذِهِ اللُّغَةِ أَنْ تُبْدَلَ كُلُّ هَمْزَةٍ وَقَعَتْ آخِرًا حَرْفَ لِينٍ مِنْ جِنْسِ حَرَكَتِهَا، فَإِنْ كَانَ مَا قَبْلَهَا مَفْتُوحًا نَطَقْتَ بِهِ عَلَى حَالِهِ، وَبِالْحَرْفِ الْمُبْدَلِ مِنَ الْهَمْزَةِ عَلَى حَالِهِ، فَتَقُولُ: (هَذَا الْكَلَوْ)، و(رَأَيْتُ الْكَلا)، و(مَرَرْتُ بِالْكَلَيْ) بِالْيَاءِ السَّاكِنَةِ مَعَ فَتْحِ اللامِ، وَإِنْ كَانَ سَاكِنًا أَبْدَلْتَهَا كَذَلِكَ ثُمَّ حَرَّكْتَ مَا قَبْلَهَا بِحَرَكَةِ تِلْكَ الْهَمْزَةِ، فَيُوَافِقُونَ أَصْحَابَ النَّقْلِ، إلا أَنَّ هَؤُلاءِ يَقْلِبُونَهَا حَرْفَ لِينٍ، وَأُولَئِكَ يُبْقُونَهَا هَمْزَةً، فَيَقُولُونَ: (هَذَا الْخَبُؤْ)، و(رَأَيْتُ الْخَبَأْ)، و(مَرَرْتُ بِالْخَبِئْ)، وَكَذَلِكَ (الْبُطُؤْ، وَالرِّدُؤْ)، وَقَوْمٌ مِنْهُمْ يَكْرَهُونَ (هَذَا الرِّدُؤْ)، و(مَرَرْتُ بِالْبُطِئْ)، كَمَا كَرِهَ أُولَئِكَ ذَلِكَ مَعَ الْهَمْزَةِ، فَيَفِرُّونَ إِلَى الإِتْبَاعِ عَلَى النَّحْوِ الْمَذْكُورِ، فَيَقُولُونَ: (هَذَا الرِّدى)، و(مَرَرْتُ بِالْبُطُو).

ثُمَّ قَالَ: (وَأَهْلُ الْحِجَازِ يَقُولُونَ: (الْكَلا) فِي الأَحْوَالِ الثَّلاثِ).

قَاصِدًا بِذَلِكَ تَبْيِينَ أَنَّ هَذِهِ اللُّغَةَ لُغَةٌ فِي الْوَقْفِ، لا لُغَةُ مَنْ يُخَفِّفُ الْهَمْزَةَ مِنْ حَيْثُ كَوْنِهِ هَمْزًا، أَلا تَرَى أَنَّ أَهْلَ الْحِجَازِ مِنْ لُغَتِهِمْ تَخْفِيفُ الْهَمْزَةِ؟ إِذَا وَقَفُوا عَلَى (الْكَلأ)

أَبْدَلُوا الْهَمْزَةَ أَلِفًا فِي الأَحْوَالِ الثَّلاثِ؛ لأَنَّهُمْ يَقِفُونَ بِالإِسْكَانِ، فَتَصِيرُ سَاكِنَةً، وَمَا قَبْلَهَا مَفْتُوحٌ، فَحُكْمُهَا أَنْ تُقْلَبَ أَلِفًا، فَتَبَيَّنَ بِذَلِكَ أَنَّ اللُّغَةَ الْمُتَقَدِّمَةَ لَيْسَتْ لِمُجَرَّدِ تَخْفِيفِ الْهَمْزَةِ، فَتَجْرِي عَلَى قِيَاسِ تَخْفِيفِهِ كَمَا جَرَتْ لُغَةُ أَهْلِ الْحِجَازِ، وَإِنِ اتَّفَقَا فِي بَعْضِ صُوَرِ الأَلْفَاظِ، كَمَا فِي (رَأَيْتُ الْكَلا) فِي حَالِ النَّصْبِ، وَلِذَلِكَ لَوْ وَقَفَ أَهْلُ الْحِجَازِ عَلَى (الْخَبْءِ) فِي الأَحْوَالِ الثَّلاثِ لَحَذَفُوا الْهَمْزَةَ حَذْفًا، وَسَكَّنُوا الْبَاءَ، وَقَالُوا: (هَذَا الْخَبْ)، و(مَرَرْتُ بِالْخَبْ).

ثُمَّ قَالَ: (وَعَلَى هَذِهِ الْعِبْرَةِ يَقُولُونَ فِي أَكْمُؤ: أَكْمُو، وَفِي أَهْنِئ: أَهْنِي).

يَعْنِي: أَهْلَ الْحِجَازِ، وَعِلَّتُهُ كَعِلَّةِ قَوْلِكَ: الْكَلا؛ لأَنَّهَا إِذَا سَكَنَتْ تَدَبَّرُهَا حَرَكَةُ مَا قَبْلَهَا، فَقُلِبَتْ حَرْفًا مِنْ جِنْسِ حَرَكَتِهِ، وَشَبَّهَ هَمْزَةَ (أَكْمُؤ) عِنْدَ الْوَقْفِ بِهَمْزَةِ (جُؤْنَةٍ)، وَهَمْزَةَ (أَهْنِئ) بِهَمْزَةِ (ذِئْب) لِوُضُوحِ أَمْرِ هَمْزَةِ (جُؤْنَة)، و(ذِئْب) فِي كَوْنِهِمَا سَاكِنَتَيْنِ فِي الأَصْلِ، كَمَا شَبَّهَ هَمْزَةَ (الْكَلا) عِنْدَ الْوَقْفِ بِهَمْزَةِ (رَأْس).

قَوْلُهُ: (وَإِذَا اعْتَلَّ الآخِرُ وَمَا قَبْلَهُ سَاكِنٌ)، إِلَى آخِرِهِ.

يَعْنِي: فِي الإِسْكَانِ، وَالرَّوْمِ، وَالإِشْمَامِ، وَإِبْدَالِ التَّنْوِينِ أَلِفًا فِي النَّصْبِ، لا فِي نَقْلِ الْحَرَكَةِ إِلَى مَا قَبْلَهُ، فَلا يُقَالُ: (هَذَا ظَبُوْ) كَمَا يُقَالُ: (هَذَا بَكُرْ)، وَإِنَّمَا تَرَكَ ذِكْرَهُ لِظُهُورِهِ.

(وَالْمُتَحَرِّكُ مَا قَبْلَهُ إِنْ كَانَ يَاءً قَدْ أَسْقَطَهَا التَّنْوِينُ)، إِلَى آخِرِهِ.

الاسْمُ الْمُعْتَلُّ الْمُتَمَكِّنُ مِمَّا قَبْلَ آخِرِهِ مُتَحَرِّكٌ لا يَكُونُ إِلا يَاءً أَوْ أَلِفًا، إِذْ لَيْسَ فِي الأَسْمَاءِ الْمُتَمَكِّنَةِ مَا آخِرُهُ وَاوٌ قَبْلَهَا حَرَكَةٌ؛ لأَنَّهَا إِنْ كَانَتْ فَتْحَةً انْقَلَبَتِ الْوَاوُ أَلِفًا كَـ (عَصًا)، وَإِنْ كَانَتْ كَسْرَةً قُلِبَتِ الْوَاوُ يَاءً، كَقَوْلِكَ: (غَازٍ)، وَإِنْ كَانَتْ ضَمَّةً قُلِبَتِ الضَّمَّةُ كَسْرَةً، فَتَنْقَلِبُ الْوَاوُ يَاءً أَيْضًا، كَقَوْلِكَ: (قَلَنْسٍ، وَعَرْقٍ، وَأَدْلٍ) أَصْلُهَا: (قَلَنْسُوٌ، وَعَرْقُوٌ، وَأَدْلُوٌ)، وَلِذَلِكَ لَمْ يَذْكُرْ إِلا الْيَاءَ وَ الأَلِفَ، وَمَا آخِرُهُ وَاوٌ مِنْ غَيْرِ الْمُتَمَكِّنِ نَادِرٌ، وَحُكْمُهُ فِي الْوَقْفِ كَحُكْمِهِ فِي الْوَصْلِ، وَلِذَلِكَ لَمْ يَذْكُرْهُ، فَمَا آخِرُهُ يَاءٌ قَبْلَهَا كَسْرَةٌ إِنْ كَانَتْ مُسْقَطَةً لِلتَّنْوِينِ فِي الْوَصْلِ، فَالْمُخْتَارُ أَنْ يُوقَفَ بِحَذْفِهَا، مِثْلُ: (قَاضٍ فِي قَاضِي)، و(عَمٍ فِي عَمِي)، و(جَوَارٍ فِي جَوَارِي)، وَمِنَ الْعَرَبِ مَنْ يَرُدُّهَا، فَيَقُولُ: (قَاضِي)، وَالْوَجْهُ الأَوَّلُ؛ لأَنَّ التَّنْوِينَ حَذْفُهُ عَارِضٌ، فَكَأَنَّهُ مَوْجُودٌ، فَتَبْقَى الْيَاءُ مَحْذُوفَةً كَمَا كَانَتْ مَحْذُوفَةً فِي الْوَصْلِ، وَمَنْ رَدَّهَا كَأَنَّمَا نَظَرَ إِلَى ذَهَابِ التَّنْوِينِ لَفْظًا، وَالْيَاءُ إِنَّمَا كَانَتْ حُذِفَتْ لاجْتِمَاعِهَا مَعَهُ لَفْظًا، فَلَمَّا حُذِفَ التَّنْوِينُ لأَجْلِ الْوَقْفِ ذَهَبَ الْمَانِعُ لِلْيَاءِ فَرَجَعَتْ، فَقِيلَ: (قَاضِي) وَإِنْ لَمْ يُسْقِطْهَا التَّنْوِينُ فَالْوَجْهُ إِثْبَاتُهَا فِي الْوَقْفِ عَلَى مَا كَانَتْ

عَلَيْهِ فِي الْوَصْلِ فِي الثَّبَاتِ، فَيُقَالُ: الْقَاضِي، وَيَا قَاضِي، وَبَعْضُ الْعَرَبِ يَحْذِفُهَا فِي الْوَقْفِ، فَيَقُولُ: (الْقَاضْ، وَيَا قَاضْ)، وَالْوَجْهُ الْأَوَّلُ؛ لِأَنَّهَا كَانَتْ ثَابِتَةً فِي الْوَصْلِ، وَلَمْ يَعْرِضْ فِي الْوَقْفِ مُوجِبٌ لِحَذْفِهَا، فَبَقِيَتْ عَلَى مَا كَانَتْ عَلَيْهِ، وَمَنْ حَذَفَهَا فَإِنَّمَا حَذَفَهَا لِلتَّخْفِيفِ؛ لِأَنَّ الْوَقْفَ مَحَلُّ تَخْفِيفٍ.

وَقَدْ عَمَّمَ الْمَرْفُوعَ، وَالْمَجْرُورَ، وَالْمَنْصُوبَ، وَمَثَّلَ أَيْضًا بِالْمَنْصُوبِ، وَهُوَ قَوْلُهُ: (رَأَيْتُ جَوَارِيَ)، وَجَعَلَ حُكْمَهُ كَحُكْمِ الْمَرْفُوعِ وَالْمَجْرُورِ فِي جَوَازِ الْحَذْفِ، وَالَّذِي ذَكَرَهُ غَيْرُهُ: أَنَّ الْمَنْصُوبَ لَيْسَ مِثْلَ الْمَرْفُوعِ وَالْمَجْرُورِ فِي جَوَازِ الْحَذْفِ، وَالَّذِينَ يَقُولُونَ: (هَذَا الْقَاضْ) بِحَذْفِ الْيَاءِ لَا يَقُولُونَ: (رَأَيْتُ الْقَاضْ) بِحَذْفِ الْيَاءِ، بَلْ يَقُولُونَ: (رَأَيْتُ الْقَاضِيَ)؛ لِأَنَّ الْيَاءَ لَمَّا تَحَرَّكَتْ فِي الْوَصْلِ صَارَتْ كَالصَّحِيحَةِ، فَأُجْرِيَتْ مُجْرَاهَا، فَثَبَتَتْ وَقْفًا كَمَا ثَبَتَتِ الصَّحِيحَةُ بِخِلَافِ الْيَاءِ السَّاكِنَةِ وَصْلًا، فَإِنَّهَا لَمْ تَكُنْ كَالصَّحِيحَةِ، فَلَا يَلْزَمُ مِنْ حَذْفِ الْيَاءِ السَّاكِنَةِ فِي الْوَصْلِ حَذْفُ الْيَاءِ الْمُتَحَرِّكَةِ؛ لِأَنَّ هَذِهِ قَوِيَتْ بِالْحَرَكَةِ، وَتِلْكَ ضَعُفَتْ بِالسُّكُونِ، وَشَرْطُ جَوَازِ هَذَا الْحَذْفِ أَنْ لَا يُخِلَّ بِالْكَلِمَةِ، إِذْ لَيْسَ بِإِعْلَالٍ، وَإِنَّمَا هُوَ حَذْفٌ تَخْفِيفِيٌّ، فَلِذَلِكَ يُقَالُ: (يَا قَاضْ)، وَلَا يُقَالُ: (يَا مُرْ)، لِمَا فِيهِ مِنَ الْإِخْلَالِ، أَلَا تَرَى أَنَّهُ لَا يَبْقَى حِينَئِذٍ مِنْ حُرُوفِ الْكَلِمَةِ إِلَّا الْفَاءُ، وَلَا يَلْزَمُ امْتِنَاعُ (هَذَا مُرْ)، وَ(مَرَرْتُ بِمُرْ) بِحَذْفِ الْيَاءِ وَصْلًا وَوَقْفًا؛ لِأَنَّ ذَلِكَ إِعْلَالٌ مُضْطَرٌّ إِلَيْهِ، وَالْحَذْفُ فِي نَحْوِ: (يَا مَرِيْ) حَذْفٌ تَخْفِيفِيٌّ، فَلَا يَلْزَمُ مِنِ اغْتِفَارِ الْإِخْلَالِ بِالْإِعْلَالِ اغْتِفَارُ الْإِخْلَالِ لِمُجَرَّدِ التَّخْفِيفِ.

وَإِنْ كَانَ آخِرُ الِاسْمِ أَلِفًا، فَالْكَثِيرُ أَنْ يُوقَفَ بِالْأَلِفِ أَيْضًا، سَوَاءٌ كَانَتْ مُسْقَطَةً لِلتَّنْوِينِ أَوْ غَيْرَ مُسْقَطَةٍ، وَالْفَرْقُ بَيْنَ بَابِ (عَصَا) وَبَابِ (قَاضٍ) فِي رَدِّ الْأَلِفِ هَاهُنَا وَبَقَائِهَا مَحْذُوفَةً ثَمَّةَ عَلَى قَوْلِ مَنْ يَرَى أَنَّهَا الْأَلِفُ الْأَصْلِيَّةُ أَنَّ الْأَلِفَ خَفِيفَةٌ وَالْيَاءَ ثَقِيلَةٌ، فَاغْتُفِرَ رَدُّ الْخَفِيفِ وَلَمْ يُغْتَفَرْ رَدُّ الثَّقِيلِ، وَإِنْ كَانَ حَذْفُ التَّنْوِينِ عَارِضًا فِيهِمَا، وَعَلَى قَوْلِ مَنْ يَرَى أَنَّهَا أَلِفُ التَّنْوِينِ ظَاهِرٌ، فَإِنَّهُ قَبْلَهُ فَتْحَةٌ، وَلَيْسَ فِي قَاضٍ قَبْلَهُ فَتْحَةٌ، وَعَلَى قَوْلِ مَنْ يَرَى الْفَرْقَ ذَكَرَ الْأَوَّلَ فِي حَالِ الرَّفْعِ وَالْجَرِّ، وَالثَّانِي فِي حَالِ النَّصْبِ، وَمَذْهَبُ الْمُبَرِّدِ أَنَّهَا الْأَلِفُ الْأَصْلِيَّةُ فِي الْأَحْوَالِ الثَّلَاثَةِ، وَلَمْ يَذْكُرْهُ، وَمَذْهَبُ الْمَازِنِيِّ أَنَّهَا أَلِفُ التَّنْوِينِ فِي الْأَحْوَالِ الثَّلَاثَةِ، وَمَذْهَبُ سِيبَوَيْهِ أَنَّهَا فِي الرَّفْعِ وَالْجَرِّ الْأَصْلِيَّةُ، وَفِي النَّصْبِ أَلِفُ التَّنْوِينِ.

وَلِكُلٍّ وَجْهٌ، فَأَمَّا وَجْهُ مَذْهَبِ الْمُبَرِّدِ فَلِأَنَّهَا قَدْ ثَبَتَ إِمَالَتُهَا فِي مِثْلِ (رَحَى) فِي

الْأَحْوَالِ الثَّلَاثِ، وَلَوْ كَانَتْ أَلِفُ التَّنْوِينِ لَمْ يَصِحَّ إِمَالَتُهَا، فَدَلَّ ذَلِكَ عَلَى أَنَّهَا الْأَصْلِيَّةُ فِي الْأَحْوَالِ الثَّلَاثِ، وَأَيْضًا فَإِنَّ الْكُتَّابَ يَكْتُبُونَهَا بِالْيَاءِ فِي الْأَحْوَالِ الثَّلَاثِ، وَأَيْضًا فَإِنَّهَا تَقَعُ فِي الْمَقْصُورِ قَافِيَةً فِي الْأَحْوَالِ الثَّلَاثِ، وَكُلُّ ذَلِكَ دَلِيلٌ عَلَى أَنَّهَا الْأَصْلِيَّةُ. وَوَجْهُ مَذْهَبِ الْمَازِنِيِّ أَنَّ التَّنْوِينَ إِنَّمَا أُبْدِلَ أَلِفًا فِي نَحْوِ (رَأَيْتُ زَيْدًا) لِوُقُوعِ الْفَتْحَةِ قَبْلَهُ، وَلَمْ يُبْدَلْ فِي (هَذَا زَيْدٌ)، و(مَرَرْتُ بِزَيْدٍ)؛ لِأَجْلِ الضَّمَّةِ وَالْكَسْرَةِ، فَلَمَّا كَانَ بَابُ (عَصَا) فِي الْأَحْوَالِ الثَّلَاثِ قَبْلَ التَّنْوِينِ فِيهِ فَتْحَةٌ وُجِدَتْ عِلَّةُ قَلْبِهِ أَلِفًا، فَوَجَبَ أَنْ يُحْكَمَ بِأَنَّهَا أَلِفُ التَّنْوِينِ فِي الْأَحْوَالِ الثَّلَاثِ.

وَوَجْهُ مَذْهَبِ سِيبَوَيْهِ قِيَاسُهُ عَلَى الصَّحِيحِ، وَقَدْ تَقَرَّرَ أَنَّ الصَّحِيحَ لَا يُبْدَلُ فِي حَالِ الرَّفْعِ وَالْجَرِّ وَمِنْ تَنْوِينِهِ شَيْءٌ، وَفِي حَالِ النَّصْبِ يُبْدَلُ، وَإِذَا كَانَ هَذَا حُكْمَ الصَّحِيحِ فَيَنْبَغِي أَنْ يُحْمَلَ عَلَيْهِ مَا أَشْكَلَ مِنَ الْمُعْتَلِّ.

وَمَا ذَكَرَهُ الْمُبَرِّدُ إِنَّمَا يَسْتَتِبُّ لَهُ أَنْ لَوْ كَانَ مُتَّفَقًا عَلَيْهِ، وَإِنَّمَا يَفْعَلُ مَا ذَكَرَهُ مِنَ الْإِمَالَةِ، وَالْقَافِيَةِ، وَالْكِتَابَةِ مَنْ يَعْتَقِدُ اعْتِقَادَهُ، وَإِلَّا فَالْوَجْهُ أَنْ لَا يُمَالَ (رَحَى) فِي حَالِ النَّصْبِ، وَلَا يُكْتَبَ بِالْيَاءِ، وَلَا يُجْعَلَ قَافِيَةً.

وَمَا ذَكَرَهُ الْمَازِنِيُّ غَيْرُ مُسْتَقِيمٍ، فَإِنَّهُ فِي حَالِ الرَّفْعِ وَالْجَرِّ الضَّمَّةُ وَالْكَسْرَةُ مُقَدَّرَتَانِ، فَلَا يَلْزَمُ مِنْ ثُبُوتِ قَلْبِ التَّنْوِينِ أَلِفًا لِلْفَتْحَةِ عِنْدَ انْتِفَاءِ الضَّمَّةِ وَالْكَسْرَةِ لَفْظًا وَتَقْدِيرًا إِبْدَالُهَا أَلِفًا مَعَ حُصُولِ الضَّمَّةِ وَالْكَسْرَةِ تَقْدِيرًا، فَظَهَرَ الْفَرْقُ بَيْنَهُ وَبَيْنَ مَا قَاسَ عَلَيْهِ، وَجَعَلَهُ أَصْلًا.

فَالْوَجْهُ إِذَنْ مَا قَالَهُ سِيبَوَيْهِ، وَإِنْ كَانَ الْجَمِيعُ لَا يَبْعُدُ، إِذْ مِنَ الْعَرَبِ الْمُمِيلِينَ مَنْ يُمِيلُ (رَحَى) فِي الْأَحْوَالِ الثَّلَاثِ، فَيَلْزَمُ أَنْ يَكُونَ الْأَمْرُ فِي ذَلِكَ عَلَى مَذْهَبِ الْمُبَرِّدِ، وَمِنْهُمْ مَنْ لَا يُمِيلُهُ أَصْلًا، فَيَلْزَمُ أَنْ يَكُونَ الْأَمْرُ عَلَى مَذْهَبِ الْمَازِنِيِّ، وَمِنْهُمْ مَنْ يُمِيلُهُ فِي حَالِ الرَّفْعِ وَالْجَرِّ، وَلَا يُمِيلُهُ فِي حَالِ النَّصْبِ، فَيَلْزَمُ أَنْ يَكُونَ الْأَمْرُ عَلَى مَذْهَبِ سِيبَوَيْهِ.

وَأَكْثَرُ الرُّوَاةِ فِي قِرَاءَةِ الْمُمِيلِينَ عَلَى مَذْهَبِ الْمُبَرِّدِ، مِثْلُ (غُزًّى)، وَشِبْهِهِ، وَقَدْ جَاءَ أَيْضًا عَلَى مَذْهَبِ سِيبَوَيْهِ، وَقَدْ جَاءَ أَيْضًا عَلَى مَذْهَبِ الْمَازِنِيِّ، فَظَهَرَ بِذَلِكَ أَنَّ الْجَمِيعَ ثَابِتٌ فِي لُغَةِ الْعَرَبِ، وَلَمْ يَبْقَ إِلَّا النَّظَرُ فِي الْأَقْوَى.

وَمَا ذَكَرَهُ مِنْ قَلْبِ أَلِفِ التَّأْنِيثِ وَاوًا أَوْ يَاءً لُغَةٌ ضَعِيفَةٌ مُخْتَصَّةٌ بِأَلِفِ التَّأْنِيثِ، وَأَمَّا قَلْبُ الْأَلِفِ هَمْزَةً فَلَا يَخْتَصُّ، وَهِيَ ضَعِيفَةٌ.

وَوَجْهُ قَلْبِ الْأَلِفِ يَاءً أَنَّهُ قَصَدَ إِلَى قَلْبِ الْأَلِفِ لِخَفَائِهَا حَرْفًا مِنْ جِنْسِهَا يَقْرُبُ مِنْهَا، فَقَلَبَهَا يَاءً؛ لِأَنَّهَا أَبْيَنُ مِنْهَا وَأَخَفُّ مِنَ الْوَاوِ.

وَوَجْهُ قَلْبِهَا وَاوًا مِثْلُهُ؛ لِأَنَّ الْأَلِفَ خَفِيَّةٌ، وَالْوَاوُ أَمْكَنُ مِنْهَا وَمِنَ الْيَاءِ، وَوَجْهُ قَلْبِهَا هَمْزَةً كَذَلِكَ؛ لِأَنَّ الْهَمْزَةَ وَالْأَلِفَ مِنْ مَخْرَجٍ وَاحِدٍ، وَكُلُّ ذَلِكَ ضَعِيفٌ.

ثُمَّ ذَكَرَ الْفِعْلَ الْمُعْتَلَّ، فَدَلَّ عَلَى أَنَّ مَا تَقَدَّمَ مَخْصُوصٌ بِالْأَسْمَاءِ، وَلِذَلِكَ قَسَمَهُ إِلَى مُنَوَّنٍ وَغَيْرِ مُنَوَّنٍ، وَالْفِعْلُ يَكُونُ آخِرُهُ يَاءً، أَوْ وَاوًا، أَوْ أَلِفًا، أَمَّا الْأَلِفُ فَلَا تُحْذَفُ؛ لِأَجْلِ الْوَقْفِ، لَا فِي فِعْلٍ وَلَا فِي اسْمٍ، وَأَمَّا الْوَاوُ وَالْيَاءُ وَإِنْ كَانَتَا تُحْذَفَانِ فِي الْأَسْمَاءِ فِي الِاخْتِيَارِ تَارَةً فِي نَحْوِ: قَاضٍ وَفِي غَيْرِ الِاخْتِيَارِ فِي نَحْوِ: الْقَاضِ، فَلَا تُحْذَفَانِ فِي نَحْوِ: (يَغْزُو)، و(يَرْمِي) إِلَّا قَلِيلًا، وَالْفَرْقُ بَيْنَ (يَغْزُو)، و(يَرْمِي)، وَبَيْنَ (قَاضٍ) ظَاهِرٌ؛ لِأَنَّ التَّنْوِينَ مُرَادٌ، فَكَأَنَّهُ مَوْجُودٌ، فَلَا تَثْبُتُ الْيَاءُ مَعَهُ، وَقَدْ تَقَدَّمَ.

بَقِيَ الْفَرْقُ بَيْنَ (يَغْزُو) و(يَرْمِي)، وَبَيْنَ (الْقَاضِي) عَلَى اللُّغَةِ الْقَلِيلَةِ، وَالْفَرْقُ بَيْنَهُمَا أَنَّ حَذْفَ الْوَاوِ وَالْيَاءِ فِي (يَغْزُو) و(يَرْمِي) لِلدَّلَالَةِ عَلَى الْجَزْمِ، فَلَوْ حُذِفَتَا لِلتَّخْفِيفِ لَأَدَّى إِلَى اللَّبْسِ، بِخِلَافِ بَابِ (الْقَاضِي)، فَإِنَّ حَذْفَ الْيَاءِ فِيهِ لَا دَلَالَةَ لَهَا، فَلَمْ يَلْزَمْ مِنَ التَّخْفِيفِ فِي الْمَوْضِعِ الَّذِي لَا لَبْسَ فِيهِ بِهِ التَّخْفِيفُ فِي الْمَوْضِعِ الَّذِي يَحْصُلُ اللَّبْسُ بِهِ.

وَيُوقَفُ عَلَى الْفِعْلِ الْمَجْزُومِ بِالْإِسْكَانِ تَارَةً، وَهُوَ الْكَثِيرُ، وَبِإِلْحَاقِ الْهَاءِ، فَيُقَالُ مَا ذَكَرَ، وَهَذَا أَصْلٌ مُطَّرِدٌ فِي كُلِّ مَا كَانَتْ حَرَكَتُهُ بِنَائِيَّةً، مَا خَلَا الْفِعْلَ الْمَاضِيَ وَشِبْهَهُ، فَإِنَّهُ لَا يُلْحَقُ هَاءَ السَّكْتِ، وَإِنْ كَانَتْ حَرَكَتُهُ بِنَائِيَّةً، وَالْفَرْقُ بَيْنَهُ وَبَيْنَ مَا سِوَاهُ أَنَّ حَرَكَتَهُ مُشَبَّهَةٌ بِحَرَكَةِ الْإِعْرَابِ لِشَبَهِهِ بِالْمُضَارِعِ، وَلِذَلِكَ بُنِيَ عَلَى حَرَكَةٍ، فَنُزِّلَ مَنْزِلَةَ الْمُعْرَبِ، وَلِذَلِكَ أَيْضًا لَا يُقَالُ: (يَا زَيْدُهْ)، وَلَا (لَا رَجُلَهْ)، وَإِنْ كَانَتْ حَرَكَتُهُمَا حَرَكَةَ بِنَاءٍ، بِخِلَافِ الْحَرَكَةِ فِي (لَمْ يَغْزُ) و(لَمْ يَرْمِ)، فَإِنَّهَا لَا شَبَهَ لَهَا بِالْإِعْرَابِ، فَظَهَرَ الْفَرْقُ بَيْنَهُمَا.

وَمِنْهُمْ مَنْ يَزْعُمُ أَنَّهُ إِنَّمَا امْتَنَعَ إِلْحَاقُ الْهَاءِ فِي الْمَاضِي لِشَبَهِهِ بِهَاءِ الضَّمِيرِ مِنْ غَيْرِ حَاجَةٍ، وَفِي الْمُضَارِعِ اغْتُفِرَ لِكَوْنِهِ عِوَضًا مِنَ الْمَحْذُوفِ عِنْدَ الْجَزْمِ، وَلَيْسَ بِبَعِيدٍ.

وَإِذَا وَرَدَ مِثْلُ (إِنَّهْ) أُجِيبَ بِأَنَّهَا لَيْسَتْ هَاءَ السَّكْتِ إِنْ كَانَتِ الَّتِي تَدْخُلُ عَلَى الضَّمَائِرِ، وَهِيَ هَاءُ السَّكْتِ إِنْ كَانَتْ (إِنَّ) بِمَعْنَى: (نَعَمْ)، فَلَمْ تَدْخُلْ هَاءُ السَّكْتِ فِي مَوْضِعٍ تَلْتَبِسُ فِيهِ بِالضَّمِيرِ غَيْرَ مَا ذَكَرْنَاهُ لِذَلِكَ السَّبَبِ الْمَذْكُورِ، وَلِذَلِكَ الْتُزِمَ دُخُولُهُ فِي نَحْوِ: (رَهْ) و(قِهْ) لِمَا أَدَّتْ إِلَيْهِ الضَّرُورَةُ، وَاغْتُفِرَ أَمْرُ الِالْتِبَاسِ؛ لِأَنَّهُ لَا يُمْكِنُ الْوَقْفُ

عَلَيْهِ إلا كَذَلِكَ عِنْدَ الابْتِدَاءِ بِهِ؛ لأنَّهُ يُـؤَدِّي إِمَـا إِلَى الْوَقْـفِ عَـلَى مُتَحَـرِّكٍ، وَإِمَّـا إِلَى الابْتِدَاءِ بِسَاكِنٍ، فَوَجَبَ إِلْحَاقُ الْهَاءِ لِذَلِكَ.

(وَكُلُّ وَاوٍ أَوْ يَاءٍ لا تُحْذَفُ فَإِنَّهُ تُحْذَفُ فِي الْفَوَاصِلِ وَالْقَوَافِي)، إِلَى آخِرِهِ.

لِلْفَوَاصِلِ وَالْقَوَافِي فِي جَوَازِ الْحَذْفِ شَأْنٌ لَيْسَ لِغَيْرِهِمَا، وَلِذَلِكَ يُحْـذَفُ مَعَهُـمَا مَـا لا يُحْذَفُ مَعَ غَيْرِهِمَا، وَسَبَبُهُ قَصْدُ تَنَاسُبِ الْفَوَاصِلِ بَعْضِهَا مَعَ بَعْضٍ، إِنْ كَـانَ بَعْضُـهَا مَحْذُوفًا، أَوْ قَصْدُ التَّخْفِيفِ فِيهَا لِتَعَدُّدِهَا، وَلَيْسَ مِثْلُ ذَلِكَ فِي غَيْرِ الْفَوَاصِلِ وَالْقَوَافِي، وَمَثَّلَ بِمِثَالِ (الْمُتَعَالِ)، وَإِنْ كَانَ حَذْفُهُ سَائِغًا فِي غَيْرِ الْفَوَاصِلِ؛ إلا أَنَّهَا لَيْسَتْ بِاللُّغَةِ الْقَوِيَّةِ، فَتَمْثِيلُهُ إِذَنْ بِالْمُتَعَالِ إِنَّمَا هُوَ عَلَى لُغَةِ مَنْ يُثْبِتُهَا فِي غَيْرِ الْفَوَاصِلِ، فَحِينَئِذٍ يَنْهَضُ التَّمْثِيلُ بِهَا، وَكَذَلِكَ (التَّنَادِ)، وَأَمَّا (يَسْرِ)، و(صَنَعُ) فِي (صَنَعُوا)، فَوَاضِحٌ فِي التَّمْثِيلِ، إِذْ لَوْلا كَوْنُهُ فِي الْفَوَاصِلِ وَالْقَوَافِي لَمْ يَقْوَ حَذْفُهُ.

قَوْلُهُ: (وَتَاءُ التَّأْنِيثِ تُقْلَبُ هَاءً فِي الْوَقْفِ).

قَالَ الشَّيْخُ: هَذِهِ اللُّغَةُ الْفَصِيحَةُ الْكَثِيرَةُ، وَوَجْهُهَا قَصْدُهُمْ إِلَى التَّفْرِقَةِ بَيْنَهَا وَبَيْنَ تَاءِ الْفِعْلِ، لَمَّا ذَهَبَتْ فِي الْوَقْفِ الْحَرَكَةُ الَّتِي كَانَ بِهَا التَّمْيِيزُ، وَقُلِبَتْ هَاءً دُونَ غَيْرِهَا مِنَ الْحُرُوفِ؛ لأنَّهَا أَشْبَهُ شَيْءٍ بِالألِفِ، وَهِيَ أَوْلَى مِنْ غَيْرِهَا مِنَ الْحُرُوفِ؛ لأنَّهَا تُنَاسِبُ مَا قَبْلَهَا، وَقَدْ ثَبَتَ أَيْضًا كَوْنُهَا لِلتَّأْنِيثِ، وَلَكِنَّهُمْ عَدَلُوا عَنِ الألِفِ لِئَلا يُوهِمَ أَنَّهَا هِيَ نَفْسُهَا لِلتَّأْنِيثِ، فَكَانَتِ الْهَاءُ أَوْلَى بِهَا.

(وَ (هَيْهَات) إِنْ جُعِلَ مُفْرَدًا فَبِالْهَاءِ وَإِلا فَبِالتَّاءِ).

قَدْ تَقَدَّمَ ذَلِكَ وَأَنَّهُ أَمْرٌ تَقْدِيرِيٌّ، إِذْ (هَيْهَاتَ) اسْمٌ لِلْفِعْلِ، فَلا يَتَحَقَّقُ فِيهِ إِفْرَادٌ وَجَمْعٌ، وَقَدْ يَقِفُ بِالتَّاءِ مَنْ يَصِلُهُ بِالْفَتْحِ، وَقَدْ يَقِفُ بِالْهَاءِ مَنْ يَصِلُهُ بِالْكَسْرِ، وَإِنَّمَا ذَلِكَ لِشَبَهِهَا بِتَاءِ التَّأْنِيثِ لَفْظًا دُونَ إِفْرَادٍ وَجَمْعٍ.

وَأَمَّا (عِرْقَات)، فَذَاكَ يَتَحَقَّقُ فِيهِ كَوْنُهُ اسْمَ جَمْعٍ، أَوْ جَمْعًا مُحَقَّقًا؛ لأنَّ مَعْنَاهُ: جَمْعُ عِرْقٍ، فَإِذَا فُتِحَ فِي مَوْضِعِ النَّصْبِ دَلَّ عَلَى أَنَّهُ غَيْرُ جَمْعٍ، إِذْ لَوْ كَانَ جَمْعًا لَمْ يَجُزْ فَتْحُ تَائِهِ، فَحُكِمَ عَلَيْهِ بِأَنَّهُ اسْمُ جَمْعٍ، وَإِذَا كُسِرَتْ فِي مَوْضِعِ النَّصْبِ دَلَّ أَنَّهُ جَمْعٌ، إِذْ لَوْ كَانَ اسْمَ جَمْعٍ لَمْ يَجُزِ الْكَسْرُ، فَتَحَقَّقَ لِذَلِكَ الْوَجْهَانِ الْمَذْكُورَانِ.

قَوْلُهُ: وَقَدْ يُجْرَى الْوَصْلُ مُجْرَى الْوَقْفِ فِي نَحْوِ قَوْلِهِ:

مِثْلَ الْحَرِيقِ وَافَـــقَ الْقَصَبَّا

إِلَى آخِرِهِ.

هَذَا وَإِنْ كَانَ مَوْقُوفًا عَلَيْهِ إلا أَنَّ الْقَوَافِي إذَا حُرِّكَتْ فَإِنَّمَا تُحرِّكُ عَلَى نِيَّةِ وَصْلِهَا عِنْدَ بَعْضِهِمْ.

وَأَمَّا مَنْ يَقُولُ: إِنَّ تَحْرِيكَهَا لأَنَّهُ قَدْ زِيدَ عَلَيْهَا حَرْفُ مَدٍّ يُوقَفُ عَلَيْهِ، وَهُوَ الَّذِي يُسَمَّى إطْلاقًا، فَلَيْسَ ذَلِكَ فِي نِيَّةِ وَصْلٍ، وَهُوَ عَلَى كُلِّ تَقْدِيرٍ شَاذٌّ، إلا أَنَّهُ عَلَى الأَوَّلِ شُذُوذُهُ مِنْ حَيْثُ إنَّهُ أُجْرِيَ الْوَصْلُ مُجْرَى الْوَقْفِ عَلَى مَا ذَكَرَ، وَعَلَى الثَّانِي شُذُوذُهُ مِنْ حَيْثُ إنَّهُ جَمَعَ بَيْنَ الْحَرَكَةِ وَالتَّشْدِيدِ، وَشَرْطُ أَحَدِهِمَا: انْتِفَاءُ الآخَرِ عَلَى مَا تَقَدَّمَ.

قَالَ: (وَلا يَخْتَصُّ بِحَالِ الضَّرُورَةِ، تَقُولُ: ثَلاثَهَ ارْبَعَهْ) إِلَى آخِرِهِ.

قَالَ الشَّيْخُ: أَطْلَقَ، وَلَيْسَ بِجَيِّدٍ، فَإِنَّ مِثْلَ ذَلِكَ لا يَأْتِي إلا لِضَرُورَةٍ، ثُمَّ مَثَّلَ بِـ (ثَلاثَهَ ارْبَعَهْ)، وَلَيْسَ مِثْلَهُ؛ لِكَثْرَةِ مِثْلِ ذَلِكَ فِي الْكَلامِ غَيْرَ مَوْقُوفٍ عَلَيْهِ، فَلِهَذَا الْمَعْنَى اغْتُفِرَ فِيهِ مَا لا يُغْتَفَرُ فِي مِثْلِ مَا ذَكَرَ، وَأَرَادَ فِي (ثَلاثَهَ ارْبَعَهْ)، إِنْ قَصَدَ الإِسْكَانَ أَنَّهَا لا تُقْلَبُ هَاءً إلا فِي الْوَقْفِ، وَوَصْلُهُمْ (أَرْبَعَهْ) مَعَهَا مَعَ بَقَائِهَا هَاءً إِجْرَاءٌ لِلْوَصْلِ مُجْرَى الْوَقْفِ، وَإِنْ قَصَدَ التَّحْرِيكَ بِنَقْلِ حَرَكَةِ الْهَمْزَةِ وَضَحَ الأَمْرُ، فَإِنَّهَا لا تُنْقَلُ الْحَرَكَةُ عَلَيْهَا إلا فِي الْوَصْلِ بَعْدَ سُكُونِهَا وَقَلْبِهَا هَاءً فِي الْوَقْفِ، فَقَدْ جَمَعَ بَيْنَ حُكْمَيِ الْوَصْلِ وَالْوَقْفِ، وَهُوَ مَعْنَى إِجْرَاءِ الْوَقْفِ مُجْرَى الْوَصْلِ عَلَى حَدِّ قِرَاءَةِ قَوْلِهِ: "قَدْ أَفْلَحَ مَن تَزَكَّى" [الأعلى:١٤]، وَ "قَدْ أَفْلَحَ الْمُؤْمِنُونَ" [المؤمنون:١].

وَلَوْ قَالَ قَائِلٌ: إِنَّ (ثَلاثَهْ) مَبْنِيٌّ عَلَى السُّكُونِ، وَلَيْسَ سُكُونُهُ لِلْوَقْفِ، فَلا يَمْتَنِعُ وَصْلُ غَيْرِهِ مَعَهُ مَعَ بَقَاءِ آخِرِهِ سَاكِنًا هَاءً، فَلا حُكْمَ لِلْوَقْفِ فِيهِ؛ لأَنَّ ذَلِكَ إِنَّمَا يَكُونُ فِيمَا يَكُونُ فِي وَصْلِهِ تَاءً مُحَرَّكَةً، وَهَذَا وَاجِبٌ لَهُ الْبِنَاءُ عَلَى السُّكُونِ، فَصَارَ سُكُونُهُ لا لِلْوَقْفِ، وَالْهَاءُ لازِمَةٌ لِسُكُونِهِ، فَلا حُكْمَ لِلْوَقْفِ، فَلَيْسَ فِيهِ إِجْرَاءُ الْوَصْلِ مُجْرَى الْوَقْفِ، وَإِنَّمَا فِيهِ حُكْمُ الْوَصْلِ خَاصَّةً، وَهُوَ نَقْلُ الْحَرَكَةِ، وَاتُّفِقَ أَنَّ حُكْمَ الْوَصْلِ كَحُكْمِ الْوَقْفِ، كَمَا فِي قَوْلِكَ: (كَمْ) وَأَشْبَاهِهَا، فَإِنَّ حُكْمَ الْوَصْلِ فِيهَا كَحُكْمِ الْوَقْفِ، بِحَيْثُ لا تُغَيَّرُ فِي التَّرْكِيبِ، فَيَتَبَيَّنُ الْفَرْقُ بَيْنَ أَسْمَاءِ الْعَدَدِ وَبَيْنَ نَحْوِ (الْقَصَبَّا) بِالْوَجْهَيْنِ الْمَذْكُورَيْنِ، فَلا يَنْبَغِي أَنْ يُحْكَمَ عَلَى نَحْوِ (الْقَصَبَّا) بِأَنَّهُ سَائِغٌ مِنْ غَيْرِ ضَرُورَةٍ حَمْلا عَلَى (ثَلاثَهَ ارْبَعَهْ) لِمَا تَبَيَّنَ مِنَ الْفَرْقِ بَيْنَهُمَا.

وَجَعَلَ "لَكِنَّا هُوَ اللَّهُ رَبِّي" [الكهف:٣٨] أَيْضًا دَلِيلا عَلَى أَنَّ ذَلِكَ سَائِغٌ مِنْ غَيْرِ ضَرُورَةٍ، وَلَيْسَ نَحْوِ (لَكِنَّا) مِثْلَ (الْقَصَبَّا)، فَإِنَّ ذَلِكَ جَائِزٌ أَنْ يُقَالَ فِيهِ: (أَنَا) بِالأَلِفِ فِي الْوَصْلِ، وَإِذَا كَانَ كَذَلِكَ فَلَيْسَ فِيهِ إِجْرَاءُ الْوَصْلِ مُجْرَى الْوَقْفِ، وَوَجْهٌ آخَرُ وَهُوَ: أَنَّهُ

لَمَّا حُذِفَ هَمْزَتُهُ بِنَقْلِ حَرَكَتِهَا إِلَى مَا قَبْلَهَا، وَإِدْغَامِ نُونِ (لَكِنْ) فِي نُونِهَا قُصِدَ إِلَى تَقْوِيَتِهَا بِالأَلِفِ الَّتِي تَكُونُ لَهَا وَصْلا فِي بَعْضِ اللُّغَاتِ، وَوَقْفًا عَلَى كُلِّ لُغَةٍ عِوَضًا عَمَّا حُذِفَ مِنْهَا، أَوْ قُصِدَ فِعْلُ ذَلِكَ؛ رَفْعًا لِلَّبْسِ لِمَا يُوهِمُ لَفْظُ (لَكِنَّ) مِنْ أَنَّهَا (لَكِنَّ) الْمُشَدَّدَةُ، فَقَدْ ظَهَرَ الْفَرْقُ بَيْنَهَا وَبَيْنَ (الْقَصَبَا) مِنْ وَجْهَيْنِ أَيْضًا، فَلا وَجْهَ لإِجْرَاءِ الْبَابِ مُجْرًى وَاحِدًا لِمَا ذَكَرْنَاهُ.

قَالَ: (وَتَقُولُ فِي الْوَقْفِ عَلَى غَيْرِ الْمُتَمَكِّنَةِ (أَنَا) بِالأَلِفِ، و(أَنَهْ) بِالْهَاءِ).

حُكْمُ (أَنَا) إِذَا وُقِفَ عَلَيْهِ أَنْ لا يُوقَفَ عَلَى النُّونِ اتِّفَاقًا؛ وَلا بُدَّ مِنْ إِلْحَاقِ الأَلِفِ فِي اللُّغَةِ الْفَصِيحَةِ أَوِ الْهَاءِ، وَإِلْحَاقُهُمُ الأَلِفَ إِمَّا لأَنَّهَا هِيَ الأَصْلُ، بِدَلِيلِ إِثْبَاتِ بَعْضِهِمْ لَهَا فِي الْوَصْلِ، وَبِدَلِيلِ أَنَّ نَحْوَهَا مِنَ الضَّمَائِرِ لَمْ يُقْتَصَرْ فِيهِ عَلَى النُّونِ، وَإِمَّا لأَنَّهَا مَزِيدَةٌ فِي الْوَقْفِ خِيفَةَ اللَّبْسِ بَيْنَهَا وَبَيْنَ (أَنْ)؛ لأَنَّ الْوَقْفَ يُذْهِبُ حَرَكَتَهَا لَوْ وُقِفَ عَلَيْهَا، وَهَذَا الْوَجْهُ يُقَوِّيهِ مَنْ وَقَفَ بِالْهَاءِ؛ لأَنَّهَا هَاءُ السَّكْتِ.

قَالَ: (وَ (هُوَ) بِالإِسْكَانِ، و(هُوَهْ) بِإِلْحَاقِ الْهَاءِ).

هَذَا جَارٍ عَلَى الْقِيَاسِ؛ لأَنَّ كُلَّ مُتَحَرِّكٍ حَرَكَتُهُ بِنَائِيَّةٌ جَائِزٌ أَنْ يُوقَفَ عَلَيْهِ بِالسُّكُونِ وَإِلْحَاقِ الْهَاءِ، وَكَذَلِكَ (أَكْرَمْتُكَ)، و(أَكْرَمتُكَهْ)، وَمَا كَانَ مِثْلَهُ.

(و (هَاهُنَا)، و(هَاهُنَاه)، و(هَؤُلاء)، و(هَؤُلاه) إِذَا قُصِرَ).

يَعْنِي: (هَؤُلا) إِذَا قُصِرَ وُقِفَ عَلَيْهِ بِالأَلِفِ وَحْدَهَا وَبِالْهَاءِ، وَثَنَّاهُ لِذِكْرِهِ مَرَّتَيْنِ، إِحْدَاهُمَا مِنْ غَيْرِ هَاءٍ، وَالأُخْرَى بِالْهَاءِ، وَإِلا فَهَاهُنَا لَيْسَ فِيهِ إِلا الْقَصْرُ، فَلا وَجْهَ لِرَدِّ التَّثْنِيَةِ إِلَيْهِ.

(وَ (غُلامِي)، و(ضَرَبَنِي)، و(غُلامِيَهْ)، و(ضَرَبَنِيَهْ) بِالإِسْكَانِ وَإِلْحَاقِ الْهَاءِ فِيمَنْ حَرَّكَ فِي الْوَصْلِ).

لَيْسَ عَلَى إِطْلاقِهِ؛ لأَنَّهُ يُؤْذِنُ بِأَنَّ الْوَقْفَ بِإِثْبَاتِ الْيَاءِ إِنَّمَا هِيَ لُغَةُ مَنْ حَرَّكَهَا خَاصَّةً فِي الْوَصْلِ، وَالْوَقْفَ بِحَذْفِ الْيَاءِ إِنَّمَا هِيَ لُغَةُ مَنْ سَكَّنَ فِي الْوَصْلِ، وَلَيْسَ ذَلِكَ صَحِيحًا، أَمَّا الأَوَّلُ فَهُوَ الأَكْثَرُ، وَقَدْ يَحْذِفُ مَنْ يُحَرِّكُ فِي الْوَصْلِ، وَقَدْ جَاءَ فِي الْقُرْآنِ "**فَمَا آتَانِيَ اللَّهُ**" [النمل:٣٦] مَفْتُوحًا فِي الْوَصْلِ، مَوْقُوفًا عَلَيْهِ بِغَيْرِ يَاءٍ فِي قِرَاءَةِ أَبِي عَمْرٍو وَقَالُونَ وَحَفْصٍ بِخِلافٍ، وَفِي قِرَاءَةِ وَرْشٍ بِلا خِلافٍ، فَتَكُونُ عَلَى مَذْهَبِهِ قِرَاءَةُ وَرْشٍ غَيْرَ صَحِيحَةٍ؛ لأَنَّهُ وَصَلَ مُحَرِّكًا، وَوَقَفَ بِالْحَذْفِ مِنْ غَيْرِ خِلافٍ.

وَأَمَّا الثَّانِي: فَإِنَّ الأَفْصَحَ الْوَقْفُ بِإِثْبَاتِ الْيَاءِ أَيْضًا، فَإِنَّ (جَاءَنِي غُلامِي) بِإِثْبَاتِ

الْيَاءِ فِي الْوَصْلِ سَاكِنَةً الْوَقْفُ عَلَيْهِ بِإِثْبَاتِهَا أَفْصَحُ، قَالَ اللَّهُ تَعَالَى: "يَا عِبَادِ لَا خَوْفٌ عَلَيْكُمْ" [الزخرف:٦٨]، فَكُلُّ مَنْ أَثْبَتَهَا سَاكِنَةً فِي الْوَصْلِ وَقَفَ عَلَيْهَا سَاكِنَةً مَعَ كَوْنِهِ مُنَادًى، فَالْوَقْفُ عَلَى غَيْرِ الْمُنَادَى بِإِثْبَاتِ الْيَاءِ أَجْدَرُ، وَكَذَلِكَ جَمِيعُ مَا جَاءَ فِي الْقُرْآنِ إِلَّا مَوَاضِعَ يَسِيرَةً حُذِفَتْ خَطًّا فِي الْمُصْحَفِ، فَقَرَأَهَا بَعْضُهُمْ عَلَى النَّحْوِ الَّذِي ذَكَرَهُ، فَظَهَرَ أَنَّ مَا ذَكَرَهُ غَيْرُ مُسْتَقِيمٍ لَا فِي الْأَوَّلِ وَلَا فِي الثَّانِي، وَهُوَ فِي الْأَوَّلِ أَقْرَبُ، وَأَمَّا الثَّانِي فَوَاضِحُ الْفَسَادِ لِمَا بَيَّنَّاهُ، ثُمَّ مَثَّلَ بِقِرَاءَةِ أَبِي عَمْرٍو، وَلَيْسَ تَمْثِيلًا مُسْتَقِيمًا مِنْ وَجْهَيْنِ:

أَحَدُهُمَا: أَنَّهَا رُؤُوسُ الْآيِ، وَرُؤُوسُ الْآيِ قَدْ تَقَدَّمَ أَنَّ لَهَا شَأْنًا فِي الْحَذْفِ لَيْسَ لِغَيْرِهَا، فَكَيْفَ يَسْتَقِيمُ التَّعْمِيمُ؟ ثُمَّ التَّمْثِيلُ بِمَا صَرَّحَ أَنَّهُ فِي الْحَذْفِ لَيْسَ كَغَيْرِهِ.

وَأَمَّا الثَّانِي: فَلِأَنَّهُ الْمَشْهُورُ فِي قِرَاءَةِ أَبِي عَمْرٍو حَذْفُهَا وَصْلًا وَوَقْفًا، وَعِنْدَ ذَلِكَ لَا تَبْقَى فِيهَا شُبْهَةٌ فِي الِاسْتِدْلَالِ؛ لِأَنَّ غَرَضَهُ وَصْلُهُ بِالْيَاءِ سَاكِنَةً، وَالْوَقْفُ بِغَيْرِ يَاءٍ، وَقَدْ تَقَدَّمَ أَنَّ الْمَشْهُورَ لَيْسَ كَذَلِكَ، وَكَذَلِكَ الْبَيْتُ الَّذِي أَنْشَدَهُ لَا يَسْتَقِيمُ دَلِيلًا؛ لِأَنَّهَا فِي الْقَافِيَةِ، وَالْقَافِيَةُ لَهَا شَأْنٌ فِي الْحَذْفِ، وَأَيْضًا فَإِنَّهُ لَا يَسْتَقِيمُ وَصْلُهَا بِيَاءٍ أَصْلًا؛ لِأَنَّهُ يُفْسِدُ الْوَزْنَ، وَإِنَّمَا يَسْتَقِيمُ الِاسْتِدْلَالُ أَنْ لَوْ ثَبَتَ وَصْلُهُ بِيَاءٍ سَاكِنَةٍ، وَالْوَقْفُ بِحَذْفِهَا، وَذَلِكَ مُتَعَذِّرٌ فِي الشِّعْرِ.

قَالَ: (وَضَرَبَكُمْ، وَضَرَبَهُمْ، وَعَلَيْهِمْ، وَبِهِمْ)، إِلَى آخِرِهِ.

قَالَ الشَّيْخُ: وَمِيمُ الْجَمْعِ وَهَاءُ الضَّمِيرِ لِلْغَائِبِ لَا خِلَافَ فِي أَنَّ الْوَقْفَ عَلَيْهِمَا دُونَ الْإِلْحَاقِ فِي لُغَةِ الْمُلْحِقِينَ وَغَيْرِهِمْ بِالْإِسْكَانِ، وَقَدْ جَاءَ عَنْ بَعْضِهِمْ فِيهِمَا الرَّوْمُ وَالْإِشْمَامُ فِي لُغَةِ مَنْ ضَمَّ الْمِيمَ، وَلَيْسَ بِالْكَثِيرِ فِي الْمِيمِ، وَأَمَّا فِي الْهَاءِ فَإِنْ كَانَ قَبْلَهَا سَاكِنٌ صَحِيحٌ قَوِيَ، وَإِلَّا ضَعُفَ.

وَقَوْلُهُ: (فِيمَنْ أَلْحَقَ وَصْلًا).

يَعْنِي بِهِ: مِيمَ الْجَمْعِ وَالْهَاءَ جَمِيعًا.

وَقَوْلُهُ: (أَوْ حَرَّكَ).

يَعْنِي بِهِ: هَاءَ الْإِضْمَارِ وَحْدَهَا، وَيَجُوزُ أَنْ يَكُونَ قَصَدَ بِقَوْلِهِ: (فِيمَنْ أَلْحَقَ وَصْلًا أَوْ حَرَّكَ) هَاءَ الْإِضْمَارِ وَحْدَهَا؛ لِأَنَّهَا الْمَذْكُورَةُ آخِرًا، وَاسْتَغْنَى عَنْ تَقْيِيدِ (ضَرَبَكُمْ)؛ لِأَنَّ مَنْ أَسْكَنَ لَا إِشْكَالَ فِي وَقْفِهِ، فَيَبْقَى قَوْلُهُ: (وَضَرَبَكُمْ) مَحْمُولًا عَلَى مَنْ أَلْحَقَ وَصْلًا، فَلَمْ يَحْتَجْ إِلَى تَقْيِيدٍ، وَ(هَذِهِ) فِيمَنْ قَالَ: (هَذِهِ هِيَ أَمَةُ اللَّهِ)، وَهَذَا يُقَوِّي أَنَّ التَّقْيِيدَ فِيمَا

تَقَدَّمَ لِلْهَاءِ، أَلا تَرَى أَنَّهُ لَمْ يَحْتَجْ إِلَى بَيَانِ الْوَقْفِ عَلَى لُغَةِ مَنْ يَقُولُ: (هَذِهِ أَمَةُ اللَّهِ)؟

قَالَ: (وَتَقُولُ: حَتَّامْ، وَفِيمْ، وَحَتَّامَهْ، وَفِيمَهْ بِالإِسْكَانِ وَإِلْحَاقِ الْهَاءِ).

أَمَّا الإِسْكَانُ، فَلأَنَّهُ لَمَّا حُذِفَتِ الأَلِفُ مَعَ حُرُوفِ الْجَرِّ لِتَنَزُّلِهَا مَعَهَا كَالْجُزْءِ الْوَاحِدِ صَارَتْ نَسْيًا، فَوُقِفَ عَلَيْهَا بِالإِسْكَانِ كَمَا يُوقَفُ عَلَى الْمُتَحَرِّكِ، وَأَمَّا إِلْحَاقُ الْهَاءِ فَعَلَى أَصْلِ إِلْحَاقِ حَرَكَةِ الْبِنَاءِ.

(وَمَجِيءَ مَهْ).

أَمَّا (مَجِيءَ مَهْ)، و(مِثْلُ مَهْ)، فَلَمْ يُوقَفْ عَلَيْهِ إلا بِالْهَاءِ، وَسَبَبُهُ أَنَّ اتِّصَالَ الْمَجْرُورِ بِالْمُضَافِ لَيْسَ كَاتِّصَالِهِ بِالْجَارِّ، لاسْتِقْلالِ كُلِّ وَاحِدٍ مِنْهُمَا بِمَعْنَاهُ، فَلَمْ يَشْتَدَّ الاتِّصَالُ فِيهِ اشْتِدَادَهُ مَعَ الْحَرْفِ، وَهُوَ (حَتَّامَ)، و(فِيمَ)، وَلِذَلِكَ زَعَمَ بَعْضُ النَّحْوِيِّينَ أَنَّ الْعَطْفَ عَلَى الْمُضْمَرِ الْمَخْفُوضِ بِالإِضَافَةِ جَائِزٌ مِنْ غَيْرِ تَكْرِيرٍ، وَحَمَلَ عَلَيْهِ قَوْلَهُ تَعَالَى: ﴿أَوْ أَشَدَّ ذِكْرًا﴾ [البقرة:٢٠٠]، وَقَالَ: هُوَ مَعْطُوفٌ عَلَى الْكَافِ وَالْمِيمِ فِي قَوْلِهِ تَعَالَى: ﴿كَذِكْرِكُمْ آبَاءَكُمْ أَوْ أَشَدَّ ذِكْرًا﴾، كَأَنَّهُ قَالَ: أَوْ كَذِكْرِ قومٍ أَشَدَّ ذِكْرًا، وَلِذَلِكَ كَتَبَ الْكُتَّابُ (حَتَّامَ) بِالأَلِفِ؛ لأَنَّهَا صَارَتْ مُتَوَسِّطَةً، وَكَذَلِكَ (عَلامَ)، و(إِلامَ)، و(مِمَّ)، و(عَمَّ) مِنْ غَيْرِ نُونٍ، كُلُّ ذَلِكَ لِمَا فُهِمَ مِنْ شِدَّةِ الاتِّصَالِ، وَلَمْ يُكْتَبْ مِثْلُ (مَ) مُتَّصِلا، وَلا (مَجِيءَ مَهْ) وَأَشْبَاهُهُ مِمَّا كَانَ مُتَّصِلا بِاسْمٍ، فَدَلَّ ذَلِكَ كُلُّهُ عَلَى أَنَّ اتِّصَالَهُ بِالْجَارِ أَشَدُّ. فَلَمَّا كَانَ كَذَلِكَ كُرِهَ أَنْ يُوقَفَ عَلَيْهِ بِالإِسْكَانِ، فَيَكُونَ وَقْفًا عَلَى كَلِمَةٍ عَلَى حَرْفٍ وَاحِدٍ بِالإِسْكَانِ، كَمَا كُرِهَ ذَلِكَ فِي مِثْلِ قَوْلِهِمْ: (يَا زَيْدُ رَه)، وَإِجْمَاعُهُمْ عَلَى الْوَقْفِ عَلَيْهِ بِالْهَاءِ يُقَوِّي الْوَقْفَ عَلَى (مَجِيءَ مَهْ) بِالْهَاءِ؛ لأَنَّهُ مِثْلُهُ فِي أَنَّهُ كَلِمَةٌ وَاحِدَةٌ فِي حُكْمِ الْمُسْتَقِلِّ، فَلا يُوقَفُ عَلَيْهِ إلا بِالْهَاءِ، كَقَوْلِهِمْ: قِهْ، وَشِهْ.

قَالَ: (وَالنُّونُ الْخَفِيفَةُ تُبْدَلُ أَلِفًا فِي الْوَقْفِ).

يَعْنِي: إِذَا كَانَ قَبْلَهَا فَتْحَةٌ تَشْبِيهًا لَهَا بِالتَّنْوِينِ؛ لأَنَّهَا مِثْلُهُ فِي كَوْنِهَا نُونًا سَاكِنَةً فِي آخِرِ الْكَلِمَةِ بَعْدَ حَرَكَةٍ، فَقَالُوا فِي (اضْرِبَنْ) فِي الْوَقْفِ: (اضْرِبَا)، كَمَا قَالُوا فِي (رَأَيْتُ زَيْدًا): (رَأَيْتُ زَيْدَا)، فَإِنْ لَمْ يَكُنْ قَبْلَهَا فَتْحَةٌ وَجَبَ حَذْفُهَا كَمَا وَجَبَ حَذْفُ التَّنْوِينِ، بَلْ حَذْفُهَا أَجْدَرُ؛ لأَنَّهَا لَيْسَتْ لازِمَةً فِي الْوَصْلِ بِخِلافِ التَّنْوِينِ؛ وَلأَنَّ مَا دَخَلَتْ عَلَيْهِ النُّونُ فَرْعٌ، فَكَانَتْ فَرْعًا، فَلا يَكُونُ لَهَا عَلَى الأَصْلِ مَزِيَّةٌ، إلا أَنَّكَ إِذَا حَذَفْتَهَا فِي الْوَقْفِ أَزَلْتَ مَا كَانَ مِنْ أَحْكَامِهَا فِي الْوَصْلِ، وَرَدَدْتَ الْفِعْلَ إِلَى حُكْمِهِ لَوْ لَمْ يَكُنِ التَّنْوِينُ أَلْبَتَّةَ، فَلِذَلِكَ قِيلَ فِي (هَلْ تَضْرِبُنْ): (هَلْ تَضْرِبُون)، وَفِي (هَلْ تَضْرِبِنْ): (هَلْ تَضْرِبِينَ)،

بِخِلَافِ التَّنْوِينِ فِي اللُّغَةِ الْفَصِيحَةِ، أَلَا تَرَى أَنَّكَ تَقُولُ فِي قَاضٍ: قَاضٍ، وَلَا تَرُدُّ الْيَاءَ فِي الْأَفْصَحِ عِنْدَ زَوَالِ التَّنْوِينِ، كَقَوْلِكَ: الْقَاضِ، وَإِنْ كَانَ مِنْ أَحْكَامِهِ، وَالْفَرْقُ بَيْنَهُمَا: أَنَّ التَّنْوِينَ لَازِمٌ فِي الْوَصْلِ وَالْوَقْفِ، فَجُعِلَ لِلُزُومِهِ لَهُ مَزِيَّةٌ عَلَى مَا لَيْسَ بِلَازِمٍ، وَأَيْضًا فَإِنَّ التَّنْوِينَ مَسُوقٌ لِمَعْنًى زَائِدٍ عَلَى مَعْنَى الِاسْمِ، وَالنُّونُ فِي الْفِعْلِ لَيْسَتْ مَسُوقَةً لِمَعْنًى زَائِدٍ، وَإِنَّمَا هُوَ تَوْكِيدٌ مَحْضٌ، وَهُوَ مَعْنَى الزِّيَادَةِ، فَجُعِلَ لِمَا جِيءَ بِهِ لِمَعْنًى عَلَى مَا لَمْ يَكُنْ لِمَعْنًى مَزِيَّةٌ، وَأَيْضًا فَإِنَّ النُّونَ فِي الْفِعْلِ عَلَى وَجْهِ تَشْبِيهِهَا بِالتَّنْوِينِ، فَجُعِلَ لِلْأَصْلِ عَلَى الْفَرْعِ مَزِيَّةٌ.

وَمِنْ أَصْنَافِ الْمُشْتَرَكِ: الْقَسَمُ

قَالَ صَاحِبُ الْكِتَابِ: (يَشْتَرِكُ فِيهِ الِاسْمُ وَالْفِعْلُ، وَهُوَ جُمْلَةٌ فِعْلِيَّةٌ أَوِ اسْمِيَّةٌ يُؤَكَّدُ بِهَا جُمْلَةٌ مُوجَبَةٌ أَوْ مَنْفِيَّةٌ) إِلَى آخِرِهِ.

قَالَ الشَّيْخُ: الْقَسَمُ جُمْلَةٌ إِنْشَائِيَّةٌ، يُؤَكَّدُ بِهَا جُمْلَةٌ أُخْرَى، فَإِنْ كَانَتْ خَبَرِيَّةً فَهُوَ الْقَسَمُ لِغَيْرِ الِاسْتِعْطَافِ، وَالِاسْتِعْطَافُ لَا يَكُونُ إِلَّا بِالْبَاءِ، وَإِنْ كَانَتْ طَلَبِيَّةً فَهُوَ الْقَسَمُ لِلِاسْتِعْطَافِ، كَقَوْلِكَ: (بِاللَّهِ أَخْبِرْنِي) و(هَلْ كَانَ كَذَا).

قَالَ: (وَمِنْ شَأْنِهِمَا أَنْ تَتَنَزَّلَا مَنْزِلَةَ جُمْلَةٍ وَاحِدَةٍ؛ لِأَنَّهُمَا كَالشَّرْطِ وَالْجَزَاءِ).

إِذِ الْأُولَى لَمْ تُقْصَدْ بِمُجَرَّدِهَا، وَإِنَّمَا أُتِيَ بِهَا لِغَرَضِ الثَّانِيَةِ، فَلَا بُدَّ مِنَ الثَّانِيَةِ مَعَهَا، فَلَمَّا ارْتَبَطَتَا صَارَتَا كَالْجُمْلَةِ الْوَاحِدَةِ، كَالشَّرْطِ وَالْجَزَاءِ، نَعَمْ لَوْ أُسْقِطَتِ الْأُولَى لِاسْتَقَلَّتِ الثَّانِيَةُ، كَمَا لَوْ أُسْقِطَتِ الْأُولَى فِي الشَّرْطِ لَاسْتَقَلَّ الْجَزَاءُ إِذَا أُعْرِبَ بِنَفْسِهِ، وَلَكِنَّهُ لَا يَصِيرُ مُقْسَمًا عَلَيْهِ، كَمَا لَا يَكُونُ جَوَابُ الشَّرْطِ جَزَاءً عِنْدَ حَذْفِ الشَّرْطِ، وَلَيْسَ لِلْقَسَمِ فِي جَوَابِهِ عَمَلٌ، فَلِذَلِكَ جَازَ حَذْفُ الْأَوَّلِ عَنْهُ مِنْ غَيْرِ شَرِيطَةٍ، بِخِلَافِ الشَّرْطِ، فَإِنَّ لَهُ فِيهِ عَمَلًا إِذَا كَانَ مُضَارِعًا، أَوْ حَرْفًا يَدُلُّ عَلَى الْجَزَائِيَّةِ، كَالْفَاءِ و(إِذَا)، فَيُشْتَرَطُ عِنْدَ حَذْفِ الشَّرْطِ إِزَالَةُ ذَلِكَ، وَالْقَسَمُ وَإِنْ كَانَ لَهُ فِي الْجَوَابِ أَلْفَاظٌ لِأَجْلِهَا، فَجَائِزٌ أَنْ يُحْذَفَ مَعَ بَقَائِهَا، كَقَوْلِكَ: (إِنَّ زَيْدًا قَائِمٌ)، وَقَدْ كَانَ يُقَالُ: (وَاللَّهِ إِنَّ زَيْدًا قَائِمٌ)، وَأَمَّا حَذْفُ الثَّانِيَةِ فَلَا بُدَّ مِنْ قَرِينَةٍ خَاصَّةٍ تُشْعِرُ بِذِكْرِهَا، كَالْجَزَاءِ، وَجَوَابِ (لَوْ)، وَخَبَرِ الْمُبْتَدَأِ، وَنَظَائِرِ ذَلِكَ.

قَالَ: (وَلِكَثْرَةِ الْقَسَمِ فِي كَلَامِهِمْ أَكْثَرُوا التَّصَرُّفَ فِيهِ)، إِلَى آخِرِهِ.

قَالَ الشَّيْخُ: إِذَا كَثُرَ الشَّيْءُ فِي كَلَامِهِمْ خَفَّفُوهُ لِيَخِفَّ عَلَى أَلْسِنَتِهِمْ، كَمَا فَعَلُوا

ذَلِكَ فِي النِّدَاءِ وَأَشْبَاهِهِ؛ لأنَّ الْكَثْرَةَ تُنَاسِبُ التَّخْفِيفَ، وَلِذَلِكَ خَفَّفُوا هَذِهِ الْجُمْلَةَ مِنْ غَيْرِ وَجْهٍ.

فَمِنْ ذَلِكَ: حَذْفُهُم الْفِعْلَ جَوَازًا مَعَ الْبَاءِ، وَلُزُومًا مَعَ (الْوَاوِ، وَالتَّاءِ، وَاللامِ، وَمِنْ)؛ لأنَّهُمْ جَعَلُوا هَذِهِ الْحُرُوفَ الأرْبَعَةَ عِوَضًا مِنَ الْفِعْلِ، فَلَمْ يَجْمَعُوا بَيْنَهَا وَبَيْنَ الْفِعْلِ قَصْدًا لِلتَّخْفِيفِ.

وَمِنْ ذَلِكَ: حَذْفُ الْخَبَرِ إذَا وَقَعَ الْمُقْسَمُ بِهِ مُبْتَدأً، كَقَوْلِهِمْ: (لَعَمْرُكَ)، و(يَمِينُ اللَّهِ)، و(أَمَانَةُ اللَّهِ)، و(أَيْمُنُ اللَّهِ).

وَمِنْ ذَلِكَ: حَذْفُ نُونِ (أَيْمُن)، فَيَقُولُونَ: (أَيْمُ اللَّهِ لأفْعَلَنَّ كَذَا).

وَقَوْلُهُ: (وَهَمْزَتِهِ فِي الدَّرْجِ).

دَلِيلٌ عَلَى أَنَّ الْهَمْزَةَ عِنْدَهُ هَمْزَةُ قَطْعٍ، وَلَيْسَ مَذْهَبَ سِيبَوَيْهِ، وَمَذْهَبُ سِيبَوَيْهِ أَنَّهَا هَمْزَةُ وَصْلٍ جِيءَ بِهَا لِيُنْطَقَ بِالسَّاكِنِ، فَلَيْسَ حَذْفُهَا فِي الدَّرْجِ لِتَخْفِيفٍ مِنْ أَجْلِ الْقَسَمِ، وَلَكِنَّهُ عَلَى قِيَاسِ حَذْفِ هَمَزَاتِ الْوَصْلِ فِي الدَّرْجِ فِي كُلِّ مَوْضِعٍ، وَإِنَّمَا الَّذِي أَشَارَ إِلَيْهِ مَذْهَبُ الْفَرَّاءِ، فَإِنَّهُ يَزْعُمُ أَنَّهَا جَمْعٌ لِيَمِينٍ، فَهَمْزَتُهُ هَمْزَةُ أَفْعُلٍ الَّذِي لِلْجَمْعِ، وَهِيَ قَطْعٌ، فَإِذَا وُصِلَتْ فَإِنَّمَا كَانَ ذَلِكَ مِنْ أَجْلِ التَّخْفِيفِ فِي الْقَسَمِ، وَسِيبَوَيْهِ يَزْعُمُ أَنَّهَا كَلِمَةٌ اشْتُقَّتْ مِنَ الْيُمْنِ سَاكِنَةَ الأوَّلِ، فَاجْتُلِبَتِ الْهَمْزَةُ لِيُنْطَقَ بِالسَّاكِنِ، كَمَا اجْتُلِبَتْ فِي امْرِئٍ، وَابْنٍ، وَأَشْبَاهِهِمَا مِنَ الأسْمَاءِ الَّتِي وُضِعَتْ سَاكِنَةَ الأوَّلِ، فَعَلَى ذَلِكَ لا تَكُونُ الْهَمْزَةُ مُخَفَّفَةً فِي الْوَصْلِ لأجْلِ الْقَسَمِ عَلَى مَا ذَكَرْنَاهُ، وَمِنْ ذَلِكَ حَذْفُهُمْ نُونَ (مِنْ) و(مُنْ)، وَإِنْ كَانَ قَدْ ذُكِرَ أَنَّ فِي ذَلِكَ خِلافًا، وَأَنَّ مِنْهُمْ مَنْ يَقُولُ: إِنَّهُمَا مِنْ (أَيْمُن)، وَمِنْهُمْ مَنْ يَقُولُ: إِنَّهُمَا مِنْ (مِنْ)، وَعَلَى كِلا الْقَوْلَيْنِ فَالْحَذْفُ لِتَخْفِيفِ الْقَسَمِ.

(وَحَرْفِ الْقَسَمِ فِي " اللَّهِ "، وَ " اللَّهَ ").

وَالْمُرَادُ: وَاللَّهِ، أَوْ بِاللَّهِ، وَلَكِنَّ الْحَذْفَ لأجْلِ التَّخْفِيفِ، وَمَثَّلَ بِمِثَالَيْنِ مَعَ الْحَذْفِ؛ تَنْبِيهًا عَلَى أَنَّ النَّصْبَ وَالْخَفْضَ بَعْدَ الْحَذْفِ جَائِزَانِ فِيهِ عَلَى مَا سَيَأْتِي.

(وَيُعَوَّضُ فِي " هَا اللَّهِ "، وَ " آللَّهِ "، وَ " أَفَاللَّهِ ").

يَعْنِي: أَنَّهُمْ عَوَّضُوا عَنْهَا حَرْفَ التَّنْبِيهِ، وَهَمْزَةَ الاسْتِفْهَامِ، وَقَطْعَ هَمْزَةِ الْوَصْلِ، وَكُلُّ ذَلِكَ لِلتَّخْفِيفِ الْمَذْكُورِ.

(وَالإبْدَالُ عَنْهُ تَاءً فِي " تَاللَّهِ "). لأنَّ التَّاءَ أَخَفُّ مِنَ الْوَاوِ.

(وَإِيثَارُ الْفَتْحَةِ عَلَى الضَّمَّةِ). فِي قَوْلِهِمْ: (لَعَمْرُكَ)، وَإِنْ كَانَتْ أَعْرَفَ وَأَكْثَرَ فِي

الْعُمْرِ، وَلَكِنَّهُمْ عَدَلُوا عَنْهَا تَخْفِيفًا.

قَالَ: (وَيُتَلَقَّى الْقَسَمُ بِثَلَاثَةِ أَشْيَاءَ: بِاللَّامِ، وَبِإِنَّ، وَبِحَرْفِ النَّفْيِ).

وَذَلِكَ لِلتَّنْبِيهِ عَلَى أَنَّ مَا يُذْكَرُ بَعْدَهُ هُوَ الَّذِي جِيءَ بِالْقَسَمِ تَأْكِيدًا لَهُ، وَهَذَا مَخْصُوصٌ بِالْقَسَمِ لِغَيْرِ الِاسْتِعْطَافِ، وَهُوَ الشَّائِعُ الْكَثِيرُ، وَأَمَّا الْقَسَمُ لِلِاسْتِعْطَافِ فَإِنَّمَا يَكُونُ جَوَابُهُ الْجُمَلَ الطَّلَبِيَّةَ، وَمَا حُمِلَ عَلَيْهَا مِنْ قَوْلِهِمْ: (أَقْسَمْتُ عَلَيْكَ لَمَا فَعَلْتَ)، و(إِلَّا فَعَلْتَ)، وَهَذِهِ الْأَجْوِبَةُ فِي الْقَسَمِ إِنَّمَا تَكُونُ إِذَا اخْتِيرَ ذِكْرُ الْجُمْلَةِ الْمُقْسَمِ عَلَيْهَا بَعْدَهُ، فَأَمَّا إِذَا لَمْ تُذْكَرْ بَعْدَهُ، وَذُكِرَ قَبْلَ الْقَسَمِ مَا يَدُلُّ عَلَيْهَا، أَوْ ذُكِرَ الْقَسَمُ مُعْتَرِضًا امْتَنَعَ ذَلِكَ، فَإِذَا قُلْتَ: (زَيْدٌ قَائِمٌ وَاللَّهِ)، أَوْ (زَيْدٌ وَاللَّهِ قَائِمٌ) لَمْ يَكُنْ ذَلِكَ فِي شَيْءٍ مِنْهُ، فَإِنْ ذَكَرْتَ بَعْدَ الْقَسَمِ مَا يَصِحُّ أَنْ يَكُونَ لَهُ، وَمَا يَصِحُّ أَنْ يَكُونَ تَتِمَّةً لِمَا قَبْلَهُ جَازَ الْأَمْرَانِ، فَتَقُولُ: (زَيْدٌ وَاللَّهِ إِنَّ أَبَاهُ قَائِمٌ)، و(زَيْدٌ وَاللَّهِ أَبُوهُ قَائِمٌ)، و(إِنَّ) مَخْصُوصَةٌ بِالْجُمْلَةِ الِاسْمِيَّةِ؛ لِأَنَّهَا لَا تَدْخُلُ إِلَّا عَلَى الِاسْمِ، وَأَمَّا اللَّامُ وَحَرْفُ النَّفْيِ فَيَدْخُلَانِ عَلَى الْجُمْلَتَيْنِ جَمِيعًا، إِلَّا أَنَّ الْفِعْلِيَّةَ إِذَا كَانَ فِعْلُهَا مُضَارِعًا الْتُزِمَ فِي الْأَفْصَحِ مَعَهَا نُونُ التَّأْكِيدِ، وَإِذَا كَانَ مَاضِيًا الْتُزِمَ عَلَى الْأَفْصَحِ مَعَهَا (قَدْ)، وَلَمْ يَحْتَاجُوا مَعَ الِاسْمِيَّةِ إِلَى غَيْرِهَا؛ لِأَنَّهَا دَخِيلَةٌ عَلَى الْفِعْلِ أَصْلِيَّةٌ فِي الِاسْمِ، فَقُصِدَ إِلَى تَقْوِيَتِهَا فِيمَا لَيْسَتْ أَصْلًا فِيهِ؛ تَنْبِيهًا عَلَى أَنَّهُ لَيْسَ مِنْ أَصْلِ مَوَاضِعِهَا.

وَقَوْلُهُ: (وَقَدْ حُذِفَ حَرْفُ النَّفْيِ فِي قَوْلِهِ:

تَاللَّهِ يَبْقَى عَلَى الْأَيَّامِ مُبْتَقِلْ ....

إِلَى آخِرِهِ).

حَذْفُ حَرْفِ النَّفْيِ جَائِزٌ مَعَ الْجُمْلَةِ الْفِعْلِيَّةِ، وَلَا نَعْرِفُهُ مَعَ الِاسْمِيَّةِ، وَإِنَّمَا حُذِفَ حَرْفُ النَّفْيِ مَعَ الْفِعْلِيَّةِ دُونَ الِاسْمِيَّةِ؛ إِمَا لِأَنَّهُ يَدُلُّ عَلَى النَّفْيِ فِيهِ أَمْرَانِ: حَذْفُ اللَّامِ، وَحَذْفُ النُّونِ.

وَإِمَا لِأَنَّهُ قَدْ حُذِفَ عَنْهُ فِي غَيْرِ الْقَسَمِ، كَقَوْلِهِ تَعَالَى: "يُبَيِّنُ اللَّهُ لَكُمْ أَنْ تَضِلُّوا" [النساء:١٧٦]، فَأُجْرِيَ فِي الْقَسَمِ مُجْرَاهُ فِي غَيْرِهِ، بِخِلَافِ الِاسْمِ، فَإِنَّهُ خَالٍ عَمَّا ذُكِرَ مِنَ الْأَمْرَيْنِ.

قَوْلُهُ: (وَقَدْ أَوْقَعُوا مَوْقِعَ الْبَاءِ بَعْدَ حَذْفِ الْفِعْلِ الَّذِي أَلْصَقَتْهُ بِالْمُقْسِمِ بِهِ أَرْبَعَةَ أَحْرُفٍ)، إِلَى آخِرِهِ.

يُرِيدُ أَنَّ هَذِهِ الْحُرُوفَ لَا تُسْتَعْمَلُ إِلَّا مَعَ حَذْفِ الْفِعْلِ؛ لِأَنَّهُ جَعَلَ شَرْطَ اسْتِعْمَالِهَا

٦٢١
الْمُشْتَرَكُ

حَذْفَ الْفِعْلِ، وَذَلِكَ لأنَّهَا عِنْدَهُمْ عِوَضٍ مِنَ الْفِعْلِ، فَكَرِهُوا الْجَمْعَ بَيْنَ الْعِوَضِ وَالْمُعَوَّضِ مِنْهُ عَلَى عَادَتِهِمْ فِي ذَلِكَ.

وَقَوْلُهُ: (رَوْمَا لَلاخْتِصَاصِ) تَعْلِيلٌ لِوَضْعِ هَذِهِ الْحُرُوفِ عَنِ الْبَاءِ، فَالْوَاوُ رَامُوا بِهَا اخْتِصَاصَ الظَّاهِرِ بِهَا، وَالتَّاءُ اخْتِصَاصَ اسْمِ اللَّهِ تَعَالَى، وَاللامُ اخْتِصَاصَهَا بِالتَّعَجُّبِ، و(مِنْ) اخْتِصَاصَهَا بِرَبِّي، فَلا تُسْتَعْمَلُ اللامُ إلا فِيمَا هُوَ حَقِيقٌ بِالتَّعَجُّبِ، كَقَوْلِكَ: (لِلَّهِ لَتُبْعَثُنَّ وَلَتُحَاسَبَنَّ)، و(لِلَّهِ لا يُؤَخَّرُ الأجَلُ وَلا يَبْقَى مِنَ النَّاسِ أَحَدٌ) وَشِبْهِهِ، وَلا يُقَالُ: (لِلَّهِ لَقَدْ قَامَ زَيْدٌ)، إِذْ لَيْسَ فِي ذَلِكَ وَجْهٌ لِلتَّعَجُّبِ، وَقَدْ جَاءَتِ التَّاءُ أَيْضًا فِي مِثْلِ التَّعَجُّبِ كَثِيراً، وَلَكِنَّهَا لَمْ يَلْتَزِمُوا بِهَا ذَلِكَ، بَلِ اسْتَعْمَلُوهَا فِي غَيْرِهِ.

(وَتُضَمُّ مِيمُ (مِنْ)، فَيُقَالُ: مُنْ رَبِّي إِنَّكَ لأشَرٌّ).

تَنْبِيهًا عَلَى الْقَسَمِ لِمَا فِي لَفْظِهَا مِنَ الاشْتِرَاكِ وَقِلَّتِهَا فِي الْقَسَمِ، فَقَصَدُوا إِلَى أَنْ يَكُونَ لَهَا فِيمَا قَلَّ دِلالَةٌ عَلَى أَنَّهَا الْمُقْسَمُ بِهَا، وَمِنَ النَّاسِ مَنْ يَزْعُمُ أَنَّهَا مِنْ (أَيْمُن)، وَلَكِنَّهُ اخْتِيرَ ذَلِكَ لأنَّهَا دَاخِلَةٌ عَلَى رَبِّي كَمَا تَدْخُلُ (مِنْ)، وَلَوْ كَانَتْ مِنْ (أَيْمُن) لَدَخَلَتْ عَلَى اسْمِ اللَّهِ كَمَا تَدْخُلُ (أَيْمُن)، ثُمَّ لَمَّا اخْتَصَّتِ الضَّمَّةُ بِـ (مِنْ) فِي هَذَا الْمَوْضِعِ شَبَّهُوهَا لاخْتِصَاصِهَا بِمَا اخْتُصَّ مِثْلُهَا، كَالْفَتْحَةِ مَعَ (لَدُنْ) فِي (غُدْوَةً)، وَاخْتِصَاصِ (التَّاءِ) بِاسْمِ اللَّهِ تَعَالَى، وَاخْتِصَاصِ (أَيْمُن) بِاسْمِ اللَّهِ وَالْكَعْبَةِ.

(وَإِذَا حُذِفَتْ نُونُهَا فَهِيَ كَالتَّاءِ).

يَعْنِي: فِي أَنَّهَا تَدْخُلُ عَلَى اسْمِ اللَّهِ خَاصَّةً، فَيُقَالُ: (مُ اللَّهِ)، و(مِ اللَّهِ)، كَمَا يُقَالُ: تَاللَّهِ، وَمِنَ النَّاسِ مَنْ يَزْعُمُ أَنَّهَا مِنْ (أَيْمُن) مِنْ حَيْثُ دَخَلَتْ عَلَى اسْمِ اللَّهِ كَمَا تَدْخُلُ (أَيْمُن)، وَلَوْ كَانَتْ مِنْ (مِنْ) لَمْ تَدْخُلْ عَلَى اسْمِ اللَّهِ كَمَا لا تَدْخُلُ (مِنْ)، وَمِنَ النَّاسِ مَنْ يَزْعُمُ أَنَّ الْمَضْمُومَةَ مِنْ (أَيْمُن) لِمَا ذَكَرْنَاهُ، وَالْمَكْسُورَةَ مِنْ (مِنْ)؛ لأنَّهُ لَيْسَ فِي (أَيْمُن) كَسْرَةٌ فِي مَيْمٍ، وَيَحْكُمُ بِالْكَسْرَةِ عَلَى أَنَّهَا مِيمُ (مِنْ)، وَيَجْعَلُ ذَلِكَ أَوْلَى بِالاعْتِبَارِ مِنْ دُخُولِهَا عَلَى اسْمِ اللَّهِ؛ لأنَّ كَسْرَ مِيمِ (أَيْمُن) لا وَجْهَ لَهُ فِي (أَيْمُن)، وَدُخُولُ (مِنْ) عَلَى اسْمِ اللَّهِ لا مَانِعَ لَهُ إلا مِنْ حَيْثُ الاسْتِعْمَالُ، عَلَى أَنَّهُ قَدْ سُمِعَ (مِنَ اللَّهِ) عَنِ الأخْفَشِ عَلَى مَا ذَكَرَهُ آخِراً، وَالْقِيَاسُ يَقْتَضِي الْجَوَازَ، فَتَرَجَّحَ بِذَلِكَ أَنَّ الْمَكْسُورَةَ مِيمُ (مِنْ)، وَالْمَضْمُومَةَ مِيمُ (أَيْمُن)، وَظَاهِرُ كَلامِهِ أَنَّهُمَا مِيمُ (مِنْ) وَإِنْ دَخَلَتَا عَلَى اسْمِ اللَّهِ؛ لأنَّهُ يَأْخُذُ الْكَسْرَ دَلِيلا عَلَى أَنَّهَا مِيمُ (مِنْ)، وَيَحْمِلُ الْمَضْمُومَةَ عَلَى (مِنْ) الْمَكْسُورَةِ؛ لأنَّهُ قَدْ ثَبَتَ فِيهَا الضَّمُّ مِنْ نُونِهَا، وَقَدْ ثَبَتَ الْحَذْفُ فِي أُخْتِهَا؛ أَيْ: فِي (مِنْ) الْمَكْسُورَةِ،

فَلْيَكُنِ الحَذْفُ فِي الأخْرَى، أَيْ: فِي (مِنْ) الْمَضْمُومَةِ، بِخِلافِ (أَيُمُن)، فَإِنَّهُ لَمْ يَثْبُتْ حَذْفُ هَمْزَتِهَا لا فِيهَا وَلا فِيمَا يُشَابِهُهَا كـ (أَفْلُسٍ)، فَكَانَ الْقَوْلُ بِأَنَّهَا مِيمُ (مِنْ) أَوْلَى.

قَالَ: (وَالْبَاءُ لأَصَالَتِهَا)، إِلَى آخِرِهِ.

قَالَ الشَّيْخُ: لَمَّا كَانَتِ الْبَاءُ هِيَ الأَصْلَ دَخَلَتْ عَلَى كُلِّ مُقْسَمٍ بِهِ مُضْمَرًا كَانَ أَوْ مُظْهَرًا، وَلَمْ يَلْزَمْ ذَلِكَ فِيمَا كَانَ فَرْعًا عَنْهَا؛ لِوَضْعِهِمْ إِيَّاهُ مُخْتَصًّا كَمَا ذَكَرْنَاهُ فِي الْوَاوِ وَالتَّاءِ، وَلِذَلِكَ لَمَّا كَانَتِ الأَصْلَ دَخَلَ الْفِعْلُ مُصَرَّحًا بِهِ عَلَيْهَا، إِذْ لَمْ تُوضَعْ عِوَضًا عَنْهُ، وَإِنَّمَا وُضِعَتْ لِمَعْنَاهَا خَاصَّةً، بِخِلافِ الْوَاوِ وَالتَّاءِ، فَإِنَّهُمَا جُعِلا عِوَضًا مِنَ اللَّفْظِ بِالْفِعْلِ، فَلِذَلِكَ لَمْ يَجُزْ إِظْهَارُ الْفِعْلِ مَعَهُمَا وَكَذَلِكَ اسْتَعْمَلُوهَا لَمَّا كَانَتْ أَصْلا فِي الاسْتِعْطَافِ، كَقَوْلِكَ: (بِاللَّهِ أَخْبِرْنِي)، وَهَذِهِ الْبَاءُ أَدْخَلَهَا النَّحْوِيُّونَ عَلَى مَا تَقَدَّمَ فِي حُرُوفِ الْقَسَمِ كَمَا تَقَدَّمَ ذِكْرُهُ، فَظَاهِرُ كَلامِهِمْ أَنَّهَا مُتَعَلِّقَةٌ بِفِعْلٍ فِي مَعْنَى: (أُقْسِمُ) عَلَى سَبِيلِ الاسْتِعْطَافِ، وَلَوْ قِيلَ: إِنَّهَا مُتَعَلِّقَةٌ بِفِعْلٍ بِمَعْنَى: (أَسْتَعْطِفُ) لَكَانَ جَيِّدًا، وَلَوْ قِيلَ: إِنَّهَا مُتَعَلِّقَةٌ بِفِعْلِ الطَّلَبِ الْمَذْكُورِ بَعْدَهَا، أَوْ بِمَا دَلَّ عَلَى فِعْلِ الطَّلَبِ عَلَى أَنَّهَا بَاءُ الاسْتِعَانَةِ، كَمَا تَقُولُ: (بِاللَّهِ حَجَجْتُ) لَكَانَ جَيِّدًا، وَالَّذِي يُقَوِّيهِ أَنَّكَ تَقُولُ: (أَخْبِرْنِي بِاللَّهِ)، و(بِاللَّهِ أَخْبِرْنِي)، كَمَا تَقُولُ: (بِتَوْفِيقِ اللَّهِ حَجَجْتُ)، و(حَجَجْتُ بِتَوْفِيقِ اللَّهِ)، كَأَنَّكَ قُلْتَ: أَطْلُبُ مِنْكَ الْخَبَرَ مُسْتَعِينًا بِاللَّهِ فِي إِخْبَارِكَ لِي، وَلِذَلِكَ وَجَبَ أَنْ لا يُجَابَ إِلا بِفِعْلِ طَلَبٍ، كَقَوْلِكَ: (بِاللَّهِ إِلا فَعَلْتَ)، أَوْ فِي مَعْنَى الطَّلَبِ، كَقَوْلِكَ: (بِاللَّهِ عَلِّمْنِي)؛ أَيْ: أَطْلُبُ تَعْلِيمَكَ، وَلا يُجَابُ بِمَا يُجَابُ بِهِ الأَقْسَامُ.

(وَتُحْذَفُ الْبَاءُ فَيَنْتَصِبُ الْمُقْسَمُ بِهِ بِالْفِعْلِ الْمُضْمَرِ).

لأَنَّ مَوْضِعَهَا مُتَعَلِّقٌ لِلْفِعْلِ، فَإِذَا حُذِفَ الْجَارُّ بَقِيَ مُتَعَلِّقُ الْفِعْلِ خَلِيًّا عَنِ الْمُعَارِضِ لَهُ، فَيَجِبُ نَصْبُهُ، بِدَلِيلِ قَوْلِكَ: (كِلْتُ زَيْدًا)، و(كِلْتُ لِزَيْدٍ)، و(اسْتَغْفَرْتُ مِنَ الذَّنْبِ)، و(اسْتَغْفَرْتُ الذَّنْبَ)، وَذَلِكَ مُطَّرِدٌ فِي كَلامِهِمْ، إِلا أَنَّهُمْ لَمْ يَحْذِفُوهُ إِلا مَعَ حَذْفِ الْفِعْلِ، فَلا يَقُولُونَ: (حَلَفْتُ اللَّهَ)، وَلا (أَقْسَمْتُ اللَّهَ)، بَلْ يَقُولُونَ: (اللَّهَ لأَفْعَلَنَّ).

قَالَ: (وَقَدْ رُوِيَ رَفْعُ الْيَمِينِ وَالأَمَانَةِ عَلَى الابْتِدَاءِ مَحْذُوفِي الْخَبَرِ).

وَذَلِكَ أَنَّ الْقَسَمَ جَاءَ فِي كَلامِهِمْ جُمْلَةً فِعْلِيَّةً وَجُمْلَةً اسْمِيَّةً فِي مِثْلِ (لَعَمْرُكَ)، إِلا أَنَّ الْفِعْلِيَّةَ هِيَ الشَّائِعَةُ فِي كَلامِهِمْ، فَلِذَلِكَ لَمْ يَجُزْ أَنْ تَقُولَ: (اللَّهُ لأَفْعَلَنَّ) عَلَى تَقْدِيرِ (اللَّهُ قَسَمِي)، وَقَدْ جَاءَ قَوْلُهُمْ: (أَمَانَةُ اللَّهِ)، و(يَمِينُ اللَّهِ) تَشْبِيهًا بِقَوْلِهِمْ: (لَعَمْرُكَ)، وَهُوَ قَلِيلٌ، فَإِذَنِ النَّصْبُ هُوَ الْوَجْهُ، وَالْخَفْضُ عَلَى إِرَادَةِ حَرْفِ الْخَفْضِ، وَهُوَ قَلِيلٌ أَيْضًا.

(وَتُضْمَرُ كَمَا تُضْمَرُ اللامُ).

يَعْنِي: أَنَّهُمْ يَخْفِضُونَ الْمُقْسَمَ بِهِ عَلَى إِضْمَارِ حَرْفِ الْخَفضِ وَإِرَادَتِهِ مَوْجُودًا كَمَا يَخْفِضُونَ فِي قَوْلِهِمْ: (لاهِ أَبُوكَ)، أَلا تَرَى أَنَّ الْخَفضَ فِي قَوْلِهِمْ: (لاهِ أَبُوكَ) لا بُدَّ لَهُ مِنْ خَافِضٍ، وَلا خَافِضَ إلا الْحَرْفُ الْمُقَدَّرِ، فَكَذَلِكَ هَاهُنَا بِالْحَرْفِ الْمُقَدَّرِ.

قَالَ: (وَتُحْذَفُ الْوَاوُ وَيُعَوَّضُ عَنْهَا حَرْفُ التَّنْبِيهِ فِي قَوْلِهِمْ: (لاهَا اللّهِ ذَا).

قَالَ الشَّيْخُ: يَلْزَمُ الْخَفضُ لِوُجُودِ مَا يَقُومُ مَقَامَ حَرْفِ الْجَرِّ، وَهُوَ حَرْفُ التَّنْبِيهِ، كَمَا يَلْزَمُ مَعَ الْوَاوِ، وَالتَّاءِ، وَهَمْزَةِ الاسْتِفْهَامِ.

(وَقَطْعُ هَمْزَةِ الْوَصْلِ)، لَمَّا كَانَتْ عِوَضًا عَمَّا ذَكَرَهُ.

قَالَ: (وَفِي (لاهَا اللّهِ ذَا) لُغَتَانِ، حَذْفُ أَلِفِ (هَا) وَإِثْبَاتُهَا).

أَمَّا الْحَذْفُ فَوَجْهُهُ أَنَّهَا أَلِفٌ لَقِيَتْ سَاكِنًا بَعْدَهَا، فَقِيَاسُهَا أَنْ تُحْذَفَ لالْتِقَاءِ السَّاكِنَيْنِ، وَأَمَّا إِثْبَاتُهَا فَلا يَخْلُو إِمَا أَنْ تَثْبُتَ الْهَمْزَةُ مَعَهَا، أَوْ لا تَثْبُتَ، فَإِنْ لَمْ تَثْبُتْ - وَهُوَ الظَّاهِرُ مِنْ كَلامِهِمْ - فَوَجْهُهُ أَنَّهَا تَنَزَّلَتْ مَعَهَا مَنْزِلَةَ الْجُزْءِ مِنَ الْكَلِمَةِ، فَلَمْ تُحْذَفْ لالْتِقَاءِ السَّاكِنَيْنِ؛ لأَنَّهُمَا التَقَيَا عَلَى حَدِّهِمَا، كَمَا فِي قَوْلِكَ: (الضَّالِّينَ) وَشِبْهِهِ، وَإِنْ ثَبَتَتِ الْهَمْزَةُ - وَلَيْسَ بِبَعِيدٍ مِنْ كَلامِهِمْ - فَوَجْهُهُ أَنَّ هَمْزَةَ اسْمِ اللّهِ لَهَا شَأْنٌ فِي جَوَازِ الْقَطْعِ لَيْسَ لِغَيْرِهَا، بِدَلِيلِ قَوْلِهِمْ: (يَا أَللّهُ)، وَقَوْلِهِمْ: (أَفَأَللّهِ)، فَلَمْ يَجْتَمِعْ سَاكِنَانِ أَلْبَتَّةَ، فَثَبَتَتْ أَلِفُ (هَا)؛ لأَنَّهَا لَمْ تَلْقَ مَا يُوجِبُ حَذْفَهَا.

قَوْلُهُ: (وَفِيهِ قَوْلانِ، أَحَدُهُمَا وَهُوَ قَوْلُ الْخَلِيلِ: أَنَّ (ذَا) مُقْسَمٌ عَلَيْهِ، وَتَقْدِيرُهُ (لا وَاللّهِ لَلأَمْرُ ذَا)، فَحُذِفَ (الأَمْرُ)؛ لِكَثْرَةِ الاسْتِعْمَالِ)، ثُمَّ قَالَ: (وَلِذَلِكَ لَمْ يَجُزْ أَنْ يُقَاسَ عَلَيْهِ).

فَلَمْ يُعَلِّلْ مَا ذَكَرَهُ مِنْ أَنَّ تَقْدِيرَهُ (لَلأَمْرُ ذَا)، وَإِنَّمَا عَلَّلَ امْتِنَاعَ الْقِيَاسِ عَلَيْهِ؛ لأَجْلِ كَثْرَةِ الاسْتِعْمَالِ فِي هَذَا دُونَ غَيْرِهِ، وَلَمْ يَدُلَّ عَلَى مَا ادَّعَاهُ أَلْبَتَّةَ، وَقَدْ دَلَّ الأَخْفَشُ بِمَا ذَكَرَهُ عَلَى دَعْوَاهُ.

وَلَوْ قِيلَ: إِنَّ (ذَا) هُوَ الْمُقْسَمُ عَلَيْهِ لا عَلَى الْوَجْهِ الَّذِي ذَكَرَهُ الْخَلِيلُ، بَلْ عَلَى مَعْنَى: (لا يَفْعَلُ ذَا)، و(لا يَكُونُ ذَا) لَكَانَ مُسْتَقِيمًا، وَدَلِيلُهُ أَنَّ الْمَعْنَى الْمُسْتَعْمَلَ فِيهِ هَذَا اللَّفْظُ هُوَ أَنْ يَكُونَ الْمُقْسَمُ عَلَيْهِ مَنْفِيًّا، دَلِيلُهُ اسْتِقْرَاءُ كَلامِهِمْ، وَإِذَا كَانَ كَذَلِكَ وَجَبَ تَقْدِيرُهُ مَنْفِيًّا، وَإِذَا قُدِّرَ مَنْفِيًّا بَطَلَ تَقْدِيرُ الْخَلِيلِ.

وَيَبْطُلُ تَقْدِيرُ الأَخْفَشِ؛ لأَنَّهُ يَجْعَلُ الْمُقْسَمَ عليه مَحْذُوفًا؛ لأَنَّ الْحَذْفَ عَلَى خِلافِ

الْأَصْلِ، وَإِذَا اسْتَقَامَ الْإِثْبَاتُ، فَلَا مَعْنَى لِلْعُدُولِ إِلَى الْحَذْفِ، وَيَضْعُفُ أَيْضًا مِنْ جِهَةِ أَنَّ الْإِشَارَةَ إِلَى الْقَسَمِ فِي الْقَسَمِ لَمْ يَجِئْ مِثْلُهُ فِي كَلَامِهِمْ، بِخِلَافِ مَا ذَكَرْنَاهُ مِنْ حَذْفِ بَعْضِ الْمُقْسَمِ عَلَيْهِ.

وَمَا ذَكَرَهُ الْأَخْفَشُ مِنْ قَوْلِهِ: (لَا هَا اللَّهِ ذَا لَقَدْ كَانَ كَذَا) لَا نُسَلِّمُهُ، فَإِنَّ مِثْلَ ذَلِكَ لَا نَعْرِفُهُ فِي كَلَامِهِمْ، ثُمَّ وَلَوْ قَدَّرْنَا صِحَّتَهُ فَلَا يُنَازَعُ فِي أَنَّ الْمُتَكَلِّمَ مُرِيدٌ لِلنَّفْيِ بِقَوْلِهِ: (لَا)، وَإِذَا ثَبَتَ ذَلِكَ ثَبَتَ مَا قُلْنَاهُ، فَيَكُونُ قَوْلُهُ: (لَقَدْ كَانَ كَذَا) إِثْبَاتًا لِغَيْرِ مَا نَفَاهُ بِقَسَمٍ آخَرَ مُقَدَّرٍ، فَيَسْتَقِيمُ ذَلِكَ مَعَ جَرَيَانِ مَا ذَكَرْنَاهُ مِنَ التَّأْوِيلِ.

قَالَ: (وَالْوَاوُ الْأُولَى فِي نَحْوِ: "وَاللَّيْلِ إِذَا يَغْشَى" [الليل:١] لِلْقَسَمِ، وَمَا بَعْدَهَا لِلْعَطْفِ).

وَقَدِ اخْتَلَفَ النَّاسُ فِي مِثْلِ هَذِهِ الْوَاوِ الثَّانِيَةِ مَعَ اتِّفَاقِهِمْ عَلَى أَنَّ الْوَاوَ الْأُولَى لِلْقَسَمِ، فَمِنْهُمْ مَنْ قَالَ: هِيَ وَاوُ الْعَطْفِ عَلَى مَا ذَكَرَهُ صَاحِبُ الْكِتَابِ، وَمِنْهُمْ مَنْ قَالَ: هِيَ وَاوُ قَسَمٍ آخَرَ، وَاسْتَدَلَّ مَنْ قَالَ: هِيَ وَاوُ الْعَطْفِ - وَهُوَ مَذْهَبُ الْخَلِيلِ وَسِيبَوَيْهِ - بِأَنَّهَا لَوْ كَانَتْ وَاوَ قَسَمٍ لَمْ يَخْلُ إِمَّا أَنْ يَكُونَ مَا بَعْدَهَا مُشَرَّكًا مَعَ مَا قَبْلَهَا أَوْ لَا، فَإِنْ كَانَ مُشَرَّكًا وَجَبَ وَاوُ الْعَطْفِ أَيْضًا، وَإِنْ كَانَ غَيْرَ مُشَرَّكٍ وَجَبَ أَنْ يَكُونَ لِكُلِّ وَاحِدٍ مِنْهُمَا جَوَابٌ يَسْتَقِلُّ بِهِ؛ لِأَنَّهُ قُدِّرَ غَيْرُ مُشَرَّكٍ وَيَكُونُ مَعَ ذَلِكَ جُمْلَةً بَعْدَ جُمْلَةٍ، وَالْأَحْسَنُ بَعْدَ ذَلِكَ أَنْ تَكُونَ فِي الْجُمَلِ وَاوُ الْعَطْفِ، فَثَبَتَ أَنَّ الْوَاوَ لَيْسَتْ وَاوَ الْقَسَمِ، وَإِذَا ثَبَتَ ذَلِكَ وَجَبَ أَنْ تَكُونَ وَاوَ الْعَطْفِ شَرَّكَتْ بَيْنَ الْمُقْسَمِ بِهِ ثَانِيًا مَعَ الْمُقْسَمِ بِهِ أَوَّلًا، فَلَمْ تَحْتَجْ إِلَّا إِلَى جَوَابٍ وَاحِدٍ؛ لِأَنَّ الْقَسَمَ وَاحِدٌ، وَاسْتَدَلُّوا أَيْضًا بِأَنَّكَ لَوْ جَعَلْتَ مَوْضِعَهَا الْفَاءَ، أَوْ (ثُمَّ)، لَكَانَ الْمَعْنَى عَلَى حَالِهِ، وَهُمَا حَرْفَا عَطْفٍ، فَكَذَلِكَ الْوَاوُ.

وَشُبْهَةُ مَنْ ظَنَّ أَنَّهَا وَاوُ عَطْفٍ صُورَتُهَا بَعْدَ صُورَةِ مَعْطُوفٍ عَلَيْهِ، وَهُوَ قَوْلُهُ: "وَاللَّيْلِ إِذَا يَغْشَى" [الليل:١]، مَعَ أَنَّهُ قَسَمٌ بِالِاتِّفَاقِ، فَكَذَلِكَ الْبَاقِي بِالْقِيَاسِ عَلَيْهِ، وَذَلِكَ مَدْفُوعٌ بِمَا ذَكَرْنَا.

وَأَقْوَى مَا قَالُوا فِيهِ بِالنَّظَرِ إِلَى الْمَعْنَى: أَنَّهَا لَوْ كَانَتْ وَاوَ عَطْفٍ لَكَانَ عَطْفًا عَلَى عَامِلَيْنِ، وَهُوَ مُمْتَنِعٌ، وَهَذَا مِمَّا يَرِدُ عَلَى مَنْ يَمْنَعُ (فِي الدَّارِ زَيْدٌ وَالْحُجْرَةِ عَمْرٌو)، وَهُوَ مَذْهَبُ سِيبَوَيْهِ وَأَصْحَابِهِ، وَأَمَّا مَنْ يُجِيزُهُ فَلَا وُرُودَ لِذَلِكَ عَلَيْهِ، وَتَقْدِيرُهُ هُوَ أَنَّ قَوْلَكَ: (وَاللَّيْلِ) مَخْفُوضٌ بِحَرْفِ الْخَفْضِ الَّذِي هُوَ وَاوُ الْقَسَمِ، وَقَوْلَكَ: (إِذَا يَغْشَى) مَنْصُوبٌ بِالْفِعْلِ الْمُقَدَّرِ الَّذِي هُوَ (أُقْسِمُ)، فَتَحَقَّقَ مَعْمُولَانِ لِعَامِلَيْنِ مُتَغَايِرَيْنِ، كَمَا فِي قَوْلِكَ: (إِنَّ

فِي الدَّارِ زَيْدًا)، فَإِذَا جُعِلَتِ الْوَاوُ فِي قَوْلِكَ: (وَالنَّهَارِ إِذَا تَجَلَّى) لِلْعَطْفِ كَانَ قَوْلُكَ: (وَالنَّهَارِ) مَعْطُوفًا عَلَى (اللَّيْلِ) خَفْضًا، وَكَانَ (إِذَا تَجَلَّى) مَعْطُوفًا عَلَى (إِذَا يَغْشَى) نَصْبًا، فَقَدْ تَحَقَّقَ مُمَاثَلَتُهُ لِقَوْلِكَ: (إِنَّ فِي الدَّارِ زَيْدًا وَالْحُجْرَةِ عَمْرًا) سَوَاءً، وَذَلِكَ مُمْتَنِعٌ، فَيَكُونُ هَذَا مُمْتَنِعًا، فَوَجَبَ أَنْ يُحْمَلَ عَلَى غَيْرِ الْعَطْفِ، وَلَا وَجْهَ إِلَّا أَنْ تَكُونَ وَاوَ الْقَسَمِ.

وَقَدْ أَجَابَ الزَّمَخْشَرِيُّ فِي تَفْسِيرِهِ عَنْ هَذَا السُّؤَالِ، فَقَالَ: (لَمَّا تَنَزَّلَتِ الْوَاوُ الَّتِي لِلْقَسَمِ مَنْزِلَةَ الْبَاءِ وَالْفِعْلِ حَتَّى لَمْ يَجُزْ ذِكْرُ الْفِعْلِ مَعَهَا صَارَتْ كَأَنَّهَا هِيَ الْعَامِلَةُ نَصْبًا وَخَفْضًا، فَصَارَتْ كَعَامِلٍ وَاحِدٍ لَهُ عَمَلَانِ، وَكُلُّ عَامِلٍ لَهُ عَمَلَانِ فَمَا فَوْقَهُمَا جَائِزٌ أَنْ يُعْطَفَ عَلَى مَعْمُولَاتِهِ بِعَاطِفٍ وَاحِدٍ بِاتِّفَاقٍ، كَقَوْلِكَ: (قَامَ زَيْدٌ يَوْمَ الْجُمُعَةِ وَعَمْرٌو يَوْمَ السَّبْتِ)، وَهَذَا قَدْ تَنَزَّلَ مَنْزِلَةَ الْعَامِلِ الْوَاحِدِ، فَأُجْرِيَ مُجْرَاهُ.

ثُمَّ قَالَ تَقْرِيرًا لِذَلِكَ مَا مَعْنَاهُ: وَإِنَّمَا يَلْزَمُ ذَلِكَ لَوْ قِيلَ: (أُقْسِمُ بِاللَّيْلِ إِذَا يَغْشَى ـ وَالنَّهَارِ إِذَا تَجَلَّى)، فَهَذَا الَّذِي يُشْبِهُ (إِنَّ فِي الدَّارِ زَيْدًا وَالْحُجْرَةِ عَمْرًا)، وَالسُّؤَالُ عِنْدَنَا فِي أَصْلِهِ مُنْدَفِعٌ؛ لِأَنَّا نُجِيزُ (إِنَّ فِي الدَّارِ زَيْدًا وَالْحُجْرَةِ عَمْرًا)، فَلَا وُرُودَ لَهُ.

وَمَا أَجَابَ بِهِ الزَّمَخْشَرِيُّ قُوَّةٌ مِنْهُ وَاسْتِنْبَاطٌ لِمَعْنًى دَقِيقٍ لَوْ تَمَّ لَهُ، وَيَلْزَمُهُ أَنْ لَا يُجِيزَ كَمَا ذَكَرَ (أُقْسِمُ بِاللَّيْلِ إِذَا يَغْشَى وَالنَّهَارِ إِذَا تَجَلَّى)، وَقَدْ جَاءَ مِثْلُ ذَلِكَ فِي الْقُرْآنِ، قَالَ اللَّهُ تَعَالَى: "فَلَا أُقْسِمُ بِالْخُنَّسِ (١٥) الْجَوَارِ الْكُنَّسِ (١٦) وَاللَّيْلِ إِذَا عَسْعَسَ (١٧) وَالصُّبْحِ إِذَا تَنَفَّسَ" [التكوير:١٥-١٨]، فَقَدْ جَاءَ ذَلِكَ مَعَ التَّصْرِيحِ بِالْفِعْلِ وَالْحَرْفِ، فَبَطَلَ مَا أَجَابَ بِهِ مِنْ أَنَّ ذَلِكَ إِنَّمَا كَانَ مِنْ أَجْلِ الْوَاوِ، وَبَقِيَ السُّؤَالُ قَائِمًا عَلَيْهِ، إِلَّا أَنَّ مَا ذَكَرْنَاهُ عَلَيْهِ يَدْفَعُ جَوَابَهُ، وَيَدْفَعُ أَصْلَ السُّؤَالِ أَيْضًا؛ لِأَنَّهُ يُوجِبُ جَوَازَ الْعَطْفِ عَلَى عَامِلَيْنِ فِي عَيْنِ مَا مَنَعُوهُ وَجَعَلُوهُ دَلِيلًا عَلَى أَنَّهَا وَاوُ الْقَسَمِ، فَثَبَتَ أَنَّهَا وَاوُ الْعَطْفِ بِمَا تَقَدَّمَ أَوَّلًا، وَأَنَّ السُّؤَالَ لَا وُرُودَ لَهُ عَلَى الْوَجْهِ الَّذِي ذَكَرْنَاهُ، لَا عَلَى الْوَجْهِ الَّذِي يَلْتَزِمُهُ مَانِعُو (إِنَّ فِي الدَّارِ زَيْدًا وَالْحُجْرَةِ عَمْرًا)، وَاللَّهُ أَعْلَمُ.

وَمِنْ أَصْنَافِ الْمُشْتَرَكِ تَخْفِيفُ الْهَمْزَةِ

قَالَ: (تَشْتَرِكُ فِيهِ الْأَضْرُبُ الثَّلَاثَةُ).

قَالَ الشَّيْخُ: (لَا تُخَفَّفُ الْهَمْزَةُ إِلَّا إِذَا تَقَدَّمَهَا شَيْءٌ).

يَعْنِي: أَنَّهَا إِذَا كَانَتْ أَوَّلَ كَلِمَةٍ مُبْتَدَأً بِهَا، فَلَا بُدَّ أَنْ تَكُونَ مُحَقَّقَةً لِتَعَذُّرِ تَسْهِيلِهَا، إِذْ

لَوْ سُهِّلَتْ لَجُعِلَتْ بَيْنَ بَيْنَ لِانْتِفَاءِ مُوجِبِ الْحَذْفِ وَالْبَدَلِ، وَلَوْ جُهِلَتْ بَيْنَ بَيْنَ لَقَرُبَتْ مِنَ السَّاكِنِ، فَكَرِهُوا أَنْ يَبْتَدِئُوا بِمَا يَقْرُبُ مِنَ السَّاكِنِ؛ لِأَنَّهُ مَرْفُوضٌ فِي كَلَامِهِمْ أَوْ مُتَعَذِّرٌ.

قَالَ: (وَفِي تَخْفِيفِهَا ثَلَاثَةُ أَوْجُهٍ).

وَقَدْ فَسَّرَ ثَلَاثَةَ الْأَوْجُهِ، وَفَسَّرَ بَيْنَ بَيْنَ بِأَنْ تَجْعَلَهَا بَيْنَ الْهَمْزَةِ وَالْحَرْفِ الَّذِي مِنْهُ حَرَكَتُهَا، هَذَا هُوَ الْكَثِيرُ فِي بَيْنَ بَيْنَ، وَقَدْ جَوَّزَ بَعْضُهُمْ فِي بَعْضِ الْهَمَزَاتِ أَنْ تُجْعَلَ بَيْنَ الْهَمْزَةِ وَالْحَرْفِ الَّذِي مِنْهُ حَرَكَةُ مَا قَبْلَهَا، مِثْلُ (يَسْتَهْزِئُونَ) وَ(سُئِلَ)، فَيَجُوزُ أَنْ تُجْعَلَ فِي (يَسْتَهْزِئُونَ) بَيْنَ الْهَمْزَةِ وَالْيَاءِ، وَفِي (سُئِلَ) بَيْنَ الْهَمْزَةِ وَالْوَاوِ، وَبِذَلِكَ قَرَأَ بَعْضُهُمْ، كَحَمْزَةَ فِي الْوَقْفِ، لِأَنَّ مِنْ أَصْلِهِ تَخْفِيفَ الْهَمْزَةِ فِي الْوَقْفِ، وَلَيْسَ ذَلِكَ الْمُخْتَارُ عِنْدَنَا، وَالْمَشْهُورُ عِنْدَنَا لُغَةً وَقِرَاءَةً فِيمَا هُوَ مُسَهَّلٌ بَيْنَ بَيْنَ مَا ذَكَرَهُ، وَأَمَّا الْإِبْدَالُ وَالْحَذْفُ فَوَاضِحٌ.

ثُمَّ أَخَذَ يَقْسِمُ الْهَمْزَةَ، فَقَالَ: (وَلَا تَخْلُو إِمَّا أَنْ تَقَعَ سَاكِنَةً أَوْ مُتَحَرِّكَةً)، وَهُوَ حَصْرٌ فِي الْمَعْنَى.

قَالَ: (فَإِنْ كَانَتْ سَاكِنَةً فَيُبْدَلُ مِنْهَا الْحَرْفُ الَّذِي مِنْهُ حَرَكَةُ مَا قَبْلَهَا).

وَالْأَوْلَى أَنْ يَقُولَ هَاهُنَا: فَإِنْ كَانَتْ سَاكِنَةً لَمْ يَخْلُ مَا قَبْلَهَا مِنْ أَنْ يَكُونَ سَاكِنًا أَوْ مُتَحَرِّكًا، فَإِنَّهَا قَدْ تُسَكَّنُ فِي الْوَقْفِ وَقَبْلَهَا سَاكِنٌ، فَتَكُونُ سَاكِنَةً وَمَا قَبْلَهَا سَاكِنٌ، فَلَا يَدْخُلُ ذَلِكَ فِي تَقْسِيمِهِ، فَلْيَتَكَلَّمْ عَلَيْهِ، فَإِذَا كَانَتْ كَذَلِكَ نُظِرَ إِلَى السَّاكِنِ قَبْلَهَا، فَإِنْ كَانَ صَحِيحًا حُرِّكَ تَقْدِيرًا بِحَرَكَتِهَا، وَوُقِفَ عَلَيْهِ بِالسُّكُونِ أَوِ الرَّوْمِ عَلَى حَسَبِ مَا ذُكِرَ فِي الْوَقْفِ، وَإِنْ كَانَ مُعْتَلًا، فَإِنْ كَانَ وَاوًا أَوْ يَاءً مَدَّتَيْنِ زَائِدَتَيْنِ، أَوْ مَا يُشْبِهُ الْمَدَّةَ كَيَاءِ التَّصْغِيرِ قُلِبَتِ الْهَمْزَةُ حَرْفًا مِنْ جِنْسِهِ وَأُدْغِمَ فِيهِ، وَوُقِفَ عَلَيْهِ عَلَى مُقْتَضَى الْوَقْفِ، كَ(قُرُوٍّ، وَهَنِيٍّ، وَمَرِيٍّ)، وَإِنْ كَانَ يَاءً أَوْ وَاوًا غَيْرَ ذَلِكَ فَحُكْمُهُ حُكْمُ الصَّحِيحِ، وَقَدْ تَقَدَّمَ، وَإِنْ كَانَ أَلِفًا فَلَا يَخْلُو إِمَّا أَنْ يُقَدَّرَ الْوَقْفُ بِالسُّكُونِ أَوْ لَا. فَإِنْ قُدِّرَ بِالسُّكُونِ وَجَبَ قَلْبُهَا أَلِفًا، ثُمَّ إِمَّا أَنْ يُجْمَعَ بَيْنَ الْأَلِفَيْنِ، أَوْ يُحْذَفَ إِحْدَاهُمَا لِاجْتِمَاعِ الْأَلِفَيْنِ، وَإِمَّا أَنْ يُوقَفَ بِالرَّوْمِ، فَيُجْعَلَ بَيْنَ بَيْنَ، وَإِلَى هَاهُنَا يَنْتَهِي قِسْمُ السَّاكِنَةِ الَّتِي قَبْلَهَا سَاكِنٌ، وَهُوَ قِسْمٌ لَمْ يَشْتَمِلْ عَلَيْهِ كَلَامُهُ.

ثُمَّ وَلَوْ قُدِّرَ أَنَّ نَحْوَ (الْخَبْءِ، وَهَنْءٍ، وَمَرْءٍ) يَدْخُلُ فِي حُكْمِ الْمُتَحَرِّكَةِ السَّاكِنِ مَا قَبْلَهَا؛ لِأَنَّ الْحُكْمَ فِيهِ كَذَلِكَ؛ لِأَنَّهَا تُقَدَّرُ مُتَحَرِّكَةً فِي حَالِ الْوَقْفِ، فَلَا يَدْخُلُ نَحْوُ

(يَشَاءُ)؛ لأنَّهَا إذَا قُلِبَتْ أَلِفًا، وَهُوَ الْكَثِيرُ، لَمْ تَدْخُلْ فِي حُكْمِ الْمُتَحَرِّكَةِ الَّتِي قَبْلَهَا أَلِفٌ، أَلا تَرَى أَنَّ تِلْكَ يَجِبُ أَنْ تُجْعَلَ بَيْنَ بَيْنَ، وَهَذِهِ الْمُخْتَارُ فِيهَا أَنْ تُقْلَبَ أَلِفًا، ثُمَّ يَتَفَرَّعُ عَنْ ذَلِكَ وَجْهَانِ، فَثَبَتَ أَنَّ الْوَجْهَ تَقْسِيمُهَا إِلَى مَا ذَكَرْنَاهُ، وَإِلَى هَاهُنَا يَنْتَهِي الْكَلامُ عَلَيْهَا.

ثُمَّ يَنْتَقِلُ إِلَى الْقِسْمِ الآخَرِ، وَهُوَ أَنْ تَكُونَ سَاكِنَةً مُتَحَرِّكًا مَا قَبْلَهَا، فَحُكْمُهَا مَا ذَكَرَ مِنْ قَلْبِهَا حَرْفًا مِنْ جِنْسِ حَرَكَةِ مَا قَبْلَهَا، وَوَجْهُ ذَلِكَ أَنَّهُ لَمَّا قُصِدَ إِلَى تَسْهِيلِهَا، وَالْحَذْفُ مُخِلٌّ، وَالتَّسْهِيلُ مُتَعَذِّرٌ، وَجَبَ الإِبْدَالُ، وَلا حَرَكَةَ لَهَا تُبْدَلُ إِلَيْهِ، وَحَرَكَةُ مَا بَعْدَهَا لَمْ تَأْتِ، فَوَجَبَ إِبْدَالُهَا بِاعْتِبَارِ حَرَكَةِ مَا قَبْلَهَا، فَكَانَتْ أَلِفًا بَعْدَ الْمَفْتُوحِ، وَوَاوًا بَعْدَ الْمَضْمُومِ، وَيَاءً بَعْدَ الْمَكْسُورِ، وَمَثَّلَ بِكُلِّ ذَلِكَ مُتَّصِلا وَمُنْفَصِلا؛ تَنْبِيهًا عَلَى أَنَّ الْحُكْمَ وَاحِدٌ.

ثُمَّ انْتَقَلَ إِلَى الْقِسْمِ الثَّانِي مِنْ أَصْلِ الْقِسْمَةِ، وَهُوَ إِذَا كَانَتْ مُتَحَرِّكَةً، وَهِيَ قَوْلُهُ: (وَإِمَّا أَنْ تَقَعَ مُتَحَرِّكَةً).

ثُمَّ قَسَمَ ذَلِكَ إِلَى مَا يَكُونُ مَا قَبْلَهَا فِيهِ سَاكِنًا وَمُتَحَرِّكًا، فَتَكَلَّمَ عَلَى السَّاكِنِ، فَقَالَ: (يُنْظَرُ إِلَى السَّاكِنِ، فَإِنْ كَانَ حَرْفَ لِينٍ لَمْ يَخْلُ مِنْ أَنْ يَكُونَ يَاءً، أَوْ وَاوًا، أَوْ أَلِفًا، فَإِنْ كَانَ يَاءً أَوْ وَاوًا مَدَّتَيْنِ زَائِدَتَيْنِ، أَوْ مَا يُشْبِهُ الْمَدَّةَ كَيَاءِ التَّصْغِيرِ قُلِبَتْ إِلَيْهِ وَأُدْغِمَ فِيهَا، كَقَوْلِكَ: خَطِيَّةٌ، وَمَقْرُوَّةٌ، وَأُفَيِّسٌ).

فِي أَفْؤُسٍ جَمْعُ فَأْسٍ، وَإِنَّمَا فَعَلُوا ذَلِكَ، وَإِنْ كَانَ قِيَاسُ تَسْهِيلِ مِثْلِهَا النَّقْلَ وَالْحَذْفَ؛ لأَنَّهُمْ لَوْ فَعَلُوا ذَلِكَ لَحَرَّكُوا مَا لا أَصْلَ لِمِثْلِهِ فِي الْحَرَكَةِ، فَوَجَبَ بَقَاؤُهُ سَاكِنًا؛ لأَنَّ يَاءَ التَّصْغِيرِ لا تُقْبَلُ الْحَرَكَةَ، بَلْ هُوَ سَاكِنٌ أَبَدًا، وَالْحَرْفُ الْمُدْغَمُ سَاكِنٌ لا يَقْبَلُ الْحَرَكَةَ، فَلَمَّا وَجَبَ بَقَاؤُهُ لَمْ يَبْقَ إلا الإِبْدَالُ وَالتَّسْهِيلُ، كَرِهُوا التَّسْهِيلَ لِمَا فِيهِ مِنْ شَبَهِ الْتِقَاءِ السَّاكِنَيْنِ، فَلَمْ يَبْقَ إلا الإِبْدَالُ، وَلَمْ يَجُزْ أَنْ تُبْدَلَ بِاعْتِبَارِ حَرَكَتِهَا؛ لِمَا يُؤَدِّي إِلَيْهِ مِنَ التَّعَذُّرِ أَوِ الاسْتِثْقَالِ، فَوَجَبَ إِبْدَالُهَا بِاعْتِبَارِ الْحَرْفِ الَّذِي قَبْلَهَا، فَلِذَلِكَ قَالُوا: خَطِيَّةٌ، وَمَقْرُوَّةٌ.

قَالَ: (وَقَدِ الْتُزِمَ ذَلِكَ فِي نَبِيٍّ وَبَرِيَّةٍ).

هَذَا عَلَى قَوْلِ مَنْ يَقُولُ: إِنَّ (نَبِيًّا) مُشْتَقٌّ مِنَ (النَّبَأِ)، و(الْبَرِيَّةَ) مِنْ (بَرَأَ اللَّهُ الْخَلْقَ)، وَأَمَّا مَنْ يَرَى أَنَّ (النَّبِيَّ) مُشْتَقٌّ مِنَ (النَّبْوِ)، وَهُوَ الارْتِفَاعُ، وَالْبَرِيَّةَ مِنَ الْبَرَى، وَهُوَ التُّرَابُ، فَلا مَدْخَلَ لَهُمَا فِي الْهَمْزَةِ أَصْلا، ثُمَّ وَلَوْ سُلِّمَ أَنَّهُ مِنَ الْهَمْزَةِ فَلا يَصِحُّ قَوْلُهُ:

(وَقَدِ التزَمَ)؛ لأَنَّهُ قَدْ ثَبَتَ أَنَّهُمْ يَقُولُونَ: (نَبِيْئًا) بِالْهَمْزَةِ، و(بَرِيئَةً) بِالْهَمْزَةِ، فَكَيْفَ يَصِحُّ دَعْوَى التِزَامِ تَرْكِ الْهَمْزَةِ مَعَ ثُبُوتِ الْهَمْزَةِ ثُبُوتًا لا يُمْكِنُ دَفْعُهُ؟

فَأَمَّا (نَبِيئُ) فَهِيَ قِرَاءَةُ نَافِعٍ وَأَهْلِ الْمَدِينَةِ، وَأَمَّا (الْبَرِيئَةُ) فَهِيَ قِرَاءَةُ أَهْلِ الْمَدِينَةِ وَبَعْضِ أَهْلِ الشَّامِ، فَثَبَتَ أَنَّهُ لا يُمْكِنُ دَعْوَى التِزَامِ تَرْكِ الْهَمْزَةِ فِي (نَبِيئٍ، وَبَرِيئَةٍ) بَعْدَ تَسْلِيمِ اشْتِقَاقِهِمَا أَنَّهُمَا مِنَ الْهَمْزَةِ، نَعَمْ يُمْكِنُ أَنْ يُقَالَ: إِنَّ بَعْضَ مَنْ لُغَتُهُ الْهَمْزُ - وَاشْتِقَاقُ نَبِيٍّ وَبَرِيَّةٍ عِنْدَهُ مِنَ الْهَمْزِ - لا يَهْمِزُ، وَهَذَا أَمْرٌ تَقْدِيرِيٌّ لا يَقُومُ عَلَيْهِ دَلِيلٌ إِذَا نُوزِعَ فِيهِ، فَلا مَعْنَى لالْتِزَامِ ذَلِكَ مَعَ مَا ذَكَرْنَاهُ.

ثُمَّ قَالَ: (وَإِنْ كَانَ أَلِفًا).

كَانَ التَّقْسِيمُ يَقْتَضِي أَنْ يَذْكُرَ الْوَاوَ وَالْيَاءَ الأَصْلِيَّتَيْنِ وَالْمَزِيدَتَيْنِ لِمَعْنًى؛ إِلا أَنَّهُ أَخَّرَ ذِكْرَهُمَا بَعْدَ الأَلِفِ؛ لِيَذْكُرَهُمَا مَعَ الصَّحِيحِ، إِذِ الْحُكْمُ وَاحِدٌ، فَقَالَ: (وَإِنْ كَانَ أَلِفًا جُعِلَتْ بَيْنَ بَيْنَ).

وَإِنَّمَا كَانَ كَذَلِكَ مِنْ جِهَةِ أَنَّ نَقْلَهَا لا يُمْكِنُ، وَإِبْدَالُهَا عَلَى نَحْوِ مَا تَقَدَّمَ لا يُمْكِنُ، إِذْ لا يَسْتَقِيمُ أَنْ تَقْبَلَ حَرَكَةً، وَقَدْ فُرِضَتْ مُتَحَرِّكَةً، وَأَيْضًا فَإِنَّ الأَلِفَ لا تُدْغَمُ وَلا يُدْغَمُ فِيهَا، فَوَجَبَ أَنْ تُجْعَلَ بَيْنَ بَيْنَ، وَاغْتُفِرَ اجْتِمَاعُ السُّكُونِ وَشِبْهِ السُّكُونِ لِمَا فِي الأَلِفِ مِنْ قُبُولِ الْمَدِّ أَكْثَرَ مِمَّا فِي الْوَاوِ وَالْيَاءِ، فَلا يَلْزَمُ مِنْ رَفْضِ ذَلِكَ مَعَ الْيَاءِ وَالْوَاوِ رَفْضُهُ مَعَ الأَلِفِ، أَوْ يُقَالُ: أَمْكَنَ مَعَ الْوَاوِ وَالْيَاءِ غَيْرُ ذَلِكَ، فَلَمْ تَكُنْ حَاجَةٌ إِلَى ارْتِكَابِهِ، وَلَمْ يُمْكِنْ ذَلِكَ مَعَ الأَلِفِ، فَعُدِلَ إِلَى جَعْلِهَا بَيْنَ بَيْنَ، ثُمَّ مَثَّلَ بِهَا عَلَى اخْتِلافِ أَحْوَالِهَا. ثُمَّ انْتَقَلَ إِلَى فَصْلٍ آخَرَ، وَهُوَ إِذَا كَانَ قَبْلَهَا يَاءٌ أَوْ وَاوٌ أَصْلِيَّتَانِ أَوْ مَزِيدَتَانِ لِمَعْنًى وَأُلْحِقَ بِهِ الْحَرْفُ الصَّحِيحُ؛ لأَنَّ الْحُكْمَ فِيهِنَّ وَاحِدٌ، وَهُوَ أَنْ تُنْقَلَ حَرَكَةُ الْهَمْزَةِ إِلَى السَّاكِنِ وَتُحْذَفَ، وَإِنَّمَا فُعِلَ ذَلِكَ لأَنَّ إِبْدَالَهَا لا يُمْكِنُ؛ لأَنَّهُ لَيْسَ قَبْلَهَا حَرَكَةٌ يُرْجَعُ بِهَا إِلَيْهَا؛ وَلأَنَّهُ كَانَ يُؤَدِّي إِلَى اسْتِثْقَالٍ كَاسْتِثْقَالِهَا، أَوْ إِلَى اجْتِمَاعِ سَاكِنَيْنِ، وَجَعْلُهَا بَيْنَ بَيْنَ أَيْضًا غَيْرُ مُسْتَقِيمٍ لِمَا تَقَدَّمَ مِنْ أَدَاءِ ذَلِكَ إِلَى اجْتِمَاعِ السَّاكِنِ، وَشِبْهِ السَّاكِنِ، فَكَانَ كَاجْتِمَاعِ السَّاكِنَيْنِ، فَوَجَبَ النَّقْلُ فِيهَا، وَإِنَّمَا لَمْ يَحْذِفُوا مِنْ غَيْرِ نَقْلٍ؛ لأَنَّهُ كَانَ يُؤَدِّي ذَلِكَ إِلَى الإِخْلالِ بِإِسْقَاطِ حَرْفٍ بِحَرَكَتِهِ مَجَّانًا مِنْ غَيْرِ حَاجَةٍ إِلَى ذَلِكَ، وَإِنَّمَا لَمْ يَنْقُلُوا الْحَرَكَةَ وَيُبْقُوا الْهَمْزَةَ؛ لأَنَّهُمْ لَوْ فَعَلُوا ذَلِكَ لَمْ يَكُنْ فِي ذَلِكَ تَخْفِيفٌ، إِذِ الْهَمْزَةُ السَّاكِنَةُ مُسْتَثْقَلَةٌ أَيْضًا، وَإِنَّمَا لَمْ يَنْقُلُوا وَيُبْقُوهَا سَاكِنَةً، ثُمَّ يُسَهِّلُوهَا بِالْحَرَكَةِ الَّتِي صَارَتْ قَبْلَهَا عَلَى مَا يُجَوِّزُهُ الْكُوفِيُّونَ مُطَّرِدًا، وَنُجِيزُهُ نَحْنُ فِيمَا سُمِعَ مِنْ نَحْوِ: الْمَرَاةِ وَالْكَمَاةِ؛ لأَنَّهُ تَغْيِيرٌ

مُتَعَدِّدٌ مَعَ اسْتِثْقَالٍ، فَكَانَ مَا تَقَدَّمَ أَقْرَبَ، فَلِذَلِكَ الْتُزِمَ عِنْدَنَا، وَقَدْ أَجَازَ الْكُوفِيُّونَ ذَلِكَ مُطَّرِدًا عَلَى سَبِيلِ الْجَوَازِ لا عَلَى سَبِيلِ اللُّزُومِ.

قَالَ: (وَقَدِ الْتُزِمَ ذَلِكَ فِي " يَرَى، وَأَرَى، وَيُرِي ").

هَذَا الالْتِزَامُ الَّذِي ذَكَرَهُ فِي ذَلِكَ صَحِيحٌ، لا مَدْفَعَ لَهُ بِوَجْهٍ، بِخِلافِ مَا ذُكِرَ آنِفًا فِي (نَبِيٍّ، وَبَرِيَّةٍ)؛ لأَنَّ (يَرَى) مُضَارِعُ (رَأَى) بِاتِّفَاقٍ، وَلا هَمْزَةَ فِي (يَرَى) بِاتِّفَاقٍ، وَهُوَ مُلْتَزَمٌ كَذَلِكَ، فَعُلِمَ أَنَّ تَخْفِيفَهُ مُلْتَزَمٌ، وَكَذَلِكَ (أَرَى) مُعَدًّى مِنْ (رَأَى) بِاتِّفَاقٍ، فَأَصْلُهُ (أَرْأَى)، وَقَدِ الْتُزِمَ (أَرَى)، فَعُلِمَ أَنَّ تَخْفِيفَهُ مُلْتَزَمٌ، وَكَذَلِكَ (يُرِي) مُضَارِعُ (أَرَى)، وَقَدْ تَحَقَّقَ تَقْدِيرُ الْهَمْزَةِ عَيْنًا فِي الْمَاضِي، فَوَجَبَ تَقْدِيرُهَا عَيْنًا فِي الْمُضَارِعِ، فَعُلِمَ أَنَّ (يُرِي) أَصْلُهُ (يُرْئِي)، وَقَدِ الْتُزِمَ فِيهِ (يُرِي)، فَعُلِمَ أَنَّ تَخْفِيفَ الْهَمْزَةِ فِيهِ مُلْتَزَمٌ، وَلَمْ يَلْتَزِمُوا ذَلِكَ فِيمَا كَانَ مِثْلَهُ فِي الْوَزْنِ، كَمُضَارِعِ (نَأَى)، وَهُوَ قَوْلُهُمْ: (يَنْأَى)، وَلا يَلْتَزِمُونَ (يَنَا)، وَكَذَلِكَ (أَنْأَى)، فَإِنَّهُ مِثْلُ (أَرْأَى) فِي الزِّنَةِ وَمَوْضِعِ الْهَمْزَةِ، وَلا يَلْتَزِمُونَ (أَنَا)، وَكَذَلِكَ مُضَارِعُهُ وَهُوَ قَوْلُهُمْ: (يُنْئِي)، وَلا يَلْتَزِمُونَ (يُنِي)، نَعَمْ أَجْرَوْهُ مُجْرَى (يَرَى)، و(أَرَى)، و(يُرِي) عَلَى سَبِيلِ الْجَوَازِ، مِثْلُهُ فِي تَخْفِيفِ الْهَمْزَةِ فِي غَيْرِهِ، وَالْفَرْقُ بَيْنَ الْبَابَيْنِ أَنَّ بَابَ (يَرَى)، و(أَرَى)، و(يُرِي) خُفِّفَتْ هَمْزَتُهُ الْتِزَامًا لِكَثْرَتِهِ فِي الْكَلامِ، وَالْكَثْرَةُ تُنَاسِبُ التَّخْفِيفَ، بِخِلافِ مَا ذَكَرْنَاهُ مِنْ مُمَاثِلِهِ، فَإِنَّهُ لَمْ يَكْثُرْ كَثْرَتَهُ، فَبَقِيَ عَلَى الْجَوَازِ، فَلا يَلْزَمُ مِنَ الْتِزَامِ التَّخْفِيفِ إِنْ كَانَ جَائِزًا لِهَذَا السَّبَبِ الَّذِي يَقْتَضِي الالْتِزَامَ الْتِزَامُ التَّخْفِيفِ مَعَ انْتِفَاءِ هَذَا السَّبَبِ الْمَذْكُورِ، فَظَهَرَ الْفَرْقُ بَيْنَ الْبَابَيْنِ.

ثُمَّ انْتَقَلَ إِلَى الْقِسْمِ الآخَرِ مِنَ الْهَمَزَاتِ، وَهُوَ مَا إِذَا كَانَتْ مُتَحَرِّكَةً وَقَبْلَهَا مُتَحَرِّكٌ، وَلَمْ يَبْقَ غَيْرُهُ، فَذَكَرَ فِي ضِمْنِ كَلامِهِ تَقْسِيمَهَا، وَلَمْ يَسْتَوْفِهِ إِلا عَلَى مَذْهَبِ سِيبَوَيْهِ بِأَنْ يَجْعَلَ كُلَّ الْهَمَزَاتِ بَيْنَ بَيْنَ، وَالأَوْلَى أَنْ يُقَالَ: هَذِهِ الْهَمْزَةُ تَنْقَسِمُ بِاعْتِبَارِ حَرَكَةِ مَا قَبْلَهَا بِالانْقِسَامِ الْعَقْلِيِّ إِلَى تِسْعَةِ أَقْسَامٍ: مَفْتُوحَةٍ وَقَبْلَهَا أَحَدُ ثَلاثِ حَرَكَاتٍ، وَمَضْمُومَةٍ كَذَلِكَ، وَمَكْسُورَةٍ كَذَلِكَ، فَصَارَتْ تِسْعَةً، كَـ (سَأَلَ)، و(مِائَةٍ)، و(مُؤَجَّلا)، و(وَرُؤُوفٌ)، و(مُسْتَهْزِئُونَ)، و(رُؤُوسٌ)، و(سَئِمَ)، و(سُئِلَ)، و(مُسْتَهْزِئِينَ).

فَأَمَّا الْمَفْتُوحَةُ الْمَضْمُومُ مَا قَبْلَهَا فَتُقْلَبُ وَاوًا كَـ (جُوَنٍ)، وَالْمَفْتُوحَةُ الْمَكْسُورُ مَا قَبْلَهَا تُقْلَبُ يَاءً بِاتِّفَاقٍ فِيهِمَا، وَإِنَّمَا كَانَ كَذَلِكَ؛ لأَنَّهُ تَعَذَّرَ النَّقْلُ فِيهَا لِتَحَرُّكِ مَا قَبْلَهَا، وَتَعَذَّرَ جَعْلُهَا بَيْنَ بَيْنَ؛ لأَنَّهَا تَصِيرُ كَالأَلِفِ، وَالأَلِفُ لا يَكُونُ قَبْلَهَا إِلا فَتْحَةٌ، فَقُصِدَ إِلَى أَنْ يَكُونَ مَا قَبْلَهَا كَذَلِكَ، فَلَمْ يَبْقَ إِلا إِبْدَالُهَا، وَإِبْدَالُهَا إِمَّا أَنْ يَكُونَ بِاعْتِبَارِ حَرَكَتِهَا، أَوْ

بِاعْتِبَارِ حَرَكَةِ مَا قَبْلَهَا، وتَعذَّرَ إِبْدَالُهَا بِحَرَكَتِهَا؛ لأنَّ الألِفَ لا تَقْبَلُ حَرَكَةً، وَلا يَكُونُ قَبْلَهَا ضَمٌّ، فَوَجَبَ إِبْدَالُهَا بِاعْتِبَارِ حَرَكَةِ مَا قَبْلَهَا، فَأُبْدِلَتْ بَعْدَ الضَّمَّةِ وَاوًا، وَبَعْدَ الْكَسْرَةِ يَاءً.

وَأَمَّا الْمَضْمُومَةُ الْمَكْسُورُ مَا قَبْلَهَا وَالْمَكْسُورَةُ الْمَضْمُومُ مَا قَبْلَهَا، فَقَدْ زَعَمَ الأخْفَشُ أَنَّهُمَا تُقْلَبَانِ حَرْفًا مِنْ جِنْسِ حَرَكَةِ مَا قَبْلَهُمَا، فَيَقْلِبُهَا فِي (مُسْتَهْزِئُونَ) يَاءً، وَفِي (سُئِلَ) وَاوًا، وَالشُّبْهَةُ فِي ذَلِكَ أَنَّهُ لَوْ جَعَلُوهَا بَيْنَ بَيْنَ لأدَّى فِي (مُسْتَهْزِئُونَ) إِلَى شِبْهِ الْوَاوِ السَّاكِنَةِ وَقَبْلَهَا كَسْرَةٌ، وَفِي (سُئِلَ) إِلَى شِبْهِ الْيَاءِ وَقَبْلَهَا ضَمَّةٌ، فَكَمَا كَرِهُوا شِبْهَ الألِفِ وَقَبْلَهَا غَيْرُ فَتْحَةٍ فَلْيُكْرَهْ شِبْهُ الْيَاءِ وَالْوَاوِ وَقَبْلَهُمَا كَسْرَةٌ وَضَمَّةٌ، وَهَذَا غَيْرُ مُسْتَقِيمٍ لأمْرَيْنِ:

أَحَدُهُمَا: أَنَّ ذَلِكَ فِي الألِفِ مُتَعَذِّرٌ، وَهُوَ فِي الْيَاءِ وَالْوَاوِ مُسْتَثْقَلٌ، فَلا يَلْزَمُ مِنَ امْتِنَاعِ شِبْهِ الْمُتَعَذِّرِ امْتِنَاعُ شِبْهِ الْمُسْتَثْقَلِ، ثُمَّ وَلَوْ سُلِّمَ التَّسْوِيَةُ فِيهِمَا فِي التَّعَذُّرِ وَالاسْتِثْقَالِ، فَفِي مَحَلِّ الاتِّفَاقِ فَرُّوا إِلَى مَا لا اسْتِثْقَالَ فِيهِ وَلا تَعَذُّرَ، نَحْوُ: (مُوَجَّلا، وَمِيَةٍ)؛ لأنَّ الْوَاوَ الْمَفْتُوحَةَ الْمَضْمُومَ مَا قَبْلَهَا، وَالْيَاءَ الْمَفْتُوحَةَ الْمَكْسُورَ مَا قَبْلَهَا تَصِحَّانِ، وَفِي مَحَلِّ النِّزَاعِ يَكُونُ الْفِرَارُ مِنْ شِبْهِ الْمُسْتَثْقَلِ إِلَى مُسْتَثْقَلٍ مُحَقَّقٍ، وَهُوَ بِالْفِرَارِ مِنْهُ أَوْلَى، أَلا تَرَى أَنَّكَ إِذَا قُلْتَ: (مُسْتَهْزِيُونَ)، و(سُوِلَ) أَتَيْتَ بِيَاءٍ مَضْمُومَةٍ قَبْلَهَا كَسْرَةٌ وَوَاوٍ مَكْسُورَةٍ قَبْلَهَا ضَمَّةٌ، وَذَلِكَ مَرْفُوضٌ فِي كَلامِهِمْ، وَأَنْتَ فَرَرْتَ مِمَّا يُشْبِهُ الْمَرْفُوضَ، فَكَيْفَ تَفِرُّ مِنْ شِبْهِ مَرْفُوضٍ إِلَى مَا هُوَ مَرْفُوضٌ حَقِيقَةً؟

فَثَبَتَ أَنَّ الْوَجْهَ مَذْهَبُ سِيبَوَيْهِ فِي ذَلِكَ، وَبَقِيَّةُ الْهَمَزَاتِ الْمَذْكُورَةِ تُجْعَلُ بَيْنَ بَيْنَ لأمْنِ مَا ذَكَرْنَاهُ فِي نَحْوِ: (مُوَجَّلا، وَمِيَةٍ)، وَانْتِفَاءِ مَا يُخِلُّ فِي نَحْوِ: (مُسْتَهْزِيُونَ)، و(سُيِلَ)، فَجُعِلَتْ فِي بَقِيَّةِ الأقْسَامِ بَيْنَ بَيْنَ، وَكَذَلِكَ مَا خَالَفَ فِيهِ الأخْفَشُ حُكْمُهُ هَذَا الْحُكْمُ عِنْدَ غَيْرِهِ، وَقَدْ تَقَدَّمَ أَنَّ بَعْضَ النَّحْوِيِّينَ يُجِيزُ فِيمَا خَالَفَ فِيهِ الأخْفَشُ، وَهُوَ بَابُ (مُسْتَهْزِئُونَ) و(سُئِلَ) أَنْ تُجْعَلَ بَيْنَ الْهَمْزَةِ وَالْحَرْفِ الَّذِي مِنْهُ حَرَكَةُ مَا قَبْلَهَا، فَتُجْعَلَ فِي (يَسْتَهْزِئُونَ) بَيْنَ الْهَمْزَةِ وَالْيَاءِ، وَفِي (سُئِلَ) بَيْنَ الْهَمْزَةِ وَالْوَاوِ.

قَالَ: (وَقَدْ تُبْدَلُ مِنْهَا حُرُوفُ اللِّينِ).

وَذَلِكَ رَاجِعٌ إِلَى السَّمَاعِ الْمَحْضِ، فَيُتَّبَعُ تَجْوِيزُهُ فِيمَا سُمِعَ، ثُمَّ أَوْرَدَ مُسْتَشْهِدًا عَلَى ذَلِكَ (مِنْسَاةِ)، و(سَالَتْ)، ثُمَّ أَنْشَدَ عَجُزَ بَيْتِ عَبْدِ الرَّحْمَنِ مُسْتَشْهِدًا بِهِ عَلَى مِثْلِ ذَلِكَ، وَهُوَ قَوْلُهُ:

يُشَجِّجُ رَأْسَهُ بِالْفِهْرِ وَاجِي ....

وَأَصْلُهُ (وَاجِئ)، فَقُلِبَت الْهَمْزَةُ يَاءً، وَقَدْ أَنْشَدَهُ سِيبَوَيْهِ أَيْضًا مِثْلَ ذَلِكَ، وَهُوَ عِنْدِي وَهْمٌ، فَإِنَّ هَذِهِ الْهَمْزَةَ مَوْقُوفٌ عَلَيْهَا، فَالْوَجْهُ أَنْ تُسَكَّنَ لأجْلِ الْوَقْفِ، وَإِذَا سَكَنَتْ دَبرَهَا حَرَكَةُ مَا قَبْلَهَا، فَيَجِبُ فِي التَّسْهِيلِ أَنْ تُقْلَبَ يَاءً، فَلَيْسَ لإيرَادِهِمْ لَهَا فِيمَا خَرَجَ عَنِ الْقِيَاسِ مِنْ إِبْدَالِ الْهَمْزَةِ حَرْفَ لِينٍ وَجْهٌ مُسْتَقِيمٌ، وَقَدِ اعْتُذِرَ لَهُمْ فِي ذَلِكَ بِأَنْ قِيلَ: الْقَصِيدَةُ مُطْلَقَةٌ بِالْيَاءِ، وَيَاءُ الإطْلاقِ لا تَكُونُ مُبْدَلَةً عَنْ هَمْزَةٍ؛ لأَنَّ الْمُبْدَلَةَ عَنِ الْهَمْزَةِ فِي حُكْمِ الْهَمْزَةِ بِدَلِيلِ قَوْلِهِمْ: (رُؤْيَا)، فَجَعَلَهَا يَاءً لِلإطْلاقِ ضَرُورَةً، فَصَحَّ إِيرَادُهُمْ لَهَا فِيمَا خَرَجَ عَنِ الْقِيَاسِ فِي قَلْبِ الْهَمْزَةِ حَرْفَ لِينٍ.

وَالْجَوَابُ: أَنَّ ذَلِكَ لا يَدْفَعُ كَوْنَ التَّخْفِيفِ جَارِيًا عَلَى الْقِيَاسِ؛ لأَنَّ الضَّرُورَةَ فِي جَعْلِ الْيَاءِ مُبْدَلَةً عَنِ الْهَمْزَةِ يَاءَ إِطْلاقٍ، لا أَنَّ إِبْدَالَهَا يَاءً عَلَى خِلافِ الْقِيَاسِ؛ لأَنَّهُمَا أَمْرَانِ مُتَقَاطِعَانِ، فَتَخْفِيفُهَا إِلَى الْيَاءِ أَمْرٌ وَجَعْلُهَا يَاءَ إِطْلاقٍ أَمْرٌ آخَرُ، وَالْكَلامُ إِنَّمَا هُوَ فِي إِبْدَالِهَا يَاءً، فَلا يَنْفَعُ الْعُدُولُ إِلَى الْكَلامِ فِي جَعْلِهَا يَاءَ إِطْلاقٍ، فَثَبَتَ أَنَّ قَلْبَهَا يَاءً فِي هَذَا الْمَحَلِّ قِيَاسُ تَخْفِيفِ الْهَمْزَةِ، وَأَنَّ كَوْنَهَا إِطْلاقًا لا يَضُرُّ فِي كَوْنِهَا جَارِيَةً عَلَى الْقِيَاسِ فِي التَّخْفِيفِ، نَعَمْ يَضُرُّ فِي كَوْنِهِ جَعَلَ مَا لا يَصِحُّ أَنْ يَكُونَ إِطْلاقًا إِطْلاقًا، وَتِلْكَ قَضِيَّةٌ ثَانِيَةٌ، هَذَا بَعْدَ تَسْلِيمِ أَنَّ الْيَاءَاتِ وَالْوَاوَاتِ وَالأَلِفَاتِ الْمُنْقَلِبَاتِ عَنِ الْهَمْزَةِ لا يَصِحُّ أَنْ تَكُونَ إِطْلاقًا، وَهُوَ فِي التَّحْقِيقِ غَيْرُ مُسَلَّمٍ، إِذْ لا فَرْقَ فِي حَرْفِ الإطْلاقِ بَيْنَ أَنْ يَكُونَ عَنْ هَمْزَةٍ وَبَيْنَ أَنْ يَكُونَ عَنْ غَيْرِ ذَلِكَ، كَمَا فِي حَرْفِ الرِّدْفِ وَأَلِفِ التَّأْسِيسِ.

ثُمَّ قَالَ: (وَقَدْ حَذَفُوا الْهَمْزَةَ فِي " كُلْ، وَمُرْ، وَخُذْ") إِلَى آخِرِهِ.

وَهَذَا أَيْضًا بَابٌ مِنَ الْحَذْفِ عَلَى غَيْرِ قِيَاسٍ، وَقِيَاسُهُ أَنْ تُقْلَبَ حَرْفَ لِينٍ وَاجِبًا إِذَا ابْتُدِئَ بِهَا عَلَى مَا سَيَأْتِي فِي مِثْلِهَا، وَجَائِزًا إِذَا اتَّصَلَتْ بِشَيْءٍ قَبْلَهَا، إِلا أَنَّهُمْ حَذَفُوهَا عَلَى غَيْرِ قِيَاسِ تَخْفِيفِ الْهَمْزَةِ لأَمْرٍ عَرَضَ فِيهَا، وَهُوَ كَثْرَةُ اسْتِعْمَالِهِمْ لَهَا، فَنَاسَبَ ذَلِكَ حَذْفَهَا عَلَى مَا ذَكَرْنَاهُ فِي (يَرَى)، إِلا أَنَّهُ فِي (يَرَى) الْتِزَامٌ جَارٍ عَلَى الْقِيَاسِ، وَهُوَ هَاهُنَا الْتِزَامٌ فِيمَا لَمْ يَجْرِ عَلَى الْقِيَاسِ؛ لأَنَّ تَخْفِيفَهَا عِنْدَ الابْتِدَاءِ بِهَا لازِمٌ مَعَ اسْتِثْقَالٍ لأَجْلِ هَمْزَةِ الْوَصْلِ الَّتِي تَنْضَمُّ إِلَيْهَا، وَهُوَ قَوْلُكَ: (أُوخُذْ)، و(أُوكُلْ)، و(أُومُرْ)، فَصَارَ الاسْتِثْقَالُ حَاصِلا مَعَ الْجَرَيَانِ عَلَى قِيَاسِ تَخْفِيفِ الْهَمْزَةِ، فَفَرُّوا إِلَى الْحَذْفِ لِلتَّخْفِيفِ؛ لأَجْلِ كَثْرَةِ الاسْتِعْمَالِ، فَثَبَتَ أَنَّ هَذَا الالْتِزَامَ وَإِنْ كَانَ عَلَى خِلافِ قِيَاسِ تَخْفِيفِ

الْهَمْزَةِ مِثْلُ الالْتِزَامِ فِي (يَرَى)، وَإِنْ كَانَ عَلَى قِيَاسِ تَخْفِيفِ الْهَمْزَةِ.

وَقَدْ جَاءَ فِي صِيغَةِ الأمْرِ مِنْ (أَمَرَ) (يَأْمُرُ) الْوَجْهَانِ: الأَصْلُ وَالْفَرْعُ، فَلَكَ أَنْ تَقُولَ: (أُؤْمُرْ)، وَلَكَ أَنْ تَقُولَ: (مُرْ)؛ لأنَّهُ لَمْ يَكْثُرْ كَثْرَةَ (خُذْ) و(كُلْ)، وَلَمْ يَقِلَّ قِلَّةَ (إِيسِرْ) مِنْ (أَسَرَ يَأْسِرُ)، فَجَرَى مَا كَثُرَ عَلَى التَّخْفِيفِ الْمَذْكُورِ، وَمَا لَمْ يَكْثُرْ عَلَى الْقِيَاسِ الْمَذْكُورِ، وَمَا تَوَسَّطَ بَيْنَهُمَا عَلَى الْوَجْهَيْنِ جَمِيعًا لِقُرْبِهِ مِنَ الْبَابَيْنِ جَمِيعًا.

قَالَ: (وَإِذَا خُفِّفَتْ هَمْزَةُ الأحْمَرِ عَلَى طَرِيقِهَا فَتَحَرَّكَتْ لامُ التَّعْرِيفِ اتَّجَهَ لَهُمْ فِي أَلِفِ اللامِ طَرِيقَانِ)، إِلَى آخِرِهِ.

وَطَرِيقُهَا: أَنْ تُنْقَلَ حَرَكَتُهَا إِلَى مَا قَبْلَهَا، فَتَتَحَرَّكَ لامُ التَّعْرِيفِ بِحَرَكَتِهَا، فَلَمَّا تَحَرَّكَتْ بِحَرَكَتِهَا نَظَرَ بَعْضُهُمْ إِلَى الْحَرَكَةِ الْمُحَقَّقَةِ، فَاسْتَغْنَى عَنْ هَمْزَةِ اللامِ؛ لأنَّهَا لَمْ يُؤْتَ بِهَا إِلا لِسُكُونِ اللامِ، وَمِنْهُمْ مَنْ نَظَرَ إِلَى أَنَّ الْحَرَكَةَ عَارِضَةٌ، فَجَعَلَهَا فِي حُكْمِ السَّاكِنِ، فَبَقَّى الْهَمْزَةَ دَاخِلَةً عَلَيْهَا، وَذَلِكَ كُلُّهُ عِنْدَ الابْتِدَاءِ.

قَالَ فِي هَذَا الْمَذْهَبِ الأوَّلِ: (هُوَ الْقِيَاسُ).

وَلَيْسَ عِنْدِي بِالْقِيَاسِ، وَلا مَا عَلَيْهِ الْفُصَحَاءُ الْمُحَقِّقُونَ لِلْهَمْزِ، وَلا عَلَى مَا عَلَيْهِ الْقِرَاءَةُ الصَّحِيحَةُ فِيمَنْ خَفَّفَ الْهَمْزَةَ.

أَمَّا وَجْهُ كَوْنِهَا لَيْسَ بِالْقِيَاسِ؛ فَلأنَّ قِيَاسَ كَلامِ الْعَرَبِ أَنْ لا يُعْتَدَّ بِالْعَارِضِ، بِدَلِيلِ امْتِنَاعِ رَدِّ الْوَاوِ فِي قَوْلِهِ تَعَالَى: ﴿لَمْ يَكُنِ الَّذِينَ كَفَرُوا﴾ [البينة:١]، وَالْوَاوُ فِي ﴿قُلِ انْظُرُوا﴾ [يونس:١]، وَأَمْثَالُ ذَلِكَ كَثِيرَةٌ، فَثَبَتَ أَنَّ الْعَارِضَ فِي كَلامِهِمْ قِيَاسُهُ أَنْ لا يُعْتَدَّ بِهِ، وَالشُّبْهَةُ لِمَنْ ظَنَّ أَنَّهَا الْقِيَاسُ مَا تَوَهَّمَهُ فِي صِيغَةِ الأمْرِ مِنْ نَحْوِ (قُلْ)، و(سِرْ) وَشِبْهِهِ، وَتَقْرِيرُهُ أَنَّ أَصْلَهُ (أُقْوُلْ)، و(إِسْيِرْ)، فَلَمَّا أُعِلَّ بِنَقْلِ حَرَكَةِ الْعَيْنِ إِلَى الْفَاءِ حُذِفَتِ الْعَيْنُ لالْتِقَاءِ السَّاكِنَيْنِ، فَلَمَّا تَحَرَّكَتِ الْفَاءُ اسْتُغْنِيَ عَنِ الْهَمْزَةِ، وَلَوْلا الاعْتِدَادُ بِالْعَارِضِ لَقِيلَ فِي (قُلْ): (أُقُلْ)، وَفِي (سِرْ): (إِسِرْ)، وَلَمَّا لَمْ يُقَلْ ذَلِكَ دَلَّ عَلَى أَنَّ الْعَارِضَ فِي مِثْلِ ذَلِكَ يُعْتَدُّ بِهِ، وَهُوَ أَشْبَهُ عِنْدَهُمْ بِمَا اعْتَمَدَ عَلَيْهِ غَيْرُهُمْ، وَكَذَلِكَ قَوْلُهُمْ: (يَسَلُ) إِذَا خُفِّفَتِ الْهَمْزَةُ، قِيلَ فِي الأمْرِ: (سَلْ)، وَلَوْلا الاعْتِدَادُ بِهَذِهِ الْحَرَكَةِ الْعَارِضَةِ لَوَجَبَ أَنْ يُقَالَ: (إِسَلْ).

وَالْجَوَابُ عَنْ ذَلِكَ: أَنَّ فِعْلَ الأمْرِ فَرْعُ الْمُضَارِعِ، فَمَا اعْتَلَّ فِي الْمُضَارِعِ فَهُوَ ثَابِتٌ فِي الأمْرِ، فَإِذَا أُمِرَ مِنَ الْمُضَارِعِ حُذِفَ حَرْفُ الْمُضَارَعَةِ، ثُمَّ نُطِقَ بِمَا بَعْدَهُ، فَإِنِ احْتِيجَ إِلَى هَمْزَةٍ اجْتُلِبَتْ، وَإِلا فَلا، فَإِذَنْ لَمْ يَكُنْ لِلْهَمْزَةِ فِي مِثْلِ (قُلْ) تَحْقِيقٌ؛ لأنَّهُ لَمْ يُنْطَقْ

بِالْمُضَارِعِ فِيهِ إلا مُتَحَرِّكًا، وَالأَمْرُ فَرْعٌ عَلَيْهِ، فَلَمْ تَكُنْ ثَمَّةَ هَمْزَةٌ بِوَجْهٍ، بِخِلافِ مَا نَحْنُ فِيهِ.

الثَّانِي: أَنَّ الْحَرَكَةَ فِي (قُلْ) مَعَ مُوجِبِهَا كَلِمَةٌ وَاحِدَةٌ، فَصَارَتْ فِي حُكْمِ الأَصْلِيِّ اللُّزُومِ، وَلَيْسَتِ الْحَرَكَةُ فِي اللامِ كَذَلِكَ؛ لأَنَّهَا كَلِمَةٌ مُسْتَقِلَّةٌ، فَلا يَلْزَمُ مِنَ اعْتِبَارِ مَا صَارَ لازِمًا لا يُنْطَقُ بِهِ إلا كَذَلِكَ اعْتِبَارُ مَا لَيْسَ بِلازِمٍ، وَلِذَلِكَ كَثُرَ قَوْلُهُمْ: (أَلْحَمَرَ)، وَلَمْ يَقُلْ أَحَدٌ: (أُقُلْ)، وَلا (إسَلْ).

الثَّالِثُ: أَنَّ الإعْلالَ قَضِيَّةٌ وَاجِبَةٌ لِمُوجِبٍ قَوِيٍّ، وَتَخْفِيفُ الْهَمْزَةِ لَيْسَ بِحَتْمٍ، بَلْ أَمْرٌ جَائِزٌ، فَلا يَلْزَمُ مِنَ اعْتِبَارِ الأَمْرِ الْوَاجِبِ اعْتِبَارُ الأَمْرِ الْجَائِزِ، وَهَذَا يَخْتَصُّ بِالْفَرْقِ بَيْنَ بَابِ (قُلْ) وَبَابِ (أَلْحَمَرِ)، وَلا يَنْدَرِجُ فِيهِ بَابُ (سَلْ)؛ لأَنَّهُ أَيْضًا تَخْفِيفُ هَمْزَةٍ، وَلَكِنْ يُقَالُ فِيهِ: إِنَّهُ كَثُرَ اسْتِعْمَالُهُمْ إِيَّاهُ مُخَفَّفًا، حَتَّى صَارَ كَاللازِمِ لِلإِعْلامِ لِكَثْرَتِهِ فِي كَلامِهِمْ، فَتَنَزَّلَ مَنْزِلَةَ مَا ذَكَرْنَاهُ فِي (قُلْ)، فَقَدْ ثَبَتَ بِمَا ذَكَرْنَاهُ أَنَّ مِثْلَ هَذَا الْعَارِضِ الْقِيَاسُ أَنْ لا يُعْتَدَّ بِهِ.

فَإِنْ قِيلَ: إِذَا جَعَلْتُمُ الْحَرَكَةَ فِيهِ كَحَرَكَةِ "**لَمْ يَكُنِ الَّذِينَ**" [البينة:١]، فَيَنْبَغِي أَنْ لا تُجِيزُوا الْحَذْفَ فِي الْهَمْزَةِ لِعُرُوضِ الْحَرَكَةِ، كَمَا لا تُجِيزُونَ رَدَّ الْوَاوِ فِي ﴿لَمْ يَكُنِ الَّذِينَ﴾؛ لأَنَّهُمَا جَمِيعًا لازِمَانِ لِلسُّكُونِ الأَصْلِيِّ، وَقَدْ جَعَلْتُمُ الْعُرُوضَ لا اعْتِدَادَ بِهِ.

قُلْتُ: فِيهِ وَجْهَانِ:

أَحَدُهُمَا: أَنَّهَا لَمَّا كَانَتْ كَالْجُزْءِ مِمَّا بَعْدَهَا نُزِّلَتْ مَعَهَا كَجُزْءٍ مِنْهَا، عَلَى مَا تَقَرَّرَ فِي نَحْوِ: (قُلْ)، و(سَلْ)، فَأُجْرِيَتْ مُجْرَاهُ لِهَذَا الشَّبَهِ.

وَثَانِيهَا: أَنَّهُ مَبْنِيٌّ عَلَى أَنَّ الْهَمْزَةَ أَصْلٌ خُفِّفَتْ؛ لِكَثْرَةِ اسْتِعْمَالِهَا عِنْدَ الاسْتِغْنَاءِ عَنْهَا، فَكَمَا حُذِفَتْ عِنْدَ الاسْتِغْنَاءِ عَنْهَا فِي قَوْلِكَ: (ضَرَبْتُ الرَّجُلَ) حُذِفَتْ عِنْدَ الاسْتِغْنَاءِ عَنْهَا فِي قَوْلِكَ: مُبْتَدِئًا (لَحْمَرُ).

ثُمَّ ذَكَرَ أَحْكَامًا تُبْنَى عَلَى الاعْتِدَادِ بِالْحَرَكَةِ وَنَفْيِ الاعْتِدَادِ بِهَا، فَكُلُّ مَوْضِعٍ جُعِلَتْ مُعْتَدًّا بِهَا، فَوَاجِبٌ أَنْ يَكُونَ حُكْمُهَا حُكْمَ كَلِمَةٍ مُتَحَرِّكٍ أَوَّلُهَا، فَلا يُحْذَفُ قَبْلَهَا حَرْفُ عِلَّةٍ، وَلا يُحَرَّكُ سَاكِنٌ، فَلِذَلِكَ تَقُولُ عَلَى هَذِهِ اللُّغَةِ فِي (لَحْمَرِ): (وَمَا لَحْمَرُ)، و(خُذُوا لَحْمَرَ)، و(مِنَ لَحْمَرِ)، و(زَيْدٌ لَحْمَرُ).

وَكُلُّ مَوْضِعٍ لَمْ تُجْعَلْ مُعْتَدًّا بِهَا، فَوَاجِبٌ أَنْ يَكُونَ حُكْمُهَا حُكْمَ كَلِمَةٍ سَاكِنٍ أَوَّلُهَا، فَيُحْذَفَ قَبْلَهَا حَرْفُ الْعِلَّةِ وَيُحَرَّكَ السَّاكِنُ، فَلِذَلِكَ تَقُولُ: (فِلَحْمَرِ)، و(مِلَحْمَرِ)،

و(خُذْ لَحْمَرَ)، و(مِنَ لَحْمَرِ)، و(زَيْدٌ لَحْمَرُ)، وَعَلَى ذَلِكَ قَالَ:

(وَمِثْلُ لَحْمَرِ "عَادًا الأولَى" [النجم:٥٠]).

يَعْنِي: و(مِثْلُ لَحْمَرِ)، فِيمَنِ اعْتَدَّ بِالْحَرَكَةِ، فَحَذَفَ الْهَمْزَةَ، و(عَادَ لُّولَى) فِي قِرَاءَةِ أَبِي عَمْرٍو؛ لأَنَّهَا لَمْ يُحَرِّكِ السَّاكِنَ، لِكَوْنِهِ قَدَّرَ اللامَ مُتَحَرِّكَةً أَصْلا، وَلَوْ لَمْ يَعْتَدَّ بِهَا لَوَجَبَ أَنْ يُحَرِّكَ التَّنْوِينُ، وَكَذَلِكَ (مِنْ لانَ).

ثُمَّ قَالَ: (وَمَنْ قَالَ: " أَلَحْمَر "، قَالَ: " مِنَ لان ").

يَعْنِي: أَنَّ مَنْ لَمْ يَعْتَدَّ بِالْحَرَكَةِ الْعَارِضَةِ وَجَعَلَ اللامَ فِي حُكْمِ السَّاكِنِ حَتَّى أَوْجَبَ دُخُولَ الْهَمْزَةِ عَلَى مَا كَانَ عَلَيْهِ قَبْلَ النَّقْلِ، فَهَؤُلاءِ يَقُولُونَ: (مِنَ لان) بِتَحْرِيكِ النُّونِ لالْتِقَاءِ السَّاكِنَيْنِ؛ لأَنَّ السُّكُونَ الَّذِي أَوْجَبَ عِنْدَهُمُ الْمَجِيءَ بِالْهَمْزَةِ يَقْتَضِي- أَيْضًا أَنْ يُحَرِّكَ السَّاكِنُ الَّذِي قَبْلَهُ لالْتِقَاءِ السَّاكِنَيْنِ، وَتَحْرِيكُ نُونِ (مِنْ) بِالْفَتْحِ عَلَى اللُّغَةِ الْفَصِيحَةِ، فَوَجَبَ أَنْ يُقَالَ: (مِنَ لانَ) بِفَتْحِ النُّونِ.

ثُمَّ ذَكَرَ لُغَةً أُخْرَى عَلَى قَوْلِ مَنْ قَالَ: (أَلَحْمَر) غَيْرَ مُعْتَدٍّ بِالْحَرَكَةِ، وَهُمُ الَّذِينَ يَحْذِفُونَ نُونَ (مِنْ)؛ لِسُكُونِهَا وَسُكُونِ لامِ التَّعْرِيفِ بَعْدَهَا إِجْرَاءً لَهَا مُجْرَى حَرْفِ الْعِلَّةِ؛ لِكَثْرَتِهَا مَعَهَا فِي الْكَلامِ، فَيَقُولُونَ: (مِلْكَذِبِ) فِي (مِنَ الْكَذِبِ)، فَهَؤُلاءِ إِذَنْ لَمْ يَعْتَدُّوا بِالْحَرَكَةِ الْعَارِضَةِ فِي قَوْلِهِمْ: (أَلَحْمَر)، حَذَفُوا النُّونَ لالْتِقَاءِ السَّاكِنَيْنِ، كَمَا يَحْذِفُونَهَا فِي (مِلْكَذِبِ)؛ لأَنَّ السُّكُونَ فِي مِثْلِ (مِلْكَذِبِ)، وَفِي مِثْلِ (مِلانَ) إِذَا لَمْ يُعْتَدَّ بِالْحَرَكَةِ سَوَاءٌ، فَإِذَا سَوَّغُوا الْحَذْفَ فِي مِثْلِ (مِلْكَذِبِ) سَوَّغُوهُ فِي مُمَاثِلِهِ، وَهُوَ (مِلانَ).

قَالَ: (وَإِذَا الْتَقَتْ هَمْزَتَانِ فِي كَلِمَةٍ وَاحِدَةٍ)، إِلَى آخِرِهِ.

انْتَقَلَ إِلَى الْكَلامِ فِي تَخْفِيفِ الْهَمْزَةِ إِذَا اجْتَمَعَ مَعَ الْهَمْزَةِ، فَعُلِمَ أَنَّ مَا تَقَدَّمَ عَلَى تَقْدِيرِ الانْفِرَادِ، ثُمَّ قَسَّمَ ذَلِكَ إِلَى مَا يَكُونُ فِي كَلِمَةٍ أَوْ فِي كَلِمَتَيْنِ، وَذَلِكَ حَاصِرٌ.

فَإِنْ كَانَ فِي كَلِمَةٍ لَمْ تَخْلُ الثَّانِيَةُ مِنْ أَنْ تَكُونَ سَاكِنَةً أَوْ لا، فَإِنْ كَانَتْ سَاكِنَةً وَجَبَ قَلْبُهَا حَرْفًا مِنْ جِنْسِ حَرَكَةِ مَا قَبْلَهَا، لا خِلافَ فِي ذَلِكَ، كَقَوْلِكَ: (آدَم)، و(أُوْتُمِنَ)، و(إِيتِ)، وَإِنَّمَا فَعَلُوا ذَلِكَ كَرَاهَةَ اجْتِمَاعِ الْهَمْزَتَيْنِ مَعَ عُسْرِ النُّطْقِ بِالثَّانِيَةِ سَاكِنَةً بَعْدَ الأُوْلَى، وَإِذَا كَانُوا قَدْ سَهَّلُوا مِثْلَهَا مُفْرَدَةً مَعَ انْتِفَاءِ الأَمْرَيْنِ، فَلأَنْ تُسَهَّلَ هَاهُنَا أَوْلَى، فَلِذَلِكَ الْتُزِمَ، وَإِنْ كَانَتْ مُتَحَرِّكَةً فَلا يَكُونُ مَا قَبْلَهَا إِلا مُتَحَرِّكًا، فَيَسْقُطُ السُّكُونُ لِعَدَمِهِ مِنْ كَلامِهِمْ، فَهَذِهِ يَجِبُ عِنْدَ النَّحْوِيِّينَ أَنْ تُقْلَبَ الثَّانِيَةُ حَرْفَ لِينٍ، وَتُبْقَى الأُوْلَى عَلَى حَسَبِ مَا كَانَ يَجُوزُ فِيهَا، وَقَلْبُهَا حَرْفَ لِينٍ عَلَى حَسَبِ حَرَكَتِهَا، إِنْ أَمْكَنَ ذَلِكَ،

كَقَوْلِكَ: (أَيِمَّةٍ) بِيَاءٍ مَحْضَةٍ، وَإِنَّمَا لَمْ يَفْعَلُوا ذَلِكَ فِي مِثْلِ (أُوَيْدِم) لِتَعَذُّرِهِ؛ لأَنَّهُ لا يُمْكِنُ أَنْ تُحَرِّكَ الأَلِفُ، وَلا يَكُونُ مَا قَبْلَهَا إلا مَفْتُوحًا، فَوَجَبَ قَلْبُهَا بِاعْتِبَارِ حَرَكَةِ مَا قَبْلَهَا، وَإِنَّمَا لَمْ يَفْعَلُوا ذَلِكَ فِي (أَوَادِم)؛ لأَنَّهُمْ لَوْ قَلَبُوهَا (أَلِفًا) لَذَهَبَتْ حَرَكَتُهَا، وَهُمْ مُحَافِظُونَ عَلَيْهَا، وَلَيْسَ قَبْلَهَا مَا يُمْكِنُ رَدُّهُ إِلَيْهِ؛ لأَنَّهَا أَيْضًا فَتْحَةٌ، فَوَجَبَ حَمْلُهُ عَلَى مَا ثَبَتَ فِيمَا هُوَ مِنْهُ، وَهُوَ (أُوَيْدِمُ)، فَقَلَبُوهَا وَاوًا.

فَإِنْ قِيلَ: فَقَدْ قَلَبُوهَا (يَاءً) فِي مِثْلِ (جَائِي)، وَهِيَ مَضْمُومَةٌ، وَقِيَاسُهَا عَلَى مَا ذَكَرْتَ أَنْ تُقْلَبَ وَاوًا؟

قُلْتُ: الأَوْلَى أَنْ يُقَالَ: قُلِبَتْ وَاوًا عَلَى ذَلِكَ الْقِيَاسِ، ثُمَّ قُلِبَتِ الْوَاوُ يَاءً لانْكِسَارِ مَا قَبْلَهَا، وَيَجُوزُ أَنْ يُقَالَ مِنَ الأَصْلِ: إِنَّ أَصْلَهُ أَنْ تُقْلَبَ حَرْفًا مِنْ جِنْسِ حَرَكَةِ مَا قَبْلَهَا، فَذَلِكَ قَالُوا: (أُوَيْدِم)، و(جَائِي) بِقَلْبِ الأُوْلَى وَاوًا وَالثَّانِيَةِ يَاءً، إلا أَنْ يَمْنَعَ مَانِعٌ فِي مِثْلِ (أَوَادِم) عَلَى مَا تَقَدَّمَ تَقْرِيرُ الْمَنْعِ، فَيُرْجَعُ إِلَيْهَا فِي نَفْسِهَا إِنْ أَمْكَنَ، كَقَوْلِهِمْ: (أَيِمَّة)، وَكَقَوْلِهِمْ: (أُوَوْلُ إِلَى كَذَا)، أَوْ إِلَى الْوَاوِ إِنْ تَعَذَّرَ الأَمْرَانِ، كَقَوْلِكَ: (أَوَادِم)، وَالْوَجْهَانِ مُسْتَقِيمَانِ، وَيَتَرَجَّحُ الأَوَّلُ بِأَنَّ الإِبْدَالَ إِنَّمَا كَانَ فِيمَا ثَبَتَ فِي غَيْرِ هَذَا الْبَابِ بِاعْتِبَارِ حَرَكَةِ الْحَرْفِ السَّابِقِ، فَكَانَ جَعْلُ هَذَا هُوَ الأَصْلُ أَوْلَى، وَهُوَ الْوَجْهُ الأَوَّلُ، وَلَكِنَّهُ قَدَحَ فِيهِ قَوْلُهُمْ: (جَاءٍ)، وَشِبْهُهُ، وَاحْتِيجَ إِلَى الْجَوَابِ عَنْهُ بِمَا تَقَدَّمَ.

قَالَ: (وَمِنْهُ " جَاءٍ، وَخَطَايَا ").

لأَنَّ أَصْلَ (جَاءٍ) (جَايِئ) بِاتِّفَاقٍ، فَمِنْهُمْ مَنْ يَقُولُ: وَقَعَتِ الْيَاءُ بَعْدَ أَلِفِ فَاعِلٍ، فَوَجَبَ قَلْبُهَا هَمْزَةً، فَصَارَ (جَائِئ)، فَاجْتَمَعَتْ هَمْزَتَانِ فِي كَلِمَةٍ وَاحِدَةٍ، فَوَجَبَ قَلْبُ الثَّانِيَةِ عَلَى مَا تَقَدَّمَ، ثُمَّ أُعِلَّتْ كَمَا أُعِلَّ (غَازٍ)، و(قَاضٍ)، فَبَقِيَ (جَاءٍ)، وَهُوَ جَارٍ مَجْرَى (قَاضٍ).

وَمِنْهُمْ مَنْ يَقُولُ: كَرِهُوا أَنْ يَهْمِزُوا الْيَاءَ، فَيُؤَدِّي إِلَى الاسْتِثْقَالِ بِاجْتِمَاعِ الْهَمْزَتَيْنِ، فَفَرُّوا إِلَى الْقَلْبِ، فَجَعَلُوا اللامَ مَوْضِعَ الْعَيْنِ، وَالْعَيْنَ مَوْضِعَ اللامِ، فَقَالُوا: جَائِي، ثُمَّ أَعَلُّوهُ كَمَا أَعَلُّوا (قَاضٍ)، فَوَزْنُهُ عَلَى الْقَوْلِ الأَوَّلِ (فَاعٍ)، وَعَلَى الثَّانِي (فَالٍ)، وَالثَّانِي قَوْلُ الْخَلِيلِ.

وَأَمَّا (خَطَايَا) فَأَصْلُهُ (خَطَايِئ)، وَقَعَتِ الْيَاءُ بَعْدَ الأَلِفِ، فَوَجَبَ قَلْبُهَا هَمْزَةً، كَمَا يَجِبُ فِي صَحَايِفَ، فَصَارَ (خَطَائِئ)، فَاجْتَمَعَتْ هَمْزَتَانِ، فَوَجَبَ قَلْبُ الثَّانِيَةِ عَلَى مَا ذَكَرْنَاهُ فِي (جَاءٍ)، وَالْخَلِيلُ يَقُولُ فِي جَمْعِ (خَطِيئَةٍ) مَا قَالَهُ فِي (جَاءٍ) مِنَ الْقَلْبِ الَّذِي

ذَكَرْنَاهُ، فَيَقُولُ: لَمَّا أَدَّى فِي (خَطَايِئَ) إِبْدَالُ الْيَاءِ هَمْزَةً إِلَى اجْتِمَاعِ الْهَمْزَتَيْنِ رُفِضَ، وَقُلِبَتِ اللَّامُ إِلَى مَوْضِعِ الْعَيْنِ، وَالْعَيْنُ إِلَى مَوْضِعِ اللَّامِ، فَصَارَ (خَطَائِيَ) عَلَى مَا ذَكَرْنَاهُ فِي (جَاءٍ)، فَأَدَّى الْقَوْلَانِ بِالْآخِرَةِ إِلَى الرُّجُوعِ إِلَى (خَطَائِيَ)، فَصَارَ مِثْلَ تَقْدِيرِهِ فِي جَمْعِ (رَكَايَا)، إِذْ أَصْلُ (رَكَايَا) (رَكَائِيَ)؛ لِأَنَّ رَكِيَّةً كَصَحِيفَةٍ، فَجَمْعُهُ فِي الْأَصْلِ (رَكَائِيُ)، وَالْعَرَبُ فِي كُلِّ جَمْعٍ بَعْدَ أَلِفِهِ هَمْزَةٌ عَارِضَةٌ فِي الْجَمْعِ وَيَاءٌ يَقْلِبُونَ الْهَمْزَةَ يَاءً، وَالْيَاءَ أَلِفًا، فَيَقُولُونَ فِي (رَكَائِيَ): (رَكَايَا)، فَكَذَلِكَ يَجِبُ أَنْ يَقُولُوا فِي (خَطَائِيَ): (خَطَايَا)، وَقَدْ بَيَّنَّا كَيْفِيَّةَ وُصُولِهِ إِلَى (خَطَائِيَ) الَّذِي هُوَ مِثْلُ (رَكَائِيَ)، وَسَيَأْتِي ذَلِكَ فِي مَوْضِعِهِ مُعَلَّلًا، فَلَا مَعْنَى فِي اسْتِيفَائِهِ هَاهُنَا.

ثُمَّ ذَكَرَ الْجَمْعَ بَيْنَ الْهَمْزَتَيْنِ فِي كَلِمَةٍ وَاحِدَةٍ، وَأَنَّهُ شَاذٌّ فِي كَلَامِهِمْ، وَأَتْبَعَهُ بِقِرَاءَةِ الْكُوفِيِّينَ وَابْنِ عَامِرٍ؛ قَصْدًا مِنْهُ لِتَضْعِيفِ قِرَاءَتِهِمْ، كَمَا فَعَلَ ذَلِكَ فِي غَيْرِ مَوْضِعٍ.

قَالَ: (وَإِذَا الْتَقَتَا فِي كَلِمَتَيْنِ) إِلَى آخِرِهِ.

وَقَعَ فِي بَعْضِ النُّسَخِ (جَازَ تَحْقِيقُهَا) بِقَافَيْنِ، وَهُوَ عِنْدِي تَصْحِيفٌ؛ لِأَنَّ التَّحْقِيقَ ضَعِيفٌ عِنْدَهُ، فَلَا مَعْنَى لِذِكْرِهِ مُتَقَدِّمًا، وَأَيْضًا فَإِنَّهُ قَدْ قَالَ بَعْدَ ذَلِكَ عِنْدَ ذِكْرِهِ الْفَصْلَ بَيْنَهُمَا بِأَلِفٍ: (ثُمَّ مِنْهُمْ مَنْ يُحَقِّقُ)، فَلَوْ كَانَ الْأَوَّلُ ذُكِرَ لِجَوَازِ التَّحْقِيقِ لَمْ يَكُنْ لِذِكْرِ جَوَازِ التَّحْقِيقِ مَعَ الْفَصْلِ مَعْنًى.

وَقَوْلُهُ: (وَتَخْفِيفُ إِحْدَاهُمَا بِأَنْ تُجْعَلَ بَيْنَ بَيْنَ).

غَيْرُ مُسْتَقِيمٍ، فَإِنَّهُ يَكُونُ تَخْفِيفٌ فِيهِمَا، أَوْ فِي إِحْدَيْهِمَا بِغَيْرِ ذَلِكَ، فَلَا وَجْهَ لِحَصْرِهِ تَخْفِيفَ إِحْدَيْهِمَا بِأَنْ تُجْعَلَ بَيْنَ بَيْنَ، وَالْوَجْهُ إِذَنْ تَبَيُّنُ كَيْفِيَّةِ التَّخْفِيفِ فِيهِمَا أَوْ فِي إِحْدَاهُمَا، فَتَقُولُ: إِذَا اجْتَمَعَتَا وَقُصِدَ إِلَى التَّخْفِيفِ، فَجَائِزٌ أَنْ تُخَفَّفَا جَمِيعًا، وَجَائِزٌ أَنْ تُخَفَّفَ إِحْدَاهُمَا، فَإِنْ أُرِيدَ تَخْفِيفُهُمَا جَمِيعًا، فَوَجْهَانِ:

أَحَدُهُمَا: أَنْ تُخَفَّفَ الْأُولَى عَلَى مَا يَقْتَضِيهِ قِيَاسُ التَّخْفِيفِ لَوِ انْفَرَدَتْ عَنِ الْهَمْزَةِ، ثُمَّ تُخَفَّفُ الثَّانِيَةُ عَلَى مَا يَقْتَضِيهِ قِيَاسُ تَخْفِيفِهِمَا؛ لِلِاجْتِمَاعِ عَلَى مَا يُذْكَرُ.

وَالثَّانِي: أَنْ تُخَفَّفَا مَعًا عَلَى حَسَبِ مَا يَقْتَضِيهِ تَخْفِيفُ كُلِّ وَاحِدَةٍ مِنْهَا لَوِ انْفَرَدَتْ، وَهَذَا وَاضِحٌ.

فَإِنْ أُرِيدَ تَخْفِيفُ إِحْدَاهُمَا لَمْ يَخْلُ إِمَّا أَنْ تَكُونَا مُتَّفِقَتَيْنِ فِي الْحَرَكَةِ أَوْ لَا، فَإِنْ كَانَتَا مُتَّفِقَتَيْنِ وَالْأُولَى جُزْءُ كَلِمَةٍ، فَجَائِزٌ أَنْ تُحْذَفَ إِحْدَاهُمَا وَتُسَهَّلَ الْأُخْرَى عَلَى الْقِيَاسِ الْمُتَقَدِّمِ، وَجَائِزٌ أَنْ تُبْدَلَ الثَّانِيَةُ أَلِفًا بَعْدَ الْمَفْتُوحِ، وَيَاءً بَعْدَ الْمَكْسُورِ، وَوَاوًا بَعْدَ

الْمَضْمُوم، فَإِنْ لَمْ تَكُونَا كَذَلِكَ خَفَّفْتَ أَيُّهُمَا شِئْتَ عَلَى حَسَبِ مَا يَقْتَضِيهِ قِيَاسُ التَّخْفِيفِ فِي كُلِّ وَاحِدَةٍ مِنْهُمَا لَو انْفَرَدَتْ.

ثُمَّ ذَكَرَ إِقْحَامَ الألِفِ بَيْنَ الْهَمْزَتَيْنِ، وَلَمْ يَثْبُتْ ذَلِكَ إلا فِي مِثْلِ (آأَنْتَ)، وَشِبْهِهِ كَقَوْلِهِ:

حُزُقٌّ إذَا مَا الْقَوْمُ أَبْدَوْا فُكَاهَةً تَفَكَّرَ آإِيَّاهُ يَعْنُونَ أَمْ قِرْدَا

الْحُزُقُّ بِالْحَاءِ الْمُهْمَلَةِ، ثُمَّ الزَّايِ الْمُعْجَمَةِ، ثُمَّ الْقَافِ: الْقَصِيرُ.

وَأَمَّا مِثْلُ (جَاءَ أَحَدُهُمْ)، فَلا نَعْرِفُ مِثْلَ ذَلِكَ فِيهِ، ثُمَّ جَوَازُ التَّحْقِيقِ عِنْدَ هَذَا الإِقْحَامِ يَدُلُّ عَلَى أَنَّهُ عِنْدَهُ دُونَ الإِقْحَامِ غَيْرُ جَيِّدٍ، ثُمَّ نَسَبَ ذَلِكَ إِلَى قِرَاءَةِ ابْنِ عَامِرٍ، فَإِنْ قَصَدَ إِلَى نِسْبَتِهَا مَعَ التَّحْقِيقِ فَهُوَ وَجْهٌ ضَعِيفٌ عَنِ ابْنِ عَامِرٍ، وَالْمَشْهُورُ خِلافُهُ، وَإِنْ قَصَدَ إِلَى نِسْبَتِهَا مَعَ التَّخْفِيفِ فَهُوَ الْمَشْهُورُ عَنْ هِشَامٍ دُونَ ابْنِ ذَكْوَانَ، وَلَيْسَ لِنِسْبَتِهِ ذَلِكَ إِلَى ابْنِ عَامِرٍ دُونَ أَبِي عَمْرٍو وَنَافِعٍ مَعْنًى، أَمَّا أَبُو عَمْرٍو فَلا خِلافَ عَنْهُ فِي ذَلِكَ، وَأَمَّا نَافِعٌ فَلأَنَّ قَالُونَ يَقْرَأُ كَذَلِكَ مِنْ غَيْرِ خِلافٍ أَيْضًا، فَنِسْبَةُ الْقِرَاءَةِ إِلَى مَنْ قُرِئَتْ عَنْهُ بِلا خِلافٍ، أَوْ مَنْ قَرَأَهَا أَحَدُ رِوَايَتَيْهِ بِلا خِلافٍ أَوْلَى مِنْ نِسْبَتِهَا إِلَى مَنْ قَرَأَهَا أَحَدُ رَاوِيَتَيْهِ بِخِلافٍ، فَلا وَجْهَ لِتَخْصِيصِهِ ابْنَ عَامِرٍ.

قَالَ: (وَفِي (اقْرَأْ آيَةً) ثَلاثَةُ أَوْجُهٍ).

وَهِمَ فِي الْوَجْهِ الثَّالِثِ مِنْهَا؛ لأَنَّهُ قَالَ: (وَأَنْ تُجْعَلا مَعًا بَيْنَ بَيْنَ)، وَلَيْسَتِ السَّاكِنَةُ تُجْعَلُ بَيْنَ بَيْنَ؛ لِمَا تَبَيَّنَ أَنَّ مَعْنَى ذَلِكَ: أَنْ تُجْعَلَ بَيْنَ الْهَمْزَةِ وَبَيْنَ حَرْفِ حَرَكَتِهَا، فَإِذَا لَمْ يَكُنْ لَهَا حَرَكَةٌ، فَكَيْفَ يُعْقَلُ جَعْلُهَا بَيْنَ الْهَمْزَةِ وَبَيْنَ حَرَكَتِهَا؟ فَثَبَتَ أَنَّهُ وَاهِمٌ.

وَالتَّقْسِيمُ فِي الثَّلاثَةِ صَحِيحٌ؛ لأَنَّهُ لا يَخْلُو إِمَّا أَنْ تُسَهَّلا جَمِيعًا أَوِ الأُولَى دُونَ الثَّانِيَةِ، أَوِ الثَّانِيَةُ دُونَ الأُولَى، فَهَذَا تَقْسِيمٌ حَاصِرٌ فِي الْمَعْنَى، فَالْوَجْهُ أَنْ تُخَفَّفَا جَمِيعًا، وَتَخْفِيفُهُمَا جَمِيعًا فِيهِ وَجْهَانِ:

أَحَدُهُمَا: أَنْ تُنْقَلَ حَرَكَةُ الثَّانِيَةِ إِلَى الأُولَى، ثُمَّ تُجْعَلَ الأُولَى بَيْنَ بَيْنَ بَعْدَ تَحَرُّكِهَا.

وَالْوَجْهُ الآخَرُ: أَنْ تُقْلَبَ الأُولَى أَلِفًا ثُمَّ تُسَهَّلَ الثَّانِيَةُ بَيْنَ بَيْنَ، وَتَسْهِيلُ الأُولَى دُونَ الثَّانِيَةِ أَنْ تُقْلَبَ أَلِفًا، وَتُحَقَّقَ الثَّانِيَةُ، وَتَسْهِيلُ الثَّانِيَةِ دُونَ الأُولَى أَنْ تُسَهَّلَ الثَّانِيَةُ بَيْنَ بَيْنَ، فَحَصَلَ مِنَ التَّقْسِيمِ ثَلاثَةُ أَوْجُهٍ، انْقَسَمَ وَجْهٌ مِنْهَا إِلَى وَجْهَيْنِ، فَصَارَتْ أَرْبَعَةَ أَوْجُهٍ، ذَكَرَ مِنْهَا وَجْهَيْنِ، وَأَسْقَطَ مِنْهَا وَجْهَيْنِ، وَذَكَرَ وَجْهًا لا يُعْقَلُ أَلْبَتَّةَ، وَهُوَ الْوَجْهُ الثَّالِثُ فِي كَلامِهِ.

هَذَا آخِرُ الْهَمَزَاتِ بِاعْتِبَارِ التَّخْفِيفِ، وَاللَّهُ أَعْلَمُ بِالصَّوَابِ.

وَمِنْ أَصْنَافِ الْمُشْتَرَكِ: الْتِقَاءُ السَّاكِنَيْنِ

قَالَ صَاحِبُ الْكِتَابِ: (تَشْتَرِكُ فِيهِ الأَضْرُبُ الثَّلَاثَةُ) إِلَى آخِرِهِ.

قَالَ الشَّيْخُ: الْتِقَاءُ السَّاكِنَيْنِ إِنْ كَانَ بِاعْتِبَارِ كَلِمَةٍ اشْتَرَكَ فِيهِ الاسْمُ وَالْفِعْلُ، كَقَوْلِكَ فِي الْفِعْلِ: (قُلْ) وَ(قُمْ)، وَفِي الاسْمِ كَقَوْلِكَ: (قَاضٍ) وَ(غَازٍ)، وَلَيْسَ فِي الْحُرُوفِ مِنْ حُرُوفِ الْمَعَانِي حَرْفٌ يَجْتَمِعُ فِيهِ سَاكِنَانِ إِلَّا (جَيْرِ) بِمَعْنَى: (حَقًّا)، وَذَلِكَ لِعَدَمِ تَصَرُّفِهِمْ فِي الْحَرْفِ، وَالْتِقَاءُ السَّاكِنَيْنِ فِيمَا تَقَدَّمَ إِنَّمَا جَاءَ مِنْ قَبِيلِ التَّصَرُّفِ.

وَإِنْ كَانَ مِنْ كَلِمَتَيْنِ جَاءَ فِي الاسْمِ وَالْفِعْلِ وَالْحَرْفِ مُرَكَّبًا مِنْ كُلِّ وَاحِدٍ مِنَ الأَقْسَامِ الثَّلَاثَةِ، وَمِنْ كُلِّ وَاحِدٍ مِنْ أَخَوَيْهِ مُقَدَّمًا وَمُؤَخَّرًا، فَتَكُونُ تِسْعَةً: اسْمٌ مَعَ اسْمٍ، وَاسْمٌ مَعَ فِعْلٍ، وَاسْمٌ مَعَ حَرْفٍ، وَفِعْلٌ مَعَ اسْمٍ، وَفِعْلٌ مَعَ فِعْلٍ، وَفِعْلٌ مَعَ حَرْفٍ، وَحَرْفٌ مَعَ اسْمٍ، وَحَرْفٌ مَعَ فِعْلٍ، وَحَرْفٌ مَعَ حَرْفٍ، فَمِثَالُ الأَوَّلِ: (كَمِ اسْتِخْرَاجُكَ)، وَمِثَالُ الثَّانِي: (كَمِ اسْتَخْرَجْتَ)، وَمِثَالُ الثَّالِثِ: (كَمِ الْمَالُ الَّذِي عِنْدَكَ؟)، وَمِثَالُ الرَّابِعِ: (اسْتَخْرَجَ اسْتِخْرَاجًا)، وَمِثَالُ الْخَامِسِ: (اسْتَخْرِجِ اسْتَخْرَجَ)، وَمِثَالُ السَّادِسِ: (اسْتَخْرِجِ الْمَالَ)، وَمِثَالُ السَّابِعِ: (عَجِبْتُ مِنِ اسْتِخْرَاجِكَ)، وَمِثَالُ الثَّامِنِ: (قَدِ اسْتَخْرَجْتَ)، وَمِثَالُ التَّاسِعِ: (مِنِ الْخُرُوجِ).

قَالَ: (وَمَتَى الْتَقَيَا فِي الدَّرْجِ).

لِأَنَّهُمَا إِذَا الْتَقَيَا فِي غَيْرِ الدَّرْجِ اغْتُفِرَ أَوْ هُوِّنَ مِنَ اجْتِمَاعِهِمَا الْوَقْفُ، وَإِنْ كَانَ اجْتِمَاعُهُمَا عَلَى غَيْرِ حَدِّهِمَا، كَقَوْلِكَ: (عَمْرو) فِي الْوَقْفِ لَا غَيْرُ، وَ(زَيْد) وَشِبْهَ ذَلِكَ، وَسَبَبُ سُهُولَتِهِ أَوْ إِمْكَانِهِ أَنَّكَ تَقْطَعُ الصَّوْتَ عِنْدَ الثَّانِي، وَلَوْ وَصَلْتَهُ لَمْ يُمْكِنْ وَصْلُهُ إِلَّا بِالصَّوْتِ بَاقِيًا، فَيَتَعَذَّرُ أَوْ يَعْسُرُ بَقَاؤُهُ سَاكِنًا مَعَ اسْتِمْرَارِ الصَّوْتِ؛ لِعُسْرِ ـ انْتِقَالِ اللِّسَانِ سَاكِنًا عَلَى مَخْرَجِ الْحَرْفِ مَرَّتَيْنِ.

قَالَ: (وَحَدُّهُمَا أَنْ يَكُونَ الأَوَّلُ حَرْفَ لِينٍ وَالثَّانِي مُدْغَمًا).

وَمَعْنَى قَوْلِهِ: (وَحَدُّهُمَا)، أَيْ: الصِّفَةُ الَّتِي يُغْتَفَرُ أَمْرُهُمَا عِنْدَهَا أَنْ يَكُونَا كَذَلِكَ؛ وَسَبَبُهُ مَا فِي حَرْفِ الْمَدِّ وَاللِّينِ مِنَ الْمَدِّ الَّذِي يُتَوَصَّلُ بِهِ إِلَى النُّطْقِ بِالسَّاكِنِ بَعْدَهُ مَعَ اسْتِمْرَارِ الصَّوْتِ، وَمَا فِي الْحَرْفِ الْمُشَدَّدِ مِنْ سُهُولَةِ النُّطْقِ بِعَمَلِ اللِّسَانِ فِيهِ عَمَلًا وَاحِدًا، وَلَا يَكْفِي أَحَدُ هَذَيْنِ الأَمْرَيْنِ، وَإِنْ كَانَ اجْتِمَاعُ السَّاكِنَيْنِ مُمْكِنًا اسْتِثْقَالًا لَهُ، أَلَا

تَرَى إِلَى رَفْضِهِمْ نَحْوَ (قُوْمْ)، وَإِنْ كَانَ الأَوَّلُ حَرْفَ مَدٍّ وَلِينٍ، وَوُجُوبِ حَرَكَةِ الشِّينِ مِنْ قَوْلِكَ: (يَشُدُّ)، وَإِنْ كَانَ مَا بَعْدَهَا مُشَدَّدًا؟ إلا أَنَّهُمْ أَقَامُوا حَرْفَ الْمَدِّ وَاللِّينِ مُسَوِّغًا لاجْتِمَاعِ السَّاكِنَيْنِ فِي بَابٍ وَاحِدٍ، وَهُوَ كُلُّ مَوْضِعٍ دَخَلَتْ فِيهِ هَمْزَةُ الاسْتِفْهَامِ عَلَى هَمْزَةِ الْوَصْلِ الْمَفْتُوحَةِ، فَإِنَّهُمْ يُبْدِلُونَ الْهَمْزَةَ أَلِفًا فِي نَحْوِ: (آالرَّجُلُ عِنْدَكَ؟)، و(آايْمُنُ اللَّهِ يَمِينُكَ؟)، لِمَا يُؤَدِّي إِلَيْهِ مِنَ إِلْبَاسِ الْخَبَرِ بِالاسْتِخْبَارِ لَوْ حُذِفَتِ الْهَمْزَةُ، فَصَارَ حَدُّ التِقَاءِ السَّاكِنَيْنِ بِاعْتِبَارِ اغْتِفَارِ أَمْرِهِمَا، إِمَّا حَالَ الْوَقْفِ، وَإِمَّا لِمَا ذَكَرَهُ مِنْ حَرْفِ الْمَدِّ وَاللِّينِ وَالإِدْغَامِ فِي الثَّانِي، وَإِمَّا فِي نَحْوِ أَلِفِ الْوَصْلِ مَعَ الْمُبْدَلَةِ أَلِفًا عِنْدَ اجْتِمَاعِهِمَا مَعَ هَمْزَةِ الاسْتِفْهَامِ، وَيَزِيدُ مَنْ يَرَى أَنَّ نَحْوَ (قَاف) و(مِيم)، وَأَشْبَاهِهِمَا مِنْ حُرُوفِ الْهِجَاءِ مَبْنِيَّةٌ عَلَى السُّكُونِ لِعَدَمِ التَّرْكِيبِ، وَكَذَلِكَ الأَسْمَاءُ كُلُّهَا إِذَا عُدِّدَتْ تَعْدِيدًا، وَقَدِ اخْتَارَهُ فِي بَعْضِ الْمَوَاضِعِ، وَاخْتَارَ أَنَّ سُكُونَهُ لأَجْلِ الْوَقْفِ فِي مَوْضِعٍ آخَرَ.

قَالَ: (لَمْ يَخْلُ أَوَّلُهُمَا مِنْ أَنْ يَكُونَ مَدَّةً أَوْ غَيْرَ مَدَّةٍ).

وَيَعْنِي بِالْمَدَّةِ: أَنْ يَكُونَ حَرْفَ لِينٍ قَبْلَهُ حَرَكَةٌ مِنْ جِنْسِهِ، فَإِنْ كَانَ مَدَّةً فَإِنَّهُ يُحْذَفُ سَوَاءٌ كَانَ مِنْ كَلِمَةٍ أَوْ مِنْ كَلِمَتَيْنِ، فَمِثَالُ الْكَلِمَةِ: (خَفْ)، و(بِعْ) و(قُلْ)، وَمِثَالُ الْكَلِمَتَيْنِ: (يَخْشَى الْقَوْمُ)، و(يَغْزُو الْجَيْشُ)، و(يَرْمِي الْغَرَضَ)، وَإِنْ كَانَ غَيْرَ مَدَّةٍ صَحِيحًا أَوْ لِينًا لَيْسَ قَبْلَهُ مِنْ جِنْسِهِ لَمْ يُحْذَفْ، فَلا بُدَّ مِنَ التَّحْرِيكِ، وَقِيَاسُهُ أَنْ يُحَرَّكَ الأَوَّلُ، إلا فِي كُلِّ مَوْضِعٍ كَانَ اجْتِمَاعُ السَّاكِنَيْنِ بِإِسْكَانِ الأَوَّلِ لِغَرَضٍ بَعْدَ أَنْ كَانَ مُتَحَرِّكًا، فَلَوْ حُرِّكَ لَزَالَ الْغَرَضُ الَّذِي لأَجْلِهِ سُكِّنَ، فَيَفُوتُ مَا لأَجْلِهِ سُكِّنَ فَتَصِيرُ أَعْمَالا مُتَعَدِّدَةً لا فَائِدَةَ فِيهَا، فَعِنْدَ ذَلِكَ يَكُونُ التَّحْرِيكُ لِلثَّانِي، فَعُلِمَ بِذَلِكَ الْمَوَاضِعُ الَّتِي يُحَرَّكُ فِيهَا الأَوَّلُ، وَالْمَوَاضِعُ الَّتِي يُحَرَّكُ فِيهَا الثَّانِي.

وَإِنَّمَا كَانَ تَحْرِيكُ الأَوَّلِ الأَصْلَ: لأَنَّهُ إِنْ كَانَ مِنْ كَلِمَتَيْنِ فَالأَوَّلُ آخِرُ كَلِمَةٍ، فَهُوَ أَقْبَلُ لِلتَّغْيِيرِ، فَكَانَ أَوْلَى بِهِ، وَإِنْ كَانَ مِنْ كَلِمَةٍ لَمْ يَكُنِ الثَّانِي مُسَكَّنًا إلا لِغَرَضٍ، فَوَجَبَ تَحْرِيكُ الأَوَّلِ؛ لِئَلا يَفُوتَ ذَلِكَ الْغَرَضُ، وَأَمَّا إِسْكَانُ الأَوَّلِ لِغَرَضٍ فَقَلِيلٌ، وَلِذَلِكَ لَمْ يُجْعَلْ أَصْلا.

ثُمَّ مَثَّلَ بِمَا يُحَرَّكُ فِيهِ أَوَّلُ السَّاكِنَيْنِ، فَمِنْهَا (لَمْ أُبَلِه)، وَتَحْقِيقُ السَّاكِنَيْنِ فِيهِ عَسِرٌ، وَغَايَةُ مَا يُقَالُ: إِنَّ أَصْلَهُ: (لَمْ أُبَالِي)، حُذِفَتِ الْيَاءُ لِلْجَزْمِ، وَكَثُرَ فِي أَلْسِنَتِهِمْ حَتَّى صَارَ كَأَنَّ اللامَ هِيَ الآخِرُ، فَسُكِّنَتْ لَفْظًا، وَحُذِفَتِ الأَلِفُ لالْتِقَاءِ السَّاكِنَيْنِ اللَّفْظِيَّيْنِ، ثُمَّ

أَدْخَلُوا هَاءَ السَّكْتِ عَلَى اللامِ بِاعْتِبَارِ الْحَرَكَةِ التَّقْدِيرِيَّةِ؛ لأَنَّهَا لا تَدْخُلُ إِلا عَلَى مُتَحَرِّكٍ، فَاجْتَمَعَ السَّاكِنَانِ اللَّفْظِيَّانِ: اللامُ وَالْهَاءُ، فَكُسِرَتِ اللامُ لالْتِقَاءِ السَّاكِنَيْنِ اللَّفْظِيَّيْنِ، وَلَمْ تُرَدَّ الأَلِفُ؛ لأَنَّ كَسْرَتَهَا اللَّفْظِيَّةَ عَارِضَةٌ، فَاسْتَعْمَلُوا هَذِهِ اللامَ سَاكِنَةً تَقْدِيرًا مِنْ وَجْهٍ وَمُتَحَرِّكَةً تَقْدِيرًا مِنْ وَجْهٍ وَمُتَحَرِّكَةً عَارِضَةً مِنْ وَجْهٍ، فَالأَوَّلُ: هُوَ الَّذِي حُذِفَتِ الأَلِفُ لأَجْلِهِ، وَالثَّانِي: هُوَ الَّذِي جِيءَ بِالْهَاءِ لأَجْلِهِ، وَالثَّالِثُ: مَا فِي لَفْظِ اللامِ مِنَ الْكَسْرِ؛ لِسُكُونِهَا وَسُكُونِ الْهَاءِ، وَهُوَ كَمَا تَرَى مِنَ التَّعَسُّفِ.

وَمَثَّلَ مِنْ جُمْلَتِهَا بِقَوْلِهِ تَعَالَى: "**الم (١) اللَّهُ**" [آل عمران:١-٢]، وَقَدْ سَاقَهُ هَاهُنَا فِي أَنَّهَا حَرَكَةٌ لالْتِقَاءِ السَّاكِنَيْنِ، وَسَاقَهُ فِي تَفْسِيرِهِ عَلَى أَنَّهَا حَرَكَةُ الْهَمْزَةِ نُقِلَتْ إِلَى الْمِيمِ، فَهُوَ هَاهُنَا وَفِي غَيْرِ هَذَا الْمَوْضِعِ مِنْ هَذَا الْكِتَابِ مُصَرِّحٌ بِأَنَّ سُكُونَ الْمِيمِ وَأَشْبَاهِهَا سُكُونُ بِنَاءٍ، وَلِذَلِكَ لَمَّا لاقَى سَاكِنًا آخَرَ حَكَمَ بِأَنَّ الْحَرَكَةَ لالْتِقَاءِ السَّاكِنَيْنِ، وَلَوْ كَانَ السُّكُونُ سُكُونَ وَقْفٍ لَمْ يَسْتَتِبَّ لَهُ الْحُكْمُ، وَإِنَّمَا حَمَلَ مَنْ جَعَلَ السُّكُونَ فِيهِ سُكُونَ وَقْفٍ أَمْرَانِ:

أَحَدُهُمَا: اسْتِبْعَادُهُ الْبِنَاءَ عَلَى السُّكُونِ مَعَ سُكُونِ مَا قَبْلَ الآخِرِ، لِمَا يُؤَدِّي إِلَى اجْتِمَاعِ السَّاكِنَيْنِ فِي غَيْرِ الْوَقْفِ.

وَالثَّانِي: مَجِيئُهَا مَفْتُوحَةَ الْمِيمِ، وَلَوْ كَانَتْ حَرَكَتُهُ لالْتِقَاءِ السَّاكِنَيْنِ لأَتَتْ مَكْسُورَةً، فَهُوَ الَّذِي حَمَلَهُ عَلَى ذَلِكَ، وَإِذَا جُعِلَ السُّكُونُ سُكُونَ وَقْفٍ، وَأُجْرِيَ الْوَصْلُ مُجْرَى الْوَقْفِ كَانَتِ الْمِيمُ بَاقِيَةً عَلَى نِيَّةِ السُّكُونِ تَقْدِيرًا، وَالْهَمْزَةُ بَاقِيَةً عَلَى نِيَّةِ الثَّبَاتِ مُبْتَدَأً بِهَا، وَجَائِزٌ إِذَا أُجْرِيَ الْوَصْلُ مُجْرَى الْوَقْفِ أَنْ تُعْطَى أَيْضًا أَحْكَامَ الْوَصْلِ لَفْظًا، بِدَلِيلِ جَوَازِ قَوْلِهِمْ: (ثَلاثَهَ ارْبَعَهْ)، فَإِنَّهُ نَقْلٌ لِحَرَكَةِ الْهَمْزَةِ إِلَى الْهَاءِ، وَإِجْرَاءُ الْوَصْلِ مُجْرَى الْوَقْفِ قَبْلَ ذَلِكَ، وَإِلا لَمْ تُقْلَبْ تَاءُ التَّأْنِيثِ هَاءً.

وَفِي ذَلِكَ تَعَسُّفٌ وَحَمْلُ مَا أَجْمَعَ عَلَيْهِ الْقُرَّاءُ عَلَى الْوَجْهِ الضَّعِيفِ؛ لأَنَّ إِجْرَاءَ الْوَصْلِ مُجْرَى الْوَقْفِ لَيْسَ بِالْقَوِيِّ فِي اللُّغَةِ، وَبَيَانُ تَعَسُّفِهِ هُوَ أَنَّ الأَسْمَاءَ إِذَا جُرِّدَتْ عَنِ التَّرْكِيبِ فَقَدْ فُقِدَ مِنْهَا مُقْتَضِي الإِعْرَابِ، وَإِذَا فُقِدَ مِنْهَا مُقْتَضِي الإِعْرَابِ وَجَبَ الْبِنَاءُ، إِذْ لا مُتَوَسِّطَ، وَإِذَا كَانَ كَذَلِكَ وَجَبَ الْحُكْمُ بِالْبِنَاءِ، وَإِذَا وَجَبَ الْحُكْمُ بِالْبِنَاءِ وَرَأَيْنَا الْعَرَبَ أَسْكَنَتْهَا حَكَمْنَا بِصِحَّةِ الْبِنَاءِ عَلَى السُّكُونِ، وَإِنْ كَانَ قَبْلَهُ سَاكِنٌ؛ لأَنَّهُ حَرْفُ مَدٍّ وَلِينٍ، أَوْ حَرْفُ لِينٍ، وَالَّذِي يَدُلُّ عَلَى ذَلِكَ أَنَّ بَعْضَ الْعَرَبِ يَكْسِرُ الْمِيمَ مِنْ (أَلَمِ اللَّهُ)، وَلا وَجْهَ لِكَسْرِهَا إِلا الْبِنَاءُ، فَثَبَتَ أَنَّهَا مَبْنِيَّةٌ، وَإِنَّمَا اغْتُفِرَ بِنَاؤُهَا عَلَى

السُّكُونِ، وَإِنْ كَانَ خِلافَ قِيَاسِ مَا وُضِعَ عَلَيْهِ كَلامُ الْعَرَبِ، لِعُرُوضِ ذَلِكَ فِي بَابِهَا، كَعُرُوضِ الْوَقْفِ فِي مِثْلِ (زَيْدْ) و(عَمْرو)، أَلا تَرَى أَنَّ الْحَرَكَةَ لَمَّا كَانَتْ أَصْلا فِي قَوْلِكَ: (جَاءَنِي زَيْدٌ وَعَمْرٌو) اغْتُفِرَ مَا يَعْرِضُ مِنَ الْتِقَاءِ السَّاكِنَيْنِ فِي الْوَقْفِ، وَكَذَلِكَ هَذِهِ الأَسْمَاءُ الْغَرَضُ فِي وَضْعِهَا إِنَّمَا هُوَ التَّرْكِيبُ لِتَحْصُلَ الْفَائِدَةُ التَّرْكِيبِيَّةُ.

هَذَا هُوَ الْمَقْصُودُ فِي وَضْعِ الْكَلامِ، وَلَمْ تُوضَعِ الأَلْفَاظُ لِتُفِيدَ مُفْرَدَاتُهَا، بَلْ لِتُفِيدَ مُرَكَّبَاتُهَا، بِدَلِيلِ أَنَّهُ لا يَتَكَلَّمُ بِهَا إلا مَعَ مَنْ يَعْرِفُ مُفْرَادَتِهَا قَبْلَ ذَلِكَ، وَإِذَا كَانَ الأَصْلُ التَّرْكِيبَ فَالأَصْلُ الإِعْرَابُ الَّذِي هُوَ مُسَبَّبُهُ، وَقَطْعُهَا عَنِ التَّرْكِيبِ عَارِضٌ، كَمَا أَنَّ الْوَقْفَ عَلَى الْكَلِمِ عَارِضٌ، فَاغْتُفِرَ فِيهَا الْجَمْعُ بَيْنَ السَّاكِنَيْنِ كَمَا اغْتُفِرَ فِي نَحْوِ (زَيْدْ) و(عَمْرو) فِي الْوَقْفِ لَمَّا اشْتَرَكَا فِي عُرُوضِ ذَلِكَ، وَإِنْ كَانَ أَحَدُهُمَا مُعْرَبًا وَالآخَرُ مَبْنِيًّا لِمَا قَدَّمْنَاهُ مِنَ الدَّلِيلِ.

وَأَمَّا شُبْهَةُ الْفَتْحِ دُونَ الْكَسْرِ بَعْدَ أَنْ ثَبَتَ أَنَّهُ مَبْنِيٌّ، فَلِمَا يَحْصُلُ مِنَ الْكَسَرَاتِ وَالْيَاءِ وَتَرْقِيقِ اسْمِ اللَّهِ تَعَالَى بَعْدَ ثُبُوتِ تَفْخِيمِهِ فِي الابْتِدَاءِ مَعَ أَنَّ السُّكُونَ عَارِضٌ عَلَى مَا قَدَّمْنَاهُ، وَإِنَّمَا اشْتَرَطْنَا الاسْمَ الْمُفَخَّمَ لِئَلا يَرِدَ مِثْلُ قَوْلِكَ: (مُرِيبِ الَّذِي)، فَإِنَّهُ يُكْسَرُ عَلَى الْمُخْتَارِ، وَإِنَّمَا شَرَطْنَا أَنْ يَكُونَ السُّكُونُ عَارِضًا لِفِقْدَانِ سَبَبِ الإِعْرَابِ، وَهُوَ التَّرْكِيبُ، لِئَلا يَرِدَ مِثْلُ قَوْلِكَ: (مُنِيبِ اللَّهِ).

وَأَمَّا تَحْرِيكُ الثَّانِي، فَقَدْ تَقَدَّمَ مَا يُرْشِدُ إِلَيْهِ، وَبَيَّنَّا أَنَّهُ إِنَّمَا يَكُونُ فِي الْمَوْضِعِ الَّذِي سُكِّنَ الأَوَّلُ لِغَرَضٍ؛ لأَنَّ لُغَةَ بَعْضِ الْعَرَبِ تَسْكِينُ عَيْنِ الْكَلِمَةِ الثُّلاثِيَّةِ فِي جَمِيعِ الْكَلِمَاتِ، فَلَوْ حُرِّكَ الأَوَّلُ لَبَطَلَ الْغَرَضُ الَّذِي سُكِّنَ لأَجْلِهِ، وَذَلِكَ مِثْلُ (انطَلْق)، أَمَّا (انْطَلْق) فَإِنَّ أَصْلَهُ (انْطَلِقْ)، فَلَمَّا كَانَ (طَلِقْ) مِثْلَ (كَتِفٍ) صَارَتِ اللامُ كَالتَّاءِ، فَسُكِّنَتْ كَتَسْكِينِهَا، فَاجْتَمَعَ سَاكِنَانِ، فَحُرِّكَ الثَّانِي فِرَارًا مِنْ تَحْرِيكِ الأَوَّلِ لِمَا ذَكَرْنَاهُ.

وَأَمَّا (لَمْ يَلْدَه)، فَأَصْلُهُ (لَمْ يَلِدْه)، فَـ (يَلِدُ) مِثْلُ (كَتِفٍ)، فَسُكِّنَتِ اللامُ، فَاجْتَمَعَ سَاكِنَانِ، فَحُرِّكَتِ الدَّالُ لالْتِقَاءِ السَّاكِنَينِ.

وَأَمَّا (يَتَّقْهِ) فَأَصْلُهُ (يَتَّقِهْ) عَلَى أَنَّ الْهَاءَ هَاءُ السَّكْتِ، وَقَدْ حَمَلَهَا أَبُو عَلِيٍّ عَلَى ذَلِكَ فِي قِرَاءَةِ حَفْصٍ، وَلَيْسَ بِمُسْتَقِيمٍ، فَإِنَّ قِرَاءَةَ حَفْصٍ ظَاهِرَةٌ فِي أَنَّ الْهَاءَ ضَمِيرٌ؛ لأَنَّهَا بَعْدَ قَوْلِهِ تَعَالَى: ﴿وَيَخْشَ اللَّهَ﴾ [النور:٥٢]، فَقَوْلُهُ: (وَيَتَّقْهِ) الْهَاءُ فِيهِ ضَمِيرٌ يَعُودُ عَلَى اسْمِ اللَّهِ تَعَالَى، وَإِذَا كَانَ كَذَلِكَ فَوَجْهُهُ أَنَّ أَصْلَهُ (يَتَّقِيْه)، حُذِفَتِ الْيَاءُ لِلْجَزْمِ، بَقِيَ (وَيَتَّقِهِ)، سُكِّنَتِ الْقَافُ تَشْبِيهًا لِـ (تَقِه) بِـ (كَتِفٍ)، فَصَارَ (وَيَتَّقْه)، فَلا سَاكِنَيْنِ حِينَئِذٍ، فَلا

وَجْهَ لإيرادِهِ عَلَى ذَلِكَ فِيمَا نَحْنُ فِيهِ، وَأَمَّا إذَا قَدَّرْنَا الْهَاءَ هَاءَ السَّكْتِ، وَسَكَّنَّا الْقَافَ عَلَى مَا ذَكَرْنَاهُ اجْتَمَعَ سَاكِنَانِ: الْقَافُ وَالْهَاءُ، فَحُرِّكَتِ الْهَاءُ بِالْكَسْرِ لالْتِقَاءِ السَّاكِنَيْنِ، وَفِيهَا مَا تَرَى مِنْ ضَعْفٍ، وَالثَّانِي أَبْعَدُ مَعَ ظُهُورِ انْتِفَائِهِ عَنِ الْقِرَاءَةِ الْمَذْكُورَةِ لِمَا بَيَّنَّاهُ، فَلا وَجْهَ لِحَمْلِهِ عَلَى هَذَا الْوَجْهِ الْبَعِيدِ مَعَ ظُهُورِهِ فِي وَجْهٍ جَائِزٍ مُسْتَقِيمٍ.

وَأَمَّا نَحْوُ (رُدَّ)، و(لَمْ يَرُدَّ)، فَالأَصْلُ فِيهِ: (ارْدُدْ)، و(لَمْ يَرْدُدْ)، فَسُكِّنَ الأَوَّلُ لِغَرَضِ الإدْغَامِ عِنْدَ أَصْحَابِ هَذِهِ اللُّغَةِ، فَاجْتَمَعَ سَاكِنَانِ، فَحُرِّكَ الثَّانِي؛ لأَنَّهُ لَوْ حُرِّكَ الأَوَّلُ لَفَاتَ الْغَرَضُ الَّذِي سُكِّنَ لأَجْلِهِ، وَهُوَ غَرَضُ الإدْغَامِ، فَوَجَبَ تَحْرِيكُ الثَّانِي لِذَلِكَ.

وَأَمَّا أَهْلُ الْحِجَازِ، فَوَجْهُ لُغَتِهِمْ: أَنَّ الإدْغَامَ مَشْرُوطٌ فِيهِ أَنْ يَكُونَ الثَّانِي مُتَحَرِّكًا؛ لأَنَّ الأَوَّلَ لا بُدَّ مِنْ إسْكَانِهِ، فَلَوْ لَمْ يُشْتَرَطْ تَحْرِيكُ الثَّانِي لأَدَّى إِلَى الْتِقَاءِ السَّاكِنَيْنِ، بِدَلِيلِ إِجْمَاعِ الإظْهَارِ فِي (رَدَدْتُ)، و(رَدَدْنَ)، إلا مَنْ لا يُؤْبَهُ لَهُمْ، كَبَعْضِ بَنِي بَكْرِ بْنِ وَائِلٍ، (رَدَّتُ)، (رَدَّنَ)، وَفِي الْحَدِيثِ الْمَشْهُورِ عَنِ النَّبِيِّ صَلَّى اللَّهُ عَلَيْهِ وَسَلَّمَ حِينَ أُسْرِيَ بِهِ، قَالَ: " أَمَّتُهُمْ "، يَعْنِي: (أَمَمْتُ الأَنْبِيَاءَ)، وَلا يُعْتَدُّ بِلُغَتِهِمْ، وَإِذَا كَانَ كَذَلِكَ قَوِيَ الإظْهَارُ فِي (أُرْدُدْ)، و(لَمْ يَرْدُدْ) كَمَا كَانَ كَذَلِكَ فِي (رَدَدْتُ) و(رَدَدْنَ).

وَقَدْ أُجِيبَ عَنْ ذَلِكَ بِأَنَّ السُّكُونَ فِي (رَدَدْتُ) سُكُونُ بِنَاءٍ لا يَقْبَلُ حَرَكَةً، وَالسُّكُونُ فِي (لَمْ يَرْدُدْ) سُكُونٌ عَارِضٌ يَقْبَلُ الْحَرَكَةَ، فَلا يَلْزَمُ مِنَ امْتِنَاعِ إدْغَامِ الأَوَّلِ امْتِنَاعُ إدْغَامِ الثَّانِي، وَلِذَلِكَ جَاءَ فِي الْقُرْآنِ عَلَى كُلِّ وَاحِدٍ مِنَ اللُّغَتَيْنِ، فَثَبَتَ أَنَّ كِلْتَي اللُّغَتَيْنِ مُسْتَقِيمَةٌ، قَالَ اللَّهُ تَعَالَى: "مَنْ يَرْتَدَّ" [المائدة:٥٤]، فَهَذَا عَلَى لُغَةِ بَنِي تَمِيمٍ، وَقَالَ: "مَنْ يَرْتَدِدْ" فِي قِرَاءَةِ ابْنِ عَامِرٍ وَنَافِعٍ، وَهَذَا عَلَى لُغَةِ أَهْلِ الْحِجَازِ، وَقَالَ: "وَاضْمُمْ إِلَيْكَ جَنَاحَكَ" [القصص:٣٢]، وَقَالَ: "اشْدُدْ بِهِ أَزْرِي" [طه:٣١]، فَهَذَا عَلَى لُغَةِ أَهْلِ الْحِجَازِ إجْمَاعًا، وَاللُّغَتَانِ جَيِّدَتَانِ، إلا أَنَّ الإدْغَامَ فِي الْمُضَارِعِ الْمَجْزُومِ أَقْوَى مِنْهُ فِي صِيغَةِ الأَمْرِ، أَلا تَرَى إِلَى قَوْلِهِ تَعَالَى: "وَاضْمُمْ"، وَ "اشْدُدْ" كَيْفَ اتُّفِقَ عَلَى إظْهَارِهِ؟

وَقَوْلُهُ: "مَنْ يَرْتَدَّ" [المائدة:٥٤] أَكْثَرُ الْقُرَّاءِ عَلَى إدْغَامِهِ، وَسِرُّ ذَلِكَ: أَنَّ السُّكُونَ فِي (اُضْمُمْ) و(اُشْدُدْ) سُكُونُ بِنَاءٍ لا سُكُونُ إِعْرَابٍ، كَمَا يَقُولُهُ الْبَصْرِيُّونَ، فَكَانَ كَسُكُونِ (رَدَدْتُ)، وَسُكُونُ الْمُضَارِعِ سُكُونُ إِعْرَابٍ عَارِضٍ، وَالْعَارِضُ لا يُعْتَدُّ بِهِ، فَكَأَنَّهُ مُحَرَّكٌ عَلَى أَصْلِهِ، وَأَيْضًا فَإِنَّهُ أُدْغِمَ قَبْلَ دُخُولِ الْجَازِمِ، فَجَاءَ الْجَازِمُ وَهُوَ مُدْغَمٌ، فَبَقِيَ عَلَى حَالِهِ.

فَأَمَّا إذَا قِيلَ: (رُدُّوا)، و(شُدُّوا) وَشِبْهُهُ فَهُوَ مَحَلُّ إِجْمَاعٍ فِي الإدْغَامِ؛ لأَنَّ حَرَكَةَ

الثَّاني حَرَكَةٌ لَازِمَةٌ مُحَافَظَةً لِوَاوِ الْجَمْعِ، فَلَا وَجْهَ لِلْإِظْهَارِ، وَإِذَا وَجَبَ الْإِدْغَامُ فِي الْمُضَارِعِ وَالْمَاضِي فِي نَحْوِ (شَدَّ يَشُدُّ)، وَ(رَدَّ يَرُدُّ) مَعَ قَبُولِهِ الْإِسْكَانَ فِي (شَدَدْتُ)، وَ(لَمْ يَرْدُدْ) فَإِدْغَامُ مَا لَا يَقْبَلُ الْإِسْكَانَ أَجْدَرُ، كَـ (رُدُّوا)، وَ(شُدُّوا).

قَالَ: (وَالْأَصْلُ فِيمَا حُرِّكَ مِنْهُمَا أَنْ يُحَرَّكَ بِالْكَسْرِ) إِلَى آخِرِهِ.

قَالَ الشَّيْخُ: إِنَّمَا كَانَ كَذَلِكَ لِأُمُورٍ:

أَحَدُهَا: مَا بَيْنَ الْكَسْرِ وَالسُّكُونِ مِنَ الْمُؤَاخَاةِ مِنْ حَيْثُ اخْتِصَاصُ كُلِّ وَاحِدٍ مِنْهُمَا بِقَبِيلٍ مِنَ الْمُعْرَبَاتِ، فَلَمَّا كَانَ بَيْنَهُمَا هَذِهِ الْمُؤَاخَاةُ جُعِلَ الْكَسْرُ عِوَضًا عَنْهُ عِنْدَ الْحَاجَةِ إِلَى الْحَرَكَةِ.

الثَّانِي: أَنَّ الْجَزْمَ فِي الْأَفْعَالِ جُعِلَ عِوَضًا عَنْ دُخُولِ الْجَرِّ فِيهَا لِتَعَذُّرِ دُخُولِ الْجَرِّ، فَلِذَلِكَ جُعِلَ الْكَسْرُ عِوَضًا مِنَ السُّكُونِ فِي مَوْضِعِ تَعَذُّرِ بَقَاءِ السُّكُونِ عَلَى سَبِيلِ التَّقَاصِّ وَالتَّعَارُضِ.

وَالثَّالِثُ: أَنَّ الْغَرَضَ مِنْ تَحْرِيكِ الْأَوَّلِ: التَّوَصُّلُ إِلَى النُّطْقِ بِالسَّاكِنِ الثَّانِي، وَقَدْ ثَبَتَ الْكَسْرُ فِي أَصْلِ ذَلِكَ، وَهِيَ الْهَمَزَاتُ الَّتِي يُتَوَصَّلُ بِهَا إِلَى النُّطْقِ بِالسَّاكِنِ.

قَالَ: (وَالَّذِي حُرِّكَ بِغَيْرِهِ فَلِأَمْرٍ).

يَعْنِي: أَنَّهُ لَا يُعْدَلُ عَنِ الْكَسْرِ إِلَّا بِمُعَارِضٍ خَاصٍّ يَقْتَضِي غَيْرَهُ جَوَازًا أَوْ وُجُوبًا، وَالْجَوَازُ قَدْ يَكُونُ عَلَى السَّوَاءِ، وَقَدْ يَكُونُ الْأَصْلُ أَوْلَى، وَقَدْ يَكُونُ الْمَعْدُولُ إِلَيْهِ أَوْلَى.

فَالْجَوَازُ عَلَى السَّوَاءِ أَنْ يَكُونَ مَا بَعْدَ السَّاكِنِ الثَّانِي ضَمَّةً أَصْلِيَّةً لَفْظًا أَوْ تَقْدِيرًا فِي نَفْسِ الْكَلِمَةِ الَّتِي السَّاكِنُ فِيهَا، فِي مِثْلِ "وَقَالَتِ اخْرُجْ" [يوسف:٣١]، وَ(قَالَتِ اغْزِي)، وَإِنَّمَا قُلْنَا: (ضَمَّةٌ أَصْلِيَّةٌ) احْتِرَازًا مِنْ مِثْلِ "أَنِ امْشُوا" [ص:٦]، وَ "إِنِ امْرُؤٌ" [النساء:١٧٦]، فَإِنَّهَا لَيْسَتْ أَصْلِيَّةً، بِدَلِيلِ قَوْلِكَ: (امْشِ) بِالْكَسْرِ، وَ(مَرَرْتُ بِامْرِئٍ) بِالْكَسْرِ، وَ(رَأَيْتُ امْرَأً) بِالْفَتْحِ، وَإِنَّمَا قُلْنَا: (لَفْظًا أَوْ تَقْدِيرًا) لِيَشْمَلَ بَابَ (قَالَتِ اخْرُجْ)، وَ(قَالَتِ اغْزِي)، لِئَلَّا يُتَوَهَّمَ أَنَّ الشَّرْطَ حُصُولُ الضَّمَّةِ لَفْظًا، وَإِنَّمَا قُلْنَا: (فِي نَفْسِ الْكَلِمَةِ الَّتِي السَّاكِنُ فِيهَا) احْتِرَازًا مِنْ مِثْلِ "إِنِ الْحُكْمُ" [الأنعام:٥٧]، فَهَذِهِ ضَمَّةٌ أَصْلِيَّةٌ بَعْدَ السَّاكِنِ، وَلَكِنَّهَا مِنْ كَلِمَةٍ أُخْرَى؛ لِأَنَّ حَرْفَ التَّعْرِيفِ كَلِمَةٌ مُسْتَقِلَّةٌ، فَالضَّمَّةُ مِنْ كَلِمَةٍ أُخْرَى، وَإِذَا كَانَتْ مُنْفَصِلَةً كَانَتْ غَيْرَ لَازِمَةٍ، فَلِذَلِكَ لَمْ يُعْتَدَّ بِهَا، بِخِلَافِ مَا تَقَدَّمَ، فَمَنْ كَسَرَ فَعَلَى الْأَصْلِ، وَمَنْ ضَمَّ فَلِكَرَاهَةِ الضَّمِّ بَعْدَ الْكَسْرِ، فَعُدِلَ إِلَى الضَّمِّ، وَلِذَلِكَ

وَجَبَ ضَمُّ الْهَمْزَةِ فِي مِثْلِ (أُخْرُجْ)، (أُقْتُلْ).

وَإِنَّمَا الْتُزِمَ ثَمَّةَ، أَيْ: فِي (أُخْرُجْ) و(أُقْتُلْ)، وَلَمْ يُلْتَزَمْ هَاهُنَا؛ لأنَّ الْهَمْزَةَ مَعَ الضَّمَّةِ فِي كَلِمَةٍ وَاحِدَةٍ، وَلَيْسَ مَا ذَكَرْنَاهُ مَعَ هَذِهِ الضَّمَّةِ فِي كَلِمَةٍ وَاحِدَةٍ، فَلا يَلْزَمُ مِنْ شِدَّةِ الْكَرَاهَةِ لِهَذَا الاسْتِثْقَالِ الَّذِي تَحَقَّقَ فِي كَلِمَةٍ وَاحِدَةٍ شِدَّتَهُ فِيمَا كَانَ مِنْ كَلِمَتَيْنِ؛ لِكَوْنِ ذَلِكَ غَيْرَ لازِمٍ وَصْلا وَلا قَطْعًا، أَمَّا الْوَصْلُ فَلأَنَّهُ قَدْ يَتَّصِلُ بِغَيْرِ سَاكِنٍ، وَأَمَّا الْقَطْعُ فَوَاضِحٌ، وَأَمَّا نَحْوُ (أُخْرُجْ) فَلازِمٌ عِنْدَ الابْتِدَاءِ أَبَدًا، فَلِذَلِكَ كُرِهَ الْكَسْرُ، وَعُدِلَ إِلَى الضَّمِّ وُجُوبًا.

وَأَمَّا الْجَوَازُ الَّذِي اخْتِيرَ فِيهِ الْعُدُولُ عَنِ الأَصْلِ، فَكُلُّ وَاوٍ هِيَ ضَمِيرٌ وَقَبْلَهَا فَتْحَةٌ، نَحْوُ (اخْشَوُا الْقَوْمَ)، وَإِنَّمَا اخْتِيرَ لأَنَّهُ لَمَّا قُصِدَ إِلَى تَحْرِيكِهِ كَانَ تَحْرِيكُهُ بِضَمَّةِ الْحَرْفِ الَّذِي كَانَ يَلِيهِ أَوْلَى مِنْ حَرَكَةٍ أَجْنَبِيَّةٍ؛ لِمَا فِي ذَلِكَ مِنْ مُنَاسَبَتِهَا وَالدِّلالَةِ عَلَى الْمَحْذُوفِ أَيْضًا، وَلِلْفَرْقِ بَيْنَهَا وَبَيْنَ (لَوْ)، كَقَوْلِهِ تَعَالَى: "لَوِ اسْتَطَعْنَا" [التوبة:٤٢]، كَمَا قَالَ.

وَأَمَّا مَوْضِعُ الْجَوَازِ وَالْمُخْتَارُ الأَصْلُ فَوَاوُ (لَوْ)؛ لأَنَّهَا لَيْسَتْ كَوَاوِ الضَّمِيرِ فِيمَا ذَكَرْنَاهُ، فَبَقِيَ الْكَسْرُ فِيهَا عَلَى الأَصْلِ، وَأَمَّا الضَّمُّ فِيهَا فَتَشْبِيهًا بِوَاوِ الضَّمِيرِ بَعْدَ تَعْلِيلِهِ بِالْعِلَّةِ الأُولَى، فَلا يَسْتَقِيمُ تَشْبِيهُهَا بِهِ مَعَ تَعْلِيلِهِ بِالْعِلَّةِ الثَّانِيَةِ؛ لأَنَّ فِيهِ نَفْيَهَا؛ لأَنَّهُ إِنَّمَا ضُمَّ (اخْشَوُا الْقَوْمَ) لِيُفْصَلَ بَيْنَهُ وَبَيْنَ وَاوِ (لَوْ)، فَكَيْفَ يَسْتَقِيمُ أَنْ يُقَالَ: ضُمَّتْ وَاوُ (لَوْ) تَشْبِيهًا بِهَا، وَفِي ضَمِّهَا انْتِفَاءُ الْفَرْقِ الْمُوجِبِ لِضَمِّ (اخْشَوُا الْقَوْمَ)؟ فَصَارَ فِي ضِمْنِ إِثْبَاتِ هَذَا الْحُكْمِ انْتِفَاءُ تِلْكَ الْعِلَّةِ.

وَمِثَالُ الْعُدُولِ عَنِ الأَصْلِ عَلَى غَيْرِ الْمُخْتَارِ الْفَتْحُ فِي مِثْلِ (مُرِيبَنَ الَّذِي)، وَمِثَالُ الْجَوَازِ عَلَى الاسْتِوَاءِ قَوْلُهُمْ: (رُدَّ)، و(رُدُّ)، و(رُدِّ) بِالْحَرَكَاتِ الثَّلاثِ فِي لُغَةِ بَنِي تَمِيمٍ، أَمَّا الْكَسْرُ فَعَلَى الأَصْلِ، وَأَمَّا الضَّمُّ فَلِلإِتْبَاعِ، وَأَمَّا الْفَتْحُ فَلِطَلَبِ الْخِفَّةِ بَعْدَ كَرَاهَةِ الْكَسْرِ.

وَأَمَّا الْمَوْضِعُ الَّذِي يَلْزَمُ فِيهِ الْعُدُولُ عَنِ الأَصْلِ، فَبَابُ (رُدَّ) إِذَا لَقِيَهُ ضَمِيرٌ بَعْدَهُ لِلْغَائِبَةِ، فَإِنَّهُ يَجِبُ فِيهِ الْفَتْحُ، وَإِنَّمَا الْتَزَمُوا فِيهِ الْفَتْحَ لِخَفَاءِ الْهَاءِ، فَكَأَنَّ الْحَرْفَ الَّذِي قَبْلَهَا قَدْ وَلِيَ الأَلِفَ، فَقَوِيَ أَمْرُ الْفَتْحِ، فَالْتُزِمَ لِذَلِكَ، وَإِذَا اتَّصَلَ بِهِ ضَمِيرُ الْغَائِبِ فَالْوَجْهُ ضَمُّهُ لِمَا ذُكِرَ مِنَ الْعِلَّةِ، إلا أَنَّهُ لَيْسَ فِي الْقُوَّةِ كَالأَلِفِ؛ لأَنَّهُ لا يَكُونُ قَبْلَ الأَلِفِ إلا فَتْحَةٌ، وَلَيْسَتِ الْوَاوُ مِثْلَهَا فِي الْتِزَامِ الضَّمِّ، وَأَيْضًا فَإِنَّكَ إِذَا كَسَرْتَ انْكَسَرَتِ الْهَاءُ،

فَتَنْقَلِبُ الْوَاوُ يَاءً، فَيَزُولُ مُسْتَلْزِمُ الضَّمِّ؛ وَلِهَذَا الْمَعْنَى جَاءَ الْكَسْرُ فِي لُغَةِ بَنِي عُقَيْلٍ، وَلا يُعْرَفُ الْفَتْحُ إلا فِيمَا أَوْرَدَهُ ثَعْلَبُ، فَإِنَّهُ قَالَ: (شُدُّه)، و(شُدَّه)، و(شُدِّه)، فَجَوَّزَ الثَّلاثَةَ فِي ذَلِكَ، وَالظَّاهِرُ أَنَّهُ وَهْمٌ مِنْهُ فِي تَجْوِيزِهِ ذَلِكَ مَعَ وُجُودِ الضَّمِيرِ، وَظَنَّ أَنَّ مَا كَانَ يَجُوزُ قَبْلَ اتِّصَالِ الضَّمِيرِ بَاقٍ بَعْدَ اتِّصَالِهِ، فَإِذَا لَقِيَ نَحْوَ (رُدَّ) و(لَمْ يُرِدَّ) سَاكِنٌ آخَرُ بَعْدَهُ سَاغَ الْفَتْحُ وَالْكَسْرُ، وَلا بُعْدَ فِي الضَّمِّ.

أَمَّا الْكَسْرُ فَعَلَى الأَصْلِ، وَيَتَقَوَّى لأَنَّهُ إِذَا قُدِّرَ مَفْكُوكَ الإِدْغَامِ كَمَا تَقُولُ: (اُرْدُدِ الْقَوْمَ) كَانَ الْكَسْرُ لازِمًا، وَإِذَا كَانَ لازِمًا فَالإِدْغَامُ إِنَّمَا جَاءَ عَلَيْهِ وَهُوَ عَلَى مَا كَانَ، يَعْنِي: غَيْرَ مُدْغَمٍ، فَيَنْبَغِي أَنْ يَبْقَى عَلَى حَالِهِ.

وَأَمَّا الْفَتْحُ؛ فَلأَنَّ الْكَلِمَةَ الأُوْلَى مُنْفَصِلَةٌ، فَنُطِقَ بِهَا عَلَى مَا تَقْتَضِيهِ، ثُمَّ جَاءَ السَّاكِنُ الثَّانِي، فَبَقِيَتْ عَلَى حَالِهَا فِي الْفَتْحِ، وَهَذَا بِعَيْنِهِ يَجْرِي فِي وَجْهِ الضَّمِّ، فَلِذَلِكَ قُلْنَا: وَلا بُعْدَ فِي الضَّمِّ.

وَمِمَّا حَرَّكُوهُ بِحَرَكَةٍ غَيْرِ الْكَسْرِ وَالْتَزَمُوهَا قَوْلُهُمْ: (مُذُ الْيَوْمِ)؛ لأَنَّهَا حَرَكَتُهَا الأَصْلِيَّةُ، فَكَانَ تَحْرِيكُهَا بِهَا أَوْلَى، وَلِمَا فِيهِ مِنَ الإِتْبَاعِ؛ أَيْ: إِتْبَاعِ حَرَكَةِ الذَّالِ لِحَرَكَةِ الْمِيمِ، وَهَذَا يُشِيرُ إِلَى تَقْوِيَةِ الضَّمِّ فِي (اخْشَوُا الْقَوْمَ)؛ لأَنَّهُمْ عَدَلُوا عَنِ أَصْلِ التِقَاءِ السَّاكِنَيْنِ إِلَى حَرَكَةٍ فِي التَّقْدِيرِ؛ تَنْبِيهًا عَلَيْهَا مَعَ مَا بَيْنَ الْوَاوِ وَالضَّمِّ مِنَ الْمُنَاسَبَةِ، كَمَا بَيْنَ ضَمِّ الْمِيمِ وَضَمِّ الذَّالِ مِنَ الْمُنَاسَبَةِ.

قَالَ: (وَلَيْسَ فِي (هَلُمَّ) إلا الْفَتْحُ).

وَإِنَّمَا الْتُزِمَ الْفَتْحُ فِيهَا لأَنَّهُ اسْمُ فِعْلٍ مَوْضُوعٌ عَلَى الْفَتْحِ، كَـ (رُوَيْدَ)، فَلا وَجْهَ عَلَى ذَلِكَ لإِيرَادِهِ فِي التِقَاءِ السَّاكِنَيْنِ، وَإِنَّمَا وَرَدَ فِي ذَلِكَ عَلَى تَقْدِيرِ أَنْ يَكُونَ أَصْلُهُ (هَلْ أُومم)، أَوْ (هَا اُلْمُمْ) عَلَى الْقَوْلَيْنِ الْمُتَقَدِّمَيْنِ فِي فَصْلِ (هَلُمَّ)، فَحِينَئِذٍ يَكُونُ مِنْ بَابِ التِقَاءِ السَّاكِنَيْنِ، فَإِذَا قُدِّرَ كَذَلِكَ عُلِّلَ الْتِزَامُ الْفَتْحِ لأَنَّهُ مُرَكَّبٌ، وَالتَّرْكِيبُ يُنَاسِبُ مِنَ التَّخْفِيفِ أَكْثَرَ مِنَ الْمُفْرَدِ، وَأَيْضًا فَلِتَشْبِيهِهِ بِـ (خَمْسَةَ عَشَرَ).

قَوْلُهُ: (وَلَقَدْ جَدَّ فِي الْهَرَبِ مِنَ التِقَاءِ السَّاكِنَيْنِ مَنْ قَالَ: " دَأَبَّة، وَشَأَبَّة ")، إِلَى آخِرِهِ.

يَعْنِي: أَنَّهُ لَمْ يَغْتَفِرْ أَمْرَهُمَا مَعَ وُقُوعِهِمَا عَلَى حَدِّهِمَا حَتَّى فَرَّ عَنْهُمَا لَمَّا أَمْكَنَ قَلْبُ الأَلِفِ هَمْزَةً، فَقَالَ: "وَلا الضَّأَلِّينَ" [الفاتحة:٧]، وَكَذَلِكَ إِذَا وَقَفَ عَلَى بَابِ (النَّقْرِ)، يَقُولُ: (النَّقُرْ) بِحَرَكَةِ الْحَرْفِ الْمَوْقُوفِ عَلَيْهِ، وَكُلُّ ذَلِكَ فِرَارٌ مِنَ التِقَاءِ السَّاكِنَيْنِ، وَلَمْ

يَفْعَلْ ذَلِكَ فِيمَا مَنَعَ مِنْهُ مَانِعٌ، فَلَمْ يُغَيِّرِ الْوَاوَ وَالْيَاءَ فِي مِثْلِ **"تَأْمُرُونِّي"** [الزمر:٦٤]، و(خُوَيْصَّةٍ) لِتَعَذُّرِ التَّغْيِيرِ لِبُعْدِ الْهَمْزَةِ عَنْهُمَا، وَلا فُعِلَ ذَلِكَ فِي مِثْلِ (رَأَيْتُ النَّقْرْ) إلا عَلَى شُذُوذٍ لِمَا تَقَدَّمَ مِنْ عِلَّتِهِ فِي مَوْضِعِهِ.

قَالَ: (وَكَسَرُوا نُونَ (مِنْ) عِنْدَ مُلاقَاتِهَا كُلَّ سَاكِنٍ)، إِلَى آخِرِهِ.

هَذَا الْحُكْمُ الْمَذْكُورُ فِي هَذَا الْفَصْلِ هُوَ مِنْ أَحْكَامِ الْفَصْلِ الَّذِي قَبْلَ مَا قَبْلَهُ، وَهُوَ قَوْلُهُ: (وَالأَصْلُ فِيمَا حُرِّكَ مِنْهُمَا)، وَلَيْسَ لِتَأْخِيرِهِ عَنْهُ مَعْنًى، فَالأَصْلُ أَنْ تُحَرَّكَ نُونُ (مِنْ) بِالْكَسْرِ عَلَى مَا تَقَرَّرَ مِنْ أَصْلِ الْتِقَاءِ السَّاكِنَيْنِ، إلا أَنَّهُمْ الْتَزَمُوا مَعَ لامِ التَّعْرِيفِ الْفَتْحَ عَلَى اللُّغَةِ الْفَصِيحَةِ؛ لِكَثْرَةِ وُقُوعِهَا مَعَ لُزُومِ الْكَسْرَةِ قَبْلَهَا، فَطَلَبُوا تَخْفِيفَهُ لِذَلِكَ، وَالْتَزَمُوهُ فَقَالُوا: (مِنَ الرَّجُلِ)، وَبَقُّوا فِيمَا عَدَاهُ عَلَى الأَصْلِ.

وَأَمَّا نونُ (عَنْ) فَقِيَاسُهَا أَيْضًا الْكَسْرُ الَّذِي الْتَزَمُوهُ فِي الأَفْصَحِ، وَهِيَ وَإِنْ كَثُرَتْ مَعَ اللامِ إلا أَنَّهَا لَمْ تَكْثُرْ كَثْرَةَ (مِنْ)، وَلَيْسَ قَبْلَ نُونِهَا كَسْرَةٌ، فَافْتَرَقَا لِذَلِكَ.

وَأَمَّا مَا حُكِيَ (عَنُ الرَّجُلِ) بِضَمِّ نُونِ (عَنْ)، فَلُغَةٌ لَيْسَتْ بِجَيِّدَةٍ، وَوَجْهُهَا مِنْ حَيْثُ الْجُمْلَةُ: أَنَّهُمْ شَبَّهُوهَا بِحَرْفِ الْعِلَّةِ لَمَّا انْفَتَحَ مَا قَبْلَهَا، كَمَا شَبَّهُوهَا لَمَّا انْكَسَرَ مَا قَبْلَهَا بِحَرْفِ الْعِلَّةِ، فَقَالُوا: (مِلْعَنْبَرِ)، بِحَذْفِ نُونِ (مِنَ الْعَنْبَرِ)، كَمَا قَالُوا: (خُذُ الْعَنْبَرَ) بِحَذْفِ وَاوِ الْجَمْعِ فِي اللَّفْظِ، فَكَذَلِكَ قَالُوا: (عَنُ الرَّجُلِ)، كَمَا قَالُوا: (اخْشَوُا الْقَوْمَ).

وَمِنْ أَصْنَافِ الْمُشْتَرَكِ حُكْمُ أَوَائِلِ الْكَلِمِ

تَشْتَرِكُ فِيهِ الأَضْرُبُ الثَّلاثَةُ، وَهِيَ فِي الأَمْرِ الْعَامِّ عَلَى الْحَرَكَةِ)، إِلَى آخِرِهِ.

قَالَ الشَّيْخُ: الظَّاهِرُ أَنَّهَا حُكْمُ أَوَائِلِ الْكَلِمِ، وَإِلا فَعِلْمُ أَوَائِلِ الْكَلِمِ لَيْسَ مِنَ الْمُشْتَرَكِ؛ لأَنَّ الْمُشْتَرَكَ عِبَارَةٌ عَنِ الأَحْكَامِ الَّتِي يَشْتَرِكُ فِيهَا اثْنَانِ أَوْ ثَلاثَةٌ، وَلَيْسَ الْعِلْمُ كَذَلِكَ، وَلَوْ صَحَّ أَنْ يُقَالَ: الْعِلْمُ مُشْتَرَكٌ فِيهِ هَاهُنَا لَصَحَّ أَنْ يُعَبَّرَ عَنْ جَمِيعِ الأَبْوَابِ بِالْعِلْمِ، وَلَيْسَ هَذَا هُوَ الْمَقْصُودَ، وَإِنَّمَا الْمَقْصُودُ مَا يَكُونُ الاشْتِرَاكُ فِيهِ حَقِيقَةً كَمَا بَيَّنَّاهُ فِي أَوَّلِهِ، كَالإِمَالَةِ وَالْوَقْفِ.

وَأَحْكَامُ أَوَائِلِ الْكَلِمِ تَحَرُّكٌ وَسُكُونٌ، وَاشْتَرَكَ فِي ذَلِكَ الاسْمُ وَالْفِعْلُ وَالْحَرْفُ، ثُمَّ ذَكَرَ أَنَّ الأَصْلَ التَّحَرُّكُ؛ لأَنَّ كُلَّ كَلِمَةٍ تُقَدَّرُ مُنْفَصِلَةً، فَقِيَاسُهَا أَنْ تُوضَعَ مُتَحَرِّكَةَ الأَوَّلِ، لِئَلا يَتَعَذَّرَ النُّطْقُ أَوْ يَثْقُلَ، فَثَبَتَ أَنَّ الأَصْلَ الْحَرَكَةُ.

قَالَ: (وَقَدْ جَاءَ مِنْهَا مَا هُوَ عَلَى السُّكُونِ)، إِلَى آخِرِهِ.

الْكَلِمَاتُ الَّتِي أَوَائِلُهَا سَاكِنٌ تَكُونُ فِي الْأَسْمَاءِ وَالْأَفْعَالِ وَالْحُرُوفِ؛ أَمَّا الْأَسْمَاءُ فَعَلَى قِسْمَيْنِ: سَمَاعِيٍّ وَقِيَاسِيٍّ.

فَالسَّمَاعِيُّ: أَلْفَاظٌ مَحْفُوظَةٌ، وَهِيَ مَا ذَكَرَهَا، وَالْقِيَاسِيُّ: (مَصَادِرُ الْأَفْعَالِ الَّتِي بَعْدَ أَلِفَاتِهَا إِذَا ابْتُدِئَ بِهَا أَرْبَعَةُ أَحْرُفٍ فَصَاعِدًا)، كَقَوْلِكَ: (الِانْطِلَاق) وَشِبْهِهِ، وَإِنَّمَا قَالَ: (بَعْدَ أَلِفَاتِهَا إِذَا ابْتُدِئَ بِهَا أَرْبَعَةُ أَحْرُفٍ)، وَلَمْ يَقُلْ: مَصَادِرُ الْأَفْعَالِ الَّتِي عَلَى أَكْثَرَ مِنْ أَرْبَعَةِ أَحْرُفٍ؛ لِأَنَّهُ فِي حَصْرِ مَا أَوَّلُهُ سَاكِنٌ مِنَ الْمَصَادِرِ، فَلَوْ قَالَ ذَلِكَ لَوَجَبَ أَنْ يَكُونَ قَدْ حَكَمَ عَلَى نَحْوِ (تَدَحْرَجَ)، وَ(تَنَاظَرَ)، وَنَحْوِهِمَا بِأَنَّ أَوَائِلَ مَصَادِرِهَا سَاكِنَةٌ، وَلَيْسَ بِمُسْتَقِيمٍ؛ لِأَنَّكَ تَقُولُ فِي مَصْدَرِهِ: (تَدَحْرُجَ)، وَ(تَنَاظُرَ)، فَوَجَبَ أَنْ يَتَعَرَّضَ لِأَلِفَاتِ الْأَفْعَالِ؛ لِيَخْرُجَ عَنْهُ مِثْلُ ذَلِكَ، وَلَا يَرِدُ عَلَى ذَلِكَ إِلَّا مِثْلُ قَوْلِهِمْ: (أَهْرَاق) وَ(وَاسْطَاعَ)، فَإِنَّ بَعْدَ أَلِفَاتِهَا إِذَا ابْتُدِئَ بِهَا أَرْبَعَةَ أَحْرُفٍ، وَلَيْسَ أَوَّلُ مَصَادِرِهَا سَاكِنًا.

وَجَوَابُهُ: أَنَّ ذَلِكَ شَاذٌّ، فَلَا يُعْتَدُّ بِهِ فِيمَا نَحْنُ فِيهِ، وَالْوَجْهُ أَنْ نَقُولَ: أَصْلُهُ (أَرَاقَ)، وَ(أَطَاعَ)، وَعِنْدَ ذَلِكَ لَا يَبْقَى بَعْدَ أَلِفِهِ أَرْبَعَةُ أَحْرُفٍ.

وَالْآخَرُ: أَنَّ هَذِهِ زِيَادَةٌ عَلَى غَيْرِ قِيَاسٍ، فَلَا يُعْتَدُّ بِهَا، فَكَأَنَّكَ قُلْتَ: (أَرَاقَ)، وَ(أَطَاعَ)، وَلَيْسَ بَعْدَ الْأَلِفِ إِلَّا ثَلَاثَةُ أَحْرُفٍ، وَسَيَأْتِي ذِكْرُ ذَلِكَ فِي صِنْفِ زِيَادَةِ الْحُرُوفِ.

وَأَمَّا الْفِعْلُ: فَكُلُّ مَا جَاءَ فِيهِ مِنْ سُكُونِ الْأَوَّلِ جَارٍ عَلَى قِيَاسٍ، وَهُوَ قِسْمَانِ:

أَحَدُهُمَا: أَفْعَالُ الْمَصَادِرِ الَّتِي ذَكَرْنَاهَا مَاضِيَةً وَأَمْرًا، وَهُوَ كُلُّ مَا كَانَ بَعْدَ أَلِفِهِ إِذَا ابْتُدِئَ بِهِ أَرْبَعَةُ أَحْرُفٍ مَاضِيًا وَأَمْرًا، وَيَرِدُ عَلَى الْمُصَنِّفِ لِكَوْنِهِ لَمْ يُقَيِّدْ بِالْمَاضِي وَالْأَمْرِ، وَلَمْ يَحْتَرِزْ بِذَلِكَ عَنِ الْمُضَارِعِ أَنْ يُقَالَ: إِذَا قُلْتَ: (انْطَلَقَ) وَ(اسْتَخْرَجَ)، فَهَذَا فِعْلٌ بَعْدَ أَلِفِهِ إِذَا ابْتُدِئَ بِهَا أَرْبَعَةُ أَحْرُفٍ فَصَاعِدًا، وَلَيْسَ أَوَّلُهُ سَاكِنًا، فَلَا يَسْتَقِيمُ ذَلِكَ لَكَ فِي الْفِعْلِ، وَإِنِ اسْتَقَامَ فِي الْمَصْدَرِ؛ لِأَنَّ الْمَصْدَرَ جَارٍ فِي الْجَمِيعِ عَلَى مَا ذَكَرَ، وَإِنَّمَا جَاءَتْ هَذِهِ الْمُخَالَفَةُ فِي الْفِعْلِ.

فَإِنْ أُجِيبَ عَلَى ذَلِكَ بِأَنَّا قَصَدْنَا إِلَى أَنْ تَكُونَ الْأَلِفُ الْمَذْكُورَةُ هَمْزَةَ وَصْلٍ جِيءَ بِهَا لِلنُّطْقِ بِالسَّاكِنِ لَمْ يَسْتَقِمِ التَّعْرِيفُ بِذَلِكَ؛ لِأَنَّهُ يُؤَدِّي إِلَى الدَّوْرِ، وَذَلِكَ أَنَّهُ لَا يُعْرَفُ أَنَّ الْمُجْتَلَبَ هَمْزَةُ وَصْلٍ إِلَّا بَعْدَ أَنْ يُعْرَفَ كَوْنُ الْأَوَّلِ سَاكِنًا، وَلَا يُعْرَفُ كَوْنُهُ سَاكِنًا إِلَّا بَعْدَ أَنْ تُعْرَفَ أَنَّهَا هَمْزَةُ وَصْلٍ، فَالْأَوْلَى أَنْ يُقَالَ: (فِي الْفِعْلِ مِمَّا لَيْسَ بِمُضَارِعٍ)، فَيَنْدَفِعُ هَذَا السُّؤَالُ، وَيَرْتَفِعُ اللَّبْسُ.

وَالْقِسْمُ الثَّانِي مِنَ الأَفْعَالِ: صِيَغُ الأَمْرِ مِنَ الثُّلاثِيِّ غَيْرِ الْمَزِيدِ فِيهِ، مِثْلُ: (اضْرِبْ) و(اذْهَبْ)، وَلا يَرِدُ عَلَى ذَلِكَ نَحْوُ: (قِ)، و(عِ)، و(خَفْ)، فَإِنَّ أَصْلَهُ السُّكُونُ، وَإِنْ قَصَدَ قَاصِدٌ إِلَى الاحْتِرَازِ عَنْهُ أَمْكَنَهُ أَنْ يَقُولَ: (مِمَّا لَمْ يَعْتَلَّ مُضَارِعُهُ مِنَ الْمُعْتَلِّ الْفَاءِ وَالْعَيْنِ)، فَيَخْرُجَ بَابُ (قِ) و(خَفْ)، وَلا يَخْرُجَ نَحْوُ: (ايْجَلْ)؛ لأَنَّا قُلْنَا: (مِمَّا لَمْ يَعْتَلَّ مُضَارِعُهُ)، وَهَذَا لَمْ يَعْتَلَّ مُضَارِعُهُ، فَهُوَ دَاخِلٌ فِي الأَوَّلِ، فَإِنْ خِيفَ مِنْ وُرُودِ (رَ) وَقُصِدَ إِلَى الاحْتِرَازِ مِنْهُ أَيْضًا لِكَوْنِهِ صِيغَةَ أَمْرٍ مِنَ الثُّلاثِيِّ وَلَيْسَ سَاكِنَ الأَوَّلِ زِيدَ الاحْتِرَازُ عَنْهُ بِخُصُوصِيَّتِهِ؛ لأَنَّهُ لا أَخَ لَهُ يُشَارِكُهُ، فَيُقْصَدَ إِلَى تَغْيِيرٍ عَامٍّ، وَإِنَّمَا ذَلِكَ مُخْتَصٌّ بِالأَمْرِ مِنْ (يَرَى) خَاصَّةً، أَلا تَرَى أَنَّ إِخْوَانَهُ نَحْوَ: (شَأَى) و(نَأَى) لَمْ يُفْعَلْ بِهَا هَذَا الْفِعْلُ؟ بَلْ جَرَتْ كَمَا جَرَى بَابُ (سَعَى)، فَيُقَالُ فِي الأَمْرِ: (إِنْأَ) و(إِشْأَ)، كَمَا يُقَالُ: (اسْعَ)، فَعُلِمَ أَنَّ ذَلِكَ مُخْتَصٌّ بِلَفْظِ (يَرَى) وَالأَمْرِ مِنْهُ.

وَأَمَّا الْحَرْفُ فَلَمْ يَأْتِ فِيهِ مَا أَوَّلُهُ سَاكِنٌ إلا لامُ التَّعْرِيفِ وَحْدَهَا، وَالْمِيمُ فَرْعٌ عَلَيْهَا، وَهَذَا عَلَى مَذْهَبِ سِيبَوَيْهِ؛ لأَنَّ مَذْهَبَهُ أَنَّ اللامَ وَحْدَهَا لِلتَّعْرِيفِ، وَأَمَّا الْخَلِيلُ فَمَذْهَبُهُ أَنَّ حَرْفَ التَّعْرِيفِ (أَلْ)، فَعَلَى مَذْهَبِهِ لَيْسَ فِي الْحُرُوفِ مَا أَوَّلُهُ سَاكِنٌ؛ لأَنَّ أَوَّلَ هَذِهِ الْهَمْزَةُ، وَهِيَ مُتَحَرِّكَةٌ بِالْفَتْحِ، وَإِنَّمَا اسْتَمَرَّ بِهَا التَّخْفِيفُ لِلْكَثْرَةِ، وَتَخْفِيفُهَا لِلْكَثْرَةِ لا يَجْعَلُ اللامَ أَوَّلًا، فَثَبَتَ أَنَّ ذَلِكَ إِنَّمَا يَجْرِي عَلَى قَوْلِ سِيبَوَيْهِ دُونَ الْخَلِيلِ.

قَالَ: فَإِذَا وَقَعَتْ هَذِهِ الأَوَائِلُ فِي الدَّرْجِ نُطِقَ بِهَا سَاكِنَةً؛ لأَنَّهُ إِنْ كَانَ قَبْلَهَا مُتَحَرِّكٌ، فَلا إِشْكَالَ، وَإِنْ كَانَ قَبْلَهَا سَاكِنٌ حُرِّكَ الأَوَّلُ أَوْ حُذِفَ، فَيَصِيرُ أَيْضًا مَا قَبْلَهَا مُتَحَرِّكًا، فَيُنْطَقُ بِهَا عَلَى حَالِهَا سَاكِنَةً.

فَأَمَّا إِذَا وَقَعَتْ فِي مَوْضِعِ الابْتِدَاءِ، وَلا يُمْكِنُ الابْتِدَاءُ بِالسَّاكِنِ، أَوْ يَعْسُرُ، تَوَصَّلُوا إِلَى الابْتِدَاءِ بِالسَّاكِنِ بِأَنْ زَادُوا هَمْزَةً مُتَحَرِّكَةً لِيُمْكِنَ النُّطْقُ بِالسَّاكِنِ، كَقَوْلِكَ فِي الابْتِدَاءِ: (اسْمٌ)، (اسْتِغْفَارٌ)، (اسْتَخْرَجَ)، (اسْتَخْرِجْ)، (اضْرِبِ الرَّجُلَ).

قَالَ: (وَتُسَمَّى هَذِهِ الْهَمَزَاتُ هَمَزَاتِ الْوَصْلِ).

لأَنَّهَا تُوُصِّلَ بِهَا إِلَى النُّطْقِ بِالسَّاكِنِ، لا أَنَّهَا سُمِّيَتْ بِهَمَزَاتِ الْوَصْلِ؛ لأَنَّهَا تُحْذَفُ فِي الْوَصْلِ؛ لأَنَّهَا حِينَئِذٍ مَفْقُودَةٌ، فَكَيْفَ تُضَافُ مُثْبَتَةً إِلَى شَيْءٍ يَجِبُ عِنْدَهُ فِقْدَانُهَا؟ وَهِيَ بِتَسْمِيَتِهَا بِالْعَكْسِ مِنْ ذَلِكَ أَوْلَى.

قَالَ: (وَحُكْمُهَا أَنْ تَكُونَ مَكْسُورَةً)، إِلَى آخِرِهِ.

لأَنَّهُ قَدْ ثَبَتَ أَنَّ مَا يُتَوَصَّلُ بِهِ إِلَى النُّطْقِ بِهَا عِنْدَ الْوَصْلِ إِذَا كَانَ قَبْلَهَا سَاكِنٌ بِحَرَكَةٍ

هِيَ كَسْرَةٌ، فَجُعِلَتْ حَرَكَةُ الْهَمْزَةِ أَيْضًا تَشْبِيهًا لَهَا بِذَلِكَ لِعُرُوضِهَا أَصْلا، أَوْ نَقُولُ: نُقَدِّرُ اجْتِلابَهَا عَرِيَّةً عَنِ الْحَرَكَاتِ، فَيَجِبُ أَنْ تَكُونَ مَكْسُورَةً لِمَا تَقَدَّمَ مِنْ أَنَّ أَصْلَ الْتِقَاءِ السَّاكِنَيْنِ الْكَسْرُ، فَإِنْ عُدِلَ عَنِ الْكَسْرِ إِلَى غَيْرِهِ فَلِعَارِضٍ، فَلا بُدَّ مِنْ بَيَانِهِ، وَهُوَ مَوْضِعَانِ:

أَحَدُهُمَا: مَا وَقَعَ بَعْدَ سُكُونِهِ ضَمَّةٌ أَصْلِيَّةٌ لَفْظًا أَوْ تَقْدِيرًا، كَقَوْلِكَ: (أُغْزُ)، و(أُغْزِي)، وَلا تَقُولُ: (أَبْنُوا) بِالضَّمِّ، بَلْ تَقُولُ: (إِبْنُوا) بِالْكَسْرِ؛ لأَنَّ الضَّمَّةَ هَاهُنَا لَيْسَتْ أَصْلِيَّةً، أَلا تَرَى أَنَّهُ مِنْ قَوْلِكَ: (بَنَى يَبْنِي)، وَإِذَا قُلْتَ: (أُغْزِي) ضَمَمْتَ؛ لأَنَّ بَعْدَ السُّكُونِ ضَمَّةً أَصْلِيَّةً تَقْدِيرًا؛ لأَنَّ أَصْلَهُ (غَزَا يَغْزُو)، وَأَصْلُ (أُغْزِي): (أُغْزُوِي)، وَإِنَّمَا جَاءَتِ الْكَسْرَةُ مِنْ قِبَلِ الإِعْلالِ، لا مِنْ أَصْلِ الْبِنْيَةِ، وَيَجِبُ الضَّمُّ فِيمَا ذَكَرْنَاهُ، وَلا يَجُوزُ الْبَقَاءُ عَلَى الأَصْلِ، فَلا تَكُونُ هَمْزَةُ (أُقْتُلْ) و(أُخْرُجْ) إلا مَضْمُومَةً، بِخِلافِ قَوْلِكَ: (أَنِ اغْزُو)، وَ ﴿وَقَالَتِ اخْرُجْ﴾ [يوسف:٣١] عَلَى مَا تَقَدَّمَ؛ لأَنَّ الْحَرَكَةَ الَّتِي فِي بَابِ (قَالَتِ اخْرُجْ) مِنْ كَلِمَةٍ أُخْرَى، وَالْحَرَكَةُ الَّتِي فِي بَابِ (أُقْتُلْ) و(أُخْرُجْ) مِنْ كَلِمَةٍ وَاحِدَةٍ، فَلَمَّا كَانَتِ الْهَمْزَةُ مِنْ جُمْلَةِ الْكَلِمَةِ هَاهُنَا قَوِيَ أَمْرُ الضَّمِّ فِيهِ؛ لأَنَّ الْعُدُولَ عَنِ الْكَسْرِ فِي نَحْوِ: (قَالَتِ اخْرُجْ) إِنَّمَا كَانَ كَرَاهَةَ الضَّمِّ بَعْدَ الْكَسْرِ، وَكَذَلِكَ فِي قَوْلِهِمْ: (أُقْتُلْ)، وَكَرَاهَةُ الضَّمِّ بَعْدَ الْكَسْرِ فِيمَا كَانَ مِنْ كَلِمَةٍ أَشَدُّ فِيمَا كَانَ مِنْ كَلِمَتَيْنِ، وَهُوَ فِي كَلِمَتَيْنِ أَسْهَلُ، فَلِذَلِكَ جَاءَ الأَمْرَانِ فِي بَابِ (قَالَتِ اخْرُجْ)، وَالْتُزِمَ الْعُدُولُ عَنِ الأَصْلِ فِي بَابِ (أُقْتُلْ)، و(أُخْرُجْ) لِمَا ذَكَرْنَاهُ.

وَالْمَوْضِعُ الثَّانِي: هَمْزَةُ لامِ التَّعْرِيفِ عَلَى مَذْهَبِ سِيبَوَيْهِ، فَإِنَّهَا هَمْزَةُ وَصْلٍ اجْتُلِبَتْ لِلنُّطْقِ بِالسَّاكِنِ، وَلَكِنَّهَا الْتُزِمَ فِيهَا الْفَتْحُ عَلَى مَا تَقَدَّمَ.

قَالَ: (وَإِثْبَاتُ شَيْءٍ مِنْ هَذِهِ الْهَمَزَاتِ فِي الدَّرْجِ خُرُوجٌ عَنْ كَلامِ الْعَرَبِ)، إِلَى آخِرِهِ.

قَالَ الشَّيْخُ: لأَنَّهُ إِنَّمَا جِيءَ بِهَا فِي الابْتِدَاءِ لِمَا ذَكَرْنَاهُ مِنَ الْحَاجَةِ إِلَيْهَا، فَعُلِمَ أَنَّهُ لَمْ يُؤْتَ بِهَا إلا لِذَلِكَ؛ فَإِذَا أُتِيَ بِهَا فِي غَيْرِهِ كَانَ خُرُوجًا عَنْ كَلامِهِمْ قَطْعًا، وَمَا خَرَجَ عَنْ كَلامِهِمْ فَهُوَ لَحْنٌ، وَأَمَّا كَوْنُهُ لَحْنًا فَاحِشًا؛ فَلأَنَّهُ إِذَا غُيِّرَتْ حَرَكَةٌ حُكِمَ بِأَنَّهَا لَحْنٌ، فَإِذَا زِيدَ حَرْفٌ وَحَرَكَةٌ لَيْسَتْ مِنْ كَلامِهِمْ كَانَ أَفْحَشَ، إلا أَنَّهُمْ أَبْدَلُوا مِنْ هَذِهِ الْهَمْزَةِ أَلِفًا فِي بَابِ (آلْحَسَنُ عِنْدَكَ)، و(آيْمُنُ اللَّهِ يَمِينُكَ)؟

وَقَدْ تَقَدَّمَتْ عِلَّةُ ذَلِكَ، وَهُوَ مِمَّا الْتَزَمُوهُ فِرَارًا مِنْ ذَلِكَ الإِلْبَاسِ الْمُتَقَدِّمِ ذِكْرُهُ.

قَوْلُهُ: (وَأَمَّا إِسْكَانُهُمْ أَوَّلَ " هُوَ، وَهِيَ ")، إِلَى آخِرِهِ.

قَالَ الشَّيْخُ: أَوْرَدَ هَذَا الْفَصْلُ مُعْتَرِضًا بِهِ؛ لأنَّ أَوَّلَ الْكَلِمَةِ مِنْ قَوْلِكَ: (وَهْوَ)، و(لَهْوَ)، و(فَهْوَ)، و(وَهْيَ) الْهَاءُ، وَهِيَ سَاكِنَةٌ كَسُكُونِ قَوْلِكَ: (وَاسْمُكَ)، و(اسْتِخْرَاجُكَ)، فَلِمَ لا تُعَدُّ مِمَّا أَوَّلُهُ سَاكِنٌ وَلَمْ تُعَدَّ؟

وَأَجَابَ عَنْ ذَلِكَ: بِأَنَّ (هُوَ)، و(هِيَ)، وَلامَ الأَمْرِ أَوَائِلُهَا مُتَحَرِّكَةٌ، بِدَلِيلِ قَوْلِكَ: (هُوَ فَعَلَ كَذَا)، (هِيَ فَعَلَتْ كَذَا)، "لِيُنْفِقْ ذُو سَعَةٍ مِنْ سَعَتِهِ" [الطلاق:٧]، ثُمَّ بَيَّنَ سَبَبَ الإِسْكَانِ فِيهِ لِتَنْتَفِيَ شُبْهَةُ ذَلِكَ، وَذَلِكَ أَنَّهُ لَمَّا اتَّصَلَ بِهَا هَذِهِ الْحُرُوفُ، وَتَنَزَّلَتْ مَعَهَا كَالْجُزْءِ نُزِّلَ قَوْلُكَ: (وَهُوَ) مَنْزِلَةَ قَوْلِكَ: (عَضُدٌ)، وَقَوْلُكَ: (وَهِيَ)، (وَلِيَ) مِنْ قَوْلِكَ: (وَلْيُنْفِقْ) مَنْزِلَةَ قَوْلِكَ: (كَتِفُ)، وَقَدْ ثَبَتَ تَخْفِيفُ نَحْوِ ذَلِكَ بِالإِسْكَانِ، فَأُجْرِيَ هَذَا مُجْرَاهُ، فَسُكِّنَ تَخْفِيفًا عَارِضًا، فَثَبَتَ أَنَّ أَصْلَهَا الْحَرَكَةُ، وَأَنَّ السُّكُونَ عَارِضٌ.

وَأَمَّا إِسْكَانُهُمْ (ثُمَّ هُوَ)، وَإِنْ كَانَتْ (ثُمَّ) لَيْسَتْ كَالْوَاوِ وَالْفَاءِ فِي تَنَزُّلِهَا مَنْزِلَةَ الْجُزْءِ لاسْتِقْلالِهَا، فَلِحَمْلِهَا عَلَى أُخْتَيْهَا تَشْبِيهًا بِهِمَا، وَلِذَلِكَ كَانَ الإِسْكَانُ فِي (وَهْوَ)، و(فَهْيَ)، و(لِيُنْفِقْ) أَكْثَرَ مِنْهُ فِي (ثُمَّ هْوَ)، و(ثُمَّ هْيَ)، و(ثُمَّ لِيُنْفِقْ)، وَضَعُفَ فِي نَحْوِ "أَنْ يُمِلَّ هُوَ" [البقرة:٢٨٢]؛ لأَنَّهُ لَمْ يَتَّصِلْ بِمَا هُوَ كَالْجُزْءِ وَلا بِمَا أَشْبَهَ مَا هُوَ كَالْجُزْءِ، وَلِذَلِكَ كَانَ ذَلِكَ الْوَجْهُ ضَعِيفًا، وَهُوَ مَرْوِيٌّ عَنْ قَالُونَ.

وَمِنْ أَصْنَافِ الْمُشْتَرَكِ زِيَادَةُ الْحُرُوفِ

قَالَ صَاحِبُ الْكِتَابِ: (يَشْتَرِكُ فِيهِ الاسْمُ، وَالْفِعْلُ، وَالْحُرُوفُ الزَّوَائِدُ هِيَ الَّتِي يَشْمَلُهَا قَوْلُكَ: (الْيَوْمَ تَنْسَاهُ)، أَوْ (أَتَاهُ سُلَيْمَانُ)).

قَالَ الشَّيْخُ: وَلا مَدْخَلَ لِلْحَرْفِ فِي مِثْلِ ذَلِكَ، إِذْ لَمْ يَثْبُتْ تَصَرُّفُهُمْ فِي الْحَرْفِ بِالاشْتِقَاقِ، كَتَصَرُّفِهِمْ فِي الاسْمِ وَالْفِعْلِ، وَأَمْرُ الزِّيَادَةِ رَاجِعٌ إِلَى مَعْنَى الاشْتِقَاقِ؛ لأَنَّ مَعْنَى الزَّائِدِ هُوَ الَّذِي يَسْقُطُ فِي تَصَارِيفِ الْكَلِمَةِ تَحْقِيقًا أَوْ تَقْدِيرًا، وَالْحَرْفُ لا مَدْخَلَ لَهُ فِي ذَلِكَ، إِذْ لَمْ يُتَصَرَّفْ فِيهِ تَصَرُّفُهُمْ فِي الاسْمِ وَالْفِعْلِ، وَأَمَّا الأَسْمَاءُ الْجَامِدَةُ فَإِنَّهُمْ حَكَمُوا فِيهَا بِالزَّائِدِ وَالأَصْلِيِّ عَلَى مَعْنَى أَنَّهَا: لَوْ تُصُرِّفَ فِيهَا لَكَانَ قِيَاسُهَا أَنْ تَكُونَ كَذَلِكَ حَمْلا عَلَى نَظَائِرِهَا.

وَأَمَّا الأَسْمَاءُ الأَعْجَمِيَّةُ وَالْمُعَرَّبَةُ فَأَكْثَرُهُمْ أَيْضًا يَحْكُمُ عَلَيْهَا بِالأَصْلِيِّ وَالزَّائِدِ عَلَى مَعْنَى: أَنَّهَا لَوْ كَانَتْ مِنْ كَلامِهِمْ تَقْدِيرًا؛ لَكَانَ قِيَاسُهَا أَنْ تَكُونَ كَذَلِكَ، كَمَا قُلْنَاهُ فِي

الْجَوَامِدِ، وَمِنْهُمْ مَنْ لا يَتَعَرَّضُ لِوَزْنِهِ وَالْحُكْمِ عَلَيْهِ بِزِيَادَةٍ فِي الْبَعْضِ وَأَصْلٍ فِي الْبَعْضِ، وَيَقُولُ: إِنَّمَا ثَبَتَ ذَلِكَ فِي كَلامِهِمْ، فَأَمَّا مَا عَرَّبُوهُ فَلَمْ يَثْبُتْ ذَلِكَ فِيهِ.

وَالْحُرُوفُ الزَّوَائِدُ هِيَ مَا ذَكَرَهُ، وَقَدْ ظَنَّ بَعْضُ النَّاسِ أَنَّ حَصْرَهَا فِي (أَتَاهُ سُلَيْمَانُ) لَيْسَ بِمُسْتَقِيمٍ مِنْ حَيْثُ إِنَّهُ سَقَطَ مِنْهَا الْوَاوُ، وَأُجِيبَ بِأَنَّ الْمُرَادَ (أَتَاهُو سُلَيْمَانُ) بِوَصْلِ الْهَاءِ بِوَاوٍ، وَعِنْدَ ذَلِكَ تَحْصُلُ الْوَاوُ.

قَالَ: (وَمَعْنَى كَوْنِهَا زَوَائِدَ: أَنَّ كُلَّ حَرْفٍ وَقَعَ زَائِدًا فَإِنَّهُ مِنْهَا، لا أَنَّهَا أَبَدًا تَقَعُ زَوَائِدَ).

وَأَرَادَ بِحُرُوفِ الزَّوَائِدِ مَا ذَكَرَهُ مِنْ أَنَّ الزَّائِدَ لا يَخْرُجُ عَنْهَا، لا أَنَّهَا تَكُونُ أَبَدًا زَوَائِدَ؛ لأَنَّهُ قَدْ تَكُونُ الْكَلِمَةُ مِنْهَا وَكُلُّهَا أُصُولٌ، كَقَوْلِكَ: (سَلِمَ)، و(نَمِلَ)، و(هَمَلَ)، وَأَشْبَاهِ ذَلِكَ، وَأَرَادَ أَيْضًا الزِّيَادَةَ غَيْرَ الْمُكَرَّرَةِ؛ لأَنَّهُ قَدْ تَقَدَّمَ أَنَّ تِلْكَ تَجْرِي فِي الْحُرُوفِ كُلِّهَا، فَعُلِمَ أَنَّهُ لا اخْتِصَاصَ لَهَا، فَإِذَا خَصَّصَ هَاهُنَا عُلِمَ أَنَّهُ أَرَادَ غَيْرَ ذَلِكَ.

قَالَ: (وَلَقَدْ أَسْلَفْتُ فِي قِسْمَيِ الأَسْمَاءِ وَالأَفْعَالِ).

لأَنَّهُ لَمَّا ذَكَرَ الأَبْنِيَةَ وَرَتَّبَهَا عَلَى مَوَاضِعِ الزِّيَادَةِ عُلِمَتْ مَوَاضِعُ الزِّيَادَةِ وَمَا يَقَعُ زَائِدًا، وَهُوَ كَلامٌ يَتَعَلَّقُ بِالزِّيَادَةِ ضِمْنًا، وَلَكِنَّهُ لَمْ يَسْتَغْنِ عَنْهُ؛ لأَنَّ غَرَضَهُ هَاهُنَا أَنْ يُعَرِّفَ الْقَوَانِينَ الَّتِي يُحْكَمُ بِهَا بِكَوْنِ الشَّيْءِ زَائِدًا، وَلَمْ يَتَعَرَّضْ لِذَلِكَ ثَمَّةَ، فَالْغَرَضُ الَّذِي ذَكَرَهَا هَاهُنَا بِاعْتِبَارِهِ غَيْرُ الْغَرَضِ الَّذِي ذَكَرَهَا ثَمَّةَ بِاعْتِبَارِهِ.

ثُمَّ شَرَعَ فِيهَا وَاحِدًا وَاحِدًا، فَقَالَ: (الْهَمْزَةُ يُحْكَمُ بِزِيَادَتِهَا إِذَا وَقَعَتْ أَوَّلا وَبَعْدَهَا ثَلاثَةُ أَحْرُفٍ أُصُولٌ).

قُلْتُ: أَمَّا إِذَا وَقَعَتْ أَوَّلا وَبَعْدَهَا ثَلاثَةُ أَحْرُفٍ أُصُولٌ، فَإِنْ عُلِمَ ذَلِكَ بِالاشْتِقَاقِ فَلا إِشْكَالَ، وَهُوَ كَثِيرٌ، وَإِنْ لَمْ يُعْلَمْ بِالاشْتِقَاقِ، فَإِنْ ثَبَتَ أَنَّ الثَّلاثَةَ أُصُولٌ زَالَ الإِشْكَالُ أَيْضًا؛ لأَنَّهُ قَدْ ثَبَتَ مِثْلُهُ كَثِيرًا، فَكَانَ حَمْلُهُ عَلَى الأَكْثَرِ أَوْلَى، وَإِنْ لَمْ يَتَحَقَّقْ أَنَّهَا أُصُولٌ لَمْ يَخْلُ إِمَّا أَنْ يَقُومَ دَلِيلٌ عَلَى زِيَادَةِ بَعْضِهَا أَوْ لا، فَإِنْ قَامَ فَلا إِشْكَالَ فِي الْحُكْمِ بِأَصَالَتِهَا؛ لِتَعَذُّرِ الزِّيَادَةِ كَمَا ذَكَرَهُ فِي (إِمَّعَةٍ، وَإِمَّرَةٍ)، وَإِلا حُكِمَ بِزِيَادَتِهَا.

وَمَا ذَكَرَهُ فِي (أَوْلَقَ) فِي أَنَّهُ يَحْتَمِلُ الأَمْرَيْنِ غَيْرُ مُسْتَقِيمٍ فِي التَّحْقِيقِ؛ لأَنَّهُ لَمْ يَخْلُ إِمَّا أَنْ يَقُومَ دَلِيلٌ عَلَى زِيَادَةِ الْوَاوِ أَوْ لا، فَإِنْ قَامَ دَلِيلٌ عَلَى زِيَادَتِهَا ثَبَتَ أَنَّ الْهَمْزَةَ أَصْلِيَّةٌ، وَإِنْ لَمْ يَقُمْ ثَبَتَ أَنَّ الْهَمْزَةَ زَائِدَةٌ، وَكَانَ الْحُكْمُ بِزِيَادَتِهَا أَوْلَى مِنَ الْوَاوِ نَظَرًا إِلَى الأَكْثَرِ فِي كَلامِهِمْ؛ لأَنَّ أَفْعَلَ أَكْثَرُ مِنْ (فَوْعَلَ)، وَإِذَا لَمْ يَقُمْ دَلِيلٌ فَجَعْلُهُ مِنْ بَابِ الأَكْثَرِ

فِي كَلامِهِمْ أَوْلَى؛ وَإِذَا حُكِم بِأَنَّ (أَرْنَبَ) أَفْعَلَ لا (فَعْلَلٌ)؛ لِيَكُونَ مِنْ بَابِ الأَكْثَرِ مَعَ كَثْرَةِ فَعْلَلَ كَانَ حَمْلُ هَذَا عَلَى أَنَّهُ (أَفْعَلُ) أَوْلَى، وَمَا تُوُهِّمَ مِنَ الدَّلِيلِ عَلَى أَنَّ الْوَاوَ فِي (أَوْلَق) زَائِدَةٌ وَهْمٌ قَدْ ذَكَرَهُ صَاحِبُ " الصِّحَاحِ "، وَوَهِمَ فِيهِ، ذَلِكَ أَنَّهُ قَالَ: (وَأَوْلَق أَفْعَل؛ لأَنَّهُ يُقَالُ: أُلِقَ)، فَذَكَرَ دَلِيلا عَلَى أَنَّ الْهَمْزَةَ زَائِدَةٌ وَالْوَاوَ أَصْلِيَّةٌ، وَهُوَ دَلِيلٌ عَلَى الْعَكْسِ؛ لأَنَّهُ إِذَا ثَبَتَ (أُلِقَ فَهُوَ مَأْلُوقٌ) كَانَتِ الْهَمْزَةُ أَصْلِيَّةً فَاءً مِنَ الْفِعْلِ، فَعُلِمَ أَنَّ الْهَمْزَةَ فِي (أَوْلَق) أَيْضًا فَاءٌ مِنَ الْفِعْلِ، فَيَجِبُ أَنْ يَكُونَ وَزْنُهُ (فَوْعَلا)، ثُمَّ ذَكَرَ بَعْدَ ذَلِكَ أَنَّهُ يَجُوزُ أَنْ يَكُونَ (فَوْعَلا)؛ لأَنَّهُ يُقَالُ: (مُؤَوْلَقٌ)، وَهَذَا أَيْضًا دَلِيلٌ ثَانٍ بِأَنَّ الْهَمْزَةَ أَصْلِيَّةٌ؛ إِلا أَنَّ الدَّلِيلَ الأَوَّلَ الَّذِي جَعَلَهُ لِعَكْسِ مَدْلُولِهِ أَظْهَرُ فِي الدِّلالَةِ لانْتِفَاءِ الاحْتِمَالِ عَنْهُ؛ لأَنَّ (مُؤَوْلَقًا) يَحْتَمِلُ أَنْ يُقَدَّرَ أَنَّهُ (مُؤَفْعَلٌ)، فَتَكُونَ الْهَمْزَةُ زَائِدَةً، وَإِذَا عَلِمْتَ أَنَّ الْوَاوَ فِي أَوْلَق زَائِدَةٌ وَجَبَ أَنْ تَكُونَ الْهَمْزَةُ أَصْلِيَّةً لأَنَّهَا لَمْ تَقَعْ مَعَ ثَلاثَةٍ، فَلَوْ جُعِلَتْ زَائِدَةً لأَدَّى إِلَى أَنْ تَكُونَ الأُصُولُ حَرْفَيْنِ، وَلَمْ يَثْبُتْ ذَلِكَ.

وَأَمَّا الدَّلِيلُ عَلَى أَنَّ إِحْدَى الْمِيمَيْنِ فِي (إِمَّعَةٍ، وَإِمَّرَةٍ) زَائِدَةٌ أَنَّهَا لَوْ كَانَتْ أَصْلِيَّةً لأَدَّى إِلَى أَنْ تَكُونَ الْفَاءُ وَالْعَيْنُ مِنْ جِنْسٍ وَاحِدٍ، وَهُوَ نَادِرٌ فِي كَلامِهِمْ، فَكَانَ الْعُدُولُ عَنْهُ أَوْلَى، فَتَقْدِيرُ وُقُوعِ الْهَمْزَةِ أَصْلا أَكْثَرُ مِنْ تَقْدِيرِ الْفَاءِ وَالْعَيْنِ مِنْ جِنْسٍ وَاحِدٍ، فَحَمْلُهُ عَلَى الأَكْثَرِ أَوْلَى، وَلَوْ قِيلَ فِي (إِمَّرَةٍ): إِنَّ الْهَمْزَةَ أَصْلِيَّةٌ بِدَلِيلِ الاشْتِقَاقِ؛ لأَنَّ الْمَعْنَى: أَنَّهُ يَأْتَمِرُ بِأَمْرِ كُلِّ وَاحِدٍ لَمْ يَكُنْ بَعِيدًا، وَكَانَ أَقْوَى مِنَ الاسْتِدْلالِ بِغَيْرِهِ؛ لأَنَّهُ هُوَ الأَصْلُ فِي الْحُكْمِ بِالزِّيَادَةِ، فَإِذَا وُجِدَ لَمْ يُعَارَضْ بِغَيْرِهِ، لِكَوْنِهَا إِنَّمَا يُصَارُ إِلَيْهَا عِنْدَ فِقْدَانِهِ، فَأَمَّا إِذَا وَقَعَتْ عَلَى غَيْرِ الصِّفَةِ الَّتِي ذَكَرَهَا، فَالْحُكْمُ عَلَيْهَا بِالأَصَالَةِ؛ لأَنَّهُ لَمْ تَثْبُتْ كَثْرَةٌ فِي زِيَادَتِهَا، فَيُحْمَلَ عَلَيْهَا، وَإِذَا لَمْ يُحْكَمْ بِزِيَادَتِهَا فَالأَصْلُ أَنْ تَكُونَ أَصْلا إِلا أَنْ يَقُومَ دَلِيلٌ خَاصٌّ مِنَ الاشْتِقَاقِ، فَيُحْكَمَ بِزِيَادَتِهَا كَمَا ذَكَرَهُ فِيمَا اسْتَثْنَاهُ مِنْ قَوْلِهِمْ: (شَمْأَلٌ، وَنِئْدِلٌ)، إِلَى آخِرِهَا.

أَمَّا (شَمْأَلٌ) فَلِقَوْلِهِمْ: (شَمَلَتِ الرِّيحُ، وَرِيحٌ شَمْأَلٌ)، وَذَلِكَ دَلِيلٌ وَاضِحٌ عَلَى كَوْنِهَا زَائِدَةً.

وَأَمَّا (نِئْدِلٌ) فَمِنَ النَّدْلِ مِنْ قَوْلِكَ: (نَدَلْتُ الشَّيْءَ: إِذَا أَخَذْتَهُ بِسُرْعَةٍ).

وَأَمَّا (جُرَائِضُ) فَلأَنَّهُمْ قَالُوا: (جِرْوَاضٌ)، وَجِرْيَاضٌ فِي مَعْنَاهُ، وَهُوَ الضَّخْمُ، فَعُلِمَ أَنَّ الْهَمْزَةَ زَائِدَةٌ؛ لأَنَّهُ لَيْسَ مِنْ بِنْيَةِ الْكَلِمَةِ، فَوَجَبَ أَنْ يُحْكَمَ بِزِيَادَتِهَا.

وَأَمَّا (ضَهْيَأَةٌ) فَلأَنَّهُمْ قَالُوا: (امْرَأَةٌ ضَهْيَاءُ)، فَعُلِمَ أَنَّ الْهَمْزَةَ زَائِدَةٌ؛ لأَنَّهُ لَيْسَ فِي

الْكَلامِ مِثْلُ ذَلِكَ أَصْلا، وَإِذَا عُلِمَ أَنَّ الْهَمْزَةَ زَائِدَةٌ فِي ضَهْيَاءَ وَجَبَ الْحُكْمُ بِزِيَادَتِهَا فِي ضَهْيَأَةٍ.

قَالَ: (وَالأَلِفُ لا تُزَادُ أَوَّلا)، إِلَى آخِرِهِ.

قَالَ الشَّيْخُ: كَوْنُهَا لَمْ تُزَدْ أَوَّلا وَاضِحٌ فِي التَّعْلِيلِ لِتَعَذُّرِ الابْتِدَاءِ بِهَا، وَأَمَّا إِذَا وَقَعَتْ غَيْرَ أَوَّلٍ مَعَ ثَلاثَةِ أَحْرُفٍ فَصَاعِدًا لَمْ تَكُنْ إِلا زَائِدَةً؛ لأَنَّهُ كَثُرَ زِيَادَتُهَا حَتَّى صَارَ ذَلِكَ مِنْ كَلامِهِمْ كَالْمَعْلُومِ؛ وَلِذَلِكَ حُكِمَ بِأَنَّهَا لا تَكُونُ أَصْلا إِلا وَهِيَ مُنْقَلِبَةٌ عَنْ وَاوٍ أَوْ يَاءٍ، وَإِنَّمَا لَمْ يُثْبِتُوهَا أَصْلا لأَنَّ الأُصُولَ فِي الأَبْنِيَةِ قَابِلَةٌ لِلْحَرَكَاتِ، فَكَرِهُوا أَنْ يَضَعُوا مِنْهَا مَا لا يَقْبَلُ الْحَرَكَةَ أَلْبَتَّةَ، فَرَفَضُوهُ بِخِلافِ غَيْرِهِ، وَلِذَلِكَ لَمْ يُوقِعُوهَا أَيْضًا لِلإِلْحَاقِ؛ لأَنَّهُمْ إِذَا أَلْحَقُوا فَقَدْ قَصَدُوا إِجْرَاءَ الْبِنْيَةِ بِهِ مُجْرَى الأَصْلِيِّ، فَكَرِهُوا أَنْ يَضَعُوا لِلإِلْحَاقِ مَا لا يَكُونُ أَصْلا، فَلِذَلِكَ أَيْضًا لَمْ تَقَعْ لِلإِلْحَاقِ.

وَقَوْلُهُ: (وَلا تَقَعُ لِلإِلْحَاقِ إِلا آخِرًا).

فِيهِ تَجَوُّزٌ؛ لأَنَّهَا عِنْدَ الْمُحَقِّقِينَ إِنَّمَا أُلْحِقَتْ يَاءً، فَتَحَرَّكَتْ وَانْفَتَحَ مَا قَبْلَهَا فَقُلِبَتْ أَلِفًا، إِلا أَنَّ إِلْحَاقَهَا فِي الْمَوْضِعِ الَّذِي تُقْلَبُ فِيهِ أَلِفًا مَخْصُوصٌ أَيْضًا بِأَنْ تَكُونَ آخِرًا؛ لأَنَّهَا لَوْ أُلْحِقَتْ فِي غَيْرِ الآخِرِ لَمْ يَخْلُ إِمَّا أَنْ تُلْحَقَ مُتَحَرِّكَةً مَفْتُوحًا مَا قَبْلَهَا أَوْ غَيْرَ ذَلِكَ، فَإِنْ أُلْحِقَتْ عَلَى الأَوَّلِ انْقَلَبَتْ أَلِفًا، فَيَزُولُ وَجْهُ الإِلْحَاقِ لِفَوَاتِ الْحَرَكَةِ فِيهَا، فَيَفُوتُ الْمَعْنَى الَّذِي مِنْ أَجْلِهِ أُلْحِقَتْ، وَإِنْ أُلْحِقَتْ عَلَى الثَّانِي وَجَبَ أَنْ تَبْقَى فِيهِ عَلَى حَالِهَا، فَلا تَكُونُ أَلِفًا.

فَإِنْ قُلْتَ: فَلِمَ لا يَجِيءُ ذَلِكَ فِي إِلْحَاقِهَا آخِرًا عَنِ الْيَاءِ، فَيُقَالَ فِيهَا آخِرًا مَا قِيلَ فِيهَا غَيْرَ آخِرٍ؟

قُلْتُ: حَرَكَةُ الآخِرِ حَرَكَةٌ عَارِضَةٌ غَيْرُ مُعْتَدٍّ بِهَا فِي الزِّنَةِ، فَلا يَلْزَمُ مِنْ صِحَّةِ إِلْحَاقِهَا فِي الْمَوْضِعِ الَّذِي لا يُخِلُّ بِمَعْنَى الإِلْحَاقِ صِحَّةُ إِلْحَاقِهَا فِي الْمَوْضِعِ الَّذِي أَخَلَّ بِمَعْنَى الإِلْحَاقِ.

وَقَوْلُهُ: (وَهِيَ فِي قَبَعْثَرَى كَنَحْوِ أَلِفِ كِتَابٍ)، إِلَى آخِرِهِ.

يُرِيدُ أَنَّهَا زِيَادَةٌ مَحْضَةٌ لَيْسَتْ لِلإِلْحَاقِ، كَمَا أَنَّ أَلِفَ كِتَابٍ لَيْسَتْ كَذَلِكَ؛ لأَنَّ شَرْطَ الإِلْحَاقِ أَصْلٌ يَكُونُ الْفَرْعُ بِالْحَرْفِ الزَّائِدِ لِغَرَضِ الإِتْيَانِ بِهِ عَلَى زِنَةِ الأَصْلِ، وَلَيْسَ فِي الأُصُولِ سُدَاسِيٌّ، فَيَكُونَ (قَبَعْثَرَى) بِأَلِفِهِ مُلْحَقًا بِهِ، وَلَوْ كَانَ ثَمَّةَ أَصْلٌ لَحُكِمَ بِكَوْنِهِ لِلإِلْحَاقِ، إِذْ لا مَانِعَ سِوَى مَا ذَكَرْنَاهُ، فَتَعَذَّرَ لِذَلِكَ، فَهَذَا مَعْنَى قَوْلِهِ: (لإِنَافَتِهَا عَلَى

الْغَايَة)، مَعْنَاهُ: لِكَوْنِهَا زَائِدَةً عَلَى نِهَايَةِ مَا بُنِيَتْ عَلَيْهِ الْأُصُولُ؛ لِأَنَّ نِهَايَةَ الْأُصُولِ خَمْسَةٌ، وَالْأَلِفُ فِي (قَبَعْثَرَى) أَنَافَتْ عَلَيْهَا، فَعُلِمَ أَنَّهَا لِغَيْرِ الْإِلْحَاقِ، وَأَمَّا كَوْنُهَا زَائِدَةً فَوَاضِحٌ.

قَالَ: (وَالْيَاءُ إِذَا حَصَلَتْ مَعَهَا ثَلَاثَةُ أَحْرُفِ أُصُولٍ فَهِيَ زَائِدَةٌ أَيْنَمَا وَقَعَتْ)، إِلَى آخِرِهِ.

لِأَنَّهَا كَثُرَ زِيَادَتُهَا مَعَ ثَلَاثَةِ أَحْرُفٍ حَتَّى حُكِمَ عَلَيْهَا بِالزِّيَادَةِ، وَإِنْ لَمْ يَثْبُتِ الِاشْتِقَاقُ، وَلَا مَانِعَ مِنَ الْأَصَالَةِ، فَإِنْ قَامَ مَانِعٌ يَمْنَعُ مِنْ زِيَادَتِهَا حُكِمَ بِالْأَصَالَةِ عَلَى نَحْوِ مَا تَقَدَّمَ فِي الْهَمْزِ، وَلِذَلِكَ حُكِمَ بِالْأَصَالَةِ فِي: (يَأْجَجَ)، وَ(مَرْيَم)، وَ(مَدْيَن)، وَ(صِيصِية)، وَ(قَوْقَيْت).

أَمَّا (يَأْجَجَ) فَلِأَنَّهُ لَوْ كَانَتْ زَائِدَةً لَوَجَبَ أَنْ يَكُونَ مَا بَعْدَهَا أُصُولًا، وَلَوْ كَانَتْ أُصُولًا لَوَجَبَ إِدْغَامُ الْعَيْنِ فِي اللَّامِ، كَمَا فِي (يَعَضُّ)، وَ(يَضِلُّ)، فَلَمَّا لَمْ يُدْغَمْ دَلَّ عَلَى أَنَّ الثَّانِيَةَ لِلْإِلْحَاقِ، وَإِذَا وَجَبَ أَنْ تَكُونَ كَذَلِكَ وَجَبَ أَنْ تَكُونَ فِيهِ الْيَاءُ أَصْلِيَّةً، وَإِلَّا أَدَّى إِلَى أَنْ تَكُونَ الْأُصُولُ حَرْفَيْنِ، وَهُوَ مُطَّرَحٌ.

وَأَمَّا (مَرْيَم) فَإِنَّمَا حُكِمَ بِأَصَالَةِ الْيَاءِ فِيهِ لِوُجُوهٍ:

أَحَدُهَا: أَنَّهَا لَوْ كَانَتْ زَائِدَةً لَوَجَبَ أَنْ تَكُونَ الْمِيمُ الْأُولَى أَصْلِيَّةً، فَيَجِبُ أَنْ يَكُونَ وَزْنُهُ فَعِيلًا، وَفَعِيلٌ لَيْسَ مِنْ أَبْنِيَتِهِمْ.

الثَّانِي: هُوَ أَنَّهُ لَوْ كَانَتِ الْيَاءُ زَائِدَةً؛ لَوَجَبَ أَنْ يَكُونَ مِنْ بَابِ (سَلِسٍ)، وَهُوَ قَلِيلٌ، وَإِذَا كَانَتْ أَصْلِيَّةً كَانَ مِنْ بَابِ (فَرَسٍ)، وَهُوَ أَكْثَرُ.

الثَّالِثُ: أَنَّهُ لَوْ كَانَتْ زَائِدَةً لَوَجَبَ أَنْ تَكُونَ الْمِيمُ أَصْلِيَّةً، وَزِيَادَةُ الْمِيمِ أَوَّلًا أَكْثَرُ مِنْ زِيَادَةِ الْيَاءِ وَسَطًا، فَحَمْلُهُ عَلَى الْأَكْثَرِ أَوْلَى.

الرَّابِعُ: هُوَ أَنَّهَا لَوْ كَانَتْ زَائِدَةً لَأَدَّى إِلَى أَنْ يَكُونَ مِنْ بَابِ الْمُهْمَلِ فِي كَلَامِهِمْ؛ لِأَنَّ بَابَ (مَرَيم) مُهْمَلٌ، وَإِذَا كَانَتْ أَصْلِيَّةً كَانَ مِنْ بَابِ (رَامَ يَرِيمُ)، وَهُوَ مِنَ الْمُسْتَعْمَلِ، فَحَمْلُهُ عَلَى الْمُسْتَعْمَلِ أَوْلَى.

وَأَمَّا (مَدْيَن)، فَيَجْرِي فِيهِ الْوَجْهُ الْأَوَّلُ وَالثَّالِثُ، وَلَا يَجْرِي فِيهِ الثَّانِي وَالرَّابِعُ؛ لِأَنَّهُ لَا يَلْزَمُ أَنْ يَكُونَ مِنْ بَابِ (سَلِسٍ)، وَهُوَ الثَّانِي، وَلَا يَلْزَمُ أَنْ يَكُونَ مِنَ الْمُهْمَلِ؛ لِأَنَّ (مَدَنَ) مُسْتَعْمَلٌ، كَمَا أَنَّ (دَانَ)، وَ(يَدِينُ) مُسْتَعْمَلٌ، وَهُوَ الرَّابِعُ، فَبَقِيَ الْوَجْهَانِ جَارِيَيْنِ فِيهِ.

وَأَمَّا (صِيصِيَةٌ)، فَإِنَّمَا حُكِمَ بِأَصَالَةِ الْيَاءِ الأُولَى؛ لأَنَّهُ لَوْ كَانَتْ زَائِدَةً لأَدَّى إِلَى أَنْ يَكُونَ مِنْ بَابِ (بَبْر)، وَهُوَ نَادِرٌ، وَبَابُ (سَلِس) أَكْثَرُ مِنْهُ، فَحَمْلُهُ عَلَى الأَكْثَرِ أَوْلَى، وَأَيْضًا فَإِنَّهُ لَوْ حُكِمَ بِزِيَادَتِهَا لأَدَّى إِلَى أَنْ يَكُونَ مِنَ الْمُهْمَلِ، إِذْ لَيْسَ فِي كَلامِهِمْ تَرْكِيبٌ مِنْ صَادَيْنِ وَيَاءٍ، وَإِذَا حُكِمَ بِأَصَالَتِهَا كَانَ مِنْ بَابِ الْمُسْتَعْمَلِ؛ لأَنَّ الصَّادَ وَالْيَاءَ وَالصَّادَ مِنْ بَابِ الْمُسْتَعْمَلِ، كَقَوْلِهِمْ: (الصِّيْصُ) بِمَعْنَى: الشِّيْصِ، وَهُوَ الْحَشَفُ مِنَ التَّمْرِ. وَأَمَّا الْيَاءُ الثَّانِيَةُ فَأَصْلِيَّةٌ أَيْضًا؛ لأَنَّهُ مِنَ الرُّبَاعِيِّ كَـ (قَوْقَيْتُ).

وَأَمَّا (قَوْقَيْتُ)، فَإِنَّمَا حُكِمَ بِأَنَّ الْيَاءَ أَصْلِيَّةٌ؛ لأَنَّهُ لَوْ حُكِمَ بِزِيَادَتِهَا لَوَجَبَ أَنْ يَكُونَ مِنْ بَابِ (سَلِس)، وَهُوَ قَلِيلٌ، وَأَيْضًا فَإِنَّهُ كَانَ يَكُونُ (فَعْلَيْتُ)، وَهُوَ أَيْضًا قَلِيلٌ، فَكَانَ جَعْلُهَا أَصْلِيَّةً أَوْلَى لِدُخُولِهَا فِي الأَكْثَرِ مِنَ الْوَجْهَيْنِ الْمَذْكُورَيْنِ، وَهُوَ الْحُكْمُ عَلَيْهَا بِـ (فَعْلَلْتُ)، مِثْلُ (زَلْزَلْتُ)، وَإِنَّمَا حَكَمْنَا بِأَنَّ الْوَاوَ أَصْلٌ لِئَلا يُؤَدِّي إِلَى بَابِ (بَبْر) وَهُوَ نَادِرٌ، وَإِذَا حَكَمْنَا عَلَى أَصَالَةِ الْيَاءِ لِمَا أَدَّى إِلَيْهِ مِنْ بَابِ (سَلِس)؛ فَلأَنْ نَحْكُمَ بِأَصَالَةِ الْوَاوِ لِمَا يُؤَدِّي إِلَيْهِ مِنْ بَابِ بَبْر أَوْلَى؛ لأَنَّ (سَلِسًا) أَكْثَرُ؛ وَلأَنَّهُ أَيْضًا كَانَ يَكُونُ (فَوْعَلْتُ)، و(فَعْلَلْتُ) أَكْثَرُ وَقُوعًا مِنْ (فَوْعَلْتُ)، فَحَمْلُهُ عَلَى الأَكْثَرِ أَوْلَى.

فَإِنْ قُلْتَ: فَحَمْلُهُ عَلَى (فَعْلَلْتُ) يُؤَدِّي إِلَى أَنْ يَكُونَ مِنْ بَابِ (سَلِسٍ)، وَقَدْ جَعَلْتَهُ مَانِعًا مِنْ زِيَادَةِ الْيَاءِ؟

قُلْتُ: لَيْسَ كَذَلِكَ، وَإِنَّمَا يَكُونُ مِنْ بَابِ (صَرْصَرَ)، وَهُوَ كَثِيرٌ.

فَإِنْ قُلْتَ: فَيَجِبُ عَلَى هَذَا أَنْ يَكُونَ مَوْضِعُ الْيَاءِ وَاوًا، وَإِلا فَلا يَكُونُ مِنْ بَابِ (صَرْصَرَ)؛ لأَنَّ الْفَاءَ وَالْعَيْنَ مُكَرَّرَانِ لامَيْنِ، وَلَيْسَ فِي (قَوْقَيْتُ) ذَلِكَ؟

قُلْتُ: هُوَ كَذَلِكَ، وَأَصْلُهُ (قَوْقَوْتُ)، كَمَا أَنَّ أَصْلَ (أَغْزَيْتُ): (أَغْزَوْتُ)، وَلَكِنَّهُمْ قَلَبُوا الْوَاوَ يَاءً لِزِيَادَتِهَا عَلَى الثَّلاثَةِ وَهَذَا أَصْلٌ مُطَّرِدٌ فِي لُغَتِهِمْ، فَلَيْسَ فِي ارْتِكَابِهِ خُرُوجٌ أَلْبَتَّةَ عَنْ لُغَتِهِمْ، وَإِذَا ثَبَتَ ذَلِكَ ثَبَتَ أَنَّ وَزْنَهُ (فَعْلَلْتُ) عَلَى مَا تَقَرَّرَ.

قَالَ: (وَإِذَا حَصَلَتْ مَعَهَا أَرْبَعَةٌ فَإِنْ كَانَتْ أَوَّلا فَهِيَ أَصْلٌ، وَإِلا فَهِيَ زَائِدَةٌ).

لأَنَّهُ لَمْ يَثْبُتْ أَوَّلا زِيَادَتُهَا مَعَ الأَرْبَعَةِ إِلا فِي الأَفْعَالِ الْمُضَارِعَةِ لا فِي غَيْرِهَا مِنَ الأَسْمَاءِ، فَوَجَبَ أَنْ يُحْكَمَ بِالأَصَالَةِ؛ لأَنَّهُ الأَصْلُ، وَأَمَّا إِذَا وَقَعَتْ آخِرًا فَقَدْ كَثُرَتْ زِيَادَتُهَا مَعَ تَاءِ التَّأْنِيثِ كَـ (بُلَهْنِيَةٍ).

قَالَ: (وَالْوَاوُ كَالأَلِفِ لا تُزَادُ أَوَّلا).

قَالَ: لَيْسَ امْتِنَاعُهُمْ مِنْ زِيَادَةِ الْوَاوِ كَامْتِنَاعِهِمْ مِنْ زِيَادَةِ الألِفِ؛ لأنَّ ذَلِكَ مُتَعَذِّرٌ، وَإِنَّمَا امْتَنَعُوا مِنْهَا لاسْتِثْقَالِهَا، وَهِيَ فِي غَيْرِ الأوَّلِ لا تَكُونُ إلا زَائِدَةً إلا إذَا عَرَضَ مَا يَقْتَضِي أَصَالَتَهَا كَـ (عِزْوِيت)، وَالَّذِي اعْتَرَضَ هُوَ أَنَّهُ لَوْ كَانَتْ زَائِدَةً لَوَجَبَ أَنْ تَكُونَ التَّاءُ أَصْلِيَّةً، فَيَكُونَ وَزْنُهُ (فِعْوِيلا)، و(فِعْوِيلٌ) لَيْسَ مِنْ أَبْنِيَتِهِمْ، فَوَجَبَ أَنْ تَكُونَ أَصْلِيَّةً، وَأَيْضًا فَإِنَّهَا لَوْ كَانَتْ زَائِدَةً لَوَجَبَ أَنْ يَكُونَ مِنْ بَابِ (عَزَتْ)، وَهُوَ مُهْمَلٌ، وَإِذَا جُعِلَتْ أَصْلِيَّةً كَانَ مِنْ بَابِ (عَزَا يَعْزُوا)، وَهُوَ مُسْتَعْمَلٌ، فَحَمْلُهُ عَلَى الْمُسْتَعْمَلِ أَوْلَى.

فَإِنْ قُلْتَ: فَإِذَا حَكَمْتَ بِأَصَالَتِهَا، فَهَلْ تَحْكُمُ بِزِيَادَةِ التَّاءِ أَوْ أَصَالَتِهَا؟

قُلْتُ: بِزِيَادَتِهَا؛ لأنَّهُ قَدْ كَثُرَتْ زِيَادَةُ التَّاءِ آخِرًا، وَإِذَا كَثُرَتْ زِيَادَةُ الْحَرْفِ فِي مَوْضِعٍ وَجَازَ أَنْ يَكُونَ أَصْلا، كَانَ حَمْلُهُ عَلَى الزَّائِدِ أَوْلَى عَلَى مَا تَقَدَّمَ فِي الْهَمْزَةِ وَفِي غَيْرِهَا، وَأَيْضًا فَإِنَّهُ لَوْ كَانَ يَكُونُ مِنَ الْمُهْمَلِ، وَإِذَا جُعِلَتْ زَائِدَةً كَانَ مِنَ الْمُسْتَعْمَلِ.

قَالَ: (وَالْمِيمُ إِذَا وَقَعَتْ أَوَّلا وَبَعْدَهَا ثَلاثَةُ أُصُولٍ)، إِلَى آخِرِهِ.

وَإِنَّمَا حُكِمَ بِزِيَادَتِهَا لِمَا ذَكَرْنَاهُ مِنْ وُقُوعِهَا أَوَّلا فِي الْمُشْتَقَّاتِ زَائِدَةً كَثِيرًا غَيْرَ مُنْحَصِرٍ، فَإِذَا جَاءَ مَا لا يُعْرَفُ اشْتِقَاقُهُ فَحَمْلُهُ عَلَى الْكَثِيرِ أَوْلَى، فَلِذَلِكَ حُكِمَ بِزِيَادَتِهَا أَوَّلا مَعَ ثَلاثَةِ أَحْرُفٍ، وَإِنْ لَمْ يُعْلَمِ الاشْتِقَاقُ إلا إِذَا عَرَضَ مَا يَقْتَضِي أَصَالَتَهَا، فَحِينَئِذٍ يُحْكَمُ بِالدَّلِيلِ الْخَاصِّ فِيهَا مِنْ نَحْوِ: (مَعَدٍّ، وَمِعْزَى، وَمَأْجَجٍ، وَمَهْدَدٍ، وَمَنْجَنُونٍ، وَمَنْجَنِيقٍ).

أَمَّا (مَعَدٌّ) فَلأنَّهُمْ قَالُوا: (تَمَعْدَدُوا)، إِذَا انْتَسَبُوا إِلَى مَعَدِّ بْنِ عَدْنَانَ، أَوْ تَكَلَّمُوا بِلُغَتِهِ، فَوَجَبَ أَنْ يَكُونَ (تَفَعْلَلُوا)، إِذْ (تَمَفْعَلَ) لَيْسَ مِنْ أَبْنِيَةِ الْفِعْلِ، وَإِذَا وَجَبَ أَنْ تَكُونَ فِي (تَمَعْدَدُوا) أَصْلِيَّةً، وَجَبَ أَنْ تَكُونَ فِي مَعَدٍّ أَصْلِيَّةً؛ لأنَّهُ لا يَكُونُ الْحَرْفُ الْوَاحِدُ فِي الْمُشْتَقِّ وَالْمُشْتَقِّ مِنْهُ مُخْتَلِفًا، فَحُكِمَ بِهَذَا الدَّلِيلِ الْخَاصِّ بِالأصَالَةِ، وَلَمْ يُعْتَبَرْ ذَلِكَ الدَّلِيلُ الْعَامُّ؛ لأنَّهُ إِنَّمَا يَكُونُ عِنْدَ انْتِفَاءِ الدَّلالَةِ الْخَاصَّةِ.

وَأَمَّا (مِعْزَى) فَحُكِمَ بِأَصَالَةِ الْمِيمِ لِقَوْلِهِمْ: مَعَزٌ، وَهُوَ بِمَعْنَاهُ، فَعُلِمَ أَنَّ تَرْكِيبَهُ مِنَ الْمِيمِ وَالْعَيْنِ وَالزَّايِ الْمُعْجَمَةِ، فَعُلِمَ أَصَالَةُ الْمِيمِ فِي الْمَعَزِ، وَإِذَا كَانَتْ أَصْلِيَّةً فِي الْمَعَزِ وَجَبَ أَنْ تَكُونَ أَصْلِيَّةً فِي مِعْزَى؛ لأنَّهُ مِنْ بَابٍ وَاحِدٍ.

وَأَمَّا (مَأْجَجٌ) فَإِنَّمَا حُكِمَ بِأَصَالَةِ الْمِيمِ فِيهِ؛ لأنَّهَا لَوْ كَانَتْ زَائِدَةً لَوَجَبَ أَنْ تَكُونَ الْجِيمَانِ أَصْلِيَّتَيْنِ، وَلَوْ كَانَتَا أَصْلِيَّتَيْنِ لَوَجَبَ إِدْغَامُ إِحْدَاهُمَا فِي الأخْرَى، فَوَجَبَ أَنْ لا تَكُونَ زَائِدَةً، وَإِذَا لَمْ تَكُنْ زَائِدَةً وَجَبَ أَنْ تَكُونَ أَصْلِيَّةً، فَيُقَالُ: مَأَجٌّ.

وَأَمَّا (مَهْدَد) اسْمُ امْرَأَةٍ فَكَمَأْجَجٍ.

وَأَمَّا (مَنْجَنُون) فَالْمِيمُ أَصْلِيَّةٌ، وَالنُّونُ الثَّانِيَةُ عِنْدَ بَعْضِهِمْ أَصْلِيَّةٌ، وَعِنْدَ بَعْضِهِمْ زَائِدَةٌ، وَالدَّلِيلُ عَلَى أَصَالَةِ الْمِيمِ عَلَى الْقَوْلَيْنِ جَمِيعًا أَنَّهَا لَوْ كَانَتْ زَائِدَةً وَالنُّونُ أَصْلِيَّةً؛ لَوَجَبَ أَنْ تَكُونَ الْمِيمُ زَائِدَةً أَوَّلًا فِي بَنَاتِ الْأَرْبَعَةِ، وَلَمْ يَثْبُتْ ذَلِكَ إِلَّا فِي الْأَسْمَاءِ الْجَارِيَةِ عَلَى الْفِعْلِ، نَحْوُ: مُدَحْرِجٍ، وَأَمَّا فِي غَيْرِهِ فَلَا، وَأَيْضًا فَإِنَّهُ كَانَ يُؤَدِّي إِلَى مِثَالٍ مَا لَيْسَ مِنْ أَبْنِيَتِهِمْ، وَهُوَ (مَفْعُلُولٌ)، وَفِي الْحُكْمِ بِأَنَّهَا أَصْلِيَّةٌ تَكُونُ (فَعْلَلُولًا)، وَ(فَعْلَلُولٌ) مِنْ أَبْنِيَةِ كَلَامِهِمْ، كَ (قَرْطَبُوسٍ) لِلدَّاهِيَةِ، وَلَوْ كَانَتْ زَائِدَةً وَالنُّونُ زَائِدَةً لَأَدَّى إِلَى زِيَادَةِ الْمِيمِ وَالنُّونِ فِي أَوَّلِ الْأَسْمَاءِ الَّتِي لَيْسَتْ جَارِيَةً عَلَى الْأَفْعَالِ، وَذَلِكَ غَيْرُ مَعْرُوفٍ فِي كَلَامِهِمْ إِلَّا فِي الْجَارِيَةِ عَلَى الْأَفْعَالِ، نَحْوُ: مُنْطَلِقٍ، وَأَيْضًا فَإِنَّهُ كَانَ يُؤَدِّي إِلَى مَا لَيْسَ مِنْ أَبْنِيَتِهِمْ، وَهُوَ (مَنْفَعُولٌ)، فَهُوَ لَيْسَ مِنْ أَبْنِيَتِهِمْ.

فَإِنْ قُلْتَ: فَكَمَا أَنَّ (مَنْفَعُولًا) لَيْسَ مِنْ أَبْنِيَتِهِمْ، فَـ (فَنْعَلُولٌ) لَيْسَ مِنْ أَبْنِيَتِهِمْ، وَإِذَا كَانَ كَذَلِكَ لَمْ يَكُنْ جَعْلُهَا أَصْلِيَّةً بِأَوْلَى مِنْ جَعْلِهَا زَائِدَةً لِاسْتِوَاءِ الْبِنَاءَيْنِ؟

قُلْتُ: إِذَا تَرَدَّدَ الْبِنَاءُ بَيْنَ أَنْ يَكُونَ حَرْفُهُ أَصْلِيًّا أَوْ زَائِدًا، وَكِلَا الْوَزْنَيْنِ لَيْسَ مِنْ أَبْنِيَتِهِمْ، فَحَمْلُهُ عَلَى الزِّيَادَةِ أَوْلَى، وَسِرُّ ذَلِكَ هُوَ أَنَّ أَبْنِيَةَ الزَّوَائِدِ كَثِيرَةٌ، وَأَبْنِيَةُ الْأُصُولِ قَلِيلَةٌ، وَإِذَا تَرَدَّدَ الْحَرْفُ بَيْنَ الْبِنَاءَيْنِ فَحَمْلُهُ عَلَى الْأَكْثَرِ أَوْلَى.

فَإِنْ قُلْتَ: فَمَا الَّذِي يُخْتَارُ فِي النُّونِ بَعْدَ الْحُكْمِ بِأَصَالَةِ الْمِيمِ؟

قُلْتُ: الْأَكْثَرُونَ عَلَى أَنَّ النُّونَ أَصْلِيَّةٌ؛ لِمُوَافَقَتِهَا مَعَ أَصَالَةِ الْمِيمِ بِنَاءَ الْأُصُولِ، كَيَاءِ (يَسْتَعُورٍ)، فَإِنَّهَا أَصْلِيَّةٌ، وَهُوَ اسْمُ مَكَانٍ، كَالْهَمْزَةِ فِي (اصْطَبْلٍ)، وَعِنْدِي أَنَّهُ يَلْزَمُهُمْ أَنْ تَكُونَ النُّونُ زَائِدَةً؛ لِأَنَّهُمْ حَكَمُوا عَلَى (خَنْدَرِيسٍ) بِأَنَّ النُّونَ زَائِدَةٌ، وَقَدْ قِيلَ: (مَنْجَنِينٌ)، وَ(مَنْجَنِينٌ) كَ (خَنْدَرِيسٍ)، وَإِذَا حُكِمَ بِزِيَادَةِ النُّونِ فِي (خَنْدَرِيسٍ) لِئَلَّا يُؤَدِّيَ إِلَى مَا لَيْسَ مِنْ أَبْنِيَتِهِمْ؛ وَجَبَ الْحُكْمُ عَلَى زِيَادَةِ نُونِ (مَنْجَنِينٍ)، وَإِذَا وَجَبَ الْحُكْمُ بِزِيَادَتِهَا فِي (مَنْجَنِينٍ) وَجَبَ الْحُكْمُ بِزِيَادَتِهَا فِي (مَنْجَنُونٍ)؛ لِأَنَّهَا هِيَ هِيَ، فَلَا وَجْهَ لِلْفَرْقِ بَيْنَهُمَا، فَعُلِمَ بِذَلِكَ أَنَّ الْمُخْتَارَ فِي نُونِهَا إِنْ قُلْنَا: إِنَّ النُّونَ فِي (خَنْدَرِيسٍ) زَائِدَةٌ أَنْ تَكُونَ فِي (مَنْجَنِينٍ) كَذَلِكَ زَائِدَةً.

وَأَمَّا (مَنْجَنِيقٌ)، فَالْقَوْلُ فِي الْمِيمِ كَالْقَوْلِ فِي مِيمِ (مَنْجَنُونٍ)، وَقَدْ قَالَ بَعْضُهُمْ: إِنَّهُ (مَنْفَعِيلٌ)، وَاسْتَدَلَّ عَلَيْهِ بِأَنَّهُ جَاءَ (جَنَقُونَا)، فَحَذْفُ الْمِيمِ وَالنُّونِ مِنْ (جَنَقَ) دَلِيلٌ عَلَى زِيَادَتِهِمَا، وَقَوْلُ الْأَكْثَرِينَ عَلَى خِلَافِ ذَلِكَ، لِشُذُوذِ (جَنَقُونَا) فِي اسْتِعْمَالِ الْفُصَحَاءِ،

فَالْوَجْهُ مَا ذُكِرَ مِنْ أَنَّ الْمِيمَ أَصْلِيَّةٌ، وَأَمَّا النُّونُ فَالأَكْثَرُونَ عَلَى أَنَّهَا زَائِدَةٌ، كَمَا فِي (خَنْدَرِيسٍ) لِقَوْلِهِمْ فِي جَمْعِهِ: (مَجَانِيق، وَمَجَانِق)، فَسُقُوطُ النُّونِ فِي الْجَمْعِ دَلِيلٌ عَلَى زِيَادَتِهَا، وَيَلْزَمُ مِنْ زِيَادَتِهَا أَصَالَةُ الْمِيمِ لِئَلا يَجْتَمِعَ زِيَادَتَانِ فِي أَوَّلِ اسْمٍ غَيْرِ جَارٍ عَلَى فِعْلِهِ، وَهُوَ عِنْدَهُمْ كَـ (خَنْدَرِيسٍ) فِي أَنَّ النُّونَ زَائِدَةٌ، وَلَوْ قِيلَ: إِنَّ النُّونَ أَصْلِيَّةٌ لَمْ يَكُنْ بَعِيدًا عَنِ الصَّوَابِ.

قَالَ: (وَهِيَ غَيْرَ أَوَّلٍ أَصْلٌ).

لأَنَّهُ لَمْ تَكْثُرْ زِيَادَتُهَا، فَالْحُكْمُ بِالأَصْلِ هُوَ الأَصْلُ إِلَى أَنْ تَثْبُتَ الزِّيَادَةُ بِدَلِيلٍ خَاصٍّ، وَذَلِكَ فِي نَحْوِ (دُلامِص)؛ لأَنَّهُ مِنَ الدِّلاصِ، يُقَالُ: دِرْعٌ دُلامِص وَدُمَالِص؛ أَيْ: بَرَّاقٌ؛ و(قُمَارِصٌ) لأَنَّهُ مِنَ الْقَرْصِ، وَهِيَ الْحُمُوضَةُ، يُقَالُ: لَبَنٌ قُمَارِصٌ، و(قَارِصٌ)؛ أَيْ: حَامِضٌ؛ و(هِرْمَاسٌ) مِنْ أَسْمَاءِ الأَسَدِ؛ لأَنَّهُ مِنَ الْهَرْسِ، وَهُوَ الدَّقُّ وَالْخَلْطُ، وَمِنْهُ الْهَرِيسَةُ؛ و(زُرْقُم)؛ لأَنَّهُ مِنَ الزُّرْقَةِ، فَلِذَلِكَ حُكِمَ بِزِيَادَتِهَا فِي هَذِهِ الْمَحَالِّ الْمَخْصُوصَةِ، وَإِنْ لَمْ تَثْبُتْ كَثْرَةً؛ لأَنَّ الاشْتِقَاقَ فِي هَذَا الْبَابِ أَقْوَى الأَدِلَّةِ، فَيُحْكَمُ بِهِ بِالأَصَالَةِ وَالزِّيَادَةِ عَلَى خِلافِ الْكَثْرَةِ فِي الْبَابَيْنِ جَمِيعًا؛ أَيْ: وُقُوعُ الْمِيمِ زَائِدَةً فِي أَوَّلِ الْكَلِمَةِ وَبَعْدَ أَوَّلِ الْكَلِمَةِ.

(وَإِذَا وَقَعَتْ أَوَّلًا فِي الْخُمَاسِيِّ فَهِيَ أَصْلٌ)؛ لأَنَّهُ لَمْ تَثْبُتْ زِيَادَتُهَا فِي مِثْلِ ذَلِكَ، فَوَجَبَ الْحُكْمُ بِالأَصَالَةِ.

قَالَ: (وَلا تُزَادُ فِي الْفِعْلِ).

إِذْ لَمْ يَثْبُتْ ذَلِكَ بِاشْتِقَاقٍ، وَلِذَلِكَ اسْتَدْلَلْنَا عَلَى أَصَالَةِ مِيمِ مَعَدٍّ بِقَوْلِهِمْ: (تَمَعْدَدُوا).

وَأَمَّا قَوْلُ مَنْ قَالَ: (تَمَسْكَنَ)، إِلَى آخِرِهِ، فَخَارِجٌ عَنِ الْقِيَاسِ؛ لأَنَّهُ مِنَ السُّكُونِ، فَلا وَجْهَ لِلتَّمَسُّكِ بِهِ.

فَإِنْ قُلْتَ: لِمَ لَمْ يُجْعَلْ (تَمَعْدَدُوا) خَارِجًا عَنِ الْقِيَاسِ، فَلا يُتَمَسَّكُ بِهِ فِي أَصَالَةِ مِيمِ مَعَدٍّ، كَمَا لَمْ يُتَمَسَّكْ بِـ (تَمَدْرَعَ) فِي أَصَالَةِ مَيْمِ (مَدْرَع)، وَبِـ (تَمَسْكَنَ) فِي أَصَالَةِ مِيمِ (مَسْكَنَ)؟

قُلْتُ: لأَنَّ هَذَا مَعْلُومٌ بِالاشْتِقَاقِ زِيَادَةُ الْمِيمِ فِيهِ، فَلا وَجْهَ لِمُخَالَفَةِ ذَلِكَ، وَأَمَّا (مَعَدٌّ) فَلَمْ يَثْبُتْ كَوْنُ الْمِيمِ زَائِدَةً بِاشْتِقَاقٍ مِثْلَهَا فِيمَا تَقَدَّمَ، فَلا يَلْزَمُ مِنَ الْحُكْمِ عَلَى (تَمَعْدَدُوا) بِأَنَّهُ (تَفَعْلَلُوا) مَعَ جَرْيِهِ عَلَى الْقِيَاسِ وَعَدَمِ الْمُنَاقِضِ الْحُكْمُ عَلَى (تَمَسْكَنَ)

بِأَنَّهَا أَصْلِيَّةٌ مَعَ وُجُودِ الْمُنَاقِضِ لِذَلِكَ، وَهُوَ دَلِيلُ الاشْتِقَاقِ عَلَى زِيَادَتِهَا.

قَالَ: (وَالنُّونُ إِذَا وَقَعَتْ آخِرًا بَعْدَ أَلِفٍ فَهِيَ زَائِدَةٌ).

يَعْنِي: إِذَا وَقَعَتْ مَعَ ثَلَاثَةِ أُصُولٍ، وَإِلا فَقَدْ تَقَعُ آخِرًا فِي مِثْلِ: (زَمَانٍ، وَمَكَانٍ)، وَهِيَ أَصْلِيَّةٌ بِاتِّفَاقٍ، وَإِنْ لَمْ يَذْكُرْ ذَلِكَ، لِكَوْنِهِ صَارَ مَعْلُومًا، وَإِنَّمَا حُكِمَ بِزِيَادَتِهَا لِكَثْرَتِهَا كَذَلِكَ، إِلا إِذَا قَامَ دَلِيلٌ خَاصٌّ عَلَى الأَصَالَةِ فِي بَعْضِ الْمَحَالِّ، فَيَكُونُ الْحُكْمُ لِلدَّلِيلِ الْخَاصِّ كَمَا ذَكَرْنَاهُ، وَذَلِكَ نَحْوُ: (فَيْنَانٍ)، دَلَّ عَلَيْهِ الاشْتِقَاقُ؛ لأَنَّ مَعْنَاهُ ذُو فُنُونٍ، فَثَبَتَ أَنَّ الْيَاءَ زَائِدَةٌ، وَإِذَا ثَبَتَ زِيَادَةُ الْيَاءِ وَجَبَ أَصَالَةُ النُّونِ، و(حَسَّانٌ) فِيمَنْ صَرَفَ كَذَلِكَ؛ لأَنَّهُ لَمَّا صَرَفَهُ لَمْ يَكُنْ بُدٌّ مِنْ أَنْ تَكُونَ النُّونُ أَصْلِيَّةً؛ لأَنَّهَا لَوْ كَانَتْ زَائِدَةً لَوَجَبَ أَنْ تَكُونَ فِيهِ عِلَّتَانِ مَانِعَتَانِ مِنَ الصَّرْفِ، وَهُمَا الْعَلَمِيَّةُ وَالزِّيَادَةُ. فَلَمَّا صَرَفَهُ وَجَبَ أَنْ يُحْكَمَ بِانْتِفَاءِ مَانِعِ الصَّرْفِ، وَلا يُمْكِنُ إِزَالَةُ الْعَلَمِيَّةِ لِلْعِلْمِ بِوُجُودِهَا، فَوَجَبَ تَقْدِيرُ أَصَالَةِ النُّونِ؛ لِيَكُونَ عَلَى عِلَّةٍ وَاحِدَةٍ، وَعِلَّةٌ وَاحِدَةٌ لا تَمْنَعُ الصَّرْفَ.

وَأَمَّا (حِمَارُ قَبَّانٍ)، فَمِثْلُ (حَسَّانٍ) سَوَاءٌ؛ لأَنَّهُ لا بُدَّ أَنْ يُقَدَّرَ عَلَمًا؛ لأَنَّهُ مِنْ بَابِ (أُسَامَةَ)، بِدَلِيلِ امْتِنَاعِ دُخُولِ حَرْفِ التَّعْرِيفِ عَلَيْهِ، وَإِذَا وَجَبَ ذَلِكَ وَهُوَ مُنْصَرِفٌ وَجَبَ أَنْ تَكُونَ نُونُهُ أَصْلِيَّةً، وَإِلا كَانَتْ فِيهِ مُخَالَفَةٌ لِلأَصْلِ الْمَذْكُورِ.

وَقَوْلُهُ: (فِيمَنْ صَرَفَ) رَاجِعٌ إِلَى قَوْلِهِ: (حَسَّانٍ، وَحِمَارِ قَبَّانٍ) لا إِلَى قَوْلِهِ: (فَيْنَانٍ)؛ لأَنَّ (فَيْنَانًا) مُنْصَرِفٌ، فَلا وَجْهَ لِتَقْيِيدِهِ بِالصَّرْفِ، وَأَمَّا (حَسَّانٌ)، و(حِمَارُ قَبَّانٍ) فَهُوَ الَّذِي يَحْتَمِلُ التَّقْيِيدَ.

قَالَ: (وَكَذَلِكَ الْوَاقِعَةُ فِي أَوَّلِ الْمُضَارِعِ وَالْمُطَاوِعِ).

وَذَلِكَ مَعْلُومٌ بِالاشْتِقَاقِ، فَلا حَاجَةَ إِلَى بَيَانِهِ، وَكَذَلِكَ الثَّالِثَةُ السَّاكِنَةُ فِي نَحْوِ: (شَرَنْبَثٍ)، و(عُرُنْدٍ) لِلْوَتَرِ الْغَلِيظِ.

قَالَ: (وَهِيَ فِيمَا عَدَا ذَلِكَ أَصْلٌ) إِلا إِذَا قَامَ دَلِيلٌ عَلَى زِيَادَتِهَا فِي مِثْلِ (عَنسَلٍ)، وَهُوَ مِنْ (عَسَلَ الذِّئْبُ) إِذَا أَسْرَعَ، وَيُقَالُ: نَاقَةٌ عَسِلٌ، أَيْ: سَرِيعَةٌ؛ و(عَفَرْنَى) وَهُوَ مِنَ الْعَفْرِ، وَهُوَ التُّرَابُ؛ و(بُلَهْنِيَة) وَهُوَ مِنَ الْبَلَهِ؛ و(خَنْفَقِيق) مِنَ الْخَفْقِ؛ لأَنَّهُ اسْمٌ لِلرِّيحِ الَّتِي تَخْفِقُ الأَشْجَارَ، أَيْ: تُحَرِّكُهَا.

قَالَ: (وَالتَّاءُ اطَّرَدَتْ زِيَادَتُهَا فِي نَحْوِ: تَفْعِيلٍ، وَتَفْعَالٍ، وَتَفَعُّلٍ، وَتَفَاعُلٍ).

لأَنَّهَا عُلِمَتْ زِيَادَتُهَا فِي ذَلِكَ بِالاشْتِقَاقِ.

وَقَوْلُهُ: (وَفِعْلَيْهِمَا).

أَرَادَ بِهِ فِعْلَيْ: (تَفعُّلٍ، وَتفاعُلٍ)؛ لأنَّ فِعْلَيْ (تَفعِيلٍ، وَتَفْعَالٍ) لَيسَ فِي أَوَّلِهِ تَاءٌ، كَقَوْلِكَ: كَرَّمَ تَكْرِيمًا، وَسَارَ تَسْيَارًا؛ وَفِعْلَا (تَفعُّلٍ، وَتفاعُلٍ) هُمَا اللَّذَانِ فِي أَوَّلِهِمَا التَّاءُ، كَقَوْلِكَ: تَكلَّمَ، وَتَضارَبَ، وَكَذَلِكَ (تَفعْلُلٌ)، وَفِعْلُهُ، كَتَدَحْرُجٍ و(تَدحْرَجَ)، وَلَكِنَّهُ تَرَكَهُ لِلْعِلْمِ بِهِ وَاسْتِغْنَاءً عَنْهُ بِـ (تَفعُّلٍ).

قَالَ: (وَآخِرًا فِي التَّأْنِيثِ وَالْجَمْعِ).

يَعْنِي بِالتَّأْنِيثِ: مِثْلَ قَوْلِكَ: (قَائِمَةٌ، وَقَاعِدَةٌ)، وَيَعْنِي بِالْجَمْعِ: إِمَّا مِثْلَ: (زَنَادِقَةٍ، وَجَوارِبَةٍ)، وَإِمَّا مِثْلَ: (قَائِمَاتٍ، وَقَاعِدَاتٍ)، وَالظَّاهِرُ أَنَّهُ أَرَادَ الثَّانِيَ؛ لأنَّ تِلْكَ يُطْلَقُ عَلَيْهَا تَاءُ التَّأْنِيثِ، فَكَانَ حَمْلُهَا عَلَى الْجَمْعِ فِي مِثْلِ (قَائِمَاتٍ) أَوْلَى.

(وَفِي نَحْوِ: " رَغَبُوتٍ، وَجَبَرُوتٍ ").

وَشِبْهِهِ لأنَّهُ كَثُرَ زِيَادَتُهَا أَيْضًا فِي مِثْلِ ذَلِكَ بِالاشْتِقَاقِ، فَحُكِمَ عَلَيْهَا بِالزِّيَادَةِ مُطْلَقًا.

(إلا فِي نَحْوِ: تُرْتُبٍ)، إِلَى آخِرِهِ.

وَقَعَ فِي بَعْضِ النُّسَخِ بَعْدَ قَوْلِهِ: (وَعَنْكَبُوت) (إلا فِي نَحْوِ: تُرْتَبٍ، وَتَوْلَجٍ، وَسَنْبَتَةٍ)، وَلَيْسَ بِمُسْتَقِيمٍ؛ لأنَّهُ ذَكَرَ الزَّائِدَ قَبْلَهَا وَاسْتَثْنَى مِنْهُ، فَلا يَنْبَغِي أَنْ يَكُونَ الْمُسْتَثْنَى مِنْهُ إلا أَصْلِيًّا؛ لأنَّهُ مُخْرَجٌ مِنَ الزَّائِدِ، و(تُرْتَبٌ) تَاؤُهَا زَائِدَةٌ، فَكَيْفَ يُسْتَثْنَى مِنَ الزَّائِدِ؟ وَكَذَلِكَ (سَنْبَتَةٌ).

وَوَقَعَ فِي بَعْضِ النُّسَخِ (وَعنْكَبُوتٌ، وَهِيَ فِيمَا عَدَا ذَلِكَ أَصْلٌ، إلا فِي نَحْوِ: تَرْتُبٍ، وَتَوْلَجٍ، وَسَنْبَتَةٍ)، وَهُوَ مُسْتَقِيمٌ لَوْلا ذِكْرُ (تَوْلَجٍ) مَعَ (تَرْتُبٍ، وَسَنْبَتَةٍ)؛ لأنَّ التَّاءَ فِي (تَرْتُبٍ، وَسَنْبَتَةٍ) زَائِدَةٌ، وَلَيْسَتْ فِي (تَوْلَجٍ) كَذَلِكَ، فَلا يَسْتَقِيمُ الْجَمْعُ بَيْنَهُمَا فِي حُكْمٍ وَاحِدٍ بِاعْتِبَارِ زِيَادَةِ التَّاءِ مَعَ اخْتِلافِهَا فِي ذَلِكَ.

وَالْوَجْهُ أَنْ يَكُونَ (وَهِيَ فِيمَا عَدَا ذَلِكَ أَصْلٌ، إلا فِي نَحْوِ: تُرْتَبٍ، وَتُدْرَأ، وَسَنْبَتَةٍ)، فَيَسْتَقِيمُ حِينَئِذٍ.

وَالْوَجْهُ فِي كَوْنِ التَّاءِ فِي (تُرْتَبٍ) زَائِدَةً أَنَّهَا لَوْ كَانَتْ أَصْلِيَّةً؛ لَوَجَبَ أَنْ يَكُونَ (فُعْلَلا)، وَلَيْسَ مِنْ أَبْنِيَتِهِمْ.

وَالْوَجْهُ فِي (تُدْرَأ) أَنَّهَا لَوْ كَانَتْ أَصْلِيَّةً لَكَانَ (فُعْلَلا)، وَلَيْسَ مِنْ أَبْنِيَتِهِمْ إلا عِنْدَ الأخْفَشِ، وَقَدْ يُقَالَ: إِنَّهُ (تُفعَلٌ) أَيْضًا إِمَّا بِالاشْتِقَاقِ، وَإِمَّا لأنَّ بِنَاءَ (تُفْعَلٍ) أَكْثَرُ، فَحَمْلُهُ عَلَيْهِ أَوْلَى.

وَأَمَّا (سَنْبَتَةٌ) فَلأَنَّهُمْ يَقُولُونَ: مَضَى سَنْبٌ مِنَ الدَّهْرِ؛ أَيْ: قِطْعَةٌ مِنَ الزَّمَانِ، وَسَنْبَتَةٌ مِنَ الدَّهْرِ، وَإِذَا عُلِمَ أَنَّهَا زَائِدَةٌ فِي (سَنْبٍ، وَسَنْبَةٍ) وَجَبَ أَنْ تَكُونَ زَائِدَةً فِي (سَنْبَتَةٍ)؛ لأَنَّ الْجَمِيعَ مِنْ بَابٍ وَاحِدٍ.

(وَالْهَاءُ زِيدَتْ مُطَّرِدَةً فِي الْوَقْفِ لِبَيَانِ الْحَرَكَةِ وَحَرْفِ الْمَدِّ) إِلَى آخِرِهِ.

قَالَ الشَّيْخُ: هَاءُ الْوَقْفِ حَرْفٌ مِنْ حُرُوفِ الْمَعَانِي، فَلَا يَنْبَغِي أَنْ تُعَدَّ مِنْ حُرُوفِ الزِّيَادَةِ، كَمَا لا تُعَدَّ الْبَاءُ وَاللامُ زَائِدَةً فِي قَوْلِكَ: (لِزَيْدٍ، وَبِزَيْدٍ)، وَإِنَّمَا عُدَّتْ لِكَوْنِهَا امْتَزَجَتْ مَعَ الْكَلِمَةِ حَتَّى صَارَتْ مَعَهَا كَالْجُزْءِ، فَأَشْبَهَتْ تَاءَ التَّأْنِيثِ، فَكَمَا عُدَّتْ تَاءُ التَّأْنِيثِ عُدَّتْ هَذِهِ.

فَإِنْ قُلْتَ: فَقَدْ عُدَّتِ هَمْزَةُ الْوَصْلِ فِي قَوْلِكَ: (اعْلَمْ)، وَهِيَ لِلابْتِدَاءِ بِالسَّاكِنِ كَهَاءِ السَّكْتِ لِلْوَقْفِ عَلَى الْمُتَحَرِّكِ؟

قُلْتُ: لَيْسَتِ الْهَمْزَةُ فِي امْتِزَاجِهَا بِالْكَلِمَةِ كَالْهَاءِ؛ لأَنَّهَا لا يُمْكِنُ الابْتِدَاءُ بِالْكَلِمَةِ الَّتِي هِيَ فِيهِ إِلا بِهَا، بِخِلافِ هَاءِ السَّكْتِ، فَإِنَّكَ مُخَيَّرٌ فِيهَا، فَكَانَتْ تِلْكَ بِصِيغَةِ الْكَلِمَةِ أَشْبَهَ مِنْ هَاءِ السَّكْتِ.

وَزِيدَتِ الْهَاءُ فِي جَمْعِ (أُمٍّ)، وَهُوَ الْمُحَقَّقُ فِي زِيَادَةِ الْهَاءِ بِاعْتِبَارِ مَا نَحْنُ فِيهِ، وَالَّذِي يَدُلُّ عَلَى زِيَادَتِهَا أَنَّ (أُمَّ) وَزْنُهَا (فُعْلٌ) لِقَوْلِهِمْ: الأُمُومَةُ، وَإِذَا ثَبَتَ أَنَّ الْبِنَاءَ مِنَ الْهَمْزَةِ وَالْمِيمَيْنِ ثَبَتَ أَنَّ الْهَاءَ زَائِدَةٌ، وَالْكَثِيرُ اسْتِعْمَالُهُ بِالْهَاءِ، وَقَدْ جَاءَ بِغَيْرِ هَاءٍ قَلِيلا، وَقَالَ بَعْضُهُمْ: إِنَّ الأُمَّهَاتِ لِلأَنَاسِيِّ، وَالأُمَّاتِ لِلْبَهَائِمِ، وَقَدْ ذُكِرَ.

وَأَمَّا زِيَادَتُهَا فِي الْوَاحِدِ فِي مِثْلِ مَا أَنْشَدَهُ فَقَلِيلٌ، وَأَمَّا زِيَادَتُهَا فِي الْفِعْلِ فَأَشَذُّ مِنْهُ وَأَقَلُّ؛ وَلِذَلِكَ قَالَ: (وَهُوَ مُسْتَرْذَلٌ).

وَزِيدَتْ فِي (أَهْرَاقَ إِهْرَاقَةً) عَلَى غَيْرِ قِيَاسٍ، وَ(أَهْرَاقَ) أَصْلُهُ (أَرَاقَ)، ثُمَّ قَلَبَ الْهَمْزَةَ بَعْضُهُمْ هَاءً، فَقَالَ: هَرَاقَ، ثُمَّ جَاءَ بَعْضُهُمْ فَأَثْبَتَ الْهَمْزَةَ دَاخِلَةً عَلَى الْهَاءِ، فَقَالَ: أَهْرَاقَ، وَلَيْسَ ذَلِكَ بِفَصِيحٍ لِمَا تَبَيَّنَ مِنْ جَرْيِهِمْ فِيهِ عَلَى مُخَالَفَةِ الْقِيَاسِ، فَمَنْ قَالَ: (أَرَاقَ)، قَالَ: (يُرِيقُ)، وَ(مُرِيقٌ)، وَ(مُرَاقٌ)، وَمَنْ قَالَ: (هَرَاقَ) عَلَى أَنَّهَا بَدَلٌ مِنَ الْهَمْزَةِ، قَالَ: يُهَرِيقُ، وَمُهَرِيقٌ وَمُهْرَاقٌ، وَمَنْ قَالَ: أَهْرَاقَ، قَالَ: يُهْرِيقُ بِإِسْكَانِ الْهَاءِ، وَمُهْرِيقٌ وَمُهْرَاقٌ، وَهِيَ أَرْدَأُ الثَّلاثَةِ لِمَا تَبَيَّنَ أَنَّهَا مِنْ قَبِيلِ الْوَهْمِ؛ لإِدْخَالِهِمِ الْهَمْزَةَ عَلَى الْهَاءِ الَّتِي هِيَ بَدَلٌ مِنَ الْهَمْزَةِ لَمَّا تَغَيَّرَتْ صُورَتُهَا إِلَى الْهَاءِ.

وَزِيدَتْ فِي (هِرْكَوْلَةٍ، وَهِجْرَعٍ، وَهِبْلَعٍ، وَهِلْقَامَةٍ)، لِمَا دَلَّ عَلَيْهِ الاشْتِقَاقُ.

(وَيَجُوزُ أَنْ تَكُونَ مَزِيدَةً فِي قَوْلِهِمْ: قَرَنٌ سَلْهَبٌ).

وَإِنَّمَا لَمْ يُحْكَمْ عَلَيْهَا بِمَا حُكِمَ فِي (هِجْرَعٍ)؛ لأَنَّهُ لَمْ تَثْبُتْ زِيَادَتُهَا وَسَطًا كَمَا ثَبَتَتْ أَوَّلا، فَكَانَ الأَمْرَانِ مُحْتَمَلَيْنِ.

وَأَمَّا (هِلْقَامَةٌ) عِنْدَ الأخْفَشِ فَلأنَّهُ الْكَثِيرُ الْبَلْعِ، دَلَّ الاشْتِقَاقُ عِنْدَهُ عَلَى زِيَادَتِهَا، وَذَهَبَ غَيْرُهُ إِلَى أَصْلِيَّتِهَا، وَزَعَمَ أَنَّهُ لَيْسَ مِنَ اللَّقْمِ؛ لأَنَّ مَعْنَاهُ: الْبَلْعُ، وَلَيْسَ الْبَلْعُ بِمَعْنَى: اللَّقْمِ، فَلا يَلْزَمُ زِيَادَتُهَا بِهَذَا الضَّرْبِ مِنَ الاشْتِقَاقِ.

(وَالسِّينُ اطَّرَدَتْ زِيَادَتُهَا فِي " اسْتَفْعَلَ "). وَهُوَ وَاضِحٌ.

(وَمَعَ كَافِ الضَّمِيرِ فِيمَنْ كَسْكَسَ).

قُلْتُ: لَيْسَ عَدُّ السِّينِ هَاهُنَا مِنْ حُرُوفِ الزِّيَادَةِ بِمُسْتَقِيمٍ؛ لأَنَّهُ حَرْفٌ جِيءَ بِهِ لِلْوَقْفِ بَعْدَ تَمَامِ الْكَلِمَةِ، وَلَوْ صَحَّ عَدُّهَا لَصَحَّ عَدُّ الشِّينِ فِيمَنْ كَشْكَشَ، وَلا سَبِيلَ إِلَى ذَلِكَ، وَإِجْمَاعُهُمْ عَلَى تَرْكِ عَدِّ الشِّينِ مِنْ حُرُوفِ الزِّيَادَةِ مَعَ عِلْمِهِمْ بِوُقُوعِهَا هَذَا الْمَوْقِعَ دَلِيلٌ عَلَى أَنَّهَا لَيْسَتْ كَالزِّيَادَاتِ فِي الامْتِزَاجِ فِي بِنْيَةِ الْكَلِمَةِ، وَإِنَّمَا هِيَ بَعْدَ الْكَافِ فِي هَذِهِ اللُّغَةِ الرَّدِيئَةِ بِمَثَابَةِ هَاءِ السَّكْتِ بَعْدَ الْحَرَكَةِ فِيمَنْ يُلْحِقُهَا، بَلْ هِيَ أَبْعَدُ؛ لأَنَّهَا إِنَّمَا تَلْحَقُ كَافَ الْمُؤَنَّثِ، فَلا يُتَوَهَّمُ امْتِزَاجٌ مَعَهَا كَمَا يُتَوَهَّمُ الامْتِزَاجُ فِي هَاءِ السَّكْتِ فِي بَعْضِ الْكَلِمَاتِ حَتَّى تُشْبِهَ تَاءَ التَّأْنِيثِ.

وَزِيدَتْ فِي (أَسْطَاعَ)، وَزِيَادَةُ هَذِهِ السِّينِ فِي (أَسْطَاعَ) عَلَى غَيْرِ قِيَاسٍ، كَمَا زِيدَتِ الْهَاءُ فِي (أَهْرَاقَ)؛ لأَنَّ مَعْنَى (أَسْطَاعَ): (أَطَاعَ)، كَمَا أَنَّ مَعْنَى (أَهْرَاقَ): (أَرَاقَ)، فَمُضَارِعُهُ (يُسْطِيعُ)؛ لأَنَّهُ رُبَاعِيٌّ فِي التَّحْقِيقِ، وَلا اعْتِدَادَ بِالسِّينِ كَمَا لا اعْتِدَادَ بِالْهَاءِ، وَلَيْسَ مَحْذُوفَةً مِنَ (اسْتَطَاعَ)؛ لأَنَّ ذَلِكَ يُقَالُ لَهُ فِيهِ: (إِسْطَاعَ) بِكَسْرِ الْهَمْزَةِ فِي الابْتِدَاءِ، وَالْمُرَادُ (إِسْتَطَاعَ)، فَمُضَارِعُهُ (يَسْطِيعُ) بِفَتْحِ الْيَاءِ، وَمِنْهُ قَوْلُهُ تَعَالَى: ﴿فَمَا اسْطَاعُوا أَنْ يَظْهَرُوهُ﴾ [الكهف:٩٧] فِي قِرَاءَةِ الأَكْثَرِينَ، وَأَمَّا هَذِهِ اللُّغَةُ فَمَفْتُوحَةُ الْهَمْزَةِ مَقْطُوعَةً بِمَعْنَى: (أَطَاعَ)، فَمُضَارِعُهُ (يُسْطِيعُ) عَلَى مَا تَقَدَّمَ.

وَأَمَّا اسْمُ الْفَاعِلِ وَالْمَفْعُولِ فَيَتَّفِقَانِ لِفَوَاتِ مَا بِهِمَا يَحْصُلُ الْفَرْقُ، وَهُمَا الْهَمْزَةُ وَحَرْفُ الْمُضَارَعَةِ وَهُمَا يُحْذَفَانِ فِي ذَلِكَ، فَيَبْقَى (مُسْطِيعٌ)، و(مُسْطَاعٌ) فِيهِمَا جَمِيعًا، وَلا يَفْتَرِقَانِ إلا بِالتَّقْدِيرِ.

(وَاللامُ زِيدَتْ فِي " ذَلِكَ، وَهُنَالِكَ ")، إِلَى آخِرِهِ.

وَهُوَ أَصْلٌ مُطَّرِدٌ فِي أَسْمَاءِ الإِشَارَةِ إِذَا قُصِدَ بِهَا الدَّلالَةُ عَلَى الْبَعِيدِ، وَجَعْلُهُمْ أَيْضًا

إِيَّاهَا مِنْ حُرُوفِ الزَّوَائِدِ فِيهِ تَجَوُّزٌ مِنْ وَجْهَيْنِ:

أَحَدُهُمَا: أَنَّ الْمَبْنِيَّاتِ لا تَدْخُلُ فِي أَبْوَابِ الزِّنَاتِ.

وَثَانِيهُمَا: أَنَّ اللامَ جِيءَ بِهَا عِنْدَ الْكَثِيرِ لِلدِّلالَةِ عَلَى الْبَعِيدِ، فَلَمْ تَكُنْ زَائِدَةً.

وَزِيدَتْ فِي (عَبْدَلٍ)، و(زَيْدَلٍ)، و(فَحْجَلٍ) بِاعْتِبَارِ الاشْتِقَاقِ.

وَأَمَّا (هَيْقَلٌ) فَفِيهِ احْتِمَالٌ مِنْ جِهَةِ أَنَّهُمْ قَالُوا: (هَيْقٌ، وَهِقْلٌ) لِلذَّكَرِ مِنَ النَّعَامِ، وَقَالُوا: (هَيْقَلٌ) لِلْفَتِيِّ مِنَ النَّعَامِ، فَإِنْ جَعَلْنَاهُ مُشْتَقًّا مِنَ الْهَيْقِ فَمَعْلُومٌ أَنَّ لامَهُ زَائِدَةٌ؛ لأَنَّهُ لا لامَ فِي الْهَيْقِ، وَإِنْ جَعَلْنَاهُ مِنَ الْهِقْلِ كَانَتِ اللامُ أَصْلِيَّةً لِثُبُوتِهَا لامًا فِيمَا هُوَ مُشْتَقٌّ مِنْهُ، فَمِنْ أَجْلِ ذَلِكَ جَاءَ الاحْتِمَالُ فِي أَصَالَتِهَا وَزِيَادَتِهَا، وَاللَّهُ أَعْلَمُ.

وَمِنْ أَصْنَافِ الْمُشْتَرَكِ إِبْدَالُ الْحُرُوفِ

قَالَ صَاحِبُ الْكِتَابِ: (يَقَعُ الإِبْدَالُ فِي الأَضْرُبِ الثَّلاثَةِ).

قَالَ الشَّيْخُ: يَقَعُ الإِبْدَالُ فِي الأَضْرُبِ الثَّلاثَةِ بِخِلافِ الزِّيَادَةِ، فَإِنَّهَا لَمْ تَقَعْ فِي الْحَرْفِ؛ لأَنَّ الزِّيَادَةَ إِنَّمَا كَانَتْ بِاعْتِبَارِ الاشْتِقَاقِ، أَوْ مَا تَنَزَّلَ مَنْزِلَتَهُ، وَالْحَرْفُ أَجْنَبِيٌّ عَنْ ذَلِكَ، فَأَمَّا الإِبْدَالُ فَقَدْ يَكُونُ طَرِيقُهُ الاشْتِقَاقَ، فَلا يَكُونُ فِي الْحَرْفِ بِاعْتِبَارِهِ، وَقَدْ يَكُونُ طَرِيقُ مَعْرِفَتِهِ كَثْرَتَهُ عَلَى صُورَةٍ فِي مَوْضِعٍ، وَتَغْيِيرَ بَعْضِ حُرُوفِهِ، فَيُسْتَدَلُّ بِتِلْكَ الْكَثْرَةِ عَلَى أَنَّهَا الأَصْلُ، وَأَنَّ الْقَلِيلَ بَدَلٌ، فَصَارَ لِلْبَدَلِ طَرِيقَانِ:

أَحَدُهُمَا: الاشْتِقَاقُ أَوْ مَا تَنَزَّلَ مَنْزِلَتَهُ، وَذَلِكَ مَخْصُوصٌ بِالاسْمِ وَالْفِعْلِ.

وَثَانِيهِمَا: الْكَثْرَةُ الْمَذْكُورَةُ، وَتَجْرِي فِي الاسْمِ وَالْحَرْفِ، وَأَمَّا الْفِعْلُ فَلا تَجْرِي فِيهِ؛ لأَنَّهُ لَمْ يَقَعْ فِيهِ مِنْ ذَلِكَ إلا مَا عُلِمَ اشْتِقَاقُهُ، فَامْتَنَعَ اسْتِعْمَالُهُ فِي مِثْلِهِ لِذَلِكَ.

أَمَّا قَوْلُهُ: (وَحُرُوفُهُ حُرُوفُ الزِّيَادَةِ وَالطَّاءُ وَالدَّالُ وَالْجِيمُ) فَوَهْمٌ؛ لأَنَّهُ لَمْ يَحْصُرْهَا بِذَلِكَ، وَلَمْ يَمْنَعْ مِنْ دُخُولِ غَيْرِهَا، فَكَانَ مَا ذَكَرَهُ غَيْرَ جَامِعٍ لَهَا، وَلا مَانِعٍ لِغَيْرِهَا، وَبَيَانُ ذَلِكَ: أَنَّ حَرْفَ الْبَدَلِ إِنَّمَا يَعْنَى بِهِ الْحَرْفُ الْمُبْدَلُ لا الْمُبْدَلُ مِنْهُ، بِدَلِيلِ أَنَّ الْعَيْنَ يُبْدَلُ مِنْهَا، وَالْبَاءُ يُبْدَلُ مِنْهَا، وَلَيْسَتْ مَعْدُودَةً فِي حُرُوفِ الإِبْدَالِ بِاتِّفَاقٍ، فَإِذَا كَانَ كَذَلِكَ فَعَدُّهُ السِّينَ مِنْ حُرُوفِ الْبَدَلِ خَطَأٌ؛ لأَنَّهَا لا تُبْدَلُ، وَإِنَّمَا يُبْدَلُ مِنْهَا، وَقَدْ تَبَيَّنَ أَنَّ عِدَّتَهَا بِاعْتِبَارِ كَوْنِهَا مُبْدَلَةً لا مُبْدَلا مِنْهَا، فَتَبَيَّنَ بِذَلِكَ أَنَّهَا غَيْرُ مَانِعَةٍ، لأَنَّهُ أَدْخَلَ فِيهَا غَيْرَهَا.

وَبَيَانُ أَنَّهَا غَيْرُ جَامِعَةٍ هُوَ أَنَّ الصَّادَ وَالزَّايَ تُبْدَلانِ مِنَ السِّينِ، وَلَمْ يَعُدَّهُمَا هَاهُنَا مِنْ حُرُوفِ الْبَدَلِ، وَقَدْ تَبَيَّنَ كَوْنُهُمَا مِنْهَا، وَقَدْ ذَكَرَ فِي التَّفْصِيلِ عَلَى مَا سَيَأْتِي.

قَالَ: (فَالْهَمْزَةُ أُبْدِلَتْ مِنْ حُرُوفِ اللِّينِ وَمِنَ الْهَاءِ وَالْعَيْنِ)، إِلَى آخِرِهِ.

قَالَ الشَّيْخُ: يَعْنِي بِالْمُطَّرِدِ: جَرْيَ الْبَابِ قِيَاسًا مِنْ غَيْرِ حَاجَةٍ إِلَى سَمَاعٍ فِي آحَادِهِ، وَيَعْنِي بِغَيْرِ الْمُطَّرِدِ: مَا تَوَقَّفَتْ آحَادُهُ عَلَى السَّمَاعِ، وَيَعْنِي بِالْوَاجِبِ: مَا لا يَجُوزُ غَيْرُهُ، وَيَعْنِي بِالْجَائِزِ: مَا يَجُوزُ إِبْدَالُهُ وَتَرْكُهُ عَلَى أَصْلِهِ.

فَالْوَاجِبُ إِبْدَالُهَا مِنْ أَلِفِ التَّأْنِيثِ فِي نَحْوِ: (حَمْرَاءَ، وَصَحْرَاءَ)، وَهَذَا لأَنَّ النَّحْوِيِّينَ يَزْعُمُونَ أَنَّ الْهَمْزَةَ فِي نَحْوِ (حَمْرَاءَ) أَصْلُهَا أَلِفٌ، فَكُرِهَ اجْتِمَاعُ الأَلِفَيْنِ، فَقُلِبَتِ الثَّانِيَةُ هَمْزَةً لَمَّا أَدَّى اجْتِمَاعُهُمَا إِلَى حَذْفِ إِحْدَاهُمَا، لأَنَّهُمَا سَاكِنَتَانِ، وَلَوْ قِيلَ: إِنَّ الْهَمْزَةَ وَالأَلِفَ جَمِيعًا جِيءَ بِهِمَا لِلتَّأْنِيثِ فِي الأَصْلِ لَمْ يَكُنْ ذَلِكَ بَعِيدًا مِنَ الصَّوَابِ.

ثُمَّ قَالَ: (وَالْمُنْقَلِبَةِ لامًا فِي نَحْوِ: كِسَاءٍ وَرِدَاءٍ).

وَلَمْ يُبَيِّنِ انْقِلابَهَا عَنْ وَاوٍ، أَوْ يَاءٍ، أَوْ عَنْ أَلِفٍ؛ لأَنَّ ذَلِكَ مُحْتَمَلٌ، فَإِنَّ بَعْضَ النَّحْوِيِّينَ يَزْعُمُ أَنَّ الْهَمْزَةَ مُنْقَلِبَةٌ عَنِ الأَلِفِ الَّتِي هِيَ بَدَلٌ عَنِ الْوَاوِ وَالْيَاءِ، وَبَعْضُهُمْ يَزْعُمُ أَنَّ الْهَمْزَةَ مُنْقَلِبَةٌ عَنْ نَفْسِ الْوَاوِ وَالْيَاءِ أَوَّلا مِنْ غَيْرِ وَاسِطَةٍ، وَظَاهِرُ كَلامِهِ أَنَّهَا عَنِ الأَلِفِ؛ لأَنَّهُ قَالَ: (وَمِنَ الْمُنْقَلِبَةِ)، فَإِنْ عَنَى بِهِ الْوَاوَ وَالْيَاءَ لَمْ يَسْتَقِمْ؛ لأَنَّهَا إِذَا أُبْدِلَ مِنْهَا تَكُنْ مُنْقَلِبَةً، وَإِذَا كَانَتْ عَنِ الأَلِفِ صَحَّ أَنْ تُوصَفَ بِكَوْنِهَا مُنْقَلِبَةً؛ لأَنَّهَا انْقَلَبَتْ أَوَّلا أَلِفًا عَنِ الْوَاوِ وَالْيَاءِ، ثُمَّ أُبْدِلَ مِنْهَا، إلا أَنَّهُ يَضْعُفُ مِنْ حَيْثُ إِنَّهُ لَمْ يَذْكُرْ عَنِ الْيَاءِ بَدَلا مُطَّرِدًا وَاجِبًا وَلا جَائِزًا، وَيُجَابُ عَنْهُ بِأَنَّ التَّقْسِيمَ لا يُوجِبُهُ، وَإِنَّمَا يُوجِبُ بَدَلا عَنِ الْيَاءِ، وَقَدْ ذَكَرَهُ فِي نَحْوِ: (أَدَيْهِ)؛ أَيْ: (يَدَيْهِ)، و(فِي أَسْنَانِهِ أَلَلٌ)؛ أَيْ: يَلَلٌ، فَالْهَمْزَةُ فِيهَا مُبْدَلَةٌ مِنَ الْيَاءِ، وَالْيَلَلُ: قِصَرُ الأَسْنَانِ الْعُلْيَا؛ لأَنَّ قَوْلَهُ: (مُطَّرِدٌ وَغَيْرِ مُطَّرِدٍ) إِنَّمَا هُوَ تَقْسِيمٌ فِي حُرُوفِ اللِّينِ، فَلا يَتَعَيَّنُ أَنْ يَكُونَ كُلُّ وَاحِدٍ مِنْهَا مُنْقَسِمًا هَذَا التَّقْسِيمَ.

وَقَوْلُهُ: (أَوْ عَيْنًا فِي نَحْوِ: قَائِلٍ وَبَائِعٍ).

وَالْكَلامُ فِيهِ كَالْكَلامِ فِي (كِسَاءٍ، وَرِدَاءٍ) فِي الْخِلافِ، وَالظُّهُورِ، وَالاعْتِرَاضِ، وَالْجَوَابِ.

(وَمِنْ كُلِّ وَاوٍ وَاقِعَةٍ أَوَّلا شُفِعَتْ بِأُخْرَى لازِمَةٍ فِي نَحْوِ: أَوَاصِلَ، وَأَوَاقٍ).

هَكَذَا ذَكَرَهُ غَيْرُهُ مِنَ النَّحْوِيِّينَ، وَأَصْلُهُمَا: (وَوَاصِلُ)، و(وَوَاقٍ)، وَالْعِلَّةُ فِي ذَلِكَ أَنَّ التَّضْعِيفَ فِي أَوَائِلِ الْكَلِمِ قَلِيلٌ، نَحْوُ: دَدَنٍ، وَأَكْثَرُ مَا يَجِيءُ مَعَ الْفَصْلِ، نَحْوُ: (كَوْكَبٍ، وَدَيْدَنٍ)، فَلَمَّا نَدَرَ فِي الْحُرُوفِ الصِّحَاحِ امْتَنَعَ فِي الْوَاوِ لِثِقَلِهَا مَعَ أَنَّهَا تَكُونُ مُعْتَرِضَةً

لِدُخُولِ وَاوِ الْقَسَمِ أَوِ الْعَطْفِ، فَيَجْتَمِعُ ثَلَاثُ وَاوَاتٍ، وَذَلِكَ مُسْتَثْقَلٌ.

وَفَسَّرُوا اللازِمَ بِمَا لا يُفَارِقُ، وَاحْتَرَزُوا بِهِ عَنْ مِثْلِ (وُوْرِيَ)، و(وُوصِلَ)، وَ(وُوْعِدَ)؛ لأَنَّهُ مِنْ قَبِيلِ الْجَائِزِ بِالاتِّفَاقِ، وَزَعَمُوا أَنَّ أَصْلَهُ إِنَّمَا هُوَ (وَاصَلَ)، و(وَاعَدَ)، وَإِنَّمَا انْقَلَبَتِ الأَلِفُ فِيهِ وَاوًا لانْضِمَامِ مَا قَبْلَهَا، وَذَلِكَ عَارِضٌ، فَلِذَلِكَ قِيلَ فِي الأَوَّلِ: لازِمٌ احْتِرَازًا بِهِ عَنْهُ، وَلَيْسَ هَذَا بِمُسْتَقِيمٍ؛ لأَنَّهُ إِنْ صَحَّ فِي ذَلِكَ صَحَّ أَنْ يُقَالَ فِي (أُوَيْصِلٍ): إِنَّ أَصْلَهُ (وَاصِلٌ)، وَإِنَّمَا انْقَلَبَتِ الأَلِفُ فِيهِ وَاوًا؛ لانْضِمَامِ مَا قَبْلَهَا كَمَا فِي (ضُوَيْرِبٍ)، فَيَكُونُ عَارِضًا كَمَا فِي (وُوْرِيَ)، وَكَوْنُ الْمُكَبَّرِ أَصْلا لِلْمُصَغَّرِ أَظْهَرُ مِنْ كَوْنِ مَا سُمِّيَ فَاعِلُهُ أَصْلا لِمَا لَمْ يُسَمَّ فَاعِلُهُ؛ لِمُوَافَقَةِ الْمُصَغَّرِ الْمُكَبَّرَ فِي الأَحْكَامِ، وَمُخَالَفَةِ مَا لَمْ يُسَمَّ فَاعِلُهُ لِمَا سُمِّيَ فَاعِلُهُ، وَإِذَا ثَبَتَ أَنَّ احْتِرَازَهِمْ بِذَلِكَ عَنْ مِثْلِ (وُوْرِيَ) غَيْرُ مُسْتَقِيمٍ.

فَالأَوْلَى أَنْ يُطْلَبَ غَيْرُ ذَلِكَ، وَهُوَ أَنْ يُقَالَ: (مِنْ كُلِّ وَاوٍ وَاقِعَةٍ أَوَّلا شُفِعَتْ بِأُخْرَى مُتَحَرِّكَةٍ)، فَيَزُولَ الاعْتِرَاضُ بِـ (وُورِيَ)، وَيَظْهَرَ الْفَرْقُ بَيْنَهُ وَبَيْنَ (أُوَيْصِلٍ)، وَذَلِكَ وَاضِحٌ فِي الصُّورَةِ وَالْمَعْنَى، أَمَّا فِي الصُّورَةِ فَمَا ذَكَرْنَاهُ مِنَ التَّحَرُّكِ، وَأَمَّا فِي الْمَعْنَى: فَلأَنَّ الْوَاوَيْنِ إِذَا تَحَرَّكَتَا أُحِسَّ فِيهِمَا مِنَ الاسْتِثْقَالِ مَا لا يَكُونُ فِيهِمَا إِذَا كَانَتِ الثَّانِيَةُ سَاكِنَةً، وَذَلِكَ مُدْرَكٌ ضَرُورَةً، فَالْتَزَمُوا إِبْدَالَهَا فِي الْمَوْضِعِ الَّذِي اشْتَدَّ فِيهِ ثِقَلُهَا، وَجَوَّزُوهُ فِي الْمَوْضِعِ الَّذِي لَمْ يَشْتَدَّ، فَلِذَلِكَ جَاءَ (أُوَيْصِلُ) مُلْتَزَمًا، وَجَاءَ (وُوْرِيَ) جَائِزًا، وَإِنَّمَا أَبْدَلُوا الأَوْلَى دُونَ الثَّانِيَةِ؛ لأَنَّهُمْ لَوْ أَبْدَلُوا الثَّانِيَةَ لأَدَّى إِلَى وَهْمِ جَوَازِ تَخْفِيفِهَا جَرْيًا عَلَى قِيَاسِ تَخْفِيفِ الْهَمْزَةِ، فَيَرْجِعُ الأَمْرُ إِلَى مِثْلِ مَا كَانَ مِمَّا فُرَّ مِنْهُ، وَهُوَ إِعْلالُ الأَوْلَى بَعْدَ إِعْلالِ الثَّانِيَةِ، فَأَبْدَلُوا مَا لا يُؤَدِّي إِلَى ذَلِكَ، وَهُوَ الأَوْلَى؛ لأَنَّهَا إِذَا كَانَتْ أَوَّلا الْتُزِمَتْ، فَلا يُؤَدِّي إِلَى مَا ذَكَرْنَاهُ.

فَإِنْ زَعَمَ زَاعِمٌ أَنَّهَا قَدْ تَتَّصِلُ بِمَا قَبْلَهَا فَيُؤَدِّي إِلَى ذَلِكَ بِعَيْنِهِ، كَمَا تَقُولُ: (قَوَاطِع وَوَوَاصِل) بِثَلاثِ وَاوَاتٍ، وَجَبَ إِبْدَالُ الأَوْلَى مِنْهَا هَمْزَةً؟

قُلْتُ: اتِّصَالُهَا عَارِضٌ، وَمَا ذَكَرْنَاهُ لازِمٌ، فَكَانَ إِبْدَالُ الأَوْلَى أَوْلَى.

قَالَ: (وَالْجَائِزُ إِبْدَالُهَا مِنْ كُلِّ وَاوٍ مَضْمُومَةٍ وَقَعَتْ مُفْرَدَةً فَاءً).

فَهَذَا غَيْرُ مُسْتَقِيمٍ فِي الْحَصْرِ؛ لأَنَّ بَابَ (وُوْرِيَ) مِنْ قَبِيلِ الْجَائِزِ، وَلَيْسَتْ مُفْرَدَةً، وَقَدْ ذَكَرَ أَنَّ الْوَاجِبَ أَنْ تُشْفَعَ بِأُخْرَى لازِمَةٍ، فَإِمَّا أَنْ يَكُونَ اللُّزُومُ لَهُ أَثَرٌ فِي وُجُوبِ الْقَلْبِ أَوْ لا، فَإِنْ كَانَ لَهُ أَثَرٌ فَقَوْلُهُ فِي الْجَائِزِ: (مُفْرَدَةً) غَيْرُ مُسْتَقِيمٍ؛ لأَنَّهُ تَرَكَ الْمُشَفَعَةَ غَيْرَ اللازِمَةِ، وَإِنْ لَمْ يَكُنْ لِلُّزُومِ أَثَرٌ فَلا مَعْنَى لِجَعْلِهِ قَيْدًا فِي الْوَاجِبِ، فَثَبَتَ أَنَّ مَا ذَكَرَهُ

غَيْرُ مُسْتَقِيمٍ، وَيَحْتَاجُ عَلَى قِيَاسِ مَا ذَكَرَهُ أَنْ يَقُولَ: وَقَعَتْ مُفْرَدَةً أَوْ مَشْفُوعَةً غَيْرَ لازِمَةٍ، وَعَلَى مَا بَيَّنَّاهُ أَنْ يَقُولَ: وَقَعَتْ مَضْمُومَةً فَاءً لَيْسَ بَعْدَهَا وَاوٌ مُتَحَرِّكَةٌ، فَيَدْخُلُ فِيهِ (وُوْرِيَ) وَبَابُهُ، فَيَكُونُ مُسْتَقِيمًا.

(أَوْ عَيْنًا غَيْرَ مُدْغَمٍ فِيهَا كَأَدْؤُرٍ).

وَإِنَّمَا قَالَ: (غَيْرَ مُدْغَمٍ فِيهَا) احْتِرَازًا مِنْ مِثْلِ التَّسَوُّرِ وَالتَّعَوُّذِ؛ لأَنَّهَا لا تُبْدَلُ، وَإِنَّمَا لَمْ تُبْدَلْ؛ لأَنَّهَا لَمْ يَخْلُ إِمَّا أَنْ يُبْدَلا جَمِيعًا أَوْ إِحْدَاهُمَا، فَلَوْ أُبْدِلا جَمِيعًا لأَدَّى إِلَى اسْتِثْقَالٍ بَيْنَ أَثْقَلَ مِنَ الأَصْلِ، أَلا تَرَى أَنَّ التَّعَؤُّذَ أَثْقَلُ مِنَ التَّعَوُّذِ، وَلِذَلِكَ لَمْ يُدْغِمُوا هَمْزَةً فِي هَمْزَةٍ إِلا فِي نَحْوِ (سَأَّلٍ) عَلَى مَا سَيَأْتِي، وَلَوْ أَبْدَلُوا إِحْدَاهُمَا لانْفَكَّ الإِدْغَامُ الَّذِي هُوَ مَقْصُودٌ فِي هَذَا الْبِنَاءِ، فَلَمْ يَكُنْ لِلإِبْدَالِ مَعْنًى.

قَوْلُهُ: (أَوْ مَشْفُوعَةً عَيْنًا).

قَالَ: حُكْمُ الْوَاوِ الَّتِي هِيَ عَيْنٌ مَشْفُوعَةٌ وَغَيْرُ مَشْفُوعَةٍ سَوَاءٌ فِي جَوَازِ الإِبْدَالِ مَا لَمْ تَكُنْ مُدْغَمَةً.

(وَغَيْرُ الْمُطَّرِدِ إِبْدَالُهَا مِنَ الأَلِفِ)، إِلَى آخِرِهِ.

وَهَذَا أَيْضًا كَانَ يَنْبَغِي أَنْ يَجْعَلَهُ مِنَ الْمُطَّرِدِ؛ لأَنَّ أَصْحَابَ هَذِهِ اللُّغَةِ طَرَدُوهُ، وَإِنَّمَا لَمْ يَكُنْ مِثْلَ الأَوَّلِ لِضَعْفِهَا، لا لأَنَّهُ غَيْرُ مُطَّرِدٍ، وَلا مُنَاقَضَةَ بَيْنَ كَوْنِهِ مُطَّرِدًا وَكَوْنِهِ فِي لُغَةٍ ضَعِيفَةٍ، وَأَمَّا مِثْلُ (الْعَأْلَمِ، وَالْخَأْتَمِ) فَهُوَ عَلَى ضَعْفِهِ غَيْرُ مُطَّرِدٍ، وَكَذَلِكَ بَقِيَّةُ الأَمْثِلَةِ فِي إِبْدَالِ الْهَمْزَةِ عَنِ الأَلِفِ.

قَالَ: (وَمِنَ الْوَاوِ غَيْرِ الْمَضْمُومَةِ).

يَعْنِي: أَنَّهُ مِنْ قِسْمِ غَيْرِ الْمُطَّرِدِ إِبْدَالُهَا عَنِ الْوَاوِ غَيْرِ الْمَضْمُومَةِ كَيْفَمَا وَقَعَتْ، فَيَحْتَاجُ فِي كُلِّ وَاحِدٍ مِنْهَا إِلَى السَّمَاعِ، وَالْخِلافُ مَعَ الْمَازِنِيِّ فِي الْمَكْسُورَةِ عَلَى مَا ذَكَرَهُ؛ لأَنَّهُ يَرَاهُ مِنْ قِسْمِ الْمُطَّرِدِ الْجَائِزِ، وَغَيْرُهُ يَرَاهُ غَيْرَ مُطَّرِدٍ.

(وَمِنَ الْيَاءِ فِي " قَطَعَ اللَّهُ أَدَيْهُ، وَفِي أَسْنَانِهِ أَلَلٌ ").

وَهُوَ قَلِيلٌ، وَلا خِلافَ أَنَّهُ غَيْرُ مُطَّرِدٍ.

(وَمِنَ الْهَاءِ).

يَعْنِي: (وَإِبْدَالُ الْهَمْزَةِ مِنَ الْهَاءِ) فِي مَاءٍ وَأَمْوَاءٍ، وَإِنَّمَا حُكِمَ بِذَلِكَ لِقَوْلِهِمْ: (مُوَيْهٌ، وَمِيَاهٌ، وَأَمْوَاهٌ)، وَالتَّصْغِيرُ وَالتَّكْسِيرُ يَرُدَّانِ الأَشْيَاءَ إِلَى أُصُولِهَا، وَإِذَا ثَبَتَ أَنَّ أَصْلَهَا هَاءٌ ثَبَتَ أَنَّ الْهَمْزَةَ مُبْدَلَةٌ عَنْهَا، قَالَ:

وَبَلْدَةٍ قَالِصَةٍ أَمْوَاؤُهَا ماصِحَةٍ رَأْدَ الضُّحَى أَفْيَاؤُهَا

يَعْنِي: مُرْتَفِعَةً أَمْوَاؤُهَا؛ أَيْ: كَثُرَتْ؛ لأنَّهَا لا تَرْتَفِعُ إلا لِكَثْرَتِهَا.

(مَاصِحَةٍ رَأْدَ الضُّحَى أَفْيَاؤُهَا)، يَعْنِي: أَنَّهَا كَثِيرَةُ الْفَيْءِ؛ لِكَثْرَةِ ظِلالِ أَشْجَارِهَا حَتَّى يُذْهِبَ ذَلِكَ، (رَأْدَ الضُّحَى) وَهُوَ ارْتِفَاعُهُ؛ أَيْ: يُذْهِبُ أَثَرَ ذَلِكَ، وَهُوَ حَرُّ الشَّمْسِ وَأَثَرُهَا.

(وَفِي " أَلْ فَعَلْتَ، وَأَلا فَعَلْتَ ").

لأنَّ الْكَثِيرَ (هَلْ فَعَلْتَ) و(هَلا فَعَلْتَ)، فَإِذَا قِيلَ: (أَلْ فَعَلْتَ)، فَالْهَمْزَةُ بَدَلٌ عَمَّا هُوَ الْكَثِيرُ فِي الاسْتِعْمَالِ، وَمِنْهُمْ مَنْ يَزْعُمُ أَنَّ الْهَمْزَةَ وَالْهَاءَ فِي (هَلا) سَوَاءٌ، وَيَعُدُّهُمَا جَمِيعًا مِنْ حُرُوفِ التَّحْضِيضِ، وَلا أَحَدَ يَعُدُّ (هَلْ) و(أَلْ) مِنْ حُرُوفِ الاسْتِفْهَامِ، وَسَبَبُهُ مَا فِي (هَلْ) مِنَ الْكَثْرَةِ الْوَاضِحَةِ، وَلَيْسَ (هَلا) بِالنِّسْبَةِ إِلَى (أَلا) كَـ (هَلْ) بِالنِّسْبَةِ إِلَى (أَلْ)، فَلِذَلِكَ فُرِّقَ بَيْنَهُمَا.

(وَمِنَ الْعَيْنِ فِي قَوْلِهِ:

أُبَابُ بَحْرٍ ضَاحِكٍ زَهُـوقِ)

وَهُوَ قَلِيلٌ.

(وَالأَلِفُ أُبْدِلَتْ مِنْ أُخْتَيْهَا وَمِنَ الْهَمْزَةِ وَالنُّونِ، فَإِبْدَالُهَا مِنْ أُخْتَيْهَا مُطَّرِدٌ فِي نَحْوِ: قَالَ، وَبَاعَ، وَدَعَا، وَرَمَى)، إِلَى آخِرِهِ.

سَيَأْتِي ذَلِكَ مُعَلَّلا فِي صِنْفِ الإِعْلالِ مِنْ هَذَا الْقِسْمِ.

وَأَمَّا (الْقَوَدُ، وَالصَّيَدُ)، فَكَانَ قِيَاسُهُ أَنْ يُقَالَ فِيهِ: (الْقَادُ، وَالصَّادُ)، كَمَا قَالُوا: (بَابٌ، وَنَابٌ)، إلا أَنَّهُمْ أَتَوْا بِهِ عَلَى أَصْلِهِ تَنْبِيهًا عَلَى أَنَّهُ الأَصْلُ، وَكَثِيرًا مَا يَفْعَلُونَ مِثْلَ ذَلِكَ، وَمَا ذَكَرْنَاهُ مُطَّرِدٌ إلا مَا كَانَ شَاذًّا، وَغَيْرُ مُطَّرِدٍ فِي نَحْوِ: (طَائِيٍّ، وَحَارِيٍّ، وَيَاجَلُ)، وَكَانَ قِيَاسُ طَائِيٍّ: طَيْئِيٍّ؛ لأَنَّهُ نُسِبَ إِلَى طَيِّئٍ، فَقِيَاسُهُ أَنْ تُحْذَفَ الْيَاءُ الثَّانِيَةُ كَمَا تَقَدَّمَ، فَيَبْقَى (طَيْئِيٌّ)، ثُمَّ قَلَبُوا الْيَاءَ أَلِفًا عَلَى غَيْرِ قِيَاسٍ، فَقَالُوا: (طَائِيٌّ)، وَقَالُوا فِي النِّسْبَةِ إِلَى الْحِيرَةِ: (حَارِيٌّ)، فَأَبْدَلُوا الْيَاءَ أَلِفًا، وَقَالُوا فِي (يِيْجَلُ) و(يَوْجَلُ): (يَاجَلُ)، فَيَجُوزُ أَنْ يَكُونَ الأَلِفُ مُبْدَلا عَنِ الْوَاوِ، وَيَجُوزُ أَنْ يَكُونَ عَنِ الْيَاءِ، وَهُوَ عَلَى غَيْرِ قِيَاسٍ، فَلا تَقُولُ فِي (يَوْجَلُ): (يَاجَلُ)، وَإِبْدَالُهَا مِنَ الْهَمْزَةِ عَلَى مَا ذَكَرَهُ فِي اللُّزُومِ وَالْجَوَازِ، وَقَدْ تَقَدَّمَ فِي تَخْفِيفِ الْهَمْزَةِ، وَإِبْدَالُهَا مِنَ النُّونِ فِي ثَلاثَةِ مَوَاضِعَ كَمَا ذَكَرَ.

قَالَ: (وَهُوَ مُخْتَصٌّ بِالْوَقْفِ).

أَحَدُهَا: الْوَقْفُ عَلَى الْمَنْصُوبِ الْمُنَوَّنِ فِي قَوْلِكَ: (رَأَيْتُ زَيْدًا)، وَهِيَ اللُّغَةُ الْفَصِيحَةُ، بِخِلَافِ الْمَضْمُومِ وَالْمَكْسُورِ؛ لِاسْتِثْقَالِ الضَّمَّةِ مَعَ الْوَاوِ، وَالْكَسْرَةِ مَعَ الْيَاءِ، وَخِفَّةِ الْفَتْحَةِ مَعَ الْأَلِفِ.

وَالثَّانِي: النُّونُ الْخَفِيفَةُ إِذَا انْفَتَحَ مَا قَبْلَهَا، كَقَوْلِكَ: (اضْرِبَنْ)، وَ "لَنَسْفَعًا" [العلق:١٥] إِذَا وَقَفْتَ تَقُولُ: (لَنَسْفَعَا)؛ لِأَنَّهَا فِي الْفِعْلِ كَالتَّنْوِينِ فِي الِاسْمِ، فَأُجْرِيَتْ مُجْرَاهُ فِي انْقِلَابِهَا أَلِفًا إِذَا انْفَتَحَ مَا قَبْلَهَا، قَالَ الشَّاعِرُ:

.... وَلَا تَعْبُدِ الشَّيْطَانَ وَاللَّهَ فَاعْبُدَا

وَأَصْلُهُ: فَاعْبُدَنْ، وَقَالَ آخَرُ:

مَتَى تَأْتِنَا تُلْمِمْ بِنَا فِي دِيَارِنَا ... تَجِدْ حَطَبًا جَزْلًا وَنَارًا تَأَجَّجَا

يُرِيدُ: تَأَجَّجَنْ.

وَالثَّالِثُ: إِبْدَالُهَا مِنْ نُونِ (إِذَنْ)؛ لِأَنَّهَا كَالتَّنْوِينِ وَنُونِ الْفِعْلِ؛ لِسُكُونِهَا بَعْدَ الْفَتْحَةِ وَوُقُوعِهَا آخِرًا، فَوَقَفُوا عَلَيْهَا بِالْأَلِفِ كَمَا وَقَفُوا عَلَى التَّنْوِينِ بِالْأَلِفِ.

قَالَ: (وَالْيَاءُ أُبْدِلَتْ مِنْ أُخْتَيْهَا).

فَإِبْدَالُهَا مِنَ الْأَلِفِ فِي نَحْوِ: (مُفَيْتِيحِ)، وَهُوَ كُلُّ مَوْضِعٍ وَقَعَتِ الْأَلِفُ فِيهِ بَعْدَ كَسْرَةِ يَاءِ التَّصْغِيرِ، أَوْ كَسْرَةِ أَلِفِ الْجَمْعِ، فَإِنَّهَا تَنْقَلِبُ يَاءً لِانْكِسَارِ مَا قَبْلَهَا مُحَافَظَةً عَلَى صِيغَةِ التَّصْغِيرِ وَالْجَمْعِ، فَلَا تَبْقَى أَلِفًا لِانْكِسَارِ مَا قَبْلَهَا، فَتَنْقَلِبُ يَاءً ضَرُورَةً، وَهُوَ مُطَّرِدٌ إِلَّا فِي نَحْوِ: (حُبَيْلَى، وَحُمَيْرَاءَ)، وَقَدْ تَقَدَّمَ.

(وَمِنَ الْوَاوِ فِي نَحْوِ: مِيقَاتٍ).

قَالَ: ذَكَرَ أَمْثِلَةً مِنْ أَبْوَابٍ شَتَّى، كُلُّهَا سَتَأْتِي مُفَصَّلَةً فِي فُصُولِ الْإِعْلَالِ، فَلَا حَاجَةَ إِلَى تَفْصِيلِهِ هَاهُنَا.

(فِي نَحْوِ: " صِبْيَةٍ، وَثِيَرَةٍ، وَعِلْيَانَ، وَيَيْجَلُ ").

لِأَنَّ (صِبْيَةً) مِنْ (صَبَا يَصْبُو)، فَقِيَاسُهَا (صِبْوَةٌ)، فَإِبْدَالُهَا عَلَى غَيْرِ قِيَاسٍ، و(ثِيَرَةٌ) جَمْعُ (ثَوْرٍ)، كَـ(كُوزَةٍ) جَمْعُ (كُوزٍ)، فَقِيَاسُهُ أَنْ يُقَالَ: (ثِوَرَةٌ)؛ لِأَنَّ مِثْلَ هَذَا الْجَمْعِ إِنَّمَا تُقْلَبُ فِيهِ الْوَاوُ يَاءً إِذَا وَقَعَتْ بَعْدَهَا الْأَلِفُ، كَـ(ثِيَابٍ وَسِيَاطٍ)، فَأَمَّا إِذَا لَمْ تَقَعِ الْأَلِفُ فَقِيَاسُهَا بَقَاؤُهَا عَلَى أَصْلِهَا، وَكَذَلِكَ الْأَصْلُ فِي (عِلْيَانَ): (عِلْوَانٌ)؛ لِأَنَّهُ مِنْ (عَلَا يَعْلُو)، وَلَمْ يَطْرَأْ مَا يُوجِبُ تَغْيِيرَهَا، وَكَذَلِكَ الْأَصْلُ فِي (يَيْجَلُ): (يَوْجَلُ)؛ لِأَنَّهُ مُضَارِعُ (وَجِلَ).

فَقُلِبَتْ يَاءً عَلَى غَيْرِ قِيَاسٍ.

وَإِبْدَالُهَا مِنَ الْهَمْزَةِ قَدْ تَقَدَّمَ وُجُوبُهُ وَجَوَازُهُ، فَوُجُوبُهُ فِي نَحْوِ: إِيتِ، وَجَوَازُهُ فِي نَحْوِ: ذِيبٍ، وَمِيرَةٍ.

(وَمِنْ أَحَدِ حَرْفَيِ التَّضْعِيفِ): عَلَى غَيْرِ قِيَاسٍ؛ إلا أَنَّهُ كَثُرَ فِي فَعَّلْتُ وَتفَعَّلْتُ، وَقَلَّ فِي غَيْرِهِ، كَقَوْلِكَ: (قَصَّيْتُ، وَسَرَّيْتُ)، وَقَلَّ فِي مِثْلِ (لا وَرَبِيكَ لا أَفْعَلُ)؛ لأَنَّ مِثْلَ ذَلِكَ نَادِرٌ فِي كَلامِهِمْ، وَكَذَلِكَ كُلُّ مَا ذَكَرَهُ مِنْ غَيْرِهِمَا، فَهُوَ عَلَى خِلافِ الأَكْثَرِ، إلا فِيمَا كَانَ رَاجِعًا إِلَيْهِمَا، كَاسْمِ الْفَاعِلِ، وَالْمَفْعُولِ، وَالْمَصْدَرِ.

(وَالتَّصْدِيَةُ): مَنْ جَعَلَ التَّصْدِيَةَ مِنْ (صَدَّدَ)، فَالْيَاءُ مُبْدَلَةٌ عَنْ أَحَدِ حَرْفَيِ التَّضْعِيفِ، سَوَاءٌ جُعِلَ مِنْ (صَدَّ يَصُدُّ)، بِمَعْنَى: (مَنَعَ)، أَوْ (صَدَّ يَصِدُّ)، بِمَعْنَى: (ضَجَّ)، وَمَنْ جَعَلَهُ مِنَ (الصَّدَى)، وَهُوَ حِكَايَةُ الصَّوْتِ، فَهُوَ أَصْلُهُ الْيَاءُ غَيْرَ مُبْدَلَةٍ.

و(دَهْدَيْتُ)؛ أَيْ: قُلْتُ: (دَهْ)، و(صَهْصَيْتُ)؛ أَيْ: قُلْتُ: (صَهْ)، فَوَجَبَ أَنْ تَكُونَ الْيَاءُ بَدَلا عَنْ أَحَدِ حَرْفَيِ التَّضْعِيفِ؛ لأَنَّهُ كَرَّرَ الْفَاءَ وَالْعَيْنَ، وَإِنْ كَانَ وَزْنُهُ (فَعْلَلْتُ)، إلا أَنَّ أَخْذَهُ مِنْ (دَهْ) و(صَهْ) يُؤْذِنُ بِالتَّكْرِيرِ فِيهِ.

(وَمَكَاكِيٌّ فِي جَمْعِ مَكُّوكٍ).

أَصْلُهُ (مَكَاكِيكُ)؛ لأَنَّ (مَكُّوكًا) فَعُّولٌ، وَجَمْعُهُ فَعَاعِيلُ، فَأُبْدِلَتِ الْكَافُ الأَخِيرَةُ يَاءً، ثُمَّ أُدْغِمَتْ يَاءُ فَعَاعِيلَ فِيهَا.

و(دَيَاجٍ) جَمْعُ (دَيْجُوجٍ)، أَصْلُهُ (دَيَاجِيجُ)، فَقُلِبَتِ الْجِيمُ الأَخِيرَةُ يَاءً، ثُمَّ خُفِّفَتْ بِحَذْفِ إِحْدَى الْيَاءَيْنِ عَلَى مَا هُوَ مُطَّرِدُ الْجَوَازِ، فَصَارَ مِنْ بَابِ جَوَارٍ، تَقُولُ: (هَذِهِ دَيَاجٍ، وَمَرَرْتُ بِدَيَاجٍ، وَرَأَيْتُ دَيَاجِيَ).

و(دِيوَانُ) أَصْلُهُ (دِوَّانٌ)، فَقُلِبَتِ الْوَاوُ الأَوْلَى يَاءً، وَدَلِيلُهُ قَوْلُهُمْ: (دَوَاوِين)، وَلَوْ كَانَتْ يَاءً لَقِيلَ: دَيَاوِين، كَمَا قِيلَ فِي (دَيْجُوجٍ): (دَيَاجِيج)، وَلَيْسَتْ مُبْدَلَةً لانْكِسَارِ مَا قَبْلَهَا؛ لأَنَّ الْوَاوَ إِذَا أُدْغِمَتْ صَحَّتْ، وَإِنِ انْكَسَرَ مَا قَبْلَهَا، كَقَوْلِهِمْ: (حِوَّاءٌ)، فَثَبَتَ أَنَّ إِبْدَالَهَا إِنَّمَا هُوَ مِنْ أَجْلِ أَحَدِ حَرْفَيِ التَّضْعِيفِ، لا مِنْ بَابِ مِيزَانٍ، فَإِنَّ ذَلِكَ قِيَاسٌ، وَهَذَا عَلَى غَيْرِ قِيَاسٍ، وَقَلَبُوا هَاهُنَا الأَوْلَى وَلَمْ يَقْلِبُوا الثَّانِيَةَ؛ لأَنَّهُ لَوْ قَلَبُوا الثَّانِيَةَ لأَدَّى إِلَى قَلْبِهِمَا جَمِيعًا؛ أَلا تَرَى أَنَّ الأَوْلَى كَانَتْ تَصِيرُ يَاءً مَكْسُورًا مَا قَبْلَهَا سَاكِنَةً مِنْ غَيْرِ إِدْغَامٍ، فَيَتَعَذَّرُ النُّطْقُ بِهَا، فَيَجِبُ قَلْبُهَا يَاءً، فَلِذَلِكَ قَلَبُوا الأَوْلَى دُونَ الثَّانِيَةِ، وَلَمْ يَلْتَزِمُوا فِيهِ مَا الْتَزَمُوهُ فِي (سَيِّدٍ)؛ لأَنَّ إِبْدَالَهَا يَاءً عَارِضٌ، فَكَأَنَّهَا عَلَى وَاوِيَّتِهَا.

و(دِيبَاجٌ) أَصْلُهُ دِبَّاجٌ، لأنَّكَ تَقُولُ: دَبَابِيجَ، فَهُوَ مِثْلُ دَوَاوِين، فَفُعِلَ مِثْلُ فِعْلِهِ لِمَا ذَكَرْنَاهُ، فَقُلِبَتِ الأَوْلَى دُونَ الثَّانِيَةِ؛ لأنَّهُمَا مِنْ بَابٍ وَاحِدٍ فَحُمِلَ عَلَيْهِ.

و(قِيرَاطٌ) أَصْلُهُ قِرَّاطٌ بِدَلِيلِ قَرَارِيط؛ فَحُمِلَ عَلَى دَوَاوِين، وَكَذَلِكَ شِيرَازٌ لِقَوْلِهِمْ: شَرَارِيز، وَكَذَلِكَ دِيمَاسٌ لِقَوْلِهِمْ: دَمَامِيس، وَقَوْلُهُ:

قَامَ بِهَا يَنْشُدُ كُلَّ مَنْشَدِ وَايتَصَلَتْ بِمِثْلِ ضَوْءِ الْفَرْقَدِ

أَبْدَلَ الْيَاءَ مِنَ التَّاءِ الَّتِي هِيَ بَدَلٌ مِنَ الْوَاوِ الَّتِي هِيَ فَاءٌ، فَأَصْلُهُ (اوْتَصَلَتْ)، فَقُلِبَتِ الْوَاوُ تَاءً عَلَى الْقِيَاسِ، ثُمَّ أَبْدَلُوا مِنَ التَّاءِ يَاءً؛ لِكَوْنِهَا أَحَدَ حَرْفَي التَّضْعِيفِ، وَقَلَبُوا الأَوْلَى دُونَ الثَّانِيَةِ؛ لأنَّهُمْ لَوْ قَلَبُوا الثَّانِيَةَ لأَدَّى إِلَى قَلْبِ الأَوْلَى؛ لأنَّ قَلْبَهَا تَاءً إِنَّمَا كَانَ لأَجْلِ وُقُوعِ التَّاءِ بَعْدَهَا، فَلَوْ غَيَّرُوهَا لَوَجَبَ رَدُّهَا إِلَى أَصْلِهَا لِفَوَاتِ الْمَعْنَى الْمُقْتَضِي- قَلْبَهَا تَاءً، وَلَوْ قِيلَ: إِنَّ الْيَاءَ مُبْدَلَةٌ عَنِ الْوَاوِ الَّتِي هِيَ فَاءٌ لَمْ يَكُنْ بَعِيدًا.

قَالَ: (وَمِمَّا سِوَى ذَلِكَ).

يَعْنِي: وَمِمَّا أُبْدِلَتْ فِيهِ الْيَاءُ، وَهُوَ مَا ذَكَرَهُ مِنَ النُّونِ، وَالْعَيْنِ، وَالْبَاءِ، وَالسِّينِ، وَالتَّاءِ، وَتَرَكَ تَفْصِيلَ ذَلِكَ لِتَقَدُّمِهِ وَقِلَّتِهِ، فَجَمَعَ الْجَمِيعَ بِقَوْلِهِ: (وَمِمَّا سِوَى ذَلِكَ)، وَذَكَرَهُ عَلَى التَّرْتِيبِ.

فَأَنَاسِيُّ وَظَرَابِيُّ الْيَاءُ الثَّانِيَةُ فِيهِ مُبْدَلَةٌ عَنِ النُّونِ؛ لأنَّهُ جَمْعُ إِنْسَانٍ وَظَرِبَانٍ، فَقِيَاسُهُ: أَنَاسِينُ وَظَرَابِينُ، فَأَبْدَلُوا مِنَ النُّونِ يَاءً، وَوَقَعَتْ يَاءُ الْجَمْعِ قَبْلَهَا، فَوَجَبَ إِدْغَامُهَا فِيهَا لاجْتِمَاعِ الْمِثْلَيْنِ، فَقَالُوا: أَنَاسِيُّ وَظَرَابِيُّ، وَهَذَا وَإِنْ كَانَ هُوَ الْقِيَاسَ إلا أَنَّهُ كَثُرَ إِبْدَالُهَا يَاءً فِي فَصِيحِ الْكَلَامِ.

وَأَمَّا إِبْدَالُ الْيَاءِ عَنِ الْعَيْنِ، وَالْبَاءِ، وَالسِّينِ، وَالثَّاءِ، فَمِنْ أَرْدَأِ اللُّغَاتِ، لَمْ يَأْتِ إلا فِي أَبْيَاتٍ شَاذَّةٍ، كَقَوْلِهِ:

وَلِضَفَادِي جَمِّهِ نَقَانِقُ ....

و:

.... مِنَ الثَّعَالِي...........

وَقَوْلِهِ:

.... وَأَبُوكِ سَادِي

وَقَوْلِهِ:

.... وَهَذَا الثَّالِي ....

وَكُلُّهُ لَمْ يَأْتِ فِي فَصِيحِ الْكَلَامِ، بِخِلَافِ الأَنَاسِيِّ وَالظَّرَابِيِّ، فَإِنَّهُ مِنْ فَصِيحِ الْكَلَامِ.

(وَالْوَاوُ أُبْدِلَتْ مِنْ أُخْتَيْهَا وَمِنَ الْهَمْزَةِ).

وَكُلُّ ذَلِكَ مُطَّرِدٌ، أَمَّا الأَوَّلُ: فَلأَنَّ أَلِفَ (فَاعِلَةٍ) إِذَا وَقَعَتْ فِي مَوْضِعِ الْحَرَكَةِ وَجَبَ قَلْبُهَا وَاوًا قِيَاسًا مُطَّرِدًا لِوُجُوبِ حَرَكَتِهِ، وَلَمْ تُقْلَبْ يَاءً لِمَا ثَبَتَ مِنْ قَلْبِهَا وَاوًا قِيَاسًا فِي قَوْلِهِمْ: ضُوَيْرِبٌ فَقَلَبُوهَا أَيْضًا فِي ذَلِكَ لَمَّا كَانَتْ قَدْ ثَبَتَ قَلْبُهَا إِلَيْهَا، وَكَذَلِكَ قَلَبُوا الأَلِفَ الثَّانِيَةَ فِي الْمُصَغَّرِ وَاوًا إِذَا لَمْ يَكُنْ أَصْلُهَا الْيَاءَ، كَقَوْلِكَ فِي ضَارِبٍ: ضُوَيْرِبٌ، وَفِي عَاقُولٍ: عُوَيْقِيلٌ، وَذَلِكَ وَاضِحٌ فِي التَّعْلِيلِ.

وَأَمَّا (أَوَادِمُ) فَجَمْعٌ لِـ (آدَمَ)، فَإِذَا جُمِعَ وَجَبَ تَحْرِيكُ الأَلِفِ الَّتِي فِي (آدَمَ)، وَلا يُمْكِنُ رَدُّهَا إِلَى أَصْلِهَا الَّذِي هُوَ الْهَمْزَةُ، فَوَجَبَ قَلْبُهَا إِلَى مَا تُقْلَبُ إِلَيْهِ الأَلِفُ، وَهُوَ الْوَاوُ، وَلَوْ قِيلَ: إِنَّ الْوَاوَ بَدَلٌ عَنِ الْهَمْزَةِ لَكَانَ مُسْتَقِيمًا، وَأَصْلُهُ: (أَأْدَمُ)، كُرِهَ اجْتِمَاعُ الْهَمْزَتَيْنِ، فَقُلِبَتِ الثَّانِيَةُ، وَقَدْ تَقَدَّمَ ذَلِكَ فِي تَخْفِيفِ الْهَمْزَةِ.

وَأَمَّا (أُوَيْدِمُ) فَالْكَلَامُ فِيهِ كَالْكَلَامِ فِي (أَوَادِمَ)، وَمَنْ جَعَلَ الْوَاوَ بَدَلًا عَنِ الْهَمْزَةِ فِي (أَوَادِمَ) جَعَلَهَا عَنْهَا فِي (أُوَيْدِمٍ)، وَهُوَ وَاضِحٌ، إِلا أَنَّهُمْ لَمَّا الْتَزَمُوهَا فِي (آدَمَ) صَارَتِ الْهَمْزَةُ نَسْيًا مَنْسِيًا، فَكَأَنَّ الْمُعَامَلَةَ مَعَ الأَلِفِ.

و(عَصَوِيٌّ) و(رَحَوِيٌّ)، قَلَبُوا (الأَلِفَ) فِيهِ (وَاوًا) لَمَّا اضْطُرُّوا إِلَى تَحْرِيكِهَا، وَلا يُمْكِنُ إِبْقَاؤُهَا (أَلِفًا) لِوُقُوعِهَا فِي مَوْضِعِ الْحَرَكَةِ، فَقَالُوا: (عَصَوِيٌّ) و(رَحَوِيٌّ)، وَلَوْ قِيلَ: إِنَّ الْوَاوَ فِي (عَصَوِيٍّ) هِيَ الْوَاوُ الأَصْلِيَّةُ، وَالْوَاوُ فِي (رَحَوِيٍّ) مُبْدَلَةٌ عَنِ الْيَاءِ لَكَانَ مُسْتَقِيمًا، وَلَكِنَّهُمْ عَدَلُوا إِلَى ذَلِكَ؛ لِوُجُوبِ انْقِلَابِ الْوَاوِ وَالْيَاءِ فِي بَابِهِمَا أَلِفًا، فَكَانَتِ الْمُعَامَلَةُ كَأَنَّهَا مَعَ الأَلِفِ كَمَا ذُكِرَ فِي (أُوَيْدِمٍ).

و(إِلَوَانِ) تَثْنِيَةُ (إِلَى) اسْمًا، وَخُصَّ (إِلَوَانِ) دُونَ (عَصَا، وَرَحَى)؛ لأَنَّهَا فِي (عَصَا، وَرَحَى) تُرَدُّ إِلَى أَصْلِهَا، وَفِي (إِلَوَانِ) لَمْ يَثْبُتْ لَهَا أَصْلٌ، وَإِنَّمَا قُلِبَتْ وَاوًا لَمَّا اضْطَرُّوا إِلَى تَحْرِيكِهَا، وَلَوْ قِيلَ فِي (عَصَوَانِ): إِنَّ الْوَاوَ مُبْدَلَةٌ عَنِ الأَلِفِ، وَفِي (رَحَيَانِ): إِنَّ الْيَاءَ مُبْدَلَةٌ عَنِ الأَلِفِ، لَكَانَ ذَلِكَ جَارِيًا عَلَى قِيَاسِ كَلامِهِمْ.

وَإِبْدَالُهَا مِنَ الْيَاءِ فِي نَحْوِ: (مُوقِنٍ) فِيمَا وَقَعَتْ فِيهِ الْيَاءُ فَاءً وَانْضَمَّ مَا قَبْلَهَا، كَقَوْلِكَ: (مُوقِنٌ، وَمُوسِرٌ)، وَكَذَلِكَ إِذَا وَقَعَتْ عَيْنًا فِي الاسْمِ دُونَ الصِّفَةِ، كَقَوْلِكَ: (طُوبَى)، وَسَيَأْتِي ذَلِكَ فِي الإِعْلَالِ، وَفِي (ضُوَيْرِبٍ) تَصْغِيرَ (ضِيرَابٍ) مَصْدَرَ (ضَارَبَ)،

إِذَا صُغِّرَ (ضِيْرَابٌ)؛ و(قِيتَالٍ) مَصْدَرَ (فَاعَلَ) وَجَبَ قَلْبُ يَائِهِ وَاوًا؛ لأَنَّهَا عَنِ الأَلِفِ فِي (ضَارِبَ)، وَقَدِ انْضَمَّ مَا قَبْلَهَا، فَوَجَبَ أَنْ تَنْقَلِبَ وَاوًا، وَكَذَلِكَ إِذَا كَانَتِ الْيَاءُ فِي الْمُكَبَّرِ عَنِ الْوَاوِ، كَقَوْلِكَ: (مِيقَاتٌ، وَمِيلادٌ)، فَإِنَّكَ تَرُدُّ إِلَى الأَصْلِ، فَتَقْلِبُ الْيَاءَ وَاوًا، فَتَقُولُ: (مُوَيْقِيتٌ، وَمُوَيْلِيدٌ)، وَإِنْ كَانَتِ الْيَاءُ لَيْسَتْ عَنِ الْوَاوِ وَلا عَنِ الأَلِفِ بَقِيَتْ يَاءً، كَقَوْلِكَ فِي (بَيْعٍ): (بُيَيْعٌ)، وَفِي (دَيْنٍ): (دُيَيْنٍ).

(وَفِي " بَقْوَى، وَبُوطِرَ مِنْ بَيْطَرَ ").

وَهُمَا قِيَاسٌ، أَمَّا (بَقْوَى) فَفَعْلَى اسْمًا مِنْ (بَقِيَ)، وَهُوَ مِنَ الْيَاءِ، وَكُلُّ اسْمٍ عَلَى فَعْلَى وَلامُهُ يَاءٌ فَإِنَّهَا تُقْلَبُ وَاوًا لِلْفَرْقِ بَيْنَ الاسْمِ وَالصِّفَةِ، كَقَوْلِكَ: (الدَّعْوَى، وَالشَّرْوَى، وَالتَّقْوَى).

وَأَمَّا (بُوطِرَ) فَلأَنَّهَا يَاءٌ سَاكِنَةٌ انْضَمَّ مَا قَبْلَهَا، فَوَجَبَ أَنْ تُقْلَبَ يَاءً، فَهَذَا أَمْرٌ مُتَّفَقٌ عَلَيْهِ، وَهَذَا عَلَى غَيْرِ قِيَاسٍ؛ لأَنَّ الاسْمَ إِذَا وَقَعَتْ آخِرَهُ يَاءٌ قَبْلَهَا وَاوٌ قَبْلَهَا ضَمَّةٌ، وَجَبَ جَعْلُهَا يَاءً مُشَدَّدَةً مَكْسُورًا مَا قَبْلَهَا كَمَا سَيَأْتِي إِلا مَا شَذَّ مِنْ نَحْوِ قَوْلِهِمْ: (مَمْضُوٌّ، وَنَهُوٌّ)، وَمِنَ الْيَاءِ أَيْضًا فِي (جِبَاوَةٍ)، وَهُوَ أَيْضًا عَلَى غَيْرِ قِيَاسٍ؛ لأَنَّهُ مِنْ قَوْلِكَ: جَبَا يَجْبِي، فَقِيَاسُهُ أَنْ تَقُولَ: (جِبَايَةً)، فَإِذَا قِيلَ: (جِبَاوَةٌ) أَبْدَلُوا عَنِ الْيَاءِ وَاوًا عَلَى غَيْرِ قِيَاسٍ؛ لأَنَّهُ لا مُوجِبَ لإِبْدَالِهَا مِنْ حَيْثُ الإِعْلالُ، أَلا تَرَى إِلَى صِحَّةِ قَوْلِهِمْ: (عَبَايَةٌ، وَعَظَايَةٌ) قِيَاسًا مُطَّرِدًا فِيمَا جَاءَ مِنْ ذَلِكَ؟ وَإِنَّمَا قِيَاسُهَا لَوْ لَمْ تُقَدَّرْ تَاءُ التَّأْنِيثِ مُتَّصِلَةً أَنْ تُقْلَبَ هَمْزَةً؛ لِوُقُوعِهَا مُتَطَرِّفَةً بَعْدَ أَلِفٍ زَائِدَةٍ، كَمَا فِي (كِسَاءٍ، وَرِدَاءٍ).

(وَمِنَ الْهَمْزَةِ فِي (جُونَةٍ وَجُونٍ) كَمَا سَلَفَ فِي تَخْفِيفِهَا).

إِبْدَالُهَا مِنَ الْهَمْزَةِ مُطَّرِدًا وَاجِبًا فِي نَحْوِ: (أُوْتُمِنَ)، وَغَيْرَ وَاجِبٍ فِي نَحْوِ: (جُونَةٍ وَجُونٍ) عَلَى مَا سَلَفَ.

(وَالْمِيمُ أُبْدِلَتْ مِنَ الْوَاوِ وَاللامِ وَالنُّونِ وَالْبَاءِ)، إِلَى آخِرِهِ.

فَإِبْدَالُهَا مِنَ الْوَاوِ فِي (فَمٍ) وَحْدَهُ، وَقَدْ تَقَدَّمَ عِلَّةُ ذَلِكَ، وَلَمْ يَقَعْ فِي كَلامِهِمْ مِثْلُهُ فَيُلْحِقُوهُ بِهِ، وَلَيْسَ مِثْلَهُ إِلا ذُو، وَلَمْ يَقَعْ إِلا مُضَافًا، فَاسْتُغْنِيَ عَنْ إِبْدَالِ وَاوِهِ مِيمًا، وَإِبْدَالُهَا مِنَ اللامِ فِي لُغَةٍ لَيْسَتْ بِالْقَوِيَّةِ، يَجْعَلُونَ لامَ التَّعْرِيفِ مِيمًا، وَإِبْدَالُهَا مِنَ النُّونِ لازِمٌ فِي نَحْوِ: (عَنْبَرٍ، وَشَنْبَاءِ) فِيمَا وَقَعَتْ فِيهِ النُّونُ سَاكِنَةً قَبْلَ الْبَاءِ، وَإِنَّمَا أَبْدَلُوهَا مِيمًا لأَنَّهُمْ لَوْ بَقَّوْهَا نُونًا وَالْحَرْفُ الَّذِي بَعْدَهَا مِنْ حُرُوفِ الشَّفَةِ، فَإِنْ أُظْهِرَ اسْتُهْجِنَ، وَإِنْ أُخْفِيَ اسْتُثْقِلَ أَوْ تَعَذَّرَ، وَإِنْ أُدْغِمَ ذَهَبَ مَا فِي النُّونِ مِنَ الْغُنَّةِ، فَوَجَبَ قَلْبُهُ مِيمًا، فَتُوَافِقُ

النُّونَ فِي الْغُنَّةِ، وَلا تُنَافِرُ الْبَاءَ فِي الْمُخْرَجِ، فَقَالُوا: (عَمْبَرٌ)، وَهُوَ غَيْرُ لازِمٍ فِي غَيْرِ مَا ذَكَرَهُ مِنْ بَابِ (عَنْبَرٍ)، بَلْ شَاذٌّ، وَإِبْدَالُهَا مِنَ الْبَاءِ أَيْضًا شَاذٌّ.

(وَالنُّونُ أُبْدِلَتْ مِنَ الْوَاوِ وَاللامِ فِي " صَنْعَانِيٍّ، وَبَهْرَانِيٍّ ").

لأَنَّ قِيَاسَهُ أَنْ تَقُولَ: (صَنْعَاوِيٌّ، وَبَهْرَاوِيٌّ)؛ لأَنَّهَا هَمْزَةُ تَأْنِيثٍ، فَوَجَبَ أَنْ تُقْلَبَ وَاوًا كَـ (حَمْرَاوِيٍّ)، فَإِذَا قَالُوا: (صَنْعَانِيّ)، فَقَدْ جَعَلُوا النُّونَ مَوْضِعَ الْوَاوِ، وَهُوَ مَعْنَى الإِبْدَالِ.

وَأَمَّا (لَعَنَّ) فِي (لَعَلَّ) فَلُغَةٌ قَلِيلَةٌ، وَحُكِمَ بِالْبَدَلِيَّةِ؛ لِكَثْرَةِ تِيْكَ وَقِلَّةِ هَذِهِ.

(وَالتَّاءُ أُبْدِلَتْ مِنَ الْوَاوِ، وَالْيَاءِ، وَالسِّينِ، وَالصَّادِ، وَالْبَاءِ، فَإِبْدَالُهَا مِنَ الْوَاوِ فَاءً فِي نَحْوِ: اتَّعَدَ).

و(اتَّصَلَ) مِمَّا وَقَعَتْ فِيهِ الْوَاوُ قَبْلَ تَاءِ الافْتِعَالِ، وَهُوَ لازِمٌ مُطَّرِدٌ، تَقُولُ: (اتَّعَدَ اتِّعَادًا)، فَهُوَ (مُتَّعِدٌ وَمُتَّعَدٌ)، فَتَقْلِبُهَا تَاءً فِي جَمِيعِ مُتَصَرَّفَاتِهِ، وَسَيَأْتِي ذَلِكَ فِي الإِعْلالِ، وَقَدْ أُبْدِلَتْ فَاءً فِي نَحْوِ (أَتْلَجَهُ).

و(تُخْمَةٌ) فِيمَا ذَكَرَهُ مِنَ الأَمْثِلَةِ، وَهُوَ غَيْرُ مُطَّرِدٍ، وَإِنْ كَانَ فِي بَعْضِهِ لازِمًا، وَقَدْ يَلْزَمُ الشَّيْءُ فِي بَعْضِ الأَمْثِلَةِ، وَهُوَ غَيْرُ مُطَّرِدٍ، فَهُوَ فِي مِثْلِ (أَتْلَجَهُ) و(تُجَاه) غَيْرُ لازِمٍ، وَفِيمَا عَدَاهُ لازِمٌ.

(وَإِبْدَالُهَا لامًا فِي: أُخْتٍ، وَبِنْتٍ، وَهَنْتٍ، وَكِلْتَا).

لأَنَّ (أُخْتَ) مِنَ الأُخُوَّةِ، و(بِنْتَ) مِنَ الْبُنُوَّةِ، و(هَنْت) لِقَوْلِهِمْ: هَنَوَاتٌ، فَدَلَّ عَلَى أَنَّ لامَاتِهَا وَاوٌ، فَالتَّاءُ مُبْدَلَةٌ عَنْهَا، وَأَمَّا (كِلْتَا) فَمِنْهُمْ مَنْ يَقُولُ: هِيَ عَنِ الْوَاوِ أَيْضًا، وَمِنْهُمْ مَنْ يَقُولُ: هِيَ عَنِ الْيَاءِ، وَمِنْهُمْ مَنْ يَقُولُ: لَيْسَتْ مُبْدَلَةً أَلْبَتَّةَ، فَمَنْ قَالَ: إِنَّهَا مُبْدَلَةٌ عَنِ الْوَاوِ؛ فَلأَنَّ إِبْدَالَ التَّاءِ عَنِ الْوَاوِ أَكْثَرُ، فَحَمْلُهَا عَلَى الأَكْثَرِ أَوْلَى، وَأَمَّا مَنْ قَالَ: إِنَّهَا عَنِ الْيَاءِ فَلأَنَّ الإِعْلالَ بِالْيَاءِ أَكْثَرُ، وَهَذَا مُعْتَلٌّ، فَيُحْمَلُ عَلَى الأَكْثَرِ، وَأَمَّا مَنْ قَالَ: إِنَّهَا لَيْسَتْ بَدَلا، فَقَدْ زَعَمَ أَنَّهَا لِمُجَرَّدِ التَّأْنِيثِ، وَ الأَلِفُ بَعْدَهَا هِيَ اللامُ، فَيَكُونُ وَزْنُهُ (فِعْتَلا)، وَلَيْس بِمُسْتَقِيمٍ؛ لأَنَّ تَاءَ التَّأْنِيثِ لا تَكُونُ وَسَطًا، وَلا يَكُونُ مَا قَبْلَهَا سَاكِنًا، و(فِعْتَلٌ) أَيْضًا لَيْسَ مِنْ أَبْنِيَتِهِمْ.

وَإِبْدَالُهَا عَنِ الْيَاءِ فَاءً فِي نَحْوِ: اتَّسَرَ، وَهُوَ لازِمٌ مُطَّرِدٌ كَمَا ذَكَرْنَاهُ فِي (اتَّعَدَ)، وَتَعْلِيلُهُ سَيَأْتِي مِثْلَهُ.

(وَلامًا فِي: أَسْنَتُوا، وَثِنْتَانِ، وَكَيْتَ، وَذَيْتَ).

فـ (أَسْنَتُوا) لأنَّهُ زَائِدٌ عَلَى الثَّلاثَةِ، وَكُلُّ مَا وَقَعَتْ أَلِفُهُ زَائِدَةً عَلَى ثَلاثَـةٍ، حُكِـمَ بِأَنَّهَـا يَاءٌ، فَوَجَبَ أَنْ تَكُونَ التَّاءُ بَدَلا عَنِ الْيَاءِ.

وَأَمَّا (ثِنْتَانِ) فَلأَنَّهُ مِنْ قَوْلِكَ: (ثَنَيْتُ)، فَلامُهُ يَاءٌ، وَالتَّاءُ بَدَلٌ عَنْهَا.

وَأَمَّا (كَيْتَ)، و(ذَيْتَ) فَلأَنَّهُمْ يَقُولُونَ: كَيَّة وَذَيَّة فِي مَوْضِعِ كَيْتَ وَذَيْـتَ، فَـدَلَّ عَـلَى أَنَّهُ الأصْلُ، وَلامُهُ يَاءٌ، وَلا يَسْتَقِيمُ أَنْ تُقَدَّرَ وَاوًا؛ لأَنَّهُ لَمْ يَقَعْ فِي كَلامِهِم الْيَاءُ عَيْنًـا، وَالـلامُ وَاوًا كَمَا وَقَعَتْ فِي مِثْلِ يَوْمٍ بِاعْتِبَارِ الْفَاءِ وَالْعَيْنِ اسْتِثْقَالا لَهَا، وَلا يُمْكِـنُ تَقْـدِيرُ مَـا قَبْلَهَـا أَيْضًا وَاوًا؛ لأَنَّهُ كَانَ يَجِبُ أَنْ يُقَالَ: كَوَّةٌ وَكَوْتٌ، فَوَجَبَ أَنْ تَكُونَ يَاءً، وَالتَّاءُ بَدَلٌ عَنْهَا.

وَأَمَّا إِبْدَالُهَا عَنِ السِّينِ فَفِي (طَسْتٍ، وَسِتٍّ)، وَهُوَ قَلِيـلٌ، وَإِنْ لَـمْ يُقَـلْ إلا (سِـتٌّ)، وَإِنَّمَا حُكِمَ بِإِبْدَالِهَا فِي (طَسْت) لِقَوْلِهِمْ: (طُسَيْس، وَطَسُوس)، وَلَمْ يُحْكَمْ بِأَنَّ السِّينَ هِـيَ بَدَلٌ عَنِ التَّاءِ، فَيُقَالَ: (طَسْتٌّ) هُوَ الأصْلُ، وَالسِّينُ فِي (طَسُوس) بَدَلٌ عَنْهَا؛ لأَنَّهُ لَمْ يَثْبُتْ كَوْنُ السِّينِ مِنْ حُرُوفِ الْبَدَلِ أَلْبَتَّةَ عَلَى مَا تَقَدَّمَ، وَإِنْ كَانَ الْمُصَنِّفُ قَدْ عَدَّهَا وَهْمًا مِنْهُ، وَذَكَرَهَا فِي التَّفْصِيلِ، وَذَكَرَ أَنَّهُ يُبْدَلُ مِنْهَـا، لا أَنَّهَـا تُبْـدَلُ مِـنْ غَيْرِهَـا، وَإِذَا لَـمْ تَكُـنْ مِـنْ حُرُوفِ الْبَدَلِ، وَالتَّاءُ مِنْ حُرُوفِ الْبَدَلِ، فَجَعْلُ التَّاءِ بَدَلا عَنْهَا هُـوَ الْوَجْـهُ، ثُـمَّ وَلَـوْ قُـدِّرَ أَنَّهَا مِنْ حُرُوفِ الْبَدَلِ، فَلَمْ يَثْبُتْ إِبْدَالُهَا عَنِ التَّاءِ، وَقَدْ ثَبَـتَ إِبْـدَالُ التَّـاءِ مِنْهَـا، بِـدَلِيلِ سِتٍّ، فَحَمْلُهُ عَلَى مَا ثَبَتَ فِي لُغَتِهِمْ أَوْلَى.

وَأَمَّا (سِتٌّ)؛ فَلأَنَّهُ مِنْ قَوْلِكَ: (سَدَسْتُ، وَسُدْس، وَأَسْدَاس)، فَلامُهُ سِـينٌ، فَـإِذَا قَـالُوا: (سِتٌّ)، فَالتَّاءُ بَدَلٌ عَنِ السِّينِ، وَإِنَّمَا حُكِمَ بِأَنَّ التَّاءَ بَدَلٌ عَنِ السِّينِ، وَلَمْ يُحْكَمْ بِأَنَّهَا أَصْلٌ لِمَا كَثُرَ مِنْ قَوْلِهِمْ: (سُدْس، وَأَسْدَاس، وَسَدَسْتُ)، وَلَمْ يُحْكَمْ بِالْعَكْسِ لِذَلِكَ وَلِمَا تَقَدَّمَ.

(وَمِنَ الصَّادِ فِي لِصْت): وَهُوَ قَلِيلٌ شَاذٌّ.

وَإِبْدَالُهَا عَنِ الْبَاءِ فِي (الذَّعَالِتِ)، بِمَعْنَى: الذَّعَالِبِ، وَهُوَ قَلِيلٌ.

(وَالْهَاءُ أُبْدِلَتْ مِنَ الْهَمْزَةِ وَالألِفِ وَالْيَاءِ وَالتَّاءِ).

فَإِبْدَالُهَا مِنَ الْهَمْزَةِ فِي نَحْوِ: (هَنَرْتُ الثَّوْبَ)، و(هَرَدْتُ الشَّيْءَ)، وَهُوَ غَيْرُ مُطَّرِدٍ، وَقَدْ كَثُرَ فِي قَوْلِهِمْ: (هَرَقْتُ الْمَاءَ).

وَأَمَّا قَوْلُهُمْ: (لَهِنَّكَ فَعَلْـتَ كَـذَا)، فَأَصْـلُهُ: إِنَّـكَ فَعَلْـتَ كَـذَا، فَـأَدْخَلُوا لامَ الابْتِـدَاءِ، وَكَرِهُوا الْجَمْعَ بَيْنَهَا وَبَيْنَ (إِنَّ) مَعَ بَقَائِهَا عَلَى لَفْظِهَا، فَقَلَبُوهَا هَاءً، فَقَالُوا: (لَهِنَّكَ)،

وَهِيَ قَلِيلَةٌ رَدِيئَةٌ.

وَإِبْدَالُهَا مِنَ الألِفِ فِي قَوْلِهِ:

إِنْ لَمْ تُرَوِّهَا فَمَهْ ....

يَقْلِبُونَ أَلِفَ (مَا) فِي الاسْتِفْهَامِ هَاءً عِنْدَ الْوَقْفِ، وَكَذَلِكَ (أَنَّهْ) و(حَيَّهَلَهْ)، وَيَجُوزُ أَنْ يُقَالَ: إِنَّ الْهَاءَ فِي (حَيَّهَلَهْ) هَاءُ السَّكْتِ؛ لأَنَّهُمْ يَقُولُونَ: (حَيَّهَلَ) بِغَيْرِ أَلِفٍ، فَإِذَا وُقِفَ بِالْهَاءِ كَانَتْ هَاءَ السَّكْتِ، وَإِذَا قِيلَ: (حَيَّهَلا) ثُمَّ وُقِفَ بِالْهَاءِ فَهِيَ مُبْدَلَةٌ عَنِ الألِفِ، كَمَا فِي قَوْلِكَ: أَنَا، وَكَذَلِكَ هِيَ مُبْدَلَةٌ عَنِ الألِفِ فِي قَوْلِهِمْ:

وَقَدْ رَابَنِي قَوْلُهَا يَاهَنَاهُ ....

عِنْدَ الْبَصْرِيِّينَ، لِقَوْلِهِمْ: (هَنَوَاتٌ)، فَثَبَتَ أَنَّ لامَهَا وَاوٌ، وَإِذَا ثَبَتَ أَنَّ لامَهَا وَاوٌ صَارَ (هَنَاهُ) مِثْلَ قَبَاءٍ، فَقُلِبَتِ الْوَاوُ أَلِفًا لِوُقُوعِهَا طَرَفًا بَعْدَ أَلِفٍ زَائِدَةٍ، ثُمَّ قُلِبَتِ الألِفُ هَاءً، فَقِيلَ: (يَا هَنَاهُ).

وَأَمَّا قَوْلُ الْكُوفِيِّينَ: إِنَّهَا هَاءُ السَّكْتِ فَضَعِيفٌ مِنْ حَيْثُ إِنَّ هَاءَ السَّكْتِ لا تُحَرَّكُ، وَهَذِهِ مُحَرَّكَةٌ، وَإِنَّ هَاءَ السَّكْتِ لا تَكُونُ فِي الْوَصْلِ، وَهَذِهِ فِي الْوَصْلِ، فَثَبَتَ أَنَّهَا لَيْسَتْ هَاءَ السَّكْتِ، وَإِذَا لَمْ تَكُنْ هَاءَ السَّكْتِ، فَلا يَخْلُو إِمَّا أَنْ تَكُونَ أَصْلِيَّةً أَوْ زَائِدَةً، وَلا تَكُونُ زَائِدَةً؛ لأَنَّ الْهَاءَ لا تُزَادُ آخِرًا، فَثَبَتَ أَنَّهَا أَصْلِيَّةٌ، وَإِذَا كَانَتْ أَصْلِيَّةً فَإِمَّا أَنْ تَكُونَ هَاءً فِي الأَصْلِ أَوْ بَدَلا، وَلَيْسَتْ هَاءً فِي الأَصْلِ بِدَلِيلِ قَوْلِهِمْ: (هَنَوَاتٍ)، فَثَبَتَ أَنَّهَا بَدَلٌ عَنْ أَصْلٍ، وَإِذَا ثَبَتَ أَنَّهَا بَدَلٌ عَنْ أَصْلٍ لَمْ يَخْلُ إِمَّا أَنْ تَكُونَ عَنْ أَلِفٍ أَوْ لا، وَقَدْ ثَبَتَ أَنَّ أَصْلَهَا وَاوٌ، وَأَنَّهَا فِي مَحَلٍّ تَنْقَلِبُ فِيهِ الْوَاوُ أَلِفًا، فَثَبَتَ أَنَّهَا مُبْدَلَةٌ عَنِ الألِفِ.

وَإِبْدَالُهَا عَنِ الْيَاءِ فِي قَوْلِهِمْ: (هَذِهِ أَمَةُ اللَّهِ)، وَإِنَّمَا جُعِلَتْ بَدَلا عَنِ الْيَاءِ لِكَثْرَةِ قَوْلِهِمْ: هَذِي، وَقِلَّةِ قَوْلِهِمْ: هَذِهِ، وَلَوْ قِيلَ: إِنَّهُمَا جَمِيعًا أَصْلٌ لَمْ يَكُنْ بَعِيدًا.

وَإِبْدَالُهَا عَنِ التَّاءِ فِي كُلِّ تَاءِ تَأْنِيثٍ لَحِقَتِ الاسْمَ، كَقَوْلِكَ: (قَائِمَةٌ، وَقَاعِدَةٌ)، وَهُوَ مُطَّرِدٌ فَصِيحٌ، وَيَجُوزُ بَقَاؤُهَا تَاءً، وَلَيْسَ بِالْكَثِيرِ.

وَأَمَّا إِبْدَالُهَا عَنْ تَاءِ الْجَمْعِ فِي نَحْوِ: الأَخَوَاهْ وَالْبَنَاهْ، فَقَلِيلٌ ضَعِيفٌ.

(وَاللامُ أُبْدِلَتْ مِنَ النُّونِ وَالضَّادِ).

فَإِبْدَالُهَا مِنَ النُّونِ فِي مِثْلِ قَوْلِهِ:

وَقَفْتُ فِيهَا أُصَيْلالا أُسَائِلُهَا   عَيَّتْ جَوَابًا وَمَا بِالرَّبْعِ مِنْ أَحَدِ

وَقَدْ وَقَعَ فِي بَعْضِ النُّسَخِ (أُصَيْلانًا) بِالنُّونِ، وَلَيْسَ بِالْجَيِّدِ، لأَنَّهُ إِنَّمَا يَذْكُرُ اللَّفْظَةَ بِلَفْظِ الْبَدَلِ لا بِلَفْظِ الْمُبْدَلِ مِنْهُ، وَإِبْدَالُهَا مِنَ الضَّادِ قَلِيلٌ ضَعِيفٌ.

(وَالطَّاءُ أُبْدِلَتْ مِنَ التَّاءِ نَحْوِ: اصْطَبَرَ).

وَسَيَأْتِي ذَلِكَ مُفَصَّلا فِي بَابِ الإِدْغَامِ، وَأَمَّا إِبْدَالُهَا فِي نَحْوِ: (فَحَصْطُ)، فَقَلِيلٌ ضَعِيفٌ.

(وَالدَّالُ أُبْدِلَتْ مِنَ التَّاءِ فِي نَحْوِ: ازْدَجَرَ).

وَسَيَأْتِي ذَلِكَ فِي بَابِ الإِدْغَامِ، وَأَمَّا إِبْدَالُهَا فِي نَحْوِ: (اجْدَمَعُوا)، و(اجْدَزَّ) فَقَلِيلٌ، وَكَذَلِكَ إِبْدَالُهَا فِي دَوْلَجٍ.

(وَالْجِيمُ أُبْدِلَتْ عَنِ الْيَاءِ) فِيمَا ذَكَرَهُ، وَهُوَ قَلِيلٌ ضَعِيفٌ فِي كُلِّ مَا ذَكَرَهُ، وَهُوَ فِي الْمُحَرَّكَةِ، نَحْوُ: (أَمْسَجَتْ وَأَمْسَجَا) أَضْعَفُ وَأَقَلُّ.

(وَالسِّينُ إِذَا وَقَعَتْ قَبْلَ غَيْنٍ، أَوْ خَاءٍ، أَوْ قَافٍ، أَوْ طَاءٍ جَازَ إِبْدَالُهَا صَادًا) إِلَى آخِرِهِ.

قَالَ الشَّيْخُ: ذَكَرَ السِّينَ مِنْ حُرُوفِ الْبَدَلِ، وَجَعَلَ لَهَا فَصْلا، وَلَيْسَتْ مِنْ حُرُوفِ الْبَدَلِ، وَلَمْ يَذْكُرْ مَا هِيَ بَدَلٌ مِنْهُ، وَإِنَّمَا ذَكَرَ أَنَّهَا تُبْدَلُ مِنْهَا الصَّادُ، فَالصَّادُ إِذَنْ هِيَ الْبَدَلُ، وَيُبْدَلُ مِنْهَا الزَّايُ أَيْضًا، فَالزَّايُ هِيَ الْبَدَلُ، وَأَمَّا السِّينُ فَلَمْ تُبْدَلْ مِنْ شَيْءٍ، فَلا مَعْنَى لِثُبُوتِهَا مَعَ حُرُوفِ الْبَدَلِ، وَإِنَّمَا أُبْدِلَتِ السِّينُ صَادًا مَعَ هَذِهِ الْحُرُوفِ؛ لِشِدَّةِ اسْتِعْلائِهَا، وَاسْتِفَالِ السِّينِ، فَأُبْدِلَتْ صَادًا لِتُوَافِقَ السِّينَ فِي الْمَخْرَجِ وَالصَّفِيرِ، وَتُوَافِقَ الْبَوَاقِي فِي الاسْتِعْلاءِ.

وَأَمَّا إِبْدَالُهَا زَايًا قَبْلَ الدَّالِ؛ فَلأَنَّ الدَّالَ حَرْفٌ مَجْهُورٌ، وَالسِّينُ حَرْفٌ مَهْمُوسٌ، فَأَبْدَلُوا السِّينَ زَايًا؛ لِتُوَافِقَ السِّينَ فِي الْمُخْرَجِ، وَالدَّالَ فِي الْجَهْرِ.

قَالَ سِيبَوَيْهِ: (وَلا تَجُوزُ الْمُضَارَعَةُ)؛ لأَنَّ الزَّايَ وَالسِّينَ مِنْ مَخْرَجٍ وَاحِدٍ، وَهُمَا حَرْفَا صَفِيرٍ، فَيَعْسُرُ الإِشْرَابُ مَعَ شِدَّةِ التَّقَارُبِ، بِخِلافِ الصَّادِ مَعَ الزَّايِ، فَإِنَّ الإِطْبَاقَ الَّذِي فِي الصَّادِ أَمْكَنَ مِنْ إِشْرَابِهَا صَوْتَ الزَّايِ، وَلا إِطْبَاقَ فِي السِّينِ.

(وَالصَّادُ السَّاكِنَةُ إِذَا وَقَعَتْ قَبْلَ الدَّالِ جَازَ إِبْدَالُهَا زَايًا خَالِصَةً فِي لُغَةِ فُصَحَاءَ مِنَ الْعَرَبِ).

ذَكَرَ الصَّادَ هَاهُنَا مِنْ حُرُوفِ الْبَدَلِ، وَلَمْ يَذْكُرْهَا فِيمَا تَقَدَّمَ عِنْدَ جَمْعِهِ لَهَا بِحُرُوفِ

الزِّيَادَةِ وَالطَّاءِ وَالدَّالِ وَالْجِيمِ، وَلَمْ يَذْكُرِ الصَّادَ، ثُمَّ ذَكَرَ فِي هَذَا الْفَصْلِ أَنَّهُ يُبْدَلُ مِنْهَا، وَلَمْ يَذْكُرْ أَنَّهَا تَكُونُ بَدَلا، وَكَانَتِ الأَحْكَامُ الَّتِي لِلسِّينِ فِي إِبْدَالِهَا صَادًا أَوْلَى بِأَنْ تُذْكَرَ هَاهُنَا؛ لأَنَّ الصَّادَ هِيَ الْبَدَلُ ثَمَّةَ، فَذَكَرَ كَوْنَ الصَّادِ بَدَلا فِي فَصْلِ السِّينِ، وَذَكَرَ كَوْنَ الزَّايِ بَدَلا فِي فَصْلِ الصَّادِ، وَلَمْ يَذْكُرِ الزَّايَ بَدَلا أَصْلا لا فِي الْجُمْلَةِ وَلا فِي التَّفْصِيلِ، وَقَدْ تَقَدَّمَ أَنَّ الإِبْدَالَ لَيْسَ بِاعْتِبَارِ الْمُبْدَلِ مِنْهُ، وَإِذَا كَانَ كَذَلِكَ فَلَمْ يَذْكُرْ هَاهُنَا إِلا إِبْدَالَ الزَّايِ مِنْهَا، فَالزَّايُ هِيَ الْبَدَلُ، وَقَدْ أُبْدِلَتِ الزَّايُ مِنَ الصَّادِ إِذَا وَقَعَتِ الصَّادُ قَبْلَ الدَّالِ سَاكِنَةً، كَقَوْلِكَ فِي (يَصْدُقُ) و(يَصْدِفُ): (يَزْدُقُ)، و(يَزْدِفُ)، وَفِي (مَصْدَرٍ): (مَزْدَرٍ)، وَمِنْهُ قَوْلُ حَاتِمٍ: (هَكَذَا فَزْدِي أَنه)، يَعْنِي: فَصْدِي، وَمِنْهُ (لَمْ يُحْرَمْ مَنْ فُزِدَ لَهُ)، وَأَصْلُهُ: فُصِدَ، فَسُكِّنَتِ الصَّادُ تَخْفِيفًا كَمَا خَفَّفُوا (عَلِمَ) إِلَى (عَلْمَ)، فَصَارَ (فُصْدَ) بِصَادٍ سَاكِنَةٍ قَبْلَ الدَّالِ، فَأَبْدَلُوهَا زَايًا.

(وَأَنْ تَضَارَعَ بِهَا الزَّايُ). لإِمْكَانِ ذَلِكَ فِيهَا كَمَا ضَارَعُوا فِي (الصِّرَاطِ) بَعْدَ قَلْبِهَا صَادًا، فَالْمُضَارَعَةُ هَاهُنَا أَقْرَبُ.

(فَإِنْ تَحَرَّكَتْ لَمْ تُبْدَلْ، وَلَكِنَّهُمْ قَدْ يُضَارِعُونَ بِهَا الزَّايَ).

لأَنَّهَا لَمَّا تَحَرَّكَتْ قَوِيَتْ بِالْحَرَكَةِ، فَلَمَّا قَوِيَتْ لَمْ تَكُنْ كَالْمَيْتَةِ السَّاكِنَةِ، فَأُشْرِبَتْ وَلَمْ تُقْلَبْ، وَقَالُوا فِي (صَدَرَ): (صَدَرَ) بِالإِشْرَابِ، وَلَمْ يَقُولُوا: زَدَرَ؛ لِقُوَّتِهَا بِالْحَرَكَةِ.

وَمِثْلُ الصَّادِ فِي الْمُضَارَعَةِ إِشْرَابُ الْجِيمِ صَوْتَ الشِّينِ، وَإِشْرَابُ الشِّينِ صَوْتَ الْجِيمِ، وَهِيَ لُغَةٌ قَلِيلَةٌ رَدِيئَةٌ لِعُسْرِ ذَلِكَ فِي النُّطْقِ، وَلِذَلِكَ لَمْ تَأْتِ فِي الْقُرْآنِ وَلا فِي فَصِيحِ الْكَلامِ، بِخِلافِ إِشْرَابِ الصَّادِ صَوْتَ الزَّايِ، فَإِنَّهُ وَرَدَ فِي الْقُرْآنِ، وَفِي الْكَلامِ الْفَصِيحِ.

وَمِنْ أَصْنَافِ الْمُشْتَرَكِ الاعْتِلالُ[1]

قَالَ صَاحِبُ الْكِتَابِ: (حُرُوفُهُ: الأَلِفُ، وَالْوَاوُ، وَالْيَاءُ، وَثَلاثَتُهَا تَقَعُ فِي الأَضْرُبِ الثَّلاثَةِ).

حُرُوفُ الإِعْلالِ: الْوَاوُ، وَالأَلِفُ، وَالْيَاءُ، وَسُمِّيَتْ حُرُوفَ الإِعْلالِ لِمَا وَقَعَ بِهَا مِنَ التَّغْيِيرَاتِ الْمُطَّرِدَةِ، بِخِلافِ غَيْرِهَا، وَقَدْ جَعَلَ بَعْضُهُمُ الْهَمْزَةَ مِنْ حُرُوفِ الْعِلَّةِ لِذَلِكَ،

---

(١) الإعلالُ حذف حرف العلة، أو قلبُه، أو تسكينُهُ. فالحذفُ كيرِثُ (والأصلُ يَوْرِثُ). والقلبُ كقال (والأصلُ قَوَلَ). والإسكانُ (كيمشي (والأصل يَمْشِيُ).

وَلَمْ يَعُدَّهَا كَثِيرٌ؛ لِأَنَّهُ لَمْ يَجْرِ فِيهَا مَا جَرَى فِي حُرُوفِ الْعِلَّةِ مِنَ الِاطِّرَادِ اللَّازِمِ فِي كَثِيرٍ مِنَ الْأَبْوَابِ، وَلِكُلٍّ وَجْهٌ.

ثُمَّ ذَكَرَ أَنَّ الْأَلِفَ لَا تَكُونُ فِي الْأَسْمَاءِ وَالْأَفْعَالِ إِلَّا زَائِدَةً أَوْ مُنْقَلِبَةً، وَلَا تَكُونُ الْأَلِفُ أَصْلًا فِيهِمَا، بِخِلَافِ بَابِ الْحُرُوفِ، وَأَرَدْنَا بَابَ الْأَسْمَاءِ الْمُتَمَكِّنَةِ، وَأَمَّا الْأَسْمَاءُ غَيْرُ الْمُتَمَكِّنَةِ مِثْلُ: (ذَا)، و(تَا)، فَأَلِفَاتُهَا كَأَلِفَاتِ الْحُرُوفِ فِي كَوْنِهَا أَصْلًا، فَلَا يُقَالُ فِي أَلِفِ (مَتَى) و(مَا): إِنَّهَا مُنْقَلِبَةٌ وَلَا إِنَّهَا زَائِدَةٌ، وَإِنَّمَا لَمْ تَقَعِ الْأَلِفُ فِي الْأَسْمَاءِ وَالْأَفْعَالِ أَصْلِيَّةً؛ لِأَنَّهَا لَوْ وَقَعَتْ أَصْلِيَّةً لَمْ تَخْلُ إِمَّا أَنْ تَقَعَ مُبْدَلَةً فِي مَحَلٍّ آخَرَ أَوْ لَا فَإِنْ وَقَعَتْ فِي مَحَلٍّ مُبْدَلَةً، أَدَّى إِلَى اللَّبْسِ بَيْنَ الْأَصْلِيَّةِ وَالْمُنْقَلِبَةِ، وَذَلِكَ مُخِلٌّ بِمَعْرِفَةِ الْأَوْزَانِ، وَهُوَ بَابٌ كَبِيرٌ، وَإِنْ لَمْ تَقَعْ فِي مَحَلٍّ مُبْدَلَةً عَنِ الْوَاوِ وَالْيَاءِ؛ أَدَّى ذَلِكَ إِلَى وُقُوعِ الْيَاءِ وَالْوَاوِ الْمُتَحَرِّكَتَيْنِ فِي كُلِّ مَوْضِعٍ كَانَ أَصْلُهَا فِيهِ التَّحَرُّكَ، وَهُوَ كَثِيرٌ مُسْتَثْقَلٌ فَيُؤَدِّي إِلَى اسْتِثْقَالٍ كَثِيرٍ، فَرَفَضُوهُ لِذَلِكَ، فَثَبَتَ أَنَّهَا لَمْ تَقَعْ فِي الْأَسْمَاءِ وَالْأَفْعَالِ أَصْلِيَّةً، وَإِذَا أَوْقَعُوهَا مُبْدَلَةً لَمْ يَلْزَمْ شَيْءٌ مِمَّا ذَكَرْنَاهُ، فَكَانَ ذَلِكَ هُوَ الْقِيَاسَ.

ثُمَّ بَيَّنَ اتِّفَاقَ مَوَاقِعِ الْوَاوِ وَالْيَاءِ اللَّذَيْنِ ثَبَتَ أَنَّهُمَا الْأَصْلَانِ فِي الْإِعْلَالِ بَعْدَ أَنْ ثَبَتَ أَنَّ الْأَلِفَ لَا تَكُونُ أَصْلًا، فَذَكَرَ اتِّفَاقَهُمَا وَاخْتِلَافَهُمَا، فَاتِّفَاقُهُمَا فَاءً وَعَيْنًا وَلَامًا كَثِيرٌ وَاضِحٌ، وَاتِّفَاقُهُمَا فِي وُقُوعِهِمَا عَيْنًا وَلَامًا كَ (قُوَّةٍ، وَحَيَّةٍ) وَاضِحٌ، وَلَيْسَ بِكَثِيرٍ فِي الْبَابَيْنِ، وَقَدْ وَقَعَ فِي بَعْضِ النُّسَخِ (فِي اتِّفَاقِهِمَا، وَإِنْ تَقَدَّمَتْ كُلُّ وَاحِدَةٍ مِنْهُمَا عَلَى أُخْتِهَا فَاءً وَعَيْنًا، كَ " يَوْمٍ، وَوَيْلٍ ")، وَهُوَ مُسْتَقِيمٌ فِي بَابِ اتِّفَاقِهِمَا؛ لِأَنَّهُ قَدْ وَقَعَتْ كُلُّ وَاحِدَةٍ مِنْهُمَا فَاءً قَبْلَ أُخْتِهَا وَعَيْنًا بَعْدَ أُخْتِهَا، وَهُمَا بَابَانِ فِي الِاتِّفَاقِ، وَإِنْ جَاءَتِ الْعِبَارَةُ فِيهِمَا وَاحِدَةً.

ثُمَّ ذَكَرَ اخْتِلَافَهُمَا، فَقَالَ: (وَاخْتِلَافُهُمَا أَنَّ الْوَاوَ تَقَدَّمَتْ عَلَى أُخْتِهَا فِي نَحْوِ: وَقَيْتُ، وَطَوَيْتُ) وَلَمْ تَتَقَدَّمِ الْيَاءُ عَلَيْهَا.

يَعْنِي: أَنَّ الْوَاوَ تَقَدَّمَتْ فَاءً عَلَى الْيَاءِ لَامًا، وَتَقَدَّمَتْ عَيْنًا عَلَى الْيَاءِ لَامًا، وَتَبَيَّنَ ذَلِكَ مِنْ كَلَامِهِ بِالْمِثَالِ، وَإِلَّا فَلَا يَسْتَقِيمُ؛ لِأَنَّهُ قَدْ ثَبَتَ أَنَّ كُلَّ وَاحِدَةٍ مِنْهُمَا تَقَدَّمَتْ عَلَى أُخْتِهَا فَاءً وَعَيْنًا فِي الِاتِّفَاقِ، كَ (وَيْلٍ، وَيَوْمٍ)، فَكَيْفَ يَسْتَقِيمُ أَنْ يُعَمِّمَ تَقَدُّمَ الْوَاوِ عَلَى الْيَاءِ مُطْلَقًا دُونَ تَقَدُّمِ الْيَاءِ فِي بَابِ الِاخْتِلَافِ؟

ثُمَّ أَوْرَدَ اعْتِرَاضًا بِالْحَيَوَانِ بِأَنَّهُ قَدْ تَقَدَّمَتْ فِيهِ الْيَاءُ عَيْنًا عَلَى الْوَاوِ لَامًا، فَهُمَا مُوَافِقَتَانِ لِـ (طَوَيْتُ)، وَقَدْ ذَكَرَ أَنَّ (طَوَيْتُ) مِمَّا اخْتَلَفَا فِي بَابِهِ، وَلَمْ تَقَعِ الْيَاءُ قَبْلَ الْوَاوِ

فِي مِثْلِهِ، وَأَجَابَ عَنْهُ بِأَنَّ الْوَاوَ مُبْدَلَةٌ عَنِ الْيَاءِ، وَالأَصْلُ حَيَيَانِ، وَإِنَّمَا حَمَلَ النَّحْوِيِّينَ عَلَى ذَلِكَ عَدَمُ نَظِيرِ ذَلِكَ مِنْ كَلامِهِمْ، وَإِذَا جَاءَ الْحَيَوَانُ مُحْتَمِلا أَنْ يَكُونَ مِنَ الْوَاوِ مِنْ ظَاهِرِ لَفْظِهِ، وَمُحْتَمِلا أَنْ يَكُونَ مِنَ الْيَاءِ بِاعْتِبَارِ اسْتِقْرَاءِ كَلامِهِمْ كَانَ حَمْلُهُ عَلَى الْيَاءِ أَوْلَى إِجْرَاءً لَهُ عَلَى مَا ثَبَتَ مِنْ قِيَاسِ كَلامِهِمْ، وَلا يَسْتَقِيمُ الاسْتِدْلالُ بِقَوْلِهِمْ: (حَيِيَ) مِنْ أَنَّ اللامَ يَاءٌ، فَإِنَّهُ لَوْ كَانَتِ اللامُ وَاوًا لانْقَلَبَتْ يَاءً لانْكِسَارِ مَا قَبْلَهَا، فَلَمْ يَنْهَضِ الاسْتِدْلالُ عَلَى أَنَّهَا يَاءٌ بِذَلِكَ، أَلا تَرَى أَنَّهُمْ قَالُوا: رَضِيَ، فَقَلَبُوا الْوَاوَ يَاءً لانْكِسَارِ مَا قَبْلَهَا؟

وَإِذَا كَانَ (حَيِيَ) يَجُوزُ أَنْ تَكُونَ فِيهِ اللامُ يَاءً لانْكِسَارِ مَا قَبْلَهَا، وَيَجُوزُ أَنْ تَكُونَ أَصْلا لَمْ يَسْتَقِمِ الاسْتِدْلالُ بِهِ عَلَى أَنَّهَا يَاءٌ.

قَالَ: (وَاخْتِلافُهُمَا أَنَّ الْيَاءَ وَقَعَتْ فَاءً وَعَيْنًا مَعًا، وَفَاءً وَلامًا مَعًا فِي (يَيْنٍ) اسْمَ مَكَانٍ، وَفِي (يَدَيْتُ)، وَلَمْ تَقَعِ الْوَاوُ كَذَلِكَ). هَذَا الْكَلامُ إِلَى آخِرِهِ.

قَوْلُهُ: (مُوَافَقَتُهَا فِي " يَدَيْتُ ").

وَقَعَ فِيهِ اخْتِلالٌ. وَذَلِكَ أَنَّهُ لا يَخْلُوا إِمَّا أَنْ يَعْتَبِرَ لَفْظَ الْوَاوِ فِي الْمُوَافَقَةِ أَوْ لا يَعْتَبِرَهُ، فَإِنِ اعْتَبَرَهُ لَمْ يَصِحَّ إِطْلاقُ قَوْلِهِ: (إِنَّ الْيَاءَ مُخْتَصَّةٌ بِوُقُوعِهَا فَاءً وَعَيْنًا) إِلا عَلَى قَوْلِ مَنْ قَالَ: إِنَّ أَلِفَ الْوَاوِ مُنْقَلِبَةٌ عَنْ يَاءٍ، وَإِنْ لَمْ يَعْتَبِرْهُ لَمْ يَسْتَقِمْ؛ لأَنَّهَا مِنْ كَلامِهِمْ، وَأَيْضًا فَإِنَّهُ لا يَسْتَقِيمُ قَوْلُهُ: (فَهِيَ عَلَى هَذَا مُوَافِقَةٌ الْيَاءِ فِي يَيَّيْتُ).

وَقَوْلُهُ: (فَهِيَ مُوَافِقَةُ الْيَاءِ فِي يَدَيْتُ).

فَإِنْ قُلْتَ: ذَكَرَ انْفِرَادَ الْيَاءَ عَلَى وَجْهِ الْجَوَازِ عَلَى اخْتِلافِ الأَقْوَالِ فِي الْوَاوِ؟

قُلْتُ: فَكَانَ يَنْبَغِي أَنْ يَقُولَ: فِيمَا انْفَرَدَتْ بِهِ الْيَاءُ فِي وُقُوعِهَا فَاءً وَعَيْنًا وَلامًا، وَكَانَ يَنْبَغِي أَنْ يَقُولَ: وَأَنَّ الْيَاءَ وَقَعَتْ فَاءً وَعَيْنًا وَلامًا، وَلَمْ تَقَعِ الْوَاوُ كَذَلِكَ كَمَا قَالُوا، وَأَنَّ الْيَاءَ وَقَعَتْ فَاءً وَلامًا فِي (يَدَيْتُ)، وَلَمْ تَقَعِ الْوَاوُ كَذَلِكَ، فَالَّذِي جَوَّزَ لَهُ ذَلِكَ فِي (يَدَيْتُ) مُجَوِّزٌ لَهُ ذَلِكَ فِي (يَيَّيْتُ)، فَالْفَصْلُ بَيْنَهُمَا حَتَّى ذَكَرَ ذَلِكَ أَوَّلا فِي أَصْلِ الْبَابِ، وَذِكْرُ هَذَا عَارِضًا فِي ضِمْنِهِ لا مَعْنَى لَهُ، وَالأَوْلَى أَنْ يَعْتَبِرَ فِي الْوَاوِ الْوَاوَاتِ إِنْ كَانَتِ الأَلِفُ عَنْ وَاوٍ، وَالْوَاوَيْنِ وَالْيَاءِ إِنْ كَانَتِ الأَلِفُ عَنْ يَاءٍ، فَيَقُولَ بَعْدَ قَوْلِهِ: (وَأَنَّ الْيَاءَ وَقَعَتْ فَاءً وَعَيْنًا مَعًا، وَفَاءً وَلامًا مَعًا): وَلَمْ تَقَعِ الْوَاوُ كَذَلِكَ، وَأَنَّ الْيَاءَ وَقَعَتْ عَيْنًا، وَالْوَاوَ فَاءً وَلامًا فِي قَوْلِ مَنْ قَالَ: إِنَّ الأَلِفَ فِي الْوَاوِ عَنْ يَاءٍ، وَلَمْ تَقَعِ الْوَاوُ مَعَ الْيَاءِ كَذَلِكَ، وَأَنَّ الْيَاءَ وَقَعَتْ فَاءً وَعَيْنًا وَلامًا، وَلَمْ تَقَعِ الْوَاوُ كَذَلِكَ إِلا فِي الْوَاوِ عَلَى قَوْلِ

مَنْ قَالَ: إِنَّ الألِفَ فِي الْوَاوِ عَنْ وَاوٍ.

قَالَ: (وَقَالُوا: لَيْسَ فِي الْعَرَبِيَّةِ كَلِمَةٌ)، إِلَى آخِرِه.

قَالَ الشَّيْخُ: هَذَا الْكَلامُ مُسْتَقِيمٌ، وَلا يَضُرُّ الاخْتِلافُ فِي الألِفِ؛ لأنَّ ذَلِكَ لا يُخْرِجُهَا عَمَّا ذَكَرَهُ.

قَالَ: (وَلِذَلِكَ آثَرُوا فِي الوَغَى أَنْ يُكْتَبَ بِالْيَاءِ).

حَمْلا لَهُ عَلَى ذَوَاتِ الْيَاءِ؛ لأنَّهُ لَوْ حُمِلَ عَلَى الْوَاوِ؛ لأدَّى إِلَى أَنْ يَكُونَ مِنَ النَّادِرِ، وَهُوَ بَابُ لَفْظِ الْوَاوِ، فَحَمْلُهُ عَلَى الْيَاءِ الَّتِي هِيَ أَكْثَرُ فِي مِثْلِ ذَلِكَ أَجْدَرُ، فَلِذَلِكَ كَانَ الْوَجْهُ كِتَابَتَهُ بِالْيَاءِ.

الْقَوْلُ فِي الْوَاوِ وَالْيَاءِ فَاءَيْنِ

قَالَ: (الْوَاوُ تَثْبُتُ صَحِيحَةً وَتَسْقُطُ وَتُقْلَبُ، فَثَبَاتُهَا عَلَى الصِّحَّةِ فِي نَحْوِ: وَعَدَ، وَوَلَدَ)، إِلَى آخِرِه.

هَذَا تَقْسِيمٌ حَاصِرٌ؛ لأنَّهَا إِمَّا أَنْ تُغَيَّرَ أَوْ لا، فَإِنْ لَمْ تُغَيَّرْ فَهُوَ مَعْنَى ثَبَاتِهَا عَلَى الصِّحَّةِ، وَإِنْ غُيِّرَتْ فَإِمَّا أَنْ تُغَيَّرَ بِالْحَذْفِ أَوْ لا، فَإِنْ غُيِّرَتْ بِالْحَذْفِ فَهُوَ السُّقُوطُ، وَإِنْ لَمْ تُغَيَّرْ بِالْحَذْفِ فَهُوَ الْقَلْبُ.

ثُمَّ ذَكَرَ مَوَاضِعَ كُلِّ وَاحِدٍ مِنَ الأمُورِ الثَّلاثَةِ، قَالَ: (فَثَبَاتُهَا عَلَى الصِّحَّةِ فِي نَحْوِ: وَعَدَ)، وَهُوَ كُلُّ مَوْضِعٍ لَمْ تَقَعْ مُوجِبَاتُ السُّقُوطِ وَلا مُوجِبَاتُ الْقَلْبِ، كَقَوْلِكَ: (وَعَدَ)، و(وَلَدَ)، و(وَاعِدٌ)، و(مَوْعُودٌ)، وَكَذَلِكَ مَا أَشْبَهَهُ.

وَسُقُوطُهَا فِي كُلِّ مَوْضِعٍ وَقَعَتْ بَيْنَ يَاءٍ مَفْتُوحَةٍ وَكَسْرَةٍ، وَذَلِكَ إِنَّمَا يَكُونُ فِي مُضَارِعَاتِهَا الثُّلاثِيَّةِ، كَقَوْلِكَ: (وَعَدَ)، و(وَلَدَ)، تَقُولُ فِيهِ: (يَعِدُ)، و(يَلِدُ)؛ لأنَّ الأصْلَ (يَوْعِدُ)، و(يَوْلِدُ) بِدَلِيلِ أَنَّ حُرُوفَ مَاضِيهِ هِيَ حُرُوفُ مُضَارِعِهِ، وَالْفَاءُ وَاوٌ، فَوَجَبَ أَنْ تُقَدَّرَ بَعْدَ حَرْفِ الْمُضَارَعَةِ، فَوَجَبَ أَنْ يَكُونَ الأصْلُ: (يَوْعِدُ)، و(يَوْلِدُ)، فَاسْتَثْقَلُوا وَقُوعَ الْوَاوِ فِي مِثْلِ ذَلِكَ فَحَذَفُوهَا، فَقَالُوا: (يَعِدُ) و(يَلِدُ)، وَلَيْسَ كَذَلِكَ (يُوعِدُ) و(يُولِدُ) لِسُهُولَةِ النُّطْقِ لانْضِمَامِ مَا قَبْلَهَا، فَلِذَلِكَ ثَبَتَتْ فِي أَحَدِهِمَا وَسَقَطَتْ فِي الآخَرِ.

قَالَ: (لَفْظًا أَوْ تَقْدِيرًا، فَاللَّفْظُ فِي (يَعِدُ)، وَالتَّقْدِيرُ فِي " يَسَعُ، وَيَضَعُ ").

لأنَّ الأصْلَ: (وَسِعَ)، (يُوسِعُ)، و(وَضَعَ) (يُوضِعُ)، أَمَّا فِي (يَضَعُ) فَظَاهِرٌ؛ لأنَّ (فَعَلَ) لا يَأْتِي عَلَى (يَفْعَلُ) عَلَى أَنْ يَكُونَ أَصْلا، وَإِنَّمَا يَأْتِي عَلَى (يَفْعِلُ أَوْ يَفْعُلُ) بِالْكَسْرِ أَوِ

الضَّمِّ، وَلا جَائِزٌ أَنْ يَكُونَ عَلَى (يَفْعُلُ) بِالضَّمِّ، فَوَجَبَ أَنْ يَكُونَ الأَصْلُ (يَفْعِلُ) بِالْكَسْرِ، وَالْفَتْحُ لِحَرْفِ الْحَلْقِ، فَقَدْ وَقَعَتِ الْوَاوُ بَيْنَ يَاءٍ وَكَسْرَةٍ مُقَدَّرَةٍ فِي الأَصْلِ.

وَأَمَّا (يَسَعُ) فَأَشْكَلُ مِنْ (يَضَعُ)؛ لأَنَّ مَاضِيَهُ عَلَى (فَعِلَ) بِكَسْرِ الْعَيْنِ، وَلَيْسَ مِثْلَ (يَضَعُ) فِي أَنَّ مَاضِيَهُ بِفَتْحِ الْعَيْنِ، وَقِيَاسُ مَا جَاءَ مَاضِيهُ بِكَسْرِ الْعَيْنِ أَنْ يَكُونَ مُضَارِعُهُ بِفَتْحِ الْعَيْنِ، فَعَلَى ذَلِكَ يُشْكِلُ حَذْفُ الْوَاوِ مِنْ (يَوْسَعُ)، وَقَدْ جَعَلَ ذَلِكَ وَالْجَوَابَ عَنْهُ فَصْلا بِرَأْسِهِ بَعْدَ هَذَا الْفَصْلِ، وَتَحْقِيقُهُ: أَنَّ (فَعِلَ) مَا تَعْتَلُّ فَاؤُهُ جَاءَ مُضَارِعُهُ (يَفْعَلُ) بِفَتْحِ الْعَيْنِ، و(يَفْعِلُ) بِكَسْرِ الْعَيْنِ، قَالُوا: (وَرِيَ الزَّنْدُ يَرِي)، و(وَلِيَ يَلِي)، وَقَالُوا: (وَجِلَ يَوْجَلُ)، و(وَجِلَ يَوْحَلُ)، فَإِذَا جَاءَ (يَسَعُ) مَحْذُوفًا فَاؤُهُ، عُلِمَ أَنَّهُ مِمَّا كَانَ أَصْلُهُ فِي التَّقْدِيرِ الْكَسْرَ، وَأَنَّ الْفَتْحَ عَارِضٌ لِحُرُوفِ الْحَلْقِ؛ لِيَجْرِيَ عَلَى قِيَاسِ لُغَتِهِمْ، فَثَبَتَ أَنَّ الْفَتْحَ فِي (يَسَعُ) كَالْفَتْحِ فِي (يَضَعُ)، وَأَنَّ الْفَتْحَ فِي (يَوْجَلُ) كَالْفَتْحِ فِي (يَوْحَلُ) فَلَمْ تُحْذَفِ الْوَاوُ فِي (يَسَعُ) إلا لِوُقُوعِهَا بَيْنَ يَاءٍ وَكَسْرَةٍ تَقْدِيرِيَّةٍ، وَثَبَتَتِ الْوَاوُ فِي (يَوْجَلُ)؛ لأَنَّ الْفَتْحَ فِيهِ أَصْلٌ، فَلَمْ تَقَعِ الْوَاوُ بَيْنَ يَاءٍ وَكَسْرَةٍ لا لَفْظِيَّةٍ وَلا تَقْدِيرِيَّةٍ، وَشَبَّهَ الْفَتْحَةَ فِي (يَسَعُ) بِالْكَسْرَةِ فِي التَّجَارِي مِنْ حَيْثُ كَانَتْ عَارِضَةً، وَالأَصْلُ حَرَكَةٌ غَيْرُهَا، وَهِيَ الضَّمَّةُ؛ لأَنَّهُ مَصْدَرُ (تَجَارَيْنَا تَجَارِيًا)، فَقُلِبَتِ الضَّمَّةُ كَسْرَةً؛ لأَنَّهُ لَيْسَ فِي كَلامِهِمْ مَا آخِرُهُ يَاءٌ أَوْ وَاوٌ وَقَبْلَهَا ضَمَّةٌ، فَإِذَا وُجِدَ ذَلِكَ قُلِبَتِ الضَّمَّةُ كَسْرَةً لِتَسْلَمَ الْيَاءُ أَوْ تَنْقَلِبَ الْوَاوُ فِيهِ يَاءً، وَشَبَّهَ الْفَتْحَةَ فِي (يَوْجَلُ) بِالْكَسْرَةِ فِي التَّجَارِبِ؛ لأَنَّهُ جَمْعُ التَّجْرِبَةِ، وَقِيَاسُ الْجَمْعِ الَّذِي ثَالِثُهُ أَلِفٌ وَبَعْدَهُ حَرْفَانِ أَنْ يَكُونَ الْحَرْفُ الَّذِي بَعْدَ الأَلِفِ مَكْسُورًا، كَقَوْلِكَ: مَسْجِدٌ وَمَسَاجِدُ، وَضَارِبَةٌ وَضَوَارِبُ.

قَالَ: (وَفِي نَحْوِ الْعِدَةِ وَالْمِقَةِ مِنَ الْمَصَادِرِ).

يَعْنِي: أَنَّهَا تُحْذَفُ فِي مَصَادِرِ هَذِهِ الأَفْعَالِ إِذَا كَانَتْ بِالتَّاءِ مَكْسُورَةَ الْفَاءِ، وَلا تُحْذَفُ مِنْهَا إِذَا وَقَعَتْ بِغَيْرِ تَاءٍ، كَأَنَّهُمْ قَصَدُوا إِلَى أَنْ تَكُونَ التَّاءُ كَالْعِوَضِ مِنَ الْمَحْذُوفِ، وَهُوَ الْوَاوُ الْمَكْسُورَةُ.

وَلَمْ يَذْكُرْ فِعْلَ الأَمْرِ مِثْلَ: (عِدْ)، و(ضَعْ)، و(سَعْ) اسْتِغْنَاءً عَنْهُ بِالْفِعْلِ الْمُضَارِعِ؛ لأَنَّهُ فَرْعُهُ، فَلَمْ يَحْتَجْ إِلَى ذِكْرِهِ لِذَلِكَ.

فَإِنْ قُلْتَ: حَذْفُهَا فِي الْفِعْلِ الْمُضَارِعِ لِوُقُوعِهَا بَيْنَ يَاءٍ وَكَسْرَةٍ، وَلَيْسَتْ مَعَ فِعْلِ الأَمْرِ كَذَلِكَ، فَمَا وَجْهُ حَذْفِهَا؟

قُلْتُ: نَزَّلُوا تَقْدِيرَ حَرْفِ الْمُضَارَعَةِ كَوُجُودِهِ؛ لأَنَّهُ الأَصْلُ، كَمَا نَزَّلُوا الْكَسْرَةَ فِي

(يَضَعُ)، وَإِنْ زَالَتْ لَفظًا لَمَّا كَانَتْ هِيَ الأَصْلَ، مَنْزِلَةَ الْمَوْجُود.

قَالَ: (وَالْقَلْبُ فِيمَا مَرَّ مِنَ الإِبْدَالِ).

وَالَّذِي مَرَّ أَنَّهَا تُقْلَبُ هَمْزَةً وَاجِبًا أَوْ جَائِزًا عَلَى مَا مَضَى، وَتُقْلَبُ أَلِفًا فِي مِثْلِ: يَاجِلُ وَتُقْلَبُ يَاءً فِي مِثْلِ: مِيزَانٍ، وَمِيقَاتٍ.

قَالَ: (وَالْيَاءُ مِثْلُهَا إلا فِي السُّقُوطِ).

يُرِيدُ أَنَّ الْيَاءَ تَثْبُتُ صَحِيحَةً وَتُقْلَبُ فِيمَا مَرَّ مِنَ الإِبْدَالِ، وَلا تَسْقُطُ لِوُقُوعِهَا بَيْنَ يَاءٍ وَكَسْرَةٍ كَمَا تَسْقُطُ الْوَاوُ، تَقُولُ فِي (يَنَعَ): (يَيْنِعُ)، و(يَسَرَ): (يَيْسِرُ).

وأَمَّا مَنْ قَالَ: (يَئِسَ) (يَئِسُ)، فَقَدْ أَجْرَاهَا مُجْرَى الْوَاوِ مِنْ أَجْلِ مَجِيءِ الْهَمْزَةِ مُسْتَثْقَلَةً مَعَهَا، وَلا يَقُولُونَ: (يَسَرَ) (يَسِرُ)، إِذْ لا هَمْزَةَ فِيهِ، وَإِنْ كَانَ الْفَصِيحُ أَيْضًا إِثْبَاتَ الْيَاءِ فِي مِثْلِ: (يَئِسَ يَيْئِسُ)، وَوَجْهُ حَذْفِهَا مَا ذُكِرَ.

(وَقَلْبُهَا فِي نَحْوِ: اتَّسَرَ).

يَعْنِي فِيمَا مَرَّ مِنَ الإِبْدَالِ، فَقَدْ تُقْلَبُ هَمْزَةً، كَقَوْلِهِمْ: (فِي أَسْنَانِه أَلَلٌ)، وَقَدْ تُقْلَبُ وَاوًا، كَقَوْلِهِمْ: (مُوقِنٌ، وَطُوبَى، وَضُوَيْرِبٌ)، وَقَدْ تُقْلَبُ تَاءً، كَقَوْلِكَ: (اتَّسَرَ)، وَقَدْ مَضَى ذَلِكَ كُلُّهُ.

قَالَ: (وَالَّذِي فَارَقَ بِهِ قَوْلُهُمْ: (وَجِعَ يَوْجَعُ)، و(وَجِلَ يَوْجَلُ) قَوْلَهُمْ: وَسِعَ)، إِلَى آخِرِهِ.

قَدْ مَضَى الْكَلامُ فِي هَذَا الْفَصْلِ عِنْدَ الْكَلامِ فِي (يَضَعُ)، فَلا حَاجَةَ إِلَى إِعَادَتِهِ.

قَالَ: (وَمِنَ الْعَرَبِ مَنْ يَقْلِبُ الْوَاوَ وَالْيَاءَ فِي مُضَارِعِ (افْتَعَلَ) أَلِفًا، فَيَقُولُ: " يَاتَعِدُ وَيَاتَسِرُ ").

وَلا يَفْعَلُ ذَلِكَ فِي الْمَاضِي لانْكِسَارِ مَا قَبْلَ الْيَاءِ، وَلَمَّا كَرِهُوا الْوَاوَ فِي مِثْلِ قَوْلِكَ: (اوْتَعَدَ) قَلَبُوهَا تَاءً لِتُدْغَمَ فِيمَا بَعْدَهَا، وَلَمْ يَقْلِبُوهَا يَاءً؛ لأَنَّهُمْ يَفْعَلُونَ بِالْيَاءِ الأَصْلِيَّةِ هَذَا؛ فَلأنْ يَفْعَلُوهُ بِالْوَاوِ أَجْدَرُ، فَإِذَا صَارُوا إِلَى الْمُضَارِعِ فَالْفَصِيحُ إِبْقَاءُ هَذِهِ التَّاءِ، فَتَقُولُ: (يَتَّعِدُ، وَيَتَّسِرُ)؛ لأَنَّهُ فَرْعُهُ، فَلَمْ يُغَيَّرْ عَمَّا كَانَ عَلَيْهِ، وَمِنْهُمْ مَنْ يَقْلِبُهَا أَلِفًا؛ لأَنَّ الأَلِفَ أُخْتُ الْيَاءِ مِنْ حَيْثُ كَانَتْ حَرْفَ مَدٍّ، وَتَعَذَّرَ قَلْبُهَا أَلِفًا فِي الْمَاضِي لِلْكَسْرَةِ، فَلَمَّا جَاءَتِ الْفَتْحَةُ فِي الْمُضَارِعِ قَلَبَهَا أَلِفًا، فَقَالَ: (يَاتَعِدُ، وَيَاتَسِرُ).

وَأَمَّا (يَيْئِسُ)، فَقَدْ تَقَدَّمَ أَنَّ الإِثْبَاتَ هُوَ الْفَصِيحُ، وَمِنْهُمْ مَنْ يَسْتَثْقِلُهَا، وَالَّذِينَ اسْتَثْقَلُوهَا مِنْهُمْ مَنْ حَذَفَهَا كَمَا حَذَفَ فِي (يَعِدُ)، وَمِنْهُمْ مَنْ يَقْلِبُهَا أَلِفًا، فَيَقُولُ: (يَائِسُ)،

وَالَّذِينَ قَلَبُوهَا أَلِفًا قَلَبُوهَا مَعَ الْكَسْرَةِ وَالْفَتْحَةِ جَمِيعًا فِي الْهَمْزَةِ، وَالَّذِينَ حَذَفُوهَا لَمْ يَحْذِفُوهَا إِلَّا مَعَ الْكَسْرَةِ، وَسَبَبُهُ زِيَادَةُ الِاسْتِثْقَالِ مَعَ الْكَسْرَةِ وَقِلَّتُهُ مَعَ الْفَتْحَةِ، فَحَذَفُوا فِي مَوْضِعِ زِيَادَةِ الِاسْتِثْقَالِ، وَقَلَبُوا فِي مَوْضِعِ قِلَّتِهِ.

قَالَ: (وَفِي مُضَارِعِ (وَجِلَ) أَرْبَعُ لُغَاتٍ: يَوْجَلُ).

وَهُوَ الْقِيَاسُ؛ لِأَنَّ مَاضِيَهُ (فَعِلَ)، فَالْأَكْثَرُ فِيهِ أَنْ يَأْتِيَ عَلَى (يَفْعَلُ) بِفَتْحِ الْعَيْنِ، وَتَثْبُتُ الْوَاوُ لِأَنَّهُ لَمْ يَعْرِضْ مَا يُوجِبُ حَذْفَهَا، وَقَالَ بَعْضُهُمْ: (يَيْجَلُ)، فَقَلَبَ الْوَاوَ يَاءً اسْتِثْقَالًا لَهَا عَلَى غَيْرِ قِيَاسٍ، كَمَا قَالُوا: (ثِيَرَةٌ)، وَ(عِلْيَانٌ)، فَأَبْدَلُوا مِنَ الْوَاوِ يَاءً عَلَى غَيْرِ قِيَاسٍ، وَقَالَ بَعْضُهُمْ: (يَاجَلُ)، شَبَّهَهُ بِـ (يَيْئِسُ) عَلَى غَيْرِ قِيَاسٍ أَيْضًا، وَقَالَ بَعْضُهُمْ: (يِيجَلُ)، فَكَسَرَ حَرْفَ الْمُضَارَعَةِ لِتَنْقَلِبَ الْوَاوُ فِيهِ يَاءً اسْتِثْقَالًا لِلْوَاوِ، وَكُلُّهُ عَلَى غَيْرِ قِيَاسٍ.

(وَلَيْسَتِ الْكَسْرَةُ مِنْ لُغَةِ مَنْ يَقُولُ: تِعْلَمُ).

لِأَنَّ أُولَئِكَ لَا يَكْسِرُونَ الْيَاءَ اسْتِثْقَالًا لِلْكَسْرَةِ عَلَى الْيَاءِ، فَلَا تُحْمَلُ هَذِهِ اللُّغَةُ عَلَى لُغَتِهِمْ مَعَ مُخَالَفَتِهِمْ لَهَا، وَإِنَّمَا هَذِهِ لُغَةُ آخَرِينَ مِنْ أَجْلِ اسْتِثْقَالِ الْوَاوِ بَعْدَ الْيَاءِ.

قَالَ: (وَإِذَا بُنِيَ (افْتَعَلَ) مِنْ " أَكَلَ، وَأَمَرَ "، إِلَى آخِرِهِ.

قَالَ الشَّيْخُ: يَعْنِي أَنَّ بَابَ (افْتَعَلَ) مِمَّا فَاؤُهُ هَمْزَةٌ يَجِبُ أَنْ تَنْقَلِبَ فِيهِ الْهَمْزَةُ يَاءً إِذَا ابْتُدِئَ بِهِ لِانْكِسَارِ مَا قَبْلَهَا، فَيُقَالُ: (إِيتَكَلَ) وَ(إِيتَمَرَ)، وَأَصْلُهُ: (إِئْتَكَلَ)، فَاجْتَمَعَتْ هَمْزَتَانِ، الثَّانِيَةُ سَاكِنَةٌ، فَوَجَبَ قَلْبُهَا حَرْفًا مِنْ جِنْسِ حَرَكَةِ مَا قَبْلَهَا، فَإِذَا انْقَلَبَتْ يَاءً صَارَ مُشَبَّهًا بِقَوْلِكَ: (إِيتَسَرَ) بِاعْتِبَارِ أَصْلِهِ، وَكَذَلِكَ (إِيتَعَدَ)، فَتُوُهِّمَ قَلْبُ الْيَاءِ تَاءً، كَمَا قُلِبَتْ فِي (اتَّعَدَ) وَ(اتَّسَرَ)، فَنَبَّهَ عَلَى أَنَّ ذَلِكَ لَيْسَ بِمُسْتَقِيمٍ، وَالْفَصْلُ بَيْنَهُمَا أَنَّ هَذِهِ الْيَاءَ فِي قَوْلِكَ: (إِيتَكَلَ)، وَقَوْلِكَ: (إِيتَمَرَ) عَارِضَةٌ مُبْدَلَةٌ عَنْ هَمْزَةٍ، فَحُكْمُهَا حُكْمُ الْهَمْزَةِ، وَالْهَمْزَةُ لَا تُقْلَبُ تَاءً إِذَا اجْتَمَعَتْ مَعَ تَاءِ الِافْتِعَالِ، فَوَجَبَ أَنْ لَا تُقْلَبَ الْيَاءُ الَّتِي هِيَ عَنْهَا تَاءً أَيْضًا؛ لِأَنَّهَا فَرْعُهَا، فَحُكْمُهَا حُكْمُهَا، بِخِلَافِ (اتَّسَرَ)، فَإِنَّهَا لَيْسَتْ بِعَارِضَةٍ، فَلَا يَلْزَمُ مِنْ قَلْبِ الْيَاءِ تَاءً فِي (اتَّسَرَ) قَلْبُ الْيَاءِ تَاءً فِي (إِيتَكَلَ).

(وَقَوْلُ مَنْ قَالَ: اتَّزَرَ وَهْمٌ).

لِأَنَّهُ مِنَ الْأَزْرِ، فَأَصْلُهُ (إِئْتَزَرَ)، قُلِبَتِ الْهَمْزَةُ يَاءً لِانْكِسَارِ مَا قَبْلَهَا، فَصَارَ (إِيتَزَرَ)، فَهُوَ مِثْلُ: (إِيتَكَلَ)، فَكَمَا لَا تُقْلَبُ الْيَاءُ الَّتِي فِي (إِيتَكَلَ) تَاءً؛ لِأَنَّهَا عَنِ الْهَمْزَةِ، فَكَذَلِكَ الْيَاءُ الَّتِي فِي (إِيتَزَرَ)، فَتَبَيَّنَ مِنْ ذَلِكَ أَنَّ الْيَاءَ فِي (إِيتَزَرَ) وَ(إِيتَكَلَ) وَاحِدٌ، فَكَمَا لَا تُقْلَبُ

فِي (إِيْتَكَلَ) لا تُقْلَبُ فِي (إِيْتَزَرَ)، فَقَوْلُ مَنْ قَالَ: (اتَّزَرَ) وَهْمٌ.

الْقَوْلُ فِي الْوَاوِ وَالْيَاءِ عَيْنَيْنِ لا تَخْلُوَانِ مِنْ أَنْ تُعَلا، أَوْ تَسْلَمَا، أَوْ تُحْذَفَا

قَالَ الشَّيْخُ: التَّقْسِيمُ فِي ذَلِكَ كَالتَّقْسِيمِ فِيمَا ذُكِرَ فِي الْفَاءِ، فَالإِعْلالُ فِي نَحْوِ: (قَالَ، وَبَاعَ) مِمَّا تَحَرَّكَتَا فِيهِ وَانْفَتَحَ مَا قَبْلَهُمَا، أَوْ كَانَا فِي حُكْمِ الْمُتَحَرِّكِ عَلَى مَا سَيَأْتِي تَفْصِيلُهُ مِمَّا لَمْ يَمْنَعْ فِيهِ مَانِعٌ، وَإِنَّمَا قُلِبَتِ الْوَاوُ وَالْيَاءُ إِذَا كَانَتَا كَذَلِكَ اسْتِثْقَالا لَهُمَا، وَإِنَّمَا لَمْ يَقْتَصِرُوا عَلَى الإِسْكَانِ فِيهِمَا كَرَاهَةَ أَنْ تَلْتَبِسَ صِيغَةُ الْمُتَحَرِّكِ بِصِيغَةِ السَّاكِنِ، أَلا تَرَى أَنَّهُمْ لَوْ أَعَلُّوا، نَحْوَ: بَابٍ - وَأَصْلُهُ بَوَبٌ - بِالإِسْكَانِ، فَقَالُوا: بَوْبٌ، لَمْ يُعْلَمْ كَوْنُهُ مِنْ بَابِ (فَرَسٍ)، أَوْ مِنْ بَابِ (فَلْسٍ) كَيَوْمٍ، فَقَلَبُوهَا أَلِفًا إِيذَانًا بِأَنَّهَا عَنْ حَرَكَةٍ؛ وَلأَنَّ الأَلِفَ أَيْضًا أَخَفُّ مِنَ الْوَاوِ وَالْيَاءِ، وَمَا ذَكَرَهُ مِنْ إِعْلالِهَا إِلَى غَيْرِ الأَلِفِ فَسَيَأْتِي مُفَصَّلا.

فَإِذَا سَكَنَ مَا قَبْلَ الْوَاوِ وَالْيَاءِ فَلا يَخْلُو إِمَّا أَنْ يَكُونَ فِي صِيغَةِ فِعْلٍ أَصْلٍ فِي مَعْنَاهُ، أَوْ فِي صِيغَةِ فِعْلٍ، أَوْ غَيْرِهِ مِمَّا هُوَ رَاجِعٌ إِلَى مَا تَحَرَّكَتْ فِيهِ وَانْفَتَحَ مَا قَبْلَهَا، فَإِنْ كَانَتْ مِنَ الأَوَّلِ صَحَّتْ، كَقَوْلِكَ: (تَبَايَعْنَا)، و(تَقَاوَلْنَا)، و(اعْوَارَّ)، وَمَا أَشْبَهَ ذَلِكَ، وَإِنْ كَانَ مِنَ الثَّانِي أُعِلَّ بِالأَلِفِ حَمْلا لَهُ عَلَى أَصْلِهِ، كَمَا ذَكَرَهُ فِي (أَقَامَ)، و(اسْتَقَامَ).

قَالَ: (أُعِلَّتْ هَذِهِ الأَشْيَاءُ وَإِنْ لَمْ تَقُمْ فِيهَا عِلَّةُ الإِعْلالِ).

يَعْنِي: وَإِنْ لَمْ تَقُمْ فِيهَا نَفْسُ تِلْكَ الْعِلَّةِ الأُوْلَى، وَإِلا فَلا بُدَّ مِنْ عِلَّةٍ أَوْجَبَتْ إِعْلالَهُ، وَلَكِنَّهَا لَيْسَتْ تِلْكَ الْعِلَّةَ الأَصْلِيَّةَ؛ لأَنَّ تِلْكَ انْفَتَحَ فِيهَا مَا قَبْلَهَا، وَهَذِهِ مَا قَبْلَهَا سَاكِنٌ، وَلَكِنَّهُ فِي حُكْمِ الْمُتَحَرِّكِ، أُجْرِيَتْ مُجْرَاهَا لِكَوْنِهَا مَأْخُوذَةً مِنْهَا وَرَاجِعَةً إِلَيْهَا.

وَقَوْلُهُ: (وَالْحَذْفُ فِي " قُلْ، وَقُلْنَ ").

وَذَلِكَ أَنَّ هَذِهِ اللامَاتِ لَمَّا سُكِّنَتْ لِلأَمْرِ أَوْ لِلْجَزْمِ أَوْ لاتِّصَالِ الْفَاعِلَيْنِ، وَحَرْفُ الْعِلَّةِ قَبْلَهَا سَاكِنٌ، وَجَبَ حَذْفُهُ لالْتِقَاءِ السَّاكِنَيْنِ، لِكَوْنِهِ حَرْفَ مَدٍّ وَلِينٍ، فَقِيلَ: (قُلْ) و(قُلْنَ).

وَحُذِفَتْ فِي نَحْوِ (سَيْد) و(مَيْت)، وَأَصْلُهُ (سَيْوِدٌ) و(مَيْوِتٌ)، قُلِبَتِ الْوَاوُ يَاءً، وَأُدْغِمَتْ فِي الْيَاءِ عَلَى مَا سَيَأْتِي، ثُمَّ خُفِّفَتْ بِحَذْفِ الْيَاءِ الثَّانِيَةِ.

وَفِي نَحْوِ (كَيْنُونَةٍ) و(قَيْلُولَةٍ)، وَهُوَ مِثْلُ (سَيْدٍ)؛ لأَنَّ (كَيْنُونَةً) أَصْلُهَا (كَيْوَنُونَةٌ)،

فَفُعِلَ فِيهَا مَا فُعِلَ فِي (سَيِّدٍ)، وَلَوْ كَانَتْ فَعْلُولَةً؛ لَوَجَبَ أَنْ تَكُونَ (كَوْنُونَةً)، إِذْ لَا مُوجِبَ لِقَلْبِ الْوَاوِ يَاءً.

وَأَمَّا (قَيْلُولَةٌ) فَالَّذِي مَنَعَ أَنْ يُقَالَ فِيهِ: إِنَّهُ فَعْلُولَةٌ مَا ثَبَتَ مِنْ مِثْلِ (كَيْنُونَةٍ)، فَكَانَ جَعْلُهُ كَمُشَابِهِهِ أَوْلَى.

وَفِي (الْإِقَامَةِ) وَ(الِاسْتِقَامَةِ)؛ لِأَنَّ أَصْلَهَا (إِقْوَامَةٌ) وَ(اسْتِقْوَامَةٌ)، فَقُلِبَتِ الْوَاوُ أَلِفًا إِجْرَاءً لِلْمَصْدَرِ مُجْرَى فِعْلِهِ، فَاجْتَمَعَ أَلِفَانِ، فَحُذِفَتْ إِحْدَاهُمَا لِالْتِقَاءِ السَّاكِنَيْنِ، وَالْأُولَى أَوْلَى؛ لِأَنَّهَا عَلَى قِيَاسِ السَّاكِنَيْنِ.

قَالَ: (مِمَّا الْتَقَى فِيهِ سَاكِنَانِ).

يَعْنِي: (قُلْ)، وَ(قُلْنَ).

(أَوْ طُلِبَ تَخْفِيفٌ).

يَعْنِي: مِنْ (سَيِّدٍ، وَمَيِّتٍ).

(أَوِ اضْطُرَّ إِعْلَالٌ).

يَعْنِي: فِي (الْإِقَامَةِ، وَالِاسْتِقَامَةِ).

فَإِنْ قُلْتَ: فَـ(الْإِقَامَةُ، وَالِاسْتِقَامَةُ) كَـ(قُلْ) وَ(قُلْنَ) فِي أَنَّ الْمَحْذُوفَ لِالْتِقَاءِ السَّاكِنَيْنِ.

قُلْتُ: الْفَرْقُ بَيْنَهُمَا أَنَّ (قُلْ) وَ(قُلْنَ) تَمَّ إِعْلَالُهُ أَوَّلًا بِإِسْكَانِهِ، ثُمَّ جَاءَ سَاكِنٌ بَعْدَ تَمَامِ الْإِعْلَالِ، وَثُبُوتِ حَرْفِ الْعِلَّةِ سَاكِنًا، فَحُذِفَ لِأَجْلِهِ، وَ(الْإِقَامَةُ) وَ(الِاسْتِقَامَةُ) لَمْ يَثْبُتْ سَاكِنًا ثُمَّ حُذِفَ بَعْدَ ذَلِكَ لِسَاكِنٍ عَرَضَ لَهُ، وَإِنَّمَا حَذْفُهُ مِنْ تَتِمَّةِ إِعْلَالِهِ؛ لِأَنَّهُ لَمْ يَنْفَكَّ عَنْ مُوجِبِ حَذْفِهِ، فَكَانَ مِنْ تَتِمَّةِ إِعْلَالِهِ، فَلِذَلِكَ فَرَّقَ بَيْنَهُمَا، وَجَعَلَ ذَلِكَ حَذْفًا لِلسَّاكِنِ الْعَارِضِ، وَهَذَا حَذْفًا لِاضْطِرَارِ الْإِعْلَالِ لِكَوْنِهِ غَيْرَ مُنْفَكٍّ عَنْهُ.

(وَالسَّلَامَةُ فِيمَا وَرَاءَ ذَلِكَ).

وَهُوَ عَلَى قِسْمَيْنِ: مَا فُقِدَتْ فِيهِ أَسْبَابُ الْإِعْلَالِ كَـ(قَوْلٍ وَكَيْلٍ)، أَوْ وُجِدَتْ، وَلَكِنْ عَرَضَ لَهَا مَانِعٌ يَصُدُّ عَنْ إِمْضَاءِ حُكْمِهَا، وَمَثَّلَ ذَلِكَ بِـ(صَوَرَى، وَحَيَدَى، وَالْجَوَلَانِ، وَالْحَيَكَانِ، وَالْقُوَبَاءِ وَالْخُيَلَاءِ).

أَمَّا (صَوَرَى) وَ(حَيَدَى)، فَالسَّبَبُ تَحَرُّكُ الْيَاءِ وَانْفِتَاحُ مَا قَبْلَهَا، وَالَّذِي عَرَضَ كَوْنُهُ عَلَى أَكْثَرَ مِنْ ثَلَاثَةِ أَحْرُفٍ، وَلَيْسَ مُوَازِنًا لِلْفِعْلِ، وَسَيَأْتِي ذِكْرُ ذَلِكَ، وَ(الْجَوَلَانُ وَالْحَيَكَانُ) كَذَلِكَ.

وَأَمَّا (الْقُوَبَاءُ وَالْخُيَلَاءُ) فَغَايَةُ مَا يُقَالُ فِيهِ: أَنَّ تَحَرُّكَ الْوَاوِ وَالْيَاءِ عِلَّةٌ فِي الإِعْلَالِ لِثِقَلِهِمَا مُتَحَرِّكَيْنِ، وَالْمَانِعُ مِنَ الإِعْلَالِ وُقُوعُ الضَّمَّةِ قَبْلَهُمَا؛ لأَنَّ شَرْطَ الإِعْلَالِ انْفِتَاحُ مَا قَبْلَهُمَا، وَإِذَا حَصَلَ مُضَادٌّ لِلشَّرْطِ كَانَ مَانِعًا عَنْ إِمْضَاءِ الْحُكْمِ.

قَالَ: (وَأَبْنِيَةُ الْفِعْلِ فِي الْوَاوِ عَلَى " فَعَلَ يَفْعُلُ ").

يُرِيدُ أَنَّ الْفِعْلَ الْمُعْتَلَّ الْعَيْنِ مِنَ الْوَاوِ إِنَّمَا يَأْتِي مُضَارِعُهُ (يَفْعُلُ) بِالضَّمِّ، وَإِنَّمَا الْتَزَمُوا ذَلِكَ؛ لأَنَّهُ أَحَدُ الأَصْلَيْنِ، فَلَا يُؤَدِّي إِلَى تَغْيِيرٍ، فَكَانَ الْتِزَامُهُ الْوَجْهَ، أَلَا تَرَى أَنَّهُمْ لَوْ بَنَوا مِنْهُ (يَفْعِلُ) بِكَسْرِ الْعَيْنِ لأَدَّى إِلَى قَلْبِ الْوَاوِ يَاءً مَعَ اسْتِوَاءِ الصِّيغَتَيْنِ فِي غَرَضِهِمْ.

(وَعَلَى فَعَلَ يَفْعَلُ) وَهُوَ عَلَى قِيَاسِ الصَّحِيحِ، وَعَلَى (فَعُلَ يَفْعُلُ)؛ لأَنَّ الضَّمَّ فِي (يَفْعُلُ) هُوَ الْقِيَاسُ، وَهُوَ مُنَاسِبٌ لِلْوَاوِ، وَلِذَلِكَ بَنَوْا مِنَ الْوَاوِ (فَعُلَ)، وَلَمْ يَبْنُوا مِنَ الْيَاءِ (فَعُلَ)؛ لأَنَّهُمْ كَانُوا بَيْنَ مَحْذُورَيْنِ: إِمَّا مُخَالَفَةُ الْقِيَاسِ فِي الْمُضَارِعِ، وَإِمَّا تَغْيِيرٌ مِنَ الْيَاءِ إِلَى الْوَاوِ.

قَالَ: (وَمِنَ الْيَاءِ عَلَى فَعَلَ يَفْعِلُ).

الْكَسْرُ فِي الْيَاءِ كَالضَّمِّ فِي الْوَاوِ، وَعَلَى (فَعِلَ يَفْعَلُ) عَلَى قِيَاسِ الصَّحِيحِ وَالْوَاوِ.

ثُمَّ قَالَ: (وَلَمْ يَجِئْ فِي الْوَاوِ (يَفْعِلُ) بِالْكَسْرِ، وَلَا فِي الْيَاءِ (يَفْعُلُ) بِالضَّمِّ).

وَلَمْ يَذْكُرْ أَنَّهُ لَمْ يَأْتِ مِنَ الْيَاءِ (فَعُلَ) فِي الْمَاضِي بِالضَّمِّ.

ثُمَّ قَالَ: (وَزَعَمَ الْخَلِيلُ فِي (طَاحَ يَطِيحُ)، و(تَاهَ يَتِيهُ) أَنَّهُمَا (فَعِلَ يَفْعِلُ) كَـ (حَسِبَ يَحْسِبُ)، وَهُمَا مِنَ الْوَاوِ).

الَّذِي اضْطَرَّهُ أَنْ يَحْكُمَ عَلَيْهِمَا بِالْوَاوِيَّةِ مَجِيءُ (طَوَّحْتُ) و(تَوَّهْتُ)، وَالَّذِي اضْطَرَّهُ أَنْ يَحْكُمَ أَنَّ الْمَاضِيَ (فَعِلَ) بِالْكَسْرِ كَـ (حَسِبَ)، وَلَمْ يَجْعَلْهُ (فَعَلَ) بِالْفَتْحِ كَـ (ضَرَبَ) مَجِيءُ (طِحْتُ) و(تِهْتُ)، وَلَوْ كَانَ كَـ (ضَرَبَ) وَهُوَ مِنَ الْوَاوِ لَوَجَبَ أَنْ يُقَالَ: (طُحْتُ) و(تُهْتُ)، فَلَمَّا جَاءَ الْكَسْرُ، وَقَدْ ثَبَتَ أَنَّهُ مِنَ الْوَاوِ، عُلِمَ أَنَّ ذَلِكَ لَا يَأْتِي فِي الْوَاوِ إِلَّا فِيمَا عَيْنُهُ مَكْسُورَةٌ كَـ (خِفْتُ)، فَثَبَتَ أَنَّهُ لَا يَسْتَقِيمُ (طَاحَ يَطِيحُ)، و(تَاهَ يَتِيهُ) الْمُشْتَقُّ مِنْهُمَا (طَوَّحْتُ) و(تَوَّهْتُ) إِلَّا (فَعِلَ) بِالْكَسْرِ (يَفْعِلُ)، وَهُمَا مِنَ الْوَاوِ.

وَأَمَّا إِذَا كَانَ (طَيَّحْتُ) و(تَيَّهْتُ) هُوَ الْمَأْخُوذُ مِنْهُمَا فَلَا إِشْكَالَ فِي أَنَّهُمَا مِثْلُ قَوْلِهِمْ: (بَاعَ يَبِيعُ)؛ لأَنَّ ذَلِكَ هُوَ الَّذِي يَقْتَضِيهِ قِيَاسُهُمَا.

(وَقَدْ حَوَّلُوا عِنْدَ اتِّصَالِ ضَمِيرِ الْفَاعِلِ (فَعَلَ) مِنَ الْوَاوِ إِلَى (فَعُلَ)، وَمِنَ الْيَاءِ إِلَى

(فَعَلَ)، إِلَى آخِرِهِ.

وَإِنَّمَا فَعَلُوا ذَلِكَ إِيذَانًا بِأَنَّ الْمَحْذُوفَ يَاءٌ أَوْ وَاوٌ، فَيَقُولُونَ فِي (سَارَ): (سِرْتُ)، وَفِي (قَالَ): (قُلْتُ)، وَلَمْ يُفَرِّقُوا فِي مَوْضِعِ بَقَائِهَا، إِمَّا لِلْمُحَافَظَةِ عَلَى الْأَلِفِ فَيَتَعَذَّرُ الضَّمُّ وَالْكَسْرُ، وَإِمَّا لِكَوْنِ مَا انْقَلَبَتْ إِلَيْهِ الْيَاءُ أَوِ الْوَاوُ مَوْجُودًا، وَهُوَ الْأَلِفُ، بِخِلَافِ مَا إِذَا اتَّصَلَ بِهِ الضَّمِيرُ الْمُتَحَرِّكُ، فَإِنَّهُ يُحْذَفُ، فَكَانَ قِيَاسُهُ فِي مَوْضِعِ الْحَذْفِ أَوْلَى مِنْهُ فِي غَيْرِهِ، فَأَمَّا إِذَا كَانَ الْفِعْلُ فِي أَصْلِهِ مَكْسُورًا، فَإِنَّهُمْ أَيْضًا يَفْعَلُونَ هَذَا الْفِعْلَ، سَوَاءٌ كَانَ الْمَكْسُورُ يَاءً أَوْ وَاوًا، كَقَوْلِكَ: (خِفْتُ) و(هِبْتُ)، إِمَّا لِأَنَّ ذَلِكَ قَدِ اسْتَقَرَّ فِيمَا لَيْسَ بِأَصْلٍ، فَكَانَ فِيمَا هُوَ أَصْلٌ أَوْلَى، وَإِمَّا لِلْإِيذَانِ بِأَنَّ الْمَحْذُوفَ مَكْسُورٌ فِي الْأَصْلِ.

وَقَالَ: (عِنْدَ اتِّصَالِ ضَمِيرِ الْفَاعِلِ) وَأَطْلَقَ، وَالْأَوْلَى أَنْ يُقَيِّدَ بِـ (ضَمِيرِ الْفَاعِلِ الْبَارِزِ الْمُتَحَرِّكِ)، كَقَوْلِكَ: (قُمْتُ) احْتِرَازًا مِنْ قَوْلِكَ: (زَيْدٌ قَامَ)، و(قَامَا)، و(قَامُوا)، فَإِنَّ كُلَّ وَاحِدٍ مِنْ هَذِهِ الْأَفْعَالِ قَدِ اتَّصَلَ بِهِ ضَمِيرُ الْفَاعِلِ، وَلَمْ يُفْعَلْ فِيهِ شَيْءٌ.

وَأَمَّا قَوْلُهُ: (كِيدَ وَمَازِيلَ)، فَشَاذٌّ لَا يُعْمَلُ عَلَيْهِ.

قَالَ: (وَيُقَالُ فِيمَا لَمْ يُسَمَّ فَاعِلُهُ: (قِيلَ) و(بِيعَ) بِالْكَسْرِ وَبِالْإِشْمَامِ).

قَالَ الشَّيْخُ: قِيَاسُ ذَلِكَ أَنْ يَأْتِيَ مَضْمُومَ الْفَاءِ مَكْسُورَ الْعَيْنِ، فَيُقَالَ: (قُوِلَ) و(بُيِعَ)، فَاسْتُثْقِلَتِ الْكَسْرَةُ عَلَى الْوَاوِ وَالْيَاءِ، فَنُقِلَتْ إِلَى مَا قَبْلَهَا، فَقِيلَ: (قِيلَ) و(بِيعَ)، وَهَذِهِ هِيَ اللُّغَةُ الْفَصِيحَةُ.

وَأَمَّا مَنْ قَالَ: (بُوعَ) و(قُوْلَ)، فَوَجْهُهُ أَنَّهُ لَمَّا اسْتُثْقِلَ الْكَسْرَةَ عَلَى الْوَاوِ حَذَفَهَا، فَسَكَنَتْ وَمَا قَبْلَهَا مَضْمُومٌ، فَبَقِيَتْ عَلَى حَالِهَا، ثُمَّ حُمِلَ ذَوَاتُ الْيَاءِ عَلَيْهَا لِاتِّفَاقِهِمْ عَلَى جَرَيِهِمَا مَجْرًى وَاحِدًا، وَهَذَا التَّعْلِيلُ يَنْعَكِسُ لِمَنْ قَالَ: (قِيلَ) و(بِيعَ)، وَيَكُونُ أَوْلَى؛ لِأَنَّ فِيهِ حَمْلَ الْوَاوِ عَلَى الْيَاءِ، وَهُوَ أَقْرَبُ مِنْ حَمْلِ الْيَاءِ عَلَى الْوَاوِ.

وَبَعْضُ أَصْحَابِ اللُّغَةِ الْأُولَى يُشِمُّونَ الْفَاءَ الضَّمَّ؛ تَنْبِيهًا عَلَى أَنَّ الْأَصْلَ فِيهِ الضَّمُّ، وَقَدْ جَاءَ مَقْرُوءًا بِهَا فِي " السَّبْعَةِ "، وَقَدْ تَوَهَّمَ بَعْضُهُمْ أَنَّ مِثْلَ هَذَا الْإِشْمَامِ غَيْرُ مُمْكِنٍ؛ لِأَنَّ الْإِشْمَامَ الْمُمْكِنَ عِنْدَهُ هُوَ ضَمُّ الشَّفَتَيْنِ بَعْدَ إِسْكَانِ الْمَسْكُوتِ عَلَيْهِ مِنْ غَيْرِ صَوْتٍ، وَذَلِكَ غَيْرُ مَعْمُولٍ بِهِ هَاهُنَا بِاتِّفَاقٍ، فَلَمْ يَبْقَ إِلَّا ضَمُّ الشَّفَتَيْنِ فِي حَالِ التَّصْوِيتِ، وَذَلِكَ إِمَّا أَنْ يَكُونَ قَبْلَ التَّصْوِيتِ بِالْقَافِ، أَوْ بَعْدَهَا، أَوْ مَعَهَا، وَالْجَمِيعُ غَيْرُ مُسْتَقِيمٍ، أَمَّا قَبْلَهَا فَلَا يَسْتَقِيمُ؛ لِأَنَّهُ حِينَئِذٍ يَكُونُ إِشْمَامًا لِلْحَرْفِ الَّذِي قَبْلَهَا، وَأَيْضًا فَإِنَّ الْحَرْفَ الَّذِي قَبْلَهَا إِنْ كَانَ مَضْمُومًا لَمْ يَقْبَلْ إِشْمَامًا، وَإِنْ كَانَ مَفْتُوحًا أَوْ مَكْسُورًا أَوْ

سَاكِنًا وَضَمَمْتَ شَفَتَيْكَ مَعَ التَّصْوِيتِ بِهِ صَارَ مَضْمُومًا، وَأَمَّا بَعْدَهَا فَكَذَلِكَ، وَأَمَّا مَعَهَا فَلَا يَسْتَقِيمُ؛ لِأَنَّهُ إِذَا صَوَّتَ بِهِ وَضَمَمْتَ الشَّفَتَيْنِ مَعَ التَّصْوِيتِ بِهَا جَاءَتْ ضَمَّةٌ خَالِصَةٌ؛ لِأَنَّ حَقِيقَةَ الضَّمَّةِ الْخَالِصَةِ ضَمُّ الشَّفَتَيْنِ بِالْحَرْفِ مَعَ التَّصْوِيتِ، فَوَجَبَ أَنْ تَجِيءَ ضَمَّةً خَالِصَةً عِنْدَ ذَلِكَ.

وَقَدْ تَوَهَّمَ بَعْضُهُمْ أَنَّ الْإِشْمَامَ إِنَّمَا يَكُونُ بَعْدَ النُّطْقِ بِهَا فِي حَالِ النُّطْقِ بِالْيَاءِ السَّاكِنَةِ بَعْدَهَا، وَتَوَهَّمَ أَنَّ مَا فِيهَا مِنَ الْمَدِّ يُمْكِنُهُ مِنْ ذَلِكَ، وَهُوَ فَاسِدٌ مِنْ جِهَةِ أَنَّ الْإِشْمَامَ ثَابِتٌ فِي مِثْلِ قَوْلِكَ: (بِعْتَ يَا عَبْدُ)، و(قُلْتَ يَا قَوْلُ)، وَأَيْضًا فَإِنَّهُ لَوْ فُعِلَ مَا ذَكَرَهُ هَذَا الْقَائِلُ لَانْقَلَبَتِ الْيَاءُ وَاوًا لِضَمِّ الشَّفَتَيْنِ عِنْدَهَا، إِذْ لَا مَعْنَى لِلْوَاوِ إِلَا ذَلِكَ.

وَالْجَوَابُ عَنْ ذَلِكَ الْإِشْكَالِ: أَنَّ الْإِشْمَامَ إِنْ كَانَ عِنْدَ ابْتِدَائِكَ بِالْكَلِمَةِ فَلَا إِشْكَالَ، وَإِنْ كَانَ مَعَ وَصْلِكَ إِيَّاهَا بِغَيْرِهَا كَانَ ضَمًّا لِلشَّفَتَيْنِ بِسُرْعَةٍ بَيْنَ النُّطْقِ بِمَا قَبْلَهَا وَبِهَا.

فَإِنْ زَعَمَ زَاعِمٌ أَنَّهُ لَيْسَ بَيْنَ النُّطْقِ بِالْحَرْفَيْنِ زَمَانٌ، وَأَنَّ زَمَنَ الْفَرَاغِ مِنَ الْأَوَّلِ هُوَ زَمَنُ الِاشْتِغَالِ بِالْحَرْفِ الثَّانِي، فَجَوَابُهُ أَنَّهُ إِذَا نُطِقَ بِحَرْفٍ مِنْ حُرُوفِ اللِّسَانِ فَمَعْلُومٌ أَنَّ اللِّسَانَ يَنْتَقِلُ مِنْ مَكَانٍ إِلَى مَكَانٍ آخَرَ، فَزَمَنُ الِانْتِقَالِ زَمَنٌ ثَالِثٌ قَطْعًا، فَعُلِمَ بِذَلِكَ أَنَّ بَيْنَ النُّطْقِ بِالْحَرْفَيْنِ زَمَنًا ثَالِثًا، وَلِذَلِكَ تُدْرِكُ ضَرُورَةَ الْفَرْقِ بَيْنَ الْحَرْفِ الْمُدْغَمِ وَغَيْرِهِ؛ لِأَنَّ الْحَرْفَ الْمُدْغَمَ لَا يَتَخَلَّلُ بَيْنَهُمَا زَمَنٌ ثَالِثٌ بِخِلَافِ غَيْرِهِ، ثُمَّ لَوْ سُلِّمَ لَهُ بِذَلِكَ لَكَانَ الْجَوَابُ أَنَّهُ يُؤْتَى بِضَمِّ الشَّفَتَيْنِ بَيْنَهُمَا فِي زَمَنٍ بَيْنَهُمَا بِقَصْدِ الْمُتَكَلِّمِ إِلَى تَرْكِ الْحَرْفِ الثَّانِي فِي الزَّمَنِ الثَّانِي، وَشَغْلِ الزَّمَانِ الَّذِي كَانَ يَكُونُ فِيهِ الْحَرْفُ الثَّانِي بِضَمِّ الشَّفَتَيْنِ لِيُمْكِنَ ذَلِكَ.

قَالَ: (وَكَذَلِكَ " اخْتِيرَ، وَانْقِيدَ ").

لِأَنَّ الْعِلَّةَ فِيهِ كَالْعِلَّةِ فِي (قِيلَ)، وَكَذَلِكَ إِذَا اتَّصَلَ بِهِمَا ضَمِيرٌ يُوجِبُ حَذْفَ الْعَيْنِ، كَقَوْلِكَ: (قُلْتَ يَا قَوْلُ)، و(بِعْتَ يَا عَبْدُ)، و(اخْتَرْتَ يَا رَجُلُ)؛ لِأَنَّ الْعِلَّةَ وَاحِدَةٌ.

قَالَ: (وَلَيْسَ فِيمَا قَبْلَ يَاءِ (أُقِيمَ) و(اسْتُقِيمَ) إِلَّا الْكَسْرُ الصَّرِيحُ).

لِانْتِفَاءِ الْعِلَّةِ الْمُوجِبَةِ لِمَا ذَكَرْنَاهُ، وَهُوَ الضَّمُّ الَّذِي هُوَ أَصْلٌ فِيمَا قَبْلَ الْيَاءَاتِ الْمَذْكُورَةِ، أَلَا تَرَى أَنَّ أَصْلَ قَوْلِكَ: (أُقِيمَ)، و(اسْتُقِيمَ): (أُقْوِمَ)، و(اسْتُقْوِمَ)؟ فَنُقِلَتْ حَرَكَةُ الْوَاوِ إِلَى الْقَافِ، فَسَكَنَتْ وَانْقَلَبَتْ يَاءً، فَلَا وَجْهَ لِضَمٍّ فِي الْقَافِ وَلَا إِشْمَامٍ؛ لِأَنَّ أَصْلَهَا السُّكُونُ، وَالضَّمُّ وَالْإِشْمَامُ فِي (قِيلَ) و(بِيعَ) إِنَّمَا كَانَ مِنْ أَجْلِ أَنَّ أَصْلَهَا الضَّمُّ،

فَثَبَتَ أَنَّ عِلَّةَ ذَلِكَ مُنْتَفِيَةٌ فِي بَابِ (أُقِيمَ) و(اسْتُقِيمَ).

قَالَ: (وَتَقُولُ: عَوِرَ وَصَيِدَ) إِلَى آخِرِهِ.

قَالَ الشَّيْخُ: يَعْنِي أَنَّ (عَوِرَ) و(صَيِدَ) مِنْ بَابِ الْعُيُوبِ، وَقِيَاسُهَا (افْعَلَّ) و(افْعَالَّ)، فَكَانَ الأَصْلُ (اعْوَارَّ) و(اصْيَادَّ)، وَبَابُهُ لا يُعَلُّ؛ لاكْتِنَافِ السَّاكِنَيْنِ لِحَرْفِ الْعِلَّةِ، وَمِثْلُ ذَلِكَ لا يُعَلُّ كَرَاهَةَ الإِخْلالِ بِالْفِعْلِ مُطْلَقًا.

وَكَذَلِكَ (ازْدَوَجُوا) و(اجْتَوَرُوا)، بِمَعْنَى: (تَزَاوَجُوا) و(تَجَاوَرُوا)، وَمِثْلُ ذَلِكَ لا يُعَلُّ لِوُقُوعِ الأَلِفِ قَبْلَ حَرْفِ الْعِلَّةِ؛ لأَنَّهُمْ لَوْ أَعَلُّوهُ لأَدَّى إِلَى الإِخْلالِ بِهِ مُطْلَقًا، بِخِلافِ قَوْلِكَ: (أَقَامَ)، فَإِنَّهُ أُعِلَّ - وَإِنْ كَانَ قَبْلَ حَرْفِ الْعِلَّةِ سَاكِنٌ - لإِمْكَانِ بَقَاءِ حَرْفِ الْعِوَضِ عَنْهُ، وَهُوَ الأَلِفُ، أَلا تَرَى أَنَّهُمْ لَوْ أَعَلُّوا (تَجَاوَرُوا) لَقَلَبُوا الْوَاوَ أَلِفًا، وَإِذَا قَلَبُوهَا أَلِفًا فَيَجْتَمِعُ أَلِفَانِ، فَتُحْذَفُ إِحْدَاهُمَا، فَلا يَبْقَى الْعِوَضُ، وَيَصِيرُ لَفْظُهُ (تَجَاوَرُوا)، فَلَمَّا كَانَ مِثْلَ (عَوِرَ) و(صَيِدَ) فِي مَعْنَى مَا يَجِبُ فِيهِ التَّصْحِيحُ صُحِّحَ حَمْلا عَلَيْهِ.

قَالَ: (وَمِنْهُمْ مَنْ لَمْ يَلْمَحُ الأَصْلَ، فَقَالَ: عَارَ يَعَارُ).

يَعْنِي: مَنْ لَمْ يَنْظُرْ إِلَى أَنَّ الأَصْلَ وَالْقِيَاسَ (افْعَالَّ)، بَلْ جَعَلَهُ مِنْ بَابِ (خَافَ) فَأَعَلَّهُ كَإِعْلالِهِ.

(وَمَا لَحِقَتْهُ الزِّيَادَةُ مِنْ ذَلِكَ فِي حُكْمِهِ).

لأَنَّهُمْ لَمَّا صَحَّحُوا ثُلاثِيَّهُ صَحَّحُوا مَا زَادَ عَلَيْهِ؛ لأَنَّ إِعْلالَ الْمَزِيدِ فَرْعٌ عَلَيْهِ، وَهَذَا عَلَى اللُّغَةِ الأُولَى، وَأَمَّا اللُّغَةُ الثَّانِيَةُ فَيُعِلُّونَ؛ لأَنَّ حُكْمَ (عَوِرَ) عِنْدَهُمْ حُكْمُ (خَافَ)، وَحُكْمُ (اعْوَرَّ) عِنْدَهُمْ كَحُكْمِ (أَخَافَ)، فَيَقُولُونَ: (أَعَارَ اللَّهُ عَيْنَهُ)، كَمَا يَقُولُونَ: أَخَافَ.

قَالَ: (وَ " لَيْسَ " مُسْكَنَةٌ مِنْ " لَيِسَ ").

إِنَّمَا أَوْرَدَ (لَيْسَ) هَاهُنَا لأَنَّهُ فِعْلٌ، وَقِيَاسُ عَيْنِ الْفِعْلِ أَنْ تُقْلَبَ أَلِفًا، كَمَا أَوْرَدَ (عَوِرَ) لَمَّا كَانَ فِي الظَّاهِرِ مُخَالِفًا لِلْقِيَاسِ، فَقَالَ: أَصْلُهَا (لَيِسَ) كَـ (صَيِدَ)، إِلا أَنَّهَا لَيْسَتْ مِنْ بَابِ (صَيِدَ)؛ لأَنَّ أَصْلَ ذَلِكَ (افْعَالَّ) كَمَا تَقَدَّمَ، فَأَسْكَنُوا فِي (لَيِسَ) كَمَا أَسْكَنُوهَا، وَإِنَّمَا حَمَلُوهَا عَلَى (فَعِلَ)؛ لأَنَّهُ لا يُمْكِنُ فِيهِ (فَعَلَ) وَلا (فَعُلَ)؛ لأَنَّ (فَعَلَ) لَمْ يَأْتِ فِيهِ إِسْكَانٌ، و(فَعُلَ) لَيْسَ مِنْ أَبْنِيَةِ الْيَاءِ، وَلَمْ يَأْتِ فِيهِ إِسْكَانٌ، فَكَانَ الأَوْلَى أَنْ يُجْعَلَ (فَعِلَ)، وَسُكِّنَ كَمَا سُكِّنَ (عَلْمَ)، وَهُوَ بَابٌ جَائِزٌ، فَحُمِلَ عَلَيْهِ، وَالْتُزِمَ هَذَا الْجَائِزُ لِكَوْنِهَا غَيْرَ مُتَصَرِّفَةٍ، فَلَمْ تَصِحَّ كَمَا صَحَّ (صَيِدَ)، وَلَمْ تُعَلَّ كَمَا أُعِلَّ (هَابَ)، بَلِ الْتُزِمَ هَذَا الإِسْكَانُ الْجَائِزُ لِتَكُونَ عَلَى لَفْظِ مَا لَيْسَ مِنَ الْفِعْلِ؛ تَنْبِيهًا عَلَى مَا تَضَمَّنَتْهُ مِنْ شَبَهِ

الْحُرُوفِ.

قَالَ: (وَلِذَلِكَ لَمْ يَنْقُلُوا حَرَكَةَ الْعَيْنِ إِلَى الْفَاءِ فِي " لَسْتُ ").

يُرِيدُ أَنَّهُمْ قَصَدُوا إِلَى أَنْ يَكُونَ (لَيْسَ) عَلَى وِزَانِ الْحَرْفِ، فَلَمْ يُغَيِّرُوهُ تَغْيِيرَ الْفِعْلِ، يَعْنِي: لَمْ يَقُولُوا: (لِسْتُ) بِكَسْرِ اللَّامِ، وَيَحْسُنُ أَنْ يُقَالَ: لَمْ يَنْقُلُوا حَرَكَةَ الْعَيْنِ؛ لِأَنَّهُمُ الْتَزَمُوا السُّكُونَ، فَصَارَ الْكَسْرُ نَسْيًا مَنْسِيًّا، فَلِذَلِكَ لَمْ يَنْقُلُوا.

قَالَ: (وَقَالُوا فِي التَّعَجُّبِ: " مَا أَقْوَلَهُ، وَمَا أَبْيَعَهُ ").

أَوْرَدَهُ أَيْضًا لِكَوْنِهِ جَاءَ مُصَحَّحًا، وَعِلَّةُ تَصْحِيحِهِ كَوْنُهُ أَشْبَهَ الاسْمَ مِنْ حَيْثُ لَمْ يَتَصَرَّفْ تَصَرُّفَ الْفِعْلِ، فَأُجْرِيَ مُجْرَى الْأَسْمَاءِ، وَلَوْ بَنَيْتَ (أَفْعَلَ) مِنَ الاسْمِ الْمُعْتَلِّ الْعَيْنِ، لَقُلْتَ: (أَقْوَلُ) وَ(أَبْيَعُ)، وَتَصْحِيحُ هَذَا الْبَابِ قِيَاسٌ، وَأَمَّا تَصْحِيحُ مَا بَعْدَهُ إِلَى آخِرِهِ، فَشَاذٌّ مَسْمُوعٌ وَلَا يُقَاسُ عَلَيْهِ.

قَالَ: (وَإِعْلَالُ اسْمِ الْفَاعِلِ مِنْ نَحْوِ: (قَالَ) وَ(بَاعَ) أَنْ تُقْلَبَ عَيْنُهُ هَمْزَةً، إِلَى آخِرِهِ.

قَالَ الشَّيْخُ: وَإِنَّمَا أُعِلَّ اسْمُ الْفَاعِلِ مَعَ سُكُونِ مَا قَبْلَ حَرْفِ الْعِلَّةِ حَمْلًا لَهُ عَلَى الْفِعْلِ لِقُرْبِهِ مِنْهُ، وَقُلِبَتْ هَمْزَةً تَشْبِيهًا لَهَا بِـ (كِسَاءٍ، وَرِدَاءٍ)، كَأَنَّهُمْ قَلَبُوهَا أَلِفًا، فَلَمَّا اضْطُرُّوا إِلَى تَحْرِيكِهَا قَلَبُوهَا هَمْزَةً كَمَا فَعَلُوا ذَلِكَ فِي (كِسَاءٍ)؛ لِقُرْبِ الْهَمْزَةِ مِنَ الْأَلِفِ.

قَالَ: (وَرُبَّمَا حُذِفَتْ، كَقَوْلِكَ: شَاكٍ).

وَذَلِكَ مَسْمُوعٌ، وَوَجْهُهُ أَنَّهُمْ قَلَبُوهَا أَلِفًا، فَحُذِفَتْ لِالْتِقَاءِ السَّاكِنَيْنِ، أَوْ قَلَبُوهَا هَمْزَةً فَحُذِفَتْ تَخْفِيفًا.

(وَمِنْهُمْ مَنْ يَقْلِبُ، فَيَقُولُ: شَاكٍ).

وَذَلِكَ مَسْمُوعٌ، قَلَبُوا الْعَيْنَ إِلَى مَوْضِعِ اللَّامِ، فَصَارَ (شَاكِي)، مِثْلُ (قَاضِي)، فَأُعِلَّ كَإِعْلَالِهِ.

(وَفِي (جَاءٍ) قَوْلَانِ: أَحَدُهُمَا: أَنَّهُ مَقْلُوبٌ كَالشَّاكِي، وَالْهَمْزَةُ لَامُ الْفِعْلِ، وَهُوَ قَوْلُ الْخَلِيلِ).

وَأَصْلُهُ (جَايِئٌ) كَرِهَ قَلْبَ الْيَاءِ هَمْزَةً لِمَا يُؤَدِّي إِلَيْهِ مِنْ كَثْرَةِ الْإِعْلَالِ، فَقَلَبَ الْعَيْنَ إِلَى مَوْضِعِ اللَّامِ، فَصَارَ (جَائِيٌ) عَلَى وَزْنِ (فَالِعٍ)، فَأُعِلَّ كَإِعْلَالِ (قَاضٍ)، فَلَمْ يَزِدْ إِعْلَالُهُ عَلَى إِعْلَالِ قَاضٍ إِلَّا بِالْقَلْبِ، وَهُوَ قَرِيبٌ.

(وَالثَّانِي: أَنَّ الْأَصْلَ جَايِئٌ).

أَيْضًا، فَقُلِبَتِ الْيَاءُ الَّتِي هِيَ عَيْنٌ هَمْزَةً قَلْبَهَا فِي بَابِ (بَائِع)، فَصَارَ (جَائِئ)، فَاجْتَمَعَتْ هَمْزَتَانِ فَوَجَبَ قَلْبُ الثَّانِيَةِ يَاءً، فَصَارَ (جَائِي)، ثُمَّ أُعِلَّ إِعْلَالَ (قَاضٍ)، وَهَذَا أَقْيَسُ، وَمَا ذَكَرَهُ الْخَلِيلُ - وَإِنْ كَانَ وَجْهًا - إلا أَنَّهُ لا يَقُومُ عَلَيْهِ دَلِيلٌ، وَهَذَا جَارٍ عَلَى قِيَاسِ كَلَامِهِمْ، وَالْقَلْبُ لَيْسَ بِقِيَاسٍ.

قَالَ: (وَقَالُوا فِي (عَوِرَ) و(صَيِدَ): عَاوِرٌ وَصَايِدٌ، كَمُقَاوِمٍ وَمُبَايِنٍ).

يَعْنِي: أَنَّهُمْ صَحَّحُوا فِيمَا صَحَّ فِيهِ الْفِعْلُ؛ لأنَّ الإعْلَالَ كَانَ حَمْلا عَلَيْهِ، فَلَمَّا صَحَّ فِي الأَصْلِ كَانَ فِي الْفَرْعِ أَجْدَرَ، وَكَذَلِكَ (مُقَاوِمٌ) و(مُبَايِنٌ) لِقَوْلِهِمْ: (قَاوَمَ) و(بَايَنَ).

(وَإِعْلَالُ اسْمِ الْمَفْعُولِ مِنْهُمَا أَنْ تُسَكَّنَ عَيْنُهُ).

فَيَكُونُ أَصْلُهُ (مَقْوُول) و(مَبْيُوع)، نُقِلَتْ حَرَكَةُ الْعَيْنِ إِلَى الْفَاءِ، فَسُكِّنَتِ الْعَيْنُ، فَاجْتَمَعَ سَاكِنَانِ، الْعَيْنُ وَوَاوُ مَفْعُولٍ، فَحُذِفَتْ وَاوُ مَفْعُولٍ عِنْدَ سِيبَوَيْهِ، فَبَقِيَ (مَقُولٌ) عَلَى حَالِه، وَقُلِبَتِ الضَّمَّةُ فِي بَابِ (مَبِيع) كَسْرَةً لِتَصِحَّ الْيَاءُ، وَحُذِفَتِ الْعَيْنُ عِنْدَ الأَخْفَشِ، فَبَقِيَ (مَقُولٌ) عَلَى حَالِهِ أَيْضًا، وَإِنِ اخْتَلَفَ التَّقْدِيرَانِ، وَقُلِبَتِ الضَّمَّةُ فِي بَابِ (مَبِيع) كَسْرَةً؛ تَنْبِيهًا عَلَى ذَوَاتِ الْيَاءِ، وَانْقَلَبَتْ وَاوُ مَفْعُولٍ يَاءً.

وَقَوْلُ سِيبَوَيْهِ أَسَدُّ لِمَا يَلْزَمُ مِنْ مَذْهَبِ الأَخْفَشِ مِنْ قَلْبِ الضَّمَّةِ كَسْرَةً لِغَيْرِ عِلَّةٍ، وَقَلْبِ وَاوِ مَفْعُولٍ يَاءً، وَكَأَنَّ الأَخْفَشَ تَرَجَّحَ عِنْدَهُ ذَلِكَ مِنْ حَيْثُ رَأَى أَنَّ الزَّائِدَ إِذَا اجْتَمَعَ مَعَ الأَصْلِيِّ وَهُمَا سَاكِنَانِ؛ حُذِفَ الأَصْلِيُّ كَمَا فِي (قَاضٍ، وَعَصًا) وَأَشْبَاهِهِمَا، فَحَكَمَ عَلَى الْوَاوِ الأَصْلِيَّةِ بِذَلِكَ، وَأَيْضًا فَإِنَّ الأَصْلَ فِي السَّاكِنَيْنِ إِذَا كَانَ الأَوَّلُ حَرْفَ مَدٍّ وَلِينٍ أَنْ يُحْذَفَ الأَوَّلُ، وَالأَصْلِيُّ هُوَ الأَوَّلُ، فَكَانَ حَذْفُهُ أَوْلَى، وَمَا ذَكَرْنَاهُ عَنْهُ لا يُوَازِنُ ظَاهِرَ مَا تَمَسَّكَ بِهِ سِيبَوَيْهِ، عَلَى أَنَّ مُتَمَسَّكَيْهُ جَمِيعًا إِنَّمَا ثَبَتَ فِيمَا كَانَ الأَوَّلُ حَرْفَ مَدٍّ وَلِينٍ، وَالثَّانِي صَحِيحًا كَـ (قَاضٍ)، و(عَاصٍ)، و(عَصًا) و(قُلْ)، وَأَمَّا إِذَا كَانَا مَدَّيْنِ فَلا.

قَالَ: (وَقَالُوا: (مَشِيبٌ) بِنَاءً عَلَى (شِيبَ) بِالْكَسْرِ).

وَذَلِكَ شَاذٌّ، وَقِيَاسُهُ: (مَشُوبٌ)، كَـ (مَقُولٍ)، وَوَجْهُهُ أَنَّهُ لَمَّا كَانَ جَارِيًا عَلَى (شِيبَ) وَقَدْ قُلِبَتْ وَاوُهُ يَاءً فِي اللُّغَةِ الْفَصِيحَةِ، أُجْرِيَ مُجْرَاهُ، وَقَالُوا: (مَهُوبٌ)، وَهُوَ شَاذٌّ، وَقِيَاسُهُ (مَهِيبٌ) كَـ (مَبِيع)، وَوَجْهُهُ: أَنَّهُ لَمَّا كَانَ مِنْ (هِيبَ)، وَفِيهِ لُغَةٌ يَقُولُ أَهْلُهَا: (هُوبَ) أُجْرِيَ مُجْرَاهُ فِي هَذِهِ اللُّغَةِ.

(وَقَدْ شَذَّ نَحْوُ: مَخْيُوطٌ، وَمَزْيُوتٌ، وَمَبْيُوعٌ، وَتُفَّاحَةٌ مَطْيُوبَةٌ).

فَجَاءَتْ عَلَى الأَصْلِ؛ تَنْبِيهًا عَلَى أَنَّ ذَلِكَ قِيَاسُهَا وَأَصْلُهَا، وَكَذَلِكَ الْبَيْتُ.

(قَالَ سِيبَوَيْهِ: وَلَا نَعْلَمُهُمْ أَتَمُّوا فِي الْوَاوِ؛ لِأَنَّ الْوَاوَاتِ أَثْقَلُ عَلَيْهِمْ مِنَ الْيَاءَاتِ).

يُرِيدُ أَنَّهُمْ لَمْ يُصَحِّحُوا فِي بَابِ (مَخُوفٍ) كَمَا صَحَّحُوا فِي بَابِ (مَبِيعٍ)، فَلَمْ يَقُولُوا: (مَخْوُوفٌ) كَمَا قَالُوا: (مَبْيُوعٌ) اسْتِثْقَالًا لِلْوَاوِ وَاسْتِخْفَافًا لِلْيَاءِ، وَقَدْ شَذَّ نَحْوُ: (ثَوْبٌ مَصْوُونٌ).

قَالَ: (وَرَأَى صَاحِبُ الْكِتَابِ فِي كُلِّ يَاءٍ هِيَ عَيْنٌ سَاكِنَةٌ مَضْمُومٌ مَا قَبْلَهَا أَنْ تُقْلَبَ الضَّمَّةُ كَسْرَةً لِتَسْلَمَ الْيَاءُ).

وَمَذْهَبُ الأَخْفَشِ: أَنْ تُقْلَبَ الْيَاءُ وَاوًا، وَمَذْهَبُ سِيبَوَيْهِ هُوَ الْقِيَاسُ نَقْلًا وَمَعْنًى؛ أَمَّا النَّقْلُ: فَلِمَا ثَبَتَ مِنْ قَوْلِهِمْ: (أَبْيَضُ وَبِيضٌ)، وَهُوَ مَحَلُّ إِجْمَاعٍ، وَلِذَلِكَ يَسْتَثْنِيهِ الأَخْفَشُ، وَأَمَّا الْمَعْنَى: فَلِأَنَّ الضَّرُورَةَ مُلْجِئَةٌ فِي اجْتِمَاعِ الْيَاءِ وَالضَّمَّةِ إِلَى تَغْيِيرِ إِحْدَاهُمَا، وَتَغْيِيرُ الْحَرَكَةِ لِيَبْقَى الْحَرْفُ عَلَى حَالِهِ أَوْلَى مِنْ تَغْيِيرِ الْحَرْفِ لِتَبْقَى الضَّمَّةُ عَلَى حَالِهَا؛ لِأَنَّ الْمُحَافَظَةَ عَلَى الْحَرْفِ أَوْلَى مِنَ الْمُحَافَظَةِ عَلَى الْحَرَكَةِ، وَإِذَا ثَبَتَ ذَلِكَ بِالنَّقْلِ وَالْمَعْنَى كَانَ أَرْجَحَ.

وَلَا يَحْسُنُ التَّمَسُّكُ لِسِيبَوَيْهِ بِبَابِ (مَبِيعٍ)؛ لِأَنَّ الأَخْفَشَ لَا يُوَافِقُهُ فِي أَنَّ الْيَاءَ عَيْنٌ، وَقَدْ تَمَسَّكَ لِلأَخْفَشِ بِقَوْلِهِمْ: (مَضُوفَةٌ)، وَ(طُوبَى)، وَ(كُوسَى)، وَلَيْسَ بِقَوِيٍّ.

أَمَّا (مَضُوفَةٌ) فَشَاذٌّ، وَأَمَّا (الطُّوبَى) وَ(الْكُوسَى) فَلِمَا ثَبَتَ مِنْ تَفْرِيقِهِمْ بَيْنَ (فُعْلَى) فِي الاسْمِ، وَ(فُعْلَى) فِي الصِّفَةِ، أَلَا تَرَاهُمْ يَقُولُونَ: (الدُّنْيَا، وَالْعُلْيَا، وَالْفَتْوَى، وَالشَّرْوَى) فَيَقْلِبُونَ؟ فَهُمْ هَاهُنَا أَجْدَرُ، وَأَيْضًا فَإِنَّهُمْ كَرِهُوا ذَلِكَ هَاهُنَا لِئَلَّا يَخْتَلِطَ (فُعْلَى) بِـ (فِعْلَى)، أَلَا تَرَاهُمْ لَوْ قَالُوا: (طِيبَى، وَكِيسَى) لَمْ يُعْلَمْ أَنَّهُ (فُعْلَى) أَوْ (فِعْلَى)؟ ثُمَّ هُوَ مُعَارَضٌ بِقَوْلِهِمْ: (حِيكَى، وَضِيزَى)، فَيَتَقَابَلُ الْبَابَانِ، وَيَبْقَى الْمُتَمَسَّكُ الأَوَّلُ سَالِمًا.

قَالَ: (وَ (مَعِيشَةٌ) عِنْدَهُ يَجُوزُ أَنْ تَكُونَ مَفْعُلَةً، وَمَفْعِلَةً).

أَمَّا إِذَا كَانَتْ (مَفْعُلَةً) فَأَصْلُهَا (مَعْيُشَةٌ)، نُقِلَتْ حَرَكَةُ الْعَيْنِ إِلَى الْفَاءِ، فَصَارَتْ يَاءً سَاكِنَةً، وَهِيَ عَيْنٌ وَقَبْلَهَا ضَمَّةٌ، فَوَجَبَ أَنْ تُقْلَبَ الضَّمَّةُ كَسْرَةً عَلَى مَا هُوَ مَذْهَبُهُ، فَيَصِيرُ (مَعِيشَةً)، وَإِنْ كَانَ أَصْلُهُ (مَعْيِشَةً) فَوَاضِحٌ عَلَى كِلَا الْقَوْلَيْنِ، وَلَا يَجُوزُ أَنْ تَكُونَ (مَفْعُلَةً) عِنْدَ الأَخْفَشِ؛ لِأَنَّهُ لَوْ كَانَ كَذَلِكَ لَكَانَتْ يَاءً سَاكِنَةً وَقَبْلَهَا ضَمَّةٌ، فَيَجِبُ قَلْبُ الْيَاءِ وَاوًا عَلَى مَا هُوَ قِيَاسُ مَذْهَبِهِ، فَيَصِيرُ (مَعُوشَةً).

قَالَ: (وَإِذَا بَنَى مِنَ الْبَيْعِ، نَحْوَ: (تُرْتُبٍ)، قِيلَ: (تُبِيعٌ)، وَقَالَ الأَخْفَشُ: تُبُوعٌ).

وَأَصْلُهُ (تُبْيُع)، فَلَمَّا وَجَبَ الإِعْلالُ نُقِلَتْ حَرَكَةُ الْعَيْنِ إِلَى الْفَاءِ، فَصَارَتْ يَاءً سَاكِنَةً وَقَبْلَهَا ضَمَّةٌ، فَوَجَبَ قَلْبُ الضَّمَّةِ كَسْرَةً عَلَى قِيَاسِ مَذْهَبِ سِيبَوَيْهِ، فَيَصِيرُ (تُبْيُع)، وَوَجَبَ قَلْبُ الْيَاءِ وَاوًا لانْضِمَامِ مَا قَبْلَهَا عَلَى قِيَاسِ مَذْهَبِ الأَخْفَشِ، فَيَصِيرُ (تُبُوع).

قَالَ: (وَالْمَضُوفَةُ كَالْقَوَدِ وَالْقُصْوَى) إِلَى آخِرِهِ.

يَعْنِي: أَنَّهُ خَرَجَ عَنْ قِيَاسِ بَابِهِ؛ لأَنَّ أَصْلَهُ (مَضْيُفَةٌ)، نُقِلَتْ حَرَكَةُ الْعَيْنِ إِلَى الْفَاءِ، فَوَجَبَ أَنْ تَنْقَلِبَ الضَّمَّةُ كَسْرَةً، فَيُقَالَ: (مَضِيفَةٌ)، هَذَا هُوَ الْقِيَاسُ، فَخُرُوجُهُ عَنِ الْقِيَاسِ لِذَلِكَ، وَمَذْهَبُ الأَخْفَشِ فِيهِ أَنَّهُ قُلِبَتِ الْيَاءُ وَاوًا لانْضِمَامِ مَا قَبْلَهَا عَلَى قِيَاسِ مَذْهَبِهِ.

قَالَ: (وَالأَسْمَاءُ الثُّلاثِيَّةُ الْمُجَرَّدَةُ إِنَّمَا يُعَلُّ مِنْهَا مَا كَانَ عَلَى مِثَالِ الْفِعْلِ، نَحْوُ: (بَابٍ) و(دَارٍ) و(شَجَرَةٍ شَاكَةٍ)، إِلَى آخِرِهِ.

قَالَ الشَّيْخُ: إِنَّمَا أَعَلُّوا الثُّلاثِيَّ لَمَّا كَانَتْ عِلَّةُ إِعْلالِهِ هِيَ الْعِلَّةَ الأَصْلِيَّةَ فِي إِعْلالِ الْفِعْلِ، وَهُوَ تَحَرُّكُ الْوَاوِ وَانْفِتَاحُ مَا قَبْلَهَا، كَقَوْلِكَ: (بَابٌ) و(دَارٌ) مَعَ مُشَابَهَةِ الْفِعْلِ الَّذِي هُوَ أَصْلٌ فِي الإِعْلالِ، فَأَمَّا إِذَا زَادَ عَلَى ثَلاثَةٍ فَإِنَّهُ لا يَجْتَمِعُ فِيهِ الأَمْرَانِ جَمِيعًا؛ لأَنَّهُ إِنْ تَحَرَّكَتْ وَانْفَتَحَ مَا قَبْلَهَا لَمْ يَكُنْ عَلَى وَزْنِ الْفِعْلِ، وَإِنْ كَانَ عَلَى وَزْنِ الْفِعْلِ لَمْ يَكُنْ ذَلِكَ، فَلَمْ يَلْزَمْ إِعْلالُهُ مُطْلَقًا إِلا بِمَا سَنَذْكُرُهُ بِاعْتِبَارٍ غَيْرِ ذَلِكَ؛ وَلِذَلِكَ أُعِلَّ نَحْوُ: (بَابٍ وَدَارٍ)، وَلَمْ يُعَلَّ نَحْوُ: (اللُّوَمَةِ، وَالنُّوَمَةِ، وَالْعِوَضِ، وَالْعِوَدَةِ).

وَأَمَّا نَحْوُ: (الْقَوَدِ) وَشِبْهِهِ فَشَاذٌّ، وَقِيَاسُهُ الإِعْلالُ، وَلَكِنَّهُ جَاءَ مُصَحَّحًا تَنْبِيهًا عَلَى الأَصْلِ، أَوْ تَنْبِيهًا عَلَى أَنَّهُ لَيْسَ بِالْفِعْلِ فِي قُوَّةِ عِلَّةِ الإِعْلالِ، أَلا تَرَى أَنَّهُ لَمْ يَأْتِ نَحْوُ: (قَوَمَ) كَمَا أَتَى نَحْوُ: الْقَوَدِ؟

قَالَ: (وَإِنَّمَا أَعَلُّوا قِيَمًا)، إِلَى آخِرِهِ.

أَوْرَدَ (قِيَمًا) اعْتِرَاضًا؛ لأَنَّهُ اسْمٌ ثُلاثِيٌّ، وَقَدْ أُعِلَّ وَلَيْسَ عَلَى مِثَالِ الْفِعْلِ، فَكَانَ قِيَاسُهُ أَنْ يُقَالَ: (قِوَمًا) كَمَا قِيلَ: (عِوَضٌ)، وَأَجَابَ عَنْ ذَلِكَ بِأَنَّهُ مَصْدَرٌ، وَالْمَصَادِرُ تُعَلُّ بِإِعْلالِ أَفْعَالِهَا؛ لِجَرْيِهَا عَلَيْهَا، لا بِمَا ذَكَرَ مِنْ مِثْلِ الْفِعْلِ، ثُمَّ اعْتَذَرَ عَنْ وُقُوعِهِ صِفَةً لِتَحَقُّقِ مَصْدَرِيَّتِهِ، فَجَعَلَهُ مِنَ الْمَصَادِرِ الْمَوْصُوفِ بِهَا، كَقَوْلِكَ: (رَجُلٌ عَدْلٌ)، و(صَوْمٌ)، و(زَوْرٌ)، ثُمَّ أَوْرَدَ عَلَى الْجَوَابِ اعْتِرَاضًا، وَهُوَ قَوْلُهُمْ: (حَالَ حِوَلا)، وَأَجَابَ بِأَنَّ الْقِيَاسَ حِيَلٌ، وَلَكِنَّهُ شَاذٌّ كَالْقَوَدِ.

قَالَ: (وَ (فُعُلٌ) إِنْ كَانَ مِنَ الْوَاوِ سُكِّنَتْ عَيْنُهُ لاجْتِمَاعِ الضَّمَّتَيْنِ).

ذَكَرَهُ هَاهُنَا لأَنَّهُ ثُلاثِيٌّ أُعِلَّ، وَلَيْسَ عَلَى مِثَالِ الْفِعْلِ، فَذَكَرَ أَنَّ أَمْرَهُ مُنْقَسِمٌ إِلَى مَا يُعَلُّ وَإِلَى مَا يَصِحُّ، فَإِنْ كَانَ مِنَ الْوَاوِ أُعِلَّ بِالإِسْكَانِ اسْتِثْقَالا لِلضَّمَّتَيْنِ، وَإِحْدَاهُمَا عَلَى الْوَاوِ، وَالأُخْرَى عَلَى فَاءِ الْكَلِمَةِ، وَهُوَ اسْتِثْقَالٌ يُوجِبُ الإِعْلالَ لِمَا فِيهِ مِنَ الثِّقَلِ الْبَيِّنِ، فَيُقَالُ: (نُورٌ) و(عُوْنٌ) فِي جَمْعِ (نَوَارٍ وعَوَانٍ)، وَأَصْلُهُ (نُوُوْرٌ) و(عُوُوْنٌ).

وَأَمَّا تَصْحِيحُهُ فَشَاذٌّ، لَمْ يَأْتِ إلا فِي ضَرُورَةِ الشِّعْرِ لِمَا فِيهِ مِنَ الثِّقَلِ، وَلِذَلِكَ عَبَّرَ عَنْهُ بِقَوْلِهِ: (وَيَثْقُلُ فِي الشِّعْرِ).

وَإِنْ كَانَ مِنَ الْيَاءِ فَجَائِزٌ، فِيهِ وَجْهَانِ:

أَحَدُهُمَا: أَنْ تُحَرَّكَ بِالضَّمِّ عَلَى الأَصْلِ، فَيَكُونَ كَالصَّحِيحِ، فَيُقَالَ: (غُيُرٌ) و(بُيُضٌ)؛ لأَنَّهُ لَيْسَ فِي الاسْتِثْقَالِ كَالْوَاوِ، فَلا يَلْزَمُ مِنْ كَرَاهَةِ الضَّمِّ ثَمَّةَ كَرَاهَتُهُ هَاهُنَا.

وَالثَّانِي: أَنْ تُسَكَّنَ عَيْنُهُ كَمَا سُكِّنَتْ فِي (كُتْبٍ) و(رُسْلٍ)، وَإِذَا سُكِّنَتْ وَجَبَ أَنْ يَنْكَسِرَ مَا قَبْلَهَا لِتَعَذُّرِ النُّطْقِ بِيَاءٍ سَاكِنَةٍ قَبْلَهَا ضَمَّةٌ، فَيُقَالَ: (بِيْضٌ وَغِيْرٌ).

قَالَ: (وَأَمَّا الأَسْمَاءُ الْمَزِيدُ فِيهَا، فَإِنَّمَا يُعَلُّ مِنْهَا مَا وَافَقَ الْفِعْلَ فِي وَزْنِهِ وَفَارَقَهُ إِمَّا بِزِيَادَةٍ لا تَكُونُ فِي الْفِعْلِ).

يَعْنِي: بِمُوَافَقَتِهِ فِي وَزْنِهِ مُوَافَقَتَهُ فِي الْحَرَكَاتِ وَالسَّكَنَاتِ لا فِي حَقِيقَةِ الزِّنَةِ، فَإِنَّ ذَلِكَ لا يَسْتَقِيمُ مَعَ مُفَارَقَتِهِ لَهُ فِي الزِّيَادَةِ أَوْ فِي الْمِثَالِ، وَإِنَّمَا أَعَلُّوا مَا وَافَقَ الْفِعْلَ فِي وَزْنِهِ؛ تَشْبِيهًا لَهُ بِهِ مِنْ حَيْثُ وَافَقَهُ فِي الصُّورَةِ الْمَذْكُورَةِ، وَإِنَّمَا اشْتُرِطَ الْمُفَارَقَةُ بِالزِّيَادَةِ، أَوْ بِالْمِثَالِ الَّذِي لا يَكُونُ فِي الأَفْعَالِ كَرَاهَةَ اللَّبْسِ فِيهِمَا، وَإِنَّمَا لَمْ يُشْتَرَطْ ذَلِكَ فِي الثُّلاثِيِّ، إِمَّا لأَنَّهُ لَوِ اشْتُرِطَ لَمْ يُعَلَّ؛ إِذْ لا يَتَّفِقُ فِيهِ مُفَارَقَةٌ أَبَدًا، وَإِمَّا لأَنَّ عِلَّةَ إِعْلالِهِ قَوِيَّةٌ، فَلا يَلْزَمُ مِنْ مُرَاعَاةِ اللَّبْسِ فِي الْعِلَّةِ الضَّعِيفَةِ مُرَاعَاتُهُ فِي الْعِلَّةِ الْقَوِيَّةِ، وَإِمَّا لأَنَّهُ لا يَكُونُ إلا مُنَوَّنًا بِخِلافِ الزَّائِدِ، فَإِنَّهُ قَدْ يَكُونُ غَيْرَ مُنَوَّنٍ، فَيَجِيءُ اللَّبْسُ فِيهِ، وَلا يَجِيءُ هَاهُنَا، وَهَذَا الْوَجْهُ رُتْبَتُهُ التَّقْدِيمُ عَلَى أَخَوَيْهِ.

قَالَ: (وَقَدْ شَذَّ نَحْوُ: مَكْوَزَةٌ)، إِلَى آخِرِهِ.

وَقِيَاسُهَا: أَنْ تَنْقَلِبَ أَلِفًا، وَلَكِنَّهُمُ اسْتَعْمَلُوهُ عَلَى الأَصْلِ تَنْبِيهًا عَلَيْهِ، وَإِذَا كَانَ ذَلِكَ قَدِ اسْتُعْمِلَ فِيمَا هُوَ أَصْلٌ لِهَذَا، كَـ (أَجْوَدَ) و(اسْتَرْوَحَ)، فَهُوَ هَاهُنَا أَجْدَرُ.

(وَقَوْلُهُمْ: (مِقْوَلٌ) مَحْذُوفٌ مِنْ مِقْوَالٍ).

وَهَذَا يَرِدُ اعْتِرَاضًا فِي الظَّاهِرِ عَلَى هَذِهِ الْقَاعِدَةِ؛ لأَنَّهُ عَلَى مِثَالِ الْفِعْلِ، وَقَدْ فَارَقَهُ بِزِيَادَةٍ لا تَكُونُ فِيهِ، فَقِيَاسُهُ أَنْ يُعَلَّ كَمَا يُعَلُّ (مَقَامٌ)، وَأَجَابَ بِأَنَّ أَصْلَهُ مِفْعَالٌ، وَإِذَا كَانَ

كَذَلِكَ لَمْ يَكُنْ عَلَى مِثَالِ الْفِعْلِ؛ لِمُفَارَقَتِهِ لَهُ بِالألِفِ الَّتِي بَعْدَ الْعَيْنِ، وَلا يَكُونُ فِي الْفِعْلِ مِثْلُ ذَلِكَ، فَوَجَبَ تَصْحِيحُهُ؛ لأنَّهُ قَدِ اكْتَنَفَهُ سَاكِنَانِ، وَإِذَا كَانَ اكْتِنَافُ السَّاكِنَيْنِ يُوجِبُ التَّصْحِيحَ فِي الْفِعْلِ، كَقَوْلِكَ: (اسْوَادَّ) و(ابْيَاضَّ)، فَهُوَ فِيمَا كَانَ مُشَبَّهًا بِهِ أَجْدَرُ.

قَالَ: (وَإِمَّا بِمِثَالٍ لا يَكُونُ فِيهِ).

وَهُوَ أَحَدُ الشَّرْطَيْنِ عَلَى الْبَدَلِ أَوْ عَلَى الاجْتِمَاعِ، وَلِذَلِكَ أُعِلَّ نَحْوُ: (تِحْلِئٍ) مِنْ بَابِ (يَبِيعُ)؛ لأنَّهُ وَافَقَ الْفِعْلَ فِيمَا ذَكَرْنَاهُ، وَفَارَقَهُ فِي الزِّنَةِ الَّتِي لا يَكُونُ الْفِعْلُ عَلَيْهَا، فَلِذَلِكَ قُلْتَ: (تِبِيعٍ)، وَلَوْ صَحَّحْتَ لَقُلْتَ: (تِبْيِعٍ).

قَالَ: (وَمَا كَانَ مِنْهَا مُمَاثِلا لِلْفِعْلِ صُحِّحَ).

يَعْنِي: مِنْ غَيْرِ الْمُفَارَقَةِ بِأَحَدِ الْوَصْفَيْنِ، وَهُوَ الزِّيَادَةُ الَّتِي لا تَكُونُ فِي الْفِعْلِ، وَالْمِثَالُ الَّذِي لا يَكُونُ صُحِّحَ فَرْقًا بَيْنَهُ وَبَيْنَهُ، كَمَا فِي قَوْلِكَ: (أَسْوَدُ، وَأَبْيَضُ)، أَلا تَرَى أَنَّكَ لَوْ أَعْلَلْتَهُ لالْتَبَسَ بِصِيغَةِ الْفِعْلِ؛ لأنَّهُ لا يُفَارِقُهُ بِزِيَادَةٍ وَلا مِثَالٍ لاتِّفَاقِهِمَا فِي (أَفْعَلَ)، وَكَذَلِكَ لَوْ بَنَيْتَ (تَفْعِلُ) أَوْ (تَفْعَلُ) اسْمًا مِنْ (زَادَ يَزِيدُ) لَوَجَبَ أَنْ تَقُولَ: (تَزْيِدُ) أَوْ (تَزْيَدُ) عَلَى التَّصْحِيحِ لِلْفَرْقِ الَّذِي ذَكَرْنَاهُ بَيْنَ الاسْمِ وَالْفِعْلِ مِنْ أَدَاءِ الإلْبَاسِ.

قَالَ: (وَقَدْ أَعَلُّوا نَحْوَ: قِيَامٍ، وَعِيَادٍ، وَاحْتِيَازٍ)، إِلَى آخِرِهِ.

قَالَ الشَّيْخُ: ذَكَرَ هَذَا الْفَصْلَ لِيُبَيِّنَ أَنَّ فِي الأسْمَاءِ الْمَزِيدِ فِيهَا أَسْمَاءً لَيْسَتْ عَلَى مَا يُوَافِقُ الْفِعْلَ فِي وَزْنِهِ، وَمَعَ ذَلِكَ فَإِنَّهَا أُعِلَّتْ لِئَلا يُفْهَمَ أَنَّهُ لا يُعَلُّ مِنَ الْمَزِيدِ فِيهِ إلا مَا ذَكَرَهُ، وَقَدْ أُعِلَّ غَيْرُهُ مِمَّا ذَكَرَهُ فِي هَذَا الْفَصْلِ، فَمِنْ ذَلِكَ الْمَصَادِرُ نَحْوُ: (قِيَامٍ، وَعِيَادٍ، وَاحْتِيَازٍ، وَانْقِيَادٍ)، وَعَلَّلَ إِعْلالَهَا، فَقَالَ: (لإعْلالِ أَفْعَالِهَا مَعَ وُقُوعِ الْكَسْرَةِ قَبْلَهَا وَالْحَرْفِ الْمُشَبَّهِ بِالْيَاءِ بَعْدَهَا وَهُوَ الألِفُ).

وَقَوْلُهُ: (لإعْلالِ أَفْعَالِهَا مَعَ وُقُوعِ الْكَسْرَةِ قَبْلَهَا) مُسْتَقِيمٌ.

وَأَمَّا قَوْلُهُ: (وَالْحَرْفِ الْمُشَبَّهِ بِالْيَاءِ، وَهُوَ الألِفُ)، فَلا حَاجَةَ إِلَيْهِ، وَبَيَانُ ذَلِكَ أَنَّا نُعِلُّ (قِيَمًا) كَمَا نُعِلُّ (قِيَامًا) بِإِعْلالِ الْفِعْلِ وَالْكَسْرَةِ، فَثَبَتَ أَنَّ الألِفَ مُلْغَاةٌ.

وَأَمَّا إِعْلالُ الْفِعْلِ وَالْكَسْرَةِ، فَلا بُدَّ مِنَ اعْتِبَارِهِمَا، أَلا تَرَى أَنَّكَ تَقُولُ: (قَاوَمْتُهُ قِوَامًا)، و(لاوَذْتُهُ لِوَاذًا)، فَلا تُعَلُّ مَا لَمْ يُعَلَّ الْفِعْلُ، وَتَقُولُ: (قَامَ قَوْمَةً)، و(عَاذَ عَوْذَةً)، فَلا تُعَلُّ لَمَّا لَمْ تَقَعِ الْكَسْرَةُ قَبْلَهَا، فَثَبَتَ اعْتِبَارُ إِعْلالِ الْفِعْلِ وَالْكَسْرَةِ جَمِيعًا وَإِلْغَاءُ الألِفِ، وَإِنَّمَا أَعَلُّوا إِجْرَاءً لِلْمَصْدَرِ مُجْرَى الْفِعْلِ مَعَ وُقُوعِ الْكَسْرَةِ الَّتِي تُنَاسِبُ هَذَا

الْإِعْلَالَ الْخَاصَّ.

وَقَدْ وَقَعَ فِي هَذِهِ الْأَمْثِلَةِ (وَاخْتِيَارَ) بِالْخَاءِ، وَالرَّاءِ الْمُهْمَلَةِ، وَلَيْسَ بِمُسْتَقِيمٍ؛ لِأَنَّهُ لَا يَكُونُ فِيهِ إِعْلَالٌ؛ لِأَنَّهُ مِنْ ذَوَاتِ الْيَاءِ، وَالصَّوَابُ أَنْ يَكُونَ (اجْتِيَازًا) أَوْ (احْتِيَازًا) بِالْجِيمِ وَالزَّايِ، أَوْ بِالْحَاءِ وَالزَّايِ.

(وَنَحْوَ: دِيَارٍ، وَرِيَاحٍ، وَجِيَادٍ)، إِلَى آخِرِهِ.

فَهَذَا قِسْمٌ مِنَ الْمَزِيدِ يُعَلُّ لِإِعْلَالِ وَاحِدِهِ مَعَ الْكَسْرَةِ، وَذَكَرَ الْأَلِفَ أَيْضًا، وَهِيَ فِي هَذَا الْمَحَلِّ خَيْرٌ مِنْهَا فِي الْأَوَّلِ، وَبَيَانُ ذَلِكَ أَنَّهُ لَوْ لَمْ يَكُنِ الْوَاحِدُ مُعَلًّا بَلْ كَانَ سَاكِنًا لَاعْتُبِرَتِ الْأَلِفُ بِاتِّفَاقٍ، وَقَدِ اتَّفَقَ أَنَّهَا مُعْتَلَّةٌ سَاكِنَةٌ، فَيَجُوزُ أَنْ يَكُونَ الْإِعْلَالُ فِي الْجَمْعِ لِسُكُونِهَا فِي الْوَاحِدِ وَالْكَسْرَةِ وَالْأَلِفِ كَمَا أَعَلُّوا نَحْوَ: (رِيَاضٍ، وَثِيَابٍ)، وَيَجُوزُ أَنْ يَكُونَ لِأَجْلِ الْإِعْلَالِ فِي الْوَاحِدِ وَالْكَسْرَةِ مِنْ غَيْرِ أَلِفٍ كَمَا أَعَلُّوا نَحْوَ: (تِيَرٍ) جَمْعَ (تَارَةٍ)؛ و(دِيَمٍ) جَمْعَ (دِيمَةٍ)، وَإِذَا احْتَمَلَ الْأَمْرَيْنِ وَاشْتَمَلَهُمَا، فَلَيْسَ إِلْغَاءُ أَحَدِهِمَا بِأَوْلَى مِنَ الْآخَرِ، وَهُمَا فِي ذَلِكَ بِمَنْزِلَةِ عِلَّتَيْنِ إِذَا اجْتَمَعَتَا، فَإِنَّ الْحُكْمَ عِنْدَ الْمُحَقِّقِينَ يُنْسَبُ إِلَيْهِمَا جَمِيعًا، وَيَصِيرَانِ عِنْدَ اجْتِمَاعِهِمَا كَجُزْأَيْ عِلَّةٍ، كَمَا لَوْ لَمَسَ ثُمَّ بَالَ.

وَأَمَّا فِي الْقِسْمِ الْأَوَّلِ فَلَمْ يَظْهَرْ لِلْأَلِفِ أَثَرٌ أَلْبَتَّةَ عَلَى كُلِّ تَقْدِيرٍ، أَلَا تَرَى أَنَّا بَيَّنَّا الِامْتِنَاعَ مِنَ الْإِعْلَالِ عِنْدَ صِحَّةِ الْفِعْلِ، وَإِنْ كَانَتِ الْكَسْرَةُ وَالْأَلِفُ مَوْجُودَتَيْنِ بِخِلَافِ هَذَا؟ فَإِنَّا قَدْ بَيَّنَّا أَنَّ لِلْأَلِفِ أَثَرًا بِاعْتِبَارِ قَطْعِ النَّظَرِ عَنِ الْإِعْلَالِ، وَلِإِعْلَالِ الْمُفْرَدِ أَثَرٌ مَعَ قَطْعِ النَّظَرِ عَنِ الْأَلِفِ، فَلَيْسَ إِلْغَاءُ أَحَدِهِمَا بِأَوْلَى مِنَ الْآخَرِ، فَثَبَتَ أَنَّ ذِكْرَ الْأَلِفِ فِي هَذَا الْقِسْمِ أَشْبَهُ مِنْ ذِكْرِهَا فِي الْقِسْمِ الَّذِي قَبْلَهُ.

(وَنَحْوَ: سِيَاطٍ، وَثِيَابٍ، وَرِيَاضٍ لِشِبْهِ الْإِعْلَالِ).

هَذَا الْقِسْمُ الثَّالِثُ، أُعِلَّ لِسُكُونِ الْوَاوِ فِي الْمُفْرَدِ مَعَ الْكَسْرَةِ وَالْأَلِفِ، وَلَا كَلَامَ فِي وُجُوبِ ذِكْرِ الْأَلِفِ لِمَا ثَبَتَ مِنْ تَأْثِيرِهَا، بِدَلِيلِ إِعْلَالِ (ثِيَابٍ، وَسِيَاطٍ)، وَامْتِنَاعِ إِعْلَالِ (كُوزَةٍ)، فَثَبَتَ اعْتِبَارُ الْأَلِفِ.

(وَقَالُوا: تِيَرٌ، وَدِيَمٌ). وَهَذَا قِسْمٌ أُعِلَّ لِإِعْلَالِ الْوَاحِدِ وَالْكَسْرَةِ فِي الْجَمْعِ، وَهَذَا الْقِسْمُ إِنَّمَا ذَكَرَهُ لِأَنَّ الْفَصْلَ مُنْسَحِبٌ عَلَى الثُّلَاثِيِّ وَالْمَزِيدِ فِيهِ جَمِيعًا، فَذَكَرَ أَيْضًا أَنَّ مِنَ الثُّلَاثِيِّ مَا يُعَلُّ، وَإِنْ لَمْ يَكُنْ عَلَى مِثَالِ الْفِعْلِ لِمَا ذَكَرَهُ، وَإِنْ كَانَ الْكَلَامُ فِي نَفْسِهِ قَدْ أَدَّى إِلَى ذِكْرِ ذَلِكَ.

(وَقَالُوا: ثِيَرَةٌ لِسُكُونِ الْوَاوِ فِي الْوَاحِدِ).

وَهَذَا مِنَ الشَّوَاذِّ؛ لأنَّ سُكُونَ الْوَاوِ فِي الْوَاحِدِ مَعَ التَّصْحِيحِ لا يَسْتَقِلُّ مَعَ الْكَسْرَةِ مَا لَمْ تَكُنِ الألِفُ، فَذَلِكَ حُكِمَ بِشُذُوذِ نَحْوِ (ثِيَرَةٍ)، وَالْقِيَاسُ مَا أَتَى عَلَيْهِ (كِوَزَةٌ، وَعِوَدَةٌ، وَزِوَجَةٌ).

(وَقَالُوا: (طِوَالٌ) لِتَحَرُّكِ الْوَاوِ فِي الْوَاحِدِ).

وَلَمْ تُفِدِ الْكَسْرَةُ وَالألِفُ لَمَّا فُقِدَ إعْلالُ الْوَاحِدِ وَسُكُونُ حَرْفِ الْعِلَّةِ، فَلَمَّا قَوِيَ بِالْحَرَكَةِ صَحَّ فِي الْجَمْعِ، وَكَانَ أَوْلَى بِالصِّحَّةِ، وَقَدْ جَاءَ قَوْلُ الشَّاعِرِ:

تَبَيَّنَ لِي أَنَّ الْقَمَاءَةَ ذِلَّةٌ وَأَنَّ أَعِزَّاءَ الرِّجَالِ طِيَالُهَا

وَالْقِيَاسُ: (طِوَالُهَا).

(وَأَمَّا قَوْلُهُمْ: (رِوَاء) مَعَ سُكُونِهَا فِي (رَيَّان) وَانْقِلابِهَا)، إِلَى آخِرِهِ.

هَذَا يَرِدُ اعْتِرَاضًا عَلَى بَابِ (رِيح) و(رِيَاح)؛ لأنَّ الْعِلَّةَ ثَمَّةَ إعْلالُ الْوَاحِدِ مَعَ الْكَسْرَةِ والألِفِ، وَإِعْلالُ الْوَاحِدِ هَاهُنَا حَاصِلٌ، وَالْكَسْرَةُ وَالألِفُ لأنَّ الْوَاحِدَ (رَيَّانُ)، وَأَصْلُهُ (رَوْيَانُ)، فَقُلِبَتِ الْوَاوُ يَاءً وَأُدْغِمَتْ فِي الْيَاءِ، وَالْكَسْرَةُ وَالألْفُ فِي (رِوَاءٍ) وَاضِحٌ، وَأَجَابَ بِأَنَّهُ مَنَعَ مَانِعٌ مِنْ إجْرَاءِ الْقِيَاسِ فِي (رِوَاءٍ)، وَذَلِكَ أَنَّهُمْ لَوْ أَعَلُّوهُ عَلَى ذَلِكَ الْقِيَاسِ لَقَالُوا: (رِيَاء)، وَأَصْلُهُ (رِوَايٌ)، فَقُلِبَتِ الْيَاءُ الَّتِي هِيَ لامٌ هَمْزَةً لِوُقُوعِهَا طَرَفًا بَعْدَ أَلِفٍ زَائِدَةٍ، فَلَوْ قَلَبُوا الَّتِي هِيَ عَيْنٌ يَاءً عَلَى قِيَاسِ (رِيَاح) لَجَمَعُوا بَيْنَ إعْلالَيْنِ: قَلْبُ الَّتِي هِيَ يَاءٌ هَمْزَةً، وَقَلْبُ الْعَيْنِ الَّتِي هِيَ وَاوٌ يَاءً، فَلِذَلِكَ صَحَّحُوهُ، وَكَانَ تَصْحِيحُ الْعَيْنِ أَوْلَى مِنْ تَصْحِيحِ اللامِ؛ لأنَّ اللامَ طَرَفٌ، وَالطَّرَفُ بِالتَّغْيِيرِ أَوْلَى؛ وَلأنَّهُ لَيْسَ فِي كَلامِهِمْ يَاءٌ طَرَفٌ بَعْدَ أَلِفٍ زَائِدَةٍ، وَفِي كَلامِهِمْ وَاوٌ قَبْلَهَا كَسْرَةٌ وَبَعْدَهَا أَلِفٌ كَثِيرًا؛ وَلأنَّهُ قَدْ ثَبَتَ مِنْ لُغَتِهِمْ تَصْحِيحُ الْعَيْنِ إذَا وَقَعَتِ اللامُ حَرْفَ عِلَّةٍ أُعِلَّتِ اللامُ أَوْ لَمْ تُعَلَّ، كَقَوْلِكَ: (رَوِيَ) و(قَوِيَ)، وَلَوْ عُلِّلَ بِأَنَّهُ مُعْتَلُّ اللامِ، وَمُعْتَلُّ اللامِ تَصِحُّ فِيهِ الْعَيْنُ بِدَلِيلِ (حَيِيَ) و(رَوِيَ) لَكَانَ وَجْهًا.

(وَ (نِوَاءٌ) لَيْسَ بِنَظِيرِهِ).

يَعْنِي: أَنَّهُ لا يَرِدُ اعْتِرَاضًا عَلَى الْقَاعِدَةِ الَّتِي ذَكَرْنَاهَا؛ لأنَّ جُزْءَ الْعِلَّةِ مَفْقُودٌ، وَهُوَ إعْلالُ الْوَاحِدِ، أَوْ سُكُونُ حَرْفِ الْعِلَّةِ فِيهِ، و(نَاوٍ) لَيْسَ كَذَلِكَ؛ لأنَّ الْوَاوَ فِيهِ مُتَحَرِّكَةٌ، فَكَانَ كَـ (طَوِيلٍ، وَطِوَالٍ).

قَالَ: (وَيَمْتَنِعُ الاسْمُ مِنَ الإعْلالِ)، إِلَى آخِرِهِ.

لأنَّ عِلَّةَ الإعْلالِ الأصْلِيِّ أَنْ تَتَحَرَّكَ وَيَتَحَرَّكَ مَا قَبْلَهَا، وَلا يُسَكَّنَ مَا بَعْدَهَا،

كَقَوْلِكَ: (سَارَ وَرَمَى)، وَمَا أُعِلَّ مِمَّا سَكَنَ مَا قَبْلَ وَاوِهِ أَوْ مَا بَعْدَهَا إِنَّمَا كَانَ حَمْلا لَهُ عَلَى أَصْلٍ لَهُ أُجْرِيَ مُجْرَاهُ عَلَى مَا تَقَدَّمَ مِنَ الْفُصُولِ، كَمَا أُعِلَّ الإِقَامَةُ حَمْلا عَلَى (أَقَامَ)، و(قَائِلٌ)، و(مَقُولٌ) حَمْلا عَلَى (قَالَ)، وَكَذَلِكَ غَيْرُهُمَا مِمَّا تَقَدَّمَ ذِكْرُهُ.

قَالَ: (وَإِذَا اكْتَنَفَتْ أَلِفَ الْجَمْعِ الَّذِي بَعْدَهُ حَرْفَانِ وَاوَانِ أَوْ يَاءَانِ)، إِلَى آخِرِهِ.

يَعْنِي: إِذَا وَقَعَتِ الأَلِفُ بَيْنَ الْوَاوَيْنِ، أَوِ الْيَاءَيْنِ، أَوِ الْوَاوِ وَالْيَاءِ فَإِنَّ الثَّانِيَةَ تُقْلَبُ هَمْزَةً بِشَرْطِ أَنْ تَكُونَ قَبْلَ الطَّرَفِ، وَعِلَّةُ قَلْبِهَا مَا عَرَضَ لَهَا مِنْ وُجُودِ حَرْفِ الْعِلَّةِ قَبْلَ أَلِفِهَا، فَاسْتُثْقِلَ حَرْفَا عِلَّةٍ وَبَيْنَهُمَا أَلِفٌ مَعَ الْقُرْبِ مِنَ الطَّرَفِ، فَقُلِبَتْ هَمْزَةً تَشْبِيهًا بِـ(قَائِلٍ)، نُزِّلَ وُجُودُ حَرْفِ الْعِلَّةِ قَبْلَ أَلِفِهَا فِي إِيجَابِ إِعْلالِهَا مَنْزِلَةَ جَرْيِ اسْمِ الْفَاعِلِ عَلَى فِعْلِهِ فِي إِيجَابِ إِعْلالِهِ، وَإِنْ كَانَ قَبْلَ حَرْفِ الْعِلَّةِ سَاكِنٌ، وَذَلِكَ قَوْلُكَ فِي (أَوَّلٍ): (أَوَائِلُ)، وَأَصْلُهُ (أَوَاوِلُ)، وَفِي (خَيِّرٍ): (خَيَائِرُ)، وَأَصْلُهُ (خِيَايِرُ)، وَفِي (سَيِّقَةٍ): (سَيَائِقُ)، وَأَصْلُهُ (سَيَاوِقُ).

(وَفِي فَوْعَلَةٍ مِنَ الْبَيْعِ: بَوَائِعُ، وَأَصْلُهُ بَوَايِعُ).

مَثَّلَهُ بِالْوَاوَيْنِ، وَالْيَاءَيْنِ، وَالْيَاءِ قَبْلَ الْوَاوِ، وَالْوَاوِ قَبْلَ الْيَاءِ، وَإِنَّمَا جَعَلَ (بَوَائِعَ) جَمْعَ (فَوْعَلَةٍ) مِنَ الْبَيْعِ، وَإِنْ كَانَ (بَوَائِعُ) جَمْعَ (بَائِعَةٍ) كَذَلِكَ رَفْعًا لِوَهْمِ مَنْ يَتَوَهَّمُ أَنَّ الْهَمْزَةَ فِي (بَوَائِعَ) جَمْعَ (بَائِعَةٍ) فَرْعٌ عَنْ مُفْرَدِهَا، فَأَرَادَ أَنْ يَرْفَعَ هَذَا الْوَهْمَ بِتَقْدِيرِ مُفْرَدٍ لا هَمْزَةَ فِيهِ، وَهِيَ (فَوْعَلَةٌ) مِنَ الْبَيْعِ.

(وَقَوْلُهُمْ: ضَيَاوِنُ).

الْقِيَاسُ أَنْ يَقُولَ: (ضَيَائِنُ) لاكْتِنَافِ حَرْفَيِ الْعِلَّةِ الأَلِفَ كَمَا فِي سَيَائِقَ.

قَالَ: (وَإِذَا كَانَ الْجَمْعُ بَعْدَ أَلِفِهِ ثَلاثَةُ أَحْرُفٍ فَلا قَلْبَ).

لأَنَّهَا بَعُدَتْ عَنِ الطَّرَفِ، فَاحْتَمَلَتِ التَّصْحِيحَ؛ لأَنَّ قُرْبَهَا كَانَ جُزْءًا فِي إِعْلالِهَا، كَقَوْلِهِمْ: (عَوَاوِير) و(طَوَاوِيس)، وَقَوْلُهُ:

وَكَحَّلَ الْعَيْنَيْنِ بِالْعَوَاوِرِ ....

إِنَّمَا صَحَّ لأَنَّ الْيَاءَ مُرَادَةٌ، وَأَصْلُهُ (عَوَاوِير)؛ لأَنَّهُ جَمْعُ (عُوَّارٍ)، فَلَمْ تَقَعِ الْوَاوُ قَبْلَ الطَّرَفِ، وَحَذْفُ الْيَاءِ وَهِيَ مُرَادَةٌ بِمَنْزِلَةِ إِثْبَاتِهَا، فَصُحِّحَتْ لِذَلِكَ.

قَالَ: (وَعَكْسُهُ).

يَعْنِي: وَعَكْسُهُ فِي كَوْنِ حَرْفِ الْعِلَّةِ أُعِلَّ مَعَ بُعْدِهِ عَنِ الطَّرَفِ لِكَوْنِ الْيَاءِ مُقَدَّرًا

عَدَمُهَا مِنْ حَيْثُ كَانَتْ زَائِدَةً، فَقَوْلُهُ: (بِالْعَوَاوِرِ) فِي صِحَّةِ الْوَاوِ عَكْسُ قَوْلِهِ: (عَيَائِيل) فِي إِعْلَالِ الْيَاءِ؛ لأَنَّ تِلْكَ قُدِّرَتْ مَوْجُودَةً وَهِيَ مَعْدُومَةٌ، وَهَذِهِ قُدِّرَتْ مَعْدُومَةً وَهِيَ مَوْجُودَةٌ، وَهُمَا سَوَاءٌ مِنْ جِهَةٍ أُخْرَى، وَهُوَ أَنَّهُمَا مُقَدَّرَانِ عَلَى حَالِهِمَا فِي الْمُفْرَدِ، و(عُوَّارٌ) فِي مُفْرَدِهِ حَرْفُ عِلَّةٍ يَجِبُ قَلْبُهُ يَاءً سَاكِنَةً فِي الْجَمْعِ، و(عَيِّلٌ) لا شَيْءَ فِي مُفْرَدِهِ يَجِبُ قَلْبُهُ يَاءً فِي الْجَمْعِ؛ لأَنَّ (عَيِّلا) مِثْلُ (خَيِّرٍ)، وَكَمَا أَنَّ (خَيِّرًا) جَمْعُهُ (خَيَائِرُ)، فَكَذَلِكَ (عَيِّلٌ) جَمْعُهُ (عَيَائِلُ)، فَلَمْ يُعْتَدَّ بِمَا لا أَصْلَ لَهُ فِي الْمُفْرَدِ، وَلِذَلِكَ لَمْ يُعْتَدَّ بِحَذْفِ الْيَاءِ فِي (الْعَوَاوِرِ)، وَلا بِإِثْبَاتِ الْيَاءِ فِي (عَيَائِيل)، حَيْثُ صَحَّحُوا (الْعَوَاوِرَ) وَأَعَلُّوا (عَيَائِيلَ)، وَلَو اعْتَدُّوا بِالْعَارِضِ فِيهَا لأَعَلُّوا (عَوَاوِرَ) وَصَحَّحُوا (عَيَائِيلَ)، وَلَكِنَّهُمْ لَمْ يَعْتَدُّوا بِالْعَارِضِ، فَهُمَا مُسْتَوِيَانِ فِي كَوْنِهِمَا لَمْ يُعْتَدَّ بِالْعَارِضِ فِي كُلِّ وَاحِدٍ مِنْهُمَا، وَأَحَدُهُمَا عَكْسُ الآخَرِ مِنْ جِهَةِ أَنَّ الْمَعْدُومَ فِي أَحَدِهِمَا قُدِّرَ مَوْجُودًا، وَالْمَوْجُودُ قُدِّرَ مَعْدُومًا.

وَشَبَّهَ الْيَاءَ فِي (عَيَائِيلَ) بِيَاءِ (الصَّيَارِيفِ)، وَيَعْنِي بِهِ: جَمْعَ (صَيْرَفٍ) لا جَمْعَ (صَيْرَافٍ)؛ لأَنَّهَا إِذَا كَانَتْ جَمْعَ (صَيْرَافٍ)، فَلَيْسَتْ لِلإِشْبَاعِ فِي الْجَمْعِ، وَإِنَّمَا هِيَ أَلِفُ (صَيْرَافٍ)، قُلِبَتْ يَاءً لانْكِسَارِ مَا قَبْلَهَا.

وَوَقَعَ فِي كَثِيرٍ مِنَ النُّسَخِ (" وَكَحَّلَ الْعَيْنَيْنِ بِالْعَوَاوِرِ "، إِنَّمَا صَحَّ لأَنَّ الْيَاءَ مُرَادَةٌ كَيَاءِ الصَّيَارِيفِ).

فَعَلَى ذَلِكَ يَكُونُ (الصَّيَارِيفُ) فِي هَذَا التَّقْدِيرِ جَمْعَ (صَيْرَافٍ)؛ لأَنَّ الْمُرَادَ أَنْ يَكُونَ بَعْدَ الأَلِفِ ثَلاثَةُ أَحْرُفٍ، وَلا يَكُونُ ذَلِكَ إِلا جَمْعَ (صَيْرَافٍ).

(وَمِنْ ذَلِكَ إِعْلالُ صُيَّمٍ وَقُيَّمٍ)، إِلَى آخِرِهِ.

يُرِيدُ التَّأْنِيسَ بِأَنَّهُمْ يُعِلُّونَ مَا قَرُبَ مِنَ الطَّرَفِ، وَإِنْ كَانَ مَا بَعْدُ مُمَاثِلا لَهُ غَيْرَ مُعَلٍّ كَمَا أَعَلُّوا، نَحْوَ: (صُيَّمٍ)، وَلَمْ يُعِلُّوا (صُوَّامًا)، وَلَيْسَ الإِعْلالُ فِي (صُيَّم) و(قُيَّم) بِوَاجِبٍ عَلَى مَا هُوَ فِي (خِيَائِرَ)، (بَوَائِعَ)، وَلَكِنَّهُ جَائِزٌ، وَإِنَّمَا أَرَادَ أَنَّهُمْ يُعِلُّونَ الشَّيْءَ لِلْقُرْبِ لِيُبَيِّنَ أَنَّ لِلْقُرْبِ أَثَرًا فِي الإِعْلالِ، لا أَنَّ الْبَابَيْنِ سَوَاءٌ فِي الْوُجُوبِ وَالْجَوَازِ.

ثُمَّ أَوْرَدَ (فُلانٌ مِنْ صُيَّابَةِ قَوْمِهِ)، وَ:

.... فَمَا أَرَّقَ النُّيَّامَ..........

لأَنَّهُ أُعِلَّ مَعَ الْبُعْدِ، فَجَعَلَهُ شَاذًّا لِفَوَاتِ عِلَّةِ الإِعْلالِ فِيهِ.

(وَنَحْوُ: سَيِّدٍ، وَمَيِّتٍ، وَدَيَّارٍ، وَقَيُّومٍ، وَقَيَّامٍ)، إِلَى آخِرِهِ.

قَالَ الشَّيْخُ: الأَصْلُ فِي الْوَاوِ وَالْيَاءِ إِذَا اجْتَمَعَتَا وَسُبِقَتْ إِحْدَاهُمَا بِالسُّكُونِ أَنْ تُقْلَبَ الْوَاوُ يَاءً وَتُدْغَمَ، فَلِذَلِكَ قَالُوا: سَيِّدٌ، إِلَى آخِرِهِ، وَلَمْ يُخَالِفُوا هَذَا الأَصْلَ إِلَّا فِيمَا خِيفَ فِيهِ لَبْسٌ مِنْ مِثَالٍ بِمِثَالٍ، فَاغْتَفَرُوا الثِّقَلَ خِيفَةَ اللَّبْسِ، كَمَا قَالُوا: (سُوَيْرٌ) وَ(بُوَيْعٌ)؛ لأَنَّهُمْ لَوْ قَالُوا: (سُيِّرٌ) لالْتَبَسَ بِـ (فُعِّلٍ).

فَإِنْ قِيلَ: فَلِمَ لَمْ يَتْرُكُوهُ فِي (سَيِّدٍ) لِئَلَّا يَلْتَبِسَ بِـ (فَعِّلٍ، أَوْ فَعِّيلٍ)؟

قُلْتُ: لِأَنَّ (فَعِّلًا وَفَعِّيلًا) لَيْسَ مِنْ أَبْنِيَتِهِمْ، وَإِنَّمَا يَخْشَوْنَ مِنْ لَبْسِ مِثَالٍ بِمِثَالٍ مِنْ أَبْنِيَتِهِمْ، فَأَمَّا الْمَعْدُومُ فَلَا يَخْشَوْنَ لَبْسًا بِهِ، إِذْ هُوَ مُنْتَفٍ مِنْ أَصْلِهِ.

فَإِنْ قِيلَ: فَـ (دَيَّارٌ) وَ(قِيَامٌ) يَلْتَبِسُ بِـ (فَعَّالٍ)، وَ(فَعَّالٌ) مِنْ أَبْنِيَتِهِمْ، وَوَزْنُهُ (فَيْعَالٌ)، فَلِمَ لَمْ يُتْرَكِ الإِدْغَامُ خِيفَةَ اللَّبْسِ؟

قُلْتُ: كَوْنُهَا يَاءً يَنْفِي اللَّبْسَ؛ لِأَنَّهُ لَوْ كَانَ فَعَّالًا لَوَجَبَ أَنْ يُقَالَ: (دَوَّارٌ) وَ(قَوَّامٌ)؛ لِأَنَّهُ مِنَ الْوَاوِ، فَكَانَ فِي نَفْسِ حُرُوفِ الْكَلِمَةِ مَا يَدْفَعُ اللَّبْسَ، فَلَمْ يُؤَدِّ هَذَا الإِعْلَالُ إِلَى لَبْسٍ، فَلِذَلِكَ فُعِلَ بِهِ ذَلِكَ، وَلَمْ يُفْعَلْ بِـ (سُوَيْرٍ وَتَسْوِيرٍ) لِمَا ذَكَرْنَاهُ.

قَالَ: (وَتَقُولُ فِي جَمْعِ مَقَامَةٍ وَمَعُونَةٍ وَمَعِيشَةٍ)، إِلَى آخِرِهِ.

قَالَ الشَّيْخُ: لِأَنَّ الْوَاوَ وَالْيَاءَ إِنَّمَا تُقْلَبُ هَمْزَةً بَعْدَ الأَلِفِ إِذَا كَانَتْ مُتَطَرِّفَةً أَوْ عَيْنًا فِي اسْمِ الْفَاعِلِ الْمَحْمُولِ عَلَى فِعْلِهِ، أَوْ كَانَتْ لَا أَصْلَ لَهَا فِي الْحَرَكَةِ، أَوْ أَصْلِيَّةً وَقَبْلَ أَلِفِهَا يَاءٌ أَوْ وَاوٌ، كَقَوْلِكَ فِي جَمْعِ (أَوَّلَ): (أَوَائِلُ)، وَفِي (بَيِّعَةٍ): (بَوَائِعُ)، وَلَيْسَ هَذَا الْبَابُ بِوَاحِدٍ مِنْ ذَلِكَ، فَوَجَبَ أَنْ تَبْقَى الْوَاوُ وَالْيَاءُ عَلَى حَالِهِمَا، وَلِذَلِكَ كَانَتْ قِرَاءَةُ مَنْ قَرَأَ "مَعَائِشَ" [الأعراف:٧] بِالْهَمْزِ خَطَأً، وَقَدْ زَعَمَ بَعْضُهُمْ أَنَّ (مَدَائِنَ) شَاذٌّ مِنْ هَذَا الْبَابِ؛ لِأَنَّهُ مِنْ (دَانَ يَدِينُ)، فَكَانَ قِيَاسُهُ أَنْ يُقَالَ: (مَدَايِنُ) بِغَيْرِ هَمْزٍ، وَلَا حَاجَةَ إِلَى ذَلِكَ، فَإِنَّهُ يَجُوزُ أَنْ يَكُونَ مِنْ (مَدَنَ بِالْمَكَانِ) إِذَا أَقَامَ بِهِ، فَعَلَى هَذَا يَكُونُ وَزْنُهُ (فَعَائِلَ) مِثْلَ (رَسَائِلَ)، وَلَا حَاجَةَ إِلَى تَقْدِيرِهِ عَلَى وَجْهٍ يُؤَدِّي إِلَى شُذُوذِهِ مَعَ ظُهُورِ جَرْيِهِ عَلَى الْقِيَاسِ.

وَأَمَّا (مَصَائِبُ) فِي جَمْعِ (مُصِيبَةٍ)، فَلَا شَكَّ أَنَّهُ شَاذٌّ؛ لِأَنَّ الْيَاءَ أَصْلِيَّةٌ عَنْ وَاوٍ، فَقِيَاسُهُ أَنْ يُقَالَ: (مَصَاوِبُ)؛ إِلَّا أَنَّهُ كَثُرَ فِي كَلَامِهِمْ، فَخَالَفُوا فِيهِ الْقِيَاسَ اسْتِخْفَافًا.

وَذَكَرَ هَمْزَةَ (رَسَائِلَ) دُونَ جَمِيعِ مَا قُلِبَتْ فِيهِ الْيَاءُ هَمْزَةً؛ لِأَنَّهُ أَشْبَهُ شَيْءٍ بِهِ فِي الصُّورَةِ، فَذَكَرَ مَا يُمَاثِلُهُ فِي الصُّورَةِ، وَالْحُكْمُ فِيهِ مُخْتَلِفٌ، وَلَمْ يَذْكُرْ غَيْرَهُ لِوُضُوحِ

الْفَرْقُ بَيْنَهُمَا، وَإِنَّمَا قَلَبُوا فِي (رَسَائِلَ)؛ لِأَنَّهَا زَائِدَةٌ مَدَّةٌ، فَلَمَّا وَقَعَتْ فِي مَوْضِعِ تَحْرِيكِهَا كَرِهُوا أَنْ يُحَرِّكُوا مَا لَا أَصْلَ لَهُ فِي الْحَرَكَةِ، فَقَلَبُوهَا حَرْفًا صَحِيحًا، وَأَشْبَهَ شَيْءٍ بِهَا مِمَّا قُلِبَتْ فِي مِثْلِهِ الْهَمْزَةُ قَوْلُهُمْ: (كِسَاءٌ)، و(رِدَاءٌ)، و(قَائِلٌ)، و(بَائِعٌ)، فَلَمَّا قَصَدُوا إِلَى قَلْبِ هَذِهِ كَانَ الْأَوْلَى أَنْ تُقْلَبَ كَذَلِكَ، فَقَالُوا: (صَحَائِفُ) و(رَسَائِلُ).

قَالَ: (وَفُعْلَى مِنَ الْيَاءِ إِذَا كَانَ اسْمًا)، إِلَى آخِرِهِ.

قَالَ الشَّيْخُ: وَهَذَا مِمَّا جَاءَ عَلَى خِلَافِ قِيَاسِ مَذْهَبِ سِيبَوَيْهِ وَمُوَافِقًا لِمَذْهَبِ الْأَخْفَشِ؛ لِأَنَّ الْيَاءَ إِذَا وَقَعَتْ عَيْنًا وَقَبْلَهَا ضَمَّةٌ، فَسِيبَوَيْهِ يَقُولُ: تُقْلَبُ الضَّمَّةُ كَسْرَةً، وَالْأَخْفَشُ يَقُولُ: تُقْلَبُ الْيَاءُ وَاوًا، وَكَذَلِكَ فُعِلَ هَاهُنَا، وَلِسِيبَوَيْهِ أَنْ يَقُولَ: إِنَّ هَذَا الْبَابَ مُسْتَثْنًى لِأُمُورٍ:

مِنْهَا: أَنَّهُمْ كَرِهُوا أَنْ يَلْتَبِسَ مِثَالٌ بِمِثَالٍ لَا يُرْشِدُ إِلَيْهِ أَمْرٌ، أَلَا تَرَى أَنَّهُمْ لَوْ قَالُوا: (طِيبَى)، و(كِيسَى)، لَمْ يُعْلَمْ كَوْنُهَا (فِعْلَى) أَوْ (فُعْلَى)؟ فَرَاعَوْا ذَلِكَ فِي مِثْلِ هَذَا.

الْآخَرُ: أَنَّهُمْ قَسَمُوا هَذَا الْبَابَ قِسْمَيْنِ، فَرَاعَوْا فِي كُلِّ وَاحِدٍ مِنْهُمَا أَحَدَ الْأَمْرَيْنِ، فَإِنْ أَوْرَدَ الْخَصْمُ أَحَدَ الْأَمْرَيْنِ أَوْرَدَ عَلَيْهِ الْآخَرَ، وَبَيَانُ أَنَّهُمْ لَوْ فَعَلُوا ذَلِكَ لَأَدَّى إِلَى اللَّبْسِ أَنَّهُمْ فَعَلُوهُ فِي الْمَوْضِعِ الَّذِي لَا يُؤَدِّي فِيهِ إِلَى اللَّبْسِ، أَلَا تَرَاهُمْ قَالُوا: (مِشْيَةٌ حِيكَى)، وَأَصْلُهَا (حُوكَى)، فَقَلَبُوا الضَّمَّةَ كَسْرَةً؛ لِأَنَّ (فِعْلَى) صِفَةٌ لَيْسَ مِنْ أَبْنِيَتِهِمْ، فَلَمَّا كَانَ ذَلِكَ لَيْسَ مِنْ أَبْنِيَتِهِمْ أَمِنُوا اللَّبْسَ، فَجَرَوْا عَلَى الْقِيَاسِ الْمَذْكُورِ مِنْ أَصْلِ سِيبَوَيْهِ.

الْقَوْلُ فِي الْوَاوِ وَالْيَاءِ لَامَيْنِ

حُكْمُهُمَا أَنْ تُعَلَّا، أَوْ تُحْذَفَا، أَوْ تُسْلَمَا... إِلَى آخِرِهِ

قَالَ الشَّيْخُ: فَشَرْطُ إِعْلَالِهِمَا إِلَى الْأَلِفِ أَنْ يَتَحَرَّكَا وَيَنْفَتِحَ مَا قَبْلَهُمَا، وَلَمْ يَقَعْ قَبْلَهُمَا سَاكِنٌ، فَقَوْلُهُ: (مَتَى تَحَرَّكَتَا) احْتِرَازٌ مِنْ أَنْ تَكُونَا سَاكِنَتَيْنِ، كَقَوْلِكَ: (غَزَوْتُ) و(رَمَيْتُ) لِانْتِفَاءِ الِاسْتِثْقَالِ، وَقَوْلُهُ: (وَانْفَتَحَ مَا قَبْلَهُمَا) احْتِرَازٌ مِنْ أَنْ يَنْضَمَّ فِي الْوَاوِ أَوْ يَنْكَسِرَ فِي الْيَاءِ، فَلَا تُقْلَبُ أَلِفًا لِتَعَذُّرِ ذَلِكَ، نَحْوُ: (يَغْزُو) و(يَرْمِي)، أَوْ يَسْكُنَ مَا قَبْلَهُمَا، فَلَا تُعَلُّ أَلْبَتَّةَ، نَحْوُ: (الْغَزْوُ) و(الرَّمْيُ).

وَقَوْلُهُ: (إِذَا لَمْ يَقَعْ بَعْدَهُمَا سَاكِنٌ).

احْتِرَازٌ مِنْ قَوْلِكَ: (غَزَوَا)، و(رَمَيَا)، و(رَحَيَانِ)، و(عَصَوَانِ)، وَإِنَّمَا لَمْ تُعَلَّ هَاهُنَا لِأَنَّهُمْ لَوْ أَعَلُّوهَا لَأَدَّى ذَلِكَ إِلَى الْإِلْبَاسِ، أَلَا تَرَى أَنَّكَ لَوْ أَعْلَلْتَ (غَزَوَا) و(رَمَيَا) بِأَنْ

تَقْلِبُهُمَا إِلَى الأَلِفِ اجْتَمَعَتْ أَلِفَانِ؟ فَتُحْذَفُ إِحْدَاهُمَا، فَيَصِيرُ لَفْظُهُ (غَزَا) عَلَى مَا كَانَ فِي المُفْرَدِ، فَيَصِيرُ فِعْلُ الوَاحِدِ وَالاثْنَيْنِ بِلَفْظٍ وَاحِدٍ، فَلِذَلِكَ اشْتُرِطَ أَنْ يَكُونَ السَّاكِنُ أَلِفَ التَّثْنِيَةِ، فَلَوْ كَانَ غَيْرَهُ لأَعِلَّ؛ أَلَا تَرَى أَنَّكَ إِذَا قُلْتَ: (غَزَوْا) و(غَزَتْ) فَأَصْلُهُ (غَزَوْتْ) و(غَزَوُوا)، فَقَدْ وَقَعَ بَعْدَهَا سَاكِنٌ، وَمَعَ ذَلِكَ فَإِنَّهُ يَجِبُ إِعْلَالُهَا، فَتُقْلَبُ أَلِفًا، فَتَجْتَمِعُ سَاكِنَةً مَعَ الوَاوِ الَّتِي لِلْجَمْعِ، وَمَعَ التَّاءِ الَّتِي لِلتَّأْنِيثِ، فَتُحْذَفُ لِالْتِقَاءِ السَّاكِنَيْنِ، فَيَصِيرُ (غَزَوْا) و(غَزَتْ)، فَلَمَّا لَمْ يَكُنْ إِلْبَاسٌ جَرَتْ فِي الإِعْلَالِ عَلَى مَا يَقْتَضِيهِ الَّذِي تَقَدَّمَ.

فَإِنْ قِيلَ: فَنَحْوُ (عَصَوَانِ) و(رَحَيَانِ) لَا يَقَعُ فِيهِ لَبْسٌ؛ لأَنَّكَ إِذَا قُلْتَ: (مَلْهَيَانِ) وَأَعْلَلْتَهُ صَارَ (مَلْهَانِ)، فَلَا يَلْتَبِسُ بِمُفْرَدٍ.

قُلْتُ: الإِلْبَاسُ فِيهِ حَاصِلٌ؛ لأَنَّهُ يُضَافُ فَتُحْذَفُ نُونُهُ، فَلَوْ أُعِلَّ لَقِيلَ فِي الإِضَافَةِ: (مَلْهَا زَيْدٍ)، فَلَا يُعْلَمُ أَنَّهُ مُثَنًّى أَوْ مُفْرَدٌ.

قَوْلُهُ: (أَوْ لإِحْدَاهُمَا إِلَى صَاحِبَتِهَا).

يَعْنِي: أَوْ قَلْبًا لإِحْدَاهُمَا إِلَى صَاحِبَتِهَا، يَعْنِي: قَلْبَ الوَاوِ يَاءً، وَالْيَاءِ وَاوًا، فَقَلْبُ الْوَاوِ يَاءً فِي (أَغْزَيْتُ)، وَهُوَ كُلُّ وَاوٍ وَقَعَتْ فِيهِ رَابِعَةً فَصَاعِدًا مَفْتُوحًا مَا قَبْلَهَا، و(كَالْغَازِي)، و(دُعِيَ)، و(رُضِيَ)، وَهُوَ كُلُّ وَاوٍ وَقَعَتْ وَقَبْلَهَا كَسْرَةٌ، وَسَيَأْتِي ذَلِكَ مُفَصَّلًا، وَقَلْبُ الْيَاءِ وَاوًا قِيَاسًا فِي فَعْلَى إِذَا كَانَتِ اسْمًا كَ (الدَّعْوَى، وَالشَّرْوَى) وَسَيَأْتِي، وَشَاذًّا كَ (الْجَبَاوَةِ)؛ لأَنَّ قِيَاسَهُ (جِبَايَةٌ)، كَقَوْلِكَ: (رَمَيْتُ رِمَايَةً).

(أَوْ إِسْكَانًا) عَطْفٌ عَلَى قَوْلِهِ: (قَلْبًا) أَيْضًا؛ لأَنَّ الإِعْلَالَ قَدْ يَكُونُ قَلْبًا لَهُمَا إِلَى الأَلِفِ، وَقَدْ يَكُونُ قَلْبًا لإِحْدَاهُمَا إِلَى صَاحِبَتِهَا، وَقَدْ يَكُونُ إِسْكَانًا، وَهُوَ فِي كُلِّ مَوْضِعٍ وَقَعَتَا مُتَحَرِّكَتَيْنِ مَضْمُومَتَيْنِ أَوْ مَكْسُورَتَيْنِ، فَالْوَاوُ مِثْلُ قَوْلِكَ: (يَغْزُو) و(يَدْعُو)، وَالْيَاءُ مِثْلُ قَوْلِكَ: (يَرْمِي) و(الْقَاضِي)، إِلَّا أَنَّ الْكَسْرَ لَا يَقَعُ فِي الْوَاوِ؛ لأَنَّهَا لَا تُوجَدُ كَذَلِكَ إِلَّا فِي الْفِعْلِ، وَلَا كَسْرَ فِي الْفِعْلِ، وَسَيَأْتِي ذَلِكَ مُبَيَّنًا، وَإِنَّمَا سَكَّنُوهُمَا اسْتِثْقَالًا لِلضَّمَّةِ وَالْكَسْرَةِ عَلَيْهِمَا، أَلَا تَرَى أَنَّكَ إِذَا قُلْتَ: (يَدْعُو) و(قَاضِي) أَدْرَكْتَ الاسْتِثْقَالَ ضَرُورَةً؟ فَسَكَّنُوهُمَا لِيَزُولَ اسْتِثْقَالُهُمَا.

وَحَذْفُهُمَا قَدْ يَكُونُ قِيَاسًا فِي نَحْوِ: (غَازٍ) و(قَاضٍ)، وَهُوَ كُلُّ وَاوٍ أَوْ يَاءٍ سَكَنَتْ لِلإِعْلَالِ وَبَعْدَهَا سَاكِنٌ، فَقِيَاسُهَا أَنْ تُحْذَفَ لِالْتِقَاءِ السَّاكِنَيْنِ، وَكَذَلِكَ قِيَاسُ كُلِّ وَاوٍ أَوْ يَاءٍ وَقَعَتْ فِي فِعْلٍ مَاضٍ لَحِقَتْهُ تَاءُ التَّأْنِيثِ أَوْ وَاوُ الْجَمْعِ، فَإِنَّهَا تُحْذَفُ لِالْتِقَاءِ

السَّاكِنَيْنِ، وَكَذَلِكَ كُلُّ وَاوٍ أَوْ يَاءٍ وَقَعَتْ فِي الْمُضَارِعِ وَلَحِقَهُ الْجَازِمُ، فَإِنَّهَا تُحْذَفُ لِلْجَزْمِ.

وَأَمَّا حَذْفُهَا شُذُوذًا فَفِي نَحْوِ (يَدٍ)، و(دَمٍ)، و(أَخٍ) وَشِبْهِهِ، أَلا تَرَى أَنَّ (يَدًا) لا بُدَّ لَهُ مِنْ لامٍ؟

فَإِنْ كَانَ أَصْلُهُ فِعْلا مُتَحَرِّكًا فَقِيَاسُهُ (يَدًا) مِثْلُ (عَصًا)، أَوْ (يَدٍ) مِثْلُ (عَمٍ)، وَإِنْ كَانَ أَصْلُهُ سَاكِنًا، فَقِيَاسُهُ (يَدْيٌ) كَـ (رَمْيٍ)، فَلَمَّا قِيلَ: (يَدٌ)، وَجُعِلَ إِعْرَابُهُ عَلَى عَيْنِهِ كَانَ عَلَى خِلافِ تَقْدِيرَاتِهِ كُلِّهَا، وَلَوْ كَانَ ذَلِكَ قِيَاسًا لَوَجَبَ أَنْ يَأْتِيَ بَابٌ مِنَ الأَبْوَابِ الَّتِي قَدَّرْنَا أَنَّهُ لا بُدَّ أَنْ يَكُونَ وَاحِدًا مِنْهَا عَلَيْهِ، فَلَمَّا لَمْ يَأْتِ شَيْءٌ مِنَ الأَبْوَابِ عَلَى هَذَا الْقِيَاسِ عُلِمَ أَنَّهُ شَاذٌّ.

وَسَلامَتُهُمَا إِذَا سَكَنَ مَا قَبْلَهُمَا لِخِفَّتِهِمَا حِينَئِذٍ، كَقَوْلِكَ: (غَزْوٌ) و(رَمْيٌ) أَوْ وَقَعَتْ بَعْدَهُمَا أَلِفُ التَّثْنِيَةِ، كَقَوْلِكَ: (غَزَوَا) و(رَمَيَا) لِمَا ذَكَرْنَاهُ مِنْ خَوْفِ اللَّبْسِ، أَوْ سَكَنَتْ سُكُونًا لازِمًا، كَقَوْلِكَ: (غَزَوْتُ) و(رَمَيْتُ)؛ لأَنَّهَا حِينَئِذٍ غَيْرُ مُسْتَثْقَلَةٍ.

قَالَ صَاحِبُ الْكِتَابِ: (وَيَجْرِيَانِ فِي تَحَمُّلِ حَرَكَاتِ الإِعْرَابِ عَلَيْهِمَا مَجْرَى الْحُرُوفِ الصِّحَاحِ إِذَا سَكَنَ مَا قَبْلَهُمَا).

قَالَ الشَّيْخُ: شَرَعَ فِي هَذَا الْفَصْلِ فِي بَيَانِ أَمْرِ الإِعْرَابِ بِالنَّظَرِ إِلَى حُرُوفِ الْعِلَّةِ إِذَا وَقَعَتْ لامَاتٍ، فَقَالَ: (إِنْ كَانَ مَا قَبْلَهُمَا سَاكِنًا)، يَعْنِي: الْوَاوَ وَالْيَاءَ؛ لأَنَّ الأَلِفَ لا يَكُونُ قَبْلَهَا سَاكِنٌ، فَلِذَلِكَ ذَكَرَهَا عَلَى حِدَةٍ آخِرَ الْفَصْلِ.

وَإِنَّمَا قَبِلَتِ الْيَاءُ وَالْوَاوُ الإِعْرَابَ إِذَا سَكَنَ مَا قَبْلَهُمَا لِخِفَّتِهِمَا بِالسُّكُونِ قَبْلَهُمَا، أَلا تَرَى أَنَّكَ تَقُولُ: (غَزْوٌ) و(ظَبْيٌ) فَلا تُحِسُّ فِي ذَلِكَ اسْتِثْقَالا كَمَا لا تُحِسُّهُ فِي (ضَرْبٍ) و(قَتْلٍ)، وَلا فَرْقَ بَيْنَ أَنْ يَكُونَ السَّاكِنُ حَرْفًا صَحِيحًا، أَوْ أَلِفًا، أَوْ يَاءً، أَوْ وَاوًا، فَالصَّحِيحُ قَوْلُكَ: (ظَبْيٌ) و(دَلْوٌ) وَالأَلِفُ قَوْلُكَ: (زَايٌ) و(وَاوٌ)، وَالْوَاوُ وَالْيَاءُ كَقَوْلِكَ: (عَدُوٌّ) و(وَلِيٌّ)، وَلا تَكُونُ الْوَاوُ إِلا مَعَ الْوَاوِ وَالْيَاءِ، وَلا يَاءٌ إِلا مَعَ الْيَاءِ لِتَعَذُّرِ اجْتِمَاعِهِمَا، وَإِذَا أَدَّى إِلَى غَيْرِ ذَلِكَ قِيَاسٌ رَجَعَتِ الْوَاوُ يَاءً، كَقَوْلِكَ: (طَيٌّ)، وَأَصْلُهُ (طَوْيٌ)، وَلا مِثَالَ لِسَبْقِ الْيَاءِ عَلَى الْوَاوِ؛ لأَنَّهُ لَمْ يَقَعْ فِي كَلامِ الْعَرَبِ يَاءٌ قَبْلَ وَاوٍ وَهِيَ سَاكِنَةٌ وَلا غَيْرَ سَاكِنَةٍ إِلا فِي قَوْلِهِمْ: (وَاوٌ) عَلَى خِلافٍ.

ثُمَّ تَكَلَّمَ إِذَا وَقَعَ قَبْلَهُمَا حَرَكَةٌ، فَقَالَ: (وَإِذَا تَحَرَّكَ مَا قَبْلَهُمَا لَمْ يَتَحَمَّلا مِنَ الإِعْرَابِ إِلا النَّصْبَ).

وَتَحَرُّكُ مَا قَبْلَهُمَا يَكُونُ ضَمًّا وَكَسْرًا فِي الأَفْعَالِ، وَيَكُونُ كَسْرًا فِي الأَسْمَاءِ، وَلا يَكُونُ فَتْحًا فِيهِمَا، وَلا ضَمًّا فِي الأَسْمَاءِ؛ لأَنَّهُ إِذَا كَانَ فَتْحًا فِيهِمَا انْقَلَبَتْ أَلِفًا، فَتَخْرُجُ عَنْ كَوْنِهَا يَاءً وَوَاوًا، وَإِنْ كَانَ ضَمًّا فِي الأَسْمَاءِ قُلِبَتِ الضَّمَّةُ كَسْرَةً، فَتَنْقَلِبُ الْوَاوُ يَاءً، فَيَصِيرُ الْبَابُ كُلُّهُ لِلْيَاءِ، وَإِنَّمَا تَحَمَّلا الْفَتْحَ لاسْتِخْفَافِهِ عَلَيْهِمَا؛ لأَنَّهُ لا يَثْقُلُ، مِثْلُ: (رَأَيْتُ الْقَاضِيَ)، و(لَنْ يَرْمِيَ)، وَيُدْرَكُ الْفَرْقُ ضَرُورَةً بَيْنَ قَوْلِكَ: (رَأَيْتُ الْقَاضِيَ)، و(مَرَرْتُ بِالْقَاضِي)، و(هَذَا الْقَاضِي) فِي اسْتِخْفَافِ الأَوَّلِ وَاسْتِثْقَالِ مَا بَعْدَهُ.

وَقَدْ شَذَّ مَجِيءُ التَّسْكِينِ فِي مَوْضِعِ الْفَتْحِ؛ لأَنَّهَا حَرْفُ عِلَّةٍ، فَجَاءَ لِلضَّرُورَةِ حَذْفُ الْفَتْحَةِ، كَمَا حُذِفَتِ الضَّمَّةُ وَالْكَسْرَةُ وُجُوبًا، وَكَمَا جَوَّزُوا حَمْلَ الْجَرِّ عَلَى النَّصْبِ شُذُوذًا فِي التَّحْرِيكِ، جَوَّزُوا حَمْلَ النَّصْبِ عَلَى الرَّفْعِ وَالْجَرِّ شُذُوذًا فِي التَّسْكِينِ، وَمِنْهُ (أَعْطِ الْقَوْسَ بَارِيهَا)، وَ:

.... إلا أَثَافِيهَا...... ....

و:

.... حَتَّى تُلاقِي مُحَمَّدا

وَشِبْهُهُ.

ثُمَّ بَيَّنَ كَيْفِيَّةَ اسْتِعْمَالِهِمَا وَهُمَا عَلَى هَذِهِ الْحَالِ فِي الرَّفْعِ، فَقَالَ: (وَهُمَا فِي حَالِ الرَّفْعِ سَاكِنَتَانِ).

وَإِنَّمَا سَكَنَتَا اسْتِثْقَالا لِلضَّمَّةِ عَلَيْهِمَا، وَقَبْلَهُمَا ضَمَّةٌ فِي الْوَاوِ وَكَسْرَةٌ فِي الْيَاءِ، أَلا تَرَى أَنَّ قَوْلَكَ: (الْقَاضِيُ)، و(يَغْزُوُ)، و(يَرْمِيُ) مُسْتَثْقَلٌ؟ وَإِنَّمَا جَاءَ الاسْتِثْقَالُ مِنَ الضَّمَّةِ، فَوَجَبَ حَذْفُهَا، فَإِنْ كَانَ بَعْدَهَا سَاكِنٌ حُذِفَتْ، وَإِلا ثَبَتَتْ، وَقَدْ مَضَى مُسْتَوْعَبًا مِثْلُ ذَلِكَ فِي الْوَقْفِ، وَقَدْ شَذَّ التَّحْرِيكُ بِالضَّمِّ، وَالتَّحْرِيكُ إِنَّمَا شَذَّ فِي الْيَاءِ لا فِي الْوَاوِ؛ لأَنَّهُ لَيْسَ الثِّقَلُ عَلَى الْيَاءِ مِثْلَ الثِّقَلِ عَلَى الْوَاوِ؛ لأَنَّهُ فِي الْوَاوِ أَثْقَلُ، وَهَذَا مُدْرَكٌ بِالضَّرُورَةِ، وَلِذَلِكَ قَالَ سِيبَوَيْهِ: (وَالْيَاءَاتُ عِنْدَهُمْ أَخَفُّ مِنَ الْوَاوَاتِ)، فَـ (يَدْعُوُ) أَثْقَلُ مِنْ قَوْلِكَ: (الْقَاضِيُ)، وَلَمْ يَثْبُتْ مِثْلُ (يَدْعُوُ) شَاذًّا وَلا غَيْرُهُ، وَقَدْ ثَبَتَ مِثْلُ (جَوَارِيُ).

ثُمَّ شَرَعَ يَتَكَلَّمُ فِي حَالِهِمَا فِي حَالِ الْجَرِّ، فَبَيَّنَ أَنَّهُ لا يَقَعُ فِيهِ إِلا الْيَاءُ؛ لأَنَّهُ لا يَكُونُ إِلا فِي الأَسْمَاءِ، وَلَيْسَ فِي الأَسْمَاءِ مَا آخِرُهُ وَاوٌ قَبْلَهَا حَرَكَةٌ، فَوَجَبَ أَنْ لا يَكُونَ الْجَرُّ إِلا فِي الْيَاءِ، كَقَوْلِكَ: (مَرَرْتُ بِقَاضٍ وَغَازٍ)، ثُمَّ ذَكَرَ أَنَّ حُكْمَ الْيَاءِ فِي الْجَرِّ حُكْمُهَا فِي الرَّفْعِ مِنْ وُجُوبِ إِسْقَاطِهَا وَبَقَائِهَا سَاكِنَةً إِنْ لَمْ يَقَعْ بَعْدَهَا سَاكِنٌ، وَحَذْفِهَا

إنْ كَانَ بَعْدَهَا سَاكِنٌ.

ثُمَّ ذَكَرَ أَنَّ الشُّذُوذَ فِي تَحْرِيكِهَا فِي الْجَرِّ كَالشُّذُوذِ فِي تَحْرِيكِهَا بِالرَّفْعِ، وَمَثَّلَهُ بِقَوْلِهِ:

.... كَجَوَارِيٍ..........

وَشِبْهِهِ، وَقَدْ تَقَدَّمَ تَعْلِيلُهُ.

ثُمَّ شَرَعَ يَتَكَلَّمُ فِي حُكْمِهِمَا فِي حَالِ الْجَزْمِ، فَقَالَ: (وَيَسْقُطَانِ فِي الْجَزْمِ سُقُوطَ الْحَرَكَةِ).

لأنَّهُمَا لَمَّا كَانَتَا حُكْمُهُمَا قَبْلَ الْجَزْمِ إذْهَابُ حَرَكَتِهِمَا لِلإعْلالِ، وَكَانَ الْجَازِمُ حُكْمُهُ أَنْ يَحْذِفَ حَرَكَةً، فَلَمَّا لَمْ يَجِدْ حَرَكَةً حَذَفُوهُمَا أَنْفُسَهُمَا بِهِ، وَلا يَقَعُ ذَلِكَ إلا فِي الْفِعْلِ؛ لأنَّهُ لا جَزْمَ فِي الأَسْمَاءِ، كَقَوْلِكَ: (لَمْ يَدْعُ) و(لَمْ يَرْمِ)، وَقَدْ شَذَّ إثْبَاتُهُمَا فِي حَالِ الْجَزْمِ إجْرَاءً لَهُمَا مُجْرَى الصَّحِيحِ، كَمَا شَذَّ تَحْرِيكُهُمَا فِي حَالِ الرَّفْعِ وَالْجَرِّ، وَهُوَ قَوْلُهُ:

هَجَوْتَ زَبَّانَ ثُمَّ جِئْتَ مُعْتَذِرًا   مِنْ هَجْوِ زَبَّانَ لَمْ تَهْجُو وَلَمْ تَدَعِ

وَقَوْلُهُ:

أَلَمْ يَأْتِيكَ وَالأَنْبَاءُ تَنْمِي   بِمَا لاقَتْ لَبُونُ بَنِي زِيَادِ

وَمِنْهُ: ﴿مَنْ يَتَّقِ وَيِصْبِرْ﴾ [يوسف:٩٠] فِي قِرَاءَةِ ابْنِ كَثِيرٍ عَلَى أَحَدِ التَّأْوِيلَيْنِ، وَهُوَ أَقْوَاهُمَا؛ لأَنَّ حَمْلَ الْمُعْتَلِّ عَلَى الصَّحِيحِ الَّذِي هُوَ أَصْلُهُ أَوْلَى مِنْ حَمْلِ الصَّحِيحِ عَلَى الْمُعْتَلِّ الَّذِي هُوَ فَرْعُهُ، وَذَلِكَ أَنَّا إذَا جَعَلْنَا (مَنْ) شَرْطًا حَمَلْنَا (يَتَقِي) عَلَى الصَّحِيحِ، وَيَبْقَى (وَيَصْبِرْ) مَجْزُومًا عَلَى مَا يَقْتَضِيهِ، فَكَانَ حَمْلا لِلْفَرْعِ عَلَى الأَصْلِ، وَإذَا جَعَلْنَا (مَنْ) بِمَعْنَى: الَّذِي، كَانَ (يَتَقِي) مَرْفُوعًا وَاجِبًا فِيهِ إثْبَاتُ الْيَاءِ عَلَى الْقِيَاسِ، وَكَانَ (وَيَصْبِرْ) مَرْفُوعًا سُكِّنَتْ رَاؤُهُ تَخْفِيفًا حَمْلا لَهُ عَلَى الْمُعْتَلِّ، فَكَانَ فِيهِ حَمْلُ الأَصْلِ عَلَى الْفَرْعِ، فَلِذَلِكَ كَانَ التَّأْوِيلُ الأَوَّلُ أَوْلَى.

ثُمَّ شَرَعَ يَتَكَلَّمُ فِي الأَلِفِ، فَقَالَ: (وَأَمَّا الأَلِفُ فَتَثْبُتُ سَاكِنَةً أَبَدًا).

يَعْنِي: فِي الأَحْوَالِ الثَّلاثِ إلا فِي الْجَزْمِ، فَإِنَّهُ خَصَّ الْجَزْمَ بِالذِّكْرِ آخِرًا، وَإِنَّمَا وَجَبَ بَقَاؤُهَا أَلِفًا؛ لأَنَّهَا لا تَقْبَلُ حَرَكَةً، إذِ الْحَرَكَةُ تُخْرِجُهَا عَنْ حَقِيقَتِهَا، فَوَجَبَ بَقَاؤُهَا أَلِفًا فِي الرَّفْعِ وَالنَّصْبِ وَالْجَرِّ، فَالرَّفْعُ وَالنَّصْبُ فِي الأَسْمَاءِ وَالأَفْعَالِ، وَالْجَرُّ فِي

الأَسْمَاءِ، وَأَمَّا فِي حَالِ الْجَزْمِ فَإِنَّ الْمُوجِبَ لِحَذْفِ الْوَاوِ وَالْيَاءِ مَوجِبٌ لِحَذْفِهَا، فَلِذَلِكَ كَانَ الْفَصِيحُ (لَمْ يَخْشَ) و(لَمْ يَدْعُ)، وَشَذَّ إِثْبَاتُهَا كَشُذُوذِ الْيَاءِ وَالْوَاوِ فِي الإِثْبَاتِ، وَهَذِهِ أَبْعَدُ لأَنَّ تَيْنِكَ أَمْكَنَ حَمْلُهُمَا عَلَى الصَّحِيحِ فِي حَالِ التَّحْرِيكِ، فَجَرَتْ فِي الْجَزْمِ مَجْرَى الصَّحِيحِ، وَهَذِهِ لا يُمْكِنُ حَمْلُهَا عَلَى الصَّحِيحِ فِي حَالِ التَّحْرِيكِ، فَلَمْ تَكُنْ مِثْلَهُمَا، وَمَعَ ذَلِكَ فَإِنَّهُمْ اسْتَعْمَلُوهَا شُذُوذًا كَذَلِكَ لأَنَّهَا مِنْهَا، فَأُجْرِيَتْ مُجْرًى وَاحِدًا؛ وَلأَنَّ الْحَرَكَةَ مُقَدَّرَةٌ، فَكَانَتْ كَالثَّابِتَةِ، وَمِنْهُ قَوْلُهُ:

مَا أَنْسَ لا أَنْسَاهُ...... ....

وَمَوْضِعُ اسْتِشْهَادِهِ إِثْبَاتُ الأَلِفِ فِي (لا أَنْسَاهُ)، وَهُوَ مَجْزُومٌ؛ لأَنَّهُ جَوَابُ الشَّرْطِ مِنْ غَيْرِ فَاءٍ، فَقِيَاسُهُ (لا أَنْسَه)، فَإِذَا قَالَ: (لا أَنْسَاهُ)، فَقَدْ أَثْبَتَ الأَلِفَ فِي حَالِ الْجَزْمِ كَمَا أَثْبَتَ الْوَاوَ وَالْيَاءَ فِي:

أَلَمْ يَأْتِيكَ........ ....

و:

.... لَمْ تَهْجُو...........

وَكَذَلِكَ فِيمَا أَنْشَدَهُ أَبُو زَيْدٍ:

إِذَا الْعَجُوزُ غَضِبَتْ فَطَلِّقِ وَلا تَرَضَّاهَا وَلا تَمَلَّقِ

الْمَفْهُومُ مِنْهُ النَّهْيُ، فَهِيَ فِي مَوْضِعِ جَزْمٍ، فَقِيَاسُهُ: (وَلا تَرَضَّهَا)، وَكَانَ يُمْكِنُهُ أَنْ يَقُولَ: (وَلا تَرَضَّهَا وَلا تَمَلَّقِ) وَيَسْتَقِيمَ لَهُ الْوَزْنُ، وَلَكِنَّهُ فَعَلَ ذَلِكَ إِمَّا ذُهُولاً عَنْ وَجْهِ الاسْتِقَامَةِ، وَإِمَّا مُرَاعَاةً لِلْفِرَارِ مِنَ الزِّحَافِ؛ لأَنَّ إِثْبَاتَ هَذَا السَّاكِنِ هُوَ بِإِزَاءِ سِينِ (مُسْتَفْعِلُن)، وَحَذْفُ سِينِ (مُسْتَفْعِلُن) فِي مِثْلِ ذَلِكَ جَائِزٌ اتِّفَاقًا، وَقَدْ حُذِفَتْ فِي جَمِيعِ أَجْزَاءِ الْبَيْتِ فِي قَوْلِهِ: (وَلا تَرَضَّ)، وَفِي قَوْلِهِ: (تَمَلَّقِ)، فَيَصِيرُ (مُسْتَفْعِلُن) مَفَاعِلُنْ، وَذَلِكَ جَائِزٌ.

قَالَ: (وَلِرَفْضِهِمْ فِي الأَسْمَاءِ الْمُتَمَكِّنَةِ أَنْ تَتَطَرَّفَ الْوَاوُ بَعْدَ مُتَحَرِّكٍ، قَالُوا فِي جَمْعِ (دَلْوٍ) و(حَقْوٍ) عَلَى أَفْعُلٍ)، إِلَى آخِرِهِ.

قَالَ الشَّيْخُ: لَمَّا ذَكَرَ حُكْمَ الْوَاوِ وَالْيَاءِ الَّتِي قَبْلَهُمَا سَاكِنٌ، وَالَّتِي قَبْلَهُمَا حَرَكَةٌ، وَتَضَمَّنَ كَلامُهُ أَنَّهُ لَيْسَ فِي الأَسْمَاءِ مَا آخِرُهُ وَاوٌ قَبْلَهَا ضَمَّةٌ أَخَذَ يُبَيِّنُ إِذَا أَدَّى إِلَى ذَلِكَ قِيَاسٌ كَيْفَ يُصْنَعُ فِيهِ، فَقَالَ: حُكْمُهُ أَنْ تُقْلَبَ الضَّمَّةُ كَسْرَةً، فَتَنْقَلِبَ الْوَاوُ يَاءً لانْكِسَارِ

مَا قَبْلَهَا، وَعَلَّلَ بِقَوْلِهِ: (وَلِرَفْضِهِمْ فِي الأَسْمَاءِ الْمُتَمَكِّنَةِ أَنْ تَتَطَرَّفَ الْوَاوُ بَعْدَ مُتَحَرِّكٍ)، وَالتَّعْلِيلُ عَامٌّ فِيمَا قَبْلَهُ حَرَكَةٌ هِيَ ضَمَّةٌ، أَوْ فَتْحَةٌ، أَوْ كَسْرَةٌ، إلا أَنَّ الْغَرَضَ هَاهُنَا لِبَيَانِ مَا قَبْلَهُ ضَمَّةٌ، وَلا شَكَّ أَنَّ الْعَرَبَ رَفَضَتْ فِي الأَسْمَاءِ كُلَّ لامٍ هِيَ وَاوٌ قَبْلَهَا حَرَكَةٌ وَلَيْسَ بَعْدَهَا عَلامَةُ تَثْنِيَةٍ، فَقَلَبُوا مَا قَبْلَهَا فَتْحَةٌ أَلِفًا، وَقَلَبُوا مَا قَبْلَهَا ضَمَّةٌ يَاءً بَعْدَ أَنْ كَسَرُوا مَا قَبْلَهَا، أَوْ قَلَبُوهَا يَاءً، فَوَجَبَ انْكِسَارُ مَا قَبْلَهَا، وَقَلَبُوا مَا آخِرُهُ وَاوٌ قَبْلَهَا كَسْرَةٌ يَاءً، فَالأَوَّلُ مِثْلُ (عَصَا)، وَالثَّانِي مِثْلُ (أَدْلٍ)، وَالثَّالِثُ مِثْلُ (غَازٍ)، كُلُّ ذَلِكَ لأَجْلِ اسْتِثْقَالِ الْوَاوِ إِذَا وَقَعَ قَبْلَهَا حَرَكَةٌ، وَتُوَافِقُهَا الْيَاءُ إِذَا وَقَعَ قَبْلَهَا فَتْحَةٌ فِي قَلْبِهَا أَلِفًا، وَضَمَّةٌ فِي أَنَّ الضَّمَّةَ تُقْلَبُ كَسْرَةً، فَالأَوَّلُ مِثْلُ (رَحًى)، وَالثَّانِي مِثْلُ (التَّرَامِي، وَالتَّسَاوِي)، وَكَانَ أَصْلُهُ (تَرَامُيًا، وَتَسَاوُيًا)، فَوَجَبَ قَلْبُ الضَّمَّةِ كَسْرَةً، وَإِذَا قَلَبُوهَا كَسْرَةً قَبْلَ الْوَاوِ فَلأَنْ تُقْلَبَ قَبْلَ الْيَاءِ أَوْلَى.

ثُمَّ مَثَّلَ بِجَمْعِ (دَلْوٍ) و(حَقْوٍ) عَلَى أَفْعُلٍ؛ لأَنَّهُ يَكُونُ أَصْلُهُ (أَدْلُوًا) و(أَحْقُوًا)، فَوَقَعَتْ مُتَطَرِّفَةً وَقَبْلَهَا ضَمَّةٌ، فَوَجَبَ أَنْ يُفْعَلَ بِهَا مَا ذَكَرْنَاهُ مِنْ قَلْبِ الضَّمَّةِ كَسْرَةً، فَتَنْقَلِبَ الْوَاوُ يَاءً، أَوْ قَلْبِ الْوَاوِ يَاءً، فَتَنْقَلِبَ الضَّمَّةُ كَسْرَةً، وَكَذَلِكَ إِذَا جَمَعْتَ (قَلَنْسُوَةً، وَعَرْقُوَةً) عَلَى حَدِّ (تَمْرَةٍ وَتَمْرٍ).

وَمَعْنَى قَوْلِهِ: (عَلَى حَدِّ تَمْرَةٍ وَتَمْرٍ) أَنْ تَحْذِفَ التَّاءَ وَتُبْقِيَ الاسْمَ عَلَى حَالِهِ، وَإِذَا حَذَفْتَ التَّاءَ فِي (قَلَنْسُوَةٍ، وَعَرْقُوَةٍ) بَقِيَ الاسْمُ آخِرُهُ وَاوٌ قَبْلَهَا ضَمَّةٌ، فَيُفْعَلُ فِيهِ مَا ذُكِرَ.

قَالَ: (وَقَالُوا: قَمَحْدُوَةٌ)، إِلَى آخِرِهِ.

يَعْنِي: أَنَّهُمْ يَفْعَلُوا ذَلِكَ فِيهَا إلا إِذَا وَقَعَتْ طَرَفًا؛ لأَنَّهُ يُسْتَثْقَلُ فِي الطَّرَفِ مَا لا يُسْتَثْقَلُ فِي الْوَسَطِ، ثُمَّ شَبَّهَهُ بِبَابٍ آخَرَ اسْتَثْقَلُوا فِيهِ الطَّرَفَ وَلَمْ يَسْتَثْقِلُوا الْوَسَطَ، وَذَلِكَ إِذَا وَقَعَتِ الْوَاوُ وَالْيَاءُ طَرَفًا وَقَبْلَهَا أَلِفٌ زَائِدَةٌ، فَإِنَّهَا تُقْلَبُ هَمْزَةً، فَإِنْ لَمْ تَقَعْ طَرَفًا لَمْ تُقْلَبْ، أَلا تَرَاهُمْ يَقُولُونَ: (مَعَايِشُ، وَمَعَاوِنُ)، وَمَثَّلَهُ هُوَ بِـ (النِّهَايَةِ، وَالْعَظَايَةِ)؛ لأَنَّهُ أَشْبَهُ بِمَا هُوَ فِيهِ؛ لأَنَّهُمْ أَعَلُّوا (قَلَنْسٍ) وَلَمْ يُعِلُّوا (قَلَنْسُوَةً)، وَلَيْسَ بَيْنَهُمَا إلا تَاءُ التَّأْنِيثِ، وَلِذَلِكَ شَبَّهَهُ بِمَا أُعِلَّ طَرَفًا وَلَمْ يُعَلَّ وَسَطًا وَلَيْسَ بَيْنَهُمَا إلا تَاءُ التَّأْنِيثِ، كَـ (الْكِسَاءِ، وَالنِّهَايَةِ).

ثُمَّ ذَكَرَ سُؤَالَ سِيبَوَيْهِ الْخَلِيلَ عَنْ قَوْلِهِمْ: (صَلاءَةٌ، وَعَبَاءَةٌ)؛ لأَنَّهُمْ قَلَبُوهَا مَعَ كَوْنِهَا غَيْرَ مُتَطَرِّفَةٍ، فَكَانَ الْقِيَاسُ أَنْ لا تُقْلَبَ عَلَى التَّقْدِيرِ الْمُتَقَدِّمِ، فَأَجَابَهُ الْخَلِيلُ بِمَا مَعْنَاهُ: أَنَّ تَاءَ التَّأْنِيثِ فِي حُكْمِ كَلِمَةٍ أُخْرَى مُنْضَمَّةٍ إِلَيْهَا بِمَعْنَى التَّأْنِيثِ، فَكَأَنَّهَا وَقَعَتْ مُتَطَرِّفَةً،

مِثْلُهَا فِي (صَلَاءٍ، وَعَبَاءٍ)، وَأَمَّا مَنْ قَالَ: (صَلَايَةٌ، وَعَبَايَةٌ) فَأَنَّهُ لَمْ يَنْظُرْ إِلَى ذَلِكَ، وَإِنَّمَا نَظَرَ إِلَى اللَّفْظِ الْحَاصِلِ فِي الْكَلِمَةِ، وَلِذَلِكَ قَالَ: (فَإِنَّهُ لَمْ يَجِئْ بِالْوَاحِدِ عَلَى حَدِّ الصَّلَاءِ)، يَعْنِي: أَنَّهُ لَمْ يُنْظَرْ إِلَى أَنَّ أَصْلَهُ ذَلِكَ، ثُمَّ زِيدَتِ التَّاءُ لِيُدَلَّ بِهَا عَلَى الْمُفْرَدِ، وَإِنَّمَا جَعَلَهُ مُسْتَقِلًّا بِرَأْسِهِ مَوْضُوعًا لِهَذَا الْمَعْنَى، وَشَبَّهَهُ بِالْمُثَنَّى الْمَوْضُوعِ لِلْمُثَنَّى مِنْ غَيْرِ نَظَرٍ إِلَى الْمُفْرَدِ، وَهُوَ قَوْلُهُ: (كَمَا أَنَّهُ إِذَا قِيلَ: (خُصْيَانِ) لَمْ يُثَنِّهِ عَلَى الْوَاحِدِ الْمُسْتَعْمَلِ فِي الْكَلَامِ).

وَذَلِكَ أَنَّهُ لَوْ ثَنَّاهُ عَلَى الْمُفْرَدِ الْمُسْتَعْمَلِ فِي الْكَلَامِ، لَوَجَبَ أَنْ يَقُولَ: (خُصْيَتَانِ)؛ لِأَنَّ مُفْرَدَهُ (خُصْيَةٌ)، فَلَمَّا كَانَ كَذَلِكَ جَعَلَهُ كَأَنَّهُ وَضَعَ وَضْعًا أَصْلِيًّا لِلْمُثَنَّى، كَمَا أَنَّ (صَلَايَةً، وَعَظَايَةً) فِيمَنْ لَمْ يَهْمِزْ وُضِعَ فِي أَصْلِهِ لِلْمُؤَنَّثِ، فَلِذَلِكَ لَمْ يَلْزَمْ قَلْبُ الْيَاءِ هَمْزَةً وَلَا إِبْقَاءُ التَّاءِ فِي (خُصْيَانِ).

قَالَ: (وَقَالُوا: عُتِيٌّ، وَجُثِيٌّ، وَعُصِيٌّ، فَفَعَلُوا بِالْوَاوِ الْمُتَطَرِّفَةِ فِي (فُعُولٍ) مَعَ حَجْزِ الْمَدَّةِ بَيْنَهُمَا)، إِلَى آخِرِهِ.

قَالَ الشَّيْخُ: يَعْنِي أَنَّهُمْ كَرِهُوا الْوَاوَ الْمُتَطَرِّفَةَ بَعْدَ الضَّمَّةِ وَإِنْ حَالَ بَيْنَهُمَا سَاكِنٌ هُوَ حَرْفُ مَدٍّ وَلِينٍ، كَمَا كَرِهُوا الْوَاوَ الْمُتَحَرِّكَةَ بَعْدَ الْفَتْحَةِ وَإِنْ كَانَ بَيْنَهُمَا سَاكِنٌ هُوَ أَلِفٌ، فَقَالُوا: (عُتِيٌّ، وَجُثِيٌّ) كَمَا قَالُوا: (كِسَاءٌ، وَرِدَاءٌ)، وَهَذَا ظَاهِرٌ فِي أَنَّهُ عِنْدَهُ قُلِبَتِ الْوَاوُ وَالْيَاءُ الَّتِي بَعْدَ الْأَلِفِ الَّتِي فِي (كِسَاءٍ، وَرِدَاءٍ) أَلِفًا، فَاجْتَمَعَتْ أَلِفَانِ، فَقُلِبَتِ الثَّانِيَةُ هَمْزَةً، كَمَا قَالُوا ذَلِكَ فِي (حَمْرَاءَ، وَصَحْرَاءَ)، وَلِذَلِكَ قَالَ: (كَمَا فَعَلُوا فِي الْكِسَاءِ، نَحْوَ: فِعْلِهِمْ فِي الْعَصَا).

وَهَذِهِ الْوَاوُ الَّتِي تَقَعُ مُتَطَرِّفَةً بَعْدَ الضَّمَّةِ وَبَيْنَهُمَا وَاوٌ لَا يَخْلُو إِمَّا أَنْ تَكُونَ فِي اسْمٍ هُوَ جَمْعٌ، أَوْ فِيمَا لَيْسَ بِجَمْعٍ، فَإِنْ كَانَ جَمْعًا فَالْقِيَاسُ قَلْبُ الضَّمَّةِ كَسْرَةً، فَتَنْقَلِبُ الْوَاوَانِ يَاءَيْنِ، كَقَوْلِكَ: (عُتِيٌّ، وَجُثِيٌّ)، وَإِنْ جَاءَ عَلَى غَيْرِ قِيَاسِ ذَلِكَ فَشَاذٌّ، كَقَوْلِهِمْ: (إِنَّكَ لَتَنْظُرُ فِي نُحُوٍّ كَثِيرَةٍ)، وَالْقِيَاسُ (نُحِيٌّ) لِأَنَّهُ جَمْعٌ، وَإِنْ كَانَ ذَلِكَ فِيمَا لَيْسَ بِجَمْعٍ، فَالْقِيَاسُ إِبْقَاءُ الضَّمَّةِ عَلَى حَالِهَا، كَقَوْلِكَ: (مَغْزُوٌّ، وَمَدْعُوٌّ)، وَقَدْ جَاءَ شَيْءٌ مِنْ ذَلِكَ عَلَى خِلَافِ الْقِيَاسِ، وَمُخَالَفَةُ الْقِيَاسِ فِيهِ أَكْثَرُ مِنْ مُخَالَفَتِهِ لِلْقِيَاسِ فِي الْبَابِ الْأَوَّلِ، وَإِنَّمَا فَرَّقُوا بَيْنَ كَوْنِهِ جَمْعًا وَبَيْنَ كَوْنِهِ غَيْرَ جَمْعٍ لِأَنَّهُ إِذَا كَانَ جَمْعًا اشْتَدَّ الِاسْتِثْقَالُ؛ لِأَنَّ الْجَمْعَ مُسْتَثْقَلٌ، وَلَيْسَ الْمُفْرَدُ كَالْجَمْعِ، فَاسْتُخِفَّ ذَلِكَ إِذَا كَانَ غَيْرَ جَمْعٍ، وَلَمْ يُسْتَخَفَّ إِذَا كَانَ مَضْمُومًا إِلَيْهِ لِتَأْكِيدِ الِاسْتِثْقَالِ بِالْجَمْعِيَّةِ، وَإِنَّمَا أُجْرِيَ مَا بَيْنَهُمَا سَاكِنٌ مُجْرَاهُ إِذَا

لَمْ يَكُنْ بَيْنَهُمَا سَاكِنٌ، إِمَّا لأَنَّ الْجَمْعَ قَامَ مَقَامَ مَا فَاتَهُ مِنَ الاسْتِثْقَالِ بِوَاسِطَةِ هَذَا السَّاكِنِ، وَإِمَّا لأَنَّ السَّاكِنَ حَرْفٌ هَوَائِيٌّ، فَكَأَنَّهُ إِشْبَاعٌ بَعْدَ الضَّمَّةِ، وَقَدْ مَثَّلَ فِي الأَوَّلِ بِـ (عُتِيٍّ)، وَفِي الثَّانِي بِـ (عُتُوٍّ)، وَلَمْ يُرِدْ أَنَّهُمَا فِي الْمَوْضِعَيْنِ سَوَاءٌ، وَإِنَّمَا أَرَادَ فِي الأَوَّلِ الْجَمْعَ لِـ (عَاتٍ)، يُقَالُ: (عَاتٍ وَعُتُوٌّ) كَـ (قَاعِدٍ وَقُعُودٍ)، وَأَرَادَ فِي الثَّانِي الْمَصْدَرَ، تَقُولُ: (عَتَا عُتُوًّا) كَمَا تَقُولُ: (قَعَدَ قُعُودًا)، وَمِنْهُ قَوْلُهُ تَعَالَى: ﴿وَعَتَوْا عُتُوًّا كَبِيرًا﴾ [الفرقان: ٢١]، وَلَيْسَ قَوْلُهُمْ: (مَسْرِيٌّ)، و(مَرْمِيٌّ) مِنْ هَذَا الْبَابِ، وَإِنْ كَانَ أَصْلُهُ (مَسْرُوْي) و(مَرْمُوْي)؛ لأَنَّ آخِرَ هَذَا يَاءٌ قَبْلَهَا وَاوٌ سَاكِنَةٌ، فَوَجَبَ أَنْ تَنْقَلِبَ الْوَاوُ يَاءً لاجْتِمَاعِهَا مَعَ الْيَاءِ، وَإِذَا قُلِبَتْ يَاءً انْقَلَبَتِ الضَّمَّةُ قَبْلَهَا كَسْرَةً، فَوَجَبَ أَنْ يُقَالَ: (مَسْرِيٌّ) و(مَرْمِيٌّ)، فَهَذَا بَابٌ آخَرُ رَاجِعٌ إِلَى اجْتِمَاعِ الْوَاوِ وَالْيَاءِ وَسَبْقِ إِحْدَاهُمَا بِالسُّكُونِ، بِخِلافِ قَوْلِكَ: (مَدْعُوٌّ، وَمَغْزُوٌّ)، فَإِنَّ هَذَا آخِرُهُ وَاوٌ قَبْلَهَا وَاوٌ سَاكِنَةٌ، فَالْعِلَّةُ الْمُوجِبَةُ فِي (مَسْرِيٍّ، وَمَرْمِيٍّ) مَفْقُودَةٌ هَاهُنَا؛ لأَنَّ الْعِلَّةَ ثَمَّةَ اجْتِمَاعُ الْوَاوِ وَالْيَاءِ، وَلَمْ يَجْتَمِعْ هَاهُنَا إلا وَاوَانِ، وَلِذَلِكَ كَانَ قَوْلُكَ: (مَسْرِيٌّ، وَمَرْمِيٌّ) وَاجِبًا، وَقَوْلُكَ: (مَدْعُوٌّ وَمَغْزُوٌّ) هُوَ الْقِيَاسُ، وَإِنْ كَانَ قَدْ خُولِفَ فِي بَعْضِهِ تَشْبِيهًا بِالْجَمْعِ، كَقَوْلِكَ: (مَرْضِيٌّ) و(مَعْدِيٌّ)، وَفِي (مَرْضِيٍّ) أَمْرٌ آخَرُ، وَهُوَ أَنَّ فِعْلَهُ الأَصْلِيَّ انْقَلَبَتْ فِيهِ الْوَاوُ يَاءً لانْكِسَارِ مَا قَبْلَهَا، فَجَائِزٌ أَنْ يُقَالَ: أُجْرِيَ فِي تَصَارِيفِ مُشْتَقَّاتِهِ مُجْرَاهُ فِي أَصْلِهِ، فَقُلِبَتْ وَاوُهُ يَاءً لِذَلِكَ، وَهَذَا مِمَّا يَنْفَرِدُ بِهِ مِثْلُ مَفْعُولِ (رَضِيَ).

وَأَمَّا مِثْلُ مَفْعُولِ (عَدَا) و(غَزَا) فَلا يَجْرِي فِيهِ ذَلِكَ، وَإِنَّمَا ذَلِكَ لِلتَّشْبِيهِ الْمَذْكُورِ، وَيَجُوزُ أَنْ يُقَالَ: إِنَّ اسْمَ الْمَفْعُولِ مَبْنِيٌّ عَلَى (فُعِلَ)، و(فُعِلَ) تَنْقَلِبُ فِيهِ الْوَاوُ يَاءً فِي مِثْلِ هَذِهِ الأَبْنِيَةِ، فَأُجْرِيَ اسْمُ الْمَفْعُولِ فِيمَا شَذَّ عَنِ الْقِيَاسِ مُجْرَى فِعْلِهِ، كَمَا أَنَّهُمْ قَالُوا: (مَشِيبٌ) بِنَاءً عَلَى (شِيبَ)، وَقَالُوا: (مَهُوبٌ) بِنَاءً عَلَى لُغَةِ مَنْ قَالَ: (هُوبَ).

قَالَ: (وَالْمَقْلُوبُ بَعْدَ الأَلِفِ يُشْتَرَطُ فِيهِ أَنْ تَكُونَ الأَلِفُ مَزِيدَةً، مِثْلَهَا فِي " كِسَاءٍ وَرِدَاءٍ ")، إِلَى آخِرِهِ.

قَدْ تَقَدَّمَ أَنَّهَا إِنَّمَا قُلِبَتْ هَمْزَةً بَعْدَ قَلْبِهَا أَلِفًا، وَإِنَّمَا قُلِبَتْ بَعْدَ تَقْدِيرِ أَنَّ الأَلِفَ الَّتِي قَبْلَهَا كَالْمَعْدُومَةِ، وَهَذَا إِنَّمَا يَقْوَى إِذَا كَانَتِ الأَلِفُ زَائِدَةً؛ لأَنَّ تَقْدِيرَ الزَّائِدِ كَالْمَعْدُومِ أَقْرَبُ مِنْ تَقْدِيرِ الأَصْلِيِّ كَالْمَعْدُومِ، فَلِذَلِكَ انْقَلَبَتْ فِي (كِسَاءٍ وَرِدَاءٍ)، وَلَمْ تَنْقَلِبْ فِي (زَايٍ) و(ثَايَةٍ)، و(وَاوٍ) وَيُمْكِنُ أَنْ يُقَالَ: إِنَّمَا اشْتُرِطَ أَنْ تَكُونَ الأَلِفُ زَائِدَةً لأَنَّهُ تَكْثُرُ حُرُوفُ الْكَلِمَةِ، وَإِذَا كَانَتْ أَصْلِيَّةً لَمْ تَكْثُرْ، فَاسْتَثْقَلُوهَا مَعَ الْحُرُوفِ الْكَثِيرَةِ، وَلَمْ

يَسْتَثْقِلُوهَا مَعَ الْحُرُوفِ الْقَلِيلَةِ وَلِذَلِكَ قَالُوا: (غَزَوْتُ) و(تَغَزَّيْتُ) فَبَقُّوهَا وَاوًا مَعَ قِلَّةِ الْحُرُوفِ، وَقَلَبُوهَا يَاءً مَعَ الْكَثْرَةِ، فَلِذَلِكَ فُرِّقَ بَيْنَ أَنْ يَكُونَ قَبْلَهَا أَلِفٌ زَائِدَةٌ وَبَيْنَ أَنْ يَكُونَ قَبْلَهَا أَلِفٌ أَصْلِيَّةٌ.

(وَالْوَاوُ الْمَكْسُورُ مَا قَبْلَهَا مَقْلُوبَةٌ لا مَحَالَةَ).

يَعْنِي: مَقْلُوبَةً يَاءً؛ لأَنَّهُمُ اسْتَثْقَلُوهَا لامًا مَعَ الْكَسْرَةِ قَبْلَهَا، إِذْ لَوْ بَقُّوهَا لَلَزِمَ أَنْ تَكُونَ فِي حَالِ الرَّفْعِ وَالْكَسْرِ بَاقِيَةً عَلَى وَاوِيَّتِهَا مَعَ نَقْلِهَا بِغَيْرِ ذَلِكَ، فَقَلَبُوهَا يَاءً فِي الأَحْوَالِ كُلِّهَا، ثُمَّ أَعَلُّوهَا إِنْ كَانَ مَعَهَا مَا تُعَلُّ بِهِ كَـ (غَازٍ، وَعَادٍ)، أَوْ بَقُّوهَا مِنْ غَيْرِ إِعْلالٍ إِنْ لَمْ يَكُنْ مَعَهَا مُوجِبُ الإِعْلالِ، نَحْوُ: (رَأَيْتُ الْغَازِيَ وَالْعَادِيَ).

وَأَمَّا إِذَا وَقَعَتْ عَيْنًا مَفْتُوحَةً بَعْدَ كَسْرَةٍ فَإِنَّهَا تَصِحُّ عَلَى مَا تَقَدَّمَ فِي نَحْوِ: (كِوَزَةٍ) جَمْعَ (كُوزٍ)، إِمَّا لِكَوْنِهَا غَيْرَ طَرَفٍ، وَإِمَّا لِكَوْنِهَا لا يُؤَدِّي ذَلِكَ فِيهَا إِلَى غَيْرِ الْفَتْحِ، فَاغْتُفِرَ أَمْرُ الْفَتْحِ عَلَى انْفِرَادِهِ فِيهَا.

قَوْلُهُ: (وَإِذَا كَانُوا مِمَّنْ يَقْلِبُهَا)، إِلَى آخِرِهِ.

لَيسَ ذَلِكَ بِقِيَاسٍ، وَإِنَّمَا مَثَّلَ بِهِ لأَنَّهُ لَمْ تُقْلَبْ يَاءً مَعَ شُذُوذِ الْقَلْبِ فِيهَا إِلا لِلْكَسْرَةِ، وَإِلا فَالْقِيَاسُ (قِنْوَةٌ)، و(هُوَ ابْنُ عَمِّي دِنْوًا)، كَقَوْلِهِمْ: (حِذْوَةٌ، وَصِفْوَةٌ).

قَالَ: (وَمَا كَانَ (فَعْلَى) مِنَ الْيَاءِ قُلِبَتْ يَاؤُهُ وَاوًا فِي الأَسْمَاءِ).

وَإِنَّمَا فَعَلُوا ذَلِكَ لِيُفَرِّقُوا بَيْنَ فَعْلَى) فِي الأَسْمَاءِ وَبَيْنَ (فَعْلَى) فِي الصِّفَاتِ؛ فَقَلَبُوا الْيَاءَ وَاوًا وَبَقُّوا الصِّفَاتِ عَلَى حَالِهَا، وَإِنَّمَا غَيَّرُوا فِي الأَسْمَاءِ دُونَ الصِّفَاتِ، لأَنَّ الأَسْمَاءَ أَخَفُّ عَلَيْهِمْ، فَكَانَتْ أَوْلَى لاسْتِخْفَافِهَا بِذَلِكَ، وَإِنَّمَا لَمْ يَفْرِقُوا فِيهِمَا إِذَا كَانَا مِنَ الْوَاوِ؛ لأَنَّ ذَوَاتِ الْوَاوِ مِنْ ذَلِكَ قَلِيلٌ، فَأُجْرِيَتْ عَلَى قِيَاسِهَا لِقِلَّتِهَا، وَإِذَا قَلَّتْ قَلَّ وُقُوعُ اللَّبْسِ فِيهَا، بِخِلافِ (فَعْلَى) مِنَ الْيَاءِ، فَإِنَّ ذَلِكَ كَثِيرٌ.

وَأَمَّا صِيغَةُ (فَعْلَى) بِضَمِّ الْفَاءِ، فَإِنَّهُمْ فَرَقُوا فِيهَا أَيْضًا بَيْنَ الأَسْمَاءِ وَالصِّفَاتِ إِذَا كَانَتْ مِنْ ذَوَاتِ الْوَاوِ، فَقَلَبُوا الْوَاوَ يَاءً فِي الأَسْمَاءِ دُونَ الصِّفَاتِ، وَإِنَّمَا فَعَلُوا ذَلِكَ فِي الْوَاوِ دُونَ الْيَاءِ - وَهُوَ عَكْسُ فِعْلِهِمْ فِي الْفَعْلَى - إِمَّا لِقِلَّةِ بِنَاءِ (فُعْلَى) مِنَ الْيَاءِ وَالْوَاوِ جَمِيعًا، وَإِذَا اسْتَوَيَا كَانَ قَلْبُ الْوَاوِ يَاءً أَوْلَى لأَنَّهَا الأَثْقَلُ، وَإِمَّا لأَنَّ بَقَاءَ الْوَاوِ مَعَ الضَّمِّ فِي الْفَاءِ مُسْتَثْقَلٌ، فَكَانَ تَغْيِيرُ هَذِهِ لأَجْلِ هَذَا الاسْتِثْقَالِ أَوْلَى، وَلَمْ يُفْرَقْ فِي (فُعْلَى) مِنَ الْيَاءِ كَمَا لَمْ يُفْرَقْ فِي (فَعْلَى) مِنَ الْوَاوِ، إِمَّا لأَنَّ الْفَرْقَ كَانَ يُؤَدِّي إِلَى رُكُوبِ مُسْتَثْقَلٍ، وَهُوَ قَلْبُ الْيَاءِ وَاوًا مَعَ ضَمِّ الْفَاءِ، وَإِمَّا لِقِلَّةِ الصِّفَاتِ مِنَ الْيَاءِ فِي هَذِهِ الْبِنْيَةِ.

(وَأَمَّا فِعْلَى)، إِلَى آخِرِهَا. وَهَذَا يُوهِمُ أَنَّ (فِعْلَي) جَاءَتْ صِفَةً، وَلَمْ تَجِئْ (فِعْلَى) عِنْدَ سِيبَوَيْهِ صِفَةً، وَأَمَّا إِذَا كَانَتْ لامُهَا حَرْفَ عِلَّةٍ فَلَمْ تَجِئْ أَصْلًا عِنْدَ أَحَدٍ، وَإِذَا كَانَ كَذَلِكَ فَلا حَاجَةَ إِلَى أَنْ تُغَيَّرَ فِي الأَسْمَاءِ، إِذْ مُوجِبُ التَّغْيِيرِ فِي أَخَوَاتِهَا إِنَّمَا هُوَ خِيفَةُ اللَّبْسِ، وَلا صِفَةَ هَاهُنَا يَلْتَبِسُ مَعَهَا الاسْمُ، فَإِذَا عِلَّةُ التَّغْيِيرِ الْمَوْجُودَةُ فِي أَخَوَاتِهَا مُنْتَفِيَةٌ فِيهَا، فَوَجَبَ أَنْ تَأْتِيَ فِي (فِعْلَى) مِنْ غَيْرِ تَغْيِيرٍ، فَإِذَا قَوْلُهُ: (فَحَقُّهَا أَنْ تَنْسَاقَ) يُوهِمُ أَنَّهَا قَدْ تَكُونُ صِفَةً، وَلَيْسَ الأَمْرُ كَذَلِكَ.

(وَإِذَا وَقَعَتْ بَعْدَ أَلِفِ الْجَمْعِ الَّذِي بَعْدَهُ حَرْفَانِ (هَمْزَةٌ عَارِضَةٌ فِي الْجَمْعِ، وَيَاءٌ) قَلَبُوا الْيَاءَ أَلِفًا، وَالْهَمْزَةَ يَاءً)، إِلَى آخِرِهِ.

قَالَ الشَّيْخُ: شَرْطُ هَذَا الإِعْلالِ أَنْ يَكُونَ جَمْعًا، وَ أَنْ تَكُونَ الْهَمْزَةُ عَارِضَةً، وَ أَنْ يَكُونَ بَعْدَهَا يَاءٌ، فَحِينَئِذٍ يُعَلُّ هَذَا الإِعْلالُ بِقَلْبِ الْيَاءِ أَلِفًا، وَالْهَمْزَةِ يَاءً، وَذَلِكَ أَنَّهُ لَمَّا اسْتُثْقِلَ ذَلِكَ فِي هَذَا الْجَمْعِ الَّذِي هُوَ مُنْتَهَى الْجُمُوعِ، خَفَّفُوهُ بِأَنْ قَلَبُوا الْيَاءَ أَلِفًا، وَالْهَمْزَةَ يَاءً لِيَسْهُلَ، وَلَمْ يَسْتَغْنُوا بِأَحَدِهِمَا لأَنَّهُمْ لَوْ فَعَلُوا أَحَدَهُمَا لَقَالُوا: إِمَّا مَطَاءً بِإِثْبَاتِ الْهَمْزَةِ مَعَ الأَلِفِ، وَإِمَّا مَطَايِي بِقَلْبِ الْهَمْزَةِ يَاءً مَعَ بَقَاءِ الْيَاءِ بَعْدَهَا، وَكِلاهُمَا مُسْتَثْقَلٌ، فَلِذَلِكَ غَيَّرُوهُمَا جَمِيعًا لِيَنْتَفِيَ مَا ذَكَرْنَاهُ مَعَ الاسْتِثْقَالِ، وَلَوْ لَمْ يَكُنْ جَمْعًا لَمْ يُفْعَلْ هَذَا الْفِعْلُ؛ لأَنَّهُ يُسْتَخَفُّ ذَلِكَ لِخِفَّةِ الْمُفْرَدِ، وَمِثَالُهُ قَوْلُكَ: (جَاءٍ، وَشَاءٍ) وَشِبْهُهُ، وَلَوْ كَانَ جَمْعًا وَالْهَمْزَةُ غَيْرُ عَارِضَةٍ لَمْ يُعْتَدَّ بِهِ، كَقَوْلِكَ فِي جَمْعِ (شَائِيَةٍ) مِنْ (شَأَوْتُ): شَوَاءٍ؛ لأَنَّ الْهَمْزَةَ أَصْلِيَّةٌ غَيْرُ عَارِضَةٍ، وَلَوْ كَانَ جَمْعًا وَالْهَمْزَةُ عَارِضَةٌ، وَلَكِنَّهَا لَيْسَتْ عَارِضَةً فِي الْجَمْعِ، لَمْ يُعَلَّ أَيْضًا هَذَا الإِعْلالَ، كَقَوْلِكَ فِي جَمْعِ (شَائِيَةٍ) و(جَائِيَةٍ) مِنْ (شَاءَ) و(جَاءَ): (شَوَاءٍ)؛ لأَنَّ الْهَمْزَةَ وَإِنْ كَانَتْ عَارِضَةً فِي (شَائِيَةٍ) و(جَائِيَةٍ) إلا أَنَّ الْهَمْزَةَ غَيْرُ عَارِضَةٍ فِي الْجَمْعِ لِثُبُوتِهَا فِيهَا قَبْلَ جَمْعِهَا، وَإِنَّمَا لَمْ يَقْلِبُوهَا إلا إِذَا كَانَتْ عَارِضَةً فِي الْجَمْعِ لِضَعْفِ أَمْرِهَا حِينَئِذٍ، وَقُوَّةِ هَمْزِيَّتِهَا إِذَا لَمْ تَكُنْ كَذَلِكَ.

فَإِنْ قِيلَ: فَـ (شَوَاءٌ) و(جَوَاءٌ) عَلَى مَذْهَبِ الْخَلِيلِ وَزْنُهُ (فَوَالِعُ)، فَالْهَمْزَةُ إِذَنْ أَصْلِيَّةٌ وَلَيْسَتْ عَارِضَةً لا فِي الْجَمْعِ وَلا فِي غَيْرِهِ؟

قُلْتُ: هِيَ وَإِنْ كَانَتْ عِنْدَ الْخَلِيلِ كَذَلِكَ فَهِيَ عَارِضَةٌ فِي الْمُفْرَدِ الَّذِي هَذَا جَمْعُهُ، وَلَيْسَتْ عَارِضَةً فِي الْجَمْعِ، وَالَّذِي يُحَقِّقُ لَكَ ذَلِكَ أَنَّهَا جَمْعُ (شَائِيَةٍ)، وَالْقَلْبُ فِي (شَائِيَةٍ) عِنْدَهُ مِثْلُهُ فِي (شَوَاءٍ)، فَثَبَتَ أَنَّهَا عَارِضَةٌ فِي الْمُفْرَدِ لا فِي الْجَمْعِ.

فَإِنْ قُلْتَ: إِذَا كَانَتْ مُقَدَّمَةً إِلَى مَوْضِعِ الْعَيْنِ فَهِيَ أَصْلِيَّةٌ، فَكَيْفَ تَكُونُ أَصْلِيَّةً

عَارِضَةً؟

قُلْتُ: قَدْ تبَيَّنَ أَنَّهَا عَارِضَةٌ بَعْدَ الألِفِ فِي غَيْرِ الْجَمْعِ، بِدَلِيلِ أَنَّكَ تَقُولُ: أَصْلُ (شَائِيَةٍ) شَايِئَةٌ بِيَاءٍ بَعْدَ الألِفِ وَهَمْزَةٍ بَعْدَهَا هِيَ اللامُ، فَإِذَا قُلِبَتْ فَقُلْتَ: (شَائِيَةٌ)، فَقَدْ أَثْبَتَّ هَمْزَةً بَعْدَ الألِفِ بَعْدَ أَنْ لَمْ تَكُنْ، وَهَذَا مَعْنَى الْعُرُوضِ، وَالَّذِي يُحَقِّقُ لَكَ ذَلِكَ إِجْمَاعُهُمْ عَلَى (خطَايَا)، وَهُوَ جَمْعُ (خَطِيئَةٍ)، و(خَطِيئَةٌ) فَعِيلَةٌ، وَقِيَاسُهُ فَعَائِلُ، فَأَصْلُهُ (خَطَايِئُ)، فَعَلَى مَذْهَبِ غَيْرِ الْخَلِيلِ قُلِبَتِ الْيَاءُ هَمْزَةً، فَاجْتَمَعَتْ هَمْزَتَانِ، فَوَجَبَ قَلْبُ الثَّانِيَةِ يَاءً، فَصَارَ بَعْدَ أَلِفِ الْجَمْعِ هَمْزَةٌ عَارِضَةٌ فِي الْجَمْعِ وَيَاءٌ، فَوَجَبَ إِعْلالُهُ عَلَى مَا ذَكَرْنَاهُ، وَعَلَى مَذْهَبِ الْخَلِيلِ قُلِبَتِ الْهَمْزَةُ إِلَى مَوْضِعِ الْيَاءِ الزَّائِدَةِ، فَصَارَتْ وَإِنْ كَانَتْ أَصْلِيَّةً عَارِضَةً بَعْدَ الألِفِ، فَلِذَلِكَ اتَّفَقَ مَعَ غَيْرِهِ عَلَى إِعْلالِ (خَطَايَا)، وَلَوْ لَمْ يَكُنْ ذَلِكَ عَارِضًا بِهَذَا التَّقْرِيرِ لَوَجَبَ أَنْ تَقُولَ: (خَطَاءٍ)، كَمَا وَجَبَ فِي جَمْعِ فَاعِلَةٍ مِنْ (شَأَوْتُ شَوَاءٌ).

قَالَ: وَقَدْ شَذَّ نَحْوُ (هَدَاوَى) فِي جَمْعِ (هَدِيَّةٍ)، وَقِيَاسُهُ (هَدَايَا) كَمَا قِيلَ: (مَطِيَّةٌ وَمَطَايَا)، وَهُمَا مِنْ بَابٍ وَاحِدٍ.

وَأَمَّا نَحْوُ: (عِلاوَةٍ، وَإِدَاوَةٍ، وَهِرَاوَةٍ)، فَلَمْ يَقْلِبُوا الْهَمْزَةَ فِي جَمْعِهِ يَاءً، وَإِنَّمَا قَلَبُوهَا وَاوًا قَصْدًا إِلَى مُشَاكَلَةِ الْجَمْعِ الْوَاحِدَ فِي وُقُوعِ وَاوٍ بَعْدَ الألِفِ، وَهَذِهِ الْوَاوُ وَإِنْ لَمْ تَكُنْ وَاوَ الْمُفْرَدِ فَالْمُشَاكَلَةُ حَاصِلَةٌ فِي الصُّورَةِ، وَبَيَانُ أَنَّهَا لَيْسَتْ وَاوَ الْمُفْرَدِ هُوَ أَنَّ (إِدَوَاةً) مِثْلُ (رِسَالَةٍ)، فَالْوَاوُ كَاللامِ، وَالألِفُ قَبْلَ الْوَاوِ مِثْلُ الألِفِ قَبْلَ اللامِ، فَإِذَا جَمَعْتَ (رِسَالَةً) قُلْتَ: (رَسَائِلُ)، زِدْتَ أَلِفًا لِلْجَمْعِ بَعْدَ الْعَيْنِ، وَوَقَعَتْ أَلِفُ الْمُفْرَدِ بَعْدَهَا، فَوَجَبَ أَنْ تَنْقَلِبَ هَمْزَةً، فَصَارَ (أَدَائِو)؛ لأَنَّ وَزْنَهُ (فَعَائِلُ) كَـ (رَسَائِلَ)، فَانْقَلَبَتِ الْوَاوُ الَّتِي هِيَ لامٌ يَاءً لانْكِسَارِ مَا قَبْلَهَا، فَوَقَعَتْ بَعْدَ أَلِفِ الْجَمْعِ هَمْزَةٌ عَارِضَةٌ فِي الْجَمْعِ وَيَاءٌ، فَوَجَبَ أَنْ يُعَلَّ ذَلِكَ الإِعْلالَ، إِلا أَنَّهُمْ جَعَلُوا الْوَاوَ مَكَانَ الْيَاءِ لِمَا ذَكَرْنَاهُ، فَوَزْنُ (أَدَاوَى): (فَعَاوَل)، وَوَزْنُ (إِدَاوَةٍ): (فِعَالَةٌ)، فَالْوَاوُ فِي (إِدَاوَةٍ): لامٌ، وَالْوَاوُ فِي (أَدَاوَى): هِيَ الألِفُ الَّتِي قَبْلَ الْوَاوِ فِي (إِدَاوَةٍ)، لَمَّا وَقَعَتْ مُتَحَرِّكَةً بَعْدَ أَلِفِ الْجَمْعِ وَقُلِبَتْ هَمْزَةً، فَصَارَتْ بَعْدَ أَلِفِ الْجَمْعِ هَمْزَةٌ عَارِضَةٌ فِي الْجَمْعِ وَيَاءٌ قَلَبُوهَا وَاوًا مَوْضِعَ الْيَاءِ فِي أَصْلِ الْبَابِ لِمَا ذَكَرْنَاهُ مِنْ قَصْدِ مُشَاكَلَةِ الْجَمْعِ الْوَاحِدَ.

قَالَ: (وَإِذَا لَمْ تَكُنِ الْهَمْزَةُ عَارِضَةً فِي الْجَمْعِ)، إِلَى آخِرِهِ.

لَمْ تُقْلَبْ لِمَا تَقَدَّمَ مِنْ أَنَّهَا عَلَى مَذْهَبِ غَيْرِ الْخَلِيلِ هِيَ الْعَيْنُ، وَقَدْ كَانَتِ انْقَلَبَتْ

فِي الْمُفْرَدِ قَبْلَ الْجَمْعِ، فَلَمْ تَكُنْ عَارِضَةً فِي الْجَمْعِ، وَعِنْدَ الْخَلِيلِ هِيَ اللامُ قُلِبَتْ إِلَى مَوْضِعِ الْعَيْنِ فِي الْمُفْرَدِ، فَلَمْ تَكُنْ أَيْضًا عَارِضَةً فِي الْجَمْعِ؛ لأَنَّ ذَلِكَ فُعِلَ بِهَا فِي الْمُفْرَدِ قَبْلَ الْجَمْعِ، فَثَبَتَ أَنَّهَا غَيْرُ عَارِضَةٍ فِي الْجَمْعِ عَلَى كُلِّ تَقْدِيرٍ، وَلا يَسْتَقِيمُ أَنْ تَقُولَ: هِيَ عَلَى مَذْهَبِ الْخَلِيلِ أَصْلِيَّةٌ. وَالأَصْلِيَّةُ أَحْرَى أَنْ لا تُقْلَبَ لِئَلا يَنْخَرِمَ بِخَطَايَا، وَيَجِبُ عَلَى مَذْهَبِ الْخَلِيلِ حِينَئِذٍ أَنْ لا يُقَالَ إِلا: (خَطَاءٍ)، وَلَيْسَ بِقَائِلٍ بِهِ، فَثَبَتَ أَنَّ الْوَجْهَ فِي التَّعْلِيلِ مَا ذَكَرْنَاهُ.

قَالَ: (وَكُلُّ وَاوٍ وَقَعَتْ رَابِعَةً فَصَاعِدًا وَلَمْ يَنْضَمَّ مَا قَبْلَهَا قُلِبَتْ يَاءً) إِلَى آخِرِهِ.

وَإِنَّمَا قُلِبَتْ رَابِعَةً فَصَاعِدًا إِذَا لَمْ يَنْضَمَّ مَا قَبْلَهَا لأَحَدِ أَمْرَيْنِ:

إِمَّا لأَنَّهَا فِي بَعْضِ تَصَارِيفِ الْكَلِمَةِ يَنْكَسِرُ مَا قَبْلَهَا، فَيَجِبُ قَلْبُهَا يَاءً، كَقَوْلِكَ: (أَغْزَى يُغْزِي)، و(غَزَّى يُغَزِّي)، و(اسْتَغْزَى يَسْتَغْزِي)، ثُمَّ حُمِلَتْ بَقِيَّةُ تَصَارِيفِ الْكَلِمَةِ عَلَيْهَا.

فَإِنْ قِيلَ: فَمِنْ جُمْلَةِ مَا قُلِبَتْ فِيهِ يَاءً (تَعَدَّى يَتَعَدَّى)، وَهِيَ لا تُقْلَبُ فِي مُضَارِعِه يَاءً؟

فَالْجَوَابُ: أَنَّ (تَفَعَّلَ) إِنَّمَا هُوَ مُطَاوِعُ (فَعَّلَ)، و(فَعَّلَ) تَنْقَلِبُ وَاوُهُ فِي مُضَارِعِهِ يَاءً، فَحُمِلَ مُطَاوِعُهُ عَلَيْهِ.

وَالْوَجْهُ الثَّانِي: أَنَّهَا لَمَّا وَقَعَتْ رَابِعَةً فَصَاعِدًا ثَقُلَتِ الْكَلِمَةُ بِهَا، فَكَانَ قَلْبُهَا يَاءً لِثِقَلِ الْكَلِمَةِ بِالطُّولِ أَوْلَى، وَلَمْ يَفْعَلُوا ذَلِكَ فِيهَا إِذَا كَانَتْ مَضْمُومًا مَا قَبْلَهَا فِي مِثْلِ (غَزَا يَغْزُو)، و(دَعَا يَدْعُو)؛ لأَنَّهُمْ لَوْ فَعَلُوا لأَدَّى إِلَى تَغْيِيرٍ مِنْ غَيْرِ حَاجَةٍ إِلَيْهِ وَإِلْبَاسٍ، فَكَانَ بَقَاؤُهُ عَلَى أَصْلِهِ أَوْلَى، وَهَذَا الْوَجْهُ الثَّانِي هُوَ الْوَجْهُ الَّذِي يُعْتَمَدُ عَلَيْهِ؛ لأَنَّ الأَوَّلَ يَرِدُ عَلَيْهِ (يَشْأَى)، فَإِنَّهُ مِنْ (شَأَوْتُ)، وَلَمْ يَقَعْ فِي تَصَارِيفِهِ مَكْسُورًا مَا قَبْلَ وَاوِهِ.

وَقَدْ يُجَابُ عَنْهُ بِأَنَّهُ تَنْقَلِبُ فِيهِ الْوَاوُ يَاءً عِنْدَ بِنَائِهِ لِمَا لَمْ يُسَمَّ فَاعِلُهُ، فَحُمِلَ عَلَيْهِ، وَلا يَلْزَمُ ذَلِكَ فِي (يَدْعُو)، وَإِنْ كَانَ مَا لَمْ يُسَمَّ فَاعِلُهُ (دُعِيَ)؛ لأَجْلِ الضَّمَّةِ الَّتِي ذَكَرْنَا أَنَّهُمْ لا يُغَيِّرُونَ مَعَهَا الْوَاوَ، فَيَمْشِي بِهَذَا التَّقْدِيرِ الْوَجْهَانِ، وَقَدْ جَرَى هَذَا التَّغْيِيرُ فِي الأَسْمَاءِ وَالأَفْعَالِ جَمِيعًا، وَالْعِلَّةُ فِيهِمَا وَاحِدَةٌ.

وَقَوْلُهُ: (وَمُضَارِعَتِهَا).

إِمَّا أَنْ يَكُونَ مَعْطُوفًا عَلَى (أَغْزَيْتُ) فَيَكُونَ مَخْفُوضًا، وَكَذَلِكَ (وَمُضَارِعَةِ " غَزَى، وَرَضِيَ ")، وَيَجُوزُ أَنْ يَكُونَ الْمَعْنَى: (وَمُضَارِعَتِهَا وَمُضَارِعَةِ (غُزِيَ) كَذَلِكَ)، فَيَكُونَ

مُبْتَدَأً مَحْذُوفَ الْخَبَرِ.

وَأَمَّا الْعِلَّةُ فِي قَلْبِ وَاوَاتِهَا يَاءً فَقَدْ تَقَدَّمَتْ عَلَى الْوَجْهَيْنِ الْمَذْكُورَيْنِ.

قَالَ: (وَقَدْ أَجْرُوا (حَيِيَ) و(عَيِيَ) مُجْرَى (فَنِيَ)، فَلَمْ يُعِلُّوهُ).

أَمَّا تَصْحِيحُ اللَّامِ فَهُوَ الْقِيَاسُ؛ لِأَنَّهَا انْفَتَحَتْ وَانْكَسَرَ مَا قَبْلَهَا، فَقِيَاسُهُ فِي الْمُضَارِعِ كَبَابِ (فَنِيَ) و(بَقِيَ)، وَإِنَّمَا الْكَلَامُ فِي تَصْحِيحِ الْعَيْنِ هُوَ الْمُشْكِلُ، وَكَانَ حَقُّهَا أَنْ تُذْكَرَ ثَمَّةَ، وَإِنَّمَا جَرَّ إِلَى ذِكْرِهَا هَاهُنَا إِعْلَالُهَا فِي الْمُضَارِعِ كَإِعْلَالِ (يَفْنَى) و(يَبْقَى)، وَإِنَّمَا صَحَّتْ فِي (حَيِيَ) وَإِنْ كَانَ الْكَثِيرُ الْإِدْغَامَ؛ لِأَنَّهُمْ لَوْ أَعَلُّوهَا لَقَالُوا: (حَايَ)، فَيُؤَدِّي إِلَى أَمْرَيْنِ:

أَحَدُهُمَا: وُقُوعُ يَاءٍ مُتَطَرِّفَةٍ بَعْدَ أَلِفٍ، وَهُوَ نَادِرٌ فِي كَلَامِهِمْ.

وَالْآخَرُ: لُزُومُ الْإِعْلَالِ فِي الْمُضَارِعِ حَمْلًا عَلَى الْمَاضِي، فَكَانَ يَلْزَمُ أَنْ يُقَالَ: (يَحَايُ)، فَتَتَحَرَّكَ اللَّامُ بِالضَّمِّ، وَهُمْ لَا يُحَرِّكُونَ يَاءَ الْمُضَارِعِ وَلَا وَاوَهُ إِلَّا بِالْفَتْحِ، فَكَرِهُوا أَنْ يَقُولُوا: (يَحَايُ).

وَاللُّغَةُ الْفَصِيحَةُ لَمَّا لَمْ يُمْكِنِ الْإِعْلَالُ لِمَا ذَكَرْنَاهُ نَظَرُوا إِلَى اجْتِمَاعِ الْمِثْلَيْنِ فِي (حَيِيَ) فَأَدْغَمُوا، فَقَالُوا: (حَيَّ)، وَلَمْ يَمْتَنِعُوا مِنَ الْإِدْغَامِ؛ لِأَنَّهُ لَا يَلْزَمُ فِي الْمُضَارِعِ لِانْقِلَابِ اللَّامِ أَلِفًا، فَيَفُوتُ الْمِثْلَانِ، وَلَوْ لَمْ تَنْقَلِبِ الْوَاوُ أَلِفًا لَلَزِمَهُمُ الْإِدْغَامُ لُزُومَهُ فِي (حَيَّ)، وَكَانَ حِينَئِذٍ يُؤَدِّي إِلَى امْتِنَاعِهِ لِمَا يَلْزَمُ مِنْ تَحْرِيكِ الْيَاءِ بِالضَّمِّ لَوْ قَالُوا: (يَحَيُّ).

وَمِمَّا يَدُلُّكَ عَلَى أَنَّهُمْ لَا يُدْغِمُونَ إِلَّا بَعْدَ أَنْ يُعِلُّوا مَا وَجَبَ إِعْلَالُهُ امْتِنَاعُهُمْ مِنَ الْإِدْغَامِ فِي (قَوِيَ يَقْوَى).

فَإِنْ قُلْتَ: فَقَدْ قَالُوا: إِنَّمَا امْتَنَعُوا مِنْ إِدْغَامِ (احْوَاوَى) لِأَنَّهُ كَانَ يُؤَدِّي إِلَى إِدْغَامِ (يَحْوَاوِي)، فَتَتَحَرَّكُ الْوَاوُ بِالضَّمِّ إِذَا قَالُوا: احْوَاوَّ يَحْوَاوُّ؟

قُلْتُ: هَذَا وَهْمٌ مَحْضٌ؛ لِأَنَّا نَعْلَمُ أَنَّهُمْ أَدْغَمُوا فِي (حَيَّ)، وَلَمْ يُدْغِمُوا فِي مُضَارِعِهِ لِانْقِلَابِ الْيَاءِ أَلِفًا، وَامْتَنَعُوا مِنْ إِدْغَامِ (قَوِيَ يَقْوَى)، لِانْقِلَابِ الْوَاوِ إِلَى الْيَاءِ فِي الْمَاضِي، وَانْقِلَابِهَا أَلِفًا فِي الْمُضَارِعِ، وَقَدْ صَرَّحَ بِمَا يَدُلُّ عَلَى ذَلِكَ، فَالْأَوْلَى فِي (احْوَاوَى) أَنْ يُقَالَ: إِنَّمَا امْتَنَعُوا مِنْ إِدْغَامِهِ لِفَوَاتِ الْمِثْلَيْنِ؛ لِانْقِلَابِ الْوَاوِ الثَّانِيَةِ أَلِفًا لِتَحَرُّكِهَا وَانْفِتَاحِ مَا قَبْلَهَا، و(يَحْوَاوِي) لِقَلْبِ الْكَسْرَةِ الْوَاوَ الثَّانِيَةَ يَاءً، فَفَاتَ اجْتِمَاعُ الْمِثْلَيْنِ.

وَقَوْلُهُ: (وَمِنْهُمْ مَنْ يُدْغِمُ فَيَقُولُ: حَيَّ بِفَتْحِ الْحَاءِ وَكَسْرِهَا).

أَمَّا فَتْحُ الْحَاءِ فَوَاضِحٌ، وَأَمَّا كَسْرُهَا فَلأَنَّهُ لَمَّا سَكَّنَهَا لِلإِدْغَامِ شَبَّهَهَا بِتَسْكِينِ الْيَاءِ فِي (لِيٌّ)، فَكَسَرَهَا كَمَا كَسَرَ اللامَ ثَمَّةَ جَوَازًا، وَكَسْرُهَا فِي (لِيّ) أَظْهَرُ؛ لاسْتِثْقَالِ الضَّمَّةِ قَبْلَ الْيَاءِ السَّاكِنَةِ، وَلَيْسَ كَذَلِكَ (حَيَّ) لأَنَّهَا فَتْحَةٌ، وَالْفَتْحَةُ قَبْلَ الْيَاءِ غَيْرُ مُسْتَكْرَهَةٍ.

(وَكَذَلِكَ أُحِيَّ)، إِلَى آخِرِهِ؛ لأَنَّ الْعِلَّةَ فِيهِ وَفِي (حَيِيَ) وَاحِدَةٌ، وَلَيْسَ كَذَلِكَ (أَحْيَى) و(اسْتَحْيَى) وَشِبْهُهُ؛ لانْقِلابِ الثَّانِيَةِ أَلِفًا، وَالإِدْغَامُ فِي (حَيِيَ) أَكْثَرُ مِنْ (اسْتُحْيِيَ) وَبَابِهِ لِلسُّكُونِ الَّذِي قَبْلَ الْيَاءِ الأَوْلَى فِي بَابِ (اسْتَحْيَى)، بِخِلافِ بَابِ (حَيِيَ).

وَقَوْلُهُ: (وَكُلُّ مَا كَانَتْ حَرَكَتُهُ لازِمَةً).

احْتِرَازٌ مِنَ الْمُضَارِعِ فِي (يُحْيِي) و(يَسْتَحْيِي)؛ لأَنَّهُمْ لَوْ أَدْغَمُوا لأَدَّى ذَلِكَ إِلَى تَحْرِيكِ الْيَاءِ بِالضَّمِّ، وَهُوَ مُمْتَنِعٌ عَلَى مَا تَقَدَّمَ، وَلا فَرْقَ بَيْنَ أَنْ تَكُونَ الْحَرَكَةُ ضَمَّةً أَوْ غَيْرَهَا؛ لأَنَّهُمْ لَوْ أَدْغَمُوا فِي (أَنْ يَسْتَحْيِيَ) لَزِمَهُمْ أَنْ يُدْغِمُوا فِي (هُوَ يَسْتَحْيِي)، وَإِلا حَصَلَ تَفْرِيقُ الْبَابِ الْوَاحِدِ.

قَالَ: (وَقَالُوا فِي جَمْعِ حَيَاءٍ وَعَيِيٍّ)، إِلَى آخِرِهِ.

لأَنَّهُ فِي التَّصْحِيحِ وَالإِدْغَامِ مِثْلُ (أُحْيِي)، فَكَمَا جَاءَ الْوَجْهَانِ ثَمَّةَ، فَكَذَلِكَ يَجِيئَانِ هَاهُنَا.

(وَ (قَوِيَ) مِثْلُ (حَيِي) فِي تَرْكِ الإِعْلالِ).

يَعْنِي: فِي تَرْكِ إِعْلالِ الْعَيْنِ، وَإِلا فَاللامُ انْقَلَبَتْ يَاءً لانْكِسَارِ مَا قَبْلَهَا.

قَالَ: (وَلَمْ يَجِئْ فِيهِ الإِدْغَامُ لِقَلْبِ الْوَاوِ يَاءً لِلْكَسْرَةِ).

وَهَذَا مِمَّا يَدُلُّكَ عَلَى أَنَّهُمْ لا يُدْغِمُونَ إِلا بَعْدَ إِعْطَاءِ مَا تَسْتَحِقُّهُ الْكَلِمَةُ مِنَ الإِعْلالِ، ثُمَّ بَعْدَ ذَلِكَ إِنْ وُجِدَ مُوجِبُ الإِدْغَامِ أَدْغَمُوا وَإِلا فَلا، وَلَوْ كَانَ الإِدْغَامُ قَبْلَ الإِعْلالِ لَوَجَبَ أَنْ يَقُولُوا: (قَوَّ)؛ لأَنَّ أَصْلَهُ (قَوِوَ)، فَتَجْتَمِعُ الْوَاوَانِ فَيَجِيءُ الإِدْغَامُ، وَلَكِنَّهُمْ لَمَّا أَعَلُّوا أَوَّلا انْقَلَبَتِ الْوَاوُ الثَّانِيَةُ يَاءً، فَفَاتَ اجْتِمَاعُ الْمِثْلَيْنِ، فَفَاتَ الإِدْغَامُ.

قَالَ: (وَمُضَاعَفُ الْوَاوِ مُخْتَصٌّ بِـ (فَعِلْتُ) دُونَ وَ " فَعَلْتُ " وَ " فَعُلْتُ ")، إِلَى آخِرِهِ.

يَعْنِي: أَنَّهُ إِذَا كَانَ عَيْنُهُ وَلامُهُ وَاوًا لَمْ يَجِئْ مَفْتُوحَ الْعَيْنِ وَلا مَضْمُومَهُ؛ لأَنَّهُ لَوْ جَاءَ كَذَلِكَ لَوَجَبَ أَنْ يَصِحَّا فِي كُلِّ مَوْضِعٍ تَسْكُنُ فِيهِ اللامُ، وَذَلِكَ عِنْدَ اتِّصَالِ ضَمِيرِ الْمُتَحَرِّكِ الْمَرْفُوعِ، كَقَوْلِكَ: (ضَرَبْتُ، وَضَرَبْنَا، وَضَرَبْتَ، وَضَرَبْتِ، وَضَرَبْتُمَا، وَضَرَبْتُمْ، وَضَرَبْتُنَّ، وَضَرَبْنَ، فَيُؤَدِّي إِلَى اجْتِمَاعِ الْوَاوَاتِ فِي هَذِهِ الصِّيَغِ كُلِّهَا؛ لأَنَّ الْعَيْنَ قَدْ

صَحَّتْ بِمَا ذَكَرْنَاهُ فِي نَحْوِ: (حَيِيَ)، وَيَلْزَمُ فِيهِ تَصْحِيحُ اللامِ إِذَا سَكَنَتْ أَيْضًا، أَلا تَرَى أَنَّكَ تَقُولُ فِي (هَوَى): هَوِيتُ، وَفِي (غَوَى): غَوِيتُ، فَتَصِحُّ الْعَيْنُ وَاللامُ جَمِيعًا عِنْدَ سُكُونِ اللامِ؟ فَلَوْ بَنَوْا، نَحْوَ: (ضَرَبْتُ) و(سَرُوْتُ) لَوَجَبَ أَنْ يَقُولُوا: قَوَوْتُ، و(قَوُوْتُ) فِي جَمِيعِ الأَبْنِيَةِ الَّتِي ذَكَرْنَاهَا، وَهُمْ يَكْرَهُونَ اجْتِمَاعَ الْوَاوَيْنِ، فَلَمَّا كَانَتْ هَاتَانِ الْبِنْيَتَانِ مُؤَدِّيَتَيْنِ إِلَى ذَلِكَ رَفَضُوهُمَا، وَبَنَوْهُ عَلَى صِيغَةٍ لا تُؤَدِّي إِلَى ذَلِكَ، وَهُوَ كَسْرُ الْعَيْنِ؛ لأَنَّهُمْ عَلِمُوا أَنَّهُمْ إِذَا كَسَرُوا انْقَلَبَتِ الْوَاوُ الثَّانِيَةُ يَاءً لانْكِسَارِ مَا قَبْلَهَا، فَيَنْتَفِي ذَلِكَ الْمَحْذُورُ الَّذِي مَنَعَهُمْ مِنْ فَتْحِهَا وَضَمِّهَا.

ثُمَّ أَوْرَدَ الْقُوَّةَ وَالصُّوَّةَ اعْتِرَاضًا عَلَى قَوْلِهِ: (إِنَّهُمْ يَكْرَهُونَ الْجَمْعَ بَيْنَ الْوَاوَيْنِ)، وَأَجَابَ بِأَنَّ الإِدْغَامَ سَهَّلَ أَمْرَهَا؛ لأَنَّ اللِّسَانَ يَنْطِقُ بِالْمُدْغَمِ دُفْعَةً وَاحِدَةً، حَتَّى كَأَنَّهُ حَرْفٌ وَاحِدٌ.

(وَقَالُوا فِي (افْعَالَّ) مِنَ الْحُوَّةِ: احْوَاوَى، فَقَلَبُوا الثَّانِيَةَ أَلِفًا، وَلَمْ يُدْغِمُوا) إِلَى آخِرِهِ.

قَالَ الشَّيْخُ: قَوْلُهُ: (وَإِنَّمَا لَمْ يُدْغِمُوا لِئَلا يُؤَدِّي إِلَى تَحْرِيكِ الْوَاوِ فِي الْمُضَارِعِ بِالضَّمِّ) لَيْسَ بِمُسْتَقِيمٍ لِوَجْهَيْنِ:

أَحَدُهُمَا: أَنَّ (احْوَاوَى) انْقَلَبَتْ لامُهُ الثَّانِيَةُ أَلِفًا لِتَحَرُّكِهَا وَانْفِتَاحِ مَا قَبْلَهَا، فَفَاتَ الْمِثْلانِ، وَلِذَلِكَ صَرَّحَ بِأَنَّهُمْ لَمْ يُدْغِمُوا فِي (قَوِيَ) لِفَوَاتِ الْمِثْلَيْنِ عَلَى مَا قَرَّرَهُ، وَقَدْ مَرَّ أَنَّ الإِدْغَامَ إِنَّمَا يَكُونُ بَعْدَ مُوجِبَاتِ الإِعْلالِ.

الْوَجْهُ الثَّانِي: هُوَ أَنَّهُمْ لَوْ أَدْغَمُوا فِي (احْوَاوَى) لَمْ يَلْزَمْ أَنْ يُدْغِمُوا فِي الْمُضَارِعِ، أَلا تَرَى أَنَّهُمْ قَدْ أَدْغَمُوا فِي اللُّغَةِ الْفَصِيحَةِ فِي (حَيِيَ)، فَقَالُوا: (حَيَّ)، وَلَمْ يَقُلْ فِي مُضَارِعِهِ: (يَحيُّ)؟ فَكَذَلِكَ لَوْ قَدَّرْنَا إِدْغَامَهُمْ فِي (احْوَاوَى) لَمْ يَلْزَمِ الإِدْغَامُ فِي مُضَارِعِهِ، إِمَّا لأَنَّ اللامَ الثَّانِيَةَ تَنْقَلِبُ يَاءً لانْكِسَارِ مَا قَبْلَهَا مِثْلَهَا فِي (قَوِيَ)، وَإِمَّا لأَنَّهُ يُؤَدِّي إِلَى تَحْرِيكِ الْوَاوِ بِالضَّمِّ، فَثَبَتَ أَنَّهُ لَمْ يَمْتَنِعْ مِنَ الإِدْغَامِ فِي مَاضِيهِ؛ لأَنَّهُ يُؤَدِّي إِلَى تَحْرِيكِ الْوَاوِ فِي مُضَارِعِهِ بِالضَّمِّ، فَالْوَجْهُ مَا ذَكَرْنَاهُ مِنْ أَنَّ امْتِنَاعَ الإِدْغَامِ إِنَّمَا كَانَ لأَنَّهُ لَمْ يَلْتَقِ مِثْلانِ، وَهَذَا جَارٍ فِي كُلِّ مَا كَانَ عَلَى هَذَا الْوَجْهِ؛ أَلا تَرَاهُمْ قَالُوا: (ارعَوَى) وَإِنْ كَانَ مِنْ بَابِ (افْعَلَّ)، وَلَمْ يُدْغِمُوا لانْقِلابِ الثَّانِيَةِ أَلِفًا؟

(وَتَقُولُ فِي مَصْدَرِهِ: احْوِيْوَاء، وَاحْوِيَّاء)، إِلَى آخِرِهِ.

فَأَمَّا (احْوِيْوَاء) فَهُوَ الأَصْلُ، وَصَحَّتِ الْوَاوُ الثَّانِيَةُ وَإِنْ كَانَ قَبْلَهَا يَاءٌ لِصِحَّتِهَا فِي فِعْلِهِ وَمِنْهُمْ مَنْ يَنْظُرُ إِلَى لَفْظِهَا الْحَاصِلِ، فَيَحْمِلُهَا عَلَى مَا يُشَابِهُهَا فِي الْوَاوِ الَّتِي وَقَعَ

قَبْلَهَا يَاءٌ، فَيَقْلِبُهَا يَاءً وَيُدْغِمُهَا.

وَمَنْ قَالَ: (احْوِوَاء) حَذَفَ الْيَاءَ مِنَ الْمَصْدَرِ كَمَا حَذَفَهَا مِنَ (اشْهِبَابٍ، وَاحْمِرَارٍ) لأَنَّهُ مِنْ بَابِهِ، فَيَبْقَى (احْوِوَاءً)، وَصَحَّحَ الْوَاوَيْنِ لِصِحَّتِهَا فِي الْفِعْلِ، وَمَنْ قَالَ: (قِتَّالٌ) فِي (اقْتِتَالٍ) وَنَظَرَ إِلَى اجْتِمَاعِ الْمِثْلَيْنِ فَأَدْغَمَ، فَلَمَّا أَدْغَمَ وَجَبَ تَحْرِيكُ مَا قَبْلَ الأَوَّلِ بِنَقْلِ حَرَكَتِهِ عَلَيْهِ، فَتَحَرَّكَ بِالْكَسْرِ، فَوَجَبَ حَذْفُ هَمْزَةِ الْوَصْلِ لِلاسْتِغْنَاءِ عَنْهَا، فَقَالَ: (قِتَّالٌ)، قَالَ هَاهُنَا: (حِوَّاءٌ)؛ لأَنَّهُ لَمَّا قَصَدَ إِلَى الإِدْغَامِ لاجْتِمَاعِ الْمِثْلَيْنِ نَقَلَ حَرَكَةَ الْوَاوِ الأُولَى إِلَى الْحَاءِ الَّتِي قَبْلَهَا؛ إِذْ لا يُمْكِنُ بَقَاؤُهَا سَاكِنَةً مَعَ الإِدْغَامِ، فَتَحَرَّكَتْ بِالْكَسْرِ، فَاسْتُغْنِيَ عَنْ هَمْزَةِ الْوَصْلِ فَحَذَفَهَا، فَصَارَ لَفْظُهُ (حِوَّاءً) بِكَسْرِ الْحَاءِ وَالإِدْغَامِ لِلْوَاوِ الأُولَى فِي الثَّانِيَةِ كَمَا فُعِلَ فِي (قِتَّالٍ) سَوَاءٌ.

وَمِنْ أَصْنَافِ الْمُشْتَرَكِ الإِدْغَامُ[١]

قَالَ صَاحِبُ الْكِتَابِ: (ثِقَلُ الْتِقَاءِ الْمُتَجَانِسَيْنِ عَلَى أَلْسِنَتِهِمْ فَعَمَدُوا بِالإِدْغَامِ إِلَى ضَرْبٍ مِنَ الْخِفَّةِ، وَالْتِقَاؤُهُمَا عَلَى ثَلاثَةِ أَضْرُبٍ)، إِلَى آخِرِهِ.

قَالَ الشَّيْخُ: يَجُوزُ أَنْ يُقَالَ فِي الإِدْغَامِ: إِنَّهُ لأَجْلِ ثِقَلِ الْمُتَجَانِسَيْنِ، وَيَجُوزُ أَنْ يُقَالَ: إِنَّهُ لأَجْلِ تَخْفِيفِ الإِدْغَامِ، وَإِنْ لَمْ يَكُنْ فِي الْمُتَجَانِسَيْنِ ثِقَلٌ، أَمَّا الأَوَّلُ: فَلأَنَّ نَقْلَ اللِّسَانِ عَنِ الْمَوْضِعِ ثُمَّ رَدَّهُ إِلَيْهِ مِمَّا يُدْرِكُ ثِقَلَهُ عَلَى النَّاطِقِ، وَأَمَّا الثَّانِي: فَلأَنَّهُ إِذَا قُلْتَ: (تَبَّ) نَطَقْتَ بِالْحَرْفَيْنِ دُفْعَةً وَاحِدَةً، فَيَكُونُ أَخَفَّ مِنْ قَوْلِكَ: (تَبَبَ)، فَلِذَلِكَ وَجَبَ الإِدْغَامُ عِنْدَمَا يَكُونُ الأَوَّلُ سَاكِنًا لِعُسْرِ النُّطْقِ بِالْمِثْلَيْنِ مُنْفَكَّيْنِ وَالأَوَّلُ مِنْهُمَا سَاكِنٌ؛ لأَنَّكَ إِذَا فَكَكْتَهُمَا فَلا بُدَّ مِنْ زَمَانٍ تَقْطَعُ بِهِ الأَوَّلَ عَنِ الثَّانِي، ثُمَّ تَشْرَعُ فِي الرَّدِّ إِلَيْهِ فِي زَمَانٍ آخَرَ فَيَطُولُ، بِخِلافِ مَا إِذَا كَانَا غَيْرَ مِثْلَيْنِ كَـ "**أَخْرَجَ شَطْأَهُ**" [محمد:٢٩]، وَ "**قَدْ**

---

(١) الإدغامُ إدخالُ حرفٍ في حرفٍ آخرَ من جنسه، بحيث يصيرانِ حرفاً واحداً مُشدَّداً، مثلُ "مدَّ يمدُّ مدّاً" وأصلُها "مدَدَ يمْدُدُ مدْداً". وحكمُ الحرفينِ، في الإدغامِ، أن يكون أوَّلهما ساكناً، والثاني متحركاً، بلا فاصلٍ بينهما.
وسكون الأول إما من الأصل كالمدّ والشد. وإما بحذف حركته. كمدَّ وشدَّ. وإما بنقلِ حركته إلى ما قبلهُ كيمُد، ويشدُّ.
والإدغامُ يكون في الحرفين المتقاربين في المَخرَج، كما يكون في الحرفين المتجانسين. وذلك يكون تارةً بإبدال الأول ليُجانسَ الآخر كامَّحى، وأصلُه "انمحى"، على وزن "انفعَلَ" ويكون تارةً بإبدال الثاني ليُجانس الأولَ كادَّعى، وأصلُه "ادْتعى"، على وزن "افتَعل".

سَمِعَ" [المجادلة:١]، فَإِنَّ الزَّمَنَ الَّذِي يُقْصَدُ بِهِ انْفِكَاكُ الأَوَّلِ عَنِ الثَّانِي هُوَ الَّذِي يُشْرَعُ فِيهِ فِي الثَّانِي، فَمِنْ أَجْلِ ذَلِكَ جَاءَ الاسْتِثْقَالُ، فَوَجَبَ الإِدْغَامُ.

قَالَ: (وَالْتِقَاؤُهُمَا عَلَى ثَلاثَةِ أَضْرُبٍ).

الأَوَّلُ: أَنْ يَجِبَ الإِدْغَامُ ضَرُورَةً لِمَا ذَكَرْنَاهُ مِنْ ثِقَلِ ذَلِكَ.

(**وَالثَّانِي:** أَنْ يَتَحَرَّكَ الأَوَّلُ وَيَسْكُنَ الثَّانِي، فَيَمْتَنِعَ الإِدْغَامُ).

ضَرُورَةً، وَإِنَّمَا أَرَادَ بِالسُّكُونِ هَاهُنَا السُّكُونَ اللازِمَ، وَإِلا فَسُكُونُ الْوَقْفِ لَيْسَ بِمَانِعٍ إِجْمَاعًا، وَسُكُونُ الْجَزْمِ وَمَا يُشْبِهُهُ غَيْرُ مَانِعٍ أَيْضًا فِي الأَكْثَرِ، كَقَوْلِكَ فِي الْوَقْفِ: (يَشُدُّ)، وَكَقَوْلِكَ فِي الْجَزْمِ وَمَا شَابَهَهُ: (لَمْ يَشُدَّ) و(شُدَّ)، وَإِنْ كَانَ بَعْضُهُمْ يَقُولُ: (لَمْ يَشْدُدْ) و(اشْدُدْ) وَهُوَ مَذْهَبُ أَهْلِ الْحِجَازِ، وَقَدْ جَاءَتِ اللُّغَتَانِ فِي الْقُرْآنِ، وَإِنَّمَا الَّذِي يَمْنَعُ فِيهِ السُّكُونُ مَا مَثَّلَ بِهِ مِنْ نَحْوِ: (ظَلِلْتُ) و(رَسُولُ الحسن) وَشِبْهِهِ، وَإِنَّمَا امْتَنَعَ لأَنَّ الإِدْغَامَ لا بُدَّ فِيهِ مِنْ إِسْكَانِ الأَوَّلِ؛ لِيُنْطَقَ بِهِمَا دُفْعَةً وَاحِدَةً مِنْ غَيْرِ أَنْ يُنْقَلَ اللِّسَانُ ثُمَّ يُرَدَّ، فَإِذَا كَانَ الثَّانِي سَاكِنًا أَدَّى إِلَى الْتِقَاءِ السَّاكِنَيْنِ فِي الْمِثْلَيْنِ، وَهُوَ أَعْسَرُ مِنَ الْتِقَاءِ السَّاكِنَيْنِ فِي غَيْرِهِمَا، فَلِذَلِكَ امْتَنَعَ.

قَالَ: (وَالثَّالِثُ أَنْ يَتَحَرَّكَا، وَهُوَ عَلَى ثَلاثَةِ أَوْجُهٍ، مَا الإِدْغَامُ فِيهِ وَاجِبٌ، وَذَلِكَ أَنْ يَلْتَقِيَا فِي كَلِمَةٍ).

وَلَيْسَ أَحَدُهُمَا فِي حُكْمِ الْمُنْفَصِلِ، وَلا لِلإِلْحَاقِ، وَلا يُلْبِسُ مِثَالٌ بِمِثَالٍ آخَرَ، فَحِينَئِذٍ يَجِبُ الإِدْغَامُ، كَقَوْلِكَ: (شَدَّ) و(يَشُدُّ)، وَإِنَّمَا قُلْنَا: (أَنْ يَكُونَا فِي كَلِمَةٍ) احْتِرَازًا مِنْ مِثْلِ (ضَرَبَ بَكْرٌ)، فَإِنَّهُ لَيْسَ بِلازِمٍ، وَقَوْلُنَا: (وَلا فِي حُكْمِ الْمُنْفَصِلِ) احْتِرَازٌ مِنْ نَحْوِ: (اقْتَتَلَ)؛ لأَنَّ الأَفْصَحَ أَنْ لا يُدْغَمَ، وَإِنَّمَا قُلْنَا: (وَلَيْسَ أَحَدُهُمَا لِلإِلْحَاقِ) احْتِرَازًا مِنْ مِثْلِ (شَمْلَلَ)، وَإِنَّمَا قُلْنَا: (وَلا يُلْبِسُ مِثَالٌ بِمِثَالٍ) احْتِرَازًا مِنْ نَحْوِ (سُرُرٍ).

وَالثَّانِي: أَنْ يَكُونَ الإِدْغَامُ جَائِزًا، وَذَلِكَ أَنْ يَلْتَقِيَا فِي كَلِمَتَيْنِ أَوْ فِي حُكْمِ الْكَلِمَتَيْنِ، وَلَيْسَ مَا قَبْلَ الأَوَّلِ سَاكِنًا صَحِيحًا، كَقَوْلِكَ: (أَنْعَتُ تِلْكَ) إِلَى آخِرِهِ، فَقَوْلُنَا: (فِي كَلِمَتَيْنِ) احْتِرَازٌ مِنْ (شَدَّ)؛ لأَنَّهُ وَاجِبُ الإِدْغَامِ، (أَوْ مَا فِي حُكْمِ الْكَلِمَتَيْنِ) لِيَدْخُلَ (اقْتَتَلَ) و(مُقْتَتَلٌ)، وَشِبْهُهُ عَلَى مَا ذَكَرَهُ، وَقُلْنَا: (وَلَيْسَ مَا قَبْلَ الأَوَّلِ حَرْفًا سَاكِنًا صَحِيحًا) احْتِرَازًا مِنْ (عَدُوُّ وَلِيدٍ) و(قَوْمُ مَالِكٍ)؛ لأَنَّهُ لا يَجُوزُ فِيهِ الإِدْغَامُ عِنْدَ النَّحْوِيِّينَ، وَالْكَلامُ فِي الْجَائِزِ.

وَالثَّالِثُ: أَنْ يَكُونَ الإِدْغَامُ مُمْتَنِعًا، وَذَلِكَ عَلَى ثَلاثَةِ أَضْرُبٍ.

أَحَدُهَا: أَنْ يَكُونَ أَحَدُ الْمِثْلَيْنِ لِلإِلْحَاقِ؛ لأَنَّهَا إِذَا كَانَتْ لِلإِلْحَاقِ تَعَذَّرَ الإِدْغَامُ؛ لأَنَّهَا إِنَّمَا أُلْحِقَتْ لِيَكُونَ الْمِثَالُ الَّذِي أُلْحِقَتْ بِهِ عَلَى صِيغَةِ الْمِثَالِ الَّذِي هُوَ الأَصْلِيُّ، فَإِذَا أَدْغَمْتَ تَغَيَّرَتِ الصِّيغَةُ، فَيَفُوتُ الْمَعْنَى الَّذِي كَانَ الإِلْحَاقُ لأَجْلِهِ، فَتَقَعُ الْمُنَافَاةُ بَيْنَ الإِلْحَاقِ وَالإِدْغَامِ، فَلِذَلِكَ لَمْ يَجِئْ مَعَ الإِلْحَاقِ إِدْغَامٌ.

وَالثَّانِي: أَنَّهُ يُؤَدِّي الإِدْغَامُ فِيهِ إِلَى لَبْسِ مِثَالٍ بِمِثَالٍ، وَهَذَا إِنَّمَا يَكُونُ فِي الأَسْمَاءِ، وَتَحْقِيقُ اللَّبْسِ أَنَّكَ إِذَا أَدْغَمْتَ فِي (سُرُرٍ)، فَقُلْتَ: (سُرٌّ) لَمْ يُعْلَمْ (أَفُعُلٌ) هُوَ أَمْ (فُعْلٌ) أَمْ (فُعَلٌ)؟ وَعَلَى هَذَا النَّحْوِ يَتَحَقَّقُ اللَّبْسُ فِي غَيْرِهِ، وَإِنَّمَا لَمْ يُعْتَبَرْ ذَلِكَ فِي الأَفْعَالِ فَيُمْتَنَعَ مِنْ إِدْغَامِ (شَدَّ)، و(فَرَّ)، و(عَضَّ) مَعَ تَحَقِيقِ اللَّبْسِ فِيهِ؛ لأَنَّكَ إِذَا قُلْتَ: (شَدَّ) لا يُعْلَمُ هَلْ هُوَ (شَدَدَ)، أَوْ (شَدِدَ)، أَوْ (شَدُدَ)؟

وَإِذَا قُلْتَ: (فَرَّ) لَمْ يُعْلَمْ أَهُوَ (فَرَرَ)، أَوْ (فَرِرَ)، أَوْ (فَرُرَ)؟ وَعَلَى هَذَا النَّحْوِ لَبْسُ (عَضَّ) لأَحَدِ أَمْرَيْنِ أَوْلَهُمَا جَمِيعًا:

الأَوَّلُ: هُوَ أَنَّهُ يَتَّصِلُ بِهِمَا مَا يُوجِبُ انْفِكَاكَهُمَا غَالِبًا، نَحْوُ: (شَدَدْتُ)، و(فَرَرْتُ)، و(عَضِضْتُ) فَيَتَبَيَّنُ بِنَاؤُهَا فِي الْغَالِبِ، فَلا يَلْزَمُ مِنَ الامْتِنَاعِ مِنَ الإِدْغَامِ الَّذِي يُلازِمُ اللَّبْسَ الامْتِنَاعُ مِنَ الإِدْغَامِ الَّذِي لا يُلازِمُهُ.

الثَّانِي: أَنَّ ذَلِكَ يَتَبَيَّنُ بِمُضَارِعَاتِهَا وَصِيَغِ أَوَامِرِهَا، أَلا تَرَى أَنَّكَ إِذَا قُلْتَ: (يَفِرُّ) و(يَشُدُّ) عُلِمَ أَنَّ مَاضِيهِمَا (فَعَلَ)، وَإِذَا قُلْتَ: (يَعَضُّ) عُلِمَ أَنَّ مَاضِيهِ (فَعِلَ)، وَكَذَلِكَ إِذَا بَنَيْتَ صِيغَةَ الأَمْرِ، فَقُلْتَ: (فِرَّ)، و(شُدَّ)، و(عَضَّ) تَبَيَّنَ ذَلِكَ أَيْضًا، فَلا يَلْزَمُ مِنَ الامْتِنَاعِ مِنَ الإِدْغَامِ الَّذِي لا دِلالَةَ مَعَهُ عَلَى مَا يُؤَدِّي إِلَيْهِ مِنَ اللَّبْسِ الامْتِنَاعُ مِنَ الإِدْغَامِ الْمُقْتَرِنِ بِهِ مَا يَرْفَعُ اللَّبْسَ.

(وَالثَّالِثُ: أَنْ يَنْفَصِلا وَيَكُونَ مَا قَبْلَ الأَوَّلِ حَرْفًا سَاكِنًا غَيْرَ مَدَّةٍ، نَحْوُ: (قَرْمُ مَالِكٍ)، وَ " عَدُوُّ وَلِيدٍ ").

وَإِنَّمَا امْتَنَعَ الإِدْغَامُ لِمَا يُؤَدِّي إِلَيْهِ مِنَ الْتِقَاءِ السَّاكِنَيْنِ، وَهَذَا مِمَّا اضْطَرَبَ فِيهِ الْمُحَقِّقُونَ مِنْ أَهْلِ الْعِلْمِ، وَذَلِكَ أَنَّ النَّحْوِيِّينَ مُطْبِقُونَ عَلَى أَنَّهُ لا يَصِحُّ الإِدْغَامُ، وَالْمُقْرِئُونَ مُطْبِقُونَ عَلَى أَنَّهُ يَصِحُّ الإِدْغَامُ، فَيَعْسُرُ الْجَمْعُ بَيْنَ هَذَيْنِ الْقَوْلَيْنِ مَعَ تَعَارُضِهِمَا، وَقَدْ أَجَابَ الشَّيْخُ الشَّاطِبِيُّ فِي قَصِيدَتِهِ عَنْ ذَلِكَ بِجَوَابٍ لَيْسَ بِبَيِّنٍ، فَقَالَ مَا مَعْنَاهُ: يُحْمَلُ كَلامُ النَّحْوِيِّينَ عَلَى الإِدْغَامِ الصَّرِيحِ وَكَلامُ الْمُقْرِئِينَ عَلَى الإِخْفَاءِ الَّذِي هُوَ قَرِيبٌ مِنَ الإِدْغَامِ، فَيَزُولُ التَّنَاقُضُ، فَعَلَى هَذَا لا يَكُونُ النَّحْوِيُّونَ مُنْكِرِينَ لِلإِخْفَاءِ،

وَلَا يَكُونُ الْقُرَّاءُ مُنْكِرِينَ امْتِنَاعَ الْإِدْغَامِ، وَهَذَا وَإِنْ كَانَ جَيِّدًا عَلَى ظَاهِرِهِ إِلَّا أَنَّهُ لَا يُثْبِتُ أَنَّ الْقُرَّاءَ امْتَنَعُوا مِنَ الْإِدْغَامِ، بَلْ أَدْغَمُوا الْإِدْغَامَ الصَّرِيحَ، وَقَدْ كَانَ هَذَا الْمُجِيبُ بِهَذَا الْجَوَابِ يَقْرَأُ بِهِ فِي نَحْوِ قَوْلِهِ تَعَالَى: "الْخُلْدِ جَزَاءً" [فصلت:٢٨]، وَ "الْعِلْمِ مَا لَكَ" [البقرة:١٢٠]، وَالْأَوْلَى الرَّدُّ عَلَى النَّحْوِيِّينَ فِي مَنْعِ الْجَوَازِ، وَلَيْسَ قَوْلُهُمْ بِحُجَّةٍ إِلَّا عِنْدَ الْإِجْمَاعِ، وَمِنَ الْقُرَّاءِ جَمَاعَةٌ مِنَ النَّحْوِيِّينَ، فَلَا يَكُونُ إِجْمَاعُ النَّحْوِيِّينَ حُجَّةً مَعَ مُخَالَفَةِ الْقُرَّاءِ لَهُمْ، ثُمَّ وَلَوْ قُدِّرَ أَنَّ الْقُرَّاءَ لَيْسَ فِيهِمْ نَحْوِيٌّ فَإِنَّهُمْ نَاقِلُونَ لِهَذِهِ اللُّغَةِ، وَهُمْ مُشَارِكُونَ النَّحْوِيِّينَ فِي نَقْلِ اللُّغَةِ، فَلَا يَكُونُ إِجْمَاعُ النَّحْوِيِّينَ حُجَّةً دُونَهُمْ، وَإِذَا ثَبَتَ ذَلِكَ كَانَ الْمَصِيرُ إِلَى قَوْلِ الْقُرَّاءِ أَوْلَى؛ لِأَنَّهُمْ نَاقِلُوهَا عَمَّنْ ثَبَتَ عِصْمَتُهُ عَنِ الْغَلَطِ فِي مِثْلِهِ؛ وَلِأَنَّ الْقِرَاءَةَ ثَبَتَتْ تَوَاتُرًا، وَمَا نَقَلَهُ النَّحْوِيُّونَ آحَادٌ، ثُمَّ وَلَوْ سُلِّمَ أَنَّهُ لَيْسَ بِمُتَوَاتِرٍ فَالْقُرَّاءُ أَعْدَلُ وَأَكْثَرُ، فَكَانَ الرُّجُوعُ إِلَيْهِمْ أَوْلَى.

قَالَ: (وَمَخَارِجُهَا سِتَّةَ عَشَرَ)، إِلَى آخِرِهِ.

قَالَ الشَّيْخُ: قَسَّمَ النَّحْوِيُّونَ مَخَارِجَ الْحُرُوفِ إِلَى سِتَّةَ عَشَرَ ـ قِسْمًا عَلَى التَّقْرِيبِ وَإِلْحَاقِ مَا اشْتَدَّ تَقَارُبُهُ بِمُقَارِبِهِ، وَجَعَلَهُ مَعَهُ مِنْ مَخْرَجٍ وَاحِدٍ، وَالتَّحْقِيقُ أَنَّ كُلَّ حَرْفٍ لَهُ مَخْرَجٌ يُخَالِفُ الْآخَرَ، وَإِلَّا كَانَ إِيَّاهُ، فَجَعَلُوا لِلْهَمْزَةِ وَالْأَلِفِ وَالْهَاءِ أَقْصَى ـ الْحَلْقِ، وَلَا شَكَّ أَنَّ الْهَمْزَةَ أَوَّلُ، وَالْأَلِفُ بَعْدَهَا، وَالْهَاءُ بَعْدَهَا، وَلَكِنْ لَمَّا اشْتَدَّ التَّقَارُبُ اغْتَفَرُوا ذِكْرَ التَّفْرِقَةِ، وَبَعْدَهُ الْعَيْنُ وَالْحَاءُ مِنْ وَسَطِ الْحَلْقِ، وَبَعْدَهُ الْغَيْنُ وَالْخَاءُ، وَهِيَ عَلَى التَّرْتِيبِ الَّذِي ذَكَرْنَاهُ فِي الْهَمْزَةِ وَالْأَلِفِ وَالْهَاءِ.

(وَلِلْقَافِ أَقْصَى اللِّسَانِ وَمَا فَوْقَهُ مِنَ الْحَنَكِ الْأَعْلَى، وَلِلْكَافِ مِنَ اللِّسَانِ وَالْحَنَكِ مَا يَلِي مَخْرَجَ الْقَافِ، وَلِلْجِيمِ وَالشِّينِ وَالْيَاءِ وَسَطُ اللِّسَانِ، وَمَا يُحَاذِيهِ مِنَ الْحَنَكِ) الْأَعْلَى، وَهِيَ عَلَى التَّرْتِيبِ الْمُتَقَدِّمِ، (وَلِلضَّادِ أَوَّلُ حَافَةِ اللِّسَانِ وَمَا يَلِيهَا مِنَ الْأَضْرَاسِ)، وَسَوَاءٌ إِخْرَاجُهَا مِنَ الْجَانِبِ الْأَيْمَنِ وَالْأَيْسَرِ عَلَى حَسَبِ مَا يَسْهُلُ لِبَعْضِ الْأَشْخَاصِ فِيهَا دُونَ بَعْضٍ، وَأَكْثَرُ النَّاسِ عَلَى إِخْرَاجِهَا مِنْ جَانِبِ الْأَيْسَرِ، وَلَمْ يُصَرِّحِ الزَّمَخْشَرِيُّ بِوَاحِدٍ مِنْهَا، وَالْأَمْرُ فِي ذَلِكَ قَرِيبٌ؛ لِأَنَّهُ قَدْ يُوجَدُ عَلَى كُلِّ وَاحِدٍ مِنَ الْأَمْرَيْنِ بِحَسَبِ اخْتِلَافِ الْأَشْخَاصِ مَعَ سَلَامَةِ الذَّوْقِ، فَعَبَّرَ كُلُّ وَاحِدٍ عَلَى حَسَبِ وِجْدَانِهِ.

(وَاللَّامُ مَا دُونَ حَافَةِ اللِّسَانِ إِلَى مُنْتَهَى طَرَفِهِ وَمَا يَلِيهَا مِنَ الْحَنَكِ الْأَعْلَى فُوَيْقَ الضَّاحِكِ وَالنَّابِ وَالرُّبَاعِيَّةِ وَالثَّنِيَّةِ).

وَكَانَ يُغْنِي أَنْ يُقَالَ: (فَوْقَ الثَّنَايَا)، إلا أَنْ سِيبَوَيْهِ ذَكَرَ مِثْلَ ذَلِكَ، فَمِنْ أَجْلِ ذَلِكَ عَدَّدَ، وَإِلا فَلَيْسَ فِي الْحَقِيقَةِ فَوْقَ ذَلِكَ؛ لأَنَّ مَخرجَ النُّونِ يَلِي مَخْرَجَهَا، وَهُوَ فَوْقَ الثَّنَايَا، فَكَذَلِكَ هَذَا، عَلَى أَنَّ النَّاطِقَ بِاللامِ تَنْبَسِطُ جَوَانِبُ طَرَفَي لِسَانِهِ مِمَّا فَوْقَ الضَّاحِكِ إِلَى الضَّاحِكِ الآخَرِ، وَإِنْ كَانَ الْمَخْرَجُ فِي الْحَقِيقَةِ لَيْسَ إلا فَوْقَ الثَّنَايَا، وَإِنَّمَا ذَلِكَ يَأْتِي لِمَا فِيهَا مِنْ شَبَهِ الشِّدَّةِ وَدُخُولِ الْمَخْرَجِ فِي ظَهْرِ اللِّسَانِ، فَيَنْبَسِطُ الْجَانِبَانِ لِذَلِكَ، فَلِذَلِكَ عُدِّدَ الضَّاحِكُ وَالنَّابُ وَالرُّبَاعِيَّةُ وَالثَّنِيَّةُ لِذَلِكَ.

(وَلِلنُّونِ مَا بَيْنَ طَرَفَي اللِّسَانِ وَفُوَيْقَ الثَّنَايَا).

وَهِيَ أَخْرَجُ قَلِيلا مِنْ مَخْرَجِ اللامِ، فَلِذَلِكَ ذَكَرَ مَخْرَجَهَا بَعْدَهُ.

(وَلِلرَّاءِ مَا هُوَ أَدْخَلُ فِي ظَهْرِ اللِّسَانِ قَلِيلا مِنْ مَخْرَجِ النُّونِ).

وَذِكْرُهُ لِمَخْرَجِ الرَّاءِ بِهَذِهِ الصِّفَةِ مُقْتَصِرًا يُؤْذِنُ بِأَنَّهُ قَبْلَ النُّونِ؛ لأَنَّهُ إِذَا كَانَ أَدْخَلَ كَانَ قَبْلُ، وَإِنَّمَا أَرَادَ أَنَّ الْمَخْرَجَ بَعْدَ مَخْرَجِ النُّونِ، وَإِنَّمَا يُشَارِكُهُ ذَلِكَ لا عَلَى أَنَّهُ يَسْتَقِلُّ بِهِ، أَلا تَرَى أَنَّكَ إِذَا نَطَقْتَ بِالنُّونِ وَالرَّاءِ سَاكِنَتَيْنِ وَجَدْتَ طَرَفَ اللِّسَانِ عِنْدَ النُّطْقِ بِالرَّاءِ فِيمَا هُوَ بَعْدَ مَخْرَجِ النُّونِ؟ هَذَا هُوَ الَّذِي يَجِدُهُ الْمُسْتَقِيمُ الطَّبْعِ، وَقَدْ يُمْكِنُ إِخْرَاجُ الرَّاءِ مِمَّا هُوَ أَدْخَلُ مِنْ مَخْرَجِ النُّونِ، أَوْ مِنْ مَخْرَجِهَا، وَلَكِنْ بِتَكَلُّفٍ، لا عَلَى حَسَبِ إِجْرَاءِ ذَلِكَ عَلَى الطَّبْعِ الْمُسْتَقِيمِ، وَالْكَلامُ فِي الْمَخَارِجِ إِنَّمَا هُوَ عَلَى حَسَبِ اسْتِقَامَةِ الطَّبْعِ لا عَلَى التَّكَلُّفِ.

(وَلِلطَّاءِ وَالتَّاءِ وَالدَّالِ مَا بَيْنَ طَرَفِ اللِّسَانِ وَأُصُولِ الثَّنَايَا).

قَوْلُهُ: (وَأُصُولِ الثَّنَايَا) لَيْسَ بِحَتْمٍ، بَلْ قَدْ يَكُونُ ذَلِكَ مِنْ أُصُولِ الثَّنَايَا، وَقَدْ يَكُونُ مِمَّا بَعْدَ أُصُولِهَا قَلِيلا مَعَ سَلامَةِ الطَّبْعِ مِنَ التَّكَلُّفِ.

(وَلِلظَّاءِ وَالثَّاءِ وَالذَّالِ مَا بَيْنَ طَرَفِ اللِّسَانِ وَأَطْرَافِ الثَّنَايَا).

وَقَوْلُهُمْ: (الثَّنَايَا) فِي هَذِهِ الْمَوَاضِعِ إِنَّمَا يَعْنُونَ الثَّنَايَا الْعُلْيَا، وَلَيْسَ ثَمَّةَ إلا ثَنِيَّتَانِ، وَإِنَّمَا عَبَّرُوا عَنْهَا بِلَفْظِ الْجَمْعِ لأَنَّ اللَّفْظَ بِهِ أَخَفُّ مَعَ كَوْنِهِ مَعْلُومًا، وَإِلا فَالْقِيَاسُ أَنْ يُقَالَ: وَأَطْرَافِ الثَّنِيَّتَيْنِ).

(وَلِلصَّادِ وَالزَّايِ وَالسِّينِ مَا بَيْنَ الثَّنَايَا وَطَرَفِ اللِّسَانِ).

فَهِيَ تُفَارِقُ مَخْرَجَ الطَّاءِ وَأُخْتَيْهَا؛ لأَنَّهَا بَعْدَ أُصُولِ الثَّنَايَا أَوْ بَعْدَ مَا بَعْدَ أُصُولِهَا، وَتُفَارِقُ الظَّاءَ وَأُخْتَيْهَا؛ لأَنَّهَا قَبْلَ أَطْرَافِ الثَّنَايَا.

(وَلِلْفَاءِ بَاطِنُ الشَّفَةِ السُّفْلَى وَأَطْرَافُ الثَّنَايَا الْعُلْيَا).

فَهِيَ مُشْتَرَكَةٌ بَيْنَ الشَّفَةِ وَالثَّنَايَا، بِخِلافِ مَا بَعْدَهَا، فَإِنَّهَا لِلشَّفَتَيْنِ خَاصَّةً.

(وَلِلْبَاءِ وَالْوَاوِ وَالْمِيمِ مَا بَيْنَ الشَّفَتَيْنِ).

قَالَ: (وَيَرْتَقِي عَدَدُ الْحُرُوفِ إِلَى ثَلاثَةٍ وَأَرْبَعِينَ، فَحَرُوفُ الْعَرَبِيَّةِ)، إِلَى آخِرِهِ.

ذَكَرَ أَنَّ الْحُرُوفَ الْمُتَفَرِّعَةَ عَنِ الأُصُولِ عَلَى ضَرْبَيْنِ: حُرُوفٌ وَاقِعَةٌ فِي فَصِيحِ الْكَلامِ، وَحُرُوفٌ مُسْتَهْجَنَةٌ لَمْ تَقَعْ فِي فَصِيحِ الْكَلامِ، وَإِنَّمَا تَأْتِي مِمَّنْ يَنْطِقُ بِهَا مِنَ الْعَرَبِ عِنْدَ الْعَجْزِ عَنِ النُّطْقِ بِالأَصْلِ، فَهِيَ كَحِرْفٍ يُلْثَغُ بِهِ، وَإِنَّمَا ذَكَرَهَا لِيُبَيِّنَ إِمْكَانَهَا، لا أَنَّهَا وَاقِعَةٌ قَصْدًا إِلَيْهَا مِنْ كَلامِ الْعَرَبِ.

وَعَدَّدَ السِّتَّةَ فَسَقَطَ مِنْهَا وَاحِدٌ، وَهُوَ هَمْزَةُ بَيْنَ بَيْنَ، فَإِنَّهَا مِنَ الْمَأْخُوذِ بِهَا فِي الْقُرْآنِ وَفِي كُلِّ كَلامٍ فَصِيحٍ، وَالظَّاهِرُ أَنَّهَا سَقَطَتْ مِنَ النَّاقِلِينَ غَلَطًا، كَقَوْلِكَ فِي (سَأَلَ): (سَالَ) بِحَرْفٍ بَعْدَ السِّينِ بَيْنَ الأَلِفِ وَالْهَمْزَةِ، وَكَقَوْلِكَ: (يَسْتَهْزِونَ) بِحَرْفٍ بَعْدَ الزَّايِ بَيْنَ الْوَاوِ وَالْهَمْزَةِ، وَكَقَوْلِكَ: (سُئِلَ) بِحَرْفٍ بَعْدَ السِّينِ بَيْنَ الْيَاءِ وَالْهَمْزَةِ، وَلَوْ عَدَدْتَ هَمْزَةَ بَيْنَ بَيْنَ ثَلاثَةً بِاعْتِبَارِ حَقِيقَةِ تَفَاصِيلِهَا وَتَمْيِيزِ أَحَدِهَا عَنِ الآخَرِ لَكَانَ صَوَابًا؛ لأَنَّ الْغَرَضَ تِعْدَادُ حُرُوفٍ زَائِدَةٍ عَلَى الأُصُولِ، وَهَذِهِ وَإِنْ سُمِّيَتْ بِاسْمِ جِنْسٍ فَلَهَا ثَلاثَةُ أَنْوَاعٍ، فَهِيَ فِي الْحَقِيقَةِ ثَلاثَةُ أَحْرُفٍ، فَيَكُونُ عَلَى هَذَا الْمُتَفَرِّعُ الْفَصِيحُ ثَمَانِيَةَ أَحْرُفٍ: الْخَمْسَةُ الَّتِي ذَكَرْنَاهَا، وَالسَّاقِطُ الَّذِي ذَكَرْنَا أَنَّهُ ثَلاثَةُ أَنْوَاعٍ: حَرْفٌ بَيْنَ الأَلِفِ وَالْهَمْزَةِ، وَحَرْفٌ بَيْنَ الْوَاوِ وَالْهَمْزَةِ، وَحَرْفٌ بَيْنَ الْيَاءِ وَالْهَمْزَةِ، وَإِنْ شِئْتَ قُلْتَ: الْهَمْزَةُ الَّتِي كَالأَلِفِ، وَالْهَمْزَةُ الَّتِي كَالْوَاوِ، وَالْهَمْزَةُ الَّتِي كَالْيَاءِ.

وَأَمَّا النُّونُ الَّتِي ذَكَرَهَا فَلَيْسَتِ النُّونَ الَّتِي تَقَدَّمَ ذِكْرُهَا، فَإِنَّ تِلْكَ مِنَ الْفَمِ، وَهَذِهِ مِنَ الْخَيْشُومِ، وَشَرْطُ هَذِهِ أَنْ يَكُونَ بَعْدَهَا حَرْفٌ مِنْ حُرُوفِ الْفَمِ؛ لِيَصِحَّ إِخْفَاؤُهَا، وَإِنْ كَانَ بَعْدَهَا حَرْفٌ مِنْ حُرُوفِ الْحَلْقِ، أَوْ كَانَتْ آخِرَ الْكَلامِ وَجَبَ أَنْ تَكُونَ الأُولَى، فَإِذَا قُلْتَ: (عَنْكَ) و(مِنْكَ)، فَمَخْرَجُ هَذِهِ النُّونِ مِنَ الْخَيْشُومِ، وَلَيْسَتْ تِلْكَ النُّونَ فِي التَّحْقِيقِ، فَإِذَا قُلْتَ: (مَنْ خَلَقَ) و(مَنْ أَبُوكَ) فَهَذِهِ هِيَ النُّونُ الَّتِي مَخْرَجُهَا مِنَ الْفَمِ، وَكَذَلِكَ إِذَا قُلْتَ: (أَعْلِنْ)، وَشِبْهَهُ مِمَّا يَكُونُ آخِرَ الْكَلامِ، وَجَبَ أَنْ تَكُونَ هِيَ النُّونَ الأُولَى أَيْضًا، وَسُمِّيَتِ الْخَفِيفَةَ وَالْخَفِيَّةَ لِخِفَّتِهَا وَخَفَائِهَا.

(وَأَلِفَا الإِمَالَةِ وَالتَّفْخِيمِ): فَهُمَا وَإِنْ كَانَتَا أَلِفَيْنِ إِلا أَنَّ إِحْدَاهُمَا خَرَجَتْ إِلَى شِبْهِ الْيَاءِ، وَالأُخْرَى خَرَجَتْ إِلَى تَفْخِيمٍ لَيْسَ فِي الأَلِفِ الأَصْلِيَّةِ، فَالأُولَى كَأَلِفِ عَالِمٍ، وَالثَّانِيَةُ كَأَلِفِ الصَّلاةِ، وَتَعْدَادُهُمَا حَرْفَيْنِ يُقَوِّي تَعْدَادَ هَمْزَةِ بَيْنَ بَيْنَ ثَلاثَةً.

قَالَ: (وَالشِّينُ الَّتِي كَالْجِيمِ، نَحْوُ: أَشْدَق).

وَذَكَرَ أَنَّهَا مَأْخُوذٌ بِهَا فِي الْقُرْآنِ، وَلَيْسَ كَذَلِكَ؛ فَإِنَّهُ لا يُعْرَفُ فِي الْقِرَاءَةِ الْمَشْهُورَةِ قِرَاءَةُ شِينٍ بَيْنَ الشِّينِ وَالْجِيمِ.

(وَالصَّادُ الَّتِي كَالزَّاي).

مِثْلُ قَوْلِكَ: (وَالصِّرَاطُ)، و(مَصْدَرٌ)، و(يَصْدِفُونَ)، وَهِيَ مَأْخُوذٌ بِهَا فِي الْقُرْآنِ.

قَالَ: (وَمَا عَدَا ذَلِكَ حُرُوفٌ مُسْتَهْجَنَةٌ).

ثُمَّ عَدَّدَهَا، فَمِنْهَا مَا يَتَحَقَّقُ، وَمِنْهَا مَا يَعْسُرُ تَحْقِيقُهُ، وَذَلِكَ يُدْرَكُ تَحَقُّقُهُ، وَأَصْلُ تَحَقُّقِهِ بِالتَّلَفُّظِ، فَالْكَافُ الَّتِي كَالْجِيمِ، وَالْجِيمُ الَّتِي كَالْكَافِ لا تَتَحَقَّقُ وَاحِدَةٌ مِنْهُمَا، فَإِنَّ إِشْرَابَ الْكَافِ صَوْتَ الْجِيمِ مُتَعَذِّرٌ، وَكَذَلِكَ الْعَكْسُ، وَلَوْ جَعَلْتَ الشِّينَ مَكَانَ الْجِيمِ لَكَانَ أَقْرَبَ، إِذْ قَدْ يُتَوَهَّمُ إِشْرَابُ الْكَافِ صَوْتَ الشِّينِ بِنَوْعٍ مِنَ التَّكَلُّفِ، وَأَمَّا إِشْرَابُهَا صَوْتَ الْجِيمِ فَبَعِيدٌ.

(وَالْجِيمُ الَّتِي كَالشِّينِ): وَهَذِهِ مُتَحَقِّقَةٌ مَقْطُوعٌ بِصِحَّةِ النُّطْقِ بِهَا، وَهِيَ وَاقِعَةٌ فِي كَلامِ الْعَرَبِ، إِلا أَنَّ الْفَرْقَ عَلَى مَا يَزْعُمُ النَّحْوِيُّونَ بَيْنَ الْجِيمِ الَّتِي كَالشِّينِ وَبَيْنَ الشِّينِ الَّتِي كَالْجِيمِ مُتَعَذِّرٌ، حَتَّى جُعِلَتِ الشِّينُ الَّتِي كَالْجِيمِ فَصِيحَةً، وَالْجِيمُ الَّتِي كَالشِّينِ مُسْتَهْجَنَةً، وَذَلِكَ لا يُدْرَكُ بِالتَّلَفُّظِ، وَإِنَّمَا يُدْرَكُ بِالتَّلَفُّظِ حَرْفٌ وَاحِدٌ بَيْنَ الْجِيمِ وَالشِّينِ.

قَالَ: (وَالضَّادُ الضَّعِيفَةُ).

يَعْنِي: الَّتِي لَمْ تَقْوَ قُوَّةَ الضَّادِ الْمُخْرَجَةِ مِنْ مَخْرَجِهَا، وَلَمْ تَضْعُفْ ضَعْفَ الظَّاءِ الْمُخْرَجَةِ مِنْ مَخْرَجِهَا، فَكَأَنَّهَا بَيْنَهُمَا، وَكَمَا يَنْطِقُ بِهَا أَكْثَرُ النَّاسِ الْيَوْمَ مِمَّنْ يَقْصِدُ الْفَرْقَ بَيْنَهَا وَبَيْنَ الظَّاءِ.

(وَالصَّادُ الَّتِي كَالسِّينِ).

مُدْرَكَةٌ، وَهِيَ أَنْ يُؤْتَى بِهَا بَيْنَهُمَا.

(وَالطَّاءُ الَّتِي كَالتَّاءِ) كَذَلِكَ.

(وَالظَّاءُ الَّتِي كَالثَّاءِ) كَذَلِكَ.

(وَالْبَاءُ الَّتِي كَالْفَاءِ) كَذَلِكَ.

وَبَقِيَ حَرْفٌ لَمْ يَتَعَرَّضْ لَهُ، وَإِنْ كَانَ ظَاهِرُ الأَمْرِ أَنَّ الْعَرَبَ تَتَكَلَّمُ بِهِ، وَهِيَ الْقَافُ الَّتِي كَالْكَافِ، كَمَا يَنْطِقُ بِهَا أَكْثَرُ الْعَرَبِ الْيَوْمَ، حَتَّى تَوَهَّمَ بَعْضُ الْمُتَأَخِّرِينَ أَنَّ الْقَافَ كَذَلِكَ كَانُوا يَنْطِقُونَ بِهَا، حَتَّى تَوَهَّمَ أَنَّهُمْ كَذَلِكَ كَانُوا يَقْرَؤُونَ بِهَا، وَالظَّاهِرُ أَنَّهَا فِي

كَلامِهِمْ، وَأَنَّ الْقَافَ الْخَالِصَةَ أَيْضًا فِي كَلامِهِمْ، وَأَنَّ الْقُرْآنَ لَمْ يُقْرَأْ إلا بِالْقَافِ الْخَالِصَةِ عَلَى مَا نَقَلَهُ الثِّقَاتُ مُتَوَاتِرًا، وَلَوْ كَانَتْ تِلْكَ قُرِئَ بِهَا لَنُقِلَتْ كَمَا نُقِلَ غَيْرُهَا، وَلَمَّا لَمْ تُنْقَلْ دَلَّ عَلَى أَنَّهَا لَمْ يُقْرَأْ بِهَا، أَوْ قَرَأَ بِهَا مِنْ لَمْ يُعْتَدَّ بِنَقْلِهَا عَنْهُ.

قَالَ: (وَتَنْقَسِمُ إِلَى الْمَجْهُورَةِ وَالْمَهْمُوسَةِ)، إِلَى آخِرِهِ.

قَسَّمَ الْحُرُوفَ بِاعْتِبَارِ صِفَاتٍ تُلازِمُهَا، وَلَيْسَتْ هَذِهِ الأَقْسَامُ بِاعْتِبَارِ تَقْسِيمٍ وَاحِدٍ، وَإِنَّمَا هِيَ بِاعْتِبَارِ تَقْسِيمَاتٍ مُتَعَدِّدَةٍ، فَالْمَجْهُورَةُ وَالْمَهْمُوسَةُ تَقْسِيمٌ، وَمَعْنَى التَّقْسِيمِ الْمُسْتَقِلِّ: أَنْ تَكُونَ الأَنْوَاعُ مُنْحَصِرَةً بِالنَّفْيِ وَالإِثْبَاتِ فِي التَّحْقِيقِ، لا فِي صُورَةِ إِيرَادِهَا، وَإِنَّمَا قُلْنَا: (فِي التَّحْقِيقِ)؛ لأَنَّ الْقَائِلَ رُبَّمَا يَغْلَطُ فِي الْمَجْهُورَةِ وَالْمَهْمُوسَةِ، وَيَجْعَلُ مِنْهُمَا قِسْمًا آخَرَ، وَإِذَا عَلِمْتَ أَنَّ الْمَجْهُورَةَ: هِيَ الْحُرُوفُ الَّتِي لا يَجْرِي النَّفَسُ مَعَهَا عِنْدَ النُّطْقِ بِهَا، وَالْمَهْمُوسَةَ: هِيَ الَّتِي يَجْرِي النَّفَسُ مَعَهَا عِنْدَ ذَلِكَ، عَلِمْتَ انْحِصَارَ التَّقْسِيمِ بِالنَّفْيِ وَالإِثْبَاتِ.

وَكَذَلِكَ الشَّدِيدَةُ وَالرَّخْوَةُ وَمَا بَيْنَ الشَّدِيدَةِ وَالرَّخْوَةِ قِسْمٌ، وَالْمُطْبَقَةُ وَالْمُنْفَتِحَةُ قِسْمٌ، وَالْمُسْتَعْلِيَةُ وَالْمُنْخَفِضَةُ قِسْمٌ، وَمَا بَعْدَ ذَلِكَ لَمْ يُقْصَدْ فِيهِ إِلَى ذِكْرِ الْقَسِيمِ مَعَ قَسِيمِهِ، وَإِذَا لَمْ يُسَمِّ قَسِيمَهُ بِاسْمٍ بِاعْتِبَارِ مُخَالَفَتِهِ، فَإِذَا قُصِدَ إِلَى وَصْفِهِ بِذَلِكَ ذُكِرَ مَنْفِيًّا عَنْهُ ذَلِكَ الْوَصْفُ، كَمَا تَقُولُ: (مَا عَدَا الرَّاءَ مِنَ الْحُرُوفِ لَيْسَ بِمُكَرَّرٍ)، وَلَيْسَ لَهَا لَقَبٌ بِاعْتِبَارِ نَفْسِ التَّكْرَارِ.

قَالَ: فَالْمَجْهُورَةُ مَا عَدَا الْمَجْمُوعَةَ فِي قَوْلِكَ: (سَكَتَ فَحَثَّهُ شَخْصٌ).

حَصَرَهَا بِحَصْرِ قَسِيمِهَا، فَحَصَلَ حَصْرُ الْقِسْمَيْنِ لِكَوْنِ الْحُرُوفِ مَعْلُومَةً، وَاخْتَارَ ذَلِكَ لِقِلَّةِ الْحُرُوفِ الْمَهْمُوسَةِ، وَبَيَّنَ مَعْنَى الْجَهْرِ بِمَا ذَكَرَهُ (مِنْ إِشْبَاعِ الاعْتِمَادِ مِنْ مَخْرَجِ الْحَرْفِ وَمَنْعِ النَّفَسِ أَنْ يَجْرِيَ مَعَهُ، وَالْهَمْسُ بِخِلافِهِ).

وَإِنَّمَا سُمِّيَتْ مَجْهُورَةً مِنْ قَوْلِهِمْ: (جَهَرْتُ بِالشَّيْءِ) إِذَا أَعْلَنْتُهُ، وَذَلِكَ أَنَّهُ لَمَّا امْتَنَعَ النَّفَسُ أَنْ يَجْرِيَ مَعَهَا انْحَصَرَ الصَّوْتُ لَهَا، فَقَوِيَ التَّصْوِيتُ بِهَا، وَسُمِّيَ قَسِيمُهَا مَهْمُوسًا أَخْذًا مِنَ الْهَمْسِ الَّذِي هُوَ الإِخْفَاءُ؛ لأَنَّهُ لَمَّا جَرَى النَّفَسُ مَعَهَا لَمْ يَقْوَ التَّصْوِيتُ بِهَا قُوَّتَهُ فِي الْمَجْهُورَةِ، فَصَارَ فِي التَّصْوِيتِ بِهَا نَوْعُ خَفَاءٍ لانْقِسَامِ النَّفَسِ عِنْدَ النُّطْقِ بِهَا.

ثُمَّ أَخَذَ يُبَيِّنُ تَبَايُنَ الْقِسْمَيْنِ بِحَرْفَيْنِ مُتَقَارِبَيْنِ، وَإِذَا تَبَيَّنَ فِي الْحَرْفَيْنِ الْمُتَقَارِبَيْنِ كَانَ فِي الْمُتَبَاعِدَيْنِ أَبْيَنَ، وَهُمَا الْقَافُ وَالْكَافُ، فَإِذَا كَرَّرْتَ الْقَافَ فَقُلْتَ: (قَقَقْ) وَجَدْتَ

النَّفَسَ مَحْصُورًا لَا تُحِسُّ مَعَهَا بِشَيْءٍ مِنْهُ، وَإِذَا كَرَّرْتَ الْكَافَ، فَقُلْتَ: (كَكَكَ) أَدْرَكْتَ ضَرُورَةَ خُرُوجِ النَّفَسِ مَعَهَا حَالَةَ النُّطْقِ، فَتَحَقَّقَ تَبَايُنُهُمَا.

(وَالشَّدِيدَةُ مُنْحَصِرَةٌ فِي قَوْلِكَ: (أَجَدْتَ طَبَقَكَ)، وَالرَّخْوَةُ مَا عَدَاهَا وَعَدَا مَا فِي قَوْلِكَ: (لَمْ يُرْوِعْنا)، وَهِيَ مَا بَيْنَ الشَّدِيدَةِ وَالرَّخْوَةِ).

وَمَعْنَى الشِّدَّةِ: انْحِصَارُ صَوْتِ الْحَرْفِ فِي مَخْرَجِهِ فَلَا يَجْرِي، وَالرَّخَاوَةُ بِخِلَافِهَا، وَمَا بَيْنَهُمَا وَهُوَ أَنْ لَا يَتِمَّ لَهُ الانْحِصَارُ، فَلَا يَتِمَّ لَهُ الْجَرْيُ، وَسُمِّيَتْ شَدِيدَةً، مَأْخُوذَةٌ مِنَ الشِّدَّةِ الَّتِي هِيَ الْقُوَّةُ؛ لِأَنَّ الصَّوْتَ لَمَّا انْحَصَرَ فِي مَخْرَجِهِ فَلَمْ يَجْرِ اشْتَدَّ؛ أَيْ: امْتَنَعَ قَبُولُهُ لِلتَّلْيِينِ؛ لِأَنَّ الصَّوْتَ إِذَا جَرَى فِي مَخْرَجِهِ أَشْبَهَ حُرُوفَ اللِّينِ لِذَلِكَ، فَسُمِّيَ شَدِيدًا، وَالرَّخَاوَةُ مَأْخُوذَةٌ مِنَ الرَّخَاوَةِ الَّتِي هِيَ اللِّينُ؛ لِقَبُولِهِ التَّطْوِيلَ لِجَرْيِ الصَّوْتِ فِي مَخْرَجِهِ عِنْدَ النُّطْقِ.

ثُمَّ حَقَّقَ تَبَايُنُهُمَا بِحَرْفَيْنِ مُتَقَارِبَيْنِ، أَحَدُهُمَا شَدِيدٌ، وَالْآخَرُ رِخْوٌ، وَهُمَا: الْجِيمُ وَالشِّينُ وَقَدَّرَهُمَا سَاكِنَيْنِ لِيَتَبَيَّنَ انْحِصَارُ الصَّوْتِ فِي مَخْرَجِهِ، أَوْ جَرْيُهُ بِخِلَافِ مَا تَقَدَّمَ، فَإِنَّهُ فِي التَّحَرُّكِ أَبْيَنُ، فَقَدْ عُلِمَ أَنَّهُ إِذَا وُقِفَ عَلَى الْجِيمِ، فَقِيلَ: (الْحَجّ) وَشِبْهُهُ انْحَصَرَ الصَّوْتُ، فَلَمْ يَجْرِ فِي مَخْرَجِهِ، وَإِذَا وُقِفَ عَلَى الشِّينِ، فَقِيلَ: (الطَّشّ) جَرَى الصَّوْتُ مَعَهَا، وَأَمْكَنَ أَنْ يُمَدَّ الصَّوْتُ مَعَ النُّطْقِ بِهَا، وَهُوَ مَعْنَى رَخْوِهَا، وَذَلِكَ مُدْرَكٌ ضَرُورَةً بِأَدْنَى تَمْيِيزٍ وَتَأَمُّلٍ.

وَقَدْ تَتَدَاخَلُ الْمَجْهُورَةُ وَالْمَهْمُوسَةُ مَعَ الشَّدِيدَةِ وَالرِّخْوَةِ، فَيَكُونُ الْحَرْفُ مَجْهُورًا شَدِيدًا، وَمَجْهُورًا رِخْوًا؛ وَمَهْمُوسًا شَدِيدًا، وَمَهْمُوسًا رِخْوًا.

فَأَمَّا الشَّدِيدُ الْمَجْهُورُ: فَمَا تَجِدُهُ فِي (أَجَدْتَ طَبَقَكَ) مَعَ انْتِفَائِهِ فِي (سَتَشْحِثُكَ خَصَفَهُ)، وَهِيَ: الْهَمْزَةُ، وَالْجِيمُ، وَالدَّالُ، وَالطَّاءُ، وَالْبَاءُ، وَالْقَافُ، فَهَذِهِ اتَّفَقَتْ فِي أَنَّهَا لَا يَجْرِي النَّفَسُ مَعَهَا وَلَا الصَّوْتُ فِي مَخْرَجِهَا، وَهُوَ مَعْنَى الشِّدَّةِ وَالْجَهْرِ جَمِيعًا.

وَأَمَّا الْمَجْهُورَةُ الرِّخْوَةُ - وَنَعْنِي بِالرِّخْوَةِ هَاهُنَا: مَا لَيْسَ بِالشَّدِيدِ - فَهُوَ مَا وُجِدَ فِيمَا عَدَا (سَتَشْحِثُكَ خَصَفَهُ)، وَفِيمَا عَدَا (أَجَدْتَ طَبَقَكَ)، وَهِيَ: الذَّالُ، وَالرَّاءُ، وَالزَّايُ، وَالضَّادُ، وَالظَّاءُ، وَالْعَيْنُ، وَالْغَيْنُ، وَاللَّامُ، وَالْمِيمُ، وَالنُّونُ، وَالْوَاوُ، وَالْيَاءُ.

وَأَمَّا الْمَهْمُوسَةُ الشَّدِيدَةُ: فَمَا كَانَ مَوْجُودًا فِي (سَتَشْحِثُكَ خَصَفَهُ) مَعَ وُجُودِهِ فِي (أَجَدْتَ طَبَقَكَ)، وَهِيَ: التَّاءُ وَالْكَافُ لَا غَيْرُ؛ لِأَنَّ كُلَّ وَاحِدَةٍ مِنْهُمَا يَجْرِي النَّفَسُ مَعَهَا، فَكَانَتْ مَهْمُوسَةً، وَلَا يَجْرِي الصَّوْتُ فِي مَخْرَجِهَا، فَكَانَتْ شَدِيدَةً.

وَأَمَّا الْمَهْمُوسَةُ الرَّخْوَةُ: فَكُلُّ مَا وُجِدَ فِي (سَتُشْحِثُكَ خَصَفَه) مَعَ انْتِفَائِهِ فِي (أَجَدْتَ طَبَقَكَ) وَهِيَ: السِّينُ، وَالشِّينُ، وَالْحَاءُ، وَالثَّاءُ، وَالْخَاءُ، وَالصَّادُ، وَالْفَاءُ، وَالْهَاءُ؛ لأَنَّهَا يَجْرِي النَّفَسُ مَعَ صَوْتِهَا، فَهِيَ مَهْمُوسَةٌ بِهَذَا الاعْتِبَارِ، وَيَجْرِي الصَّوْتُ فِي مَخْرَجِهَا، فَهِيَ رَخْوَةٌ بِهَذَا الاعْتِبَارِ.

قَالَ صَاحِبُ الْكِتَابِ: (وَالْمُطْبَقَةُ: الضَّادُ، وَالظَّاءُ، وَالصَّادُ، وَالطَّاءُ، وَالْمُنْفَتِحَةُ مَا عَدَاهَا).

قَالَ الشَّيْخُ: ثُمَّ عَلَّلَ تَسْمِيَتَهَا مُطْبَقَةً بِمَا ذَكَرَ، وَهُوَ فِي الْحَقِيقَةِ اسْمٌ مُتَجَوَّزٌ فِيهَا؛ لأَنَّ الْمُطْبَقَ إِنَّمَا هُوَ اللِّسَانُ وَالْحَنَكُ، وَأَمَّا الْحَرْفُ فَهُوَ مُطْبَقٌ عِنْدَهُ، فَاخْتُصِرَ فَقِيلَ: مُطْبَقٌ، كَمَا قِيلَ لِلْمُشْتَرَكِ فِيهِ: مُشْتَرَكٌ، وَمِثْلُهُ كَثِيرٌ فِي اللُّغَةِ وَالاصْطِلاحِ، وَالانْفِتَاحُ بِخِلافِهِ، وَالْكَلامُ فِي الْمُنْفَتِحَةِ فِي التَّسْمِيَةِ كَالْكَلامِ فِي الْمُطْبَقَةِ؛ لأَنَّ الْحَرْفَ لا يَنْفَتِحُ، وَإِنَّمَا يَنْفَتِحُ عِنْدَهُ اللِّسَانُ عَنِ الْحَنَكِ.

(وَالْمُسْتَعْلِيَةُ الأَرْبَعَةُ: الْمُطْبَقَةُ، وَالْغَيْنُ، وَالْخَاءُ، وَالْقَافُ).

سُمِّيَتْ مُسْتَعْلِيَةً[1]؛ لأَنَّ اللِّسَانَ يَسْتَعْلِي عِنْدَهَا إِلَى الْحَنَكِ، فَهِيَ مُسْتَعْلٍ عِنْدَهَا اللِّسَانُ، وَتُجُوِّزَ فِي تَسْمِيَتِهَا مُسْتَعْلِيَةً كَمَا تُجُوِّزَ فِي قَوْلِهِمْ: (لَيْلٌ نَائِمٌ) و(نَهَارُهُ صَائِمٌ)، وَيَجُوزُ أَنْ تَكُونَ سُمِّيَتْ مُسْتَعْلِيَةً لِخُرُوجِ صَوْتِهَا مِنْ جِهَةِ الْعُلُوِّ، وَكُلُّ مَا حَلَّ فِي عَالٍ فَهُوَ مُسْتَعْلٍ، وَالانْخِفَاضُ عَلَى الْعَكْسِ مِمَّا ذُكِرَ فِي الاسْتِعْلاءِ.

وَحُرُوفُ الْقَلْقَلَةِ سُمِّيَتْ حُرُوفَ قَلْقَلَةٍ، إِمَّا لأَنَّ صَوْتَهَا صَوْتُ أَشَدِّ الْحُرُوفِ أَخْذًا مِنَ الْقَلْقَلَةِ الَّتِي هِيَ صَوْتُ الأَشْيَاءِ الْيَابِسَةِ، وَإِمَّا لأَنَّ صَوْتَهَا لا يَكَادُ يَتَبَيَّنُ بِهِ سُكُونُهَا مَا لَمْ يَخْرُجْ إِلَى شِبْهِ التَّحَرُّكِ لِشِدَّةِ أَمْرِهَا مِنْ قَوْلِهِمْ: (قَلْقَلَهُ) إِذَا حَرَّكَهُ، وَإِنَّمَا حَصَلَ لَهَا ذَلِكَ لاتِّفَاقِ كَوْنِهَا شَدِيدَةً مَجْهُورَةً، فَالْجَهْرُ يَمْنَعُ النَّفَسَ أَنْ يَجْرِيَ مَعَهَا، وَالشِّدَّةُ تَمْنَعُ أَنْ يَجْرِيَ صَوْتُهَا، فَلَمَّا اجْتَمَعَ لَهَا هَذَانِ الْوَصْفَانِ - وَهُوَ امْتِنَاعُ النَّفَسِ مَعَهَا وَامْتِنَاعُ جَرْيِ صَوْتِهَا - احْتَاجَتْ إِلَى التَّكَلُّفِ فِي بَيَانِهَا، فَلِذَلِكَ يَحْصُلُ مَا يَحْصُلُ مِنَ الضَّغْطِ لِلْمُتَكَلِّمِ عِنْدَ النُّطْقِ بِهَا سَاكِنَةً حَتَّى يَكَادُ يَخْرُجُ إِلَى شِبْهِ تَحْرِيكِهَا لِقَصْدِ بَيَانِهَا، إِذْ لَوْلا

---

(١) والحروف المستعلية: الصاد، والضاد، والطاء، والظاء، والخاء، والغين، والقاف. وإنما قيل: مستعلية؛ لأنها حروف استعلت إلى الحنك الأعلى. وهي الحروف التي تمنع الإمالة. ألا ترى أنك تقول: عابد، وحابر، وسالم ولا تقول: قاسم، ولا صاعد، ولا خازم وهذا مبين في باب الإمالة. المقتضب ٥١/١.

ذَلِكَ لَمْ تَتَبَيَّنْ؛ لأَنَّهُ إِذَا امْتَنَعَ النَّفَسُ وَالصَّوْتُ تَعَذَّرَ بَيَانُهَا مَا لَمْ يُتَكَلَّفْ إِظْهَارُهَا عَلَى الْوَصْفِ الْمَذْكُورِ.

(وَحُرُوفُ الصَّفِيرِ: الصَّادُ، وَالسِّينُ، وَالزَّايُ)، وَتَسْمِيَتُهَا ظَاهِرَةٌ.

(وَحُرُوفُ الذَّلاقَةِ مَا فِي قَوْلِكَ: " مُرْ بِنَقْلٍ ").

وَالذَّلاقَةُ: الاعْتِمَادُ بِهَا عَلَى ذَلَقِ اللِّسَانِ، وَهُوَ طَرَفُهُ، وَهَذَا التَّفْسِيرُ بِاعْتِبَارِهَا غَيْرُ مُسْتَقِيمٍ مِنْ جِهَتِهِ فِي نَفْسِهِ، وَمِنْ جِهَةِ أَمْرِ مُضَادِّهِ مِنَ الْمُصْمَتَةِ.

أَمَّا مِنْ جِهَتِهِ؛ فَلأَنَّهَا لا تَعْتَمِدُ عَلَى طَرَفِ اللِّسَانِ إِلا بِبَعْضِهَا، فَالْمِيمُ وَالْبَاءُ وَالْفَاءُ مِنْهَا لا مَدْخَلَ لَهَا فِي طَرَفِ اللِّسَانِ، فَكَيْفَ تَصِحُّ تَسْمِيَتُهَا بِذَلِكَ مَعَ خُرُوجِ نِصْفِهَا عَنْ ذَلِكَ الْمَعْنَى؟

وَأَمَّا مِنْ جِهَةِ الْقِسْمِ الآخَرِ الْمُضَادِّ لَهَا؛ فَلأَنَّهُ إِنَّمَا سُمِّيَ مُصْمَتًا لأَنَّهُ كَالْمَسْكُوتِ عَنْهُ، فَلا يَنْبَغِي أَنْ يَكُونَ ضِدُّ ذَلِكَ الْمَنْطُوقَ بِطَرَفِ اللِّسَانِ.

وَإِنَّمَا الأَوْلَى أَنْ يُقَالَ: سُمِّيَتْ حُرُوفَ ذَلاقَةٍ - أَيْ: سُهُولَةٌ - مِنْ قَوْلِهِمْ: (لِسَانٌ ذَلِقٌ) مِنَ الذَّلْقِ الَّذِي هُوَ مَجْرَى الْحَبْلِ فِي الْبَكَرَةِ؛ لِسُهُولَةِ جَرْيِهِ فِيهِ، فَلَمَّا كَانَتْ كَذَلِكَ الْتَزَمُوا أَنْ لا يُخْلُوا رُبَاعِيًّا أَوْ خُمَاسِيًّا عَنْهَا، فَكَانَ هَذَا الْحُكْمُ هُوَ الْمُعْتَبَرَ فِي تَسْمِيَتِهَا، إِلا أَنَّهُمُ اسْتَغْنَوا بِسَبَبِهِ، وَهُوَ الذَّلاقَةُ، فَأَضَافُوهَا إِلَيْهِ، وَالْمُصْمَتَةُ عَلَى هَذَا الْمَعْنَى تَكُونُ ضِدَّهَا، وَهِيَ الْحُرُوفُ الَّتِي لا يَتَرَكَّبُ مِنْهَا عَلَى انْفِرَادِهَا رُبَاعِيٌّ أَوْ خُمَاسِيٌّ؛ لِكَوْنِهَا لَيْسَتْ مِثْلَهَا فِي الْخِفَّةِ، فَكَأَنَّهُ قَدْ صُمِتَ عَنْهَا، وَلَعَلَّهُ لَمْ يَقْصِدْ فِي تَعْبِيرِهِ إِلا إِلَى ذَلِكَ، وَإِنَّمَا وَقَعَ الْوَهْمُ مِنْ أَخْذِ الدِّلالَةِ مِنَ الطَّرَفِ وَجَعْلِهَا مِنْ طَرَفِ اللِّسَانِ؛ لِمَا ذَكَرْنَاهُ مِنْ خُرُوجِ الْبَاءِ وَالْفَاءِ وَالْمِيمِ عَنْهَا.

(وَاللَّيِّنَةُ: حُرُوفُ اللِّينِ): وَهِيَ: الأَلِفُ، وَالْوَاوُ، وَالْيَاءُ لِمَا فِيهَا مِنْ قَبُولِ التَّطْوِيلِ لِصَوْتِهَا، وَهُوَ الْمَعْنِيُّ بِاللِّينِ فِيهَا، فَإِذَا وَافَقَهَا مَا قَبْلَهَا فِي الْحَرَكَةِ فَهِيَ حُرُوفُ مَدٍّ وَلِينٍ، فَالأَلِفُ حَرْفُ مَدٍّ وَلِينٍ أَبَدًا، وَالْوَاوُ وَالْيَاءُ بَعْدَ الْفَتْحَةِ حَرْفُ لِينٍ، وَبَعْدَ الضَّمَّةِ وَالْكَسْرَةِ حَرْفُ مَدٍّ وَلِينٍ.

(وَالْمُنْحَرِفُ: اللامُ): لأَنَّ اللِّسَانَ عِنْدَ النُّطْقِ بِهِ يَنْحَرِفُ إِلَى دَاخِلِ الْحَنَكِ قَلِيلا[1]،

---

(١) هوَ حرفٌ شديدٌ جرى فيهِ الصوتُ لانحرافِ اللسانِ مع الصوتِ ولَمْ يعترضْ على الصوتِ كاعتراضِ الشديدةِ وهوَ اللامُ وإنْ شئتَ مددتَ فيهِ الصوتَ وليسَ كالرَّخوةِ لأَنَّ طرفَ اللسانِ لا يتجافى عَنْ موضعهِ وليسَ يخرجُ الصوتُ مِن موضعِ اللامِ ولكنْ مِنَ ناحيتي مُستدقِّ اللِّسانِ

وَلِذَا سُمِّيَ مُنْحَرِفًا وَجَرَى فِيهِ الصَّوْتُ، وَإِلا فَهُوَ فِي الْحَقِيقَةِ لَوْلا ذَلِكَ حَرْفٌ شَدِيدٌ، إِذْ لَوْلا الانْحِرَافُ لَمْ يَجْرِ الصَّوْتُ، وَهُوَ مَعْنَى الشِّدَّةُ، وَلَكِنَّهُ لَمَّا حَصَلَ الانْحِرَافُ مَعَ التَّصْوِيتِ كَانَ فِي حُكْمِ الرَّخْوَةِ لِجَرْيِ الصَّوْتِ؛ وَلِذَلِكَ جُعِلَ بَيْنَ الشَّدِيدَةِ وَالرَّخْوَةِ.

(وَالْمُكَرَّرُ: الرَّاءُ): لِمَا تُحِسُّهُ مِنْ شَبَهِ تَرْدِيدِ اللِّسَانِ فِي مَخْرَجِهِ عِنْدَ النُّطْقِ بِهِ، وَلِذَلِكَ أُجْرِيَ مُجْرَى الْحَرْفَيْنِ فِي أَحْكَامٍ مُتَعَدِّدَةٍ، فَحَسُنَ إِسْكَانُ "يَنْصُرْكُمْ" [الملك:٢٠]، وَ ﴿يُشْعِرُكُمْ﴾ [الأنعام:١٠٩]، وَلَمْ يَحْسُنْ إِسْكَانُ (يَقْتُلْكُمْ)، و(يُسْمِعْكُمْ)، وَحَسُنَ إِدْغَامُ مِثْلِ: ﴿وَإِنْ تَصْبِرُوا وَتَتَّقُوا لا يَضُرُّكُمْ﴾ [آل عمران:١٢٠] أَحْسَنَ مِنْهُ فِي: ﴿إِنْ يَمْسَسْكُمْ﴾ [آل عمران:١٤٠]، وَلَمْ يُمَلْ (طَالِبٌ)، و(غَانِمٌ)، وَأُمِيلَ (طَارِدٌ)، و(غَارِمٌ)، وَامْتَنَعُوا مِنْ إِمَالَةِ (رَاشِدٍ)، وَلَمْ يَمْتَنِعُوا مِنْ إِمَالَةِ (نَاشِدٍ)، وَكُلُّ هَذِهِ الأَحْكَامِ رَاجِعَةٌ فِي الْمَنْعِ وَالتَّسْوِيغِ إِلَى التَّكْرِيرِ الَّذِي فِي الرَّاءِ.

(وَالْهَاوِي: الأَلِفُ): لأَنَّهُ فِي الْحَقِيقَةِ رَاجِعٌ إِلَى الصَّوْتِ الْهَاوِي الَّذِي بَعْدَ الْفَتْحَةِ، وَهَذَا وَإِنْ شَارَكَهُ الْوَاوُ وَالْيَاءُ فِيهِ إِلا أَنَّهُ يُفَارِقُهُمَا مِنْ وَجْهَيْنِ:

أَحَدُهُمَا: مَا تَحِسُّهُ عِنْدَ الْوَاوِ وَالْيَاءِ مِنَ التَّعَرُّضِ لِمَخْرَجَيْهِمَا.

وَثَانِيهِمَا: اتِّسَاعُ هَوَاءِ الأَلِفِ؛ لأَنَّهُ صَوْتٌ بَعْدَ الْفَتْحَةِ، فَيَكُونُ الْفَمُ فِيهَا مَفْتُوحًا بِخِلافِ الضَّمَّةِ وَالْكَسْرَةِ، فَإِنَّهُ لا يَكُونُ كَذَلِكَ، فَلِذَلِكَ اتَّسَعَ هَوَاءُ صَوْتِ الأَلِفِ أَكْثَرَ مِنْهُ فِي الْوَاوِ وَالْيَاءِ.

(وَالْمَهْتُوتُ: التَّاءُ): لِضَعْفِهِ وَخَفَائِهِ؛ لأَنَّهُ حَرْفٌ شَدِيدٌ، فَيَمْتَنِعُ الصَّوْتُ أَنْ يَجْرِيَ مَعَهُ، وَهُوَ وَإِنْ كَانَ مَهْمُوسًا يَجْرِي النَّفَسُ مَعَهُ إِلا أَنَّهُ عِنْدَ الْوَقْفِ عَلَيْهِ لا نَفَسَ يَجْرِي مَعَهُ، فَيَتَحَقَّقُ خَفَاؤُهُ، وَالْكَافُ وَإِنْ شَارَكَهُ فِي ذَلِكَ إِلا أَنَّ مَخْرَجَهُ مِنْ أَقْصَى الْحَنَكِ، فَيَقْوَى صَوْتُهُ، وَلا يَضْعُفُ كَضَعْفِهِ، وَلا يَلْزَمُ ذَلِكَ فِي الشَّدِيدِ الْمَجْهُورِ؛ لأَنَّهُ بِجَهْرِهِ يَخْرُجُ عَنِ الْخَفَاءِ بِخِلافِ الشَّدِيدِ الْمَهْمُوسِ، فَإِنَّ هَمْسَهُ يُوجِبُ خَفَاءَهُ، وَلِذَلِكَ سُمِّيَ بِالْهَمْسِ، وَهُوَ الصَّوْتُ الْخَفِيُّ، وَسُمِّيَ ضِدُّهَا بِالْجَهْرِ، وَهُوَ الصَّوْتُ الْعَالِي.

نَعَمْ لَوِ اتَّفَقَ أَنْ يَكُونَ فِي الْحُرُوفِ الشَّدِيدَةِ مَا وَافَقَ الْمَهْمُوسَ، وَلَيْسَ مَخْرَجُهُ مِنْ أَقْصَى الْحَنَكِ لَكَانَ حُكْمُهُ حُكْمَ التَّاءِ فِي الْخَفَاءِ، وَلَكِنَّهُ لَمْ يَتَّفِقْ، وَمَا ذَكَرَهُ مِنْ تَسْمِيَةِ صَاحِبِ " الْعَيْنِ " فَاصْطِلاحٌ قَدْ نَبَّهَ عَلَى عِلَّتِهِ.

=

فُوَيقَ ذلك. الأصول في النحو ٤٠٣/٣.

قَالَ: (وَإِذَا رِيمَ إِدْغَامُ الْحَرْفِ فِي مُقَارِبِهِ)، إِلَى آخِرِهِ[(١)].

قَالَ الشَّيْخُ: إِذَا ثَبَتَ أَنَّ الإِدْغَامَ هُوَ النُّطْقُ بِحَرْفَيْنِ مِنْ مَخْرَجٍ وَاحِدٍ دُفْعَةً وَاحِدَةً مِنْ غَيْرِ فَصْلٍ بَيْنَهُمَا لِضَرْبٍ مِنَ الْخِفَّةِ، وَجَبَ إِذَا رِيمَ إِدْغَامُ الْحَرْفَيْنِ الْمُتَقَارِبَيْنِ أَنْ يُقْلَبَ أَحَدُهُمَا إِلَى الآخَرِ، وَمِنْ ثَمَّ قَالَ: (لأَنَّ مُحَاوَلَةَ إِدْغَامِهِ كَمَا هُوَ فِيهِ مُحَالٌ)؛ لأَنَّ حَقِيقَةَ الإِدْغَامِ تُنَافِي إِبْقَاءَ الأَوَّلِ عَلَى حَالٍ تُخَالِفُ الثَّانِي فِي الْحَقِيقَةِ، فَإِذَا قُصِدَ إِلَى إِدْغَامِ الْمُتَقَارِبَيْنِ وَجَبَ أَنْ يُقْلَبَ الأَوَّلُ إِلَى الثَّانِي، ثُمَّ يُسَكَّنَ إِنْ كَانَ مُتَحَرِّكًا، فَحِينَئِذٍ يَحْصُلُ الإِدْغَامُ كَمَا مَثَّلَهُ فِي "**يَكَادُ سَنَا بَرْقِهِ**" [النور:٤٣]، وَ "**وَقَالَت طَّائِفَةٌ**" [آل عمران:٧٢].

قَالَ: (وَلا يَخْلُو الْمُتَقَارِبَانِ مِنْ أَنْ يَلْتَقِيَا فِي كَلِمَةٍ أَوْ كَلِمَتَيْنِ)، إِلَى آخِرِهِ.

ثُمَّ ذَكَرَ كَيْفِيَّةَ الْتِقَاءِ الْمُتَقَارِبَيْنِ، وَأَنَّهُمَا يَكُونَانِ تَارَةً فِي كَلِمَتَيْنِ وَتَارَةً فِي كَلِمَةٍ، فَحُكْمُهُمَا فِي كَلِمَةٍ أَنْ يُنْظَرَ، فَإِنْ أَدَّى الإِدْغَامُ إِلَى لَبْسٍ مُنِعَ، كَقَوْلِكَ: (وَتِدٌ) و(عَتَدٌ)؛ لأَنَّكَ لَوْ أَدْغَمْتَ لَقُلْتَ: (وَدٌّ) و(عَدٌّ) فَيَلْتَبِسُ مِنْ وَجْهَيْنِ:

أَحَدُهُمَا: أَنْ لا يُعْرَفَ تَرْكِيبُ الْكَلِمَةِ، هَلْ عَيْنُهَا دَالٌ أَوْ غَيْرُهَا؛ وَهُوَ الَّذِي أَرَادَهُ.

وَالثَّانِي: أَنْ لا يُعْرَفَ وَزْنُهَا، هَلْ هُوَ سَاكِنٌ عَلَى مَا هُوَ عَلَيْهِ، أَوْ مُتَحَرِّكٌ سُكِّنَ لِلإِدْغَامِ؟ فَيَتَحَقَّقُ اللَّبْسُ مِنَ الْوَجْهَيْنِ الْمَذْكُورَيْنِ لَوْ أُدْغِمَ.

وَكَذَلِكَ: (شَاةٌ زَنْمَاءُ)، و(وَغَنَمٌ زُنْمٌ[(٢)])؛ لأَنَّهُ لَوْ أُدْغِمَ لَمْ يُعْلَمْ تَرْكِيبُهُ، هَلْ هُوَ عَنْ

---

(١) قد ثبت أن الإدغام المألوف المعتاد إنما هو تقريب صوت من صوت. وهو في الكلام على ضربين: أحدهما أن يلتقى المثلان على الأحكام التي يكون عنها الإدغام، فيدغم الأول في الآخر. والأول من الحرفين في ذلك على ضربين: ساكن ومتحرك؛ فالمدغم الساكن الأصل كطاء قطع، وكاف سكر الأولين؛ والمتحرك نحو دال شد، ولام معتل. والآخر أن يلتقى المتقاربان على الأحكام التي يسوغ معها الإدغام، فتقلب أحدهما إلى لفظ صاحبه فتدغمه فيه. وذلك مثل ود في اللغة التميمية، وأمحى، وأماز، واصبر، واثاقل عنه. والمعنى الجامع لهذا كله تقريب الصوت من الصوت؛ ألا ترى أنك في قطع ونحوه قد أخفيت الساكن الأول في الثاني حتى نبا اللسان عنهما نبوة واحدة، وزالت الوقفة التي كانت تكون في الأول لو لم تدغمه في الآخر؛ ألا ترى أنك لو تكلفت ترك إدغام الطاء الأولى لتجشمت لها وقفة عليها تمتاز من شدة ممازجتها للثانية بها؛ كقولك قططع وسككر، وهذا إنما تحكمه المشافهة بله. الخصائص ١٥٢/١.

(٢) قال ابن سيده: جعلها سيبويه مرة فنعللا (وهو غير ما حكاه المؤلف عن الأخفش) ومرة فعللا، ورد أبو علي أن يكون فنعللا، وقال: لو كان كذلك لظهرت النون لأن إدغام النون في الميم من

مِيمَيْنِ أَوْ عَنْ نُونٍ وَمِيمٍ، وَكَذَلِكَ: (كُنْيَةٌ) لَوْ أُدْغِمَ لَمْ يُعْلَمْ تَرْكِيبُهُ، هَلْ هُوَ عَنْ يَاءَيْنِ، أَوْ عَنْ نُونٍ وَيَاءٍ؟

ثُمَّ قَرَّرَ ذَلِكَ بِرَفْضِهِمْ (وَطْدًا) و(وَتْدًا) إِلَى (طِدَةٍ) و(تِدَةٍ)، لِمَا يُؤَدِّي الإِدْغَامُ إِلَيْهِ مِنَ اللَّبْسِ وَالإِظْهَارُ مِنَ الثِّقَلِ، ثُمَّ ذَكَرَ فِي (يَتِدُ) مَانِعًا آخَرَ عَلَى تَقْدِيرِ أَنْ يَنْتَفِيَ هَذَا الْمَانِعُ يَكُونُ هُوَ مُسْتَقِلا، وَهُوَ أَدَاءُ الإِدْغَامِ فِيهِ إِلَى إِعْلالَيْنِ: حَذْفُ الْوَاوِ الَّتِي هِيَ فَاءٌ، وَإِبْدَالُ التَّاءِ الَّتِي هِيَ عَيْنٌ وَإِدْغَامُهَا إِذَا قُلْتَ: (يَدٌّ)؛ لأَنَّ أَصْلَهُ (يَوْتِدُ)، فَتَحْذِفُ الْوَاوَ لِوُقُوعِهَا بَيْنَ يَاءٍ وَكَسْرَةٍ، ثُمَّ تَقْلِبُ التَّاءَ دَالا وَتُدْغِمُهَا فِي الدَّالِ، وَقَرَّرَ ذَلِكَ بِرَفْضِهِمْ بِنَاءَ نَحْوِ: (وَدَدْتُ) بِالْفَتْحِ؛ لأَنَّهُ كَانَ يُؤَدِّي إِلَى (يَدُّ) فِي مُضَارِعِهِ، إِذْ أَصْلُهُ كَانَ يَكُونُ (يَوْدِدُ)، فَتَحْذَفُ الْوَاوُ لِوُقُوعِهَا بَيْنَ يَاءٍ وَكَسْرَةٍ، وَيُدْغَمُ الْمِثْلانِ كَمَا أُدْغِمَ فِي (وَدَّ)، وَإِذَا رَفَضُوهُ فِي هَذَا الْبِنَاءِ لأَدَائِهِ إِلَى ذَلِكَ فِي الْمِثْلَيْنِ لِوُجُوبِ الإِدْغَامِ فِيهِ؛ فَلأَنْ لا يَفْعَلُوهُ فِي الْمُتَقَارِبَيْنِ مِنْ طَرِيقٍ أَوْلَى، إِذْ هُوَ فِي الْمِثْلَيْنِ أَخَفُّ؛ لِقِلَّةِ التَّغْيِيرَاتِ فِيهِ، فَإِنَّ الْمُتَقَارِبَيْنِ يُقْلَبُ الأَوَّلُ مِنْهُمَا إِلَى الثَّانِي عِنْدَ الإِدْغَامِ، فَيَزِيدُ الإِعْلالُ فِيهِ أَكْثَرَ مِنْهُ فِي الْمِثْلَيْنِ، فَلأَنْ لا يُفْعَلَ فِيهِ أَوْلَى.

(وَإِنْ لَمْ يُلْبِسْ جَازَ، نَحْوُ: " امَّحَى " وَ " هَمَّرِشٌ ").

لأَنَّهُ لَيْسَ فِيهِ مَا تَقَدَّمَ مِنَ الإِلْبَاسِ، وَذَلِكَ لا يُلْبِسُ عَلَى أَحَدٍ أَنَّ هَذِهِ الْمِيمَ الْمُشَدَّدَةَ لَيْسَتْ مِنْ مِيمَيْنِ؛ لأَنَّهَا لَوْ كَانَتْ مِنْ مِيمَيْنِ لَوَجَبَ أَنْ تَكُونَ الأُولَى أَصْلِيَّةً أَوْ زَائِدَةً، فَإِنْ كَانَتْ زَائِدَةً فَيَكُونُ وَزْنُهُ (امْفَعَلَ) وَإِنْ كَانَتْ أَصْلِيَّةً فَيَكُونُ وَزْنُهُ (افَّعَلَ)، وَكِلاهُمَا لَيْسَ مِنَ الأَبْنِيَةِ فَلا لَبْسَ، وَلَمْ يَتَعَرَّضْ لِتَقْدِيرِ أَنْ تَكُونَ الأُولَى زَائِدَةً لِوُضُوحِهِ، وَإِنَّمَا تَعَرَّضَ لِتَقْدِيرِهَا أَصْلِيَّةً.

وَكَذَلِكَ (هَمَّرِشٌ) إِذَا أَدْغَمْتَ النُّونَ فِي الْمِيمِ(١)؛ لأَنَّهَا لا يُلْبِسُ أَنَّهَا لَيْسَتْ مِيمَيْنِ؛

كلمة لا يجوز، ألا ترى أنهم لم يدغموا في شاة زنماء (وهى التى لها لحمة متدلية تحت حنكها) كراهية أن يلتبس بالمضاعف. شرح شافية ابن الحاجب ٦١/١.

(١) فأما همرش فخماسي، وميمه الأولى نون، وأدغمت في الميم لما لم يخف هناك لبس؛ ألا ترى أنه ليس في بنات الأربعة مثال جعفر فيلتبس به همرش. ولو حقرت همرشاً لقلت هنيمر فأظهرت نونها لحركتها. وكذلك لو استكرهت على تكسيرها لقلت هنامر. ونظير إدغام هذه النون إذا لم يخافوا لبساً قولهم امحي، واماز، واماع. ولما لم يكن في الكلام افعل علم أن هذا انفعل؛ قال أبو الحسن: ولو أردت مثال انفعل من رأيت ولحزت لقلت: ارأى، والحز.

لأنَّهَا لَوْ كَانَتْ مِيمَيْنِ لَكَانَتِ الأوْلَى أَصْلِيَّةً أَوْ زَائِدَةً، فَإِنْ كَانَتْ زَائِدَةً فَوَزْنُهُ (فَمَعْلِلٌ)، وَإِنْ كَانَتْ أَصْلِيَّةً فَوَزْنُهُ (فَعَّلِلٌ)، وَكِلاهُمَا لَيْسَ مِنَ الأَبْنِيَةِ، وَاغْتُفِرَ تَقْدِيرُهَا زَائِدَةً لِوُضُوحِ ذَلِكَ، وَقَدَّرَهَا أَصْلِيَّةً لا غَيْرُ.

قَالَ: (وَإِنِ الْتَقَيَا فِي كَلِمَتَيْنِ بَعْدَ مُتَحَرِّكٍ أَوْ مَدَّةٍ)، إِلَى آخِرِهِ.

فَقَوْلُهُ: (بَعْدَ مُتَحَرِّكٍ أَوْ مَدَّةٍ) هُوَ الشَّرْطُ الْمُتَقَدِّمُ فِي الإِدْغَامِ فِي الْمِثْلَيْنِ، فَهُوَ فِي الْمُتَقَارِبَيْنِ كَذَلِكَ، مِثَالُهُ: "**قَالَ رَبِّ**" [آل عمران:٣٨]، وَ "**وَإِذَا النُّفُوسُ زُوِّجَتْ**" [التكوير:٧]، وَ "**جَعَلَ رَبُّكِ**" [مريم:٢٤] وَشِبْهُهُ، ثُمَّ عَلَّلَ ذَلِكَ بِأَنَّهُ (لا لَبْسَ فِيهِ وَلا تَغْيِيرَ صِيغَةٍ)، وَيَعْنِي بِقَوْلِهِ: (لا لَبْسَ فِيهِ) مَا تَقَدَّمَ مِنْ لَبْسِ التَّرْكِيبِ بِتَرْكِيبٍ آخَرَ، وَهُوَ غَيْرُ مُسْتَقِيمٍ فِي الْحَقِيقَةِ إِذَا قُصِدَ النَّفْيُ الْمُطْلَقُ، فَإِنَّهُ إِذَا قِيلَ مِثْلُ: (الْقَارِدِيءِ) لَمْ يُعْلَمْ أَهُوَ (الْقَالُ)، أَمْ (الْقَارُ)؟ وَهُوَ لَبْسٌ فِي التَّرْكِيبِ كَاللَّبْسِ فِي (زَنْمَاءَ) لَوْ قُلْتَ: (زَمَّاءَ)، وَالْفَرْقُ بَيْنَهُمَا أَنَّ هَذَا غَيْرُ لازِمٍ، إِذْ وُقُوعُ هَذِهِ الْكَلِمَةِ بَعْدَ الأُخْرَى لَيْسَ بِحَتْمٍ فِيهَا، وَإِنَّمَا هُوَ عَارِضٌ، بِخِلافِ بَابِ (زَنْمَاءَ)، فَإِنَّهُ لَوْ أُدْغِمَ لَكَانَ اللَّبْسُ لازِمًا، فَاغْتُفِرَ اللَّبْسُ الْعَارِضُ وَلَمْ يُغْتَفَرِ اللَّبْسُ اللازِمُ، فَيَجِبُ حَمْلُ قَوْلِهِ: (لا لَبْسَ)؛ أَيْ: لا لَبْسَ لازِمٌ مِثْلُ ذَلِكَ اللَّبْسِ.

وَقَوْلُهُ: (وَلا تَغْيِيرَ صِيغَةٍ).

وَاضِحٌ عَلَى عُمُومِهِ؛ لأَنَّهُ إِنَّمَا يُغَيَّرُ فِي إِدْغَامِ الْكَلِمَتَيْنِ مِنَ الْحَرَكَاتِ آخِرُ الأُوْلَى إِنْ كَانَ مُتَحَرِّكًا، وَلا اعْتِبَارَ بِحَرَكَاتِ الأَوَاخِرِ فِي اخْتِلافِ الصِّيَغِ؛ لأَنَّهُ يَتَغَيَّرُ - وَالصِّيغَةُ وَاحِدَةٌ - بِالإِعْرَابِ وَالْوَقْفِ وَغَيْرِهِ، فَلَمْ يَكُنْ لإِسْكَانِهِ لِلإِدْغَامِ أَثَرٌ فِي تَغْيِيرِ صِيغَةٍ، فَلِذَلِكَ حَكَمْنَا بِأَنَّ قَوْلَهُ: (وَلا تَغْيِيرَ صِيغَةٍ) عَامٌّ.

قَالَ: (وَلَيْسَ بِمُطْلَقٍ أَنَّ كُلَّ مُتَقَارِبَيْنِ يُدْغَمُ أَحَدُهُمَا فِي الآخَرِ، وَلا أَنَّ كُلَّ مُتَبَاعِدَيْنِ يَمْتَنِعُ ذَلِكَ فِيهِمَا)، إِلَى آخِرِهِ.

قَالَ الشَّيْخُ: قَوْلُهُ: (وَلَيْسَ بِمُطْلَقٍ أَنَّ كُلَّ مُتَقَارِبَيْنِ يُدْغَمُ أَحَدُهُمَا فِي الآخَرِ) مُسْتَقِيمٌ؛ لأَنَّهُ قَدْ يَطْرَأُ مَانِعٌ يَمْنَعُ مِنْ حُكْمِ الإِدْغَامِ.

وَقَوْلُهُ: (وَلا أَنَّ كُلَّ مُتَبَاعِدَيْنِ يَمْتَنِعُ ذَلِكَ فِيهِمَا) لا يَسْتَقِيمُ عَلَى ظَاهِرِهِ لِمَا تَقَدَّمَ مِنْ

=

الخصائص ١٣١/١.

أَنَّهُ إِنَّمَا يُدْغَمُ الْمِثْلانِ أَوِ الْمُتَقَارِبَانِ، وَتَأْوِيلُهُ أَنَّهُ قَصَدَ الْمُتَبَاعِدَيْنِ فِي الأَصْلِ، وَإِنْ كَانَ الْمُدْغَمُ مِنْهُمَا فِي الآخَرِ إِنَّمَا يَكُونُ بِحُصُولِ صِفَةٍ قَرَّبَتْ بَيْنَهُمَا، فَصَحَّ إِطْلاقُ الْمُقَارَبَةِ بِاعْتِبَارِ حُصُولِ الْوَجْهِ الَّذِي قَرَّبَ بَيْنَهُمَا، وَصَحَّ إِطْلاقُ التَّبَاعُدِ بِاعْتِبَارِ حَقِيقَةِ مَخْرَجَيْهِمَا.

ثُمَّ ذَكَرَ الْمُتَقَارِبَةَ الَّتِي لا تُدْغَمُ فِي مُقَارِبِهَا لِحُصُولِ مَانِعٍ مَنَعَ مِنْ إِدْغَامِهَا، وَهِيَ السَّبْعَةُ الْمُرَكَّبَةُ فِي (ضَوِيَ مِشْفَرٌ)، فَأَمَّا الضَّادُ فَلِمَا فِيهَا مِنَ الاسْتِطَالَةِ[1]، فَلَوْ أُدْغِمَتْ فِي مُقَارِبِهَا لَزَالَتْ صِفَتُهَا مِنْ غَيْرِ شَيْءٍ يَخْلُفُهَا، وَالْوَاوُ وَالْيَاءُ لِمَا فِيهِمَا مِنَ الْمَدِّ وَاللِّينِ، وَالْمِيمُ لِمَا فِيهَا مِنَ الْغُنَّةِ، وَالشِّينُ لِمَا فِيهَا مِنَ التَّفَشِّي، وَالْفَاءُ لِمَا فِيهَا مِنْ شَبَهِ التَّفَشِّي، وَالرَّاءُ لِمَا فِيهَا مِنَ التَّكْرِيرِ، وَمَا ذَكَرَهُ وَإِنْ كَانَ مُنَاسِبًا وَعَلَيْهِ جُمْهُورُ أَهْلِ اللُّغَةِ، فَلَيْسَ بِمُوَافِقٍ عَلَى الْجَمِيعِ، فَإِنَّهُ قَدْ أُدْغِمَتِ الضَّادُ فِي الْقِرَاءَةِ الصَّحِيحَةِ فِي قَوْلِهِ تَعَالَى: "لِبَعْضِ شَأْنِهِمْ" [النور:٦٢]، وَأُدْغِمَتِ الشِّينُ فِي السِّينِ فِي قَوْلِهِ تَعَالَى: "ذِي الْعَرْشِ سَبِيلًا" [الإسراء:٤٢]، وَأُدْغِمَتِ الْفَاءُ فِي الْبَاءِ فِي قَوْلِهِ تَعَالَى: "نَخْسِفْ بِهِمُ" [سبأ: ٩]، وَأُدْغِمَتِ الرَّاءُ فِي اللامِ فِي قَوْلِهِ تَعَالَى: "يَغْفِرْ لَكُمْ" [نوح:٤]، إلا أَنَّ الأَكْثَرَ عَلَى مَا تَقَدَّمَ مِنْ قَوْلِهِ.

ثُمَّ ذَكَرَ مِنَ الْمَوَانِعِ أَيْضًا أَنْ يَكُونَ الثَّانِي مِنْ حُرُوفِ الْحَلْقِ أَدْخَلَ فِي الْحَلْقِ مِنَ الأَوَّلِ، كَالْعَيْنِ فِي الْهَاءِ، وَالْحَاءِ فِي الْعَيْنِ، وَالْغَيْنِ فِي الْخَاءِ، وَالْخَاءِ فِي بَاقِيهَا، وَإِنَّمَا كَرِهُوا ذَلِكَ؛ لأَنَّ الأَدْخَلَ أَثْقَلُ، فَلَوْ أَدْغَمُوا الأَخْرَجَ فِي الأَدْخَلِ لَقَلَبُوا الأَخَفَّ إِلَى الأَثْقَلِ، وَفِي الْعَكْسِ يُقْلَبُ الأَثْقَلُ إِلَى الأَخَفِّ، فَحَسُنَ عِنْدَهُمْ إِدْغَامُ الأَثْقَلِ فِي الأَخَفِّ لِيَخِفَّ، وَلَمْ يَحْسُنْ إِدْغَامُ الأَخَفِّ فِي الأَثْقَلِ لِيَثْقُلَ، وَهُوَ أَيْضًا جَارٍ فِيهِ عَلَى الأَكْثَرِ، وَإِلا فَقَدْ رُوِيَ إِدْغَامُ الْحَاءِ فِي الْعَيْنِ فِي قَوْلِهِ تَعَالَى: "فَمَن زُحْزِحَ عَنِ النَّارِ" [آل عمران:١٨٥]، وَهُوَ عَلَى خِلافِ مَا ذُكِرَ.

---

(١) ولم تدغم حروف (ضوى مشفر) فيما يقاربها لزيادة صفتها، ونحو سيد ولية إنما أدغما لأن الإعلال صيرهما مثلين، وأدغمت النون في اللام والراء لكراهة نبرتها، وفي الميم - وإن لم يتقاربا - لغنتها، وفي الواو والياء لامكان بقائها، وقد جاء لبعض شأنهم واغفر لي، ونخسف بهم، ولا حروف الصفير في غيرها، لفوات (صفتها)، ولا المطبقة في غيرها من غير إطباق على الأفصح، ولا حرف حلق في أدخل منه إلا الحاء في العين والهاء، ومن ثم قالوا فيهما اذبحتودا وابحاذه. شرح شافية ابن الحاجب ٢٦٩/٣.

ثُمَّ ذكَرَ مِنَ الْمُتَبَاعِدَةِ مَا يَحْصُلُ لَهُ وَجْهٌ فِي التَّقْرِيبِ مُسَوِّغٌ لِإدْغَامِهِ، فَذَكَرَ النُّونَ مَعَ الْمِيمِ، وَالنُّونُ مِنْ طَرَفِ اللِّسَانِ وَفَوْقَ الثَّنَايَا، وَالْمِيمُ مِنَ الشَّفَتَيْنِ، وَبَيْنَهُمَا مَخَارِجُ، وَإِنَّمَا الْوَجْهُ الَّذِي قَرَّبَ بَيْنَهُمَا الْغُنَّةُ الَّتِي اشْتَرَكَا فِيهَا، فَصَارَا بِذَلِكَ مُتَقَارِبَيْنِ عَلَى مَا تَقَدَّمَ، وَإِنَّمَا أَدْغَمُوا النُّونَ فِي الْمِيمِ، وَلَمْ يُدْغِمُوا الْمِيمَ فِي النُّونِ وَلا فِي غَيْرِهَا؛ لأَنَّ النُّونَ السَّاكِنَةَ كَثُرَتْ فِي اسْتِعْمَالِهِمْ حَتَّى اسْتَغْنَوْا بِغُنَّتِهَا فِيمَا تَحْسُنُ مَعَهُ تَخْفِيفًا لِلْكَلامِ وَتَحْسِينًا لَهُ، فَلَمَّا ثَبَتَ ذَلِكَ لَهَا أُجْرِيَتْ مَعَ الْمِيمِ عَلَى ذَلِكَ الْمُجْرَى، وَلَمْ تُدْغَمِ الْمِيمُ لِمَا ذَكَرْنَا مِنْ فَوَاتِ صِفَتِهَا عَلَى مَا تَقَدَّمَ، وَكَذَلِكَ أَدْغَمُوا النُّونَ فِي الْوَاوِ وَالْيَاءِ لِمَا ذَكَرْنَاهُ مِنْ إِمْكَانِ بَقَاءِ الْغُنَّةِ مِنْهَا فِيهِمَا مَعَ كَوْنِهَا كَثُرَتْ سَاكِنَةً، فَأُجْرِيَتْ مَعَهَا مُجْرَى الْحُرُوفِ الَّتِي يَحْسُنُ إِخْفَاؤُهَا فِيهَا.

قَالَ: (وَأَدْغَمُوا حُرُوفَ طَرَفِ اللِّسَانِ فِي الضَّادِ وَالشِّينِ).

يَعْنِي بِحُرُوفِ طَرَفِ اللِّسَانِ: (التَّاءَ، وَالطَّاءَ، وَالدَّالَ)، فَإِنَّهُمْ يُدْغِمُونَهَا فِي (الضَّادِ، وَالشِّينِ، وَالْجِيمِ)، وَإِنْ كَانَتْ مُتَبَاعِدَةً عَنْهَا فِي الْمَخْرَجِ؛ لأَنَّكَ عِنْدَ النُّطْقِ بِهَا يَصِيرُ طَرَفُ اللِّسَانِ - وَإِنْ لَمْ يَكُنْ مَخْرَجًا لَهَا - قَرِيبًا مِنْ مَخْرَجِ حُرُوفِهِ مِنَ الْحَنَكِ، فَصَارَتْ بِذَلِكَ كَأَنَّهَا مُقَارِبَتُهَا، وَإِنْ كَانَ صَوْتُهَا يَخْرُجُ مِنْ غَيْرِ ذَلِكَ الْمَحَلِّ، فَلِذَلِكَ أُدْغِمَتْ فِيهَا.

قَالَ: (فَالْهَمْزَةُ لا تُدْغَمُ فِي مِثْلِهَا إِلا فِي قَوْلِهِمْ)، إِلَى آخِرِهِ.

قَالَ الشَّيْخُ: ثُمَّ شَرَعَ يَذْكُرُ الْحُرُوفَ حَرْفًا حَرْفًا بِاعْتِبَارِ إِدْغَامِهِ وَالإِدْغَامِ فِيهِ؛ لِيَتَبَيَّنَ بِالتَّفْصِيلِ مَا لا يَتَبَيَّنُ فِي الإِجْمَالِ، فَقَالَ: (وَأَمَّا الْهَمْزَةُ فَلا تُدْغَمُ فِي مِثْلِهَا) إِلَى آخِرِهِ، يَعْنِي: إِلا فِي بَابِ (فَعَّالٍ)، فَإِنَّهُ بَابٌ قِيَاسِيٌّ، فَحُوفِظَ عَلَيْهِ مَعَ وُجُودِ الْمَدَّةِ بَعْدَهُمَا، فَكَانَتْ كَالْمُسَهَّلَةِ لأَمْرِهِمَا[1].

---

(١) وإنما استحال الإدغام في الألف؛ لأنها لو كانت إلى جانبها ألف لا يجوز أن تدغم فيها، لأن الألف لا تكون إلا ساكنة ولا يلتقي ساكنان.
وبعد فإن لفظها وهي أصلية لا تكون إلا مداً، وبالمد لا يكون مدغما، واو رمت ذلك في الألف لتقلتها عن لفظها.
فتقول: قد قوول زيد، وبويع لا غير ذلك.
وكذلك رؤيا إذ خففت الهمزة وأخلصتها واوا، لأن الهزة الساكنة إذا خففت انقلبت على حركة ما قبلها.
ولم يجز في هذا القول أن تدغمها، لأنها مدة، ولأن أصلها غير الواو، فهي منقلبة كواو سوير. وأما من قال: ريا ورية فعلى غير هذا المذهب. المقتضب ٣٩/١.

وَأَمَّا (الدَّأَثُ) فَمُنْفَرِدٌ، وَسَهَّلَ أَمْرَهُ مَا بَعْدَهُ مِنَ الْأَلِفِ، فَكَأَنَّهُمْ كَرِهُوا إِدْغَامَهَا فِي مِثْلِهَا لِمَا يُؤَدِّي إِلَيْهِ مِنْ كُلْفَةِ النُّطْقِ بِهَا؛ لِأَنَّهَا عِنْدَهُمْ عَلَى انْفِرَادِهَا مُسْتَثْقَلَةٌ، حَتَّى أَنَّهُمْ قَدْ خَفَّفُوهَا بِوُجُوهٍ مِنَ التَّخْفِيفَاتِ، وَكَرِهُوا اجْتِمَاعَهَا غَيْرَ مُدْغَمَةٍ فِي كَلِمَةٍ وَفِي كَلِمَتَيْنِ فِي مِثْلِ: (آدَم) و(أُوَيْدِم)؛ وَفِي كَلِمَتَيْنِ مِنْ مِثْلِ: (قَرَأَ أَبُوكَ)، وَقَدْ رُوِي عَنْ بَعْضِ الْعَرَبِ أَنَّهُمْ يُحَقِّقُونَ الْهَمْزَةَ فِي كَلِمَتَيْنِ فِي مِثْلِ: (قَرَأَ أَبُوكَ)، وَأَخَذَ سِيبَوَيْهِ جَوَازَ الْإِدْغَامِ لِهَؤُلَاءِ قِيَاسًا عَلَى غَيْرِهَا مِمَّا يَجْتَمِعُ فِيهِ الْمِثْلَانِ، وَرَأَى أَنَّهُمَا إِذَا اجْتَمَعَتَا غَيْرَ مُدْغَمَتَيْنِ كَانَ اجْتِمَاعُهُمَا مُدْغَمَتَيْنِ أَسْهَلَ، وَلَمْ يُسْمَعْ ذَلِكَ عَنِ الْعَرَبِ الَّذِينَ يُحَقِّقُونَ، وَيُمْكِنُ أَنْ يَكُونَ الْأَمْرُ عَلَى مَا ذَكَرَ، وَيُمْكِنُ أَنْ يَكُونَ عَلَى خِلَافِهِ، وَيُفَرِّقُ بِأَنَّهُ إِذَا أُدْغِمَ اشْتَدَّ الثِّقَلُ عِنْدَ اجْتِمَاعِهِمَا مِنْ غَيْرِ فَصْلٍ عِنْدَ الْإِدْغَامِ، وَفِي غَيْرِ الْإِدْغَامِ تَحْصُلُ كُلُّ وَاحِدَةٍ مَنْطُوقًا بِهَا عَلَى حِدَتِهَا، فَلَا يَلْزَمُ مِنَ اغْتِفَارِ اجْتِمَاعِهِمَا عِنْدَ الِانْفِكَاكِ اغْتِفَارُهُ عِنْدَ الْإِدْغَامِ، وَهَذَا كَافٍ فِي إِبْطَالِ قِيَاسِ الْإِدْغَامِ، مَعَ أَنَّهُ يَصِحُّ أَنْ يُقَالَ: لَوْ كَانَ الْإِدْغَامُ سَائِغًا لَوَقَعَ، وَلَوْ وَقَعَ لَنُقِلَ، وَكَثِيرًا مَا يَسْتَعْمِلُ سِيبَوَيْهِ نَحْوَ هَذَا الِاسْتِدْلَالِ فِي الْمَعْنَى؛ إِلَّا أَنَّهُ يُمْكِنُ أَنْ يُقَالَ: هَذَا مَخْصُوصٌ بِمَا يَكْثُرُ عَنْهُمْ، فَأَمَّا مَا هُوَ قَلِيلٌ فِي أَصْلِهِ فَلَا يَلْزَمُ فِي فَرْعٍ مِنْ فُرُوعِهِ أَنْ يَلْزَمَ نَقْلُهُ لِوُقُوعِهِ، وَإِنَّمَا امْتَنَعَ إِدْغَامُهَا فِي مُقَارِبِهَا لِأَمْرَيْنِ:

أَحَدُهُمَا: أَنَّ مَا فِيهَا مِنَ الْقُوَّةِ لَا يُشَارِكُهَا فِيهِ غَيْرُهَا، فَلَا تُدْغَمُ لِفَوَاتِ وَصْفِهَا مِنْ غَيْرِ خَلَفٍ كَمَا لَمْ تُدْغَمْ حُرُوفُ اللِّينِ لِذَلِكَ.

وَالثَّانِي: أَنَّهُمْ فِي غُنْيَةٍ عَنِ الْإِدْغَامِ لِمَا ثَبَتَ فِيهَا مِنْ جَوَازِ التَّخْفِيفِ الَّذِي تَحْصُلُ بِهِ سُهُولَتُهَا، وَعِنْدَ التَّخْفِيفِ يَتَعَذَّرُ الْإِدْغَامُ؛ لِأَنَّهَا إِمَّا أَنْ تُحْذَفَ فَلَا إِدْغَامَ، وَإِمَّا أَنْ تُسَهَّلَ فَتَصِيرَ كَحُرُوفِ اللِّينِ، فَلَا إِدْغَامَ، وَإِذَا امْتَنَعَ إِدْغَامُهَا فِي مُقَارِبِهَا امْتَنَعَ إِدْغَامُ مُقَارِبِهَا فِيهَا لِذَلِكَ، وَلِوَجْهَيْنِ آخَرَيْنِ:

أَحَدُهُمَا: أَنَّهُ يُؤَدِّي إِلَى إِدْغَامِ الْأَدْخَلِ فِي الْفَمِ فِي الْأَدْخَلِ فِي الْحَلْقِ.

وَالثَّانِي: يُؤَدِّي إِلَى اجْتِمَاعِ الْهَمْزَتَيْنِ بَعْدَ أَنْ لَمْ يَكُنْ، وَكُلُّ ذَلِكَ مُنَاسِبٌ لِمَنْعِ الْإِدْغَامِ.

(وَأَمَّا الْأَلِفُ فَلَا تُدْغَمُ أَلْبَتَّةَ لَا فِي مِثْلِهَا وَلَا فِي مُقَارِبِهَا)، إِلَى آخِرِهِ.

قَالَ الشَّيْخُ: لِأَنَّ إِدْغَامَهَا فِي مِثْلِهَا مُتَعَذِّرٌ لِوُجُوبِ التَّحْرِيكِ، وَهِيَ لَا تَقْبَلُهُ، وَإِدْغَامُهَا فِي مُقَارِبِهَا إِنْ كَانَ فِي الْأَدْخَلِ فِي الْفَمِ فَلِمَا يُؤَدِّي إِلَيْهِ مِنْ ذَهَابِ مَدِّهَا مِنْ غَيْرِ مَا يَقُومُ مَقَامَهُ، وَإِنْ كَانَ فِي الْأَدْخَلِ مِنْهَا فِي الْحَلْقِ وَهُوَ الْهَمْزَةُ، فَلِذَلِكَ وَلِمَا يُؤَدِّي

إِلَيْهِ مِنَ اجْتِمَاعِ الْهَمْزَتَيْنِ وَإِدْغَامِ الأدْخَلِ فِي الْفَمِ فِي الأدْخَلِ فِي الْحَلْقِ، وَلا يُدْغَمُ فِيهَا غَيْرُهَا لِلتَّعَذُّرِ الْمُتَقَدِّمِ ذِكْرُهُ(١).

قَالَ: (وَالْهَاءُ تُدْغَمُ فِي الْحَاءِ وَقَعَتْ قَبْلَهَا أَوْ بَعْدَهَا)، إِلَى آخِرِهِ.

إِنَّمَا أُدْغِمَتْ فِي الْحَاءِ لِمُقَارَبَتِهَا لَهَا، وَلَمْ تُدْغَمْ فِي الْعَيْنِ وَإِنْ كَانَتْ أَقْرَبَ إِلَيْهَا لِشَبَهِ الْعَيْنِ بِالْهَمْزَةِ، فَكَمَا كَرِهُوا الإِدْغَامَ فِي الْهَمْزَةِ كَرِهُوا الإِدْغَامَ فِي الْعَيْنِ لِمَا فِيهَا مِنَ التَّهَوُّعِ وَأَدْغَمُوا الْحَاءَ فِيهَا بَعْدَ قَلْبِهَا حَاءً لِتَقَارُبِهِمَا، وَلَكِنَّهُمْ قَلَبُوا الثَّانِي إِلَى الأَوَّلِ عَكْسَ بَابِ الإِدْغَامِ؛ لِئَلا يُؤَدِّي إِلَى إِدْغَامِ الأدْخَلِ فِي الْفَمِ فِي الأدْخَلِ فِي الْحَلْقِ لَوْ جَرَوْا عَلَى قِيَاسِ الإِدْغَامِ، وَلَمْ يَلْتَزِمُوا الإِظْهَارَ لِمَا فِيهِ مِنْ عُسْرِ إِخْرَاجِ الْهَاءِ بَعْدَ الْحَاءِ السَّاكِنَةِ فِي قَوْلِكَ: (اذْبَحْ هَذِهِ)، وَأَمَّا إِدْغَامُهَا فِي مِثْلِهَا فَوَاضِحٌ.

قَالَ: (وَالْعَيْنُ تُدْغَمُ فِي مِثْلِهَا)، إِلَى آخِرِهِ.

قَالَ الشَّيْخُ: وَإِدْغَامُ الْعَيْنِ فِي مِثْلِهَا وَاضِحٌ، وَأَمَّا إِدْغَامُ الْحَاءِ فِيهَا فَضَعِيفٌ عِنْدَ النَّحْوِيِّينَ؛ لأَنَّهُ إِدْغَامُ الأدْخَلِ فِي الْفَمِ فِي الأدْخَلِ فِي الْحَلْقِ، وَلِمَا ذَكَرْنَاهُ مِنْ أَنَّهَا كَالْهَمْزَةِ فِي أَنَّهُ لَمْ يُدْغَمْ فِيهَا.

قَالَ: (وَإِذَا اجْتَمَعَ الْعَيْنُ وَالْهَاءُ جَازَ قَلْبُهُمَا حَاءَيْنِ وَإِدْغَامُهُمَا).

لَمْ يُدْغِمُوا أَحَدَهُمَا فِي الآخَرِ إِلا بَعْدَ تَغْيِيرِهِمَا جَمِيعًا؛ لأَنَّهُمْ لَوْ أَدْغَمُوا الْهَاءَ فِي الْعَيْنِ بِقَلْبِ الْهَاءِ عَيْنًا عَلَى قِيَاسِ الإِدْغَامِ، لأَدَّى إِلَى الإِدْغَامِ فِي الْعَيْنِ مَعَ شَبَهِهَا بِالْهَمْزَةِ عَلَى مَا تَقَدَّمَ، وَهُوَ مُسْتَكْرَهٌ، وَلَوْ أَدْغَمُوا الْعَيْنَ فِي الْهَاءِ بِقَلْبِ الْعَيْنِ هَاءً

---

(١) فإن قال قائل: فأنت تطرح عليها حركة الهمزة إذا خففت، فتقول: ظلموا أخاك. فإن كان حرف لين فلا ينبغي أن تحوّل عليها الحركة؛ كما لا تحوّلها في النبيء، وخطيئة، وبريئة. قيل: هذا لا يلزم؛ لأنها حرف لين في اللفظ، ودخلت لمعنى، فليست كما لا تدخل إلا للمد؛ نحو ياءِ فَعِيل، وواو فَعُول. ألا ترى أن هذه إذا كانت قبلها فتحة حرّكت لالتقاء الساكنين؛ نحو: اخشوا الرجل و" لتبلونَ في أموالكم ". وكذلك الياء في قولك: اخشي الرجل. فهذا هكذا. ولو قال رجل: هو يغزوباه للزمه مثل هذا والواو لام الفعل. وتقول: زيد يغزومه. فتضم الواو؛ لأن الضمة في الحقيقة للهمزة. وكذلك هو يغزو خوانه. فتكسر لهذه العلة، وهي لام الفعل ولفظها لفظ اللين: لسكونها وانضمام ما قبلها. وكذلك ياء يقضى. فإن دخل عليها ما ينصب نصبتهما جميعا. وأنت تقول: هو يقضي ياسر ويغزو واقد، فلا تدغم؛ لما ذكرناه من لفظ اللين. فإن كانت قبل كل واحدة منهما فتحة لم يكن إلا الإدغام؛ نحو: اخشوا واقدا، واخشي ياسرا؛ لأن لفظ اللين قد ذهب. وفي هذا دليل على جميع هذا الباب. المقتضب ٥١/١.

لأدْغَمُوا الأدْخَلَ فِي الْفَمِ فِي الأدْخَـلِ فِي الْحَلْـقِ، فَلَـمَّا كَـانَ كَـذَلِكَ وَاشْـتَدَّ تَقَـارُبُهُمَا، وَعَسُرَ النُّطْقُ بِهِمَا بَعْدَ الآخِرِ سَاكِنًا، قَلَبُوهُمَا جَمِيعًا حَرْفًا يُقَارِبُهُمَا، وَلا يَلْـزَمُ مِنْـهُ شَيْءٌ مِمَّا تَقَدَّمَ، وَهُوَ الْحَاءُ، فَقَالُوا فِي (مَعَهُمْ): (مُحُّمْ)، وَفِي (اجْبَهْ عُتْبَهْ): (اجْبَحُّتْبَه)، وَهَـذَا الْحُكْمُ كَانَ يَنْبَغِي أَنْ يَكُونَ فِي قِسْمِ الْهَاءِ؛ لأنَّهُ مُشْتَرَكٌ بَيْنَـهُ وَبَـيْنَ الْعَيْنِ، وَقَـدْ تَقَـدَّمَتِ الْهَاءُ، فَكَانَ يَنْبَغِي أَنْ يَكُونَ فِيهَا جَرْيًا عَلَى قِيَاسِ تَصْنِيفِهِ فِي مِثْلِه.

(وَالْحَاءُ تُدْغَمُ فِي مِثْلِهَا).

قَالَ: وَإِدْغَامُهَا فِي مِثْلِهَا وَاضِحٌ.

(وَيُدْغَمُ فِيهَا الْهَاءُ وَالْعَيْنُ): لِقُرْبِهِمَا مِنْهَا مَعَ كَوْنِهِمَا أَدْخَلَ فِي الْحَلْـقِ، فَلِـذَلِكَ قِيـلَ فِي (اجْبَه حَاتِمًا): (اجْبَحَّاتِمًا)، وَفِي (ادْفَعْ حَمْلا): (ادْفَحَّمْلا)[1].

(وَالْغَيْنُ وَالْخَاءُ يُدْغَمُ كُلُّ وَاحِدَةٍ مِنْهُمَا فِي مِثْلِهَا وَفِي أُخْتِهَا).

فَأَمَّا إِدْغَامُهُمَا فِي مِثْلِهِمَا وَإِدْغَامُ الْغَيْنِ فِي الْخَاءِ فَوَاضِحٌ، كَقَوْلِكَ: (ادْمَغْ خَلَفًـا)، وَأَمَّـا إِدْغَامُ الْخَاءِ فِي الْغَيْنِ فَهُـوَ عَـلَى خِـلافِ قِيَـاسِ قَـوْلِهِمْ: (إِنَّ الأدْخَـلَ فِي الْفَـمِ لا يُـدْغَمُ فِي الأدْخَلِ فِي الْحَلْقِ).

وَقَوْلُكَ: (اسْلَغَّنَمَكَ) إِدْغَامٌ لِلأدْخَلِ فِي الْفَمِ وَهُـوَ الْخَـاءُ فِي الأدْخَـلِ فِي الْحَلْـقِ وَهُـوَ الْغَيْنُ، وَالَّذِي سَوَّغَهُ شِدَّةُ تَقَارُبِهِمَا حَتَّى لا يَكَادُ يَتَمَيَّزُ الأدْخَلُ مِنْهُمَا مِنَ الآخَرِ، فَلَمَّا كَانَا كَذَلِكَ اغْتُفِرَ أَمْرُ إِدْغَامِ الأدْخَلِ فِي أَخِيهِ لِذَلِكَ.

(وَالْقَافُ وَالْكَافُ كَالْغَيْنِ وَالْخَاءِ).

---

(١) فعلى هذا ثبت قلة إدغام المتقاربين من حروف الحلق، وسيجيء، فإن اتفق أدغم الانزل في الأعلى نحو أجبه حاتما كما يجيء بعد، فإن اتفق كون الثاني أنزل لم يدغم إلا أن يكون بينهما قرب قريب، ويدغم إذ ذاك بمخالفة شرط إدغام المتقاربين، وذلك بأن يقلب الثاني إلى الأول، وذلك كالحاء التى بعدها العين أو الهاء، نحو اذبحتودا واذبحاذه إذ لو قلب الأول إلى الثاني لم يكن أخف منه قبل الإدغام قوله " ومن ثم قالوا إذ بحتودا " أي: ومن أجل أن إدغام حرف الحلق في أدخل منه لا يجوز لأجل الثقل قلبوا الثاني لما اتفق مثل ذلك إلى الأول حتى لا يكون ثقل قال: " فالهاء في الحاء والعين في الحاء والحاء في الهاء والعين بقلبهما حاءين، وجاء (فمن زحزع عن النار) والغين في الخاء والخاء في الغين " أقول: أخذ في التفصيل بعد ما أجمل، فالهمزة والألف لا يدغمان كما ذكر، وأما الهاء فتدغم في الحاء فقط، نحو أجبه حاتما، والبيان أحسن، لأن حروف الحلق ليست بأصل في التضعيف في كلمة كما ذكرنا، وقل ذلك في كلمتين أيضا، والإدغام عربي حسن، لقرب المخرجين، ولأنهما مهموسان رخوان. شرح شافية ابن الحاجب ٢٧٦/٣.

فِي إدْغَامِ كُلِّ وَاحِدَةٍ مِنهُمَا فِي مِثْلِهَا وَفِي أُخْتِهَا وَاضِحٌ، وَهُمَا قِيَاسُ الإدْغَامِ، إذْ لا يُعْتَبَرُ الأدْخَلُ بِاعْتِبَارِ إدْغَامِهِ فِي غَيْرِهِ إلا فِي حُرُوفِ الحَلْقِ، مَعَ أَنَّهُمَا لَوْ كَانَا مِنْ حُرُوفِ الْحَلْقِ لَكَانَا أَشْبَهَ شَيْءٍ بِالْخَاءِ وَالْغَيْنِ، وَإِذَا أُدْغِمَتِ الْخَاءُ فِي الْغَيْنِ وَهُمَا مِنْ حُرُوفِ الْحَلْقِ فَإِدْغَامُ الْكَافِ فِي الْقَافِ أَجْدَرُ.

(وَالْجِيمُ تُدْغَمُ فِي مِثْلِهَا) وَاضِحٌ.

(وَفِي الشِّينِ): لِقُرْبِهَا مِنْهَا مَعَ كَوْنِ الشِّينِ أَزْيَدَ صِفَةً، وَلِذَلِكَ لَمْ تُدْغَمِ الشِّينُ فِيهَا وَلا فِي غَيْرِهَا عِنْدَ النَّحْوِيِّينَ، وَقَدْ أُدْغِمَتْ فِي التَّاءِ عَنْ أَبِي عَمْرٍو فِي: "**الْمَعَارِجِ (٣) تَعْرُجُ**" [المعارج:٣-٤]، وَلَيْسَ إدْغَامُهَا بِالْقَوِيِّ، وَإِنْ أُدْغِمَتْ فِيهَا، أَلا تَرَى أَنَّهَا أُدْغِمَ فِيهَا الطَّاءُ، وَالدَّالُ، وَالظَّاءُ، وَالذَّالُ، وَالثَّاءُ، وَلَمْ تُدْغَمْ فِي وَاحِدَةٍ مِنْهُنَّ؟ وَإِنَّمَا لَمْ يُدْغِمُوهَا فِيهِنَّ لِمُشَارَكَتِهَا لِلشِّينِ، فَأُجْرِيَتْ مُجْرَاهَا لِذَلِكَ، وَأُدْغِمَ هَؤُلاءِ فِيهَا كَمَا تُدْغَمُ فِي الشِّينِ أَيْضًا.

(وَالشِّينُ لا تُدْغَمُ إلا فِي مِثْلِهَا)، وَقَدْ تَقَدَّمَ ذَلِكَ.

(وَيُدْغَمُ فِيهَا مَا يُدْغَمُ فِي الْجِيمِ) وَقَدْ تَقَدَّمَ.

(وَالْجِيمُ)؛ لِشِدَّةِ قُرْبِهَا مِنْهَا عَلَى مَا تَقَدَّمَ.

(واللامُ) فِي مِثْلِ: (الشَّاسِعِ)، كَقَوْلِكَ: (هَشَّرَيْتَ شَيْئًا؟) فِي (هَلْ شَرَيْتَ شَيْئًا)؟ لِكَثْرَةِ اللامِ فِي كَلامِهِمْ وَانْحِرَافِهَا مَعَ مُقَارَبَتِهَا لَهَا، وَإِنَّمَا أُدْغِمَتْ فِي الشِّينِ وَلَمْ تدْغَمْ فِي الْجِيمِ فِي مِثْلِ قَوْلِكَ: (الْجَارُ) لِبُعْدِ الْجِيمِ عَنِ الشِّينِ قَلِيلا، فَلِذَلِكَ لَمْ تُدْغَمْ فِيهَا وَلا فِيمَا هُوَ أَدْخَلُ مِنْهَا وَأُدْغِمَتْ فِيمَا قَارَبَهَا مِمَّا هُوَ أَدْخَلُ مِنَ الشِّينِ لِمَا ذَكَرْنَاهُ.

(وَالْيَاءُ تُدْغَمُ فِي مِثْلِهَا مُتَّصِلَةً)، إِلَى آخِرِهِ.

قَالَ الشَّيْخُ: أَدْغَمُوا الْيَاءَ فِي مِثْلِهَا مُتَّصِلَةً، أَوْ شَبِيهَةً بِالْمُتَّصِلَةِ، سَوَاءٌ كَانَتْ قَبْلَهَا فَتْحَةٌ أَوْ كَسْرَةٌ، فَإِدْغَامُهَا عِنْدَ الْفَتْحَةِ وَاضِحٌ، وَإِدْغَامُهَا عِنْدَ الْكَسْرَةِ لِلْمُمَاثَلَةِ وَلُزُومِ الاتِّصَالِ جَمِيعًا، وَلَمْ تُدْغَمْ مُنْفَصِلَةً إلا إذَا انْفَتَحَ مَا قَبْلَهَا؛ لأنَّهُ إذَا لَمْ يَنْفَتِحْ كَانَ إدْغَامٌ فِيمَا لا يَلْزَمُ الْكَلِمَةَ مَعَ إذْهَابِ الْمَدِّ الَّذِي فِيهَا، بِخِلافِ مَا إذَا كَانَتْ مُتَّصِلَةً؛ لأنَّهَا تَكُونُ مِنْ بِنْيَتِهَا، أَوْ مُنَزَّلَةً مَنْزِلَةَ مَا هُوَ مِنَ الْبِنْيَةِ، فَاغْتُفِرَ ذَهَابُ الْمَدِّ لِذَلِكَ، فَتَقُولُ: (قَاضِيٌّ)، وَلا تَقُولُ: (قَاضِيي)، فَإِنْ جَاءَ الانْفِصَالُ امْتَنَعَ الإدْغَامُ، كَقَوْلِكَ: (اضْرِبِي يَوْمًا)، و(فِي يَوْمٍ)، وَلا تَقُولُ: (اضْرِبِ يَّوْمًا) ولا (فِ يَّوْمٍ)، وَقَدْ تَقَدَّمَ أَنَّهَا لا تُدْغَمُ فِي غَيْرِهَا، وَتُدْغَمُ فِيهَا النُّونُ، وَإِنْ كَانَتْ لَيْسَتْ مُقَارِبَةً لَهَا لِمَا تَقَدَّمَ مِنْ قَصْدِهِمْ إِلَى تَحْسِينِ الْكَلامِ بِالْغُنَّةِ

عِنْدَ الإِمْكَانِ فِي الْحُرُوفِ الَّتِي لا يُسْتَثْقَلُ ذَلِك فِيهَا[(١)].

قَالَ: (وَتُدْغَمُ فِيهَا الْوَاوُ).

وَقَدْ تَقَدَّمَ أَنَّ الْوَاوَ لا تُدْغَمُ فِي مُقَارِبَتِهَا، وَالْيَاءُ لَيْسَتْ مُقَارِبَةً لَهَا، فَكَانَ انْتِفَاءُ إِدْغَامِهَا لانْتِفَاءِ الْمُقَارِبَةِ فِيهَا أَجْدَرَ، وَالتَّحْقِيقُ أَنَّهُ مِنْ بَابِ الإِبْدَالِ لِلاسْتِثْقَالِ، وَلَكِنَّهُمْ لَمَّا أَبْدَلُوهَا وَاتَّفَقَ أَنَّ بَعْدَهَا يَاءً وَجَبَ الإِدْغَامُ ضَرُورَةَ اجْتِمَاعِ الْمِثْلَيْنِ، لا أَنَّ الإِدْغَامَ كَانَ مِنْ أَجْلِ مُقَارَبَةٍ أَوْ تَقْرِيبًا مِنْ مُقَارَبَةٍ، وَلِذَلِكَ عُدَّتِ الْيَاءُ فِي حُرُوفِ الإِبْدَالِ مِنَ الْوَاوِ فِي مِثْلِ هَذِهِ الْمَحَالِّ، وَلَمْ تُعَدَّ بَقِيَّةُ الْحُرُوفِ لأَجْلِ الإِدْغَامِ، فَدَلَّ ذَلِكَ عَلَى أَنَّ الإِدْغَامَ إِنَّمَا طَرَأَ بَعْدَ الإِبْدَالِ الَّذِي كَانَ لأَجْلِ الاسْتِثْقَالِ، لا أَنَّهُ لأَجْلِ الإِدْغَامِ لانْتِفَاءِ الْمِثْلِيَّةِ وَالْمُقَارَبَةِ وَشِبْهِ الْمُقَارَبَةِ.

قَالَ: (وَالضَّادُ لا تُدْغَمُ إلا فِي مِثْلِهَا).

لِمَا تَقَدَّمَ مِنْ أَنَّهُ لَوْ أُدْغِمَتْ فِي غَيْرِهَا لَذَهَبَتِ الاسْتِطَالَةُ مِنْ غَيْرِ تَعْوِيضٍ عَنْهَا، وَقَدْ عَقَّبَ بِالْقَدْحِ فِي قِرَاءَةِ السُوسِيِّ بِإِدْغَامِ الضَّادِ فِي الشِّينِ فِي قَوْلِهِ تَعَالَى: "**لِبَعْضِ شَأْنِهِمْ**" [النور:٦٢]، وَفِيهِ ضَعْفٌ آخَرُ مِنْ حَيْثُ إِنَّهُ سَكَنَ مَا قَبْلَهَا، وَإِدْغَامُ مِثْلِ ذَلِكَ وَإِنْ لَمْ يَكُنْ ضَادًا مُمْتَنِعٌ عِنْدَ النَّحْوِيِّينَ؛ لِمَا يُؤَدِّي إِلَيْهِ مِنَ اجْتِمَاعِ السَّاكِنَيْنِ عَلَى غَيْرِ حَدِّهِمَا، فَصَارَ ضَعْفُهَا عِنْدَهُمْ مِنْ وَجْهَيْنِ، وَقَدْ أُجِيبَ عَنِ الإِدْغَامِ مَعَ الإِسْكَانِ مِنْ وَجْهَيْنِ[(٢)]:

أَحَدُهُمَا: أَنَّهُ إِخْفَاءٌ أُطْلِقَ عَلَيْهِ الإِدْغَامُ مُسَامَحَةً، وَالإِخْفَاءُ مَعَ الإِسْكَانِ قَبْلَهَا جَائِزٌ

---

(١) وإذا سُكِّن ما قبل الياء الأولى لم تُدْغَمْ كقولك هو يُعْيِي ويُحْيِي قال ومن العربَ مَنْ أَدْغَمَ في مثلِ هذا وأَنشد لبعضهم فكَأَنَّها بينَ النّساء سَبِيكَةٌ تَمْشي بسُدَّة بَيتها فتُعِيُّ وقال أبو إسحاق النحوي هذا غيرُ جائز عند حُذَّاق النحويين وذكر أَنَّ البيتَ الذي اسْتَشْهد به الفراء ليس بمعروف قال الأزهري والقياس ما قاله أَبو إسحاقَ وكلامُ العرب عليه وأَجمع القُرّاء على الإِظْهارِ في قوله يُحْيِي ويُمِيتُ وحكي عن شمر عَيِيتُ بالأمر وعَيِيتُه وأَعْيا عليَّ ذلك وأَعياني وقال الليث أَعْياني هذا الأَمرُ أَن أَضْبِطَه وعَيِيت عنه وقال غيره عَيِيتُ فَلاناً أَعْياهُ أَي جَهِلْته وفلان يَعْياه أَحدٌ أَي لا يَجْهَله أَحدٌ. لسان العرب ١١١/١٥.

(٢) وقد جاء لبعض شأنهم واغفر لي ونخسف بهم " نقل عن بعض القراء الإدغام في مثله، وحذاق أهل الأداء على أن المراد بالإدغام في مثله الإخفاء، وتعبيرهم عنه بلفظ الإدغام تجوز لان الإخفاء قريب من الادغام، ولو كان ذلك إدغاما لا لتقى ساكنان لا على حده في نحو لبعض شأنهم، وأجاز الكسائي والفراء إدغام الراء في اللام قياسا كراهة لتكرير اللام. شرح شافية ابن الحاجب ٢٧٤/٣.

بِالاتِّفَاقِ، وَهَذَا وَإِنْ كَانَ حَسَنًا وَصَالِحًا لأَنْ يُجَابَ بِهِ عَنْ إِطْلاقِهِمْ إِدْغَامَ الضَّادِ فِي الشِّينِ، فَإِنَّ الإِخْفَاءَ فِي الضَّادِ قَبْلَ الشِّينِ وَغَيْرِهَا غَيْرُ مُمْتَنِعٍ بِاتِّفَاقٍ لَوْ سَاعَدَ رُوَاةُ الْقِرَاءَةِ، وَالَّذِي نُقِلَ عَنِ الْمَشْهُورِينَ أَنَّهُمْ يُدْغِمُونَ ذَلِكَ إِدْغَامًا مَحْضًا بِقَلْبِ الضَّادِ شِينًا وَتَشْدِيدِهَا، وَلَيْسَ مَعَ الإِخْفَاءِ قَلْبٌ وَلا تَشْدِيدٌ، فَضَعُفَ الْجَوَابُ عَلَى هَذَا التَّقْدِيرِ.

وَالْجَوَابُ الثَّانِي: أَنَّهُمْ قَالُوا: قَدْ ثَبَتَتْ هَذِهِ الْقِرَاءَةُ فِي السَّبْعِ، وَهِيَ مَنْقُولَةٌ تَوَاتُرًا، وَهُوَ إِثْبَاتٌ مُفِيدٌ لِلْعِلْمِ، وَمَا ذَكَرَهُ النَّحْوِيُّونَ نَفْيٌ مُسْتَنَدُهُ الظَّنُّ، وَالإِثْبَاتُ الْعِلْمِيُّ أَوْلَى مِنَ النَّفْيِ الظَّنِّيِّ، وَهَذَا الْجَوَابُ بِعَيْنِهِ يَجْرِي مُعَارِضًا فِي مَنْعِهِمْ إِدْغَامَ الضَّادِ، وَغَايَةُ مَا يُجِيبُونَ عَنْهُ الْقَدْحُ فِي تَوَاتُرِ الْقِرَاءَةِ، أَوْ فِي تَوَاتُرِ مِثْلِ هَذِهِ الَّتِي قَدْ رُوِيَ غَيْرُهَا، وَلَوْ سُلِّمَ أَنَّهَا غَيْرُ مُتَوَاتِرَةٍ فَأَقَلُّ الأَمْرِ أَنْ تَثْبُتَ لُغَةً، بِدِلالَةِ نَقْلِ الْعُدُولِ لَهَا، فَيَنْبَغِي التَّرْجِيحُ فِيهَا بِالإِثْبَاتِ، وَمَذْهَبُ الْخَصْمِ نَفْيٌ، وَالإِثْبَاتُ أَوْلَى.

(وَيُدْغَمُ فِيهَا مَا يُدْغَمُ فِي الشِّينِ إِلا الْجِيمَ).

وَقَدْ تَقَدَّمَ ذَلِكَ عِنْدَ ذِكْرِ الْجِيمِ وَالشِّينِ بِاعْتِبَارِ إِدْغَامِهِمَا، وَلِذَلِكَ لَمْ يُمَثِّلْ بِهِ لِتَقَدُّمِهِ.

(وَاللامُ إِنْ كَانَتِ الْمُعَرِّفَةَ).

قَالَ: تُدْغَمُ فِي غَيْرِ حُرُوفِ الشَّفَتَيْنِ وَغَيْرِ الْجِيمِ، وَمَا هُوَ أَدْخَلُ مِنْهَا، فَلا تُدْغَمُ فِي الْفَاءِ، وَالْبَاءِ، وَالْمِيمِ، وَالْوَاوِ، وَلا فِي الْجِيمِ، وَالْقَافِ، وَالْكَافِ، وَالْخَاءِ، وَالْغَيْنِ، وَالْحَاءِ، وَالْعَيْنِ، وَالْهَاءِ، وَالْهَمْزَةِ، وَتُدْغَمُ فِيمَا سِوَى ذَلِكَ، وَهِيَ: التَّاءُ وَالثَّاءُ، وَالدَّالُ وَالذَّالُ، وَالرَّاءُ وَالزَّايُ، وَالسِّينُ وَالشِّينُ، وَالصَّادُ وَالضَّادُ، وَالطَّاءُ وَالظَّاءُ، وَاللامُ وَالنُّونُ، فَإِنْ كَانَتْ لامَ التَّعْرِيفِ الْتُزِمَ ذَلِكَ لِكَثْرَةِ دَوْرِهَا فِي كَلامِهِمْ، وَإِنْ كَانَتْ غَيْرَهَا فَأَمْرُهَا مُنْقَسِمٌ إِلَى مُتَأَكِّدٍ وَحَسَنٍ، فَالْمُتَأَكِّدُ إِدْغَامُهَا فِي الرَّاءِ فِي مِثْلِ (هَلْ رَأَيْتَ)؛ لِشِدَّةِ قُرْبِهَا وَلِمَا فِي الرَّاءِ مِنَ التَّكْرَارِ.

وَأَمَّا إِدْغَامُهَا فِي اللامِ فَوَاجِبٌ فِي مِثْلِ: "**هَلْ لَكَ**" [النازعات:١٨] جَرْيًا عَلَى وُجُوبِ إِدْغَامِ الْمِثْلَيْنِ إِذَا سَكَنَ الأَوَّلُ.

وَقَدْ ذَكَرَ الْحَسَنَ وَجَعَلَ الإِدْغَامَ فِي النُّونِ قَبِيحًا، وَلَيْسَ بِمُسْتَقِيمٍ، فَإِنَّهَا ثَبَتَتْ قِرَاءَةً عَنِ الْكِسَائِيِّ لَمْ يُخْتَلَفْ فِيهَا عَنْهُ، وَمِثْلُهَا لا يُوصَفُ بِالْقُبْحِ، وَقَدْ رُوِيَ عَنِ الْكِسَائِيِّ: "**هَلْ نَحْنُ**" [الشعراء:٢٠٣] بِالإِدْغَامِ بِلا خِلافٍ عَنْهُ فِي ذَلِكَ، وَلا تَصْلُحُ نِسْبَةُ الْقُبْحِ إِلَى قِرَاءَةٍ مَنْقُولَةٍ عَنْ أَحَدٍ مِنَ الْقُرَّاءِ السَّبْعَةِ بِلا خِلافٍ عَنْهُ فِيهَا.

(وَلا يُدْغَمُ فِيهَا إلا مِثْلُهَا): لِمَا فِيهَا مِنَ الانْحِرَافِ، فَكَأَنَّهُمْ كَرِهُوا الإدْغَامَ فِيهَا لِذَلِكَ، وَأُدْغِمَتْ فِيهَا النُّونُ لِشِدَّةِ تَقَارُبِهَا مَعَهَا، وَلِمَا ثَبَتَ مِنْ أَنَّهُمْ كَرِهُوا إِظْهَارَ إِسْكَانِ النُّونِ مِنْ مَخْرَجِهَا صَرِيحًا إِذَا أَمْكَنَ الإدْغَامُ، وَالْفَصِيحُ إِدْغَامُهَا فِيهَا بِغَيْرِ غُنَّةٍ لِمَا بَيْنَهُمَا مِنَ التَّقَارُبِ الَّذِي لا يَحْسُنُ مَعَهُ ذَلِكَ؛ لأَنَّهُ إِذَا ظَهَرَ الْغُنَّةُ بِطَرَفِ اللِّسَانِ عَلَى مَخْرَجِ النُّونِ جَاءَتْ نُونًا أَوْ قَارَبَتْهَا، أَو لامًا، فَإِنِ احْتُرِزَ جَاءَتْ لامًا سَاكِنَةً مُدْغَمَةً فِي لامٍ أُخْرَى مَعَ الْغُنَّةِ، فَيُخَالِفُ طَرِيقَ الإخْفَاءِ، وَقَدْ كَرِهُوا الإِظْهَارَ فَأَدْغَمُوهَا مِنْ غَيْرِ غُنَّةٍ، وَذَلِكَ وَاجِبٌ فِيهَا وُجُوبَ الإخْفَاءِ فِي حُرُوفِ الْفَمِ، وَأَمَّا إِظْهَارُ غُنَّتِهَا فِي اللُّغَةِ الشَّاذَّةِ فَإِجْرَاءٌ لَهَا مُجْرَى غَيْرِهَا مِنَ الْحُرُوفِ الَّتِي أَمْكَنَ إِخْفَاؤُهَا مَعَ بَقَاءِ غُنَّتِهَا.

قَالَ: (وَإِدْغَامُ الرَّاءِ لَحْنٌ).

وَهُوَ يُشِيرُ إِلَى قِرَاءَةِ أَبِي عَمْرٍو، نَحْوَ: "**يَغْفِرْ لَكُمْ**" [نوح:٧١]، وَ "**اشْكُرْ لِي**" [لقمان:١٤]، وَمَا أَشْبَهَهُ، وَالْكَلامُ فِي إِدْغَامِهَا كَالْكَلامِ فِي إِدْغَامِ الضَّادِ، عَلَى أَنَّ نَقْلَ إِدْغَامِ الرَّاءِ فِي اللامِ أَوْضَحُ وَأَشْهَرُ، وَوَجْهُهُ مِنْ حَيْثُ التَّعْلِيلُ مَا بَيْنَهُمَا مِنْ شِدَّةِ التَّقَارُبِ، حَتَّى صَارَا كَالْمِثْلَيْنِ، بِدَلِيلِ لُزُومِ إِدْغَامِ اللامِ فِي الرَّاءِ فِي اللُّغَةِ الْفَصِيحَةِ، وَلَوْلا شِدَّةُ التَّقَارُبِ لَمْ يَكُنْ ذَلِكَ، وَكَانَ ذَلِكَ يَقْتَضِي أَنْ تُدْغَمَ فِي اللامِ لُزُومًا، إلا أَنَّهُ عَارَضَهُ مَا فِي الرَّاءِ مِنَ التَّكْرَارِ، فَلُمِحَ تَارَةً فَأُظْهِرَ، وَاغْتُفِرَ تَارَةً لِشِدَّةِ التَّقَارُبِ، وَذَلِكَ وَاضِحٌ[1].

---

(١) مذهب سيبويه وسائر النحاة أن إدغام النون في اللام والراء والواو والياء مع الغنة أيضا إدغام تام، والغنة ليست من النون، لان النون مقلوبة إلى الحرف الذى بعدها، بل إنما أشرب صوت الفم غنة، قال سيبويه: " لا تدغم النون في شيء من الحروف حتى تحول إلى جنس ذلك الحرف، فإذا أدغمت في حرف فمخرجها مخرج ذلك الحرف، فلا يمكن إدغامها في هذه الحروف حتى تكون مثلهن سواء في كل شيء، وهذه الحروف لاحظ لها في الخيشوم وإنما يشرب صوت الفم غنة " هذا كلامه قوله " وفي الميم وإن لم يتقاربا " ليس باعتراض لكنه شيء عرض في أثناء الاعتراض قوله " وفي الواو والياء لإمكان بقائها " اعتراض وجواب: أي لإمكان بقاء الغنة: أما على ما اخترناه فالغنة للنون التي هي كالمدغمة، وأما على ما قال النحاة فلا شراب الواو والياء المضعفين غنة قوله " وقد جاء لبعض شأنهم واغفر لى ونخسف بهم " نقل عن بعض القراء الإدغام في مثله، وحذاق أهل الأداء على أن المراد بالادغام في مثله الإخفاء، وتعبيرهم عنه بلفظ الإدغام تجوز لأن الإخفاء قريب من الإدغام، ولو كان ذلك إدغاما لا لتقى ساكنان لا على حده في نحو لبعض شأنهم، وأجاز الكسائي والفراء إدغام الراء في اللام قياسا كراهة لتكرير

(وَالرَّاءُ لَا تُدْغَمُ إِلَّا فِي مِثْلِهَا).

قَدْ تَقَدَّمَ أَنَّ الرَّاءَ لَا تُدْغَمُ فِي مُقَارِبِهَا، فَلَمْ يَبْقَ مَا تُدْغَمُ فِيهَا إِلَّا مِثْلُهَا، وَتَقَدَّمَتْ عِلَّةُ ذَلِكَ، وَأَمَّا مَا يُدْغَمُ فِيهَا فَاللَّامُ وَالنُّونُ لِمَا بَيْنَهُمَا مِنَ التَّقَارُبِ، وَإِدْغَامُ النُّونِ بِغَيْرِ غُنَّةٍ عَلَى الْأَفْصَحِ كَمَا تَقَدَّمَ فِي إِدْغَامِهَا فِي اللَّامِ.

قَالَ: (وَالنُّونُ تُدْغَمُ فِي حُرُوفِ "يَرْمُلُونَ ").

قَالَ الشَّيْخُ: لِلنُّونِ مَعَ الْحُرُوفِ أَرْبَعُ أَحْوَالٍ: قِسْمٌ تُظْهَرُ عِنْدَهُ إِظْهَارًا مَحْضًا، وَقِسْمٌ تُدْغَمُ فِيهِ، وَقِسْمٌ تُخْفَى فِيهِ، وَقِسْمٌ تُقْلَبُ عِنْدَهُ.

فَالْأَوَّلُ: حُرُوفُ الْحَلْقِ، كَقَوْلِكَ: (مَنْ أَبُوكَ)، وَ(مَنْ هَانِئٌ)، وَ(مَنْ عِنْدَكَ)، وَ(مَنْ حَمَلَكَ)، وَ(مَنْ غَيْرُكَ)، وَ(مَنْ خَالَفَكَ).

وَالثَّانِي: الْوَاوُ وَالْيَاءُ وَاللَّامُ وَالرَّاءُ، وَهِيَ عَلَى ضَرْبَيْنِ: قِسْمٌ يَحْسُنُ فِيهِ بَقَاءُ غُنَّتِهَا، وَهُوَ الْوَاوُ وَالْيَاءُ؛ وَقِسْمٌ الْأَحْسَنُ فِيهِ ذَهَابُ غُنَّتِهَا، وَهُوَ اللَّامُ وَالرَّاءُ، وَقَدْ تَقَدَّمَ تَعْلِيلُ ذَلِكَ.

وَالثَّالِثُ: مِنَ الْجِيمِ إِلَى الْفَاءِ، وَهُوَ: الْجِيمُ، وَالشِّينُ، وَالطَّاءُ، وَالدَّالُ، وَالتَّاءُ، وَالذَّالُ، وَالظَّاءُ، وَالثَّاءُ، وَالصَّادُ، وَالضَّادُ، وَالزَّايُ، وَالسِّينُ وَالْفَاءُ.

وَالرَّابِعُ: وَهُوَ الْبَاءُ، فَإِنَّهَا تُقْلَبُ عِنْدَهَا مِيمًا، كَقَوْلِكَ: (عَنْبَر) وَ(شَنْبَاء)، وَإِنَّمَا قَلَبُوهَا مِيمًا عِنْدَ الْبَاءِ؛ لِأَنَّهُمْ لَمَّا رَفَضُوا إِظْهَارَهَا عِنْدَ مِثْلِهَا، وَكَانُوا يُبْقُونَ غُنَّتَهَا وَيُحَافِظُونَ عَلَيْهَا، لَزِمَ عِنْدَ النُّطْقِ بِالْبَاءِ بَعْدَهَا طَبْقُ ضَمِّ الشَّفَتَيْنِ عَلَى مَخْرَجِهَا عِنْدَ التَّصْوِيتِ بِالْغُنَّةِ قَبْلَهَا، فَوَجَبَ أَنْ تَجِيءَ مِيمًا، إِذْ لَا مَعْنَى لِلْمِيمِ إِلَّا تَصْوِيتٌ مِنْ مَخْرَجِ الْبَاءِ بِغُنَّةٍ، أَلَا تَرَى أَنَّكَ إِذَا قُلْتَ: (أَبْ أَمْ) لَمْ يَكُنْ بَيْنَهُمَا فَرْقٌ إِلَّا الْغُنَّةُ؟ فَوَجَبَ أَنْ تَكُونَ مِيمًا عِنْدَ النُّطْقِ بِالْبَاءِ بَعْدَهَا لِذَلِكَ.

وَأَمَّا الْإِخْفَاءُ عِنْدَ الْغَيْنِ وَالْخَاءِ فَضَعِيفٌ؛ لِأَنَّهَا حُرُوفُ حَلْقٍ، فَلَا يَحْسُنُ إِخْفَاؤُهَا عِنْدَهَا كَمَا لَا يَحْسُنُ عِنْدَ بَقِيَّتِهَا، وَإِنَّمَا حَسَّنَهُمَا قُرْبُهُمَا مِنَ الْقَافِ وَالْكَافِ، وَبُعْدُهُمَا عَنْ أَقْصَى الْحَلْقِ، فَلِذَلِكَ جَاءَ النُّطْقُ بِالْغُنَّةِ مَعَهُمَا أَسْهَلَ مِنْهُ مَعَ غَيْرِهِمَا، وَالْوَجْهُ مَا تَقَدَّمَ، وَعَلَيْهِ إِطْبَاقُ الْقُرَّاءِ السَّبْعَةِ فِي الْقُرْآنِ.

اللام. شرح شافية ابن الحاجب ٢٧٤/٣.

وَقَوْلُ أَبِي عُثْمَانَ: (إِنَّ بَيَانَهَا مَعَ حُرُوفِ الْفَمِ لِحْنٌ) قَدْ تَقَدَّمَ تَعْلِيلُهُ وَبَيَانُ وَجْهِ اسْتِحْسَانِهِ.

قَالَ: (وَالطَّاءُ، وَالدَّالُ، وَالتَّاءُ، وَالظَّاءُ، وَالذَّالُ، وَالثَّاءُ، يُدْغَمُ بَعْضُهَا فِي بَعْضٍ).

لِشِدَّةِ تَقَارُبِهَا، وَتُدْغَمُ فِي الصَّادِ وَالزَّايِ وَالسِّينِ لِمَا بَيْنَهَا وَبَيْنَهَا مِنَ الْمُقَارَبَةِ أَيْضًا[1].

قَالَ: (وَهَذِهِ لا تُدْغَمُ فِي تِلْكَ).

يَعْنِي: الصَّادَ وَالزَّايَ وَالسِّينَ لا تُدْغَمُ فِي السِّتَّةِ الْمُتَقَدِّمَةِ؛ لأَنَّهَا حُرُوفُ صَفِيرٍ، فَفِيهَا زِيَادَةٌ، فَلَوْ أُدْغِمَتْ فِيهَا لَفَاتَتْ تِلْكَ الزِّيَادَةُ، وَصَحَّ إِدْغَامُ بَعْضِهَا فِي بَعْضٍ لاشْتِرَاكِهَا فِي الصَّفِيرِ، فَيَنْتَفِي مَانِعُ الإِدْغَامِ، فَلِذَلِكَ أُدْغِمَ بَعْضُهَا فِي بَعْضٍ، وَلَمْ تُدْغَمْ فِي السِّتَّةِ الأُولَى.

(وَالأَقْيَسُ فِي الْمُطْبَقَةِ إِذَا أُدْغِمَتْ تَبْقِيَةُ الإِطْبَاقِ).

قَالَ: وَقَدِ اعْتُرِضَ عَلَى النَّحْوِيِّينَ فِي إِطْلَاقِهِمِ الإِدْغَامَ فِي الْحُرُوفِ الْمُطْبَقَةِ، وَاشْتِرَاطِهِمْ بَقَاءَ الإِطْبَاقِ، فَقِيلَ: الإِطْبَاقُ صِفَةٌ لِلْحَرْفِ لا يَكُونُ إلا بِهَا، وَإِذَا لَمْ يَكُنْ إلا بِهَا وَجَبَ حُصُولُهُ عِنْدَ حُصُولِهَا، وَإِذَا وَجَبَ حُصُولُهُ تَنَافَى مَعَ الإِدْغَامِ؛ لأَنَّهُ يَجِبُ بِهِ إِبْدَالُهَا إِلَى الْمُدْغَمِ فِيهِ، فَيُؤَدِّي إِلَى أَنْ تَكُونَ مَوْجُودَةً غَيْرَ مَوْجُودَةٍ، وَهُوَ مُتَنَاقِضٌ، وَمَنْ أَجَابَ بِأَنَّ الإِطْبَاقَ فِي الْمُطْبَقَةِ كَالْغُنَّةِ فِي النُّونِ، فَكَمَا أَمْكَنَ مَجِيءُ الْغُنَّةِ عِنْدَ حُرُوفِ الإِخْفَاءِ مِنْ غَيْرِ نُونٍ، فَلا يَبْعُدُ حُصُولُ الإِطْبَاقِ بَعْدَ إِدْغَامِ حُرُوفِهِ مَعَ عَدَمِ حُرُوفِ الإِطْبَاقِ، فَلَيْسَ عَلَى بَصِيرَةٍ؛ لأَنَّ الْغُنَّةَ لا يَتَوَقَّفُ حُصُولُهَا عَلَى مَجِيءِ النُّونِ، بَلْ تَحْصُلُ مُسْتَقِلَّةً بِنَفْسِهَا مِنْ غَيْرِ تَصْوِيتٍ بِالنُّونِ، وَسَبَبُهُ أَنَّهَا تَخْرُجُ مِنَ الْخَيْشُومِ، وَالنُّونُ مِنَ الْفَمِ، فَأَمْكَنَ انْفِرَادُ الْغُنَّةِ عَنْهَا، نَعَمْ لا تَتَبَيَّنُ النُّونُ إلا بِالْغُنَّةِ، وَلا يَلْزَمُ مِنَ التَّلازُمِ مِنْ أَحَدِ الطَّرَفَيْنِ التَّلازُمُ مِنَ الطَّرَفِ الآخَرِ، وَذَلِكَ بِخِلافِ الإِطْبَاقِ؛ لأَنَّ الإِطْبَاقَ رَفْعُ

---

(١) الطاءُ والدالُ والتاءُ يُدغمنَ كلهنَّ في الصادِ والزاي والسِّين لقربِ المخرجينِ وذلكَ: ذَهَبسَّلْمَى وَقَسَّمِعَتْ فتُدغِمُ واضْبزَّرَدَةَ فَتُدغم وَانْعَصَّابراً وقراً بعضهمْ: (لا يَسَّمَّعُونَ). يريدُ: لا يَتَسمَّعونَ والبيانُ عربيٌّ حَسنٌ. وكذلَكَ: الظاءُ والذالُ والثاءَ تُدغمُ في الصادِ وأختيها وذَلك قولُكَ: ابْعَسَّلَمةَ واحفسَّلَمَةَ وخُصَّابراً واحفَزَّرَدَةَ سمعناهم يقولونَ: مُزَّمان فيدغمونَ الذّال في الزاي ومُسَّاعة فيُدغمونها في السينِ والبيانُ فيها أَمثلُ منهُ في الظاءِ وأُختيها. الأصول في النحو ٤٢٥/٣.

اللِّسَانِ إِلَى مَا يُحَاذِيهِ مِنَ الْحَنَكِ لِلتَّصْوِيتِ بِصَوْتِ الْحَرْفِ الْمُخْرَجِ عِنْدَهُ، فَلا يَسْتَقِيمُ إلا بِنَفْسِ الْحَرْفِ، إِذْ لَيْسَ هُوَ أَمْرًا آخَرَ، وَلِذَلِكَ عَدَّهَا الْمُحَقِّقُونَ حَرْفًا مُسْتَقِلا وَالنُّونَ حَرْفًا مُسْتَقِلا، وَإِنْ كَانَتِ الْغُنَّةُ تُلازِمُهَا كَمَا كَانَتِ الْغُنَّةُ تَنْفَصِلُ عَنْهَا.

وَأَشْبَهُ مَا يُجَابُ بِهِ أَنَّهُ فِي الْحَقِيقَةِ لَيْسَ بِإِدْغَامٍ، وَلَكِنَّهُ لَمَّا اشْتَدَّ التَّقَارُبُ وَأَمْكَنَ النُّطْقُ بِالثَّانِي بَعْدَ الأَوَّلِ مِنْ غَيْرِ ثِقَلِ اللِّسَانِ كَانَ كَالنُّطْقِ بِالْمِثْلِ بَعْدَ الْمِثْلِ، فَأُطْلِقَ عَلَيْهِ الإِدْغَامُ لِذَلِكَ، وَلِذَلِكَ يُحِسُّ الإِنْسَانُ مِنْ نَفْسِهِ ضَرُورَةً عِنْدَ قَوْلِهِ: (أَحَطْتُ) النُّطْقَ بِالطَّاءِ حَقِيقَةً وَبِالتَّاءِ بَعْدَهَا، فَلا يَجُوزُ أَنْ يُقَالَ: إِنَّ الطَّاءَ مُدْغَمَةٌ؛ لأَنَّ إِدْغَامَهَا يُوجِبُ قَلْبَهَا إِلَى مَا بَعْدَهَا، وَقَدْ عُلِمَ أَنَّهَا لَمْ تُقْلَبْ، وَلا يَصِحُّ أَنْ يُقَالَ: إِنَّ ثَمَّةَ حَرْفًا آخَرَ أُدْغِمَ فِي التَّاءِ مَعَ بَقَاءِ الطَّاءِ الأُولَى لِمَا يُؤَدِّي إِلَيْهِ مِنْ إِدْغَامِ الْحَرْفِ وَإِظْهَارِهِ فِي حَالَةٍ وَاحِدَةٍ، وَلِمَا يُؤَدِّي إِلَيْهِ مِنَ الْتِقَاءِ السَّاكِنَيْنِ، وَذَلِكَ فَاسِدٌ، فَثَبَتَ أَنَّ الأَمْرَ عَلَى مَا ذَكَرْنَاهُ مِنْ أَنَّ الطَّاءَ مُبَيَّنَةٌ، وَإِنَّمَا اشْتَدَّ التَّقَارُبُ حَتَّى نُطِقَ بِالتَّاءِ بَعْدَهَا مِنْ غَيْرِ فَصْلٍ، فَأُطْلِقَ لَفْظُ الإِدْغَامِ لِذَلِكَ.

وَقَوْلُهُ: (كَقِرَاءَةِ أَبِي عَمْرٍو: "**فَرَّطْتُ**" [الزمر:٥٦]).

لَيْسَ بِمُسْتَقِيمٍ، فَإِنَّ الاتِّفَاقَ مِنَ الْقُرَّاءِ عَلَى: "**فَرَّطْتُ**" [الزمر:٥٦] لَيْسَ بَيْنَهُمْ فِيهِ خِلافٌ[(١)].

(وَالْفَاءُ لا تُدْغَمُ إلا فِي مِثْلِهَا): لِمَا تَقَدَّمَ مِنْ شَبَهِ التَّفَشِّي فِيهَا، هَذَا قَوْلُ النَّحْوِيِّينَ، وَالتَّحْقِيقُ أَنَّهَا قَدْ أُدْغِمَتْ فِي الْبَاءِ، قَرَأَ الْكِسَائِيُّ: "**نَخْسِفْ بِهِمُ الأَرْضَ**" [سبأ:٩] بِإِدْغَامِ الْفَاءِ فِي الْبَاءِ، وَهُوَ عِنْدَ النَّحْوِيِّينَ ضَعِيفٌ، وَقَدْ تَقَدَّمَ الْكَلامُ عَلَى مِثْلِ ذَلِكَ، فَمَنْ نَظَرَ إِلَى مَا فِيهَا مِنْ شَبَهِ التَّفَشِّي أَجْرَاهَا كَالشِّينِ، وَمَنْ نَظَرَ إِلَى مَا فِي الشِّينِ مِنْ ظُهُورِ ذَلِكَ أَجَازَ فِيهَا الإِدْغَامَ، وَإِطْبَاقُ النَّحْوِيِّينَ عَلَى تَخْصِيصِ الشِّينِ بِالتَّفَشِّي رَدٌّ عَلَى مَنْ

---

(١) قال سيبويه: لم نسمعهم أسكنوا النون المتحركة مع الحروف التى تخفى النون الساكنة قبلها، كالسين والقاف والكاف وسائر حروف الفم، نحو ختن سليمان، قال: وإن قيل ذلك لم يستنكر واعلم أن مجاورة الساكن للحرف بعده أشد من مجاورة المتحرك، لأن الحركة بعد المتحرك، وهي جزء من حروف اللين، فهي فاصلة بين المتحرك وبين ما يليه قال: " والتاء والدال والذال والظاء والطاء والثاء يدغم بعضها في بعض، وفى الصاد والزاى والسين، والإطباق في نحو فرطت إن كان مع إدغام فهو إتيان بطاء أخرى، وجمع بين ساكنين، بخلاف غنة النون في من يقول، والصاد والزاى والسين يدغم بعضها ببعض، والباء في الميم - والفاء ". شرح الشافية ٢٨٠/٣.

يَمْنَعُ إِدْغَامَ الْفَاءِ مِنْهُمْ فِي الْبَاءِ لِعَدَمِ الصِّفَةِ الْمَانِعَةِ لِلإِدْغَامِ مِنْهَا، وَإِدْغَامُ الْبَاءِ فِيهَا وَاضِحٌ؛ لأَنَّهَا إِنْ لَمْ تَزِدْ عَلَيْهَا فَلا أَقَلَّ مِنْ أَنْ تُمَاثِلَهَا فِي صِفَتِهَا، فَصَحَّ الإِدْغَامُ عَلَى كُلِّ تَقْدِيرٍ، كَقَوْلِهِ تَعَالَى: "يَغْلِبْ فَسَوْفَ" [النساء:٧٤]، وَ "وَمَن لَّمْ يَتُبْ فَأُولَئِكَ" [الحجرات:١١]، وَهِيَ مَرْوِيَّةٌ عَنْ أَبِي عَمْرٍو وَالْكِسَائِيِّ وَخَلادٍ، عَنْ حَمْزَةَ.

(وَالْبَاءُ تُدْغَمُ فِي مِثْلِهَا، قَرَأَ أَبُو عَمْرٍو: "لَذَهَب بِسَمْعِهِمْ" [البقرة:٢٠].

فَإِدْغَامُهَا فِيهَا وَاضِحٌ، وَفِي الْفَاءِ قَدْ تَقَدَّمَ عِنْدَ الْكَلامِ عَلَى الْفَاءِ، وَإِدْغَامُهَا فِي الْمِيمِ وَاضِحٌ؛ لأَنَّهَا تُقَارِبُهَا مَعَ زِيَادَةِ الْمِيمِ عَلَيْهَا، فَصَحَّ إِدْغَامُهَا فِيهَا كَمَا صَحَّ إِدْغَامُهَا فِي الْفَاءِ، كَقَوْلِهِ تَعَالَى: ﴿ارْكَبْ مَعَنَا﴾ [هود:٤٢] وَشِبْهِهِ[(١)].

(وَلا يُدْغَمُ فِيهَا إِلا مِثْلُهَا): لأَنَّ مُقَارِبَهَا الْمِيمُ وَالْفَاءُ، فَامْتَنَعَ إِدْغَامُ الْمِيمِ لِمَا يَلْزَمُ مِنْ ذَهَابِ الصِّفَةِ الَّتِي هِيَ الْغُنَّةُ، وَامْتَنَعَ إِدْغَامُ الْفَاءِ عِنْدَهُمْ لِمَا تَقَدَّمَ مِنْ شَبَهِ الشِّينِ.

قَالَ: (وَالْمِيمُ لا تُدْغَمُ إِلا فِي مِثْلِهَا).

لِمَا يَلْزَمُ مِنْ ذَهَابِ غُنَّتِهَا لَوْ أُدْغِمَتْ فِي مُقَارِبِهَا، وَلا يَلْزَمُ عَلَيْهِ إِدْغَامُهَا فِي الْوَاوِ وَالْيَاءِ مَعَ إِبْقَاءِ الْغُنَّةِ كَمَا فُعِلَ فِي النُّونِ؛ لِمَا تَقَدَّمَ مِنْ أَنَّ النُّونَ حَرْفٌ كَرِهُوا النُّطْقَ بِهِ سَاكِنًا قَبْلَ حُرُوفِ الْفَمِ لِمَا فِيهِ مِنَ الصَّدْعِ الْمَنْفُورِ مِنْ مِثْلِهِ فِي الْمُعْتَادِ، وَلِمَا يَلْزَمُ مِنْ إِخْفَائِهِ مِنْ تَحْسِينِ الْكَلامِ وَتَزْيِينِهِ بِهَا، بِخِلافِ الْمِيمِ، فَإِنَّ الأَوَّلَ مَفْقُودٌ فِيهِ، وَلَيْسَ بِالْكَثِيرِ كَالنُّونِ فَيُفْعَلَ فِيهِ مَا يُفْعَلُ فِي النُّونِ.

(وَتُدْغَمُ فِيهَا النُّونُ وَالْبَاءُ): فَأَمَّا إِدْغَامُ النُّونِ فِيهَا فَوَاضِحٌ، فَإِنْ قُلْتَ: لِمَ لَمْ تُدْغَمِ الْمِيمُ فِيهَا مَعَ كَوْنِ النُّونِ حَرْفَ غُنَّةٍ كَمَا أُدْغِمَتِ النُّونُ فِيهَا؟

قُلْتُ: النُّونُ حَرْفٌ كُرِهَ التَّصْرِيحُ بِهِ سَاكِنًا مَعَ إِمْكَانِ إِخْفَائِهِ لِمَا تَقَدَّمَ، وَلَيْسَ الْمِيمُ كَذَلِكَ، بَلِ الأَمْرُ فِيهَا بِالْعَكْسِ، أَلا تَرَى أَنَّكَ لَوْ أَدْغَمْتَ الْمِيمَ فِي النُّونِ لَكُنْتَ آتِيًا بِنُونٍ سَاكِنَةٍ؟ فَكَانَ مُؤَدِّيًا إِلَى الإِتْيَانِ بِمَا فُرَّ مِنْهُ لَوْ كَانَ، فَلَمْ يَلْزَمْ مِنْ صِحَّةِ إِدْغَامِ النُّونِ فِي

---

(١) فإذا كانت الهاء تدغم في الحاء، والهاء من المخرج الأول من الحلق، والحاء من الثاني، وليس حروف الحلق بأصل للإدغام، فالمخرج الثالث أحرى أن يدغم فيما كان معه في الحلق، وهو متصل بحروف الفم، كما تدغم الباء في الفاء، والباء من الشفة محضة، والفاء من الشفة السفلى وأطراف الثنايا العليا.تقول: اذهفّى ذلك. تريد: اذهب في ذلك، واضر فّرَجا تريد: اضرب فَرَجا، لقرب الفاء من حروف الفم. فكذلك تقول: امْدَغّالِبا. تريد: امدَح غَالبا، وامدَخّلَفا. تريد: امدح خلَفا. المقتضب ٤٦/١.

الْمِيمِ إِدْغَامُ الْمِيمِ فِي النُّونِ.

وَأَمَّا إِدْغَامُ الْبَاءِ فِي الْمِيمِ فَقَدْ تَقَدَّمَ عِنْدَ ذِكْرِ الْبَاءِ، وَهُوَ أَنَّهَا زَائِدَةٌ عَلَيْهَا وَمُقَارِبَةٌ لَهَا، فَصَحَّ إِدْغَامُهَا فِيهَا كَمَا أُدْغِمَ فِيمَا هُوَ مُمَاثِلٌ لَهَا فِي ذَلِكَ.

قَالَ: (وَ (افْتَعَلَ) إِذَا كَانَ بَعْدَ تَائِهَا مِثْلُهَا جَازَ فِيهِ الْبَيَانُ وَالإِدْغَامُ)، إِلَى آخِرِهِ.

قَدْ تَقَدَّمَ أَنَّ تَاءَ الافْتِعَالِ مَعَ مَا بَعْدَهَا مِنْ تَاءٍ أَوْ مُقَارِبٍ بِمَنْزِلَةِ الْمِثْلَيْنِ أَوِ الْمُتَقَارِبَيْنِ مِنْ كَلِمَتَيْنِ، وَلَمْ تَجْرِ مَجْرَى الْكَلِمَةِ فِي وُجُوبِ الإِدْغَامِ فِي الْمِثْلِ، وَامْتِنَاعِهِ فِي الْمُقَارِبِ مِنْ حَيْثُ إِنَّ تَاءَ الافْتِعَالِ لا يَلْزَمُهَا وُقُوعُ تَاءٍ أَوْ مُقَارِبٍ بَعْدَهَا، فَهِيَ كَكَلِمَةٍ أُخْرَى انْضَمَّتْ إِلَى مَا يَلِيهَا، فَلِذَلِكَ أُجْرِيَتْ مُجْرَى الْكَلِمَتَيْنِ، فَإِذَا قُصِدَ إِلَى الإِدْغَامِ أُسْكِنَتِ التَّاءُ الأُولَى عَلَى مَا هُوَ قِيَاسُ الإِدْغَامِ، فَيَجْتَمِعُ سَاكِنَانِ: الْفَاءُ وَالتَّاءُ الْمُسَكَّنَةُ، فَتُحَرَّكُ الْفَاءُ لالْتِقَاءِ السَّاكِنَيْنِ، إِمَّا بِالْفَتْحِ طَلَبًا لِلْخِفَّةِ؛ لأَنَّهَا الْحَرَكَةُ الَّتِي كَانَتْ لِلْمُدْغَمِ تَنْبِيهًا عَلَيْهِ، كَمَا فِي (يَشُدُّ) و(يَعَضُّ)، وَإِمَّا بِالْكَسْرِ عَلَى أَصْلِ التِقَاءِ السَّاكِنَيْنِ، وَتُحْذَفُ هَمْزَةُ الْوَصْلِ بِاتِّفَاقٍ لِلاسْتِغْنَاءِ عَنْهَا.

وَكَانَ قِيَاسُ إِجْرَائِهِ مُجْرَى الْكَلِمَتَيْنِ، عِنْدَ النَّحْوِيِّينَ مَنْعَ الإِدْغَامِ لِسُكُونِ مَا قَبْلَ الأَوَّلِ؛ لأَنَّهُمْ يَمْتَنِعُونَ مِنْ إِدْغَامِ مِثْلِ (قَرْمُ مَالِكٍ) كَرَاهَةَ اجْتِمَاعِ السَّاكِنَيْنِ، فَكَذَلِكَ هَذَا.

وَالْجَوَابُ أَنَّ فِيهِ شَائِبَةَ شَبَهِ الْكَلِمَةِ الْوَاحِدَةِ وَشَبَهِ الْكَلِمَتَيْنِ، فَيَجُوزُ فِيهِ الإِدْغَامُ لِذَلِكَ، وَلَمْ يَجْرِ مُجْرَى (قَرْمُ مَالِكٍ)؛ لأَنَّ الانْفِصَالَ فِيهِ مُحَقَّقٌ، وَإِنَّمَا لَمْ يَجِئْ فِي بَقَاءِ الْهَمْزَةِ وَحَذْفِهَا الْوَجْهَانِ فِي (لَحْمَرِ) و(الَحْمَرِ) مِنْ حَيْثُ كَانَتِ الْحَرَكَةُ فِي (لَحْمَرِ) مُحَقَّقَةَ الْعُرُوضِ لا أَصْلَ لِلْحَرَكَةِ فِيهَا أَلْبَتَّةَ، وَأَمَّا هَذِهِ - يَعْنِي: افْتَعَلَ - فَأَصْلُهَا الْحَرَكَةُ، وَسُكُونُهَا عَارِضٌ، فَلَمَّا تَحَرَّكَتْ لَمْ يَكُنِ اعْتِبَارُ سُكُونِهَا الْعَارِضِ بِأَوْلَى مِنْ حَرَكَتِهَا الأَصْلِيَّةِ مِنْ كَوْنِهَا مُتَحَرِّكَةً، وَلِذَلِكَ لَمْ يُخْتَلَفْ فِي إِسْقَاطِ الْهَمْزَةِ الَّتِي لَمْ يُجَأْ بِهَا إِلا لِذَلِكَ السُّكُونِ الْعَارِضِ[(١)].

وَمَنْ قَالَ: (قَتَّلُوا) بِالْفَتْحِ، قَالَ: (يَقَتِّلُونَ) بِفَتْحِ الْقَافِ أَيْضًا، وَمَنْ قَالَ: (قِتَّلُوا) بِكَسْرِ

---

(١) وتنقل حركته إن كان قبله ساكن غير لين نحو يرد، وسكون الوقف كالحركة، ونحو مكنني ويمكنني ومناسككم وما سلككم من باب كلمتين، وممتنع في الهمزة على الأكثر وفي الألف وعند سكون الثاني لغير الوقف نحو ظللت ورسول الحسن، وتميم تدغم في نحو رد ولم يرد، وعند الإلحاق واللبس بزنة أخرى نحو قردد وسرر، وعند ساكن صحيح قبلهما في كلمتين نحو قرم مالك، وحمل قول القراء على الاخفاء، وجائز فيما سوى ذلك ". شرح الشافية ٢٣٤/٣.

الْقَافِ، قَالَ: (يَقِتِّلُونَ) بِالْكَسْرِ أَيْضًا؛ لأَنَّهَا مِثْلُهَا، وَكَذَلِكَ (مُقَتِّلُونَ)، و(مُقِتِّلُونَ)، وَقَدْ جَاءَ نَحْوُ: (مُقُتِّلُونَ)، وَعِلَّتُهُ مَا ذَكَرَهُ مِنْ قَصْدِ الإِتْبَاعِ.

قَالَ: (وَتُقْلَبُ تَاءُ الافْتِعَالِ مَعَ تِسْعَةِ أَحْرُفٍ إِذَا كُنَّ قَبْلَهَا) إِلَى آخِرِهِ.

وَإِنَّمَا قُلِبَتْ مَعَ هَذِهِ الْحُرُوفِ لِمَا بَيْنَهَا وَبَيْنَهَا مِنْ مُقَارَبَةٍ فِي الْمَخَارِجِ وَمُبَاعَدَةٍ فِي الصِّفَاتِ، فَقَلَبُوهَا إِلَى مُقَارِبٍ لَهَا مُوَافِقٍ لِصِفَتِهَا، فَقُلِبَتْ مَعَ الطَّاءِ وَالظَّاءِ وَالصَّادِ وَالضَّادِ طَاءً؛ لأَنَّهَا لَوْ بَقِيَتْ مَعَ مُقَارَبَتِهَا لَهَا لأَدَّى إِمَّا إِلَى إِدْغَامِهَا، وَهِيَ لا تُدْغَمُ فِي التَّاءِ لِمَا فِيهَا مِنَ الإِطْبَاقِ الَّذِي يَفُوتُ بِالإِدْغَامِ، وَإِمَّا إِلَى إِظْهَارِهَا، فَيَعْسُرُ النُّطْقُ بِهَا مَعَهَا لِقُرْبِهَا فِي الْمَخْرَجِ وَمُنَافَاتِهَا فِي صِفَاتِهَا؛ لأَنَّ التَّاءَ حَرْفٌ شَدِيدٌ، وَالظَّاءُ وَالضَّادُ وَالصَّادُ رَخْوَةٌ، وَأَيْضًا فَإِنَّ التَّاءَ حَرْفٌ مَهْمُوسٌ، وَالطَّاءُ وَالظَّاءُ وَالضَّادُ حُرُوفٌ مَجْهُورَةٌ، فَقَلَبُوهَا مَعَ الطَّاءِ لِمُخَالَفَتِهَا لَهَا فِي الْجَهْرِ، وَمَعَ الظَّاءِ لِمُخَالَفَتِهَا لَهَا فِي الْجَهْرِ وَالرَّخَاوَةِ، وَمَعَ الضَّادِ كَذَلِكَ، وَمَعَ الصَّادِ لِمُخَالَفَتِهَا فِي الرَّخَاوَةِ، فَقَلَبُوا تَاءَ الافْتِعَالِ حَرْفًا يُوَافِقُ التَّاءَ فِي الْمَخْرَجِ، وَيُوَافِقُ مَا قَبْلَهُ فِي الصِّفَةِ قَصْدًا لِنَفْيِ التَّنَافُرِ بَيْنَ الْحُرُوفِ.

وَقَلَبُوهَا مَعَ الدَّالِ وَالذَّالِ وَالزَّايِ دَالا؛ لأَنَّهُمْ لَوْ بَقُّوهَا تَاءً لَكَانُوا فِي الزَّايِ عَلَى مَا تَقَدَّمَ مِنْ حُرُوفِ الإِطْبَاقِ، وَفِي الدَّالِ عَلَى أَحَدِ مَكْرُوهَيْنِ مِنْ إِدْغَامٍ مُخِلٍّ بِالْفَاءِ، أَوْ إِظْهَارٍ فِيمَا قَارَبَ الْمِثْلَيْنِ، وَفِي الذَّالِ لِمُقَارَبَتِهَا لِلدَّالِ فِي الْمَخْرَجِ، هَذَا مَعَ أَنَّهَا تُخَالِفُ الثَّلاثَةَ فِي الصِّفَاتِ.

أَمَّا مُخَالَفَتُهَا لِلذَّالِ وَالزَّايِ فَإِنَّ التَّاءَ حَرْفٌ شَدِيدٌ، وَهَذَانِ رَخْوَانِ، وَالتَّاءُ حَرْفٌ مَهْمُوسٌ، وَهَذَانِ مَجْهُورَانِ، وَأَمَّا مُخَالَفَتُهَا لِلدَّالِ فَلأَنَّهَا حَرْفٌ مَهْمُوسٌ، وَالدَّالُ مَجْهُورَةٌ، فَقُلِبَتْ دَالا لِتُوَافِقَ التَّاءَ فِي الْمَخْرَجِ، وَالدَّالَ فِي الْجَهْرِ، وَمَعَ الزَّايِ كَذَلِكَ.

(وَقُلِبَتْ مَعَ الثَّاءِ وَالسِّينِ ثَاءً وَسِينًا).

يَعْنِي: ثَاءً مَعَ الثَّاءِ، وَسِينًا مَعَ السِّينِ؛ لأَنَّهَا لَوْ بَقِيَتْ مَعَ السِّينِ لَكَانَتْ كَالتَّاءِ مَعَ الطَّاءِ عَلَى مَا تَقَدَّمَ، وَلَوْ بَقِيَتْ مَعَ الثَّاءِ لَكَانَتْ كَبَقَائِهَا مَعَ الذَّالِ، مَعَ أَنَّهَا تُخَالِفُ السِّينَ فِي الشِّدَّةِ وَالْجَهْرِ، وَتُخَالِفُ الثَّاءَ فِي الشِّدَّةِ، فَقُلِبَتْ ثَاءً مَعَ الثَّاءِ لِمُوَافَقَةِ التَّاءِ فِي الْمَخْرَجِ وَالثَّاءِ فِي الْمَخْرَجِ وَالصِّفَةِ جَمِيعًا، وَكَذَلِكَ قَلْبُهَا مَعَ السِّينِ.

فَإِذَا قُلِبَتِ التَّاءُ طَاءً مَعَ الطَّاءِ وَجَبَ الإِدْغَامُ لاجْتِمَاعِ الْمِثْلَيْنِ، وَإِذَا قُلِبَتْ مَعَ الظَّاءِ فَفِيهَا ثَلاثَةُ أَوْجُهٍ: الإِظْهَارُ وَهُوَ الأَصْلُ، وَالإِدْغَامُ بِقَلْبِ الظَّاءِ طَاءً عَلَى أَصْلِ قِيَاسِ

الإِدْغَامِ، وَبِقَلْبِ الطَّاءِ ظَاءً تَرْجِيحًا لِلْحَرْفِ الأَصْلِيِّ عَلَى الْحَرْفِ الزَّائِدِ؛ لِيُنَبِّهَ بِهِ عَلَى الأَصْلِ[١].

وَإِذَا أُبْدِلَتْ مَعَ الضَّادِ فَفِيهَا الْبَيَانُ الَّذِي هُوَ الأَصْلُ، وَالإِدْغَامُ بِقَلْبِ الزَّائِدِ إِلَى الأَصْلِ، وَلَمْ يَجِئ الإِدْغَامُ عَلَى أَصْلِ الإِدْغَامِ لِمَا يَلْزَمُ مِنْ إِدْغَامِ الضَّادِ الَّتِي هِيَ زَائِدَةٌ بِصِفَةِ الاسْتِطَالَةِ عَلَى مَا تَقَدَّمَ، فَلِذَلِكَ جَاءَ (اضْطَرَبَ)، و(اضَّرَبَ)، وَلَمْ يَأْتِ (اطَّرَبَ) إلا عَلَى شُذُوذٍ؛ لأَنَّهُ فِيهِ إِدْغَامًا لِلضَّادِ، وَهُوَ شَاذٌّ.

وَإِذَا أُبْدِلَتْ مَعَ الصَّادِ فَفِيهَا مَا فِي الضَّادِ سَوَاءً؛ لأَنَّ الصَّادَ لا تُدْغَمُ فِيمَا لَيْسَ بِصَفِيرٍ لِمَا يَلْزَمُ مِنْ ذَهَابِ صِفَتِهَا، فَيُقَالُ: (اصْطَبَرَ) و(اصَّبَرَ)، وَلا يُقَالُ: (اطَّبَرَ).

وَإِذَا أُبْدِلَتْ مَعَ الدَّالِ وَجَبَ الإِدْغَامُ لاجْتِمَاعِ الْمِثْلَيْنِ، فَيُقَالُ (ادَّانَ) لا غَيْرُ، وَإِذَا أُبْدِلَتْ مَعَ الذَّالِ جَازَ إِظْهَارُهَا وَجَازَ إِدْغَامُهَا عَلَى أَصْلِ الإِدْغَامِ، وَهُوَ الْكَثِيرُ، وَجَازَ إِدْغَامُهَا بِقَلْبِ الثَّانِيَةِ إِلَيْهَا، كَمَا قُلِبَتْ فِي (اظَّلَمَ) عَلَى مَا تَقَدَّمَ، فَيُقَالُ: (اذْدَكَرَ)، و(ادَّكَرَ)، و(اذَّكَرَ).

وَإِذَا أُبْدِلَتْ مَعَ الزَّايِ كَانَتْ كَالضَّادِ مَعَ الطَّاءِ فِي إِظْهَارِهَا وَإِدْغَامِهَا بِقَلْبِ الثَّانِيَةِ إِلَيْهَا، وَلا تُدْغَمُ هِيَ عَلَى قِيَاسِ الإِدْغَامِ لِمَا يَلْزَمُ مِنْ إِدْغَامِ حَرْفِ صَفِيرٍ فِيمَا لَيْسَ بِمُوَافِقٍ لَهُ فِي صِفَتِهِ، وَقَدْ تَقَدَّمَ أَنَّ ذَلِكَ غَيْرُ سَائِغٍ، وَإِذَا أُبْدِلَتْ مَعَ التَّاءِ أُدْغِمَتْ لاجْتِمَاعِ الْمِثْلَيْنِ.

قَوْلُهُ: (وَمَعَ الثَّاءِ تُدْغَمُ لَيْسَ إلا بِقَلْبِ كُلِّ وَاحِدَةٍ مِنْهُمَا إِلَى صَاحِبَتِهَا).

لَيْسَ عَلَى ظَاهِرِهِ؛ لأَنَّا إِنَّمَا نَقْلِبُ إِحْدَاهُمَا، وَلَكِنَّهُ جَمَعَ وَأَرَادَ التَّفْصِيلَ، وَأَمَّا مَنْ قَالَ: (مُتَّرِدٌ)، فَقَوْمٌ لا يَقْلِبُونَ تَاءَ الافْتِعَالِ، بَلْ يُبْقُونَهَا عَلَى حَالِهَا، وَيُدْغِمُونَ فِيهَا (الثَّاءَ) عَلَى أَصْلِ قِيَاسِ الإِدْغَامِ، فَمِنْ ثَمَّةَ جَاءَ (مُتَّرِدٌ)، و(مُثَّرِدٌ)، و(اتَّأَرَ)، و(اثَّأَرَ).

وَإِذَا أُبْدِلَتْ مَعَ السِّينِ وَجَبَ الإِدْغَامُ لاجْتِمَاعِ الْمِثْلَيْنِ.

وَقَوْلُهُ: (وَمَعَ السِّينِ تُبَيَّنُ وَتُدْغَمُ).

---

(١) تُبْدَل وجوباً من تاء الافتعال الذى فاؤه صاد أو ضاد أو طاء أو ظاء وتسمى أَحْرُفَ الإطباق تقول في افْتَعَلَ من صَبَرَ: اصْطَبَر ولا تدغم لأن الصَّفِيرِيَّ لا يدغم إلا في مثله ومن ضَرَبَ: اضْطَرَب ولا تدغم لأن الضاد حرف مستطيل ومن طَهُرَ: اطْطَهَرَ ثم يجب الإدغام لإجتماّع المثلين في كلمة وأولهما ساكن ومن ظَلَمَ: اظْطَلَمَ ثم لك ثلاثة أوجه: الإظهار والإدغام مع إبدال الأول من جنسِ الثاني ومع عَكْسِهِ. أوضح المسالك ٣٩٩/٤.

لَيْسَ أَيْضًا بِالْجَيِّدِ؛ لأنَّ الْكَلامَ بَعْدَ إِبْدَالِ تَاءِ الافْتِعَالِ، وَلا يَصِحُّ حِينَئِذٍ إلا الإدْغَامُ، كَقَوْلِكَ: (مُسَّمِعٌ)، وَأَمَّا الْبَيَانُ فِي قَوْلِكَ: (مُسْتَمِعٌ)، فَإِنَّمَا هُوَ عَلَى لُغَةِ مَنْ يُبْقِيهَا وَلا يُبْدِلُهَا، وَأَمَّا مَنْ يُبْدِلُهَا فَوَاجِبٌ عِنْدَهُ الإدْغَامُ لاجْتِمَاعِ الْمِثْلَيْنِ، وَالَّذِينَ لَمْ يُبْدِلُوهَا لَمْ يُدْغِمُوا فِيهَا السِّينَ؛ لِمَا يَلْزَمُ مِنْ إِدْغَامِ حَرْفِ الصَّفِيرِ فِيمَا لَيْسَ بِمُوَافِقٍ لَهُ فِيهِ[1].

قَالَ: (وَقَدْ شَبَّهُوا تَاءَ الضَّمِيرِ بِتَاءِ الافْتِعَالِ، قَالَ:

وَفِي كُلِّ حَيٍّ قَدْ خَبَطَّ بِنِعْمَةٍ ....)

إِلَى آخِرِهِ.

قَالَ الشَّيْخُ: لأنَّهَا تَاءٌ شَبِيهَةٌ بِالْمُتَّصِلَةِ، وَقَعَتْ بَعْدَ الْحُرُوفِ الَّتِي يُسْتَكْرَهُ اجْتِمَاعُهَا مَعَهَا، فَكَمَا قَالُوا: (اطَّلَبَ) فِي (اطْتَلَبَ)، قَالُوا: (خَبَطٌّ) فِي (خَبَطْتُ)، وَكَذَلِكَ (نَقَدٌّ) و(فَزَدٌّ)، قَالَ سِيبَوَيْهِ: (وَأَعْرَبُ اللُّغَتَيْنِ وَأَجْوَدُهُمَا أَنْ لا تَقْلِبَ)، وَإِنَّمَا ضَعُفَ ذَلِكَ فِيهَا لِكَوْنِهَا مُنْفَصِلَةً فِي الْحَقِيقَةِ كَمَا فِي كَلِمَةٍ أُخْرَى، فَكَمَا لا يَحْسُنُ فِي (اخْبِطْ تَسْعَدْ)، وَفِي (فُزْ تَسْعَدْ)، وَفِي (انْقَدْ تَسْعَدْ): (اخْبِطَّ سْعَدْ)، و(فُزَّ سْعَدْ)، و(انْقَدَّ سْعَدْ)، لا يَحْسُنُ (خَبَطٌّ)، و(فُزٌّ)، و(انْقَدٌّ)؛ لأنَّهَا مِثْلُهَا فِي كَوْنِهَا كَلِمَةً مُنْفَصِلَةً فِي الْحَقِيقَةِ.

(قَالَ: وَإِذَا كَانَتِ التَّاءُ مُتَحَرِّكَةً وَبَعْدَهَا هَذِهِ الْحُرُوفُ سَاكِنَةً لَمْ يَكُنْ إِدْغَامٌ، نَحْوُ: "اسْتَطْعَمَ"، وَ" اسْتَضْعَفَ ").

لِسُكُونِ الثَّانِي مِنَ الْمُتَقَارِبَيْنِ، إِذْ شَرْطُهُ أَنْ يَكُونَ مُتَحَرِّكًا، وَإِذَا وَجَبَ الإِظْهَارُ فِي (يَشْدُدْنَ) وَهُمَا مِثْلانِ لِسُكُونِ الثَّانِي؛ فَلأَنْ يَمْتَنِعَ فِي (اسْتَطْعَمَ) وَنَحْوِهِ مِمَّا لَيْسَ بِمِثْلَيْنِ أَجْدَرُ.

قَالَ: (وَ (اسْتَدَانَ)، و(اسْتَضَاءَ)، و(اسْتَطَالَ) بِتِلْكَ الْمَنْزِلَةِ).

يَعْنِي: أَنَّهُ لا يُدْغَمُ؛ لأنَّ مَا يُدْغَمُ فِيهِ لَوْ أُدْغِمَ فِي حُكْمِ السُّكُونِ، إِذْ أَصْلُهُ

---

(١) فإذا التقى حرفان أحدهما من هذه الستة، والآخر من حروف الصفير فأردت الإدغام أدغمته على لفظ الحرف من حروف الصفير.
تقول من مُفْتَعِل من صبرت - إذا أردت الإدغام -: مصبر، وفي مستمع: مسمع، وفي مزدان، ومزدجر؛ مزان، ومزجر. فكذلك الياء، والواو. ويجب إدغامها على لفظ الياء، لأن الياء من موضع أكثر الحروف وأمكنها والواو مخرجها من الشفة، ولا يشركها في مخرجها إلا الباء، والميم فأما الميم فتخالفها؛ لمخالطتها الخياشيم بما فيها من الغنة؛ ولذلك تسمعها كالنون. المقتضب ٣٨/١.

(اسْتَدْيَنَ)، و(اسْتَضْوَءَ)، و(اسْتَطْوَلَ)، وَتَحَرُّكُهَا عَارِضٌ بِانْقِلابِ عَيْنِهَا أَلِفًا، وَإِذَا وَجَبَ إِظْهَارُ (اشْدُدْ) فِي قَوْلِكَ: (اشْدُدِ الْيَوْمَ) عِنْدَ مَنْ لُغَتُهُ (اشْدُدْ) بِغَيْرِ إِدْغَامٍ لِسُكُونِ الثَّانِي، وَلَمْ يَعْتَدَّ بِحَرَكَتِهَا الْعَارِضَةِ فِي (اشْدُدِ الْيَوْمَ) مَعَ كَوْنِهِمَا مِثْلَيْنِ، فَلأَنْ لا يُعْتَدَّ بِهِمَا هَاهُنَا أَوْلَى.

قَالَ: (وَأَدْغَمُوا تَاءَ (تَفَعَّلَ) و(تَفَاعَلَ) فِيمَا بَعْدَهَا).

يَعْنِي: إِذَا كَانَ مُقَارِبًا لَهَا، وَإِنَّمَا حَذْفُهُ لِلْعِلْمِ بِهِ، إِذْ لا يُلْبَسُ أَنَّ (تَعَلَّمَ) و(تَقَاتَلَ) لا يَصِحُّ إِدْغَامُهُ، فَإِذَا أَدْغَمُوا اجْتَلَبُوا هَمْزَةَ الْوَصْلِ لِلنُّطْقِ بِالسَّاكِنِ؛ لِتَعَذُّرِ الابْتِدَاءِ بِهِ، فَقَالُوا: (اطَّيَّرُوا)، و(ازَّيَّنُوا)، و(اثَّاقَلُوا)، و(ادَّارَؤُوا)، قَالَ اللَّهِ تَعَالَى: "يَطَّيَّرُوا بِمُوسَى" [الأعراف:١٣١]، وَقَالَ: "وَازَّيَّنَتْ" [يونس:٢٤]، وَقَالَ: "اثَّاقَلْتُمْ إِلَى الأَرْضِ" [التوبة:٣٨]، وَقَالَ: "فَادَّارَأْتُمْ فِيهَا" [البقرة:٧٢]، وَلَيْسَ (اطَّيَّرُوا) بِـ (افْتَعَلُوا)؛ لأَنَّهُ لَوْ كَانَ (افْتَعَلُوا) لَكَانَ لَفْظُهُ (اطَّارُوا)، وَكَذَلِكَ (اثَّاقَلُوا) إِذْ لَوْ كَانَ (افْتَعَلُوا) لَكَانَ (اثَّقَلُوا)، و(ادَّارَؤُوا) لَوْ كَانَ (افْتَعَلُوا) لَكَانَ (ادَّرَؤُوا)، و(ازَّيَّنُوا) لَوْ كَانَ (افْتَعَلُوا) لَكَانَ (ازَّانُوا)، وَإِنَّمَا (اطَّيَّرُوا) و(ازَّيَّنُوا): (تَفَعَّلُوا)، فَلِذَلِكَ جَاءَتِ الْعَيْنُ مُشَدَّدَةً عَلَى مَا كَانَتْ عَلَيْهِ، و(اثَّاقَلُوا) و(ادَّارَؤُوا): (تَفَاعَلُوا)، فَلِذَلِكَ جَاءَتِ الأَلِفُ مُقَرَّرَةً بَيْنَ الْعَيْنِ وَالْفَاءِ.

(وَلَمْ يُدْغِمُوا نَحْوَ: " تَذَكَّرُونَ ")[1].

لأَنَّ أَصْلَهُ (تَتَذَكَّرُونَ)، فَحُذِفَتِ التَّاءُ الأُولَى أَوِ الثَّانِيَةُ تَخْفِيفًا، فَلَوْ ذَهَبُوا يُدْغِمُونَ هَذِهِ الْبَاقِيَةَ لأَذْهَبُوا التَّاءَيْنِ جَمِيعًا، فَيُخِلُّونَ بِالْكَلِمَةِ.

---

(١) وقد تدغم تاء نحو تتنزل وتتنابزوا وصلا وليس قبلها ساكن صحيح، وتاء تفعل وتفاعل فيما تدغم فيه التاء، فتجلب همزة الوصل ابتداء نحو اطيروا وازينوا واثاقلوا وادارأوا، ونحو اسطاع مدغما مع بقاء صوت السين نادر " أقول: إذا كان في أول مضارع تفعل وتفاعل تاء فيجتمع تاءان جاز لك أن تخففهما وأن لا تخففهما، والتخفيف بشيئين: حذف أحدهما، والإدغام، والحذف أكثر، فإذا حذفت فمذهب سيبويه أن المحذوفة هي الثانية، لان الثقل منها نشأ، ولان حروف المضارعة زيدت على تاء تفعل لتكون علامة، والطارئ يزيل الثابت إذا كره اجتماعهما، وقال سيبويه: لأنها هي التي تدغم في تترس، وتطير، وقال الكوفيون: المحذوفة هي الأولى، وجوز بعضهم الأمرين، وإذا حذفت لم تدغم التاء الباقية فيما بعدها وإن ماثلها، نحو تتارك، أو قاربها نحو تذكرون، لئلا يجمع في أول الكلمة بين حذف وإدغام مع أن قياسهما أن يكونا في الآخر، وإذا أدغمت فإنك لا تدغم إلا إذا كان قبلها ما آخره متحرك نحو قال تنزل، وقال تنابزوا، أو آخره مد نحو قالوا تنزل قالا تنابزوا، وقولي تابع، ويزاد في تمكين حرف المد. شرح الشافية ٢٩٠/٣.

وَوَجْهٌ آخَرُ، وَهُوَ أَنَّهُ يُؤَدِّي إِلَى بَقَاءِ الْفِعْلِ الْمُضَارِعِ مِنْ غَيْرِ حَرْفِ مُضَارَعَةٍ إِنْ كَانَ الْمَحْذُوفُ الثَّانِيَةَ، أَوْ مَا يَقُومُ مَقَامَهَا مِنْ جِنْسِهَا إِنْ كَانَ الْمَحْذُوفُ الأَوْلَى، وَلا يَسْتَقِيمُ أَنْ يَكُونَ فِعْلا مُضَارِعًا عَرِيًّا مِنْهَا.

قَالَ: (وَمِنَ الإِدْغَامِ الشَّاذِّ قَوْلُهُمْ: سِتٌّ).

قَوْلُهُ: (وَمِنَ الإِدْغَامِ) لَيْسَ بِمُسْتَقِيمٍ؛ لأَنَّ الإِدْغَامَ بَعْدَ إِبْدَالِ السِّينِ تَاءً لَيْسَ بِشَاذٍّ؛ لِثِقَلِ النُّطْقِ بِهَا مَعَهَا، وَلِذَلِكَ اتُّفِقَ عَلَى إِدْغَامِ مِثْلِ (قَدْ تَبَيَّنَ)، و(وَدِدْتُ)، حَتَّى كَأَنَّهُمَا مِثْلانِ، وَإِنَّمَا الشُّذُوذُ فِي إِبْدَالِ السِّينِ تَاءً، وَيُحْتَمَلُ أَنْ يُرِيدَ بِالشُّذُوذِ أَنَّهُ لَمْ يَقَعْ مِثْلُهُ مُدْغَمًا وَلا مُظْهَرًا، فَهُوَ مُسْتَقِيمٌ، إِلا أَنَّ نِسْبَةَ الشُّذُوذِ إِلَيْهِ مَعَ الإِدْغَامِ كَنِسْبَتِهِ إِلَيْهِ مَعَ الإِظْهَارِ؛ إِلا أَنَّهُ يُمْكِنُ أَنْ يَقُولَ: إِنَّ قِيَاسَ كَلامِ الْعَرَبِ لَوْ قَدَّرْنَا وُقُوعَهُ أَنْ يَكُونَ مُظْهَرًا لأَنَّهُمَا فِي كَلِمَةٍ وَاحِدَةٍ، وَهُمْ لا يُدْغِمُونَ الْمُتَقَارِبَيْنِ فِي كَلِمَةٍ لِمَا يُؤَدِّي إِلَيْهِ مِنَ اللَّبْسِ كَمَا تَقَدَّمَ، وَلِذَلِكَ لَمْ يُدْغِمُوا (عِتْدَانَ) فِي جَمْعِ (عَتُودٍ)، وَإِنْ كَانَ مُسْتَكْرَهَ النُّطْقِ بِهِ.

قَالَ: (وَمِنْهُ (وَدٌّ) فِي لُغَةِ بَنِي تَمِيمٍ، وَأَصْلُهُ: وَتِدٌ).

الْكَلامُ فِيهِ بَعْدَ إِسْكَانِ التَّاءِ كَالْكَلامِ فِي (سِتٍّ)، وَمَنْ قَالَ: (عُتُدٌ) فِي (عِتْدَانٍ)، وَالْتَزَمَ (وَتِدٌ) بِتَحْرِيكِ الْعَيْنِ وَلَمْ يُسَكِّنْهَا كَمَا أَسْكَنَ (كَتْف)، فَإِنَّهُ فَرَّ مِمَّا يَلْزَمُهُ مِنْ أَحَدِ الأَمْرَيْنِ: الإِدْغَامُ الْمُؤَدِّي إِلَى اللَّبْسِ، وَالإِظْهَارُ الْمُؤَدِّي إِلَى الثِّقَلِ، كَمَا أَنَّهُمُ امْتَنَعُوا مِنْ بِنَاءِ فَعْلٍ مَصْدَرًا لِـ (وَتَدَ)، فَلَمْ يَقُولُوا: (وَتْدًا) لِمَا يَلْزَمُهُمْ مِنْ ثِقَلٍ إِنْ أَظْهَرُوا، وَلَبْسٍ إِنْ أَدْغَمُوا.

قَالَ: (وَقَدْ عَدَلُوا فِي بَعْضِ مُلاقِي الْمِثْلَيْنِ أَوِ الْمُتَقَارِبَيْنِ لإِعْوَازِ الإِدْغَامِ إِلَى الْحَذْفِ)، إِلَى آخِرِهِ.

لأَنَّهُمْ لَمَّا ثَقُلَ عَلَيْهِمُ اجْتِمَاعُ الْمِثْلَيْنِ مِنْ غَيْرِ إِدْغَامٍ، وَتَعَذَّرَ الإِدْغَامُ؛ عَدَلُوا إِلَى مَا هُوَ شَبِيهٌ بِالإِدْغَامِ مِنَ الْحَذْفِ الَّذِي لا يُنَافِيهِ سُكُونُ الثَّانِي، وَشَرْطُهُ أَنْ يَكُونَ مَا قَبْلَ الأَوَّلِ مُتَحَرِّكًا، أَمَّا لَوْ سَكَنَ فَلَيْسَ فِيهِ إِلا الإِظْهَارُ، كَقَوْلِكَ: (يَشْدُدْنَ) وَشِبْهِهِ؛ لأَنَّهُ لا يَفِرُّ مِنْ ثِقَلٍ إِلَى مُتَعَذِّرٍ، فَتَعَذَّرَ الإِدْغَامُ وَالْحَذْفُ، فَاغْتُفِرَ الاسْتِثْقَالُ لأَنَّهُ أَخَفُّ الْمَكْرُوهَاتِ اللازِمَةِ، وَكُلُّ مَا كَثُرَ مِثْلُهُ فِي كَلامِهِمْ حَسُنَ الْحَذْفُ فِيهِ، وَمَا قَلَّ لَمْ يَحْسُنْ؛ لِتَرَجُّحِ الثِّقَلِ فِيهِ بِالْكَثْرَةِ الَّتِي يَلْزَمُ مِنْهَا كَثْرَتُهُ؛ فَلِذَلِكَ كَانَ (ظَلْتُ) أَكْثَرَ مِنْ

(مَسْتُ)، وَهَذَا فِي الْمِثْلَيْنِ كَثِيرٌ عَلَى مَا ذُكِرَ[1].

وَأَمَّا فِي الْمُتَقَارِبَيْنِ فَلَمْ يَأْتِ مُخَفَّفًا إلا فِي مِثْلِ بَنِي الْعَنْبَرِ، وَبَنِي الْعَجْلانِ، وَبَنِي الْحَارِثِ وَبَنِي الْهُجَيْمِ مَعَ كَوْنِهِ قَلِيلا، و(يَسْتَطِيعُ) وَإِنْ كَانَ كَثِيرًا لِمَا فِيهِ مِنَ اجْتِمَاعِ (التَّاءِ، وَالطَّاءِ، وَالسِّينِ) مَعَ شِدَّةِ التَّقَارُبِ بَيْنَ التَّاءِ وَالطَّاءِ، فَالَّذِي حَسَّنَ حَذْفَهَا كَوْنُ الطَّاءِ مُتَحَرِّكَةً لِلإعْلالِ، وَلَوْلا ذَلِكَ لَمْ تُحْذَفْ كَمَا لَمْ تُحْذَفْ فِي (يَسْتَطْعِمُ) وَشِبْهِهِ لَمَّا كَانَتْ سَاكِنَةً؛ لأدَائِهِ إِلَى اجْتِمَاعِ السَّاكِنَيْنِ فِيمَا لا يَسْتَقِيمُ تَحَرُّكُ الأوَّلِ مِنْهُمَا.

وَأَمَّا (اسْتَخَذَ) فَيُحْتَمَلُ أَنْ لا يَكُونَ مِنْ هَذَا الْبَابِ، وَهُوَ ظَاهِرٌ؛ لأَنَّهُمْ لا يَقُولُونَ: (اسْتَتْخَذَ)، وَلَوْ كَانَ مِنْهُ لَجَاءَ الأَصْلُ، إِذْ لا مَانِعَ يَمْنَعُ مِنْ وُجُودِهِ، وَأَيْضًا فَإِنَّ الْمَعْهُودَ حَذْفُ الأوْلَى لا حَذْفُ الثَّانِيَةِ، مِمَّا اسْتُثْقِلَ فِيهِ الاجْتِمَاعُ وَتَعَذَّرَ الإدْغَامُ، وَأَيْضًا فَإِنَّهُ بِمَعْنَى: (اتَّخَذَ)، فَلَوْ كَانَ عَلَى (اسْتَفْعَلَ) لاخْتَلَفَ مَعْنَاهُ فِي الظَّاهِرِ، وَيَبْعُدُ أَنْ يَكُونَ مِنْ (اتَّخَذَ)؛ لِبُعْدِ إِبْدَالِ السِّينِ مِنَ التَّاءِ، عَلَى أَنَّهُ شَاذٌّ كَيْفَمَا قُدِّرَ.

وَأَمَّا (يَسْتِيعُ) بِالتَّاءِ، فَمِثْلُهُ فِي الشُّذُوذِ، وَلَمْ يُخْتَلَفْ فِي أَنَّ الأَصْلَ (يَسْتَطِيعُ)، إِذْ لا مُحْتَمَلَ لَهُ غَيْرُهُ، ثُمَّ فِيهِ تَقْدِيرَانِ:

أَحَدُهُمَا: أَنْ يَكُونَ الْمَحْذُوفُ الطَّاءَ، وَإِنْ كَانَتْ ثَانِيَةً، كَمَا كَانَ الْمَحْذُوفُ فِي (اسْتَتْخَذَ) الثَّانِيَةَ لَمَّا تَعَذَّرَ حَذْفُ الأوْلَى، وَيَضْعُفُ هَاهُنَا مِنْ حَيْثُ إِمْكَانُ حَذْفِ الأوَّلِ لِتَحَرُّكِ الثَّانِي، فَيُقَالُ: (يَسْطِيعُ) كَمَا هُوَ الْكَثِيرُ، وَيُمْكِنُ أَنْ يُجَابَ بِأَنَّ الطَّاءَ فِي حُكْمِ السُّكُونِ، وَحَرَكَتُهَا عَارِضَةٌ، فَكَأَنَّهَا فِي الْحُكْمِ سَاكِنَةٌ، إِذْ وِزَانُهَا وَوِزَانُ التَّاءِ الثَّانِيَةِ فِي (اسْتَتْخَذَ) سَوَاءٌ، وَيَجُوزُ أَنْ تَكُونَ مُبْدَلَةً مِنَ الطَّاءِ بَعْدَ حَذْفِ التَّاءِ، كَأَنَّهُ قِيلَ: (يَسْطِيعُ) أَوَّلا، ثُمَّ قِيلَ: (يَسْتِيعُ)، إلا أَنَّ إِبْدَالَ التَّاءِ مِنَ الطَّاءِ ضَعِيفٌ، وَإِنَّمَا ضَعُفَ (بَلْعَنْبَرِ) وَشِبْهُهُ وَإِنْ كَانَ اجْتِمَاعُهَا مَعَ لامِ التَّعْرِيفِ كَثِيرًا لأَمْرَيْنِ:

أَحَدُهُمَا: أَنَّهُمَا مِنْ كَلِمَتَيْنِ مُنْفَصِلَتَيْنِ، وَالْمُتَّصِلُ آكَدُ مِنَ الْمُنْفَصِلِ.

---

(١) وإسطاع يسطيع " بكسر الهمزة في الماضي وفتح حرف المضارعة، وأصله استطاع يستطيع، وهي أشهر اللغات، أعني ترك حذف شيء منه وترك الإدغام، وبعدها إسطاع بسطيع، بكسر الهمزة في الماضي وفتح حرف المضارعة وحذف تاء استفعل حين تعذر الإدغام مع اجتماع المتقاربين، وإنما تعذر الإدغام لانه لو نقل حركة التاء إلى ما قبلها لتحركت السين التى لاحظ لها في الحركة، ولو لم ينقل لالتقى الساكنان، كما في قراءة حمزة، فلما كثر استعمال هذه اللفظة - بخلاف استدان - وقصد التخفيف وتعذر الإدغام حذف الأول كما في ظلت. شرح الشافية ٢٩٢/٣.

وَالثَّانِي: أَنَّهُمَا فِي الْحَقِيقَةِ لَمْ يَجْتَمِعَا؛ لِمَا بَيْنَهُمَا مِنَ الْفَصْلِ بِالْيَاءِ فِي (بَنِي)، أَوِ الْوَاوِ فِي (بَنُو)، وَالأَلِفِ فِي (عَلَى)؛ لأَنَّهَا مُرَادَةٌ، فَكَانَتْ فَاصِلَةً فِي الْحَقِيقَةِ بَيْنَهُمَا.

قَالَ: (وَإِذَا كَانُوا مِمَّنْ يَحْذِفُونَ مَعَ إِمْكَانِ الإِدْغَامِ فِي " يَتَّسِعُ " وَ " يَتَّقِي ").

يُرِيدُ أَنَّهُمْ كَرِهُوا اجْتِمَاعَ الْمِثْلَيْنِ مَعَ إِمْكَانِ تَخْفِيفِهِ بِالإِدْغَامِ حَتَّى حَذَفُوا هَرَبًا مِنَ اجْتِمَاعِهِمَا، مَعَ إِمْكَانِ ضَرْبٍ مِنَ التَّخْفِيفِ فِيهِمَا، وَإِذَا فَعَلُوا ذَلِكَ فِيهِ فَلأَنْ يَفْعَلُوهُ فِي الَّذِي لَمْ يُمْكِنْ فِيهِ ضَرْبٌ مِنْ ضُرُوبِ التَّخْفِيفِ أَوْلَى، عَلَى أَنَّ (يَتَسِعُ) و(يَتَقِي) ضَعِيفٌ[1]، وَلَوْلا ذَلِكَ لَكَانَ الْحَذْفُ فِيمَا تَعَذَّرَ فِيهِ الإِدْغَامُ أَوْلَى كَمَا يَتَبَيَّنُ بِالاسْتِدْلالِ، وَإِنَّمَا هُوَ أَوْلَى مِنْ (يَتَسِعُ) و(يَتَقِي) بِاعْتِبَارِ شُذُوذِيْهِمَا، وَاللَّهُ أَعْلَمُ بِالصَّوَابِ، وَإِلَيْهِ الْمَرْجِعُ وَالْمَآبُ.

وَقَدْ فَرَغَ مِنْ هَذَا الْكِتَابِ عُبَيْدُ اللَّهِ خِضْرُ بْنُ يُوسُفَ فِي أَوَائِلِ شَهْرِ اللَّهِ الْمُبَارَكِ جُمَادَى الآخِرَةِ فِي سَنَةِ أَرْبَعٍ وَثَمَانِينَ وَسِتِّ مِائَةٍ، حَامِدًا وَمُصَلِّيًا عَلَى نَبِيِّهِ مُحَمَّدٍ وَآلِهِ الطَّيِّبِينَ الْمُسَبِّحِينَ وَسَلَّمَ.

---

(١) قد حذفت التاء الأولى من ثلاث كلمات يتسع ويتقى ويتخذ، فقيل: يتسع ويتقى ويتخذ، وذلك لكثرة الاستعمال، وهو مع هذا شاذ، وتقول في اسم الفاعل: متق، سماعا، وكذا قياس متخذ ومتسع، ولم يجئ الحذف في مواضى الثلاثة إلا في ماضي يتقي، يقال: تقى، وأصله اتقى، فحذفت الهمزة بسبب حذف الساكن الذى بعدها، ولو كان تقى فعل كرمى لقلت في المضارع يتقى كيرمى، بسكون التاء، وفي الأمر اتق كارم، وقال الزجاج: أصل اتخذ حذفت التاء منه كما في تقى، ولو كان كما قال لما قيل تخذ - بفتح الحاء - بل تخذ يتخذ تخذا كجهل يجهل جهلا بمعنى أخذ يأخذ أخذا، وليس من تركيبه، وفى تقى خلاف، قال المبرد: فاؤه محذوف والتاء زائدة، فوزنه تعل، وقال الزجاج: التاء: بدل من الواو كما في تكأة وتراث، وهو الأولى قوله " استخذ " قال سيبويه عن بعض العرب: استخذ فلان أرضا بمعنى اتخذ، قال: ويجوز أن يكون أصله استتخذ من تخذ يتخذ تخذا فحذفت التاء الثانية كما قيل في استاع: إنه حذف الطاء، وذلك لأن التكرير من الثاني، قال: ويجوز أن يكون السين بدلا من تاء اتخذ الأولى، لكونهما مهموستين، ومثله الطجع بإبدال اللام مكان الضاد لمشابهتها لها في الانحراف، لأنهم كرهوا حرفي أطباق كما كرهوا في الأول التضعيف، وإنما كان هذا الوجه أشذ لأن العادة الفرار من المتقاربين إلى الإدغام، والأمر ههنا بالعكس، ولا نظير له قوله " تبشروني وإني قد تقدم" أي في الكافية في باب الضمير في نون الوقاية. شرح الشافية ٢٩٣/٣.

المصادر والمراجع

١ - أساس البلاغة- الزمخشري (محمود بن عمر ت ٣٥٨ هـ) الطبعة الأولى بطريقة الأوفست- مطبعة أولاد أورنايد- القاهرة ١٣٧٢ هـ ١٩٥٢م.

٢ - أقرب الموارد في فصح العربية والشوارد- الشرتوني (سعيد بن عبد الله الخوري ١٨٤٩ - ١٩١٢م).

٣ - البحث اللغوي عند العرب مع دراسة لقضية التأثير والتأثر - الدكتور أحمد مختار عمر - دار المعارف بمصر - ١٩٧١م.

٤ - البستان- البستاني (عبد الله بن ميخائيل ١٨٥٤ م- ١٩٣٠ المطبعة الأمريكية- بيروت - ١٩٢٧ م).

٥ - التاج (تاج العروس من جواهر القاموس) - الزبيدي (محمد مرتضى الحسيني) - المطبعة الخيرية بمصر ١٣٠٦ هـ- ١٣٠٧ هـ.

٦ - التكملة (التكملة والذيل والصلة لكتاب تاج اللغة وصحاح العربية) الصغاني (الحسن بن محمد بن الحسن ت ٦٥٠ هـ).

٧ - التهذيب (تهذيب اللغة)- الأزهري (أبو منصور محمد بن أحمد - ٢٨٢ هـ - ٣٧٠) مطبعة الدار القومية للطباعة- القاهرة ١٣٨٤ هـ ١٩٦٤م.

٨ - الجمهرة (جمهرة اللغة)- ابن دريد أبو بكر محمد بن الحسن بن دريد الأزدي (ت ٣٢١ هـ)- الطبعة الأولى: مطبعة دائرة المعارف في حيدرآباد الدكن - ١٣٤٤ هـ.

٩ - الخليل بن أحمد الفراهيدي أعماله ومنهجه - الدكتور مهدي المخزومي مطبعة الزهراء- بغداد - ١٩٦٠م.

١٠ - ديوان الأدب- الفارابي (أبو نصر إسحاق بن إبراهيم ت ٣٥٠هـ) مخطوط - مكتبة الأوقاف ببغداد رقم ١١٠٦,

١١ - رواية اللغة- الدكتور عبد الحميد الشلقاني - دار المعارف بمصر, ١٩٧١

١٢ - سر صناعة الإعراب- ابن جني (أبو الفتح عثمان) الجزء الأول منه فقط تحقيق مصطفى السقا وآخرين- الطبعة الأولى مطبعة مصطفى البابي الحلبي وأولاده

بمصر ١٣٧٤ هـ- ١٩٥٤م.

١٣ - شرح ابن عقيل لألفية ابن مالك - ابن عقيل عبد الله بن عقيل العقيلي ٦٩٨ هـ - ٧٦٩ (تحقيق محمد محيي الدين عبد الحميد الطبعة الرابعة عشرة مطبعة السعادة بمصر ١٣٨٤ هـ - ١٩٦٤م).

١٤ - شرح الشافية (شرح شافية ابن الحاجب)- الرضي الأستراباذي (محمد رضي الدين بن الحسن ت ١٠٩٣ هـ تحقيق محمد محيي الدين عبد الحميد وآخرين- الطبعة الأولى مطبعة حجازي في القاهرة - ١٣٥٨- ١٩٢٩ م).

١٥ - الصحاح (تاج اللغة وصحاح العربية)- الجوهري (إسماعيل بن حماد ٣٣٢ هـ - ٣٦٩) تحقيق أحمد عبد الغفور عطار - مطبعة دار الكتاب العربي - القاهرة - ١٣٧٦ هـ- ١٩٥٦م).

١٦ - ضحى الإسلام- أحمد أمين - الطبعة السابعة مطبعة لجنة التأليف والترجمة والنشر- القاهرة ١٩٦٤ م).

١٧ - العين- الخليل (الخليل بن أحمد الفراهيدي ١٠٠ هـ- ١٧٥) تحقيق الدكتور عبد الله درويش - مطبعة العاني- بغداد ١٣٨٦ هـ ١٩٦٧ م (الجزء الأول منه فقط).

١٨ - فاكهة البستان- البستاني (عبد الله بن ميخائيل ١٨٥٤ م- ١٩٣٠م). المطبعة الأمريكية- بيروت ١٩٣٠ م).

١٩ - الفهرست- ابن النديم (أبو الفرج محمد بن إسحاق ت ٤٣٨ مطبعة الاستقامة في القاهرة).

٢٠ - القاموس المحيط- الفيروزآبادي (محمد بن يعقوب بن محمد ٧٢٩ هـ ٨١٧) الطبعة الرابعة- مطبعة دار المأمون- القاهرة ١٣٥٧ هـ١٩٣٨م).

٢١ - قطر المحيط- البستاني (بطرس بن بولس بن عبد الله ١٨١٩ - ١٨٨٣). بيروت - ١٨٧٠م.

٢٢ - الكتاب- سيبويه (أبو بشر عمرو بن عثمان بن قنبر ١٤٨ هـ- ١٨٠) نسخة مصورة بالأوفست عن الطبعة الأولى- المطبعة الأميرية ببولاق القاهرة - ١٣١٦ هـ

٢٣ - اللسان (لسان العرب)- ابن منظور (محمد بن مكرم بن منظور ٦٣٠ هـ- ٧١١)- دار صادر ودار بيروت للطباعة والنشر- بيروت ١٣٨٨ هـ- ١٩٦٨ م).

٢٤ - المباحث اللغوية في العراق ومشكلة العربية العصرية الدكتور مصطفى جواد

الطبعة الثانية- مطبعة العاني بغداد - ١٣٨٥ هـ- ١٩٦٥ م).

٢٥ - المجمل (مجمل اللغة)- ابن فارس (أبو الحسين أحمد بن فارس ت ٣٩٥ هـ) تحقيق محمد محيي الدين عبد الحميد - الطبعة الأولى- مطبعة السعادة- القاهرة ١٣٦٦ هـ- ١٩٤٧ م (الجزء الأول منه فقط).

٢٦ - محيط المحيط- البستاني - بطرس البستاني - نسخة مصورة بالأوفست عن الطبعة الأولى ١٨٧٠ م.

٢٧ - المحكم والمحيط الأعظم في اللغة- ابن سيده (علي بن إسماعيل ت ٤٥٨ هـ) مطبعة مصطفى البابي الحلبي وأولاده بمصر ـ ١٩٥٨ م الأجزاء الثلاثة الأولى حققت لمعهد الدراسات العربية العليا في القاهرة.

٢٨ - مختار الصحاح- الرازي (محمد بن أبي بكر بن عبد القادر ت ٦٦٦ هـ) القاهرة.

٢٩ - مدرسة الكوفة ومنهجها في دراسة اللغة والنحو- الدكتور مهدي المخزومي مطبعة الزهراء- بغداد - ١٩٦٠م.

٣٠ - المزهر في علوم اللغة وأنواعها- السيوطي (عبد الرحمن بن أبي بكر ت٩١١ هـ) مطبعة عيسى الحلبي وشركاه- القاهرة.

٣١ - مصادر التراث العربي في اللغة والمعاجم والأدب والتراجم- الدكتور عمر الدقاق - الطبعة الثالثة- دار الشرق- بيروت.

٣٢ - المعاجم العربية- الدكتور حسين نصار - معهد التربية الأنروا- اليونسكو بيروت.

٣٣ - المعاجم العربية مع اعتناء خاص بمعجم العين للخليل بن أحمد - الدكتور عبد الله درويش - مطبعة الرسالة- القاهرة ١٣٧٥ هـ ١٩٥٦م.

٣٤ - معجم الأدباء (إرشاد الأريب إلى معرفة الأديب)- ياقوت الحموي (ياقوت بن عبد الله ٥٧٤ هـ- ٦٢٦). نسخة مصورة بالأوفست عن الطبعة الثانية مطبعة هندية- القاهرة ٩٢٣ م.

٣٥ - المعجم العربي بين الماضي والحاضر- الدكتور عدنان الخطيب مطبعة النهضة الجديدة- القاهرة- ١٩٦٧م.

٣٦ - المعجم العربي نشأته وتطوره- الدكتور حسين نصار الطبعة الثانية- دار

مصر للطباعة- القاهرة - ١٩٦٨م.

٣٧ - المعجم الكبير- معجم اللغة العربية في القاهرة - مطبعة دار الكتب المصرية القاهرة ١٩٧٠م (الجزء الأول منه فقط).

٣٨ - المعجم اللغوي التأريخي- المستعرب الألماني أ. فيشر- الطبعة الأولى المطابع الأميرية- القاهرة - ١٣٨٧ هـ ١٩٦٧م (القسم الأول منه فقط).

٣٩ - معجم متن اللغة- الشيخ أحمد رضا العاملي - دار مكتبة الحياة- بيروت ١٩٥٨ م.

٤٠ - المعجم الوسيط- معجم اللغة العربية (إبراهيم مصطفى وآخرون) مطبعة مصر- ١٣٨٠ هـ- ١٩٦٠م.

٤١ - المفردات (المفردات في غريب القرآن) الراغب الأصفهاني (أبو القاسم حسين بن محمد ت٥٠٢ هـ) تحقيق محمد سيد كيلاني مطبعة مصطفى البابي الحلبي وأولاده في القاهرة ١٣٨٩ هـ-١٩٦٩م.

٤٢ - مقاييس اللغة- ابن فارس (أبو الحسين أحمد بن فارس ت ٣٩٥ هـ) تحقيق عبد السلام محمد هارون - الطبعة الثانية- مطبعة مصطفى البابي الحلبي وأولاده في القاهرة ١٣٨٩ هـ- ١٩٧٠ م.

٤٣ - المكتبة العربية (دراسة لأمهات الكتب في الثقافة العربية) الدكتور عزة حسن دمشق - ١٣٩٠ هـ- ١٩٧٠ م (الجزء الأول منه فقط).

٤٤ - المنجد في اللغة والأدب والعلوم- لويس المعلوف الطبعة الخامسة عشرة- مطبعة الآباء اليسوعيين- بيروت - ١٩٥٦م.

٤٥ - المفصل في صنعة الإعراب - للزمخشري - دار ومكتبة الهلال - بيروت - بيروت - ١٩٩٣م.

فهرس المحتويات

AL-ʾĪḌĀḤ
FĪ ŠARḤ AL-MUFAṢṢAL

by

Jamāluddīn Ibn al-Ḥājib

Edited by

Muḥammad ʿUṯmān

دار الكتب العلمية
Dar Al-Kotob Al-Ilmiyah
DKi

DKI. by Muhammad Ali Baydoun 1971 Beirut- Lebanon
Publié par Mohamad Ali Baydoun 1971 Beyrouth - Liban

T0157312

Printed in the United States
By Bookmasters